Tous vos Droits

Pour gagner, vous défendre, réussir

Sous la direction d'Isabelle Resmond-Michel

Par Franck Bernardi, Baptiste Chareyre, Caroline Delabroy, Catherine Doleux, Isabelle Gallay, Frédérique Lehmann, Chantal Masson, Emmanuèle Vallas

Édition 2021

prat éditions

Retrouvez l'ensemble de nos ouvrages sur notre boutique en ligne :
www.prat-editions.fr

Direction éditoriale : Anne-Laure Marie
Édition : Isabelle Resmond-Michel
Relecture-correction : Nawshaba Imambaccus,
Marine de Percin
Composition : Demain un Autre Jour

206, boulevard de la République
92210 Saint-Cloud

ISBN 978-2-8095-1541-1

Préface

Se marier ou conclure un PACS, louer ou acheter un logement, changer d'emploi, émettre un chèque, s'assurer, transmettre ses biens… Notre vie privée et professionnelle est régie par une multi-tude de règles de droit que nous ne connaissons pas toujours, ou pas suffisamment… Et si un litige survient (désaccord sur les charges locatives, conflit du travail, contestation d'une amende, surve-nance d'un sinistre, etc.), il est parfois trop tard lorsque l'on se rend compte que les règles n'ont pas été respectées, que les délais sont dépassés, qu'on ne s'est pas adressé au bon service…

Nul n'est censé ignorer la loi, mais devant la complexité de la législation actuelle, le non-initié a quelques peines à s'y retrouver. Et si le recours à un professionnel du droit (notaire, avocat, huissier…) est souvent nécessaire, il est toujours préférable de se renseigner avant d'agir, de disposer chez soi d'une information simple, pratique et complète. C'est à cet objectif que répond Tous vos droits pour gagner, vous défendre, réussir.

Tous vos droits pour gagner, vous défendre, réussir : un ouvrage complet et à jour

En plus de 1 150 pages, Tous vos droits pour gagner, vous défendre, réussir aborde l'ensemble des questions que vous vous posez quotidiennement sur vos emprunts, vos assurances, vos placements financiers, vos conditions de travail, votre famille, votre logement, votre santé, vos droits de consomma-teur, votre retraite… et regroupe également les allocations, les aides, les subventions auxquelles vous pouvez prétendre.

Tous vos droits pour gagner, vous défendre, réussir : un ouvrage pratique

Un ouvrage juridique, aussi complet soit-il, ne vous serait d'aucune utilité s'il n'était pas avant tout pratique, avec une présentation et un style simples et vivants. Toutes les informations qui y figurent sont facilement accessibles grâce à un index alphabétique de plus de 1 500 entrées en fin d'ouvrage. Un mode d'emploi en page IV vous permet de tirer le meilleur parti de cette inépuisable mine d'informations.

Notre vœu d'éditeur est que Tous vos droits pour gagner, vous défendre, réussir soit pour vous et votre entourage un outil de connaissance et de défense de vos droits, facile à utiliser et efficace, en toutes circonstances.

I. Resmond-Michel

Isabelle Resmond-Michel

Comment consulter les pages de cet ouvrage ?

Tous vos droits pour gagner, vous défendre, réussir a été conçu pour donner des réponses claires à l'ensemble des questions juridiques et pratiques que vous vous posez dans tous les domaines de la vie quotidienne. Nous vous invitons à lire cette page, afin d'utiliser au mieux votre ouvrage.

Comment accéder à l'information que vous recherchez ?

> Recherche par la table des matières générale :

Vous voulez avoir une approche complète d'un thème : reportez-vous à la table des matières générale qui figure en page V.

Exemple : vous souhaitez obtenir les informations sur les différents régimes matrimoniaux et vous savez que cela est directement lié au mariage. Les développements sur le « Mariage » sont traités dans le thème « Vivre en couple » : une consultation de la table des matières générale vous permettra de vous reporter directement aux pages qui vous intéressent.

> Recherche par l'index alphabétique :

Vous recherchez des informations sur un sujet précis : reportez-vous à l'index alphabétique qui figure en fin d'ouvrage. Cet index très détaillé vous permet de trouver rapidement les pages corres-pon-dant au thème qui vous intéresse.

Exemple : vous souhaitez avoir des précisions sur le congé de paternité. En vous reportant à l'index, vous trouverez les informations suivantes :

congés (travail)
- paternité et accueil de l'enfant : 833

ou encore

paternité et accueil de l'enfant
- congés (travail) : 833

Pour obtenir des renseignements sur les mises à jour de cet ouvrage, un numéro de téléphone est à votre disposition : 01 85 34 70 80

Table des matières

LES SERVICES BANCAIRES ET FINANCIERS

BIEN PLACER VOTRE ARGENT

IMPÔTS LOCAUX ET AUTRES TAXES

BIEN S'ASSURER

VIVRE EN COUPLE

ACCUEILLIR ET ÉLEVER SON ENFANT

PROPRIÉTÉ, COPROPRIÉTÉ ET VOISINAGE

LOUER UN LOGEMENT

L'ACCESSION À LA PROPRIÉTÉ

FINANCEMENT ET AIDES AU LOGEMENT

LE CONTRAT DE TRAVAIL

TEMPS DE TRAVAIL ET SALAIRE

PERTE DE L'EMPLOI

BIEN VIVRE SA RETRAITE

RÉGIME DE RETRAITE

DONATIONS ET SUCCESSIONS

LA DÉFENSE DU CONSOMMATEUR

AUTOMOBILE

INDEX ALPHABÉTIQUE

Les services bancaires et financiers

La banque

Les comptes bancaires
Les moyens de paiement
Les services bancaires

Le crédit

Le crédit à la consommation

La banque

Aujourd'hui, tous les Français ou presque ont un compte bancaire ou postal. C'est une commodité dans la mesure où les banques proposent un ensemble de produits et de services financiers qui permettent de gérer ses revenus et ses dépenses. Toutefois, ces services n'étant pas gratuits, il est nécessaire de connaître la législation et les pratiques bancaires qui président au fonctionnement d'un compte, ainsi que les services offerts par les établissements financiers, de manière à ce que ceux-ci soient les mieux adaptés à ses propres besoins.

Les comptes bancaires

Il existe différents types de compte en banque : il peut s'agir d'un compte de dépôt (appelé communément compte chèques ou compte courant), d'un compte d'épargne (Livret A, compte épargne logement...), d'un compte titres, etc. S'agissant du compte le plus couramment utilisé par les Français, le compte chèques, il existe des règles précises qui président à son ouverture, à son fonctionnement et à sa clôture.

Les différents types de compte en banque

Le dépôt de fonds en banque est un monopole des banques. Seuls les établissements de crédit peuvent recevoir des fonds du public.

On distingue traditionnellement plusieurs catégories de comptes :

Les comptes sur livrets

Ce sont des comptes de dépôt. Selon leur finalité, leur rémunération est variable ; par exemple, le taux du Livret A est déterminé en fonction de l'inflation et des taux d'intérêt interbancaires à court terme (taux Eonia), avec un taux plancher de 0,5 %. Il est révisé 2 fois par an, au 1er février et au 1er août. Mais le gouverneur de la Banque de France peut proposer une révision intermédiaire des taux (au 1er mai et au 1er novembre) si l'évolution des conditions économiques le justifie. Ces comptes ne peuvent donner lieu à la délivrance d'un chéquier. Parmi les comptes sur livrets les plus classiques, on peut citer : le Livret A, le Livret bleu, le Livret B et le livret bancaire, le Livret d'épargne populaire, etc..

Les comptes d'épargne

Ce sont des comptes de dépôt qui doivent être alimentés régulièrement pendant une durée fixée préalablement. Selon le produit dont il s'agit, une rémunération variable est versée. À l'expiration du délai d'épargne, le client a droit à certains avantages : prêts à taux préférentiels (plan d'épargne logement ou compte épargne logement), versement du capital et des intérêts (plan d'épargne populaire, assurance vie multisupports...), etc.

EN CAS DE FAILLITE D'UNE BANQUE

Tous les établissements de crédit doivent adhérer à un système de garantie des dépôts destiné à indemniser les épargnants en cas de faillite. Les usagers ont donc désormais la certitude qu'ils pourront récupérer les sommes qu'ils ont confiées à leur banquier quel que soit le placement choisi (compte chèques, compte d'épargne, compte titres...). Le montant du plafond d'indemnisation par les banques est fixé à 100 000 € par déposant pour les avoirs bancaires (comptes courants, comptes à terme...)(*Arrêté du 29/9/2010*). Ainsi, en cas de compte joint, chaque co-titulaire du compte est garanti jusqu'à 100 000 €, soit un total de 200 000 €.

À noter : les sommes placées sur les livrets A, les livrets de développement durable et solidaire et les livrets d'épargne populaire sont garanties en totalité par l'État et ne sont pas décomptées du plafond de 100 000 €.

Toute somme constituant un dépôt à caractère exceptionnel et temporaire (somme provenant d'une succession, d'une donation, de la vente d'un bien immobilier...) ouvre droit à un rehaussement du plafond de la garantie dans la limite de 500 000 € (*Arrêté du 27/10/2015*). Les déposants, qui n'ont aucune démarche à accomplir, doivent être remboursés dans les 7 jours ouvrables à compter de la date à laquelle l'Autorité de contrôle prudentiel et de résolution a fait le constat de l'indisponibilité des dépôts. Une assurance vie est couverte à hauteur de 70 000 € par personne pour tous les contrats détenus chez un même distributeur (banque, assureur).

En cas de faillite, le capital et les obligations de la banque peuvent être utilisés pour couvrir le déficit. En troisième recours, depuis le 1/1/2016, les comptes des déposants ayant plus de 100 000 € de dépôts peuvent être ponctionnés par leur banque pour contribuer à son sauvetage (*Directive 2014/59/UE du 15/5/2014*).

Les comptes titres

Ce sont des comptes qui permettent d'opérer en bourse.

Les comptes chèques

Ce sont des comptes qui constituent le droit commun des comptes bancaires (voir ci-après).

À NOTER

Toutes les banques peuvent proposer le Livret A alors qu'auparavant, il n'était distribué que par les Caisses d'épargne et la Banque Postale (Code monétaire et financier, Art. L. 221-1).

AVANTAGE

Le Livret A n'est pas imposé au titre de l'impôt sur le revenu. Les intérêts du Livret bleu sont soumis à un prélèvement versé directement par le Crédit Mutuel au Trésor public. L'épargnant reçoit donc un intérêt net.

ATTENTION ⚠

Il n'est pas possible de souscrire un Livret bleu lorsque l'on possède déjà un Livret A, et réciproquement.

LES NÉOBANQUES OU BANQUES DIGITALES

Cette nouvelle forme de banque offre des services financiers uniquement par l'intermédiaire d'une application mobile. Contrairement aux réseaux traditionnels et aux banques en ligne, les néobanques ne proposent pas de chéquiers à leurs clients, pas plus qu'elles n'autorisent les découverts. Tout se fait par prélèvements ou virements, gérés en ligne ou sur mobile, et grâce à une carte de paiement à autorisation systématique, qui interroge le solde du compte à chaque opération. Le compte Nickel de BNP Paribas est un exemple de banque digitale.
Il est possible d'ouvrir un compte Nickel avec carte bancaire auprès des buralistes qui font partie du réseau « compte Nickel ». Cette offre est proposée à tous, sans condition de ressources (il peut, par exemple, être ouvert par une personne frappée d'interdit bancaire). Il est désormais accessible aux mineurs à partir de 12 ans, avec l'autorisation de leurs parents. Ce service a un coût forfaitaire annuel *(Voir pages Barème)*.
Pour en savoir plus, on peut consulter le site : *https://mon.compte-nickel.fr*.
Autres exemples : Carrefour Banque a lancé le compte C-Zam, le Crédit agricole l'offre Eko et Orange le compte Orange Bank. Ces nouveaux acteurs de la banque digitale permettent l'ouverture d'un compte de dépôt et l'accès à une carte bancaire internationale, sans condition de revenus ou de dépôts.

Le compte chèques de l'ouverture à la clôture

› L'ouverture d'un compte

Existe-t-il un droit au compte ?

Toute personne domiciliée en France ou dans un autre pays de l'Union européenne, y compris les interdits bancaires (personnes frappées d'interdiction d'émettre des chèques), a droit à l'ouverture d'un compte de dépôt dans la banque de son choix (*Code monétaire et financier, Art. L. 312-1*). Cependant, ce droit au compte ne remet pas en cause la liberté pour la banque de ne pas contracter et de refuser, sans avoir à apporter de justifications, l'ouverture d'un compte. Elle doit alors remettre une attestation de refus d'ouverture de compte (selon un modèle interbancaire).

Démarches

La personne qui n'a pas de compte et s'en est vue refuser l'ouverture d'un n'est plus obligée de se rendre à la Banque de France pour exercer son droit. L'établissement bancaire a l'obligation de remettre au demandeur une attestation de refus d'ouverture de compte. Elle a désormais le choix entre deux procédures. Elle peut demander elle-même à bénéficier du droit au compte par courrier ou en se rendant au guichet de la Banque de France afin que soit désigné un établissement de crédit situé à proximité de son domicile, d'un autre lieu de son choix. Pour déterminer l'établissement, la Banque de France prend en considération les parts de marché de chaque établissement concerné. Le demandeur peut également choisir de confier la procédure à l'établissement de crédit qui lui a refusé l'ouverture d'un compte. Celui-ci demandera alors à la Banque de France qu'un établissement bancaire soit désigné. Pour entamer la procédure, l'intéressé devra fournir immédiatement une pièce d'identité, un justificatif de domicile de moins de 3 mois, une attestation sur l'honneur qu'il ne dispose d'aucun compte de dépôt à son nom et la lettre de refus d'ouverture du compte bancaire ; il devra, en outre, indiquer ses préférences géographiques. La demande sera transmise par fax ou courrier électronique à la Banque de France qui aura 1 jour ouvré pour désigner l'établissement bancaire (*Code monétaire et financier, Art. L. 312-1*).

ATTENTION ⚠

La procédure de désignation d'une banque par la Banque de France est réservée aux personnes qui ne sont titulaires d'aucun compte de dépôt. Si le droit au compte est sollicité pour un compte joint, aucun des titulaires de celui-ci ne doit avoir un compte de dépôt ouvert par ailleurs.

L'établissement désigné ne pourra refuser l'ouverture du compte mais pourra limiter son usage aux services bancaires de base définis par les articles D. 312-5 et D. 312-5-1 du Code monétaire et financier (voir plus loin). L'ouverture du compte doit se faire dans un délai de 3 jours ouvrés après réception des pièces requises.

Une charte d'accessibilité pour renforcer le droit au compte est applicable par tous les établissements de crédit. Elle fixe précisément la procédure à respecter pour mettre en œuvre le droit au compte.

Le conseil départemental, la caisse d'allocations familiales, le centre communal d'action sociale ou certaines associations habilitées peuvent saisir la Banque de France à la place du demandeur.

Services bancaires de base

Pour les personnes n'agissant pas pour des besoins professionnels, les établissements de crédit disposent, au sein de leur gamme de services, des prestations de base suivantes :

- l'ouverture, la tenue et la clôture du compte ;
- un changement d'adresse par an ;
- la délivrance, à la demande, de relevés d'identité bancaire ;
- la domiciliation de virements bancaires ;
- l'envoi mensuel d'un relevé des opérations effectuées sur le compte ;
- l'encaissement de chèques et de virements bancaires ;
- les dépôts et les retraits d'espèces au guichet ou aux distributeurs automatiques de l'organisme teneur de compte ;
- les paiements par prélèvement, titre interbancaire de paiement ou virement bancaire (SEPA) ;
- des moyens de consultation à distance du solde du compte ;
- une carte de paiement permettant notamment le paiement d'opérations sur Internet et le retrait d'espèces dans l'Union européenne (*Code monétaire et financier, Art. D. 312-5*).

Toutes ces opérations doivent être effectuées par la banque gratuitement.

Toutefois, en cas d'insuffisance de provision du compte, l'établissement bancaire pourra facturer des frais de rejet au client ou exiger le paiement d'intérêts débiteurs en cas d'acceptation de découverts.

Le compte est ouvert pour une durée indéterminée mais rien n'empêche la banque de clôturer le compte à condition qu'elle notifie sa décision au client par écrit, la motive et respecte un délai de préavis minimum de 2 mois.

En cas de refus de la part de l'établissement choisi d'ouvrir un compte et de désignation d'un établissement par la Banque de France, les services de base sont les mêmes que pour tout autre détenteur de compte sauf que les dépôts et les retraits d'espèces aux distributeurs automatiques de l'organisme teneur de compte ne sont pas possibles. En outre, pour la carte de paiement, chaque utilisation doit être autorisée par l'établissement de crédit qui l'a émise permettant notamment le paiement d'opérations sur Internet et le retrait d'espèces dans l'Union européenne. Ces clients ont droit, en outre, à deux formules de chèques de banque par mois ou moyens de paiement équivalents (*Code monétaire et financier, Art. D. 312-5-1*).

L'ACCÈS AUX SERVICES BANCAIRES DES CLIENTS EN SITUATION DE FRAGILITÉ FINANCIÈRE

L'Association française des établissements de crédit et des entreprises d'investissement a adopté une « charte d'inclusion bancaire et de prévention du surendettement » homologuée par l'arrêté du 5/11/2014 et entrée en application en novembre 2015. Ce texte propose :
– aux bénéficiaires des services bancaires de base (voir plus haut) un contact annuel pour examiner leur situation personnelle ;
– à tous leurs clients une information sur les services proposés et sur les services spécifiques limitant les risques d'incidents ;
– à leurs clients en situation de fragilité financière une offre spécifique.
La situation de fragilité financière du client titulaire du compte est appréciée à partir :
– de l'existence d'irrégularités de fonctionnement du compte ou d'incidents de paiement ainsi que de leur caractère répété constaté pendant 3 mois consécutifs ;
– et du montant des ressources portées au crédit du compte et des dépenses portées au débit (*Code monétaire et financier, Art. R. 312-4-3*).
Sont également considérées en situation de fragilité financière :
– les personnes au nom desquelles un chèque impayé ou une déclaration de retrait de carte bancaire est inscrit pendant 3 mois consécutifs au fichier de la Banque de France centralisant les incidents de paiement de chèques ;
– les personnes en situation de surendettement dont le dossier a été déclaré recevable par la commission de surendettement.
L'offre spécifique proposée à ces clients doit notamment comporter les services suivants :
– la tenue, la fermeture et, le cas échéant, l'ouverture du compte de dépôt ;
– une carte de paiement à autorisation systématique ;
– le dépôt et le retrait d'espèces dans l'agence de l'établissement teneur du compte ;
– quatre virements mensuels SEPA, dont au moins un virement permanent, ainsi que des prélèvements SEPA en nombre illimité ;
– deux chèques de banque par mois ;
– un moyen de consultation du compte à distance ;
– un système d'alertes sur le niveau du solde du compte.
Cette offre spécifique est proposée pour un tarif ne pouvant dépasser 3 € par mois. Ce montant est revalorisé annuellement en fonction de l'indice INSEE des prix à la consommation hors tabac.
L'Observatoire de l'inclusion bancaire est chargé de suivre les pratiques des établissements de crédit et de contrôler le respect de la charte au profit des populations en situation de fragilité financière, et notamment de collecter des informations sur l'accès aux services bancaires et de publier un rapport annuel (*Code monétaire et fnancier, Art. L. 312-1-1-B*).
Les catégories d'informations transmises sont notamment :
– le nombre de clients identifiés comme fragiles ;
– le nombre de leurs incidents de paiement ;
– le nombre de cartes de paiement à autorisation systématique en circulation (*Arrêté du 9/3/2016*).

À NOTER

Toute personne capable peut être titulaire d'un compte chèques.

AVANTAGE

Conformément à l'article 221 du Code civil, chacun des époux peut se faire ouvrir un compte en son nom personnel, sans le consentement de l'autre.

À NOTER

Certaines personnes sont tenues d'ouvrir un compte. C'est le cas de ceux qui souhaitent encaisser des sommes obligatoirement réglées par virements ou chèques (notamment salaires supérieurs à 1 500 €) ou encore des commerçants. Par ailleurs, la plupart des banques exigent, en contrepartie de l'octroi de crédit immobilier, que l'emprunteur ouvre un compte bancaire dans leur établissement, afin d'y domicilier ses salaires ou revenus assimilés pendant toute la durée du prêt. Pour les offres de crédit immobilier émises du 1/1/2018 au 23/5/2019, les banques pouvaient imposer cette domiciliation des revenus pour une durée de 10 ans en contrepartie d'un avantage individualisé. Pour les offres de prêts émises depuis le 24/5/2019, le caractère obligatoire de la domiciliation des revenus est supprimé. La domiciliation est désormais librement négociée entre les parties. L'offre de crédit doit indiquer si le prêt est subordonné à la condition de domiciliation.

AVANTAGE

Les mineurs peuvent posséder un compte d'épargne associé à une carte de retrait, mais ils ne peuvent pas posséder de chéquiers ni de carte de paiement avant l'âge de 16 ans. Pour les mineurs, les parents doivent de toute façon donner leur accord.

Quelles sont les formalités liées à l'ouverture d'un compte ?

Il s'agit de contrôler tout d'abord l'identité et le domicile du nouveau client. Pour l'identité, l'établissement pourra exiger un document officiel avec photo d'identité et signature (carte nationale d'identité, permis de conduire…). Pour le domicile, la pratique bancaire est d'envoyer une lettre d'accueil qui, si elle n'est pas renvoyée, présumera de sa véracité. Il est possible au client de présenter une facture d'électricité ou de téléphone.

Les personnes qui ne peuvent justifier d'une résidence stable au moment de leur demande d'ouverture de compte doivent élire domicile auprès d'un organisme d'accueil (centre communal ou intercommunal d'action sociale ou organisme agréé).

L'établissement vérifiera aussi les pouvoirs et la capacité juridique du client. Ce sera le cas lorsqu'une personne entend ouvrir un compte pour autrui. En revanche, pas de vérification possible sur la solvabilité, la moralité ou la profession du prétendant au compte.

La banque peut demander la remise d'un spécimen de la signature du client et/ou de celles des personnes désignées par lui pour intervenir sur son compte. Ce document est important ; c'est en effet à partir de celui-ci que le banquier authentifiera l'auteur de l'ordre de paiement qui lui est donné.

Enfin, le banquier est tenu de consulter le fichier central des chèques pour s'assurer que son client ne fait pas l'objet d'une mesure d'interdiction bancaire ou judiciaire d'émettre des chèques, ou d'une décision de retrait de carte bancaire pour usage abusif.

Qu'est-ce que la convention de compte ?

Il s'agit d'un contrat entre la banque et vous qui fixe les règles d'ouverture, de fonctionnement et de clôture du compte courant.

Sa signature est obligatoire lors de toute ouverture d'un compte (*Code monétaire et financier, Art. L. 312-1-1*). Pour les comptes ouverts avant le 1/11/2009, la banque a dû informer ses clients de la mise à disposition ou de l'envoi, sur simple demande, d'une convention actualisée.

Ce que vous devez y trouver

L'arrêté du 29/7/2009 fixe ce que doivent comporter les conventions de compte de dépôt depuis le 1/11/2009 (ne sont pas concernés par cette réglementation les comptes sur livret, les comptes à terme, les comptes d'instruments financiers et les comptes espèces qui leur sont associés).

Il s'agit principalement :
- des caractéristiques des services de paiement fournis (par exemple, les limites de dépenses pour un instrument de paiement tel qu'une carte bancaire) ;
- des modalités de mise en œuvre et la portée d'une procuration ;
- du sort du compte en cas de décès de son titulaire ;
- d'informations sur les frais, les taux d'intérêt et les taux de change ;
- des modalités de modification et de résiliation de la convention.

Des informations générales concernant tous les clients de la banque y sont également portées : procédure pour faire opposition à un chèque, procédure de traitement des incidents de paiement, modalités de saisine du médiateur, par exemple.

La convention de compte doit permettre de bien connaître l'offre des services de votre banque avec leurs conditions tarifaires et de la comparer avec celle des autres banques et établissements de paiement pour faire jouer la concurrence, le cas échéant.

Le changement de tarif

Tout changement de tarif doit être communiqué au client par écrit au moins 2 mois avant la date d'application envisagée de la hausse. Vous avez le droit de résilier votre convention de compte, sans frais, si vous refusez les modifications proposées par votre banque.

Les relevés de compte

La fréquence de l'envoi des relevés de compte est désormais réglée. La banque doit adresser un relevé de compte au moins 1 fois par mois, lequel doit comporter la totalité des opérations de crédits et de débits (*Code monétaire et financier, Art. L. 312-1-1*). Toutefois, les titulaires de compte peuvent choisir conventionnellement une périodicité différente.

À NOTER

L'envoi du relevé mensuel est gratuit. Il peut être transmis sous forme papier ou sous forme électronique via votre espace client sur le site de la banque.

En outre, le client doit être informé, par le biais de son relevé de compte, du montant et de la dénomination des frais bancaires liés à des irrégularités et incidents que la banque entend débiter de son compte. Le débit aura lieu au minimum 14 jours après la date d'arrêté du relevé de compte (*Code monétaire et financier, Art. L. 312-1-5*). Le décret n° 2014-373 du 27/3/2014 établit la dénomination officielle des services bancaires. Toutes les plaquettes tarifaires (en version papier et en ligne) doivent utiliser cette dénomination officielle (*Code monétaire et financier, Art. D. 312-1-1*). Ce dispositif vise à simplifier pour le consommateur l'accès aux informations tarifaires.

Jurisprudence : convention de compte et clauses abusives

La Cour de cassation s'est prononcée sur la question des clauses abusives en matière de convention de compte dans deux arrêts datés du même jour (*Cour de cassation, 1re chambre civile, 23/1/2013*). Elle a examiné plus d'une quinzaine de clauses.

✓ Elle a considéré que certaines clauses n'étaient pas abusives comme par exemple :

– la clause qui autorise le refus de délivrance de chéquier en cas d'interdiction d'émettre des chèques ou d'anomalies de fonctionnement du compte, sous réserve que le refus soit motivé ;
– la clause qui prive d'effet une opposition téléphonique non confirmée par écrit à bref délai ;
– la clause relative à la solidarité des comptes indivis ;
– la clause qui autorise la banque à clôturer le compte sans motif, dans la mesure où elle ne réserve pas au seul professionnel ce droit qui doit en outre respecter un délai de préavis ;
– la clause qui autorise la banque à compenser sans formalité préalable tout solde du présent compte avec tout solde des différents comptes ouverts dans les livres de la banque sauf si cette compensation est impossible eu égard aux normes légales et réglementaires qui régissent le fonctionnement de ces comptes, ou que cette compensation lui fait perdre des avantages sans lui éviter des frais ou des pénalités.

✓ D'autres clauses, en revanche, ont été déclarées abusives. Il en est ainsi de :

– la clause qui prévoit que la banque enregistre les retraits du client dans les distributeurs automatiques de billets ainsi que ses paiements par carte dans les conditions de délivrance et d'utilisation fixées dans le « contrat porteur », alors que les clauses de ce contrat porteur ne figurent pas dans l'écrit remis au consommateur ;
– la clause qui dispense la banque de fournir le détail des opérations en cas d'ordre groupé de virement.

Pour en savoir plus, on peut consulter le site de la Commission des clauses abusives : *www.clauses-abusives.fr*.

Le compte peut-il être rémunéré ?

Pendant longtemps, la France a interdit la rémunération des comptes courants. Mais dans un arrêt du 5/10/2004, la Cour européenne de justice a estimé que cette règle était contraire à la réglementation européenne. Pour se mettre en conformité avec cette dernière, la France a abrogé l'interdiction de rémunération des comptes courants. Ainsi, depuis le 16/3/2005, les comptes de dépôt détenus par les particuliers peuvent produire des intérêts (*Arrêté du 8/3/2005*).

Mais le changement de réglementation n'a pas bouleversé l'offre. Seules quelques banques proposent des comptes rémunérés.

Les intérêts produits par un compte rémunéré sont soumis à l'impôt sur le revenu et aux prélèvements sociaux (*Instruction fiscale du 10/3/2006*). Le montant des intérêts figure sur l'imprimé fiscal unique fourni par la banque chaque année. Sur ce document sont récapitulées toutes les opérations sur valeurs mobilières et revenus de capitaux mobiliers.

Comment et pourquoi ouvrir un compte joint ?

Beaucoup de comptes ouverts par des personnes mariées sont des comptes joints au nom des deux époux ; mais il est à noter qu'il est également possible d'ouvrir un compte joint entre concubins, entre parents ou entre deux ou plusieurs personnes non mariées ou non parentes.

Le compte joint fonctionne comme un compte normal, sauf que chacun de ses cotitulaires peut disposer de l'intégralité de la provision qu'il contient, soit sous sa seule signature et sans l'autorisation de l'autre cotitulaire si le compte est ouvert au nom de « M. ou Mme », soit avec les signatures respectives des deux époux s'il est ouvert au nom de « M. et Mme ». On peut opter pour l'intitulé « M. et/ou Mme X », ce qui oblige les conjoints à apposer conjointement leurs signatures pour certains actes prédéfinis dans la convention de compte ou, le plus souvent, au-delà d'un certain montant d'achat.

Si la possession d'un compte joint présente des avantages incontestables, notamment pour les ménages qui désirent une solution pratique pour la gestion de leurs dépenses, il ne s'agit pas d'un compte sans risques. En effet, les cotitulaires du compte sont responsables, chacun en ce qui le concerne, des dettes contractées par l'autre. Aussi, s'agissant d'un ménage, si l'un des conjoints du compte joint émet des chèques sans provision, l'autre sera également en situation d'interdiction d'émettre des chèques, aussi bien sur le compte joint que sur les autres comptes personnels qu'il peut détenir, quel que soit l'établissement de crédit qui les gère.

C'est la raison pour laquelle il peut être prudent, lors de la signature de la convention de compte, de prédésigner l'un des conjoints qui, en cas d'incident de paiement, en sera présumé responsable, et qui en assumera les conséquences, quand bien même il ne serait pas à l'origine dudit incident, l'autre conjoint pouvant continuer à utiliser ses comptes personnels à défaut de pouvoir utiliser le compte joint.

- Si l'on ne veut pas ouvrir un compte joint mais que l'on désire permettre à son conjoint, ou à une tierce personne, d'effectuer certaines opérations sur un compte bancaire ouvert à son nom, il est toujours possible de donner une procuration à son conjoint ou à un tiers. Il convient, dans ce cas, de définir dans la procuration les actes qui peuvent être réalisés par le bénéficiaire de celle-ci (signer des chèques, retirer des espèces…), ainsi que la durée de cette procuration qui, sinon, est indéterminée.

Il est à noter que le détenteur du compte bancaire est l'unique responsable en cas d'incident de paiement provoqué par le bénéficiaire de la procuration. Par ailleurs, la procuration cesse de produire ses effets au décès du titulaire du compte.

ATTENTION ⚠

La formule du compte joint est à déconseiller aux couples dont l'un des conjoints exerce la profession de commerçant ou de chef d'entreprise.

AVANTAGE

En cas de décès de l'un des cotitulaires du compte joint ouvert sous l'intitulé « M. ou Mme », celui-ci n'est pas bloqué et le conjoint survivant peut continuer de l'utiliser, sauf si l'un des héritiers s'y oppose.

AVANTAGE

Une question relative à un compte bancaire, une assurance ou à un placement ? La Banque de France propose sur son site www.mesquestionsdargent.fr des réponses simples et fiables ainsi que des simulateurs et des lettres types. Il est également possible d'appeler le 0 811 901 801 (0,05 €/min + le prix d'un appel).

› L'ouverture d'un compte courant dans un État de l'Union européenne

- Depuis 1990, tout citoyen de l'Union européenne peut ouvrir un compte courant dans un autre pays que le sien, sans y résider.

Si vous avez l'intention d'ouvrir un compte dans un des pays membres de l'Union européenne soit pour effectuer des placements, soit pour contracter des emprunts dans des conditions éventuellement plus avantageuses qu'en France, soit encore parce que vous êtes travailleur transfrontalier et que vous recevez des revenus d'un autre pays que celui où vous résidez, il est nécessaire de prendre en considération plusieurs éléments :

– la maîtrise de la langue peut poser problème dans les relations avec le banquier et dans la compréhension des documents contractuels ;

– l'éloignement géographique ne simplifie pas les démarches ;

– la loi applicable sera celle du pays où le compte est ouvert ;

– les risques de double imposition existent (demander un exemplaire de la convention fiscale établie entre le pays de domicile et le pays où l'on souhaite ouvrir un compte).

- Comme cela se passe en France, les établissements bancaires de l'Union européenne n'ont pas l'obligation d'ouvrir un compte à un non-résident. Les formalités d'ouverture varient en fonction des pays ; il convient donc de se renseigner auprès des établissements choisis.

- En Europe, vous êtes protégé en cas de « faillite » d'une banque. En application d'une directive européenne, la loi n° 99-532 du 25/6/1999 relative à l'épargne et à la sécurité financière a en effet créé le Fonds de garantie des dépôts. Les dépôts d'espèces bénéficient ainsi d'une garantie de 100 000 € maximum par déposant et par établissement de crédit adhérant au Fonds de garantie, quelle que soit sa localisation dans l'espace européen (*Directive 2009/14/CE du 11/3/2009*).

- Un compte à l'étranger peut être approvisionné :

– soit par le versement d'espèces sur le compte. Les résidents français peuvent transporter plus de 10 000 € en espèces hors des frontières françaises, mais au-delà de cette somme, une déclaration doit être faite auprès de la Direction générale des Douanes en France ;

– soit par le biais de virements. Toute personne ayant un compte bancaire dans l'un des États membres de l'Union européenne ou en Islande, Norvège, Liechtenstein ou Suisse peut envoyer et recevoir des virements en euros dans les mêmes conditions qu'à l'intérieur des frontières de son pays avec le virement SEPA (Single Euro Payements Area). Ce virement remplace les virements domestiques propres à chaque pays et le virement transfrontalier entre les pays de l'espace SEPA. Il est exécuté en 1 jour ouvré. Pour faire un tel virement, il faut demander au destinataire ses coordonnées bancaires, plus exactement les codes IBAN (identifiant international du compte) et BIC (identifiant international de l'établissement financier).

Si le compte du bénéficiaire du virement SEPA est tenu dans une devise autre que l'euro, sa banque fera la conversion.

Un virement SEPA inférieur à 50 000 € vers un autre pays de l'espace SEPA (hors Suisse) coûte le même prix, en termes de frais bancaires, qu'un virement à l'intérieur de l'hexagone.

● L'ouverture d'un compte en Europe par un résident français est à déclarer obligatoirement en même temps que ses revenus conjointement à sa feuille d'imposition (demander l'imprimé n° 3916) sous peine d'une amende de 1 500 € par compte non déclaré. Il en est de même de tout transfert d'argent en espèces entre le compte ouvert à l'étranger et le compte français supérieur à 10 000 €.

À NOTER

Les virements et les prélèvements nationaux ont été remplacés par leur équivalent européen : Single Euro Payments Area (SEPA). Dorénavant, les opérations de paiement non conformes à la norme SEPA sont rejetées par les banques et les établissements de paiement, qui ne sont plus autorisés à accepter des ordres de virement et de prélèvement aux formats nationaux.

> Le fonctionnement d'un compte bancaire

● Les obligations du banquier et du client

Le fonctionnement d'un compte bancaire emporte des obligations de la part de chacune des parties à la convention de compte, banquiers et particuliers.

● Le détenteur d'un compte bancaire doit :
– effectuer des opérations sur un compte créditeur et ne pas effectuer de retraits ni émettre des chèques sans provision ;
– gérer les mouvements de son compte et utiliser les produits et les services qu'il a souscrits, conformément aux conditions contractuelles y afférant, et à partir des informations délivrées par la banque.
À ce sujet, il est recommandé de vérifier avec attention les écritures portées sur les relevés de compte qui sont adressés périodiquement par les banques, de manière à pouvoir contester les erreurs y apparaissant.
Deux cas de figure peuvent se présenter :
– soit des sommes ont été indûment débitées sur le compte bancaire correspondant à un ou plusieurs paiements non réalisés par le client, ou à la facturation de services non utilisés ou antérieurement gratuits ; il convient, dans ce cas, de demander au banquier par lettre recommandée avec avis de réception la rectification de l'erreur constatée ou de la facturation dont il s'agit, dès lors que les banques ne sauraient facturer un service dont le client n'a pas été informé du prix et pour lequel son accord n'a pas été recueilli préalablement ;
– soit des sommes ont été créditées pour un montant erroné ou un chèque remis au paiement n'a pas été crédité, ou de manière tardive, et, dans ce cas, le client doit prouver la faute de la banque par tous moyens de preuve et demander la rectification, au besoin en justice, de l'erreur en cause.
Il est à noter que les clauses apparaissant sur les relevés de compte qui fixent un délai maximal (généralement 15 jours ou 1 mois), au-delà duquel les réclamations ne sont plus admises, ne sont pas opposables à l'usager en cas d'erreur d'écriture, par exemple, si des sommes ont été indûment débitées sur le compte alors que le client n'a réalisé aucun paiement, ou au cas où la banque facture au client des sommes correspondant à un service que ce dernier n'a pas utilisé. Il est toujours possible de contester des opérations erronées figurant dans les relevés de compte et de demander à la banque leur rectification au-delà du délai fixé et ce, pendant un délai de 5 ans (délai de prescription applicable au secteur bancaire).
À défaut de solution amiable avec la banque sur ce point, il est toujours possible d'engager une action judiciaire contre la banque.

● De son côté, la banque doit :
– remettre au client la convention de compte et les conditions tarifaires, lors de l'ouverture du compte

bancaire. La signature de ce document vaut acceptation par le client des conditions générales de banque dont il reconnaît avoir pris connaissance ;
– tenir le compte du client et exécuter les ordres qu'elle reçoit conformément aux règles légales, réglementaires et contractuelles. Chaque fois qu'elle reçoit un ordre de paiement émanant du détenteur du compte, elle doit procéder à la vérification de la validité de la signature à partir du spécimen qu'elle détient ;
– offrir au client des moyens de paiement et des services bancaires lui permettant de gérer son compte ;
– s'engager à respecter à l'égard du client un devoir d'information sur les conditions de fonctionnement du compte bancaire et sur les tarifs bancaires pratiqués.

Ainsi, la banque doit communiquer, par écrit ou par tout autre support durable (courriel notamment), les changements de tarifs des produits et services bancaires au moins 2 mois avant l'entrée en vigueur des modifications de prix. Si le client ne manifeste pas son opposition avant la date de l'entrée en vigueur de la modification, il est considéré comme l'acceptant. Lorsque le client refuse la modification dans le délai de 2 mois, la banque doit l'informer qu'il peut demander la clôture de son compte sans supporter aucun frais. La banque peut également décider de clôturer le compte de sa propre initiative.

En outre, l'établissement bancaire doit envoyer à chacun de ses clients, au mois de janvier, un document récapitulatif des frais qu'il a facturés pour la gestion du compte, y compris les intérêts qu'il a pu prélever en cas de compte débiteur.

Ces dispositions ont pour but d'assurer une transparence bancaire et de mettre fin à l'important contentieux passé.

ATTENTION ⚠

La hausse des tarifs des services bancaires est sans cesse dénoncée. Elle s'accompagne en plus d'un gonflement du nombre des services payants. Ainsi, par exemple, rares sont les banques qui aujourd'hui ne facturent pas à leurs clients des frais de tenue ou de gestion de compte, et ces frais sont en augmentation depuis 2016.

AVANTAGE

Pour permettre aux usagers des banques de comparer les différents frais qui leur sont facturés et de pouvoir accessoirement changer d'établissement, le ministère des Finances a mis gratuitement en ligne un comparateur public des principaux tarifs bancaires : www.tarifs-bancaires.gouv.fr.

FRAIS D'INCIDENT DE PAIEMENT ET COMMISSIONS D'INTERVENTION

Les frais que peuvent facturer les banques en cas d'incident de paiement sur le compte, autre que le rejet de chèque, ne doivent pas dépasser des montants plafonds qui ont été définis par le décret n° 2007-1611 du 15/11/2007 *(Voir pages Barème)*. En tout état de cause, les frais ne peuvent être supérieurs au coût de l'incident (*Code monétaire et financier, Art. D. 133-6*).

Cependant, ces plafonds ne tiennent pas compte de la pratique des commissions d'intervention, généralement facturées par les établissements bancaires en plus des frais d'incidents. Quand un paiement (un chèque, un prélèvement, un virement) se présente sur un compte bancaire insuffisamment approvisionné et que la banque accepte de laisser passer l'opération, celle-ci facture une commission d'intervention à son client, en plus des agios. Son montant est plafonné avec un coût moins important pour les clients bénéficiaires des services bancaires de base ou les clients en situation de fragilité souscrivant à une offre bancaire spécifique voisine des services bancaires de base *(Voir pages Barème)*. Les établissements bancaires ont l'obligation de proposer cette offre aux personnes en situation de fragilité financière. Les critères de détection des populations en situation de fragilité financière et le contenu minimal de l'offre spécifique sont définis par le décret n° 2014-738 du 30/6/2014 (*Code monétaire et financier, Art. R. 312-4-3*).

En outre, le client doit être informé préalablement, par son relevé de compte (au minimum 14 jours après la date d'arrêté de relevé de compte), de tout prélèvement de frais pour incident.

La liste des frais devant faire l'objet de cette information préalable a été fixée par le décret n° 2014-739 du 30/6/2014 (*Code monétaire et financier, Art. R. 312-1-2*).

Cette information, obligatoire depuis le 1/1/2016, est délivrée gratuitement.

À noter : les banques se sont engagées à plafonner à 20 € par mois et 200 € par an les frais pour incidents de paiement facturés aux clients les plus fragiles financièrement.

Le relevé d'identité bancaire

Le relevé d'identité bancaire, ou RIB, est un document émis par la banque sur lequel figure les coordonnées bancaires d'un client. Celui-ci peut donc, en le remettant aux personnes ou aux organismes avec lesquels il est en relation, faire inscrire sur son compte bancaire, par virement ou prélèvement, les sommes dont il est destinataire ou débiteur.

Le relevé d'identité bancaire permet ainsi de régler, par exemple, ses factures de téléphone ou de gaz et d'électricité, ses primes d'assurances, ses loyers, ses crédits..., ou de se faire virer des rentrées d'argent (prestations sociales, remboursement divers...). Les sommes correspondantes sont débitées ou créditées automatiquement au compte bancaire par son interlocuteur, à partir des informations figurant sur le relevé d'identité bancaire.

Les dates de valeur

Le système des dates de valeur est une pratique bancaire qu'il est préférable de bien connaître si l'on veut optimiser le fonctionnement de son compte bancaire.

Contrairement à ce qu'on pourrait penser, un chèque remis par un consommateur au guichet d'une banque n'est pas obligatoirement enregistré immédiatement au crédit de son compte. Il en est de même pour les chèques émis par un consommateur : ceux-ci ne sont pas systématiquement débités par la banque au moment où ils lui sont présentés. Il peut exister un décalage entre la réalisation effective d'une opération bancaire et sa transcription comptable.

Cependant, les banques doivent respecter des délais précis (*Code monétaire et financier, Art. L. 133-13 et L. 133-14*). Les opérations de paiement par chèque ne peuvent plus désormais être différées de plus d'1 jour ouvrable. Pour les autres moyens de paiement, c'est-à-dire le virement, le prélèvement ou le paiement par carte, les règles sont les suivantes :

– pour une somme à créditer, l'opération est prise en compte sur le compte du bénéficiaire le jour ouvrable au cours duquel elle est réalisée (et pas après) ;

– pour une somme à débiter, l'opération est prise en compte sur le compte du débiteur le jour ouvrable au cours duquel elle est réalisée (et pas avant).

Lorsqu'un particulier verse des espèces sur son compte et qu'il n'agit pas pour des besoins professionnels, la somme est productive d'intérêts immédiatement (*Code monétaire et financier, Art. L. 131-1-1 et L. 133-14*).

LE SOLDE BANCAIRE INSAISISSABLE

Près de 2 millions de Français font chaque année l'objet d'une saisie sur leur compte bancaire leur créant parfois de lourdes difficultés sociales. La totalité des avoirs disponibles sur un compte ne peut pas être intégralement saisie (*Code des procédures civiles d'exécution, Art. L. 162-2*). En effet, toute personne dont le compte bancaire ou postal fait l'objet d'une saisie dispose d'une somme insaisissable dont le montant est au plus égal à celui du RSA prévu pour un allocataire *(Voir pages Barème)*, dans la limite du solde créditeur du compte.

Pour obtenir le déblocage du solde bancaire insaisissable, vous n'avez pas de démarche à faire (*Code des procédures civiles d'exécution, Art. R. 162-2*). La procédure est automatique. En cas de problème, prenez contact avec la banque.

› La clôture du compte bancaire

Il existe trois principaux cas dans lesquels un compte bancaire peut être clôturé : à l'initiative de l'usager, à l'initiative de la banque, et suite au décès du titulaire du compte.

La clôture à l'initiative de l'usager

Tout client d'une banque peut, à tout moment, clôturer son compte bancaire, quelle qu'en soit la raison et sans avoir à se justifier. Toutefois, cette décision doit s'accompagner d'un certain formalisme et respecter certaines conditions :

– la clôture d'un compte doit être faite, par le client, par lettre recommandée avec avis de réception ;

– la clôture d'un compte ne peut être réalisée qu'après solde de tout compte, ce qui suppose que l'usager ait retiré les sommes de son compte bancaire ou qu'il les ait transférées sur son nouveau compte. Il est à souligner que si la clôture d'un compte débiteur est possible, le client qui en a pris l'initiative doit, malgré tout, régulariser son solde débiteur, sauf à se voir facturer des agios tant qu'il n'aura pas procédé à la régularisation.

ATTENTION ⚠

Le retrait total des fonds déposés n'entraîne pas la clôture du compte. Dans ce cas, le compte est soldé mais pas clos. La banque risque alors de prélever des frais pour compte inactif.

Grâce au service d'aide à la mobilité bancaire, le client qui change de banque n'a plus à prévenir lui-même les organismes à qui il fait des virements ou qui opèrent des prélèvements sur son compte courant. Le nouvel établissement doit lui proposer ce service gratuitement et sans condition (*Code monétaire et financier, Art. R. 312-4-4*).

Pour en profiter, le client doit signer un mandat de mobilité bancaire avec la nouvelle banque. Celle-ci se chargera alors de contacter dans les 2 jours ouvrés l'ancienne banque de son client pour obtenir la liste des prélèvements et des virements réguliers sur le compte bancaire ainsi que la liste des chèques émis et non encore débités au cours des 13 derniers mois.

Une fois les informations obtenues, la nouvelle banque accomplit toutes les formalités liées au changement de banque à la place de son client. Elle communique dans un délai de 5 jours ouvrés les nouvelles coordonnées bancaires à tous les organismes qui prélèvent (électricité, gaz, impôts, opérateur téléphonique…) et à ceux qui effectuent des virements réguliers (employeur, CAF, mutuelle, organismes de retraite…).

Ces organismes ont un délai de 10 jours ouvrés pour prendre en compte les nouvelles coordonnées bancaires et en informer le client. À l'issue de ce délai, tout nouveau prélèvement ou virement est effectué sur le nouveau compte. La nouvelle banque informe également son nouveau client des numéros de chèques non débités sur l'ancienne banque.

Dans le cadre du service d'aide à la mobilité, le client peut également demander à sa nouvelle banque de piloter la clôture de son ancien compte à une date différée de son choix, mais au moins 30 jours après la signature du mandat. Dans cette situation, l'ancienne banque devra informer, pendant une période de 13 mois, son ex-client de la présentation d'un virement, d'un prélèvement ou d'un chèque sur le compte clos (*Code monétaire et financier, Art. L. 312-1-7*).

La clôture à l'initiative de la banque

À l'instar de l'usager, toute banque peut, à tout moment, clôturer le compte bancaire de l'un de ses clients quelle qu'en soit la raison (cela touche généralement une clientèle jugée non rentable), et ce, sans avoir à se justifier. La banque doit toutefois informer l'usager par écrit ou sur tout autre support durable et respecter un préavis de 2 mois minimum (*Code monétaire et financier, Art. L. 312-1-1*). Ce délai doit permettre à l'usager d'effectuer les démarches nécessaires auprès d'une autre banque pour ouvrir un nouveau compte.

La banque n'a pas à motiver sa décision, sauf si le compte a été ouvert dans le cadre de la procédure du droit au compte. Dans ce cas, la décision de clôture doit faire l'objet d'une notification écrite et motivée adressée au client et à la Banque de France pour information. Un délai minimum de 2 mois est obligatoirement consenti au titulaire du compte (*Code monétaire et financier, Art. L. 312-1*).

On notera également que l'inactivité prolongée d'un compte ne peut être assimilée à une fermeture implicite de la part de son titulaire, sauf quand cette inactivité est d'une durée supérieure à 10 ans. Dans ce dernier cas, les sommes figurant sur le compte qui a été clôturé doivent être transférées à la Caisse des dépôts et consignations où le titulaire du compte ou ses héritiers peuvent les réclamer. Les sommes sont acquises à l'État 20 ans après leur dépôt à la Caisse des dépôts et consignations pour les comptes inactifs et 27 ans en cas de décès du titulaire du compte.

LE RELEVÉ DE COMPTE

Chaque opération effectuée sur un compte chèques est mentionnée sur un document écrit qui vous est adressé périodiquement et gratuitement à domicile. C'est le relevé de compte où figurent la nature, la date et les montants des dépôts/retraits et versements/encaissements que vous pouvez effectuer à l'aide de vos moyens de paiement mais aussi le total mensuel des frais bancaires facturés. Il doit, depuis le 1/1/2016, indiquer le montant et la dénomination des frais bancaires liés à des irrégularités et incidents que la banque entend débiter de votre compte. Le débit a lieu au minimum 14 jours après la date d'arrêté du relevé de compte (*Code monétaire et financier, Art. L. 312-1-5*). L'article R. 312-1-2 du Code monétaire et financier définit la liste des frais concernés : frais d'opposition (blocage) de la carte par la banque, frais de lettre d'information préalable pour chèque sans provision ou pour compte débiteur non autorisé, forfait de frais par chèque rejeté pour défaut de provision, frais de rejet de prélèvement pour défaut de provision, frais de non-exécution de virement permanent pour défaut de provision, commissions d'intervention….

Le montant de chacun de ces frais est précisé par l'intermédiaire du relevé de compte du client établi mensuellement ou, le cas échéant, selon la périodicité indiquée dans la convention de compte.

Il convient d'être attentif au contenu de ce document et de vérifier que toutes les opérations que vous avez effectuées y sont bien inscrites. Si tel n'est pas le cas, vous devez immédiatement avertir votre banque et lui demander les rectifications ou les explications nécessaires. En fait, deux cas de figures apparaissent :

– soit votre compte a été débité d'une ou de sommes qui ne correspondent à aucune opération que vous avez effectuée dernièrement, dans ce cas, il convient de le signaler à votre banque qui doit recréditer votre compte du montant correspondant. Toute erreur d'écriture peut faire l'objet d'une rectification de votre part pendant un délai de 5 ans ;

– soit votre compte est crédité d'une ou de sommes de manière indue : dans ce cas, il convient de le signaler à votre banque qui redébitera votre compte du montant correspondant. Si vous ne le faites pas, la banque peut procéder elle-même à cette opération pendant un délai de 5 ans. Vous ne pouvez arguer de votre bonne foi ou de l'erreur de la banque ou encore du fait que vous avez dépensé ces sommes pour vous opposer au remboursement de ce trop-perçu. À défaut, vous seriez condamné en justice sur le fondement de la théorie de l'enrichissement sans cause.

La loi n° 2001-1168 du 11/12/2001 dispose à cet effet que toutes les opérations en crédit ou en débit d'un compte de dépôt doivent être portées à la connaissance du client à intervalle régulier n'excédant pas 1 mois.

Bon à savoir : le relevé bancaire peut porter la mention selon laquelle à défaut de réclamation dans le mois suivant la réception du relevé, le client est censé avoir accepté les opérations figurant dessus. La Cour de cassation analyse le silence gardé pendant 1 mois par le client comme une présomption d'accord qui ne prive pas pour autant de la possibilité de contester une opération pendant le délai de contestation qui est désormais de 5 ans (*Cour de cassation, Chambre commerciale, 3/11/2004*). Cependant, s'il agit pendant le délai prévu au contrat, c'est la banque qui devra prouver la régularité de l'opération contestée. Au-delà, c'est au client lui-même de prouver l'irrégularité.

La clôture suite au décès du titulaire

Le décès du titulaire d'un compte bancaire entraîne automatiquement :

– le blocage du compte jusqu'à la liquidation de la succession, sauf pour le paiement des impôts et des prélèvements bancaires ainsi que pour le paiement des obsèques, sur présentation de la facture, dans la limite du solde créditeur et d'un plafond fixé à 5 000 € ;

– la caducité des mandats de gestion et des procurations confiés par le titulaire du compte à sa banque ou à des tiers.

Il est à noter que les chèques en circulation au moment du décès sont payés si leur émission est antérieure au décès. De manière à éviter les cas de fraudes, c'est la date apposée par la chambre de compensation de la Banque de France, et non la date mentionnée sur le chèque, qui fait foi.

L'arrêté comptable des comptes bancaires du défunt et de tous ses actifs est effectué à la date du décès. Il est donc recommandé au conjoint survivant ou aux héritiers d'avertir rapidement la banque du défunt.

La clôture définitive du compte n'intervient qu'une fois la succession réglée.

ATTENTION ⚠

Le décès entraîne l'ouverture d'un dossier de succession et la perception par la banque de frais spécifiques. Ces frais de traitement d'une succession ne sont pas plafonnés par la loi et restent, à l'heure actuelle, librement fixés par les établissements.

La clôture d'un compte joint

La résiliation d'un compte joint ne peut se faire qu'avec l'accord des cotitulaires du compte. En cas de refus de l'un, l'autre peut demander à la banque

la désolidarisation du compte et sa transformation en compte indivis. La signature des deux titulaires du compte est ensuite nécessaire pour faire fonctionner le compte.
Celui qui souhaite fermer le compte peut également le dénoncer auprès de la banque et en informer le co-titulaire. Lorsque le compte joint est désolidarisé et si la convention de compte le permet, le compte peut alors rester ouvert au nom de celui qui s'est opposé à sa fermeture. Il sera désormais seul autorisé à le faire fonctionner.

- Le décès de l'un des titulaires du compte joint n'entraîne pas le blocage de celui-ci, quand le compte joint a été ouvert au nom de « M. ou Mme ». Le conjoint survivant peut donc utiliser les sommes y figurant, du moins dans la limite de 50 % (cas classique d'un couple marié sous le régime de la communauté de biens réduite aux acquêts), sauf à rendre compte aux héritiers de l'utilisation de l'autre moitié et à s'exposer à une action judiciaire en cas d'utilisation abusive.

ATTENTION ⚠

Lorsque le compte joint porte la mention « Monsieur et Madame », le compte est bloqué au décès de l'un d'eux.

À NOTER

En cas de décès d'un titulaire d'un compte joint, les héritiers ont la possibilité de demander le blocage des avoirs figurant au compte.

À NOTER

Le banquier est tenu de déclarer aux services fiscaux le montant et la nature des avoirs que détenait le défunt.

QU'EST-CE QU'UN COMPTE BANCAIRE INACTIF ?

Un compte bancaire est considéré comme inactif lorsqu'aucune opération n'a été enregistrée pendant 12 mois consécutifs et que pendant ce même délai, le titulaire du compte ne se manifeste pas. Il en va de même si le titulaire du compte est décédé et qu'aucun héritier n'a réclamé les fonds dans les 12 mois qui suivent le décès.
Afin de réduire ces fonds dormants, les banques doivent recenser annuellement, depuis le 1/1/2016, les comptes inactifs en consultant le registre national d'identification des personnes physiques (RNIPP) tenu par l'INSEE. Ces établissements doivent également publier, chaque année, le nombre de comptes inactifs et le montant total des dépôts et avoirs inscrits sur ces comptes. Ces comptes inactifs sont transférés à la Caisse des dépôts et consignations au bout de 3 ans en cas de décès du titulaire du compte ou de 10 ans en cas d'inactivité du compte (*Code monétaire et financier, Art. L. 312-19 et L. 312-20*). Les frais applicables à ces comptes bancaires inactifs sont encadrés (*Code monétaire et financier, Art. R. 312-19*).

Les moyens de paiement

On entend par moyens de paiement les procédés mis à la disposition du client par sa banque pour régler ses achats ou payer des tiers. Les moyens de paiement les plus utilisés en France sont le chèque et la carte bancaire, mais on note l'émergence des modes de règlement par virement et prélèvement.

Le chèque

La délivrance du chéquier

La délivrance d'un chéquier n'est pas un droit. Les banques ont simplement l'obligation de motiver leur refus au consommateur qui en a fait la demande, sans que les motifs allégués puissent être contestés, sauf s'ils ont comme fondement une volonté de discrimination raciale, politique ou religieuse ou une volonté de nuire de la part du banquier.

Toutefois, lorsqu'une banque refuse la délivrance d'un chéquier, elle doit proposer des moyens de paiement alternatifs pour un tarif mensuel forfaitaire limité. L'offre, différente selon les banques, comprend un nombre adapté d'opérations effectuées par virements, prélèvements, titres interbancaires de paiement ainsi que la remise d'une carte de paiement à autorisation systématique. Tous les clients, même dépourvus de chéquier, peuvent ainsi faire face aux dépenses de la vie quotidienne.

Avant la délivrance du premier chéquier, la banque doit interroger le fichier central de la Banque de France pour s'assurer que le client n'est pas interdit de chéquier. Le banquier ne peut, en effet, délivrer des formules de chèques de paiement à une personne en situation d'interdiction bancaire.

La délivrance des chéquiers est gratuite (des frais d'expédition au domicile du client peuvent cependant être facturés).

Les chéquiers peuvent être adressés par la banque au domicile du client si celui-ci le souhaite. La loi n'impose pas à la banque d'adresser le carnet de chèques sous pli recommandé. Mais la banque qui, de sa propre initiative, adresse un chéquier à son client par courrier simple est considérée accepter le risque de vol et engage sa responsabilité. La Chambre commerciale de la Cour de cassation a considéré dans un arrêt du 28/2/1989 qu'en cas de perte ou de vol d'un chéquier adressé sous pli simple par la banque, cette dernière est responsable, et donc tenue de verser, sur le compte de son client, la totalité des sommes éventuellement prélevées. En revanche, si c'est le client qui opte pour le courrier simple, il en supporte seul les conséquences. La remise en main propre au guichet apparaît comme une solution sûre et sans risque puisque le titulaire est directement mis en possession de son chéquier sans l'intervention d'aucun intermédiaire.

Les différentes sortes de chèques

Sous le terme générique de chèque se cachent quatre instruments bien différents :

Il y a tout d'abord le plus utilisé, le chèque de paiement, c'est-à-dire le chèque émis par son possesseur en vue du règlement d'un achat ou d'une prestation de service.

Il comprend les mentions obligatoires suivantes (*Code monétaire et financier, Art. L. 131-2*) :
– le mot chèque inscrit dans la langue employée pour la rédaction du titre ;
– un mandat de payer une somme déterminée (« Payez contre ce chèque la somme de… ») ;
– le nom de celui qui doit payer, nommé le tiré ;
– l'indication du lieu où le paiement doit s'effectuer ;
– la date et le lieu de création du chèque ;
– la signature de celui qui émet le chèque, nommé le tireur (signature manuscrite et conforme au spécimen déposé à la banque).

À côté du chèque de paiement, il existe trois autres sortes de chèque, moins utilisées, mais dont l'avancée en matière de garanties offertes est indéniable : le chèque visé, le chèque certifié, le chèque de banque.

Le chèque visé signifie qu'au jour de l'apposition d'un visa par la banque, la provision est disponible ; mais la banque n'est pas tenue de bloquer cette provision qui pourra se révéler insuffisante lors de la présentation du chèque au paiement. C'est la formule la moins usitée.

● Le chèque certifié présente plus de garanties : la banque y appose un cachet qui signifie que la provision est bien réelle et bloquée pour une durée de 8 jours. À l'expiration de ce délai, il redevient un chèque ordinaire. La certification établie par la banque précise la date et le montant du chèque ; elle contient la signature de la banque par un procédé mécanique de marquage ou d'impression indélébile. La certification peut être demandée par le signataire du chèque ou son bénéficiaire.

● Le chèque de banque est un chèque de caisse émis par le banquier lui-même pour le compte du créancier de son client. Le banquier débite simultanément le compte de son client du montant concerné. Ce chèque a un coût non négligeable, variable selon les établissements (de 7 € à plus de 15 €) mais il constitue la meilleure garantie de solvabilité ; il est valable 1 an et 8 jours.

L'utilisation du chèque

● L'émission d'un chèque met en présence trois interlocuteurs :

– le tireur, c'est-à-dire celui qui établit le chèque ;

– le tiré, c'est-à-dire la banque qui a la charge du compte du tireur ;

– le bénéficiaire, c'est-à-dire celui pour le compte duquel le chèque est émis.

● Le parcours du chèque à partir de son émission est le suivant ; une fois remis par son bénéficiaire à son agence bancaire, celle-ci crédite le compte du bénéficiaire par anticipation. Envoyé au centre de traitement de cette banque, il est ensuite expédié à destination d'une chambre de compensation gérée par la Banque de France qui le fait à son tour parvenir au centre de traitement de la banque de l'émetteur ; après vérification, celle-ci débite le compte du tireur. En cas d'opposition ou de provision insuffisante, elle peut rejeter le chèque qui est alors retourné avec la mention « impayé ». Le compte indûment crédité est alors débité et supporte, en plus, les éventuels frais de retour du chèque impayé.

À NOTER

Le client qui le désire peut obtenir une copie d'un chèque qu'il a émis. Ce service est généralement payant.

● Avant son émission, le chèque a une durée de vie illimitée. Une fois le chèque émis, sa durée de validité est limitée à 1 an et 8 jours, c'est-à-dire que tout chèque présenté pendant cette période doit être payé par le banquier dès lors que la provision existe. Passé ce délai, le banquier devra en refuser le paiement, même si la provision existe. Le bénéficiaire du chèque peut en exiger un nouveau puisque le débiteur est tenu de sa dette tant que le montant du chèque n'a pas été effectivement encaissé ; la seule remise du chèque au créancier ne libère donc pas le débiteur.

À NOTER

La date d'émission d'un chèque fixant le point de départ des délais de présentation et de recours et déterminant le moment du transfert de la propriété de la provision, un chèque sans date d'émission doit être considéré comme non valide et donc rejeté par la banque (Réponse ministérielle, 11/9/2008, Q n° 2550).

● Les précautions élémentaires à observer lors de la rédaction d'un chèque sont les suivantes :

– écrivez au stylo-bille (dont l'encre a la caractéristique d'être indélébile), noir de préférence ;

– remplissez entièrement l'espace destiné à la somme à payer au moyen d'un tiret horizontal. La somme à payer doit figurer en chiffres et en lettres. À défaut de concordance entre les deux mentions, c'est la somme en lettres qui prévaut ;

– signez toujours de manière identique et de façon manuscrite. Un chèque n'est valable qu'avec la signature de celui qui l'émet. La banque est responsable si elle paie un chèque dont la signature est fausse, même si elle est bien imitée ;

– évitez les ratures et écrivez lisiblement ;

– indiquez la date réelle d'émission du chèque. La loi interdit de « postdater » le chèque ; un tel comportement est passible d'une amende de 6 % du montant du chèque (avec un minimum de 0,75 €). En outre, cette opération est inutile : celui à qui est remis le chèque postdaté peut valablement en demander le paiement auprès de sa banque avant sa prétendue date d'émission. La banque sera dans l'obligation de lui créditer son compte des sommes correspondantes. Le chèque ne peut, en aucun cas, constituer un instrument de crédit ; c'est un instrument de paiement dit « à vue » et les facilités de paiement offerts par certains professionnels (paiement en 3 fois sur 3 mois) peuvent se retourner contre le consommateur, dès lors que ces professionnels peuvent remettre les chèques à leur banque immédiatement en vue de leur paiement.

CHÈQUE BARRÉ, CHÈQUE NON BARRÉ

Les chèques délivrés par les banques sont des chèques barrés depuis 1978 et ce, pour des raisons fiscales. Ils ne peuvent être payés qu'à une banque, un établissement de crédit ou à un centre de chèques postaux, et non directement à la personne qui en est le bénéficiaire. Toutefois, il est possible d'obtenir de sa banque des chèques non barrés dont l'intérêt est de pouvoir se faire régler directement en espèces au guichet d'une banque. Ces chèques sont payants. Pour contourner le caractère onéreux du chèque non barré, il est possible de rédiger des chèques sur papier libre, à condition que votre convention de compte ne l'interdise pas, en y faisant figurer toutes les mentions obligatoires.

L'acceptation d'un chèque par un commerçant ou un professionnel

- Un commerçant est en droit de refuser les chèques ou de ne les accepter qu'au-delà d'un certain montant, mais il doit en informer sa clientèle par un affichage lisible et visible de l'extérieur.
- En revanche, les membres d'un centre de gestion agréé (par exemple, certains médecins ou avocats) sont tenus d'accepter le paiement par chèque.
- Tout règlement à un professionnel d'un bien ou d'un service d'une valeur supérieure à 1 000 € effectué par un particulier non commerçant doit être fait, sous peine d'amende, par chèque barré, par virement, par carte bancaire ou de crédit depuis le 1/9/2015. Par ailleurs, doivent être faits par chèque ou par virement tout versement de salaire supérieur à 1 500 €. Toute infraction à ces dispositions est passible d'une amende administrative qui ne peut excéder 5 % des sommes payées.
- Le commerçant ou le professionnel peut demander au consommateur qui le règle par chèque la présentation d'une pièce d'identité. On entend par pièce d'identité, un document officiel comportant une photo d'identité (par exemple, une carte d'identité, un passeport, un permis de conduire…).

À NOTER

Le ministère des Finances a pris un certain nombre de mesures en vue de lutter contre le blanchiment d'argent ou le financement du terrorisme. Il est interdit de payer en espèces un bien coûtant plus de 1 000 €. Ce montant est fixé à 3 000 € pour les paiements en monnaie électronique (Code monétaire et financier, Art. D. 112-3). En outre, les dépôts et retraits d'espèces supérieurs à 10 000 € (cumulés sur 1 mois) sont systématiquement signalés à Tracfin (cellule française de lutte contre le blanchiment et le financement du terrorisme)(Code monétaire et financier, Art. R. 561-31-2). Enfin, une pièce d'identité est demandée pour toute opération de change manuel supérieure à 1 000 €.

Le chèque sans provision et l'interdiction bancaire

Un consommateur ne peut émettre un chèque qu'à partir du moment où il dispose des sommes suffisantes sur son compte pour que le chèque soit payé à son bénéficiaire. Les sommes dont il s'agit portent le nom de provision.

Celle-ci doit être disponible au moment où le chèque est présenté (ainsi que les autres règlements, notamment par carte bancaire). À défaut, la banque peut rejeter le chèque présenté au paiement. Cette sanction génère ce qu'on appelle un incident de paiement mettant l'émetteur du chèque dans une situation dite d'interdiction bancaire, c'est-à-dire dans l'impossibilité d'émettre d'autres chèques ou de régler par carte bancaire, sauf s'il régularise sa situation de débiteur.

Le régime de l'interdiction bancaire

Il y a chèque sans provision lorsque la somme disponible sur le compte est insuffisante (ou inexistante) pour régler le chèque émis.

Afin de limiter le nombre de personnes inscrites au fichier des interdits bancaires de la Banque de France (chaque année près de 1,5 million d'usagers font l'objet d'une interdiction), un ensemble de mesures ont été prises dans la loi n° 2001-1168 du 11/12/2001.

Lorsque le banquier refuse le paiement d'un chèque pour provision insuffisante, il procède au rejet du chèque et compte des frais de rejet à son client. La loi du 11/12/2001 lui impose de prévenir le titulaire du compte du défaut de provision par tout moyen approprié : courrier, fax, mail… afin de lui épargner les frais de rejet s'il approvisionne son compte rapidement (*Code monétaire et financier, Art. L. 131-73*).

Le client qui émet un chèque sans provision est redevable de frais de rejet dont le montant est plafonné. La valeur de ces plafonds a été fixée par le décret n° 2007-1611 du 15/11/2007 *(Code monétaire et financier, Art. D. 131-25)* *(Voir pages Barème)*.

À défaut de régularisation rapide, l'incident de paiement est inscrit au fichier de la Banque de France. Une injonction est adressée, par lettre recommandée avec avis de réception, au client défaillant laquelle l'oblige :
– à restituer toutes les formules de chèque en sa possession, auprès des différentes banques où il a souscrit un compte ;
– à ne plus émettre de chèque jusqu'à la régularisation du chèque impayé, ou, à défaut, pendant 5 ans.

Le banquier doit également informer les personnes qui disposent d'une procuration leur permettant d'utiliser le compte ouvert au nom de l'utilisateur, de la sanction encourue.

La lettre d'injonction précise également les moyens à la disposition de l'émetteur pour régulariser sa situation.

À NOTER

Des lettres d'injonction peuvent être adressées par la banque à son client pendant un délai d'1 an même si le compte sur lequel le chèque est tiré a été clôturé.

À NOTER

Si le banquier omet de réclamer à son client la restitution de son chéquier après la décision d'interdiction bancaire ou s'il délivre des chéquiers à un client inscrit au fichier national des chèques irréguliers, il doit payer les chèques émis, même s'ils sont sans provision.

AVANTAGE

La banque est tenue de payer les chèques d'une valeur inférieure ou égale à 15 €, même si la provision du compte n'est pas suffisante, à une condition toutefois : le chèque doit être présenté moins d'1 mois après sa date d'émission.

Le régime de l'interdiction judiciaire

Si l'interdiction bancaire est déclenchée par le banquier qui rejette un chèque que son émetteur a remis au bénéficiaire alors que la provision était insuffisante pour le payer, il est toujours possible à la personne à qui a été remis le chèque sans provision de porter plainte contre l'émetteur du chèque et de demander des dommages et intérêts à hauteur du préjudice subi. Cette possibilité est offerte au bénéficiaire du chèque, notamment dans les cas suivants :
– retrait (par tout moyen) de tout ou partie de la provision, après émission d'un chèque, avec l'intention de porter atteinte aux droits d'autrui ;
– opposition faite à la banque de payer le chèque, dans des cas autres que ceux légalement autorisés, après émission du chèque et avec l'intention de nuire aux droits d'autrui ;
– émission d'un ou de plusieurs chèques par une personne interdite bancaire ou judiciaire.

Dans ces cas, le tribunal correctionnel peut condamner le contrevenant à une peine d'emprisonnement pouvant aller jusqu'à 5 ans et/ou à une amende de 375 000 € au maximum, et prononcer une interdiction judiciaire de procéder à l'émission de chèques de paiement pour une durée maximale de 5 ans (*Code monétaire et financier, Art. L. 163-2* ; *Code pénal, Art. 131-6*). L'interdiction judiciaire a la même portée que l'interdiction bancaire et s'accompagne de l'injonction adressée à l'émetteur du chèque de restituer à son banquier les formules de chèques qu'il détenait ou qui se trouvaient en possession de ses mandataires (*Code monétaire et financier, Art. L. 131-73*). Toutefois, contrairement à l'interdiction bancaire qui peut être régularisée, permettant ainsi à son auteur de retrouver des moyens de paiement, l'interdiction judiciaire ne peut être régularisée, et le contrevenant doit attendre la fin de la période d'interdiction bancaire résultant du jugement pour retrouver une situation bancaire normale.

La notification à la Banque de France

Sauf régularisation, la Banque de France doit être avertie dans les 2 jours à compter de l'incident de paiement. Celui-ci est enregistré au fichier national des chèques irréguliers consultable par tous les établissements de crédit et par tous les commerçants. La mesure d'interdiction bancaire ou judiciaire est transmise, par la Banque de France, aux autres banques auprès desquelles l'émetteur du chèque sans provision détient des comptes bancaires.

Il est à noter que la Banque de France a la faculté d'annuler la déclaration d'incident de paiement à la demande de son auteur, si cette déclaration procède d'une erreur de la banque ou si le titulaire du compte prouve qu'un événement qui ne lui est pas imputable a entraîné la disparition de la provision (par exemple, les impôts qui auraient prélevé la somme de 5 335 €, au lieu de 535 €…).

AVANTAGE

Tout bénéficiaire d'un chèque peut interroger, à titre payant, la Banque de France pour vérifier si celui-ci n'a pas été déclaré comme perdu ou volé, ou émis par une personne frappée d'interdiction bancaire ou judiciaire.

À NOTER

On ne peut former opposition au paiement d'un chèque que l'on a signé et remis à son destinataire qu'en cas de perte, de vol, d'utilisation frauduleuse du chèque, de procédure de sauvegarde, de redressement ou de liquidation judiciaire du porteur (Code monétaire et financier, Art. L. 131-35). Toute opposition irrégulière est punie d'une peine d'amende ou d'emprisonnement. Par exemple, il est interdit de faire opposition à un chèque émis pour régler une marchandise commandée par correspondance sous prétexte que celle-ci ne correspond pas à ce que l'on attendait.

L'interdiction bancaire et le compte joint

Si l'incident de paiement se produit sur un compte joint, la sanction de l'interdiction bancaire est applicable à tous les cotitulaires de ce compte, quel que soit l'auteur du chèque sans provision (*Code monétaire et financier, Art. L. 131-80*). De plus, les cotitulaires du compte joint sont interdits bancaires sur tous les autres comptes personnels respectifs qu'ils peuvent détenir, même dans d'autres établissements de crédit, s'ils n'ont pas pris la précaution de désigner à l'avance et, d'un commun accord, dans la convention de compte, l'un d'entre eux comme seul responsable d'une éventuelle émission de chèques sans provision. En revanche, si cette précaution a été prise, seul le titulaire désigné responsable sera interdit sur le ou les éventuels comptes dont il pourrait être détenteur individuellement ; le ou les autres titulaires du compte joint peuvent alors continuer à tirer des chèques sur leur (s) compte (s) personnel (s).

La faculté de régularisation de l'incident de paiement

L'auteur d'un chèque sans provision est interdit bancaire pendant une durée de 5 ans s'il ne régularise pas sa situation (*Code monétaire et financier, Art. L. 131-78*). Pour régulariser sa situation, il doit régler le montant du chèque litigieux :

– soit directement entre les mains du bénéficiaire et ceci, en échange de la restitution du chèque impayé et de l'attestation de rejet que la banque a adressée au bénéficiaire. Ces documents, qui devront être remis à la banque, serviront de preuve du paiement. Ils ont pour effet de lever la sanction de l'interdiction bancaire ;

– soit auprès de sa banque en constituant une provision suffisante sur son compte et en demandant, par écrit, qu'elle soit affectée au règlement du chèque. Ceci entraîne son blocage dans l'attente d'une nouvelle présentation. Si l'on connaît les coordonnées du bénéficiaire du chèque, il est recommandé de lui demander de présenter de nouveau le chèque au paiement. À défaut de connaître le bénéficiaire, ou si celui-ci ne le représente pas au paiement, la régularisation sera validée par la constitution d'une provision sur un compte spécialement affecté au paiement du chèque et ce, pendant un délai d'1 an maximum au-delà duquel la provision redevient disponible. Dans les deux cas, si le chèque litigieux est représenté par le bénéficiaire, il faut en rapporter la preuve à la banque par présentation de l'écriture en compte figurant sur le relevé bancaire. À ce moment, la sanction de l'interdiction bancaire sera levée.

La régularisation effectuée, la banque doit remettre au client une attestation de régularisation et informer la Banque de France dans les 2 jours qui suivent afin que celle-ci procède à la radiation de l'usager au fichier national des chèques irréguliers.

Ce n'est qu'après la régularisation que l'intéressé recouvre la capacité d'émettre des chèques, à condition bien sûr qu'il n'ait pas été condamné à une interdiction judiciaire ou qu'il n'ait pas provoqué un incident de paiement sur un autre compte bancaire détenu par lui (*Code monétaire et financier, Art. R. 131-23*). Toutefois, la banque peut valablement refuser, après une interdiction bancaire, de délivrer un chéquier à son client.

AVANTAGE

La loi du 1/7/2010 a supprimé les pénalités libératoires dues au fisc que les auteurs de chèques sans provision, appelés « interdits bancaires », devaient régler afin d'obtenir leur radiation du fichier national des chèques irréguliers.

À NOTER

Toutes les contestations relatives à l'interdiction bancaire peuvent être soumises à la juridiction civile (Code monétaire et financier, Art. L. 131-79).

La victime d'un chèque sans provision

La victime d'un chèque sans provision doit agir rapidement auprès de sa banque de manière à préserver ses intérêts.

Lorsque le chèque présenté par le porteur au paiement est rejeté pour défaut de provision, la banque doit adresser à ce dernier une attestation de rejet.

À défaut de paiement du chèque ou de constitution d'une provision dans les 30 jours de sa présentation, le bénéficiaire du chèque peut soit demander à sa banque une nouvelle présentation du chèque, soit demander un certificat de non-paiement. L'envoi de ce certificat est automatique en cas de nouvelle présentation infructueuse du chèque au paiement. Tout versement effectué sur son compte chèque par celui qui a émis le chèque impayé est affecté en priorité à la constitution d'une provision pour le paiement intégral de celui-ci.

Le porteur dispose alors de la possibilité de faire signifier le certificat de non-paiement, par huissier ou par lettre recommandée avec avis de réception, à l'émetteur du chèque sans provision, ce qui vaut commandement de payer.

À défaut de régularisation de l'incident de paiement par son auteur dans les 15 jours à compter de la signification, l'huissier y appose la formule exécutoire. Le certificat de non-paiement a alors la même valeur qu'un jugement et le porteur du chèque peut engager des voies de recouvrement forcé pour récupérer le montant du chèque (injonction de payer, saisie sur salaire…) (*Code monétaire et financier, Art. L. 131-73*).

DES TARIFS BANCAIRES PLUS TRANSPARENTS

Afin de renforcer la transparence de la tarification des frais bancaires et de faciliter la comparaison des tarifs d'une banque à l'autre, la dénomination des principaux frais et services bancaires est harmonisée et les établissements de crédit sont tenus d'utiliser dans leurs plaquettes tarifaires (en ligne ou en version papier) les dénominations définies par le décret n° 2014-373 du 27/3/2014 (*Code monétaire et financier, Art. D. 312-1-1*). En outre, les banques se sont engagées :

– à faire figurer sur Internet une liste avec le prix de 11 services standards : abonnement permettant de gérer ses comptes sur Internet, système d'alerte par SMS de la situation du compte, carte de paiement international à débit immédiat et à débit différé, carte de paiement à autorisation systématique, retrait en euros dans un distributeur automatique de billets de la zone euro, virement Sepa, frais de prélèvement et de virement, commission d'intervention, assurance perte ou vol des moyens de paiement et enfin frais de tenue de compte (nouvelle rubrique que recommande de mentionner le comité consultatif du secteur financier) ;

– à proposer un « Forfait sécurité » pour réduire les frais pour incidents de paiement. Ce forfait comprend des moyens de paiement qui aident à maîtriser le solde de son compte (comme, par exemple, une carte anti-dépassement à la place du chéquier), des alertes sur le solde et un plafonnement des frais d'incidents en nombre et en valeur ;

– à porter sur les relevés de comptes que les consommateurs reçoivent chaque mois le total des frais bancaires payés le mois précédent.

Par ailleurs, un comparateur public des principaux tarifs bancaires est opérationnel sur le site *www.tarifs-bancaires.gouv.fr.*

À NOTER

Les frais de toute nature qu'occasionne le rejet d'un chèque sans provision sont à la charge de celui qui a émis le chèque.

La perte ou le vol du chéquier

Lorsque le titulaire d'un chéquier le perd ou se le fait dérober, il lui faut faire opposition dans les plus brefs délais pour éviter tout débit frauduleux sur son compte. L'opposition est également possible en cas d'utilisation frauduleuse du chèque, de redressement ou de liquidation judiciaires du porteur. Le banquier doit informer son client par écrit des sanctions encourues en cas d'opposition fondée sur une autre cause que celles qui sont permises (emprisonnement pouvant aller de 1 à 5 ans et/ou amende de 450 € à 375 000 € au maximum si l'opposition a été effectuée dans l'intention de porter atteinte aux droits d'autrui).

Si l'opposition est réalisée par téléphone ou oralement, elle devra être ultérieurement confirmée par lettre recommandée pour les cas de vol ou de perte. Il est utile d'y joindre le récépissé de la déclaration de perte ou de vol effectuée auprès du commissariat. Il faut également communiquer les numéros des chèques concernés. La banque répercute l'opposition dans tout son réseau et avise la Banque de France dans les 2 jours.

Il est à noter que la Banque de France a mis en place un numéro d'appel permettant aux titulaires victimes de la perte ou du vol de leur chéquier de faire opposition dans les plus brefs délais. Ce numéro est le 0 892 683 208, accessible 24 heures sur 24 et 7 jours sur 7. Toutefois, l'appel enregistré ne se substitue pas à l'opposition écrite que le client doit faire.

La carte bancaire

Cet instrument de paiement est de plus en plus utilisé en France, au détriment progressif du chèque et du règlement en espèces.

Il faut savoir que la loi du 30/12/1991 a rendu applicable aux cartes de crédit les dispositions applicables aux chèques en vertu du décret-loi du 30/10/1935, aujourd'hui codifié dans le Code monétaire et financier.

Les différentes sortes de cartes

On distingue les cartes nationales, internationales et les cartes haut de gamme. Ne sont pas assimilées aux cartes bancaires, les cartes dites « privatives », délivrées par les magasins associés à des organismes financiers.

Les cartes nationales

Elles se répartissent en deux grandes catégories : les cartes de retrait et les cartes de paiement :
– les cartes de retrait permettent uniquement de retirer de l'argent dans les distributeurs automatiques de billets. Certaines ne fonctionnent que dans les points de retrait du réseau de la banque émettrice, d'autres sont interbancaires. Elles offrent également l'accès à des opérations basiques, comme la consultation de l'état de son compte, le dépôt d'espèces, le virement ou la commande de chéquiers. Ces cartes sont soit gratuites, soit facturées, mais elles sont toujours d'un coût inférieur aux cartes de paiement ;
– les cartes de paiement permettent à leur titulaire, en plus du retrait d'argent dans tous les distributeurs de billets, de payer ses achats auprès des commerçants agréés par le réseau carte bancaire, achats qui sont plafonnés. Ce paiement s'effectue en composant sur un terminal de paiement électronique un code confidentiel (pour les sommes supérieures à 1 500 €, une signature est également exigée).

Le paiement sans contact : la plupart des nouvelles cartes sont désormais équipées pour permettre un paiement sans contact. Un logo rappelant le signal WIFI s'affiche sur la carte qu'il suffit de passer près d'un lecteur, sans taper le code confidentiel, pour débiter le compte d'une somme qui ne peut être supérieure à 50 € par opération (30 € avant le 11/5/2020). Pour des raisons de sécurité, le montant maximum cumulé des achats sans contact pour une période donnée (par jour, semaine ou mois) ainsi que le nombre maximum de transactions consécutives autorisées sont limités. Ces limites varient selon les banques. Une fois l'un de ces seuils atteint, il faut effectuer une opération avec saisie du code confidentiel (par exemple, un retrait ou un paiement) pour réinitialiser les plafonds.

Il est possible de demander à sa banque de ne pas équiper la carte de la fonction paiement sans contact.

Certaines cartes de paiement sont dites « à débit immédiat ». Ceci signifie que le montant des achats est débité, dès la présentation au paiement par le commerçant. D'autres sont dites à « débit différé », ce qui permet de repousser le débit des achats à la fin du mois. La banque procède en fait à une avance de fonds en payant d'avance les commerçants bénéficiaires avant de débiter le compte à la fin du mois.

On constate sur ce point deux pratiques différentes : soit la banque débite effectivement le dernier jour du mois toutes les factures qui lui sont parvenues avant cette date ; soit elle instaure un jour-butoir (aux alentours du 20 du mois) après lequel les factures présentées au paiement seront débitées à la fin du mois suivant.

La formule du débit différé apparaît comme une formule intéressante en terme de crédit et de disponibilité des fonds ; il n'en reste pas moins qu'elle peut engendrer certains excès de la part du client imprévoyant. En tout état de cause, la provision doit être suffisante à la fin du mois pour régler toutes les factures qui se présentent, sous peine de se voir facturer des agios. Ces cartes à débit différé ont un coût plus important pour les banques qui les facturent donc plus cher.

Les cartes de paiement procurent également des services annexes propres à chaque établissement.

À NOTER

Comme le font déjà les enseignes de la grande distribution, les banques proposent désormais des cartes de crédit présentant une double fonction. Ces cartes, en effet, permettent de payer au comptant un achat (le cas échéant avec un paiement différé à la fin du mois) ou à crédit. Le détenteur de ces cartes peut donc acheter le bien en cause par le biais d'un crédit renouvelable. De telles cartes banalisent le recours aux crédits renouvelables, présents dans 90 % des dossiers de surendettement. Les enseignes commerciales qui proposent à leurs clients des avantages de toute nature incluant un crédit renouvelable doivent proposer un programme comportant des avantages de toute nature mais non liés à un crédit (Code de la consommation, Art. L. 312-63).

À NOTER

La mention « carte de crédit » doit être apposée sur les cartes liées à l'ouverture d'un crédit à la consommation. Sont visées les cartes permettant des paiements différés.

À NOTER

Il existe également des cartes à autorisation systématique. Lors du paiement d'un achat ou d'un retrait d'argent, quel que soit le montant de l'opération, une demande d'autorisation est effectuée automatiquement auprès de la banque du titulaire de la carte. L'opération n'est acceptée que si le solde du compte est créditeur ou si le montant du dé-

couvert n'est pas dépassé. Cette spécificité mise à part, ces cartes ont les mêmes caractéristiques que les autres cartes bancaires. Elles se nomment Visa Electron (réseau Visa) et MasterCard à autorisation systématique (réseau Mastercard).

Les cartes internationales

Elles procurent des services identiques aux cartes de paiement nationales mais leur champ d'application s'étend au plan international. Vous pouvez vous en servir pour effectuer des retraits de devises auprès des distributeurs de billets (DAB) ou des guichets de banque étrangers. Vous pouvez également vous en servir pour payer directement un commerçant dans la devise de son pays. L'apparition de l'euro a créé deux types d'opérations par carte bancaire à l'étranger : celles réalisées en monnaie de la zone euro (l'Union économique et monétaire comporte, en dehors de la France, les pays suivants : Allemagne, Autriche, Belgique, Chypre, Espagne, Estonie, Finlande, Grèce, Irlande, Italie, Lettonie, Lituanie, Luxembourg, Malte, Pays-Bas, Portugal, Slovaquie et Slovénie) et celles réalisées en monnaies hors zone euro. Pour les monnaies de l'Euroland (lire italienne, deutsche mark…), le risque de change a disparu : les paiements transfrontaliers sont au même coût que les paiements nationaux.

Les cartes internationales sont toutes assorties de prestations d'assistance relativement complètes (rapatriement médical, prise en charge jusqu'à certains plafonds des frais de soins à l'étranger, etc.). Elles disposent de services complémentaires variables selon les établissements (assistance juridique, assurance contre le vol des objets réglés avec la carte…).

Les plus connues sont la carte Visa et la carte Eurocard Mastercard. Leur prix d'achat est variable.

AVANTAGE

Les frais prélevés par un établissement bancaire lors des paiements électroniques par carte bancaire et des retraits dans les distributeurs automatiques dans un des pays de la zone euro, dans la limite de 12 500 €, sont identiques à ceux facturés par ce même établissement sur le plan national (Règlement CE n° 2560/2001 du 19/12/2001).

Les cartes haut de gamme

Elles ont vocation à procurer à leur utilisateur des services en quantité et/ou en qualité supérieure par rapport aux cartes nationales ou internationales en termes de retraits d'argent et de règlement des achats. Elles offrent, de plus, certains services annexes : assurance décès, assurance invalidité, indemnisation des vols de bagages, indemnisation des retards d'avions…

Ces garanties sont variables selon le type de carte, et parfois subordonnées à des conditions restrictives. Une lecture attentive du contrat et des conditions générales est donc nécessaire.

Les cartes les plus connues sont la Visa Premier et la Gold Mastercard.

L'obtention de la carte bancaire

À l'inverse du chéquier, la carte bancaire est payante ; son prix dépend de la nature de la carte acquise. Sa délivrance n'est pas automatique et, à l'instar du chéquier, se fait en fonction d'un critère salarial, généralement après une période probatoire. Cependant, si le compte bancaire a été ouvert dans le cadre de la procédure de droit au compte, la banque est obligée de délivrer gratuitement une carte de paiement à autorisation systématique ou, à défaut, une carte autorisant des retraits hebdomadaires dans les distributeurs de son réseau.

La carte bancaire ne peut être attribuée qu'après une demande spécifique du client. La durée de validité de la carte est généralement de 2 ans ; elle est mentionnée sur la carte. À échéance, le renouvellement de celle-ci est automatique.

La délivrance d'une carte bancaire donne lieu à la signature d'un contrat contenant les conditions et les modalités de son fonctionnement. Ce document est dénommé « contrat-porteur carte bancaire ». Il s'agit d'un document important qu'il est recommandé de lire, notamment en cas de litige avec sa banque sur l'utilisation de la carte bancaire.

Son contenu est le suivant :

– la banque s'engage à fournir au titulaire un service de caisse et à payer les achats effectués avec la carte ;

– le porteur s'engage à rembourser la banque des sommes payées au fournisseur. La provision du compte doit être suffisante, sauf autorisation de découvert ou débit différé. Attention : le porteur ne doit pas inscrire son code confidentiel à proximité de la carte, sur quelque support que ce soit.

À NOTER

Le fait, pour une banque, de délivrer une carte bancaire à un client sans que celui-ci en ait fait la demande est qualifiable d'envoi forcé. C'est une infraction condamnée par des peines d'amende.

ATTENTION ⚠

La carte bancaire reste la propriété de l'établissement émetteur qui peut en exiger la restitution à tout moment. Le cas échéant, le client peut demander le remboursement du montant de la cotisation correspondant à la durée de validité qui reste à courir.

À NOTER

En cas de détérioration, de perte ou de vol de la carte bancaire en cours de validité, la banque procède à son renouvellement anticipé. Cette opération n'est pas toujours gratuite.

L'utilisation de la carte bancaire

En ce qui concerne le retrait d'argent dans les distributeurs automatiques de billets (DAB) ou les guichets automatiques de banque (GAB), il y a lieu de respecter certaines règles :

– composez toujours votre code confidentiel à l'abri des regards indiscrets et ne vous laissez pas distraire lors d'un retrait ;

– quand le choix est proposé, demandez la délivrance d'un ticket et conservez-le jusqu'à réception de votre relevé de compte sur lequel figurera cette opération de retrait ;

– si la carte est « avalée », il faut se présenter à l'agence dont dépend le distributeur ; celle-ci doit rendre la carte sur présentation d'une pièce d'identité et vérifier la cause du dysfonctionnement de la carte et/ou du distributeur ;

– si le nombre de billets délivrés ne correspond à ce qui a été demandé (par exemple, on reçoit 100 € au lieu de 200 €), il faut demander à l'agence la vérification de l'enregistrement des bandes magnétiques et présenter une réclamation auprès de sa banque. Sur ce point, le contrat porteur prévoit que seuls les enregistrements de ces appareils ou leur reproduction sur un support informatique font foi et constituent la preuve des opérations effectuées au moyen de la carte, justifiant, à ce titre, leur imputation au compte du porteur. Toutefois, cette clause peut être contestée ;

– ne pas dépasser le plafond de retrait autorisé par sa banque. Ce plafond est généralement de 300 € par période de 7 jours consécutifs pour les retraits effectués dans des distributeurs n'appartenant pas au réseau bancaire de votre établissement. Il est généralement de 900 € en France et de 1 500 € à l'étranger, quel que soit le DAB utilisé, pour les cartes bancaires de prestige. Dans les DAB de votre banque, ces plafonds sont généralement plus élevés ;

– le porteur d'une carte qui, par trois fois, compose un code erroné se voit retenir sa carte par le distributeur.

ATTENTION ⚠

C'est désormais une pratique courante : la banque facture des frais au client qui va retirer de l'argent à un distributeur ne relevant pas de son réseau. La ponction est souvent de 1 € par retrait au-delà d'un certain nombre de retraits par mois (facturation le plus souvent à partir du 5e ou 7e retrait par mois).

LA MONNAIE ÉLECTRONIQUE

La loi n° 2013-100 du 28/1/2013 portant diverses dispositions d'adaptation de la législation au droit de l'Union européenne en matière économique et financière a intégré la monnaie électronique dans le Code monétaire et financier (*Code monétaire et financier, Art. L. 315-1 et s.*). De quoi s'agit-il ? La monnaie électronique est définie comme une valeur monétaire stockée sous une forme électronique : dans un porte-monnaie électronique, une carte prépayée, un téléphone portable ou un compte de règlement en ligne.

Les banques n'ont pas le monopole de l'activité d'émission et de gestion de la monnaie électronique. Elles sont en concurrence avec des « établissements de monnaie électronique ». L'obtention du statut d'établissement de monnaie électronique est soumise à la délivrance d'un agrément par l'Autorité de contrôle prudentiel et de résolution.

Avant de délivrer de la monnaie électronique, l'établissement doit présenter au client les conditions contractuelles dans des termes clairs et compréhensibles, notamment en ce qui concerne le montant des frais de remboursement et la possibilité de recourir à la médiation. Un établissement de monnaie électronique peut consulter le fichier central des chèques (FCC) tenu par la Banque de France comme élément d'appréciation, notamment pour délivrer un moyen de paiement.

Avec la monnaie électronique, on peut réaliser un paiement maximum de :

– 3 000 € lorsque l'on a son domicile fiscal en France ou que l'on agit pour les besoins d'une activité professionnelle ;

– 10 000 € depuis le 1/10/2018 (15 000 € avant cette date) lorsque l'on n'a pas son domicile fiscal en France ou que l'on n'agit pas pour les besoins d'une activité professionnelle (ce plafond est maintenu à 15 000 € pour les non-résidents en cas de paiement à une personne soumise aux obligations anti-blanchiment).

Les unités de monnaie électronique sont remboursables, en principe sans frais, dès que l'on en fait la demande. Des frais proportionnés peuvent parfois être prélevés, notamment lorsque l'on résilie le contrat avant le terme prévu.

Il est interdit à tout émetteur de monnaie électronique de verser des intérêts, ou toute rémunération ou avantage.

Bon à savoir : depuis le 1/1/2017, les cartes prépayées ne peuvent plus être anonymes. L'identité du titulaire de la carte est désormais obligatoire pour sa délivrance. Cette mesure ne s'applique toutefois pas aux cartes cadeaux dans la limite de 250 €.

● En ce qui concerne le règlement d'achat de biens ou de prestations de service dans les magasins à l'aide de la carte bancaire, les commerçants sont équipés d'un terminal électronique sur lequel la frappe du code personnel du porteur est faite (on parle de signature électronique). Si la France a adopté la carte à puce, à l'étranger, le paiement peut encore se faire par la prise d'empreinte de la carte sur le « fer à repasser » avec signature de la facturette.

On peut utiliser sa carte bancaire auprès des professionnels affichant le logo CB, en France comme à l'étranger. Un plafond d'autorisation de dépenses est fixé en moyenne à 1 500 € (7 500 € pour les cartes bancaires de prestige) par période de 30 jours consécutifs.

– Un commerçant affichant le logo CB sur sa vitrine ou sur sa caisse ne peut refuser le paiement par carte bancaire. De plus, il ne saurait demander au client le versement d'une quelconque somme supplémentaire lorsque le paiement est effectué à l'aide de la carte. En revanche, le professionnel a le droit de fixer un seuil en deçà duquel il peut exiger un autre mode de règlement que la carte bancaire.

– Il est fortement recommandé de frapper le code confidentiel à l'abri des regards indiscrets ou de vérifier le montant de la facturette avant de signer. Dans tous les cas, un double de la facturette doit être remis au consommateur par le commerçant.

– Pour les transactions au-delà d'un certain montant, variable selon les magasins, le commerçant est tenu de demander une autorisation au Centre carte bancaire, de manière à vérifier si le montant de la transaction ne dépasse pas le plafond d'autorisation de dépenses convenu dans le contrat porteur.

– Il est possible que la carte du porteur soit refusée par le terminal du commerçant, parce qu'elle est pleine ou saturée. Dans ce cas, il suffit que le commerçant demande une autorisation au Centre carte bancaire pour que le paiement soit validé.

– Le consommateur qui procède à des règlements au moyen de sa carte bancaire sans disposer d'une provision suffisante ne s'expose pas à une procédure d'interdiction bancaire. Toutefois, si les incidents sont trop fréquents, la banque peut procéder au retrait de la carte.

● En ce qui concerne les achats à distance (téléphone, Internet) à l'aide de la carte bancaire, la banque est autorisée à débiter le compte du porteur de la carte au vu des relevés de carte bancaire transmis par le commerçant alors même que le détenteur de la carte n'a pas tapé son code confidentiel.

Attention : la commande se fait en communiquant le numéro à 16 chiffres figurant en relief sur la carte (et non le code confidentiel à 4 chiffres), ainsi que la date de fin de validité de la carte et les 3 derniers chiffres figurant au dos de la carte (appelés cryptogramme). Certaines banques renforcent la sécurité et envoient par SMS un code supplémentaire à entrer pour le paiement. Au plus tard le 1/1/2021, toutes les banques devront pratiquer une authentification forte pour les paiements en ligne dépassant 30 €.

En ce qui concerne les achats par correspondance à l'aide de la carte bancaire, le paiement s'effectue en renvoyant le bon de commande signé, accompagné de la date d'échéance et du numéro à 16 chiffres de la carte.

AVANTAGE

Pour effectuer des achats en ligne et des paiements sur Internet, les banques proposent une e-carte Bleue. Vous n'avez plus besoin de communiquer votre numéro de carte, les risques de son utilisation frauduleuse s'en trouvent réduits. Le système consiste à télécharger un logiciel sur son ordinateur. Il faut ensuite, pour chaque achat en ligne, entrer son identifiant et son mot de passe. Un numéro unique, qui ne sert qu'une fois, vous est alors attribué : il suffit de le reporter sur le formulaire de commande du site.

Il est possible de faire opposition à sa carte en cas de perte ou de vol mais aussi en cas d'utilisation frauduleuse de la carte. Sont visées les opérations bancaires faites avec la carte à l'insu du détenteur de celle-ci par l'utilisation d'une carte contrefaite ou simplement à distance par l'utilisation de son numéro de code confidentiel. Il s'agit, par exemple, des achats effectués à distance à partir du numéro en clair de la carte ou copie des données inscrites sur la bande magnétique pour créer un double de la carte utilisable à l'étranger.

QU'EST-CE QUE LE CASH BACK ?

Le cash back est un service qui permet de retirer de l'argent liquide chez un commerçant à l'occasion d'un achat payé par carte bancaire. Il consiste, pour le commerçant, à remettre des espèces aux clients payant par carte pour un montant supérieur au bien acheté. Par exemple, un client effectue des achats pour 60 € dans un magasin, paie 100 € par carte et récupère 40 € en espèces.

Pour bénéficier du cash back, l'achat par carte bancaire doit être au minimum d'1 €. Le commerçant peut délivrer jusqu'à 60 € maximum en espèces.

Le cash back n'est pas proposé par tous les commerçants.

Attention : ce service n'est pas nécessairement gratuit. Le commerçant peut facturer des frais.

La perte, le vol, le détournement ou l'utilisation non autorisée de la carte

Le paiement réalisé au moyen de la carte bancaire est, en principe, irrévocable et le consommateur ne peut faire opposition à celui-ci, même à titre de sanction à l'encontre d'un professionnel avec lequel il a un litige. Désormais, le porteur de carte peut faire opposition en cas de perte, de vol, de détournement ou de toute utilisation non autorisée de la carte, ainsi qu'en cas de redressement ou de liquidation judiciaires du bénéficiaire. En cas de vol ou de perte, le titulaire doit agir sans tarder compte tenu de ses habitudes d'utilisation de la carte pour pouvoir bénéficier du plafond de franchise (*Code monétaire et financier, Art. L. 133-17*). La banque peut néanmoins imposer un délai pour faire opposition qui ne peut pas être inférieur à 2 jours francs après la perte ou le vol.

En cas de contestation d'une opération de paiement effectuée avec la carte, le titulaire toujours en possession de sa carte dispose de 13 mois pour effectuer une réclamation à compter de la date de l'opération litigieuse (*Code monétaire et financier, Art. L. 133-24*). Ce délai est raccourci à 70 jours si l'opération contestée a été réalisée hors de l'Espace économique européen.

Dans ces cas de figure, il convient de réagir vite et de faire opposition dès que possible en contactant son agence ou, par téléphone, les centres d'opposition joignables 7 jours sur 7, 24 heures sur 24. Chaque banque a son propre centre d'opposition. Demandez le numéro de téléphone à votre banque. En cas de besoin, vous pouvez appeler le serveur vocal interbancaire au 0 892 705 705 qui vous orientera vers le centre dont vous dépendez. Lors de votre appel, vous devez communiquer votre numéro de carte à 16 chiffres et uniquement celui-ci. Il est également nécessaire de faire une déclaration de perte ou de vol à la police ou à la gendarmerie.

Dès l'opposition effectuée par téléphone, il convient de la confirmer par lettre recommandée avec avis de réception ou, sur place, au guichet de sa banque. La confirmation doit mentionner le nom du porteur, le numéro de la carte (et non son code confidentiel), et être accompagnée du récépissé de déclaration de perte ou de vol délivré par le commissariat. En cas de contestation sur la date de l'opposition, c'est la date de réception de cette lettre recommandée par l'établissement de crédit qui fait foi. Il convient également de signaler à sa banque le fait que le voleur ait pu avoir, par quelque procédé que ce soit, communication du code confidentiel.

- Le titulaire de la carte est responsable de la garde et de l'usage de cette carte tout comme du code confidentiel qui y est attaché. Toutefois, en cas de vol ou de perte de la carte, si des dépenses ont été effectuées avant l'opposition, les opérations de paiement non autorisées sont remboursées totalement ou partiellement par la banque. Le niveau de remboursement dépend de l'utilisation ou non du code confidentiel lors de ces opérations. Ainsi, les dépenses effectuées après le vol ou la perte mais avant l'opposition sont :

– intégralement remboursées par la banque si le code personnel secret n'a pas été utilisé ;

– à la charge du détenteur, mais seulement dans la limite de 50 €, si les transactions frauduleuses ont été validées avec le code secret. Au-delà de ce montant, c'est la banque qui supporte la charge des débits frauduleux. Ce plafond de 50 € s'applique à l'ensemble des opérations effectuées avant la mise en opposition (achats effectués chez les commerçants et retraits dans les distributeurs automatiques de billets).

Mais attention : aucun remboursement ne sera effectué si le propriétaire de la carte a agi frauduleusement, s'il a fait preuve de négligence grave (code confidentiel noté près de la carte par exemple) ou s'il n'a pas fait opposition dans les meilleurs délais (voir plus haut). C'est à la banque d'apporter la preuve de la faute ou négligence, comme l'a rappelé la Cour de cassation dans un arrêt récent (*Cour de cassation, Chambre commerciale, 18/1/2017*).

À NOTER

La franchise de 50 € ne s'applique pas si : la perte ou le vol de la carte n'a pas pu être détecté avant la fraude ; la perte de la carte est le fait d'un employé de la banque émettrice. En pareilles situations, la banque doit restituer l'intégralité des sommes litigieuses et les frais bancaires payés (frais d'opposition par exemple).

Lorsque l'opposition est motivée par un usage frauduleux de la carte, les sommes litigieuses sont recréditées sans frais sur le compte du titulaire de la carte au plus tard dans le mois à compter de la réception de la contestation.

Les frais bancaires facturés à la suite de l'utilisation frauduleuse de la carte (mais pas en cas de perte ou de vol) sont remboursés.

La responsabilité du titulaire de la carte est dégagée pour toutes les opérations réalisées après la date de l'opposition. La banque assume seule le risque financier.

La Cour de cassation a confirmé l'irresponsabilité du titulaire de la carte bancaire en cas de débit frauduleux, même lorsqu'il y a eu composition du code confidentiel ou application du système de sécurisation « 3 D sécure », sauf si la banque prouve que le client a commis une faute lourde (*Cour de cassation, Chambre commerciale, 2/10/2007 et 29/5/2019, n° 18-10147 et 1re chambre civile, 28/3/2008*).

À NOTER

Apprenez par cœur votre code secret. Ne le confiez à personne et ne l'inscrivez nulle part.

AVANTAGE

Signez votre carte bancaire au dos. Vous éviterez ainsi qu'un fraudeur inscrive sa propre signature en cas de perte ou de vol de la carte.

ATTENTION ⚠

Le nombre de personnes victimes d'un débit frauduleux est passé de 501 000 en 2011 à 1 350 000 en 2018 (Source : Observatoire de la sécurité des moyens de paiement).

À NOTER

Si vous êtes victime, sur Internet, d'une fraude à la carte bancaire, vous pouvez désormais directement signaler cette fraude à la police sur le nouveau site baptisé Percev@l. Pour cela, vous devez vous connecter sur le site www.service-public.fr/particuliers/vosdroits/R46526. Attention : ce signalement ne vous dispense pas de faire opposition auprès de votre banque, ni de déposer plainte auprès des services compétents.

Les virements et les prélèvements bancaires

Ces deux opérations consistent en un transfert de fonds d'un compte à un autre par le biais d'écritures comptables et non par chèques, espèces ou carte bancaire. Le virement se fait à l'initiative du titulaire du compte à débiter, le prélèvement, au contraire, est effectué par le bénéficiaire avec l'accord du débiteur. Les avantages de ces modes de paiement sont la rapidité et la sécurité.

Les virements et prélèvements doivent tous être sous la forme SEPA (*Single Euro Payments Area* : espace unique de paiement en euros). Cette norme de paiement en euros permet de faire les virements et prélèvements de la même manière dans tout l'espace SEPA à savoir : dans les États membres de l'Union européenne, en Islande, au Liechtenstein, en Norvège, en Suisse et dans la principauté de Monaco.

Le virement

Ce mode de paiement permet de payer régulièrement, à date fixe, des sommes qui ne varient pas comme le loyer.

L'ordre de virement bancaire peut être donné par téléphone, par Internet, lors d'une opération dans un guichet ou directement à l'agence. Il est souhaitable, dans tous les cas, de le confirmer par écrit.

Le virement est un mandat donné par le client à sa banque ; celle-ci doit l'exécuter avec diligence et exactitude. La banque du donneur d'ordre, comme celle du bénéficiaire, doivent vérifier la régularité de l'ordre de virement.

Le bénéficiaire reçoit un avis de crédit mentionnant le nom du donneur d'ordre. L'absence de protestation de sa part signifie l'acceptation. Le donneur d'ordre reçoit un avis de débit mais le plus souvent, le virement lui est signifié sur son relevé de compte.

Le virement à destination d'une autre banque est un service payant dans la plupart des établissements.

Il existe également des possibilités de virement automatique d'un compte de dépôt vers un compte d'épargne, virement assorti d'une garantie de délai d'exécution. Le virement automatique en sens inverse n'est pas possible.

ATTENTION ⚠

Il est interdit de réaliser un virement d'un montant supérieur à la provision du compte de dépôt, sauf bien sûr à disposer d'une autorisation de découvert ou à profiter de la bienveillance de son banquier. À défaut, le virement ne pourra avoir lieu. La banque facture, en outre, des frais pour incident de paiement dont le montant est plafonné *(Voir pages Barème).*

AVANTAGE

Grâce au virement, vous ordonnez à votre banque de payer une somme fixe à la même personne, à une date convenue, ce qui vous assure une réelle tranquillité d'esprit.

À NOTER

Tout virement, ponctuel ou permanent, peut être interrompu à tout moment à votre demande.

Le prélèvement automatique

Il se différencie du virement par le fait qu'il est réalisé à l'initiative du bénéficiaire. La décision de recourir au prélèvement automatique doit cependant avoir reçu l'aval du titulaire du compte ayant vocation à être débité. Il est adapté aux créances à échéances régulières et à montants variables (EDF, ENGIE, Orange, impôts…).

Il doit faire l'objet d'un contrat entre le débiteur, son banquier et le bénéficiaire. Ce contrat mentionne l'identité des parties et désigne le compte à prélever, les dates et, éventuellement, les montants d'échéance ; si ce montant n'est pas prédéterminé, le bénéficiaire doit l'indiquer avec exactitude au débiteur préalablement à l'avis de prélèvement. Ce dernier a ainsi le temps de vérifier l'exactitude de la somme demandée, d'en contester le montant si nécessaire et d'ajuster éventuellement la provision de son compte.

Dans ce contrat, le débiteur donne un mandat à sa banque : il s'agit d'un ordre de paiement permanent soumis à l'accord du banquier. Il donne également mandat à son créancier d'émettre des avis de prélèvement auprès de sa banque.

Ces mandats sont révocables à tout moment, sauf clause contraire insérée dans le contrat.

Attention : à défaut de provision sur le compte sur lequel est réalisé le prélèvement, celui-ci ne peut avoir lieu. À la différence des chèques, les prélèvements ne sont pas présentés une nouvelle fois. L'avis de prélèvement sera donc retourné impayé à l'émetteur et ce dernier devra alors se faire payer par d'autres moyens (chèque, TIP, espèces…), ce qui ne lui interdit pas

d'user de voies d'exécution forcée à l'encontre du débiteur (saisies notamment).
La banque facture, en outre, des frais pour incident de paiement dont le montant est plafonné *(Voir pages Barème)*.

Le titre interbancaire de paiement (TIP SEPA)

Il s'agit d'un ordre de virement préétabli par le créancier et adressé au débiteur avec la facture. Il suffit alors à ce dernier de le dater, le signer et le renvoyer au centre de traitement qui lui est indiqué pour payer son créancier.
La première fois que l'on utilise ce mode de paiement, il faut joindre à l'envoi un relevé d'identité bancaire ou postal.
Le TIP SEPA est un ordre de virement à échéance : le compte est débité à la date d'échéance indiquée. C'est un moyen de paiement fiable traité par informatique et qui supprime le risque d'erreur humaine. Il a l'avantage de porter à la connaissance du débiteur le montant de la facture. Celui-ci peut refuser ce mode de paiement en ne renvoyant pas le TIP SEPA, car le paiement par TIP SEPA n'est jamais obligatoire.

À NOTER

Lorsque vous réglez vos factures par TIP SEPA depuis un certain temps, vous pouvez changer le compte que vous voulez voir débiter. Il suffit pour cela de fournir un nouveau relevé d'identité bancaire ou postal.

Le télépaiement

Ce mode de paiement permet de régler certaines factures par l'intermédiaire d'Internet (par exemple les amendes sur le site officiel *www.amendes.gouv.fr*). Le télépaiement est accessible de trois manières :
– par le site Internet de l'émetteur de la facture ;
– par le service de banque à domicile que proposent certaines banques ;
– en vous connectant au site *www.billpayment.fr* sur Internet.
Le télépaiement permet un prélèvement sur son compte.

AVANTAGE

Les rejets de prélèvement sur les services considérés comme essentiels (eau, électricité…) ne peuvent plus donner lieu à facturation de frais.

Les services bancaires

Les services offerts par les établissements de crédit ne se limitent pas à la fourniture de moyens de paiement (chèque, carte bancaire...). Les banques et les sociétés financières proposent également de nombreux services bancaires qui permettent à leurs clients de gérer au mieux leurs revenus et leurs dépenses.

Les découverts bancaires

Le découvert bancaire consiste, pour un client, à tirer des chèques sur un compte bancaire ou à opérer des retraits supérieurs à ce que la provision du compte autorise ; le banquier consent donc à honorer les paiements sur un compte insuffisamment approvisionné et à tolérer une situation débitrice du client. En pratique, le mécanisme du découvert bancaire est largement admis par les établissements de crédit, mais la banque n'est jamais contrainte d'accorder une telle facilité à un client, car l'émission de chèques sans provision est toujours répréhensible. Et si la plupart des banques tolèrent des incidents de paiement dans la mesure où cela leur rapporte de l'argent par l'intermédiaire du système des agios, cette tolérance n'est pas toujours bien définie ; elle varie selon la relation que le client a avec son banquier.

Il existe différents types de découverts bancaires : celui qui ne dure que quelques jours (moins de 30 jours), appelé « facilité de caisse », et celui qui dure plus de 30 jours, le découvert autorisé. Lorsqu'il dépasse les 3 mois, il est soumis aux règles du crédit à la consommation. S'il est compris entre 1 et 3 mois, seules certaines règles du crédit à la consommation lui sont applicables.

La facilité de caisse

Avec la facilité de caisse, le banquier honore sans concertation préalable avec le client, les chèques qui lui sont présentés alors même que la provision est insuffisante pour ce faire.

Ces facilités de caisse sont celles qui, généralement, permettent à un client de couvrir ses besoins de trésorerie périodiques, le plus souvent en fin de mois, en attendant sa paie. La situation doit donc être régularisée dans un délai de quelques jours.

Cette tolérance du banquier n'est pas gratuite : il s'agit d'un crédit occasionnel qui se paie ; des agios sont en effet décomptés au client en fonction du montant du découvert, de sa durée et du taux d'intérêt pratiqué par la banque.

Pour éviter les surprises et ne pas faire l'objet d'une interdiction bancaire, il est préférable d'avertir son banquier de la situation débitrice dans laquelle on risque de se trouver, à moins que la convention de compte établie avec sa banque prévoit une possibilité de découvert occasionnel automatique, lequel est généralement circonscrit dans son montant et dans sa durée.

Plusieurs précisions doivent être apportées s'agissant du fonctionnement d'une facilité de caisse :

– les agios décomptés au titre du découvert ne sauraient être supérieurs au taux d'usure ;

– le taux d'intérêt du découvert doit être connu par le client préalablement à l'octroi du découvert, et fixé par écrit dans la convention de compte. En effet, l'article L. 121-13 du Code de la consommation dispose que la convention de compte doit préciser le montant ou le mode de calcul des intérêts et autres frais ou commissions prélevés en rémunération des découverts et facilités de caisse. Par ailleurs, l'obligation de l'établissement bancaire d'informer ses clients des modifications tarifaires prévues à l'article L. 312-1-1 II du Code monétaire et financier s'applique. En l'absence de l'indication écrite du taux d'intérêt conventionnel applicable au découvert, seul le taux légal est applicable *(Voir pages Barème)*. Le client peut donc contester le taux d'agios qui lui est appliqué si la banque ne l'a pas informé préalablement de celui-ci et demander, au besoin en justice, l'application du taux légal ;

– le taux d'intérêt conventionnel applicable au découvert est le taux annuel effectif global dont le montant dépend du total du découvert pour la période considérée ;

– la facilité de caisse peut être révoquée sans préavis et sans notification expresse : le fait qu'un banquier ait accepté de payer une fois un chèque sans provision ne l'oblige pas à recommencer.

Sans autorisation, vous risquez de vous trouver en interdiction bancaire du fait de l'émission de chèque impayé par votre banque faute de provision sur votre compte. Toutefois, les tribunaux admettent qu'une facilité de caisse maintenue et renouvelée pendant une certaine durée, par exemple au-delà de 3 mois, constitue un découvert autorisé tacite et que la banque ne peut y mettre fin sans vous en avertir préalablement. À défaut, vous pouvez engager la responsabilité de la banque.

Le découvert bancaire autorisé compris entre 1 et 3 mois

Seules certaines règles du crédit à la consommation s'appliquent à ce type de découvert.

Avant de conclure avec son client une autorisation de découvert remboursable dans un délai supérieur à 1 mois et inférieur ou égal à 3 mois, le banquier doit lui donner les informations lui permettant de comprendre clairement l'étendue de son engagement.

Les informations précontractuelles doivent notamment contenir l'identité et l'adresse du prêteur, le type de crédit, le montant de l'autorisation, la durée du contrat de crédit, le taux débiteur et les conditions applicables à ce taux, les frais applicables dès la conclusion du contrat de crédit, le taux annuel effectif global à l'aide d'un exemple représentatif, les conditions et les modalités selon lesquelles le contrat peut être résilié, les frais que le prêteur peut demander à l'emprunteur en cas de défaillance, le cas échéant, une indication selon laquelle il peut être demandé à tout moment à l'emprunteur de rembourser le montant total du crédit ainsi que le délai pendant lequel le prêteur est lié par les informations précontractuelles (*Code de la consommation, Art. R. 312-32*).

Le contrat de crédit reprend l'ensemble de ces informations qu'il doit mentionner de manière claire et lisible (*Code de la consommation, Art. R. 312-33*).

Le banquier doit aussi adresser régulièrement au client un relevé de compte comprenant les conditions qui lui seront appliquées : la période précise sur laquelle porte le relevé de compte, la date et le solde du relevé précédent, la date et le montant des utilisations et des remboursements depuis le relevé précédent, le nouveau solde, le taux débiteur appliqué depuis le relevé précédent, tous les frais ayant été perçus depuis le relevé précédent ainsi que, le cas échéant, le montant minimal à payer pour la prochaine échéance (*Code de la consommation, Art. R. 312-34*). En cas d'augmentation du taux ou des frais, l'emprunteur est informé par écrit ou sur un autre support durable avant l'entrée en vigueur des modifications.

AVANTAGE

Le découvert bancaire ne peut être saisi par les créanciers du titulaire du compte.

Extraits du Code de la consommation

LE TAUX EFFECTIF GLOBAL

« **Art. L. 314-1**. Dans tous les cas, pour la détermination du taux effectif global du prêt, comme pour celle du taux effectif pris comme référence, sont ajoutés aux intérêts les frais, les taxes, les commissions ou rémunérations de toute nature, directs ou indirects, supportés par l'emprunteur et connus du prêteur à la date d'émission de l'offre de crédit ou de l'avenant au contrat de crédit, ou dont le montant peut être déterminé à ces mêmes dates, et qui constituent une condition pour obtenir le crédit ou pour l'obtenir aux conditions annoncées. »

« **Art. L. 314-5**. Le taux effectif global déterminé selon les modalités prévues aux articles L. 314-1 à L. 314-4 est mentionné dans tout écrit constatant un contrat de prêt régi par la présente section. »

LE TAUX D'USURE

« **Art. L. 314-6**. Constitue un prêt usuraire tout prêt conventionnel consenti à un taux effectif global qui excède, au moment où il est consenti, de plus du tiers, le taux effectif moyen pratiqué au cours du trimestre précédent par les établissements de crédit et les sociétés de financement pour des opérations de même nature comportant des risques analogues [...]. »

« **Art. L. 341-48**. Lorsqu'un prêt conventionnel est usuraire, les perceptions excessives au regard des articles L. 314-1 à L. 314-9 sont imputées de plein droit sur les intérêts normaux alors échus et subsidiairement sur le capital de la créance. Si la créance est éteinte en capital et intérêts, les sommes indûment perçues sont restituées avec intérêts légaux à compter du jour où elles ont été payées. »

Le découvert bancaire autorisé supérieur à 3 mois

Il est soumis aux règles du crédit à la consommation et aux règles du découvert de moins de 3 mois (voir ci-dessus).

Les services bancaires à distance

La banque à distance répond à une double attente de la part de la clientèle : celle de ne pas se déplacer et celle de ne pas faire la queue au guichet d'une banque dont les heures d'ouverture s'accordent généralement mal avec les disponibilités des clients.
Sous le vocable de banque à distance, on trouve différents services sécurisés, accessibles après avoir composé un code confidentiel (qui vous a été préalablement fourni par votre banque).

Le téléphone

Il s'agit de la mise à disposition de la clientèle d'un serveur vocal. Ce service est disponible 24 heure sur 24 sur abonnement. Il permet d'accéder à des informations bancaires, en général, et à des informations basiques sur le compte bancaire du client, en particulier (solde du compte, dernières opérations créditrices ou débitrices, encours carte bancaire...).

Internet

Toutes les banques disposent aujourd'hui d'un site Internet diffusant des informations d'ordre général (tarifs, services) : ce site est considéré comme une vitrine de l'établissement. Elles offrent également à leurs clients équipés d'un ordinateur la possibilité de gérer à distance leurs comptes. Par le biais de logiciels adaptés, il est possible de télécharger très rapidement les informations nécessaires ou de passer des ordres de Bourse à tarifs généralement réduits. Là encore, cet outil de gestion à distance est mis à la disposition des intéressés, moyennant un abonnement.

Les téléconseillers

Cette offre de services permet aux particuliers d'accéder par téléphone, non pas à des automates, mais à des conseillers de la banque et de réaliser ainsi de nombreuses opérations (virements, prélèvements, commandes de chéquiers...). Les conseillers peuvent en général être contactés 6 jours sur 7, avec des plages horaires très étendues, pouvant aller jusqu'à 24 heures sur 24. Un des principaux intérêts de cette formule est que le client n'a pas à se déplacer.

Le démarchage bancaire ou financier

Les règles relatives au démarchage en matière bancaire ou financière sont énoncées aux articles L. 341-1 à L. 341-17 du Code monétaire et financier.

Quand parler de démarchage ?

Le démarchage se définit comme l'activité visant à établir un contact non sollicité, par quelque moyen que ce soit, avec une personne physique ou morale déterminée, en vue d'obtenir de sa part un accord sur différentes opérations bancaires ou financières énoncées par la loi, à savoir :
– la réalisation, par une personne habilitée, d'une opération sur instruments financiers, d'une opération de banque ou d'une opération connexe ou sur biens divers (rente viagère, droits mobiliers ou immobiliers, notamment) ;
– ou la fourniture, par une personne habilitée, d'un service d'investissement ou d'un service connexe ou d'une prestation de conseil en investissement.
Le fait de se rendre physiquement au domicile des personnes, sur leur lieu de travail ou dans des lieux non destinés à la commercialisation de produits financiers, dans le même but, même à la demande des intéressés, constitue un acte de démarchage bancaire ou financier.
Ne peuvent pas faire l'objet de démarchage, les produits financiers dont le niveau de risque est incertain ou trop élevé, non autorisés à la commercialisation en France, non cotés sur un marché réglementé (sauf titres de certains OPCVM ou titres émis par une société de capital-risque ou encore les produits d'épargne salariale).

Comment se rétracter ?

La personne démarchée dispose, à compter de la conclusion du contrat, d'un délai de 14 jours pour se rétracter, sans avoir à se justifier, ni à payer de pénalités. Ce délai court à compter, soit du jour où le contrat est conclu, soit du jour où la personne démarchée reçoit les conditions contractuelles et les informations, si cette dernière date est postérieure à la date de conclusion du contrat.

Le contrat doit comporter un formulaire destiné à faciliter l'exercice de la faculté de rétractation. Les mentions devant figurer sur ce formulaire ainsi que les conditions d'exercice du droit de rétractation sont fixées par l' article D. 341-8 du Code monétaire et financier.

Lorsque la personne démarchée exerce son droit de rétractation, elle ne peut être tenue qu'au paiement du prix correspondant à l'utilisation du produit ou du service fourni entre la date de la conclusion du contrat et celle de l'exercice du droit de rétractation, à l'exclusion de toute pénalité (*Code monétaire et financier, Art. L. 341-16*).

Le délai de rétractation est en principe de 14 jours sauf s'il existe des dispositions spécifiques à certains produits ou services qui prévoient un délai de réflexion ou de rétractation d'une durée différente.

Il existe par ailleurs des cas spécifiques, limitativement énumérés par la loi, dans lesquels le délai de rétractation ne joue pas. C'est le cas par exemple pour les contrats exécutés intégralement par les deux parties à la demande expresse de la personne démarchée avant que cette dernière n'exerce son droit de rétractation (*Code monétaire et financier, Art. L. 341-16*).

Qui peut démarcher ?

Sont définis en outre de manière plus stricte le statut des personnes physiques ou morales habilitées à faire du démarchage et les exigences d'enregistrement des démarcheurs. Sont autorisés à faire du démarchage : les établissements et organismes de crédit, les entreprises d'investissement ou d'assurance, le Trésor public, la Banque de France, la Banque Postale, l'Institut d'émission des départements d'Outre-mer, la Caisse des dépôts et consignations.

Ces organismes peuvent désigner leurs salariés en qualité de démarcheur ou donner mandat à d'autres personnes agissant pour leur compte. Le démarcheur qui propose un tel produit en se déplaçant physiquement chez un client potentiel doit être titulaire d'une carte de démarchage - comportant un numéro d'enregistrement - qui lui est délivrée par la société pour le compte de laquelle il agit.

À NOTER

Des sanctions pénales sont prévues en cas d'infractions à ces règles.

Le service des changes

On appelle service des changes le service consistant, pour un établissement de crédit, à échanger, à la demande des clients, des monnaies étrangères (appelées devises) contre leur contre-valeur en monnaie nationale (par exemple, des euros en dollars américains) ou l'inverse.

Il est à noter que les banques n'ont pas le monopole de ce service, celui-ci pouvant être rendu également par d'autres opérateurs privés.

En quoi consiste le service des changes ?

Le consommateur désirant se rendre dans un pays étranger hors de la zone euro doit, s'il veut effectuer des achats, acquérir des devises en espèces utilisées dans ce pays. Il peut, pour cela, acheter ses devises soit en France, auprès d'un établissement de crédit ou d'une société habilitée, soit dans le pays visité auprès des opérateurs équivalents.

L'euro est converti en monnaie étrangère correspondante au taux en vigueur, en fonction de la cote quotidienne des devises, laquelle doit être affichée de façon visible à la clientèle. Cette cote fluctue en fonction de la politique monétaire des pays.

Chaque opération de change donne lieu à la perception d'une commission dont le montant est fixé librement par chaque établissement.

Depuis le 1/1/2016, les professionnels du change doivent vérifier l'identité de leurs clients occasionnels pour les opérations supérieures à 1 000 € (*Code monétaire et financier, Art. R. 561-10*).

Dans la zone euro

Avec la monnaie unique, il est possible de payer en euros dans les 19 pays de l'Union économique et monétaire (Allemagne, Autriche, Belgique, Chypre, Espagne, Estonie, Finlande, France, Grèce, Irlande, Italie, Lettonie, Lituanie, Luxembourg, Malte, Pays-Bas, Portugal, Slovaquie et Slovénie). La parité de chaque monnaie nationale par rapport à l'euro a été fixée une fois pour toutes au 1/1/1999. De ce fait, il n'existe donc plus de risque de change.

Depuis le 1/1/2002, les pièces et les billets circulent sans aucune restriction à l'intérieur de la zone euro. En revanche, il en va tout autrement des moyens de paiement scripturaux (paiement par chèque, carte ou virement).

Le règlement européen n° 2560/2001 du Parlement et du Conseil du 19/12/2001 impose aux établissements bancaires d'aligner les frais facturés lors des retraits d'argent dans les DAB et les paiements par carte à l'étranger sur ceux facturés à leurs clients sur le territoire national. Cet alignement des tarifs a été étendu aux virements transfrontaliers pour les opérations inférieures à 50 000 €. Les banques européennes signataires de la convention « Credeuro » se sont engagées à réduire le délai de transmission des virements transfrontaliers de 6 à 3 jours.

Cette réglementation des paiements transfrontaliers ne concerne que les instruments de paiement les mieux adaptés aux transactions internationales que sont la carte bancaire pour les paiements de contact et les virements pour les paiements à distance. Le chèque, quant à lui, même libellé en euro, reste d'usage national parce qu'il comporte un risque. C'est pourquoi, sauf exception, il n'est pas accepté à l'étranger.

Hors de la zone euro

Le cours des monnaies étrangères (dollar américain, yen, livre sterling) subit les éventuels soubresauts des marchés financiers. Pour pallier ce risque de change, les établissements qui vendent des devises étrangères appliquent une commission assez élevée variable selon les établissements.

Qu'est-ce que le contrôle des changes ?

Le contrôle des changes, c'est-à-dire l'obligation pour un Français de déclarer à la douane les sommes qu'il transporte hors de France, a été supprimée en 1987. Il est maintenant possible d'emporter une somme illimitée à l'étranger. De même, les particuliers peuvent désormais ouvrir librement des comptes bancaires à l'étranger et détenir des comptes en devises en France.

La seule contrainte est constituée par une déclaration à des fins fiscales et statistiques : les particuliers doivent déclarer les transferts d'un montant supérieur à 10 000 €.

Quel est l'intérêt des chèques de voyage (traveller's cheques)?

Ce sont des chèques payables d'avance au moment de leur acquisition et émis dans une monnaie déterminée pour un montant fixe. L'intérêt de disposer de chèques de voyage réside dans le fait qu'en cas de perte ou de vol, ils sont remboursés dans des délais très brefs partout dans le monde.

De plus, de retour en France, il est possible de se faire rembourser les chèques non utilisés.

Les chèques de voyage sont délivrés par les banques, les bureaux American Express et Thomas Cook.

La Banque Postale délivre des traveller's cheques mais aussi des postchèques, dont le principe de fonctionnement est légèrement différent. Pour en obtenir, il faut être titulaire d'un compte auprès de la Banque Postale mais surtout, et à l'inverse des traveller's classiques, les postchèques ne sont débités qu'au moment de leur utilisation à l'étranger.

À NOTER

Les commissions prélevées au titre du change de devises sont extrêmement variables. Pour des devises courantes telles que le dollar américain ou la livre sterling, et pour des montants importants (plus de 1 525 €), les commissions peuvent parfois être négociées.

ATTENTION ⚠

Il est déconseillé d'acheter des devises dans les aéroports ou dans les gares de départ ou d'arrivée, celles-ci ayant généralement un coût plus élevé que dans les établissements extérieurs.

La location de coffre-fort

La location de coffre-fort est l'un des services historiques offerts par les banques. Elle suppose la signature d'un contrat de location dont l'objet tient à la garde, par le banquier, de sommes d'argent, documents ou objets confiés par le client.

Qu'est-il possible de déposer dans un coffre-fort ?

On peut déposer dans un coffre-fort des sommes en espèces ou en devises, des bijoux, des documents ainsi que divers objets (objets précieux, tableaux, vêtements...). Toutefois, il ne convient pas d'y entreposer des objets dangereux ou périssables.

Il n'y a aucune obligation d'informer ou de déclarer la nature des objets confiés au banquier.

Comment fonctionne la location d'un coffre-fort ?

Les visites effectuées par les locataires ou leurs mandataires sont notées sur un registre à souche. Les coffres ne peuvent être ouverts qu'avec deux clés différentes, l'une étant remise au client, l'autre conservée par le

banquier. Le banquier a l'obligation de contrôler l'identité des personnes qui accèdent au coffre.
De même qu'un compte bancaire peut être ouvert au nom de plusieurs titulaires (comptes joints), un coffre-fort peut être loué au nom de deux personnes.
L'intérêt de louer un coffre-fort résidant dans la garantie de sécurité des objets qu'il contient, il est à souligner que le banquier est responsable de tout dommage subi par le contenu du coffre, qu'il s'agisse de vol ou de détérioration. Aussi, il est courant que le contrat de location comprenne une clause limitant la valeur des biens déposés dans le coffre. Cette clause est opposable au consommateur.

Combien coûte la location d'un coffre-fort ?

Les prix de location varient selon le volume du coffre et l'établissement de crédit : il faut compter environ de 45 à 80 € par an pour un petit coffre et plus de 150 € pour un grand coffre. Certaines banques demandent au déposant un dépôt de garantie (de 75 à 500 € environ selon le volume) restitué en fin de location. Les procédures de saisie s'appliquent également au contenu des coffres-forts (*Code des procédures civiles d'exécution, Art. R. 525-1*).
En cas de perte de la clé qui lui est remise, le titulaire d'un coffre-fort doit faire ouvrir celui-ci à ses frais.

COFFRE-FORT ET OBLIGATION DE SURVEILLANCE DE LA BANQUE

La banque doit surveiller les coffres-forts qu'elle met à la disposition de ses clients. C'est ce qu'a précisé la Cour de cassation. Dans cette affaire, un contrat de coffre-fort avait été conclu entre un établissement bancaire et un particulier. Après le décès du client, son fils a remis les clés à la banque. Cependant, au moment du règlement de la succession, le coffre est ouvert et découvert vide. La fille du défunt a alors reproché à la banque un manquement à son obligation de gardiennage. La Cour de cassation a estimé que « la banque qui met un coffre-fort à la disposition d'un client est tenue d'une obligation de surveillance qui lui impose d'établir qu'elle a accompli toutes les diligences utiles pour en contrôler l'accès par un tiers, fût-il muni d'une clé » (*Cour de cassation, Chambre commerciale, 9/2/2016*).

Le crédit

Le crédit est l'opération consistant, pour un consommateur, à obtenir d'un établissement de crédit le versement de sommes d'argent de manière à financer l'acquisition d'un bien ou d'un service, à charge pour celui-ci de rembourser le prêteur des sommes empruntées auxquelles s'ajoutent des intérêts. Le crédit présente l'avantage, pour le consommateur, de lui permettre d'acquérir immédiatement un bien ou un service sans avoir préalablement épargné. Toutefois, il comporte un inconvénient : celui de payer le bien ou le service plus cher que sa valeur réelle puisqu'il faut rembourser, outre le capital, les intérêts du crédit. Il comporte également un danger : celui d'exposer le consommateur à l'illusion de pouvoir acheter au-delà de ses moyens et le conduire ainsi à une situation de surendettement.

Le crédit à la consommation

Le crédit à la consommation pèse lourd dans la croissance économique et contribue à maintenir la consommation, particulièrement dans le secteur automobile. Mais la mauvaise utilisation des prêts, et principalement du crédit renouvelable, est souvent pointée du doigt comme étant à l'origine de nombreux cas de surendettement. Mieux encadrer ces crédits pour en éviter les dérives, c'est l'objectif que s'est donné la loi réformant le crédit à la consommation du 1/7/2010, dispositions renforcées par la loi du 17/3/2014 relative à la consommation.

Qu'est-ce qu'un crédit à la consommation ?

Un crédit est une opération par laquelle un prêteur consent à l'emprunteur un délai de paiement, un prêt, un découvert ou toute autre facilité de paiement similaire. En revanche, n'est pas considéré comme tel le paiement échelonné d'une prestation qui n'est pas fournie en une seule fois mais de façon successive. En outre, le crédit à la consommation est encadré par des règles particulières qui font l'objet des développements qui suivent. Est considérée comme telle, toute opération de crédit :

– qui est consentie à titre onéreux ou gratuit par un professionnel (sont exclus du champ de la réglementation les crédits comportant un délai de remboursement ne dépassant pas 3 mois qui ne sont assortis ni d'intérêt, ni de frais ou seulement d'intérêts et de frais négligeables) ;
– qui a une durée supérieure à 3 mois ;
– qui a un montant au moins égal à 200 € et inférieur à 75 000 € ;
– qui ne se rapporte pas à une activité professionnelle ;
– qui n'est pas authentifiée devant notaire ;
– qui n'est pas destinée à financer un achat immobilier.

Cette définition, qui résulte du Code de la consommation (*Art. L. 311-1 et s.*), ne veut pas dire qu'il ne puisse pas exister d'autres crédits à la consommation, mais simplement que les consommateurs qui souscriraient des crédits à la consommation qui ne présenteraient pas les caractères définis plus haut ne pourraient prétendre à l'application des dispositions légales à leur profit, lesquelles ont été élaborées pour les protéger.

Un prêt bancaire accordé à un étudiant pour le financement de ses études ne peut être assimilé à un prêt destiné au financement d'une activité professionnelle (*Cour de cassation, 1re chambre civile, 17/11/1993*).

PLUS D'UN MÉNAGE SUR DEUX DÉTENAIT UN CRÉDIT EN 2018

Fin 2018, selon l'Observatoire des crédits aux ménages, le taux de ménages ayant un crédit à la consommation s'établit à 26,8 % (contre 27,2 % en 2017 et 25,5 % en 2016). Les crédits sont souscrits, pour l'essentiel, pour financer des projets durables comme acheter un bien d'équipement, une voiture, ou améliorer son cadre de vie. Le financement de dépenses de loisirs ou de consommation courante devient très minoritaire.

Si l'on y ajoute les 31,4 % de ménages remboursant un crédit immobilier, plus d'un foyer français sur deux rembourse un prêt. Pour en savoir plus : voir le site de la Fédération bancaire française *www.fbf.fr* puis taper « tableau de bord » dans le moteur de recherche.

Quelles sont les règles s'appliquant à tous les crédits à la consommation ?

La réforme

La loi réformant les crédits à la consommation vise à garantir une distribution responsable de ces crédits. En voici les mesures emblématiques :

- La publicité (écrite, radio, télé, Internet) doit être commercialement moins agressive et comporter des informations claires, précises et visibles ainsi que des exemples chiffrés. Exit les mentions laissant entendre que le crédit améliore la situation financière ou le budget de l'emprunteur, entraîne une augmentation de ressources, constitue un substitut d'épargne, ou accorde une réserve automatique d'argent immédiatement disponible sans contrepartie financière identifiable. Toute publicité (sauf celle radiodiffusée) doit contenir la mention suivante : « Un crédit vous engage et doit être remboursé. Vérifiez vos capacités de remboursement avant de vous engager ».
- Une information préalable obligatoire a été instituée. Ainsi, avant un quelconque engagement, le prêteur a l'obligation de remettre à celui qui désire souscrire un prêt une fiche d'informations standardisées. Cette fiche indique notamment le coût total du prêt, le montant des mensualités et le taux d'intérêt pratiqué. Cette procédure est destinée à rendre plus facile la comparaison des différentes offres des prêteurs et donc la mise en concurrence.
- Une fiche de dialogue est remise à l'emprunteur. Pour les opérations de crédit conclues sur le lieu de vente (par exemple, les grandes enseignes de la vente d'électroménager ou d'équipements high-tech) ou au moyen d'une technique de communication à distance (Internet, courrier, téléphone…), l'emprunteur doit y mentionner ses ressources, charges et prêts en cours, la signer et certifier sur l'honneur l'exactitude des informations portées dessus. Lorsque le montant du crédit dépasse 3 000 €, l'emprunteur doit produire des justificatifs.
- L'établissement de crédit doit évaluer la solvabilité du client à partir d'un nombre suffisant d'informations et consulter le fichier des incidents de crédits aux particuliers (FICP). En outre, il a l'obligation de fournir des explications au consommateur afin qu'il puisse déterminer si le contrat proposé est adapté à ses besoins.
- Un délai de rétractation plus long : l'emprunteur dispose de 14 jours calendaires pour revenir sur sa décision de souscrire un prêt à la consommation.
- Le choix du crédit : lorsque le prêt est proposé sur un lieu de vente ou par un moyen de communication à distance à l'occasion de l'achat d'un bien ou d'une prestation de services pour un montant supérieur à 1 000 €, le consommateur doit avoir le choix de conclure un crédit à la consommation classique (taux, durée, montant des mensualités connus dès la souscription) à la place d'un contrat renouvelable.
- Le crédit renouvelable est réglementé de façon plus stricte.

À NOTER

La valeur d'un cadeau accompagnant la souscription d'un crédit à la consommation ne peut dépasser 80 € (Arrêté du 30/11/2010).

Les dispositions relatives à la publicité du crédit

Le but des derniers textes votés est notamment d'encadrer la publicité pour éviter son caractère agressif, ambigu voire trompeur.

Mentions obligatoires

La loi impose à l'organisme prêteur d'indiquer dans sa publicité :

– le taux débiteur et la nature fixe, variable ou révisable du taux, sauf pour les opérations de location-vente ou de location avec option d'achat, ainsi que les informations relatives à tous les frais compris dans le coût total du crédit pour l'emprunteur ;

– le montant total du crédit ;

– le taux annuel effectif global (TAEG), et ce sauf pour les opérations de location-vente ou de location avec option d'achat. Cette information doit être donnée dans des caractères plus importants que ceux utilisés pour les autres informations concernant les caractéristiques du financement, notamment le taux promotionnel. Elles doivent s'inscrire dans le corps principal du texte publicitaire ;

– la durée du contrat de crédit, s'il y a lieu ;

– le prix au comptant et le montant de tout acompte, s'il s'agit d'un crédit accordé sous la forme d'un délai de paiement pour un bien ou un service donné ;

– le montant total dû par l'emprunteur et le montant des échéances.

À NOTER

La publicité doit, en outre, donner un exemple représentatif qui indique le taux d'intérêt ou des informations chiffrées liées au coût du crédit.

Une publicité adressée au consommateur par voie postale ou par courrier électronique, distribuée directement à domicile ou sur la voie publique, doit contenir certains éléments. Elle doit indiquer au consommateur de façon claire, précise et visible, son droit de s'opposer sans frais à l'utilisation de ses données personnelles à des fins de prospection ainsi que les modalités d'exercice de ce droit.

Lorsque cette publicité indique un taux d'intérêt ou des informations chiffrées liées au coût du crédit, ils doivent figurer, sous forme d'encadré, en en-tête du texte publicitaire.

La publicité, à l'exception des publicités radiodiffusées, contient impérativement la mention suivante : « Un crédit vous engage et doit être remboursé. Vérifiez vos capacités de remboursement avant de vous engager. »

Assurance emprunteur

L'assurance emprunteur garantit le remboursement au prêteur du capital restant dû en cas de décès, d'invalidité, d'incapacité et parfois de perte d'emploi. Elle est facultative mais en pratique souvent exigée par l'établissement prêteur. À cet égard, assurer la transparence du coût de l'assurance emprunteur doit permettre au client de choisir la meilleure assurance au meilleur coût.

Si le prêteur propose une assurance lui-même, de façon habituelle, de façon accessoire au crédit, il est soumis aux obligations suivantes :

- transmettre au client une information spécifique sur le coût de l'assurance sous forme d'une publicité qui la présente à l'aide d'un exemple représentatif, comme pour le taux du crédit ;
- exprimer le coût de l'assurance :

– à l'exclusion de tout autre taux, en taux annuel effectif de l'assurance (TAEA), qui permette la comparaison par l'emprunteur de ce taux avec le taux annuel effectif global du crédit (TAEG),

– en montant total dû en euros par l'emprunteur au titre de l'assurance sur la durée totale du prêt,

– en euros par mois. Il est précisé si ce montant s'ajoute ou non à l'échéance de remboursement du crédit (*Code de la consommation, Art. L. 312-7*).

Le TAEA se calcule en soustrayant au taux effectif global du crédit incluant toute assurance proposée, le taux effectif global du crédit sans assurance. Il est accompagné de la mention des garanties proposées (décès, invalidité, etc.).

Mentions interdites

Il est interdit dans toute publicité :

– d'indiquer qu'un crédit (ou un regroupement de crédits antérieurs) peut être consenti sans élément d'information permettant d'apprécier la situation financière de l'emprunteur ou de laisser entendre qu'il améliore la situation financière ou le budget de l'emprunteur. Lorsqu'une publicité compare le montant des échéances d'un ou plusieurs crédits antérieurs, et le cas échéant d'autres dettes, à celui d'une échéance résultant d'une opération de regroupement de crédits, elle doit mentionner de manière claire et apparente, d'une part, la somme des coûts totaux des crédits antérieurs et, d'autre part, le coût total du crédit postérieur à l'opération ;

– de mentionner l'existence d'une période de franchise de paiement de loyers ou de remboursement des échéances du crédit supérieure à 3 mois ;

– de proposer, sous quelque forme que ce soit, des lots promotionnels (produits offerts) liés à l'acceptation d'une offre préalable de crédit.

L'offre préalable de crédit doit être distincte de tout support ou document publicitaire (*Code de la consommation, Art. L. 312-59*).

Le taux annuel effectif global (TAEG) déterminé doit être mentionné dans tout écrit constatant un contrat de prêt sous peine de sanctions pénales.

La fiche d'informations

Pour emprunter de l'argent à la banque, il faut signer un document appelé contrat de crédit.

- Préalablement à la conclusion du contrat de crédit, le prêteur doit donner au client, par écrit ou sur tout autre support durable, des informations de manière à ce que le client emprunteur puisse comparer différentes offres et apprécier la nature et la portée de l'engagement financier qu'implique le crédit (*Code de la consommation, Art. L. 312-12*). Cette information est remise ou adressée en autant d'exemplaires que de parties et, le cas échéant, à chacune des cautions. Le vendeur, ou le prestataire de services, doit conserver une copie de la fiche d'informations.

Lorsque le prêteur offre à l'emprunteur ou exige de lui la souscription d'une assurance, l'établissement de crédit informe l'emprunteur du coût standard de l'assurance à l'aide d'un exemple chiffré exprimé en euros et par mois.

- Les fiches d'informations doivent être présentées de manière claire et lisible. À cet effet, la hauteur des caractères typographiques utilisés dans l'offre ne peut être inférieure à celle du corps huit.

Que doit-on trouver dans la fiche d'informations ?

Les informations devant figurer dans la fiche d'informations à fournir préalablement à la conclusion du contrat de prêt sont les suivantes (*Code de la consommation, Art. R. 312-2*) :

– l'identité et l'adresse du prêteur ;
– le type de crédit (crédit à la consommation, crédit affecté, crédit renouvelable…) ;
– le montant total du crédit et les conditions de mise à disposition des fonds ;
– la durée du contrat de crédit ;
– le montant, le nombre et la périodicité des échéances que l'emprunteur doit verser ;
– le montant total dû par l'emprunteur (intérêts et assurance inclus) ;
– en cas de crédit servant à financer l'acquisition de bien ou service déterminé, ce bien ou service (crédit affecté) et son prix au comptant ;
– en cas de location avec option d'achat (LOA), la description du bien loué et le prix à acquitter en cas d'achat ;
– le cas échéant, les garanties exigées ;
– le taux du prêt et le taux annuel effectif global (sauf cas de location avec option d'achat) avec un exemple représentatif mentionnant toutes les hypothèses utilisées pour le calcul de ce taux ;
– l'obligation, le cas échéant, de contracter un service accessoire lié au contrat de crédit, par exemple une assurance ;
– tous les frais liés à l'exécution du contrat de crédit, et les conditions dans lesquelles ces frais peuvent être modifiés ;
– le cas échéant, l'existence de frais de notaire dus par l'emprunteur à la conclusion du contrat de crédit ;
– les indemnités en cas de retard de paiement et, le cas échéant, les frais d'inexécution que le prêteur peut demander à l'emprunteur en cas de défaillance ;
– un avertissement relatif aux conséquences d'une défaillance de l'emprunteur ;
– l'existence du droit de rétractation (14 jours) ;
– le droit au remboursement anticipé et, le cas échéant, le droit du prêteur à une indemnité ;
– le droit de l'emprunteur à se voir remettre, sur demande et sans frais, un exemplaire de l'offre de contrat de crédit si, au moment de la demande, le prêteur est disposé à conclure le contrat de crédit ;
– la mention que le prêteur doit, dans le cadre de la procédure d'octroi du crédit, consulter le fichier national des incidents de remboursement des crédits aux particuliers ;
– le délai pendant lequel le prêteur est engagé par les informations précontractuelles.

Lorsque l'offre de contrat de crédit est assortie d'une proposition d'assurance, une notice doit être remise à l'emprunteur, qui comporte les extraits des conditions générales de l'assurance. Si l'assurance est exigée par le prêteur pour obtenir le financement, la fiche d'informations et l'offre de contrat de crédit rappellent que l'emprunteur peut souscrire une assurance équivalente auprès de l'assureur de son choix. Si l'assurance est facultative, l'offre de contrat de crédit rappelle les modalités suivant lesquelles l'emprunteur peut ne pas y adhérer (*Code de la consommation, Art. L. 312-29*).

QUELLES PRÉCAUTIONS PRENDRE AVANT DE CAUTIONNER UN PARENT OU UN AMI ?

✔ Contrôlez le montant exact pour lequel vous vous engagez et vérifiez qu'il s'agit d'un montant donné d'une durée déterminée (par exemple : 5 000 € pour 2 ans).
✔ Vérifiez si votre ami a souscrit une assurance invalidité, maladie et chômage. Si tel est le cas, étudiez les conditions de prise en charge de votre ami par l'assureur, en cas de survenance de l'événement.
✔ Appréciez les risques d'insolvabilité. Si la personne qui vous sollicite est fonctionnaire, vous prenez moins de risque que si elle est commerçante.
Dans tous les cas, il faut que vous ayez en tête que vous devrez payer le créancier si le parent ou ami ne paie pas pour une raison ou une autre.

À NOTER

La souscription d'une assurance en matière de crédit à la consommation n'est pas légalement obligatoire même si, dans les faits, le prêteur l'exige quasi systématiquement.

Combien de temps est valable une offre de crédit ?

À compter du moment où elle est remise ou envoyée au consommateur, l'établissement de crédit a l'obligation de maintenir son offre de crédit pendant un délai minimal de 15 jours. Ce délai n'empêche pas le consommateur de la signer plus tôt. Il a pour but de lui permettre de prendre connaissance des conditions du contrat qui lui est offert et de le comparer éventuellement avec d'autres.

À NOTER

La loi sanctionne d'une peine d'amende de 5e classe (Voir pages Barème) l'organisme de crédit et le vendeur, salarié ou non d'un établissement de crédit, si ce dernier est rémunéré par le prêteur en fonction du taux de crédit qu'il a fait contracter au consommateur.

La vérification de solvabilité

Avant d'accorder le crédit, le professionnel doit vérifier la solvabilité de l'emprunteur à partir d'un nombre suffisant d'informations, y compris celles fournies par le consommateur. Il doit également consulter le fichier des incidents de crédits et de paiement des particuliers (FICP) pour connaître le taux d'endettement de son client.

Lorsque le crédit est conclu en magasin ou au moyen d'une technique de communication à distance (Internet, téléphone, courrier…), le prêteur doit remettre à l'emprunteur une fiche de dialogue, en supplément et distincte de la fiche d'informations précontractuelle. Cette fiche doit être conservée par le prêteur pendant toute la durée du prêt. Elle comporte notamment :

– les éléments relatifs aux ressources et charges de l'emprunteur ;

– le cas échéant, les prêts en cours contractés par l'emprunteur.

Elle est signée par l'emprunteur. Il peut la confirmer par voie électronique.

L'emprunteur doit également déclarer sur l'honneur l'exactitude de ces déclarations. Il doit fournir des justificatifs concernant notamment son identité, son domicile et ses revenus si les crédits sont d'un montant supérieur à 3 000 € (*Code de la consommation, Art. L. 312-16* et *L. 312-17*).

Que doit-on trouver dans un contrat de crédit ?

Le contrat de crédit est établi par écrit ou sur un autre support durable. Il constitue un document distinct de tout document publicitaire ainsi que de la fiche d'informations de l'offre de crédit (*Code de la consommation, Art. L. 312-28*).

Le contrat, qui est rédigé en caractères dont la hauteur ne peut être inférieure à celle du corps huit, comporte de manière claire et lisible les mentions suivantes (*Code de la consommation, Art. R. 312-10*) :

– l'identité et l'adresse géographique du prêteur et de l'emprunteur ;

– le type de crédit ;

– le montant total du crédit et les conditions de mise à disposition des fonds ;

– la durée du contrat de crédit ;

– le montant, le nombre et la périodicité des échéances que l'emprunteur doit verser ; pour les découverts, il est indiqué le montant et la durée de l'autorisation que l'emprunteur doit rembourser ;

– le taux débiteur et les conditions applicables à ce taux ;

– le taux annuel effectif global (TAEG) et le montant total dû par l'emprunteur, calculés au moment de la conclusion du contrat de crédit ;

– tous les frais liés à l'exécution du contrat de crédit ;

– le cas échéant, les sûretés et les assurances exigées ;

– l'existence, le cas échéant, de frais de notaire ;

– en cas de crédit servant à financer l'acquisition de bien ou service déterminé, ce bien ou ce service et son prix au comptant ;

– les modalités de remboursement par l'emprunteur ;

– l'identité et l'adresse des cautions éventuelles ;

– une rubrique sur les conditions d'acceptation ou de rétractation du contrat de crédit, une autre sur les informations relatives à l'exécution du contrat et une dernière sur les informations relatives au traitement des litiges.

À NOTER

Lorsqu'il s'agit d'un crédit renouvelable, la mention suivante est ajoutée dans le contrat : « Ce taux est révisable. Il suivra les variations en plus ou en moins du taux de base que le prêteur applique aux opérations de même nature ou du taux qui figure dans les barèmes qu'il diffuse auprès du public. En cas de révision du taux, vous en serez préalablement informé par courrier avant la date effective d'application du nouveau taux. Vous pouvez, dans un délai de 30 jours après réception de cette information, sur demande écrite adressée au prêteur, refuser cette révision. Dans ce cas, votre droit à crédit prend fin et le remboursement du crédit déjà utilisé s'effectuera de manière échelonnée, sauf avis contraire de votre part, aux conditions applicables avant la modification que vous avez refusée ».

Peut-on se rétracter après la signature d'un contrat de crédit ?

Le consommateur qui a signé une offre de contrat de crédit peut, sans avoir à se justifier, revenir sur son engagement en exerçant son droit de rétractation (*Code de la consommation, Art. L. 312-19*). Cette rétractation n'est valable que si elle est adressée au prêteur (et non au vendeur) dans un délai de 14 jours calendaires (tous les jours comptent, y compris les dimanches et jours fériés) à compter du jour de l'acceptation de l'offre de contrat de crédit.

Pour faciliter cette rétractation, tout contrat de crédit doit comporter un formulaire détachable permettant l'exercice du droit de rétractation.

La reconnaissance écrite par le consommateur emprunteur, dans le cadre de l'offre préalable, de la remise d'un bordereau de rétractation détachable joint à cette offre laisse présumer la remise effective de celui-ci (*Cour de cassation, 1re chambre civile, 16/1/2013*).

L'omission de ce document n'empêche toutefois pas l'emprunteur de se rétracter dans les 14 jours qui suivent la signature de l'offre de contrat. Celui-ci peut, en effet, adresser par lettre recommandée avec avis de réception un courrier comprenant les mentions types du formulaire de rétractation. Toutefois, en ce qui concerne les prêts à la consommation affectés à l'achat de biens ou de services, le consommateur peut, s'il souhaite être livré immédiatement, réduire ce délai de rétractation.

AVANTAGE

Tant que le délai de rétractation n'est pas écoulé, aucun paiement ne peut être fait par l'acheteur au vendeur. L'inobservation de cette disposition est punie d'une amende pouvant aller jusqu'à 30 000 €.

Peut-on rembourser son crédit par anticipation ?

L'emprunteur peut toujours, à son initiative, rembourser par anticipation, en tout ou partie, le crédit qui lui a été consenti, sauf s'il s'agit d'un contrat de location avec option d'achat. Dans ce cas, les intérêts et frais afférents à la durée du contrat de crédit qui reste à courir ne sont pas dus. Par ailleurs, aucune indemnité de remboursement anticipé ne peut être réclamée à l'emprunteur dans les cas suivants :
– en cas d'autorisation de découvert ;
– en cas de crédit renouvelable ;
– si le remboursement anticipé a été effectué en exécution d'un contrat d'assurance destiné à garantir le remboursement du crédit ;
– si le remboursement du crédit intervient dans une période où le taux débiteur n'est pas fixe.

Dans les autres cas, lorsque le montant du remboursement anticipé est supérieur à 10 000 €, le prêteur peut exiger une indemnité qui ne peut dépasser 1 % du montant du crédit faisant l'objet du remboursement anticipé si le délai entre le remboursement anticipé et la date de fin du contrat de crédit est supérieur à 1 an. Si le délai ne dépasse pas 1 an, l'indemnité ne peut pas dépasser 0,5 % du montant du crédit faisant l'objet d'un remboursement anticipé.

En aucun cas l'indemnité éventuelle ne peut dépasser le montant des intérêts que l'emprunteur aurait payés durant la période comprise entre le remboursement anticipé et la date de fin du contrat de crédit convenue initialement (*Code de la consommation, Art. L. 312-34*).

Que se passe-t-il si on ne peut pas continuer à rembourser son crédit ?

- En cas de défaillance du débiteur dans le remboursement de son crédit, le prêteur peut lui consentir un report d'échéance.
- En dehors de cette possibilité qui reste à la discrétion du prêteur, l'établissement de crédit dispose de deux possibilités :

– soit poursuivre l'exécution du contrat : dans ce cas, l'établissement de crédit peut exiger de l'emprunteur défaillant une indemnité égale au plus à 8 % du montant des échéances échues qu'il n'a pas honorées. Cette indemnité s'ajoute au montant des échéances échues impayées que l'emprunteur doit régler, sauf à s'exposer aux procédures d'exécution forcée de ses obligations.

À ce stade, il est recommandé au consommateur de négocier des reports de paiement avec l'organisme de crédit. En effet, si celui-ci accepte l'établissement d'un nouvel échéancier des paiements, le montant de l'indemnité précitée est ramené à 4 % des échéances reportées (*Code de la consommation, Art. D. 312-17*) ;
– soit exiger la résiliation du contrat : dans ce cas, l'établissement de crédit peut demander le remboursement de la totalité de la somme qui reste due par l'emprunteur, augmentée d'une indemnité de 8 % du capital

restant dû (*Code de la consommation, Art. D. 312-16*). Jusqu'à la date de règlement effectif par l'emprunteur, les sommes restant dues produisent intérêt à un taux égal à celui du prêt contracté.

Aucune indemnité ni aucun frais ne peuvent être mis à la charge de l'emprunteur en cas de défaillance en dehors des frais taxables occasionnés par cette défaillance, à l'exclusion de tout remboursement forfaitaire de frais de recouvrement (*Code de la consommation, Art. L. 312-38*).

Le prêteur peut exiger le remboursement immédiat du capital restant dû, majoré des intérêts échus mais non payés. Jusqu'à la date du règlement effectif, les sommes restant dues produisent les intérêts de retard à un taux égal à celui du prêt. En outre, le prêteur pourra demander à l'emprunteur défaillant une indemnité qui, dépendant de la durée restant à courir du contrat et sans préjudice de l'application de l'article 1231-5 du Code civil (voir plus loin), sera fixée suivant un barème déterminé par décret (*Code de la consommation, Art. L. 312-39*).

À NOTER

Dès le premier manquement de l'emprunteur à son obligation de rembourser, le prêteur est tenu de l'informer des risques qu'il encourt.

À NOTER

En cas de difficultés financières passagères, l'emprunteur peut saisir le tribunal judiciaire d'une demande de délai de grâce pour le paiement des sommes dues (Code civil, Art. 1343-5).

Quelles sont les sanctions applicables au banquier en cas de non-respect de la législation ?

L'inobservation des dispositions du Code de la consommation relatives au crédit à la consommation est susceptible d'entraîner des sanctions civiles et pénales à l'encontre du banquier.

Les sanctions civiles

L'organisme de crédit qui accorde un crédit sans respecter ses obligations et notamment sans proposer à l'emprunteur une offre préalable répondant aux conditions fixées aux articles L. 312-12 ou L. 312-85 à L. 312-87 du Code de la consommation est déchu du droit aux intérêts (*Code de la consommation, Art L. 341-1 et s.*). Le consommateur ne doit, dans ce cas, rembourser que le capital emprunté suivant l'échéancier prévu au contrat. Les sommes perçues au titre des intérêts doivent être restituées à l'emprunteur ou diminuées du capital restant dû, étant observé qu'à défaut, elles-mêmes sont productives d'intérêts calculés au taux légal (*Code de la consommation, Art L. 341-1 et s.*).

La déchéance du droit aux intérêts n'est toutefois pas automatique : le consommateur doit assigner l'organisme de crédit devant le tribunal judiciaire et ce, quel que soit le montant du litige.

Extraits du Code civil

« **Art. 1231-5**. Lorsque le contrat stipule que celui qui manquera de l'exécuter paiera une certaine somme à titre de dommages et intérêts, il ne peut être alloué à l'autre partie une somme plus forte ni moindre.
Néanmoins, le juge peut, même d'office, modérer ou augmenter la pénalité ainsi convenue si elle est manifestement excessive ou dérisoire.
Lorsque l'engagement a été exécuté en partie, la pénalité convenue peut être diminuée par le juge, même d'office, à proportion de l'intérêt que l'exécution partielle a procuré au créancier, sans préjudice de l'application de l'alinéa précédent.
Toute stipulation contraire aux deux alinéas précédents est réputée non écrite.
Sauf inexécution définitive, la pénalité n'est encourue que lorsque le débiteur est mis en demeure. »

Les dispositions du Code de la consommation étant d'ordre public, toute inobservation de celles-ci est susceptible d'entraîner la nullité du contrat de prêt, même si une clause du contrat prévoit le contraire. Il en est ainsi, par exemple, lorsque le prêteur remet une offre préalable de crédit non conforme au Code de la consommation ou si le prêteur réclame ou perçoit de l'emprunteur un paiement, sous quelque forme que ce soit, avant l'expiration du délai de rétractation.

Les sanctions pénales

Sont punis d'une peine d'amende de 5e classe (*Voir pages Barème*), les organismes de crédit qui :

– présentent des offres préalables de crédit ne comportant pas toutes les mentions obligatoires ;

– présentent les contrats de crédit sans émettre une offre préalable de crédit ;

– diffusent des publicités irrégulières pour des offres de crédit ;

– proposent des crédits gratuits, au mépris de l'article L. 312-42.

Le taux de l'amende est doublé en cas de récidive.

Quel est le tribunal compétent en cas de litiges avec l'établissement de crédit ?

Les litiges nés de l'inexécution par l'une des parties au contrat de crédit de ses obligations relèvent de la compétence du tribunal judiciaire. Le tribunal judiciaire dispose d'une compétence exclusive, quel que soit le montant du litige. Il doit être saisi dans les conditions de droit commun, dans les 2 ans qui suivent l'événement qui motive sa saisine. Ce délai est un délai de forclusion et non de prescription, c'est-à-dire qu'il n'est pas susceptible d'être interrompu ou suspendu.

Le délai de forclusion de 2 ans ne s'applique qu'aux litiges nés de la défaillance de l'emprunteur lorsque la banque engage une action en paiement.

Quelles sont les différentes formes de crédit à la consommation ?

› Le crédit gratuit

Il s'agit d'un crédit où l'emprunteur ne rembourse que le capital emprunté, et non les intérêts (par exemple, un consommateur qui emprunte 1 500 € sur 10 mois remboursera 150 € par mois). Le crédit gratuit est une forme de crédit à la consommation ; le consommateur qui y a recours bénéficie donc du dispositif de protection prévu par le Code de la consommation.

La loi n° 2010-737 du 1/7/2010 réformant le crédit réserve les règles du crédit à la consommation au crédit gratuit de plus de 3 mois.

Les règles de publicité des crédits gratuits sont strictement définies par le Code de la consommation. Ainsi, il est interdit de mentionner, dans toute publicité, l'existence d'une période de franchise de paiement de loyers ou de remboursement des échéances du crédit supérieure à 3 mois (*Code de la consommation, Art. L. 312-10*).

Depuis le 1/9/2010, toute publicité, quel qu'en soit le support, qui porte sur une opération de crédit gratuit d'une durée supérieure à 3 mois indique le montant de l'escompte sur le prix d'achat éventuellement consenti en cas de paiement comptant et précise qui prend en charge le coût du crédit gratuit (*Code de la consommation, Art. L. 312-41*).

Enfin, le vendeur qui offre un crédit gratuit pour un article ou pour une prestation de services ne peut demander au consommateur un prix supérieur au prix le plus bas pratiqué pour cet article ou cette prestation au cours des 30 derniers jours (*Code de la consommation, Art. L. 312-42*). Cette disposition a pour but d'éviter que l'avantage de la prise en charge des intérêts du crédit par le vendeur ne puisse être compensé par une augmentation du prix de vente dudit article ou service.

À NOTER

Depuis la loi du 1/7/2010, l'obligation d'escompte en cas de paiement comptant a été supprimée afin de rendre moins contraignant pour les professionnels le financement par crédit gratuit.

› Les crédits affectés

Les crédits affectés sont liés à l'achat d'un bien ou d'un service. Ils sont généralement proposés sur les lieux de vente par les organismes de crédit « associés » aux vendeurs. Mais le consommateur peut toujours s'adresser à une banque pour obtenir un prêt affecté.

Comment fonctionne un crédit affecté ?

L'une des formes habituelles du crédit à la consommation à laquelle les consommateurs ont souvent recours est le crédit dit « affecté » ou « lié » à l'achat d'un bien ou d'une prestation de services, c'est-à-dire celui dans lequel la conclusion de la vente est subordonnée à l'obtention d'un prêt, et inversement.

Ces deux contrats constituent une opération commerciale unique. Une telle opération est réputée exister lorsque le vendeur ou le prestataire de services finance lui-même le crédit ou, en cas de financement par un autre organisme, lorsque le prêteur recourt aux services du vendeur ou du prestataire pour la conclusion ou la préparation du contrat de crédit, ou encore lorsque le contrat de crédit mentionne spécifiquement les biens ou les services concernés (*Code de la consommation, Art. L. 311-1*).

À cet égard, chaque fois que le paiement du prix doit être acquitté, en tout ou partie, à l'aide d'un crédit, le contrat de vente ou de prestation de services doit le préciser, quelle que soit l'identité du prêteur (*Code de la consommation, Art. L. 312-45*).

Cette interdépendance des deux contrats a pour effet de permettre au consommateur de se dégager du contrat de vente si le contrat de prêt n'est pas conclu, ou du contrat de prêt si le contrat de vente n'est pas exécuté. Cette interdépendance se manifeste en fait à tous les stades de la relation entre le vendeur, l'acheteur-emprunteur et le prêteur.

Quelles sont les sommes que le vendeur peut réclamer à l'acheteur lors de la commande ?

Tant que le contrat de crédit n'est pas signé par le consommateur, le vendeur ou le prestataire de services ne peut exiger, sous peine d'une amende de 300 000 € (*Code de la consommation, Art. L. 341-13*), aucun paiement ou engagement de la part du consommateur. Un contrat de vente qui ne respecterait pas ces dispositions serait nul. Il en est de même quand, sans qu'il le demande, le vendeur reçoit un paiement de la part du consommateur sans s'y opposer (*Code de la consommation, Art. L. 312-46*).

Le contrat de vente et le contrat de crédit étant signés, le vendeur ou le prestataire de services peut valablement demander au consommateur le versement d'une avance au comptant à titre de commande ou de réservation (arrhes ou acompte) ; mais le consommateur peut refuser le versement de ces sommes. S'il accepte (contre récépissé valant reçu) et que le prêt ne lui est pas accordé, ou s'il exerce son droit de rétractation dans les 14 jours qui suivent la signature du contrat de crédit (*Code de la consommation, Art. L. 312-52*), le contrat de vente auquel était lié le contrat de crédit est alors résolu de plein droit et le vendeur doit rembourser, sur simple demande, la somme qui lui a été versée par le consommateur (*Code de la consommation, Art. L. 312-53*). En effet, le consommateur ayant souscrit un crédit affecté et qui souhaite se rétracter dans les 14 jours, peut annuler le contrat de biens ou de prestations de services qui a fait l'objet du financement. De plus, à compter du 8e jour suivant la demande de remboursement, cette somme est productive d'intérêts, au taux légal majoré de moitié *(Voir pages Barème)*.

L'exercice par le consommateur de son droit de rétractation du contrat de vente ou de fourniture de prestation de services entraîne la résiliation de plein droit du contrat de crédit, sans frais ni indemnité, à l'exception éventuelle des frais d'ouverture de crédit (*Code de la consommation, Art. L. 312-54*).

À NOTER

Le vendeur ne peut recevoir, de la part de l'acheteur, aucun paiement sous quelque forme que ce soit, ni aucun dépôt, en plus de la partie du prix que l'acheteur a accepté de payer au comptant et cela tant que le contrat relatif à l'opération de crédit n'est pas définitivement conclu (Code de la consommation, Art. L. 312-50).

À NOTER

L'engagement préalable de payer comptant en cas de refus de prêt est nul (Code de la consommation, Art. L. 341-11).

Peut-on se faire livrer le bien acheté à l'aide d'un crédit avant l'expiration du délai de rétractation de 14 jours ?

Le vendeur ou le prestataire n'est pas tenu de livrer le bien ni de fournir la prestation achetée par le consommateur tant que le délai de rétractation de 14 jours n'est pas expiré (s'il le fait, il devra assumer les risques d'une livraison ou d'une prestation par anticipation). Toutefois, lorsque l'acheteur sollicite par écrit la livraison ou la fourniture immédiate du bien ou de la prestation de services, le délai de rétractation expire à la date de la livraison ou de la fourniture, sans pouvoir ni excéder 14 jours, ni être inférieur à 3 jours (*Code de la consommation, Art. L. 312-47*). Ce délai de 3 jours est incompressible et demeure, même si la livraison ou la fourniture intervient avant et ce, aux risques du professionnel.

À partir de quel moment doit-on commencer à rembourser le crédit que l'on a souscrit ?

Le remboursement du crédit souscrit ne commence qu'à partir de la livraison du bien ou de la fourniture de la prestation de services qui fait l'objet du contrat de vente. L'établissement de crédit n'est donc pas en droit d'exiger du consommateur le paiement de quelque somme ou dépôt que ce soit, sans posséder le bon de livraison ou la facture, signé de la main de l'emprunteur, que le vendeur ou le prestataire de services a adressé à l'établissement de crédit (*Cour de cassation, Chambre civile, 6/3/1990*).

Peut-on refuser de rembourser le crédit si le bien n'a pas été livré ou si la prestation de services n'a pas été exécutée ?

L'organisme prêteur ne peut demander à l'emprunteur le remboursement du prêt qu'à partir du moment où il prouve que la livraison de la marchandise ou la fourniture de services a bien été effectuée ou exécutée. Pour ce faire, l'organisme prêteur doit fournir à l'emprunteur une copie du bon de livraison ou de la facture, signé de la main de ce dernier (*Code civil, Art. 1353*).

Et si le bien est livré de façon incomplète ou si la prestation de services n'est que partiellement exécutée ?

Si le bien acheté à crédit a été livré de manière incomplète par le vendeur (ou s'il est endommagé) ou si la prestation de services a été fournie par le prestataire mais de façon partielle et que l'établissement de crédit auprès duquel le crédit a été souscrit réclame à l'emprunteur le remboursement du crédit selon l'échéancier prévu, le consommateur est en droit de refuser le remboursement du crédit à l'organisme prêteur.

En vertu de l'article 1606 du Code civil qui dispose que « l'obligation de délivrer la chose comprend ses accessoires et tout ce qui a été destiné à son usage perpétuel », le remboursement du crédit ne commence qu'à partir de la livraison complète du bien ou la fourniture totale du service.

Jurisprudence

✓ Les acheteurs d'un salon à l'aide d'un crédit partiel ne peuvent être condamnés à payer le solde, dès lors qu'ils contestent la réalité de la livraison et que le vendeur ne produit qu'un certificat de livraison, document sur lequel il est mentionné expressément qu'il est établi sous la seule responsabilité du vendeur alors qu'il est d'usage qu'au moment d'une livraison, le livreur fasse attester par le consommateur que l'opération a été effectuée (*Cour d'appel de Douai, 8e chambre, 8/9/1995*).

✓ Si, entre la signature du bon de commande et la date de livraison, le commerçant fait faillite et ne livre pas la télévision commandée par l'acheteur, ce dernier n'a pas à honorer le contrat de crédit qui se trouve annulé de plein droit (*Cour de cassation, 1re chambre civile, 7/2/1995*).

Que faire si le bien est livré complet mais qu'il est atteint d'un vice caché ?

Le consommateur doit, dans ce cas, saisir le tribunal compétent et lui demander la suspension du remboursement du crédit en attendant la solution du litige portant sur le contrat de vente.

Si le contrat de vente est annulé ou résolu judiciairement, le contrat de crédit auquel il était lié est alors automatiquement annulé ou résolu par le juge, et l'organisme de crédit doit rembourser au consommateur toutes les sommes que celui-ci a versées au titre du remboursement du crédit.

En revanche, si le contrat de vente n'est pas annulé par le juge, le contrat de crédit reprend alors ses effets et l'emprunteur doit rembourser ses mensualités conformément à l'échéancier, ainsi que les échéances échues impayées.

Que faire si le contrat de vente prévoit des livraisons ou des prestations échelonnées dans le temps ?

Dans ce cas (par exemple : cas des agences matrimoniales ou des clubs de sport), le remboursement du crédit ne commence qu'à partir de la première livraison ou exécution de la prestation. En revanche, en cas d'interruption des livraisons ou des prestations, le consommateur peut interrompre le remboursement du crédit, mais il doit rembourser l'intégralité des échéances échues non payées pendant cette interruption au cas où le vendeur ou le prestataire assure de nouveau la livraison du bien ou la fourniture de la prestation.

› Le crédit renouvelable

Qu'est-ce que le crédit renouvelable ?

Le crédit renouvelable est une formule de crédit à la consommation également connu sous le nom de crédit « revolving » ou crédit permanent. Les établissements de crédit parlaient également volontiers de réserve disponible, d'ouverture de crédit ou de crédit autorisé. Mais attention : la loi n° 2010-737 du 1/7/2010 réformant le crédit à la consommation interdit dorénavant l'usage de ce type d'expressions jugées trompeuses. En outre, les publicités, documents commerciaux et contractuels ne doivent utiliser que le terme de « crédit renouvelable ». Autre modification de vocabulaire introduite par la loi n° 2014-344 du 17/3/2014 : le terme « réserve de crédit » doit être remplacé par « montant maximal du crédit consenti ».

Cette forme de crédit consiste à mettre à la disposition de l'emprunteur un montant maximal de crédit consenti sur un compte ouvert à son nom. Le montant du prêt peut être utilisé par celui-ci pour les achats de son choix, à charge pour l'emprunteur de rembourser le prêt qui lui est consenti. Une partie des remboursements, c'est une des particularités du crédit renouvelable, vient reconstituer le montant maximal de crédit consenti en vue de financer, au besoin, de nouveaux achats (d'où le nom de crédit renouvelable).

Le crédit renouvelable est une formule de crédit particulièrement souple, notamment quand elle s'accompagne de la délivrance d'une carte de crédit utilisable pour retirer de l'argent ou régler les commerçants qui l'acceptent. Répondant aux besoins de financement de nombreux particuliers, cette forme de crédit se développe de plus en plus malgré les risques de surendettement.

À NOTER

Il revient à chaque emprunteur d'envisager l'opportunité de recourir au crédit renouvelable en comparant les formules pratiquées par les banques et sociétés financières, lesquelles sont très variables. Ce type de crédit doit rester un mode de financement ponctuel, si possible exceptionnel.

Quelles sont les différentes formules de crédit renouvelable ?

Elles sont au nombre de quatre :

- la formule classique où la banque ouvre une ligne de crédit au bénéfice de son client sur laquelle celui-ci pourra tirer en demandant à sa banque soit un virement du montant de son choix sur son compte chèques (dans la limite du crédit consenti), soit un chèque correspondant au montant de l'achat qu'il projette ;
- la formule du prêt lié à une carte bancaire émise directement par la banque au bénéfice de son client et utilisable comme n'importe quelle carte bancaire du réseau Visa ou Mastercard, à la fois pour retirer de l'argent dans les DAB ou pour payer directement les commerçants ;
- la formule du prêt lié à une carte privative émise par une enseigne ou un réseau de commerçants déterminés (hypermarché, entreprise de vente par correspondance, etc.) avec laquelle un établissement prêteur a négocié son utilisation ;
- la formule du prêt lié à une carte privative émise directement par l'établissement financier prêteur, au nom de ce dernier, et utilisable dans les réseaux de magasins qui collaborent avec celui-ci.

À NOTER

La loi n° 2010-737 du 1/7/2010 réformant le crédit à la consommation encadre les cartes privatives de magasins tant la distinction entre carte de fidélité et carte de crédit est parfois floue pour le consommateur. Ces cartes doivent obligatoirement avoir une fonction « paiement au comptant ». En outre, l'activation de la fonction crédit ne peut pas se faire sans l'accord exprès du client. Enfin, le commerçant ne peut pas subordonner l'octroi d'avantages promotionnels à un paiement à crédit avec la carte privative.

À NOTER

En matière de crédit renouvelable, le client ne doit pas bénéficier d'avantages différents (quels que soient les avantages) selon qu'il paye à crédit ou au comptant avec sa carte de fidélité. Il est donc interdit de réserver un avantage à l'utilisation de la fonction « crédit ».

Quel est l'intérêt de choisir un crédit renouvelable ?

Le crédit renouvelable permet de financer des achats courants de faible ou moyenne valeur espacés dans le temps, pour lesquels un prêt personnel n'est pas adapté compte tenu, notamment, de la fréquence des achats. Le crédit renouvelable peut financer l'achat de tous les biens et de tous les services offerts dans le commerce.

De plus, la possession d'une carte de crédit permet de financer l'achat d'un bien ou d'un service sans avoir à obtenir sans cesse l'aval de sa banque pour une nouvelle offre de prêt.

Toutefois, compte tenu de son coût, cette technique de crédit doit servir au mieux à lisser sur plusieurs mois des dépenses imprévues ou concentrées sur de courtes périodes. Elle ne saurait servir, au risque de surendettement, comme source de financement habituelle et permanente, comme moyen de pallier des difficultés financières (qui, souvent, ne vont qu'en s'aggravant), ou encore comme moyen d'acheter un bien unique d'un montant élevé. Il est en effet important, si l'on veut diminuer le coût du crédit, sinon de rembourser par anticipation le capital emprunté (par exemple à l'aide d'une rentrée d'argent prévue ou imprévue), du moins d'accélérer les remboursements plutôt que de se contenter de rembourser les mensualités telles qu'elles sont prévues dans le contrat (ces mensualités étant souvent très faibles, de 30 à 80 €, par exemple).

Qui propose des crédits renouvelables ?

Les banques et les sociétés financières qui sont spécialisées dans le crédit à la consommation (telles que Cetelem, Sofinco...) soit par l'intermédiaire de leurs agences, soit par le biais des grands magasins, des enseignes de la grande distribution ou des constructeurs automobiles avec lesquels collaborent les établissements de crédit (par exemple, Cofidis pour les 3 Suisses, Cofinoga pour les Galeries Lafayette, la DIAC pour Renault...).

Quelle est la réglementation s'appliquant au crédit renouvelable ?

Le crédit renouvelable est une forme de crédit à la consommation. Il est donc soumis à la même réglementation.

Toutefois, il existe des règles qui sont spécifiques à cette formule :

- la durée du contrat initial est limitée à 1 an renouvelable, ce qui correspond à la durée de mise à disposition du montant maximal du crédit consenti et non à la durée de remboursement. La durée de remboursement est limitée à 3 ans si le montant du prêt n'excède pas 3 000 € et à 5 ans s'il est supérieur. En outre, chaque mensualité doit obligatoirement comporter une partie de remboursement de capital et une partie d'intérêts.

  L'offre doit préciser que le prêteur devra indiquer, 3 mois avant l'échéance, les conditions de reconduction du contrat et fixer les modalités du remboursement des sommes restant dues dans le cas où l'emprunteur demande à ne plus bénéficier de son crédit. Le remboursement doit être fait de façon échelonnée sauf volonté contraire du débiteur (*Code de la consommation, Art. L. 312-65*).

  Lors d'une offre de crédit renouvelable sur un lieu de vente ou en cas de vente à distance, il doit également être proposé en alternative au consommateur une offre de crédit amortissable pour tout montant supérieur à 1 000 €. La loi n° 2014-344 du 17/3/2014 renforce cette obligation en obligeant le prêteur à fournir au consommateur des informations lui permettant de comparer le coût et les modalités d'amortissement à travers deux exemples de crédits et deux hypothèses de délai de remboursement (*Code de la consommation, Art. L. 312-62*). L'information doit être présentée sous forme de tableau : dans une première colonne sont présentées les caractéristiques du crédit renouvelable (coût, taux, mensualités...) et dans une deuxième celles d'un crédit amortissable. Pour chacune des propositions, les informations suivantes doivent être données : TAEG, mensualités, montant total dû. Elles doivent être fournies pour chaque crédit avec deux hypothèses de délai de remboursement (*Décret n°* 2015-293 du 16/3/2015) ;
- les offres de crédit doivent mentionner que le taux d'intérêt est révisable, que l'emprunteur sera informé préalablement, par courrier, d'une révision du taux et qu'il aura un délai de 30 jours après réception de cette information pour refuser cette révision. Dans ce cas, son droit à crédit prendra fin et le remboursement du crédit déjà utilisé s'effectuera de manière échelonnée, sauf avis contraire de sa part, aux conditions applicables avant la modification refusée (*Code de la consommation, Art. L. 312-72*).

Ces précisions sont importantes et distinguent un crédit classique, affecté ou non, d'un crédit renouvelable. Un crédit classique prévoit un remboursement à mensualités et à taux fixes, sur une durée connue à l'avance et, par conséquent, pour un coût connu lors de la signature du contrat de crédit. Un contrat de crédit renouvelable ne peut délivrer ces mêmes informations à l'emprunteur, car son coût dépend de variables inconnues lors de la souscription. C'est la raison pour laquelle il n'est pas joint de tableau d'amortissement avec l'offre de crédit.

Le Code de la consommation prévoit, en revanche, que l'emprunteur doit être renseigné, dans l'offre de crédit, sur les modalités de remboursement au cas où celui-ci demanderait à ne plus bénéficier de son ouverture de crédit. De plus, dans la pratique, le montant du TAEG au jour de l'utilisation du crédit figure sur le relevé que l'emprunteur reçoit chaque mois.

Lorsque l'offre préalable est assortie d'une proposition d'assurance, une notice est remise à l'emprunteur. Elle doit comporter les extraits des conditions générales de l'assurance. Si l'assurance est obligatoire pour obtenir le prêt, l'offre préalable doit rappeler que l'emprunteur peut souscrire une assurance équivalente auprès de l'assureur de son choix. Si elle est facultative, les modalités suivant lesquelles l'emprunteur peut ne pas y adhérer doivent être mentionnées (*Code de la consommation, Art. L. 312-29*) ;

- l'emprunteur peut à tout moment compléter la mensualité minimum fixée par le contrat de prêt par un versement supplémentaire ou rembourser entièrement par anticipation le crédit ; dans les deux cas, aucune indemnité n'est due au prêteur.

Comment fonctionne un crédit renouvelable ?

Les règles de fonctionnement d'un crédit renouvelable sont les mêmes que celles qui régissent les prêts classiques. Le montant du crédit consenti par l'établissement prêteur dépend de la capacité de remboursement du souscripteur, et l'amortissement du prêt se fait de manière échelonnée. Le prêteur doit :

– vérifier la solvabilité de l'emprunteur à partir d'un nombre suffisant d'informations, y compris des informations fournies par l'emprunteur à la demande du prêteur ;

– consulter le fichier national des incidents de remboursement des crédits aux particuliers à la souscription du prêt puis tous les ans (*Code de la consommation, Art. L. 312-29*).

Toutefois, le crédit renouvelable a quelques spécificités :

– les intérêts liés au prêt ne courent qu'à compter du moment où le consommateur utilise son crédit et ne sont calculés que sur la fraction utilisée ;

– dès lors que le consommateur utilise son crédit, partiellement ou totalement, celui-ci doit le rembourser de manière à reconstituer son capital. Les mensualités de remboursement sont mentionnées dans le contrat de crédit. Elles sont soit fixes (30 € par mois par exemple), soit calculées en fonction du montant de la réserve mise à disposition (5 % de ce montant par exemple, soit 75 € pour une mise à disposition de 1 500 €), soit encore calculées en fonction de la durée choisie par l'emprunteur ;

– les organismes prêteurs sont tenus d'adresser à l'emprunteur mensuellement et dans un délai raisonnable avant la date de paiement, un relevé de compte détaillé qui précise clairement :

- la date d'arrêté du relevé et la date de paiement,
- la fraction du capital disponible,
- le montant de l'échéance, dont la part correspondant aux intérêts,
- le taux de la période et le taux effectif global,
- le cas échéant le coût de l'assurance,
- la totalité des sommes exigibles,
- le montant des remboursements déjà effectués depuis le dernier renouvellement, en faisant ressortir la part respective versée au titre du capital emprunté et celle versée au titre des intérêts et frais divers liés à l'opération de crédit,
- la possibilité pour l'emprunteur de demander à tout moment la réduction de sa réserve de crédit, la suspension de son droit à l'utiliser ou la résiliation de son contrat,
- l'estimation du nombre de mensualités restant dues pour parvenir au remboursement intégral du montant effectivement emprunté, établie en fonction des conditions de remboursement convenues,
- le fait qu'à tout moment l'emprunteur peut payer comptant tout ou partie du montant restant dû, sans se limiter au montant de la seule dernière échéance (*Code de la consommation, Art. L. 312-71*).

En cas d'augmentation de la réserve de crédit, le prêteur doit adresser une nouvelle offre préalable de crédit. Par ailleurs, les consommateurs qui ont souscrit un crédit renouvelable peuvent à tout moment demander la réduction de la réserve de crédit, la suspension ou la résiliation du contrat. Dans ce dernier cas, ils doivent rembourser le montant de la réserve déjà utilisé (*Code de la consommation, Art. L. 312-79*).

A NOTER

Depuis le 1/4/2013, le taux de l'usure est défini selon le montant du prêt (inférieur à 3 000 €, entre 3 000 et 6 000 € et supérieur à 6 000 €) et non plus selon le montant et la nature du prêt (prêt immobilier, prêt personnel, crédit renouvelable…).

Les conditions de reconduction du contrat

Le prêteur doit envoyer au client, 3 mois avant la date du renouvellement du contrat (à la date anniversaire) les conditions de la reconduction. L'emprunteur doit pouvoir s'opposer aux modifications proposées jusqu'au moins 20 jours avant la date ou celles-ci deviennent effectives en utilisant un bordereau-réponse annexé. En cas de refus des nouvelles conditions de taux ou de remboursement proposées lors de la reconduction du contrat, l'emprunteur est tenu d'en informer le prêteur dans un délai de 30 jours et de rembourser le crédit déjà utilisé aux conditions précédant les modifications proposées. Il ne lui est alors plus possible de puiser dans la réserve de crédit (*Code de la consommation, Art. L. 312-65 et L. 312-77*).

Si pendant 1 an le consommateur n'a pas utilisé son prêt et si la banque veut en proposer la reconduction, elle doit lui adresser un document qui en récapitule les caractéristiques. Si l'emprunteur ne retourne pas ce document, daté et signé, au plus tard 20 jours avant la date d'échéance du contrat, le droit d'utiliser le crédit est suspendu. Mais l'emprunteur peut demander la réactivation du crédit pendant l'année qui suit. L'ouverture de crédit se fera après vérification de sa solvabilité. S'il n'utilise pas cette faculté de réactivation, le contrat de crédit est résilié (*Code de la consommation, Art. L. 312-82*).

Le contrat d'ouverture de crédit est résilié automatiquement si pendant 2 ans le consommateur s'est abstenu de toute utilisation de son crédit.

À NOTER

Avant de proposer à l'emprunteur de reconduire le contrat, le prêteur doit consulter tous les ans le fichier des incidents de crédits aux particuliers (FICP), et tous les 3 ans, il doit vérifier sa solvabilité en lui demandant des justificatifs.

Comment fonctionne la carte de crédit accompagnant le crédit renouvelable ?

L'une des opérations de fidélisation mise en place par les commerçants, notamment par les grands magasins, consiste à délivrer aux consommateurs des cartes dites « privatives » dont l'intérêt est non seulement de pouvoir bénéficier d'opérations promotionnelles réservées aux possesseurs de ces cartes, mais surtout de pouvoir utiliser le crédit consenti par l'intermédiaire d'une société financière à laquelle est affilié le commerçant.

Les cartes privatives ne doivent donc pas être confondues avec les cartes bancaires ni avec les cartes accréditives, telles celles émises par American Express ou Diners Club.

Les cartes privatives sont émises soit par un réseau de commerçants affiliés à un organisme prêteur (on parle alors de carte « multi-commerces »), soit directement par les organismes financiers et utilisables dans les magasins arborant le logo de ladite carte (ce sont les cartes dites « mono-commerce »).

ATTENTION ⚠

Si les dispositions juridiques relatives au crédit à la consommation s'appliquent au crédit renouvelable sur lequel s'appuie la carte privative, il est à noter que l'utilisation de la carte elle-même ne fait pas l'objet d'une protection particulière en droit français, ni d'un contrat-porteur applicable à toutes les cartes privatives à l'instar de celui relatif à la carte bancaire (sauf pour les cartes de crédit émises par les banques). Les conditions particulières de fonctionnement de la carte privative sont mentionnées dans l'offre préalable de crédit. Il y a donc lieu d'être attentif à celles-ci, notamment celles relatives à la responsabilité du porteur de la carte en cas de vol, de perte ou d'utilisation frauduleuse.

Les cartes doivent obligatoirement comporter une option « paiement au comptant » et l'activation de la fonction crédit ne peut se faire sans l'accord exprès du client. Le commerçant ne peut subordonner l'octroi d'avantages promotionnels à un paiement à crédit avec la carte (*Code de la consommation, Art. L. 312-66*).

À NOTER

Lorsqu'une carte de crédit est associée au contrat renouvelable, la mention « carte de crédit » est portée en caractères lisibles au recto de la carte.

› Les prêts personnels

Ce sont les crédits à la consommation classiques accordés par les banques et les établissements financiers, dont le montant peut être librement utilisé par l'emprunteur contrairement aux crédits affectés.

› Les découverts bancaires

Tout découvert bancaire (solde débiteur du compte bancaire), d'une durée supérieure à 3 mois, constitue, pour son bénéficiaire, une avance de trésorerie qualifiée de crédit à la consommation (*Code de la consommation, Art. L. 312-84 et s.*).

Dans ces conditions, le découvert bancaire doit donc faire l'objet d'une offre de contrat de crédit.

La loi n° 2010-737 du 1/7/2010 a créé un régime contractuel allégé pour les découverts d'une durée de 1 à 3 mois.

› Les locations avec option d'achat

Communément appelée « LOA » ou « leasing », cette formule de crédit repose sur un mécanisme complexe : le consommateur appelé « souscripteur » loue la chose objet du contrat (une voiture, le plus souvent) pendant une période déterminée (généralement 3 à 5 ans). À ce titre, le souscripteur verse des loyers à l'organisme de crédit. À la fin du contrat, il peut acheter l'objet moyennant une somme préalablement définie dans le contrat. Il peut aussi soit exercer son option d'achat en cours de contrat, soit ne pas acheter le bien à la fin du contrat.

REGROUPEMENT OU RACHAT DE CRÉDITS

Le rachat est l'opération par laquelle on regroupe en un seul crédit un ensemble de prêts (à la consommation, renouvelables, immobiliers, découverts bancaires) ayant des durées et des taux différents. En pratique, l'établissement de crédit qui procède au rachat rembourse les banques et autres prêteurs de son client et lui fait souscrire un prêt unique. En général, on a recours à cette opération pour faire baisser ses charges mensuelles de remboursement. Mais attention : pour cela, il faut allonger la durée de remboursement du prêt unique qui risque de courir bien plus longtemps que les différents crédits qui ont fait l'objet du rachat. En optant pour cette solution, le client augmente donc le coût global des crédits (intérêts et frais en plus). Toute publicité pour des opérations de rachat de crédits doit faire apparaître de manière claire et apparente le coût du crédit avant et après le rachat (*Code de la consommation, Art. L. 312-10*).

La loi n° 2010-737 du 1/7/2010 réformant le crédit à la consommation définit pour la première fois un cadre juridique spécifique au regroupement de crédits. Elle soumet aux règles de protection du crédit à la consommation les prêts de regroupement de crédits dès lors que les prêts regroupés sont des prêts à la consommation. Lorsque les prêts regroupés sont des prêts immobiliers, les règles de protection du crédit immobilier sont applicables. Lorsque l'opération conduit à regrouper à la fois des crédits à la consommation et des crédits immobiliers, le contrat sera soumis au régime du crédit à la consommation si la part relative de crédit immobilier ne dépasse pas un seuil égal à 60 % du montant total de l'opération de regroupement (*Code de la consommation, Art. R. 314-18*). Si elle le dépasse, le contrat de regroupement de crédits sera soumis au régime du crédit immobilier.

Le prêteur qui réalise le rachat de crédits doit proposer à l'emprunteur de clôturer les crédits renouvelables rachetés.

L'établissement de crédit doit informer l'emprunteur des caractéristiques et du bilan économique du regroupement de crédits envisagé. Avant d'accorder le prêt, il doit demander à l'emprunteur si l'opération de crédit a pour objet le remboursement d'au moins deux créances antérieures dont un crédit en cours. Si c'est le cas, le prêteur remet à son client un document d'information afin qu'il puisse se faire une idée précise des conséquences de son choix (*Code la consommation, Art. R. 314-19 et s.*). Un tableau doit lui permettre de comparer les caractéristiques des prêts en cours avec le regroupement de crédits (nature, taux débiteur, montant des échéances, montant du capital restant dû, durée prévue de remboursement, modalités prévues pour le remboursement anticipé, etc.). Le prêteur lui communique également une estimation du surcoût induit par le regroupement de crédits et les conséquences de l'opération (par exemple, la perte du cautionnement ou de l'assurance). Le document comporte, enfin, les modalités de mise en œuvre du rachat : les démarches à accomplir, la date du paiement des dernières échéances des crédits en cours…

Toutefois, cette information ne peut être correctement donnée que si l'emprunteur fournit tous les justificatifs nécessaires. Si le prêteur ne peut s'appuyer que sur des éléments déclaratifs fournis par l'emprunteur, il doit le préciser dans le document.

› Les facilités de paiement

Ces facilités, consenties par le vendeur ou le prestataire de services en dehors de tout contrat de crédit, sont des opérations considérées par les tribunaux comme une forme de crédit à la consommation lorsque leur durée est supérieure à 3 mois. Ainsi, les facilités de paiement du type « paiement en 5 fois » offertes par certains vendeurs en dehors de tout contrat de crédit, ou le paiement d'un bien ou d'un service en plusieurs chèques, éventuellement postdatés, remis au professionnel qui s'engage à les mettre à l'encaissement à des dates convenues d'avance (pratique réprimée par l'article L. 131-69 du Code monétaire et financier), sont considérées comme des formes de crédit à la consommation et relèvent des dispositions du Code de la consommation. Ils doivent notamment faire l'objet d'une offre préalable de crédit.

› L'hypothèque rechargeable

Cette formule, créée par l'ordonnance n° 2006-346 du 23/3/2006 et destinée à stimuler la consommation a disparu depuis le 1/7/2014. Toutefois, les contrats conclus avant cette date ne sont pas concernés par cette suppression. Elle s'adressait aux propriétaires d'un bien immobilier acquis grâce à un prêt en cours de remboursement et garanti par une hypothèque.

Dès que l'emprunteur avait remboursé une partie de son prêt immobilier garanti par une hypothèque, il pouvait accéder à un nouveau prêt adossé sur cette même hypothèque.

› Le prêt viager hypothécaire

Il s'adresse aux personnes âgées à qui il permet d'obtenir de l'argent d'un logement dont elles sont propriétaires sans le vendre. Il s'agit d'un prêt dont elles n'ont à rembourser ni le capital, ni les intérêts de leur vivant. Institué depuis 2006, ce type de prêt est très peu utilisé.

De quoi s'agit-il ?

Le banquier consent un prêt et prend une hypothèque pour le garantir sur le logement. Le montant du prêt est déterminé en tenant compte de la valeur du bien, de l'âge de l'emprunteur (plus exactement de son espérance de vie) et du taux du prêt accordé.

L'intéressé peut choisir de recevoir le montant emprunté sous forme d'un capital ou de versements périodiques jusqu'à la fin de sa vie. Il peut en disposer librement : comme complément de retraite, moyen de financer la dépendance ou même en faire une donation… Une seule restriction : le prêt ne peut financer les besoins d'une activité professionnelle.

Au décès de l'emprunteur, les héritiers devront rembourser, à la banque, le capital emprunté plus les intérêts, la somme globale ne pouvant pas être supérieure à la valeur de l'immeuble au jour du décès. Pour cela, ils peuvent vendre le bien immobilier ou pas. Si le prix du bien est inférieur à la dette, la banque sera perdante.

À NOTER

L'emprunteur peut mettre fin au contrat de prêt en remboursant la totalité des sommes déjà versées (capital et intérêts). De même, le remboursement s'imposera en cas de vente du bien sur lequel porte l'hypothèque.

Comment se déroule la procédure ?

L'offre de prêt faite par la banque sera valable pendant au moins 30 jours. Son acceptation par l'intéressé ne pourra intervenir qu'après un délai minimum de 10 jours et devra obligatoirement faire l'objet d'un acte notarié.

En quoi consiste le fichier des incidents de crédit et de paiement des particuliers (FICP)?

Le fichier des incidents de paiement, géré par la Banque de France, fournit aux organismes de crédit :

– un élément pour apprécier la solvabilité des personnes sollicitant un crédit. La contrepartie de l'accès au FICP pour ces organismes consiste dans l'obligation de l'alimenter en déclarant les incidents de remboursement des emprunteurs (voir plus loin) ;

– un élément d'appréciation avant d'accorder des moyens de paiement (chèques, carte de crédit…) ;

– des informations concernant la gestion des risques liés aux crédits souscrits par les clients (*Code de la consommation, Art. L. 751-1 et L. 751-6*)..

Le contenu

Informations sur les incidents de paiements caractérisés

Ce fichier recense les incidents de paiement caractérisés liés aux crédits accordés aux particuliers pour le financement de besoins non professionnels. Les notions de crédit et d'incidents caractérisés sont définies par l'article 3 du règlement n° 90-05 du 11/4/1990 du Comité de la réglementation bancaire et financière (CRBF).

Informations sur les situations de surendettement

Ce fichier recense les informations relatives aux personnes surendettées : dépôt d'un dossier auprès d'une commission de surendettement, mesures incluses dans un plan conventionnel de redressement, mesures de traitement imposées ou proposées, jugement de clôture de la procédure de rétablissement personnel.

Procédure d'inscription

Le FICP constitue un élément d'appréciation de la solvabilité d'un emprunteur. La seule inscription d'un particulier dans ce fichier – que celle-ci intervienne au titre d'un incident de paiement caractérisé ou au titre d'une procédure de surendettement – n'emporte pas interdiction de lui délivrer un crédit et ne doit pas conduire, de ce seul fait, les établissements de crédit à refuser l'octroi d'un crédit.

En ce qui concerne les incidents de paiement caractérisés, les organismes de crédit sont tenus de les déclarer à la Banque de France. Dès réception, la Banque de France les inscrit au fichier. Dans le même temps, elle met cette information à la disposition de l'ensemble des organismes ayant accès au fichier. Les frais afférents à cette déclaration ne sont pas facturés aux particuliers.

En ce qui concerne les mesures de surendettement, dès que la commission de surendettement est saisie par un débiteur, elle en informe la Banque de France qui renseigne le FCIP. La même obligation pèse sur le greffe du juge de l'exécution.

Durée de conservation des données

Elle varie en fonction du type d'incidents.

Les incidents de paiement caractérisés sont inscrits pour une durée de 5 ans maximale. Les mentions doivent être radiées, avant l'expiration de ce délai, dès la déclaration faite par l'établissement, à l'origine de l'inscription, du paiement intégral des sommes dues.

Les mesures prévues par un plan conventionnel de redressement, ou celles imposées par la commission de surendettement ou homologuées par le juge, sont inscrites pendant toute la durée de leur exécution, et au maximum pour une durée de 7 ans.

À NOTER

Il existe un mécanisme de radiation anticipée des données (5 ans) lorsque ces mesures sont exécutées sans incident.

Le bénéfice d'une procédure de rétablissement personnel est inscrit pour une période maximale de 5 ans, à compter de la date d'homologation ou de clôture de la procédure.

Enfin, en cas de superposition de durées d'inscription, lorsque les mesures imposées par la commission de surendettement ou homologuées par le juge s'appliquent après échec d'un plan conventionnel de redressement, l'inscription est conservée pendant la durée globale d'exécution du plan et des mesures, sans pouvoir excéder 7 années.

Droit d'accès

Les personnes sont informées par la Banque de France et les organismes prêteurs de leur inscription au fichier et de leurs droits (droit d'accès et de rectification).

Il est interdit, sous peine de sanction pénale, à la Banque de France et aux organismes de crédit, de remettre à quiconque une copie des informations contenues dans le fichier. Cette interdiction ne s'applique pas aux personnes faisant l'objet d'une inscription. Celles-ci peuvent exercer leur droit d'accès aux informations les concernant contenues dans le fichier conformément à la loi informatique et liberté n° 78-17 du 6/1/1978.

Les services bancaires et financiers

Banques digitales

Coût forfaitaire annuel sur un compte Nickel : 20 €.

Classes de contraventions

- 1re classe : 38 € ;
- 2e classe : 150 € ;
- 3e classe : 450 € ;
- 4e classe : 750 € ;
- 5e classe : 1 500 € ;
- 5e classe en cas de récidive : 3 000 €.

Plafonds des frais bancaires

En cas d'incident de paiement :

La banque ne peut facturer comme frais bancaires plus de :

- 30 € en cas de rejet d'un chèque sans provision d'un montant inférieur ou égal à 50 € ;
- 50 € pour un chèque sans provision de plus de 50 € ;
- 20 € pour un incident dû à un autre moyen de paiement (prélèvement, virement…).

En cas de dépassement du découvert autorisé :

Les frais bancaires ne peuvent dépasser :

- 8 € par opération (4 € pour les personnes en situation de fragilité) ;
- 80 € par mois maximum (20 € pour les personnes en situation de fragilité).

Taux effectifs moyens et seuils de l'usure

Prêts aux particuliers (crédits de trésorerie) :

MONTANT DES TAUX SUIVANT LES PRÊTS		
Catégories	Taux effectif pratiqué au 2e trimestre 2020 par les établissements de crédit	Seuil de l'usure applicable à compter du 1/7/2020
Prêts d'un montant inférieur ou égal à 3 000 € (1)	15,87 %	21,16 %
Prêts d'un montant supérieur à 3 000 € et inférieur ou égal à 6 000 € (1)	7,89 %	10,52 %
Prêts d'un montant supérieur à 6 000 € (1)	4,16 %	5,55 %

(1) Pour apprécier le caractère usuraire du taux effectif global d'un découvert en compte ou d'un prêt permanent, le montant à prendre en considération est celui du crédit effectivement utilisé.

Prêts immobiliers aux particuliers :

MONTANT DES TAUX SUIVANT LES PRÊTS		
Catégories	**Taux effectif pratiqué au 2e trimestre 2020 par les établissements de crédit (en %)**	**Seuil de l'usure applicable à compter du 1/7/2020 (en %)**
Prêts à taux fixe d'une durée inférieure à 10 ans	1,79 %	2,39 %
Prêts à taux fixe d'une durée comprise entre 10 ans et moins de 20 ans	1,80 %	2,40 %
Prêts à taux fixe d'une durée de 20 ans et plus	1,93 %	2,57 %
Prêts à taux variable	1,71 %	2,28 %
Prêts-relais	2,26 %	3,01 %

Bien placer votre argent

Gérer sa trésorerie

Les livrets d'épargne
Le compte épargne logement
Les comptes à terme
Les OPCVM monétaires
Les bons du Trésor
Les comptes rémunérés

Placer sans risque

Le plan épargne logement
Le plan d'épargne populaire
L'assurance vie
Les placements en vue de la retraite
Les bons de capitalisation

Gérer sa trésorerie

Pour quelques semaines ou quelques mois, vous pouvez placer vos liquidités. Cette épargne toujours disponible offre un faible rendement. Les liquidités rapportent à pleine plus que l'inflation. Pas question non plus de prendre le moindre risque sur le capital investi. De nombreux placements répondent à cette définition. Pour choisir celui qui répond le mieux à vos attentes, il faut comparer à la fois la souplesse d'utilisation, la rémunération proposée et la fiscalité qui pèsera sur les gains obtenus. En outre, force est de constater que ce type d'épargne simple permet au cours de ces périodes de crise financière de garder ses avoirs.

Les livrets d'épargne

Présent dans toutes les familles ou presque, le Livret A est l'un des plus vieux placements de France, puisqu'il a été créé au XIXe siècle. Le rendement de ce placement est faible mais il garde cependant deux précieux atouts : le caractère non imposable des gains et sa parfaite liquidité. Au fil des années, les pouvoirs publics lui ont adjoint des « petits frères » d'un fonctionnement similaire, élargissant ainsi, de façon importante, la gamme des livrets d'épargne réglementés. Pour concurrencer ces produits, certains établissements financiers offrent des « super livrets ».

Qu'est-ce qu'un livret d'épargne ?

Il existe deux types de livrets. Les premiers dits réglementés fonctionnent selon des règles édictées par l'État notamment en matière de plafond de dépôt et de taux de rémunération. Figurent dans cette catégorie les célèbres Livret A, Livret bleu, Livret de développement durable et solidaire (ex-Codevi), Livret d'épargne populaire et Livret jeune.

Pour les seconds, les livrets bancaires, les établissements bancaires fixent chacun les modalités de fonctionnement. Ils sont distribués par tous les réseaux bancaires traditionnels mais ils sont également le fer de lance des banques en ligne ou sans guichet comme Epargne Orange d'ING direct ou Monabanq.

Chaque personne majeure peut ouvrir un livret d'épargne mais elle peut aussi en souscrire un autre au nom d'un enfant mineur.

AVANTAGE

Tous les livrets réglementés sont des produits très sûrs puisqu'ils bénéficient de la garantie de l'État. Toutes les opérations, même les plus petites, se font sans aucun frais. Les intérêts produits ne sont ni soumis à l'impôt sur le revenu, ni à la contribution au remboursement de la dette sociale (CRDS), ni à la CSG, ni au prélèvement de solidarité.

Où peut-on souscrire ces différents livrets ?

Le Livret A comme le Livret de développement durable et solidaire (ex-Codevi), le Livret B ou bancaire, le Livret jeune ou le Livret d'épargne populaire peuvent être proposés par tous les établissements bancaires quels qu'ils soient.

Mais chaque client ne peut détenir qu'un seul Livret A. Depuis le 1/1/2013, il est impossible d'ouvrir plusieurs livrets A. L'établissement saisi d'une demande d'ouverture d'un Livret A doit informer le client de la réglementation interdisant la possession de plusieurs livrets et du fonctionnement de la procédure de contrôle préalable.

La banque interroge ensuite l'administration fiscale sur l'existence éventuelle d'un précédent Livret A. Celle-ci a 48 heures pour répondre. En l'absence d'ancien Livret A, rien ne fait obstacle à l'ouverture du nouveau Livret A. Sinon, le client a le choix entre renoncer à ouvrir un nouveau livret ou fermer l'ancien. Il peut confier la démarche à sa banque ou s'en charger lui-même (*Code monétaire et financier, Art. R. 221-121 et s.*).

Les épargnants qui en détiennent plusieurs risquent une amende égale à 2 % du livret en trop. Les amendes inférieures à 50 € ne sont pas recouvrées.

Caractéristiques communes à tous les livrets

Un certain nombre de règles de fonctionnement sont communes à tous les livrets. Voici les principales :

- il n'est possible de détenir qu'un seul et même livret par personne. Mais une seule et même personne peut respectivement cumuler - sous réserve de remplir les conditions requises - un Livret A, un Livret de développement durable et solidaire (ex-Codevi), un Livret d'épargne populaire et même un Livret jeune ;

- les formalités de souscription sont très souples pour chaque livret ;
- les intérêts de chaque livret sont calculés de manière un peu particulière, suivant ce que l'on appelle la règle des quinzaines et non jour après jour. Les sommes déposées produisent des intérêts par quinzaine civile entière. Ainsi, une somme déposée sur son livret entre le 1er et le 15 d'un mois ne rapporte des intérêts qu'à compter du 16 du mois. De même, une somme retirée entre le 16 et le 30 d'un mois s'est arrêtée de fructifier depuis le 15 du même mois ;
- la rémunération des livrets d'épargne est réglementée et indexée. La révision du taux du Livret A est calculée de façon précise (voir plus loin) et entraîne mécaniquement celle du Livret de développement durable et solidaire (ex-Codevi) et du Livret bleu (Livret A distribué par le Crédit mutuel). Ils ont donc tous les trois le même taux. Par ailleurs, la révision du rendement du Livret A a un impact sur celui du Livret d'épargne populaire et du compte épargne logement.

AVANTAGE

La capitalisation des intérêts peut porter le solde des différents livrets au-delà des plafonds fixés.

Quelles sont les spécificités des livrets ?

Chaque livret d'épargne réglementé possède ses modalités de fonctionnement.

Le Livret A

Il est accessible à tous, sans condition de revenus ni d'âge. C'est le produit d'épargne le plus basique. Pour en ouvrir un, 1,5 € suffisent. Le plafond des versements a été revalorisé. Il est de 22 950 € depuis le 1/1/2013. Attention : le plafond ne tient pas compte de vos seuls versements mais également des intérêts capitalisés. Ainsi, le montant maximum que vous pouvez verser est déterminé en faisant la soustraction suivante : plafond – montant porté sur le livret (capital et intérêts) à la date de versement.

La rémunération annuelle est de 0,50 % nette d'impôt depuis le 1/2/2020.

Le taux du Livret A est calculé à partir de la moyenne semestrielle du taux d'inflation et des taux interbancaires à court terme (Eonia), arrondie au dixième de point le plus proche, avec un taux plancher de 0,5 %. Le taux Eonia est le taux de l'argent au jour le jour.

Le taux du Livret A est revu le 1er février et le 1er août de chaque année (sauf décision contraire du ministre de l'Économie et des Finances). En outre, le gouverneur de la Banque de France peut proposer une révision intermédiaire, le 1er mai et le 1er novembre en cas de variation importante des marchés monétaires ou de l'inflation.

À NOTER

L'encours des livrets A, centralisé par la Caisse des dépôts, est utilisé pour financer principalement le logement social. Cet encours représentait 306,6 milliards d'euros en mars 2020. À la même date, l'encours du livret de développement durable et solidaire atteignait 114,3 milliards d'euros.

Le Livret bleu

Ses modalités de fonctionnement sont identiques à celles du Livret A mais il ne peut être souscrit qu'auprès d'une agence du Crédit mutuel. Depuis le 1/9/1979, il est impossible de cumuler ce produit d'épargne avec un Livret A.

À NOTER

Il est possible de détenir un Livret A et un Livret bleu simultanément à condition qu'ils aient été ouverts tous les deux avant le 1/9/1979, et sous réserve de ne transférer aucun d'eux (Réponse ministérielle, JO Sénat, 1/1/2009).

Le Livret de développement durable et solidaire (ex-Codevi)

La somme maximum qui peut être déposée sur ce livret est de 12 000 € depuis le 1/10/2012. Il ne peut être ouvert qu'un compte par contribuable ou un pour chacun des époux ou partenaires pacsés soumis à une imposition commune. Une personne à charge du contribuable ne peut en détenir un.

Sa rémunération annuelle est de 0,50 % depuis le 1/2/2020 nette d'impôt, les intérêts portés sur le livret étant exonérés d'impôt sur le revenu et de prélèvements sociaux.

Les fonds recueillis sur ce livret sont destinés à financer des actions en faveur de l'environnement et plus particulièrement la réalisation de travaux destinés à rendre les logements plus économes en énergie.

Depuis le 1/6/2020, les banques doivent proposer, chaque année, aux détenteurs d'un Livret de développement durable et solidaire de reverser, sous forme de don, une partie des sommes déposées à des entreprises du secteur de l'économie sociale et solidaire.

Le Livret d'épargne populaire

Ce livret a été lancé en 1982 pour aider les personnes à faibles revenus. Depuis le 1/1/2014, pour ouvrir un Livret d'épargne populaire, il faut avoir son domicile fiscal en France et avoir un revenu fiscal de référence ne dépassant pas certaines limites *(Voir pages Barème)*. Ce plafond est égal à 1,8 fois celui applicable pour accorder l'exonération de taxe d'habitation et de taxe foncière.

Si l'on veut ouvrir un compte sur LEP en 2020, il est nécessaire de présenter à l'établissement bancaire son avis d'imposition (ou de non-imposition) de 2019 indiquant son revenu fiscal de 2018.

En cas de dépassement des plafonds, le LEP ne sera désormais plus clôturé le 31 décembre de l'année qui suit la dernière fois où les pièces justificatives ont été produites mais le 31 mars de la 2e année qui suit la production de ces pièces. Cet allongement a pour objectif de permettre aux contribuables de conserver leur LEP (au cas où leurs revenus dépasseraient les plafonds une année mais seraient à nouveau inférieurs aux plafonds l'année suivante) (*Code monétaire et financier, Art. R. 221-33 et s.*).

Moyennant ces conditions, le Livret d'épargne populaire offre une rémunération supérieure de 0,5 point à la rémunération du Livret A, soit 1 % depuis le 1/2/2020 par an nette d'impôt. Les dépôts y sont plafonnés à 7 700 € par contribuable, soit 15 400 € pour un couple marié payant peu ou pas d'impôt sur le revenu.

Le Livret jeune

Lancé en mars 1996, ce livret est destiné, comme son nom l'indique, à accueillir les premières économies des jeunes. Il s'adresse aux plus de 12 ans et aux moins de 25 ans, quelles que soient les ressources de leurs parents. Chaque jeune ne peut ouvrir qu'un seul livret. Il peut y déposer jusqu'à 1 600 €. Le taux du Livret jeune est fixé librement par les établissements bancaires qui le diffusent, sans toutefois être inférieur au taux du Livret A, c'est-à-dire à 0,50 % net d'impôt. Mais les établissements servent entre 0,75 % et 2 % en moyenne.

ATTENTION ⚠

Tous les livrets d'épargne ne sont pas accessibles à n'importe qui. C'est le cas notamment du Livret d'épargne populaire et du Livret jeune.

AVANTAGE

Ni frais, ni commissions ne peuvent être prélevés par les établissements financiers sur les livrets d'épargne réglementée comme les livrets A, de développement durable et solidaire, d'épargne populaire ou le livret jeune.

Le Livret B ou livret bancaire

C'est le seul livret d'épargne à être fiscalisé. Les intérêts produits par les fonds déposés sont imposables. Sa rémunération est librement fixée par les banques.

Elle peut évoluer à la hausse ou à la baisse selon les taux d'intérêt court terme.

La rémunération moyenne tirée des livrets bancaires se situe entre 0,10 % et 1 % en décembre 2019 (hors promotion) en fonction des montants des dépôts. Les gains réalisés depuis 2018 sont soumis aux prélèvements sociaux de 17,2 % et à un prélèvement forfaitaire unique de 12,8 % (auparavant, les gains étaient soumis au barème de l'impôt sur le revenu comme les salaires), soit une ponction totale de 30 %. Vous pouvez néanmoins choisir de soumettre les gains au barème progressif de l'impôt, mais cette option, irrévocable, vaudra alors pour tous vos revenus de placement et vos plus-values.

Certains établissements, et notamment les banques à distance, peuvent annoncer des taux plus attractifs avec les super-livrets (de 2 à 3 %). Mais ne vous y trompez pas ! Il s'agit tout d'abord d'un taux brut (avant impôt). Ensuite, les taux mirobolants sont des offres promotionnelles de bienvenue dont vous profiterez, le plus souvent, pendant 2 ou 3 mois tout au plus. Autre élément réducteur : la somme d'argent bénéficiant de ce taux préférentiel peut être limitée (10 000 €, 15 000 € ...). Cela peut néanmoins être intéressant, à condition d'être réactif et de profiter des offres élevées

À NOTER

Pour gérer au mieux son livret, il faut s'obliger à respecter certaines dates pour le dépôt (avant le 1er ou le 15 de chaque mois) comme pour le retrait des fonds (après le 1er et après le 16 de chaque mois).

À NOTER

Dans certaines banques, vous pouvez gérer de manière plus active vos livrets, en optant pour des virements ou des prélèvements automatiques à dates fixes.

AVANTAGE

Les livrets sont dématérialisés et fonctionnent donc comme un compte bancaire ordinaire. Les opérations réalisées dessus sont récapitulées sur un extrait de compte périodique.

AVANTAGE

La clôture de tout compte sur livret ou compte de dépôt est gratuite. Les établissements de crédit doivent mettre à la disposition de leurs clients, gratuitement et sans condition, une documentation relative à la mobilité bancaire. En cas de changement de banque, l'établissement d'arrivée, qui ouvre le nouveau compte de dépôt, doit proposer au client, gratuitement et sans condition, un service d'aide à la mobilité bancaire permettant un changement automatisé des domiciliations bancaires, des prélèvements valides et virements récurrents du compte d'origine vers le nouveau compte (Code monétaire et financier, Art. L. 312-1-7). Restent payants les transferts des comptes d'épargne tels que les PEA, PEP, PEL et CEL.

LE FONDS DE GARANTIE DES DÉPÔTS

Les sommes déposées dans les banques sur les comptes courants, les livrets bancaires (hors Livret A, LDDS, LEP), les plans d'épargne logement, les dépôts effectués sur les comptes en espèces des PEA (plan d'épargne en actions), le PEP (plan d'épargne populaire) et le Livret jeune sont protégées par le Fonds de garantie des dépôts lequel intervient pour compenser les pertes éventuelles des déposants si l'établissement bancaire vient à ne plus pouvoir restituer les fonds qu'il a reçus de ses clients. Cette garantie est limitée à un certain plafond *(Voir pages Barème)*. Ce plafond s'applique à chaque déposant par établissement. En cas de faillite de la banque, le remboursement des sommes aux clients se fait sous 7 jours.
Les livrets A, de développement durable et solidaire et d'épargne populaire ne sont pas pris en compte pour le calcul du plafond d'indemnisation. Ils font l'objet d'une indemnisation séparée, dans la limite d'un plafond propre mais de même montant.
Mieux vaut donc, en période de crise, ne pas mettre tout son argent dans un seul établissement bancaire dès lors que ses avoirs dépassent ce plafond. Avant la conclusion de tout contrat avec l'établissement financier ou de toute convention de compte, celui-ci doit fournir à son client un document contenant les informations de base relatives à la garantie des dépôts, conforme au formulaire-type. La prise de connaissance de ce formulaire est attestée par la signature du client (*Arrêté du 27/10/2015*).

Le compte épargne logement

Destiné à faciliter l'acquisition immobilière, le compte épargne logement (CEL) a un fonctionnement qui est proche de celui des livrets d'épargne car il est possible d'opérer des retraits à tout moment.

Qu'est-ce qu'un CEL ?

Tout comme le plan épargne logement (PEL), le compte épargne logement est un produit régi par les pouvoirs publics. Comme lui, une phase épargne donne droit à un emprunt. Il peut être détenu par toute personne majeure ou mineure, mais une seule personne ne peut pas détenir plus d'un compte. Le CEL est disponible dans tous les établissements bancaires, les Caisses d'épargne et auprès de la Banque Postale.

Quel est son fonctionnement ?

Phase épargne

Pour ouvrir un CEL, il faut verser un minimum de 300 €. Les versements ultérieurs (qui se font au gré du souscripteur) ne peuvent être inférieurs à 75 € à chaque fois et le total des dépôts ne peut excéder 15 300 €. L'épargne figurant sur le compte peut être retirée à tout moment pour n'importe quelle utilisation, mais il faut veiller à laisser un solde d'au moins 300 € pour ne pas le clore. Le taux annuel brut de la rémunération du CEL, égal au 2/3 de la rémunération du Livret A arrondi au 1/4 de point le plus proche, n'est que de 0,25 %. Après application des prélèvements sociaux sur les intérêts acquis *(Voir pages Barème)*, cette rémunération passe à 0,207 % nette depuis le 1/2/2020. Cette faible rémunération est la contrepartie de la disponibilité des fonds et de la possibilité d'emprunter à taux bas.

Phase emprunt

Dès que le compte a 18 mois, son titulaire peut, en théorie, emprunter. Le montant du prêt qu'il est possible d'obtenir dépend des intérêts acquis. À cette somme s'ajoute, pour les CEL ouverts avant le 1/1/2018, une prime d'État dont le montant est égal à la moitié des intérêts acquis, dans la limite de 1 144 €. Cette prime n'est versée qu'à ceux qui empruntent. Elle n'est plus attribuée pour les CEL ouverts depuis le 1/1/2018. Le taux du prêt accordé dans le cadre d'un CEL pour des droits à prêt acquis depuis le 1/8/2015 est de 2 % hors assurances et son montant est au maximum de 23 000 €. La durée de ce prêt est identique à celle du PEL : 2 ans au minimum et 15 ans au maximum.

Que peut-on financer avec le CEL ?

Les mêmes opérations que celles autorisées avec un PEL. Mais, compte tenu du moindre montant de prêt qu'il est possible d'obtenir – 23 000 € au maximum – le crédit octroyé dans le cadre d'un CEL est en général utilisé pour financer des travaux immobiliers ou en complément d'un PEL pour un achat immobilier.

AVANTAGE

Il est possible de n'utiliser qu'une fraction de ses droits à prêt pour emprunter, le reste pouvant être utilisé pour une seconde opération quelques mois plus tard.

AVANTAGE

Vous pouvez emprunter au bout de 12 mois et non de 18 mois si vous bénéficiez des droits à prêt d'un membre de votre famille dont le compte totalise pour sa part plus de 18 mois d'existence.

ATTENTION ⚠

Les 23 000 € de prêt ne s'ajoutent pas aux 92 000 € de crédit autorisés dans le cadre d'un PEL, puisque la somme globale qu'il est possible d'emprunter avec un plan et un compte épargne logement est de 92 000 € maximum.

À NOTER

Pour profiter d'un taux d'intérêt moins cher et ce, pour un emprunt de moins de 23 000 €, il est possible de transformer un PEL en CEL.

ATTENTION ⚠

Les taux de l'épargne et du prêt en vigueur au moment de l'ouverture du compte ne sont pas garantis pour toute sa durée. Les taux appliqués sont ceux de la date de versement des fonds.

Les comptes à terme

En cette période de crise, les comptes à terme sont des placements sans surprise. Tout est connu d'avance : la durée d'immobilisation de l'épargne, son rendement et sa fiscalité. Son taux de rémunération n'est pas attractif pour les placements d'une durée courte (3 ou 6 mois). Il devient plus intéressant sur une durée de 24 mois et plus.

Comment fonctionne un compte à terme ?

Par contrat, vous confiez à une banque une somme d'argent que vous choisissez librement. Toutefois, chaque établissement peut fixer un montant minimal pour chaque dépôt (1 500 € à 7 000 € selon les banques). Votre contrat précise la date à laquelle le compte à terme se terminera. C'est à vous de choisir sa durée : 1 mois, 2 mois, 3 mois, etc., jusqu'à 4 ou 5 ans. Passé ce délai, vous récupérerez votre capital et les intérêts qu'il aura rapportés. Cependant, sur certains comptes à terme ouverts pour de longues périodes, vous pouvez recevoir les intérêts régulièrement (tous les mois ou tous les trimestres, par exemple).

AVANTAGE

Le compte à terme est intéressant si vous disposez d'une somme conséquente dont vous êtes certain de ne pas avoir besoin pendant la durée du blocage.

Combien rapporte un compte à terme ?

Le taux qui vous est offert est fixé par la banque, en fonction des taux d'intérêt sur le marché monétaire le jour de l'ouverture du compte. Il dépend aussi de la durée du placement et du montant que vous déposez. En mars 2020, les taux d'intérêt annuels bruts des comptes à terme à 1 an se situaient entre 0,35 et 0,95 % et sur 3 ans entre 0,30 et 1,50 %. Certains établissements peuvent, comme pour les « super livrets », proposer des promotions ponctuelles avec un taux plus élevé.

Certaines banques ont mis en place des comptes à terme plus souples : vous avez, à certaines dates précises, la possibilité soit de récupérer votre argent, soit de prolonger le compte à terme. Si vous choisissez cette seconde solution, la banque vous offre un taux d'intérêt un peu plus élevé pour la deuxième période, puis pour la troisième, etc. Ce sont des comptes à terme « à taux progressif ».

Comment est imposé un compte à terme ?

Les intérêts des comptes à terme perçus depuis 2018 sont soumis à un prélèvement forfaitaire de 12,8 % auquel il faut ajouter les prélèvements sociaux au taux de 17,2 %, soit une ponction totale de 30 %. Vous pouvez néanmoins choisir de soumettre ces intérêts au barème progressif de l'impôt. Mais cette option vaut alors pour tous les revenus de vos placements et les plus-values.

ATTENTION ⚠

La fiscalité de ce placement n'est pas très attractive. Lorsque les rémunérations proposées par les banques sont faibles, il est préférable de placer vos économies sur un Livret A ou un Livret bleu, dont les intérêts, eux, ne sont pas imposés.

À NOTER

En période de forte baisse des taux d'intérêt, les comptes à terme sont plus avantageux que les OPCVM monétaires. En effet, ces derniers répercutent la baisse de la rémunération alors qu'un compte à terme en cours conserve le taux auquel il a été souscrit jusqu'à son échéance. À l'inverse, quand les taux remontent, les OPCVM monétaires profitent rapidement de cette hausse alors que la rémunération des comptes à terme en cours n'est pas réévaluée.

ATTENTION ⚠

Si vous retirez votre argent avant la fin du compte à terme, la banque prélève des pénalités qui viendront diminuer les intérêts versés. Aussi mieux vaut-il ouvrir plusieurs comptes à terme. Cette opération vous permettra de récupérer la partie de votre épargne dont vous avez besoin avant le terme initial prévu sans payer de pénalités sur la totalité des sommes placées.

L'IMPOSITION DES REVENUS DE VOS PLACEMENTS À TAUX FIXE

Il s'agit des placements pour lesquels le taux de la rémunération est connu à l'avance. À titre d'exemples, on peut citer les obligations, les comptes à terme, les livrets B, les bons de capitalisation, les bons du Trésor. Le mode d'imposition des revenus de ces placements a été profondément modifié par la loi de finances pour 2018. Les intérêts soumis au barème progressif de l'impôt jusqu'ici sont, depuis 2018, imposés à un taux forfaitaire de 12,8 % auquel il faut ajouter 17,2 % de prélèvements sociaux (soit 30 % au total). Cependant, il est possible d'opter pour l'application du barème progressif de l'impôt mais pour l'intégralité de ses revenus de placement et plus-values.

Les intérêts versés au cours de l'année subissent préalablement un prélèvement forfaitaire non libératoire de 12,8 %. Il s'agit en pratique d'une partie d'impôt que vous payez par avance. Le prélèvement est calculé sur le montant brut des intérêts (aucune déduction pour frais et charge n'est pratiquée sur le montant du gain).

Lorsque vous ferez la déclaration de vos revenus au printemps, l'administration fiscale calculera l'impôt dû sur les intérêts de vos placements à revenu fixe et opérera les corrections nécessaires si vous optez pour le barème progressif de l'impôt. Si le montant du prélèvement forfaitaire effectué dans l'année n'est pas suffisant pour couvrir l'impôt dont vous êtes redevable, vous aurez à payer le surplus. Si vous avez trop payé, l'excédent vous sera restitué.

Ne sont pas soumis au prélèvement forfaitaire :

– les revenus exonérés d'impôt : les intérêts inscrits sur un Livret A, un Livret de développement durable et solidaire et autres livrets d'épargne réglementée ;

– les produits soumis à prélèvement libératoire, et notamment les produits d'assurance vie provenant de primes versées jusqu'au 26/9/2017.

Les OPCVM monétaires

La rentabilité des OPCVM monétaires est aujourd'hui proche de zéro. Ce placement n'offre actuellement guère d'intérêt.

Qu'est-ce qu'un OPCVM monétaire ?

Une SICAV ou un fond commun de placement (FCP) est « monétaire » lorsque son portefeuille est composé de titres (bons du Trésor, certificat de dépôt, etc.) dont la durée de vie est très courte, de quelques jours à 3 mois en général et peu sensibles à l'évolution des taux d'intérêt. Ainsi l'épargnant est assuré de pouvoir récupérer l'intégralité de son capital à tout moment. Le rendement de ces titres suit l'évolution des taux d'intérêt à court terme, c'est-à-dire des taux du marché monétaire qui aujourd'hui baissent.
Un OPCVM monétaire euro reflète ces particularités. La crise a fait chuter les performances et leur rendement est proche de zéro.
Les établissements financiers offrent des OPCVM dynamiques dont une partie du capital est investie hors des marchés monétaires. Ces OPCVM sont supposés procurer une meilleure rémunération mais la crise financière a démontré, au moins pour certaines d'entre elles, le contraire. Vous pouvez espérer un gain plus important, mais vous prenez alors un risque en capital : la valeur de la part peut baisser.

Comment sont versés les intérêts ?

- Certains OPCVM capitalisent les intérêts. Ceux-ci sont alors réinvestis et viennent augmenter la valeur de la part de la SICAV ou du FCP. C'est donc lorsque vous revendez vos parts que vous touchez ces intérêts sous forme de plus-values. Ces OPCVM sont baptisés OPCVM de capitalisation.
- D'autres OPCVM, eux, distribuent des revenus, en général 1 fois par an. Tant qu'ils ne sont pas distribués, les intérêts viennent augmenter la valeur de la part. L'épargnant qui souhaite revendre ses parts à ce moment n'est donc pas pénalisé car il touchera ses intérêts sous forme de plus-values. En revanche, immédiatement après la distribution du coupon, la valeur de la part diminuera car elle sera amputée d'une partie des intérêts versés avec le coupon. Ces OPCVM sont des OPCVM de distribution.
- De plus en plus souvent, les OPCVM monétaires sont « mixtes » : le souscripteur peut choisir, pour un même produit, soit la capitalisation, soit la distribution des intérêts. Dans les deux cas, la performance de l'OPCVM est identique.

Comment comparer les différents OPCVM ?

Pour choisir un OPCVM monétaire, il faut, bien sûr, comparer les performances annoncées, mais aussi tenir compte des différents frais demandés aux souscripteurs.

› La performance

Les OPCVM monétaires classiques suivent tous les évolutions des taux d'intérêt à court terme. Leurs rendements devraient donc être très proches. Pourtant, dans les classements que publie régulièrement la presse spécialisée et qui permettent d'identifier les « meilleurs » OPCVM monétaires, on observe des écarts de performance significatifs. Ces différences ont deux principales raisons.

Les frais de gestion

La performance annoncée tient toujours compte de ces frais qui sont prélevés sur l'actif (les sommes investies) par l'établissement qui gère l'OPCVM, afin de rémunérer le travail des équipes financières, comptables et administratives qui s'occupent de placer les fonds et de vous informer sur le devenir de votre épargne.

Ces frais ne sont donc pas payés directement par le souscripteur. Mais ils pèsent sur le rendement. Leur importance est très variable selon la nature des fonds.

En cas de fortes fluctuations des taux d'intérêt

Par exemple, lorsque le gestionnaire prévoit une baisse des taux, il peut orienter le portefeuille de l'OPCVM vers des titres à plus long terme (3 mois, par exemple). Achetés à des conditions fixées avant la baisse des taux, et donc plus avantageuses, ces titres lui offriront une rémunération attrayante pendant toute cette période. Conséquence : la chute des taux ne se répercutera sur les performances de la SICAV ou du FCP qu'après quelques mois, alors que les OPCVM qui détiendront des titres à brève échéance (quelques jours, par exemple) seront obligés de réinvestir très vite leurs disponibilités à des taux plus faibles. Et leurs performances diminueront plus vite.
Le même phénomène peut jouer en sens inverse lorsque les taux remontent.

AVANTAGE

À la différence du Livret A, par exemple, les intérêts sont recalculés chaque jour. On peut donc vendre à tout moment, sans perdre en rémunération.

› Les frais d'entrée et de sortie

Mais la performance, même si elle inclut les frais de gestion, ne tient pas compte des droits d'entrée que doit payer le souscripteur lorsqu'il achète des parts, et/ou des droits de sortie qu'il règle lorsqu'il les revend. Sur certains OPCVM, ces droits n'existent pas. Sur d'autres, ils peuvent être élevés. C'est un élément dont il faut tenir compte au moment de choisir un OPCVM car ces frais viennent diminuer la rentabilité réelle du placement.

AVANTAGE

Les droits d'entrée et de sortie peuvent se négocier.

AVANTAGE

Sur certains OPCVM monétaires, il est possible d'acheter des parts pour seulement quelques centaines d'euros. Cela permet de faire fructifier même de petites sommes.

› Les droits de garde

En principe, les établissements financiers ne prélèvent pas de droits de garde sur les OPCVM dont ils sont les promoteurs. Mais ils en exigeront si le client leur demande de conserver des parts d'OPCVM acquises auprès d'autres sociétés.

Comment utiliser un OPCVM monétaire ?

Lorsque les taux d'intérêt sont bas, il n'est pas intéressant de conserver des sommes très importantes sur le long terme. En revanche, lorsque les taux d'intérêt à court terme remontent, il est possible d'obtenir des rendements plus importants.

Quelle fiscalité ?

Les gains réalisés lors de la vente de SICAV (plus-values) étaient soumis jusqu'en 2017 au barème progressif de l'impôt sur le revenu. Ils subissaient également les prélèvements sociaux au taux de 15,5 %, taux porté à 17,2 % pour les gains constatés en 2017.
L'imposition des plus-values réalisées depuis le 1/1/2018 a été profondément modifiée par la loi de finances pour 2018. Les plus-values subissent désormais un prélèvement forfaitaire unique de 12,8 % auquel il faut ajouter 17,2 % de prélèvements sociaux, soit une ponction totale de 30 % (voir encadré).

AVANTAGE

Les parts d'OPCVM monétaires peuvent être achetées et vendues du jour au lendemain. Le capital placé est donc toujours disponible.

L'IMPOSITION DES PLUS-VALUES

✓ Les plus-values réalisées avant 2018

Elles sont soumises au barème progressif de l'impôt. Pour déterminer le montant imposable, les plus-values sur actions ou parts d'OPCVM investis à plus de 75 % en actions bénéficient d'un abattement pour durée de détention. Cet abattement est égal à :

– 50 % lorsque les titres ont été détenus au moins 2 ans mais moins de 8 ans à la date de la vente ;

– 65 % au-delà de 8 ans.

Les plus-values subissent également les prélèvements sociaux au taux de 17,2 %. Ces prélèvements sociaux sont calculés sur la totalité de la plus-value, c'est-à-dire avant l'application des abattements de 50 % ou 65 %.

✓ Les plus-values réalisées à partir de 2018

Elles sont imposées au taux forfaitaire unique de 12,8 %, les abattements pour durée de détention étant supprimés. Il faut y ajouter 17,2 % de prélèvements sociaux, soit une ponction totale de 30 %.

Vous pouvez néanmoins opter pour une imposition au barème progressif de l'impôt, cette option valant pour l'intégralité des produits de vos placements et plus-values. Vous bénéficiez alors de l'abattement de 50 % ou 65 % sur vos plus-values de cession de titres acquis ou souscrits avant le 1/1/2018.

Les bons du Trésor

Un bon est un titre de créance qui permet à son détenteur de se faire rembourser une certaine somme à son échéance. Les bons du Trésor sont des titres représentatifs des emprunts de l'État à court ou moyen terme. C'est un placement sûr et stable mais qui ne permet pas d'espérer des rémunérations importantes.

Quels sont les différents bons du Trésor ?

Il existe deux formes de bons du Trésor :
– les bons du Trésor à taux fixe et à intérêt annuel ou BTAN : ils sont émis pour des durées de 2 à 5 ans ;
– les bons du Trésor à taux fixe et à intérêts précomptés (appelés BTF) : ils sont d'une durée inférieure à 1 an mais ils ne sont pas destinés aux particuliers.

Quelle fiscalité ?

Les gains réalisés sur les bons du Trésor depuis 2018 sont soumis au taux forfaitaire unique de 12,8 % et aux prélèvements sociaux au taux de 17,2 %, soit une ponction totale de 30 %. Vous avez la possibilité d'opter pour l'application du barème progressif de l'impôt mais ce choix vaut pour tous vos revenus de placement et plus-values.

À NOTER

L'État peut recourir à l'émission d'OAT (obligations assimilables du Trésor). La durée de vie de ces emprunts peut varier de 5 à 30 ans mais les OAT réservées aux particuliers ont toujours une durée de 10 ans. Il s'agit d'obligations à long terme émises par l'État français. Avec la signature du Trésor Français, il n'existe pratiquement pas de risque sur le remboursement à l'échéance. Toutefois, comme une obligation classique à taux fixe, les OAT évoluent à l'inverse des taux d'intérêts. Si les taux montent, le cours de l'OAT se dépréciera. En cas de revente avant l'échéance, il existe donc un risque de perte en capital.

À NOTER

Depuis le 1/1/1999, il n'est plus possible de souscrire des bons du Trésor anonymes.

Les comptes rémunérés

Bien qu'autorisés depuis 2005, les comptes rémunérés ne séduisent guère les épargnants et sont peu proposés par les banques. Leur rémunération est faible et ne s'applique parfois que dans la limite d'un plafond. Pour faire fructifier sa trésorerie, il existe une autre possibilité : transférer automatiquement les sommes du compte courant sur un livret d'épargne.

Qu'est-ce qu'un compte rémunéré ?

Il ne s'agit pas d'un livret bancaire mais d'un compte courant pour lequel la banque rémunère les liquidités présentes au crédit. Pour avoir accès à cet avantage, le client doit, en général, souscrire un package de services. La rémunération des liquidités se déclenche dès le premier euro ou dès que le solde du compte dépasse un certain seuil. Dans ce dernier cas, il faut disposer d'un volant de liquidité significatif en permanence sur son compte (entre 1 500 et 2 000 € selon les banques) pour obtenir une rémunération. Celle-ci varie de 0,20 % à 0,40 % selon les banques.

Par ailleurs, la rémunération ne s'applique que dans la limite d'un plafond (par exemple jusqu'à 10 000 €).

La fiscalité

Les gains retirés depuis 2018 subissent tout d'abord les prélèvements sociaux (soit une ponction de 17,2 %) et une imposition forfaitaire au taux unique de 12,8 % (soit un total de 30 %). La rentabilité du compte rémunéré devient symbolique.

Si vous avez opté pour l'application du barème progressif de l'impôt pour vos revenus de placement et plus-values, les gains tirés de votre compte rémunéré subiront le même mode d'imposition.

Quel est l'intérêt ?

Les offres ne sont guère attractives car les taux de rémunération sont très faibles. Le compte rémunéré peut constituer une solution d'attente pour une épargne dont on veut pouvoir disposer rapidement lorsque l'on a fait le plein de tous les produits d'épargne réglementée.

Le virement automatique sur livret

L'autre possibilité de faire fructifier sa trésorerie est de combiner un compte courant classique — doté d'un chéquier et d'une carte bancaire — avec un virement automatique périodique du compte de dépôt vers un livret d'épargne par exemple.

L'opération inverse qui consisterait à instituer un retour automatique vers le compte courant de sommes prélevées sur vos placements est, en revanche, interdite. La banque ne peut réaliser ce genre de transfert qu'après en avoir reçu l'ordre de son client. Vous disposerez, en général, pour cela de chèques assortis d'ordre de vente, qu'il suffit de compléter et de retourner à la banque dans une enveloppe pré-affranchie. Vous pouvez aussi transmettre l'ordre par fax ou par Internet.

La formule peut être intéressante pour les particuliers qui disposent en permanence de sommes importantes sur leur compte courant, et qui n'ont pas envie de gérer cette trésorerie. Ceux qui ont fait le plein des livrets défiscalisés peuvent opter pour un livret d'épargne investi en OPCVM. Mais la rentabilité réelle dépend, en fait, de plusieurs facteurs.

Les performances des OPCVM monétaires

Le rendement du compte rémunéré n'est pas garanti : il est connu *a posteriori*, selon l'évolution des taux du marché monétaire. Lorsqu'ils sont élevés, les performances des OPCVM monétaires permettent de dégager un gain significatif sur les liquidités placées sur le compte. Lorsqu'ils sont faibles, la rémunération se réduit comme une peau de chagrin comme c'est le cas actuellement.

AVANTAGE

Les intérêts sont calculés chaque jour : les sommes d'un compte rémunéré investies en OPCVM monétaires sont donc rémunérées dès le premier jour et ce, jusqu'à ce qu'elles soient dépensées.

Les frais

Certains établissements prélèvent des frais de gestion proportionnels à l'encours disponible sur le compte, ou demandent une cotisation annuelle forfaitaire. Ces frais viennent diminuer la rémunération réelle du placement.

Le seuil de rémunération

Quelques établissements n'investissent en OPCVM les sommes déposées sur le compte que lorsqu'elles dépassent un certain montant. Lorsque ce seuil est élevé – 1 500 € par exemple –, cela réduit l'intérêt du placement, puisqu'une partie de l'encours ne donne droit à aucune rémunération.

La fiscalité

Depuis 2018, lorsque l'OPCVM distribue des revenus périodiquement, ceux-ci sont soumis au taux forfaitaire unique de 12,8 % auquel il faut ajouter 17,2 % de prélèvements sociaux (soit 30 % en tout).
Lorsqu'il y a cession, les plus-values sont soumises au même taux d'imposition : 12,8 % au titre du taux forfaitaire unique et 17,2 % de prélèvements sociaux.
Vous pouvez opter pour l'application du barème progressif de l'impôt, mais ce choix vaudra pour tous vos revenus de placement et toutes vos plus-values.

Placer sans risque

Pour se constituer progressivement un patrimoine, il faut accepter de voir loin. Si vous êtes prêt à investir pour des durées de 4 à 8 ans, des placements sûrs vous permettent de faire fructifier vos économies, sans le moindre risque pour votre capital et parfois sans payer d'impôt sur les intérêts qu'ils rapporteront. Certains de ces investissements peuvent aussi vous aider à atteindre un objectif plus lointain : transmettre un patrimoine hors droits de succession, acheter un logement, etc.

Le plan épargne logement

Cet instrument à double volet, créé pour favoriser l'acquisition immobilière, est devenu, au fil des ans, un placement à part entière. Les pouvoirs publics lui ont redonné sa vocation première puisque pour les PEL ouverts depuis le 12/12/2002, il faut souscrire un prêt épargne logement pour obtenir la rémunération maximale. Les PEL ouverts entre le 1/3/2011 et le 31/12/2017 ont obéi à de nouvelles règles qui les ont rendu plus attractifs en termes de rémunération. Mais pour les plans ouverts depuis le 1/1/2018, la fiscalité s'est alourdie et la prime d'État a été supprimée.

Qu'est-ce qu'un plan épargne logement ?

Comme pour les divers livrets d'épargne, les modalités du plan épargne logement (PEL) sont définies par les pouvoirs publics. Depuis sa création en 1969, plusieurs générations de plans se sont succédées. Selon les années, c'est tantôt la rémunération de ces plans, tantôt le fonctionnement même ou les possibilités de financement qui ont été modifiés. Le PEL est distribué par toutes les banques, les Caisses d'épargne et par la Banque Postale. Il comprend une phase d'épargne d'une durée minimale de 4 ans pendant laquelle les fonds déposés ne peuvent être récupérés (sauf pénalités) et, à l'issue de celle-ci, une phase d'emprunt pour ceux qui souhaitent acquérir un bien immobilier.

Quelles sont les modalités de fonctionnement de l'épargne ?

Toute personne majeure ou mineure peut être titulaire d'un PEL. Dans ce dernier cas, la gestion des fonds disponibles incombe bien évidemment aux parents. Un couple avec deux enfants peut donc détenir quatre plans. En revanche, une seule et même personne ne peut détenir en son nom qu'un seul plan. À sa clôture toutefois, rien ne l'empêche d'en ouvrir un deuxième et ainsi de suite.

Pour ouvrir un PEL, il suffit de verser au moins 225 € dès la souscription et de s'engager à verser tous les ans au moins 540 €. Ces versements annuels peuvent être répartis comme bon vous semble : ils peuvent être par exemple mensuels (45 €/mois) ou trimestriels (135 €/trimestre). À tout moment, sur simple avenant au contrat initial, il est possible de modifier la périodicité de ces dépôts. Il est également possible, à tout moment, d'effectuer des versements complémentaires plus ou moins importants. L'essentiel est de ne pas verser plus de 61 200 € pendant cette phase d'épargne dont la durée minimale est de 4 ans et dont la durée maximale est de 10 ans à compter de la date de souscription.

À NOTER

Les versements opérés par des parents sur le PEL de leur enfant mineur sont en principe considérés comme des présents d'usage et ne sont donc pas susceptibles d'être taxés comme les dons manuels. Mais cette solution peut ne pas toujours être retenue. En effet, en cas de litige entre le fisc et le contribuable sur ce point, la question peut être tranchée par les tribunaux au cas par cas. En outre, lorsque les parents sont assujettis à l'ISF (aujourd'hui remplacé par l'IFI), les sommes versées sur les PEL ouverts au nom des enfants mineurs sont taxables (Réponse ministérielle, JOAN du 17/1/2006, n° 63526).

À NOTER

Comme l'a rappelé la Cour de cassation, les parents sont tenus de rendre compte de la gestion des biens de leur enfant mineur dès que ce dernier a 16 ans. C'est donc à tort qu'une mère a prélevé des sommes sur le PEL de son fils sans lui remettre des comptes de gestion (Cour de cassation, 1re chambre civile, 9/7/2008).

Quelle est la rémunération offerte par un PEL ?

Pour les PEL ouverts avant le 1/3/2011

Depuis le 1/8/2003, les PEL font fructifier l'épargne qu'ils abritent à hauteur de 2,5 % hors prime d'État et 3,5 % avec prime d'État, dans les deux cas avant les prélèvements sociaux.

Les prélèvements sociaux (15,5 % et 17,2 % pour les gains produits depuis 2018) sont ponctionnés lors du dénouement du plan, c'est-à-dire lors du versement des fonds, sauf si le plan a 10 ans ou plus. Dans ce cas, le paiement des prélèvements sociaux s'effectue pour les intérêts capitalisés à la date du 10e anniversaire du plan puis chaque année.

À noter que les plans ouverts avant le 1/4/1992 n'ont pas une durée réglementaire limitée à 10 ans. La durée de vie du plan prévue au contrat peut donc être supérieure. Pour ces plans, le premier prélèvement de contribution s'opèrera à la date du terme contractuel du contrat.

En outre, pour les PEL de plus de 12 ans au 1/1/2018, les intérêts et la prime acquis à partir de la 13e année sont soumis au prélèvement forfaitaire unique de 12,8 % ainsi qu'aux prélèvements sociaux de 17,2 % (soit 30 % au total). Pour les plans ouverts avant le 1/4/1992, les intérêts acquis jusqu'à la date du terme contractuel du contrat sont exonérés d'impôt. Ils sont imposables après.

Le taux d'intérêt de 3,5 % se décompose en fait en deux parties. La première est constituée par ce que l'on appelle les intérêts bancaires qui représentent 5/7e des intérêts, soit 2,5 % brut hors prélèvements sociaux. La seconde est formée par les intérêts à la charge de l'État (2/7e des intérêts) qui prend la forme d'une prime d'État plafonnée à 1 525 €. Non seulement la prime n'est accordée pour les PEL ouverts depuis le 12/12/2002 que si un prêt d'épargne logement est souscrit mais en plus, lorsqu'elle atteint 1 525 €, la rémunération du PEL se cantonne aux seuls intérêts bancaires, soit 2,5 % brut.

Pour les PEL ouverts entre le 1/3/2011 et le 31/12/2017

Le taux de rémunération des PEL peut être revu chaque année. Mais celui applicable au moment de l'ouverture vous est garanti jusqu'à ce que vous clôturiez votre plan. La Banque de France établit, chaque année, le taux qui s'applique au prêt ouvert dans l'année. Pour les plans ouverts depuis le 1/8/2016, le taux de la rémunération est de 1 %.

Comme pour les PEL ouverts avant le 1/3/2011, il faut y ajouter la prime d'État : elle majore le taux de rémunération bancaire si vous souscrivez un prêt épargne logement pour acheter votre logement dans les 5 ans à compter de l'arrivée à terme du plan. Le montant de cette prime dépend notamment du montant des intérêts acquis et de la date de souscription. Pour les PEL ouverts depuis le 1/8/2016, la valeur de la prime est égale à 100 % des intérêts acquis au terme du PEL.

Cependant, pour les PEL ouverts depuis le 1/3/2011, la prime d'État n'est accordée que si le prêt d'épargne logement est d'au moins 5 000 €. Son montant maximum reste plafonné à 1 525 € si le prêt est utilisé pour acheter un logement neuf répondant à la norme BBC 2005 (bâtiment basse consommation) ou un bien ancien dont la performance énergétique est comprise entre A et D. Dans tous les autres cas, le plafond de la prime est abaissé à 1 000 €.

Les intérêts sont soumis à prélèvements sociaux chaque année (17,2 % depuis 2018).

Pour les PEL ouverts depuis le 1/1/2018

Sauf si la Banque de France décide de le modifier, le taux de rémunération est de 1 % brut (avant imposition). Or la fiscalité se durcit : les intérêts acquis sont désormais soumis à une ponction de 30 % (12,8 % au titre du prélèvement forfaitaire unique et 17,2 % au titre des prélèvements sociaux), ce qui porte le rendement net à 0,7 %. Il faut y ajouter une autre mauvaise nouvelle : la suppression de la prime d'État en cas d'emprunt…

À la place du prélèvement forfaitaire unique de 12,8 %, vous pouvez opter pour l'application du barème progressif de l'impôt sur les gains du PEL. Mais si vous faites ce choix, il vaudra pour tous les revenus de vos placements et vos plus-values.

Quelle est la durée d'un PEL ?

La durée minimale du PEL est de 4 ans et sa durée maximale de 10 ans.

Passé 10 ans, vous ne pouvez plus effectuer de versements, mais votre PEL continue de produire des intérêts pendant 5 ans. Un plan ouvert depuis le 1/3/2011 est automatiquement transformé en un livret d'épargne classique à la 15e année dont la banque fixe le taux de rémunération.

Les PEL de moins de 10 ans sont prolongés automatiquement tous les ans, sauf décision contraire de votre part. L'établissement bancaire vous en informe chaque année, 1 mois avant la date anniversaire du plan (*Arrêté du 10/2/2016*).

AVANTAGE

La prime d'État (pour les PEL souscrits avant le 1/1/2018) peut être majorée pour chaque personne à charge. Pour la détermination du montant de cette majoration, le pourcentage par personne à charge est fixé à 10 % du montant des intérêts acquis pris en compte pour le calcul du prêt. Cette majoration de prime ne peut excéder 100 € par personne à charge vivant habituellement au foyer du bénéficiaire. Ce maximum est porté à 153 € lorsque le prêt est utilisé pour acheter un logement neuf répondant à la norme BBC ou un bien ancien dont la performance énergétique est comprise entre A et D.

Peut-on s'en servir uniquement comme placement ?

En l'absence de projet immobilier, ouvrir un PEL aujourd'hui n'a pas d'intérêt. Son taux de rémunération est faible et les gains qu'il produit sont soumis dès la première année au taux d'imposition forfaitaire unique de 12,8 % et aux prélèvements sociaux de 17,2 % (soit une ponction totale de 30 %). En revanche, il est opportun de conserver un PEL souscrit avant 2018 : les intérêts qu'il produit jusqu'à la veille de son 12e anniversaire sont exonérés d'impôt sur le revenu (mais pas de prélèvements sociaux). En revanche, les intérêts produits après 12 ans sont soumis au taux d'imposition forfaitaire unique.

ATTENTION ⚠

Il est toujours possible de clôturer son PEL. Mais en fonction de la date à laquelle la clôture intervient, l'épargnant peut être pénalisé. Si la fermeture du PEL est effectuée avant 2 ans, les intérêts sont recalculés au taux du CEL en vigueur à la date de clôture. Les droits à prêts et à prime sont perdus. Pour une fermeture de PEL après 2 ans, la rémunération au taux contractuel du PEL est conservée, mais si elle intervient entre 2 et 3 ans, les droits à prêts et à prime sont perdus. Lorsque le plan est clôturé entre son 3e et son 4e anniversaire, la prime d'État est réduite de moitié. Dans le meilleur des cas, elle ne peut donc pas dépasser 762,50 € mais il est tout de même possible de bénéficier d'un prêt. Pour les PEL ouverts entre le 12/12/2002 et le 31/12/2017, la prime d'État est totalement supprimée si un prêt immobilier n'est pas sollicité. Pour les PEL ouverts depuis 2018, la prime d'État est supprimée.

Quelles sont les caractéristiques des prêts épargne logement ?

Principe

Au bout de 4 années d'épargne, vous pouvez solliciter l'établissement qui détient votre plan afin d'obtenir un prêt d'un montant maximal de 92 000 €. La durée du prêt ne peut être inférieure à 2 ans ni supérieure à 15 ans. Son taux, hors assurances liées à tout emprunt, est de 2,2 % l'an pour les PEL souscrits depuis le 1/8/2016. Il est fixe et les mensualités de remboursement le sont aussi. D'une manière générale, plus la durée du prêt est courte, plus le montant qu'il est possible d'emprunter est important et inversement. Comme pour n'importe quel autre crédit immobilier, et lorsque le contrat initial de prêt l'a prévu, votre banque est en droit d'exiger des pénalités en cas de remboursement anticipé de votre prêt.

Attention : pour les prêts conclus depuis le 30/6/1999, aucune indemnité ne peut être réclamée à l'emprunteur lorsque le remboursement est consécutif à la vente du logement dans les cas suivants : changement du lieu de travail, cessation de l'activité professionnelle ou décès de l'emprunteur ou de son conjoint.

AVANTAGE

Sauf insolvabilité manifeste ou difficultés financières réelles, le régime de l'épargne logement confère à l'emprunteur un véritable « droit à prêt » (Cour de cassation, 27/5/1986).

AVANTAGE

Pour obtenir un prêt plus important, il est possible de cumuler des droits à prêt acquis grâce à des comptes ou à des plans d'épargne logement détenus par des membres de votre famille : votre conjoint (mais pas votre concubin, ni votre partenaire pacsé), vos parents et grands-parents ou ceux de votre conjoint, vos enfants et petits-enfants ou ceux de votre conjoint, vos oncles et tantes ou ceux de votre conjoint, vos frères et sœurs ou ceux de votre conjoint, vos neveux et nièces ou ceux de votre conjoint, les conjoints de vos frères, sœurs, ascendants et descendants et ceux de votre conjoint.

Prêt et intérêts accumulés

Le montant et la durée du prêt dépendent des intérêts acquis au cours de la phase d'épargne. Plus vous épargnez, plus vous aurez droit à un prêt important. Dans l'hypothèse d'une optimisation de plan en 4 ans, vous pouvez avec 3 205 € d'intérêts bancaires avoir droit à un prêt de 92 000 €, remboursable sur une durée de 6 ans seulement ! Encore faut-il être capable de faire face à des échéances de plus de 1 445 € par mois, car qui dit emprunt sur une courte durée, dit remboursements particulièrement élevés.

Si vous n'êtes pas en mesure d'affronter de telles mensualités, et si vous avez besoin d'un prêt le plus élevé possible, il vous faut donc renoncer à optimiser votre plan en 4 ans et épargner quelques années de plus pour augmenter sensiblement le montant des intérêts acquis. Vous pouvez aussi choisir de réunir les droits à prêt d'un ou de plusieurs autres plans. À titre d'exemple, pour un PEL ouvert depuis le 1/8/2003, il faut totaliser 4 773 € d'intérêts pour un prêt de 92 000 € remboursable en 9 ans, et pas moins de 6 239 € d'intérêts pour un même prêt remboursable en 12 ans.

ATTENTION ⚠

Si, dans l'année qui suit la clôture de votre plan, vous ne vous servez pas de vos droits à prêt pour emprunter, ils seront définitivement perdus.

Que peut-on financer avec un prêt épargne logement ?

Résidence principale

Il peut s'agir de la résidence principale de l'emprunteur, celle d'un ascendant ou d'un descendant mais aussi de celle d'un locataire, à condition que le logement soit loué nu (c'est-à-dire sans meubles). Le PEL finance indifféremment l'acquisition, la construction ou l'extension d'une résidence principale, neuve ou ancienne, en pleine propriété, en usufruit, en nue-propriété, en indivision ou en multipropriété. Le logement doit nécessairement être occupé 8 mois par an et ce, dès son acquisition ou dès l'achèvement des travaux. Toutefois, les personnes qui justifient ne pouvoir utiliser le logement qu'après leur mise à la retraite ou leur retour de l'étranger ou des DOM-TOM peuvent obtenir un tel prêt sous réserve de s'engager à occuper le logement comme résidence principale dans un délai de 6 ans suivant son acquisition ou son achèvement.

Résidence secondaire

Seuls les PEL ouverts avant le 1/3/2011 peuvent financer la construction d'une résidence secondaire. Cette construction peut être une maison réalisée par un architecte, par un constructeur ou tout logement acquis en l'état futur d'achèvement.

Travaux

- Les PEL ouverts avant le 1/3/2011 peuvent financer des travaux dans la résidence principale de l'emprunteur ou de son locataire ainsi que dans la résidence secondaire de l'emprunteur. La définition des travaux qui peuvent être financés est très large :

– extensions ;
– surélévations ;
– aménagements de locaux existants comme les combles ;
– travaux d'assainissement (réfection du réseau d'écoulement des eaux, raccordement au tout-à-l'égout) ;
– travaux d'isolation ;
– travaux d'économie d'énergie (pose de doubles vitrages) ;
– ou encore modernisation des locaux (création de sanitaires, installation d'un ascenseur dans une copropriété).

- Si vous avez souscrit un PEL depuis le 1/3/2011, le prêt épargne logement ne peut servir qu'à financer des gros travaux dans la résidence principale.

Financements divers

Il est possible de financer en partie ou en totalité l'acquisition d'une place de parking, à condition qu'elle soit considérée comme une « annexe » de la résidence principale de l'emprunteur. C'est notamment le cas lorsque ce garage est situé à moins de 1 km du logement. Il est enfin possible d'acquérir des parts de sociétés civiles de placement immobilier (SCPI) à condition que leur capital comprenne au moins 90 % d'immeubles à usage d'habitation.

Quel est le sort des PEL inactifs ?

Selon le PEL souscrit, il n'est plus possible de verser d'argent dessus 4 ou 10 ans après son ouverture. Pour autant, le souscripteur n'est pas obligé de clore son plan. Il peut y laisser fructifier capital et intérêts :

– pendant 5 ans pour un PEL ouvert depuis le 1/3/2011 ;

– indéfiniment pour ceux souscrits avant cette date.

C'est ainsi qu'ont été dénombrés pas moins de 532 000 PEL en sommeil ou inactifs. Au bout de 20 années d'inactivité, les fonds du PEL sont transférés à la Caisse des dépôts. La Caisse gérera ces fonds pendant 10 ans. Si son titulaire ne se manifeste pas pendant ce délai, les sommes concernées reviendront à l'État (*Code monétaire et financier, Art. L. 312-20*).

AVANTAGE

La Caisse des dépôts a ouvert le site https://ciclade.caissedesdepots.fr qui permet de rechercher les sommes en déshérence sur des PEL inactifs qui lui ont été transférées et de les récupérer.

Le plan d'épargne populaire

Le plan d'épargne populaire (PEP), placement sûr à la fiscalité avantageuse, ne peut plus être ouvert depuis le 25/9/2003 afin d'orienter l'épargne des Français vers des « produits retraites ». Cependant, ceux qui disposent d'un tel plan peuvent continuer à l'alimenter. À la sortie, ils bénéficieront des avantages fiscaux qui sont attachés à ce placement.

Comment faire fonctionner le PEP ?

Il est possible de continuer à verser des sommes d'argent sur son PEP à hauteur de 92 000 €.

Selon le PEP souscrit, vous pouvez soit verser de l'argent quand bon vous semble, soit être contraint de déposer chaque année un montant minimal, soit faire des versements programmés à l'avance.

Quels sont les avantages du PEP ?

L'exonération d'impôt

Les sommes déposées sur un PEP rapportent des intérêts qui viennent s'ajouter au capital versé et qui sont exonérés d'impôt 8 ans après l'ouverture du plan. Lorsque vous clôturerez votre PEP, vous aurez le choix entre récupérer votre capital et ses intérêts sans rien devoir au fisc ou convertir capital et intérêts en rente viagère, qui sera, elle aussi, exonérée d'impôt. En revanche, la rente supporte des prélèvements sociaux sur une fraction de son montant qui varie selon l'âge du titulaire du plan au moment où il demande la rente. De même, en cas de retrait en capital après 8 ans, le produit des PEP assurance vie en unités de compte supporte des prélèvements sociaux *(Voir pages Barème)*.

La prime d'État

Lors de la création du PEP, l'État s'engageait à verser aux contribuables non imposables une prime égale à 25 % des versements effectués sur le plan, dans la limite de 229 €. Seuls les PEP ouverts avant le 22/9/1993 en bénéficient.

À NOTER

Après 10 ans, des retraits partiels peuvent être faits mais il n'est plus possible d'effectuer de nouveaux versements.

À NOTER

Quel que soit le PEP souscrit - assurance vie ou bancaire - le régime fiscal est le même.

Les différents PEP

Le cadre fiscal est identique pour tous les PEP. Mais l'épargne déposée n'est pas gérée de la même manière si l'on a souscrit un PEP assurance ou un PEP bancaire.

› Les PEP assurance vie

Un PEP assurance vie n'est en réalité qu'un contrat d'assurance vie placé dans le cadre juridique du PEP. L'intérêt principal de ces PEP réside dans la non-imposition de la rente viagère (qui peut être demandée à l'issue du plan). En effet, dans un contrat d'assurance vie souscrit en dehors du PEP, la rente viagère n'échappe pas à l'impôt.

Autre avantage : le prélèvement qui peut être appliqué aux retraits effectués sur les contrats d'assurance vie de plus de 8 ans n'existe pas lorsque le contrat est placé dans le PEP.

› Les PEP bancaires

Les banques définissent par contrat les conditions de rémunération des PEP.

Voici les différentes catégories de PEP qui existent aujourd'hui :

Les PEP à taux fixe sur tous les versements

Tous vos versements pendant 8 ans sont rémunérés au taux d'intérêt en vigueur à l'ouverture du PEP.

Les PEP à taux fixe par versement

Chaque versement est rémunéré pendant toute la durée du plan au taux en vigueur au moment où il a été fait. Par exemple : vous avez déposé 1 500 € à l'ouverture du PEP avec un taux proposé par la banque de 6 %. Puis, l'année suivante, vous versez à nouveau 1 500 €, mais, entre-temps, la banque a baissé le taux du PEP à 5 % ; jusqu'au terme du plan, le premier versement rapportera 6 % par an, et le second 5 %. Vous connaissez donc le taux auquel est rémunéré chacun de vos versements passés ou présents. Mais vous ignorez combien, demain, la banque rémunérera l'argent que vous déposerez.

Pour pallier cette incertitude, certaines banques ont proposé de garantir un taux minimal en dessous duquel le PEP ne pourra jamais descendre. Ce taux est, en général, fixé par rapport à un taux de référence ; par exemple, le taux du Livret A + 1 %.

Les PEP à taux variable

Avec un PEP à taux variable, lorsque la banque change le taux d'intérêt, c'est toute l'épargne accumulée et les intérêts déjà acquis qui seront rémunérés au nouveau taux. Par exemple : si vous avez déposé 1 500 € à 6 % et que la banque baisse ce taux à 5 %, les 1 500 € seront rémunérés à 5 %. Si, ensuite, elle remonte le taux à 7 %, les 1 500 € rapporteront 7 %, etc. La rémunération peut donc diminuer si les taux d'intérêt baissent ou augmenter s'ils remontent.

On ne sait donc jamais combien le PEP rapportera dans quelques mois. Là encore, certaines banques garantissent un taux minimal en dessous duquel la rémunération ne peut descendre. Ce taux plancher est défini, en général, par rapport à un taux de référence, comme le Livret A ou le taux moyen mensuel des emprunts d'État à long terme (TME), par exemple.

Les PEP à revenus

Le capital (au minimum 7 600 € en général), versé au moment de l'ouverture du PEP, a été réparti entre d'un côté un PEP et de l'autre une série de comptes à terme, de durées différentes. Chaque trimestre, un de ces comptes vient à échéance et son montant (capital + intérêts) vous est reversé. L'argent placé sur le PEP porte intérêts, ce qui permet de reconstituer le capital initial. Il vous sera donc restitué, aux prélèvements sociaux près, à l'échéance du placement. Celui-ci dure entre 5 et 10 ans.

La fiscalité

Si les intérêts perçus sur la partie PEP du placement sont exonérés d'impôt, il n'en va pas de même pour ceux des comptes à terme. Ces intérêts dégagés depuis 2018 sont soumis au prélèvement forfaitaire unique de 12,8 % ainsi qu'aux prélèvements sociaux de 17,2 %. Mais au lieu du prélèvement forfaitaire unique, vous pouvez opter pour l'application du barème progressif de l'impôt, cette option valant alors pour l'intégralité de vos revenus de placement et vos plus-values.

AVANTAGE

Le PEP offre une fiscalité avantageuse et une grande sécurité.

Que faire d'un PEP arrivé à terme ?

Votre plan est arrivé à échéance, vous avez plusieurs possibilités : récupérer l'épargne et les intérêts en une ou plusieurs fois ou toucher des revenus garantis sous forme de rente viagère défiscalisée. Autre solution : prolonger le plan, la durée de celui-ci n'étant pas limitée. Mais il n'est possible de continuer à alimenter le PEP que s'il n'a pas atteint le plafond de 92 000 €.

AVANTAGE

Le capital investi depuis 8 ans sur un PEP est garanti par l'établissement financier qui le gère (c'est vrai même si le plan comporte des composantes boursières) et les produits sont définitivement exonérés d'impôt.

L'assurance vie

Depuis plusieurs années, le succès de l'assurance vie ne se dément pas. Les raisons à cela ? Une performance financière et une fiscalité avantageuse. Cependant, l'une et l'autre ne cessent d'être rognées.

Qu'est-ce qu'un contrat d'assurance vie ?

C'est une formule de capitalisation grâce à laquelle un particulier peut faire fructifier son épargne sans avoir à la gérer directement. Chaque année, les sommes versées produisent des intérêts qui sont capitalisés puis soumis à prélèvements sociaux *(Voir pages Barème)*. Contrairement à une idée fort répandue, l'assurance vie n'est pas une assurance sur la vie comme peut l'être l'assurance temporaire décès qui garantit, moyennant le paiement de cotisations, le versement d'un certain capital en cas de décès ou d'invalidité grave de l'assuré.

Quelles sont les obligations d'information de l'assureur ?

Toutes les informations relatives à un contrat d'assurance vie, y compris les publicités, doivent présenter un contenu exact, clair et non trompeur (*Code des assurances, Art. L. 132-27*).

Avant la conclusion du contrat, l'assureur doit préciser les exigences et les besoins exprimés par le souscripteur ainsi que les raisons qui motivent le conseil fourni quant à un contrat déterminé. Ces précisions, qui reposent en particulier sur les éléments d'information communiqués par le souscripteur concernant sa situation financière et ses objectifs de souscription, sont adaptées à la complexité du contrat (*Code de la mutualité, Art. L. 223-25-3* ; *Code des assurances, Art. L. 522-5*). Il s'agit là d'un véritable devoir de conseil à la charge de l'assureur.

À NOTER

Les publicités sur l'assurance vie sont maintenant strictement réglementées. Ces nouvelles règles s'adressent aux assureurs qui proposent des assurances vie ainsi qu'à leurs intermédiaires distributeurs de contrats (banques, conseillers en gestion de patrimoine). Ainsi, les distributeurs ne peuvent ni diffuser une publicité sans l'avoir soumise à l'assureur concerné, ni utiliser des documents autres que ceux approuvés par les assureurs. Ceux-ci doivent de leur côté veiller à ce que les publicités de leurs intermédiaires soient conformes au contenu de leurs produits (Code des assurances, Art. L. 132-28 et R. 132-5-1).

Avant la souscription, les assureurs doivent également remettre au souscripteur une proposition d'assurance et/ou une note d'information claire présentant les principales dispositions du contrat et les modalités de renoncement à leur engagement dans les 30 jours (*Code des assurances, Art. L. 132-5-1 à L. 132-5-3*).

Le défaut de remise de ces documents et informations entraîne, pour les souscripteurs de bonne foi, la prorogation du délai de renonciation jusqu'au 30e jour suivant la date de remise effective de ces documents, dans la limite de 8 ans à compter de la date où le souscripteur est informé que le contrat est conclu.

Lorsqu'il s'agit d'un contrat en unités de compte, le document d'information doit détailler les caractéristiques principales :

– la dénomination de l'organisme, sa forme juridique et le nom de la société de gestion ;

– les informations concernant les placements et la gestion : les objectifs et la politique d'investissement, le profil de risque et de rendement, la garantie ou protection éventuelle ;

– les informations sur les frais de l'organisme et, pour chaque unité de compte, la performance brute de frais, la performance nette et l'ensemble des commissions prélevées sur la période passée.

Depuis le 1/1/2016, les organismes d'assurance doivent déclarer la souscription des contrats d'assurance vie et contrats de capitalisation. L'information est portée au fichier des souscripteurs d'assurance vie appelé Ficovie. Jusqu'à présent, ils n'étaient soumis à des obligations de déclaration qu'en cas de rachat ou de dénouement du contrat. L'objectif de cette nouvelle mesure est de limiter les risques de fraude fiscale et de lutter contre la déshérence des contrats d'assurance vie.

Quels sont les différents modes de versement ?

Les contrats à versements libres

Ce sont les plus vendus. Leur principe est simple : vous épargnez ce que vous voulez quand vous le voulez, sans qu'aucun calendrier de versements ne soit imposé. Un minimum peut être toutefois requis pour le dépôt initial comme pour chaque versement ultérieur.

Les contrats à primes périodiques

Comme leur nom l'indique, ces contrats vous obligent à alimenter votre contrat à date fixe. Selon vos capacités d'épargne, c'est à vous d'adapter la fréquence des versements (tous les mois ou chaque trimestre, par exemple) et leur importance.

Les contrats à prime unique

Ici, avec un seul et unique versement, vous ouvrez et vous clôturez en même temps votre contrat. Si, par la suite, vous souhaitez placer une épargne complémentaire, vous devrez souscrire un nouveau contrat.

AVANTAGE

Les primes versées au titre de certains contrats d'assurance vie souscrits pour ou par un handicapé permettent de bénéficier d'une réduction d'impôt.

Quels sont les différents types de contrat ?

Les contrats en euros

C'est le type de contrat le plus ancien. L'argent de votre épargne est essentiellement investi en obligations françaises mais aussi en obligations de pays de la zone euro. Ils offrent plusieurs garanties. Il existe un taux minimal de rendement, assorti d'une participation aux bénéfices. Les contrats en euros bénéficient aussi de ce que l'on appelle l' « effet de cliquet » qui permet d'entériner, année après année, et de manière irréversible, les performances enregistrées, y compris en cas de chute brutale des marchés financiers. Après de nombreuses années de rendement avoisinant les 10 % l'an, les performances des contrats en euros ont suivi celles des obligations : elles se sont donc fortement érodées. Elles sont passées de 8 % en 1992 à 4,3 % en 2007, puis de 3,9 % en 2008 à 1,9 % en 2016 et à 1,8 % en 2017. En 2018, le rendement moyen des fonds en euros s'élevait à 1,6 %. À cette décrue des taux d'intérêt s'est ajoutée depuis quelques années la diminution des avantages fiscaux (voir plus loin).

À NOTER

Depuis 2020, les assureurs doivent publier chaque année, sur leur site, les rendements de l'ensemble de leurs fonds en euros. Cette obligation de transparence concerne les contrats en cours de commercialisation mais aussi les anciens contrats qui ne sont plus commercialisés. Ces informations doivent être publiées, au plus tard, 90 jours après le 31 décembre. Elles doivent rester disponibles pendant une durée minimale de 5 ans (Code des assurances, Art. L. 132-22).

AVANTAGE

L'épargne investie en assurance vie auprès d'une société agréée en France bénéficie de la protection spécifique d'un fonds de garantie des assurés contre la défaillance des sociétés d'assurance. Si vous avez souscrit votre contrat d'assurance vie auprès d'une banque, cette protection s'ajoute à celle accordée à vos dépôts. Mais dans l'un et l'autre cas, l'indemnisation maximale est limitée à un plafond par personne et par compagnie d'assurance ou établissement bancaire, quel que soit le nombre de contrats souscrits (Voir pages Barème).

Les multisupports

En réponse à la décrue des taux d'intérêts, les assureurs ont créé il y a quelques années une nouvelle génération de contrats d'assurance vie : les multisupports. Ces contrats sont nommés ainsi parce que contrairement aux contrats en euros, leur support d'investissement n'est plus constitué essentiellement d'obligations françaises mais de différents compartiments, investis en actions, en SICAV ou en SCPI notamment. Selon la répartition de ces différents supports dans le portefeuille du contrat, le rendement de votre épargne sera plus ou moins élevé. À vous de choisir le mode de gestion qui correspond le mieux à vos objectifs patrimoniaux, sachant que, comme pour un contrat en euros, vous déléguez la gestion de votre épargne et les arbitrages qui en résultent, à votre banque.

Pour ne pas effrayer les épargnants, les assureurs ont aussi introduit dans leurs contrats des compartiments en euros comportant un effet de cliquet (voir plus haut) et garantissant un rendement minimum. La présence de tels compartiments permet, en cas de baisse des marchés, de mettre son épargne à l'abri de secousses financières plus ou moins fortes. Selon le degré de risque que l'épargnant est prêt à prendre, trois modes de gestion lui sont généralement proposés :

- une gestion dite « prudente ». Ici, l'épargne est répartie entre le support en euros et des SICAV ou FCP investis pour une part plus ou moins importante en actions, c'est-à-dire en OPCVM monétaires et en obligations ;
- une gestion dite « intermédiaire » ou « équilibrée ». Une partie de l'épargne est investie en actions de façon à ce que son rendement soit stimulé quand la conjoncture s'y prête, l'autre partie restant investie, pour la sécurité, sur des produits monétaires et obligataires ;
- une gestion dite « dynamique » ou « offensive ». L'essentiel de l'épargne est ici investie sur des produits à risques comme des actions françaises ou étrangères. Ces supports peuvent, en période de hausse de la Bourse, faire gagner beaucoup d'argent. En période de baisse, c'est l'inverse qui se produit et on peut même perdre une partie du capital investi au départ. Cependant, pour conserver ses gains, la plupart des assureurs offrent la possibilité de changer, 1 ou 2 mois par an, de mode de gestion. Mais ces changements de caps sont souvent soumis à conditions : leur nombre est limité ou ils ne sont réalisables qu'au-delà d'un certain montant.

À NOTER

D'ici 2022, les assureurs devront proposer dans leur contrat multisupports trois unités de compte dédiées à la finance durable : dès 2020, une unité de compte labellisée ISR (Investissement socialement responsable) et, en 2022, deux unités de compte supplémentaires, l'une verte, l'autre solidaire, bénéficiant notamment des labels TEEC (Transition énergétique et écologique pour le climat) ou Finansol. Le souscripteur restera toujours libre d'investir ou non sur ce type de fonds.

PEUT-ON TRANSFORMER SON ANCIEN CONTRAT D'ASSURANCE VIE SANS PERDRE LES AVANTAGES FISCAUX ?

Il existe deux possibilités de transformation d'un contrat sans perte de l'antériorité fiscale :

– vous pouvez transformer, auprès du même organisme assureur, un contrat monosupport en euros en contrat multisupports ou en contrat euro-croissance. Cette transformation s'effectue soit par un avenant au contrat, soit par la souscription d'un nouveau contrat. Elle se réalise sans perdre le bénéfice des avantages fiscaux. En effet, pour le décompte des 8 ans, tout se passe comme si le nouveau contrat avait été souscrit à la date du premier versement sur le contrat en euros transformé. En ce qui concerne les prélèvements sociaux, ils ne sont pas prélevés au même moment selon qu'il s'agit d'un contrat monosupport ou multisupports. Alors que pour les premiers les produits du contrat sont soumis à prélèvement chaque année, pour les seconds le prélèvement se fait au moment de la sortie (sauf pour le compartiment en euros). La capitalisation de l'épargne se fait donc sur un montant plus élevé. Afin d'éviter une double imposition, les produits du contrat déjà soumis aux prélèvements sociaux au moment de la transformation sont considérés comme des primes versées au moment de la sortie du contrat ;

– depuis le 24/5/2019, vous pouvez également transformer, auprès du même organisme assureur et sans perte de l'antériorité fiscale, un contrat multisupports en un nouveau contrat multisupports ou euro-croissance (*Loi n° 2019-486 du 22/5/2019, Art. 72, II*). Ce transfert s'effectue soit par un avenant au contrat, soit par la souscription d'un nouveau contrat.

Attention : le transfert sans perte de l'antériorité fiscale ne s'applique qu'aux transferts réalisés auprès de la même compagnie d'assurance. Le transfert d'un contrat chez un autre assureur reste assimilé à un rachat qui entraîne la perte des avantages fiscaux. Malgré cette restriction, cette disposition permet, en pratique, de transférer un ancien contrat multisupports peu rémunérateur vers un autre contrat plus récent offrant de meilleurs rendements.

Les contrats NSK

Les contrats NSK (Nicolas Sarkozy, ministre des Finances en 2005) créés au 1/1/2005 ont fait suite aux contrats DSK lancés en 1998 par Dominique Strauss-Khan (alors ministre des Finances). Ils sont aujourd'hui supprimés car ils font double emploi avec les contrats d'assurance vie génération (voir plus loin). Tous les contrats NSK ouverts peuvent néanmoins continuer de recevoir des capitaux et conserver leur régime fiscal.

Ces contrats s'adressaient en priorité, pour ne pas dire exclusivement, aux épargnants qui étaient non seulement prêts à prendre des risques mais aussi prêts à différer la date de récupération de leur épargne au cas où les marchés financiers seraient mis à mal à ce moment-là. Les assurances vie NSK sont composées de 30 % au moins d'actions, dont 10 % de titres risqués et 5 % au moins de titres non cotés. Cette répartition doit être respectée à chaque versement, rachat partiel ou arbitrage.

AVANTAGE

Les épargnants qui choisissent d'investir partiellement leur contrat d'assurance vie dans des actions de PME et d'ETI (entreprises de taille intermédiaire), dans le logement intermédiaire ou social et l'économie sociale et solidaire, transmettront le capital à leur décès avec une fiscalité moins lourde (voir plus loin). Pour bénéficier de cet avantage, le souscripteur devra investir au moins le tiers du contrat dans ce type d'actions.

Les contrats euro-croissance

Les contrats euro-croissance sont conçus comme un troisième pilier de l'assurance vie entre fonds en euros et unités de compte. Ils permettent d'investir une partie des versements sur des unités de compte tout en assurant la garantie du capital. Pour obtenir cette sécurité, le capital doit rester placé au moins 8 ans. Avec les autres contrats en unités de compte, selon la conjoncture, le souscripteur peut perdre une partie du capital investi.

Le fonctionnement des contrats euro-croissance souscrits depuis le 24/5/2019 est simplifié :

– la rémunération des supports euro-croissance est uniformisée. À l'image des fonds en euros, chaque souscripteur d'un même contrat reçoit désormais un même rendement annuel (auparavant, la rémunération variait selon la date de souscription) ;

– les épargnants qui s'engagent sur une durée de détention supérieure à l'échéance minimale (8 ans) peuvent bénéficier d'une garantie en capital bonifiée. Par exemple, un souscripteur qui s'engage sur 10 ou 12 ans aurait l'assurance de récupérer 105 % de son capital (au lieu de 100 %).

Lorsque le contrat euro-croissance est souscrit avec des primes issues d'autres contrats d'assurance vie, l'investisseur bénéficie de l'antériorité fiscale : le changement de fonds n'entraîne pas les conséquences classiques d'un dénouement de contrat d'assurance vie au regard de l'impôt sur le revenu et des prélèvements sociaux. Il est également possible de transformer, sans perte de l'antériorité fiscale, un ancien contrat euro-croissance (contrat souscrit avant le 24/5/2019) en un nouveau contrat euro-croissance (voir plus haut).

Les contrats d'assurance « vie génération »

Ils ont un objectif voisin des contrats euro-croissance : orienter l'épargne vers des secteurs à favoriser. En effet, un tiers au moins du contrat doit être réservé à des investissements dans des entreprises de taille petite ou moyenne non cotées, à des bailleurs sociaux ou à des acteurs de l'économie sociale et solidaire. Tout est investi en unités de compte. Ce contrat d'assurance vie n'ayant aucun compartiment en euros, l'assuré n'a aucune garantie sur le capital, moyennant quoi il obtient un avantage en matière successorale. En effet, un abattement proportionnel de 20 % est applicable aux capitaux transmis, avant l'exonération des premiers 152 500 € par bénéficiaire.

Les contrats d'assurance vie « capital investissement »

Cette forme de contrat d'assurance vie (appelée également *private equity*) a été créée par la loi Macron du 6/8/2015 pour orienter ce type d'épargne vers les PME. Avec ces contrats, l'épargnant souscrit des parts de fonds qui investissent dans des titres non cotés de petites et moyennes entreprises.

Jusqu'à présent, lorsque le souscripteur d'un contrat d'assurance vie (ou son bénéficiaire à son décès) désirait récupérer son épargne (rachat du contrat), l'assureur devait lui verser « en argent » la somme correspondante dans un délai de 2 mois. Or, il n'est pas possible dans un délai si court de liquider sur un marché financier un titre non coté. C'est pourquoi la loi Macron prévoit qu'en cas de rachat du contrat par l'épargnant (ou son bénéficiaire à son décès), l'assureur lui remet non pas de l'argent mais des titres. Ce n'est donc pas l'assureur qui procède à la liquidation des titres mais l'épargnant lui-même qui devra choisir le moment opportun pour le faire.

À NOTER

Ce type d'investissement ne s'adresse pas au grand public mais à des investisseurs avertis. En effet, liquider des titres à bon escient nécessite un minimum d'expertise.

LA RECHERCHE DU BÉNÉFICIAIRE D'UN CONTRAT D'ASSURANCE VIE

Partant du constat que près de 22 000 contrats d'assurance vie ne seraient pas réclamés (contrats d'assurance vie dont les bénéficiaires ne sont pas retrouvés après le décès du souscripteur) et que cela représenterait 5,4 milliards d'euros (*Rapport de l'Autorité prudentiel et de résolution du 28/4/2016*), obligation est faite à l'assureur d'aviser le bénéficiaire dès qu'il a connaissance du décès de l'assuré. Pour qu'il puisse remplir cette obligation, le souscripteur doit désigner le bénéficiaire de façon précise, dans le contrat, sachant que le nom du bénéficiaire peut être modifié. Cependant, la désignation du bénéficiaire devient irrévocable en cas d'acceptation de ce dernier (*Arrêté du 9/2/2006*). En outre, si vous pensez être bénéficiaire d'un contrat d'assurance vie, il est possible de demander à un organisme, l'Agira, si un contrat a été souscrit à votre profit. Dans votre courrier, vous indiquerez vos nom, prénoms et adresse ainsi que le nom, les prénoms, l'adresse, les dates et lieux de naissance et de décès de la personne qui aurait souscrit le contrat. Il faut y joindre un justificatif du décès (tel que la copie de l'acte de décès) de la personne concernée. Il est également possible de remplir un formulaire en ligne : *www.formulaireassvie.agira.asso.fr*. Depuis le 1/1/2016, vous pouvez aussi mandater votre notaire afin qu'il consulte le fichier Ficovie qui recense l'ensemble des contrats d'assurance vie détenus en France (*Loi n° 2014-617 du 13/6/2014 et décret n° 2015-362 du 30/3/2015*).

L'Agira accusera réception du courrier et transmettra dans les 15 jours la demande complète à l'ensemble des entreprises d'assurance de personnes et institutions de prévoyance. Agira : 1, rue Jules Lefebvre, 75431 Paris Cedex 09. Pour en savoir plus, vous pouvez consulter le site : *www.agira.asso.fr*.

Enfin, les assureurs ont une obligation générale de recherche et d'information du bénéficiaire. Pour cela, ils ont accès au registre de l'INSEE sur les décès pour vérifier chaque année la situation des souscripteurs et des bénéficiaires. Les assureurs ont ensuite un délai d'1 mois après réception de toutes les pièces requises pour verser le capital aux héritiers. Les assureurs ont le droit de demander à l'administration fiscale les coordonnées des bénéficiaires dont le nom est porté dans la clause bénéficiaire d'un contrat d'assurance vie, afin que ceux-ci soient plus rapidement prévenus de l'existence de ces fonds parfois ignorés.

Ils doivent publier, chaque année, les résultats de leur recherche et adresser un rapport à l'ACPR (Autorité de contrôle prudentiel et de résolution).

En 2017, 2 milliards d'euros provenant de contrats d'assurance vie en déshérence ont été versés à leurs bénéficiaires. Fin 2018, 4,9 milliards d'euros ont été transférés à la Caisse des dépôts (dont 600 millions en 2018), faute d'avoir retrouvé les bénéficiaires.

Bon à savoir : la Caisse des dépôts met à la disposition des épargnants un site sur lequel il est possible d'effectuer une recherche sur les sommes laissées sur des comptes, des livrets bancaires inactifs ainsi que sur des contrats d'assurance vie en déshérence : *https://ciclade.caissedesdepots.fr*.

Quels sont les avantages fiscaux de ce placement ?

Impôt sur le revenu : une imposition variable

Les gains réalisés sur un contrat d'assurance vie ne sont soumis à l'impôt sur le revenu qu'en cas de retrait total ou partiel des sommes investies. En cas de retrait, le régime d'imposition dépend alors de deux paramètres :

– la date à laquelle l'épargne a été investie sur le contrat. Le régime d'imposition est différent selon que les gains proviennent de versements effectués avant ou à partir du 27/9/2017 ;

– la durée du contrat. Les gains bénéficient d'une fiscalité avantageuse si le contrat a au minimum 8 ans. La date à prendre en compte pour apprécier cette durée est celle du premier versement sur le contrat, quel que soit son montant et quel que soit le montant des versements ultérieurs.

Gains produits par des versements effectués avant le 27/9/2017

Les gains sont soumis au barème progressif de l'impôt sur le revenu ou, sur option, à un prélèvement forfaitaire libératoire. Le taux de ce prélèvement libératoire dépend de l'ancienneté du contrat :

– pour un contrat souscrit il y a moins de 4 ans : les gains sont soumis au prélèvement libératoire de 35 % ;

– si la durée de votre contrat est inférieure à 8 ans et supérieure ou égale à 4 ans : le taux du prélèvement libératoire est de 15 %.

Quel que soit le mode d'imposition choisi (barème progressif ou prélèvement forfaitaire libératoire), les gains réalisés sur un contrat d'une durée égale ou supérieure à 8 ans bénéficient d'un abattement annuel fixé à 4 600 € pour une personne seule et à 9 200 € pour un couple soumis à imposition commune. Lorsque l'abattement annuel de 4 600 € ou de 9 200 € n'est pas dépassé, les gains sont exonérés d'impôt sur le revenu.

En cas d'option pour le prélèvement forfaitaire libératoire, cet abattement prend la forme d'un crédit d'impôt : le montant brut (sans abattement) des gains est soumis au taux forfaitaire puis vous recevrez des services fiscaux un virement représentant le surplus d'impôt versé sur le montant de l'abattement.

- Gains produits par des versements effectués depuis le 27/9/2017

Pour ces gains, le prélèvement forfaitaire libératoire est supprimé. Les produits sont désormais imposés en deux temps :

– au moment du retrait des sommes, un acompte de l'impôt, appelé « prélèvement forfaitaire non libératoire », est prélevé à la source. Le taux de cet acompte est de 12,8 % pour les contrats d'une durée inférieure à 8 ans et de 7,5 % pour les contrats d'une durée égale ou supérieure à 8 ans. Cet acompte est restitué l'année suivante par l'administration fiscale sous forme de crédit d'impôt ;

– l'imposition définitive est établie l'année suivante, sur la déclaration des revenus, par l'application d'un prélèvement forfaitaire unique (PFU). Le taux du PFU est de 12,8 % pour les contrats de moins de 8 ans et de 7,5 % pour les contrats d'une durée égale ou supérieure à 8 ans. Par exception, le taux du PFU est porté de 7,5 % à 12,8 % sur une fraction des gains si le montant des versements effectués par le souscripteur sur l'ensemble de ses contrats excède 150 000 €. La fraction des gains taxable à 12,8 % est celle qui correspond au prorata des primes excédant 150 000 €. Le seuil de 150 000 € s'apprécie au 31 décembre de l'année qui précède le retrait de l'épargne sur le contrat (soit, pour un rachat en 2020, au 31/12/2019). Les versements retenus pour déterminer ce seuil sont les versements nets de retraits (c'est-à-dire après déduction des retraits déjà réalisés sur le contrat), hors intérêts capitalisés.

À la place du PFU au taux de 7,5 % ou de 12,8 %, les gains peuvent être soumis, sur option, au barème progressif de l'impôt sur le revenu. Cette option est alors applicable à l'ensemble des revenus et gains du capital réalisé par le foyer fiscal.

Quel que soit le mode d'imposition choisi (PFU ou barème progressif), les gains réalisés sur un contrat d'une durée égale ou supérieure à 8 ans bénéficient toujours de l'abattement annuel de 4 600 € (personne seule) ou de 9 200 € (couple). Cet abattement s'applique en priorité sur les gains issus des versements effectués avant le 27/9/2017, puis, pour le solde éventuel, sur les gains des versements effectués depuis cette date (avec application prioritaire sur la fraction taxable à 7,5 %).

- Prélèvements sociaux

En plus de l'impôt sur le revenu ou du prélèvement forfaitaire, les gains sont soumis aux prélèvements sociaux au taux de 17,2 % pour les gains produits depuis 2018. Ils sont prélevés directement à la source par l'assureur.

À NOTER

Pour les gains sur les encours d'une personne non concernée par le seuil de 150 000 €, ou pour les gains sur les encours détenus avant le 27/9/2017 d'une personne touchée par ce seuil, le régime fiscal de l'assurance vie reste inchangé.

ATTENTION ⚠

Par exception, sont exonérés d'impôt sur le revenu : les gains produits sur les contrats DSK ou NSK ouverts depuis plus de 8 ans ; les produits des contrats à primes périodiques souscrits jusqu'au 26/9/1997 si les versements effectués correspondent aux primes initialement prévues par le contrat ; les produits des versements effectués avant le 1/1/1998 (à condition, pour les versements effectués du 26/9/1997 au 31/12/1997, qu'ils correspondent soit à des versements programmés, soit à des versements libres d'un montant n'excédant pas 200 000 F).

En matière de droits de succession

Les capitaux issus d'un contrat d'assurance vie transmis au conjoint, au partenaire pacsé et aux frères et sœurs sous certaines conditions sont totalement exonérés de droit de succession.

Pour les autres bénéficiaires (enfants notamment), la fiscalité applicable dépend de l'âge de l'assuré à la date de versement des primes sur le contrat :

- Primes versées avant 70 ans

Pour les contrats ouverts depuis le 13/10/1998 (ou souscrits depuis le 20/11/1991 pour les primes versées depuis le 13/10/1998) et alimentés avant 70 ans, le capital accumulé revient, au décès du souscripteur, aux bénéficiaires que celui-ci a désignés, sans impôt à payer jusqu'à 152 500 € pour chacun d'eux. Au-delà de cette franchise, les capitaux transmis à chaque bénéficiaire supportent un prélèvement de :

– 20 % pour la fraction comprise entre 152 500 € et 852 500 € ;
– 31,25 % pour la fraction supérieure à 852 500 €.

AVANTAGE

Les contrats « vie-génération » investis en parts ou actions bénéficient d'un abattement supplémentaire, applicable avant l'abattement de 152 500 €.

- Primes versées après 70 ans

Les versements effectués après 70 ans sur des contrats souscrits depuis le 20/11/1991 sont exonérés de droits dans la limite de 30 500 €, pour l'ensemble des contrats.

À NOTER

Pour ceux qui ont souscrit un contrat d'assurance vie avant le 20/11/1991, les sommes versées dessus avant le 13/10/1998 sont totalement exonérées de droit de succession pour le bénéficiaire désigné. Pour l'épargne investie après cette date, le bénéficiaire profite d'un abattement de 152 500 € en deçà duquel il n'a pas de droit à payer quel que soit l'âge de l'assuré lors du versement de la prime. Jusqu'à présent, il ne fallait pas, notamment, qu'il y ait un versement de nouvelles primes non prévues dans le contrat originel ou disproportionné par rapport à celles payées avant le 20/11/1991.

CONSEILS POUR CHOISIR UN BON CONTRAT D'ASSURANCE VIE

✔ Examinez les frais prélevés. D'abord ceux effectués sur les versements qui peuvent atteindre jusqu'à 3,5 % du montant versé selon les contrats. Très pénalisants pour le rendement du placement, n'hésitez pas à négocier leur montant surtout en cas de gros versement. Sachez qu'une dizaine de contrats, pour la plupart proposés via Internet, sont annoncés sans droit d'entrée ni frais sur versement. Il faut ajouter les frais de gestion annuels calculés sur la totalité de l'épargne accumulée dans le contrat : ils oscillent entre 0,35 % et 1 %. Le rendement peut enfin être grignoté par des frais d'arbitrage si vous réorientez votre épargne vers d'autres supports d'investissement plus adaptés aux marchés financiers et à votre stratégie patrimoniale.
✔ Préférez les contrats à versements libres : cela vous permet de gérer comme vous le voulez votre trésorerie, sans risque de pénalités en cas de non-versement, comme cela peut éventuellement être le cas avec un contrat à primes périodiques.
✔ Ne refusez jamais les « avances » de votre assureur. Les contrats prévoyant cette possibilité sont, de loin, les plus souples.
✔ Ne vous enfermez pas dans un contrat à durée déterminée car d'ici 8 à 10 ans, vous aurez peut-être changé d'avis et vos besoins seront sans doute différents. Il est donc important de vous laisser la possibilité d'orienter, à ce moment-là, votre épargne comme vous le souhaiterez.
✔ Forcez-vous à épargnez régulièrement, même si votre contrat ne prévoit aucun calendrier de versements. Cela permettra à votre épargne de grossir en douceur.

Que se passe-t-il au terme du contrat ?

Le contrat a été conclu pour 8 ans

Vous devez récupérer votre épargne pour éventuellement la réinvestir dans un autre contrat mais, dans ce cas, il vous faudra attendre encore au moins 8 ans pour bénéficier de l'exonération fiscale sur les plus-values.

Le contrat a une durée de vie très longue

Vous pouvez retirer votre épargne pour réaliser un projet mais vous avez également la possibilité de poursuivre votre assurance vie aussi longtemps que vous le souhaitez. La plupart du temps, le contrat est clôturé par ce que l'on appelle la sortie en capital : vous récupérez, en une seule fois, l'épargne et ses intérêts. Compte tenu du prélèvement de 7,5 % (éventuellement porté à 12,8 %) sur les intérêts acquis au-delà d'un seuil annuel de 4 600 € ou de 9 200 €, vous avez tout intérêt à procéder, selon vos besoins, à des retraits ponctuels non fiscalisés, l'épargne encore disponible ayant l'avantage d'être rémunérée et de pouvoir être transmise hors droits de succession si vous venez à décéder. Certains contrats proposent également de vous verser des annuités qui peuvent être défiscalisées pendant 10 ou 15 ans, par exemple. Vous pouvez enfin opter pour le versement d'une rente viagère, éventuellement réversible au profit de votre conjoint si le contrat le prévoit. Cette rente vous sera acquise jusqu'à votre décès, mais elle est fiscalisée et surtout, vous ne pourrez plus disposer de votre épargne : dans le jargon des assureurs, on parle d'« aliénation » de capital.

AVANTAGE

La Cour de cassation a jugé que les sommes placées sur un contrat d'assurance vie étaient insaisissables par les créanciers du souscripteur tant que le contrat n'était pas arrivé à terme (Cour de cassation, 1re chambre civile, 28/4/1998).

À NOTER

La loi dite « Sapin 2 » du 9/12/2016 donne le pouvoir au Haut conseil de stabilité financière (HCSF) de moduler les possibilités de reprise de leur épargne par les investisseurs. Le but ? Assurer la stabilité des systèmes financiers. Un épargnant pouvant racheter ses fonds en euros à tout moment, en cas de taux d'intérêt très bas suivi d'une remontée, il pourrait être tenté d'opérer des rachats. Or de gros retraits pourraient menacer les équilibres financiers. C'est pourquoi le HCSF peut suspendre, retarder ou limiter, pour tout ou partie du portefeuille, le paiement des valeurs de rachat, la faculté d'arbitrages ou le versement d'avances sur contrat.

Que se passe-t-il en cas de décès ?

- Pour un contrat en euros, l'épargne disponible est versée au bénéficiaire que vous avez désigné dans le contrat au moment de la souscription.

- Pour un contrat multisupports, les conséquences sont un peu différentes. En effet, ces contrats n'ont théoriquement aucune garantie de valeur puisque le montant des parts des supports sur lesquels votre épargne est investie varie sans cesse, à la hausse mais aussi à la baisse. Pour que le risque soit limité, les assureurs ont trouvé une parade : ils garantissent généralement une valeur plancher, correspondant aux sommes réellement investies. Ainsi, si vous décédez alors que les marchés financiers sont au plus bas et que par conséquent, votre capital subit une moins-value, les ayants droit de votre contrat n'auront pas à en subir les conséquences puisqu'ils seront assurés de percevoir au minimum les sommes que vous y avez versées.

AVANTAGE

Il est possible d'avantager un enfant avec l'assurance vie, à condition de respecter les strictes limites du droit successoral et de ne pas effectuer de versements disproportionnés par rapport à votre patrimoine et à vos revenus.

À NOTER

Les prélèvements sociaux dépendent de la nature du contrat : pour les contrats en euros, les gains subissent les prélèvements sociaux (17,2 % pour les gains produits depuis 2018) chaque année au moment où ils sont inscrits en compte ; pour les contrats multisupports en unités de comptes, les produits du compartiment euros subissent également les prélèvements sociaux chaque année depuis le 1/5/2011. En revanche, pour les autres supports (actions par exemple), le prélèvement se fait au dénouement du contrat, c'est-à-dire quand le souscripteur fait un rachat total ou partiel (il récupère son épargne) ou à son décès.

Et si le capital n'est pas réclamé ?

Depuis le 1/1/2016, l'établissement financier peut prélever des frais sur le contrat après la connaissance du décès. Mais leur montant ne peut pas être supérieur à celui qui aurait été prélevé si le décès n'était pas survenu. En outre, le capital continue à produire des intérêts après la date du décès de l'assuré à un taux minimal déterminé en fonction du taux moyen des emprunts d'État français. Pour l'établissement financier, la date de connaissance du décès est celle à laquelle il obtient l'acte de décès à la suite de la consultation du fichier des personnes décédées extrait du Répertoire national d'identification des personnes physiques. Dix ans après, si le capital du contrat d'assurance vie n'a toujours pas été réclamé, la somme en cause est transférée à la Caisse des dépôts qui la conservera pendant 20 ans encore. Au cours de cette période, le ou les bénéficiaires pourront en demander la restitution (*Code des assurances, Art. R. 132-3-1 ; Code monétaire et financier, Art. R. 312-20*).

À NOTER

La Cour de cassation a jugé que le bénéficiaire d'un contrat d'assurance vie ne pouvait pas transmettre le capital à ses héritiers s'il mourait avant d'avoir reçu l'argent, sauf si une clause particulière du contrat le précisait (Cour de cassation, 2e chambre civile, 10/9/2015).

ASSURANCE VIE ET CONJOINT SURVIVANT

Que se passe-t-il, au regard de la succession, lorsque le conjoint bénéficiaire de l'assurance vie décède avant le souscripteur, le contrat d'assurance vie ayant été alimenté par de l'argent commun du couple (c'est souvent le cas, car la très grande majorité des couples sont mariés sous le régime de la communauté réduite aux acquêts dans lequel tous les revenus perçus par le couple pendant le mariage sont communs)?

Lorsque le contrat n'est pas dénoué, selon les termes de la réponse ministérielle dite « Bacquet » du 29/6/2010, la moitié du capital est réintégrée dans le patrimoine du défunt pour établir le montant de la succession et les droits à payer dessus. Cette règle a eu pour effet, selon l'importance du patrimoine du défunt, d'amener les enfants à payer des droits de succession. Mais une nouvelle réponse ministérielle dite « Ciot » met fin à cette position pour les successions ouvertes depuis le 1/1/2016 (*Réponse ministérielle n° 78192, JOAN du 23/2/2016*). Ainsi, la valeur de rachat du contrat, au décès de l'époux bénéficiaire, n'entre plus du tout dans sa succession et se trouve exonérée de droits à payer au fisc. Le contrat d'assurance vie conservé par le conjoint survivant se dénouera :

– soit si celui-ci en demande le rachat et récupère le capital et les intérêts pour lui : l'imposition des gains variera alors selon l'ancienneté du contrat ;

– soit au moment de son décès : les enfants, s'ils sont bénéficiaires du contrat, profiteront alors de la fiscalité favorable de l'assurance vie, c'est-à-dire une exonération d'impôt jusqu'à 152 500 € par bénéficiaire et un prélèvement au-delà si les primes ont été versées avant 70 ans (20 % pour la fraction comprise entre 152 500 € et 852 500 € et 31,25 % pour la fraction supérieure à 852 500 €).

Jurisprudence

L'arrêt Leroux de la Cour de cassation en date du 18/7/2000 a précisé à propos d'un contrat d'assurance vie-décès classique qu'il ne s'agissait pas d'un contrat d'assurance proprement dit, mais d'un contrat de capitalisation et que, dès lors, les sommes versées en vertu de ce contrat étaient soumises aux règles applicables en matière successorale.

Cette position surprenante risquait de remettre en cause l'exonération traditionnelle des sommes versées en application d'un contrat d'assurance vie. Mais dans son rapport annuel pour 2001, la Cour de cassation a souhaité relativiser la portée de sa décision. Elle a rappelé que les contrats d'assurance vie et les contrats de capitalisation n'étaient pas soumis au même régime et que seuls ces derniers ne bénéficiaient pas des dispositions de l' article L. 132-12 du Code des assurances aux termes desquelles le capital ou la rente payable au décès de l'assuré ne fait pas partie de la succession de ce dernier. Les magistrats de la Cour de cassation ont confirmé qu'un contrat de capitalisation ne pouvait bénéficier des avantages successoraux de l'assurance vie (*Cour de cassation, 1re chambre civile, 29/1/2002*).

La Cour de cassation réunie en chambre mixte a, le 23/11/2004, rendu plusieurs arrêts relatifs à la nature des contrats d'assurance vie : parce que les effets de ces contrats dépendent de la durée de la vie humaine, ils comportent un aléa. Le capital ou la rente versé en vertu d'un tel contrat à un bénéficiaire ne fait donc pas partie de la succession de l'assuré. Pour éviter qu'un contrat d'assurance vie soit requalifié en contrat de capitalisation, avec le risque de réintégration des sommes dans la succession du souscripteur, la Fédération française des sociétés d'assurance a émis des recommandations à destination de la profession. Ainsi, les contrats doivent indiquer précisément qu'il s'agit d'un contrat d'assurance vie soumis au Code des assurances, en indiquant son nom technique.

En outre, notaires et assureurs ont mis en place de nouvelles procédures (notamment l'établissement de modèles de lettres types) en vue de normaliser les échanges d'informations sur l'assurance vie lors du règlement de la succession.

Les placements en vue de la retraite

Plusieurs placements sont spécifiquement destinés à l'épargne retraite. Ces placements ont l'avantage de bénéficier d'incitations fiscales à l'entrée. Ils supportent cependant une contrainte : sauf événements exceptionnels, les sommes versées sont indisponibles jusqu'à l'âge de la retraite.

Le plan d'épargne retraite populaire (PERP)

Moyennant une épargne volontaire versée sur le PERP, il est possible de se constituer une rente viagère pour sa retraite. Ouvert à tous, le PERP revêt la forme d'un contrat d'assurance en cas de vie à souscrire auprès des banques ou des compagnies d'assurances et propose des supports d'investissements assez semblables à ceux des contrats d'assurance vie multisupports.

À NOTER

Ne vous précipitez pas pour souscrire un PERP. N'hésitez pas à mettre en concurrence les différents produits en comparant les taux d'intérêt garantis et les frais facturés (frais de gestion par exemple).

Sortie en rente avec une petite part de capital

Le PERP est un produit d'épargne longue car les sommes investies dessus sont bloquées jusqu'au départ à la retraite sans possibilité de retrait (voir exceptions ci-dessous). La sortie se fait principalement sous forme de rente viagère. Le souscripteur peut toutefois sortir en capital dans la limite de 20 % de la valeur du plan. Par exception, une sortie totale en capital est possible si les fonds sont destinés à l'acquisition de la résidence principale en accession à la première propriété ou si le montant de la rente est inférieur à 480 € par an.

Il est possible de prévoir dans le contrat, qu'au décès du souscripteur, la rente soit reversée, en totalité ou en partie, à une autre personne (le conjoint, par exemple) ou transformée en rente d'éducation pour les enfants mineurs. Et même désigner un bénéficiaire en cas de disparition avant la retraite.

Épargne bloquée

La sortie se fait au moment de la retraite et il n'est pas possible, en principe, de récupérer son épargne sous forme de capital. Cependant, un déblocage anticipé est prévu dans les cas suivants :

– extinction des droits au chômage ;
– décès du conjoint ou du partenaire pacsé ;
– surendettement ;
– cessation d'activité professionnelle suite à une liquidation judiciaire ;
– survenance d'une invalidité grave interdisant l'exercice de toute activité professionnelle ;
– acquisition de la résidence principale en accession à la première propriété. Dans ce cas, le capital récupéré est imposable.

Le déblocage anticipé est également accordé aux titulaires d'un PERP d'un montant inférieur à 2 000 € à condition qu'ils n'aient effectué aucun versement au cours des 4 dernières années et que leur revenu fiscal de référence ne dépasse pas les seuils d'exonération de la taxe d'habitation.

Placement sécurisé

Il est possible de détenir plusieurs PERP, ce qui est moins risqué que de tout miser sur un seul. En cas d'insatisfaction, vous pouvez transférer l'épargne sur un autre PERP, dans un autre établissement.

Il est enfin prévu une sécurisation progressive de l'épargne avec un report vers des supports en euros (par exemple des obligations), moins risqués que des actions, au fur et à mesure que se rapprochera la date estimée du départ à la retraite.

Avantage fiscal

Afin d'inciter les Français à préparer leur retraite, le PERP bénéficie d'avantages fiscaux : les sommes versées sont déductibles de l'impôt sur le revenu dans la limite de 10 % des revenus d'activité professionnelle de l'épargnant, ou de 10 % du plafond annuel de la Sécurité sociale.

À NOTER

À partir du 1/10/2020, les PERP ne seront plus commercialisés. Les plans ouverts avant cette date continueront toutefois à fonctionner normalement. Ils pourront également être transformés en PER individuel ou collectif.

Le plan d'épargne pour la retraite collectif réservé aux salariés (PERCO)

Le plan d'épargne retraite collectif (PERCO), réservé aux salariés, peut être mis en place, sous certaines conditions, dans l'entreprise. Ce système d'épargne facultatif permet aux salariés de se constituer un portefeuille de titres qui procurera un complément de revenu lors du départ à la retraite.

L'alimentation du plan

Le salarié peut alimenter son PERCO en procédant à des versements volontaires ou en y affectant ses primes d'intéressement et de participation ou des sommes provenant d'un plan d'épargne d'entreprise, sachant que le tout ne doit pas représenter, chaque année, plus de 25 % de son salaire brut (ce plafond ne tient pas compte des sommes provenant d'un PEE ou de la participation). L'employeur est autorisé à aider le salarié, en abondant, c'est-à-dire en versant de l'argent sur le plan de celui-ci. L'abondement ne peut pas excéder le triple de la contribution du salarié, ni être supérieur à 16 % du plafond annuel de la Sécurité sociale.
Le PERCO peut également recueillir :
– les droits inscrits sur un compte épargne temps (CET) et, en l'absence de CET, les sommes correspondant à des jours de repos non pris, dans la limite de 10 jours par an ;
– un versement initial et des versements périodiques de l'employeur, y compris en l'absence de contribution du salarié. Ces versements unilatéraux ne peuvent pas dépasser, chaque année, 2 % du plafond annuel de la Sécurité sociale.

Épargne bloquée

Le capital, investi en fonds communs de placement d'entreprise, est en principe bloqué au moins jusqu'à la retraite (dans certaines circonstances, notamment en cas d'acquisition de la résidence principale, des retraits anticipés sont autorisés). La sortie se fait en principe en rente viagère mais le règlement du PERCO peut prévoir une sortie en capital, versé en une seule fois ou de manière échelonnée.

Incitation fiscale

L'abondement versé par l'employeur, tout comme les revenus du placement, sont exonérés d'impôt. En revanche, les sommes versées par le salarié ne donnent droit à aucun avantage.
À la sortie, au moment du départ à la retraite, vous pourrez récupérer l'argent, soit sous forme de rente viagère, en partie seulement soumise à l'impôt sur le revenu, soit sous forme de capital, en franchise d'impôt (sauf prélèvements sociaux).

À NOTER

À partir du 1/10/2020, le PERCO ne pourra plus être mis en place dans les entreprises. À sa place, les employeurs pourront instaurer un « Plan d'épargne retraite d'entreprise collectif » (PERCol). Les plans ouverts avant cette date continueront à fonctionner comme avant et pourront accueillir de nouveaux bénéficiaires. Ils pourront également être transformés en PERCol.

Les nouveaux plans d'épargne retraite (PER)

La loi PACTE n° 2019-486 du 22/5/2019 a créé le plan d'épargne retraite (PER). Son objectif : simplifier et harmoniser la réglementation applicable aux dispositifs actuels.

› Qu'est-ce que le PER ?

Le PER (plan d'épargne retraite) est un nouveau plan d'épargne retraite commercialisé depuis le 1/10/2019. Il se décline en trois produits :
- un produit individuel dénommé plan d'épargne retraite individuel (PERin) qui remplace le PERP et les contrats Madelin. Ouvert à toute personne, il est librement souscrit auprès d'une banque ou d'une compagnie d'assurance et prend la forme soit d'un contrat d'assurance en cas de vie, soit d'un compte-titres. Le

PERin est alimenté avec les versements volontaires de l'épargnant ;

- deux produits collectifs :

– le premier, dénommé PER Collectif (PERCol), peut être proposé à l'ensemble des salariés d'une entreprise. Il remplace le PERCO. Comme ce dernier, il est alimenté par les versements volontaires du titulaire (sans limitation de montant), la participation aux résultats de l'entreprise, l'intéressement, les abondements de l'employeur, le transfert de droits inscrits sur un compte épargne-temps (CET) et, en l'absence de CET, par les sommes correspondant à des jours de repos non pris, dans la limite de 10 jours par an ;

– le second, appelé PER Catégoriel (PERCat), remplace les contrats « article 83 ». Proposé par l'entreprise à certaines catégories de salariés, il est alimenté avec les versements obligatoires du salarié ou de l'employeur

› Quand et comment sortir d'un PER ?

Quelle que soit la forme du PER, l'épargne est, en principe, indisponible jusqu'à l'âge légal de la retraite ou de la liquidation des pensions de retraite. À cette échéance, le plan se dénoue, au choix du souscripteur, par une sortie en rente viagère ou en capital (sortie unique en capital ou fractionnée). Par exception, un déblocage anticipé de l'épargne est possible dans les cas suivants : acquisition de la résidence principale, décès du conjoint ou du partenaire pacsé, survenance d'une invalidité de 2e ou 3e catégorie, surendettement, extinction des droits au chômage et cessation d'activité professionnelle suite à une liquidation judiciaire.

Le PER peut être transféré d'un gestionnaire à un autre moyennant des frais de 1 % pour les plans ouverts depuis moins de 5 ans et gratuitement passé ce délai.

À NOTER

Par exception, la sortie en capital à l'âge de la retraite n'est pas possible pour le PERCat. Le dénouement s'effectue obligatoirement sous forme de rentes.

› Comment est gérée l'épargne ?

Sauf décision contraire et expresse de l'adhérent, les sommes versées sur un PER assurance sont soumises à une « gestion pilotée », selon un profil dit « équilibré horizon retraite ». Avec ce profil, la répartition de l'épargne entre supports financiers risqués et supports « à faible risque » évolue au fur et à mesure que l'âge de la retraite approche, selon les seuils et le rythme suivants :

– de 10 à 5 ans avant la date de liquidation envisagée par le titulaire, 20 % de l'encours du PER est investi sur des supports financiers à faible risque (indicateur de risque inférieur ou égal à 3) et 80 % sur des supports plus risqués ;

– entre 2 et 5 ans avant cette échéance, les supports à faible risque représentent 50 % de l'encours du PER ;

– enfin, à partir de 2 ans avant la date de liquidation envisagée par le titulaire, 70 % du capital est investi sur des supports à faible risque (30 % restant placé sur des supports plus risqués).

Toujours dans le cadre d'une gestion pilotée, le gestionnaire du plan doit toutefois proposer à l'adhérent deux autres profils d'investissement : un profil plus sécurisé, dit « prudent horizon retraite », et un profil plus risqué, dit « dynamique horizon retraite ».

AVANTAGE

L'adhérent peut, à tout moment, modifier le profil d'investissement choisi. Il peut également, à tout moment, renoncer à la gestion pilotée et choisir une « gestion libre ». Il lui appartiendra alors de répartir son épargne entre les différents supports financiers proposés par le contrat (fonds en euros, fonds euro-croissance et unités de compte).

› Quelles sont les obligations d'information ?

Avant l'ouverture d'un plan d'épargne retraite individuel (PERin), l'organisme gestionnaire doit délivrer à l'épargnant une information sur les caractéristiques du plan, son mode de gestion et sa fiscalité.

Après l'ouverture du plan, il doit informer, au moins une fois par an, l'adhérent sur l'évolution de son PER. Cette information annuelle doit notamment préciser :

– la valeur des droits à la retraite en cours de constitution ;

– la performance annuelle de chaque support sur lequel l'épargne est investie ;

– le montant des versements effectués ;

– le montant des frais prélevés ;

– la répartition de l'épargne quand elle est en gestion pilotée ;

– les conditions de transfert du plan.

À partir de la 5e année précédant la date de départ à la retraite, l'adhérent peut interroger le gestionnaire du PER pour connaître ses droits, les modalités de liquidation de l'épargne et éventuellement modifier la gestion de son épargne. Dans tous les cas, le gestionnaire doit communiquer ces informations à l'adhérent 6 mois avant la date de départ à la retraite.

› Quelle est la fiscalité des versements ?

Le PER bénéficie d'incitations fiscales à l'entrée :

– qu'il s'agisse d'un plan individuel ou d'un plan collectif, les versements volontaires sont déductibles du revenu imposable dans la limite des plafonds en vigueur actuellement pour le PERP et les contrats Madelin (voir plus haut). En contrepartie, l'épargne accumulée est fiscalisée à la sortie. Sur option, l'épargnant peut toutefois renoncer à cette déduction fiscale afin de bénéficier d'une exonération en cas de sortie en capital à l'âge de la retraite ;

– les versements issus de l'épargne salariale (participation de l'entreprise, intéressement, abondements de l'employeur, jours de compte épargne-temps dans certaines limites) bénéficient d'une exonération d'impôt sur le revenu.

› Quelle est la fiscalité lors du départ en retraite ?

Elle varie selon les modalités de sortie (rentes ou capital) et selon l'origine des versements (versements volontaires ayant bénéficié ou non de la déduction fiscale à l'entrée, versements issus de l'épargne salariale).

Sortie en rentes

Les rentes provenant d'un PER sont fiscalisées. Elles sont soumises à l'impôt sur le revenu :

– comme des pensions de retraite pour la part de la rente qui est issue des versements volontaires ayant donné lieu à déduction fiscale à l'entrée (soit une imposition au barème progressif après un abattement de 10 % plafonné) ;

– comme des rentes viagères à titre onéreux pour la part de la rente qui correspond aux versements volontaires qui n'ont pas bénéficié de la déduction fiscale à l'entrée et pour celle qui provient de l'épargne salariale (soit une imposition après un abattement de 60 % ou 70 % selon l'âge du rentier au moment du premier versement de la rente). En plus de l'impôt sur le revenu, ces rentes viagères supportent les prélèvements sociaux de 17,2 %.

Sortie en capital

Le capital issu de l'épargne salariale (intéressement, participation, abondements de l'employeur) est exonéré d'impôt sur le revenu. Les plus-values produites par cette épargne sont également exonérées d'impôt sur le revenu mais sont soumises aux prélèvements sociaux de 17,2 %.

Le capital provenant de versements volontaires est :

– imposable au barème progressif, sans aucun abattement, pour sa fraction correspondant aux versements volontaires ayant donné lieu à déduction fiscale à l'entrée ;

– exonéré pour celle qui correspond aux versements volontaires qui n'ont pas bénéficié de la déduction fiscale.

Même s'ils n'ont pas donné lieu à déduction fiscale à l'entrée, les plus-values produites par les versements volontaires sont soumises au prélèvement forfaitaire unique de 30 % (12,8 % d'impôt sur le revenu + 17,2 % de prélèvements sociaux).

À NOTER

En cas de déblocage anticipé de l'épargne pour l'acquisition de la résidence principale, la fiscalité applicable est identique à celle d'une sortie en capital. En cas de sortie anticipée pour les autres motifs, le capital est exonéré d'impôt sur le revenu. Seuls les prélèvements sociaux de 17,2 % sont dus sur les plus-values.

TRANSFERT D'UNE ASSURANCE VIE VERS UN PER

Les épargnants qui transfèrent totalement ou partiellement un contrat d'assurance vie ouvert depuis au moins 8 ans vers un PER bénéficient, sur les produits du contrat, d'une exonération supplémentaire d'impôt sur le revenu. Cette exonération s'élève à 4 600 € pour les personnes seules et à 9 200 € pour les couples. Elle se cumule avec les abattements de même montant prévus pour les contrats d'au moins 8 ans, ce qui en pratique porte l'exonération d'impôt sur le revenu à 9 200 € pour une personne seule et à 18 400 € pour un couple.

L'exonération ne s'applique toutefois que si les conditions suivantes sont remplies :

– le titulaire du contrat est à plus de 5 ans de l'âge d'ouverture de son droit à retraite (il doit donc être âgé, en règle générale, de moins de 57 ans) ;

– le contrat a une durée égale ou supérieure à 8 ans ;

– le rachat sur le contrat est effectué avant le 1/1/2023 ;

– l'intégralité des sommes recueillies au titre du rachat est transférée avant le 31 décembre de l'année sur un PER.

La limite d'exonération de 4 600 € ou 9 200 € est globale et annuelle. Elle s'applique, au titre d'une même année, à l'ensemble des contrats du foyer fiscal.

Les bons de capitalisation

Un produit simple, facile d'accès, un rendement minimal garanti lorsqu'il est placé dans un actif en euros et une fiscalité avantageuse. Mais ils n'offrent pas les mêmes atouts que l'assurance vie en matière de succession et les frais prélevés peuvent être élevés.

Qu'est-ce qu'un bon de capitalisation ?

Le fonctionnement d'un bon de capitalisation est calqué sur un contrat d'assurance vie à prime unique. Vous le souscrivez pour une durée de 8 ans auprès d'une compagnie d'assurances (mais certaines banques les commercialisent également). S'il est placé dans un actif en euros, il vous garantit une rémunération minimale pendant cette période, à laquelle pourra s'ajouter une participation aux éventuels bénéfices.

Au terme des 8 ans, vous récupérez votre capital augmenté des intérêts mais diminué des prélèvements sociaux.

Certains établissements proposent aussi des bons adossés à des SICAV, par exemple. La rémunération dépendra alors de la performance de ce support. Le capital n'est donc pas garanti.

Jusqu'au 31/12/2017, les bons de capitalisation pouvaient être nominatifs ou au porteur. Dans ce dernier cas, ils permettaient l'anonymat fiscal. Pour les intérêts versés depuis le 1/1/2018, le régime de l'anonymat fiscal est supprimé : tous les bons sont désormais nominatifs.

Il existe aussi des bons de capitalisation en actions qui suivent des règles similaires aux contrats d'assurance vie placés en actions.

Quelle fiscalité ?

Les gains réalisés sur les bons de capitalisation sont soumis aux prélèvements sociaux dont le taux est de 17,2 % depuis 2018.

Pour les bons nominatifs souscrits avant le 26/9/1997, les intérêts sont exonérés d'impôt après 8 ans *(Voir pages Barème)*. Les intérêts de ceux souscrits au-delà du 26/9/1997 sont imposés après 8 ans à 7,5 % (hors prélèvements sociaux) après abattements de 4 600 € pour une personne seule et de 9 200 € pour un couple soumis à imposition commune. Comme pour les contrats d'assurance vie, les gains opérés sur les versements réalisés à partir du 27/9/2017 sont soumis au prélèvement forfaitaire unique de 7,5 % ou 12,8 % selon la durée du bon.

À la différence de l'assurance vie, le bon de capitalisation n'offre pas d'exonération des droits de succession.

À NOTER

Les bons anonymes avaient un régime spécifique : les gains étaient soumis à un prélèvement forfaitaire de 60 % auquel il fallait ajouter les prélèvements sociaux *(Voir pages Barème)**; les bons supportaient, pour chaque année de détention, une taxe de 2 % sur le capital investi (soit 16 % sur 8 ans).*

AVANTAGE

Les bons de capitalisation ont un large réseau de distribution : vous pouvez les souscrire auprès des banques ou des compagnies d'assurances.

ATTENTION ⚠

Comme sur un contrat d'assurance vie, vous devez acquitter des droits d'entrée et des frais de gestion annuels. Souvent élevés, ces frais viennent réduire le rendement net de votre bon.

ATTENTION ⚠

Si vous devez récupérer votre argent avant 8 ans, les intérêts acquis seront imposés comme en assurance vie. Par ailleurs, l'établissement auprès duquel vous avez souscrit vous fera payer des pénalités très élevées.

Bien placer votre argent

Assurance vie

Imposition lors d'une interruption prématurée :

→ ***pour les contrats en euros :***

→ ***versements faits avant le 27/9/2017 :***

• avant la fin de la 4e année : prélèvement obligatoire de 35 %+ prélèvements sociaux par année de capitalisation (17,2 % depuis 2018) ;

• entre la 4e et la 8e année : prélèvement obligatoire de 15 %+ prélèvements sociaux par année de capitalisation (17,2 % depuis 2018) ;

→ ***versements faits depuis le 27/9/2017 :***

les gains sont taxés à 12,8 %, plus 17,2 % de prélèvements sociaux (soit 30 % au total) si le contrat a moins de 8 ans.

→ ***pour les contrats multisupports :***

→ ***versements faits avant le 27/9/2017 :***

• avant la fin de la 4e année : 35 %+ prélèvements sociaux (17,2 % depuis 2018) au dénouement du contrat ;

• entre la 4e et la 8e année : 15 %+ prélèvements sociaux (17,2 % depuis 2018) au dénouement du contrat.

Pour le compartiment euro des contrats multisupports, les prélèvements sociaux se font chaque année depuis 2011 ;

→ ***versements faits depuis le 27/9/2017 :***

les gains sont taxés à 12,8 %, plus 17,2 % de prélèvements sociaux (soit 30 % au total) si le contrat a moins de 8 ans.

Dans tous les cas, il est possible d'opter pour l'application du barème progressif de l'impôt (plus prélèvements sociaux).

Imposition lors d'une sortie après 8 ans :

→ ***versements faits avant le 27/9/2017 :***

7,5 % sur tous les gains ;

→ ***versements faits depuis le 27/9/2017 :***

• primes nettes sur l'ensemble des contrats inférieures à 150 000 € : 7,5 % sur tous les gains ;

• primes nettes sur l'ensemble des contrats supérieures ou égales à 150 000 € : 7,5 % sur la fraction des gains correspondant aux versements inférieurs à 150 000 € ; 12,8 % sur la fraction des gains produits par les versements au-delà de 150 000 €.

Quelle que soit la date de versement, pour déterminer le montant du gain imposable, le contribuable a droit à un abattement annuel de 4 600 € s'il est célibataire (9 200 € pour un couple).

Rendement annuel des fonds en euros :

Le rendement moyen pour 2019 est autour de 1,35 % (contre 1,60 % en 2018).

Fonds de garantie des dépôts

Plafond de la garantie :

100 000 €.

Livret d'épargne populaire

Pour ouvrir un LEP en 2020 : le revenu fiscal de référence de 2018 figurant sur l'avis d'imposition reçu en 2019 ne doit pas dépasser :

– 19 977 € pour la première part de quotient familial ;

– plus 5 334 € par demi-part supplémentaire.

Plafonds de la Sécurité sociale en 2020

– annuel : 41 136 € ;

– trimestriel : 10 284 € ;

– mensuel : 3 428 € ;

– journalier : 189 € ;

– horaire : 26 €.

Prélèvements

L'imposition des intérêts procurés en 2020 par des placements à revenu fixe :

→ ***En 2020 :***

Le prélèvement forfaitaire non libératoire (PFNL) au taux de 12,8 % est prélevé sur les intérêts. Les contribuables dont le revenu fiscal de référence ne dépasse pas 25 000 € pour un célibataire, 50 000 € pour un couple peuvent demander à être dispensé de ce PFNL.

→ ***En 2021 :***

L'impôt dû sur les intérêts perçus en 2020 sera calculé en appliquant le taux unique forfaitaire de 12,8 % ou, sur option globale, en appliquant le barème progressif de l'impôt. Sur son montant, le PFNL sera le cas échéant retiré. Si vous avez trop payé, le surplus vous sera rendu.

L'imposition des dividendes perçus en 2020 :

→ *En 2020 :*

PFNL au taux de 12,8 %. Les contribuables dont le revenu fiscal de référence ne dépasse pas 50 000 € pour un célibataire, 75 000 € pour un couple peuvent demander à être dispensés de ce PFNL.

→ *En 2021 :*

L'impôt dû sur les dividendes perçus en 2020 sera calculé en appliquant le taux unique forfaitaire de 12,8 % ou, sur option globale, en appliquant le barème progressif de l'impôt. Sur son montant, le PFNL sera le cas échéant retiré. Si vous avez trop payé, le surplus vous sera rendu.

Prélèvements forfaitaires sociaux :

17,2 %.

Seuil de mise en recouvrement de l'impôt sur le revenu :

61 €.

Impôts locaux et autres taxes

Les impôts sur le logement

Les impôts locaux

Les impôts de votre vie quotidienne

La CSG et la CRDS

La taxe à la valeur ajoutée (TVA)

La redevance audiovisuelle

Les impôts sur le logement

Que vous soyez locataire ou propriétaire, il vous sera très difficile d'échapper à toutes les taxes perçues sur les logements tant par l'État que par les collectivités territoriales. Taxe foncière, taxe d'habitation, taxe d'enlèvement des ordures ménagères... cette liste est loin d'être exhaustive ! Nous allons cependant faire le tour de tous les moyens légaux vous permettant d'échapper à ces différents impôts ou du moins d'obtenir une réduction de leur montant.

Les impôts locaux

On désigne sous le nom d'« impôts locaux », les différentes taxes appliquées sur les logements et dont les sommes reviennent non pas à l'État, mais aux collectivités territoriales.

À quoi servent les impôts locaux ?

Contrairement à l'impôt sur le revenu ou sur les sociétés dont le produit revient à l'État, les impôts locaux sont perçus au profit des communes et des groupements de communes (communautés urbaines, syndicats de communes, districts, etc.) ainsi que des régions et des départements pour la taxe foncière uniquement.

Ces impôts servent à financer leurs réalisations en matière d'équipement public (infrastructures sportives, culturelles, espaces verts, transports…), d'action sociale (aide aux familles, logements sociaux) et à couvrir leur frais de gestion et de fonctionnement.

Chacun de ces intervenants perçoit une part des impôts locaux. Aussi, tous les ans, les conseils municipaux, les organismes de coopérations intercommunales, les conseils départementaux et les conseils régionaux votent, chacun en ce qui les concernent, leur taux d'imposition en fonction des besoins nécessaires à l'équilibre de leur budget.

Les taux varient donc d'une année à l'autre et d'une collectivité à l'autre. C'est pourquoi un bien similaire peut être taxé très différemment selon sa collectivité d'implantation.

L'État se charge, quant à lui, de l'établissement et du recouvrement de ces impôts, par l'intermédiaire du Trésor public. C'est lui également qui supporte la charge des dégrèvements éventuels (erreurs de calcul, cotisations indues, remises gracieuses…). En contrepartie, il prélève, lui aussi, une quote-part (qui figure sur votre avis d'imposition dans la rubrique « Frais de gestion de la fiscalité directe locale ») qui s'élève à 3 % ou 4,5 % du montant des taxes perçues (1 % seulement pour la taxe d'habitation afférant aux habitations principales). Ce prélèvement est fixé à 8 % pour la taxe d'enlèvement des ordures ménagères (taux abaissé à 3 %, pendant 3 ans, si la commune institue une part incitative de la taxe).

PROPRIÉTAIRE – LOCATAIRE : QUELS SONT LES IMPÔTS À VOTRE CHARGE ?		
Nature de l'impôt	**Locataire**	**Propriétaire**
Taxe d'habitation	Oui	Non
Taxe foncière	Non	Oui
Taxe d'enlèvement des ordures ménagères	Oui	Non

Sur quelle base les impôts locaux sont-ils établis ?

Les impôts locaux sont établis d'après la valeur locative brute (ou « valeur locative cadastrale ») du logement.

Cette valeur, qui est censée correspondre au loyer que pourrait rapporter le logement, est calculée en fonction de la superficie du local à laquelle on applique un tarif communal (un prix au m²).

› Le calcul de la valeur locative

La superficie du local

Ce n'est pas la superficie réelle du local qui est prise en compte mais ce que l'on nomme sa « surface pondérée ». Cette surface pondérée correspond à la superficie réelle corrigée en fonction de certains coefficients.

- Les immeubles sont tout d'abord classés en 8 catégories, selon les critères définis à l'article 324 H de l'Annexe 3 du Code général des impôts.
- On affecte ensuite à la superficie réelle du logement un premier coefficient correspondant à sa catégorie.
- La surface ainsi obtenue est ensuite multipliée par des coefficients qui tiennent compte de l'état d'entretien de l'immeuble, de sa situation dans la commune et, pour les immeubles collectifs, de la présence ou de l'absence d'ascenseur.
- Enfin, on ajoute à la surface pondérée nette ainsi calculée des équivalences de superficie correspondant aux éléments de conforts présents. Ces éléments se traduisent en m^2 supplémentaires.

On ajoute par exemple 4 m^2 pour l'eau courante, 4 m^2 par douche, 5 m^2 par baignoire…

Le tarif

La surface pondérée est multipliée par un prix au m^2 variant selon la catégorie du logement. Ce tarif n'est pas arbitraire. Il est établi par comparaison avec le loyer de locaux similaires, choisis dans la commune.

› Les réévaluations de la valeur locative

Réévaluation générale

- En théorie :

– une révision générale des évaluations doit être effectuée sur l'ensemble du territoire tous les 6 ans ;
– entre deux révisions générales, une actualisation doit intervenir tous les 3 ans ;
– entre deux actualisations, les valeurs locatives sont majorées chaque année par application de coefficients forfaitaires nationaux destinés à porter les valeurs locatives cadastrales au niveau des loyers constatés au 1er janvier de l'avant-dernière année.

- En pratique, la situation est quelque peu différente puisque la dernière révision générale date de 1970 et a été appliquée à partir du 1/1/1974 et la dernière actualisation a eu lieu en 1980 ! Depuis 1981, seuls les coefficients forfaitaires nationaux ont été appliqués.

Cette situation ne saurait toutefois perdurer : un grand projet de révision (et de réforme) du calcul des valeurs locatives des locaux d'habitation est désormais lancé. Après une expérimentation débutée en 2015 dans 5 départements (Charente-Maritime, Nord, Orne, Paris et Val-de-Marne), ce projet de révision est généralisé à l'ensemble du territoire et devrait aboutir en 2026.

Dans un premier temps, les bases d'imposition seront actualisées en fonction des valeurs réelles des baux constatées sur le marché locatif. Pour cela, les propriétaires bailleurs de locaux d'habitation (hors HLM et locations loi de 1948) devront déclarer les loyers pratiqués avant le 1/7/2023. Sur la base de ces informations, un rapport sera transmis au Parlement à l'automne 2024. Les nouvelles valeurs locatives ne s'appliqueront qu'à partir des impositions établies en 2026. À partir de 2027, ces valeurs locatives seront mises à jour chaque année afin de tenir compte des évolutions du marché locatif.

Réévaluations particulières

Les valeurs locatives peuvent également être révisées pour chaque logement en particulier, compte tenu des changements qui l'affectent.

Les changements visibles dont vous n'êtes pas responsable (caractères physiques ou environnement) sont généralement constatés d'office par l'administration.

En revanche, si vous êtes propriétaire, vous devez déclarer les changements ainsi que les constructions nouvelles dont vous êtes responsable dans les 90 jours de leur réalisation, en remplissant un imprimé spécifique auprès de votre bureau du cadastre ou de votre centre des impôts fonciers.

- Si vous venez de faire construire, vous devez remplir :

– l'imprimé H1 s'il s'agit d'une maison individuelle ;
– l'imprimé H2 s'il s'agit d'un appartement ;
– l'imprimé CDB s'il s'agit d'un immeuble commercial ;
– l'imprimé U s'il s'agit d'un établissement industriel.

- Si vous avez changé la consistance (agrandissement, surélévation…) ou l'affectation (transformation d'un local commercial en logement) du bien, vous devez souscrire l'imprimé IL.

AVANTAGE

Les collectivités locales peuvent étaler sur 3 ans (par tiers) l'augmentation de la valeur locative d'une habitation résultant exclusivement de changements de caractéristiques physiques ou d'environnement.

À NOTER

L'absence de déclaration ou une déclaration tardive entraîne l'application d'une amende fiscale et vous fait perdre totalement ou en partie le bénéfice de l'exonération temporaire de taxe foncière pour les constructions nouvelles.

Que faut-il savoir sur la taxe d'habitation ?

› Les personnes et les locaux imposables

La taxe d'habitation est due par toute personne occupant ou disposant d'une habitation meublée à titre privatif au 1er janvier de l'année d'imposition (*Code général des impôts, Art. 1407 et 1408*). Chacun des termes de cette phrase a son importance. Ils impliquent en effet que cette taxe concerne :

- **« toute personne » :** que vous soyez propriétaire, locataire ou même occupant à titre gratuit, vous serez assujetti de la même façon à la taxe d'habitation. Si votre enfant, par exemple, habite dans un studio que vous avez mis gratuitement à sa disposition, la taxe d'habitation sera établie à son nom, même s'il ne vous verse aucun loyer ;
- **« occupant ou disposant » :** la taxe est due en premier lieu par la personne « occupant » le logement ; ainsi, s'il s'agit d'une location, c'est le locataire et non le propriétaire qui paiera la taxe. Mais si vous êtes propriétaire d'un local non loué et meublé, vous devrez acquitter cette taxe. Peu importe que vous n'y fassiez que de brefs séjours ou même que vous ne vous y rendiez jamais (ce qui peut être le cas pour une résidence secondaire, par exemple), ce qui compte c'est que vous ayez la possibilité de le faire (que vous puissiez « en disposer »). Vous serez également imposé à la taxe d'habitation si vous êtes propriétaire d'un logement meublé que vous louez une partie de l'année ou de façon saisonnière dès lors que vous conservez la disposition de ce logement en dehors des périodes de location. Il en est de même si vous louez une partie seulement d'un logement ;
- **« d'une habitation » :** le local doit être consacré à l'habitation. Les locaux professionnels ne sont pas assujettis à la taxe d'habitation mais à la cotisation foncière des entreprises. Mais attention : il ne suffit pas que vous utilisiez effectivement un local à des fins professionnelles pour qu'il soit exonéré. Si le local en question n'est pas spécialement aménagé de manière à être rendu impropre à l'habitation, il sera imposé à la taxe d'habitation ;
- **« meublée » :** le local doit être pourvu d'un ameublement suffisant pour en permettre l'occupation effective. Si le logement dont vous disposez est totalement vide ou ne contient que des meubles ne permettant pas de l'habiter (*Conseil d'État, 28/12/2012*), vous pouvez demander à être exonéré de la taxe d'habitation. Tel est le cas, par exemple, d'un logement vide de tout meuble que vous avez mis en vente ou encore dont vous avez hérité. Mais attention, dans certaines grandes villes, de tels logements peuvent être assujettis à la taxe sur les logements vacants et, dans les autres communes (sur délibération du conseil municipal ou de l'établissement public de coopération intercommunale), être soumis à la taxe d'habitation (pour la part communale) sans application des divers abattements, dégrèvements et exonérations ;

À NOTER

Il ne faut pas confondre « local meublé » et « location en meublé ». Au sujet des meublés, il faut savoir que : si vous êtes locataire d'un meublé à l'année, vous serez assujetti à la taxe d'habitation. En cas de location temporaire, vous ne paierez rien ; si vous êtes propriétaire d'un tel bien et que vous l'occupez une partie de l'année ou que vous le prêtez gracieusement à des proches, vous devrez également acquitter la taxe d'habitation, même si vous le louez l'autre partie de l'année (Conseil d'État, 2/7/2014).

- **« à titre privatif » :** le logement doit être réservé à votre usage personnel. Si vous habitez dans un logement de fonction (c'est le cas, par exemple, de certains gardiens de la paix ou directeurs d'école…), vous serez imposé. Les travailleurs logés dans un foyer ou les pensionnaires des maisons de retraite sont imposés lorsque la durée de leur séjour et les conditions d'occupation des locaux permettent de considérer qu'ils en ont la disposition privative, ce qui n'est pas le cas par exemple des maisons de retraite où les repas sont pris en commun et où les heures de visites sont limitées, ou encore des étudiants logés en résidence ou cité universitaire. Les gardiens d'immeubles ne sont imposés que sur les pièces réservées à leur habitation ;
- **« au 1er janvier de l'année d'imposition » :** la taxe est en effet établie d'après la situation existant au 1er janvier de l'année d'imposition. Si vous emménagez dans un appartement en cours d'année, le 3/1/2020 par exemple, la taxe de 2020 sera due par l'ancien occupant. Mais vous serez redevable de la taxe 2020 pour le logement que vous avez quitté le 2 janvier.

ATTENTION ⚠

Les personnes ayant leur résidence principale dans une caravane ou un mobil-home n'échappent plus à la taxe d'habitation puisqu'elles doivent s'acquitter d'une taxe annuelle forfaitaire de 150 € (100 € si la caravane a plus de 10 ans).

Les exonérations liées aux revenus des contribuables appliquées pour la taxe d'habitation (voir plus loin) sont également applicables à cette taxe spéciale.

ATTENTION ⚠

Les propriétaires peuvent être tenus d'acquitter la taxe d'habitation due par les locataires qui ont quitté les lieux en cours d'année. Ils peuvent toutefois dégager leur responsabilité en prévenant le percepteur de ce déménagement.

LE CAS DES DÉPENDANCES

Toutes les dépendances de votre maison, c'est-à-dire les greniers, les caves, les terrasses, les garages, les buanderies, les jardins, les parcs, les serres, les piscines et les terrains de jeux sont imposables, à condition toutefois qu'elles soient situées à proximité de l'habitation.

Ainsi, le fisc considère que les garages et les emplacements de parkings situés à une distance supérieure à 1 km de votre maison ne sont pas imposables.

› Le calcul de la taxe d'habitation

Le montant de la taxe est égal à la base nette d'imposition multipliée par les taux fixés par les collectivités territoriales.

La base nette d'imposition

Cette base est constituée par la valeur locative cadastrale du logement diminuée éventuellement (et uniquement pour les habitations principales), des abattements suivants :

- l'abattement obligatoire pour charges de famille : il est appliqué de plein droit dès que vous avez au moins une personne à charge (c'est-à-dire les enfants pris en compte pour le calcul de l'impôt sur le revenu et les parents âgés de plus de 70 ans ou infirmes dont les revenus de l'année précédente ne dépassent pas 11 098 € pour la première part de quotient familial, majorée de 2 963 € pour chaque demi-part supplémentaire, et vivant avec le contribuable). Il s'élève à :
  – 10 % de la valeur locative moyenne des habitations de la commune pour chacune des deux premières personnes à charge,
  – 15 % pour chacune des personnes à charge à partir de la troisième.
  Le conseil municipal peut décider de majorer ces taux de 10 % au maximum. Enfin, les charges de famille prises en compte sont celles existant au 1er janvier de l'année d'imposition. Tout changement dans vos charges de familles intervenant en cours d'année (naissance d'un enfant, par exemple) ne vous donnera droit à cet abattement que pour la taxe de l'année prochaine ;
- l'abattement général facultatif à la base : les collectivités locales qui décident de l'appliquer peuvent fixer son taux à un pourcentage pouvant varier de 1 à 15 % de la valeur locative moyenne des habitations ;
- l'abattement spécial facultatif en faveur des personnes de condition modeste : comme le précédent, il est laissé à la libre appréciation de la commune et son taux peut varier de 1 à 15 % de la valeur moyenne des habitations de la commune. Si votre commune l'a voté, vous devez, pour en bénéficier :
  – avoir des revenus de l'année précédente ne dépassant pas 11 098 € pour la première part de quotient familial, majorée de 2 963 € pour chaque demi-part supplémentaire (1 481,50 € par 1/4 de part en cas de garde alternée des enfants),
  – avoir une résidence principale dont la valeur locative est inférieure à 130 % de la valeur locative moyenne de la commune (ce pourcentage est augmenté de 10 points par personne à charge) ;
- l'abattement spécial facultatif en faveur des personnes invalides : comme les précédents, il est laissé, lui aussi, à l'appréciation de la commune et son taux est compris entre 10 et 20 %. Il n'est soumis à aucune condition de ressources. Peuvent en bénéficier les titulaires de la carte d'invalidité, les titulaires de l'allocation aux adultes handicapés, les titulaires de l'allocation supplémentaire versée par le fonds spécial d'invalidité et les personnes atteintes d'une infirmité ou d'une invalidité les empêchant de travailler.

Attention : subtilité fiscale ! Ces abattements ne sont pas appliqués sur le montant réel de la valeur locative cadastrale de votre logement mais sur une valeur locative moyenne, calculée sur l'ensemble des logements de votre commune. En conséquence, si vous occupez un logement « bas de gamme », les abattements peuvent se révéler intéressants car ils seront calculés sur une valeur locative supérieure à la valeur locative réelle de votre logement mais si, au contraire, vous habitez dans un logement de standing, les abattements seront nettement moins favorables puisqu'ils seront calculés sur une valeur locative inférieure à celle de votre logement.

À NOTER

Les taux et majorations des taux des abattements ainsi que les majorations des conditions de ressources exigées pour les allégements ou exonérations de la taxe d'habitation sont réduits de moitié lorsqu'ils concernent des enfants en garde alternée.

Les taux

Chaque collectivité locale prélève le pourcentage qui lui revient : votre commune et les groupements de communes.

L'État, quant à lui, s'octroie également une petite part du gâteau mais uniquement sur les logements ayant une valeur locative supérieure à 4 573 €.

Ce prélèvement de l'État est égal à 0,2 % pour les habitations principales, 1,2 % pour les résidences secondaires dont la valeur est comprise entre 4 573 € et 7 622 € et 1,7 % si leur valeur locative est supérieure à 7 622 €.

À partir de 2021, ce prélèvement est supprimé pour les locaux affectés à la résidence principale.

AVANTAGE

Les personnes qui bénéficient des dégrèvements et exonérations décrits plus loin sont exonérées de ce prélèvement de l'État pour leur habitation principale.

› Les dégrèvements

Plafonnement de la taxe en fonction des revenus

Jusqu'aux impositions établies au titre de 2019, les contribuables dont les revenus n'excédaient pas certains seuils pouvaient bénéficier, pour leur résidence principale, d'un plafonnement du montant de la taxe.

Ce plafonnement est supprimé pour les taxes d'habitation établies à partir de l'année 2020.

À NOTER

Qu'est-ce que le « revenu fiscal de référence » ? Il est égal au revenu net imposable (y compris les plus-values et les revenus taxés à un taux forfaitaire) augmenté du montant : de certaines charges déductibles (cotisations versées sur un PERP ou un régime assimilé) ; de certains abattements (notamment, abattement de 40 % sur les dividendes, abattement pour durée de détention appliqué sur les plus-values de cession de valeurs mobilières) ; de certains revenus exonérés (notamment, rémunération des salariés détachés à l'étranger, revenus de FCPR) ; des revenus soumis à prélèvements ou versements libératoires (notamment, revenus mobiliers, prestations de retraite versées sous forme de capital, revenus des auto-entrepreneurs soumis au prélèvement fiscal libératoire).

Dégrèvement progressif sous conditions de ressources

Au titre de l'année 2020, les contribuables bénéficient d'un dégrèvement total ou partiel de la taxe d'habitation due sur leur résidence principale si leur revenu fiscal de référence de l'année 2019 ne dépasse pas :

– 28 732 € pour la première part de quotient familial ;

– majorés de 8 722 € pour chacune des deux premières demi-parts et 6 157 € pour chaque demi-part supplémentaire à compter de la troisième (majorations divisées par deux pour les quarts de part).

Le taux du dégrèvement dépend du montant des revenus.

Il est égal à 100 % du montant de la taxe d'habitation 2020 pour les contribuables dont le revenu fiscal de référence 2019 n'excède pas :

– 27 706 € pour la première part de quotient familial ;

– majorés de 8 209 € pour chacune des deux premières demi-parts et 6 157 € pour chaque demi-part supplémentaire à compter de la troisième.

Il est dégressif pour les contribuables dont le revenu fiscal est compris entre 27 706 € (+ éventuelles majorations) et 28 732 € (+ éventuelles majorations).

Dans tous les cas, le dégrèvement est appliqué automatiquement par l'administration.

Exemple : un couple avec un enfant à charge (quotient familial 2,5 parts) supporte une taxe d'habitation de 800 € sur sa résidence principale. Son revenu fiscal 2019 s'élève à 48 000 €. Le couple a droit au dégrèvement car son revenu fiscal est inférieur à 52 333 € (limite d'application du dégrèvement pour un couple avec 2,5 parts = 28 732 + 8 722 + 8 722 + 6 157, soit 52 333 €). Le taux du dégrèvement est de 100 % car son revenu est inférieur à 50 281 € (limite d'application du dégrèvement au taux de 100 % pour un couple avec 2,5 parts = 27 706 + 8 209 + 8 209 + 6 157, soit 50 281 €). Montant du dégrèvement : 800 € × 100 %, soit 800 €. Taxe d'habitation due après dégrèvement : 800 € – 800 €, soit 0 €. Le couple est donc totalement dégrevé de la taxe d'habitation.

AVANTAGE

Le taux de dégrèvement était de 30 % pour la taxe d'habitation 2018 et de 65 % pour la taxe d'habitation 2019. Les dégrèvements obtenus en 2018 et 2019 pouvaient être réduits si les collectivités avaient augmenté les taux d'imposition de taxe d'habitation et/ou diminué les abattements applicables.

À NOTER

Le revenu fiscal de référence (RFR) pris en compte pour apprécier la condition de ressources est celui de l'année précédant celle au titre de laquelle l'imposition est établie (soit, pour la taxe d'habitation 2020, le RFR de l'année 2019). Si la taxe d'habitation est établie au nom de plusieurs personnes appartenant à des foyers fiscaux distincts, le RFR pris en compte est la somme des RFR de chacun de ces foyers fiscaux. En cas de cohabitation et si la taxe n'est établie qu'au nom d'un seul cohabitant, le RFR retenu est également la somme des RFR de chacun des cohabitants.

› Les exonérations

Exonérations applicables en 2020

Sont totalement exonérés de taxe d'habitation, les titulaires de l'allocation supplémentaire d'invalidité ou de l'allocation de solidarité aux personnes âgées, de l'allocation aux adultes handicapés, les infirmes et invalides qui ne peuvent pas subvenir à leurs besoins par le travail, les personnes âgées de plus de 60 ans, les veufs et les veuves à condition :
– que le montant de leur revenu de référence de l'année précédente ne dépasse pas 11 098 € pour la première part de quotient familial majoré de 2 963 € pour chaque demi-part supplémentaire (1 481,50 € par 1/4 de part en cas de garde alternée des enfants) ;
– qu'ils vivent seuls, en couple, avec des personnes à charge ou avec des personnes dont les revenus ne dépassent pas les montants indiqués plus haut.

Les personnes qui ont bénéficié de cette exonération l'année précédente ou de l'exonération exceptionnelle prévue par l'article 28 de la loi n° 2014-891 du 8/8/2014, mais qui ne répondent plus aux conditions pour y prétendre (sauf celle concernant l'occupation du logement) restent exonérées les 2 années suivantes. La 3e année, la valeur locative de leur logement est réduite de 2/3, puis de 1/3 la 4e année.

AVANTAGE

Si vous bénéficiez de l'allocation aux adultes handicapés, vous n'avez plus aucune démarche à accomplir pour obtenir cette exonération. La caisse d'allocations familiales transmet directement les informations aux services fiscaux compétents.

L'exonération totale de taxe d'habitation pour les contribuables de condition modeste et les dégrèvements en fonction des revenus (voir plus haut) s'appliquent aux personnes âgées qui entrent en maison de retraite ou dans un établissement de long séjour tout en conservant leur ancienne résidence principale, si elles remplissent les conditions pour les obtenir. L'ancienne résidence doit rester inhabitée.

AVANTAGE

Les personnes âgées ou invalides de condition modeste hébergées durablement chez leurs parents ou auprès de tiers peuvent demander gracieusement à l'administration fiscale à être exonérées en totalité ou en partie de la taxe d'habitation de leur logement personnel (Réponse ministérielle, Q n° 73524, JOAN du 13/7/2010).

Sont également exonérés de taxe d'habitation :
– les membres du corps diplomatique et consulaire de nationalité étrangère, ainsi que certains hauts fonctionnaires des organisations internationales établies en France et les représentants nationaux auprès de ces organisations, pour leur résidence officielle et à condition que leur pays accorde le même avantage aux agents français ;
– les habitants reconnus indigents par la commission communale des impôts directs ;
– les établissements publics scientifiques, d'enseignement et d'assistance ;
– les locaux affectés au logement des étudiants dans les résidences universitaires gérées par les CROUS (les étudiants non concernés rencontrant des difficultés financières peuvent toutefois demander une remise gracieuse au service des impôts) ;
– et, sur décision du conseil municipal, les gîtes ruraux, les meublés de tourisme et les chambres d'hôtes situés en zone de revitalisation rurale.

Peuvent être partiellement exonérées (sur décision des collectivités territoriales) les habitations situées en zone Seveso si elles ont été construites avant l'établissement d'un plan de prévention des risques technologiques.

Un dégrèvement a également été institué en faveur des personnes relogées en raison de la démolition de leur logement dans le cadre du programme national de rénovation urbaine. Pendant les 3 premières années de leur relogement, le montant de la taxe d'habitation due pour le nouveau logement reste identique à celui qu'ils acquittaient au titre de leur ancien logement.

Enfin, la loi a instauré un dégrèvement de taxe d'habitation en faveur des victimes du terrorisme et des forces de l'ordre décédées en mission (sapeurs-pompiers, policiers, gendarmes ou agent des douanes cités à l'ordre de la Nation). L'exonération est accordée sur demande des ayants droit. Elle s'applique au titre de l'année du décès pour l'habitation qui constituait la résidence principale du défunt.

À NOTER

Les dégrèvements de taxe d'habitation ainsi que l'exonération en faveur des personnes âgées de plus de 60 ans et des veufs ne s'appliquent pas aux contribuables passibles de l'impôt sur la fortune immobilière (IFI).

ATTENTION ⚠

Ces exonérations et dégrèvements sont uniquement accordés pour les résidences principales. Vous ne pouvez pas en bénéficier pour vos résidences secondaires. Le montant de la taxe d'habitation peut par ailleurs être majoré de 5 à 60 % pour les résidences secondaires situées dans les communes où est perçue la taxe sur les logements vacants. Vous pouvez toutefois échapper à cette majoration si le logement ne peut être affecté à un usage d'habitation principale : logement dépourvu d'équipements de base, devant être réhabilité ou démoli prochainement ou pour lequel vous n'arrivez pas à trouver un locataire ou un acheteur.

Exonérations à partir de 2021

À partir de la taxe d'habitation 2021, le dégrèvement sous conditions de ressources sera transformé en exonération. Cette exonération, totale ou partielle selon le montant des revenus, sera déterminée en appliquant la même formule que le dégrèvement.

Les exonérations spécifiques en faveur des personnes âgées, veuves ou infirmes qui ont des revenus modestes seront supprimées, car devenues inutiles (les contribuables concernés bénéficieront de l'allègement total de la taxe sous conditions de ressources).

À partir de l'année 2021, la taxe d'habitation sur la résidence principale sera également progressivement supprimée pour tous les contribuables :

– les foyers qui ne bénéficient pas de l'allègement total de la taxe sous conditions de ressources seront exonérés à hauteur de 30 % en 2021 et à hauteur de 65 % en 2022. Cette exonération s'appliquera, le cas échéant, après déduction de l'exonération partielle sous conditions de ressources ;

– à partir de 2023, la taxe d'habitation sur la résidence principale sera définitivement supprimée.

En revanche, la taxe sera maintenue pour les autres locaux. Elle sera rebaptisée « taxe d'habitation sur les résidences secondaires et autres locaux meublés non affectés à l'habitation principale » (THRS).

LES ALÉAS DE LA VIE COMMUNAUTAIRE

Si vous êtes marié, vous recevrez un avis d'imposition établi au nom de chacun des époux. Les deux conjoints sont solidaires du paiement de la taxe. En cas de non-paiement, le fisc poursuivra indifféremment l'un ou l'autre des époux qui devra payer l'intégralité du montant de l'impôt. Les mêmes règles s'appliquent pour la taxe d'habitation due pour le logement occupé en commun par les partenaires liés par un PACS. Toutefois, si vous êtes en situation de divorce, de dissolution du PACS ou de séparation, lorsque la rupture de la vie commune a été constatée, vous pouvez demander à être déchargé de la solidarité du paiement de la taxe d'habitation. Cette demande ne peut vous être refusée en cas de disproportion marquée entre votre dette fiscale et votre situation financière et patrimoniale. En pratique, vous n'aurez à régler que la moitié du montant de la taxe d'habitation. De plus, si vous êtes dans un état de gêne ou d'indigence, vous pouvez également demander une remise totale ou partielle de la part d'impôt restant à votre charge.

Si vous vivez en concubinage, vous recevrez un seul avis établi soit à vos deux noms en cas de bail commun, soit au nom du titulaire du bail dans le cas contraire.

Si vous occupez le logement à plusieurs, le fisc n'établit qu'une seule imposition, au nom de l'occupant en titre ou de l'occupant principal (titulaire du bail, généralement). Mais attention : si l'occupant principal est exonéré du paiement de cette taxe (vous vivez avec une personne âgée, dont les revenus ne dépassent pas un certain montant ou invalide), c'est à vous que le fisc réclamera le paiement de la taxe.

Qui doit payer la taxe foncière sur les propriétés bâties ?

› Les personnes imposables

Contrairement à la taxe d'habitation, la taxe foncière ne concerne que les propriétaires du bien au 1er janvier de l'année d'imposition.

- Si vous êtes marié, l'imposition dépend de votre régime matrimonial :

– vous êtes marié sous le régime légal (communauté de biens réduite aux acquêts) : les biens que vous avez acquis avant votre mariage ou que vous avez reçus pendant votre mariage par donation ou héritage sont des biens personnels. La taxe foncière sera établie à votre nom et vous devrez l'assumer seul. Il en est de même pour votre conjoint. En revanche, pour tous les biens qui ont été acquis en commun pendant votre mariage, la taxe sera établie à vos deux noms et vous serez solidaire pour son paiement ;

– vous êtes marié sous le régime de la séparation de biens ou sous le régime de la participation aux acquêts : il n'existe pas de biens communs, chacun de vous acquitte donc la taxe foncière sur les biens qu'il possède personnellement.

- Si vous êtes pacsé, la taxe foncière sera établie au nom du partenaire propriétaire du bien s'il s'agit d'un bien en nom propre. Si le bien a été acquis en commun, chacun des partenaires devra participer à son paiement.
- Si vous vivez en union libre, seul celui qui est propriétaire du bien paiera la taxe.
- Si vous êtes locataire, c'est à vous d'acquitter la taxe d'habitation mais c'est votre propriétaire qui sera redevable de la taxe foncière.
- Si vous avez acheté un bien en indivision, chacun des coïndivisaires devra acquitter la taxe en proportion de sa quote-part indivise. Dans la pratique, la taxe sera établie au nom du principal indivisaire. Il acquittera la taxe et se fera rembourser par les autres.
- Si vous êtes propriétaire d'un bien en copropriété, vous êtes assujetti à la taxe pour votre appartement et ses dépendances (garage, cave, jardin privatif…). En ce qui concerne les parties communes (dont la loge de la gardienne, le jardin non privatif, etc.), c'est le syndicat des copropriétaires qui est assujetti à la taxe. Vous l'acquitterez donc avec vos charges en fonction des tantièmes dont vous disposez.
- Si vous êtes en « accession à la propriété » ou que vous avez acheté votre résidence en location-vente ou en location-attribution, le fisc vous considère déjà comme le propriétaire du bien, et vous adressera un avis d'imposition.
- Si vous êtes propriétaire d'un bien en multipropriété ou en « time share », vous n'avez pas à payer la taxe foncière.
- Si vous avez vendu votre résidence en viager et que vous l'occupez, ce n'est pas vous qui êtes assujetti à l'impôt foncier mais le propriétaire du bien.
- Si vous êtes usufruitier de votre résidence, c'est à vous que sera réclamée la taxe foncière. Vous devrez l'acquitter même si le nom du nu-propriétaire figure à côté du vôtre sur l'avis d'imposition.
- Si vous bénéficiez d'un droit d'usage et d'habitation, c'est le contraire du cas précédent. Comme il n'y a pas de démembrement de propriété, c'est au propriétaire de payer la taxe mais il est en droit de vous en demander le remboursement.

AVANTAGE

Comme pour la taxe d'habitation, c'est la situation au 1er janvier de l'année d'imposition qui est considérée. Si vous vendez un bien en cours d'année, vous restez donc redevable de la taxe foncière pour l'année de la vente. Mais vous pouvez prévoir dans l'acte de vente le partage avec votre acheteur. Dans ce cas, vous devrez lui réclamer le remboursement de sa quote-part ultérieurement, étant entendu que la taxe restera établie à votre nom l'année de la vente et que c'est vous qui devrez en régler la totalité au fisc.

› Les propriétés imposables

La taxe foncière s'applique aux locaux à usage d'habitation mais également :

- aux installations commerciales ou industrielles destinées à abriter des personnes ou des biens (boutiques, ateliers, hangars…) ou à stocker des produits (cuves, silos) ;
- aux terrains attenant à la construction (cours, passages, jardins…) et aux terrains employés à un usage commercial ou industriel (chantiers, dépôts) et même aux terrains nus utilisés pour la publicité commerciale ou industrielle.

ATTENTION ⚠

Selon le Conseil d'État, les habitations légères de loisirs posées au sol sur un socle de béton et n'étant pas nor-

malement destinées à être déplacées sont soumises à la taxe foncière sur les propriétés bâties (Conseil d'État, 26/12/2005). Il en est de même des piscines, sauf celles pouvant être aisément déplacées sans être démolies ou détériorées, comme les piscines gonflables, non enterrées (Conseil d'État, 13/4/2016). Les socles de béton supportant les mâts des éoliennes sont également imposables (Conseil d'État, 31/12/2008).

Hormis les propriétés appartenant à une collectivité publique (État, région, département, communes...) et affectées à un service public, ne peuvent échapper à cette taxe que les bâtiments ruraux à usage exclusivement agricole. Les terrains non bâtis (terre, bois, étangs) sont assujettis à la taxe foncière sur les propriétés non bâties.

Un immeuble impropre à toute utilisation dans son ensemble au 1er janvier de l'année d'imposition (immeuble en ruine ou en démolition) n'est pas assujetti à la taxe foncière sur les propriétés bâties mais à celle sur les propriétés non bâties (*Conseil d'État, 16/2/2015*).

› Le calcul

La taxe foncière est calculée sur la moitié de la valeur locative cadastrale multipliée par les taux fixés par chacune des collectivités territoriales.

À NOTER

Entre 2013 et 2018, le montant de la taxe foncière a augmenté de 10,8 % en moyenne.

› Les exonérations

Exonération temporaire des constructions nouvelles

- Sont exonérés pendant 15 ans :

– les immeubles sociaux affectés à l'habitation principale, c'est-à-dire les logements neufs financés à plus de 50 % à l'aide d'un prêt locatif aidé (PLA-I, PLU ou PLS) et bénéficiant de la TVA à taux réduit.

Cette exonération peut être portée jusqu'à 30 ans pour les logements respectant certains critères environnementaux ;

– les logements neufs destinés à être occupés par des titulaires de contrats de location-accession financés au moyen d'un prêt PSLA ayant fait l'objet d'une convention et agréés par le préfet depuis le 26/3/2004.

- Les logements à usage locatif conventionnés acquis avec le concours financier de l'État ou la subvention de l'Agence nationale pour la rénovation urbaine sont exonérés pendant 15 ans (25 ans si la décision de prêt ou de subvention a été donnée entre le 1/7/2004 et le 31/12/2018). Les communes ayant au moins 50 % de logements sociaux peuvent décider de ne pas appliquer ce dispositif.
- Les logements des investisseurs institutionnels loués dans le secteur intermédiaire bénéficient d'une exonération pendant 20 ans.

AVANTAGE

Les logements financés par l'intermédiaire des anciens dispositifs de prêts aidés par l'État (PLA ou PAP) continuent à bénéficier de l'exonération de longue durée à laquelle ils pouvaient prétendre jusqu'au terme de la période prévue.

- Sauf délibération contraire des collectivités territoriales, les immeubles situés dans un quartier prioritaire de la politique de la ville (QPPV) sont exonérés de taxe foncière pendant 5 ans.
- Toutes les autres constructions nouvelles (y compris les reconstructions ou les additions de construction) sont exonérées pendant 2 ans.

Attention : cette exonération ne porte que sur les parts départementale et régionale de la taxe. Elle peut éventuellement être appliquée sur la part communale pour les immeubles à usage d'habitation.

À partir de 2021, la part départementale de la taxe foncière sera transférée aux communes. Les communes pourront décider de limiter ou de supprimer l'exonération temporaire de taxe foncière accordée aux constructions nouvelles.

À NOTER

Toutes ces exonérations courent à compter du 1er janvier de l'année suivant celle de l'achèvement de la construction. Pour en bénéficier, vous ne devez pas oublier de remplir l'imprimé de déclaration de construction dans les 3 mois suivant l'achèvement des travaux.

LES EXONÉRATIONS DES COLLECTIVITÉS TERRITORIALES

Les collectivités territoriales peuvent décider d'exonérer de taxe pendant 15 ans les logements à usage locatif situés dans les zones de revitalisation rurale, construits ou améliorés au moyen d'aides de l'ANAH.
Elles peuvent également exonérer de taxe foncière, soit totalement, soit pour moitié, pendant 5 ans (3 ans à partir du 1/1/2021) les logements anciens achevés avant le 1/1/1989 pour lesquels leurs propriétaires ont payé (depuis le 1/1/2007) un montant minimal de dépenses pouvant bénéficier du crédit d'impôt pour la transition énergétique. Ce montant de travaux est soit de 10 000 € lorsque les dépenses sont payées au cours d'une même année, soit de 15 000 € lorsque celles-ci sont payées sur 3 ans.
Les logements neufs achevés depuis le 1/1/2009 et économes en énergie (bâtiments basse consommation et bâtiments à énergie positive) peuvent également être exonérés dans les mêmes proportions (50 ou 100 % pendant 5 ans, durée abaissée à 3 ans à partir du 1/1/2021).
Les collectivités territoriales peuvent aussi décider d'exonérer de taxe foncière les hôtels, les gîtes ruraux, les meublés de tourisme et les chambres d'hôtes situés en zone de revitalisation rurale.
Par ailleurs, elles peuvent décider d'exonérer partiellement (de 15 à 60 %) de taxe foncière les habitations situées en zone Seveso ou à moins 3 km de celle-ci si elles ont été construites avant l'établissement d'un plan de prévention des risques technologiques. Une exonération de 25 ou 50 % peut également être appliquée aux habitations situées dans une zone de danger délimitée par un plan de prévention des risques miniers achevées antérieurement à la mise en place de ce plan.
Elles peuvent exonérer les jeunes entreprises innovantes et les jeunes entreprises universitaires.
Au titre des années 2020 à 2023, elles peuvent aussi exonérer les PME exerçant une activité commerciale ou artisanale qui sont implantées dans une zone de revitalisation des centres-villes.
Enfin, les collectivités locales peuvent exonérer de taxe foncière pendant 5 ans les logements affectés à l'habitation principale, issus de la transformation de locaux à usage de bureaux.

Exonération des personnes de condition modeste

Vous pouvez bénéficier d'une exonération totale de la taxe foncière de votre résidence principale dans trois cas : vous ou votre conjoint avez plus de 75 ans, vous êtes titulaire de l'allocation supplémentaire d'invalidité ou de l'allocation de solidarité aux personnes âgées ou encore de l'allocation aux adultes handicapés et :

– le montant de votre revenu de référence de l'année précédente n'excède pas 11 098 € pour la première part de quotient familial majorée de 2 963 € pour chaque demi-part supplémentaire (1 781 € par 1/4 de part en cas de garde alternée des enfants) ;

– vous vivez soit seul ou avec votre conjoint, soit avec des personnes fiscalement à votre charge, soit encore avec d'autres personnes titulaires de la même allocation ou dont les revenus ne dépassent pas les montants indiqués plus haut.

Les personnes qui ont bénéficié de cette exonération l'année précédente mais qui ne répondent plus aux conditions pour y prétendre (sauf celle concernant l'occupation du logement) restent exonérées les 2 années suivantes. La 3e année, la valeur locative de leur logement est réduite de 2/3, puis de 1/3 la 4e année.

AVANTAGE

Le Conseil d'État a jugé que cette exonération pouvait également s'appliquer à la résidence secondaire du contribuable (Conseil d'État, 20/10/2000).

Vous pouvez bénéficier d'un dégrèvement de 100 € sur le montant de la taxe foncière de votre habitation principale si vous êtes âgé de plus de 65 ans et que vous remplissez les deux conditions suivantes :
– vos revenus de l'année précédente n'ont pas excédé les montants indiqués plus haut ;
– vous vivez soit seul ou avec votre conjoint, soit avec des personnes qui sont à votre charge, soit avec d'autres personnes titulaires de l'allocation supplémentaire ou de l'allocation de solidarité aux personnes âgées.

Cette exonération et ce dégrèvement s'appliquent aux personnes âgées qui entrent en maison de retraite ou dans un établissement de long séjour tout en conservant leur ancienne résidence principale, si elles en remplissent les conditions d'obtention. L'ancienne résidence doit rester inhabitée.

Dégrèvement

Les personnes dont le revenu de référence de 2019 n'a pas dépassé 26 097 € pour la 1re part de quotient familial majoré de 6 097 € pour la 1re demi-part supplé-

mentaire et de 4 800 € pour les demi-parts suivantes sont dégrevées de la fraction de taxe foncière qui excède 50 % du montant de leurs revenus.
Ce système ne s'applique pas aux contribuables soumis à l'IFI.
Pour en bénéficier, il faut en faire la demande au service des impôts au plus tard le 31 décembre de l'année suivant le paiement de la taxe.

Quelles sont les taxes locales annexes ?

La taxe d'enlèvement des ordures ménagères

Les communes ou groupements de communes qui assurent la collecte des ordures ménagères peuvent décider de financer les dépenses occasionnées par ce service au moyen d'une taxe spécifique : la taxe d'enlèvement des ordures ménagères.
Cette taxe qui figure sur l'avis d'imposition de la taxe foncière est calculée sur la même base (50 % de la valeur locative cadastrale) et concerne les mêmes personnes (propriétaires et usufruitiers) que cette dernière.
Son taux, fixé par l'administration, peut varier au sein d'une même commune selon les zones de ramassage des ordures.
La taxe peut comprendre une part incitative, assise sur la quantité et éventuellement la nature des déchets produits.
La taxe est due même si le logement est inoccupé et même si le service de ramassage des poubelles n'est pas utilisé (*Réponse ministérielle n° 5127, JOAN du 8/5/2018*).

AVANTAGE

Le taux de cette taxe doit être en rapport avec le service rendu. Ainsi, un contribuable peut demander la décharge de la taxe si son taux est manifestement disproportionné par rapport au montant des dépenses réellement exposées par la commune (Conseil d'État, 31/3/2014).

Attention : le fait d'être exonéré de la taxe foncière ne vous exonère pas forcément de cette taxe. Ainsi, si vous avez bénéficié de l'exonération pour personne de condition modeste, ou de l'exonération temporaire réservée aux constructions nouvelles, vous serez tout de même assujetti à la taxe d'enlèvement des ordures ménagères.
Si vous êtes logé dans un immeuble appartenant à une collectivité publique (et donc exonéré par principe de taxe foncière), vous devrez tout de même payer la taxe d'enlèvement des ordures ménagères qui sera établie à votre nom (même si vous n'êtes pas propriétaire).
Il existe cependant des cas d'exonérations spécifiques à cette taxe. Elles concernent :
– les maisons situées dans une partie de commune où ne fonctionne pas le service d'enlèvement des ordures ;
– les locaux à usage commercial ou ceux à usage industriel situés en dehors de l'enceinte de l'établissement industriel (siège social, locaux administratifs…) ;
– les immeubles munis d'un incinérateur d'ordures.
L'exonération est facultative (c'est la commune qui décide ou non de l'appliquer).

À NOTER

Les communes ou les établissements publics qui assurent l'enlèvement des ordures ont aussi la possibilité de remplacer cette taxe par une redevance, calculée en fonction de l'importance des services rendus (Code général des collectivités territoriales, Art. L. 2333-76). Cette redevance est perçue sur un rôle à part.

La taxe de balayage

Cette taxe est, elle aussi, facultative. Elle n'est instituée que dans certaines communes et, quand elle existe, elle est due uniquement par les propriétaires de biens riverains des voies publiques de circulation. Dans les immeubles en copropriété, la taxe est due par le syndicat des copropriétaires.
Cette taxe n'est pas calculée sur la valeur locative cadastrale mais sur la surface des voies de circulation, au droit de la façade de chaque propriété, sur une largeur égale à celle de la moitié des voies dans la limite de 6 mètres (*Code général des impôts, Art. 1528*).

LES IMMEUBLES EN « VACANCE »

Vous pouvez obtenir un dégrèvement partiel de la taxe foncière en cas de « vacance » (c'est-à-dire d'inoccupation) d'un logement normalement destiné à la location (même s'il n'a jamais été loué antérieurement) ou d'inexploitation d'un immeuble commercial ou industriel que vous exploitiez vous-même.
Ce dégrèvement concerne la période située entre le 1er jour du mois qui suit le début de la vacance et le dernier jour du mois au cours duquel cette vacance a pris fin. Mais pour cela, il faut également que l'inoccupation :
– soit indépendante de votre volonté ;
– ait duré au moins 3 mois ;
– affecte la totalité de l'immeuble.
Dans les faits, les conditions sont très restrictives. Ainsi, le fait que vous ne trouviez pas de locataire ou encore le fait que des difficultés économiques vous aient conduit à fermer votre entreprise ne justifient pas ce dégrèvement. Il n'y a donc que les cas de force majeure (incendie, inondation, destruction) qui peuvent permettre d'obtenir cette exonération que vous devez expressément demander par écrit à votre service des impôts avant le 31 décembre de l'année où a eu lieu la vacance.

La taxe additionnelle à la taxe foncière en Île-de-France

Cette taxe est due par les propriétaires de locaux situés en Île-de-France. Les personnes exonérées de la taxe foncière sont également exonérées de la taxe additionnelle.
Son montant figure sur l'avis d'imposition de la taxe foncière.
Le produit de cette taxe est affecté au financement des dépenses d'investissement en faveur des transports en commun dans la région.

La récupération des taxes annexes

Contrairement à la taxe foncière, ces taxes annexes font partie des charges récupérables (*Décret du 26/8/1987*). Si vous louez votre bien, vous pouvez donc demander le remboursement de la taxe d'enlèvement des ordures ménagères et de la taxe de balayage à votre locataire. Pour en obtenir le remboursement, le mieux est de joindre une photocopie de votre avis d'imposition à votre locataire.

Comment s'effectue le paiement des impôts locaux ?

Les redevables reçoivent chaque année un avis d'imposition qui les informe du montant à payer et des délais pour le faire.

La date de paiement

Contrairement à l'impôt sur le revenu, il n'existe pas une date uniforme, valable pour l'ensemble du territoire. De même, vous ne recevrez pas en même temps l'avis concernant votre taxe foncière et votre taxe d'habitation. En général, ces impôts tombent en automne.
Deux dates distinctes figurent sur les avis d'imposition :
- la date de mise en recouvrement qui constitue le point de départ du délai de réclamation (voir plus loin). L'impôt est exigible à partir du dernier jour du mois suivant cette date de mise en recouvrement ;
- la date limite de paiement se situe au 15 du deuxième mois qui suit la date de mise en recouvrement. C'est à partir de cette date que peut être appliquée la majoration de 10 % pour paiement tardif.

Exemple : votre avis indique le 30/9/2020 comme date de mise en recouvrement. Le fisc peut vous réclamer le paiement de l'impôt à partir du 31/10/2020. Mais dans les faits, il ne vous appliquera une majoration de 10 % que si vous n'avez toujours pas réglé cet impôt le 16/11/2020.

Les moyens de paiement

- Vous pouvez vous acquitter de votre dette par chèque, mandat, virement postal ou bancaire sur le compte du Trésor public ou encore par télérèglement. Vous pouvez également régler en espèces (dans la limite 300 €) à la perception ou demander un prélèvement automatique (à l'échéance) sur l'un de vos comptes. Le prélèvement sera alors opéré 10 jours après la date limite de paiement de l'impôt considéré. Vous devez opter pour ce mode de paiement au moins 20 jours avant la date limite de paiement.

Vous devez obligatoirement régler par prélèvement automatique ou par télérèglement si le montant de votre cotisation de taxe foncière ou de taxe d'habitation excède 300 €, sous peine de devoir acquitter une majoration de 0,2 % du montant dû.

- Pour la taxe foncière et la taxe d'habitation, il est également possible d'opter pour le système de prélèvement mensuel (*Code général des impôts, Art. 1681 ter*).

Un prélèvement automatique égal à 1/10e du montant de l'impôt que vous avez réglé l'année précédente sera opéré chaque mois. Le solde sera prélevé à l'échéance normale de paiement.

L'option pour le paiement mensuel peut être effectuée à tout moment de l'année, mais sa date de prise d'effet diffère selon la date à laquelle elle est exercée :

– si elle est exercée avant le 1er juillet, le paiement mensuel peut prendre effet, au choix du contribuable, dès le mois suivant ou au 1er janvier de l'année suivante ;

– si elle est exercée à compter du 1er juillet, le paiement mensuel prend effet au 1er janvier suivant (ou au 1er février en cas d'option entre le 16 et le 31 décembre précédent).

On peut souscrire au prélèvement automatique ou à la mensualisation :

– sur le site *www.impots.gouv.fr* ;

– ou auprès de son centre prélèvement service par mail, téléphone ou courrier.

À NOTER

En cas d'adhésion au paiement mensuel en cours d'année, le montant de chacun des 3 premiers prélèvements correspond à un prélèvement normal augmenté du tiers des prélèvements dus depuis le 1er janvier.

Comment contester le montant des impôts locaux ?

Il arrive que l'administration se trompe : soit dans le calcul même de l'impôt, soit parce qu'elle a oublié de vous attribuer un dégrèvement ou une exonération. Vous avez donc intérêt à bien vérifier vos avis d'imposition.

Les services qui peuvent vous fournir des renseignements sont différents selon la nature de votre problème.

Le calcul de la valeur locative

Si vous avez des doutes quant à l'évaluation de la valeur locative de votre logement, vous devez vous adresser au service des impôts fonciers ou au bureau du cadastre de votre mairie.

Vous pouvez contester :

- le classement de votre logement si vous estimez qu'il ne correspond pas à la catégorie dans laquelle il est rangé.

Il faut savoir que ce genre de contestation aboutit très rarement. Seule une erreur manifeste peut être réparée (immeuble d'aspect délabré classé par erreur dans la catégorie des immeubles somptueux, par exemple !) ;

- le calcul de la surface pondérée de votre logement.

Vous estimez par exemple que l'administration s'est trompée sur la surface réelle de votre bien ou sur les coefficients correcteurs ou bien encore qu'un changement notable intervenu depuis peu devrait modifier un des coefficients appliqués. Une autoroute ou un aéroport vient d'être construit près de votre logement, entraînant des nuisances sonores importantes, par exemple.

Attention : votre demande ne peut aboutir qu'à condition que ce changement entraîne une modification de plus de 1/10e de la valeur locative. Sinon, elle ne sera pas prise en compte.

La surface du logement est calculée à partir de paramètres spécifiques, indépendants de la notion de surface dite « loi Carrez » utilisée lors de la vente d'un lot de copropriété.

Ainsi, le propriétaire d'un appartement de 143,81 m² « loi Carrez » ne peut obtenir une réduction de taxe foncière au motif que celle-ci a été établie sur la base d'une superficie de 176 m² (*Conseil d'État, 27/3/2015*).

De même, l'administration peut décider de réévaluer la valeur locative de votre logement si elle estime que vous avez fait des travaux augmentant cette valeur de plus de 10 %. Tel est le cas si vous avez aménagé une salle de bains, fait installer le chauffage central, par exemple. Comment peut-elle le savoir, puisque vous ne lui avez rien dit ? C'est très simple : l'agent chargé de calculer votre impôt sur le revenu a transmis à son collègue du centre des impôts foncier la facture détaillée que vous aviez jointe à votre déclaration afin de bénéficier de la réduction d'impôt pour travaux !

Avant toute réclamation, vous devez demander au service du cadastre une copie de la fiche d'évaluation n° 6675-1 qui récapitule tous les éléments retenus pour le calcul de la valeur locative de votre logement. Cette copie est payante.

Vous pouvez également consulter au cadastre la liste des locaux de référence. Mais attention : vous ne pouvez pas contester le tarif d'évaluation au m² fixé par votre commune pour chaque catégorie de local.

Bien entendu, vous pouvez demander des explications à l'administration si vous constatez une variation inexpliquée de la valeur locative de votre bien d'une année à l'autre.

Les abattements et les dégrèvements

Si vous estimez que vous auriez dû bénéficier d'un abattement ou que vous rentriez dans un des cas d'exonération, adressez-vous à votre service des impôts.

Les conditions de paiement

Si vous voulez obtenir des renseignements sur les conditions de règlement de votre impôt, obtenir un délai de paiement ou contester une pénalité, vous devez également vous adresser à votre service des impôts. Les adresses de tous ces services sont indiquées sur votre avis d'imposition.

Comment réclamer ?

Les délais

Vous avez jusqu'au 31 décembre de l'année suivant celle de la date de mise en recouvrement de l'impôt concerné pour présenter vos réclamations au fisc.

Exemple : si votre avis d'imposition de taxe d'habitation indique le 30/9/2020 dans la rubrique « Date de mise en recouvrement », vous pourrez présenter vos réclamations jusqu'au 31/12/2021.

Les démarches

Vous devez présenter votre réclamation sur papier libre à votre service des impôts (son adresse figure sur votre avis d'imposition). Donnez le maximum de renseignements : les références de l'impôt contesté, vos motifs de contestation et joignez les justificatifs nécessaires, sans oublier la photocopie de l'avis d'imposition.

Vous pouvez aussi présenter votre demande verbalement au service compétent. Mais dans ce cas, vous aurez à vous déplacer, les réclamations téléphoniques n'étant pas prises en compte.

L'administration doit vous adresser un récépissé de votre réclamation. Ensuite, elle dispose d'un délai de 6 mois pour vous répondre (3 mois en cas de demande verbale). Si votre demande est rejetée ou si vous n'avez pas de réponse dans le délai de 6 mois, vous devez vous adresser au tribunal administratif. Vous disposez alors d'un délai de 2 mois pour effectuer cette démarche.

ATTENTION ⚠

Le fait de présenter une réclamation ne vous dispense pas de régler l'impôt contesté. Vous serez remboursé ultérieurement si votre demande aboutit. Vous pouvez toutefois demander expressément dans votre réclamation le bénéfice d'un sursis de paiement pour les sommes litigieuses.

LES SURSIS DE PAIEMENT

Si vous avez des difficultés financières (chômage ou surendettement, par exemple) vous pouvez demander à votre percepteur :

✔ soit une remise ou une modération du montant de l'impôt. Celle-ci ne vous sera pas obligatoirement accordée. La décision en revient au directeur départemental des services fiscaux. Vous pouvez toutefois faire appel de cette décision auprès du directeur général des services fiscaux ;

✔ soit des délais de paiement qui, eux, vous seront généralement accordés, si votre demande est justifiée. Un plan de rééchelonnement de votre dette sera mis en place et vous ne paierez pas de pénalités de retard à condition, bien entendu, de respecter ce plan.

Dans tous les cas, la demande doit être envoyée après réception de l'avis d'imposition mais avant la date d'échéance de paiement de l'impôt. Adressez votre demande au centre des finances publiques (dont les coordonnées figurent sur l'avis d'imposition) sur simple lettre en fournissant le maximum de renseignements sur votre situation et en joignant les justificatifs nécessaires (photocopie de vos fiches de paie, de vos attestations de paiement d'allocation chômage, du dossier de la commission de surendettement et de l'avis d'imposition…). Vous pouvez aussi vous rendre sur place pour exposer directement votre problème à un agent.

Les impôts de votre vie quotidienne

Quand on pense impôt, on songe surtout à l'impôt sur le revenu. Quant aux autres impôts, on a tendance à les oublier. Et pourtant, de la redevance télévision à la contribution sociale généralisée (CSG), sans oublier la contribution au remboursement de la dette sociale (CRDS), ils rythment notre vie de tous les jours. Mais comme on les paie par petite dose, la ponction est quasi indolore. Tout comme la TVA, tellement intégrée dans le prix des denrées et des biens qu'on ne lui accorde qu'une attention très mesurée. Pourtant ces impôts rapportent bien plus à l'État que l'impôt sur le revenu auquel un Français sur deux échappe !

La CSG et la CRDS

Déficit de la Sécurité sociale oblige, deux impôts supplémentaires viennent grever le budget des Français : la contribution sociale généralisée et la contribution au remboursement de la dette sociale.

À quoi servent la CSG et la CRDS ?

La contribution sociale généralisée (CSG) a été instituée à titre permanent par la loi de finances pour 1991 (*Loi n° 90-1168 du 29/12/1990*). Prélevée sur les revenus perçus depuis le 1/1/1991, elle est destinée à financer la Sécurité sociale.

Le produit de la CSG n'ayant pas réussi à équilibrer les comptes, une contribution supplémentaire a été instituée à partir du 1/2/1996 afin de tenter de combler le « trou » de la Sécurité sociale. Ainsi est née la contribution au remboursement de la dette sociale (CRDS).

Avec un taux régulièrement augmenté depuis sa création, la CSG est en passe de devenir le premier impôt direct.

Quels sont leurs taux ?

- Le taux de la CSG est égal à :

– 9,2 % sur les revenus du patrimoine, les produits de placement, les revenus d'activité, les indemnités de rupture du contrat de travail (pour la partie excédant le minimum légal ou conventionnel) et les allocations de préretraite ;

– 8,3 % sur les pensions de retraite et d'invalidité (taux abaissé à 6,6 %, 3,8 % ou 0 % sous condition de ressources) ;

– 6,2 % sur les autres revenus de remplacement (allocations chômage, indemnités journalières de la Sécurité sociale).

Selon les ressources de leur bénéficiaire, les pensions de retraite et d'invalidité ainsi que les allocations chômage peuvent toutefois bénéficier d'un taux réduit ou d'une exonération.

- Le taux de la CRDS est de 0,5 %.

Sur quels revenus s'appliquent la CSG et la CRDS ?

Sauf rares exceptions, la CSG et la CRDS s'appliquent sur tous les revenus.

› Les revenus d'activité

Les salaires et assimilés

- La CSG et la CRDS sont prélevées sur tous les salaires, primes et indemnités versées aux salariés. Elles sont également prélevées sur :

– les contributions des employeurs destinées au financement des régimes de prévoyance et de retraite complémentaires (non obligatoires), même lorsque celles-ci sont exonérées de cotisations de sécurité sociale ;

– les indemnités de licenciement ou de mise à la retraite, les indemnités accordées par les tribunaux (en cas de licenciement abusif par exemple) et les indemnités transactionnelles pour la fraction dépassant le montant légal ou conventionnel ;

ATTENTION ⚠

Les indemnités de licenciement ou de mise à la retraite supérieures à 10 fois le plafond annuel de la Sécurité sociale, soit 411 360 €, sont soumises à la CSG et à la CRDS sur la totalité de leur montant, dès le 1er euro.

– toutes les sommes versées à l'occasion de la modification du contrat de travail ;

– les indemnités complémentaires à celles de la Sécurité sociale versées par les employeurs.

- Ne sont pas soumis à la CSG et à la CRDS :

– les salaires versés aux apprentis ;

– le remboursement des frais de transport domicile-lieu de travail ;

– la contribution patronale aux chèques restaurant.

La CSG et la CRDS sont prélevées par l'employeur qui les reverse ensuite à l'URSSAF. Leur montant doit figurer sur le bulletin de paie.

À NOTER

La CSG et la CRDS sont établies sur la base de 98,25 % du montant brut des salaires et des allocations chômage, un abattement de 1,75 % au titre des frais professionnels étant en effet appliqué. Cet abattement ne s'applique que sur les salaires proprement dits et les allocations chômage. Ainsi, les sommes issues de l'épargne salariale ou les indemnités de licenciement, par exemple, sont taxées à 100 %. L'abattement est limité à 4 fois le plafond annuel de la Sécurité sociale (soit 164 544 €). La fraction des revenus supérieure à ce plafond est donc assujettie dans sa totalité.

Les revenus professionnels des non-salariés

Les revenus professionnels des employeurs et des travailleurs indépendants entrant dans le champ d'application des cotisations d'assurance maladie et d'allocations familiales des non-salariés non agricoles sont assujettis à la CSG et à la CRDS.

Si vous êtes exonéré de ces cotisations, vous serez également exonéré de CSG et de CRDS (sauf si vous êtes chômeur créateur d'entreprise).

Attention : tout revenu non assujetti aux cotisations des non-salariés non agricoles mais rangé dans la catégorie des BIC ou BNC est assujetti à la CSG et à la CRDS.

Le montant de la CSG et de la CRDS à acquitter sur ces revenus est calculé par l'URSSAF et réglé en même temps que la cotisation d'allocations familiales. Les cotisations personnelles de sécurité sociale de l'exploitant et de son conjoint qui sont déductibles du revenu professionnel sont à réintégrer dans la base de la CSG et de la CRDS. De plus, l'article L. 131-6 du Code de la Sécurité sociale établit une liste de sommes à réintégrer dans les revenus soumis à la CSG et à la CRDS.

Pour les agriculteurs, la CSG et la CRDS sont prélevées par la MSA sur la moyenne des revenus professionnels se rapportant aux 3 années précédentes. Si l'agriculteur exerce son activité depuis moins de 3 ans, l'assiette de ces contributions est déterminée de manière forfaitaire en fonction de l'importance de l'exploitation. Cette assiette varie entre 800 et 2 028 SMIC.

› Les revenus de remplacement

Sont assujettis à la CSG et à la CRDS :

– les indemnités journalières maladie, maternité, accidents du travail, maladies professionnelles, versées par les organismes de sécurité sociale ;

– les allocations de préretraite ;

– les allocations de chômage. La CSG et la CRDS ne sont pas prélevées sur ces allocations lorsque ce prélèvement aurait pour effet de porter le montant net de ces allocations en deçà du SMIC brut ;

– les pensions de retraite et d'invalidité.

À NOTER

En plus de la CSG et de la CRDS, les retraites, les pensions d'invalidité et les allocations de préretraite sont soumises à la contribution additionnelle de solidarité pour l'autonomie (CASA) au taux de 0,3 %. Sont exonérées de cette contribution les retraites, préretraites et pensions d'invalidité qui sont exonérées de CSG et de CRDS ou soumises au taux réduit de CSG.

Exonération, taux réduit et taux intermédiaire de CSG pour les pensions et allocations chômage :

En 2020, sont exonérées de CSG et de CRDS les pensions de retraite et d'invalidité ainsi que les allocations chômage perçues par toute personne dont le revenu fiscal de référence de l'année 2018 ne dépasse pas 11 306 € pour la première part de quotient familial, majoré de 3 019 € pour chaque demi-part supplémentaire (1 509,50 € par 1/4 de part en cas de garde alternée des enfants).

Ceux qui ne remplissent pas cette condition de revenus sont intégralement redevables de la CRDS. Ils sont toutefois soumis au taux réduit de CSG de 3,8 % si leur revenu fiscal de référence de l'année 2018 ou celui de l'année 2017 n'excède pas 14 781 € pour la première part de quotient familial (plafond majoré de 3 946 € pour chaque demi-part supplémentaire).

Au-delà de ce seuil de revenus :

– les allocations chômage sont soumises au taux de CSG de 6,2 % ;

– les pensions de retraite et d'invalidité peuvent, sous condition, bénéficier d'un taux intermédiaire de CSG de 6,6 %.

Ce taux intermédiaire s'applique, en 2020, aux titulaires de pensions de retraite ou d'invalidité dont le revenu fiscal de référence de l'année 2018 est :

– d'une part, supérieur à 14 781 € pour la première part de quotient familial (plafond majoré de 3 946 € par demi-part supplémentaire) ;

– d'autre part, inférieur à 22 941 € pour la première part de quotient familial (plafond majoré de 6 124 € par demi-part supplémentaire).

Le revenu fiscal de référence de l'année 2018 figure sur l'avis d'impôt reçu en 2019 et celui de l'année 2017 sur l'avis d'impôt reçu en 2018.

- Ne sont pas soumis à la CSG et à la CRDS :

– les allocations chômage du régime de solidarité (allocation de solidarité, allocation temporaire d'attente et allocation transitoire de solidarité) ;
– l'allocation veuvage ;
– l'allocation aux adultes handicapés ;
– les rentes d'accident du travail ou de maladies professionnelles ;
– les pensions militaires d'invalidité ou de victimes de guerre, la retraite du combattant ;
– les bourses d'étudiants ;
– le dédommagement versé aux aidants familiaux en application de l'article L. 245-12 du Code de l'action sociale et des familles ;
– les pensions alimentaires ;
– les avantages non contributifs de vieillesse ou d'invalidité (allocation de solidarité aux personnes âgées, majoration pour tierce personne…).

- Sont soumis à la CRDS mais pas à la CSG :

– les aides au logement ;
– les prestations familiales (sauf l'allocation d'éducation de l'enfant handicapé) ;
– le RSA ;
– la prime d'activité.

À NOTER

Concernant les revenus d'activité, ne sont soumises à la CSG et à la CRDS que les personnes qui sont à la fois domiciliées en France pour l'établissement de l'impôt sur le revenu et à la charge d'un régime obligatoire français d'assurance maladie (Code de la Sécurité sociale, Art. L. 136-1).

› Les revenus du patrimoine et de placement

- La CSG et la CRDS sont appliquées sur :

– les revenus fonciers ;
– les rentes viagères ;
– les revenus des capitaux mobiliers ;
– les plus-values mobilières et immobilières ;
– les gains provenant des options de souscription ou d'achat d'action ;
– les revenus des locations meublées non professionnelles ;
– les revenus de l'épargne (sauf les revenus des livrets A, des livrets d'épargne populaire, des livrets jeunes, des livrets d'épargne entreprise et des livrets de développement durable et solidaire) ;
– les revenus taxables à l'impôt sur le revenu d'origine indéterminée ou taxés d'office (évaluation de l'IR d'après certains éléments du train de vie, transferts de capitaux non déclarés…).

- En plus de la CSG et la CRDS, les revenus du patrimoine et de placement supportent le prélèvement de solidarité au taux de 7,5 %.

Le taux global des prélèvements sociaux sur les revenus du patrimoine et de placement s'élève donc à 17,2 %.

À NOTER

En plus de la CSG, de la CRDS et du prélèvement de solidarité, les revenus du patrimoine perçus en 2017 et les produits de placements perçus en 2018 étaient également soumis au prélèvement social de 4,5 % et à sa contribution additionnelle de 0,3 %. Ces deux contributions sont désormais supprimées. Le taux global des prélèvements sociaux reste toutefois fixé à 17,2 % car, simultanément, le taux de la CSG a été abaissé de 9,9 % à 9,2 % et celui du prélèvement de solidarité a été porté de 2 % à 7,5 %.

- Les prélèvements sociaux sur les revenus du patrimoine (revenus fonciers, rentes viagères à titre onéreux et plus-values de cessions de valeurs mobilières) sont recouvrés par l'administration fiscale. Ils figurent sur le même avis d'imposition que l'impôt sur le revenu.

Les contributions sociales sur les produits de placement (intérêts, dividendes) sont prélevées directement à la source par l'établissement payeur (banque ou société distributrice).

Celles sur les plus-values immobilières sont recouvrées par le notaire en même temps que l'imposition forfaitaire à l'impôt sur le revenu.

AVANTAGE

Contrairement à la règle appliquée pour l'impôt sur le revenu, la solidarité des époux ne joue pas en matière de CSG et de CRDS. Si votre conjoint ne règle pas la CSG due sur les revenus de son patrimoine personnel, le fisc ne pourra donc pas vous demander de les payer à sa place (Conseil d'État, 10/7/2012).

AVANTAGE

Sauf cas particuliers : la CSG à 9,2 % est déductible du revenu imposable à hauteur de 6,8 % ; celle à 8,3 %, à hauteur de 5,9 % ; celle à 6,6 %, à hauteur de 4,2 % ; et celle à 6,2 %, à hauteur de 3,8 %.

ATTENTION ⚠

Il n'est pas possible de déduire du revenu imposable la CSG appliquée sur les revenus d'activité et de remplacement qui sont exonérés à la fois d'impôt sur le revenu et de cotisations sociales (rémunérations versées au titre des heures supplémentaires, sommes versées au titre de la participation, abondement de l'employeur au plan d'épargne entreprise, par exemple). Seule exception à cette règle : la CSG sur les contributions patronales de retraite supplémentaire et de prévoyance complémentaire est déductible dans tous les cas à hauteur de 6,8 %. Pour les revenus du patrimoine et les produits de placements, la CSG n'est déductible que si les revenus sont soumis au barème progressif de l'impôt sur le revenu. La CSG sur les revenus soumis à un taux ou à un prélèvement forfaitaire n'est pas déductible.

La taxe sur la valeur ajoutée (TVA)

S'il est un impôt qui peut se vanter de toucher tous les Français sans exception, c'est bien la TVA. Pas étonnant dans ce cas que ce soit celui qui rapporte le plus à l'État.

Sur quel principe la TVA fonctionne-t-elle ?

La TVA s'applique sur la valeur ajoutée, c'est-à-dire la plus-value apportée à un produit à chaque stade de sa production et de sa distribution.

Au cours de ce circuit, le commerçant facture à son client la TVA correspondant au prix de vente qu'il pratique et reverse au Trésor public la différence entre la TVA facturée (dite « taxe d'aval ») et la TVA déjà appliquée sur les éléments constituant son prix de revient (dite « taxe d'amont »).

Un traiteur, par exemple, facturera 4,10 € de TVA sur un plat cuisiné. Mais sachant qu'il a payé lui-même 0,80 € de TVA au grossiste à qui il a acheté les produits ayant servi à confectionner ce plat, il devra reverser au Trésor public 4,10 € – 0,80 €= 3,30 € de TVA.

Le système de la TVA est d'une extrême complexité. Mais rassurez-vous, nous n'allons pas ici vous exposer toutes les subtilités de cet impôt puisque ce qui importe pour le consommateur, c'est de savoir, qu'en fin de compte, c'est lui qui réglera la totalité du montant de la TVA appliquée sur le produit, sans aucune possibilité, à ce stade, d'opérer la moindre déduction !

Quels sont les biens concernés ?

La TVA frappe tous les biens et services consommés ou utilisés en France, quelle qu'en soit l'origine (française ou étrangère).

Elle s'applique sur tous les biens fabriqués ou consommés mais également sur les prestations de services : les travaux effectués par les artisans, les études et expertises, les prestations des artistes, des auteurs, des membres des professions libérales et des sportifs.

Très peu de transactions échappent à la TVA. On peut tout de même citer :

– les soins médicaux dispensés par les praticiens et les auxiliaires médicaux ;

– les travaux d'analyse de biologie médicale ;

– les fournitures de prothèses dentaires par les dentistes et prothésistes ;

– la plupart des activités relevant de l'enseignement scolaire et universitaire y compris les leçons particulières ;

– les locations de locaux nus à usage d'habitation, professionnelle ou agricole ;

– certaines opérations à caractère social, philanthropique, religieux, politique ou syndical effectuées par les organismes sans but lucratif ;

– et les prestations de services effectuées par les crèches et les haltes-garderies (prestations de garde, de restauration…) ainsi que les fournitures de biens liés à leur activité (fourniture de couches, par exemple) pour les enfants de moins de 3 ans.

Quels sont les différents taux de TVA ?

Il existe actuellement quatre taux de TVA différents selon le produit considéré.

Le taux super réduit de 2,1 %

Il s'applique sur un nombre très limité de produits :

– les médicaments remboursables par la Sécurité sociale et les produits sanguins ;

– les publications de presse, y compris la presse en ligne ;

– la contribution à l'audiovisuel public (redevance télévision) ;
– les 140 premières représentations théâtrales, musicales ou chorégraphiques et de cirque (sauf pour les concerts donnés dans les établissements où sont servies des consommations pendant le spectacle).

Le taux réduit de 5,5 %

Il s'applique sur :
– l'eau, qu'il s'agisse des eaux minérales ou des prestations concernant l'eau délivrée par les réseaux d'adduction (l'eau du robinet) ;
– les produits alimentaires destinés à l'alimentation humaine et animale, sauf les boissons alcoolisées, la confiserie, les margarines et graisses végétales, certains chocolats et le caviar ;
– certains appareillages utilisés par des personnes handicapées atteintes de maladies particulièrement invalidantes ;
– les abonnements au gaz et à l'électricité d'une puissance maximale de 36 kilovoltampères, les abonnements relatifs aux livraisons d'énergie calorifique distribuée par réseaux (chauffage urbain…) et à la fourniture de chaleur si celle-ci provient, au moins à 50 %, de certaines énergies renouvelables (soleil thermique, biomasse, géothermie, déchets et énergie de récupération) ;
– les prestations de logement et de nourriture fournies par les maisons de retraite et les établissements pour handicapés et les prestations liées à l'état de dépendance ou au besoin d'aide des personnes hébergées dans ces établissements ;
– la fourniture de repas dans les cantines scolaires (sauf en Corse où cette prestation est taxée au taux de 2,1 %) ;
– les services d'aide à la personne destinés aux personnes handicapées et aux personnes âgées dépendantes ;
– les livres quel que soit leur support (ouvrages imprimés, livres audio, sous forme de disques compact, Cédérom, clés USB, téléchargement…) ;
– les spectacles « vivants » suivants : cinéma, théâtres, théâtres de chansonniers, cirques, concerts, spectacles de variétés, à l'exception de ceux donnés dans des établissements où il est d'usage de consommer pendant les séances ainsi que les droits d'entrée aux réunions sportives organisées par une fédération sportive ayant reçu un agrément du ministre des Sports ou dans le cadre d'une compétition internationale ;

ATTENTION ⚠

Les droits d'entrée aux courses de chevaux ou de chiens, aux spectacles de catch, de tirs aux pigeons et aux courses de taureaux sont taxés au taux normal.

AVANTAGE

Les spectacles donnés dans les établissements affiliés au Centre national de la chanson, des variétés et du jazz ainsi que les spectacles de disc-jockeys bénéficient de la TVA à taux réduit même si l'on y consomme pendant ceux-ci.

– les droits d'entrée dans les parcs zoologiques ;
– les travaux d'amélioration de la qualité énergétique des locaux à usage d'habitation achevés depuis plus de 2 ans : travaux de pose, installation, entretien et fourniture des matériaux, appareils et équipements répondant aux caractéristiques techniques et aux critères de performance minimale des matériaux, appareils et équipements ouvrant droit au crédit d'impôt pour la transition énergétique dans sa version en vigueur en 2017. Bénéficient également de ce taux les travaux induits par ces rénovations énergétiques (travaux indispensables suite à ces travaux de rénovations : par exemple, peinture à refaire après la pose de l'isolant sur les murs) ;
– les opérations de construction et de rénovation des logements sociaux et en accession à la propriété pour les ménages modestes ;
– les achats de logements neufs en résidence principale pour les personnes de condition modeste dans les quartiers prioritaires de la politique de la ville ;
– les importations d'œuvres d'art, d'objets de collection ou d'antiquité ainsi que les livraisons d'œuvres d'art effectuées par leurs auteurs ou leurs ayants droit ;
– les produits d'hygiène corporelle (gels et solutions hydroalcooliques), les masques et les tenues de protection adaptés à la lutte contre la propagation du coronavirus (taux de 5,5 % applicable jusqu'au 31/12/2021) ;
– les préservatifs ainsi que les trousses de prévention de la contamination par les virus du Sida et des hépatites ;
– les ventes d'autotests de dépistage du Sida ;
– les produits de protection hygiénique féminine (tampons, serviettes périodiques…).

À NOTER

Les activités équestres, qui bénéficiaient du taux intermédiaire antérieurement, sont taxées au taux normal depuis le 1/1/2014. Toutefois, l'administration fiscale admet l'application du taux réduit de 5,5 % pour : les animations, activités de démonstration et visites des installations dans un but de découverte et de familiarisation avec l'environnement équestre ; l'accès aux centres équestres à des fins d'utilisation des installations à caractère sportif (manège, parcours, écuries…).

AVANTAGE

Le taux de 5,5 % s'appliquera à certaines prestations de gestion des déchets (collecte séparée, collecte en déchetterie, recyclage des déchets ménagers…) à compter du 1/1/2021.

Le taux intermédiaire de 10 %

Ce taux s'applique sur :
– les médicaments non remboursables par la Sécurité sociale (sauf les produits vétérinaires) ;
– les soins dispensés au cours des cures thermales ;
– les produits d'origine agricole et sous-produits du règne animal et végétal ou provenant de la pêche, de la pisciculture et de l'aviculture n'ayant subi aucune transformation et destinés à être utilisés dans la préparation de denrées alimentaires ou dans la production agricole, le bois de chauffage, les produits de la sylviculture agglomérés destinés au chauffage ainsi que les produits de l'horticulture et de la floriculture d'ornement n'ayant également subi aucune transformation ;
– les engrais et produits phytopharmaceutiques à usage agricole dont l'utilisation est autorisée dans le cadre de l'agriculture biologique ;
– les transports de voyageurs ;
– le droit d'entrée dans les expositions, sites et installations à caractère culturel, ludique, éducatif ou professionnel (foires, salons, musées, monuments, expositions ou parcs thématiques, jeux et manèges forains, etc.) ;
– les abonnements aux télévisions privées ;
– le traitement de déchets faisant l'objet d'un tri sélectif ;
– certains services d'aide à la personne (tâches ménagères, garde d'enfants, soutien scolaire…) fournis par les entreprises agréées par la préfecture ;
– les travaux forestiers réalisés au profit des exploitants agricoles ;
– les travaux d'amélioration, de transformation, d'aménagement et d'entretien effectués par des professionnels dans les locaux à usage d'habitation achevés depuis plus de 2 ans (autres que les travaux d'amélioration de la qualité énergétique qui bénéficient du taux réduit), sur présentation d'une attestation (sauf pour les travaux de moins de 300 €) différente selon la nature des travaux (pour en savoir plus, consultez le site *www.impots.gouv.fr*). L'ancienneté de 2 ans n'est pas exigée pour les travaux d'urgence : fuite d'eau créant une infiltration, réparation d'une toiture suite à une intempérie, travaux consécutifs à la chute d'un arbre dans un jardin… Le taux intermédiaire concerne les prestations de main-d'œuvre liées à ces travaux, les fournitures de matières premières nécessaires à leur réalisation ainsi que la fourniture de certains équipements (équipements sanitaires, portes, fenêtres, équipements électriques…) ;
– les travaux d'élimination des matériaux contenant du plomb peuvent bénéficier du taux intermédiaire pour ce qui concerne la part privative des canalisations (*Réponse ministérielle, JOAN du 20/10/2003*) ;
– les services de restauration (cafés, restaurants) à l'exclusion des boissons alcooliques (taux normal de TVA) ainsi que les ventes de nourriture préparée et/ou de boissons destinées à une consommation immédiate (telles que les plateaux repas) directement livrées au client (à son domicile, sur son lieu de travail, etc.).

ATTENTION ⚠

La TVA à taux intermédiaire sur les travaux immobiliers n'est pas applicable sur les travaux de nettoyage, d'aménagement et d'entretien des espaces verts ainsi que sur les travaux de construction ou de reconstruction.

Le taux normal de 20 %

Il s'applique à tous les produits qui ne sont pas concernés par les taux intermédiaire, réduit et super réduit (voir plus haut).

À NOTER

Toutes les œuvres à caractère pornographique (journaux, livres, spectacles…) sont exclues des taux réduits et intermédiaire et sont donc taxées à 20 %.

Comment calculer le prix d'un produit hors taxe ?

Pour ce faire, il suffit de multiplier le prix TTC du produit par un coefficient qui varie selon le taux de la TVA :
– 0,979 pour le taux super réduit de 2,1 % ;
– 0,947 pour le taux réduit de 5,5 % ;
– 0,909 pour le taux intermédiaire de 10 % ;
– 0,833 pour le taux normal de 20 %.

Exemple : le prix hors taxe d'un rôti (TVA de 5,5 %) vendu 25 € est de :
25 × 0,947 = 23,68 €.

Ainsi, lorsque vous avez acheté ce rôti, vous avez versé au fisc sans vous en rendre compte, un impôt de 1,32 € !

AVANTAGE

Les achats de terrains à bâtir effectués par les particuliers ne sont plus imposés à la TVA mais à un droit d'enregistrement de 4,8 %.

La redevance audiovisuelle

Bien que les chaînes de télévision privées se soient multipliées, la redevance télévision, destinée à financer les chaînes publiques et rebaptisée « contribution à l'audiovisuel public », n'a pas disparu puisqu'elle est désormais adossée à la taxe d'habitation, ce système limitant considérablement les possibilités de fraude.

Qui doit payer cette redevance ?

Les personnes concernées

Tout détenteur d'un poste de télévision (ou d'un dispositif permettant la réception de la télévision) dans le local pour lequel il est imposé à la taxe d'habitation au 1er janvier de l'année d'imposition est soumis à la redevance audiovisuelle.

AVANTAGE

Si vous achetez un téléviseur ou un appareil assimilé en cours d'année (après le 1er janvier), vous ne paierez la redevance que l'année suivante (sauf bien sûr si vous possédez déjà un tel appareil).

AVANTAGE

Si vous possédez uniquement un ordinateur équipé d'un système permettant la réception de la télévision, vous n'aurez pas à acquitter de redevance (Rapport Assemblée nationale n°1863, Réponse Mahéas, 4/11/2004).

Vous n'acquitterez qu'une seule redevance même si vous possédez plusieurs téléviseurs dans votre foyer ou plusieurs appareils dans des résidences différentes.

Les étudiants qui ne vivent pas chez leurs parents mais qui sont rattachés à leur foyer fiscal n'ont pas à acquitter la redevance.

À NOTER

La redevance étant automatiquement prélevée avec la taxe d'habitation, si vous ne possédez pas la télévision, vous devez le mentionner dans votre déclaration de revenus 2042. Le fait de ne rien signaler dans votre déclaration de revenus implique que vous êtes censé posséder un téléviseur et vous devrez donc payer la redevance… mais il est toujours possible de déposer une réclamation ultérieurement. Les personnes qui indiquent à tort ne pas posséder de télévision encourent une amende de 150 €.

Les personnes exonérées

Les personnes exonérées de la taxe d'habitation sont également exonérées de la redevance audiovisuelle.

Il en est de même des personnes invalides ou mutilées qui étaient déjà exonérées dans le cadre du régime antérieur à 2005 et des personnes âgées d'au moins 81 ans au 1/1/2020 lorsqu'elles répondent aux conditions suivantes :

– ne pas être imposé à l'impôt sur le revenu ni passible de l'IFI au titre de l'année 2019 ;

– vivre soit seul ou avec son conjoint, soit avec des personnes à charge, soit encore avec des personnes titulaires de l'allocation supplémentaire ou de l'allocation de solidarité aux personnes âgées ou dont les revenus de l'année 2019 n'ont pas dépassé 11 098 € pour la 1re part de quotient familial, majorés de 2 963 € pour chaque demi-part supplémentaire.

À NOTER

Les personnes qui bénéficient du dégrèvement progressif sous conditions de ressources et qui sont, à ce titre, dégrevées totalement de la taxe d'habitation restent redevables de la redevance audiovisuelle.

Comment s'en acquitte-t-on ?

Le montant

Le montant de la redevance est fixé à 138 € en 2020. Ce montant est réévalué chaque année en fonction de l'augmentation de l'indice des prix à la consommation, hors tabac.

Le paiement

L'avis d'imposition de la redevance audiovisuelle est désormais émis avec celui de la taxe d'habitation. Vous devez donc acquitter ces deux impôts en même temps. La redevance audiovisuelle est mensualisable en même temps que la taxe d'habitation.

Bien s’assurer

Les principes de l’assurance

Le contrat d’assurance
L’indemnisation
La résiliation du contrat

Les assurances de dommages

L’assurance habitation
L’assurance automobile et moto
L’assurance de protection juridique

Les assurances de personnes

La garantie accidents de la vie
L’assurance dépendance
Les assurances complémentaires santé
L’assurance obsèques
L’assurance temporaire décès
Les assurances sur les crédits
Les assurances voyages

Les principes de l'assurance

Entre les assurés et les assureurs, les relations sont parfois difficiles. Pourtant, un certain nombre de règles strictes régissent les droits et les obligations de chacun. Les connaître, c'est pour l'assuré comprendre pourquoi il faut lire attentivement son contrat, c'est savoir ce qu'il faut faire pour que l'assurance joue et rembourse correctement un sinistre, et c'est pouvoir se défendre en cas de litige.

Le contrat d'assurance

Le contrat d'assurance définit l'étendue et la nature des garanties apportées par l'assureur. Mais pour qu'il soit valable, l'assuré doit respecter certaines obligations, ne pas mentir à son assureur et tenir ses engagements. À défaut, les conséquences peuvent être graves !

Que peut-on assurer ?

Les assurances peuvent être de deux natures : assurances de dommages ou assurances de personnes.

Les assurances de dommages

Elles couvrent à la fois les dommages que subissent vos biens (c'est l'assurance de choses) et les paiements auxquels vous êtes tenu lorsque vous êtes responsable d'un dommage (assurance de responsabilité).

Ces dommages peuvent être :

– des dommages matériels ;

– des dommages immatériels qui sont la conséquence de la destruction d'un bien (par exemple, l'impossibilité d'occuper un appartement détruit par un incendie, ou celle de pouvoir utiliser sa voiture accidentée pour aller travailler) ;

– les atteintes corporelles liées à un accident et leurs conséquences (frais médicaux, invalidité partielle ou totale, souffrance morale des proches de la victime décédée, etc.).

Les assurances de personnes

Elles couvrent des événements qui touchent l'assuré lui-même ou le bénéficiaire : le décès, l'invalidité, la longue maladie, le chômage... Si cet événement survient, l'assureur doit soit verser une somme forfaitaire prévue à l'avance dans le contrat, soit indemniser le souscripteur ou ses ayants droit selon les règles de droit commun. L'indemnisation peut être une rente, un capital, une indemnité journalière (allocation payée pour chaque journée d'incapacité de travail), etc.

AVANTAGE

Toute personne qui souscrit dans le cadre de sa vie privée (et pas dans le cadre de son activité professionnelle ou commerciale), un contrat à distance (par Internet ou téléphone par exemple) dispose d'un délai de 14 jours pour revenir sur son engagement, sans avoir à justifier de motif ni à supporter de pénalités. Il peut le faire par lettre recommandée ou par envoi recommandé électronique avec avis de réception. Or, un contrat d'assurance conclu à distance prend effet immédiatement avec le paiement de la prime. Néanmoins, le consommateur conserve la faculté d'y renoncer dans le délai légal de 14 jours. En cas d'exercice de la faculté de renonciation, l'assuré doit seulement s'acquitter de la prime correspondant à la période couverte entre la souscription du contrat et l'exercice du droit de renonciation. Une fois le délai de 14 jours passé, le contrat devient ferme (Code des assurances, Art. L. 112-9).

Quelles sont les assurances obligatoires ?

L'opération d'assurance est en principe libre puisque tout particulier (ou toute société) s'assure ou non selon l'intérêt qu'il peut y trouver.

Cependant certaines assurances sont obligatoires. Il s'agit souvent de garanties des responsabilités civiles permettant d'indemniser les dommages matériels ou corporels que l'assuré cause à des tiers. On peut citer par exemple :

– l'assurance construction ;

– l'assurance garantie des salaires (AGS) ;

– l'assurance responsabilité civile pour les véhicules à moteur (auto, moto...) ;

– la garantie responsabilité civile des copropriétaires ;

– l'assurance multirisques en matière locative ;

– les assurances professionnelles (notaire, avocat, agent d'assurances, architecte...) ;

– celles couvrant certains risques (chasse, transport aérien...).

- En pratique, certaines opérations, comme la souscription d'un crédit, entraînent quasi systématiquement la prise d'une assurance.

Quelles sont les mesures de protection du consommateur contre la surassurance ?

Afin que le consommateur puisse faire jouer la concurrence et s'engager en connaissance de cause, avant la conclusion du contrat, l'assureur doit lui remettre :
– une fiche d'information sur le prix et les garanties dont le contenu est normalisé depuis le 1/10/2018. Ce document comporte un résumé de la couverture proposée (risques assurés, plafonds de garantie…) et des risques non couverts ; les modalités et délais de paiement des primes ; les principales exclusions de garanties ; les obligations lors de la souscription du contrat, pendant sa durée et en cas de sinistre ; la durée du contrat et les modalités de sa résiliation (*Code des assurances, Art. L. 112-6*) ;
– un exemplaire du projet de contrat et de ses pièces annexes ou une notice d'information sur le contrat qui décrit précisément les garanties assorties des exclusions, ainsi que les obligations de l'assuré.
Les informations doivent être communiquées au moyen d'un support durable. Le souscripteur peut demander que lui soit remis gratuitement un exemplaire sous forme papier (*Code des assurances, Art. R. 521-2*). Ces documents doivent détailler les modalités d'examen des réclamations.
La proposition d'assurance n'engage ni l'assuré, ni l'assureur ; seule la police ou la note de couverture constate leur engagement réciproque. Pour réduire le risque de surassurance, coûteux pour les souscripteurs, la loi encadre la mise en place de certains contrats souscrits à des fins non professionnelles. Sont concernés les contrats constituant un complément à un bien (risques de mauvais fonctionnement, perte, vol, endommagement) ou à un service (risques liés au voyage, tels la perte des bagages ou leur endommagement).
Avant la conclusion d'un de ces contrats, l'assureur remet au demandeur un document :
– l'invitant à vérifier s'il n'est pas déjà couvert pour ce risque ;
– l'informant qu'il peut renoncer au nouveau contrat.
Effectivement, la personne qui justifie du bénéfice d'une garantie antérieure pour l'un des risques visés par le projet de contrat, peut y renoncer sans frais ni pénalités. La renonciation peut intervenir tant que le contrat n'a pas été intégralement exécuté ou tant que l'assuré n'a pas fait intervenir la garantie, et dans la limite du délai de 14 jours calendaires (de date à date) à partir de la conclusion du contrat. L'assureur doit lui rembourser l'intégralité de la prime versée dans les 30 jours, sauf si un sinistre est intervenu durant le délai de renonciation.
Le document d'information pour l'exercice du droit de renonciation doit suivre un modèle type prévu par l'arrêté du 29/12/2014 (*Code des assurances, Art. L. 112-10*).

À NOTER

S'assurer plusieurs fois pour le même risque n'est pas interdit par le Code des assurances. Le Code limite seulement l'indemnité due par l'assureur dans ces cas. Elle ne peut pas dépasser le montant de la valeur de la chose assurée lors du sinistre.

UN CONSOMMATEUR PROTÉGÉ

En cas de démarchage à domicile

Les personnes qui souscrivent un contrat d'assurance lors d'un démarchage à domicile ou sur leur lieu de travail disposent d'un délai de renonciation de 14 jours à compter de la conclusion du contrat. Pendant ce délai, elles peuvent revenir sur leur décision par lettre recommandée ou par envoi recommandé électronique avec avis de réception sans avoir à se justifier ni à subir de pénalités ; toutefois, dès lors qu'elles ont connaissance d'un sinistre mettant en jeu la garantie du contrat, elles ne peuvent plus exercer ce droit de renonciation. Le contrat d'assurance doit comporter un modèle de lettre destiné à faciliter cette faculté de renonciation.

Ne sont pas concernés par cette mesure les contrats d'assurance vie ou de capitalisation pour lesquels il existe un délai spécifique de 30 jours. De même, ne sont pas visés les contrats d'assurance bagages ou voyage ni ceux d'une durée d'1 mois maximum.

En cas de renonciation, le souscripteur ne peut être tenu qu'au paiement de la partie de prime ou de cotisation correspondant à la période pendant laquelle le risque a couru, cette période étant calculée jusqu'à la date de la résiliation. L'entreprise d'assurance est tenue de rembourser au souscripteur le solde au plus tard dans les 30 jours suivant la date de résiliation. Au-delà de ce délai, les sommes non versées produisent de plein droit intérêt au taux légal (*Code des assurances, Art. L. 112-9*).

Les assureurs autorisés

Le Registre des intermédiaires en assurance, que l'on peut consulter sur le site Internet *www.orias.fr*, recense les personnes autorisées à exercer l'activité d'intermédiaire en assurance en France. L'inscription sur le registre atteste que cette personne remplit les conditions et exigences prévues par le Code des assurances, en conformité avec le droit européen, pour pratiquer cette activité.

Comment doivent être rédigées les clauses de la police d'assurance ?

Le contrat d'assurance doit être établi par écrit, en français et en caractères apparents.

De même, les clauses des polices édictant des nullités, des déchéances ou des exclusions de risques ne sont valables que si elles sont mentionnées en caractères très apparents (*Code des assurances, Art. L. 112-3 et L. 112-4*).

En effet, ces clauses, notamment si elles sont rédigées en petits caractères, seront considérées comme n'ayant pas été portées à la connaissance de l'assuré et pourront être déclarées non valables par les tribunaux.

Toute discrimination directe ou indirecte fondée sur la prise en compte du sexe comme facteur dans le calcul des primes et des prestations entraînant des différences sur le montant des primes et des prestations est interdite. Ce principe n'interdit pas de prévoir, par arrêté ministériel, des différences de primes et de prestations fondées sur la prise en compte du sexe et proportionnées aux risques « lorsque des données actuarielles et statistiques pertinentes et précises établissent que le sexe est un facteur déterminant dans l'évaluation du risque d'assurance » (*Code des assurances, Art. L. 111-7*).

À NOTER

Dans les contrats conclus entre professionnels et consommateurs, comme c'est le cas lorsque vous souscrivez un contrat d'assurance, certaines clauses sont considérées comme abusives et donc interdites. Il s'agit notamment de celles qui permettraient aux professionnels de modifier unilatéralement le contrat ou de soumettre la résiliation à un délai de préavis plus long pour le consommateur que pour le professionnel (Code de la consommation, Art. R. 212-1).

Qu'est-ce qu'une note de couverture ?

En principe, l'engagement entre assuré et assureur prend la forme d'un contrat signé entre les parties (voir plus haut). Il est néanmoins possible qu'avant l'établissement de la police définitive, l'assureur, à la demande de son client, lui remette une note de couverture qui permette à ce dernier d'être immédiatement assuré (par exemple en matière d'assurance obligatoire : assurance automobile ou professionnelle).

Ainsi, l'assureur est tenu de couvrir les sinistres intervenus dès la remise de ce document.

Cependant, en dehors de certaines mentions imposées par la loi (adresse de l'établissement accordant la couverture et, si la compagnie est étrangère, nom et adresse du représentant en France), rien n'est prévu dans le Code des assurances concernant la forme et le contenu de ce document. Les tribunaux ont donc eu à déterminer dans quelles conditions la compagnie pouvait être engagée dans l'hypothèse d'un sinistre intervenant entre la délivrance de la note et celle de la police définitive (*Code des assurances, Art. L. 112-3 et L. 112-7*).

Quels sont les risques exclus par votre contrat ?

Votre contrat d'assurance prévoit des exclusions : des cas où l'assurance ne joue pas.

- Certaines exclusions sont imposées par la loi. Ainsi, une assurance ne peut couvrir des amendes. Elle ne peut pas non plus jouer si vous avez volontairement commis une faute qui a entraîné des pertes ou des dommages ; dans ce cas, c'est à l'assureur de prouver que la faute était intentionnelle. Le Code des assurances prévoit deux autres types d'exclusion qui s'appliquent automatiquement sauf si l'assureur propose expressément le contraire dans son contrat. Ainsi ne sont pas couverts, en principe, les objets qui comportent un défaut et qui sont à l'origine du dommage et les dommages occasionnés par les guerres. En assurance décès, le suicide de l'assuré n'est pas couvert s'il survient dans la première année du contrat. De même, le meurtre de l'assuré par le bénéficiaire de l'assurance ne peut lui profiter s'il est l'auteur du crime.

Lorsque l'assurance concerne le risque invalidité-décès et est liée à un contrat de prêt souscrit pour l'achat de la résidence principale, la garantie décès doit couvrir le suicide dès la souscription du contrat dans la limite d'un plafond qui ne peut être inférieur à 120 000 €.

- D'autres exclusions sont prévues par l'assureur lui-même : par exemple, une assurance automobile peut exclure de son contrat le vol d'argent liquide laissé dans la voiture. La loi exige que la portée de l'exclusion soit très précisément définie dans le contrat afin que vous sachiez dans quels cas vous n'êtes pas assuré.

À NOTER

De nombreux litiges naissent de la rédaction peu claire des contrats et de l'interprétation que chacun, assuré et assureur, font d'une clause. Or, selon la position retenue par les juges, le doute sur l'interprétation d'une clause profite aux assurés. Pour en décider ainsi, ils s'appuient sur l'article L. 211-1 du Code de la consommation qui prévoit que les clauses des contrats proposés par les professionnels aux consommateurs s'interprètent en cas de doute dans le sens le plus favorable au consommateur (Cour de cassation, 2e chambre civile, 1/6/2011).

À quelles conditions les garanties jouent-elles ?

› L'assurance doit être entrée en vigueur

Un sinistre ne peut être indemnisé qu'après la prise d'effet de l'assurance, qui intervient dès la signature du contrat ou à une date ultérieure, prévue dans le contrat. Parfois, en effet, l'assureur impose un délai de carence, c'est-à-dire une période pendant laquelle vous paierez votre cotisation mais où vous ne pourrez pas encore bénéficier de la garantie correspondante. Si le risque se réalise pendant ce délai, vous ne serez donc pas indemnisé.

› Vous devez respecter vos obligations

Payer la prime d'assurance

Si vous ne payez pas la prime due dans les 10 jours qui suivent son échéance, l'assureur doit vous adresser une lettre vous mettant en demeure de payer. La garantie qu'il vous a accordée cessera automatiquement 30 jours après l'envoi de cette lettre. Si vous ne réglez pas l'intégralité de ce que vous devez dans les 30 jours, la garantie est donc suspendue au 31e jour qui suit l'envoi de la lettre. Si un sinistre survient, l'assureur n'indemnise pas. Après 10 jours de suspension, l'assureur peut résilier le contrat, soit au plus tôt 40 jours après l'expédition de la mise en demeure.

À NOTER

Le non-paiement des cotisations n'entraîne pas, pour autant, la résiliation automatique du contrat. C'est ce qu'a rappelé la Cour de cassation dans un arrêt rendu le 23/9/2003.

Dans cette affaire, un couple « d'assurés » avait demandé à son assureur une indemnisation à la suite d'un sinistre alors qu'il ne payait plus de cotisations depuis plusieurs années. L'assureur, qui n'avait pas exigé, pendant toutes ces années, le paiement des primes, refusait l'indemnisation. La Cour de cassation donne raison au couple car l'assureur n'avait pas respecté la procédure de résiliation.

ATTENTION ⚠

Depuis plusieurs années, les phénomènes climatiques sont venus augmenter les charges des assureurs. Ces facteurs ont conduit à une augmentation générale des tarifs.

Déclarer exactement les risques

À la signature

Avant de signer un contrat, l'assureur vous demande de répondre à un certain nombre de questions qui doivent lui permettre d'évaluer le risque qu'il prend en charge. Attention aux fausses déclarations ! Si, intentionnellement, vous omettez ou dissimulez un fait qui pourrait changer l'opinion qu'il se fait du niveau de risque assuré, le contrat sera nul. Votre assureur qui conservera quand même les primes payées à titre de dommages et intérêts pourra alors refuser de prendre en charge tout sinistre. Mais c'est à lui de prouver que vous avez fait volontairement une fausse déclaration.
Si l'omission ou l'inexactitude a été faite en toute bonne foi et que vous n'avez aucunement l'intention de berner l'assureur, sa position diffère selon que la déclaration erronée est constatée avant ou après un sinistre. Dans la première hypothèse, l'assureur peut poursuivre le contrat en proposant une hausse des cotisations. Dans la seconde, l'indemnisation du sinistre subit un abattement.

Si ensuite le risque s'aggrave

Si des circonstances nouvelles se produisent, avec pour conséquence d'aggraver les risques assurés ou d'en créer de nouveaux, vous devez avertir votre assureur par lettre recommandée avec avis de réception dans un délai de 15 jours à partir du moment où vous avez connaissance de ces faits nouveaux.
L'assureur peut alors soit résilier le contrat, soit proposer une augmentation de la prime d'assurance. Ce principe ne s'applique pas aux contrats de complémentaire santé.
Si, volontairement, vous ne déclarez rien et que l'assureur peut prouver qu'il y a eu aggravation du risque, l'assurance ne jouera pas car le contrat est nul. Si cette omission est involontaire, l'indemnisation sera amputée ou la prime augmentée.

ATTENTION ⚠

Attention aux fausses déclarations ! Elles peuvent priver l'assuré de toute garantie au motif qu'une fausse déclaration modifie l'opinion de l'assureur sur le risque qu'il prend en accordant sa garantie. C'est la position qui a été retenue par la justice dans une affaire où le propriétaire du véhicule s'est déclaré « conducteur habituel » de la voiture alors que c'est sa fille, au demeurant jeune conductrice, qui en était la conductrice principale. En raison de cette fausse déclaration, le vol de la voiture n'a pas été indemnisé.

Remplir les conditions fixées par le contrat

L'assureur peut n'accorder de garantie qu'à certaines conditions, comme par exemple, l'installation de volets à une maison, d'un système d'alarme à une voiture, etc. Si ces conditions ne sont pas réunies au moment du sinistre, l'assurance ne jouera pas. En cas de litige, c'est à vous de prouver qu'elles étaient effectivement remplies.

AVANTAGE

Certaines garanties doivent obligatoirement figurer au contrat et ne peuvent être exclues. Ainsi, les assurances de biens doivent couvrir les conséquences des catastrophes naturelles, les risques technologiques ainsi que les actes de terrorisme.

À NOTER

Ne confondez pas la « faute intentionnelle » et « l'imprudence ». La première signifie que vous avez provoqué volontairement un sinistre afin d'en toucher les indemnités ; dans ce cas, la garantie ne joue pas. L'imprudence, comme son nom l'indique, c'est simplement le fait qu'une de vos actions ou une omission de votre part a entraîné le dommage ; là, l'assurance doit jouer. L'assureur peut toutefois réduire l'indemnisation, selon ce qui est prévu dans le contrat.

À QUOI S'EXPOSE L'ASSURÉ EN CAS DE FAUSSE DÉCLARATION ?	
Nature de la déclaration	**Conséquences**
La fausse déclaration était intentionnelle	– l'assureur devra apporter la preuve que la fausse déclaration était intentionnelle ; – le contrat d'assurance est nul si la fausse déclaration ou le silence intentionnel change l'appréciation du risque pour l'assureur, peu importe que le risque dissimulé n'ait aucune incidence sur le sinistre ; – les primes payées demeurent acquises ; – non-indemnisation du sinistre.
La fausse déclaration n'était pas intentionnelle	• Constatation de la fausse déclaration après un sinistre : réduction de l'indemnité en proportion du taux des primes qui auraient dues être payées si le risque avait été correctement apprécié. • Constatation de la fausse déclaration avant un sinistre, une alternative : – maintien du contrat, en contrepartie l'assureur augmente les primes avec l'accord de l'assuré ; – résiliation du contrat, 10 jours après une notification adressée à l'assuré par lettre recommandée avec avis de réception. L'assureur devra en contrepartie restituer la quote-part de prime payée pour le temps où l'assurance ne va plus courir.

À NOTER

Dans certaines circonstances, la loi vous impose de vous couvrir contre les dommages (matériels et corporels) que vous pourriez provoquer à autrui. C'est ce que l'on appelle la garantie de responsabilité civile. Elle est obligatoire si vous conduisez une voiture, si vous êtes locataire ou copropriétaire, si vous chassez ou encore pour les clubs sportifs.

La modification du contrat

Comment demander la modification de sa police ?

L'assuré qui demande une modification de son contrat doit écrire à sa compagnie par lettre recommandée si possible avec avis de réception. Cette modification peut porter sur la prolongation de son contrat, sur la remise en vigueur d'un contrat suspendu ou pour toute autre raison.

Si l'assureur ne refuse pas la modification, dans un délai de 10 jours à compter de la réception de la lettre, il est présumé avoir accepté la proposition (*Code des assurances, Art. L. 112-2*).

La preuve de la modification, dans ce cas, résulte des termes de la lettre recommandée ou de l'envoi recommandé électronique.

Cette disposition n'est pas applicable en matière d'assurance sur la vie.

Qu'est-ce qu'un avenant ?

L'avenant est un acte constatant toute addition ou modification au contrat primitif. Il doit être signé des deux parties et fait corps avec la police qui demeure applicable sur tous les points qui n'ont pas fait l'objet de modification. L'avenant est le mode de preuve normal de la modification du contrat d'assurance (*Code des assurances, Art. L. 112-3*).

Que faire en cas de sinistre ?

Les assureurs appellent « sinistre » l'événement qui fait jouer la garantie du contrat et qui les oblige à verser l'indemnité, le capital ou la rente proposés dans le contrat. Mais pour recevoir ce qui vous est dû, vous devez agir rapidement.

Les délais à respecter

Vous devez avertir votre assureur par lettre recommandée avec avis de réception le plus vite possible. Votre contrat précise le délai dont vous disposez pour faire cette démarche. Ce délai est souvent très court. Il ne peut toutefois être inférieur à 2 jours ouvrés pour les vols ou les tentatives de vol, à 5 jours ouvrés pour l'incendie, le dégât des eaux, le bris de glaces, les dommages électriques, la grêle et à 10 jours ouvrés à compter de la publication au Journal officiel de l'arrêté interministériel constatant l'état de catastrophe naturelle.

Si vous ne respectez pas ces délais, et que l'assureur prouve que ce retard lui a causé un préjudice, il peut refuser de vous indemniser (si cela est prévu au contrat), sauf si un cas de force majeure vous a empêché de le prévenir à temps.

Le délai est décompté à partir du moment où vous avez eu connaissance du sinistre, c'est-à-dire à la fois de l'événement et de ses conséquences. Dans les assurances de responsabilité, il est calculé à partir du moment où la victime fait une réclamation. S'il s'agit d'une assurance contre les accidents corporels, il ne court qu'à partir du jour où l'assuré sait que l'accident va entraîner pour lui des conséquences permanentes.

En cas de litige, c'est à vous de prouver que vous avez bien respecté les délais, d'où l'importance d'envoyer une lettre recommandée avec avis de réception, même si vous avez déjà prévenu votre assureur par téléphone.

Les indications à fournir

Pour percevoir plus rapidement la somme prévue par le contrat, indiquez à l'assureur le nom et l'adresse de l'assuré, la date, l'heure, le lieu et la nature du sinistre, le numéro du contrat d'assurance, éventuellement les coordonnées des victimes et l'importance des dommages, en précisant s'il s'agit de dommages corporels ou matériels, s'il y a des dégâts chez les voisins, etc. Pour les dégâts des eaux ou les accidents automobiles, les assureurs tiennent à votre disposition des imprimés standardisés : les constats amiables. Ces documents, une fois remplis, servent de déclaration de sinistre.

À NOTER

Si vous n'avez reçu ni l'avis d'échéance de la prime, ni la mise en demeure de payer parce que vous avez changé d'adresse, l'assureur peut tout de même suspendre la garantie.

À NOTER

Il n'y a fausse déclaration intentionnelle que si, d'une part, l'assuré est de mauvaise foi (c'est-à-dire qu'il a délibérément commis un mensonge ou une omission) et si, d'autre part, sa déclaration fausse l'appréciation du risque par l'assureur.

AVANTAGE

La déclaration de sinistre faite auprès du mandataire apparent de l'assureur, le courtier, par exemple, est valable. Elle sera valable aussi si vous l'avez faite auprès de l'agent d'assurances, même si celui-ci ne l'a pas transmise à sa société ou mutuelle.

ATTENTION ⚠

Parfois, l'assureur peut résilier un contrat après un sinistre. Dans ce cas, vous devez mentionner ce fait à votre nouvelle société d'assurances ou mutuelle. À défaut, cette dernière pourra vous accuser de fausse déclaration et refuser de vous indemniser.

AVANTAGE

L'assurance en ligne, contrairement aux assurances traditionnelles, ne dispose pas d'agence. Toutes les démarches (souscription, déclaration de sinistres…) se font via Internet. À garanties équivalentes, les assurances en ligne proposent souvent des contrats à tarifs plus bas.

L'indemnisation

L'indemnisation est la somme versée par l'assureur pour réparer le préjudice subi par l'assuré ou la victime après un sinistre. Le calcul de cette somme fait l'objet de nombreux litiges : l'assuré, qui s'estime souvent lésé, dispose alors de certains recours.

Comment est alculée l'indemnisation ?

› En assurance de dommages

Le montant de l'indemnisation ne peut être supérieur à la valeur réelle de ce que vous avez perdu. Mais il peut être inférieur, en fonction des règles d'indemnisation prévues par votre contrat. Deux éléments sont à prendre en compte :

L'estimation de la valeur de la chose assurée

L'indemnité est déterminée en fonction de la valeur du bien au jour du sinistre. Cette valeur est appréciée par l'expert, en fonction de la vétusté des biens assurés. En effet, en assurance dommage, pour la plupart des sinistres, l'assureur du bien missionne un expert qui évalue le montant des dégâts. Celui-ci établit un rapport qu'il adresse à l'assureur, l'assuré pouvant en demander communication. À cet égard, et conformément à un avis du Comité consultatif du secteur financier (CCSF), l'assureur doit transmettre ce rapport dans les plus brefs délais aux assurés qui en font la demande et les informer de cette possibilité dans les documents contractuels. Toutefois, les nouvelles générations de contrat notamment en matière de multirisques habitation prévoient de prendre comme estimation la « valeur à neuf ». L'indemnisation sera calculée sur le coût de remplacement ou de réparation du bien à condition parfois d'apporter la preuve de son remplacement ou de sa réparation dans un délai de 2 ans. La valeur à neuf ne s'applique que pour les biens qui ne dépassent pas un certain coefficient de vétusté, précisé dans le contrat.

Il est aussi possible –et conseillé – d'assurer les objets précieux pour leur valeur exacte, précisée dans le contrat. Cette valeur est préalablement établie par un expert et acceptée par la société d'assurances ou la mutuelle. Dans ce cas, on parle de « valeur agréée ». En cas de litige, c'est alors à l'assureur de prouver que l'objet n'avait pas cette valeur au jour du sinistre.

ATTENTION ⚠

Refuser l'offre d'indemnisation de l'assureur peut être risqué, comme le démontre la position de la Cour de cassation dans une affaire récente. Un motocycliste se fait renverser par un automobiliste. Il subit des dommages corporels importants. Il refuse l'offre d'indemnisation de l'assureur qu'il considère partielle au regard de son préjudice et saisit la justice. L'assureur lui conteste alors le droit à indemnisation. La cour d'appel considère que l'assureur ne peut revenir sur son engagement d'indemniser la victime qu'il a pris en lui faisant une offre. En outre, en agissant ainsi, il lui a laissé croire pendant 2 ans qu'elle allait être indemnisée pour l'intégralité de son préjudice avant de lui contester ce droit. La Cour de cassation ne valide pas ce raisonnement. Comme il n'y a pas eu accord sur l'offre entre l'assureur et la victime, aucun accord ne lie les parties. L'assureur retrouve donc sa liberté (Cour de cassation, 2e chambre civile, 8/6/2017).

Les limites de l'indemnisation

Votre contrat peut prévoir :
– un plafond de garantie, c'est-à-dire un montant maximal couvert par l'assurance. Par exemple, si la garantie est plafonnée à 7 500 €, vous ne pouvez prétendre à une indemnisation plus élevée, même si la valeur des biens détruits est, en réalité, largement supérieure. C'est pourquoi vous devez estimer de la façon la plus précise possible la valeur des biens assurés et vérifier qu'elle correspond bien au plafond de garantie mentionné dans votre contrat ;
– des franchises.

› L'assurance sur les personnes

Les contrats des assurances sur la vie ou en cas d'accident prévoient le montant de la somme qui sera versée aux bénéficiaires désignés dans le contrat si le risque se réalise. Il peut s'agir d'une rente ou d'un capital.

Si vous n'avez pas pensé à déclarer à votre assureur une aggravation des risques prévus par le contrat, votre indemnisation sera réduite en proportion des primes que vous auriez dû payer si ces risques avaient été correctement déclarés. Par exemple, si votre prime était de 150 € alors que vous auriez dû payer 200 €, votre indemnisation pour un sinistre de 7 500 € sera non plus de 7 500 € mais de : 7 500 € × 150 € 200 €= 5 625 €.

AVANTAGE

Une victime peut intenter une action directe contre l'assureur garantissant la responsabilité civile de la personne responsable du dommage (Code des assurances, Art. L. 124-3).

ATTENTION ⚠

Vous ne serez pas indemnisé si vous n'avez pas respecté vos obligations.

À NOTER

Après avoir réglé les indemnités dues à l'assuré, l'assureur peut se substituer à lui auprès du responsable des dommages pour récupérer la somme versée.

À NOTER

Le site Internet www.victimesindemnisees-fvi.fr a répertorié 91 408 cas de victimes indemnisées d'un accident de la route entre le 1/7/2015 et le 30/6/2018. La finalité de ce fichier est d'aider les victimes à négocier les offres d'indemnisation qui leur sont faites par les assureurs.

Que faire en cas de litige avec l'assureur ?

Le règlement du litige à l'amiable

- Si le différend porte sur l'estimation du dommage subi, vous pouvez demander une contre-expertise. En effet, vous n'êtes pas tenu par les conclusions de l'expert de la société d'assurances ou de la mutuelle. Vous pouvez choisir également le vôtre (certains contrats prévoient que ses honoraires seront alors pris en charge par l'assureur). Si le désaccord persiste, vous et la société d'assurances ou la mutuelle en prendrez un troisième. Les trois experts délibèrent alors en commun et prennent une décision à la majorité des voix.
- Vous pouvez adresser une lettre de réclamation au service « consommateurs » de la société d'assurances ou de la mutuelle, dont l'objectif est d'améliorer les relations avec ses clients.
- Si le litige persiste après avoir utilisé toutes les procédures internes de traitement des réclamations proposées par l'assureur, il est possible de recourir à la « Médiation de l'Assurance ». Il faut pour cela ne pas avoir engagé d'action en justice. Concrètement, la saisine de la « Médiation de l'Assurance » se fait :

– **soit par courrier**, en envoyant un dossier écrit comportant le nom de la société d'assurances avec laquelle vous êtes en litige, les dates des principaux événements à l'origine du différend et un résumé du litige, les décisions ou réponses de l'assureur contestées, le numéro du contrat d'assurance et celui du dossier en cas de sinistre. Il faut y joindre la photocopie des courriers échangés avec l'assureur. Le dossier doit être adressé à : La Médiation de l'Assurance, TSA 50110, 75441 Paris cedex 09 ;

– **soit par Internet**, en complétant un formulaire de saisine sur le site *www.mediation-assurance.org*.

Le recours à la médiation est gratuit. Il suspend le délai légal de la prescription qui est de 2 ans en matière d'assurance. Si vous n'êtes pas d'accord avec l'avis rendu par la Médiation de l'Assurance, vous pouvez engager une action contre votre assureur dans ce délai sans être pénalisé par le temps de traitement du dossier en médiation.

En 2018, il y a eu 15 389 saisines du médiateur, soit une diminution de 4,7 %. L'avis du médiateur ne s'impose ni à vous, ni à l'assureur, mais ce dernier le suit dans la majorité des cas. Dans un quart des cas, l'avis est favorable à l'assuré.

À NOTER

Lorsqu'un contrat a été signé depuis longtemps, il arrive fréquemment que le montant garanti ne corresponde plus à la réalité. Pour pallier ce danger, certains contrats révisent régulièrement le montant assuré (et, en proportion, la prime payée) suivant un indice défini dans le contrat (indice FNB du coût de la construction pour l'assurance habitation, par exemple). Mais cette révision n'est pas toujours suffisante. Pensez à demander, le cas échéant, à votre assureur une remise à jour du contrat.

Quels sont les délais pour agir ?

Tous les litiges dérivés du contrat d'assurance se prescrivent par 2 ans. Cela signifie que si l'assuré entend demander le remboursement d'un sinistre, il a impérativement 2 ans pour agir, à partir de la réalisation de ce sinistre ou du moment où il en a eu connaissance.

L'assureur a le même délai pour assigner l'assuré en vue du recouvrement des primes échues et impayées. Cela dit, dans ce dernier cas, le délai de 2 ans ne court, en cas de réticence, omission, déclaration fausse ou inexacte sur le risque couru par l'assuré, que du jour où l'assureur en a eu connaissance.

Une prescription de 10 ans est également prévue pour agir en ce qui concerne :

– les contrats d'assurance vie lorsque le bénéficiaire est une personne distincte du souscripteur ;

– les contrats d'assurance accident lorsque les bénéficiaires sont les ayants droit de l'assuré décédé (*Code des assurances, Art. L. 114-1*).

Peut-on interrompre ces délais ?

Le mode normal d'interruption de la prescription est l'assignation en justice. De plus, pour le règlement d'un sinistre, la prescription est interrompue par la désignation d'un expert aux fins d'évaluer le sinistre. Une simple assignation en référé interrompt de même la prescription.

Enfin, la loi prévoit que l'envoi d'une lettre recommandée ou d'un envoi recommandé électronique avec avis de réception concernant le paiement des primes ou le règlement d'indemnisation interrompt la prescription (*Code des assurances, Art. L. 114-2*).

Quel est le tribunal compétent ?

Depuis le 1/1/2020, si votre demande porte sur un montant n'excédant pas 5 000 €, vous devez justifier d'une tentative de conciliation, de médiation ou de procédure participative avant de saisir le tribunal judiciaire (*Code de procédure civile, Art. 750-1*). À défaut, la demande sera irrecevable par le juge. Par exception, cette tentative amiable ne sera pas exigée en cas de demande d'homologation d'un accord ou de motif légitime (urgence manifeste ou circonstances rendant impossible l'obtention d'un accord amiable).

Si votre demande dépasse la somme de 5 000 €, vous pouvez saisir directement le tribunal judiciaire mais le juge pourra vous renvoyer – vous et l'assureur – devant un conciliateur.

Si le litige porte sur la fixation ou le règlement des indemnités dues par l'assureur, il convient de saisir le tribunal judiciaire de votre domicile. Mais si le litige porte sur un immeuble ou des meubles par nature, le tribunal à saisir est celui du lieu des biens assurés (*Code des assurances, R. 114-1*).

Si le litige n'a pas trait au règlement d'indemnités mais au contrat lui-même, il convient de saisir le tribunal judiciaire du lieu de l'assureur.

Pour les accidents de toute nature (par exemple circulation), il est possible également de saisir le tribunal du lieu du fait dommageable (*Code des assurances, Art. R. 114-1*).

La résiliation du contrat

La loi n° 2014-344 du 17/3/2014 relative à la consommation et son décret d'application n° 2014-1685 du 29/12/2014 modifient les règles de la résiliation au profit des consommateurs. Ils facilitent la résiliation des contrats d'assurance auto, moto, responsabilité civile et habitation mais aussi des contrats affinitaires (assurance associée à l'achat d'un bien ou d'un service) pour éviter le cumul d'assurances. Par ailleurs, la loi du 21/2/2017 a légalement reconnu la résiliation annuelle de l'assurance emprunteur.

Quand pouvez-vous résilier votre contrat ?

À l'échéance

L'échéance est la date anniversaire de l'entrée en vigueur de l'assurance (ce n'est pas toujours la date à laquelle vous devez payer la prime). À cette occasion, vous pouvez chaque année résilier votre contrat.

À cet égard, l'assureur doit rappeler, avec l'avis d'échéance annuelle de prime ou de cotisation, la date limite à laquelle son client peut envoyer sa demande de résiliation du contrat (*Code des assurances, Art. L. 113-15-1*). Si cet avis est envoyé moins de 15 jours avant cette date limite ou après, l'assureur doit préciser que le client dispose de 20 jours pour résilier le contrat à compter de la date d'envoi de l'avis. À défaut d'information, l'assuré peut résilier quand il veut, sans pénalité, par lettre recommandée ou envoi recommandé électronique. La résiliation sera alors effective à compter du lendemain de la date figurant sur le cachet de La Poste ou de la date d'expiration de l'envoi recommandé électronique.

L'assuré est tenu au paiement de la partie de prime ou de cotisation correspondant à la période pendant laquelle le risque a couru, période calculée jusqu'à la date d'effet de la résiliation. Le cas échéant, l'assureur doit rembourser à l'assuré, dans un délai de 30 jours à compter de la date d'effet de la résiliation, la partie de prime ou de cotisation correspondant à la période pendant laquelle la garantie n'a pas couru. À défaut de remboursement dans ces conditions, les sommes dues sont productives d'intérêts au taux légal.

Ce dispositif s'applique à tous les contrats d'assurance exceptés les contrats d'assurance vie et les contrats de groupe auxquels le consommateur adhère (par exemple, contrat complémentaire santé souscrit par l'entreprise au profit de ses salariés).

À tout moment après 1 an de souscription

Pour les contrats d'assurance auto, moto, responsabilité civile et habitation ainsi que les extensions de garantie souscrites lors de l'achat d'un appareil électroménager ou d'un téléphone mobile, l'assuré est libre, après la première année de souscription, de conserver son contrat ou de quitter à tout moment son assureur (sans attendre la date d'échéance annuelle).

Cette mesure vise à aider les consommateurs à rechercher les meilleurs tarifs pour leurs contrats d'assurance. Ceux-ci représentent environ 5 % de leur budget.

La résiliation se fait sans frais ni pénalités et prend effet 1 mois après réception par l'assureur de la lettre de l'assuré. Ce droit est mentionné dans chaque contrat d'assurance souscrit depuis le 1/1/2015 et rappelé avec chaque avis d'échéance de prime ou de cotisations.

Concrètement, vous devez adresser un courrier à votre assureur, qui vous enverra alors un avis de résiliation. Le contrat sera résilié 1 mois après la réception de votre demande par l'assureur. Dans le cas des assurances obligatoires (automobile et habitation pour le locataire), la demande de résiliation doit mentionner le nouvel assureur. C'est lui qui effectuera cette résiliation pour votre compte. Le nouvel assureur devra veiller à la continuité de la couverture de l'assuré entre l'ancienne et la nouvelle assurance (*Code des assurances, Art. L. 113-15-2*).

En cas de résiliation du contrat, l'assuré n'est tenu qu'au paiement de la partie des cotisations correspondant à la période pendant laquelle le risque a été couvert, c'est-à-dire jusqu'à la date d'effet de la résiliation. L'assureur est tenu de rembourser le solde à l'assuré dans un délai de 30 jours. À défaut de remboursement dans ce délai, les sommes dues à l'assuré sont majorées au taux d'intérêt légal.

- Les banques et organismes de crédit accordent un prêt immobilier à condition que l'emprunteur s'assure contre le risque invalidité-décès. Les emprunteurs peuvent changer de garantie à n'importe quel moment au cours de la 1re année d'assurance puis chaque année, à la date anniversaire. La résiliation doit être acceptée par le prêteur. Autrement dit, le nouveau contrat doit lui apporter les mêmes garanties (*Code de la consommation, Art. L. 313-30* ; *Code des assurances, Art. L. 113-12-2*).

Pour résilier son contrat, il faut adresser à son assureur une lettre recommandée ou un envoi recommandé électronique avec avis de réception au plus tard :
– 15 jours avant le terme des 12 mois pour résilier au terme de la 1re année ;
– 2 mois avant la date d'échéance annuelle pour une résiliation après la 1re année d'assurance.

Dans les 14 jours de la souscription

Pour lutter contre le cumul d'assurances dans le domaine des assurances dites « affinitaires » (c'est-à-dire lorsque l'assurance constitue un complément d'un bien ou d'un service vendu par un professionnel), l'assuré peut opérer une résiliation dans les 14 jours calendaires suivant la souscription. Il n'a à payer ni frais, ni pénalités. Pour exercer cette faculté, il doit justifier qu'il dispose déjà d'une garantie similaire au titre d'un contrat antérieur.

Ce dispositif s'applique, depuis le 1/1/2015, aux contrats d'assurance qui couvrent (*Arrêté du 29/12/2014*) :
– soit le risque de mauvais fonctionnement, de perte, y compris de vol, ou d'endommagement des biens fournis (téléphone mobile par exemple) ;
– soit l'endommagement ou la perte, y compris le vol, de bagages et les autres risques liés à un voyage ;
– soit la perte, y compris le vol, de moyens de paiement, ainsi que de tout autre bien inclus dans une offre portant sur les moyens de paiement (*Code des assurances, Art. L. 112-10*).

Avant la conclusion d'un contrat d'assurance, l'assureur doit remettre à l'assuré un document l'invitant à vérifier qu'il n'est pas déjà assuré pour le risque couvert par le nouveau contrat et l'informant de la faculté de renonciation. En cas de renonciation, l'assureur est tenu de rembourser, le cas échéant, le montant de la prime payée par l'assuré dans un délai de 30 jours.

Votre situation s'est modifiée

Vous pouvez demander la résiliation en cours d'année :
– si vous cessez de travailler, si vous déménagez, changez de situation, de profession ou de régime matrimonial (mariage, divorce, veuvage, modification du contrat de mariage, etc.) ;
– et si cette modification a une incidence sur l'objet du contrat.

Vous devez alors, dans les 3 mois qui suivent cet événement, adresser à l'assureur une lettre recommandée avec avis de réception en précisant la nature et la date du changement et, au besoin, en joignant les pièces justificatives). Le contrat sera résilié 1 mois après la réception de la lettre. Dans ce cas, l'assureur doit vous rembourser la cotisation au prorata de la période qui n'est pas assurée.

Vous héritez d'un bien assuré

Le contrat d'assurance d'un bien reçu par héritage est automatiquement transféré au nouveau propriétaire. Celui-ci peut le résilier, ou le faire mettre à son nom, et/ou demander d'éventuelles modifications pour tenir compte de l'évolution des risques pour l'assureur. Aucun délai n'est imposé par la loi pour résilier le contrat, mais si le nouveau propriétaire règle une cotisation, c'est la preuve qu'il accepte de conserver le contrat. Dès lors, il ne peut plus le résilier que dans les conditions normales.

Vous vendez ou vous achetez un bien

En cas de vente ou d'achat d'un bien, le contrat d'assurance est, comme en cas d'héritage, transféré au nouveau propriétaire. Celui-ci peut donc le résilier dans les mêmes conditions. Si le vendeur souhaite conserver son contrat d'assurance pour le transférer sur son nouveau bien, il le peut à condition d'en faire mention dans l'acte de vente.

Toutefois, cette règle ne s'applique pas pour les véhicules à moteur ni pour les bateaux. Pour eux, l'assurance est suspendue obligatoirement à minuit le jour de la vente. Le nouveau propriétaire n'est donc plus assuré. L'ancien propriétaire peut alors :
– soit résilier son contrat : la résiliation devient effective 10 jours après réception de la lettre recommandée

avec avis de réception par l'assureur. Ce dernier doit rembourser la cotisation au prorata de la période qui n'est plus assurée ;
– soit le transférer sur le nouveau bien si, par exemple, il achète une nouvelle voiture. Il faut alors que l'assureur prenne en compte les modifications sur le bien assuré.

À NOTER

Dans les départements du Haut-Rhin, du Bas-Rhin, de la Moselle, l'assuré comme l'assureur a le droit de résilier le contrat après un sinistre, dans le délai d'1 mois qui suit la fin des négociations sur l'indemnité.

AVANTAGE

Lorsque l'assureur résilie le contrat, ce dernier reste valable 1 mois après que vous ayez reçu la lettre recommandée vous avertissant de la résiliation. Cela vous laisse le temps de chercher un nouvel assureur.

ATTENTION ⚠

Il ne suffit pas d'arrêter de payer la prime pour mettre fin au contrat. L'assureur peut continuer à vous réclamer des cotisations si le contrat n'a pas été résilié officiellement.

ATTENTION ⚠

Contrairement à ce que l'on pourrait croire, lorsque l'assureur résilie votre contrat, il n'est pas toujours possible de mettre un terme aux différents contrats que l'on peut avoir souscrits auprès de lui. En effet, la loi précise que seule la résiliation des contrats souscrits auprès de la même société juridique et non auprès de sociétés différentes, même lorsqu'elles sont rattachées au même groupe, est autorisée.

Attention : si vous ne demandez ni la résiliation, ni le transfert, l'assureur peut vous demander de continuer à payer la prime, même s'il n'apporte aucune garantie.

En cas d'augmentation de la prime

La plupart des contrats d'assurance font évoluer le montant des cotisations en appliquant un indice (par exemple l'indice du coût de la construction publié par la Fédération nationale du bâtiment pour les contrats multirisques habitation).

Subissent les mêmes revalorisations le montant du capital garanti et des franchises. Ces augmentations s'imposent à l'assuré dès lors qu'elles sont prévues au contrat. Vous ne pourrez également que vous incliner et payer si le montant de la cotisation augmente du fait de la revalorisation ou de la création d'une taxe. Il en sera de même si les pouvoirs publics imposent une nouvelle garantie. Il en fut ainsi, par le passé, lorsque les garanties tempête, catastrophe naturelle et risques technologiques ont été rendues obligatoires.

L'assureur peut enfin modifier ses prix parce qu'il a dû faire face, par exemple, à une augmentation des sinistres ou parce que ses résultats économiques ne sont pas satisfaisants. En assurance habitation, par exemple, les assureurs ont dû verser des milliards d'euros à cause des catastrophes naturelles (tempête Xynthia, inondations dans le Var…). Ils n'ont pas pu augmenter leur tarif au cours d'une seule année mais ont opéré des hausses progressives sur plusieurs années.

Autre exemple avec les assurances santé : le vieillissement de la population française, l'amélioration des technologies médicales mais aussi les déremboursements des frais de soins par la Sécurité sociale ont considérablement augmenté les dépenses des assureurs et par conséquent le prix de ces contrats.

Si votre contrat prévoit ce type de revalorisation appelé souvent « augmentation technique », il est possible de résilier le contrat. En pratique, il faut manifester son refus dans les 30 jours qui suivent l'avis d'échéance portant l'augmentation. La résiliation prendra alors effet 1 mois après votre demande. Vous devrez néanmoins acquitter une cotisation pour la durée pendant laquelle la garantie a continué à courir. Cette dernière est calculée selon l'ancien tarif.

Si en revanche votre contrat ne comporte pas de clause permettant une hausse de tarif en dehors du mécanisme de l'indexation, vous pouvez refuser l'augmentation sans pour autant résilier le contrat. L'ancien tarif continuera alors à s'appliquer. Il est cependant fort à parier que l'assureur utilise sa capacité de résiliation à l'échéance du contrat.

L'assureur résilie lui-même un de vos contrats

Lorsque vous avez souscrit plusieurs contrats auprès d'un même assureur, et que celui-ci résilie l'un d'eux à la suite d'un sinistre, vous pouvez alors résilier les autres contrats qui vous lient à lui. Pour cela, vous devez envoyer votre demande par lettre recommandée dans le mois qui suit la résiliation par l'assureur. Les autres contrats prendront fin 1 mois après réception de cette lettre ; la part de la cotisation non utilisée sera alors remboursée.

Quand l'assureur peut-il résilier votre contrat ?

L'assureur a désormais l'obligation de fournir à l'assuré les raisons qui ont motivé sa décision de résilier le contrat (*Code des assurances, Art. L. 113-12-1*).

À l'échéance

L'assureur peut résilier le contrat chaque année, à condition de vous en avertir par lettre recommandée au moins 2 mois avant l'échéance normale.

L'assurance maladie fait exception à cette règle. En effet, les assureurs n'ont pas le droit de rompre le contrat, même plus au cours des 2 premières années qui suivent la souscription (*Ordonnance nº 2001-350 du 19/4/2001*). Dès la signature du contrat, vous pouvez conserver la garantie votre vie durant.

Pour non-paiement de la prime

Si vous ne payez pas votre prime, l'assureur vous adresse une lettre qui vous met en demeure de payer. Puis, 30 jours après l'envoi de cette lettre, il suspend la garantie accordée. Si vous n'avez toujours pas payé 10 jours plus tard, il a le droit de résilier le contrat.

Attention : vous devez payer la prime (ou fraction de prime) à votre assureur, même si votre contrat est résilié.

ATTENTION ⚠

Le contrat est considéré comme résilié même si vous ne recevez pas la lettre recommandée envoyée par l'assureur ou que vous n'allez pas la chercher, car c'est la date d'expédition qui compte.

À NOTER

Si votre contrat a été résilié par l'assureur après un sinistre, vous devez mentionner ce fait à votre nouvelle société d'assurances ou mutuelle. À défaut, cette dernière pourra vous accuser de fausse déclaration et refuser de vous indemniser.

À NOTER

Si votre contrat ne comporte pas de clause « révision ou adaptation » des cotisations, l'assureur ne peut modifier ses tarifs sans votre autorisation. Vous pouvez refuser l'augmentation et demander à garder l'ancienne cotisation, éventuellement majorée de l'indice si le contrat est indexé. Si l'assureur ne peut alors résilier le contrat, il le fera peut-être à la prochaine échéance annuelle.

Si le risque s'aggrave

L'assureur a accepté de vous garantir après avoir évalué les risques qu'il prenait grâce au questionnaire que vous avez rempli à la signature. Si ces risques s'aggravent, vous devez l'en avertir. Il peut alors résilier le contrat ou vous proposer de payer une prime plus élevée (sauf pour les complémentaires santé). Après un délai de 30 jours, si vous ne donnez pas suite à sa proposition, ou si vous la refusez, il a de nouveau la possibilité de résilier le contrat. Dans ce cas, la fraction de la prime non utilisée vous sera remboursée.

En outre, l'assureur a le droit de résilier un contrat d'assurance emprunteur (assurance invalidité-décès attachée à un crédit) si les trois conditions suivantes sont remplies :

– l'assuré pratique régulièrement une nouvelle activité sportive présentant un risque particulier pour sa santé ou sa sécurité ;

– la déclaration initiale du risque aurait été différente si l'assuré avait déjà pratiqué l'activité dangereuse ;

– l'assuré n'a pas de lui-même déclaré cette activité sportive dans les 15 jours (*Code des assurances, Art. R. 113-13*).

Après un sinistre

L'assureur peut résilier le contrat après un sinistre si le contrat mentionne cette possibilité. Il suffit alors que le sinistre se soit produit, même si aucune indemnité n'a dû être versée, et même si l'assuré n'est pas responsable des dommages. La résiliation intervient 30 jours après la notification par lettre recommandée de sa volonté de résilier le contrat. L'assureur doit alors vous rembourser la fraction de la prime correspondant à la période restant jusqu'à la prochaine échéance.

Mais l'assureur ne peut plus résilier le contrat si vous avez payé une cotisation plus d'1 mois après qu'il ait eu connaissance du sinistre.

La garantie obligatoire de responsabilité civile en assurance automobile fait exception : l'assureur n'a pas le droit de la résilier après un sinistre, sauf si le conducteur responsable de l'accident était en état d'ébriété, sous l'emprise de stupéfiants, ou s'il était coupable d'une infraction entraînant une annulation ou une suspension du permis de conduire d'au moins 1 mois. En cas de résiliation, l'assureur doit délivrer au conducteur un relevé d'informations, ce document étant indispensable à l'assuré pour qu'un autre assureur le garantisse. Mais il conserve la possibilité de résilier le contrat à son échéance normale.

À la suite de changements dans votre situation

L'assureur dispose de 3 mois à compter du jour où il a connaissance de ces changements (déménagement pour une assurance habitation, par exemple) pour résilier votre contrat. La résiliation prend effet 1 mois après que vous ayez reçu l'avis de notification. La fraction de la prime non utilisée vous sera remboursée.

Lorsqu'il y a eu omission ou déclaration inexacte

Même lorsque votre mauvaise foi n'est pas établie, l'assureur peut résilier votre contrat. La rupture prend effet 10 jours seulement après envoi de la lettre de l'assureur. La fraction de la prime non utilisée vous sera remboursée.

En cas de perte totale du bien assuré

Cette disposition concerne davantage l'assurance automobile car elle ne peut s'appliquer que lorsque la perte totale du bien assuré résulte d'un événement non garanti par votre contrat. Par exemple : votre véhicule est volé mais il n'était pas garanti contre le vol.

En cas de liquidation judiciaire

L'assureur dispose de 3 mois à compter de la date du jugement pour mettre un terme à votre contrat.

Les assurances de dommages

Certaines sont obligatoires, d'autres ne le sont pas ; mais toutes sont vivement recommandées, sinon indispensables, pour pouvoir non seulement assurer la pérennité de son patrimoine en cas de sinistre, mais aussi pour faire face aux éventuelles conséquences financières d'un dommage causé à autrui. Leur souscription est soumise à une déclaration préalable de risques. C'est à partir de ce document que l'assureur établit son tarif et qu'il fixe les modalités contractuelles de sa garantie.

L'assurance habitation

C'est l'une des assurances les plus importantes car elle couvre non seulement les biens dans lesquels vous vivez, mais aussi votre responsabilité civile vis-à-vis de tiers auxquels vous pourriez causer des dommages dans la vie de tous les jours.

Quelle est la définition exacte d'une assurance multirisques habitation ?

Cette assurance couvre, comme son nom l'indique, votre lieu d'habitation : studio, appartement ou maison individuelle ; mais aussi les meubles que vous possédez (appelés « biens mobiliers »), ainsi que votre responsabilité si celle-ci est engagée vis-à-vis de tiers. Cette dernière garantie fonctionne pour tous les membres de votre famille lorsque l'un d'entre eux cause un dommage à autrui. La victime est alors indemnisée par l'assureur.

Tout le monde doit-il s'assurer de la même façon ?

Les propriétaires

Bien qu'aucun texte de loi n'oblige un propriétaire de maison individuelle à assurer ses biens immobiliers et mobiliers, souscrire une assurance multirisques habitation afin de préserver son patrimoine relève de la prudence la plus élémentaire. En effet, en cas de sinistre, les biens détruits ou endommagés bénéficiant d'une telle garantie pourront être indemnisés et les dommages subis par des voisins ou toute autre personne seront payés par l'assureur et non par le propriétaire lui-même.

Les copropriétaires

L'immeuble dans lequel un copropriétaire réside est en principe assuré par le syndic pour le compte de la copropriété. Il couvre normalement les dommages affectant les parties communes de l'immeuble (entrée, cage d'escalier, toiture…) : incendie, dégât des eaux, tempête, catastrophes naturelles, vols ou dégradations, etc., mais aussi les dommages que pourrait causer la copropriété à autrui : un visiteur tombe et se blesse dans les escaliers mal éclairés par exemple. Les meilleurs contrats peuvent également garantir certaines parties à la fois privatives et communes comme les caves et les parkings, par exemple. C'est un point à vérifier à la fois pour ne pas oublier de préserver ses biens lorsque l'assurance générale de l'immeuble est limitée au strict minimum et pour ne pas payer deux fois pour la même chose lorsqu'au contraire, le contrat d'assurance conclu par le syndic est exhaustif. En aucun cas, cette assurance ne dispense le copropriétaire de se prémunir contre les risques qu'il fait courir à ses propres biens mobiliers, contre les risques qu'il fait courir à un autre copropriétaire (inondation de l'appartement du dessous à la suite d'une rupture de canalisation privative, par exemple), ou à l'ensemble de la copropriété elle-même (incendie qui se propage à tous les étages après avoir pris naissance chez le copropriétaire, par exemple). D'ailleurs, chaque copropriétaire est tenu d'assurer sa responsabilité civile (*Loi n° 65-557 du 10/7/1965, Art. 9-1*).

Les locataires

La loi oblige chaque locataire à assurer sa responsabilité vis-à-vis du propriétaire, quel que soit le bien qu'il occupe : studio, appartement ou maison. En effet, il faut savoir que le locataire est tenu pour responsable des dommages subis par les biens appartenant au propriétaire, sauf s'il prouve que leur origine est due à un défaut d'entretien, à un cas de force majeure (le feu qui a pris dans un appartement voisin s'est propagé dans l'appartement du propriétaire, par exemple) ou encore à un vice de construction.

Chaque locataire doit donc justifier au bailleur, ou à l'intermédiaire éventuel chargé de la location (agence immobilière, etc.) qu'il est bien assuré. Une attestation d'assurance doit être fournie au moment de la souscription du bail, puis chaque année lors de la date anniversaire du contrat si le bailleur le demande. Si le locataire ne se plie pas à cette obligation, le propriétaire peut souscrire une assurance contre les risques locatifs en lieu et place du locataire. Le montant de la prime annuelle est alors ajouté par douzième au montant du loyer. En revanche, la loi n'autorise pas les propriétaires à imposer une société d'assurances plutôt qu'une autre et ne mentionne pas de façon exhaustive les risques à assurer. Selon les termes de la loi, le locataire doit répondre de l'ensemble des dégradations, c'est-à-dire des dommages provoqués par un incendie, un dégât des eaux, une explosion.

À NOTER

En cas de refus d'assurance de la part de plusieurs assureurs, la garantie des risques locatifs et la garantie de la responsabilité civile du copropriétaire étant obligatoires, il est possible de saisir le Bureau central de tarification (BCT) (Décret n° 2015-518 du 11/5/2015). Cet organisme a été créé pour permettre de faire face à ses obligations d'assurance. Le BCT fixe le montant de la cotisation pour lequel l'assureur que vous aurez désigné est tenu de vous assurer pour une durée d'1 an. L'instruction du dossier dure 1 à 2 mois. BCT : 1, rue Jules Lefebvre, 75009 Paris et www.bureaucentraldetarifica-tion.com.fr.

Dans quels autres cas doit-on souscrire une assurance habitation ?

Les locations de vacances

Le contrat que vous signez directement avec le propriétaire ou avec un intermédiaire chargé de la location (agent immobilier, résidence de loisirs…) comprend nécessairement un volet assurance. Mais les garanties offertes ne sont pas toujours les mêmes ; vous devez donc prendre la précaution préalable de vérifier si oui ou non vous serez correctement couvert en cas de sinistre.

Deux cas de figure peuvent se présenter :

- le contrat d'assurance souscrit par le propriétaire pour le logement loué comporte ce que l'on appelle une clause d'abandon de recours qui vous protège. Avec un tel contrat, le propriétaire ne peut pas se retourner contre vous en cas de sinistre. En effet, si vous causez des dommages pendant la location, le propriétaire sera indemnisé par son propre assureur :
- le contrat d'assurance du logement loué ne comporte aucune clause d'abandon de recours : vous devez alors vous assurer vis-à-vis du propriétaire et vis-à-vis de tiers. Avant de souscrire une assurance spécifique (éventuellement proposée au moment de la signature du contrat de location), vérifiez tout de même la portée de votre propre contrat d'assurance habitation. En effet, nombreux sont les contrats qui comprennent aujourd'hui une garantie dite de « villégiature » qui couvre précisément les risques contre lesquels vous devez vous assurer. Cette garantie n'est toutefois pas uniforme ; d'un contrat à l'autre son montant et son étendue peuvent varier sensiblement. Dans le cas contraire, c'est-à-dire si votre assurance multirisques habitation ne comprend aucune clause de ce type, vous devrez souscrire une assurance temporaire spécifique.

Les logements de fonction

En l'absence de dispositions contractuelles stipulant que les risques locatifs sont pris en charge, vous devez vous assurer comme dans le cadre d'un contrat de location ordinaire, c'est-à-dire vis-à-vis du propriétaire mais aussi vis-à-vis des tiers.

Les logements occupés à titre gratuit

Bien que les relations entre l'occupant à titre gratuit et le propriétaire du logement ne fassent, bien souvent, l'objet d'aucun bail, il est indispensable d'être assuré au même titre qu'un locataire ordinaire.

Les meublés

Le locataire d'un logement meublé est tenu aux mêmes obligations qu'un locataire d'un logement vide et il doit s'assurer contre les risques locatifs (incendie, dégâts des eaux…). Il doit justifier de cette assurance en présentant l'attestation d'assurance au bailleur lors de l'entrée dans les lieux et lors du renouvellement annuel du bail (*Loi n° 89-462 du 6/7/1989, Art. 7 et 25-3*).

AVANTAGE

Il est possible de réduire à néant certaines franchises moyennant une surprime.

À NOTER

En cas de déménagement, la plupart des contrats couvrent simultanément votre ancienne et votre nouvelle habitation pendant 1 mois.

ATTENTION ⚠

Différentes formules d'assurance multirisques habitation sont aujourd'hui vendues par les assureurs. Elles ne comportent pas toutes les mêmes garanties et ne peuvent, en conséquence, s'adresser aux mêmes biens. Soyez donc vigilant quant à la qualité et à l'étendue des garanties souscrites.

À NOTER

Pour établir leur tarif, certains assureurs tiennent compte du nombre de pièces principales de votre logement. D'autres s'intéressent davantage au montant global de vos biens, quelle que soit la surface de votre habitation.

AVANTAGE

La plupart des grandes sociétés d'assurances et mutuelles disposent aujourd'hui de contrats spécifiquement conçus pour assurer les logements ayant des surfaces modestes : studio ou chambre de bonne pour étudiant. Ces formules ont un atout : elles sont peu chères, à condition toutefois de « rentrer » dans les critères de sélection définis au départ (capital mobilier garanti, surface exprimée en m² et âge de souscription limités).

AVANTAGE

Les étudiants occupant une chambre universitaire bénéficient automatiquement d'une assurance collective couvrant les dommages qu'ils pourraient causer.

Quelles sont les principales garanties offertes ?

La garantie incendie-explosion

Cette garantie est, en réalité, beaucoup plus étendue que sa dénomination le laisse croire, puisqu'elle couvre différents événements :

- les dommages directement subis par vos biens ou ceux de vos voisins, que l'origine de l'incendie soit accidentelle ou imputable à un acte de malveillance ;
- les dommages subis par vos biens s'ils sont détruits non pas dans l'incendie mais lors des mesures de sauvetage : c'est le cas lorsque les pompiers défoncent une porte pour entrer dans un logement ou l'inondent pour éteindre le feu ;
- les dégâts causés par les émanations de fumées (murs et plafonds noircis). Il peut s'agir de fumées provenant soit d'une défectuosité soudaine d'un appareil domestique, soit d'un incendie ayant lieu dans le voisinage ;
- le choc ou la chute d'appareils de navigation aérienne ou d'objets tombant de ces derniers ;
- le choc d'un véhicule terrestre (automobile, tracteur…) sous réserve qu'il soit identifié, qu'il ne vous appartienne pas et qu'il soit conduit par une autre personne que vous-même et dont vous n'êtes pas civilement responsable (un enfant, par exemple) ;
- les conséquences de l'explosion d'un appareil ménager (chaudière, four…), à l'exclusion des dommages subis par l'appareil lui-même ;
- les conséquences d'une implosion de votre téléviseur, à l'exception des dommages subis par l'appareil lui-même ;
- les conséquences de la foudre lorsque celle-ci tombe directement sur votre habitation et qu'elle l'endommage.

À NOTER

Les brûlures de cigarette ou celles provoquées par un fer à repasser ne sont pas couvertes par la garantie incendie mais par une garantie spéciale appelée « risques ménagers ».

LES DÉTECTEURS DE FUMÉE OBLIGATOIRES DANS LES HABITATIONS

Tous les logements doivent être pourvus d'au moins un détecteur de fumée normalisé (*Loi n° 2010-238 du 9/3/2010* et *Décret n° 2011-36 du 10/1/2011*). L'installation est à la charge financière du propriétaire tandis que l'entretien du détecteur et le contrôle de son bon fonctionnement sont à la charge de l'occupant du logement. Mais pour les locations saisonnières, les logements meublés, les logements de fonction et les foyers, l'installation et l'entretien du détecteur de fumée incombent au propriétaire. Même chose en ce qui concerne les parties communes des immeubles : les mesures de sécurité pour prévenir le risque d'incendie devront être mises en œuvre par les propriétaires (*Code de la construction et de l'habitation, Art. L. 129-8*).

Le détecteur doit être alimenté par piles ou fonctionner à partir de l'alimentation électrique du logement. Dans ce dernier cas, il doit être équipé d'une alimentation de secours susceptible de prendre le relais en cas de dysfonctionnement électrique. Il doit détecter les fumées émises dès le début d'un incendie et émettre immédiatement un signal sonore suffisant permettant de réveiller une personne endormie dans le seul logement où la détection a eu lieu (*Code de la construction et de l'habitation, Art. R. 129-12*).

Une fois le détecteur installé, il faut informer l'assureur. L'arrêté du 5/2/2013 fixe un modèle d'attestation ainsi rédigé : « Je soussigné……(*nom et prénom de l'assuré*), détenteur du contrat n° ……. (*numéro du contrat de l'assuré*) atteste avoir installé un détecteur de fumée normalisé au.. …(*adresse de l'assuré*) conforme à la norme NF EN 14604 ».

Cette notification doit être faite par l'occupant du logement, qu'il soit locataire ou propriétaire, et dans certains cas par le propriétaire ou l'organisme agréé : logements sociaux, saisonniers, de fonctions, résidences hôtelières…

L'assureur ne peut refuser la prise en charge des dommages provoqués par un incendie au motif qu'il n'y avait pas de détecteur de fumée. Dans ce cas, il pourra seulement appliquer une franchise.

La responsabilité civile

Appelée aussi « vie privée », cette assurance garantit les conséquences pécuniaires de votre responsabilité en cas de dommages causés à autrui, par négligence ou imprudence. Elle garantit aussi la responsabilité des membres de votre famille dans le cadre de leur vie privée, de vos employés ainsi que de toute personne vivant habituellement sous votre toit, y compris vos animaux domestiques. Cette garantie est très importante car, dans certains cas, votre responsabilité ou celle de vos enfants peut ne pas avoir de limites et, en l'absence de toute assurance, vous pourriez être amené à payer toute votre vie pour réparer les dommages causés. Seuls les tiers, c'est-à-dire les personnes autres que celles considérées comme « assurées » dans le contrat peuvent être indemnisés. Les membres de votre famille qui vivent sous le même toit ne sont pas tiers entre eux. Si l'un cause un dommage à l'autre, l'assureur de responsabilité ne pourra pas intervenir (sauf si une clause prévoit que les membres de la famille sont considérés comme tiers entrer eux). De même, les aides bénévoles sont exclues. Par exemple, si votre voisin ou un ami vient vous aider à bricoler dans votre maison et se blesse, vous ne pourrez pas faire jouer votre garantie pour l'indemniser.

Dans la plupart des assurances multirisques habitation vendues aujourd'hui, la garantie de responsabilité civile, terme qui englobe la responsabilité contractuelle et la responsabilité délictuelle, joue non seulement dans la vie de tous les jours, mais aussi :

- lors de la pratique d'un sport, sous réserve qu'aucune activité dangereuse comme la chasse, la spéléologie, le parachutisme ou tout autre sport aérien ne soit exclue ;
- lors de l'usage de certains objets ou appareils tels qu'une tondeuse ou un vélo, à l'exclusion des dommages subis par l'appareil lui-même, même s'il est loué ou prêté et des dommages subis par vous-même ;
- lors d'une location de vacances, pour les responsabilités que vous pouvez encourir vis-à-vis de tiers ou de voisins ;
- pour les conséquences pécuniaires de vos responsabilités liées à votre habitation, vos clôtures, vos arbres, etc., ou vis-à-vis de tiers ;
- lors des activités scolaires et extrascolaires de vos enfants, à l'exclusion des dommages corporels ou matériels (lunettes cassées…) subis par vos enfants eux-mêmes.

AVANTAGE

Dans le cadre de la responsabilité civile vie privée et de celle inhérente à l'habitation, l'indemnisation des dommages corporels se fait généralement sans aucune franchise.

À NOTER

Une assistante maternelle doit être assurée spécifiquement pour les dommages causés par les enfants qui lui sont confiés mais aussi, et surtout, pour les dommages corporels qu'ils pourraient subir.

La garantie tempête, neige et grêle

Les contrats qui comprennent une garantie incendie doivent, depuis la loi du 1/8/1990, comporter la garantie tempête. Celle-ci couvre l'action du vent ou les dommages subis à la suite d'un choc comme la chute d'un arbre sur votre maison. Mais attention, cette garantie ne peut jouer que si le vent a présenté au moment du sinistre une intensité anormale. Il faut en effet que la violence du vent ait été telle que plusieurs bâtiments de bonne construction situés sur un même lieu géographique soient endommagés plus ou moins gravement. La preuve peut en être apportée par le relevé fait par la station météorologique nationale.

À la garantie tempête est systématiquement annexée la garantie grêle et celle du poids de la neige sur les toitures. Sont ainsi couverts les dommages subis par votre toiture lorsque celle-ci a été abîmée par le poids de la neige, par la violence de la grêle ainsi que les dommages dus à la grêle subis par la façade de votre maison.

À NOTER

Seuls les bâtiments de bonne construction sont couverts dans le cadre de la garantie tempête, et assimilés. Certaines dépendances comportant une part de matériaux dits légers (bois, chaume, plaques non boulonnées…) peuvent ne pas être garanties. Il est donc important de vérifier les modalités de votre contrat sur ce point.

ATTENTION ⚠

Les stores, les marquises, auvents, arbres, clôtures, panneaux publicitaires, enseignes, panneaux solaires et même les antennes de télévision ne sont jamais couverts dans le cadre de la garantie tempête, neige et grêle.

À NOTER

Ne sont pas couverts par la garantie tempête les débordements de sources, de cours d'eau, les ruissellements, les engorgements des canalisations. Mais la garantie « catastrophe naturelle » peut intervenir.

La garantie dégât des eaux

Cette garantie couvre bien évidemment vos propres biens, mais aussi ceux de vos voisins, qui peuvent avoir été abîmés lors d'un dégât des eaux ayant pris naissance chez vous.

Elle couvre généralement les dommages matériels subis à la suite :

– d'une fuite d'eau accidentelle ou d'un débordement provenant de conduites non enterrées et de tout appareil à effet d'eau comme les radiateurs reliés à un chauffage central ou les machines à laver le linge et la vaisselle ;
– d'infiltrations d'eau, de pluie ou de neige par les toitures, vérandas, ciels vitrés, terrasses en toiture ou balcons ;
– de débordement, renversement, refoulement, fuite d'eau accidentels ou de ruptures provenant des chéneaux et gouttières ;
– d'entrée d'eau ou d'infiltration par des ouvertures telles que les portes et fenêtres ou les conduits de cheminée pour les dommages que vous pourriez causer à des voisins ;
– de débordement ou de renversement accidentel de récipients comme les aquariums ou de cuves situées à l'intérieur de votre habitation et contenant le combustible nécessaire à votre chauffage ;
– d'infiltrations par les joints d'étanchéité au pourtour des installations sanitaires ainsi qu'au travers des carrelages lorsque la responsabilité n'en incombe ni à vous, ni à toute autre personne vivant habituellement à votre foyer.

La plupart des contrats vendus aujourd'hui comportent également ce que l'on appelle une garantie dite « de recherche de fuites ». Cette garantie vous permet d'être indemnisé lorsque vous faites appel à un entrepreneur pour localiser l'endroit où la fuite, qui a causé un dégât important, a pris naissance ; mais elle couvre seulement les dommages occasionnés par cette recherche (remise en état des peintures, carrelages…), et non les frais de réparation de la conduite endommagée, par exemple.

Sont exclus, en revanche, de ces contrats :
– les dégâts dus à l'humidité, la buée ou la condensation ;
– les frais de réparation ou de remise en état des toitures, ciels vitrés et terrasses ;
– les dégâts dus à des fuites ou ruptures de canalisations enterrées ;
– les dégâts occasionnés par les eaux de ruissellement des cours et des jardins, des voies publiques ou privées ainsi que par les marées ;
– les engorgements ou les refoulements d'égouts ainsi que les dégâts dus au débordement d'une source, d'un cours d'eau ou d'une étendue d'eau naturelle ou artificielle ;
– le coût de l'eau perdue ;

– les dommages résultant d'un défaut d'entretien permanent et de réparation d'appareils ou de locaux qui vous incombent, et dont vous avez négligé la responsabilité (c'est le cas lorsque vous êtes propriétaire) ;

– les dommages résultant d'un vice de construction ayant provoqué un précédent sinistre si vous n'y avez pas remédié dans un délai de 2 mois.

À NOTER

Si vous possédez un aquarium de grande capacité, mieux vaut le déclarer à votre assureur. Sinon, en cas de sinistre, il pourrait faire valoir une mauvaise évaluation du risque et ne pas vous indemniser en cas de dommage.

La garantie gel des canalisations

Cette garantie, qui se trouve, la plupart du temps, en annexe de la garantie dégât des eaux, couvre les frais de réparation des conduites et des appareils endommagés par le gel lorsque ceux-ci se trouvent à l'intérieur des locaux d'habitation.

Mais cette garantie ne peut jouer en cas de sinistre que si certaines consignes de protection ont été respectées. Relisez votre contrat notamment en cas d'absence : certains d'entre eux imposent que soit maintenue dans les locaux une température supérieure à 0 degré ou que les installations soient vidangées.

ATTENTION ⚠

Les dommages causés par le gel aux chaudières de chauffage central ne sont jamais garantis par les assureurs.

AVANTAGE

Si le montant des indemnités prévues dans votre contrat vous semble insuffisant pour couvrir, par exemple, la réfection de votre installation de chauffage central, vous pouvez l'augmenter, moyennant une surprime.

La garantie catastrophes naturelles

Cette garantie a été rendue obligatoire par la loi du 13/7/1982. Elle concerne tout dommage matériel ayant été créé par un agent naturel d'une intensité anormale : tremblement de terre, glissement de terrain, affaissements de terrain dus à des cavités souterraines (naturelles ou d'origine humaine, hormis les mines) et à des marnières, sécheresse intense, avalanche ou inondation d'une ampleur exceptionnelle. Contrairement à ce que nombre d'assurés pensent, l'assureur ne peut déterminer les circonstances exceptionnelles ou non de l'événement ayant eu lieu. Ce sont les pouvoirs publics qui constatent, par la publication d'un arrêté interministériel au *Journal officiel*, qu'il y a bien eu catastrophe naturelle.

La garantie couvre les dommages dans la limite et les conditions du contrat. Une franchise reste, par ailleurs, à la charge des assurés. Elle s'élève à 380 € pour les biens à usage privé et à 1 520 € si les dommages sont imputables à un mouvement de terrain consécutif à la sécheresse ou à une réhydratation du sol.

À NOTER

Suite à la tempête Xynthia et à la demande de la FFA (Fédération française de l'assurance) et du GEMA (Groupement des entreprises mutuelles d'assurance), la Mission risques naturels (MRN) a réalisé une étude pour évaluer les risques d'inondations marines en France. Résultats : 1 400 communes seraient exposées au risque de submersion dans les zones situées à moins de 5 m au-dessus du niveau de la mer et, dans ces zones, 230 000 logements se situeraient à une altitude de moins de 2 m. Pour en savoir plus, on peut consulter le site www.ffa-assurance.fr. Mais les communes du littoral ne sont pas les seules menacées par les inondations comme en témoigne la catastrophe d'octobre 2018 dans le département de l'Aude. Selon le schéma départemental des risques majeurs, plus de la moitié des communes audoises sont exposées au risque d'inondation.

La garantie catastrophe technologique

À la suite de l'explosion de l'usine AZF et de ses conséquences dramatiques, une nouvelle garantie obligatoire dite catastrophe technologique a vu le jour (*Loi n° 2003-699 du 30/7/2003*). Dès lors que vous avez souscrit un contrat d'assurance de dommages pour votre habitation, vos biens bénéficient de la garantie catastrophe technologique. Ce principe vaut également pour les contrats souscrits par et pour le compte de syndics de copropriété. Cette garantie couvre la réparation intégrale des dommages, dans la limite, pour les biens mobiliers, des valeurs déclarées ou des capitaux assurés par votre contrat. En cas d'accident causé par une installation à risque pour l'environnement (usine, chantier…), l'état de catastrophe technologique doit être constaté par une décision de l'autorité administrative qui précise les zones concernées et la période au cours de laquelle a dû survenir le dommage. Les articles R. 128-1 et suivants du Code des assurances précisent que les accidents couverts par cette garantie sont ceux qui rendent inhabitables plus de 500 logements. L'indemnité est versée, sauf dispositions plus favorables prévues dans le contrat, dans un délai de 3 mois à compter soit de la date de remise

effective de l'état estimatif des biens endommagés, soit de la date de publication de l'arrêté de catastrophe technologique, lorsque celle-ci est postérieure.
La victime, propriétaire de l'immeuble, est indemnisée sans plafond ni déduction de franchise. Si la réparation du bâtiment s'avère impossible compte tenu de l'ampleur des dégâts, l'indemnité versée doit lui permettre de retrouver, dans un secteur semblable, la propriété d'un bien comparable.
Les biens mobiliers sont indemnisés à leur valeur de remplacement sans application de coefficient de vétusté, ni déduction de franchise.
Cette nouvelle garantie obligatoire se traduit pour les assurés par une surprime.

La garantie actes de terrorisme

Elle fait également partie de chaque contrat d'assurance habitation. Elle couvre les dommages matériels causés par un incendie ou une explosion faisant suite à un attentat, un acte de sabotage ou un acte de terrorisme (y compris les frais de décontamination en cas d'attentat biologique ou chimique par exemple). Contrairement à ce qui se passe pour la garantie catastrophes naturelles, c'est à l'assureur de déterminer s'il y a bien eu ou non acte de terrorisme. Si c'est le cas, la réparation des dommages matériels et des dommages immatériels (perte des loyers par exemple) est couverte dans la limite des plafonds et franchises fixés au contrat pour la garantie incendie (*Code des assurances, Art. L. 126-2*). Quant aux dommages corporels, ils sont pris en charge par un fonds de garantie spécifique, financé par un prélèvement forfaitaire pour tous les contrats d'assurance de biens *(Voir pages Barème)*. Ils peuvent également être pris en charge dans le cadre de la garantie accidents de la vie privée.

La garantie vol

- Cette garantie couvre les biens qui ont disparu, qui ont été détruits ou détériorés lors d'un vol ou d'une tentative de vol. Mais pour que cette garantie puisse être mise en œuvre par l'assureur, encore faut-il que le vol ait été accompli dans certaines circonstances. Ainsi, il faut obligatoirement que l'expert de la société d'assurances ou de la mutuelle constate qu'il y a eu soit :
– effraction extérieure d'une porte ou d'une fenêtre avec ou sans escalade ;
– usage de fausses clefs ;
– introduction clandestine ou maintien du voleur dans les bâtiments assurés à votre insu ;
– ruse (cambrioleur qui se fait passer pour un agent EDF, par exemple) ;
– ou violences graves pour dérober vos clefs.
Dans tous les cas, c'est à vous d'apporter la preuve de l'effraction.
- Sont couverts par la garantie vol, le mobilier dérobé, les bijoux, les objets précieux, l'argenterie, les tableaux à hauteur d'une certaine limite inscrite au contrat, ainsi que les détériorations éventuellement causées par le voleur à vos biens mobiliers comme à vos biens immobiliers sur votre lieu d'habitation.
- Toujours dans le cadre de cette garantie vol, vous devez savoir que beaucoup de contrats comprennent aujourd'hui ce que l'on appelle une clause d'inhabitation. Cette clause stipule qu'au-delà d'un certain nombre de jours d'absence (30, 40, 60 voire 90 pour les contrats les plus généreux), lorsque les locaux ne sont plus habités par vous-même, par un membre de votre famille, par un employé de maison ou gardien ou par une personne autorisée par vous, la garantie vol n'est plus acquise ou est réduite considérablement. Une clause d'inhabitation plus réduite peut, en outre, figurer dans votre contrat pour les objets dits sensibles, comme les bijoux, les tableaux, les collections, les objets en métal précieux et, d'une façon générale, les objets dont la valeur unitaire dépasse un certain montant fixé au contrat.
Si le risque de se voir opposer cette clause pour la résidence principale est faible, la clause pose un véritable problème pour les résidences secondaires.
Si la valeur du mobilier qui s'y trouve est importante, vous pouvez tout de même alléger cette clause ou l'annuler, mais votre assureur vous fera payer une surprime et/ou exigera la mise en place d'un système de télésurveillance.
- Enfin, cette garantie ne fonctionne jamais lorsque le vol est commis par un membre de votre famille ou avec sa complicité. Le vol commis par un employé (femme de ménage, baby-sitter…) peut être couvert à condition de déposer plainte contre lui. Quant aux vols commis à l'extérieur des bâtiments assurés (jardins, cours privatives…) ou dans les dépendances (garages, caves…), ils ne sont pas généralement pris en charge par cette garantie.

La garantie bris de glaces

Sont couverts les bris accidentels des vitrages fixes ou mobiles existant sur les portes, fenêtres, impostes (partie vitrée d'une porte ou d'une cloison) et, en général, sur tout élément de fermeture ou de séparation en verre (balcon vitré, etc.). Dans la plupart des contrats, les vitrages des vérandas, les marquises, les miroirs étamés fixés à demeure au mur ainsi que les appareils sanitaires sont également garantis. En revanche, les vitres des serres et des châssis ainsi que les rayures, les ébréchures ou les bris résultant de la vétusté ou d'un défaut d'entretien ne sont pas couverts ; il en va de même pour les objets contenant du verre et situés dans une dépendance.

Par bris accidentels, on entend les bris causés par la grêle, la chaleur solaire ou artificielle, le jet d'objets extérieurs, les rixes, le fait de l'assuré ou de tiers.

En revanche, les dommages résultant du franchissement du mur du son, d'un ouragan ou d'un cyclone sont en principe exclus, sauf extension de garantie et paiement d'une surprime.

Enfin, certains contrats prévoient une indemnisation en espèces. D'autres, et c'est la tendance actuelle, prévoient une indemnisation en nature qui consiste à envoyer chez vous un professionnel pour effectuer les travaux de remise en état.

LES MESURES DE SÉCURITÉ QUE VOUS DEVEZ RESPECTER POUR ÉVITER UN VOL

Selon le montant des capitaux à garantir et selon la localisation de votre habitation (isolée ou non), l'assureur peut exiger un certain nombre de mesures de protection préalables pour accorder sa garantie. Il peut, par exemple, vous obliger contractuellement à :

✔ protéger votre porte d'entrée non pas par une simple serrure de sûreté mais par une serrure comprenant divers points d'ancrage. Certaines sont agréées par les assureurs. Elles disposent du label A2P (Assurance Prévention Protection) et comportent un nombre d'étoiles d'autant plus élevé que leur résistance à l'effraction est importante (pour en savoir plus sur les différents modèles agréés, consultez sur Internet le site : *www.cnpp.com*) ;

✔ équiper votre porte d'entrée de cornières antipinces, d'une barre de seuil, d'un profil de porte adapté ou d'un blindage intérieur ;

✔ ajouter à vos fenêtres dont le seuil est situé à moins de 3 mètres du sol, des volets, des persiennes en bois plein ou des volets roulants en PVC ;

✔ protéger l'accès de vos fenêtres les plus petites par des barreaux en fer espacés de 12 cm maximum ;

✔ changer certains vitrages fixes contre des vitrages anti-effraction dont l'épaisseur peut varier selon les assureurs (plus de 8 mm en général) ;

✔ renforcer la protection des portes de vos dépendances qui communiquent directement avec votre habitation en optant pour une serrure complémentaire ou des barres de renfort latérales ;

✔ vous équiper d'un système d'alarme, si possible agréé par l' AFNOR, le Synial (Syndicat national des installateurs d'alarme et télésurveilleurs), et l'APSAD (Assemblée plénière des sociétés d'assurance dommages).

Il est très important de respecter les diverses consignes de sécurité imposées par votre assureur. Dans le cas contraire et s'il y a vol, il peut, en effet, être amené à vous refuser sa garantie ou à réduire considérablement l'indemnité qu'il aurait dû normalement vous verser (de 30 à 50 %) sauf s'il est établi qu'il n'y a aucun lien entre le non-respect de ces mesures et le cambriolage.

La garantie de défense recours

Elle a pour principe de défendre l'assuré s'il fait l'objet d'une action en réparations pécuniaires devant une juridiction civile, commerciale ou administrative pour des dommages causés à des tiers, et devant une juridiction pénale s'il est poursuivi pour blessures ou homicide par imprudence. Elle a également pour principe d'exercer un recours à l'encontre de la personne responsable des dommages subis. Lorsqu'aucune solution amiable ne peut être trouvée, l'assureur prend en charge les frais d'avocat et de procès, mais seulement dans certaines limites définies dans chaque contrat.

L'assistance à domicile après un sinistre

Cette garantie, contrairement aux autres, ne vous permet pas d'être indemnisé mais de profiter de prestations bien définies en cas d'incendie, de dégât des eaux, de catastrophe naturelle, de tempête ou de cambriolage affectant votre domicile. Elle intervient, comme son nom l'indique, après coup et uniquement pendant la période de validité du contrat (toute résiliation annule toute assistance). Elle peut être mise en œuvre 24 h sur 24, sur un simple coup de téléphone.

- Les principales prestations incluses dans les contrats sont :
– le gardiennage des locaux sinistrés afin de préserver votre domicile d'un vol, lorsqu'il a été pour partie incendié ou ravagé par une tempête, par exemple. Selon les contrats, la durée de ce gardiennage varie de 48 à 72 heures ;
– l'organisation et la prise en charge de votre retour anticipé si votre habitation est sinistrée alors que vous êtes en voyage ;
– la garde de vos enfants de moins de 16 ans. Selon les cas, le voyage en train 1re classe d'une personne que vous désignez ou l'accompagnement par une hôtesse de vos enfants chez un de vos proches est pris en charge. Il existe des plafonds de prise en charge différents selon les contrats ;
– la mise à disposition d'une camionnette ou la prise en charge des frais de location d'un véhicule utilitaire vous permettant de transférer votre mobilier en lieu sûr ;
– la recherche d'un serrurier professionnel afin de changer vos serrures endommagées lors d'un cambriolage et, éventuellement, la prise en charge de ces frais jusqu'à un certain montant ;
– l'avance de fonds lorsque vous êtes démuni de tout argent suite à un événement grave qui vient de se produire chez vous. Cette avance (750 € à 3 000 € selon les sociétés d'assurances ou mutuelles) est en général remboursable dans un délai de 3 mois.

ATTENTION ⚠

La mise en œuvre des prestations d'assistance se fait toujours après accord de l' « assisteur » avec lequel travaille votre société d'assurances ou votre mutuelle.

La perte d'usage des locaux

Si à la suite d'un sinistre grave ayant endommagé votre habitation, vous êtes dans l'obligation de vous reloger temporairement ailleurs, votre assureur vous indemnisera de la perte de la valeur locative des locaux que vous occupiez en tant que propriétaire ou copropriétaire. Pour les propriétaires bailleurs, cette garantie compense les loyers qui ne peuvent plus être perçus. Pour les locataires, elle s'étend aux frais exposés pour se reloger, déduction faite de l'indemnité d'occupation ou du montant du loyer normalement payé en l'absence de tout sinistre (si votre loyer usuel était de 600 € et si vous devez payer désormais 700 € pour vous reloger, l'assureur ne prend en charge que les 100 € supplémentaires que vous devez débourser, et non la totalité de votre dépense). S'ajoutent à cette couverture des dommages immatériels, les frais de déplacement, de garde-meubles et de réinstallation de vos objets mobiliers. Toutes ces garanties sont bien évidemment plafonnées financièrement et limitées dans le temps.

Les frais de remise en état de votre logement

L'assureur prend en charge les frais de démolition et de déblaiement des décombres ainsi que les frais exposés à la suite de mesures conservatoires imposées par une décision administrative.

L'assurance dommages-ouvrage

Si vous décidez de reconstruire le logement qui a été sinistré dans les délais impartis généralement par les sociétés d'assurances (2 ans), votre assureur prend en charge les frais engagés pour la souscription de l'assurance obligatoire « dommages-ouvrage ».

Quelles sont les garanties que l'on trouve en option ?

Les dommages électriques

Cette garantie permet d'être indemnisé lorsqu'un appareil électrique est endommagé du fait d'une surtension, d'un court-circuit, de la chute de la foudre ou d'un dysfonctionnement interne. Elle couvre également votre installation électrique à condition que celle-ci soit accessible sans travaux de fouille ni de terrassement. Certaines conditions d'indemnisation ou limites peuvent être incluses dans votre contrat. Elles concernent notamment l'âge de l'appareil ou l'indemnité maximale qu'il est possible d'obtenir par appareil. Dans tous les cas, les lampes ou les résistances ainsi que les dommages subis par le contenu de vos appareils électriques (linge dans la machine à laver…) ne sont jamais garantis.

Le contenu du congélateur

Si votre congélateur tombe en panne ou que son circuit électrique est momentanément coupé, et si son contenu se révèle avarié, vous pourrez être indemnisé. La plupart des sociétés d'assurances ou mutuelles imposent cependant certaines limites : une indemnité plafonnée ou un âge maximal pour le congélateur.

La protection juridique

Cette garantie vous couvre dans le cadre de votre vie privée pour des conflits « simples » pouvant intervenir avec un voisin (problème de bornage, de bruit…), un commerçant (livraison trop tardive…), un prestataire de services (vêtement abîmé par le teinturier…), votre employeur ou encore une administration. Cette assurance, qui fait souvent l'objet d'une annexe au contrat et qui peut même être vendue séparément par des sociétés spécialisées, recherche tout d'abord une solution amiable avec la personne ou l'administration avec laquelle vous êtes en conflit. À défaut, elle prend en charge les frais de procédure judiciaire à hauteur d'un certain montant, toujours variable d'un contrat à l'autre.

AVANTAGE

Certains contrats ne se contentent pas de vous indemniser après un sinistre. Ils prévoient de vous dépanner également au quotidien (à la suite de la perte de vos clefs, par exemple) ou après une hospitalisation.

À NOTER

Pour bénéficier d'une prestation d'assistance, et avant d'engager quelque dépense que ce soit, il faut toujours composer le numéro d'appel spécifique qui figure sur votre contrat.

Que faire en cas de sinistre ?

Pour que votre assurance puisse jouer à plein et afin que vous puissiez être indemnisé au mieux de vos intérêts, vous devez respecter un certain nombre de règles édictées à la fois par le Code des assurances et par les assureurs eux-mêmes. Vous devez également prendre toutes les mesures possibles pour sauvegarder vos biens au maximum.

Les délais de déclaration

- Pour un dommage dû à une catastrophe naturelle, vous devez attendre la parution au *Journal officiel* de l'arrêté interministériel constatant l'intensité anormale d'un ou de plusieurs agents naturels. Mais dès la parution de cet arrêté, vous ne disposez que de 10 jours pour effectuer votre déclaration à votre assureur.
- Pour un incendie, un dégât des eaux, une tempête, des dommages électriques, un bris de glaces ou tout autre dommage (une panne de congélateur, par exemple) ayant affecté vos biens, vous disposez d'un délai de 5 jours ouvrés à partir du moment où vous avez eu connaissance des dommages pour expédier votre déclaration.
- Pour un vol ou une tentative de vol, vous ne disposez que de 2 jours ouvrés pour réagir.

Les modalités d'une déclaration

Aucune forme particulière n'est imposée par le Code des assurances. Le mieux est de faire la déclaration de sinistre par lettre recommandée avec avis de réception. Si vous avez souscrit par l'intermédiaire d'un agent ou d'un courtier, expédiez-lui un double de la déclaration que vous adressez au siège de la société d'assurances : c'est encore mieux. Si vous êtes locataire, vous pouvez également adresser un double de votre déclaration au propriétaire, et si vous êtes copropriétaire, vous pouvez en expédier un exemplaire au syndic qui gère votre immeuble dans l'hypothèse où les dégâts atteignent les parties communes.

Pour accélérer le règlement des dégâts des eaux et des incendies dans les copropriétés, les sociétés d'assurances ont mis au point un constat amiable pour la déclaration du sinistre et la convention d'indemnisation et de recours des sinistres immeuble (IRSI), qui remplace depuis le 1/6/2018 la convention CIDRE, pour organiser entre assureurs la prise en charge des dommages. Le constat amiable ressemble à celui à utiliser en cas d'accident de la circulation. Sur un document unique, rempli par les parties en cause, est porté l'ensemble des informations nécessaires à l'indemnisation.

La convention IRSI est applicable lorsque le sinistre met en cause au moins deux sociétés d'assurances. La gestion du sinistre est confiée à l'assureur de l'occupant du logement sinistré. Celui-ci vérifie la matérialité des dégâts et évalue l'importance des dommages. Pour un dommage dont le montant est au plus égal à 1 600 € hors taxes, l'assuré est indemnisé par sa propre assurance. Pour un dommage compris entre 1 601 et 5 000 €, une seule expertise est organisée par l'assureur gestionnaire. Au-delà de 5 000 €, les sinistres sortent du champ de la convention IRSI. Ils sont, comme par le passé, indemnisés après une expertise contradictoire (un expert pour l'assurance du responsable et un expert pour l'assurance de la victime).

Qui évalue le montant des dommages ?

Pour les dommages représentant une somme peu importante, l'expertise préalable n'est pas utilisée. L'assuré fait établir un devis par un artisan ou tout autre entrepreneur qu'il présente à l'assureur. Si celui-ci est d'accord sur le montant proposé, il autorise la réalisation des travaux.

Lorsque le dommage représente une somme plus importante ou qu'assuré et assureur ne tombent pas d'accord sur le montant de l'indemnisation, la société fait appel à un expert. Ensuite, le montant des dommages est évalué à l'amiable. Si vous n'êtes pas d'accord avec l'évaluation de l'expert de votre société d'assurances, vous avez la possibilité de faire appel à un autre professionnel de votre choix. Selon les contrats, ses honoraires sont soit à votre charge, soit pour partie à la charge de votre assureur. Et si les deux experts ne parviennent pas à un accord, un troisième expert peut être désigné de façon amiable ou judiciaire, ses frais professionnels étant respectivement partagés entre vous et l'assureur.

À NOTER

Lorsque l'expert a été désigné par la société d'assurances, il n'est pas tenu de vous communiquer son rapport d'expertise.

ASSURANCE HABITATION : QUE FAIRE EN CAS DE SINISTRE ?

Nature du sinistre	Que faire ?
Incendie	– Prévenir votre assureur par lettre recommandée avec avis de réception dans les 5 jours ouvrés : – indiquer : • la nature du sinistre, • la date du sinistre, • les causes présumées, • l'étendue des dommages, • l'état des pertes ; – constituer un dossier prouvant les dommages (factures, bons de garantie, photos, témoignages écrits…) : – ne rien jeter, même les objets calcinés.
Dégât des eaux	– Prévenir l'assureur dans les 5 jours ouvrés à partir de la connaissance du sinistre ; – indiquer : • la date du sinistre, • sa cause présumée, • l'étendue des dégâts, • les noms et adresses des personnes concernées ; – prévenir le syndic et le propriétaire, éventuellement.
Cambriolage	– Porter plainte auprès des autorités de police compétentes et demander un récépissé de votre déclaration : – prévenir votre assureur dans les 2 jours ouvrés par lettre recommandée avec avis de réception (sauf cas de force majeure) et joindre la copie du dépôt de plainte : – en cas de vol de chéquier ou de cartes de crédit, prévenir votre banque ou l'établissement qui gère votre carte.

Comment sont indemnisés les biens immobiliers ?

Votre habitation est reconstruite dans les 2 ans

Si vous faites reconstruire ou réparer votre habitation qui a été endommagée dans un délai de 2 ans à compter de la date du sinistre, le montant de l'indemnité qui vous sera versée sera calculée d'après le coût de reconstruction ou de réparation effectuée avec des matériaux et des procédés courants au jour du sinistre, déduction faite de la vétusté. Ce montant comprend les honoraires d'architecte s'il y a lieu, ainsi que les frais de démolition, de déblaiement, d'enlèvement et de transport des décombres.
Comme ce montant est insuffisant pour réaliser l'ensemble des travaux, la plupart des assureurs règlent une indemnité complémentaire dite de « reconstruction à neuf » qui s'élève au maximum à 25 % de la valeur de reconstruction. Seule condition pour avoir droit à cette indemnité : reconstruire votre habitation au même endroit, à l'identique ou du moins sans modification importante, et la destiner au même usage que celui qui en était fait précédemment.

Votre habitation n'est pas reconstruite dans les 2 ans

Si vous ne faites pas réparer ou reconstruire votre logement ou si les travaux sont effectués plus de 2 ans après la date du sinistre, le montant de l'indemnité à laquelle vous pourrez prétendre sera fixée en fonction de la valeur de vente de vos locaux au jour du sinistre, sous déduction de la valeur du terrain. En aucun cas, ce montant ne peut dépasser le coût de reconstruction ou de réparation avec des matériaux ou des procédés courants au jour du sinistre.

AVANTAGE

La majorité des sociétés d'assurances met aujourd'hui à votre disposition un numéro de téléphone où des conseillers peuvent vous aider à formuler votre déclaration de sinistre. N'hésitez pas à les consulter.

ATTENTION ⚠

Si vous ne respectez pas les différents délais impartis par le Code des assurances pour déclarer un sinistre, et si la société d'assurances démontre que le retard lui a été préjudiciable, vous pouvez perdre le bénéfice des garanties auxquelles vous avez normalement souscrit (sauf cas de force majeure comme une hospitalisation, par exemple).

À NOTER

Le règlement de l'indemnité complémentaire de « reconstruction à neuf » peut se faire au fur et à mesure des travaux, et non pas forcément à leur issue.

Comment sont indemnisés les biens mobiliers ?

Le mobilier courant

Il est le plus souvent indemnisé d'après sa valeur de remplacement au jour du sinistre, vétusté déduite s'il y a lieu.
Exemple : vous avez acquis, il y a 3 ans, un canapé d'une valeur de 3 000 €. Il est endommagé au cours d'un incendie. Un canapé équivalent, au jour du sinistre, coûterait 3 200 €. L'indemnité que vous percevrez sera calculée à partir de cette valeur, moins une vétusté estimée à 5 % par an, par exemple. Elle sera alors de : 2 720 € (3 200 €- 3 x 160 €) ; mais si votre contrat comporte une franchise comme cela est souvent le cas, vous devrez encore déduire de cette somme le montant de votre franchise.
De nouveaux contrats d'assurance habitation proposent une garantie « valeur à neuf » qui permet d'obtenir une indemnisation sans application de coefficient de vétusté. Cette couverture peut être réservée aux biens n'ayant pas dépassé une certaine ancienneté. Ce type de formule coûte de l'ordre de 20 % plus cher que les contrats classiques.

Les objets précieux

Ils sont indemnisés selon le prix du marché, c'est-à-dire d'après les ventes publiques d'objets similaires. S'ils ont été acquis il y a moins de 2 ans (vous devez pouvoir présenter la facture), ils peuvent toutefois être indemnisés selon leur prix d'achat d'origine.

QUELLES PRÉCAUTIONS PRENDRE POUR ÉVITER LES LITIGES AVEC VOTRE ASSUREUR ?

✔ Au moment de la signature de votre contrat, évaluez soigneusement la valeur globale de votre mobilier à protéger. Procédez pièce par pièce sans oublier de comptabiliser le montant des embellissements réalisés (papiers peints, pose de placards, de carrelage, cuisine aménagée…).
✔ Réévaluez régulièrement ce capital mobilier assuré, même s'il fait l'objet d'une réindexation automatique, pour vérifier qu'il est encore suffisant. Dans la négative, signalez-le à votre assureur.
✔ Signalez tout changement concernant votre statut juridique (vous devenez propriétaire du logement que vous louiez jusqu'à présent, par exemple).
✔ Signalez toute modification concernant l'usage des locaux assurés (vous transformez le sous-sol en local commercial…).
✔ Déclarez toute extension effectuée (aménagement de combles ou création d'une pièce d'eau, par exemple).
✔ Conformez-vous toujours aux conditions de sécurité décrites dans votre contrat.

Comment sont indemnisés les dommages causés à autrui ?

Les indemnités dues au titre de votre responsabilité civile sont réglées à votre place par votre assureur. Dans la limite des garanties inscrites au contrat, il est d'ailleurs le seul habilité à transiger avec les personnes lésées ou leurs ayants droit.

Quand les indemnités sont-elles versées ?

Tout dépend des modalités de votre contrat. Une fois votre dossier complet, c'est-à-dire une fois que toutes les pièces nécessaires ont été rassemblées et qu'un accord portant sur le montant de l'indemnisation a été trouvé, les indemnités sont en général versées dans un délai variant de 10 jours à 1 mois.

Pour les dommages résultant d'un phénomène de catastrophe naturelle ou technologique, le versement de l'indemnité doit avoir lieu dans les 3 mois suivant la date à laquelle vous avez remis l'état estimatif des biens endommagés ou à la date de publication de l'arrêté interministériel au *Journal officiel*, si celle-ci est postérieure. À défaut, le taux d'intérêt légal est appliqué sur l'indemnité due par l'assureur.

L'UTILISATION DE L'INDEMNITÉ EST SOUS LE CONTRÔLE DE L'ASSUREUR

Après avoir fait construire leur maison, un couple constate des fissures et un affaissement du dallage. Les conjoints mettent en œuvre leur assurance dommage-ouvrage et obtiennent une indemnisation de près de 110 000 €. L'assureur leur demande de prouver que la somme perçue a été affectée aux travaux de réparation. À défaut de justificatifs pour l'intégralité de la somme, il demande la restitution d'un peu plus de 36 000 € et l'obtient.

Pour la Cour de cassation, les époux doivent apporter la preuve des travaux réalisés en réparation des dommages et de leur coût. À défaut, l'assureur a le droit d'obtenir la restitution de ce qu'il a versé au-delà de ce que l'assuré a dépensé (*Cour de cassation, 3e chambre civile, 4/5/2016*).

Que se passe-t-il si les biens volés sont retrouvés ?

L'assureur ne vous a pas encore indemnisé

Vous êtes obligé de reprendre possession de vos biens ; mais s'ils ont été abîmés, l'assureur s'engage à vous rembourser les frais exposés pour leur remise en état antérieure, à condition que vous sollicitiez son accord au préalable.

L'assureur vous a déjà indemnisé

Vous disposez d'un délai de 30 jours pour reprendre possession de vos biens, si vous le souhaitez. Le cas échéant, vous devrez rembourser l'indemnité qui vous a été versée mais, là encore, et à condition que l'assureur soit d'accord sur le montant des frais engagés, vous serez remboursé des frais de remise en état de vos biens.

SIX CONSEILS POUR ÊTRE MIEUX INDEMNISÉ

✔ Conservez toujours les factures d'achat, de réparation, les contrats de crédit ainsi que les bons de garantie et les éventuelles expertises de vos biens, meubles et travaux d'habitation les plus importants, car ces documents constituent des preuves irréfutables.

✔ Prenez en photo les biens dont vous n'avez aucune facture ou dont vous avez hérité, par exemple. Cadrez ces objets dans leur contexte, autant que possible, et ne négligez pas les détails (notamment pour les meubles anciens, les statuettes, l'argenterie…).

✔ Rassemblez des témoignages écrits de voisins ou d'amis afin de prouver l'existence de tel ou tel objet si vous n'avez aucun document les concernant. Transmettez leurs coordonnées complètes à l'assureur (nom, adresse, profession…).

✔ Faites une estimation chiffrée — preuves à l'appui — des dégâts que vous avez subis. Cette estimation est très importante car c'est sur elle (et sur le rapport de l'expert) que va s'appuyer l'assureur pour vous indemniser.

✔ Portez plainte le plus rapidement possible (dans les 24 ou les 48 heures) auprès des autorités de police ou de gendarmerie si vous êtes victime d'un vol, d'une tentative de vol ou d'un acte de vandalisme.

✔ N'oubliez pas d'indiquer, dans votre déclaration de sinistre, les causes connues ou présumées des dommages, les noms et adresses des personnes qui les ont causés (voisins…), ainsi que les coordonnées des tiers éventuellement lésés.

AVANTAGE

En cas de vente, l'assurance du propriétaire vendeur est automatiquement transférée à l'acheteur. Celui-ci peut soit la conserver, soit la résilier par lettre recommandée. Il en est de même pour les héritiers en cas de décès.

ATTENTION ⚠

Les objets de valeur ou les objets précieux sont toujours garantis dans une certaine limite, et non à hauteur du capital mobilier global souscrit.

À NOTER

Certains assureurs proposent de garantir votre mobilier en valeur à neuf. Il n'y a alors plus application d'une vétusté quelconque. D'autres vont encore plus loin puisqu'ils vous remplacent directement chez vous les meubles ou l'électroménager abîmés par des biens neufs ayant une valeur de remplacement identique.

À NOTER

Si vous avez contracté, sans fraude intentionnelle ou par inadvertance, plusieurs assurances pour couvrir le même bien, vous pouvez choisir en toute liberté quel assureur devra vous indemniser, dans les limites des garanties prévues dans son contrat.

L'assurance automobile et moto

En dehors de la garantie de responsabilité civile, obligatoire dès lors que l'on souhaite rouler avec un véhicule à moteur, les contrats d'assurance automobile/moto comportent des différences de tarif importantes qui ne sont autres que le reflet de l'étendue réelle des prestations proposées, des caractéristiques du bien à assurer et du profil du conducteur.

Quelles sont les obligations des conducteurs ?

Ils doivent assurer ce que l'on appelle leur responsabilité civile, garantie qui a été rendue obligatoire par la loi du 27/2/1958 et le décret du 7/1/1959 et que l'on retrouve dans les contrats sous le nom de garantie « au tiers ». Celle-ci permet d'indemniser les dommages matériels et corporels que votre véhicule est susceptible de provoquer à un tiers, c'est-à-dire à un autre automobiliste ou motocycliste, un piéton, un cycliste ou tout simplement les passagers transportés.
Mis à part son caractère obligatoire, cette garantie n'est pas superflue car le montant d'un accident de la circulation peut atteindre des sommes considérables auxquelles bien peu de particuliers peuvent faire face. En outre, elle joue aussi lorsqu'une personne utilise votre véhicule contre votre volonté ou à votre insu, y compris lorsqu'il s'agit d'un mineur non titulaire du permis de conduire.
Cette obligation de garantir sa responsabilité civile vaut également pour les nouveaux « engins de déplacement personnels » (EDP) tels que les gyropodes ou les trottinettes électriques.

À NOTER

Afin de lutter contre la conduite sans assurance, un fichier des véhicules assurés (FVA) a été créée. Il est mis à la disposition des forces de l'ordre afin de leur permettre de détecter plus facilement les véhicules non assurés en circulation. À ce jour, 700 000 personnes rouleraient sans assurance selon les chiffres de l'Observatoire interministériel de la sécurité routière (Décret n° 2018-644 du 20/7/2018). En cas de dommage lors d'un accident, les conducteurs non assurés doivent rembourser les frais avancés par le Fonds de garantie des assurances obligatoires de dommages

Dans quelles circonstances un véhicule doit-il être assuré ?

Dès lors que vous conduisez un véhicule à moteur (voiture, camion, tracteur, mobylette, tondeuse à gazon munie d'un siège, etc.), vous devez vous soumettre à cette obligation d'assurance. Mais ce n'est pas tout : car si la majeure partie des accidents a lieu sur la route, lorsque le véhicule est utilisé, la loi fait également obligation à chaque propriétaire d'assurer sa responsabilité civile lorsque son véhicule est immobilisé sur la voie publique (stationnement ou panne qui se prolonge, par exemple) puisque, même hors d'usage momentanément, celui-ci peut provoquer des dégâts (les freins qui lâchent, par exemple).

La garantie de responsabilité civile comporte-t-elle des extensions ?

La vente de votre véhicule

Si vous achetez un véhicule neuf sans avoir encore vendu l'ancien et que vous demandez à votre agent ou votre courtier un transfert d'assurance, vous pouvez, si votre contrat le mentionne, conserver au titre de votre ancien véhicule et pendant une période généralement limitée à 1 mois, votre garantie de responsabilité civile. Elle vous permettra d'être couvert notamment lors des essais en compagnie d'autrui.

L'utilisation d'une remorque ou d'une caravane

Une caravane ou une remorque doivent être assurées indépendamment de votre véhicule, y compris pour la seule garantie de responsabilité civile. Toutefois, cette garantie est accordée gratuitement et sans déclaration préalable auprès de l'assureur lorsque le poids total de la caravane ou de la remorque attelée n'excède pas 750 kg.

L'aide à autrui

Lorsque le remorquage d'un véhicule en panne est tout à fait occasionnel, vous pouvez bénéficier d'une extension de votre garantie si, au cours de cette manœuvre, vous causez des dommages à autrui.
Attention : les dommages subis par votre véhicule ou par celui que vous remorquez ne sont jamais couverts dans ce cadre.

Le prêt de véhicule

Si le conducteur à qui vous avez confié les clefs de votre voiture est responsable d'un accident, votre assureur indemnisera les victimes au titre de votre garantie de responsabilité civile. Les dommages matériels affectant votre bien et les dommages corporels pouvant affecter l'emprunteur ne sont pris en charge que sous certaines conditions de garantie ou de franchise. Par ailleurs, lorsque l'emprunteur est responsable d'un accident, le bonus de l'assuré s'en trouvera diminué (ou le malus majoré).

Bureau central de tarification (BCT) : 1, rue Jules Lefebvre, 75009 Paris.

La garantie de responsabilité civile comporte-t-elle des exclusions ?

Certains dommages sont exclus de la garantie, ce qui ne veut pas dire que la victime n'obtiendra pas d'indemnisation mais que l'assureur se retournera contre l'auteur des dommages pour récupérer les sommes qu'il a versées à la victime.

Les dommages intentionnels

Ils sont toujours exclus du champ de la garantie de responsabilité civile. Il en va de même pour les dommages causés à toute chose qui vous a été confiée ou louée.

Le transport de matières dangereuses

Tout sinistre ayant pour origine ou aggravation le transport de matières inflammables, corrosives, explosives ou comburantes est exclu de la garantie de responsabilité civile. Pour être couvert, vous devez souscrire une assurance spécifique. Toutefois, vous pouvez transporter des huiles, des essences minérales ou des produits similaires à condition que la charge globale, approvisionnement du réservoir du véhicule inclus, n'excède pas 500 kg ou 600 litres.

L'utilisation du véhicule au cours de compétitions

Toute participation ou tout essai effectué dans le cadre d'une course, d'une épreuve automobile ou d'une compétition est exclu du champ de la garantie de responsabilité civile.

L'utilisation du véhicule à titre onéreux

Vous serez couvert par votre garantie si vous prenez un auto-stoppeur, mais vous ne serez pas garanti si vous utilisez votre véhicule pour le transport payant de personnes. En ce qui concerne le covoiturage consistant en la participation des passagers que vous transportez aux frais de déplacement (carburant, péage…), la Fédération française de l'assurance conseille de le déclarer à son assureur. Ce sera l'occasion de vérifier si les clauses du contrat sont adaptées. En présence d'une clause de conduite exclusive, le propriétaire du véhicule ne peut pas laisser le volant à l'un des passagers. En cas d'accident, il pourrait perdre le bénéfice de certaines garanties.

Les objets transportés

Les dommages causés aux marchandises et objets transportés ne sont pas couverts sauf ceux qui concernent les vêtements des personnes transportées lorsqu'elles ont subi un dommage corporel.

La conduite sans permis

Si vous conduisez sans permis ou avec un permis non valable, l'assurance ne jouera pas. Or votre permis est valable s'il n'est ni suspendu, ni retiré, ni périmé. Il doit être de surcroît conforme au véhicule utilisé. Pas question par exemple de conduire une voiture transportant 8 adultes avec un permis B.
Mais si votre voiture a été volée et que le voleur n'est pas titulaire du permis de conduire, l'assurance jouera. Il en sera de même si votre enfant mineur utilise à votre insu votre véhicule et cause un dommage.
Si en revanche, vous déclarez lui avoir confié votre voiture, la garantie vous sera refusée : la victime éventuelle, s'il ne s'agit pas de l'assuré lui-même, sera indemnisée mais l'assureur se retournera contre vous pour récupérer l'argent versé.

AVANTAGE

Les dommages résultant d'un accident, mais aussi ceux provoqués par l'incendie ou l'explosion du véhicule, sont couverts au titre de la garantie obligatoire. Il en va de même pour ceux provoqués par des objets transportés ou par une remorque.

ATTENTION ⚠

La garantie de responsabilité civile ne couvre jamais les dommages subis par le conducteur responsable de l'accident. Une garantie spécifique, dite garantie corporelle du conducteur, doit être souscrite pour cela.

À NOTER

Même pour un véhicule à l'arrêt, enfermé dans un garage, la garantie de responsabilité civile n'est pas inutile, car il peut provoquer des dommages à autrui (en cas d'incendie, par exemple).

Quelles sont les garanties relevant de l'assurance dommages ?

Des garanties automatiques

Dès lors que vous souscrivez une assurance dommages, c'est-à-dire une garantie pour couvrir les dommages que pourrait subir votre véhicule si la responsabilité d'aucun tiers ne peut être engagée (tous risques, tierce collision…), vous êtes automatiquement couvert pour :
– les dommages matériels directs consécutifs à une catastrophe naturelle constatée par un arrêté ministériel (inondations) :
– les dommages matériels causés par un incendie ou une explosion faisant suite à un attentat (acte de terrorisme, sabotage, émeutes et mouvements populaires), y compris les frais de décontamination en cas d'attentat biologique ou chimique par exemple, commis en France :
– les dommages causés par une catastrophe technologique.
Par ailleurs, la garantie contre les effets du vent dus aux tempêtes, ouragans ou cyclones est incluse dans la garantie incendie.

La garantie incendie-explosion

Cette garantie vous permet d'assurer votre véhicule contre l'incendie, la combustion spontanée (sans flamme), la chute de la foudre ou une explosion. En revanche, ne sont pas couverts les dommages électriques consécutifs à un court-circuit provoqué par l'usure, ni les effets personnels qui se trouvent dans un véhicule au moment de l'incendie.

À NOTER

Les actes de vandalisme, et notamment l'incendie des véhicules au cours de manifestation, sont pris en charge au titre de la garantie incendie ou par l'assurance dommage du véhicule. Attention : avec la souscription de la seule garantie de responsabilité obligatoire, aucune prise en charge ne peut être obtenue.

La garantie vol

C'est une garantie très importante, surtout si vous possédez un véhicule neuf. Elle joue, en général, dans les cas suivants :

– le vol par effraction du véhicule et des organes de direction ;
– le vol par effraction du garage dans lequel le véhicule est stationné ;
– la tentative de vol à condition que certaines traces matérielles puissent être relevées sur le véhicule : forcement de la direction ou de la serrure, du contact électrique, de la batterie, etc. ;
– le vol des accessoires et des pièces de série (prévus dans le catalogue du constructeur) volés de façon indépendante, sous réserve que le vol ait lieu dans certaines conditions et notamment après effraction du garage ou du box dans lequel le véhicule est normalement garé.

La garantie bris de glaces

Au titre de cette garantie, sont pris en charge, sous déduction d'une franchise éventuelle, le remboursement et les frais de pose du pare-brise, de la lunette arrière, des glaces latérales et du toit ouvrant s'il en existe un. Les rétroviseurs et les optiques de phares sont également couverts dans les contrats les plus performants. L'assureur vous rembourse sur présentation d'un justificatif fourni par un professionnel. Il est à noter que les simples détériorations ou éraflures ne sont jamais prises en charge.

La garantie tierce collision

Cette garantie, également connue sous le nom de « dommage collision » n'intervient que lors d'une collision avec un tiers et à l'unique condition que celui-ci soit identifié. En d'autres termes, cela signifie que si vous rentrez dans un arbre ou si le conducteur qui a heurté votre véhicule ne prend pas la peine de laisser sa carte de visite sur votre pare-brise (c'est rarement le cas…), vous ne pourrez pas être indemnisé. Il faut noter que cette garantie est de moins en moins proposée par les assureurs.

La garantie tous accidents

Elle joue pour tous les dommages matériels subis par votre véhicule, quelles que soient les circonstances qui les ont provoqués (véhicule en stationnement ou, au contraire, en circulation). Si vous heurtez un autre véhicule ou si votre voiture est endommagée sur un parking sans qu'aucun témoin ne puisse vous indiquer les coordonnées ou le signalement du responsable, vous pourrez tout de même être indemnisé, sous déduction d'une franchise propre à chaque contrat.
Cette garantie est souvent qualifiée de garantie « tous risques » bien que cette appellation soit erronée puisque tous les risques peuvent ne pas être couverts (le vol par exemple).

La garantie des dommages corporels du conducteur

Bien qu'elle soit toujours proposée en option, cette garantie est quasi indispensable si vous voulez être indemnisé de vos propres préjudices corporels causés au cours d'un accident dont vous seriez le responsable. Les préjudices couverts sont le décès et l'invalidité permanente. Selon les contrats, l'indemnisation a lieu :
– selon un barème forfaitaire. Elle est d'autant plus importante que le préjudice corporel subi est grand. En général, les assureurs fixent un pourcentage d'invalidité (10 ou 15 %) en deçà duquel aucune indemnisation n'est due ;
– comme si vous n'étiez pas responsable de l'accident, mais victime.
Cette formule permet de « coller » davantage à la réalité puisque l'indemnité est souvent calquée sur celle qu'un tribunal vous aurait accordée.

À NOTER

Votre assureur peut vous proposer différents niveaux de franchise. À vous de choisir l'un d'entre eux en fonction de l'âge de votre véhicule et de l'utilisation intensive ou non que vous en faites.

AVANTAGE

Certains assureurs tiennent désormais compte dans leurs tarifs « dommages tous accidents » de l'âge du véhicule. Une option intéressante pour les voitures de plus de 5 ans, à condition toutefois qu'elles aient peu de kilomètres au compteur.

VOL : LES ÉQUIPEMENTS GAGNANTS

Comme pour l'assurance habitation, la garantie vol ou tentative de vol d'un véhicule ne s'exerce que dans des conditions très précises. Toute négligence (clefs laissées en évidence, vitres entrouvertes, coffre non verrouillé…) peut vous coûter fort cher puisque l'assureur est alors en droit de refuser sa garantie. À l'inverse, tout surplus de protection peut le conduire à diminuer soit son tarif, soit la franchise normalement applicable en cas de vol. Il en va ainsi de la présence d'un antidémarrage, du marquage des vitres avec enregistrement sur un fichier central ou de l'installation d'une alarme électronique. Mais attention : tous les équipements ne se valent pas ! En fait, seuls les antivols agréés par l'association SRA (Sécurité et Réparation Automobiles) et disposant d'au moins 4 clefs, c'est-à-dire résistant au moins une minute à l'effraction, peuvent influencer l'assureur. Plus la performance du système choisi est bonne, plus le nombre de clefs attribuées est élevé : une résistance de 5 minutes est attestée par 5 clefs, de 10 minutes par 6 clefs et de 15 minutes ou plus par 7 clefs. Pour certains véhicules haut de gamme, la présence d'antivols ou de moyens de protection spécifiques (garage individuel fermé) constitue même un préalable obligatoire pour pouvoir être garanti en cas de vol.
Pour connaître les différents systèmes de protection agréés, vous pouvez consulter sur Internet le site *www.sra.asso.fr*.

La garantie de défense civile

Elle vous permet d'obtenir la réparation des dommages matériels ou corporels subis à la suite d'un accident de la circulation impliquant votre véhicule et engageant la responsabilité de votre adversaire. L'assureur intervient en cas de litige sur le règlement des dommages ; il prend en charge les frais de constitution de votre dossier, les frais et honoraires des experts nécessaires à l'évaluation des dommages et, d'une façon générale, votre défense (frais d'avocat, frais de procès…) devant une juridiction civile commerciale ou administrative. Vous avez, en outre, la possibilité de choisir votre avocat.

La protection juridique

Cette garantie, qui doit faire l'objet d'un contrat séparé même si elle est souscrite conjointement à l'assurance automobile/moto, intervient :

– lorsqu'il existe un différend entre l'assureur et vous ;
– pour votre défense pénale en dehors de toute responsabilité civile (par exemple si vous êtes poursuivi pour une infraction au Code de la route) ;
– pour des conflits liés à votre véhicule (par exemple, pour une réparation mal effectuée par un garagiste ou pour un litige avec le vendeur de la voiture que vous venez d'acquérir).

Il est à noter que chaque contrat comporte des plafonds de garantie et d'intervention différents.

L'assistance aux véhicules et aux personnes

Si vous êtes immobilisé à la suite d'une panne ou d'un accident, vous pouvez, selon les modalités de la convention d'assistance incluse dans votre contrat, être dépanné sur place (envoi de pièces détachées) et voir, par exemple, vos frais d'hôtel pris en charge en attendant que la réparation puisse avoir lieu. L'assistance intervient également en cas de maladie ou de décès du conducteur, les passagers ayant alors le choix soit d'écourter leur séjour et de rentrer à leur domicile, soit de le poursuivre avec un chauffeur de remplacement. D'autres prestations (remorquage gratuit, avance de la caution pénale dans certains pays…) sont encore incluses. Elles sont valables en France, passée une certaine franchise kilométrique (dont le niveau varie en fonction des contrats) et dans un grand nombre de pays européens. Chaque contrat comporte, en outre, des limites et des plafonds de garantie spécifiques.

Comment est fixé le prix d'une assurance ?

Pour déterminer le tarif qui vous est applicable, chaque assureur s'appuie sur des données statistiques précises qui prennent en compte divers éléments :

› Les caractéristiques techniques du véhicule

Le modèle et la cylindrée

Plus un véhicule dispose d'un moteur puissant, plus il incite à une conduite rapide et plus le tarif de l'assurance s'en ressent. Certaines voitures très prisées comme les Porsche ou les BMW haut de gamme font, en outre, l'objet de surprimes pour ce qui concerne l'assurance dommages ou vol, car non seulement leurs pièces détachées coûtent cher mais elles sont également très recherchées sur le marché de la revente des véhicules volés.

À ces critères s'ajoute l'âge du véhicule.

ATTENTION ⚠

L'assureur peut refuser de rembourser les frais consécutifs à un accident impliquant un cyclomoteur « gonflé », la modification illégale de la puissance de son moteur le transformant en motocyclette.

Ses équipements

Toit ouvrant, jantes en aluminium, peinture métallisée… sont autant d'éléments qui font monter le prix de l'assurance car celui des réparations est sensiblement plus élevé.

AVANTAGE

Lorsqu'une personne qui conduit votre véhicule à votre insu est responsable d'un accident, votre coefficient de bonus-malus personnel n'est pas modifié.

ATTENTION ⚠

Aucun contrat ne couvre les dommages subis par le véhicule assuré, son contenu et même son conducteur si celui-ci conduit en état d'ivresse. Seule exception à cette règle : l'assuré doit établir que le sinistre n'avait aucune relation avec son état alcoolique.

À NOTER

Les jeunes conducteurs qui s'assurent en leur nom propre paient, dès la première année, une surprime au plus égale à 100 % du tarif de base. Celle-ci est diminuée de moitié la seconde année et disparaît totalement la troisième année. Avec la conduite accompagnée, cette surprime est limitée à 50 % la première année.

› Les caractéristiques personnelles de chaque conducteur

Son sexe

Les données statistiques démontrent que si les femmes causent plus d'accidents que les hommes, ils restent en moyenne de bien moindre ampleur. Les femmes ont environ trois fois moins de risque d'être tuées et deux fois moins d'être blessées dans un accident de la route que les hommes (source : « Les grandes données de l'accidentologie », étude gouvernementale). Cette réalité statistique transparaît dans la tarification de certaines sociétés d'assurances qui pratiquent des prix différents selon le sexe de l'assuré. La Cour de justice des Communautés européennes, saisie sur cette question, considère que ces contrats sont incompatibles avec la directive européenne interdisant les mesures discriminatoires fondées sur le sexe (*Directive n° 2004/113 du 13/12/2004*). C'est ainsi que depuis le 21/12/2012, les disparités entre hommes et femmes sont interdites dans le secteur de l'assurance (*Cour de justice des Communautés européennes, arrêt du 1/3/2011 et Loi n° 2013-672 du 26/7/2013*).

Concrètement, cette interdiction de calculer les primes et les prestations différemment pour les hommes et les femmes s'applique :

– aux contrats conclus pour la première fois à compter du 21/12/2012 (y compris aux contrats proposés avant le 21/12/2012 mais acceptés à compter de cette date) :

– aux accords conclus entre assureur et assuré à partir du 21/12/2012 afin de prolonger des contrats conclus avant cette date qui auraient autrement expiré.

Ne sont pas concernés les contrats qui vont se renouveler à l'échéance même si celle-ci est postérieure au 20/12/2012, ni les contrats auxquels on apportera des ajustements après cette même date (revalorisation de la prime sur la base de paramètres prédéfinis par exemple).

Sa situation familiale

Statistiquement toujours, les chargés de famille causent moins d'accidents que les autres. À durée de détention du permis identique et pour un même véhicule, les pères ou les mères paient donc moins cher qu'un célibataire ou un conducteur marié sans enfants.

À NOTER

L'apprentissage anticipé de la conduite permet aux jeunes d'apprendre à conduire dès 16 ans avec un accompagnateur, l'un des parents par exemple. Le jeune ne peut conduire la voiture familiale qu'après avoir obtenu le code et avoir été formé à la conduite par un formateur. En outre, l'accompagnateur doit obligatoirement obtenir l'accord de la société d'assurance qui assure le véhicule et une extension du contrat d'assurance.

Le taux de bonus-malus

Plus le taux de bonus est élevé, plus le prix de la cotisation à payer diminue. À l'inverse, plus un conducteur provoque d'accidents, plus sa prime augmente. Cette règle s'applique à tous les assurés sans exception.

LE FONCTIONNEMENT DU BONUS-MALUS

À l'origine, le coefficient du bonus-malus est de 1. Chaque année, en prenant pour base la période de 12 mois qui précède de 2 mois l'échéance annuelle du contrat, l'assureur réévalue ce coefficient.

✓ Si vous n'avez pas d'accident votre coefficient est diminué de 5 %. À l'issue de la première année, il passe donc à 0,95 (1 – 5 %), à l'issue de la seconde année à 0,9 (0,95 – 5 %) et ainsi de suite jusqu'au maximum légal qui est de 0,5 et qui correspond à 13 années sans accident. Concrètement, cela se traduit par une diminution importante de la prime à payer. Si, par exemple, le tarif de base est de 700 €, il passe à 665 € au bout de la première année, à 631,75 € au bout de la seconde année et à… 359,34 € au bout de la treizième année !

✓ Vous avez un accident. Chaque fois que la responsabilité d'un conducteur est engagée, ne serait-ce que partiellement dans un accident, son taux de bonus-malus va subir une majoration de 25 %. Au bout de la première année, il passe à 1,25 (1 × 25 %) ; au bout de la deuxième année, il passe à 1,56 (1,25 × 25 %) et ainsi de suite jusqu'à 3,50, plafond légal qui correspond à 6 années consécutives avec accident.

✓ Vous avez plusieurs accidents. Si vous êtes responsable de plusieurs sinistres au cours d'une même année, les majorations appliquées se multiplient entre elles. Avec deux accidents dès la première année, le coefficient passe ainsi à 1,56 (1 × 1,25 × 1,25).

✓ Votre responsabilité dans l'accident n'est pas totale. Lorsque les torts sont partagés, mais quelle que soit la part de responsabilité qui vous incombe réellement (10 %, 50 %…) dans l'accident, l'assureur réduit de moitié la majoration qui doit être appliquée. Celle-ci passe donc à 12,5 % au lieu de 25 %, ce qui se traduit dès la première année par un coefficient de 1,125. Concrètement, et avec un tarif de base de 700 €, cela porte votre cotisation à 787,50 €.

✓ Le malus disparaît au bout de 2 ans sans accident. Le coefficient applicable ne peut alors être supérieur à 1.

✓ Il existe une franchise de bonus. Les très bons conducteurs, c'est-à-dire ceux qui disposent depuis au moins 3 ans d'un bonus maximum de 50 %, peuvent se prévaloir d'une franchise, puisque pour leur premier accident, leur taux de bonus n'est pas modifié. En outre, certains assureurs garantissent, sous certaines conditions, le bonus à vie. Cet avantage est réservé par exemple, aux assurés qui ont bénéficié du bonus de 50 % de façon ininterrompue au cours des 3 dernières années et qui n'ont été responsables d'aucun sinistre au cours des 24 derniers mois. Il faut, en outre, que le conducteur principal désigné au contrat soit titulaire d'un permis de conduire depuis au moins 16 ans.

✓ Les taux de réduction ou de majoration varient pour certaines professions. C'est le cas notamment pour les véhicules professionnels des médecins, des infirmières ou des chauffeurs de taxi. La réduction est ainsi de 7 % par an (au lieu de 5 %) et la majoration de 20 % (au lieu de 25 %).

Le dispositif du bonus-malus a été plusieurs fois remis en cause par la Commission européenne qui voit dans son caractère obligatoire une entrave à la libre commercialisation des produits d'assurance dans l'Union européenne. Dans un arrêt rendu le 7/10/2004, la Cour de justice de l'Union européenne a tranché en validant les systèmes de bonus-malus des contrats d'assurance automobile instaurés en France et au Luxembourg. Ce dispositif favorise le libre jeu de la concurrence et constitue un facteur d'incitation à la prudence. De même, il réalise un compromis entre responsabilité et solidarité, en permettant à plus de 90 % des assurés d'avoir un bonus sans pour autant écarter de l'assurance ceux qui ont connu le plus d'accidents.

L'ancienneté de permis et l'antériorité en assurance

Cette notion est très importante car elle pénalise les jeunes conducteurs qui viennent d'obtenir leur permis. Elle pénalise également les conducteurs qui ne peuvent justifier d'une assurance au cours des 3 dernières années.

› L'utilisation réelle du véhicule

Le lieu d'utilisation

Se déplacer dans des zones urbaines comporte plus de risques statistiques d'accidents que dans les zones rurales. Tous les assureurs disposent de leur propre carte géographique indiquant les zones à risques et, à l'intérieur d'une même agglomération, les quartiers les plus sensibles (pour le vol, notamment).

L'usage promenade ou l'usage professionnel

Parce que les conducteurs qui se servent de leur véhicule soit pour se rendre sur leur lieu de travail, soit pour l'utiliser comme instrument de travail (VRP…) roulent plus que les autres, ils doivent payer une cotisation plus chère. Ce raisonnement est toutefois variable selon la catégorie socioprofessionnelle de l'assuré, un VRP sillonnant la France étant évidemment plus taxé qu'un instituteur qui utilise son véhicule tous les matins pour se rendre sur son lieu de travail, par exemple.

> Les moyens de protection mis en œuvre

Pour tarifer au plus juste la notion de risque de vol du véhicule, les assureurs analysent les moyens de protection existants. Cela va des équipements les plus divers à l'existence ou non d'un garage privatif.

AVANTAGE

Pendant la période de confinement liée au Covid-19, le nombre d'accidents de la circulation a chuté de 75 % sur une période de 2 mois selon la Fédération française de l'assurance. Aussi invite-t-elle les assureurs à répercuter la baisse des sinistres sur les tarifs 2021. Votre prochaine prime annuelle sera donc peut-être réduite.

Quelles sont les formalités à accomplir en cas d'accident ?

Remplir et expédier le constat amiable

Cette étape est très importante car c'est grâce au constat amiable rempli par les deux parties en présence que l'assureur va pouvoir déterminer quel est le degré de responsabilité de chacun dans un accident. De plus, un constat rempli de façon claire et précise induit très souvent une meilleure gestion du sinistre en question, donc une indemnisation plus rapide.

Ce document comporte deux faces, dont l'une, au recto, doit être remplie par les personnes impliquées dans l'accident. Si votre adversaire s'y refuse ou s'il prend la fuite, cela ne vous dispense pas de remplir un constat d'accident, mais vous devrez, en plus, porter plainte contre lui. Quant au verso, il peut être complété plus tard par chaque protagoniste.

AVANTAGE

L'e-constat auto est une application officielle des assureurs téléchargeable gratuitement sur un smartphone. Ce service permet de déclarer directement les dégâts matériels à son assureur. Pour en savoir plus : www.e-constat-auto.fr.

DIX CONSEILS POUR BIEN REMPLIR LE CONSTAT AMIABLE

✔ Lisez avant toute chose le mode d'emploi de ce document. Si vous pensez ne pas être en état de le remplir correctement, faites-vous assister d'un tiers (un autre automobiliste non impliqué dans l'accident, un cycliste, un piéton…).
✔ Ne négligez pas les témoignages d'autrui. Notez immédiatement leurs coordonnées (case n° 5), car en l'absence de toute mention initiale, votre adversaire peut très bien refuser de les reconnaître ultérieurement.
✔ Décrivez de façon sommaire l'importance et l'apparence des dégâts (case n° 11) : et ne confondez pas le point de choc initial avec les parties endommagées (case n° 10).
✔ Si vous n'êtes pas d'accord avec la déclaration de votre adversaire en ce qui concerne les circonstances de l'accident (case n° 12), faites-le savoir à l'assureur en remplissant la case réservée à cet effet (case n° 14). Utilisez également cette dernière case pour lui indiquer tout renseignement que vous jugez utile.
✔ Efforcez-vous de schématiser avec le plus de précision possible la position des véhicules au moment du choc (case n° 13).
✔ Faites attention au choix des mots qui relatent les circonstances de l'accident (case n° 12). Ne confondez pas stationnement et arrêt, par exemple ; décrivez ce qui s'est réellement passé et non vos intentions ou celles de votre adversaire.
✔ Si l'autre conducteur prend la fuite, relevez le numéro minéralogique de son véhicule. Appuyez-vous également sur des témoignages de tiers.
✔ Méfiez-vous des règlements à l'amiable qui excluent précisément le constat amiable. Car si les dégâts sont plus importants qu'ils n'en ont l'air, vous ne pourrez pas vous prévaloir de la garantie de votre assureur, surtout si vous avez déjà commencé à effectuer quelques réparations. Et rien n'empêche votre adversaire de déclarer ultérieurement l'accident à son assureur.
✔ Ne paniquez pas si votre adversaire décrit sa version des faits de façon totalement opposée à la vôtre (il peut être de mauvaise foi et refuser de reconnaître ses torts), car mieux vaut un constat allant dans deux directions diamétralement opposées que pas de constat du tout !
✔ Remplissez un constat amiable avec chaque véhicule impliqué dans l'accident avec le vôtre. Ainsi, si trois autres voitures ont ainsi été touchées, vous devrez remplir non pas un, mais trois constats distincts.

À NOTER

Il est préférable d'envoyer les déclarations de sinistres par lettre recommandée avec avis de réception. Lorsqu'il vous faut apporter les preuves des dommages que vous avez subis, de la valeur des biens endommagés, essayez de conserver les pièces originales. Préférez toujours envoyer des photocopies. En outre, gardez des traces de vos courriers et des justificatifs envoyés.

Respecter le délai de déclaration à l'assureur

Il est, en règle générale, de 5 jours ouvrés pour tout sinistre : incendie, dégât des eaux, accident, etc. Toutefois, ce délai est ramené à 2 jours ouvrés à partir du moment où vous en avez connaissance pour le vol ou la tentative de vol du véhicule ou de l'un de ses accessoires. Le délai de déclaration est de 4 jours si votre voiture a été endommagée par la grêle. Enfin, pour une catastrophe naturelle, ce délai est de 10 jours à compter de la date de publication au *Journal officiel* de l'arrêté interministériel constatant l'état de catastrophe naturelle.

Fournir toutes les pièces utiles à l'appréciation des dommages

Outre l'envoi du constat amiable, vous pouvez produire à votre assureur toutes autres preuves susceptibles d'étoffer votre dossier : photographie de votre voiture endommagée, adresse du garagiste où celle-ci peut être expertisée, etc.

L'assureur mandate-t-il toujours un expert ?

L'assureur ne mandate pas toujours un expert. De nombreux contrats comprennent, sur ce point, une double limite. Passé un certain délai (de 8 à 15 jours, en général) après la déclaration de sinistre, certains assureurs vous autorisent à faire procéder, *de facto*, aux réparations nécessaires si vous ne déplorez que des dégâts matériels. Autre possibilité : lorsque les dommages matériels n'excèdent pas une certaine somme (1 500 €, par exemple) fixée au contrat. Dans les deux cas, vous devrez produire ultérieurement des justificatifs pour être remboursé des frais que vous avez engagés.

Quand les dommages corporels sont-ils indemnisés ?

Il existe plusieurs cas de figure.

Vous n'êtes pas responsable de l'accident

- Si vous connaissez l'identité de l'auteur de l'accident et que celui-ci est assuré, c'est son assureur qui doit vous indemniser.

Vous devez déclarer le sinistre à l'assureur de responsabilité : le constat amiable tient lieu en pratique de déclaration d'accident lorsque les dégâts corporels sont légers. Lorsque l'accident est plus grave, les forces de police doivent établir en plus un procès-verbal d'accident qu'elles font parvenir aux assureurs impliqués. Pour les accidents impliquant au moins deux véhicules immatriculés en France, l'assureur indemnise directement les préjudices corporels des occupants du véhicule de son assuré lorsqu'ils ne dépassent pas 5 % d'invalidité permanente partielle.

- Si l'auteur de l'accident n'a pas pu être identifié (il a pris la fuite…) ou qu'il n'est pas assuré (dans le cas d'un mineur conduisant un véhicule volé, par exemple), vous devez vous tourner vers le Fonds de garantie automobile, organisme mis en place pour indemniser, entre autres, les victimes de dommages corporels. Vous disposez d'un délai de 3 ans au maximum à compter de la date de l'accident pour déposer votre dossier de demande d'indemnisation auprès du Fonds de garantie automobile.

Vous êtes partiellement ou totalement responsable de l'accident

- Si vous n'avez pas souscrit la garantie optionnelle dite « du conducteur » et que vous êtes entièrement responsable du sinistre, vous ne pouvez pas être indemnisé des dommages corporels que vous avez à déplorer.
- Si vous n'avez pas souscrit la garantie optionnelle dite « du conducteur » mais que vous n'êtes qu'en partie responsable du sinistre qui vous affecte, l'assureur de la partie adverse vous indemnisera uniquement en proportion du taux de responsabilité mis à la charge de son client.
- Si vous avez souscrit la garantie des dommages corporels du conducteur, votre assureur vous verse-

ra, dans la proportion du taux de responsabilité mis à votre charge, les montants garantis au contrat en cas d'invalidité permanente ou versera ces sommes à vos ayants droit en cas de décès.

Comment les dommages corporels sont-ils indemnisés ?

› Quelles victimes peuvent être indemnisées ?

Les victimes d'un accident de la circulation ne sont pas toutes indemnisées de la même façon. Les piétons, les passagers d'un véhicule impliqué (auto-stoppeurs, amis, famille, usagers de transport en commun), les cyclistes ou toute personne non conductrice d'un véhicule à moteur doivent être intégralement indemnisées de leur préjudice (sauf hypothèse de la faute inexcusable).

En revanche, les conducteurs des véhicules ne seront indemnisés qu'en fonction de leur part de responsabilité. Une simple faute de leur part peut diminuer, voire supprimer leur droit à indemnisation. Par exemple, il a été jugé qu'un défaut de maîtrise de son véhicule et un non-respect des distances de sécurité de la part d'un motard constituait une faute ayant contribué à la réalisation de son dommage, ce qui a justifié une réduction de moitié de son droit à indemnisation (*Cour de cassation, 2e chambre civile, 12/12/2019, n° 18-17657*). Si le conducteur est entièrement responsable, il ne percevra aucune somme pour ses dommages corporels (sauf s'il a souscrit une garantie individuelle conducteur).

S'il n'est pas responsable, ses dommages corporels seront indemnisés par l'assurance du responsable.

› Comment se déroule la procédure d'indemnisation ?

La proposition de l'assurance

Que doit contenir l'offre faite à la victime ?

Dans un premier temps, l'assurance du responsable doit contacter la victime et établir son dossier d'indemnisation.

Si la victime est décédée, son conjoint et ses héritiers doivent, chacun, communiquer à l'assureur les renseignements demandés, nécessaires à leur indemnisation personnelle.

L'assurance doit également informer la victime qu'elle peut obtenir gratuitement la copie du procès-verbal d'enquête de police ou de gendarmerie.

L'offre doit comprendre tous les éléments indemnisables du préjudice, y compris les dommages matériels s'ils n'ont pas été indemnisés préalablement.

S'il y a une expertise médicale, la victime doit être informée qu'elle peut se faire assister par son propre médecin (*Code des assurances, Art. L. 211-10*).

Dans quels délais cette offre doit-elle être adressée ?

Lorsque la responsabilité de l'accident n'est pas contestée et que le dommage peut être entièrement quantifié, l'assureur du responsable est tenu de présenter à la victime une offre d'indemnité motivée dans le délai de 3 mois (et non plus 8 mois) à compter de la demande d'indemnisation (si la responsabilité est rejetée ou n'est pas clairement établie, ou lorsque le dommage n'a pas été entièrement quantifié, l'assureur doit, dans le même délai de 3 mois, répondre néanmoins à la demande d'indemnisation).

Dans les autres cas, l'offre d'indemnité des dommages corporels doit intervenir au plus tard dans les 8 mois à compter de l'accident.

Cette offre peut n'être que provisionnelle si l'assureur n'a pas, dans les 3 mois de l'accident, été informé de la consolidation de l'état de la victime.

L'offre définitive d'indemnisation doit alors être faite dans les 5 mois qui suivent la date à laquelle l'assureur a été informé de cette consolidation. En tout état de cause, le délai le plus favorable à la victime s'applique.

En cas de pluralité de véhicules, et s'il y a plusieurs assureurs, l'offre est faite par l'assureur mandaté par les autres. En cas de décès de la victime, l'offre est faite à ses héritiers et, s'il y a lieu, à son conjoint (*Code des assurances, Art. L. 211-9*).

À NOTER

Lorsque ces délais ne sont pas respectés, le montant de l'indemnité offerte par l'assureur ou fixée par le juge produit intérêt au double du taux de l'intérêt légal à compter de l'expiration du délai jusqu'au jour de l'offre (ou du jugement devenu définitif). Le juge peut diminuer cette pénalité s'il estime que le retard est dû à des circonstances non imputables à l'assurance (Code des assurances, Art. L. 211-13).

UNE DÉFINITION DE L'ACCIDENT DE LA CIRCULATION DONNÉE PAR LA JURISPRUDENCE

Le seul fait qu'un véhicule à moteur soit impliqué dans l'accident suffit pour déclencher le droit à indemnisation issu de la loi Badinter.

Quelle est la définition d'accident de la circulation ? Une affaire récente apporte une réponse. M. A propose à son voisin, M. B, de l'aider à réparer sa voiture. Alors que M. A a les mains dans le moteur, M. B démarre le véhicule par inadvertance. La courroie de distribution blesse M. A. Ce dernier assigne en justice M. B et l'assureur qui lui garantit sa responsabilité civile (et non l'assureur de l'automobile).

La cour d'appel accède à la demande de M. A, mais l'assureur en responsabilité civile se pourvoit en cassation. Ce n'est pas à lui de couvrir les dommages subis par M. A mais à l'assureur de la voiture de M. B car il s'agit d'un accident de la circulation. Les juges de la Cour de cassation lui donnent raison : le fonctionnement du moteur a causé le dommage, et le fait que le véhicule soit à l'arrêt importe peu (*Cour de cassation, 2e chambre civile, 14/6/2018, n° 17-21401*).

La fixation définitive de l'indemnité

Lorsque la victime (ou sa famille) reçoit l'offre définitive de l'assurance, à titre de transaction, elle dispose d'un délai de 15 jours, après la signature de cette transaction, pour la dénoncer par lettre recommandée avec avis de réception (*Code des assurances, Art. L. 211-16*). À défaut d'accord sur le chiffre proposé, ou en cas de dénonciation de la transaction, l'indemnité sera fixée par le tribunal.

À NOTER

Devant le tribunal, s'il s'avère que l'indemnité proposée par l'assureur était manifestement insuffisante, ce dernier peut être condamné d'office à verser au Fonds de garantie une somme égale au plus à 15 % de l'indemnité allouée par le juge. L'assureur peut également être condamné à verser à la victime des dommages et intérêts (Code des assurances, Art. L. 211-14).

En cas d'aggravation des blessures

En cas d'aggravation de son dommage, la victime peut demander, à l'assureur qui a versé la première indemnité, une indemnité supplémentaire. Elle dispose d'un délai de 10 ans à compter de la date de consolidation (*Code civil, Art. 2226*).

› Dans quels délais les sommes fixées doivent-elles être versées ?

Après la transaction

Lorsque le délai de 15 jours de dénonciation de la transaction est expiré, l'assureur doit payer les sommes convenues dans le mois qui suit cette date d'expiration. Si ce délai n'est pas respecté, les sommes non payées produisent intérêt au taux légal majoré de moitié pendant 2 mois, puis, après ces 2 mois, au double du taux légal.

Après une décision de justice

Si les sommes dues ont été fixées par une décision de justice, le taux de l'intérêt légal est majoré de 50 % 2 mois après la date de la décision (ou de sa notification si elle n'est pas contradictoire) et doublé si le retard de paiement dépasse 4 mois (*Code des assurances, Art. L. 211-17*).

› Qu'est-ce que la médiation ?

La fonction de médiateur a été créée afin de diminuer le nombre des procédures judiciaires. La fonction consiste à tenter de concilier les compagnies d'assurances et les particuliers lorsqu'aucun accord n'a pu être trouvé entre eux et avant toute procédure judiciaire.

Le médiateur (inscrit auprès de chaque compagnie d'assurances) peut être saisi par le particulier ou l'assurance.

La demande doit être écrite et décrire le plus précisément possible les faits et les prétentions de chacun et être accompagnée des photocopies des pièces du dossier.

AVANTAGE

L'intervention du médiateur est gratuite.

AVANTAGE

Son avis ne lie pas les parties qui restent libres de saisir le tribunal après son intervention.

› Quels sont les éléments du préjudice ?

Les éléments du préjudice évalués lors de l'expertise médicale sont les suivants :

– **incapacité temporaire :** c'est la durée de l'arrêt de travail ou de l'incapacité temporaire que l'on a de se livrer à une activité quelconque ;

– **pretium doloris :** c'est l'évaluation du prix de la douleur qui est plus ou moins important suivant la gravité des interventions subies, leur pénibilité et la durée de l'incapacité temporaire.

Le pretium doloris s'établit sur une échelle chiffrée de 1 à 7, le premier degré s'appliquant à un préjudice « très léger » et le dernier à un préjudice « très important » ;

– **préjudice esthétique :** c'est le préjudice occasionné par la persistance de séquelles telles que boiterie, cicatrices disgracieuses, etc.

Il est évalué également sur l'échelle de gravité de 1 à 7 selon les mêmes qualifications que le pretium doloris.

Il varie en fonction de l'âge, du sexe, de la profession… de la victime ;

– **préjudice d'agrément :** c'est le préjudice consécutif au fait que la victime, du fait de l'accident, ne peut plus par exemple, jouer d'un instrument de musique, participer à un sport qu'elle affectionnait, etc.

L'indemnisation de ce préjudice est plus rarement accordée. Il n'est pas fixé selon une échelle de gravité mais exclusivement en fonction de chaque cas particulier ;

– **incapacité partielle permanente :** en cas de blessures graves, c'est généralement le poste le plus important qui correspond à l'incapacité plus ou moins importante dans laquelle se trouve la victime d'un accident de se livrer à une activité professionnelle ou autre. Cette incapacité est exprimée en pourcentage représentant la réduction de la capacité initiale de la victime. Plus les séquelles seront importantes, plus le pourcentage sera élevé (à titre d'exemple, la cécité équivaut à un taux d'incapacité de 85 %, l'amputation d'un doigt à un taux de 5 à 20 % selon son importance).

Ce pourcentage est multiplié par la valeur du « point » applicable à la victime en fonction de son âge.

La valeur du point résulte d'une moyenne des indemnisations accordées par les cours et tribunaux. Exemple : pour une victime âgée de 20 ans atteinte d'une incapacité de 15 %, la valeur du point peut être fixée à 1 067 € et l'indemnité pour l'incapacité établie à 15 x 1 067 = 16 005 € (la valeur du point est réévaluée tous les ans).

› Qui peut demander une indemnité en cas de décès ?

À la suite d'un décès accidentel, les personnes qui peuvent demander à être indemnisées sont en premier lieu :

– les conjoints et les partenaires pacsés ;
– les concubins ;
– les enfants ;
– ou les père et mère de la victime.

Les frères, sœurs, grands-parents de la victime peuvent également être indemnisés dans une moindre proportion. En revanche, les relations, parents plus éloignés ou les employeurs, sauf circonstances particulières, ne sont pas susceptibles d'être indemnisés.

L'indemnité en cas de décès est destinée à réparer le préjudice moral subi par la famille ou les proches de la victime, le préjudice économique, c'est-à-dire la perte de revenus ou ressources supportée par la famille à la suite du décès, et enfin les frais d'obsèques ainsi que les frais matériels éventuellement engagés à la suite du décès.

À NOTER

Le préjudice moral est déterminé selon l'âge, le lien de parenté, les modalités de vie de la victime décédée et de la personne demandant la réparation du préjudice. Par exemple le décès d'un père sera plus largement indemnisé pour un enfant vivant au foyer que pour un enfant indépendant.

Quand les dommages matériels sont-ils indemnisés ?

Là encore, plusieurs cas de figure se présentent.

Vous n'êtes pas responsable de l'accident

- Avec une garantie « au tiers », votre assureur va vous rembourser les frais de réparation nécessaires. Vous n'aurez donc aucune franchise à supporter et votre taux de bonus ne bougera pas.
- Avec une garantie « tous accidents », le principe reste le même que celui énoncé ci-dessus.

Vous êtes entièrement responsable de l'accident

- Avec une garantie « au tiers », les dégâts subis par votre véhicule ne vous seront pas remboursés et votre prime d'assurance va augmenter du fait de l'application d'un malus.

- Avec une garantie « tous accidents », votre assureur va vous rembourser les frais de réparation sous déduction de la franchise dommages inscrite dans votre contrat, et votre prime d'assurance risque de subir l'application d'un malus.

AVANTAGE

En cas de sinistre, vous pouvez vous adresser au réparateur professionnel de votre choix. Cette faculté doit désormais être mentionnée dans le contrat et rappelée lors de la déclaration du sinistre (Code des assurances, Art. L. 211-5-1). Le rappel de cette liberté n'est pas contradictoire avec la pratique des assureurs d'agréer des réparateurs, permettant ainsi à leurs assurés de bénéficier de tarifs négociés moins élevés.

La responsabilité de l'accident est partagée

- Avec une garantie « au tiers », votre assureur va vous rembourser une partie seulement des dommages subis par votre véhicule ; votre prime d'assurance va augmenter mais le malus appliqué sera moindre.
- Avec une garantie « tous accidents », votre assureur va vous indemniser pour la totalité des dommages subis. Dans la plupart des cas, vous n'aurez aucune franchise à payer sauf si votre contrat le prévoit. Comme précédemment, votre prime d'assurance sera majorée d'un malus moindre.

Le responsable n'a pu être identifié

- Avec une garantie « au tiers » ou « tierce collision », vous ne serez pas indemnisé.
- Avec une garantie « tous accidents », vous serez indemnisé sous déduction de la franchise dommages prévue dans votre contrat. En revanche, votre prime d'assurance ne subira aucun malus si votre véhicule a été accidenté alors qu'il était en stationnement ou s'il s'agit d'un bris de glace.

Le Fonds de garantie pourra, dans certaines circonstances, prendre en charge vos dommages matériels.

AVANTAGE

Pour accélérer les procédures d'indemnisation en présence de dommages exclusivement matériels, les assureurs ont mis en place la convention IRSA (convention d'indemnisation directe de l'assuré et de recours entre sociétés d'assurance automobile). Votre assureur vous indemnise même si vous n'êtes pas responsable de l'accident. Il se tourne ensuite vers l'assureur du responsable. En fonction du montant du préjudice (inférieur ou non à 6 500 €), il recevra une somme forfaitaire ou un remboursement des indemnités avancées.

ATTENTION ⚠

Une franchise spécifique est souvent appliquée lorsque l'accident a été provoqué par un jeune conducteur (qui a moins de 2 ans de permis) à qui vous avez prêté votre véhicule. Cette franchise varie selon les contrats, mais elle s'ajoute toujours à celle normalement prévue en cas de dommages.

À NOTER

Dans la mesure du possible, soyez présent le jour de l'expertise et n'hésitez pas à demander une copie du rapport.

Comment les dégâts matériels sont-ils indemnisés ?

L'offre d'indemnisation

En cas d'accident matériel, il est généralement préférable de laisser le soin à sa compagnie d'assurances d'exercer le recours vis-à-vis de la compagnie d'assurances du responsable de l'accident.

Si la responsabilité de l'accident n'est pas contestée et si le dommage a été entièrement quantifié (même s'il ne s'agit que d'un dommage matériel), l'assurance du responsable doit présenter à la victime une offre d'indemnité motivée dans le délai de 3 mois à compter de la demande d'indemnisation (*Code des assurances, Art. L. 211-9*).

Si le responsable de l'accident n'est pas assuré, il est toujours possible de l'assigner et de le faire condamner, s'il est solvable.

S'il ne l'est pas ou s'il y a un doute sérieux sur sa solvabilité, il faut mettre immédiatement en cause le Fonds de garantie qui a précisément été institué pour indemniser les victimes d'accidents occasionnés par des personnes non assurées.

Le Fonds de garantie peut également intervenir lorsque l'auteur de l'accident est inconnu.

Peut-on contester la proposition de l'assurance ?

À la réception du constat amiable, et à condition que l'indemnisation soit prise en charge par l'assurance, un expert est nommé pour évaluer les dégâts.

Au vu du rapport de l'expert, l'assurance fait une proposition d'indemnisation correspondant au coût des réparations jugées nécessaires. Si les conclusions de l'expert font apparaître que les réparations sont supérieures à la valeur du véhicule, l'assurance propose au propriétaire une indemnisation sur la base de cette valeur en échange du certificat d'immatriculation.

Si le propriétaire refuse cette somme, il peut conserver le véhicule mais ne pourra pas le revendre (sauf en tant qu'épave) avant d'avoir fait les réparations prescrites.

La préfecture forme, en effet, une opposition au transfert du certificat d'immatriculation et cette opposition ne peut être levée que sur production d'un rapport d'expertise, effectué après les travaux de réparation, attestant que le véhicule peut circuler dans des conditions normales de sécurité et qu'il n'a pas subi de transformations susceptibles de modifier les caractéristiques figurant sur le certificat d'immatriculation (*Code des assurances, Art. L. 327-1 et s. et R. 327-1 et s.*).

Si la somme proposée n'est pas satisfaisante, il est possible de faire appel à un autre expert (dont les frais restent à la charge de l'assuré) qui fera un contre-examen de la voiture.

À défaut d'accord après les deux expertises, le propriétaire du véhicule peut, soit demander un arbitrage (les frais sont alors partagés entre l'assurance et l'assuré), soit assigner la compagnie d'assurances en paiement devant le tribunal.

Le tribunal compétent est le tribunal judiciaire.

À NOTER

Le Fonds de garantie des assurances obligatoires de dommages (FGAO) indemnise les victimes d'accident de la circulation quand le responsable n'est pas identifié ou n'est pas assuré ou encore quand son assureur est insolvable. Plus précisément, le FGAO ne peut intervenir que pour un accident survenu en France ou dans l'Espace économique européen (EEE) dans lequel est impliqué un véhicule terrestre à moteur, ou une personne circulant sur la voie publique, ou un animal domestique dont le propriétaire est inconnu ou non assuré. En outre, la victime de l'accident ne pourra pas se tourner vers ce fonds s'il s'agit du conducteur du véhicule et qu'il est le seul à être impliqué dans le sinistre, ou du voleur du véhicule ou encore d'une personne de nationalité étrangère (sauf si elle réside en France ou dans l'EEE). Les dommages matériels d'un accident avec un animal sauvage ne sont pas pris en charge par le FGAO. Ce n'est que si vous avez souscrit une assurance « tous risques » que les dommages matériels de votre véhicule seront pris en charge par votre assurance. Vos dommages corporels sont pris en charge par priorité par votre garantie conducteur. Si vous n'avez pas cette garantie, le FGAO vous indemnisera.

Comment se faire indemniser en cas de vol du véhicule ?

Tout dépend si l'on retrouve ou non le véhicule volé, et si oui, au bout de combien de jours.

Le véhicule n'est pas retrouvé dans un délai de 30 jours

L'assureur vous propose une offre d'indemnisation selon la valeur vénale de votre véhicule. Pour la percevoir, vous devez lui remettre le certificat d'immatriculation (ex-carte grise), un certificat de situation administrative du véhicule ainsi que les clefs du véhicule. Attention : certains contrats peuvent prévoir un délai plus long (45 jours, par exemple).

Le véhicule est retrouvé dans un délai de 30 jours

Vous êtes tenu de le reprendre mais l'assureur doit vous indemniser pour les éventuels frais de remise en état, dans la limite de la valeur vénale du véhicule.

Le véhicule est retrouvé après un délai de 30 jours

Si l'assureur vous a déjà indemnisé, vous pouvez soit conserver l'indemnité qu'il vous a versée, soit reprendre votre véhicule et lui restituer cette indemnité, sous déduction d'éventuels frais de réparation.

Quand les indemnités sont-elles versées ?

Tout dépend des modalités de votre contrat. En règle générale, une fois que toutes les pièces nécessaires sont à la disposition de votre assureur et une fois trouvé l'accord amiable d'indemnisation, vous serez remboursé dans un délai variant de 15 à 30 jours. Ce délai ne compte pas pour le vol, ni pour l'indemnisation au titre des catastrophes naturelles puisque dans ce cas, l'indemnité n'est versée que dans les 3 mois qui suivent la publication de l'arrêté interministériel au *Journal officiel*.

AVANTAGE

Si votre véhicule est fortement endommagé et qu'il ne peut plus démarrer, vous pouvez bénéficier de la prise en charge partielle des frais de remorquage grâce au volet assistance de votre contrat.

ATTENTION ⚠

Rien n'oblige un assureur à accepter de vous garantir. Mais pour rouler, vous devez obligatoirement garantir votre responsabilité civile. Pour cela, écrivez au BCT (Bureau central de tarification) : 1, rue Jules Lefebvre, 75009 Paris.

À NOTER

Si vous n'êtes pas d'accord avec le montant de l'expertise, vous pouvez faire appel à un second expert.

Quand le contrat peut-il être résilié ?

En fin de contrat, l'assureur et l'assuré sont en droit de ne pas renouveler le contrat sans autre obligation que de respecter le préavis de résiliation indiqué dans le contrat.
La loi n° 2014-344 du 17/3/ 2014 a instauré une faculté de résiliation nouvelle au profit du seul consommateur. Si le contrat est reconductible tacitement et après un délai d'un an, le consommateur peut désormais le résilier à tout moment, sans frais ni pénalités.
Il doit choisir un nouvel assureur et l'avertir de sa volonté de résilier son contrat en cours. La notification de la résiliation est faite par le nouvel assureur au précédent assureur, par lettre recommandée, y compris électronique.
Ce droit de résiliation doit être rappelé dans les contrats et échéances de primes (*Code des assurances, Art. L. 113-15-2*).
Le nouveau contrat ne peut prendre effet avant la prise d'effet de la résiliation de l'ancien contrat (*Code des assurances, Art. R. 113-12*).
Une compagnie d'assurances ne peut résilier un contrat avant son terme, par exemple après un sinistre, que dans les cas suivants : ce sinistre a été occasionné par un conducteur en état d'ivresse ou sous l'emprise de stupéfiants ou qui a fait l'objet d'une décision de suspension de permis de conduire d'au moins 1 mois, ou d'annulation du permis, et à la condition que la possibilité de résiliation ait été prévue dans le contrat d'assurance (*Code des assurances, Art. A. 211-1-2*).
En cas de non-paiement des primes, l'assureur peut également résilier le contrat.

Vente du véhicule

En cas de vente du véhicule assuré, le contrat d'assurance est suspendu de plein droit à partir du lendemain du jour de l'aliénation. Il peut être résilié, moyennant un préavis de 10 jours, tant par l'assureur que par l'assuré.
Faute de demande de la part de l'une ou de l'autre partie et s'il n'est pas remis en vigueur (sur un autre véhicule notamment), le contrat est résilié de plein droit après un délai de 6 mois depuis la vente.

À NOTER

En cas de résiliation du contrat (expresse ou de plein droit), il ne peut être prévu aucune indemnité en faveur de l'assureur (Code des assurances, Art. L. 121-11).

Quels sont les recours d'un automobiliste lorsque sa compagnie refuse de l'assurer ?

Le Bureau central de tarification (11, rue La Rochefoucauld, 75009 Paris) peut être saisi par le propriétaire ou le conducteur d'un véhicule que sa compagnie d'assurances refuse d'assurer (à la suite notamment d'un ou de plusieurs sinistres).
Le Bureau central de tarification doit fixer le montant de la prime qui permettra d'assurer le véhicule par la compagnie d'assurances. Il peut aussi fixer le montant de la franchise restant à la charge du conducteur (*Code des assurances, Art. L. 212-1 et s.*).
Le propriétaire ou conducteur du véhicule a 15 jours après le refus de l'assurance pour saisir le Bureau par lettre recommandée avec avis de réception (*Code des assurances, Art. R. 250-1 et s.*).

L'assurance de protection juridique

Les aléas de la vie obligent parfois d'aller devant les tribunaux pour faire valoir ses droits dans des domaines aussi variés que la consommation, l'emploi, un divorce ou une succession...; et cela peut devenir vite très coûteux. Voilà pourquoi certaines sociétés d'assurances ou mutuelles vous proposent de couvrir ces frais. Il faut cependant savoir que les garanties apportées et les litiges pris en charge sont très différents selon les contrats.

À quoi sert l'assurance de protection juridique ?

C'est une assurance qui vous aide à faire valoir vos droits. Lorsque vous êtes confronté à un litige, vous prévenez votre assureur. Il recherche d'abord une solution amiable au problème. Si elle échoue ou si vous la refusez, vous devrez, en général, aller devant un tribunal. L'assurance prend alors en charge les frais de justice et les honoraires d'avocat, dans certaines limites.

Quand cette assurance joue-t-elle ?

Vous pouvez avoir recours à votre garantie protection juridique en cas de refus opposé à une réclamation dont vous êtes l'auteur ou le destinataire. Le fait d'avoir bénéficié d'une consultation juridique ou d'avoir réalisé un acte juridique avant la déclaration de sinistre à l'assureur « protection juridique » ne vous prive pas d'utiliser la garantie. Toutefois, cette consultation ou cet acte ne sera pas pris en charge par l'assureur, sauf si vous pouvez justifier d'une urgence à l'avoir demandé (*Code des assurances, Art. L. 127-2-1 et L. 127-2-2*).

Les domaines assurés

Votre contrat prévoit les domaines dans lesquels l'assurance peut intervenir, comme par exemple :

– la consommation (une facture de téléphone trop élevée…) ;
– l'habitation (problème de voisinage, mitoyenneté, bornage, copropriété ; en revanche, les litiges qui opposent locataire et bailleur ne sont pas couverts dans les contrats standard et leur garantie est le plus souvent offerte en option) ;
– l'automobile (un garagiste qui a mal fait une réparation…) ;
– la vie sociale (les conflits avec un employeur en cas de licenciement…) ;
– la construction (les conflits avec une entreprise de construction…) ;
– les relations avec l'administration (fiscalité, expropriation…).

Cette liste n'est toutefois pas exhaustive.

À NOTER

Il est à noter que les conflits liés au droit de la famille (mariage, divorce, pension alimentaire…) ne sont pas couverts dans les contrats standard.

Les limites de l'assurance

Votre contrat peut prévoir :
– une limite aux dépenses prises en charge par événement ou par année ;
– un plafond aux honoraires d'avocat ;
– un seuil d'intervention : l'assurance n'intervient que si le litige porte sur un montant supérieur à un minimum fixé dans le contrat (entre 150 et 300 € le plus souvent) ;
– un délai de carence, c'est-à-dire une période après la signature du contrat pendant laquelle certains litiges

ne sont pas pris en charge. Par exemple, le contrat peut préciser que l'assurance ne couvre pas les problèmes de voisinage pendant les 2 premières années de la souscription ;

– des limites territoriales : par exemple, l'assurance n'est accordée que dans les pays de l'Union européenne.

Enfin, l'assurance n'intervient pas si, lors de la souscription du contrat, vous connaissiez déjà la situation ou les faits qui sont à l'origine du litige.

AVANTAGE

La garantie de protection juridique peut être proposée en annexe à une assurance habitation, automobile, scolaire, loyers impayés, voyage, etc., ou faire l'objet d'un contrat à part.

ATTENTION ⚠

Sachez cependant que l'assurance de protection juridique ne réglera pas directement le montant des dommages que vous avez subis. Son rôle est d'engager la responsabilité de l'auteur du dommage, de le contraindre à régler cette somme qui vous est due et de vous la rétrocéder.

Extrait du Code des assurances

« **Art. L. 127-3**. Tout contrat d'assurance de protection juridique stipule explicitement que, lorsqu'il est fait appel à un avocat ou à toute autre personne qualifiée par la législation ou la réglementation en vigueur pour défendre, représenter ou servir les intérêts de l'assuré, dans les circonstances prévues à l'article L. 127-1, l'assuré a la liberté de le choisir.
Le contrat stipule également que l'assuré a la liberté de choisir un avocat ou, s'il le préfère, une personne qualifiée pour l'assister, chaque fois que survient un conflit d'intérêt entre lui-même et l'assureur.
Aucune clause du contrat ne doit porter atteinte, dans les limites de la garantie, au libre choix ouvert à l'assuré par les deux alinéas précédents.
L'assureur ne peut proposer le nom d'un avocat à l'assuré sans demande écrite de sa part. »

Comment fonctionne cette assurance ?

La procédure amiable suivie de la procédure judiciaire

Quel que soit le conflit qui lui est soumis, l'assureur va d'abord chercher une solution amiable.

Cependant, si la partie adverse est assistée d'un avocat, vous devrez être défendu dans les mêmes conditions (*Code des assurances, Art. L. 127-2-3*).

Si votre adversaire n'a pas recours à un avocat et si un accord amiable entre vous n'a pu être trouvé, vous devrez alors tenter de faire valoir vos droits par la voie judiciaire. Vous pouvez confier votre litige à l'avocat de la mutuelle ou de la société d'assurance de protection juridique : tous vos frais de procédure seront alors pris en charge, dans certaines limites globales définies par litige et/ou par année d'assurance. Vous pouvez aussi choisir de confier vos intérêts à votre propre avocat : les frais de procédure ne seront alors pris en charge par votre assureur que dans certaines limites spécifiques, indiquées dans votre contrat, et en fonction des tribunaux saisis et des actes nécessaires.

À NOTER

L'assureur ne peut proposer le nom d'un avocat à l'assuré sans demande écrite de sa part. En outre, les honoraires de l'avocat sont déterminés entre ce dernier et l'assuré sans pouvoir faire l'objet d'un accord avec l'assureur.

À NOTER

L'aide juridictionnelle ne prend pas en charge les frais couverts par une assurance de protection juridique. Toutefois, si le contrat ne couvre pas les frais du procès, le demandeur de l'aide juridictionnelle doit fournir une attestation de non-prise en charge délivrée par son assureur à l'appui de sa demande.

La clause d'arbitrage

Si votre assureur préfère, comme il en a le droit, ne pas entamer de procédure judiciaire et si, a contrario, vous estimez qu'une telle démarche est indispensable, vous pouvez avoir recours à l'arbitrage d'un tiers pour vous départager. Cette possibilité figure dans tous les contrats vendus aujourd'hui. Le tiers peut être désigné d'un commun accord entre vous et l'assureur, ou désigné d'office par le président du tribunal judiciaire statuant en référé.

Si l'arbitrage vous est favorable, l'assureur doit s'incliner et payer tous vos frais de procédure, sous certaines réserves décrites précédemment.

Si l'arbitrage ne vous est pas favorable et si vous décidez quand même de poursuivre votre adversaire en justice, vous ne serez indemnisé de vos frais de procédure que si l'issue du procès vous est favorable.

Les assurances de personnes

Comme leur nom l'indique, ces assurances couvrent la personne, c'est-à-dire l'assuré lui-même. Aucune d'entre elles n'est obligatoire, même si elles s'inscrivent toutes dans une logique de prévoyance et de maintien du niveau de vie familial. Leur principe est celui du versement d'une rente ou d'un certain capital si le risque assuré vient à se réaliser. Leur domaine d'intervention est très vaste puisqu'elles peuvent couvrir la personne dès son plus jeune âge.

La garantie accidents de la vie

Parce que les particuliers sont très souvent mieux indemnisés pour les dommages affectant leurs biens (habitation ou automobile notamment) que pour les atteintes à leur personne, les assureurs, réunis sous la bannière de la FFA (Fédération française de l'assurance) ont conçu la garantie accidents de la vie qui permet une indemnisation rapide des séquelles des accidents de la vie privée.

Qu'est-ce que la garantie accidents de la vie ?

C'est une assurance qui se propose d'indemniser les accidents de la vie privée de tous les membres d'une même famille, quelles que soient les circonstances dans lesquelles cet accident a eu lieu et, c'est important, qu'il y ait ou non un responsable. En effet, dans plus de 4 accidents sur 5 de la vie privée, la victime est seule responsable de son accident (chute d'un arbre, blessure à la suite de l'utilisation d'un appareil tranchant…).

Si les régimes obligatoires d'assurance sociale couvrent les frais de soins, les frais d'hospitalisation et une partie des pertes de salaire, il faut en revanche savoir qu'en cas de blessures graves, les séquelles et les préjudices physiologiques et moraux (préjudice esthétique, réparation des souffrances, préjudice d'agrément et préjudice moral) sont peu ou pas couverts du tout.

Même chose lorsqu'il y a décès, pour ce qui concerne le préjudice moral et économique des ayants droit (conjoint ou enfants). Enfin, lorsqu'un tiers est reconnu responsable, les procédures de recours sont souvent longues, voire coûteuses.

Quels préjudices peuvent être indemnisés ?

La définition des accidents de la vie privée est très large. Elle couvre :

– les accidents de la vie privée proprement dits, c'est-à-dire les événements soudains et imprévus qui surviennent en dehors de toute activité professionnelle et en dehors de la conduite d'un véhicule. Il s'agit par exemple des accidents domestiques (produit toxique avalé par un enfant, chute, brûlure…) ou des accidents ayant lieu lors d'une activité sportive ou tout simplement pendant les loisirs (chute dans un ravin lors d'une expédition de montagne…) ;

– les accidents subis lors d'une catastrophe naturelle (avalanche, tremblement de terre, tempête…) ou lors d'un incident technologique (effondrement d'un plafond, intoxication alimentaire…) ;

– les accidents médicaux : l'aléa thérapeutique est désormais couvert, à condition que celui-ci soit indépendant de l'évolution de l'affection en cause ou de l'état antérieur de la personne assurée ;

– les accidents dus à des attentats (bombe, voiture piégée…) ou à des agressions physiques (blessures suite au vol d'un sac à main par exemple) dans la mesure où la personne touchée n'a pas participé à une rixe ou à un attentat.

> **LA NÉCESSITÉ D'UNE CAUSE EXTÉRIEURE**
>
> Pour certains assureurs, l'accident nécessite l'intervention d'une cause extérieure à l'assuré.
> C'est ainsi que la chute d'un balcon n'a pas été considérée comme un accident car elle était survenue alors que la personne était en train d'attacher un fil à linge (*Cour de cassation, 2e chambre civile, 23/10/2008, n° 07-16409*).
> De même, des dommages ayant pour origine une pathologie ou une prédisposition de l'assuré ne sont, en principe, pas couverts sauf si intervient une cause extérieure. Un assureur avait refusé de mettre en œuvre la garantie accidents de la vie au motif que le jeune homme assuré, mort à la suite d'un arrêt du cœur au cours d'un match de football, avait une pathologique cardiaque préexistante. L'affaire a été portée en justice, et la Cour de cassation a considéré qu'il y avait bien une cause extérieure : le fait pour la victime de jouer au football avait entraîné l'arrêt cardiaque (*Cour de cassation, 2e chambre civile, 26/3/2015, n° 14-15063*).

À NOTER

Les victimes d'un attentat sont, par ailleurs, indemnisées de leurs dommages corporels par le Fonds de garantie des victimes des actes de terrorisme et d'autres infractions (FGTI) et/ou par les assureurs. Toutes les victimes peuvent être indemnisées par le FGTI quelle que soit leur nationalité si l'attentat survient sur le territoire national. S'il se produit à l'étranger, il n'indemnise que les victimes françaises.

Quelles sont les personnes assurées ?

Ce sont toutes les personnes d'une même famille âgées de moins de 65 ans. L'assurance accidents de la vie privée est en effet un contrat familial qui couvre le souscripteur, son conjoint ou concubin (y compris dans le cadre du PACS) et leurs enfants fiscalement à charge. Tout assuré victime d'un accident survenant dans les pays de l'Union européenne et de la Suisse bénéficie de cette garantie, sans limitation de durée de séjour. Celle-ci est également valable pour les séjours ou voyages dans le reste du monde, à condition que ceux-ci n'excèdent pas une durée continue de 3 mois.

Quel est le coût de cette garantie ?

Chaque société d'assurances ou mutuelle est libre de sa politique tarifaire. Lorsque le socle de base défini par la FFA (voir plus loin) est strictement respecté, il faut compter 18-20 € par mois environ pour garantir une famille composée d'un couple et de deux enfants.
Lorsque le taux d'incapacité à partir duquel il peut y avoir processus indemnitaire est plus généreux que celui défini par la FFA (5 % par exemple au lieu des 30 % prescrits), la cotisation peut passer à 22-30 € par mois environ.

Comment sont versées les indemnités ?

Les indemnités peuvent être versées sous forme de capital ou de rente, tous deux entièrement défiscalisés.
Elles ne sont pas versées de façon forfaitaire (si le contrat garantit 1 million d'euros et s'il y a décès, les ayants droit ne percevront pas forcément cette somme dans sa totalité) selon le principe qui régit par exemple les assurances temporaires décès, mais selon les règles de droit commun. En d'autres termes, cela signifie que le montant de l'indemnisation est fixé au cas par cas, en fonction du taux d'invalidité de l'assuré, de son âge et des répercussions économiques de son accident.
En cas de décès, le préjudice économique subi par ses proches est déterminé par toute une série de critères : nombre et âge des enfants, conjoint exerçant ou non une activité professionnelle, existence éventuelle de ressources complémentaires, etc.
Dans tous les cas, le montant des indemnités est comparable à celui qui pourrait être obtenu auprès d'un tribunal dès lors que la responsabilité d'un tiers serait reconnue.

À NOTER

La FFA a créé un label « Garantie accidents de la vie ». Pour pouvoir s'en prévaloir, les assureurs qui commercialisent le produit doivent respecter un socle de garanties minimales : indemnisation des dommages corporels dès lors que l'invalidité est supérieure à 30 % (ce qui correspond à la perte d'un pied par exemple) et plafond de garantie ne pouvant pas être inférieur à 1 million d'euros. À partir de cette charte de base, ils peuvent bien évidemment faire mieux et proposer par exemple une indemnisation à compter d'un taux d'invalidité de 5 %. La Fédération française de l'assurance dispose d'un site Internet très complet : www.ffa-assurance.fr.

AVANTAGE

Les délais d'indemnisation sont calqués sur ceux de la loi Badinter. Ils sont donc très rapides puisqu'une proposition indemnitaire doit être effectuée au plus tard dans les 8 mois qui suivent la date de l'accident. Le règlement des sommes convenues doit ensuite intervenir dans un délai d'un mois à partir de l'accord de la victime ou des ayants droit.

ATTENTION ⚠

Les accidents de la route dont le conducteur serait entièrement responsable ne peuvent être indemnisés dans le cadre de la garantie accidents de la vie privée. Pour cela, chaque conducteur doit prendre la précaution de souscrire l'option « assurance conducteur » proposée par son assureur dans le cadre de son contrat automobile.

L'assurance dépendance

Parce qu'un hébergement en résidence médicalisée coûte très cher (1 600 € à plus de 3 000 € par mois selon les régions et les prestations), et parce qu'on vit de plus en plus vieux, les assureurs ont conçu un produit spécifique destiné à permettre aux personnes les plus âgées de vivre dignement jusqu'au bout.

Qu'est-ce qu'une assurance dépendance ?

C'est une assurance qui garantit, lorsque la dépendance définitive de la personne assurée est médicalement constatée, le versement d'une rente mensuelle. Cette rente est destinée à payer soit une aide permanente à son domicile, soit un hébergement dans une résidence médicalisée. Si la personne assurée ne devient jamais dépendante, cette rente n'est jamais perçue, les cotisations étant versées à fonds perdu comme celles de l'assurance temporaire décès par exemple.

Les premiers contrats dépendance, apparus il y a une vingtaine d'années, ne couvraient quasi exclusivement que la perte totale d'autonomie. Mais la création de l'allocation personnalisée d'autonomie a dopé l'offre. La nouvelle génération de contrats couvre la dépendance partielle et offre des prestations d'assistance parfois performantes.

En outre, sont apparus sur le marché des contrats mixtes qui combinent une assurance dépendance et une assurance vie : il s'agit d'épargner sur un produit de placement pour se constituer un capital dans lequel puiser en cas de perte d'autonomie. Si l'assuré ne devient jamais dépendant, le capital sera transmis à un bénéficiaire qu'il aura désigné dans le contrat.

Quel est son principe ?

La plupart des contrats ne peuvent pas être souscrits après 75 ans. Un questionnaire médical, éventuellement complété d'examens spécifiques, précède toute acceptation du dossier. Le risque assuré – la dépendance – n'est toutefois jamais garanti immédiatement puisque tous les contrats comprennent une période dite de carence d'1 an en général, pendant laquelle la garantie ne s'applique pas, sauf en cas d'accident. Pour que la personne assurée perçoive une rente, il faut qu'elle devienne dépendante. Or, la définition de la dépendance diffère d'un contrat à l'autre. Il existe en réalité deux grandes écoles : certains se réfèrent à la grille AGGIR (utilisée pour l'attribution de l'APA), d'autres à un ensemble d'actes de la vie courante (s'habiller, s'alimenter, se déplacer, se laver…). Lorsque cet état est constaté de façon irréversible et lorsque la personne assurée réside en établissement de long séjour, ou encore qu'elle est assistée chez elle d'une tierce personne, les assureurs versent la rente garantie à l'origine du contrat, passée une période de franchise qui est en général de 6 mois.

Le versement de cette rente cesse avec le décès de la personne assurée.

Quel est son coût ?

Il varie avec l'âge de la personne : plus celle-ci est jeune au moment de la souscription, moins les primes mensuelles à payer (jusqu'au moment où la dépendance survient) sont élevées. Le coût de cette assurance varie également en fonction du montant de la rente que l'on souhaite garantir. Ce montant dépend des ressources sur lesquelles il est possible de compter, et des moyens financiers que l'assuré est susceptible d'y consacrer tous les mois. Il faut débourser, pour une souscription de contrat à 60 ans, entre 55 € et 70 € de cotisations par mois pour s'assurer une rente de 1 500 € en cas de dépendance totale. Pour garantir la dépendance partielle, la fourchette est de 80 € à 120 € par mois. La rente est alors réduite d'au moins 50 %.

AVANTAGE

La rente versée est totalement défiscalisée. Elle n'entre donc pas dans les revenus du bénéficiaire.

ATTENTION ⚠

Les maladies psychiques font très souvent l'objet de délais de carence plus longs que pour les autres maladies (3 ans au lieu de 2 ans ou d'1 an).

À NOTER

Fin 2016, 1,4 million de personnes âgées de plus de 60 ans ont bénéficié d'une mesure sociale en raison de leur situation de dépendance (INSEE, références du 26/3/2019). En 2040, il devrait y avoir 10,6 millions de personnes de 75 ans et plus contre 6,1 millions aujourd'hui et le nombre de personnes dépendantes passerait à 2 millions (Rapport de la concertation Grand âge et autonomie, 28/3/2019).

COMMENT SAVOIR SI UNE ASSURANCE DÉPENDANCE A ÉTÉ SOUSCRITE ?

Pour savoir si un proche a souscrit une assurance dépendance, il convient de saisir l'AGIRA, l'organisme chargé de la recherche des bénéficiaires des contrats d'assurance vie non réclamés. Concrètement, adressez votre demande par mail à l'adresse suivante : contratdependance@agira.asso.fr, utilisez le formulaire en ligne *www.formulairedependance.agira.asso.fr* ou écrivez à : AGIRA Recherche des contrats dépendance – TSA 30180 – 75441 Paris cedex 09.

Pour être instruite, la demande doit obligatoirement comporter les nom, prénom, date et lieu de naissance, adresse de la personne dépendante, mais également les nom, prénom et adresse de la personne qui fait la demande avec la photocopie d'un justificatif de son identité, ainsi que la nature du lien qui l'unit à la personne dépendante potentiellement assurée.

En présence d'un contrat d'assurance dépendance, l'assureur doit le signaler dans un délai d'1 mois à partir de la réception de la demande.

Les assurances complémentaires santé

Le bon niveau de prise en charge des dépenses de santé dépend de la Sécurité sociale et de sa complémentaire santé. C'est ainsi que 92 % des Français sont aujourd'hui couverts par un contrat souscrit auprès d'une société d'assurances, d'une mutuelle ou d'une institution de prévoyance. 60 % d'entre eux le sont *via* leur entreprise, 4 % bénéficient de la complémentaire santé solidaire, les autres ont souscrit un contrat à titre individuel.

Auprès de qui souscrire ?

Trois types d'assureurs sont présents sur le marché de la complémentaire santé, chacun d'eux appliquant des règles particulières :

- les mutuelles relèvent du Code de la mutualité. Sociétés de personnes à but non lucratif, elles ne rémunèrent pas d'actionnaires et se financent essentiellement au moyen des cotisations de leurs membres. Fondées sur la solidarité, elles ne sélectionnent pas leurs clients en particulier selon des critères d'état de santé ;

- les sociétés d'assurances sont soumises au Code des assurances. Sociétés de capitaux, elles ont vocation à réaliser des bénéfices et à les redistribuer aux actionnaires. Au nom de l'équité actuarielle, elles proposent des tarifs différenciés qui peuvent varier selon l'âge, le sexe, le lieu d'habitation ou le risque que présente l'assuré mesuré par le questionnaire médical ;

- les institutions de prévoyance relèvent du Code de la Sécurité sociale. Elles sont gérées de manière paritaire par les syndicats et le patronat. Elles proposent principalement des contrats collectifs (voir plus loin).

En réalité, les frontières entre ces différents assureurs sont de moins en moins étanches : certaines sociétés d'assurances gèrent la branche d'activité « santé » sous forme de mutuelle et des institutions de prévoyance créent des structures relevant du Code de la mutualité pour proposer des contrats individuels.

À NOTER

Pour souscrire certains contrats, notamment haut de gamme, l'assureur peut imposer à son client un questionnaire médical. Le recours à ce questionnaire est cependant en nette régression et peu de sociétés d'assurances l'exigent aujourd'hui.

À NOTER

Afin d'éviter qu'une personne s'assure uniquement lorsqu'elle doit faire face à de grosses dépenses de santé, certains assureurs imposent, au moment de la conclusion du contrat, des délais de carence. Pendant ce délai, certains soins coûteux comme l'optique ou les prothèses dentaires ne sont pas pris en charge ou seulement dans certaines limites.

Quelles sont les garanties proposées ?

Le socle des garanties offertes sont : des remboursements complémentaires à la Sécurité sociale des dépenses de santé, des frais d'hospitalisation, les frais dentaires, d'optique…
Mais ne sont généralement pas garantis les maladies et accidents occasionnés notamment par :
– l'assuré lui-même de façon intentionnelle (tentative de suicide, mutilation) ;
– l'usage de drogue ou de stupéfiants non prescrits par un médecin ;
– l'état d'ivresse ou l'alcoolisme ;
– la pratique d'un sport considéré comme dangereux (parapente, boxe…). Vous pouvez, toutefois, deman-

der une extension de garantie à votre assureur en contrepartie d'une surprime ;

– un traitement ou des interventions chirurgicales esthétiques non consécutifs à un accident.

Certains contrats prévoient, en outre, le versement d'une rente ou d'un capital en cas d'invalidité totale ou partielle consécutive à une maladie ou un accident, ou encore le paiement d'une indemnité quotidienne forfaitaire si vous êtes contraint de cesser votre activité professionnelle à la suite d'une maladie ou d'un accident. D'autres peuvent adjoindre des garanties « assistance » (recherche et envoi d'un médecin, d'une ambulance…).

Les assureurs qui commercialisent des contrats d'assurance complémentaire santé, qu'il s'agisse d'entreprises d'assurance, de mutuelles ou d'institutions de prévoyance, doivent faire figurer dans leurs documents de communication leurs tarifs avec des exemples clairs de reste à charge pour chaque formules de garanties. L'objectif est de faciliter la comparaison des prix (*Code des assurances, Art. L. 131-3*). Les modalités d'application doivent être précisées par arrêté.

Pourquoi souscrire ?

La différence entre la somme que débourse le patient pour se soigner et ce qui lui est remboursé par la Sécurité sociale se creuse de plus en plus. Car la Sécurité sociale, par le biais de participations forfaitaires et de franchises médicales, tente de limiter la consommation de soins des Français. Elle rembourse donc moins qu'auparavant et les complémentaires santé, dans le cadre du contrat responsable, ne peuvent pas prendre en charge ces forfaits et franchises médicales.

Un complément de remboursement

En principe, la Sécurité sociale prend en charge partiellement les dépenses de santé : de 30 à 75 % selon le type d'actes (consultations médicales, actes infirmiers, médicaments…). Ce pourcentage est appliqué sur un tarif correspondant à la base de remboursement. Le différentiel (de 25 à 70 %), appelé ticket modérateur, reste à la charge du patient comme la partie de la facture qui dépasse la valeur de la base de remboursement (dépassements d'honoraires que peuvent demander des médecins conventionnés « honoraires libres », par exemple).

Dans certains cas, le taux de prise en charge de la Sécurité sociale peut atteindre 100 %, notamment en cas de maladie de longue durée. Le patient ne supporte alors que la part de la dépense supérieure au tarif de remboursement.

Traditionnellement, les complémentaires santé couvrent le ticket modérateur et, selon le contrat souscrit, tout ou partie des dépassements d'honoraires. C'est ainsi que les baisses de remboursement de la Sécurité sociale opérées par les pouvoirs publics pour enrayer le déficit chronique de la branche maladie ont pendant longtemps été compensées par les complémentaires santé moyennant une hausse des cotisations. Mais en misant sur un changement de comportement des consommateurs de soins pour rééquilibrer les comptes, la loi n° 2004-810 du 13/8/2004 réformant l'assurance maladie puis plusieurs textes législatifs et réglementaires sont venus mettre fin à ces pratiques. Ainsi, les complémentaires santé ne peuvent couvrir ni le forfait de 1 €, ni les franchises médicales. En ce qui concerne les dépassements d'honoraires facturés par les médecins conventionnés de secteur 2, tout dépend du contrat souscrit. Le contrat dit « d'accès aux soins » permet aux médecins dont les honoraires sont libres (secteur 2) de modérer eux-mêmes leurs dépassements d'honoraires en améliorant la prise en charge de leurs patients. La base de remboursement des actes de ces médecins est la même que pour un professionnel du secteur 1 (*Arrêté du 29/11/2012*).

En outre, les patients qui consultent des chirurgiens, anesthésistes et obstétriciens en secteur 2 ayant opté pour l'option de coordination bénéficient d'une prise en charge du dépassement par leur complémentaire santé. L'option de coordination porte le montant des dépassements autorisés à 150 % du tarif de la Sécurité sociale (*Décret n° 2012-386 du 21/3/2012*).

AVANTAGE

Les personnes à revenus modestes peuvent obtenir gratuitement la complémentaire santé solidaire dès lors que leurs revenus ne dépassent pas un certain plafond.

Le contrat responsable

Sociétés d'assurances et mutuelles sont incitées par le biais d'avantages fiscaux et sociaux à promouvoir le parcours coordonné de soins. C'est ainsi qu'elles proposent des contrats dits « responsables » dont le contenu a été redéfini par le décret n° 2014-1374 du 18/11/2014.

Respecter le parcours de soins consiste à choisir un médecin traitant (sauf les jeunes de moins de 16 ans), à le consulter quasi systématiquement (voir ci-dessous) en première intention et à suivre ses indications. Il revient donc à ce praticien de décider s'il adresse son patient à un spécialiste. En suivant cette procédure, le patient obtiendra le remboursement maximal tant de la Sécurité sociale que de sa complémentaire santé. Sinon, il sera pénalisé financièrement. Tout d'abord, le médecin consulté en direct lui facturera un supplément d'honoraires. Ensuite, le remboursement de la Sécurité sociale sera moindre. Or, dans le cadre des contrats responsables, la complémentaire santé ne peut compenser cette baisse de remboursement.

De même, elle ne peut prendre en charge le forfait d'1 € ni les franchises sur les médicaments, sur les frais de transport et les actes des auxiliaires médicaux.

Dans le cadre du contrat responsable, les assureurs doivent rembourser le ticket modérateur pour toutes les catégories de soins, à l'exception des cures thermales, des médicaments homéopathiques et des médicaments remboursés à 15 % et 30 %. Si le médecin est conventionné secteur 1, le patient ne gardera à sa charge qu'1 € de forfait compte tenu du remboursement de la Sécurité sociale. Le médecin conventionné secteur 2 peut, lui, facturer des suppléments d'honoraires que la complémentaire santé doit prendre en charge si le praticien a signé le contrat d'accès aux soins.

En outre, dans le cadre du contrat responsable, les assureurs doivent rembourser :

– le forfait journalier hospitalier, sans aucune limitation de durée ;

– l'optique (deux verres et une monture) selon une grille en fonction du niveau de correction avec un minimum et un maximum de prise en charge. La garantie s'applique par période de 2 ans, sauf pour les mineurs ou en cas d'évolution de la vue où elle est annuelle.

La complémentaire santé obligatoire

La loi n° 2013-504 du 14/6/2013 a posé le principe selon lequel les salariés qui ne bénéficient pas d'une couverture collective à adhésion obligatoire en matière de complémentaire santé doivent accéder à une telle protection depuis le 1/1/2016. Tout salarié du secteur privé a donc dû se voir proposer une mutuelle d'entreprise par son employeur. Le contrat doit couvrir le salarié lui-même mais également ses ayants droit (par exemple, les enfants qu'il a à sa charge).

À NOTER

Les employeurs particuliers ne sont pas soumis à cette obligation.

Les garanties minimales

Le décret n° 2014-1025 du 8/9/2014 a fixé les garanties minimales que doivent proposer ces assurances complémentaires santé d'entreprises. Elles couvrent l'intégralité du ticket modérateur à la charge des assurés sur les consultations, actes et prestations remboursables par l'assurance maladie obligatoire, le forfait journalier hospitalier sans limitation de durée, les dépenses de frais dentaires à hauteur de 125 % du tarif servant de base de remboursement à la Sécurité sociale.

Les dépenses de frais d'optique sont prises en charge de manière forfaitaire à hauteur de 100 € minimum pour les verres simples et 200 € minimum pour les verres complexes au moins tous les 2 ans (sauf pour les mineurs ou en cas d'évolution de la vue où la prise en charge doit être au moins annuelle).

L'employeur doit prendre à sa charge au moins 50 % du montant de la cotisation. L'autre moitié est à la charge du salarié.

Les possibilités de dispense

Les salariés ne souhaitant pas être automatiquement affiliés à la couverture minimale proposée par l'entreprise peuvent remplir une demande de dispense dès lors qu'ils sont dans l'un des cas suivants :

– ils ont été embauchés avant la mise en place des garanties ;

– ils sont salariés et apprentis sous contrat à durée déterminée ou contrat de mission d'au moins 12 mois : dans ce cas, ils doivent justifier par écrit d'une couverture individuelle souscrite par ailleurs pour le même type de garanties ;

– ils sont salariés à temps partiel ou apprentis et l'adhésion au système les conduirait à verser une cotisation au moins égale à 10 % de leur rémunération brute ;

– ils sont couverts par une assurance individuelle de frais de santé au moment de la mise en place des garanties ou de l'embauche si elle est postérieure ;

– ils sont bénéficiaires de la complémentaire santé solidaire ;

– ils sont salariés en CDD ou en contrat de mission et la durée de leur couverture collective obligatoire santé est inférieure à 3 mois.

Dans tous les cas, l'employeur doit faire remplir une demande de dispense aux salariés désireux de ne pas être affiliés obligatoirement à la couverture minimale. Ce document doit comporter la mention selon laquelle le salarié a été préalablement informé par l'employeur des conséquences de son choix et être conservé en cas de contrôle de l'URSSAF.

AVANTAGE

Les salariés dont la durée du contrat de travail est inférieure ou égale à 3 mois ou ceux dont le temps de travail hebdomadaire est inférieur ou égal à 15 heures ont droit au « chèque santé », aide de l'employeur destinée au financement de leur complémentaire santé individuelle.

Le droit au maintien de la complémentaire santé

L'article 4 de la loi Évin du 31/12/1989 impose aux organismes assureurs d'organiser les modalités de maintien de la complémentaire santé, afin de permettre aux salariés bénéficiaires d'une garantie collective dont le contrat de travail est rompu (retraités, bénéficiaires de l'assurance chômage…) de conserver leur couverture complémentaire à un tarif encadré.

L'intéressé doit en faire la demande auprès de l'organisme assureur dans les 6 mois qui suivent la rupture de son contrat de travail.

L'assureur ne peut alors ni refuser, ni lui imposer un questionnaire ou un examen médical.

Pour les contrats individuels souscrits avant le 1/7/2017, les tarifs ne peuvent être supérieurs de plus de 50 % aux tarifs globaux applicables aux salariés en activité dans l'entreprise.

Pour ceux souscrits à compter du 1/7/2017, un plafonnement progressif des tarifs est échelonné sur 3 ans :

– la 1re année qui fait suite à la sortie du contrat d'assurance collectif, les tarifs restent identiques aux tarifs globaux applicables aux salariés actifs ;

– la 2e année, les tarifs ne peuvent être supérieurs de plus de 25 % ;

– enfin, la 3e année, ces tarifs ne peuvent être supérieurs de plus de 50 % (*Décret n° 2017-372 du 21/3/2017*).

À l'issue de cette période de 3 ans, l'organisme de prévoyance retrouve la possibilité de fixer librement le montant de la cotisation.

Les salariés qui perdent leur emploi pour un motif autre que la faute lourde et sont indemnisables par l'assurance chômage continuent à être couverts par la mutuelle de leur ancienne entreprise pendant 12 mois au maximum au nom de la portabilité (*Loi n° 2013-504 du 14/6/2013*). Plus précisément, sont visés les salariés dont le contrat de travail est rompu par un licenciement (sauf en cas de faute lourde) ou par une démission reconnue légitime par l'assurance chômage. La rupture conventionnelle homologuée et la fin d'un contrat à durée déterminée ouvrent les mêmes droits.

Le salarié concerné conserve le bénéfice des garanties de la mutuelle de l'entreprise pour une durée égale à celle de son dernier contrat de travail (apprécié en mois entiers et arrondi au nombre supérieur de mois le cas échéant) dans la limite de 12 mois. Un salarié licencié, par exemple, après 15 ans d'ancienneté dans l'entreprise gardera la complémentaire santé pendant 12 mois. Les prestations des régimes de remboursement des dépenses de santé et de prévoyance (incapacité de travail, invalidité, décès) sont maintenues à l'identique. Il n'y a aucune différence par rapport à la période d'activité sauf en ce qui concerne les droits garantis par la « prévoyance » en cas d'incapacité temporaire de travail (en cas de maladie ou de maternité par exemple). Dans cette situation, ce que percevra l'intéressé de la part de la Sécurité sociale et de sa mutuelle ne pourra pas être supérieur au montant de ses allocations de chômage.

Le financement de la mutuelle pendant la période de maintien est financé conjointement par l'employeur et le salarié dans les mêmes proportions que les salariés en activité dans l'entreprise.

AVANTAGE

Le conjoint et les enfants du salarié qui sont déjà couverts à titre obligatoire peuvent ne pas adhérer au régime complémentaire de santé et prévoyance mis en place dans l'entreprise. Pour cela, le salarié doit produire chaque année une attestation afin de prouver que son conjoint (et/ou ses enfants) bénéficie d'une couverture complémentaire obligatoire. Ainsi, il pourra payer une cotisation individuelle moins chère.

Quelles sont les obligations de l'assureur ?

L'assureur ne peut résilier un contrat dès lors qu'il a accordé sa garantie (sauf en cas de fausse déclaration à la souscription). Vous avez la certitude de pouvoir

continuer à bénéficier de votre contrat, votre vie durant, quelle que soit l'évolution de votre consommation de soins.
De même, l'assureur ne peut augmenter votre cotisation, à titre individuel, parce que vos dépenses de santé sont trop importantes. Il peut cependant prévoir des augmentations de tarifs en fonction de l'avancée en âge.

ATTENTION ⚠

Certains contrats à adhésion individuelle peuvent ne pas être offerts aux personnes ayant dépassé une limite d'âge (65, 70, 80 ans selon les contrats). Mais quel que soit son âge, on trouve sur le marché de l'assurance des contrats ouverts à tous. Il faut savoir en outre, qu'en général, plus on adhère à un âge avancé, plus les tarifs appliqués sont élevés.

Quand pouvez-vous résilier votre contrat ?

Un an après sa souscription, en respectant le délai de préavis indiqué au contrat, vous pouvez rompre votre contrat d'assurance complémentaire santé.
De nouvelles règles de résiliation s'appliqueront, en principe, à partir du 1/12/2020 (décret à paraître). Passé le délai d'1 an, il vous sera possible de le résilier à tout moment, sans frais. Cette faculté ne concerne que les contrats individuels ou collectifs facultatifs. Le contrat auquel vous avez souscrit à titre obligatoire, par exemple dans le cadre de votre entreprise, n'est pas visé par cette possibilité. Mais l'employeur aura cette faculté (*Loi n° 2019-733 du 14/7/2019*).
Suite à la résiliation, vous ne serez redevable que de la partie de cotisations correspondant à la période pendant laquelle vous avez été assuré.

LE CUMUL D'ASSURANCES

D'autres contrats comme les assurances scolaires, extrascolaires, des clubs sportifs… peuvent intervenir pour couvrir les conséquences d'un accident. Mais attention : lorsqu'ils comportent chacun des prises en charge de frais de soins, il n'est pas possible de présenter une demande de remboursement à chaque assureur et obtenir ainsi plus que ce que vous avez dépensé. En revanche, pour des frais de soins engagés à la suite d'un accident survenu lors de la pratique d'un sport, par exemple, il sera possible de faire jouer l'assurance sportive si la prise en charge de la Sécurité sociale et de l'assurance complémentaire n'est pas complète. Par ailleurs, les capitaux prévus par ces différents contrats en cas d'invalidité sont cumulables.

L'assurance obsèques

Préparer ses obsèques à l'avance n'est plus, aujourd'hui, un sujet tabou. De nombreux assureurs proposent à leurs clients de préfinancer leurs obsèques afin d'épargner aux proches une dépense souvent importante.

Qu'est-ce qu'une assurance obsèques ?

Il existe deux types de contrat en la matière.

- La première formule se cantonne au strict préfinancement des obsèques : vous constituez un capital pour financer vos obsèques. Au moment de votre décès, le capital que vous avez souscrit est versé à vos proches ou à des tiers désignés dans le contrat. Il peut également être versé à une entreprise de pompes funèbres qui, selon le capital disponible, se chargera d'organiser les obsèques.
- La seconde formule va plus loin puisqu'elle prévoit non seulement le financement des obsèques, mais aussi leur organisation selon vos propres volontés consignées au moment de la souscription : si vous souhaitez une cérémonie religieuse ou non, le modèle de cercueil et de caveau retenus… Ici, vous mandatez l'assureur pour veiller au bon déroulement des obsèques. Vos proches peuvent même vérifier, en regard du devis initial, si vos souhaits ont bien été respectés. Cette formule permet également de les soulager quant à l'organisation, souvent fastidieuse, des obsèques.

Le contrat obsèques doit prévoir explicitement la faculté pour le souscripteur de modifier la nature des obsèques, le mode de sépulture, le contenu des prestations et fournitures funéraires, l'opérateur désigné pour exécuter les obsèques et, le cas échéant, le mandataire nommé pour veiller à la bonne exécution des volontés exprimées. L'assureur doit respecter la liberté de modification du souscripteur sous peine d'une amende de 15 000 € (*Code général des collectivités territoriales, Art. L. 2223-35-1*).

Par ailleurs, toute clause d'un contrat prévoyant des prestations d'obsèques à l'avance sans que le contenu détaillé de ces prestations soit défini est réputée non écrite (*Code général des collectivités territoriales, Art. L. 2223-34-1*).

Quel est son principe ?

La souscription d'une telle assurance peut se faire à n'importe quel âge et jusqu'à 75 ans pour la majorité des contrats. La plupart du temps, il n'y a aucun questionnaire médical à remplir. Il faut savoir qu'en général le décès n'est pas couvert lors des 2 premières années de souscription.

Par ailleurs, vous devez choisir votre mode de règlement : en prime unique (vous réglez une fois pour toutes le financement de vos obsèques), prime annuelle ou mensuelle. Les capitaux garantis sont souvent plafonnés à 75 000 € et peuvent, dans certains cas, être réévalués d'année en année selon l'indice du coût de la vie. Lorsque le contrat a été souscrit il y a de nombreuses années au profit d'une entreprise de pompes funèbres, et lorsque les capitaux disponibles ne peuvent couvrir que partiellement les frais d'obsèques, l'entreprise doit débourser la différence sans avoir à requérir un quelconque supplément financier auprès de la famille.

À l'inverse, lorsque les capitaux disponibles sont supérieurs aux prestations réalisées en définitive, le surplus doit être versé aux bénéficiaires désignés au contrat au moment de la souscription.

Quel est son coût ?

Il dépend à la fois du montant garanti et de l'âge de l'assuré. À titre d'exemple : pour garantir un capital obsèques de 6 000 €, une personne âgée de 60 ans devra débourser 45 € par mois environ jusqu'à la date de son décès tandis qu'une personne de 75 ans devra payer le double.

AVANTAGE

Les capitaux garantis au titre d'une assurance obsèques sont versés très rapidement et, au plus tard, dans les 48 heures qui suivent le décès.

À NOTER

La Fédération française de l'assurance a lancé un dispositif pour permettre de savoir si un proche a souscrit un contrat obsèques. Il convient de saisir l'AGIRA, l'organisme chargé de la recherche des bénéficiaires des contrats d'assurance vie non réclamés, via le formulaire en ligne www.formulaireobseques.agira.asso.fr ou par courrier : AGIRA Recherche des contrats obsèques - TSA 20179 - 75441 Paris Cedex 09. Joignez à la demande la copie de l'acte de décès. Si un contrat d'assurance obsèques a été souscrit, vous en serez informé dans un délai de 3 jours ouvrés à partir de la réception de la demande par l'AGIRA.

L'assurance temporaire décès

Protéger ses proches en souscrivant une assurance décès est un acte de prévoyance quasi indispensable pour préserver les siens des conséquences financières parfois catastrophiques de sa propre disparition.

Qu'est-ce qu'une assurance décès ?

C'est une garantie qui couvre le décès de la personne assurée. Si celui-ci survient pendant le temps de la souscription du contrat, l'assureur doit verser aux bénéficiaires la somme assurée à l'origine.
En revanche, si ce risque assuré ne se réalise pas, c'est-à-dire si vous êtes toujours en vie à l'issue du contrat (qui est fixée entre 65 et 75 ans, en général) aucune somme ne sera versée aux bénéficiaires.

À quels besoins répond cette assurance ?

Cette assurance répond au besoin de protéger financièrement les siens en cas de disparition prématurée. Pour quelques centaines d'euros par an, vous garantissez un capital important destiné à subvenir, au moins dans un premier temps, aux besoins de votre famille.
Certaines situations sont particulièrement concernées. C'est le cas, par exemple, d'une famille avec des enfants en bas âge, où seul un des deux conjoints travaille, quel que soit son niveau de rémunération. C'est également le cas des concubins, des partenaires pacsés, des couples séparés avec enfants à charge ou des personnes vivant avec un handicapé.
Attention : il faut parfois remplir certaines conditions. Par exemple, si un concubin décède, l'autre doit prouver qu'ils vivaient bien ensemble au moment du décès. Dans une affaire où un concubin réclamait le versement du capital décès prévu dans le contrat souscrit par la défunte, les juges de la cour d'appel ont relevé que la preuve de la vie commune au jour du décès n'était pas apportée par l'intéressé. La Cour de cassation a donc confirmé le rejet de cette demande (*Cour de cassation, 1re chambre civile, 3/10/2018, n° 17-13113*).

Quels sont les risques couverts ?

Le décès de l'assuré

Il est garanti en toutes circonstances de la vie courante, à l'exclusion :
– du suicide lors de la première année d'assurance. En cas d'augmentation des garanties en cours de contrat, le risque de suicide, pour les garanties supplémentaires, est couvert à compter de la 2e année qui suit cette augmentation ;
– des maladies ou des accidents occasionnés par la guerre et ses conséquences ;
– de la pratique de sports aériens ;
– de la pratique de tout sport à titre professionnel ;
– de la participation à des compétitions sportives comportant l'utilisation de véhicules à moteur ;
– de la participation à un duel, un pari ou une rixe (sauf en cas de légitime défense) ;
– des accidents ou maladies qui sont le fait volontaire de l'assuré ou des bénéficiaires du contrat ;
– des conséquences d'affections ou de maladies antérieures, non déclarées lors de l'adhésion au contrat ;
– des suites de l'usage de drogues, neuroleptiques ou stupéfiants ;
– des suites d'un accident de la circulation lorsque l'assuré a un taux d'alcoolémie supérieur au seuil légal de tolérance ;

– des conséquences de la désintégration du noyau atomique ou de radiations ionisantes.

AVANTAGE

L'assurance décès doit couvrir dès la souscription, dans la limite d'un plafond qui ne peut être inférieur à 120 000 €, les contrats d'assurances de groupe souscrits par un établissement de crédit, pour garantir le remboursement d'un prêt contracté pour financer l'acquisition du logement principal de l'assuré.

L'invalidité absolue et définitive de l'assuré

Cette garantie s'exerce à la suite d'un accident. Pour percevoir le capital assuré à l'origine, le souscripteur doit être dans l'impossibilité absolue et définitive de se livrer à un travail quelconque et il doit avoir besoin de l'assistance d'une tierce personne pour accomplir les gestes de la vie quotidienne. Comme pour le décès, la garantie ne s'exerce pas dans certaines circonstances.

Quelles sont les formalités à effectuer pour adhérer ?

Vous souhaitez garantir moins de 75 000 €

En règle générale, vous devez remplir sur l'honneur un simple questionnaire de santé. Mais attention : même si certains renseignements vous semblent anodins (taille, poids, pratique régulière ou non d'un sport, date et nature des interventions chirurgicales ayant eu lieu les 5 dernières années…), rien ne doit être laissé au hasard. Tous les renseignements ont une réelle importance et le moindre « oubli » ou la moindre tricherie peuvent conduire l'assureur à refuser sa garantie en invoquant la nullité du contrat (*Code des assurances, Art. L. 113-8*). Car il faut savoir qu'au moment de payer la somme garantie aux bénéficiaires, les assureurs enquêtent sur le mode de vie de l'assuré et sur son état de santé.

Vous souhaitez garantir plus de 75 000 €

Dans ce cas, le plus souvent, les assureurs imposent de véritables bilans de santé assortis parfois d'examens complémentaires tels que des prises de sang, des radios des poumons ou des électrocardiogrammes.

Si vous avez le droit de refuser de passer ces examens, sachez qu'en contrepartie, l'assureur a le droit de refuser de vous garantir.

À NOTER

Les entreprises et organismes qui proposent une garantie des risques d'invalidité ou de décès ne doivent pas tenir compte des résultats de l'examen des caractéristiques génétiques d'une personne voulant s'assurer, même si ceux-ci leur sont transmis par la personne concernée ou avec son accord. En outre, ils ne peuvent poser aucune question relative aux tests génétiques et à leurs résultats, ni demander à une personne de se soumettre à de tels tests avant que ne soit conclu le contrat et pendant toute la durée de celui-ci.

À NOTER

Une convention relative à l'assurance des personnes exposées à un risque aggravé du fait de leur état de santé détermine les modalités particulières d'accès à l'assurance contre les risques d'invalidité ou de décès en faveur de ces personnes qui ne peuvent trouver dans le cadre des pratiques habituelles de l'assurance de garantie des prêts à la consommation, immobiliers ou à caractère professionnel.

Comment sont calculées les cotisations à payer ?

Elles dépendent bien sûr de l'état de santé (actuel et antérieur) de la personne qui souhaite s'assurer, mais aussi de son âge, de son sexe, du type d'activité professionnelle exercée… Quoi qu'il en soit, plus on souscrit à un âge avancé, plus la mensualité à verser est élevée.

Les conséquences de la résiliation

Il est possible de résilier son contrat chaque année au moment de son échéance mais contrairement à l'assurance vie où l'argent placé est récupéré au terme du contrat, les sommes versées au titre d'une assurance temporaire décès restent définitivement acquises à l'assureur. On dit qu'elles ont été versées à fonds perdus, comme le sont les primes d'une assurance automobile ou habitation, par exemple.

Percevoir un capital-décès sans souscrire d'assurance particulière ?

Un capital-décès peut être versé par la Sécurité sociale au conjoint survivant non séparé, au partenaire pacsé ainsi qu'aux enfants d'une personne décédée, si cette dernière se trouvait dans l'une des situations suivantes durant les 3 mois qui ont précédé son décès :
– elle exerçait une activité salariée ;
– elle percevait des allocations chômage ou était en fin d'indemnisation depuis moins d'1 an ;
– elle était titulaire d'une pension d'invalidité ou d'une rente accident du travail ou de maladie professionnelle correspondant à une incapacité physique permanente d'au moins 66,66 %.

Depuis le 1/1/2015, le montant du capital décès est identique pour tout le monde *(Voir pages Barème)*.

Les entreprises peuvent également, dans le cadre des accords salariaux, verser aux ayants droit du salarié décédé un capital qui correspond souvent à une année de salaire.

Enfin, toutes les cartes bancaires (Carte Bleue, Carte Visa, cartes EuroCard Mastercard…), comprennent une assurance décès automatique qui joue lorsque le décès survient au cours d'un voyage (en avion, bateau, métro, voiture de location…) dont le titre de transport a été payé par carte, précisément.

AVANTAGE

Le capital transmis par l'assurance décès est exonéré de droits de succession.

À NOTER

Il est possible de souscrire une assurance décès « vie entière » qui couvre l'assuré jusqu'à la fin de sa vie, quelle que soit la date de son décès. Les primes demandées sont alors nettement plus élevées.

À NOTER

Le marché de la prévoyance est très large : sociétés d'assurances, mutuelles et banques se le partagent, commercialisant à la fois des contrats simples à capitaux limités (15 000 €, 30 000 €…) et des contrats sur mesure.

Les assurances sur les crédits

Deux assurances sont proposées aux emprunteurs : l'assurance décès-invalidité, souvent obligatoire, et l'assurance chômage, toujours facultative. Elles prendront en charge le remboursement du prêt dans certains cas précis.

L'assurance décès-invalidité

Que couvre-t-elle ?

Le décès

Lorsque l'emprunteur décède, l'assurance rembourse à la banque la partie du crédit - le capital et les intérêts - qui restait due à la date du décès.

À NOTER

Le suicide est couvert dès la souscription du contrat lorsque l'assurance est liée à un prêt immobilier souscrit pour financer la résidence principale. Toutefois la garantie est limitée à un plafond. Dans les autres cas de prêt, l'assurance décès ne couvre le suicide qu'à partir de la 2e année.

L'invalidité absolue et définitive

Lorsque l'emprunteur est définitivement reconnu comme invalide par un médecin, l'assurance rembourse le crédit dans les mêmes conditions qu'en cas de décès. Toutefois, cette garantie n'est accordée que jusqu'à un certain âge et à condition que l'emprunteur ne puisse plus exercer aucune activité susceptible de lui procurer un salaire, un gain ou un profit.
Certains contrats précisent qu'il faut, de surcroît, que l'état de santé de l'assuré l'oblige à recourir à l'aide d'une tierce personne pour accomplir les actes ordinaires de la vie.

L'incapacité de travail

Si, à la suite d'une maladie ou d'un accident, l'emprunteur ne peut plus travailler, l'assurance paie à sa place la mensualité du crédit mais dans la limite de certains délais.
À partir du moment où l'emprunteur est contraint d'arrêter de travailler, il s'écoule plusieurs mois avant que l'assurance n'intervienne. Ce délai de franchise, pendant lequel l'assuré continue à régler sa mensualité, varie en général entre 1 et 3 mois. L'assurance prend ensuite en charge la mensualité du crédit jusqu'à ce que l'emprunteur puisse reprendre son travail, ou jusqu'au jour de son départ à la retraite ou, pour certains contrats, jusqu'à un âge limite (par exemple, 60 ou 65 ans). Mais les contrats prévoient aussi la durée maximale de l'indemnisation : 1 à 3 ans, en général. Ensuite, l'assureur qui évalue le degré d'invalidité de l'emprunteur continue à rembourser les mensualités, ou réduit ses remboursements (à la charge pour l'emprunteur de payer la différence), ou encore arrête tout paiement.

À NOTER

Avant d'accepter de vous garantir, la société d'assurances peut vous soumettre à un questionnaire médical et même exiger des examens. Cependant, vous échapperez à ce contrôle pour l'assurance d'un prêt à la consommation affecté à l'achat d'un bien ou d'un service si vous n'avez pas plus de 45 ans, si le montant emprunté ne dépasse pas 10 000 € et si le remboursement se fait au plus sur 4 ans.

Qui souscrit l'assurance ?

L'assurance est souscrite par le ou les emprunteurs. S'ils sont plusieurs, l'assurance peut être répartie entre eux. Par exemple, si vous avez des revenus plus élevés que votre conjoint et prenez donc en charge une part plus importante de la mensualité de remboursement du crédit, vous pourrez vous assurer à 75 % et votre conjoint pour 25 % seulement. Dans ce cas, l'assurance ne jouera, en cas de décès, d'invalidité ou d'incapacité de travail, qu'à hauteur de la partie assurée. Par exemple : si vous décédez, l'assurance ne remboursera que 75 % de votre crédit.
Chaque emprunteur peut également s'assurer pour la totalité du capital, soit 100 % sur chacune des têtes. L'assureur paie alors la totalité de ce qui reste dû en cas de décès de l'un des assurés.

L'assurance est-elle obligatoire ?

La loi ne l'impose pas. Mais, contractuellement, les établissements de crédit l'exigent toujours pour accorder un prêt immobilier et rarement pour un prêt personnel ou un prêt à la consommation.

L'établissement de crédit ne peut pas imposer à l'emprunteur d'adhérer au contrat de groupe qu'il a souscrit (ou assurance collective). L'emprunteur peut faire jouer la concurrence et opter pour un contrat d'assurance individuel. Le prêteur ne peut pas lui opposer un refus si le contrat individuel présente un niveau de garantie équivalent au contrat de groupe (*Code de la consommation, Art. L. 313-30*).

Il est possible de changer de contrat d'assurance au cours des 12 premiers mois suivant la signature du contrat de prêt. Il faut, pour cela, proposer à l'établissement prêteur un nouveau contrat d'assurance présentant les garanties équivalentes. La demande doit être envoyée par lettre recommandée avec avis de réception ou par recommandée électronique. Elle doit parvenir à la banque au plus tard 15 jours avant l'expiration du délai de 12 mois.

Enfin, chaque année, à la date anniversaire du contrat de prêt, il est également possible de résilier le contrat souscrit et de le remplacer par un nouveau présentant des garanties équivalentes. Cette demande de changement doit parvenir à la banque au moins 2 mois avant la date anniversaire de la signature de l'offre de prêt par l'emprunteur (*Code des assurances, Art. L. 113-12-2*). En pratique, il faut demander, par lettre recommandée avec avis de réception ou recommandé électronique, la résiliation du contrat et y joindre l'offre d'assurance du nouvel assureur choisi. À partir du moment où l'établissement de crédit a reçu la demande, celui-ci a 10 jours pour y répondre :

– en cas de refus, celui-ci doit être motivé, c'est-à-dire qu'on doit en donner les raisons précises à l'emprunteur ;

– en cas d'acceptation, la banque a à nouveau 10 jours pour envoyer l'avenant au contrat de prêt mentionnant la nouvelle assurance. Le nouveau contrat prend effet à la date d'échéance mensuelle. Le prêteur ne peut pas modifier le taux du prêt ou les conditions du crédit, ni facturer des frais (par exemple pour l'analyse du nouveau contrat).

Pour apprécier l'équivalence du niveau de garantie, chaque banque doit retenir 11 critères sur une liste de 18 critères déterminés par le Comité consultatif du secteur financier qui correspondent aux garanties minimales qu'elle exige. Ces critères sont communiqués à l'assuré dans une fiche remise au moment de la négociation du prêt. Si ce n'est pas le cas, il faut se renseigner auprès de son établissement de crédit.

À NOTER

Si l'assuré a souscrit le contrat de groupe ou collectif proposé par l'établissement prêteur, il peut avoir intérêt à opter, s'il est en bonne santé, pour un contrat individuel qui va prendre en compte de façon plus précise son profil. Ce peut être également le cas, s'il présente moins de risque qu'auparavant. Il en sera ainsi si l'assuré a arrêté de fumer par exemple, ou interrompu un sport considéré à risque.

Lorsque l'offre de contrat de crédit est assortie d'une proposition d'assurance, une notice doit être remise à l'emprunteur, qui comporte les extraits des conditions générales de l'assurance, notamment les nom et adresse de l'assureur, la durée, les risques couverts et ceux qui sont exclus. Si l'assurance est exigée par le prêteur pour obtenir le financement, la fiche d'information et l'offre de contrat de crédit doivent rappeler que l'emprunteur peut souscrire une assurance équivalente auprès de l'assureur de son choix. Si l'assurance est facultative, l'offre de contrat de crédit rappelle les modalités suivant lesquelles l'emprunteur peut ne pas y adhérer (*Code de la consommation, Art. L. 312-29*). Depuis le 1/10/2015, l'assureur doit remettre à chaque client une fiche d'information mentionnant les garanties minimales exigées afin qu'il puisse transférer son contrat vers un autre organisme s'il le désire (*Code de la consommation, Art. R. 313-8 et s.*).

ATTENTION ⚠

Il est très important de répondre honnêtement et avec précision au questionnaire de santé. Un assuré n'avait pas déclaré prendre un traitement à base d'anxiolytiques et d'antidépresseurs ; l'assureur a refusé de faire jouer la garantie pour cause de fausse déclaration intentionnelle (Cour de cassation, 2e chambre civile, 3/11/2011).

AVANTAGE

La banque qui accorde le crédit tient en général à ce que vous vous assuriez par son intermédiaire. Elle a, en effet, négocié avec une société d'assurances un contrat type. Mais vous pouvez aussi vous adresser à une autre société d'assurances ou à votre mutuelle.

À NOTER

Certains emprunteurs dont la santé ou l'âge posent problème peuvent avoir des difficultés à s'assurer. Et, sans assurance, les banques refusent souvent le prêt. Mais elles peuvent parfois accepter, à défaut, une garantie finan-

cière sur un contrat d'assurance ou un compte titres, par exemple. Par ailleurs, les personnes présentant un risque aggravé de santé peuvent bénéficier de la convention AERAS pour obtenir un prêt.

L'assureur peut-il résilier le contrat d'assurance lié à un crédit immobilier ?

L'assureur ne peut résilier, pour cause d'aggravation du risque, le contrat souscrit dans le cadre d'un contrat de crédit immobilier que si les conditions suivantes sont réunies :

– l'assuré pratique régulièrement une nouvelle activité sportive présentant un risque particulier pour sa santé ou sa sécurité ;

– la déclaration initiale du risque aurait été différente si l'assuré avait déjà pratiqué l'activité dangereuse ;

– l'assuré n'a pas de lui-même déclaré cette activité sportive dans les 15 jours (*Code des assurances, Art. R. 113-13*).

La convention AERAS

Lorsque le client présente, en raison d'une maladie ou d'un handicap, un risque trop important pour l'assureur, la garantie décès-invalidité lui est refusée ou accordée moyennant une hausse des tarifs (surprime).

Les associations de malades se sont battues pour que les conditions à remplir par une personne malade présentant « un risque aggravé de santé » (personne séropositive, diabétique, qui a eu un cancer…) soient moins restrictives.

La convention AERAS (« s'Assurer et Emprunter avec un Risque Aggravé de Santé ») signée par le gouvernement, les fédérations professionnelles de la banque et des assureurs ainsi que par les associations de malades a été consacrée par la loi (*Code de la santé publique, Art. L. 1141-2 et s.*).

Crédit immobilier

Les personnes gravement malades peuvent emprunter jusqu'à 320 000 € pour réaliser un projet immobilier. La durée de remboursement de ce capital n'est pas limitée dans le temps mais l'emprunteur ne doit pas être âgé de plus de 70 ans à l'échéance du prêt. Dans ce cas, le tarif appliqué sera en général plus élevé (sans pouvoir dépasser 1,4 points de plus que le TEG de l'emprunt) et/ou les garanties plus limitées que celles d'un contrat standard.

Crédit à la consommation

Pour les prêts à la consommation affectés ou dédiés, les conditions de souscription sans questionnaire médical sont assouplies. Le questionnaire est supprimé pour les crédits à la consommation d'une durée inférieure à 4 ans et pour les emprunteurs de moins de 50 ans si le montant du crédit ne dépasse pas 17 000 € et qu'il est remboursable sur 4 ans au maximum.

Les professionnels de l'assurance et de la banque doivent donner une réponse dans un délai de 5 semaines à compter de la réception du dossier complet relatif à la demande de prêt.

Traitement du dossier

Les assureurs doivent proposer une garantie invalidité qui s'adresse à tous les malades (aucune pathologie n'est exclue). De plus, la prise en charge des surprimes (coût supplémentaire du fait de la maladie) est étendue pour les personnes à revenus modestes. Au moment de la souscription de l'assurance emprunteur, un questionnaire médical standard doit être rempli par l'emprunteur.

Si les réponses laissent supposer qu'il présente un risque plus important que la moyenne, son dossier est réexaminé par un nouveau service dit de « deuxième niveau ». Un nouveau questionnaire plus précis est alors à remplir ; des examens médicaux complémentaires peuvent être demandés. Un contrat d'assurance pourra être proposé.

Mais si le risque médical que présente le client est trop important, le dossier est transféré à une commission spéciale appelée le « pôle des risques aggravés de troisième niveau ». Même si le prêt immobilier demandé ne dépasse pas 320 000 € et que l'emprunteur n'atteint pas plus de 70 ans à la fin de son remboursement, l'assurance peut être refusée.

Si un contrat est proposé au deuxième ou au troisième niveau, celui-ci pourra comporter des garanties moindres que le contrat standard ou sera d'un prix plus élevé (sans pouvoir dépasser 1,4 points de plus que le TEG de l'emprunt) ou les deux à la fois.

Si l'emprunteur estime que le mécanisme de la convention AERAS n'a pas été correctement appliqué, un recours peut être déposé auprès de la Commission de médiation de la convention AERAS, 61, rue Taitbout, 75009 Paris.

Depuis la loi du 26/1/2016, aucune information médicale relative à une pathologie cancéreuse n'est plus à déclarer dès lors que le protocole thérapeutique est achevé depuis plus de 10 ans. Pour les cancers diagnostiqués avant l'âge de 18 ans, ce délai est ramené à 5 ans.

À NOTER

Les candidats à l'assurance emprunteur qui présentent du fait de leur état de santé ou de leur handicap un risque aggravé doivent recevoir un document d'information sur les conditions de la non-déclaration des antécédents de santé, de la non-application de majoration de tarifs ou de l'exclusion de garanties (Décret n° 2017-173 du 13/2/2017). En cas de non-respect, les organismes assureurs encourent des sanctions.

En outre, pour chacune de ces pathologies, une grille de référence détermine les délais au-delà desquels aucune surprime ou exclusion de garantie ne peut être pratiquée par les assureurs. Cette grille, mise à jour à chaque renouvellement de la convention, est disponible sur le site *www.aeras-infos.fr*. Sont visés, entre autres :

– l'hépatite C : 48 semaines après la fin du protocole thérapeutique et sans rechute ;
– les cancers du col de l'utérus, du sein et le mélanome de la peau : 1 an après la fin du protocole thérapeutique et sans rechute.

Bon à savoir : la Commission de suivi de la convention AERAS a rendu un second rapport d'étape. Par rapport au premier, les chiffres sont en amélioration. Sur les 173 000 demandes d'assurance de prêts au titre des crédits immobiliers et professionnels déposées par des personnes présentant un risque aggravé de santé (soit 11 % des demandes totales), 96 % ont reçu une proposition d'assurance couvrant au moins le risque de décès. Mais la commission n'a pu établir le nombre de personnes ayant ensuite obtenu un prêt. Pour en savoir plus sur la convention AERAS : *www.aeras-infos.fr*.

L'assurance chômage

En quoi consiste-t-elle ?

Les banques proposent avec les crédits qu'elles offrent des assurances qui prennent en charge la mensualité de remboursement du prêt lorsque l'emprunteur est licencié par son entreprise. Seuls peuvent en bénéficier les salariés d'une même société depuis au moins 6 mois, en contrat à durée indéterminée. Certaines assurances prévoient aussi un âge maximum à l'adhésion.

Que couvre-t-elle ?

Si vous êtes licencié - les démissions et les préretraites ne sont donc pas concernées - et si vous percevez des allocations chômage, une partie de la mensualité de votre crédit sera payée directement à la banque par l'assureur. La part ainsi prise en charge varie entre 30 % et 75 %, en général, selon les contrats et le montant de la prime demandée. Mais cette sécurité ne joue que dans la limite de certains délais :

- Il faut en général attendre entre 6 mois et 1 an (selon les contrats) après la souscription de l'assurance pour que celle-ci soit effective. Si l'emprunteur est licencié pendant ce délai de carence, l'assurance ne paiera pas la mensualité.
- Après un licenciement, les contrats prévoient un délai de franchise de quelques mois.
- La durée de la prise en charge varie selon les banques, mais dépasse rarement 18 mois.
- Lorsque l'emprunteur arrive au terme de la période d'indemnisation, il doit retrouver un emploi, pendant 6 mois ou 1 an selon les cas, avant que l'assurance ne puisse à nouveau intervenir, s'il se retrouvait une seconde fois au chômage. Certaines banques plafonnent aussi le nombre de mensualités qui peuvent être prises en charge au total pendant toute la durée du prêt.

À NOTER

L'assurance chômage est toujours facultative.

ATTENTION ⚠

Le risque de chômage augmentant rapidement, les assureurs révisent régulièrement à la hausse les cotisations des assurés.

À NOTER

Certains contrats proposent de couvrir la totalité de la mensualité. Mais attention : la loi interdit que la somme prise en charge par l'assurance, ajoutée au montant des allocations chômage, dépasse le salaire que percevait l'emprunteur lorsqu'il travaillait. Si c'est le cas, la part de la mensualité payée par l'assurance est diminuée.

Les assurances voyages

Devoir annuler ses vacances au dernier moment, se faire voler ses bagages, avoir un accident ou tomber malade à l'étranger sont quelques-unes des mésaventures qui guettent les voyageurs. Pour vous protéger, vous pouvez souscrire des assurances spécifiques. Mais les garanties offertes sont plus ou moins complètes selon les contrats.

Quelles sont les garanties liées à la santé du voyageur ?

L'assistance médicale

Elle prévoit une aide d'urgence (par exemple, le transport d'un blessé à l'hôpital), le rapatriement des malades ou des corps des personnes décédées, ou encore le transport (parfois les frais de séjour) d'un parent du malade qui se rend à son chevet.

Le remboursement des frais médicaux ou d'hospitalisation

Cette garantie ne figure pas dans tous les contrats. Mais elle est essentielle si vous partez, par exemple, aux États-Unis ou au Japon, où les frais d'hospitalisation à votre charge sont dissuasifs. La plupart des contrats prévoient un plafond de remboursement ainsi que des franchises. Sont exclus certains risques, comme par exemple les ennuis médicaux liés à une grossesse de plus de 6 mois, les sports dangereux, ou encore l'aggravation d'une maladie qui s'est déclarée avant le départ.

L'assurance individuelle accident

Elle garantit diverses prestations selon les conséquences de l'accident (décès, invalidité, séjour à l'hôpital...).

Les autres garanties

L'assistance liée au véhicule

Si votre voiture est en panne, accidentée ou volée l'assurance peut prendre en charge les frais de remorquage, la location d'une voiture de remplacement, l'envoi de pièces détachées pour la réparation et, éventuellement, le rapatriement de la voiture et des passagers. Tous les contrats ne contiennent pas cette garantie, et certains pays en sont exclus.

L'assistance juridique

L'assureur peut, par exemple, avancer le montant de la caution pénale (si vous êtes poursuivi pour une infraction), ou les honoraires d'un avocat, mais il faudra le rembourser.

L'assurance bagages

Lorsque le contrat prévoit cette garantie, vos effets personnels perdus, volés ou détruits peuvent être remboursés. Mais ce remboursement est plafonné, et une franchise restera en général à votre charge. Attention aussi aux exclusions : les bagages laissés sans surveillance ou les objets précieux ne sont, en général, pas garantis. Certains contrats prévoient aussi une indemnisation si vous devez, par exemple, racheter des vêtements de rechange en attendant que les bagages égarés soient retrouvés.

L'assurance annulation de voyage

Si vous annulez vos vacances tardivement (en général, à moins d'1 mois du départ), les agences de voyage peuvent exiger le règlement d'une partie ou de la totalité du billet. Si vous prenez une assurance « annulation », vous n'aurez à payer qu'une franchise de quelques dizaines d'euros en général.

Mais la garantie ne joue que si vous pouvez justifier d'un motif « valable » : maladie, accident grave ou décès (de vous-même ou de l'un de vos parents), licenciement économique, destruction des locaux professionnels et privés, complications d'une grossesse, voire parfois convocation à un examen de rattrapage, etc.

AVANTAGE

Certaines garanties vous sont déjà apportées par vos autres assurances (habitation, automobile) ou par votre carte bancaire. Par exemple : l'assurance habitation peut offrir une garantie villégiature qui couvre vos bagages, notamment lors d'un vol par effraction à l'hôtel, chez des amis, etc., mais pas dans un aéroport.

AVANTAGE

Avant de souscrire une assurance annulation, renseignez-vous sur les garanties que vous offre votre carte de crédit. Certaines d'entre elles comportent des garanties d'assurance, notamment d'annulation de voyage, à condition toutefois de payer le voyage, le séjour, le voyagiste… avec cette carte. De même, elles peuvent comporter des garanties d'assistance.

À NOTER

Lorsque vous achetez un voyage, un billet de train ou d'avion, lorsque vous louez une voiture, le prestataire ne manque pas de vous proposer de couvrir les risques d'annulation et de perte de bagages notamment. Ces assurances sont dites « affinitaires ». À ce titre, le consommateur bénéficie d'une protection renforcée. Avant la souscription du contrat, il doit être informé de sa possibilité de renoncer à cette assurance pendant 14 jours.

Bien s'assurer

Assurance habitation

Prélèvement forfaitaire du Fonds de garantie des victimes des actes de terrorisme et d'autres infractions (FGTI) : 5,90 € par contrat en 2020.

Capital-décès

Montant maximal du capital-décès versé par la caisse primaire d'assurance maladie : 3 472 € au 1/4/2020.

Taux de l'intérêt légal

Au 2e semestre 2020 : 3,11 % et 0,84 %.

Le taux de 3,11 % est applicable pour calculer les pénalités en cas de retard de paiement d'une somme d'argent lorsque le créancier (celui à qui on doit de l'argent) est un particulier, que le débiteur (celui qui doit de l'argent) soit un particulier ou un professionnel.

Le taux de 0,84 % est applicable dans les autres cas.

Vivre en couple

Le mariage

Les effets du mariage
Le régime matrimonial

Le concubinage et le PACS

Les effets du concubinage
La rupture du concubinage
Le pacte civil de solidarité (PACS)

Le divorce

Les différents cas et procédures de divorce
Les effets du divorce

Le mariage

L'institution que représente le mariage reste toujours, malgré le développement du concubinage et sa possible organisation sous forme de pacte civil de solidarité (PACS), le modèle légal le plus complet réglementant de manière globale les relations d'un homme et d'une femme, de deux hommes ou de deux femmes décidés à vivre ensemble (depuis la loi n° 2013-404 du 17/5/2013 ouvrant le mariage aux couples homosexuels). La notion de modèle légal ne signifie pas qu'une union qui se réalise hors du mariage est illégale, mais seulement qu'elle n'est pas régie en tous points par la loi comme l'est le mariage. En effet, tant sa formation, que ses effets ou encore sa dissolution (notamment par divorce), sont strictement et précisément réglementés. En outre, pour les enfants issus du mariage, des règles spécifiques vont s'appliquer en matière de filiation. Quant aux régimes matrimoniaux, ils ont pour objet de déterminer les règles applicables aux rapports pécuniaires entre les époux eux-mêmes et vis-à-vis des tiers.

Les effets du mariage

Quel que soit le régime matrimonial des époux, ceux-ci sont soumis à des règles communes auxquelles ils ne peuvent échapper. On dit de ces règles qu'elles forment le statut de base impératif pour tous les époux (ou leur « régime primaire »), lequel fixe leurs droits et devoirs respectifs.

Les relations personnelles entre époux

Les époux se doivent mutuellement respect, fidélité, secours et assistance.

L'assistance s'exerce sous la forme d'une obligation d'aide et de soins, tant dans le travail qu'en cas de maladie ou d'infirmité d'un conjoint. Le respect, ajouté dans les obligations du mariage depuis la loi du 4/4/2006, vise notamment à condamner toute forme de violence conjugale. En cas de manquement de l'un des époux à ses obligations, l'autre pourra saisir le juge afin de les faire respecter ou s'en prévaloir pour fonder une demande en divorce (*Code civil, Art. 212*).

La contribution aux charges du mariage

Les époux doivent contribuer aux charges du mariage à proportion de leurs ressources respectives (*Code civil, Art. 214*). Si le contrat de mariage n'a pas fixé les modalités de cette contribution, celle-ci s'effectuera au jour le jour par le versement d'une somme d'argent ou par le paiement des dépenses ménagères. L'époux qui n'exerce pas d'activité professionnelle peut également s'en acquitter par son activité au foyer ou par sa collaboration à la profession de son conjoint.

La notion de charges du mariage ne se confond pas avec celle d'obligation alimentaire. Son contour est plus large et recouvre non seulement les dépenses d'entretien du ménage et d'éducation des enfants qui sont nécessaires (frais de santé, de nourriture, d'habillement d'éducation des enfants…), mais aussi certains investissements réalisés dans l'intérêt de la famille, au regard du train de vie du ménage. Les juges ont longtemps eu une vision très large de la notion de contribution aux charges du mariage, y incluant notamment des investissements immobiliers faits par l'un des époux.

Par exemple, il a été jugé que le financement d'une résidence secondaire par le mari qui dispose de revenus très confortables pouvait être intégré dans sa contribution aux charges du ménage (*Cour de cassation, 1re chambre civile, 18/12/2013*). Plus récemment cependant, un arrêt a précisé que la dépense d'investissement sous la forme d'un apport en capital ne devait pas être analysée comme une contribution aux charges du mariage. Dans cette affaire, un époux marié sous le régime de la séparation de biens avait acheté comptant une résidence secondaire à l'aide d'argent provenant de la vente de ses biens personnels. Selon cet arrêt, et sauf convention matrimoniale contraire, l'apport en capital provenant de la vente de biens personnels n'est pas une forme de contribution aux charges du mariage (*Cour de cassation, 1re chambre civile, 3/10/2019*). De même, un investissement locatif destiné à constituer une épargne ne relève pas de la contribution aux charges du mariage (*Cour de cassation, 1re chambre civile, 5/10/2016*).

Les époux peuvent prévoir dans leur contrat de mariage (séparation de biens notamment) une clause (dite « de quitus ») aux termes de laquelle ils sont réputés s'être acquittés jour par jour de leur contribution aux charges du mariage. Il est ensuite très difficile de revenir sur ses effets. Ainsi, un époux ne peut pas demander le remboursement des règlements faits pour l'acquisition d'un appartement indivis, ces règlements constituant sa contribution aux charges du ménage (*Cour de cassation, 1re chambre civile, 1/4/2015*). Un arrêt ultérieur affirme même que cette présomption est irréfragable (c'est-à-dire qu'il n'est pas possible d'apporter de preuve contraire). Il en déduit que le financement d'un appartement destiné à la famille (même ne constituant pas le domicile conjugal) est inclus dans la contribution de l'époux aux charges du mariage, mais réserve le cas où le mari démontre que sa participation a excédé ses facultés contributives (*Cour de cassation, 1re chambre civile, 3/10/2018*).

Si l'un des époux refuse de participer aux dépenses quotidiennes, l'autre peut l'y contraindre en formant une demande de contribution aux charges du mariage devant le juge aux affaires familiales. Le formulaire Cerfa n° 11525*07 ainsi que sa notice explicative n° 50717#07 peuvent être téléchargés sur le site *www.service-public.fr*. Cette obligation dure tant que le mariage n'est pas dissous, y compris lorsque les époux sont séparés de fait.

À NOTER

En cas de séparation de fait des époux et s'il existe des circonstances particulières, les tribunaux peuvent dispenser un époux du paiement de la contribution aux charges du mariage. Ainsi, par exemple, la Cour de cassation a estimé qu'une femme qui quittait le domicile conjugal sans motif légitime était mal venue à réclamer à son mari une contribution financière, alors que celui-ci était prêt à l'accueillir au foyer (Cour de cassation, 1re chambre civile, 16/2/1983).

Les dettes ménagères

Les dépenses qui ont pour objet l'entretien du ménage et l'éducation des enfants engagent solidairement les deux époux, même si elles n'ont été contractées que par un seul d'entre eux. Pratiquement, le créancier pourra réclamer le paiement de la totalité de la dette à l'un ou l'autre des époux, quel que soit leur régime matrimonial. C'est le cas, par exemple, du loyer du bail d'habitation pour la résidence principale des époux, de l'impôt sur le revenu, de la taxe d'habitation pour la résidence commune, de l'IFI et, plus généralement, de toute dette dite « ménagère » qui ne présente pas un caractère manifestement excessif notamment par rapport au train de vie du ménage.

A contrario, le contrat portant sur la construction d'une maison n'est pas considéré comme une dette ménagère, même s'il s'agit de la maison familiale, puisqu'il n'a pas pour objet l'entretien du ménage ou l'éducation des enfants et qu'il constitue une opération d'investissement (*Cour de cassation, 1re chambre civile, 4/7/2006*).

En revanche, un contrat de location accession est une dette ménagère ainsi que les dépenses d'amélioration voire d'agrandissement du logement.

Par ailleurs, la solidarité est écartée pour les achats à crédit et pour les emprunts, à moins que ces derniers ne portent sur des sommes modestes et nécessaires aux besoins de la vie courante et que le montant cumulé de ces sommes, en cas de pluralité d'emprunts, ne soit pas manifestement excessif eu égard au train de vie du ménage (*Code civil, Art. 220*). Il faut en effet que la dépense remplisse ces deux conditions. Par exemple, l'achat d'une voiture peut être un achat modeste (compte tenu des revenus du couple) mais il n'est pas obligatoirement nécessaire à la vie courante (*Cour de cassation, 1re chambre civile, 27/11/2001*).

La solidarité est aussi écartée si l'un des époux se porte caution pour la dette d'un tiers, même s'il s'agit d'une dette contractée pour les besoins du ménage. Les créanciers ne peuvent pas saisir les biens communs du couple (par exemple, un compte joint alimenté par les revenus des deux époux) si le conjoint du débiteur n'a pas donné son accord au cautionnement (*Cour de cassation, 1re chambre civile, 17/2/2004*).

L'accord peut être tacite. C'est le cas lorsque les époux se portent ensemble caution pour la même dette dans un seul acte. Il y a accord réciproque pour engager les biens communs en garantie de la dette (*Cour de cassation, chambre commerciale, 5/2/2013*).

À NOTER

La loi ELAN du 23/11/2018 prévoit une autre décharge de la solidarité en matière locative. Il s'agit du cas où un conjoint quitte les lieux loués en raison de violences au sein du couple. Cette disposition s'applique également au concubin notoire ou au partenaire pacsé. La victime doit en informer le bailleur par lettre recommandée avec avis de réception (Loi du 6/7/1989, Art. 8-2.).

AVANTAGE

En cas de séparation du couple (abandon de domicile, autorisation de résidences séparées ou prononcé du divorce), un époux peut demander à être déchargé de cette solidarité et du paiement de l'impôt sur le revenu lié à la vie commune. La décharge est accordée s'il apparaît une réelle disproportion entre le montant dû et les ressources du demandeur. Dans cette hypothèse, ce dernier n'a alors à payer que l'impôt calculé en fonction de ses propres revenus et de la moitié des revenus des biens communs. De la même façon, un époux peut demander à être déchargé du paiement de la totalité de la taxe d'habitation (et n'être débiteur que de la moitié de cette somme) ainsi que du paiement total de l'IFI (le nouveau montant dû serait alors calculé sur son pa-

trimoine propre et sur la moitié du patrimoine commun) (Code général des impôts, Art. 1691 bis). La demande est envoyée au directeur des finances publiques du lieu d'établissement des impositions concernées, en joignant les pièces justificatives (montant des ressources et des charges, composition de la famille, situation professionnelle…).

La protection du logement de la famille

Le mariage oblige les époux à une communauté de vie. Le choix de la résidence se fait d'un commun accord et, en cas de conflit, il appartient au juge de fixer cette résidence en fonction des intérêts de la famille.

● Quel que soit le régime matrimonial des époux, l'un ne peut vendre, donner, louer ou hypothéquer le logement sans l'accord de l'autre. Cette règle s'impose, que le logement appartienne personnellement à l'un des époux ou qu'il soit commun. Il en est de même pour les meubles qui le garnissent (*Code civil, Art. 215*).

De même, le contrat de location assurant le logement familial ne peut pas être résilié par un seul des époux, sans le consentement de son conjoint (*Cour de cassation, 2e chambre civile, 10/3/2004*).

Cette protection existe tant que le mariage n'est pas dissous, et notamment pendant la procédure de divorce. Le logement reste le logement de la famille même si le juge a mis fin à l'obligation de vie commune et l'a attribué à l'un des époux. Il le restera jusqu'à la décision de divorce. La vente de ce bien par l'époux sans le consentement de son épouse avant la dissolution du mariage doit donc être annulée (*Cour de cassation, 1re chambre civile, 26/1/2011*).

À NOTER

Le mariage a des effets sur un plan extra-patrimonial, tant pour les époux que pour leurs enfants s'agissant du nom, de la filiation ou encore de la nationalité.

ATTENTION ⚠

L'interdiction pour un époux de disposer seul du logement familial n'interdit pas que celui-ci puisse être saisi par les créanciers de l'époux qui en est propriétaire, même si son conjoint n'avait pas donné son consentement à la dette non payée qui justifie la saisie. Toutefois, depuis la loi Macron du 6/8/2015, la résidence principale d'un entrepreneur indépendant est insaisissable quand la dette est née de son activité professionnelle (Code de commerce, Art. L. 526-1).

AVANTAGE

Si le logement constitue un bien commun, la protection est plus grande car un époux ne peut engager les biens communs suite à un emprunt ou un cautionnement que si son conjoint a donné son consentement à l'acte (Code civil, Art. 1415).

● Lorsque le logement est loué à l'un des époux, l'autre est également réputé cotitulaire du bail, même si le bail a été conclu avant le mariage (*Code civil, Art. 1751*). L'un des époux ne pourra donc pas résilier le bail sans l'accord de l'autre. La cotitularité d'un bail est reconnue jusqu'à la dissolution du mariage. Ainsi, pendant la procédure de divorce, le mari conserve son droit au bail même si une ordonnance a autorisé la résidence séparée et attribué à l'épouse la jouissance du logement familial. Suite au congé donné par l'épouse, il peut demander à être réintégré dans les lieux pour poursuivre le bail (*Cour de cassation, 3e chambre civile, 1/4/2009*).

De son côté, le bailleur qui veut mettre fin à la location doit délivrer un congé à chacun des époux par lettre séparée. Toutefois, en matière de baux d'habitation, l'article 9-1 de la loi du 6/7/1989 précise que cette obligation du bailleur ne vaut que si l'existence du mariage de son locataire a été portée à sa connaissance.

Extraits du Code civil

« **Art. 212**. Les époux se doivent mutuellement, respect, fidélité, secours, assistance. »

« **Art. 213**. Les époux assurent ensemble la direction morale et matérielle de la famille. Ils pourvoient à l'éducation des enfants et préparent leur avenir. »

« **Art. 214**. Si les conventions matrimoniales ne règlent pas la contribution des époux aux charges du mariage, ils y contribuent à proportion de leurs facultés respectives.
Si l'un des époux ne remplit pas ses obligations, il peut y être contraint par l'autre dans les formes prévues au Code de procédure civile. »

« **Art. 215**. Les époux s'obligent mutuellement à une communauté de vie.
La résidence de la famille est au lieu qu'ils choisissent d'un commun accord.
Les époux ne peuvent l'un sans l'autre disposer des droits par lesquels est assuré le logement de la famille, ni des meubles meublants dont il est garni. Celui des deux qui n'a pas donné son consentement à l'acte peut en demander l'annulation : l'action en nullité lui est ouverte dans l'année à partir du jour où il a eu connaissance de l'acte, sans pouvoir jamais être intentée plus d'un an après que le régime matrimonial s'est dissous. »

« **Art. 223**. Chaque époux peut librement exercer une profession, percevoir ses gains et salaires et en disposer après s'être acquitté des charges du mariage. »

« **Art. 225**. Chacun des époux administre, oblige et aliène seul ses biens personnels. »

« **Art. 225-1**. Chacun des époux peut porter, à titre d'usage, le nom de l'autre époux, par substitution ou adjonction à son propre nom dans l'ordre qu'il choisit. »

Les pouvoirs des époux

Chaque époux peut se faire ouvrir, sans le consentement de son conjoint, un compte dans un établissement bancaire. Il est présumé avoir la libre disposition des sommes déposées. Cela ne veut pas dire pour autant qu'il en a nécessairement la propriété ; c'est au moment de la dissolution du mariage, en cas de divorce par exemple, que cette question sera tranchée, notamment en fonction du régime matrimonial auquel les époux seront soumis (voir plus loin).
De la même manière, chaque époux peut librement exercer la profession de son choix. Il dispose seul des gains et salaires qu'il en tire, sous réserve de s'être préalablement acquitté des charges du mariage. Là encore, cette disposition concerne uniquement les pouvoirs des époux et n'influe pas sur la nature des revenus qui, dans un régime de communauté, sont des biens communs (*Code civil, Art. 221 à 225*).

Que faire si un époux met en péril les intérêts de la famille ?

Si un époux manque à ses devoirs et met en péril les intérêts de la famille, son conjoint peut s'adresser au juge aux affaires familiales pour que soient prises des mesures urgentes. Ces mesures peuvent consister à interdire à l'époux concerné de vendre ses propres biens ou ceux de la communauté sans le consentement de son conjoint, ou encore de déménager les meubles ou d'utiliser le véhicule. Leur durée doit être prévue par le juge et ne peut, prolongation éventuellement comprise, dépasser 3 ans.

Si des actes sont accomplis en violation de ces mesures, le conjoint a un délai de 2 ans pour en demander l'annulation, à partir du jour où il en a eu connaissance (*Code civil, Art. 220-1 et s*).

Une autre possibilité est prévue par les textes, quel que soit le régime matrimonial de l'époux : celle de se faire autoriser en justice :

– soit à passer un acte (par exemple, vendre un bien commun, etc.) pour lequel l'accord du conjoint est requis ;

– soit à représenter son conjoint (par exemple, vendre un bien appartenant en propre à son conjoint). Ces mesures peuvent être, le cas échéant, un préalable à une mise sous protection du conjoint (tutelle, curatelle, sauvegarde de justice ou habilitation familiale) (*Code civil, Art. 217 et 219*).

Des mesures spécifiques sont par ailleurs prévues en présence d'un conjoint violent.

Peut-il y avoir vol entre époux ?

Pendant toute la durée du mariage, il ne peut pas y avoir vol entre époux (qu'il s'agisse de biens communs ou de biens propres).

En revanche, le vol est punissable lorsque :

– les époux sont séparés de corps ou autorisés à résider séparément (dans le cadre d'un divorce, cette autorisation résulte de l'ordonnance de non-conciliation) ;

– le conjoint est le tuteur, le curateur, le mandataire spécial désigné dans le cadre d'une sauvegarde de justice, la personne habilitée dans le cadre d'une habilitation familiale ou le mandataire exécutant un mandat de protection future de la victime ;

– le vol porte sur des objets ou documents indispensables à la vie quotidienne de la victime, tels que des documents d'identité, relatifs au titre de séjour ou de résidence d'un étranger, ou des moyens de paiement (*Code pénal, Art. 311-12*).

À NOTER

Le fait qu'un époux déménage en emportant des meubles et autres objets du ménage a fait l'objet d'un certain nombre de décisions de justice. Tel est par exemple le cas où, dans le cadre de l'instance en divorce, le mari reproche à sa femme d'avoir emporté avec elle pour 10 000 € de meubles (sur un montant global estimé de 13 000 €). Le couple était pourtant marié sous le régime de communauté. La femme réplique aux réclamations de son mari qu'il s'agit de biens propres (hérités de sa famille). C'est oublier que la loi présume le caractère commun des biens du ménage. Il lui revient en effet de faire la preuve de leur caractère propre et non l'inverse (Cour de cassation, 1re chambre civile, 17/10/2018).

Le régime matrimonial

Que les époux aient, préalablement à la célébration du mariage, fait établir un contrat de mariage par leur notaire ou qu'ils n'en aient pas fait, ils seront, en toutes hypothèses, soumis à un régime matrimonial.

Le régime légal de la communauté de biens réduite aux acquêts

C'est le régime légal. Sauf s'ils ont fait le choix d'un autre régime, le patrimoine des époux est régi par ce régime.

À défaut de choix exprès par l'établissement d'un contrat de mariage, les époux sont soumis à ce régime de communauté : c'est la raison pour laquelle on parle de régime légal par opposition aux régimes conventionnels (*Code civil, Art. 1400*).

La répartition des biens

Dans ce régime, les biens des époux se répartissent en trois masses : les biens communs, les biens propres de l'un des conjoints et les biens propres de l'autre conjoint.

Les biens communs

Font partie de la communauté tous les biens acquis à titre onéreux pendant le mariage. S'y ajoutent les salaires des époux et les revenus qu'ils tirent de leurs biens propres. Ainsi, par exemple le loyer d'un logement appartenant à l'un des époux et donné en location entre dans la masse de la communauté. Plus généralement, sont communs tous les biens pour lesquels la preuve de leur caractère propre à l'un ou l'autre des époux ne peut pas être rapportée. Il existe ainsi une présomption de communauté (*Code civil, Art. 1401 à 1403*).

À NOTER

Pour les personnes qui se sont mariées avant le 1/2/1966, la communauté comprend en plus tous les meubles quelles que soient leurs dates d'acquisition (avant ou après le mariage) ou leurs modalités d'acquisition (à titre onéreux ou à titre gratuit).

À NOTER

La valeur de la clientèle civile que s'est constitué pendant le mariage un époux qui exerce une profession libérale (médecin, avocat…) doit figurer à l'actif de la communauté (Cour de cassation, 1re chambre civile, 12/1/1994).

Dans le régime légal actuel, sont propres à chaque époux :

– les biens qu'il possédait déjà avant de se marier ;

– les biens qu'il a reçus pendant le mariage par donation ou succession ;

– les biens qui remplacent un bien propre (échange, indemnité d'assurance, prix de vente)(*Code civil, Art. 1406*). Toutefois, en cas de rachat au cours du mariage d'un bien à l'aide de fonds provenant de la vente d'un bien propre, le nouveau bien ne sera lui-même propre qu'à deux conditions : d'une part que l'acte d'achat contienne une déclaration de remploi indiquant la provenance des fonds utilisés (fonds personnels, bien propre…) et, d'autre part, que la part représentative des fonds propres en comparaison du prix et des frais d'acquisition soit supérieure ou égale à celle des biens communs, le cas échéant, utilisés (*Code civil, Art. 1436*) ; si ces deux conditions ne sont pas remplies, le bien sera commun. Ainsi, par exemple, un conjoint vend un appartement qui lui appartient en propre et achète avec ces fonds une maison de campagne : celle-ci sera commune, sauf si a été faite une double déclaration ; la déclaration de remploi et la déclaration de l'origine des fonds (*Cour de cassation, 1re chambre civile, 8/10/2014*). Il convient donc d'être particulièrement prudent dans cette situation ;

– les biens considérés comme accessoires d'un bien propre (construction sur un terrain propre ou terrain contigu à un terrain propre, par exemple) ;

– enfin, les biens ayant un caractère personnel très marqué (vêtements, réparation d'un dommage corporel ou moral, instruments de travail…)(*Code civil, Art. 1404 à 1408*).

À NOTER

Il est recommandé de prendre conseil auprès d'un notaire avant de choisir son régime matrimonial. Ce choix dépendra d'éléments divers comme la profession des époux, leur fortune respective, leur âge, leur situation familiale…

AVANTAGE

Le choix des époux n'est pas définitif car ils ont la possibilité, en cours de mariage, de changer de régime matrimonial.

LE COMPTE DE RÉCOMPENSES

Si des mouvements de valeur d'un patrimoine propre vers la communauté ou, inversement, de la communauté vers un patrimoine propre ont lieu pendant le mariage, ils donneront lieu à l'établissement d'un compte de récompenses au moment de la dissolution du mariage, en cas de divorce, notamment. Ainsi, par exemple, si un époux utilise une somme propre pour acquérir un bien pendant le mariage sans effectuer la formalité du remploi, ce nouveau bien sera commun. Toutefois, à la dissolution du mariage, cet époux sera créancier de la communauté d'une somme appelée récompense, dont le montant sera fonction de la dépense ou du profit réalisé par le patrimoine du débiteur de la récompense (valeur du bien acquis déterminée au jour de la liquidation de la communauté).

La gestion des biens des époux

Les règles de gestion sont différentes selon qu'elles portent sur les biens propres ou sur les biens communs (*Code civil, Art. 1421 et s.*) :

– pour les biens propres, le principe est simple : chaque époux administre seul ses biens propres et peut en disposer librement. La seule réserve concerne le logement de la famille ;

– s'agissant des biens communs, la règle de principe est la gestion concurrente de ces biens. Cela signifie que chaque époux peut accomplir seul tout acte de gestion sur les biens communs, qu'il s'agisse d'actes d'administration (exploiter un fonds de commerce, intenter une action en justice, placer des fonds communs, louer un bien…) ou d'actes de disposition (vente, échange…).

Toutefois, certains actes jugés importants nécessitent l'accord des deux époux. On parle alors de cogestion. Tel est le cas notamment pour les actes suivants :

– la donation de biens communs (autres que les revenus des époux) ;

– la vente ou l'hypothèque d'un immeuble ou d'un fonds de commerce dépendant de la communauté ;

– l'emploi de biens communs pour faire apport à une société dont les parts ne sont pas librement négociables (société civile, société à responsabilité limitée, société en nom collectif, société en commandite simple), ainsi que la vente de ces parts ;

– le bail d'un fonds rural ou d'un immeuble à usage commercial, industriel ou artisanal dépendant de la communauté.

Enfin, les époux ont parfois, sur certains biens communs, des pouvoirs exclusifs. Cela signifie que l'un seulement d'entre eux peut accomplir les actes portant sur ces biens, son conjoint étant, quant à lui, privé de tout pouvoir. Il s'agit d'abord des gains et salaires et des revenus de biens propres perçus par l'un des époux (*Code civil, Art. 223*). Ce dernier a le pouvoir d'en disposer librement, tant à titre onéreux qu'à titre gratuit (donation). Toutefois, pour les actes à titre gratuit, l'époux donateur de ses revenus doit préalablement s'être acquitté des charges du mariage, et la notion de revenus s'entend de sommes qui n'ont pas été économisées. Au titre des biens sur lesquels des pouvoirs exclusifs sont reconnus à un époux, on doit également ajouter les biens communs affectés à la profession séparée de cet époux, mais seulement pour les actes qui ne relèvent pas de la cogestion mentionnée ci-dessus (*Code civil, Art. 1421*).

Lorsque l'un des époux s'engage seul, alors qu'il aurait dû obtenir l'accord de l'autre, son conjoint peut demander la nullité de l'acte pendant 2 ans à partir du jour où il en aura eu connaissance (*Code civil, Art. 1427*).

À NOTER

Lorsqu'un époux n'est plus en mesure, par suite, notamment, de son état physique ou mental, de gérer les biens soumis à son administration, des mesures de protection sont prévues (tutelle, curatelle, sauvegarde de justice ou habilitation familiale). De plus, dans cette même hypothèse ou en cas de refus d'un époux non justifié par l'intérêt de la famille, son conjoint peut être autorisé par le juge à passer l'acte seul (Code civil, Art. 217 et 219).

Le paiement des dettes

Pour le règlement des dettes, on distingue deux notions : d'une part « l'obligation à la dette » qui permet de savoir sur quels biens (propres ou communs) le créancier de l'un ou l'autre des époux pourra se faire payer et, d'autre part, la « contribution à la dette » qui détermine par qui elle devra être supportée définitivement (*Code civil, Art. 1409 à 1418*).

En matière d'obligation, le principe est que chaque époux qui contracte une dette engage outre ses biens propres, l'ensemble des biens communs. On doit ajouter à ce principe une limite concernant les gains et les salaires du conjoint du débiteur qui, bien que communs, sont dans une certaine mesure protégés pour les dettes autres que ménagères ; ces dernières sont, en effet, soumises à la solidarité. Échappe, dans ce cas, à la saisie une somme équivalente à 1 mois de salaire du conjoint du débiteur ou à 1/12e de son salaire annuel.

Toutefois, lorsque les dettes ont été contractées avant le mariage pour quelque raison que ce soit, lorsqu'elles sont attachées à une succession ou donation que le conjoint débiteur reçoit pendant le mariage, ou encore lorsqu'elles sont contractées durant le mariage à la suite d'un emprunt ou d'un cautionnement mais pour des besoins personnels (autres que ceux du ménage), le créancier ne pourra saisir que les biens propres et les revenus de l'époux débiteur.

Mais attention : si l'époux emprunteur (ou qui s'est porté caution) a obtenu le consentement de son conjoint, l'ensemble des biens communs fera à nouveau partie du gage du créancier sans pour autant que les biens propres de celui qui aura donné son consentement soient engagés.

Rappel : les dettes ménagères obéissent à un régime particulier car elles entraînent la solidarité entre les époux de sorte qu'une telle dette contractée par un seul époux engage la totalité des biens des époux, tant leurs biens propres que les biens communs.

En matière de contribution à la dette, doivent être supportées définitivement par un seul époux :

– les dettes qu'il a contractées pour l'acquisition, l'amélioration ou la conservation d'un bien qui lui est propre ;

– celles nées avant le mariage ;

– celles qui, nées pendant le mariage, ont pour origine une condamnation en raison d'une infraction pénale ou d'un délit civil (*Code civil, Art. 1417*).

Toutes les autres dettes doivent être supportées par la communauté sauf s'il y a eu fraude de l'époux débiteur et mauvaise foi du créancier.

Si la communauté a acquitté des dépenses pour une dette devant être supportée uniquement par l'un des époux, une récompense (c'est-à-dire le versement d'une indemnité) lui sera due au moment de la dissolution du mariage. Inversement, si un époux a payé une dette à l'aide de biens propres alors qu'elle incombait à la communauté, celle-ci lui devra une récompense.

La dissolution de la communauté

Les principales causes de dissolution de la communauté sont le décès de l'un des époux, le divorce ou la modification du régime matrimonial. On peut y ajouter la séparation de corps, la séparation de biens judiciaire ou l'absence déclarée de l'un des époux (*Code civil, Art. 1441*).

Avant tout partage, chacun des époux exerce la reprise des biens qui lui sont propres.

Pour liquider et partager la communauté, il y a lieu d'établir préalablement le compte des récompenses dont le calcul s'effectue conformément aux dispositions de l'article 1469 du Code civil. Ce calcul étant fait, on dresse une liste des biens formant l'actif de la communauté duquel on déduit le passif. Le reste est alors partagé par moitié entre les époux auxquels sont attribués des lots égaux en valeur et en nature. L'attribution de ces lots se fait d'un commun accord entre les époux ou, en cas de désaccord, par tirage au sort. Cependant, sous certaines conditions, l'attribution préférentielle d'un bien peut être demandée par un époux, à charge pour lui de verser une somme d'argent à son conjoint, par exemple, pour le domicile conjugal, une exploitation agricole ou un fonds de commerce.

Ces opérations de liquidation et de partage étant complexes, il est recommandé, en cas de difficultés, de consulter un notaire, spécialiste en la matière. Son intervention est d'ailleurs obligatoire en cas de partage d'un ou plusieurs immeubles.

Les régimes conventionnels de communauté

Par contrat de mariage, les époux peuvent choisir un régime de type communautaire assez proche du régime légal quant aux pouvoirs des époux et à la répartition des biens, mais en y ajoutant certaines clauses qui modifient le partage des biens. Ils peuvent également opter pour un régime de communauté laissant une plus grande part à la masse commune que dans le régime légal.

Le régime de la communauté de meubles et acquêts

La seule différence de ce régime avec le régime légal actuel (celui de la communauté de biens réduite aux acquêts) concerne la composition de la masse commune qui se trouve élargie. En effet, tous les biens meubles (par opposition aux biens immeubles) sont communs : ceux acquis ou reçus pendant le mariage et ceux qui appartenaient à l'un des époux avant le mariage. En conséquence, la communauté supporte le paiement des dettes proportionnellement à l'actif qu'elle recueille (*Code civil, Art. 1498 et s.*).

À NOTER

Rappelons que le régime de la communauté de meubles et acquêts est aussi le régime légal des époux qui, mariés avant le 1/2/1966, n'avaient pas fait de contrat de mariage.

LA SÉPARATION JUDICIAIRE DES BIENS

Vous vivez sous le régime de la communauté de biens réduite aux acquêts et votre conjoint se conduit de telle manière qu'il compromet dangereusement la situation financière du foyer (en faisant par exemple des dépenses tout à fait disproportionnées avec le niveau de vie de la famille).

Que faire ?

Si celui-ci refuse de changer de régime matrimonial, vous pouvez demander au juge aux affaires familiales de prononcer la séparation judiciaire des biens. Si le juge reconnaît que votre conjoint met gravement en péril votre situation financière par le désordre de ses affaires, sa mauvaise administration ou son inconduite (*Code civil, Art. 1443*), le régime légal sera transformé par jugement en régime de séparation de biens.

Le régime de la communauté universelle

Là encore, ce régime diffère du régime légal par l'extension de la masse commune. Hormis les biens présentant un caractère personnel très marqué qui restent propres comme les vêtements, les instruments de travail nécessaires à la profession d'un des conjoints, etc. (liste dressée à l'article 1404 du Code civil), tous les autres biens meubles ou immeubles dont les époux avaient la propriété au jour de leur mariage ou acquis par eux depuis, quelle que soit l'origine des fonds, sont communs (*Code civil, Art. 1526*).

C'est donc le plus communautaire des régimes matrimoniaux, et c'est celui qui favorise le plus, en cas de décès d'un époux, son conjoint survivant qui se verra attribuer la moitié des biens dépendant de la communauté. Or cette moitié représente une part très importante puisque la communauté correspond pratiquement à la totalité des biens des époux.

Le régime de la communauté universelle peut s'accompagner d'une clause d'attribution intégrale de la communauté au survivant, ce qui aura pour effet, au décès d'un des époux, d'attribuer la totalité des biens communs à l'autre. Cette attribution s'effectue hors de toute transmission successorale et n'est donc pas sujette au paiement de droits de succession. Afin de ne pas léser les droits des enfants que l'époux décédé a pu avoir d'un précédent mariage ou hors mariage, l'article 1527 du Code civil assimile cet avantage conféré au conjoint survivant à une donation, laquelle ne doit pas porter atteinte à la réserve héréditaire (ce qui revient obligatoirement aux héritiers) et ne saurait donc excéder la quotité disponible spéciale entre époux. Cette règle vaut également pour les clauses prévoyant un partage inégal de la communauté lorsqu'elles ont pour effet d'avantager le conjoint survivant (voir ci-après).

ATTENTION ⚠

Le régime de la communauté universelle peut se révéler dangereux car la communauté doit supporter corrélativement toutes les dettes des époux.

ATTENTION ⚠

Si le contrat prévoit une clause d'attribution intégrale de la communauté, l'inconvénient pour les enfants du couple réside dans le fait qu'ils n'héritent qu'au décès du second de leurs parents et qu'ils n'ont droit qu'à un seul abattement fiscal.

AVANTAGE

Ce régime est souvent choisi à l'occasion d'un changement de régime matrimonial par des époux qui désirent, à partir d'un certain âge, assurer l'avenir de leur conjoint survivant en cas de décès. Par ailleurs, les époux peuvent prévoir dans le contrat de mariage, qu'en cas de divorce, chacun pourra reprendre les biens qu'il a apportés à la communauté (Code civil, Art. 265).

Les principales clauses concernant le partage de la communauté

La clause de prélèvement moyennant indemnité

Cette clause du contrat de mariage permet de prévoir qu'à la dissolution de la communauté un époux aura la faculté de prélever prioritairement certains biens en payant une indemnité à la communauté. Il s'agit, par une telle clause, d'éviter les désaccords au moment du partage. La clause peut être adoptée quelle que soit la cause de dissolution de la communauté ou seulement en cas de décès de l'un des époux (*Code civil, Art. 1511 à 1514*).

La clause de préciput

Il s'agit, ni plus ni moins, d'une clause de prélèvement mais, cette fois, sans indemnité. Elle est regardée non comme une donation, mais comme un avantage matrimonial, lequel n'est pas soumis au paiement des droits de succession. La clause ne peut être stipulée que pour le cas de dissolution de la communauté par décès de l'un des époux et vise donc à avantager le survivant (*Code civil, Art. 1515 à 1519*).

Les clauses de partage inégal de la communauté

Les époux peuvent stipuler, dans leur contrat, que le partage de la communauté ne se fera pas par moitié. Ils peuvent convenir par exemple que celui qui survit à l'autre récupérera la totalité de la communauté. L'avantage qui en résulte est, ici encore, non pas considéré comme une donation, mais comme un avantage matrimonial. En contrepartie, l'époux qui recueillera la communauté devra payer les dettes communes (*Code civil, Art. 1520 à 1525*).

Le régime de la séparation de biens

Ce régime matrimonial est extrêmement simple. Tout se passe du point de vue patrimonial comme s'il n'y avait pas mariage en dehors des règles communes applicables à tous les époux. Les époux ne mettent aucun bien en commun et chacun reste propriétaire des biens qu'il possédait avant son mariage et de ceux qu'il acquiert pendant le mariage. Si les deux époux participent conjointement à l'acquisition d'un bien, en particulier pour l'achat d'un bien immobilier, celui-ci leur appartiendra indivisément dans les proportions indiquées à l'acte.

En matière de pouvoirs, chacun des époux gère son patrimoine de façon autonome et répond seul de ses dettes (*Code civil, Art. 1536 à 1568*).

Les difficultés que vous pouvez rencontrer dans ce régime concernent la preuve de la propriété des biens. Si cette preuve ne pose pas de difficultés pour les immeubles (le titre de propriété en attestera), elle est, en revanche, plus délicate pour les biens meubles. Elle pourra se faire par tous moyens. En l'absence de preuves, le bien sera présumé appartenir indivisément par moitié aux deux époux. Afin d'éviter ces difficultés, le contrat de mariage peut avoir prévu des présomptions de propriété. Dans ce cas, sauf preuve contraire, le bien sera alors présumé appartenir à l'époux désigné dans le contrat. D'une manière générale, nous vous conseillons de conserver les factures de vos achats.

À NOTER

Les règles qui s'appliquent à tous les époux (statut de base) viennent largement tempérer l'aspect séparatiste du régime de la séparation des biens, en particulier celles qui imposent la contribution aux charges du mariage, celles qui instituent la solidarité pour les dettes ménagères et, enfin, celles qui protègent le logement de la famille.

AVANTAGE

Le régime de la séparation des biens est celui qui assure la plus grande indépendance pour chacun des époux.

ATTENTION ⚠

Le revers de la médaille, c'est qu'en cas de décès de l'un des époux, l'autre peut se trouver très démuni. C'est notamment le cas d'un époux qui avait une bonne situation et qui disparaît avant son conjoint, lui-même sans ressource. En cas de séparation du couple, l'époux le moins fortuné peut également se retrouver démuni en l'absence de biens indivis et donc de droits sur l'indivision.

AVANTAGE

Si vous exercez une profession libérale ou commerciale, vous avez intérêt à choisir le régime de la séparation de biens. En effet, dans ce régime, chacun des époux gère ses biens indépendamment de l'autre (en dehors des dépenses du ménage). En cas de dettes professionnelles ou de faillite, vos créanciers ne pourront pas saisir les biens de votre conjoint.

Le régime de la participation aux acquêts

Ce régime est peu usité car si, d'un point de vue théorique, il est relativement simple, sa mise en œuvre pratique est plus complexe (*Code civil, Art. 1569 à 1581*). Ce régime hybride est un mélange du régime de la séparation de biens et de la communauté réduite aux acquêts :

- pendant le mariage, il fonctionne comme si les époux étaient mariés sous le régime de la séparation de biens. Tant pour la propriété des biens que pour leur gestion, ce sont les règles de la séparation de biens qui s'appliquent (voir ci-dessus) ;
- en revanche, à la dissolution du mariage, il fonctionne comme un régime communautaire. On évalue le patrimoine acquis pendant le mariage par chacun des époux et chacun reçoit la moitié de cette masse. Ainsi, par exemple, si un époux n'avait aucun bien au moment de son mariage et qu'à sa dissolution il se retrouve propriétaire d'un bien qu'il a acheté pendant le mariage, son conjoint aura droit à la moitié en valeur de ce nouveau bien.

La difficulté pratique pour mettre en œuvre ce régime, c'est qu'il faut dresser un état descriptif des biens de chacun, tant au début du mariage qu'à sa dissolution.

ATTENTION ⚠

Les calculs qu'il faut effectuer à la dissolution du mariage sont relativement complexes. C'est ce qui explique la rareté du régime de la participation aux acquêts.

LE CHANGEMENT DE RÉGIME MATRIMONIAL

Les époux peuvent se mettre d'accord pour changer leur régime matrimonial. Depuis le 25/3/2019, conformément à la loi n° 2019-222 du 23/3/2019, ils n'ont plus à respecter le délai d'attente de 2 ans exigé auparavant.

Le changement doit être motivé par « l'intérêt de la famille ». Il faut faire un acte notarié qui met en place le nouveau régime et qui contient, si nécessaire, la liquidation du régime matrimonial modifié.

Avant la loi du 23/3/2019, les époux devaient s'adresser au tribunal en présence d'enfants mineurs ou en cas d'opposition des enfants majeurs ou des créanciers. Depuis le 25/3/2019, le seul cas où le tribunal doit être saisi est celui de l'opposition au changement de régime matrimonial.

Cependant, le nouveau texte prévoit un devoir d'alerte au profit du notaire en présence d'enfant mineur (*Circulaire du 25/3/2019*). En effet, dans les situations où il identifie un risque pour les intérêts patrimoniaux d'un enfant, il pourra saisir le juge des tutelles afin que celui-ci décide, le cas échéant, de mettre en place un contrôle renforcé et de soumettre le changement de régime matrimonial à son autorisation (*Code civil, Art. 387-3 et 1397*).

Les enfants majeurs de chaque époux et les personnes qui sont intervenues lors du précédent contrat de mariage sont personnellement informés du projet de changement par lettre recommandée avec avis de réception. En cas d'enfant mineur sous tutelle ou d'enfant majeur faisant l'objet d'une mesure de protection juridique, l'information est donnée à son représentant (afin qu'il puisse, le cas échéant, faire opposition).

Les créanciers des époux sont également avertis par un avis publié dans un journal d'annonces légales dans l'arrondissement ou le département du domicile des époux.

Les créanciers comme les enfants ont un délai de 3 mois pour formuler leur opposition devant le tribunal judiciaire du lieu de résidence des époux. En cas d'opposition, le nouveau régime matrimonial doit être homologué par le juge aux affaires familiales.

Si l'un des époux est placé sous un régime de protection comme la sauvegarde de justice, la curatelle, la tutelle ou l'habilitation familiale, le changement de régime matrimonial nécessite également l'autorisation préalable du juge des contentieux de la protection ou du conseil de famille s'il a été constitué.

S'il est sous tutelle ou curatelle, il doit être assisté par son tuteur ou son curateur sous peine d'annulation de la convention. Depuis le 25/3/2019, le tuteur ou le curateur peut saisir directement le juge pour être autorisé à signer seul la nouvelle convention, l'objectif étant de préserver les intérêts de son protégé (*Code civil, Art. 1397 et 1399*).

Le changement de régime matrimonial donne lieu à perception des honoraires du notaire et, le cas échéant, ceux de l'avocat, ainsi que les frais fiscaux (droit fixe, frais de publication au fichier immobilier, taxe de publicité foncière) et la contribution de sécurité immobilière (*Code général des impôts, Art. 879*).

Cas pratiques
Le mariage

Contribution aux charges du mariage

Existe-t-il une procédure spécifique contre un conjoint qui ne s'acquitte pas des dépenses du ménage (enfants, loyers...)? Je n'arrive pas à faire face seule et mon conjoint qui m'a quitté ne m'aide plus. Je précise que je ne veux pas pour l'instant divorcer.

Oui, il s'agit de la contribution aux charges du mariage. La loi oblige les époux à contribuer aux charges du mariage selon leurs moyens financiers. Si votre conjoint ne remplit pas ses obligations, vous pouvez l'y contraindre tout en restant mariés. Vous pouvez engager l'action devant le juge aux affaires familiales près du tribunal judiciaire dans le ressort duquel vous habitez. Vous n'avez pas pour cette procédure à prendre un avocat. La demande se fait par lettre (de préférence en recommandé avec avis de réception) dans laquelle vous indiquerez vos coordonnées ainsi que celles de votre conjoint. Vous motiverez également votre demande et préciserez vos revenus et charges ainsi que ceux de votre conjoint. Un certain nombre de documents peuvent être joints à ce courrier, justifiant votre demande. Vous évaluerez le montant de la pension mensuelle réclamée qui vous paraît nécessaire pour faire face aux frais quotidiens. Vous pouvez également télécharger le modèle Cerfa n° 11525*07 (Demande de contribution aux charges du mariage) sur le site *www.service-public.fr*.

Vous allez être convoquée avec votre mari à une prochaine audience où vous serez entendue par le juge. Au terme de cette audience, une décision sera rendue, exécutoire par provision, c'est-à-dire même s'il en est fait appel.

Enfin, s'il y a urgence (qui doit être justifiée), vous pouvez saisir le juge dans le cadre d'une requête permettant d'assigner à une date d'audience fixée à bref délai (*Code de procédure civile, Art. 1137*).

Mon mari ne contribue plus depuis un certain temps aux dépenses du ménage. Je compte engager contre lui une procédure de divorce. Ces faits peuvent-ils être retenus contre lui ?

Oui, le refus d'un époux de contribuer financièrement aux charges du mariage peut constituer une faute entraînant le divorce à ses torts.

Époux cotitulaires du droit au bail

Je viens de quitter le domicile conjugal. Or, j'ai reçu une lettre recommandée du bailleur pour des loyers impayés concernant notre ancien logement. Suis-je quand même tenu de payer ? Je précise que nous ne sommes pas divorcés. Et si j'entame une procédure de divorce, cela change-t-il quelque chose ?

Oui, en application de dispositions du Code civil :

- la cotitularité du bail prévu par l'article 1751 ;
- la solidarité ménagère prévue par l'article 220.

Que les conjoints habitent ensemble ou non, le bailleur peut s'adresser indifféremment à l'un ou l'autre d'entre eux pour le paiement de loyers impayés concernant le logement familial.

Ces règles s'appliquent même après l'introduction de votre demande en divorce. En effet, le divorce est opposable aux tiers, en ce qui concerne les biens des époux, à partir du jour de sa transcription à l'état civil (*Code civil, Art. 262*).

Je suis propriétaire d'un appartement que je loue à un célibataire. Je lui ai adressé récemment congé. Je viens d'apprendre qu'il est marié. Ce congé est-il opposable à son épouse ? En tant que bailleur, je ne connais que mon locataire.

Comme le prévoit l'article 9-1 de la loi du 6/7/1989, « les notifications ou significations faites en application du présent titre par le bailleur sont de plein droit opposables [...] au conjoint du locataire si l'existence [...] de ce conjoint n'a pas été préalablement portée à la connaissance du bailleur ». Autrement dit, ce congé est opposable au conjoint, même s'il n'a été adressé qu'à la personne à qui le logement est loué. Si votre locataire vous avait informé de son mariage, vous auriez dû adresser le congé également à son épouse. Mais tel n'est pas le cas en l'espèce.

Il a ainsi été jugé qu'il ne suffit pas que le locataire démontre que le bailleur ne pouvait pas ignorer son mariage. La Cour de cassation exige une démarche positive du locataire consistant à porter son mariage à la connaissance du propriétaire *(Cour de cassation, 3 ^e^ chambre civile, 29/10/2013*).

Biens communs/Biens propres

Les sommes déposées sur un compte bancaire à mon nom sont-elles considérées comme des biens propres ou des biens communs ?

En vertu de l'article 1402, même si le compte est au nom d'un conjoint, les sommes y figurant font partie de la communauté du fait de la règle de la présomption de communauté et ce, sauf preuve contraire de l'origine propre des fonds (sommes provenant d'un héritage, par exemple).

Je viens de percevoir une indemnité de licenciement. Est-ce un bien commun ou un bien propre à celui qui la touche ?

Les indemnités de licenciement, les indemnités de préavis ou de congés payés sont en principe des biens communs. Elles sont assimilés, en fait, à des revenus (comme sur le plan fiscal) et comme tels entrent dans la catégorie des biens communs.

Récompense

Des travaux ont été faits pendant le mariage sur une maison que ma femme a acheté avant notre mariage grâce à un héritage. Ces travaux ont été financés par les revenus du couple. Comment vont s'établir les comptes lors du divorce ?

L'article 1412 du Code civil précise que la communauté a droit à récompense quand elle a acquitté la dette personnelle d'un époux. Or, la maison dont vous parlez est un bien propre puisqu'elle a été acquise avant le mariage avec les sommes versées dans le cadre d'un héritage de votre femme. Les travaux ont, eux, été financés grâce aux revenus du couple qui sont des biens communs. Lors du divorce, cette maison deviendra un bien personnel à votre femme mais elle devra à la communauté une récompense en échange du financement des travaux. C'est le notaire qui va calculer la récompense due en utilisant les méthodes de calcul prévues dans le Code civil (*Code civil, Art. 1469 et s.*).

Conjoint vulnérable

Le conjoint est-il toujours prioritaire pour s'occuper, en tant que tuteur, de son conjoint gravement malade ?

Lorsqu'il met en place une tutelle, le juge des contentieux de la protection (juge exerçant dorénavant la charge des tutelles des majeurs) est guidé par certaines règles puisque son choix doit être fait en considération :

- des sentiments exprimés par la personne concernée par la protection ;
- de leurs relations habituelles ;
- de l'intérêt porté à son égard ;
- des recommandations éventuelles de l'entourage.

Il faut cependant signaler que le juge doit également rechercher si cette personne a déjà porté son choix sur quelqu'un en particulier. En effet, si votre conjoint avait rédigé une désignation anticipée vous nommant expressément, cette désignation, si vous l'acceptez, s'impose au juge, sous la seule réserve qu'il ne l'estime pas contraire à l'intérêt de la personne à protéger.

En l'absence de désignation anticipée, le conjoint est effectivement prioritaire puisque le juge doit, selon la loi, désigner le tuteur en respectant l'ordre suivant :

- son conjoint, son partenaire pacsé ou son concubin sauf si la vie commune a cessé entre eux ou si une autre cause empêche de lui confier la mesure ;
- un parent, ascendant, descendant ou collatéral ;
- un allié ou une personne résidant avec le majeur protégé ou entretenant avec lui des liens étroits et stables *(Code civil, Art. 449)* .

Depuis le 1/1/2017, il existe une autre mesure de protection à destination des familles qui peut vous intéresser : l'habilitation familiale.

Mon mari est dans un état végétatif depuis un grave accident de la route. Sa famille s'oppose à ma désignation comme tutrice. Elle estime que, compte tenu de leur présence auprès de lui (il est hospitalisé pour longue durée), ma désignation n'est pas nécessaire. Le juge peut-il retenir cet argument ?

Dans une affaire très médiatique (l'affaire Lambert), la question s'était posée en ces termes au juge saisi de la demande de mise sous tutelle de l'intéressé par son épouse, décision à laquelle s'opposait la famille.

La Cour de cassation a estimé qu'indépendamment du rôle joué par les parents du malade et de leur présence quotidienne à ses côtés, il était nécessaire de désigner un représentant légal, sa femme en l'occurrence, afin qu'il soit représenté dans les différentes procédures le concernant et que les décisions relatives à sa personne puissent être prises dans son seul intérêt, sous le contrôle du juge (*Cour de cassation, 1re chambre civile, 8/12/2016*).

Le concubinage et le PACS

Comparé au mariage qui est une union de droit en tous points réglementée et maintenant ouverte aux couples de même sexe, le concubinage est une union de fait qui, selon la définition qu'en donne désormais le Code civil, est ouverte aux couples de sexe opposé ou de même sexe. Cette situation de fait était toutefois déjà prise en compte par la loi pour lui faire produire certains effets, notamment en matière de logement ou de Sécurité sociale. Le développement du concubinage a été tel depuis plusieurs années qu'il a conduit le législateur, non seulement à maintenir ces effets, mais surtout à permettre aux concubins de les accentuer en concluant un pacte civil de solidarité (PACS) visant à organiser plus complètement leur vie commune.

On doit maintenant distinguer deux situations : celle du concubinage en tant que tel et celle du concubinage organisé sous forme de PACS.

Les effets du concubinage

Si le concubinage a l'apparence du mariage, il n'en produit pourtant pas les mêmes effets. Désormais, ses effets varient selon qu'il est organisé ou non sous forme de pacte civil de solidarité (PACS). Ne sont abordés dans ce chapitre que les effets du concubinage pour les partenaires n'ayant pas conclu de PACS.

Les relations personnelles et patrimoniales entre concubins

Les relations personnelles

Les concubins ne sont soumis à aucun devoir (respect, fidélité, secours ou assistance) l'un envers l'autre, contrairement aux époux. En particulier, chacun reste libre de mettre fin au concubinage à tout moment car il n'existe aucun lien de droit entre les concubins. Toutefois, une rupture abusive peut, comme pour toute faute, engager la responsabilité de celui qui la provoque. C'est ce qui a été jugé par la Cour de cassation dans une affaire où un concubin avait quitté brutalement sa concubine après 40 ans de vie commune. La Cour a considéré qu'il avait commis une faute de nature à engager sa responsabilité civile et l'a condamné à 100 000 € de dommages et intérêts (*Cour de cassation, 1re chambre civile, 3/1/2006*).

Les concubins peuvent-ils ouvrir un compte joint ?

Le compte joint peut être ouvert par deux personnes non mariées. Les deux noms figurent sur l'intitulé du compte.

Au décès de l'un deux, l'autre titulaire est réputé propriétaire de la moitié du solde figurant sur le compte au jour du décès même si l'approvisionnement du compte n'a pas été équivalent de part et d'autre.

Les comptes joints peuvent être ouverts sous les formules « X… et Y… » ou « X… ou Y… ».

Si figure la formule « X… ou Y… », chacun des titulaires du compte peut, sous sa seule signature, effectuer les opérations de dépôt, retrait, etc.

À l'inverse, s'il est indiqué « X… et Y… », chaque opération nécessite les deux signatures conjointes.

Les concubins sont-ils tenus de contribuer aux charges du ménage ?

À la différence des couples mariés, les concubins ne sont pas tenus d'affecter leurs salaires aux dépenses du ménage par priorité aux autres dépenses.

Puisque le couple de concubins n'a pas de statut légal, la notion de « dépenses du ménage » n'est pas reconnue. Chacun est donc en principe libre de contribuer ou non à ces dépenses. La contribution aux dépenses communes est donc laissée à la libre appréciation de chacun des concubins.

À NOTER

Ces règles ne s'appliquent pas lorsqu'il s'agit de dépenses pour l'entretien ou l'éducation des enfants. Chaque parent, qu'il soit marié ou pas, doit contribuer à ces dépenses.

Les concubins peuvent-ils être tenus de leurs dettes réciproques ?

En principe, les dettes de l'un ne peuvent pas être réclamées à l'autre (à la différence des époux qui s'engagent réciproquement s'il s'agit d'une dette contractée dans l'intérêt du ménage, et des partenaires du PACS qui sont tenus solidairement des dépenses de la vie courante).

Il n'existe en effet pas de solidarité pour les dettes ménagères entre concubins, contrairement à ce que prévoit l'article 220 du Code civil pour les époux. Par ailleurs, la solidarité entre deux débiteurs ne se présume pas (*Code civil, Art. 1202*). En l'absence de clause en ce sens, par exemple une clause de solidarité prévue dans un crédit, chaque concubin n'est tenu qu'aux seules dépenses qu'il a engagées (*Cour de cassation, 1re chambre civile, 7/11/2012*).

Il en va bien sûr différemment si l'un des concubins s'est porté caution de l'autre : dans ce cas, il sera tenu de l'intégralité de la dette en cas de défaillance du débiteur principal.

Autre possibilité fondée sur la théorie de « l'apparence », créée par la jurisprudence : il s'agit du cas où le créancier a pu croire avoir affaire à une personne ou à un couple marié. Dans ce cas, celui qui n'a pas signé l'engagement pourrait néanmoins être poursuivi pour le paiement de la dette.

Enfin, le Conseil d'État a jugé qu'un concubin pouvait être tenu solidairement au remboursement des allocations de RMI indûment perçues par le ménage, et ce malgré l'absence d'un texte prévoyant cette mesure (*Conseil d'État, 24/7/2019, n° 417399*).

Peut-on être indemnisé à la suite d'un accident survenu à son concubin ?

Comme l'époux (se) ou les personnes de la famille, le (ou la) concubin (e) peut obtenir réparation du préjudice subi par le décès accidentel de son ami (e)(*Cour de cassation, Chambre criminelle, 4/6/1985*). Encore faut-il qu'il s'agisse d'un véritable concubinage, ce qui n'a pas été retenu dans cet arrêt.

Dans un arrêt du 8/1/1985, la Cour de cassation a établi une distinction entre « concubine » et « maîtresse ». Une concubine est une personne avec qui l'on vit maritalement sans être mariés, alors qu'une liaison avec une maîtresse ne présente pas de garantie de stabilité. En l'espèce, les deux maîtresses d'un homme tué accidentellement s'étaient constituées parties civiles, pour obtenir des dommages et intérêts. Puisque la victime partageait sa vie entre ses deux maîtresses, aucune d'elles ne pouvait justifier d'une vie maritale stable.

La seule qualité de maîtresse ne justifie pas l'octroi de dommages et intérêts. Le préjudice n'est pas reconnu.

Dans la pratique, en raison du caractère théoriquement moins stable du concubinage, l'indemnisation des concubins peut être sensiblement moins forte que celle des conjoints.

AVANTAGE

Le PACS permet aux concubins d'organiser plus complètement leur vie commune et, en contrepartie de certains devoirs, d'accroître les droits attachés au concubinage.

Les concubins et leurs enfants

› Les règles générales

Si les enfants de parents mariés et les enfants nés hors mariage ont les mêmes droits, sans plus aucune exception depuis la loi n° 2001-1135 du 3/12/2001, ils ne sont pas soumis aux mêmes règles concernant l'établissement de leur filiation.

› Les règles particulières

La filiation et le nom de l'enfant

Les règles de la filiation ont été modifiées par l'ordonnance n° 2005-759 du 4/7/2005 applicable depuis le 1/7/2006. Afin d'éviter toute discrimination entre les enfants nés ou non de couples mariés, les notions de filiation légitime et de filiation naturelle ont été supprimées. Le Code civil ne distingue que les divers modes d'établissement de la filiation (par la loi, par la reconnaissance, par possession d'état ou par jugement).

Depuis le 1/7/2006, la mère non mariée n'a plus besoin de reconnaître son enfant. Il suffit qu'elle soit désignée dans l'acte de naissance (comme la mère mariée). En revanche, le père non marié doit toujours reconnaître son enfant, avant ou après la naissance.

Le nom de l'enfant dépend des modalités d'établissement de sa filiation. Si sa filiation est établie à l'égard de ses deux parents simultanément, ces derniers peuvent choisir de lui donner soit le nom du père, soit le nom de la mère, soit leurs deux noms accolés dans l'ordre choisi par eux. À défaut de choix, l'enfant porte le nom de son père.

Si les parents ne sont pas d'accord sur le choix du nom pour leur enfant, celui-ci prend leurs deux noms accolés par ordre alphabétique (*Code civil, Art. 311-21*).

Si les liens de filiation n'ont pas été établis simultanément, l'enfant prend le nom du parent à l'égard duquel sa filiation est établie en premier.

Depuis la loi du 8/1/1993, l'action en recherche de paternité n'était ouverte que s'il existait des « indices ou présomptions graves » rendant probable la filiation réclamée.

L'ordonnance du 4/7/2005 relative à la filiation a supprimé cette notion de « présomptions ou indices graves » et prévoit que la filiation « se prouve ou se conteste par tous moyens » (*Code civil, Art. 310-3*).

L'autorité parentale

Depuis la loi n° 2002-305 du 4/3/2002, les règles applicables en matière d'autorité parentale ne distinguent plus selon que les parents sont mariés ou non. Le principe est donc en matière de concubinage celui d'un exercice en commun par les père et mère de l'autorité parentale.

Toutefois, ce principe suppose que les deux parents aient, l'un et l'autre, reconnu leur enfant avant qu'il n'ait atteint l'âge d'1 an. Est ainsi supprimée la condition de cohabitation entre les parents au moment de l'établissement de la filiation (*Code civil, Art. 372*).

Si la filiation de l'enfant n'est désormais établie qu'à l'égard d'un seul des parents, ce dernier exercera seul l'autorité parentale. Si la filiation est établie à l'égard d'un des parents plus d'1 an après la naissance de l'enfant dont la filiation était déjà établie à l'égard de l'autre parent, ce dernier reste seul investi de l'exercice de l'autorité parentale. Il en va de même si la filiation à l'égard du second parent a été établie, quel qu'en soit le moment, à la suite d'une action en justice.

Néanmoins, dans ces hypothèses, l'autorité parentale pourra être exercée en commun par les deux parents en cas de déclaration conjointe des père et mère adressée au directeur des services de greffe judiciaires du tribunal judiciaire ou sur décision du juge aux affaires familiales (*Code civil, Art. 372*).

AVANTAGE

La déclaration conjointe d'exercice en commun de l'autorité parentale peut être envoyée par courrier recommandé au greffe. Il faut joindre la copie intégrale de l'acte de naissance de l'enfant, les copies intégrales des actes de naissance des parents et les copies d'un document d'identité pour chacun d'eux (Code de procédure civile, Art. 1180-1).

En cas de séparation des concubins, il leur appartient de s'entendre quant aux modalités d'exercice de l'autorité parentale. En particulier, ils peuvent par convention fixer le lieu de résidence de l'enfant au domicile de l'un d'eux ou, de manière alternée, au domicile de chacun d'eux (*Code civil, Art. 373-2-9*). Cette convention peut être soumise à l'homologation du juge aux affaires familiales qui contrôlera en particulier que l'intérêt de l'enfant est bien préservé.

Depuis le 25/3/2019, le juge aux affaires familiales peut, lorsqu'il est saisi par un parent non marié d'une requête relative aux modalités d'exercice de l'autorité parentale, lui attribuer provisoirement le logement (en principe pour 6 mois au maximum), le cas échéant en constatant l'accord des parents sur le montant d'une indemnité d'occupation. Le but est de sécuriser le logement des enfants lors de la séparation, à l'égal de ce qui existe déjà en matière de divorce (*Code civil, Art. 373-2-9-1*).

À NOTER

Le décret n° 2016-1906 du 28/12/2016 a simplifié la procédure d'homologation par le juge aux affaires familiales des conventions formalisant l'accord intervenu entre les parents sur les modalités d'exercice de l'autorité parentale. Ils sont en effet dispensés de comparaître systématiquement devant le juge, sauf si celui-ci l'estime nécessaire (Code de procédure civile, Art. 1143).

En cas de désaccord entre les parents sur l'exercice de l'autorité parentale, le juge peut désigner un médiateur familial et leur enjoindre de le rencontrer. Cette injonction a pour but de lever les réticences des parents et de bénéficier d'un rendez-vous d'information sur la médiation. La médiation est exclue en cas de violences intrafamiliales (*Code civil, Art. 373-2-10*).

Les concubins, comme les époux, peuvent également, dans leur convention, fixer le montant de leur contribution à l'entretien des enfants (*Code civil, Art. 373-2-7*). La contribution doit être fixée en fonction des ressources et des besoins de chacun.

À NOTER

La loi du 4/3/2002 est immédiatement applicable aux enfants nés avant son entrée en vigueur dès lors qu'ils ont été reconnus par leurs père et mère dans l'année de leur naissance.

AVANTAGE

Les règles relatives à la procréation médicalement assistée concernent non seulement les couples mariés mais aussi les couples de concubins à certaines conditions. Ceux-ci peuvent en bénéficier s'ils forment un couple homme/femme, s'ils sont vivants, en âge de procréer et s'ils ont donné préalablement leur consentement au transfert d'embryons ou à l'insémination (Code civil, Art. 311-20 ; Code de la santé publique, Art. L. 2141-1 et s.).

Le logement des concubins

La propriété du logement

Si l'un des concubins est propriétaire du logement abritant le couple, en qualité de compagnon hébergé, l'autre concubin ne bénéficie d'aucune protection particulière contre les actes que le propriétaire aura accomplis seul. Il peut donc le vendre, le donner, le léguer ou le louer librement. La solution vaut également en cas de conclusion d'un PACS. Il n'y a, en effet, qu'en cas de mariage qu'existent sur ce point des dispositions protectrices du logement de la famille.

Si le concubin propriétaire décède, l'autre n'est pas légalement son héritier et n'a donc aucun droit sur le logement qui lui appartenait, à moins que celui-ci ne lui ait légué le bien.

Pour que chacun des concubins ait un droit concurrent sur le bien, il doit avoir été acquis en indivision par eux. L'acte d'achat peut également contenir une clause d'usufruit réversible au profit du survivant. Un autre moyen de parvenir à ce résultat peut se réaliser soit à travers le pacte tontinier, soit à travers la constitution d'une société civile immobilière.

La location du logement

Dans cette hypothèse, il faut distinguer selon que le bail a été conclu au profit d'un seul ou des deux concubins :

- s'il a été conclu par les deux, chacun peut résilier le contrat mais cette résiliation ne s'imposera pas à l'autre. Le plus souvent, le propriétaire exigera que soit insérée dans le contrat une clause de solidarité entre les concubins pour le paiement du loyer. En ce cas, le propriétaire pourra demander le paiement de la totalité du loyer, indifféremment à l'un ou à l'autre de ses locataires ;
- si le contrat de bail a été conclu par un seul d'entre eux, l'autre n'est pas cotitulaire du bail. Dans ces conditions, le concubin du locataire ne saurait être tenu au paiement des loyers mais le locataire en titre peut résilier librement le bail sans en référer à l'autre qui n'est donc titulaire d'aucun droit.

Toutefois, pour les locaux à usage d'habitation principale ou à usage mixte professionnel et d'habitation principale soumis à la loi du 6/7/1989, le concubin du locataire a des droits dans deux cas. En effet, en cas d'abandon du domicile par le concubin locataire en titre, ou lors de son décès, le bail se poursuivra au profit de l'autre, sous réserve d'une cohabitation entre eux d'au moins 1 an à la date du décès ou de l'abandon du domicile (*Loi du 6/7/1989, Art. 14*). Ces mêmes dispositions sont applicables en matière de logement HLM, mais pour bénéficier du transfert du bail, le concubin du locataire devra remplir les conditions d'attribution (ressources) de tels logements (*Loi du 6/7/1989, Art. 40*).

En revanche, pour les logements soumis à la loi de 1948, le concubin non pacsé de l'occupant en titre ne bénéficie pas du maintien dans les lieux après l'abandon de domicile ou le décès de ce dernier.

Les droits reconnus au concubin du locataire profitent également au concubin du bailleur. En effet, le bailleur peut donner congé au locataire lorsqu'il invoque la reprise du logement pour l'habiter lui-même ou pour le faire habiter par l'un de ses proches. Parmi ceux-ci, on trouve son concubin notoire depuis au moins 1 an à la date du congé (*Loi du 6/7/1989, Art. 15-I*).

À NOTER

Depuis l'intervention de la loi ALUR du 24/3/2014, si la solidarité entre les concubins a été prévue dans le contrat de bail, le concubin qui donne congé au bailleur ne peut être tenu de payer les loyers et les charges du logement qu'il a quitté au-delà d'un délai de 6 mois après la date d'effet de son congé (Loi du 6/7/1989, Art. 8-1).

ACHAT D'UN IMMEUBLE EN COMMUN ET CONCUBINAGE

	Caractéristiques	Conséquences juridiques en cas de décès	Conséquences fiscales
ACHAT EN INDIVISION PURE ET SIMPLE	• Le concubin peut provoquer le partage à tout moment. • Le concubin peut exiger la vente.	La part du concubin décédé revient à ses héritiers. Le concubin survivant ne peut que racheter la part transmise aux héritiers.	Le rachat de la valeur de la part aura pour conséquence le paiement des frais de notaire et des frais correspondant à l'achat d'un bien immeuble (les taxes fiscales).

ACHAT D'UN IMMEUBLE EN COMMUN ET CONCUBINAGE			
	Caractéristiques	**Conséquences juridiques en cas de décès**	**Conséquences fiscales**
ACHAT EN INDIVISION AVEC CLAUSE DE TONTINE	• Le concubin n'a pas la possibilité de provoquer le partage. • Le concubin ne peut exiger la vente du bien. • La vente n'est possible qu'avec l'accord des concubins.	La part du concubin décédé revient automatiquement au survivant sans que celui-ci ait à racheter cette part.	• Droits d'une vente (environ 8 %) si la valeur de l'immeuble au jour du décès est inférieure à 76 000 € et constitue la résidence principale. • Droits de 60 % dans les autres cas.
SOCIÉTÉ CIVILE IMMOBILIÈRE AVEC CLAUSE DE TONTINE	La SCI est constituée pour 99 ans.	La part du concubin décédé revient automatiquement au survivant sans que celui-ci ait à racheter cette part.	Droits de 5 %.

Les concubins et le droit fiscal

L'impôt sur le revenu

Chaque concubin est imposable sur le revenu comme une personne célibataire. Un couple de concubins forme donc deux foyers fiscaux distincts et les enfants qu'ils ont pu avoir ensemble et qui sont à leur charge seront rattachés, à leur choix, à l'un ou à l'autre d'entre eux.

Le système du quotient familial n'est plus favorable aux concubins comme il l'était auparavant comparé à celui des époux. Désormais en effet, le premier enfant à charge ouvre droit, comme pour les couples mariés, à 1/2 part et non plus à 1 part.

La taxe d'habitation

Celle-ci n'est due que par l'occupant en titre au 1er janvier de l'année concernée, peu importe qu'il partage le logement avec son concubin. Cependant, si le concubin du locataire a des enfants à charge, ceux-ci vont pouvoir être pris en compte pour le bénéfice des abattements accordés à ce titre si la cohabitation revêt un caractère permanent.

La taxe foncière

Le concubin propriétaire du logement doit acquitter la taxe foncière.

Si les concubins ont acheté ensemble un bien immobilier, ils sont imposés en commun. La taxe foncière étant due par les deux concubins, elle peut être payée par l'un ou par l'autre.

L'impôt sur la fortune immobilière (IFI)

En cas de concubinage notoire, l'ensemble du patrimoine immobilier des deux concubins est pris en compte pour déterminer le seuil d'imposition (*Code général des impôts, Art. 885-E*).

Les concubins et les droits sociaux

Assurance maladie-maternité

Depuis le 1/1/2016, la protection universelle maladie (PUMA) se substitue à la notion d'ayant droit. En effet, les personnes majeures sans activité professionnelle ont droit à la prise en charge de leurs frais de santé à titre personnel, dès lors qu'elles résident en France de manière stable et régulière.

Prestations familiales

Le concubinage est assimilé au mariage et les règles applicables sont identiques.

Assurance vieillesse et assurance décès

Certaines prestations sont versées soit prioritairement, soit même exclusivement au conjoint marié dont certaines dépendent de l'assurance vieillesse et d'autres de l'assurance décès.

- Le capital décès est alloué par priorité à la personne qui était au jour du décès à la charge effective, totale et permanente de l'assuré décédé. S'il y a plusieurs personnes dans cette situation, le capital sera versé dans l'ordre de préférence suivant : d'abord au conjoint, puis au partenaire pacsé et enfin, mais seulement à défaut d'enfants ou d'ascendants, au concubin.
- L'allocation de veuvage n'est versée qu'au conjoint survivant, et non au concubin ni au partenaire d'un PACS, tout comme la pension de veuf ou de veuve invalide et la pension de réversion.
- Une assurance décès peut être souscrite à titre privé, dans le cadre d'un contrat d'assurance prévoyance, au profit d'un concubin. Une décision de la Cour de cassation fait le point sur la question. En l'espèce, la personne ayant souscrit ce contrat décède et son concubin revendique le bénéfice du capital prévu au contrat. Encore lui fallait-il prouver l'existence d'une vie commune entre eux au moment du décès, condition *sine qua non* de l'existence d'un concubinage (*Code civil, Art. 515-8*). Cette preuve peut résulter d'un contrat de location aux deux noms par exemple, d'un avis d'imposition commune ou encore d'attestations précises. En l'occurrence, la Cour de cassation confirme l'arrêt d'appel ayant rejeté la demande de versement du capital décès en raison de l'insuffisance des preuves fournies par le demandeur concernant la vie commune (*Cour de cassation, 1re chambre civile, 3/10/2018*).

À NOTER

Si les violences commises par le concubin (le partenaire pacsé ou le conjoint), même après la séparation, mettent en danger sa famille, la victime, parallèlement à une éventuelle procédure pénale, peut saisir le juge aux affaires familiales afin de demander, en urgence, une ordonnance de protection (Code civil, Art. 515-9 et s.). Ce dispositif a été renforcé par la loi n° 2019-1480 du 28/12/2019 sur les violences à l'intérieur de la famille.

Les concubins et la vie professionnelle

La loi interdit les discriminations dans le travail, pour cause de situation familiale ; il n'y a donc, pour les salariés, pratiquement pas de différence entre un couple marié et un couple vivant en union libre.

Droit du travail

Marié ou pas, le père peut prendre un congé (payé par l'employeur) à l'occasion de la naissance ou de l'adoption d'un enfant. Quant au congé de maternité et au congé de paternité et d'accueil de l'enfant cumulable avec le congé de naissance, ils sont bien entendu les mêmes qu'ils soient ou non mariés. Il est à noter que le congé de paternité et d'accueil de l'enfant n'est plus réservé exclusivement au père salarié de l'enfant mais peut bénéficier également au conjoint salarié de la mère ou à la personne (homme ou femme) salariée liée à elle par un PACS ou vivant en concubinage avec elle (*Code du travail, Art. L. 1225-35*).

De plus, le père et la mère non mariés ont la possibilité, après la naissance, de prendre un congé parental d'éducation et de percevoir dans certains cas la prestation partagée d'éducation de l'enfant. Ils peuvent aussi choisir de travailler à temps partiel. S'ils démissionnent, ils bénéficieront de la même priorité de réembauchage que s'ils étaient mariés. Ils ont également droit, lorsqu'ils ont un enfant malade, à un congé (non rémunéré). Et s'ils emploient une personne pour s'occuper des enfants à la maison, ils pourront obtenir la prestation partagée d'éducation de l'enfant.

Lorsqu'un salarié décède des suites d'un accident du travail, son concubin ou sa concubine reçoit de la Sécurité sociale, comme le conjoint ou la personne liée par un PACS, une rente viagère fixée en fonction du salaire annuel de la victime.

Allocations chômage

Pôle emploi considère qu'un époux qui démissionne pour suivre son conjoint, parce qu'il est muté par exemple, démissionne légitimement et a donc le droit de percevoir les indemnités de chômage. Selon une circulaire, la qualité de « conjoint » vise la situation de personnes mariées, celle des personnes ayant conclu un pacte civil de solidarité (PACS) ou celle des personnes vivant en concubinage (*Circulaire UNÉDIC 2017-20 du 24/7/2017*).

La rupture du concubinage

Que la fin du concubinage intervienne du fait de la séparation ou du décès, certaines questions peuvent se poser : comment sont partagés les biens à la suite d'une rupture ? quels sont les droits du concubin survivant en matière de succession ? etc.

La séparation volontaire

Y a-t-il des règles concernant la rupture du concubinage ?

Le principe est que chacun est libre de rompre le concubinage.

Celui des concubins qui prend l'initiative de la rupture peut cependant être condamné à des dommages et intérêts, si les conséquences de cette rupture sont dommageables pour le concubin abandonné et que celui-ci rapporte la preuve d'une faute à la charge du concubin, auteur de la rupture.

Exemple : la faute peut consister en une promesse de mariage non tenue ou dans le fait d'inciter son concubin à quitter son emploi pour le suivre et à l'abandonner par la suite.

Par ailleurs, les tribunaux peuvent être amenés à accorder des dommages et intérêts au concubin qui a vécu entièrement à la charge de son ami et qui se retrouve sans ressources à la suite de la rupture.

Mais à la différence du divorce, le concubin abandonné ne pourra obtenir une prestation compensatoire pour lui-même.

Peut-on se faire rembourser des sommes versées pendant le concubinage ?

En l'absence de statut légal du concubinage, il s'avère difficile, en cas de rupture, d'obtenir le remboursement des sommes qui ont pu être versées par un seul des concubins pendant le concubinage.

Par exemple, un concubin n'a pas pu obtenir le remboursement auprès de son ex-compagne pour les sommes versées au titre d'un prêt immobilier souscrit par le couple pour l'achat d'un bien immobilier qui constituait le logement du couple et de leur enfant commun. Et ce, même s'il avait été le seul à rembourser les mensualités du prêt pendant la vie commune, sa compagne ayant, de son côté, réglé les frais de nourriture et d'habillement. Il existait donc, selon cet arrêt, une volonté commune de partager les dépenses de la vie courante, justifiant qu'il conserve la charge des échéances du crédit immobilier (*Cour de cassation, 1re chambre civile, 13/1/2016*).

Le concubin peut tenter d'invoquer l'existence d'une société créée de fait pendant la cohabitation. L'indemnisation réclamée par celui qui a financé des travaux ou participé à une acquisition immobilière peut aussi être recherchée sur le fondement de l'enrichissement injustifié (*Code civil, Art. 1303 à 1303-2*). Ces textes prévoient la possibilité, sous certaines conditions, d'un remboursement au bénéfice de celui des concubins qui s'estime « appauvri ». Cela sous-entend cependant qu'il n'ait pas tiré un profit personnel de l'opération. Un remboursement, par exemple, pourrait être refusé pour celui des concubins qui a pourtant financé des travaux dans le logement de l'autre parce qu'il était hébergé gratuitement (*Cour de cassation, 1re chambre civile, 6/11/2013*). La Cour de cassation a par ailleurs jugé que la demande de remboursement, fondée sur l'enrichissement injustifié, pouvait être tenue en échec du fait de l'existence d'un « devoir de conscience » entre concubins. En l'occurrence, le concubin s'était séparé dans des conditions brutales de sa compagne (*Cour de cassation, 1re chambre civile, 19/12/2018, n° 17-27855*).

En outre, cette possibilité n'est que subsidiaire, c'est-à-dire qu'elle ne peut être invoquée qu'à défaut d'autres moyens.

Les dispositions générales concernant la construction sur le terrain d'autrui peuvent aussi servir de base à l'argumentation du concubin (*Code civil, Art. 555*). C'est ce qui a été jugé dans une affaire où la maison commune avait été édifiée sur un terrain appartenant à la concubine. Dans la mesure où aucune convention spécifique n'avait été conclue entre eux réglant le sort de la construction, le concubin a pu obtenir, après la séparation, une indemnisation pour sa participation financière sur ce fondement (*Cour de cassation, 3e chambre civile, 16/3/2017*).

Le concubin peut enfin tenter d'invoquer une gestion d'affaire (*Code civil, Art. 1301 à 1301-5*), par exemple lorsqu'il a effectué des travaux au profit de l'autre. Ces textes permettent à celui qui s'est occupé des affaires d'autrui (le gérant) d'obtenir, sous certaines conditions, une indemnisation.

Comment sont partagés les biens à la suite d'une rupture ?

Puisqu'il n'existe pas de communauté entre concubins, chaque bien doit revenir à son propriétaire.

En cas de contestation, il est nécessaire de prouver l'appartenance de tel ou tel objet.

Il est donc indispensable de conserver les preuves d'origine des biens (attestation notariée, factures…).

Il est même recommandé d'établir, au début de la vie commune, une sorte de « contrat de concubinage » dans lequel pourraient être répertoriés tous les biens existants, leur nature et leur origine.

Si les concubins ont travaillé ensemble et qu'il est admis l'existence d'une société de fait entre eux, leurs biens « communs » ou « sociaux » seront partagés selon les règles des sociétés, au prorata des apports de chacun, ainsi que l'actif ou le passif de cette société.

À défaut de preuve d'origine de propriété ou de société de fait entre concubins, leurs biens seront réputés indivis et le partage s'effectuera selon les règles de l'indivision (partage amiable ou judiciaire).

À NOTER

Les demandes relatives à la liquidation et au partage des intérêts patrimoniaux des concubins relèvent de la compétence du juge aux affaires familiales.

Le décès

Le concubin peut-il intervenir dans les formalités ou démarches consécutives au décès ?

Le concubin n'a en principe aucune possibilité de régler les formalités (choix des funérailles, lieu de sépulture) ni d'effectuer les démarches d'ouverture de succession.

Ces obligations sont réservées à la famille du défunt et à ses héritiers.

Le concubin, en tant qu'étranger à la succession, ne peut prendre aucune initiative et ne pourra recueillir les éventuels legs faits en sa faveur que des mains des héritiers.

Le concubin bénéficie-t-il de la pension de réversion ?

Pour le régime général de la Sécurité sociale, les pensions de réversion sont réservées exclusivement au conjoint marié du salarié décédé.

Le (ou la) concubin (e) ne peut y prétendre.

À NOTER

Cependant, certains régimes de retraites complémentaires n'appliquent pas cette règle d'exclusion et peuvent attribuer, dans certains cas et sous certaines conditions, la pension de réversion à la concubine. Il convient de se reporter à chaque contrat.

Le concubin peut-il toucher le capital décès ?

Le capital décès est un secours versé, après le décès d'un assuré, à sa famille.

Puisqu'il s'agit d'un secours, ce capital décès est versé par priorité aux personnes qui vivaient avec l'assuré et qui étaient entièrement à sa charge (bénéficiaires prioritaires).

Si aucune priorité n'est invoquée dans un délai déterminé, le capital-décès est attribué :

– au conjoint survivant non séparé de droit ou de fait ;

– au partenaire auquel le défunt était lié par un pacte civil de solidarité ;

– ou à défaut aux descendants et, dans le cas où le défunt ne laisse ni conjoint survivant ni partenaire d'un pacte civil de solidarité ni descendants, aux ascendants (*Code de la Sécurité sociale, Art. L. 361-4*)..

AVANTAGE

Le concubin est assimilé au conjoint si le concubinage était notoire, si le concubin vivait sous le même toit que le défunt et était entièrement à sa charge.

La succession

Le concubin survivant est-il héritier ?

Le (ou la) concubin (e) n'est jamais appelé (e) de plein droit à la succession de son compagnon décédé (même si l'union a duré plusieurs dizaines d'années ou présentait un caractère de stabilité et de continuité).

Le survivant reste un étranger à la succession et, à ce titre, est défavorisé par rapport à la famille légitime.
Il est indispensable qu'un testament ou une donation ait été établi en sa faveur. Ces dons et legs peuvent éventuellement être annulés.
La part qu'il peut recevoir est limitée.
Les droits de succession sont importants (voir questions suivantes).

Dans quelle mesure peut-on léguer ou donner ses biens à son concubin ?

Autrefois les legs ou donations faits en faveur d'un concubin étaient presque systématiquement annulés par la Cour de cassation, comme étant contraires à la morale et à l'ordre public.
Ils sont aujourd'hui reconnus valables même si le défunt était marié par ailleurs. La jurisprudence faisait la distinction entre les donations qui avaient pour but d'assurer l'avenir de la concubine (donations validées) et celles qui n'étaient faites que pour entretenir la relation adultère (donations annulées). Cette distinction est aujourd'hui abandonnée.
La Cour de cassation considère désormais que le fait de vouloir maintenir une relation adultère n'est pas contraire aux bonnes mœurs et ne peut donc pas justifier l'annulation de la donation (*Code civil, Art. 900* ; *Cour de cassation, Assemblée plénière, 20/10/2004*).

Quelle est la part maximale que peut recevoir le concubin ?

Les donations ou legs, établis en faveur d'un concubin, ne doivent pas dépasser le montant de la quotité disponible.
Ce montant varie en fonction des héritiers présents à la succession.

Quel est le tarif des droits de succession applicable au concubin ?

Le concubin est considéré comme un étranger par rapport au défunt et à ce titre doit régler 60 % de droits de succession.
Le calcul de ce pourcentage s'applique après l'abattement (fiscal) général de 1 594 € admis pour tout héritier ou légataire.

Comment peut-on améliorer la situation du concubin survivant ?

L'assurance vie

Il est possible d'améliorer la situation du concubin survivant en souscrivant une assurance vie à son profit. Sous certaines conditions, le capital versé au bénéficiaire d'une assurance vie est exonéré d'impôt.

À NOTER

Depuis quelques années, les concubins peuvent souscrire une assurance réciproque, possibilité auparavant exclusivement réservée aux époux mariés.

Les sommes perçues par le bénéficiaire ne sont pas prises en compte lors de l'évaluation de l'actif successoral.
Il n'y a donc en principe pas lieu à réduction, à l'inverse des autres legs et donations, qui peuvent se trouver diminués si la part des héritiers réservataires (enfants et parents) est insuffisante.
L'assurance vie est donc un moyen de favoriser son concubin qui pourra ainsi bénéficier d'une rente ou d'un capital lors du décès de son compagnon.

À NOTER

Les autres héritiers sont néanmoins autorisés à contester la souscription de l'assurance et à faire réduire le versement du capital s'il apparaît que les primes versées par le défunt étaient manifestement exagérées par rapport à ses ressources.

Il y aurait alors fraude aux droits des héritiers réservataires. L'évaluation du caractère exagéré des primes par rapport aux revenus du souscripteur dépend bien sûr de chaque cas. Les juges saisis statuent en comparant les deux montants mais également les circonstances diverses qui ont incité le défunt à souscrire une telle assurance (*Code des assurances, Art. 132-13*).

La tontine

Elle permet d'exonérer le concubin des droits de succession sur le logement commun.

Le pacte civil de solidarité (PACS)

La loi a prévu une structure, de nature contractuelle, destinée, pour les concubins qui le souhaitent, à organiser leur vie commune. Celle-ci leur permet, en contrepartie de certaines obligations, de bénéficier d'avantages particuliers.

La conclusion du PACS

› Quel est son objet ?

Le pacte civil de solidarité (PACS) a pour objet d'organiser la vie en commun des personnes qui le souscrivent. Un chapitre du Code civil est désormais consacré à sa réglementation (*Code civil, Art. 515-1 à 515-7*).

Le PACS a une nature contractuelle. Cette nature implique sa soumission, sauf dispositions contraires, aux règles générales des contrats. Les litiges concernant sa validité ou son exécution qui peuvent opposer les partenaires entre eux ou vis-à-vis des tiers relèvent de la compétence des juridictions civiles de droit commun.

Même si ce contrat n'est pas expressément réservé aux concubins, en réalité il s'adresse principalement à eux. En effet, outre la cohabitation qu'il impose entre les partenaires, la référence à la notion de couple, et la connotation sexuelle que celle-ci implique, ressort de l'esprit des textes, notamment ceux se référant indirectement à la prohibition de l'inceste.

› Qui peut le conclure ?

Seules deux personnes physiques majeures peuvent conclure un PACS. Les personnes mineures, même émancipées, ne peuvent conclure un tel contrat.

La question se pose également pour les personnes sous un régime de protection. Avant le 25/3/2019, celles qui étaient sous tutelle ne pouvaient se pacser qu'à condition d'obtenir l'autorisation du juge des tutelles ou du conseil de famille s'il était constitué. Depuis cette date, du fait de l'intervention de la loi n° 2019-222 du 23/3/2019, cette autorisation préalable est supprimée.

La personne sous tutelle doit être assistée de son tuteur lors de la signature de la convention de PACS. En revanche, aucune assistance ni représentation ne sont requises lors de la déclaration conjointe devant l'officier de l'état civil ou devant le notaire (*Code civil, Art. 462*).

La personne placée en curatelle peut signer un PACS avec l'assistance de son curateur (*Code civil, Art. 461*).

La personne placée sous sauvegarde de justice peut se pacser librement sous réserve d'une mesure spécifique d'assistance ou de représentation au jour de la signature de la convention. Les pouvoirs de la personne peuvent alors s'en trouver limités.

Quant au majeur bénéficiant d'une mesure d'habilitation familiale ou d'un mandat de protection future, il peut effectuer seul la déclaration de PACS, sous réserve d'une mission d'assistance confiée par le juge ou par les termes du mandat de protection future à la personne en charge de l'exercice de la mesure (*Circulaire du 10/5/2017*).

Comme le concubinage et plus récemment le mariage, le contrat est ouvert aussi bien aux personnes de sexe différent que de même sexe (*Code civil, Art. 515-1*).

En revanche, et sous peine de nullité du PACS qui pourrait être invoquée par tout intéressé, l'un et l'autre des partenaires liés par le pacte ne doivent pas :

– être parents ou alliés en ligne directe à tous les degrés (ascendants et descendants, beaux-parents et gendre ou belle-fille…) ou en ligne collatérale jusqu'au 3e degré inclus (frères et sœurs, oncles ou tantes et neveux ou nièces…) ;

– être encore engagés dans les liens du mariage ;

– être déjà liés par un PACS (*Code civil, Art. 515-2*).

Depuis le 1/1/2007, l'existence de tout nouveau PACS est portée en marge de l'acte de naissance de chaque intéressé, avec indication du nom du partenaire (*Code civil, Art. 515-3-1*).

› Quelles sont les formalités à accomplir ?

La rédaction de la convention

Avant de conclure un PACS, il faut d'abord rédiger une convention écrite.

La loi ne prévoit pas de modèle particulier quant à son contenu. Il appartient donc à chacun, le cas échéant après avoir consulté un professionnel (avocat, notaire), de décider des règles à mettre en place et qui peuvent notamment concerner :

– les modalités de l'aide matérielle et l'assistance réciproques que les partenaires s'engagent à s'apporter mutuellement ; si rien n'est prévu dans leur convention, l'aide matérielle est proportionnelle à leurs facultés respectives ;

– le régime juridique auquel seront soumis les biens qu'ils pourraient acquérir, ensemble ou séparément, pendant la durée du PACS. Ils peuvent opter pour un régime d'indivision. Dans ce cas, ces biens sont réputés indivis par moitié, quelle que soit la véritable contribution de chacun ;

– les modalités de partage de ces biens en cas de rupture du PACS.

La convention peut aussi être réduite à sa plus simple expression et n'indiquer que l'identité de chacun des partenaires et leur volonté de conclure un PACS, sans plus de précisions. Les règles minimales prévues par la loi seront alors applicables.

À l'origine, la convention de PACS devait être obligatoirement rédigée par acte sous seing privé et non par acte authentique. Cette exclusion est supprimée puisque la convention notariée est autorisée depuis le 1/1/2007.

L'enregistrement de la convention

Depuis la loi n° 2016-1547 du 18/11/2016, les formalités relatives au PACS relèvent de la compétence des officiers d'état civil et non plus de celle des greffiers des tribunaux judiciaires.

AVANTAGE

*Le modèle Cerfa n° 15725*03 de déclaration conjointe de PACS et attestations sur l'honneur de résidence commune et d'absence de lien de parenté est accessible sur le site www.service-public.fr. Un service de démarches en ligne de préparation du PACS est également disponible sur ce site (Arrêté du 21/12/2017). Il s'adresse aux usagers des communes s'étant raccordées à ce service qui souhaitent se pacser. Ils peuvent préparer la démarche en effectuant un pré-dépôt de dossier en ligne.*

Si la convention est rédigée par un notaire, c'est lui qui se charge de l'enregistrer et qui fait procéder aux formalités de publicité.

Si la convention est un acte sous seing privé, les partenaires doivent se rendre devant l'officier d'état civil de la commune où ils ont décidé de fixer leur résidence commune et produire la convention accompagnée, pour chacun des partenaires, des pièces suivantes :

– une pièce d'identité ;

– un acte de naissance (copie intégrale ou extrait avec mention de la filiation) datant de moins de 3 mois ;

– une attestation sur l'honneur certifiant qu'il n'existe pas entre eux un lien de parenté ou d'alliance prohibé par la loi ;

– une attestation sur l'honneur selon laquelle ils fixent leur résidence commune dans le ressort géographique du tribunal où la déclaration est faite ;

– le cas échéant, pour les personnes divorcées ou veuves, la preuve de la dissolution du mariage (livret de famille, copie intégrale de l'acte de décès, par exemple).

L'officier d'état civil vise la convention avant de la restituer aux intéressés. La déclaration de PACS est portée en marge de l'acte de naissance de chaque partenaire, avec indication de l'identité de l'autre partenaire.

Pour les personnes étrangères nées à l'étranger, cette information est portée sur un registre tenu au service central d'état civil du ministère des Affaires étrangères.

Le PACS est opposable aux tiers à compter de l'accomplissement de ces formalités.

Les contestations relatives à l'enregistrement ou au refus d'enregistrement d'un PACS sont portées devant le président du tribunal judiciaire du lieu d'enregistrement, statuant en référé. Pour les PACS signés à l'étranger, le président du tribunal de Nantes, statuant en référé, est compétent (*Décret n° 2006-1806 du 23/12/2006*).

À NOTER

À l'étranger, les agents diplomatiques et consulaires ne peuvent plus s'opposer à l'enregistrement d'un PACS signé entre une personne de nationalité française et une personne de nationalité étrangère sous prétexte que le pays concerné prohibe la vie de couple, hors mariage, de deux personnes de sexe différent ou du même sexe. Le Conseil d'État a déclaré illégale la circulaire ministérielle qui prévoyait que les autorités diplomatiques et consulaires pouvaient refuser d'examiner, à titre définitif, une telle demande d'enregistrement (Conseil d'État, 18/12/2007).

À NOTER

Les partenariats conclus et enregistrés à l'étranger sont reconnus en France depuis la loi n° 2009-526 du 12/5/2009 (Code civil, Art. 515-7-1). Les conditions de formation, les effets du partenariat ainsi que les causes et les effets de sa dissolution sont régis par la loi d'enregistrement du PACS, quelle que soit la nationalité des partenaires. Si le PACS est enregistré en France, c'est la loi française qui s'appliquera même si les deux partenaires sont étrangers et même si leur domicile ne se situe pas en France. En revanche, si le partenariat est enregistré à l'étranger, c'est la loi étrangère qui régira les relations entre les partenaires (sauf, bien sûr, si elle est contraire à l'ordre public français). Fiscalement, les signataires d'un partenariat étranger sont soumis à la loi française s'ils sont domiciliés en France.

La modification de la convention

La convention peut être modifiée à tout moment. Les partenaires peuvent, par exemple, décider de changer le statut des biens qu'ils acquièrent ou organiser différemment leur vie commune. Comme la convention initiale, la modification peut être faite :
– par acte sous seing privé qui sera remis ou adressé par lettre recommandée avec avis de réception à l'officier d'état civil ou au notaire qui a rédigé le pacte d'origine ;
– ou par acte notarié. Dans cette dernière hypothèse, l'enregistrement est effectué par le notaire.
Les partenaires doivent indiquer le numéro et la date d'enregistrement du pacte d'origine et joindre à leur envoi la photocopie d'un document officiel d'identité (*Décret n° 2006-1806 du 23/12/2006*).

À NOTER

Le décret du 6/5/2017 a par ailleurs introduit la possibilité pour l'un des partenaires d'adresser à la mairie la convention modificative de PACS conclue avec l'autre partenaire par lettre recommandée avec avis de réception ou de se présenter seul en mairie pour faire enregistrer la convention modificative de PACS conclue avec l'autre partenaire (Circulaire du 10/5/2017).

Si l'un des partenaires est de nationalité étrangère et né à l'étranger, l'avis de modification est adressé au service central d'état civil du ministère des Affaires étrangères.
À l'étranger, les formalités de modification de la convention sont assurées par les agents diplomatiques et consulaires.
Le président du tribunal judiciaire, statuant en référé, est compétent pour les contestations soulevées à l'occasion d'une demande de modification du PACS.

Le régime des PACS signés avant le 1/1/2007

Depuis le 30/6/2008, tous les PACS en cours (conclus avant ou après le 1/1/2007) sont inscrits à l'état civil, en marge de l'acte de naissance de chaque partenaire avec indication de l'identité de l'autre partenaire.

À NOTER

En principe, il est interdit de collecter ou de traiter des données à caractère personnel relatives à la vie sexuelle des personnes concernées (Loi n° 78-17 du 6/1/1978). Mais en ce qui concerne les PACS, les statistiques semestrielles établies par les tribunaux judiciaires relatives au nombre de PACS conclus dans leur ressort sont autorisées à faire apparaître, entre autres, les données relatives aux pactes conclus entre homosexuels et entre hétérosexuels (Loi n° 2004-801 du 6/8/2004).

Les effets du PACS

Certaines mesures confèrent aux partenaires liés par un PACS des droits qui, auparavant, n'étaient reconnus qu'aux personnes mariées. D'autres ne font qu'étendre à leur profit, à des conditions certes plus avantageuses, des droits déjà reconnus aux concubins.

À NOTER

Toutes les fois que, sur une question précise, vous ne trouverez pas de dispositions particulières propres au PACS, vous devrez alors vous reporter à la partie consacrée aux effets du concubinage pour connaître les règles applicables.

› Les relations personnelles et patrimoniales

L'aide matérielle et l'assistance réciproques

La signature d'un PACS implique une aide matérielle et une assistance réciproques entre les partenaires. Les modalités de cette aide sont fixées librement dans la convention. Toutefois, cette liberté ne saurait les conduire à exclure le principe même d'une telle aide, toute clause contraire étant réputée non écrite.
Cette notion d'aide et d'assistance mutuelle entre les partenaires est voisine de celle d'assistance et de secours qui s'impose aux époux. Elle recouvre le même

domaine (contribution aux charges du PACS, situation de besoin d'un partenaire en cas de maladie, chômage…) et si la convention est muette sur les modalités de cette aide, les partenaires sont présumés s'y engager à proportion de leurs ressources respectives (*Code civil, Art. 515-4*).

Le juge compétent en cas de litige est, comme pour les personnes mariées, le juge aux affaires familiales (*Code de l'organisation judiciaire, Art. L. 213-3*).

Les dettes

Les avantages accordés aux partenaires liés par un PACS ont également une autre contrepartie comparable à celle applicable en matière de mariage : la solidarité au profit des tiers pour certaines dettes. Cette solidarité concerne les dettes contractées pour les besoins de la vie courante (*Code civil, Art. 515-4*). Le créancier pourra demander le remboursement d'une dette contractée par un seul des partenaires à l'autre. Mais si la dette est manifestement excessive par rapport au train de vie du couple, la solidarité est exclue.

Elle est également exclue pour les achats à tempérament ainsi que pour les emprunts s'ils n'ont été signés que par un seul des partenaires, sauf si les crédits portent sur des sommes modestes nécessaires aux besoins de la vie courante et que le montant cumulé de ces sommes, en cas de pluralité d'emprunts, n'est pas manifestement excessif eu égard au train de vie du ménage.

La propriété des biens

La loi n° 2006-728 du 23/6/2006 a modifié le régime des biens des partenaires. L'indivision n'est plus la règle et la distinction entre meubles meublants et autres biens est supprimée. Le PACS, en ce qui concerne les biens, peut être rapproché du régime de la séparation de biens dans le mariage.

- Les biens que les partenaires possédaient personnellement avant l'enregistrement de leur convention restent des biens personnels (équivalents aux biens propres dans les régimes de communauté des époux mariés). Ils peuvent en disposer librement et sont seuls tenus des dettes qui s'y rapportent (*Code civil, Art. 515-5*).

En cas de contestation, chacun peut prouver par tous moyens sa propriété (par facture, témoignage, photo…). Vis-à-vis des tiers, celui qui a la possession d'un bien est censé en être le propriétaire.

Les biens qu'ils reçoivent pendant le PACS par donation ou succession restent également des biens personnels.

- Les biens acquis pendant le PACS peuvent être soumis à deux régimes différents :

– la séparation des patrimoines : ce régime s'applique si rien n'est précisé dans la convention. Chaque partenaire reste seul propriétaire des biens qu'il acquiert personnellement pendant le PACS. Les biens sur lesquels aucun des partenaires ne peut justifier d'une propriété exclusive sont réputés leur appartenir, à chacun pour moitié ;
– le régime de l'indivision : ce régime s'applique si les partenaires le prévoient expressément dans leur convention et peut concerner tous les biens qu'ils acquièrent, ensemble ou séparément (le régime de l'indivision ne s'applique donc jamais aux biens reçus par succession ou donation). Ces biens sont alors réputés indivis par moitié, même si la contribution financière de l'un est supérieure à celle de l'autre (*Code civil, Art. 515-5-1*).

Mais tous les biens acquis pendant le PACS ne sont pas indivis. Certains sont exclus de ce régime et restent la propriété exclusive de chaque partenaire par exemple : les salaires ou rémunérations, les créations, les biens à caractère personnel (par exemple les outils de travail, les vêtements), les biens acquis avec des deniers personnels possédés avant le PACS ou acquis avec de l'argent reçu d'une succession ou d'une donation (*Code civil, Art. 515-5-2*).

› Les enfants

Le statut de l'enfant commun

La loi instituant le PACS n'a pas modifié les règles relatives au statut de l'enfant.

Les parents exercent l'autorité parentale sur l'enfant dans les mêmes conditions que les autres parents.

À NOTER

S'ils se séparent et en cas de litige relatif à l'autorité parentale, ils doivent s'adresser, comme tous les parents, au juge aux affaires familiales.

À NOTER

Depuis le 25/3/2019, le juge aux affaires familiales peut, lorsqu'il est saisi par un parent non marié d'une requête relative aux modalités d'exercice de l'autorité parentale, lui attribuer provisoirement le logement (en principe pour 6 mois au maximum), le cas échéant en constatant l'accord des parents sur le montant d'une indemnité d'occupation.

Le but est de sécuriser le logement des enfants lors de la séparation, à l'égal de ce qui existe déjà en matière de divorce (Code civil, Art. 373-2-9-1).

L'adoption

Le PACS ne confère pas le droit pour les signataires d'adopter ensemble un enfant, droit réservé aux couples mariés.

Chaque partenaire peut néanmoins déposer une demande individuelle d'adoption.

Par ailleurs, le partenaire ne peut pas non plus adopter l'enfant de son partenaire alors que cette possibilité est offerte dans le cadre du mariage.

La procréation médicalement assistée

L'assistance médicale à la procréation a pour objet de remédier à l'infertilité ou d'éviter la transmission à l'enfant d'une maladie d'une particulière gravité. Elle est destinée à répondre à la demande parentale d'un couple.

Mais ce couple ne peut être composé que d'un homme et d'une femme. Lorsque les partenaires sont de même sexe, il leur est, en conséquence, interdit de recourir à une procréation médicalement assistée (*Code de la santé publique, Art. L. 2141-2*).

Les dettes relatives à l'entretien des enfants

La loi prévoit que les partenaires sont tenus solidairement des dépenses de la vie courante, hors dépenses manifestement excessives. S'ils ont des enfants, les dettes communes liées à l'éducation ou à l'entretien des enfants font partie des dépenses de la vie courante.

› Le logement

Quels sont les droits et les obligations des partenaires propriétaires ?

Si le logement appartient à un seul des partenaires, le propriétaire peut disposer comme il l'entend du logement, c'est-à-dire le vendre ou l'hypothéquer, sans que son partenaire puisse s'y opposer.

Si le logement appartient en indivision aux deux partenaires, le droit de vendre le logement ou d'autoriser l'inscription d'une hypothèque conventionnelle sur le bien indivis nécessite le consentement des deux indivisaires.

S'ils ne sont pas d'accord pour vendre le logement, chaque indivisaire peut provoquer le partage. Le partenaire qui désire rester dans les lieux doit racheter la part de l'autre.

À défaut, le bien est vendu et le prix partagé entre les indivisaires.

Quels sont les droits et les obligations des partenaires locataires ?

Si un seul partenaire est locataire en titre, il peut donner congé au bailleur sans le consentement de son partenaire et, en cas de séparation, le partenaire ne peut pas en principe (comme le pourrait le conjoint divorcé) bénéficier de l'attribution du droit au bail.

Et inversement, le bailleur peut adresser un congé au seul locataire sans être obligé de viser également le partenaire de ce locataire. Le congé peut être adressé au seul locataire et est valable pour tous les occupants des lieux qui doivent quitter les lieux à l'expiration du préavis donné par le locataire en titre.

Les partenaires sont solidaires pour les dettes relatives au logement commun

Les partenaires sont tenus solidairement à l'égard des tiers des dettes contractées par l'un d'eux pour les dépenses relatives au logement commun et notamment du paiement du loyer, des charges de copropriété, des charges locatives, des dépenses de consommation (EDF, ENGIE, téléphone, impôts…).

Comme les dettes de la vie courante, toutes les dépenses nécessaires à la conservation ou à l'entretien du logement où est établie la résidence commune peuvent être engagées par l'un des partenaires sans l'intervention de l'autre et peuvent être réclamées à chacun d'entre eux, même à celui qui ne les a pas contractées (*Code civil, Art. 515-4*).

La loi ELAN du 23/11/2018 prévoit une décharge de la solidarité en matière locative. Il s'agit du cas où le partenaire pacsé quitte les lieux loués en raison de violences au sein du couple. La victime doit en informer le bailleur par lettre recommandée avec avis de réception (*Loi du 6/7/1989, Art. 8-2*).

Transfert de bail

En cas d'abandon du domicile ou de décès du titulaire du bail, son partenaire peut se voir transférer le droit au bail (*Code civil, Art. 515-6*).

Le législateur a étendu au profit de la personne liée au locataire par un pacte civil de solidarité le bénéfice de la continuation du contrat de location en cas d'abandon du domicile par le locataire et celui du transfert du contrat en cas de décès pour la durée prévue dans le bail.

À NOTER

Aucune condition de durée du PACS ni aucune durée de cohabitation préalable n'est exigée.

› Les impôts

L'impôt sur le revenu

Depuis le 1/1/2005, les partenaires pacsés effectuent une déclaration commune dès la première année du PACS.

La déclaration, signée par chacun d'entre eux, est à adresser ou à déposer au service des impôts dont dépend leur résidence commune. Mais s'ils ont déclaré leurs revenus en ligne l'année précédente, ils ne recevront plus de déclaration pré-remplie au format papier l'année suivante. Ils seront avertis par courrier électronique de la date d'ouverture du service de la déclaration en ligne et des dates limites de déclaration.

L'imposition est établie à leurs deux noms, séparés par le mot : « ou ».

L'imposition commune revêt un caractère obligatoire. Les partenaires n'ont pas le droit d'opter pour des déclarations séparées.

Lorsqu'ils effectuent une déclaration commune, ils bénéficient, comme les couples mariés, du quotient familial de 2 parts majoré de demi-parts par enfant à charge.

Les partenaires qui signent leur PACS depuis 2011 n'ont plus besoin d'établir 3 déclarations de revenus pour cette 1re année (chacun une déclaration personnelle jusqu'à la date du PACS et une déclaration commune pour les revenus perçus entre la date du PACS et la fin de l'année).

Désormais ils ne doivent remplir qu'une seule déclaration pour l'ensemble des revenus de l'année, une seule déclaration commune ou chacun une déclaration personnelle pour l'année.

ATTENTION ⚠

Si les partenaires rompent volontairement leur PACS l'année de sa conclusion ou l'année suivante, la déclaration commune est remise en cause et chaque partenaire doit être imposé individuellement. Cela signifie qu'ils doivent, chacun, souscrire une déclaration rectificative pour les revenus dont ils ont disposé personnellement l'année de la conclusion du PACS et qu'ils ont déclarés en commun (Code général des impôts, Art. 6).

L'impôt sur la fortune immobilière (IFI)

Les partenaires ayant signé un PACS font l'objet d'une imposition commune dès l'inscription du PACS (*Code général des impôts, Art. 885 A*).

Si, au 1er janvier, ils sont liés par un PACS, ils doivent souscrire au plus tard le 15 juin de la même année une déclaration unique de leurs patrimoines immobiliers respectifs.

À NOTER

La déclaration est à déposer au service des impôts de leur domicile, accompagnée du paiement de l'impôt.

Les impôts directs locaux

La taxe d'habitation

La taxe d'habitation est établie au nom des personnes qui ont la disposition ou la jouissance de locaux imposables en tant que propriétaires, locataires ou occupants au 1er janvier de l'année d'imposition. Les partenaires font l'objet d'une imposition commune pour le paiement de la taxe d'habitation lorsqu'ils vivent sous le même toit dès la première année du PACS (comme la déclaration de revenus)(*Code général des impôts, Art. 1691 bis I*)..

L'imposition est établie à leurs deux noms. Ils sont tenus solidairement au paiement de cette taxe.

La taxe foncière

En ce qui concerne la taxe foncière, cet impôt est à la charge du ou des propriétaires. La souscription du PACS n'a pas de conséquences sur les modalités d'application de cet impôt.

Si le bien immobilier appartient à un partenaire, il sera seul imposable. Si le bien appartient aux deux partenaires, ils seront tous deux redevables de la taxe foncière.

La solidarité des partenaires pour le paiement des impôts

La loi a expressément prévu la solidarité des partenaires liés par un PACS pour le paiement de l'impôt sur la fortune en modifiant l'article 1723 ter-00 B du Code général des impôts applicable auparavant uniquement aux couples mariés.

Cette solidarité est également prévue pour le paiement de l'impôt sur le revenu ainsi que pour le paiement de la taxe d'habitation (comme le conjoint qui est solidairement responsable des impositions assises au nom de son époux (se), au titre de la taxe d'habitation, lorsqu'ils vivent sous le même toit) (*Code général des impôts, Art. 1685*).

Cette solidarité s'applique même en cas de dissolution du PACS ou de séparation du couple. Dans cette hypothèse, si les impôts réclamés à l'un d'entre eux sont disproportionnés par rapport à sa situation financière et patrimoniale, il peut demander à être déchargé de cette solidarité (*Code général des impôts, Art. 1691 bis*).

Si cette décharge est accordée, le partenaire est alors dispensé de payer la totalité des impôts dus et n'est tenu qu'à hauteur de :

– ses propres revenus et des revenus de la moitié des biens communs ;

– la moitié de la taxe d'habitation ;

– son patrimoine propre et de la moitié du patrimoine commun pour l'IFI.

› La vie professionnelle

Les partenaires peuvent demander à prendre leurs congés ensemble et bénéficier de congés exceptionnels en cas de décès de l'un d'eux.

Par ailleurs, des dispositions favorisent le rapprochement géographique de deux personnes ayant conclu un pacte civil de solidarité.

Les congés payés des salariés

Les salariés mariés bénéficient de priorité dans le choix des dates de leurs vacances.

Ces règles ont été déclarées applicables au partenaire lié au salarié par un pacte civil de solidarité.

Par ailleurs, les conjoints travaillant dans une même entreprise ont droit à un congé simultané.

Ici encore, ce droit a été accordé aux partenaires liés par un PACS travaillant dans la même entreprise.

Les congés pour événements familiaux

Le fait d'être pacsé donne droit à des jours de congés à l'occasion de certains événements.

Les dispositions relatives au partenaire du chef d'entreprise

Le partenaire pacsé du chef d'entreprise, qui y exerce une activité régulière, doit choisir le statut qui déterminera ses droits et obligations professionnels : collaborateur, associé ou salarié. Lors de l'immatriculation de l'entreprise, le chef d'entreprise déclare le statut choisi par son partenaire. Ce statut peut être modifié ultérieurement. En l'absence de déclaration d'activité professionnelle ou de choix de statut du partenaire, le chef d'entreprise sera réputé avoir déclaré que ce statut est celui du partenaire salarié (*Code de commerce, Art. L. 121-4 et s. et R. 121-1 et s.*). Pour en savoir plus, on peut s'adresser au centre de formalités des entreprises (CFE) dont on dépend.

Le partenaire participant à l'exploitation agricole

Depuis le 1/1/2006, le partenaire du chef d'exploitation ou d'entreprise agricole exerçant sur l'exploitation ou au sein de l'entreprise une activité professionnelle régulière (comme le conjoint ou le simple concubin de l'exploitant) peut opter pour l'un des statuts suivants :

– collaborateur du chef d'exploitation ou d'entreprise agricole ;

– salarié de l'exploitation ou de l'entreprise agricole ;

– chef d'exploitation ou d'entreprise agricole.

Le chef d'exploitation ou d'entreprise agricole est tenu de déclarer l'activité professionnelle régulière de son partenaire pacsé au sein de l'exploitation ou de l'entreprise agricole et son statut.

À défaut de déclaration d'activité professionnelle ou de choix du statut, le partenaire ayant exercé une activité professionnelle de manière régulière au sein de l'exploitation ou de l'entreprise agricole est réputé l'avoir fait sous le statut de salarié (*Code rural et de la pêche maritime, Art. L. 321-5*).

Par ailleurs, dans le cadre d'un bail rural, le partenaire du bailleur ou du preneur, participant à l'exploitation, a désormais les mêmes droits que le conjoint marié, notamment en ce qui concerne :

– la poursuite ou l'attribution du droit au bail en cas de décès du preneur ;

– la cession du bail autorisée en sa faveur ;

– la reconnaissance du partenaire en tant que co-preneur du bail ;

– le droit de reprise autorisé en faveur du partenaire (du propriétaire ou du bénéficiaire de la reprise) ou en faveur des enfants du partenaire du bailleur ;

– le droit de reprise du bail en cas de retraite du preneur ;

– le droit de préemption en cas de vente des biens ruraux (*Loi nº 2006-11 du 5/1/2006*).

La fonction publique

Les partenaires d'un PACS font partie de la liste de personnes dont les demandes de mutation pour rapprochement géographique en cas d'éloignement professionnel sont étudiées prioritairement (fonctions publiques de l'État, territoriale et hospitalière).

Une priorité d'affectation leur est reconnue s'ils sont séparés pour des raisons professionnelles de la personne avec laquelle ils ont signé un pacte civil de solidarité.

Si les possibilités de mutation (ou de changement d'établissement) sont insuffisantes dans leurs corps, ces fonctionnaires séparés de leur partenaire peuvent également bénéficier, en priorité, du détachement et, le cas échéant, de la mise à disposition (*Loi n° 84-53 du 26/1/1984, Art. 54*).

› La protection sociale

La Sécurité sociale

Depuis le 1/1/2016, la protection universelle maladie (PUMA) se substitue à la notion d'ayant droit. En effet, les personnes majeures sans activité professionnelle ont droit à la prise en charge de leurs frais de santé en cas de maladie ou de maternité à titre personnel, dès lors qu'elles résident en France de manière stable et régulière.

Les prestations sociales

Concernant les prestations familiales et assimilées, en vertu du décret n° 2000-97 du 3/2/2000, les dispositions relatives aux personnes vivant en concubinage s'appliquent aux partenaires d'un pacte civil de solidarité (*Code de la Sécurité sociale, Art. R. 553-2*).

Prestation d'accueil du jeune enfant

Cette allocation est attribuée automatiquement à partir du moment où la déclaration de grossesse est annoncée et où la femme passe les examens médicaux obligatoires. Composée de différentes allocations, cette prestation est accordée, en partie, en fonction des ressources.

Allocation de logement sociale

L'allocation de logement sociale est accordée en fonction de certains critères dont le niveau des ressources. Les ressources actuellement prises en compte sont celles du bénéficiaire, de son conjoint ou concubin, du partenaire lié par un PACS, de ses enfants et autres personnes ayant résidé plus de 6 mois avec le bénéficiaire au cours de l'année de référence et s'y trouvant encore au moment de la date d'ouverture du droit à l'aide.

Allocation de soutien familial

Cette allocation est versée au père, à la mère ou à la personne physique qui assume la charge effective et permanente de l'enfant orphelin ou de l'enfant assimilé à un orphelin (*Code de la Sécurité sociale, Art. L. 523-1*).

Lorsque le père ou la mère titulaire du droit à l'allocation de soutien familial se marie, conclut un pacte civil de solidarité ou vit en concubinage, cette prestation cesse d'être due.

Pension de réversion

Si la pension de réversion, ou à défaut l'allocation de veuvage, est attribuée au conjoint marié survivant d'un assuré social, ce droit n'est pas reconnu au partenaire pacsé.

Capital décès

L'assurance décès garantit aux ayants droit de l'assuré le paiement d'un capital lorsque l'assuré, moins de 3 mois avant son décès, exerçait une activité salariée, percevait des allocations chômage, était titulaire d'une pension d'invalidité ou d'une rente allouée en vertu de la législation sur les accidents du travail et maladies professionnelles ou lorsqu'il bénéficiait, au moment de son décès, du maintien de ses droits à l'assurance décès.

Le versement du capital décès est effectué par priorité aux personnes qui étaient, au jour du décès, à la charge effective, totale et permanente de l'assuré.

S'il y a plusieurs personnes pouvant se prévaloir du droit de priorité, le capital est versé par ordre de préférence au conjoint ou au partenaire d'un pacte civil de solidarité, aux enfants, aux ascendants.

Si aucune priorité n'est invoquée dans le délai d'1 mois suivant le décès, le capital est attribué :

– au conjoint survivant non séparé de droit ou de fait ou au partenaire auquel le défunt était lié par un pacte civil de solidarité ;

– à défaut aux descendants ;

– et aux ascendants dans le cas où le défunt ne laisse ni conjoint survivant, ni partenaire d'un pacte civil de solidarité, ni descendants (*Code de la Sécurité sociale, Art. L. 361-1 et s.*).

Accidents du travail

Le partenaire d'une personne décédée à la suite d'un accident de travail a droit à une rente viagère égale à une fraction du salaire annuel de la victime, à condition que le pacte civil de solidarité ait été conclu antérieurement à l'accident ou, à défaut, qu'il l'ait été depuis une durée déterminée à la date du décès. Toutefois, ces conditions ne sont pas exigées si les partenaires du pacte civil de solidarité ont eu un ou plusieurs enfants (*Code de la Sécurité sociale, Art. L. 434-8*).

À NOTER

Ces droits sont également ouverts aux conjoints et aux concubins.

RSA

L'allocation de revenu de solidarité active (RSA) varie selon les ressources du foyer du bénéficiaire. Si le bénéficiaire est pacsé, les ressources de son partenaire sont prises en compte (*Code de l'action sociale et des familles, Art. L. 262-2 et s. et R. 262-1 et s.*).

› Les donations et successions

Si des avantages particuliers sont prévus en la matière, ils ne sont que fiscaux. Il est important de rappeler que les partenaires liés par un PACS n'ont aucune vocation successorale réciproque. S'ils veulent y remédier, ils doivent donc prendre des dispositions, soit en se consentant des donations, soit en rédigeant un testament. Ces deux possibilités doivent répondre, pour être valables, à des exigences de forme telles qu'elles ne pourront pas le plus souvent être insérées dans la convention initiale instituant le PACS (donations notariées, testament olographe…). En outre, les droits des héritiers réservataires s'il en existe devront être préservés.

En matière successorale, la situation des partenaires pacsés est alignée sur celle des époux :

– les donations, après abattement, sont imposables aux mêmes tarifs que les donations entre époux (*Code général des impôts, Art. 790 F*).

Toutefois, le bénéficiaire de la donation ne pourra bénéficier de l'abattement et des taux d'imposition qu'à la condition que le PACS ne soit pas rompu avant la fin de l'année qui suit celle de sa conclusion ;

– les biens transmis par décès sont totalement exonérés de droits de succession (*Code général des impôts, Art. 796-0 bis*).

AVANTAGE

Les mêmes règles bénéficient aux signataires d'un partenariat étranger (assimilable à un PACS) domiciliés en France.

La rupture du PACS

› Quand et comment prend-il fin ?

Le PACS peut prendre fin par décès ou mariage d'un partenaire, par résiliation commune ou unilatérale. Pour chacun de ces cas, la loi a prévu la date à laquelle cessaient ses effets et les formalités, le cas échéant, à accomplir (*Code civil, Art. 515-7*).

Décès ou mariage

Le décès ou le mariage de l'un ou de l'autre des partenaires a pour effet, à la date du décès ou à celle du mariage, de mettre fin au PACS. L'officier de l'état civil qui détient l'acte de naissance du (ou des) partenaire (s) en informe l'officier d'état civil qui a enregistré le PACS ou le notaire qui enregistre la dissolution du PACS. Ainsi informé, il lui revient de faire procéder aux formalités de publicité (en marge de l'acte de naissance ou de l'acte de décès de chaque partenaire) et d'en informer le partenaire survivant ou, en cas de mariage, les deux partenaires (*Décret n° 2006-1806 du 23/12/2006, Art. 3*).

Résiliation commune

Comme tout contrat, il peut être mis fin au PACS par accord des deux partenaires. Dans ce cas, ils doivent remettre ou adresser une déclaration conjointe à l'officier d'état civil du lieu d'enregistrement ou au notaire rédacteur de la convention initiale. Le décret du 6/5/2017 a introduit la possibilité pour un partenaire de se présenter seul en mairie afin d'enregistrer la déclaration de dissolution (*Décret n° 2006-1806 du 23/12/2006, Art. 4*).

Depuis le 1/1/2007, la déclaration commune de rupture n'est plus portée en marge de la convention d'origine mais enregistrée et inscrite sur l'acte de naissance de chaque partenaire. Pour les partenaires, le PACS prend fin à compter de l'enregistrement de la déclaration et pour les tiers, à la date des formalités de publicité.

Résiliation unilatérale

Comme tout contrat conclu à durée indéterminée, le PACS peut être résilié unilatéralement par l'un ou l'autre des partenaires. Celui qui décide d'y mettre fin doit alors en informer l'autre par signification délivrée par exploit d'huissier.

Une copie de cette signification est adressée à l'officier d'état civil qui avait reçu la convention initiale ou au notaire qui l'avait enregistrée. Depuis le 1/1/2007, le PACS prend fin :

– pour les partenaires, à compter de son enregistrement ;

– pour les tiers, à la date des formalités de publicité à l'état civil.

Cas des partenaires sous protection

Le partenaire, comme le conjoint marié ou le concubin, peut être désigné tuteur (*Code civil, Art. 449*).

La personne en tutelle peut, sans représentation ni assistance de son tuteur, effectuer avec son partenaire une déclaration conjointe de rupture du PACS. De même, le majeur en curatelle est libre de rompre son PACS par déclaration conjointe.

La personne placée en curatelle peut aussi rompre unilatéralement le PACS. Elle est assistée de son curateur pour effectuer cette signification (*Code civil, Art. 461 et 462*).

À NOTER

En cas de violences au sein du couple et s'il y a urgence, la victime peut demander au juge aux affaires familiales de prendre une ordonnance de protection. Comme pour les couples mariés, il peut interdire au partenaire violent de recevoir ou de rencontrer certaines personnes spécialement désignées, de détenir une arme. Il peut aussi fixer le montant de l'aide matérielle qu'il devra verser à la victime et attribuer le logement à cette dernière (Code civil, Art. 515-9 à 515-13).

› Quelles sont les conséquences de sa rupture ?

Quelles que soient ses causes, la rupture du PACS entraîne la nécessité de liquider les droits qui ont pu naître du pacte. En cas de décès, s'appliqueront les règles propres au droit des successions.

Pour les autres cas, il appartient aux partenaires eux-mêmes de procéder à cette liquidation. Celle-ci doit s'effectuer, le cas échéant, selon les modalités qui auront pu être prévues par les partenaires dans leur convention.

Si les partenaires n'ont pas opté pour un régime d'indivision, chacun reprend ses biens personnels.

Si un bien a été acquis en indivision, chacun est réputé en être propriétaire à hauteur de la moitié, sauf si une répartition différente a été inscrite dans l'acte (par exemple, dans l'acte d'acquisition d'un bien immobilier).

Si un bien se retrouve dans le patrimoine d'un des partenaires alors qu'il a été acquis, conservé ou amélioré avec l'argent de l'autre partenaire, ce dernier a droit à une récompense, c'est-à-dire une compensation financière (comme les époux à la dissolution de leur mariage).

Il n'y a toutefois pas récompense si cette créance est compensée par l'absence de participation aux dépenses de la vie courante.

En cas de désaccord entre les partenaires, leur différend devra alors être porté devant le juge qui statuera.

Même si le PACS peut être rompu unilatéralement par décision ou mariage de l'un des partenaires, l'autre peut toujours, s'il juge que les conditions de cette rupture sont fautives ou abusives, saisir le juge pour obtenir des dommages et intérêts destinés à réparer le dommage, matériel ou moral, subi.

Les demandes en justice doivent être adressées au juge aux affaires familiales qui est compétent pour tous les litiges relatifs au partage de patrimoine des couples, que ces couples soient mariés, pacsés ou concubins (*Code de l'organisation judiciaire, Art. L. 213-3*).

À NOTER

L'année de la rupture, chacun des partenaires redevient personnellement imposable et doit souscrire sa propre déclaration de revenus. Ainsi, en cas de rupture en 2019, les partenaires doivent chacun souscrire en 2020 une déclaration personnelle de leurs revenus perçus pendant l'année 2020. En cas de décès, le partenaire survivant doit souscrire deux déclarations : une déclaration commune pour la période allant du 1er janvier à la date du décès ; une déclaration personnelle pour ses revenus perçus de la date du décès au 31 décembre.

ÉLÉMENT DE COMPARAISON	MARIAGE	CONCUBINAGE	PACS
Âge	Majorité	Pas de condition	Majorité
Sexe	Sexe opposé ou même sexe		
Prohibition lien de parenté	Oui	Pas de règles particulières	Oui
Preuve	Actes d'état civil	Libre	Acte de naissance
Obligation de fidélité	Oui	Non	
Obligation d'assistance	Oui	Non	Oui
Solidarité des dettes du ménage	Oui	Non	Oui
Propriété des biens acquis	Fonction du régime matrimonial	Pas de présomption de communauté ni d'indivision	Présomption de séparation des patrimoines
Bail d'habitation	Cotitularité du bail	Transfert en cas de décès si cohabitation de plus d'1 an	Cotitularité du bail (en cas de demande conjointe des partenaires)
Impôt sur le revenu	Imposition commune	Pas d'imposition commune	Imposition commune
Qualité d'héritier légal du survivant du couple (en l'absence de dispositions testamentaires à son profit)	Oui	Non	
Abattement sur succession ou exonération de droits	Exonération de droits	1 594 €	Exonération de droits
Abattement sur donation	80 724 €	Aucun	80 724 €
Taux des droits de succession et de donation	- Succession exonérée - De 5 à 45 %	60 %	- Succession exonérée - De 5 à 45 %
Rupture	Divorce	Libre, sans formalité	Libre, mais avec formalités
Enfants	Statut identique		

Cas pratiques

Le concubinage et le PACS

Solidarité entre concubins

Mon concubin m'a quittée en laissant des factures impayées d'EDF. Le contrat d'abonnement était à son nom. Après son départ, j'ai souscrit un nouvel abonnement et honoré mes dettes. EDF me réclame l'arriéré laissé par mon ancien concubin. Est-ce que je risque d'être condamnée ?

Non, la jurisprudence dominante exclut la solidarité entre concubins pour les dettes du ménage. L'article 220 du Code civil, qui prévoit la solidarité entre époux, c'est-à-dire que le créancier peut s'adresser indifféremment à l'un ou l'autre des époux, ne peut être étendu aux concubins (notamment, *Cour de cassation, 1re chambre civile, 17/10/2000 et 27/4/2004*).

Concubinage et obligation alimentaire

Mon concubin et moi nous sommes séparés depuis quelques mois. Il se trouve maintenant dans une mauvaise passe et me dit que la loi m'oblige à l'aider financièrement. Est-ce exact ?

Non, ce n'est pas exact. La loi n'a pas prévu d'obligation alimentaire entre concubins. Seuls les concubins qui ont conclu un pacte civil de solidarité (PACS) se doivent une aide matérielle et une assistance réciproque comme le précise la loi.

Concubinage et pension alimentaire pour les enfants

J'ai eu des jumeaux reconnus par leur père. Depuis, mon concubin m'a quittée, sans m'aider financièrement à les élever. J'ai dû l'assigner en justice pour qu'il paie une pension et, au cas où il ne pourrait pas s'en acquitter, j'ai eu l'idée d'assigner également ses parents. Quelles sont mes chances de succès ?

Les grands-parents peuvent être tenus de payer une pension alimentaire si les parents sont défaillants en tout ou en partie. Cette règle est valable que les parents soient mariés ou non. Dans une affaire où les ressources des parents (concubins) étaient insuffisantes pour couvrir les besoins de leurs enfants, un complément financier a été mis à la charge des ascendants (grands-parents) au titre de leur obligation alimentaire à l'égard de leurs petits-enfants dans le besoin, compte tenu de leur situation de fortune (*Cour d'appel, Versailles, 2e chambre, 3/10/1996*).

C'est donc au juge qu'il appartient de décider au cas par cas.

Concubinage, divorce et prestation compensatoire

J'ai vécu pendant 10 ans en concubinage avant de me marier. Je vais divorcer et compte demander une prestation compensatoire. Puis-je tenir compte de cette longue période de concubinage dans le cadre de ma demande ?

Non, vous ne pouvez pas, selon la jurisprudence dominante, tenir compte de cette période comme l'a affirmé à plusieurs reprises la Cour de cassation : les juges n'ont pas à tenir compte de la vie commune antérieure au mariage pour déterminer les ressources et les besoins des époux (*Cour de cassation, 1 re chambre civile, 1/7/2009 et 6/10/2010*). Dans la première affaire, le mari avait été condamné devant la cour d'appel à verser à sa femme une prestation compensatoire d'un montant en capital de 80 000 €. L'arrêt se basait sur le fait qu'elle avait vécu avec lui avant le mariage et avait participé à l'entretien et à l'éducation des enfants mineurs de son mari depuis qu'elle s'était installée chez lui. Mais cet arrêt a été cassé par la Cour de cassation. Cette jurisprudence est constante *(Cour de cassation, 1re chambre civile, 5/12/2018)* .

En revanche, vous pouvez, indépendamment de cette vie commune antérieure au mariage, invoquer d'autres éléments susceptibles d'étayer votre demande de prestation compensatoire. Il s'agit notamment de la durée du mariage, de l'âge et de l'état de santé des époux, de leur qualification et leur situation professionnelles… *(Code civil, Art. 271)* .

Concubinage et filiation

J'ai entendu dire que même si un homme n'avait pas reconnu son enfant, il pouvait être obligé de subvenir à ses besoins. Est-ce vrai ?

L'homme qui n'a pas reconnu un enfant mais dont la paternité est possible peut en effet être condamné à entretenir cet enfant. Quand la filiation paternelle n'est pas établie, l'enfant peut réclamer des « subsides » à celui qui a eu des relations avec sa mère pendant la période légale de conception (*Code civil, Art. 342*). Cette action tend à réparer le préjudice subi par l'enfant dont la filiation paternelle n'est pas établie en mettant son entretien à la charge de celui (ou de ceux) qui a eu des relations sexuelles avec sa mère durant la période légale de conception.

Une demande de subsides peut être faite même à la suite d'un rejet d'une demande en reconnaissance de paternité.

Pour prouver ces dires, la femme peut demander une expertise biologique, laquelle, depuis une série d'arrêts de la Cour de cassation, lui sera accordée quasi automatiquement. Selon ces arrêts, « l'expertise biologique est de droit en matière d'action à fins de subsides, sauf s'il existe un motif légitime de ne pas y procéder » (*Cour de cassation, 1re chambre civile, 14/6/2005*).

PACS et obligation alimentaire

Je me suis pacsé en décembre 2010. La mère de ma compagne n'a plus de ressources, ce que ma partenaire ne m'avait jamais dit. Sa mère m'a mis en demeure de lui verser une pension alimentaire. Je suis très inquiet. Qu'ai-je à craindre ?

Vous n'avez rigoureusement rien à craindre. La personne qui a signé un PACS n'a aucune obligation alimentaire vis-à-vis des parents de son ou sa partenaire. Cette obligation n'existe que pour les couples mariés. En effet, aucun rapport d' « alliance » n'est créé par la signature d'un PACS et les obligations qui existent pour un couple marié ne s'imposent pas de manière automatique aux personnes pacsées.

Le divorce

Le divorce est le seul mode de dissolution du mariage du vivant des époux. Différents cas de divorces peuvent être choisis par les époux. Ils résultent de deux principales réformes.

La loi n° 2004-439 du 26/5/2004 a modifié les cas de divorce et ses conséquences pour les époux, leurs enfants et leurs biens. Cette réforme est applicable aux divorces engagés après le 1/1/2005 (ainsi qu'aux procédures en cours à cette date). Ces divorces nécessitent, quelle que soit la formule choisie, l'intervention du juge aux affaires familiales.

La loi n° 2016-1547 du 18/11/2016 a institué, depuis le 1/1/2017, une procédure de divorce par consentement mutuel sans l'intervention d'un juge.

Enfin, la loi n° 2019-222 du 23/3/2019 prévoit plusieurs mesures d'aménagement de la procédure.

Les différents cas et procédures de divorce

La procédure du divorce est fonction du type de divorce choisi parmi les cinq proposés par la loi. La durée de cette procédure et ses modalités sont donc variables, sachant que la procédure de divorce sans juge par consentement mutuel est a priori la plus rapide si ce n'est la moins onéreuse.

Une procédure pour chaque situation

UNE PROCÉDURE POUR CHAQUE SITUATION	
Votre situation	**La procédure**
Les deux époux sont d'accord sur le principe et les conséquences du divorce	Divorce par consentement mutuel, avec ou sans juge (selon qu'il y a ou non demande d'audition des enfants mineurs)
Les époux sont d'accord sur le principe mais pas sur les conséquences	Divorce accepté (acceptation du principe de la rupture du mariage)
L'un des époux demande le divorce car l'autre a commis une faute	Divorce pour faute
Les époux ont vécu séparément pendant plus de 2 ans (1 an pour les demandes déposées à partir du 1/9/2020)	Divorce pour altération définitive du lien conjugal

Le divorce par consentement mutuel sans juge

Le divorce par consentement mutuel sans juge a été mis en place par la loi n° 2016-1547 du 18/11/2016 de modernisation de la justice du XXIe siècle. Il suppose que les époux sont d'accord sur le principe du divorce et sur l'ensemble de ses conséquences. La différence principale avec le divorce judiciaire par consentement mutuel est que la convention des époux n'est plus homologuée par un juge.

Cette forme de divorce est exclue si l'un des époux est sous un régime de protection (tutelle, curatelle...). Elle est également écartée dans l'hypothèse où l'enfant mineur du couple demande à être entendu par le juge, droit qui lui est reconnu par l'article 388-1 du Code civil et dont les parents doivent l'informer (*Code civil, Art. 229-2*).

Le parti pris de cette réforme est que l'absence du juge est compensée par la présence obligatoire des professionnels que sont le notaire (même si le couple n'a pas de biens immobiliers) et surtout les avocats de chaque époux. L'avocat détient donc un rôle central dans cette procédure. Sa mission, comme le précise la circulaire d'application de la réforme, est de s'assurer du plein consentement, libre et éclairé, de son client, tant sur le principe du divorce que sur les termes projetés du règlement des suites du divorce. Il doit le conseiller dans l'élaboration de la convention, en contrôler l'équilibre et s'assurer que les enfants ont bien été informés de leur droit d'être entendus par un juge (*Circulaire du 26/1/2017*).

AVANTAGE

L'aide juridictionnelle peut être accordée à un époux en fonction de ses revenus.

La rédaction de la convention

Chaque avocat adresse à son client, par lettre recommandée avec avis de réception, un projet de convention comprenant obligatoirement :

– les nom, prénoms, profession, résidence, nationalité, date et lieu de naissance de chacun des époux, la date et le lieu de mariage, ainsi que les mêmes indications, le cas échéant, pour chacun de leurs enfants ;

– le nom, l'adresse professionnelle et la structure d'exercice professionnel des avocats chargés d'assister les époux ainsi que le barreau auquel ils sont inscrits ;

– le nom du notaire chargé du dépôt de la convention au rang des minutes ;

– la mention de l'accord des époux sur la rupture du mariage et sur ses effets dans les termes énoncés par la convention ;

– les modalités du règlement complet des effets du divorce, notamment s'il y a lieu au versement d'une prestation compensatoire. Ils doivent alors en fixer le montant et les modalités. Lorsque des biens ou des droits sont attribués à titre de prestation compensatoire, leur valeur doit figurer dans l'acte. S'ils sont soumis à publicité foncière (attribution d'un appartement par exemple), un acte authentique doit être rédigé par un notaire ;

– les modalités de recouvrement, les règles de révision et les sanctions pénales encourues en cas de non-paiement si la convention fixe une pension alimentaire ou une prestation compensatoire sous forme de rente ;

– l'état liquidatif du régime matrimonial (par acte notarié s'il y a des immeubles) ou la déclaration qu'il n'y a pas lieu à liquidation ;

– la mention que l'enfant mineur a été informé par ses parents de son droit à être entendu par le juge et qu'il ne souhaite pas faire usage de cette faculté. Cette information prend la forme d'un formulaire que l'enfant doit recopier et signer (*Arrêté du 28/12/2016*). Lorsque l'enfant est en bas âge ou n'a pas le discernement requis, la mention selon laquelle l'enfant mineur n'a pas été informé par ses parents du fait de son « absence de discernement » doit figurer dans l'acte (*Code de procédure civile, Art. 1144 et s.*).

Les époux et leurs avocats respectifs doivent être attentifs à envisager toutes les conséquences du divorce : usage du nom marital, par exemple, ou encore s'ils entendent conserver les avantages matrimoniaux consentis au conjoint ou la donation au dernier vivant qui, à défaut de cette volonté de les conserver, sont révoqués de plein droit par le divorce. Ils doivent également prévoir la répartition entre eux des frais induits par ce divorce (sous réserve du bénéfice de l'aide juridictionnelle). À défaut, les frais sont partagés par moitié (*Code de procédure civile, Art. 1144-5*).

Les époux doivent respecter un délai de réflexion de 15 jours avant de pouvoir signer l'acte.

Comme le précise l'article 7-2 du règlement intérieur national de la profession des avocats, « la convention de divorce doit être signée, en présence physique et simultanément, par les époux et les avocats sans substitution ni délégation possible ».

Le décret n° 2019-1380 du 17/12/2019 sur la réforme du divorce clarifie ce point : qu'elle soit manuscrite ou électronique, la convention de divorce est signée par les époux et leurs avocats réunis à cet effet (*Code de procédure civile, Art. 1145*).

La convention est ensuite adressée à un notaire par l'un des avocats dans un délai de 7 jours suivant la date de sa signature (*Code civil, Art. 229-3 et 229-4* ; *Code de procédure civile, Art. 1146*).

À NOTER

La loi n° 2019-222 du 23/3/2019 prévoit la possibilité, depuis le 25/3/2019, d'une signature électronique de la convention à la condition que les époux et les avocats soient présents au moment de sa conclusion (Code civil, Art. 1175 ; Code de procédure civile, Art. 1145).

L'enregistrement par le notaire

Le notaire qui reçoit l'acte doit vérifier le respect des règles formelles (mentions obligatoires, signatures, présence des annexes…) et s'assurer que le délai de réflexion de 15 jours est expiré avant d'enregistrer la convention.

Il dispose d'un délai maximal de 15 jours pour enregistrer l'acte (*Code de procédure civile, Art. 1146*).

L'enregistrement donne « date certaine » à la convention. C'est à compter de cette date que le mariage sera officiellement dissous et que le divorce prendra effet sur les biens des ex-conjoints (*Code civil, Art. 260 et 262-1*).

L'enregistrement de la convention lui confère aussi force exécutoire, comme un jugement, ce qui permet, le cas échéant, d'entamer une procédure de récupération d'impayés de pension alimentaire, de demander l'allocation de soutien familial (ASF) ou encore de porter plainte pour abandon de famille.

À NOTER

Même si vous avez entamé une autre procédure de divorce devant un juge, vous pouvez à tout moment opter pour un divorce sans juge.

Les avantages du divorce sans juge

Ils sont nombreux. D'abord, vous évitez les déchirements puisqu'au lieu de vous battre, vous négociez et vous trouvez un accord. Donc, il n'y a pas de reproche, pas de grief, pas de preuve à apporter. Ensuite, les motifs du divorce n'apparaissent nulle part : ni votre entourage, ni le juge ne seront au courant de vos « torts » respectifs (s'ils existent).

Autre avantage : vous réglez vous-même (avec votre conjoint) l'ensemble des conséquences du divorce (principe et modalités du règlement d'une prestation compensatoire, partage des biens, sort des enfants, etc.). Cela vous permet d'organiser librement votre nouvelle vie ainsi que celle de vos enfants.

L'autre grand avantage est la rapidité de la procédure puisque seul le délai de réflexion de 15 jours est incompressible.

Les inconvénients du divorce sans juge

Le principal inconvénient est l'absence de contrôle du juge. Dans sa version judiciaire (divorce judiciaire par consentement mutuel), le juge s'assure que la volonté des époux de divorcer est réelle, que leur consentement est libre et que leurs intérêts ainsi que ceux de leurs enfants sont préservés. Et en cas de déséquilibre dans ces domaines, il peut également refuser d'homologuer la convention. Le rôle des intervenants (spécialement les avocats de chacun des époux) est particulièrement important.

Il peut également y avoir un contentieux post-divorce, qu'il s'agisse d'une remise en cause de la convention (un époux ayant, par exemple, oublier de signaler la possession d'un bien) ou d'une demande de révision de ses termes (du fait de l'évolution de sa situation pour l'un des ex-époux). Cette tendance sera peut-être amplifiée en l'absence de juge contrôlant les termes de cet accord.

Dans le 1er cas, comme pour sa version judiciaire, l'un des époux devrait pouvoir engager une action en partage complémentaire devant le juge aux affaires familiales (voir plus loin).

Dans le 2nd cas, s'agissant d'un « contrat » notarié, la question se pose de savoir dans quelles conditions il sera possible de le remettre en cause, du moins s'il ne s'agit pas des demandes relatives aux enfants. Pour celles-ci, en effet, le juge peut intervenir à tout moment s'il est saisi en ce sens par l'un des parents en présence d'un élément nouveau.

Quoiqu'il en soit, sur tous ces points, ce type de divorce est trop récent pour qu'il existe de jurisprudence sur le sujet.

Enfin, le coût de ce divorce peut être plus élevé que pour un divorce judiciaire par consentement mutuel puisque les époux doivent obligatoirement choisir un avocat chacun et que la convention doit être déposée chez un notaire. À cet égard, le coût de l'enregistrement a été limité par arrêté *(Voir pages Barème)*.

Le divorce judiciaire par consentement mutuel

Le divorce judiciaire par consentement mutuel, c'est-à-dire prononcé par un juge, peut être demandé conjointement par les époux lorsqu'ils s'entendent sur la rupture du mariage et ses effets en soumettant à l'approbation du juge une convention réglant les conséquences de leur divorce. Il peut être demandé également même si une autre procédure de divorce a été entamée (*Code civil, Art. 247*).

Cette forme de divorce (comme sa forme non judiciaire) est exclue si l'un des époux est sous un régime de protection.

Attention : ce divorce prononcé par un juge n'est dorénavant possible que par exception, lorsque le couple a un enfant âgé de moins de 18 ans qui demande à être entendu dans le cadre de ce divorce. En dehors de ce cas, les époux concernés ne peuvent pas opter entre le divorce avec ou sans juge.

› La requête initiale

Par l'intermédiaire de leur avocat commun (ou en accord avec eux s'il y a deux avocats), les époux présentent au juge une requête unique.

Celle-ci, qui n'a pas à faire état des faits à l'origine de la demande, contient à peine d'irrecevabilité :

– les nom, prénoms, profession, résidence, nationalité, date et lieu de naissance de chacun des époux ; la date et le lieu de leur mariage ; les mêmes indications, le cas échéant, pour chacun de leurs enfants ;

– la caisse d'assurance maladie à laquelle ils sont affiliés, les services ou organismes qui servent les prestations familiales, les pensions de retraite ou tout avantage de vieillesse ainsi que la dénomination et l'adresse de ces caisses, services ou organismes ;

– l'indication de la juridiction devant laquelle la demande est portée ;

– le nom du ou des avocats.

La requête doit être datée et signée par chacun des époux et leur avocat.

Lorsqu'une prestation compensatoire est demandée au juge ou prévue dans une convention, chaque époux doit produire également une déclaration sur l'honneur certifiant l'exactitude de ses ressources, revenus, patrimoine et conditions de vie. Les époux doivent aussi indiquer s'ils veulent conserver les avantages matrimoniaux et donations qu'ils se sont consentis.

La requête comprend en annexe une convention (également datée et signée) prévoyant le règlement complet des effets du divorce (nom du conjoint, autorité parentale, logement…) et incluant un état liquidatif du régime matrimonial (ou la déclaration lorsqu'il n'y a pas lieu à liquidation). S'il y a des biens immobiliers, cet état liquidatif doit être notarié. Elle comprend également le formulaire d'information de l'enfant mineur demandant à être entendu, daté et signé par lui (*Code de procédure civile, Art. 1089 à 1105*).

AVANTAGE

Le divorce judiciaire par consentement mutuel est la forme la plus simple et la moins coûteuse de divorce car on peut éventuellement ne choisir qu'un avocat. Cette forme de divorce est devenue beaucoup plus marginale depuis l'intervention du divorce sans juge.

À NOTER

Les frais de procédure se partagent par moitié entre les époux, sauf convention contraire. Mais si l'un des époux bénéficie de l'aide juridictionnelle, il ne peut avoir à payer plus de la moitié de ces frais.

› L'entretien devant le juge

Le juge aux affaires familiales convoque chacun des époux par lettre simple expédiée 15 jours au moins avant la date qu'il fixe pour leur audition. Il en avise également le ou les avocats.

Le juge entend les époux d'abord séparément, puis ensemble.

Puis, en présence du ou des avocats, il vérifie la recevabilité de la requête et peut faire supprimer ou modifier, avec l'accord des parties, les clauses de la convention qui lui paraîtraient contraires aux intérêts respectifs des enfants ou de l'un des époux (par exemple les clauses relatives à la garde des enfants ou aux prestations et pensions après divorce).

› La décision du juge

Prononcé du divorce

S'il a acquis la conviction que la décision de divorcer de chacun des époux est réelle et a été prise en connaissance de cause, le juge peut, dès cette première audience, homologuer la convention et prononcer immédiatement le divorce. Les deux audiences obligatoires qui étaient prévues dans l'ancienne procédure ont été supprimées par la loi du 26/5/2004.

Report du divorce

Il peut aussi refuser l'homologation de la convention et ne pas prononcer le divorce s'il estime que les intérêts des enfants ou de l'un des époux sont insuffisamment préservés.

Dans ce cas, il peut homologuer les mesures provisoires sur lesquelles les époux se sont mis d'accord et qui seront applicables jusqu'au prononcé du divorce, sous réserve qu'elles soient conformes à l'intérêt du ou des enfants.

L'ordonnance rendue par le juge précise par ailleurs que les époux ont un délai de 6 mois pour présenter une nouvelle convention.

S'ils respectent ce délai, ils sont à nouveau convoqués par le juge avec leur (s) avocat (s).

Le nouveau texte devra tenir compte des conditions ou garanties exigées par le juge et nécessaires pour obtenir l'homologation et, en conséquence, le prononcé du divorce.

Si ce délai de 6 mois n'est pas respecté, le juge constate d'office, par ordonnance, la caducité de la demande en divorce.

Si, à nouveau, le juge refuse d'homologuer la nouvelle convention des époux, il rend une ordonnance par laquelle il constate la caducité de la demande en divorce. Les mesures provisoires deviennent également caduques si le divorce n'est pas prononcé (la pension alimentaire pour les enfants n'aura plus à être versée…) (*Code civil, Art. 232, 250-2 et 250-3 ; Code de procédure civile, Art. 1100 et s.*).

Appel de la décision

Les décisions du juge aux affaires familiales sont susceptibles d'appel, à l'exception de celles qui prononcent le divorce (susceptibles seulement d'un pourvoi en cassation).

Le délai d'appel est de 15 jours ; il court à compter de la date de la décision.

Le délai de pourvoi en cassation est de 15 jours à compter du prononcé de la décision qui homologue la convention des époux et prononce le divorce.

À NOTER

Le délai de 6 mois pour présenter une nouvelle convention est suspendu en cas d'appel.

Les avantages du divorce judiciaire par consentement mutuel

Les avantages d'un divorce par consentement mutuel ont été vus plus haut à propos du divorce sans juge. Ils sont les mêmes ici. Cette procédure permet en effet un divorce pacifié tout en autorisant, ici, l'audition de l'enfant mineur qui le demande.

Cette procédure est la moins coûteuse si les deux époux prennent le même avocat et dans la mesure où ce divorce n'entraîne pas de frais d'huissier (pas d'assignation en divorce à faire délivrer ni de signification de jugement).

Ce divorce est rapide, surtout depuis la réforme qui prévoit une seule comparution devant le juge (au lieu de deux audiences obligatoires auparavant).

Les inconvénients du divorce judiciaire par consentement mutuel

Le principal inconvénient de cette forme de divorce est que chacun des époux peut revenir sur son accord tant que le divorce n'est pas prononcé. Si c'est le cas, l'autre époux devra alors reprendre une autre procédure, par exemple un divorce pour faute. Il aura perdu du temps et de l'argent. Un autre inconvénient est l'impossibilité pour les époux de revenir sur la convention homologuée par le juge (hors le cas des dispositions concernant les enfants). Ainsi, si par exemple un conjoint estime que l'autre a dissimulé un bien en ne le déclarant pas dans la convention (pour éviter qu'il soit partagé), il devra présenter une nouvelle demande de partage complémentaire de biens communs qui auraient été omis dans l'état liquidatif homologué (*Code civil, Art. 279*).

Par ailleurs, on doit parvenir à un accord complet avec son conjoint, tant sur le principe du divorce que sur ses conséquences (tout comme pour le divorce sans juge). Dans le cas contraire, il faut envisager un autre cas de divorce.

Le contrôle du juge, les conseils des intervenants (avocats, notaires…) sont donc indispensables.

Les autres formes de divorce

Les époux qui ne recourent pas au divorce par consentement mutuel, avec ou sans juge, peuvent choisir entre trois autres formes de divorce :

– le divorce par acceptation du principe de la rupture du mariage (divorce accepté) ;
– le divorce pour faute ;
– le divorce pour altération définitive du lien conjugal.

La procédure applicable à ces formes de divorce est la même (sous réserve de quelques particularités concernant le divorce pour acceptation du principe de la rupture du mariage).

À NOTER

La loi n° 2019-222 du 23/3/2019 et le décret n° 2019-1380 du 17/12/2019 modifient la procédure des divorces contentieux. Notamment, à l'audience de conciliation, actuellement obligatoire, est substituée une audience d'orientation fixant les mesures provisoires en cas de demande des époux. Ces dispositions entreront en vigueur pour les demandes en divorce déposées à partir du 1/9/2020.

Il se compose des honoraires de l'avocat, de la rémunération des éventuels intervenants (notaire, médiateur familial…) et des dépens. Depuis le 1/1/2013, les honoraires de l'avocat doivent être fixés en début de procédure et être inscrits dans une convention d'honoraires signée avec le client. Par ailleurs, plusieurs précisions doivent être apportées :si vous choisissez un avocat dont le cabinet n'est pas situé dans le ressort du barreau du tribunal qui va juger votre affaire, vous devrez ajouter aux honoraires de votre avocat, les honoraires d'un autre avocat (choisi par le vôtre) qui régularisera les actes (on dit « postuler ») auprès du tribunal compétent. Par exemple : vous habitez Toulouse, votre divorce sera plaidé devant le tribunal de Toulouse. Si vous choisissez un avocat parisien, celui-ci devra prendre un postulant à Toulouse. Le principe est que les avocats peuvent plaider dans tous les tribunaux de France, mais ils ne peuvent postuler que devant le tribunal du ressort de la cour d'appel où ils ont leur domicile professionnel (sous réserve de certaines particularités en région parisienne) ; d'une manière générale, vous payerez des provisions à votre avocat. Il s'agit de sommes réglées au fur et à mesure de l'avancement de la procédure, qui viennent en déduction de la somme globale. Il vous demandera toujours de verser une provision pour commencer l'affaire ; si vous gagnez votre divorce, vous pourrez demander au tribunal de condamner votre conjoint à vous payer une partie des honoraires de votre avocat (les frais irrépétibles), en vertu de l'article 700 du Code de procédure civile. Mais, en pratique, l'indemnité qui vous sera accordée ne couvrira jamais ce que vous aurez versé à votre avocat ; si vous voulez contester les honoraires de votre avocat, vous devez faire une réclamation au bâtonnier de l'ordre des avocats afin qu'il arbitre votre différend. Il s'agit des frais de justice à proprement parler : les frais de signification d'actes par huissier, par exemple. En cas de divorce par consentement mutuel, les dépens de la procédure sont partagés par moitié entre les époux, sauf si leur convention prévoit une autre répartition. En cas de divorce accepté, les dépens de la procédure sont partagés par moitié entre les époux, sauf décision contraire du juge. En cas de divorce pour altération définitive du lien conjugal, les dépens de l'instance sont à la charge de l'époux qui en a pris l'initiative, à moins que le juge n'en dispose autrement. En cas de divorce pour faute, la charge des dépens est décidée par le juge.

› Le divorce par acceptation du principe de la rupture du mariage (ou divorce accepté)

Ce divorce implique que les époux soient d'accord sur le principe du divorce mais pas nécessairement sur ses conséquences.
Les époux n'ont pas à prévoir la liquidation de leur régime matrimonial pour que le divorce soit prononcé.
Ils n'ont pas besoin non plus de faire état d'un certain nombre de faits objectifs rendant intolérable le maintien de la vie commune. Il suffit qu'ils dressent le constat objectif de la rupture de leur mariage (*Code civil, Art. 233*).

Les avantages du divorce accepté

Parfois, il est plus facile pour les époux de se mettre d'accord sur le seul principe du divorce sans être obligés de régler l'ensemble de ses conséquences. Cette forme de divorce peut leur permettre d'entamer cette procédure plus sereinement. Par ailleurs, cette formule a l'avantage, par rapport aux autres cas de divorce, d'une double reconnaissance par les époux de la rupture de leur union, sans reconnaissance de culpabilité dans cette rupture ni de condition de durée de séparation de fait.
Enfin, la loi prévoit la possibilité de choisir ce divorce même si l'on a démarré une procédure pour faute ou pour altération définitive du lien conjugal (*Code civil, Art. 247-1*).

Les inconvénients du divorce accepté

Contrairement au divorce par consentement mutuel avec juge, il n'est pas possible pour le couple de ne prendre qu'un avocat et de réduire ainsi les frais.
Par ailleurs, quand l'époux a donné son acceptation au principe du divorce, il ne peut plus se rétracter, même en faisant appel.

LE DIVORCE ACCEPTÉ ET LA RÉFORME

La loi n° 2019-222 du 23/3/2019 et son décret d'application n° 2019-1380 du 17/12/2019 permettent à l'époux qui engage la procédure d'indiquer ou non dans sa demande s'il opte pour ce divorce.
La loi prévoit que si les époux pourront toujours saisir le juge aux affaires familiales comme aujourd'hui sur la base de leur accord, cette saisine devra obligatoirement se faire conjointement.
Surtout, et c'est une grande nouveauté de la réforme, elle leur permet d'opter pour la signature d'une acceptation commune 6 mois avant de saisir le juge. Concrètement, les époux signeront un accord contresigné par leurs avocats. Ils devront ensuite, conjointement ou séparément, saisir le juge pour fixer les conséquences de leur divorce.
Enfin, la réforme privilégie ce divorce à tout moment de la procédure. Autrement dit, même si l'un des époux n'a pas encore demandé ou obtenu l'accord de l'autre, le divorce peut être prononcé sur ce fondement sans qu'il soit besoin d'invoquer la faute ou l'altération définitive du lien conjugal.
Ces dispositions entreront en vigueur pour les demandes en divorce déposéesà partir du 1/9/2020.

› Le divorce pour faute

C'était, avant la réforme intervenue en 1975, la seule forme autorisée de divorce. Cette fois, tant le prononcé du divorce lui-même que ses conséquences vont dépendre de l'accueil que réservera le juge à la demande, et sera également fonction de la réaction du conjoint.
Cette forme de divorce suppose, pour celui qui en prend l'initiative, qu'il puisse invoquer une faute contre son conjoint.
Ce dernier peut alors contester les griefs invoqués contre lui ou former lui-même une demande en divorce, dite « demande reconventionnelle », en imputant également des fautes à son conjoint (*Code civil, Art. 242 à 245*).
Autre cas de figure : si, à l'origine, un époux a demandé un divorce pour altération définitive du lien conjugal et que son conjoint répond par une demande en divorce pour faute, l'époux demandeur peut transformer sa demande en divorce pour faute (*Code civil, Art. 247-2*). Cette disposition a pour but d'inciter les conjoints à tenter un type de divorce moins contentieux, tout en leur permettant, si cela n'est pas possible, de se tourner vers la faute.

À NOTER

La loi n° 2019-222 du 23/3/2019 et son décret d'application n° 2019-1380 du 17/12/2019 prévoient que l'époux qui demande le divorce pour faute ne devra pas indiquer le fondement de son divorce dans l'assignation mais seulement dans les premières conclusions au fond (disposition applicable pour les demandes en divorce déposées à partir du 1/9/2020).

Les conditions

La notion de faute

La faute doit consister selon la loi en une violation grave ou renouvelée des devoirs et obligations du mariage et elle doit rendre intolérable le maintien de la vie commune (*Code civil, Art. 242*). On ne peut, bien entendu, dresser une liste exhaustive des comportements visés par cette formule, d'autant moins que le juge conserve toujours un pouvoir souverain d'appréciation. À titre d'exemple, on peut citer la violation des principaux devoirs du mariage (respect, fidélité, secours, assistance, cohabitation…) telle que l'adultère, la violence, le refus de contribuer aux charges du mariage, l'abandon du domicile conjugal ou, plus généralement, tout comportement malhonnête ou injurieux envers son conjoint ou ses enfants.

AVANTAGE

En l'absence d'accord entre les époux sur le principe même du divorce ou de séparation de fait pendant la durée imposée par le Code civil, le divorce pour faute est la seule possibilité de divorcer. Mais en cours d'instance et tant qu'une décision sur le fond n'aura pas été rendue, il est encore possible de parvenir à un accord avec son conjoint et de choisir alors la voie d'un divorce par consentement mutuel ou pour acceptation du principe de rupture de la vie commune.

EN CAS DE VIOLENCES FAMILIALES

Si les violences exercées par un conjoint mettent en danger sa famille (conjoint et enfants), l'époux victime, parallèlement à une éventuelle procédure pénale et indépendamment d'une procédure de divorce, peut saisir le juge aux affaires familiales, afin de demander, en urgence, une ordonnance de protection (*Code civil, Art. 515-9 à 515-13*).
Un modèle de demande (Cerfa n° 15458*03) est accessible sur le site *www.service-public.fr*.
Ce dispositif a été renforcé par la loi n° 2019-1480 du 28/12/2019 sur les violences à l'intérieur de la famille. Elle précise que la victime peut faire cette demande :
– sans avoir obligatoirement à porter plainte ;
– qu'il y ait eu, ou non, cohabitation entre elle et l'auteur des violences.
Le juge doit statuer dans les 6 jours de sa demande après avoir convoqué les intéressés pour recueillir leurs observations. Il dispose de toute une palette de mesures ayant pour but d'assurer sa protection ainsi que celle de ses enfants. Il peut, par exemple :
– interdire à l'auteur des violences de se rendre dans certains lieux qu'il désigne dans lesquels se trouve de façon habituelle la victime (sortie de l'école des enfants, lieu de travail…) ;
– lui proposer une prise en charge sanitaire, sociale ou psychologique ou un stage de responsabilisation pour la prévention et la lutte contre les violences au sein du couple et sexistes. En cas de refus, le juge doit en aviser le procureur de la République ;
– statuer sur la résidence séparée des époux. La victime des violences peut demander la jouissance du logement conjugal qui lui est attribuée, sauf circonstances particulières, et même si elle a bénéficié d'un hébergement d'urgence.
Le juge peut aussi régler la question de l'autorité parentale et la contribution aux charges du mariage.
Il peut autoriser la victime à dissimuler son domicile et à élire domicile pour les besoins de la vie courante chez une personne morale qualifiée, la faire bénéficier de l'aide juridictionnelle ou encore interdire à l'auteur des violences de rencontrer certaines personnes ou de détenir une arme.
En cas d'interdiction de rencontre, il peut prévoir, avec leur accord, la pose sur le conjoint violent et sa victime, d'un bracelet anti-rapprochement (BAR). Ce dispositif permet à tout moment de signaler que l'époux violent se trouve à moins d'une certaine distance de sa victime. En cas de refus de l'auteur des violences, le juge doit en aviser immédiatement le procureur de la République. Cette mesure sera opérationnelle dès parution d'un décret (à venir).
Les mesures prises dans le cadre d'une ordonnance de protection ne sont valables que pendant 6 mois (cette durée est prolongée si une requête en divorce, en séparation de corps ou relative à l'exercice de l'autorité parentale est déposée). À tout moment, le juge peut modifier son ordonnance, supprimer les mesures prises ou en décider de nouvelles.
Sur un plan pénal, les peines encourues pour un crime ou un délit sont aggravées quand l'auteur est le conjoint, le concubin ou le partenaire pacsé mais également quand les violences ont lieu après le divorce ou la séparation (*Code pénal, Art. 132-80*). La loi du 28/12/2019 prévoit également :
– la suspension de l'exercice de l'autorité parentale et des droits de visite et d'hébergement en cas de poursuite ou de condamnation pour un crime commis par un parent sur l'autre. Cette suspension est automatique ; elle dure 6 mois, à charge pour le procureur de la République de saisir le juge aux affaires familiales (*Code civil, Art. 378-2*) ;
– l'élargissement des cas de recours au bracelet électronique mobile anti-rapprochement ;
– la facilitation du recours au téléphone grave danger (*Code de procédure pénale, Art. 41-3-1*) ;
– la suppression de l'attribution de la pension de réversion en cas de condamnation pour crime ou pour délit de violence (*Code de la Sécurité sociale, Art. L. 342-1-1*).
Sur l'accès au logement, et depuis la loi ELAN du 23/11/2018, l'époux victime qui quitte le logement familial en raison de violences conjugales n'est plus solidaire pour le paiement des loyers. Pour ce faire, il doit écrire en recommandé avec avis de réception à son bailleur et joindre à son envoi une copie de l'ordonnance de protection ou d'une condamnation pénale. La solidarité du locataire victime (et de sa caution) prend fin le lendemain du jour de la première présentation du courrier au domicile du bailleur (*Loi du 6/7/1989, Art. 8-2*).
La loi du 28/12/2019 prévoit enfin une expérimentation sur 3 ans :
– possibilité de louer des logements à des organismes (type HLM) pour les sous-louer à titre temporaire aux victimes de violences ayant bénéficié d'une ordonnance de protection ;
– faciliter le relogement des victimes de violences grâce à un dispositif d'accompagnement adapté afin, notamment, d'accompagner le dépôt de garantie, les garanties locatives et les premiers mois de loyer.
À noter : un numéro de téléphone gratuit, le 39 19, permet aux femmes victimes de violences de connaître leurs droits et d'obtenir des renseignements sur les démarches ou procédures à suivre.

La preuve de la faute

En matière de divorce, le principe est la liberté de la preuve.

La ou les fautes peuvent être prouvées par tous moyens : témoignages, lettres, attestations, constat d'huissier, aveu…

Les juges admettent aussi, sous certaines réserves, la production de correspondances ou d'un journal intime ou encore les preuves apportées par la retranscription de courriels ou de textos (SMS) reçus par le conjoint (*Cour de cassation, 1re chambre civile, 17/6/2009*).

Le fait de lire le courrier de son conjoint, ses courriels, ses messages ou même son journal intime sans son consentement ne constitue pas une atteinte illicite à sa vie privée ou une violation du secret des correspondances.

Ce n'est que si ces preuves ont été obtenues par fraude ou violence qu'elles seront écartées des débats : par exemple, des lettres obtenues après avoir forcé une serrure ou la subtilisation d'un journal intime sans autorisation de son auteur (*Cour d'appel de Paris, 21/3/2013*).

Le Code civil apporte par ailleurs deux restrictions à la liberté de preuve :

– les constats d'huissier en cas de violation de domicile ou d'atteinte à la vie privée. Ces constats (constat d'adultère notamment) ne peuvent être recevables que s'ils sont autorisés préalablement par le juge ;

– l'interdiction des témoignages émanant des descendants (enfants, petits-enfants…). Toutefois, cette interdiction est écartée devant la juridiction pénale. Même si une procédure de divorce est en cours, les enfants peuvent témoigner devant un juge pénal à l'encontre d'un de leurs parents. Peu importe que ces témoignages portent sur des faits invoqués dans la procédure de divorce parallèle. En l'espèce, les témoignages portaient sur des faits de violences conjugales du mari (*Cour de cassation, Chambre criminelle, 2/6/2015*).

Les éléments de preuve nécessaires quant à leur nombre seront fonction du caractère plus ou moins probant de la preuve alléguée (le témoignage d'un proche, par exemple, a moins de valeur qu'un constat d'huissier) et de la gravité des faits reprochés au conjoint car la loi exige des faits graves ou renouvelés.

Attention : si celui qui demande le divorce a commis une faute, cela peut atténuer la faute qu'il reproche à son conjoint (*Code civil, Art. 245 et 259 et s.*).

L'absence de réconciliation

Si, depuis les faits reprochés au conjoint, une réconciliation est intervenue entre les époux, celui qui a demandé le divorce ne pourra plus invoquer les fautes antérieurement commises comme cause de divorce. La notion de réconciliation suppose non seulement le maintien ou la reprise de la vie commune, mais encore la volonté de pardonner en pleine connaissance de cause les griefs à l'encontre du conjoint et l'acceptation par ce dernier de ce pardon. La continuation ou la reprise de la vie commune n'impliquent pas nécessairement une réconciliation, en particulier si elle correspond simplement, de la part de l'époux qui a demandé le divorce, à un effort de conciliation ou résulte des besoins de l'éducation des enfants (*Code civil, Art. 244*).

Les avantages du divorce pour faute

- Le divorce pour faute vous permet d'engager une procédure même si votre conjoint est absolument opposé à l'idée de divorcer et si vous ne disposez pas du délai de séparation permettant le divorce pour altération définitive du lien conjugal : vous n'avez pas besoin de son accord. Vous obtiendrez assez rapidement une ordonnance sur les mesures provisoires (ordonnance de non-conciliation pour les demandes de divorce déposées avant le 1/9/2020) qui vous permettra de résider séparément.
- Vous pouvez engager une procédure de divorce pour faute et revenir ensuite à un divorce par consentement mutuel ou accepté, si vous trouvez un accord avec votre conjoint : c'est ce que l'on appelle une « passerelle ». Cette procédure ne compromet donc pas les possibilités de rapprochement.
- Il est possible d'obtenir, sous certaines conditions, des dommages et intérêts pour le préjudice que l'on a subi lorsque le divorce est prononcé aux torts exclusifs de son conjoint (*Code civil, Art. 266*). Il est également possible de demander son indemnisation sur le fondement plus général de la responsabilité civile (*Code civil, Art. 1240*).

Les inconvénients de cette procédure

- Vous vous engagez dans un divorce souvent difficile à vivre en raison de l'aspect conflictuel inévitable.
- Si votre initiative braque votre conjoint, vous pourrez être obligé d'aller au bout de cette procédure, avec le risque soit que le tribunal refuse de prononcer le divorce si vous n'avez pas de sérieux griefs à faire valoir, soit que le divorce soit prononcé à vos torts exclusifs.

› Le divorce pour altération définitive du lien conjugal

Le divorce pour altération définitive du lien conjugal se substitue à l'ancien divorce pour rupture de la vie commune.

C'est le seul type de divorce qui n'impose ni accord des époux ni reproche de l'un contre l'autre.

Il peut être prononcé :

– soit en cas de séparation de fait des époux depuis 2 ans ;

– soit en réponse à une demande de divorce pour faute qui n'est pas justifiée. Dans ce cas, aucune condition de délai n'est exigée.

Selon la loi, le divorce peut être demandé par l'un des époux « lorsque le lien conjugal est définitivement altéré ». Cela signifie que le juge doit constater la cessation de la communauté de vie des époux pendant une certaine durée appréciée au moment de l'assignation en divorce (*Code civil, Art. 237 et 238*)(voir plus loin).

Celui qui invoque ce délai doit évidemment en faire la preuve par tous moyens (nouvelle adresse postale, preuve du concubinage avec une autre personne…).

Le divorce peut aussi être prononcé pour altération définitive du lien conjugal, sans considération de délai, si la demande présentée sur ce fondement est formée à titre reconventionnel (en réponse) à une demande en divorce pour faute qui, elle, est rejetée (*Code civil, Art. 238*).

En effet, si une demande pour altération définitive du lien conjugal et une demande pour faute sont présentées en même temps, le juge examine d'abord la demande pour faute. Ce n'est qu'en cas de rejet de celle-ci qu'il statue sur la demande en divorce pour altération définitive du lien conjugal (*Code civil, Art. 246*). Cette dernière mesure n'existera plus pour les demandes en divorce déposées à partir du 1/9/2020. Autrement dit, le juge pourra alors étudier l'altération même si le divorce pour faute n'est pas rejeté.

Si le demandeur engage le divorce sur le fondement de l'altération et que son conjoint répond par une demande pour faute, le demandeur pourra invoquer les fautes de son conjoint pour modifier le fondement de sa demande (*Code civil, Art. 247-2*).

L'exceptionnelle dureté qui permettait au juge de repousser, avant la réforme, la demande en divorce pour rupture de la vie commune, s'il était établi que le divorce avait pour le défendeur (celui contre lequel la procédure était dirigée) des conséquences matérielles ou morales d'une exceptionnelle dureté, est supprimée par la réforme.

Cependant, l'article 266 du Code civil permet de prendre en compte « les conséquences d'une particulière gravité » que l'époux défendeur à un tel divorce subit du fait de la dissolution du mariage, et lorsqu'il n'a pas lui-même formé de demande en divorce.

Il appartient au juge d'évaluer ces conséquences d'une particulière gravité. Elles pourront être liées par exemple à l'âge de l'époux défendeur (ne lui permettant pas de trouver d'activité professionnelle), ou à la durée du mariage dont la rupture a entraîné un grave préjudice moral.

La particulière gravité doit résulter de la dissolution du mariage et non des fautes commises pendant le mariage. Par exemple, elle n'est pas reconnue dans le fait pour le mari d'avoir entretenu une relation adultère avant l'ordonnance de non-conciliation (*Cour de cassation, 1re chambre civile, 19/3/2014*).

LE DIVORCE POUR ALTÉRATION DÉFINITIVE DU LIEN CONJUGAL ET LA RÉFORME

La loi n° 2019-222 du 23/3/2019 et son décret d'application n° 2019-1380 du 17/12/2019 permettent à celui qui engage la procédure d'indiquer ou non dans sa demande s'il opte pour le divorce pour altération définitive du lien conjugal.
Cette précision a une incidence sur le calcul de la durée de séparation. La réforme de 2019 réduit en effet le délai de séparation de 2 ans à 1 an, ce délai devant être réalisé à compter :
– soit de la demande en divorce si l'époux a engagé la procédure en ayant indiqué les motifs de sa de-mande ;
– soit du prononcé du divorce s'il a engagé la procédure sans avoir indiqué les motifs de sa demande.
Ces modifications entreront en vigueur pour les demandes en divorce déposées à partir du 1/9/2020.

Les avantages du divorce pour altération définitive du lien conjugal

Ce divorce donne la possibilité de divorcer au conjoint qui ne peut pas prouver la faute de l'autre ni obtenir son consentement pour divorcer. La réforme privilégie nettement celui qui veut divorcer plutôt que celui qui s'y refuse. Ce dernier, en effet, pouvait avant la réforme s'opposer au divorce et à défaut d'obtenir satisfaction, se voir attribuer une pension alimentaire révisable à la hausse.

Il conserve toutefois la possibilité d'obtenir des dommages et intérêts, sous certaines conditions, de la part de son conjoint.

Les inconvénients du divorce pour altération définitive du lien conjugal

L'inconvénient principal est pour l'époux qui ne veut pas divorcer. La loi du 26/5/2004 lui a supprimé la possibilité d'évoquer l'exceptionnelle dureté que le divorce aurait pour lui s'il était prononcé et d'éviter ainsi le divorce. Désormais, il ne pourra plus s'y opposer.

Par ailleurs, ce même conjoint perd son droit à pension alimentaire (qui lui était auparavant accordée si le divorce était finalement prononcé). Il ne peut obtenir qu'une prestation compensatoire.

› La procédure commune aux divorces acceptés, pour altération du lien conjugal et pour faute quand la demande est présentée avant le 1/9/2020

La requête initiale

L'époux qui veut divorcer doit présenter par l'intermédiaire de son avocat une requête au juge aux affaires familiales. Cette requête contient la demande de divorce (sans indication du fondement juridique de la demande en divorce ni les faits à l'origine de celle-ci), l'énumération des mesures provisoires devant être prises avec un exposé sommaire de leurs motifs.

Si la situation le justifie, il est possible également de demander au juge de prendre des mesures urgentes (telles que l'autorisation de résidence séparée en cas de violences conjugales ou encore l'apposition de scellés sur les biens communs pour éviter leur déplacement ou leur vente). L'époux qui demande ces mesures est tenu de se présenter en personne. S'il ne peut se déplacer, le magistrat se rend chez lui.

Le juge vérifie la régularité de la requête et inscrit en bas de l'acte le jour, l'heure et le lieu de la tentative de conciliation. Aucune voie de recours n'est possible contre cette ordonnance.

L'époux qui n'a pas présenté la requête est convoqué par le greffe à la tentative de conciliation, par lettre recommandée avec avis de réception, confirmée le même jour par lettre simple. La lettre recommandée doit être expédiée 15 jours au moins à l'avance et être accompagnée d'une copie de l'ordonnance.

Si l'un des époux se trouve dans l'impossibilité de se rendre au lieu indiqué, le juge peut en fixer un autre, se déplacer pour entendre sur place le conjoint empêché ou charger un autre magistrat de procéder à cette audition.

La tentative de conciliation

La tentative de conciliation est une audience organisée par le juge. Elle est obligatoire avant l'instance judiciaire.

L'époux qui n'a pas présenté la requête doit se présenter en personne, seul ou assisté d'un avocat (la présence de l'avocat est cependant obligatoire pour pouvoir accepter, lors de l'audience de conciliation, le principe de la rupture du mariage).

Le but de cette audience est moins de tenter de réconcilier les époux (hypothèse très rare) que de tenter de les concilier sur le principe du divorce ainsi que sur ses conséquences.

Le juge doit s'entretenir personnellement avec chacun d'eux d'abord séparément puis ensemble. Les avocats sont ensuite appelés à assister et à participer à l'entretien. Ce qui a été dit ou écrit à l'occasion d'une tentative de conciliation, sous quelque forme qu'elle ait eu lieu, ne pourra jamais être invoqué pour ou contre un époux ou un tiers dans la suite de la procédure.

Puis le juge décide :

– soit de suspendre la tentative de conciliation et d'accorder un délai de réflexion supplémentaire maximum de 8 jours aux époux ;

– soit d'accorder 6 mois de plus avant de recourir à une nouvelle tentative de conciliation ;

– soit d'autoriser immédiatement les époux à introduire l'instance en divorce. Il rend une ordonnance de non conciliation, incite les époux à régler les conséquences de leur divorce à l'amiable et leur demande aussi de présenter pour l'audience de jugement un projet de règlement des effets du divorce.

Ces décisions ne sont pas susceptibles d'appel.

À NOTER

La loi du 26/5/2004 incite spécialement les époux à s'entendre sur le principe du divorce. À tout moment de la procédure, les époux peuvent accepter le principe de la rupture du mariage sans considération des faits à l'origine de celle-ci. Si cette acception a lieu à l'audience de conciliation, elle est constatée immédiatement dans un procès-verbal dressé par le juge et signé par les époux et leurs avocats respectifs. Les époux ne peuvent revenir sur cet accord et l'assignation (ou la requête conjointe) ne peut viser que ce type de divorce (par exemple, un époux ne pourra plus assigner son conjoint pour faute)(Code de procédure civile, Art. 1123).

Les mesures provisoires

Lors de l'audience de conciliation, le juge doit également organiser la vie des époux et de leurs enfants jusqu'au jugement. Il peut prendre en considération les arrangements que les époux ont déjà conclus entre eux. Ce sont les mesures provisoires.

Le juge peut notamment :

– proposer une médiation familiale et, le cas échéant, imposer un rendez-vous d'information avec un médiateur familial. Cette proposition ou cette injonction sont exclues en présence d'allégations de violences d'un parent sur l'autre (si la médiation concerne l'autorité parentale)(*Code civil, Art. 373-2-10*) ;

– organiser la résidence séparée des époux ;

– attribuer à l'un d'eux la jouissance du logement et du mobilier du ménage ou partager entre eux cette jouissance, en précisant son caractère gratuit ou non et, le cas échéant, en constatant l'accord des époux sur le montant d'une indemnité d'occupation ;

– ordonner la remise des vêtements et objets personnels ;

– organiser les règlements entre les époux (fixation de la pension alimentaire, versement d'une provision pour frais d'instance ou d'une avance sur la liquidation du régime matrimonial, règlement des dettes) ;

– régler la jouissance des biens communs ou indivis ;

– désigner un professionnel pour faire l'inventaire des biens du couple ou proposer un règlement ;

– désigner un notaire pour élaborer un projet de liquidation du régime matrimonial et de formation des lots à partager (*Code civil, Art. 255*).

Ces mesures peuvent toujours être supprimées, modifiées ou complétées en cas de survenance d'un fait nouveau. Les époux peuvent aussi faire appel de l'ordonnance qui les a prescrites dans le délai de 15 jours suivant sa notification.

L'assignation

Dans les 3 mois de l'ordonnance, seul l'époux qui a présenté la requête initiale peut assigner en divorce.

Après ce délai, chacun des époux peut introduire l'instance ou former une demande reconventionnelle dans le délai de 30 mois.

Le divorce peut être demandé pour acceptation du principe de la rupture du mariage, pour altération définitive du lien conjugal ou pour faute (sauf si les époux ont déjà accepté le principe de la rupture, voir plus haut). Si ce délai de 30 mois est dépassé, toutes ces dispositions provisoires sont caduques, y compris l'autorisation d'introduire l'instance.

La demande introductive d'instance doit comporter une proposition de règlement des intérêts pécuniaires et patrimoniaux des époux, c'est-à-dire un descriptif sommaire de leur patrimoine et des propositions de liquidation et de répartition des biens. Cette règle a été introduite par la loi du 26/5/2004.

La loi favorise également les accords entre les époux pendant la procédure, contrôlés par le juge, et notamment la conclusion de conventions portant sur la liquidation « anticipée » du régime matrimonial.

Les époux peuvent également, pendant l'instance, soumettre à l'homologation du juge des conventions fixant les modalités de la prestation compensatoire.

Enfin, une déclaration certifiant sur l'honneur l'exactitude de leurs ressources doit être fournie en cas de demande de prestation compensatoire (*Code civil, Art. 252-3, 265-2, 268 et 272*).

Le jugement

- Si le juge rejette la demande en divorce, les mesures provisoires qu'il aurait pu prendre cessent en principe de produire effets. Toutefois, le juge peut statuer sur la contribution aux charges du mariage, la résidence de la famille et les modalités de l'exercice de l'autorité parentale (*Code civil, Art. 258*).
- Si le juge a prononcé le divorce, sa décision règle nécessairement les effets de celui-ci et se substitue aux mesures provisoires qui avaient pu être prises.
- En cas de divorce pour altération définitive du lien conjugal, le juge constate la cessation de la communauté de vie.
- En cas de divorce pour faute, le divorce est prononcé aux torts exclusifs de l'un des époux ou aux torts partagés. Dans ce cas, les époux peuvent demander au juge de ne pas énoncer dans les motifs de la décision leurs torts et griefs respectifs. Le juge aux affaires familiales se borne à constater qu'il existe « les faits constitutifs d'une cause de divorce selon le Code civil » (*Code de procédure civile, Art. 1128*).
- En cas de divorce accepté, le juge aux affaires familiales prononce le divorce sans autre motif que l'acceptation des époux (*Code de procédure civile, Art. 1124*).

Les voies de recours

La décision prise par le juge en cours d'instance concernant les mesures provisoires (ordonnance de non-conciliation) est susceptible d'appel dans les 15 jours de sa notification.

Quant au jugement sur le fond, qu'il accueille la demande en divorce ou qu'il la rejette, il est susceptible d'appel dans le délai d'1 mois à compter de sa notification. La décision rendue en appel est ensuite susceptible d'un pourvoi en cassation (*Code de procédure civile, Art. 1119 et s.*).

À NOTER

La pension alimentaire pour le conjoint, fixée pendant la procédure, reste due jusqu'au jour où le divorce devient irrévocable, c'est-à-dire jusqu'à l'expiration du délai du pourvoi en cassation (Cour de cassation, 1re chambre civile, 15/5/2013).

› La procédure commune aux divorces acceptés, pour altération du lien conjugal et pour faute quand la demande est présentée à partir du 1/9/2020

La loi n° 2019-222 du 23/3/2019 et son décret d'application n° 2019-1380 du 17/12/2019 modifient en profondeur la procédure des divorces contentieux, le but étant de simplifier et accélérer la procédure et d'encourager les accords entre les époux sur le principe et/ou les conséquences du divorce. L'une des mesures phares consiste à supprimer la phase de conciliation qui retarde la procédure et l'obtention d'un jugement. Le juge sera ainsi directement saisi par assignation (la requête conjointe étant possible pour le divorce accepté). L'audience de non-conciliation est remplacée par une audience d'orientation et sur mesures provisoires.

La demande en divorce

Le demandeur n'est pas obligé d'indiquer d'emblée dans sa demande sur quelle base il fonde son divorce. Il peut donc se décider en cours de procédure. Le but est d'encourager le couple à ne pas se fixer d'emblée sur une cause de divorce, un accord pouvant le cas échéant être trouvé en cours de procédure, par exemple sur un divorce accepté. Par souci d'apaisement, la nouvelle procédure interdit au demandeur, s'il vise un divorce pour faute, de l'indiquer dans sa demande : il ne pourra le faire que dans ses premières conclusions au fond.

La demande en divorce doit notamment mentionner :

– le jour, le lieu et l'heure de l'audience d'orientation et sur mesures provisoires, première grande étape de la procédure ;
– les règles relatives à la comparution des époux (obligation de prendre chacun un avocat) ;
– la proposition de règlement de leurs intérêts pécuniaires et patrimoniaux ;
– les dispositions relatives à la médiation familiale, à la procédure participative et à l'homologation des accords qu'ils peuvent conclure (*Code civil, Art. 252* ; *Code de procédure civile, Art. 1107*).

Les mesures provisoires

Les mesures provisoires qui peuvent être sollicitées par les époux sont les mêmes que celles qui pouvaient l'être avant la réforme : mesures concernant les enfants, sort du logement, pension alimentaire entre époux, etc.

Elles peuvent être demandées dès la demande en divorce au sein d'une partie distincte des demandes au fond (*Code de procédure civile, Art. 1117* ; *Code civil, Art. 254 et s.*).

Elles seront discutées lors de l'audience d'orientation et sur les mesures provisoires. Si les époux renoncent à demander des mesures provisoires, ils doivent l'indiquer au juge avant ou lors de cette audience. Cela ne les empêche pas de changer d'avis en cours de procédure en formulant par la suite une telle demande.

De même, tout au long de la procédure de divorce, ils peuvent demander au juge de supprimer, compléter ou modifier une mesure fixée à titre provisoire en présence d'un élément nouveau (*Code de procédure civile, Art. 1118*).

Les mesures provisoires prennent effet à compter de la date de la demande en divorce (*Code civil, Art. 254*), sauf si le juge en décide autrement à la demande de l'un ou l'autre des époux.

L'audience d'orientation et sur mesures provisoires

Le principe reste, comme pour l'ancienne audience de conciliation, la présence des époux lors de sa tenue, mais cela n'est plus obligatoire comme avant. Les époux peuvent ne pas se déplacer et choisir d'être représentés par leur avocat (*Code de procédure civile, Art. 1117*). Toutefois, le juge peut ordonner leur comparution s'il l'estime nécessaire. Il ne les recevra plus l'un après l'autre, ni sans leurs avocats comme avant.

Comme son nom l'indique, l'audience a un double objet :

– statuer sur les mesures provisoires, s'il y a demande en ce sens ;
– discuter de la mise en état à venir de la procédure.

Dans le premier cas, le juge décide en fonction des dossiers des époux dans les mêmes conditions qu'autrefois : possibilité d'ordonner une enquête sociale ou une médiation familiale, prise en compte d'accords précédents des époux, etc. Lorsqu'il ordonne une mesure provisoire, il précise sa date de prise d'effet.

Dans l'hypothèse où aucun des époux ne forme de demande à titre provisoire, la première audience se tient néanmoins et a pour objet l'orientation de la procédure restant à courir jusqu'à l'obtention de la décision finale sur le divorce. Les avocats vont donc échanger avec le juge sur la conduite ultérieure de la procédure et son calendrier.

La suite de la procédure

Les époux ont la possibilité d'opter pour une procédure participative de mise en état : il s'agit d'un cadre ayant pour but de « contractualiser » la mise en état du divorce en tentant, par l'intermédiaire des avocats, de trouver des accords entre eux (*Code de procédure civile, Art. 1542 et s.*).

Ils peuvent aussi opter pour une mise en état du dossier « classique », avec des échanges de conclusions et pièces qui s'opèrent, via les avocats, sous l'égide du juge. Cette période sera plus ou moins longue selon les nécessités du dossier.

Enfin, une fois la mise en état du dossier achevée, le juge fixera une date de clôture et de plaidoiries. Le jugement sera rendu après le délibéré du juge.

QUELLES FAUTES POUVEZ-VOUS INVOQUER ?

Il y a faute en cas de violation grave ou renouvelée des devoirs et obligations du mariage, rendant intolérable le maintien de la vie commune (*Code civil, Art. 242*).

Si elle est grave, une violation unique suffit. Des violations légères mais répétées suffisent également à partir du moment où elles rendent la vie commune intolérable. La notion de devoirs et obligations du mariage étant assez vague, le juge a une grande liberté d'appréciation pour estimer ce qui constitue une faute et ce qui n'en est pas une.

✓ Les décisions rendues par les tribunaux nous montrent qu'il y a une infinité de fautes dont voici quelques exemples :

– l'adultère, c'est-à-dire l'entretien de relations sexuelles avec un autre que le conjoint. La preuve de l'adultère de la femme peut être apportée par une analyse de sang de l'enfant prouvant la non-paternité du mari. La Cour de cassation a accepté ce mode de preuve qui remettait en cause la paternité du mari alors qu'en principe cette paternité n'était plus contestable puisque le délai de 5 ans était dépassé (délai de l'action en contestation de paternité)(*Cour de cassation, 1re chambre civile, 28/2/2006*). Les tribunaux prennent également en considération l'adultère commis pendant la procédure de divorce (*Cour de cassation, 1re chambre civile, 11/4/2018*) ;

– l'attitude injurieuse du mari à l'égard de sa femme. Celui-ci se rendait tous les soirs chez une autre femme et avait été vu au restaurant avec elle. Ici, l'adultère n'était pas établi, mais le comportement du mari a été retenu comme injurieux (*Cour de cassation, 1re chambre civile, 30/9/2003*) ;

– l'échange, sur un site de rencontres, de mails équivoques et de photos intimes de l'épouse avec des correspondants masculins (*Cour de cassation, 1re chambre civile, 30/4/2014*) ;

– le refus de participer aux dépenses de la famille constitue une faute, sauf si celui qui refuse ne peut pas gagner sa vie, parce qu'il est au chômage par exemple. En revanche, celui qui ne peut pas gagner sa vie, mais qui est « responsable » de son état, par exemple une personne qui se drogue, n'est pas excusé ;

– le vol, et tous les actes malhonnêtes, constituent des fautes (en principe, le vol entre époux n'est pas punissable pénalement sauf exception) ;

– l'abandon du domicile conjugal peut être une faute, sauf si celui qui part y est obligé par l'autre (suite à des violences physiques ou morales, par exemple) ;

– la pratique excessive d'une religion (*Cour de cassation, 1re chambre civile, 19/6/2007*) ;

– le refus d'avoir des enfants (refus de procréation ou refus de soigner sa stérilité) ;

– le refus de faire l'amour ;

– le dénigrement de son conjoint (*Cour de cassation, 1re chambre civile, 23/2/2011*) ;

– les violences physiques et morales, les propos injurieux, un caractère acariâtre ;

– les attitudes de mépris et d'ignorance ;

– le manquement au devoir de respect. Le divorce a été prononcé contre une femme pour son comportement odieux et malveillant (*Cour de cassation, 1re chambre civile, 23/2/2011*) ;

– la tenue de propos diffamatoires et accusatoires.

✓ Mais attention : votre propre faute peut atténuer, voire supprimer, le caractère fautif du comportement de votre conjoint. Par exemple : un mari trompe sa femme ; celle-ci, qui est au courant, devient acariâtre, agressive et ne s'occupe plus de la maison alors qu'elle ne travaille pas. Les négligences de la femme (qui constituent des fautes) seront, au moins en partie, effacées par le comportement fautif du mari. Le tribunal va considérer que l'adultère du mari est probablement à l'origine de l'attitude désinvolte de sa femme.

Les effets du divorce

Le divorce entraîne la dissolution des liens du mariage. Il produit des effets personnels et matériels, tant à l'égard des époux que de leurs enfants. À l'égard des tiers, le jugement de divorce, quelle qu'en soit la cause, ne leur sera opposable, en ce qui concerne leurs biens, qu'à compter de sa transcription sur les actes de l'état civil.

Quelles sont les conséquences du divorce pour les époux ?

Le divorce produit pour les époux à la fois des conséquences personnelles et matérielles.

› Les conséquences personnelles

Celles-ci prennent effet à la date à laquelle le divorce devient définitif, c'est-à-dire quand la décision qui l'a prononcé n'est plus susceptible d'appel ni de pourvoi en cassation, ou à la date à laquelle la convention de divorce sans juge acquiert force exécutoire, à savoir le jour de son dépôt notarié (*Code civil, Art. 260*).

Le nom des époux

À la suite du divorce, chacun des époux perd l'usage du nom de son conjoint. Pendant le mariage, chacun des époux peut en effet, à titre d'usage, ajouter ou substituer à son nom le nom de son conjoint.

Cependant, l'un des ex-époux peut conserver l'usage du nom de l'autre, soit avec son accord, soit avec l'autorisation du juge, sous réserve de justifier, dans ce dernier cas, d'un intérêt particulier pour lui ou pour les enfants.

Tel est le cas, par exemple, si l'ex-femme est connue professionnellement sous le nom de son ex-mari (*Cour d'appel de Reims, 27/2/2009*). En revanche, il n'y a pas intérêt particulier si l'épouse ne démontre pas le bénéfice s'attachant, pour elle-même ou pour ses enfants, au port du nom marital et n'établit pas que l'exercice de sa profession serait affecté par sa perte (*Cour de cassation, 1re chambre civile, 20/4/2017*). De façon constante, les considérations professionnelles et l'intérêt des enfants seront retenus, mais aussi toute autre raison jugée valable.

Cette question du nom d'usage doit être réglée pendant la procédure de divorce. Certaines cours d'appel admettent cependant, à défaut de précision du texte, que la demande d'autorisation peut être faite même après le divorce.

Le remariage

Le délai de viduité (qui obligeait la femme à attendre 300 jours après le divorce pour pouvoir se remarier) est supprimé. Ce délai était prévu pour éviter les conflits de paternité. Aujourd'hui, de tels conflits peuvent être réglés par la biologie.

LA SÉPARATION DE CORPS

La séparation de corps, que l'on a parfois appelée le « divorce des catholiques », permet à un couple qui ne s'entend plus, mais qui ne veut pas divorcer pour des motifs religieux ou philosophiques, de se séparer (*Code civil, Art. 296 et s.*). C'est une formule qui présente peu d'avantages du point de vue juridique ; c'est pourquoi elle est assez rarement utilisée (moins de 4 000 pour 128 000 divorces par an, en moyenne).
Concrètement, vous engagez une procédure de séparation de corps, soit par consentement mutuel sans juge (dans les mêmes conditions que pour le divorce depuis le 25/3/2019, en application de la loi n° 2019-222 du 23/3/2019), soit devant le tribunal judiciaire de votre domicile dans les autres cas.
Les procédures sont exactement les mêmes que celles du divorce. Un point important : si vous demandez la séparation de corps, votre conjoint pourra solliciter « reconventionnellement » le divorce, et inversement. Toutefois, lorsque la demande principale en divorce est fondée sur l'altération définitive du lien conjugal, la demande reconventionnelle ne peut tendre qu'au divorce.
Lorsqu'une demande en divorce et une demande en séparation de corps sont concurremment présentées, le juge examine en premier lieu la demande en divorce. Il prononce celui-ci dès lors que les conditions en sont réunies. À défaut, il statue sur la demande en séparation de corps. Si les deux demandes sont fondées sur la faute, le juge les examine simultanément et, s'il les accueille, prononce à l'égard des deux conjoints le divorce aux torts partagés.
La décision de séparation de corps vous donnera le droit de vivre séparément, tout en restant marié. D'un point de vue patrimonial, la séparation de corps entraîne obligatoirement une séparation des biens entre les époux. Il y a donc un changement de régime matrimonial pour tous ceux qui sont mariés sous un régime de communauté. Si c'est votre cas, vous devrez liquider la communauté, de façon à ce qu'il y ait un partage des biens et que chacun reprenne ce qui lui appartient.
Mais attention : la séparation de corps n'est pas un divorce. Vous restez marié. Cela signifie, par exemple, que vous n'êtes pas libre d'engager une nouvelle relation avec quelqu'un d'autre (bien que vous ne partagiez plus le toit de votre conjoint), car vous êtes toujours tenu par l'obligation de fidélité. Si vous le faisiez, vous vous mettriez en tort, exactement comme un époux qui entretient une liaison. Autre conséquence : vous n'êtes pas libéré de l'obligation alimentaire. Votre conjoint peut donc vous demander une pension alimentaire si ses revenus ne lui permettent pas de vivre correctement.
C'est donc une situation hybride, où chacun vit chez soi avec son patrimoine, tout en restant tenu par des obligations réciproques. Comment sort-on de cette situation ? La solution la plus heureuse, c'est bien sûr la réconciliation, avec une reprise de la vie commune. La réconciliation met fin à la séparation de corps. Il est cependant conseillé de faire noter la reprise de la vie commune en marge de l'acte de mariage et des actes de naissance. Par ailleurs, le conjoint séparé de corps reste héritier en cas de décès de son époux (se).
Autre solution : demander la conversion de la séparation de corps en divorce. C'est toujours possible quand les deux époux en sont d'accord. Mais si l'un seulement veut le divorce, il devra attendre 2 ans pour engager une procédure de conversion. Dans tous les cas de séparation de corps, celle-ci peut être convertie en divorce par consentement mutuel, étant précisé que, lorsque la séparation de corps a été prononcée par consentement mutuel, elle ne peut être convertie en divorce que par consentement mutuel.

› Les conséquences matérielles

Celles-ci prennent effet rétroactivement dès la date de la demande en divorce pour les divorces contentieux (dès la date de l'ordonnance de non-conciliation pour les demandes déposées avant le 1/9/2020). Pour les divorces par consentement mutuel, la date à retenir est celle du dépôt notarié de la convention (divorce sans juge) ou de son homologation (divorce avec juge). Une date antérieure peut cependant être retenue dans certains cas à la demande des époux (*Code civil, Art. 262-1*).

Attention : cette règle s'applique aux relations entre les époux. Vis-à-vis des tiers, le divorce ne prend effet qu'à partir de sa transcription à l'état civil (registre en assurant sa publicité)(*Code civil, Art. 262*).

La prestation compensatoire

La prestation compensatoire est destinée à compenser la disparité que la rupture du mariage crée dans les conditions de vie respectives. Ce n'est qu'exceptionnellement que le juge peut refuser de l'accorder.
La prestation a un caractère forfaitaire. En principe, elle doit être versée sous forme d'un capital (somme d'argent, bien immobilier) dont le montant est fixé par le juge (*Code civil, Art. 270*).
Dans tous les cas de divorce judiciaire ou à l'occasion d'une demande en révision (voir plus loin), les époux doivent fournir au juge une déclaration certifiant sur

l'honneur l'exactitude de leurs ressources, revenus, patrimoine et conditions de vie.

L'époux aux torts exclusifs duquel le divorce est prononcé ne perd plus automatiquement son droit à prestation compensatoire. Le juge peut lui accorder une telle prestation « au regard des circonstances particulières de la rupture ».

À NOTER

La prestation compensatoire est prévue dans 1 divorce sur 5 et perçue par l'ex-épouse dans 96 % des cas. Elle prend la forme d'un capital dans 89 % des cas, d'une rente dans 8 % des cas et plus rarement des deux dans 3 % des cas. Le montant moyen du capital seul est de 25 000 € (source : Infostat Justice, sept. 2016, n° 144).

Son montant

La prestation compensatoire est fixée par le juge, en fonction du dossier présenté par les époux. Pour en fixer le montant, il tient compte de :

– la durée du mariage. Il est à noter que les juges ne tiennent pas compte du concubinage précédant le mariage (*Cour de cassation, 1re chambre civile, 5/12/2018*) ;

– l'âge et l'état de santé des époux ;

– leurs qualification et situation professionnelles ;

– les conséquences des choix professionnels faits par l'un des époux pendant la vie commune pour l'éducation des enfants et du temps qu'il faudra encore y consacrer, ou pour favoriser la carrière de son conjoint au détriment de la sienne ;

– le patrimoine estimé ou prévisible des époux, tant en capital qu'en revenus après liquidation du régime matrimonial. Au titre du patrimoine prévisible, les juges ne doivent pas retenir les perspectives d'une succession à venir, ni la perspective de versement d'une pension de réversion (*Cour de cassation, 1re chambre civile, 6/10/2010*). Ils ne doivent pas non plus prendre en compte la part de communauté revenant à l'épouse pour apprécier la disparité créée par la rupture, chaque époux recevant la même part (*Cour de cassation 1re chambre civile, 31/3/2016*). Au titre des revenus, le juge doit prendre en considération l'allocation aux adultes handicapés destinée à garantir un minimum de revenus à l'allocataire ainsi que la pension d'invalidité qui comprend l'indemnisation de pertes de gains professionnels (*Cour de cassation, 1re chambre civile, 26/9/2012*). Depuis le 2/6/2014, doivent aussi être retenues les sommes versées au titre de la réparation d'un accident du travail ou au titre du droit à compensation d'un handicap (*Code civil, Art. 272*) (*Conseil constitutionnel, QPC n° 2014-398, 2/6/2014*). Le juge ne doit pas, en revanche, tenir compte des allocations familiales (qui ne sont pas des revenus), ni des revenus locatifs d'un immeuble commun versés pendant la procédure à un époux au titre du devoir de secours (*Cour de cassation, 1re chambre civile, 15/2/2012*). Le juge ne doit pas non plus tenir compte de l'origine des biens communs même si ces biens proviennent exclusivement des apports d'un seul époux dans un régime de communauté universelle et même si la disparité existait avant le mariage (*Cour de cassation, 1re chambre civile, 21/10/2015*) ;

– leurs droits existants et prévisibles ;

– la situation respective de chacun des époux en matière de pension de retraite, en tenant compte des circonstances (choix professionnels) qui ont pu avoir pour effet de diminuer pour l'époux créancier le montant de sa rente personnelle ;

– la situation de concubinage de l'un ou l'autre époux (concubinage du débiteur : *Cour de cassation, 2e chambre civile, 23/11/2011* ; concubinage du créancier : *Cour de cassation, 1re chambre civile, 3/12/2008*) ;

– l'existence d'une collaboration professionnelle non rémunérée à l'activité du conjoint (*Cour de cassation, 1re chambre civile, 20/4/2017*) ;

– l'équité. Le juge peut refuser d'accorder une prestation compensatoire, sous certaines conditions, si l'équité le commande. L'épouse qui n'avait versé aucune contribution pour l'entretien de ses quatre enfants entièrement à la charge du père, qui ne faisait aucun effort pour trouver un emploi ou une formation alors qu'elle n'était âgée que de 33 ans n'a pas eu droit à une prestation compensatoire (*Cour de cassation, 1re chambre civile, 8/7/2010*).

La prestation peut aussi être fixée par accord entre les époux, soit dans le cadre d'un divorce par consentement mutuel, soit dans un autre divorce s'ils parviennent à un accord sur ce point. Ils peuvent alors s'affranchir des modalités imposées par les textes, et par exemple prévoir le versement d'une rente temporaire (*Code civil, Art. 268*).

À NOTER

Pour apprécier la situation financière du couple, il a été jugé que : la prestation compensatoire versée par le débiteur au titre de sa contribution à l'entretien et à l'éducation de l'enfant commun constitue une charge qui doit venir en déduction de ses ressources ; le fait que l'épouse partage ses charges avec un nouveau compagnon doit être retenu (Cour de cassation, 1re chambre civile, 4/7/2018).

Ses modalités

La loi du 26/5/2004 réaffirme le caractère forfaitaire de la prestation compensatoire et son versement sous forme de capital.

Le juge, à défaut d'accord des époux, décide si ce capital consistera :

– soit en un versement d'une somme d'argent ;

– soit en une attribution d'un bien en propriété ou encore d'un droit temporaire ou viager d'usage, d'habitation ou d'usufruit. L'attribution forcée d'un bien ne peut être décidée que si le versement d'une somme d'argent est impossible ou non garanti (*Cour de cassation, 1re chambre civile, 28/5/2014*). L'époux débiteur peut s'opposer à cette attribution forcée si le bien lui a été transmis par succession ou donation.

En principe, le capital doit être versé en 1 fois. Si le débiteur n'est pas en mesure de verser le capital immédiatement, le juge peut étaler ce versement sur 8 ans maximum sous forme de versements périodiques indexés (les versements sont périodiques et ne sont plus obligatoirement annuels ou mensuels).

Mais ces versements échelonnés doivent rester l'exception : le débiteur peut se libérer à tout moment du solde du capital indexé et le créancier peut demander le paiement du solde du capital indexé après la liquidation du régime matrimonial.

En outre, en matière fiscale, le paiement du capital peut donner lieu à deux séries d'avantages non cumulables. Si le capital est versé sur une période inférieure ou égale à 1 an à compter de la date à laquelle le jugement de divorce est devenu définitif, le débiteur bénéficie d'une réduction d'impôt. Celle-ci est égale à 25 % du montant des versements dans la limite de 30 500 €, soit une réduction maximale de 7 625 €. Cette réduction d'impôt est également applicable en cas de prestation sous forme de capital se substituant à une prestation sous forme de rente. Le créancier ne paie pas d'impôt sur le revenu pour ces sommes. Si le capital est versé sur une période supérieure à 1 an à compter de la date à laquelle le jugement de divorce est devenu définitif, il est déductible du revenu imposable du débiteur et doit être ajouté à celui du créancier, comme en matière de pension alimentaire ou de prestation compensatoire versée sous forme de rente, quel que soit le cas de divorce.

En dehors du cas de divorce par consentement mutuel dans lequel les époux peuvent prévoir le versement de la prestation compensatoire sous forme de rente temporaire (ou lorsque les époux se mettent d'accord sur la prestation compensatoire), ce n'est qu'exceptionnellement dans les autres cas de divorce que le juge peut désormais ordonner une rente viagère. Elle n'est en effet ordonnée que si l'âge ou l'état de santé du seul créancier ne lui permettent pas de subvenir à ses besoins. La décision du juge doit être spécialement motivée. La rente, comme la pension alimentaire, est indexée en fonction de l'indice figurant dans le jugement de divorce.

Elle peut être suspendue ou supprimée en cas de changement important dans les ressources ou les besoins de l'une ou l'autre des parties. Elle ne peut toutefois être fixée à un montant supérieur à celui fixé initialement par le juge.

Le débiteur de la prestation compensatoire versée sous forme de rente peut, à tout moment, saisir le juge d'une demande de substitution d'un capital à tout ou partie de la rente (*Cour de cassation, 1re chambre civile, 10/7/2013*). La substitution s'effectue selon les tables de conversion prévues par le décret n° 2004-1157 du 29/10/2004.

Le créancier de la prestation peut aussi demander cette substitution s'il établit qu'une modification de la situation du débiteur permet cette substitution, notamment lors de la liquidation du régime matrimonial (*Code civil, Art. 276-4*).

AVANTAGE

Pour les divorces prononcés depuis le 3/7/2000, le paiement de la prestation compensatoire sous forme de capital permet au débiteur de bénéficier d'avantages fiscaux variables selon la durée de versement de ce capital.

À NOTER

Le juge peut imposer au débiteur d'un capital ou d'une rente la souscription d'un contrat d'assurance (décès, invalidité…) pour en garantir le paiement.

ATTENTION ⚠

Si les modalités du versement du capital peuvent faire l'objet dans certains cas d'une révision, le montant de ce capital est fixé définitivement sans pouvoir faire l'objet d'une quelconque révision.

À NOTER

Il est possible de « panacher » le versement, par exemple en proposant une partie sous forme de capital et une partie sous forme de rente viagère, ou encore un paiement comptant pour partie, et pour partie un paiement sur 8 ans (Code civil, Art. 275-1).

Sa révision

En principe, la prestation compensatoire, quelles que soient ses modalités de versement (rente ou capital) a un caractère forfaitaire et n'est pas révisable.

Toutefois, la demande en révision est recevable en cas de fraude, si un des époux a dissimulé une partie de ses revenus. Le mensonge avéré est suffisant pour justifier un recours en révision (*Cour de cassation, 2e chambre civile, 21/2/2013*).

Indépendamment des cas de fraude, la révision est autorisée sous certaines conditions.

La demande de révision doit être portée devant le juge aux affaires familiales dont dépend la résidence de l'époux créancier.

Le décret n° 2019-1333 du 11/12/2019 impose, depuis le 1/1/2020, l'intervention d'un avocat pour la demande de révision de la prestation compensatoire (*Code de procédure civile, Art. 1070 et 1139*).

Il convient de distinguer les conditions de cette révision d'une part selon qu'il y a ou non accord des époux, d'autre part selon les modalités de versement de la prestation compensatoire.

– En cas de divorce par consentement mutuel, avec ou sans juge, ou en cas d'accord des époux sur la prestation compensatoire dans les autres cas de divorce, la convention passée par les époux peut prévoir que le versement de la prestation, quelle que soit sa forme (rente ou capital) cessera à compter de la réalisation d'un événement déterminé (remariage, concubinage, retraite…). Ils peuvent également prévoir sa révision en cas de changement important dans leurs ressources ou besoins (*Code civil, Art. 268 et 279*).

– Dans les autres cas, il faut distinguer selon que la prestation compensatoire est versée sous la forme d'un capital ou d'une rente :

• si elle est versée sous forme de capital, la révision du montant de ce capital n'est jamais admise. Toutefois, le débiteur qui avait déjà été autorisé à étaler le versement de ce capital sur une durée maximale de 8 années peut, en cas de changement important de sa situation, demander un versement sur une durée supérieure à 8 ans. La même demande peut être formée par les héritiers du débiteur. Le juge doit spécialement motiver sa décision (*Code civil, Art. 275*) ;

• si la prestation compensatoire est versée sous forme de rente, celle-ci peut être révisée (uniquement à la baisse), suspendue temporairement ou même supprimée en cas de changement important dans les ressources ou les besoins de l'un ou l'autre des ex-époux (*Code civil, Art. 276-3*).

Par exemple, la révision de la prestation compensatoire est justifiée quand l'ex-conjoint débiteur est mis à la retraite anticipée et que cette mise à la retraite n'était pas prévue au moment de la fixation de la rente (*Cour de cassation, 1re chambre civile, 19/6/2007*).

À NOTER

Les anciennes prestations compensatoires fixées sous forme de rentes viagères par le juge ou par convention avant l'entrée en vigueur de la loi n° 2000-596 du 30/6/2000 peuvent être révisées, suspendues ou supprimées à la demande du débiteur ou de ses héritiers lorsque leur maintien en l'état procurerait au créancier un avantage manifestement excessif. Les rentes fixées entre le 1/7/2000 et le 1/1/2005 peuvent également être révisées, suspendues ou supprimées en cas de changement important dans les ressources ou les besoins de l'un ou l'autre des époux.

À NOTER

En cas de non-paiement par l'époux débiteur de la pension alimentaire ou de la rente viagère correspondant à la prestation compensatoire mise à sa charge, des dispositions particulières sont prévues au profit de l'époux créancier pour en obtenir le recouvrement.

En cas de décès du débiteur

Depuis la loi du 26/5/2004, la charge de la prestation compensatoire, en cas de décès du débiteur n'est plus transférée aux héritiers mais devient une charge de la succession.

Le paiement de la prestation compensatoire, quelle que soit sa forme, est prélevé sur la succession. Les héritiers ne sont plus tenus personnellement (sur leurs biens) de payer les sommes dues. Le paiement est effectué dans la limite de l'actif successoral et, en cas d'insuffisance, par tous les légataires particuliers (bénéficiaire d'un testament), proportionnellement à la valeur de leur legs.

Lorsque la prestation compensatoire a été fixée sous forme d'un capital payable par versements échelonnés, le solde de ce capital devient immédiatement exigible.

Lorsqu'elle a été fixée sous forme de rente, le décès entraîne la conversion de cette rente en capital immédiatement exigible.

Mais la loi prévoit que les héritiers peuvent maintenir la prestation compensatoire telle qu'elle était réglée par le défunt (continuation du paiement de la rente viagère tous les mois par exemple). L'accord signé par tous les héritiers doit être passé devant un notaire et est opposable aux tiers à compter de sa notification à l'ex-époux bénéficiaire de la prestation (si celui-ci n'est pas intervenu à l'acte). Dans ce cas, les héritiers bénéficient des mêmes possibilités de révision que le défunt. De même, comme le défunt, les héritiers peuvent, à tout moment, se libérer du solde du capital indexé, si la prestation était versée sous forme de versements périodiques (*Code civil, Art. 280 et 280-1*).

Déduction de la pension de réversion

Le créancier ne peut pas cumuler la prestation compensatoire et les pensions de réversion lorsque cette prestation compensatoire est versée sous forme de rente au moment du décès du débiteur. Les pensions de réversion sont déduites de plein droit du montant de la prestation compensatoire. Si les héritiers usent de la possibilité que leur donne la loi de maintenir la prestation compensatoire telle qu'elle était réglée par le défunt, cette déduction est maintenue (sauf décision contraire du juge) même si le créancier perd son droit ou subit une variation de son droit à pension de réversion (*Code civil, Art. 280-2*).

Les dommages et intérêts

Lorsque le divorce est prononcé pour altération définitive du lien conjugal et que celui qui demande des dommages et intérêts n'avait lui-même formé aucune demande en divorce, ou lorsque le divorce est prononcé aux torts exclusifs de son conjoint, celui-ci peut être condamné à des dommages et intérêts en réparation du préjudice matériel ou moral que cause à l'époux innocent la rupture du mariage. En pratique, le préjudice matériel est le plus souvent compensé par l'allocation d'une prestation compensatoire. L'attribution de dommages et intérêts n'intervient donc que de manière exceptionnelle pour réparer un préjudice moral (comportement injurieux d'un époux envers l'autre, par exemple). La demande ne peut en être faite qu'à l'occasion de l'action en divorce (*Code civil, Art. 266*).

Indépendamment de cette règle spécifique au divorce, rien n'interdit à l'époux victime de demander son indemnisation sur le fondement de l'article 1240 du Code civil. Dans ce cas, l'époux victime doit prouver un préjudice distinct de la rupture du lien conjugal. À titre d'exemple, il a été jugé que le refus du mari de produire les pièces financières demandées par l'expert lors de la procédure de divorce, dont résultait l'échec de la mesure, caractérisait l'existence du préjudice distinct de la rupture du lien conjugal invoqué par l'épouse. Elle a pu obtenir, sur le fondement de l'article 1382 du Code civil (ancienne numérotation de l'article 1240) une indemnisation (*Cour de cassation, 1re chambre civile, 17/3/2010*).

La liquidation du régime matrimonial

En cas de divorce par consentement mutuel, avec ou sans juge, cette opération doit avoir été effectuée en amont du divorce (ce que rappelle la convention de divorce) et, s'il existe des biens immobiliers, elle nécessite l'intervention d'un notaire (*Code de procédure civile, Art. 1097*). Cependant, il est possible de prévoir le maintien de certains biens en indivision entre les ex-époux.

En ce qui concerne les autres cas de divorce, la loi du 26/5/2004 incite très vivement les époux, tout au long de la procédure, à régler le plus tôt possible la liquidation de leur régime matrimonial, soit pendant la procédure, soit rapidement après le jugement.

Dès l'audience de conciliation, au titre des mesures provisoires, le juge peut désigner un professionnel (expert-comptable, notaire…) afin de dresser un inventaire estimatif ou de faire des propositions quant au règlement des intérêts pécuniaires des époux. Il peut aussi désigner un notaire chargé d'élaborer un projet de liquidation du régime matrimonial et de formation des lots à partager.

L'assignation doit comporter un projet de règlement de leurs intérêts pécuniaires et patrimoniaux.

Enfin, les époux peuvent, pendant l'instance en divorce, passer des accords pour la liquidation et le partage de leur régime matrimonial (accord notarié s'il s'agit de biens immobiliers)(*Code civil, Art. 255, 257-2 et 265-2*).

À défaut d'accord entre les époux, le juge, en prononçant le divorce, statue aussi sur leurs demandes de maintien dans l'indivision, d'attribution préférentielle et d'avance sur leur part de communauté ou de biens indivis. Depuis le 1/1/2016, le juge peut également, pendant l'instance de divorce, ordonner le partage judiciaire et la liquidation de leurs biens si les époux confirment leurs désaccords sur ce point (*Code civil, Art. 267* ; *Code de procédure civile, Art. 1116*).

À NOTER

Le juge aux affaires familiales est seul compétent pour la liquidation et le partage des intérêts patrimoniaux des époux (Loi n° 2009-526 du 12/5/2009). Les parties doivent être représentées par un avocat (Code de procédure civile, Art. 1136-1 et s.).

Le sort du logement familial

Le logement qui constituait l'habitation principale du couple fait l'objet de dispositions particulières selon qu'il appartenait à l'un ou/et l'autre des conjoints ou qu'ils en étaient locataires.

En principe, celui des époux qui en était seul propriétaire le conserve. Toutefois, dans le cadre du paiement de la prestation compensatoire en capital, il peut en abandonner la propriété ou l'usufruit à son conjoint.

De plus, le juge peut le donner à bail à l'époux non propriétaire qui devra alors s'acquitter d'un loyer (en cas de désaccord sur son montant, il sera fixé par le juge) ; le bail forcé pourra être accordée lorsque le logement constitue la résidence habituelle des enfants et que l'époux qui le demande a l'autorité parentale.

Le juge fixe la durée du bail et peut le renouveler jusqu'à la majorité du plus jeune des enfants ; il peut aussi le résilier si des circonstances nouvelles le justifient (*Code civil, Art. 285-1*).

Pendant la procédure, le juge peut attribuer la jouissance du domicile conjugal à l'un des époux et décider que cette occupation sera à titre onéreux ou gratuit, sauf si celui qui en bénéficie est le seul propriétaire du logement. Dans ce cas, l'occupation ne peut être que gratuite à son égard (*Cour de cassation, 1re chambre civile, 13/1/2016*).

Les deux conjoints peuvent être l'un et l'autre propriétaires du logement soit qu'étant mariés sous un régime de communauté il constituait un bien commun, soit qu'étant mariés sous le régime de la séparation de biens ils l'ont acquis en indivision. Dans les deux cas, ils peuvent alors demeurer en indivision et se mettre d'accord pour déterminer celui d'entre eux qui, moyennant indemnité, l'utilisera. Un des deux conjoints peut aussi demander le partage et l'attribution du logement en versant à l'autre une somme d'argent, appelée soulte, si les biens à partager ne sont pas de valeur suffisante (*Code civil, Art. 815 et s., 832, 1476 et 1542*).

Si les époux sont locataires, ils sont automatiquement cotitulaires du bail, même si l'un seulement d'entre eux l'a signé. S'ils ne parviennent pas à se mettre d'accord sur le sort du logement, c'est le juge qui l'attribuera à l'un ou l'autre en fonction de l'intérêt de la famille (*Code civil, Art. 1751*). La transcription du jugement de divorce ayant attribué le droit au bail à l'un des époux met fin à la cotitularité du bail (*Cour de cassation, 3e chambre civile, 22/10/2015*).

Le sort des donations et avantages matrimoniaux

Les règles des donations entre époux ont été modifiées par la loi du 26/5/2004. Le sort des donations n'est plus lié au jugement de divorce et ne dépend plus, notamment, de l'attribution des torts. Les règles prévues s'appliquent à toutes les formes de divorce.

Depuis le 1/1/2005, il faut donc distinguer :
– d'une part, les donations de biens présents (donation prenant effet immédiatement) ;
– d'autre part, les donations de biens à venir (prenant effet au décès d'un conjoint, telle la donation au dernier vivant).

Les donations de biens présents deviennent irrévocables et le divorce des époux ne remet pas en cause ce caractère irrévocable.

À NOTER

Seules les donations intervenues après le 1/1/2005 deviennent irrévocables. Les donations que les époux ont pu se consentir avant cette date restent révocables à tout moment selon la volonté du donateur.

Les donations de biens à venir restent révocables. Pendant le mariage, chaque époux peut révoquer les donations de biens à venir comme la donation au dernier vivant qu'il a pu consentir à son conjoint. S'ils divorcent, la révocation est automatique, sauf si le donateur déclare expressément les maintenir (*Code civil, Art. 265 et 1096*).

Les donations et avantages matrimoniaux insérés dans le contrat de mariage suivent un régime différent. Ils restent irrévocables sauf volonté commune des époux de changer leur contrat.

Mais en cas de divorce, la loi du 26/5/2004 distingue :
– les avantages matrimoniaux et les donations prenant effet en cours de mariage qui restent irrévocables même en cas de divorce ;
– et les avantages matrimoniaux qui ne prennent effet qu'à la dissolution du régime matrimonial ou au décès de l'un des époux et des dispositions à cause de mort, accordés par un époux envers son conjoint, qui sont révoqués de plein droit par le divorce (sauf volonté contraire expresse de l'époux qui les a consentis).

La couverture sociale

Depuis le 1/1/2016, les personnes divorcées qui cessent d'être ayant droit de leur conjoint, bénéficient, à titre personnel, de la prise en charge de leurs frais de santé et ce, de manière continue tout au long de la vie.

La seule condition de cette prise en charge pour les personnes sans activité professionnelle est de résider en France de manière stable et régulière.

Le formulaire de demande d'ouverture des droits à l'assurance maladie peut être téléchargé sur le site : *www.amelr.*

Quelles sont les conséquences du divorce pour les enfants ?

Depuis la loi n° 2002-305 du 4/3/2002, les conséquences du divorce pour les enfants ne sont plus prévues par des règles propres au divorce mais par celles relatives à l'autorité parentale.

Le principe posé par la loi est que la séparation des parents ne doit pas avoir d'incidence sur les règles de dévolution de l'autorité parentale et que chacun des parents doit maintenir des relations personnelles avec l'enfant et respecter les liens de celui-ci avec l'autre parent (*Code civil, Art. 373-2*). Comment ce principe est-il mis en œuvre au regard de l'exercice de l'autorité parentale, du choix de la résidence de l'enfant et de la fixation de la contribution due à son entretien ? Telles sont les trois principales questions qui se posent.

› L'autorité parentale

Son attribution

La loi du 4/3/2002 réaffirme le principe, déjà acquis depuis 1993, de l'exercice en commun de l'autorité parentale par les deux parents, quelle que soit la cause de divorce ou l'attribution des torts. Les ex-conjoints sont alors censés prendre ensemble les décisions relatives à l'éducation et à la surveillance de leur enfant.

En cas de divorce par consentement mutuel avec ou sans juge les époux ont nécessairement dû prévoir dans leur convention, les modalités (résidence, pension alimentaire…) de cet exercice.

Dans les autres cas de divorce, les époux ont également tout intérêt à se rapprocher dans l'intérêt de leurs enfants et à soumettre leur accord au juge. À cet égard, le recours au médiateur familial peut faciliter un accord.

En l'absence de convention et en cas de conflit entre les parents, c'est le juge qui statue sur les modalités d'exercice de l'autorité parentale. Il doit s'efforcer de concilier les époux en leur proposant, voire en les enjoignant, de rencontrer un médiateur familial à cette fin.

Ce n'est qu'exceptionnellement et si l'intérêt de l'enfant le commande, que le juge peut n'attribuer l'exercice de l'autorité parentale qu'à un seul parent. L'autre parent conserve néanmoins le droit et le devoir de surveiller l'entretien et l'éducation de l'enfant et continue d'être informé des choix importants relatifs à la vie de ce dernier.

À NOTER

Le fait que le père, de nationalité étrangère, soit dans une situation irrégulière en France n'est pas suffisant pour que l'enfant commun soit confié à la garde exclusive de la mère de nationalité française. Les juges doivent rechercher le seul intérêt de l'enfant (Cour de cassation, 1re chambre civile, 4/12/2013).

À NOTER

Après le prononcé du divorce, et quelle qu'en soit la cause, les parents peuvent, si des circonstances nouvelles le justifient, demander au juge aux affaires familiales que des modifications soient apportées à l'exercice de l'autorité parentale, la résidence de l'enfant ou le montant de la pension due pour son entretien (Code civil, Art. 373-2-13).

La résidence de l'enfant

Lorsque l'autorité parentale est exercée en commun par les deux parents, ce sont eux qui déterminent le ou les lieux de résidence de l'enfant. Cet accord peut résulter, soit de la convention conclue entre eux préalablement au divorce en cas de divorce par consentement mutuel avec ou sans juge, soit, dans les autres cas de divorce, de la convention qu'ils ont pu conclure à cet effet et qui doit être homologuée par le juge aux affaires familiales (voir plus haut). Une médiation familiale peut aider à parvenir à cet accord.

La loi du 4/3/2002 autorise le choix d'une résidence alternée de l'enfant chez l'un et l'autre de ses parents, dès lors que ce choix n'est pas contraire aux intérêts de l'enfant (*Code civil, Art. 373-2-9*).

D'un point de vue fiscal, en cas de résidence alternée, les parents doivent se mettre d'accord pour désigner celui qui bénéficiera des parts supplémentaires pour le ou les enfants à charge. À défaut d'accord et si la charge de l'enfant est répartie de façon égalitaire entre eux, le supplément de part doit être partagée entre eux (0,25 par parent au lieu de 0,50 pour le premier enfant à charge)(*Code général des impôts, Art. 194*).

Si en revanche, il est justifié que l'un des parents assume la charge principale des enfants, les parts correspondantes seront intégralement attribuées à ce parent (*Cour de cassation, 1re chambre civile, 9/9/2015*).

Les parents doivent également désigner celui d'entre eux qui percevra les allocations familiales. Ils peuvent aussi demander le partage de ces allocations entre eux. Les conditions d'application de cette règle sont précisées par le décret n° 2007-550 du 13/4/2007.

À NOTER

*Un formulaire obtenu auprès de sa CAF permet de choisir l'allocataire des prestations. Il est aussi téléchargeable sur le site www.service-public.fr (formulaire Cerfa n° 14000*01).*

En cas de désaccord entre les parents sur le nom du bénéficiaire ou sur le principe du partage, et s'il y a mise en œuvre effective de la résidence alternée des enfants du couple, le partage devient la règle (*Code de la Sécurité sociale, Art. L. 521-2 et R. 521-2*). Attention : ce partage ne concerne que les allocations familiales et non, par exemple, la prestation d'accueil du jeune enfant (*Cour de cassation, 2e chambre civile, 30/3/2017*).

En cas de désaccord entre les parents sur le choix de la résidence de l'enfant, c'est alors au juge de fixer cette résidence, soit chez l'un des parents, soit chez l'un et l'autre, en alternance. Là encore, le juge prend en compte l'intérêt de l'enfant pour se déterminer. Il prend également en considération les éléments suivants :

– la pratique que les parents avaient précédemment suivie ou les accords qu'ils avaient pu antérieurement conclure ;

– les sentiments exprimés par l'enfant mineur s'il est capable de discernement. À cet égard, l'article 388-1 du Code civil prévoit qu'un enfant mineur peut être entendu par le juge dans toute procédure le concernant. Cette audition ne peut lui être refusée quand il en fait la demande. Il peut être entendu seul, avec un avocat ou une personne de son choix. Par ailleurs, la Cour de cassation a rappelé que cette demande d'audition pouvait être présentée à n'importe quel stade de la procédure conformément à l'article 338-2 du Code de procédure civile (*Cour de cassation, 1re chambre civile, 24/10/2012*) ;

– l'aptitude de chacun des parents à assumer ses devoirs et respecter les droits de l'autre ;

– les résultats de l'enquête sociale qu'il a pu ordonner.

Dans un exemple récent, l'enquête sociale avait fait apparaître un « syndrome d'aliénation parentale », c'est-à-dire la condition psychologique particulière d'un enfant qui s'allie fortement à l'un de ses parents et refuse de voir l'autre parent. La mère chez qui l'enfant avait sa résidence a été jugée, par son attitude, responsable de ce syndrome. Dans l'intérêt de l'enfant, la résidence de ce dernier a été fixée chez le père (*Cour de cassation, 1re chambre civile, 26/6/2013*).

Le choix de la résidence de l'enfant est important puisque le parent chez qui cet enfant réside est responsable de plein droit des dommages causés par ce dernier et ce, même si l'autorité parentale est exercée conjointement par les deux parents et même si les dommages ont été causés pendant l'exercice du droit de visite et d'hébergement de l'autre parent (la responsabilité de ce dernier ne peut être engagée que si la preuve d'une faute, notamment une faute de surveillance, est retenue contre lui)(*Cour de cassation, Chambre criminelle, 6/11/2012*).

Lorsque l'autorité parentale n'est exercée que par un seul parent (ce qui est aujourd'hui très rare), c'est chez ce dernier que l'enfant aura sa résidence.

Fiscalement, ce parent est considéré comme ayant l'enfant à sa charge et peut bénéficier du supplément de part fiscale (*Code général des impôts, Art. 194*).

À NOTER

Tout changement de résidence d'un parent, dès lors qu'il risque de modifier les modalités d'exercice de l'autorité parentale (éloignement important par exemple), doit faire l'objet d'une information préalable et en temps utile de l'autre parent. En cas de désaccord sur le projet de changement de résidence, l'un ou l'autre des parents peut saisir le juge aux affaires familiales qui statue selon ce qu'exige l'intérêt de l'enfant. En particulier, il peut répartir les frais de déplacement et ajuster en conséquence le montant de la contribution à l'entretien de l'enfant (Code civil, Art. 373-2). En cas de risque d'enlèvement de l'enfant à l'étranger, le juge aux affaires familiales peut interdire la sortie du territoire du mineur sans l'autorisation de ses deux parents et faire inscrire cette mesure au fichier des personnes recherchées (Code civil, Art. 373-2-6 ; Code de procédure civile, Art. 1180-3 et s.).

Le droit de visite et d'hébergement

Lorsque l'enfant ne réside pas de manière alternée chez l'un et l'autre de ses parents, le parent chez lequel il ne réside pas doit se contenter d'un droit de visite et d'hébergement. Il en est de même du parent qui n'a pas l'exercice de l'autorité parentale.

En cas d'accord entre les parents, notamment par convention (voir plus haut), ce sont eux qui décident des jours et heures de visite et d'hébergement.

En cas de conflit entre eux, c'est le juge qui fixe les conditions de ce droit de visite. Le plus souvent, mais ce n'est pas une règle, ce droit s'effectue un week-end sur deux, ainsi que la moitié des vacances scolaires.

En principe, un parent ne peut être privé de ce droit de visite et d'hébergement que pour des motifs graves. Des motifs graves justifiant pour le père la privation de son droit de visite et d'hébergement ont été retenus dans les affaires suivantes : les juges avaient constaté que les deux filles manifestaient un mal-être certain à l'approche des rencontres avec leur père et qu'elles étaient perturbées dans leur travail scolaire, l'angoisse ressentie par l'une d'elle se traduisant par des crises d'eczéma (*Cour de cassation, 1re chambre civile, 15/4/2015*). Dans un autre cas, la Cour de cassation a considéré que les difficultés relationnelles persistantes entre le père et sa fille, se traduisant notamment par le refus de la mineure de lui parler, et l'attitude inadaptée de celui-ci qui tenait des propos dénigrants à l'égard de la mère, justifiaient la suppression de son droit de visite et d'hébergement (*Cour de cassation, 1re chambre civile, 4/7/2018*). Si le juge estime que les liens avec ce parent doivent être maintenus, il peut aussi organiser le droit de visite dans un espace de rencontre désigné pour cela (*Code civil, Art. 373-2-1*). Dans ce cas, il fixe la durée de la mesure et détermine la périodicité et la durée des rencontres (*Code de procédure civile, Art. 1180-5*). Cela n'est cependant pas toujours possible comme dans l'arrêt de 2018 où malgré l'exercice du droit du père dans ce lieu neutre, la poursuite des relations entre père et fille a paru inadaptée aux juges.

Par ailleurs, celui qui bénéficie de ce droit ne peut être contraint de l'exercer : si, par exemple, un parent ne vient pas chercher son enfant le week-end, l'autre parent ne pourra pas l'y obliger…

À NOTER

Le juge ne peut pas fixer le droit de visite en le faisant dépendre de la volonté des enfants. Une cour d'appel avait fixé la « résidence habituelle » des enfants âgés de 13 et 15 ans au domicile de leur mère, et accordé à leur père un droit de visite en précisant que ce droit de visite « s'exercera librement sous réserve de l'accord des enfants ». Cet arrêt a été cassé. Même s'il est difficile d'aller à l'encontre de la volonté des adolescents, les modalités d'exercice de l'autorité parentale d'un parent à l'égard de ses enfants doivent être fixées par le juge (Cour de cassation, 1re chambre civile, 3/12/2008). De la même façon, le juge doit fixer le droit de visite même en l'absence de demande spécifique sur ce point. Ce n'est pas aux parents (ni aux enfants) de décider a posteriori de l'organisation de ce droit de visite (Cour de cassation, 1re chambre civile, 23/11/2011).

Frais de voyage

Selon l'usage, c'est au parent qui exerce son droit de visite et d'hébergement de prendre en charge les frais de déplacement. Mais lorsque l'exercice du droit de visite entraîne des déplacements importants en raison de l'éloignement des résidences des parents, l'usage est que chaque époux assure tour à tour le déplacement de l'enfant ou que les frais de voyage soient partagés par moitié. En cas de désaccord entre les parents sur les frais de déplacement d'un domicile à l'autre, ils peuvent saisir le juge aux affaires familiales. Ce dernier répartit les frais de déplacement et peut ajuster en conséquence le montant de la pension alimentaire versée pour l'enfant (*Code civil, Art. 373-2*).

Paiement de la pension alimentaire

À moins qu'il en soit décidé autrement par le juge du divorce ou le juge saisi en cas de litige, la pension alimentaire reste due pendant l'exercice, même prolongé, du droit d'hébergement, par exemple durant les vacances scolaires.

Qu'est-ce que la non-représentation d'enfant ?

La loi punit le fait de refuser indûment de représenter un enfant mineur à la personne qui a le droit de le réclamer (notamment par décision de justice) d'une peine d'1 an de prison et de 15 000 € d'amende. Cette infraction concerne tant le parent qui refuse un droit de visite et d'hébergement à l'autre parent que celui qui ne ramène pas l'enfant à l'issue de ce droit. La sanction est plus sévère quand l'enfant est retenu plus de 5 jours en laissant l'autre parent dans l'ignorance de l'endroit où il se trouve ou s'il est retenu hors de France (cas de l'enlèvement international d'enfant) (*Code pénal, Art. 227-5 et 227-9*).

La loi réprime en outre le fait pour un ascendant (grand-parent, par exemple) de soustraire un enfant mineur des mains de ceux qui exercent l'autorité parentale ou auxquels il a été confié ou chez qui il réside. Ce délit est puni des mêmes peines que la non-représentation d'enfant.

Enfin, est puni de 6 mois d'emprisonnement et de 7 500 € d'amende, le fait pour le parent chez lequel résident les enfants de déménager et de ne pas notifier le changement de domicile au parent qui exerce son droit de visite et d'hébergement en vertu d'un jugement ou d'une convention judiciairement homologuée (*Code pénal, Art. 227-5*).

ATTENTION ⚠

Le refus d'un enfant de voir l'un de ses parents n'exonère pas l'autre du devoir de lui présenter l'enfant. Il pourrait être, dans le cas contraire, condamné pour délit de non-représentation d'enfant (Code pénal, Art. 227-6 et 227-7). Toutefois, s'il s'agit d'adolescents qui ne peuvent que difficilement être contraints, le plus souvent des poursuites ne sont pas engagées contre le parent concerné.

Quels sont les droits de l'ancien beau-parent et autres proches de l'enfant ?

L'article 371-4 du Code civil prévoit que le juge aux affaires familiales peut, si tel est l'intérêt de l'enfant, fixer les modalités des relations entre l'enfant et un tiers, parent ou non, en particulier lorsque ce tiers a résidé de manière stable avec lui et l'un de ses parents, « a pourvu à son éducation, à son entretien ou à son installation, et a noué avec lui des liens affectifs durables ». Il peut leur accorder un droit de visite et/ou d'hébergement, un droit de correspondance, etc.

Les personnes concernées peuvent être des membres de la famille (un parrain ou une marraine, un oncle ou une tante, par exemple), ou la personne ayant élevé l'enfant et qui, suite à la rupture avec le parent de l'enfant, craint d'être privé de le voir.

› La pension alimentaire

Le parent chez lequel l'enfant n'a pas sa résidence (ou qui n'exerce pas l'autorité parentale) doit verser à l'autre parent une pension alimentaire afin de contribuer aux frais d'entretien et d'éducation de l'enfant. En cas de résidence alternée de l'enfant chez l'un et l'autre de ses parents, ceux-ci étant tenus de contribuer à l'entretien de l'enfant à proportion de leurs ressources respectives, le versement d'une telle pension par un parent à l'autre est également envisageable.

À NOTER

L'ARIPA (Agence de recouvrement des impayés de pensions alimentaires) propose son aide, notamment en matière de fixation amiable de la pension alimentaire et de recouvrement des impayés de pensions depuis au moins 1 mois dues pour les enfants de moins de 20 ans. Ces informations sont accessibles sur le site : www.pension-alimentaire.caf.fr ou par téléphone au 0821 22 22 22 (0,06 €+ prix d'un appel local).

À NOTER

Le gouvernement a mis en place un « service public des pensions alimentaires » pour les impayés qui s'appuie sur l'ARIPA et les caisses d'allocations familiales depuis juin 2020.

Le montant et la forme de la pension

Le montant, les modalités de versement et les garanties de cette pension sont fixés par la convention des parents ou, en cas de désaccord entre eux, par le juge. Le principe est celui d'une contribution de chacun des parents à proportion de ses ressources personnelles, ainsi que des besoins de l'enfant. L'époux ayant des revenus plus importants que son conjoint contribuera de manière plus importante. À cet égard, le juge peut prendre en compte le montant des allocations familiales perçues par chacun des parents (*Cour de cassation, 1re chambre civile, 17/11/2010*). En revanche, le juge ne peut pas prendre en compte les revenus du nouveau concubin de la mère, ce dernier n'ayant pas d'obligation alimentaire envers l'enfant (*Cour de cassation, 1re chambre civile, 21/10/2015*). S'agissant de l'enfant, ses besoins varieront en fonction de son âge. En outre, il ne doit pas, dans la mesure du possible, pâtir matériellement du divorce de ses parents. Ainsi, par exemple, l'enfant qui suivait sa scolarité dans une école privée, y restera en principe. Et s'il prenait des cours de piano ou faisait de l'équitation, il doit pouvoir poursuivre ces activités.

À NOTER

Une table de référence indicative a été établie pour calculer le montant de la pension alimentaire lorsque l'enfant est âgé de 0 à 18 ans. Cette table de référence, disponible sur le site : www.justice.fr, prend en compte le nombre d'enfants à charge, les revenus des parents et les charges qu'ils assument ainsi que l'importance du droit de visite et d'hébergement (réduit, classique ou résidence alternée)(Circulaire du 12/4/2010). Mais cette table de référence, même annexée à une circulaire, doit rester consultative. La pension alimentaire doit toujours être fixée uniquement en fonctions des facultés respectives des parents et des besoins des enfants (Cour de cassation, 1re chambre civile, 23/10/2013).

La contribution peut prendre la forme d'une pension alimentaire payée par un parent à l'autre (par virement bancaire ou par tout autre moyen de paiement). Elle peut également prendre la forme, en tout ou en partie, d'une prise en charge directe des frais exposés au profit de l'enfant (paiement des frais de scolarité, de transport, d'un loyer). Elle peut enfin être exécutée en nature sous forme d'un droit d'usage et d'habitation :

le parent propriétaire d'un studio, peut par exemple le mettre gratuitement à la disposition de son enfant.
Lorsque la consistance des biens appartenant au débiteur de la pension s'y prête, la pension peut être remplacée, en tout ou en partie, par le versement d'une somme d'argent entre les mains d'un organisme accrédité chargé d'accorder en contrepartie à l'enfant une rente indexée, l'abandon de biens en usufruit ou l'affectation de biens productifs de revenus.
La pension est due et payable chaque mois. Le débiteur ne peut pas la diminuer ou la supprimer sous prétexte, par exemple, qu'il héberge les enfants durant les vacances. Elle est indexée sur l'augmentation du coût de la vie et donc revalorisée chaque année.

AVANTAGE

On peut calculer en ligne la revalorisation d'une pension alimentaire (www.service-public.fr/particuliers/vosdroits/R1259).

Le non-paiement de cette pension est sanctionné pénalement pour délit d'abandon de famille (*Code pénal, Art. 227-3*). Des dispositions particulières sont prévues en cas de non-paiement pour en faciliter le recouvrement.
Fiscalement, le débiteur de la pension versée pour l'entretien des enfants mineurs peut la déduire de ses revenus dans la mesure où il ne compte pas cet enfant à charge.
En revanche, aucune déduction n'est possible au titre de versements effectués pour un enfant dont la charge est partagée entre les parents et qui ouvre droit de ce fait à un avantage de quotient familial à chacun des deux parents.

La modification de la pension

Comme pour tout ce qui peut toucher aux modalités d'exercice de l'autorité parentale, le montant ou les modalités de versement de la pension alimentaire peuvent être révisés, aussi bien à la hausse qu'à la baisse, sur demande de l'un ou l'autre des époux devant le juge aux affaires familiales dont dépend la résidence du parent qui assume à titre principal la charge des enfants.
Pour cela, il faut qu'un changement de situation soit intervenu depuis le jugement de divorce ou depuis la dernière révision. Voici quelques exemples courants : l'un des parents a été licencié de son emploi ; l'autre a un nouveau travail beaucoup mieux payé ; un des enfants quitte une école publique pour une école privée ; un autre arrête ses études et commence à travailler, etc.
Lorsque l'enfant devient majeur, la pension doit continuer à être versée. Cette obligation ne cesse pas de plein droit (*Code civil, Art. 371-2*). C'est à celui qui demande sa suppression de rapporter la preuve des circonstances permettant de l'en décharger et non au créancier de prouver l'état de besoin de l'enfant (*Cour de cassation, 1re chambre civile, 7/11/2012*).

› Que peut faire un parent pour obtenir satisfaction en cas de carence de l'autre ?

Les conflits sont légion pour les parents séparés : retard dans le paiement de la pension alimentaire, souci dans l'organisation des droits de visite, etc. Si des solutions pénales existent, d'autres moyens peuvent aussi être envisagés. La loi n° 2019-222 du 23/3/2019 a renforcé le rôle du juge lorsque l'un des parents ne s'exécute pas. Dorénavant, selon la situation, le juge peut :
– assortir sa décision d'une astreinte (somme à régler, par jour de retard, en cas d'infraction) et infliger une amende civile (10 000 € au maximum) au parent qui fait « délibérément obstacle de façon grave ou renouvelée à l'exécution d'une décision » (*Code civil, Art. 373-2-6*) ;
– saisir, à titre exceptionnel, le procureur de la République pour requérir le concours de la force publique afin d'assurer l'exécution forcée des mesures concernant l'enfant (*Code civil, Art. 373-2*) ;
– prévoir, en même temps qu'il tranche une question d'autorité parentale, une médiation familiale (et la mettre en place si les parents sont d'accord), voire leur enjoindre de rencontrer un médiateur pour un rendez-vous d'information. Le juge peut en effet, dans certaines situations, trouver intéressant d'ordonner une telle mesure afin de faciliter la mise en œuvre concrète de sa décision (*Loi n° 95-125 8/2/1995, Art. 22-3*). « L'hypothèse envisagée est celle où le différend parental demeure vif en fin de procédure et laisse craindre des difficultés d'exécution des modalités d'exercice de l'autorité parentale qui seront fixées par la décision, s'agissant d'un transfert de résidence de l'enfant ou de l'exercice du droit de visite et d'hébergement par exemple » (*Circulaire du 25/3/2019*).

DIVORCE ET DROITS DES GRANDS-PARENTS

En vertu des dispositions de l'article 371-4 du Code civil, les parents ne peuvent faire obstacle aux relations des enfants avec les grands-parents ou arrière-grands-parents (les ascendants). Seul l'intérêt de l'enfant peut empêcher l'exercice de ce droit. Les ascendants pourront donc, en cas de conflit, s'adresser au juge aux affaires familiales, dont dépend le domicile des enfants, afin que soient fixées les modalités de cette relation. Ils pourront obtenir un droit de correspondance, un droit de visite ou d'hébergement. Ils peuvent aussi, avant la procédure, tenter une démarche amiable auprès du médiateur familial. L'adresse d'un médiateur peut être obtenue auprès de sa mairie.

COMMENT OBTENIR LE PAIEMENT DE VOTRE PENSION ALIMENTAIRE ?

Les moyens	Objet	La procédure à suivre
SAISIE DES RÉMUNÉRATIONS	Cette procédure permet le recouvrement des impayés des pensions alimentaires, mais non pour les sommes à venir. Elle porte sur le terme mensuel et les 6 derniers mois, sauf si la procédure est initiée par la CAF ou la MSA. Dans ce cas, la demande d'arriérés peut porter sur les 24 derniers mois (depuis le 1/4/2016).	• S'adresser au greffe du juge de l'exécution de son domicile (indiquer le montant des sommes dues, les noms et adresses de l'ex-conjoint et de son employeur, envoyer copie du jugement ou de la convention). • Tentative de conciliation. • En cas de non-conciliation, l'acte de saisie sera notifié à l'employeur.
SAISIE-ATTRIBUTION SAISIE-VENTE SAISIE D'UN BIEN IMMOBILIER	Ces procédures ont pour objet d'obtenir le paiement à l'aide de la saisie de biens mobiliers ou immobiliers, ou encore la saisie de sommes détenues par un tiers (banque, par exemple).	Huissier (celui-ci délivre un commandement de payer qui sera suivi de la saisie).
PAIEMENT DIRECT	Cette procédure n'est applicable que dans la limite de 6 mois de pensions alimentaires impayées et pour des mensualités à venir au fur et à mesure où elles sont dues. Si la procédure est initiée par la CAF ou la MSA, le paiement direct peut porter sur les 24 derniers mois d'impayés (depuis le 1/4/2016).	Huissier (adresser la copie du jugement ou de la convention, les nom et adresse de la personne entre les mains de laquelle doit être pratiqué le paiement direct).
RECOUVREMENT PUBLIC	L'époux a déjà mis en œuvre divers moyens de recouvrement, en vain. Si tel est le cas, l'époux peut demander au comptable public compétent le recouvrement de la pension alimentaire jusqu'au 6 derniers mois d'impayés et pour les mois à venir.	• Envoyer une lettre recommandée avec avis de réception au procureur de la République du TGI de votre domicile. • Joindre la copie du jugement ou de la convention et tout document prouvant que le recouvrement n'a pu être obtenu : attestation de l'huissier de justice ou attestation du greffe du juge de l'exécution pour les saisies rémunérations.

COMMENT OBTENIR LE PAIEMENT DE VOTRE PENSION ALIMENTAIRE ?		
Les moyens	**Objet**	**La procédure à suivre**
INTERVENTION DE LA CAF OU DE LA MSA	• Demander l'allocation de soutien familial à titre d'avance. La CAF ou la MSA se chargera alors du recouvrement. • Si vous ne remplissez pas les conditions d'attribution, la CAF ou la MSA peut en assurer le recouvrement.	Contacter la CAF ou la MSA.
PLAINTE POUR ABANDON DE FAMILLE OU POUR ORGANISATION FRAUDULEUSE D'INSOLVABILITÉ	Cette procédure permet la condamnation pénale du débiteur. Elle suppose le caractère volontaire du défaut de paiement.	Plainte déposée au commissariat de police ou adressée au procureur de la République. Citation directe devant le tribunal correctionnel.

PENSION ALIMENTAIRE : FLASH DE JURISPRUDENCE

✔ L'obligation de verser la pension alimentaire se poursuit lorsque l'enfant fait des études (*Cour de cassation, 2e chambre civile, 6/2/1985*).
✔ Les enfants majeurs sont libres de choisir leur résidence, la contribution du parent débiteur de la pension alimentaire ne peut être subordonnée au fait que l'enfant vienne vivre avec lui (*Cour de cassation, 2e chambre civile, 8/2/1989*).
✔ La maladie grave de l'enfant justifie le maintien de la pension alimentaire (*Cour de cassation, 2e chambre civile, 28/4/1980*).
✔ La pension reste due même si les enfants ont rompu toute relation avec le parent qui la verse (*Cour de cassation, 2e chambre civile, 17/7/1985*).
✔ Même si le non-paiement n'est que partiel, le débiteur peut être condamné pour abandon de famille (*Cour de cassation, Chambre criminelle, 26/10/2005*).
✔ Le créancier d'une pension alimentaire ne peut se voir opposer une procédure de liquidation de biens de son débiteur. Sa créance n'a pas à être déclarée au passif.
Le créancier peut saisir les revenus dont le débiteur conserve la disposition. Il peut aussi recourir à la procédure de paiement direct (*Cour de cassation, Chambre commerciale, 8/10/2003*).

Cas pratiques

Le divorce

Divorce par consentement mutuel - judiciaire ou extrajudiciaire

Mon mari et moi désirons divorcer par consentement mutuel. Nous n'avons pas d'enfant. J'ai entendu parler de la procédure sans juge mais je serais rassurée de passer devant le juge. Que me conseillez-vous ?

Dans le cadre du divorce extrajudiciaire, mis en place depuis le 1/1/2017, il n'y a plus d'intervention du juge aux affaires familiales pour contrôler la convention envisagée. Or, en l'absence d'enfant, si vous vous orientez vers un consentement mutuel, vous ne pouvez plus utiliser que la nouvelle formule de divorce sans juge.

Nous vous conseillons de faire le point avec votre avocat qui saura vous conseiller, au vu de votre dossier, sur le choix du type de divorce à engager.

Le divorce sans juge est-il plus rapide ? Je songe en effet à me remarier sans tarder car ma compagne attend un enfant.

C'est une question souvent posée par les personnes demandant le divorce par consentement mutuel.

En l'absence de contrôle du juge, ce type de divorce est en principe plus rapide puisque son prononcé ne dépend pas de la date d'audience fixée.

Mais dans les faits, tout dépend du dossier soumis aux avocats, et comme toujours, de l'existence ou non de patrimoine et d'enfants, sources de discussions et parfois de désaccord.

Comme auparavant, l'accord des époux doit être validé au fil des rendez-vous avec une différence

Il faut enfin avoir à l'esprit que l'objectif n'est pas d'aller vite mais d'éviter, dans la mesure du possible, des contentieux après le divorce.

Divorce pour faute - faits reprochés

Je reproche à mon mari de s'enfermer dans son mutisme dès qu'il rentre à la maison et de ne pas communiquer. Est-ce un motif suffisant pour divorcer ?

Tout d'abord, seul l'avocat chargé de votre dossier peut vous donner un avis motivé. Sachez cependant, sur un plan général, que l'article 242 du Code civil exige une certaine gravité des fautes causes de divorce. Celles-ci doivent être graves ou renouvelées et rendre intolérable la vie commune. De simples difficultés dans la communication entre les époux pourraient ainsi être écartées (*Cour de cassation, 1re chambre civile, 11/1/2005*).

Mon mari voit régulièrement une autre femme, au vu et au su de tout le monde, mais je n'arrive pas à prouver l'adultère. Que faire ?

Il a été jugé que même si les témoignages produits n'établissent pas l'adultère, ni la preuve d'une attitude équivoque, ces faits peuvent être retenus comme fautifs, dans la mesure où ils peuvent démontrer l'attitude injurieuse du mari à l'égard de son épouse (*Cour de cassation, 1re chambre civile, 30/9/2003*).

Divorce pour altération définitive de la vie conjugale - preuve de la séparation

Après 30 ans de mariage, mon mari et moi sommes séparés depuis 3 ans. Mais il ne s'agit, selon moi, que d'une séparation temporaire et provisoire. Puis-je invoquer cet argument car il demande le divorce pour altération définitive du lien conjugal ?

Il a été jugé, dans une affaire proche de la vôtre, qu'il n'est pas possible de s'opposer à ce type de divorce en invoquant l'argument que vous soulevez, du moins tant qu'il ne se base pas sur des éléments concrets, telle une reprise de la vie commune.

En effet, ce divorce est fondé sur la durée de la séparation et sur le fait que le lien conjugal est définitivement altéré (*Cour de cassation, 1re chambre civile, 23/10/2013*).

Prestation compensatoire - remariage

Je dois régler à mon ex-femme une prestation compensatoire sous forme de rente viagère depuis 2007. Je m'en acquitte régulièrement mais cette charge est de plus en plus lourde du fait de mon remariage et de la naissance de mes deux enfants. Puis-je demander la suppression ou, à défaut, la diminution de la rente que je verse ?

Vous pouvez effectivement invoquer cet élément s'il est avéré qu'il apporte un changement dans vos charges, et ce en application de l'article 276-3 du Code civil. Ce texte prévoit que la prestation compensatoire fixée sous forme de rente peut être révisée, suspendue ou supprimée « en cas de changement important dans les ressources ou les besoins de l'une ou l'autre des parties… » (*Cour de cassation, 1re chambre civile, 28/6/2005*).

Conséquences du divorce vis-à-vis des tiers

À partir de quand peut-on considérer que l'on est divorcé vis-à-vis des tiers (bailleur notamment)?

La date à retenir est la transcription de la décision de divorce sur le registre de l'état civil. C'est cette publicité qui rend le divorce opposable aux tiers. Les époux ne sont alors plus solidaires des dettes engagées par eux après cette date. Mais ils peuvent, dans la limite de la prescription, être tenus des dettes communes avant cette date.

Audition de l'enfant

Ma femme et moi sommes en instance de divorce et mon fils de 10 ans souhaiterait vivre avec moi. Peut-il donner son avis au juge sur la question alors qu'il n'a pas 13 ans ?

Contrairement à une idée répandue, l'âge de 13 ans n'est pas l'âge à partir duquel le juge peut entendre l'enfant. Le critère légal est le « discernement » de l'enfant, à savoir son degré de maturité, sa capacité à résister aux pressions de ses parents, etc. Nous vous signalons une décision ayant décidé que le jeune âge de l'enfant (en l'occurrence 9 ans) combiné à d'autres paramètres (pressions des parents) prouvait le manque de discernement de l'enfant (*Cour de cassation, 1re chambre civile, 15/5/2013*).

Vivre en couple

Assurance maternité : montants des prestations en espèces

Régime général

Indemnité journalière au 1/1/2020 :
– montant maximal net : 89,03 € ;
– montant minimal net : 9,53 €.

Plafonds de la Sécurité sociale en 2020

– annuel : 41 136 € ;
– trimestriel : 10 284 € ;
– mensuel : 3 428 € ;
– journalier : 189 € ;
– horaire : 26 €.

SMIC brut depuis le 1/1/2020

– SMIC horaire : 10,15 € ;
– SMIC mensuel (151,666 heures) : 1 539,42 €.

Accueillir et élever son enfant

Le statut de l'enfant

Définir le statut d'un enfant, c'est préciser l'ensemble des règles qui doivent permettre d'identifier cet enfant, de le rattacher à ses parents, de définir les droits et devoirs de ces derniers à son égard. Ces différents éléments, qu'il s'agisse de la filiation ou encore de l'autorité parentale, dépendent, pour une large part des conditions d'arrivée de l'enfant au foyer, naissance (qui peut aujourd'hui être « aidée » par les techniques médicales) ou adoption, mais aussi de la situation familiale de ses parents, mariage ou concubinage par exemple.

La filiation

Depuis le 1/7/2006, date d'entrée en vigueur de l'ordonnance n° 2005-759 du 4/7/2005 portant réforme de la filiation, il n'y a plus lieu de distinguer entre filiation « légitime » et filiation « naturelle », ces deux notions ayant été supprimées du Code civil. Il demeure toutefois un régime particulier propre à la filiation « adoptive ».

La suppression de la distinction filiation légitime / filiation naturelle

À l'origine, c'est-à-dire en 1804, le Code civil avait établi une hiérarchie entre les enfants en accordant à l'enfant naturel simple (celui né de parents tous deux célibataires) des droits inférieurs à ceux de l'enfant légitime (celui né de parents mariés entre eux), l'objectif étant d'assurer la primauté de la famille fondée sur le mariage. Le même Code avait, par ailleurs, interdit l'établissement de la filiation des enfants adultérins ou incestueux. Malgré quelques aménagements, cette règle a perduré jusqu'à l'intervention de la loi du 3/1/1972 qui, tirant les conséquences de l'évolution des mentalités, a posé le principe de l'égalité des filiations, laissant toutefois subsister certaines restrictions aux droits de l'enfant adultérin, notamment en matière de successions et de donations. Ainsi, lorsque l'enfant adultérin se trouvait au jour du décès en concours avec le conjoint survivant et/ou des enfants issus du mariage, ses droits successoraux étaient réduits à la moitié de ce qu'il aurait reçu s'il avait été un enfant légitime. Cette disposition, jugée contraire à l'article 14 de la Convention européenne de sauvegarde des droits de l'homme et des libertés fondamentales, a été supprimée du Code civil par la loi n° 2001-1135 du 3/12/2001 qui, plus généralement, a fait disparaître du même Code toutes les dispositions qui organisaient une discrimination au détriment de l'enfant adultérin. Enfin, la loi n° 2002-305 du 4/3/2002 relative à l'autorité parentale a inséré dans le Code civil un article 310-1 précisant que « tous les enfants dont la filiation est légalement établie ont les mêmes droits et les mêmes devoirs dans les rapports avec leur père et mère. Ils entrent dans la famille de chacun d'eux », de sorte que les statuts des enfants étant unifiés sans considération pour les conditions de leur naissance, la distinction auparavant effectuée entre filiations « légitime » et « naturelle » était devenue sans objet et a pu être supprimée du Code civil par l'ordonnance n° 2005-759 du 4/7/2005 précitée.

Cette ordonnance a été ratifiée par la loi n° 2009-61 du 16/1/2009 qui a également modifié certaines règles concernant l'établissement ou la contestation d'une filiation.

MODALITÉS D'ENTRÉE EN VIGUEUR DE L'ORDONNANCE DU 4/7/2005

Sous réserve des décisions de justice passées en force de chose jugée, l'ordonnance du 4/7/2005 est applicable aux enfants nés avant comme après son entrée en vigueur. Certaines dispositions transitoires sont toutefois prévues. Ainsi, notamment :

– les enfants nés avant l'entrée en vigueur de cette ordonnance, soit le 1/7/2006, ne peuvent s'en prévaloir dans les successions déjà liquidées ;

– lorsqu'une instance a été introduite avant le 1/7/2006, l'action est poursuivie et jugée conformément à la loi ancienne. Cette loi s'applique également en appel et en cassation ;

– les actions prévues par les articles 327 (action en recherche de paternité) et 329 (action en rétablissement de la paternité) du Code civil, tels qu'ils résultent de l'ordonnance du 4/7/2005, peuvent être exercées, sans que puisse être opposée la forclusion tirée de la loi ancienne, lorsque, à la date de l'entrée en vigueur de cette ordonnance (soit le 1/7/2006), la prescription de 10 ans prévue par l'article 321 du Code civil n'est pas acquise. L'action doit alors être exercée dans le délai restant à courir à partir du 1/7/2006, sans que ce délai puisse être inférieur à 1 an.

Comment est établie la filiation ?

Désormais, la filiation peut être légalement établie par l'effet de la loi, par la reconnaissance volontaire ou par la possession d'état constatée par un acte de notoriété. Elle peut aussi l'être, sous certaines conditions, par jugement (*Code civil, Art. 310-1*).

À NOTER

L'article 310-2 du Code civil rappelle l'interdiction d'établir le lien de filiation à l'égard des deux parents en cas de relation incestueuse. Cette interdiction s'applique quel que soit le mode d'établissement de la filiation.

› L'établissement par l'effet de la loi

Avant l'intervention de l'ordonnance du 4/7/2005, la filiation dans le mariage s'établissait automatiquement par l'indication, dans l'acte de naissance de l'enfant, de la qualité d'époux de ses parents, qui déclenchait le jeu de la présomption de paternité. En revanche, la filiation d'un enfant né de parents non mariés s'établissait par la reconnaissance, ou depuis 1982, par la possession d'état, supposant ainsi une démarche volontaire du père comme de la mère. Ce dispositif est désormais simplifié, une distinction devant être établie entre la filiation à l'égard de la mère et celle à l'égard du père.

L'établissement de la filiation à l'égard de la mère

Désormais, en vertu de l'article 311-25 du Code civil, l'indication du nom de la mère dans l'acte de naissance établit la filiation à son égard. La mère non mariée n'a donc plus, pour établir la filiation à son égard, à reconnaître l'enfant dont elle a accouché, comme cela était le cas auparavant. Par cette mesure de simplification, il s'agit, en supprimant une formalité mal comprise, d'éviter qu'une proportion non négligeable d'enfants n'ait pas de filiation maternelle établie avec certitude, par simple méconnaissance de la loi.

En tout état de cause, il convient de rappeler que l'indication du nom de la mère dans l'acte de naissance demeure facultative, conformément à l'article 57 du Code civil, préservant ainsi la liberté de la mère de voir établir un lien de filiation.

LA DÉCLARATION DE NAISSANCE

La naissance d'un enfant est entourée, sur le plan juridique, d'un certain nombre de formalités, destinées principalement à prouver cette naissance, et assurer ainsi une existence juridique à cet enfant.
La déclaration de naissance a pour effet de donner un état civil à l'enfant. L'acte de naissance établi à la suite servira à faire la preuve de la naissance (*Code civil, Art. 55 et s.*). Cette déclaration ne doit pas être confondue avec la reconnaissance qui permet d'établir le lien de parenté avec l'enfant.

✓ Qui doit faire la déclaration ?
La déclaration de naissance doit être effectuée par le père de l'enfant ou, à défaut, par le médecin ou la sage-femme qui a pratiqué l'accouchement ou, plus généralement, par toute personne qui a assisté à l'accouchement.

✓ Où et dans quel délai ?
La déclaration doit être faite dans les 5 jours qui suivent l'accouchement à l'officier d'état civil de la mairie du lieu de naissance. Le jour de l'accouchement n'est donc pas compté dans ce délai qui est prolongé, si le 5e jour est un samedi, un dimanche, un jour férié ou chômé, jusqu'au 1er jour ouvrable suivant.
Ce délai peut être porté à 8 jours lorsque l'éloignement entre le lieu de naissance et le lieu où se situe l'officier d'état civil le justifie. Les communes concernées sont déterminées par le décret n° 2017-278 du 2/3/2017.
Après l'expiration de ces délais, la déclaration de naissance ne peut plus être enregistrée par l'officier d'état civil qu'à la suite d'un jugement rendu par le tribunal judiciaire dans le ressort duquel la naissance a eu lieu.

✓ Quels sont les documents à fournir ?
Quelle que soit la situation des parents, il faut fournir le certificat d'accouchement établi par l'hôpital, le médecin ou la sage-femme.
En pratique, les mairies exigent que soient également fournis : une pièce d'identité des parents, le carnet de maternité et, le cas échéant, le livret de famille avec, éventuellement (si les parents ne sont pas mariés et si le père a déjà reconnu l'enfant), l'acte de reconnaissance antérieur de l'enfant.
Les parents doivent aussi fournir la déclaration de choix de nom s'ils souhaitent utiliser cette faculté.

✓ L'acte de naissance
L'acte de naissance de l'enfant est rédigé immédiatement après la déclaration. Il sert de preuve de la naissance. Il peut comporter différentes mentions.

L'établissement de la filiation à l'égard du père

Contrairement à ce qui est prévu pour l'établissement de la filiation maternelle, les modes d'établissement de la paternité conservent leur différence selon que les parents sont mariés ou non. La paternité du mari résulte de l'effet que la loi attache au lien conjugal, par la présomption de paternité, alors qu'hors mariage, l'établissement de la filiation implique un acte de volonté spécifique du père.

Le père marié

La filiation paternelle de l'enfant d'un homme marié ressort de la déclaration de l'enfant à l'état civil. Si le père marié n'apparaît pas sur l'acte de naissance, l'enfant peut être rattaché à son père par le jeu de la présomption de paternité, selon laquelle « l'enfant conçu ou né pendant le mariage a pour père le mari » (*Code civil, Art. 312*). Pour connaître le moment où l'enfant a été conçu, la loi présume que l'enfant est conçu pendant la période qui s'étend du 300e jour au 180e jour avant la date de la naissance ; il s'agit là d'une simple présomption et la preuve contraire peut être rapportée.

Cette présomption de paternité peut être écartée lorsque l'acte de naissance de l'enfant ne désigne pas le mari en qualité de père et que l'enfant n'a pas de possession d'état à son égard (il n'est pas élevé par le mari) ; une reconnaissance ou une action en justice est alors possible afin de faire rétablir les effets de cette présomption. Elle est aussi écartée lorsque l'enfant est né plus de 300 jours après une demande en divorce ou en séparation de corps (ou le dépôt de la convention notarié pour le divorce par consentement mutuel sans juge) et moins de 180 jours depuis le rejet définitif de la demande ou la réconciliation (*Code civil, Art. 313*).

Le père non marié

Afin d'établir la filiation à son égard, le père non marié doit reconnaître son enfant (voir plus loin), la seule déclaration à l'état civil n'étant pas suffisante. Sur ce point, la réforme opérée par l'ordonnance du 4/7/2005 n'a rien changé à l'état du droit antérieur.

› L'établissement par la reconnaissance

Lorsque la filiation n'est pas établie par les indications de l'acte de naissance ou la présomption de paternité, elle pourra l'être par une reconnaissance volontaire des parents. Cette procédure constitue le mode principal d'établissement de la paternité à l'égard du père non marié. Bien que ce soit plus rare, elle peut également être utilisée pour établir la filiation maternelle quand la mère n'est pas indiquée dans l'acte de naissance, ou pour établir la filiation à l'égard du père marié non susceptible de bénéficier de la présomption de paternité. Elle peut également être utilisée avant la naissance, ce qui aura un effet sur la dévolution du nom, en application du principe selon lequel l'enfant prend le nom du parent qui l'a reconnu en premier.

La reconnaissance n'établit la filiation qu'à l'égard de celui qui y recourt.

À NOTER

Celui qui reconnaît l'enfant n'a pas besoin de solliciter l'autorisation de l'autre parent, ni même de l'en informer. Cependant, l'officier d'état civil qui porte mention de la reconnaissance en marge de l'acte de naissance de l'enfant doit en aviser l'autre parent par lettre recommandée avec avis de réception. Si ce parent ne peut être avisé, l'officier d'état civil en informe le procureur de la République qui fait procéder aux démarches nécessaires (Code civil, Art. 57-1).

Quand et comment reconnaître un enfant ?

La reconnaissance de paternité ou de maternité peut intervenir avant ou après la naissance.

L'enfant peut ainsi être reconnu à n'importe quel moment de sa vie, qu'il soit mineur ou majeur. Il peut également être reconnu pendant la grossesse, alors qu'il est simplement conçu, ou même après son décès.

Comme il s'agit d'une démarche importante, dont les conséquences sont multiples, la reconnaissance doit faire l'objet d'un acte authentique, qui peut être :

- un acte établi par l'officier d'état civil de n'importe quelle mairie qui enregistrera la reconnaissance. Il faut alors se munir d'une pièce d'identité ainsi que de l'acte de naissance de l'enfant ou, si la reconnaissance est faite avant la naissance, du certificat de grossesse ;
- un acte établi par un notaire. Cet acte peut avoir, ou non, exclusivement pour objet cette reconnaissance : il peut s'agir par exemple d'un testament, qui devra alors être rédigé en la forme authentique ;
- une déclaration faite devant un juge et consignée par le greffier, à l'occasion d'une instance quelconque où le parent qui procède à la reconnaissance aura comparu personnellement.

Si elle n'est pas faite dans l'une ou l'autre de ces formes, la reconnaissance est nulle. Ce sera le cas par exemple d'une reconnaissance faite par simple lettre, même si ce document pourra être utilisé dans le cadre d'une action en justice visant à établir le lien de filiation.

Des conditions supplémentaires ont été introduites, depuis le 1/3/2019, par la loi n° 2018-778 du 10/9/2018. Ce texte avait en ligne de mire la lutte contre les reconnaissances frauduleuses, à savoir celles contournant les règles relatives à l'entrée et du séjour des étrangers en France, et entraînant un dévoiement des règles de l'établissement du lien de filiation.

Des mesures ont donc été prises contre de telles reconnaissances : par exemple, celle souscrite par un Français reconnaissant un enfant étranger, ce qui permettait à ce dernier d'obtenir la nationalité française et à sa mère un titre de séjour en tant que mère d'un ressortissant français (*Circulaire du 20/3/2019*).

En conséquence, l'auteur de la reconnaissance doit aujourd'hui justifier :

– de son identité par un document officiel délivré par une autorité publique comportant son nom, son prénom, sa date et son lieu de naissance, sa photographie et sa signature ainsi que l'identification de l'autorité qui a délivré le document, la date et le lieu de délivrance ;

– de son domicile ou de sa résidence par la production d'une pièce justificative datée de moins de 3 mois. Lorsqu'il n'est pas possible d'apporter la preuve d'un domicile ou d'une résidence et lorsque la loi n'a pas fixé une commune de rattachement, la personne doit fournir une attestation d'élection de domicile (*Code civil, Art. 316*).

En outre, le procureur de la République peut faire procéder à une enquête ou s'opposer à une reconnaissance (*Code civil, Art. 316-1 et s.*).

Quels sont les effets de la reconnaissance ?

La reconnaissance a pour effet de rattacher l'enfant à son auteur et de le faire entrer dans la famille de ce

dernier rétroactivement depuis le jour de sa naissance (voire même au jour de sa conception, si tel est son intérêt). Le lien de filiation ainsi établi est opposable à tous.
Il s'agit d'un acte irrévocable : impossible donc de reconnaître un enfant, puis de se raviser par une déclaration contraire. La seule issue sera de contester la validité ou la sincérité de la reconnaissance, ce qui suppose une action en justice.

À NOTER

Dans un arrêt de 2006, la Cour de cassation a, pour la première fois, jugé que le choix de la mère d'accoucher sous X ne pouvait priver le père, qui avait reconnu l'enfant avant sa naissance, de son droit sur l'enfant (Cour de cassation, 1re chambre civile, 7/4/2006). Le père peut reconnaître son enfant né sous X dans les 2 mois qui suivent la naissance. S'il ignore les date et lieu de naissance de l'enfant, il peut saisir le procureur de la République qui procédera à la recherche de l'acte de naissance de cet enfant.

AVANTAGE

Dans le cadre de la loi du 14/3/2016 relative à la protection de l'enfant, lorsqu'un enfant né sous le secret est restitué à l'un de ses parents, ils bénéficient tous deux d'un accompagnement médical, psychologique, éducatif et social pendant 3 ans (Code de l'action sociale et des familles, Art. L. 223-7).

EXPERTISE GÉNÉTIQUE

En matière civile, l'identification d'une personne par ses empreintes génétiques ne peut être recherchée qu'en exécution d'une mesure d'instruction ordonnée par le juge saisi d'une action tendant soit à l'établissement ou la contestation d'un lien de filiation, soit à l'obtention ou la suppression de subsides. L'expertise génétique ne peut être demandée que si une procédure relative à la filiation est engagée.
Il n'est pas possible de demander une expertise génétique (pour s'assurer de sa paternité) avant de reconnaître (ou non) l'enfant. L'intéressé doit reconnaître l'enfant avant, le cas échéant, de contester sa filiation (*Cour de cassation, 1re chambre civile, 8/6/2016*).
Le consentement de l'intéressé à une identification génétique doit être préalablement et expressément recueilli. Sauf accord exprès de la personne manifesté de son vivant, aucune identification par empreintes génétiques ne peut être réalisée après sa mort (*Code civil, Art. 16-11 ; Code pénal, Art. 226-25 et s.*).
Des sanctions pénales sont prévues par les textes, notamment en cas de détournement de la finalité de l'identification génétique (*Code de la santé publique, Art. L. 1133-4-1*).
Seuls les laboratoires de biologie médicale autorisés à cet effet et accrédités peuvent pratiquer ces examens.
Un arrêt rappelle ces principes dans un cas où le père, ayant reconnu un enfant, était décédé sans avoir donné son accord pour une expertise génétique. Sa mère et son frère entendaient pourtant faire annuler cette reconnaissance comme étant mensongère. Ils demandaient, dans le cadre de cette action en justice, une expertise génétique de celui qu'ils estimaient être le père biologique de l'enfant et qu'ils avaient aussi assigné. Ils ont échoué. En effet, seul l'enfant pouvait engager une action en recherche de paternité (Recherche de paternité) et demander cette expertise (*Cour de cassation, 1re chambre civile, 19/9/2019, n° 18-18473*).

› L'établissement par la possession d'état

La possession d'état constitue un mode d'établissement de la filiation lorsque la reconnaissance ne peut pas être faite. Cette notion pouvant être source d'ambiguïté, notamment lorsque plusieurs hommes revendiquent successivement une possession d'état à l'égard d'un même enfant, les conditions et modalités de délivrance de l'acte de notoriété faisant foi de la possession d'état ont été précisées par l'ordonnance du 4/7/2005.

La notion de possession d'état

La possession d'état est la prise en compte de la réalité affective et sociale révélant la filiation (en dehors de toute notion biologique). Elle consiste à vivre comme le père (ou la mère) de l'enfant et à être traité comme tel par la société (voisins, école…).
Elle s'établit par une réunion suffisante de faits qui révèlent le lien de filiation et de parenté entre une personne et la famille à laquelle elle est dite appartenir.
Les principaux de ces faits sont :
– que cette personne a été traitée par celui ou ceux dont on la dit issue comme leur enfant et qu'elle-même les a traités comme son ou ses parents ;

– que ceux-ci ont, en cette qualité, pourvu à son éducation, à son entretien ou à son installation ;
– qu'elle est considérée comme telle par l'autorité publique ;
– qu'elle porte le nom de celui ou ceux dont on la dit issue.

À NOTER

Pour être reconnue, la possession d'état doit être continue (elle peut commencer avant la naissance), paisible (en ce sens qu'elle ne doit pas être frauduleuse ni résulter de la violence), publique et non équivoque (elle ne doit pas être en concurrence avec une autre).

La procédure

L'existence de la possession d'état doit être constatée par un acte de notoriété délivré par un notaire depuis le 25/3/2019 (par le juge auparavant) sur la foi de trois témoignages attestant de ce que le père (ou la mère) prétendu (e) s'est comporté (e) comme tel. Il est signé par le notaire et les témoins. Il peut être demandé par chacun des parents ou par l'enfant après sa majorité (*Code civil, Art. 317*).

L'acte de notoriété ne peut toutefois être demandé que dans le délai de 5 ans à compter de la cessation de la possession d'état alléguée (séparation des parents, décès du parent supposé même si le décès est antérieur à la naissance…), l'objectif étant notamment d'éviter que des filiations établies tardivement viennent mettre en cause des opérations de partage. Il peut être établi après décès des parents, dès lors qu'il y a suffisamment d'éléments de fait (voir plus haut).

À défaut de pouvoir obtenir un acte de notoriété établissant la possession d'état, celle-ci peut être constatée par le tribunal judiciaire à la demande de toute personne qui y a intérêt (enfant, grands-parents…) dans le délai de prescription de droit commun en matière de filiation, c'est-à-dire 10 ans (à l'égard de l'enfant, ce délai est suspendu pendant sa minorité)(*Code civil, Art. 318-1 et 321*).

À NOTER

La filiation établie par la possession d'état constatée dans l'acte de notoriété est mentionnée en marge de l'acte de naissance de l'enfant.

À NOTER

La filiation établie par la possession d'état constatée par un acte de notoriété peut être contestée par toute personne qui y a intérêt en rapportant la preuve contraire, dans le délai de 10 ans à compter de la délivrance de l'acte (Code civil, Art. 335).

› L'établissement judiciaire de la filiation

Les dispositions du Code civil issues de l'ordonnance du 4/7/2005 visent à permettre l'établissement judiciaire d'un lien de filiation au travers de trois actions distinctes selon qu'il s'agit d'établir la maternité (cette action étant dans les faits exceptionnelle), d'établir la paternité hors mariage ou de rétablir la présomption de paternité du mari. Ces actions répondent à des logiques différentes : dans un cas (rétablissement de la présomption de paternité), les époux demandent, ensemble ou séparément, le rétablissement d'une présomption légale qui avait été écartée, alors que dans les deux autres hypothèses (recherche en maternité ou en paternité), l'action est exercée contre le parent prétendu qui n'accepte pas d'assumer ses responsabilités, en refusant de reconnaître l'enfant. Dans un souci de simplification, le régime de ces trois actions a toutefois été harmonisé, même si certaines spécificités sont conservées.

ÉTABLISSEMENT JUDICIAIRE DE LA FILIATION ET JURISPRUDENCE

Lorsqu'une action est exercée en vue de faire établir judiciairement une filiation, le tribunal statue, s'il y a lieu, sur l'exercice de l'autorité parentale, la contribution à l'entretien et à l'éducation de l'enfant et l'attribution du nom (*Code civil, Art. 331*).

C'est sur la base de cet article qu'est intervenu un arrêt à propos d'un enfant déclaré à l'état civil comme étant né de sa mère et de l'époux de celle-ci. Par la suite, une personne se prétendant son père a assigné les époux en contestation de la paternité de l'époux et en établissement de sa propre paternité. Il a obtenu que le juge fixe un exercice commun de l'autorité parentale et un droit de visite et d'hébergement (Cour de cassation, 1re chambre civile, 3/10/2018).

Si l'établissement judiciaire de paternité remonte à la naissance de l'enfant, l'action en paiement de la mère d'une contribution à son entretien est, quant à elle, soumise à la prescription de 5 ans (*Code civil, Art. 2224*). C'est ce qui a été jugé dans une affaire où la mère demandait un arriéré de la naissance à la majorité de son fils (*Cour de cassation, 1re chambre civile, 22/6/2016*).

Le père biologique d'un enfant n'est pas recevable à contester la paternité du père qui a reconnu l'enfant si sa paternité découle d'une convention de GPA réalisée en France, la GPA étant interdite par la loi (*Code civil, Art. 16-7 et 16-9 ; Cour de cassation, 1re chambre civile, 12/9/2019, n° 18-20472*).

La recherche de maternité

À défaut de titre (acte de naissance ou de reconnaissance) et de possession d'état, la recherche de maternité est admise.

L'action est réservée à l'enfant qui est tenu de prouver (par tous moyens) qu'il est celui dont la mère prétendue a accouché. Cette action peut être entreprise durant la minorité de l'enfant (par son représentant légal) puis par ce dernier dans les 10 années suivant sa majorité (le délai de prescription fixé à 10 ans est suspendu pendant la minorité de l'enfant)(*Code civil, Art. 321*).

Avant la loi n° 2009-61 du 16/1/2009, l'action en recherche de maternité était interdite à l'enfant dont la mère prétendue avait accouché sous X, c'est-à-dire qui avait demandé que soit préservé le secret de son identité. Désormais, cette interdiction est levée au nom du droit pour chacun d'avoir accès à ses origines personnelles (*Code civil, Art. 325*).

La recherche de paternité

La paternité hors mariage peut être judiciairement déclarée, l'action étant réservée à l'enfant durant sa minorité, puis dans les 10 ans qui suivent sa majorité (*Code civil, Art. 327*).

- Si la demande est admise, le lien de paternité entre l'enfant et son père est juridiquement établi avec toutes les conséquences qui en découlent : nom de l'enfant, exercice de l'autorité parentale…
- Si la demande est rejetée, il n'y a pas de lien de filiation établi entre l'enfant et la personne contre laquelle était exercée l'action. Toutefois, le tribunal, sur une demande subsidiaire ou d'office, peut condamner celui qui a eu des relations avec la mère de l'enfant pendant la période légale de sa conception à verser des subsides à l'enfant (sous forme de pension, en fonction notamment des besoins de l'enfant et des ressources du débiteur), alors même qu'il n'en est pas légalement le père. Cette action peut être exercée pendant toute la minorité de l'enfant ; celui-ci peut encore l'exercer dans les 10 années qui suivent sa majorité si elle ne l'a pas été pendant sa minorité. L'action est recevable même si le père ou la mère était au temps de la conception, engagé dans les liens du mariage avec une autre personne, ou s'il existait entre eux un des empêchements au mariage (*Code civil, Art. 342 et s.*). La personne contre laquelle sont réclamés les subsides peut écarter cette demande en faisant la preuve par tous moyens qu'elle ne peut être le père de l'enfant.

L'expertise génétique, en tant que preuve, est de droit. Elle peut être demandée par la mère qui intente une action en recherche de paternité ainsi que par le père prétendu contre qui l'action est dirigée. Elle ne peut être refusée que pour de justes motifs.

À NOTER

Le parent à l'égard duquel la filiation est établie est le seul, pendant la minorité de l'enfant, à pouvoir exercer l'action en recherche de maternité ou de paternité. Si aucun lien de filiation n'est établi ou si ce parent est décédé ou dans l'impossibilité de manifester sa volonté, l'action est intentée par le tuteur, dans les 5 ans de l'ouverture de la tutelle, avec l'autorisation du conseil de famille. L'action doit être exercée contre le parent prétendu ou ses héritiers ou, à défaut d'héritiers ou si ceux-ci ont renoncé à la succession, contre l'État.

L'action en rétablissement de la présomption de paternité

La présomption de paternité peut être écartée dans les hypothèses suivantes :

– lorsque, en cas de demande en divorce ou en séparation de corps, l'enfant est né plus de 300 jours après la date soit de l'homologation de la convention réglant l'ensemble des conséquences du divorce ou des mesures provisoires ou après le dépôt au rang des minutes d'un notaire de la convention réglant l'ensemble des conséquences du divorce, soit de l'ordonnance de non-conciliation (de l'introduction de la demande à partir du 1/9/2020 en application de la loi n° 2019-222 du 23/3/2019), et moins de 180 jours depuis le rejet définitif de la demande ou la réconciliation ;

– lorsque l'acte de naissance de l'enfant ne désigne pas le mari en qualité de père.

Lorsque la présomption de paternité est écartée, elle peut être rétablie de plein droit si l'enfant a la possession d'état à l'égard du mari et s'il n'a pas une filiation paternelle déjà établie à l'égard d'un tiers.

Elle peut aussi être rétablie si le mari reconnaît l'enfant ou encore par jugement (du tribunal judiciaire). Chacun des époux, durant la minorité de l'enfant, peut apporter la preuve que le mari est bien le père (par des analyses de sang ou d'ADN). L'action est aussi ouverte à l'enfant pendant les 10 années qui suivent sa majorité (*Code civil, Art. 313, 314 et 329*).

Quels sont les moyens de contester une filiation ?

Avant l'intervention de l'ordonnance du 4/7/2005, neuf actions différentes permettaient de contester un lien de filiation légalement établi, obéissant chacune à des régimes différents quant à leurs titulaires et délais, lesquels variaient de 6 mois à 48 ans (sept actions concernaient la paternité du mari, une la maternité légitime et la dernière la reconnaissance de paternité ou de maternité). Désormais, les dispositions applicables figurent dans trois articles du Code civil (au lieu de 17 précédemment), les modalités de contestation étant différentes selon que la filiation contestée est, ou non, confortée par la possession d'état.

À NOTER

Tant qu'elle n'a pas été contestée en justice, la filiation légalement établie fait obstacle à l'établissement d'une autre filiation qui la contredirait (Code civil, Art. 320). En effet, comme le rappelle la Cour de cassation, cette règle poursuit un but légitime en ce qu'elle tend à garantir la stabilité du lien de filiation et à mettre les enfants à l'abri des conflits de filiation (Cour de cassation, 1re chambre civile, 5/10/2016). Toutefois, lorsque le mari déclare la naissance d'un enfant, l'officier d'état civil doit faire jouer la présomption de paternité du mari et inscrire les déclarations de ce dernier même si l'enfant a déjà été reconnu, avant sa naissance, par un tiers. Le mari n'a pas à contester la reconnaissance du tiers avant de pouvoir déclarer l'enfant. Le conflit de filiation est réglé par le tribunal à la requête du ministère public (Code civil, Art. 336-1).

› Le principe

La maternité peut être contestée en rapportant la preuve que la mère n'a pas accouché de l'enfant. La paternité peut être contestée en rapportant la preuve que le mari ou l'auteur de la reconnaissance n'est pas le père (*Code civil, Art. 332*).

S'agissant de la maternité, le fait de l'accouchement rend celle-ci quasi certaine ; les contestations s'avèrent exceptionnelles et concernent principalement les hypothèses de supposition (infraction consistant à attribuer un enfant à une femme qui n'est pas sa mère) ou de substitution d'enfant. En pratique, la contestation concernera principalement la paternité, plus incertaine par nature. L'action sera subordonnée à la preuve de la non-paternité du mari de la mère ou de l'auteur de la reconnaissance.

À NOTER

Selon les tribunaux, l'expertise biologique est de droit en matière de filiation, sauf motif légitime. La question s'est posée de savoir si l'intérêt de l'enfant pouvait constituer un motif légitime de s'opposer à l'expertise. La Cour de cassation considère que l'intérêt supérieur de l'enfant ne constitue pas en soi un motif légitime de refus (Cour de cassation, 1re chambre civile, 28/3/2000 et 13/7/2016).

› Les modalités de la contestation

Les articles 333 et 334 du Code civil organisent un régime de contestation du lien de filiation différent selon qu'il existe ou non une possession d'état venant confirmer l'acte de naissance ou de reconnaissance. Ainsi :

– l'existence d'une possession d'état de 5 ans à compter de l'établissement de la filiation rend celle-ci inattaquable. Seul le ministère public peut encore contester cette filiation pendant 10 ans, notamment en cas de fraude ou d'atteinte à l'ordre public. En présence

d'une possession d'état de moins de 5 ans, l'action est réservée uniquement à l'enfant, au parent dont la filiation est en cause, à l'autre parent ou à celui qui se prétend tel. Le demandeur devra agir dans les 5 ans suivant la fin de cette possession ou suivant le décès du parent dont le lien de filiation est contesté ;
– en l'absence de possession d'état, une filiation légalement établie peut être contestée par tout intéressé durant 10 ans à compter de la naissance ou de la date de la reconnaissance, lorsque celle-ci est postérieure à la naissance. À sa majorité, seul l'enfant pourra encore contester le lien de filiation durant 10 ans.

AVANTAGE

Dans le cadre d'une action en contestation de la filiation, le tribunal peut, dans l'intérêt de l'enfant, fixer les modalités des relations de celui-ci avec la personne qui l'élevait. Par exemple, le juge pourra accorder à la personne qui a élevé l'enfant et qui aura été reconnue comme n'étant pas l'un de ses parents (son père le plus souvent), un droit de visite, dès lors qu'il considérera que cela est dans l'intérêt de l'enfant.

L'autorité parentale

L'autorité parentale est un ensemble de droits et de devoirs reconnus aux parents en vue de protéger et d'élever leur enfant mineur dans le respect dû à sa personne et ses intérêts. La loi du 4/3/2002 unifie l'exercice de cette autorité, et ce quelle que soit la nature de la filiation de l'enfant (adoptive ou non) ou la situation des parents (mariés ou non, séparés, divorcés...). En outre, cette loi vise à maintenir la permanence du couple parental en cas de séparation ou de conflit entre les parents. Des mesures exceptionnelles, telles qu'un retrait de cette autorité, peuvent être prises lorsque l'intérêt de l'enfant l'exige.

Que recouvre la notion d'autorité parentale ?

La notion recouvre deux domaines distincts : l'un, principal, concerne la personne même de l'enfant, l'autre, accessoire, concerne l'administration des biens pouvant, le cas échéant, appartenir à l'enfant.

› L'autorité parentale quant à la personne de l'enfant

La définition de l'autorité parentale met l'accent sur l'intérêt de l'enfant : c'est un ensemble de droits et de devoirs ayant pour finalité l'intérêt de l'enfant. Elle appartient aux parents jusqu'à la majorité ou l'émancipation de l'enfant pour le protéger dans sa sécurité, sa santé et sa moralité, pour assurer son éducation et permettre son développement, dans le respect dû à sa personne. Elle s'exerce, précise la loi n° 2019-721 du 10/7/2019 (dite loi « anti-fessée »), sans violences physiques ou psychologiques. Les parents associent l'enfant aux décisions qui le concernent, selon son âge et son degré de maturité (*Code civil, Art. 371-1*).

Parmi l'ensemble de droits et de devoirs concernant la personne de l'enfant, on peut distinguer ceux qui se rapportent à sa résidence, sa surveillance, son éducation et son entretien.

La résidence de l'enfant

Elle est fixée chez ses parents lorsque ceux-ci vivent ensemble. L'enfant ne peut, sans leur consentement, quitter la maison familiale. En cas de séparation des parents, il leur appartient de définir les conditions de résidence de l'enfant. La loi du 4/3/2002 admet la possibilité d'une résidence alternée de l'enfant chez l'un et l'autre de ses parents, selon des rythmes correspondant à l'intérêt de l'enfant (voir plus loin).

À NOTER

L'enfant qui quitte le territoire national (pour des vacances scolaires, par exemple) sans ses parents doit, indépendamment des autres titres de voyage requis (passeport, visa, etc.) être muni d'une autorisation de sortie du territoire (Code civil, Art. 371-6).

La surveillance de l'enfant

Les parents ont le droit et le devoir de surveiller les déplacements, les activités et les relations de leur enfant. Toutefois, ils ne peuvent empêcher l'enfant d'avoir des relations personnelles avec ses ascendants (grands-parents, arrière-grands-parents...). L'enfant a en effet le droit d'entretenir des relations personnelles avec ses ascendants. Seul l'intérêt de l'enfant, apprécié par le juge aux affaires familiales, peut faire obstacle à l'exercice de ce droit.

L'enfant ne doit pas non plus être séparé de ses frères et sœurs ; si cela s'avère impossible ou contraire à son intérêt, le juge statue sur les relations personnelles entre les frères et sœurs.

Toujours dans l'intérêt de l'enfant, le juge peut également fixer les modalités des relations entre l'enfant et un tiers, parent ou non, en particulier lorsque ce tiers a vécu avec lui et l'un de ses parents, a pourvu à son éducation, à son entretien ou à son installation, et a noué avec lui des liens affectifs durables (*Code civil, Art. 371-4*).

Par exemple, c'est sur la base de cet article, et au nom de l'intérêt supérieur de l'enfant, qu'un droit de visite a été accordé à l'ex-compagne de la mère malgré l'existence de relations conflictuelles entre les deux femmes (*Cour de cassation, 1re chambre civile, 13/7/2017*).

En revanche, ce droit a pu être refusé à une autre ex-compagne en raison du jeune âge de l'enfant (un bébé de 6 mois lors de la séparation de sa mère et de la compagne). Il n'avait pas eu le temps de l'identifier comme personne ayant pris soin de lui et n'avait pu garder le souvenir de sentiments affectueux, d'une protection ou d'une attention de nature parentale. En outre, l'éventualité d'un droit de visite accordé dans un contexte de contrainte pouvait placer l'enfant dans une situation de conflit de loyauté, qui l'exposerait à un risque de danger psychique (*Cour de cassation, 1re chambre civile, 26/6/2019, n° 18-18548*).

Les parents ont également le droit et le devoir de veiller à la santé de leur enfant. Le juge aux affaires familiales doit être saisi en cas d'opposition entre eux sur une mesure à prendre le concernant. Tel a été le cas dans une affaire où la mère souhaitait soumettre son fils à un traitement médical à base d'injection d'hormones de croissance alors que le père s'y opposait. Dans ce cas, le juge doit trancher le conflit en raison du seul intérêt de l'enfant. En l'occurrence, il a rejeté les soins en application du principe de précaution compte tenu des risques encourus (*Cour de cassation, 1re chambre civile, 15/3/2017*).

À NOTER

Les parents, titulaires de l'exercice de l'autorité parentale, sont responsables des dommages causés par leurs enfants mineurs. Cette responsabilité des parents est, en l'état de la jurisprudence, indépendante de toute idée de faute, qu'il s'agisse de celle des parents ou de celle de l'enfant lui-même (Code civil, Art. 1242). Si les parents se séparent, cette responsabilité civile de plein droit incombe au seul parent chez lequel la résidence habituelle de l'enfant a été fixée, même si l'autorité parentale est exercée conjointement (Cour de cassation, Chambre criminelle, 29/4/2014).

L'entretien et l'éducation de l'enfant

Les parents ont le choix de l'éducation de leur enfant dans les domaines scolaire, religieux, moral, professionnel, etc. En cas d'opposition entre eux, le juge aux affaires familiales peut être saisi et il doit privilégier l'intérêt de l'enfant et non d'autres considérations. Cela a été le cas dans une décision qui a réglé le conflit d'autorité parentale relatif au baptême des enfants en fonction du seul intérêt de ces derniers sans qu'il y ait pour autant atteinte à liberté de conscience et de religion du père (*Cour de cassation, 1re chambre civile, 23/9/2015*).

Les parents sont tenus de scolariser leur enfant et de contribuer aux frais nécessaires à la poursuite de ses études. Cette contribution est fonction de leurs ressources respectives ainsi que des besoins de l'enfant. Elle ne cesse pas de plein droit lorsque l'enfant devient majeur.

Attention : les parents doivent contribuer aux frais de scolarité de leur enfant majeur mais à condition que l'enfant prouve qu'il poursuit des études sérieuses en adéquation avec ses aptitudes. Ainsi, une jeune fille de 20 ans a pu obtenir une contribution de la part de son père de 2 000 € mensuels pour lui permettre de suivre une 3e année de formation aux États-Unis. Les juges ont relevé l'excellence de ses résultats passés et la valeur ajoutée que cette année de spécialisation, non obligatoire mais légitime, pourrait apporter à son diplôme (*Cour d'appel de Versailles, 4/12/2014*). En revanche, il a été jugé que l'enfant n'avait pas à demander l'accord de ses parents sur le choix de ses études (*Cour d'appel d'Agen, 19/4/2012*). À défaut, le refus de financer les études serait justifié.

D'une manière générale, l'obligation d'entretien ne cesse pas de plein droit à la majorité de l'enfant (*Code civil, Art. 371-2*). Elle subsiste lorsque ce dernier ne peut pas subvenir seul à ses besoins. La demande de contribution peut être faite directement par l'enfant majeur ou par le parent qui assume sa charge (*Code civil, Art. 373-2-5*). Si l'autre parent veut être déchargé de sa contribution à l'entretien de son enfant majeur, c'est à lui d'apporter la preuve que ce dernier a des moyens suffisants d'existence ou ne poursuit pas des études sérieuses (*Cour de cassation, 1re chambre civile, 27/6/2018*).

La loi n° 2019-1480 du 28/12/2019 ajoute qu'un retrait d'autorité parentale n'empêche pas la contribution alimentaire envers son enfant.

En cas de séparation des parents, la contribution à l'entretien de l'enfant par le parent chez lequel, le cas échéant, il ne réside pas prend la forme d'une pension alimentaire versée à l'autre parent. Elle peut aussi prendre la forme d'une prise en charge directe de certains frais exposés au profit de l'enfant (paiement des frais de scolarité, d'un séjour, d'un loyer…) ou d'une exécution en nature (droit d'usage et d'habitation sur un bien par exemple)(*Code civil, Art. 373-2-2*). Les modalités de paiement de cette pension sont fixées par les parents eux-mêmes en cas d'accord, ou, dans le cas contraire, par le juge (voir plus loin). Seule l'impossibilité matérielle d'assumer son obligation d'entretien et d'éducation de l'enfant peut décharger un parent de sa contribution (*Cour de cassation, 1re chambre civile, 21/11/2018*).

À NOTER

Dès l'âge de 16 ans, le juge des tutelles peut, sur demande des parents ou de l'un d'eux, et après avoir entendu l'enfant, mettre fin à l'autorité parentale (mais non à l'obligation d'entretien) en prononçant l'émancipation du mineur. Le mineur est également émancipé de plein droit par son mariage (Code civil, Art. 413-1 à 413-8).

› L'autorité parentale quant aux biens de l'enfant

Les parents sont chargés d'administrer les biens de leur enfant mineur, lorsque cet enfant possède des biens personnels (il peut s'agir par exemple de biens reçus par héritage ou donations). En contrepartie, ils ont le droit de jouissance sur les biens de l'enfant jusqu'à ce qu'il ait 16 ans (*Code civil, Art. 382 à 387-6*). Il est toutefois possible de soustraire à l'administration légale du ou des parents les biens donnés ou légués à un enfant mineur et de désigner un tiers.

Dans une affaire récente, un père, avant de décéder, avait refusé que les biens qu'il transmettait à ses enfants mineurs soient gérés par son ex-épouse (la mère des enfants). Son testament a été validé et le droit de jouissance sur les biens de ses enfants a été transmis, selon sa volonté, à sa sœur (*Cour de cassation, 1re chambre civile, 11/2/2015*).

Selon la situation des parents, deux régimes réglementent la gestion des biens de l'enfant.

L'administration légale exercée en commun par les deux parents

Lorsque les parents exercent en commun l'autorité parentale (ce qui est le principe), chacun d'eux a le pouvoir de passer seul les actes d'administration, c'est-à-dire les actes les plus courants. La liste de ces actes, fixée par décret, est la même que pour les majeurs sous tutelle (*Décret n° 2008-1484 du 22/12/2008*). En cas de désaccord entre les administrateurs légaux, l'acte doit être autorisé par le juge des tutelles dont dépend la résidence habituelle du mineur.

L'administration légale exercée par un seul des parents

Lorsque l'autorité parentale est exercée par un seul parent (ce qui est l'exception), c'est lui qui administre les biens de l'enfant. Le parent est présumé bien gérer les biens de l'enfant mineur. Il peut passer seul les actes de gestion du patrimoine du mineur ; le recours systématique au juge quand une décision doit être prise a été supprimé.

Le juge des tutelles intervient dans les situations à risques. L'administrateur doit obtenir l'autorisation du juge pour certains actes, tels que la vente d'un bien immobilier ou la souscription d'un emprunt (*Code civil, Art. 387-1*).

Le juge peut aussi demander à l'administrateur un inventaire des biens du mineur et charger le directeur des services de greffe judiciaires du tribunal judiciaire de contrôler annuellement le compte de gestion s'il estime que les intérêts du mineur ne sont pas sauvegardés (*Code civil, Art. 387-4 et 387-5*).

AVANTAGE

Si le mineur est âgé de 16 ans révolus, il peut être autorisé, par son ou ses administrateurs légaux, à accomplir seul les actes d'administration nécessaires à la création et à la gestion d'une entreprise individuelle à responsabilité limitée ou d'une société unipersonnelle. Les actes de disposition ne peuvent être effectués que par son ou ses administrateurs légaux (Code civil, Art. 388-1-2).

Quels sont les titulaires de l'autorité parentale ?

La loi du 4/3/2002, dans la continuité des réformes déjà entreprises et notamment celle de 1993, vise à renforcer le principe de l'exercice en commun par les parents de l'autorité parentale. Elle a également pour objectif, sous le contrôle du juge, de maintenir cet exercice en commun en cas de séparation et/ou conflit entre les parents.

› Les principes

Les parents, quelle que soit leur situation juridique (mariés ou non), exercent en commun l'autorité parentale sur l'enfant dont la filiation est établie à l'égard de chacun d'eux.

Toutefois, lorsque la filiation est établie à l'égard de l'un d'entre eux plus d'1 an après la naissance d'un enfant dont la filiation est déjà établie à l'égard de l'autre, celui-ci reste seul investi de l'exercice de l'autorité parentale. Il en est de même lorsque la filiation est judiciairement déclarée à l'égard du second parent de l'enfant. L'autorité parentale pourra néanmoins être exercée en commun en cas de déclaration conjointe des parents adressée au directeur des services de greffe judiciaires du tribunal judiciaire ou sur décision du juge aux affaires familiales (*Code civil, Art. 372*).

AVANTAGE

La déclaration conjointe d'exercice de l'autorité parentale peut désormais être remise ou envoyée par courrier recommandé au directeur de greffe du tribunal judiciaire dont dépend le domicile de l'enfant. La présence des parents n'est plus requise. La déclaration est établie en trois exemplaires et accompagnée de : la copie intégrale de l'acte de naissance de l'enfant et des parents ; la copie d'un document officiel d'identité comportant le nom, le prénom, la date et le lieu de naissance, la photographie et la signature de chacun des parents (Code de procédure civile, Art. 1180-1).

À NOTER

Pour les enfants adoptés, l'exercice de l'autorité parentale obéit à des règles différentes selon que l'adoption est plénière ou simple.

› La séparation des parents

La loi du 4/3/2002 pose le principe de permanence du couple parental en affirmant que la séparation des parents (divorce, rupture du PACS, du concubinage…) est sans incidence sur les règles de dévolution de l'exercice de l'autorité parentale. La loi ajoute que chacun des parents doit maintenir des relations personnelles avec l'enfant et respecter les liens de celui-ci avec l'autre parent (*Code civil, Art. 373-2 et s.*).

Tout projet de changement de résidence de l'un des parents, dès lors qu'il modifie les modalités d'exercice de l'autorité parentale (éloignement important par exemple), doit faire l'objet d'une information préalable et en temps utile de l'autre parent. En cas de désaccord des parents sur ce changement de résidence, le juge aux affaires familiales doit être saisi pour statuer selon ce qu'exige l'intérêt de l'enfant. Le juge répartit les frais de déplacement et ajuste en conséquence le montant de la contribution à l'entretien et à l'éducation de l'enfant.

La loi du 4/3/2002 encourage également les parents séparés à s'entendre quant aux modalités d'exercice de l'autorité parentale. Ainsi, ils peuvent, par convention, fixer la part contributive de chacun à l'entretien de l'enfant et son ou ses lieux de résidence (choix d'une résidence alternée par exemple). Cette convention doit alors être homologuée par le juge aux affaires familiales (voir plus loin) afin qu'il puisse contrôler qu'elle préserve l'intérêt de l'enfant et que le consentement des parents est bien réel (*Code civil, Art. 373-2-7*).

Ce n'est que si l'intérêt de l'enfant le commande, que le juge peut confier l'exercice de l'autorité parentale à un seul des parents. L'autre parent, sauf motifs graves, exerce alors un droit de visite et d'hébergement, soit à son domicile, soit, si l'intérêt de l'enfant le commande, dans un espace de rencontre désigné par le juge, éventuellement avec l'assistance d'un tiers de confiance. Il conserve le droit de surveiller l'entretien et l'éducation de l'enfant et continue d'être informé des choix importants relatifs à la vie de ce dernier. Il doit respecter son devoir de contribution à l'entretien de l'enfant.

À NOTER

Seuls les espaces de rencontre ayant reçu un agrément du préfet peuvent être désignés par le juge (Code de l'action sociale et des familles, Art. D. 216-1 et s.).

AVANTAGE

En cas de séparation, si vous assumez la charge principale de votre enfant majeur qui ne peut lui-même subvenir à ses besoins, vous pouvez demander à l'autre parent une contribution à son entretien. Il peut être convenu ou décidé par le juge que cette contribution sera versée, en tout ou en partie, directement entre les mains de l'enfant.

› Le rôle du juge

Toutes les questions se rapportant à l'exercice de l'autorité parentale, quant à la personne de l'enfant, relèvent de la compétence du juge aux affaires familiales qui dépend du tribunal judiciaire (*Code civil, Art. 373-2-6 et s.*).

Il peut prendre toutes les mesures, dans l'intérêt de l'enfant, permettant de garantir la continuité et l'effectivité du maintien des liens de l'enfant avec chacun de ses parents. Ainsi, il peut notamment :

– ordonner l'interdiction de sortie de l'enfant du territoire français sans l'autorisation des deux parents (interdiction inscrite au fichier des personnes recherchées) ;

– à la demande des parents, homologuer ou non la convention conclue entre eux fixant les modalités d'exercice de l'autorité parentale ;

– à la demande d'un parent ou du ministère public (qui peut lui-même être saisi par un tiers), statuer sur

les modalités d'exercice de l'autorité parentale et sur la contribution à l'entretien et l'éducation de l'enfant ;
– à la demande d'un des parents ou en cas de conflit entre eux sur le mode de résidence de l'enfant, ordonner, à titre provisoire, une résidence en alternance dont il détermine la durée. Aux termes de cette durée, il statue définitivement sur le mode de résidence, en alternance au domicile de chacun des parents ou au domicile de l'un d'eux ;
– concilier les parents en cas de désaccord entre eux. Il peut leur proposer une mesure de médiation familiale et, après avoir recueilli leur accord, désigner un médiateur. Il peut également les enjoindre de rencontrer un médiateur familial qui les informera sur l'objet et le déroulement de cette mesure (sauf dans l'hypothèse de violence intrafamiliale). Ces deux mesures sont exclues si des violences sont alléguées par l'un des parents sur l'autre ou sur l'enfant ;
– réviser, en les modifiant ou complétant, les décisions déjà prises, soit par lui-même, soit dans le cadre d'une convention parentale.

À NOTER

La loi n° 2019-222 du 23/3/2019 renforce le rôle du juge lorsque l'un des parents ne s'exécute pas. Ainsi, le juge peut : assortir sa décision d'une astreinte (somme à régler, par jour de retard, en cas d'infraction) et infliger une amende civile au parent défaillant ; saisir le procureur de la République (comme le parent concerné) pour requérir le concours de la force publique afin d'assurer l'exécution de sa décision ou d'un accord fixant les modalités de l'exercice de l'autorité parentale. Le texte prévoit aussi d'attribuer pour une durée provisoire le logement à l'un des parents non mariés en cas de séparation (Code civil, Art. 373-2-9-1). Cette disposition n'existait auparavant que pour les couples mariés divorçant ou en cas de violence au sein du couple (Code civil, Art. 255 et 515-9).

Pour se prononcer sur les modalités d'exercice de l'autorité parentale, le juge prend, notamment, en considération :
– la pratique que les parents avaient précédemment suivie ou les accords qu'ils avaient pu antérieurement conclure ;
– les sentiments exprimés par l'enfant mineur, si son intérêt l'exige et sa maturité le permet. Par exemple, à propos d'un conflit opposant les parents sur le baptême de leurs enfants, le juge s'est appuyé sur le refus de ces derniers âgés de 6 et 7 ans de se faire baptiser pour refuser la demande du père, cette demande n'étant pas guidée, par ailleurs, par l'intérêt supérieur des enfants (*Cour de cassation, 1re chambre civile, 23/9/2015*) ;
– l'aptitude de chacun des parents à assumer ses devoirs et respecter les droits de l'autre. Cette disposition fait écho au fait que chaque parent doit respecter les liens de l'enfant avec l'autre parent (*Code civil, Art. 373-2*). La sanction de la « déloyauté parentale » (par exemple, un déménagement avec l'enfant sans prévenir l'autre parent dans le but de couper les liens) peut entraîner un transfert de résidence de l'enfant chez le parent victime de ces agissements (*Cour de cassation, 1re chambre civile, 29/11/2017*) ;
– le résultat des expertises éventuellement effectuées, tenant compte notamment de l'âge de l'enfant ;
– les renseignements recueillis, le cas échéant, dans les enquêtes ou contre-enquêtes sociales ;
– les pressions ou violences, à caractère physique ou psychologique, exercées par l'un des parents sur l'autre.

AUTORITÉ PARENTALE ET MÉDIATION FAMILIALE

À tout moment, les décisions prises en matière d'autorité parentale peuvent être révisées par le juge aux affaires familiales, dès lors que les circonstances le justifient.
La loi n° 2019-222 du 23/3/2019 prévoit la possibilité pour le juge, en même temps qu'il tranche une question d'autorité parentale, de proposer aux parents une médiation familiale (et de la mettre en place s'ils sont d'accord), voire de leur enjoindre de rencontrer un médiateur pour un rendez-vous d'information. Il peut en effet, dans certaines situations, trouver intéressant de prévoir une telle mesure pour l'avenir, afin de faciliter la mise en œuvre concrète de son jugement. Selon la circulaire d'application de cette réforme, « l'hypothèse envisagée est celle où le différend parental demeure vif en fin de procédure et laisse craindre des difficultés d'exécution des modalités d'exercice de l'autorité parentale qui seront fixées par la décision, s'agissant d'un transfert de résidence de l'enfant ou de l'exercice du droit de visite et d'hébergement par exemple » (*Circulaire du 25/3/2019*).
Pour autant, cette mesure est exclue si des violences sont alléguées par l'un des parents sur l'autre ou sur l'enfant (*Code civil, Art. 373-2-10*).

AVANTAGE

L'homologation d'un accord entre les parents est simplifiée depuis le décret du 28/12/2016. En effet, le juge aux affaires familiales peut dorénavant homologuer l'accord conclu entre les parents sans qu'ils soient obligés de se déplacer à l'audience (Code de procédure civile, Art. 1143).

Les situations exceptionnelles

Dans certaines situations ou lorsque l'intérêt de l'enfant l'exige, les règles normales d'attribution de l'autorité parentale peuvent subir des aménagements, éventuellement imposés aux parents.

› La perte de l'autorité parentale

Est privé de l'exercice de l'autorité parentale le parent qui est hors d'état de manifester sa volonté, en raison de son incapacité, de son absence ou de toute autre cause (*Code civil, Art. 373*).

Si l'un des parents décède ou se trouve privé de l'autorité parentale, l'autre parent exerce seul cette autorité, sauf circonstances graves ou exceptionnelles. Dans cette hypothèse, le juge qui statue sur l'exercice de l'autorité parentale peut confier l'enfant à une tierce personne (*Cour d'appel de Nancy, 28/9/2012*).

En cas de décès des parents ou si l'un et l'autre sont privés de l'exercice de l'autorité parentale, il y a lieu d'ouvrir une tutelle (*Code civil, Art. 390*).

› Les mesures d'assistance éducative

Lorsque la santé, la sécurité ou la moralité du mineur non émancipé sont en danger ou si les conditions de son éducation ou de son développement physique, affectif, intellectuel et social sont gravement compromises, le juge des enfants peut prendre des mesures d'assistance éducative à la demande de son ou ses parents, de son tuteur, de l'enfant lui-même, de la personne ou du service à qui l'enfant a été confié ou encore du ministère public (informé par des tiers, une assistante sociale…).

Dans la mesure du possible, l'enfant doit être maintenu dans son milieu actuel et le juge peut désigner une personne ou un organisme chargé d'apporter aide et conseils à la famille. Il peut aussi décider de confier l'enfant à l'autre parent, à un membre de la famille ou à une personne digne de confiance, à un service ou à un établissement sanitaire ou d'éducation, ou encore à un service départemental de l'aide sociale à l'enfance. Dans ces hypothèses, les parents bénéficient, sauf décision du juge, d'un droit de visite et d'hébergement. Le droit de visite peut s'exercer, le cas échéant, en présence d'un tiers (*Code de l'action sociale et des familles, Art. R. 223-29 et s.*).

Quand il confie l'enfant à l'autre parent ou à un tiers, le juge peut également ordonner son interdiction de sortie du territoire pour une durée maximale de 2 ans.

Ces mesures peuvent être modifiées à tout moment et, pendant leur application, les parents conservent sur l'enfant l'autorité parentale, de même qu'ils exercent tous les attributs qui ne sont pas incompatibles avec les mesures prises (*Code civil, Art. 375 à 375-8*).

Les décisions prises par le juge des enfants sont communiquées au juge aux affaires familiales ou au juge des tutelles éventuellement saisis. Réciproquement, le juge des enfants doit avoir connaissance des jugements rendus par ces derniers (dans le cadre d'une procédure de divorce par exemple)(*Code de procédure civile, Art. 1187-1*).

À NOTER

Dans le cadre de la lutte contre le terrorisme, l'interdiction de sortie du territoire peut aussi être prise, en urgence, par le procureur de la République à l'encontre d'un mineur lorsque celui-ci s'apprête à quitter la France dans des conditions qui le mettraient en danger. Cette interdiction peut être prise pour 2 mois au maximum. Dans ce délai, elle doit être confirmée ou infirmée par le juge (Code civil, Art. 375-5).

À NOTER

Dans toute procédure le concernant, le mineur doit être informé de son droit à être entendu par le juge, soit seul, soit assisté d'un avocat ou d'une personne de son choix (Code civil, Art. 388-1). Le mineur lui-même comme les parties en présence peuvent demander cette audition. Aucune formalité n'est requise. Le juge ne peut refuser la demande de l'enfant que s'il n'a pas le discernement nécessaire ou si l'affaire ne le concerne pas (Code de procédure civile, Art. 338-1 et s.). Pour justifier cette absence de discernement, le juge ne peut pas se contenter de se référer à l'âge de l'enfant (9 ans). Il doit expliquer en quoi celui-ci n'est pas capable de discernement (Cour de cassation, 1re chambre civile, 18/3/2015). Selon une réponse ministérielle, « s'il n'existe pas d'âge minimum de discernement pouvant être établi comme norme, la prise en compte de la parole de l'enfant s'inscrit dans un vaste mouvement qui ambitionne d'accorder plus d'attention aux points de vue exprimés par l'enfant et d'assurer ainsi plus efficacement la défense de ses droits. » *(Réponse ministérielle, Q n° 98316, JOAN, 7/3/2017).*

› L'aide à la gestion du budget familial

Lorsque les prestations familiales ne sont pas employées pour les besoins liés au logement, à l'entretien, à la santé et à l'éducation des enfants, le juge des enfants peut ordonner qu'elles soient, en tout ou partie, versées à une personne physique ou morale qualifiée, appelée « délégué aux prestations familiales ».

Ce délégué doit gérer les prestations pour répondre aux besoins du ou des enfants. Il doit aussi éduquer la famille pour parvenir à une gestion autonome de ces prestations. La mesure est fixée pour une durée maximum de 2 ans, durée pouvant être renouvelée (*Code civil, Art. 375-9-1*).

Le juge peut être saisi par les représentants du mineur, le bénéficiaire des prestations familiales, le procureur de la République ou le maire de la commune.

Le juge des enfants compétent est celui dont dépend le domicile de l'allocataire ou l'attributaire des prestations familiales (*Code de procédure civile, Art. 1200-2 et s.*).

› La délégation de l'autorité parentale

L'exercice de l'autorité parentale peut parfois être délégué, en tout ou en partie, à un membre de la famille, à un tiers, à un proche digne de confiance, à un établissement habilité ou au service départemental de l'aide sociale à l'enfance. Cette délégation doit être décidée par le juge aux affaires familiales. Elle peut être demandée par les parents eux-mêmes (ou l'un d'eux) ou leur être imposée mais, dans tous les cas, elle ne donne pas à la personne ou à l'établissement délégué le pouvoir de consentir à l'adoption de l'enfant (*Code civil, Art. 376 à 377-3*).

La délégation ne peut être imposée par le juge aux parents que dans les cas où :

– ces derniers ont marqué un désintérêt manifeste à l'égard de leur enfant ;

– un parent est poursuivi ou condamné pour un crime commis sur la personne de l'autre parent ayant entraîné la mort de celui-ci ;

– les parents sont dans l'impossibilité d'exercer tout ou partie de l'autorité parentale.

La demande de délégation peut, dans ces cas, émaner d'un particulier ou de l'établissement qui a recueilli l'enfant, d'un membre de la famille désireux de se faire déléguer l'autorité parentale ou encore du ministère public s'il a l'accord du candidat à la délégation.

Dans tous les cas, les deux parents doivent être présents afin que le juge recueille leurs observations. Si l'enfant concerné fait l'objet d'une mesure d'assistance éducative, le juge des enfants doit donner son avis sur la délégation envisagée.

Toute mesure de délégation de l'autorité parentale peut toujours être révisée en cas de circonstances nouvelles.

LA DÉLÉGATION DE L'AUTORITÉ PARENTALE ET LES COUPLES HOMOSEXUELS

Dans un arrêt de 2006, la Cour de cassation a autorisé la délégation de l'autorité parentale au sein d'un couple homosexuel. Elle a en effet jugé qu'une mère, seule titulaire de l'autorité parentale, pouvait en déléguer « tout ou partie de l'exercice à la femme avec laquelle elle vit en union stable et continue, dès lors que les circonstances l'exigent et que la mesure est conforme à l'intérêt supérieur de l'enfant ». Les circonstances retenues étaient que la mère de l'enfant était astreinte professionnellement à de longs trajets quotidiens ce qui augmentait ses risques d'accident et donc le risque de décès ou de se trouver dans l'incapacité d'exprimer sa volonté (*Cour de cassation, 1re chambre civile, 24/2/2006*).

La délégation est donc autorisée si des circonstances particulières la justifient, si le titulaire de l'autorité parentale risque d'être défaillant à la suite d'un accident ou en raison d'absences très fréquentes.

Mais si la demande de partage de l'autorité parentale repose sur de simples raisons de commodité personnelle, la demande sera rejetée (*Cour de cassation, 1re chambre civile, 8/7/2010*).

Cette position de la Cour de cassation n'est d'ailleurs pas toujours suivie par les tribunaux ou cours d'appel qui autorisent la délégation de l'autorité parentale au sein des couples homosexuels dans le seul intérêt de l'enfant (*Tribunal de grande instance de Bayonne, 26/10/2011 ; Cour d'appel d'Agen, 2/2/2012*).

Bon à savoir : si le couple est marié, l'enfant peut être adopté par le conjoint de son parent, ce qui autorise l'exercice en commun de l'autorité parentale (après déclaration conjointe effectuée auprès du directeur des services de greffe judiciaires du tribunal judiciaire).

› Le retrait total ou partiel de l'autorité parentale

Le comportement des parents peut être tel qu'il s'avère nécessaire de leur retirer tout ou partie de l'autorité parentale (*Code civil, Art. 378 à 381*).

Tel est le cas, par exemple, en cas de violences au sein de la famille. Ainsi, le juge pénal peut prononcer un retrait total lorsque les parents ont été condamnés soit comme auteurs, soit comme complices d'un crime ou d'un délit commis sur la personne de l'enfant (en cas de sévices, par exemple), soit d'un crime ou délit commis par leur enfant, soit encore d'un crime commis sur la personne de l'autre parent.

Il peut aussi décider de ne prononcer qu'un retrait de l'exercice de l'autorité parentale (par exemple, une suppression du droit de visite et d'hébergement).

Le juge pénal a par ailleurs l'obligation de se prononcer sur le retrait d'autorité parentale en présence d'un inceste. Il peut alors également se prononcer sur le retrait de cette autorité pour les frères et sœurs mineurs de la victime (*Code pénal, Art. 222-31-2*).

À NOTER

Issue du Grenelle contre les violences conjugales, la loi n° 2019-1480 du 28/12/2019 prévoit que l'exercice de l'autorité parentale, et les droits de visite et d'hébergement, sont suspendus automatiquement, pour une durée de 6 mois, en cas de poursuite ou de condamnation pour crime d'un parent sur l'autre, à charge pour le procureur de la République de saisir le juge aux affaires familiales dans un délai de 8 jours (Code civil, Art. 378-2). Selon les travaux parlementaires, cette suspension automatique de l'exercice de l'autorité parentale s'imposait. En effet, « trop souvent, lorsqu'une femme quitte le domicile pour échapper à la violence, son mari parvient à la retrouver parce qu'il a conservé l'autorité parentale et qu'il sait donc où sont scolarisés les enfants ».

En dehors d'une procédure pénale, le juge civil (tribunal judiciaire) peut également prononcer le retrait total de l'autorité parentale, dans les deux cas suivants :

– si les parents mettent en péril la santé ou la moralité de l'enfant, soit par de mauvais traitements, soit par une consommation habituelle et excessive d'alcool ou un usage de stupéfiants, soit par une inconduite notoire ou des comportements délictueux (notamment si l'enfant est témoin de pressions ou de violences exercées par l'un des parents sur l'autre), soit par un défaut de soins ou un manque de direction ;

– si leur enfant a fait l'objet d'une mesure d'assistance éducative et qu'ils se sont volontairement désintéressés de lui pendant plus de 2 ans.

Le retrait a pour effet d'attribuer l'exercice de l'autorité parentale à l'autre parent. À défaut d'autre parent ou si les deux parents ont fait l'objet l'un et l'autre d'un retrait total, il y aura lieu d'ordonner l'ouverture d'une tutelle.

Le décret n° 2019-1333 du 11/12/2019 impose, depuis le 1/1/2020, l'intervention d'un avocat pour la demande de retrait (*Code de procédure civile, Art. 1203*).

À NOTER

Lorsque le retrait de l'autorité parentale est total et concerne les parents, l'enfant peut être adopté sans que le consentement de ces derniers soit nécessaire (Code civil, Art. 348-2). Au lieu du retrait total, le jugement peut se borner à prononcer un retrait partiel de l'autorité parentale. Il peut aussi décider que le retrait total ou partiel de l'autorité parentale n'aura d'effet qu'à l'égard de certains des enfants déjà nés. Il peut enfin ne prononcer qu'un retrait de l'exercice de l'autorité parentale (suppression d'un droit de visite, par exemple)(Code civil, Art. 379-1).

La responsabilité des parents du fait de leurs enfants

Les parents sont-ils responsables des dommages causés par leur enfant mineur ?

L'article 1242 du Code civil prévoit que le père et la mère, en tant qu'ils exercent l'autorité parentale, sont solidairement responsables du dommage causé par leur enfant mineur habitant avec eux.

Les parents sont donc responsables de plein droit des dommages causés par leur enfant mineur.

Ils ne peuvent s'exonérer, en tout ou en partie, de cette responsabilité qu'en prouvant l'existence d'une force majeure ou la faute de la victime de l'enfant. Par exemple, l'enfant jouait avec un de ses camarades qui s'est précipité sur lui et a été blessé par l'objet tenu par son ami. On peut estimer qu'il y a fait de l'enfant à l'origine du dommage mais également faute de la victime qui s'est précipitée au-devant du danger.

Qui est responsable de l'enfant lorsqu'il est confié à un tiers ?

L'article 1242 alinéa 4 du Code civil prévoit que le père et la mère sont responsables du dommage causé par leurs enfants mineurs habitant avec eux.

La notion de cohabitation prévue par cet article est aujourd'hui interprétée de façon large, puisque les juges considèrent que la cohabitation ne cesse pas lorsque l'enfant est confié à un tiers (grand-mère, baby-sitter, école) de façon provisoire.

Cette responsabilité des parents peut, le cas échéant, être partagée si la personne qui garde l'enfant a commis une faute. Cette solution a le mérite de simplifier le régime de la responsabilité des parents du fait de leurs enfants.

La victime n'est plus obligée de prouver la faute des parents ou de la personne à qui l'enfant est confié. La personne qui garde l'enfant (qui peut être dépourvue d'une assurance responsabilité civile) n'a plus à subir les éventuelles conséquences d'un accident causé par ce dernier.

À NOTER

Si, en revanche, les dommages se produisent alors que l'enfant est placé dans un foyer, à la suite notamment d'une décision du juge des enfants, la responsabilité du directeur de l'établissement peut être retenue. Là encore, il s'agit d'une responsabilité de plein droit qui est retenue même si le personnel de l'établissement n'a commis aucune faute de surveillance. C'est ainsi que la responsabilité d'un centre recevant des enfants mineurs délinquants a été retenue pour un vol commis par trois des pensionnaires (Cour de cassation, 2e chambre civile, 26/3/1997).

Qui est responsable quand les parents divorcent ?

La plupart du temps, le divorce entraîne la fixation de la résidence de l'enfant chez un des parents, et celle d'un droit de visite et d'hébergement chez l'autre parent.

Dans ces cas, le parent chez lequel l'enfant réside engage sa responsabilité sur le fondement de l'article 1242 du Code civil, et ce, même si les dommages ont eu lieu pendant l'exercice du droit de visite et d'hébergement de l'autre parent. Il a en effet été jugé que « la responsabilité du parent chez lequel la résidence habituelle de l'enfant n'a pas été fixée ne peut, sans faute de sa part, être engagée » (*Cour de cassation, Chambre criminelle, 6/11/2012*). Une telle faute de surveillance a, par exemple, été retenue à l'encontre d'un père divorcé qui recevait son fils dans le cadre de son droit d'hébergement. Le jeune avait mis à profit son séjour pour voler une voiture (*Cour de cassation, 2e chambre civile, 19/2/1997*).

Cas pratiques

Le statut de l'enfant

Contestation de paternité et pension alimentaire

N'étant pas le père de l'enfant de 2 ans déclaré sous mon nom, j'ai engagé une action en contestation de paternité. Puis-je demander à la mère, que j'ai quittée à la naissance, le remboursement des sommes versées pour l'entretien de cet enfant ?

Vous pouvez effectivement demander le remboursement des sommes versées avec de bonnes chances de l'obtenir si vous gagnez votre procès. Pour les tribunaux, l'effet attaché à un jugement décidant qu'un homme n'est pas le père d'un enfant fait disparaître rétroactivement son obligation d'entretien (*Cour de cassation, 1re chambre civile, 13/2/1985*).

Le cas serait cependant différent si vous aviez fait une reconnaissance mensongère, c'est-à-dire si vous aviez reconnu l'enfant tout en sachant ne pas en être le père. Dans ce cas, les tribunaux peuvent vous refuser tout droit à remboursement (*Cour de cassation, 1re chambre civile, 21/7/1987*).

Preuve de non-paternité

Comment apporter la preuve que l'on ne peut pas être le père d'un enfant ?

La preuve peut être faite par tous moyens : preuve de l'éloignement géographique lors de la conception, expertise sanguine, examen des empreintes génétiques (*Code civil, Art. 16-11 et 342 et s.*). Attention cependant : faire la preuve de sa non-paternité signifie aller devant le tribunal avec un avocat. Ces examens seront ordonnés dans le cadre d'une expertise judiciaire.

Un test de paternité fait hors procédure est inopérant.

Droits des beaux-parents

J'ai entendu dire qu'il était question de donner plus de droits aux beaux-parents. J'élève la fille de mon compagnon et je trouve que rien n'est fait pour facilité la gestion quotidienne de la vie d'un enfant qui n'est pas le sien.

Un rapport intitulé « Intérêt de l'enfant, autorité parentale et droits des tiers » (rapport Leonetti) a été déposé en 2009. Son objectif est effectivement de donner plus de droits sur l'enfant aux beaux-parents, compte tenu du nombre important de familles recomposées. Ce rapport très documenté est accessible sur Internet, par exemple sur le site www.ladocumentationfrancaise.fr.

S'il n'a pour l'instant pas été suivi d'effet, il faut cependant signaler la modification apportée par la loi du 17/5/2013 sur le mariage pour tous à ce sujet. Le juge peut en effet, dans l'intérêt de l'enfant, prendre les mesures permettant de garantir le maintien des relations personnelles de l'enfant avec la personne qui a résidé, de manière stable, avec lui et l'un de ses parents, a pourvu à son éducation ou à son entretien, et avec lequel il a noué des liens affectifs durables.

Il faut également signaler la proposition de loi relative à l'autorité parentale et à l'intérêt de l'enfant qui entend prendre en compte la place grandissante des beaux-parents en facilitant leur quotidien. Ainsi, notamment, ce texte prévoit de créer un « mandat d'éducation quotidienne ». Il permet à un tiers vivant de manière stable avec l'un des parents - conjoint, concubin ou partenaire lié par un PACS - d'accomplir les actes usuels de l'autorité parentale pour la durée de la vie commune. Conclu d'un commun accord, ce mandat pourra être révoqué à tout moment par le mandant et prendra fin de plein droit en cas de rupture de la vie commune, de décès du mandant ou de renonciation de ce dernier à son mandat (loi non encore votée à ce jour).

Fratries

Mon concubin et moi avons deux enfants et nous ne désirons plus vivre ensemble. Est-ce que les enfants risquent d'être séparés ? En effet, mon concubin voudrait avoir la garde de notre fils aîné.

Selon la loi, les fratries (frères et sœurs) ne doivent pas être séparées. Le maintien de l'unité de la fratrie a souvent des conséquences bénéfiques car cette unité permet aux enfants de se soutenir mutuellement dans une situation difficile pour eux. Mais la loi prévoit que ce principe est écarté s'il est impossible d'éviter une séparation ou si l'intérêt des enfants commande une autre solution (*Code civil, Art. 371-5*). Les situations concrètes susceptibles de se présenter sont infinies et elles peuvent justifier les solutions les plus diverses. Le juge a donc le pouvoir de décider que certains enfants vont résider chez leur père et les autres chez leur mère (*Cour de cassation, 2e chambre civile, 15/1/1997*). Il s'agit, comme toujours, d'une appréciation au cas par cas en fonction des dossiers présentés.

Autorité parentale - chômage

Est-ce que j'aurai l'autorité parentale sur mon enfant car je suis au chômage et je ne retrouve pas de travail ? En plus, mon logement est tout petit. Peut-on me reprocher ce fait ? Je ne m'entends plus avec le père de l'enfant et nous allons nous séparer.

Le fait de ne pas travailler ou d'avoir un petit logement ne constitue pas en soi un obstacle à l'attribution de l'autorité parentale. En fait, à défaut d'accord entre les parents, le juge va étudier l'ensemble des éléments qui lui seront communiqués, aucun n'étant *a priori* déterminant, sauf fait grave, comme par exemple des violences sur l'enfant. La priorité est donnée à l'enfant, à sa stabilité et son épanouissement qu'il convient de préserver malgré la rupture.

Délégation d'autorité parentale aux grands-parents

Ma fille se désintéresse totalement de son enfant. Je précise qu'elle a eu une grossesse non désirée et que l'enfant est né de père inconnu. Je me suis attachée à cet enfant que je garde souvent. Je voudrais le prendre en charge. Celle-ci est d'accord. Existe-t-il une procédure permettant cette possibilité ?

La délégation d'autorité parentale est une procédure qui pourrait convenir à votre cas. Elle a été redéfinie et simplifiée par la loi du 4/3/2002 qui prévoit une délégation totale ou seulement partielle de l'autorité parentale. Il convient de vous mettre d'accord avec votre fille sur ce que vous souhaitez mettre concrètement en place : par exemple, elle conserve le pouvoir de prendre les décisions importantes concernant l'enfant, à charge pour vous d'effectuer les actes usuels du quotidien. Quand votre accord sera finalisé, au besoin en passant par un avocat, il vous faudra saisir le juge aux affaires familiales d'une requête conjointe (*Code civil, Art. 377 et s.*).

Une proposition de loi relative à l'autorité parentale et à l'intérêt de l'enfant prévoit que le juge doit homologuer cette convention, sauf s'il constate qu'elle ne préserve pas suffisamment l'intérêt de l'enfant ou que le consentement du ou des parents n'a pas été donné librement (loi non encore votée à ce jour).

Les prestations familiales

Les prestations familiales ont pour objet de compenser les frais et les dépenses des personnes ou des ménages qui assument la charge d'un ou de plusieurs enfants. Ces prestations sont attribuées en fonction de différents critères, tels que la situation de famille, le nombre d'enfants à charge, leur âge et leur état de santé... De plus en plus souvent, un critère de ressources entre également en ligne de compte. Si elles obéissent chacune à des règles particulières, toutes sont aussi soumises à des règles communes d'attribution.

Les règles communes d'attribution des prestations familiales

Toutes les prestations familiales sont régies par un certain nombre de dispositions communes qui concernent leurs conditions générales d'attribution, les modalités de leur versement et les personnes habilitées à les percevoir.

Quelles sont les conditions générales d'attribution ?

Ces conditions sont au nombre de trois :

– avoir sa résidence en France ;

– avoir à charge un ou plusieurs enfants ;

– être de nationalité française ou étranger et titulaire d'un des titres exigé pour résider régulièrement en France. Les ressortissants communautaires (ressortissants d'un pays membre de l'Union européenne – UE – ou de l'Espace économique européen – EEE), ainsi que les ressortissants suisses bénéficient de plein droit des prestations familiales dès lors qu'ils satisfont aux conditions de régularité de séjour en France posées par l'article L. 121-1 du Code de l'entrée et du séjour des étrangers en France (par exemple, exercer une activité professionnelle en France ou disposer, pour eux et les membres de leur famille de ressources suffisantes et d'une assurance maladie) et qu'ils remplissent les conditions exigées pour résider régulièrement en France, la résidence étant appréciée dans les conditions indiquées ci-dessous. Il peut, par ailleurs, exister, entre la France et des pays hors UE ou EEE, des accords de sécurité sociale permettant aux ressortissants de ces pays d'accéder aux prestations familiales dans des conditions particulières proches de celles applicables aux ressortissants communautaires ; tel est le cas, par exemple, pour les ressortissants algériens et turcs.

Certaines prestations, de plus en plus nombreuses, sont également soumises à une condition de ressources : soit elles ne sont plus attribuées au-delà d'un certain niveau de ressources (par exemple, la prime à la naissance versée dans le cadre de la prestation d'accueil du jeune enfant), soit leur montant dépend des ressources de leurs bénéficiaires (par exemple, le complément de libre choix du mode de garde).

Les prestations familiales ne sont pas dues aux travailleurs détachés temporairement en France pour y exercer une activité professionnelle et exemptés d'affiliation au régime français de sécurité sociale en application d'une convention internationale de Sécurité sociale ou d'un règlement communautaire ainsi qu'aux personnes à leur charge, sous réserve de stipulation particulière de cette convention.

› La résidence

L'allocataire, c'est-à-dire la personne à qui est reconnu le droit aux prestations familiales, doit résider en France. Sont considérées comme résidant en France les personnes qui ont leur séjour principal sur le territoire métropolitain, en Guadeloupe, en Guyane, à la Martinique, à Mayotte, à La Réunion, à Saint-Barthélemy ou à Saint Martin :

– le foyer est « le lieu où les personnes habitent normalement, c'est-à-dire le lieu de leur résidence habituelle », à condition que cette résidence sur le territoire métropolitain ou dans un des départements ou collectivité d'outre-mer mentionnés ci-dessus ait un caractère permanent ;

– la condition de séjour principal est satisfaite lorsque les bénéficiaires sont personnellement et effectivement présents à titre principal sur le territoire métropolitain ou dans un des départements ou collectivité d'outre-mer mentionnés ci-dessus. Sont réputées avoir en France le lieu de leur séjour principal les personnes qui y séjournent pendant plus de 6 mois au cours de l'année civile de versement des prestations.

À NOTER

Toute personne est tenue de déclarer à l'organisme débiteur des prestations familiales dont elle relève (c'est-à-dire en principe la CAF ou la caisse de MSA) tout changement dans sa situation familiale ou dans son lieu de résidence, notamment en cas de transfert de sa résidence hors du territoire français qui remettrait en cause le bénéfice des prestations. La CAF (ou la caisse de MSA) doit organiser, périodiquement, un contrôle de la condition de résidence en France de l'allocataire.

ATTENTION AU PHISHING

La CAF met en garde contre le « phishing ». Il s'agit de messages frauduleux envoyés sous forme de mail, de SMS ou de message vocal. Leurs formes laissent penser qu'ils proviennent d'administrations ou d'organismes, notamment de la CAF, pour obtenir vos coordonnées bancaires ou vos identifiants de connexion.
Voici la conduite à tenir :
– ne répondez pas au mail, au SMS ou au message vocal frauduleux. Si vous avez un doute, contactez votre CAF pour vérifier le caractère frauduleux ou non du message, avant d'y répondre ;
– supprimez le mail, le SMS ou le message vocal frauduleux de votre boîte de messages ;
– participez à la lutte contre le piratage informatique en signalant l'adresse du site frauduleux sur la plateforme *https://phishing-initiative.fr*.

En cas de détachement temporaire à l'étranger, l'allocataire continue à bénéficier des prestations soit si ses enfants résident en France, soit, dans le cas contraire, si le pays d'accueil a conclu une convention avec la France.
Les enfants pour lesquels sont attribuées les prestations doivent également résider en France. Ils continuent toutefois d'ouvrir droit aux prestations s'ils effectuent à l'étranger :
– soit un ou plusieurs séjours n'excédant pas 3 mois par an ;
– soit un séjour de plus longue durée s'il est nécessaire à la poursuite des études, à l'apprentissage d'une langue étrangère ou à une formation professionnelle ;
– soit un ou plusieurs séjours, d'une durée au plus égale à celle de l'année scolaire, à la condition que la famille ait sa résidence en France dans une zone frontalière, que l'enfant fréquente, dans le pays voisin, à proximité de la frontière, un établissement de soins ou un établissement d'enseignement, et qu'il rejoigne sa famille à intervalles rapprochés.

À NOTER

Les caisses d'allocations familiales (ou les caisses de MSA) organisent périodiquement le contrôle de l'effectivité de la résidence en France. En cas de fraude, des sanctions pénales sont prévues.

› L'enfant à charge

Que signifie avoir la charge d'un enfant ?

Pour avoir droit aux prestations familiales, il faut avoir la charge, effective et permanente, d'un ou plusieurs enfants : est considérée comme telle, la personne qui assure, d'une manière générale, le logement, la nourriture, l'habillement et la responsabilité éducative et affective de cet enfant.

AVANTAGE

Les enfants hospitalisés, même si leur séjour est pris en charge à 100 % par l'assurance maladie, continuent d'être considérés à la charge de leur famille si celle-ci garde avec eux les liens nécessaires à leur équilibre affectif.

ATTENTION ⚠

Si votre enfant se marie ou s'il devient lui-même bénéficiaire à titre personnel d'une prestation familiale ou assimilée (par exemple, l'allocation de logement ou l'APL), il ne sera plus considéré comme étant à votre charge.

À NOTER

La notion de charge d'enfant est indépendante de l'existence d'un lien de parenté avec l'enfant ou d'un droit de garde sur lui. Ce qui importe est l'effectivité de la charge. Ainsi, les prestations familiales peuvent être versées aux tiers dignes de confiance, au titre des enfants qui leur sont confiés par jugement, dès lors que les parents ne remplissent plus la condition de charge effective et permanente de ces enfants.

Jusqu'à quel âge l'enfant est-il à charge ?

Sous réserve de règles propres à chaque prestation, ouvrent droit aux prestations familiales :

- les enfants âgés de moins de 16 ans jusqu'à la fin de l'obligation scolaire ;
- jusqu'à 20 ans, les jeunes gens inactifs ou dont la rémunération mensuelle en cas d'activité ne dépasse pas 55 % du SMIC calculée sur la base de 169 heures *(Voir pages Barème)*. Toutefois, pour l'attribution du complément familial et des aides au logement (APL et allocation de logement), l'âge limite pour considérer un enfant à charge est fixé à 21 ans (*Code de la Sécurité sociale, Art. L. 512-3*). C'est également jusqu'aux 21 ans de l'enfant que les allocations familiales peuvent, sous certaines conditions, être partiellement maintenues.

À NOTER

Pour les enfants adoptés ou confiés en vue d'adoption, les prestations familiales sont versées à la condition que : le ou les enfants soient adoptés par décision de la juridiction française ou soient confiés en vue d'adoption par le service d'aide sociale à l'enfance ou par un organisme autorisé pour l'adoption ; le ou les enfants soient confiés en vue d'adoption ou adoptés par décision de l'autorité étrangère compétente et autorisés à entrer à ce titre sur le territoire français et que le postulant à l'adoption ou l'adoptant soit titulaire d'un agrément préalable (Code de la Sécurité sociale, Art. L. 512-4).

› Les conditions de ressources

Dans un souci de simplification administrative, la déclaration de ressources qui devait être retournée chaque année à la caisse d'allocations familiales a été supprimée. Désormais, les CAF (ou les caisses de MSA pour les personnes qui relèvent du régime agricole), se font communiquer directement par le fisc les informations nécessaires à l'étude des droits des bénéficiaires ou des demandeurs des prestations. C'est donc à partir de votre déclaration de revenus, telle que vous l'avez transmise aux impôts, que votre CAF apprécie vos droits aux prestations familiales : les ressources de l'année N-2 (2018, par exemple) serviront ainsi à apprécier vos droits aux prestations familiales au titre de l'année N (2020, par exemple). Les personnes non imposables ont donc intérêt à faire une déclaration de revenus pour que leurs droits soient examinés par la CAF. En revanche, l'obligation de déclarer tout changement de situation familiale ou professionnelle (perte d'emploi, naissance, séparation, reprise d'emploi…) n'est pas modifiée.

Les ressources à comparer aux plafonds le cas échéant applicables correspondent au revenu net catégoriel perçu par le bénéficiaire (ainsi que son conjoint, partenaire pacsé ou concubin) : salaires, allocations de chômage, indemnités journalières de sécurité sociale, pensions et retraites, revenus non salariés, etc. Certaines ressources sont exclues, d'autres peuvent ne plus être prises en compte ou faire l'objet d'une évaluation forfaitaire.

À NOTER

Pour savoir si vous avez droit à l'allocation de soutien familial, au complément familial, à l'allocation de base de la prestation d'accueil du jeune enfant…, vous pouvez utiliser le simulateur en ligne https://mes-aides.gouv.fr.

À qui sont versées les prestations familiales ?

Il faut distinguer l'allocataire de l'attributaire.

L'allocataire

C'est la personne physique qui assume la charge effective et permanente de l'enfant à qui est reconnu le droit aux prestations familiales. Ce droit ne peut être exercé que par une seule personne au titre d'un même enfant.

Si vous êtes marié ou si vous vivez en concubinage, vous devrez choisir lequel d'entre vous sera allocataire. En l'absence de choix, c'est la mère qui sera allocataire.

En cas de divorce ou de séparation, l'allocataire est celui du couple au foyer duquel vit l'enfant. Si lors d'un divorce, un jugement de résidence alternée a été rendu, les parents doivent désigner d'un commun accord celui qui percevra les prestations familiales. À charge pour ce dernier de répartir ensuite les sommes perçues avec l'autre parent. En cas de désaccord, il est possible de recourir au médiateur familial.

S'agissant des allocations familiales proprement dites (à l'exclusion donc des autres prestations familiales), la règle particulière suivante s'applique : en cas de résidence alternée, son montant peut être, au choix des parents, partagé entre eux deux ou reçu par un seul bénéficiaire. Le choix des parents se fait au moyen du formulaire Cerfa n° 14000*01 (*Code de la Sécurité sociale, Art. L. 512-1*). Ce formulaire peut être obtenu auprès de sa CAF ou être téléchargé sur le site *www.caf.fr*.

À NOTER

Chaque parent peut obtenir l'APL en cas de garde alter-née. Le montant se calcule sur la base de la période pendant laquelle chaque parent héberge l'enfant à son domicile au cours de l'année (Conseil d'État, 21/7/2017, n° 398563).

Lorsque les parents ont désigné un allocataire unique ou fait une demande conjointe de partage, ils ne peuvent remettre en cause les modalités ainsi choisies qu'au bout d'1 an, sauf modification des modalités de résidence du ou des enfants.

Lorsque chacun des parents a la qualité d'allocataire, le montant des allocations familiales dues à chacun d'eux est égal au montant des allocations familiales dues pour le total des enfants à charge, multiplié par un coefficient résultant du rapport entre le nombre moyen d'enfants et le nombre total d'enfants (voir exemples dans l'encadré ci-après).

Le nombre moyen d'enfants, pour chaque foyer, est obtenu en faisant la somme du nombre d'enfants à charge dans les conditions suivantes :

– chaque enfant en résidence alternée compte pour 0,5 ;

– les autres enfants à charge comptent pour 1.

Le nombre total d'enfants, pour chaque foyer, est obtenu en faisant la somme du ou des enfants en résidence alternée et, le cas échéant, du ou des autres enfants à charge.

EXEMPLES DE CALCUL DES ALLOCATIONS FAMILIALES EN CAS DE RÉSIDENCE ALTERNÉE

(Source : Caisse nationale des allocations familiales)

Exemple n° 1 : séparation avec résidence alternée de tous les enfants

Monsieur et Madame Durand ont deux enfants.

Ils se séparent avec résidence alternée des deux enfants.

Dans chaque cellule familiale, le droit est donc étudié sur la base des allocations familiales pour deux enfants.

Puis, à ce montant, est appliqué le coefficient ; chaque enfant comptant dans ce cas pour 0,5, soit :

(0,5 + 0,5)/2 = 1/2 du montant des allocations familiales pour deux enfants.

Le montant versé à chaque parent est donc égal à la moitié du montant des allocations pour deux enfants.

Exemple n° 2 : famille recomposée

Monsieur et Madame Dupont ont deux enfants.

Ils se séparent avec deux enfants en résidence alternée.

Madame Martin a trois enfants en résidence permanente.

Monsieur Dupont et Madame Martin forment un couple.

– Droit de Madame Dupont :

(0,5 + 0,5)/2 = 1/2 du montant des allocations familiales pour deux enfants.

Madame Dupont a droit à la moitié des allocations familiales pour deux enfants.

– Droit de Monsieur Dupont et Madame Martin :

(3 + 0,5 + 0,5)/5 = 4/5 du montant des allocations familiales pour cinq enfants.

Monsieur Dupont et Madame Martin ont droit à 4/5 des allocations familiales pour cinq enfants.

L'attributaire

C'est la personne à qui sont réellement versées les prestations. En principe, c'est l'allocataire lui-même qui est attributaire.

En cas de retrait total de l'autorité parentale de l'allocataire, les prestations sont versées à son conjoint ou concubin.

En outre, lorsque les enfants sont élevés dans des conditions manifestement défectueuses, ou lorsque le montant des prestations n'est pas employé dans l'intérêt de l'enfant, le juge des enfants peut décider que les prestations seront versées à une personne physique ou morale qualifiée, appelée « tuteur aux prestations familiales ».

AVANTAGE

Les prestations familiales ne sont soumises ni à l'impôt sur le revenu, ni à la CSG.

ATTENTION ⚠

Les prestations familiales sont assujetties à la contribution pour le remboursement de la dette sociale (CRDS), exception faite de l'allocation d'éducation de l'enfant handicapé.

À NOTER

Les personnes de nationalité étrangère bénéficient, au même titre que les Français, des prestations familiales. Toutefois, ils doivent pouvoir justifier, tant pour eux-mêmes que pour leurs enfants, de la régularité de leur entrée et de leur séjour en France. Par ailleurs, si des prestations étrangères ou des avantages familiaux sont versés à une famille résidant en France et que leurs montants sont inférieurs à celui des prestations familiales françaises, seule une « allocation différentielle » peut lui être versée. Ceci en vertu du principe de non-cumul des prestations familiales françaises et étrangères (Code de la Sécurité sociale, Art. L. 512-5).

Quelles sont les modalités de paiement des prestations ?

Quand et comment sont-elles versées ?

Les prestations familiales sont versées mensuellement et à terme échu (sauf les prestations donnant lieu à un versement unique, comme par exemple l'allocation de rentrée scolaire ou la prime de naissance dans le cadre de la PAJE). Elles sont mises en paiement le 5e jour du mois suivant celui pour lequel elles sont dues : ainsi par exemple, les allocations familiales du mois de janvier sont versées début février.

À NOTER

Bien qu'il ne s'agisse pas à proprement parler de prestations familiales, c'est également aux CAF, et aux caisses de MSA pour les personnes qui relèvent du régime agricole, qu'il appartient de verser certaines autres prestations sociales telles que, par exemple, l'allocation aux adultes handicapés (AAH) ou l'aide personnalisée au logement (APL).

Le versement se fait par virement (postal, bancaire ou à un compte d'épargne).

Le paiement des prestations familiales incombe en principe aux caisses d'allocations familiales (CAF) ou aux caisses de mutualité sociale agricole (MSA) si vous relevez du régime agricole. Les fonctionnaires relèvent également des CAF, de même que les agents de La Poste, d'Orange, de la SNCF, de la RATP, etc.

La caisse compétente est celle du lieu de résidence habituelle de la famille de l'allocataire. Pour certaines professions particulières, il existe encore quelques caisses spécifiques (par exemple, pour les marins, la Caisse maritime d'allocations familiales).

LES DÉLAIS DE PRESCRIPTION EN MATIÈRE DE PRESTATIONS FAMILIALES

Si vous avez oublié de réclamer des prestations qui vous sont dues, vous avez 2 ans pour faire valoir vos droits à compter du jour où ils sont nés.

Si vous avez reçu des prestations auxquelles vous n'aviez pas droit, la CAF ou la MSA peut vous en réclamer le remboursement pendant 2 ans (pendant 5 ans en cas de fraude). La caisse retiendra les indus sur les prestations à venir. Mais si vous préférez, vous pouvez opter pour un remboursement intégral de la dette (*Code de la Sécurité sociale, Art. L. 553-2*). Si l'une ou l'autre des solutions ne peut être retenue, la CAF ou la MSA peut récupérer les indus sur les échéances à venir des aides au logement, du revenu de solidarité active, de l'allocation aux adultes handicapés ou encore de la prime d'activité. Le montant des retenues opérées sur les prestations est déterminé en fonction de la composition de la famille, de ses ressources, des charges de logement et des prestations servies. Il est fixé en fonction d'un barème progressif (*Code de la Sécurité sociale, Art. D. 553-1*). En cas de fraude, les retenues peuvent être majorées de 50 % (*Code de la Sécurité sociale, Art. D. 553-5D. 5*).

AVANTAGE

À côté des prestations proprement dites, les CAF et les caisses de MSA attribuent des prestations ou des aides diverses, dans le cadre de leur action sociale. Il peut s'agir par exemple d'aides aux vacances (distribution de bons vacances, organisation de colonies...) ou d'aides aux familles rencontrant des difficultés particulières (intervention d'une travailleuse familiale, secours exceptionnels...). N'hésitez donc pas à vous adresser à votre caisse pour connaître les aides dont vous pouvez éventuellement bénéficier.

Comment sont-elles calculées ?

Les prestations familiales sont calculées en pourcentage d'une somme appelée « base mensuelle de calcul des allocations familiales » *(Voir pages Barème)*.

Leur montant est arrondi au centime d'euro le plus proche.

Les prestations familiales sont, en principe, revalorisées au 1er avril de chaque année. Cette revalorisation annuelle est effectuée sur la base d'un coefficient égal à l'évolution de la moyenne annuelle des prix à la consommation hors tabac calculée sur les 12 derniers indices mensuels de ces prix publiés par l'INSEE l'avant-dernier mois qui précède la date de revalorisation des prestations concernées. Si ce coefficient est inférieur à 1, il sera porté à cette valeur ; cette disposition est destinée à garantir le maintien des prestations à leur niveau antérieur en cas d'inflation négative (*Code de la Sécurité sociale, Art. L. 551-1 et L. 161-25*).

Les prestations peuvent-elles être saisies ?

Les prestations familiales sont en principe incessibles (on ne peut les céder) et insaisissables (elles ne peuvent faire l'objet d'une saisie) sauf, dans ce dernier cas, pour le recouvrement de celles indûment versées à la suite d'une fraude ou d'une fausse déclaration.

Par dérogation à ce principe, mais dans la limite toutefois d'un montant mensuel variable selon les revenus et les charges de famille de l'allocataire, certaines prestations peuvent être saisies (*Code de la Sécurité sociale, Art. L. 553-4*). Il en est notamment ainsi :

– des allocations familiales, du complément familial, de l'allocation de rentrée scolaire, de l'allocation de soutien familial et de l'allocation parentale d'éducation, pour le paiement des dettes alimentaires ou l'exécution de la contribution aux charges du mariage ;

– de l'allocation d'éducation de l'enfant handicapé pour le paiement des frais entraînés par les soins, l'hébergement, l'éducation et la formation de l'enfant.

À NOTER

L'allocation d'éducation de l'enfant handicapé fait l'objet d'une étude particulière au titre des prestations attribuées aux personnes handicapées. L'allocation de logement dite « familiale » constitue également une prestation familiale.

LES 8 PRESTATIONS FAMILIALES

La liste des 8 prestations familiales est donnée par l'article L. 511-1 du Code de la Sécurité sociale. Cette liste est la suivante, les prestations étant classées, par nos soins, selon l'existence ou non d'une condition liée aux ressources, avec l'indication, entre parenthèses, des références aux articles du code concernés.

Précision importante : bien qu'elle constitue une prestation familiale unique, la prestation d'accueil du jeune enfant (PAJE) comporte 4 volets distincts (prime à la naissance ou à l'adoption, allocation de base…) répondant chacun à des conditions d'attribution différentes, ce qui explique que la liste ci-dessous comporte au total plus de 8 prestations :

✓ AVEC CONDITION DE RESSOURCES

– la prime à la naissance ou à l'adoption versée dans le cadre de la PAJE (*Code de la Sécurité sociale, Art. L. 531-1 et L. 531-2*) ;
– l'allocation de base versée dans le cadre de la PAJE (*Code de la Sécurité sociale, Art. L. 531-1 et L. 531-3*) ;
– le complément familial (*Code de la Sécurité sociale, Art. L., R. et D. 522-1 et s.*) ;
– l'allocation de rentrée scolaire (*Code de la Sécurité sociale, Art. L., R. et D. 543-1 et s.*) ;
– l'allocation de logement régie par le livre VIII du Code de la construction et de l'habitation (*Code de la construction et de l'habitation, Art. L. 811-1 et s.*) ;
– le complément de libre choix du mode de garde versé dans le cadre de la PAJE (le droit à ce complément n'est pas lié à une condition de ressources, mais son montant dépend des ressources des bénéficiaires)(*Code de la Sécurité sociale, Art. L. 531-1 et L. 531-5 à L. 531-9*).

✓ SANS CONDITION DE RESSOURCES

– les allocations familiales (*Code de la Sécurité sociale, Art. L., R. et D. 521-1 et s.*). Toutefois, le montant des allocations familiales est modulé en fonction du niveau de ressources des bénéficiaires ;
– l'allocation de soutien familial (*Code de la Sécurité sociale, Art. L., R. et D. 523-1 et s.*) ;
– l'allocation d'éducation de l'enfant handicapé (*Code de la Sécurité sociale, Art. L., R. et D. 541-1 et s.*) ;
– l'allocation journalière de présence parentale (mais non son complément pour frais)(*Code de la Sécurité sociale, Art. L., R. et D. 544-1 et s.*) ;
– la prestation partagée d'éducation de l'enfant (Préparee)(*Code de la Sécurité sociale, Art. L. 531-1 et L. 531-4*).

À ces prestations familiales proprement dites s'ajoute l'aide personnalisée au logement dont le montant dépend, comme pour l'allocation de logement, des ressources des bénéficiaires.

Les allocations familiales

C'est la prestation familiale la plus connue et la plus distribuée. La raison en est très simple : il suffit d'avoir deux enfants à charge pour y prétendre. Aucune condition de ressources n'est requise même si, depuis le 1/7/2015, leur montant est modulé en fonction du niveau de ressources des bénéficiaires.

Qui peut en bénéficier ?

Les allocations familiales sont attribuées aux personnes ayant au moins deux enfants à charge.
Les allocations familiales ne sont pas soumises à un plafond de ressources, dans la mesure où, dès lors qu'elles ont au moins deux enfants à charge, toutes les familles ou toutes les personnes isolées peuvent y prétendre, quel que soit le niveau de leurs ressources. Toutefois, les allocations, ainsi que les majorations pour enfants, varient en fonction des ressources du ménage ou de la personne qui a la charge des enfants, selon un barème *(Voir pages Barème)*. Ainsi, si aucune famille n'est privée d'allocations familiales en raison de son niveau de ressources, certaines perçoivent des allocations dont le montant est réduit.

À NOTER

L'âge limite auquel les enfants ouvrent droit aux prestations familiales est applicable aux allocations familiales.

Quel est leur montant ?

Comme pour les autres prestations familiales, ce montant est calculé à partir d'une base mensuelle de calcul *(Voir pages Barème)* qui varie en fonction du niveau de ressources des bénéficiaires. En outre, les enfants à charge ouvrent droit, à partir de leur 14e anniversaire, à une majoration d'allocations familiales dont le montant dépend du niveau des ressources *(Voir pages Barème)*.

Quelles sont les formalités ?

Aucune formalité particulière n'est demandée pour les enfants de moins de 16 ans. Au-delà de cet âge, vous devrez renvoyer à votre caisse le formulaire intitulé « Déclaration de situation d'un enfant de moins de 20 ans » qu'elle vous adressera chaque année. Les renseignements que vous y porterez permettront à la caisse de savoir si votre enfant peut ou non continuer d'être considéré comme à votre charge.

ATTENTION ⚠

Dans les familles de deux enfants, ou dans lesquelles il ne reste plus que deux enfants à charge, aucune majoration n'est versée pour l'aîné. Ainsi, par exemple, si vous avez deux enfants à charge, lorsque le premier d'entre eux atteindra l'âge de 14 ans, il n'ouvrira pas droit à la majoration d'allocations familiales ; en revanche, lorsque le deuxième atteindra l'âge de 14 ans, vous aurez droit à cette majoration, sous réserve évidemment que vous ayez encore deux enfants à charge.

ATTENTION ⚠

Le placement d'un mineur délinquant dans un centre éducatif fermé entraîne la suspension, au titre de cet enfant, des allocations familiales. Toutefois, le juge des enfants peut les maintenir, soit lorsque la famille participe à la prise en charge morale ou matérielle de l'enfant, soit en vue de faciliter le retour de l'enfant dans son foyer (Ordonnance du 2/2/1945, Art. 34).

FAMILLES NOMBREUSES AVEC ENFANT DE PLUS DE 20 ANS

Les familles (ou les personnes seules) qui comptent au moins 3 enfants à charge bénéficient du maintien partiel des allocations familiales pendant 1 an lorsque l'aîné atteint l'âge de 20 ans. Le montant des allocations familiales correspond alors au montant fixé en fonction du nombre d'enfants de moins de 20 ans à charge, auquel s'ajoute une allocation forfaitaire au titre de l'enfant âgé de plus de 20 ans dont le montant dépend du niveau de ressources des bénéficiaires *(Voir pages Barème)*. Cette allocation forfaitaire est versée jusqu'au mois précédant le 21e anniversaire de l'enfant, sous réserve que celui-ci continue d'être considéré comme à charge, c'est-à-dire notamment qu'il vive au foyer du bénéficiaire et, s'il exerce une activité qui ne lui procure pas un revenu supérieur à 55 % du SMIC calculé sur la base de 169 heures *(Voir pages Barème)*.

Le complément familial

Cette prestation familiale est destinée à apporter un complément de revenus aux familles nombreuses. Elle est réservée aux personnes seules ou aux ménages disposant de faibles ressources.

Qui peut en bénéficier ?

Pour pouvoir prétendre au complément familial, vous devez :

- assumer la charge d'au moins trois enfants, tous âgés de plus de 3 ans. Le complément cesse d'être versé lorsqu'il n'y a plus trois enfants de plus de 3 ans à charge. Les enfants ouvrent droit au complément familial jusqu'à l'âge de 21 ans (au lieu de 20 ans pour les autres prestations familiales) ;
- disposer de ressources ne dépassant pas certains plafonds *(Voir pages Barème)*. Deux niveaux de ressources sont fixés : l'un permettant de bénéficier du complément familial « normal », l'autre du complément familial « majoré ».

Les ressources sont appréciées comme pour l'allocation de base versée dans le cadre de la prestation d'accueil du jeune enfant.

Si vos revenus dépassent le plafond de ressources qui vous est applicable, vous pouvez peut-être prétendre à un complément familial réduit, que l'on appelle « complément différentiel » *(Voir pages Barème)*. Le versement d'un complément différentiel ne peut toutefois intervenir que dans le cadre du complément familial « normal » (voir ci-dessus).

Quel en est le montant ?

Le montant mensuel du complément familial est fixé en pourcentage de la base mensuelle de calcul des allocation familiales. Un montant majoré est versé aux familles les plus modestes *(Voir pages Barème)*.

Le complément familial est versé par famille : quel que soit le nombre d'enfants à votre charge, vous ne percevrez donc qu'un seul complément familial.

Quels sont les cumuls possibles ?

Si vous bénéficiez du complément familial, et que vous attendez un nouvel enfant, le cumul sera possible avec la prime de naissance attribuée dans le cadre de la prestation d'accueil du jeune enfant (PAJE). Ensuite, vous ne percevrez plus que l'allocation de base également versée dans le cadre de la PAJE, dès lors que vous en remplirez les conditions. Le complément familial ne peut pas non plus se cumuler avec le complément de libre choix d'activité.

L'allocation de soutien familial

Cette allocation, non soumise à condition de ressources, est destinée à venir en aide aux personnes qui ont la charge d'enfants dont les père et mère, ou l'un d'eux seulement, sont décédés ou se désintéressent d'eux.

Qui peut en bénéficier ?

L'allocation de soutien familial (ASF) peut être attribuée :
– soit au parent qui assume seul la charge effective et permanente d'un ou de plusieurs enfants se trouvant dans l'une des situations décrites ci-dessous ;
– soit à la personne qui n'est ni le père ni la mère de l'enfant, mais qui l'a recueilli (sauf en cas d'adoption, puisqu'il y a dans ce cas une prestation spécifique) et qui en assume la charge.

Dans le premier cas, la prestation n'est due que si le parent vit seul : elle cesse d'être versée dès qu'il se marie (ou se remarie), conclut un PACS ou vit en concubinage.

À NOTER

En vue d'aider les parents isolés, le plus souvent des mères, à la suite d'une séparation ou d'un divorce, la loi du 4/8/2014 a prévu l'expérimentation d'un mécanisme de garantie contre les impayés de pensions alimentaires dans 20 départements. Compte tenu des résultats positifs obtenus, l'expérimentation a été généralisée à l'ensemble du territoire depuis le 1/4/2016.

Pour quels enfants ?

Ouvrent droit à l'allocation de soutien familial :
– tout enfant orphelin de père ou de mère, ou de père et de mère. Il s'agit donc de l'enfant, quelle que soit sa filiation, dont l'un des parents ou les deux sont décédés ;
– tout enfant dont la filiation n'est pas légalement établie soit à l'égard de ses deux parents, soit à l'égard de l'un d'eux seulement ;
– tout enfant dont le père et/ou la mère, depuis au moins 1 mois, se soustraient ou se trouvent hors d'état de faire face à leurs obligations d'entretien ou au versement d'une pension alimentaire mise à leur charge par une décision de justice ;
– tout enfant dont le père ou la mère, ou les père et mère, s'acquittent intégralement de leur obligation d'entretien ou du versement d'une pension alimentaire mise à leur charge par décision de justice, lorsque le montant correspondant est inférieur à celui de l'allocation de soutien familial. Dans ce cas, une allocation de soutien familial différentielle est versée qui demeure acquise au créancier (*Loi de financement de la Sécurité sociale pour 2016*).

Est considéré comme « hors d'état » de faire face à ses obligations, le parent qui se trouve dans l'une ou l'autre des situations mentionnées à l'article D. 523-2 du Code de la Sécurité sociale comme, par exemple :
– débiteur sans adresse connue ;
– débiteur réputé insolvable (bénéficiaire du RSA, de l'AAH à taux plein ou versée en complément d'un avantage de vieillesse ou d'invalidité, de l'allocation de solidarité spécifique, de l'allocation temporaire d'attente…) ;
– débiteur ayant fait l'objet d'une plainte déposée à la suite de menaces, de violences volontaires sur le parent ou l'enfant, de condamnations pour de telles violences ou en cas de violences mentionnées dans une décision de justice…

À NOTER

La situation du débiteur fait l'objet d'un contrôle par la CAF (ou la caisse de MSA) dans un délai de 4 mois après le dépôt par le parent créancier de sa demande d'ASF et par la suite au moins 1 fois par an.

À NOTER

L'allocation de soutien familial peut être attribuée, selon la situation de l'enfant, soit à titre de prestation familiale, soit à titre d'avance sur pension alimentaire. C'est le cas notamment lorsque l'un des parents se soustrait au paiement d'une pension alimentaire fixée par la justice : l'allocation est alors versée en totalité ou en partie selon que la pension alimentaire n'est pas payée ou l'est en partie seulement.

Quel est son montant ?

Le montant mensuel de l'allocation de soutien familial est fixé en pourcentage de la base mensuelle de calcul des allocations familiales. Ce pourcentage diffère selon que l'enfant :

– est orphelin de père et de mère ou se trouve dans une situation assimilée (absence de filiation établie à l'égard de ses deux parents ou non-exécution par l'un et l'autre de leurs obligations) ;

– ou est orphelin de père ou de mère ou se trouve à l'égard de l'un de ses deux parents seulement dans une situation assimilée *(Voir pages Barème)*.

AVANTAGE

Même si vous n'avez pas droit à l'allocation de soutien familial parce que vous ne remplissez pas toutes les conditions pour en bénéficier (vous êtes remarié ou vous vivez en concubinage), l'organisme qui vous verse vos prestations familiales (en principe la CAF) peut vous aider à récupérer la pension alimentaire qui vous est due, mais qui ne vous est pas versée.

Quelles sont les conditions de versement ?

L'allocation est versée à compter du 1er jour du mois civil suivant celui au cours duquel l'enfant se trouve dans l'une des situations ouvrant droit au bénéfice de celle-ci. Il cesse à compter du 1er jour du mois au cours duquel soit l'enfant, soit le bénéficiaire n'en remplit plus les conditions.

AVANTAGE

*Il est possible de faire sa demande d'allocation de soutien familial en utilisant le formulaire Cerfa n° 12038*03, disponible sur le site www.service-public.fr.*

Lorsque l'un des parents se soustrait à son obligation d'entretien, et qu'aucune décision de justice ou qu'aucune convention judiciairement homologuée n'est encore intervenue pour fixer le montant de cette obligation, l'allocation de soutien familial n'est versée que pendant 4 mois. Le versement de l'allocation ne se poursuit au-delà de la 4e mensualité que dans les cas suivants :

– lorsque, à l'issue d'un contrôle de la CAF sur la situation du parent débiteur, celui-ci est considéré comme étant hors d'état de faire face à son obligation d'entretien (débiteur insolvable, sans adresse connue…, voir ci-dessus) ;

– ou lorsque, à l'issue de ce contrôle, le parent débiteur n'est pas considéré comme étant hors d'état de faire face à son obligation d'entretien, et que soit une décision de justice (ou une convention judiciairement homologuée) devenue exécutoire est intervenue pour fixer le montant de l'obligation d'entretien, soit le parent qui pourvoit à l'entretien de l'enfant a saisi l'autorité judiciaire en vue de la fixation du montant de cette obligation (ou de l'homologation de la convention qui en fixe le montant).

ATTENTION ⚠

Il n'est pas possible de cumuler l'allocation de soutien familial avec l'allocation de base versée en cas d'adoption d'un enfant dans le cadre de la prestation d'accueil du jeune enfant.

L'allocation de rentrée scolaire

La scolarité d'un enfant entraîne des frais importants (achats de livres, de fournitures, etc.) qui peuvent peser lourd dans le budget de certaines familles. L'allocation de rentrée scolaire a donc été créée pour aider les familles à faire face à ces dépenses. Elle est attribuée sous certaines conditions, notamment de ressources.

Qui peut en bénéficier ?

Pour avoir droit à cette prestation, il faut remplir les conditions suivantes :

– avoir un ou plusieurs enfants à charge scolarisés et remplissant certaines conditions d'âge (voir ci-dessous) ;

– ne pas disposer de ressources supérieures à un certain plafond, qui évolue en fonction du nombre d'enfants à charge *(Voir pages Barème)*. Les personnes dont les revenus se situent légèrement au-dessus de ce plafond bénéficient d'une allocation d'un montant plus faible *(Voir pages Barème)*. Là encore, c'est votre revenu net catégoriel qui sera comparé aux plafonds en vigueur.

À NOTER

Pour l'application de la condition de ressources, votre situation de famille (notamment le nombre d'enfants à votre charge) est appréciée au 31 juillet précédant la rentrée scolaire considérée.

Pour quels enfants ?

Si vous remplissez les conditions énoncées ci-dessus, vous percevez une allocation pour chacun de vos enfants à charge :

– d'au moins 6 ans, ou qui aura 6 ans avant le 1er février de l'année suivant celle de la rentrée scolaire ; l'enfant doit en principe avoir intégré l'école élémentaire, qui marque le début de la scolarité obligatoire. Toutefois, un enfant handicapé de plus de 6 ans bénéficie de l'ARS même s'il est scolarisé en maternelle ;

– et de moins de 18 ans au 15 septembre de l'année de la rentrée.

L'enfant doit être inscrit dans un établissement d'enseignement public ou privé, ou être placé en apprentissage : sa rémunération, dans ce dernier cas, doit être inférieure à 55 % du SMIC *(Voir pages Barème)*.

AVANTAGE

Sous certaines conditions, que votre CAF vous précisera, l'enfant de moins de 6 ans, admis au cours préparatoire, peut ouvrir droit à l'allocation de rentrée scolaire.

Quel est son montant ?

Le montant de l'allocation de rentrée scolaire est fixé en pourcentage de la base mensuelle de calcul des allocations familiales. Le montant varie selon l'âge de l'enfant *(Voir pages Barème)*.

Une allocation de rentrée scolaire différentielle est versée aux familles dont les revenus se situent légèrement au-dessus du plafond de ressources *(Voir pages Barème)*.

Une allocation est versée pour chaque enfant y ouvrant droit.

AVANTAGE

L'allocation est versée en une seule fois, en principe au moment de la rentrée, et au plus tard le 31 octobre de l'année de la rentrée.

À NOTER

Pour les enfants de 6 à 16 ans (âge de la fin de l'obligation scolaire), l'allocation est en principe versée automatiquement, sans démarches particulières de votre part. Pour le versement de l'allocation de 16 à 18 ans, les parents doivent déclarer sur le site de la CAF (www.caf.fr) que leur enfant est toujours scolarisé ou en apprentissage.

L'allocation journalière de présence parentale

Cette prestation familiale est destinée aux parents qui, ayant un enfant très gravement malade ou handicapé, décident, pour s'occuper de leur enfant, d'interrompre ponctuellement leur activité.

Qui peut en bénéficier ?

Le droit à l'allocation journalière de présence parentale (AJPP) est ouvert :

– aux salariés et aux agents publics en congé de présence parentale ;

– aux VRP et aux employés de maison ;

– aux non-salariés agricoles et non agricoles ;

– aux stagiaires rémunérés de la formation professionnelle à condition que leur formation soit interrompue ;

– aux demandeurs d'emploi indemnisés : aucune démarche n'est nécessaire auprès de Pôle emploi. Lorsque la CAF (ou la caisse de MSA) verse l'allocation, elle avertit Pôle emploi qui interrompt le versement des indemnités pendant la période concernée. Le versement de ces indemnités reprend à la date de cessation de paiement de l'AJPP.

Aucune condition de ressources n'est exigée.

L'allocation journalière de présence parentale est destinée aux personnes visées ci-dessus qui assument la charge d'un enfant de moins de 20 ans atteint d'une maladie, d'un handicap ou victime d'un accident d'une particulière gravité rendant indispensables une présence soutenue à ses côtés et des soins contraignants. Cette situation doit être attestée par un certificat médical (voir plus loin).

À NOTER

Le congé de présence parentale consiste désormais en un « compte crédit jours » de 310 jours ouvrés à prendre sur une période maximale de 3 ans. Chaque journée d'absence prise dans ce cadre est indemnisée par l'allocation journalière de présence parentale (AJPP), toutes conditions étant par ailleurs remplies.

ATTENTION ⚠

Les jours pris dans le cadre du congé de présence parentale ne sont pas fractionnables.

AVANTAGE

Sous certaines conditions, les personnes bénéficiaires de l'AJPP sont affiliées à l'assurance vieillesse du régime général, les cotisations étant prises en charge par l'organisme débiteur des prestations familiales (CAF, caisse de MSA…).

Quelle est la procédure ?

La demande d'AJPP doit être formulée auprès de l'organisme qui verse les prestations familiales (CAF, caisse de MSA…) sur un formulaire réglementaire disponible sur le site *www.caf.fr*. Ce formulaire comporte une attestation médicale précisant la période prévisible des soins contraignants et de la présence parentale nécessaire aux côtés de l'enfant.

La demande d'allocation journalière de présence parentale doit être accompagnée des documents suivants :

– pour les salariés et les agents publics, une attestation de l'employeur précisant que le demandeur bénéficie d'un congé de présence parentale en application de la réglementation en vigueur (Code du travail ou statut de la fonction publique notamment) ;

– pour tous les demandeurs, un certificat médical détaillé, établi conformément à un modèle réglementaire, adressé sous pli fermé à l'attention du service du contrôle médical, attestant la particulière gravité de la maladie, du handicap ou de l'accident de l'enfant et précisant la nature des soins contraignants et les modalités de la présence soutenue du parent aux côtés de l'enfant, ainsi que la durée prévisible du traitement de l'enfant. Ce certificat médical détaillé est établi par le médecin qui suit l'enfant.

Le droit à l'AJPP est soumis à un avis favorable du service du contrôle médical de la caisse de sécurité sociale, auquel est transmis le certificat médical détaillé. En cas d'avis défavorable, les parents peuvent recourir au dispositif de l'expertise médicale telle que prévue par l'article L. 141-1 du Code de la Sécurité sociale. Ce dispositif prévoit que les contestations sont soumises à un médecin expert désigné, d'un commun accord, par le médecin traitant et le médecin-conseil, ou, à défaut d'accord dans un délai d'1 mois à compter de la contestation, par le directeur départemental des affaires sanitaires et sociales. Le litige sera ainsi plus rapidement tranché qu'il ne l'était avant l'intervention de cette loi, puisqu'il devait être soumis au tribunal administratif, devant lequel la procédure pouvait prendre plusieurs mois.

AVANTAGE

Le silence gardé par le service du contrôle médical jusqu'au dernier jour du 2e mois civil qui suit la réception de la demande d'AJPP par l'organisme débiteur (CAF, caisse de MSA...) vaut avis favorable de ce service. L'allocation peut être versée sans attendre la décision du médecin-conseil, mais, en cas de refus, elle devra être remboursée. Le silence gardé par l'organisme débiteur jusqu'au dernier jour du 3e mois civil qui suit la réception de la demande d'AJPP vaut décision favorable de cet organisme.

Lorsqu'elle est accordée, l'AJPP est due à compter du 1er jour du mois civil au cours duquel est déposée la demande, sous réserve que les conditions d'ouverture de droit soient réunies à cette date. Elle cesse d'être due à compter du 1er jour du mois civil suivant celui au cours duquel les conditions de droit ne sont plus réunies.

Quelle est la durée de versement ?

Le versement de l'allocation est assuré pour la durée prévisible du traitement indiqué sur le certificat médical. Lorsque le médecin le prévoit, la durée du droit à la prestation fait l'objet d'un réexamen à l'échéance qu'il a fixée et qui ne peut être inférieure à 6 mois, ni supérieure à 1 an. Dans tous les cas, lorsque la durée prévisible excède 1 an, elle fait l'objet d'un nouvel examen à cette échéance.

Le droit à la prestation peut être ouvert pour une période de 310 jours (3 ans). Il peut être renouvelé, non seulement en cas de rechute ou de récidive, mais désormais également, lorsque la gravité de la pathologie de l'enfant nécessite toujours une présence soutenue et des soins contraignants.

À NOTER

Chaque parent peut bénéficier de l'AJPP, sachant que, sur un même mois civil, 22 allocations journalières, au maximum, peuvent être versées à la famille.

Pour percevoir l'AJPP, vous devrez transmettre, chaque mois, à l'organisme qui vous verse les prestations familiales (CAF, caisse de MSA...) :

– si vous êtes salarié bénéficiaire d'un congé de présence parentale, une attestation visée par votre employeur indiquant le nombre de jours de congés de présence parentale pris au cours de la période considérée ;

– si vous êtes travailleur en formation professionnelle rémunérée, une attestation du formateur indiquant que la formation professionnelle rémunérée a été interrompue ainsi qu'une déclaration sur l'honneur attestant que cette interruption est motivée par la nécessité de soins contraignants et d'une présence soutenue auprès de l'enfant malade ;

– si vous êtes à la recherche d'un emploi, une déclaration sur l'honneur de cessation de recherche active d'emploi et attestant que cette cessation de la recherche d'emploi est motivée par la nécessité de soins contraignants et d'une présence soutenue auprès de l'enfant malade ;

– si vous êtes travailleur non salarié, VRP ou employé de maison, une déclaration sur l'honneur indiquant le nombre de jours d'interruption d'activité au cours de la période considérée et attestant que l'interruption de l'activité est motivée par la nécessité de soins contraignants et d'une présence soutenue auprès de l'enfant malade ;

– si vous êtes bénéficiaire d'un congé de présence parentale dans les conditions prévues par les dispositions applicables aux agents publics, une attestation visée par votre employeur indiquant le nombre de jours de congé de présence parentale pris au cours de la période considérée.

Quel est son montant ?

Le montant de l'AJPP est fixé par décret ; il est majoré pour la personne assumant seule la charge de l'enfant *(Voir pages Barème)*. À l'allocation proprement dite peut s'ajouter un complément forfaitaire pour frais, attribué au ménage ou à la personne dont les ressources ne dépassent pas un plafond, lorsque la maladie, le handicap ou l'accident exigent des dépenses à la charge desdits ménage ou personne, supérieures à un montant déterminé *(Voir pages Barème)*.

AVANTAGE

Le complément pour frais est versé mensuellement. Il peut être versé même si pour un mois donné aucune allocation journalière de présence parentale n'est versée.

À NOTER

Pour bénéficier du complément pour frais, il faut adresser à votre CAF (ou à l'organisme qui vous verse vos prestations familiales) une déclaration sur l'honneur précisant, pour chaque mois considéré, le montant des dépenses directement liées à la maladie, l'accident ou le handicap, engagées au titre du complément pour frais. À la demande de votre CAF, vous devrez être en mesure de produire tous les éléments nécessaires à la justification de ces dépenses.

Quelles sont les règles de cumul ?

L'AJPP n'est pas cumulable, pour un même bénéficiaire, avec :
- l'indemnisation des congés de maternité, de paternité ou d'adoption ;
- l'indemnité d'interruption d'activité ou l'allocation de remplacement pour maternité ou paternité, prévues au profit des travailleurs non salariés ;
- l'indemnisation des congés de maladie ou d'accident du travail ;
- les indemnités servies aux demandeurs d'emploi ;
- un avantage personnel de vieillesse ou d'invalidité ;
- le complément de libre choix d'activité ;
- le complément et la majoration de l'allocation d'éducation de l'enfant handicapé perçus pour le même enfant ;
- l'allocation aux adultes handicapés.

À NOTER

Les bénéficiaires de l'allocation journalière de présence parentale (AJPP) continuent, pendant la durée de perception de cette allocation, d'avoir droit (et d'ouvrir droit, pour les éventuels ayants droits) aux prestations en nature de l'assurance maladie, maternité, invalidité et décès. En outre, pour l'ouverture du droit aux prestations en espèces de l'assurance maladie, maternité, invalidité et décès, chaque journée de perception de l'AJPP est considérée comme équivalant à 4 fois le SMIC horaire en vigueur au 1er janvier de l'année qui précède immédiatement la période de référence (3 mois civils précédant l'arrêt) ou à 4 heures de travail salarié.

La prestation d'accueil du jeune enfant

Cette prestation comporte plusieurs volets distincts. Créée en 2004, elle a été partiellement réformée en 2014 afin de la recentrer sur les familles les plus modestes.

En quoi consiste la prestation d'accueil du jeune enfant ?

La prestation d'accueil du jeune enfant (PAJE) comporte quatre volets distincts, chacun ayant un objet particulier et répondant à des conditions particulières d'attribution. Ainsi, au titre de cette prestation, peuvent être attribués :
– une prime à la naissance ou à l'adoption, versée sous condition de ressources ;
– une allocation de base versée sous condition de ressources et visant à compenser le coût lié à l'entretien de l'enfant. Cette allocation peut être versée à taux plein ou à taux partiel selon le niveau de ressources des bénéficiaires ;
– une prestation partagée d'éducation de l'enfant (Préparee) versée au membre du couple qui choisit de ne plus exercer d'activité professionnelle ou de travailler à temps partiel pour s'occuper d'un enfant ;
– un complément de libre choix du mode de garde destiné à compenser le coût de la garde d'un enfant.

La prime de naissance ou d'adoption

Qui peut en bénéficier ?

Cette prime est attribuée au ménage ou à la personne dont les ressources ne dépassent pas un plafond fixé par décret et revalorisé chaque année *(Voir pages Barème)*. La prime est versée :
– pour chaque enfant à naître, avant la fin du dernier jour du 2e mois civil suivant la naissance ou la justification de la fin de la grossesse (en même temps que l'allocation de base de la PAJE) ;
– pour chaque enfant, de moins de 20 ans, adopté ou accueilli en vue d'adoption, à compter de l'arrivée de l'enfant au foyer.
Le plafond de ressources varie selon le nombre d'enfants à charge (l'enfant à naître comptant pour un enfant à charge) et la situation familiale : un couple avec un ou deux revenus, un parent seul (*Voir pages Barème*).

À NOTER

La prime à la naissance n'est due que sur production de la déclaration de grossesse ou d'une attestation médicale précisant la passation du premier examen prénatal obligatoire prévu par l'article L. 2122-1 du Code de la santé publique (Code de la Sécurité sociale, Art. L. 533-1).

Quel est son montant ?

Le montant de la prime à la naissance ou à l'adoption est fixé en pourcentage de la base mensuelle de calcul des prestations familiales ; il fait l'objet d'un doublement lorsque la prime est attribuée au titre d'une adoption *(Voir pages Barème)*.

AVANTAGE

Les montants de la prime à la naissance ou à l'adoption, ainsi que ceux de l'allocation de base sont revalorisés chaque année (Loi de financement de la Sécurité sociale pour 2018).

L'allocation de base

Qui peut en bénéficier ?

L'allocation de base, versée dans le cadre de la prestation d'accueil du jeune enfant, est attribuée sous condition de ressources, en cas de naissance ou d'adoption d'un enfant. Il existe deux niveaux de ressources permettant de bénéficier soit d'une allocation de base à taux partiel, soit d'une allocation de base à taux plein :

– l'allocation de base est versée à taux partiel aux ménages ou aux personnes dont les ressources ne dépassent pas le plafond prévu pour la prime à la naissance ou à l'adoption *(Voir pages Barème)* ;

– elle est versée à taux plein lorsque les ressources ne dépassent pas un plafond inférieur à celui mentionné ci-dessus, qui varie selon le nombre d'enfants nés ou à naître et qui est majoré lorsque la charge du ou des enfants est assumée soit par un couple dont chaque membre dispose d'un revenu professionnel minimal, soit par une personne seule *(Voir pages Barème)*.

À NOTER

Pour les enfants nés ou adoptés à compter du 1/4/2018, la loi de financement de la Sécurité sociale pour 2018 a aligné le montant de l'allocation de base à taux plein sur celui du complément familial, ainsi que les plafonds de ressources pour en bénéficier (Voir pages Barème).

ATTENTION ⚠

L'allocation de base n'est pas cumulable avec le complément familial.

AVANTAGE

Sous certaines conditions, les personnes bénéficiaires de l'allocation de base peuvent être affiliées gratuitement à l'assurance vieillesse du régime général.

Quand est-elle versée et pour quelle durée ?

Lorsque la condition de ressources est remplie, l'allocation de base est versée :

– en cas de naissance, à compter du mois civil suivant la naissance du ou des enfants, jusqu'au 1er jour du mois civil suivant celui au cours duquel l'enfant atteint l'âge de 3 ans ;

– en cas d'adoption, à compter du mois civil suivant l'arrivée au foyer, pour chaque enfant adopté ou confié en vue d'adoption. Dans ce cas, elle est versée même si l'enfant est âgé de plus de 3 ans, dès lors qu'il a moins de 20 ans. La durée de versement de l'allocation est égale à celle prévue en cas de naissance, c'est-à-dire au maximum 3 ans, sous réserve que la condition de ressources soit toujours remplie et que l'enfant n'ait pas atteint 20 ans.

AVANTAGE

En cas de naissances multiples (jumeaux, triplés…), comme en cas d'adoptions multiples simultanées, une allocation de base est attribuée au titre de chaque enfant issu de cette naissance ou adoption. En dehors de ces cas, le cumul de plusieurs allocations de base est impossible.

Quel est son montant ?

Le taux de l'allocation de base dépend du niveau de ressources des bénéficiaires et de la situation familiale : couple avec un ou deux revenus ou parent seul *(Voir pages Barème)*.

La prestation partagée d'éducation de l'enfant

La prestation partagée d'éducation de l'enfant (« Preparee ») a été créée par la loi n° 2014-873 du 4/8/2014 en remplacement du complément de libre choix d'activité (CLCA) et du complément optionnel de libre choix d'activité (COLCA). Elle s'applique aux enfants nés ou adoptés à compter du 1/1/2015, les enfants nés ou adoptés avant cette date continuant d'ouvrir droit au CLCA.

› Qui peut en bénéficier ?

La prestation partagée d'éducation de l'enfant est versée (*Code de la Sécurité sociale, Art. L. 531-4*) :

– à la personne qui choisit de ne plus exercer d'activité professionnelle pour s'occuper d'un enfant ou qui suit une formation professionnelle non rémunérée ; elle est, dans ce cas, versée à taux plein ;

– à la personne qui exerce une activité ou poursuit une formation professionnelle rémunérée, à temps partiel. Dans ce cas, deux niveaux de Préparee sont prévus, en fonction du volume d'activité exercé *(Voir pages Barème)*.

À NOTER

La Préparee à taux partiel est attribuée au même taux pendant une durée minimale fixée à 6 mois. Il ne peut y avoir révision de ce taux au cours de cette durée qu'en cas de cessation de l'activité ou de la formation.

La Préparee à taux partiel peut également être attribuée au travailleur non salarié (artisans, commerçants, professions libérales…) en fonction de la quotité d'activité déclarée sur l'honneur, et du montant des revenus ; elle peut également être attribuée aux élus locaux, aux VRP, aux cadres en « forfaits jours » sur l'année, aux vacataires, aux assistant (e) s maternel (le) s, etc. selon des conditions particulières (renseignements auprès de la CAF).

À NOTER

Comme pour les autres prestations familiales, la Préparee est due à partir du 1er jour du mois civil suivant celui au cours duquel les conditions d'ouverture du droit sont réunies (Code de la Sécurité sociale, Art. L. 552-1). Par exception toutefois : lorsque le bénéficiaire a un seul enfant à charge, le droit est ouvert le mois de la naissance ou de l'adoption de l'enfant ou le mois de l'arrêt du versement des indemnités ou allocations versées en cas de maternité ou d'adoption ; le droit à la Préparee à taux majoré versée sur option du bénéficiaire (voir ci-dessous) est ouvert le mois de la naissance, de l'adoption ou de l'arrivée au foyer de l'enfant adopté ou confié en vue d'adoption (Code de la Sécurité sociale, Art. L. 531-4).

› Quelles sont les conditions liées à l'activité antérieure ?

L'ouverture du droit à la Préparee est subordonnée à l'exercice antérieur d'une activité professionnelle suffisante pour ouvrir des droits à pension de retraite dans un régime de base (*Code de la Sécurité sociale, Art. L. 531-4*).

Cette activité professionnelle doit correspondre, au minimum, à 8 trimestres de cotisations vieillesse, en continu ou non (pour mémoire, le revenu nécessaire pour valider un trimestre de pensions de vieillesse doit être d'au moins 150 heures sur la base du SMIC en vigueur au 1er janvier de l'année d'activité) ou ayant donné lieu à affiliation au régime de l'assurance vieillesse des personnes non salariées.

L'activité professionnelle doit avoir été exercée au cours d'une période de référence égale :

– aux 2 ans qui précèdent la naissance, l'adoption ou l'accueil de l'enfant, si vous assumez la charge d'un seul enfant ;

– aux 4 ans qui précèdent soit la naissance, l'adoption ou l'accueil de l'enfant portant à deux le nombre d'enfants à charge, soit la demande de Préparee au titre du 2e enfant à charge si elle est postérieure ;

– aux 5 ans qui précèdent soit la naissance, l'adoption ou l'accueil de l'enfant au titre duquel la Préparee est demandée, soit la demande de cette prestation si elle est postérieure, si vous assumez la charge de trois enfants ou plus.

AVANTAGE

Certaines situations sont assimilées à une activité professionnelle. Sont ainsi pris en compte les trimestres de cotisations validés au titre des arrêts de travail ou congés indemnisés pour maladie, maternité, adoption, accidents du travail, les formations professionnelles rémunérées (sauf pour le 1er enfant), les périodes de chômage indemnisé (sauf pour le 1er enfant), les périodes antérieures de perception de la Préparee ou du complément de libre choix d'activité (sauf pour le 1er enfant).

› Quelle est la durée de versement ?

La Préparee est versée pendant une durée qui diffère selon qu'il s'agit d'une naissance ou d'une adoption et, s'il s'agit d'une naissance, selon le « rang » de l'enfant (1er enfant à charge, 2e enfant à charge, etc.).

La durée de versement en cas de naissance

En cas de naissance, la durée de versement dépend du nombre d'enfants à charge déjà présents au foyer et de la composition de la famille (personne isolée ou couple) :

– pour un 1er enfant, et pour un couple, chaque membre du couple remplissant les conditions peut bénéficier de la Préparee pendant une durée maximale de 6 mois, dans la limite du 1er anniversaire de l'enfant. Ainsi, par exemple, les deux parents peuvent percevoir la Préparee ensemble pendant 6 mois ou choisir de la percevoir successivement pendant 1 an au total (6 mois puis 6 mois), dans la limite du 1er anniversaire de leur enfant. S'il s'agit d'un parent isolé, la Préparee peut être versée dans la limite du 1er anniversaire de l'enfant, soit pour 12 mois au maximum ;

– en présence d'au moins un autre enfant au foyer, et pour un couple, chaque membre du couple remplissant les conditions peut bénéficier de la Préparee pendant 24 mois au maximum, dans la limite du 3e anniversaire du dernier né (soit pour 36 mois au maximum). Ainsi, par exemple, l'un des parents pourra bénéficier de la Préparee pendant 24 mois au maximum et l'autre pour une durée de 12 mois. S'il n'y a pas de partage entre les deux parents, la prestation ne sera pas versée pour sa durée maximale (soit 36 mois). S'il s'agit d'un parent isolé, la Préparee peut être versée dans la limite du 3e anniversaire de l'enfant, soit pour 36 mois au maximum ;

– en cas de naissances multiples (triplés ou plus), et pour un couple, chaque membre du couple remplissant les conditions peut bénéficier de la Préparee pendant 48 mois au maximum, dans la limite du 6e anniversaire des enfants. S'il s'agit d'un parent isolé, la Préparee peut être versée dans la limite du 6e anniversaire des enfants, soit pour 72 mois au maximum.

À NOTER

En cas de naissance ou d'adoption, à partir du 2e enfant, la durée de versement comprend les périodes postérieures à l'accouchement donnant lieu à indemnisation par les assurances maternité des régimes obligatoires de sécurité sociale (la période postnatale du congé de maternité), ou à maintien de traitement en application de statuts (sont notamment visés les fonctionnaires) ainsi que les périodes indemnisées au titre du congé d'adoption (Code de la Sécurité sociale, Art. L. 531-4). L'objet de cette disposition est d'éviter que la conjugaison de la durée de partage de la prestation, définie en mois, et du plafond d'âge de l'enfant, puisse réduire la période réservée au second membre du couple, ce qui irait à l'inverse de l'objet de la réforme (le partage de la prestation entre les deux membres du couple).

La prolongation du versement dans l'attente d'une scolarisation de l'enfant

Pour le couple qui assume la charge de deux enfants et plus, le versement de la Préparee est prolongé jusqu'au mois de septembre suivant la date anniversaire de l'enfant (et non pas jusqu'à l'âge limite de 3 ans) lorsque les ressources du couple n'excèdent pas le plafond prévu pour le complément familial, et tant que :
– une demande dans un établissement ou service d'accueil d'enfants de moins de 6 ans ou dans un établissement scolaire est restée insatisfaite ;
– l'un des deux membres du couple exerce une activité professionnelle. Cette dernière condition ne s'applique toutefois pas à la personne qui assume seule la charge de l'enfant (*Code de la Sécurité sociale, Art. L. 531-4*).

La durée de versement en cas d'adoption

Pour les enfants adoptés ou confiés en vue d'adoption, la Préparee est versée pendant une durée minimale de 12 mois à compter de l'arrivée de l'enfant au foyer des adoptants. Lorsque le ménage ou la personne seule adopte ou accueille en vue d'adoption simultanément au moins trois enfants, la durée maximale de versement de la Préparee est de 3 ans à compter de l'arrivée des enfants au foyer des adoptants. En outre, lorsque l'adoption a pour effet de porter à deux, au moins, le nombre d'enfants à la charge du ménage, les règles suivantes s'appliquent :
– les durées de versement mentionnées ci-dessus (12 mois ou 36 mois) sont réduites du nombre de mois ayant donné lieu au versement d'une indemnité d'adoption (congé d'adoption) ou à un maintien de traitement, comme en cas de naissance (voir ci-dessus) ;
– si l'âge limite de 3 ans n'est pas atteint à l'issue de la durée minimale de versement de 12 mois, le versement de la Préparee peut être prolongé jusqu'à ce que l'enfant atteigne cet âge (*Code de la Sécurité sociale, Art. L. 531-14 et D. 531-14*).

› Quels sont les cumuls possibles ?

Le cumul de plusieurs Préparee

Les deux membres d'un couple ne peuvent cumuler le bénéfice de deux Préparee à taux plein.
Lorsqu'ils exercent une activité professionnelle ou poursuivent une formation professionnelle rémunérée à temps partiel, une Préparee à taux partiel peut être attribuée à chacun d'entre eux sans que, toutefois, le montant cumulé de ces deux Préparee à taux partiel puisse être supérieur à celui de la Préparee à taux plein. Lorsque le montant cumulé des deux Préparee à taux partiel est inférieur à celui de la Préparee à taux plein, le montant de cette dernière prestation est versé (*Code de la Sécurité sociale, Art. L. 531-1*).

Le cumul de la Préparee avec d'autres prestations

Les possibilités de cumul sont très réglementées et diffèrent selon qu'il s'agit d'une allocation à taux plein ou à taux partiel ; dans l'un et l'autre cas cependant, le cumul avec le complément familial est impossible.

- Si vous bénéficiez d'une Préparee à taux plein, vous ne pourrez pas la cumuler avec :
– l'indemnisation des congés de maternité, de paternité ou d'adoption ;
– l'indemnité d'interruption d'activité ou l'allocation de remplacement pour maternité ou paternité, prévue au profit des travailleurs non-salariés, agricoles et non-agricoles ;
– l'indemnisation des congés de maladie ou d'accident du travail d'adoption ;
– les allocations de chômage : toutefois, le versement de ces indemnités pourra reprendre à la fin du droit à Préparee ;

– un avantage de vieillesse, d'invalidité ou la pension militaire.

Si vous bénéficiez d'une Préparee à taux partiel, le cumul est interdit, à l'ouverture du droit, avec les indemnisations et allocations mentionnées ci-dessus sauf si le versement de la Préparee a commencé avant le versement de ces indemnités *(Code de la Sécurité sociale, Art. L. 532-2)*.

Le cumul avec un revenu d'activité

Le versement de la Préparee à taux plein est prolongé de 2 mois en cas de reprise d'une activité professionnelle du parent bénéficiaire, lorsque l'enfant est âgé d'au moins 18 mois et de moins de 30 mois. Cet âge est porté à 60 mois lorsque la Préparee à taux plein est attribuée au titre de la naissance de triplés ou d'adoptions simultanées d'au moins trois enfants.

Pour bénéficier de cette disposition permettant ainsi le cumul, pour une durée limitée, de la Préparee et d'un revenu d'activité, le parent doit assumer la charge d'au moins deux enfants (*Code de la Sécurité sociale, Art. L. 531-4 et D. 531-16*).

› Quel est son montant ?

Le principe

Le montant de la Préparee est fixé par l'article D. 531-4 du Code de la Sécurité sociale, selon que la prestation est versée à taux plein ou à taux partiel *(Voir pages Barème)*.

Le versement pour un montant majoré

Avec au moins trois enfants à charge, il est possible d'opter pour le montant majoré *(Voir pages Barème)*. Le montant versé est alors supérieur à la Préparee de base mais sa durée de versement est plus courte (*Code de la Sécurité sociale, Art. L. 531-4 et D. 531-16-1*).

Ainsi, peuvent opter pour le bénéfice d'une Préparee majorée, les personnes vivant seules ou en couple, ayant au moins trois enfants à charge et cessant leur activité professionnelle pendant la durée de versement de la prestation. Le choix pour la Préparee majorée est définitif ; pour un même enfant, il n'est pas possible de revenir sur ce choix et de demander à bénéficier de la Préparee « normale », à taux plein ou à taux partiel.

À NOTER

Pour pouvoir prétendre à la Préparee majorée, l'activité professionnelle antérieure minimale requise (voir ci-dessus) doit avoir été exercée pendant une période de référence égale aux 5 ans qui précèdent soit la naissance, l'adoption ou l'accueil de l'enfant au titre duquel la Préparee majorée est demandée.

Qu'il s'agisse d'une naissance ou d'une adoption, chacun des membres du couple peut bénéficier de la Préparee majorée pendant 8 mois au maximum, dans la limite du 1er anniversaire de l'enfant (soit pour 12 mois au maximum). Pour que la prestation soit versée pendant la durée maximale possible (soit 12 mois), il faudra donc qu'il y ait partage entre les deux parents (par exemple, 8 mois et 4 mois, 6 mois et 6 mois, etc.).

Si le bénéficiaire vit seul, la Préparee majorée est versée dans la limite du 1er anniversaire de l'enfant (soit pour 12 mois au maximum).

Le complément de libre choix du mode de garde

Ce complément consiste en la prise en charge de tout ou partie des cotisations sociales afférentes à l'emploi d'une assistante maternelle ou d'une garde à domicile. Il comprend également la prise en charge d'une partie du salaire net de ces personnes, dans la limite d'un plafond variable selon les revenus de la famille.

AVANTAGE

Si vous remplissez les conditions requises (voir ci-après), vous pourrez bénéficier du complément de libre choix du mode de garde si vous avez recours à une association ou à une entreprise habilitée à assurer la garde d'enfants (notamment une association de services aux personnes). Dans ce cas, le complément vous sera versé sous la forme d'une aide prenant en charge partiellement le coût de la garde, pour un montant qui sera fonction de vos revenus, avec une majoration possible en cas d'horaires de travail spécifiques ou de bénéfice de l'allocation aux adultes handicapés. Sur ce point, vous pouvez vous renseigner auprès de l'organisme qui vous verse vos prestations familiales (CAF, caisse de MSA…).

À noter que le complément de libre choix du mode de garde peut également être versé au ménage ou à la personne qui recourt, pour assurer la garde d'un enfant, à un établissement d'accueil de jeunes enfants dont la capacité d'accueil maximale ne dépasse pas 9 enfants (« micro-crèche ») sous réserve que la tarification appliquée par l'établissement ne dépasse pas un montant horaire maximal *(Voir pages Barème)*. Cette dernière condition vise à lutter contre les pratiques de certaines « micro-crèches » ayant mis en place des tarifs abusifs dans le but de « sélectionner » les familles faisant appel à leurs services. Cette possibilité offerte aux parents vise à encourager la création et le développement de modes d'accueil alternatifs et innovants, permettant de répondre aux attentes des familles.

› Qui peut en bénéficier ?

Le complément de libre choix du mode de garde est attribué au ménage ou à la personne qui emploie une assistante maternelle agréée ou une employée de maison pour assurer la garde d'un enfant de moins de 6 ans.

Ce complément est versé à la condition que le ménage ou la personne seule exerce une activité professionnelle, salariée ou non salariée ; dans un couple, un des membres au moins doit donc exercer une activité professionnelle. Cette condition ne s'applique toutefois pas :

– lorsque la personne ou les deux membres du couple poursuivent des études ;
– lorsque la personne ou les deux membres du couple sont signataires d'un contrat de service civique depuis le 1/1/2020 ;
– lorsque la personne ou au moins l'un des membres du couple bénéficie de l'allocation aux adultes handicapés ou de l'allocation de solidarité spécifique ;
– aux personnes bénéficiaires du revenu de solidarité active à la condition que le bénéficiaire remplisse l'une ou l'autre des conditions fixées par l'article R. 531-6 du Code de la sécurité sociale :être titulaire d'un contrat de travail ou d'un contrat d'insertion proposé aux bénéficiaires du RSA,être engagé dans un projet personnalisé d'accès à l'emploi,être inscrit comme demandeur d'emploi auprès de Pôle emploi,suivre une formation professionnelle.

› Quel est le montant de l'aide ?

Le complément de libre choix du mode de garde comprend :

– une prise en charge totale ou partielle des cotisations et contributions sociales liées à la rémunération de la personne qui assure la garde de l'enfant ;
– une prise en charge partielle de la rémunération de la personne qui assure la garde de l'enfant.

À NOTER

Le complément de libre choix du mode de garde est versé, à un montant réduit, pour la garde d'un enfant âgé de 3 à 6 ans. Depuis le 1/1/2020, le complément à taux plein est maintenu jusqu'à l'entrée à l'école maternelle. Ainsi, vous pourrez bénéficier de la prestation jusqu'à septembre, la mesure concernant les familles dont l'enfant fête son 3e anniversaire entre le 1er janvier et le 31 août de l'année civile.

Prise en charge des cotisations

● En cas de recours à une assistante maternelle agréée, le montant des cotisations et contributions sociales est pris en charge en totalité, pour chaque enfant, à la condition que la rémunération correspondante de l'assistante maternelle ne dépasse pas un taux de salaire horaire maximum fixé par décret *(Voir pages Barème)*.

● En cas de recours à une employée de maison (laquelle doit évidemment être déclarée), 50 % des cotisations et contributions sociales sont pris en charge, dans la limite d'un plafond par ménage. Le taux de prise en charge des cotisations et contributions sociales ainsi que le montant du plafond sont fixés par décret *(Voir pages Barème)*.

SIMPLIFICATION DES PROCÉDURES

Le complément du libre choix du mode de garde est à demander à la CAF ou la caisse de la MSA. L'organisme se charge de vous inscrire et de demander votre immatriculation comme employeur au centre national Pajemploi et reste votre interlocuteur pour toute nouvelle demande ou signaler un changement de situation.
Il vous faut ensuite déclarer chaque mois le salaire versé à votre salarié sur le site *www.pajemploi.urssaf.fr* à partir de votre espace personnel, à la suite de quoi Pajemeploi :
– établit le bulletin de salaire et le met à sa disposition sur son compte en ligne ;
– verse le complément du libre choix du mode de garde directement sur votre compte bancaire. Pour cela, il faut que vous ayez indiqué vos coordonnées bancaires sur votre espace personnel de *www.pajemploi.urssaf.fr* ;
– prélève le montant des cotisations restant à votre charge.
Vous devez verser le salaire à votre salarié.
Cependant, depuis mai 2019, un nouveau service est proposé : Pajemploi+. Avec ce dispositif, l'employeur n'a plus qu'à faire la déclaration du salaire de son salarié sur le site *www.pajemploi.urssaf.fr* entre le 25 du mois de la période d'emploi et le 5 du mois suivant. Une fois réalisée, Pajemploi calcule le montant des cotisations dues, indique à l'employeur le montant de la prise en charge des cotisations et du salaire au titre du complément de libre choix du mode de garde. 48 heures après, Pajemploi prélève sur le compte de l'employeur le reste à charge et verse la rémunération au salarié. Pour activer ce service, plusieurs conditions sont à respecter :
– le salarié et l'employeur doivent en être d'accord ;
– et ils doivent fournir leurs coordonnées bancaires.
Tout se fait en ligne, à partir du site de Pajemploi.
Un système équivalent, le CESU+, existe pour les employeurs de garde d'enfant à domicile.
Important : depuis le 1/1/2020, Pajemploi+ prend en charge le prélèvement et le reversement de l'impôt à la source pour les salariés à domicile et les assistantes maternelles. Les particuliers employeurs n'ont aucune démarche supplémentaire à faire.

Prise en charge de la rémunération

Au titre du complément de libre choix du mode de garde, est pris en charge un pourcentage de la rémunération (salaire net et, le cas échéant, indemnité d'entretien) de la personne qui assure la garde du ou des enfants. Ce pourcentage est fixé par enfant en cas d'emploi d'une assistante maternelle agréée et par ménage en cas d'emploi d'une employée de maison.

Le montant versé ne peut toutefois excéder un plafond variant en fonction de différents critères :

– selon le mode de garde : assistante maternelle ou garde d'enfant à domicile ; en emploi direct ou via un organisme ;

– des ressources du ménage : elles ne doivent pas dépasser des plafonds qui diffèrent selon la si-tuation familiale (couple ou parent seul), le fait qu'il y ait un ou deux revenus professionnels ainsi que le nombre d'enfants à charge (*Voir pages Barème*).

Le montant maximal de prise en charge de la rémunération est majoré :

– lorsque la personne seule ou les deux membres du couple ont des horaires de travail spécifiques (voir plus loin) ;

– pour les familles monoparentales et les familles dont l'un des parents bénéficie de l'allocation aux adultes handicapés ;

– pour les familles ayant un enfant ouvrant droit au bénéfice de l'allocation d'éducation de l'enfant handicapé.

Majorations du complément en cas d'horaires de travail spécifiques

Les parents qui, pour des raisons professionnelles, font garder leur (s) enfant (s) pendant au moins 25 heures spécifiques dans le mois, peuvent bénéficier, au titre du mois considéré, d'une majoration de leur droit au complément de libre choix du mode de garde ; les plafonds de prise en charge de ce complément seront, dans ce cas-là, majorés de 10 %.

Pour l'application de cette majoration :
– le seuil de 25 heures concerne le nombre d'heures de garde du ou des enfant (s) et le nombre d'heures de travail de la personne isolée ou de chacun des membres du couple ;
– les horaires spécifiques permettant de bénéficier de cette majoration sont ceux effectués les jours de la semaine du lundi au samedi, de 22 heures à 6 heures, ainsi que le dimanche et les jours fériés prévus par l'article L. 3133-1 du Code du travail.

Cette majoration est due :
– si le bénéficiaire, personne isolée, exerce une activité professionnelle pendant les horaires spécifiques mentionnés ci-dessus ;
– s'il s'agit d'un couple, à condition que les deux membres du couple exercent une activité professionnelle pendant ces mêmes horaires spécifiques.

Lorsque l'allocataire remplit tous les mois les conditions décrites ci-dessus, le droit à cette majoration reste acquis tant que dure le droit au complément de libre choix du mode de garde auquel elle s'ajoute.

Pour plus de précisions sur cette majoration, se renseigner auprès de l'organisme débiteur qui verse le complément de libre choix du mode de garde, c'est-à-dire la CAF ou la caisse de MSA.

ATTENTION ⚠

L'activité professionnelle pendant les horaires spécifiques doit être effective. Les situations assimilées telles que la perception d'indemnités journalières de maladie, maternité, d'accident de travail, de chômage ou encore les congés payés ne peuvent être prises en compte pour l'octroi de cette majoration.

Majoration pour famille monoparentale

Pour les gardes d'enfants depuis le 1/10/2018, une majoration du montant maximal du complément de libre choix du mode de garde (en cas d'emploi direct ou de recours à une structure) est prévue pour les familles monoparentales.

› Quand et comment intervient le versement ?

Le droit au complément est ouvert à compter du 1er jour du mois civil au cours duquel la demande est déposée ; toutefois, le droit au complément de libre choix du mode de garde est ouvert à compter du 1er jour du mois civil où les conditions en sont remplies lorsqu'un droit est déjà ouvert au titre d'un autre enfant. Il cesse au 1er jour du mois civil suivant celui au cours duquel l'une des conditions cesse d'être remplie.

Le complément ne fait pas l'objet d'un versement direct, mais d'un versement en tiers payant. Autrement dit, la CAF verse pour votre compte, le montant de complément qui vous a été attribué, à charge pour vous de régler le solde dû.

› Quels sont les cumuls possibles ?

Le complément de libre choix du mode de garde n'est pas cumulable avec le complément de libre choix d'activité à taux plein, sauf si ce dernier est versé au titre d'une adoption ou du placement d'un enfant en vue d'une adoption.

En outre, en cas de bénéfice d'un complément de libre choix d'activité pour une activité à temps partiel au moins égale à 50 %, le complément de libre choix du mode de garde est versé au taux réduit (taux divisé par deux).

À NOTER

Pour bénéficier du complément de libre choix du mode de garde ou d'activité, il faut le demander auprès de sa CAF ou de sa caisse de MSA.

AVANTAGE

Au titre d'un même enfant, ou de plusieurs enfants, il est possible de cumuler le complément de libre choix du mode de garde, lorsque la garde est assurée par une assistante maternelle et par une employée de maison. Les conditions de ce cumul sont fixées par décret.

DES AVANTAGES FISCAUX EN COMPLÉMENT DES AIDES FINANCIÈRES

En plus du complément de libre choix du mode de garde, vous pouvez bénéficier de crédits d'impôt au titre des dépenses que vous supportez pour faire garder vos enfants :
✓ le crédit d'impôt pour emplois familiaux, qui concerne ceux qui font garder leur enfant à domicile par un salarié (par exemple, une employée de maison) ;
✓ le crédit d'impôt pour frais de garde des jeunes enfants, qui concerne les parents qui confient leur enfant, à l'extérieur de leur domicile, soit à une assistante maternelle agréée, soit à une structure d'accueil collective (crèche, halte-garderie…).
Ces crédits d'impôt font l'objet de développements particuliers.

Cas pratiques
Les prestations familiales

Enfant à charge

L'un de mes enfants mineurs sèche souvent ses cours. Est-ce que je risque la suspension du versement des allocations familiales ?

Non. Le versement des allocations familiales ne peut être suspendu en cas d'absentéisme scolaire ou de troubles portés au fonctionnement de l'établissement scolaire.

Parallèlement à ses études, mon fils de 19 ans travaille à temps partiel dans un restaurant pendant le week-end. Ai-je encore droit au versement des prestations familiales ?

Votre fils est toujours considéré comme un enfant à charge, au sens des prestations familiales, jusqu'à ses 20 ans à condition que son activité professionnelle ne lui procure pas plus de 55 % du SMIC brut par mois.

Complément de libre choix du mode de garde

Je me retrouve seule pour élever ma fille de 2 ans. Elle est gardée par une assistance maternelle. À ce titre, je perçois le complément de libre choix du mode de garde. J'ai entendu dire que le montant de cette prestation était plus important pour les familles monoparentales. Est-ce vrai ?

Oui, les aides à la garde d'enfants de moins de 6 ans sont majorées pour les familles monoparentales (comme vous) et les familles dont l'un des parents perçoit l'allocation aux adultes handicapés (AAH).

Cette prestation consiste en la prise en charge totale des cotisations et contributions sociales liées à l'emploi de l'assistance maternelle et à une prise en charge partielle de sa rémunération en fonction du montant de vos revenus et de l'âge de l'enfant gardé.

Or, le barème de ressources est majoré de 40 % pour les familles monoparentales (et le montant de l'aide pour les titulaires de l'AAH est majoré de 30 %).

Signalez votre changement de situation familiale à votre CAF.

Mon fils aura 3 ans en février mais ne rentrera à l'école maternelle qu'en septembre. Je suis donc obligée de le faire garder toute la journée pendant encore plusieurs mois. Puis-je continuer à bénéficier du complément de libre choix du mode de garde en intégralité jusqu'à sa scolarisation ?

La réglementation a changé sur ce point. Depuis le 1/1/2020, le complément de libre choix du mode de garde à taux plein est maintenu jusqu'à l'entrée à l'école maternelle. Ainsi, vous pourrez bénéficier de la prestation jusqu'en septembre, la mesure concernant les familles dont l'enfant fête son 3 e anniversaire entre le 1er janvier et le 31 août de l'année civile.

Attestation de paiement

Je suis en instance de divorce et mon avocat me réclame, entre autres papiers, une attestation de paiement des prestations familiales que je perçois en tant qu'allocataire. Comment obtenir ce document ?

Vous pouvez, bien sûr, vous adresser à la caisse d'allocations familiales dont vous dépendez, mais si vous ne désirez pas vous déplacer, vous pouvez également téléphoner à votre CAF (le n° peut être trouvé sur le site *www.caf.fr*) ou faire la démarche sur Internet, toujours sur le site *www.caf.fr*.

Dans tous les cas, munissez-vous de votre numéro d'allocataire et de votre code d'accès personnel à quatre chiffres (code confidentiel qui vous a été attribué par la CAF).

Saisie

À cause de graves difficultés financières, je ne parviens plus à payer la cantine de mes enfants. Bénéficiant depuis peu d'allocations familiales, je me demande si elles peuvent être saisies.

Oui. Les prestations familiales sont en principe insaisissables, sauf notamment pour les dettes alimentaires liées à l'entretien des enfants (*Code de la Sécurité sociale, Art. L. 553-4*). Si vous n'arrivez plus à payez la cantine de vos enfants (*Cour de cassation, Chambre sociale, 25/5/1987*), ou encore leurs frais d'hospitalisation (*Cour de cassation, Chambre sociale, 12/3/1998*), vos allocations familiales peuvent donc être saisies, même si vous en bénéficiez depuis peu de temps.

L'accueil du jeune enfant

Tous les parents de jeunes enfants se trouvent confrontés aux mêmes difficultés et aux mêmes problèmes : comment faire garder ses enfants ? Sera-t-il possible de concilier vie professionnelle et vie familiale ? Comment faire face aux dépenses nouvelles ?, etc. Chacune de ces questions trouve aujourd'hui une multitude de réponses : les modes de garde se sont diversifiés, tout comme les aides financières qui les accompagnent.

Comment faire garder son enfant ?

Les modes de garde se distinguent selon un critère fondamental : l'enfant sera-t-il gardé au domicile de ses parents ou dans un autre lieu. Ce choix appartient d'abord aux parents, en fonction de leur souhait personnel et de leur disponibilité, mais il peut être aussi tributaire d'autres éléments, notamment l'âge de l'enfant. Et rien n'interdit bien sûr de faire alterner garde au domicile et en dehors du domicile.

L'enfant est gardé en dehors de votre domicile

Si vous avez choisi de faire garder votre enfant en dehors de votre domicile, vous pouvez avoir recours à une assistante maternelle, ou à une structure d'accueil collective.

› L'assistante maternelle

Le recours à une assistante maternelle présente de nombreux avantages :

– la profession est réglementée (agrément, conditions d'emploi…) par des dispositions issues notamment du Code du travail, du Code de l'action sociale et des familles et de la Convention collective nationale des assistants maternels du particulier employeur ; cette convention collective nationale ayant été étendue, elle s'applique à tous les employeurs et les salariés depuis le 1/1/2005. Son texte intégral peut être consulté sur le site Internet *www.legifrance.gouv.fr* (rubrique « Accords de branche et conventions collectives », n° de brochure 3317) ;

– ce mode de garde offre une relative souplesse : c'est à vous qu'il revient, en accord avec l'assistante maternelle, de fixer les modalités de garde de votre enfant, notamment du point de vue de la durée et des horaires ;

– des aides financières sont là pour diminuer le coût engendré par ce mode de garde : complément de libre choix du mode de garde, crédit d'impôt.

Attention : l'assistante maternelle ne peut accueillir que les enfants qui ont reçu les vaccins obligatoires. Une photocopie du carnet de vaccination (ou une attestation du médecin) est jointe au contrat qui lie la famille à l'assistante maternelle. Si l'enfant n'est pas vacciné, il peut être accueilli de façon provisoire. Les parents ont alors 3 mois pour régulariser la situation. À défaut, l'enfant ne pourra plus être accueilli par l'assistante.

À NOTER

Le site https://monenfant.fr vous permet de trouver les assistantes maternelles et les maisons d'assistantes maternelles les plus proches de chez vous. Il suffit de cliquer sur « Recherche d'un mode d'accueil » et d'indiquer votre adresse.

LES MAISONS D'ASSISTANTES MATERNELLES

Grâce à ces structures créées par la loi n° 2010-625 du 9/6/2010 plusieurs assistantes maternelles peuvent se regrouper pour accueillir des mineurs dans un local qui n'est pas leur domicile et proposer la délégation d'accueil. Les parents peuvent donc autoriser l'assistante maternelle qu'ils emploient à déléguer l'accueil de leur enfant à une ou plusieurs de ses collègues travaillant dans la même maison ; l'autorisation et les noms des assistantes maternelles concernées devront figurer sur le contrat de travail. Cette « délégation d'accueil » permet aux parents de profiter d'horaires d'accueil plus adaptés à leurs besoins.

Les assistantes maternelles doivent solliciter un agrément pour travailler dans ce cadre auprès du président du conseil départemental. Les personnes qui disposent déjà d'un agrément individuel doivent en demander la modification au conseil départemental.

Enfin, le recours à une assistante maternelle dans ce cadre ouvre droit au complément de libre choix du mode de garde.

L'agrément de l'assistante maternelle

L'assistante maternelle est la personne qui, moyennant rémunération, accueille habituellement et de façon non permanente, des mineurs à son domicile. Elle doit, pour pouvoir exercer cette profession, disposer d'un agrément délivré par le président du conseil départemental où elle réside. Cet agrément est accordé pour 5 ans si les conditions d'accueil (notamment l'état et les dimensions du logement), appréciées par le président du conseil départemental assisté pour cela par les services de PMI, garantissent la sécurité, la santé et l'épanouissement des enfants accueillis et en tenant compte des capacités éducatives du demandeur. Pour obtenir l'agrément d'assistant maternel, le candidat doit ainsi :

– présenter les garanties nécessaires pour accueillir des mineurs « dans des conditions propres à assurer leur développement physique, intellectuel et affectif » ;

– passer un examen médical qui a pour objet de vérifier que son état de santé lui permet d'accueillir habituellement des mineurs ;

– disposer d'un logement dont l'état, les dimensions, les conditions d'accès et l'environnement permettent d'assurer le bien-être et la sécurité des mineurs compte tenu du nombre et, s'agissant d'un candidat à l'agrément d'assistant maternel, de l'âge de ceux pour lesquels l'agrément est demandé.

À NOTER

*L'agrément (ou son renouvellement) doit être demandé au moyen du formulaire Cerfa n° 13394*04 disponible sur le site : www.service-public.fr. Outre ce formulaire, le dossier de demande d'agrément comporte les documents (pièce d'identité, justificatif de domicile, etc.) dont la liste est donnée par l'arrêté du 19/8/2013.*

La procédure d'agrément comporte au moins un entretien et une ou plusieurs visites au domicile ou dans la maison d'assistants maternels. Ces entretiens ont pour objet de s'assurer que les critères fixés à l'article R. 421-5 du Code de l'action sociale et des familles sont bien réunis : disponibilité, capacité d'organisation et d'adaptation à des situations variées, aptitude à la communication et au dialogue, connaissance du rôle et des responsabilités de l'assistante maternelle, etc.

Ces critères sont détaillés dans le « référentiel fixant les critères de l'agrément des assistants maternels par le président du conseil départemental » (*Décret n° 2012-364 du 15/3/2012*).

AVANTAGE

*Les assistantes maternelles agréées peuvent bénéficier d'un prêt à l'amélioration du lieu d'accueil de l'enfant, pour tout accueil à leur domicile ou au sein d'une maison d'assistantes maternelles. L'assistante maternelle qui sollicite le prêt peut être propriétaire, locataire ou simple occupant des locaux qui constituent le lieu d'accueil de l'enfant ; ce prêt doit être destiné à permettre l'exécution de travaux visant à améliorer le lieu d'accueil, la santé ou la sécurité des enfants gardés par l'assistante maternelle. Lorsque cette dernière exerce à son domicile, le prêt peut également viser à faciliter l'obtention, le renouvellement ou l'extension de l'agrément. Le prêt peut atteindre 80 % des dépenses effectuées par l'assistante maternelle, dans la limite d'un montant maximum (Voir pages Barème). La demande doit être faite auprès de la CAF avec le formulaire Cerfa 14073*02.*

Tout refus d'agrément doit être motivé.

L'agrément de l'assistante maternelle précise le nombre et l'âge des enfants qu'elle est autorisée à accueillir simultanément ainsi que les horaires de l'accueil. Le nombre des enfants accueillis simultanément ne peut être supérieur à 4 y compris le ou les enfants de moins de 3 ans de l'assistante maternelle présents à son domicile, dans la limite de 6 mineurs de tous âges au total.

Toutefois, le président du conseil départemental peut, si les conditions d'accueil le permettent et à titre dérogatoire, autoriser l'accueil de plus de 4 enfants simultanément, dans la limite de 6 enfants au total pour répondre à des besoins spécifiques.

Lorsque le nombre d'enfants fixé par l'agrément est inférieur à 4, le président du conseil départemental peut modifier celui-ci pour augmenter le nombre d'enfants que l'assistante maternelle est autorisée à accueillir simultanément, dans la limite de 4 enfants et dans les conditions mentionnées ci-dessus.

À NOTER

Sauf refus motivé (notamment si les conditions d'accueil ne le permettent pas), l'agrément initial de l'assistante maternelle autorise l'accueil de 2 enfants au minimum.

À NOTER

La décision du président du conseil départemental doit être notifiée au demandeur dans un délai de 3 mois à compter de la demande d'agrément. À défaut, ce dernier est réputé acquis.

La formation

Toute assistante maternelle agréée doit suivre une formation dont les modalités de mise en œuvre par le département, la durée, le contenu et les conditions de validation sont fixés par les articles D. 421-43 et suivants du Code de l'action sociale et des familles.

Une initiation aux gestes de secourisme est obligatoire pour exercer la profession d'assistante maternelle.

Une partie de cette formation doit obligatoirement être suivie avant d'accueillir des enfants.

Pendant les temps de formation obligatoire intervenant après l'embauche des assistantes maternelles, l'accueil des enfants qui leur sont confiés est organisé et financé par le département selon des modalités respectant l'intérêt des enfants et les obligations professionnelles de leurs parents.

À NOTER

Pendant les périodes de formation des assistantes maternelles intervenant après l'embauche, la rémunération de l'assistante maternelle reste due par l'employeur (Code de l'action sociale et des familles, Art. L. 423-5).

Le contrat de travail

Un contrat de travail doit être établi entre l'assistante maternelle et les parents qui l'emploient. Ce contrat doit obligatoirement être écrit (*Convention collective nationale, Art. 2 et 4* ; *Code de l'action sociale et des familles, Art. L. 423-3*). Il doit comporter les mentions énumérées par l'article 4 de la Convention collective nationale des assistants maternels du particulier employeur et l'article D. 423-5 du Code de l'action sociale et des familles (voir plus loin) et mentionner notamment la décision d'agrément délivrée par le président du conseil départemental.

À ce contrat peuvent être joints un certain nombre de documents, variables selon les situations : autorisation concernant les modes de déplacement de l'enfant, modalités de conduite à l'école, liste des personnes à contacter en cas d'urgence en l'absence des parents… (*Convention collective nationale des assistants maternels du particulier employeur, Annexe 5 bis*).

Une période d'essai peut être prévue au contrat ; durant cette période, chaque partie peut rompre librement le contrat, sans formalité ni délai. La durée maximale de cette période d'essai est fixée à :

– 3 mois si l'accueil de l'enfant, prévu au contrat, s'effectue sur 1, 2 ou 3 jours par semaine ;

– 2 mois si l'accueil de l'enfant, prévu au contrat, s'effectue sur 4 jours ou plus par semaine.

À NOTER

Un modèle type de contrat de travail à durée indéterminée figure en annexe 5 de la convention collective nationale des assistants maternels du particulier employeur.

Les congés payés

L'assistante maternelle et son ou ses employeurs fixent d'un commun accord, au plus tard le 1er mars de chaque année, les dates de congés de l'assistante maternelle de manière à lui permettre de bénéficier de congés effectifs sans aucun accueil d'enfant. À défaut d'accord à cette date, l'assistante maternelle qui a plusieurs employeurs fixe elle-même 4 semaines de ses congés pendant la période du 1er mai au 31 octobre de l'année, et une semaine en hiver à condition d'en prévenir ses employeurs au plus tard le 1er mars de l'année considérée. Dans le cas où l'assistante maternelle n'a qu'un seul employeur, les dates de congés sont fixées par ce dernier *Code de l'action sociale et des familles, Art. L. 423-23 et D 423-16*).

La rémunération

L'assistante maternelle a droit à un salaire et à certaines indemnités. Vous devez les lui régler au moins 1 fois par mois et établir un bulletin de paie. Cette ré-

munération est fixée librement entre vous mais ne doit pas être inférieure à un minimum légal.
S'agissant des modalités de calcul du salaire mensuel brut, une distinction doit être opérée selon que l'accueil de l'enfant est régulier ou occasionnel.

Pour un accueil régulier

Pour assurer au salarié un salaire régulier, quel que soit le nombre d'heures d'accueil par semaine et le nombre de semaines d'accueil dans l'année, le salaire de base est mensualisé. Il est calculé sur 12 mois à compter de la date d'embauche :
– si l'accueil s'effectue sur une année complète (52 semaines y compris les congés payés du salarié), le salaire mensuel brut de base est obtenu à partir de la formule suivante :
[salaire horaire brut de base (tel que figurant dans le contrat de travail) × nombre d'heures d'accueil par semaine] × (52 semaines/12) ;
– si l'accueil s'effectue sur une année incomplète (semaines programmées hors congés annuels du salarié), le salaire mensuel brut de base est obtenu à partir de la formule suivante :
[salaire horaire brut de base (tel que figurant dans le contrat de travail) × nombre d'heures d'accueil par semaine] × (nombre de semaines programmées/12).

Pour un accueil occasionnel

Le salaire brut mensuel est égal au salaire horaire brut de base multiplié par le nombre d'heures d'accueil dans le mois.
Le salaire horaire brut de base ne peut être inférieur à un minimum *(Voir pages Barème)*.

Heures complémentaires

Elles sont rémunérées au salaire horaire brut de base prévu par le contrat de travail.

À NOTER

Des majorations spécifiques peuvent s'appliquer : à partir de la 46e heure hebdomadaire d'accueil, il est appliqué un taux de majoration laissé à la négociation des parties ; l'accueil d'un enfant présentant des difficultés particulières, temporaires ou permanentes, donne droit à majoration du salaire à prévoir au contrat en fonction de l'importance des difficultés suscitées par l'accueil de l'enfant.

Indemnisation des absences

Les périodes pendant lesquelles l'enfant est confié à l'assistante maternelle doivent être prévues dans le contrat signé par les parties : dès lors, les temps d'absence non prévus au contrat doivent être normalement rémunérés, sauf si l'enfant ne peut être accueilli du seul fait de l'assistante maternelle.

En cas d'absences de l'enfant dues à une maladie ou à un accident, les dispositions spécifiques suivantes sont prévues, sous réserve que les parents fassent parvenir à l'assistante maternelle, dans les 48 h, un certificat médical daté du 1er jour d'absence :
– l'assistante maternelle n'est pas rémunérée pendant les courtes absences pour maladie de l'enfant, pas nécessairement consécutives, à condition que le total de ces absences ne dépasse pas 10 jours d'accueil dans l'année, à compter de la date d'effet du contrat ;
– dans le cas d'une maladie qui dure 14 jours consécutifs, ou en cas d'hospitalisation, le salarié n'est pas rémunéré. Mais après 14 jours calendaires consécutifs d'absence, les parents devront soit rompre le contrat, en respectant les formes et délais prescrits, soit maintenir le salaire.

AVANTAGE

Un modèle de bulletin de salaire est annexé à la Convention collective nationale des assistants maternels du particulier employeur. Les employeurs peuvent également établir leur bulletin de salaire en ligne, sur le site de l'URSSAF : www.urssaf.fr.

Les indemnités d'entretien et frais de repas

En plus de son salaire, l'assistante maternelle peut percevoir les indemnités suivantes, qui doivent être prévues au contrat ainsi que leur montant. Ces indemnités n'ont pas le caractère de salaire et ne sont donc pas soumises à cotisations. Elles sont toutefois mentionnées sur le bulletin de salaire.

Remboursement des frais occasionnés par l'accueil de l'enfant

Cette indemnité a pour but de rembourser au salarié les investissements, jeux et matériels d'éveil, ainsi que l'entretien du matériel utilisé, la part de consommation d'eau, d'électricité, de chauffage, etc. Son montant est fixé d'un commun accord entre l'employeur et l'assistante maternelle mais il ne peut être inférieur à un certain montant par journée d'accueil *(Voir pages Barème)*.

L'indemnité afférente à ces frais est due pour chaque journée d'accueil.

Frais de repas (petits déjeuners, repas, goûters)

Si le salarié fournit les repas, employeur et salarié se mettent d'accord sur la nature des repas. Dans ce cas, l'indemnité est fixée en fonction des repas fournis ; son montant figure dans le contrat de travail.
Le choix de fournir ou de ne pas fournir les repas est précisé au contrat.

À NOTER

Si l'employeur fournit les repas, l'indemnité n'est pas due.

Frais de déplacement

Si le salarié est amené à utiliser son véhicule pour transporter l'enfant, l'employeur l'indemnise selon le nombre de kilomètres effectués. L'indemnisation kilométrique doit être prévue au contrat ; elle ne peut être inférieure au barème de l'administration et supérieure au barème fiscal.
Si l'assistante maternelle garde plusieurs enfants de familles différentes, l'indemnisation doit être répartie, le cas échéant, entre les employeurs demandeurs des déplacements.

La rupture du contrat

Sous réserve de respecter un délai et une procédure particulière, chaque partie peut rompre le contrat de travail, sous réserve de respecter un certain nombre de formalités.

Rupture à l'initiative de l'employeur

Le particulier employeur qui décide de ne plus confier d'enfant à une assistante maternelle qu'il employait depuis 3 mois doit notifier à l'intéressé sa décision de rompre le contrat par lettre recommandée avec demande d'avis de réception. La date de présentation de la lettre recommandée fixe le point de départ du préavis éventuellement dû (voir plus loin). La rupture du contrat de travail qui intervient à la suite du retrait de l'enfant gardé ne constitue pas un licenciement : l'employeur n'a donc pas l'obligation de respecter la procédure de licenciement prévue par le Code du travail (entretien préalable, motivation de la lettre de licenciement, etc.).

Rupture à l'initiative du salarié

L'assistante maternelle peut décider de ne plus accueillir l'enfant qui lui était confié. Cette décision, assimilée à une démission, a pour effet de rompre le contrat de travail et doit être signifiée aux parents concernés par lettre recommandée avec demande d'avis de réception. La date de présentation de cette lettre fixe le point de départ du préavis.
Depuis le 1/11/2019, la démission d'une assistante maternelle justifiée par le refus des parents de faire vacciner l'enfant dont elle a la garde ouvre droit aux allocations chômage si les autres conditions pour en bénéficier sont remplies (*Décret n° 2019-797 du 26/7/2019*).

Préavis

En cas de rupture du contrat de travail à l'initiative de l'employeur (pour motif autre que la faute grave ou la faute lourde), un préavis est à effectuer. Sa durée est au minimum de :
– 15 jours calendaires pour un salarié ayant moins d'1 an d'ancienneté avec l'employeur ;
– 1 mois calendaire pour un salarié ayant 1 an ou plus d'ancienneté avec l'employeur.
La période de préavis ne se cumule pas avec une période de congés payés.
Si le préavis n'est pas effectué, l'employeur doit verser au salarié une indemnité égale au montant de la rémunération qu'aurait perçue le salarié s'il avait travaillé (*Convention collective nationale des assistants maternels du particulier employeur, Art. 18 c*).
La décision de l'assistante maternelle de ne plus garder un enfant qui lui était confié est subordonnée à un préavis d'une durée variable selon l'ancienneté avec l'employeur (voir plus haut), à moins que l'employeur n'accepte d'abréger cette durée. L'inobservation de ce préavis constitue une rupture abusive qui ouvre droit, au profit de l'employeur, au versement de dommages et intérêts dont le montant sera apprécié par le juge (*Code de l'action sociale et des familles, Art. L. 423-26*).
Le salarié doit faire connaître sa décision à son employeur par lettre recommandée avec avis de réception.

Indemnité compensatrice de congés payés

Lors de la rupture du contrat de travail, qu'elle soit à l'initiative du salarié ou de l'employeur, le salarié a droit, sauf en cas de faute lourde, à une indemnité compensatrice correspondant à la rémunération des congés dus.

Indemnité de rupture

En cas de rupture du contrat par retrait de l'enfant, à l'initiative de l'employeur, celui-ci verse, sauf en cas de faute grave, ou lourde, une indemnité de rupture au salarié s'il a au moins 1 an d'ancienneté à son service.

Cette indemnité, prévue par la convention collective, n'a pas le caractère de salaire. Elle est égale à 1/120e du total des salaires nets perçus pendant la durée du contrat. Elle est exonérée de cotisations et d'impôt sur le revenu dans les limites fixées par la loi.

Contrairement à ce qu'elle a décidé dans l'hypothèse du licenciement d'un employé de maison, la Cour de cassation a jugé que, dans le cas de rupture du contrat de travail d'une assistante maternelle à l'initiative de l'employeur, celle-ci ne pouvait prétendre qu'à l'indemnité conventionnelle de rupture, telle que calculée ci-dessus, et non à l'indemnité légale de licenciement prévue par l'article R. 1234-2 du Code du travail, pourtant nettement plus avantageuse pour elle (*Cour de cassation, Chambre sociale, 31/5/2012*).

Rupture pour suspension ou retrait de l'agrément

Si l'agrément est retiré à l'assistante maternelle ou s'il est suspendu, l'employeur n'est pas considéré comme étant responsable de la rupture du contrat. L'employeur, informé de ce retrait ou de cette suspension, doit signifier à l'assistante maternelle le retrait forcé de l'enfant entraînant la rupture du contrat de travail à la date de notification de la suspension ou du retrait de l'agrément par le conseil départemental. Cette signification doit être faite par lettre recommandée avec demande d'avis de réception.

Dans ce cas, le contrat se trouve rompu sans préavis, du seul fait de la suspension ou du retrait de l'agrément.

À NOTER

En cas de rupture du contrat de travail, quel qu'en soit le motif, et même au cours de la période d'essai, l'employeur doit délivrer au salarié : le bulletin de salaire ; un certificat mentionnant la date de début et la date de fin du contrat ainsi que la nature de l'emploi ; un solde de tout compte ; l'attestation Pôle emploi pour lui permettre de faire valoir ses droits éventuels à l'assurance chômage.

Les formalités à respecter

En ayant recours à une assistante maternelle, vous allez devenir employeur. Vous devez donc, à ce titre :

– déclarer, dans les 8 jours qui suivent, cette embauche à l'URSSAF ;

– acquitter chaque trimestre les cotisations sociales dues pour l'emploi de cette assistante maternelle : cotisations de sécurité sociale, de retraite complémentaire et d'assurance chômage. Ces cotisations sont calculées sur la base de la rémunération réelle versée à l'assistante maternelle, non compris l'indemnité d'entretien.

AVANTAGE

Si vous employez une assistante maternelle agréée, vous pouvez peut-être bénéficier d'une aide de la CAF appelée complément de libre choix du mode de garde versé dans le cadre de la PAJE. L'intérêt de cette aide est notamment de vous éviter d'avoir à acquitter les cotisations sociales : celles-ci seront payées directement à l'URSSAF par la CAF, pour votre compte. L'emploi d'une assistante maternelle permet également de bénéficier d'un crédit d'impôt.

À NOTER

Pour connaître la liste des assistantes maternelles agréées, vous pouvez vous adresser à votre mairie, au centre de PMI de votre département ou à votre caisse d'allocations familiales.

À NOTER

Le site de la CAF https://monenfant.fr permet d'aider les parents à trouver un mode de garde pour leur enfant. Il répertorie les différents modes de garde, permet de calculer le prix d'accueil pour un enfant de moins de 4 ans et de rechercher une structure adaptée en fonction de différents critères (type d'hébergement, temps de garde souhaité…).

› Les crèches

Plutôt que faire appel à une assistante maternelle, les parents peuvent préférer confier leur enfant à une crèche dans laquelle il sera en contact avec d'autres enfants de son âge. Il existe principalement deux types de crèches : les crèches collectives (crèches traditionnelles, micro crèches, crèches parentales) et les crèches familiales. Toutes ont pour objet d'assurer, durant la journée, la garde des enfants de moins de 3 ans.

Aucune disposition réglementaire n'interdit, par ailleurs, que des enfants de plus de 3 ans soient accueillis dans le cadre d'un service d'accueil régulier, et ce, le cas échéant, jusqu'à leurs 6 ans.

À NOTER

Le site https://monenfant.fr vous permet de trouver les crèches les plus proches de chez vous. Il suffit de cliquer sur « Recherche d'un mode d'accueil » et d'indiquer votre adresse.

À NOTER

Si votre enfant de moins de 3 ans a besoin d'une prise en charge thérapeutique, il existe des structures spécialisées pour l'accueillir de jour et de nuit : les pouponnières. Il existe également des pouponnières « sociales » destinées à l'accueil d'enfants dont les parents connaissent des difficultés sérieuses.

Les dispositions communes à toutes les crèches

Le fonctionnement

Ce sont des établissements dont l'ouverture et le fonctionnement sont réglementés et qui sont contrôlés par les services de santé du département (PMI).

Ces établissements qui accueillent régulièrement des enfants de moins de 3 ans ne doivent pas avoir une capacité supérieure à 60 places.

Un règlement intérieur, dont les parents doivent avoir connaissance, précise les modalités d'organisation et de fonctionnement de l'établissement. Un registre doit être tenu, sur lequel sont consignés les renseignements concernant l'enfant et sa famille.

La direction d'une crèche est assurée par une personne titulaire, soit du doctorat de médecine, soit du diplôme de puéricultrice et d'une expérience professionnelle d'au moins 5 ans (ou du diplôme d'éducateur avec la même ancienneté d'expérience dans les établissements d'une capacité inférieure à 40 places).

La surveillance médicale

L'admission de l'enfant est subordonnée à l'avis favorable du médecin de la crèche. Il faut également justifier avoir satisfait aux vaccinations obligatoires, notamment par la production du carnet de santé de l'enfant. À cet égard, depuis le 1/6/2018, 11 vaccins sont obligatoires. Les enfants non vaccinés ne sont pas admis en crèche sauf contre-indication médicale justifiée.

Un médecin est nécessairement attaché à la crèche et suit l'enfant en effectuant des examens réguliers.

Si, à son arrivée, l'enfant est malade, il peut soit être rendu à la personne qui l'accompagne, soit être gardé et isolé. Si, pendant la journée, il est malade ou s'il subit un accident, la directrice doit aussitôt prévenir le médecin de la crèche ou le médecin traitant et appliquer les mesures qu'il préconise.

Les différents types de crèches

La crèche traditionnelle

Elle peut être gérée par une municipalité, un département, une caisse d'allocations familiales, une association.

L'effectif du personnel chargé de la surveillance, des soins et de l'éducation des enfants est d'un agent pour cinq enfants qui ne marchent pas et d'un agent pour huit enfants qui marchent.

Les places étant limitées, il faut en principe justifier de l'exercice d'une activité professionnelle ou d'une formation pour que son enfant soit admis en crèche. Mais, en fonction des situations locales, des conditions plus souples peuvent être prévues par le règlement intérieur de la crèche, notamment pour permettre l'accueil d'enfants dont les parents sont au chômage et qui doivent pouvoir se consacrer à leur recherche d'emploi. Les horaires d'ouverture de la crèche, en principe de 6 h 30 ou 7 h à 18 h 30 ou 19 h, sont également fixés par le règlement intérieur.

Le coût de ce mode de garde est variable selon les régions, les départements ou les municipalités : la participation des parents est fonction de leurs revenus et de leurs charges de famille.

La micro crèche

Son fonctionnement est sensiblement identique à celui d'une crèche traditionnelle, la seule différence tient à la taille des locaux, le plus souvent installés dans un appartement, et au nombre plus faible d'enfants accueillis. La micro crèche peut ainsi accueillir au maximum 10 enfants de moins de 6 ans.

La crèche parentale

Comme son nom l'indique, cette crèche est créée et gérée par les parents eux-mêmes. Elle fonctionne selon le règlement intérieur mis en place par les parents qui précise les horaires d'ouverture et le coût. La caisse d'allocations familiales, ou parfois les municipalités, participent aux frais de garde et le tarif applicable prend le plus souvent en compte les revenus des parents.

La crèche familiale

Il s'agit, en réalité, d'une garde assurée par une assistante maternelle, mais les parents ne sont pas les employeurs directs de cette assistante. La crèche est gérée par une collectivité territoriale (municipalité, centre de PMI…) ou par un gestionnaire privé (association, caisse d'allocations familiales…). Les parents versent une participation calculée en fonction de leurs revenus et de leurs charges de famille.

À NOTER

Pour connaître la liste des établissements (crèches, haltes-garderies…) susceptibles d'assurer la garde de votre enfant, vous pouvez vous renseigner auprès de votre mairie, d'un centre de PMI ou d'une caisse d'allocations familiales.

À NOTER

Les places en crèche étant malheureusement insuffisantes, il est recommandé de s'y prendre le plus tôt possible, et même avant la naissance ! Par précaution, n'hésitez pas à inscrire vos enfants dans plusieurs établissements à la fois.

AVANTAGE

Certaines mairies accordent des allocations complémentaires pour aider financièrement les parents à faire garder leurs enfants (à Paris, par exemple, l'allocation Paris petit enfant). Il convient donc de vous renseigner auprès des services de votre mairie.

Les haltes-garderies

C'est une structure qui accueille des enfants de moins de 6 ans, de manière occasionnelle, quelques heures ou quelques demi-journées par semaine, plus rarement pour la journée entière.

Leur création est soumise à autorisation ; elles sont contrôlées par les services départementaux des PMI tout comme les crèches.

Ce mode de garde est destiné aux mères qui ne travaillent pas ; certains établissements réservent parfois une priorité aux enfants scolarisés pour les jours où ils ne fréquentent pas l'école (le mercredi, par exemple), et dont les parents travaillent.

La participation demandée aux parents est variable et dépend de leurs revenus.

Les garderies et les jardins d'enfants

Ces établissements ont pour objet de garder, pendant la journée, des enfants âgés de 2 à 6 ans. Leur création est soumise à autorisation ; ils sont placés sous le contrôle du service départemental de PMI.

Outre la garde des enfants, ils assurent le développement de leur capacités physiques et mentales par des exercices et des jeux.

En pratique, ces établissements sont de moins en moins répandus, compte tenu du développement des écoles maternelles et de l'âge à partir duquel les enfants peuvent y être accueillis.

Les garderies périscolaires

Les établissements scolaires du premier degré (écoles maternelles et primaires) organisent le plus souvent pour les enfants qui les fréquentent des garderies en dehors des heures de classe. Ainsi le matin, avant la classe, le soir, le mercredi ou encore pendant les petites vacances scolaires, les parents ont ainsi la possibilité de faire garder leurs enfants.

Ce service est organisé par les municipalités et son coût est fonction des ressources des parents.

La garde de votre enfant à votre domicile

Si vous choisissez de faire garder votre enfant à domicile, soit pour la journée entière, soit en complément d'une garde extérieure, deux possibilités s'offrent principalement à vous : recourir à une employée de maison, ou à un jeune au pair. L'une comme l'autre de ces formules a ses avantages et ses inconvénients, et entraîne un coût financier qu'il faut bien évaluer. Mais là encore, des aides sont possibles.

› Votre enfant est confié à une aide à domicile

Pour garder votre enfant (ou vos enfants), vous pouvez embaucher un ou une salariée à votre domicile. Il est possible de lui confier des tâches à caractère ménager ou familial (ou les deux). Cette personne peut être employée à temps plein, à temps partiel, ou même à l'heure. Dans tous les cas, elle est liée à vous par un contrat de travail qui doit respecter les dispositions de la convention collective nationale des salariés du particulier employeur et du Code du travail, à l'exception de celles destinées aux entreprises, comme, par exemple, les règles relatives au licenciement économique ou l'assistance par un conseiller au cours de l'entretien préalable au licenciement. Sur de nombreux points, la convention collective nationale des salariés du particulier employeur apporte des aménagements aux règles issues de ce code.

AVANTAGE

En composant le 39 39, vous pourrez obtenir une réponse à toutes vos questions concernant les services à la personne (du lundi au vendredi de 8 h 30 à 18 h 15, 0,15 € TTC/mn). Vous pouvez également consulter le site officiel www.servicesalapersonne.gouv.fr.

CONNAÎTRE SES DROITS ET SES OBLIGATIONS

Que vous fassiez garder votre enfant par une garde à votre domicile ou par une assistante maternelle au domicile de cette dernière, vous et votre salarié (e), êtes soumis à un ensemble de droits et d'obligations. Celles-ci résultent des dispositions du Code du travail, mais surtout des conventions collectives nationales dont les dispositions s'imposent à vous. Sur le site *www.legifrance.gouv.fr* (rubrique « Accords de branche et conventions collectives »), vous pourrez prendre connaissance gratuitement du texte intégral de la convention collective qui vous est applicable en fonction du mode de garde choisi : « Convention collective nationale des salariés du particulier employeur » (brochure n° 3180) si vous avez recours à une employée de maison, « Convention collective nationale des assistants maternels du particulier employeur » (brochure n° 3317) si vous avez recours à un (e) assistant (e) maternel (le).

Les formalités à accomplir

Un contrat de travail doit être établi par écrit ; à défaut, le contrat est présumé être à durée indéterminée, et vous devrez, pour y mettre fin, engager une procédure de licenciement à l'encontre de votre salariée. Si vous remplissez les conditions pour obtenir le complément de libre choix de mode de garde : adressez votre demande de prestation à votre CAF ou à votre caisse MSA. L'un de ces organismes se chargera de demander votre immatriculation comme employeur auprès du centre Pajemploi et de vous y inscrire. Dans l'espace employeur du site *www.pajemploi.urssaf.fr*, vous pourrez ensuite réaliser en ligne vos différentes déclarations (salaires versés à l'employé…).

Si vous n'avez pas droit au complément de libre choix du mode de garde, vous pouvez adhérer au dispositif du chèque emploi service universel (CESU) via le site *www.cesu.urssaf.fr*. Vous remplirez ainsi toutes vos obligations d'employeur de façon simplifiée. Le service CESU+, auquel chacun est libre d'adhérer ou non, permet à l'employeur de ne déclarer sur le site que les heures de travail effectuées par le salarié et le salaire dû. Le gestionnaire du CESU prélève alors sur le compte bancaire de l'employeur le montant des cotisations ainsi que le salaire et reverse ce dernier au salarié. Depuis le 1/1/2020, CESU+ prend en charge le prélèvement et le reversement de l'impôt à la source. Les particuliers employeurs n'ont aucune démarche supplémentaire à faire.

LA SURVEILLANCE MÉDICALE DES EMPLOYÉS DE MAISON

Selon l'article 22 de la convention collective nationale des salariés du particulier employeur (c'est-à-dire les « employés de maison »), les dispositions du Code du travail concernant la surveillance médicale des salariés (visite d'information et de prévention au maximum dans les 3 mois suivant la prise du poste de travail, suivi périodique de l'état de santé, etc.) s'appliquent aux seuls employés de maison occupés à temps plein chez un même employeur. Toutefois, la Cour de cassation a considéré que ces dispositions étaient contraires au principe d'égalité de traitement entre salariés à temps partiel et salariés à temps complet et, qu'en conséquence, les salariés à temps partiel (même quelques heures par semaine) devaient bénéficier de la même surveillance médicale que les salariés à temps complet (*Cour de cassation, Chambre sociale, 28/9/2011, n° 10-14284*). Tirant les conséquences de cette situation, les organisations professionnelles et syndicales représentant les particuliers employeurs et leurs salariés (qu'il s'agisse des « employés de maison » ou des assistant (e) s maternel (le) s du particulier employeur), ont conclu un « accord-cadre » relatif à la santé au travail de ces salariés le 24/11/2016. Dans l'attente de la conclusion d'accords de branche et de leur extension, les obligations découlant de l'arrêt précité de la Cour de cassation restent applicables (arrêt disponible sur le site *www.legifrance.gouv.fr*).

Afin de se prémunir contre toute mise en jeu de leur responsabilité, notamment en cas d'accident du travail ou d'inaptitude, les particuliers employeurs ont intérêt à adhérer à un centre interservices de santé au travail (les coordonnées de ces centres sont disponibles sur le site *www.presanse.fr*) et à respecter leurs obligations d'employeurs relatives à la surveillance médicale de leur (s) salarié (s).

La période d'essai

Le contrat de travail peut prévoir une période d'essai d'1 mois maximum ; un renouvellement est possible 1 fois, sous réserve que le salarié en ait été averti par écrit avant l'expiration de la première période.

La rémunération

Elle est fixée d'un commun accord entre vous et votre salarié. Toutefois, son salaire ne peut être inférieur ni au SMIC *(Voir pages Barème)*, ni à un minimum prévu par la convention collective nationale des salariés du particulier employeur. Ce salaire minimal est fonction de la classification du salarié (c'est-à-dire des fonctions qu'il occupe) consultable sur le site *www.fepem.fr/nouvelle-grille-metiers-mode-emploi*. Il peut être majoré si le salarié est titulaire d'une certification professionnelle de la branche des salariés du particulier employeur en lien avec l'emploi exercé (employé familial, assistant maternel/garde d'enfant, assistant de vie dépendance) *(Voir pages Barème)*.

À NOTER

Depuis le 1/4/2016, le salaire horaire minimum n'est plus majoré en fonction de l'ancienneté du salarié.

AVANTAGE

Pour aider les particuliers employeurs et les salariés, un document récapitulant l'ensemble des règles applicables peut être téléchargé sur le site Internet de la CFDT : www.cfdt-services.fr). Par ailleurs, un simulateur est mis à la disposition des particuliers employeurs et de leurs salariés pour les aider à comprendre la nouvelle classification et leur permettre d'identifier le ou les emplois concernés : www.simulateur-emploisalarieduparticulieremployeur.fr.

L'employeur est tenu au paiement des cotisations de sécurité sociale, de retraite complémentaire et de chômage soit sur la base du salaire réel, soit sur une base forfaitaire égale au montant du SMIC horaire multiplié par le nombre d'heures de travail.
Une déduction forfaitaire de cotisations patronales de Sécurité sociale de 2 € s'applique pour chaque heure de travail effectuée.

AVANTAGE

Vous l'aurez constaté, les formalités liées à l'embauche d'une employée de maison sont assez lourdes. Vous pourrez heureusement y échapper en toute légalité, en ayant recours au dispositif du chèque emploi service universel. Celui-ci sert non seulement de moyen de paiement, mais aussi de contrat de travail et dispense d'avoir à effectuer diverses déclarations et formalités.

AVANTAGE

En tant qu'employeur d'une personne à domicile, vous pouvez, sous certaines conditions, bénéficier à la fois du complément de libre choix du mode de garde et d'un crédit d'impôt.

MON ENFANT A ÉTÉ VICTIME D'UN ACCIDENT

✓ **L'accident a eu lieu par la faute de la personne qui le garde. Que puis-je faire ?**
Demandez à cette personne de faire une déclaration auprès de son assureur. Si votre enfant est dans une crèche, le représentant de cette institution doit avoir souscrit un contrat d'assurance responsabilité civile. Si votre enfant est gardé par une assistante maternelle, cette personne doit déclarer au plus tard dans les 5 jours ouvrés l'accident à son assureur.

✓ **Mon enfant a été mordu par un chien. Que puis-je faire ?**
S'il s'agit du chien de la famille, vous devez faire une déclaration auprès de votre assureur si vous avez souscrit une garantie accident de la vie ou par le biais de votre assurance multirisque habitation. En revanche, si le dommage a eu lieu du fait du chien d'un voisin, c'est l'assureur de ce dernier qui interviendra.

La durée du travail

Durée du travail et heures supplémentaires

Pour un salarié à temps plein, la durée du travail effectif est fixée à 40 heures par semaine. Dans le cadre de l'horaire défini dans le contrat, l'employée de maison peut effectuer des « heures de travail effectif » et des « heures de présence responsable » dont le nombre respectif est précisé au contrat. Les heures de présence responsable sont celles où le salarié peut utiliser son temps pour lui-même tout en restant vigilant pour intervenir, s'il y a lieu ; 1 heure de présence responsable équivaut à 2/3 d'1 heure de travail effectif. Le déclenchement des heures supplémentaires intervient à compter de la 41e heure de travail effectif. Les heures supplémentaires sont rémunérées, ou récupérées dans les 12 mois, suivant accord entre les parties. Elles ne peuvent excéder une moyenne de 8 heures par semaine calculée sur une période quelconque de 12 semaines consécutives sans dépasser 10 heures au cours de la même semaine. Elles donnent lieu en rémunération ou en récupération à une majoration de 25 % (pour les 8 premières heures) et à une majoration de

50 % (pour les heures supplémentaires au-delà de 8 heures).

Repos hebdomadaire

Le jour habituel de repos hebdomadaire doit figurer au contrat. Ce repos doit avoir une durée minimale de 24 heures consécutives et être donné de préférence le dimanche. À ces 24 heures s'ajoute une demi-journée dans le cadre de l'aménagement de l'horaire de travail.
Le travail, le jour de repos hebdomadaire, ne peut être qu'exceptionnel. Si un travail est exécuté à la demande de l'employeur le jour de repos hebdomadaire, il sera rémunéré au tarif normal majoré de 25 % ou récupéré par un repos équivalent, majoré dans les mêmes proportions.

La rupture du contrat de travail

Préavis en cas de démission

L'employée de maison titulaire d'un contrat à durée indéterminée peut démissionner à tout moment, sous réserve d'observer un préavis dont la durée est fixée à :
– 1 semaine si elle a moins de 6 mois d'ancienneté de services continus chez le même employeur ;
– 2 semaines si l'ancienneté est comprise entre 6 mois à moins de 2 ans ;
– et 1 mois pour le salarié ayant 2 ans ou plus d'ancienneté.

Préavis en cas de licenciement

La durée du préavis à effectuer en cas de licenciement pour un motif autre que la faute grave ou lourde est fixée à :
– 1 semaine pour le salarié ayant moins de 6 mois d'ancienneté de services continus chez le même employeur ;
– 1 mois pour une ancienneté comprise entre 6 mois à moins de 2 ans ;
– et 2 mois pour le salarié ayant 2 ans ou plus d'ancienneté.
Pour la recherche d'un nouvel emploi, les salariés à temps complet auront droit, sans diminution de salaire, à 2 heures par jour pendant 6 jours ouvrables s'ils ont moins de 2 ans d'ancienneté chez le même employeur ou pendant 10 jours ouvrables s'ils ont plus de 2 ans d'ancienneté. Ces 2 heures doivent être prises alternativement un jour au choix de l'employeur, un jour au choix du salarié, à défaut d'accord entre les parties ; elles pourront également être cumulées, en tout ou partie, avant l'expiration du préavis. En outre, si l'employée de maison trouve un nouveau travail pendant le temps de préavis, elle n'est pas tenue d'effectuer la totalité du préavis, sous réserve de justifier de ce nouvel emploi et de cesser le travail après avoir effectué 2 semaines de préavis dans la limite du préavis restant à courir. La part de préavis non exécutée ne sera alors pas rémunérée par l'employeur.

Indemnité de licenciement

L'article 12 de la convention collective nationale des salariés du particulier employeur prévoit le versement d'une indemnité de licenciement, en dehors du cas de faute grave ou lourde, aux salariés licenciés avant l'âge de 65 ans et ayant au moins 2 ans d'ancienneté ininterrompue au service du même employeur. Le mode de calcul de cette indemnité est également précisée, soit, pour les 10 premières années d'ancienneté : 1/10e de mois par année d'ancienneté de services continus chez le même employeur et pour les années au-delà de 10 ans : 1/6e (1/6 = 1/10 + 1/15) de mois par année d'ancienneté de services continus chez le même employeur.
Cette indemnité conventionnelle se révélant désormais moins favorable que l'indemnité légale de licenciement, la Cour de cassation a décidé que les employés de maison devaient bénéficier, en cas de licenciement (hors faute grave) d'une indemnité de licenciement au moins égale à l'indemnité légale (*Cour de cassation, Chambre sociale, 29/6/2011, n° 10-11525*), arrêt disponible sur le site *www.legifrance.gouv.fr*. Bien qu'elle ne se soit pas prononcée explicitement sur ce point, il convient également de considérer que le droit à cette indemnité est ouvert dès lors que le salarié compte au moins 8 mois d'ancienneté ininterrompue chez le même employeur (*Code du travail, Art. L. 1234-9*) et non deux années comme le prévoit l'article 12 de la convention collective.

À NOTER

Le décès de l'employeur met fin au contrat de travail, qui ne se poursuit pas automatiquement avec les héritiers. Le salarié a droit à un préavis dont le point de départ est fixé par la date du décès de l'employeur. L'employée de maison a droit à son dernier salaire, aux indemnités de préavis et de licenciement dues compte tenu de son ancienneté lorsque l'employeur décède, et à une indemnité de congés payés.

› Vous faites appel à un jeune étranger au pair

Pour faire garder vos enfants, vous pouvez faire appel à une jeune femme (ou un jeune homme) ayant le statut de « stagiaire aide familial », et qui partagera, pendant quelques mois, la vie de votre famille. Dans le langage courant, et bien que les jeunes hommes soient aussi concernés, on parle de « jeune fille au pair ».

Quels sont les jeunes qui peuvent être accueillis ?

Pour pouvoir bénéficier du statut de stagiaire aide familial, les jeunes étrangers venant d'un pays de l'UE doivent remplir les conditions suivantes :
- être âgé de 17 à 30 ans ;
- être inscrit à des cours de langue française dans une école ou une université ;
- être titulaire d'un accord de placement.

Pour un jeune venant d'un État hors UE, il faut :
- qu'il soit âgé entre 18 et 30 ans ;
- que la famille d'accueil ne soit pas de la même nationalité que lui ;
- qu'aucun lien de parenté n'existe entre eux ;
- que le but du séjour soit d'améliorer ses compétences linguistiques et sa connaissance de la France en échange de petits travaux ménagers et de la garde d'enfants. Pour obtenir sa carte de séjour temporaire (voir plus loin), il devra apporter la preuve qu'il dispose d'une connaissance de base de la langue française, ou d'un niveau d'instruction secondaire, ou encore de qualifications professionnelles ;
- qu'une convention ait été conclue avec la famille d'accueil.

Quelles sont les formalités à accomplir ?

Pour pouvoir accueillir un jeune au pair, vous devez respecter un certain nombre de formalités obligatoires.

Pour un jeune ne venant pas d'un État de l'UE, avant son arrivée sur le territoire français, une convention doit être signée entre lui et la famille. Ce document lui sera indispensable pour obtenir son visa avant le départ de son pays ou son titre de séjour à la préfecture. Une carte de séjour temporaire d'une durée d'1 an renouvelable une fois et portant la mention « jeune au pair » lui sera délivrée. Pour l'obtenir, il doit notamment fournir :
- la convention conclue entre lui et la famille d'accueil ;
- tout document de nature à attester sa connaissance de base de la langue française, ou un niveau d'instruction secondaire, ou encore des qualifications professionnelles ;
- la justification qu'il bénéficie d'une assurance maladie couvrant la durée de son séjour.

La convention est signée pour une période de 3 mois à 1 an renouvelable une fois. Elle fait l'objet d'un formulaire officiel (Cerfa n° 15973*01) téléchargeable sur le site *www.service-public.fr*.

Pour un jeune d'un État de l'UE, il faut signer un accord de placement au pair d'un stagiaire aide familial (Cerfa n° 61-2116).

La famille doit ensuite déclarer le jeune au pair à l'URSSAF avec le formulaire de déclaration d'embauche Cerfa n° 11469*03.

Cette formalité est obligatoire pour permettre au jeune de bénéficier d'une protection maladie-maternité et accidents du travail. À ce titre, vous êtes redevable des cotisations de sécurité sociale et de retraite complémentaire *(Voir pages Barème)*.

ATTENTION ⚠

Faire appel à un jeune « au pair » pour garder ses enfants entraîne un coût non négligeable : à l'argent de poche qu'il faut lui verser s'ajoutent les cotisations sociales qui sont dues à l'URSSAF (Voir pages Barème). Autre inconvénient, le fait d'employer un jeune au pair n'ouvre pas droit au bénéfice du complément de libre choix du mode de garde puisque le jeune n'est pas considéré comme votre salarié. De la même manière, vous ne pouvez pas bénéficier du crédit d'impôt pour l'emploi d'un salarié à domicile.

GARDE D'ENFANTS ET ASSURANCES	
Auteur du dommage	**Assurance mise en jeu**
ASSISTANTE MATERNELLE	Elle doit souscrire une assurance responsabilité civile. Vous êtes, à cet égard, tenu de vérifier si l'assistante maternelle a satisfait à ses obligations.
BABY-SITTER	Elle doit conclure une assurance responsabilité civile qui prendra en charge l'indemnisation en cas d'accident. Si elle bénéficie de l'assurance de ses parents, ceux-ci doivent demander une extension de garantie « garde à titre onéreux d'un enfant ».
GARDE D'ENFANT TRAVAILLANT POUR UN ORGANISME (crèche, associations…)	C'est cet organisme qui doit en principe être assuré.
VOTRE ENFANT EST À L'ORIGINE D'UN ACCIDENT	• La garde d'enfant doit déclarer l'accident à son assureur. • Vous devez faire une déclaration à votre compagnie d'assurances (multirisque habitation).
GARDE D'ENFANT BÉNÉVOLE	• S'il s'agit d'un parent proche, l'assurance ne fonctionnera pas. • S'il s'agit d'un ami ou d'un voisin, l'assureur indemnisera.
EMPLOYÉ DE MAISON	Vis-à-vis des tiers, l'employeur est civilement responsable des dommages causés par son employé dans l'exercice de ses fonctions. Il lui est donc recommandé de contracter une assurance couvrant cette responsabilité.

Quelles activités peut-on lui demander ?

L'accueil d'un jeune au pair fonctionne sur le principe de l'échange : la famille fournit les repas et le logement (une chambre, indépendante ou non), ainsi qu'un peu d'argent de poche, et, en contrepartie, le jeune participe aux tâches familiales courantes : accompagner les enfants à l'école, préparer les repas, aider les enfants dans leurs devoirs scolaires…

L'étudiant au pair doit consacrer à ces tâches ménagères au maximum 25 heures par semaine. Les horaires de travail doivent lui permettre de suivre ses cours et il a droit à un jour de repos par semaine dont au moins un dimanche par mois.

L'argent de poche que doit lui verser la famille est fixé d'un commun accord, mais il ne doit pas être inférieur à un certain montant *(Voir pages Barème)*. En outre, il est d'usage que lui soit payé un titre de transport.

Cas pratiques

L'accueil du jeune enfant

Assistante maternelle - horaires de travail

L'assistante maternelle qui garde mon fils me reproche d'arriver en retard pour venir le chercher le soir après mon travail. Elle me menace de ne plus le garder. En a-t-elle le droit ?

Oui. Lors de l'embauche, vous avez obligatoirement conclu avec elle, par écrit, un contrat de travail mentionnant entre autres les périodes d'accueil de l'enfant et les horaires de travail. Si vous ne respectez pas les horaires fixés, l'assistante maternelle est en droit de vous réclamer des heures supplémentaires (avec un taux horaire majoré au-delà de la 46 ᵉ heure travaillée par semaine). Si elle n'accepte plus vos retards, elle peut même décider de ne plus garder votre enfant à condition, toutefois, de respecter un délai de préavis d'1 mois, ce qui vous obligera à trouver rapidement un autre mode de garde. Pour éviter ces désagréments, vous pouvez demander à une autre personne (une étudiante par exemple) de venir chercher l'enfant chez l'assistante maternelle et de le garder ensuite à votre domicile jusqu'à votre retour. Sachez que si cette personne est rémunérée comme employée à domicile, vous recevrez en plus une aide financière. Cette solution est avantageuse, car cette aide est cumulable avec celle que vous percevez déjà pour l'emploi d'une assistante maternelle agréée : le complément de libre choix du mode de garde. Pensez-y, car il est souvent difficile, de nos jours, de trouver une assistante maternelle et encore plus une place en crèche.

Assistante maternelle - rupture du contrat de travail

L'assistante maternelle qui garde ma fille de 18 mois vient de m'annoncer sa grossesse (elle est enceinte de 3 mois). En tant que particulier employeur, est-ce que je peux mettre fin à son contrat de travail, afin de trouver une autre personne pour garder ma fille ?

Non. Il n'est en effet pas possible de mettre fin à son contrat de travail pour la simple raison qu'elle est enceinte. Les dispositions protectrices de la maternité, dont bénéficient les salariées sont applicables aux assistantes maternelles. Si les particuliers employant des assistantes maternelles peuvent exercer librement le droit de retrait d'un enfant, le motif de ce retrait ne peut pas être illicite et il ne peut être porté atteinte aux règles qui protègent les femmes enceintes (*Cour de cassation, Chambre sociale, 30/3/2005*). Dès lors que vous avez connaissance de la grossesse de l'assistante maternelle, vous ne pouvez la licencier sauf faute grave de la salariée ou impossibilité de maintenir le contrat (vous déménagez dans une autre région, par exemple). En dehors de ces motifs, le licenciement pourrait être annulé si l'assistante maternelle saisissait la justice.

Concrètement, dans votre cas, vous allez devoir trouver une autre personne pour garder votre fille, mais de manière temporaire, car le contrat de travail de votre assistante maternelle est seulement suspendu et non résilié pendant son congé de maternité. À l'issue de ce congé (qui peut éventuellement être prolongé par des congés payés ou par un congé parental), vous devrez donc la reprendre comme assistante maternelle, à moins qu'elle n'accepte, en accord avec vous, de rompre son contrat.

Crèche - déménagement

Actuellement, mes deux enfants de 2 ans et 6 mois sont gardés dans une crèche collective dans ma commune de résidence. Or je vais prochainement déménager dans une ville (située à moins de 5 kilomètres), qui ne dispose pas d'une telle structure d'accueil. Puis-je continuer à faire garder mes enfants dans cette crèche collective ?

A priori , non, car les crèches sont réservées aux enfants dont les parents sont domiciliés dans la commune. Il parait donc logique que vos enfants ne puissent continuer à bénéficier de cette structure, après votre déménagement. Certaines crèches prévoient cependant, en cas de déménagement dans une autre commune, un maintien provisoire et pour une durée limitée, afin de donner aux parents le temps de trouver un nouveau mode de garde. Nous vous conseillons donc de vous renseigner à ce sujet et d'entamer le plus tôt possible les démarches dans votre nouvelle commune, afin de connaître les différents modes de garde possibles.

Attention toutefois de ne pas déménager sans avertir la crèche, car cela peut être un motif d'exclusion définitive.

Employée de maison - licenciement

La personne qui garde mes enfants à mon domicile a rompu son contrat de travail en raison du comportement agressif de l'un d'eux. Elle a saisi le conseil des prud'hommes pour que la rupture du contrat soit qualifiée de licenciement et obtenir des indemnités. Son action a-t-elle une chance d'aboutir ?

Oui, car lorsqu'un salarié rompt son contrat de travail en raison des manquements de son employeur, il peut saisir la justice afin que son départ soit analysé comme « une prise d'acte de rupture « ayant les mêmes effets qu'un licenciement sans cause réelle et sérieuse (paiement d'indemnités...). Dans une affaire récente, la Cour de cassation a imputé la rupture du contrat à l'employeur alors que la salariée, garde d'enfants, avait cessé de travailler en raison du comportement agressif et raciste de l'enfant qu'elle gardait (*Cour de cassation, Chambre sociale, 23/5/2013*). Selon la Cour, « l'employeur est tenu envers ses salariés d'une obligation de sécurité de résultat en matière de protection de la santé et de la sécurité des travailleurs et l'absence de faute de sa part ne peut l'exonérer de sa responsabilité ». La salariée a obtenu, dans cette affaire, 3 500 € pour licenciement sans cause réelle et sérieuse, 675,04 € au titre de l'indemnité de préavis et 675,04 € pour non-respect de la procédure de licenciement.

Accueillir et élever son enfant

Employés de maison

ECHELLE	DOMAINES				
	Enfant	**Adulte**	**Espace de vie**	**Environnement technique**	**Environnement externe**
I	Baby-sitter		Employé (e) familial (e) A		Employé (e) d'entretien et petits travaux/ homme, femme, toutes mains A
II			Employé (e) familial (e) B	Accompagnateur (trice), personne de compagnie	Employé (e) d'entretien et petits travaux/ homme, femme, toutes mains B
					Gardien (ne) A
III	Garde d'enfant (s) A	Assistant (e) de vie A	Employé (e) familial (e) auprès d'enfant (s)	Secrétaire particulier (ière)	Gardien (ne) B
	Garde d'enfant (s) B				
IV		Assistant (e) de vie B			
V		Assistant (e) de vie C			
VI		Assistant (e) de vie D		Enseignant (e) particulier (ière) (élémentaire) A	
				Assistant (e) informatique A	
VII				Enseignant (e) particulier (ière) (collège, lycée) B	
				Assistant (e) informatique B	
VIII				Enseignant (e) particulier (ière) (études supérieures) C	

SALAIRE MINIMUM HORAIRE BRUT (EN €) DEPUIS LE 1/1/2020 (1)				
Niveau	**Salaire horaire brut**	**Salaire brut majoré de 10 % au titre des congés payés**	**Salaire horaire net (2)**	**Pourcentage de majoration pour certification de branche**
I	10,15	11,17	8,68	3 %
II	10,20	11,22	8,72	3 %
III	10,40	11,44	8,89	3 %
IV	10,60	11,66	9,06	3 %
V	10,80	11,88	9,23	4 %
VI	11,33	12,46	9,68	4 %
VII	11,60	12,76	9,91	
VIII	12,01	13,21	10,26	
IX	12,72	13,99	10,87	
X	13,49	14,84	11,53	
XI	14,37	15,81	12,28	
XII	15,31	16,84	13,08	

(1) Avenant S41 du 9/1/2019, arrêté du 2/8/2019, JO du 9/8/2019.
(2) Montants calculés avec le simulateur sur le site www.cesu.urssaf.fr.

Garde des jeunes enfants

Complément de libre choix du mode de garde versé dans le cadre de la PAJE pour une embauche directe de l'assistante maternelle ou de la garde à domicile

→ *Montant de la prise en charge de la rémunération :*

Ce montant dépend des revenus du couple ou de la personne seule, du nombre d'enfants et de leur âge.

COUPLE : PLAFONDS DE RESSOURCES APPLICABLES EN 2020 ET MONTANT DE LA PRISE EN CHARGE (EN €)			
Nombre d'enfants à charge	**Inférieurs à**	**Ne dépassant pas**	**Supérieurs à**
1 enfant	21 087	46 861	46 861
2 enfants	24 080	53 513	53 513
Par enfant en plus	+ 2 993	+ 6 652	+ 6 652
Âge de l'enfant	Montant mensuel de la prise en charge au 1/4/2020		
Moins de 3 ans	470,22	296,51	177,88
De 3 à 6 ans	235,11	148,28	88,95

PARENT SEUL : PLAFONDS DE RESSOURCES APPLICABLES EN 2020 ET MONTANT DE LA PRISE EN CHARGE (EN €)			
Nombre d'enfants à charge	**Inférieurs à**	**Ne dépassant pas**	**Supérieurs à**
1 enfant	29 522	65 605	65 605
2 enfants	33 712	74 918	74 918
Par enfant en plus	+ 4 190	+ 9 313	+ 9 313
Âge de l'enfant	Montant mensuel de la prise en charge au 1/4/2020		
Moins de 3 ans	611,30	385,47	231,25
De 3 à 6 ans	305,65	192,76	115,62

➜ ***Montant de la prise en charge des cotisations :***

– Prise en charge totale pour l'emploi d'une assistante maternelle agréée ;

– Pour une garde à domicile : prise en charge de 50 % des cotisations sociales, dans la limite de 459 € par mois, jusqu'au 3e anniversaire de l'enfant et 230 € par mois pour un enfant de 3 à 6 ans.

➜ ***Rémunération maximale de l'assistante maternelle par enfant et par jour de garde :***

50,74 € brut en 2020.

Complément de libre choix du mode de garde versé dans le cadre de la PAJE pour une embauche via un organisme de l'assistante maternelle au 1/4/2020

Pour les parents qui font appel à une association ou entreprise habilitée employant des assistantes maternelles, le montant de la prise en charge varie en fonction des ressources mensuelles (mêmes plafonds que pour un emploi direct) :

➜ ***Couple :***

– pour un enfant de moins de 3 ans : 711,57 €, 592,98 € ou 474,39 € en fonction du niveau de ressources ;

– pour un enfant de 3 à 6 ans : 355,78 €, 296,49 € ou 237,19 € en fonction des niveaux de ressources.

➜ ***Parent seul :***

– pour un enfant de moins de 3 ans : 835,27 €, 770,88 € ou 616,71 € en fonction des niveaux de ressources ;

– pour un enfant de 3 à 6 ans : 462,52 €, 681,93 € ou 545,55 € en fonction des niveaux de ressources.

Garde par un jeune au pair

➜ ***Montant minimum de l'argent de poche depuis le 1/1/2020 :***

– pour un jeune venant d'un pays de l'UE : entre 273,75 € et 328,50 € ;

– pour un jeune venant d'un pays hors UE : 320 €.

Garde par une assistante maternelle

➜ ***Salaire minimum de l'assistante maternelle (depuis le 1/1/2020)***

Le salaire horaire brut de base ne peut être inférieur à 1/8e du salaire statutaire brut journalier, soit 2,85 € par heure.

➜ ***Indemnité pour frais d'entretien par enfant :***

2,65 € au minimum par journée d'accueil.

➜ ***Montant maximal du prêt à l'amélioration du lieu d'accueil :***

10 000 € dans la limite de 80 % du montant des travaux.

Garde par une micro-crèche

➜ ***Tarification horaire maximale pour bénéficier du complément du libre choix du mode de garde :***

10 € par enfant gardé.

Prestations familiales

Allocation de base versée dans le cadre de la PAJE au 1/4/2020

➜ ***Allocation de base au titre d'enfants arrivés au foyer (naissance ou adoption) :***

➜ ***Montants pour un enfant arrivé au foyer (naissance ou adoption) avant le 1/4/2018 :***

– montant de l'allocation à taux plein : 184,62 € ;

– montant de l'allocation à taux partiel : 92,31 €.

➜ *Montants pour un enfant arrivé au foyer (naissance ou adoption) à compter du 1/4/2018 :*

– montant de l'allocation à taux plein : 171,74 € ;

– montant de l'allocation à taux partiel : 85,87 €.

➜ *Plafonds de ressources :*

- pour les enfants nés avant le 1/4/2018 :

PLAFONDS DE RESSOURCES APPLICABLES EN 2020 (EN €) : ALLOCATION À TAUX PLEIN		
Nombre d'enfants (nés ou à naître)	**Couple avec un seul revenu d'activité**	**Couple avec deux revenus d'activité ou personne isolée**
1 enfant	30 875	39 224
2 enfants	36 443	44 792
Par enfant en plus	+ 5 568	+ 5 568

PLAFONDS DE RESSOURCES APPLICABLES EN 2020 (EN €) : ALLOCATION À TAUX PARTIEL		
Nombre d'enfants (nés ou à naître)	**Couple avec un seul revenu d'activité**	**Couple avec deux revenus d'activité ou personne isolée**
1 enfant	36 884	46 860
2 enfants	43 535	53 511
Par enfant en plus	+ 6 651	+ 6 651

- pour les enfants nés à compter du 1/4/2018 :

PLAFONDS DE RESSOURCES APPLICABLES EN 2020 (EN €) : ALLOCATION À TAUX PLEIN		
Nombre d'enfants (nés ou à naître)	**Couple avec un seul revenu d'activité**	**Couple avec deux revenus d'activité ou personne isolée**
1 enfant	26 923	35 580
2 enfants	32 308	40 965
Par enfant en plus	+ 6 461	+ 6 461

PLAFONDS DE RESSOURCES APPLICABLES EN 2020 (EN €) : ALLOCATION À TAUX PARTIEL		
Nombre d'enfants (nés ou à naître)	**Couple avec un seul revenu d'activité**	**Couple avec deux revenus d'activité ou personne isolée**
1 enfant	32 165	42 509
2 enfants	38 598	48 942
Par enfant en plus	+ 7 720	+ 7 720

Allocations familiales

Montants selon le nombre d'enfants à charge et le niveau des ressources (montants en vigueur du 1/4/2020 au 31/3/2021) :

PLAFONDS DE RESSOURCES APPLICABLES EN 2020 (À COMPARER AU REVENU NET CATÉGORIEL DE 2018) (1)			
Nombre d'enfants à charge	**Ressources inférieures à (en €)**	**Ressources comprises entre (en €)**	**Ressources supérieures à (en €)**
2 enfants	69 309	69 309 et 92 381	92 381
3 enfants	75 084	75 084 et 98 156	98 156
Par enfant en plus	+ 5 775	+ 5 775	+ 5 775
(1) Un complément dégressif peut être versé aux allocataires dont les ressources excèdent légèrement le plafond applicable.			

MONTANT DES ALLOCATIONS FAMILIALES (EN €)			
Avec 2 enfants à charge	131,95	65,97	32,99
Avec 3 enfants à charge	301	150,51	75,26
Par enfant à charge en plus	169,06	84,53	42,27

MONTANT DE LA MAJORATION POUR ENFANT (EN €)			
Majoration pour chaque enfant âgé d'au moins 14 ans (sauf s'il s'agit de l'aîné d'une famille de 2 enfants ou dans laquelle il ne reste que 2 enfants à charge)	65,97	32,99	16,50

MONTANT DE L'ALLOCATION FORFAITAIRE (EN €)			
Sous certaines conditions, par enfant âgé d'au moins 20 ans	83,44	41,72	20,86

Allocation journalière de présence parentale (montant mensuel depuis le 1/4/2020)

➜ ***Personne seule :***

52,08 €.

➜ ***Couple :***

– 43,83 €

➜ ***Complément pour frais :***

– 112,12 € par mois lorsque les dépenses sont d'un montant au moins égal à 112,68 € ;

– pour ce complément, même plafond de ressources que pour le complément familial.

Allocation de rentrée scolaire

➜ ***Plafond de ressources (revenus 2018) pour la rentrée 2020 :***

– avec 1 enfant : 25 093 € ;

– avec 2 enfants : 30 884 € ;

– avec 3 enfants : 36 675 € ;

– par enfant en plus : 5 791 €.

➜ ***Montant de l'allocation (rentrée 2020) :***

– pour les 6-10 ans : 369,95 € ;

– pour les 11-14 ans : 390,36 € ;

– pour les 15-18 ans : 403,88 €.

Une allocation différentielle est versée aux familles dont le revenu net imposable dépasse 25 093 € pour un enfant, augmenté de 5 791 € par enfant supplémentaire, mais est inférieur au plafond pris en compte augmenté du montant de l'allocation, multiplié par le nombre d'enfants y ouvrant droit.

Allocation de soutien familial

➜ *Montant mensuel (au 1/4/2020) :*

– Orphelin de père et de mère ou assimilé : 154,63 € ;
– Orphelin de père ou de mère ou assimilé : 115,99 €.

Le montant de l'allocation différentielle est égal à la différence entre le montant de la pension reçue et 115,99 €.

Base mensuelle de calcul des allocations familiales

➜ *Montant (du 1/4/2020 au 31/3/2021) :*

414,40 €.

Prestation partagée d'éducation de l'enfant (Préparee)(montants mensuels depuis le 1/4/2020)

➜ *Préparee :*

– En cas de cessation totale d'activité : 398,39 € ;
– En cas d'activité à taux partiel :
 • 257,54 € pour une durée de travail inférieure ou égale à un mi-temps,
 • 148,57 € pour une durée de travail comprise entre 50 % et 80 %.

➜ *Préparee majorée :*

Montant mensuel : 651,19 €.

Complément familial

➜ *Plafond de ressources au titre du complément familial de base :*

REVENU NET CATÉGORIEL EN € DE 2018 POUR L'ATTRIBUTION DU COMPLÉMENT FAMILIAL DE BASE EN 2020		
Enfants à charge	**Couple avec 1 revenu**	**Parent isolé ou couple avec 2 revenus**
3 enfants	38 769	47 426
4 enfants	45 230	53 887
Par enfant en +	+ 6 461	+ 6 461

Lorsque les ressources de la famille excèdent ces plafonds d'une somme inférieure à 2 054,76 €, un complément différentiel est dû dont le montant varie en fonction de l'importance du dépassement.

➜ *Montant mensuel du complément familial de base (depuis le 1/4/2020) :*

171,74 €.

➜ *Plafond de ressources au titre du complément familial majoré :*

REVENU NET CATÉGORIEL EN € DE 2018 POUR L'ATTRIBUTION DU COMPLÉMENT FAMILIAL MAJORÉ EN 2020			
	Nombre d'enfants à charge		
	3 enfants	**4 enfants**	**Par enfant supplémentaire**
Ménage avec un seul revenu d'activité	19 388	22 619	+ 3 231
Ménage avec deux revenus d'activité ou parent isolé	23 716	26 947	+ 3 231

➜ *Montant mensuel du complément familial majoré (au 1/4/2020) :*

257,63 €.

Prime à la naissance ou à l'adoption versée dans le cadre de la PAJE

➜ *Montant au 1/4/2020 :*

947,32 € par enfant né et 1 894,65 € par enfant adopté.

→ ***Plafond des ressources pour les enfants nés à compter du 1/4/2018 :***

REVENU NET CATÉGORIEL EN € (DE 2018 POUR UNE DEMANDE EN 2020)		
Enfants à charge	**Ménage avec 1 revenu**	**Ménage avec 2 revenus ou personne isolé (1)**
1 enfant	32 165	42 509
2 enfants	38 598	48 942
3 enfants	46 318	56 662
Par enfant en plus	+ 7 720	+ 7 720

(1) Il y a deux revenus lorsque chacun des membres du couple (marié ou non) a disposé durant l'année civile de référence (soit 2018) d'un revenu au moins égal à 5 404 €

SMIC depuis le 1/1/2020

– SMIC horaire : 10,15 € ;

– SMIC mensuel (151,666 heures) : 1 539,42 €.

Propriété, copropriété et voisinage

La propriété individuelle

Le droit de propriété
Les servitudes

Les troubles de voisinage

Où commence le trouble de voisinage ?
Comment faire cesser un trouble de voisinage ?

La copropriété

L'immeuble en copropriété
Les règles de fonctionnement de la copropriété
Les charges de copropriété
Les travaux en copropriété
Le contentieux de la copropriété

La propriété individuelle

Si le droit de propriété est défini comme un droit absolu, exclusif et perpétuel, la liberté du propriétaire n'est pas pour autant infinie. Ses droits, tout d'abord, s'exercent sur un espace délimité : c'est le bornage qui permet de déterminer les limites d'une propriété. Par ailleurs, le propriétaire peut subir des contraintes de la part du voisinage ou des services publics : ce sont les servitudes. Enfin, la propriété d'un même bien peut être partagée : c'est le cas de l'indivision et de la mitoyenneté. Le droit de propriété lui-même peut être réparti entre plusieurs personnes : l'usufruitier et le nu-propriétaire.

Le droit de propriété

Vous êtes propriétaire d'une maison, mais savez-vous exactement sur quoi portent vos droits ? En achetant votre toit, vous avez en principe acquis des droits sur la terre jusqu'en son centre, et sur l'espace au-dessus jusqu'au zénith. La formule est séduisante, mais votre droit n'est pas absolu.

Quelle est l'étendue de vos droits ?

Le survol

Vous n'empêcherez jamais un avion de survoler votre propriété et nul ne vous demandera, pour cela, votre autorisation (*Code de l'aviation civile, Art. L. 131-1*). De même, vous pouvez vous trouver obligé de laisser s'établir des antennes ou pylônes sur votre terrain ou d'élaguer et d'ébrancher vos arbres pour permettre la diffusion de l'énergie, de la radio, de l'image. Si l'intérêt général peut être invoqué pour restreindre votre droit de propriété, ce dernier reste étendu et protégé en ce qui concerne vos voisins privés. Par exemple, l'entrepreneur de votre voisin devra solliciter votre autorisation pour survoler votre terrain avec la flèche de sa grue ou pour réaliser, chez vous, en sous-sol, des tirants d'ancrage.

Les mines et les fouilles

Il n'est pas question de pratiquer des fouilles « sauvages », même sur son propre terrain, dès lors que celles-ci peuvent intéresser l'histoire, la préhistoire, l'art ou l'archéologie (*Code du patrimoine, Art. L. 531-1*). Une autorisation préalable doit être demandée au préfet de région, lequel dispose d'un délai de 2 mois pour se prononcer sur cette demande.

Le Code minier apporte également de nombreuses et importantes dérogations aux droits du propriétaire sur les gisements, mines et carrières.

Ce qui se trouve sur la propriété

Vous êtes le propriétaire de tout ce que produit votre bien (loyers, récoltes, fruits…), mais également de tout ce qui se trouve dessus ou s'y incorpore : un trésor enfoui par exemple.

Comment déterminer les limites de sa propriété ?

Le bornage est l'opération qui consiste à déterminer la ligne de séparation entre deux propriétés privées qui se touchent, et à la marquer par des signes appelés bornes.

Le bornage amiable

Si tous les propriétaires intéressés sont d'accord pour le faire, le bornage est réalisé à l'amiable. Il n'est alors soumis à aucune forme particulière et le recours à un géomètre-expert n'est pas obligatoire. Il n'en demeure pas moins qu'en pratique son intervention est souvent demandée car elle apporte incontestablement des garanties.

SI VOUS TROUVEZ UN TRÉSOR !

Vous serez considéré comme l' « inventeur » du trésor.
Si vous n'êtes pas propriétaire du bien où se trouvait le trésor, vous partagerez la propriété de ce dernier avec le propriétaire du terrain (*Code civil, Art. 716*). En vous appropriant totalement la découverte, vous commettriez un vol.
Toutefois, si des fouilles ont été entreprises intentionnellement, dans le but de découvrir un trésor, trois hypothèses peuvent être envisagées :
✓ si les fouilles sont effectuées à la demande du propriétaire, la personne qui découvre le trésor, employée par le propriétaire, est rémunérée pour cela et n'a aucun droit de propriété sur le trésor ;
✓ si les fouilles sont effectuées sans l'autorisation du propriétaire, là encore, la personne qui découvre le trésor n'a aucun droit : elle agit, en effet, frauduleusement sur le terrain d'autrui ;
✓ si enfin les fouilles sont effectuées en vertu d'un titre (locataire, usufruitier), la règle du partage par moitié s'applique.

Le bornage donne lieu à l'établissement d'un procès-verbal comportant un plan qui sera signé par les deux parties. Une convention détermine les modalités de prise en charge, par chacun des propriétaires, des frais occasionnés. En pratique, celui qui demande le bornage paie souvent les frais.
Le bornage peut même servir à établir une servitude conventionnelle, à condition que le juge saisi puisse vérifier que derrière cette formalité, il y a bien accord des propriétaires sur la création d'une servitude (*Cour de cassation, 3e chambre civile, 14/6/2018, n° 17-20095*).

L'action en bornage

Si votre voisin refuse le bornage, vous pouvez le lui imposer (*Code civil, Art. 646*). Pour cela, vous devez engager une action en bornage devant le tribunal judiciaire dans le ressort duquel sont situées les propriétés (*Code de l'organisation judiciaire, Art. R. 211-3*).
Important : depuis le 1/1/2020, une demande de bornage judiciaire ne peut être engagée, sauf exception, qu'après une tentative de résolution amiable (*Code de procédure civile, Art. 750-1*).

Le tribunal nommera un géomètre-expert qui se rendra sur place et se fera communiquer les plans du cadastre, les actes de vente et tous documents permettant de fixer la limite de séparation entre les propriétés. Le tribunal prendra sa décision au vu du rapport de l'expert. Les bornes sont ensuite mises en place sous le contrôle de ce dernier. La limite de séparation est ainsi définitivement et irrévocablement fixée.
La même procédure est applicable si les deux parties, bien qu'ayant accepté la nécessité du bornage, ne parviennent pas à s'accorder sur la position exacte de la limite de séparation.

À NOTER

Afin de protéger les bornages, quiconque déplace ou supprime des bornes destinées à établir les limites d'une propriété est passible d'une amende et d'un emprisonnement ou de l'une des deux peines (Code pénal, Art. 322-1).

ATTENTION ⚠

Les honoraires demandés par les géomètres-experts sont libres. Mais ils sont tenus de vous délivrer un devis.

LE DROIT DE CLORE SON TERRAIN

Tout propriétaire a le droit de clore sa propriété (*Code civil, Art. 647*). Mais, il ne doit pas utiliser ce droit abusivement : il en serait ainsi de la pose d'une clôture, sans utilité, dans l'unique but d'atteindre le droit de passage du voisin, par exemple.
Il est, par ailleurs, possible de supprimer ou de restreindre conventionnellement le droit du propriétaire de se clore. Ainsi, la plupart des cahiers des charges des lotissements prescrivent un type particulier de clôture et une hauteur limite, quand ils n'interdisent pas purement et simplement toute clôture.
Que faire si votre voisin, qui ne connaît pas précisément les limites de sa propriété, édifie par erreur un mur de séparation sur votre propriété ?
✓ S'il est de bonne foi (il ne savait pas qu'il construisait sur le terrain d'autrui en raison, par exemple, d'une erreur dans la localisation de la construction), vous pouvez acquérir le mur moyennant indemnité (sauf application des règles de la mitoyenneté).
✓ Si, en revanche, le constructeur est de mauvaise foi (il a construit à dessein sur votre terrain), vous pouvez soit exiger la démolition du mur aux frais du constructeur, soit invoquer l'accession moyennant indemnité. Bien entendu, les propriétaires restent libres de trouver un autre accord amiable (*Code civil, Art. 555*).

Démembrements du droit de propriété

Propriétaire d'un bien, vous possédez à l'égard de celui-ci trois prérogatives :
- l'*usus*, qui est le droit d'usage ;
- le *fructus*, qui est le droit de percevoir les fruits (les loyers, par exemple) ;
- l'*abusus*, qui est le droit de disposer du bien (le donner ou le vendre).

Lorsque ces droits ne sont pas réunis entre les mains de la même personne, mais répartis entre plusieurs bénéficiaires, on parle de démembrement de propriété. C'est une situation que l'on rencontre fréquemment après une succession.

Le démembrement du droit de propriété débouche sur trois situations : le droit d'usage, l'usufruit et la nue-propriété.

Le droit d'usage et d'habitation

En matière immobilière, le droit d'usage recouvre en pratique le droit d'habitation ; c'est la raison pour laquelle on parle de droit d'usage et d'habitation. Celui-ci ne peut être consenti que par contrat et n'existe que par la seule volonté du propriétaire. Le bénéficiaire n'a, en principe, aucun loyer à verser et il est protégé de toute reprise de la part du propriétaire.

C'est une situation que l'on rencontre assez souvent dans le cas de personnes âgées ayant cédé ou donné leur habitation sous réserve de conserver le droit d'y habiter jusqu'à la fin de leurs jours. Le bénéficiaire du droit d'habitation ne peut, en aucune façon, vendre son droit à quelqu'un d'autre, ni même louer le bien et percevoir des loyers. Il ne peut qu'utiliser l'immeuble dans la limite de ses besoins et de ceux de sa famille. Ce droit s'éteint par la mort de son titulaire ; nul n'en hérite.

C'est au bénéficiaire du droit d'usage et d'habitation d'assumer, sauf convention contraire, les réparations d'entretien de l'immeuble. En revanche, le propriétaire a la charge financière des grosses réparations telles qu'elles sont définies à l'article 606 du Code civil, sauf si celles-ci sont occasionnées par un défaut d'entretien.

À NOTER

Le propriétaire peut contraindre le bénéficiaire du droit d'usage et d'habitation à effectuer les réparations d'entretien nécessaires. Si la conservation du bien est compromise, il peut même obtenir la déchéance du droit d'habitation.

L'usufruit

L'usufruitier n'est pas propriétaire du bien mais il peut en user comme s'il l'était (*Code civil, Art. 578 et s.*). Il a le droit d'habiter le bien, de le mettre en location et d'en percevoir des loyers, de vendre l'usufruit mais pas le bien lui-même.

C'est également à lui de décider de la mise en valeur ou non du bien : l'usufruitier peut choisir de l'exploiter ou non, d'en tirer le meilleur parti ou d'en faire un usage minimal. Ses droits sont donc étendus. En contrepartie, il doit maintenir la destination du bien – il ne peut transformer un local d'habitation en commerce par exemple – mais surtout assumer les réparations d'entretien de l'immeuble ; seules les grosses réparations restent à la charge du nu-propriétaire (*Code civil, Art. 605 et 606*).

L'usufruit est un droit temporaire qui ne peut excéder la vie du bénéficiaire lorsqu'il s'agit d'une personne physique, ou 30 ans lorsque le bénéficiaire est une personne morale.

À NOTER

L'usufruit résulte le plus souvent de l'application de la loi ; ainsi, par exemple, le conjoint survivant ne va hériter que de l'usufruit d'une partie des biens du défunt si ce dernier n'a pris aucune disposition particulière à son égard. Mais l'usufruit peut également résulter d'un contrat dans certaines opérations d'investissement immobilier.

La nue-propriété

Le nu-propriétaire dispose de la propriété du bien sans pouvoir en user ni en percevoir les fruits.

Si la propriété d'une maison est, par exemple, répartie entre un nu-propriétaire et un usufruitier, ce dernier ayant loué la maison à un locataire, le nu-propriétaire pourra vendre son droit de nue-propriété. L'acheteur ne pourra pas habiter la maison ni percevoir les loyers ; il ne pourra qu'attendre l'extinction de l'usufruit pour devenir propriétaire, à part entière, de la maison.

Le nu-propriétaire dispose d'un droit de surveillance générale de l'immeuble et peut accomplir tous les actes nécessaires à la conservation de celui-ci. Son obligation essentielle consiste à assumer la charge des grosses réparations définies par l'article 606 du Code civil ; cette obligation ne peut être étendue à la reconstruction en cas de destruction totale du bien (*Code civil, Art. 607*).

À NOTER

Il appartient à l'usufruitier d'informer le nu-propriétaire assez tôt de l'état de dégradation du bien.

LES GROSSES RÉPARATIONS

L'article 606 du Code civil définit les grosses réparations comme étant celles des gros murs et des voûtes, le rétablissement des poutres et des couvertures entières, des murs de soutènement et de clôture. Ce sont, en fait, celles qui se rapportent à la structure même de la construction, notamment aux murs extérieurs et porteurs, à la charpente et aux structures métalliques, en bois ou en béton…

Ainsi seront considérées comme de grosses réparations :

– la réfection de la toiture, mais non le remplacement ponctuel de quelques tuiles ;

– la réfection des murs et clôtures à l'exclusion, là encore, de réparations ponctuelles et du ravalement.

Mais le titulaire du droit d'usage et d'habitation ou l'usufruitier ne dispose d'aucun recours contre le propriétaire pour le contraindre à effectuer les travaux de grosses réparations sauf lorsque ceux-ci sont décidés par une assemblée de copropriétaires ou sont des travaux de mise aux normes (notamment installation des équipements de confort minimal : W-C, salle de bain, chauffage central).

L'indivision

Il y a indivision lorsque plusieurs personnes ont, sur un même bien, des droits de même nature : ils sont tous propriétaires ou usufruitiers ou encore nus-propriétaires d'un bien mais sans que l'on puisse en affecter telle ou telle partie à l'un d'eux. Cette situation se rencontre fréquemment au décès d'un parent ; les enfants qui héritent de la maison familiale se trouvent en indivision. C'est le cas d'indivision légale le plus répandu ; mais la loi règle bien d'autres situations de cette manière, notamment dans le cas d'ouverture d'une succession ou de dissolution d'un régime matrimonial (*Code civil, Art. 815 à 815-18*).

L'indivision peut également être conventionnelle : la formule est alors choisie volontairement par plusieurs personnes pour l'acquisition de biens en commun (*Code civil, Art. 1873-1 à 1873-18*).

› L'indivision légale

La durée de l'indivision

Il est toujours possible de sortir de l'indivision : chaque coindivisaire peut, à tout moment, exiger le partage du bien. Ainsi, lorsque les biens demeurent indéfiniment indivis, ce ne peut être que par la volonté des indivisaires.

Toutefois, le maintien dans l'indivision peut être demandé en justice dans trois cas :

- pour les locaux d'habitation ou professionnels, les exploitations agricoles et les instruments de travail, pendant une durée maximale de 5 ans, renouvelable sous certaines conditions (*Code civil, Art. 823*) ;
- si la vente immédiate risque de porter atteinte à la valeur des biens ;
- lorsque certains des indivisaires souhaitent rester dans l'indivision, alors que d'autres souhaitent le partage ; dans ce cas, le tribunal peut ne provoquer qu'un partage partiel : ceux qui souhaitent rester dans l'indivision y restent et ceux qui souhaitent le partage se voient attribuer, après expertise, leur part soit en nature, si cela est possible, soit en argent.

Les droits des indivisaires

Chaque indivisaire est titulaire exclusif d'une part des biens en indivision. Cette part ne s'applique pas à des biens identifiés, mais à l'ensemble des biens. Elle peut être vendue, donnée ou transmise ; elle est parfois même susceptible d'hypothèque. Toutefois, en cas de cession, les autres indivisaires peuvent prioritairement acheter la part mise en vente (*Code civil, Art. 815-14*).

La règle de l'unanimité

En tant qu'indivisaire, vous ne pouvez, sans l'accord de tous les autres, occuper pour votre seul usage le bien indivis, le transformer, y faire des travaux, le donner en location, le vendre ou constituer dessus une hypothèque.

Cette règle, bien que protectrice des droits des indivisaires, se révèle souvent très lourde à gérer, compte tenu de la difficulté d'obtenir l'accord unanime de tous pour chaque opération. Aussi, souffre-t-elle quelques exceptions :

- tout indivisaire peut prendre les mesures nécessaires à la conservation des biens indivis même si elles ne présentent pas un caractère d'urgence. Il peut employer à cet effet les fonds de l'indivision détenus par lui et il est réputé en avoir la libre disposition à l'égard des tiers. Si l'indivision ne dispose pas des fonds suffisants, il peut obliger ses coïndivisaires à faire avec lui les dépenses nécessaires ;
- le ou les indivisaires titulaires d'au moins 2/3 des droits indivis peuvent, à cette majorité, prendre les décisions suivantes :

– effectuer des actes d'administration (c'est-à-dire des actes de gestion courante) relatifs aux biens indivis,

– donner à l'un ou plusieurs des indivisaires ou à un tiers un mandat général d'administration,

– vendre les meubles indivis pour payer les dettes et charges de l'indivision,

– conclure et renouveler les baux autres que ceux portant sur un immeuble à usage agricole, commercial, industriel ou artisanal.

Les indivisaires qui agissent dans le cadre de cette majorité des 2/3 doivent en informer les autres indivisaires ; à défaut, les décisions prises sont inopposables à ces derniers. Par ailleurs, le consentement de tous les indivisaires reste requis pour effectuer tous les actes qui ne relèvent pas de l'exploitation normale des biens indivis et pour effectuer tout acte de disposition autre que la vente de biens indivis pour payer des dettes ;

- un indivisaire peut prendre en main la gestion des biens indivis. Dès lors qu'il le fait au su des autres et sans opposition de leur part, il est censé avoir reçu un mandat tacite, couvrant les actes d'administration mais non les actes de disposition ni la conclusion ou le renouvellement des baux (*Code civil, Art. 815-3*).

À NOTER

Les indivisaires peuvent avoir recours au juge si l'un d'entre eux est hors d'état de manifester sa volonté, si le refus de consentement d'un indivisaire met en péril l'intérêt commun, ou si des mesures urgentes sont nécessaires.

L'usage des biens indivis

Sauf convention contraire, les revenus des biens accroissent l'indivision (*Code civil, Art. 815-10*) ; c'est ainsi que les loyers, par exemple, fruit de la location du bien indivis, intègrent le pot commun. Lorsque l'un ou plusieurs des indivisaires occupent le bien indivis, cet avantage est lui-même considéré comme un des revenus du bien. Il peut donner lieu à indemnité au profit des autres indivisaires ou constituer une partie des revenus du bien qui feront l'objet de partage (*Code civil, Art. 815-9*).

Si l'un des indivisaires a fait, sans l'accord des autres, des dépenses pour l'amélioration d'un bien indivis, il pourra obtenir en justice que ces dépenses lui soient remboursées, mais seulement lors du partage (*Code civil, Art. 815-13*).

La situation des créanciers

Les créanciers de l'indivision peuvent saisir les biens, objets de l'indivision.

La banque, par exemple, qui a consenti un prêt aux indivisaires pour financer les réparations d'un immeuble indivis, peut faire saisir et vendre cet immeuble. En revanche, les créanciers personnels des indivisaires ne peuvent saisir la part de leur débiteur mais ils peuvent demander en justice le partage de l'indivision de façon à pouvoir saisir ensuite la part revenue au débiteur.

La vente d'un bien immobilier en indivision

La vente d'un bien indivis suppose, en principe, l'accord unanime des indivisaires. Cette règle se révélant parfois très difficile à mettre en œuvre, la loi prévoit un certain nombre d'exceptions ou d'aménagements. Ainsi :

– si l'un des indivisaires se trouve hors d'état de manifester sa volonté, un autre peut se faire habiliter par le juge à le représenter, d'une manière générale ou pour certains actes particuliers, les conditions et l'étendue de cette représentation étant fixées par le juge ;

– un indivisaire peut être autorisé par le juge à passer seul un acte pour lequel le consentement d'un coïndivisaire serait nécessaire, si le refus de celui-ci met en péril l'intérêt commun. L'acte passé dans les conditions fixées par l'autorisation de justice est opposable à l'indivisaire dont le consentement a fait défaut. Toutefois, le juge ne peut, à la demande d'un nu-propriétaire, ordonner la vente de la pleine propriété (nue-propriété + usufruit) contre la volonté de l'usufruitier.

Indépendamment de ces situations, la vente d'un bien en indivision peut être autorisée par le tribunal judiciaire, à la demande de l'un ou des indivisaires titulaires d'au moins 2/3 des droits indivis et sous réserve qu'il ne soit pas porté une atteinte excessive aux droits des minoritaires (*Code civil, Art. 815-5-1*). Une telle demande ne pourra toutefois être formulée en cas de démembrement de la propriété du bien ou si l'un des indivisaires se trouve dans l'une des situations prévues par l'article 836 du Code civil, c'est-à-dire s'il est présumé absent ou hors d'état de manifester sa volonté par suite d'éloignement ou placé sous un régime de protection juridique.

Dans le cas particulier visé par l'article 815-5-1, la procédure suivante est applicable :

– le ou les indivisaires titulaires d'au moins 2/3 des droits indivis expriment devant un notaire, à cette majorité, leur intention de procéder à la vente du bien en indivision ;

– dans le délai d'1 mois suivant son recueil, le notaire fait signifier cette intention aux autres indivisaires, par acte d'huissier de justice.

À partir de là, deux situations sont possibles :

– soit tous les indivisaires minoritaires décident de se « rallier » à la vente du bien indivis, et l'on se retrouve alors dans le cas d'une décision unanime ;

– soit un ou plusieurs des indivisaires s'opposent à la vente du bien indivis ou ne se manifestent pas dans un délai de 3 mois à compter de la signification, situation que le notaire doit alors constater dans un procès-verbal. Dans ce cas, le tribunal judiciaire doit être saisi par les indivisaires qui souhaitent procéder à la vente du bien. Le juge ainsi saisi peut autoriser cette vente s'il considère qu'elle ne porte pas une atteinte excessive aux droits des autres indivisaires ; il dispose donc du pouvoir d'apprécier si la vente doit, ou non, être autorisée.

À NOTER

Il serait, par exemple, envisageable que le tribunal judiciaire refuse d'autoriser la vente d'une maison de famille si le préjudice moral causé aux indivisaires qui s'y opposent, alors qu'ils contribuent régulièrement à son entretien, était trop important.

Lorsqu'elle est autorisée par le juge, la vente s'effectue par « licitation », c'est-à-dire par adjudication devant le tribunal judiciaire ou un notaire. Les sommes qui en sont retirées ne peuvent faire l'objet d'un remploi sauf pour payer les dettes et charges de l'indivision : elles ne peuvent donc pas être réutilisées pour racheter un bien en indivision.

La vente est opposable à l'indivisaire dont le consentement a fait défaut, sauf si l'intention de vendre le bien du ou des indivisaires titulaires d'au moins 2/3 des droits indivis ne lui avait pas été signifiée par le notaire.

› L'indivision conventionnelle

Les indivisaires qui ne souhaitent pas provoquer le partage (par exemple, les héritiers d'une maison de campagne qui souhaitent la conserver et l'utiliser plutôt que la vendre) peuvent se placer sous le régime de l'indivision conventionnelle. Elle a pour but essentiel d'organiser une indivision destinée à durer.

L'application de ce statut requiert l'accord de tous les coïndivisaires et nécessite l'élaboration d'une convention écrite qui contient notamment :

– la désignation précise des biens indivis ;

– la quote-part appartenant à chaque indivisaire ;

– le mode d'administration de l'indivision et, notamment, les modalités de nomination et de révocation d'un gérant, l'étendue de ses pouvoirs ainsi que sa rémunération éventuelle.

La mitoyenneté

Une clôture est mitoyenne lorsqu'elle appartient aux propriétaires de deux terrains qu'elle sépare ou de bâtiments contigus. Il en est ainsi lorsqu'elle est construite, d'un commun accord, à cheval sur deux propriétés. En revanche, lorsque la clôture a été édifiée par un seul propriétaire, à ses frais et sur son terrain, elle est dite privative et appartient en totalité au constructeur. En fait, la mitoyenneté est une sorte d'indivision dans la mesure où le droit de propriété est reconnu à chaque propriétaire sur la totalité de la clôture. Peu importe, d'ailleurs, la forme de cette dernière : murs, grillages, haies, barrières, fossés peuvent être mitoyens…

Mitoyen ou privatif, l'enjeu est simple : le propriétaire d'une clôture ou d'un mur se doit d'entretenir son bien, mais il peut, en contrepartie, faire courir dessus des plantes et y adosser des constructions.

Si le mur est mitoyen, vous pouvez utiliser la face du mur qui se trouve sur votre propriété comme bon vous semble à condition toutefois de ne pas empiéter sur la propriété de votre voisin. S'il appartient entièrement à votre voisin, vous perdrez ces droits.

› Mur mitoyen ou privatif ?

Relisez votre titre de propriété ou l'acte de donation, peut-être y trouverez-vous la trace du mur. Si vous habitez un lotissement, le cahier des charges peut vous donner cette information. Une convention passée entre voisins sur la réalisation de travaux peut également fournir une piste. L'acte peut émaner d'une seule des parties, mais cela limite sa force probante. Par exemple, les factures acquittées par un des voisins pour l'édification du mur ou de la clôture seront une présomption en faveur de la non-mitoyenneté.

ATTENTION ⚠

La mitoyenneté est source de nombreux différends et certains d'entre eux ne trouvent un dénouement que devant le juge. Les difficultés apparaissent, le plus souvent, lorsque plusieurs propriétaires se sont succédés et que nul ne peut dire si le mur est privatif ou mitoyen.

Si vos recherches sont vaines, il faut vous tourner vers l'usage : que s'est-il passé pendant 30 ans ?

L'usage

Si pendant 30 ans vous vous êtes comporté comme le propriétaire exclusif du mur, on considère qu'il est à vous. Il en sera ainsi si vous avez, seul, assuré avec constance son entretien. Ce principe vaut même si à l'origine la séparation était mitoyenne ou si elle appartenait à votre voisin qui possède un titre officiel pour le prouver : c'est la règle de la prescription acquisitive. Le même raisonnement s'applique lorsque qu'une clôture, privative à l'origine, a été entretenue par les deux voisins : elle devient mitoyenne au bout de 30 ans. Enfin, lorsqu'un abri de jardin a été appuyé pendant 30 ans contre un mur, le propriétaire de ce dernier ne pourra en exiger la démolition : le mur est devenu mitoyen, au moins pour la partie sur laquelle repose la construction.

Mais dans tous les cas, encore faut-il que cet usage soit connu du voisin, ou du moins ostensible.

Si après cette recherche, vous demeurez dans l'incertitude, reste à appliquer les règles du Code civil.

La présomption du Code civil

Le Code civil édicte une présomption générale selon laquelle, en ville comme à la campagne, le mur servant de séparation entre deux bâtiments, deux jardins, deux cours, entre enclos dans les champs, ou encore entre une cour et un jardin est présumé mitoyen (*Code civil, Art. 653*). Il existe des règles spécifiques pour les clôtures autres que les murs.

En revanche, n'est pas présumé mitoyen le mur qui sépare :

– un terrain clos d'autres terrains non clos ;
– un bâtiment d'un jardin ;
– un bâtiment d'une cour.

Par ailleurs, selon l'aspect du mur, le Code civil liste un certain nombre de marques ou de signes qui caractérisent la mitoyenneté ou la non-mitoyenneté.

Ainsi, lorsque le sommet du mur est conçu de telle sorte qu'il ramène la totalité des eaux pluviales sur l'une des propriétés, la séparation est réputée appartenir à celui qui reçoit les eaux. Il en sera de même lorsque la technique de construction employée fait apparaître que le mur a été bâti depuis un seul des deux terrains (*Code civil, Art. 654*).

À l'inverse, un mur qui présente à son sommet un plan incliné à deux pentes égales est présumé mitoyen.

LES CLÔTURES AUTRES QUE LES MURS

Il existe des règles spécifiques de présomption de mitoyenneté pour les clôtures autres que les murs. Ainsi, toute clôture qui sépare des propriétés est réputée mitoyenne sauf si une seule des propriétés est close (*Code civil, Art. 666*).

Cependant, il n'y a pas mitoyenneté mais clôture privative, notamment dans les cas suivants :

✓ lorsque la levée ou le rejet de la terre se trouve d'un côté seulement du fossé, ce dernier est censé appartenir exclusivement à celui du côté duquel le rejet se trouve (*Code civil, Art. 666*) ;

✓ tout talus séparatif est présumé mitoyen ; mais dans le cas où les terrains sont à des niveaux différents, le talus est présumé appartenir au fonds supérieur dont il soutient les terres.

Par ailleurs, lorsque la clôture est constituée d'un fossé ou d'une haie, son propriétaire a le droit de refuser la cession de la mitoyenneté. Lorsqu'il y a mitoyenneté d'une haie ou d'un fossé, le copropriétaire peut couper ou arracher la haie et combler le fossé jusqu'à la limite de sa propriété. La loi lui fait alors obligation de construire un mur sur cette limite (*Code civil, Art. 668*).

En ce qui concerne les arbres, arbustes et haies mitoyens, chacun des copropriétaires a le droit de percevoir la moitié des fruits et produits (*Code civil, Art. 669 et 670*).

De même, chacun d'eux peut exiger que les arbres mitoyens situés dans une haie soient arrachés. Cette possibilité ne concerne que les arbres mitoyens isolés et non, par exemple, une rangée d'arbustes.

Les autres moyens de preuve

D'autres marques physiques de mitoyenneté ou de non-mitoyenneté peuvent être données par la situation même des lieux et les usages locaux. Ainsi, le mur ou la clôture qui sert essentiellement à l'un des propriétaires est présumé lui appartenir privativement. Ou encore, le mur de soutènement qui sert à retenir la terre d'une propriété située en surplomb est présumé appartenir au terrain soutenu.

Ces marques de non-mitoyenneté ne seront toutefois prises en compte que s'il est établi qu'elles sont contemporaines à la construction de la clôture ou, du moins, qu'elles existent, au vu et au su du voisinage, depuis plus de 30 ans.

Si, malgré l'ensemble de ces règles, il demeure un conflit entre les moyens de preuves, il faudra saisir le tribunal judiciaire qui tranchera.

À NOTER

Les moyens qui peuvent être utilisés pour établir la preuve de la mitoyenneté n'ont pas tous la même valeur : la prescription l'emporte sur le titre, et le titre l'emporte sur la preuve par présomption.

› Vos droits sur un mur mitoyen

Les droits des propriétaires sont différents selon que la mitoyenneté porte sur un mur ou sur une autre forme de clôture. En revanche, il n'y a pas de distinction à établir en matière d'obligations.

Votre droit d'usage

Vous pouvez, à condition de ne pas nuire à la solidité du mur ou aux droits de votre voisin :

- appuyer contre le mur mitoyen des constructions (*Code civil, Art. 657*) ou des plantations en espalier à condition que celles-ci ne dépassent pas le sommet du mur (*Code civil, Art. 671*) ;
- placer dans l'épaisseur du mur des poutres ou solives, sous réserve de ne pas traverser le mur ; le bout de la poutre doit se trouver au minimum à 54 mm (5,4 cm) de la façade du mur située du côté de votre voisin ; ce dernier peut réduire la poutre jusqu'à la moitié du mur s'il désire placer une poutre au même endroit ou adosser une cheminée (*Code civil, Art. 657*) ;
- pratiquer dans le corps du mur des enfoncements à divers usages (*Code civil, Art. 662*).

Lorsque l'usage envisagé peut causer un dommage ou présenter des inconvénients pour le voisin et, notamment, lorsqu'il comporte un risque pour le mur lui-même, il est nécessaire d'obtenir au préalable l'accord du voisin concerné.

Si votre voisin s'oppose aux travaux, la question doit être réglée par un expert choisi d'un commun accord. Mais il est généralement plus prudent et plus efficace, dès lors qu'il y a risque de litige, de faire nommer un expert judiciaire par référé auprès du tribunal judiciaire. L'expert, à la manière d'un conciliateur, propose des solutions techniques pour réaliser le projet en toute sécurité. Si après le rapport de l'expert, le litige persiste, il conviendra alors d'obtenir du tribunal judiciaire l'autorisation d'effectuer les travaux malgré le désaccord du voisin.

Le droit d'exhaussement

Chaque propriétaire a le droit de faire surélever le mur mitoyen (*Code civil, Art. 658*). Nul n'est tenu de faire connaître les motifs d'exhaussement mais nul ne peut agir dans le seul but de nuire à son voisin.

Ce droit peut être exercé sans avoir requis l'accord de son voisin. Néanmoins, il est souhaitable pour maintenir de bonnes relations de voisinage de lui faire part de son projet. En cas de refus de sa part, le recours à un expert est souhaitable afin de vérifier que le nouvel ouvrage ne lui porte pas préjudice.

En dehors des règles d'urbanisme ou de l'existence d'éventuelles servitudes (servitudes de vue notamment), il n'existe aucune règle particulière sur les dimensions et l'emplacement de l'exhaussement. Le mur pourra être surélevé sur toute sa longueur ou sur une partie seulement ; les travaux pourront être effectués sur tout ou partie de la largeur du mur.

Si l'exhaussement est d'une largeur inférieure au mur mitoyen, il pourra aussi bien être situé du côté du propriétaire qui surélève, que de l'autre côté ou au centre du mur. Dans tous les cas, la partie surélevée appartient privativement à celui qui en a pris l'initiative.

- Si le mur est suffisamment solide pour supporter l'exhaussement, le propriétaire qui l'a fait exécuter est tenu :

– de payer seul la dépense de l'exhaussement et les réparations d'entretien au-dessus de la hauteur de la clôture commune ainsi que les frais d'entretien de la partie commune du mur rendus nécessaires par l'exhaussement ;

– de rembourser au propriétaire voisin toutes les dépenses qu'il aura dû faire pour rendre possible l'exhaussement (*Code civil, Art. 658*).

- En revanche, si le mur mitoyen n'est pas en état de supporter l'exhaussement, celui qui veut l'exhausser doit le faire reconstruire en entier à ses frais, et l'excédent d'épaisseur résultant de ce renforcement doit alors être pris de son côté (*Code civil, Art. 659*).

La partie exhaussée du mur devient la propriété exclusive de celui qui l'a fait construire alors que le mur primitif reste mitoyen. Le voisin peut, toutefois, en acquérir la mitoyenneté dans les conditions applicables à l'acquisition d'un mur privatif.

› Vos obligations de propriétaire mitoyen

Les propriétaires d'une clôture mitoyenne ont l'obligation principale de contribuer pour moitié aux dépenses nécessaires d'entretien, de conservation et, éventuellement, de reconstruction de la clôture mitoyenne. Si la clôture n'est pas entièrement mitoyenne, la répartition des dépenses pourra être différente, chacun devant participer proportionnellement à ses droits sur le mur.

Pour déterminer le contenu des travaux d'entretien, les conditions de réalisation et la répartition du coût, les propriétaires mitoyens doivent se mettre d'accord. Si les travaux sont confiés à un professionnel, ils le choisiront ensemble.

À défaut d'accord sur les travaux à engager, l'autorisation du tribunal judiciaire est nécessaire. Si le désaccord porte sur des choix techniques (matériaux à utiliser, par exemple), le tribunal peut nommer un expert.

AVANTAGE

Si les charges vous semblent trop lourdes, vous pouvez abandonner la mitoyenneté.

ATTENTION ⚠

Si vous êtes responsable de la dégradation du mur, il vous appartiendra d'assumer entièrement la charge de la réparation.

› Devenir propriétaire d'un mur mitoyen

L'acquisition ou la création d'un mur mitoyen répond à des règles particulières qui ne s'appliquent pas aux autres clôtures.

La construction d'un mur mitoyen

Si deux propriétaires voisins sont d'accord pour construire un mur mitoyen à frais communs, il n'y aura aucune difficulté, encore qu'il soit plus prudent de matérialiser l'accord par un écrit afin d'éviter toutes difficultés de preuves ultérieures.

Si vous seul souhaitez construire un mur mitoyen, sachez que vous pouvez contraindre votre voisin à participer à la dépense, à condition toutefois que les propriétés en cause soient situées en ville et non à la campagne). Le tribunal judiciaire est compétent pour autoriser la construction du mur et obliger le voisin à participer aux frais.

Le mur sera édifié à cheval sur la limite séparative (*Code civil, Art. 663*).

L'acquisition par prescription

La prescription peut être invoquée pour acquérir la mitoyenneté d'un mur privatif. Le propriétaire qui souhaite invoquer la prescription doit s'être conduit d'une manière non équivoque, comme le copropriétaire du mur, pendant en principe 30 ans.

Par exemple, si depuis 30 ans, vous partagez avec le propriétaire voisin les frais d'entretien du mur qui vous sépare, vous pouvez en acquérir la mitoyenneté par prescription.

À l'inverse, la prescription peut permettre de prouver le caractère privatif d'un mur présumé mitoyen (*Code civil, Art. 666*).

La cession forcée

Votre voisin a édifié un mur en limite de propriété. Si vous désirez en acquérir la mitoyenneté pour adosser une construction par exemple, ou pouvoir y faire courir des plantes pour le masquer, vous pouvez contraindre votre voisin à céder une partie du mur (*Code civil, Art. 661*).

Ce droit d'acquérir la mitoyenneté est discrétionnaire et n'a pas besoin d'être justifié.

Mais attention : si le mur a été construit légèrement en retrait de la limite séparative, la mitoyenneté ne peut être acquise.

Le prix d'acquisition est égal à la moitié de la dépense du mur auquel s'ajoute la moitié de la valeur du sol sur lequel le mur est bâti (*Code civil, Art. 661*). Ce prix s'apprécie à la date de la cession et compte tenu de l'état du mur.

Si votre voisin refuse de vendre, il vous faudra saisir le tribunal judiciaire. Le juge fixera le prix à payer : pour cela, il a le plus souvent recours à une expertise. Les frais d'expertise sont mis à la charge de l'une ou de l'autre des parties, ou divisés par moitié, selon ce que décide le tribunal. Ils sont cependant presque toujours avancés par le demandeur.

À NOTER

Votre voisin ne peut vous contraindre à acquérir la mitoyenneté d'un mur en limite de propriété à une exception près. En effet, les tribunaux estiment que le voisin qui appuie des constructions sur un mur non mitoyen peut être condamné soit à démolir des ouvrages, soit à acquérir la mitoyenneté.

À NOTER

L'acquisition de la mitoyenneté peut ne concerner qu'une partie du mur.

› L'extinction de la mitoyenneté

Outre les cas de droit commun d'extinction de la mitoyenneté, par convention ou prescription, le Code civil laisse la faculté aux copropriétaires d'abandonner leur droit.

La faculté d'abandon de mitoyenneté est discrétionnaire. Elle peut ne s'exercer que sur une partie de mur. Elle est toutefois impossible dans les cas suivants :

- par le copropriétaire dont les constructions sont soutenues par le mur mitoyen ;
- pour les fossés mitoyens servant habituellement à l'écoulement des eaux (*Code civil, Art. 667*) ;
- dans le cas où des dépenses particulières d'entretien ou de réparation sont imputables au copropriétaire qui cherche à s'en dispenser par l'exercice de ce droit.

L'abandon résulte le plus souvent d'un acte devant notaire.

ATTENTION ⚠

Si votre voisin prend l'initiative d'élever un mur de séparation sur son terrain, il assurera la charge de l'édifice et son entretien. Mais attention : vous ne pourrez pas y adosser une construction même légère, ni même y faire grimper une plante. Bien sûr, un accord est toujours possible avec le propriétaire.

Les servitudes

Sur votre propriété elle-même, pouvoirs publics et simples particuliers peuvent avoir des droits et vous imposer un certain nombre de contraintes : ce sont les servitudes publiques et privées.

Quelles sont les contraintes que peuvent s'imposer des voisins ?

Le Code civil pose un ensemble de principes pour tenter de prévenir et régler, si besoin est, les conflits permanents que suscite le voisinage. Ces dispositions figurent aux articles 637 à 710 du Code civil sous le terme « servitudes ».

La servitude concerne deux propriétés. C'est une charge ou contrainte imposée à un bien au profit d'un autre bien ; en clair, vous ne pouvez pas faire tout ce que vous désirez sur votre terrain.

On appelle « fonds dominant » celui qui profite de la servitude, et « fonds servant » celui qui subit la servitude. Les servitudes peuvent dériver de la situation des lieux (servitude d'écoulement des eaux, par exemple), être imposées par la loi pour l'utilité publique ou l'intérêt des particuliers (droit de passage en cas d'enclave, distance à respecter pour les plantations, par exemple) ou enfin naître d'une convention entre propriétaires.

L'acquisition d'une servitude peut résulter soit d'un titre, soit de la destination du père de famille, soit encore de la prescription trentenaire.

Une servitude est en principe perpétuelle : elle durera aussi longtemps que le bien lui-même et disparaîtra avec lui. Elle est, par ailleurs, toujours attachée au bien et jamais à son propriétaire : elle se transmet donc avec le bien.

› Quelles distances respecter pour les plantations ?

Il est, en principe, interdit de planter des arbres et des arbustes trop près de la limite de séparation de deux propriétés.

La distance minimale qui doit être respectée est fixée soit par arrêtés préfectoraux ou communaux, soit par des usages constants et reconnus. Ces limites ne sont donc pas les mêmes partout. Vous pourrez obtenir tous les renseignements utiles auprès de votre mairie ou de la préfecture. S'il n'existe aucune règle en la matière dans votre commune, ce sont les règles du Code civil qui s'appliquent (*Code civil, Art. 671*). Ainsi, les plantations qui ne dépassent pas 2 mètres de hauteur doivent être mise en terre à au moins 0,5 mètre de la limite de propriété. Pour les arbres qui dépassent ou dépasseront 2 mètres de haut, c'est une distance de 2 mètres qu'il faut respecter. La hauteur s'apprécie du sol jusqu'à la crête de la plantation.

Ces règles s'appliquent à toutes les plantations, à l'exception toutefois des espèces qui peuvent être plantées en espalier de chaque côté du mur de séparation, à condition de ne pas en dépasser la crête.

Si votre arbre est vieux de plus de 30 ans et qu'il n'est pas planté à la bonne distance, personne ne pourra plus obtenir son arrachage. Le point de départ du délai de 30 ans est soit la date de plantation, soit celle où l'arbre a dépassé les 2 mètres réglementaires.

Les branches qui passent chez votre voisin doivent être coupées même si votre arbre a plus de 30 ans ou si son implantation obéit à la règle des 2 mètres. Votre voisin n'a pas le droit, cependant, de procéder lui-même à cette coupe sauf, bien sûr, si vous lui en donnez l'autorisation. Il doit s'adresser à la justice pour vous contraindre à la coupe si vous ne le faites pas de votre propre gré.

En revanche, les racines, ronces et autres brindilles que pourra rencontrer votre voisin dans ou sur son terrain, pourront, en toute légalité, être sectionnées par ses soins.

Important : depuis le 1/1/2020, une action en justice concernant une contestation relative à la distance des plantations ne peut être engagée, sauf exception, qu'après une tentative de résolution amiable (*Code de procédure civile, Art. 750-1* ; *Code de l'organisation judiciaire, Art. R. 211-3-8*)

AVANTAGE

Le droit de déroger aux distances légales a pu être acquis en vertu d'un titre, notamment l'autorisation écrite du propriétaire voisin, par prescription trentenaire ou encore par « destination du père de famille » : cette formulation vise le cas où un propriétaire unique a divisé sa propriété en deux parties mais réalise des aménagements matérialisant son intention d'asservir une partie à l'autre. Cependant, si les plantations meurent, sont coupées ou arrachées, les nouvelles plantations devront respecter les distances légales.

ATTENTION ⚠

Vous avez acheté une propriété et les plantations présentes sur le terrain ne satisfont pas cette obligation. Sachez que votre voisin peut vous contraindre à les arracher ou à élaguer les branches à la bonne hauteur alors que vous n'êtes pas responsable de cet état de fait.

› Quelles distances respecter pour les constructions ?

Contrairement à ce qui est prévu en matière de plantations, les constructions peuvent être réalisées à la limite même des propriétés.

Toutefois, l'article 674 du Code civil donne une énumération non limitative d'ouvrages et constructions qui doivent être situés à une certaine distance afin de ne pas nuire au voisin. Sont ainsi visés les puits, fosses d'aisance, cheminées, étables…

En matière de distances à respecter pour les constructions, les règles d'urbanisme sont nettement plus contraignantes que celles du Code civil. Il convient de se renseigner à la mairie et généralement de déposer soit une demande de permis de construire, soit une déclaration préalable à la réalisation des travaux.

› Comment sont réglementés les jours et les vues ?

Pas question d'ouvrir des fenêtres supplémentaires ni d'agrémenter sa maison d'un balcon ou d'une terrasse librement : le Code civil protège l'intimité des propriétés voisines et limite les vues plongeantes (*Code civil, Art. 675 à 680*). Ces règles sont en parties reprises aux articles L. 112-9 à L. 112-11 du Code de la construction et de l'habitation.

Le Code civil n'autorise la vue droite que s'il y a au moins 1,90 mètre de distance entre la fenêtre et la limite séparative de la propriété voisine (*Code civil, Art. 678*).

Dans le cas d'une vue oblique, cette distance est ramenée à 0,60 mètre (*Code civil, Art. 679*).

Il est, par ailleurs, interdit d'aménager des fenêtres ou même simplement de créer des jours de souffrance à verre dormant dans un mur mitoyen, sans le consentement du voisin (*Code civil, Art. 675* ; *Code de la construction et de l'habitation, Art. L. 112-9*).

En revanche, si le mur de séparation est privatif, vous pouvez pratiquer des jours de souffrance à condition qu'ils soient réalisés à au moins 2,60 mètres au-dessus du sol pour un rez-de-chaussée et 1,90 mètre au-dessus du plancher pour les étages supérieurs (*Code civil, Art. 676 et 677* ; *Code de la construction et de l'habitation, Art. L. 112-10 et L. 112-11*).

Lorsqu'une ouverture a été irrégulièrement créée, le propriétaire voisin peut en exiger la modification ou la suppression.

Toutefois, celui qui aura toléré pendant plus de 30 ans que son voisin dispose d'une vue directe sur sa propriété ne pourra plus, passer ce délai, exiger de celui-ci la suppression de la vue dont il bénéficie.

Les jours ne constituent, en revanche, pas des servitudes ; ils ne s'acquièrent donc pas par prescription trentenaire.

LES JOURS ET LES VUES : DÉFINITIONS

✓ Les jours sont des ouvertures à verre dormant, c'est-à-dire ne s'ouvrant pas ; elles laissent passer la lumière, mais non l'air, et ne permettent pas de se pencher pour regarder chez le voisin. On les appelle aussi jours de souffrance.

✓ Les vues laissent passer aussi bien l'air que la lumière. Elles peuvent être fermées par une fenêtre ou par une porte, ou être dépourvues de fermeture. C'est en tout cas un aménagement qui permet de voir chez son voisin, puisqu'il laisse passer le regard.

Les vues sont dites droites si elles permettent de regarder commodément chez le voisin et obliques si elles ne permettent de voir chez le voisin qu'en se penchant ou en regardant de côté.

› Comment est organisé le droit de passage en cas d'enclave ?

Une propriété qui ne dispose pas d'issue, ou seulement d'une issue insuffisante, sur la voie publique, pour être exploitée, habitée ou construite est dite « enclavée ». Le propriétaire d'un fonds enclavé a le droit de réclamer le passage sur le terrain voisin qui le sépare de la voie publique, à charge d'en indemniser les propriétaires (*Code civil, Art. 682 à 685*). Une telle situation se rencontre lorsque la propriété est entourée de parcelles appartenant à des tiers ou lorsqu'elle est bordée par une voie publique mais que celle-ci n'est pas accessible à cause d'une forte dénivellation, par exemple.

Mais attention : le propriétaire du bien enclavé ne pourra pas demander de droit de passage si l'accès est simplement incommode. Il en sera de même s'il suffit d'engager des travaux pour « désenclaver » le bien ; encore faut-il, dans ce dernier cas, que le coût des travaux ne soient pas hors de proportion par rapport à la valeur du bien.

La notion d'enclave

La notion d'enclave varie avec le temps et la destination du fonds : un terrain qui aurait pu être considéré comme désenclavé il y a 50 ans parce qu'accessible aux piétons sera considéré aujourd'hui comme enclavé parce qu'inaccessible aux véhicules. De même, un propriétaire qui décide d'exploiter un terrain jusqu'alors laissé en friche pourra demander un droit de passage, ou l'élargissement du passage existant, pour les engins d'exploitation.

L'existence et l'étendue du droit de passage

L'existence et l'étendue du droit de passage seront appréciées, le cas échéant, par le juge, en fonction des nécessités d'usage ou d'exploitation du bien.

A NOTER

Un propriétaire peut réclamer à son voisin le droit de passer sur son terrain pour effectuer des travaux : c'est ce qu'on appelle le tour d'échelle).

Le droit de passage s'entend également du passage souterrain de toutes canalisations et réseaux nécessaires, à condition toutefois que le titre instituant la servitude de passage le prévoit (*Cour de cassation, 3e chambre civile, 14/6/2018, n° 17-20280*), et concerne le passage aussi bien de piétons, de véhicules, de bétail que de machines.

Ce n'est pas au propriétaire du terrain enclavé de choisir « son chemin » : le passage doit, en principe, être pris du côté où le trajet est le plus court, sauf si une autre solution est moins dommageable aux riverains. Si cependant, l'enclave résulte de la division d'une propriété, le passage s'effectuera par le terrain qui en a fait l'objet.

Exemple : A possède un terrain dont il détache une parcelle qu'il vend à B. Si la parcelle appartenant à B est enclavée, la servitude s'exercera sur la parcelle restant propriété de A, même s'il eût été plus court de passer par une autre parcelle.

Par ailleurs, si A possède un terrain qu'il divise en deux parcelles et qu'il vend la première à B et la seconde, enclavée, à C, la servitude s'exercera sur la parcelle vendue à B.

AVANTAGE

Le droit de passage en cas d'enclave peut être demandé à tout moment, même après 30 ans d'enclavement.

ATTENTION ⚠

Si la servitude n'est pas liée à une enclave mais qu'elle résulte d'une convention avec un voisin (il est toujours possible de créer une telle servitude conventionnellement), le non-usage, pendant 30 ans, du droit de passage conduira à l'extinction de la servitude.

L'indemnisation et l'entretien

Le propriétaire qui réclame un droit de passage doit une indemnité au propriétaire du terrain traversé. L'indemnité compense les dommages matériels causés à la propriété (arbres arrachés, mur démoli…) mais surtout la baisse de la valeur du bien qui subit une servitude. C'est surtout sur ce dernier point que les différends naissent. Si, en théorie, l'indemnité peut être fixée à l'amiable, le recours au juge s'avère souvent nécessaire.

En dehors du cas où les voisins sont d'accord sur la répartition des frais de création puis d'entretien du passage, les frais sont supportés par le propriétaire du fond enclavé (*Code civil, Art. 698*).

Le bénéficiaire du droit de passage peut également faire tous les ouvrages nécessaires pour en user et pour le conserver (*Code civil, Art. 697*).

La fin de l'enclave

Lorsque le fonds cesse d'être enclavé, le propriétaire voisin peut invoquer l'extinction de la servitude. Si aucun accord amiable n'est trouvé, le tribunal judiciaire doit être saisi pour demander la suppression de la servitude.

› Comment est réglementé l'écoulement des eaux ?

Les eaux de pluie

Le propriétaire du sol est propriétaire des eaux qui tombent sur son sol et il peut en faire l'usage qu'il souhaite. En revanche, il ne peut édifier un toit de telle sorte que les eaux pluviales se déversent chez son voisin. Toutefois, la servitude dite « de déversement » ou « de surplomb » autorise un propriétaire à verser ses eaux pluviales chez son voisin. Cette servitude peut être acquise par prescription du fait que les eaux se déversent ainsi depuis plus de 30 ans.

L'écoulement naturel des eaux

Les fonds inférieurs ont l'obligation de recevoir les eaux qui proviennent naturellement des fonds plus élevés (*Code civil, Art. 640*). Ainsi, le propriétaire du fonds inférieur doit supporter l'écoulement des eaux de pluie, de sources, de la fonte des neiges, des inondations…, provenant des terrains supérieurs sans pouvoir élever aucun ouvrage (mur, digue…) qui réduirait ou empêcherait cet écoulement.

Pour sa part, le propriétaire du fonds supérieur ne doit rien faire qui aggraverait la situation du fonds inférieur.

Bien entendu, la servitude d'écoulement des eaux ne concerne pas les eaux altérées (eaux usées, eaux industrielles) provenant du fonds supérieur.

Important : depuis le 1/1/2020, une action en justice concernant une contestation relative à la servitude d'écoulement des eaux naturelles ne peut être engagée, sauf exception, qu'après une tentative de résolution amiable (*Code de procédure civile, Art. 750-1* ; *Code de l'organisation judiciaire, Art. R. 211-3-8*).

Les différentes servitudes administratives

Au nom de l'intérêt général, les pouvoirs publics peuvent vous imposer certaines servitudes.

Il n'y a pas ici comme en matière de servitude privée, un fonds servant qui subit la servitude et un fonds dominant qui en profite, mais seulement des fonds servants.

La servitude publique résulte obligatoirement d'une loi et s'impose à tous : des accords entre particuliers seront sans effet sur elle et le non-usage de la servitude publique pendant 30 ans ne la fera pas disparaître pour autant.

Les servitudes d'urbanisme

Le droit de construire est réglementé d'une manière stricte : les communes édictent des règles dans le plan local d'urbanisme (PLU qui, depuis la loi du 13/12/2000 remplace progressivement le POS ou plan d'occupation des sols) concernant notamment l'implantation d'un bâtiment sur une parcelle, le nombre de m^2 de plancher constructible sur un terrain (la notion de coefficient d'occupation des sols – COS – a été abandonnée au profit notamment de l'emprise au sol, la hauteur des bâtiments ou leur implantation par rapport aux limites séparatives).

Vous pouvez également vous heurter à la réglementation concernant les sites protégés ou historiques.

Des servitudes peuvent enfin résulter de dispositions prises dans un souci de protection des populations. Ainsi, par exemple, les plans de prévention des risques technologiques, prévus aux articles L. 515-15 à L. 515-26 du Code de l'environnement peuvent délimiter des zones dites de maîtrise de l'urbanisation future dans lesquelles la réalisation d'aménagements ou d'ouvrages ainsi que les constructions nouvelles et l'extension des constructions existantes sont interdites ou subordonnées au respect de prescriptions relatives à la construction, à l'utilisation ou à l'exploitation (*Code de l'environnement, Art. L. 515-16 et L. 515-16-1)*.

Les servitudes d'alignement

Lorsque l'administration procède à la délimitation des voies publiques, elle fixe la limite entre le domaine public et les propriétés privées par la procédure de l'alignement.

À NOTER

Lorsque vous déposez votre demande de permis de construire, votre projet doit respecter l'ensemble des règles d'urbanisme.

Lorsque cette procédure conduit à élargir la voie publique, certaines propriétés privées peuvent se trouver dans l'emprise du nouvel alignement : elles sont alors frappées d'alignement. Deux conséquences en découlent : il est interdit aux propriétaires d'installer de nouveaux ouvrages en saillie sur l'alignement et de faire des travaux confortatifs sur les constructions existantes en saillie sur l'alignement. En d'autres termes, sauf dérogation fréquente dans les grandes villes en raison du très grand délai de mise en œuvre des procédures d'alignement, les propriétaires sont tenus de laisser se dégrader les ouvrages placés dans l'emprise de l'alignement.

QU'EST-CE QUE LA DESTINATION DU PÈRE DE FAMILLE ?

Lorsque deux fonds, actuellement divisés, ont auparavant appartenu au même propriétaire et, qu'après division, il subsiste des signes extérieurs permanents de servitudes entre les deux fonds, il y a « destination du père de famille » (*Code civil, Art. 693*).

Compte tenu du fait que le terrain appartenait auparavant à un seul propriétaire, la servitude peut ne résulter que de l'existence d'ouvrages ou d'aménagements matérialisant l'intention du propriétaire initial de créer la servitude.

La preuve de la servitude résulte ainsi simplement :

– du fait que les fonds servant et dominant, actuellement divisés, ont auparavant appartenu au même propriétaire ;

– de la configuration des lieux.

Une telle preuve forme un véritable titre tacite qui peut être opposé aux acquéreurs successifs de l'un ou de l'autre fonds.

Par exemple, si un propriétaire a divisé sa propriété en deux et que le toit de la maison située sur un des fonds déverse les eaux pluviales sur l'autre fonds, une servitude de déversement existera par destination du père de famille.

On rencontre également des droits de passage et de nombreuses autres servitudes créés selon ce mode de constitution.

La vieille appellation de « destination du père de famille » provient de l'usage ancien selon lequel le père de famille divisait ses biens entre ses enfants. Dans le cas de division de terrains, la création de parcelles contiguës a souvent pour effet (ou nécessite) la création de servitudes au profit de l'une ou de l'autre des parcelles.

Attention : de nombreux actes de vente contiennent une clause par laquelle le vendeur décrète qu'il n'a constitué aucune servitude sur l'immeuble et qu' « à sa connaissance il n'en existe pas d'autre que celles qui pourraient résulter des impératifs liés à l'urbanisme où à la situation des lieux ».

Si de nombreuses décisions de jurisprudence admettent qu'une telle clause n'exclue pas la possibilité de revendiquer l'acquisition d'une servitude par « destination du père de famille », la Cour de cassation ouvre la porte à la possibilité de prouver que cette clause empêche toute reconnaissance d'une servitude par « destination du père de famille » (*Cour de cassation, 3e chambre civile, 6/9/2018, n° 17-21527*).

Les autres servitudes administratives

Parmi les autres servitudes, on peut citer :

- les servitudes de visibilité imposant aux propriétaires voisins de croisements, de virages ou de points dangereux de supprimer ou de ne pas bâtir certains ouvrages ;
- les très anciennes servitudes de marchepied et de chemin de halage sur les rives des voies navigables. À l'origine, le marchepied était destiné à faciliter le sauvetage des trains de bois et des radeaux, le chemin de halage était utilisé pour tirer les bateaux à la remonte avec des chevaux. Ces servitudes demeurent aujourd'hui soit pour les nécessités de l'exploitation d'un cours d'eau, soit pour l'aménagement d'une promenade ;
- les servitudes de passage le long du littoral. Les propriétés riveraines du domaine public maritime sont grevées, sur une largeur de 3 m, d'une servitude destinée à assurer exclusivement le passage des piétons (*Code de l'urbanisme, Art. L. 121-31*) ;
- la loi du 15/7/1941 sur les chemins de fer a établi le long des voies ferrées une zone dite « de sécurité » grevée de servitudes ;
- en application du Code de l'aviation civile, diverses servitudes aéronautiques sont imposées aux propriétés voisines des aéroports (dégagements, balisages, respect de hauteur de constructions…) ;
- les servitudes pour la pose de canalisations publiques d'eau ou d'assainissement ;
- les servitudes destinées à permettre l'établissement des lignes téléphoniques et télégraphiques, ou dans l'intérêt des transmissions radioélectriques ;
- les servitudes pour la distribution de l'énergie, relatives à l'énergie électrique, aux canalisations de gaz, aux pipe-lines, aux canalisations de transport et de distribution de chaleur ;
- les servitudes d'occupation temporaire en vue de l'exécution de travaux publics, notamment les mines, les fouilles et sondages, les recherches historiques et artistiques, les travaux d'arpentage ;
- les servitudes résultant de l'existence de sources ;

- les servitudes de passage et d'aménagement destinées principalement à créer des voies de défense des bois et forêts contre l'incendie et à en assurer la continuité et la pérennité ; ce type de servitude est établi par l'État à son profit ou au profit d'une autre collectivité publique, d'un groupement de collectivités territoriales ou d'une association syndicale.

L'indemnisation du propriétaire du fonds grevé

Lorsque la servitude est d'origine administrative, elle donne lieu à indemnité si le texte qui l'institue le prévoit expressément. Mais elle n'est, en principe, versée que si le préjudice est direct, matériel et certain. Son montant est fixé, le plus souvent, comme en matière d'expropriation.
Sachez par ailleurs que le préjudice visuel n'est pris en compte que depuis peu. Enfin, l'indemnité n'est, en général, pas proposée spontanément. C'est aux propriétaires d'engager une action.

ATTENTION ⚠

Il est à noter que les servitudes d'urbanisme, fréquentes en pratique, n'ouvrent, sauf exception, pas droit à indemnité (Code de l'urbanisme, Art. L. 105-1).

QU'EST-CE QUE DES TRAVAUX CONFORTATIFS ?

Selon la jurisprudence, sont confortatifs :
– les travaux de crépissage ou de ravalement entrepris sur un mur en mauvais état et de nature à prolonger la durée de vie du mur ;
– les travaux de consolidation d'un mur où existent de nombreuses lézardes.
En revanche, ne présente pas de caractère confortatif la transformation d'une porte en fenêtre ou l'élargissement de deux ouvertures en rez-de-chaussée.

Cas pratiques

La propriété individuelle

Bornage - accord du voisin

Je voudrais borner mon terrain. Dois-je avoir l'accord de mon voisin ?

Oui, c'est impératif. Le bornage ne peut pas être accompli par vous seul. À défaut, vous vous exposez à une action judiciaire de la part de votre voisin. Le bornage doit donc nécessairement se faire en présence des deux voisins, ou de leurs représentants, et avec leur accord.

Par ailleurs, depuis le 1/1/2020, une demande de bornage judiciaire ne peut être engagée, sauf exception, qu'après une tentative de résolution amiable (*Code de procédure civile, Art. 750-1*).

Bornage – vente de la propriété

J'ai entendu parler dans la presse d'un projet de loi tendant à obliger le vendeur à borner son terrain avant de le vendre. Est-ce exact ?

Non, une réponse ministérielle du 5/5/2009 précise qu'il n'est pas envisagé de généraliser une obligation de bornage préalable des immeubles vendus.

La question du parlementaire portait sur les difficultés existantes après la signature d'un acte de vente, difficultés dues au défaut de bornage de la propriété vendue. Il demandait au gouvernement de lui faire connaître les mesures envisagées pour garantir aux acquéreurs l'exactitude des limites séparatives de leur nouvelle propriété par rapport aux propriétés voisines.

Selon la réponse du ministre, les différentes possibilités offertes aux acquéreurs apparaissent en l'état suffisantes pour leur permettre de connaître l'exactitude des limites séparatives de la propriété acquise.

Ainsi, tout propriétaire peut actuellement obliger son voisin au bornage de leur propriété contiguë.

Lorsque le bornage est réalisé à l'amiable, un procès-verbal d'abornement consigne la limite séparative des fonds.

Grâce à la publication au Service de publicité foncière, le futur acquéreur et son notaire sont en mesure de savoir si un bornage a déjà été réalisé et publié.

En dehors de ces cas, n'oubliez pas que votre notaire doit vous conseiller, faire toutes les vérifications qu'il jugera nécessaires. Si un défaut d'investigation vous cause préjudice, il engage en effet sa responsabilité professionnelle. Enfin, si au moment de la vente, le bornage n'a pas encore été réalisé, vous pouvez le demander au vendeur (*Réponse ministérielle, JOAN, n° 9257, 5/5/2009*).

Mitoyenneté – mur de soutènement

Un mur de soutènement séparant deux terrains peut-il être considéré comme un mur mitoyen ? Je précise que les actes de propriété n'évoquent pas cette question et que le terrain n'a pas fait l'objet d'une mesure de bornage.

En principe non, car la fonction d'un tel mur n'est pas de séparer deux terrains et de servir aux deux voisins mais de soutenir les terres d'un terrain situées en amont. Il est généralement considéré comme appartenant privativement au propriétaire qui en tire avantage (le terrain en surplomb en principe). Mais cette règle n'est pas intangible, notamment quand le mur sert aux deux terrains (par exemple, le propriétaire du terrain inférieur se sert du mur pour y appuyer une construction) et/ou quand il existe des indices ou présomptions permettant de faire penser qu'il s'agit d'une mitoyenneté (*Cour de cassation, 3e chambre civile, 4/1/1995, 8/12/2004*).

Servitudes - racines

Mon voisin laisse des racines importantes avancer sur mon terrain et causer des dégâts à ma terrasse. Que puis-je faire ?

La première chose à faire est de contacter votre voisin pour lui demander d'entretenir son terrain. Par ailleurs, vous avez, de par la loi, le droit de couper les racines se trouvant sur votre terrain (*Code civil, Art. 673*). La seule réserve, posée par les tribunaux, est de ne pas exercer ce droit en en abusant (en causant par exemple la chute des arbres en question). Si vous pouvez prouver l'existence d'un dommage précis causé par ces racines (comme la détérioration de votre terrasse), vous pouvez mettre en cause la responsabilité civile du propriétaire du terrain devant le tribunal. Sachez à cet égard que, depuis le 1/1/2020, votre demande ne peut être engagée, sauf exception, qu'après une tentative de résolution amiable (*Code de procédure civile, Art. 750-1*).

Servitudes - tour d'échelle

Puis-je passer sur le terrain de mon voisin pour effectuer des travaux indispensables sur ma maison qui est construite à la limite de nos propriétés ?

Oui, à condition de demander à votre voisin une autorisation temporaire de pénétrer sur son terrain (autorisation appelée le tour d'échelle ou échelage). Il faut savoir qu'il n'existe aucun texte dans le Code civil autorisant ce droit de passage. Il faut donc l'accord de votre voisin. Dans le cadre de cet accord, vous devez définir par écrit les modalités du tour d'échelle telles que la durée, les dates, les heures du passage et les précautions à prendre pour ne pas endommager le terrain.

À défaut d'accord, vous pouvez saisir le juge d'instance pour obtenir l'autorisation qui vous est nécessaire. Cette autorisation n'est accordée que dans les conditions suivantes :

- vous ne pouvez effectuer les travaux qu'à partir du terrain voisin ;
- les travaux doivent avoir un caractère indispensable ;
- ils ne doivent pas provoquer de gêne excessive ;
- la durée et le lieu de passage doivent être limités ;
- une indemnité « juste et raisonnable » doit être versée au profit du voisin en cas de trouble de jouissance ou de dommages accidentels qui peuvent survenir (haie abîmée, parterres piétinés…).

Les troubles de voisinage

Les conflits entre voisins sont nombreux et s'ils naissent très souvent en raison du bruit, la liste des griefs est longue : les odeurs, les fumées, les propriétés laissées à l'abandon, le stationnement gênant dans les voies privées, etc. Peu nombreux sont les textes de loi réglant ces conflits privés, à l'exception des différends portant sur le bruit. Mais attention : les propriétaires ne sont pas les seuls concernés. Des locataires, des commerçants, des entreprises… peuvent causer des troubles de voisinage et être amenés à les faire cesser, et parfois à verser des dommages et intérêts ou à payer une amende plus ou moins forte.

Où commence le trouble de voisinage ?

La vie en société implique un certain nombre de contraintes parmi lesquelles la proximité de voisins plus ou moins bruyants, polluants, respectueux de leur entourage. Pour que cette proximité forcée soit supportable par tous, le législateur a prévu des règles de plus en plus protectrices de la tranquillité du voisinage, notamment en matière de bruit.

Qu'est-ce qu'un trouble de voisinage ?

Un trouble de voisinage est une gêne ou un préjudice plus ou moins grave causé volontairement ou involontairement à son ou ses voisins ou par abus de droit.

- **Si le trouble est causé involontairement,** il faut qu'il soit anormal pour pouvoir être réprimé. Aucun texte ne définissant la limite entre trouble normal et trouble anormal, ce sont les tribunaux qui en décident en fonction des circonstances. Les juges analysent le caractère excessif ou non de la nuisance en tenant compte du moment où elle survient (de jour, de nuit, en été, en hiver…), de sa localisation (en ville, à la campagne, en zone résidentielle ou industrielle…) et de la personnalité du plaignant (voir plus loin).
- **Si le trouble est causé volontairement,** il y a faute de la part de celui qui en est à l'origine et la victime peut engager sa responsabilité devant les tribunaux sur le fondement de l'article 1240 du Code civil.
- **L'abus de droit** : dans cette hypothèse, il n'y a pas de faute car le propriétaire est bien dans son droit, mais il en abuse. Cette théorie est issue de la jurisprudence, comme pour les troubles anormaux de voisinage, et ne résulte pas d'un texte de loi. Cette action est difficile à entreprendre car il faut prouver un abus, c'est-à-dire une intention malveillante ou une volonté de nuire du voisin. Par exemple, un voisin, propriétaire d'un mur, le surélève dans le seul but de priver son voisin d'ensoleillement (*Cour de cassation, 2e chambre civile, 18/1/1960*). Autre exemple, un propriétaire a été condamné pour avoir comblé, à l'aide de mortier de ciment, le vide existant entre sa véranda construite sur sa propriété et le mur appartenant au propriétaire du fonds voisin (*Cour de cassation, 2e chambre civile, 19/12/2001*).

Celui qui s'estime victime d'un abus doit donc prouver cet abus, le préjudice qu'il subit et le lien de causalité entre cet abus et le préjudice.

Qu'est-ce qu'un trouble « anormal » ?

› Le principe

La victime d'un trouble anormal de voisinage doit prouver, outre son préjudice, le trouble et son caractère excessif. Ici on ne recherche pas la faute du « causeur » du trouble, ni un abus de droit.

C'est sur cette théorie que la plupart des procédures sont fondées. Il s'agit du principe selon lequel nul ne doit causer à autrui un trouble anormal de voisinage.

Tel est le cas quand l'attitude du voisin n'est pas fautive (son chien aboie mais le règlement de copropriété n'interdit pas les animaux). En revanche, il cause un trouble « anormal » à ses voisins (les aboiements se produisent à toute heure du jour et de la nuit).

S'il revient au tribunal, lorsque les voisins ne trouvent pas de terrain d'entente, d'apprécier au cas par cas l'existence, l'étendue et l'importance du trouble de voisinage, la justice retient, en général, quelques critères précis.

› Les critères généraux

Localisation du trouble

Les tribunaux tiennent compte de la localisation du trouble (secteur calme ou bruyant, campagne ou ville, zone résidentielle ou industrielle…). Le trouble (bruits, odeurs…) sera plus facilement reconnu dans une zone résidentielle ou d'habitation qu'en zone industrielle (lors de l'installation, par exemple, d'un atelier de confection bruyant mal tolérée). Mais ce n'est pas toujours le cas. Ainsi, on retiendra la notion de trouble s'il se produit dans une zone pavillonnaire et bien que celle-ci jouxte une zone industrielle (*Cour de cassation, 2e chambre civile, 16/10/1991*).

À l'inverse, en grande banlieue ou en zone rurale, certains troubles seront plus difficilement admis qu'en zone résidentielle : chute de feuilles, chant du coq… alors que d'autres seront plus facilement sanctionnés. Par exemple, dans une zone rurale à l'habitat dispersé, une vue dégagée fait partie des agréments d'une propriété. La construction d'un haut mur par le voisin peut constituer un trouble anormal.

Intensité du trouble

La justice retient également la fréquence et la durée du trouble mais aussi le moment où il se produit (le jour ou la nuit, l'hiver ou l'été…). Les troubles excessifs supposent une certaine continuité qui les rend insupportables. C'est pourquoi, les troubles liés à l'utilisation d'un barbecue par le voisin sont rarement admis (voir plus loin). De même, le moment de la semaine où se produit le trouble est important pour retenir l'existence ou non d'un trouble excessif (trouble du repos dominical ou des jours fériés).

Peu importe la légalité de l'activité ou de la construction

Pour apprécier s'il y a trouble anormal de voisinage, les tribunaux vont considérer seulement la gêne causée à la victime. Ils ne tiendront pas compte du fait que l'activité, à l'origine du trouble, soit légale ou que la construction entreprise soit régulière. Le fait d'avoir obtenu une autorisation administrative ou respecté les règles en vigueur ne peut pas être invoqué par l'auteur du trouble pour s'exonérer de sa responsabilité.

Antériorité de l'activité

Lorsqu'une personne vient s'établir à un endroit où est déjà installée une exploitation en activité causant un trouble, elle ne peut pas s'en plaindre puisque logiquement elle connaissait à l'avance l'existence d'éventuels désagréments. C'est d'ailleurs ce que précise l'article L. 112-16 du Code de la construction et de l'habitation pour certains dommages : « Les dommages causés aux occupants d'un bâtiment par des nuisances dues à des activités agricoles, industrielles, artisanales, commerciales, touristiques, culturelles ou aéronautiques, n'entraînent pas droit à réparation lorsque le permis de construire afférent au bâtiment exposé à ces nuisances a été demandé ou l'acte authentique constatant l'aliénation ou la prise de bail établi postérieurement à l'existence des activités les occasionnant dès lors que ces activités s'exercent en conformité avec les dispositions législatives ou réglementaires en vigueur et qu'elles se sont poursuivies dans les mêmes conditions ».

La situation est différente lorsque le trouble préexistant a augmenté depuis l'installation de la victime (par exemple, une exploitation qui s'est agrandie). Les tribunaux peuvent, dans ce cas, retenir l'existence d'un trouble anormal.

Quelques exemples de troubles anormaux

La liste qui suit n'est pas exhaustive mais tient compte des cas de troubles les plus fréquemment soumis aux tribunaux.

Abandon d'un terrain

Le terrain voisin est abandonné, envahi par les mauvaises herbes. Les racines traversent le mur d'une clôture et endommagent les dalles de la terrasse. Un arbre est tombé sur le terrain sans que son propriétaire s'en préoccupe. L'abandon du terrain voisin se traduit par la prolifération d'animaux nuisibles… Tous ces éléments constituent bien évidemment des inconvénients anormaux de voisinage pouvant faire l'objet d'une action en justice. Celle-ci peut d'ailleurs être, le cas échéant, fondée sur une faute du propriétaire qui ne veille pas à la salubrité de son terrain.

À NOTER

Il est également possible d'avertir le maire et la délégation territoriale de l'Agence régionale de santé. Une procédure est, par exemple, prévue en cas d'abandon d'une propriété allant jusqu'à l'expropriation du terrain (Code général des collectivités territoriales, Art. L. 2243-1 et s.).

Animaux

La présence d'animaux domestiques, comme les chats et chiens, entraîne souvent des conflits de voisinage. Leur maître doit tout mettre en œuvre pour éviter à ses voisins des troubles excessifs. À défaut, ces derniers pourraient lui demander la cessation du trouble et (ou) des dommages et intérêts.

La jurisprudence sur les troubles de voisinage a fréquemment eu à connaître des problèmes posés par les animaux bruyants. Ainsi, les aboiements répétés et intempestifs d'un chien, encouragé par son maître, constituent un trouble anormal pouvant gêner le voisinage même dans un environnement rural (*Cour de cassation, 2e chambre civile, 6/12/1995*)(*Code civil, Art. 1243*).

À NOTER

Les propriétaires d'animaux sont responsables des dommages causés par leurs animaux sur un plan civil (Code civil, Art. 1243) par exemple si le chien du voisin abîme la clôture commune, mais également sur un plan pénal (Code pénal, Art. R. 622-2), par exemple si le maître laisse divaguer un animal susceptible de représenter un danger pour autrui.

Les troubles peuvent également concerner des animaux dans le cadre d'élevage industriel (poulaillers, porcherie…). Par exemple, le bruit et les odeurs d'un poulailler industriel en agglomération peuvent causer un trouble anormal aux habitations voisines.

Antennes relais

Contrairement aux juridictions administratives qui refusent le droit d'interdire des antennes relais, les juridictions civiles admettent sur le fondement des troubles de voisinage la dépose d'antenne. Elles ont même interdit, dans le cadre d'un référé préventif, l'implantation d'antennes au nom du principe de précaution (*Tribunal de grande instance de Créteil, 11/8/2009*).

À NOTER

La compétence du juge administratif a été reconnue pour juger du trouble de voisinage causé par des antennes (Cour d'appel de Paris, 26/3/2009).

Arbres, branches et racines

Un certain nombre d'inconvénients sur les propriétés résultent des dégâts causés par les arbres (branches et racines) plantés sur des propriétés voisines. Qui n'a pas entendu parler du problème des chênes plantés chez le voisin qui détériorent par leurs racines le sol du voisin ou encore qui le gênent par l'abondance de feuilles et glands qui tombent chez lui ? Aussi, la loi a-t-elle posé un certain nombre de principes essentiels à respecter en matière de distance des plantations.

Mais, même plantés en respectant les distances légales, les arbres peuvent entraîner la condamnation de leur propriétaire pour troubles anormaux.

Ainsi, par exemple, des peupliers avaient provoqué dans une maison d'habitation voisine des dégradations (l'assèchement du sol argileux). Leur propriétaire a été condamné (*Cour de cassation, 2e chambre civile, 29/6/2000*).

Dans une autre affaire, des peupliers avaient causé au propriétaire voisin un trouble anormal de voisinage du fait de la chute des feuilles mortes sur le toit, la terrasse ainsi que dans la cour voisine (nuisant au bon écoulement des eaux). En outre, le trouble est également causé par l'envahissement du fonds par les racines, ce qui entraînait des boursouflures du revêtement du sol dans la propriété voisine. L'abattage des arbres a été considéré par la justice comme le seul moyen de faire cesser les désordres (*Cour de cassation, 2e chambre civile, 4/1/1990*).

De même, le propriétaire d'un arbre appartenant à un couple en rez-de-jardin masquait la vue de l'occupant du premier étage d'un immeuble en copropriété. Son propriétaire a été condamné à l'élaguer sous astreinte (*Cour de cassation, 2e chambre civile, 17/3/2005*).

Bruits et travaux

Même s'il fait l'objet d'une législation spécifique (voir plus haut), la gêne causée par le bruit fait souvent l'objet d'action fondée sur la notion de troubles de voisinage. Qu'il s'agisse de bruits d'animaux ou de bruits aussi divers que ceux causés par un stand de tir voisin, d'une station de pompage, de haut-parleurs, de cavalcades d'enfants dans un appartement du dessus dans une copropriété ou d'un chantier de travaux public, le bruit est souvent invoqué.

Le bruit est, en effet, souvent allégué dans le cadre d'appartements en copropriété. Par exemple, il a été jugé que le copropriétaire qui remplace sa moquette par du parquet et des carreaux doublés de liège par d'autres revêtements ne respecte pas le règlement de copropriété qui impose aux habitants de l'immeuble de veiller au respect de la tranquillité de l'immeuble : en ce sens, il manque à ses obligations, ce qui autorise le tribunal à le forcer à exécuter des travaux d'isolation phonique (*Cour de cassation, 3e chambre civile, 15/1/2003*).

À NOTER

Une disposition spécifique s'applique aux travaux en copropriété. En vertu du II de l'article 9, quand des travaux sont votés en assemblée générale, en application des articles 24, 25 et 30 de la loi du 10/7/1965 (par exemple, travaux de raccordement d'un lot au transformateur imposé par EDF), les copropriétaires ne peuvent pas s'opposer à leur exécution dans les parties privatives si les circonstances l'exigent et si la gêne n'est pas durable. Mais cette règle légale doit être nuancée, d'après la Cour de cassation et, avant d'imposer ce trouble de jouissance, la copropriété doit rechercher s'il n'existe pas une autre solution permettant d'éviter de porter atteinte aux droits du copropriétaire sur ses parties privatives. Cette autre solution doit être choisie, même si le coût des travaux est plus important (Cour de cassation, 3e chambre civile, 12/3/1997).

De façon générale, l'intensité du bruit, sa durée et l'heure à laquelle il se produit sont des facteurs importants permettant aux magistrats de dire si ce bruit est anormal ou non. Tel peut être le cas :

– pour un chantier de construction qui occasionne des troubles excessifs aux habitations voisines comme dans cette affaire où, pendant la durée des travaux, les revenus procurés par la location d'une villa avaient été très inférieurs à ceux de l'année précédente (*Cour de cassation, 2e chambre civile, 2/12/1982*) ;

– pour le bruit des grenouilles qui peut constituer un trouble de voisinage. Le propriétaire d'une mare où vivaient des batraciens l'a appris à ses dépens car il a dû combler la mare pour faire disparaître les grenouilles (*Cour de cassation, 3e chambre civile, 14/12/2017*).

Diminution de l'ensoleillement, de la lumière ou de la vue

Le problème de la privation de vue ou d'ensoleillement peut se poser quand un propriétaire fait édifier une construction qui prive son voisin de la vue ou de l'ensoleillement dont il bénéficiait auparavant. Le voisin peut avoir violé une règle d'urbanisme, notamment en ne respectant pas les règles de retraits minimaux par rapport aux limites voisines ainsi qu'une hauteur maximale.

Il peut aussi avoir parfaitement respecté la réglementation. Mais la perte de luminosité ou de vue (vue sur la mer, par exemple, pour une résidence secondaire) qu'occasionne la construction d'une maison sur le terrain voisin peut constituer un trouble anormal, même si les règles d'implantation de l'immeuble et le permis de construire ont été respectés. Tel était le cas dans une affaire où une villa subissait une perte d'ensoleillement notable à la suite de la construction d'un immeuble voisin de six étages. Autres préjudices invoqués dans cette affaire : le nombre de vues directes (fenêtres) sur la terrasse de la villa avait bien sûr augmenté et le passage commun aux deux maisons était bien plus souvent utilisé.

Cela entraînait une diminution de valeur de la villa d'au moins 25 %. Ces troubles ont été considérés comme dépassant les inconvénients normaux de voisinage (*Cour de cassation, 2e chambre civile, 14/2/2004*).

Dans une autre affaire, une maison construite en limite de propriété causait, par sa masse et sa proximité de l'habitation des voisins, un trouble anormal de voisinage. La maison comprenait un mur en béton de 8 m de hauteur de faîtage à moins de 2 m de cette façade constituant ainsi un véritable écran qui entraînait une baisse considérable et quasi permanente de l'ensoleillement et de l'éclairement du pavillon. Des dommages et intérêts ont été accordés aux voisins (*Cour de cassation, 3e chambre civile, 28/6/1989*).

Mais il faut reconnaître que la perte de l'ensoleillement (ou même de la vue) n'est pas toujours considérée comme un trouble anormal. Les tribunaux insistent sur l'importance que doit revêtir cette perte pour pouvoir être indemnisée : une privation totale de lumière ou au moins sérieuse est souvent exigée.

Encombrement des parties communes

L'encombrement des parties communes dans une copropriété (couloirs, parkings…) peut constituer un trouble anormal de voisinage. Rien n'est plus agaçant que de voir l'entrée de son parking constamment bloqué par le camion d'un autre copropriétaire ou le couloir commun obstrué de poussettes ou objets divers. La victime peut agir ou (et) demander au syndic d'intervenir.

Entassement d'encombrants et de détritus sur une propriété privée

Le fait d'entasser des encombrants (meubles, matelas, électroménager…) et/ou des détritus sur sa propriété privée peut constituer un trouble anormal de voisinage pouvant occasionner le versement de dommages et intérêts. C'est ce qui a été jugé dans une affaire où le propriétaire avait entreposé à différents endroits de son terrain des WC, un réfrigérateur, un fauteuil, etc. Ces encombrants étant « visibles par leur proximité » de la propriété voisine, le propriétaire indélicat a été condamné à indemniser son voisin (*Cour de cassation, 3e chambre civile, 8/3/2018*).

Odeurs et fumées

La présence d'un barbecue est souvent invoquée dans les sources de gêne pour les voisins. Constitue-il un trouble anormal ? Tout d'abord, la personne gênée par cette présence doit chercher si elle peut invoquer une réglementation à son profit. Sur le plan de sa commune, il faut savoir que le maire a la possibilité de réglementer l'utilisation du barbecue au sein de sa commune. Il est donc intéressant de contacter sa mairie afin de savoir s'il existe un arrêté municipal à ce sujet. Par ailleurs, dans un immeuble en copropriété, le règlement de copropriété peut interdire ou encadrer son utilisation. Le syndic pourra donc intervenir auprès du voisin puisque l'une de ses missions est de faire respecter le règlement de copropriété. Enfin, la justice peut être saisie d'une demande de cessation du trouble et dommages et intérêts sur le fondement des troubles anormaux de voisinage. La jurisprudence sur la question est nuancée et il est parfois jugé que le trouble n'est pas excessif du fait qu'il est épisodique et temporaire.

Autre exemple : la présence d'un restaurant au rez-de-chaussée d'un immeuble en copropriété peut être la source d'un important contentieux. En présence d'un règlement de copropriété stipulant que des locaux peuvent être occupés pour l'exercice de tous commerces ou professions à la condition qu'ils ne nuisent pas au bon aspect de l'immeuble et à sa tranquillité ni ne gênent par l'odeur ou le bruit les autres copropriétaires, la Cour de cassation a estimé que ces dispositions excluaient la possibilité d'installer une salle de restaurant avec ses dépendances au rez-de-chaussée de l'immeuble (*Cour de cassation, 3e chambre civile, 22/5/1986*).

Mais qu'en est-il d'établissements industriels proches des zones habitées qui peuvent émettre des odeurs de produits chimiques ou des fumées sources de préjudice ? La présence à la campagne de certaines exploitations, comme un élevage de porcs, a été sanctionnée dans une affaire où il était situé à proximité d'un château aménagé en gîte rural (à noter que l'exploitant avait pourtant obtenu les autorisations administratives nécessaires). Cette exploitation a été suspendue. Le paiement de dommages et intérêts a également été accordé au gîte pour les préjudices commerciaux et d'agrément subis (*Cour de cassation, 2e chambre civile, 13/7/2004*).

La présence d'un poulailler est considérée comme normale et ne causant aucun trouble excessif de voisinage dans une zone rurale. Elle peut, en revanche, être considérée comme causant des troubles anormaux de voisinage en agglomération.

De même, une porcherie qui s'était transformée progressivement en une exploitation importante, et n'avait pas respecté les distances minimales requises par les règlements sanitaires causait aux habitations préexistantes des troubles olfactifs importants qui excédaient les inconvénients normaux de voisinage (*Cour de cassation, 2e chambre civile, 16/5/1994*).

À NOTER

Les dommages causés par des nuisances dues à des activités agricoles, industrielles… font l'objet d'une réglementation particulière au titre des installations classées. Pour en savoir plus : www.georisques.gouv.fr/dossiers/installations.

Permis de construire et règles d'urbanisme

Des voisins peuvent souffrir d'un préjudice du fait d'une construction. Or, lorsqu'une construction a été édifiée conformément à un permis de construire, le propriétaire ne peut être condamné par un tribunal de l'ordre judiciaire du fait de la méconnaissance des règles d'urbanisme (ou des servitudes d'utilité publique) que si, préalablement, le permis a été annulé pour excès de pouvoir ou son illégalité a été constatée par la juridiction administrative.

Or, cette construction, même régulière, peut occasionner des troubles considérés comme anormaux (*Cour de cassation, 3e chambre civile, 20/7/1994*). Tel pourra être le cas, par exemple, pour l'installation d'un hangar, d'une salle de sport…

Risque d'incendie, préjudice esthétique et environnement

La présence d'un tas de paille et d'un dépôt de matériels hors d'usage ou usagés, à proximité immédiate de la maison voisine a été considérée comme entraînant un risque d'incendie et une gêne esthétique anormale. L'enlèvement sous astreinte a été ordonné (*Cour de cassation, 2e chambre civile, 24/2/2005*).

L'esthétique de l'environnement peut également entrer dans le domaine de la responsabilité pour trouble anormal de voisinage. Par exemple, des époux se plaignaient de divers troubles résultant pour eux de l'exploitation d'une carrière d'argile près de leur maison, installée après l'édification de leur maison. La transformation de l'environnement du fait de cette carrière affectait les conditions d'habitabilité de la maison, en pleine campagne avec une vocation de résidence secondaire (*Cour de cassation, 2e chambre civile, 29/11/1995*).

De même, pourraient être sanctionnés au titre d'une gêne esthétique anormale la vue sur des pylônes, des panneaux publicitaires, un dépôt de voitures… installés après l'installation de la victime sur les lieux.

Le fait de construire un mur de béton de 2 m de haut pour séparer deux propriétés a pu être considéré comme un trouble anormal de voisinage, même si le permis de construire pour ce mur a été obtenu. Le propriétaire du mur justifiait sa hauteur en indiquant que les relations avec ses voisins étaient si exécrables (insultes, dégradations, voies de fait, provocations) qu'il ressentait un sentiment d'insécurité, le poussant à se protéger… La diminution de la hauteur du mur a été ordonnée (*cour d'appel de Besançon, 27/8/2002*).

Plus récemment, ce sont les éoliennes qui ont donné lieu à des plaintes. La jurisprudence européenne fait prévaloir l'intérêt général sur celui des particuliers dérangés. En France, la seule décision connue a obligé la démolition d'une partie d'un champ d'éoliennes considérant qu'il y avait « un trouble dépassant les contraintes admissibles ».

Quelle est la réglementation concernant le bruit ?

Le bruit constitue depuis plusieurs années une préoccupation majeure des Français dans leur approche des problèmes de la vie quotidienne.

À NOTER

Selon un rapport établi pour le Conseil économique et social, les bruits de comportement viennent en tête des plaintes (50 %) contre 15 % pour les nuisances sonores des discothèques. 75 % des troubles du sommeil seraient imputables au bruit…

Le bruit étant devenu une question de santé publique, le législateur et le gouvernement sont intervenus en plusieurs étapes pour tenter de remédier à cette nuisance.

Tapage nocturne et agression sonore

L'article R. 623-2 du Code pénal prévoit que sont punis d'une contravention de 3e classe les auteurs ou complices de bruits ou tapages injurieux ou nocturnes troublant la tranquillité d'autrui. Ainsi, un père de famille a été condamné pour complicité de tapage nocturne en raison du bruit commis par d'autres personnes résidant sous son toit (*Cour de cassation, Chambre criminelle, 26/2/2020, n° 19-80641*).

Cependant, certaines tolérances sont admises, lorsque le bruit a pour origine, par exemple, une fête familiale et qu'elle ne se répète pas trop souvent. Ainsi, le caractère répété du bruit et l'intention de nuire sont les critères retenus pour qu'il y ait contravention en matière pénale.

La sanction des infractions en matière de tapage diurne comme nocturne est soumise à la procédure de l'amende forfaitaire en cas de verbalisation immédiate. Le contrevenant, à défaut de payer 68 € (minorée à 45 € en cas de paiement dans les 3 jours ou majorée à 180 € au-delà de 45 jours), sera convoqué devant le tribunal de police (*Code de procédure pénale, Art. R. 48-1*).

Bruits provenant d'aéroports, d'infrastructures terrestres, ferroviaires…

Le Code de l'environnement contient des dispositions pour « prévenir, supprimer ou limiter la pollution sonore, soit l'émission ou la propagation des bruits ou des vibrations de nature à présenter des dangers, à causer un trouble excessif aux personnes, à nuire à leur santé ou à porter atteinte à l'environnement » (*Code de l'environnement, Art. L. 571-1 et s.*).

Les grandes agglomérations (100 000 habitants et plus) doivent établir une « carte de bruit » indiquant les niveaux sonores aux abords des infrastructures de transport (routières, autoroutières et ferroviaires), et mettre en place un plan de prévention pour les réduire.

Les riverains des 11 principaux aéroports français peuvent bénéficier d'aides financières des exploitants de ces aéroports pour réaliser des travaux d'insonorisation dans leurs logements.

Pour chaque aéroport, un plan de gêne sonore (PGS, consultable en mairie) établit trois zones de nuisances et l'aide versée dépend de l'emplacement de l'immeuble à l'intérieur de ces zones (la zone I correspond au niveau de bruit le plus élevé).

La demande doit être adressée à l'exploitant de l'aéroport, service environnement, par lettre recommandée avec demande d'avis de réception.
Après réalisation de l'étude acoustique et acceptation du dossier, les travaux doivent être réalisés dans le délai de 2 ans.
L'aide versée est égale à 100 % des frais (étude acoustique et travaux) dans la limite d'un plafond (variant selon qu'il s'agit d'une maison ou d'un appartement) (*Code de l'environnement, Art. R. 571-58 et s.*).

Bruits de voisinage liés au comportement d'autrui

En dehors de textes particuliers (concernant les aéroports, les engins de chantier…), c'est le Code de la santé publique qui traite de la question.
Tout bruit de voisinage, lié au comportement d'une personne ou d'objet en sa possession ou d'un animal sous sa responsabilité, peut être constaté et sanctionné par une contravention de la 3e classe (comme le tapage nocturne) sans qu'il soit besoin de procéder à des mesures acoustiques, dès lors que le bruit créé porte atteinte à la tranquillité du voisinage par l'une des caractéristiques suivantes : la durée, la répétition ou l'intensité. La procédure de l'amende forfaitaire est applicable (*Code de la santé publique, Art. R. 1337-7*).
Sont considérés comme des bruits de comportement le bruit provenant :
– des appareils de diffusion du son et de la musique ;
– des outils de bricolage ou de jardinage ;
– des appareils électroménagers ;
– des pétards et feux d'artifice ;
– des activités occasionnelles (fêtes, déménagements, travaux de réparation…) ;
– des jeux bruyants pratiqués dans des lieux inadaptés ;
– de l'utilisation de locaux ayant subi des aménagements dégradant l'isolement acoustique…

À NOTER

Les personnes coupables de l'infraction risquent de se voir confisquer l'objet ayant servi à faire le bruit.

Bruits de voisinage liés à des activités professionnelles ou soumises à autorisation

Il s'agit des bruits provoqués par des activités professionnelles, culturelles, sportives ou de loisirs :
– organisées de manière habituelle (concerts, cinémas, expositions, compétitions sportives, petits commerces, ateliers artisanaux, activités du secteur tertiaire…) ;
– ou soumises à autorisation (discothèques, compétitions de sports automobiles, sports et loisirs en plein air, chantiers, activités artisanales, industrielles ou commerciales non classées…).
Dans ces deux cas, en cas de dépassement de l'émergence et/ou de non-respect des conditions d'exercice relatives au bruit, une peine de contravention de la 5e classe est encourue.
Il faut s'adresser à sa mairie ou à la préfecture et prendre contact avec la délégation territoriale de l'Agence régionale de santé (ARS) pour que des mesures soient effectuées.

À NOTER

L'établissement diffusant de la musique (discothèque, par exemple) peut aussi faire l'objet d'une fermeture administrative pour 3 mois maximum si son activité cause un trouble à l'ordre, la sécurité ou la tranquillité publics.

Comment faire cesser un trouble de voisinage ?

Quelle que soit la nature du trouble (bruit, fumées, dépôt d'ordures, etc.), il est conseillé de toujours tenter de régler le différend à l'amiable. Si les tentatives de conciliation avec votre voisin échouent et que le trouble persiste, plusieurs solutions s'offrent à vous.

Qui peut agir et contre qui ?

Troubles de voisinage et location

Un propriétaire, même s'il ne réside pas sur sa propriété, a le droit de demander que soit mis fin aux troubles anormaux de voisinage provenant d'une propriété voisine, dans la mesure où il y a préjudice (comme par exemple, dans l'hypothèse des nuisances avérées provenant d'une entreprise voisine – *Cour de cassation, 2e chambre civile, 28/6/1995*).

Quand la victime du trouble est locataire, elle peut directement agir contre l'auteur du trouble, quel qu'il soit, sans passer par son propriétaire. Elle peut également demander l'intervention de son bailleur qui est tenu de lui assurer une « jouissance paisible » des lieux. Le bailleur se doit alors d'agir auprès du fauteur de trouble. Dans un immeuble en copropriété, le trouble anormal de voisinage s'applique « à tous les occupants, quel que soit le titre de leur occupation » (*Cour de cassation, 2e chambre civile, 17/3/2005*). Un copropriétaire mais aussi un locataire peuvent donc demander à ce qu'il cesse et obtenir réparation.

Quand l'auteur du trouble est un locataire, la victime peut s'adresser indifféremment à ce locataire, à son propriétaire ou, mieux encore, assigner ces deux personnes, le bailleur étant responsable des agissements de son locataire. Mais le bailleur ne sera pas toujours responsable : tel est le cas, par exemple, si les fauteurs de troubles sont des personnes qui demeurent chez le locataire ou ses enfants. Dans ces cas, en effet, seul le locataire est responsable.

Ainsi, si le voisin locataire a un fils qui joue de la trompette tard dans la nuit, et si les démarches amiables échouent, l'action aura plus de chance de réussir contre le locataire lui-même qui est responsable de son enfant en vertu de l'article 1240 du Code civil que contre son bailleur qui peut invoquer les termes de l'article 1735 du Code civil.

Troubles de voisinage et copropriété

Chaque copropriétaire doit respecter les obligations de voisinage. Elles sont énoncées dans le règlement de copropriété : respect de la tranquillité des voisins, de l'harmonie et de l'esthétique générale de l'immeuble, interdiction de porter atteinte aux parties communes… Comme le précise l'article 9 de la loi du 10/7/1965 : « Chaque copropriétaire dispose des parties privatives comprises dans son lot ; il use et jouit librement des parties privatives et des parties communes sous la condition de ne porter atteinte ni aux droits des autres copropriétaires ni à la destination de l'immeuble. »

Certaines activités sont interdites en raison de la destination de l'immeuble s'il est principalement affecté à l'habitation (interdiction de tout commerce, par exemple). Le règlement de copropriété peut autoriser certaines activités (activités libérales, par exemple). Beaucoup de procédures fondées sur les inconvénients anormaux de voisinage ont trait à des installations de commerces (restaurant, garage) au mépris du règlement de copropriété.

Dans tous ces cas se pose la question de savoir qui du syndic ou du (des) copropriétaire (s) concerné (s) peut agir en justice.

La loi prévoit que tout copropriétaire peut exercer seul les actions concernant la propriété ou la jouissance de son lot, à charge d'en informer le syndic. Si un copropriétaire peut prouver l'existence d'un tel trouble dans la jouissance de son lot, il peut directement agir contre un autre copropriétaire (*Loi n° 65-557 du 10/7/1965, Art. 9 et 15, alinéa 2*).

Les troubles peuvent provenir de l'appartement voisin (bruits, odeurs…). Il appartient alors à la victime du trouble d'agir directement contre son voisin. Ils peuvent également provenir d'un usage abusif de parties communes par un autre copropriétaire. Dans ce dernier cas, s'il peut invoquer un préjudice personnel (par exemple, il n'est plus possible d'accéder à son parking privatif car son voisin se gare devant l'accès), le copropriétaire peut soit agir personnellement sur la base de l'article 15, soit demander au syndic d'intervenir pour faire respecter le règlement de copropriété. Le syndic doit rappeler le copropriétaire à l'ordre et tout mettre en œuvre pour que les troubles cessent. À défaut de résultat, il doit ensuite se faire autoriser en justice à demander la cessation des troubles. Le syndic qui n'applique pas les dispositions du règlement de copropriété engagerait sa responsabilité envers le syndicat des copropriétaires ainsi que sa propre responsabilité et celle du syndicat vis-à-vis des copropriétaires pris individuellement.

Une action conjointe en justice du copropriétaire avec le syndic (qui agit au nom du syndicat) peut également être envisagée.

De son côté, le syndicat des copropriétaires peut agir contre l'auteur du trouble quand celui-ci est collectif, c'est-à-dire qu'il y a gêne pour l'ensemble de la copropriété.

Ceci étant, le copropriétaire concerné peut également directement attaquer son voisin en justice en présence d'un préjudice personnel.

Lorsque le trouble de voisinage provient d'une activité commerciale, le copropriétaire ou le syndicat (par l'intermédiaire de son syndic) si le copropriétaire est défaillant, peut revendiquer, si elle existe, la violation d'une norme particulière liée au statut de la copropriété (clause visant l'interdiction de commerce pouvant provoquer des nuisances olfactives ou des bruits, par exemple). À défaut, il faudra invoquer le trouble anormal de voisinage. La nuisance doit alors excéder ce qu'il est normal de supporter entre voisins. Cette action peut se heurter à la notion de pré-occupation (*Code de la construction et de l'habitation, Art. L. 112-16*), ou en d'autres termes « j'étais là avant celui qui se plaint » (voir plus loin).

Le préjudice et sa réparation

Le principe

Il appartient à celui qui se plaint d'un trouble de voisinage d'apporter la preuve de la réalité et de l'étendue du préjudice. Il peut s'agir d'un préjudice économique (perte de la valeur vénale d'un bien immobilier), d'un préjudice d'agrément ou esthétique (nuisances olfactives, perte de vues ou d'ensoleillement…), de troubles de santé (par exemple, des odeurs de peinture ou de gaz d'échappement venant d'un garage sont susceptibles de causer des dégâts aux voies respiratoires, des rejets d'une usine peuvent polluer le jardin potager du voisin, les bruits constants d'un chantier sont susceptibles d'altérer l'état psychologique d'une personne…).

Le juge, saisi du litige, en apprécie l'étendue et procède à sa réparation. La victime peut demander la réparation de son préjudice « en nature », c'est-à-dire que soit ordonnée toute mesure destinée à mettre un terme à la situation qui lui cause préjudice.

Ainsi, peuvent être ordonnés : la limitation de l'activité bruyante ou malodorante pendant certaines périodes, la pose de moquettes, l'élagage de l'arbre, la modification de l'inclinaison d'une toiture, l'habillage d'une canalisation aérienne pour la rendre plus esthétique, l'enlèvement d'un panneau publicitaire, l'interdiction d'utiliser une machine, l'exécution de travaux pour empêcher des infiltrations…

Au besoin, l'auteur du trouble peut être condamné à exécuter son obligation sous astreinte. Le juge fixe, par cette procédure, le versement d'une somme d'argent par jour de retard pris dans l'exécution de la condamnation.

Mais la réparation peut être par équivalent, ce qui ouvre droit pour la victime à des dommages et intérêts. Les deux types de sanctions peuvent se cumuler.

Dans les cas les plus graves, le juge peut ordonner la démolition ou la suppression de la cause du trouble : démolition d'un bâtiment, abattage des arbres, suspension d'une activité…

Les dommages causés par des nuisances dues à des activités agricoles, industrielles, artisanales, commerciales, touristiques, culturelles ou aéronautiques

Les dommages causés aux occupants d'un bâtiment par des nuisances dues à des activités agricoles, industrielles, artisanales, commerciales, touristiques, culturelles ou aéronautiques, font l'objet d'une disposition du Code de la construction et de l'habitation. Ils n'entraînent pas droit à réparation lorsque le permis de construire de l'habitation exposée à ces nuisances a été demandé (ou l'acte authentique constatant la vente ou la prise de bail établi) après l'installation des activités occasionnant le trouble, dès lors que ces activités s'exercent en conformité avec les dispositions législatives ou réglementaires en vigueur et qu'elles se sont poursuivies dans les mêmes conditions (*Code de la construction et de l'habitation, Art. L. 112-16*).

Une scierie a été exonérée de sa responsabilité car il était démontré que son activité existait avant la date de la délivrance du permis de construire des voisins et que l'activité était conforme aux règles en vigueur (*Cour de cassation, 3e chambre civile, 27/4/2000*).

Mais cette exonération de responsabilité ne fonctionne pas en cas de changement des conditions d'exploitation par exemple, exploitation agricole céréalière qui devient un élevage de bétail (*Cour de cassation, 2e chambre civile, 15/6/2000*).

Le règlement du litige à l'amiable

La première démarche à entreprendre à l'égard du fauteur de trouble est d'essayer de régler le problème à l'amiable, d'abord de vive voix, puis, si nécessaire, par écrit en le mettant en demeure de cesser le trouble. Tous les écrits, et notamment le double de vos courriers, devront être conservés : ces éléments seront à porter au dossier si, plus tard, vous devez saisir la justice.

Il est essentiel de tenter de trouver une solution amiable avant de saisir la justice car, désormais, il est demandé de préciser dans l'acte de saisine du tribunal judiciaire les démarches amiables précédemment effectuées. Depuis le 1/1/2020, la tentative de résolution amiable (médiation, conciliation ou procédure participative) est obligatoire pour pouvoir saisir le juge d'une demande relative à un conflit de voisinage. À défaut, la demande pourra être considérée comme irrecevable par le juge (*Code de procédure civile, Art. 750-1*).

Si le problème survient dans une copropriété, informez le syndic pour que celui-ci intervienne. Si vous êtes locataire, faites part à votre bailleur des difficultés que vous rencontrez. Ce dernier doit vous assurer un usage paisible des locaux qu'il vous loue. Il doit également, après que vous l'ayez mis en demeure de le faire, utiliser les droits dont il dispose pour faire cesser le trouble de voisinage causé à des tiers par les personnes qui occupent ces locaux.

Dans bien des cas, votre seule intervention suffira à faire cesser le trouble. Mais vous pouvez aussi avoir recours à la conciliation par l'intermédiaire d'un particulier ou d'une association dont vous trouverez les coordonnées auprès de votre mairie.

AVANTAGE

Quel que soit le trouble de voisinage dont vous êtes victime, vous pouvez écrire à l'Association Antibruit de Voisinage (AABV) : 125, chemin des Pinettes, 13880 Velaux, ou lui envoyer un mail directement depuis son site Internet https://aabv.fr. Dans votre courrier, décrivez précisément le trouble dont vous êtes victime et les démarches que vous avez déjà effectuées et joignez une enveloppe timbrée pour qu'on puisse vous répondre.

L'intervention des forces de police ou du maire

Vous pouvez avertir les forces de police et leur demander d'intervenir pour constater l'infraction.

Mais il faut savoir que la loi pénale ne sanctionne qu'un petit nombre d'agissements au titre des troubles de voisinage. Ainsi, commettent notamment une infraction :

– ceux qui troublent la tranquillité d'autrui par des bruits ou tapages injurieux ou nocturnes (*Code pénal, Art. R. 623-2*) ;

– ceux qui troublent la tranquillité d'autrui par des agressions sonores (*Code pénal, Art. 222-16*) ;

– ceux qui déposent, abandonnent ou jettent des ordures, déchets, matériaux ou tout autre objet ailleurs que dans un emplacement prévu à cet effet (*Code pénal, Art. R. 632-1*) ;

– ceux qui laissent en liberté un animal dont ils ont la garde susceptible de présenter un danger pour autrui (*Code pénal, Art. R. 622-2*) ;

– ceux qui entrent par la menace, manœuvres… dans le domicile d'autrui (*Code pénal, Art. 226-4*) ;
– ceux qui détruisent, dégradent ou détériorent volontairement un bien appartenant à autrui (*Code pénal, Art. 322-1 et s. et R. 635-1*).

Par ailleurs, l'intervention des forces de police est souvent difficile à obtenir. Si la police se déplace, un procès-verbal pourra être établi mais ce n'est pas systématique. Si procès-verbal il y a, il sera transmis au procureur de la République.

AVANTAGE

En dehors même du procès-verbal, la simple intervention des forces de police est souvent efficace pour que cesse le trouble.

● **Vous pouvez également alerter le maire** de votre commune ; celui-ci, en vertu de ses pouvoirs de police, doit en effet réprimer les atteintes à la tranquillité publique. L'article L. 2212-2 du Code général des collectivités territoriales dispose précisément que la police municipale est notamment compétente pour réprimer les atteintes à la tranquillité publique telles que les rixes et disputes accompagnées d'ameutement dans les rues, le tumulte excité dans les lieux d'assemblée publique, les attroupements, les bruits, les troubles de voisinage, les rassemblements nocturnes qui troublent le repos des habitants et tous actes de nature à compromettre la tranquillité publique. Sauf disposition plus répressive, la violation de tels arrêtés est passible de la peine d'amende prévue pour les contraventions de 1re classe.

Le Code général des collectivités territoriales prévoit par ailleurs que les maires peuvent soumettre les activités s'exerçant sur la voie publique à des conditions d'horaires, d'accès à certains lieux et de niveaux sonores admissibles (*Code général des collectivités territoriales, Art. L. 2213-4*). Il peut donc être utile de se renseigner sur les arrêtés communaux pris en la matière.

Dans certaines mairies, en vertu notamment des dispositions de l'article L. 1312-1 du Code de la santé publique, un agent assermenté de la commune, désigné par le maire, peut venir constater l'infraction et établir un procès-verbal d'infraction en matière de bruits.

À NOTER

Si le bruit indésirable provient de l'activité d'un commerçant, il vous faut alors faire mesurer l'intensité de la gêne avec un sonomètre. Adressez-vous au service d'hygiène de la mairie, et si un tel service n'a pas été mis en place, à votre préfecture. S'il s'agit d'un bar ou d'un restaurant, c'est au maire que vous devez exposer votre problème. Récemment, la Cour de cassation a toutefois estimé que la musique provenant d'un restaurant traditionnel n'était pas soumise à la réglementation spécifique des bruits de voisinage provenant d'une activité professionnelle. Il s'agissait d'une atteinte classique à la tranquillité du voisinage (Cour de cassation, Chambre criminelle, 14/1/2020, n° 19-82085).

AVANTAGE

Des associations « anti-bruit » se sont multipliées sur tout le territoire national : elles peuvent vous conseiller, appuyer vos demandes, vous informer de vos droits.

LES FUMÉES ET MAUVAISES ODEURS

Pour qu'une mesure soit prise à l'encontre de l'émetteur de fumées ou de mauvaises odeurs, le trouble doit être excessif. Or, les activités des particuliers ne semblent pas, aux yeux des juges, produire de nuisances anormales en matière de fumées et de mauvaises odeurs.
En revanche, les actions en justice peuvent aboutir lorsque sont en cause des établissements industriels, des exploitations commerciales ou artisanales. Mais la décision des tribunaux n'est pas toujours en faveur des particuliers ; par exemple, des odeurs de poissons émanant de plusieurs commerces vendant de la morue n'ont pas été considérées comme un trouble anormal de voisinage.

Le recours aux tribunaux

En dernier recours, et si les autres démarches ne vous ont pas donné satisfaction, vous disposez de 5 ans pour saisir la justice (*Code civil, Art. 2224*) comme l'a rappelé à plusieurs reprises la plus haute juridiction (*Cour de cassation, 2e chambre civile, 13/9/2018, n° 17-22474, n° 17-22474 et 3e chambre civile, 16/1/2020, n° 16-24352*).

Avant d'engager une procédure, un dossier solide doit être constitué en rassemblant le maximum de preuves afin d'attester de la gêne subie. Tous les modes de preuve sont admis : photos, vidéos, témoignages écrits, courriers, courriels, constats d'huissier de justice, certificats médicaux…

À NOTER

Selon le type de juridiction (civile, pénale ou administrative) saisie, la solution peut être différente.

Les juridictions civiles

Pour obtenir la cessation du trouble et/ou le versement de dommages et intérêts, vous devez saisir les tribunaux civils sur le fondement de l'article 1240 du Code civil ou en invoquant la notion d'inconvénient anormal de voisinage. Depuis le 1/1/2020, quel que soit le montant de votre litige, c'est le tribunal judiciaire, né de la fusion du tribunal d'instance et du tribunal de grande instance, qui est compétent (*Code de l'organisation judiciaire, Art. L. 211-3 et R. 211-3*).

À NOTER

Le recours à un avocat devant le tribunal judiciaire est obligatoire (y compris en référé) pour tout litige supérieur à 10 000 €.

Devant les tribunaux civils, si vous gagnez votre procès, le responsable sera condamné à prendre toutes les mesures nécessaires pour ne plus vous importuner, si besoin est sous astreinte : c'est ainsi, par exemple, qu'un musicien devra faire insonoriser la pièce dans laquelle il s'exerce, un propriétaire réparer son mur en ruine, un restaurateur installer une cheminée pour que les odeurs alimentaires n'importunent plus ses voisins, etc. Le responsable du trouble peut également être condamné à verser des dommages et intérêts pour compenser le préjudice que vous avez subi (par exemple, une perte d'ensoleillement suite à la construction d'un immeuble sur une parcelle voisine).

Les juridictions administratives

Si votre préjudice est dû à des travaux publics ou résulte de la violation d'un arrêté communal ou préfectoral, vous devez saisir le tribunal administratif pour que celui-ci fasse cesser le trouble et, le cas échéant, vous octroie des dommages et intérêts.

Si l'auteur du trouble de voisinage est une administration (ou dépend d'une administration), seul le tribunal administratif est compétent.

Les juridictions pénales

Vous pouvez également engager une action au pénal : sachez que le juge pénal n'est pas là pour faire cesser le trouble mais pour punir le contrevenant en infligeant notamment des amendes.

Mais pour pouvoir recourir à cette procédure, il faut pouvoir invoquer un fait réprimé par le Code pénal : par exemple, l'auteur de bruits excessifs commet une infraction passible d'une contravention de 3e classe.

Les autres cas prévus sont peu nombreux. Le recours devant le juge pénal est possible, en particulier, pour faire condamner celui qui dépose ou abandonne ses ordures sur un terrain non prévu à cet effet. Le Code pénal punit en effet cette infraction d'une contravention de 2e classe (*Code pénal, Art. R. 632-1*) et d'une contravention de 4e classe quiconque dépose sur la voie publique un objet quelconque entravant la libre circulation (*Code pénal, Art. R. 644-2*).

À NOTER

Voir plus loin le tableau récapitulatif sur les troubles de voisinage.

UN TERRAIN LAISSÉ À L'ABANDON

Si le terrain à côté de votre habitation n'est pas entretenu et risque de devenir un lieu de dépôt d'ordures ou d'être envahi par des animaux indésirables, vous pouvez agir de différentes façons.

Si le propriétaire est connu, vous pouvez mettre en cause sa responsabilité devant les tribunaux civils si vous avez subi un dommage (*Code civil, Art. 1240*). Vous pouvez également avoir recours au maire de la commune qui, en vertu de ses pouvoirs de police, est en droit d'intervenir.

Si une maison est construite sur le terrain abandonné, adressez-vous à la direction départementale de l'action sanitaire et sociale. En effet, le règlement sanitaire départemental type prévoit que « les jardins et les aménagements ainsi que les plantations doivent être soigneusement entretenus de façon à y maintenir l'hygiène et la salubrité des habitations » (*Art. 23-3*).

Cas pratiques

Les troubles de voisinage

Bruit d'un piano

Le fait de jouer régulièrement du piano peut-il entraîner la responsabilité de celui qui en joue s'il gêne ses voisins ?

Dans une affaire jugée par la Cour de cassation, l'utilisation d'un piano installé au rez-de-chaussée avait été à l'origine d'une gêne sonore pour les voisins. Malgré l'enlèvement du piano, cette nuisance persistait en raison de la pratique d'un autre piano et d'un violon. Cette gêne a été considérée comme excédant les inconvénients normaux de voisinage, d'autant plus que ces voisins n'avaient pas effectué les travaux préconisés par l'expert judiciaire. Il leur a été interdit de jouer du piano dans la salle située au rez-de-chaussée et ils ont été condamnés au paiement de la somme de 15 000 € à titre de dommages et intérêts pour trouble de jouissance *(Cour de cassation, 3e chambre civile, 23/5/2012)*.

Stationnement gênant dans une cour

Je ne peux pas accéder à mon garage car les autres copropriétaires se garent dans la cour en dépit du bon sens. Cette situation est insupportable. Que me conseillez-vous de faire ?

Vous pouvez, dans un premier temps, contacter vos voisins pour tenter de régler cette question à l'amiable. S'ils ne veulent pas entendre raison, vous pouvez demander au syndic d'intervenir. C'est à lui d'assurer la bonne administration des parties communes dont la cour fait partie (voir cas pratique « Encombrement des parties communes »).

Barbecue

Mes voisins m'incommodent avec leur barbecue installé sur leur balcon. Cette utilisation n'est pas occasionnelle : elle s'étend sur plusieurs mois de l'année (j'habite dans le Midi). Que puis-je faire ? Toutes mes tentatives de règlement à l'amiable sont restées vaines.

Tout d'abord, vous devez chercher si vous pouvez invoquer une réglementation à votre profit. Il faut savoir que le maire a la possibilité de réglementer l'utilisation du barbecue au sein de sa commune. Nous vous conseillons donc de contacter votre mairie afin de savoir s'il existe un arrêté municipal à ce sujet.

Par ailleurs, dans un immeuble en copropriété, le règlement de copropriété peut interdire ou encadrer son utilisation. Si c'est le cas, le syndic pourra intervenir auprès de vos voisins puisque l'une de ses missions est de faire respecter le règlement de copropriété.

Enfin, vous pouvez tenter de prouver que l'usage du barbecue excède les inconvénients normaux de voisinage, mais sachez que cela risque d'être difficile à établir.

Diminution de l'ensoleillement, lumière ou vue

Mon voisin fait édifier une construction qui a pour effet de me priver de la vue et de l'ensoleillement dont je jouissais auparavant... et de diminuer la valeur de ma villa. Quels sont mes droits ?

Ces troubles peuvent être considérés comme dépassant les inconvénients normaux de voisinage. Tel était le cas dans une affaire où une villa subissait une perte d'ensoleillement notable à la suite de la construction d'un immeuble de six étages. En outre, le nombre de vues directes sur la terrasse de la villa avait augmenté, et le passage commun aux deux propriétés était bien plus souvent utilisé. Cela entraînait une diminution de valeur de la villa d'au moins 25 % (*Cour de cassation, 2e chambre civile, 14/2/2004*).

Vous pouvez donc saisir le juge en vous appuyant sur cette jurisprudence. Mais sachez que l'appréciation des tribunaux se fait au cas par cas.

Risque d'incendie

Près de ma maison, mon voisin entrepose, malgré mes demandes réitérées, un tas de paille et du matériel usagé. Cela entraîne un risque d'incendie pour mon terrain. Que puis-je faire ?

Dans une affaire proche de la vôtre, la justice a considéré ces troubles comme étant anormaux et a ordonné l'enlèvement sous astreinte (*Cour de cassation, 2e chambre civile, 24/2/2005*).

La Cour de cassation a en effet jugé qu'entreposer de la paille à proximité d'une habitation constituait, en raison des risques d'incendie que cela faisait naître, un trouble anormal du voisinage, et ce indépendamment de toute réalisation de ce risque.

Arbres - dégâts

Même plantés en respectant les distances légales, des peupliers peuvent-ils entraîner la condamnation de leur propriétaire pour troubles anormaux de voisinage ?

Oui, si ces arbres provoquent sur le terrain voisin des dégradations telles que :

un assèchement du sol argileux (*Cour de cassation, 2e chambre civile, 29/6/2000*) ;

un obstacle au bon écoulement des eaux (du fait de la chute des feuilles mortes) (*Cour de cassation, 2e chambre civile, 4/1/1990*).

des boursouflures du revêtement du sol dans la propriété voisine (causées par l'envahissement du fonds par les racines (même arrêt).

L'abattage des arbres peut être ordonné par le juge s'il est le seul moyen de faire cesser les désordres.

Les relations que j'entretiens avec mon voisin sont loin d'être cordiales. En particulier, certains de ses arbres sont plantés trop près de la limite séparative de nos propriétés. Ceci étant, j'hésite à engager une procédure judiciaire craignant d'envenimer encore plus notre relation. Que puis-je faire ? Existe-t-il une procédure intermédiaire ?

Si vous avez déjà contacté votre voisin afin de lui exposer vos griefs et que cet entretien n'a rien donné, une procédure préalable à la saisine des tribunaux peut en effet être envisagée : il s'agit de la conciliation en justice. Cela consiste à prendre rendez-vous avec le conciliateur de justice de votre mairie. Cette procédure amiable donne de bons résultats en matière de troubles de voisinage.

Il vous suffit de téléphoner à votre mairie pour demander l'intervention de ce professionnel : il vous contactera, ainsi que votre voisin, pour que vous puissiez vous expliquer.

Au cours de la conciliation, on va certainement vous demander de prouver les faits que vous reprochez à votre voisin. Avez-vous des photographies prouvant vos dires ? Un expert a-t-il pris des mesures chez votre voisin ? Pensez à préparer ces éléments afin de défendre au mieux votre point de vue.

À noter : la loi n° 2019-222 du 23/3/2019 impose une tentative obligatoire de conciliation, de médiation ou de procédure participative (procédure incluant les avocats) en amont de la saisine du tribunal lorsque la demande concerne un conflit de voisinage, et notamment en matière de distance des plantations (*Code de procédure civile, Art. 750-1*).

La copropriété

En achetant un appartement dans un immeuble, vous devenez propriétaire de l'appartement lui-même et, le cas échéant, de la cave, de la place de parking qui y sont attachées mais également d'une fraction des parties communes de l'immeuble : hall d'entrée, escalier, ascenseur… et des éléments indispensables à la conservation de l'immeuble et à sa solidité (murs porteurs, fondations, toiture…). Vous êtes donc également copropriétaire. La copropriété réunissant plusieurs personnes, il a fallu organiser leurs relations et la gestion collective du bâtiment. La loi du 10/7/1965 et le décret du 23/3/1967, l'une et l'autre plusieurs fois modifiés, donnent le cadre légal du fonctionnement et le règlement de copropriété constitue le code de conduite des copropriétaires en définissant les droits et obligations de chacun.

L'immeuble en copropriété

Un lot de copropriété est formé de deux éléments « indissociables » : une ou plusieurs parties privatives et une quote-part de parties communes exprimée en tantièmes de copropriété. La loi de 1965 donne une définition des parties privatives et des parties communes et le règlement de copropriété détermine la destination des unes et des autres.

Quelles sont les parties privatives ?

La loi définit les parties privatives comme étant les parties du bâtiment ou du terrain réservées à l'usage exclusif d'un propriétaire déterminé (*Loi du 10/7/1965, Art. 2*).

Il s'agit notamment :
- de l'intérieur des appartements et des boutiques ;
- des cloisons qui ne font pas partie du gros œuvre (un mur porteur n'est donc pas une partie privative), des portes et des menuiseries intérieures ;
- des équipements intérieurs de chaque lot : sanitaires, chauffage individuel, placards, etc. ;
- des volets, persiennes et stores (mais attention : de plus en plus de règlements de copropriété classent ces éléments comme parties communes) ;
- des caves, greniers et chambres de bonne attachés à chaque lot ;
- des accessoires de chaque lot tels que sonnettes, boîtes aux lettres, etc. ;
- des portes palières des appartements.

Les fenêtres, balustrades et barres d'appui entrent normalement dans la catégorie des parties privatives, mais très souvent les règlements de copropriété les classent en parties communes.

Quelles sont les parties communes ?

À chaque lot privatif est obligatoirement attaché un droit sur les parties communes (*Loi du 7/10/1965, Art. 1er*). Celles-ci sont définies par l'article 3 de la loi du 10/7/1965.

Il s'agit notamment :
- du sol, des cours, des jardins et des voies d'accès ;
- du gros œuvre des bâtiments, des éléments d'équipement commun, des canalisations qui traversent les locaux privatifs ;
- des coffres, des gaines et têtes de cheminées ;
- des locaux de service commun (local à poubelles ou à vélos, chaufferie, etc.) ;
- des passages et des corridors ;
- de tout élément incorporé dans les parties communes ;
- ainsi que des droits accessoires afférents aux parties communes (droit d'affichage, de construire, de surélever…).

A NOTER

Depuis le 1/6/2020, la loi a expressément consacré une jurisprudence qui considère qu'aucune servitude ne peut être créée sur une partie commune au profit d'un lot privatif (Loi du 10/7/1965, Art. 6-1 A).

RECONNAISSANCE DES LOTS TRANSITOIRES PAR LA LOI ELAN

Ce sont des tranches de programme non encore construites. Chaque lot est formé « d'une partie privative constituée d'un droit de construire précisément défini quant aux constructions qu'il permet de réaliser et d'une quote-part de parties communes correspondante » (*Loi du 10/7/1965, Art. 1er*)
Reconnus jusque-là par la jurisprudence (*Cour de cassation, 3e chambre civile, 14/11/1991*), la loi ELAN du 23/11/2018 consacre leur existence. Le règlement de copropriété doit les mentionner en précisant leur consistance exacte (*Loi du 10/7/1965, Art. 1er*). Comme tout copropriétaire, le propriétaire d'un lot transitoire est tenu de payer les charges de copropriété et doit être convoqué aux assemblées générales.
La copropriété a 3 ans à compter du 24/11/2018 pour mettre, si besoin, son règlement en conformité avec les dispositions relatives aux lots transitoires. À charge pour le syndic d'inscrire la question à l'ordre du jour de chaque assemblée générale organisée durant ce délai. La décision devra être prise à la majorité de l'article 24.

Quels sont les droits des copropriétaires sur leurs parties privatives et sur les parties communes ?

Les parties privatives

Le copropriétaire use et jouit librement des parties privatives sous la seule condition de ne pas porter atteinte aux droits des autres copropriétaires (troubles de voisinage, par exemple), ni à la destination de l'immeuble.

En effet, le règlement de copropriété prévoit la destination de principe qui est donnée à l'immeuble : par exemple, immeuble à usage exclusivement bourgeois. Dans cette hypothèse, les copropriétaires doivent respecter cette destination. Ils peuvent cependant demander en assemblée générale (l'unanimité est en principe requise) l'autorisation, par exemple, d'exercer un commerce dans les lieux loués ou d'y exercer une profession libérale.

Les copropriétaires peuvent domicilier leur entreprise dans les locaux sous réserve que le règlement de copropriété ne s'y oppose pas et en respectant les conditions prévues par les textes (*Code de la construction et de l'habitation, Art. L. 631-7 et s.*).

Par ailleurs, le copropriétaire est libre d'effectuer tous travaux à l'intérieur de ses parties privatives dans la mesure où il ne touche pas au gros œuvre ni aux parties communes. Si tel était le cas en effet, il devrait obligatoirement demander l'autorisation de l'assemblée générale des copropriétaires.

En présence de travaux concernant les parties communes, il est tenu, si les circonstances l'exigent, de supporter certains travaux chez lui ou de permettre l'accès à ses parties privatives (*Loi du 10/7/1965, Art. 9*).

Le copropriétaire peut également sous certaines conditions vouloir diviser son lot, ou au contraire l'agrandir (par exemple, il veut récupérer des combles, une partie du couloir ou aménager une véranda). Après avoir obtenu les autorisations nécessaires (service de l'urbanisme de sa mairie, architecte, géomètre expert…), il doit vérifier si la partie qu'il désire ajouter est une partie commune ou partie privative (pièce contiguë à son appartement par exemple).

S'il s'agit d'une partie privative, celui qui veut s'agrandir doit réaliser l'acte de vente avec l'autre copropriétaire (sous réserve, pour certaines opérations, que ce dernier puisse effectivement subdiviser son lot). L'assemblée doit approuver la nouvelle répartition des charges.

S'il s'agit d'une partie commune (portion de couloir par exemple), il doit obtenir l'autorisation d'acquérir cette partie commune par un vote de l'AG.

Le copropriétaire peut d'ailleurs se contenter d'acquérir le droit de jouissance exclusive de cette partie commune (par exemple, pour une terrasse). L'autorisation de l'assemblée reste cependant nécessaire.

À NOTER

Chaque copropriétaire doit s'assurer contre les risques de responsabilité civile dont il doit répondre en sa qualité soit de copropriétaire occupant, soit de copropriétaire non-occupant.

Les parties communes

Les parties communes sont en principe à la disposition de tous les copropriétaires. Le règlement de copropriété apporte en général des précisions sur les modalités d'utilisation des parties communes et éventuellement des restrictions à cet usage, compte tenu de la destination de l'immeuble (par exemple : interdiction de se garer dans une cour).

Le copropriétaire doit donc respecter les clauses du règlement et de façon plus générale, ne pas apporter de gêne aux autres copropriétaires en ce qui concerne l'utilisation des parties communes (par exemple, en entreposant des objets dans les couloirs)(*Loi du 10/7/1965, Art. 8 et 9*).

La loi, pour respecter les intérêts respectifs des copropriétaires et du syndicat, prévoit qu'un copropriétaire peut réaliser à ses frais certains travaux affectant les parties communes ou l'aspect extérieur de l'immeuble s'il en obtient au préalable l'autorisation à l'assemblée générale (par exemple : pose de volets, ouverture d'une loggia, construction d'un bâtiment privatif dans une cour commune)(*Loi du 10/7/1965, Art. 25 b*).

À défaut de cette autorisation, s'il s'agit de travaux d'amélioration, comme par exemple la transformation d'un élément d'équipement ou l'aménagement de locaux destinés à la collectivité (bien que les tribunaux soient souples sur la notion de travaux d'amélioration), le copropriétaire peut saisir le tribunal judiciaire pour obtenir cette autorisation.

Parfois, il faut se référer au règlement de copropriété pour déterminer s'il s'agit d'une partie privative ou d'une partie commune. Lorsque l'état descriptif de division attribue un « droit de passage » au profit d'un seul copropriétaire, il faut rechercher s'il ne révèle pas un droit de jouissance exclusif excluant alors la qualification de partie commune (*Cour de cassation, 3e chambre civile, 1/2/2018*).

LES PARTIES COMMUNES SPÉCIALES ET CELLES À JOUISSANCE PRIVATIVE

La loi ELAN reconnaît l'existence des « parties communes spéciales » et de celles à « jouissance privative ». S'il en existe dans une copropriété, elles doivent, depuis le 1/6/2020, être expressément énumérées dans le règlement de copropriété (*Loi du 10/7/1965, Art. 8*).

Les premières sont celles affectées à l'usage et à l'utilité de plusieurs copropriétaires. Elles sont leur propriété indivise. Leur création est indissociable de l'établissement de charges spéciales à chacune d'entre elles. Les décisions les concernant peuvent être adoptées lors d'une assemblée spéciale ou durant l'assemblée générale de tous les copropriétaires. Seuls votent alors les copropriétaires à l'usage et à l'utilité desquels elles sont affectées (*Loi du 10/7/1965, Art. 6-2*).

Les secondes sont celles affectées à l'usage et à l'utilité exclusifs d'un lot. Elles appartiennent à tous les copropriétaires de manière indivise (*Loi du 10/7/1965, Art. 6-3*). Ainsi, le copropriétaire qui en bénéficie et qui veut y effectuer des travaux doit obtenir au préalable l'autorisation des autres copropriétaires en assemblée générale (*Cour de cassation, 3e chambre civile, 23/1/2020*).

Depuis le 1/6/2020, les parties communes spéciales peuvent être affectées à l'usage ou (et non plus « et ») à l'utilité de plusieurs copropriétaires. Le cumul des deux conditions n'est plus exigé. Il en va de même pour les parties communes à jouissance privative.

Qu'est-ce que le règlement de copropriété ?

Le règlement de copropriété est obligatoire dans toute copropriété (*Loi du 10/7/1965, Art. 8*). Son rôle est d'organiser les rapports entre copropriétaires, d'énumérer les parties privatives et communes, et de déterminer la quote-part de charges que devra supporter chaque lot. Il précise la destination de chaque lot (grenier, cave, local commercial, local d'habitation…). Enfin, il fixe les règles de vie communes dans l'immeuble tant dans les parties privatives que commune (interdiction de faire sécher du linge sur les balcons, horaires pour effectuer des travaux de bricolage, conditions d'utilisation du local à vélo…).

À NOTER

Des dispositions spécifiques, destinées à faciliter leur administration, sont prévues au profit des copropriétés comportant au plus cinq lots à usage de logements, de bureaux ou de commerces et dont le budget prévisionnel moyen sur une période de trois exercices consécutifs est inférieur à 15 000 € (Loi du 10/7/1965, Art. 41-8 et s.).

› Quand est-il établi ?

Le règlement de copropriété est établi soit au moment de la construction de l'immeuble, soit au moment de sa division en lots (un propriétaire unique décide de vendre son bien à plusieurs propriétaires). Mais il se peut aussi qu'une copropriété se trouve dépourvue de règlement. Dans ce cas, il peut être établi à la majorité de tous les copropriétaires représentant au moins 2/3 des voix. La modification du règlement de copropriété ne peut se faire que dans les mêmes conditions.

En cas de mise en copropriété d'un immeuble bâti existant, le statut de la copropriété s'applique à compter du premier transfert de propriété d'un lot. Pour les immeubles à construire, le fonctionnement de la copropriété découlant de la personnalité morale du syndicat de copropriétaires prend effet lors de la livraison du premier lot.

L'immatriculation du syndicat de copropriétaires est sans incidence sur l'application du statut de copropriété (*Loi du 10/7/1965, Art. 1-1*).

À NOTER

Afin de faciliter l'harmonisation des règlements de copropriété parfois anciens avec les différentes lois intervenues dans le domaine de la copropriété, l'assemblée générale peut décider, à la majorité simple prévue à l'article 24 de la loi, de procéder aux adaptations du règlement de copropriété rendues nécessaires par les modifications législatives intervenues depuis son établissement.

› Que contient-il ?

Le règlement de copropriété définit les parties communes et, selon le cas, intègre ou non l'état descriptif de division.

Des clauses fixent la destination et les modalités d'usage des parties communes et privatives ainsi que les quotes-parts de charges.

Le règlement de copropriété énumère, s'il y a lieu, les parties communes spéciales et celles à jouissance privative (*Loi du 10/7/1965, Art. 8*).

La destination des lots

Le règlement de copropriété définit la destination de chaque lot : certains ne sont réservés qu'à l'habitation, d'autres peuvent accueillir une activité de bureau, d'autres encore seront réservés à l'usage de greniers ou de caves. La Cour de cassation a jugé qu'une cave, bien qu'équipée d'une ouverture sur l'extérieur en partie haute, ne peut être louée en tant que logement dans un immeuble ne comportant que de grands appartements. Cela contrevient à la destination « bourgeoise » de l'immeuble fixée par le règlement de copropriété (*Cour de cassation, 3ᵉ chambre civile, 6/9/2018, n° 17-22172*).

Le règlement peut instaurer des limites à l'exercice de certains commerces lorsque la destination de l'immeuble le justifie. Dans les immeubles de standing, l'installation d'un restaurant est généralement interdite, de même que sont interdites dans la plupart des immeubles les activités commerciales ou artisanales nécessitant la présence de machines.

La Cour de cassation a jugé que le fait pour les copropriétaires d'un immeuble à caractère résidentiel d'installer dans leurs lots des locataires pour de très brèves périodes, ou même des longs séjours, dans des « hôtels studios meublés » avec prestations de services, ne correspondait pas à la destination de l'immeuble (*Cour de cassation, 3ᵉ chambre civile, 8/3/2018*). Pour bien faire, les copropriétaires auraient dû obtenir au préalable une modification du règlement de copropriété.

AVANTAGE

Il est possible d'exercer une activité libérale (médecin, architecte ou avocat, par exemple) dans un lot de copropriété si le règlement ne l'interdit pas.

AVANTAGE

Tout copropriétaire peut domicilier, provisoirement pour 5 ans, une entreprise nouvellement créée dans un logement. Le copropriétaire qui désire user de cette possibilité doit en informer le syndic par lettre recommandée avec avis de réception. Il ne s'agit donc que d'une information et non d'une demande d'autorisation.

L'usage de l'immeuble

Le règlement de copropriété organise la vie de l'immeuble en réglant les conditions dans lesquelles les copropriétaires peuvent user des parties communes mais également privatives. Il s'apparente à un règlement intérieur d'immeuble lorsqu'il interdit, par exemple, d'étendre du linge aux fenêtres, d'entreposer des cyclomoteurs dans les parties communes ou de garer des voitures dans une cour.

ATTENTION ⚠

Le règlement de copropriété peut limiter singulièrement vos possibilités de réaménagement de votre appartement.

Les quotes-parts de charges

Chaque copropriétaire devant participer aux charges, le règlement de copropriété fixe la quote-part qu'il doit payer, en distinguant deux catégories de charges.

- Tout d'abord, les charges imposées par la conservation, l'entretien et l'administration des parties communes, que l'on nomme couramment les « charges générales » : travaux d'entretien et de réparation, frais de syndic… Leur quote-part correspond généralement à la quote-part des parties communes attachée au lot concerné. S'il existe des parties communes spéciales, la quote-part afférente à chaque lot doit être indiquée.
- L'autre catégorie de charges est constituée par celles liées aux éléments d'équipement commun et aux services collectif (chauffage, ascenseur, etc.). Elles sont réparties en fonction de l'utilité objective qu'elles présentent pour chaque lot, dès lors que ces charges ne sont pas individualisées. Il s'agit des charges dites « spéciales ».

Tous les nouveaux règlements de copropriété publiés depuis le 31/12/2002 doivent préciser la façon dont les quotes-parts des parties communes et les quotes-parts de charges sont calculées (*Loi du 10/7/1965, Art. 10*).

À NOTER

Depuis le 1/6/2020, le règlement de copropriété doit préciser, le cas échéant, les charges que le titulaire d'un droit de jouissance privative supporte (Loi du 10/7/1965, Art. 6-3).

› Qui assure le respect du règlement de copropriété ?

Le syndic est chargé de faire respecter le règlement et d'assurer l'exécution de ses dispositions.

Cela est particulièrement vrai en ce qui concerne les modalités d'usage des parties privatives et les parties communes (*Loi du 10/7/1965, Art. 18*).

C'est dans le cadre de ses pouvoirs qu'il peut, par exemple, mettre en demeure un copropriétaire de ne pas encombrer les parties communes ou de cesser ses nuisances.

À NOTER

Le règlement ne s'impose pas qu'aux seuls copropriétaires ou leurs ayants droit mais à toute personne détentrice d'un droit sur un lot (locataire, usufruitier…).

› Peut-on modifier le règlement de copropriété ?

La modification d'un règlement doit faire l'objet d'un vote à l'assemblée générale, aux règles de majorité de l'article 26 de la loi du 10/7/1965 (majorité du syndicat des copropriétaires représentant au moins les 2/3 des voix), et ce seulement dans la mesure où la modification concerne la jouissance, l'usage et l'administration des parties communes. L'unanimité des voix est en revanche requise pour modifier des stipulations du règlement de copropriété relatives à la destination de l'immeuble.

Le règlement de copropriété peut également être modifié à la suite d'une modification de la répartition des charges.

Enfin, la mise en conformité s'effectue aux règles de majorité de l'article 24.

› Dans quels cas peut-on contester les clauses d'un règlement de copropriété ?

Chaque copropriétaire a la possibilité de s'adresser au tribunal judiciaire du lieu de la situation de l'immeuble pour demander l'annulation :

– des clauses imposant des restrictions aux droits des copropriétaires non justifiées par la destination de l'immeuble (par exemple, interdiction d'exercer une profession libérale déterminée dans un immeuble qui n'est pas exclusivement réservé à l'habitation bourgeoise et n'apportant aucune gêne à la copropriété). De façon plus générale, les clauses abusives peuvent être annulées par les tribunaux (exemple, interdiction d'avoir des animaux domestiques)(*Loi du 10/7/1965, Art. 8*) ;

– des clauses non conformes aux règles impératives de la loi du 10/7/1965 (et plus précisément à ses articles 1er, 1-1, 4, 6 à 37, 41-1 à 42-1 et 46 et ceux du décret pris pour leur application) : par exemple, paiement des charges d'ascenseur pour les copropriétaires du rez-de-chaussée.

DROIT DE PRIORITÉ DES COPROPRIÉTAIRES EN CAS DE VENTE DE PLACES DE PARKING

Le règlement de copropriété des immeubles dont le permis de construire a été délivré conformément à un plan local d'urbanisme (PLU) ou d'autres documents d'urbanisme imposant la réalisation d'aires de stationnement peut désormais prévoir une clause attribuant un droit de priorité (une sorte de « droit de préemption ») aux copropriétaires à l'occasion de la vente de lots exclusivement à usage de stationnement au sein de la copropriété. Dans ce cas, le vendeur doit, préalablement à la conclusion de toute vente d'un ou plusieurs lots à usage de stationnement, faire connaître au syndic par lettre recommandée avec avis de réception son intention de vendre, en indiquant le prix et les conditions de la vente. Cette information est alors transmise sans délai à chaque copropriétaire par le syndic par lettre recommandée avec avis de réception, aux frais du vendeur. Elle vaut offre de vente pendant une durée de 2 mois à compter de sa notification (*Loi du 10/7/1965, Art. 8-1*).

Qu'est-ce que l'état descriptif de division ?

L'état descriptif de division est un document qui liste les lots privatifs. Il est généralement inclus au règlement de copropriété (*Loi du 10/7/1965, Art. 8*), mais peut constituer un document à part. Vous devez en recevoir un exemplaire lorsque vous achetez un appartement en copropriété.

À chaque lot correspond un numéro d'identification, la description de sa situation (bâtiment B, 2e étage, porte gauche, par exemple) et sa consistance (appartement de deux pièces principales, avec cuisine, salle de bains comprenant des toilettes, une penderie, une entrée et un balcon, par exemple).

Enfin, l'état descriptif de division détermine la quote-part de parties communes afférente à chaque lot, exprimée en millièmes ou en tantièmes. Cette quote-part est déterminée, lors de la création de la copropriété, en fonction de la surface de chacun des lots et de sa situation.

EXEMPLE D'UN ÉTAT DESCRIPTIF DE DIVISION

✓ **Lot n° 1 :** un local à usage commercial situé au rez-de-chaussée du bâtiment et comprenant une boutique avec vitrine, une arrière-boutique et une réserve. Est attachée à ce lot une quote-part de parties communes à hauteur de 2 554/10 000e.
✓ **Lot n° 2 :** un appartement d'habitation situé au 1er étage et comprenant une entrée, un séjour donnant sur un balcon, deux chambres, une cuisine, une salle de bains et des toilettes indépendantes. Est attachée à ce lot une quote-part de parties communes à hauteur de 2 678/10 000e.
✓ **Lot n° 3 :** un appartement de cinq pièces situé au deuxième étage du bâtiment et comprenant une entrée, un séjour, un bureau, deux chambres et une cuisine, une salle de bains, des toilettes indépendantes et une petite pièce annexe. À ce lot, est attachée une quote-part de parties communes à hauteur de 3 521/10 000e.
✓ **Lot n° 4 :** un appartement de trois pièces situé au troisième et dernier étage du bâtiment et comprenant, outre la pièce principale, deux chambres, une salle d'eau avec toilettes, une entrée, une penderie. À ce lot, est attachée une quote-part de parties communes à hauteur de 1 247/10 000e.
Total : 10 000/10 000e.

LES COPROPRIÉTÉS HORIZONTALES

Si vous habitez dans un lotissement, vous dépendez sans doute d'une association syndicale libre ou autorisée.
Une association syndicale libre réunit les propriétaires de lots dans un lotissement dès lors qu'ils sont au moins 5 et que le lotissement comporte des équipements communs. La constitution d'une association syndicale libre, dans cette hypothèse, est obligatoire. Le texte applicable à ces associations est l'ordonnance n° 2004-632 du 1/7/2004 (et non la loi régissant le statut de la copropriété du 10/7/1965). Tous les copropriétaires des lots sont nécessairement associés. Les statuts de l'association sont en principe établis par le notaire ou le lotisseur. Ils fixent les règles applicables aux lotis : règles de vote, de quorum, d'assemblées, de convocation, de répartition des charges… Les lotis sont libres de modifier ces statuts. La loi intervient donc peu dans la vie d'une association qui n'est régie pratiquement que par ses statuts.
Les associations syndicales peuvent être créées pour l'acquisition ou la gestion des terrains et des équipements communs ou pour l'amélioration du lotissement.

Les règles de fonctionnement de la copropriété

L'ensemble des copropriétaires forme ce que l'on appelle le syndicat des copropriétaires qui prend les décisions intéressant la copropriété lorsqu'il se réunit en assemblée générale. Celle-ci élit un conseil syndical qui a pour mission d'assister le syndic et de contrôler sa gestion. Le syndicat de copropriétaires délègue une partie de ses pouvoirs au syndic qui exécute ses décisions et assure la gestion courante de l'immeuble.

Le conseil syndical

Le conseil syndical n'est pas une institution superflue lorsqu'il est véritablement investi de sa mission.

Il peut accéder à tous les documents comptables tout au long de l'année, rappeler à l'ordre le syndic qui laisse, parfois, traîner les choses en ce qui concerne les impayés ou la réalisation de certains travaux.
Il sert également de courroie de transmission entre les copropriétaires et le syndic (*Loi du 10/7/1965, Art. 21*).

LES SYNDICATS SECONDAIRES

Dans les copropriétés regroupant « plusieurs bâtiments ou plusieurs entités homogènes susceptibles d'une gestion autonome, les copropriétaires dont les lots composent l'un ou plusieurs de ces bâtiments ou entités homogènes peuvent, réunis en assemblée spéciale, décider, à la majorité des voix de tous les copropriétaires, la constitution entre eux d'un syndicat, dit secondaire.
Ce syndicat a pour objet d'assurer la gestion, l'entretien et l'amélioration interne de ce ou ces bâtiments ou entités homogènes, sous réserve des droits résultant pour les autres copropriétaires des dispositions du règlement de copropriété. Cet objet peut être étendu avec l'accord de l'assemblée générale de l'ensemble des copropriétaires statuant à la majorité prévue à l'article 24 » (*Loi du 10/7/1965, Art. 27*).
Lorsqu'il existe un ou plusieurs syndicats secondaires dans une copropriété, ceux-ci sont représentés au conseil syndical du syndicat principal, proportionnellement à l'importance des lots constituant le syndicat secondaire par rapport à l'ensemble des lots qui composent le syndicat principal.

La désignation du conseil syndical

L'assemblée générale désigne le conseil syndical à la majorité des voix de tous les copropriétaires (*Loi du 10/7/1965, Art. 25*).

Les membres sont nommés pour une durée maximale de 3 ans, éventuellement renouvelable. Leurs fonctions cessent donc de plein droit à l'expiration de leur mandat.

L'assemblée générale peut aussi désigner des membres suppléants.
La désignation d'un conseil syndical n'est pas obligatoire lorsque la copropriété comporte au maximum cinq lots à usage de logements, de bureaux ou de commerces, ou lorsque le budget prévisionnel moyen du syndicat des copropriétaires sur une période de trois exercices consécutifs est inférieur à 15 000 € (*Loi du 7/10/1965, Art. 41-8 et 41-9*).

Important : en raison de l'épidémie de coronavirus, le mandat confié par l'assemblée générale aux membres du conseil syndical qui expire ou a expiré entre le 12/3/2020 et le 23/7/2020 inclus est automatiquement renouvelé jusqu'à la tenue de la prochaine assemblée générale, qui doit intervenir au plus tard le 31/1/2021.

AVANTAGE

Si vous êtes élu au conseil syndical, vous serez plus au courant des affaires de la copropriété et vous participerez directement à sa gestion.

ATTENTION ⚠

Faire partie du conseil syndical demande du travail, du temps et donc de la disponibilité. Si vous n'êtes pas sûr de pouvoir y consacrer le temps nécessaire, vous pouvez refuser d'en faire partie. En outre, le conseil syndical a l'obligation de rendre compte de sa mission devant l'assemblée générale de copropriétaires (Décret du 17/3/1967, Art. 22).

Qui fait partie du conseil syndical ?

Tous les copropriétaires peuvent faire partie du conseil syndical. Cependant, l'assemblée générale ne peut y élire le syndic (même s'il est copropriétaire), son conjoint, son partenaire pacsé, ses ascendants, descendants, parents en ligne collatérale ou préposés. En revanche, sont éligibles les représentants légaux des copropriétaires, les locataires accédant, les conjoints des copropriétaires, leur partenaire pacsé ou leurs usufruitiers.

Depuis le 1/6/2020, la liste des personnes ne pouvant être membre du conseil syndical a été élargie au concubin du syndic ainsi qu'aux conjoints, partenaires pacsés, concubins, ascendants ou descendants, parents en ligne collatérale jusqu'au 2e degré des préposés du syndic, et ce même s'ils sont copropriétaires.

À NOTER

Lorsqu'une communication écrite doit être faite au conseil syndical, elle est valable lorsqu'elle est faite à son président, lorsqu'il en a été désigné un, ou, à défaut, à chacun de ses membres. Lorsque la communication est demandée par le conseil syndical, elle est faite à chacun de ses membres (Décret du 17/3/1967, Art. 26).

Comment ne plus faire partie du conseil syndical ?

Chaque membre du conseil syndical a la liberté de démissionner lorsque bon lui semble. Par ailleurs, l'assemblée générale peut, à tout moment, révoquer un ou plusieurs membres du conseil syndical.

Les membres du conseil syndical n'en font plus partie, automatiquement, à l'expiration de leur mandat, ou à l'expiration d'un délai de 3 ans à compter de leur nomination si le mandat est à durée indéterminée.

Enfin, le conseil syndical n'est plus régulièrement constitué lorsque plus d'1/4 des sièges devient vacant. Il faut alors procéder à la réélection de tous ses membres.

La présidence du conseil syndical

Le conseil syndical désigne un président selon les règles précisées au règlement de copropriété ou fixées par l'assemblée générale à la majorité simple de l'article 24. Le président a la charge de veiller à son fonctionnement et à la bonne tenue de ses réunions. Il peut, en outre, dans des circonstances particulières, être amené à convoquer l'assemblée générale.

Depuis le 1/6/2020, en cas de carence ou d'inaction du syndic et sur délégation expresse de l'assemblée générale, il peut exercer une action contre celui-ci en réparation du préjudice subi par les copropriétaires (*Loi du 7/10/1965, Art. 15*).

Que fait le conseil syndical ?

Le conseil syndical a pour mission d'assister le syndic et de contrôler la gestion de la copropriété. Cette mission de contrôle consiste en particulier à vérifier :

– la comptabilité du syndicat ;
– la répartition des dépenses ;
– les conditions dans lesquelles sont exécutés les contrats et les autres marchés ;
– l'élaboration du budget provisionnel.

Pour mener à bien cette mission, il peut prendre connaissance et demander au syndic une copie de tous les documents se rapportant à sa gestion. Si les pièces demandées au syndic ne lui sont pas transmises dans le délai d'1 mois, des pénalités par jour de retard doivent être imputés sur les honoraires de base du syndic. Depuis le 1/6/2020, la pénalité mise à la charge du syndic peut être imputée sur sa rémunération forfaitaire annuelle et non plus sur ses honoraires de base. Elles seront alors déduites de sa rémunération au moment de l'approbation des comptes définitifs. À défaut, le président du conseil syndical pourra demander au tribunal judiciaire de condamner le syndic à un tel paiement (*Loi du 10/7/1965, Art. 21*).

Le conseil syndical a donc pour mission implicite de signaler à l'assemblée générale les irrégularités, les négligences ou les défaillances du syndic. En cas d'inexécution suffisamment grave du syndic, le conseil syndical peut demander la résiliation de son contrat. Dans ce cas, il doit notifier au syndic une demande motivée d'inscription de cette question à l'ordre du jour de la prochaine assemblée générale, en précisant la ou les inexécutions qui lui sont reprochées (*Loi du 10/7/1965, Art. 18*).

Lorsque l'assemblée générale est appelée à se prononcer sur la désignation d'un syndic, le conseil syndical intervient préalablement pour organiser la mise en concurrence de plusieurs projets de contrat de syndic (*Loi du 10/7/1965, Art. 21*).

Le conseil syndical peut également se prononcer, par un avis écrit, sur tout projet de contrat de syndic. Cet avis est joint à la convocation de l'assemblée générale avec les projets de contrat concernés.

Le conseil syndical a également pour mission d'établir, en concertation avec le syndic, l'ordre du jour de l'assemblée générale (*Décret du 17/3/1967, Art. 26*).

En matière de travaux, l'assemblée générale peut décider d'un montant au-delà duquel le syndic a obligation de consulter le conseil syndical.

Si le syndic a le pouvoir de décider de travaux urgents sans consulter préalablement l'assemblée générale des copropriétaires, il devra, en revanche, consulter le conseil syndical lorsqu'il envisage de percevoir des copropriétaires une provision pour travaux urgents.

À NOTER

Le conseil syndical peut, pour l'exécution de sa mission, prendre conseil auprès de toute personne de son choix. Il peut aussi, sur une question particulière, demander un avis technique à tout professionnel de la spécialité. Les dépenses nécessitées par l'exécution de la mission du conseil syndical constituent des dépenses courantes d'administration. Elles sont supportées par le syndicat et réglées par le syndic (Décret du 17/3/1967, Art. 27).

UNE POSSIBLE DÉLÉGATION DE POUVOIRS

Depuis le 1/6/2020, lorsque le conseil syndical est composé d'au moins trois membres, l'assemblée générale peut, par un vote à la majorité de l'article 25 (majorité des voix de tous les copropriétaires), lui déléguer le pouvoir de prendre seul des décisions relevant de la majorité de l'article 24 (majorité simple, la plus facile à réunir).

Une telle délégation ne peut toutefois pas concerner l'approbation des comptes, la détermination du budget prévisionnel ou les mises à jour du règlement de copropriété liées à des modifications législatives et réglementaires.

L'assemblée générale doit alors déterminer le montant maximum des sommes allouées au conseil syndical pour mettre en œuvre sa délégation de pouvoirs. Une telle délégation ne peut excéder 2 ans (renouvelable sur décision expresse de l'assemblée générale).

Le syndicat des copropriétaires doit souscrire, pour chacun des membres du conseil syndical, une assurance de responsabilité civile.

De plus, concernant l'exercice de la délégation de pouvoirs, les décisions du conseil syndical doivent être prises à la majorité de ses membres. En cas d'égalité des voix, la voix du président du conseil syndical est prépondérante.

Enfin, le conseil syndical doit rendre compte de l'exercice de sa délégation devant l'assemblée générale et adresser un rapport écrit en vue de l'information des copropriétaires (*Loi du 10/7/1965, Art. 21-1 et s.*).

La responsabilité du conseil syndical peut-elle être engagée ?

Oui, si le conseil syndical a notamment été négligent dans son rôle de contrôle de la gestion de la copropriété. Compte tenu du fait que les membres exercent leur action de façon bénévole, leur responsabilité sera appréciée avec moins de rigueur.

Le syndicat des copropriétaires

› Quel est le rôle du syndicat des copropriétaires ?

La collectivité des copropriétaires est constituée de plein droit dès lors qu'un immeuble est divisé et soumis au régime de la copropriété en un syndicat qui a la personnalité civile. C'est le syndicat, représenté par le syndic, qui pourvoit à la conservation et l'amélioration de l'immeuble et à l'administration des parties communes. Il peut agir en justice, soit en demande, soit en défense à la suite d'un procès dirigé contre lui. Il peut acquérir des biens ou en vendre (*Loi du 10/7/1965, Art. 14, 15 et 16*).

À NOTER

Depuis le 1/4/2020, les syndicats de copropriétaires dont le nombre de lots de la copropriété est supérieur à 100 peuvent placer jusqu'à 100 000 € (contre 76 500 € jusque-là) sur le livret A de la copropriété. Pour les autres copropriétés, le plafond de 76 500 € reste inchangé (Code monétaire et financier, Art. R. 221-2).

L'IMMATRICULATION DES COPROPRIÉTÉ

Depuis la loi ALUR, le syndicat des copropriétaires doit se faire immatriculer sur un registre national accessible sur le site *www.registre-coproprietes.gouv.fr*, et ce quel que soit le nombre de lots dont est constituée la copropriété. Le but est notamment de prévenir le surendettement des copropriétés ou leur dysfonctionnement. C'est au syndic qu'il appartient d'effectuer cette démarche et de mettre à jour chaque année (ou si besoin lors d'évenements particuliers) les informations y figurant (*Code de la construction et de l'habitation, Art. L. 711-1 et s. et R. 711-1 et s.*)
L'absence d'immatriculation empêche la copropriété de percevoir des subventions de l'État ou de l'Agence nationale de l'habitat (ANAH). Elle expose en outre le syndic jusqu'à 20 € d'astreinte par lot et par semaine jusqu'à l'immatriculation (*Code de la construction et de l'habitation, Art. L. 711-6*).

› Dans quel cas la responsabilité du syndicat peut-elle être engagée ?

Depuis le 1/6/2020, le syndicat des copropriétaires est responsable des dommages causés aux copropriétaires ou aux tiers trouvant leur origine dans les parties communes (*Loi du 10/7/1965, Art. 9-1 et 14*). Sa responsabilité n'est plus limitée aux seuls vices de construction ou défaut d'entretien de l'immeuble.

Le syndicat ne peut s'exonérer de sa responsabilité qu'en rapportant la preuve d'une force majeure (par exemple, une catastrophe naturelle) ou de la faute de la victime.

La responsabilité peut être engagée, par exemple, en cas de défaut d'étanchéité de la toiture, de l'effondrement d'un plancher ou d'un balcon, d'un accident causé par un ascenseur. Le syndicat peut, bien entendu, se retourner contre les entrepreneurs concernés. En effet, le syndicat ayant la garde des parties communes, il est responsable des accidents survenus à l'occasion de celles-ci.

Chaque syndicat de copropriétaires est, depuis la loi ALUR applicable depuis le 27/3/2014, tenu de s'assurer contre les risques de responsabilité civile dont il doit répondre. Les parties communes de l'immeuble sont donc dorénavant couvertes par une assurance (*Loi du 10/7/1965, Art. 9-1 et 14*).

› Quelles sont les dispositions légales concernant les copropriétés en difficulté ?

Être une copropriété en difficulté signifie ne pas disposer de suffisamment de ressources pour assurer l'entretien de l'immeuble et les travaux indispensables. Différentes mesures sont prévues par les textes pour aider ces copropriétés :
– une procédure d'alerte préventive ;
– la désignation d'un administrateur provisoire susceptible de redresser les comptes ;
– l'établissement d'un constat de carence pouvant entraîner des injonctions du maire d'avoir à effectuer des travaux indispensables ou une expropriation ;
– l'établissement d'un plan de sauvegarde.

L'administrateur provisoire

En cas de déséquilibre financier grave ou en cas d'impossibilité pour le syndicat de pourvoir à la conservation de l'immeuble, le président du tribunal judiciaire du lieu de la situation de l'immeuble peut désigner un administrateur *ad hoc*, en remplacement du syndic, s'il est saisi par les copropriétaires représentant ensemble 15 % au moins des voix du syndicat ou par le président du conseil syndical, par le syndic, le procureur de la République, le maire de la commune de l'immeuble, le président de l'EPCI, le préfet ou le mandataire *ad hoc*. En aucun cas, le syndic ne peut être désigné comme administrateur provisoire de la copropriété. Si un tel administrateur est désigné, son mandat cesse de plein droit.

L'administrateur va tenter de rétablir l'équilibre de la copropriété. Pour ce faire, il dispose des pouvoirs qui lui sont précisés par l'ordonnance du juge. Il peut aussi être désigné pour liquider les dettes du syndicat en cas d'expropriation ou de dissolution.

En fin de procédure, le syndic informe chaque copropriétaire qu'il peut prendre connaissance du rapport de l'administrateur. Une copie peut être envoyée à ceux qui le demandent, à leurs frais. La mission de l'administrateur ne peut être inférieure à 12 mois.

Le juge peut modifier, prolonger ou mettre fin à la mission de l'administrateur, d'office ou suite à la demande de l'administrateur, d'un ou de plusieurs copropriétaires, du procureur de la République, du préfet, du maire de la commune de l'immeuble, du président de l'EPCI. Si aucun rapport n'a été établi au cours de l'année précédente, l'administrateur rend, au plus tard à l'issue des 6 premiers mois de sa mission, un rapport intermédiaire présentant les mesures à adopter pour redresser la situation financière.

Lorsqu'un administrateur provisoire est désigné ou en présence d'un plan de sauvegarde (voir plus loin), le syndicat des copropriétaires peut bénéficier de l'aide juridictionnelle pour le recouvrement des créances.

La désignation d'un administrateur provisoire suspend l'exigibilité des créances, autres que les créances publiques et sociales, ayant leur origine antérieurement à cette désignation pour 12 mois (prorogeable par le juge jusqu'à 30 mois). Elle interrompt ou interdit toute action en justice de la part des créanciers dont la créance a son origine antérieurement à cette décision et tendant à :

– la condamnation du syndicat débiteur au paiement d'une somme d'argent ;

– la résolution d'un contrat pour défaut de paiement d'une somme d'argent.

Cette décision arrête toute procédure d'exécution (saisie…) à l'encontre du syndicat pour les créances antérieures à sa désignation.

Dans les 2 mois de sa nomination, l'administrateur provisoire procède à des mesures de publicité permettant aux créanciers de produire leurs créances.

Il établit un plan d'apurement des dettes avec un échéancier d'une durée maximale de 5 ans. Il en notifie le projet aux créanciers inscrits sur la liste qui peuvent lui faire part de leurs observations dans les 2 mois.

Il notifie ensuite le plan d'apurement définitif au conseil syndical et aux créanciers qui disposent de 2 mois à compter de cette notification pour saisir le juge de leur contestation.

À défaut, le juge homologue le plan et notifie l'ordonnance aux créanciers et au conseil syndical avec le plan d'apurement définitif. La suspension de l'exigibilité des créances est maintenue pendant l'exécution du plan.

Le plan d'apurement est mis en œuvre par le syndic à l'issue de la mission de l'administrateur provisoire.

La procédure peut se terminer, selon l'état de la copropriété par :

– une cession des biens ;

– un effacement des dettes ;

– la réorganisation du syndicat ;

– la réalisation de travaux ;

– la mise en place d'une administration provisoire renforcée.

En outre, le président du tribunal judiciaire, statuant en référé, peut, sur la demande de l'administrateur provisoire consignant l'avis des copropriétaires, décider du retrait d'un ou de plusieurs immeubles de la copropriété initiale, pour constituer une copropriété ou une propriété séparée, si aucune autre solution ne permet de rétablir le fonctionnement normal de la copropriété.

Les copropriétaires et le procureur de la République sont informés de l'ordonnance désignant l'administrateur et du rapport de ce dernier. En sont également informés le maire, le préfet, le président de l'EPCI (*Loi du 10/7/1965, Art. 29-1 et s.*).

Injonctions du maire

Le maire peut adresser des injonctions aux syndicats de copropriétaires d'effectuer des travaux ou de procéder à la remise en état d'équipements communs d'un immeuble présentant un fonctionnement défectueux ou un défaut d'entretien de nature à créer des risques sérieux pour la sécurité des occupants ou à compromettre gravement leurs conditions d'habitation.

En cas de contestation, un expert peut être désigné pour procéder à la constatation de l'état des équipements et établir un rapport.

Le tribunal administratif peut être saisi en cas de litige et décider des mesures à réaliser et du délai pour les exécuter. Il peut autoriser le maire à y faire procéder d'office et aux frais des propriétaires si cette exécution n'a pas eu lieu au terme prescrit.

En cas d'urgence ou de menace grave et imminente, le maire, après en avoir informé le syndicat, demande au juge judiciaire de désigner un expert chargé d'examiner l'état des équipements communs dans un délai de 24 heures suivant sa désignation. Si le rapport de l'expert constate l'urgence ou la menace grave et imminente, le maire ordonne les mesures provisoires permettant de garantir la sécurité des occupants et, si nécessaire, l'évacuation de l'immeuble.

Dans le cas où ces mesures provisoires ne sont pas exécutées dans le délai imparti par l'arrêté, le maire peut les faire exécuter d'office et aux frais des copropriétaires (*Code de la construction et de l'habitation, Art. L. 129-1 à L. 129-7*).

Carence et expropriation

Un syndicat de copropriété peut être dans l'incapacité d'exercer sa mission de gestion et de conservation de l'immeuble en raison de graves difficultés financières et de l'importance des travaux à réaliser. Cette situation peut entraîner un risque pour la sécurité des habitants de l'immeuble.

C'est pourquoi l'état de carence du syndicat peut être décidé, après expertise judiciaire, à la demande du maire compétent, du préfet ou, après accord du maire ou du président de l'EPCI, à la demande du syndic, des copropriétaires représentant au moins 15 % des voix ou encore de l'administrateur de la copropriété en difficulté. La nomination d'experts ne peut intervenir que par voie de référé devant le tribunal judiciaire, dans un délai fixé par le juge, qui ne peut excéder 3 mois, renouvelable une fois.

Au vu des conclusions des experts, l'état de carence reconnu par ordonnance du président du tribunal judiciaire peut alors entraîner l'expropriation de l'immeuble, suivant une procédure simplifiée par rapport à la procédure de droit commun (*Loi du 10/7/1965, Art. 29-1 A et s.* ; *Code de la construction et de l'habitation, Art. L. 615-6 et L. 615-7*).

À NOTER

L'ordonnance du président du tribunal judiciaire est notifiée aux copropriétaires, au syndicat des copropriétaires, à l'administrateur provisoire, au maire de la commune ou au président de l'EPCI.

Plan de sauvegarde

Un « plan de sauvegarde », visant à restaurer le cadre de vie des occupants et usagers d'un immeuble, peut être établi par une commission constituée par le préfet. Ce dernier peut être saisi à cette fin notamment par le maire, une association de riverains ou de copropriétaires, le président de l'EPCI ou l'administrateur provisoire. Il peut aussi se saisir lui-même d'office.

Ce plan fixe les mesures nécessaires pour, dans un délai de 5 ans, sur la base des engagements souscrits par les collectivités publiques, les organismes publics ou les personnes privées concernées :
- redresser la situation financière de la copropriété ;
- clarifier et simplifier les règles de structure et d'administration du groupe d'immeubles bâtis ou de l'ensemble immobilier ;
- clarifier et adapter le statut de biens et équipements collectifs à usage public ;
- réaliser des travaux de conservation de l'immeuble ou tendant à la réduction des charges de fonctionnement ;
- assurer l'information et la formation des occupants de l'immeuble pour restaurer les relations sociales ;
- organiser la mise en place de mesures d'accompagnement (*Code de la construction et de l'habitation, Art. L. 615-1 à L. 615-5*).

UNIONS ET SCISSIONS DE SYNDICATS

Un syndicat de copropriétaires peut être membre d'une union de syndicats dont l'objet est d'assurer la création, la gestion et l'entretien d'éléments d'équipement communs ainsi que la gestion de services d'intérêt commun.

À l'inverse, lorsque la division du sol est possible, la possibilité est offerte à un ou plusieurs copropriétaires de demander le retrait de son ou de ses lots du syndicat initial pour constituer une copropriété, voire une propriété séparée (*Loi du 10/7/1965, Art. 29*).

Lorsqu'un syndicat de copropriétaires est membre d'une union de syndicats, son représentant au conseil de l'union est désigné parmi les copropriétaires, les associés lorsque plusieurs lots sont attribués à des personnes qui ont constitué une société propriétaire de ces lots, les accédants ou les acquéreurs à terme, leurs conjoints, leurs partenaires pacsés ou leurs représentants légaux.

Les assemblées générales

Le syndicat des copropriétaires se réunit en assemblée générale pour prendre ses décisions. À l'exception des travaux urgents et des actes relevant de la gestion courante de la copropriété, c'est l'assemblée générale qui décide de tout. Selon l'importance de la décision portée au vote, la majorité requise varie.

Toutes les notifications et mises en demeure prévues par la loi du 10/7/1965 et le décret du 17/3/1967 relatifs à la copropriété sont valablement faites par lettre recommandée avec avis de réception. Le délai qu'elles font courir, le cas échéant, a pour point de départ le lendemain du jour de la première présentation de la lettre recommandée au domicile du destinataire.

Ces notifications et mises en demeure peuvent également être valablement faites par voie électronique (« lettre recommandée électronique »), sous réserve de l'accord exprès de chaque copropriétaire qui le souhaite.

Toutefois, la notification des convocations prévues par le décret du 17/3/1967, notamment la convocation aux assemblées générales, peut valablement résulter d'une remise contre récépissé ou émargement.

À NOTER

Avec la crise sanitaire liée à l'épidémie de Covid-19, les assemblées générales annuelles annulées au printemps 2020 devront avoir lieu au plus tard le 31/1/2021.

À NOTER

Les petites copropriétés de 5 lots maximum à usage de logements, de bureaux ou de commerces (ou lorsque le budget prévisionnel moyen du syndicat des copropriétaires sur une période de trois exercices consécutifs est inférieur à 15 000 €) peuvent prendre une décision à l'occasion d'une consultation écrite ou lors d'une réunion sans avoir à convoquer une assemblée générale dès lors qu'elle est prise à l'unanimité des voix des copropriétaires. Sous réserve qu'elle ne concerne toutefois ni le budget prévisionnel ni l'approbation des comptes qui restent soumis à l'approbation de l'assemblée générale annuelle (Loi du 10/7/1965, Art. 41-12).

› La convocation aux assemblées générales

Le syndic doit convoquer l'assemblée générale au moins une fois par an (Décret du 17/3/1967, Art. 7) et à chaque fois que le conseil syndical, ou qu'un ou plusieurs copropriétaires représentant au moins 1/4 des voix, le lui demande ° 41)(Décret du 17/3/1967, Art. 8). Si le syndic refuse de convoquer l'assemblée générale, le président du conseil syndical peut le faire à sa place.

À partir du 1/6/2020, tout copropriétaire pourra, à ses frais, demander au syndic la convocation et la tenue d'une assemblée générale pour faire inscrire à l'ordre du jour une ou plusieurs questions ne concernant que lui (*Loi du 10/7/1965, Art. 17-1 AA*). Un décret doit venir préciser le délai laissé au syndic pour l'organiser.

À NOTER

En cas d'empêchement du syndic, pour quelque cause que ce soit, le président du conseil syndical peut convoquer une assemblée générale appelée à désigner un nouveau syndic (Loi du 10/7/1965, Art. 18).

Sauf urgence, la convocation doit être adressée à ses destinataires 21 jours francs au moins avant la tenue effective de l'assemblée, par lettre recommandée avec avis de réception. Le délai de 21 jours a alors, pour point de départ, le lendemain du jour de la première présentation de la lettre recommandée au domicile du destinataire. Cette convocation peut également être faite par voie électronique (« lettre recommandée électronique »), sous réserve de l'accord exprès de chaque copropriétaire qui le souhaite, ou encore par remise contre récépissé ou émargement (*Décret du 17/3/1967, Art. 64*). Le syndic a cependant tout intérêt à remettre les convocations de la main à la main contre récépissé ou émargement ou bien à envoyer les convocations suffisamment tôt à l'avance pour ne pas risquer l'annulation de l'assemblée générale pour non-respect du délai de 21 jours.

Le syndic doit également indiquer, par voie d'affichage, la date de la prochaine assemblée générale aux copropriétaires et la possibilité qu'ils ont de solliciter l'inscription d'une ou plusieurs questions à l'ordre du jour (*Décret du 17/3/1967, Art. 9*).

À NOTER

On appelle « jour franc » un jour entier compté de 0 h 00 à minuit. Entre le 11 janvier à 11 h 00 et le 13 janvier à 16 h 00, il n'y a donc qu'un seul jour franc.

À NOTER

En cas de catastrophe technologique ayant endommagé les parties communes, le syndic doit convoquer sous 15 jours l'assemblée générale des copropriétaires. Cette réunion se tient dans les 2 mois suivant la catastrophe ; les décisions visant à autoriser le syndic à engager des travaux de remise en état rendus nécessaires par l'urgence sont prises à la ma-

jorité des copropriétaires présents ou représentés (Loi du 10/7/1965, Art. 38-1).

À NOTER

Même fondées sur une absence de convocation ou sur une convocation irrégulière, les actions en justice qui ont pour objet de contester les décisions des assemblées générales doivent être intentées dans un délai de 2 mois à compter de la notification du procès-verbal (Cour de cassation, 3e chambre civile, 12/10/2005).

› Qui est convoqué à l'assemblée générale ?

Tout copropriétaire doit être régulièrement convoqué. Ainsi, une convocation doit être adressée :

– aux copropriétaires possédant un lot en pleine propriété ;

– pour un lot en indivision (bien acquis en commun par plusieurs personnes ou dont la propriété est partagée par plusieurs cohéritiers) ou qui fait l'objet d'un démembrement du droit de propriété : au mandataire commun. Les intéressés doivent, en effet, être représentés par un mandataire choisi entre eux d'un commun accord ; à défaut, il sera désigné par le président du tribunal judiciaire à la demande de l'un d'entre eux ou du syndic ;

– pour les lots possédés par un incapable majeur ou par un mineur non émancipé : le tuteur ou représentant légal ;

– pour les lots appartenant à une personne morale (une société, par exemple) : le représentant légal ;

– pour les locataires accédants : le vendeur et le locataire accédant. Le locataire accédant sera appelé à voter pour toutes les décisions concernant l'administration courante, mais le vendeur votera pour les décisions de grosses réparations ;

– pour les lots appartenant à une société civile immobilière (SCI) attribuant aux associés leur lot en jouissance : les associés.

À NOTER

En cas de transfert de propriété d'un lot, une notification doit être adressée au syndic (Décret du 17/3/1967, Art. 6). Tant que cette notification n'a pas été faite au syndic, ce dernier n'a pas à convoquer les acquéreurs à l'assemblée générale, même s'il connaissait, par ailleurs, la mutation intervenue (Cour de cassation, 3e chambre civile, 26/9/2007).

ATTENTION SI VOUS DÉMÉNAGEZ

Si vous êtes copropriétaire ou titulaire d'un droit d'usufruit ou de nue-propriété sur un lot de copropriété, vous devez communiquer à votre syndic votre domicile ainsi que votre adresse électronique, si vous avez donné votre accord pour recevoir des notifications et mises en demeure par voie électronique, et cela afin que le syndic puisse vous adresser les différentes notifications, convocations ou mises en demeure qui vous concernent (*Décret du 17/3/1967, Art. 65*). Si vous déménagez, n'oubliez pas d'informer le syndic de votre nouvelle adresse (et, le cas échéant, de votre nouvelle adresse électronique), pour qu'il puisse normalement vous convoquer aux assemblées générales. À défaut, vous ne pourriez pas ensuite contester les décisions d'une assemblée générale, au motif que vous n'y auriez pas été régulièrement convoqué, le syndic ayant adressé la convocation à votre dernier domicile ou à la dernière adresse électronique dont il avait connaissance (*Cour d'appel de Paris, 15/3/2001*).

› Que contient la convocation ?

● La convocation doit bien évidemment préciser où et quand aura lieu l'assemblée générale et indiquer l'ordre du jour (*Décret du 17/3/1967, Art. 9*). L'assemblée générale ne peut valablement délibérer que sur les questions portées à l'ordre du jour. La Cour de cassation a rappelé que l'assemblée générale ne pouvait valablement délibérer que sur les questions inscrites à l'ordre du jour (*Cour de cassation, 3e chambre civile, 3/12/2015*). La rédaction de celui-ci doit être précise, car toute question trop vaguement libellée (du type « examen de la question du ravalement » ou « questions diverses ») n'autorise pas l'assemblée générale à prendre une décision valable.

Sur ce point, il faut préciser que, selon la Cour de cassation, une décision qui a été votée conformément à l'ordre du jour ne peut être complétée par une autre qui n'y était pas inscrite. Ainsi, une assemblée générale ne peut valablement amender ou améliorer les résolutions qui lui sont soumises, par exemple en adoptant une 2e résolution non portée à l'ordre du jour, mais qui constituerait la suite logique d'une première résolution y figurant (*Cour de cassation, 3e chambre civile, 7/11/2007*).

À tout moment, un ou plusieurs copropriétaires ou le conseil syndical peuvent notifier au syndic la ou les questions dont ils demandent à ce qu'elles soient inscrites à l'ordre du jour d'une assemblée générale. Le syndic porte ces questions à l'ordre du jour de la convocation de la prochaine assemblée générale. Toutefois, si la ou les questions notifiées ne peuvent être inscrites à cette assemblée, compte tenu de la date de réception de la demande par le syndic, elles le sont à l'assemblée suivante (*Décret du 17/3/1967, Art. 10*).
Une telle demande doit être adressée au syndic par lettre recommandée avec avis de réception ou par voie électronique (*Décret du 17/3/1967, Art. 64*).
Le ou les copropriétaires ou le conseil syndical qui demandent l'inscription d'une question à l'ordre du jour doivent notifier au syndic, avec leur demande, le projet de résolution lorsque cette notification est requise en application des 7° et 8° du I de l'article 11 du décret du 17/3/1967 (voir plus loin). Lorsque le projet de résolution porte sur certains sujets (autorisation donnée à certains copropriétaires d'effectuer, à leurs frais, des travaux d'accessibilité aux personnes handicapées ou à mobilité réduite qui affectent les parties communes ou l'aspect extérieur de l'immeuble ou autorisation donnée à certains copropriétaires d'effectuer à leurs frais des travaux affectant les parties communes ou l'aspect extérieur de l'immeuble), il est accompagné d'un document précisant l'implantation et la consistance des travaux.
À l'occasion de chaque appel de fonds qu'il adresse aux copropriétaires, le syndic rappelle les dispositions qui précèdent (*Décret du 17/3/1967, Art. 10*).
Toutefois, si la ou les questions notifiées ne peuvent être inscrites à cette assemblée compte tenu de la date de réception de la demande par le syndic, elles le sont à l'assemblée suivante. Sous réserve de l'appréciation souveraine des tribunaux, cette hypothèse vise le cas où les convocations sont déjà adressées aux copropriétaires, mais pourrait viser également le cas où les convocations sont déjà photocopiées ou, *a fortiori*, mises sous plis pour envoi. Il pourrait également s'agir du cas d'une demande de question nouvelle, mais adressée au syndic de façon incomplète, c'est-à-dire sans les projets de résolution, les devis ou autres pièces justificatives qui doivent nécessairement être fournis à tous les copropriétaires, pour que l'assemblée générale puisse valablement décider (*Réponse ministérielle n° 24515, JO Sénat du 14/12/2006*).
Par ailleurs, le syndic doit obligatoirement inscrire à l'ordre du jour les questions mentionnées aux articles suivants de la loi du 10/7/1965 : article 24-2 (installation de lignes de communications électroniques à très haut débit en fibre optique), article 24-3 (travaux et modifications nécessaires à la réception, par l'antenne collective de l'immeuble, des services de télévision par voie hertzienne terrestre en mode numérique), article 24-4 (établissement d'un plan de travaux d'économies d'énergie ou conclusion d'un contrat de performance énergétique), article 24-5 (travaux permettant la recharge des véhicules électriques ou hybrides) et article 24-6 (information sur l'exercice par les copropriétaires du droit de délaissement prévu à l'article L. 515-16-3 du Code de l'environnement pour les immeubles situés dans des zones d'exposition aux risques technologiques)

À NOTER

Lorsqu'un réseau de communications électroniques interne à l'immeuble distribue des services de télévision, l'ordre du jour de l'assemblée générale comporte de droit, si l'installation ne permet pas encore l'accès aux services nationaux en clair de télévision par voie hertzienne terrestre en mode numérique et si le distributeur de services dispose d'une offre en mode numérique, l'examen de toute proposition commerciale émanant d'un distributeur de services de télévision disposant d'une offre en mode numérique (câblo-opérateur par exemple), qui permet la distribution de la télévision numérique terrestre. La décision d'accepter cette proposition commerciale est alors acquise à la majorité simple de l'article 24.

DU NOUVEAU CONCERNANT LES EMPRUNTS COLLECTIFS

Depuis le 1/6/2020, lorsque l'assemblée générale se prononcera sur des travaux concernant les parties communes, des travaux d'intérêt collectif sur des parties privatives ou des actes d'acquisition conformes à l'objet du syndicat, la question de la souscription d'un emprunt collectif destiné à financer ces travaux doit être inscrite à l'ordre du jour de cette même assemblée générale (*Loi du 10/7/1965, Art. 25-3*).
Les copropriétaires qui décident de participer à un tel emprunt doivent alors notifier leur décision au syndic dans un délai de 2 mois à compter de la notification du procès-verbal d'AG à tous les copropriétaires. Il leur faut en outre indiquer le montant de l'emprunt qu'ils demandent, dans la limite de leur quote-part des dépenses (*Loi du 10/7/1965, Art. 26-4*).

La convocation doit contenir, également, toutes les pièces nécessaires aux copropriétaires pour apprécier la portée des décisions qu'ils seront appelés à prendre et dont l'énoncé figure à l'ordre du jour.
La convocation indique le lieu, le ou les jours et les heures de consultation des pièces justificatives des charges (*Décret du 17/3/1967, Art. 9*).
Doivent ainsi être notifiés en même temps que l'ordre du jour (*Décret du 17/3/1967, Art. 11*) :
I. - Pour la validité de la décision (si ces documents font défaut, l'assemblée ne peut donc valablement délibérer et tout copropriétaire peut alors saisir le tribunal judiciaire pour obtenir la nullité des décisions prises irrégulièrement) :
1° L'état financier du syndicat des copropriétaires et son compte de gestion général, lorsque l'assemblée est appelée à approuver les comptes. Ces documents sont présentés avec le comparatif des comptes de l'exercice précédent approuvé ;
2° Le projet du budget présenté avec le comparatif du dernier budget prévisionnel voté, lorsque l'assemblée est appelée à voter le budget prévisionnel ;
La présentation des documents énumérés au 1° et au 2° ci-dessus est conforme aux modèles établis par le décret relatif aux comptes du syndicat des copropriétaires et ses annexes ;
3° Les conditions essentielles du contrat ou, en cas d'appel à la concurrence, des contrats proposés, lorsque l'assemblée est appelée à approuver un contrat, un devis ou un marché, notamment pour la réalisation de travaux ainsi que les conditions générales et particulières du projet de contrat et la proposition d'engagement de caution mentionné à l'article 26-7 de la loi du 10/7/1965 lorsque le contrat proposé a pour objet la souscription d'un prêt bancaire au nom du syndicat dans les conditions prévues à l'article 26-4 de cette loi ; est visée l'hypothèse de recours par la copropriété à un emprunt collectif afin de financer certaines opérations (notamment des travaux sur les parties communes ou des travaux d'intérêt collectif sur des parties privatives) ;
4° Le ou les projets de contrat du syndic, lorsque l'assemblée est appelée à désigner le représentant légal du syndicat ;
5° Le projet de convention, ou la convention passée entre le syndic et le syndicat outre les projets mentionnés au 4° ci-dessus ;
6° Le projet de règlement de copropriété, de l'état descriptif de division, de l'état de répartition des charges ou le projet de modification desdits actes, lorsque l'assemblée est appelée, suivant le cas, à établir ou à modifier ces actes ;
7° Le projet de résolution lorsque l'assemblée est appelée à statuer sur l'une des questions suivantes : périodicité et/ou la quotité des provisions ; exigibilité des sommes afférentes aux dépenses pour travaux non comprises dans le budget prévisionnel dont la liste est fixée par décret ; ouverture d'un compte bancaire ou postal séparé au nom du syndicat ; travaux d'accessibilité aux personnes handicapées ; autorisation donnée à certains copropriétaires d'effectuer à leurs frais ces travaux ; une des décisions nécessitant l'adoption à la majorité des voix de tous les copropriétaires ; périodes de fermeture de l'immeuble, en cas de décision d'installer un dispositif de fermeture de l'immeuble ; travaux d'amélioration ; répartition des dépenses de fonctionnement, d'entretien et de remplacement des parties communes ou des éléments transformés ou créés ; surélévation ou construction de bâtiments destinés à créer de nouveaux locaux à usage privatif ; opposition à l'exercice du droit accessoire d'un copropriétaire ; amélioration ou addition de nouveaux locaux, après destruction totale ou partielle de l'immeuble ;
8° Le projet de résolution tendant à autoriser, s'il y a lieu, le syndic à introduire une demande en justice ;
9° Les conclusions du rapport de l'administrateur provisoire lorsqu'il en a été désigné un par le président du tribunal judiciaire en application des dispositions de l'article 29-1 de la loi du 10/7/1965 et lorsque l'assemblée est appelée à statuer sur une question dont la mention à l'ordre du jour résulte de ces conclusions ;
10° Les conclusions du rapport du mandataire *ad hoc* lorsqu'il en a été désigné un par le président du tribunal judiciaire en vertu de l'article 29-1 B de la loi du 10/7/1965 et que l'assemblée générale est appelée à statuer sur les projets de résolution nécessaires à la mise en œuvre de ce rapport ;
11° Les projets de résolution mentionnant, d'une part, la saisie immobilière d'un lot, d'autre part, le montant de la mise à prix, ainsi que le montant des sommes estimées définitivement perdues, lorsque l'assemblée générale est appelée à autoriser le syndic à poursuivre la saisie immobilière d'un lot ;
12° Le projet de convention et l'avis du conseil syndical sur la gestion des services spécifiques ou la teneur de la délégation confiée au conseil syndical par l'assemblée générale relative à la gestion courante de services spécifiques (copropriété de « résidence-services ») ;
13° Le rapport préalable à un projet de suppression d'un service non individualisable – espaces de convi-

vialité, jardins aménagés, conciergerie… – dans les « résidences-services » ;

II. - Pour la simple information des copropriétaires :

1° Les annexes au budget prévisionnel ;

2° L'état détaillé des sommes perçues par le syndic au titre de sa rémunération ;

3° L'avis rendu par le conseil syndical lorsque sa consultation est obligatoire, en application du 2° alinéa de l'article 21 de la loi du 10/7/1965 ;

4° Le compte rendu de l'exécution de la mission du conseil syndical prévu à l'article 22 du décret du 17/3/1967 et, dans les copropriétés de « résidence-services », le bilan établi par le conseil syndical relatif à l'exécution de la convention en vue de la fourniture, par un tiers, de services spécifiques (restauration, surveillance, etc.) ;

5° En vue de l'approbation des comptes par l'assemblée générale, le projet d'état individuel de répartition des comptes de chaque copropriétaire ;

6° L'état actualisé des lots délaissés par leur propriétaire (il s'agit de lots situés dans certaines zones du territoire présentant un danger très grave pour la vie humaine) ;

7° Le compte rendu de la dernière réunion du conseil des résidents dans les « résidences-services ».

Le contenu de ces documents ne fait pas l'objet d'un vote par l'assemblée des copropriétaires.

En cas de contestation, c'est au syndicat de copropriétaires, représenté par le syndic, d'apporter la preuve que les documents nécessaires aux copropriétaires pour préparer l'assemblée générale ont bien été joints à la convocation. En d'autres termes, ce n'est pas aux copropriétaires d'apporter la preuve qu'ils n'ont pas reçu ces documents (*Cour de cassation, 3e chambre civile, 6/3/2002*).

LA CONSULTATION DES PIÈCES JUSTIFICATIVES DES CHARGES

Pendant le délai s'écoulant entre la convocation de l'assemblée générale appelée à connaître des comptes et la tenue de celle-ci, le syndic tient les pièces justificatives des charges (originaux ou copies), classées par catégories, à la disposition de tous les copropriétaires pendant une durée qui ne peut être inférieure à un jour ouvré et doit être, en tout cas, appropriée à la dimension de la copropriété (*Décret du 17/3/1967, Art. 9-1*).

Sont concernés, notamment, une note d'information sur les modalités de calcul des charges de chauffage et de production d'eau chaude sanitaire collectifs, les factures, les contrats de fourniture et d'exploitation en cours et leurs avenants ainsi que la quantité consommée et le prix unitaire ou forfaitaire de chacune des catégories de charges (*Loi du 10/7/1965, Art. 18-1*).

Le syndic fixe le lieu de la consultation des pièces justificatives des charges, soit à son siège, soit au lieu où il assure habituellement l'accueil des copropriétaires, le ou les jours et les heures auxquels elle s'effectue, qui doivent être indiqués dans la convocation mentionnée à l'AG.

Lorsqu'il s'agit d'un syndic professionnel, ces jours et heures doivent être fixés pendant les jours et heures d'accueil physique déterminés dans le contrat de syndic.

Le copropriétaire peut se faire assister par un membre du conseil syndical mais aussi par son locataire ou autoriser ce dernier à consulter les pièces justificatives de charges récupérables à sa place.

Les copropriétaires peuvent obtenir une copie de ces pièces à leurs frais.

À NOTER

Les situations d'impayés sont détectables dans l'état des dettes et des créances ou la situation de trésorerie (poste des créances de la copropriété). Les impayés ne doivent pas s'installer car si la dette devient trop importante, le copropriétaire en difficulté ne pourra pas toujours honorer ses engagements.

› La tenue de l'assemblée générale

La convocation et l'ordre du jour ayant été notifiés dans les délais aux copropriétaires, l'assemblée générale peut avoir lieu au jour et à l'heure dits. Les copropriétaires peuvent désormais y participer par visioconférence ou par tout autre moyen de communication électronique (*Loi du 10/7/1965, Art. 17-1 A*). Sur la base d'un devis transmis par le syndic ou le conseil syndical, l'assemblée générale décide des moyens et supports techniques à mettre en œuvre pour permettre la participation à l'AG à distance. Le coût est à la charge du syndicat des copropriétaires. Les copropriétaires qui entendent utiliser ce dispositif doivent en informer le syndic au moins 3 jours avant l'AG (*Décret du 17/3/1967, Art. 13-1 et 13-2*).

À NOTER

Les copropriétaires peuvent maintenant voter par correspondance avant la tenue de l'assemblée générale, au moyen d'un formulaire (Loi du 10/7/1965, Art. 17-1 A). Depuis le 1/6/2020, les formulaires qui n'indiquent pas précisément le vote ou exprimant une abstention sont considérés comme des votes défavorables. Si une résolution est amendée en cours d'AG, le votant par correspondance ayant voté favorablement est assimilé à un copropriétaire défaillant.

LES MESURES TEMPORAIRES SUITE À LA CRISE SANITAIRE

Jusqu'au 31/1/2021, le syndic peut prévoir que les copropriétaires ne participeront pas physiquement à la prochaine assemblée générale. Dans ce cas, ils pourront y avoir accès par visioconférence « ou par tout autre moyen de communication électronique permettant leur identification ». Ils pourront aussi voter par correspondance, avant la tenue de l'assemblée générale. Le syndic doit alors en informer les copropriétaires au moins 15 jours avant la tenue de l'assemblée « par tout moyen permettant d'établir avec certitude la date de la réception de cette information ».
Par exception aux règles habituelles, l'assemblée générale des copropriétaires pourra être valablement convoquée sans qu'un lieu de réunion soit déterminé, ni indiqué dans la convocation. Le président de séance disposera de 8 jours suivant la tenue de l'assemblée pour certifier exacte la feuille de présence et signer le procès-verbal des décisions (*Ordonnance n° 2020-304 du 25/3/2020, Art. 22-2 et 22-3*).

La feuille de présence

Rares sont les assemblées où tous les copropriétaires sont présents. Aussi est-il nécessaire d'établir une feuille de présence où l'on note le nom de chaque participant ainsi que le nombre de voix qu'il représente.
Plus précisément, elle doit indiquer les nom et domicile de chaque copropriétaire ou associé :
– présent physiquement ou représenté ;
– participant à l'AG par visioconférence ou par un autre moyen de communication électronique.
Si un copropriétaire ou un associé est représenté, la feuille de présence mentionne les nom et domicile du mandataire désigné.
La feuille de présence peut comporter plusieurs feuillets, doit être émargée par chaque copropriétaire ou associé présent physiquement, ou par son mandataire (l'émargement n'est pas requis pour ceux qui participent à distance) et être certifiée exacte par le président de l'assemblée. Elle peut être tenue sous forme électronique dans les conditions définies par les articles 1366 et 1367 du Code civil (*Décret du 17/3/1967, Art. 14*).

Le président de séance

Au début de la réunion, l'assemblée générale doit nommer un président à la majorité des voix de tous les copropriétaires présents ou représentés (*Loi du 10/7/1965, Art. 24*). Le syndic assume les fonctions de secrétaire de séance, sauf si l'assemblée générale en décide autrement.
Les fonctions de président de séance et de secrétaire sont légalement distinctes : aussi, l'assemblée générale, même régulièrement convoquée, ne peut avoir lieu dans les conditions prescrites par la loi, ni prendre aucune décision, lorsque, à défaut de désignation d'un secrétaire de séance, le président de séance exerce simultanément ces deux fonctions (*Cour de cassation, 3e chambre civile, 6/11/2002*).
L'assemblée générale peut également désigner un ou plusieurs « scrutateurs » (également appelé « bureau »), qui devront alors signer le procès-verbal de l'assemblée (*Décret du 17/3/1967, Art. 15*).

À NOTER

La désignation de scrutateurs peut être prévue, à titre obligatoire, par le règlement de copropriété. Le non-respect de cette clause peut entraîner, à la demande d'un ou plusieurs copropriétaires, l'annulation de l'assemblée générale et de toutes les décisions prises (Cour de cassation, 3e chambre civile, 11/10/2005).

Donner mandat

Si vous ne pouvez pas assister à une assemblée générale, vous pouvez déléguer votre droit de vote en donnant mandat (ou pouvoir) à un tiers, que celui-ci soit copropriétaire ou non ° 12). Chaque mandataire ne peut recevoir à quelque titre que ce soit plus de trois mandats, sauf si le total des voix dont il dispose (les siennes et celles qui lui sont conférées par mandat) n'excède pas 10 % des voix de la copropriété.
Des époux copropriétaires peuvent chacun recevoir personnellement des délégations de vote. La subdélégation (qui permet à un détenteur de mandats de remettre ces mêmes mandats à une autre personne) est aussi autorisée, que cette personne soit copropriétaire

ou non dans l'immeuble. Si le copropriétaire mandant ne souhaite pas de subdélégation, il doit alors le préciser expressément dans son pouvoir.

Le syndic qui reçoit un mandat sans indication de mandataire doit le remettre au président du conseil syndical en début de réunion afin qu'il désigne un mandataire pour exercer cette délégation de vote.

Ne peuvent ni recevoir de mandat pour représenter un copropriétaire, ni présider l'assemblée générale :

– le syndic, son conjoint, son partenaire pacsé ou son concubin ;

– les ascendants et descendants du syndic (ainsi que ceux de son conjoint, partenaire de PACS ou concubin) ;

– les préposés du syndic, leur conjoint, partenaire pacsé ou concubin ;

– et enfin les ascendants et descendants des préposés du syndic (ainsi que ceux de leur conjoint, partenaire pacsé ou concubin)(*Loi du 10/7/1965, Art. 22*).

Les décomptes de voix

Les copropriétaires ne votent jamais par tête : chacun d'eux dispose d'un nombre de voix égal à sa quote-part de parties communes. Cependant, pour des décisions n'intéressant qu'un certain nombre de copropriétaires (cas d'un ascenseur, par exemple), chaque copropriétaire votera à proportion des dépenses qu'il supportera concernant cet élément d'équipement ou ces parties communes. Si l'on reprend l'exemple de l'ascenseur, les copropriétaires du rez-de-chaussée ne voteront pas, tandis que les autres copropriétaires voteront à proportion des dépenses qu'ils supportent. Ainsi, le copropriétaire du 6e étage aura plus de voix que celui du 1er étage.

Par ailleurs, lorsqu'un copropriétaire dispose d'un nombre de voix supérieur à la moitié des voix de la copropriété, ses droits de vote sont artificiellement réduits à la somme des voix détenues par les autres copropriétaires. Supposons que sur une copropriété de 10 000/10 000e, un copropriétaire possède 7 000/10 000e ; les autres copropriétaires ne disposant que de 3 000/10 000e, on considérera que ce copropriétaire majoritaire ne dispose que de 3 000/10 000e.

› Les décisions de l'assemblée

La loi a prévu différentes règles de majorité selon l'importance des décisions à prendre.

La majorité simple (Art 24)

Toutes les décisions d'administration courantes sont prises à la majorité simple des voix de tous les copropriétaires présents ou représentés à l'assemblée générale. Cette majorité étant définie à l'article 24 de la loi du 10/7/1965, on l'appelle « majorité de l'article 24 ». Elle s'applique par principe dès lors que la loi ne prévoit pas une autre majorité.

Seules entrent dans le calcul de la majorité simple les voix « exprimées » par les copropriétaires, ce qui exclut les abstentions. En d'autres termes, la majorité est décomptée en fonction non pas du nombre des copropriétaires présents ou représentés qu'ils expriment un vote ou qu'ils s'abstiennent, mais en fonction du seul nombre des voix exprimées. Depuis le 1/6/2020, les votes par correspondance sont pris en compte au même titre que les copropriétaires présents ou représentés.

Relèvent notamment de cette majorité simple :

- les travaux nécessaires à la conservation de l'immeuble ainsi qu'à la préservation de la santé et de la sécurité physique des occupants, qui incluent les travaux portant sur la stabilité de l'immeuble, le clos, le couvert ou les réseaux et les travaux permettant d'assurer la mise en conformité des logements avec les normes de salubrité, de sécurité et d'équipement définies par la loi ;
- les modalités de réalisation et d'exécution des travaux rendus obligatoires par une loi, un décret ou un arrêté de police administrative relatif à la sécurité ou à la salubrité publique, notifié au syndicat des copropriétaires pris en la personne du syndic ;
- les modalités de réalisation et d'exécution des travaux dans le cadre d'une opération de restauration immobilière, notamment la faculté pour le syndicat des copropriétaires d'assurer la maîtrise d'ouvrage des travaux notifiés portant sur les parties privatives de tout ou partie des copropriétaires et qui sont alors réalisés aux frais du copropriétaire du lot concerné ;
- les travaux d'accessibilité aux personnes handicapées ou à mobilité réduite, sous réserve qu'ils n'affectent pas la structure de l'immeuble ou ses éléments d'équipement essentiels ;
- la suppression des vide-ordures pour des impératifs d'hygiène depuis le 1/6/2020 ;
- les adaptations du règlement de copropriété rendues nécessaires par les modifications législatives et réglementaires intervenues depuis son établissement ;

- la décision d'engager le diagnostic technique global (DTG) de l'immeuble ainsi que ses modalités de réalisation ;
- l'autorisation permanente donnée à la police ou à la gendarmerie de pénétrer dans les parties communes depuis le 1/6/2020 ;
- l'approbation des comptes de l'exercice écoulé ;
- la passation de contrats d'entretien ou de fournitures ;
- la décision d'équiper les places de stationnement couvertes ou d'accès sécurisé avec des bornes de recharge pour véhicules électriques, ou hybrides rechargeables ;
- l'autorisation donnée à un ou plusieurs copropriétaires d'effectuer à leurs frais les travaux permettant le stationnement sécurisé des vélos dans les parties communes, sous réserve que ces travaux n'affectent pas la structure de l'immeuble, sa destination ou ses éléments d'équipement essentiels et qu'ils ne mettent pas en cause la sécurité des occupants.

En outre :

- lorsqu'un réseau de communications électroniques interne à l'immeuble distribue des services de télévision, l'ordre du jour de l'assemblée générale comporte de droit, si l'installation ne permet pas encore l'accès aux services nationaux en clair de télévision par voie hertzienne terrestre en mode numérique et si le distributeur de services dispose d'une offre en mode numérique, l'examen de toute proposition commerciale relative à ces services ;
- lorsque l'immeuble n'est pas équipé de lignes de communications électroniques à très haut débit en fibre optique, toute proposition émanant d'un opérateur de communications électroniques d'installer, à ses frais, de telles lignes en vue de permettre la desserte de l'ensemble des occupants par un réseau de communications électroniques à très haut débit est inscrite de droit à l'ordre du jour de la prochaine assemblée générale. L'assemblée générale est tenue de statuer sur toute proposition allant dans ce sens au plus tard dans les 12 mois suivant la date de réception d'une offre de fibrage par le syndic. L'AG peut également, dans les mêmes conditions, donner mandat au conseil syndical pour se prononcer sur toute proposition future émanant d'un opérateur de communications électroniques en vue d'installer des lignes de communication électroniques à très haut débit. Tant qu'une telle installation n'a pas été autorisée, l'ordre du jour de l'AG comporte de droit un projet de résolution donnant au conseil syndical un tel mandat ;
- lorsque l'immeuble reçoit des services de télévision par voie hertzienne terrestre par une antenne collective, l'ordre du jour de l'assemblée générale comporte, avant la fin de la mise en œuvre dans la commune du schéma national d'arrêt de la diffusion analogique et de basculement vers le numérique, un projet de résolution sur les travaux et les modifications nécessaires à la réception, par l'antenne collective de l'immeuble, des services de télévision par voie hertzienne terrestre en mode numérique. L'assemblée générale peut également, dans les mêmes conditions, donner mandat au conseil syndical ou, à défaut, au syndic pour conduire, dans la limite d'un montant de dépenses, les modifications nécessaires à la continuité de la réception par l'antenne collective des services de télévision lors de l'arrêt de la télévision analogique ou lors des changements des fréquences d'émission des services de télévision par voie hertzienne terrestre en mode numérique ;

À NOTER

Dans ces trois situations, la décision d'accepter l'une et l'autre des propositions ou de réaliser les travaux proposés est prise à la majorité simple de l'article 24 (Loi du 10/7/1965, Art. 24-1 à 24-3). Il s'agit là d'une dérogation aux dispositions soumettant à la majorité absolue de l'article 25 (voir plus loin) les décisions concernant l'installation ou la modification d'une antenne collective ou d'un réseau de communications électroniques interne à l'immeuble dès lors qu'elle porte sur des parties communes.

- lorsque l'immeuble est équipé d'une installation collective de chauffage ou de refroidissement, le syndic inscrit à l'ordre du jour de l'AG qui suit l'établissement d'un diagnostic de performance énergétique ou d'un audit énergétique la question d'un plan de travaux d'économies d'énergie ou d'un contrat de performance énergétique.

Avant de soumettre au vote de l'AG un projet de conclusion d'un tel contrat, le syndic procède à une mise en concurrence de plusieurs prestataires et recueille l'avis du conseil syndical. Cette obligation est satisfaite si le plan pluriannuel de travaux, inscrit à l'ordre du jour de l'AG, comporte des travaux d'économie d'énergie ;

- lorsque l'immeuble possède des emplacements de stationnement d'accès sécurisé à usage privatif et n'est pas équipé de stationnements sécurisés pour les vélos ou des installations électriques intérieures permettant la recharge des véhicules électriques ou hybrides ou des installations de recharge électrique permettant un comptage individuel pour ces mêmes véhicules, le syndic inscrit à l'ordre du jour de l'AG la question des travaux permettant le stationnement sécurisé des vélos ou la recharge des véhicules électriques ou hybrides et des conditions de gestion ultérieure du nouveau réseau électrique, ainsi que la présentation des devis élaborés à cet effet ;

- lorsque l'immeuble est pourvu d'un chauffage commun à tout ou partie des locaux occupés à titre privatif et fournissant à chacun de ces locaux une quantité de chaleur réglable par l'occupant et est soumis à l'obligation d'individualisation des frais de chauffage, le syndic inscrit à l'ordre du jour de l'AG la question des travaux permettant de munir l'installation de chauffage d'un tel dispositif d'individualisation, ainsi que la présentation des devis élaborés à cet effet.

EXEMPLE DE MAJORITÉ SIMPLE

Dans une copropriété représentant 10 000/10 000e, seulement 12 copropriétaires sont présents à l'assemblée générale et à eux tous, ils ne représentent que 4 650/10 000e ; la majorité simple de l'article 24 sera atteinte lorsque des copropriétaires représentant 2 326/10 000e voteront pour la même décision.
Si parmi ces 12 copropriétaires, 2 copropriétaires représentant 650/10 000e s'abstiennent, la majorité simple sera atteinte lorsque les copropriétaires représentant 2 001/10 000e voteront pour la même décision.

La majorité absolue (Art. 25)

Pour les décisions énumérées notamment à l'article 25, la loi du 10/7/1965 exige la majorité absolue, c'est-à-dire la majorité des voix de tous les copropriétaires, qu'ils soient ou non présents ou représentés à l'assemblée générale.

Les décisions qui requièrent cette majorité sont pour l'essentiel les suivantes (voir plus loin le tableau récapitulatif détaillé) :

- la désignation ou la révocation du syndic et des membres du conseil syndical ;
- les travaux d'économies d'énergie ou de réduction des émissions de gaz à effet de serre. Ces travaux peuvent comprendre des travaux d'intérêt collectif réalisés sur les parties privatives et aux frais du copropriétaire du lot concerné, sauf dans le cas où ce dernier est en mesure de produire la preuve de la réalisation de travaux équivalents dans les 10 années précédentes. Pour la réalisation des travaux d'intérêt collectif réalisés sur les parties privatives, le syndicat exerce les pouvoirs du maître d'ouvrage jusqu'à réception des travaux ;
- l'installation ou la modification d'une antenne collective ou d'un réseau de communications électroniques interne à l'immeuble dès lors qu'elle porte sur des parties communes (pour des dérogations à cette règle de majorité, voir toutefois plus haut) ;
- l'autorisation donnée à certains copropriétaires de réaliser, à leurs frais, des travaux affectant les parties communes ou l'aspect extérieur de l'immeuble (remplacement de fenêtres, fermeture d'un balcon ou d'une loggia, installation d'un ascenseur aux seuls frais des copropriétaires qui en useront, par exemple) ;
- l'installation ou la modification des installations électriques intérieures permettant l'alimentation des emplacements de stationnement d'accès sécurisé à usage privatif pour permettre la recharge des véhicules électriques ou hybrides, ainsi que la réalisation des installations de recharge électrique permettant un comptage individuel pour ces mêmes véhicules ;
- la modification de la répartition des charges entraînées par les éléments d'équipement commun ou par les services collectifs (ascenseur ou chauffage collectif, par exemple) ;
- la réalisation d'actes de disposition sur les parties communes lorsque la cession de ces droits (servitude de cour commune, cession de mitoyenneté, etc.) résulte d'obligations légales ou réglementaires ;
- toute délégation de pouvoir (donnée à une personne) de prendre une décision normalement prise à la majorité de l'article 24 ainsi que, lorsque le syndicat comporte au plus 15 lots à usage de logements, de bureaux ou de commerces, toute délégation de pouvoir concernant la mise en application et le suivi des travaux et contrats financés dans le cadre du budget prévisionnel de charges (dans ce cas, les membres du conseil syndical doivent être couverts par une assurance de responsabilité civile) ;
- l'autorisation de transmettre aux services chargés du maintien de l'ordre les images réalisées en vue de la protection des parties communes ;

- la détermination du montant des marchés et des contrats (autres que celui de syndic) à partir duquel une mise en concurrence est rendue obligatoire ;
- l'installation de compteurs d'eau froide divisionnaires ;
- l'installation de compteurs d'énergie thermique ou de répartiteurs de frais de chauffage ;
- à condition qu'elle soit conforme à la destination de l'immeuble, toute amélioration, telle que la transformation d'un ou de plusieurs éléments d'équipement existants, l'adjonction d'éléments nouveaux, l'aménagement de locaux affectés à l'usage commun ou la création de tels locaux (chauffage collectif, ascenseur, création d'un local à vélos, etc.) ;
- les modalités d'ouverture des portes d'accès aux immeubles depuis le 1/6/2020. En cas de fermeture totale de l'immeuble, celle-ci doit être compatible avec l'exercice d'une activité autorisée par le règlement de copropriété ;
- l'installation d'une station radioélectrique nécessaire au déploiement d'un réseau radioélectrique ouvert au public ou l'installation ou la modification d'une antenne collective ou d'un réseau de communications électroniques interne à l'immeuble dès lors qu'elles portent sur des parties communes ;
- la délégation de pouvoir donnée au président du conseil syndical pour qu'il engage une action en justice contre le syndic en réparation du préjudice subi par le syndicat des copropriétaires depuis le 1/6/2020 ;
- l'installation ou la modification des installations électriques intérieures permettant l'alimentation des emplacements de stationnement d'accès sécurisé à usage privatif pour permettre la recharge des véhicules électriques ou hybrides, ainsi que la réalisation des installations de recharge électrique permettant un comptage individuel pour ces mêmes véhicules ;
- l'ensemble des travaux comportant transformation, addition ou amélioration ;
- la demande d'individualisation des contrats de fourniture d'eau et la réalisation des études et travaux nécessaires à cette individualisation.

EXEMPLE DE MAJORITÉ ABSOLUE

Dans une copropriété représentant 10 000/10 000e, la majorité absolue de l'article 25 sera réunie lorsque des copropriétaires représentant 5 001/10 000e voteront pour la même décision et ce, quel que soit le nombre de copropriétaires présents ou représentés à l'assemblée générale.

La double majorité

Les décisions les plus importantes sont prises à la majorité de l'article 26 de la loi du 10/7/1965. Il s'agit de la majorité de tous les copropriétaires (51 sur 100, par exemple) représentant au moins les 2/3 des voix (667 millièmes, par exemple).

Cette double majorité est requise pour les décisions suivantes :

- actes d'acquisition et de disposition de parties communes lorsqu'elles ne sont pas indispensables à la conservation de l'immeuble ;
- modification ou, éventuellement, établissement du règlement de copropriété lorsqu'il ne porte que sur la jouissance, l'usage et l'administration des parties communes ;
- décision de ne pas instituer de conseil syndical ;
- décision d'adhérer à une union de syndicats ;
- décision de vendre le droit de surélever un bâtiment existant aux fins de créer de nouveaux locaux à usage privatif. Toutefois, lorsque le bâtiment est situé dans un périmètre sur lequel est institué un droit de préemption urbain (DPU), la décision d'aliéner le droit de surélever ce bâtiment est prise à la majorité des voix de tous les copropriétaires (majorité de l'article 25). Cette décision exige l'accord unanime des copropriétaires de l'étage supérieur du bâtiment à surélever et, si l'immeuble comprend plusieurs bâtiments, la confirmation par une assemblée spéciale des copropriétaires des lots composant le bâtiment à surélever, statuant à la majorité des voix des copropriétaires concernés ;
- suppression du poste de concierge ou de gardien et mise en vente du logement qui lui est affecté lorsqu'il appartient au syndicat. Les deux questions sont inscrites à l'ordre du jour de la même assemblée générale. Toutefois, lorsqu'en vertu d'une clause du règlement de copropriété la suppression du poste de concierge ou de gardien porte atteinte à la destination de l'immeuble ou aux modalités de jouissance des parties privatives, la suppression de ce poste et la vente du logement qui y est affecté lorsqu'il appartient au syn-

dicat ne peuvent être décidées qu'à l'unanimité (voir plus loin).

Certaines copropriétés sont sollicitées afin de faire installer sur le toit de leur bâtiment des installations d'antenne-relais de téléphonie mobile. La décision d'accepter ou non de telles installations relève de l'assemblée générale des copropriétaires statuant à la majorité de l'article 26 de la loi du 10/7/1965 (*Réponse ministérielle n° 68412, JOAN, 14/1/2002*).

L'unanimité

Les décisions les plus graves qui peuvent mettre en cause la conservation de l'immeuble réclament l'unanimité.

Il s'agit des décisions suivantes :

- vente des parties communes nécessaires à la conservation et au respect de la destination de l'immeuble ;
- décisions relatives aux droits ou obligations des copropriétaires ;
- suppression d'un équipement collectif (chauffage collectif, par exemple) ;
- modification du règlement de copropriété relatif la destination de l'immeuble depuis le 1/6/2020.

Est soumise à la règle de l'unanimité, la décision par laquelle l'assemblée générale souscrit un emprunt bancaire au nom du syndicat des copropriétaires pour le financement soit de travaux régulièrement votés concernant les parties communes ou de travaux d'intérêt collectif sur parties privatives régulièrement votés, soit des actes d'acquisition conformes à l'objet du syndicat et régulièrement votés. Par exception à cette règle de l'unanimité, l'assemblée générale peut :

– à la même majorité que celle nécessaire au vote des travaux concernant les parties communes ou de travaux d'intérêt collectif sur parties privatives, voter la souscription d'un emprunt au nom du syndicat des copropriétaires lorsque cet emprunt a pour unique objectif le préfinancement de subventions publiques accordées au syndicat pour la réalisation des travaux votés ;

– à la même majorité que celle nécessaire au vote soit des travaux concernant les parties communes ou de travaux d'intérêt collectif sur parties privatives, soit des actes d'acquisition conformes à l'objet du syndicat, voter la souscription d'un emprunt au nom du syndicat des copropriétaires au bénéfice des seuls copropriétaires décidant d'y participer (*Loi du 10/7/1965, Art. 26-4 et 26-5*).

Ainsi, pour le financement des opérations mentionnées ci-dessus (par exemple, la réalisation de travaux sur les parties communes), un syndicat de copropriétaires peut souscrire un emprunt collectif dont le montant ne pourra toutefois excéder le total des quotes-parts de dépenses des copropriétaires ayant décidé d'en bénéficier.

À NOTER

L'assemblée générale peut autoriser le syndic, à la majorité prévue par l'article 25, à déléguer à l'établissement prêteur la faculté de prélever les sommes dues au titre du remboursement de l'emprunt collectif et du paiement des accessoires directement sur les comptes bancaires des copropriétaires y participant, ainsi qu'à mettre en œuvre les voies de recouvrement en cas d'impayé. Par ailleurs, une caution solidaire (entreprise d'assurance, établissement de crédit…) doit être prévue par les copropriétaires emprunteurs pour couvrir leur éventuelle défaillance (Loi du 10/7/1965, Art. 26-7).

Les « passerelles » pour des décisions plus rapides

Pour éviter les situations de blocage liées au fort absentéisme des copropriétaires en assemblée générale, une procédure de passerelle s'applique depuis le 1/6/2020. Cette procédure permettra de procéder à un second vote à la majorité immédiatement inférieure à celle normalement requise.

Ainsi, lorsque l'assemblée générale n'a pas réussi à réunir :

– la majorité des voix de tous les copropriétaires, en application de l'article 25 ou d'une autre disposition, mais que le projet a tout de même recueilli au moins le tiers des voix, la même assemblée peut procéder immédiatement à un nouveau vote à la majorité de l'article 24 (*Loi du 10/7/1965, Art. 25-1*) ;

– la majorité prévue au premier alinéa de l'article 26 mais que le projet a tout de même au moins recueilli l'approbation de la moitié des votes, représentant au moins le tiers des voix de tous les copropriétaires, la même assemblée peut procéder immédiatement à un second vote à la majorité de l'article 25 (*Loi du 10/7/1965, Art. 26-1*).

Des règles spécifiques pour les copropriétés de deux lots

Depuis le 1/6/2020, dans les copropriétés de deux lots, si l'un des deux copropriétaires détient plus de la moitié des voix, il peut prendre seul les décisions de l'AG relevant, en principe, de la majorité de l'article 24.

Si l'un des deux copropriétaires détient au moins deux tiers des voix, il pourra prendre des mesures nécessaires à la conservation de l'immeuble, même si elles ne présentent pas de caractère d'urgence (*Loi du 10/7/1965, Art. 41-16*).

› Les procès-verbaux d'assemblée générale

Afin de constater les décisions prises par l'assemblée générale, un procès-verbal doit être établi, en principe par le secrétaire de séance, c'est-à-dire le syndic sauf décision contraire de l'assemblée générale. Le procès-verbal des décisions est signé, à la fin de la séance, par le président, par le secrétaire et, le cas échéant, par le ou les scrutateurs. Lorsque le registre est tenu sous forme électronique, ces signatures sont établies conformément à l'article 1367 du Code civil.

À NOTER

L'omission de signatures sur le procès-verbal n'entraîne pas en soi la nullité des décisions prises par l'assemblée générale (Cour de cassation, 3e chambre civile, 6/12/2005).

Le procès-verbal doit mentionner si des mandats ont été distribués par le président du conseil syndical ou le président de séance.

Le procès-verbal comporte, sous l'intitulé de chaque question inscrite à l'ordre du jour, le résultat du vote. Il précise les noms des copropriétaires ou associés qui se sont opposés à la décision et leur nombre de voix, ainsi que les noms des copropriétaires ou associés qui se sont abstenus et leur nombre de voix.

Le procès-verbal mentionne les réserves éventuellement formulées par les copropriétaires ou associés opposants sur la régularité des décisions ainsi que, le cas échéant, les incidents techniques qui ont empêché un copropriétaire participant à dis-tance à l'AG d'exprimer son vote.

La feuille de présence est annexée au procès-verbal.

Les procès-verbaux des séances sont inscrits, à la suite les uns des autres, sur un registre spécialement ouvert à cet effet. Ce registre peut être tenu sous forme électronique dans les conditions définies par les articles 1366 et suivants du Code civil (*Décret du 17/3/1967, Art. 17*).

Dans un délai maximum d'1 mois à compter de la tenue de l'assemblée générale, le procès-verbal doit être notifié par lettre recommandée avec avis de réception ou par voie électronique (« lettre recommandée électronique »), sous réserve de l'accord exprès de chaque copropriétaire concerné, aux propriétaires opposants ou défaillants. Cette notification fait courir le délai de recours en annulation des décisions prises par l'assemblée générale. Le point de départ des délais de recours est fixé au lendemain du jour de la première présentation de la lettre recommandée au domicile du destinataire ou le lendemain du jour de la réception de la lettre recommandée électronique par le destinataire (*Décret du 17/3/1967, Art. 64*).

La notification d'un procès-verbal doit reproduire le texte de l'article 42 (alinéa 2) de la loi du 10/7/1965 (*Décret du 17/3/1967, Art. 18*). L'absence de reproduction dans la notification de ce texte, mentionnant le délai de contestation de 2 mois, rend cette notification irrégulière (*Cour de cassation, 3e chambre civile, 28/1/2015*). Il est à noter que depuis le 1/6/2020, le procès-verbal de l'assemblée générale adressés aux copropriétaires n'a pas à être accompagné de ses annexes.

Les décisions prises en assemblée générale relatives à l'entretien de l'immeuble et aux travaux font l'objet d'un procès-verbal abrégé affiché dans les parties communes de l'immeuble à destination des locataires (*Loi du 23/12/1986, Art. 44*).

Le syndic

Toute copropriété doit obligatoirement être gérée par un syndic, professionnel ou non. Ni salarié, ni prestataire, le syndic est un mandataire : il a pour mission d'administrer la copropriété au quotidien, de la représenter et enfin d'exécuter les décisions de l'assemblée générale.

La durée du mandat est fixée par l'assemblée générale et ne peut, en tout état de cause, dépasser 3 ans renouvelable sur décision de l'assemblée générale (*Décret du 17/3/1967, Art. 28*).

Seul responsable de sa gestion, le syndic ne peut se faire substituer. L'assemblée générale peut seule autoriser, à la majorité absolue de l'article 25, une délégation de pouvoir à une fin déterminée. En cas d'empêchement du syndic pour quelque cause que ce soit ou en cas de carence de sa part à exercer les droits et actions du syndicat et à défaut de stipulation du règlement de copropriété, un administrateur *ad hoc* peut être désigné par décision de justice (*Loi du 10/7/1965, Art. 18*).

Important : afin que les copropriétés puissent continuer à fonctionner en dépit de la crise sanitaire liée à l'épidémie de coronavirus, les contrats de syndic qui expirent (ou ont expiré) entre le 12/3/2020 et le

23/7/2020 inclus sont automatiquement renouvelés dans les mêmes termes jusqu'à la prise d'effet du nouveau contrat du syndic désigné par la prochaine assemblée générale des copropriétaires, qui doit intervenir au plus tard le 31/1/2021 (*Ordonnance n° 2020-304 du 25/3/2020, Art. 22*).

Dans un souci de bonne information des copropriétaires, et afin d'éviter tout abus, toute convention entre le syndicat et le syndic, ses préposés, son conjoint, son partenaire pacsé, ses parents ou alliés jusqu'au 3e degré inclus doit être spécialement autorisée par une décision de l'assemblée générale prise à la majorité de l'article 24. Il en est de même des conventions entre le syndicat et une entreprise dont les personnes mentionnées ci-dessus sont propriétaires ou détiennent une participation dans son capital, ou dans lesquelles elles exercent des fonctions de direction ou de contrôle, ou dont elles sont salariées ou préposées. Le syndic, lorsqu'il est une personne morale (une société), ne peut, sans y avoir été spécialement autorisé par une décision de l'assemblée générale, contracter pour le compte du syndicat avec une entreprise qui détient, directement ou indirectement, une participation dans son capital. Le syndic doit préciser la nature des liens qui rendent nécessaire l'autorisation de la convention (*Loi du 10/7/1965, Art. 18*).

› Qui peut être syndic ?

La copropriété a le choix de recourir à un syndic professionnel ou non professionnel. Ce dernier est souvent appelé syndic bénévole, à tort, puisqu'il peut percevoir une rémunération. Tout syndic non professionnel doit être copropriétaire d'un ou plusieurs lots ou fractions de lots dans la copropriété qu'il est amené à gérer (*Loi du 10/7/1965, Art. 17-2*). Les syndics non professionnels se rencontrent principalement dans les petites copropriétés. Comme les syndics professionnels, ils peuvent voir leur responsabilité engagée, s'ils commettent une faute ou une négligence, même si les tribunaux peuvent se montrer plus « conciliants » en présence d'un syndic non professionnel. Proposer ses services pour assumer de telles fonctions est donc une décision qui ne doit être prise qu'après mûre réflexion.

À NOTER

Dans les copropriétés en difficulté, un administrateur provisoire peut être désigné par le juge afin de gérer la copropriété. Cet administrateur provisoire ne peut, dans un délai de 5 ans à compter de l'issue de sa mission, être désigné syndic de la copropriété. Cette disposition, issue de la loi n° 2017-86 du 27/1/2017, s'applique aux procédures ouvertes depuis le 29/1/2017.

L'assemblée générale désigne, en principe, le syndic à la majorité des voix de tous les copropriétaires (majorité de l'article 25 de la loi du 10/7/1965). C'est à la même majorité que le contrat du syndic doit être approuvé. Toutefois, lorsqu'il y a création d'une copropriété, il peut être nommé par le règlement de copropriété. Ce syndic provisoire a pour mission de réunir la première assemblée générale qui désignera alors le syndic définitif.

À NOTER

À défaut de nomination du syndic par l'assemblée générale des copropriétaires convoquée à cet effet, le syndic est désigné par le président du tribunal judiciaire saisi notamment à la requête d'un ou plusieurs copropriétaires ou du maire de la commune. Dans tous les autres cas où le syndicat est dépourvu de syndic, l'assemblée générale des copropriétaires peut être convoquée par tout copropriétaire afin de nommer un syndic. À défaut d'une telle convocation, le président du tribunal judiciaire désigne un administrateur ad hocde la copropriété qui est notamment chargé de convoquer l'assemblée des copropriétaires en vue de la désignation d'un syndic.

Le contrat du syndic doit fixer sa durée (dans la limite d'une durée maximale de 3 ans, sauf cas particuliers visés par l'article 28 du décret du 17/3/1967), ses dates calendaires de prise d'effet et d'échéance ainsi que les éléments de détermination de la rémunération du syndic. Il détermine les conditions d'exécution de la mission de ce dernier en conformité avec les dispositions de la loi du 10/7/1965 (*Décret du 17/3/1967, Art. 29*). Le contrat de syndic doit être rédigé dans une taille de police suffisamment lisible (précisément, en caractères dont la hauteur ne peut être inférieure à celle du corps 8) et être conforme à un contrat type défini par le décret n° 2015-342 du 26/3/2015. Ce contrat type figure en annexe du décret n° 67-223 du 17/3/1967 (disponible sur le site *www.legifrance.gouv.fr*). Ces dispositions s'appliquent au titre des contrats de syndic conclus ou renouvelés après le 1/7/2015 (*Loi du 10/7/1965, Art. 18-1-A* ; *Décret du 17/3/1967, Art. 29*).

Depuis le 1/6/2020, le projet de contrat du syndic doit respecter un contrat type et être accompagné d'une fiche d'information sur le prix et les prestations proposées par le syndic selon un modèle fixé par arrêté (à paraître).

Si ces obligations ne sont pas respectées, le syndic encourt une amende de 3 000 € s'il s'agit d'une per-

sonne physique et 15 000 € pour une personne morale (*Loi du 10/7/1965, Art. 18-1-A*). Ces règles ne s'appliquent pas au syndic qui n'est pas rémunéré. Mais, rien ne l'empêche de présenter un tel contrat à l'assemblée générale.
En outre, le conseil syndical doit procéder à une mise en concurrence de plusieurs projets de contrat de syndic avant la tenue de la prochaine assemblée générale appelée à se prononcer sur la désignation d'un syndic. Depuis le 1/6/2020, l'obligation de respecter une périodicité triennale a disparu. La mise en concurrence doit intervenir en fonction de la durée du contrat du syndic (par exemple, tous les ans si le contrat a été signé pour 1 an). Les copropriétaires peuvent demander au syndic l'inscription à l'ordre du jour de l'assemblée générale de l'examen des projets de contrat de syndic qu'ils communiquent à cet effet. Toutefois, le conseil syndical est dispensé de procéder à cette mise en concurrence lorsque l'assemblée générale annuelle qui précède celle appelée à se prononcer sur la désignation d'un syndic après mise en concurrence obligatoire décide d'y déroger à la majorité de l'article 25. Cette question est inscrite par le conseil syndical à l'ordre du jour de l'assemblée générale précédente (*Loi du 10/7/1965, Art. 21*).

À NOTER

Lorsque l'immeuble appartient à un organisme HLM qui permet aux locataires d'acquérir leur appartement, la loi prévoit que l'organisme HLM assurera les fonctions de syndic tant qu'il possédera au moins un lot dans l'immeuble.

AVANTAGE

Un syndic professionnel connaît parfaitement les règles de la copropriété et dispose d'une structure adaptée (bureau, secrétaire…) pour administrer l'immeuble.

ATTENTION ⚠

Le syndic professionnel coûte plus cher qu'un syndic non professionnel, et il n'est pas sur place.

À NOTER

La désignation du syndic, l'approbation de son contrat et l'ouverture d'un compte bancaire séparé au nom du syndicat doivent faire l'objet de votes distincts. La Cour de cassation a jugé qu'un vote unique sur tous ces points n'était pas valable (Cour de cassation, 3e chambre civile, 11/3/1998).

› Quel est le rôle du syndic ?

Le syndic représente le syndicat des copropriétaires dont il exécute les décisions prises en assemblée générale. De plus, il exerce des pouvoirs propres pour assurer la gestion quotidienne de l'immeuble et pour parer à l'urgence. Les missions qui lui incombent sont fixées par l'article 18 de la loi du 10/7/1965 et, pour les principales d'entre elles, détaillées ci-après.

L'INSTALLATION DE DÉTECTEURS DE FUMÉE

La loi n° 2010-238 du 9/3/2010, modifiée par la loi « ALUR » du 24/3/2014, rend obligatoire l'installation de détecteurs de fumée dans tous les lieux d'habitation. Tout propriétaire doit ainsi installer dans celui-ci au moins un détecteur de fumée normalisé autonome (afin que son fonctionnement ne soit pas affecté par une éventuelle coupure de courant) et s'assurer, si le logement est mis en location, de son bon fonctionnement lors de l'établissement de l'état des lieux. L'occupant du logement, qu'il soit locataire ou propriétaire, doit veiller à l'entretien et au bon fonctionnement de ce dispositif et assure son renouvellement, si nécessaire, tant qu'il occupe le logement. Celui-ci doit détecter les fumées émises dès le début d'un incendie et émettre immédiatement un signal sonore suffisant permettant de réveiller une personne endormie. L'occupant du logement doit notifier cette installation à l'assureur avec lequel il a conclu un contrat garantissant les dommages d'incendie.
Les articles R. 129-12 à R. 129-15 du Code de la construction et de l'habitation précisent les conditions dans lesquelles cette obligation s'applique au propriétaire non occupant (locations saisonnières, locations meublées, logements de fonction, etc.) et fixent également les mesures de sécurité à mettre en œuvre par les propriétaires dans les parties communes des immeubles pour prévenir le risque d'incendie (il est interdit d'installer des détecteurs autonomes avertisseurs de fumée dans les parties communes des immeubles).
Les exigences techniques auxquelles doivent répondre ces détecteurs, les conditions de leur installation, de leur entretien et de leur fonctionnement sont fixées par un arrêté du 5/2/2013.
Pour en savoir plus, on peut consulter le guide officiel en ligne : *www.cohesion-territoires.gouv.fr/detecteur-de-fumee-securite-incendie-dans-le-logement*.

L'administration courante

Le syndic a pour mission d'administrer l'immeuble, de pourvoir à sa conservation et à son entretien (*Loi du 10/7/1965, Art. 18*). Cette mission générale le conduit à acheter les produits d'entretien, à veiller à l'approvisionnement en combustible, à faire mettre en route le chauffage au début des périodes de chauffe, à faire procéder aux menues réparations et à faire respecter les dispositions du règlement de copropriété. Il conclut aussi, au nom du syndicat, divers contrats : entretien et maintenance, assurances, approvisionnement, etc.

À compter du 1/1/2022, le syndic devra informer les copropriétaires des règles locales en matière de tri des déchets et de l'adresse, des horaires et des modalités d'accès des déchetteries dont dépend la copropriété. Cette information devra être affichée de manière visible dans les espaces dédiées aux poubelles dans l'immeuble et transmise au moins une fois par an à ses occupants ainsi qu'aux copropriétaires.

À NOTER

Lorsqu'un réseau de communications électroniques interne à l'immeuble distribue des services de télévision et si l'installation permet l'accès aux services nationaux en clair de télévision par voie hertzienne terrestre en mode numérique, le syndic doit informer de manière claire et visible les copropriétaires de cette possibilité et leur fournir les coordonnées du distributeur de services auquel ils doivent s'adresser pour bénéficier du « service antenne » numérique.

La gestion du personnel

L'assemblée générale fixe ses besoins en personnel et le contenu des postes.

Le syndic, lui, a charge d'engager, de congédier le personnel et d'en assurer la gestion. À ce titre, il conclut les contrats de travail, procède, le cas échéant, aux licenciements, effectue toutes les déclarations sociales et verse, au nom du syndicat, les cotisations aux divers organismes.

AVANTAGE

Le personnel de la copropriété peut être rémunéré au moyen du titre emploi-service entreprise (TESE), ce qui allège les formalités pour l'employeur.

Les travaux urgents

Le syndic n'a pas le pouvoir de faire réaliser, à sa seule initiative, des travaux sauf dans le cas exceptionnel des travaux urgents. Dans ce cas, il doit avertir immédiatement les copropriétaires des travaux qu'il fait entreprendre, lorsque ceux-ci excèdent l'entretien courant, et convoquer l'assemblée générale. Il peut alors demander, sans délibération préalable de l'assemblée générale, mais après avis du conseil syndical, le versement d'une provision qui ne peut dépasser le tiers du montant prévisionnel des travaux (*Décret du 17/3/1967, Art. 37*). Il ne peut demander de nouvelles provisions pour le paiement des travaux qu'en vertu d'une décision de l'assemblée générale qu'il doit convoquer immédiatement ; les sommes correspondant à ces dépenses seront exigibles selon les modalités votées par l'assemblée générale.

S'agissant de la notion de « travaux urgents », l'ex-Commission relative à la copropriété a rappelé que cette notion devait être interprétée restrictivement ; ceux-ci « ne comprennent que ceux qui sont immédiatement indispensables pour faire cesser une atteinte à l'immeuble ou à sa destination ou pour prévenir une telle atteinte si celle-ci est imminente et d'une façon générale de pourvoir à la sauvegarde de l'immeuble » (*Recommandation n° 8 du 7/1/2008*).

À NOTER

Le syndic ne peut autoriser un copropriétaire à réaliser des travaux sur les parties communes. Si vous envisagez le percement d'un mur porteur, par exemple, ne vous contentez pas de poser la question au syndic ; votre projet doit être soumis au vote en assemblée générale.

SÉCURITÉ DES ASCENSEURS

Dans le cadre de sa mission générale d'entretien et de conservation de l'immeuble, le syndic est tenu de mettre en œuvre les obligations relatives à la sécurité des ascenseurs qui incombent aux propriétaires d'immeubles, en application des articles L. 125-1 et L. 125-2-4 et R. 125-1 à R. 125-2-8 du Code de la construction et de l'habitation et des arrêtés pris pour leur application.

Pour l'essentiel, cette réglementation :

– rend obligatoire une liste de travaux de mise en sécurité visant à parer aux risques les plus fréquents ;

– renforce l'obligation de souscrire un contrat d'entretien. Un seul contrat d'entretien dit « unique » remplace l'ancien contrat dit « normal » ou « complet ». Ce contrat, dont la durée ne peut être inférieure à 1 an, doit contenir une clause de résiliation. Il doit prévoir notamment qu'au moins toutes les 6 semaines un contrôle soit effectué, permettant de s'assurer du bon fonctionnement de l'installation, d'effectuer les réglages nécessaires et de procéder à la vérification de l'efficacité des serrures des portes palières, et, lorsqu'ils existent, des dispositifs empêchant ou limitant les actes portant atteinte au verrouillage des portes palières. De même, doivent être effectués, semestriellement, un examen du bon état des câbles et annuellement une vérification des parachutes, un nettoyage de la cuvette de l'installation, du toit de cabine et du local des machines, ainsi que la lubrification et le nettoyage des pièces ;

– instaure un contrôle technique quinquennal des installations. Ce contrôle sert à vérifier que les appareils sont équipés des dispositifs de sécurité requis, que ceux-ci sont en bon état, ou que des mesures équivalentes sont mises en œuvre et efficientes ;

– instaure un droit à l'information des occupants de l'immeuble. Ainsi, toute personne disposant d'un titre d'occupation (y compris un locataire) dans un immeuble comportant un ascenseur, a le droit de consulter, dans les locaux du siège social ou du domicile du propriétaire ou dans ceux de son représentant, le rapport du contrôle technique. Sur sa demande et à ses frais, elle reçoit du propriétaire la copie de ces documents. En pratique, dans les copropriétés dotées d'un syndic, c'est à ce dernier qu'il appartient de conserver le rapport du contrôle technique et de le communiquer à ceux des occupants qui en font la demande.

Le non-respect des dispositions qui précèdent peut donner lieu à des sanctions pénales. Le cas échéant, le juge des référés peut être saisi afin d'ordonner, éventuellement sous astreinte, la mise en conformité des ascenseurs.

Le carnet d'entretien de l'immeuble

Le syndic doit établir et tenir à jour et à disposition des copropriétaires le carnet d'entretien de l'immeuble.

Le carnet d'entretien doit mentionner :

– l'adresse de l'immeuble pour lequel il est établi ;

– l'identité du syndic en exercice ;

– les références des contrats d'assurances de l'immeuble souscrits par le syndicat des copropriétaires, ainsi que la date d'échéance de ces contrats.

Il doit également indiquer, s'il y a lieu :

– l'année de réalisation des travaux importants, tels que le ravalement des façades, la réfection des toitures, le remplacement de l'ascenseur, de la chaudière ou des canalisations, ainsi que l'identité des entreprises ayant réalisé ces travaux ;

– la référence des contrats d'assurance dommages ouvrage souscrits pour le compte du syndicat des copropriétaires, dont la garantie est en cours ;

– s'ils existent, les références des contrats d'entretien et de maintenance des équipements communs, ainsi que la date d'échéance de ces contrats ;

– s'il existe, l'échéancier du programme pluriannuel de travaux décidé par l'assemblée générale des copropriétaires.

Le carnet d'entretien peut en outre, sur décision de l'assemblée générale des copropriétaires, contenir des informations complémentaires portant sur l'immeuble, telles que celles relatives à sa construction ou celles relatives aux études techniques réalisées (*Décret n° 2001-477 du 30/5/2001*).

En cas de vente d'un lot ou d'une fraction de lot ou de cession d'un droit réel immobilier relatif à un lot ou à une fraction de lot d'un immeuble en copropriété, le carnet d'entretien de l'immeuble est annexé à la promesse de vente ou, à défaut de promesse, à l'acte authentique de vente (*Code de la construction et de l'habitation, Art. L. 721-2*). Cette disposition, issue de la loi du 24/3/2014 (dite loi « ALUR »), s'applique aux actes conclus depuis le 27/3/2014.

À NOTER

Le syndic doit remettre au copropriétaire qui en fait la demande, aux frais de ce dernier, copie du carnet d'entretien de l'immeuble et, le cas échéant, du diagnostic technique dont doit faire l'objet tout immeuble construit depuis plus de 15 ans mis en copropriété (Décret du 17/3/1967, Art. 33 ; Code de la construction et de l'habitation, Art. L. 111-6-2). Il remet également au copropriétaire qui en fait la demande, aux frais de ce dernier, copie des pièces justificatives des charges de copropriété.

LE CARNET NUMÉRIQUE D'INFORMATION, DE SUIVI ET D'ENTRETIEN

Créé par la loi ELAN, ce document en ligne sécurisé permet de connaître l'état du logement et du bâtiment ainsi que le fonctionnement de ses équipements, dans un but d'accompagnement et de suivi de l'amélioration de la performance énergétique et environnementale (*Code de la construction et de l'habitation, Art. L. 111-10-5*). Il n'a qu'une valeur informative. Il est obligatoire pour les constructions neuves depuis le 1/1/2020 et le sera pour les ventes d'immeubles existants au 1/1/2025. Il doit intégrer le carnet d'entretien de l'immeuble.

La fiche synthétique de copropriété

Le syndic doit établir une fiche synthétique de la copropriété regroupant les données financières et techniques essentielles relatives à la copropriété et à son bâti. Cette fiche doit être mise à jour chaque année et mise à disposition des copropriétaires. Si un copropriétaire en fait la demande et n'obtient rien au-delà d'1 mois, des pénalités par jour de retard seront défalquées lors de l'arrêté des comptes sur la rémunération forfaitaire annuelle du syndic suivant un montant fixé par décret (*Loi du 10/7/1965, Art. 8-2*).

Jusqu'au 31/5/2020, les contrats de syndic doivent obligatoirement prévoir une pénalité financière forfaitaire automatique à l'encontre du syndic chaque fois que celui-ci ne met pas la fiche synthétique à disposition d'un copropriétaire dans un délai de 15 jours (1 mois, à partir du 1/6/2020) à compter de la demande. Cette pénalité est déduite de la rémunération du syndic lors du dernier appel de charges de l'exercice. À compter du 1/6/2020, les pénalités de retard seront défalquées lors de l'arrêté des comptes sur la rémunération forfaitaire annuelle du syndic suivant un montant fixé par décret.

Le contenu de la fiche synthétique de la copropriété est fixé par le décret n° 2016-1822 du 21/12/2016 (disponible sur le site *www.legifrance.gouv.fr*).

À NOTER

Le syndic doit faire réaliser le diagnostic de performance énergétique (DPE) prévu pour tout bâtiment équipé d'une installation collective de chauffage ou de refroidissement. Ce DPE doit être établi dans un délai de 5 ans à compter du 1/1/2012 (Code de la construction et de l'habitation, Art. L. 134-4-1 et R. 134-4-3). Les bâtiments à usage principal d'habitation en copropriété de 50 lots ou plus, équipés d'une installation collective de chauffage ou de refroidissement, et dont la date de dépôt de la demande de permis de construire est antérieure au 1/6/2001, sont toutefois exemptés de cette obligation ; dans ces bâtiments, un audit énergétique doit être réalisé (Décret n° 2012-111 du 27/1/2012).

LA RECHERCHE DE L'AMIANTE

Les articles R. 1334-14 et suivants du Code de la santé publique font obligation aux copropriétaires de rechercher la présence d'amiante dans l'immeuble. En pratique, la mise en œuvre de cette obligation incombe au syndic dans le cadre de sa mission générale d'entretien et de conservation de l'immeuble.

Les travaux rendus nécessaires après détection d'amiante dans les parties communes doivent être votés à la majorité de l'article 25 de la loi n° 65-557 du 10/7/1965.

Les propriétaires des immeubles construits avant le 1/7/1997 ont dû constituer et tenir à jour un dossier technique « amiante ». Ce dossier doit notamment comporter la localisation précise des matériaux contenant de l'amiante et l'enregistrement des travaux de retrait ou de confinement de ces matériaux. Il doit par ailleurs être tenu à la disposition des occupants de l'immeuble et être communiqué à toute personne devant effectuer des travaux dans les lieux.

Un site Internet a été mis en place par les pouvoirs publics pour informer les propriétaires comme les syndics : *www.ecologique-solidaire.gouv.fr/lutte-contre-lamiante*.

La gestion administrative de la copropriété

Pour appeler et percevoir les charges et pour convoquer les assemblées générales, le syndic doit connaître précisément tous les copropriétaires. À cette fin, il établit et tient à jour leur liste avec l'indication des lots qui leur appartiennent ; il mentionne leur état civil ainsi que leur domicile ou, s'il s'agit d'une personne morale, sa forme, sa dénomination, son siège social et l'organe qui la représente. Il fait aussi mention de leur adresse électronique, lorsque le copropriétaire a donné son accord. Lorsqu'un copropriétaire fait l'objet d'une mesure de protection des majeurs (tutelle, curatelle, etc.), le tuteur, le curateur ou le mandataire notifie son mandat au syndic qui porte cette mention sur la liste mentionnée ci-dessus. Il en est de même de l'administrateur légal d'un mineur copropriétaire ou du mandataire commun en cas d'indivision par exemple (*Décret du 17/3/1967, Art. 32*).

Aux termes de l'article 18 de la loi du 10/7/1965, le syndic doit également :

– immatriculer le syndicat de copropriétaires. Cette immatriculation obligatoire est faite par le syndic selon les modalités des articles R. 711-1 et suivants du Code de la construction et de l'habitation. Elle vise à faciliter la connaissance des pouvoirs publics sur l'état des copropriétés et la mise en œuvre des actions destinées à prévenir la survenance de leurs dysfonctionnements ;

– assurer l'information des occupants de chaque immeuble de la copropriété des décisions prises par l'assemblée générale (voir plus loin) ;

– proposer, lorsque le syndic est un syndic professionnel, un accès en ligne sécurisé (« extranet ») aux documents dématérialisés relatifs à la gestion de l'immeuble ou des lots gérés, sauf décision contraire de l'assemblée générale prise à la majorité de l'article 25. Cet accès est différencié selon la nature des documents mis à la disposition des membres du syndicat de copropriétaires ou de ceux du conseil syndical. Depuis leu 1/7/2020, de nombreux documents doivent impérativement être accessibles à tous les copropriétaires : le règlement de copropriété, la dernière fiche synthétique, le carnet d'entretien, les diagnostics techniques, les contrats d'assurance de l'immeuble, les contrats et marchés en cours, les contrats d'entretien et de maintenance des équipements communs, les procès-verbaux des trois dernières AG et le contrat de syndic. D'autres ne sont consultables qu'individuellement par chaque copropriétaire comme, notamment, le montant des charges et les appels de fonds. Enfin, certains documents relatifs à la gestion de l'immeuble sont seulement accessibles aux membres du conseil syndical tels que les balances générales des comptes du syndicat et le relevé général des charges (*Décret n° 2019-502 du 23/5/2019*). Tous ces documents sont téléchargeables et imprimables. L'accès se fait au moyen d'un code personnel sécurisé garantissant la fiabilité de l'identification de chaque copropriétaire (*Décret du 17/3/1967, Art. 33-1-1*).

Le syndic prépare les convocations aux assemblées générales, y porte l'ordre du jour, y adjoint les pièces annexes nécessaires, et les notifie à tous les copropriétaires.

C'est lui qui assure le secrétariat des assemblées, tient la feuille de présence, indique la répartition des votes et rédige le procès-verbal.

Le syndic notifie obligatoirement ce procès-verbal à tous les copropriétaires qui ont voté contre une décision et à ceux qui n'étaient ni présents, ni représentés à l'assemblée générale.

Il conserve les archives de la copropriété : règlement de copropriété, état descriptif de division, procès-verbaux d'assemblée générale, carnet d'entretien de l'immeuble, etc. Rien ne l'empêche toutefois de confier cette mission à une entreprise spécialisée sur décision prise à la majorité de l'article 25 par l'assemblée générale. Une telle décision ne peut donner lieu à aucune rémunération complémentaire au profit du syndic (*Loi du 10/7/1965, Art. 18*).

Chaque syndicat de copropriétaires est tenu de s'assurer contre les risques de responsabilité civile dont il doit répondre. Le syndic doit soumettre au vote de l'assemblée générale, à la majorité de l'article 24, la décision de souscrire cette assurance. En cas de refus de l'assemblée générale, le syndic peut la souscrire pour le compte du syndicat des copropriétaires.

La même obligation d'assurance pèse sur chaque copropriétaire, tenu de s'assurer contre les risques de responsabilité civile dont il doit répondre en sa qualité de copropriétaire occupant ou non-occupant (*Loi du 10/7/1965, Art. 9-1*).

INFORMATION DES OCCUPANTS DE L'IMMEUBLE

Le syndic doit, dans un délai de 3 mois après la tenue de chaque assemblée générale, assurer l'information des occupants de chaque immeuble sur les décisions prises par l'assemblée susceptibles d'avoir des conséquences sur les conditions d'occupation de l'immeuble et sur les charges des occupants. Cette information est réalisée, de manière anonyme (les données à caractère personnel doivent être supprimées), par un document affiché pendant 1 mois à l'emplacement prévu à cet effet s'il en existe un ou, à défaut, déposé dans chacune des boîtes aux lettres ou remis selon les modalités habituellement utilisées dans la copropriété pour la remise des courriers (*Loi du 10/7/1965, Art. 18* ; *Décret n° 2015-1681 du 15/12/2015*). Elle pourra porter, notamment, sur :

– les décisions relatives à la maintenance et à l'entretien de l'immeuble, aux travaux de toute nature et aux actes techniques concourant à la préparation de ces travaux tels que les diagnostics, les audits, les études techniques ;

– les décisions relatives à la présence du personnel ou des prestataires.

Une décision ayant pour effet le licenciement du gardien, concierge ou employé d'immeubles ne peut toutefois être portée à la connaissance des occupants avant que ce dernier ait reçu la lettre lui notifiant son licenciement.

Ne peuvent être portées à la connaissance des occupants les décisions de l'assemblée générale concernant :

– une saisie immobilière ou une procédure contentieuse opposant un ou plusieurs copropriétaires au syndicat ;

– les prestations de gestion confiées au syndic ou pour lesquelles il est mandaté.

La représentation du syndicat

Le syndic représente le syndicat des copropriétaires à chaque fois qu'il est nécessaire de conclure un contrat, de faire des démarches ou d'accomplir des formalités. En outre, le syndic a pour mission de représenter le syndicat en justice (*Décret du 17/3/1967, Art. 55*).

› Quelles sont les obligations comptables et financières du syndic ?

Le syndic gère les fonds du syndicat pour lequel il règle les dépenses de gestion de l'immeuble. Chaque copropriétaire lui verse, sur appel de fonds, sa quote-part de charges.

Il tient une comptabilité séparée pour chacun des syndicats de copropriétaires dont il assure la gestion.

À NOTER

Si l'assemblée générale le décide, à la majorité simple de l'article 24, le syndic peut ouvrir un Livret A au nom du syndicat des copropriétaires et y placer jusqu'à 76 500 € (Code monétaire et financier, Art. L. 221-3 et R. 221-2).

La comptabilité du syndicat

Le syndic doit faire apparaître dans les comptes la position comptable de chaque copropriétaire (*Loi du 10/7/1965, Art. 18*). Il tient aussi à jour la situation de trésorerie du syndicat dans laquelle il fait apparaître les montants du fonds de roulement, des provisions versées par les copropriétaires, des autres sommes perçues, des dépenses engagées, des charges impayées et des dettes du syndicat.

Enfin, le syndic tient l'état des dépenses et recettes où apparaissent toutes les sommes effectivement encaissées et réglées.

Les comptes du syndicat comprenant le budget prévisionnel, les charges et produits de l'exercice, la situation de trésorerie ainsi que les annexes au budget prévisionnel doivent être établis conformément à des règles comptables spécifiques fixées par le décret n° 2005-240 du 14/3/2005 et l'arrêté du 14/3/2005 pris pour son application. Les comptes doivent être présentés avec comparatif des comptes de l'exercice précédent approuvé (*Loi du 10/7/1965, Art. 14-3*). Un dispositif « allégé » s'applique aux copropriétés comportant 5 lots maximum à usage de logements, de bureaux ou de commerces, lorsque le budget prévisionnel moyen sur une période de trois exercices consécutifs est inférieur à 15 000 €. À partir du 1/6/2020, les petites copropriétés de 5 lots maximum ne seront pas obligées de tenir une comptabilité en partie double (*Loi du 10/7/1965, Art. 41-10*).

À NOTER

À l'exception du syndic provisoire (celui désigné à l'occasion de la mise en copropriété d'un immeuble) et de l'administrateur provisoire (désigné par le juge dans les copropriétés en difficulté), le syndic de copropriété ne peut avancer de fonds au syndicat de copropriétaires.

L'ouverture d'un compte bancaire

Les règles relatives au compte bancaire de la copropriété ont été profondément modifiées par la loi du 24/3/2014 (dite loi « ALUR »). Désormais, le principe est celui de l'obligation faite au syndic d'ouvrir un compte séparé pour chaque syndicat de copropriété dont il a la charge. Jusqu'au 31/12/2020, seules les copropriétés de 15 lots au plus peuvent, sur décision de leur AG, opter pour un compte commun.

À NOTER

Si le syndic ne respecte pas ses obligations relatives à l'ouverture d'un compte bancaire, son mandat est nul de plein droit à l'expiration du délai de 3 mois suivant sa désignation. Toutefois, les actes qu'il a passés avec des tiers de bonne foi demeurent valables.

Pour l'essentiel, les dispositions applicables sont les suivantes :

– le syndic est chargé d'ouvrir, dans l'établissement bancaire qu'il choisit, un compte séparé au nom du syndicat des copropriétaires, sur lequel sont versées sans délai toutes les sommes ou valeurs reçues au nom ou pour le compte du syndicat. L'AG peut toutefois décider, à la majorité absolue de l'article 25 que ce compte sera ouvert dans un autre établissement bancaire de son choix. Les éventuels intérêts produits par ce compte sont définitivement acquis au syndicat ;

– le syndic met à disposition du conseil syndical une copie des relevés périodiques du compte, dès réception de ceux-ci. Cette mise à disposition peut s'effectuer par voie dématérialisée, par exemple sur le site Internet sécurisé du syndic ;

– jusqu'au 31/12/2020, lorsque le syndicat comporte au plus 15 lots à usage de logements, de bureaux ou de commerces, l'AG peut, à la majorité absolue de l'article 25 (et, le cas échéant, de l'article 25-1) de la loi du 10/7/1965, dispenser le syndic professionnel d'ouvrir un compte bancaire séparé au nom du syndicat. Dans ce cas, le compte unique fait apparaître dans les écritures de l'établissement bancaire un sous-compte individualisant comptablement les versements et prélèvements afférents au syndicat. Le syndic effectue sur ce sous-compte, sans délai, les versements des sommes et valeurs appartenant au syndicat et y reporte les dépenses effectuées pour son compte. Le syndic transmet au président du conseil syndical une copie des relevés périodiques bancaires du sous-compte, dès réception de ceux-ci. Dans ce cas, le syndic ne peut pas proposer une rémunération différenciée en fonction de la décision de l'assemblée relative à la dispense de compte bancaire séparé.

L'établissement du budget prévisionnel

C'est au syndic qu'il incombe d'élaborer le budget prévisionnel de la copropriété en concertation avec le conseil syndical. Ce budget doit être joint à la convocation de l'assemblée générale appelée à l'approuver. Le budget prévisionnel doit permettre de faire face à l'ensemble des frais courants de maintenance, de fonctionnement, d'administration courante et d'équipements communs de la copropriété. En sont exclues les dépenses pour travaux dont la liste est donnée par l'article 44 du décret n° 67-223 du 17/3/1967. L'assemblée générale des copropriétaires appelée à voter ce budget prévisionnel est réunie dans un délai de 6 mois à compter du dernier jour de l'exercice comptable précédent (*Loi du 10/7/1965, Art. 14-1 et 14-2*).

LES HONORAIRES SPÉCIFIQUES DU SYNDIC

Afin de mettre fin à certains abus dans les honoraires facturés par les syndics à l'occasion de la réalisation de travaux courants, la loi prévoit que, désormais, seuls les travaux mentionnés à l'article 14-2 de la loi du 10/7/1965 (c'est-à-dire les travaux hors budget prévisionnel, voir plus haut) et votés par l'assemblée générale des copropriétaires en application des articles 24, 25, 26, 26-3 et 30 de cette même loi, fixant les règles de majorité, peuvent faire l'objet d'honoraires spécifiques au profit du syndic. Ces honoraires sont alors votés lors de la même assemblée générale que les travaux concernés, aux mêmes règles de majorité (*Loi du 10/7/1965, Art. 18-1 A*). Le syndic ne peut en aucun cas mentionner, dans le contrat de syndic soumis au vote de l'assemblée générale, de barème relatif à ces honoraires spécifiques, même à titre indicatif. Une telle rémunération fixée dans le projet de résolution soumis au vote de l'assemblée générale doit être exprimée en pourcentage du montant hors taxes des travaux, à un taux dégressif selon l'importance des travaux préalablement à leur exécution. En d'autres termes, les simples travaux d'entretien courant ne peuvent donner lieu à la perception d'honoraires particuliers par les syndics et sont inclus forfaitairement dans ses honoraires de gestion courante.

Les sommes exigibles des copropriétaires

Le syndic peut exiger des copropriétaires le versement (*Décret du 17/3/1967, Art. 35*) :

- de l'avance constituant la réserve prévue au règlement de copropriété (anciennement appelée « avance de trésorerie permanente » ou « fonds de roulement »), laquelle ne peut excéder 1/6 du montant du budget prévisionnel ; cette demande ne peut toutefois avoir lieu que si le principe d'une telle avance figure au règlement de copropriété ou a été approuvé par une décision de l'assemblée générale prise à la majorité de l'article 26 (majorité des copropriétaires représentant au moins les 2/3 des voix). Les sommes ainsi versées au titre de l'avance doivent, le cas échéant, être restituées au copropriétaire au moment de la revente de son lot ;
- des provisions trimestrielles du budget prévisionnel (elles peuvent avoir une autre périodicité si l'assemblée en décide ainsi). Le syndic doit adresser à chaque copropriétaire par lettre simple, avant chaque premier jour de trimestre (ou de la période fixée par l'assemblée générale), un avis indiquant le montant de la provision exigible ;
- des provisions pour les dépenses non comprises dans le budget prévisionnel : dépenses pour travaux de conservation ou d'entretien de l'immeuble, dépenses pour travaux d'amélioration, dépenses occasionnées par les études techniques… Il appartient à l'assemblée générale de fixer le montant de la dépense et la date d'exigibilité des provisions correspondantes, le syndic devant, avant la date d'exigibilité déterminée par l'assemblée, adresser par lettre simple à chaque copropriétaire un avis indiquant le montant de la somme exigible et l'objet de la dépense ;
- des avances correspondant à l'échéancier prévu dans le plan pluriannuel de travaux éventuellement adopté par l'assemblée générale ;
- des avances constituées par les provisions spéciales prévues pour faire face à des travaux d'entretien ou de conservation susceptibles d'être nécessaires dans les 3 ans à venir.

Les copropriétaires versent au syndicat des provisions égales au quart du budget prévisionnel voté, sauf décision de l'assemblée générale prévoyant des modalités différentes, notamment en ce qui concerne les dépenses pour travaux. La provision est exigible le premier jour de chaque trimestre ou le premier jour de la période fixée par l'assemblée générale (*Loi du 10/7/1965, Art. 14-1 et 14-2*).

PROVISIONS POUR TRAVAUX ET FONDS DE TRAVAUX

Les copropriétés soumises à la loi du 10/7/1965 doivent créer un « fonds pour travaux », alimenté par une cotisation annuelle obligatoire au moins égale à 5 % du budget prévisionnel. Cette cotisation est versée par les copropriétaires selon les mêmes modalités que celles décidées par l'AG pour le versement des provisions du budget prévisionnel. L'AG peut affecter tout ou partie des sommes déposées sur ce fonds au financement des travaux. Cette affectation doit tenir compte de l'existence de parties communes spéciales ou de clefs de répartition des charges (*Loi du 10/7/1965, Art. 14-2*).

Si le diagnostic technique global a été réalisé et qu'il ne fait apparaître aucun besoin de travaux dans les 10 prochaines années, le syndicat est dispensé de l'obligation de constituer un fonds de travaux pendant la durée de validité du diagnostic. Par ailleurs, lorsque l'immeuble comporte moins de 10 lots, le syndicat des copropriétaires peut, à l'unanimité, décider de ne pas constituer de fonds de travaux.

Les sommes versées au titre du fonds de travaux sont attachées aux lots et définitivement acquises au syndicat des copropriétaires ; elles ne donnent donc pas lieu à un remboursement par le syndicat à l'occasion de la cession d'un lot.

Un compte bancaire séparé et rémunéré doit être ouvert au nom du syndicat, sur lequel seront versées sans délai les cotisations à ce fonds de travaux.

La constitution de ce fonds pour travaux, en principe obligatoire depuis le 1/1/2017, peut être reportée « à l'issue d'une période de 5 ans suivant la date de la réception des travaux » ; cette exclusion concerne les immeubles neufs en copropriété pendant la période de 5 ans qui suit la réception des travaux.

À NOTER

En cas de vente d'un lot de copropriété, le syndic doit, avant l'établissement de l'acte de vente, adresser au notaire chargé de recevoir l'acte, à la demande de ce dernier ou à celle du copropriétaire qui transfère tout ou partie de ses droits sur le lot de copropriété, un état daté comportant trois parties : dans la 1re partie, le syndic indique, d'une manière même approximative et sous réserve de l'apurement des comptes, les sommes pouvant rester dues, pour le lot considéré, au syndicat par le copropriétaire cédant ; dans la 2e partie, le syndic indique, d'une manière même approximative et sous réserve de l'apurement des comptes, les sommes dont le syndicat pourrait être débiteur, pour le lot considéré, à l'égard du copropriétaire cédant ; dans la 3e partie, le syndic indique les sommes qui devraient incomber au nouveau copropriétaire, pour le lot considéré (Décret du 17/3/1967, Art. 5).

À NOTER

Pour les ventes de parties communes conclues depuis le 1/6/2020, le syndic est tenu de remettre à chaque copropriétaire la somme d'argent lui revenant, après déduction des montants dues à la copropriété (Loi du 10/7/1965, Art. 16-1).

Le recouvrement des charges

Habilité à appeler des provisions pour charges, le syndic se doit de tout mettre en œuvre pour recouvrer les charges. Le règlement de copropriété peut d'ailleurs prévoir un certain nombre de mesures afin de convaincre les copropriétaires défaillants : par exemple, fixer un calendrier de recouvrement impératif avec paiement d'intérêts de retard en cas de non-respect des délais.

Les frais nécessaires exposés par le syndicat, notamment les frais de mise en demeure, de relance et de prise d'hypothèque à compter de la mise en demeure, pour le recouvrement d'une créance justifiée à l'encontre d'un copropriétaire ainsi que les droits et émoluments des actes des huissiers de justice et le droit de recouvrement ou d'encaissement à la charge du débiteur, sont imputables au seul copropriétaire concerné. À l'inverse, le copropriétaire qui, à l'issue d'une instance judiciaire l'opposant au syndicat, voit sa prétention déclarée fondée par le juge, est dispensé, même s'il n'en fait pas la demande, de toute participation à la dépense commune des frais de procédure, dont la charge est répartie entre les autres copropriétaires. Le juge peut toutefois en décider autrement en considération de l'équité ou de la situation économique des parties au litige (*Loi du 10/7/1965, Art. 10-1*).

Sont également imputables au seul copropriétaire concerné les frais ou dépenses mentionnés à l'article 10-1 de la loi du 10/7/1965, et notamment :

– les honoraires du syndic afférents aux prestations qu'il doit effectuer pour l'établissement de l'état daté à l'occasion de la mutation à titre onéreux d'un lot ou d'une fraction de lot. L'état daté est un document, destiné à l'information de l'acquéreur, qui récapitule les informations sur les charges, les procédures en cours, l'état de l'immeuble… ;

– les dépenses pour travaux d'intérêt collectif (notamment travaux d'économies d'énergie ou de réduction des émissions de gaz à effet de serre) réalisés sur les parties privatives en application de l'article 24 (II c) et de l'article 25 (f) de la loi du 10/7/1965.

Par ailleurs, la loi prévoit une procédure accélérée pour le paiement des provisions du budget prévisionnel. Ainsi :

– à défaut du versement à sa date d'exigibilité d'une provision pour charges de fonctionnement ou de travaux sur le budget prévisionnel, les autres provisions non encore échues ainsi que les sommes restant dues deviennent immédiatement exigibles après mise en demeure par lettre recommandée avec avis de réception restée infructueuse pendant plus de 30 jours à compter du lendemain du jour de la première présentation de la lettre recommandée au domicile de son destinataire ;

– après avoir constaté le vote du budget prévisionnel par l'assemblée générale des copropriétaires ainsi que la déchéance du terme (c'est-à-dire la mise en demeure et le délai de 30 jours écoulé depuis celle-ci), le président du tribunal judiciaire statuant sur la procédure accélérée au fond peut, à la demande du syndic, condamner le copropriétaire défaillant au versement des provisions ou sommes devenues exigibles. Cette décision est assortie de l'exécution provisoire de plein droit ; elle peut donc permettre au syndic d'engager toutes les procédures de droit commun : saisie sur compte bancaire, saisie sur salaires… Ces dispositions sont également applicables aux cotisations du fonds de travaux. Le copropriétaire défaillant peut toutefois, en application des dispositions générales de l'article 1343-5 du Code civil, demander au tribunal l'octroi de délais de paiement, ce qui, en pratique, lui est rarement accordé (*Loi du 10/7/1965, Art. 19-2*).

À NOTER

Si l'assemblée générale vote pour autoriser le syndic à agir en justice pour obtenir la saisie en vue de la vente d'un lot d'un copropriétaire débiteur vis-à-vis du syndicat, la voix de ce copropriétaire n'est pas prise en compte dans le décompte de la majorité et ce copropriétaire ne peut représenter un autre copropriétaire lors de cette AG.

UN SYNDIC PEUT-IL SE FAIRE SUBSTITUER PAR UN CABINET SPÉCIALISÉ POUR RECOUVRER DES CHARGES D'IMMEUBLE SI L'ASSEMBLÉE GÉNÉRALE L'Y AUTORISE ?

La loi du 10/7/1965 prévoit notamment que le syndic est seul responsable de la gestion de l'immeuble et qu'il ne peut se faire substituer. À ce titre, le syndic doit procéder aux appels de fonds relatifs au paiement des charges, ainsi qu'au recouvrement des sommes restées impayées par les copropriétaires.
Le recouvrement des charges impayées fait partie des pouvoirs propres reconnus au syndic pour l'exercice de sa mission. Il ne peut déléguer ce pouvoir à un tiers et doit donc mettre en œuvre personnellement les procédures et actions nécessaires à ce recouvrement.
Par ailleurs, le recouvrement ne constituant pas une prérogative de l'assemblée générale, aucun vote n'est nécessaire pour sa mise en œuvre et l'assemblée ne peut légalement déléguer une telle prérogative. C'est pourquoi une société ne peut recouvrer des charges d'immeuble au nom du syndic (*Réponse ministérielle, JOAN du 15/9/2015, Q n° 79285*).

› Le syndic doit-il rendre compte de sa gestion ?

En sa qualité de mandataire du syndicat des copropriétaires, le syndic doit rendre compte de sa gestion au moins une fois par an. Le contrôle du syndicat portera autant sur sa gestion financière que sur l'ensemble de sa mission pour l'exercice écoulé.

Devront être notifiés aux copropriétaires, au plus tard en même temps que l'ordre du jour lorsque l'assemblée est appelée à approuver les comptes :
– le compte des dépenses de l'exercice écoulé ;
– un état des dettes et créances ;
– la situation de la trésorerie ;
– le montant du solde du compte séparé s'il en existe un ;
– ainsi que le budget prévisionnel quand l'assemblée est appelée à voter des crédits pour le prochain exercice (*Décret n° 67-223 du 17/3/1967, Art. 11*).

L'assemblée générale doit approuver les comptes à la majorité de l'article 24 de la loi du 10/7/1965 (majorité des voix des copropriétaires présents ou représentés).

À NOTER

L'approbation des comptes ne vaut pas approbation de la répartition entre les copropriétaires (Décret n° 67-223 du 17/3/1967, Art. 45-1).

À l'occasion de l'approbation des comptes, le syndic demande quitus de sa gestion. Le quitus peut porter sur la gestion financière ou la gestion en général de la copropriété par le syndic. Le vote du quitus est important puisqu'il entraîne l'approbation par les copropriétaires des actes passés par le syndic pendant l'exercice écoulé et la décharge de sa responsabilité.

› Comment le syndic est-il rémunéré ?

La rémunération du syndic doit figurer dans le contrat approuvé par l'assemblée générale des copropriétaires à la majorité de l'article 25. Cette rémunération est forfaitaire, c'est-à-dire qu'elle englobe une série de prestations qui ne peuvent donner lieu à facturation supplémentaire du syndic (*Loi du 10/7/1965, Art. 18-1 A*).

Les prestations comprises obligatoirement dans ce forfait figurent dans une liste annexée au décret n° 2015-342 du 26/3/2015 (*Décret n° 67-223 du 17/3/1967, annexe 1*), applicable aux contrats de syndic conclus ou renouvelés après le 1/7/2015 (voir plus loin). Il s'agit, par exemple, de toutes les prestations du syndic liées à l'AG (préparation, convocation, tenue, etc.) ou de la gestion courante des finances et de la comptabilité de la copropriété. Depuis le 1/6/2020, si le syndic ne respecte pas cette obligation, il encourt jusqu'à 3 000 € d'amende (15 000 € pour une personne morale).
Malgré ce caractère forfaitaire, une rémunération spécifique complémentaire peut toutefois être perçue à l'occasion de prestations particulières, qui excèdent ce que l'on pourrait qualifier de gestion courante de l'immeuble. Ces prestations particulières susceptibles de donner lieu à rémunération spécifique font l'objet d'une liste limitative – c'est-à-dire qu'il n'est pas possible d'en ajouter d'autres – qui figure en annexe au décret n° 2015-342 du 26/3/2015 (*Décret n° 67-223 du 17/3/1967, annexe 2*)(voir plus loin).

Il peut s'agir, par exemple, de prestations relatives aux réunions et visites supplémentaires (organisation de réunions supplémentaires avec le conseil syndical, réalisation de visites supplémentaires de la copropriété,

etc.) ou encore de prestations relatives au règlement de copropriété et à l'état descriptif de division (établissement ou modification du règlement de copropriété à la suite d'une décision du syndicat des copropriétaires, publication de l'état descriptif de division et du règlement de copropriété ou des modifications apportées à ces actes, etc.).
Depuis le 1/6/2020, le syndic peut aussi conclure avec les copropriétaires « une convention portant sur des prestations de services autres que celles relevant de sa mission de syndic », après autorisation expresse de l'assemblée générale donnée à la majorité simple de l'article 24 (*Loi du 10/7/1965, Art. 18-1-A*). Afin de prévenir d'éventuels abus, les copropriétaires doivent rester vigilants sur les prestations payantes proposées.

À NOTER

Indépendamment des rémunérations spécifiques mentionnées plus haut, certains travaux votés par l'assemblée générale peuvent faire l'objet d'honoraires spécifiques au profit du syndic. Ces honoraires sont votés lors de la même AG que les travaux concernés, aux mêmes règles de majorité.

À NOTER

En moyenne, les honoraires du syndic oscillent entre 90 € et 200 € environ par lot et par an. Plus la copropriété est grande, moins le prix par lot est important.

› Comment le syndic peut-il être révoqué ?

Les règles s'appliquant à tous les contrats de syndic

Le syndic peut être révoqué à tout moment (*Code civil, Art. 2004*). L'assemblée générale doit prendre la décision de révoquer le syndic en statuant à la majorité de l'article 25 de la loi du 10/7/1965 (majorité des voix de tous les copropriétaires). La copropriété a toutefois intérêt à ne pas renouveler le mandat du syndic à son échéance, plutôt que de révoquer celui-ci en cours de mandat. Le syndic pourrait en effet réclamer des dommages et intérêts au syndicat des copropriétaires pour rupture abusive du mandat. Mais la révocation en cours de mandat peut être justifiée par une faute ou des défaillances répétées du syndic.

À NOTER

Le mandat du syndic est toujours donné pour un temps déterminé : au moment du renouvellement, vous pouvez voter contre. Mais si une telle décision est prise, il vaut mieux avoir prévu l'avenir et la nomination d'un nouveau syndic.

Les règles s'appliquant aux contrats conclus depuis le 1/6/2020

Que la décision de mettre fin au contrat du syndic en poste résulte du conseil syndical ou du syndic lui-même, une assemblée générale doit être organisée dans les 3 mois précédant le terme du contrat. Les questions de la désignation d'un nouveau syndic ainsi que de la fixation d'une date anticipée de fin de contrat doivent alors être inscrites à l'ordre du jour. Si une telle décision relève du syndic lui-même, il doit en plus en informer le conseil syndical au plus tard 3 mois avant la tenue de cette assemblée générale, et ce afin de laisser le temps aux copropriétaires de contacter plusieurs syndics et les mettre en concurrence.
L'assemblée générale désigne le nouveau syndic et fixe les dates de fin du contrat en cours et de prise d'effet du nouveau contrat. Elles interviennent au plus tôt un jour franc après la tenue de cette assemblée.
Par ailleurs, des règles spécifiques sont prévus en cas « d'inexécution suffisamment grave » d'une des parties.
– Si le syndic est à l'initiative de la résiliation du contrat, il doit notifier sa volonté de résiliation au président du conseil syndical en prenant soin de préciser les inexécutions qu'il reproche au syndicat des co-propriétaires.
Dans un délai minimum de 2 mois à compter de cette notification, il doit ensuite convoquer une assemblée générale et inscrire à l'ordre du jour la question de la désignation d'un nouveau syndic. La résiliation du contrat prend effet au plus tôt un jour franc après la tenue de l'assemblée générale.
– Si le conseil syndical est à l'initiative de la résiliation du contrat, il doit notifier au syndic une demande motivée d'inscription de cette question à l'ordre du jour de la prochaine assemblée générale, en précisant la ou les inexécutions qui lui sont reprochées. Celle-ci devra se prononcer sur la question de la résiliation du contrat et, le cas échéant, fixera sa date de prise d'effet au plus tôt un jour franc après la tenue de cette assemblée.
Dans les deux cas, lorsqu'au cours de la même assemblée le syndicat des copropriétaires désigne un nouveau syndic, il doit fixer la date de prise d'effet du contrat (*Loi du 10/7/1965, Art. 18*).

› QUELLES SONT LES OBLIGATIONS DE L'ANCIEN SYNDIC À L'ÉGARD DU NOUVEAU ?

La loi organise une procédure obligatoire en cas de changement de syndic, quelle qu'en soit la raison. Les dispositions suivantes sont alors applicables :

– l'ancien syndic doit remettre au nouveau syndic, dans le délai de 15 jours à compter de la cessation de ses fonctions, la situation de trésorerie, les références des comptes bancaires du syndicat et les coordonnées de la banque. Il remet, dans le délai d'1 mois, l'ensemble des documents et archives du syndicat et, le cas échéant, les documents dématérialisés relatifs à la gestion de l'immeuble ou aux lots gérés. Dans l'hypothèse où le syndicat des copropriétaires a fait le choix de confier tout ou partie de ses archives à un prestataire spécialisé, il est tenu, dans ce même délai, d'informer le prestataire de ce changement en communiquant les coordonnées du nouveau syndic. Cette obligation ne se substitue pas à l'obligation faite à l'ancien syndic de transférer les documents et archives du syndicat au nouveau syndic ;

– dans le délai de 2 mois suivant l'expiration du délai d'1 mois mentionné ci-dessus, l'ancien syndic est tenu de fournir au nouveau syndic l'état des comptes des copropriétaires ainsi que celui des comptes du syndicat, après apurement et clôture.

À défaut, après mise en demeure restée infructueuse, le syndic nouvellement désigné ou le président du conseil syndical peut demander au juge, statuant comme en matière de référé, d'ordonner sous astreinte la remise des pièces, informations et documents dématérialisés ainsi que le versement des intérêts dus à compter du jour de la mise en demeure (*Loi du 10/7/1965, Art. 18-2*). Cette action peut être introduite après mise en demeure effectuée par lettre recommandée avec avis de réception, par télécopie avec récépissé ou encore par acte d'huissier de justice, adressée à l'ancien syndic et restée infructueuse pendant un délai de 8 jours. Elle est portée devant le président du tribunal judiciaire du lieu de situation de l'immeuble (*Décret du 17/3/1967, Art. 34*).

› La responsabilité du syndic

Quand peut être engagée la responsabilité du syndic ?

La responsabilité du syndic peut être engagée s'il a commis une faute dans sa gestion entraînant un préjudice pour la copropriété. Il en est ainsi notamment s'il n'a pas procédé à l'exécution des travaux votés en assemblée générale ou bien avec retard ou encore s'il n'a pas intenté d'action en justice à l'encontre de l'architecte de l'immeuble dans la limite de la garantie décennale, s'il n'a pas assuré l'immeuble, s'il n'a pas procédé, en temps voulu, au recouvrement des charges de copropriété…

La responsabilité peut être engagée à l'encontre d'un syndic professionnel ou non professionnel (dans ce second cas, elle sera cependant appréciée de façon moins sévère en application de l'article 1992 du Code civil), par le syndicat des copropriétaires ou même par un copropriétaire isolément, dans l'hypothèse où ce dernier rapporte la preuve d'une faute du syndic qui lui a causé un préjudice direct et personnel.

La responsabilité du syndic pourrait également être engagée sur le plan pénal, soit pour des délits de droit commun (vol, escroquerie…), soit par exemple pour le délit de blessures par imprudence en cas d'accident dû au mauvais entretien de l'immeuble (exemple : accident d'ascenseur) ou encore d'infractions aux règlements administratifs en matière d'hygiène et de sécurité.

Responsabilité du syndic pour négligence

Le syndic doit, conformément à ses obligations issues de la loi du 10/7/1965, faire diligence afin de recouvrer le montant des charges. À défaut, sa responsabilité est engagée, surtout lorsque le non-paiement des charges par l'un des copropriétaires entraîne de graves difficultés de trésorerie pour le syndicat. La responsabilité du syndic est aussi engagée lorsqu'il ne fait pas exécuter un jugement condamnant un copropriétaire au paiement des charges (*Cour d'appel de Versailles, 4/6/1986*).

À NOTER

Le syndic doit signaler au procureur de la République les faits pouvant constituer une infraction en matière d'habitat indigne (Loi du 10/7/1965, Art. 18-1-1). Cette mesure, issue de la loi ELAN, a pour but de lutter contre les marchands de sommeil.

Que peut faire le syndicat en cas de carence du syndic ?

La loi ALUR du 24/3/2014 distingue entre l'empêchement du syndic, quel qu'en soit la cause (par exemple, congé, maladie, etc.) et sa carence (il n'accomplit pas sa tâche).

L'empêchement du syndic autorise le président du conseil syndical à convoquer l'assemblée générale appelée à désigner un nouveau syndic. Cette disposition évite le recours aux tribunaux.

En cas de carence de sa part à exercer ses fonctions, un administrateur *ad hoc* peut être désigné en justice à défaut de « remplaçant » prévu dans le règlement de copropriété (exemple : président du conseil syndical). Le syndic en fonction peut en effet être assigné par tout intéressé (copropriétaire, créancier de la copropriété, conseil syndical…) devant le président du tribunal judiciaire statuant comme en matière de référé, en vue de la désignation d'un administrateur *ad hoc* (*Loi du 10/7/1965, Art. 18; Décret du 17/3/1967, Art. 49*).

Dans le cas d'un syndicat dépourvu de syndic, le président du tribunal judiciaire peut être saisi sur requête aux fins d'en désigner un.

De façon générale, tout copropriétaire peut se faire autoriser, par le tribunal judiciaire statuant en référé sous certaines conditions, à convoquer l'assemblée générale.

À NOTER

Depuis le 1/6/2020, en cas de carence ou d'inaction du syndic, le président du conseil syndical peut, sur délégation expresse de l'assemblée générale, exercer une action contre le syndic, en réparation du préjudice subi par le syndicat des copropriétaires. Il est à noter que lorsque la copropriété n'a pas de conseil syndical, cette action peut être exercée par un ou plusieurs copropriétaires représentant au moins un quart des voix de tous les copropriétaires. En cas de condamnation, les dommages et intérêts sont versés au syndicat des copropriétaires (Loi du 10/7/1965, Art. 15).

LISTE NON LIMITATIVE DES PRESTATIONS INCLUSES DANS LE FORFAIT (DÉCRET N° 2015-342 DU 26/3/2015, APPLICABLE AUX CONTRATS DE SYNDIC CONCLUS OU RENOUVELÉS APRÈS LE 1/7/2015)

	PRESTATIONS	DÉTAILS
I. - Assemblée générale	I-1° Préparation de l'assemblée générale	a) Établissement de l'ordre du jour ; b) Mise à disposition de tous les copropriétaires des différentes pièces comptables et justificatives dans les conditions prévues à l'article 18-1 de la loi du 10/7/965.
	I-2° Convocation à l'assemblée générale	a) Élaboration et envoi de la convocation avec l'ordre du jour, des documents à joindre à la convocation et des projets de résolutions.
	I-3° Tenue de l'assemblée générale	a) Présence du syndic ou de son représentant à l'assemblée générale suivant les stipulations prévues par le contrat au titre du forfait ; b) Établissement de la feuille de présence, émargement, vérification des voix et des pouvoirs ; c) Rédaction et tenue du registre des procès-verbaux.

LISTE NON LIMITATIVE DES PRESTATIONS INCLUSES DANS LE FORFAIT (DÉCRET N° 2015-342 DU 26/3/2015, APPLICABLE AUX CONTRATS DE SYNDIC CONCLUS OU RENOUVELÉS APRÈS LE 1/7/2015)		
	PRESTATIONS	**DÉTAILS**
I. - Assemblée générale	I-4° Information relative aux décisions prises en assemblée générale	a) Envoi et notification du procès-verbal comportant les décisions prises en assemblée générale aux copropriétaires (opposant ou défaillant) ; b) Information des occupants de chaque immeuble de la copropriété des décisions prises par l'assemblée générale par affichage d'un procès-verbal dans les parties communes.
II. - Conseil syndical	II-5° Mise à disposition et communication au conseil syndical de toutes pièces ou documents se rapportant à la gestion du syndicat ou des lots gérés (notamment par accès en ligne sécurisé)	
	II-6° Recueil des avis écrits du conseil syndical lorsque sa consultation est obligatoire	
III. - Gestion des opérations financières et comptabilité générale de la copropriété	III-7° Comptabilité du syndicat	a) Établissement des comptes de gestion et des annexes du syndicat des copropriétaires, conformément à l'article 14-3 de la loi du 10/7/1965 ; b) Établissement du budget prévisionnel, en collaboration avec le conseil syndical, conformément à l'article 14-1 de la même loi et au décret n° 2005-240 du 14/3/2005 ; c) Présentation des comptes en conformité avec la réglementation en vigueur.
	III-8° Comptes bancaires	a) Ouverture d'un compte bancaire séparé ou, le cas échéant, d'un sous-compte individualisé en cas de dispense (résultant d'une décision de l'assemblée générale des copropriétaires statuant dans les conditions prévues au II de l'article 18 de la loi du 10/7/1965) ; b) Ouverture d'un compte bancaire séparé destiné à recevoir les cotisations prévues à l'article 14-2 de la loi du 10/7/1965.

LISTE NON LIMITATIVE DES PRESTATIONS INCLUSES DANS LE FORFAIT (DÉCRET N° 2015-342 DU 26/3/2015, APPLICABLE AUX CONTRATS DE SYNDIC CONCLUS OU RENOUVELÉS APRÈS LE 1/7/2015)		
	PRESTATIONS	**DÉTAILS**
III. - Gestion des opérations financières et comptabilité générale de la copropriété	III-9° Comptabilité séparée de chaque copropriétaire	a) Tenue des comptes de chaque copropriétaire ; b) Appel des provisions sur budget prévisionnel ; c) Imputations des consommations individuelles de fluide ou d'énergie ; d) Reconstitution des consommations, forfaits et régularisations sur compteurs en l'absence de relevé ; e) Appels sur régularisations de charge ; f) Appels des cotisations du fonds de travaux.
	III-10° Autres	a) Vérification et paiement des factures des fournisseurs et prestataires ; b) Recouvrement des créances auprès des tiers : relance par lettre simple avant mise en demeure ; c) Calcul des intérêts légaux au profit du syndicat ; d) Attestation de TVA aux fournisseurs et prestataires.
	III-11° Remise au syndic successeur	a) Remise de l'état financier, de la totalité des fonds, de l'état des comptes des copropriétaires et des comptes du syndicat.

LISTE NON LIMITATIVE DES PRESTATIONS INCLUSES DANS LE FORFAIT (DÉCRET N° 2015-342 DU 26/3/2015, APPLICABLE AUX CONTRATS DE SYNDIC CONCLUS OU RENOUVELÉS APRÈS LE 1/7/2015)		
	PRESTATIONS	DÉTAILS
IV. - Administration et gestion de la copropriété en conformité avec le règlement de copropriété	IV-12° Immatriculation du syndicat	a) Mise à jour du registre d'immatriculation.
	IV-13° Documents obligatoires	a) Élaboration et mise à jour de la fiche synthétique de copropriété ; b) Gestion de tous les audits, diagnostics et dossiers obligatoires (à l'exclusion du diagnostic de performance énergétique collectif et de l'audit énergétique, qui peuvent faire l'objet d'honoraires spécifiques dans les conditions précisées au 7.2.5 du présent contrat) ; c) Établissement et mise à jour du carnet d'entretien conformément au décret n° 2001-477 du 30/5/2001 ; d) Établissement et mise à jour de la liste des copropriétaires ; e) Notification de l'exercice du droit de délaissement prévue au III de l'article 18 de la loi du 10/7/1965.

LISTE NON LIMITATIVE DES PRESTATIONS INCLUSES DANS LE FORFAIT (DÉCRET N° 2015-342 DU 26/3/2015, APPLICABLE AUX CONTRATS DE SYNDIC CONCLUS OU RENOUVELÉS APRÈS LE 1/7/2015)		
	PRESTATIONS	**DÉTAILS**
IV. - Administration et gestion de la copropriété en conformité avec le règlement de copropriété	IV-14° Archives du syndicat et accès en ligne sécurisé aux documents dématérialisés	a) Détention et conservation des archives, notamment les plans, le règlement de copropriété, l'état de répartition des charges, l'état de division, les procès-verbaux des assemblées générales, les diagnostics techniques, les contrats de travail des préposés du syndicat, les contrats d'assurance de l'immeuble et documents nécessaires pour leur mise en œuvre, les documents et décisions de justice relatifs à l'immeuble dont les délais de contestation ne sont pas révolus, les contrats d'entretien et de maintenance des équipements communs ainsi que toute pièce administrative (l'assemblée générale, statuant à la majorité de tous les copropriétaires, peut décider de confier les archives du syndicat des copropriétaires à une entreprise spécialisée aux frais du syndicat en application du I de l'article 18 de la loi du 10/7/1965) ; b) Transmission des archives au syndic successeur ; c) Élaboration et transmission au conseil syndical du bordereau récapitulatif des archives transmises au syndic successeur ; d) Mise à disposition d'un accès en ligne sécurisé aux documents dématérialisés relatifs à la gestion de l'immeuble ou des lots gérés (sauf décision contraire de l'assemblée générale des copropriétaires statuant dans les conditions prévues à l'article 18 de la loi du 10/7/1965).

LISTE NON LIMITATIVE DES PRESTATIONS INCLUSES DANS LE FORFAIT (DÉCRET N° 2015-342 DU 26/3/2015, APPLICABLE AUX CONTRATS DE SYNDIC CONCLUS OU RENOUVELÉS APRÈS LE 1/7/2015)		
	PRESTATIONS	**DÉTAILS**
IV. - Administration et gestion de la copropriété en conformité avec le règlement de copropriété	IV-15° Entretien courant et maintenance	a) Visites de la copropriété et vérifications, selon les stipulations prévues au contrat ; b) Gestion des travaux d'entretien courant et de maintenance visés à l'article 45 du décret du 17/3/1967 ; c) Vérifications périodiques imposées par les réglementations en vigueur sur les éléments d'équipement communs ; d) Négociation, passation, suivi des marchés des prestataires et gestion des contrats à l'échéance dans le cadre du budget prévisionnel ; e) Établissement et présentation à l'assemblée générale, au moins tous les trois ans, de la liste des travaux d'entretien et de conservation des parties communes et des éléments d'équipement commun nécessaires dans les trois années à échoir, en vue de la constitution de provisions spéciales ; f) En vue de la consultation au cours d'une assemblée générale incluse dans le forfait, appel d'offres, étude des devis et mise en concurrence résultant de la demande d'une pluralité de devis ou de l'établissement d'un devis descriptif soumis à l'évaluation de plusieurs entreprises lorsque celle-ci est obligatoire dans le cadre des travaux de maintenance définis à l'article 45 du décret du 17 mars 1967.

LISTE NON LIMITATIVE DES PRESTATIONS INCLUSES DANS LE FORFAIT (DÉCRET N° 2015-342 DU 26/3/2015, APPLICABLE AUX CONTRATS DE SYNDIC CONCLUS OU RENOUVELÉS APRÈS LE 1/7/2015)		
	PRESTATIONS	**DÉTAILS**
V. - Assurances	V-16° Souscription des polices d'assurance au nom du syndicat soumise au vote de l'assemblée générale	
	V-17° Déclaration des sinistres concernant les parties communes ou les parties privatives lorsque le dommage a sa source dans les parties communes	
	V-18° Règlement des indemnités aux bénéficiaires	
VI. - Gestion du personnel	VI-19° Recherche et entretien préalable	
	VI-20° Établissement du contrat de travail et de ses avenants éventuels	
	VI-21° Gestion des procédures de rupture du contrat de travail	
	VI-22° Paiement du salaire, tenue du livre des salaires, édition des bulletins de paies	
	VI-23° Déclarations et paiement aux organismes fiscaux et sociaux	
	VI-24° Attestations et déclarations obligatoires	
	VI-25° Gestion des remplacements pendant les congés, arrêts maladie et maternité	
	VI-26° Mise en place et mise à jour du document unique d'évaluation des risques pour la santé et la sécurité des travailleurs	
	VI-27° Gestion de la formation du personnel du syndicat	
	VI-28° Contrôle d'activité du personnel du syndicat	

LISTE LIMITATIVE DES PRESTATIONS PARTICULIÈRES POUVANT DONNER LIEU AU VERSEMENT D'UNE RÉMUNÉRATION SPÉCIFIQUE COMPLÉMENTAIRE (DÉCRET N° 2015-342 DU 26/3/2015, APPLICABLE AUX CONTRATS DE SYNDIC CONCLUS OU RENOUVELÉS APRÈS LE 1/7/2015)	
PRESTATIONS	**DÉTAILS**
I. - Prestations relatives aux réunions et visites supplémentaires	1° Préparation, convocation et tenue d'assemblées générales supplémentaires et dépassement des plages horaires de référence convenues ; 2° Organisation de réunions supplémentaires avec le conseil syndical ; 3° Réalisation de visites supplémentaires de la copropriété.
II. - Prestations relatives au règlement de copropriété et à l'état descriptif de division	4° Établissement ou modification du règlement de copropriété à la suite d'une décision du syndicat ; 5° Publication de l'état descriptif de division et du règlement de copropriété ou des modifications apportées à ces actes.
III. - Prestations de gestion administrative et matérielle relatives aux sinistres	6° Déplacements sur les lieux ; 7° Prise de mesures conservatoires ; 8° Assistance aux mesures d'expertise ; 9° Suivi du dossier auprès de l'assureur.
IV. - Prestations relatives aux travaux et études techniques dont la liste est fixée à l'article 44 du décret du 17/3/1967 pris pour l'application de la loi du 10/7/1965	
V. - Prestations relatives aux litiges et contentieux (hors recouvrement de créances auprès des copropriétaires)	10° Mise en demeure par lettre recommandée accusée de réception ; 11° Constitution du dossier transmis à l'avocat, à l'huissier, à l'assureur protection juridique ; 12° Suivi du dossier transmis à l'avocat.
VI. - Autres prestations	13° Diligences spécifiquement liées à la préparation des décisions d'acquisition ou de dispositions de parties communes (hors prestations visées au II) ; 14° Reprise de la comptabilité sur exercice (s) antérieur (s) non approuvés ou non réparti (s), en cas de changement de syndic ; 15° Représentation du syndicat aux assemblées d'une structure extérieure (syndicat secondaire, union de syndicats, association syndicale libre) créée en cours de mandat ainsi qu'aux assemblées supplémentaires de ces mêmes structures si elles existaient antérieurement à la signature du contrat de syndic ; 16° Constitution et suivi du dossier d'emprunt souscrit au nom du syndicat en application des alinéas 1 et 2 de l'article 26-4 de la loi du 10/7/1965 ; 17° Constitution et suivi d'un dossier de subvention au profit du syndicat ; 18° Immatriculation initiale du syndicat.

Les charges de copropriété

Chaque copropriétaire doit participer aux charges nécessaires à l'entretien de l'immeuble, ainsi qu'à celles entraînées par les éléments d'équipement commun et les services collectifs. Il existe donc deux catégories de charges : les charges générales et les charges spéciales.

Les charges générales

L'article 10 de la loi du 10/7/1965 précise que les copropriétaires sont tenus de participer aux charges générales proportionnellement à la valeur de leurs parties privatives. Les règles sont les mêmes pour les cotisations versées par les copropriétaires au fonds pour travaux qui, sauf dérogation, doit être mis en place depuis le 1/1/2017. Cette valeur est établie par le règlement de copropriété et, plus précisément, par l'état descriptif de division. Ainsi, lorsque l'état descriptif de division affecte à un lot 2 547/10 000e, le copropriétaire de ce lot devra acquitter 2 547/10 000e des dépenses engagées par la copropriété au titre des charges générales.

Parmi les charges générales, on compte :

- les consommations d'eau et d'électricité (et non celles de combustible pour le chauffage collectif qui entre dans la catégorie des charges spéciales) ;
- les dépenses de réparation et d'entretien ;
- les dépenses d'administration : honoraires du syndic, frais de tenue des assemblées générales, etc. ;
- les primes d'assurance et les taxes relatives à l'immeuble.

Aucun copropriétaire ne peut se soustraire au paiement de ces charges, pour quelque raison que ce soit : inoccupation d'un lot, localisation en sous-sol (cave) ou en extérieur (parking).

Les charges spéciales

On entend par charges spéciales celles qui résultent des éléments d'équipement commun (un ascenseur, par exemple) ou des services collectifs (le chauffage collectif, par exemple).

L'article 10 de la loi du 10/7/1965 prévoit que ces charges doivent être réparties en fonction de l'utilité qu'elles procurent à chaque lot. Ainsi, le copropriétaire du 3e étage doit participer aux charges d'ascenseur, même s'il monte à pied, car l'ascenseur présente une utilité pour un appartement en étage. Mais utilité et utilisation ne doivent pas être confondues. Depuis le 1/6/2020, la participation aux charges entraînées par les services collectifs et les éléments d'équipement commun est établie selon leur utilité « objective » pour le copropriétaire et non plus seulement sur leur utilité, dès lors que ces charges ne sont pas individualisées.

De même, un copropriétaire qui n'occupe pas son lot ne pourra pour autant se soustraire au paiement des dépenses de chauffage collectif. Cet équipement procure effectivement une utilité pour le lot.

Chaque catégorie de charges spéciales peut donc faire l'objet d'une répartition spécifique. Ainsi, les dépenses de chauffage collectif n'obéiront pas à la même répartition que les frais d'ascenseur.

L'ascenseur

Compte tenu du critère de l'utilité objective, les copropriétaires du rez-de-chaussée ne paient pas, en principe, de charges d'ascenseur sauf en cas d'accès à un parking en sous-sol, par exemple. Sont également dispensés de ces charges les propriétaires de garages situés en sous-sol lorsque ceux-ci ne sont pas desservis par un ascenseur. L'utilité objective correspond à la possibilité pour le copropriétaire de se servir de l'ascenseur, qu'il fasse ou non usage de cette possibilité (*Cour de cassation, 3e chambre civile, 22/9/2016*). Ainsi, il a été jugé qu'un parking desservi au premier sous-sol par un ascenseur mais pas au second ouvre droit pour la copropriété au paiement des charges afférentes, même pour le copropriétaire au second sous-sol.

L'utilité de l'ascenseur variant selon l'étage, on applique un « coefficient d'étage » pour calculer les charges d'ascenseur : plus on habite haut dans l'immeuble, plus les charges sont élevées. Pour les lots situés à un même étage, ce coefficient peut tenir compte de la surface de chaque lot, même si une répartition égalitaire entre les lots d'un même étage, quelle que soit leur surface, n'est pas irrégulière (*Cour de cassation, 3e chambre civile, 4/4/2002*).

Le chauffage collectif

La répartition des frais de chauffage collectif dans les copropriétés est réglée par les articles L. 241-9 et R. 241-6 et suivants du Code de l'énergie. Pour l'essentiel, il est prévu que tout immeuble collectif équipé d'un chauffage commun à tout ou partie des locaux occupés à titre privatif et fournissant à chacun de ces locaux une quantité de chaleur réglable par l'occupant devra être muni d'appareils de mesure permettant de déterminer la quantité de chaleur fournie à chaque local occupé à titre privatif et ainsi d'individualiser les frais de chauffage collectif. Cette obligation concerne tous « les immeubles ayant au moins deux logements destinés à être occupés à titre privatif et chauffés par une même installation » et s'applique également aux immeubles pourvus d'une installation de refroidissement.

Cette obligation connaît toutefois certaines exceptions, notamment :

– pour les immeubles dans lesquels il est techniquement impossible de mesurer la chaleur consommée par chaque local pris séparément ou de poser un appareil permettant aux occupants de chaque local de moduler la chaleur fournie par le chauffage collectif (par exemple, ceux pour lesquels l'émission de chaleur se fait par dalle chauffante sans mesure possible par local) ;

– pour les immeubles dont l'individualisation des frais de chauffage entraînerait un coût excessif résultant de la nécessité de modifier l'ensemble de l'installation de chauffage.

Lorsqu'elle est obligatoire, la mise en service des appareils de mesure devra avoir lieu au plus tard le 25/10/2020 lorsque la consommation en chauffage de l'immeuble est inférieure à 120 kWh/m² par an.

Les appareils installés à partir du 25/10/2020 seront relevables par télé-relève. Cela concernera l'ensemble des appareils à compter du 1/1/2027.

À NOTER

Avant toute installation des appareils de mesure, les émetteurs de chaleur (radiateurs, sèche-serviettes, ...), quand cela est techniquement possible, devront être munis, à la charge du propriétaire, d'instruments de régulation en fonction de la température intérieure de la pièce, notamment de robinets thermostatiques.

ATTENTION ⚠

En cas de contrôle et du non-respect de l'obligation, la sanction est une amende de 1 500 € par an et par logement.

Dans les immeubles collectifs équipés des appareils de mesure, les frais de chauffage afférents à l'installation commune comprennent :

– le coût des combustibles ou de l'énergie ;

– les frais relatifs à la conduite et à l'entretien des installations de chauffage ;

– les frais relatifs à l'utilisation d'énergie électrique – ou éventuellement d'autres formes d'énergie – pour le fonctionnement des appareillages (tels que les instruments de régulation, les pompes, les brûleurs et les ventilateurs).

Les frais de combustible ou d'énergie sont répartis entre les locaux desservis en distinguant des frais communs et des frais individuels :

– les frais communs de combustible ou d'énergie sont obtenus en multipliant le total des dépenses de combustible ou d'énergie par un coefficient égal à 0,30 (pourcentage légal). Dans le cas des immeubles pour lesquels des appareils de mesure ont déjà été installés, le coefficient choisi entre 0 et 0,50 au moment de l'installation de ces appareils est conservé. Toutefois, l'assemblée générale des copropriétaires peut remplacer le coefficient initial par le coefficient de 0,30. Les frais communs sont répartis dans les conditions fixées par le règlement de copropriété ;

– le total des frais individuels s'obtient par différence entre le total des frais de combustible ou d'énergie et les frais communs calculés comme indiqué ci-dessus. Ce total est réparti en fonction des indications fournies par les appareils de mesure, les situations ou configurations thermiquement défavorables des locaux pouvant être prises en compte.

Les modalités de répartition des frais de chauffage et d'information des occupants sont fixées par un arrêté du 27/8/2012 (modifié par l'arrêté du 30/5/2016). Dans le cas d'une copropriété, il appartient ainsi au syndic, pour le compte du syndicat des copropriétaires, de procéder au relevé des appareils de mesure au moins une fois par an et d'envoyer chaque année au propriétaire de chaque logement (qui, le cas échéant, l'adresse à son tour à son locataire) un relevé de la consommation d'énergie pour le chauffage du logement. Sur ce relevé devront également figurer des indicateurs de suivi de sa consommation s'ils sont disponibles (consommation de l'année précédente pour le même local et consommation d'énergie moyenne pour le chauffage de l'ensemble de l'immeuble).

La moyenne des consommations annuelles de chauffage sur les 3 dernières années devra aussi être affichée dans les parties communes de l'immeuble.

Les autres frais de chauffage (l'entretien annuel par exemple) sont répartis dans les conditions fixées par le règlement de copropriété.

À NOTER

Les relevés des appareils permettant d'individualiser les frais de chauffage doivent pouvoir être faits sans qu'il soit besoin de pénétrer dans les locaux privatifs.

À NOTER

Tous les immeubles soumis au statut de la copropriété doivent maintenant être équipés de compteurs d'eau chaude. La répartition se fait ainsi en fonction de la consommation réelle.

Le paiement des charges

La procédure d'alerte préventive

Le paiement des charges de copropriété constitue la principale obligation d'ordre financier des copropriétaires. C'est à cette occasion que se révèlent les difficultés que peut rencontrer tel ou tel copropriétaire pour faire face à ses échéances, difficultés qui peuvent, si elles se répètent ou si elles concernent plusieurs copropriétaires, mettre en péril le fonctionnement normal de la copropriété. Ce type de situations se rencontrant de plus en plus fréquemment, la loi du 10/7/1965 prévoit un certain nombre de dispositions permettant d'y faire face, notamment la nomination d'un administrateur *ad hoc*. Afin de traiter les difficultés le plus en amont possible, la loi met ainsi en place une procédure d'alerte, qui s'organise autour des principales dispositions suivantes :

– lorsqu'à la clôture des comptes, les impayés atteignent 25 % (ou 15 % pour les copropriétés de plus de 200 lots) des sommes exigibles en vertu des articles 14-1 et 14-2 de la loi du 10/7/1965 (sommes exigibles au titre du budget prévisionnel, du fonds de travaux et des dépenses hors budget), le syndic en informe le conseil syndical et saisit sur requête le juge d'une demande de désignation d'un mandataire *ad hoc*. Pour l'appréciation du seuil de 25 % ou de 15 % mentionné ci-dessus, ne sont pas considérées comme impayées les sommes devenues exigibles dans le mois précédant la date de clôture de l'exercice ; pour l'information du conseil syndical, le syndic adresse sans délai à chacun de ses membres l'état des impayés avant répartition à la date de la clôture de l'exercice comptable (*Décret du 17/3/1967, Art. 61-2 et 61-4*) ;

– en l'absence d'action du syndic dans un délai d'1 mois à compter de la clôture des comptes, le juge peut être saisi d'une même demande par, notamment, des copropriétaires représentant ensemble au moins 15 % des voix du syndicat ou un créancier lorsque les factures d'abonnement et de fourniture d'eau ou d'énergie ou les factures de travaux, votés par l'assemblée générale et exécutés, restent impayées depuis 6 mois et que le créancier a adressé au syndic un commandement de payer resté infructueux (*Loi du 10/7/1965, Art. 29-1 A*) ;

– le mandataire désigné par le juge lui adresse, dans un délai de 3 mois renouvelable une fois, un rapport présentant l'analyse de la situation financière du syndicat des copropriétaires et de l'état de l'immeuble, les préconisations faites pour rétablir l'équilibre financier du syndicat et, le cas échéant, assurer la sécurité de l'immeuble, ainsi que le résultat des actions de médiation ou de négociation qu'il aura éventuellement menées avec les parties en cause ; lorsqu'il constate d'importantes difficultés financières ou de gestion, il saisit le juge afin que soit désigné un administrateur provisoire ;

– ce rapport est adressé, notamment, au syndic et au conseil syndical ;

– le syndic inscrit à l'ordre du jour de la prochaine assemblée générale les projets de résolution nécessaires à la mise en œuvre de ce rapport. Si la prochaine AG n'intervient pas dans les 6 mois à compter de la remise du rapport, le syndic convoque une AG spécialement à cet effet. Si le rapport du mandataire *ad hoc* préconise des mesures d'urgence, ce délai est ramené à 3 mois (*Loi du 10/7/1965, Art. 29-1 A et s.*).

En outre, pour la mise en œuvre de cette procédure d'alerte préventive (*Décret du 17/3/1967, Art. 61-2 à 61-11*) :

– la requête ou l'assignation qui tend à la désignation d'un mandataire *ad hoc* est accompagnée des pièces de nature à justifier la demande. Avant de statuer, le président du tribunal judiciaire peut entendre tout membre du conseil syndical ;

– l'ordonnance rendue par le juge est portée sans délai, par le mandataire *ad hoc* qu'elle désigne, à la connaissance des copropriétaires par remise contre émargement ou par lettre recommandée avec avis de réception ;
– le juge peut autoriser le mandataire, à la demande de celui-ci et à ses frais, à se faire assister de tout technicien pour l'accomplissement de sa mission, sur une question particulière ;
– le syndic informe les copropriétaires qu'ils peuvent prendre connaissance du rapport du mandataire à son bureau, ou en tout autre lieu fixé par l'assemblée générale, pendant les heures ouvrables, dans le mois qui suit. Une copie de tout ou partie du rapport est adressée par le syndic aux copropriétaires qui en font la demande, aux frais de ces derniers.

À NOTER

Le lot partagé est un lot dont la propriété peut être divisée ou démembrée. Dans le lot démembré, l'usufruitier sera tenu des charges liées aux réparations d'entretien alors que le nu-propriétaire sera redevable des grosses réparations. Dans le lot indivis, la répartition des charges et la reddition des comptes se feront entre les indivisaires. Dans l'une ou l'autre de ces situations, une clause de solidarité au sein du règlement de copropriété permet de recouvrer les charges auprès d'un membre de la propriété divisée ou démembrée.

À NOTER

Lorsqu'il désigne un mandataire ad hoc, le juge précise et motive spécialement dans son ordonnance l'imputation des frais entre le syndicat des copropriétaires et les autres parties à la procédure, ou le partage des frais entre eux (Loi du 10/7/1965, Art. 29-1 B).

Les autres moyens de recouvrer les charges

Tous les copropriétaires étant tenus de participer aux charges, le syndicat des copropriétaires, par l'intermédiaire du syndic, se doit donc de recouvrer les sommes dues au titre des charges. Pour ce faire, la loi a donné un certain nombre de moyens au syndicat des copropriétaires : possibilité d'insérer des clauses de pénalités dans le règlement de copropriété, garanties légales…

À NOTER

Les partenaires liés par un pacte civil de solidarité (PACS) sont solidaires, et donc coresponsables à l'égard des tiers, des dettes contractées par l'un d'eux pour les besoins de la vie courante et pour les dépenses relatives au logement commun (Code civil, Art. 515-4). Cette solidarité porte notamment sur le paiement des charges de copropriété. Les époux sont également solidaires du paiement des charges relatives au lot de copropriété qui leur sert de logement, quel que soit leur régime matrimonial (Code civil, Art. 220).

Les dispositions du règlement de copropriété

De plus en plus, des clauses permettant au syndicat d'appliquer des pénalités aux copropriétaires retardataires figurent dans les règlements de copropriété. Parfaitement valables, ces clauses peuvent prévoir, par exemple, l'application de clauses pénales (le copropriétaire retardataire doit payer une pénalité exprimée en pourcentage des sommes dues). Mais la sanction prévue par de telles clauses ne peut être prononcée que par le juge, dans le cadre d'une action en justice (*Réponse ministérielle n° 64778, JOAN, 22/10/2001*).

Les garanties du syndicat

Le syndic dispose d'un arsenal d'actions plus ou moins contraignantes pour obtenir le paiement des charges : injonction ou sommation de payer, saisie des meubles, inscription d'une hypothèque légale sur le lot du copropriétaire défaillant, vente forcée du lot…

Les créances de toute nature du syndicat à l'encontre de chaque copropriétaire sont garanties par une hypothèque légale sur son lot. Depuis le 1/6/2020, le syndic peut la faire inscrire au profit du syndicat sans avoir à obtenir au préalable l'autorisation de l'assemblée générale. Le syndicat bénéficie également du privilège mobilier qui porte à la fois sur les meubles garnissant les lieux appartenant au copropriétaire mais aussi sur les sommes dues par le locataire à son bailleur (*Loi du 10/7/1965, Art. 19*).

D'autres dispositions sont prévues par l'article 20 de la loi du 10/7/1965 comme, par exemple, en cas de vente d'un lot par un copropriétaire, la possibilité offerte au syndic de s'opposer au versement du prix si le vendeur doit encore des sommes au titre des charges. Le prix de vente est alors bloqué chez le notaire. Le copropriétaire qui désire vendre son lot doit donc fournir à son notaire un avis du syndic datant de moins d'1 mois attestant qu'il n'est redevable d'aucune somme envers la copropriété. À défaut de cet avis, le notaire doit aviser le syndic de la vente, par lettre recommandée avec avis de réception, dans un délai de 15 jours à compter du transfert de propriété. Dans les 15 jours de cet avis, le syndic peut s'opposer par huissier à la remise du prix de vente au vendeur pour obtenir le paiement des sommes restant dues par ce dernier à la copropriété. Le copropriétaire doit donc d'abord s'acquitter de sa dette au syndicat, avant de pouvoir percevoir le prix de vente de son lot.

À NOTER

À l'occasion de la vente d'un lot de copropriété (habitation, garage, cave...) : le paiement de la provision exigible du budget prévisionnel incombe au vendeur ; le paiement des provisions des dépenses non comprises dans le budget prévisionnel incombe à celui, vendeur ou acquéreur, qui est copropriétaire au moment de l'exigibilité ; le trop ou moins perçu sur provisions, révélé par l'approbation des comptes, est porté au crédit ou au débit du compte de celui qui est copropriétaire lors de l'approbation des comptes. L'acheteur et le vendeur peuvent convenir d'une autre répartition que celle prévue ci-dessus, mais celle-ci n'aura d'effet qu'entre eux, et n'est pas opposable à la copropriété (Décret du 17/3/1967, Art. 6-2 et 6-3).

À NOTER

Lorsque la vente est résolue judiciairement, le vendeur va devoir à la copropriété rétroactivement le paiement des charges à compter du jour de la vente (Cour d'appel de Paris, 19/4/2017).

La prescription en matière de charges

En vertu du principe général tiré de l'article 42 de la loi du 10/7/1965, l'action en recouvrement des charges se prescrit selon le délai de droit commun de 5 ans (*Loi du 10/7/1965, Art. 42*; *Code civil, Art. 2224*).

La révision des charges

La révision des charges ne peut normalement être votée qu'à l'unanimité (*Loi du 10/7/1965, Art. 11*). Effectivement, comme chaque copropriétaire a souscrit au règlement de copropriété lors de l'acquisition de son lot ou lors du partage de l'immeuble, la répartition originelle des charges a été adoptée à l'unanimité. On ne peut donc la réviser qu'en respectant les mêmes règles. Toutefois, dans certains cas, il est possible de déroger à ce principe.

Modification consécutive à des travaux

Certains travaux, tels que la surélévation de l'immeuble, l'addition de locaux privatifs ou l'installation d'éléments d'équipements aux frais de certains copropriétaires entraînent, de fait, une modification des charges. L'article 11 de la loi du 10/7/1965 a donc prévu que l'assemblée générale, lorsqu'elle décide de travaux entraînant une modification des charges, peut voter cette modification à la même majorité que celle qui est nécessaire pour voter lesdits travaux. Il en va de même lorsque la copropriété acquiert, crée ou vend des parties communes.

Réunion ou division de lots

Lorsque, suite à une vente, un partage ou une donation, un copropriétaire procède à la division de son lot, les charges incombant au lot primitif doivent être réparties entre les lots résultant de la division. Une telle modification doit être approuvée à la majorité des copropriétaires présents ou représentés (majorité de l'article 24 de la loi du 10/7/1965). La règle est la même lorsqu'un copropriétaire réunit plusieurs lots.

Changement d'usage des parties privatives

Certains copropriétaires peuvent procéder à la transformation de leur local à usage d'habitation en local commercial ou professionnel (sous réserve de se conformer à la législation en vigueur et sous réserve de ne pas changer la destination de l'immeuble). Une telle modification entraîne un changement d'usage des éléments d'équipement communs (un médecin dont les patients prennent l'ascenseur utilise plus cet ascenseur que chaque autre copropriétaire). Dans ce cas, l'assemblée générale peut, à la majorité de tous les copropriétaires présents, représentés ou absents (majorité de l'article 25 de la loi du 10/7/1965), procéder à la révision des charges concernées.

Défaut de paiement des charges de copropriété

Un copropriétaire qui s'abstient de payer à leur échéance ses charges de copropriété oblige les autres copropriétaires à engager une longue procédure pour obtenir le règlement de son arriéré de charges.

Il les contraint également à en faire l'avance et donc à verser des quotes-parts de charges plus lourdes, afin d'assurer la bonne administration de l'immeuble. La demande de dommages et intérêts est ainsi justifiée par un double préjudice.

La Cour de cassation confirme que ce préjudice étant commun à tous les copropriétaires, le syndicat des copropriétaires est fondé à intenter une action afin d'obtenir l'allocation de dommages et intérêts (*Cour de cassation, 3e chambre civile, 27/11/1990*).

En outre, dans ce cas, sont imputables au seul copropriétaire concerné les frais nécessaires exposés par le syndicat des copropriétaires (frais de mise en demeure, de relance, de prise d'hypothèque, d'huissier de justice, etc.) pour le recouvrement des charges dues (*Loi du 10/7/1965, Art. 10-1*).

Il est désormais possible de saisir en référé le président du tribunal judiciaire afin qu'il condamne un copropriétaire défaillant non seulement au paiement des provisions du budget, mais également au solde restant dû pour les exercices précédents si les comptes ont été approuvés ainsi qu'aux appels provisionnels de travaux.

Cette condamnation entraîne en outre déchéance du terme pour toutes les provisions restant dues au titre du budget courant ainsi que du budget travaux (*Loi du 10/7/1965, Art. 19-2*).

Cette procédure accélérée devrait permettre au syndic de recouvrer plus facilement les charges des copropriétaires défaillants.

Révision judiciaire

L'article 10 de la loi du 10/7/1965 pose le principe d'une répartition équitable des charges entre les divers copropriétaires. Lorsque la répartition des charges lèse ou avantage un ou plusieurs copropriétaires de plus d'un quart de ce qu'il devrait payer, tout copropriétaire lésé peut intenter une action en révision des charges devant le tribunal judiciaire de son domicile (*Loi du 10/7/1965, Art. 12*). Le copropriétaire lésé doit introduire son action dans les 5 ans qui suivent la publication du règlement de copropriété. Par ailleurs, si le premier copropriétaire lésé n'a pas demandé la révision des charges, l'acquéreur suivant pourra entamer l'action dans les 2 ans suivant la vente.

Indépendamment de la règle visée ci-dessus, et sans qu'aucun délai d'action ne lui soit opposable, tout copropriétaire peut, lorsque les charges de copropriété n'ont pas été réparties conformément aux dispositions de la loi du 10/7/1965 (exemple : charges d'ascenseur réparties selon les tantièmes ou par parts égales entre tous les lots), engager une action en nullité à l'encontre des dispositions ainsi contraires à la loi. Cette action, fondée sur l'article 43 de la loi du 10/7/1965, est imprescriptible. Lorsque le juge fait droit à la demande, il procède à une nouvelle répartition des charges, celle-ci ne prenant effet qu'à compter de la décision qui l'ordonne (*Loi du 10/7/1965, Art. 10 et 43* ; *Cour de cassation, 3e chambre civile, 3/7/1996*).

Les travaux en copropriété

L'assemblée générale a pouvoir de voter les travaux. Selon qu'il s'agit de travaux d'entretien, de réparation ou d'amélioration, les règles de majorité diffèrent. De plus, il existe quelques cas particuliers.

Les travaux sur les parties privatives

Tout copropriétaire étant libre de disposer de son lot, il ne lui est pas nécessaire, en principe, de solliciter une autorisation pour réaliser des travaux sur les parties privatives. Cependant, en pratique, ce principe a des limites.

Travaux ne nécessitant aucune autorisation

Seuls les travaux qui n'affectent pas les parties communes peuvent être réalisés sans autorisation. Il s'agit des travaux ne touchant que les cloisons intérieures (non porteuses), les éléments d'embellissement (revêtements de sols ou de murs, par exemple), les portes, les sanitaires et tout ce qui ne fait pas partie du gros œuvre.

Travaux nécessitant une autorisation

À l'inverse, tous les travaux touchant les parties communes nécessitent l'autorisation de l'assemblée générale. Le gros œuvre (murs porteurs, toiture), les gaines de cheminées et les canalisations communes (descente générale d'eau, chauffage central collectif), appartiennent aux parties communes, même s'ils se situent à l'intérieur de parties privatives. Les travaux touchant à ces éléments doivent être autorisés par l'assemblée générale à la majorité de tous les copropriétaires (majorité de l'article 25 de la loi du 10/7/1965) : ce sera le cas, par exemple, pour percer une porte de communication dans le mur séparatif de deux lots de copropriété contigus (y compris s'ils appartiennent au même copropriétaire), dès lors que ce mur constitue une partie commune de l'immeuble (*Réponse ministérielle n° 1826, JOAN, 25/11/2002*). Il en va de même pour les travaux affectant l'aspect extérieur de l'immeuble (balcons, terrasses, loggias, fenêtres).

Depuis le 1/6/2020, tout copropriétaire peut, à ses frais, demander au syndic la convocation et la tenue d'une assemblée générale pour faire inscrire à l'ordre du jour une ou plusieurs questions le concernant seul, telle qu'une demande d'autorisation pour travaux (*Loi du 10/7/1965, Art. 17-1 AA*). Un décret (à venir) doit préciser le délai laissé au syndic pour l'organiser.

À NOTER

Un copropriétaire qui souhaite réaliser des travaux modifiant l'aspect extérieur de la façade doit déposer une déclaration de travaux en mairie. Cette déclaration doit obligatoirement être accompagnée de l'autorisation donnée par l'assemblée générale à la majorité de l'article 25, faute de quoi le maire pourra, en toute légalité, s'opposer à cette déclaration (Conseil d'État, 29/6/2005).

Les travaux sur les parties communes

Les intérêts des copropriétaires divergent. Ainsi, un copropriétaire du 6e étage aura intérêt à ce que la copropriété installe un ascenseur alors que pour celui du 1er étage l'utilité d'un tel équipement, au demeurant cher, n'est pas évident.

Il s'ensuit que, souvent, les copropriétaires intéressés n'arrivent pas à réunir la majorité suffisante pour décider de tels travaux lors de l'assemblée générale.

Travaux réalisés par les copropriétaires

Pour éviter ces blocages, parfois insurmontables, la loi a prévu la possibilité d'autoriser les copropriétaires intéressés à réaliser ces travaux à leurs frais, à la majorité de tous les copropriétaires (majorité de l'article 25 de la loi du 10/7/1965). Si l'assemblée générale refuse cette autorisation, tout copropriétaire peut demander au tribunal judiciaire qu'il se prononce. Le tribunal peut alors, éventuellement, accorder l'autorisation que l'assemblée générale a refusée. L'action auprès du tribunal, visant à obtenir cette autorisation, n'est pas soumise au délai de prescription de 2 mois applicable aux contestations des décisions d'assemblée générale, mais à un délai de prescription de 10 ans (*Cour de cassation, 3e chambre civile, 16/12/2009*).

Il arrive que les équipements ou travaux financés par seulement quelques copropriétaires intéressent finalement tout le monde. Mais seuls les copropriétaires qui ont payé les travaux peuvent utiliser l'équipement ; les autres devront acquitter leur quote-part pour en avoir l'usage. C'est ainsi que, dans certaines copropriétés, on ne peut accéder à l'ascenseur qu'au moyen d'une clé. Les copropriétaires qui ont financé l'ascenseur disposent de la clé et peuvent l'utiliser alors que les autres continuent à monter à pied !

Travaux réalisés par le syndicat

Certains travaux d'intérêt collectif votés en assemblée générale peuvent affecter les parties privatives. C'est le cas, par exemple, lorsque le syndicat des copropriétaires a décidé de changer les fenêtres ou d'installer un chauffage collectif. Afin de permettre la réalisation de ces travaux, la loi prévoit qu'aucun copropriétaire ne peut faire obstacle à l'exécution de ces travaux, même à l'intérieur des parties privatives. Depuis le 1/6/2020, une telle obligation concerne tous les travaux d'intérêt collectif et s'impose au copropriétaire si les circonstances le justifient et ce, même s'il existe une autre solution n'affectant pas ses parties privatives (*Loi du 10/7/1965, Art. 9*).

Pour la réalisation de ces travaux d'intérêt collectif réalisés sur les parties privatives, le syndicat exerce les pouvoirs du maître d'ouvrage jusqu'à réception des travaux.

À NOTER

Les travaux entraînant un accès aux parties privatives doivent être notifiés aux copropriétaires au moins 8 jours avant le début de leur réalisation, sauf impératif de sécurité ou de conservation des biens.

Les copropriétaires qui subissent un préjudice par suite de l'exécution des travaux, en raison soit d'une diminution définitive de la valeur de leur lot, soit d'un trouble de jouissance grave (même s'il est temporaire), soit de dégradations, ont droit à une indemnité.

À quelle majorité les travaux doivent-ils être votés ?

Les majorités nécessaires en assemblée pour décider d'effectuer des travaux diffèrent selon leur nature. Un certain nombre d'exemples est donné ci-dessous.

Majorité simple

Sont notamment votés aux règles de la majorité de l'article 24 :

les travaux d'entretien, c'est-à-dire ceux nécessaires pour maintenir l'immeuble en bon état (réfection de la cage d'escalier, par exemple). Il en est de même de ceux permettant de préserver la santé et de la sécurité physique des occupants (lutte contre l'habitat indigne) ;

– les travaux rendus obligatoires « en vertu de dispositions législatives ou réglementaires ou d'un arrêté de police administrative relatif à la sécurité ou à la salubrité publique, notifié au syndicat des copropriétaires pris en la personne du syndic ». Il s'agit des travaux obligatoires sur les parties communes, tels la mise aux normes d'un ascenseur, le ravalement imposé par un arrêté municipal ;

– les travaux d'accessibilité aux personnes handicapées ou à mobilité réduite, sous réserve qu'ils n'affectent pas la structure de l'immeuble ou ses éléments d'équipement essentiels ;

– la suppression des vide-ordures pour des impératifs d'hygiène ;

– la décision d'équiper les emplacements de stationnement d'accès sécurisé à usage privatif avec des bornes de recharge pour véhicules électriques et hybrides rechargeables ;

– l'autorisation donnée à un ou plusieurs copropriétaires d'effectuer à leurs frais les travaux permettant le stationnement sécurisé des vélos dans les parties communes, « sous réserve que ces travaux n'affectent pas la structure de l'immeuble, sa destination ou ses éléments d'équipement essentiels et qu'ils ne mettent pas en cause la sécurité des occupants » (*Loi du 10/7/1965, Art. 24*).

À NOTER

Chaque copropriétaire peut faire réaliser, à ses frais, des travaux pour l'accessibilité des logements aux personnes handicapées ou à mobilité réduite qui affectent les parties communes ou l'aspect extérieur de l'immeuble. Le copro-

priétaire doit notifier au syndic une demande d'inscription d'un point d'information à l'ordre du jour de la prochaine assemblée générale, accompagnée d'un descriptif détaillé des travaux envisagés (Loi du 10/7/1965, Art. 25-2).

Majorité absolue

Sont votés à la majorité de l'article 25, les travaux de transformation, addition ou amélioration telle l'installation d'un ascenseur, les demandes d'individualisation des contrats de fourniture d'eau et la réalisation des études et travaux nécessaires à cette individualisation, l'autorisation donnée à certains copropriétaires d'effectuer à leurs frais des travaux sur les parties communes. Sont également visés les travaux d'économies d'énergie ou de réduction des émissions de gaz à effet de serre. Ces travaux d'économie d'énergie peuvent comprendre des travaux d'intérêt collectif réalisés sur les parties privatives et aux frais du propriétaire du lot concerné. Ce dernier peut s'y opposer s'il prouve qu'il a réalisé des travaux équivalents depuis moins de 10 ans.

Peut également être votée à la majorité absolue l'installation dans les garages ou sur les emplacements de parkings de bornes d'alimentation en énergie électrique destinées à recharger les accumulateurs des véhicules électriques ou hybrides rechargeables ainsi que l'installation des compteurs individuels, mais aussi l'installation de compteurs d'eau froide divisionnaires ou de compteurs d'énergie thermique ou de répartiteurs de frais de chauffage et la réalisation des études et travaux nécessaires à l'individualisation des contrats de fourniture d'eau (*Loi du 10/7/1965, Art. 25*).

À NOTER

La question de la réalisation d'une étude portant sur l'adéquation des installations électriques existantes aux bornes de recharge et, le cas échéant, les travaux à réaliser doit être inscrite à l'ordre du jour de l'assemblée générale avant le 1/1/2023 (Loi du 10/7/1965, Art. 24-5).

Lorsque l'assemblée générale décide le vote de travaux à la majorité de l'article 25, il faut vérifier dans le règlement de copropriété le seuil à partir duquel une mise en concurrence des entreprises est obligatoire (*Loi du 10/7/1965, Art. 21*). Il faut au moins deux devis (*Cour d'appel de Paris, 15/11/2017*). À défaut, un copropriétaire défaillant pourra demander l'annulation de la résolution. Faute d'opposition, la résolution sera alors réputée opposable à tous les copropriétaires.

À NOTER

Tout locataire ou occupant de bonne foi peut désormais demander l'installation, à ses frais, de bornes de recharge de véhicules électriques et hybrides rechargeables permettant un décompte individualisé des consommations (Code de la construction et de l'habitation, Art. L. 111-3-8). Les copropriétaires ne peuvent s'y opposer que pour « un motif sérieux et légitime » (préexistence de telles installations, décision déjà prise de réaliser de tels travaux dans un délai raisonnable…).

Double majorité

La majorité de l'article 26 est requise pour la surélévation de l'immeuble ou la construction de bâtiments aux fins de créer de nouveaux locaux privatifs. Les copropriétaires de locaux situés, en tout ou partie, sous la surélévation projetée bénéficient alors d'un droit de priorité à l'occasion de la vente par le syndicat des locaux privatifs créés (*Loi du 10/7/1965, Art. 35*).

Unanimité

De façon générale, toute décision portant atteinte à la destination des parties privatives et aux modalités de leur jouissance, ou entraînant la suppression d'un élément d'équipement commun, nécessite l'unanimité (tel peut être le cas, par exemple, de la suppression d'espace vert, d'aires de jeux…)(*Loi du 10/7/1965, Art. 35*).

En quoi consiste l'information des copropriétaires sur les travaux projetés ?

En même temps que l'ordre du jour doivent être notifiés aux copropriétaires :

– le projet de résolution qui va être soumis au vote quand l'assemblée est appelée à voter la réalisation de travaux d'amélioration, de surélévation, d'autorisation de travaux au profit de certains copropriétaires notamment ;

– les conditions essentielles du contrat proposé ou, en cas d'appel à la concurrence, des contrats proposés, lorsque l'assemblée est appelée à approuver un contrat, un devis ou un marché, notamment pour la réalisation de travaux ainsi que les conditions générales et particulières du projet de contrat et la proposition d'engagement de caution en cas d'emprunt collectif (*Décret du 17/3/1967, Art. 11*).

Quand l'avis du conseil syndical est obligatoire concernant les travaux, cet avis doit être communiqué en même temps que l'ordre du jour aux copropriétaires.

La sanction à toutes ces dispositions est la nullité de la décision de l'assemblée générale.

Le paiement des travaux

Comment sont réparties les dépenses relatives aux travaux ?

En principe, les dépenses relatives aux travaux concernant les parties communes sont réparties entre les copropriétaires en fonction des millièmes de copropriété attachées à chaque lot ou, s'il s'agit d'un élément d'équipement, tel un ascenseur, en fonction de son utilité à l'égard de chaque lot.

Le coût des travaux d'amélioration, tels que la transformation d'un ou de plusieurs éléments d'équipement existants, l'adjonction d'éléments nouveaux, l'aménagement de locaux affectés à l'usage commun ou la création de tels locaux, et la charge des indemnités éventuellement dues aux copropriétaires, en revanche, doit être réparti en proportion des avantages qui résultent de ces travaux pour chacun des copropriétaires, sauf à tenir compte de l'accord de certains d'entre eux pour supporter une part de dépenses plus élevées. Les dépenses relatives au fonctionnement et à l'entretien consécutifs à la création d'un élément d'équipement doivent être réparties en vertu du même critère (*Loi du 10/7/1965, Art. 30 et 36*).

La loi permet au syndicat de souscrire, sous conditions, un emprunt pour financer les travaux sur les parties communes ou des acquisitions régulièrement votées (*Loi du 10/7/1965, Art. 26-4 et s.*).

Depuis le 1/1/2017 et pour les immeubles à destination partielle ou totale d'habitation :

– les dépenses doivent être envisagées à l'avance dans le cadre d'un fonds de travaux que doit constituer le syndic ;

– l'assemblée peut procéder au vote d'un diagnostic technique global (DTG), obligatoire en cas de mise en copropriété de l'immeuble datant de plus de 10 ans. Ce document peut aussi être exigé par l'autorité administrative en cas déclaration d'insalubrité. Son but est d'informer les copropriétaires afin de permettre le cas échéant l'élaboration d'un plan pluriannuel de travaux.

À NOTER

La répartition du fonds de travaux doit tenir compte de l'existence de parties communes spéciales ou de clefs de répartition des charges (Loi du 10/7/1965, Art. 14-2).

Les copropriétaires peuvent-ils contester la répartition du coût des travaux ?

Les copropriétaires ne peuvent pas s'opposer à la répartition des travaux votés. Cependant, s'ils sont opposants ou défaillants, ils peuvent éventuellement s'opposer au principe des travaux en vertu des règles générales.

Les règles sont différentes en matière de travaux d'amélioration. Les copropriétaires opposants disposent d'un recours particulier puisqu'ils peuvent, dans les 2 mois de la notification de la décision, saisir le tribunal judiciaire en vue de faire reconnaître que l'amélioration décidée présente un caractère somptuaire eu égard à l'état, aux caractéristiques et à la destination de l'immeuble (*Loi du 10/7/1965, Art. 34*).

Les copropriétaires peuvent-ils obtenir des délais pour payer les travaux ?

La part du coût des travaux d'amélioration des copropriétaires opposants ou non présents ni représentés à l'assemblée générale, peut n'être payée que par annuités égales au 10e de cette part. Les copropriétaires qui entendent bénéficier de cette possibilité doivent obligatoirement signifier leur décision au syndic dans le délai de 2 mois suivant la notification du PV d'assemblée générale. Dans ce cas, ils doivent payer en plus les intérêts au même taux que celui appliqué aux intérêts réglés par le syndicat pour l'emprunt de la somme. Si le syndicat n'a pas contracté d'emprunt en vue de la réalisation de ces travaux, les intérêts dus par ces copropriétaires sont égaux au taux d'intérêt légal (*Loi du 10/7/1965, Art. 33*).

À NOTER

Cette possibilité n'existe pas s'il s'agit de travaux imposés par le respect d'obligations légales ou réglementaires. De même, ces sommes deviennent immédiatement exigibles lors de la première vente du lot de l'intéressé.

Qui doit payer les dépenses relatives aux charges et travaux en cas de vente du lot ?

Le paiement des provisions des dépenses hors budget prévisionnel incombe à celui qui est copropriétaire au moment de l'exigibilité, vendeur ou acquéreur. Il ne s'agit pas ici des dépenses de simple maintenance (travaux d'entretien courant…) mais par exemple des travaux d'amélioration, tels l'installation d'un ascenseur dans une copropriété qui n'en possède pas. Le paiement des provisions du budget prévisionnel exigibles lors de la vente incombe au vendeur.

Le trop ou moins perçu sur provisions, révélé par l'approbation des comptes, est porté au crédit ou au débit du compte de celui qui est copropriétaire lors de l'approbation des comptes (*Loi du 10/7/1965, Art. 20* ; *Décret du 17/3/1967, Art. 6-2*).

Le contentieux de la copropriété

La loi du 10/7/1965 offre des possibilités de recours aux copropriétaires lorsqu'ils s'opposent aux décisions de l'assemblée générale ou lorsqu'ils subissent un dommage en tant que propriétaire. Par ailleurs, la collectivité des copropriétaires peut agir lorsque les intérêts du syndicat sont lésés. Il arrive donc qu'un copropriétaire exerce un recours individuellement ou que le syndicat intente une action collective.

Les actions individuelles

Lorsqu'un copropriétaire exerce une action individuellement, il peut l'intenter contre le syndicat des copropriétaires (c'est le cas lorsqu'il conteste une décision d'assemblée générale), contre un copropriétaire ou contre un tiers.

À NOTER

Le copropriétaire qui, à l'issue d'une instance judiciaire l'opposant au syndicat des copropriétaires, voit sa prétention déclarée fondée par le juge, est dispensé, même en l'absence de demande de sa part, de toute participation à la dépense commune des frais de procédure, dont la charge est répartie entre les autres copropriétaires (Loi du 10/7/1965, Art. 10-1).

Contestation d'une décision d'assemblée générale

Seuls les copropriétaires opposants ou absents peuvent contester les décisions prises en assemblée générale. Ils disposent d'un délai de 2 mois à compter de la notification des décisions pour engager une action devant le tribunal judiciaire du lieu où se situe l'immeuble, tribunal devant lequel la présence d'un avocat est obligatoire. Depuis le 1/6/2020, la notification du procès-verbal est faite sans ses annexes (*Loi du 10/7/1965, Art. 42*). Au-delà du délai de 2 mois, les décisions deviennent définitives ; elles ne peuvent, en principe, plus être attaquées même si juridiquement, elles sont douteuses.

L'action peut être engagée pour obtenir la nullité de l'assemblée elle-même ; il faudra alors invoquer un défaut tenant à la forme et notamment :

– le défaut de convocation d'un ou de plusieurs copropriétaires ;

– le non-respect des délais de convocation ;

À NOTER

Il arrive fréquemment que les assemblées générales délibèrent sur des questions qui ne figurent pas à l'ordre du jour. Si une décision est adoptée dans ces conditions, le copropriétaire qui la conteste doit impérativement respecter le délai de 2 mois, à compter de la notification du procès-verbal, pour demander l'annulation de cette décision. Faute d'agir dans ce délai, la demande d'annulation sera jugée irrecevable et la décision ne pourra être annulée (Cour de cassation, 3e chambre civile, 14/1/1998).

À NOTER

Dans un délai maximum d'1 mois après la tenue de l'assemblée générale, le procès-verbal doit être notifié par lettre recommandée avec avis de réception aux propriétaires opposants ou défaillants. Cette notification peut également être valablement faite par voie électronique avec l'accord des copropriétaires qui le souhaitent. Elle fait courir le délai de recours en annulation des décisions prises par l'assemblée générale. En cas d'envoi par lettre recommandée avec avis de réception, le délai d'1 mois se décompte à compter du lendemain du jour de la première présentation de la lettre recommandée au domicile du destinataire (Décret du 17/3/1967, Art. 18 ; Loi du 10/7/1965, Art. 42).

– l'absence des pièces obligatoires devant accompagner la convocation ;

– l'ordre du jour incomplet ou trop vague ;

– la délibération de l'assemblée avant la nomination du président ;

– la nomination du syndic en tant que président de l'assemblée ;

– la remise de mandats au syndic ;
– la convocation et la tenue de l'assemblée générale par un syndic professionnel non titulaire de la carte professionnelle exigée pour l'exercice de cette profession.

● L'action peut viser l'annulation d'une décision ; il faudra alors invoquer notamment :
– la violation des règles de majorité ;
– le vote sur une question non inscrite à l'ordre du jour ;
– la non-communication des documents comptables.

À NOTER

Sauf urgence, l'exécution par le syndic des travaux votés en assemblée générale aux majorités des articles 25 et 26 reste suspendue jusqu'à l'expiration du délai de 2 mois à compter de la notification du procès-verbal (Loi du 10/7/1965, Art. 42).

Les troubles de jouissance

Toute action concernant la jouissance d'un lot privatif appartient exclusivement au propriétaire du lot. Inutile donc de s'en remettre au syndic dans ces cas-là, car le tribunal jugera son action irrecevable. Ces actions visent généralement à revendiquer la propriété sur sa partie privative, à obtenir des réparations lorsque le lot n'est pas conforme au contrat de vente, etc.

Les infractions au règlement de copropriété et l'atteinte à la propriété

C'est en principe au syndicat des copropriétaires qu'il appartient de faire respecter le règlement de copropriété. Les tribunaux reconnaissent toutefois au copropriétaire la possibilité d'agir seul pour faire respecter le règlement de copropriété, sans être tenu, comme cela était nécessaire par le passé, de « démontrer l'existence d'un préjudice personnel et spécial distinct de celui dont souffre la collectivité des membres du syndicat » (*Cour de cassation, 3e chambre civile, 29/1/2003*). Dans le même sens, dans une affaire concernant le percement d'une fenêtre sur le mur de l'immeuble constituant une partie commune, la Cour de cassation a jugé que « chaque copropriétaire a le droit d'exiger le respect du règlement de copropriété ou la cessation d'une atteinte aux parties communes, sans être astreint à démontrer qu'il subit un préjudice personnel et distinct de celui dont souffre la collectivité des membres du syndicat » (*Cour de cassation, 3e chambre civile, 18/12/2007*).

Les actions collectives

Lorsque le syndicat des copropriétaires décide d'intenter un recours, il s'agit d'une action collective. Ces actions peuvent être exercées contre des tiers (des voisins, par exemple) ou contre un copropriétaire. Il peut s'agir du recouvrement des charges, de contentieux sur des contrats de fourniture, de litiges concernant des travaux réalisés sur les parties communes, d'infractions au règlement de copropriété et de toutes actions visant à sauvegarder l'immeuble.
Depuis le 1/6/2020, le président du conseil syndical peut, en cas de carence ou d'inaction du syndic et sur délégation expresse de l'assemblée générale, exercer une action contre le syndic, en réparation du préjudice subi par le syndicat des copropriétaires. En l'absence de conseil syndical, une telle action peut être exercée par un ou plusieurs copropriétaires représentant au moins un quart des voix de tous les copropriétaires. En cas de condamnation, les dommages et intérêts sont alors versés au syndicat des copropriétaires. Par ailleurs, si à l'issue de l'instance, l'action exercée est déclarée bien fondée par le juge, la charge des frais de procédure non pris en charge par le syndic est répartie entre les copropriétaires proportionnellement aux quotes-parts de parties communes afférentes à leur lot (*Loi du 10/7/1965, Art. 15*)
Depuis le 1/1/2020, quelle que soit la somme en jeu, il convient de s'adresser au tribunal judiciaire (*Code de l'organisation judiciaire, Art. L. 211-3*). Le recours à un avocat est obligatoire pour tout litige supérieur à 10 000 € (y compris quand l'urgence impose de saisir le juge en référé). Mais, en pratique, il est généralement recommandé dans tous les cas en raison de la technicité de la matière.

Les actions en responsabilité

Le syndic peut engager sa responsabilité, c'est-à-dire qu'il peut être condamné à payer des dommages et intérêts s'il a commis une faute. Il peut lui être reproché, par exemple, d'avoir omis de faire respecter le règlement de copropriété, de ne pas mettre en œuvre tous les moyens pour recouvrir les charges ou de ne pas exécuter les décisions votées par l'assemblée générale. Le syndicat des copropriétaires peut alors saisir le tribunal judiciaire du lieu de situation de l'immeuble pour demander réparation.

De même, le syndicat des copropriétaires peut engager sa responsabilité pour les fautes commises par ses préposés (par exemple, les gardiens et les concierges) ou encore s'il ne prend pas les mesures conservatoires nécessaires pour préserver les parties communes (par exemple, il ne prend aucune mesure pour réparer le chauffage ou pour traiter des infiltrations d'eau).

Cas pratiques

La copropriété

Clause illégale d'un règlement de copropriété - conséquence sur le règlement des charges

Puis-je attaquer une clause de mon règlement de copropriété que j'estime illégale pour éviter d'avoir à régler les charges de copropriété qu'on m'impute ?

Vous pouvez en effet faire déclarer comme étant non écrite une clause de votre règlement de copropriété, si elle s'avère contraire à la répartition des charges prévues à l'article 10 de la loi du 10/7/1965.

La question qui se pose est de savoir à partir de quand cette annulation prendra effet. La dernière jurisprudence estime qu'une telle annulation n'a d'effet que pour l'avenir et n'a donc pas d'incidence pour le passé. Les sommes versées en vertu de répartition des charges antérieures à leur annulation sont donc bien dues par les copropriétaires (*Cour de cassation, 3e chambre civile, 10/7/2013*).

Syndic - placement des fonds

Que deviennent les intérêts des fonds placés par le syndic ? Vais-je en recevoir une quote-part en tant que copropriétaire ?

Non, c'est la copropriété qui perçoit ces sommes et non les copropriétaires directement. Ces sommes sont affectées aux dépenses de fonctionnement de la copropriété. Mais vous en bénéficiez indirectement puisque les appels de fonds en sont diminués d'autant… C'est l'assemblée qui décide de l'affectation des intérêts produits par ce placement (*Décret n° 67-223 du 17/3/1967*).

Syndic - erreur concernant les charges

Le syndic vient de se tromper en ma défaveur dans le décompte de mes charges. Mais les comptes ont été approuvés en assemblée. Puis-je encore réclamer le remboursement du trop-perçu ?

Selon l'article 45-1 du décret n° 67-223 du 17/3/1967, « l'approbation des comptes du syndicat par l'assemblée générale ne constitue pas une approbation du compte individuel de chacun des copropriétaires ».

Cette règle a souvent été appliquée par les tribunaux (*Cour de cassation, 3e chambre civile, 11/5/2017 et 1/2/2018*).

Charges impayées - difficultés financières ponctuelles d'un copropriétaire

Je viens de recevoir une mise en demeure de payer mes charges de copropriété. Je ne conteste pas ma dette mais j'ai ponctuellement des difficultés financières. Que dois-je faire ? Peut-on me demander des dommages et intérêts ?

Il faut réagir immédiatement en prenant rendez-vous ou en téléphonant au cabinet du syndic. Vous demanderez des délais de paiement suivant un échéancier écrit que vous signerez, vous et le syndic. La condamnation à des dommages et intérêts sous-entend un jugement de condamnation. Pour éviter cette situation, vous devrez justifier de vos difficultés financières.

Charges impayées - prescription

Sur combien d'années peut-on me réclamer un arriéré de charges de copropriété impayées ?

La prescription en matière de charges impayées est de 5 ans. Cela signifie que le syndic peut poursuivre un copropriétaire pour un arriéré de charges ne dépassant pas 5 ans (*Loi n° 65-557 du 10/7/1965, Art. 42, alinéa 1*).

Travaux affectant les parties communes

Tous les travaux effectués chez soi qui ont une incidence, même minime, sur les parties communes doivent-ils être autorisés en assemblée générale ?

L'autorisation de l'assemblée générale des copropriétaires est indispensable, même si les travaux projetés ne portent pas atteinte au gros œuvre, ne sont pas en opposition avec la destination de l'immeuble ou encore ne réduisent pas l'usage des parties communes. Tel était le cas dans l'exemple suivant jugé par les tribunaux où un propriétaire du rez-de-chaussée avait posé des barreaux au fenestron de son appartement. Ces travaux ne portaient pas atteinte à la solidité de l'immeuble. Ils étaient conformes aux normes de construction et ne constituaient aucune gêne pour les autres copropriétaires. Mais, n'ayant pas été autorisés par l'assemblée, ils n'ont pas été validés (Cour de cassation, 3e chambre civile, 4/1/2007).

Suppression du poste de concierge

Ma copropriété a décidé de supprimer le poste de notre gardien d'immeuble. Je pense que la décision doit être prise à l'unanimité. Est-ce exact ?

La suppression du poste de gardien (comme la vente de la loge) se décide à la double majorité de l'article 26 de la loi du 10/7/1965 et non à l'unanimité, et ce sous réserve que cela ne porte pas atteinte à la destination de l'immeuble ou aux modalités de jouissance des parties privatives de l'immeuble. Dans cette dernière hypothèse, l'unanimité sera requise.

C'est la loi n° 2009-323 du 25/3/2009 de mobilisation pour le logement et la lutte contre l'exclusion qui fixe cette règle reprenant la jurisprudence antérieure (notamment *Cour de cassation, 3e chambre civile, 5/12/2007 et 24/9/2008*).

Louer un logement

Les locations du secteur libre

Les locations de résidence secondaire, les locations de vacances, ou encore les locations de logement meublé ne constituant pas la résidence principale du locataire, ne relèvent d'aucun texte spécifique. Elles sont simplement soumises aux dispositions du Code civil et aux dispositions contractuelles que le propriétaire et son locataire auront définies entre eux. C'est cette caractéristique qui permet de qualifier ces locations de locations « libres », par opposition aux locations « réglementées » qui relèvent de textes particuliers : locations soumises à la loi du 6/7/1989 ou à la loi du 1/9/1948, locations HLM...

Les locations meublées sont, dès lors qu'elles constituent la résidence principale du locataire, soumises à un certain nombre de règles impératives, désormais regroupées dans le titre Ier bis de la loi du 6/7/1989.

Dispositions communes à toutes les locations libres

À la base de toutes les locations libres figurent les règles édictées par le Code civil (*Art. 1713 à 1762*). Mais ces règles ne présentent aucun caractère obligatoire : elles peuvent être écartées en partie, ou totalement, au profit des dispositions contractuelles que les parties auront définies librement.

Existe-t-il une liste des locations libres ?

Il n'existe pas de liste préétablie ni de définition légale des locations libres. Il faut simplement considérer que relèvent de cette catégorie toutes les locations qui ne sont pas soumises à un statut particulier. À titre d'illustration, sont donc considérées comme locations libres :
– les locations saisonnières ;
– les locations conclues dans le cadre d'un contrat de cohabitation intergénérationnelle ;
– les locations de logements meublés, dès lors que le logement ne constitue pas la résidence principale du locataire (dans le cas contraire, les locations meublées relèvent désormais de la loi du 6/7/1989, c'est-à-dire du droit commun de la location) ;
– les locations de résidence secondaire ;
– les locations isolées de garage, de parking, de jardin, etc.

Le contrat de location

Faut-il rédiger un contrat ?

Les locations libres peuvent résulter d'un simple accord verbal, l'écrit n'étant pas obligatoire (*Code civil, Art. 1714*) - sur le cas particulier des locations meublées constituant la résidence principale du locataire. En pratique, il est toutefois vivement conseillé de rédiger un contrat écrit, afin de bien préciser les droits et les obligations respectifs de chacune des parties, du propriétaire comme du locataire.

CLAUSES ESSENTIELLES À FAIRE FIGURER DANS UN CONTRAT DE LOCATION LIBRE

Afin de s'entourer d'un minimum de précautions, il est nécessaire que le contrat règle au moins les questions suivantes :
✔ la durée du bail : la date à laquelle il commence à courir et son échéance ;
✔ le montant du loyer, les modalités de son versement, les conditions dans lesquelles il sera révisé ;
✔ la liste et le montant des charges ;
✔ le montant du dépôt de garantie ;
✔ la désignation (description) des locaux loués ;
✔ la destination (usage autorisé) des locaux ;
✔ les obligations du locataire et du propriétaire en matière d'usage, d'entretien et de réparation du local ;
✔ les modalités prévues pour donner congé ou pour résilier le bail.

Qui doit signer le contrat ?

Le contrat doit, bien sûr, être signé par le locataire et le bailleur, chacun devant préciser son identité et son adresse. Si le principe paraît évident, il mérite cependant les précisions suivantes :

- si le logement est en indivision (c'est le cas, par exemple, lorsque plusieurs personnes héritent d'un bien), chaque indivisaire devra signer le contrat de location. À défaut, le contrat conclu au nom d'une indivision sera nul (*Cour de cassation, 3e chambre, 16/3/2017*). Si l'un d'eux est chargé d'administrer le bien, le locataire doit alors demander un exemplaire du mandat que les autres indivisaires ont conféré à celui qui signe le contrat ;

- si le logement appartient à un nu-propriétaire et à un usufruitier, c'est l'usufruitier qui a pouvoir de louer le logement. C'est donc lui qui devra signer le contrat de location ;
- si le logement est loué par plusieurs personnes (des concubins, par exemple), il est de leur intérêt de signer chacune le bail : elles seront alors cotitulaires du bail, et pourront continuer d'occuper le logement, même en cas de séparation, par exemple.

Quelle est la durée du bail ?

La durée du bail est fixée librement par les parties : seul est interdit le bail perpétuel, c'est-à-dire le bail conclu pour une durée supérieure à 99 ans (*Code civil, Art. 1709*).

Le bail à durée indéterminée est autorisé, à condition toutefois qu'il laisse la possibilité à chacune des parties d'y mettre fin en donnant congé. On considère que le bail est à durée indéterminée, lorsqu'il est verbal, lorsqu'il résulte du prolongement d'un bail à durée déterminée ou lorsqu'il ne stipule pas de durée.

Si le locataire, titulaire d'un bail à durée déterminée, demeure dans les lieux avec l'accord du propriétaire, il se produit un nouveau bail, qui sera à durée indéterminée. Ce bail, établi par tacite reconduction, est un nouveau bail qui se poursuit aux mêmes conditions que l'ancien (*Code civil, Art. 1738 et 1759*).

Comment prend fin le bail ?

Tout dépend du type de bail :

- le bail à durée déterminée prend fin de plein droit à son échéance sans qu'il soit nécessaire de donner congé (*Code civil, Art. 1737*). Ce bail peut toutefois être rompu avant son terme, notamment en cas d'accord entre les parties, ou en cas de résiliation judiciaire ;
- le bail à durée indéterminée ne prend fin que lorsqu'un congé est donné, selon les stipulations prévues au contrat ou, à défaut, selon l'usage des lieux (*Code civil, Art. 1736*). Sous ces réserves, le congé n'est soumis à aucune forme particulière. Par précaution, et afin de se ménager des preuves, il est conseillé de l'adresser par lettre recommandée avec avis de réception ou par voie d'huissier de justice.

AVANTAGE

Le décès du locataire ne met pas fin au bail, pas plus d'ailleurs que le décès du bailleur. Dans une telle situation, et sauf clause contraire, le bail est transmis aux héritiers ou légataires à titre universel.

À NOTER

Des dispositions spécifiques (durée du bail, révision du loyer, rupture...) s'appliquent aux locations meublées lorsque celles-ci constituent la résidence principale du locataire.

Le bail peut-il être résilié ?

Le bail peut toujours faire l'objet d'une demande judiciaire en résolution si l'une des parties ne remplit plus ses obligations. Le juge peut toutefois accorder des délais de grâce (*Code civil, Art. 1224 et s.*), sauf si le contrat comporte une clause de résiliation de plein droit pour non-exécution des obligations. Dans ce cas, après avoir constaté les faits, le juge ne peut que prononcer la résiliation du bail. Ces clauses de résiliation de plein droit visent le plus souvent le non-paiement du loyer par le locataire.

Peut-on céder le bail ou sous-louer le logement ?

Sauf clause contraire du contrat de location, le locataire peut céder son bail ou sous-louer les locaux ou une partie d'entre eux seulement. Il reste toutefois solidairement responsable, vis-à-vis du bailleur, de l'exécution des clauses du contrat de location. Il peut ainsi être condamné à verser le loyer que le sous-locataire ou le cessionnaire (celui qui a bénéficié de la cession du bail) aura refusé de payer. Attention : pour être opposable aux tiers, et notamment au bailleur, la cession du bail doit lui être notifiée par voie d'huissier ou faire l'objet d'un acte notarié (*Code civil, Art. 1690*).

La sous-location ou la cession expirent à la fin du bail principal ; le locataire ne peut, en aucun cas, céder plus de droits qu'il n'en détient lui-même.

Le bail se transmet-il entre époux ou entre partenaires pacsés ?

Lorsque le logement sert effectivement à l'habitation des deux époux, le droit au bail du logement est, indépendamment de toute convention contraire, réputé appartenir à l'un et à l'autre des époux, quel que soit leur régime matrimonial, et même si le bail a été conclu avant le mariage (*Code civil, Art. 1751*). La règle est désormais la même pour le logement qui sert effectivement à l'habitation de deux partenaires liés par un PACS, dès lors qu'ils en font la demande conjointement. Ainsi, en cas de décès de l'un des époux ou de l'un des partenaires pacsés, l'autre peut se prévaloir du bail et continuer d'occuper le logement comme auparavant. En cas de séparation des conjoints, le droit au bail, c'est-à-dire le droit d'occuper le logement, peut être attribué par le juge à l'un ou l'autre en fonction des intérêts en cause, et sous réserve des droits à indemnité au profit de l'autre époux. En cas de décès de l'un des époux ou de l'un des partenaires pacsés, le conjoint ou le partenaire survivant cotitulaire du bail dispose d'un droit exclusif sur celui-ci sauf s'il y renonce expressément (*Code civil, Art. 1751*).

À NOTER

En cas de dissolution du PACS, l'un des partenaires peut saisir le juge compétent en matière de bail afin de se voir attribuer le droit au bail du logement, sans caractère professionnel ou commercial, qui sert effectivement à l'habitation des deux partenaires, sous réserve des créances ou droits à indemnité au profit de l'autre partenaire. Le juge apprécie la demande en considération des intérêts sociaux et familiaux des parties (Code civil, Art. 1751-1).

Bail et pacte civil de solidarité et dettes de loyer

Les partenaires liés par un PACS sont solidaires, et donc coresponsables des dettes contractées par l'un d'eux pour les besoins de la vie courante et pour les dépenses relatives au logement commun (*Code civil, Art. 515-4*).

Cette solidarité porte sur les loyers et les charges relatives au logement constituant la résidence commune : elle existe même si un seul des partenaires est titulaire du bail, dès lors que le bail a pour objet la résidence commune.

Quelles sont les obligations du bailleur ?

Mettre le local à disposition du locataire

« Le bailleur est tenu de délivrer la chose en bon état de réparations de toute espèce » (*Code civil, Art. 1720*). Cette disposition du Code civil a deux conséquences :

- le propriétaire est tenu de mettre le locataire en possession des locaux loués. Il ne peut évidemment s'affranchir de cette obligation, sans quoi le contrat serait sans objet ;
- les locaux doivent être, en principe, remis en bon état. Les parties peuvent toutefois décider d'ignorer cette disposition, à condition de le préciser dans le contrat. Le locataire aura alors intérêt à faire préciser, au moyen de l'état des lieux, l'état exact du local qu'il prend en location.

Lorsque le local constitue l'habitation principale du locataire, le bailleur est tenu, selon l' article 1719 du Code civil, de délivrer un logement décent, sans risques pour la santé ou la sécurité physique et répondant à des normes minimales de confort le rendant conforme à l'usage d'habitation. Ces normes de sécurité et de confort sont fixées par le décret n° 2002-120 du 30/1/2002.

Si le logement ne répond pas à ces normes, le locataire peut demander au propriétaire la mise en conformité ; à défaut d'accord, il peut demander l'arbitrage du juge, qui pourra, le cas échéant, fixer les travaux à faire exécuter. Si cela n'est pas fait, le juge pourra alors même réduire le montant du loyer. Le tout évidemment, sans que cela remette en cause le contrat de location en cours.

À NOTER

L'état des lieux n'est pas obligatoire lorsque la location sort du champ d'application d'une location concernant la résidence principale, mais en son absence le locataire est présumé avoir reçu le local en bon état de réparations locatives (Code civil, Art. 1731). Or, même si ce n'est pas le cas, il devra rendre le logement dans ce même état, lors de son départ. Lorsqu'il prend possession du local, il est donc toujours de son intérêt de faire établir un état des lieux aussi précis que possible : son obligation sera alors limitée au fait de rendre les locaux dans l'état où il les a reçus, en tenant compte éventuellement de ce qui a pu être détruit ou abîmé par un cas de force majeure, ou de ce qui a été usé, du fait de la vétusté (Code civil, Art. 1730).

Assumer les réparations autres que locatives

Le bailleur doit exécuter, pendant toute la durée du bail, toutes les réparations qui peuvent devenir nécessaires, autres que celles qui incombent au locataire (réparations locatives)(*Code civil, Art. 1720 et 1754*). Le Code civil donne des indications très parcellaires sur l'étendue des réparations restant à la charge du bailleur. Il donne simplement une liste indicative des réparations locatives qui ne concerne que de petits travaux et dont on peut déduire une définition assez large des réparations autres que locatives. Les tribunaux considèrent ainsi que les grosses réparations concernant notamment le gros œuvre (toitures, planchers, balcons, terrasses, façades…) sont à la charge du bailleur.

À NOTER

Le propriétaire est tenu de réparer, mais il n'est pas tenu de reconstruire. En cas de destruction de l'immeuble, ou lorsque les dépenses à engager sont hors de proportion avec le montant du loyer ou la valeur de l'immeuble, le locataire ne peut exiger la remise en état, et le bail est résilié de plein droit (Code civil, Art. 1722).

Permettre l'usage du local loué

Le bailleur est également tenu de permettre au locataire d'user paisiblement du local loué pendant la durée du bail et de le garantir contre tous les vices ou défauts qui en empêchent l'usage (*Code civil, Art. 1719 et 1721*).

Ainsi, lorsqu'un trouble survient, le locataire peut demander au bailleur de le faire cesser.

Ce principe est d'une application simple si le trouble est le fait du bailleur.

Si le trouble est le fait de tiers, le bailleur n'est tenu d'intervenir que si ces tiers ont un droit sur la chose louée (colocataires, copropriétaires…). S'il s'agit de personnes n'ayant pas de lien de droit avec le propriétaire, celui-ci n'est pas tenu de la garantie (*Code civil, Art. 1725*). Le locataire fera donc son affaire personnelle, par exemple, des troubles qu'il subit du fait d'un voisin trop bruyant, ou du fait d'un cambriolage.

Si le trouble que subit le locataire est le fait de vices ou défauts de la chose louée, la garantie est due, sauf dans les cas suivants :

– le vice est apparent et le locataire n'a pu l'ignorer en entrant dans les lieux ;

– le vice ou le défaut résulte d'une faute du locataire ;

– le bail contient une ou plusieurs clauses supprimant l'obligation de garantie du bailleur.

En pratique, les tribunaux ont ainsi condamné le propriétaire à indemniser le locataire dans des cas tels que l'effondrement d'une toiture (*Cour de cassation, Chambre sociale, 24/1/1959*), le défaut de construction d'un plancher en bois non conforme à la réglementation (*Cour de cassation, Chambre civile, 13/10/1981*), les troubles causés par des émanations nocives provenant d'un vice de construction des cheminées (*Cour de cassation, Chambre des requêtes, 26/7/1909*).

Quelles sont les obligations du locataire ?

User raisonnablement du logement

Le locataire est tenu d'user de la chose louée « raisonnablement », c'est-à-dire qu'il doit habiter les lieux sans porter atteinte à l'intégrité du bien et sans nuire au voisinage (*Code civil, Art. 1728*). À défaut, le bail pourra faire l'objet d'une résiliation judiciaire, même si cette possibilité n'est pas prévue par le bail et même si celui-ci n'est que verbal (*Code civil, Art. 1729*).

Il doit également respecter la destination donnée au local, telle qu'elle a été définie par le bail ou, à défaut, telle qu'elle est présumée d'après les circonstances. Impossible donc pour le locataire de transformer les lieux loués ou de les affecter à un autre usage (commercial au lieu d'habitation, par exemple) que celui pour lequel le local a été loué.

Payer le loyer

Le locataire doit payer le prix du bail aux termes convenus (*Code civil, Art. 1728*).

Cette obligation est de portée générale : le locataire ne peut ainsi suspendre son paiement au motif, par exemple, que le propriétaire n'exécute pas ses obligations. La seule chose à faire dans une telle situation est de saisir le tribunal, le juge étant seul habilité à contraindre le propriétaire à exécuter des travaux ou à autoriser le locataire à procéder lui-même aux réparations en le dispensant du paiement du loyer à concurrence du montant des travaux.

Si le locataire connaît des difficultés financières l'empêchant de payer son loyer, il peut demander en justice des délais de paiement par application de l'article 1343-5 du Code civil.

Le loyer est normalement « quérable » : le propriétaire est donc tenu au moins d'en réclamer le paiement et d'aller le chercher. Mais le contrat de location peut prévoir, ce qui est généralement le cas, que le loyer devient « portable », c'est-à-dire payable au domicile du bailleur.

Le bailleur est tenu de remettre gratuitement une quittance constatant le paiement total du loyer si le locataire en fait la demande (*Loi n° 77-1457 du 29/12/1977, Art. 11*).

LOCATIONS LIBRES ET AUGMENTATION DU LOYER

Dans le secteur libre, le loyer est fixé librement entre les parties. Pendant la durée de la location, il ne sera réévalué que si le bail comporte une clause d'indexation. C'est donc le propriétaire qui a intérêt à insérer une telle clause dans le contrat, tout comme il a intérêt de prévoir qu'elle jouera automatiquement pour éviter les conséquences d'un oubli. L'indice servant de base à l'indexation du loyer doit être en rapport avec l'activité des parties ou l'objet du contrat, ce qui explique que les baux sont souvent indexés sur l'évolution de l'indice du coût de la construction ou sur celle de l'indice de référence des loyers. En outre, si le logement constitue la résidence principale du locataire, l'augmentation qui résulte de la clause de révision ne peut excéder la variation de l'indice de référence des loyers, et ce même si le contrat fait référence à un autre indice (par exemple, l'indice du coût de la construction).

AVANTAGE

La liste et le montant des charges sont définis librement entre les parties.

Accepter les réparations nécessaires

Le locataire doit subir, au cours du bail, toutes les réparations que décide le propriétaire dès lors qu'elles ne peuvent être différées jusqu'à la fin du bail.

Cependant, sauf clause contraire du bail, une diminution du montant du loyer est due si les travaux durent plus de 21 jours. Et si les travaux rendent les locaux inhabitables, le locataire peut même exiger la résiliation du bail (*Code civil, Art. 1724*).

LE CONTRAT DE COHABITATION INTERGÉNÉRATIONNELLE SOLIDAIRE

Créé par la loi ELAN du 23/11/2018, ce nouveau contrat permet à un senior de 60 ans et plus, proprié-taire ou locataire, de louer ou sous-louer une partie de son logement à une personne de moins de 30 ans moyennant une contrepartie financière modeste (*Code de l'action sociale et des familles, Art. L. 118-1* ; *Code de la construction et de l'habitation, Art. L. 631-17*). Il est régi par les dispositions du Code civil et non par la loi du 6/7/1989. La participation financière est librement fixée entre les parties, mais doit rester d'un faible montant. En contrepartie, il peut également être prévu que le locataire (ou sous-locataire) pourra rendre de menus services mais en l'absence de tout lien de subordination (ce contrat ne relève pas du Code du travail).

Pour les logements sociaux concernés, la contrepartie financière est calculée au prorata du loyer et des charges rapportés à la surface habitable du logement (*Code de la construction et de l'habitation Art. L. 442-8-1*).

La durée du contrat est, elle aussi, librement fixée par les parties. Chacune peut y mettre fin à tout moment, à condition de respecter un préavis d'1 mois. La loi ne précise rien sur le formalisme à respecter.

Le locataire de plus de 60 ans qui souhaite sous-louer dans le cadre d'un tel contrat n'est pas tenu de demander l'autorisation à son propriétaire. Il suffit qu'il l'informe préalablement de son projet. Le bail-leur ne peut s'y opposer.

Une charte de la cohabitation intergénérationnelle solidaire définit « les objectifs que doivent partager les personnes âgées, les jeunes ainsi que les structures et associations œuvrant pour la cohabitation intergénérationnelle solidaire concernés » (*Arrêté du 13/1/2020*). Il s'agit notamment de prévenir l'isolement des seniors et contribuer à leur maintien à domicile ainsi que de permettre à des jeunes d'être accueillis contre une participation financière modeste.

Les locations meublées hors résidence principale

Les locations meublées, dès lors qu'elles ne constituent pas la résidence principale du locataire, échappent à la loi du 6/7/1989 qui ne concerne que la location d'une résidence principale vide ou meublée. Elles relèvent donc du Code civil et du contrat de location dans lequel les parties prendront soin de bien définir l'étendue de leurs obligations respectives.

Qu'est-ce qu'une location meublée ?

Les personnes qui recourent aux locations meublées (jeunes désirant s'installer, salarié délocalisé…) recherchent d'abord un logement dans lequel elles peuvent s'installer sans avoir à acheter d'équipement.
Dès lors que le logement meublé ne constitue pas la résidence principale du locataire, la loi ne fixe pas la liste précise des meubles et équipements devant garnir le local. La jurisprudence a donc arrêté un certain nombre de principes en jugeant que le local doit être équipé de meubles suffisants pour que le locataire puisse y vivre, sans avoir à en rajouter. Le propriétaire doit ainsi fournir un lit, une armoire, une table et des chaises ainsi qu'un équipement électroménager minimal. En revanche, la propreté des lieux n'est pas une exigence substantielle (*Cour de cassation, 1re chambre civile, 26/2/2020, n° 18-22944*).

À NOTER

Les logements meublés qui constituent la résidence principale du locataire (c'est-à-dire, sauf cas particuliers, celle qu'il occupe au moins 8 mois par an) relèvent désormais de la loi du 6/7/1989 qui leur consacre un certain nombre de dispositions spécifiques.

En cas de litige entre le bailleur et son locataire sur la nature meublée du logement, si les tribunaux considèrent que le logement ne comporte pas les meubles suffisants pour le considérer comme « meublé », la location relèvera des dispositions de la loi du 6/7/1989 si le logement constitue la résidence principale du locataire et, dans le cas contraire, des dispositions du Code civil et du contrat de location s'il en a été conclu un.

AVANTAGE

Tout logement peut être loué « meublé », notamment : une chambre dépendante ou non de l'habitation du bailleur ; une maison ou un appartement construits avant ou après 1948 ; un local d'habitation ou un local mixte, c'est-à-dire à la fois d'habitation et professionnel.

Quel est le contenu du contrat ?

Le contrat doit préciser l'identité de chacune des parties, la consistance du logement loué, les conditions financières de la location (loyer, charges et dépôt de garantie), la durée de la location et les modalités selon lesquelles chacun peut y mettre fin.
Le contrat de location doit impérativement préciser qu'il s'agit d'une location meublée. Si tel n'est pas le cas, le juge, en cas de litige, pourrait requalifier la location meublée en location vide. Pour qu'il y ait location meublée, il faut donc que les parties expriment clairement, dans le contrat, leur volonté de se placer sous le régime de la location meublée.
Pour tout ce qui n'est pas précisé au contrat, il convient de s'en remettre aux règles du Code civil qui régissent les locations libres.

À NOTER

Aucune disposition du Code civil n'oblige le locataire d'un logement soumis aux règles du Code civil (tel qu'un meublé ne constituant pas la résidence principale du locataire) à souscrire une assurance locative. Une telle obligation ne peut résulter que du contrat de location, lequel devra alors comporter une clause explicite en ce sens. À défaut d'une telle clause, le juge ne peut pas invoquer un prétendu usage pour reprocher au locataire un manquement à son obligation d'assurance et prononcer la résiliation du bail (Cour de cassation, 3e chambre civile, 20/1/2010). Si le logement meublé constitue la résidence principale du locataire, ce dernier est tenu de souscrire une assurance locative.

Quelle est la durée de la location ?

Dès lors que le logement meublé ne constitue pas la résidence principale du locataire, c'est au propriétaire et au locataire de fixer la durée de la location. Les parties ont donc tout loisir de s'accorder sur une durée initiale de 3 mois, 6 mois, 1 an ou plus. Au-delà de cette durée, le contrat se renouvelle par tacite reconduction, jusqu'au moment où l'une ou l'autre des parties décidera de donner congé.

Si le logement constitue la résidence principale du locataire, les règles applicables figurent dans la loi du 6/7/1989 régissant la location d'un logement, vide ou meublé, constituant la résidence principale du locataire.

À NOTER

Le contrat de location doit préciser l'adresse du local (étage, n° de porte…), mais il doit aussi décrire le logement : nombre de pièces principales, pièces annexes, etc. Un document annexé au contrat doit faire l'inventaire des meubles qui garnissent le logement.

Quand et comment donner congé ?

Le congé doit être notifié par lettre recommandée avec avis de réception. À défaut de clause contraire, c'est au terme de chaque période que le bailleur ou le preneur peut donner congé. Cependant, il doit prévenir l'autre partie en respectant le délai de préavis noté dans le contrat.

Habituellement, ce délai est de 3 mois, mais comme les locations meublées ne constituant pas la résidence principale du locataire sont uniquement organisées par la volonté des parties, il peut aussi être d'une durée inférieure (1 mois, voire moins pour les locations de très courte durée).

Si le logement meublé constitue la résidence principale du locataire, les règles applicables figurent dans la loi du 6/7/1989 régissant la location d'un logement, vide ou meublé, constituant la résidence principale du locataire.

À NOTER

Si le contrat est à durée déterminée et porte sur un logement ne constituant pas la résidence principale du locataire, en l'absence de clause particulière, le locataire ne peut donner congé qu'à l'échéance de la première période, puis de chacune des périodes renouvelées. Pour conserver une certaine liberté, le locataire a donc tout intérêt à faire figurer, dans le contrat, une clause lui permettant de donner congé à tout moment moyennant le respect d'un délai de préavis convenu entre les deux parties.

Quelles sont les conditions financières de la location ?

Le contrat de location meublée portant sur un logement ne constituant pas la résidence principale du locataire doit être le plus précis possible en ce qui concerne le montant du loyer, le paiement des charges et le montant du dépôt de garantie. Car, comme toujours en la matière, le bail, seul, fait loi entre les parties.

À NOTER

Les règles présentées ici (fixation et révision du loyer, montant des charges, etc.) sont celles applicables aux meublés qui ne constituent pas la résidence principale du locataire. Dans le cas contraire, il convient de se référer aux dispositions de la loi du 6/7/1989.

Comment est fixé le loyer ?

Le loyer des locations meublées n'étant pas réglementé, c'est au propriétaire qu'il appartient de fixer librement le montant de son loyer. Seule la loi du marché s'impose à lui. À vouloir fixer un loyer trop élevé, il s'expose à une rotation importante de locataires, avec toutes les contraintes que cela impose : recherche de nouveaux candidats, visites, rédaction du bail, établissement de l'état des lieux…

C'est donc par le contrat que les parties prendront soin de déterminer le montant du loyer, mais aussi les dates auxquelles il devra être réglé.

Le loyer peut-il être révisé ?

Le contrat de location peut prévoir la possibilité de réviser, chaque année, le montant du loyer, sur la base de l'évolution d'un indice choisi par les parties. À défaut d'une telle clause, le propriétaire ne peut réclamer à son locataire une augmentation de loyer, celui-ci restant fixé à sa valeur initiale.

Le plus souvent, les loyers sont encore indexés sur l'évolution de l'indice trimestriel du coût de la construction (ICC) publié par l'INSEE *(Voir pages Barème)*. Il est toutefois possible de choisir un autre indice, notamment l'indice de référence des loyers (IRL), également publié par l'INSEE.

Sauf précision différente, l'indice de référence est le dernier indice connu au moment de la signature du contrat, sachant que les indices publiés par l'INSEE (ICC ou IRL) paraissent avec plusieurs mois de différé ; ainsi, par exemple, au 1er janvier, on ne connaît que l'IRL du 2e trimestre de l'année précédente.

Tous les ans, la révision de loyer se calcule sur la base de la variation de l'indice du même trimestre (par exemple, indice du 3e trimestre de l'année en cours comparé à l'indice du 3e trimestre de l'année précédente).

Pour calculer le montant du loyer revalorisé, il suffit ensuite d'appliquer la formule suivante :

EXEMPLE DE CALCUL DE VARIATION DU LOYER

Le loyer initial d'une location ayant débuté le 15/1/2011 est fixé à 500 €. À cette date, le dernier indice de référence des loyers (IRL) connu était celui du 4e trimestre 2010, dont la valeur s'établissait à 119,17.
Au 15/4/2020, l'IRL du 1er trimestre 2020 s'établit à 130,57 ; le montant du loyer revalorisé à cette date est obtenu en appliquant la formule suivante :

À NOTER

S'il est possible, en matière de location meublée d'un logement ne constituant pas la résidence principale du locataire, de calculer comme indiqué plus haut l'augmentation de loyer, des règles particulières s'appliquent aux locations vides ou meublées qui constituent la résidence principale du locataire relevant de la loi du 6/7/1989.

Comment sont fixées les charges ?

En matière de location meublée, rien n'interdit d'imputer au locataire des charges forfaitaires, c'est-à-dire de définir une somme fixe qui ne varie plus quel que soit le montant réel des charges.

Les contrats prévoient généralement, dans ce cas, que le forfait de charges est indexé chaque année, comme le loyer principal.

Il est aussi possible de demander au locataire le remboursement des charges locatives suivant le montant réellement payé.

Pour déterminer les charges récupérables, locataire et propriétaire peuvent se référer au décret applicable en matière de locations vides. Dans ce cas, c'est la procédure classique qui s'applique : une provision est demandée au locataire, puis une régularisation intervient en fin d'année lorsque les comptes sont définitivement arrêtés.

À NOTER

Lorsqu'une provision est demandée, son montant est réajusté chaque année en fonction des dépenses réelles de l'année précédente et de l'état prévisionnel des dépenses pour l'année suivante.

AVANTAGE

La pratique des charges forfaitaires est adaptée aux logements où les charges sont peu élevées et peu sujettes à variation (les chambres de service, par exemple), et à tous les logements loués pour de courtes durées.

ATTENTION ⚠

Les charges forfaitaires risquent de défavoriser l'une ou l'autre des parties, en cas de variation des charges. Par ailleurs, elles n'incitent pas le locataire à économiser les fournitures ou les équipements.

Quel est le montant du dépôt de garantie ?

Le dépôt de garantie est généralement fixé à 2 mois de loyer hors charges, mais dans le cas de location de courte durée, pour 3 mois, par exemple, il est fréquent que le propriétaire ne demande qu'1 mois. Sur ce point, il faut rappeler que les locations meublées portant sur un logement ne constituant pas la résidence principale du locataire, ne sont pas soumises aux règles impératives de la loi du 6/7/1989 concernant le montant maximal du dépôt de garantie ; le montant de ce dépôt est donc déterminé librement entre le bailleur et le locataire.

Que vous soyez propriétaire ou locataire, faites préciser dans le contrat quand sera restitué le dépôt de garantie. On peut se calquer sur les règles applicables par le droit commun de la location et prévoir que le propriétaire s'engage à restituer le dépôt de garantie au maximum dans les 2 mois qui suivent le départ du locataire. Il s'agit cependant d'une durée assez longue qui peut être réduite.

Quelles sont les annexes au contrat ?

Pour être complet, le contrat de location meublée doit comporter un certain nombre d'annexes essentielles. Ainsi, il faut établir lors de la remise des clés :
– un état des lieux indiquant, le plus précisément possible, l'état du logement ;
– un inventaire précisant l'ensemble des meubles mis à la disposition du locataire.
Ces documents doivent être établis en autant d'exemplaires qu'il y a de parties prenantes au contrat.

Lors du départ du locataire, un état des lieux et un inventaire seront à nouveau établis, pour permettre, par comparaison avec les documents d'origine, de constater les éventuelles dégradations imputables au locataire. Si de telles dégradations existent, le propriétaire devra fournir des factures ou des devis justifiant le montant qu'il déduit du dépôt de garantie. Si celui-ci ne suffit pas à couvrir les frais, le locataire devra acquitter le solde.

À NOTER

Pour garantir le paiement des loyers, le propriétaire peut exiger qu'une tierce personne se porte caution du locataire. Attention : pour être valable, un engagement de caution doit être correctement libellé. Il est donc préférable de recourir à un modèle type de caution plutôt que de se lancer dans la rédaction d'un tel engagement).

Les locations saisonnières

Bien qu'elles relèvent principalement du Code civil, les locations saisonnières font également l'objet de textes particuliers. Ces textes visent notamment à protéger le locataire qui, bien souvent, accepte une offre sans avoir pu visiter les lieux au préalable.

Qu'est-ce qu'une location saisonnière ?

Bien qu'elle soit souvent assimilée à une location meublée, la location saisonnière s'en distingue cependant :

– il s'agit d'une location de courte durée, alors que la location meublée traditionnelle ne comporte aucune limitation de durée ;

– la location saisonnière peut porter sur un logement vide, sans meubles, même si, en pratique, les locaux sont meublés de façon systématique pour la commodité des locataires.

À NOTER

La location saisonnière ne doit jamais excéder une saison, c'est-à-dire une période déterminée de l'année, assez courte, pendant laquelle une localité considérée reçoit un afflux de résidents. La location saisonnière est celle « dont la durée n'excède pas celle d'une saison d'été ou d'hiver, c'est-à-dire 3 mois » (Réponse ministérielle n° 39019, JO du 26/12/1983). La Cour de cassation a une position plus souple, puisqu'elle a considéré, par exemple, que dans une région touristique telle que la Côte d'Azur, des propriétaires pouvaient consentir des locations à caractère saisonnier sur 6 mois, aussi bien pendant la saison estivale que pendant la saison hivernale (Cour de cassation, 3e chambre civile, 22/7/1987).

À NOTER

Dans certaines grandes agglomérations (comme à Paris), une autorisation préalable de la ville, assortie parfois de certaines obligations, peut être nécessaire avant de proposer un logement à la location saisonnière (se renseigner auprès de la mairie).

Quels sont les différents types de locations ?

Tout local d'habitation peut être affectée à la location saisonnière. Les propriétaires qui le désirent peuvent toutefois, moyennant quelques contraintes, s'associer à un label de qualité.

Les meublés de tourisme

Les meublés de tourisme sont définis comme des « villas, appartements, ou studios meublés, à l'usage exclusif du locataire, offerts en location à une clientèle de passage qui y effectue un séjour caractérisé par une location à la journée, à la semaine ou au mois, et qui n'y élit pas domicile » (*Code du tourisme, Art. D. 324-1*). Le « chambre chez l'habitant » est exclue de cette définition.

La déclaration en mairie

Toute personne qui offre à la location un meublé de tourisme, qu'il soit classé ou non, doit en avoir préalablement fait la déclaration auprès du maire de la commune où est situé le meublé grâce au formulaire Cerfa n° 14004*04. Cette déclaration préalable n'est toutefois pas obligatoire lorsque le logement constitue la résidence principale du loueur au sens de l'article 2 de la loi n° 89-462 du 6/7/1989, c'est-à-dire le logement qu'il occupe, sauf cas particuliers, au moins 8 mois par an (*Code de tourisme, Art. L. 324-1-1 et D. 324-1-1*).
Le loueur qui ne respecte pas l'obligation de déclaration préalable encourt jusqu'à 5 000 € d'amende.

À NOTER

Lorsqu'une déclaration est nécessaire, elle doit désormais indiquer si le meublé de tourisme mis en location constitue la résidence principale du loueur (Code du tourisme, Art. L. 324-1-1).

La déclaration avec numéro d'enregistrement

Dans les communes qui l'ont décidé, tous les meublés de tourisme doivent disposer d'un numéro d'enregistrement. Celui-ci doit figurer dans chaque annonce de location, y compris bien entendu sur les plateformes intermédiaires de location de type Airbnb. À défaut, le site encourt une pénalité de 12 500 € par logement.

L'autorisation préalable de changement d'usage

À Paris, dans les trois départements de la petite couronne parisienne et dans les villes de plus de 200 000 habitants, une réglementation spécifique s'applique (*Code de la construction et de l'habitation, Art. L. 631-7 et s.*). En dehors des logements constituant la résidence principale du loueur, ce dernier doit obtenir une autorisation préalable de changement d'usage. En effet, « le fait de louer un local meublé destiné à l'habitation de manière répétée pour de courtes durées à une clientèle de passage qui n'y élit pas domicile constitue un changement d'usage ». Les « locaux à usage d'habitation » doivent donc être transformés en locaux à un « autre usage » (hôtelier) avant de pouvoir être loués. La demande d'autorisation doit être faite auprès du maire de la commune du lieu où se situe le logement.

La règle des 120 jours

Les locations meublées de tourisme, qui incluent celles fournies par des sites comme Airbnb, ne doivent pas dépasser plus de 120 jours par an. Les plateformes intermédiaires de location sont désormais tenues de vérifier le numéro d'enregistrement afin de bloquer automatiquement les annonces de ceux qui vont au-delà des 120 jours par an. Faute de quoi, les amendes s'échelonnent de 12 500 à 50 000 € par logement. Depuis le 1/1/2019, Airbnb a d'ailleurs mis en place dans certaines villes un dispositif de limitation automatique du nombre de nuitées au-delà de 120 jours.

À NOTER

La commune peut, jusqu'au 31 décembre de l'année suivant celle au cours de laquelle un meublé de tourisme a été mis en location, demander au loueur de lui transmettre le nombre de jours au cours des-quels ce meublé a été loué. Le loueur dispose d'1 mois pour transmettre ces informations, en prenant soin de rappeler l'adresse du meublé et son numéro de déclaration (Code de tourisme, Art. L. 324-1-1).

Le loueur qui dépasse les 120 jours par an autorisés de location, ou qui ne transmet pas dans le délai d'1 mois le décompte des nuits ayant fait l'objet d'une location alors que la mairie lui en a fait la demande, risque jusqu'à 10 000 € d'amende.

Les amendes sont prononcées en référé par le président du tribunal judiciaire du lieu du meublé de tourisme et versés à la commune (*Code de tourisme, Art. L. 324-1-1*).

Seul le propriétaire ou un locataire dûment autorisé par le bail peuvent louer ou sous-louer leur logement sur une plateforme de tourisme. Un locataire « indélicat » a été condamné par la cour d'appel de Paris à reverser les loyers perçus (*Cour d'appel de Paris, 5/6/2018*).

À NOTER

Toute personne (par exemple, un agent immobilier) qui se livre ou prête son concours contre rémunération à la mise en location d'un meublé de tourisme, classé ou non, doit informer le loueur des obligations de déclaration préalable et obtenir de lui une déclaration sur l'honneur attestant du respect de ces obligations (Code du tourisme, Art. L. 324-2-1).

Le classement

À la demande de leur propriétaire, les meublés de tourisme peuvent faire l'objet d'un classement, selon des modalités précisées par décret (*Code du tourisme, Art. D. 324-2 à D. 324-6-1*). Ils sont répartis en cinq catégories (de 1 à 5 étoiles) en fonction de leur confort et de leur situation. Les meublés les plus étoilés disposent en plus d'équipements destinés aux loisirs (piscine, tennis, etc.).

Les contrats de location saisonnière de meublés de tourisme peuvent comporter des clauses interdisant la détention d'un animal, même s'il s'agit d'un animal familier.

AVANTAGE

Tous les locaux « labellisés » meublés de tourisme doivent répondre à des conditions minimales de confort et d'habitabilité fixées par le décret du 6/3/1987. En outre, ils sont toujours situés hors des zones de nuisances, routes à grande circulation, voies ferrées, aéroports, etc.

À NOTER

En cas de litige portant sur le non-respect des normes de confort, le locataire peut contacter la DDPP (direction départementale de la protection des populations) ou la DDCSPP (direction départementale de la cohésion sociale et de la protection des populations) où est située la location. On peut trouver les coordonnées sur le site www.economie.gouv.fr/dgccrf/coordonnees-des-DDPP-et-DDCSPP. Une visite des locaux par des personnes habilitées peut être effectuée à la demande du préfet et ce dernier peut, après avis d'une commission spécialisée, prononcer le déclassement dans une catégorie inférieure ou radier le meublé de la liste des meublés classés.

Les gîtes de France

Les agriculteurs ou propriétaires ruraux peuvent mettre à la disposition des vacanciers des locaux meublés. Le label « Gîtes de France » garantit que ces locaux répondent à des normes minimales de confort. Le classement se fait à l'intérieur de quatre catégories symbolisées par des épis. Ce classement, ainsi que tous les litiges et sanctions, relèvent de la compétence des relais départementaux des gîtes de France.
Pour plus de renseignements, on peut consulter le site *www.gites-de-france.com.*

Les locaux non classés

Malgré les efforts accomplis ces dernières années, de nombreuses locations saisonnières demeurent encore hors des labels existants et n'ont fait l'objet d'aucun classement. Cela s'explique par le fait que les propriétaires ne souhaitent pas se plier aux exigences des différents labels, et ce d'autant plus qu'aucune incitation fiscale n'est prévue pour encourager ces classements.

À NOTER

Les chambres d'hôtes sont des chambres aménagées et équipées en vue d'accueillir des touristes et de leur offrir le coucher et le petit déjeuner. S'ils le désirent, les propriétaires peuvent adhérer à la charte élaborée par la Fédération nationale des gîtes de France – chambres d'hôtes. Certains aménagements de confort et certaines conditions d'accueil doivent alors être respectés.

Comment se passe la réservation ?

La réservation d'une location saisonnière est une étape délicate dans la mesure où le locataire, souvent, n'a pas vu le logement. Diverses réglementations visent à protéger le locataire, notamment en prévoyant la remise préalable d'un descriptif.

Quel est le contenu du descriptif obligatoire ?

Lors de la réservation d'une location saisonnière, le propriétaire doit fournir un descriptif précis du logement, avant tout versement effectué par le locataire.
Ce descriptif doit préciser :

– la consistance du local (maison, appartement, pièces faisant partie d'un autre logement, type de construction, jardin…) ;
– la catégorie de classement si le meublé est classé ;
– le nombre de pièces principales et annexes ;
– la surface, l'étage ;
– la présence d'équipement (ascenseur, piscine, jardin…) ;
– la situation dans la localité en précisant à quelle distance se situe le logement par rapport au centre-ville, aux commerces, aux équipements publics, à la mer et aux principaux centres d'intérêts ;
– l'équipement intérieur du local (électroménager, ameublement, literie…) ;
– l'état d'entretien du logement et des équipements ;
– l'inventaire des appareils et des ustensiles mis à la disposition du locataire (batterie de cuisine, couchage, petit électroménager…) ;
– le prix et les conditions financières de la location ;
– la période de location ainsi que les jours et heures d'arrivée et de départ.

Ce descriptif est rendu obligatoire par l'arrêté n° 25-305 du 16/5/1967. Cet arrêté propose d'ailleurs un modèle préétabli qui permet de répondre ainsi à toutes les questions qu'un locataire pourrait se poser.
En présence d'un logement qui ne correspond pas aux informations du descriptif, le locataire peut saisir la commission départementale d'action touristique, située en préfecture, qui proposera un règlement amiable. À défaut, il peut porter plainte et écrire à la direction départementale de la protection des populations.

À NOTER

Tout propriétaire qui délivre, à l'occasion de la remise de ce descriptif, des renseignements manifestement inexacts encourt une amende. Toute personne qui divulgue des renseignements inexacts ou de caractère trompeur par un moyen de publicité (petite annonce) notamment, commet un délit de publicité mensongère qui l'expose à une peine d'amende et/ou d'emprisonnement.

À NOTER

Si le meublé de tourisme est soumis à déclaration préalable, l'annonce publiée doit préciser le numéro de déclaration (Code du tourisme, Art. L. 324-2-1).

Quelles sommes faut-il verser à la réservation ?

Lors de la réservation d'une location saisonnière, le locataire verse une somme dont le montant n'est

pas réglementé pour les locations entre particuliers. En règle générale, il faut prévoir 20 ou 25 % du loyer total. Lorsque la location est faite par l'intermédiaire d'un professionnel, pour une durée maximum de 90 jours, le montant de la réservation ne peut dépasser 25 % (*Décret n° 72-678 du 20/7/1972, Art. 68*).
Les sommes ainsi versées peuvent être qualifiées d'arrhes ou d'acompte :
– s'il s'agit d'un acompte, la somme est considérée comme le paiement d'une partie du prix et ni le locataire ni le propriétaire ne peuvent se désister, sauf à insérer dans le contrat une clause prévoyant des modalités spéciales de désistement ;
– s'il s'agit d'arrhes, le propriétaire, s'il se désiste, devra rembourser le double de cette somme au locataire. À l'inverse, si c'est le locataire qui se désiste, il perdra simplement ses arrhes.

AVANTAGE

Les arrhes permettent aux deux parties de se dédire, moyennant la perte du montant des arrhes. C'est une souplesse que n'a pas l'acompte.

ATTENTION ⚠

Si l'une des parties se dédit au dernier moment, en acceptant de perdre le montant des arrhes, l'autre partie peut subir un préjudice important.

À NOTER

Il est possible de prévoir que les arrhes se transformeront en acompte si le désistement intervient moins d'1 mois avant le début de la location. Dans cette dernière hypothèse, le propriétaire peut donc demander le paiement intégral du loyer et le locataire peut exiger du propriétaire qu'il procède malgré tout à la location, sauf à convenir de dommages et intérêts.

À NOTER

Le solde ne peut être exigé qu'1 mois, au plus tôt, avant l'entrée dans les lieux.

LA RÉSERVATION À DISTANCE

Les articles L. 221-1 et suivants du Code de la consommation réglementent les contrats conclus à distance et s'appliquent notamment aux contrats de locations saisonnières qui sont fréquemment ainsi conclus.
Dans ce cas, le consommateur doit recevoir, par écrit ou sur un autre support durable, l'offre de contrat mentionnant les informations suivantes :
– le nom du prestataire de services, son numéro de téléphone, son adresse ou s'il s'agit d'une personne morale, son siège social et, si elle diffère, l'adresse de l'établissement responsable de l'offre ;
– les modalités de paiement, d'exécution ;
– l'existence d'un droit de rétraction ;
– la durée de la validité de l'offre et du prix de celle-ci.
En cas de démarchage par téléphone ou par toute autre technique assimilable, le professionnel doit indiquer explicitement au début de la conversation son identité, le cas échéant l'identité de la personne pour le compte de laquelle il effectue cet appel et le caractère commercial de l'appel (*Code de la consommation, Art. L. 221-16*).
Le consommateur dispose d'un délai de 14 jours pour exercer son droit de rétractation sans avoir à justifier de motifs ni à payer de pénalités, à l'exception, le cas échéant, des frais de retour. Ce délai court à compter de la conclusion du contrat, pour les contrats de prestations de services (*Code de la consommation, Art. L. 221-18*).

Quelles sont les conditions de la location ?

Si la location répond à la définition du meublé de tourisme, la rédaction d'un contrat écrit est obligatoire, avec un exemplaire pour chaque partie (*Code du tourisme, Art. L. 324-2*). Dans les autres cas, si le descriptif est obligatoire, il n'en est pas de même pour le contrat et l'on pourrait donc se contenter d'un simple échange de courrier pour concrétiser la location. Dans tous les cas, il est préférable d'établir un contrat écrit. Si la liberté de rédaction n'est limitée par aucune loi, on s'attachera néanmoins à éviter toutes clauses qui seraient de nature à restreindre trop fortement les droits de l'une ou l'autre des parties.

Comment est fixé le loyer ?

Aucun texte ne prévoit la fixation du loyer. Celui-ci est défini librement entre les parties. Avant de s'engager, il est toutefois recommandé de prendre contact avec le syndicat d'initiative le plus proche pour connaître la fourchette des prix pratiqués, compte tenu des prestations proposées.

Au loyer proprement dit s'ajoutent les charges liées à l'entretien de l'appartement ou de la maison. On peut inclure les charges dans le loyer, prévoir un supplément de charges forfaitaires ou, ce qui est plus rare en matière de locations saisonnières, pratiquer par provision de charges que l'on apure ensuite, dès que l'on a connaissance des justificatifs.

AVANTAGE

Les charges forfaitaires sont adaptées à la location saisonnière et chacun sait ainsi à quoi s'attendre. Il faut simplement veiller à ce qu'elles soient évaluées de manière raisonnable, afin que ni le propriétaire ni le locataire ne se trouvent lésés.

Doit-on prévoir un dépôt de garantie ?

Un dépôt de garantie peut être exigé lors de l'entrée dans les lieux avec le solde du loyer afin de garantir le propriétaire contre d'éventuels dégâts qui pourraient être constatés à la fin de la période de location. Le dépôt de garantie s'élève généralement à 20 ou 30 % du loyer, mais la loi ne prévoit pas de limite précise.

Il est prudent de prévoir, dans le contrat, les modalités et la date de remboursement du dépôt de garantie. En pratique, le locataire a intérêt à prévoir une restitution immédiate, lors de la remise des clés, si le propriétaire ne constate aucun dégât.

À NOTER

Aucune loi n'interdit au propriétaire de demander à son locataire le versement de la totalité du loyer avant l'entrée dans les lieux. Toutefois, il est d'usage d'exiger seulement des arrhes au moment de la réservation et de demander le paiement du solde à la remise des clés. En outre, lorsque la location est effectuée par l'intermédiaire d'un agent immobilier, aucune somme ne peut être versée plus de 6 mois avant le début de la location, ni excéder en aucun cas, lorsque les versements sont faits avant l'entrée dans les lieux, le quart du montant du loyer. Le versement du solde du loyer peut être exigé contre la remise des clés.

Quelle est la durée de la location ?

Les locations saisonnières, conclues la plupart du temps pendant les périodes de vacances, n'excèdent pas en principe la durée d'une saison. Elles peuvent donc être convenues à la semaine, à la quinzaine ou au mois. Il faut évidemment libérer les lieux dans les délais convenus, certains contrats prévoyant des indemnités pour chaque heure de retard.

Faut-il assurer le logement ?

Contrairement aux locations vides ou meublées de résidence principale, le locataire n'a pas d'obligation légale de s'assurer. Mais comme il est présumé responsable, pendant toute la durée de la location, des dégradations et pertes qui surviennent à la suite d'un incendie (*Code civil, Art. 1732*), mieux vaut régler la question de l'assurance dès l'établissement du contrat.

La situation est différente selon que le propriétaire se charge ou non d'assurer le logement :

- le propriétaire se charge d'assurer le logement pour le compte de tous les locataires successifs. En accord avec son assureur, il souscrit une assurance « pour le compte de qui il appartiendra » avec abandon de recours. Autrement dit, le propriétaire renonce à agir ensuite contre son locataire, ce dernier étant ainsi couvert pour tous les dommages causés au logement ou aux personnes, qu'il s'agisse des voisins ou des tiers ;
- le propriétaire ne désire pas se charger des problèmes d'assurance. Le contrat doit alors préciser que le locataire est tenu de s'assurer. Deux cas peuvent alors se présenter :

– l'assurance multirisque habitation de la résidence principale du locataire comprend une garantie « villégiature ». Le locataire n'a donc aucune démarche particulière à effectuer. Mais, si la propriété louée est de grande valeur par rapport à celle qu'il occupe habituellement, il a tout intérêt à le préciser à son assureur afin de modifier les conditions de son contrat,

– l'assurance du logement principal du locataire ne comprend pas de clause « villégiature ». Le locataire doit alors souscrire une assurance spéciale pour la période de location.

À NOTER

La question de l'assurance ne doit jamais être négligée. Si le propriétaire s'en charge, ce qui est le plus simple, il faut l'inscrire dans le contrat. Si c'est au locataire de s'assurer, le propriétaire a intérêt à lui réclamer un justificatif lors de l'entrée dans les lieux.

Le contrat doit-il décrire précisément le logement ?

Sans reprendre en détail tous les éléments du descriptif, le contrat de location doit mentionner les caractéristiques du logement loué : maison ou appartement, nombre de pièces, équipements privatifs et communs mis à disposition du locataire, etc. Si le logement loué est situé sur un terrain commun à d'autres maisons, il faut le mentionner et préciser, le cas échéant, que le locataire devra partager avec d'autres les installations de loisirs (piscine, tennis…), ceci afin de ne pas créer de confusion entre les équipements strictement privatifs et les autres.

Le plus simple est d'annexer au contrat le descriptif remis par le propriétaire au moment de la réservation.

Peut-on prévoir des restrictions particulières ?

Comme dans toute location, le propriétaire est tenu de délivrer le logement en bon état. Le locataire doit l'occuper « raisonnablement », payer le loyer et respecter les conditions du contrat. Celui-ci peut comporter quelques restrictions. Ainsi :

- le propriétaire peut préciser le nombre maximal de personnes autorisées à résider dans les lieux, et ce afin de limiter tout abus de la part des futurs locataires tentés d'héberger de nombreux amis ;
- s'il est légalement impossible d'interdire au locataire d'introduire des animaux familiers dans le logement loué (*Loi du 9/7/1970, Art. 10*), celui-ci reste pleinement responsable des troubles causés par ses chiens ou chats.

Comment se déroule la location ?

› L'entrée dans les lieux

L'entrée dans les lieux du locataire est une étape importante qui voit converger plusieurs opérations : la remise des clés et l'établissement de l'état des lieux, ainsi que le paiement du solde du loyer. C'est lors de cette étape que propriétaire et locataire prendront toutes les précautions utiles afin d'éviter les surprises ultérieures.

Établir un état des lieux

Il est indispensable d'établir un état des lieux et un inventaire lors de la remise des clés. Ils doivent être aussi complets et détaillés que possible et signés par les deux parties. Ils recensent l'ensemble des équipements et leur état. L'établissement de ces documents permet de s'assurer de la conformité du logement, de son environnement et de ses équipements avec le descriptif. Dans le cas contraire, des réserves sont consignées. À l'opposé, s'il n'a pas été procédé à l'état des lieux le locataire est présumé avoir reçu les locaux en bon état (*Code civil, Art. 1731*).

Le défaut de conformité au descriptif

Il se peut que le logement ne corresponde pas à la description faite par le propriétaire : la plage est à 2 km et non à 300 mètres, le jardin n'est en fait qu'une petite cour pavée…

Deux situations peuvent alors se présenter :

– le locataire décide de rester moyennant une diminution du prix du loyer, négociée à l'amiable avec le propriétaire. Un accord écrit est alors nécessaire pour constater le litige et l'arrangement convenu entre les parties ;

– le locataire considère que le défaut de conformité est suffisant pour justifier l'annulation du contrat et obtenir le remboursement de la somme versée pour la réservation. Le locataire ne perçoit alors pas de dommages et intérêts mais il peut considérer que cette solution amiable évite un recours judiciaire.

La situation est plus complexe si le locataire estime subir un préjudice ou s'il ne trouve pas d'accord avec le propriétaire.

Pour mettre toutes les chances de son côté, le locataire doit alors respecter ces différentes étapes :

Se ménager des preuves

Le premier réflexe du locataire doit être de se ménager des preuves. L'idéal est de faire établir un constat d'huissier, et sans délai, c'est-à-dire le jour même de l'arrivée. Un constat établi 3 jours après le début de la location peut être contesté, principalement si le problème concerne l'intérieur du logement et les éléments d'équipement.

Il est vrai qu'il n'est pas toujours facile de faire intervenir sans délai un huissier. À défaut, il convient alors de prendre des photos ou des vidéos et de recueillir des témoignages, ceux des voisins, par exemple, afin de réunir le maximum de preuves.

S'il s'agit, en revanche, d'un problème de distance (par exemple, la plage ou les équipements plus éloignés qu'indiqués), la preuve peut en être apportée facilement avec un plan ou des dépliants sur la région.

Important : si la demande du locataire concerne le paiement d'une somme n'excédant pas 5 000 €, il est tenu de tenter un règlement amiable de son litige avant de saisir la justice (*Code de procédure civile, Art. 750-1*). À défaut, le juge déclarera sa demande irrecevable.

Tenter une conciliation amiable

Muni des éléments de preuve qu'il aura réunis, le locataire peut tenter une conciliation amiable en s'adressant à l'un des organismes suivants :
– s'il s'agit d'une location classée « Meublés de tourisme », à la direction départementale de la protection des populations du lieu où est située la location. Il est également possible de contacter l'office du tourisme ou le syndicat d'initiative, notamment si c'est par leur intermédiaire que vous avez été mis en relation avec le loueur ;
– s'il s'agit d'un gîte rural, au relais départemental des Gîtes de France qui tentera d'obtenir un accord amiable ;
– s'il s'agit d'un meublé non classé, à la direction départementale de la protection des populations (DDPP). Celle-ci exercera un contrôle et, s'il y a lieu, dressera un procès-verbal qu'elle transmettra au procureur de la République.

Engager une procédure devant le tribunal

Si aucune solution amiable n'a été trouvée, la dernière étape consiste à former un recours devant le tribunal, avec deux actions possibles :
– une action pénale, en portant plainte soit auprès du commissariat ou de la gendarmerie, soit en écrivant au procureur de la République une lettre simple avec tous les justificatifs ;
– une action civile, devant le tribunal judiciaire, qui aboutira, le cas échéant, à l'annulation du contrat, la restitution des sommes versées et même le versement de dommages et intérêts ou bien seulement à une diminution du loyer.

À NOTER

On peut cumuler les deux actions, civile et pénale, en portant plainte et en se constituant partie civile. La demande doit être adressée dans ce cas au doyen des juges d'instruction du tribunal judiciaire, sachant qu'il faut consigner des frais pour cela (environ 150 €). Il est aussi possible de porter plainte dans un premier temps, puis de se constituer partie civile à tout moment de la procédure.

› La sortie des lieux

Lors de la sortie des lieux, locataire et propriétaire vont solder leur compte, notamment en ce qui concerne les charges et le dépôt de garantie. Ils feront également le point sur l'état du logement et les dégradations éventuelles.

L'état des lieux de sortie

Si l'état des lieux de sortie ne mentionne aucune dégradation imputable au locataire, le propriétaire doit lui restituer la totalité du dépôt de garantie.
En revanche, si le locataire a détérioré le logement, le propriétaire est en droit de prélever le montant des réparations sur le dépôt de garantie, à condition de fournir les justificatifs correspondants (factures). Si le dépôt de garantie ne suffit pas à compenser cette dépense, le propriétaire doit mettre en demeure le locataire de payer le solde par lettre recommandée avec avis de réception. Si cette démarche n'aboutit pas, le propriétaire devra assigner son locataire devant le tribunal judiciaire.

La restitution du dépôt de garantie

Le propriétaire peut être tenu, par le contrat, de restituer le dépôt de garantie le jour même du départ. Si le contrat ne prévoit rien, il est d'usage que le dépôt de garantie soit restitué dans les 10 jours qui suivent la fin de la location.
Dans l'un ou l'autre cas, si ce remboursement tarde, le locataire doit, en premier lieu, envoyer une mise en demeure par lettre recommandée avec avis de réception, puis, à défaut de réponse, saisir le tribunal judiciaire du lieu de situation du logement loué pour obtenir ce remboursement. Il peut, pour cela, utiliser la procédure d'injonction de payer.

SÉCURITÉ DES PISCINES

Afin de prévenir le risque de noyade, notamment chez les jeunes enfants, les propriétaires de piscines non closes privatives à usage individuel ou collectif sont tenus d'installer ou de faire installer un dispositif de sécurité homologué dès lors que le bassin est enterré ou semi-enterré (*Code de la construction et de l'habitation, Art. L. 128-1 et s. et D. 128-1 et s.*). Les piscines posées sur le sol, gonflables ou démontables, ne sont donc pas concernées.
La piscine doit alors être équipée d'au moins un de ces quatre équipements :
– une barrière de protection ;
– un système d'alarme sonore (alarme d'immersion informant de la chute d'un enfant dans l'eau ou alarme périmétrique informant de l'approche d'un enfant du bassin) ;
– une couverture de sécurité (bâche) ;
– un abri de type véranda recouvrant intégralement le bassin.
Le non-respect de ces obligations est puni jusqu'à 45 000 € d'amende pour le propriétaire.
Pour en savoir plus : consulter le guide « La sécurité des piscines privées », téléchargeable sur le site *www.ecologique-solidaire.gouv.fr*.

Le droit commun de la location

Parler de « droit commun de la location », c'est faire référence à la loi qui régit la location de logements, vides ou meublés, dès lors qu'ils constituent la résidence principale de leur (s) locataire (s). À l'heure actuelle, c'est la loi du 6/7/1989 qui constitue ce droit commun de la location. C'est donc elle qui organise les relations entre locataire et propriétaire, qui définit leurs obligations respectives, qui fixe les règles applicables en matière de loyer, de charges, de dépôt de garantie, etc.

La loi n° 2018-1021 du 23/11/2018 portant évolution du logement, de l'aménagement et du numérique, dite loi ELAN, réforme notamment la loi du 6/7/1989 et crée en particulier le bail mobilité.

Quel est le champ d'application de la loi ?

La loi n° 89-462 du 6/7/1989, profondément modifiée par la loi n° 2014-366 du 24/3/2014 (dite loi « ALUR »), impose aux deux parties, locataires comme propriétaires, le respect d'un certain nombre de règles impératives. Il est dès lors indispensable de distinguer les logements soumis à ces dispositions, et pour lesquels la liberté des parties sera encadrée, de ceux qui ne le sont pas.

Quels sont les logements soumis à la loi du 6/7/1989 ?

Le domaine d'application de la loi n° 89-462 du 6/7/1989 est très vaste. Relèvent de cette loi toutes les locations de logements qui constituent la résidence principale du locataire, que le logement soit loué vide ou meublé. Pour ces derniers, et depuis l'intervention de la loi du 24/3/2014 (dite loi « ALUR »), les dispositions applicables figurent principalement dans une partie spécifique de la loi (son titre Ier bis) et non plus dans le Code de la construction et de l'habitation. Certaines locations restent toutefois soumises à une législation spécifique (locations HLM, locations relevant de la loi de 1948…), même lorsqu'elles concernent la résidence principale du locataire ; d'autres sont exclues car elles ne portent pas sur une résidence principale : locations saisonnières, locations meublées de courte durée.

Pour l'application de la loi du 6/7/1989, peu importe donc la situation géographique du logement : métropole ou départements d'outre-mer (à l'exception des territoires d'outre-mer), le fait qu'il soit ancien ou récent, etc.

L'élément principal qui détermine l'application de la loi du 6/7/1989 est la notion de résidence principale. Celle-ci est définie par l'article 2 de cette loi comme « le logement occupé au moins huit mois par an, sauf obligation professionnelle, raison de santé ou cas de force majeure, soit par le preneur [c'est-à-dire le locataire en titre] ou son conjoint, soit par une personne à charge au sens du code de la construction et de l'habitation ». Sont ainsi considérées comme personnes à charge les personnes prises en compte pour le calcul de l'aide personnalisée au logement : enfants ouvrant droit aux prestations familiales, ascendants d'au moins 65 ans (ou 60 ans en cas d'inaptitude au travail) dont les ressources n'excèdent pas le plafond individuel d'attribution de l'allocation de solidarité aux personnes âgées (ASPA), etc.

Les logements loués (nus ou meublés) en colocation, à titre de résidence principale de leurs locataires, relèvent également des dispositions de la loi du 6/7/1989, notamment celles figurant dans son article 8-1.

À NOTER

Constitue une colocation la location d'un même logement par plusieurs locataires. Cette colocation peut être formalisée par la conclusion d'un contrat unique ou de plusieurs contrats entre les locataires et le bailleur. En cas de colocation, le montant de la somme des loyers perçus de l'ensemble des colocataires ne peut être supérieur au montant du loyer déterminé par les règles de droit commun.

Quelles sont les locations exclues de la loi du 6/7/1989 ?

La loi du 6/7/1989 (*Art. 2*) exclut expressément certaines locations de son domaine d'application. Sont visés :

– les logements de fonction, c'est-à-dire le logement loué au salarié par son employeur. Les conditions de

la location (loyer, charges, durée du bail…) relèvent de l'accord des parties et du Code civil. Afin d'éviter tout litige, il convient de préciser, dans le contrat de location, que celui-ci ne constitue qu'un accessoire du contrat de travail liant les parties. Cette exclusion a été étendue aux logements de fonction HLM (*Cour de cassation, 3e chambre civile, 22/9/2017*) ;
– les locations consenties aux travailleurs saisonniers. Sont toutefois applicables à ces locations, ainsi qu'aux logements de fonction mentionnés ci-dessus, les dispositions de la loi du 6/7/1989 relatives au dossier de diagnostic technique, à la décence et à la possibilité de donner mandat à une association pour agir en son nom en cas de litige avec le propriétaire ;
– les logements-foyers, sauf en ce qui concerne la réglementation sur la décence du logement ;
– les logements meublés qui ne constituent pas la résidence principale du locataire ; ceux qui constituent la résidence principale du locataire relèvent des dispositions de la loi du 6/7/1989 regroupées dans le titre Ier bis de cette loi.

Sont également exclus de l'application de la loi du 6/7/1989, soit parce qu'ils ne sont pas loués à titre de résidence principale, soit parce qu'ils relèvent expressément d'une autre législation :
– les locations saisonnières ;
– les locaux à usage exclusivement professionnels ;
– les locaux commerciaux qui sont régis par un texte spécial (*Décret du 30/9/1953*) ;
– les locations constituant un mode d'accession à la propriété, c'est-à-dire principalement la location-accession, organisée par la loi du 12/7/1984 ;
– les locations d'emplacement pour le stationnement des véhicules (garages, parkings…). Attention : de telles locations sont soumises à la loi du 6/7/1989 si elles dépendent d'un local lui-même soumis à cette loi ;
– les baux ruraux (baux à ferme en particulier) ;
– les locations de cohabitation intergénérationnelle solidaire.

LA LOI « ALUR » DU 24/3/2014 ET LA LOI « MACRON » DU 6/8/2015

La loi du 6/7/1989 a été profondément modifiée par la loi du 24/3/2014 pour l'accès au logement et un urbanisme rénové (dite loi « ALUR »), publiée au *Journal officiel* du 26/3/2014 et dont les dispositions, telles qu'elles sont présentées dans les développements qui suivent, s'appliquent aux contrats de location conclus ou renouvelés (hors renouvellement tacite) depuis le 27/3/2014. Les contrats conclus avant cette date restent soumis aux dispositions en vigueur lors de leur signature. Sont toutefois applicables à ces contrats les articles 7 (obligations du locataire), 17-1 (révision du loyer), 20-1 (recours en cas de non décence du logement), 21 (remise d'une quittance) et 23 (charges récupérables) de la loi du 6/7/1989, dans leur rédaction résultant de la loi du 24/3/2014 ainsi que l'article 11-1 (congé en cas de vente par lots de plus de 5 logements) de la loi du 6/7/1989 dans sa rédaction résultant de la loi du 24/3/2014, pour les congés délivrés après le 27/3/2014.
Par ailleurs, la mise en œuvre de certaines dispositions de la loi ALUR s'avérant problématique, la loi du 6/8/2015 (dite « Loi Macron ») apporte un certain nombre d'aménagements à la loi ALUR. Parmi les principaux d'entre eux, on signalera :
– l'indication que la possibilité pour le locataire de demander à compléter l'état des lieux ne vaut que pour l'état des lieux d'entrée et exclut donc tout complément pour l'état des lieux de sortie ;
– l'exclusion du régime de la colocation des locations consenties exclusivement à des conjoints et partenaires pacsés au moment de la conclusion du bail ;
– l'indication précise qu'en cas de remplacement d'un colocataire ayant donné congé, la solidarité de ce colocataire ainsi que celle de sa caution s'éteignent ;
– l'instauration d'une protection contre le congé donné par le propriétaire à un locataire ayant à charge une personne âgée de plus de 65 ans. Dès lors que leurs ressources cumulées seront inférieures à un plafond fixé par arrêté, le propriétaire ne pourra donner congé qu'à condition de proposer un autre logement, à des conditions équivalentes ;
– l'indication selon laquelle les contrats de locations meublées devront obligatoirement comporter certaines mentions obligatoires essentielles pour l'information des locataires (description des locaux, surface habitable, règlement intérieur…) et pour la mise en œuvre de l'encadrement des loyers (celui du précédent locataire, en particulier) ;
– la protection des locataires de logements meublés lorsqu'un congé leur est notifié (même formalisme que pour les locations vides sauf dans le cadre d'un congé pour vente ou d'un congé pour reprise, protection des locataires âgés, etc.) ;
– l'application de l'encadrement des loyers dans les locations meublées et l'extension de cet encadrement aux logements situés dans une résidence avec services.
Cette loi comporte également des dispositions concernant les conditions d'application des dispositions de la loi ALUR aux baux en cours et à ceux qui feront l'objet d'une reconduction tacite.

AVANTAGE

Si vous êtes locataire, vous devez savoir que la loi du 6/7/1989 est d'ordre public, ce qui constitue une protection pour vous. En effet, cela signifie qu'il n'est pas possible de prévoir, par contrat, des clauses qui seraient contraires aux dispositions que cette loi édicte. Conséquence de ce principe : toute clause du contrat contraire à la loi est réputée non écrite, c'est-à-dire considérée comme nulle et non avenue. Ce serait le cas, par exemple, si le propriétaire insérait une clause l'autorisant à donner congé à tout moment, alors qu'il ne peut le faire qu'à l'échéance du bail, ou encore une clause l'autorisant, chaque année, à vous réclamer un dépôt de garantie, alors que celui-ci est versé une fois pour toutes en début de location.

Quelles sont les locations en partie soumises à la loi du 6/7/1989 ?

La loi du 6/7/1989 s'applique pour partie à des logements soumis par ailleurs à des réglementations spécifiques. Il en va ainsi notamment pour :

– les locations HLM ;
– les locations soumises à la loi du 1/9/1948 ;
– les logements conventionnés, c'est-à-dire ceux ayant fait l'objet d'une convention entre le bailleur et l'État en application de l'article L. 351-2 du Code de la construction et de l'habitation. Les dispositions de la loi du 6/7/1989 s'appliquent sauf en ce qui concerne les règles de préavis et de forme des congés, la durée du contrat et les facultés de résiliation par le locataire, la révision du loyer, le dépôt de garantie.

À NOTER

Pour savoir si votre logement est conventionné, vous pouvez soit interroger votre propriétaire ou l'organisme qui gère votre logement, soit vous reporter à votre bail.

LUTTE CONTRE LES DISCRIMINATIONS

La loi du 6/7/1989 comporte plusieurs dispositions destinées à lutter contre les discriminations :

✓ **Les refus de location**

Comme le précise l'article 1er de la loi du 6/7/1989 « Aucune personne ne peut se voir refuser la location d'un logement pour un motif discriminatoire défini à l'article 225-1 du Code pénal ». Sont ainsi proscrits et sanctionnés pénalement les refus de location en raison de l'origine, du sexe, de la situation de famille, de la grossesse, de l'apparence physique, du patronyme, de la particulière vulnérabilité résultant de la situation économique, apparente ou connue de son auteur, du lieu de résidence, de l'état de santé, de la perte d'autonomie, du handicap, des caractéristiques génétiques, des mœurs, de l'orientation sexuelle, de l'identité de genre, de l'âge, des opinions politiques, des activités syndicales, de l'appartenance ou de la non-appartenance, vraie ou supposée, à une ethnie, une Nation, une prétendue race ou une religion déterminée, de la capacité à s'exprimer dans une langue autre que le français.

En cas de litige, sur le plan civil, la personne s'étant vu refuser la location d'un logement peut s'adresser au juge afin d'obtenir des dommages et intérêts. Elle doit lui présenter des éléments de fait (par exemple des témoignages) laissant supposer l'existence d'une discrimination directe ou indirecte. Au vu de ces éléments, il incombe à la partie défenderesse (le bailleur ou son représentant) de prouver que sa décision est justifiée. Le juge forme sa conviction après avoir ordonné, en cas de besoin, toutes les mesures d'instruction qu'il estime utiles (*Loi du 6/7/1989, Art. 1er, alinéas 3 et 4*). C'est ainsi, par exemple, que la Cour d'appel de Toulouse a jugé que la responsable d'une agence immobilière s'était rendue coupable de discrimination raciale en refusant, lors d'un entretien téléphonique, de préparer un contrat de bail au nom d'une personne en raison de son patronyme (*cour d'appel de Toulouse, 5/10/2004*).

Sur le plan pénal, si la discrimination est établie, l'auteur des faits encourt une peine de 3 ans d'emprisonnement et de 45 000 € d'amende (*Code pénal, Art. 225-2*).

✓ **Les pièces à produire en vue de la location**

La liste des pièces justificatives pouvant être exigées du candidat à la location ou de sa caution par le bailleur, préalablement à l'établissement du contrat de location, est fixée par le décret n° 2015-1437 du 5/11/2015, en vigueur depuis le 8/11/2015 (*Loi du 6/7/1989, Art. 22-2*).

En préalable à l'établissement du contrat de location, le bailleur ne peut imposer la cosignature d'un ascendant ou d'un descendant du candidat à la location.

Les manquements aux règles énoncées ci-dessus sont punis d'une amende administrative, prononcée par le préfet (ou son représentant) dont le montant ne peut être supérieur à 3 000 € pour une personne physique et à 15 000 € pour une personne morale.

Le montant de l'amende est proportionné à la gravité des faits constatés.

L'amende ne peut être prononcée plus d'1 an à compter de la constatation des faits.

Elle est prononcée après que l'intéressé a été informé de la possibilité de présenter ses observations dans un délai déterminé.

✓ **La nationalité de la caution**

Lorsqu'un cautionnement pour les sommes dont le locataire serait débiteur dans le cadre de son bail est exigé par le bailleur, celui-ci ne peut refuser la caution présentée au motif qu'elle ne possède pas la nationalité française ou qu'elle ne réside pas sur le territoire métropolitain (*Loi du 6/7/1989, Art. 22-1, alinéa 3*).

À noter : signalons également l'existence d'un délit assimilé à du harcèlement sexuel, qui consiste dans le fait, même non répété, d'user de toute forme de pression grave dans le but réel ou apparent d'obtenir un acte de nature sexuelle, que celui-ci soit recherché au profit de l'auteur des faits ou au profit d'un tiers. L'hypothèse visée pourrait être celle d'une personne faisant l'objet d'une telle pression à l'occasion de la visite d'un appartement mis en location ; dans ce cas, l'auteur des faits encourrait une peine de 2 ans d'emprisonnement et de 30 000 € d'amende, peines portées à 3 ans d'emprisonnement et 45 000 € d'amende en cas de circonstances aggravantes, par exemple si les faits ont été commis sur une personne vulnérable (âgée, malade, handicapée, enceinte…) ou sur une personne en situation de précarité économique ou sociale.

Le contrat de location

Les parties doivent signer un contrat de location établi par écrit (*Loi du 6/7/1989, Art. 3*). S'agissant d'un document essentiel, plusieurs questions se posent : quel est son contenu, qui doit le signer, en combien d'exemplaires faut-il l'établir, faut-il prévoir des annexes… ?

Quel est le contenu du contrat de location ?

Le contenu du contrat de location portant sur un logement vide loué à titre de résidence principale (pour les logements meublés loués à titre de résidence principale, voir plus loin) est défini par l'article 3 de la loi du 6/7/1989 ; celui-ci prévoit également que ce contrat doit être conforme à un contrat-type défini par le décret n° 2015-587 du 29/5/2015 en vigueur depuis le 1/8/2015 (ce texte est disponible sur le site *www.legifrance.gouv.fr*). Un modèle est fixé pour les locations vides, un autre pour les locations meublées.

Obligatoirement écrit, le contrat de location doit ainsi préciser :

– le nom ou la dénomination du bailleur et son domicile ou son siège social, ainsi que, le cas échéant, ceux de son mandataire ;
– le nom ou la dénomination du locataire ;
– la date de prise d'effet du contrat, qui correspond à la date à laquelle le logement sera mis à disposition du locataire. Bien souvent, elle diffère de la date de signature du contrat ;
– sa durée ;
– la consistance, la destination du logement et la surface habitable du logement, telle qu'elle est définie par l'article R. 111-2 du Code de la construction et de l'habitation ;
– la désignation des locaux et des équipements d'usage privatif dont le locataire a la disposition exclusive et, le cas échéant, l'énumération des parties, équipements et accessoires de l'immeuble qui font l'objet d'un usage commun ainsi que des équipements d'accès aux technologies de l'information et de la communication ;
– le montant du loyer, ses modalités de paiementainsi que ses règles de révision éventuelle ;
– le loyer de référence et le loyer de référence majoré, correspondant à la catégorie de logement et définis par le préfet dans le département dans les zones où s'appliquera un système d'encadrement des loyers ;
– le montant et la date de versement du dernier loyer acquitté par le précédent locataire, dès lors que ce dernier a quitté le logement moins de 18 mois avant la signature du bail ;
– la nature et le montant des travaux effectués dans le logement depuis la fin du dernier contrat de location ou depuis le dernier renouvellement du bail ;
– le montant du dépôt de garantie, si celui-ci est prévu ;
– la situation de l'immeuble au regard du plan d'exposition au bruit ; pour cela, le bailleur doit indiquer, dans le contrat de location, par une clause claire et lisible, la zone de bruit dans laquelle le bien est situé (*Code de l'urbanisme, Art. L. 147-5*). Les plans d'exposition au bruit sont obligatoires aux abords d'un aérodrome. Ils peuvent délimiter certaines zones à l'intérieur desquelles les constructions sont autorisées mais doivent faire l'objet des dispositifs d'isolation acoustique spécifique, à la charge du propriétaire bailleur. Pour savoir si son logement est situé dans un plan d'exposition au bruit, il convient de s'adresser à sa mairie ou à la préfecture.

À NOTER

À compter du 1/1/2022, le contrat de location devra, en plus, préciser à titre d'information le montant des dépenses théoriques de l'ensemble des usages énumérés dans le diagnostic de performance énergétique (DPE).

Lorsque la garantie universelle des loyers, telle que prévue par la loi du 24/3/2014 (dite loi « ALUR ») aura effectivement été mise en place, le renoncement, le cas échéant, au bénéfice de cette garantie devra être expressément mentionné dans le contrat de location. À défaut, le bailleur s'engagera à déclarer le contrat de location auprès de l'agence dédiée à la gestion de ce mécanisme.

LES PIÈCES JUSTIFICATIVES EXIGIBLES DU CANDIDAT À LA LOCATION ET DE SA CAUTION

La liste des pièces justificatives pouvant être exigées par le bailleur de chacun des candidats à la location figure en annexe 1 du décret n° 2015-1437 du 5/11/2015 (ce texte est disponible sur le site *www.legifrance.gouv.fr*) :
– pièce justificative d'identité en cours de validité, comportant la photographie du titulaire (carte nationale d'identité française ou étrangère, passeport français ou étranger, etc.) ;
– pièce justificative de domicile (une seule est à fournir : par exemple, les trois dernières quittances de loyer ou, à défaut, l'attestation du précédent bailleur indiquant que le locataire est à jour de ses loyers et charges, etc.) ;
– un ou plusieurs documents attestant des activités professionnelles (contrat de travail ou de stage ou, à défaut, attestation de l'employeur précisant l'emploi et la rémunération proposée et la date d'entrée en fonctions envisagée, copie de la carte professionnelle pour une profession libérale, carte d'étudiant ou certificat de scolarité pour l'année en cours, etc.) ;
– un ou plusieurs documents attestant des ressources (dernier ou avant-dernier avis d'imposition ou de non-imposition, trois derniers bulletins de salaires, justificatif de versement des indemnités de stage, etc.).
En cas de colocation, cette liste s'applique à chacun des colocataires.
En revanche, ces dispositions ne s'appliquent pas aux demandes d'attribution de logements sociaux mentionnées à l'article L. 441-1 du Code de la construction et de l'habitation.
La liste des pièces justificatives pouvant être exigées par le bailleur des cautions du candidat à la location figure en annexe 2 du décret n° 2015-1437 du 5/11/2015 (ce texte est disponible sur le site *www.legifrance.gouv.fr*).
Les pièces produites par le candidat à la location ou par la caution peuvent être des copies des documents originaux. Elles sont rédigées ou traduites en langue française et les montants inscrits convertis en euros. Les documents originaux doivent pouvoir être présentés à la demande du bailleur.

● Le contrat peut évidemment, et ce sera souvent le cas, comporter d'autres mentions ou d'autres clauses. Celles-ci seront définies librement par le bailleur et le locataire sachant toutefois que, même si elles figurent dans le contrat, certaines clauses sont réputées non écrites, c'est-à-dire sans effet.

Sont visées les clauses :

– qui obligent le locataire, en vue de la vente ou de la location du local loué, à laisser visiter celui-ci les jours fériés ou plus de 2 heures les jours ouvrables ;

– par lesquelles le locataire est obligé de souscrire une assurance auprès d'une compagnie choisie par le bailleur ;

– qui imposent, comme mode de paiement du loyer, l'ordre de prélèvement automatique sur le compte courant du locataire ou la signature par avance de traites ou de billets à ordre ;

– par laquelle le locataire autorise le bailleur à prélever ou à faire prélever les loyers directement sur son salaire dans la limite cessible ;

– qui prévoient la responsabilité collective des locataires en cas de dégradation d'un élément commun de la chose louée ;

– par lesquelles le locataire s'engage par avance à des remboursements sur la base d'une estimation faite unilatéralement par le bailleur au titre des réparations locatives ;

– qui prévoient la résiliation de plein droit du contrat en cas d'inexécution des obligations du locataire pour un motif autre que le non-paiement du loyer, des charges, du dépôt de garantie, la non-souscription d'une assurance des risques locatifs ou le non-respect de l'obligation d'user paisiblement des locaux loués, résultant de troubles de voisinage constatés par une décision de justice passée en force de chose jugée ;

– qui autorisent le bailleur à diminuer ou à supprimer sans contrepartie équivalente des prestations stipulées au contrat ;

– qui autorisent le bailleur à percevoir des amendes ou des pénalités en cas d'infraction aux clauses d'un contrat de location ou d'un règlement intérieur à l'immeuble ;

– qui interdisent au locataire l'exercice d'une activité politique, syndicale, associative ou confessionnelle ;

– qui imposent au locataire la facturation de l'état des lieux dès lors que celui-ci n'est pas établi par un huissier de justice dans le cas prévu par l'article 3-2 de la loi du 6/7/1989 ;

– qui prévoient le renouvellement du bail par tacite reconduction pour une durée inférieure à celle fixée

par la loi (3 ans ou 6 ans selon que le bailleur est une personne physique ou une personne morale) ;
– qui interdisent au locataire de rechercher la responsabilité du bailleur ou qui exonèrent le bailleur de toute responsabilité ;
– qui interdisent au locataire d'héberger des personnes ne vivant pas habituellement avec lui ;
– qui imposent au locataire le versement, lors de l'entrée dans les lieux, de sommes d'argent en plus de celles correspondant à la rémunération des intermédiaires (agent immobilier) et au dépôt de garantie ;
– qui font supporter au locataire des frais de relance ou d'expédition de la quittance ainsi que les frais de procédure en plus des sommes versées au titre des dépens et de l'article 700 du Code de procédure civile ;
– qui prévoient que le locataire est automatiquement responsable des dégradations constatées dans le logement ;
– qui interdisent au locataire de demander une indemnité au bailleur lorsque ce dernier réalise des travaux d'une durée supérieure à 21 jours ;
– qui permettent au bailleur d'obtenir la résiliation de plein droit du bail au moyen d'une simple ordonnance de référé qui n'est pas susceptible d'appel ;
– qui imposent au locataire, en surplus du paiement du loyer pour occupation du logement, de souscrire un contrat pour la location d'équipements.

En combien d'exemplaires établir le contrat ?

La loi du 6/7/1989 ne prévoit pas expressément qu'il faille établir le contrat en deux exemplaires au moins. Il faut s'en remettre sur ce point à l'article 1375 du Code civil, et prévoir un exemplaire du contrat pour chaque partie ayant un intérêt distinct : au minimum le bailleur et le locataire. Le cas échéant, il faudra également prévoir un exemplaire original du contrat pour la personne qui se porte caution. Le contrat peut être conclu en un seul exemplaire si les parties conviennent de dresser un exemplaire unique et de le remettre à un tiers.

À NOTER

Le contrat peut être dématérialisé, si le destinataire l'a accepté, à condition que le procédé utilisé permette à chacune des parties de disposer d'un exemplaire ou d'y avoir accès sur support durable (Code civil, Art. 1126, 1366 et 1367).

À NOTER

Un contrat verbal n'est pas nul pour autant. Toutefois, dans ce cas, chaque partie peut demander à tout moment l'établissement d'un contrat écrit conforme aux dispositions de la loi du 6/7/1989. En présence d'un contrat verbal, aucune révision annuelle du loyer n'est possible, celle-ci devant obligatoirement faire l'objet d'une clause écrite.

Qui doit signer le contrat ?

Le contrat doit être signé par le bailleur (c'est-à-dire le propriétaire ou l'usufruitier) et par le locataire.
Il doit comporter le nom ou la dénomination du bailleur et son domicile ou son siège social ainsi que, le cas échéant, ceux de son mandataire, ainsi que le nom ou la dénomination du locataire (*Loi du 6/7/1989, Art. 3*).
Le propriétaire peut être une personne physique (un particulier), mais aussi une personne morale (compagnie d'assurances, banque, association…) :
– si le bailleur est une personne morale, il faut s'assurer que le signataire est dûment habilité à le signer. Il doit donc présenter un mandat du représentant légal de la personne morale en question l'autorisant à louer le bien ;
– si le bailleur est une personne physique, il faut qu'elle soit légalement « capable », non placée sous tutelle ou protégée par la loi. Ceci est également vrai pour le locataire.

Le cas des époux

Du côté du bailleur

L'un des époux, le mari ou la femme, peut seul signer un bail d'habitation portant sur un bien appartenant à la communauté (*Code civil, Art. 1425*). Si le logement appartient à un seul des époux, lui seul peut le donner en location.

Du côté du locataire

Un seul exemplaire revêtu de la signature d'un des époux suffit.
En effet, en application de l'article 1751 du Code civil, modifié par la loi du 24/3/2014 (dite loi « ALUR »), le « droit au bail du local, sans caractère professionnel ou commercial, qui sert effectivement à l'habitation de deux époux, quel que soit leur régime matrimonial et nonobstant toute convention contraire et même si le bail a été conclu avant le mariage, ou de deux partenaires liés par un pacte civil de solidarité, dès lors

que les partenaires en font la demande conjointement, est réputé appartenir à l'un et à l'autre des époux ou partenaires liés par un pacte civil de solidarité ». Les époux ou les partenaires pacsés seront donc cotitulaires du bail.

À NOTER

Si, en pratique, dans le strict respect des dispositions du décret n° 2015-1437 du 5/11/2015 les bailleurs peuvent vérifier assez facilement l'identité des candidats locataires (par exemple en demandant une pièce d'identité), le postulant à la location peut plus difficilement s'assurer de l'identité de son propriétaire. D'où l'intérêt pour lui de toujours observer les règles de bon sens suivantes : ne jamais verser d'argent liquide, régler en chèque en indiquant l'ordre de la personne à laquelle on le remet et exiger un reçu.

FRAIS D'AGENCE, ÉTABLISSEMENT DU BAIL ET DE L'ÉTAT DES LIEUX : À PARTAGER ENTRE PROPRIÉTAIRE ET LOCATAIRE !

Bien souvent, les locataires sont victimes d'abus qui consistent à leur faire supporter intégralement tous les frais liés à la location. Pourtant, dans ce domaine, l'article 5 de la loi du 6/7/1989, dans sa rédaction issue de la loi du 24/3/2014 (dite loi « ALUR »), est on ne peut plus formel : la rémunération des personnes mandatées pour se livrer ou prêter leur concours à l'entremise ou à la négociation d'une mise en location d'un logement (par exemple, un agent immobilier, un administrateur de biens), qu'il s'agisse d'une location vide ou meublée à usage de résidence principale du locataire, est à la charge exclusive du bailleur, à l'exception :
– des honoraires des personnes mandatées pour effectuer la visite du locataire, constituer son dossier et rédiger un bail. Ces honoraires sont partagés entre le bailleur et le locataire. Le montant TTC imputé au locataire pour ces prestations ne peut excéder celui imputé au bailleur et demeure inférieur ou égal à un plafond par m² de surface habitable du logement fixé par le décret n° 2014-890 du 1/8/2014. Ces honoraires sont dus à la signature du bail ;
– des honoraires des personnes mandatées pour réaliser un état des lieux. Ces honoraires sont également partagés entre le bailleur et le locataire, avec la même limite que pour les honoraires mentionnés ci-dessus. Ces honoraires d'état des lieux sont dus à compter de la réalisation de la prestation.
Pour la mise en œuvre de ces dispositions, le montant des honoraires payés par le locataire doit être inférieur ou égal :
– pour les prestations liées à la visite, à la constitution du dossier et à la rédaction du bail : à 12 €/m² en zone dite « très tendue » (Paris et les départements 78, 92, 93, 94 et 95), à 10 €/m² en zone « tendue » (Lyon, Marseille, Bordeaux, Lille, Toulouse…) et à 8 €/m² pour le reste du territoire ;
– pour l'établissement de l'état des lieux d'entrée : à 3 €/m², ce plafonnement spécifique valant pour l'ensemble du territoire.
Compte tenu de ces limites, le calcul se fera au maximum sur une base par m² de surface habitable de :
– 15 € pour les logements en zone « très tendue » ;
– 12 € pour les zones « tendues » ;
– 11 € pour le reste du territoire.
Ces dispositions (c'est-à-dire précisément les trois premiers alinéas de l'article 5 de la loi du 6/7/1989), ainsi que les montants des plafonds qui y sont définis doivent être reproduits, sous peine de nullité, dans le contrat de bail lorsque celui-ci aura été conclu avec le concours d'une personne mandatée et rémunérée à cette fin (par exemple, un agent immobilier).

La situation des concubins

Si le contrat est signé par un seul des concubins, lui seul sera titulaire du bail et donc responsable du paiement des loyers. Pour qu'il en soit autrement, il n'est pas nécessaire de prévoir un contrat pour chaque concubin : il suffit que chacun d'eux appose sa signature sur le contrat de location.
En pratique, en cas de location à des concubins, les propriétaires ajoutent la mention « preneurs solidaires » au contrat de location. Cela aura pour conséquence que tous les locataires seront responsables en cas de non-paiement des loyers.

À NOTER

Les concubins ont tout intérêt à signer tous les deux le bail même si, de ce fait, chacun devient responsable du paiement du loyer. En effet, si l'un seulement signe le contrat, l'autre se retrouvera en situation difficile si le propriétaire décide de donner congé à son compagnon ou si ce dernier décide de mettre fin au bail. Une protection particulière est toutefois prévue en cas de décès ou d'abandon de domicile du titulaire du bail.

Les partenaires liés par un PACS

Pour des partenaires pacsés, la situation est identique à celle des conjoints (voir plus haut). Les partenaires sont solidaires, et donc coresponsables des dettes contractées par l'un d'eux pour les dépenses relatives au logement commun, même si la mention « preneurs solidaires » ne figure pas au bail (*Code civil, Art. 515-4*). Cette solidarité perdure jusqu'à la rupture « officielle » du bail si l'un des deux partenaires demeure dans les lieux.

Les partenaires liés par un PACS ont intérêt, comme les conjoints de locataires, à se faire connaître du bailleur : en effet, à défaut, les significations ou notifications faites par le bailleur au locataire leur sont opposables de plein droit si l'existence de ce partenaire ou de ce conjoint n'a pas été préalablement portée à la connaissance du bailleur (*Loi du 6/7/1989, Art. 9-1*).

À NOTER

En cas de clause de solidarité, le copreneur reste tenu de l'indemnité d'occupation et des charges s'il se contente de quitter le logement sans donner congé. Seule la délivrance d'un congé au bailleur peut l'en exonérer (Cour d'appel d'Aix-en-Provence, 14/6/2018).

SOLIDARITÉ ET ABANDON DE DOMICILE POUR CAUSE DE VIOLENCES CONJUGALES

Afin de protéger le bailleur en cas de séparation, la loi a prévu une solidarité lorsque l'un des conjoints, partenaires pacsés ou concubins, quitte le domicile commun.
La loi ELAN du 23/11/2018 a remis en cause cette situation lorsque le départ du locataire est dû à des violences conjugales sur lui ou sur un enfant qui vit habituellement avec lui (Loi du 6/7/1989, Art. 8-2).
Le locataire victime de cette situation doit en informer le bailleur par courrier recommandé avec avis de réception.
À ce courrier doit être jointe une copie :
– de l'ordonnance de protection obtenue auprès du juge aux affaires familiales ;
– ou de la condamnation pénale de l'auteur des violences rendue depuis moins de 6 mois.
Ce n'est que si ces conditions sont remplies que la solidarité du locataire cesse à compter du lendemain de la première présentation de la lettre recommandée au domicile du bailleur.
La caution du locataire victime des violences est également déchargée de ses obligations à partir du lendemain de la première présentation de la lettre recommandée, pour les dettes nées à compter de cette date.

Les bailleurs en indivision

Les personnes qui possèdent un bien en indivision (on les appelle « indivisaires »), par exemple, des frères et sœurs à la suite d'un héritage, peuvent le donner en location. La loi du 6/7/1989 les assimile à un bailleur personne physique. Il suffit d'établir un seul exemplaire pour tous les indivisaires, mais le bail doit être signé par chacun d'eux, à moins qu'un des indivisaires n'ait le mandat des autres pour signer à leur place.

La situation de l'usufruitier

La personne qui possède l'usufruit d'un logement peut le donner en location, sans l'accord du nu-propriétaire. Il faut simplement savoir que la location ne peut alors dépasser une certaine durée fixée par l'article 595 du Code civil, ceci justement pour ne pas nuire au nu-propriétaire.

ATTENTION ⚠

À la différence de l'usufruitier, le titulaire d'un simple droit d'usage et d'habitation ne peut donner en location le logement objet de ce droit, sans l'accord du nu-propriétaire.

Quelles sont les différentes annexes au contrat ?

Le contrat de location proprement dit doit être complété par différentes annexes : état des lieux, mais aussi, selon les situations, extraits du règlement de copropriété, engagement de caution… En outre, si le loyer est fixé par référence aux loyers du voisinage, les références qui ont servi à le fixer doivent être jointes au contrat.

L'état des lieux

Afin d'éviter toute source de conflit, les parties, que ce soit le locataire ou le propriétaire, ont intérêt à établir un état des lieux au moment de l'entrée du locataire dans le logement, puis lorsqu'il le quitte). Cet état des lieux doit être établi contradictoirement et à l'amiable par les parties (ou un tiers mandaté par elles), et être joint au contrat de location (Loi du 6/7/1989, Art. 3-2). Si l'une des parties s'oppose à son établissement, l'autre peut faire appel à un huissier pour le dresser, les frais engagés étant alors partagés par moitié entre locataire et propriétaire. En cas de recours à un huissier, les parties doivent être averties au moins 7 jours à l'avance par lettre recommandée avec avis de réception (Loi du 6/7/1989, Art. 3-2).

Le locataire peut demander au bailleur ou à son représentant de compléter l'état des lieux d'entrée dans un délai de 10 jours à compter de son établissement. Si cette demande est refusée, le locataire peut saisir la commission départementale de conciliation.

Pendant le premier mois de la période de chauffe, le locataire peut demander que l'état des lieux soit complété par l'état des éléments de chauffage.

Le propriétaire ou son mandataire complète les états des lieux d'entrée et de sortie par les relevés des index pour chaque énergie, en présence d'une installation de chauffage ou d'eau chaude sanitaire individuelle, ou collective avec un comptage individuel. L'extrait de l'état des lieux correspondant est mis à la disposition de la personne chargée d'établir le diagnostic de performance énergétique qui en fait la demande.

À NOTER

L'établissement de l'état des lieux est une étape essentielle de la location. Bien souvent, les locataires négligent cette formalité, sans mesurer la portée de cette négligence. Or il faut savoir qu'en l'absence d'état des lieux ou à défaut de la remise d'un exemplaire de l'état des lieux à l'une des parties, sauf si cette absence ou ce défaut de remise est due à l'opposition du propriétaire (ce qu'il faudra prouver), le locataire est présumé avoir reçu le logement en bon état de réparations locatives. Et au moment de son départ, c'est dans le même « bon état » qu'il devra rendre le logement. En résumé, si vous êtes locataire et si votre propriétaire refuse de faire un état des lieux, faites immédiatement appel à un huissier pour l'établir, et soyez le plus précis possible dans vos observations.

Depuis le 1/6/2016, les états des lieux doivent être établis conformément aux dispositions du décret n° 2016-382 du 30/3/2016 (ce texte peut être consulté sur le site *www.legifrance.gouv.fr*). L'état des lieux doit ainsi porter sur l'ensemble des locaux et équipements d'usage privatif mentionnés au contrat de bail et dont le locataire a la jouissance exclusive. Il doit décrire le logement, constater son état de conservation et comporter une série minimale d'informations dont la liste est donnée par le décret du 30/3/2016, et qui peut varier selon qu'il s'agit de l'état des lieux d'entrée ou de sortie. Par exemple, l'état des lieux d'entrée ou de sortie doit comporter, pour chaque pièce et partie du logement, la description précise de l'état des revêtements des sols, murs et plafonds, des équipements et des éléments du logement, et peut être complété d'observations ou de réserves et illustré d'images.

Le décret précise également les modalités d'établissement de l'état des lieux, à l'entrée comme à la sortie du logement :

– le logement contient les seuls meubles ou équipements mentionnés au contrat de location ;

– la forme du document permet la comparaison de l'état du logement constaté à l'entrée et à la sortie des lieux. À cet effet, les états des lieux peuvent être réalisés sous la forme d'un document unique ou de documents distincts ayant une présentation similaire ;

– l'état des lieux, établi sur support papier ou sous forme électronique, est remis en main propre ou par voie dématérialisée à chacune des parties (ou à leur mandataire) au moment de sa signature.

Les extraits de règlement de copropriété

Pour les logements en copropriété (appartement ou, le cas échéant, maison dans une copropriété dite « horizontale », c'est-à-dire maison faisant partie d'un ensemble disposant d'équipements communs), le bailleur doit annexer au contrat la photocopie des pages du règlement de copropriété en vigueur, sur lesquelles se trouvent indiquées :

– la destination de l'immeuble (locaux d'habitation, professionnels, commerciaux…) ;

– la jouissance et l'usage des parties privatives et communes (il pourra s'agir, par exemple, des dispositions prévoyant l'interdiction d'étendre du linge aux fenêtres) ;

– la répartition des charges suivant le nombre de millièmes que représente le logement dans chaque catégorie de charges.

À NOTER

La loi ELAN permet désormais, sauf opposition explicite de l'une des parties au contrat, que les extraits du règlement de copropriété puissent être dématérialisés et transmis par voie électronique (Loi du 6/7/1989, Art. 3-3).

La notice d'information

Une notice d'information relative aux droits et obligations des locataires et des bailleurs ainsi qu'aux voies de conciliation et de recours qui leur sont ouvertes pour régler leurs litiges est annexée au contrat de location. Cette notice d'information précise également les droits, obligations et effets, pour les parties au contrat de location, de la mise en œuvre de la garantie universelle des loyers (*Loi du 6/7/1989, Art. 3*). Le contenu de cette notice est fixé par l'arrêté du 29/5/2015, en vigueur depuis le 1/8/2015.

Immeuble situé dans une zone à risques naturels ou technologiques

Dans les communes soumises à des risques naturels ou technologiques particuliers, un état de ces risques doit être annexé au contrat de location, par le bailleur ou son représentant. À défaut, le locataire peut demander la résolution du contrat ou demander au juge une diminution du prix. Dans chaque département, la liste des communes concernées est fixée par le préfet (*Code de l'environnement, Art. L. 125-5 et R. 125-23 à R. 125-27*).

Le bailleur est également tenu d'informer par écrit le locataire de tout sinistre survenu dans l'immeuble si ce sinistre a fait l'objet d'une indemnisation au sens des articles L. 125-2 ou L. 128-2 du Code des assurances.

Le dossier de diagnostic technique

Un dossier de diagnostic technique, fourni par le bailleur, doit être annexé au contrat de location lors de sa signature ou de son renouvellement et doit comporter (*Loi du 6/7/1989, Art. 3-3*) :

– le diagnostic de performance énergétique prévu à l'article L. 134-1 du Code de la construction et de l'habitation ;

– le constat de risque d'exposition au plomb prévu à l'article L. 1334-5 et L. 1334-7 du Code de la santé publique ;

– une copie d'un état mentionnant l'absence ou, le cas échéant, la présence de matériaux ou produits de la construction contenant de l'amiante. Cette disposition sera applicable après la publication d'un décret fixant, notamment, la liste des matériaux ou produits concernés ;

– un état de l'installation intérieure d'électricité et de gaz, dont l'objet est d'évaluer les risques pouvant porter atteinte à la sécurité des personnes. Sont concernés les logements dont l'installation d'électricité ou de gaz a été réalisée depuis plus de 15 ans (*Décrets n° 2016-1104 et n° 2016-1105 du 11/8/2016*).

En outre, dans les zones à risques mentionnées à l'article L. 125-5 I du Code de l'environnement, ce dossier de diagnostic technique doit être complété à chaque changement de locataire par l'état des risques naturels et technologiques visé ci-dessus.

Depuis le 1/7/2018, dans les zones à risques (zone 3), le locataire doit être informé des risques liés au radon. Dans les deux autres zones, cette information est obligatoire dès lors que la mesure est supérieure à 300 Bq/m^2.

Enfin, depuis le 1/6/2020, lorsque le logement est situé dans l'une des zones de bruit définies par un plan d'exposition au bruit des aérodromes, le dossier de diagnostic est complété par un document comportant l'indication claire et précise de cette zone (*Code de l'urbanisme, Art. L. 112-11*).

Le locataire ne peut actuellement se prévaloir à l'encontre du bailleur des informations contenues dans le diagnostic de performance énergétique qui n'a qu'une valeur informative. Cependant, la loi ELAN prévoit qu'à compter du 1/1/2021, ce diagnostic sera opposable au bailleur, ce qui signifie que s'il s'avère inexact, le locataire pourra l'utiliser contre ce dernier.

Enfin, le propriétaire bailleur doit tenir le diagnostic de performance énergétique à la disposition de tout candidat locataire.

À NOTER

La loi ELAN permet désormais, sauf opposition explicite de l'une des parties au contrat, que le dossier de diagnostic technique puisse être dématérialisé et transmis par voie électronique (Loi du 6/7/1989, Art. 3-3)

À NOTER

Dans certains secteurs géographiques, lorsque la mise en location est soumise à une autorisation préalable de location, celle-ci doit être annexée au contrat.

Que peut exiger le propriétaire ?

Bien qu'il n'y ait aucune obligation légale en la matière, les propriétaires exigent très souvent des garanties financières de la part de leur locataire. Le locataire se verra en général dans l'obligation de verser un dépôt de garantie dont les conditions sont alors encadrées par la loi et devra éventuellement fournir la caution d'une tierce personne. Certains propriétaires vont jusqu'à demander une caution bancaire ou la souscription d'une assurance pour non-paiement du loyer, mais ces pratiques restent beaucoup plus rares.

Par ailleurs, le locataire doit remettre au propriétaire une attestation d'assurance habitation.

› Le dépôt de garantie

Comme son nom l'indique, le dépôt de garantie sert à garantir l'exécution des obligations du locataire envers le bailleur. Au moment du départ du locataire, il pourra, par exemple, servir à financer les travaux qui resteraient à sa charge.

Pour être exigible, le dépôt de garantie doit être prévu au contrat.

Aucun dépôt de garantie ne peut être demandé lorsque le loyer est payable d'avance et pour une période supérieure à 2 mois (*Loi du 6/7/1989, Art. 22*). Mais si le locataire, comme il en a le droit, demande le paiement mensuel de son loyer, le bailleur pourra alors lui réclamer le versement d'un dépôt de garantie.

Quel est son montant ?

Le dépôt de garantie, lorsqu'il est prévu par le contrat de location, ne peut être supérieur à 1 mois de loyer en principal (c'est-à-dire hors charges).

Le dépôt de garantie est payé une fois pour toutes par le locataire et ne peut faire l'objet d'aucune réévaluation en cours de location ni même à l'occasion d'un renouvellement du bail avec le même locataire. Il ne porte pas intérêt au bénéfice du locataire.

À NOTER

Dans le langage courant, le dépôt de garantie est très souvent appelé « caution », et à tort, car ces deux notions n'ont rien à voir entre elles.

Comment se passe le paiement ?

En règle générale, le locataire verse le dépôt de garantie à la signature du contrat de location. Le dépôt de garantie peut également être versé par un tiers, pour le compte du locataire. La plupart des baux donnent d'ailleurs quittance du versement du dépôt de garantie. Si le locataire et le propriétaire conviennent d'un versement différé, il faut le préciser dans le contrat ainsi que la date à laquelle ce versement est prévu et, le cas échéant, la sanction en cas de non-paiement.

AVANTAGE

L'avance Loca-Pass est une aide destinée à permettre le financement du dépôt de garantie prévu par le bail, dans la limite d'un montant maximum de 1 200 €. Elle est réservée à certaines catégories de locataires. Cette avance prend la forme d'un prêt sans intérêt, remboursable au maximum en 25 mensualités d'un montant minimum de 20 €, avec un différé de remboursement de 3 mois. Vous pouvez vous renseigner à l'agence Action logement la plus proche de votre domicile dont les coordonnées sont disponibles sur le site : www.actionlogement.fr (cliquez sur « Formulaire de contact ».

AVANTAGE

Lorsque l'on passe par une agence immobilière pour louer son logement, il est parfois possible de remplacer le versement du dépôt de garantie par une prime d'assurance (environ 20 % du dépôt de garantie) qui garantit le propriétaire à concurrence de 2 mois de loyer pendant la durée du bail initial. Elle est un peu moins élevée lors du renouvellement du bail (environ 15 % du dépôt de garantie). Ce système simplifie beaucoup la gestion de trésorerie du locataire. Se renseigner auprès des grands réseaux d'agences immobilières.

Comment se passe la restitution du dépôt de garantie ?

Le dépôt de garantie est restitué dans un délai maximal de 2 mois à compter de la remise en main propre, ou par lettre recommandée avec avis de réception, des clés au bailleur ou à son mandataire. Peuvent être déduites, le cas échéant, les sommes restant dues au bailleur (par exemple, un reliquat de loyer et/ou de charges) et les sommes dont celui-ci pourrait être tenu, aux lieu et place du locataire, sous réserve qu'elles soient dûment justifiées. À cette fin, le locataire doit indiquer au bailleur ou à son mandataire, lors de la remise des clés, l'adresse de son nouveau domicile (*Loi du 6/7/1989, Art. 22*).

Le délai de restitution est ramené à 1 mois à compter de la remise des clés par le locataire lorsque l'état des lieux de sortie est conforme à l'état des lieux d'entrée. Ce délai de restitution réduit à 1 mois est prévu par l'article 22 de la loi du 6/7/1989 modifié par la loi du 24/3/2014 (dite loi « ALUR »). Il s'applique aux contrats de location conclus depuis le 27/3/2014.

Si le dépôt de garantie n'est pas restitué dans le délai fixé par la loi (2 ou 1 mois), les sommes restant dues portent intérêt au taux légal si le contrat de location a été conclu avant le 27/3/2014. Pour les contrats conclus à compter de cette date, et à défaut de restitution dans les délais prévus, le dépôt de garantie restant dû au locataire est majoré d'une somme égale à 10 % du loyer mensuel en principal, pour chaque période mensuelle commencée en retard. Le Conseil constitutionnel a jugé cette majoration conforme à la Constitution (*Conseil constitutionnel, 22/2/2019, n° 2018-766*). Cette majoration n'est pas due lorsque l'origine du défaut de restitution dans les délais vient du fait que le locataire n'a pas transmis l'adresse de son nouveau domicile. Si le dépôt de garantie ne lui est pas rendu, le locataire peut alors utiliser la procédure d'injonction de payer pour en obtenir la restitution.

- En cas de mutation à titre gratuit (succession par exemple) ou onéreux (vente par exemple) du logement loué, la restitution du dépôt de garantie incombe exclusivement au nouveau bailleur et non pas au bailleur d'origine. Cette disposition vise à faciliter la récupération, par le locataire, de son dépôt de garantie, en désignant le responsable de cette restitution. Si l'ancien et le nouveau bailleur ont conclu, lors de la mutation, un accord particulier sur ce point (par exemple, le fait que la charge du dépôt de garantie restera à l'ancien bailleur), cet accord n'a d'effet qu'entre eux et pas à l'égard du locataire.

- Si le logement loué fait partie d'une copropriété, il peut arriver que le bailleur-copropriétaire ne dispose pas, lors du départ de son locataire ni avant l'expiration du délai normal de restitution du dépôt de garantie, de tous les éléments lui permettant de solder les comptes (notamment les charges récupérables). Pour faire face à cette situation, qui n'était jusqu'à présent pas prévue par la loi, l'article 22 de la loi du 6/7/1989 modifié par la loi du 24/3/2014, pose la règle suivante : le bailleur procède à un arrêté des comptes provisoire et peut, lorsqu'elle est dûment justifiée, conserver une provision ne pouvant excéder 20 % du montant du dépôt de garantie jusqu'à l'arrêté annuel des comptes de l'immeuble. La régularisation définitive et la restitution du solde, déduction faite, le cas échéant, des sommes restant dues au bailleur et des sommes dont celui-ci pourrait être tenu en lieu et place du locataire, sont effectuées dans le mois qui suit l'approbation définitive des comptes de l'immeuble. Toutefois, les parties peuvent convenir à l'amiable de solder immédiatement l'ensemble des comptes. Cette règle ne s'impose qu'au titre des contrats de location conclus depuis le 27/3/2014 ; toutefois, rien n'interdit de l'appliquer aux contrats conclus avant cette date.

LA GARANTIE AUTONOME

L'ordonnance n° 2006-346 du 23/3/2006 relative aux sûretés a créé une nouvelle sûreté personnelle (au même titre que le cautionnement, par exemple), la « garantie autonome ». Celle-ci est définie par l'article 2321 du Code civil comme étant « l'engagement par lequel le garant s'oblige, en considération d'une obligation souscrite par un tiers, à verser une somme soit à première demande, soit suivant des modalités convenues ». La garantie autonome se distingue donc de la caution par le fait que le garant doit payer « une somme » et non exécuter la dette du débiteur dont il s'est porté garant. Dans un souci de protection des locataires ou des candidats à la location, l'ordonnance du 23/3/2006 prévoit que la garantie autonome ne peut être souscrite en matière de baux d'habitation « qu'en lieu et place du dépôt de garantie » et dans la limite d'1 mois de loyer (*Loi n° 89-462 du 6/7/1989, Art. 22 alinéa 1er et Art. 22-1-1*). La garantie autonome ne peut donc être exigée en plus du dépôt de garantie, ce qui aurait eu pour effet d'imposer au locataire la constitution de garanties trop importantes au regard de ses revenus. Elle ne peut pas non plus être substituée à la caution.

› La caution

Rares sont les propriétaires qui acceptent aujourd'hui de louer sans qu'une personne ne se porte caution de leur locataire.

Le législateur est intervenu pour tenter de remédier aux difficultés que rencontrent les candidats à la location pour présenter des cautions susceptibles d'être acceptées par le bailleur ou son représentant. Ainsi désormais, comme le prévoit l'article 22-1 de la loi du 6/7/1989 :

– le bailleur ne peut plus exiger de caution s'il a souscrit une assurance, ou toute autre forme de garantie (dépôt de garantie mis à part), garantissant les obligations locatives du locataire (assurance loyers impayés, Garantie Visale…), sauf si le logement est loué à un étudiant ou un apprenti. La caution qui ne répond pas à ces conditions est nulle (en d'autres termes, le propriétaire ne pourra pas la faire jouer si le locataire ne paie pas son loyer, ses charges ou son dépôt de garantie) ;

– si le bailleur est une personne morale autre qu'une société civile constituée exclusivement entre parents et alliés jusqu'au 4e degré inclus, une caution ne peut être demandée que si elle est apportée par un des organismes dont la liste est fixée par le décret du 28/12/2009 (fonds de solidarité pour le logement (FSL), organismes collecteurs PEEC ou Action Logement, organismes ou associations qui apportent, à titre gratuit, leur caution à un candidat à la location afin de favoriser son accès au logement…), ou si le logement est loué à un étudiant ne bénéficiant pas d'une bourse de l'enseignement supérieur.

Lorsqu'elle est prévue, la caution s'engage à payer à la place du locataire les sommes (loyers, charges…) que celui-ci doit à son propriétaire et qu'il n'est pas en mesure de régler.
Comme on le verra, les personnes qui se portent caution doivent bien mesurer la portée de leur engagement ; la loi est d'ailleurs là pour la leur rappeler.
Si une caution est demandée, l'acte de caution peut faire partie des clauses du bail ou faire l'objet d'un document séparé qui sera annexé au bail.

À NOTER

La personne qui se porte caution doit recevoir de la part du bailleur un exemplaire du contrat de location. À défaut, l'acte de caution est nul (Loi du 6/7/1989, Art. 22-1).

À NOTER

Le bailleur ne peut refuser la caution présentée au seul motif que la personne qui se porte caution ne posséderait pas la nationalité française ou ne résiderait pas sur le territoire métropolitain (Loi du 6/7/1989, Art. 22-1, alinéa 3).

AVANTAGE

Sous certaines conditions, les étudiants en recherche de logement sans caution peuvent bénéficier de la « caution locative étudiante ». La demande s'effectue sur le site www.lokaviz.fr.

L'acte de cautionnement

La personne physique qui se porte caution doit signer l'acte de cautionnement faisant apparaître le montant du loyer et les conditions de sa révision tels qu'ils figurent au contrat de location, la mention exprimant de façon explicite et non équivoque la connaissance qu'elle a de la nature et de l'étendue de l'obligation qu'elle contracte ainsi que la reproduction de l'avant-dernier alinéa de l'article 22-1 (*Loi du 6/7/1989, Art. 22-1*).
La reproduction manuscrite de toutes ces informations par la personne qui se porte caution n'est plus nécessaire.
Si ces formalités ne sont pas observées, l'engagement de caution est nul et non avenu.

À NOTER

Lorsque le cautionnement est contracté par une personne physique, celle-ci est informée par le bailleur de l'évolution du montant de la créance garantie et de ses accessoires au moins annuellement à la date convenue entre les parties ou, à défaut, à la date anniversaire du contrat, sous peine de déchéance de tous les accessoires de la dette (mais non de la dette principale), frais et pénalités (Code civil, Art. 2293). De même, en cas de non paiement du loyer et de mise en jeu de la clause résolutoire, le commandement de payer doit être signifié à la caution dans un délai de 15 jours à compter de la signification du commandement au locataire ; à défaut, la caution ne peut être tenue au paiement des pénalités ou intérêts de retard (Loi du 6/7/1989, Art. 24).

Caution simple ou solidaire ?

La caution peut être simple ou solidaire :
- si elle est simple, la personne qui s'est portée caution peut demander ce qu'on appelle le bénéfice de « discussion ». Dans ce cas, le propriétaire devra commencer par poursuivre directement le locataire, et non pas la caution. Ce n'est qu'ensuite qu'il pourra se retourner vers la caution qui ne devra payer que si le débiteur est insolvable ou si les poursuites ont échoué. Mais attention : l'acte de caution peut prévoir une clause de renonciation au « bénéfice de discussion » et dans ce cas, le propriétaire pourra s'adresser directement à la caution sans avoir à effectuer de poursuites préalables contre le locataire ;
- si la caution est solidaire, ce qui est le cas le plus fréquent, la personne qui s'est portée caution est engagée au même titre que le locataire. Le propriétaire peut s'adresser à l'un ou l'autre pour se faire payer les sommes qui lui sont dues. Si elle est tenue de payer, la personne qui s'est portée caution bénéficie ensuite d'une action directe contre le locataire débiteur.

À NOTER

L'engagement de caution peut être donné pour une durée limitée ou pour une durée illimitée (ou, ce qui revient au même, ne comporter aucune indication de durée). Dans ce dernier cas, la personne qui s'est engagée conserve la possibilité de revenir sur son engagement à tout moment. Mais attention : cette renonciation à être caution ne prendra pas effet immédiatement, mais seulement au terme du contrat initial ou renouvelé au cours duquel le bailleur reçoit notification de la résiliation (Loi du 6/7/1989, Art. 22-1).

Extrait de la loi du 6/7/1989

« **Art. 22-1.** Le cautionnement ne peut pas être demandé, à peine de nullité, par un bailleur qui a souscrit une assurance, ou toute autre forme de garantie, garantissant les obligations locatives du locataire, sauf en cas de logement loué à un étudiant ou un apprenti. Cette disposition ne s'applique pas au dépôt de garantie mentionné à l'article 22.

Si le bailleur est une personne morale autre qu'une société civile constituée exclusivement entre parents et alliés jusqu'au quatrième degré inclus, le cautionnement ne peut être demandé que :

– s'il est apporté par un des organismes dont la liste est fixée par décret en Conseil d'État ;

– ou si le logement est loué à un étudiant ne bénéficiant pas d'une bourse de l'enseignement supérieur.

Lorsqu'un cautionnement pour les sommes dont le locataire serait débiteur dans le cadre d'un contrat de location conclu en application du présent titre est exigé par le bailleur, celui-ci ne peut refuser la caution présentée au motif qu'elle ne possède pas la nationalité française ou qu'elle ne réside pas sur le territoire métropolitain.

Le cautionnement pour les sommes dont le locataire serait débiteur s'étend également aux sommes correspondant aux aides versées au bailleur en application de l'article 24-2.

Lorsque le cautionnement d'obligations résultant d'un contrat de location conclu en application du présent titre ne comporte aucune indication de durée ou lorsque la durée du cautionnement est stipulée indéterminée, la caution peut le résilier unilatéralement. La résiliation prend effet au terme du contrat de location, qu'il s'agisse du contrat initial ou d'un contrat reconduit ou renouvelé, au cours duquel le bailleur reçoit notification de la résiliation.

La personne physique qui se porte caution signe l'acte de cautionnement faisant apparaître le montant du loyer et les conditions de sa révision tels qu'ils figurent au contrat de location, la mention exprimant de façon explicite et non équivoque la connaissance qu'elle a de la nature et de l'étendue de l'obligation qu'elle contracte ainsi que la reproduction de l'avant-dernier alinéa du présent article. Le bailleur remet à la caution un exemplaire du contrat de location. Ces formalités sont prescrites à peine de nullité du cautionnement. »

En matière de colocation

Des règles spécifiques sont applicables en cas de colocation, au titre des contrats conclus depuis le 27/3/2014, date d'entrée en vigueur de la loi du 24/3/2014 (dite loi « ALUR »).

Pour ces contrats :

– la solidarité d'un des colocataires et celle de la personne qui s'est portée caution pour lui prennent fin à la date d'effet du congé régulièrement délivré et lorsqu'un nouveau colocataire figure au bail. À défaut, la solidarité du colocataire sortant s'éteint au plus tard à l'expiration d'un délai de 6 mois après la date d'effet du congé ;

– l'acte de cautionnement des obligations d'un ou de plusieurs colocataires résultant de la conclusion d'un contrat de bail d'une colocation identifie nécessairement, sous peine de nullité, le colocataire pour lequel le congé met fin à l'engagement de la caution.

› L'assurance

Le locataire doit souscrire une assurance « des risques locatifs » (assurance multirisques habitation)(*Loi du 6/7/1989, Art. 7*).

Il doit en justifier, par la remise d'une attestation d'assurance, lors de la remise des clés et par la suite, chaque année. À défaut, le bailleur pourrait résilier le bail.

Le bailleur peut souscrire, à la place et aux frais du locataire, cette assurance dans l'hypothèse où ce dernier refuse de fournir l'attestation et de répondre dans le délai d'1 mois à la mise en demeure adressée par le bailleur.

Si le bailleur use de cette faculté, il renonce à demander la résiliation du bail pour défaut d'assurance. Le locataire doit être informé de ce choix dans la mise en demeure.

La prime annuelle d'assurance payée par le bailleur est récupérable par 12e avec le loyer. Le bailleur doit envoyer une copie du contrat d'assurance à son locataire lors de la souscription et à chaque renouvellement.

Le locataire reste libre de souscrire sa propre assurance mais doit régler les échéances en cours jusqu'à la résiliation.

Si le locataire ou le propriétaire n'est pas en mesure de s'assurer (suite au refus de la part de l'entreprise d'assurance), il peut désormais saisir le BCT (Bureau central de tarification)(*Code des assurances, Art. L. 215-1 et L. 215-2*).

À NOTER

L'assurance des risques locatifs, obligatoire pour le locataire, peut être résiliée à tout moment, sans frais ni pénalité, dès lors que le contrat a au moins 1 an d'existence. Cette faculté est discrétionnaire. L'assuré doit choisir un nouvel assureur qui se charge des formalités de résiliation auprès de l'ancien (Code des assurances, Art. L. 113-15-2, R. 113-11 et R. 113-12).

L'identification du logement

Parmi les mentions obligatoires du contrat figurent toutes les clauses qui permettent l'identification du logement loué : adresse, bien sûr, mais aussi consistance et destination du logement, énumération des parties privatives ou communes, etc.

La description du logement

Le contrat doit décrire, le plus précisément possible, le bien donné en location et préciser les équipements à usage privatif mis à la disposition exclusive du locataire (*Loi du 6/7/1989, Art. 3*). En d'autres termes, le bail doit préciser, outre la nature du logement (maison, appartement…), le nombre de pièces, les accessoires compris dans la location (garage, jardin…), les aménagements restants (bibliothèque ou radiateurs encastrés, vide-ordures intérieur, chauffage et production d'eau chaude…), etc.

Bref, il est nécessaire de décrire et d'indiquer ici tout ce qui existe dans le local et ses annexes.

Les contrats de location conclus depuis le 28/3/2009 (date d'entrée en vigueur de la loi n° 2009-323 du 25/3/2009) doivent également préciser la surface habitable du logement loué. Cette mention pouvait également figurer dans les contrats conclus avant cette date, sans que cela ne soit toutefois une obligation.

Lorsque la surface habitable du logement est inférieure de plus d'1/20e à celle exprimée dans le contrat de location, le bailleur supporte, à la demande du locataire, une diminution du loyer proportionnelle à l'écart constaté. À défaut d'accord entre les parties ou à défaut de réponse du bailleur dans un délai de 2 mois à compter de la demande en diminution de loyer, le juge peut être saisi, dans le délai de 4 mois à compter de cette même demande, afin de déterminer, le cas échéant, la diminution de loyer à appliquer. La diminution de loyer acceptée par le bailleur ou prononcée par le juge prend effet à la date de signature du bail. Si la demande en diminution du loyer par le locataire intervient plus de 6 mois à compter de la prise d'effet du bail, la diminution de loyer acceptée par le bailleur ou prononcée par le juge prend effet à la date de la demande (*Loi du 6/7/1989, Art. 22-1*). Ces dispositions sont issues de la loi du 24/3/2014 (dite loi « ALUR ») et s'appliquent aux contrats de location conclus depuis le 27/3/2014. Pour les contrats conclus du 28/3/2009 au 26/3/2014 inclus, l'indication de la surface doit également figurer dans le bail mais aucune sanction n'est prévue par la loi en cas de surface erronée ou d'absence de mention ; pour ces contrats, il appartient donc au juge, s'il est saisi, de tirer les conséquences d'une telle erreur ou d'un tel oubli.

Si le logement est situé dans une copropriété, le bail doit également mentionner les parties de l'immeuble et les équipements et accessoires mis à la disposition de l'ensemble des occupants : ascenseur, local à bicyclettes et/ou voitures d'enfant, aires de jeux, parkings collectifs, piscine, espaces verts, etc.

À NOTER

Contrairement à une idée couramment répandue, la description du logement ne fait pas double emploi avec l'état des lieux. En effet, dans le contrat, on se contente d'énumérer les pièces et les éléments d'équipement, alors que dans l'état des lieux, on précise exclusivement leur état.

L'usage qui peut être fait du logement

La loi parle de « destination » du logement. Étant donné le champ d'application de la loi du 6/7/1989, le logement peut être destiné :

– soit à l'habitation ;

– soit à un usage mixte d'habitation et professionnel.

La mention de cette affectation du local est très importante : elle garantit le bailleur contre une utilisation abusive du local. Elle garantit aussi le locataire en lui offrant la possibilité d'intenter une action en dommages et intérêts contre le bailleur qui aurait prévu un usage mixte alors que le règlement de copropriété interdit l'usage professionnel des locaux.

À NOTER

Pour les locations de courte durée, si le logement ne constitue pas la résidence principale du propriétaire, il devra obtenir un changement d'usage et s'acquitter d'une taxe calculée sur le nombre de m².

ATTENTION AUX TROUBLES DE VOISINAGE

Le locataire doit veiller à ne pas occasionner de gêne excessive aux autres occupants ou à son voisinage, afin de se conformer à l'obligation d'occupation paisible qui pèse sur tout locataire. Le bail peut d'ailleurs comporter une clause résolutoire pour non-respect de l'obligation d'user paisiblement des locaux loués, résultant de troubles de voisinage constatés par une décision de justice devenue définitive (*Loi du 6/7/1989, Art. 4 g*).

Pour leur part, les propriétaires doivent, après mise en demeure dûment justifiée, et sauf motif légitime, utiliser les droits dont ils disposent afin de faire cesser les troubles de voisinage causés à des tiers (des voisins par exemple) par les personnes (locataires, occupants à titre gratuit…) qui occupent les locaux d'habitation qu'ils mettent à leur disposition (*Loi du 6/7/1989, Art. 6-1*).

La durée de la location

Afin d'offrir une certaine stabilité et une certaine sécurité au locataire, la loi du 6/7/1989 impose que le bail soit conclu pour une durée minimale, différente selon que le propriétaire est une personne physique ou une personne morale (société, association...). La durée du bail renouvelé fait également l'objet de dispositions légales.

Le bailleur est une personne physique

En principe, un bail d'au moins 3 ans

Lorsque le propriétaire est une personne physique, le bail doit avoir une durée minimale de 3 ans (*Loi du 6/7/1989, Art. 10*).

Pour l'application de cette disposition, sont assimilés aux bailleurs personnes physiques (*Loi du 6/7/1989, Art. 13*) :

– les membres de société civile familiale constituée exclusivement entre parents et alliés jusqu'au 4e degré inclus ;

– les membres d'une indivision pour la location du logement faisant l'objet de l'indivision.

La durée de 3 ans est une durée minimale. Rien n'interdit donc de conclure un contrat de 4 ou 5 années, voire plus encore.

ATTENTION ⚠

Si vous êtes propriétaire, vous ne pourrez donner congé à votre locataire pendant toute la durée du bail, qu'il s'agisse du bail initial ou du bail renouvelé. Sauf hypothèse de résiliation du bail pour inexécution par le locataire de ses obligations, vous devrez donc attendre la fin du contrat pour pouvoir délivrer un congé.

Un bail à durée réduite est envisageable

L'article 11 de la loi permet au bailleur, personne physique ou assimilée (membre d'une SCI familiale ou membre d'une indivision), de déroger, sous certaines conditions, à l'obligation de conclure un bail d'une durée minimale de 3 ans. Pour cela, il faut qu'un événement précis justifie que le bailleur ait à reprendre le local pour des raisons familiales ou professionnelles. Le bail doit toutefois avoir une durée minimale d'1 an.

Pour pouvoir user de cette possibilité, les conditions suivantes doivent être réunies :

– le contrat doit préciser, dès sa signature, l'événement qui justifiera la reprise ainsi que la date à laquelle il est censé se produire ;

– le bailleur doit confirmer à son locataire la réalisation de l'événement au moins 2 mois avant le terme du contrat, par lettre recommandée avec avis de réception. Cette notification vaut congé, le locataire étant alors tenu de quitter les lieux au terme du contrat.

Cette possibilité donnée au bailleur de conclure un bail à durée réduite est source de nombreux conflits qui peuvent se résumer en deux questions :

EXEMPLE DE BAIL À DURÉE RÉDUITE

M. Ledoux désire louer son logement parisien car il a été détaché à la direction régionale de son entreprise à Montpellier. Ce détachement doit durer 18 mois, son départ étant programmé pour le 1/1/2021. M. Ledoux pourra conclure avec son locataire un contrat de location de 18 mois, qui débutera le 1/1/2021 et s'achèvera donc le 30/6/2022, en mentionnant qu'il doit être renommé à Paris le 1/7/2022.
Deux mois avant cette date, deux possibilités pourront se présenter :
– M. Ledoux est effectivement muté à Paris. Il devra, avant le 30/4/2022, confirmer la réalisation de l'événement à son locataire. Celui-ci sera tenu de libérer les lieux le 30/6/2022 au plus tard ;
– le détachement de M. Ledoux est prolongé jusqu'au 31/12/2022. M. Ledoux devra signifier à son locataire, avant le 30/4/2022, que le terme du contrat est différé jusqu'en décembre. Deux mois avant le 31 décembre, soit le 31 octobre au plus tard, il adressera à son locataire confirmation de l'événement. Cette notification vaudra congé.
À défaut de respecter cette procédure, le bail sera réputé avoir été conclu pour 3 ans, et M. Ledoux ne pourra récupérer son logement avant le 1/1/2024.

Qu'entend-on par « événement d'ordre familial ou professionnel » ?

S'il convient d'interpréter assez largement le caractère professionnel ou familial des raisons invoquées pour conclure un bail à durée réduite, il faut bien qu'il s'agisse d'un événement spécifique. La simple intention exprimée dans le contrat de reprendre le logement ne saurait donc suffire puisqu'elle ne constituerait pas un événement dont on puisse constater la réalisation matérielle.
Peuvent ainsi justifier la conclusion d'un bail inférieur à 3 ans, les situations suivantes :
– l'attente d'une mutation dont on connaît la date ;
– le rapatriement prévu du bailleur installé à l'étranger ;
– l'attente d'une mise à la retraite qui nécessiterait la reprise du logement ;
– l'intention de reprendre le logement pour permettre à un enfant de poursuivre ses études à partir d'une date donnée.

Que se passe-t-il si la procédure n'est pas respectée ?

Cette question recouvre deux hypothèses : l'événement ne s'est pas produit ; le bailleur a omis d'en informer son locataire dans le délai de 2 mois. Dans l'un ou l'autre cas, la solution est simple : le bail est réputé avoir été conclu pour une durée de 3 ans, qui commence à courir à compter de sa date de conclusion.

AVANTAGE

Si la réalisation de l'événement qui justifie le bail à durée réduite est simplement retardé, le bailleur peut toujours, 2 mois avant l'échéance du contrat, proposer à son locataire le report du terme du contrat. Attention : afin de limiter les abus, cette possibilité ne peut être utilisée qu'une seule fois.

Un renouvellement anticipé est parfois possible

À titre dérogatoire, après l'accord exprès des parties, le contrat de location peut être renouvelé avant l'expiration du bail en cours quand le propriétaire a signé avec l'Agence nationale de l'habitat (ANAH) une convention avec travaux mentionnée aux articles L. 321-4 et L. 321-8 du Code de la construction et de l'habitation, et sous réserve que les ressources du locataire en place soient conformes aux plafonds prévus par cette convention. Ces conventions visent à permettre aux bailleurs d'améliorer la qualité du logement qu'ils donnent en location, en bénéficiant d'une subvention de l'ANAH et en s'engageant à louer leur logement à des locataires dont les ressources sont inférieures à certains plafonds, pour un loyer inférieur aux prix du marché. On peut trouver sur le site de l'ANAH (*www.anah.fr*) tous les renseignements nécessaires sur ces conventions.
Dans une telle situation, l'offre de renouvellement anticipé est présentée dans le délai de 3 mois après l'accord des parties et dans les formes prévues à l'article 15 de la loi du 6/7/1989 pour le congé. Le montant du loyer fixé par le contrat de location renouvelé doit être alors fixé selon les règles applicables au conventionnement des logements avec l'ANAH.

Le bailleur est une personne morale

Le contrat doit alors avoir une durée minimale de 6 ans. Pendant la durée du bail, seul le locataire peut donner congé, le bailleur ne pouvant reprendre le logement pour quelque motif que ce soit en dehors de l'application des clauses résolutoires, ou de la résiliation judiciaire du bail.

Durée du bail renouvelé

Lorsque le bail arrive à terme, il est en principe reconduit tacitement, sauf si le locataire donne congé ou si le bailleur désire lui-même donner congéou renouveler le bail en procédant à une augmentation de loyer ; mais ces deux possibilités sont strictement encadrées par la loi.

Si le bail est reconduit tacitement, sa durée est de 3 ans si le bailleur est une personne physique et de 6 ans si le bailleur est une personne morale.

Les conditions financières de la location

La loi du 6/7/1989 fixe très précisément le cadre des relations financières entre propriétaire et locataire : règles de fixation et d'évolution des loyers bien sûr, mais aussi montant et sort du dépôt de garantie, liste et recouvrement des charges locatives... Autant de règles destinées à éviter les abus et à prévenir d'éventuels conflits.

Le loyer

La loi du 6/7/1989 prévoit des règles de fixation du loyer différentes selon qu'il s'agit du bail initial ou du renouvellement du bail avec le même locataire.

› Comment est fixé le loyer du bail initial ?

Le loyer initial est fixé librement entre le propriétaire ou son représentant et le locataire. Cependant, dans certaines « zones de tension du marché locatif » où il existe un déséquilibre marqué entre l'offre et la demande de logements, entraînant des difficultés sérieuses d'accès au logement, les loyers peuvent être encadrés par deux mécanismes complémentaires au moment de la mise en location.

À NOTER

Pour répondre de façon précise et personnalisée à toutes les questions que peuvent se poser les locataires et les propriétaires, un numéro gratuit a été mis en place par le ministère en charge du Logement : le 0 805 160 111.

Quelles sont les règles applicables aux logements situés hors zones d'encadrement des loyers ?

La situation visée est celle où, hors zones où s'applique un encadrement des loyers (voir ci-dessous), un propriétaire met en location un logement qui n'était pas loué, ou un logement précédemment loué mais que le locataire a quitté. Qu'il s'agisse d'un logement neuf ou d'un logement ancien, le principe est celui de la libre fixation du loyer par le propriétaire. Seule s'impose à ce dernier la loi de l'offre et de la demande : à vouloir fixer un loyer trop élevé, il risque de ne pas trouver de locataire ou d'avoir à faire face à une instabilité de ses locataires avec tous les frais éventuels que cela peut provoquer (remise en état, frais d'agence...). Mais hormis cette donnée qu'il lui appartient de prendre en compte, il est libre de fixer le loyer au niveau qu'il souhaite.

Quelles sont les règles applicables aux logements situés dans des « zones de tension du marché locatif » ?

Pour l'ensemble des communes comprises dans ces zones, un décret fixe chaque année le montant maximum d'évolution des loyers en cas de relocation d'un logement (*Loi du 6/7/1989, Art. 18*). Le texte applicable pour la période allant du 1/8/2019 au 31/7/2020 est le décret n° 2019-802 du 26/7/2019.

Ce décret concerne les agglomérations suivantes : Ajaccio, Annecy, Arles, Bastia, Bayonne, Beauvais, Bordeaux, Draguignan, Fréjus, Genève-Annemasse, Grenoble, La Rochelle, La Teste-de-Buch - Arcachon, Lille, Lyon, Marseille-Aix-en-Provence, Meaux, Menton-Monaco, Montpellier, Nantes, Nice, Paris, Saint-Nazaire, Sète, Strasbourg, Thonon-les-Bains, Toulon, Toulouse, et, au sein de ces agglomérations, les communes mentionnées en annexe au décret du 10/5/2013.

Dans ces zones, au moment du changement de locataire, le loyer d'un logement ne peut excéder le dernier loyer appliqué, revalorisé sur la base de l'évolution de l'indice de référence des loyers (IRL) *(Voir pages Barème)*.

À NOTER

Ne sont pas soumis à ces règles d'encadrement, les logements vacants faisant l'objet d'une première location ainsi que les logements inoccupés par un locataire depuis plus de 18 mois. En outre, le loyer relatif à un logement qui a fait l'objet depuis moins de 6 mois de travaux d'amélioration d'un montant au moins égal à la dernière année de loyer peut être librement réévalué.

Par exception toutefois, le propriétaire bailleur peut, à l'occasion d'un changement de locataire, fixer le nouveau loyer à un niveau supérieur à celui qui résulterait de la seule application, au loyer précédent, de la revalorisation basée sur l'IRL :

- lorsqu'il a réalisé, depuis la conclusion du contrat de location initial avec le précédent locataire ou, au cas où le bail a été renouvelé, depuis son dernier renouvellement, des travaux d'amélioration ou de mise en conformité avec les caractéristiques de décence portant sur les parties privatives ou sur les parties communes pour un montant au moins égal à la moitié de la dernière année de loyer. Dans ce cas, la hausse du loyer annuel peut atteindre jusqu'à 15 % du coût réel des travaux TTC. L'augmentation de loyer n'est toutefois possible que lorsque, à l'issue des travaux, la consommation en énergie primaire du logement est inférieure à 331 kWh par m² et par an ;
- lorsque le dernier loyer appliqué au précédent locataire est manifestement sous-évalué. Dans ce dernier cas, la hausse du nouveau loyer peut atteindre la moitié de la différence entre le montant moyen d'un loyer représentatif des loyers habituellement constatés dans le voisinage pour des logements comparables et le dernier loyer appliqué au précédent locataire (sur les loyers du voisinage, on peut se renseigner auprès de l'association départementale d'information sur le logement - ADIL - la plus proche ; coordonnées sur le site *www.anil.org*).

Le coût des travaux d'amélioration portant sur les parties communes à prendre en compte pour l'application de ces dispositions est déterminé soit en fonction des millièmes correspondant au logement en cause si le logement est situé en copropriété, soit, dans le cas contraire, en fonction de la surface des locaux.

À NOTER

Le loyer relatif à un logement qui a fait l'objet depuis moins de 6 mois de travaux d'amélioration d'un montant au moins égal à la dernière année de loyer peut être librement réévalué.

EXEMPLES DE HAUSSE DU NOUVEAU LOYER

En cas de loyer manifestement sous-évalué

Un logement est loué 600 € alors que la moyenne du loyer des logements similaires est fixée à 700 €. À l'occasion d'un changement de locataire, le bailleur pourra fixer le loyer au maximum à 650 € (soit la moitié de la différence entre le loyer du précédent locataire et la moyenne des loyers pour des logements comparables).

En cas de travaux importants

Après le départ du précédent locataire, des travaux d'un montant de 5 000 € TTC sont réalisés dans un logement loué à 700 € par mois, soit 8 400 € par an (ces travaux représentent donc plus que la moitié du dernier loyer annuel). À l'occasion d'un changement de locataire, le propriétaire pourra augmenter son loyer annuel de 750 € (15 % du montant des travaux), soit 62,50 €/mois. S'il le souhaite, il pourra donc, au maximum, demander un loyer mensuel de 762,50 €.

Quelles sont les règles applicables aux logements situés dans certaines « zones de tension du marché locatif » dotées d'un observatoire local des loyers agréé ?

La loi ELAN du 23/11/2018 a prévu la réintroduction de cet encadrement des loyers, complémentaire de celui mentionné ci-dessus, qui avait été annulé par le juge administratif pour les villes de Paris et de Lille. Mise en œuvre pour une durée expérimentale de 5 ans, cette mesure pourra concerner certaines zones d'urbanisation continue de plus de 50 000 habitants, dotées d'un observatoire local des loyers, où il existe un déséquilibre marqué entre l'offre et la demande de logements (*Loi du 6/7/1989, Art. 17*). La loi ELAN prévoit que Paris et la métropole du Grand Paris, la métropole de Lyon et la métropole d'Aix-Marseille-Provence pourront demander la mise en place de cet encadrement des loyers. Celui-ci pourra s'appliquer dans une ou plusieurs villes, voire dans un ou plusieurs quartiers seulement.

Un tel encadrement des loyers est pour le moment applicable uniquement aux villes de Paris (*Décret n° 2019-315 du 12/4/2019 et arrêté préfectoral du*

28/5/2019) pour les baux conclus à partir du 1/7/2019 et de Lille (*Décret n° 2020-41 du 22/1/2020 et arrêté préfectoral du 30/1/2020*) pour les baux conclus à partir du 1/3/2020. Les plafonds de loyers que doivent respecter les bailleurs ont été fixés par arrêté préfectoral et seront réactualisés chaque année.

Si on prend l'exemple de Paris, pour les baux conclus à partir du 1/7/2019, le loyer de base (hors charges) ne peut pas être supérieur de 20 % (loyer de référence majoré) ou inférieur de 30 % (loyer de référence minoré) à un loyer dit « de référence ». Cette fourchette a été calculée par l'Observatoire des loyers de l'agglomération parisienne (OLAP) pour 80 quartiers de Paris regroupés en 14 zones et selon le type de logement (nombre de pièces, nu/meublé) ainsi que l'année de construction de l'immeuble. Pour connaître les montants de loyers autorisés, on peut consulter le site *www.referenceloyer.drihl.ile-de-france.developpement-durable.gouv.fr*.

Le propriétaire qui ne respecte pas ces montants encourt jusqu'à 5 000 € d'amende pour une personne physique et 15 000 € s'il s'agit d'une personne morale. Une telle amende n'empêche pas le locataire de saisir la justice d'une demande en diminution de son loyer.

À NOTER

L'encadrement des loyers concerne les logements, meublés ou vides, mis en location pour la première fois, reloués, ou dont le bail, arrivé à échéance, doit être renouvelé. L'encadrement s'applique aussi aux baux mobilité.

À NOTER

Un bailleur peut demander un complément de loyer si le logement loué présente des caractéristiques particulières de localisation et de confort le justifiant (une belle vue, une grande terrasse...). Le loyer total (hors charges) ne peut toutefois pas dépasser le loyer de référence majoré.

› Comment peut évoluer le loyer en cours de contrat ?

Une révision annuelle est-elle possible ?

Lorsqu'une clause du bail le prévoit, le loyer peut être révisé, une fois par an, à une date de révision indiquée au bail ou, à défaut, à la date anniversaire du bail (*Loi du 6/7/1989, Art. 17 et 25-9*). Cette augmentation annuelle du loyer ne peut être supérieure à la variation de l'indice de référence des loyers (IRL) publié par l'INSEE (*Voir pages Barème*). L'IRL pris en compte est celui du trimestre qui figure dans le bail ou, à défaut, le dernier indice publié à la date de signature du contrat. Il est à comparer avec l'indice du même trimestre connu à la date de révision.

La révision du loyer s'applique à partir de la formule suivante :

(Loyer de base × nouvel indice)/ ancien indice = loyer révisé.

À NOTER

L'action en révision du loyer par le bailleur est prescrite 1 an après la date convenue par les parties dans le contrat de bail pour réviser le loyer. Ainsi, s'il ne manifeste pas auprès de son locataire sa volonté d'appliquer la révision du loyer dans un délai d'1 an suivant sa date de prise d'effet, le bailleur est réputé avoir renoncé au bénéfice de cette clause pour l'année écoulée. S'il manifeste sa volonté de réviser le loyer dans le délai d'1 an, cette révision de loyer prend effet à compter de sa demande (Loi du 6/7/1989, Art. 7-1 et 17-1).

À NOTER

En cas de variation à la baisse de l'IRL, le loyer doit baisser dans les mêmes proportions.

Si le bail ne prévoit pas de clause de révision, le loyer reste le même pendant toute la durée de la location. À l'occasion du renouvellement du bail, le bailleur pourra demander à ce qu'une telle clause y soit insérée.

Le loyer peut-il évoluer à la suite de travaux ?

Exceptionnellement, le loyer d'un logement répondant aux caractéristiques de décence peut être revu à la hausse ou à la baisse en cours de bail lorsque le bailleur et le locataire ont convenu de travaux que l'une ou l'autre des parties fera exécuter à ses frais durant l'exécution du contrat (*Loi du 6/7/1989, Art. 6 et 17-1*).

Travaux réalisés par le locataire

Lors de la conclusion du contrat, les parties peuvent, dans une clause particulière, prévoir que le locataire exécutera ou fera exécuter à ses frais certains travaux dont le coût s'imputera sur le loyer (*Loi du 6/7/1989, Art. 6 a*).

Pour éviter toute difficulté, les conditions suivantes doivent être respectées :

- le logement doit être conforme aux normes minimales de décence définies par le décret du 30/1/2002 ;
- la clause du contrat doit obligatoirement mentionner :

– les modalités d'imputation des travaux sur le loyer, et la durée de cette imputation,
– les conditions de dédommagement du locataire s'il quitte le logement avant le terme du bail. Le locataire doit donc conserver les justificatifs des dépenses effectuées.

Travaux réalisés par le bailleur

Lorsque le propriétaire envisage de réaliser des travaux d'amélioration du logement, il peut proposer à son locataire d'insérer, dans le contrat, une clause fixant la majoration de loyer consécutive à ces travaux (*Loi du 6/7/1989, Art. 17-1*).

Exemple de majoration de loyer à la suite de travaux :

Un bailleur loue le 1/2/2020 un logement pour un loyer mensuel de 750 €. En septembre 2020, il fera installer un interphone et un ascenseur. Si les deux parties sont d'accord, le contrat de location peut contenir la clause suivante : « Le loyer mensuel est fixé d'avance à 750 € du 1/2/2020 au 1/12/2020. Le bailleur s'engageant à faire installer un ascenseur et un interphone d'ici le 1/12/2020, le loyer sera porté à 800 € à compter de cette date, après constatation, par les deux parties, de la réalisation effective des travaux ».

EXEMPLE D'IMPUTATION DE TRAVAUX SUR LE LOYER

M. François a loué un logement dans lequel les papiers peints étaient à refaire et la moquette à changer. La location a commencé le 1/6/2020. Le loyer s'élevait normalement à 600 € par mois. M. François a confié ces travaux à son locataire M. Georges. Pour concrétiser leur accord, M. François et M. Georges ont dû insérer, dans le contrat, la clause suivante :
« Les travaux dont la description suit :……………. (*description précise des travaux*) seront pris en charge par M. Georges, locataire. Ils devront être réalisés avant le 31/8/2020.
Les travaux ont été évalués par les parties à la somme de 1 500 €. Il a donc été convenu que le locataire, M. Georges, pourrait imputer un tiers de ce montant (soit 500 €) sur chacun des trois premiers loyers mensuels. Il a donc versé, à titre de loyer, la somme de 100 € (au lieu de 600 €) au titre des loyers de juin, juillet et août 2020, puis 600 € ensuite.
Un état des lieux a été établi contradictoirement le 31/8/2020 afin de constater la bonne réalisation de ces travaux. »

À NOTER

Il n'est pas possible de se soustraire au paiement du loyer sous prétexte que le propriétaire refuse de changer l'installation de plomberie devenue vétuste. En revanche, on peut dans ce cas saisir le tribunal judiciaire et demander l'autorisation au juge de consigner les loyers.

› Comment est fixé le loyer du bail renouvelé ?

Quelles sont les règles hors « zones de tension du marché locatif » ?

Lors du renouvellement du bail avec le locataire en place en dehors des zones où s'applique un encadrement des loyers (voir ci-dessous), le loyer est en principe maintenu au même niveau, sans autre augmentation que celle résultant éventuellement de son indexation sur l'indice INSEE de référence des loyers *(Voir pages Barème)*. Toutefois, lorsqu'il estime que ce loyer est manifestement sous-évalué, le propriétaire peut proposer à son locataire un nouveau loyer majoré. Face à une telle proposition, le locataire bénéficie de trois garanties :
– une procédure spécifique doit être respectée ;
– le montant de cette majoration doit être justifié ;
– si elle a lieu, l'augmentation doit être étalée dans le temps.

AVANTAGE

Si vous êtes locataire et que votre propriétaire vous propose une augmentation de loyer lors du renouvellement de votre bail, il ne peut plus ensuite se raviser et vous délivrer un congé pour la même échéance du contrat (Loi du 6/7/1989, Art. 17-2).

Quelles sont les règles dans les « zones de tension du marché locatif » ?

Dans les communes où s'applique l'article 18 de la loi du 6/7/1989, le décret d'application du 26/7/2019 (voir plus haut) en précise les contours. Lorsque le bail est renouvelé entre le 1/8/2019 et le 31/7/2020, l'augmentation du loyer est limitée à la variation de l'indice de référence des loyers (IRL) ; une clause du bail doit prévoir cette révision ou être ajoutée au contrat à l'occasion de ce renouvellement.

Toutefois, par dérogation à ces dispositions, lorsque le loyer est manifestement sous-évalué, le bailleur peut le réévaluer sans que la hausse de loyer excède la plus élevée des deux limites suivantes :

– la moitié de la différence entre le loyer habituellement constaté dans le voisinage pour des logements comparables et le loyer appliqué avant le renouvellement du contrat de location, révisé en fonction de l'IRL ;

– une majoration du loyer annuel égale à 15 % du coût réel des travaux TTC, si le bailleur a réalisé, depuis la conclusion du contrat de location initial ou, lorsque le bail a été renouvelé, depuis son dernier renouvellement, des travaux d'amélioration ou de mise en conformité avec les caractéristiques de décence portant sur les parties privatives ou sur les parties communes pour un montant au moins égal à la dernière année de loyer.

Pour la mise en œuvre de ces dispositions :

– est exclu du montant des travaux d'amélioration ou de mise en conformité le coût des travaux donnant lieu à une contribution pour le partage des économies de charges ou à une majoration du loyer lorsque les parties sont convenues d'une telle majoration suite à des travaux d'amélioration financés par le bailleur ;

– le coût des travaux d'amélioration ou de mise en conformité portant sur les parties communes est déterminé en fonction des millièmes correspondant au logement.

Quelle est la procédure à suivre ?

Le bailleur qui désire augmenter le montant du loyer à l'occasion du renouvellement du bail doit faire parvenir à son locataire une proposition de nouveau loyer au moins 6 mois avant la fin du bail.

Cette proposition, qui doit être faite par lettre recommandée avec avis de réception ou par acte d'huissier, doit obligatoirement contenir les éléments suivants :

– le loyer proposé ;

– trois références de loyer ou six références si le logement est situé à Paris, Lyon, Marseille ou dans leur agglomération ; les loyers servant de références doivent être représentatifs de l'ensemble des loyers habituellement constatés dans le voisinage pour des logements comparables, situés soit dans le même groupe d'immeubles, soit dans tout autre groupe d'immeubles comportant des caractéristiques similaires et situés dans la même zone géographique ;

– la reproduction intégrale de l'article 17-2 (I) de la loi du 6/7/1989 dans les zones où s'applique un arrêté préfectoral d'encadrement des loyers et 17-2 (II) dans les zones où ne s'applique pas un tel arrêté.

À NOTER

En cas de non-respect de la procédure, c'est-à-dire si le délai de 6 mois n'est pas respecté, ou si la proposition n'est pas faite dans les formes ou ne contient pas tous les éléments prévus, la proposition de nouveau loyer est considérée comme nulle : le bail sera alors reconduit avec le même loyer.

PROPOSITION DE NOUVEAU LOYER

M. Bertrand donne un appartement en location à M. Germain le 1/1/2018 pour 3 ans. Le bail arrivera donc à terme le 31/12/2020.

M. Bertrand souhaite renouveler le bail, mais avec une augmentation car le loyer est, selon lui, sous-évalué. Il devra donc proposer un nouveau loyer avant le 1/7/2020. En cas de refus explicite de M. Germain, dans les 2 mois suivant cette proposition, c'est-à-dire avant le 1/9/2020, ou en cas de silence durant ce délai, M. Bertrand devra saisir la commission de conciliation dès qu'il aura connaissance de ce refus ou dès l'expiration du délai de 2 mois (c'est-à-dire dès le 1/9/2020). Là encore, en cas d'absence de conciliation, ou en cas de silence de la commission au terme d'un délai de 2 mois, M. Bertrand devra saisir le juge d'instance afin de lui demander de fixer le nouveau loyer. En tout état de cause, si le juge n'est pas saisi avant le 31/12/2020, le bail sera reconduit aux mêmes conditions de loyer.

Que peut faire le locataire ?

Lorsqu'il est saisi d'une proposition d'augmentation du loyer, le locataire peut adopter trois attitudes :

– accepter l'augmentation de loyer qui lui est proposée ;

– refuser cette proposition, et le faire savoir au propriétaire) ;

– ne rien faire et ne pas donner de réponse, ce qui est assimilé à un refus.

S'il opte pour la première solution, le locataire a intérêt d'en informer son propriétaire par écrit.

En cas de désaccord ou d'absence de réponse dans les 4 mois avant la fin du bail, le bailleur ou le locataire doit saisir la commission de conciliation, qui s'efforcera de trouver un accord entre eux. Cette commission doit rendre un avis dans les 2 mois de sa saisine.

En cas d'échec de la conciliation, le propriétaire ou le locataire doit saisir le juge des contentieux de la protection du tribunal judiciaire dont dépend le logement afin qu'il fixe le montant du nouveau loyer. Celui-ci sera fixé par référence aux loyers du voisinage.

La commission de conciliation doit être saisie par lettre recommandée avec avis de réception, adressée à son secrétariat (celui-ci est assuré par les services de la direction départementale de l'Équipement du lieu de situation du logement, et à Paris par la préfecture).

La Cour de cassation a néanmoins jugé que la saisine par simple lettre constituait seulement une irrégularité de forme qui ne justifiait pas la nullité pour vice de forme, à partir du moment où l'adversaire ne pouvait prouver de préjudice (*Cour de cassation, 1re chambre civile, 14/11/2002*).

Précision importante : cette commission n'est pas uniquement compétente en matière d'augmentation de loyer ; elle peut également être saisie, par le locataire ou le bailleur, à l'occasion des litiges relatifs à l'état des lieux, au dépôt de garantie, aux charges locatives, aux réparations et à la décence du logement.

À NOTER

En pratique, si le locataire refuse l'augmentation proposée ou s'il ne donne pas de réponse dans les 4 mois avant la fin du bail, c'est le propriétaire qui a intérêt d'enclencher toutes les étapes de la procédure : saisine de la commission de conciliation, puis, à défaut d'accord, saisine du juge des contentieux de la protection du tribunal judiciaire. Car en effet, si le juge n'est pas saisi avant le terme du bail, celui-ci sera automatiquement reconduit aux conditions de loyer antérieur, sans majoration possible autre que celle qui résulterait d'une clause d'indexation.

Comment s'applique l'augmentation de loyer ?

Afin de limiter les conséquences de la hausse de loyer pour le locataire, celle-ci est obligatoirement étalée dans le temps, qu'elle résulte d'un accord entre les deux parties ou d'une décision du juge. Cet étalement s'effectue dans les conditions suivantes :

– l'augmentation se répartit par sixième annuel si le bail est renouvelé pour 6 ans, c'est-à-dire principalement si le bailleur est une personne morale ;

– l'augmentation inférieure ou égale à 10 % s'applique par tiers si le contrat est renouvelé pour 3 ans ;

– l'augmentation supérieure à 10 % s'applique par sixième annuel au contrat renouvelé, puis lors du renouvellement ultérieur lorsque le premier bail renouvelé a une durée inférieure à 6 ans. Ainsi, si le bailleur est une personne physique, que la hausse est supérieure à 10 %, et que le contrat a été conclu pour moins de 6 ans, la hausse s'appliquera par sixième annuel d'abord au premier contrat renouvelé puis, le cas échéant, au nouveau renouvellement.

À ces augmentations peut s'ajouter l'augmentation résultant de l'indexation du loyer, à condition que le contrat contienne une telle clause.

À NOTER

La hausse doit s'appliquer par tiers ou sixième annuel selon la durée du contrat renouvelé.

› Qu'appelle-t-on références de loyer ?

Lorsque le propriétaire souhaite procéder à une augmentation du loyer, à l'occasion du renouvellement du bail avec le même locataire, il doit, pour la justifier, fournir à son locataire des références de loyers pratiqués dans le voisinage.

Le propriétaire ne peut choisir ces références comme bon lui semble. Il doit, en effet, observer les dispositions de la loi du 6/7/1989 qui l'obligent :

– à fournir au moins six références pour les logements situés à Paris, Lyon, Marseille ou leur agglomération, et trois au moins pour les logements situés dans le reste de la France ;

– à choisir des logements comparables à celui donné en location, situés soit dans un même groupe d'immeubles, soit dans un autre groupe d'immeubles similaires ;

– à fournir, pour chaque logement cité en référence :
  • le nom de la rue avec indication de la dizaine de numéro où se situe l'immeuble,
  • la qualité et l'époque de construction de l'immeuble,
  • l'étage et la présence ou non d'un ascenseur,
  • la surface et le nombre de pièces habitables du logement,
  • l'état d'équipement et l'état d'entretien,
  • le montant du loyer mensuel hors charges,
  • l'indication selon laquelle le locataire est dans les lieux depuis moins ou plus de 3 ans.

Les 2/3 des références (soit 4 sur 6 ou 2 sur 3 selon que le logement est situé ou non à Paris, Lyon, Marseille ou leur agglomération) doivent concerner des logements dont les locataires sont entrés dans les lieux depuis plus de 3 ans.

APPLICATIONS PRATIQUES D'ÉTALEMENT DES HAUSSES DE LOYER

1/ M. Lombard, propriétaire, obtient que le loyer de son locataire passe de 450 à 480 € par mois (soit une hausse de moins de 10 %).

L'augmentation est étalée sur 3 ans et s'applique de la manière suivante :
– la 1re année, le loyer du bail renouvelé est de 450 + (30/3)= 460 € ;
– la 2e année, il sera de 460 + (30/3)= 470 € ;
– la 3e année, il sera de 470 + (30/3)= 480 €.

2/ Si M. Lombard obtient une augmentation de plus de 10 % (le loyer passant, par exemple, de 450 à 510 € mensuel), et que le bail renouvelé a une durée de 3 ans, cette augmentation sera pourtant étalée sur 6 ans de la manière suivante :
– la 1re année, le loyer du bail renouvelé sera de 450 + (60/6)= 460 € ;
– la 2e année, il sera de 460 + (60/6)= 470 € ;
– la 3e année, il sera de 470 + (60/6)= 480 €.

À la fin de cette première période de 3 ans, si le bail est à nouveau renouvelé, les augmentations annuelles de 10 € continueront de s'appliquer au nouveau bail. Le loyer de la 1re année du bail renouvelé sera ainsi de 490 €, celui de la 2e année de 500 € et celui de la 3e année de 510 €.

À ces augmentations de loyer s'ajouteront les revalorisations annuelles résultant de l'indexation sur l'évolution de l'indice de référence des loyers qui remplace l'indice du coût de la construction, dès lors que ces revalorisations ont été prévues au contrat.

OÙ TROUVER LES RÉFÉRENCES DE LOYER ?

En dehors des voisins, agents immobiliers, notaires… plusieurs pistes existent pour trouver des références de loyer.

✓ Les observatoires des loyers

Il s'agit d'associations agréées habilitées à recueillir et à diffuser les références de loyer dans l'ensemble de leur département. Il existe actuellement près de trente observatoires des loyers. Parmi les plus anciens, on peut citer :
– l'observatoire des loyers de l'agglomération parisienne (OLAP) ;
– l'observatoire des loyers d'Ille-et-Vilaine ;
– l'observatoire des loyers de l'agglomération de Lille ;
– l'observatoire des loyers de la communauté urbaine d'Alençon.

✓ Les ADIL et les DDT

Au niveau de chaque département, on peut s'adresser à la direction départementale des territoires (ex-DDE) ou à l'association départementale pour l'information sur le logement (ADIL) : *www.anil.org*.
Le site *www.observatoires-des-loyers.org* recense les observatoires locaux mis en place, agréés ou non.

› Le paiement du loyer

Le contrat doit, bien sûr, spécifier le montant du loyer (on ne parle ici que du loyer principal, c'est-à-dire « hors charges ») et les modalités de son paiement :
– périodicité (mensuel, trimestriel…) ;
– termes (terme à échoir, c'est-à-dire paiement d'avance ou terme échu) ;
– modes de paiement (chèques, espèces…).

L'usage veut que le loyer soit payable mensuellement et d'avance, en principe par chèque. Il est certes possible de prévoir un paiement bimestriel ou trimestriel, mais le locataire pourra, à tout moment, exiger le paiement mensuel, sans que le bailleur puisse s'y opposer (*Loi du 6/7/1989, Art. 7*).

Ceci précisé, de multiples questions se posent en matière de loyer : pendant combien de temps le bailleur peut-il réclamer les loyers non perçus ? Le bailleur doit-il fournir une quittance lors de chaque paiement ?… Les problèmes liés au non-paiement du loyer sont abordés à l'occasion de la résiliation du bail.

AVANTAGE

Si vous êtes locataire, votre propriétaire ne peut vous imposer de payer votre loyer par prélèvement automatique sur votre compte courant. Si votre contrat contient une telle clause, elle doit être considérée comme nulle. Mais évidemment, rien ne vous interdit, d'un commun accord, d'opter pour ce mode de paiement, sachant que vous conservez toujours la faculté d'en changer, dès que vous le souhai-

terez. Afin d'éviter tout abus, sont également considérées comme nulles, les clauses : imposant comme mode de paiement la signature par avance de traites ou de billets à ordre ; autorisant le bailleur à prélever ou à faire prélever directement le loyer sur le salaire du locataire (Loi du 6/7/1989, Art. 4).

Pendant combien de temps peut-on réclamer des loyers non perçus ?

La prescription des loyers (et des charges), c'est-à-dire le délai pendant lequel un propriétaire peut en réclamer leur paiement à son locataire, est fixée à 3 ans à compter du jour où il a connu ou aurait dû connaître les faits lui permettant d'exercer cette action en paiement (*Loi du 6/7/1989, Art. 7-1*). Pour les actions en révision du loyer par le bailleur, la prescription est fixée à 1 an après la date convenue par les parties dans le contrat de bail pour réviser le loyer. Le délai est également fixé à 3 ans pour les actions intentées par le locataire en restitution des loyers et charges payés à tort.

À NOTER

L'Agence nationale pour l'information (ANIL) sur le logement a mis en place un numéro de téléphone gratuit « SOS loyers impayés » : le 0 805 160 075. Le propriétaire ou le locataire qui téléphone est mis en relation avec l'agence départementale la plus proche de son domicile. Elle lui indiquera, en fonction de sa situation personnelle, les démarches à effectuer et les aides adaptées à son cas.

L'ASSURANCE CONTRE LES LOYERS IMPAYÉS

De nombreuses compagnies d'assurances proposent une assurance contre les loyers impayés que les propriétaires peuvent souscrire en début ou en cours de bail, sous certaines conditions. Cette garantie couvre en principe le propriétaire dès le premier impayé, sans aucune franchise. En revanche, il existe parfois un plafond de garantie et une durée maximale d'indemnisation.
Les primes relatives aux contrats d'assurance afférentes aux immeubles loués sont déductibles des revenus fonciers, pour leur montant réel, quel que soit le risque couvert : impayés de loyers, recours et défense, protection juridique, remise en état du logement en cas de détérioration par le locataire…
Renseignez-vous auprès des professionnels et comparez les coûts et modalités de prise en charge qui vous sont proposés.
Il est à noter que le bailleur ne peut exiger une caution s'il a déjà souscrit une assurance garantissant les obligations locatives du locataire, qu'il s'agisse d'une assurance contre les impayés de loyer ou, pour les contrats conclus depuis le 1/2/2016, de la Garantie Visale. Toutefois, cette limitation des possibilités de cumul ne s'applique pas lorsque le logement est loué à un étudiant ou un apprenti.

Le propriétaire doit-il délivrer une quittance ou un reçu ?

La réponse est différente selon la nature du document.

La quittance

Elle correspond à un paiement intégral du loyer. Lorsque le locataire en fait la demande, le bailleur, ou son mandataire, est tenu de lui transmettre une quittance gratuitement (*Loi du 6/7/1989, Art. 21*).
La quittance doit être détaillée et doit distinguer le loyer et les charges.
Avec l'accord exprès du locataire, le bailleur peut procéder à la transmission dématérialisée de la quittance.

À NOTER

Aucuns frais liés à la gestion de l'avis d'échéance ou de la quittance ne peuvent être facturés au locataire.

Le reçu

Il peut arriver qu'un locataire n'acquitte qu'une partie de son loyer, notamment s'il a obtenu des délais de paiement de son propriétaire ou du tribunal. Dans ce cas, le bailleur doit obligatoirement établir et lui remettre un reçu sur lequel figure le montant de la somme versée.

À NOTER

Dans tous les cas, le locataire a intérêt à demander à son bailleur une quittance de loyer et à conserver ces quittances pendant au moins 3 ans (délai de prescription des loyers et des charges). En cas de litige, elles constitueront la preuve que le locataire est parfaitement à jour de ses obligations.

Les charges

En plus du paiement du loyer proprement dit, le locataire est tenu de payer les charges aux dates convenues par le contrat.
Mais seules les charges dites récupérables (ou charges locatives) sont à acquitter par le locataire, le paiement donnant en principe d'abord lieu à une provision, puis à une régularisation.

La répartition entre locataires

Le propriétaire doit indiquer au locataire le mode de répartition des charges entre plusieurs locataires. Si l'immeuble est en copropriété, cette répartition figure dans les comptes et le règlement de la copropriété. Cette obligation doit donc être respectée quand l'immeuble appartient à un seul bailleur.
Si le bailleur se contente de communiquer le décompte et les justificatifs sans préciser la répartition entre locataires, ceux-ci peuvent refuser de payer les charges (*Cour de cassation, 3e chambre civile, 4/3/2008*).
Lorsqu'il y a plusieurs locataires dans l'immeuble, le bailleur doit répartir les charges communes en fonction de la consistance des lieux loués au moyen de coefficients ou de tantièmes. Il ne peut pas individualiser les prestations ou consommations respectives de chacun. Par exemple, un propriétaire ne peut pas augmenter les charges d'entretien de l'immeuble pour une certaine catégorie de locataires et notamment pour les possesseurs de chiens (*Réponse ministérielle n° 120383 : JOAN Q du 8/5/2007 ; Loi n° 89-462 du 6/7/ 1989, Art. 23*).

Quelles sont les charges récupérables ?

Il est aujourd'hui impossible à un propriétaire de fixer lui-même les charges dont il exige le remboursement auprès de son locataire. C'est, en effet, le décret n° 87-713 du 26/8/1987 qui fixe la liste limitative des charges récupérables, le propriétaire ne pouvant ajouter aucune charge à cette liste.

C'est ainsi, par exemple, que si la taxe d'enlèvement des ordures ménagères et la taxe de balayage sont récupérables (voir tableau ci-après), le bailleur n'est pas en droit de récupérer sur son locataire les frais d'assiette et de recouvrement afférents à ces taxes (*Cour de cassation, 3e chambre civile, 30/10/2002*). De même, il a été jugé que les dépenses de téléalarme et de télésurveillance, ne faisant pas partie de la liste du décret du 26/8/1987, n'étaient pas des charges récupérables bien qu'elles représentent la contrepartie de services rendus aux locataires (*Cour de cassation, 3e chambre civile, 1/6/2005*).
Les charges récupérables sont celles exigibles en contrepartie :
– des services rendus liés à l'usage des différents éléments de la chose louée ;
– des dépenses d'entretien courant et des menues réparations sur les éléments d'usage commun de la chose louée ;
– des impositions qui correspondent à des services dont le locataire profite directement (*Loi du 6/7/1989, Art. 23*).

À NOTER

Selon l'article 23 de la loi du 6/7/1989, sont notamment récupérables au titre des dépenses d'entretien courant et des menues réparations sur les éléments d'usage commun de la chose louée, les dépenses engagées par le bailleur dans le cadre d'un contrat d'entretien relatif aux ascenseurs et répondant aux conditions de l'article L. 125-2-2 du Code de la construction et de l'habitation qui concernent les opérations et les vérifications périodiques minimales et, parmi les opérations occasionnelles, la réparation et le remplacement de petites pièces présentant des signes d'usure excessive ainsi que les interventions pour dégager les personnes bloquées en cabine et le dépannage et la remise en fonctionnement normal des appareils. Afin de limiter les litiges relatifs aux charges récupérables, la loi prévoit que, pour le calcul de ces mêmes charges, le coût des services assurés dans le cadre d'un contrat d'entreprise correspond à la dépense, toutes taxes comprises, acquittée par le bailleur. La règle est la même pour les services assurés dans le cadre d'un contrat d'achat d'électricité, d'énergie calorifique ou de gaz naturel combustible, distribués par réseaux.

CHARGES LOCATIVES		
Nature des charges	**Propriétaire**	**Locataire**
• Ascenseurs		
– installation	×	
– consommation d'électricité		×
– contrat d'entretien		×
• Eau froide et eau chaude		
– facture d'eau		×
– frais de location et de relevé du compteur individuel		×
• Chauffage		
– combustible consommé (P1)		×
– exploitation et maintenance de la chaufferie (P2)		×
– grosses réparations (changement de pièces, remplacement du corps de chauffe, équilibrage et désembouage)(P3)	×	
– investissement ou amortissement du matériel (P4)	×	
• Entretien des parties communes et élimination des rejets (1)		
– gardiens ou concierges	25 %	75 %
– employés d'immeuble		100 %
– ravalement et peinture	×	
• Électricité		
– abonnement et consommation		×
• Entretien et hygiène		
Désinfection des parties communes :		
– produits employés		×
– main-d'œuvre	×	
– dératisation	×	
• Espaces verts		
– entretien : ramassage des feuilles, tonte des pelouses...		×
– gros travaux, réfection de massifs et création	×	
• Impôts		

CHARGES LOCATIVES		
Nature des charges	**Propriétaire**	**Locataire**
– taxe de balayage		×
– taxe d'enlèvement des ordures ménagères		×
• **Digicode, interphone**		
– installation ou remplacement	×	
– entretien		×
• **Vide-ordures**		
– débouchage	×	
– désinfection		×
(1) Lorsque le gardien ou le concierge n'assure que l'une ou l'autre de ces tâches, le propriétaire ne peut récupérer que 40 % du montant des charges (au lieu de 75 %).		

Quelles sont les modalités de paiement des charges ?

Comme il n'est plus possible de pratiquer des « charges forfaitaires » (sauf en cas de colocation – voir plus loin – ou de location meublée), ou un loyer dit « charges comprises », le bailleur doit fixer une provision mensuelle de charges qui sera payable en même temps que le loyer, c'est-à-dire, en règle générale, mensuellement et d'avance.

Cette provision doit être justifiée par la communication au locataire de certains documents : résultats antérieurs arrêtés lors de la précédente régularisation, budget prévisionnel si l'immeuble est en copropriété ou s'il appartient à une personne morale (*Loi du 6/7/1989, Art. 23*).

La régularisation des charges doit intervenir une fois par an. Là encore, comme les charges doivent être justifiées, le propriétaire doit communiquer à son locataire, au moins 1 mois avant la régularisation :

– un décompte par catégorie de charges (eau, ascenseur, chauffage…), fourni en principe par le syndic ;

– et, dans les immeubles collectifs, le mode de répartition entre les locataires et, le cas échéant, une note d'information sur les modalités de calcul des charges de chauffage et de production d'eau chaude sanitaire collectifs.

Toutes les pièces justificatives doivent être tenues à la disposition des locataires pendant 6 mois à compter de l'envoi de ce décompte.

En pratique, dans les immeubles en copropriété, tous les comptes étant tenus par le syndic, c'est à lui que les locataires doivent s'adresser pour vérifier les factures, les contrats de fournitures, les justificatifs de salaires, etc.

À NOTER

Le bailleur doit transmettre, à la demande du locataire, le récapitulatif des charges du logement par voie dématérialisée ou par voie postale (Loi du 6/7/1989, Art. 23).

À NOTER

Lorsque la régularisation des charges n'a pas été effectuée avant le terme de l'année civile suivant l'année de leur exigibilité, le paiement par le locataire est effectué par 1/12e, s'il en fait la demande (Loi du 6/7/1989, Art. 23).

La provision peut-elle être réajustée ?

La provision pour charges constitue un acompte à valoir sur les dépenses réelles : elle ne peut donc pas être indexée comme le loyer.

Lors de la régularisation annuelle, si un solde positif ou négatif trop important apparaît, le propriétaire doit en tirer les conséquences et réajuster, à la hausse ou à la baisse, la provision demandée à son locataire. Ce réajustement doit alors être justifié par la communication des résultats antérieurs ou du budget prévisionnel.

Le cas particulier de la colocation

Les charges locatives accessoires au loyer principal d'un contrat de bail d'une colocation soumises à la loi du 6/7/1989, c'est-à-dire constituant la résidence principale des colocataires, sont récupérées par le bailleur au choix des parties comme prévu par ce contrat :

– soit dans les conditions de droit commun, lorsqu'il s'agit de provisions pour charges (voir plus haut) ;
– soit sous la forme d'un forfait versé simultanément au loyer, dont le montant et la périodicité de versement sont définis dans le contrat et qui ne peut donner lieu à complément ou à régularisation ultérieure. Le montant du forfait de charges est fixé en fonction des montants exigibles par le bailleur en application de l'article 23 de la loi du 6/7/1989 (voir plus haut) et peut être révisé chaque année aux mêmes conditions que le loyer principal. Ce montant ne doit pas être manifestement disproportionné au regard des charges dont le locataire ou, le cas échéant, le précédent locataire se serait acquitté (*Loi du 6/7/1989, Art. 8-1*).

La contribution du locataire aux travaux d'économie d'énergie

Lorsque des travaux d'économie d'énergie sont réalisés par le bailleur dans les parties privatives d'un logement ou dans les parties communes de l'immeuble, une contribution pour le partage des économies de charges peut être demandée au locataire du logement loué, à partir de la date d'achèvement des travaux, sous réserve que ces derniers lui bénéficient directement et qu'ils lui soient justifiés. Elle ne peut toutefois être exigible qu'à la condition qu'un ensemble de travaux ait été réalisé et que le logement ait une consommation énergétique primaire inférieure à 331 kWh par m² et par an à compter du 1/1/2021 (*Loi du 6/7/1989, Art. 23-1*).

À NOTER

Le locataire à qui une telle contribution est demandée a tout intérêt à prendre contact avec son ADIL (coordonnées sur le site www.anil.org) afin de s'assurer que les conditions réglementaires sont bien respectées par son bailleur. Des précisions sont également disponibles sur le site de l'Agence de l'environnement et de la maîtrise de l'énergie : www.ademe.fr/particuliers-eco-citoyens.

Dans quelles conditions la contribution est-elle due ?

La contribution du locataire au partage des économies de charges résultant des travaux d'efficacité énergétique réalisés par le bailleur est exigible à la condition que ce dernier ait engagé une démarche de concertation avec le locataire portant sur le programme de travaux qu'il envisage d'entreprendre, les modalités de leur réalisation, les bénéfices attendus en termes de consommation énergétique du logement et la contribution du locataire, notamment sa durée, au partage des économies de charges résultant de ces travaux.

À l'issue des travaux, une ligne supplémentaire en plus des lignes relatives au loyer et aux charges intitulée : « Contribution au partage de l'économie de charges » et la mention des dates de la mise en place et du terme de cette ligne supplémentaire ainsi que de la date d'achèvement des travaux sont inscrites sur chaque avis d'échéance et portées sur chaque quittance remise au locataire.

Le versement de la contribution est exigible à partir du mois civil qui suit la date de fin des travaux.

À NOTER

Préalablement à la conclusion d'un nouveau bail avec un autre locataire pendant la durée de versement de la contribution du locataire au titre des économies d'énergie, le bailleur doit apporter au nouveau locataire les éléments qui justifient les travaux réalisés et le maintien de cette contribution et l'informe de son terme.

Quels sont les travaux d'économie d'énergie concernés ?

Une contribution du locataire peut être demandée pour financer les travaux d'économie d'énergie suivants :

- soit des travaux correspondant à une combinaison d'au moins deux actions d'amélioration de la performance énergétique du logement ou du bâtiment concerné, parmi les actions suivantes :
  – travaux d'isolation thermique des toitures,
  – travaux d'isolation thermique des murs donnant sur l'extérieur,
  – travaux d'isolation thermique des parois vitrées donnant sur l'extérieur,
  – travaux de régulation ou de remplacement de systèmes de chauffage ou de production d'eau chaude sanitaire,
  – travaux d'installation d'équipements de chauffage utilisant une source d'énergie renouvelable,
  – travaux d'installation d'équipements de production d'eau chaude sanitaire utilisant une source d'énergie renouvelable.

Ces travaux et le niveau minimal de performance énergétique atteint doivent être conformes aux exigences définies par les articles R. 131-25 à R. 131-28 du Code de la construction et de l'habitation et par l'arrêté du 23/11/2009 ;

- soit des travaux conformes aux exigences définies aux articles R. 131-25 à R. 131-28 du Code de la construction et de l'habitation et permettant d'amener la consommation d'énergie du bâtiment pour le chauffage, la ventilation, la production d'eau chaude sanitaire, le refroidissement et l'éclairage des locaux en dessous d'un seuil défini par l'arrêté du 23/11/2009.

Comment est calculée la contribution du locataire ?

L'économie de charges sur laquelle est basée la contribution demandée au locataire en contrepartie des travaux d'amélioration énergétique réalisés par le bailleur est calculée par une méthode de calcul conventionnel de la consommation d'énergie résultant d'une étude thermique préalable et prenant en compte les caractéristiques techniques et énergétiques du bâtiment, sa localisation géographique, etc.

La contribution peut néanmoins être fixée de manière forfaitaire si l'une au moins des conditions suivantes est remplie :

– les caractéristiques constructives du bâtiment sont incompatibles avec la méthode de calcul ;

– le bailleur ne possède pas plus de trois logements mis en location dans l'immeuble considéré.

La méthode de calcul et le forfait, qui tient compte des caractéristiques des logements considérés, sont définis l'arrêté du 23/11/2009. Il est notamment prévu que, lorsque le bailleur ne détient pas plus de trois logements locatifs dans l'immeuble considéré, le montant de la contribution mensuelle peut être fixé de manière forfaitaire, fixe et non révisable, en fonction du nombre de pièces *(Voir pages Barème)*.

Les montants de ces forfaits pourront être actualisés par arrêté tous les 3 ans en fonction de l'évolution de l'indice de révision des loyers (IRL). Ces nouveaux forfaits ne s'appliqueront qu'aux travaux d'efficacité énergétique réalisés après la date de publication de l'arrêté modificatif.

Entretien, travaux et aménagement

En cours de location, le logement doit être entretenu et des travaux peuvent même se révéler nécessaires. Il importe donc de savoir qui, du propriétaire ou du locataire, aura la charge de cet entretien et de ces travaux. La loi du 6/7/1989 et les décrets du 26/8/1987 et du 30/1/2002 fournissent sur ce point des indications indispensables qui doivent permettre de prévenir la plupart des litiges.

L'état du local en début de location

L'obligation de délivrer un logement décent

Le bailleur a l'obligation de délivrer au locataire un logement décent (*Loi du 6/7/1989, Art. 6*), c'est-à-dire répondant à des normes minimales de sécurité et de confort. Ces normes, qui ont trait à la sécurité et à la santé des occupants, aux éléments d'équipement et de confort du logement ainsi qu'à l'habitabilité de celui-ci, sont fixées par le décret n° 2002-120 du 30/1/2002.

La loi ELAN du 23/11/2018 a apporté une précision à la notion de logement décent : le logement doit être « exempt de toute infestation d'espèces nuisibles et parasites ».

En 2018, la performance énergétique est devenue un nouveau critère de qualification du logement décent. À compter du 1/1/2028, la consommation énergétique des logements ne devra pas excéder 330 kWh d'énergie primaire par m² et par an (sauf exceptions).

Si le logement loué ne satisfait pas aux normes de décence, et sans que cela ne remette en cause le contrat de location en cours :

– le locataire peut demander au propriétaire de procéder aux travaux de mise en conformité des locaux. À défaut d'accord entre les parties ou à défaut de réponse du propriétaire dans un délai de 2 mois, la commission départementale de conciliation peut être saisie et rendre un avis dans les conditions fixées à l'article 20 de la loi du 6/7/1989. La saisine de la commission ou la remise de son avis ne constitue pas un préalable nécessaire à la saisine du juge par l'une ou l'autre des parties. Depuis le 1/1/2015, si le locataire bénéficie d'une allocation de logement, l'information du bailleur par la CAF (ou la caisse de MSA) de son obligation de mise en conformité du logement tient lieu de demande de mise en conformité par le locataire ;

– le juge saisi par le locataire ou le propriétaire détermine, le cas échéant, la nature des travaux à réaliser et le délai de leur exécution. Il peut réduire le montant du loyer ou suspendre, avec ou sans consignation, son paiement et la durée du bail jusqu'à l'exécution de ces travaux. Le juge transmet au représentant de l'État dans le département l'ordonnance ou le jugement constatant que le logement loué ne satisfait pas aux normes du logement décent ;

– si un ou plusieurs locataires ont avec un même bailleur un litige portant sur la notion de décence du logement, ils ont la faculté de donner mandat à une association d'agir en justice, en leur nom, ou de les assister. La collectivité territorialement compétente en matière d'habitat ainsi que la CAF (ou la caisse de MSA) peuvent être destinataires de ce mandat à agir (*Loi du 6/7/1989, Art. 24-1*).

En outre, si le logement ne répond pas aux caractéristiques du logement décent, le bailleur ne peut demander le versement en tiers-payant (c'est-à-dire directement à lui) de l'allocation de logement dont bénéficie, le cas échéant, son locataire. Les CAF peuvent cesser de verser l'allocation de logement et la conserver pour une durée maximale de 18 mois, délai laissé au propriétaire pour effectuer les travaux de mise aux normes nécessaires. Durant ce délai, le locataire s'acquittera du montant du loyer et des charges récupérables, diminué du montant des allocations de logement dont il aura été informé par l'organisme payeur. Le bailleur ne pourra pas utiliser cette diminution à l'encontre du locataire pour obtenir la résiliation du bail (*Code de la Sécurité sociale, Art. L. 542-2 et D. 542-14-1*).

À NOTER

Les caractéristiques du logement décent telles que fixées par le décret du 30/1/2002 (voir plus loin) ne s'appliquent pas aux logements-foyers et aux logements destinés aux travailleurs agricoles qui sont soumis à des règlements spécifiques.

À NOTER

Il est possible de consulter les caractéristiques essentielles d'un logement décent sur le site : www.service-public.fr (taper « logement décent » dans le moteur de recherche).

L'obligation de délivrer un logement en bonétat

Le bailleur a l'obligation de délivrer au locataire un logement en bon état d'usage et de réparation ainsi que les équipements mentionnés au contrat en bon état de fonctionnement (*Loi du 6/7/1989, Art. 6*). Si cette disposition n'implique pas que le logement soit remis à neuf à chaque nouvelle location, elle suppose toutefois que tout ce qui le constitue et l'équipe soit en bon état. Rappelons que c'est à travers l'état des lieux que les deux parties prennent acte de l'état réel du logement donné en location.

AVANTAGE

Le locataire peut prendre en charge certains travaux, et, en contrepartie, bénéficier d'une réduction temporaire de son loyer.

Quelles sont les réparations qui incombent au locataire ?

Le locataire doit prendre à sa charge l'entretien courant du logement, les équipements mentionnés au contrat (il peut s'agir, par exemple, d'une piscine, d'un tennis...), les menues réparations et les réparations dites locatives (*Loi du 6/7/1989, Art. 7 d*).

Deux précisions permettent de mesurer la portée de cette règle :

- la liste des réparations dites locatives est actuellement fixée par le décret n° 87-712 du 26/8/1987. Mais il faut savoir que cette liste n'est pas limitative et que vous n'y trouverez donc pas toujours le détail que vous y cherchez. Sa lecture doit toutefois vous aider à savoir si telle ou telle réparation incombe au propriétaire ou au locataire ;
- le locataire n'est pas tenu aux réparations locatives lorsque celles-ci sont la conséquence de la vétusté, de malfaçons, de vices de construction, de cas fortuit ou de force majeure. Afin de limiter les risques de contentieux, la vétusté fait désormais l'objet d'une définition par le décret n° 2016-382 du 30/3/2016 (ce texte peut être consulté sur le site *www.legifrance.gouv.fr*), en vigueur depuis le 1/6/2016. Celle-ci est désormais définie comme « l'état d'usure ou de détérioration résultant du temps ou de l'usage normal des matériaux et éléments d'équipement dont est constitué le logement ».

Le propriétaire et le locataire (ou leurs représentants) peuvent convenir de l'application d'une grille de vétusté dès la signature du bail choisie parmi celles ayant fait l'objet d'un accord collectif de location ou d'un accord collectif local, même si le logement en cause ne relève pas du secteur locatif régi par l'accord.

Dans tous les cas, la grille choisie d'un commun accord entre les parties doit définir, au minimum, pour les principaux matériaux et équipements du bien loué, une durée de vie théorique et des coefficients d'abattement forfaitaire annuels affectant le prix des réparations locatives auxquelles serait tenu le locataire.

À NOTER

Si au cours de la location, le locataire a connaissance de la présence de termites dans les parties privatives qu'il occupe, il doit en faire la déclaration à la mairie. Concernant les parties communes de l'immeuble, c'est au syndicat des copropriétaires, par l'intermédiaire du syndic, qu'incombe la déclaration.

À NOTER

Si des parasites tels que des punaises de lit apparaissent en cours de location et que le bailleur peut prouver que l'infestation est due au manque d'entretien du locataire, il peut faire mettre à sa charge la désinsectisation du logement (Loi du 6/7/1989, Art. 7).

Décret n° 2002-120 du 30/1/2002 relatif aux caractéristiques du logement décent

« **Art 1**er**.** Un logement décent est un logement qui répond aux caractéristiques définies par le présent décret. »

« Art. 2. Le logement doit satisfaire aux conditions suivantes, au regard de la sécurité physique et de la santé des locataires :

1. Il assure le clos et le couvert. Le gros œuvre du logement et de ses accès est en bon état d'entretien et de solidité et protège les locaux contre les eaux de ruissellement et les remontées d'eau. Les menuiseries extérieures et la couverture avec ses raccords et accessoires assurent la protection contre les infiltrations d'eau dans l'habitation. Pour les logements situés dans les départements d'outre-mer, il peut être tenu compte, pour l'appréciation des conditions relatives à la protection contre les infiltrations d'eau, des conditions climatiques spécifiques à ces départements ;
2. Il est protégé contre les infiltrations d'air parasites. Les portes et fenêtres du logement ainsi que les murs et parois de ce logement donnant sur l'extérieur ou des locaux non chauffés présentent une étanchéité à l'air suffisante. Les ouvertures des pièces donnant sur des locaux annexes non chauffés sont munies de portes ou de fenêtres. Les cheminées doivent être munies de trappes. Ces dispositions ne sont pas applicables dans les départements situés outre-mer(1) ;
3. Les dispositifs de retenue des personnes, dans le logement et ses accès, tels que garde-corps des fenêtres, escaliers, loggias et balcons, sont dans un état conforme à leur usage ;
4. La nature et l'état de conservation et d'entretien des matériaux de construction, des canalisations et des revêtements du logement ne présentent pas de risques manifestes pour la santé et la sécurité physique des locataires ;
5. Les réseaux et branchements d'électricité et de gaz et les équipements de chauffage et de production d'eau chaude sont conformes aux normes de sécurité définies par les lois et règlements et sont en bon état d'usage et de fonctionnement ;
6. Le logement permet une aération suffisante. Les dispositifs d'ouverture et les éventuels dispositifs de ventilation des logements sont en bon état et permettent un renouvellement de l'air et une évacuation de l'humidité adaptés aux besoins d'une occupation normale du logement et au fonctionnement des équipements ;
7. Les pièces principales, au sens du troisième alinéa de l'article R. 111-1 du code de la construction et de l'habitation, bénéficient d'un éclairement naturel suffisant et d'un ouvrant donnant à l'air libre ou sur un volume vitré donnant à l'air libre. »

« Art. 3. Le logement comporte les éléments d'équipement et de confort suivants :

1. Une installation permettant un chauffage normal, munie des dispositifs d'alimentation en énergie et d'évacuation des produits de combustion et adaptée aux caractéristiques du logement. Pour les logements situés dans les départements d'outre-mer, il peut ne pas être fait application de ces dispositions lorsque les conditions climatiques le justifient ;
2. Une installation d'alimentation en eau potable assurant à l'intérieur du logement la distribution avec une pression et un débit suffisants pour l'utilisation normale de ses locataires ;
3. Des installations d'évacuation des eaux ménagères et des eaux-vannes empêchant le refoulement des odeurs et des effluents et munies de siphon ;
4. Une cuisine ou un coin cuisine aménagé de manière à recevoir un appareil de cuisson et comprenant un évier raccordé à une installation d'alimentation en eau chaude et froide et à une installation d'évacuation des eaux usées ;
5. Une installation sanitaire intérieure au logement comprenant un W.-C., séparé de la cuisine et de la pièce où sont pris les repas, et un équipement pour la toilette corporelle, comportant une baignoire ou une douche, aménagé de manière à garantir l'intimité personnelle, alimenté en eau chaude et froide et muni d'une évacuation des eaux usées. L'installation sanitaire d'un logement d'une seule pièce peut être limitée à un W.-C. extérieur au logement à condition que ce W.-C. soit situé dans le même bâtiment et facilement accessible ;
6. Un réseau électrique permettant l'éclairage suffisant de toutes les pièces et des accès ainsi que le fonctionnement des appareils ménagers courants indispensables à la vie quotidienne.

Dans les logements situés dans les départements d'outre-mer, les dispositions relatives à l'alimentation en eau chaude prévues aux 4 et 5 ci-dessus ne sont pas applicables. »

« Art. 4. Le logement dispose au moins d'une pièce principale ayant soit une surface habitable au moins égale à 9 m et une hauteur sous plafond au moins égale à 2,20 mètres, soit un volume habitable au moins égal à 20 m^3.

La surface habitable et le volume habitable sont déterminés conformément aux dispositions des deuxième et troisième alinéas de l'article R. 111-2 du code de la construction et de l'habitation. »

« Art. 5. Le logement qui fait l'objet d'un arrêté d'insalubrité ou de péril ne peut être considéré comme un logement décent. [...] »

La vétusté

La vétusté est le résultat d'un usage prolongé et normal du bien loué. Il faut la distinguer de l'usage anormal du bien loué, qui peut entraîner sa dégradation ou celle de certains de ses éléments. Cette distinction est très importante, mais elle n'est pas toujours facile à faire.

En voici une illustration :

- avant de le donner en location, un propriétaire fait repeindre son logement et changer les moquettes. Il loue le local, dès les travaux terminés, à un locataire qui restera dans les lieux 10 ans. Au départ de ce locataire, les peintures sont ternies et la moquette usée, notamment aux endroits très passants. Il s'agit là d'une usure normale après 10 ans de location, donc de vétusté, et le propriétaire ne peut exiger de son locataire qu'il remette à neuf les peintures et les moquettes à son départ ;
- prenons la même situation à une différence près : le locataire ne reste que 2 ans. Il part en laissant un logement dont les murs de cuisine sont très sales, du fait de la suppression d'une ventilation, et dont la moquette est hors d'usage, pour avoir été exagérément lessivée. Les détériorations proviennent d'un usage anormal, et le propriétaire peut donc exiger une remise en état des peintures et de la moquette ou retenir le prix de ces réfections sur le dépôt de garantie qu'avait versé le locataire lors de son entrée dans les lieux.

À NOTER

Afin de limiter autant que possible les litiges relatifs à la prise en compte de la vétusté, le décret n° 2016-382 du 30/3/2016 détermine les modalités de cette prise en compte.

À NOTER

Le locataire a toujours intérêt à obtenir un accord écrit de son bailleur avant de procéder ou de faire procéder à une réparation. En cas d'urgence, il faut demander au réparateur de préciser très clairement, sur sa facture, le degré de l'urgence, le motif de son intervention, les pièces qu'il a changées…

Les vices de construction ou malfaçons

Si le local est mal construit, qu'il présente des vices de conception ou de construction, ce n'est pas au locataire d'en supporter les conséquences financières, mais au propriétaire. Celui-ci pourra d'ailleurs, dans la majorité des cas, se retourner contre le constructeur ou l'installateur.

Le locataire doit signaler immédiatement, et par écrit (lettre recommandée avec avis de réception), un problème de ce type au propriétaire, justement pour lui permettre d'engager les recours nécessaires.

Si le locataire a déjà engagé des dépenses, le propriétaire doit les lui rembourser, sur présentation des justificatifs. S'il est impossible de remédier au défaut de construction ou à la malfaçon, le propriétaire peut proposer à son locataire une résiliation du contrat ou une diminution du loyer en rapport avec le préjudice subi.

À NOTER

Pour savoir si la réparation résulte d'un défaut de construction ou d'une installation défectueuse, on peut, par exemple, demander à ses voisins si leur logement connaît ou non le même problème. Il est de toute façon recommandé au locataire qui doit faire face à une réparation urgente, causée, selon lui, par un vice de construction ou une malfaçon, d'exiger du dépanneur qu'il détaille sa facture et qu'il y indique clairement les raisons de son intervention.

La force majeure

Toutes les dégradations survenant à la suite d'un cas de force majeure (par exemple, des intempéries très violentes) sont à la charge du propriétaire. Bien entendu, il ne faut pas que le locataire ait causé ou aggravé le dégât par négligence, sans quoi il pourrait alors être tenu aux réparations. Il en sera ainsi, par exemple, si un fort orage dégrade le logement parce que le locataire avait laissé les fenêtres ouvertes.

Qu'est-ce qu'une convention de travaux ?

Pour les logements qui ne sont pas en bon état d'usage et de réparation ou dont les éléments d'équipement ne sont pas en bon état de fonctionnement, les parties peuvent signer, lors de l'entrée dans les lieux, une convention de travaux : le locataire prend en charge ces travaux de réparation à la charge du propriétaire et le coût de ces travaux s'impute sur le loyer (*Loi du 6/7/1989, Art. 6*).

Le locataire, étant dans les lieux, peut organiser comme il l'entend l'exécution des travaux, choisir les matériaux, les entreprises…

Le bailleur de son côté, n'a pas à s'occuper de la remise en état du logement loué. Au départ du locataire, il pourra conserver les équipements installés. Cette convention est autorisée à condition que le local respecte les normes minimales de confort et d'habitabilité prévues aux décrets du 6/3/1987 et du 30/1/2002 relatifs aux caractéristiques d'un logement décent.

Les travaux à la charge du locataire ne doivent pas porter sur l'habitabilité même du local (exemple :

installation d'un chauffage), mais uniquement sur des réparations ou remises en état.

La convention de travaux doit figurer au contrat de bail. La clause doit préciser tout d'abord les travaux dont va se charger le locataire en entrant dans les lieux. En pratique, les parties peuvent joindre au contrat les devis de ces travaux. Elle doit prévoir également l'imputation des travaux sur le loyer, la durée de cette imputation ainsi que l'hypothèse d'un départ anticipé du locataire. Dans ce cas, ce dernier sera dédommagé de ses dépenses.

Que se passe-t-il en cas de désaccord ?

Dès l'apparition d'un désordre qui nécessite une intervention, le locataire, s'il estime que la charge de cette réparation revient au bailleur, doit le lui faire savoir par lettre recommandée avec avis de réception. Cette lettre doit indiquer clairement les défauts constatés et leur localisation. Il est judicieux de fixer au bailleur un délai de réponse au-delà duquel il sera assigné devant les tribunaux pour l'obliger à réparer ou pour obtenir l'autorisation de faire les travaux à sa place. Le locataire ne doit, en effet, jamais entreprendre de travaux aux lieu et place du bailleur avant :

– soit d'avoir obtenu de sa part un accord écrit précisant les modalités d'exécution et de remboursement de ces travaux ;

– soit d'avoir obtenu l'autorisation du tribunal, si une solution amiable n'a pas été trouvée. En ce cas, le tribunal, s'il estime la demande fondée, fixe les modalités de remboursement des travaux (le plus souvent, par retenue sur les loyers à venir).

Si les travaux présentent un caractère d'urgence, le locataire doit les faire effectuer avant même d'avoir pu prévenir le bailleur. À défaut de trouver un accord amiable avec ce dernier, il devra saisir le tribunal pour se les faire rembourser. Il est donc impératif pour lui de conserver les factures détaillées de ces réparations.

Quels sont les travaux qui incombent au bailleur ?

Les réparations autres que locatives

Le bailleur est obligé d'entretenir les locaux en état de servir à l'usage prévu par le contrat et d'y faire toutes les réparations autres que locatives nécessaires au maintien en état et à l'entretien normal des locaux loués (*Loi du 6/7/1989, Art. 6 c*).

Il faut ainsi considérer que restent à la charge du bailleur toutes les « grosses réparations » touchant au gros œuvre, ainsi que les réparations importantes portant sur les éléments d'équipement. Il s'agit aussi, d'une façon générale, de tout ce qui assure la conservation du bâtiment (toiture, étanchéité…) et qui fait que le local demeure en état de servir à l'usage indiqué dans le contrat de location ° 47).

ATTENTION ⚠

Les travaux de désamiantage sont toujours à la charge du propriétaire, même si c'est le locataire qui a installé un faux plafond contenant de l'amiante. En effet, les travaux de retrait de l'amiante ne peuvent pas être considérés comme des « travaux d'entretien courant » ou de « menues réparations » (Réponse ministérielle, JOAN, 3/3/2003).

Les travaux imposés par la loi

Les travaux rendus obligatoires par une décision administrative sont à la charge du bailleur. Il peut s'agir, par exemple, des travaux suivants :

– porte de sécurité pour les ascenseurs ;

– compteur de calories ;

– dispositifs de sécurité pour les portes de garages ;

– ravalement, etc.

En revanche, les dépenses d'entretien liées à ces équipements restent à la charge du locataire.

La possibilité d'accéder au logement du locataire

Le locataire a l'obligation de permettre l'accès à son logement (ou aux annexes comprises dans la location, tel qu'un garage par exemple) pour la préparation et l'exécution :

– de travaux d'amélioration des parties communes ou des parties privatives de l'immeuble ;

– de travaux nécessaires au maintien en état ou à l'entretien normal des locaux loués ;

– de travaux d'amélioration de la performance énergétique à réaliser dans ces locaux ;

– et de travaux qui permettent de remplir les obligations de mise aux normes de décence fixées par la loi.

Avant le début des travaux, le locataire est informé par le bailleur de leur nature et des modalités de leur exécution par une notification de travaux qui lui est remise en main propre ou par lettre recommandée avec avis de réception. Les travaux ne peuvent pas être réalisés les samedis, dimanches et jours fériés sans l'accord exprès du locataire.

Si les travaux entrepris dans un logement occupé (ou leurs conditions de réalisation) présentent un caractère abusif ou vexatoire ou ne respectent pas les conditions définies dans la notification de préavis de travaux ou encore si leur exécution a pour effet de rendre l'utilisation du logement impossible ou dangereuse, le juge peut prescrire, à la demande du locataire, l'interdiction ou l'interruption des travaux entrepris (*Loi du 6/7/1989, Art. 7 e*).

AVANTAGE

Si les travaux durent plus de 21 jours, le locataire peut prétendre à une diminution de loyer proportionnelle au temps et à la partie du logement dont il aura été privé. Il peut même demander la résiliation du bail si les travaux rendent inhabitable le logement (Code civil, Art. 1724, alinéa 2).

Le locataire peut-il faire des travaux ?

Tout dépend de la nature des travaux :
– s'il s'agit de simples aménagements, le locataire peut les réaliser librement, et le bailleur ne peut s'y opposer ;
– s'il s'agit de transformations, le locataire doit obtenir l'accord écrit de son bailleur.

Reste évidemment à déterminer ce qui relève du simple aménagement et ce qui relève de la transformation des locaux, sachant qu'il n'existe aucune définition légale de ces deux notions. En règle générale, on s'accorde pour considérer que constituent des transformations tout ce qui touche à la distribution des pièces, au cloisonnement : percement ou suppression de fenêtres, suppression ou création de cloisons, création d'une salle de bains dans une chambre, etc.

Au contraire, relèveront d'un simple aménagement des travaux de peinture ou de tapisserie, l'installation d'un double vitrage, la pose de radiateurs électriques, etc.

Cette distinction, parfois difficile à établir, peut avoir des conséquences importantes pour le locataire. En effet, s'il entreprend des transformations dans son logement, sans l'accord écrit de son bailleur, celui-ci pourra :
– soit exiger, à son départ, la remise des locaux loués dans leur état initial ;
– soit conserver les transformations, sans rien devoir au locataire ;
– soit demander la remise en état immédiate, si les transformations opérées mettent en péril le bon fonctionnement des éléments d'équipement ou la sécurité du local (par exemple, si le locataire a percé l'un des murs porteurs de son logement).

En cas de litige, c'est au tribunal qu'il appartiendra de dire si les travaux constituent un simple aménagement ou au contraire une transformation du logement.

À NOTER

Là encore, comme toujours lorsqu'il s'agit de travaux ou de réparations, le locataire a tout intérêt à obtenir l'accord préalable et écrit de son bailleur sur les travaux qu'il envisage de réaliser.

Des travaux de transformation permettant l'adaptation du logement aux personnes en perte d'autonomie ou en situation de handicap peuvent être réalisés par le locataire et à ses frais.

Ces travaux doivent faire l'objet d'une demande écrite du locataire par lettre recommandée avec avis de réception auprès du bailleur. L'absence de réponse dans un délai de 4 mois à compter de la date de réception de la demande vaut décision d'acceptation.

Dans cette hypothèse, au départ du locataire, le bailleur ne pourra pas exiger la remise en l'état des lieux (*Décret n° 2016-1282 du 29/9/2016*).

À NOTER

Un locataire peut demander l'installation à ses frais de bornes de recharge pour les véhicules électriques et hybrides rechargeables permettant un décompte individualisé des consommations. Le propriétaire d'un immeuble doté d'un parc de stationnement d'accès sécurisé à usage privatif ou le syndicat des copropriétaires ne peut s'y opposer sans motif sérieux et légitime (par exemple, décision déjà prise de réaliser de tels travaux dans un délai raisonnable). Avant les travaux, une convention doit être signée entre le prestataire choisi par le locataire et le propriétaire ou le syndicat de copropriétaires (Code de la construction et de l'habitation, Art. L. 111-3-8 et L. 111-3-9).

LA LUTTE CONTRE LE SATURNISME

Si un cas de saturnisme (intoxication au plomb) est constaté chez une personne mineure, le préfet fait procéder à un diagnostic de l'immeuble concerné. Si le risque d'intoxication des occupants est confirmé, il notifie au propriétaire les conclusions du diagnostic et l'injonction de travaux par lettre recommandée avec avis de réception (*Code de la santé publique, Art. L. 1334-2*). Le propriétaire doit alors faire exécuter, à ses frais, les travaux d'assainissement du logement.

Les propriétaires bailleurs, ainsi que les propriétaires occupants, peuvent, sous certaines conditions, bénéficier d'une aide de l'Agence nationale de l'habitat (ANAH) afin de financer des travaux de suppression des peintures au plomb présentes dans le logement qu'ils louent ou qu'ils occupent. Tous les renseignements peuvent être obtenus auprès de la délégation locale de l'ANAH du département dans lequel est situé l'immeuble (adresses sur le site Internet *www.anah.fr*).

À noter : certaines victimes du saturnisme peuvent être indemnisées par la Commission d'indemnisation des victimes d'infraction (CIVI) qui siège auprès de chaque tribunal judiciaire.

Attention : pour les immeubles affectés en tout ou partie à l'habitation, construits avant le 1/1/1949, un « constat de risques d'exposition au plomb » (CREP) doit être compris dans le « dossier de diagnostic technique » annexé au contrat de location au moment de sa conclusion ou de son renouvellement. Plus généralement, si le CREP met en évidence la présence de revêtements contenant du plomb à des concentrations supérieures à des seuils définis par l'arrêté du 25/4/2006, le propriétaire bailleur doit faire procéder, de sa propre initiative et à ses frais, aux travaux appropriés pour supprimer le risque d'exposition au plomb : la non réalisation de ces travaux avant la mise en location du logement constitue alors un manquement grave aux obligations particulières de sécurité et de prudence susceptible d'engager sa responsabilité pénale (*Code de la santé publique, Art. L. 1334-9*).

La fin du bail

Un contrat de location peut prendre fin de différentes manières : par le congé donné par l'une ou l'autre des parties, par la résiliation demandée par le propriétaire lorsque le locataire n'exécute plus ses obligations ou, dans certaines conditions, par le décès du locataire ou l'abandon de domicile. Les règles applicables diffèrent d'une situation à l'autre, même si leur objet est avant tout d'offrir certaines garanties au locataire.

Le congé

Chacune des parties, locataire comme propriétaire, peut donner congé. Mais une différence essentielle existe toutefois : le locataire peut donner congé lorsqu'il le souhaite et sans motif, sous réserve d'observer un préavis, alors que le propriétaire ne peut le faire qu'en fin de bail, qui plus est pour un motif précis.

› Le congé du locataire

Le locataire peut donner congé à tout moment en cours de bail, sans avoir à motiver sa décision. Il doit simplement observer une condition de forme et un délai de préavis.

La condition de forme

Le congé doit être donné par lettre recommandée avec avis de réception ou par acte d'huissier). Pour les congés délivrés dans le cadre de contrats de location conclus à compter du 27/3/2014, le congé peut également être remis en main propre contre récépissé ou émargement (Loi du 6/7/1989, Art. 15).

Le délai de préavis

Le délai à respecter est de 3 mois. Il commence à courir le jour de la réception par le bailleur de la lettre recommandée, de la signification de l'acte d'huissier ou de la remise en main propre. Ce délai peut être réduit à 1 mois, dans les cas suivants, à condition pour le locataire d'en apporter la justification :

– en cas d'obtention d'un premier emploi ;

– en cas de mutation professionnelle, de perte d'emploi (y compris en cas de rupture conventionnelle d'un CDI) ou de nouvel emploi consécutif à une perte d'emploi ;

– si l'état de santé du locataire justifie un changement de domicile (le locataire doit produire un certificat médical attestant de l'obligation de changer de domicile) ;

– si le locataire bénéficie du revenu de solidarité active (RSA) ou de l'allocation aux adultes handicapés (AAH) ;

– lorsque le logement est situé dans une zone couverte par un arrêté préfectoral d'encadrement des loyers ;

– pour le locataire qui s'est vu attribuer un logement social.

Le locataire souhaitant bénéficier du délai réduit de préavis doit préciser le motif invoqué et le justifier au moment de l'envoi de la lettre de congé. À défaut, le délai de préavis applicable à ce congé est de 3 mois.

À NOTER

La notion de perte d'emploi justifiant un délai de préavis réduit à 1 mois doit être interprétée strictement. Il doit s'agir d'une perte d'emploi non imputable au locataire, ce qui exclut un simple changement d'activité, un abandon de poste ou une démission. Mais la Cour de cassation a élargi cette notion en jugeant que la fin d'un CDD équivalait à une perte d'emploi ouvrant droit au préavis d'1 mois (Cour de cassation, 3e chambre civile, 8/12/1999). Par ailleurs, la personne qui a perdu son emploi peut bénéficier du délai de préavis d'1 mois même si elle n'a pas changé de région (Cour de cassation, 3e chambre civile, 19/9/2012).

À NOTER

Le locataire qui donne congé reste redevable du paiement du loyer et des charges pendant toute la durée du préavis, même s'il n'occupe plus le logement. Cette obligation cesse si un nouveau locataire s'installe dans les lieux, qu'il ait été trouvé par le bailleur ou présenté par l'ancien locataire et accepté par le bailleur.

› Le congé donné par le bailleur

En cours de bail, le bailleur ne peut mettre fin au contrat, sauf s'il trouve un accord amiable avec son locataire ou s'il obtient la résolution judiciaire du contrat. En dehors de ces hypothèses, il devra attendre la fin du bail pour pouvoir donner congé à son locataire. Mais encore devra-t-il pouvoir justifier ce congé par l'un des motifs prévus par la loi : vente, reprise pour habiter, motif légitime et sérieux, et respecter la protection spéciale dont bénéficient certains locataires âgés). Le congé doit être notifié par lettre recommandée avec avis de réception, signifié par acte d'huissier ou être remis en main propre contre récépissé ou émargement (Loi du 6/7/1989, Art. 15). Le délai de préavis court à compter du jour de la réception de la lettre recommandée, de la signification de l'acte d'huissier ou de la remise en main propre.

À NOTER

En raison de l'état d'urgence sanitaire (qui s'est achevé le 10/7/2020), si le préavis a expiré entre le 12/3/2020 et le 23/6/2020, il est prolongé de 2 mois, soit jusqu'au 23/8/2020 (Ordonnance n° 2020-306 du 25/3/2020, Art. 5). Selon la Direction des affaires civiles et du sceau : « Le bailleur ne pourra donc prétendre à la reprise effective de son logement que 6 mois après la réception du congé par le locataire. La période qui s'étendra entre le terme contractuel du contrat et la reprise effective du logement pourra être considérée comme une prorogation temporaire du contrat ».

Des règles spécifiques existent dans les cas suivants :

- **Le logement est en colocation.** Le bailleur doit adresser un congé à chaque colocataire ayant signé le bail unique ou plusieurs baux.
- **Le bail a été signé par un couple marié.** Chacun des époux doit recevoir le congé. Mais, il n'est plus nécessaire d'adresser une lettre recommandée à chacun d'entre eux. La Cour de cassation a, en effet, assoupli cette règle et le bailleur peut désormais adresser un seul congé par lettre recommandée avec avis de réception au nom de Monsieur et Madame (*Cour de cassation, 3e chambre civile, 2/2/000*). Le congé sera valable si figurent sur l'avis de réception les deux signatures. Dans le cas contraire, il faudra réitérer le congé, éventuellement par acte d'huissier.
- **Le bail a été signé par un seul des époux** avant le mariage et l'existence du conjoint n'a pas été portée à la connaissance du bailleur. Ce dernier n'a pas à adresser le congé au conjoint.
- **Le bail a été signé par une personne liée par un PACS.** Les règles applicables aux époux mariés sont applicables aux partenaires : les notifications ou significations du bailleur doivent être adressées à chacun d'entre eux sauf si un seul d'entre eux a signé le bail et si l'existence du partenaire n'a pas été porté à la connaissance du bailleur (*Loi du 6/7/1989, Art. 9-1*).

En cas de contestation relative au délai de préavis, le bailleur devra prouver que son locataire a bien reçu l'acte 6 mois avant l'expiration du bail. La Cour de cassation a considéré qu'une lettre recommandée refusée ou non réclamée à La Poste et, par la suite, renvoyée à l'expéditeur n'était pas une notification valable. En conséquence, le congé ne pouvait produire ses effets vis-à-vis du locataire.

De même, lorsque l'avis de réception est signé de façon illisible et qu'il est impossible de prouver que le congé a été remis au bon destinataire, le délai de préavis ne peut commencer à courir.

En conséquence, il est fortement conseillé de s'adresser directement à un huissier pour que la validité du congé ne puisse, par la suite, être remise en cause.

Pendant la durée du préavis, si le congé est délivré par le bailleur, le loyer et les charges sont dus pour le temps où le locataire a réellement occupé les lieux.

En cas de contestation, le juge peut, même d'office, vérifier la réalité du motif du congé et le respect des obligations prévues par l'article 15 de la loi du 6/7/1989. Il peut notamment déclarer non valide le congé si la non-reconduction du bail n'apparaît pas justifiée par des éléments sérieux et légitimes.

NOTICE D'INFORMATION DU LOCATAIRE

Le contenu de la notice d'information relative aux obligations du bailleur et aux voies de recours et d'indemnisation du locataire qui doit être jointe au congé délivré par le bailleur en raison de sa décision de reprendre ou de vendre le logement a été déterminé par un arrêté ministériel (*Arrêté du 13/12/2017*). Cette disposition s'applique depuis le 1/1/2018 au titre des congés liés à des contrats de location conclus depuis le 27/3/2014 (*Loi du 6/7/1989, Art. 15*).

À NOTER

Chaque membre d'une société civile familiale constituée exclusivement entre parents et alliés jusqu'au 4e degré inclus peut bénéficier des dispositions sur le congé pour le logement que cette société donne en location. Il en est de même pour chaque membre d'une indivision, au titre du logement en indivision donné en location.

AVANTAGE

Le locataire qui reçoit un congé de son propriétaire peut quitter les lieux à tout moment pendant le préavis. Il n'est alors tenu de payer le loyer et les charges que pour le temps où il a occupé réellement le logement, et non pour toute la durée du préavis (Loi du 6/7/1989, Art. 15-I).

Le congé pour vente

Le bailleur peut souhaiter ne pas renouveler le bail afin de vendre le logement donné en location. Mais afin d'éviter les abus, il faut savoir que le locataire dispose d'une double garantie : il est prioritaire pour acheter le logement et dispose d'un droit de préemption si le logement est vendu à un prix inférieur à celui qui lui a été proposé.

- Le congé doit être donné au locataire 6 mois à l'avance et son motif, c'est-à-dire la mise en vente du logement, doit lui être précisée. Il doit indiquer le prix et les conditions de cette vente et reproduire l'article 15-II de la loi du 6/7/1989. En revanche, il n'a pas à indiquer la superficie de l'appartement ni à être accompagné du règlement de copropriété (*Cour de cassation, 3e chambre civile, 19/10/2005*).

Ce congé vaut offre de vente au profit du locataire, qui peut donc, s'il le désire, se porter acquéreur du logement aux conditions proposées.

- À compter de la réception du congé pour vendre valant offre d'achat, le locataire dispose d'un délai de 2 mois pour accepter cette offre. En cas d'acceptation, il dispose à nouveau d'un délai de 2 mois pour réaliser la vente (c'est-à-dire signer chez le notaire), ce délai étant porté à 4 mois si le locataire précise dans sa réponse qu'il a l'intention de recourir à un prêt pour acheter le logement. Si la vente n'est pas faite dans le délai prévu, le locataire doit quitter les lieux au terme du bail.

Si le locataire n'a pas accepté l'offre de vente dans les 2 premiers mois du préavis, il doit libérer le logement au plus tard à la fin du contrat.

- Si le propriétaire décide de vendre à un prix moins élevé que celui proposé au locataire, le notaire a l'obligation de proposer ces nouvelles conditions au locataire à moins que le propriétaire ne l'ait déjà fait. La notification est envoyée à la nouvelle adresse, si elle a été communiquée par le locataire ou, à défaut, à l'ancienne. Elle doit reproduire les alinéas 1 à 5 du § II de l'article 15 de la loi du 6/7/1989.

L'offre est valable pendant 1 mois à compter de la réception et devient caduque au-delà si elle n'a pas été acceptée. Si le locataire décide de se porter acquéreur à ces nouvelles conditions, il dispose de 2 mois pour réaliser la vente, délai porté à 4 mois s'il indique dans sa réponse devoir recourir à un prêt pour financer l'achat.

À NOTER

Si l'acheteur du logement est un parent du propriétaire jusqu'au 3e degré inclus, le locataire n'est pas prioritaire pour acheter. Mais l'acquéreur doit alors occuper le logement pendant au moins 2 ans à compter de l'expiration du délai de préavis.

À NOTER

Si le locataire est marié, le congé, quel qu'en soit le motif, doit être notifié à chacun des époux dans les formes prescrites. La Cour de cassation a jugé valable le congé donné par lettre recommandée unique adressée à « Monsieur et Madame », l'avis de réception ayant été signé par les deux époux (Cour de cassation, 3e chambre civile, 2/2/2000). À défaut, le congé n'aurait aucun effet à l'encontre de l'époux à qui il n'a pas été notifié, et qui resterait donc titulaire du bail. Seule exception à ce principe : l'hypothèse où le locataire n'a pas informé le bailleur du fait qu'il était marié ; dans ce cas, le congé qui lui est délivré est aussi valable vis-à-vis de son conjoint (Loi du 6/7/1989, Art. 9-1). La preuve que l'information relative à l'existence du mariage a bien été faite incombe au locataire (Cour de cassation, 3e chambre civile, 19/10/2005). La règle est la même en présence d'un partenaire lié par un PACS au locataire.

À NOTER

Des dispositions protectrices s'appliquent (information préalable, droit à reconduction temporaire du bail sous certaines conditions…) aux locataires d'un immeuble qui fait l'objet d'une « vente à la découpe » (vente en bloc de l'immeuble possédé par un unique propriétaire, suivi de sa mise en copropriété et de la revente des appartements), et auxquels un congé pour vente est signifié. Si vous êtes dans cette situation, il faut impérativement vous rapprocher d'une association de défense des locataires ou d'une association telle que l'ANIL qui pourra vous renseigner sur vos droits et vous aider à défendre au mieux vos intérêts, quitte à vous renvoyer vers un avocat spécialiste de droit immobilier.

ATTENTION AUX CONGÉS FRAUDULEUX !

Le fait pour un bailleur de délivrer un congé justifié frauduleusement par sa décision de reprendre ou de vendre le logement est puni d'une amende pénale dont le montant ne peut être supérieur à 6 000 € pour une personne physique et à 30 000 € pour une personne morale. Le montant de l'amende est proportionné à la gravité des faits constatés. Le locataire peut se constituer partie civile et demander réparation de son préjudice (*Loi du 6/7/1989, Art. 15 IV*).

Le congé pour reprise

Le bailleur peut aussi refuser le renouvellement du bail s'il souhaite occuper le logement ou le faire occuper par l'un de ses parents proches.

Il doit alors signifier son congé au locataire, 6 mois au moins avant la fin du bail. Ce congé doit obligatoirement préciser son motif et indiquer le nom et l'adresse du bénéficiaire de la reprise ainsi que, pour les congés liés à des contrats de location conclus à compter du 27/3/2014, la nature du lien existant entre le bailleur et le bénéficiaire de la reprise (*Loi du 6/7/1989, Art. 15-I*).

Le logement repris doit constituer la résidence principale du bénéficiaire de la reprise (*Cour de cassation, 3e chambre civile, 31/1/2001*). En cas de fraude (par exemple, le logement est remis immédiatement en location après le départ du locataire), le bailleur peut être condamné à verser au locataire injustement évincé des indemnités destinées à réparer le préjudice matériel (frais de déménagement et d'emménagement) et moral subi (*Cour de cassation, 3e chambre civile, 7/5/2002*). Pour les congés frauduleux délivrés au titre d'un contrat de location conclu à compter du 27/3/2014, il encourt en outre une amende pénale d'un montant de 6 000 € au maximum.

Seules les personnes suivantes peuvent bénéficier de la reprise :

– le bailleur ;

– son conjoint ;

– son concubin notoire (depuis au moins 1 an à la date du congé) ;

– le partenaire auquel il est lié par un PACS ;

– ses ascendants et ses descendants ou ceux de son conjoint, concubin, ou partenaire pacsé.

AVANTAGE

Si vous êtes locataire et que votre propriétaire a décidé de vendre votre logement, il ne peut exiger que vous laissiez visiter le local les jours fériés, ou plus de 2 heures par jour ouvrable. Si une telle clause est prévue au contrat, elle doit être considérée comme non écrite, et donc inapplicable (Loi du 6/7/1989, Art. 4). Cette règle joue également si vous quittez votre logement et qu'il doit être remis en location.

Le congé pour motif légitime et sérieux

Le propriétaire peut donner congé à son locataire pour un motif légitime et sérieux, notamment l'inexécution par le locataire de l'une des obligations qui lui incombent. Le congé doit être donné avec un délai de préavis de 6 mois. Il doit indiquer le motif du congé, qui n'est pas nécessairement lié à une faute du locataire.

À titre d'illustration, les faits suivants peuvent constituer un motif légitime et sérieux de congé :

– violation de l'interdiction de sous-louer ;

– comportement agressif, contraire aux obligations de bon voisinage ;

– opposition à la réalisation de travaux nécessaires à l'amélioration de l'immeuble (par exemple, pose de radiateurs de chauffage central) ;

– défaut de paiement régulier du loyer, qui peut également conduire, en cours de bail, à une demande de résiliation du bail ;

– transformation du logement sans accord du bailleur ;

– souhait du bailleur de faire des travaux importants dans le logement, etc.

En cas de contestation, seul le juge des contentieux de la protection du tribunal dont dépend le logement pourra apprécier si le motif du congé présentait bien un caractère légitime et sérieux. Sur ce point, l'article 15 de la loi du 6/7/1989, complété par la loi du 24/3/2014, précise que désormais, en cas de contestation, le juge peut, même d'office, vérifier la réalité du motif du congé et le respect de ses obligations par le bailleur. Il peut notamment déclarer non valide le congé si la non-reconduction du bail n'apparaît pas justifiée par des éléments sérieux et légitimes.

Les locataires protégés

Certains locataires bénéficient d'une protection spéciale : sauf exceptions, le propriétaire, même s'il a un motif pour le faire, ne peut leur donner congé sans leur proposer un logement de remplacement. Ce logement doit correspondre à leurs besoins et à leurs possibilités et doit être situé aux environs immédiats du précédent.

Cette protection spéciale s'applique à l'égard de tout locataire âgé de plus de 65 ans et dont les ressources annuelles sont inférieures au plafond de ressources en vigueur pour l'attribution des logements locatifs conventionnés fixé par arrêté, sans qu'un logement correspondant à ses besoins et à ses possibilités lui soit offert.

Ces dispositions ne sont toutefois pas applicables lorsque le bailleur est une personne physique âgée de plus de 65 ans ou si ses ressources annuelles sont inférieures au plafond mentionné ci-dessus.

L'âge du locataire et celui du bailleur sont appréciés à la date d'échéance du contrat ; le montant de leurs ressources est apprécié à la date de notification du congé.

À NOTER

Quel qu'en soit le motif, lorsque le congé est donné par le mandataire du propriétaire (administrateur de biens, par exemple), il doit impérativement mentionner le nom du propriétaire. À défaut, il sera considéré comme n'ayant aucun effet. Faute alors d'être renouvelé dans les règles, en respectant le préavis de 6 mois, le bail sera reconduit (Cour de cassation, Assemblée plénière, 13/2/1998).

La suspension du congé

La possibilité pour un bailleur de donner congé à un locataire et la durée du bail sont suspendues à compter de la réception :

– du courrier du préfet l'informant de la tenue de la réunion de la commission départementale compétente en matière d'environnement, de risques sanitaires et technologiques (CODERST), en vue de déclarer l'immeuble insalubre ;

– du courrier du maire engageant la procédure contradictoire relative aux bâtiments menaçant ruine, préalable à la prise d'un arrêté de péril (*Loi du 6/7/1989, Art. 15*).

Lorsqu'aucun arrêté d'insalubrité ou de péril n'est pris, la suspension est levée à l'expiration d'un délai maximal de 6 mois à compter de la réception du courrier du préfet ou du maire.

Lorsque le préfet ou le maire a notifié l'arrêté d'insalubrité ou de péril, le propriétaire doit assurer le relogement ou l'hébergement des occupants ou contribuer au coût correspondant et suspendre le versement du loyer (*Code de la construction et de l'habitation, Art. L. 521-1 et L. 521-2*).

À NOTER

La Cour de cassation a rappelé que la date de réception d'une lettre recommandée avec AR notifiant un congé est celle de la remise effective de la lettre à son destinataire (Cour de cassation, 3e chambre civile, 7/1/1998). C'est cette date qu'il faut retenir pour vérifier que le délai de préavis a bien été respecté. Lorsque l'on donne congé, il est donc préférable de le faire suffisamment à l'avance pour pouvoir réagir si nécessaire, de le faire délivrer par huissier ou de le remettre en main propre contre émargement.

Article 15-II de la loi du 6/7/1989 à reproduire dans un congé pour vente donné par le propriétaire

« **Art. 15-II**. Lorsqu'il est fondé sur la décision de vendre le logement, le congé doit à peine de nullité, indiquer le prix et les conditions de la vente projetée. Le congé vaut offre de vente au profit du locataire : l'offre est valable pendant les deux premiers mois du délai du préavis.
Les dispositions de l'article 46 de la loi n° 65-557 du 10 juillet 1965 fixant le statut de la copropriété des immeubles bâtis ne sont pas applicables au congé fondé sur la décision de vendre le logement.
À l'expiration du délai de préavis, le locataire qui n'a pas accepté l'offre de vente est déchu de plein droit de tout titre d'occupation sur le local.
Le locataire qui accepte l'offre dispose, à compter de la date d'envoi de sa réponse au bailleur, d'un délai de deux mois pour la réalisation de l'acte de vente. Si, dans sa réponse, il notifie son intention de recourir à un prêt, l'acceptation par le locataire de l'offre de vente est subordonnée à l'obtention du prêt et le délai de réalisation de la vente est porté à quatre mois. Le contrat de location est prorogé jusqu'à l'expiration du délai de réalisation de la vente. Si, à l'expiration de ce délai, la vente n'a pas été réalisée, l'acceptation de l'offre de vente est nulle de plein droit et le locataire est déchu de plein droit de tout titre d'occupation.
Dans le cas où le propriétaire décide de vendre à des conditions ou à un prix plus avantageux pour l'acquéreur, le notaire doit, lorsque le bailleur n'y a pas préalablement procédé, notifier au locataire ces conditions et prix à peine de nullité de la vente. Cette notification est effectuée à l'adresse indiquée à cet effet par le locataire au bailleur ; si le locataire n'a pas fait connaître cette adresse au bailleur, la notification est effectuée à l'adresse des locaux dont la location avait été consentie. Elle vaut offre de vente au profit du locataire. Cette offre est valable pendant une durée d'un mois à compter de sa réception. L'offre qui n'a pas été acceptée dans le délai d'un mois est caduque.
Le locataire qui accepte l'offre ainsi notifiée dispose, à compter de la date d'envoi de sa réponse au bailleur ou au notaire, d'un délai de 2 mois pour la réalisation de l'acte de vente. Si, dans sa réponse, il notifie son intention de recourir à un prêt, l'acceptation par le locataire de l'offre est subordonnée à l'obtention du prêt et le délai de réalisation de la vente est porté à 4 mois. Si, à l'expiration de ce délai, la vente n'a pas été réalisée, l'acceptation de l'offre de vente est nulle de plein droit.
Les termes des cinq alinéas précédents sont reproduits à peine de nullité dans chaque notification. »

La résiliation du bail

Si le bailleur ne peut, en principe, donner congé à son locataire en cours de bail, il a toutefois la possibilité, à tout moment, de demander la résiliation du contrat, dès lors que le locataire ne respecte plus ses obligations, notamment celles de payer le loyer, les charges, de s'assurer ou d'occuper paisiblement les locaux loués. Une possibilité de résiliation du bail est également ouverte en cas d'abandon du logement par ses occupants.

Le contrat de location peut d'ailleurs contenir une ou plusieurs clauses résolutoires de plein droit, mais uniquement pour l'un des motifs suivants :

– défaut de paiement du loyer ou des charges aux dates convenues ;
– défaut de versement du dépôt de garantie prévu au contrat ;
– défaut d'assurance du logement ;
– non-respect de l'obligation d'user paisiblement des locaux loués, résultant de troubles de voisinage constatés par une décision de justice passée en force de chose jugée.

› La résiliation pour défaut de paiement

Quelle est la procédure ?

Tout dépend du contenu du contrat :

– si le contrat ne contient pas de clause résolutoire, le bailleur doit demander en justice sa résiliation judiciaire. Le tribunal garde alors la possibilité d'apprécier la gravité des faits reprochés au locataire et de déterminer si ces faits justifient ou non la résiliation du bail. Il peut, dans tous les cas, accorder des délais au locataire ;
– si le contrat contient une clause résolutoire, le bailleur doit demander à un huissier de délivrer un commandement de payer. Ce document doit obligatoirement reproduire, de façon très lisible, l'article 24 de la loi du 6/7/1989, mais aussi les trois premiers alinéas de l'article 6 de la loi du 31/5/1990 (voir encadré plus loin) mentionnant la faculté pour le locataire de saisir

le fonds de solidarité pour le logement, dont l'adresse doit être précisée.

Si ce commandement reste infructueux passé le délai de 2 mois, le bailleur pourra demander au juge des contentieux de la protection dont dépend le logement de prononcer la résolution du bail, préalable à l'expulsion du locataire. Mais il faut savoir que le juge peut accorder au locataire des délais de paiement soit à sa demande, soit de sa propre initiative si le locataire lui paraît être en situation de régler sa dette locative, et cela non seulement dans les 2 mois qui suivent le commandement de payer mais aussi lors de l'audience, dans le cadre de l'examen de l'affaire.

À NOTER

L'assignation aux fins de constat de la résiliation est notifiée par l'huissier au préfet, par lettre recommandée avec avis de réception, au moins 2 mois avant l'audience afin qu'il saisisse l'organisme compétent dans le département pour l'accès et le maintien dans le logement des personnes défavorisées. L'organisme saisi réalise un diagnostic social et financier au cours duquel le locataire et le bailleur doivent présenter leurs observations, et le transmet au juge avant l'audience, ainsi qu'à la commission de coordination des actions de prévention des expulsions locatives (CCAPEX)(Loi du 6/7/1989, Art. 24).

Les bailleurs personnes morales (autres qu'une société civile constituée exclusivement entre parents et alliés jusqu'au 4e degré inclus) ne peuvent faire délivrer, sous peine d'irrecevabilité de la demande, une assignation aux fins de constat de résiliation du bail avant l'expiration d'un délai de 2 mois suivant la saisine de la CCAPEX. Cette saisine est réputée constituée lorsque persiste une situation d'impayés, situation préalablement signalée à la CAF (ou à la caisse de MSA) en vue d'assurer le maintien du versement de l'APL ou de l'allocation logement dont bénéficie le locataire. Cette saisine peut s'effectuer par voie électronique.

À NOTER

Si une personne s'est portée caution du locataire, le commandement de payer lui est signifié dans un délai de 15 jours à compter de sa signification au locataire. À défaut, elle ne peut être tenue au paiement des pénalités ou des intérêts de retard (Loi du 6/7/1989, Art. 24).

À NOTER

La Cour de cassation a jugé que le bailleur devait préalablement avoir régularisé le compte des charges locatives avant de pouvoir demander au juge la résiliation du bail pour non-paiement des loyers par son locataire (Cour de cassation, 3e chambre civile, 9/2/2005).

Que peut faire le locataire ?

Pendant le délai de 2 mois suivant le commandement de payer, le locataire doit absolument réagir :
– soit en payant sa dette, et la procédure s'arrête là ;
– soit en saisissant le juge des référés (tribunal judiciaire) afin d'obtenir des délais de paiement. Le juge peut ainsi accorder des délais de paiement dans la limite de 3 ans au locataire en situation de régler sa dette locative. À cette occasion, le juge peut d'office vérifier tout élément constitutif de la dette locative et le respect de l'obligation pour le bailleur de mettre à disposition du locataire un logement décent.

Pendant le délai accordé, les effets de la clause de résiliation de plein droit sont suspendus ; ce délai et les modalités de paiement accordés ne peuvent pas suspendre le paiement du loyer et des charges.

Si le locataire règle sa dette dans le délai et selon les modalités fixées par le juge, la clause de résiliation de plein droit est réputée ne pas avoir joué. Dans le cas contraire, à la moindre défaillance, et après une mise en demeure restée infructueuse, la résiliation est de droit et le preneur peut être expulsé.

À NOTER

Les délais de paiement (dans la limite de 3 ans) peuvent également être accordés par le juge des contentieux de la protection dont dépend le logement lors de l'audience devant statuer sur la résiliation du bail, même d'office, c'est-à-dire sans que le locataire n'en ait fait la demande.

À NOTER

Des situations conflictuelles peuvent amener le propriétaire à ne plus encaisser les chèques de son locataire, afin de pouvoir invoquer un non-paiement des loyers justifiant la résiliation du bail. Si un locataire constate une telle situation, il est de son intérêt de payer son loyer par mandat postal (le talon du mandat et l'avis de réception constituant la preuve du paiement) ou de le remettre en mains propres à son propriétaire contre la délivrance d'une quittance dûment datée.

AVANTAGE

En règle générale, le tribunal accepte d'accorder des délais de paiement à un locataire qui lui paraît être de bonne foi. Pour mettre toutes les chances de son côté, le locataire a intérêt à proposer spontanément au tribunal un échéancier raisonnable pour combler sa dette et, si possible, à verser un premier chèque de règlement à l'appui de cette proposition d'échéancier.

› La résiliation pour défaut d'assurance

Le locataire est obligé de s'assurer contre les risques locatifs ; il doit en justifier lors de la remise des clés, puis chaque année, si son bailleur lui en fait la demande (*Loi du 6/7/1989, Art. 7 g*). Pour satisfaire à cette obligation, le locataire doit donc recevoir, de son assureur, une attestation à remettre à son propriétaire. Tout manquement du locataire à cette obligation d'assurance peut conduire à la résiliation judiciaire du bail ou à la souscription par le propriétaire, pour le compte du locataire, d'une assurance des risques locatifs, dont la prime sera récupérable sur le locataire. Cette dernière possibilité résulte de la loi du 24/3/2014 ; elle est applicable à tous les contrats de location soumis à la loi du 6/7/1989, y compris ceux déjà en cours le 27/3/2014 (*Loi du 6/7/1989, Art. 7 g*).

Les règles applicables sont les suivantes :

– la clause prévoyant la résiliation de plein droit du contrat de location pour défaut d'assurance du locataire ne produit effet qu'1 mois après un commandement demeuré infructueux. Ce commandement reproduit, sous peine de nullité, cette disposition ;

– à défaut de la remise de l'attestation d'assurance et après un délai d'1 mois à compter d'une mise en demeure non suivie d'effet, le bailleur peut souscrire une assurance pour le compte du locataire, récupérable auprès de celui-ci ;

– cette mise en demeure doit informer le locataire de la volonté du bailleur de souscrire une assurance pour le compte du locataire et vaut renoncement, par le bailleur, à demander la mise en œuvre de la clause résolutoire figurant dans le bail. L'assurance ainsi souscrite par le bailleur est limitée à la couverture de la responsabilité locative. Elle ne peut donc couvrir que les risques dont doit répondre le locataire ;

– le montant total de la prime d'assurance annuelle, éventuellement majorée dans la limite de 10 % de son montant afin d'indemniser les démarches entreprises par le bailleur au profit de son locataire, est récupérable par le bailleur par 12e à chaque paiement du loyer. La somme totale est inscrite sur l'avis d'échéance et portée sur la quittance remise au locataire ; une copie du contrat d'assurance est transmise au locataire lors de la souscription et à chaque renouvellement du contrat ;

– enfin, lorsque le locataire remet au bailleur une attestation d'assurance ou en cas de départ du locataire avant le terme du contrat d'assurance, le bailleur résilie le contrat souscrit pour le compte du locataire dans le délai le plus bref permis par la législation en vigueur. La prime ou la fraction de prime exigible dans ce délai demeure récupérable auprès du locataire.

À NOTER

En cas de colocation, le propriétaire et les colocataires peuvent convenir dans le bail de la souscription par le bailleur d'une assurance récupérable auprès des colocataires et résiliable par eux (dans les conditions mentionnées plus haut).

À NOTER

Toute autre clause résolutoire de plein droit que celles prévues par la loi figurant dans le contrat (par exemple, une clause prévoyant la résolution du bail pour troubles de voisinage) doit être considérée comme nulle et non avenue et ne peut s'appliquer.

Extrait de l'article 7 g de la loi du 6/7/1989 devant figurer dans un commandement de s'assurer

« **Art. 7.** Le locataire est obligé :

g) De s'assurer contre les risques dont il doit répondre en sa qualité de locataire et d'en justifier lors de la remise des clés puis, chaque année, à la demande du bailleur. La justification de cette assurance résulte de la remise au bailleur d'une attestation de l'assureur ou de son représentant.

Toute clause prévoyant la résiliation de plein droit du contrat de location pour défaut d'assurance du locataire ne produit effet qu'un mois après un commandement demeuré infructueux. Ce commandement reproduit, à peine de nullité, les dispositions du présent alinéa. [...] »

› La résiliation pour absence d'occupation

Cette hypothèse de résiliation du bail figure à l'article 14-1 de la loi du 6/7/1989 ; elle vise à permettre au propriétaire de récupérer un logement abandonné par ses occupants. Ses conditions de mise en œuvre ont été précisées par le décret n° 2011-945 du 10/8/2011.

Cette procédure repose sur les dispositions suivantes :

– lorsque des éléments laissent supposer que le logement est abandonné par ses occupants, le bailleur peut mettre en demeure le locataire de justifier qu'il occupe le logement. Cette mise en demeure, faite par acte d'huissier de justice, peut être contenue soit dans un commandement de justifier d'une assurance locative, soit dans un commandement de payer ;
– le locataire dispose d'1 mois à compter de cette signification pour justifier qu'il occupe effectivement le logement ; à défaut de fournir ces justifications dans ce délai, l'huissier peut constater l'état d'abandon du logement et dresser un procès-verbal. Il peut notamment, pour cela, pénétrer dans le logement, dans les mêmes conditions qu'il est aujourd'hui autorisé à le faire pour constater que les occupants expulsés ont volontairement libéré les lieux, postérieurement à la signification du commandement de quitter les lieux qui leur a été adressé ;
– si l'huissier constate que le logement est effectivement abandonné, le procès-verbal contient un inventaire des biens laissés sur place, avec l'indication qu'ils paraissent ou non avoir valeur marchande.

S'il ressort manifestement des éléments fournis par le propriétaire, notamment du constat d'inoccupation des lieux et d'un défaut d'exécution par le locataire de ses obligations, que le bien a été abandonné par ses occupants, le juge du tribunal judiciaire constate la résiliation du bail et ordonne la reprise des lieux. Le cas échéant, il statue sur la demande en paiement.

Lorsque l'inventaire contenu dans le procès-verbal de l'huissier de justice fait état de biens laissés sur place, le juge déclare abandonnés les biens n'apparaissant pas avoir de valeur marchande, à l'exception des papiers et documents de nature personnelle qui sont placés sous enveloppe scellée et conservés pendant 2 ans par l'huissier.

Le juge qui constate la résiliation du bail peut également autoriser, si nécessaire, la vente aux enchères des biens laissés sur place (*Décret n° 92-755 du 31/7/1992*).

La décision judiciaire de résiliation du bail doit être communiquée, à l'initiative du bailleur, au locataire et aux derniers occupants connus du bailleur. Sous peine de nullité, cette communication doit comporter les éléments mentionnés à l'article 5 du décret du 10/8/2011 : voies de recours, conséquences d'une absence de recours (c'est-à-dire reprise de son bien par le propriétaire, etc.).

Si le juge rejette la demande de résiliation du bail pour absence d'occupation, sa décision est sans recours pour le bailleur ; ce dernier peut toutefois engager une procédure de résiliation du bail dans les conditions de droit commun (voir plus haut).

Décès du locataire ou abandon de domicile

Le décès du locataire

Lors du décès du locataire, le contrat de location est transféré :
– au conjoint survivant qui ne peut se prévaloir des dispositions de l'article 1751 du Code civil ;
– aux descendants qui vivaient avec lui depuis au moins 1 an à la date du décès ;
– au partenaire lié au locataire par un pacte civil de solidarité (PACS) ;
– aux ascendants, au concubin notoire ou aux personnes à charge qui vivaient avec lui depuis au moins 1 an à la date du décès (*Loi du 6/7/1989, Art. 14*).

L'abandon du domicile

En cas d'abandon du domicile par le locataire, le contrat de location continue :
– au profit du conjoint, sans préjudice de l'article 1751 du Code civil ;
– au profit des descendants qui vivaient avec lui depuis au moins 1 an à la date de l'abandon du domicile ;
– au profit du partenaire lié au locataire par un pacte civil de solidarité (PACS) ;
– au profit des ascendants, du concubin notoire ou des personnes à charge qui vivaient avec lui depuis au moins 1 an à la date de l'abandon du domicile (*Loi du 6/7/1989, Art. 14*).

Pour qu'il y ait abandon de domicile, il fallait, jusqu'à une date récente, que le départ du locataire soit brusque et imprévisible, ce qui n'était pas le cas si le locataire avait simplement décidé de changer de domicile ou si son départ avait été concerté avec les personnes qui vivaient avec lui. Dans un arrêt du 26/11/2008, la Cour de cassation a assoupli les critères de l'abandon de domicile, celui-ci se définissant comme le départ définitif du locataire, imposé à l'une des personnes pouvant se prévaloir du transfert du bail à son profit. Ainsi, dans cette affaire, la Cour de cassation a considéré que « le placement définitif d'un locataire en maison de retraite imposé à une des personnes mentionnées : à l'article 14 de la loi du 6/7/1989 constitue un abandon du domicile au sens de cet article ».

Si plusieurs bénéficiaires potentiels du transfert du droit au bail se manifestent, le juge se prononce en fonction des intérêts en présence.
À défaut de personnes remplissant les conditions pour bénéficier de la continuation du contrat en cas d'abandon de domicile ou de décès du locataire, le contrat de location est résilié de plein droit à la suite de cet abandon ou de ce décès (*Loi du 6/7/1989, Art. 14*).

Les locations meublées d'une résidence principale

La loi du 24/3/2014 (dite loi « ALUR ») a intégré les dispositions applicables aux locations de logement meublé constituant la résidence principale du locataire au sein de la loi du 6/7/1989. Les locations meublées concernées sont celles dont le contrat a été conclu depuis le 27/3/2014, date d'entrée en vigueur de la loi du 24/3/2014, sous réserve de quelques dispositions applicables à tous les contrats de location meublée à titre de résidence principale, quelle que soit leur date de conclusion. La loi du 23/11/2018 (dite loi ELAN) a introduit dans la loi du 6/7/1989 une forme particulière de location meublée d'une résidence principale : le bail mobilité.

Quelles sont les locations meublées concernées ?

- Les dispositions figurant dans le titre Ier bis de la loi du 6/7/1989, modifiée par la loi du 24/3/2014, s'appliquent aux locations de logements meublés qui constituent la résidence principale du locataire. Les colocations meublées sont également concernées. Comme pour une location vide, la résidence principale est celle occupée au moins 8 mois par an, sauf obligation professionnelle, raison de santé ou cas de force majeure, soit par le locataire en titre ou son conjoint, soit par une personne à charge.

Sont considérées comme personnes à charge les personnes prises en compte pour le calcul de l'aide personnalisée au logement : enfants ouvrant droit aux prestations familiales, ascendants d'au moins 65 ans (ou 60 ans en cas d'inaptitude au travail) dont les ressources n'excèdent pas le plafond d'attribution de l'allocation de solidarité aux personnes âgées (ASPA), etc.

Ces dispositions ne s'appliquent ni aux logements-foyers, ni aux logements conventionnés qui relèvent d'une législation spécifique. Elles ne s'appliquent pas non plus aux logements attribués ou loués en raison de l'exercice d'une fonction ou de l'occupation d'un emploi, et aux locations consenties aux travailleurs saisonniers (*Loi du 6/7/1989, Art. 25-3*).

Les locations meublées de résidence principale dont le contrat a été conclu avant le 27/3/2014, date d'entrée en vigueur de la loi du 24/3/2014, restent soumises aux dispositions légales précédemment en vigueur, regroupées principalement à l'article L. 632-1 du Code de la construction et de l'habitation. À compter de la date d'effet de leur renouvellement ou de leur reconduction tacite, les contrats portant sur un logement meublé à usage de résidence principale sont régis par l'ensemble des dispositions de la loi du 6/7/1989 au jour du renouvellement ou de la reconduction, à l'exception de l'article 3 (respect d'un contrat de location type), du 1er alinéa de l'article 22 et de l'article 25-6 (montant du dépôt de garantie) et du I de l'article 25-9 (fixation d'un loyer de référence par arrêté préfectoral), qui ne s'appliquent qu'aux nouveaux baux et aux baux faisant l'objet d'un renouvellement. En outre, les dispositions relatives au congé s'appliquent aux contrats en cours.

- Les dispositions figurant dans le titre Ier ter de la loi du 6/7/1989, introduites par la loi du 23/11/2018, s'appliquent aux locations meublées constituant la résidence principale du locataire concluent dans le cadre d'un bail mobilité.

En cas de difficultés, il est utile de prendre contact avec son association départementale d'information sur le logement (ADIL) dont les conseils sont gratuits (coordonnées des ADIL sur le site *www.anil.org/lanil-et-les-adil/votre-adil*).

À NOTER

Les locations meublées hors résidence principale relèvent des règles fixées par le Code civil et de celles librement déterminées par les parties dans le contrat de location.

À NOTER

La commission départementale de conciliation est compétente pour l'examen des litiges relatifs aux logements meublés concernant les loyers, les congés, l'état des lieux et du mobilier, le dépôt de garantie, les charges locatives, les réparations et les caractéristiques du logement décent.

Qu'est-ce qu'un logement meublé ?

Un logement meublé est un logement décent équipé d'un mobilier en nombre et en qualité suffisants pour permettre au locataire d'y dormir, manger et vivre convenablement au regard des exigences de la vie courante (*Loi du 6/7/1989, Art. 25-4*). Afin d'éviter tout litige sur cette définition, le décret n° 2015-981 du 31/7/2015 fixe la liste des éléments que doit comporter obligatoirement ce mobilier pour que le logement puisse être qualifié de « meublé ». Les colocations meublées sont également concernées.

LES DISPOSITIONS APPLICABLES AUX LOCATIONS MEUBLÉES DE RÉSIDENCE PRINCIPALE

Les locations meublées de résidence principale relèvent des dispositions figurant dans le titre Ier bis de la loi du 6/7/1989, présentées dans les développements qui suivent. Leur sont également applicables les articles suivants de la loi du 6/7/1989 qui concernent donc les locations vides et les locations meublées dès lors qu'elles constituent la résidence principale du locataire :
– article 1er : lutte contre les discriminations dans la location ;
– article 3 : contenu du contrat de location et contrat-type ;
– article 3-2 : état des lieux d'entrée et de sortie ;
– article 3-3 : dossier de diagnostic technique ;
– article 4 : clauses réputées non écrites, à l'exception de celle prévoyant le renouvellement du bail par tacite reconduction pour une durée inférieure à 3 ou 6 ans ;
– article 5 : partage des frais et honoraires en cas d'intervention d'un professionnel ;
– article 6 : décence du logement ;
– article 7 : obligations du locataire ;
– article 7-1 : prescription des actions en cas de contentieux relatif au bail ou au paiement du loyer ;
– article 8 : cession et sous-location ;
– article 8-1 : colocation ;
– article 18 : encadrement des loyers par décret pour les logements vacants et les contrats renouvelés ;
– article 20-1 : recours du locataire en cas de logement non décent ;
– article 21 : remise gratuite d'une quittance ;
– article 22 : dépôt de garantie, celui-ci pouvant toutefois représenter au maximum 2 mois de loyer ;
– article 22-1 : caution ;
– article 22-2 : pièces justificatives pouvant être exigées du candidat à la location ;
– article 24 : clause résolutoire ;
– et article 24-1 : mandat d'agir en justice à une association.

Faut-il établir un état des lieux ?

Les dispositions relatives à l'état des lieux s'appliquent aux locations meublées. Un inventaire et un état détaillé du mobilier sont également établis dans les mêmes formes et en autant d'exemplaires que de parties lors de la remise et de la restitution des clés. Ces documents, établis contradictoirement et à l'amiable, sont signés par le bailleur et le locataire ou par un tiers mandaté et joints au contrat de location. Ces documents ne peuvent donner lieu à aucune autre facturation que celle liée à l'établissement de l'état des lieux (*Loi du 6/7/1989, Art. 25-5*).

Quelle est la forme et la durée du contrat ?

Le contrat de location est établi par écrit et respecte un contrat type défini par le décret n° 2015-587 du 29/5/2015 (Annexe 2), consultable sur le site *www.legifrance.gouv.fr*. Il est conclu pour une durée d'au moins 1 an.

Si ni le bailleur, ni le locataire ne donne congé, le contrat de location parvenu à son terme est reconduit tacitement pour une durée d'1 an (*Loi du 6/7/1989, Art. 25-7*).

À NOTER

Lorsque la location est consentie à un étudiant, la durée du bail peut être réduite à 9 mois. Dans ce cas, la reconduction tacite est inapplicable.

Comment est fixé le loyer ?

Le loyer des logements meublés loués à titre de résidence principale est, en principe, fixé librement entre le propriétaire et le locataire.

Toutefois, dans les zones d'urbanisation continue de plus de 50 000 habitants où il existe un déséquilibre marqué entre l'offre et la demande de logements, où s'applique un arrêté préfectoral d'encadrement des loyers, le préfet fixe, chaque année, un loyer de référence, un loyer de référence majoré et un loyer de référence minoré par catégorie de logement et par secteur géographique.

Le loyer de référence, le loyer de référence majoré et le loyer de référence minoré sont déterminés par l'application d'une majoration unitaire par m² aux loyers de référence des locations nues pour tenir compte du caractère meublé du logement. Cette majoration est déterminée à partir des écarts constatés entre les loyers des logements loués nus et les loyers des logements loués meublés observés par l'observatoire local des loyers.

Dans les zones où s'applique un arrêté d'encadrement des loyers, le loyer de base des logements mis en location est fixé librement entre les parties lors de la conclusion du contrat de bail, dans la limite des loyers de référence tels que définis ci-dessus. Une action en diminution de loyer peut être engagée si le loyer de base prévu dans le contrat de bail est supérieur au loyer de référence majoré en vigueur à la date de signature du contrat. Un complément de loyer peut être appliqué lorsqu'il se justifie par les caractéristiques de localisation ou de confort d'un logement, lorsque ces caractéristiques réunissent les conditions suivantes (*Décret n° 2015-650 du 10/6/2015*) :

– elles n'ont pas été prises en compte pour la détermination du loyer de référence correspondant au logement ;

– elles sont déterminantes pour la fixation du loyer, notamment par comparaison avec les logements de la même catégorie situés dans le même secteur géographique ;

– elles ne donnent pas lieu à récupération par le bailleur au titre des charges, ni à la contribution pour le partage des économies d'énergie pour les travaux réalisés par le bailleur.

Lors du renouvellement du contrat, et dans les zones où s'applique un arrêté préfectoral d'encadrement des loyers, une action en diminution de loyer peut être engagée si le montant du loyer fixé au contrat de bail (hors montant du complément de loyer le cas échéant) est supérieur au loyer de référence majoré. Dans ces mêmes zones, lors du renouvellement du contrat, une action en réévaluation de loyer peut être engagée dès lors que le loyer est inférieur au loyer de référence minoré : la hausse éventuelle du loyer, convenue entre les parties ou fixée judiciairement, s'applique au contrat renouvelé et, si elle est supérieure à 10 %, par tiers annuel au contrat renouvelé et lors des renouvellements ultérieurs. Dans les zones où ne s'applique pas un arrêté préfectoral d'encadrement des loyers, le loyer ne donne lieu à réévaluation, lors du renouvellement du contrat, que s'il est manifestement sous-évalué (*Loi du 6/7/1989, Art. 25-9*).

À NOTER

Les règles de révision annuelle du loyer sont celles applicables aux locations vides.

À NOTER

Lorsque le propriétaire et le locataire sont convenus, par une clause expresse, de travaux d'amélioration du logement que le bailleur fera exécuter ou d'acquisition d'équipements par le bailleur en plus de l'équipement initial, le contrat de location ou un avenant à ce contrat peut fixer une majoration de loyer consécutive à ces opérations.

Quelles sont les charges locatives ?

Le locataire d'un logement meublé doit, en plus du loyer principal, acquitter des charges locatives. Celles-ci sont récupérées par le propriétaire selon l'une des deux possibilités suivantes définies entre les parties, et mentionnées dans le contrat de location :

– soit, lorsqu'il s'agit de provisions pour charges, dans les mêmes conditions que celles prévues pour les locations vides ;

– soit sous la forme d'un forfait versé simultanément au loyer, dont le montant et la périodicité de versement sont définis dans le contrat et qui ne peut donner lieu à complément ou à régularisation ultérieure.

Le montant du forfait de charges est fixé en fonction des montants exigibles par le bailleur dans les mêmes conditions que pour les locations vides et peut être révisé chaque année aux mêmes conditions que le loyer principal. Ce montant ne peut pas être manifestement disproportionné au regard des charges dont le locataire ou, le cas échéant, le précédent locataire se serait acquitté.

Quelles sont les règles applicables aux congés ?

Le congé du locataire

Le locataire peut résilier le contrat à tout moment, sous réserve du respect d'un préavis d'1 mois, y compris lorsque la durée du bail est réduite à 9 mois (location consentie à un étudiant).

À NOTER

Que le congé soit donné par le locataire ou par le propriétaire, il doit être notifié par lettre recommandée avec avis de réception, signifié par acte d'huissier ou remis en main propre contre récépissé ou émargement. Le délai court à compter du jour de la réception de la lettre recommandée, de la signification de l'acte d'huissier ou de la remise en main propre.

Le congé du propriétaire

Le bailleur qui ne souhaite pas renouveler le contrat doit informer le locataire avec un préavis de 3 mois et motiver son refus de renouvellement du bail soit par sa décision de reprendre ou de vendre le logement, soit par un motif légitime et sérieux, notamment l'inexécution par le locataire de l'une des obligations lui incombant.

Sous peine de nullité, le congé donné par le bailleur doit indiquer le motif allégué et, en cas de reprise pour habiter, les nom et adresse du bénéficiaire de la reprise ainsi que la nature du lien existant entre le bailleur et le bénéficiaire de la reprise. Ce dernier ne peut être que le bailleur lui-même, son conjoint, son partenaire pacsé, son concubin notoire depuis au moins 1 an à la date du congé, ses ascendants, ses descendants ou ceux de son conjoint, de son partenaire ou de son concubin.

En cas de contestation, le juge peut, même d'office (c'est-à-dire sans demande du locataire), vérifier la réalité du motif du congé et le respect des obligations du propriétaire. Il peut notamment déclarer non valide le congé si la non-reconduction du bail n'apparaît pas justifiée par des éléments sérieux et légitimes.

À NOTER

En raison de l'état d'urgence sanitaire (qui s'est achevé le 10/7/2020), si le préavis a expiré entre le 12/3/2020 et le 23/6/2020, il est prolongé de 2 mois, soit jusqu'au 23/8/2020 (Ordonnance n° 2020-306 du 25/3/2020, Art. 5). Selon la Direction des affaires civiles et du sceau : « Le bailleur ne pourra donc prétendre à la reprise effective de son logement que 6 mois après la réception du congé par le locataire. La période qui s'étendra entre le terme contractuel du contrat et la reprise effective du logement pourra être considérée comme une prorogation temporaire du contrat ».

ATTENTION ⚠

Le fait pour un bailleur de délivrer un congé justifié frauduleusement par sa décision de reprendre ou de vendre le logement est puni d'une amende pénale dont le montant ne peut être supérieur à 6 000 € pour une personne physique et à 30 000 € pour une personne morale. Le montant de l'amende est proportionné à la gravité des faits constatés.

La situation pendant le préavis

Pendant le délai de préavis (1 mois pour le congé donné par le locataire, 3 mois pour celui donné par le propriétaire), le locataire n'est redevable du loyer et des charges que pour le temps où il a occupé réellement les lieux si le congé a été notifié par le bailleur. Il est redevable du loyer et des charges relatifs à l'intégralité de la période couverte par le préavis si c'est lui qui a notifié le congé, sauf si le logement se trouve occupé avant la fin du préavis par un autre locataire en accord avec le bailleur.

À l'expiration du délai de préavis, le locataire est déchu de tout titre d'occupation du logement loué.

Les locataires bénéficiant d'une protection spéciale

Le bailleur ne peut s'opposer au renouvellement du contrat en donnant congé à tout locataire âgé de plus de 65 ans et dont les ressources annuelles sont inférieures au plafond de ressources en vigueur pour l'attribution des logements locatifs conventionnés (arrêté à paraître), sans qu'un logement correspondant à ses besoins et à ses possibilités lui soit offert. Cette disposition est également applicable lorsque le locataire a à sa charge une personne vivant habituellement dans le logement et remplissant ces conditions.
Cette protection spéciale du locataire âgé ne joue toutefois pas lorsque le bailleur est une personne physique âgée de plus de 65 ans ou si ses ressources annuelles sont inférieures au plafond de ressources mentionné ci-dessus.

À NOTER

L'âge du locataire ou de la personne à sa charge et celui du bailleur sont appréciés à la date d'échéance du contrat. Le montant de leurs ressources est apprécié à la date de notification du congé.

Le bail mobilité

Il s'agit d'un bail créé par la loi ELAN dont la durée ne peut dépasser 10 mois. Le logement doit répondre aux conditions de la location meublée (logement décent équipé des éléments nécessaires pour y vivre convenablement).
Ce bail est strictement encadré tant en ce qui concerne les bénéficiaires que les conditions (*Loi du 6/7/1989, Art. 25-12 et s.*).

Qui peut être locataire ?

À la date où le bail prend effet, le locataire doit être dans l'une des situations suivantes :
– en formation professionnelle ;
– en études supérieures ;
– en contrat d'apprentissage ;
– en stage ;
– en engagement volontaire dans le cadre d'un service civique ;
– en mutation professionnelle ;
– ou en mission temporaire dans le cadre de son activité professionnelle.

Comment doit être rédigé le contrat ?

Le bail doit être établi par écrit et préciser :
– le nom ou la dénomination du bailleur et son domicile ou son siège social ainsi que, le cas échéant, ceux de son mandataire ;
– le nom du locataire ;
– la date de prise d'effet ;
– la durée du contrat de location (qui doit être comprise entre 1 et 10 mois) ;
– la consistance, la destination ainsi que la surface habitable ;
– la désignation des locaux et équipements d'usage privatif dont le locataire a la jouissance exclusive et, le cas échéant, l'énumération des parties, équipements et accessoires de l'immeuble qui font l'objet d'un usage commun ainsi que des équipements d'accès aux technologies de l'information et de la communication ;
– le montant du loyer et ses modalités de paiement ;
– le motif justifiant le bénéfice du bail mobilité (voir plus haut) ;
– le montant et la date de versement du dernier loyer appliqué au précédent locataire, dès lors que ce dernier a quitté le logement moins de 18 mois avant la signature du bail ;
– la nature et le montant des travaux effectués dans le logement depuis la fin du dernier contrat de location ;
– une mention informant le locataire de l'interdiction pour le bailleur d'exiger le versement d'un dépôt de garantie.
En outre, le contrat comporte une mention selon laquelle le contrat de location est un bail mobilité. À défaut de cette mention, ce seront les règles générales applicables aux locations meublées d'une résidence principale qui s'appliquent.
Si le logement fait partie d'une copropriété, le bailleur doit communiquer au locataire les extraits du règlement de copropriété concernant la destination de l'immeuble, la jouissance et l'usage des parties privatives et communes, précisant la quotepart du lot loué dans chacune des catégories de charges.

À NOTER

Dans le cadre d'une colocation, le contrat ne peut pas contenir de clause prévoyant une solidarité entre les colocataires ou leurs cautions. Si le bailleur passe outre, la clause est réputée non écrite.

Comment le loyer et les charges sont-ils fixés ?

Le loyer est librement fixé mais il ne peut pas être révisé en cours de bail.

Comme pour toute location, le bailleur est en droit de récupérer les charges locatives mais il ne peut le faire que sous la forme d'un forfait versé simultanément au loyer, dont le montant et la périodicité sont définis dans le contrat. Ce forfait ne peut donner lieu à un complément ou à une régularisation ultérieure.

Important : aucun dépôt de garantie ne peut être exigé par le bailleur.

Le locataire peut-il rompre le bail ?

Le locataire peut résilier le contrat à tout moment, sous réserve de respecter un délai de préavis d'1 mois.

Le congé donné par le locataire doit être notifié par lettre recommandée avec avis de réception ou signifié par acte d'huissier, ou encore remis en main propre au bailleur.

Le délai de préavis court à compter du jour de la réception de la lettre recommandée.

Le locataire qui a donné son préavis reste redevable du loyer et des charges relatifs à l'intégralité de la période couverte par le préavis. En accord avec le bailleur, si le logement est occupé avant la fin du préavis par un autre locataire, il peut en être déchargé.

À NOTER

La commission départementale de conciliation n'est pas compétente pour l'examen des litiges résultant de l'application du bail mobilité.

Procédure et contentieux

Au cours de la location, des conflits peuvent survenir entre le bailleur et son locataire. Ces conflits portent principalement sur le paiement du loyer, l'obligation d'assurance ou la charge des travaux ou des réparations. S'ils ne sont pas réglés à l'amiable entre les parties, c'est au tribunal qu'il appartiendra de trancher. La sanction pouvant aller jusqu'à l'annulation du bail, et donc conduire à l'expulsion du locataire, il est impératif de connaître et de respecter certaines règles de fond et de procédure.

Les principaux litiges

Chacune des parties (locataire et bailleur) doit respecter les clauses du bail et les obligations mises à sa charge. À défaut, il est toujours possible de s'adresser au tribunal pour obtenir :
– soit l'exécution forcée de l'obligation ;
– soit la résiliation du bail.

Par ailleurs, et quelle que soit la procédure suivie, le requérant peut également obtenir des dommages et intérêts.

Lorsqu'un ou plusieurs locataires ont un litige ayant une origine commune, avec un même bailleur, ils peuvent donner mandat d'agir en justice, en leur nom et pour leur compte, aux associations déjà habilitées, aux collectivités territoriales compétentes en matière d'habitat ou aux Caisses d'allocations familiales (CAF) territorialement compétentes.

› Les commissions de conciliation

Depuis leur création, les commissions de conciliation (composées d'un nombre égal de représentants de bailleurs et de locataires) sont compétentes pour régler les litiges entre bailleurs et locataires concernant le loyer (*Décret n° 2001-653 du 19/7/2001, modifié par le décret n° 2015-733 du 24/6/2015*).

Leur compétence a été étendue aux litiges relatifs à l'état des lieux, au dépôt de garantie, aux charges locatives, aux réparations, aux normes de décence du logement loué et depuis le 27/3/2014, aux congés et à l'application des accords collectifs nationaux ou locaux.

Pour le règlement de ces litiges, la commission départementale de conciliation compétente territorialement peut être saisie soit par le bailleur soit par le locataire. Pour le règlement des difficultés relatives à l'application des accords collectifs, elle peut être saisie par le bailleur, plusieurs locataires ou une association représentative de locataires.

La saisine s'effectue par lettre recommandée avec avis de réception, ou par exploit d'huissier au secrétariat de la commission dont dépend le logement en question (adresse communiquée par la mairie ou la préfecture), ou par voie électronique.

Il est nécessaire d'indiquer les nom, qualité et adresse de chaque partie ainsi que l'objet du litige.

Si plusieurs locataires d'un même bailleur et pour un même litige veulent saisir une commission de conciliation, ils doivent désigner, dans leur demande, le nom d'un ou de deux représentants communs à tous. De la même façon une association représentative de locataires doit indiquer le nom d'un ou deux représentants.

Après avoir convoqué les parties, au moins 15 jours avant la date retenue, la commission s'efforce de les concilier. À défaut de conciliation, elle rend un avis dans le délai de 2 mois de sa saisine. Cet avis peut être transmis au juge saisi par l'une ou l'autre des parties (*Loi du 6/7/1989, Art. 20*).

› Litiges concernant les travaux

Non-respect des normes de décence du logement

Sans remettre en cause le bail, le locataire peut demander au bailleur la mise en conformité du logement. À défaut d'accord entre les parties ou de réponse du propriétaire dans un délai de 2 mois, la commission départementale de conciliation doit être saisie. À défaut de conciliation, le juge peut être saisi par l'une ou l'autre des parties.

Le juge peut aussi être saisi directement, la saisine de la commission n'étant pas obligatoire.

Le juge déterminera, le cas échéant, la nature des travaux à réaliser et le délai de leur exécution. Il pourra réduire le montant du loyer ou suspendre, avec ou sans consignation, son paiement et la durée du bail jusqu'à l'exécution de ces travaux (*Loi du 6/7/1989, Art. 20-1*).

À NOTER

Afin d'inciter les bailleurs à effectuer de tels travaux, les aides au logement (APL, ALF, ALS...) dont bénéficie le locataire peuvent être conservées par les organismes sociaux (comme la CAF) en cas de location d'un logement non décent. Dans ce cas, le locataire est tenu de payer seulement la part du loyer et des charges récupérables non couverte par l'allocation (Code de la construction et de l'habitation, Art. L. 843-1). Une fois les travaux réalisés, le bailleur bénéficie du paiement des allocations qui ont été consignées.

Mauvais état des lieux lors de l'entrée dans les lieux

Le locataire peut demander la condamnation du bailleur à effectuer les réparations nécessaires et notamment la remise en état des détériorations commises par le précédent locataire.

Il peut également demander l'autorisation d'effectuer lui-même les réparations aux frais du bailleur ou encore demander une suspension ou diminution temporaire du loyer.

ATTENTION ⚠

Si le propriétaire ne remplit pas ses obligations, par exemple en ce qui concerne l'entretien de l'immeuble, le locataire ne peut pour autant se faire justice lui-même en cessant les paiements des loyers.

Même s'il existe dans l'immeuble des malfaçons ou des non-finitions, le locataire n'est pas pour autant fondé à refuser le paiement du loyer.

S'il le faisait, il pourrait faire l'objet d'une procédure d'expulsion.

Le locataire ne peut être autorisé par le juge des référés à suspendre ses paiements que si la négligence du propriétaire rend totalement impossible la jouissance des locaux.

Mauvais état des lieux au départ du locataire

Le bailleur est en droit de retenir tout ou partie du dépôt de garantie si le locataire quitte les lieux sans avoir effectué les réparations locatives mises à sa charge.

En cas de contestation, il convient de s'adresser au tribunal judiciaire. Après expertise, il déterminera les obligations de chacun, les sommes éventuellement dues par le locataire, le solde du dépôt de garantie à rendre le cas échéant, etc.

Si le locataire reste débiteur, même après abandon du dépôt de garantie, le bailleur peut faire exécuter le jugement de condamnation en pratiquant les moyens de contrainte, tels que la saisie sur salaire, saisie sur compte bancaire, saisie du mobilier...

En cas d'incendie ou dégâts des eaux

La responsabilité en matière d'incendie est traitée par les articles 1733 et 1734 du Code civil. Le locataire est présumé responsable d'un incendie qui endommage les lieux loués à moins qu'il ne prouve que l'incendie a une cause qui lui est parfaitement étrangère ou qu'il a pris naissance dans un autre appartement. Le propriétaire n'est responsable que si l'incendie a pour origine un vice de construction de l'immeuble.

Pour les dégâts des eaux provoqués par exemple par une fuite de robinet, la situation est pratiquement la même, dans la mesure notamment où une fuite est à l'origine d'une éventuelle inondation et provient d'une canalisation dont l'entretien incombe au locataire.

À NOTER

Si la location dépend de la loi de 1989, le locataire doit obligatoirement souscrire une assurance pour le local qu'il occupe.

› Litiges concernant le loyer et les charges

Indépendamment des problèmes des impayés, les désaccords entre locataires et propriétaires peuvent également porter sur les demandes de réajustement de loyer lorsque le bail vient à expiration.

Les désaccords portant sur la fixation du loyer

La loi du 6/7/1989 a repris le principe de la saisine obligatoire des commissions de conciliation en cas de désaccord entre propriétaires et locataires portant sur le montant du loyer (*Loi du 6/7/1989, Art. 17, 17-1, 17-2 et 18*).

Si les parties ne parviennent pas à se concilier devant la commission, le nouveau loyer sera fixé par le tribunal. Même s'il y a appel, le jugement est exécutoire par provision, c'est-à-dire que le montant déterminé est exigible dès la signification de ce jugement.

Pour les contrats venus à expiration, le contrat dont le loyer est fixé judiciairement est réputé renouvelé pour

3 ou 6 ans à compter de la date d'expiration du précédent contrat (*Loi du 6/7/1989, Art. 17-2*).

Pour les nouveaux contrats, la fixation judiciaire du loyer ne met pas en cause la validité du contrat de location ; le nouveau loyer s'applique dès l'entrée dans les lieux.

Les impayés

La loi n° 2014-366 du 24/3/2014 a modifié le délai de prescription des actions découlant du contrat de bail.

Avant la loi, les actions en paiement ou remboursement des loyers et des charges étaient soumises à une prescription de 5 ans.

Depuis le 27/3/2014 (date d'application de la loi du 24/3/2014), le délai de prescription est passé à 3 ans (*Loi du 6/7/1989, Art. 7-1*).

A NOTER

L'Agence nationale pour l'information sur le logement (ANIL) a mis en place un numéro gratuit « SOS loyers impayés » au 0805 160 075. En cas de situation d'impayés et pour éviter une éventuelle procédure d'expulsion, des conseils adaptés peuvent être prodigués tant aux locataires qu'aux bailleurs.

La caution

Lorsqu'une caution est intervenue au moment de la signature du bail, le montant des loyers et charges impayés par le locataire peut lui être réclamé.

Cette réclamation peut être notifiée par lettre recommandée avec avis de réception ou par exploit d'huissier. Le bailleur doit indiquer de façon précise le montant des sommes dues. La caution peut également être tenue au paiement des pénalités ou intérêts de retard à condition que le bailleur lui ait signifié, par acte d'huissier, un commandement de payer ces sommes.

Cette signification doit intervenir dans le délai de 15 jours à compter de la signification du commandement adressé au locataire (*Loi du 6/7/1989, Art. 24*).

Si le bailleur est un professionnel, il doit informer la caution dès le 1er incident de paiement non régularisé dans le mois de l'exigibilité de ce paiement. À défaut, la caution n'est pas tenue de payer les pénalités ou intérêts de retards échus entre la date de ce premier incident et celle à laquelle elle en a été informée (*Code de la consommation, Art. L. 333-1 et L. 343-5*).

La procédure

› Quel est le tribunal compétent en matière de litiges entre propriétaire et locataire ?

Compétence d'attribution

Le juge des contentieux de la protection, juge spécialisé du tribunal judiciaire, est notamment compétent pour les actions concernant un contrat de louage d'immeubles ou un contrat portant sur l'occupation d'un logement (*Code de l'organisation judiciaire, Art. L. 213-4-4*).

Il est ainsi compétent pour les actions :
- en paiement des loyers et charges ;
- en réduction du loyer ;
- en résiliation du bail ;
- en restitution du dépôt de garantie ;
- en validation de congés ;
- en matière de réparations locatives ;
- en matière d'expulsion, etc.

Compétence territoriale

Le tribunal territorialement compétent est le tribunal du lieu de la situation de l'immeuble, quels que soient les domiciles ou résidences respectifs des parties en présence (*Code de procédure civile, Art. 44*).

› Comment se déroule la procédure devant le tribunal ?

La procédure devant le tribunal judiciaire, né de la fusion du tribunal de grande instance et du tribunal d'instance depuis le 1/1/2020, impose d'avoir recours à un avocat pour tout litige supérieur à 10 000 €.

Le demandeur peut :
- soit s'adresser au greffe du tribunal compétent pour citer en conciliation son adversaire (à défaut de conciliation, le tribunal rendra un jugement après assignation) ;
- soit assigner directement pour obtenir un jugement. Il convient alors de s'adresser à un huissier qui délivrera cette assignation.

Le juge peut condamner la partie défaillante à exécuter ses obligations, à payer les arriérés de loyer ou de charges. Il peut également prononcer la résiliation du bail.

À NOTER

Pour les dettes inférieures à 5 000 €, la procédure simplifiée de recouvrement de créances permet au créancier d'obtenir, sans autre formalité, un titre exécutoire délivré par un huissier. Cette procédure nécessite l'accord du débiteurqui doit manifester son consentement dans le délai d'1 mois à compter de l'envoi de la lettre ou du message l'en informant (Code des procédures civiles d'exécution, Art. R. 125-1 et R. 125-2).

AVANTAGE

La loi ELAN du 23/11/2018 étend l'action de groupe aux litiges concernant la location immobilière. Cette procédure permet à une association de défense des consommateurs représentative au niveau national et agréé de saisir la justice afin d'obtenir la réparation des préjudices individuels subis par des particuliers qui se trouvent dans une situation similaire ou identique (Code de la consommation, Art. L. 623-1).

› Comment obtenir la résiliation du bail ?

La résiliation du bail est le plus souvent demandée en raison du non-paiement des loyers. Mais elle peut être obtenue pour toute violation des obligations respectives des parties en suivant la procédure (voir précédemment).

Le demandeur peut également obtenir la résiliation en appliquant une clause résolutoire insérée au bail.

Une clause résolutoire est une cause insérée dans un bail qui prévoit la résiliation de plein droit du contrat dans certaines hypothèses :

– le non-paiement du loyer ou du dépôt de garantie ;
– la non-souscription d'une assurance ;
– le non-respect en général des autres clauses du contrat par le locataire…

Pour les locations du secteur libre, les clauses résolutoires ne sont pas limitées. En revanche, pour l'ensemble des locations d'habitations principales ou mixtes, seules sont admises les clauses résolutoires pour le non-paiement du loyer, des charges ou du dépôt de garantie, pour la non-souscription d'une assurance et pour le non-respect de l'obligation d'user paisiblement des locaux loués, résultant de troubles de voisinage constatés par une décision de justice (*Loi du 6/7/1989, Art. 4 g*).

L'envoi du commandement

La clause résolutoire s'applique de plein droit, sous réserve de respecter les conditions suivantes :

- le propriétaire doit signifier au locataire (par huissier) un commandement de payer ou de respecter ses obligations ;
- le locataire dispose alors de 2 mois :

– soit pour payer sa dette ou respecter ses obligations,
– soit pour demander au juge des référés un délai.

Le cas échéant, le commandement de payer doit également être signifié à la caution dans un délai de 15 jours à compter de la signification du commandement au locataire. À défaut, la caution ne peut être tenue au paiement des pénalités ou intérêts de retard (*Loi du 6/7/1989, Art. 24*).

À NOTER

La résiliation de plein droit pour défaut d'assurance a lieu 1 mois (et non 2) après le commandement demeuré infructueux (Loi du 6/7/1989, Art. 7 g).

L'assignation devant le tribunal

Si le locataire ne saisit pas le juge lorsqu'il reçoit le commandement, le créancier doit assigner le locataire devant le juge des contentieux de la protection pour faire constater la résiliation du bail. L'assignation doit être notifiée également au préfet (par lettre recommandée avec avis de réception) 2 mois au moins avant l'audience. Cette notification a pour objectif d'alerter les organismes ou services sociaux du logement pouvant éventuellement procurer une aide financière au locataire ou lui attribuer un logement de remplacement.

Ces organismes diligentent une enquête financière et sociale au cours de laquelle le locataire et le bailleur peuvent présenter leurs observations.

Par ailleurs, lorsque la résiliation du bail (et l'expulsion) est demandée à titre reconventionnel par le bailleur (en réponse à une demande initiale de son locataire), cette demande additionnelle ou reconventionnelle doit également être notifiée au préfet. L'audience du tribunal ne peut avoir lieu que 2 mois après cette notification.

UN LOCATAIRE MIEUX INFORMÉ

Depuis le 1/6/2017, lorsque l'huissier délivre une assignation aux fins d'expulsion d'un local loué à titre de résidence principale, nu ou meublé à usage d'habitation ou à usage mixte professionnel et d'habitation, il doit remettre un document d'information au locataire (*Décret n° 2017-923 du 9/5/2017*).
Ce document informe celui-ci sur l'importance qu'il y a de se présenter à l'audience, de ses date, heure et lieu, sur la possibilité d'obtenir l'aide juridictionnelle et sur les moyens de saisir les acteurs locaux de la prévention des expulsions.
Si l'assignation est remise en mains propres à son destinataire, ce document doit être joint et remis de la même manière. Lorsque l'acte est remis à un tiers au domicile sous pli cacheté ou à l'étude de l'huissier (en cas d'absence), le document doit être remis dans la boîte aux lettres.

À NOTER

Ce délai incompressible de 2 mois entre l'assignation et l'audience est applicable également à toutes les assignations du bailleur non fondées sur la clause résolutoire mais tendant à obtenir la résiliation du bail pour non-paiement d'une quelconque dette du locataire.

Le juge saisi n'est pas tenu de constater la résiliation du bail, même si les délais du commandement sont expirés. Il peut accorder d'office au locataire des nouveaux délais de paiement, dans la limite de 3 ans, s'il estime que ce dernier a la possibilité et les moyens de régler ses arriérés. La décision du juge suspend la procédure et le cours des intérêts ou pénalités de retard (*Loi du 6/7/1989, Art. 24*)(*Code de la construction et de l'habitation, Art. L. 442-4-1*).

En présence de plusieurs locataires

Le bail a été signé par un couple marié ou pacsé : le commandement et les notifications doivent être adressés à chacun des membres de ce couple (double notification). À défaut, la procédure peut être déclarée inopposable au conjoint ou partenaire non visé par les actes.

Le bail n'a été signé que par une seule personne avant son mariage ou son PACS : le bailleur n'est pas censé être au courant de l'union de son locataire. Il n'est pas tenu de procéder à cette double notification sauf si le locataire en titre l'en a informé. Le locataire doit conserver une preuve de cette information qui doit être expresse (*Cour de cassation, 3e chambre civile, 29/10/2013*).

Le bail a été signé par des colocataires : les notifications doivent être faites à chacun d'entre eux. De même, à défaut d'une clause de solidarité dans le bail liant les colocataires pour le respect de leurs obligations et notamment le paiement des loyers, le bailleur ne peut réclamer la totalité des impayés à un seul d'entre eux (*Cour de cassation, 3e chambre civile, 30/10/2013*).

L'expulsion

L'expulsion constitue, pour le locataire qui a manqué à ses obligations, la sanction la plus grave et la plus lourde de conséquences. Aussi est-elle soumise à une procédure particulière et à une mise en œuvre qui, bien souvent, laisse au locataire quelques délais pour libérer les lieux.

À NOTER

Lorsque des locaux loués à usage d'habitation sont impropres à cet usage, le bailleur ne peut se prévaloir de la nullité du bail ou de sa résiliation pour demander l'expulsion de l'occupant (Code civil, Art. 1719).

› Quelle est la procédure ?

Le propriétaire ne peut demander l'expulsion de son locataire que dans des cas bien précis. En fin de bail, par exemple, si le locataire ne quitte pas les lieux alors qu'un congé en bonne et due forme lui a été donné et que les délais sont expirés, la procédure d'expulsion peut être mise en œuvre. Il en est de même en cours de bail lorsque le locataire cesse de payer son loyer alors qu'une clause résolutoire prévoit la résiliation de plein droit du contrat de location dans ce cas, ou lorsque le locataire n'a pas répondu au commandement de s'assurer dans le délai d'1 mois.

La nécessité d'un jugement

Pour qu'elle puisse avoir lieu, l'expulsion doit résulter d'une décision de justice rendue par le tribunal judiciaire, le bail ayant été résilié. L'expulsion est toutefois possible sans jugement si elle vise des squatters.

Une fois en possession de cette décision de justice, le propriétaire doit faire appel à un huissier afin qu'il fasse parvenir au locataire une assignation « aux fins de constat de résiliation de bail » (pour lui demander de comparaître devant le juge) et qu'il lui délivre un commandement d'avoir à libérer les locaux.

L'assignation est également notifiée au préfet au moins 2 mois avant l'audience afin qu'il saisisse les organismes et services sociaux susceptibles de venir en aide financièrement au locataire. Ces derniers réalisent un diagnostic social et financier au cours duquel le locataire et le bailleur peuvent présenter leurs observations, et le transmettent au juge avant l'audience, ainsi qu'à la commission de coordination des actions de prévention des expulsions locatives (CCAPEX).

Au moment de l'audience, le juge pourra tenir compte des solutions proposées par le préfet et accorder des délais de paiement au locataire en situation de régler sa dette.

Les délais

Le délai de principe

L'expulsion ne peut être effectuée qu'après un délai de 2 mois suivant la date à laquelle le locataire reçoit le commandement d'avoir à libérer les locaux. En outre, le juge peut allonger le délai pour une durée n'excédant pas 3 mois, si l'expulsion peut avoir des conséquences d'une exceptionnelle dureté. Le report peut être motivé, notamment, par les circonstances atmosphériques (hiver…).

Le délai de 2 mois ne s'applique pas lorsque les personnes dont l'expulsion est ordonnée sont entrées dans les locaux par voie de fait (cas des squatters) *(Code des procédures civiles d'exécution, Art. L. 412-1 et L. 412-2)*.

AVANTAGE

Le délai de 2 mois qui sépare le commandement de libérer les locaux de la mesure d'expulsion est suspendu si l'huissier n'a pas informé le préfet de cette mesure, afin que celui-ci envisage les possibilités de relogement de la personne menacée d'expulsion (Code des procédures civiles d'exécution, Art. L. 412-5).

SURENDETTEMENT ET PROCÉDURE D'EXPULSION

La loi ELAN du 23/11/2018 coordonne désormais les deux procédures en permettant que le juge statuant sur l'expulsion du locataire puisse prendre en compte les modalités de paiement prévues par la commission de surendettement, dont le plan conventionnel de redressement se substitue à l'échéancier prévu par le juge.

Pour les locataires de bonne foi ayant repris le paiement du loyer et des charges et qui sont en capacité de se maintenir dans leur logement sans préjudice pour le bailleur, une période probatoire de 2 ans est prévue. Si les impayés recommencent, le propriétaire peut faire prononcer l'expulsion immédiatement (*Loi du 6/7/1989, Art. 24 ; décret n° 2019-455 du 16/5/2019*).

Dans tous les cas, le bailleur doit en être expressément informé par lettre recommandée avec avis de réception.

Les délais de grâce

Le juge peut accorder, en outre, des délais, chaque fois que le relogement des intéressés ne pourra avoir lieu dans des conditions normales *(Code des procédures civiles d'exécution, Art. L. 412-3)*. D'ailleurs, le locataire peut, lorsqu'il reçoit le commandement d'avoir à quitter les lieux, s'adresser directement au juge des contentieux de la protection pour lui demander un nouveau délai par lettre recommandée avec avis de réception ou par déclaration contre récépissé au secrétariat-greffe du tribunal judiciaire. La demande doit préciser son objet, indiquer les nom, prénoms, profession et adresse du demandeur, contenir un exposé des motifs et mentionner le nom et l'adresse (ou la dénomination et le siège social) du défendeur. Saisi d'une telle demande, le juge pourra accorder un délai compris entre 3 mois au minimum et 3 ans au maximum. Pour le déterminer, il tiendra compte de la bonne ou de la mauvaise volonté manifestée par l'occupant dans l'exécution de ses obligations, des situations respectives du propriétaire et de l'occupant (âge, état de santé…), de la situation de famille et des ressources de chacun d'eux, des circonstances atmosphériques *(Code des procédures civiles d'exécution, Art. L. 412-4)*.

Le juge tient également compte du fait que le locataire recherche activement à se reloger.

Important : le juge peut accorder d'office, et non pas seulement à la demande du locataire, des délais de paiement à ce dernier s'il considère qu'il peut acquitter sa dette.

La période d'hiver

En toute hypothèse, l'expulsion ne peut être mise en œuvre pendant la période située entre le 1er novembre de chaque année et le 31 mars de l'année suivante, à moins que le relogement des intéressés soit assuré dans des conditions suffisantes respectant l'unité et les besoins de la famille. Toutefois, ce sursis ne s'applique pas lorsque les personnes dont l'expulsion a été ordonnée sont entrées dans les locaux par voie de fait (cas des squatters)(*Code des procédures civiles d'exécution, Art. L. 412-6*).

Attention : en 2020, en raison de la prolongation de l'état d'urgence sanitaire liée à l'épidémie de Covid-19, la trêve hivernale a été repoussée jusqu'au 10/7/2020.

A NOTER

Si le tribunal prononce l'expulsion, cela signifie que le propriétaire peut, si le locataire ne quitte pas les lieux spontanément, requérir la force publique pour y parvenir (huissier, commissaire de police et serrurier) et que pendant toute la durée d'occupation après que le bail a été résilié, le locataire est alors tenu de régler une indemnité d'occupation fixée par le juge dans le cadre de la procédure. Son montant tient compte des loyers et des charges qui auraient été dus en cas de poursuite du bail. Cette indemnisation n'est pas définitive, elle peut être revalorisée ou indexée (Cour de cassation, 3e chambre civile, 4/7/2017).

› Comment se déroule l'expulsion ?

L'expulsion nécessite impérativement l'intervention d'un huissier chargé à la fois de faire quitter les lieux à l'occupant (ou de constater qu'il a bien libéré les locaux) et de dresser l'inventaire des meubles de celui-ci.

L'exécution de l'expulsion

Une fois tous les délais expirés, et si l'occupant n'a pas quitté les lieux volontairement, l'expulsion proprement dite peut intervenir.

- Si la personne expulsée refuse l'accès au logement, l'huissier rédige un procès-verbal de tentative d'expulsion et sollicite le concours de la force publique auprès du préfet. Ce dernier peut refuser ce concours si le risque de trouble à l'ordre public est trop important. Son silence pendant 2 mois équivaut à un refus. Dans ce cas, le propriétaire doit s'adresser au tribunal administratif, notamment pour obtenir de l'État le paiement de dommages et intérêts.

Il peut également, face à un refus du préfet, avoir recours à la procédure de « référé-liberté » (*Code de la justice administrative, Art. L. 521-2*) utilisable dans une situation d'urgence, lorsque l'administration porte une atteinte grave et manifestement illégale à l'exercice d'une liberté fondamentale (en l'occurrence, le droit de propriété). Saisi d'une telle demande, le juge administratif doit se prononcer dans les 48 heures de la requête. Si cette dernière est rejetée, un recours peut être formé devant le Conseil d'État, qui statue également en 48 heures. Sur le fond, le Conseil d'État a été amené à préciser que, face à l'occupation de locaux par des squatters, seul le risque de trouble grave à l'ordre public susceptible d'être engendré par l'exécution de la décision de l'autorité judiciaire aurait pu dispenser le préfet d'accorder le concours de la force publique (*Conseil d'État, 29/3/2002*).

- Si l'expulsion a lieu (avec ou sans le concours de la force publique), l'huissier dresse un procès-verbal des opérations d'expulsion.

Le sort des meubles

Dans le procès-verbal, l'huissier mentionne notamment les meubles appartenant au locataire. Ce dernier doit indiquer un lieu (garde-meubles, local...) où entreposer ces meubles, à ses frais. À défaut, les meubles sont laissés sur place ou entreposés dans le lieu désigné par l'huissier, celui-ci fixant au locataire expulsé un délai pour les retirer. Si ce délai n'est pas respecté, les meubles pourront être vendus aux enchères, les sommes recueillies revenant par priorité au propriétaire et, pour le solde, au locataire.

A NOTER

Une expulsion ne peut avoir lieu entre 21 heures et 6 heures, ni les jours fériés ou chômés, sauf si le juge l'autorise (Code de procédure civile, Art. 508).

ATTENTION ⚠

Le propriétaire qui voudrait procéder lui-même à l'expulsion commettrait une violation de domicile ou des voies de fait. Il n'a absolument pas le droit d'expulser l'occupant sans recourir aux services d'un huissier.

› Que faire si le logement est abandonné ?

Si le logement semble abandonné (le courrier est transféré à une autre adresse, les abonnements sont résiliés...) le propriétaire peut mettre en demeure le locataire de justifier qu'il occupe le logement.

Cette mise en demeure doit être faite par acte d'huissier. Elle peut être envoyée en même temps que le commandement visant la résiliation du bail pour non paiement des loyers et des charges ou pour non souscription d'une assurance.

Après 1 mois sans réponse ou sans réponse satisfaisante, l'huissier de justice peut pénétrer dans les lieux et, si le logement lui semble abandonné, établir le constat d'abandon du logement.

Le constat contient un inventaire des biens laissés sur place. L'huissier doit indiquer si ces biens paraissent ou non avoir une valeur marchande.

Ce constat est un préalable à la résiliation du bail constatée par ordonnance du juge.

L'ordonnance peut autoriser la vente aux enchères des biens laissés sur place ou déclarer abandonnés les meubles sans valeur laissés dans les lieux (*Loi du 6/7/1989, Art. 14-1*).

Le locataire ou l'occupant a 1 mois après la signification de l'ordonnance pour former opposition par déclaration remise ou adressée au greffe. En cas d'opposition, l'affaire est portée devant le tribunal.

Le locataire a, quant à lui, 2 mois (non renouvelable) à compter de la signification de l'ordonnance d'expulsion pour venir récupérer ses meubles. Passé ce délai, le propriétaire peut reprendre le local suivant une procédure d'expulsion simplifiée et se débarrasser des meubles déclarés sans valeur dans l'ordonnance (*Code des procédures civiles d'exécution, Art. R. 433-1 et s.*).

À NOTER

Les papiers et documents de nature personnelle sont placés sous enveloppe scellée et conservés pendant 2 ans par l'huissier.

› Que risque le locataire qui refuse de quitter les lieux ?

Si l'on se trouve hors période d'hiver ou si les délais qui ont été accordés sont expirés, ou encore si aucun délai n'a été accordé, le juge peut fixer une astreinte à l'encontre du locataire pour l'obliger à quitter les lieux. Il peut aussi décider d'une indemnité en faveur du bailleur.

L'astreinte

L'astreinte est une somme d'argent due par jour ou par mois de retard. Elle peut être provisoire ou définitive.

L'astreinte provisoire signifie que le taux fixé par le juge peut être modifié en fonction du comportement du locataire ou des difficultés qu'il a rencontrées pour libérer les locaux.

Si le juge décide d'une astreinte définitive, son taux ne peut jamais être modifié, mais celle-ci doit être fixée pour une durée déterminée et après le prononcé d'une astreinte provisoire.

L'astreinte est liquidée (montant global fixé définitivement) lorsque les locaux ont été libérés.

Le juge peut également décider de supprimer définitivement l'astreinte s'il est établi que l'inexécution ou le retard dans l'exécution provient d'une cause étrangère (*Code des procédures civiles d'exécution, Art. L. 131-1 et s.*).

Les dommages et intérêts

Des dommages et intérêts peuvent être accordés au bailleur en fonction du préjudice qu'il subit.

Ces dommages et intérêts peuvent être attribués même lorsque le locataire a bénéficié d'un délai de grâce ou d'un sursis à expulsion en raison de la période d'hiver.

LE CAS PARTICULIER DES SQUATTERS

Les personnes qui se sont introduites dans le domicile d'autrui sans droit ni titre à l'aide de manœuvres, menaces, voies de fait ou de contrainte, et qui s'y maintiennent (ceux que l'on appelle des « squatters »), ne bénéficient pas de la même protection en matière d'expulsion qu'un locataire régulier. Pour ces personnes, il est prévu que le propriétaire ou le locataire du logement occupé peut demander au préfet de les mettre en demeure de quitter les lieux, après avoir déposé plainte, fait la preuve que le logement constitue son domicile et fait constater l'occupation illicite par un officier de police judiciaire. Cette mise en demeure est assortie d'un délai d'exécution qui ne peut être inférieur à 24 heures. Elle est notifiée aux occupants et publiée sous forme d'affichage en mairie et sur les lieux. Le cas échéant, elle est notifiée au propriétaire ou au locataire. Lorsque la mise en demeure de quitter les lieux n'a pas été suivie d'effet dans le délai fixé, le préfet doit procéder à l'évacuation forcée du logement, sauf opposition du propriétaire ou du locataire dans le délai fixé pour l'exécution de la mise en demeure. Cette disposition constitue donc une exception au principe selon lequel l'expulsion ne peut être poursuivie que si elle est fondée sur une décision de justice définitive.
Sur le plan pénal, l'introduction dans le domicile d'autrui à l'aide de manœuvres, menaces, voies de fait ou contrainte, en dehors des cas où la loi le permet, est puni d'1 an d'emprisonnement et de 15 000 € d'amende. Le fait de se maintenir dans le domicile d'autrui, après s'y être introduit dans ces conditions, est puni des mêmes peines (*Code pénal, Art. 226-4*).

Cas pratiques

Le droit commun de la location

Dépôt de garantie

Je suis propriétaire d'un appartement que j'ai donné en colocation. L'un des colocataires quitte le logement et me réclame sa quote-part de dépôt de garantie. Dois-je accéder à sa demande ?

Non, l'article 22 de la loi du 6/7/1989 dispose que la restitution du dépôt de garantie est conditionnée à la remise des clés par le locataire. Or, cette condition n'est pas remplie au départ d'un des colocataires dès lors que le bail se poursuit avec les autres. Vous devrez donc restituer le dépôt de garantie au départ de l'ensemble des colocataires.

Il appartient au locataire quittant le logement de trouver un arrangement avec celui qui le remplace ou avec les autres colocataires.

Travaux réalisés par le locataire sans accord du propriétaire

Mon locataire a fait exécuter des travaux soit disant pour mon compte mais il ne m'en a jamais parlé auparavant et ne m'a jamais mis en demeure de les exécuter. Dois-je rembourser ces travaux ?

Non, vous n'avez pas à rembourser ces travaux. Si le locataire les fait exécuter de son propre chef, sans vous le demander préalablement et sans même vous en avertir, il ne pourra pas se les faire rembourser même si les travaux auraient dû être effectués par vous en tant que bailleur. Votre locataire aurait dû vous envoyer une mise en demeure d'effectuer les travaux pour pouvoir en demander le remboursement (Code civil, Art. 1222).

Congé du locataire – préavis réduit

Je suis médecin libéral et j'ai décidé de devenir médecin salarié dans un hôpital. Je dois changer de domicile et résilier mon bail actuel. Puis-je bénéficier du délai de préavis réduit d'1 mois ?

L'article 15 de la loi du 6/7/1989 prévoit effectivement que le locataire bénéficie d'un délai de préavis réduit de 3 mois à 1 mois en cas de mutation professionnelle. Différents arrêts de cour d'appel ont admis que le délai de préavis raccourci ne pouvait s'appliquer qu'en cas de mutation professionnelle imposée par l'employeur. En tant que médecin libéral, vous ne pourriez donc pas y prétendre. Mais la Cour de cassation a considéré que le fait que la mutation soit volontaire ou imposée importait peu, la loi du 6/7/1989 n'ayant aucune exigence en la matière (*Cour de cassation, 3e chambre civile, 20/1/2010*).

Congé du bailleur pour habiter - reprise en faveur d'un neveu

Je suis propriétaire d'un logement qui est loué. Je voudrais y loger mon neveu. Puis-je donner congé à mon locataire ?

Le congé pour reprise est autorisé si la reprise est demandée au bénéfice du bailleur lui-même, de son conjoint, de son partenaire pacsé, de son concubin ou au profit des ascendants et descendants (*Loi du 6/7/1989, Art. 15*). Le neveu ne fait pas partie de cette énumération et ne peut donc pas en bénéficier si le bailleur est une personne physique.

Pour que la reprise soit possible en faveur d'un neveu, il faudrait constituer une SCI familiale avec lui. Dans ce cas, vous pourriez appliquer l'article 13 de la loi du 6/7/1989 qui prévoit que la reprise pour habiter peut être faite au profit d'un des membres de la société si cette société est constituée exclusivement entre parents et alliés jusqu'au 4e degré inclus. Le neveu est au 4e degré par rapport à son oncle (*Cour d'appel de Bordeaux, 15/6/2009*).

Congé du bailleur pour habiter - inoccupation du local repris

Il y a 1 an, j'ai reçu de mon bailleur un congé pour habiter. J'ai donc du quitter les lieux. Mais aujourd'hui, je me rends compte que l'appartement est resté inoccupé et que le bailleur n'y a jamais habité. Que puis-je faire ?

Il faut savoir pourquoi le bailleur n'a jamais habité dans le logement repris. La solution est en effet différente selon qu'il y a eu fraude de sa part ou non. En cas de fraude ou de mauvaise foi, vous pouvez demander une indemnisation. Le bailleur, auteur d'un congé frauduleux, peut également être puni d'une amende pénale (6 000 € maximum pour une personne physique et 30 000 € pour une personne morale) depuis la loi n° 2014-366 du 24/3/2014, entrée en vigueur le 27/3/2014.

Mais si l'inoccupation est liée à des circonstances indépendantes de la volonté du bailleur, le congé doit être validé.

C'est ce qui a été jugé dans un cas similaire au vôtre. Le bailleur, après avoir envoyé le congé au locataire, était tombé malade et il n'avait jamais pu habiter dans le logement. Ces raisons ont été considérées légitimes et le locataire qui demandait une indemnisation a été débouté de sa demande (*Cour de cassation, 3e chambre civile, 13/7/2005*).

Demande d'expulsion pour défaut de paiement

J'ai demandé l'expulsion de mon locataire qui ne payait pas ses loyers, sur la base d'une clause résolutoire. Le juge des référés, saisi par le locataire, lui a accordé des délais pour le paiement de l'arriéré dû. Mon locataire a respecté le calendrier ainsi fixé, mais n'a pas payé les loyers dus depuis le jugement. Puis-je le faire expulser directement ?

Non, cela n'est pas possible. En effet, dans une affaire similaire, les locataires avaient, comme le vôtre, payé l'arriéré des loyers mais non les loyers en cours. Ayant alors été expulsés, la Cour d'appel, suivie par la Cour de cassation, a ordonné leur réintégration, puisque l'ordonnance de référé avait pour effet de suspendre la clause résolutoire (*Cour de cassation, 3e chambre civile, 16/6/1993*). Il faut donc retourner devant le juge.

Louer un logement

Indice de référence des loyers

INDICE DE RÉFÉRENCE DES LOYERS RÉSULTANT DE LA LOI N° 2008-111 DU 8/2/2008		
Période	**Indice de référence des loyers**	**Variation annuelle en %**
1er trimestre 2020	130,57	+ 0,92
4e trimestre 2019	130,26	+ 0,95
3e trimestre 2019	129,99	+ 1,20
2e trimestre 2019	129,72	+ 1,53
1er trimestre 2019	129,38	+ 1,70
4e trimestre 2018	129,03	+ 1,74
3e trimestre 2018	128,45	+ 1,57
2e trimestre 2018	127,77	+ 1,25
1er trimestre 2018	127,22	+ 1,05
4e trimestre 2017	126,82	+ 1,05
3e trimestre 2017	126,46	+ 0,90
2e trimestre 2017	126,19	+ 0,75
1er trimestre 2017	125,90	+ 0,51
4e trimestre 2016	125,50	+ 0,18
3e trimestre 2016	125,33	+ 0,06
2e trimestre 2016	125,25	0,00
1er trimestre 2016	125,26	+ 0,06
4e trimestre 2015	125,28	- 0,01
3e trimestre 2015	125,26	+ 0,02
2e trimestre 2015	125,25	+ 0,08
1er trimestre 2015	125,19	+ 0,15
4e trimestre 2014	125,29	+ 0,37
3e trimestre 2014	125,24	+ 0,47
2e trimestre 2014	125,15	+ 0,57
1er trimestre 2014	125,00	+ 0,60
4e trimestre 2013	124,83	+ 0,69
3e trimestre 2013	124,66	+ 0,90
2e trimestre 2013	124,44	+ 1,20
1er trimestre 2013	124,25	+ 1,54

INDICE DE RÉFÉRENCE DES LOYERS RÉSULTANT DE LA LOI N° 2008-111 DU 8/2/2008		
Période	**Indice de référence des loyers**	**Variation annuelle en %**
4e trimestre 2012	123,97	+ 1,88
3e trimestre 2012	123,55	+ 2,15
2e trimestre 2012	122,96	+ 2,20
1er trimestre 2012	122,37	+ 2,24
4e trimestre 2011	121,68	+ 2,11
3e trimestre 2011	120,95	+ 1,90
2e trimestre 2011	120,31	+ 1,73
1er trimestre 2011	119,69	+ 1,60
4e trimestre 2010	119,17	+ 1,45
3e trimestre 2010	118,70	+ 1,10
2e trimestre 2010	118,26	+ 0,57
1er trimestre 2010	117,81	+ 0,09
4e trimestre 2009	117,47	- 0,06
3e trimestre 2009	117,41	+ 0,32
2e trimestre 2009	117,59	+ 1,31
1er trimestre 2009	117,70	+ 2,24
4e trimestre 2008	117,54	+ 2,83
3e trimestre 2008	117,03	+ 2,95
2e trimestre 2008	116,07	+ 2,38
1er trimestre 2008	115,12	+ 1,81
4e trimestre 2007	114,30	+ 1,36
3e trimestre 2007	113,68	+ 1,11
2e trimestre 2007	113,37	+ 1,24
1er trimestre 2007	113,07	+ 1,44
4e trimestre 2006	112,77	+ 1,59
3e trimestre 2006	112,43	+ 1,68
2e trimestre 2006	111,98	+ 1,73
1er trimestre 2006	111,47	+ 1,67

L'accession à la propriété

Acheter et vendre un logement

L'acquisition ou la vente d'un logement est une opération importante, en raison du bien sur lequel elle porte et du prix qui sera payé. C'est pourquoi elle est entourée de nombreuses garanties et soumise à un certain nombre de formalités obligatoires. En outre, elle nécessite, pour se réaliser, l'intervention d'un professionnel qualifié : le notaire. Toutes ces formalités et interventions sont destinées à protéger l'acquéreur comme le vendeur et à garantir la sécurité juridique de la transaction. Leur seul inconvénient est d'entraîner des frais non négligeables et ce, d'autant que s'y ajoutent divers impôts et taxes prélevés par l'État.

Trouver un acquéreur ou un vendeur

Plusieurs solutions s'offrent à ceux qui désirent acquérir un logement, comme à ceux qui cherchent à vendre un logement qu'ils possèdent déjà : trouver l'acquéreur ou le vendeur par eux-mêmes (par exemple, en passant une petite annonce), ou s'en remettre à un intermédiaire. Celui-ci peut être un agent immobilier, mais aussi un notaire, sachant que dans l'un ou l'autre cas, une rémunération spécifique sera à prévoir.

L'intervention d'un agent immobilier

À l'occasion de la transaction immobilière, lorsque l'acheteur et le vendeur ont été mis en relation par l'intermédiaire d'un agent immobilier, celui-ci a droit à une commission.

La profession d'agent immobilier est strictement réglementée par la loi du 2/1/1970 et ses textes d'application. L'agent immobilier ne peut, en particulier, servir d'intermédiaire dans une vente, que s'il a reçu un mandat écrit émanant de la personne pour laquelle il agit : celle-ci sera, le plus souvent, le vendeur qui recherche un acquéreur, mais rien n'empêche un particulier de donner mandat à un agent immobilier de rechercher un logement pour son compte.

À NOTER

Les « chasseurs d'appartements », c'est-à-dire les personnes dont la mission consiste uniquement à rechercher un bien pour le compte d'un acquéreur, sont soumis à la loi du 2/1/1970 et doivent, à ce titre, être titulaires d'une carte professionnelle.

Ce mandat doit comporter, sous peine de nullité, au moins trois mentions essentielles :

– le montant de la commission due à l'agent immobilier ;

– la partie à qui incombe le paiement de cette commission ;

– la durée pour laquelle le mandat est consenti.

À NOTER

Les personnes visées à l'article 1er de la loi du 2/1/1970 (agents immobiliers, administrateurs de biens, syndics, etc.), qui ont des liens de nature capitalistique ou juridique avec des banques ou des sociétés financières, sont tenues d'en informer leurs clients par tout moyen permettant de justifier de la réception de cette information par ces derniers (Loi n° 70-9 du 2/1/1970, Art. 4-1).

Quel est le statut de l'agent immobilier ?

La loi du 2/1/1970, appelée « loi Hoguet », organise la garantie financière et les conditions d'exercice des professions immobilières.

Les principales caractéristiques de cette loi sont les suivantes :

– interdiction des règlements en espèces entre les mains des intermédiaires ;

– réglementation de l'accès à la profession ;

– organisation de la carte professionnelle et centralisation des obligations comptables ;

– souscription de la garantie financière : elle est obligatoire uniquement si l'agent immobilier est amené à recevoir ou à détenir des fonds, effets ou valeurs de la part ou pour ses clients ;

– organisation d'un contrôle périodique par l'autorité administrative et par les organismes de caution bancaire ;

– obligation d'assurance professionnelle.

Les professions immobilières qui sont visées par cette loi sont celles exercées par les intermédiaires qui effectuent des opérations portant sur les biens d'autrui (agents immobiliers). La profession de syndic de copropriété est intégrée dans ces professions. Les syndics doivent également souscrire une garantie financière pour les sommes versées au fonds constitué pour les travaux.

La carte professionnelle a une durée de validité de 3 ans, renouvelables sur demande présentée 2 mois avant la date d'expiration de la carte.

À NOTER

Le décret n° 2015-1090 du 28/8/2015 a fixé les obligations déontologiques incombant aux professionnels de l'immobilier, obligations entraînant, en cas de violation, des sanctions disciplinaires.

À NOTER

Toute personne qui se revendique agent immobilier sans être titulaire de la carte professionnelle encourt 6 mois de prison et 7 500 € d'amende.

Les professionnels ressortissants d'un État membre de l'Union européenne, d'Islande, du Liechtenstein ou de Norvège, titulaires de qualifications professionnelles obtenues dans cet État ou reconnues par lui, peuvent intervenir de façon temporaire et occasionnelle sur le territoire français à condition d'être détenteurs de la « carte professionnelle européenne » pour la profession d'agent immobilier. Des vérifications sont opérées par les autorités compétentes afin d'éviter les fraudes (*Décret n° 72-678 du 20/7/1972, Art. 16-8 et s.*).

Quelles sont les caractéristiques du mandat de l'agent immobilier ?

Le mandat (ou procuration) est un acte par lequel une personne (exemple : un vendeur) donne à une autre (l'agent immobilier) le pouvoir de faire quelque chose (trouver un acquéreur) en son nom (*Code civil, Art. 1984*).

Le mandat peut être ordinaire ou comporter une clause d'exclusivité en faveur de l'agent.

Cette clause d'exclusivité doit être obligatoirement limitée dans le temps et ne peut avoir une durée supérieure à 3 mois (durée pouvant être renouvelée par tacite reconduction). À défaut, elle serait nulle.

La clause d'exclusivité doit aussi préciser les actions que le mandataire s'engage à réaliser et la fréquence de ses rapports d'activité. Elle doit être stipulée de façon expresse dans l'exemplaire du mandat remis au client.

Cette clause interdit au mandant (le client) de confier le dossier à un autre agent immobilier ou de publier une annonce par voie de presse.

L'exclusivité est généralement demandée par l'agent immobilier lorsque l'opération consiste à vendre un bien immobilier.

Passé le délai de 3 mois à compter de sa signature, le mandat contenant une clause d'exclusivité peut être dénoncé à tout moment par chacune des parties par lettre recommandée avec avis de réception en respectant un préavis de 15 jours.

Quelle que soit la forme du mandat, celui-ci doit obligatoirement (à peine de nullité) :

– être établi pour une durée déterminée ;

– prévoir les conditions de rémunération de l'agent ainsi que l'indication de la partie qui en aura la charge ;

– indiquer les conditions dans lesquelles l'intermédiaire est autorisé à recevoir, verser ou remettre des sommes d'argent ;

– indiquer les modalités de la reddition des comptes.

Ces modalités concernent la manière et le délai que devra respecter l'agent pour informer son client de la conclusion de l'affaire, pour indiquer, le cas échéant, les sommes perçues ou avancées en son nom, etc. (*Loi du 2/1/1970, Art. 6*).

À NOTER

Si l'agent est chargé d'un mandat de gérer, la reddition des comptes doit avoir lieu chaque année.

Quel est le montant de la commission ?

Le montant de la commission est librement débattu entre l'agent immobilier et son client. La commission est généralement définie en pourcentage, le plus souvent dégressif, du prix de vente de l'immeuble.

À titre tout à fait indicatif, on peut considérer que les commissions d'agence se situent aux environs de 5 % du prix de vente de l'immeuble. En tout état de cause, le barème applicable doit être affiché dans l'agence et être clairement identifiable.

Qui doit payer la commission ?

La partie qui doit payer la commission à l'agent immobilier doit être expressément précisée dans le cadre du mandat. En principe, c'est à la partie qui a donné mandat, c'est-à-dire en règle générale le vendeur, qu'incombe le paiement de la commission. Mais rien n'interdit qu'il soit mis à la charge de l'acquéreur, ou partagé entre les deux, sous réserve simplement que cette disposition figure également dans le compromis ou la promesse de vente qui sera signé par l'acheteur et le vendeur.

AVANTAGE

Tous les frais liés à la vente (frais de notaire, droits de mutation) sont calculés à partir du prix de vente. Mais ce prix n'inclut pas la commission de l'agent immobilier lorsqu'elle est à la charge de l'acquéreur, ce qui constitue une économie pour ce dernier.

Quand est-elle exigible ?

Pour que l'agent immobilier puisse exiger le versement de sa commission, il faut, bien entendu, qu'il soit en possession d'un mandat écrit et que ce mandat soit valable. Le mandat doit comporter les mentions obligatoires prévues par la loi du 2/1/1970 ; à défaut, il est nul et la commission n'est pas due (*Cour de cassation, 3e chambre civile, 13/12/2012*). Il faut également que l'affaire se soit réalisée grâce à son intervention, sans quoi la commission serait sans objet.

L'agent immobilier qui a fait visiter l'immeuble mis en vente à un acquéreur potentiel a droit au paiement de la commission convenue dans le mandat si cet acquéreur traite ensuite directement avec le vendeur (*Cour de cassation, 1re chambre civile, 14/11/2000*).

Si les conditions décrites ci-dessus sont réunies, la commission est due à l'agent immobilier lorsque la transaction est effectivement conclue, c'est-à-dire lorsque l'accord définitif du vendeur et de l'acquéreur est constaté dans un acte unique qui ne laisse place à aucune incertitude sur la conclusion de la vente.

Ceci n'est notamment pas le cas, lorsque :
- seul le vendeur a signé une promesse de vente qui n'est pas acceptée par l'acheteur ;
- la promesse de vente signée des deux parties contient une faculté de dédit ou une condition suspensive qui n'est pas réalisée.

Ainsi, par exemple, lorsque la vente d'un terrain à bâtir est soumise à la condition de l'obtention, par l'acquéreur, d'un permis de construire, la vente ne sera effectivement conclue, et la commission de l'agent immobilier ne sera exigible, qu'après délivrance du permis de construire.

À NOTER

Si la vente est annulée (par exemple, pour dol), l'agent immobilier ne peut, en l'absence de réalisation effective et définitive de l'opération, prétendre à aucune rémunération (Cour de cassation, 1re chambre civile, 20/3/2007). De même, l'agent immobilier ne peut obtenir le paiement de sa commission si la vente ne se réalise pas en raison du défaut de demande de prêt des acquéreurs ; la vente n'ayant pas eu lieu, l'agent ne peut prétendre au paiement de sa commission (Cour de cassation, 1re chambre civile, 24/9/2009). On signalera toutefois que, sur le fondement du préjudice qu'il subit du fait de l'inaction des acquéreurs, l'agent immobilier pourrait cependant, en pareilles circonstances, obtenir le versement de dommages et intérêts.

Comment le mandat prend-il fin ?

Le mandat exclusif d'un agent immobilier prend fin lorsque l'affaire est réalisée ou, à défaut, à l'expiration du délai fixé dans le contrat.

À NOTER

La durée du contrat avec clause d'exclusivité ne peut être supérieure à 3 mois.

À l'arrivée du terme, le contrat prend fin ou bien va se renouveler en application d'une clause de tacite reconduction.

La clause de tacite reconduction, pour être valable, doit être limitée dans le temps ou prévoir un nombre précis maximum de périodes de renouvellement. Un mandat serait nul s'il pouvait être renouvelé indéfiniment.

Par ailleurs, au moins 1 mois avant la date d'expiration du contrat, le professionnel doit rappeler à son mandant cette date et la possibilité de mettre fin à la mission. Les dispositions de l'article L. 215-1 du Code de la consommation prévoyant cette obligation d'information doivent être reproduites dans le contrat.

Lorsque le mandat est renouvelé par tacite reconduction, chacune des parties a la possibilité de le dénoncer à tout moment, par lettre recommandée avec avis de réception moyennant un préavis de 15 jours.

Ces règles s'appliquent également lorsque le mandat n'est pas assorti d'une clause d'exclusivité mais contient une clause pénale ou une clause par laquelle une commission est due même si l'opération est conclue sans l'intermédiaire.

Le mandat simple, sans exclusivité ni clause pénale, peut être conclu pour une durée supérieure à 3 mois. Il prend fin à l'arrivée du terme ou, après tacite reconduction, par l'envoi d'une résiliation (*Décret n° 72-678 du 20/7/1972, Art. 78 et s.*).

Quelle est la responsabilité de l'agent immobilier ?

Si l'agent immobilier ne remplit pas ses obligations ou s'il ne les remplit qu'imparfaitement, il peut être condamné envers son mandant au paiement de dommages et intérêts.

Ses obligations consistent à exécuter au mieux la mission qui lui a été confiée et non pas de réussir la mission. Il est tenu à une obligation de moyens et non à une obligation de résultat.

Sa responsabilité peut être engagée s'il a manqué à son devoir de conseil, comme par exemple :

– négliger d'expliquer à son client les conséquences d'un engagement pris par ce dernier ;

– oublier d'indiquer les défauts de l'immeuble (s'il est mandataire de l'acquéreur) ;

– procurer des renseignements inexacts ou incomplets ;

– omettre de vérifier la solvabilité de l'acquéreur ou sa capacité à signer l'acte…

Devoir d'information de l'agent immobilier

Quand l'état annexé à la vente révèle une accessibilité au plomb, l'agent immobilier doit en informer le propriétaire qui doit effectuer les travaux sans attendre (*Instruction du 21/9/2016 relative au dispositif de lutte contre le saturnisme infantile et de réduction des expositions au plomb*). À défaut, la responsabilité de l'agent immobilier peut être engagée pour avoir manqué à son obligation d'information.

À NOTER

L'agent immobilier qui intervient notamment en matière d'achat, de vente ou de recherche d'immeubles (bâtis ou non) doit signaler au procureur de la République les faits pouvant constituer une infraction en matière d'habitat indigne.

Par ailleurs, lorsqu'ils participent à des opérations entraînant le transfert de capitaux, les agents immobiliers sont associés à la lutte contre le blanchiment des capitaux provenant du trafic de stupéfiants ou d'autres activités criminelles.

Ils doivent, en effet, non seulement déclarer à la préfecture toutes opérations qui portent sur des sommes qu'ils savent provenir de ces opérations criminelles mais aussi déclarer ces opérations même s'ils n'ont qu'un simple soupçon sur l'origine des fonds.

À défaut d'effectuer ces déclarations, leur responsabilité civile et professionnelle peut être mise en jeu.

L'intervention d'un notaire

Même si on l'oublie parfois, l'une des activités traditionnelles du notaire consiste à servir d'intermédiaire à l'occasion de l'achat ou de la vente d'un logement. Cette intervention, distincte de l'intervention obligatoire du notaire pour formaliser la vente, donne lieu à des frais spécifiques.

Quel est le rôle du notaire ?

La rédaction de l'acte authentique

La vente d'un bien immobilier doit être établie par acte authentique en raison de l'importance et de la gravité d'un tel acte. Seul le notaire a qualité pour rédiger cet acte authentique.

Le notaire de la promesse ou du compromis de vente est, en principe, le rédacteur de l'acte authentique. Généralement, les parties s'accordent pour désigner le notaire du vendeur. Mais le choix du notaire est totalement libre. Acquéreur et vendeur peuvent, sans surcoût, demander à leur notaire respectif de les assister pendant la vente. Dans ce cas, les notaires se partageront les honoraires de la vente.

Les actes peuvent être établis sur support papier ou sur support électronique (*Décret n° 2005-973 du 10/8/2005*).

Par ailleurs, les opérations portant sur des immeubles (les ventes mais aussi les donations, les échanges ou les règlements de copropriété) doivent être obligatoirement publiées au fichier immobilier (*Décret du 4/1/1955, Art. 28*).

AVANTAGE

Le Conseil supérieur du notariat met gratuitement à la disposition du public une plateforme d'informations et de services en ligne sur la vente, l'achat, la location… : https://notaviz.notaires.fr.

Cette publication ne peut intervenir qu'après l'établissement de l'acte authentique. Elle a pour effet de rendre l'acte opposable aux tiers (exemple : lorsque la publication d'une vente est effectuée, les créanciers du vendeur ne peuvent plus inscrire une hypothèque sur ce bien).

À l'occasion de toute mutation d'immeuble, le notaire doit aussi, après la signature de l'acte authentique ou de l'avant- contrat, adresser au Conseil supérieur du notariat les informations concernant les coordonnées géographiques de l'immeuble et son prix.

Ces informations sont destinées à constituer un fichier sur les prix de l'immobilier, fichier consultable sur Internet (*Décret n° 2013-803 du 3/9/2013*).

À NOTER

Le notaire peut également se charger de la négociation de la vente. Comme un agent immobilier, il doit alors être titulaire d'un mandat et mener à bien l'opération pour prétendre au paiement des honoraires de négociation.

La comptabilité du notaire

Si les fonds provenant de la vente passent par la comptabilité du notaire, celui-ci ne peut les remettre directement au vendeur. Il doit préalablement payer les éventuels créanciers hypothécaires ou privilégiés (banque, copropriété…). S'il conserve les fonds plus de 3 mois, il doit les déposer à la Caisse des dépôts et consignations qui verse alors un intérêt au taux de 0,75 % par an (*Arrêté du 24/9/2015*).

Dans le cadre de la lutte contre le blanchiment, les paiements effectués ou reçus par un notaire, pour le compte des parties à un acte reçu en la forme authentique et donnant lieu à publicité foncière, doivent être réalisés uniquement par virement, au-delà d'un seuil de 3 000 €. Cette règle concerne notamment le paiement du prix de vente, mais aussi les honoraires de l'agence ou encore les taxes fiscales (*Code monétaire et financier, Art. L. 112-6-1 et R. 112-5*).

AVANTAGE

Dans le but de protéger les particuliers qui ont recours à un intermédiaire, la loi fait interdiction à ces derniers, sous peine d'amende ou d'emprisonnement, de percevoir une quelconque rémunération, à quelque titre que ce soit, avant la conclusion définitive de la vente (Loi du 2/1/1970, Art. 6).

À NOTER

Il est interdit d'assortir un engagement d'achat d'une obligation de versement d'une somme d'argent au titre d'une offre ou d'une simple promesse d'achat. L'engagement d'achat d'un bien immobilier est donc nul dès lors qu'est exigée ou perçue une somme d'argent (Code civil, Art. 1589-1).

Comment les honoraires du notaire sont-ils fixés ?

Les honoraires comprennent d'une manière générale :

– les émoluments qui sont fixés par un texte réglementaire ;

– les honoraires libres qui interviennent pour la rémunération des actes non prévus par le tarif des émoluments ;

– les frais qui sont les dépenses engagées par le professionnel pour la réalisation d'une prestation ;

– les débours qui sont les sommes avancées pour le compte du client pour la réalisation d'une prestation.

Les tarifs des notaires ont été modifiés auraient dû être révisés le 1/5/2020. Mais en raison des circonstances exceptionnelles provoquées par l'épidémie de coronavirus et de ses conséquences sur l'activité économique, leur modification a été reportée au 1/1/2021. Pour l'heure, ils restent donc inchangés (*Arrêté du 28/4/2020*).

Les émoluments

Il existe :

- Les émoluments fixes qui concernent d'une manière générale les actes dans lesquels il n'est pas fait mention de capitaux (exemple : acte de notoriété, procuration, contrat de mariage simple…). Chaque acte est rémunéré forfaitairement.
- Les émoluments proportionnels qui sont perçus sur le capital énoncé dans l'acte, augmenté de la valeur des charges (c'est-à-dire les sommes dues, outre le prix) *(Voir pages Barème)*.
- Les émoluments de formalité qui sont prévus pour les formalités obligatoires accomplies par le notaire avant ou après l'établissement d'un acte. Comme les émoluments fixes, les émoluments de formalité sont fixés forfaitairement.

Les honoraires libres

Les honoraires libres sont fixés d'un commun accord entre le notaire et son client pour les actes non tarifés (exemple : actes concernant les sociétés ou les fonds de commerce).

À NOTER

Les honoraires de rédaction de l'acte de vente sont partagés entre le notaire rédacteur et le notaire conseil de l'autre partie.

La mission de rédiger l'acte de vente peut incomber soit au notaire du vendeur, soit au notaire de l'acheteur selon les régions. C'est en principe l'acquéreur qui supporte les frais d'actes.

Aux honoraires et émoluments, il convient d'ajouter la TVA à laquelle sont assujettis les notaires au taux normal.

La responsabilité du notaire peut-elle être engagée ?

La responsabilité du notaire peut être engagée s'il a commis une faute dans l'exercice de ses fonctions et que cette faute a causé un préjudice à son client.

Cette faute peut être :

– un manquement à son devoir de conseil. En tant que professionnel, il se doit d'informer son client des conséquences de l'acte qu'il signe, des risques éventuels pour lui, des incidences fiscales, etc.
Il ne peut se décharger entièrement de cette obligation même si les parties déclarent l'en décharger ;
– une erreur dans la rédaction de l'acte concernant par exemple, la description du bien vendu, le nom des parties, etc. ;
– une erreur de droit (vente d'un bien n'appartenant pas au prétendu vendeur…) ;
– l'oubli de vérifier si l'acquéreur n'a pas été condamné à une peine d'interdiction d'acheter un bien immobilier (peine applicable notamment aux marchands de sommeil). La vente peut néanmoins être signée si l'acquéreur atteste, dans l'acte de vente, que le bien est destiné à son occupation personnelle (*Code de la construction et de l'habitation, Art. L. 551-1*).

La responsabilité pénale

Certaines fautes commises par le notaire peuvent être pénales :
– le faux en écritures publiques (*Code pénal, Art. 441-2 et 441-4*) ;
– le fait de ne pas publier au fichier immobilier dans le délai prescrit ;
– les détournements de pièces qui lui sont confiées (*Code pénal, Art. 432-15*) ;
– la violation du secret professionnel (*Code pénal, Art. 226-13 et 226-14*).

Comment mettre en jeu la responsabilité du notaire ?

À défaut d'accord amiable, il convient de saisir dans un premier temps la chambre départementale des notaires qui pourra, le cas échéant, arbitrer le litige.
À défaut de solution trouvée, il faut alors s'adresser à un avocat qui déterminera tout d'abord la nature de la faute (pénale ou civile), estimera la gravité et éventuellement délivrera une assignation devant le tribunal compétent.

À NOTER

Chaque notaire doit obligatoirement souscrire une assurance « responsabilité civile professionnelle ». Il est également assuré auprès des caisses de garanties collectives. Ces caisses sont établies par région et sont alimentées par les cotisations versées par les notaires.

Les promesses de vente

Même lorsqu'ils sont tombés d'accord sur toutes les modalités de l'opération, le vendeur et l'acheteur ne peuvent envisager de signer immédiatement l'acte de vente chez le notaire. La préparation de cet acte et la finalisation de l'opération supposent, en effet, de nombreuses formalités dont la réalisation demandera, en règle générale, 2 à 3 mois. Ceci explique que le contrat de vente notarié est toujours précédé d'un avant-contrat, appelé promesse de vente, et qui peut prendre différentes formes.

Quels sont les différents types de promesses ?

Le terme de « promesse de vente » recouvre, en fait, deux catégories d'actes distinctes :

– la promesse unilatérale de vente, dans laquelle seul le vendeur s'engage, l'acheteur se réservant la possibilité d'acquérir ou de ne pas acquérir (voir Modèle n° 52) ;

– la promesse synallagmatique de vente, également appelée « compromis de vente », dans laquelle l'engagement est réciproque : engagement de vendre pour le vendeur et engagement d'acheter pour l'acheteur (voir Modèle n° 53).

Il est rare, en pratique, que ce soit l'acheteur et le vendeur qui déterminent le type de promesse qu'ils seront amenés à signer : c'est en général à l'intermédiaire (par exemple, l'agent immobilier) ou au notaire que reviendra ce choix si le vendeur ou l'acheteur ne fait état d'aucune préférence.

À NOTER

Quel qu'en soit le type, toute promesse de vente comporte des implications, tant pour l'acheteur que pour le vendeur. Aussi vaut-il mieux ne jamais signer un tel document sans l'avoir analysé au préalable dans ses moindres détails et sans, au besoin, s'en être fait expliquer les termes par un professionnel.

À NOTER

Si vous décidez d'acheter un logement dans le cadre d'un achat sur plans (juridiquement, cela s'appelle une vente d'immeuble à construire), ce n'est pas une promesse de vente classique que vous serez amené à signer, mais un contrat appelé contrat de réservation ou contrat préliminaire, dont le contenu est plus strictement réglementé.

Quelles sont les règles communes aux différentes promesses ?

› Le contenu de la promesse

Qu'elle soit unilatérale ou synallagmatique, toute promesse de vente doit obligatoirement contenir :

– l'état civil des parties ;

– les indications essentielles relatives au bien vendu, ainsi que l'origine de la propriété ;

– la superficie des parties privatives en cas de vente d'un lot en copropriété. La superficie des parties privatives est appréciée comme dans le cadre de la loi « Carrez » ; la surface habitable du lot est définie par l'article R. 111-2 du Code de la construction et de l'habitation ;

– le prix de vente ;

– l'indication selon laquelle le prix sera payé, directement ou indirectement, même en partie, avec ou sans l'aide d'un ou de plusieurs prêts (*Code de la consommation, Art. L. 313-40*) ;

– un délai de réalisation. Il s'agit du délai au terme duquel l'acte de vente doit être signé chez le notaire. La loi ne fixe ni minimum ni maximum ; en règle générale, ce délai est de 3 ou 4 mois, c'est-à-dire le temps requis pour réunir toutes les pièces nécessaires à l'opération. Notez que ce délai peut être prorogé soit par accord entre les parties, soit automatiquement si la promesse de vente le prévoit, notamment dans le cas où toutes les pièces nécessaires n'auraient pas pu être encore réunies.

Outre les clauses indiquées ci-dessus, dont l'absence met en cause la validité de la promesse, de nombreuses autres clauses peuvent être utilement ajoutées par les parties, selon les circonstances de la vente.

À NOTER

Si le vendeur ou l'acquéreur décède avant la signature de l'acte de vente définitif, ses héritiers seront tenus de poursuivre l'opération, c'est-à-dire soit de vendre, soit d'acheter. Pour éviter cette situation, on peut faire mentionner, dans la promesse de vente, que celle-ci sera annulée en cas de décès de l'une ou l'autre des parties.

À NOTER

Si vous êtes à la recherche d'un logement, il peut arriver que l'agent immobilier vous propose de faire une offre d'achat au vendeur. Sachez que dans la plupart des cas, cette offre constitue une véritable promesse d'achat qui vous engage à acheter sans possibilité de renonciation. Aussi est-il prudent de ne jamais signer ce type de contrat sans l'avis d'un professionnel, ou du moins sans avoir pris le temps d'en lire toutes les clauses et de s'en faire expliquer toutes les conséquences.

› La faculté de rétractation

La faculté de rétractation joue pour tous les actes (sous signature privée ou authentiques, c'est-à-dire devant notaire) portant sur la construction ou l'acquisition d'un immeuble à usage d'habitation, la souscription de parts donnant vocation à l'attribution en jouissance ou en propriété d'immeubles d'habitation ou la vente d'immeubles à construire ou de location-accession à la propriété immobilière, par un acquéreur non professionnel (*Code de la construction et de l'habitation, Art. L. 271-1*). Ce dernier dispose d'un délai de 10 jours pour se rétracter.

Ce droit de rétractation s'exerce de la manière suivante :

– l'acte doit vous être notifié par lettre recommandée avec avis de réception ou par tout autre moyen présentant des garanties équivalentes pour la détermination de la date de réception ou de remise (par exemple, la notification par huissier ou la remise contre récépissé faite par un notaire) ;

– à compter du lendemain de cette notification, vous disposez d'un délai de 10 jours pour vous rétracter ;

– cette rétractation doit être exercée dans les mêmes formes que la notification de l'acte elle-même, c'est-à-dire soit par lettre recommandée avec avis de réception, soit par tout autre moyen présentant des garanties équivalentes (voir plus haut).

Les promesses de vente doivent indiquer, de manière lisible et compréhensible, les informations relatives aux conditions et aux modalités d'exercice du droit de rétractation ou de réflexion. À défaut, une personne physique encourt jusqu'à 3 000 € et une personne morale jusqu'à 15 000 € (*Code de la construction et de l'habitation, Art. L. 271-1*).

À NOTER

Lorsque les documents et les informations mentionnés aux 1° et 2° du II de l'article L. 721-2 du Code de la construction et de l'habitation (c'est-à-dire les documents relatifs à l'organisation de l'immeuble – règlement de copropriété et état descriptif de division, procès-verbal des trois dernières assemblées générales… –, et les informations relatives à la situation financière de la copropriété – montant des charges courantes, état des impayés de charges… –) ne sont pas remis à l'acquéreur au plus tard à la date de la signature de la promesse de vente, le délai de rétractation ou de réflexion ne court qu'à compter du lendemain de la communication de ces documents et informations à l'acquéreur (Code de la construction et de l'habitation, Art. L. 721-3).

S'agissant des conditions d'exercice de ce délai de rétractation, la Cour de cassation a été amenée à préciser les deux éléments suivants (*Cour de cassation, Chambre civile, 5/12/2007*) :

– la date de la rétractation, par voie postale, est celle de l'expédition de la lettre recommandée ;

– les dispositions de l'article 642 du Code de procédure civile relatives à la computation des délais s'appliquent au délai de réflexion prévu par l'article L. 271-1 du Code de la construction et de l'habitation, édicté dans l'intérêt de l'acquéreur. En conséquence, un délai expirant un samedi, un dimanche ou un jour férié ou chômé doit être prolongé jusqu'au premier jour ouvrable suivant.

Lorsque le contrat constatant ou réalisant la construction ou l'acquisition du logement est précédé d'un avant-contrat (contrat préliminaire s'il s'agit d'une vente sur plans, ou promesse synallagmatique ou unilatérale s'il s'agit d'un logement existant), les dispositions décrites plus haut ne s'appliquent qu'à cet avant-contrat.

À NOTER

L'acte conclu par l'intermédiaire d'un professionnel ayant reçu mandat pour prêter son concours à la vente (agent immobilier, notaire…), peut être remis directement, par ce professionnel, au bénéficiaire du droit de rétractation. Dans ce cas, le délai de rétractation court à compter du lendemain de la remise de l'acte. L'acte sous signature privée ou une copie de l'avant-contrat réalisé sous forme authentique remis directement à l'acquéreur non professionnel doit alors reproduire les dispositions de l'article L. 271-2 du

Code de la construction et de l'habitation. Le bénéficiaire du droit de rétractation y inscrit de sa main les mentions suivantes : « remis par (nom du professionnel)... à (lieu)... le (date)... » et : « Je déclare avoir connaissance qu'un délai de rétractation de dix jours m'est accordé par l'article L. 271-1 du Code de la construction et de l'habitation, et qu'il court à compter du lendemain de la date de remise inscrite de ma main sur le présent acte, soit à compter du... » (Code de la construction et de l'habitation, Art. D. 271-6).

› Le délai de réflexion

Ce délai de réflexion joue lorsque les conditions suivantes sont réunies :

– le contrat constatant ou réalisant la construction ou l'acquisition est un acte authentique, c'est-à-dire établi par un notaire ;

– ce contrat n'est pas précédé d'un avant-contrat (contrat préliminaire ou promesse synallagmatique ou unilatérale). Cette situation étant très peu courante en pratique, le délai de réflexion s'applique rarement, au profit de la faculté de rétractation (voir plus haut) ;

– l'opération est réalisée au profit d'un acquéreur non professionnel.

Dans une telle situation, l'acquéreur non professionnel dispose d'un délai de réflexion (incompressible) de 10 jours à compter de la notification ou de la remise du projet d'acte selon les mêmes modalités que celles prévues pour le délai de rétractation mentionné plus haut. Le projet d'acte authentique remis directement à l'acquéreur non professionnel doit donc reproduire les dispositions de l'article L. 271-2 du Code de la construction et de l'habitation. Le bénéficiaire du droit de réflexion y inscrit de sa main les mentions suivantes : « remis par (*nom du professionnel*)... à (*lieu*)... le (*date*)... » et : « Je déclare avoir connaissance qu'un délai de réflexion de dix jours m'est accordé par l'article L. 271-1 du Code de la construction et de l'habitation, et qu'il court à compter du lendemain de la date de remise inscrite de ma main sur le présent projet, soit à compter du... » (*Code de la construction et de l'habitation, Art. D. 271-7*).

En aucun cas l'acte authentique ne peut être signé pendant ce délai de 10 jours.

LES DOCUMENTS ET INFORMATIONS DESTINÉS AU CANDIDAT À L'ACQUISITION DANS UNE COPROPRIÉTÉ

En cas de vente d'un lot de copropriété à usage total ou partiel d'habitation, est annexé à la promesse de vente (ou, à défaut de promesse, à l'acte authentique) le dossier de diagnostic technique (*Code de la construction et de l'habitation, Art. L. 271-4*).

Sont également remis à l'acquéreur, au plus tard à la date de signature de la promesse, les documents et informations suivants (lorsque l'acte authentique de vente n'est pas précédé d'une promesse de vente, ces documents et informations sont joints au projet d'acte authentique de vente notifié ou remis à l'acquéreur)(*Code de la construction et de l'habitation, Art. L. 721-2*) :

– la fiche synthétique de la copropriété prévue à l'article 8-2 de la loi n° 65-557 du 10/7/1965 ;
– le règlement de copropriété et l'état descriptif de division ainsi que les actes les modifiant, s'ils ont été publiés ;
– les procès-verbaux des assemblées générales des trois dernières années, sauf lorsque le copropriétaire vendeur n'a pas été en mesure d'obtenir ces documents auprès du syndic ;
– les documents relatifs à la situation financière de la copropriété et du copropriétaire vendeur (montant des charges courantes, sommes qui seront dues par l'acquéreur, état global des impayés, etc.) ;
– le carnet d'entretien de l'immeuble ;
– une notice d'information relative aux droits et obligations des copropriétaires ainsi qu'au fonctionnement des instances du syndicat de copropriété.

« La remise des documents peut être effectuée sur tous supports et par tous moyens, y compris par un procédé dématérialisé sous réserve de l'acceptation expresse par l'acquéreur. L'acquéreur atteste de cette remise soit dans l'acte contenant la promesse de vente par sa simple signature lorsqu'il s'agit d'un acte authentique soit, lorsque l'acte est établi sous signature privée, dans un document qu'il signe et qu'il date de sa main. »

Par exception, lorsque la vente porte sur un ou plusieurs lots situés dans des petites copropriétés (celles comportant moins de 10 lots dont le budget prévisionnel moyen est inférieur à 15 000 € sur une période de trois exercices consécutifs), n'ont pas à être annexés à la promesse de vente (ou, à défaut de promesse, à l'acte authentique de vente), le montant des sommes qui seront dues par l'acquéreur et l'état global des impayés de charges et de la dette vis-à-vis des fournisseurs.

En outre :
– à l'exception des informations financières, les documents mentionnés ci-dessus ne sont pas exigés lorsque l'acquéreur est déjà propriétaire d'au moins un lot dans la même copropriété ;
– les PV des trois dernières AG, le carnet d'entretien de l'immeuble, la notice d'information relative aux droits et obligations des copropriétaires ainsi qu'au fonctionnement des instances du syndicat de copropriété ne sont pas exigés en cas de vente ou de cession de droit réel immobilier relatif à un lot ou une fraction de lot annexe (cave, grenier, débarras, placard, remise, garage, etc.).

› L'interdiction de verser une somme d'argent pendant les délais de rétractation et de réflexion

Il est interdit de verser quelque somme que ce soit, pendant le délai de rétractation, sauf :

– s'il s'agit d'un contrat de construction ou d'acquisition d'un immeuble neuf ;

– si l'acte est conclu par l'intermédiaire d'un professionnel : dans ce cas, un versement de l'acquéreur est possible, mais uniquement entre les mains d'un professionnel disposant d'une garantie financière. Si l'acquéreur se rétracte, la somme doit lui être restituée dans un délai de 21 jours suivant le lendemain de la date de rétractation.

En dehors de ces cas, et notamment dans les transactions entre particuliers, il est possible de convenir d'un versement après l'expiration du délai de 10 jours : l'avant-contrat est alors conclu sous condition suspensive de la remise de la somme contractuellement prévue (indemnité d'immobilisation, dédit…) à la date convenue.

Pendant le délai de réflexion, tout versement est interdit.

Le non-respect de l'interdiction de versement pendant les délais de rétractation et de réflexion est sanctionné par une amende de 30 000 € (*Code de la construction et de l'habitation, Art. L. 271-2*).

› La condition suspensive d'obtention des prêts

Cette condition est faite pour protéger l'acquéreur qui souhaite financer une opération immobilière portant sur un immeuble d'habitation ou à usage mixte professionnel et d'habitation au moyen d'un ou de plusieurs prêts. Dans ce cas, l'acte constatant cette opération, c'est-à-dire le plus souvent la promesse de vente, doit être conclu sous la condition suspensive de l'obtention du ou des prêts destinés à en assurer le financement (*Code de la consommation, Art. L. 313-41*). Cette obligation s'applique sauf si l'acquéreur renonce expressément à son bénéfice par une clause spéciale et manuscrite dans l'acte.

Existence de la condition suspensive

La condition suspensive d'obtention d'un ou de plusieurs prêts existe dans l'une ou l'autre des situations suivantes :
– si l'acquéreur précise dans la promesse de vente (ou plus rarement l'acte de vente) qu'il aura recours à un emprunt pour financer son opération immobilière (acquisition, construction…) ;
– si rien n'est précisé dans l'acte à ce sujet et que l'acquéreur demande quand même un prêt ;
– si l'acte ne contient pas la mention manuscrite visée ci-après ou s'il comporte une mention qui ne serait pas de la main de l'acquéreur, et qu'un prêt est demandé (*Code de la consommation, Art. L. 313-42*).

La condition suspensive s'applique donc dès lors que l'acquéreur recourt à un emprunt et ce, quels que soient les termes de l'acte, à l'exception du cas où l'acte :
– précise que le prix sera payé sans l'aide d'un ou de plusieurs prêts ;
– comporte la mention manuscrite écrite de sa main selon laquelle il renonce au bénéfice de la loi même si, en définitive, il recourt à un prêt.

Durée de validité et effets de la condition

La durée de validité de la condition suspensive ne peut être inférieure à 1 mois à compter de la date de signature de l'acte ou, s'il s'agit d'un acte sous seing privé (désormais appelé « acte sous signature privée ») soumis sous peine de nullité à la formalité de l'enregistrement, à compter de la date de cet enregistrement (*Code de la consommation, Art. L. 313-41*).

Dans la pratique, les contrats (notamment les promesses de vente) prévoient une durée de validité de la condition suspensive de l'ordre de 2 à 3 mois compte tenu du délai d'instruction des dossiers par les organismes de crédit. Si l'acquéreur n'obtient pas les financements sollicités, dans les délais prévus, il ne sera pas engagé par l'acte qu'il a signé, et il pourra récupérer toutes les sommes qu'il a déjà versées.

L'application de ces dispositions donne parfois lieu à des difficultés en raison notamment de l'imprécision de la formule « obtention du prêt » : quand doit-on considérer que le prêt est obtenu et que l'acquéreur est par conséquent engagé ?

La jurisprudence a dû trancher la question, en raison du mutisme de la loi sur ce point.

QU'APPELLE-T-ON « CONDITIONS SUSPENSIVES » ?

Il est très rare qu'une promesse de vente, qu'elle soit unilatérale ou synallagmatique, ne contienne pas une ou plusieurs conditions suspensives. On les appelle ainsi car elles ont pour effet de suspendre la vente à la réalisation d'un événement futur et incertain.

Si l'événement se réalise, la vente pourra se faire ; s'il ne se réalise pas, la promesse est annulée, ce qui implique notamment que le bénéficiaire récupère les sommes qu'il avait déjà versées. Ces conditions suspensives peuvent être de plusieurs ordres, la principale étant évidemment celle relative à l'obtention des crédits. Mais les promesses de vente peuvent contenir bien d'autres conditions suspensives, et notamment les suivantes :

✓ Les conditions suspensives liées à l'urbanisme

Il peut s'agir de conditions relatives à l'absence de servitudes, au non-exercice d'un droit de préemption, ou encore à l'obtention d'un permis de construire. En présence de telles conditions, la vente ne pourra se réaliser que :
– s'il n'existe aucune servitude sur l'immeuble de nature à le rendre impropre à sa destination ;
– si aucun droit de préemption n'est mis en œuvre ;
– si l'acquéreur obtient les permis de construire nécessaires.

Attention : le notaire chargé de la vente est tenu d'adresser une déclaration d'intention d'aliéner (DIA) à la commune, lorsque le bien immobilier est situé dans une zone de préemption. Celle-ci dispose alors de 2 mois pour faire jouer son droit de préemption si elle le souhaite (Code de l'urbanisme, L. 213-2).

✓ Autres conditions suspensives

La règle en la matière est la liberté contractuelle. Si les parties sont d'accord, toutes sortes de conditions suspensives peuvent figurer dans la promesse de vente : revente préalable par le bénéficiaire de la promesse de son précédent logement, acquisition sous réserve de la confirmation d'une mutation professionnelle, etc.

✓ La non réalisation de la condition suspensive

Lorsque la condition suspensive ne se réalise pas, l'acquéreur au profit duquel la condition avait été stipulée peut choisir de passer outre et décider de poursuivre l'opération aux conditions initiales. Il ne peut, en revanche, engager une procédure en réalisation forcée de la vente accompagnée d'une réduction du prix. Il en a été ainsi jugé, par exemple, à propos d'une vente conclue sous la condition suspensive d'absence de servitude grevant l'immeuble, alors qu'il existait une telle servitude : dans cette situation, l'acquéreur peut invoquer la nullité de la promesse ou poursuivre la vente en toute connaissance de cause ; il ne peut en revanche demander la réalisation forcée de la vente moyennant une réduction du prix (*Cour de cassation, 3e chambre civile, 31/3/2005*).

La promesse de vente peut également comporter des précisions sur les conditions du prêt qui sera demandé : montant, durée, taux maximal. Dans un tel cas, il appartient à l'acquéreur de démontrer qu'il a bien sollicité un prêt conforme aux caractéristiques définies dans la promesse de vente. La Cour de cassation admet toutefois que le fait, pour l'acquéreur, de ne pas demander de prêt conforme aux caractéristiques définies dans la promesse (en l'espèce, un prêt sur 15 ans au taux maximal de 6 % hors assurance) ne constitue pas automatiquement une faute, dès lors qu'il est démontré que, compte tenu de son endettement existant, l'acquéreur n'aurait pu obtenir un tel prêt auprès d'un établissement bancaire. Comme l'a précisé la Cour de cassation : « Mais attendu qu'ayant constaté que le Crédit agricole avait expliqué, études de simulation à l'appui, que le prêt sur 12 ans avait été refusé eu égard à une insuffisance de capacité financière compte tenu des emprunts déjà en cours, la cour d'appel, qui a souverainement relevé […] que si la durée d'emprunt n'était pas conforme aux prévisions de la convention, les calculs produits par la banque démontraient qu'un prêt, fût-il sur 15 ans, excédait de même les possibilités financières de M. Y…, a pu déduire que c'était sans faute de sa part que la condition suspensive avait défailli. » (*Cour de cassation, 3e chambre civile, 12/9/2007*).

Quand y a-t-il obtention du prêt ?

En pratique, l'acquéreur d'un bien immobilier qui recourt à un crédit peut se trouver confronté à trois types de situation.

L'acquéreur ne peut obtenir le financement recherché.

Lorsque l'acquéreur n'a pu, pour des raisons indépendantes de sa volonté, obtenir le financement recherché, il est clair que la condition suspensive doit jouer. Cette situation peut résulter notamment :
– de lettres de refus d'organismes de crédit ;

– du simple fait qu'à l'expiration du délai aucun prêt n'a été proposé à l'acquéreur.
Cependant, il est de l'intérêt de l'acquéreur de pouvoir justifier qu'il a fait son possible pour obtenir le financement dans le délai qui lui était imparti et ce, pour deux raisons au moins :
– tout d'abord parce qu'il est préférable et de bon sens de conserver les preuves de sa bonne foi, dans un domaine qui suscite un contentieux assez important ;
– ensuite, parce qu'en application de l' article 1304-3 du Code civil, la condition est réputée accomplie lorsque c'est le débiteur, obligé sous cette condition, qui en a empêché l'accomplissement. Ainsi le vendeur pourra-t-il tenter de faire la preuve que les agissements de l'acquéreur sont la cause de la non-réalisation de la condition. Certains tribunaux ont admis, à cet égard, que l'acquéreur qui a laissé passer un délai très long (de l'ordre de plusieurs mois) pour déposer ses demandes de prêt a fait volontairement obstacle à l'accomplissement de la condition suspensive et que, dès lors, celle-ci doit être considérée comme réalisée. De même, l'acquéreur qui dépose une demande de prêt à titre personnel, qui lui est refusée, alors qu'il avait la possibilité de déposer cette demande au nom d'une SCI et qu'il était informé que, dans ce cas, cette demande serait acceptée par sa banque ne peut être protégé par la condition suspensive stipulée dans la promesse de vente (*Cour de cassation, 3e chambre civile, 12/2/2013*).

L'acquéreur ne veut pas du financement proposé.

Si le financement qui est proposé à l'acquéreur ne correspond pas à ses capacités financières, il est évident qu'il est en droit de refuser la proposition du ou des organismes de crédit : la condition suspensive n'est pas réalisée et les sommes versées doivent revenir à l'acquéreur.
En revanche, le refus pur et simple des offres de crédit, alors qu'elles sont en rapport avec les ressources de l'emprunteur, et qu'aucune condition particulière ne figure à l'acte principal (exigence d'un financement privilégié, par exemple un prêt conventionné ou un prêt d'épargne logement), ne fait pas obstacle à la réalisation de la condition suspensive.

Le financement ne correspond pas à ce qui est attendu.

L'acquéreur peut indiquer, dans l'acte, les conditions d'endettement qu'il souhaite respecter et notamment un taux d'intérêt ou une mensualité maximale. Si les offres de crédit ne correspondent pas à ces exigences, la condition suspensive pourra alors jouer.

La promesse unilatérale de vente

Par la promesse unilatérale de vente (PUV), le vendeur (le « promettant ») s'engage à vendre son bien à l'acquéreur pressenti, selon le prix fixé. L'acquéreur, qui est le bénéficiaire de la promesse, accepte cette promesse en tant qu'engagement du vendeur de lui vendre le bien, mais il ne s'engage pas à acheter. Il se réserve simplement la faculté de manifester son intention d'acheter ultérieurement, en « levant l'option ». C'est seulement au moment de cette levée d'option que la vente se réalisera par la rencontre des deux volontés, celle de vendre et celle d'acheter.
Bien qu'il ne s'engage pas à acheter, le bénéficiaire de la promesse est, dans la quasi-totalité des cas, amené à verser une « indemnité d'immobilisation » qui, d'une certaine façon, limite sa faculté de renoncer à l'achat.

À NOTER

Toute promesse de vente consentie par une personne physique dont la validité est supérieure à 18 mois, doit obligatoirement être constatée par un acte authentique (c'est-à-dire un acte passé devant notaire) ; à défaut, elle est nulle et de nul effet. Il en va de même pour la prorogation d'une telle promesse de vente, portant sa durée totale à plus de 18 mois (Code de la construction et de l'habitation, Art. L. 290-1).

La position des tribunaux sur la condition suspensive

Appelée à se prononcer sur les problèmes posés par l'application des conditions suspensives d'obtention des prêts, la Cour de cassation a fixé un certain nombre de principes qui peuvent se résumer ainsi : la loi est faite pour protéger l'acquéreur, mais elle n'est pas faite pour lui permettre de revenir sur son engagement, pour de simples convenances personnelles.

OBTENTION DU PRÊT

La condition suspensive d'obtention d'un prêt, au sens de l'article 17 de la loi du 13/7/1979, est réputée réalisée dès la présentation par un organisme de crédit d'une offre régulière correspondant aux caractéristiques du financement de l'opération stipulées par l'emprunteur dans l'acte visé à l'article 16 de la même loi (*Cour de cassation, 1re chambre civile, 9/12/1992*).
Par ailleurs, il a été jugé que la condition suspensive est satisfaite dès lors que l'acquéreur emprunteur a obtenu, sous quelque qualification ou technique que ce soit, la somme nécessaire à la réalisation de l'opération considérée telle que prévue par l'accord des parties (*Cour de cassation, 1re chambre civile, 7/4/1992*).

STIPULATION D'OBLIGATIONS CONTRACTUELLES

L'application de l'article L. 313-41 du Code de la consommation, texte d'ordre public, ne peut être affectée par la stipulation d'obligations contractuelles imposées à l'acquéreur et de nature à accroître les exigences résultant de ce texte. Dans cette affaire, le contrat prévoyait diverses exigences qui n'avaient pas été respectées par les acquéreurs (déposer les dossiers de crédit dans les 10 jours de l'acte, en justifier auprès du rédacteur dans les 48 heures, informer le rédacteur de l'acte et le vendeur de toute offre ou de tout refus motivé en leur adressant photocopie du document délivré par l'organisme de crédit). Les emprunteurs ayant toutefois apporté la preuve qu'ils avaient effectué des démarches en vue d'obtenir les prêts et que ceux-ci leur avaient été refusés, le bénéfice des dispositions relatives à la protection de l'emprunteur immobilier doit leur être accordé (*Cour de cassation, 1re chambre civile, 28/1/1992*).
De même, doit être invalidée, car ajoutant aux obligations prévues par la loi, la clause qui impose à l'acquéreur de justifier par lettre recommandée avec avis de réception auprès du vendeur et du rédacteur de l'acte qu'il a bien reçu une offre de prêt dans un délai de 48 heures (*Cour de cassation, 3e chambre civile, 7/11/2007*).

AVANTAGE

Signer une promesse de vente n'est pas un acte anodin. Même si elle est valable lorsqu'elle est signée directement entre les parties, le mieux est de faire appel à un notaire pour l'établir. Et ce, pour au moins deux raisons : le notaire vous apportera toutes les informations et tous les conseils utiles ; le coût de son intervention sera réduit puisque la plupart des frais qu'il vous demandera, à cette occasion, viendront s'imputer sur les frais de notaire dus au moment de la vente proprement dite. Cette intervention est même obligatoire, sous peine de nullité, lorsque la promesse de vente est consentie par une personne physique et que sa validité est supérieure à 18 mois.

› L'indemnité d'immobilisation

Cette indemnité est quasiment toujours prévue : elle constitue la contrepartie de l'avantage que consent le vendeur au bénéficiaire de la promesse en acceptant de lui réserver son logement pendant un certain temps. Il s'agit aussi, pour le vendeur, d'une garantie : si l'acheteur potentiel ne donne pas suite, pour un motif de simple convenance personnelle, il pourra garder cette indemnité à titre de dédommagement.
Le montant de l'indemnité d'immobilisation est librement déterminé entre les parties ; il est d'usage qu'il représente 10 % du prix de vente. Toutefois, la promesse unilatérale de vente consentie par une personne physique doit, sous peine de nullité, prévoir une indemnité d'immobilisation d'un montant minimal de 5 % du prix de vente, faisant l'objet d'un versement ou d'une caution déposés entre les mains du notaire (*Code de la construction et de l'habitation, Art. L. 290-2*). Cette disposition, destinée à protéger les personnes physiques qui consentent des promesses de vente de longue durée, est applicable aux promesses unilatérales dont la validité est supérieure à 18 mois, ainsi qu'à toute prorogation d'une promesse unilatérale de vente portant sa durée totale à plus de 18 mois.

Sous réserve du cas particulier des promesses de longue durée, le montant de l'indemnité d'immobilisation peut, au choix des parties, être versé à l'intermédiaire qui rédige la promesse, c'est-à-dire le notaire ou l'agent immobilier.

En l'absence d'intermédiaire, l'acheteur doit absolument éviter de verser cette indemnité directement au vendeur : le plus simple et le plus sûr pour lui est de la remettre au notaire qui sera appelé à rédiger l'acte de vente.

Il n'y a d'ailleurs généralement que des avantages à faire appel à un notaire pour rédiger la promesse de vente.

Le sort de cette indemnité d'immobilisation est le suivant, sachant qu'il est préférable, afin d'éviter tout litige, de le mentionner noir sur blanc dans la promesse de vente :

– si le bénéficiaire de la promesse lève l'option, c'est-à-dire s'il décide d'acheter, l'indemnité versée viendra en déduction du prix d'achat. Attention : la levée de l'option doit se faire dans le délai et selon les modalités fixées dans la promesse, c'est-à-dire en général par lettre recommandée avec avis de réception ;

– si la vente ne se réalise pas pour des raisons de simple convenance personnelle (l'acquéreur a changé d'avis, il a trouvé mieux…), ou si simplement l'acquéreur n'a pas levé l'option sans pouvoir justifier d'un motif légitime (la non-réalisation d'une condition suspensive par exemple), le vendeur qui a consenti la promesse est en droit de garder l'indemnité qui lui a été versée. Celle-ci représente alors son dédommagement ;

– si la vente ne se réalise pas en raison de la défaillance de l'une ou l'autre des conditions suspensives prévues (l'acquéreur n'obtient pas les financements prévus, le permis de construire lui est refusé…), l'indemnité d'immobilisation doit lui être immédiatement restituée. Il est évident que cette restitution sera plus facile si la somme a été versée à un notaire, plutôt que directement entre les mains du vendeur qui pourrait tarder à la restituer. Il est préférable de formuler la demande de restitution de l'indemnité d'immobilisation par lettre recommandée avec avis de réception : cette restitution doit alors avoir lieu dans les 15 jours qui suivent la demande, sans quoi les sommes dues portent intérêt au taux de l'intérêt légal majoré de moitié (*Code de la consommation, Art. L. 341-35*).

› Faut-il enregistrer la promesse unilatérale de vente ?

Tout dépend de la forme de la promesse :

– la promesse unilatérale établie sous signature privée, c'est-à-dire établie sans l'intervention d'un notaire, doit obligatoirement être enregistrée au bureau d'enregistrement du centre des impôts du vendeur ou de l'acquéreur dans les 10 jours qui suivent son acceptation par le bénéficiaire, c'est-à-dire la date de sa signature lorsqu'elle est signée des deux parties, et la date à laquelle le bénéficiaire indique qu'il l'accepte dans les autres cas. L'enregistrement sert à authentifier la promesse de vente. À défaut d'enregistrement, la promesse est nulle (*Code civil, Art. 1589-2*) ;

– la promesse notariée, c'est-à-dire passée devant notaire n'a pas à être enregistrée.

Lorsque l'enregistrement est obligatoire, la promesse doit être établie en trois exemplaires au moins, un exemplaire revenant à chacune des parties (vendeur et acheteur), le troisième étant destiné à l'enregistrement. La promesse de vente peut mettre la charge de l'enregistrement à l'une des parties plutôt qu'à l'autre. À défaut d'indication dans l'acte, l'enregistrement sera requis par la partie la plus diligente ou éventuellement par l'intermédiaire intéressé à la réalisation de la vente (par exemple, l'agent immobilier). La démarche s'effectue auprès du service des impôts du domicile de l'une des parties, moyennant le versement d'un droit dit « droit fixe ». Ce droit est, en principe, à la charge du bénéficiaire de la promesse.

› La promesse peut-elle être transmise à un tiers ?

La cession de la promesse

Le bénéficiaire d'une promesse de vente qui bénéficie de l'engagement du vendeur de lui vendre l'immeuble peut, s'il n'y a pas de clause contraire dans la promesse, céder à une autre personne le droit qu'il détient ainsi d'acquérir l'immeuble.

Cette « cession de promesse de vente » doit être effectuée avant la levée de l'option, c'est-à-dire avant que le bénéficiaire initial de la promesse ait manifesté sa volonté d'acheter. Le vendeur ne peut s'opposer à cette cession, et sera tenu de vendre l'immeuble à la personne qui aura acquis la promesse de vente.

À NOTER

L'acte de cession, comme la promesse unilatérale de vente, doit faire l'objet, à peine de nullité, soit d'un acte notarié, soit d'un acte sous seing privé (désormais appelé « acte sous signature privée ») enregistré dans un délai de 10 jours (Code civil, Art. 1589-2).

La substitution

Les clauses de substitution permettent au bénéficiaire de la promesse d'être remplacé par toute personne qu'il lui plairait. À la différence de la cession, la substitution n'implique pas de nouvel enregistrement (*Cour de cassation, 3e chambre civile, 1/3/1987*).

› Quels sont les effets de la promesse unilatérale de vente ?

Ces effets sont très différents selon que l'on se place avant la levée de l'option, c'est-à-dire avant que le bénéficiaire de la promesse ait manifesté sa volonté d'acheter, ou après cette levée de l'option.

Les effets avant la levée de l'option

Vous êtes vendeur

Si vous avez un logement à vendre, et que vous avez signé une promesse unilatérale de vente avec un acquéreur potentiel, la situation est la suivante, tant que l'option n'est pas levée :
– le logement continue de vous appartenir pleinement ; vous pouvez l'utiliser à votre convenance mais, en contrepartie, vous continuez d'assumer les risques (par exemple, si l'immeuble est détruit à la suite d'un incendie) ;
– vous ne pouvez vous rétracter pendant le délai d'option puisque désormais, le bénéficiaire peut demander l'exécution forcée de la promesse (*Code civil, Art. 1124*) ;
– vous ne pouvez vendre le logement à un tiers. En effet, ce même article prévoit désormais que dans cette hypothèse, la vente est nulle. Encore faut-il que le bénéficiaire puisse apporter la preuve que le tiers avait connaissance de la promesse. À défaut, le bénéficiaire évincé pourra demander des dommages et intérêts.
Si, au terme du délai d'option, le bénéficiaire de la promesse n'a pas levé l'option, la promesse est caduque et le promettant retrouve son entière liberté quant à la disposition du bien. Il n'est pas nécessaire, en ce cas, d'effectuer une démarche particulière, par exemple, de mettre en demeure le bénéficiaire de lever l'option.

Vous êtes acquéreur

En théorie, le bénéficiaire de la promesse unilatérale de vente ne s'engage à rien, si ce n'est à faire savoir, dans le délai fixé par la promesse, s'il décide ou non de se porter acquéreur. Il n'est, en principe, aucunement tenu de lever l'option et donc d'acheter. La promesse unilatérale devient caduque si son bénéficiaire ne lève pas l'option dans le délai fixé, le vendeur redevenant alors libre de vendre à un tiers.
En pratique, cette liberté est fortement limitée par l'existence de l'indemnité d'immobilisation versée par le bénéficiaire, indemnité qui représente une somme conséquente (en général 10 % du prix), et qu'il perdra s'il ne donne pas suite pour de simples raisons de convenances personnelles. Cette indemnité, qui prend le nom de dédit, ne peut ni être majorée, ni être minorée. La Cour de cassation refuse en effet de l'assimiler à une clause pénale (*Cour de cassation, 3e chambre civile, 5/12/1984*).

À NOTER

Si le bien est vendu à un tiers, malgré l'existence de la promesse de vente, et que le tiers n'avait pas connaissance de la promesse, le bénéficiaire de la promesse peut saisir la justice afin d'obtenir du vendeur des dommages et intérêts pour le préjudice subi.

Après la levée de l'option

Après la levée de l'option, les deux parties, d'accord sur l'objet de la vente et le prix, sont engagées réciproquement : la vente est formée, même si elle ne produira tous ses effets qu'une fois l'acte authentique établi chez le notaire. Le transfert de propriété peut s'opérer, à moins que les parties n'aient décidé de reporter ce transfert au jour de la signature de l'acte authentique, ce qui est fréquent en pratique.
La levée de l'option n'est soumise à aucun formalisme particulier mais, la plupart du temps, les promesses de vente imposent de recourir à la lettre recommandée avec avis de réception, obligation qu'il convient évidemment de respecter.
Si, après la levée de l'option, l'une des parties refuse d'exécuter ses obligations et notamment de régulariser l'acte devant notaire, l'autre partie aura le choix entre :
– la résolution du contrat accompagnée, le cas échéant, du versement de dommages et intérêts ;
– l'exécution forcée qui permet d'obtenir la réalisation de la vente malgré la défaillance de l'autre partie et, éventuellement, des dommages et intérêts.
Il peut arriver aussi que la promesse comporte une faculté de dédit, ce qui aura les conséquences suivantes :
– l'acquéreur peut se désister en perdant les sommes versées (ces sommes ne peuvent être ni diminuées, ni augmentées) ;
– le vendeur peut faire de même en versant le double des sommes stipulées à titre de dédit dans la promesse.

La promesse synallagmatique de vente

Dans la promesse synallagmatique, également appelée « compromis de vente », chacune des parties s'engage, l'une à acheter, l'autre à vendre. Il s'agit donc d'une véritable vente dans laquelle le transfert de propriété

et le paiement du prix sont simplement reportés à la date de signature de l'acte authentique chez le notaire (*Code civil, Art. 1589*).
Si vous êtes acquéreur, et que vous êtes amené à signer un tel document, vous devez donc absolument mesurer la portée de votre engagement. Passé le délai de rétractation de 10 jours prévu par l'article L. 271-1 du Code de la construction et de l'habitation, vous êtes définitivement engagé. En d'autres termes, votre consentement définitif à l'acquisition et à ses modalités est donné dès que le délai de rétractation est passé. Précisons toutefois que, là encore, des conditions suspensives peuvent être prévues au contrat.

À NOTER

La distinction entre promesse synallagmatique et promesse unilatérale est parfois délicate à opérer. Aussi est-il recommandé de porter une attention particulière aux termes employés dans l'acte. S'il ressort de ce dernier que les parties s'engagent l'une à vendre et l'autre à acheter, l'acte sera une promesse synallagmatique ; si au contraire l'acte comporte seulement l'engagement du vendeur de vendre, il s'agira d'une simple promesse unilatérale. La jurisprudence peut aussi requalifier une promesse unilatérale en synallagmatique « lorsque le montant de l'indemnité d'immobilisation est tel que le bénéficiaire est contraint de lever l'option » (Cour de cassation, 3e chambre civile, 26/9/2012).

Comment est conclue la promesse synallagmatique ?

Sous réserve de la précision donnée plus loin, la promesse synallagmatique de vente peut être conclue devant notaire, ou directement entre particuliers par acte sous seing privé (désormais appelé « acte sous signature privée »). L'acte sous signature privée qui constate un contrat synallagmatique ne fait preuve que s'il a été fait en autant d'originaux qu'il y a de parties ayant un intérêt distinct, à moins que les parties ne soient convenues de remettre à un tiers l'unique exemplaire dressé. Chaque original doit mentionner le nombre des originaux qui en ont été faits.
Celui qui a exécuté le contrat, même partiellement, ne peut opposer le défaut de la pluralité d'originaux ou de la mention de leur nombre (*Code civil, Art. 1375*).

À NOTER

L'exigence d'une pluralité d'originaux est réputée satisfaite pour les contrats sous forme électronique lorsque l'acte est établi et conservé conformément aux articles 1366 et 1367 du Code civil, et que le procédé permet à chaque partie de disposer d'un exemplaire sur un support durable ou d'y avoir accès (Code civil, Art. 1375).

Contrairement à la promesse unilatérale de vente, il n'est pas nécessaire que la promesse synallagmatique soit enregistrée pour être valable, même lorsqu'elle est conclue sous signature privée.

À NOTER

Toute promesse de vente consentie par une personne physique dont la validité est supérieure à 18 mois, doit obligatoirement être constatée par un acte authentique (c'est-à-dire un acte passé devant notaire) ; à défaut, elle est nulle et de nul effet. Il en va de même pour la prorogation d'une telle promesse de vente, portant sa durée totale à plus de 18 mois (Code de la construction et de l'habitation, Art. L. 290-1).

Quels sont les effets de la promesse synallagmatique ?

Ces effets découlent du texte même du Code civil, selon lequel « la promesse de vente vaut vente lorsqu'il y a accord réciproque des parties sur la chose et le prix » (*Code civil, Art. 1589, alinéa 1er*). Ainsi, sauf clauses particulières, la promesse a les mêmes effets que la vente, avec les conséquences qui en découlent : transfert des risques sur l'acquéreur, exigibilité des droits de mutation, publicité foncière, point de départ des garanties, etc. Les parties sont en principe obligées de mener l'opération jusqu'à son terme sous peine d'y être contraintes si l'une ou l'autre tentait de se dérober à cette obligation.
En pratique, les promesses synallagmatiques de vente, comme les promesses unilatérales, sont conclues sous conditions suspensives (obtention des prêts, octroi d'un permis de construire…) de sorte qu'elles ne produisent tous leurs effets que si toutes ces conditions se réalisent.
Les sommes versées à l'occasion d'une promesse synallagmatique de vente peuvent recevoir différentes qualifications auxquelles il faut prêter une attention toute particulière :
– si ces sommes sont qualifiées d'arrhes, elles offrent à chacun des contractants la possibilité de ne pas donner suite, l'acquéreur en abandonnant les arrhes qu'il a versées, le vendeur en lui restituant le double des sommes reçues. Il s'agit donc d'une véritable faculté de dédit réciproque (*Code civil, Art. 1590*) ;
– si ces sommes sont qualifiées d'acompte, aucune des parties ne peut en principe revenir sur son engagement, l'une d'acheter, l'autre de vendre.
Le montant de la somme versée est librement déterminé par les parties.

DOSSIER DE DIAGNOSTIC TECHNIQUE

Afin de permettre à l'acquéreur d'être informé de la situation, au regard des différents états, constats et diagnostics prévus par la loi (gaz, termites…) du logement qu'il envisage d'acquérir, l'article L. 271-4 du Code de la construction et de l'habitation prévoit la transmission par le vendeur d'un dossier de diagnostic technique regroupant l'ensemble des documents relatifs à la sécurité ou à la salubrité du logement. Ainsi, en cas de vente de tout ou partie d'un immeuble bâti, ce dossier de diagnostic technique, fourni par le vendeur, est annexé à la promesse de vente ou, à défaut de promesse, à l'acte authentique de vente (les parties peuvent convenir de mettre à la charge de l'acquéreur le coût de ce dossier de diagnostic technique : *Cour de cassation, 3e chambre civile, 16/1/2013*). En cas de vente publique, le dossier de diagnostic technique est annexé au cahier des charges.

Ce dossier comprend, dans les conditions définies par les dispositions qui les régissent, les documents suivants :

1° Le constat de risque d'exposition au plomb prévu aux articles L. 1334-5 et L. 1334-6 du Code de la santé publique ;

2° L'état mentionnant la présence ou l'absence de matériaux ou produits contenant de l'amiante prévu à l'article L. 1334-13 du Code de la santé publique ;

3° L'état relatif à la présence de termites dans le bâtiment prévu à l'article L. 133-6 du Code de la construction et de l'habitation ;

4° L'état de l'installation intérieure de gaz prévu à l'article L. 134-6 du Code de la construction et de l'habitation ;

5° Dans les zones mentionnées au I de l'article L. 125-5 du Code de l'environnement, l'état des risques naturels et technologiques ;

6° Le diagnostic de performance énergétique prévu à l'article L. 134-1 du Code de la construction et de l'habitation ;

7° L'état de l'installation intérieure d'électricité prévu à l'article L. 134-7 du Code de la construction et de l'habitation ;

8° Le document établi à l'issue du contrôle des installations d'assainissement non collectif mentionné à l'article L. 1331-11-1 du Code de la santé publique. En vertu de ce texte, le vendeur a l'obligation, lors de la vente de tout ou partie d'un immeuble à usage d'habitation non raccordé au réseau public de collecte des eaux usées, de faire réaliser un contrôle des installations d'assainissement non collectif et de joindre, au dossier de diagnostic technique, le document établi à l'issue de ce contrôle ;

9° Dans les zones, définies par arrêté préfectoral, dans lesquelles des foyers de mérule sont identifiés, l'information sur la présence d'un risque de mérule.

10° Lorsque le bien est situé dans l'une des zones de bruit définies par un plan d'exposition au bruit des aérodromes prévu à l'article L. 112-6 du Code de l'urbanisme, un document comportant l'indication claire et précise de cette zone ainsi que les autres informations prévues au I de l'article L. 112-11 du même code.

À noter : depuis le 1/1/2020 pour les logements neufs (et à compter du 1/1/2025 pour les logements anciens), le vendeur doit remettre à l'acquéreur un carnet numérique d'information, de suivi et d'entretien du logement.

Les documents mentionnés aux 1°, 4° et 7° ci-dessus ne sont requis que pour les immeubles ou parties d'immeuble à usage d'habitation.

Le document mentionné au 10° n'est requis que pour les immeubles ou parties d'immeubles à usage d'habitation ou à usage professionnel et d'habitation.

Le document mentionné au 6° n'est pas requis en cas de vente d'un immeuble à construire visée à l'article L. 261-1 du Code de la construction et de l'habitation.

Lorsque les locaux faisant l'objet de la vente font partie d'une copropriété, le document mentionné au 1° portera exclusivement sur la partie privative de l'immeuble affectée au logement et les documents mentionnés aux 3°, 4° et 7° sur la partie privative du lot.

En l'absence, lors de la signature de l'acte authentique de vente, d'un des documents mentionnés aux 1°, 2°, 3°, 4°, 7° et 8° ci-dessus en cours de validité, le vendeur ne pourra pas s'exonérer de la garantie des vices cachés correspondante.

En l'absence, lors de la signature de l'acte authentique de vente, du document mentionné au 5°, l'acquéreur pourra demander l'annulation du contrat ou demander au juge une diminution du prix.

En cas de non-conformité de l'installation d'assainissement non collectif lors de la signature de l'acte authentique de vente, l'acquéreur fait procéder aux travaux de mise en conformité dans un délai d'1 an après l'acte de vente.

Les documents visés aux 1° à 4°, 6° et 7° ci-dessus sont établis par une personne présentant des garanties de compétence et disposant d'une organisation et de moyens appropriés, ayant souscrit une assurance permettant de couvrir les conséquences d'un engagement de sa responsabilité en raison de ses interventions. Ce professionnel remet préalablement à son client un document par lequel il atteste sur l'honneur qu'il est en situation régulière au regard de ces dispositions et qu'il dispose des moyens en matériel et en personnel nécessaires à sa prestation. Ni lui, ni ses éventuels employés, ne peuvent recevoir, directement ou indirectement, de la part d'une entreprise pouvant réaliser des travaux sur les ouvrages, installations ou équipements sur lesquels porte sa prestation, aucun avantage ni rétribution (ce qu'on pourrait qualifier de « pot-de-vin »), sous quelque forme que ce soit (*Code de la construction et de l'habitation, Art. R. 271-3*).

Conformément à l'article L. 271-4 du Code de la construction et de l'habitation, le dossier de diagnostic technique annexé à la promesse de vente ou à l'acte authentique de vente d'un immeuble garantit l'acquéreur, entre autres, contre le risque de présence de termites dans le bâtiment. Lorsque « le diagnostic n'a pas été réalisé conformément aux normes édictées et aux règles de l'art et qu'il se révèle erroné » la responsabilité du diagnostiqueur est engagée. En conséquence, ce dernier doit indemniser les acquéreurs du logement du coût des travaux de réparation nécessités par les dégâts causés par les termites (*Cour de cassation, Chambre mixte, 8/7/2015*).
Attention : l'acquéreur ne peut se prévaloir à l'encontre du propriétaire des informations contenues dans le diagnostic de performance énergétique qui n'a qu'une valeur informative.
Par rapport à la date de la promesse de vente ou à la date de l'acte authentique de vente de tout ou partie d'un immeuble bâti, les documents prévus aux 1°, 3°, 4° et 7° ci-dessus doivent avoir été établis depuis :
– moins d'1 an pour le constat de risque d'exposition au plomb ; toutefois, si le constat établit l'absence de revêtements contenant du plomb ou la présence de revêtements contenant du plomb à des concentrations inférieures aux seuils fixés par les textes, il n'y a pas lieu de faire établir un nouveau constat à chaque mutation, le constat initial étant joint au dossier de diagnostic technique ;
– moins de 6 mois pour l'état du bâtiment relatif à la présence de termites ;
– moins de 3 ans pour l'état de l'installation intérieure de gaz ;
– moins de 3 ans pour l'état de l'installation intérieure d'électricité. Ce document est requis lorsque l'installation a été réalisée depuis plus de 15 ans ; il doit être établi dans les conditions définies par l'arrêté du 4/4/2011.
La durée de validité du diagnostic de performance énergétique est fixée à 10 ans ; ce diagnostic doit être établi selon les modalités fixées par l'arrêté du 15/9/2006 modifié par l'arrêté du 8/2/2012.
Quant à la durée de validité de l'état mentionnant la présence ou l'absence de matériaux ou produits contenant de l'amiante, elle est illimitée.
Bon à savoir : les obligations pesant sur le vendeur en matière de diagnostics techniques du logement qu'il souhaite vendre n'ont cessé de se renforcer et de se complexifier au cours de ces dernières années. Tous les renseignements sur cette question peuvent être obtenus auprès du notaire qui sera appelé à s'occuper de la vente, ou auprès des services d'information de la direction départementale des territoires (ex-DDE). On peut également se reporter aux précisions figurant dans cet ouvrage.

Comment s'opère la vente ?

Si la vente résulte d'un accord des deux parties, acheteur et vendeur, elle suppose, pour pouvoir produire tous ses effets, l'intervention d'un professionnel : le notaire. Sa mission consiste avant tout à prendre en charge les formalités liées à l'opération, mais il est aussi tenu, vis-à-vis de ses clients, à un devoir général de conseil et d'information. C'est à lui qu'il appartient également de collecter, pour le compte de l'État et des collectivités locales, les divers droits et taxes dus à l'occasion de toute mutation d'immeuble.

En quoi consiste l'intervention du notaire ?

Bien que valable sous signature privée, la vente ne produit tous ses effets que si l'acte est :
– soit dressé par notaire ;
– soit déposé au rang des minutes d'un notaire avec reconnaissance d'écritures et de signatures.
En effet, l'acte de vente de l'immeuble, comme tout acte sujet à publicité dans un service chargé de la publicité foncière (ce que l'on appelait auparavant « bureau des hypothèques »), doit être dressé en la forme authentique, c'est-à-dire devant notaire (*Décret n° 55-22 du 4/1/1955*).

À NOTER

En raison de la prolongation de l'état d'urgence sanitaire jusqu'au 10/7/2020, les notaires ont pu faire signer les actes authentiques de vente via une procédure sécurisée à distance jusqu'au 10/8/2020 (Décret n° 2020-395 du 3/4/2020). Le contrat de vente signé électroniquement a exactement la même valeur juridique qu'un acte « classique ».

Le choix du notaire

Les parties sont libres d'avoir recours au notaire de leur choix. Même si, souvent, les formalités se déroulent dans l'étude du notaire du vendeur (celui-ci peut même l'exiger), rien n'empêche l'acheteur d'avoir son propre notaire et de se faire assister par lui lors de la signature de l'acte de vente.

L'obligation de conseil et d'information du notaire

Le notaire est tenu d'informer ses clients sur la nature de l'acte qu'il établit à leur demande et sur les conséquences éventuelles de la signature de cet acte. Il ne faut pas hésiter, à cet égard, à lui poser toutes les questions nécessaires.
Le notaire est responsable des erreurs qu'il pourrait commettre et ne peut se décharger de cette responsabilité. En cas de litige, la charge de la preuve de l'exécution par le notaire de son devoir de conseil lui incombe (*Cour de cassation, 1re chambre civile, 2/10/2007*).
Ce devoir de conseil du notaire s'applique même si ses clients sont des professionnels, par exemple un architecte (*Cour de cassation, 3e chambre civile, 23/9/2009*).

À NOTER

Les chambres départementales des notaires exercent un contrôle disciplinaire sur l'activité des notaires. Il est possible d'envisager ensuite un recours auprès du Conseil supérieur du notariat et, dans les cas les plus graves, de déposer plainte auprès du procureur de la République.

Quelles sont les formalités après la vente ?

Après avoir été définitivement signé, l'acte de vente doit être obligatoirement publié au service chargé de la publicité foncière de la situation de l'immeuble. Cette formalité incombe au notaire.
Le service chargé de la publicité foncière tient à jour :

- un registre des dépôts composé des copies ou extraits d'actes de vente ;
- un fichier immobilier qui suit :

– pour chaque propriétaire et par commune, la liste des immeubles dont il est propriétaire,
– par immeuble, la liste des mutations dont il fait l'objet,
– par parcelle, la liste des mutations dont elle fait l'objet.

L'ensemble de ces documents peut être consulté au service chargé de la publicité foncière qui est généralement situé au service des impôts. Il est ainsi possible d'obtenir notamment la copie de n'importe quel acte de vente.

Quels sont les frais liés à l'acquisition ?

Toute acquisition d'immeuble donne lieu à des frais qui viennent s'ajouter au prix d'achat proprement dit. Ces frais sont de plusieurs ordres :
– les frais de notaire proprement dits, qui représentent la rémunération du notaire, et les frais liés aux formalités que celui-ci est tenu d'accomplir ;
– les droits et taxes, prélevés par le notaire et reversés au Trésor public, qui forment ce que l'on appelle les « droits de mutation ».

AVANTAGE

Pour les frais de notaire proprement dits (les « émoluments »), de même que pour les frais et débours, les notaires peuvent consentir des remises sur les tarifs proportionnels, dans la limite d'un maximum fixé, dans le cas général s'agissant des transactions immobilières, à 10 % sur la part d'émolument calculée sur les tranches d'assiette supérieures ou égales à 150 000 € (Code de commerce, Art. R. 444-10 et A. 444-174). Les notaires qui appliquent une telle remise doivent le faire au même taux pour tous leurs clients.

› Les frais de notaire

Sous cette appellation sont regroupées deux catégories distinctes de dépenses :
– les honoraires du notaire, également appelés émoluments, et qui sont distincts des émoluments de négociation qu'il a pu éventuellement percevoir ;
– les frais divers et émoluments de formalités.

Les tarifs réglementés des notaires auraient dû être révisés le 1/5/2020. Mais en raison des circonstances exceptionnelles provoquées par l'épidémie de coronavirus et de ses conséquences sur l'activité économique, leur modification a été reportée au 1/1/2021. Pour l'heure, ils restent donc inchangés (*Arrêté du 28/2/2020*).

Le notaire est en droit de réclamer, dès le début de son intervention, une « provision », c'est-à-dire le paiement d'une somme suffisante pour couvrir les frais, droit et émoluments liés à l'opération. Les sommes versées en trop seront restituées lors de l'établissement du décompte définitif qui doit faire l'objet d'une note détaillée.

Comment est fixée la rémunération du notaire ?

La rémunération des notaires (les « émoluments ») est fixée d'après un barème national défini par le Code de commerce. Ainsi, quel que soit l'endroit où se trouve le logement qui fait l'objet de la transaction, et quel que soit le notaire – sous réserve de la possibilité offerte de procéder à une remise sur les émoluments (voir plus haut) – cette rémunération sera la même *(Voir pages Barème)*.

Que représentent les émoluments de formalités ?

Pour préparer la vente, le notaire doit accomplir un certain nombre de formalités obligatoires : demandes d'acte de l'état civil, d'extraits de cadastre, renseignements d'urbanisme, etc. Pour effectuer ces démarches et constituer ainsi son dossier, le notaire a droit à des émoluments de formalités qui s'ajoutent à sa rémunération proprement dite (on parle de « frais et débours »). Le montant de ces frais et débours correspond au coût réel de la dépense engagée par le notaire pour le compte de son client (*Code de commerce, Annexe 4-8*).

AVANTAGE

La rémunération du notaire ne sera pas plus élevée si le vendeur et l'acquéreur décident chacun d'avoir recours à leur propre notaire puisque, dans ce cas, les émoluments seront partagés entre les deux notaires.

À NOTER

Aux émoluments de formalités s'ajoutent les frais divers, c'est-à-dire toutes les sommes que le notaire doit régler à des tiers pour le compte de son client : frais d'état hypothécaire, frais d'enregistrement, contribution de sécurité immobilière (cette contribution est maintenant due en lieu et place de l'ancien « salaire du conservateur des hypo-

thèques »), etc. Ces frais représentent plusieurs centaines d'euros.

AVANTAGE

Il est possible d'obtenir sur Internet une estimation des frais de notaire que l'on aura à verser lors d'une acquisition immobilière grâce à un simulateur valable pour toute la France : www.immobilier.notaires.fr/fr/frais-de-notaire. On peut aussi consulter le site de l'ANIL : www.anil.org/outils/outils-de-calcul/frais-dacquisition-dits-frais-de-notaire.

Qui doit payer les frais de notaire ?

La règle est la suivante : les frais de notaire (rémunération, émoluments de formalités et frais divers) sont en principe à la charge de l'acquéreur. Mais, là encore, comme pour les honoraires de négociation par exemple, rien n'empêche les deux parties de prévoir d'autres modalités de prise en charge des frais.

À NOTER

Les notaires ne sont pas autorisés à accepter ou établir des chèques pour des montants supérieurs à 10 000 €. Seuls les virements sur le compte du notaire sont autorisés ; les chèques de banque ne le sont plus.

› Les droits de mutation

Il s'agit des taxes et des droits divers perçus par l'État et les collectivités locales à l'occasion de chaque vente d'immeuble. Leur montant, prélevé par le notaire, varie selon que le logement acquis est un logement ancien ou un logement récent.

Ces droits de mutation sont à la charge de l'acquéreur, sauf si les parties en conviennent autrement, ce qui est rare en pratique.

L'acquisition d'un logement ancien

Sont visés les logements, maisons individuelles ou appartements existants et qui ne peuvent être considérés comme un logement neuf, c'est-à-dire un logement acquis dans le cadre d'une vente en l'état futur d'achèvement ou qui vient d'être achevé et qui n'a jamais été habité.

Si vous vous portez acquéreur d'un tel logement, vous aurez à acquitter les droits de mutation se décomposant en :

– une taxe départementale dont le taux est fixé chaque année. Pour la période du 1/6/2019 au 31/8/2020, il s'établit entre 3,80 % et 4,50 % selon la décision du conseil départemental concerné ;

– les frais d'assiette représentant 2,37 %, prélèvement calculé sur le montant de la taxe départementale ;

– une taxe communale fixée à 1,20 %.

Ces droits de mutation représentent donc au total de 5,09006 % à 5,81 % du prix de vente de l'immeuble. Ainsi, pour un logement acquis à Bordeaux par exemple, cela représente 5,81 %, alors que dans l'Indre, l'acquéreur s'acquittera de droits de mutation de 5,09006 %.

QUELLE PART DU PRIX DE VENTE REPRÉSENTENT LES FRAIS DE NOTAIRE ?

Les frais d'acquisition d'un logement (émoluments, frais et débours, droits de mutation) représentent entre 7 à 9 % du prix de vente et doivent donc être pris en compte par les candidats à l'achat dans leur plan de financement.

Exemple : pour un logement ancien situé à Paris, acquis au prix de 300 000 € sans recours à un prêt, les frais de notaire s'élèveront à22 600 €. En l'espèce, le total des frais représente donc 8 % du prix d'acquisition dont 82 % destinés au Trésor public.

CALCULER LES FRAIS DE NOTAIRE POUR L'ACQUISITION D'UN LOGEMENT

1) Logement ancien

✓ Taxes :

- Taxe communale : 1,20 % du prix d'achat
- Taxe départementale : 4,5 % du prix d'achat (sauf dans quelques départements où elle est fixée à 3,80 %)
- Taxe au profit de l'État ou frais d'assiette : 2,37 % du montant de la taxe départementale

✓ Contribution de sécurité immobilière (remplace le « salaire du conservateur des hypothèques ») :
0,10 % du prix d'achat.

✓ Émoluments du notaire :
3,945 % HT de 0 jusqu'à 6 500 €
1,627 % HT de 6 500 € jusqu'à 17 000 €
1,085 % HT de 17 000 € jusqu'à 60 000 €
0,814 % HT au-delà de 60 000 €
Sur le montant des émoluments, ajouter la TVA au taux normal.

✓ Émoluments fixes pour formalités accomplies :
Ces émoluments sont calculés en fonction du coût réel de la prestation effectuée.

Exemple :
Prenons l'exemple d'un immeuble de 300 000 € à Paris.
Les taxes s'élèvent à :
Taxe communale : 300 000 € × 1,20 %= 3 600 €
Taxe départementale : 300 000 € × 4,50 %= 13 500 €
Taxe au profit de l'État (frais d'assiette) : 2,37 % de 13 500 €= 319,95 €
Montant total : 17 419,95 € arrondis à 17 420 €
Contribution de sécurité immobilière : 300 €

✓ Émoluments du notaire :
De 0 à 6 500 €= 256,425 €
De 6 500 à 17 000 €= 170,835 €
De 17 000 à 60 000 €= 466,55 €
De 60 000 à 300 000 €= 1 953,60 €
Montant des émoluments du notaire : 2 847,41 €+ 20 % (TVA)= 3 416,89 €
Montant total (taxes + contribution de sécurité immobilière + émoluments)= 21 136,89 €
À ces droits, il faudra ajouter les émoluments fixes comme, par exemple, les frais de copies ou de formalités.

2) Logement neuf
Les frais sont moins importants. En effet, dans cette hypothèse la taxe de publicité foncière d'un montant de 0,715 % se substitue aux autres taxes. De plus, si l'appartement appartient à un ensemble comprenant plus de 10 lots, un abattement sera pratiqué sur les frais de notaire.

L'acquisition d'un logement neuf

Il s'agit d'un logement acheté « sur plans » dans le cadre principalement d'une vente en l'état futur d'achèvement (VEFA) ou d'un logement qui vient d'être achevé et qui n'a encore jamais été habité. Le régime de faveur qui conduisait à soumettre aux frais de notaire applicables aux logements neufs la première revente par un particulier d'un immeuble acquis sur plans, et achevé depuis moins de 5 ans, a été abrogé depuis le 1/1/2013 ; ces logements sont désormais considérés comme des logements anciens et soumis aux frais de notaire applicables à ces transactions (voir plus haut).

Si vous vous portez acquéreur d'un tel logement, vous aurez à acquitter des droits réduits qui représentent, tout compris, 3 à 5 % maximum du prix de vente. C'est pour cela que, le plus souvent, ces logements sont proposés avec l'indication « Frais de notaire réduits ».

À NOTER

La vente d'un logement neuf est soumise à la TVA au taux normal. Cette TVA est normalement incluse dans le prix de vente proposé qui doit être un prix TTC. Cette taxe est ainsi payée par l'acquéreur, mais c'est sur le vendeur que repose l'obligation de reverser les sommes perçues au Trésor.

Les exonérations de droits de mutation

Il existe actuellement des exonérations partielles de droits de mutation.

Ainsi :

– la première revente d'un immeuble acquis neuf ou en état futur d'achèvement par acte authentique signé entre le 1/6/1993 et le 31/12/1994 bénéficie d'un abattement de 91 000 € sur l'assiette des droits de mutation. Concrètement, cela signifie que les droits de mutation seront calculés sur le prix de vente diminué de 91 000 €, ce qui est, pour l'acquéreur, un avantage non négligeable ;

– les conseils départementaux, qui perçoivent la taxe départementale, peuvent instituer, pour le calcul de cette taxe, un abattement sur le prix de vente variant entre 7 600 et 46 000 €. Là encore, cela se traduira, pour l'acquéreur, par une réduction des droits de mutation à sa charge. Pour les actes passés depuis le 1/6/2009, aucun département n'a institué cet abattement général. En revanche, plusieurs départements appliquent un abattement limité aux acquisitions de biens situés dans les zones de revitalisation rurale. Votre notaire peut vous dire si un tel abattement est pratiqué dans votre département. On peut également se reporter à la fiche descriptive publiée chaque année par les services du ministère des Finances, disponible sur le site *www.impots.gouv.fr*.

AVANTAGE

Pour les actes passés depuis le 1/6/2017, quatre départements ont décidé de reconduire cette mesure : il s'agit du Calvados (14) pour 46 000 €, de l'Isère (38) pour 46 000 000 €, de la Marne (51) pour 7 600 € et de la Saône-et-Loire (71) pour 31 400 €.

Les effets de la vente

Le premier effet de la vente est évidemment de transférer la propriété du logement du vendeur à l'acheteur. Mais ce transfert de propriété ne sera pleinement réalisé que si le vendeur et l'acheteur respectent leurs obligations respectives.

Quelles sont les obligations du vendeur ?

Le vendeur est tenu à deux obligations principales : celle de délivrer et celle de garantir l'immeuble qu'il vend (*Code civil, Art. 1603*). L'obligation de délivrer les immeubles est remplie par le vendeur lorsqu'il a remis les clés s'il s'agit d'un bâtiment ou lorsqu'il a remis les titres de propriété (*Code civil, Art. 1605*).

Le vendeur est également tenu à un devoir d'information de l'acquéreur sur des questions tenant à la sécurité ou à la salubrité du logement.

En quoi consiste l'obligation de délivrance ?

L'acquéreur est normalement propriétaire de l'immeuble vendu au moment même où le contrat de vente est conclu. Cependant, la délivrance de l'immeuble ne s'exécute pas toujours simultanément à la vente. Le vendeur est donc tenu, après la signature du contrat, de mettre à la disposition de l'acquéreur le bien vendu afin que celui-ci puisse en disposer à son tour. Ainsi, si le vendeur occupe le logement, il doit le libérer ; si le logement est occupé par un tiers qui ne dispose pas d'un bail régulier, le vendeur doit le faire évacuer.

Si l'un des éléments de l'immeuble prévus au contrat vient à manquer au moment de la livraison, l'acquéreur peut déposer une demande en dommages et intérêts en se fondant sur le défaut de livraison de la chose. La même demande est possible lorsque l'un des éléments d'équipement n'est pas conforme à ce qui était prévu dans l'acte de vente.

Une indemnité a ainsi été accordée à l'acheteur d'un logement, car les ascenseurs n'avaient pas les performances indiquées dans l'acte : pour les tribunaux, il y avait là un préjudice qui méritait réparation, étant précisé que l'appartement était situé au 19e étage de l'immeuble (*Cour d'appel de Paris, 30/6/1987*). Dans une autre affaire, il a été jugé qu'une installation de chauffage hors d'état de fonctionner constituait un manquement à l'obligation de délivrance des vendeurs. En effet, le système de chauffage constituait un accessoire indispensable sans lequel la maison ne pouvait être vendue. Les acquéreurs ont pu assigner les vendeurs en paiement de diverses sommes sur le fondement du manquement à cette obligation (*Cour de cassation, 3e chambre civile, 28/2/2018*).

À NOTER

Le logement doit être mis à disposition de l'acquéreur dans le délai convenu avec le vendeur. À défaut, l'acquéreur a le droit de demander soit la résolution de la vente, soit sa mise en possession, si le retard n'est dû qu'au vendeur (Code civil, Art. 1610). Dans tous les cas, l'acquéreur pourra également réclamer des dommages et intérêts au vendeur s'il a subi un préjudice du fait du défaut de délivrance au terme convenu (Code civil, Art. 1611).

En quoi consiste la garantie d'éviction ?

La garantie d'éviction est l'obligation imposée par la loi au vendeur d'assurer à son acquéreur la possession paisible du bien qu'il lui a vendu.

Cette garantie d'éviction impose deux types d'obligation au vendeur :

– d'une part, celle de s'abstenir personnellement de tout acte susceptible de troubler l'acquéreur dans son droit de propriété ;

– d'autre part, celle de protéger l'acquéreur contre les tiers qui viendraient à empiéter sur son droit de propriété, notamment en invoquant un droit sur l'immeuble vendu (*Code civil, Art. 1626*).

Il s'agit là d'hypothèses dans lesquelles certains risques ou charges n'auraient pas été révélés à l'acquéreur lors de la vente : servitudes, hypothèques, etc.

Si le vendeur n'a pas respecté ses obligations, et que l'acquéreur est évincé de sa propriété, celui-ci peut demander la résolution de la vente avec restitution du prix et des frais qu'il avait acquittés, ainsi que des dommages-intérêts. Il peut aussi se contenter de demander des dommages-intérêts en réparation du préjudice que le vendeur lui a causé (*Code civil, Art. 1630*). La résiliation de la vente est également admise lorsque l'acquéreur n'est évincé que d'une partie de sa propriété, si cette éviction est de telle nature qu'il n'aurait pas acheté sans la partie dont il a été évincé (*Code civil, Art. 1636*).

Qu'appelle-t-on « garantie des vices cachés » ?

Le vendeur est tenu de garantir l'immeuble contre les vices cachés qui le rendent impropre à sa destination (à l'habitation dans le cas d'un logement), ou qui diminuent, de façon importante, l'usage auquel il est destiné (*Code civil, Art. 1641*).

Pour être qualifié de « vice caché », le défaut doit présenter trois caractères :

– être d'une gravité suffisante ;

– être non apparent ;

– être antérieur à la vente et inconnu de l'acheteur.

Vice grave ou rédhibitoire

C'est un défaut qui affecte l'immeuble à tel point que l'acquéreur ne l'aurait pas acheté, ou qu'il en aurait donné un prix moindre, s'il l'avait connu.

Vice caché

Le vendeur n'est pas tenu de garantir les vices apparents mais seulement les vices cachés.

Par vice caché, il faut entendre le défaut qui ne pouvait être décelé lors de la vente malgré un examen attentif et sérieux. Doit également être considéré comme vice caché le vice dont l'acquéreur ne pouvait connaître ni l'ampleur, ni les conséquences (*Cour de cassation, 3e chambre civile, 14/3/2012*). En l'espèce, il s'agissait d'infiltrations dans un logement, dont l'acquéreur avait été informé, ce qui avait suffi aux juges de la cour d'appel pour lui refuser la garantie des vices cachés. À tort, selon la Cour de cassation qui rappelle que la seule connaissance du vice ne suffit pas à exclure la garantie des vices cachés dès lors qu'il n'est pas démontré que l'acquéreur avait été mis en mesure de connaître l'ampleur et les conséquences de ce vice.

Le vice apparent n'est pas seulement celui qui est ostensible et que révèle un examen superficiel, mais également celui qu'une personne de diligence moyenne aurait découvert en procédant à des vérifications élémentaires.

Vice antérieur à la vente et inconnu de l'acheteur

Le défaut peut être découvert après la vente mais il doit avoir existé avant celle-ci. La preuve de l'antériorité est importante car la garantie disparaît s'il peut être démontré que le défaut est lié, par exemple, à un manque de précaution ou d'entretien imputable à l'acheteur.

De même, la garantie disparaît si le vendeur peut apporter la preuve que le défaut était connu de l'acheteur au moment de la vente. Toutefois, la Cour de cassation a admis la reconnaissance d'un vice caché, alors même que l'acquéreur avait été informé du problème (*Cour de cassation, 3e chambre civile, 17/12/2008*). Comme l'a précisé la Cour : « ayant relevé que si, dans l'acte de vente, le vendeur avait déclaré que dans les mois ayant suivi son acquisition, il avait été constaté la présence d'insectes ennemis des bois dans une partie de la charpente et si des travaux de remise en état destinés à leur éradication avaient été réalisés en 1989, les travaux n'étaient garantis que pour une durée de 10 ans, que la charpente se trouvait au moment de la vente en mauvais état à la suite d'une infestation quasi généralisée due aux insectes à larves xylophages, qui avait dégradé de nombreux éléments dont beaucoup étaient à la limite de la rupture et qui s'étendait à des lames du parquet du plancher des combles et à des solives, la cour d'appel, qui a retenu qu'il ne pouvait être imposé aux acquéreurs de soulever la laine de verre qui recouvrait les bois de la charpente pour voir les pièces dégradées, a caractérisé l'existence d'un vice caché affectant les éléments essentiels de la structure de l'immeuble au moment de la vente ». Les acquéreurs ont ainsi obtenu une réduction du prix et l'attribution de dommages et intérêts.

Lorsque l'existence du vice caché est démontrée, l'acquéreur a le choix entre deux solutions :

– rendre la chose et se faire restituer le prix, en demandant la résolution de la vente par une action dite « rédhibitoire ». Cette solution n'est évidemment envisageable que si l'acquéreur est toujours en possession du bien ;

– garder la chose et se faire rendre une partie du prix (*Code civil, Art. 1644*).

Quelle que soit l'action entreprise, l'acquéreur peut également obtenir des dommages-intérêts si le vendeur est reconnu de mauvaise foi, c'est-à-dire s'il avait connaissance des vices cachés.

AVANTAGE

Les juges reconnaissent plus facilement le caractère occulte d'un vice lorsque l'acheteur n'est pas doté de connaissances spéciales. De son côté, le vendeur professionnel est présumé de mauvaise foi, c'est-à-dire avoir sciemment caché le vice à l'acquéreur.

QUE FAIRE SI LA SUPERFICIE DU BIEN ACHETÉ NE CORRESPOND PAS À CELLE PRÉVUE ?

Juridiquement, c'est ce que l'on appelle le « défaut de contenance ». Et évidemment, au prix du mètre carré actuel, il n'est jamais agréable pour l'acquéreur qui prend possession de son logement de découvrir que celui-ci ne correspond pas aux mesures qui figurent dans l'acte de vente ou qui ont été annoncées. Afin d'éviter les abus qui ont pu se produire dans le passé, la loi du 18/12/1996 impose que la superficie soit mentionnée dans la promesse ou l'acte de vente. Mais cette loi ne s'applique qu'en cas de vente d'un logement faisant partie d'une copropriété. Aussi convient-il de bien distinguer les deux situations suivantes :

✓ La vente porte sur un logement en copropriété

En application de la loi du 18/12/1996 (dite loi Carrez) reprise parl'article 46 de la loi du 10/7/1965fixant le statut de la copropriété, toute promesse et contrat de vente portant sur un lot ou une fraction de lot de copropriété doivent préciser la superficie de la partie privative de ce lot.

À défaut de toute mention de cette superficie, l'acquéreur peut exercer une action en nullité de l'acte. Cette action devra cependant être intentée au plus tard dans le délai d'1 mois suivant la signature de l'acte authentique constatant la réalisation de la vente.

Dans le cas où la superficie réelle se révèle inférieure de plus de 5 % à celle indiquée dans l'acte, l'acquéreur pourra, dans le délai d'1 an à compter de la vente, intenter une action en diminution du prix. En revanche, si la superficie réelle se révèle supérieure, l'acquéreur ne devra aucun supplément de prix. Dans le cas particulier d'une vente en l'état futur d'achèvement, le point de départ du délai d'1 an de l'action en diminution de prix est la date de la livraison du bien, la vérification de la superficie de l'immeuble vendu ne pouvant être opérée qu'à cette date (*Cour de cassation, 3e chambre civile, 11/1/2012*).

À signaler : selon la Cour de cassation, doit être exclue du mesurage au titre de la loi Carrez, la partie commune sur laquelle le vendeur disposait d'un droit de jouissance exclusif (par exemple, une terrasse), un tel droit ne constituant pas un droit de propriété (*Cour de cassation, 3e chambre civile, 8/10/2008*). En outre, les dispositions de la loi Carrez ne s'appliquent pas si le logement ne mesure pas plus de 8 m^2 : ce sont les dispositions décrites ci-dessous qui s'appliquent. Ces dispositions ne s'appliquent également pas en cas d'adjudication sur saisie immobilière, puisque le jugement d'adjudication qui opère le transfert de propriété ne constitue pas un contrat réalisant ou constatant une vente, condition d'application de la loi Carrez (*Cour de cassation, 2e chambre civile, 3/10/2002*).

✓ La vente porte sur un logement ne faisant pas partie d'une copropriété

Dans ce cas, les règles suivantes devraient en théorie s'appliquer (*Code civil, Art. 1616 et s.*) :

– La vente est faite avec l'indication d'une superficie et d'un prix au m^2.

Si la superficie est insuffisante, le vendeur subit une réduction proportionnelle du prix. Mais si la superficie est supérieure de 1/20e par rapport à celle prévue (ce qui est rare), l'acquéreur a le choix entre verser un complément de prix ou se désister, c'est-à-dire renoncer à l'acquisition.

– La vente est faite avec l'indication d'une superficie, mais sans indication d'un prix au m^2.

Si la superficie est inférieure de plus de 1/20e à celle prévue, l'acquéreur peut seulement demander une réduction du prix. Si la superficie est supérieure de 1/20e à celle prévue, l'acquéreur a le choix entre verser un complément de prix ou se désister.

Ces règles trouvent toutefois assez peu d'applications pratiques, car la plupart des promesses et des actes de vente portant sur des logements contiennent une clause obligeant l'acquéreur à renoncer à tout recours contre le vendeur pour erreur dans la contenance. Seul point positif, ce type de clause n'a pas d'effet si le vendeur est un professionnel.

AVANTAGE

Les clauses exonératoires de la responsabilité du vendeur en matière de vices cachés, souvent présentes dans les actes de vente, n'ont pas d'effet lorsque la vente intervient entre un vendeur professionnel d'immeubles et un acheteur non professionnel. En outre, et même lorsque le vendeur n'est pas un professionnel, il ne peut se prévaloir de ce type de clauses, s'il est démontré qu'il avait connaissance du vice avant la vente.

Quelles sont les obligations relatives à la sécurité et à la salubrité du logement ?

Les obligations générales du vendeur à l'occasion de la vente (obligations de délivrance et de livraison) se doublent, depuis le début des années 1990, d'obligations plus spécifiques tenant à l'information de l'acquéreur sur la salubrité du logement et sur les risques particuliers que ce dernier pourrait encourir.

Information sur les termites

Les articles L. 133-1 à L. 133-6 et R. 133-1 à R. 133-8 du Code de la construction et de l'habitation prévoit des mesures qui s'appliquent dans les zones contaminées par les termites ou susceptibles de l'être, délimitées soit par le préfet (arrêté préfectoral), soit par le conseil municipal (arrêté municipal).

Lorsque de tels arrêtés existent, ils font l'objet de mesures de publicité dans deux journaux régionaux ou locaux diffusés dans le département et peuvent être consultés dans les mairies des communes concernées ainsi qu'à la préfecture. Le préfet en adresse notamment une copie pour information à la chambre départementale des notaires concernée.

Dans les zones ainsi délimitées, le vendeur non-professionnel d'un immeuble est tenu d'annexer un état parasitaire du bâtiment à l'acte authentique constatant la réalisation de la vente. À défaut, il ne pourra s'exonérer de la garantie du vice caché constitué par la présence de termites.

L'état parasitaire doit avoir été établi depuis moins de 6 mois à la date de l'acte authentique par une personne exerçant l'activité d'expertise ou de diagnostic de la présence de termites. Il identifie l'immeuble concerné, indique les parties visitées et celles n'ayant pu être visitées, les éléments infestés ou ayant été infestés par la présence de termites et ceux qui ne le sont pas, ainsi que la date de son établissement.

L'Institut Technologique FCBA (10 rue Galilée, 77420 Champs-sur-Marne) dispose d'un observatoire des territoires où la présence des termites est avérée. Ces données sont disponibles sur le site Internet *https://termite.com.fr*.

Information sur le plomb

Les articles L. 1334-1 à L. 1334-12 et R. 1334-1 à R. 1334-13 du Code de la santé publique précisent les obligations des propriétaires à l'occasion de la vente d'un logement. Ainsi, pour toute vente intervenant sur le territoire national (et non plus seulement dans un département classé à risque), un constat de risque d'exposition au plomb (CREP) présentant un repérage des revêtements contenant du plomb et, le cas échéant, un relevé sommaire des facteurs de dégradation du bâti, doit être annexé à toute promesse de vente ou, à défaut de promesse, à l'acte authentique de vente de tout ou partie d'immeuble à usage d'habitation construit avant le 1/1/1949. Ce constat doit avoir été établi depuis moins d'1 an à la date de la promesse de vente et du contrat décrits ci-dessus. Il doit par ailleurs être établi par un contrôleur technique agréé ou par un technicien de la construction qualifié, l'un et l'autre devant être couverts par une assurance de responsabilité professionnelle.

À défaut de production du CREP dans les conditions rappelées plus haut, aucune clause d'exonération de la garantie des vices cachés ne peut être stipulée à raison des vices constitués par le risque d'exposition au plomb. Si le bien immobilier concerné par la vente est affecté, pour partie, à d'autres usages que l'usage d'habitation, le CREP ne doit porter que sur les parties qui sont affectées à l'habitation. S'agissant des locaux annexes, le CREP ne doit porter que sur ceux qui sont destinés à un usage courant (une buanderie, par exemple).

À NOTER

Une notice d'information doit être annexée au CREP. Elle résume ce qu'il faut savoir pour éviter l'exposition au plomb dans un logement, en particulier vis-à-vis des enfants et des femmes enceintes et en cas de travaux portant sur des revêtements contenant du plomb (Arrêté du 19/8/2011).

Information sur l'amiante

Les articles L. 1334-12 et R. 1334-17 et suivants du Code de la santé publique font obligation à tous les propriétaires d'immeubles bâtis dont le permis de construire a été délivré avant le 1/7/1997 de rechercher, dans ces immeubles, la présence de calorifugeages, de flocages ou de faux plafonds contenant de l'amiante en demandant, soit à un contrôleur technique, soit à un technicien de la construction assuré pour ce type de mission, d'effectuer cette recherche.

Sont notamment précisées les obligations incombant à chaque catégorie de propriétaires : propriétaires de maisons individuelles, propriétaires d'un lot de copropriété, propriétaires d'autres bâtiments. Les différents matériaux contenant de l'amiante sont regroupés en trois catégories, dont le détail est donné par l'annexe 13-9 du Code de la santé publique (disponible sur le site *www.legifrance.gouv.fr*) :

– la liste A comprend les flocages, calorifugeages et faux plafonds ;

– la liste B comprend les matériaux qui doivent être examinés dans le cadre du dossier technique amiante (DTA) ;
– la liste C concerne les matériaux qui doivent être recherchés préalablement à la démolition de l'immeuble.

À NOTER

Plusieurs dispositions transitoires sont prévues par le décret du 3/6/2011, afin de faire le lien avec la réglementation en vigueur avant le 1/2/2012. Ainsi : les repérages des flocages, calorifugeages et faux plafonds réalisés avant le 1/2/2012 en application des dispositions alors en vigueur tiennent lieu de repérage de matériaux ou produits de la liste A exigé par la nouvelle réglementation (voir plus loin) ; les matériaux de la liste B n'ayant pas fait l'objet d'un repérage avant le 1/2/2012 devront faire l'objet, lors de la prochaine vente de l'immeuble concerné, d'un repérage complémentaire pour la réalisation de l'état mentionnant la présence ou l'absence de produits contenant de l'amiante ; les dossiers techniques constitués avant le 1/2/2012 tiennent lieu de « dossier amiante parties privatives » mentionné ci-dessous. Ils devront toutefois être mis à jour en cas de découverte d'autres matériaux de la liste A ainsi qu'en cas de travaux sur les matériaux repérés.

S'agissant des immeubles d'habitation, la réglementation prévoit, pour l'essentiel, les dispositions suivantes :
– en cas de vente, les propriétaires d'immeubles d'habitation ne comportant qu'un seul logement font réaliser un repérage des matériaux et produits des listes A et B (voir plus haut) contenant de l'amiante ;
– les propriétaires des parties privatives d'immeubles collectifs d'habitation y font réaliser un repérage des matériaux et produits de la liste A contenant de l'amiante. En cas de vente, ils font également réaliser un repérage des matériaux et produits de la liste B contenant de l'amiante ;
– les propriétaires des parties communes d'immeubles collectifs d'habitation (syndicat des copropriétaires si l'immeuble relève du statut de la copropriété) y font réaliser un repérage des matériaux et produits des listes A et B contenant de l'amiante.

Le professionnel qualifié qui a réalisé le repérage établit un « rapport de repérage » qu'il remet au propriétaire contre accusé de réception. Ce rapport :
– peut comporter diverses préconisations : évaluation périodique de l'état de conservation des matériaux et produits contenant de l'amiante, travaux de confinement ou de retrait de l'amiante à réaliser en principe dans un délai de 36 mois, etc. ;
– est inclus dans le « dossier amiante – parties privatives » qui doit être constitué, conservé et actualisé par les propriétaires des parties privatives d'immeubles collectifs d'habitation et dans le dossier intitulé « dossier technique amiante » qui doit être constitué et conservé par les propriétaires des parties communes d'immeubles collectifs d'habitation et qui comporte également une fiche récapitulative.

À NOTER

Pour éviter toute difficulté, il est préférable de faire mentionner dans l'avant-contrat (promesse ou compromis de vente) les conséquences de la présence d'amiante, de termites ou de plomb et notamment la partie qui aura la charge des travaux et la façon dont en sera réparti le coût. Il est également possible d'ajouter une condition suspensive stipulant qu'en présence d'un de ces éléments, la vente n'aura pas lieu. Toutes ces questions doivent être abordées avec le notaire au moment de la rédaction de l'avant-contrat, étant rappelé que, même si cela n'est pas obligatoire, il est toujours préférable de passer par un notaire pour signer ce type d'acte. En l'absence du constat relatif à l'amiante, le vendeur ne peut s'exonérer de la garantie des vices cachés constitués par la présence d'amiante (Code de la santé publique, Art. L. 1334-7).

À NOTER

Si le vendeur fournit de bonne foi un diagnostic erroné à l'acquéreur, ce dernier doit se retourner contre l'entreprise qui a effectué le diagnostic, et non pas contre le vendeur. C'est ce qui a été jugé par la Cour de cassation à propos d'un diagnostic faisant état, à tort, de l'absence d'amiante dans une maison qui en réalité en contenait une importante quantité (Cour de cassation, 3e chambre civile, 23/9/2009).

Information sur l'installation intérieure de gaz

En cas de vente de tout ou partie d'un immeuble à usage d'habitation comportant une installation intérieure de gaz réalisée depuis plus de 15 ans, un état de cette installation en vue d'évaluer les risques pouvant compromettre la sécurité des personnes doit être produit par le vendeur depuis le 1/11/2007 (*Code de la construction, Art. L. 134-6*). Cet état, qui doit être établi depuis moins de 3 ans, doit être réalisé dans les parties privatives des locaux à usage d'habitation et leurs dépendances. Il doit décrire :
– l'état des appareils fixes de chauffage et de production d'eau chaude sanitaire ou mettant en œuvre un moteur thermique, alimentés par le gaz ;
– l'état des tuyauteries fixes d'alimentation en gaz et leurs accessoires ;
– l'aménagement des locaux où fonctionnent les appareils à gaz, permettant l'aération de ces locaux et l'évacuation des produits de combustion.

Information sur l'installation intérieure d'électricité

En cas de vente de tout ou partie d'un immeuble à usage d'habitation, un état de l'installation intérieure d'électricité, lorsque cette installation a été réalisée depuis plus de 15 ans, est produit en vue d'évaluer les risques pouvant porter atteinte à la sécurité des personnes, dans les conditions et selon les modalités prévues aux articles L. 271-4 à L. 271-6 du Code de la construction et de l'habitation (*Code de la construction et de l'habitation, Art. L. 134-7*).

Cette obligation concerne les parties privatives des locaux à usage d'habitation et leurs dépendances. Cet état de l'installation intérieure d'électricité doit être réalisé par un technicien qualifié.

En l'absence de ce document lors de la signature de l'acte authentique, le vendeur ne peut s'exonérer de la garantie des vices cachés correspondante.

À NOTER

Une attestation de conformité aux règles techniques et de sécurité du Comité national pour la sécurité des usagers de l'électricité peut remplacer l'état de l'installation intérieure d'électricité si elle a été établie depuis moins de 3 ans.

Diagnostic de performance énergétique

Depuis le 1/11/2006, le propriétaire doit tenir le diagnostic de performance énergétique (DPE) à la disposition de tout candidat acquéreur qui en fait la demande, lorsque la vente porte sur un logement existant. Pour les constructions neuves, sont concernées celles dont le permis de construire est postérieur au 30/6/2007. En cas de vente d'immeuble à construire (vente sur plans), le DPE doit être remis à l'acheteur au plus tard à la réception du logement.

Ce diagnostic, réalisé par des professionnels, selon les modalités fixées par l'arrêté du 15/9/2006 modifié par l'arrêté du 8/2/2012, permet d'identifier les consommations prévisionnelles d'énergie et le taux d'émission de gaz à effet de serre des logements mis en vente. Il doit être établi depuis moins de 10 ans et joint à toute promesse de vente, ou à défaut à l'acte authentique de vente.

Afin de renforcer la fiabilité du DPE, plusieurs mesures sont prévues :

– le diagnostiqueur doit joindre au DPE une fiche technique détaillée dans laquelle il explique les données utilisées dans la méthode de calcul. La remise de ce document doit limiter le risque de DPE « frauduleux » ;

– le nombre de données prises en compte passe à 60 (contre 30 auparavant), ce qui affine le calcul de la performance énergétique ;

– afin de limiter les erreurs de diagnostics, seuls les logiciels ayant été soumis à une procédure d'évaluation officielle peuvent servir à générer des DPE.

Ce diagnostic n'a pour l'heure qu'une valeur informative ce qui signifie que l'acquéreur ne peut pas se retourner contre le vendeur si les informations qu'il contient sont fausses. Par ailleurs, le législateur n'a prévu aucune sanction dans ce cas. À partir du 1/1/2021, il sera opposable au vendeur. L'acheteur pourra donc s'en prévaloir à l'encontre de ce dernier s'il est faux ou mensonger. Enfin, à compter du 1/1/2022, le DPE devra comprendre un audit énergétique pour les logements classés F ou G.

Bon à savoir : sauf exceptions, à partir du 1/1/2028, seuls les logements dont la consommation énergétique ne dépassera pas le seuil de 330 kWh d'énergie primaire par m² et par an pourront être vendus, ce qui exclura les logements classés F ou G.

À NOTER

En cas de vente d'un bien immobilier, le classement du bien au regard de sa performance énergétique doit être mentionné dans les annonces immobilières (Code de la construction et de l'habitation, Art. L. 134-4-3). À compter du 1/1/2022, les annonces devront donner une estimation en euros des dépenses de l'ensemble des usages énumérés dans le diagnostic de performance énergétique (DPE).

AVANTAGE

Il est possible de vérifier qu'un diagnostiqueur est bien certifié sur le site officiel diagnostiqueurs.din.developpement-durable.gouv.fr. Ce site permet également de trouver un professionnel près de chez soi.

À NOTER

Le coût de l'établissement des différents constats et diagnostics techniques n'est pas réglementé. Il peut donc varier d'un prestataire à l'autre. Il ne faut donc pas hésiter à se renseigner (notamment auprès d'un notaire), à demander des devis et à faire jouer la concurrence entre les différents prestataires contactés.

Information relative à la sécurité de l'immeuble

Les acquéreurs de biens immobiliers situés dans des zones couvertes par un plan de prévention des risques technologiques ou par un plan de prévention des risques naturels prévisibles ou dans des zones de sismicité définies par décret doivent être informés par le vendeur de l'existence des risques visés par ce plan ou ce décret. Un état des risques, datant de moins de 6 mois, fondé sur les informations mises à disposition par le préfet est annexé à toute promesse unilatérale de vente ou d'achat et à tout contrat réalisant ou constatant la vente ; cet état des risques doit être établi par le vendeur (en pratique par son notaire) conformément à un modèle défini par arrêté ministériel. Le préfet doit, par arrêté préfectoral, fixer la liste des communes dans lesquelles ces dispositions sont applicables ainsi que, pour chaque commune concernée, la liste des risques et des documents à prendre en compte (*Code de l'environnement, Art. L. 125-5-I*).

Afin que les vendeurs d'immeubles puissent être au courant de leur obligation d'information, le préfet doit adresser une copie de l'arrêté visé ci-dessus aux maires des communes intéressées (à charge pour eux de l'afficher en mairie) et à la chambre départementale des notaires. Concrètement, c'est au notaire du vendeur de faire en sorte que l'obligation d'information qui, le cas échéant, pèse sur son client, soit correctement remplie.

À NOTER

Les acquéreurs de biens immobiliers situés dans des zones « à potentiel radon » (gaz radioactif naturel), c'est-à-dire en zone 3, doivent être informés par le vendeur de l'existence de ces risques (Code de l'environnement, Art. L. 125-5 ; Code de la construction et de l'habitation, Art. L. 271-4). Dans les deux autres zones, cette information est obligatoire dès lors que la mesure est supérieure à 300 Bq/m². L'acquéreur doit donc être informé par le notaire des dispositions qui sont, le cas échéant, applicables dans la commune d'implantation du logement qu'il envisage d'acquérir.

Par ailleurs, lorsqu'un immeuble bâti a subi un sinistre ayant donné lieu au versement d'une indemnité en application de l'article L. 125-2 ou de l'article L. 128-2 du Code des assurances (catastrophes naturelles ou technologiques), le vendeur doit informer par écrit l'acquéreur de tout sinistre survenu pendant la période où il a été propriétaire de l'immeuble ou dont il a été lui-même informé en application des présentes dispositions. En cas de vente de l'immeuble, cette information est mentionnée dans l'acte authentique constatant la réalisation de la vente.

En cas de non-respect par le vendeur des obligations d'information visées ci-dessus, l'acquéreur peut poursuivre la résolution du contrat ou demander au juge une diminution du prix (*Code de l'environnement, Art. L. 125-5-V*).

À NOTER

Lors de la vente d'une maison non raccordée au réseau public de collecte des eaux usées, le propriétaire doit produire un diagnostic établi à l'issue du contrôle des installations d'assainissement de moins de 3 ans au moment de la signature de l'acte de vente. Ce document doit être joint au dossier de diagnostic technique (Code de la santé publique, Art. L. 1331-11-1).

À NOTER

Les états et diagnostics relatifs à la sécurité et à la salubrité du logement sont regroupés dans un « dossier de diagnostic technique » annexé à la promesse de vente ou, à défaut de promesse de vente, à l'acte authentique de vente.

Information sur les zones de bruit

Depuis le 1/6/2020, lorsque le bien sera situé dans l'une des zones de bruit définies par un plan d'exposition au bruit des aérodromes (PEB), un document doit comporter l'indication claire et précise de cette zone, le site Internet permettant de consulter le PEB ainsi que la mention de la possibilité de consulter ce plan à la mairie de la commune où se situe le bien vendu.

Ce document, intégré au dossier de diagnostic technique, doit être annexé à la promesse de vente ou à l'acte authentique de vente. À défaut, l'acquéreur peut demander la résolution de la vente ou une diminution du prix au juge (*Code de l'urbanisme, Art. L. 112-11*).

Information sur les risques de mérule

Dès qu'il a connaissance de la présence de mérule (les mérules sont des champignons susceptibles de dégrader les bois d'une maison) dans un immeuble bâti, l'occupant de l'immeuble contaminé doit en faire la déclaration en mairie. À défaut d'occupant, la déclaration incombe au propriétaire. Pour les parties communes d'un immeuble en copropriété, la déclaration incombe au syndicat des copropriétaires.

Lorsque, dans une ou plusieurs communes, des foyers de mérule sont identifiés, un arrêté préfectoral, consultable en préfecture, délimite les zones de présence d'un risque de mérule.

En cas de vente de tout ou partie d'un immeuble bâti situé dans une zone ainsi délimitée par arrêté préfectoral, le dossier de diagnostic technique fourni par le vendeur doit comporter une information sur la présence d'un risque de mérule (*Code de la construction et de l'habitation, Art. L. 133-7 à L. 133-9*).

Durée de validité

Par rapport à la date de la promesse de vente ou à la date de l'acte authentique de vente de tout ou partie d'un immeuble bâti, les documents suivants doivent avoir été établis depuis :
– moins d'1 an pour le constat de risque d'exposition au plomb (voir plus loin) ;
– moins de 6 mois pour l'état du bâtiment relatif à la présence de termites ;
– moins de 3 ans pour l'état de l'installation intérieure de gaz ;
– moins de 3 ans pour l'état de l'installation intérieure d'électricité ;
– moins de 10 ans pour le diagnostic de performance énergétique (*Décret n° 2011-413 du 13/4/2011*).

Si l'un de ces documents produits lors de la signature de la promesse de vente n'est plus en cours de validité à la date de la signature de l'acte authentique de vente, il est remplacé par un nouveau document pour être annexé à l'acte authentique de vente.

Si le constat relatif au plomb établit l'absence de revêtements contenant du plomb ou la présence de revêtements contenant du plomb à des concentrations inférieures aux seuils définis par arrêté des ministres chargés de la santé et de la construction, il n'y a pas lieu de faire établir un nouveau constat à chaque mutation, le constat initial étant joint au dossier de diagnostic technique.

Quelles sont les obligations de l'acquéreur ?

L'obligation principale de l'acheteur est de payer le prix au jour et selon les modalités prévues par l'acte de vente (*Code civil, Art. 1650*). Dans la majorité des situations, le prix est payé comptant lors de la signature de l'acte de vente chez le notaire. Et il s'agit là, évidemment, de la solution la plus protectrice des intérêts de l'acheteur.

Si l'acheteur ne remplit pas cette obligation essentielle, le vendeur peut obtenir le paiement du prix par décision de justice ou il peut demander la résolution judiciaire de la vente.

A NOTER

Les parties peuvent également convenir d'un paiement du prix à terme : l'acquéreur s'engage alors, dans un délai fixé par l'acte de vente, à payer le prix, ce paiement à terme pouvant s'appliquer à la totalité ou à une partie du prix seulement. Le défaut de paiement dans les délais convenus peut donner lieu soit à l'annulation de la vente, et le bien revient dans le patrimoine du vendeur, soit à la revente du logement sur saisie, le vendeur récupérant alors les sommes qui lui sont dues.

> Les garanties relatives au paiement du prix

Si l'acheteur ne paie pas le prix, le vendeur peut demander :

La résolution de la vente

Dans ce cas, la vente est annulée et le vendeur récupère le bien vendu. La résolution de la vente doit être prononcée par le tribunal judiciaire.

Préalablement à la résolution, le débiteur peut se voir accorder un délai de règlement qui varie selon les circonstances propres à l'espèce (*Code civil, Art. 1654 et 1655*).

Le paiement forcé du prix

Le vendeur d'un immeuble bénéficie du « privilège du vendeur » qui est la garantie d'être assuré du paiement du prix (*Code civil, Art. 2374*).

Ce privilège doit être inscrit au service de la publicité foncière par le notaire chargé de la rédaction de l'acte de vente, dans le délai de 2 mois à compter de la signature du contrat.

Le « privilège du vendeur » prend rang aux hypothèques au jour de la vente et non au jour de l'inscription elle-même, ce qui permet de primer les hypothèques qui pourraient être inscrites après la vente (en cas de saisie immobilière de l'immeuble vendu, le vendeur encore créancier du prix de vente serait payé avant les autres créanciers éventuels). L'évaluation de la créance garantie doit être mentionnée dans l'inscription du privilège.

Si le prix a été payé à l'aide d'un prêt, le privilège est accordé au prêteur. Le vendeur doit avoir été payé par l'organisme prêteur et l'argent emprunté doit avoir servi à l'acquisition (ces conditions doivent être constatées dans l'acte notarié).

> La garantie relative au montant du prix : l'action en rescision pour lésion

En principe, le prix de vente d'un immeuble est fixé librement entre les parties, selon la loi de l'offre et de la demande. Le Code civil intervient néanmoins dans ce domaine et sanctionne une vente qui léserait de façon excessive le vendeur. Si le vendeur a été lésé de plus de 7/12e dans le prix d'un immeuble, il a le droit de demander la rescision (nullité) de la vente (*Code civil, Art. 1674*).

Les clauses de renonciation à l'action en rescision sont nulles (il s'agit d'une protection du patrimoine d'ordre public). Si le vendeur est décédé, ses héritiers peuvent exercer cette action. De même, si l'acquéreur est décédé, l'action peut être exercée contre ses héritiers.

Comment s'apprécie la lésion ?

La lésion est établie en comparant la valeur réelle de l'immeuble et le prix auquel il a été vendu.

Si la différence est supérieure aux 7/12e de la valeur réelle, l'action en rescision peut être intentée.

Par exemple, si un immeuble a une valeur réelle de 150 000 €, les 7/12e de cette valeur réelle représentent la somme de 87 500 €, c'est-à-dire que pour qu'il y ait lésion, il faut que l'immeuble soit vendu moins de 62 500 €.

La lésion s'apprécie au jour de la vente, c'est-à-dire au jour de la signature de l'acte constatant l'accord des parties (compromis ou acte notarié).

Quel est le délai pour agir ?

La demande doit être effectuée dans un délai de 2 ans, à compter du jour de la vente (*Code civil, Art. 1676*).

Par « jour de la vente », il faut entendre le jour où l'accord des parties a été constaté par écrit. Ce jour peut être le jour du compromis (promesse de vente) ou le jour de la signature de l'acte notarié, si des éléments du contrat ont été modifiés entre ces deux actes. Par ailleurs, si la vente a été assortie d'une condition suspensive, le délai court à compter de la réalisation de cette condition (exemple : condition suspensive relative à l'obtention d'un prêt).

À quel tribunal s'adresser ?

La rescision pour lésion ayant pour but de remettre l'immeuble vendu dans le patrimoine du vendeur est de la compétence du tribunal judiciairedu ressort du lieu de situation de l'immeuble (*Code de procédure civile, Art. 46 ; Cour de cassation, 3e chambre civile, 8/12/1993*).

Le ministère d'un avocat est, en principe, obligatoire.

L'acquéreur peut-il empêcher la nullité de la vente ?

L'acquéreur peut éviter la rescision en payant la différence entre le prix de vente et le juste prix, avec la possibilité néanmoins de déduire un dixième du prix total (*Code civil, Art. 1681*).

La jurisprudence évalue ce prix total en tenant compte de la valeur de l'immeuble au jour de la vente et celle au moment du paiement du complément de prix.

Exemples de vices cachés

Les tribunaux ont admis que constituent un vice caché :

– l'instabilité et l'humidité excessive d'un terrain qui nécessitent des travaux confortatifs inhabituels pour que soit édifiée une construction (*Cour de cassation, 3e chambre civile, 17/1/1990*) ;

– l'implantation de chalets dans l'axe d'un couloir d'avalanche (*Cour de cassation, 3e chambre civile, 24/2/1988*) ;

– la présence de termites dans l'immeuble (*Cour de cassation, Chambre civile, 16/11/1988*) ;

– des fissures rebouchées, mais réapparues après la vente de la maison, et résultant de l'insuffisance des fondations et de l'instabilité du sol (*Cour de cassation, 3e chambre civile, 19/11/1980*) ;

– l'absence de vide sanitaire rendant l'immeuble impropre à l'habitation, en raison de l'humidité (*Cour de cassation, Chambre civile, 7/2/1973*) ;

– le fait, pour un logement, d'être soumis à la loi du 1/9/1948, alors qu'il avait été présenté à l'acquéreur comme échappant à l'application de cette loi (*Cour d'appel de Paris, 30/6/1986*) ;

– le fait, pour un terrain, vendu comme terrain à bâtir, de se révéler inconstructible en raison de l'annulation du plan d'occupation des sols (POS) sur lequel cette constructibilité était fondée (*Cour de cassation, Chambre civile, 9/5/2001*) ;

– des fondations défectueuses (*Cour de cassation, Chambre civile, 31/1/1966*) ;

– le bruit assourdissant provenant des chaudières de l'immeuble (*Cour de cassation, Chambre civile, 6/10/2004*).

DISPOSITIONS SPÉCIFIQUES EN CAS DE VENTE D'UN LOT DE COPROPRIÉTÉ

Afin de limiter les risques de litiges entre acquéreur et vendeur, les articles 4-4, 5 et 6-2 du décret du 17/3/1967 relatif à la copropriété, cherche à clarifier les rapports entre vendeurs et acquéreurs à l'occasion de la cession d'un lot de copropriété (logement, cave, parking…). Les principales mesures sont les suivantes :

✓ **Communication du carnet d'entretien de l'immeuble :** lorsque le candidat à l'acquisition d'un lot le demande, le propriétaire cédant est tenu de porter à sa connaissance le carnet d'entretien de l'immeuble ainsi que le diagnostic technique. Ces documents, ainsi que ceux mentionnés à l'article L. 721-2 du Code de la construction et de l'habitation, doivent être annexés à la promesse de vente ou, à défaut de promesse, à l'acte authentique de vente.

✓ **Information du notaire :** avant l'établissement de l'acte de vente, le syndic doit adresser au notaire chargé de recevoir l'acte, à la demande de ce dernier ou à celle du copropriétaire qui transfère tout ou partie de ses droits sur le lot de copropriété, un état daté comportant trois parties :

– dans la 1re partie, le syndic indique, d'une manière même approximative et sous réserve de l'apurement des comptes, les sommes pouvant rester dues, pour le lot considéré, au syndicat par le copropriétaire cédant ;

– dans la 2e partie, le syndic indique, d'une manière même approximative et sous réserve de l'apurement des comptes, les sommes dont le syndicat pourrait être débiteur, pour le lot considéré, à l'égard du copropriétaire cédant ;

– dans la 3e partie, le syndic indique les sommes qui devraient incomber au nouveau copropriétaire, pour le lot considéré.

Le syndic précise également, en annexe, le montant des charges afférentes au lot objet de la vente sur les 2 dernières années, ainsi que les procédures en cours auxquelles le syndicat est partie.

En cas d'absence de syndic, le notaire ne reçoit pas d'état daté. Il doit donc, au titre de son obligation générale d'information et de conseil, informer l'acquéreur de cette absence de syndic, faute de quoi sa responsabilité civile professionnelle pourrait être engagée. Le cas échéant, sous peine là encore d'engager sa responsabilité, le notaire doit également informer l'acquéreur de l'absence de règlement de copropriété (cette situation peut se rencontrer dans les « petites » copropriétés) (*Réponse ministérielle n° 101153 du 27/9/2011*).

✓ **Répartition des dépenses entre les parties :** à l'occasion de la mutation à titre onéreux d'un lot :

– le paiement de la provision exigible du budget prévisionnel incombe au vendeur ;

– le paiement des provisions des dépenses non comprises dans le budget prévisionnel incombe à celui, vendeur ou acquéreur, qui est copropriétaire au moment de l'exigibilité de ces provisions ;

– le trop ou moins perçu sur provisions, révélé par l'approbation des comptes, est porté au crédit ou au débit du compte de celui qui est copropriétaire lors de l'approbation des comptes.

L'acheteur et le vendeur peuvent convenir d'une autre répartition des dépenses que celle visée ci-dessus, mais cette répartition n'aura d'effet qu'entre eux ; elle ne sera donc pas opposable à la copropriété, qui pourra, par l'intermédiaire du syndic, demander l'application des règles fixées par le décret du 17/3/1967.

Cas pratiques

Acheter et vendre un logement

Agent immobilier - mandats non-exclusifs donnés à plusieurs agences

Je me suis adressée à une agence pour la vente de mon terrain. Puis j'ai confié le même mandat à une autre agence. Les mandats étaient non exclusifs, valables 3 mois renouvelables. La première agence a fait visiter le terrain à un particulier, lequel a fini par se porter acquéreur mais par l'intermédiaire de la seconde agence. La première me réclame sa commission. Quelle agence dois-je régler ?

Quand deux agences ont reçu chacune un mandat non exclusif de vente, la commission est due à celle qui a définitivement conclu l'affaire même si l'acquéreur a été précédemment présenté par l'autre agence. C'est ce qui ressort de la jurisprudence de la Cour de cassation. Pour cette juridiction, en effet, peu importe l'agence qui a fait visiter la première le bien à vendre. Le critère à retenir pour le paiement de la commission est de savoir quelle est l'agence qui a finalement conclu l'affaire. C'est ce qui a été jugé récemment dans une affaire où la commission est revenue intégralement à la seconde agence (*Cour de cassation, 1re chambre civile, 9/7/2002*).

Délai de réflexion ou de rétractation - achat d'un garage

Je voudrais savoir si l'achat d'un garage ouvre droit au délai de réflexion ou de rétractation de l'article L. 271-1 du Code de la construction et de l'habitation ?

Le ministre du Logement a apporté une réponse à votre question en considérant que l'acquéreur d'un garage, local annexe à un immeuble d'habitation, ne bénéficiait pas de la protection de l'article L. 271-1 du Code de la construction et de l'habitation. La vente d'une dépendance isolée n'entre pas dans le champ d'application de cet article (*Réponse ministérielle, JOAN du 3/11/2003*).

Obligation d'information du vendeur

J'envisage d'acheter un appartement dans une copropriété où les parties communes me paraissent en très mauvais état. La loi impose-t-elle au vendeur de m'informer des décisions d'assemblée générale au cours desquelles des appels de fonds concernant des travaux auraient pu être votés ?

Conformément à l'article L. 721-2 du Code de la construction et de l'habitation, au plus tard au moment de la signature de la promesse de vente, le vendeur doit vous remettre un ensemble de documents d'information sur la copropriété parmi lesquels on peut citer :

- la fiche synthétique de la copropriété établie par le syndic : elle regroupe les données financières et techniques essentielles relatives à la copropriété et aux bâtiments ;
- le règlement de copropriété et l'état descriptif de division ainsi que les actes les modifiant, s'ils ont été publiés ;
- les procès-verbaux des assemblées générales des 3 dernières années, sauf si le copropriétaire vendeur n'a pas été en mesure d'obtenir ces documents auprès du syndic ;
- des informations financières : montant des charges courantes du budget prévisionnel et des charges hors budget prévisionnel payées par le copropriétaire vendeur au titre des deux exercices comptables précédant la vente, les impayés, les fonds de travaux ;

• le carnet d'entretien de l'immeuble : vous pourrez ainsi apprécier l'état technique de l'immeuble, au travers des travaux effectués dans le passé et de ceux prévus ou nécessaires à l'avenir.

Les documents obligatoires peuvent être remis en mains propres (copie papier ou clé USB), adressés par un courrier électronique ou encore par le biais d'un site de téléchargement. Le délai de rétractation de 10 jours ne commence à courir que le lendemain de la communication de ces documents à l'acquéreur.

Diagnostic de performance énergétique

Le diagnostic de performance énergétique de l'appartement que j'ai acheté est loin de refléter ma consommation d'énergie. Puis-je attaqué le vendeur en justice ?

Le diagnostic de performance énergétique (DPE) a aujourd'hui une valeur purement informative. Autrement dit, s'il comporte des informations erronées, vous ne pouvez vous retourner contre le vendeur pour obtenir l'indemnisation d'un préjudice.

En revanche, à partir de 2021, la règle change et le DPE devient opposable en cas de vente (mais aussi en cas de location). S'il comporte une information erronée qui cause un préjudice à l'acquéreur (s'il avait connu cette information, il n'aurait pas acheté le logement ou aurait négocié le prix), la responsabilité du vendeur pourra être engagée et l'acquéreur pourra obtenir une indemnisation.

Diagnostic amiante

Lorsque j'ai acheté ma maison, le constat qui était joint à l'acte certifiait l'absence d'amiante. Or, après avoir emménagé, je me suis aperçu qu'un faux plafond contenait de l'amiante. Le diagnostiqueur est-il responsable ?

Oui, pour un diagnostic amiante erroné, la responsabilité du contrôleur peut être mise en cause car il est tenu à une obligation de résultat, comme l'atteste une affaire récente. Un couple achète une maison. Le diagnostic amiante ne relève aucune trace de ce produit toxique. Or, les nouveaux propriétaires constatent la présence d'amiante sur les cloisons et doublages des murs. Ils assignent en justice le diagnostiqueur en paiement de dommages et intérêts. La cour d'appel rejette leur demande car le papier peint qui recouvrait les cloisons et les murs rendait l'amiante non visible et non accessible. Les juges précisent que la méthode utilisée pour diagnostiquer la présence d'amiante est « par sondages sonores » et ne prévoit pas de grattages ponctuels.

La Cour de cassation adopte une toute autre position : le diagnostiqueur ne peut pas se limiter à un simple contrôle visuel et doit mettre en œuvre les moyens nécessaires à l'exécution de sa mission. Sa responsabilité est donc engagée et des dommages et intérêts peuvent lui être réclamés (*Cour de cassation, 3e chambre civile, 14/9/2017*).

L'accession à la propriété

Rémunération du notaire lors d'une vente

BARÈME NATIONAL	
Tranche de prix	**Pourcentage**
Jusqu'à 6 500 €	3,945 %
Au-delà de 6 500 € jusqu'à 17 000 €	1,627 %
Au-delà de 17 000 € jusqu'à 60 000 €	1,085 %
Au-delà de 60 000 €	0,814 %

Au résultat ainsi obtenu, il convient d'ajouter une TVA au taux de 20 %.

Exemple : pour un achat portant sur un logement d'une valeur de 120 000 €, les émoluments du notaire seront de :

– 3,945 % jusqu'à 6 500 €, soit 256,42 € ;
– 1,627 % de 6 500 à 17 000 €, soit 170,83 € ;
– 1,085 % de 17 000 € à 60 000 €, soit 466,55 € ;
– 0,814 % de 60 000 à 120 000 €, soit 488,40 €.

Soit un total de 1 382,20 € HT, soit 1 658,64 € TTC.

Financement et aides au logement

Les préalables au financement

L'achat ou la construction d'un logement nécessite, sauf rares exceptions, de recourir au crédit. Celui-ci portera souvent sur plusieurs dizaines, voire centaines de milliers d'euros et engagera l'accédant pour des durées pouvant aller jusqu'à 15 ou 20 ans, voire plus. Ces raisons et bien d'autres expliquent le dispositif juridique qui entoure la conclusion d'un contrat de prêt immobilier, qu'il s'agisse de protéger l'emprunteur, en lui laissant le temps de la réflexion et en lui permettant de bénéficier d'assurances en cas de « coup dur », ou de protéger le prêteur en lui assurant certaines garanties pour le cas où l'emprunteur deviendrait insolvable.

La protection de l'emprunteur

La recherche d'un bon financement est un élément déterminant dans un projet d'acquisition ou de construction. Mais le prêt le plus avantageux ne compensera jamais le regret d'avoir acquis une maison ou un appartement mal situé, bruyant, entouré de nuisances ; d'où la nécessité de permettre à l'emprunteur immobilier de s'engager en toute connaissance de cause, après avoir pris le temps de réfléchir à la portée de son engagement.

Qui est concerné ?

Tous les particuliers qui achètent ou font construire un logement, réalisent des travaux, acquièrent des terrains en vue de la construction et qui, pour cela, demandent un prêt, sont concernés par les dispositions relatives à la protection des emprunteurs immobiliers.
Quant aux prêts, dès lors qu'ils sont garantis par une hypothèque ou une autre sûreté comparable, peu importe leur qualification (aidés, libres…), leur technique de remboursement, leur forme (authentique ou non) ; peu importe également qu'il s'agisse de prêts privés, réglementés ou aidés.
Les dispositions sur la protection de l'emprunteur immobilier s'appliquent aux contrats de crédit destinés à financer l'une ou l'autre des opérations suivantes portant sur un immeuble à usage d'habitation ou à usage professionnel et d'habitation (*Code de la consommation, Art. L. 313-1*) :

– acquisition, y compris les travaux de réparation, d'amélioration ou d'entretien de l'immeuble ainsi acquis ;
– dépenses de construction ;
– achat d'un terrain destiné à la construction d'un immeuble d'habitation ou à usage professionnel et d'habitation.

S'agissant des prêts susceptibles d'être accordés à une personne physique, sont également soumis à la réglementation relative au crédit immobilier les contrats de crédit accordés à un emprunteur qui sont garantis par une hypothèque, par une autre sûreté comparable sur les biens immobiliers à usage d'habitation, ou par un droit lié à un bien immobilier à usage d'habitation.
Ces contrats sont notamment ceux destinés à financer, pour les immeubles à usage d'habitation ou à usage professionnel et d'habitation, les dépenses relatives à leur réparation, leur amélioration ou leur entretien.
En dehors de ces cas, ce sont les dispositions relatives au crédit à la consommation qui s'appliquent.

LA RÉFORME DU CRÉDIT IMMOBILIER DU CODE DE LA CONSOMMATION

Les dispositions relatives à la protection de l'emprunteur immobilier ont été modifiées par l'ordonnance n° 2016-351 du 25/3/2016 en vigueur, pour l'essentiel, depuis le 1/7/2016 et depuis le 1/10/2016 pour ce qui concerne la publicité, l'information générale et précontractuelle, les prêts en devises étrangères et le taux annuel effectif global (TAEG).
L'ordonnance transpose en droit français la directive n° 2014/17/UE du 4/2/2014 qui institue un cadre juridique européen harmonisé pour la distribution du crédit immobilier et du crédit hypotécaire.
Cette ordonnance a, notamment, étendu le régime du crédit immobilier, auparavant strictement défini au regard de sa finalité et d'un seuil supérieur à 75 000 € pour les crédits en matière de travaux, à l'ensemble des crédits hypothécaires, quel que soit leur montant ou leur objet.
En revanche, sont désormais exclus de ce régime - et relèvent du régime du crédit à la consommation - les crédits en matière de travaux d'un montant supérieur à 75 000 €, non garantis par une hypothèque.
Bon à savoir : les prêts souscrits avant ces dates d'entrée en vigueur restent soumis à la réglementation qui était en vigueur au moment de leur souscription.

Comment s'organise l'information de l'emprunteur ?

Afin d'attirer la clientèle, les établissements financiers ont recours à des documents publicitaires ou à des documents d'information : brochures, dépliants, rédactionnels de presse, etc. Le contenu de ces documents fait l'objet d'une réglementation, au même titre que l'offre proprement dite qui sera adressée à l'emprunteur.

À NOTER

Les emprunteurs ne peuvent contracter de prêts libellés dans une devise autre que l'euro, remboursables en euros ou dans la devise concernée, que s'ils déclarent percevoir principalement leurs revenus ou détenir un patrimoine dans cette devise au moment de la signature du contrat de prêt, excepté si le risque de change n'est pas supporté par l'emprunteur. Au plus tard à l'émission de l'offre de prêt, le prêteur informe l'emprunteur des risques inhérents à un tel contrat de prêt et des possibilités éventuelles de conversion des remboursements en euros en cours de prêt (Code de la consommation, Art. L. 313-64).

› Quel est le contenu obligatoire des documents publicitaires ?

La loi est formelle : la publicité pour un prêt immobilier, quelle que soit la forme qu'elle revêt, doit comporter des indications précises (*Code de la consommation, Art. L. 313-4 et s.*).

D'abord, bien évidemment, l'identité du prêteur ou de l'intermédiaire de crédit doit apparaître clairement. Cette obligation n'est pas anodine car, de plus en plus souvent, il est courant de lire dans des annonces publicitaires : « Devenez propriétaire au taux de 5 % avec la Société de promotion… », le nom de la banque apparaissant plus loin et d'une façon peu lisible.

De même, doivent figurer la nature (prêt à taux fixe ou révisable, prêt hypothécaire ou non, prêt conventionné…) et l'objet du prêt (acquisition, construction…).

Lorsque cette publicité comporte un taux d'intérêt ou des chiffres relatifs au coût du crédit pour l'emprunteur, elle précise également de façon claire, concise et visible les informations complémentaires sur les caractéristiques du crédit fournies, le cas échéant, à l'aide d'un exemple représentatif (*Code de la consommation, Art. L. 313-4*).

LE TAUX ANNUEL EFFECTIF GLOBAL (TAEG)

Pour les contrats de crédit immobilier, le taux effectif global (TEG) est dénommé « taux annuel effectif global » (TAEG).
Le TAEG doit être plus élevé que le taux annoncé (ou taux nominal du prêt) puisque, pour la détermination de ce TAEG, sont ajoutés aux intérêts les frais, les taxes, les commissions ou rémunérations de toute nature, directs ou indirects, supportés par l'emprunteur et connus du prêteur à la date d'émission de l'offre de crédit ou de l'avenant au contrat de crédit, ou dont le montant peut être déterminé à ces mêmes dates, et qui constituent une condition pour obtenir le crédit ou pour l'obtenir aux conditions annoncées (*Code de la consommation, Art. L. 314-1*). Les frais et coûts compris dans le TAEG figurent à l'article R. 314-4 du Code de la consommation.
L'ordonnance n° 2019-740 du 17/7/2019 prévoit que, désormais, « en cas de défaut de mention ou de mention erronée du taux annuel effectif global déterminé conformément aux articles L. 314-1 à L. 314-4, le prêteur peut être déchu du droit aux intérêts dans la proportion fixée par le juge, au regard notamment du préjudice pour l'emprunteur » (*Code de la consommation, Art. L. 314-1*).

Par ailleurs, toute publicité relative à une opération d'acquisition de logement destiné à la location (investissements locatifs outre-mer et dispositifs « Malraux », « Bouvard » et « Pinel ») doit permettre raisonnablement de comprendre les risques afférents à l'investissement et doit comporter une mention indiquant que le non-respect des engagements de location entraîne la perte du bénéfice des incitations fiscales. Cette mention doit figurer dans une taille de caractères au moins aussi importante que celle utilisée pour indiquer toute autre information relative aux caractéristiques de l'investissement et s'inscrire dans le corps principal du texte publicitaire. Tout manquement à ces dispositions est passible d'une amende administrative de 100 000 € au maximum (*Code de la consommation, Art. L. 122-23*).

Plus généralement, les établissements prêteurs doivent, au titre de leur devoir d'information, assurer la disponibilité permanente des informations générales, claires et compréhensibles, sur les contrats de crédit immobilier. L'intermédiaire de crédit assure également la disponibilité permanente des mêmes informations. Ces dernières sont délivrées sur papier, sur tout autre support durable ou sous forme électronique. Elles sont facilement accessibles et sont fournies gratuitement à l'emprunteur (*Code de la consommation, Art. L. 313-6*).

ATTENTION ⚠

Ne vous laissez pas abuser par les publicités qui assimilent le remboursement d'un prêt à des paiements de loyer, ni par celles qui intègrent des versements d'aide personnalisée au logement ou d'allocation logement dans la réalisation de votre projet. On continue à voir de telles insertions alors que la loi l'interdit explicitement. Il est également interdit, dans toute communication publicitaire et commerciale, de faire figurer toute formulation susceptible de faire naître chez le consommateur de fausses attentes concernant la disponibilité ou le coût d'un crédit (Code de la consommation, Art. L. 313-5).

LA FICHE D'INFORMATION STANDARDISÉE EUROPÉENNE (FISE)

Au plus tard lors de l'émission de l'offre de crédit, le prêteur ou l'intermédiaire de crédit communique à l'emprunteur, par écrit ou sur un autre support durable, sous la forme d'une fiche d'information standardisée européenne (FISE), les informations personnalisées permettant à l'emprunteur de comparer les différentes offres de crédit disponibles sur le marché, d'évaluer leurs implications et de se déterminer en toute connaissance de cause sur l'opportunité de conclure un contrat de crédit. Toutes les informations complémentaires que le prêteur souhaite donner à l'emprunteur sont fournies dans un document distinct de cette fiche. Toutes ces informations, qu'elles figurent ou non dans la FISE, sont fournies gratuitement à l'emprunteur (*Code de la consommation, Art. L. 313-7*).
La liste et le contenu des informations devant figurer dans la FISE ainsi que les conditions de sa présentation sont fixés par les articles R. 313-4 et R. 313-5 du Code de la consommation.

› Quelles sont les informations relatives à l'assurance-emprunteur ?

Toujours dans le souci de la bonne information de l'emprunteur, il est prévu que tout document remis à l'emprunteur préalablement à la formulation de l'offre de prêt et comportant un ou plusieurs éléments chiffrés sur l'assurance de groupe mentionne le coût de cette assurance.

Ce coût est exprimé :

– à l'exclusion de tout autre taux, en taux annuel effectif de l'assurance, qui permette la comparaison par l'emprunteur de ce taux avec le taux annuel effectif global (TAEG) du crédit ;

– en montant total en euros dû par l'emprunteur au titre de l'assurance sur la durée totale du prêt ;

– en euros et par période, selon la périodicité de paiement. Il est précisé si ce montant s'ajoute ou non à l'échéance de remboursement du crédit.

Simultanément à la remise de tout document mentionné ci-dessus, doivent être remises la fiche standardisée d'information (voir plus loin) ainsi qu'une notice énumérant les risques garantis et précisant toutes les modalités de la mise en jeu de l'assurance (*Code de la consommation, Art. L. 313-8*).

Tout intermédiaire d'assurance ou organisme assureur proposant à l'emprunteur une assurance en couverture d'un crédit immobilier est soumis aux mêmes obligations (*Code de la consommation, Art. L. 313-9*).

À NOTER

Les contrats d'assurance emprunteur souscrits depuis le 1/1/2019 sont soumis à une taxe de 9 % sur toutes les garanties.

À NOTER

Une fiche standardisée d'information est remise, lors de la première simulation, à toute personne qui se voit proposer ou qui sollicite une assurance ayant pour objet de garantir le remboursement d'un prêt immobilier ou destiné à financer une opération relative à la réparation, l'amélioration ou l'entretien d'un bien immobilier, lorsque le crédit est supérieur à 75 000 € et garanti par une hypothèque, par une autre sûreté comparable sur les biens immobiliers à usage d'habitation, ou par un droit lié à un bien immobilier à usage d'habitation. Cette fiche mentionne la possibilité pour l'emprunteur de souscrire auprès de l'assureur de son choix une assurance et précise les types de garanties proposées. Un arrêté fixe le format de cette fiche ainsi que son contenu (Arrêté du 29/4/2015).

› Quelles sont les autres obligations pesant sur le prêteur ?

L'ordonnance n° 2016-351 du 25/3/2016 a fortement renforcé les obligations d'information pesant sur le prêteur (ou l'intermédiaire) avec pour objectif de permettre à l'emprunteur de s'engager en toute connaissance de cause.

De manière générale, le prêteur ou l'intermédiaire de crédit est ainsi désormais tenu de fournir gratuitement à l'emprunteur les explications adéquates lui permettant de déterminer si le ou les contrats de crédit proposés et les éventuels services accessoires sont adaptés à ses besoins et à sa situation financière.

Ces explications comprennent notamment :

– les informations contenues dans la fiche d'information standardisée européenne (voir plus haut) ;

– les principales caractéristiques du ou des crédits et services accessoires proposés ;

– les effets spécifiques que le ou les crédits et services accessoires proposés peuvent avoir sur l'emprunteur, y compris les conséquences d'un défaut de paiement de l'emprunteur, notamment en cas de réalisation des garanties. Lorsque la garantie est constituée par un cautionnement accordé par un organisme de cautionnement professionnel, le prêteur informe l'emprunteur de la nature, des bénéficiaires et des conditions dans lesquelles celle-ci peut être actionnée et des conséquences pour l'emprunteur ;

– s'agissant des éventuels services accessoires liés au contrat de crédit, l'indication de la possibilité ou non de résilier chaque composante séparément et les implications d'une telle procédure pour l'emprunteur (*Code de la consommation, Art. L. 313-11*).

À NOTER

Le prêteur ou l'intermédiaire de crédit met en garde gratuitement l'emprunteur lorsque, compte tenu de sa situation financière, un contrat de crédit peut induire des risques spécifiques pour lui (Code de la consommation, Art. L. 313-12).

En quoi consiste le service de conseil ?

Le prêteur ou l'intermédiaire peut (ce n'est donc pas une obligation) fournir à l'emprunteur un service de conseil en matière de contrats de crédit immobilier. Ce service consiste en la fourniture à l'emprunteur de recommandations personnalisées en ce qui concerne un ou plusieurs contrats de crédit et constitue une activité distincte de l'octroi de crédit et de l'activité d'intermédiation (*Code de la consommation, Art. L. 313-13 à L. 313-15, R. 313-11 et R. 313-12*).

En quoi consiste l'évaluation de solvabilité ?

Lorsqu'il consent un crédit immobilier, l'établissement prêteur doit pouvoir s'assurer que l'emprunteur sera en mesure de rembourser l'emprunt contracté. Le Code de la consommation fixe les règles applicables aux vérifications auxquelles peut procéder le prêteur et pose le principe selon lequel le « crédit n'est accordé à l'emprunteur que si le prêteur a pu vérifier que les obligations découlant du contrat de crédit seront vraisemblablement respectées conformément à ce qui est prévu par ce contrat » (*Code de la consommation, Art. L. 313-16*).

À cette fin, avant de conclure un contrat de crédit, le prêteur procède à une évaluation rigoureuse de la solvabilité de l'emprunteur. Cette évaluation prend en compte de manière appropriée les facteurs pertinents permettant d'apprécier la capacité de l'emprunteur à remplir ses obligations définies par le contrat de crédit. Cette évaluation de la solvabilité se fonde sur des informations relatives :

– aux revenus de l'emprunteur, à son épargne et à ses actifs ;

– aux dépenses régulières de l'emprunteur, à ses dettes et autres engagements financiers.

Le prêteur tient compte, dans la mesure du possible, des événements pouvant survenir pendant la durée du contrat de crédit proposé tels que, le cas échéant, une augmentation possible du taux débiteur ou un risque d'évolution négative du taux de change en cas de prêt libellé en devise autre que l'euro.

À NOTER

Le prêteur ou l'intermédiaire de crédit avertit l'emprunteur de la nécessité de fournir des éléments exacts et complets afin qu'une évaluation appropriée puisse être effectuée. Il l'informe que le crédit ne peut être accordé lorsque le prêteur ne peut procéder à l'évaluation de solvabilité du fait du refus de l'emprunteur de communiquer ces informations. Le prêteur conserve la preuve de cet avertissement sur support durable pendant la durée du contrat de crédit (Code de la consommation, Art. R. 313-15).

Ces informations sont recueillies par le prêteur auprès de sources internes ou externes pertinentes, y compris de l'emprunteur, et comprennent notamment les informations fournies, le cas échéant, par l'intermédiaire de crédit au cours de la procédure de demande de crédit.

Le prêteur consulte également le fichier sur les incidents de paiement caractérisés liés aux crédits accordés aux personnes physiques pour des besoins non professionnels.

À l'issue de la vérification de la solvabilité, le prêteur informe, dans les meilleurs délais, l'emprunteur du rejet, le cas échéant, de sa demande de crédit.

Lorsque cette décision est fondée sur le résultat de la consultation du fichier sur les incidents de paiement, le prêteur en informe l'emprunteur.

À NOTER

Le prêteur ne peut ni résilier ni modifier ultérieurement le contrat de crédit conclu avec l'emprunteur au motif que les informations fournies étaient incomplètes ou qu'il a vérifié la solvabilité de manière incorrecte, sauf dans l'hypothèse où il est avéré que des informations essentielles à la conclusion du contrat ont été sciemment dissimulées ou falsifiées par l'emprunteur (Code de la consommation, Art. L. 313-17).

Le cas échéant, le prêteur réévalue la solvabilité de l'emprunteur, sur la base d'informations mises à jour, avant qu'une augmentation significative du montant total du crédit ne soit accordée après la conclusion du contrat de crédit. Cela n'est pas nécessaire lorsque le crédit supplémentaire a été prévu et intégré dans l'évaluation initiale de la solvabilité (*Code de la consommation, Art. L. 313-18*).

À NOTER

L'établissement peut souhaiter faire procéder à l'évaluation du bien immobilier financé à l'aide du crédit demandé. Dans ce cas, il doit se conformer aux dispositions des articles L. 313-20 à L. 313-23 du Code de la consommation et, notamment, afin que l'évaluation soit impartiale et objective, veiller à ce qu'elle soit réalisée par un expert en évaluation immobilière justifiant de sa compétence professionnelle et indépendant du processus de décision d'octroi du prêt.

Quelles sont les règles relatives à l'offre de prêt ?

L'offre de prêt est le document qui vous permet de prendre connaissance des conditions du prêt que vous propose la banque. Il s'agit donc d'un bon élément de comparaison par rapport à d'éventuelles autres offres.

C'est pourquoi la loi oblige le prêteur à y mentionner des éléments prépondérants et laisse à l'emprunteur un délai de réflexion qui ne peut être inférieur à 10 jours (*Code de la consommation, Art. L. 313-34*).

Quelle forme doit revêtir l'offre de prêt ?

L'offre de prêt doit être formulée par écrit et doit vous être adressée gratuitement sur papier ou sur un autre support durable. Si des personnes physiques se portent caution, l'offre doit également leur être adressée.

L'offre est accompagnée de la fiche d'information standardisée européenne lorsque ses caractéristiques sont différentes des informations contenues dans la fiche d'information fournie précédemment le cas échéant (*Code de la consommation, Art. L. 313-24*).

Quel est le contenu de l'offre ?

L'offre de prêt doit contenir des indications obligatoires : en effet, si la publicité peut comporter quelques « oublis », l'offre de prêt des établissements prêteurs, rédigée par des juristes expérimentés, doit être très respectueuse des mentions légales.

Aussi, voici ce que vous devez obligatoirement y trouver :

– l'identité des parties et éventuellement des cautions déclarées (c'est-à-dire que par rapport à une simple publicité, le document est personnalisé) ;

– la nature, l'objet du prêt et ses modalités. Vous saurez précisément s'il s'agit d'un prêt à taux fixe ou révisable, vous connaîtrez les dates et les modalités de versement des fonds, les indemnités en cas de remboursement anticipé, les possibilités d'éventuel transfert de prêt ;

– l'évaluation des frais : frais de dossier, assurances, sûretés, frais d'études dus au prêteur en cas de non-réalisation de l'opération ;

– bien évidemment, le montant du prêt susceptible de vous être proposé ainsi que le coût total et le taux annuel effectif global (TAEG) ;

– pour les offres de prêts dont le taux d'intérêt est fixe, un échéancier des amortissements détaillant pour chaque échéance la répartition du remboursement entre le capital et les intérêts ;

– pour les offres de prêts dont le taux d'intérêt est variable ou révisable, une notice présentant les conditions et modalités de variation du taux d'intérêt et un document d'information contenant une simulation de l'impact d'une variation de ce taux sur les mensualités, la durée du prêt et le coût total du crédit. Cette simulation ne constitue pas un engagement du prêteur à l'égard de l'emprunteur quant à l'évolution effective des taux d'intérêt pendant le prêt et à son impact sur les mensualités, la durée du prêt et le coût total du crédit. Le document d'information mentionne le ca-

ractère indicatif de la simulation et l'absence de responsabilité du prêteur quant à l'évolution effective des taux d'intérêt pendant le prêt et à son impact sur les mensualités, la durée du prêt et le coût total du crédit ;
– la mention que vous pouvez, en votre qualité d'emprunteur, souscrire auprès de l'assureur de votre choix une assurance dans les conditions fixées aux articles L. 313-29 et L. 313-30 du Code de la consommation, dès lors qu'elle présente un niveau de garantie équivalent au contrat d'assurance de groupe que l'établissement de crédit vous propose (voir ci-dessous) ; l'offre de prêt doit préciser les documents que doit contenir la demande de substitution ;

– la durée de validité de cette offre de prêt, qui ne peut être inférieure à 30 jours (*Code de la consommation, Art. L. 313-34*).

À NOTER

Si l'emprunteur présente à son organisme de crédit un autre contrat d'assurance à la place du contrat d'assurance de groupe proposé par le prêteur dans les conditions prévues à l'article L. 313-29 du Code de la consommation (voir ci-dessous), le prêteur peut émettre une offre de prêt modifiée, sans que le délai de validité de l'offre (soit 30 jours) ne soit prorogé ni ne court à nouveau.

L'offre de prêt doit également indiquer si le prêt est subordonné à la condition de domiciliation par l'emprunteur de ses salaires ou revenus assimilés sur un compte bancaire ouvert auprès de l'établissement qui octroie le prêt. Cette condition est admise sous réserve que le prêteur fasse bénéficier l'emprunteur d'un avantage individualisé (à défaut, cette clause n'a aucun effet). Si cette condition de domiciliation est prévue dans l'offre, sont mentionnés dans cette dernière :

– la durée de cette domiciliation (au maximum 10 ans) ;

– le cas échéant les frais d'ouverture et de tenue du compte sur lequel les salaires ou revenus assimilés sont domiciliés ;

– ainsi que la nature de l'avantage individualisé consenti en contrepartie par le prêteur.

L'offre doit permettre d'identifier clairement cet avantage en mentionnant les conditions, de taux ou autres, au regard desquelles elle est établie, et qui seraient appliquées par le prêteur si l'exigence de domiciliation n'était plus respectée par l'emprunteur.

Ces dispositions relatives à la domiciliation s'appliquent aux offres de prêt émises depuis le 1/1/2018.

AVANTAGE

La loi Pacte du 22/5/2019 a abrogé l'obligation de domicilier son salaire auprès de la banque qui accorde un prêt immobilier. Le sujet de la domiciliation entre ainsi dans les clauses négociables avec la banque.

S'agissant de l'assurance emprunteur, l'article L. 313-29 du Code de la consommation prévoit les dispositions suivantes :

– au contrat de prêt est annexée une notice énumérant les risques garantis (invalidité, décès, perte d'emploi, etc.) et précisant toutes les modalités de la mise en jeu de l'assurance ;

– toute modification apportée ultérieurement à la définition des risques garantis, aux modalités de la mise en jeu de l'assurance ou à la tarification du contrat est inopposable à l'emprunteur qui n'y a pas donné son acceptation ;

– lorsque l'assureur a subordonné sa garantie à l'agrément de la personne de l'assuré et que cet agrément n'est pas donné, le contrat de prêt est résolu de plein droit à la demande de l'emprunteur sans frais ni pénalité d'aucune sorte. Cette demande doit être présentée dans le délai d'1 mois à compter de la notification du refus de l'agrément.

Jusqu'à la signature par l'emprunteur de l'offre de prêt, le prêteur ne peut pas refuser en garantie un autre contrat d'assurance dès lors que ce contrat présente un niveau de garantie équivalent au contrat d'assurance de groupe qu'il propose. Il en est de même lorsque l'emprunteur fait usage du droit de résiliation dans un délai de 12 mois à compter de la signature de l'offre de prêt ou qu'il fait usage du droit de résiliation annuel de son contrat d'assurance qui lui est reconnu, selon le cas, par le Code des assurances ou le Code de la mutualité. Toute décision de refus doit être motivée (*Code de la consommation, Art. L. 313-30*).

Le prêteur ne peut, en contrepartie de son acceptation en garantie d'un contrat d'assurance autre que le contrat d'assurance qu'il propose, y compris en cas d'exercice du droit de résiliation mentionné ci-dessus, ni modifier le taux (qu'il soit fixe ou variable) ou les conditions d'octroi du crédit prévus dans l'offre de prêt, ni exiger le paiement de frais supplémentaires, y compris les frais liés aux travaux d'analyse de cet autre contrat d'assurance (*Code de la consommation, Art. L. 313-32*).

L'assureur est tenu d'informer le prêteur du non-paiement par l'emprunteur de sa prime d'assurance ou de toute modification substantielle du contrat d'assurance (*Code de la consommation, Art. L. 313-33*).

À NOTER

La personne qui se porte garante pour une autre s'appelle la caution ; et l'acte qu'elle effectue s'appelle le cautionnement. Le fait de se porter caution n'est pas une simple formalité que vous effectuez à titre familial, amical ou affectueux : l'acte vous engage totalement en cas de défaillance de l'emprunteur principal. Aussi est-il préférable de bien mesurer la portée de son engagement avant d'accepter cette responsabilité. Pour être valable, l'engagement de caution doit, de toute façon, respecter certaines formes).

AVANTAGE

Les banques ont signé des accords avec les compagnies d'assurances pour proposer des contrats d'assurance décès-invalidité ou perte d'emploi à des conditions préférentielles. Prenez le temps de lire ces notices et, au besoin, faites-vous expliquer certains points ou demandez une brochure publicitaire résumant les points essentiels de ces contrats.

À quels délais l'offre est-elle soumise ?

Le prêteur doit maintenir les conditions proposées pendant une durée minimale de 30 jours à compter de votre réception de l'offre.

Cette offre est soumise à votre acceptation et, éventuellement, à celle de la ou des cautions déclarées, mais vous (et vos cautions éventuelles) ne pouvez accepter l'offre que 10 jours après l'avoir reçue. Votre acceptation doit être donnée par lettre, le cachet de l'opérateur postal faisant foi, ou selon tout autre moyen convenu entre les parties de nature à rendre certaine la date de l'acceptation par l'emprunteur (*Code de la consommation, Art. L. 313-34*).

À NOTER

Lorsque les conditions d'un prêt dont le taux d'intérêt est fixe (notamment son montant ou son taux) sont modifiées, une nouvelle offre préalable incluant ces modifications doit vous être remise (Code de la consommation, Art. L. 313-27).

Qu'est-ce que l'interdépendance des contrats ?

L'une des protections importantes du consommateur repose sur la notion d'interdépendance des contrats. Concrètement, cela signifie que dans une opération immobilière, tout est lié.

Ainsi :

– l'opération immobilière est conclue sous la condition suspensive de l'obtention du ou des prêts demandés (*Code de la consommation, Art. L. 313-41*). La condition suspensive veut dire que si vous n'obtenez pas le prêt immobilier, vous êtes désengagé, sans frais, de l'acte d'acquisition. Cette condition est légale et, sauf exception, elle est toujours sous-entendue dans l'acte de vente ou la promesse de vente ;

– le prêt est obtenu à la condition que le contrat pour lequel il est demandé (achat, construction…) se réalise dans un délai de 4 mois à compter de son acceptation (*Code de la consommation, Art. L. 313-36*). Même si vous l'avez accepté, le prêt ne devient donc définitif que si le contrat pour lequel il est demandé est conclu dans les 4 mois de cette acceptation. Si tel n'est pas le cas, le contrat de prêt est annulé et vous devrez rembourser la totalité des sommes que le prêteur vous aurait déjà effectivement versées ;

– si vous sollicitez plusieurs financements pour la même opération (prêt d'épargne logement, prêt conventionné, prêt 1 % logement…), et que vous avez pris soin d'en informer vos prêteurs, chacun des prêts ne sera conclu que si les autres sont accordés (*Code de la consommation, Art. L. 313-37*). C'est la règle de dépendance des contrats de prêts entre eux, avec une restriction toutefois : chaque prêt doit représenter au moins 10 % du total des crédits.

ATTENTION ⚠

La loi est faite pour vous protéger, mais ne l'utilisez pas pour vous dégager d'une opération immobilière qui ne vous plaît plus. Si vous refusez systématiquement toutes les offres qui vous sont faites en vue de résilier l'achat du logement qui ne vous convient plus, le vendeur pourra tenter de prouver votre mauvaise foi, notamment pour conserver l'indemnité d'immobilisation que vous lui avez déjà versée.

Qu'est-ce que le prêt viager hypothécaire ?

Le prêt viager hypothécaire est un contrat de prêt par lequel un établissement de crédit ou un établissement financier consent à une personne physique un prêt sous forme d'un capital ou de versements périodiques, garanti par une hypothèque constituée sur un bien immobilier de l'emprunteur à usage exclusif d'habitation et dont le remboursement - principal et intérêts capitalisés annuellement - ne peut être exigé qu'au décès de l'emprunteur ou lors de l'aliénation (vente, par exemple) ou du démembrement de la propriété de l'immeuble hypothéqué s'ils surviennent avant le décès. Ce contrat peut également prévoir le même dispositif avec un remboursement périodique des seuls intérêts.

Ce contrat est soumis à des règles spécifiques de publicité et de contenu, dont les modalités sont fixées par les articles L. 315-1 et suivants du Code de la consommation.

Afin d'éviter d'éventuels abus, il est prévu que le prêt viager hypothécaire ne peut faire l'objet d'aucun démarchage, c'est-à-dire d'aucune prise de contact non sollicitée, par quelque moyen que ce soit, avec une personne physique ou une personne morale déterminée, en vue d'obtenir de sa part la conclusion d'un tel prêt.

AVANTAGE

Dans le cadre juridique fixé pour les prêts viagers hypothécaires, les établissements de crédit, les établissements financiers et les sociétés de tiers-financement peuvent financer des travaux de rénovation au moyen d'un prêt dit « Avance mutation ». Ce prêt est garanti par une hypothèque constituée à hauteur du montant initial du prêt augmenté des intérêts capitalisés annuellement et dont le remboursement principal ne peut être exigé que lors de la mutation du bien (vente, succession…).

À NOTER

Le prêt viager hypothécaire ne peut être destiné à financer les besoins d'une activité professionnelle, sous peine de nullité.

Quelles sont les dispositions en matière de publicité ?

Toute publicité faite, reçue ou perçue en France qui, quel que soit son support, porte sur une opération de prêt viager hypothécaire (hors prêt « Avance mutation ») doit être « loyale et informative ». À ce titre, elle doit mentionner :

– l'identité du prêteur, la nature de l'opération proposée, son coût total et le taux annuel effectif global (TAEG), à l'exclusion de tout autre taux, calculé par tranches de 5 ans, ainsi que les perceptions forfaitaires ;

– les modalités du terme de l'opération proposée.

Elle doit reproduire les dispositions des articles L. 315-11 et L. 341-43 du Code de la consommation (voir encadré plus loin).

EXTRAITS DU CODE DE LA CONSOMMATION

« **Art. L. 315-11.** L'acceptation de l'offre ne peut intervenir que dix jours après sa réception par l'emprunteur. Elle fait alors l'objet d'un acte notarié.

Jusqu'à l'acceptation de l'offre par l'emprunteur, aucun versement sous quelque forme que ce soit ne peut être fait, au titre de l'opération en cause, par le prêteur à l'emprunteur ou pour le compte de celui-ci, ni par l'emprunteur au prêteur. Jusqu'à cette acceptation, l'emprunteur ne peut, au même titre, faire aucun dépôt, souscrire ou avaliser aucun effet de commerce ou signer aucun chèque. Si une autorisation de prélèvement sur compte bancaire ou postal est signée par l'emprunteur, sa validité et sa prise d'effet sont subordonnées à celle du contrat de crédit. »

« **Art. L. 341-43.** Le fait pour le prêteur, en infraction aux dispositions de l'article L. 313-38, pour le vendeur, en infraction aux dispositions de l'article L. 313-41 ou pour le bailleur, en infraction aux dispositions de l'article L. 313-62 pour un contrat de location-vente et de location assortie d'une promesse de vente de ne pas restituer les sommes mentionnées à ces articles, est puni d'une amende de 300 000 €. »

Sont interdites dans toute publicité :

– la mention qu'un prêt peut être octroyé sans élément d'information permettant d'apprécier la situation financière et patrimoniale de l'emprunteur ;

– l'indication de la ressource supplémentaire qu'offre le prêt si elle n'est suivie d'une information sur les modalités du terme de l'opération telles que prévues par les articles L. 315-20 et L. 315-21 du Code de la consommation. Il faut donc que la publicité, dès lors qu'elle vante les avantages du prêt viager hypothécaire, en précise également les conséquences et notamment le fait que c'est à la succession qu'il appartiendra en principe de rembourser ce prêt, soit à l'aide de liquidités propres (auquel cas le bien immobilier sur lequel était « gagé » le prêt restera dans la succession), soit avec le produit de vente de l'immeuble.

Quelles sont les conditions de l'offre préalable ?

Une offre préalable portant sur l'opération de prêt viager hypothécaire doit être remise à l'emprunteur. Cette offre, qui doit être distincte de tout support ou document publicitaire, doit comporter les mentions suivantes :

- l'identité des parties (établissement prêteur et emprunteur ou co-emprunteurs) et la date d'acceptation de l'offre ;
- la désignation exacte du bien hypothéqué ;
- la valeur du bien hypothéqué estimée par un expert choisi par les parties et les frais afférents à l'expertise mis à la charge de l'emprunteur ;
- la nature du prêt ;
- les modalités du prêt et, notamment, les dates et les conditions de mise à disposition des fonds ;
- en cas de versements échelonnés du capital, l'échéancier des versements périodiques distinguant la part du capital de celle des intérêts accumulés sur ces sommes durant la durée prévisionnelle du prêt et permettant à l'emprunteur de connaître le moment où il aura épuisé l'actif net de son logement ;
- lorsque le capital est versé en une seule fois, un état des intérêts accumulés sur ces sommes durant la durée prévisionnelle du prêt, permettant à l'emprunteur de connaître le moment où il aura épuisé l'actif net de son logement ;
- à partir d'exemples représentatifs établis en fonction d'hypothèses relatives, notamment, à la durée du prêt, le coût global du crédit, le taux annuel effectif global (TAEG) ainsi que, s'il y a lieu, les modalités de l'indexation ;
- la durée de validité de l'offre ;
- en cas de remboursement périodique des intérêts, l'échéancier des versements périodiques d'intérêts pour les prêts dont le taux d'intérêt est fixe, ou la simulation de l'impact d'une variation du taux sur les mensualités d'intérêts pour les prêts dont le taux d'intérêt est variable. Cette simulation ne constitue pas un engagement du prêteur à l'égard de l'emprunteur quant à l'évolution effective des taux d'intérêt pendant le prêt et à son impact sur les mensualités.

L'offre reproduit les dispositions des articles L. 315-10 à L. 315-15 ainsi que les articles L. 315-20 et L. 341-41 du Code de la consommation.

À NOTER

La remise de l'offre oblige le prêteur à maintenir les conditions qu'elle comporte pendant une durée minimale de 30 jours à compter de son émission.

À NOTER

L'acceptation de l'offre ne peut intervenir que 10 jours après sa réception par l'emprunteur, sous peine de nullité du contrat. Elle fait alors l'objet d'un acte notarié.

Jusqu'à l'acceptation de l'offre par l'emprunteur, aucun versement sous quelque forme que ce soit ne peut être fait, au titre de l'opération en cause, par le prêteur à l'emprunteur ou pour le compte de celui-ci, ni par l'emprunteur au prêteur.

Jusqu'à cette acceptation, l'emprunteur ne peut, au même titre, faire aucun dépôt, souscrire ou avaliser aucun effet de commerce ou signer aucun chèque. Si une autorisation de prélèvement sur compte bancaire ou postal est signée par l'emprunteur, sa validité et sa prise d'effet sont subordonnées à celle du contrat de crédit.

Afin d'éviter que le bien immobilier qui sert de « support » au prêt viager hypothécaire ne perde de sa valeur, l'emprunteur doit lui apporter tous les soins raisonnables. Il est également prévu la possibilité d'un remboursement anticipé lorsque le débiteur a, par son fait, diminué la valeur du bien, changé son affectation ou lorsqu'il refuse au créancier l'accès de l'immeuble hypothéqué pour s'assurer de son bon état d'entretien et de conservation ou, en cas de prêt viager hypothécaire à versement périodique d'intérêts, lorsqu'il est défaillant dans le versement d'une ou de plusieurs échéances d'intérêts.

Un remboursement anticipé est-il possible ?

La personne qui a souscrit un prêt viager hypothécaire peut toujours, à son initiative, mettre un terme au contrat de prêt qui lui a été consenti en remboursant la totalité des sommes déjà versées en principal et intérêts.

- Si l'emprunteur avait opté pour un versement du capital en une seule fois, il peut, à son initiative, rembourser une partie des sommes versées ; toutefois, le prêteur peut refuser un remboursement partiel inférieur à 10 % du capital versé (*Code de la consommation, Art. R. 315-1*).

Dans les cas de remboursement anticipé, le prêteur est en droit d'exiger une indemnité qui ne peut excéder un montant qui, dépendant de la durée du contrat déjà réalisée, est fixé selon les règles de l'article R. 315-2 du Code de la consommation. Le remboursement anticipé ne peut donner lieu à aucune autre indemnité ni à aucun coût à la charge de l'emprunteur.

Cette indemnité ne peut ainsi être supérieure à un montant correspondant aux modalités suivantes :

– lorsque le montant en capital du prêt est versé en une seule fois :

• 4 mois d'intérêts sur le capital à rembourser, au taux d'intérêt du prêt figurant dans le contrat de prêt, si la demande de remboursement par anticipation intervient entre la 1re année du prêt et la fin de la 4e année,

• 2 mois d'intérêts sur le capital à rembourser, au taux d'intérêt du prêt figurant dans le contrat de prêt, si la demande de remboursement par anticipation intervient entre la 5e année du prêt et jusqu'à la fin de la 9e année,

• 1 mois d'intérêts sur le capital à rembourser, au taux d'intérêt du prêt figurant dans le contrat de prêt, si la demande de remboursement intervient à partir de la 10e année ;

– lorsque le montant en capital du prêt est versé périodiquement :

• 5/12e des versements dus au titre de la 1re année, si la demande de remboursement par anticipation intervient entre la date du 1er versement du prêt et la fin de la 4e année,

• 3/12e de la totalité des versements effectués la 1re année, si la demande de remboursement par anticipation intervient entre la 5e année du prêt et jusqu'à la fin de la 9e année,

• 2/12e de la totalité des versements effectués la 1re année, si la demande de remboursement intervient à partir de la 10e année.

L'année de référence prévue ci-dessus correspond à une période de 12 mois à compter du versement ou du 1er versement en capital du contrat de prêt.

• Si l'emprunteur a opté pour le versement périodique du capital, il peut demander une suspension ou une modification de l'échéancier des versements. Ces aménagements se font au taux conventionnel défini au contrat principal et donnent lieu à l'établissement d'un nouvel état des versements périodiques et des intérêts accumulés sur ces sommes pour la durée prévisionnelle du prêt restant à courir. La part du capital et celle des intérêts doivent apparaître de manière distincte.

Que se passe-t-il au terme du prêt ?

• Lors du décès de l'emprunteur, les héritiers peuvent payer la dette plafonnée à la valeur de l'immeuble estimée au jour de l'ouverture de la succession. Il peut être procédé à cette estimation par un expert choisi d'un commun accord par le créancier et l'emprunteur ou désigné sur requête.

À défaut, le créancier hypothécaire (c'est-à-dire en principe l'établissement prêteur qui a accordé le prêt) peut :

– soit poursuivre la saisie et la vente de l'immeuble dans les conditions du droit commun, auquel cas la dette est plafonnée au prix de la vente ;

– soit se voir attribuer la propriété de l'immeuble par décision judiciaire ou en vertu d'un pacte commissoire alors même que celui-ci constituait la résidence principale de l'emprunteur.

Le créancier hypothécaire dispose de la même option en cas de succession vacante.

• Lorsque l'opération prend fin en raison de la vente de l'immeuble par l'emprunteur, le projet de cession doit être notifié au prêteur pour qu'en cas de désaccord sur la valeur du bien, le créancier hypothécaire puisse demander une estimation par expert.

Si la valeur de l'immeuble s'avère finalement inférieure à cette estimation, la créance du prêteur est alors plafonnée :

– soit au prix d'adjudication de l'immeuble si le créancier hypothécaire fait procéder à la saisie et à la vente du bien en vertu de son droit de suite ;

– soit à la valeur d'expertise de l'immeuble si le créancier hypothécaire demande l'attribution judiciaire du bien ou se prévaut du pacte commissoire qu'il a conclu.

• En cas de défaillance de l'emprunteur sur le remboursement périodique des intérêts, le prêteur peut exiger le remboursement immédiat des intérêts échus mais non payés. Lorsque le prêteur est amené à demander la résolution du contrat, il peut exiger le remboursement immédiat du capital versé, ainsi que le paiement des intérêts échus. Jusqu'au règlement effectif, les sommes restant dues produisent des intérêts de retard à un taux égal au taux du prêt. En outre, le prêteur peut demander à l'emprunteur défaillant une indemnité qui ne peut excéder un montant qui, dépendant de la durée restant à courir du contrat, est fixé suivant un barème déterminé par décret (*Code de la consommation, Art. L. 315-23*).

Quelles sont les sanctions applicables ?

Compte tenu des modalités particulières du prêt viager hypothécaire et des conséquences de sa conclusion, notamment sur la succession de l'emprunteur, des sanctions spécifiques sont prévues (*Code de la consommation, Art. L. 341-53 à L. 341-61*). Ainsi :

– le fait pour le prêteur d'accorder un prêt viager hypothécaire sans remettre à l'emprunteur une offre préalable conforme ou sans respecter les délais de réflexion peut entraîner la déchéance du droit aux intérêts en totalité ou dans la proportion fixée par le juge ; dans ces situations, le prêteur encourt également une amende de 150 000 €, peine également applicable à l'annonceur pour le compte duquel est diffusée une publicité non conforme aux dispositions décrites plus haut ;

– le fait pour le prêteur de ne pas restituer les sommes dues, à l'échéance du terme lorsque la dette est inférieure à la valeur de l'immeuble ou de réclamer à l'emprunteur des sommes supérieures à celles dont il est autorisé à demander le versement en cas de remboursement anticipé est puni d'une amende de 300 000 € ;

– le non-respect des dispositions interdisant le démarchage est puni de 5 ans d'emprisonnement et de 375 000 € d'amende.

Les garanties et assurances

Personne n'imagine prêter une importante somme d'argent sur une longue période à un inconnu sans s'entourer de précautions. C'est exactement ce qui se passe lorsqu'une banque accorde un crédit immobilier à un client : il lui faut des garanties pour se prémunir contre l'insolvabilité éventuelle de son client et même, dans certains cas, contre la concurrence d'autres prêteurs. De son côté l'emprunteur a tout intérêt à souscrire certaines assurances (invalidité, perte d'emploi...) pour le cas où il lui faudrait faire face à certaines situations difficiles et imprévues.

Les garanties de la banque

La banque sera amenée à vous demander soit une garantie réelle immobilière qui repose sur un immeuble - hypothèque ou privilège -, soit une garantie personnelle - caution d'une personne physique ou d'une personne morale -, voire même les deux. Ce qui importe pour vous est de savoir ce que cela va vous coûter et quelles conséquences peuvent produire ces garanties.

Les hypothèques et privilèges

Il s'agit ici de garanties qui reposent sur un immeuble, au sens juridique du terme, c'est-à-dire un terrain, une maison, un logement, etc. La banque inscrira une hypothèque en cas de construction ou de travaux et un privilège en cas d'achat d'ancien.

L'hypothèque conventionnelle et le privilège de prêteur de denier (leur véritable dénomination) ont pour caractéristique commune d'être inscrits spécifiquement sur un immeuble : en cas de défaillance de l'emprunteur, c'est cet immeuble qui sera saisi en priorité par le créancier, c'est-à-dire l'établissement prêteur.

L'hypothèque est une garantie pour le prêteur de se faire payer en priorité, en cas de vente du logement garanti. Mais, contrairement à une idée reçue et au langage courant, ce n'est pas elle qui fait « vendre le logement » : seul un titre exécutoire permet de procéder à la vente judiciaire d'un logement.

Ce titre peut être délivré par un juge, qui reconnaît au créancier le droit de recouvrer les sommes prêtées en cas de défaillance du débiteur ; il peut aussi être inclus dans le contrat de prêt afin d'éviter au prêteur, en cas d'impayé, d'aller demander en justice le droit à la vente forcée du logement.

La vente judiciaire du logement sera constatée soit à la chambre des notaires, soit au tribunal judiciaire de la juridiction du lieu du logement, puis le prix de vente sera réparti entre les créanciers selon leurs garanties.

L'hypothèque et le privilège, inscrits dans un fichier immobilier par un notaire, ont une durée équivalente à celle du prêt, plus 1 an (*Code civil, Art. 2434*).

La durée de l'inscription ne peut pas excéder 50 ans.

Lorsque vous achetez un logement, l'une des obligations de votre notaire est de vérifier que l'hypothèque ou le privilège inscrit sur le logement contre votre vendeur est bien « éteint ». En effet, l'une des caractéristiques de ces garanties est de suivre l'immeuble, quel qu'en soit le propriétaire.

Évidemment, si la banque transfère le prêt du vendeur à votre profit, l'hypothèque ou le privilège sera également transféré.

À NOTER

L'hypothèque ou le privilège ont un coût dont il faut tenir compte lorsque l'on établit son plan de financement. Ce coût est dégressif en fonction du montant du capital emprunté. Ainsi, par exemple, pour un prêt de 60 000 €, les frais d'hypothèque s'élèvent à environ 1 500 € et ceux liés au privilège à environ 1 000 €. Pour un prêt de 120 000 €, les frais seront d'environ 2 400 € dans le premier cas et d'environ 1 400 € dans le second cas. Pour obtenir une évaluation précise de ces frais au moment où vous devrez emprunter, vous pouvez vous adresser à votre banque, à votre notaire si vous en avez un, ou plus simplement à l'ADIL de votre département. Le coût de la garantie hypothécaire peut également être évalué sur le site de l'association nationale d'information sur le logement : www.anil.org.

ATTENTION ⚠

En cas de remboursement anticipé du prêt, l'inscription de l'hypothèque ou du privilège continue de courir sur la durée initiale du prêt, plus 1 an. Il n'est pas toujours obligatoire d'effacer cette inscription, c'est-à-dire de la radier par un acte de mainlevée d'hypothèque.

Le cautionnement

Il s'agit d'un contrat par lequel une personne, appelée la caution, s'engage envers le créancier en cas de défaillance de l'emprunteur principal.

Le fait de se porter caution est un acte grave et important, quelquefois consenti à la légère, mais qui peut être lourd de conséquences. La loi a ainsi prévu des mentions manuscrites expresses des cautions afin de leur faire prendre conscience de leur engagement (*Code de la consommation, Art. L. 331-1*).

En pratique, pour les crédits immobiliers, les banques n'acceptent les cautions « personnes physiques » qu'en complément d'une autre garantie, comme celle de l'hypothèque par exemple.

En effet, un cautionnement ne vaut que ce que vaut la caution « personne physique » qui s'engage : son patrimoine et ses ressources peuvent diminuer ou, dans le pire des cas - pour le créancier - elle peut disparaître purement et simplement.

C'est pourquoi les banques préfèrent le cautionnement d'une personne morale, d'une société spécialisée, ou encore celui d'une mutuelle. Dans ce cas, la société ou la mutuelle se porte garante de votre emprunt auprès du prêteur : concrètement, cela signifie que si vous n'arrivez plus à honorer vos échéances, la société ou la mutuelle le fera à votre place. Il ne s'agit évidemment pas d'une recette miracle, puisque la société ou la mutuelle se retournera ensuite contre vous pour tenter de récupérer ce qu'elle a réglé à votre créancier.

Un créancier professionnel ne peut se prévaloir d'un contrat de cautionnement conclu par une personne physique dont l'engagement était, lors de sa conclusion, manifestement disproportionné à ses biens et revenus, à moins que le patrimoine de cette caution, au moment où celle-ci est appelée, ne lui permette de faire face à son obligation (*Code de la consommation, Art. L. 332-1*).

À NOTER

Un époux qui se porte caution ne peut engager que ses biens propres et ses revenus ; pour que les biens communs le soient, le cautionnement doit être contracté avec le consentement exprès de l'autre conjoint. Si le logement familial appartient en propre à l'un des conjoints, il faudra tout de même obtenir le consentement de l'autre conjoint.

À NOTER

Le cautionnement peut être hypothécaire : au lieu de s'engager sur la totalité de ses biens, la personne qui se porte caution offre en garantie un immeuble déterminé dont elle est propriétaire.

Les assurances de l'emprunteur

Si les garanties sont prises au profit de l'établissement prêteur, les assurances sont destinées avant tout à protéger l'emprunteur. Elles sont de deux ordres : l'assurance décès-invalidité, incapacité de travail et l'assurance perte d'emploi.

L'assurance décès-invalidité et incapacité de travail

En règle générale, la souscription d'une assurance décès-invalidité (ADI) est obligatoire avec des dérogations possibles ; elle est, en principe, exclue pour les personnes ayant dépassé un certain âge (65 ou 70 ans).

La proposition, par l'établissement prêteur, d'une assurance est effectuée, en principe, au moment de la demande du prêt.

AVANTAGE

Pendant toute la durée du contrat d'assurance, l'assureur ne peut pas résilier ce contrat pour cause d'aggravation du risque, sauf en cas de changement de comportement volontaire de l'assuré (Code des assurances, Art. L. 113-12-2). Est visée la pratique régulière, par l'assuré, d'une nouvelle activité sportive présentant un risque particulier pour sa santé ou sa sécurité et figurant sur une liste fixée par arrêté, conduisant à rendre inexactes ou caduques les réponses faites par l'assuré en réponse aux questions relatives à sa pratique sportive posées par l'assureur lors de la conclusion du contrat, et qui n'a pas été déclarée par lettre recommandée dans un délai de 15 jours.

SI VOUS AVEZ LE CHOIX…

De plus en plus de banques acceptent les cautions données par des sociétés financières, du type « Crédit Logement » ; une simulation du coût de la garantie peut être effectuée sur le site Internet de cet établissement (*www.creditlogement.fr*). Ces sociétés interviennent pour garantir, sous forme de caution solidaire, tout type de prêt destiné au financement du logement des particuliers. Si la banque vous laisse le choix entre caution et hypothèque, faites-vous expliquer chacun de ces mécanismes, et n'hésitez pas faire vos calculs : combien vous coûtera une inscription d'hypothèque plus son éventuelle mainlevée ? Combien vous coûtera un cautionnement ?
En principe, pour un prêt de montant peu élevé et d'une durée courte, il est préférable d'obtenir un cautionnement plutôt qu'une hypothèque ; à l'inverse, pour les prêts d'un gros montant et d'une longue durée, l'hypothèque est peut-être plus intéressante.
Mais ne vous arrêtez surtout pas aux mots : l'hypothèque a une consonance un peu infamante, le cautionnement, un côté rassurant : pour autant, en cas d'impayés de votre part, il faut savoir que les conséquences ultimes seront malheureusement les mêmes.

Le taux de cotisation dépendra de votre âge, de votre état de santé (à l'appréciation des compagnies qui assurent les prêts) et de la nature du prêt. Il ne faut évidemment pas hésiter à comparer le coût des assurances proposé d'une banque à l'autre. Sachez que ce coût peut être exprimé en euros par mois ou en pourcentage sur le capital emprunté : 3 € par mois pour 10 000 € empruntés correspondent ainsi à 0,36 % l'an du capital emprunté (3 € multipliés par 12 mois et divisés par 10 000 €). S'il s'agit d'une assurance de groupe (c'est-à-dire celle souscrite par l'établissement de crédit au profit des emprunteurs), les informations sur son coût doivent être conformes aux prescriptions fixées par l'article L. 313-8 du Code de la consommation.

La personne qui a souscrit un contrat d'assurance dans le cadre d'un crédit immobilier peut substituer au contrat initial proposé par le prêteur un contrat présentant des garanties équivalentes et résilier le contrat initial. Il en va de même lorsque l'emprunteur fait usage de son droit de résiliation dans un délai de 12 mois à compter de la signature de l'offre de prêt ou de son droit de résiliation annuel. Toute décision de refus doit être motivée (*Code de la consommation, Art. L. 313-30*). L'assuré doit résilier son contrat initial en respectant la procédure fixée par l'article L. 113-12-2 du Code des assurances.

La cotisation est payable à chaque échéance du prêt.

Pour être totalement informé sur la portée de cette assurance, vous avez tout intérêt à demander des précisions au moins sur les deux points suivants :

– la date à laquelle est fixé le début de l'indemnisation en cas d'incapacité de travail, suite à une maladie ou à un accident, vous mettant dans l'incapacité d'exercer une activité professionnelle ? Autrement dit, à partir de quand vos échéances de prêt vont-elles être prises en charge et pour quel montant ? Si vous êtes marié et que le prêt est assuré à 50 % sur votre tête et 50 % sur celle de votre conjoint, ne soyez pas étonné de constater que seule la moitié de votre remboursement est prise en charge, si seulement l'un de vous est atteint d'une incapacité ou d'une invalidité ;

– quels sont les risques exclus ?(l'exemple type est celui de la maladie dont on a constaté l'origine avant le point de départ de l'assurance).

À NOTER

Méfiez-vous d'une reprise de travail prématurée suivie d'une rechute qui ferait cesser la prise en charge de la garantie et qui ferait courir un nouveau délai d'indemnisation.

L'assurance perte d'emploi

Cette assurance est facultative. Comme pour l'assurance décès-invalidité, la demande d'adhésion se fait au moment de l'octroi du prêt.

La montée en puissance du chômage ces dernières années a rendu les conditions d'adhésion et d'indemnisation plus complexes.

Ainsi, pour bénéficier de l'assurance perte d'emploi, on vous demandera :

– de ne pas avoir dépassé un âge limite ;

– d'être salarié et titulaire d'un contrat à durée indéterminée avec une ancienneté variable selon les compagnies ;

– de ne pas être en préavis de licenciement au moment de l'adhésion.

Là encore, outre les conseils déjà énoncés pour l'assurance décès-invalidité, vous devez porter toute votre attention sur les points suivants :

– l'assurance joue-t-elle en cas de chômage partiel (ce que l'on appelle désormais « activité partielle », à ne

pas confondre avec le temps partiel), de démission volontaire, d'adhésion à un dispositif du type « contrat de sécurisation professionnelle » ou encore en cas de rupture conventionnelle du contrat de travail ? En d'autres termes, quels sont les risques couverts et ceux exclus :
– un délai doit-il s'écouler entre la souscription de l'assurance et la survenance du risque, c'est-à-dire le chômage ? Si oui, quel est-il ? Rares sont les contrats qui prévoient une indemnisation lorsque le licenciement intervient dans un délai trop proche du point de départ de l'assurance (délai de carence) ;
– en cas de licenciement, à partir de quand l'assurance prend-elle le relais ? Autrement dit, quel est le délai (délai de franchise) pendant lequel vous devrez faire face tout seul à vos remboursements, alors que vous serez au chômage ;
– quel est le montant et la durée de l'indemnisation, sachant que tous les contrats prévoient une durée maximale d'indemnisation.

ATTENTION ⚠

Le délai de franchise entre le licenciement et l'indemnisation peut être de 4 mois, ce qui veut dire qu'il faut être au chômage depuis au moins 4 mois pour bénéficier de l'assurance perte d'emploi. L'effet pervers est évident : si jamais vous retrouvez du travail durant cette période, il n'y aura pas d'indemnisation. En ce cas, on pourrait dire : « Tant mieux ! » Mais la plupart des embauches se font avec une période d'essai préalable, et si le salarié est à nouveau remercié durant cette période, l'indemnisation pourra être contestée par l'assureur, sauf à la faire appliquer par décision de justice.

La convention AERAS

Face aux difficultés rencontrées par les personnes gravement malades ou handicapées pour souscrire un emprunt (immobilier ou non), les pouvoirs publics, les établissements de crédit, des organisations nationales représentant les malades et les usagers du système de santé et les compagnies d'assurance ont conclu une convention dite « convention AERAS » (« s'Assurer et Emprunter avec un Risque Aggravé de Santé ») destinée à faciliter l'accès à l'emprunt à ces personnes. Les principes posés par cette convention ont été repris par la loi n° 2007-131 du 31/1/2007 dont les dispositions figurent notamment dans le Code de la santé publique aux articles L. 1141-2 et suivants.

Le 5/7/2018, la Commission de suivi et de propositions de la convention AERAS a ajouté plusieurs nouvelles maladies à la grille de référence de la convention AERAS (cancer du rein, leucémie, cancer de la prostate, mucoviscidose et hépatite C).

À NOTER

Un serveur vocal (0 821 221 021 - 0,12 €/mn) et un site Internet (www.aeras-infos.fr) ont été mis en place afin de renseigner les personnes intéressées sur ce dispositif. Par ailleurs, dans le cadre de la convention AERAS, les établissements de crédit et les assureurs se sont engagés notamment : à diffuser des dépliants d'information au sein de leurs réseaux et à informer directement les candidats à l'emprunt ; un dépliant est ainsi téléchargeable sur le site www.aeras-infos.fr ; à mentionner la convention et diffuser une information adéquate sur ses dispositions sur leurs sites Internet ; à indiquer dans les documents de simulations de prêt, l'existence de la convention et les numéros verts ou coordonnées du référent AERAS du réseau bancaire ; à désigner des référents AERAS au sein de chaque établissement de crédit, qui interviennent en appui du chargé de clientèle ou répondent directement aux questions des candidats à l'emprunt.

À NOTER

La Fédération nationale de l'immobilier (FNAIM) et le Conseil supérieur du notariat (CSN) se sont engagés à appeler l'attention des futurs acquéreurs sur la nécessité de préparer en amont la recherche d'une assurance décès-invalidité-incapacité souvent nécessaire à l'obtention d'un crédit immobilier.

› Quelles sont les personnes concernées par le dispositif ?

La convention AERAS s'adresse aux personnes qui présentent un risque aggravé de santé (celles dont l'état de santé ne permet pas d'obtenir une couverture d'assurance aux conditions standard) et qui souhaitent recourir au crédit, qu'il s'agisse de crédit immobilier, de crédit à la consommation ou d'un crédit professionnel (prêts pour l'acquisition de locaux et de matériels).

LE DROIT À L'OUBLI

Un avenant du 2/9/2015 à la convention AERAS ainsi que les dispositions des articles L. 1141-5 et L. 1141-6 du Code de la santé publique instaurent un « droit à l'oubli » autorisant les personnes ayant été atteintes d'un cancer à ne pas déclarer cet antécédent de santé et à souscrire des garanties d'assurances emprunteur sans réserve concernant cet antécédent. Les conditions à remplir pour bénéficier de ce « droit à l'oubli » (conditions tenant au prêt et conditions d'ordre médical) sont présentées en détail dans une fiche pratique disponible sur le site *www.aeras-infos.fr* (taper « droit à l'oubli » dans le moteur de recherche).
Un document d'information rappelant les droits des personnes concernées (par exemple les conditions et les délais dans lesquels les candidats à l'assurance ne sont pas tenus de déclarer leurs antécédents médicaux) est remis par l'organisme assureur à chaque candidat à l'assurance portant sur le remboursement d'un crédit relevant de la convention AERAS.

› Quelles sont les conditions relatives au crédit immobilier ?

S'agissant du crédit immobilier, sont visés les prêts destinés à financer l'acquisition d'un logement, la rénovation, les aménagements intérieurs ou la construction d'une maison. Les modalités suivantes doivent être réunies :
– les candidats à l'emprunt doivent remplir un questionnaire médical de santé ;
– le prêt doit être d'un montant maximum de 320 000 € ;
– la durée du prêt n'est pas limitée, mais l'emprunteur ne doit pas avoir plus de 70 ans au terme du prêt.

› Comment fonctionne le dispositif ?

L'examen de la demande d'assurance

Pour les prêts immobiliers, la convention AERAS met en place un dispositif d'examen approfondi de la demande d'assurance, qui comporte trois niveaux. L'objectif est d'éviter que soit rejetée une demande de prêt pour le seul motif qu'elle ne peut pas être acceptée dans le cadre du contrat collectif d'assurance de l'établissement de crédit.
Ainsi, pour les personnes qui ont des problèmes de santé, la demande d'assurance fait l'objet :
– dans un premier temps, d'un examen dans le cadre du contrat de groupe conclu entre l'établissement de crédit et son assureur ;
– puis (2e niveau), si le dossier ne peut être accepté dans le cadre du niveau « standard », d'un examen personnalisé mis en œuvre par l'assureur, susceptible de le conduire à proposer un contrat d'assurance adapté au profil spécifique du candidat à l'emprunt. Le plus souvent, l'assurance proposée après ce nouvel examen comportera une surprime par rapport au contrat de groupe de base ;
– enfin (3e niveau), d'un examen par une structure spécifique (le « pool des risques très aggravés ») composée d'assureurs (différents des précédents) et de réassureurs, après instruction du dossier par le « bureau commun des assurances collectives » (BCAC).
Le candidat à l'emprunt dispose ainsi de la garantie que son dossier fera l'objet d'un examen approfondi par un assureur différent de celui qui est intervenu au 2e niveau.

À NOTER

Dans le cadre de la convention AERAS, la durée globale de traitement des dossiers de demande de prêts immobiliers par les établissements de crédit et les assureurs ne doit pas excéder une durée maximale de 5 semaines à compter de la réception d'un dossier complet.

La mutualisation des surprimes d'assurance

Ce dispositif, prévu par la convention AERAS, permet de limiter le montant des primes d'assurance dues par les emprunteurs présentant un risque de santé aggravé. Sous réserve que les conditions suivantes soient réunies, cette prime ne peut représenter plus de 1,5 point du taux annuel effectif global (TAEG) de l'emprunt :
– le prêt doit concerner l'acquisition d'une résidence principale (les prêts professionnels sont également concernés) ;
– l'emprunteur doit disposer d'un revenu inférieur ou égal :
- au plafond annuel de la Sécurité sociale (PASS) *(Voir pages Barème)* lorsque le nombre de parts de son foyer fiscal est de 1 ou 2,

• à 1,25 PASS lorsque le nombre de parts de son foyer fiscal est de 2,5,
• et à 1,5 PASS lorsque le nombre de parts de son foyer fiscal est de 3 et plus.

La recherche de garanties alternatives à l'assurance

Dans le cadre de la convention AERAS, en cas de refus d'assurance, les établissements de crédit s'engagent à accepter en garantie des prêts, quel que soit leur montant, les alternatives à l'assurance de groupe qui peuvent apporter des garanties dont la valeur et la mise en jeu offrent la même sécurité pour le prêteur et l'emprunteur. Il peut s'agir, selon les cas, notamment de biens immobiliers, d'un portefeuille de valeurs mobilières, de contrats d'assurance vie ou de prévoyance individuelle ou de cautions.
Afin de mieux faire connaître cette possibilité de recours à des garanties alternatives, les établissements de crédit se sont engagés à diffuser largement une fiche d'information sur ces garanties, sous format papier et/ou format électronique.

Les modalités de remboursement des prêts

Les prêts immobiliers actuels sont caractérisés par une très grande souplesse, l'objectif des banques étant d'offrir à leur clientèle le produit le plus adapté à ses besoins. C'est ainsi que l'on est passé, en quelques années, d'une norme, le prêt à taux fixe et à mensualités constantes, à une multitude de solutions : prêts à taux variables ou révisables avec des mensualités constantes, progressives ou modulables. Autant de notions indispensables qu'il vaut mieux connaître lorsque l'on construit son plan de financement.

Les prêts à taux fixe ou révisable

La banque peut vous proposer un prêt à taux fixe, c'est-à-dire le même pendant toute la durée du crédit, d'où une grande sécurité, ou un prêt à taux révisable, indexé sur un indice défini dans le contrat. Depuis quelques années, les établissements de crédit proposent des taux révisables « bordés », « sécurisés », afin d'éviter que des hausses trop fortes des taux ne se traduisent par des situations de surendettement des emprunteurs. Tout cela conduit à une grande complexité des formules proposées, bien souvent difficile à comprendre pour un client qui n'est pas rompu aux techniques financières. Aussi devez-vous prendre le temps de vous faire expliquer tous les tenants et les aboutissants des propositions que l'on peut vous faire, en portant plus particulièrement votre attention sur les points suivants :

– quand intervient la première révision et sur quel indice ? Si le taux est attractif mais qu'il est révisé au bout de 3 mois, méfiez-vous ;

– quels effets produiront les hausses ou les baisses de taux ? En général, si la durée du prêt reste fixe, c'est la mensualité qui subira les hausses et les baisses ; mais dans quelles proportions ? Intégralement ou seulement pour partie ? Certains établissements s'engagent à répercuter les baisses intégralement tout en posant un butoir à la hausse. Si la mensualité reste constante, c'est la durée qui s'allonge (dans quelle limite ?) ou qui diminue ;

– pourrez-vous passer d'un taux révisable à un taux fixe ? Si oui, à quel prix ?

– quelles seront les modalités de remboursement anticipé ? En négociant, vous pourrez obtenir, de votre banque, une dispense de pénalités si vous remboursez par anticipation un prêt à taux révisable, surtout si ce prêt est révisable sans butoir.

Dans un souci d'information de l'emprunteur, le prêteur est tenu de porter à sa connaissance, une fois par an, le montant du capital restant à rembourser pour les prêts dont le taux d'intérêt est variable ou révisable (*Code de la consommation, Art. L. 313-46*).

Mensualités constantes, progressives ou modulables ?

Un taux fixe n'empêche pas d'opter pour des mensualités progressives ; la seule différence avec les taux révisables réside dans le fait que la progressivité est, en principe, connue dès l'origine.

Beaucoup d'établissements proposent en taux fixe, plus rarement en taux révisables, des mensualités modulables : c'est alors à vous de décider, à l'intérieur de certaines limites, de baisser ou d'augmenter vos mensualités, selon vos opportunités ou vos contraintes financières du moment. En fonction de vos choix, la durée du prêt sera elle-même augmentée ou réduite.

AVANTAGE

Une mensualité progressive permet d'obtenir un taux d'effort initial plus faible. Dans ce cas, il faut être quasi certain que ses revenus augmenteront et veiller à ce que la progressivité des charges ne soit pas excessive : une progressivité maximale de 2 % l'an paraît être raisonnable.

AVANTAGE

Lors d'un départ prévisible à la retraite dans un délai de 5 ou 6 ans, vous pouvez très bien opter pour un prêt à taux fixe et à mensualités modulables : pendant votre période d'activité, vous augmenterez le montant de vos mensualités, puis vous les diminuerez lorsque vous serez à la retraite.

Comment calculer le montant de ses remboursements ?

Quel que soit le type de prêt auquel vous aurez recours, c'est finalement à deux questions essentielles qu'il vous faudra trouver des réponses : « Quel montant faudra-t-il rembourser tous les mois ? Une différence de 0,1 ou 0,2 point sur un taux a-t-elle de l'importance ? ».

Pour vous aider à répondre à ces questions, vous pouvez consulter le tableau des mensualités pour 10 000 € empruntés. Grâce à lui, vous pourrez, pour une durée de prêt donnée :

– calculer le montant de vos mensualités. Par exemple, si vous devez emprunter 73 000 € sur 15 ans au taux de 3 %, vos mensualités seront de : 69,06 × 7,3 (73 000 : 10 000)= 504,14 € ;

– calculer le montant de votre prêt en partant d'un montant de mensualité que vous ne voulez pas dépasser. Il vous suffit alors de diviser cette mensualité par la valeur de la charge donnée dans le tableau. Si, par exemple, votre mensualité « idéale » est de 670 € pour une durée de 15 ans, et que le taux d'intérêt est de 3 %, vous pourrez emprunter : 670 × 10 00069,06 = 97 017 €.

À NOTER

Le site Internet de l'Agence nationale pour l'information sur le logement (www.anil.org) propose une série d'outils permettant tous les calculs relatifs à des emprunts immobiliers : montant des échéances, durée du prêt, taux annuel, possibilités d'emprunt… en fonction des éléments chiffrés que vous fournirez.

COMMENT ÉVALUER VOTRE CAPACITÉ D'EMPRUNT ?

Le banquier, en plus des garanties qu'il vous demandera, va être amené à vérifier « votre assise financière ». Pour cela, il va utiliser trois critères principaux : votre apport personnel, vos ressources et votre revenu disponible. Leur montant déterminera vos possibilités d'emprunt.

✓ **Votre apport personnel**

Le montant de votre apport personnel, c'est-à-dire des économies que vous « sacrifiez » dans votre opération immobilière, est un élément essentiel pour décider votre banquier à vous accorder un financement. Sans apport personnel véritable, c'est-à-dire non constitué par un prêt d'épargne logement ou un autre prêt assimilé à de l'apport, le crédit peut vous être refusé.

✓ **Vos ressources**

L'établissement de crédit ne prendra en compte que vos ressources stables et effectives : les remboursements de frais professionnels, les prestations familiales, les pensions alimentaires reçues ne seront donc pas inclus dans l'estimation de votre revenu global. En revanche, si vous disposez de revenus locatifs ou provenant de placements mobiliers, ceux-ci seront pris en compte dans vos ressources mais pas forcément pour leur totalité. Comme preuve du montant de vos ressources, vous devrez produire vos trois derniers bulletins de salaire et vos derniers avertissements fiscaux. Une fois le montant de vos ressources clairement défini et vérifié, le banquier fixera le montant maximal de votre charge d'emprunt correspondant à 30 % environ de vos revenus. Si vous avez déjà fixé le montant de la mensualité que vous souhaitez rembourser, il devra, dans ce cas, s'assurer que celui-ci n'engendre pas un taux d'endettement supérieur à 30 %.

Attention : pour le calcul du taux d'endettement ou le rapport charges/ressources, toutes les charges seront considérées, c'est-à-dire non seulement les remboursements du prêt, mais aussi un loyer éventuel ou vos autres crédits en cours de remboursement (crédits à la consommation, par exemple). Si vous pouvez bénéficier de l'aide personnalisée au logement, le banquier pourra en tenir compte pour le calcul du taux d'endettement.

✓ **Votre revenu disponible**

Le montant de votre « disponible » constitue le dernier élément (mais non le moindre !) qui décidera le banquier à vous accorder sa bienveillance. Votre « disponible » représente ce qu'il vous restera comme ressources pour assurer les frais de la vie courante, une fois toutes vos charges fixes déduites. Il se calcule donc en retranchant de vos revenus vos charges de prêts (d'une durée supérieure à 6 mois) et votre impôt sur le revenu. Chaque établissement de crédit possède sa grille de disponible minimal établi en fonction de chaque situation familiale (principalement en fonction du nombre d'enfants à charge). Si votre disponible se révèle inférieur à ce seuil, on peut vous demander de revoir le montant de votre crédit à la baisse, voire même vous refuser le financement. Sachez donc qu'un revenu disponible suffisant est une condition d'octroi de prêt aussi importante qu'un rapport charges/ressources inférieur à 30 %. Ces deux critères, aujourd'hui utilisés conjointement, sont tout aussi déterminants pour l'étude, par le prêteur, de votre capacité à vous endetter et non à vous surendetter. En conclusion, gardez bien en tête les trois critères qui constituent pour la grande majorité des établissements financiers les conditions nécessaires à l'accord de crédit et ne négligez pas l'importance de chacun. Un apport personnel, un revenu ou un disponible insuffisant peut être rédhibitoire pour l'accord de crédit ; à moins, dans certains cas, d'apporter à votre banquier d'autres garanties comme une caution (à condition qu'elle puisse assumer seule, en cas de problème, les charges du prêt) ou une sûreté complémentaire (nouvelle hypothèque, nantissement, par exemple).

MENSUALITÉS POUR 10 000 € EMPRUNTÉS (SOUS RÉSERVE D'ARRONDIS)

Durée du prêt Taux d'intérêt	10 ans	15 ans	20 ans	25 ans	30 ans
3,00 %	96,56	69,06	55,46	47,42	42,16
3,05 %	96,79	69,30	55,71	47,68	42,43
3,10 %	97,02	69,54	55,96	47,94	42,70
3,20 %	97,49	70,02	56,47	48,47	43,25
3,30 %	97,95	70,51	56,97	49,00	43,80
3,40 %	98,42	71,00	57,48	49,53	44,35

MENSUALITÉS POUR 10 000 € EMPRUNTÉS (SOUS RÉSERVE D'ARRONDIS)					
Durée du prêt Taux d'intérêt	10 ans	15 ans	20 ans	25 ans	30 ans
3,50 %	98,89	71,4	58,00	50,06	44,99
3,60 %	99,35	71,98	58,51	50,60	45,46
3,70 %	99,83	72,47	59,03	51,14	46,03
3,80 %	100,30	72,97	59,55	51,69	46,60
3,90 %	100,77	73,47	60,07	52,23	47,17
4,00 %	101,25	73,97	60,60	52,78	47,74

Que se passe-t-il en cas de remboursement anticipé ?

Si vous faites une demande de remboursement anticipé, l'établissement prêteur doit vous communiquer gratuitement sans tarder, après réception de votre demande, sur support papier ou sur un autre support durable, les informations nécessaires à l'examen de cette faculté. Ces informations chiffrent au moins les conséquences qui s'imposeront à vous si vous vous acquittez de vos obligations avant l'expiration du contrat de crédit (*Code de la consommation, Art. L. 313-47*).

Si vous décidez de rembourser le capital de votre prêt avant terme, la banque peut vous demander une indemnité de remboursement anticipé.

Cette indemnité obéit à deux règles principales :

– elle doit être prévue dans votre contrat, ce qui veut dire que vous pouvez toujours négocier avec votre banque pour qu'elle n'y figure pas ou que son montant soit minime ;

– elle est limitée à un semestre d'intérêts sur le capital remboursé, plafonné à 3 % du capital restant dû avant remboursement (*Code de la consommation, Art. L. 313-47 et R. 313-25*). C'est la solution la plus avantageuse pour le client qui sera retenue.

Ainsi, par exemple, si vous remboursez par anticipation les 20 000 € restant dû d'un prêt au taux de 2,5 %, l'indemnité s'élèverait avec le premier mode de calcul, à 250 € : [(20 000 × 2,5 %) × (180 j360 j)] Avec le second mode de calcul, elle sera de 600 € (20 000 € × 3 %). C'est donc le premier calcul, plus avantageux, qui sera retenu.

AVANTAGE

Pour les contrats de prêt conclus depuis le 1/7/1999, aucune indemnité n'est due lorsque le remboursement anticipé est motivé par la vente du bien immobilier faisant suite à un changement du lieu d'activité professionnelle de l'emprunteur ou de son conjoint, par le décès ou par la cessation forcée de l'activité professionnelle de ces derniers (Code de la consommation, Art. L. 313-48).

Sachez que ces remboursements anticipés sont toujours possibles, qu'ils peuvent être totaux ou partiels, et que votre contrat de prêt peut seulement les interdire s'ils sont inférieurs ou égaux à 10 % du montant initial du prêt, sauf s'il s'agit de son solde. Sachez enfin que pour certains prêts, des dispositions spécifiques s'appliquent : aucune indemnité n'est demandée pour le remboursement anticipé d'un prêt à taux zéro ; la limite maximale est ramenée à 1 % du capital restant dû avant remboursement pour les prêts aidés pour l'accession à la propriété (prêts PAP qui ne sont plus distribués aujourd'hui mais qui peuvent encore, pour certains d'entre eux, être en cours de remboursement).

Que faire en cas de baisse des taux ?

Si vous avez opté pour un prêt à taux fixe, vous êtes prémuni contre toute hausse de taux mais, en contrepartie, vous ne pourrez pas, en principe, profiter des baisses de taux.

Pour autant, vous n'êtes pas totalement démuni si le prêt que vous avez souscrit présente un taux d'intérêt manifestement supérieur aux conditions actuelles. Vous avez le choix entre deux solutions :

Renégocier le prêt

Avant tout, essayez de renégocier les conditions initiales de votre prêt avec votre banquier ou votre établissement de crédit. Concrètement, cela veut dire que vous allez essayer d'obtenir une baisse du taux d'intérêt, qui pourra se traduire soit par une baisse de vos mensualités, la durée du prêt ne bougeant pas, soit par une réduction de la durée, à mensualités égales, soit encore par un « mixte » des deux.

Si vous êtes un bon emprunteur (vous payez régulièrement vos échéances), il n'est pas dit que le banquier ne fasse pas un geste commercial en votre faveur, en acceptant de revoir le taux d'intérêt à la baisse.

Cette révision du contrat, cette renégociation, a le mérite de l'économie puisqu'elle entraîne peu de frais, voire même aucun frais (c'est une affaire de négociation entre vous et votre banquier).

À NOTER

En cas de renégociation de prêt, les modifications au contrat de prêt initial sont apportées sous la forme d'un avenant qui comprend un échéancier des amortissements détaillant pour chaque échéance le capital restant dû en cas de remboursement anticipé, le taux annuel effectif global (TAEG) ainsi que le coût du crédit calculés sur la base des seuls échéances et frais à venir. Pour les prêts à taux variable ou révisable, l'avenant comprend le TAEG ainsi que le coût du crédit, calculés sur la base des seuls échéances et frais à venir jusqu'à la date de la révision du taux, ainsi que les conditions et modalités de variation du taux. L'emprunteur dispose d'un délai de réflexion de 10 jours à compter de la réception de ces informations. L'acceptation doit être donnée par lettre, le cachet de l'opérateur postal faisant foi, ou selon tout autre moyen convenu entre les parties de nature à rendre certaine la date de l'acceptation par l'emprunteur (Code de la consommation, Art. L. 313-39).

Rembourser par anticipation

Si votre banquier refuse de renégocier votre prêt (aucune loi ne l'y oblige à part les cas de surendettement), vous avez la possibilité de rembourser par anticipation. Cela suppose donc que vous trouviez, auprès d'un autre établissement financier, un prêt à des conditions plus favorables, et que vous vous serviez de ce prêt pour rembourser votre emprunt actuel.

Si vous vous orientez vers cette solution, sachez que, pour que l'opération soit intéressante, le taux offert doit être significativement inférieur à votre taux actuel, et qu'il faut comparer des frais payables aujourd'hui avec une économie réalisable dans le temps.

Si, par exemple, le remboursement anticipé vous fait gagner 30 € par mois pendant 10 ans, l'économie totale dans le temps sera de : 3 600 € (30 × 12 × 10).

Mais si, pour cela, vous devez payer une indemnité de remboursement anticipé de 2 000 €, une mainlevée d'hypothèque de 500 € et de nouveaux frais de dossier et d'hypothèque de 1 100 € (total : 3 600 €), l'opération sera neutre, et même déficitaire, puisque vous serez amené à débourser immédiatement ces 3 600 € alors que l'économie réalisée grâce au nouveau taux aurait été échelonnée sur 10 ans.

QU'EST-CE QU'UN PRÊT RELAIS ?

Bien souvent, l'acquisition d'un logement coïncide avec la vente d'un précédent logement. Mais il est rare que l'on trouve en même temps son nouveau logement et un acquéreur pour le logement que l'on quitte. Pour vous permettre de faire face à cette situation, les banques ont mis au point un type de crédit appelé « crédit relais », dont la durée est, en principe, limitée à 2 ans.

Pour ce prêt comme pour les autres prêts bancaires classiques, la règle est la libre concurrence entre les établissements bancaires même si, pour des raisons de coût et d'avantages commerciaux, il est souvent intéressant d'obtenir ce crédit de la banque qui vous accordera, le cas échéant, un prêt principal pour votre nouvelle acquisition.

Pour éviter toute difficulté et se retrouver avec des échéances auxquelles il serait difficile de faire face, le crédit relais doit être un crédit court : mieux vaut donc estimer le bien que l'on met en vente au prix du marché et le vendre dans un délai raisonnable. De même, pour obtenir les meilleures conditions de la banque, il sera bien vu qu'une promesse ou un compromis de vente ait déjà été signé sur votre bien à vendre.

Dans le contexte actuel de crise économique, les établissements de crédit représentés par la Fédération bancaire française, ont pris une série d'engagements afin d'aider leurs clients à gérer au mieux des situations parfois complexes. Outre un effort d'information des clients sur les spécificités de ce type de crédit (un guide pratique est disponible gratuitement sur le site *www.fbf.fr*), ces engagements, déclinés par chaque établissement, s'articulent autour des principes suivants :

– suivi préventif des clients souscrivant ou ayant souscrit un crédit relais : contact systématique 6 mois avant l'échéance et invitation à rencontrer son banquier 3 mois avant l'échéance si aucun compromis de vente n'est signé ;

– recherche de solutions personnalisées pour accompagner les clients éprouvant des difficultés à dénouer leur crédit relais (révision des conditions de vente du bien, examen de solutions adaptées : allongement de sa durée, par exemple).

Si elles ne l'ont pas encore fait, les personnes qui ont souscrit un prêt relais peuvent donc se retourner vers leur établissement prêteur pour faire un point sur leur situation et les aménagements envisageables.

Que se passe-t-il en cas de défaillance de l'emprunteur ?

Les sanctions encourues

Si l'emprunteur cesse de payer ses échéances, l'organisme prêteur peut :

– soit majorer le taux des intérêts jusqu'à la reprise normale des paiements. Cette majoration ne peut excéder 3 points d'intérêt ;

– soit demander la résolution du contrat de prêt.

Cette sanction est grave pour l'emprunteur qui doit rembourser le capital versé ainsi que les intérêts échus et des intérêts de retard (calculés à un taux égal à celui du prêt). Il peut également être tenu à verser une indemnité si cette clause est prévue dans le contrat.

L'indemnité prévue en cas de résolution du contrat de prêt ne peut dépasser 7 % des sommes dues au titre du capital et des intérêts restant dus. Elle peut être réduite par le juge s'il la juge manifestement excessive (*Code de la consommation, Art. R. 312-3*)..

Lorsque le prêt a été remboursé en partie, le juge peut également diminuer l'indemnité prévue au contrat, à proportion de l'intérêt que l'exécution partielle a procuré au créancier (*Code civil, Art. 1231-5* ; *Code de la consommation, Art. L. 313-50*)..

À NOTER

En cas de surendettement du débiteur défaillant et de vente forcée de son logement principal, le montant de la fraction des prêts restant dus après la vente peut être réduit et échelonné pour être compatible avec les ressources et les charges du débiteur.

L'octroi du délai de grâce

Pour éviter la résolution du contrat (qui conduit souvent à la saisie de l'immeuble), l'emprunteur doit demander au juge des contentieux de la protection compétent exclusivement en la matière des délais de grâce qui ne peuvent excéder 2 ans (*Code civil, Art. 1343-5* ; *Code de la consommation, Art. L. 314-20*).

Ces délais de grâce peuvent être accordés si l'arrêt des remboursements est dû à la détérioration de la situation économique de l'emprunteur (chômage, etc.).

À NOTER

Une assurance peut être prévue en cas de chômage, maladie, décès, etc.

Pendant les délais de grâce, le contrat de prêt est suspendu et les échéances sont reportées.

Le tribunal peut décider que, durant le délai de grâce, les échéances reportées ne produiront pas intérêt.

En outre, le juge peut déterminer dans sa décision les modalités de paiement des sommes exigibles au terme du délai, sans que le dernier versement puisse excéder, de plus de 2 ans, le terme initialement prévu pour le remboursement du prêt. Il peut ordonner un sursis à statuer sur ces modalités jusqu'au terme du délai de suspension.

À NOTER

Le tribunal judiciaire reste seul compétent pour juger de la validité, de la nullité des actes ou du montant des sommes dues.

La prescription

Les crédits immobiliers consentis aux consommateurs par des organismes de crédit sont « des services financiers fournis par des professionnels » au sens de l'article L. 218-2 du Code de la consommation. À ce titre, l'action en recouvrement des impayés se prescrit par 2 ans.

La Cour de cassation a modifié les règles d'application de ce délai de 2 ans. Auparavant, le point de départ de cette prescription se situait à la date du 1er impayé. Désormais, la prescription se divise comme la dette elle-même payable par termes successifs et le délai se calcule pour chaque échéance impayée.

Par ailleurs, l'action en paiement du capital se prescrit à compter de la déchéance du terme qui emporte son exigibilité (*Cour de cassation 1re chambre civile, 11.2.2016*).

Le financement de l'acquisition

Pour financer une acquisition, vous aurez le choix entre un prêt bancaire traditionnel et un prêt réglementé. Les prêts réglementés sont de différents types : prêts d'épargne logement, prêt à taux zéro, prêts conventionnés, PAS, etc. Ils offrent en principe un taux d'intérêt préférentiel et doivent donc être privilégiés lorsque l'on bâtit un plan de financement. Mais ils sont, pour la plupart d'entre eux, soumis à des conditions ou à des contraintes particulières, et parfois réservés à l'acquisition d'un logement neuf. Autant d'éléments à connaître pour emprunter dans les meilleures conditions et au meilleur coût.

Les prêts d'épargne logement

L'épargne logement, qu'il s'agisse de plans ou de comptes, est le système d'accession à la propriété le plus populaire et le plus développé aujourd'hui. Au-delà de la dynamique créée par l'association de deux mots magiques « épargne » et « logement », c'est du côté des incidences financières et des larges possibilités d'utilisation qu'il faut rechercher les raisons de ce succès.

Quelles sont les caractéristiques communes aux prêts d'épargne logement ?

L'épargne logement est un système qui fonctionne en deux phases successives : dans un premier temps, vous épargnez sur un plan ou un compte puis, grâce à l'épargne accumulée, vous pouvez obtenir un prêt plus ou moins important. Les conditions de ce prêt sont différentes selon l'instrument d'épargne que vous aurez choisi (plan ou compte), même si certaines dispositions sont communes.

› Quels sont les bénéficiaires ?

Tout titulaire d'un plan d'épargne logement (PEL) ou d'un compte d'épargne logement (CEL) peut demander un prêt d'épargne logement, sous réserve que les conditions de fonctionnement et de durée de l'épargne préalable aient été respectées et que l'objet du prêt soit conforme à la loi.

De plus, s'il n'est pas exigé de versements réguliers durant la phase d'épargne du compte épargne logement, un minimum d'intérêts acquis est toutefois demandé pour obtenir un prêt CEL.

› Peut-on céder ses droits à prêt ?

L'une des particularités de l'épargne logement est que vous pouvez utiliser vos droits à prêt pour votre propre opération immobilière ou les céder à un membre de votre famille (*Code de la construction et de l'habitation, Art. R. 315-13 et R. 315-35*). Si vous êtes vous-même titulaire d'un compte ou d'un plan, vous pourrez ainsi bénéficier des droits à prêt qui vous seront cédés par :

– votre conjoint ;

– vos ascendants, descendants, frères, sœurs, oncles, tantes, neveux et nièces ou ceux de votre conjoint ;

– les conjoints des frères, sœurs, ascendants et descendants de votre conjoint ou de vous-même.

Les possibilités de cession de droit à prêt sont également fonction des deux paramètres suivants :

– le cédant et le bénéficiaire de la cession sont-ils titulaires d'un plan ou d'un compte ?

– quelle est l'ancienneté de leur plan ou de leur compte ?

Le tableau ci-après résume les différents cas de figure.

ATTENTION ⚠

Les cessions de droits à prêt sont impossibles entre cousins, entre concubins et entre partenaires pacsés.

À NOTER

Dans le langage courant, on parle de cession de plan ou de compte. En réalité, seuls sont cédés les droits à prêt. Celui qui les cède reste titulaire de son plan ou de son compte ; il conserve le capital et les intérêts de son épargne.

PRODUIT SOUSCRIT PAR LA PERSONNE QUI CÈDE SES DROITS À PRÊT			
Produit détenu par le bénéficiaire de la cession	**Produit souscrit par le cédant**		
	CEL 12 mois mini	**CEL 18 mois mini**	**PEL 3 ans mini**
Néant	non	non	non
CEL 12 mois mini	non	oui	non
CEL 18 mois mini	oui	oui	non
PEL 3 ans mini	oui	oui	oui

Ainsi, par exemple :

– si vous détenez un CEL depuis au moins 12 mois, vous pourrez céder vos droits à prêt à une personne (conjoint, ascendants, descendants…) elle-même titulaire d'un CEL depuis au moins 18 mois ou d'un PEL depuis au moins 3 ans ; en revanche, vous ne pourrez pas lui céder vos droits à prêt si elle n'a ni plan ni compte, ou si son CEL est ouvert depuis moins de 18 mois ;

– si vous détenez un PEL depuis au moins 3 ans, vous pourrez bénéficier de la cession de droit à prêt d'une personne (votre conjoint, vos ascendants ou descendants…) elle-même titulaire d'un CEL ouvert depuis au moins 12 mois, ou d'un PEL ouvert depuis au moins 3 ans.

› Quelle est la procédure ?

En règle générale, c'est l'établissement qui a géré votre épargne qui vous accordera le prêt. Mais rien n'interdit à un autre établissement, habilité à effectuer des opérations d'épargne logement, de vous accorder le prêt sur justificatif de l'attestation de droits à prêt. Le véritable problème se pose, en cas de cessions de droits ou de pluralité d'établissements de crédit, si les établissements n'arrivent pas à se mettre d'accord pour savoir qui va accorder le prêt. Pour éviter cette difficulté, la réglementation prévoit une réponse simple : l'établissement qui aura géré le compte ou le plan ayant produit le plus d'intérêts devra accorder la totalité des prêts.

› La banque peut-elle refuser de vous accorder le prêt ?

À partir du moment où toutes les conditions sont remplies, l'établissement qui gère votre plan ou votre compte ne peut, en principe, vous refuser le prêt auquel vous avez droit. Évidemment, cette quasi-obligation ne doit pas aller à l'encontre des règles élémentaires de prudence en matière d'endettement. C'est à vous, avec votre banquier, de déterminer les conditions de votre prêt d'épargne logement, sachant qu'il est possible, pour un même montant de droit à prêt, de choisir entre plusieurs durées de remboursement et plusieurs montants de prêt.

› À quoi peut servir un prêt d'épargne logement ?

Un prêt d'épargne logement, qu'il soit issu d'un plan ou d'un compte, peut servir à financer l'acquisition ou la construction d'un logement, certains travaux ou des opérations diverses souvent méconnues.

ATTENTION ⚠

Un prêt d'épargne logement ne peut jamais être consenti pour rembourser un autre prêt.

À NOTER

Les prêts d'épargne logement issus de comptes ou de plans ouverts depuis le 1/3/2011 ne peuvent plus financer que des opérations portant sur une résidence principale, qu'il s'agisse de celle du bénéficiaire du prêt ou de celle d'un de ses ascendants ou locataires. Le financement d'un logement destiné à une autre affectation (notamment, résidence secondaire) n'est donc plus possible pour les prêts issus de ces PEL ou CEL.

Les opérations susceptibles d'être financées à l'aide de l'épargne logement, telles qu'elles sont détaillées ci-après, peuvent se situer en France, dans les DOM, en Nouvelle-Calédonie, en Polynésie française et à Mayotte.

Pour l'acquisition ou la construction

Dans le neuf

Qu'il s'agisse d'une résidence principale ou secondaire si le PEL ou CEL a été souscrit avant le 1/3/2011, vous pouvez utiliser votre prêt d'épargne logement pour faire construire un logement, quel que soit le type de contrat que vous signerez pour cette construction (*Code de la construction et de l'habitation, Art. L. 315-2*).

Si cela se révèle nécessaire, vous pouvez, au cours d'une même opération, financer en plus de la construction, l'acquisition du terrain.

De la même manière, le prêt d'épargne logement peut vous servir à acquérir un logement neuf (maison individuelle ou appartement) déjà achevé, ou en voie d'achèvement, par exemple dans le cadre d'une vente en l'état futur d'achèvement.

Dans l'ancien

Votre prêt d'épargne logement ne peut vous servir qu'à l'acquisition d'une résidence principale. Est considérée comme telle la résidence que vous vous engagez à occuper au moins 8 mois dans l'année, ou qui sera occupée 8 mois dans l'année par vos ascendants, descendants ou ceux de votre conjoint. Dans l'état actuel de la réglementation, il n'est donc pas possible de financer une résidence secondaire ancienne avec un prêt d'épargne logement.

AVANTAGE

Un prêt d'épargne logement peut servir à financer un investissement locatif, à condition que le logement constitue la résidence principale du locataire, et qu'il soit loué dans le cadre de la réglementation en vigueur.

Pour le financement de travaux

Si vous êtes déjà propriétaire d'une résidence principale (ou secondaire si le PEL ou CEL a été souscrit avant le 1/3/2011), vous pourrez financer des travaux à l'aide d'un prêt d'épargne logement, sous réserve que ces travaux aient pour objet :

– la création de surfaces habitables nouvelles par surélévation, extension, aménagement ou encore division de locaux existants ;

– la modernisation, la conservation, l'assainissement, l'équipement et l'amélioration du confort des logements ainsi que les conditions de vie et de sécurité des occupants, à l'exclusion des travaux de menu entretien ;

– la réalisation d'économie d'énergie (*Code de la construction et de l'habitation, Art. L. 315-2*).

À NOTER

Si vous êtes copropriétaire, vous pouvez régler votre quote-part de dépenses engagées pour des travaux sur les parties communes avec un prêt d'épargne logement.

AVANTAGE

Si vos droits à prêt résultent d'un CEL, vous pouvez demander successivement deux ou plusieurs prêts pour financer des travaux, pour peu que ces travaux soient de nature différente (ravalement et chaudière, par exemple) et que vous ne dépassiez pas l'encours des crédits autorisé en matière de CEL pour un même emprunteur.

Pour des opérations diverses

Bien que ces possibilités soient souvent méconnues, sachez qu'avec un prêt d'épargne logement, vous pouvez acquérir :

– un logement en indivision ;

– un garage ou une place de stationnement à la condition que vous soyez propriétaire de la résidence principale dont ils dépendent et qu'ils se trouvent à proximité de votre résidence principale ;

– un logement situé dans une résidence de tourisme, et dont la gestion est confiée à une personne physique ou morale (cette opération n'est possible que pour les prêts issus de PEL ou CEL ouverts avant le 1/3/2011) ;

– la nue-propriété d'un logement ;

– l'usufruit d'un logement dont vous êtes déjà nu-propriétaire ;

– des parts d'une société d'attribution d'immeuble à temps partagé (multipropriété) ;

– un logement en viager, le prêt d'épargne logement étant alors égal tout au plus au bouquet ;

– des parts de SCPI (société civile de placement immobilier) dont le patrimoine est constitué à 90 % au moins par des logements d'habitation

– un local destiné à un usage commercial ou professionnel, dès lors qu'il comporte également l'habitation principale du bénéficiaire.

Un prêt d'épargne logement peut également servir à financer la soulte versée aux autres héritiers pour les dédommager, à condition que l'habitation soit destinée à la résidence principale du bénéficiaire du prêt ou donnée en location.

Pour tous ces motifs divers, soumis à une réglementation spéciale, il est conseillé de se renseigner auprès de son banquier ou de son agence départementale d'information sur le logement (ADIL).

ATTENTION ⚠

Bien que les possibilités d'utilisation d'un prêt d'épargne logement soient larges, ce type de prêt ne peut toutefois financer des opérations comme celles portant sur des : camping-cars, caravanes (sauf pour les forains) ; chalets mobiles, « mobile homes » ; bateaux, péniches (sauf pour

les mariniers) ; abris antiatomiques, ou abris de jardin ; piscines, courts de tennis.

› Peut-on cumuler plusieurs prêts d'épargne logement ?

Les possibilités de cumul de plusieurs prêts d'épargne logement sont strictement réglementées sachant en outre que les prêts issus de PEL ou CEL ouverts depuis le 1/3/2011 ne peuvent plus financer que des résidences principales.
Ainsi, sous la réserve mentionnée ci-dessus :
– le financement d'une résidence principale au moyen de prêts d'épargne logement exclut, pour un même bénéficiaire, le financement en épargne logement, dans le même temps, d'une résidence secondaire ;
– le fait de financer une résidence secondaire à l'aide d'un prêt d'épargne logement interdit à l'emprunteur de bénéficier d'un prêt d'épargne logement pour une résidence principale (même destinée à la location) tant que le premier prêt n'aura pas été intégralement remboursé (*Code de la construction et de l'habitation, Art. R. 315-8 et circulaire du 11/7/1986*).
Par exemple, si vous êtes en train de rembourser un prêt d'épargne logement qui a servi à financer des travaux sur votre résidence secondaire, vous ne pourrez pas obtenir un autre prêt d'épargne logement pour acheter une résidence principale tant que le premier prêt n'aura pas été intégralement remboursé.

› Quelles sont les autres règles communes aux PEL et aux CEL ?

Comment sont déterminés les montants de prêt ?

Qu'il s'agisse de prêt issu d'un CEL ou d'un PEL, son montant sera fonction des intérêts acquis : plus la période d'épargne préalable aura généré d'intérêts, plus le montant du prêt sera élevé, dans la limite toutefois d'un montant maximal *(Voir pages Barème)*.

Quelles sont les durées possibles de remboursement ?

C'est à vous de choisir la durée pendant laquelle vous aurez à rembourser votre prêt d'épargne logement. Cette durée peut aller de 2 ans à 15 ans, sachant que pour un même montant de droit à prêt, plus la durée de remboursement est courte, plus le montant que l'on peut emprunter est élevé, mais plus les mensualités de remboursement seront alors élevées.

AVANTAGE

Il ne peut pas être demandé de frais de dossier pour les prêts d'épargne logement.

À NOTER

Comme pour tout prêt immobilier, les établissements de crédit peuvent exiger une assurance décès-invalidité, une hypothèque ou un cautionnement.

ATTENTION ⚠

La loi de finances pour 2018 a supprimé la prime d'État des PEL et des CEL souscrits depuis janvier 2018.

Quelles sont les conditions du prêt issu d'un CEL ?

Quel est le taux d'intérêt du prêt ?

Le taux d'intérêt d'un prêt issu d'un CEL dépend du taux d'intérêt qui a rémunéré l'épargne accumulée sur le compte, dans les conditions prévues par l'article R. 315-9 du Code de la construction et de l'habitation. Ainsi, si votre épargne a été rémunérée à des taux différents, le prêt issu de votre compte vous sera accordé en plusieurs fractions assorties de taux différents :
– 4,25 % pour les droits à prêts acquis du 16/5/1986 au 15/2/1994 ;
– 3,75 % pour les droits à prêt acquis du 16/2/1994 au 15/6/1998 ;
– 3,50 % pour les droits à prêt acquis du 16/6/1998 au 31/7/1999 ;
– 3 % pour les droits à prêt acquis du 1/8/1999 au 30/6/2000 ;
– 3,50 % pour les droits à prêt acquis du 1/7/2000 au 31/7/2003 ;
– 3 % pour les droits à prêts liés aux intérêts acquis du 1/8/2003 au 31/7/2005 ;
– 2,75 % pour les droits à prêts liés aux intérêts acquis du 1/8/2005 au 31/1/2006 ;
– 3 % pour les droits à prêts liés aux intérêts acquis du 1/2/2006 au 31/7/2006 ;
– 3,25 % pour les droits à prêts liés aux intérêts acquis du 1/8/2006 au 31/7/2007 ;
– 3,50 % pour les droits à prêt liés aux intérêts acquis du 1/8/2007 au 31/1/2008 ;
– 3,75 % pour les droits à prêts liés aux intérêts acquis du 1/2/2008 au 31/7/2008 ;

– 4,25 % pour les droits à prêts liés aux intérêts acquis entre le 1/8/2008 et le 31/1/2009 ;
– 3,25 % pour les droits à prêts liés aux intérêts acquis entre le 1/2/2009 et le 30/4/2009 ;
– 2,75 % pour les droits à prêts liés aux intérêts acquis entre le 1/5/2009 et le 31/7/2009 ;
– 2,25 % pour les droits à prêts liés aux intérêts acquis entre le 1/8/2009 et le 31/7/2010 ;
– 2,75 % pour les droits à prêts liés aux intérêts acquis entre le 1/8/2010 et le 31/7/2011 ;
– 3 % pour les droits à prêts liés aux intérêts acquis entre le 1/8/2011 et le 31/1/2013 ;
– 2,75 % pour les droits à prêts liés aux intérêts acquis entre le 1/2/2013 et le 31/7/2013 ;
– 2,25 % pour les droits à prêts liés aux intérêts acquis entre le1/8/2013 et le 31/7/2015 ;
– 2 % pour les droits à prêts liés aux intérêts acquis entre le 1/8/2015 et le 31/1/2020 ;
– 1,75 % pour les droits à prêts liés aux intérêts acquis depuis le 1/2/2020 (s'y ajoute, éventuellement, le coût des assurances décès-invalidité et perte d'emploi dont la souscription peut être exigée par l'établissement prêteur).

Quel est le montant maximum du prêt ?

Quel que soit le montant des intérêts acquis sur votre CEL, le prêt que vous pourrez obtenir ne pourra jamais dépasser un plafond réglementaire fixé à 23 000 €, même si vous bénéficiez de la cession de droits à prêt issus d'un autre compte (*Code de la construction et de l'habitation, Art. R. 315-11*).

Peut-on fractionner ses droits à prêt ?

L'un des grands avantages du CEL réside dans le fait que si vous n'utilisez pas la totalité des intérêts acquis pour une opération donnée, vous pourrez utiliser le solde ultérieurement pour l'attribution d'un autre prêt, sous réserve que les deux prêts aient un objet différent et que l'encours total des capitaux des deux prêts ne dépasse pas le plafond réglementaire (23 000 €) au moment de l'accord du second prêt. Cette spécificité n'existe pas pour les prêts issus d'un PEL.

À NOTER

Le taux d'intérêt des CEL est fixé en référence au taux du Livret A. Celui-ci est revu le 1er février et le 1er août de chaque année.

Quelles sont les conditions du prêt issu d'un PEL ?

Quel est le taux d'intérêt du prêt ?

Le taux d'intérêt d'un prêt issu d'un PEL est fixé au moment de la souscription de votre plan : il ne varie plus par la suite, quelles que soient la durée de votre épargne et l'évolution ultérieure des taux d'intérêt des prêts issus de PEL.

Ainsi :
– pour les plans souscrits depuis le 1/8/2016, le taux d'intérêt du prêt sera de 2,20 % (dont 1 % de taux d'intérêt proprement dit, plus 1,20 % au titre des frais de gestion et financiers) ;
– pour les plans ouverts du 1/2/2016 au 31/7/2016, le taux d'intérêt du prêt sera de 2,70 % ;
– pour les plans ouverts du 1/2/2015 au 31/1/2016, le taux d'intérêt du prêt sera de 3,20 % ;
– pour les plans souscrits du 1/8/2003 au 31/1/2015, le taux d'intérêt du prêt sera de 4,20 % ;
– pour les plans souscrits du 1/7/2000 au 31/7/2003, le taux d'intérêt du prêt sera de 4,97 % ;
– pour les plans souscrits du 26/7/1999 au 30/6/2000, le taux d'intérêt du prêt sera de 4,31 % ;
– pour les plans souscrits du 9/6/1998 au 25/7/1999, le taux d'intérêt du prêt sera de 4,60 % ;
– pour les plans souscrits du 23/1/1997 au 8/6/1998, le taux d'intérêt du prêt sera de 4,80 % ;
– pour les plans souscrits du 7/2/1994 au 22/1/1997, le taux d'intérêt du prêt sera de 5,54 % ;
– pour les plans souscrits du 16/5/1986 au 6/2/1994, le taux d'intérêt du prêt sera de 6,32 %.

Pour les plans ouverts avant cette date *(Voir pages Barème)*.

À ces taux s'ajoute le coût des éventuelles assurances décès-invalidité et perte d'emploi.

Quel est le montant maximal du prêt ?

Le montant du prêt dépend du montant des intérêts acquis sur votre plan (*Code de la construction et de l'habitation, Art. R. 315-37*). Ce montant ne peut toutefois excéder un plafond fixé à 92 000 € et ce, même si vous cumulez un plan et un compte ou si vous bénéficiez de cession de droits à prêt.

Pour déterminer le montant du prêt qui peut vous être accordé, la banque va appliquer au montant des intérêts acquis un coefficient variable selon la durée du prêt.

N'oubliez pas qu'en épargne logement, pour un montant d'intérêts acquis, c'est à vous de choisir la durée de votre prêt et de vos mensualités, en fonction de vos besoins et de votre capacité de remboursement.

À NOTER

Pour le calcul d'un prêt d'épargne logement issu d'un PEL, il ne faut tenir compte que des intérêts à la charge de la banque, en excluant la prime à la charge de l'État. En principe, les relevés bancaires sont clairs sur ce point et font la différence entre les droits à prêt et la prime d'État.

Peut-on fractionner ses droits à prêt ?

À la différence de la règle applicable au titre des CEL, il n'est, en principe, pas possible de fractionner ses droits à prêt lorsque l'on emprunte au titre d'un plan d'épargne logement. Vous ne pourrez donc demander qu'un seul prêt au titre d'un même PEL et ce, même si vous n'utilisez pas la totalité de vos droits à prêt.

Quel est le délai pour emprunter ?

Lorsque le PEL est arrivé à terme, vous pouvez demander et obtenir un prêt. Pour les PEL ouverts depuis le 1/3/2011, le prêt d'épargne logement ne peut être consenti au-delà d'un délai de 5 ans à compter de l'arrivée à terme du PEL. Par ailleurs, le retrait des fonds après l'arrivée à terme laisse subsister le droit au prêt pendant 1 an dans la limite, pour les PEL ouverts depuis le 1/3/2011, de ce délai maximal de 5 ans (*Code de la construction et de l'habitation, Art. R. 351-34 et R. 315-39*).

Il faut rappeler que le retrait des fonds déposés sur un PEL entraîne sa clôture, ce qui n'est pas le cas pour un CEL si vous prenez soin d'y maintenir un minimum de dépôt.

QUELQUES ASPECTS MÉCONNUS DES PRÊTS D'ÉPARGNE LOGEMENT

✓ Vous pouvez à tout moment transformer un plan en compte. Cette possibilité vous permet d'obtenir immédiatement un prêt si votre PEL est ouvert depuis au moins 18 mois. Il faut simplement savoir que les intérêts de votre plan seront alors recalculés, depuis l'origine, au taux du CEL en vigueur à l'époque où vous avez souscrit votre PEL.

✓ Les banques acceptent fréquemment que l'apport personnel soit constitué par le prêt principal d'épargne logement, ce qui aura une incidence sur le taux de l'éventuel prêt complémentaire que vous pourrez solliciter.

✓ Le prêt d'épargne logement seul n'ouvre pas droit à l'aide personnalisée au logement (APL). Toutefois, les mensualités de prêt d'épargne logement sont prises en compte dans le calcul de cette aide si ce prêt vient en complément d'un prêt principal éligible à l'APL (prêt d' ou prêt conventionné). Dans le cas contraire, les mensualités de prêt d'épargne logement pourront être prises en compte pour le calcul d'une éventuelle allocation de logement.

✓ Hors de toute cession, vous pouvez, pour une même opération, obtenir un prêt issu d'un PEL et un prêt issu d'un CEL, à condition que ces deux prêts soient accordés en même temps par le même établissement et que leur montant total n'excède pas 92 000 € (avec un maximum de 23 000 € pour la fraction afférente au CEL).

✓ Le plafond de 92 000 € s'applique pour une même opération financée au moyen de prêts d'épargne logement. Il s'applique également pour un même emprunteur.

En clair :

– si vous êtes marié et que vous désirez acquérir votre résidence principale, le montant total des prêts d'épargne logement que vous pourrez obtenir sera limité à 92 000 €, même si chacun de vous est titulaire d'un PEL et qu'il a théoriquement droit, au titre de son PEL, à un prêt de 61 200 € ;

– en revanche, toujours si vous êtes marié et qu'il s'agit de financer deux opérations différentes (par exemple, acheter votre résidence principale et une résidence destinée à la location), chacun de vous pourra obtenir un prêt maximal de 92 000 €, sous réserve évidemment qu'il dispose des droits à prêt nécessaires.

Le prêt à 0 %

Le prêt à taux zéro (PTZ) est un prêt sans intérêts, accordé sous certaines conditions aux personnes qui souhaitent accéder à la propriété de leur résidence principale pour la première fois. Ces prêts peuvent être accordés pour l'acquisition d'un logement neuf ou d'un logement ancien avec travaux ; ils sont distribués par les établissements de crédit ayant conclu une convention avec l'État, ce qui est le cas de la quasi-totalité des grands réseaux bancaires. La loi de finances pour 2018 a reconduit le PTZ jusqu'au 31/12/2021.

Quels sont les bénéficiaires ?

Le PTZ est destiné aux personnes physiques qui acquièrent, avec ou sans travaux, ou font construire leur résidence principale en accession à la première propriété (ce que l'on appelle les « primo-accédants »). Le logement ainsi acquis doit constituer la résidence principale de l'emprunteur, sauf dérogations limitativement énumérées.

L'offre de PTZ émise par l'établissement de crédit peut prévoir de rendre exigible le remboursement du prêt par l'emprunteur lorsque les conditions du prêt (primo accession, non cumul de plusieurs PTZ pour une même opération, etc.) n'ont pas été respectées ; l'établissement devra toutefois prouver qu'il avait bien vérifié les conditions d'éligibilité de l'emprunteur à ce type de prêts.

L'attribution d'un PTZ n'est pas un droit, même si le demandeur réunit l'ensemble des conditions requises : il revient, en effet, aux établissements de crédit qui consentent ce prêt d'apprécier, sous leur propre responsabilité, la solvabilité et les garanties de remboursement présentées par les emprunteurs. Si ces garanties ou la solvabilité de l'emprunteur leur paraissent insuffisantes, le PTZ pourra être refusé.

À NOTER

Il ne peut être accordé qu'un seul PTZ pour une même opération.

› Condition de primo accession

Sont considérées comme remplissant la condition de primo accession, les personnes physiques n'ayant pas été propriétaires de leur résidence principale au cours des 2 dernières années précédant l'émission de l'offre de prêt.

Pour l'appréciation de cette condition, la détention du seul usufruit ou de la seule nue-propriété de la résidence principale ne vaut pas propriété de celle-ci.

À NOTER

Au moment de sa demande de PTZ, l'emprunteur doit fournir les pièces justificatives permettant à l'établissement de crédit de vérifier qu'il satisfait aux conditions du prêt. Il doit notamment apporter la preuve qu'il n'a pas été propriétaire de sa résidence principale au cours des 2 années précédant l'offre de prêt, en prouvant d'une part son lieu de résidence principale sur cette période et d'autre part la non-propriété de celui-ci ; à cette fin, il peut notamment fournir le ou les contrat (s) de bail et la ou les dernières quittances de loyer. De manière plus générale, un arrêté précise les principaux documents et déclarations qui doivent être fournis par l'emprunteur à l'appui de sa demande de PTZ, ainsi que les conditions dans lesquelles ces documents doivent être transmis (Arrêté du 30/12/2010).

La condition de primo accession n'est, toutefois, pas exigée lorsque le bénéficiaire du prêt ou l'un des occupants du logement à titre principal se trouve dans l'une des situations suivantes :

– être titulaire de la carte mobilité inclusion (CMI) comportant la mention « invalidité » ou d'une carte d'invalidité délivrée antérieurement à la création de la CMI (la CMI se substitue progressivement à la carte d'invalidité) ;

– percevoir la pension d'invalidité de 2ᵉ ou 3ᵉ catégorie de la Sécurité sociale ;

– bénéficier de l'allocation d'éducation de l'enfant handicapé ou de l'allocation aux adultes handicapés ;

– avoir été victime d'une catastrophe ayant conduit à rendre inhabitable de manière définitive sa résidence principale (catastrophe naturelle, tempêtes, ouragans ou cyclones, catastrophe technologique…).

La demande de prêt doit être présentée dans le délai de 2 ans suivant la date de publication de la décision de constatation de l'état de catastrophe ou la survenance du sinistre et être accompagnée d'un justificatif attestant la nécessité d'une nouvelle construction ou l'acquisition sur un autre site d'un nouveau logement (renseignements auprès de l'établissement prêteur).

AVANTAGE

Aucun frais de dossier, frais d'expertise, intérêts ou intérêts intercalaires ne peuvent être perçus sur ces prêts.

› Condition de ressources

Une condition de ressources est exigée de l'emprunteur. Les revenus de ce dernier ne doivent ainsi pas excéder un plafond qui varie en fonction du nombre de personnes destinées à occuper le logement et de sa localisation *(Voir pages Barème)*, et qui ne peut être supérieur à 37 000 € ni inférieur à 24 000 €.

Lors de la demande de prêt, l'emprunteur doit fournir à l'établissement prêteur ses avis d'imposition correspondants ainsi que, le cas échéant, les avis d'imposition des personnes destinées à occuper le logement et non rattachées à son foyer fiscal.

Le coefficient familial est déterminé en fonction du nombre de personnes destinées à occuper le logement à titre de résidence principale, de la manière suivante (*Code de la construction et de l'habitation, Art. L. 31-10-10*) :

COEFFICIENT FAMILIAL					
Nombre de personnes	1	2	3	4	5 et plus
Coefficient familial	1	1,4	1,7	2	2,3

Ce coefficient est majoré de 0,3 par personne destinée à occuper le logement à titre de résidence principale au-delà de la 5e dans la limite de 8 personnes au total.

› Occupation à titre de résidence principale

Le logement financé par le PTZ doit être occupé par l'emprunteur à titre de résidence principale. Il ne peut donc être proposé à la location, sauf exceptions définies par la réglementation. Cette condition d'occupation à titre de résidence principale s'applique pour une durée qui dépend de la date de l'offre de prêt :

– si l'offre de prêt a été émise depuis le 1/1/2016, l'obligation d'occuper le logement à titre de résidence principale s'applique au cours des 6 années suivant la date de versement du prêt (premier déblocage de fonds) ;

– si l'offre de prêt a été émise avant le 1/1/2016, les dispositions sont plus contraignantes pour les emprunteurs puisque l'obligation d'occuper le logement à titre de résidence principale s'applique tant que le prêt n'est pas intégralement remboursé. Toutefois, par accord entre l'emprunteur et l'établissement de crédit ou de la société de financement, la règle plus favorable énoncée ci-dessus peut s'appliquer.

Si la condition d'occupation à titre de résidence principale n'est pas respectée, et sous réserve que l'offre de prêt en ait prévu la possibilité, l'établissement prêteur pourra exiger le remboursement du PTZ par l'emprunteur.

Définition de la résidence principale

Est considéré comme résidence principale, au sens de la réglementation relative au PTZ, un logement occupé au moins 8 mois par an, sauf :

– en cas de force majeure ;

– pour raison de santé ;

– en cas d'obligation liée à l'activité professionnelle, caractérisée par des déplacements réguliers ; par la nécessité absolue de service découlant de dispositions statutaires ou obligation figurant dans le contrat de travail contraignant l'emprunteur à résider dans un logement qui n'est pas le logement financé avec le prêt ; par l'éloignement entre le logement financé et le lieu de l'activité, dans la limite d'une durée de 3 ans lorsque le logement n'est pas occupé par l'une des personnes destinées à l'occuper à titre de résidence principale ;

– en cas de mise en location du logement dans les conditions mentionnées ci-dessous.

Délai pour occuper le logement

Le logement financé à l'aide du PTZ doit être effectivement occupé à titre de résidence principale par l'emprunteur et les personnes destinées à l'occuper à titre de résidence principale dans le délai maximum d'1 an suivant soit la déclaration d'achèvement des travaux, soit l'acquisition du logement si celle-ci est postérieure. Ce délai est porté à 6 ans lorsque le logement est destiné à être occupé par l'emprunteur à compter de la date de son départ à la retraite, à condition que le logement soit loué pendant ce délai dans les conditions de ressources, de loyer et de déclaration précisées ci-dessous.

Possibilité de location

Au cours des 6 années suivant la date de versement du prêt (premier déblocage des fonds), le logement ne peut être proposé à la location que dans les conditions suivantes (les emprunteurs concernés peuvent obtenir toutes les précisions sur les dispositions applicables auprès de leur établissement prêteur) :

– la location doit résulter de la survenance pour l'emprunteur de l'un des faits suivants : mobilité professionnelle lorsque la distance séparant le nouveau lieu de l'activité et le logement financé est au moins de 50 km ou entraîne un temps de trajet aller au moins égal à 1 h 30, décès, divorce, dissolution d'un PACS, chômage d'une durée supérieure à 1 an attestée par l'inscription sur la liste des demandeurs d'emploi, ou de la survenance pour l'une des personnes dont le logement constitue la résidence principale d'une invalidité reconnue soit par la décision de la CDAPH, soit par délivrance par cette commission de la carte d'invalidité ;

– la location est d'une durée maximale de 6 ans ;

– les ressources du locataire, à la date de la signature du contrat de location, n'excèdent pas les plafonds de ressources applicables au titre du prêt locatif social (PLS)(ces plafonds sont disponibles sur le site *www.cohesion-territoires.gouv.fr*) ;

– le montant du loyer n'excède pas les plafonds applicables pour la location d'un logement locatif social financé au moyen d'un PLS (plafonds de loyer disponibles sur le site *www.cohesion-territoires.gouv.fr*) ;

– la location fait l'objet d'une déclaration par l'emprunteur à l'établissement de crédit ainsi que, le cas échéant, à l'organisme payeur de l'aide personnalisée au logement si l'emprunteur en bénéficie.

ATTENTION ⚠

Au cours des 6 années suivant la date de versement du prêt (premier déblocage des fonds), le logement ne peut être ni affecté à la location saisonnière ou en meublé, ni utilisé comme résidence secondaire, ni utilisé à titre d'accessoire du contrat de travail (Code de la construction et de l'habitation, Art. D. 31-10-6). Ces dispositions, plus souples que celles précédemment en vigueur, s'appliquent aux offres de prêt émises depuis le 1/1/2016. En cas d'accord de l'emprunteur et de l'établissement prêteur, elles sont également applicables aux PTZ versés depuis le 1/1/2011.

À NOTER

La revente du logement entraîne le remboursement intégral du capital restant dû. L'emprunteur peut toutefois bénéficier du transfert du capital restant dû pour le financement d'une opération d'acquisition ou de construction d'une nouvelle résidence principale éligible au PTZ. Mais l'établissement de crédit peut refuser le transfert s'il a pour effet de dégrader significativement le niveau de garantie dont il dispose.

À NOTER

Pour éviter toute difficulté, le contrat de prêt établi par l'établissement prêteur doit indiquer les obligations d'information incombant à l'emprunteur, notamment en cas de changement de situation.

› Condition tenant à l'opération financée

Le PTZ peut servir au financement des opérations suivantes (*Code de la construction et de l'habitation, Art. D. 31-10-2*) :

1° la construction d'un logement, accompagnée, le cas échéant, de l'acquisition de droits de construire ou de terrains destinés à la construction de ce logement, ou l'acquisition d'un logement en vue de sa première occupation ; l'aménagement à usage de logement de locaux non destinés à l'habitation est assimilé à la construction d'un logement ; l'acquisition d'un logement en vue de sa première occupation après la réalisation de travaux concourant à la production ou à la livraison d'un immeuble neuf est également assimilée à la construction d'un logement ;

2° l'acquisition d'un logement ayant déjà été occupé ;

3° l'acquisition d'un logement faisant l'objet d'un contrat de location-accession à la propriété immobilière lorsque cette acquisition porte sur des opérations mentionnées au 1° ou au 2° ;

4° l'acquisition d'un logement faisant l'objet d'un contrat de bail réel lorsque cette acquisition porte sur des opérations mentionnées au 1° ou au 2°.

Les opérations des 1° et 2° peuvent, le cas échéant, être réalisées :

– lorsque l'emprunteur détient l'usufruit d'un logement ou d'un terrain, par l'acquisition de la nue-propriété de celui-ci et inversement ;

– lorsque l'emprunteur détient des parts indivises d'un logement ou d'un terrain, par l'acquisition de la totalité des autres parts de celui-ci ;

– lorsque l'emprunteur détient des parts de société civiles immobilières d'attribution, par l'acquisition de la totalité des autres parts correspondant à un unique lot d'habitation ;

– par la souscription d'un bail emphytéotique ou à construction, dès lors que le contrat de bail prévoit une clause de transfert à terme de la propriété du terrain à l'emprunteur.

Ces opérations peuvent comprendre des travaux ou la construction ou l'acquisition simultanée de certaines dépendances.

À NOTER

Les travaux de construction ou d'amélioration ne doivent pas avoir été commencés par l'emprunteur avant l'émission de l'offre de prêt. Cependant, dans le cadre d'une vente d'immeuble à rénover, les travaux d'amélioration peuvent avoir été commencés par le vendeur avant l'émission de l'offre de prêt de l'acheteur.

› CONDITION TENANT À LA SITUATION GÉOGRAPHIQUE DU BIEN IMMOBILIER

Alors que le PTZ dans le neuf peut être demandé sur l'ensemble du territoire, quelle que soit la zone concernée, l'octroi d'un PTZ dans l'ancien avec travaux dépend de la situation géographique du logement : il doit se situer en zone B2 ou C, c'est-à-dire dans une zone ne se « caractérisant pas par un déséquilibre entre l'offre et la demande de logements entraînant des difficultés d'accès au logement dans le parc résidentiel existant ».

Par ailleurs, depuis le 1/1/2020, l'octroi du prêt dans l'ancien est conditionné à un niveau minimal de performance énergétique : la consommation annuelle en énergie primaire après travaux doit être inférieure à 331 kWh/m² (*Code de la construction et de l'habitation, Art. D. 31-10-2*). Certaines pièces sont à fournir par l'emprunteur pour justifier de cette performance énergétique minimale (*Arrêté du 6/1/2020*).

Quelles sont les caractéristiques du prêt ?

Les modalités du PTZ sont fonction de différents paramètres :

– le coût total de l'opération toutes taxes comprises ;

– le nombre des personnes destinées à occuper, à titre de résidence principale, le logement ;

– l'ensemble des ressources des personnes mentionnées ci-dessus ;

– la localisation dans une zone géographique (A, A bis, B1, B2, C), définie dans des conditions fixées par l'article D. 304-1 du Code de la construction et de l'habitation et par l'arrêté du 1/8/2014 en fonction du déséquilibre entre l'offre et la demande de logements et du caractère neuf ou ancien du logement.

À NOTER

Le classement des communes dans les différentes zones peut être consulté sur le site du ministère du Logement : www.cohesion-territoires.gouv.fr/zonage-b-c.. L'établissement financier auprès duquel on sollicite un PTZ peut aussi donner cette information.

› Prise en compte des ressources

Les ressources des personnes destinées à occuper à titre principal le logement sont prises en compte afin de déterminer les modalités de remboursement (différé, durée totale). Les ressources ainsi prises en compte sont celles correspondant au plus élevé des deux montants suivants :

– la somme des revenus fiscaux de référence des personnes destinées à occuper à titre principal le logement, au titre de l'avant-dernière année précédant celle de l'émission de l'offre de prêt (année N-2). Dans le cas où la composition du ou des foyers fiscaux de ces personnes inclut, l'année retenue pour la détermination du montant total des ressources, des personnes qui ne sont pas destinées à occuper à titre principal le logement, le ou les revenus fiscaux de référence concernés sont corrigés afin de ne tenir compte que des personnes appelées à occuper le logement ;

– le coût total de l'opération (voir ci-dessous), divisé par 9.

› Montant du prêt

Le montant du PTZ est égal à un pourcentage (ou une « quotité ») du coût total de l'opération retenu dans la limite d'un plafond *(Voir pages Barème)*. Ce pourcentage est fixé en fonction :
– de la localisation du logement ;
– et du nombre de personnes destinées à occuper le logement.

À NOTER

Lorsque l'opération porte sur un logement ancien social, la quotité du PTZ est égale à 10 % du coût de l'opération.

Depuis le 1/1/2018, lorsque le prêt sert à financer l'achat ou la construction d'un logement neuf dans les zones B2 et C (zones les moins tendues), la part maximale du coût de l'opération couverte par le PTZ est passée de 40 à 20 %.
Dans les zones A, A bis et B1 où la demande de logement est supérieure à l'offre (zones tendues), le montant maximal du PTZ est toujours fixé à 40 % du coût de l'acquisition.
Le montant du PTZ ne peut excéder le montant du ou des autres prêts, d'une durée au moins égale à 2 ans, concourant au financement de la même opération.
Lorsque le total des périodes de remboursement du prêt est inférieur ou égal à 8 ans, le montant du prêt peut être réduit au maximum de moitié à la demande de l'emprunteur.

AVANTAGE

Le cumul du PTZ est possible avec un Eco-prêt. Le PTZ peut également être cumulé avec un autre prêt réglementé (PAS, prêt conventionné, prêt d'épargne logement, prêt Action logement, etc.) ou un prêt bancaire classique. En outre, les mensualités remboursées dans le cadre du PTZ seront prises en compte dans le calcul de l'APL si l'accédant a droit à cette aide au titre d'un PAS ou d'un prêt conventionné (le PTZ n'ouvre pas droit, en lui-même, à cette aide).

Le coût total de l'opération

Le coût de l'opération TTC servant à déterminer le montant du PTZ comprend le coût de la construction (ou le coût des travaux éventuellement prévus lors de l'acquisition, à l'exception de ceux financés par un Eco-prêt à taux zéro), et certains frais annexes (honoraires de négociation, frais d'assurance dommages-ouvrage, certaines taxes d'urbanisme, etc.).

Le plafond de l'opération

Le plafond de l'opération est fonction du nombre d'occupants du logement et de sa zone d'implantation. Pour une personne seule, il ne peut être supérieur à 150 000 € ni inférieur à 100 000 € *(Voir pages Barème)*.

AVANTAGE

Un simulateur de calcul du PTZ est disponible sur le site de l'ANIL : www.anil.org/outils/outils-de-calcul/votre-pret-a-taux-zero.

› Durée de remboursement du prêt

Les principes

Les conditions de remboursement du PTZ sont déterminées à la date d'émission de l'offre de prêt.
Le remboursement du prêt s'effectue, en fonction des ressources de l'emprunteur, soit en une seule période, soit, lorsqu'il y a un différé de remboursement sur une fraction de son montant, en deux périodes. Pour chaque période, le remboursement s'effectue par mensualités constantes.

À NOTER

Plus les ressources de l'emprunteur sont modestes, plus la durée de remboursement possible est importante : elle varie de 5 ans pour les ménages les plus aisés à 25 ans pour les ménages les plus modestes.

Lorsque l'emprunteur bénéficie d'un différé de remboursement (voir plus loin), la durée de la première période ne peut dépasser la plus longue des durées du ou des autres prêts concourant au financement de l'opération.
La durée de la première période de remboursement peut être réduite à la demande de l'emprunteur, sans pouvoir être inférieure à 4 ans.
La première période de remboursement peut être précédée d'une période de mise à disposition des fonds durant laquelle le prêt ne fait l'objet d'aucun remboursement de la part de l'emprunteur.
Le PTZ peut, au maximum, être remboursé sur une durée de 25 ans.

Le différé de remboursement

La fraction du prêt faisant l'objet du différé de remboursement et la durée de chacune des périodes de remboursement sont fixées par décret suivant 3 tranches, en fonction de la localisation du logement et du montant total des ressources du demandeur et des autres personnes appelées à occuper le logement, divisé par le coefficient familial mentionné ci-dessus, majoré de 0,3 par personne destinée à occuper à titre de résidence principale le logement au-delà de la 5e dans la limite de 8 personnes au total *(Voir pages Barème)*.

La fraction du prêt qui fait l'objet d'un différé ne peut être supérieure à 45 % du montant du prêt.
La durée de la première période de remboursement ne peut être supérieure à 23 ans ni inférieure à 5 ans.
La durée de la deuxième période de remboursement ne peut être supérieure à 7 ans ni inférieure à 2 ans.

Le prêt conventionné

Le prêt conventionné est un prêt réglementé destiné à financer votre résidence principale. Pour l'obtenir, votre opération doit respecter quelques contraintes. Son taux est proche de celui d'un prêt bancaire traditionnel, mais son intérêt est de pouvoir éventuellement ouvrir droit à l'aide personnalisée au logement.

Quelles sont les opérations concernées ?

Le prêt conventionné peut vous intéresser si vous envisagez l'une des opérations suivantes :
– la construction d'une maison individuelle ;
– l'acquisition d'un logement neuf (appartement ou pavillon) ;
– l'acquisition d'un logement ancien (avec ou sans travaux) ;
– des travaux d'amélioration, d'agrandissement, d'extension ou de mise en état d'habitabilité ainsi que des travaux destinés à réduire les dépenses d'énergie (*Code de la construction et de l'habitation, Art. D. 331-63*).

Sont également finançables avec un prêt conventionné :
– les opérations de location-accession et les soultes ;
– le remboursement anticipé total d'un autre prêt conventionné à annuités progressives ;
– l'achat d'un logement en indivision.

À NOTER

Un prêt conventionné peut servir à financer un investissement locatif, à condition notamment que le logement constitue la résidence principale du locataire (Code de la construction et de l'habitation, Art. D. 331-67).

AVANTAGE

Pour le financement d'une opération de location-accession, il est également possible de bénéficier d'un prêt à 0 % et d'un prêt spécifique, le « prêt social location-accession » (PSLA). Ce dernier ouvre droit à divers avantages, dont, notamment, une TVA à taux réduit sur le prix de vente, une exonération sur une longue durée de taxe foncière sur les propriétés bâties, un plafonnement du prix de vente et de la partie « loyer » de la redevance payée par l'accédant (dans la location-accession, l'accédant est d'abord locataire et, à ce titre, verse une redevance dont une partie sert à constituer un futur apport personnel et l'autre constitue le loyer dû pour l'occupation du logement). Le PSLA est distribué par les établissements financiers suivants, auprès desquels on peut se renseigner : Crédit Mutuel, Crédit Agricole, Crédit Foncier de France, Crédit Coopératif, Banque Postale et Caisses d'épargne.

Quelles sont les conditions relatives au logement ?

Quel doit être l'usage du logement ?

Pour pouvoir bénéficier d'un prêt conventionné, vous devez vous engager, pendant toute la durée d'amortissement du prêt, à ce que le logement soit occupé dans les mêmes conditions que celles applicables au titre du prêt à 0 % (*Code de la construction et de l'habitation, Art. L. 31-10-6 et D. 31-10-6*). Le logement devra ainsi être occupé à titre de résidence principale, avec des possibilités de location, et ne pourra, notamment, ni être utilisé à titre de résidence secondaire, ni être affecté à la location saisonnière. Ces conditions d'occupation sont clairement précisées dans les documents d'information remis à l'emprunteur par l'établissement de crédit qui délivre le prêt conventionné.

Le prêt conventionné peut également être affecté à un investissement locatif. Dans ce cas, le logement devra constituer la résidence principale du locataire et l'emprunteur devra s'engager à ce que, pendant toute la durée d'amortissement du prêt, le logement ne soit :
– ni transformé en local commercial et professionnel ;
– ni affecté à la location saisonnière ou en meublé plus de 4 mois par an (sauf exception si le prêt a été consenti pour le remboursement anticipé total d'un prêt conventionné à annuités progressives) ;
– ni utilisé comme résidence secondaire ;

– ni occupé à titre d'accessoire à un contrat de travail.

Toute violation de cet engagement entraînera le remboursement du prêt.

LES AVANTAGES DU PRÊT CONVENTIONNÉ PAR RAPPORT AUX PRÊTS BANCAIRES CLASSIQUES

L'avantage principal du prêt conventionné ne réside plus aujourd'hui dans son taux d'intérêt : beaucoup de banques peuvent vous proposer un prêt traditionnel dont le taux sera équivalent, voire même parfois inférieur à celui d'un prêt conventionné.
Ce dernier présente pourtant encore des avantages non négligeables :
✔ il est, avec le prêt d'accession sociale (PAS), qui en constitue une variante, le seul prêt à ouvrir droit à l'aide personnalisée au logement ;
✔ si vous êtes fonctionnaire, il peut être complété par un prêt fonctionnaire ;
✔ les frais d'actes notariés liés à l'obtention d'un prêt conventionné sont inférieurs à ceux des prêts du secteur libre ;
✔ la taxe locale d'équipement, lors d'une opération de construction, sera plus faible ;
✔ des réductions sur les frais de dossier sont très souvent accordées aux bénéficiaires des prêts conventionnés.

À NOTER

Si vous obtenez un prêt conventionné pour réaliser des travaux d'amélioration et/ou d'économie d'énergie, ces travaux doivent représenter un montant minimal (Voir pages Barème).

› Quelles sont les conditions spécifiques à certaines opérations ?

● Si vous effectuez des travaux d'amélioration, le logement devra être achevé depuis au moins 10 ans.

● Si vous effectuez des travaux d'économie d'énergie, le logement devra exister au 1/7/1981 ou avoir fait l'objet, avant cette date, d'une demande de permis de construire.

À NOTER

Les travaux d'amélioration ou d'économie d'énergie doivent être réalisés au plus tard 3 ans après l'émission de l'offre de prêt (Arrêté du 4/10/2001).

ATTENTION ⚠

Lorsqu'il est accordé pour de simples travaux d'amélioration ou d'économie d'énergie, le prêt conventionné n'ouvre pas droit à l'APL.

Quelles sont les caractéristiques du prêt conventionné ?

Quel est le montant maximal du prêt ?

Le prêt conventionné peut financer l'intégralité du prix de vente TTC du logement ou du prix de revient de l'opération (*Code de la construction et de l'habitation, Art. D. 331-71*). Bien entendu, il s'agit là d'un maximum, car votre banque, en fonction de vos revenus, peut décider de limiter ce montant, par exemple à 80 % ou moins du prix de vente ou de revient.

À NOTER

Le prêt ne couvre pas les frais de notaire.

Quel est le taux d'intérêt du prêt ?

Le taux d'intérêt du prêt conventionné est calculé en fonction de deux éléments :
– un taux de base fixé par les pouvoirs publics ;
– une marge maximale qui peut s'ajouter à ce taux de base (*Code de la construction et de l'habitation, Art. D. 331-74*).

Cette règle entraîne les conséquences suivantes :
– le taux d'intérêt ne peut être supérieur à certaines limites régulièrement révisées ;
– entre le taux de base et le taux maximal, la concurrence joue pleinement entre les différents établissements de crédit.

Par conséquent, si vous optez pour un prêt conventionné, n'hésitez pas à consulter plusieurs banques pour recueillir la meilleure offre.

Vous pouvez d'ailleurs, sur ce point, interroger l'agence départementale d'information sur le logement (ADIL) la plus proche de chez vous (vous en obtiendrez les coordonnées sur le site Internet *www.anil.org/lanil-et-les-adil/votre-adil*).

AVANTAGE

Le prêt conventionné peut revêtir de nombreuses formes : à taux fixe ou révisable, avec des charges constantes ou progressives, etc. Autant de possibilités qui vous permettront de choisir le prêt le plus adapté à votre situation.

Quelle est la durée de remboursement du prêt ?

La durée des prêts conventionnés est fixée à 5 ans au minimum et 30 ans au maximum, quelle que soit l'opération finançable.

Cette durée d'amortissement peut même être prolongée jusqu'à 35 ans ou réduite sans durée minimale (*Code de la construction et de l'habitation, Art. D. 331-76*).

Lorsque ces prêts sont consentis avant la date d'achèvement des travaux, la période d'amortissement peut être précédée d'une période d'anticipation mentionnée au contrat de prêt.

Quels sont les prêts complémentaires au prêt conventionné ?

Le prêt conventionné peut être complété par de nombreux prêts assimilés à de l'apport personnel (*Code de la construction et de l'habitation, Art. D. 331-72*) :

– le prêt à 0 % (ou PTZ) ;
– les prêts d'épargne logement ;
– les prêts Action logement (ex 1 % logement) ;
– les prêts à caractère social (dont le taux d'intérêt n'excède pas 5 %) ;
– les prêts consentis aux agents de certains établissements publics (et dont le taux d'intérêt est inférieur à un montant fixé réglementairement) ;
– les prêts complémentaires aux fonctionnaires ;
– les prêts à court terme consentis dans l'attente de la vente du précédent logement ;
– les prêts à taux fixe dont le taux est inférieur ou égal à celui d'un prêt obtenu au titre d'un compte épargne-logement à partir d'intérêts acquis au taux de rémunération des dépôts en vigueur à la date de l'émission de l'offre de ces prêts.

Mise à part la dernière catégorie de prêt, toutes les autres seront prises en compte pour le calcul d'une éventuelle APL.

Le prêt d'accession sociale

Le prêt d'accession sociale (PAS) est une variante du prêt conventionné. Il est soumis à une condition de ressources. Ce prêt ouvre droit, lorsque les conditions sont réunies, à l'aide personnalisée au logement (APL) et permet de bénéficier de frais de dossier et de frais de notaire réduits.

Quelles sont les opérations concernées ?

Le prêt d'accession sociale (PAS) finance les mêmes opérations que le prêt conventionné, à une exception près : il n'est pas possible d'obtenir un prêt PAS pour réaliser un investissement locatif. Pour le reste, les opérations sont soumises aux mêmes conditions qu'avec un prêt conventionné classique.

Le logement acquis doit constituer votre résidence principale, la définition de cette notion étant la même que pour celle d'un prêt conventionné : comme avec ce dernier, il est possible d'acheter un logement en vue de sa retraite ou de son retour de l'étranger ou des départements et territoires d'outre-mer, ou encore de louer son logement lorsque l'on ne peut plus l'occuper pour des raisons professionnelles ou familiales.

Lorsque le prêt finance des travaux, ceux-ci doivent être achevés au plus tard 3 ans suivant l'offre de prêt.

AVANTAGE

Comme le prêt conventionné ordinaire, le prêt PAS ouvre droit au bénéfice éventuel de l'aide personnalisée au logement.

À NOTER

La condition de ressources étant parfois difficile à appréhender, n'hésitez pas, si une modification est intervenue dans votre situation familiale ou vos revenus, à vous faire confirmer par votre banque ou votre ADIL le plafond de ressources qui vous est applicable.

ATTENTION ⚠

Lorsque la banque n'est pas en mesure d'apprécier vos revenus, elle ne peut pas vous accorder un prêt PAS.

À NOTER

Si vos revenus vous permettent de prétendre à un prêt PAS, la banque est obligée de vous le proposer par préférence à un prêt conventionné ordinaire. Ceci est un avantage pour vous puisque certains frais liés à l'obtention d'un prêt (frais de dossier, frais de notaire) sont réduits lorsqu'il s'agit d'un prêt PAS.

Quelle est la condition de ressources ?

À la différence du prêt conventionné classique, le prêt PAS est soumis à une condition de ressources. Pour pouvoir en bénéficier, il faut en effet que vos ressources et, le cas échéant, celles des personnes devant occuper le logement, ne dépassent pas certains plafonds fixés en tenant compte du nombre de personnes destinées à occuper le logement et de la localisation de celui-ci. Les plafonds de ressources sont les mêmes que pour le PTZ, de même que les modalités d'appréciation des ressources.

Quelles sont les conditions du prêt d'accession sociale ?

Quel est le montant du prêt ?

Comme pour le prêt conventionné, le montant du prêt PAS peut financer 100 % du coût de l'opération, avec, là encore, la possibilité pour la banque de limiter son engagement en fonction de vos disponibilités financières.

Le prêt PAS ne peut également être inférieur à un montant minimal fixé selon le type d'opération *(Voir pages Barème)*.

ATTENTION ⚠

Le prêt PAS ne couvre pas les frais de notaire.

AVANTAGE

Si vous avez bénéficié d'un prêt PAS pour acquérir votre résidence principale et dont l'offre de prêt a été émise au plus tard le 31/12/2003, vous avez la possibilité, en cas de perte d'emploi, de reporter en fin de remboursement du prêt 50 % au maximum des mensualités de votre prêt PAS et, le cas échéant, de votre prêt à 0 %. Cette possibilité vous est offerte pour une durée maximale de 12 mois.

Le prêt PAS peut être complété par les mêmes prêts qu'un prêt conventionné ordinaire.

Le montant des prêts complémentaires susceptibles d'être accordés aux fonctionnaires ne peut dépasser 35 % du coût de la construction maximum correspondant à la prime forfaitaire retenue (*Code de la construction et de l'habitation, Art. R. 314-2*).

Quels sont la durée et le taux d'intérêt du prêt ?

- Les durées de remboursement sont les mêmes que celles d'un prêt conventionné.
- Le taux d'intérêt se détermine de la même façon que pour un prêt conventionné ordinaire :

– fixation d'un taux de base par les pouvoirs publics ;
– possibilité pour les banques d'ajouter une marge à ce taux de base, dans la limite d'un taux maximal.

Comme pour tout autre prêt, il ne faut donc pas hésiter à faire le tour des établissements de crédit afin de faire jouer pleinement la concurrence.

ATTENTION ⚠

Depuis le 1/7/2015, les taux plafonds des prêts PAS sont identiques à ceux du prêt conventionné ordinaire : avant cette date, la marge fixée pour ces prêts était inférieure de 0,6 point à celle applicable aux prêts conventionnés classiques.

LES AUTRES AVANTAGES DU PRÊT PAS

Le prêt PAS offre les avantages suivants :

✔ il ouvre droit à l'APL (pour le calcul de cette aide, seront également prises en compte les mensualités versées au titre des prêts complémentaires) ;

✔ les frais de dossier que peut vous réclamer votre banque sont limités à 500 € ;

✔ les frais d'acte notarié sont réduits, de même que la taxe locale d'équipement si vous obtenez un prêt PAS pour une opération de construction.

Les prêts complémentaires

Comme leur nom l'indique, les prêts complémentaires sont destinés à compléter un prêt principal. Même si leur montant est en principe limité, leur taux d'intérêt est bien souvent imbattable, et ils seront considérés par votre banquier comme de l'apport personnel. Autant de raisons pour ne pas les ignorer et faire le tour des organismes susceptibles de vous les accorder.

Le prêt Action logement (ex-1 % logement)

Les salariés du secteur privé (hors agricole) appartenant à une entreprise occupant au moins 10 salariés peuvent bénéficier des prêts « Action logement », encore communément appelés prêts « 1 % logement ». Ces prêts sont financés par la participation des employeurs à l'effort de construction (PEEC) à laquelle sont assujettis les employeurs du secteur privé occupant au moins 20 salariés.
Les dispositions applicables à la PEEC figurent dans le Code de la construction et de l'habitation aux articles R. 313-12 et suivants.

À NOTER

Les logements financés à l'aide de la PEEC ne peuvent ni être transformés en locaux industriels, commerciaux, artisanaux ou professionnels, ni dépendre, pour leur accès, uniquement de locaux de cette nature. Ces logements ne peuvent pas être occupés à titre d'accessoire d'un contrat de travail (logement de fonction), sauf lorsqu'ils sont loués meublés à des salariés ou des stagiaires tenus, pour des raisons professionnelles liées à l'exercice d'une activité à caractère saisonnier ou d'une activité temporaire d'une durée comprise entre 3 mois et 1 an, ou pour des raisons de formation, de se loger hors de leur résidence principale (Code de la construction et de l'habitation, Art. R. 313-14).

Quelles sont les opérations concernées ?

Vous pouvez demander un prêt Action logement pour l'une des opérations d'accession ou de réhabilitation suivantes (*Code de la construction et de l'habitation, Art. R. 313-19-1*) :
– financement de l'acquisition, suivie ou non de travaux d'amélioration, ou de la construction d'un logement affecté à la résidence principale ou du conjoint, des ascendants ou descendants de l'emprunteur ; les acquisitions de locaux ou d'immeubles non affectés à l'habitation suivie de leur transformation ou aménagement en logements sont assimilées à la construction de logements ;
– réalisation de travaux d'amélioration ; les travaux d'agrandissement ou de réhabilitation de logements sont assimilés à des travaux d'amélioration ;
– interventions en faveur d'accédants ou de locataires en difficulté ;
– prêt au titre de la mobilité professionnelle ;
– acquisition de terrains en vue de la construction d'un logement.

À NOTER

Les fonctionnaires ne peuvent pas bénéficier du prêt Action logement ; ils ont droit à un prêt spécifique.

Le logement financé avec un prêt Action logement doit constituer votre résidence principale, ou celle de votre conjoint, de vos ascendants ou de vos descendants (*Code de la construction et de l'habitation, Art. R. 313-14*). Les délais d'occupation, comme les possibilités de location, sont les mêmes qu'avec un prêt conventionné.

À NOTER

Les sommes collectées au titre d'Action logement peuvent également être consacrées, dans des conditions fixées par décret, au financement d'aides directes à des personnes physiques pour le changement de logement, le maintien dans leur logement ou l'accès au logement locatif, et de garanties de loyers et de charges au profit des propriétaires bailleurs.

ATTENTION ⚠

Obtenir un prêt Action logement n'est jamais automatique : toutes les ressources disponibles peuvent déjà être utilisées ; votre employeur peut établir des critères de priorité (ancienneté dans l'entreprise, charges de famille...) ou encore, il peut préférer utiliser cette participation pour réserver des logements locatifs.

Certaines de ces opérations appellent les précisions suivantes :

Achat d'un terrain :

Si vous souhaitez financer l'achat du terrain avec le prêt employeur, vous êtes dans l'obligation de faire construire dans les 4 ans qui suivent l'obtention du prêt.

Acquisition, suivie ou non de travaux d'amélioration, ou construction :

Ces prêts sont soumis à des conditions de performance énergétique du logement qui sont au moins celles exigées par la réglementation (*Code de la construction et de l'habitation, Art. L. 111-9 pour les bâtiments neufs et L. 111-10 pour les bâtiments existants*). Ces prêts peuvent notamment être accordés dans le cadre de contrats de location-accession.

Travaux d'amélioration :

Ces prêts sont accordés en priorité à certaines personnes physiques ou dont le logement est placé dans l'une des situations particulières suivantes :
– personnes en situation de handicap au sens de l'article L. 114 du Code de l'action sociale et des familles ;
– propriétaires occupants pour des travaux ouvrant droit à une aide de l'Agence nationale de l'habitat ;
– logements situés au sein de copropriétés faisant l'objet d'un plan de sauvegarde prévu à l' article L. 615-1 du Code de la construction et de l'habitation ou d'une convention d'opération programmée d'amélioration de l'habitat (OPAH) et comportant des actions destinées aux copropriétés dégradées ;
– logements ou immeubles placés dans une situation d'insalubrité avérée, selon des modalités définies par le règlement général de l'ANAH, et pour l'amélioration desquels les propriétaires occupants obtiennent une aide de l'ANAH ;
– logements dont l'habitabilité est compromise à la suite d'une catastrophe mentionnée à l'article R. 318-1 du Code de la construction et de l'habitation (notamment une catastrophe naturelle) ;
– logements faisant l'objet de travaux d'amélioration de la performance énergétique.

Accédants en difficulté :

Les sommes collectées au titre d'Action logement peuvent être utilisées pour venir en aide à des personnes physiques copropriétaires ou accédant à la propriété de leur résidence principale rencontrant des difficultés financières graves ou une évolution très défavorable de leur situation (*Code de la construction et de l'habitation, Art. R. 313-19-3*). Ces interventions peuvent, notamment, prendre les formes suivantes :
– refinancement de prêts immobiliers ;
– prêts à taux nul accordés à des personnes physiques pour alléger temporairement leurs charges de logement ;
– financement par l'UESL (organisme qui fédère les collecteurs d'Action logement) d'un dispositif de report en fin de prêt d'une fraction des mensualités des prêts accordés à des personnes physiques, lorsque ces prêts bénéficient de la garantie de l'État en application de l'article L. 312-1 du Code de la construction et de l'habitation.

À NOTER

La demande de prêt est à faire auprès de l'employeur. Le prêt sera consenti directement par l'employeur ou par l'intermédiaire de l'organisme qui collecte la participation de votre employeur. Le prêt fait l'objet d'un contrat avec cet organisme, qui précise notamment les conditions de son versement.

Prêt au titre de la mobilité professionnelle :

Au titre d'Action logement, des prêts à taux réduit à court terme peuvent être accordés aux salariés en situation de mobilité professionnelle ou d'accès à l'emploi pour l'acquisition ou la construction de leur logement, lorsque ces derniers ont pris l'engagement de vendre leur logement précédent dont l'occupation est incompatible avec l'exercice de leur activité professionnelle dans un nouveau lieu de travail. Il s'agit, en quelque sorte, de prêts « relais ».

Quelles sont les caractéristiques des prêts Action logement ?

Les caractéristiques des prêts (durée, taux d'intérêt, montant, etc.) attribués au titre d'Action logement diffèrent selon l'usage qui est fait de ces prêts.

AVANTAGE

Étant donné son faible taux d'intérêt, le prêt Action logement est considéré par les banques comme faisant partie de l'apport personnel.

Prêts au titre de l'acquisition ou de la construction d'un logement et des opérations assimilées :

Les prêts destinés à financer ce type d'opérations répondent aux caractéristiques suivantes :

– leur montant ne peut excéder 30 % du coût total de l'opération, dans la limite d'un montant fixé en fonction du lieu d'implantation du logement *(Voir pages Barème)* ;

– leur durée maximale ne peut excéder 30 ans (en pratique toutefois, la durée maximale des prêts n'excède pas 20 ans) ;

– leur taux d'intérêt est fixe. Il n'excède pas un taux plafond égal au taux du livret A en vigueur au 31 décembre de l'année précédant l'émission de l'offre de prêt ou au taux de 1 %, si le taux du livret A devient inférieur à 1 %.

À NOTER

Dans le cas d'une opération de construction de logements ou d'acquisition de logements neufs, le prêt est versé au plus tard à l'expiration de celui des deux délais suivants dont le terme est le plus éloigné : 1 an après la délivrance de la déclaration d'achèvement des travaux de l'opération considérée ; 3 mois après la première occupation du logement. S'il s'agit d'une opération d'acquisition de logements existants, le versement intervient 3 mois après l'acquisition ; ce délai est porté à 24 mois lorsque l'aide accordée finance également des travaux d'amélioration.

Prêts pour la réalisation de travaux d'amélioration et opérations assimilées :

Dans ce cas, le prêt ne peut excéder 100 % du prix de revient prévisionnel de l'opération, dans la limite d'un montant maximal par logement *(Voir pages Barème)*.

La durée du prêt ne peut excéder 10 ans. Son taux d'intérêt est fixe ; il n'excède pas un taux plafond égal au taux du livret A en vigueur au 31 décembre de l'année précédant l'émission de l'offre de prêt ou au taux de 1 %, si le taux du livret A devient inférieur à 1 %.

Dans le cas d'une opération d'amélioration de logements, l'aide est versée 3 mois après l'achèvement des travaux.

À NOTER

Si vous et votre conjoint travaillez dans deux entreprises différentes qui cotisent chacune au titre d'Action logement, chacun de vous pourra obtenir un prêt employeur mais dans la limite du montant du plafond applicable à l'opération que vous envisagez de réaliser.

AVANTAGE

Votre prêt Action logement n'est pas lié à votre contrat de travail : vous n'avez donc pas à le rembourser immédiatement si vous êtes amené à quitter votre entreprise.

À NOTER

Les fonds collectés au titre d'Action logement peuvent également être utilisés pour financer des dispositifs visant à faciliter l'accès au logement locatif des salariés ou d'autres catégories de bénéficiaires.

Le prêt complémentaire fonctionnaire

Ce prêt est destiné aux fonctionnaires qui financent leur résidence principale à l'aide d'un prêt PAS ou d'un prêt conventionné. Il vient en complément de ces prêts, pour une même opération : seules sont donc visées les opérations finançables à l'aide d'un prêt PAS ou d'un prêt conventionné, à l'exception toutefois des opérations à destination locative.

Quelles sont les conditions à remplir ?

Pour obtenir un prêt complémentaire fonctionnaire, vous devez être :

– fonctionnaire civil, magistrat de l'ordre judiciaire, personnel militaire de l'État recevant une solde mensuelle ;

– auxiliaire, temporaire ou contractuel de l'État ou d'un établissement de l'État, à condition d'être employé de façon permanente et d'être rémunéré dans les mêmes conditions que les fonctionnaires titulaires ;

– ou agent d'une collectivité locale, d'un établissement public qui en dépend, d'un district urbain ou d'une communauté urbaine, à condition d'être titulaire, affilié ou non à la Caisse nationale de retraite des agents des collectivités locales (CNRACL) ou non titulaire mais affilié à la CNRACL.

Quel est le montant du prêt ?

Le montant du prêt fonctionnaire dépend du lieu d'implantation du logement et du type d'opération (achat, construction, travaux…) que vous réalisez ainsi que de la taille du logement.

AVANTAGE

Les sommes versées au titre du prêt fonctionnaire sont prises en compte pour le calcul de l'APL. En outre, aucun frais de dossier ni aucune garantie hypothécaire ne vous sera demandé pour ce prêt. Quant au coût des éventuelles assurances décès-invalidité et perte d'emploi (pour votre conjoint, par exemple), il est réduit par rapport au coût normal de ces assurances.

Quelles sont les autres conditions du prêt ?

Le taux du prêt fonctionnaire est fixé à 7 %. Toutefois, si vous êtes un fonctionnaire de l'État ou d'un établissement public de l'État, le taux d'intérêt sera réduit à 4 % pendant les 3 premières années du prêt : durant cette période, appelée « différé d'amortissement », vous ne réglerez que les intérêts sur le prêt et les éventuelles cotisations d'assurance (invalidité-décès, notamment).

D'AUTRES PISTES POUR BOUCLER VOTRE FINANCEMENT

Même si les prêts qu'ils peuvent vous accorder seront rarement d'un montant très élevé, leur taux d'intérêt sera souvent imbattable. Aussi n'oubliez pas, pour boucler votre plan de financement, de faire le tour de tous les interlocuteurs possibles, et notamment de :

- ✔ votre caisse d'allocations familiales ;
- ✔ votre caisse de retraite ;
- ✔ votre préfecture (certains départements accordent des prêts) ;
- ✔ le conseil régional (certaines régions octroient des prêts régionaux).

La durée du prêt est de 10 ou 15 ans, au choix de l'emprunteur ; le remboursement se fait tous les semestres.

Quelle est la procédure ?

Le prêt fonctionnaire est distribué par un seul établissement financier : le Crédit foncier de France. La demande doit en être faite au plus tôt en même temps que la demande de prêt PAS ou de prêt conventionné et, au plus tard, dans les 8 mois qui suivent la déclaration d'achèvement des travaux ou l'acquisition.

À NOTER

Si, en cours de prêt, vous changez de statut et n'êtes plus fonctionnaire, sachez que le remboursement du prêt peut vous être demandé, sauf en cas de mise à la retraite.

ATTENTION ⚠

Un seul prêt fonctionnaire peut être accordé pour une même opération et ce, même si les deux conjoints sont fonctionnaires.

Les aides au logement

Les aides au logement, qu'il s'agisse de l'aide personnalisée au logement ou de l'allocation de logement, sont destinées à alléger les charges de remboursement des personnes qui accèdent à la propriété ou les charges de loyer des locataires. Chacune de ces aides est soumise à des conditions particulières, notamment de ressources. Elles ne peuvent être accordées qu'au titre d'une résidence principale et ne sont pas cumulables entre elles.

L'aide personnalisée au logement

Vous pouvez prétendre à l'aide personnalisée au logement (APL) si vous financez votre résidence principale à l'aide de certains prêts réglementés ou si vous êtes locataire d'un logement conventionné ou assimilé. Le montant de cette aide est fonction de nombreux paramètres ; il est actualisé tous les ans (et bientôt tous les trimestres) pour tenir compte notamment d'éventuelles modifications de votre situation.

Quelles sont les conditions d'obtention de l'APL ?

Vous êtes propriétaire

Pour pouvoir prétendre à l'APL, vous devez :

– rembourser un prêt conventionné ou un prêt PAS obtenu pour une opération de construction, d'acquisition ou d'agrandissement (cas d'un logement dont vous êtes déjà propriétaire) ;

– occuper le logement en question à titre de résidence principale. Cela suppose que le logement soit occupé, sauf obligation professionnelle, raison de santé ou cas de force majeure, au moins 8 mois par an par le bénéficiaire de l'APL, son conjoint ou les ascendants ou descendants du bénéficiaire ou de son conjoint (*Code de la construction et de l'habitation, Art. L. 821-2 et R. 822-1*). Pour l'application de cette règle, est assimilé au conjoint, le concubin ainsi que le partenaire pacsé (*Code de la construction et de l'habitation, Art. L. 822-1*).

Si vous réalisez des travaux, et que vous empruntez pour cela, vous ne pourrez éventuellement bénéficier de l'APL que s'il s'agit d'opérations d'agrandissement (par extension ou surélévation) ou d'aménagement à usage de logement de locaux non destinés initialement à l'habitation.

En revanche, des travaux d'amélioration seuls (sans acquisition préalable) ne permettent pas de bénéficier de l'APL.

À NOTER

Impossible de prétendre à l'APL si l'on n'assume pas directement les remboursements d'un prêt conventionné ou d'un prêt PAS : ainsi, une jeune fille s'est vue refuser le bénéfice de cette aide sous prétexte qu'elle laissait ses parents régler les charges de remboursement du prêt dont elle était titulaire (Conseil d'État, 25/2/1987). De même, la prise en charge des mensualités de prêt par une compagnie d'assurances empêche le bénéficiaire de l'APL de continuer de percevoir cette aide tant que dure cette situation (Conseil d'État, 22/6/1988).

Vous êtes locataire

Pour bénéficier de l'APL, vous devez louer un logement, meublé ou non meublé, ayant fait l'objet d'une convention entre le propriétaire et l'État. C'est le cas, notamment, des logements HLM.

Peuvent également bénéficier de l'APL locative, sous certaines conditions, les personnes âgées ou handicapées accueillies à titre onéreux chez des particuliers, ainsi que les jeunes logés en foyers de jeunes travailleurs.

Comme en matière d'accession, l'APL locative ne peut être accordée qu'au titre d'une résidence principale.

ATTENTION ⚠

L'APL ne peut être attribuée aux personnes qui sont locataires d'un logement dont elles-mêmes, leurs conjoints, concubins ou partenaires pacsés, ou l'un de leurs ascendants ou descendants, sont propriétaires en totalité ou en partie (par exemple, par l'intermédiaire de parts de SCI). Par dérogation, l'APL peut toutefois être versée si l'ensemble des parts de propriété et d'usufruit du logement ainsi détenues est inférieur à 10 % pour les parts de propriété et à 10 % pour les parts d'usufruit, sans que l'ensemble de ces parts ne puisse égaler ou dépasser 10 % au total (Code de la construction et de l'habitation, Art. L. 822-3 et R. 822-1). Par ailleurs, les personnes rattachées au foyer fiscal de leurs parents, lorsque ces derniers sont redevables de l'impôt sur la fortune immobilière, ne peuvent pas bénéficier des aides au logement (APL ou allocations de logement) ; cette condition d'éligibilité est appréciée pour chacun des membres du ménage.

À NOTER

L'APL est attribuée aux personnes de nationalité française comme aux personnes de nationalité étrangère en situation régulière.

Comment est déterminé le montant de l'APL ?

Plusieurs critères permettent de déterminer le montant de l'APL :

– la composition de votre famille ;

– vos ressources et la valeur en capital de votre patrimoine, lorsque cette valeur est supérieure à 30 000 € (et, s'il y a lieu, de votre conjoint et des personnes vivant habituellement dans votre foyer). Toutefois, un abattement est opéré sur le montant de vos ressources si votre conjoint perçoit des revenus résultant de l'exercice d'une activité professionnelle. Le seuil de 30 000 € doit être appliqué à la somme de la valeur du patrimoine mobilier financier (livrets d'épargne, assurance vie…) et de la valeur estimée de l'ensemble du patrimoine immobilier, à l'exception de la résidence principale et des biens à usage professionnel (*Code de la construction et de l'habitation, Art. R. 822-22*). La prise en compte des ressources peut faire l'objet de dispositions spécifiques lorsque le demandeur est âgé de moins de 25 ans et qu'il bénéficie d'un contrat de travail autre qu'un contrat à durée indéterminée ;

– le montant de votre loyer ou de vos remboursements de prêts immobiliers finançant votre résidence principale. Dans ce dernier cas, il ne s'agit pas uniquement du prêt (prêt conventionné ou prêt PAS) qui ouvre droit à l'APL, mais aussi des mensualités des prêts complémentaires (prêt à 0 %, prêt 1 % logement, prêts d'épargne logement, prêt complémentaire aux fonctionnaires…). Le montant de l'APL est progressivement diminué lorsque le montant du loyer dépasse certains plafonds (*Code de la construction et de l'habitation, Art. D. 823-16*).

Le mode de calcul des aides au logement devait changer au 1/4/2020.

Elles devaient dorénavant être calculées automatiquement chaque trimestre sur la base de votre revenu en cours, plus précisément sur la base de vos ressources des 12 derniers mois glissants, et non plus sur votre revenu de l'année N-2. Par exemple, l'APL d'avril, mai et juin 2020 devait être calculée à partir de vos ressources de mars 2019 à février 2020.

Avec le prélèvement à la source, vous n'avez pas à actualiser vos ressources chaque trimestre. Les caisses d'allocations familiales (ou de MSA) récupèrent en effet le montant des salaires déclarés chaque mois par les employeurs auprès de l'administration fiscale.

Outre le changement du mode de calcul, la revalorisation de l'aide est désormais plafonnée.

Ainsi, les APL devraient augmenter de 0,3 % en 2020 (*Arrêté du 27/9/2019*).

Mais en raison de l'épidémie de coronavirus, le décret n° 2020-451 du 20/4/2020 a repoussé la réforme des ressources pour le calcul des aides au logement à une date ultérieure qui sera fixée par arrêté au plus tard le 1/1/2021.

À NOTER

La CAF propose sur son site www.caf.fr un simulateur en ligne pour estimer le montant de l'aide au logement.

ATTENTION ⚠

L'APL est soumise à la CRDS. Cette contribution est prélevée directement par l'organisme qui verse cette aide (la caisse d'allocations familiales ou la caisse de mutualité sociale agricole), si bien que vous n'avez aucune démarche particulière à effectuer.

Certains critères peuvent évoluer dans le temps et entraîner :

– une suppression du droit à l'APL ou, au contraire, la possibilité de bénéficier de cette aide ;

– une diminution ou une augmentation de son montant.

Toute modification dans la situation familiale ou professionnelle (divorce, décès, chômage, retraite…) ou, en cas d'accession, dans les conditions de remboursement du prêt (remboursement anticipé du prêt, prise en charge des mensualités par les assurances, décès-invalidité ou perte d'emploi…) doit être signalée à l'organisme qui verse l'aide, le montant versé pouvant alors varier à la hausse ou à la baisse.

À NOTER

Le décret n° 2017-1413 du 28/9/2017 et l'arrêté de même date ont modifié les règles de calcul des aides personnelles au logement (APL et allocations de logement) afin de rendre effective la décision des pouvoirs publics de baisser de 5 € par mois le montant des aides versées. Cette baisse est entrée en vigueur au titre des prestations versées depuis le 1/10/2017. À la même date, le seuil de versement des aides au logement a été ramené de 15 à 10 € (l'allocation dont le montant est inférieur à 10 € par mois n'est pas versée). Par une décision du 15/10/2018, le Conseil d'État a rejeté le recours du collectif « Vive l'APL » contre la baisse des 5 € des APL décidée par le gouvernement.

Quelles sont les démarches à effectuer ?

Pour bénéficier de l'APL, vous devez en faire la demande (*Code de la construction et de l'habitation, Art. R. 823-2*).

La démarche est différente selon le régime auquel vous êtes rattaché.

Auprès de la CAF (cas général)

La demande doit être faite en ligne sur le site *www.caf.fr*, rubrique « Mes services en ligne » puis « Faire une demande de prestation ».

Vous pouvez estimer le montant de votre aide au logement en cliquant sur « Faire une simulation ».

Auprès de la Mutualité sociale agricole

Si vous dépendez de la MSA, la demande doit être faite par courrier après avoir rempli le formulaire Cerfa n° 10840*07 téléchargeable sur le site *www.service-public.fr*.

Les pièces à joindre sont indiquées à la fin du formulaire.

Les pièces justificatives

Dans tous les cas, la demande doit être assortie de pièces justificatives (attestation de loyer, certificat (s) de prêt (s) ...). Certaines de ces pièces doivent être produites chaque année.

La non-transmission de ces documents dans les délais que la caisse vous précisera peut entraîner la suspension de l'APL.

Le fait de bénéficier ou de tenter de bénéficier de l'APL à la suite de manœuvres frauduleuses ou de fausses déclarations est puni d'une pénalité fixée en fonction de la gravité des faits dans la limite de deux fois le plafond mensuel de la Sécurité sociale. Les sommes perçues de ce fait devront en outre être remboursées (*Code de la Sécurité sociale, Art. L. 114-17*).

AVANTAGE

L'attribution de l'aide personnalisée au logement ouvre droit au versement d'une prime de déménagement (Code de la construction et de l'habitation, Art. D. 823-20).

Quand et comment intervient le versement ?

L'APL est due à compter du 1er jour du mois civil suivant celui au cours duquel les conditions d'ouverture du droit sont réunies. Lorsque ces conditions sont réunies antérieurement au mois de la demande, l'APL n'est due qu'à compter du 1er jour du mois au cours duquel la demande est déposée (il n'y a donc pas de rappel de versement en cas de demande tardive).

L'APL est versée mensuellement à terme échu.

À NOTER

L'organisme qui verse l'APL (en principe, la CAF) dispose d'un délai de 2 ans pour récupérer les sommes versées à tort (ce que l'on appelle des prestations « indues »), sauf en cas de fraude ou de fausse déclaration (délai de 5 ans). Si ces aides ont bien été déduites, par le bailleur ou l'établissement financier, des sommes réclamées, selon le cas, au locataire ou à l'emprunteur, le recouvrement des paiements indus s'effectue directement auprès de ces derniers. La CAF peut alors récupérer l'indu sur les échéances d'APL à venir ou, à défaut, sur les échéances à venir d'autres prestations sociales, notamment l'allocation de logement sociale, l'allocation de logement familiale, les prestations familiales ou le revenu de solidarité active (Code de la construction et de l'habitation, Art. L. 821-7).

En matière d'APL, le principe est le versement en tiers payant : l'APL ne vous sera pas versée directement, mais elle sera versée à l'établissement prêteur, en cas d'accession, ou au bailleur, en cas de location, qui la déduira de vos mensualités de remboursement ou du loyer que vous devez (*Code de la construction et de l'habitation, Art. D. 832-1*).

À NOTER

Si vous pensez remplir les conditions d'obtention, vous pouvez prendre contact avec votre caisse d'allocations familiales (CAF) ou votre caisse de mutualité sociale agricole

(MSA) si vous relevez des régimes agricoles. En fonction de votre situation, elle pourra apprécier vos droits à cette prestation. Vous pouvez également vous adresser à une association départementale d'information sur le logement (ADIL) ou évaluer directement vos droits à cette aide en vous connectant sur le site des caisses d'allocations familiales : www.caf.fr.

À NOTER

Si vous ne pouvez plus régler vos charges de prêt ou de loyer, l'APL peut continuer à vous être versée, principalement si un plan d'apurement de votre dette est mis en place. Si vous avez des difficultés pour faire face à vos charges de remboursement, n'attendez donc surtout pas pour le signaler à votre caisse.

Les allocations de logement

Les allocations de logement sont au nombre de deux : l'allocation de logement familiale et l'allocation de logement sociale. Ces allocations sont, pour l'essentiel, soumises aux mêmes conditions d'attribution, la distinction principale ayant trait aux bénéficiaires visés.

Quels sont les bénéficiaires ?

C'est sur ce point que les deux types d'allocation de logement se distinguent.

Pour l'allocation de logement familiale

Vous pourrez prétendre à cette allocation si vous remplissez l'une ou l'autre des conditions suivantes :

– vous percevez déjà une des prestations familiales suivantes : les allocations familiales, le complément familial, l'allocation de soutien familial, l'allocation d'éducation de l'enfant handicapé ;

– vous avez un enfant à charge d'au plus 21 ans mais n'avez pas droit aux prestations familiales ou à l'allocation d'éducation de l'enfant handicapé ;

– vous êtes une personne seule, sans enfant à charge, et vous attendez un enfant ; dans ce cas, l'allocation de logement familiale est due à compter du premier jour du mois civil suivant le 4e mois de la grossesse et jusqu'au mois civil de la naissance de l'enfant (après cette naissance, le droit à l'allocation de logement sera ouvert soit au titre de l'allocation de logement familiale, soit au titre de l'APL, soit au titre de l'allocation de logement sociale, sous réserve que les conditions soient remplies) ;

– vous êtes un jeune ménage (marié, pacsé ou en concubinage) sans enfant dont la somme des âges n'excède pas 55 ans ;

– vous avez à charge à votre domicile un ascendant de plus de 65 ans ou de 60 ans inapte au travail ou un membre de votre famille présentant un taux d'infirmité d'au moins 80 % (sur ce point, la législation étant particulièrement complexe, le plus simple est de vous renseigner auprès de votre caisse d'allocations familiales ou votre caisse de mutualité sociale agricole si vous relevez du régime agricole).

Si vous êtes étranger, vous devez justifier d'un titre de séjour en cours de validité.

À NOTER

Une cour d'appel a jugé qu'en cas de résidence alternée des enfants, chaque parent avait droit à l'allocation de logement intégralement une année sur deux (Cour d'appel de Rennes, 26/10/2011).

Pour l'allocation de logement sociale

Le principe est simple : peut prétendre à cette allocation toute personne qui ne remplit ni les conditions pour bénéficier de l'APL, ni celles pour bénéficier de l'allocation de logement familiale. Il faut simplement que soient remplies les conditions relatives au logement et aux ressources.

Les personnes étrangères doivent justifier d'un titre de séjour en cours de validité.

À NOTER

Les caisses d'allocations familiales peuvent demander, pour le service de l'allocation de logement (et, plus généralement, des prestations familiales), toutes pièces justificatives utiles pour apprécier les conditions du droit à la prestation. Elles peuvent se dispenser de cette demande lorsqu'elles sont en mesure d'effectuer des contrôles par d'autres moyens mis à leur disposition. Sauf cas de force majeure, la non présentation par le demandeur des pièces justificatives entraîne la suspension du délai d'instruction de la demande pendant une durée maximale fixée à 2 mois à compter de la date à laquelle la caisse a informé le demandeur qu'il avait à produire des pièces supplémentaires (Code de la Sécurité sociale, Art. L. 161-1-4 et D. 161-1-3). Si le demandeur n'a pas produit les pièces demandées à l'issue de cette période de 2 mois, sa demande sera considérée comme rejetée. Rien n'interdit toutefois de déposer une nouvelle demande, en produisant évidemment les pièces exigées.

Quelles sont les conditions d'obtention ?

Quelles sont les conditions de ressources ?

Les allocations de logement sont attribuées sous conditions de ressources et conformément à certains plafonds variant en fonction de plusieurs critères (composition du foyer, lieu de situation du logement, etc.).
Les enfants rattachés au foyer fiscal de leurs parents assujettis à l'impôt sur la fortune immobilière (IFI) ne sont pas bénéficiaires des allocations de logement.

Quelles sont les conditions tenant au logement ?

Comme l'APL, les allocations de logement ne concernent que les résidences principales, que vous soyez locataire ou accédant à la propriété (*Code de la construction et de l'habitation, Art. R. 822-23 et L. 822-2*).
La définition de cette notion est d'ailleurs la même que pour l'APL.

Il faut en outre que le logement réponde aux caractéristiques fixées par l'article 6 de la loi du 6/7/1989, c'est-à-dire aux conditions de confort minimales fixées par le décret n° 2002-120 du 30/1/2002 relatif aux caractéristiques du logement décent. Parmi les pièces justificatives à produire à l'appui d'une demande d'allocation de logement figure une attestation de respect de cette condition de « décence ». La CAF (ou la caisse de MSA) peut faire vérifier sur place que tel est bien le cas.
Lorsque le logement ne satisfait pas à ces caractéristiques et que le constat en a été fait par la CAF (ou, le cas échéant, par la caisse de MSA) ou un organisme habilité par elle, l'allocation de logement n'est pas versée au locataire ou au propriétaire mais est conservée par la CAF pendant un délai maximal de 18 mois. Le propriétaire doit utiliser ce délai pour rendre le logement « décent », auquel cas l'allocation conservée par la CAF lui sera reversée. Durant ce même délai, le locataire s'acquitte du montant du loyer et des charges récupérables, diminué du montant des allocations de logement dont il aura été informé par l'organisme payeur. Il est à noter que le bailleur ne pourra pas utiliser cette diminution à l'encontre du locataire pour obtenir la résiliation du bail.

À NOTER

La CAF doit informer le bailleur de l'existence d'aides publiques et des lieux d'information pour réaliser les travaux de mise en conformité du logement.

Si, à l'issue du délai de 18 mois, le logement n'est toujours pas « décent », les dispositions applicables seront alors les suivantes :
– le bénéfice de l'allocation de logement conservée jusqu'à cette date par la CAF est définitivement perdu et le propriétaire ne peut demander au locataire le paiement de la part de loyer non perçue correspondant au montant de l'allocation conservée ;
– l'allocation de logement peut, à titre exceptionnel, dans certaines situations (par exemple, quand le bailleur du logement apporte la preuve à la CAF qu'il a engagé les travaux de mise en conformité qui doivent s'achever dans les 6 mois), être maintenue par décision de la CAF et conservée par elle pour une durée de 6 mois, renouvelable une fois. Durant ce délai, le locataire s'acquitte du montant du loyer et des charges récupérables, diminué du montant des allocations de logement dont il aura été informé par la CAF ;
– dès que le constat de mise en conformité du logement est établi, le montant de l'allocation de logement conservée par la CAF est versé au propriétaire. En revanche, si le logement n'est toujours pas « décent » à l'issue de ce délai de 6 ou 12 mois, le bénéfice de l'allocation de logement conservée par la CAF est définitivement perdu et le propriétaire ne peut demander au locataire le paiement de la part de loyer non perçue.
Indépendamment de ces situations, et bien que le logement ne soit pas « décent », l'allocation de logement peut être versée :
– si vous êtes logé en hôtel meublé ou en pension de famille, pour une durée d'1 an avec prolongement possible de 6 mois supplémentaires ;
– si vous êtes accédant à la propriété ou que vous bénéficiez d'une allocation de logement au titre d'une opération d'agrandissement ou d'amélioration, pour une durée de 18 mois renouvelable une fois (*Code de la construction et de l'habitation, Art. L. 843-4 et s., R. 843-1 et R. 843-6*).

Le logement doit également avoir une superficie habitable globale au moins égale à 9 m² pour une personne seule, 16 m² pour un ménage sans enfant ou deux personnes, augmentée de 9 m² par personne en plus, dans la limite de 70 m² pour 8 personnes et plus (*Code de la construction et de l'habitation, Art. R. 822-25*).

À NOTER

Si les conditions de superficie ne sont pas remplies, une dérogation peut être accordée par l'organisme payeur (en principe la CAF) pour un certain délai.

AVANTAGE

L'allocation de logement peut également être accordée si le logement est situé dans un département d'outre-mer, ce qui n'est pas le cas pour l'APL.

PAS D'ALLOCATION SI LE LOGEMENT APPARTIENT À UN MEMBRE DE LA FAMILLE DU LOCATAIRE

Les aides au logement ne peuvent pas être attribuées aux personnes qui sont locataires d'un logement dont elles-mêmes, leurs conjoints, concubins ou partenaires pacsés, ou l'un de leurs ascendants ou descendants, sont propriétaires en totalité ou en partie (par exemple, par l'intermédiaire de parts de SCI). Par dérogation, elles peuvent toutefois être versées si l'ensemble des parts de propriété et d'usufruit du logement ainsi détenues est inférieur à 10 % pour les parts de propriété et à 10 % pour les parts d'usufruit, sans que l'ensemble de ces parts ne puisse égaler ou dépasser 10 % au total (*Code de la construction et de l'habitation, Art. R. 822-1*). Par ailleurs, les personnes rattachées au foyer fiscal de leurs parents, lorsque ces derniers sont redevables de l'impôt sur la fortune immobilière, ne peuvent pas bénéficier des aides au logement (allocations de logement ou APL) ; cette condition d'éligibilité est appréciée pour chacun des membres du ménage.

Quelles sont les opérations visées ?

Vous êtes accédant à la propriété :

Une allocation de logement peut vous être accordée lorsque vous remboursez un prêt contracté avant le 1/1/2018, autre qu'un prêt conventionné ou un prêt PAS, qui finance une opération :

- de construction ;
- d'acquisition d'un logement ;
- d'acquisition et/ou d'amélioration d'un logement en vue de le rendre, partiellement ou totalement, conforme aux normes minimales d'habitabilité ;
- de transformation en logement d'un local initialement affecté à un autre usage (local commercial, par exemple) ;
- d'agrandissement d'un logement (*Code de la construction et de l'habitation, Art. R. 842-5*).

ATTENTION ⚠

L'allocation de logement n'est plus attribuée pour les prêts permettant d'accéder à la propriété qui sont signés depuis le 1/1/2018.

Vous êtes locataire :

À la différence de l'APL, il n'y a aucune condition tenant au conventionnement du logement pour pouvoir prétendre à une allocation de logement. Il suffit que ce dernier soit conforme aux normes de « décence » et de surface déjà précisées. Il faut également savoir que le bénéfice de ces allocations vous sera refusé si le logement que vous occupez a été mis à votre disposition par l'un de vos ascendants ou descendants ou l'un des ascendants ou descendants de votre conjoint, concubin ou partenaire lié par un PACS.

À NOTER

Sont passibles de sanctions pénales et de pénalités administratives, les fausses déclarations ou les déclarations incomplètes ayant pour objet d'obtenir des prestations sociales telles que l'allocation de logement qui, sans cela, ne seraient pas dues ou seraient dues pour un montant inférieur à celui versé.

Quel est le montant de l'allocation de logement ?

Comme pour l'APL, le montant de l'allocation de logement dépend de nombreux facteurs : charges de remboursement ou de loyer, composition de la famille, lieu d'implantation du logement, ressources et valeur du patrimoine s'il est supérieur à 30 000 € (hors valeur de la résidence principale et des biens à usage professionnel), etc. Pour évaluer vos droits à cette aide et son montant éventuel, vous pouvez consulter votre caisse d'allocations familiales ou votre caisse de mutualité sociale agricole, ou encore votre association départementale pour l'information sur le logement (ADIL). Vous pouvez également vous connecter sur le site des caisses d'allocations familiales (*www.caf.fr*) : en quelques questions, vous pourrez alors avoir une idée précise de vos droits en matière d'allocation de logement.

De même que pour les APL, le mode de calcul de l'allocation de logement sera prochainement effectué sur la base du revenu des 12 derniers mois et non plus sur le revenu de l'année N-2.
Mais en raison de l'épidémie de coronavirus, le décret n° 2020-451 du 20/4/2020 a repoussé la réforme des ressources pour le calcul des aides au logement à une date ultérieure qui sera fixée par arrêté au plus tard le 1/1/2021.

À NOTER

Le montant de l'allocation logement sera actualisé automatiquement tous les trimestres et non plus une fois par an lorsque la réforme entrera en vigueur.

À qui est-elle versée ?

Vous êtes accédant à la propriété

S'il en fait la demande, l'allocation de logement sera versée directement à l'établissement prêteur. Celui-ci devra alors déduire l'allocation du montant des charges de remboursement et porter cette déduction à votre connaissance. Si le prêteur ne pratique pas cette déduction, l'allocation logement vous sera versée directement (*Code de la construction et de l'habitation, Art. L. 842-1*). Lorsque l'organisme payeur a versé une allocation indue et que le prêteur justifie avoir procédé à la déduction décrite ci-dessus, la caisse qui verse l'allocation (en principe la CAF) récupère le trop-perçu auprès de l'allocataire.

Vous êtes locataire

L'allocation de logement (familiale ou sociale) est versée, s'il le demande, directement au bailleur et non au locataire (c'est ce que l'on appelle le « tiers-payant »). Celui-ci la déduit alors du montant du loyer et des dépenses accessoires de logement et porte cette déduction à la connaissance du locataire bénéficiaire de l'allocation de logement. Lorsque le bailleur ne pratique pas cette déduction, l'allocation est versée au locataire (*Code de la construction et de l'habitation, Art. L. 842-1*). Un tel versement en tiers-payant ne peut toutefois avoir lieu que si le logement répond aux exigences du logement décent et aux normes d'occupation compte tenu de sa superficie. Pour les logements compris dans un patrimoine d'au moins 10 logements dont le propriétaire ou le gestionnaire est un organisme d'habitations à loyer modéré ou une société d'économie mixte de construction et de gestion de logements sociaux, le bailleur peut continuer à percevoir l'allocation s'il s'engage par convention avec l'État à rendre le logement décent dans un délai fixé par cette convention.
Lorsque l'organisme payeur a versé une allocation indue et que le bailleur justifie avoir procédé à la déduction décrite ci-dessus, le trop-perçu est récupéré auprès de l'allocataire.

À NOTER

Le paiement en tiers-payant de l'allocation de logement entre les mains du prêteur ou du bailleur est de droit, dès lors qu'ils en font la demande et que les conditions mentionnées ci-dessus sont réunies (décence du logement, normes minimales de superficie et d'occupation).

Par qui et quand est-elle versée ?

- L'allocation de logement est versée par la caisse d'allocations familiales ou la caisse de mutualité sociale agricole si vous dépendez du régime agricole.
- L'allocation de logement est versée à partir du 1er jour du mois civil qui suit la demande.

AVANTAGE

Comme pour l'APL, si vous avez des difficultés pour régler vos charges de prêts ou votre loyer, votre allocation de logement ne sera pas forcément suspendue. Là encore, ne tardez pas à prendre contact avec l'organisme qui vous verse l'allocation pour envisager avec lui la meilleure solution.

Quelles sont les démarches à effectuer ?

Les démarches à effectuer sont les mêmes que pour obtenir l'APL, mais il faut également joindre à la demande un justificatif de la superficie du logement.

L'AIDE EXCEPTIONNELLE DE SOLIDARITÉ

En raison de la crise sanitaire due à l'épidémie de Covid-19, la CAF verse exceptionnellement, depuis le 15/5/2020, une aide aux foyers les plus modestes.
Pour en bénéficier, il faut percevoir :
– le RSA ou l'allocation de solidarité spécifique (ASS) ;
– ou une aide personnelle au logement et avoir des enfants de moins de 20 ans à sa charge.
Cette aide exceptionnelle de solidarité est versée automatiquement par la CAF, les caisses de la Mutualité sociale agricole ou Pôle emploi.
Elle s'élève à 150 € pour les bénéficiaires du RSA ou de l'ASS et elle est majorée de 100 € pour chaque enfant à charge de moins de 20 ans.
Les familles qui ne perçoivent ni le RSA, ni l'ASS mais qui bénéficient d'une aide personnelle au logement, ont droit, quant à elles, à 100 € par enfant à charge de moins de 20 ans.

Le financement de l'amélioration de l'habitat

Si vous souhaitez effectuer des travaux de rénovation ou d'amélioration, vous pouvez éventuellement bénéficier d'une aide qui prendra en charge une partie de vos dépenses. Quel que soit votre statut, propriétaire bailleur ou propriétaire occupant, l'aide principale à laquelle vous pourrez prétendre

vous sera attribuée par l'Agence nationale de l'habitat (ANAH). Pour en bénéficier, certaines conditions sont à remplir, et certains engagements sont à prendre.

Il existe également un dispositif baptisé « éco-prêt à taux zéro » destiné à financer des travaux d'amélioration de la performance énergétique des logements achevés avant le 1/1/1990.

Les aides de l'ANAH

L'Agence nationale de l'habitat (ANAH) a notamment pour mission d'attribuer des aides aux propriétaires bailleurs et aux propriétaires occupants qui souhaitent réaliser des travaux dans les logements qu'ils donnent en location ou qu'ils occupent, à titre de résidence principale. Cette aide ne concerne que les immeubles anciens ; elle est en outre soumise, dans certains cas, à condition de ressources et ne peut concerner que certains types de travaux.

Quels sont les logements concernés ?

Ancienneté des immeubles

Les aides de l'ANAH peuvent être accordées pour réaliser des travaux dans des logements ou dans des immeubles. Dans l'un et l'autre cas, ceux-ci doivent remplir une condition d'ancienneté, c'est-à-dire être achevés :

– depuis 15 ans au moins à la date de la notification de la décision d'octroi de l'aide dans le cas général ;

– depuis 10 ans au moins à la date de la notification de la décision d'octroi de l'aide lorsque les travaux portent sur les parties communes d'un immeuble faisant l'objet d'un plan de sauvegarde prévu à l'article L. 615-1 du Code de la construction et de l'habitation (il s'agit des copropriétés dites « dégradées »).

À NOTER

Les règles applicables aux aides de l'ANAH figurent dans le Règlement général de l'ANAH.

Ces délais peuvent ne pas être exigés lorsque les travaux envisagés tendent à réaliser l'adaptation des logements aux besoins spécifiques des personnes handicapées ou des personnes âgées.

En outre, des dérogations à la condition de délai de 15 ans peuvent être accordées, à titre exceptionnel, en fonction de l'urgence et de l'intérêt des travaux à réaliser dans les situations suivantes :

– l'immeuble fait l'objet d'un arrêté de péril (*Code de la construction et de l'habitation, Art. L. 511-1 et s.*) ou d'un arrêté d'insalubrité (*Code de la santé publique, Art. L. 1331-26 et s.*) ou nécessite des travaux de mise en sécurité d'équipements communs à usage collectif (par exemple, un ascenseur) ;

– les travaux sont réalisés à la suite d'une catastrophe naturelle ou d'une catastrophe majeure, ou sont consécutifs à des dommages causés par les effets du vent dû aux tempêtes, ouragans et cyclones ;

– les travaux sont réalisés sur des immeubles ou logements situés dans le périmètre d'une OPAH (opération programmée d'amélioration de l'habitat) ;

– les travaux portent sur des immeubles ou logements faisant partie d'une copropriété en difficulté pour la gestion de laquelle un administrateur provisoire a été désigné conformément aux dispositions de l'article 29-1 de la loi n° 65-557 du 10/7/1965 ;

– les travaux sont relatifs à la prévention des risques naturels ou technologiques ou visent à lutter contre les nuisances sonores aux abords des aérodromes ou autre site particulièrement exposé.

À NOTER

L'attribution d'une aide de l'ANAH n'est jamais automatique, même lorsque le demandeur remplit toutes les conditions requises. Les aides sont attribuées en fonction de l'intérêt économique, social, technique et environnemental des travaux projetés et des crédits disponibles, sur la base d'un programme d'actions qui fixe notamment les priorités d'intervention de l'ANAH au niveau local, et les modalités financières d'attribution des aides. À titre d'illustration, les priorités actuelles de l'ANAH concernent le traitement de l'habitat indigne ou très dégradé, la rénovation thermique de l'habitat et la lutte contre la précarité énergétique, l'adaptation des logements à la perte d'autonomie liée au handicap ou au vieillissement et le redressement des copropriétés en difficulté.

Occupation à titre de résidence principale

Les aides de l'ANAH ne sont accordées qu'au titre d'une résidence principale, c'est-à-dire un logement occupé au moins 8 mois par an, sauf obligation professionnelle, raison de santé ou cas de force majeure (*Code de la construction et de l'habitation, Art. D. 321-20*). Cette condition doit être remplie soit par le propriétaire occupant, soit par le locataire si l'aide a été attribuée à un propriétaire bailleur. Cette occupation à titre de résidence principale doit durer en principe 9 ans à compter de la déclaration d'achèvement des travaux. Elle peut toutefois être réduite si vous vous trouvez dans l'une des situations suivantes :

- Vous êtes propriétaire bailleur. La durée de location peut être ramenée à 6 ans si vous devez reprendre le logement pour l'occuper à titre de résidence principale, ou le faire occuper, également comme résidence principale, par votre conjoint, votre concubin ou la personne à qui vous êtes lié par un PACS, ou par vos ascendants ou descendants ou ceux de votre conjoint, concubin ou partenaire pacsé. En outre, l'occupation du logement n'est pas exigée si, après une vacance du logement subventionné supérieure à 1 an, vous apportez la preuve que vous avez mis en œuvre tous les moyens nécessaires à la recherche d'un locataire.

En contrepartie de l'aide de l'ANAH, le propriétaire bailleur doit également prendre des engagements portant sur le montant du loyer (celui-ci ne pourra excéder un montant maximum fixé localement par l'ANAH en fonction des loyers de marché) et le niveau de ressources des locataires appelés à occuper le logement. Le propriétaire bailleur doit remplir le formulaire Cerfa n° 13458*04 téléchargeable sur le site *www.service-public.fr* et l'envoyer à l'ANAH.

Lorsque les travaux réalisés avec l'aide de l'ANAH relèvent de l'accessibilité ou de l'adaptation de l'immeuble ou du logement aux personnes handicapées et ont eu pour objet de répondre aux besoins spécifiques de la personne logée, la durée de 9 années de mise en location ou de mise à disposition n'est plus exigée en cas de départ du fait du locataire.

AVANTAGE

Sous certaines conditions, l'ANAH peut intervenir pour aider à la transformation en logements, d'immeubles auparavant affectés à une autre utilisation (commerciale, agricole, de bureaux…) pour aider à la remise sur le marché locatif de logements vacants ou pour financer des travaux d'économie d'énergie. Sur ce point particulier, on peut se renseigner auprès de la direction départementale de l'ANAH.

- Vous êtes propriétaire occupant. Le logement subventionné doit être occupé dans le délai maximum d'1 an qui suit la déclaration d'achèvement des travaux ; ce délai peut être porté à 3 ans si vous destinez le logement à votre résidence principale, lors de votre départ à la retraite.

En outre, cette occupation à titre de résidence principale peut ne pas être exigée si le bénéficiaire de l'aide invoque des motifs d'ordre médical, familial ou professionnel impliquant nécessairement un changement de résidence principale.

À NOTER

Sous certaines conditions, lorsque l'aide a été accordée à un propriétaire occupant, celui-ci peut obtenir de l'ANAH l'autorisation de louer ce logement à un locataire, qui en fera sa résidence principale, tout en conservant le bénéfice de l'aide. Des renseignements complémentaires peuvent être obtenus auprès de la direction départementale de l'ANAH. Tout changement d'occupation ou d'utilisation des logements ou toute mutation de propriété (vente, donation…) des logements intervenant pendant la période de 9 ans doit être déclaré par le bénéficiaire de l'aide au délégué local de l'ANAH dans un délai de 2 mois suivant l'événement. En outre, à l'occasion d'une mutation de propriété, les vendeurs, les donataires ou leurs ayants droit (en cas de succession) sont tenus d'informer le notaire de l'octroi de l'aide (Code de la construction et de l'habitation, Art. R. 321-20).

Quels sont les bénéficiaires ?

À qui s'adressent les aides ?

Les aides de l'ANAH s'adressent :
- aux propriétaires occupants (ces derniers ne doivent pas avoir bénéficié d'un prêt à taux zéro dans les 5 dernières années, sauf lorsque le logement est situé sur le territoire d'une opération programmée d'amélioration de l'habitat - OPAH) ;
- aux propriétaires bailleurs ;
- aux personnes qui assurent la charge effective des travaux dans des logements occupés à titre de résidence principale, par leurs ascendants ou descendants ou ceux de leur conjoint, de leur concubin ou du cosignataire d'un PACS lorsque ces derniers ont la qualité de propriétaires ou de titulaires d'un

droit réel conférant l'usage des locaux (usufruitiers, nu-propriétaires…) ;

– aux locataires qui effectuent des travaux de mise aux normes du logement qu'ils occupent. L'ANAH peut également accorder des aides aux locataires qui effectuent, avec l'accord de leur bailleur, des travaux d'accessibilité ou d'adaptation au handicap de leur logement. Cette aide peut être accordée à tous les locataires, sans condition de ressources. Un accord exprès du bailleur est nécessaire : une simple lettre signée du bailleur suffit, dès lors qu'elle comporte au moins son nom et son adresse, un descriptif sommaire des travaux concernés (prouvant que le bailleur a été informé de la consistance du projet) ainsi que les coordonnées du locataire et du logement concerné.

AVANTAGE

L'ANAH a mis en ligne un service qui permet aux personnes intéressées, y compris aux syndicats de copropriétaires, de vérifier leur éligibilité et simplifie leurs démarches : https://monprojet.anah.gouv.fr.

Les aides peuvent également être attribuées, dans des conditions particulières, aux communes ou groupements de communes qui se substituent à des propriétaires défaillants pour effectuer des travaux dans des logements insalubres ou dangereux, ou à des associations agréées en charge du logement des personnes défavorisées.

Les aides peuvent aussi concerner, sous certaines conditions, des logements mis à disposition gratuitement, par leur propriétaire, au bénéfice d'une personne ayant la qualité d'hébergée. Sont exclusivement concernés par cette disposition les logements destinés à des personnes en situation de handicap, ou gérés par des associations agréées au titre de la loi du 31/5/1990 pour le logement des personnes défavorisées.

À NOTER

Si vous avez acquis votre logement auprès d'un organisme HLM, vous ne pourrez bénéficier, pour ce logement, d'une aide de l'ANAH qu'à l'expiration d'un délai de 5 ans à compter de la date de cette acquisition. Ce délai peut toutefois être réduit si le projet pour lequel l'aide est demandée vise l'adaptation du logement aux besoins spécifiques d'une personne âgée ou handicapée.

LES AIDES ACCORDÉES AUX SYNDICATS DE COPROPRIÉTAIRES

Les aides de l'ANAH peuvent être attribuées aux syndicats de copropriétaires d'immeubles affectés de manière prépondérante à l'usage d'habitation (*Code de la construction et de l'habitation, Art. R. 321-12*).

Sont, par exemple, éligibles à ces aides, les immeubles :

– faisant l'objet du plan de sauvegarde ou situés dans le périmètre d'une OPAH ou d'une opération de requalification de copropriétés dégradées ;

– pour lesquels le syndicat de copropriétaires s'est vu notifier un arrêté d'insalubrité, un arrêté de péril ou un arrêté visant à remédier à des défauts de fonctionnement ou d'entretien des équipements communs ;

– pour lesquels le juge a désigné un administrateur provisoire.

Des aides peuvent également être accordées à des copropriétés pour certains types de travaux, par exemple :

– pour des travaux tendant à permettre l'accessibilité de l'immeuble et portant sur les parties communes et équipements communs ;

– pour des travaux d'amélioration des performances énergétiques des copropriétés présentant des signes de fragilité sur le plan technique, financier, social ou juridique.

L'attribution de l'aide au syndicat des copropriétaires peut être cumulée, pour les mêmes travaux, avec des aides individuelles aux copropriétaires.

Si vous êtes dans l'une ou l'autre de ces situations, le mieux est d'interroger votre syndic qui pourra entreprendre les démarches nécessaires auprès de l'ANAH.

Quelles sont les conditions de ressources ?

Certains demandeurs ne peuvent prétendre à une aide de l'ANAH que dans la mesure où leurs ressources sont inférieures à certains plafonds. Sont concernés :

– les propriétaires occupants ;

– les personnes qui prennent en charge des travaux dans un logement occupé par certains membres de leur famille (voir ci-dessus) ; dans ce cas, la condition de ressources doit être remplie par les personnes qui occupent le logement et par le demandeur de l'aide (celui qui prendra en charge les travaux).

Deux catégories de ménages peuvent prétendre aux aides de l'ANAH pour le financement de travaux, en fonction de leur niveau de ressources :

– ménages aux ressources très modestes ;

– ménages aux ressources modestes.

Cette distinction permet de déterminer le taux maximal de l'aide dont les ménages pourront bénéficier pour leur projet de travaux si leur dossier est retenu.

À NOTER

Des modalités particulières d'intervention de l'ANAH (par exemple des plafonds de ressources majorés) peuvent être mises en œuvre ponctuellement en cas de catastrophes naturelles ou industrielles (AZF à Toulouse ou tempête Xynthia par exemple). Ces modalités particulières sont détaillées sur le site de l'ANAH : www.anah.fr.

Les plafonds sont revalorisés chaque année au 1er janvier *(Voir pages Barème)*.

Pour apprécier la situation de chaque ménage demandeur, au regard du plafond de ressources applicable, le montant des ressources à prendre en considération au cours d'une année donnée est égal à la somme des revenus fiscaux de référence de chaque personne composant le ménage au titre de l'année précédant celle de la demande d'aide ; ainsi, par exemple, pour une demande déposée en 2020, le plafond applicable sera comparé aux ressources de l'année 2019.

À titre de justificatifs de ressources, il faut produire, à l'appui de la demande d'aide, l'avis d'impôt sur le revenu de chaque personne constituant le ménage demandeur, précisant sa situation au regard de l'impôt sur le revenu dû au titre de l'année de référence (année 2019 pour une demande déposée en 2020, année 2020 pour une demande en 2021, etc.). Si vous êtes non imposable à l'impôt sur le revenu, vous devrez produire un avis de non-imposition pour l'année considérée.

Quels sont les travaux concernés ?

Le conseil d'administration de l'ANAH définit les travaux pouvant faire l'objet d'une aide. Il s'agit des travaux de réparation, d'assainissement, d'amélioration et d'adaptation d'immeubles ou de logements, ainsi que des travaux de transformation en logements de locaux non affectés à usage d'habitation.

Trois catégories de travaux sont visés, sachant que des adaptations sont possibles localement, dans le cadre de conventions spécifiques :

– les travaux pour la sécurité et la salubrité de l'habitat, destinés à permettre de traiter des situations d'insalubrité limitée (dans le cas contraire, il s'agira de travaux « lourds » mentionnés plus loin) ou de répondre à une procédure liée à la mise en sécurité des équipements communs ou à un risque avéré de saturnisme ;

– les travaux pour l'autonomie de la personne, destinés à permettre d'adapter le logement et ses accès aux besoins spécifiques d'une personne handicapée ou faisant face à une perte d'autonomie liée au vieillissement ;

– les travaux de lutte contre la précarité énergétique (économies d'énergie), devant permettre d'améliorer les performances énergétiques du logement ou du bâtiment d'au moins 25 % ; pour ces travaux, le demandeur doit bénéficier de l'accompagnement d'un opérateur spécialisé.

À NOTER

Les travaux de rénovation énergétique bénéficient du taux réduit de TVA. La liste des travaux subventionnables peut être consultée sur le site de l'ANAH (www.anah.fr) ou auprès des délégations départementales de l'ANAH sachant que, à titre exceptionnel, d'autres travaux d'amélioration que ceux mentionnés ci-dessus peuvent, le cas échéant, être subventionnés notamment pour les propriétaires occupants aux ressources « très modestes » (par exemple, des travaux de mise en conformité des installations d'assainissement non-collectif).

À NOTER

Par exception au principe selon lequel seuls certains travaux sont subventionnables, peuvent faire l'objet d'une aide de l'ANAH la totalité des mesures prescrites sur un immeuble à la suite d'un arrêté pris en application des articles L. 1331-26 et suivants (immeuble insalubre) et articles L. 1334-1 et suivants (présence de plomb ou d'amiante) du Code de la santé publique ou des articles L. 123-3 (risques d'incendie), L. 129-1 et suivants (fonctionnement défectueux d'un élément d'équipement commun) et articles L. 511-1 et suivants (immeubles menaçant de s'effondrer) du Code de la construction et de l'habitation.

Les simples travaux d'entretien ou de réparation ne peuvent pas, en principe, bénéficier d'une aide de l'ANAH.

Pour les propriétaires occupants, l'ANAH peut également financer, dans la limite d'un plafond *(Voir pages Barème)*, les projets de travaux lourds destinés à réhabiliter un logement indigne ou très dégradé. Sont notamment visés les logements ayant fait l'objet d'un arrêté d'insalubrité ou de péril, ou dont l'insalubrité ou la dégradation importante sont constatées sur la base d'un rapport réalisé par un professionnel qualifié à l'aide de la grille d'évaluation de l'état d'insalubrité ou de la grille d'évaluation de la dégradation de l'habitat.

- **Pour les demandes d'aide présentées par des propriétaires bailleurs**, une « évaluation énergétique avant et après travaux » doit obligatoirement être fournie à l'appui de cette demande. Les logements doivent ainsi faire l'objet d'une évaluation énergétique avant travaux et projetée après travaux, permettant de connaître leur consommation conventionnelle en kWh ep/m² par an (le kWh ep/m²/an est l'unité de mesure de la consommation d'énergie primaire par unité de surface et par an) et leur étiquette « Énergie », et apportant au maître d'ouvrage des conseils d'amélioration. Les aides de l'ANAH ne sont pas attribuées si les logements n'atteignent pas au moins l'étiquette « D » après travaux, soit une consommation énergétique inférieure à 230 kWh ep/m² par an avec toutefois la possibilité d'admettre dans certaines situations particulières, que le logement n'atteigne après travaux que l'étiquette « E » (soit une consommation énergétique inférieure à 330 kWh ep/m² par an). Des conditions plus restrictives peuvent être définies localement dans le cadre des programmes d'action et conduire notamment à l'exigence d'une étiquette « C » ou « B ». Cette règle d'éco-conditionnalité est toutefois exclue dans certaines situations, notamment lorsque les travaux portent exclusivement sur les parties communes (habitation collective) d'un immeuble ou lorsqu'ils ne concernent pas les locaux compris dans la surface habitable d'une habitation individuelle ou encore lorsqu'ils se rattachent à une situation de perte d'autonomie.

L'évaluation est réalisée par un diagnostiqueur agréé pour effectuer des diagnostics de performance énergétique (DPE), ou par un opérateur de suivi/animation d'opération programmée ou d'assistance à maîtrise d'ouvrage doté de la compétence nécessaire, ou dans le cadre d'une demande de certification ou de label délivrés par un organisme agréé.

Le demandeur de l'aide doit également fournir à l'ANAH un diagnostic permettant d'attester l'état du logement concerné par les travaux. Ce diagnostic peut être établi soit dans le cadre d'une procédure administrative (arrêté d'insalubrité, arrêté de péril…), soit par un professionnel qualifié au moyen d'une grille d'évaluation de l'insalubrité ou d'une grille d'évaluation de la dégradation de l'habitat.

À NOTER

En cas de modification du projet après la réalisation des évaluations jointes au dossier, une évaluation énergétique après travaux indiquant les valeurs correspondant au projet finalement réalisé sera exigée pour le paiement de la subvention.

AVANTAGE

Les propriétaires bailleurs peuvent désormais, comme cela était déjà le cas pour les propriétaires occupants (voir ci-dessous), bénéficier de l'aide « Habiter Mieux Sérénité » pour un projet de travaux générant un gain de performance énergétique d'au moins 25 %. Cette prime forfaitaire (Voir pages Barème) ne peut être accordée indépendamment d'une aide de l'ANAH (avec conventionnement du logement). Toutes les précisions peuvent être obtenues sur le site de l'ANAH : www.anah.fr.

- **Pour les demandes présentées par les propriétaires occupants**, il n'est pas obligatoire de fournir une « évaluation énergétique avant et après travaux », sauf s'il s'agit d'un projet de travaux « lourds » (travaux d'une grande ampleur et d'un coût élevé qui visent à résoudre une situation d'habitat indigne particulièrement grave ou de dégradation très importante). Une telle évaluation devra également être établie si le demandeur souhaite obtenir, en complément de l'aide principale de l'ANAH, une aide « Sérénité », également délivrée par l'ANAH dans le cadre du programme « Habiter mieux ».

Cette aide est attribuée, sous condition de ressources, pour financer un ensemble de travaux permettant de faire un gain énergétique d'au moins 25 %. Pour l'obtenir, le logement doit être construit depuis plus de 15 ans et les travaux confiés à un professionnel ayant la qualification « RGE » (reconnu garant de l'environnement) depuis le 1/7/2020. Par ailleurs, il ne faut pas avoir eu recours à un prêt à taux zéro pour l'accession de son logement au cours des 5 dernières années. Les bénéficiaires de l'aide doivent se faire accompagner par un opérateur-conseil pour élaborer leur projet et suivre les travaux. Le montant de l'aide varie selon que le demandeur relève de la catégorie des ménages aux revenus très modestes ou modestes *(Voir pages Barème)*.

À NOTER

Pour être subventionnables, les travaux doivent représenter un montant minimal (Voir pages Barème). Ce montant n'est toutefois pas exigé lorsque les travaux sont réalisés par des propriétaires occupants disposant de ressources au plus égales à 50 % des plafonds normalement applicables (on parle alors de propriétaires « très sociaux »), ou concernent des personnes âgées ou handicapées, ou encore des copropriétés en difficulté.

Qui doit effectuer les travaux ?

Les travaux subventionnés par l'ANAH doivent être exécutés par des entreprises professionnelles du bâtiment inscrites au Registre du commerce et des sociétés ou au Répertoire des métiers ou légalement installées dans un pays membre de l'Union européenne, ou par des entreprises d'insertion ou des établissements et services d'aide par le travail (ESAT) dûment habilités par une autorité administrative. Ces entreprises doivent être soumises aux règles de garantie légale. L'aide de l'ANAH n'est ainsi versée que sur présentation des factures des entreprises ayant réalisé les travaux (sauf cas exceptionnels dus, notamment, à la défaillance d'une entreprise).

L'intervention des entreprises doit comprendre la fourniture et la mise en œuvre des matériaux et équipements.

Sous certaines conditions, les travaux peuvent être réalisés par les propriétaires-occupants, dans le cadre d'une opération dite d' « auto réhabilitation » ; dans ce cas, un encadrement technique est obligatoirement effectué par un opérateur s'engageant à respecter une charte élaborée par l'ANAH qui porte en particulier sur les obligations relatives à la transparence du montage financier, à la sécurisation de l'opération ainsi qu'aux garanties appropriées (*Code de la construction et de l'habitation, Art. R. 321-18*). Sur ce point, il convient de se renseigner auprès de la délégation départementale de l'ANAH.

ATTENTION ⚠

L'achat direct des matériaux par le propriétaire exclut les travaux réalisés avec ces matériaux (et non pas l'ensemble de l'opération) du bénéfice d'une aide, même si ces matériaux sont mis en œuvre par une entreprise. Cette exclusion n'est toutefois pas applicable aux travaux réalisés par les propriétaires occupants dans le cadre d'une « auto-réhabilitation » avec encadrement technique (voir plus haut).

À NOTER

Les travaux ne doivent pas débuter avant le dépôt de la demande d'aide.

Par ailleurs, une mission de maîtrise d'œuvre réalisée par un maître d'œuvre professionnel, notamment un architecte, peut être exigée pour certains types de travaux ou d'opérations déterminés par le conseil d'administration en raison de leur montant ou de leur complexité ; il en est ainsi lorsque le montant des travaux subventionnables excède 100 000 € HT et pour certains travaux de grosses réparations ou de restructurations effectués sur les parties communes des immeubles faisant l'objet d'un plan de sauvegarde ou sur les logements ou immeubles ayant fait l'objet d'un arrêté de péril ou d'insalubrité. Le maître d'œuvre ne doit avoir aucun lien avec la réalisation effective des travaux et doit disposer des assurances responsabilité requises par la profession.

Quel est le montant de l'aide ?

Quel est le taux des aides ?

Le taux des aides de l'ANAH varie de 25 à 50 %, en fonction du statut du demandeur (propriétaire occupant, propriétaire bailleur, etc.), de sa situation et de la nature des travaux à réaliser *(Voir pages Barème)*. Les travaux sont pris en compte dans la limite d'un plafond, variable selon leur nature, le lieu d'implantation du logement ou de l'immeuble et la qualité du demandeur (propriétaire bailleur, propriétaire occupant…).

Qu'est-ce que « l'écrêtement » des aides ?

L'ANAH « écrête » le montant de ses aides afin que le montant total des aides publiques directes (aides de l'État, des collectivités locales, de la CAF, des caisses de retraite, etc.) attribuées au titre d'une même opération, ne dépasse pas le plafond de 80 % du coût global de l'opération. Ainsi, par exemple, si ce coût global représente 10 000 €, et que le demandeur a déjà obtenu 7 000 € d'aides publiques diverses, l'ANAH ne pourra lui attribuer qu'une aide maximale de 1 000 € (le total n'excédera pas 80 % du coût global), même s'il pouvait, au terme de la réglementation, prétendre à une aide d'un montant supérieur. Dans certaines situations, le plafond peut être porté de 80 à 100 %, notamment lorsque les travaux concernent des personnes âgées ou handicapées, portent sur un immeuble faisant l'objet d'un plan de sauvegarde, d'un arrêté d'insalubrité ou de péril pris, ou lorsque le demandeur dispose de ressources modestes.

ATTENTION ⚠

L'aide de l'ANAH n'est pas cumulable avec le prêt à 0 %. Ce cumul est toutefois possible passé un délai de 5 ans après l'obtention d'un tel prêt ou lorsque le logement est situé sur le territoire d'une opération programmée d'amélioration de l'habitat (OPAH).

AVANTAGE

Pour financer vos travaux, vous pouvez compléter votre aide par : un prêt bancaire (y compris un prêt relais dans l'attente du versement de l'aide) ; un prêt d'épargne logement ; un prêt conventionné ; un prêt d'une collectivité locale (accordé en général si votre logement se situe dans une OPAH).

Quelle est la procédure ?

Où faut-il déposer la demande ?

Le dossier de demande d'aide (Cerfa n° 12709*06 téléchargeable sur le site *www.service-public.fr*) doit être déposé à la délégation départementale de l'ANAH (pour tous renseignements, s'adresser au siège de l'ANAH).

Dans certaines conditions, les départements ou les EPCI (établissements publics de coopération intercommunale) ayant conclu une convention avec l'ANAH peuvent se voir attribuer la gestion des crédits de l'ANAH (on parle alors de « délégataire ») ; dans ce cas, la demande doit être adressée au délégataire et c'est le président du conseil général ou de l'EPCI, après avis de la commission locale d'amélioration de l'habitat, qui attribue les aides pour le compte de l'ANAH. Lorsque de telles modalités sont applicables, les coordonnées des délégataires compétents peuvent être obtenues auprès de la délégation départementale de l'ANAH.

Le dossier de demande doit comporter un certain nombre de pièces :

– copie du titre de propriété ;

– dossier technique comprenant les devis détaillés descriptifs et estimatifs des travaux présentés par une ou plusieurs entreprises inscrites au registre du commerce ou au répertoire des métiers ;

– devis d'honoraires ;

– plans et croquis, etc.

À ce dossier, il faut joindre un certain nombre d'engagements : engagement du propriétaire bailleur de louer pendant au moins 9 ans ou du propriétaire occupant d'habiter son logement pendant au moins 6 ans, engagement d'informer l'ANAH de toute modification dans les conditions d'occupation du logement… En fonction de son statut, il faut remplir un formulaire différent téléchargeable sur le site *www.service-public.fr* : Cerfa n° 13458*04 si on est propriétaire bailleur et Cerfa n° 13459*04 si on est propriétaire occupant.

Lorsque le dossier est déposé, le délégué local de l'ANAH en accuse réception dans le délai maximum d'1 mois. Si le dossier est incomplet, l'accusé de réception mentionne la liste des pièces ou des renseignements manquants et qui devront être transmis.

Seuls les travaux commencés après le dépôt de la demande d'aide peuvent bénéficier d'une aide de l'ANAH. Toutefois, le délégué de l'ANAH dans le département ou le président de la collectivité délégataire (voir ci-dessus) peut, à titre exceptionnel, accorder une aide lorsque le dossier n'a pu être déposé qu'après le commencement des travaux, notamment en cas de travaux urgents en raison d'un risque manifeste pour la santé ou la sécurité des personnes ou en cas d'application de l'article L. 125-1 du Code des assurances relatif aux dommages causés par des catastrophes naturelles ou de l'article L. 122-7 du même code relatif aux dommages causés par les effets du vent dû aux tempêtes, ouragans et cyclones.

À NOTER

En aucun cas, l'accusé de réception de la demande d'aide, ni l'autorisation de commencer les travaux ne valent promesse d'aide. Le bénéfice de l'aide n'est acquis que lorsqu'une décision en ce sens a été prise par le délégué de l'ANAH dans le département ou par le président de la collectivité délégataire.

Tous les renseignements sur la procédure à suivre, et notamment la constitution du dossier, peuvent être obtenus auprès de la délégation départementale de l'ANAH ou auprès des organismes, de type PACT-ARIM, dont l'un des objets est d'apporter aide et conseils dans des opérations d'amélioration de l'habitat. On peut également consulter le site *www.anah.fr*.

Quand intervient le paiement ?

Le paiement ne peut intervenir qu'après l'achèvement des travaux. Ces derniers doivent démarrer dans le délai d'1 an à compter de la notification de la décision d'octroi de l'aide ; ils doivent être achevés dans les 3 ans qui suivent la notification de cette décision, délai qui peut être porté à 5 ans pour les travaux effectués sur les parties communes des immeubles faisant l'objet d'un plan de sauvegarde. Lorsque les travaux ne peuvent être effectués dans ces délais, le bénéficiaire de l'aide peut en demander le report, par lettre motivée adressée au délégué de l'ANAH : la prorogation peut être accordée par la commission de l'amélioration de l'habitat, dans la limite de 2 ans, notamment lorsque des circonstances extérieures à la volonté du bénéficiaire ont fait obstacle à la réalisation des travaux, telles que :
– un motif d'ordre familial ;
– un litige avec une entreprise ou sa mise en règlement ou liquidation judiciaire ;
– un refus de financement par un organisme bancaire.

À NOTER

L'aide de l'ANAH n'est versée que sur présentation des justificatifs dont la liste est fixée par l'ANAH, notamment des factures des entreprises ayant réalisé les travaux (sauf cas exceptionnels dus, par exemple, à la défaillance d'une entreprise).

Il est possible d'obtenir des acomptes, dans les conditions suivantes :
– pour les aides comprises entre 1 501 et 15 000 € inclus, un acompte unique au plus égal à 25 % du montant prévisionnel de l'aide peut être versé, si les travaux sont exécutés au moins pour un quart ;
– pour les aides comprises entre 15 001 et 30 000 € inclus, deux acomptes au maximum peuvent être versés au prorata de l'avancement des travaux ;
– pour les aides supérieures à 30 000 €, trois acomptes au maximum peuvent être versés au prorata de l'avancement des travaux.
La réalisation des travaux doit être justifiée par la présentation de factures.

ATTENTION ⚠

Pour les aides inférieures à 1 500 € inclus, aucun acompte n'est possible.

AVANTAGE

Pour les propriétaires occupants éligibles à l'aide du programme national « Habiter Mieux » en complément d'une aide de l'ANAH, une avance de 70 % maximum du montant total des deux aides peut être versée lors du démarrage des travaux. Cette possibilité est mise en œuvre dans la limite des crédits affectés à ces avances par l'ANAH ; il convient donc de se renseigner auprès de la délégation de l'ANAH dans le département pour connaître les possibilités d'obtenir ou non une telle avance.

ATTENTION ⚠

Le paiement d'un acompte n'est jamais de droit.

La prime de rénovation énergétique (MaPrimeRénov)

Depuis le 1/1/2020, MaPrimeRénov bénéficie aux ménages aux revenus modestes et très modestes à la place du crédit d'impôt pour la transition énergétique (CITE) qui est toutefois prorogé jusqu'au 31/12/2020 pour les ménages aux revenus plus élevés. En 2021, ces ménages bénéficieront de la prime et le CITE sera définitivement supprimé.

Quels sont les bénéficiaires ?

Pour l'année 2020, MaPrimeRénov s'adresse seulement aux propriétaires réalisant des travaux d'économie d'énergie entre le 1/1/2020 et le 31/12/2020.
Elle concerne les logements achevés depuis au moins 2 ans et occupés à titre de résidence principale.

Quelles sont les conditions de ressources ?

La prime de transition énergétique est attribuée aux ménages aux revenus « modestes » ou « très modestes » dans le cadre des aides de l'ANAH.

Quels sont les travaux concernés ?

MaPrimeRénov permet de financer les mêmes travaux d'isolation, de chauffage et de ventilation du logement ou d'équipements permettant de réduire la consommation d'énergie que le CITE.
Le logement peut être une maison individuelle ou un appartement en habitat collectif.
Les travaux doivent être réalisés par une entreprise disposant d'un label RGE (« reconnu garant de l'environnement »).

Quel est le montant de la prime ?

Son montant est plafonné à 20 000 € par logement sur une période de 5 ans à compter de la première date d'engagement.

Comment obtenir la prime ?

Il faut déposer une demande de prime avant le démarrage des travaux. Pour cela, il suffit de créer un compte en ligne sur le site *www.maprimerenov.gouv.fr* en joignant les pièces demandées.

La confirmation de l'acceptation du dossier est alors envoyée par mail.

À la fin des travaux, la prime est versée par virement une fois que le propriétaire a transmis *via* son compte en ligne la facture de l'entreprise RGE et son RIB.

AVANTAGE

MaPrimeRénov est cumulable avec : la TVA à taux réduit (5,5 %) sur les travaux d'économie d'énergie ; l'éco-prêt à taux zéro ; les certificats d'économies d'énergie ; et les aides des collectivités locales.

L'éco-prêt à taux zéro

Instauré à la suite du « Grenelle de l'environnement », l'éco-prêt à taux zéro (ou « éco-prêt ») est un prêt sans intérêt destiné à financer des travaux lourds d'amélioration de la performance énergétique des logements achevés avant le 1/1/1990 et utilisés à titre de résidence principale. L'objectif est ainsi de réduire les consommations d'énergie et les émissions de gaz à effet de serre. L'éco-prêt est délivré par les établissements de crédit ayant signé une convention avec l'État, ce qui est le cas de la plupart des grands réseaux bancaires présents sur le territoire national. Ce dispositif est ouvert aux demandes déposées jusqu'au 31/12/2021.

Quels sont les logements concernés ?

L'ancienneté du logement

L'éco-prêt concerne les logements construits avant le 1/1/1990, qu'il s'agisse d'un logement collectif (un appartement dans un immeuble) ou d'une maison individuelle. Si l'emprunteur choisit l'option « performance énergétique globale » (voir ci-dessous), le logement doit avoir été construit entre le 1/1/1948 et le 1/1/1990.

Les logements situés en Guadeloupe, Martinique, Guyane, à La Réunion et à Mayotte doivent avoir fait l'objet d'un dépôt de permis de construire avant le 1/5/2010.

Pour les offres de prêt émises depuis le 1/7/2019, l'éco-prêt est étendu à tous les logements achevés depuis plus de 2 ans.

À NOTER

Il ne peut être attribué qu'un seul éco-prêt par logement.

L'occupation à titre de résidence principale

Le logement ayant bénéficié d'un éco-prêt doit être occupé à titre de résidence principale de l'emprunteur, d'un locataire ou d'un occupant à titre gratuit, jusqu'au remboursement intégral de l'éco-prêt. Cela suppose que le logement soit occupé au moins 8 mois par an, sauf en cas d'obligation professionnelle, raison de santé ou cas de force majeure.

À NOTER

La vente du logement ayant bénéficié de l'éco-prêt entraîne le remboursement intégral du capital restant dû, au plus tard au moment de l'accomplissement des formalités de publicité foncière de la mutation.

Quels sont les bénéficiaires ?

L'éco-prêt peut être consenti aux personnes physiques suivantes :

– aux propriétaires à raison de travaux réalisés dans leur habitation principale ou dans des logements qu'ils donnent en location ou qu'ils s'engagent à donner en location ;

– aux copropriétaires pour financer des travaux d'intérêt collectif réalisés sur les parties privatives (des fenêtres par exemple) ou des travaux réalisés sur les parties et équipements communs de l'immeuble (chaudière collective par exemple) dans lequel ils possèdent leur habitation principale ou des logements qu'ils donnent ou s'engagent à donner en location.

L'éco-prêt peut également être accordé à un syndicat de copropriétaires, dans les conditions spécifiques fixées par les articles D. 319-23 à D. 319-34 du Code de la construction et de l'habitation.

AVANTAGE

Aucune condition de ressources n'est exigée des bénéficiaires.

Quels sont les travaux concernés ?

L'éco-prêt peut être accordé pour financer certains travaux d'économie d'énergie (*Code de la construction et de l'habitation, Art. D. 319-16 et arrêté du 30/3/2009*) :

- soit l'une des opérations suivantes (il n'est plus nécessaire de combiner au moins deux actions dans un « bouquet de travaux » depuis le 1/3/2019) :
  – travaux d'isolation thermique des toitures,
  – travaux d'isolation thermique des murs donnant sur l'extérieur,
  – travaux d'isolation thermique des parois vitrées et portes donnant sur l'extérieur,
  – travaux d'installation, de régulation ou de remplacement de systèmes de chauffage, le cas échéant associés à des systèmes de ventilation économiques et performants, ou de production d'eau chaude sanitaire,
  – travaux d'installation d'équipements de chauffage utilisant une source d'énergie renouvelable,
  – travaux d'installation d'équipements de production d'eau chaude sanitaire utilisant une source d'énergie renouvelable,
  – travaux d'isolation des planchers bas ;
- soit des travaux permettant d'améliorer la performance énergétique du logement et ayant ouvert droit à une prime de l'Agence nationale de l'habitat (ANAH) au titre de la lutte contre la précarité énergétique ;
- soit des travaux permettant d'atteindre un seuil minimal de performance énergétique globale (en limitant la consommation d'énergie du bâtiment pour le chauffage, l'eau chaude sanitaire, le refroidissement et l'éclairage en dessous d'un seuil exprimé en kWh/m²/an) ;
- soit des travaux de réhabilitation de systèmes d'assainissement non collectif par des dispositifs ne consommant pas d'énergie.

Un arrêté du 18/3/2019 a modifié depuis le 1/4/2019 les travaux éligibles à l'éco-PTZ : sont supprimés de la liste certains travaux d'isolation thermique liés à des vitrages de remplacement et la pose de chaudières à très haute performance énergétique au fioul.

À NOTER

Les travaux doivent être réalisés par des professionnels sur un logement situé sur le territoire national et ne doivent pas avoir commencé avant l'émission de l'offre de prêt.

À NOTER

Pour bénéficier de l'éco-prêt à taux zéro, vous devez recourir à des professionnels « Reconnu Garant de l'Environnement » (RGE). Pour trouver les entreprises RGE près de chez vous, vous pouvez consulter l'annuaire diffusé sur le site www.faire.fr/trouvez-un-professionnel.

Quelles sont les caractéristiques du prêt ?

L'éco-prêt est un prêt sans intérêt (prêt à taux 0) dont le montant et la durée de remboursement dépendent de la nature des travaux envisagés.

Le montant du prêt

Pour les offres de prêt émises depuis le 21/8/2019, il dépend du nombre et du type de travaux.

AVANTAGE

Si vous avez obtenu une offre d'éco-prêt depuis le 1/7/2019 sans atteindre le plafond maximum applicable, vous pouvez, dans les 5 ans suivant ce premier prêt, solliciter un éco-prêt complémentaire, pourvu que le cumul des sommes ainsi empruntées ne dépasse pas le plafond global de 30 000 €. Sur ce point, vous pouvez vous renseigner auprès de l'organisme qui vous a délivré le prêt initial.

À NOTER

La loi de finances pour 2020 prolonge le crédit d'impôt pour la transition énergétique jusqu'au 31/12/2020 en le recentrant sur certaines dépenses et sur les ménages disposant de revenus intermédiaires. Par ailleurs, le CITE est transformé en prime pour les ménages modestes.

La durée de remboursement

Pour les bouquets de deux travaux et les travaux de réhabilitation des dispositifs d'assainissement, la durée de remboursement est de 10 ans.

Cette durée est de 15 ans pour les bouquets de trois travaux et plus et pour les projets visant à une performance globale.

La durée de remboursement peut être réduite à 3 ans à la demande de l'emprunteur.

Pour les offres de prêt émises depuis le 1/7/2019, la durée maximale d'emprunt est uniformisée à 15 ans pour tous les éco-prêts.

Le remboursement de l'éco-prêt s'effectue par mensualités constantes.

AVANTAGE

L'éco-prêt peut se cumuler avec un certain nombre d'autres prêts aidés ou d'incitations financières, notamment : un prêt conventionné ; le crédit d'impôt pour la transition énergétique sans qu'il n'y ait plus de condition de ressources requise pour les offres d'éco-prêt émises depuis le 1/3/2016 ; un prêt à 0 % octroyé pour les opérations d'acquisition-rénovation ; les aides de l'ANAH ; les aides des collectivités territoriales en faveur du développement durable.

Comment obtenir ce prêt ?

La demande

Après avoir identifié les travaux à réaliser avec l'entreprise ou l'artisan choisi, vous devez vous adresser à l'une des banques partenaires (voir ci-dessous) muni du formulaire type « devis », accompagné des devis relatifs à l'opération retenue. Ce formulaire est disponible sur le site du ministère de la Cohésion des territoires (*www.cohesion-territoires.gouv.fr/eco-ptz-formulaires-guides-et-textes-de-reference*), accompagné de toutes les précisions utiles.

Vous pouvez également vous adresser directement à votre établissement de crédit qui vous fournira tous les détails sur la marche à suivre (tous les grands réseaux bancaires ou de crédits distribuent l'éco-prêt : BNP Paribas, Banque Populaire, Caisse d'Épargne, Crédit Agricole, La Banque Postale, LCL, Société Générale, Crédit Mutuel, Crédit Foncier, etc.).

ATTENTION ⚠

L'éco-prêt n'est pas un droit, même si vous remplissez toutes les conditions d'attribution. La banque reste libre de le refuser si elle estime que vous êtes déjà suffisamment endetté ou ne disposez pas de la capacité de remboursement nécessaire.

Le versement de l'éco-prêt

L'éco-prêt est versé par l'établissement de crédit :
– soit en une seule fois sur la base du descriptif et des devis détaillés des travaux envisagés ;
– soit en plusieurs fois sur la base des factures de travaux effectivement réalisés transmises à tout moment avant la date de « clôture de l'éco-prêt » (date à laquelle l'emprunteur transmet tous les éléments justifiant des travaux réalisés). Aucun versement ne peut intervenir après un délai de 3 mois suivant cette date (*Code de la construction et de l'habitation, Art. D. 319-6*).

LE SERVICE D'ACCOMPAGNEMENT POUR LA RÉNOVATION ÉNERGÉTIQUE (SARE)

L'arrêté du 5/9/2019 a créé le service d'accompagnement pour la rénovation énergétique dans le cadre du dispositif des certificats d'économies d'énergie.
Ce nouveau dispositif contre les « passoires énergétiques » (logements notés F ou G dans les diagnostics de performance énergétique) est opérationnel depuis le 1/1/2020.
L'objectif de ce service est de permettre la mise en œuvre d'actions d'informations et d'accompagnement dans la rénovation énergétique des logements d'habitation et des petits locaux tertiaires privés (bureaux, commerces…).
Ce programme s'inscrit dans la stratégie de déploiement de la marque « FAIRE » (Faciliter, accompagner et informer pour la rénovation énergétique). Le site *www.faire.fr* propose notamment aux particuliers des informations pour réduire leur consommation d'énergie, améliorer le confort de leur logement, entreprendre des travaux de rénovation (isolation, chauffage, fenêtres…) et présente les aides financières auxquelles ils peuvent prétendre.
Dans le cadre du SARE, les collectivités territoriales (régions et départements) financer les travaux pour au moins la moitié de leur coût. doivent
En ce qui concerne l'autre moitié, le gouvernement a prévu une enveloppe de 200 millions d'euros, jusqu'en 2024, pour financer des travaux sous la forme de certificats d'économie d'énergie.

Financement et aides au logement

Action Logement (ex 1 % logement)

Caractéristiques du prêt pour l'acquisition d'un logement neuf, ancien avec ou sans travaux

→ ***Montant maximal :***
30 % du coût total de l'opération dans une fourchette comprise entre 15 000 et 25 000 € en zone A et A bis, entre 15 000 et 20 000 € en zone B1, entre 7 000 et 15 000 € en zone B2 et entre 7 000 et 10 000 € en zone C.

→ ***Taux d'intérêt du prêt :***
1 %.

→ ***Durée maximale :***
20 ans.

→ ***Taux d'endettement pour pouvoir bénéficier du prêt :***
inférieur à 33 %.

→ ***Majorations :***

- majoration possible de 16 000 € maximum dans la limite de 50 % des travaux spécifiques d'accessibilité de l'immeuble et du logement et d'adaptation du logement aux personnes handicapées physiques, aux personnes âgées ou à mobilité réduite ;
- majoration possible de 5 000 € à 10 000 € pour certains bénéficiaires (salariés en mobilité professionnelle, jeunes de moins de 30 ans, etc.).

Caractéristiques du prêt pour des travaux d'amélioration

→ ***Montant maximal :***
100 % du prix de revient prévisionnel de l'opération, dans la limite de 10 000 € par logement, ce plafond peut être majoré de 5 000 € pour les travaux d'amélioration de la performance énergétique.

→ ***Taux d'intérêt maximal du prêt :***
1 %.

→ ***Durée maximale :***
10 ans.

Convention AERAS

Plafond annuel de la Sécurité sociale :

41 136 € en 2020.

Épargne logement

Compte épargne logement (CEL)

Montant maximal du prêt : 23 000 €.

Plan d'épargne logement (PEL)

DATE D'OUVERTURE DU PLAN	DU 23/1/97 AU 8/6/98	DU 9/6/98 AU 25/7/99	DU 26/7/99 AU 30/6/2000	DU 1/7/2000 AU 31/7/2003	DU 1/8/2003 AU 31/1/2015	DU 1/2/2015 AU 31/1/2016	DU 1/2/2016 AU 31/7/2016	DEPUIS LE 1/8/2016
Durée minimum	4 ans	4 ans	4 ans	4 ans	4 ans	4 ans	4 ans	4 ans
Dépôt initial	1 500 F	1 500 F	1 500 F	225 €	225 €	225 €	225 €	225 €
Dépôt maximum	400 000 F	400 000 F	400 000 F	61 200 €	61 200 €	61 200 €	61 200 €	61 200 €
Dépôt annuel minimum	3 600 F	3 600 F	3 600 F	540 €	540 €	540 €	540 €	540 €
Rémunération	4,25 %	4 %	3,60 %	4,50 % (1)	3,50 % (2)	2,5 %	1,5 %	1 %
Prime maximum	10 000 F	10 000 F	10 000 F	1 525 €	1 525 €	1 525 €	1 525 €	1 525 €
Prêt maximum	600 000 F	600 000 F	600 000 F	92 000 €	92 000 €	92 000 €	92 000 €	92 000 €

DATE D'OUVERTURE DU PLAN	DU 23/1/97 AU 8/6/98	DU 9/6/98 AU 25/7/99	DU 26/7/99 AU 30/6/2000	DU 1/7/2000 AU 31/7/2003	DU 1/8/2003 AU 31/1/2015	DU 1/2/2015 AU 31/1/2016	DU 1/2/2016 AU 31/7/2016	DEPUIS LE 1/8/2016
Taux du prêt	4,80 %	4,60 %	4,31 %	4,97 %	4,20 %	3,20 %	2,70 %	2,20 %

(1) Soit 3,27 % hors prime d'État.
(2) Soit 2,50 % hors prime d'État.

➜ ***Pour les plans ouverts depuis le 7/2/1992***

➜ ***Montant maximal du prêt :***

92 000 €.

Plafonds de la Sécurité sociale en 2020

– annuel : 41 136 € ;
– trimestriel : 10 284 € ;
– mensuel : 3 428 € ;
– journalier : 189 € ;
– horaire : 26 €.

Prêt conventionné

Montant minimal des travaux pour obtenir un prêt conventionné

4 000 € TTC.

Prêt à o %

Plafonds de ressources et plafonds de l'opération :

Le montant des prêts à taux 0 est plafonné à :
– 40 % du coût de l'opération sur tout le territoire (20 % pour une opération dans le neuf en zones B2 et C) ;
– 10 % quand l'opération porte sur la vente d'un logement du parc social à ses occupants.

	PLAFONDS DE L'OPÉRATION (EN EUROS)				PLAFONDS DE RESSOURCES (EN EUROS)			
Taille des ménages	Zones A et A bis	Zone B1	Zone B2	Zone C	Zones A et A bis	Zone B1	Zone B2	Zone C
1 personne	150 000	135000	110 000	100 000	37 000	30 000	27 000	24 000
2 personnes	210 000	189 000	154 800	140 000	51 800	42 000	37 800	33 600
3 personnes	255 000	230 000	187 900	170 000	62 900	51 000	45 900	40 800
4 personnes	300 000	270 000	220 000	200 000	74 000	60 000	54 000	48 000
5 personnes	345 000	311 000	253 000	230 000	85 100	69 000	62 100	55 200
6 personnes	345 000	311 000	253 000	230 000	96 200	78 000	70 200	62 400
7 personnes	345 000	311 000	253 000	230 000	107 300	87 000	78 300	69 600
8 personnes et plus	345 000	311 000	253 000	230 000	118 400	96 000	86 400	76 800

	PLAFONDS DE L'OPÉRATION (EN EUROS)				PLAFONDS DE RESSOURCES (EN EUROS)			
Taille des ménages	Zones A et A bis	Zone B1	Zone B2	Zone C	Zones A et A bis	Zone B1	Zone B2	Zone C

– Zone A : agglomération parisienne (dont zone A bis), la Côte d'Azur, le Genevois français, certaines communes où les loyers et les prix des logements sont très élevés ;
– Zone A bis : Paris et 76 communes des Yvelines, Hauts-de-Seine, Seine-Saint-Denis, Val-de-Marne et Val-d'Oise ;
– Zone B1 : certaines grandes agglomérations ou dont les loyers et les prix des logements sont élevés, une partie de la grande couronne parisienne non située en zones A ou A bis, quelques villes chères, les départements d'outre-mer ;
– Zone B2 : centre-ville de certaines grandes agglomérations, grande couronne parisienne non située en zones A, A bis et B1, certaines communes où les loyers et les prix des logements sont assez élevés, communes de Corse non situées en zones A ou B1 ;
– Zone C : le reste du territoire.

Quotités de prêt :

– Logement neuf : 40 % en zones A, A bis et B1 ; 20 % en zones B2 et C ;
– logement ancien avec travaux (hors vente d'un logement social) : 40 % en zones B2 et C (pas d'opération possible en zone A) ;
– vente du parc social à ses occupants : 10 %.

Conditions de remboursement :

QUOTIENT FAMILIAL (EN €)				DURÉE TOTALE DU PRÊT	PÉRIODE DE DIFFÉRÉ (1)(2)	PÉRIODE DE REMBOURSEMENT DES SOMMES RESTANT DUES À L'ISSUE DU DIFFÉRÉ
Zone A	Zone B1	Zone B2	Zone C			
Inférieur ou égal à 22 000	Inférieur ou égal à 19 500	Inférieur ou égal à 16 500	inférieur ou égal à 14 000	25 ans	15 ans	10 ans
de 22 001 à 25 000	de 19 501 à 21 500	de 16 501 à 18 000	de 14 001 à 15 000	22 ans	10 ans	12 ans
de 25 001 à 37 000	de 21 501 à 30 000	de 18 001 à 27 000	de 15 001 à 24 000	20 ans	5 ans	15 ans

(1) Dans la limite de la plus longue des durées du ou des autres prêts concourant au financement de l'opération.
(2) À la demande de l'emprunteur, cette période de remboursement peut être réduite jusqu'à un minimum de 4 ans (renseignements auprès de l'établissement prêteur).

Prêt d'accession sociale (PAS)

Revenu fiscal de référence à ne pas dépasser (en euros) pour l'attribution des prêts d'accession sociale (PAS) : les mêmes plafonds que le prêt à 0 % (voir plus haut).

Aides de l'ANAH (dossiers déposés depuis le 1/1/2016)

Propriétaires occupants :

<table>
<tr><th colspan="5">PLAFONDS ET TAUX DE SUBVENTION</th></tr>
<tr><td colspan="2"></td><td>Ménages aux ressources très modestes</td><td>Ménages aux ressources modestes</td><td rowspan="7">+ Aide « Habiter Mieux Sérénité » (voir plus loin)</td></tr>
<tr><td colspan="2">Projets de travaux lourds pour réhabiliter un logement indigne ou très dégradé
Plafond de travaux subventionnables 50 000 € HT</td><td>50 %</td><td>50 %</td></tr>
<tr><td rowspan="4">Projets de travaux d'amélioration
Plafond de travaux subventionnables 20 000 € HT</td><td>Travaux pour la sécurité et la salubrité de l'habitat</td><td>50 %</td><td>50 %</td></tr>
<tr><td>Travaux pour l'autonomie de la personne</td><td>50 %</td><td>35 %</td></tr>
<tr><td>Travaux de lutte contre la précarité énergétique (« Habiter Mieux »)</td><td>50 %</td><td>35 %</td></tr>
<tr><td>Autres situations / autres travaux</td><td>35 %</td><td>20 %</td></tr>
</table>

<table>
<tr><th colspan="4">AIDE « HABITER MIEUX SÉRÉNITÉ »</th></tr>
<tr><td rowspan="2">Montants</td><td>Propriétaire bailleur</td><td>Propriétaire occupant</td><td>Syndicat de copropriété</td></tr>
<tr><td>Au maximum 1 500 € par bénéficiaire et par logement</td><td>Au maximum 1 600 € pour les ménages aux ressources modestes et 2 000 € pour les ménages aux ressources très modestes</td><td>Au maximum 1 500 € par lot de copropriété</td></tr>
</table>

Propriétaires bailleurs :

<table>
<tr><th colspan="2">APPRÉCIATION DU PROJET AU REGARD DE LA SITUATION À RÉSOUDRE ET DE LA NATURE DES TRAVAUX SUBVENTIONNÉS</th><th>PLAFOND DES TRAVAUX SUBVENTIONNABLES</th><th>TAUX MAXIMUM DE LA SUBVENTION</th></tr>
<tr><td colspan="2">Projet de travaux lourds pour réhabiliter un logement indigne ou très dégradé</td><td>1 000 € HT/m², dans la limite de 80 m² par logement</td><td>35 %</td></tr>
<tr><td rowspan="6">Projet de travaux d'amélioration</td><td>Travaux pour la sécurité et la salubrité del'habitat</td><td rowspan="6">750 € HT/m², dans la limite de 80 m² par logement (soit au maximum 60 000 € par logement)</td><td rowspan="2">35 %</td></tr>
<tr><td>Travaux pour l'autonomie de la personne</td></tr>
<tr><td>Travaux pour réhabiliter un logement dégradé</td><td rowspan="4">25 %</td></tr>
<tr><td>Travaux suite à une procédure RSD ou un contrôlede décence</td></tr>
<tr><td>Travaux de transformation d'usage</td></tr>
<tr><td>Travaux d'amélioration des performances énergétiques</td></tr>
<tr><td colspan="4">Des aides ou primes complémentaires peuvent être accordées en fonction de la nature des travaux ou en contrepartie d'engagements particuliers du propriétaire bailleur : aide de solidarité écologique (ASE) du programme « Habiter Mieux », prime de réduction du loyer, prime liée à un dispositif de réservation au profit de publics prioritaires, etc.</td></tr>
</table>

Plafonds de ressources depuis le 1/1/2020 :

PLAFONDS DE RESSOURCES MAXIMUM, EN €- ILE-DE-FRANCE		
Nombre de personnes composant le ménage	**Ménages aux ressources très modestes (en€)**	**Ménages aux ressources modestes (en€)**
1	20 593	25 068
2	30 225	36 792
3	36 297	44 188
4	42 381	51 597
5	48 488	59 026
Par personne supplémentaire	+ 6 096	+ 7 422

PLAFONDS DE RESSOURCES MAXIMUM, EN €- PROVINCE		
Nombre de personnes composant le ménage	**Ménages aux ressources très modestes (en€)**	**Ménages aux ressources modestes (en€)**
1	14 879	19 074
2	21 760	27 896
3	26 170	33 547
4	30 572	39 192
5	34 993	44 860
Par personne supplémentaire	+ 4 412	+ 5 651

Éco Prêt à o %

Plafonds du prêt selon les travaux :

TYPE DE TRAVAUX	MONTANT PLAFOND EN €
Action simple sur les parois vitrées	7 000
Action simple de travaux d'une autre nature	15 000
Bouquet de travaux avec 2 catégories de travaux	25 000
Bouquet de travaux avec 3 catégories de travaux ou plus	30 000
Travaux pour atteindre une performance énergétique globale minimale	30 000
Travaux de réhabilitation du système d'assainissement non collectif	10 000

Le contrat de travail

Les règles générales

L'engagement du salarié se matérialise par un contrat de travail qui n'est pas toujours écrit bien qu'il soit vivement conseillé d'adopter cette forme afin d'éviter tout risque de litige ultérieur. Ce contrat obéit à la fois aux règles du droit civil, quant à ses conditions de validité, et à des règles spécifiques au droit du travail. L'embauche n'est généralement définitive qu'après une période d'essai durant laquelle chacune des parties, employeur et salarié, peut reprendre sa liberté sans avoir à justifier sa décision mais en respectant toutefois un délai de prévenance. Il est donc important de bien connaître ses droits durant cette période au cours de laquelle le statut du salarié est fragilisé.

La conclusion du contrat de travail

Le contrat de travail va lier employeur et employé pendant de nombreux mois, voire des années. Il convient donc de fixer précisément, dès le départ, les droits et obligations de chacun avant de s'engager.

À quelles conditions le contrat de travail est-il valide ?

Pour qu'un contrat de travail soit considéré comme valide, trois conditions doivent être réunies : les parties doivent être consentantes, elles doivent être capables de contracter et le contrat doit avoir un contenu licite et certain.

Le consentement des parties

La loi définit la notion de consentement comme « la rencontre d'une offre et d'une acceptation par lesquelles les parties manifestent leur volonté de s'engager » (*Code civil, Art. 1113 et s.*).

Le consentement doit être personnel, réciproque et porter sur les éléments essentiels du contrat. En outre, il ne doit pas avoir été donné par erreur, par duperie ou sous la violence.

L'erreur ne constitue toutefois une cause de nullité du contrat de travail qu'à condition de porter sur les qualités essentielles de la prestation due ou sur celles du cocontractant (*Code civil, Art. 1132*).

Par exemple, un salarié pourrait invoquer l'erreur si, croyant être engagé à la construction d'une maison, ce qui correspond à la profession de maçon, il a été engagé en réalité à sa démolition, ce qui correspond à la profession de manœuvre.

Mais il ne pourrait pas, en revanche, invoquer l'erreur si, croyant être embauché dans l'entreprise Durand, il est en fait employé par l'entreprise Dupond, à moins que l'identité de la personne (employeur comme employé) ait été une condition déterminante dans la conclusion du contrat.

De même, la duperie (emploi de manœuvres visant à tromper l'une des parties pour obtenir son consentement) ou la violence (physique ou morale) entraînent la nullité du contrat seulement si ces facteurs ont été déterminants dans la conclusion du contrat ; sans elles, les parties n'auraient pas signé de contrat, ou alors à des conditions substantiellement différentes.

A ainsi été considéré comme justifié le licenciement pour faute grave d'un salarié qui avait prétendu avoir travaillé précédemment pour une entreprise dont l'activité correspondait à l'activité de son nouvel employeur alors qu'il n'en était rien. La Cour de cassation a en effet relevé que cette expérience passée avait été déterminante dans la décision de l'employeur d'embaucher cette personne (*Cour de cassation, Chambre sociale, 25/11/2015*).

La capacité des parties

La capacité de contracter est réduite pour les mineurs non émancipés et les majeurs en tutelle.

Les mineurs ne peuvent conclure un contrat de travail en tant qu'employeur ou employé que s'ils sont âgés de 16 ans et s'ils ont l'autorisation de leur représentant légal. Il est toutefois possible de conclure, sous certaines conditions, un contrat d'apprentissage avec des jeunes âgés de 15 ans.

Les majeurs en tutelle doivent être représentés par leur tuteur (*Code civil, Art. 1145 et s.*).

Le contenu du contrat

Le contrat de travail doit avoir un contenu licite et certain. Il ne peut déroger à l'ordre public ni par ses stipulations, ni par son but, que ce dernier ait été connu ou non par toutes les parties (*Code civil, Art. 1162 et s.*). Par exemple, ne serait pas valable un contrat visant à fabriquer ou distribuer des produits interdits (drogues, objets de contrebande), ou certains médicaments interdits.

Le contrat ne peut pas non plus contenir des clauses dérogeant aux dispositions législatives et réglementaires du droit du travail. Sont ainsi prohibées les clauses discriminatoires telles que celles dites de célibat (comme ce fut la pratique dans certaines compagnies aériennes à l'égard des hôtesses de l'air) ou qui restreignent la liberté syndicale. Il en est de même des clauses par lesquelles un salarié s'engagerait « à vie ».

La loi considère également comme nuls de plein droit les contrats de travail stipulant un salaire fixé à l'issue d'une procédure d'enchère électronique. Cette pratique consistait à mettre en concurrence sur Internet des candidats à un emploi, en les tenant informés des offres de salaire proposées par d'autres candidats afin de leur permettre de proposer une offre inférieure dans un délai imparti (*Code du travail, Art. L. 1221-4*).

Quelles sont les conséquences d'un contrat de travail non valide ?

Lorsqu'une des conditions nécessaires à la validité d'un contrat (consentement, capacité des parties ou contenu licite) fait défaut, le contrat est considéré comme nul par les tribunaux.

Il cesse donc de produire ses effets pour l'avenir, mais les effets produits dans le passé subsistent.

L'employeur doit donc verser au salarié le salaire convenu et les indemnités représentant la contrepartie de son travail (congés payés, préavis, indemnités de licenciement) plus, éventuellement, des dommages et intérêts.

A NOTER

Un travail requérant une compétence particulière, confirmée par un diplôme, ne peut faire l'objet d'un contrat de travail avec une personne ne possédant pas ce titre ou ce diplôme (médecin, infirmier, par exemple).

Le salarié a également droit à son certificat de travail et à ses bulletins de paie.

Il n'obtiendra toutefois le versement de la totalité des différentes indemnités légales ou conventionnelles que s'il n'a pas eu conscience de l'irrégularité du contrat ; dans le cas contraire, il partage avec l'employeur la responsabilité de la nullité de ce contrat.

A NOTER

Lorsque, seule, une clause du contrat de travail est irrégulière, cette clause peut être annulée mais le reste du contrat demeure valable, sauf si cette clause était déterminante pour l'engagement des parties. Dans ce dernier cas en effet, le contrat est totalement annulé. Exemple : un contrat de travail d'hôtesse de l'air prévoit une clause de célibat. La clause est déclarée nulle par le tribunal mais le contrat de travail demeure et toutes les autres dispositions restent en vigueur.

Pour quelle durée le contrat est-il conclu ?

Le contrat de travail est, en principe, conclu pour une durée indéterminée, c'est-à-dire pour une période dont le terme n'est pas fixé à l'avance. Le contrat à durée indéterminée est ainsi la forme normale du contrat de travail (*Code du travail, Art. L. 1221-2*).

Des contrats à durée déterminéeou temporairespeuvent cependant être conclus dans certains cas particuliers.

Le contrat à durée indéterminée peut contenir des clauses ayant une influence sur la durée de l'engagement : il en est ainsi des clauses de garantie d'emploi par lesquelles l'employeur s'engage à ne pas rompre le contrat avant un certain temps ou les clauses de dédit-formation obligeant le salarié à rester au service de son employeur pendant un certain temps en contrepartie de la formation professionnelle qui lui est assurée. Ces clauses sont licites, mais les tribunaux, en cas de litige, en réduisent généralement la portée.

Par ailleurs, le Code du travail autorise la conclusion d'un contrat à durée indéterminée pour le temps d'un chantier ou d'une opération (voir plus loin).

A NOTER

Le fait que le contrat soit conclu pour une durée indéterminée n'empêche pas qu'il puisse être résilié à tout moment. Il est en effet interdit de conclure un contrat de travail à vie. La résiliation peut intervenir de la part du salarié par démission ou au moment de son départ à la retraite. L'employeur, quant à lui, peut y mettre fin par le licenciement. Les deux parties peuvent également rompre d'un commun accord le contrat de travail à durée indéterminée par le biais d'une rupture conventionnelle individuelle ou collective (Code du travail, Art. L. 1231-1).

Sous quelle forme le contrat de travail doit-il être conclu ?

Contrat écrit ou verbal ?

Selon le Code du travail, le contrat de travail à durée indéterminée à temps complet « peut être établi selon les formes que les parties contractantes décident d'adopter » (*Code du travail, Art. L. 1221-1*).

L'engagement du salarié peut donc être purement verbal ou encore conclu par un échange de lettres (lettre simple ou lettre recommandée, y compris sous forme électronique).

À NOTER

Le contrat à durée indéterminée liant le salarié à une entreprise de travail à temps partagé doit obligatoirement être conclu par écrit. Il en est de même pour le CDI intérimaire. Lorsqu'un écrit est exigé pour la validité d'un contrat, celui-ci peut être établi et conservé sous forme électronique. En outre, un échange de mails peut fixer les engagements respectifs des parties au contrat (Cour de cassation, Chambre civile, 11/7/2018).

Cette liberté peut poser des problèmes pour déterminer la preuve du contrat ainsi que le point de départ de l'engagement du salarié.

Dans tous les cas, le contrat est formé et l'engagement réalisé dès qu'il y a accord de l'employeur et de l'employé sur le contenu du contrat.

Concernant la promesse d'embauche, la Cour de cassation fait le distinguo entre une offre de contrat de travail et une promesse unilatérale de contrat de travail (*Cour de cassation, Chambre sociale, 21/9/2017*).

Dans le premier cas, l'employeur (ou le salarié) peut, sous certaines conditions, se rétracter. Dans le second cas, la promesse est assimilée à un contrat de travail, et l'employeur qui reviendrait sur sa proposition pourrait être condamné à verser des indemnités pour licenciement sans cause réelle et sérieuse.

Pour valoir contrat de travail, la promesse d'embauche doit non seulement préciser l'emploi, la rémunération et la date d'entrée en fonction mais elle doit également comprendre, pour le bénéficiaire, le droit d'opter pour la conclusion du contrat de travail, autrement dit le droit de consentir.

Les dispositions concernant les formalités d'embauche facilitent la preuve des liens contractuels entre employeur et employé en cas de contestation.

Mais, même si l'employeur ne se soumet pas à ses obligations, il n'en demeure pas moins que le contrat de travail est formé et qu'il engage ceux qui l'ont accepté. Le salarié peut prouver l'existence du contrat par tous moyens : bulletins de paie, mais aussi, à défaut, témoignages ou présomptions.

La directive européenne n° 91-533 du 14/10/1991 exige que les employeurs remettent aux salariés un document écrit comportant les renseignements suivants :

- l'identité des parties ;
- le lieu du travail ;
- la catégorie d'emploi avec le titre et le grade du salarié ;
- la date du début du contrat et sa durée ;
- la durée du travail ;
- la durée des congés payés ;
- la durée du préavis en cas de rupture ;
- les éléments de la rémunération ;
- la mention de la convention collective applicable.

Ces informations doivent, pour la plupart, être remises entre le premier et le septième jour de travail (*Directive européenne n° 2019/1152 du 20/6/2019 relative à des conditions de travail transparentes et prévisibles dans l'Union européenne*).

La France n'a pas transposé en tant que telle la directive de 1991, mais la justice européenne admet qu'entre les mentions du bulletin de paie et celles du document remis à l'embauche, les obligations issues de la directive européenne sont remplies (*CJCE, 4/12/1997*).

Certaines conventions collectives exigent que le contrat de travail soit conclu par écrit.

Contenu du contrat écrit

Lorsqu'il est écrit, le contrat doit être rédigé en deux exemplaires, datés et signés par les parties, avec la mention « lu et approuvé ».

Il doit être rédigé en français. Lorsque l'emploi ne peut être désigné que par un terme étranger, ce terme doit être explicité.

Si le salarié est étranger, il peut demander une traduction du contrat dans sa langue maternelle (*Code du travail, Art. L. 1221-3*).

À NOTER

Le Code civil reconnaît la validité des signatures électroniques au même titre que les signatures manuscrites (Code civil, Art. 1367). Il est cependant nécessaire qu'elles soient établies selon un dispositif certifié conforme et que leur vé-

rification repose sur l'utilisation d'un certificat électronique qualifié délivré par l'administration.

À quelles obligations le contrat de travail engage-t-il ?

Les parties liées par un contrat de travail (c'est-à-dire l'employeur et l'employé) sont tenues à des obligations réciproques.

Obligations de l'employeur

L'employeur est tenu de respecter les obligations résultant du droit du travail : fourniture du travail, paiement du salaire, respect des diverses réglementations sur la durée du travail, les congés, le paiement des heures supplémentaires, l'hygiène et la sécurité, etc.

Il peut voir sa responsabilité civile engagée en cas de non-respect de ces obligations ou s'il cause un dommage au salarié du fait de sa négligence.

Lorsque des sanctions pénales sont prévues, la responsabilité pénale du chef d'entreprise peut également être engagée. S'il s'agit d'une personne morale (société), les sanctions appliquées sont plus lourdes.

L'employeur doit respecter et faire respecter au sein de son entreprise les libertés individuelles et collectives de ses employés. Il lui est interdit, notamment, d'établir des fichiers de renseignements, des écoutes téléphoniques ou d'installer des caméras pour surveiller son personnel (les caméras ne peuvent être installées sur un lieu de travail qu'à des fins de sécurité des biens et des personnes, et après consultation du comité social et économique). Il doit prévenir et réprimer les actes de harcèlement sexuel ou moral et les agissements sexistes.

En ce qui concerne les droits collectifs, il doit respecter les règles de représentation du personnel au sein de l'entreprise.

Obligations du salarié

Le salarié est tenu d'exécuter consciencieusement son travail. Les erreurs et négligences peuvent constituer une cause réelle et sérieuse de licenciement.

Il doit respecter la discipline de l'entreprise et les directives de l'employeur (règlement intérieur, notamment).

Il doit s'abstenir de toute activité concurrente à celle de son employeur tant pour son propre compte que pour celui d'une autre entreprise.

Il est également tenu à un devoir de discrétion et ne doit pas divulguer à autrui les informations dont il a pris connaissance dans l'exercice de ses fonctions.

La violation d'un secret de fabrication peut ainsi être très lourdement réprimée (2 ans d'emprisonnement et 30 000 € d'amende).

ATTENTION ⚠

Le non-respect de ses obligations par le salarié peut entraîner son licenciement. Si la faute commise est lourde, elle peut engager sa responsabilité civile ou pénale.

DISPOSITIONS PARTICULIÈRES

Le Code du travail énonce précisément les renseignements devant figurer dans certains types de contrats (obligatoirement écrits), à savoir :

- ✔ les contrats à durée déterminée ;
- ✔ les contrats de travail temporaire ;
- ✔ les contrats à durée indéterminée intérimaires ;
- ✔ les contrats de chantier ou d'opération ;
- ✔ les contrats de télétravail ;
- ✔ les contrats de mise à disposition d'un salarié d'une entreprise de travail à temps partagé ;
- ✔ les contrats de travail à temps partiel ;
- ✔ les contrats de travail intermittent ;
- ✔ les contrats avec un travailleur à domicile ;
- ✔ les contrats d'apprentissage ;
- ✔ les contrats de professionnalisation ;
- ✔ les contrats adultes-relais ;
- ✔ les contrats initiative-emploi ;
- ✔ les contrats d'accompagnement dans l'emploi ;
- ✔ les contrats conclus avec un groupement d'employeurs.

Qu'est-ce que le contrat de chantier ou d'opération ?

Il est possible, sous certaines conditions, de conclure un CDI pour le temps d'un chantier ou d'une opération. Les conditions de recours à un tel contrat doivent être fixées par une convention ou un accord collectif de branche. À défaut d'un tel accord, l'usage du contrat de chantier et d'opération reste réservé à certains secteurs d'activité comme le BTP ou la réparation navale (*Code du travail, Art. L. 1223-8*).

La convention ou l'accord collectif de branche doit fixer à l'avance :
– la taille des entreprises concernées ;
– les activités concernées ;
– les mesures d'informations du salarié sur la nature de son contrat ;
– les contreparties en termes de rémunération et d'indemnité de licenciement accordées aux salariés ;
– les garanties en termes de formation pour les salariés concernés ;
– les modalités adaptées de rupture de contrat dans l'hypothèse où le chantier ou l'opération pour lequel ce contrat a été conclu ne peut pas se réaliser, ou se termine de manière anticipée. La convention ou l'accord de branche peut ainsi prévoir que le salarié licencié bénéficie, dans un délai donné, d'une priorité de réembauche en CDI (*Code du travail, Art. L. 1236-9*).

Quels sont les droits des travailleurs à domicile ?

Bien que disposant d'une entière liberté dans l'organisation de leur travail, les travailleurs à domicile n'en sont pas moins considérés comme des salariés à part entière. Ils bénéficient de l'ensemble de la législation applicable aux autres salariés, ainsi que de certaines dispositions spécifiques à leur statut (*Code du travail, Art. L. 7411-1 et s.*).

Définition

Une personne est considérée comme travaillant à domicile si elle exécute chez elle, moyennant une rémunération forfaitaire, un travail qui lui est confié soit directement, soit par un intermédiaire. Ce travail peut être réalisé pour le compte d'un ou de plusieurs établissements industriels, artisanaux, commerciaux ou agricoles. Le travailleur à domicile peut travailler seul, en couple (conjoint, partenaire pacsé, concubin) ou avec un auxiliaire.

Dans tous les cas, il n'y a pas lieu de rechercher :
– s'il existe un lien de subordination juridique entre le travailleur à domicile et le donneur d'ouvrage ;
– s'il travaille sous la surveillance du donneur d'ouvrage ;
– si le local où il travaille et le matériel employé lui appartient ;
– s'il se procure lui-même les fournitures accessoires ;
– le nombre d'heures effectuées (*Code du travail, Art. L. 7412-1*).

À NOTER

Ce statut concerne aussi bien les travailleurs manuels (couture, pièces détachées pour l'industrie) que les travailleurs intellectuels (correcteurs à domicile, traducteurs, conseillers littéraires...).

Rémunération

Le salaire minimum dû aux travailleurs à domicile est égal au salaire horaire multiplié par le temps d'exécution des travaux.

Ce salaire horaire est fixé par la convention collective applicable. À défaut de convention, le préfet peut fixer un salaire horaire en fonction de celui habituellement payé dans la région aux ouvriers de la même profession.

Le temps d'exécution des travaux est, là encore, fixé par la convention collective ou, à défaut, établi par le préfet, voire par le ministre chargé du travail dans certaines branches comme la ganterie de peau ou la chemiserie pour homme, par exemple.

Tous ces textes peuvent être consultés à la préfecture ou à la direction régionale des entreprises, de la concurrence, de la consommation, du travail et de l'emploi (DIRECCTE).

Il est à noter qu'en aucun cas, le salaire horaire ne peut être inférieur au SMIC (*Code du travail, Art. L. 7422-1 à L. 7422-8*).

À ce salaire peuvent s'ajouter :
– les frais d'atelier correspondant notamment au loyer, au chauffage et à l'éclairage du local de travail et aux différents frais engagés par le salarié. Ces frais sont déterminés par les conventions collectives ou, à défaut, par le préfet, comme le salaire lui-même (*Code du travail, Art. L. 7422-11*) ;
– des heures supplémentaires lorsque le travailleur est tenu, pour respecter le délai de livraison, de prolon-

ger son activité au-delà de 8 heures par jour. À défaut de dispositions conventionnelles plus favorables, ces heures donnent droit à une majoration du tarif d'exécution égale à :

• 25 % minimum pour les 2 premières heures supplémentaires,

• 50 % minimum pour les heures suivantes (*Code du travail, Art. L. 7422-9*).

AVANTAGE

Les travailleurs à domicile bénéficient d'une indemnité de congés payés versée en même temps que leur salaire et égale à 10 % du montant brut de chaque paie. Ils ont également droit aux majorations de salaires prévues par les conventions collectives lorsqu'ils sont contraints de travailler un dimanche ou un jour férié et à une indemnité égale à 1/6e du salaire hebdomadaire moyen de la période antérieure pour le travail le 1er mai.

Rupture du contrat de travail

La rupture du contrat des travailleurs à domicile est soumise aux règles de droit commun en ce qui concerne la démission, le départ en retraite ou le licenciement. Dans ce dernier cas, l'indemnité compensatrice de préavis éventuellement due est calculée sur la moyenne des 6 derniers mois (*Code du travail, Art. R. 7413-4*).

À NOTER

Un travailleur à domicile peut obtenir des dommages et intérêts lorsque son employeur diminue durablement et sans justification la quantité de travail fourni (Cour de cassation, Chambre sociale, 10/10/2001). S'il n'a plus du tout de travail à lui fournir pour une raison indépendante de sa volonté, il doit procéder à son licenciement. À défaut, il peut être condamné à lui verser une indemnité pour perte de salaire ou même les réparations financières prévues en cas de licenciement abusif (Cour de cassation, Chambre sociale, 18/1/2001). En cas de litige de cet ordre, le tribunal compétent est le conseil de prud'hommes du domicile du travailleur (Code du travail, Art. R. 7423-1).

Protection sociale

Les travailleurs à domicile sont assujettis au régime général de la Sécurité sociale pour l'assurance maladie et la retraite de base. Ils doivent également être affiliés à un régime de retraite complémentaire AGIRC-ARRCO par leurs employeurs.

Enfin, ils ont droit aux allocations de l'assurance chômage dans des conditions adaptées aux particularités de leur activité (*Décret du 26/7/2019 relatif au régime d'assurance chômage, Annexe 5*).

Quel est le statut des télétravailleurs ?

› Définition

Le télétravail désigne « toute forme d'organisation du travail dans laquelle un travail qui aurait également pu être exécuté dans les locaux de l'employeur est effectué par un salarié hors de ces locaux de façon volontaire, en utilisant les technologies de l'information et de la communication ». Tout salarié de l'entreprise qui effectue du télétravail est qualifié de télétravailleur, qu'il ait opté pour cette organisation dès son embauche ou ultérieurement (*Code du travail, Art. L. 1222-9*). Le télétravail peut être mis en place de façon régulière ou occasionnelle (pour grève des transports, intempéries, enfant malade, épidémie, etc.).

› La mise en place

Le télétravail doit faire l'objet d'un accord collectif ou, à défaut, d'une charte élaborée par l'employeur, après avis du comité social et économique (*Code du travail, Art. L. 1222-9*). En l'absence d'un tel accord, l'employeur et le salarié peuvent convenir de recourir au télétravail occasionnel, mais le législateur invite à formaliser leur accord « par tout moyen », l'avenant au contrat de travail étant alors à privilégier.

Pour le télétravail régulier, l'accord collectif ou la charte doivent préciser :

– les conditions de passage en télétravail et les conditions de retour à une exécution du contrat de travail sans télétravail ;

– les modalités d'acceptation par le salarié des conditions de mise en œuvre du télétravail ;

– les modalités de contrôle du temps de travail ou de régulation de la charge de travail ;

– les modalités d'accès des travailleurs handicapés à une organisation en télétravail ;

– la détermination des plages horaires durant lesquelles l'employeur peut habituellement contacter le salarié en télétravail.

Le télétravail revêt un caractère volontaire et réversible pour le salarié et l'employeur concernés :

– l'accord des deux parties est nécessaire. Le refus d'accepter un poste de télétravail proposé par l'employeur n'est pas un motif de rupture du contrat de travail. Si l'employeur refuse ce mode d'organisation à un salarié dont le poste est éligible au télétravail (dans les conditions telles que prévues par l'accord collectif ou la charte), il doit motiver sa réponse ;

– le salarié bénéficie d'une priorité pour occuper ou reprendre un poste sans télétravail qui correspond à ses qualifications et compétences professionnelles. L'employeur est tenu de porter à sa connaissance la disponibilité de tout poste de cette nature.

S'il a recours à une charte plutôt qu'à un accord d'entreprise, l'employeur doit fournir par écrit au télétravailleur l'ensemble des informations relatives aux conditions d'exécution du travail, y compris les informations spécifiques à la pratique du télétravail, telles que le rattachement hiérarchique, les modalités d'évaluation de la charge de travail, les modalités de compte-rendu et de liaison avec l'entreprise ainsi que celles relatives aux équipements, à leur règle d'utilisation, à leur coût et aux assurances…

À NOTER

Lorsque la demande de télétravail émane d'un travailleur handicapé ou d'un proche aidant, l'employeur doit motiver sa décision de refus, même en l'absence d'accord collectif et de charte. Par ailleurs, l'employeur doit s'assurer que le poste de travail des personnes handicapées est accessible en télétravail (Code du travail, Art. L. 5213-6).

À NOTER

Pour les salariés dont le contrat de travail contient des stipulations relatives au télétravail antérieures à la conclusion d'un accord collectif sur le sujet, le législateur indique que, sauf refus du salarié, les dispositions de l'accord ou de la charte se substituent, s'il y a lieu, aux clauses contraires ou incompatibles du contrat de travail. Le salarié a 1 mois pour signifier son refus, le délai courant à compter de la date à laquelle l'accord ou la charte ont été communiqués dans l'entreprise.

À NOTER

Par exception au principe du volontariat, en cas de circonstances exceptionnelles (menace d'épidémie ou force majeure, notamment), la mise en œuvre du télétravail peut être considérée comme un aménagement du poste de travail rendu nécessaire pour permettre la continuité de l'activité de l'entreprise et garantir la protection des salariés (Code du travail, Art. L. 1222-11). La mise en place du télétravail a ainsi été recommandée par le gouvernement dans le cadre de la crise sanitaire liée au Covid-19, et ce pour tous les postes qui le permettent. Dans de telles circonstances exceptionnelles, le salarié ne peut refuser le télétravail. Il incombe en effet à chaque travailleur de prendre soin de sa santé et de sa sécurité « ainsi que de celles des autres personnes concernées par ses actes ou ses omissions au travail » (Code du travail, Art. L. 4122-1).

› Les conditions de travail

Le télétravailleur bénéficie des mêmes droits que le salarié qui exécute son travail dans les locaux de l'entreprise.

AVANTAGE

L'URSSAF précise que les télétravailleurs ont droit aux titres restaurant dans les mêmes conditions que les autres salariés de l'entreprise.

Les équipements de travail

L'employeur n'est pas tenu de prendre en charge tous les coûts découlant directement de l'exercice du télétravail (matériels, logiciels, abonnements, communications, outils, maintenance, etc.). En cas de télétravail régulier, le sujet peut être traité par l'accord collectif, et des indemnisations prévues par le biais des frais professionnels.

De façon constante, la Cour de cassation estime qu'en cas de télétravail à la demande de l'employeur, celui-ci doit verser au salarié une indemnité en contrepartie de l'utilisation à titre professionnel d'une partie de son domicile (*Cour de cassation, Chambre sociale, 7/4/2010 et 14/9/2016*). Elle considère, en revanche, que cette indemnité n'est pas due si l'employeur met à la disposition du salarié un local professionnel (*Cour de cassation, Chambre sociale, 14/4/2016*).

AVANTAGE

L'employeur peut soit rembourser aux salariés les frais relatifs à l'exercice de leur activité en télétravail, sur présentation de justificatifs, soit leur allouer des allocations forfaitaires. L'URSSAF a récemment simplifié cette dernière procédure. Elle n'exige plus en effet des justificatifs systématiques. L'allocation forfaitaire allouée à un salarié en situation de télétravail est ainsi réputée conforme dans les limites suivantes : 10 € par mois pour un salarié effectuant 1 journée de télétravail par semaine ; 20 € par mois pour 2 jours de télétravail par semaine ; 30 € par mois pour 3 jours de télétravail par semaine. Cette allocation forfaitaire est exonérée de cotisations et contributions sociales.

L'organisation du travail

Le télétravailleur gère l'organisation de son temps de travail dans le cadre de la législation, des conventions collectives et des règles applicables à l'entreprise.

La charge de travail, les normes de production et les critères de résultats exigés du télétravailleur doivent être équivalents à ceux des salariés en situation comparable travaillant dans les locaux de l'entreprise. Les critères retenus doivent permettre au télétravailleur

de respecter la législation relative à la durée du travail (durée maximale du travail, temps de pose…).
Le télétravailleur doit pouvoir rencontrer régulièrement sa hiérarchie, ses collègues et avoir accès aux informations et aux activités sociales de l'entreprise.
L'employeur est tenu de respecter la vie privée du télétravailleur. À cet effet, il fixe, en concertation avec l'intéressé, les plages horaires durant lesquelles il peut le contacter.
Le télétravailleur doit également bénéficier d'un entretien annuel avec son employeur, portant notamment sur ses conditions d'activité et sa charge de travail.

La formation

Les télétravailleurs ont le même accès à la formation et aux possibilités de déroulement de carrière que les salariés en situation comparable travaillant au sein de l'entreprise.
Ils reçoivent en outre une formation appropriée sur les équipements techniques à leur disposition et sur les caractéristiques de cette forme d'organisation du travail.

Les droits collectifs

Les télétravailleurs ont les mêmes droits que les salariés travaillant dans les locaux de l'entreprise, notamment en ce qui concerne leurs relations avec les représentants du personnel et l'accès aux informations syndicales.
Ils sont électeurs et éligibles aux élections des représentants du personnel.
Ils sont pris en compte dans l'effectif de l'entreprise.

La protection sociale

Les télétravailleurs bénéficient de la même protection sociale que les autres salariés de l'entreprise. Ils sont couverts par la législation sur les accidents du travail, pour les accidents survenus à l'occasion de l'exécution des travaux qui leurs sont confiés. L'accident survenu sur le lieu où est exercé le télétravail (et pendant l'exercice de l'activité professionnelle) est en outre présumé être un accident du travail (*Code du travail, Art. L. 1222-9*). Autrement dit, le télétravailleur n'a pas à en apporter la preuve, celle-ci incombe à l'employeur s'il conteste la réalité de l'accident.

À NOTER

La Cour de cassation a jugé qu'un employeur ne pouvait revenir, sans l'accord du salarié, sur l'exécution de tout ou partie de son contrat de travail à son domicile. Le salarié est en droit de refuser cette modification de son contrat de travail, et ceci même si le contrat n'a pas intégré expressément le télétravail (Cour de cassation, Chambre sociale, 13/2/2013).

La période d'essai

S'il est vrai qu'une période d'essai peut théoriquement être exigée pour tous les salariés, encore faut-il que cette possibilité soit réellement prévue et sa durée fixée avec précision pour chacun dans le contrat de travail.

Qu'est-ce que la période d'essai ?

Définition

L'engagement définitif d'un salarié est presque toujours précédé par une période d'essai pendant laquelle l'employeur et l'employé se réservent la possibilité de mettre fin à tout moment à leurs engagements réciproques.

Cette période permet à l'employeur d'évaluer les compétences du salarié dans son travail, notamment au regard de son expérience, et au salarié d'apprécier si les fonctions occupées lui conviennent (*Code du travail, Art. L. 1221-20*).

La rupture pour tout autre motif est considérée comme abusive. Ainsi, un employeur qui aurait rompu la période d'essai en raison de la crise sanitaire liée à l'épidémie de Covid-19 se placerait dans l'illégalité.

À NOTER

Il ne faut pas confondre période d'essai et essai technique ou professionnel. L'essai professionnel est une sorte d'examen permettant à l'employeur de vérifier si le salarié a bien la compétence nécessaire pour exercer les fonctions qu'on lui propose. Son résultat conditionne l'engagement du salarié.

Point de départ

Le point de départ de la période d'essai se situe au commencement de l'exécution du contrat de travail, quelles qu'en soient la date de signature ou la prise effective des fonctions par le salarié.

La période d'essai intervient donc au moment de l'engagement du salarié dans l'entreprise.

La période probatoire

En cas de changement de fonctions, l'employeur peut imposer une période de probation au salarié pour vérifier s'il est bien apte à accomplir les nouvelles tâches qui lui sont confiées. Cette période probatoire n'obéit toutefois pas aux mêmes règles que la période d'essai. En effet, si le salarié ne donne pas satisfaction, l'employeur ne peut rompre le contrat. Il doit replacer le salarié dans ses fonctions antérieures. À défaut, le salarié peut le poursuivre pour licenciement abusif (*Cour de cassation, Chambre sociale, 30/3/2005*).

Les salariés protégés peuvent refuser de réintégrer leurs fonctions antérieures à l'issue de la période probatoire. Face à ce refus, l'employeur peut soit maintenir le salarié à son nouveau poste, soit demander une autorisation pour le licencier (*Cour de cassation, Chambre sociale, 30/9/2010*).

Enfin, en cas de mutation intervenant au cours de la période d'essai, l'employeur peut également soumettre le salarié à une période probatoire. Dans ce cas, la période probatoire met nécessairement fin à la période d'essai antérieure. Autrement dit, l'employeur ne peut plus se référer à cette période d'essai pour mettre fin au contrat de travail (*Cour de cassation, Chambre sociale, 20/10/2010*).

La période probatoire doit être prévue dans le contrat de travail ou par un avenant au contrat, qui fixent notamment la durée et les conditions de rupture de cette période. Si celles-ci sont définies par la convention collective, l'employeur doit s'y conformer.

Fixation

La période d'essai ne se présume pas. Elle doit expressément être stipulée dans la lettre d'engagement ou le contrat de travail (*Code du travail, Art. L. 1221-23*).
L'employeur ne peut donc imposer à un salarié une période d'essai lorsque cette possibilité n'était pas prévue dans son contrat de travail sous prétexte qu'un accord collectif le prévoit ou encore que cette pratique a toujours été appliquée dans la profession considérée ou dans l'entreprise, par exemple.

AVANTAGE

Sauf dispositions conventionnelles contraires, un employeur ne peut pas imposer de période d'essai à un jeune engagé sous CDI suite à un contrat d'apprentissage, un CDD ou un contrat de travail temporaire effectué dans la même entreprise (Code du travail, Art. L. 6222-16). De même, si l'embauche dans l'entreprise suit un stage de dernière année d'étude, la durée du stage est déduite de la période d'essai, dans une certaine limite : pas plus de la moitié, sauf accord collectif prévoyant des dispositions plus favorables (Code du travail, Art. L. 1221-24).

Quelle est la durée de la période d'essai ?

La loi fixe une durée maximale pour la période d'essai des salariés engagés en CDI. Elle est de :
– 2 mois pour les ouvriers et les employés ;
– 3 mois pour les agents de maîtrise et les techniciens ;
– 4 mois pour les cadres (*Code du travail, Art. L. 1221-19*).
Il s'agit là d'un maximum. Une durée plus courte est possible.
Par ailleurs, des dispositions spécifiques régissent la durée de la période d'essai pour les VRP, les apprentis, les assistantes maternelles, les contrats à durée déterminée et les contrats de travail temporaire.

À NOTER

La durée de la période d'essai prend en compte tous les jours du calendrier et non les seuls jours ouvrables ou travaillés. Une période d'essai d'1 mois commençant un 10 janvier se terminera le 9 février à minuit.

Incidence de la maladie sur la période d'essai

Si le salarié s'absente pendant la période d'essai, l'employeur peut prolonger celle-ci pour une durée équivalente à celle de l'absence du salarié.
Les absences du salarié ont, en effet, pour conséquence de suspendre l'exécution du contrat de travail. Les tribunaux acceptent donc la prolongation de la période d'essai en cas de maladie (*Cour de cassation, Chambre sociale, 29/5/1986*), d'accident du travail (*Cour de cassation, Chambre sociale, 4/2/1988*) ainsi qu'en cas de fermeture annuelle de l'entreprise (*Cour de cassation, Chambre sociale, 27/11/1985*).

Reconduction de la période d'essai

Lorsque l'une des parties considère que la durée de la période d'essai n'a pas été suffisante, elle peut proposer de la renouveler une fois à condition que cette possibilité ait été expressément prévue dans la lettre d'engagement ou le contrat de travail. Le renouvellement est possible uniquement lorsqu'un accord de branche étendu le prévoit et dans les conditions et durées fixées par celui-ci.
La durée de la période d'essai, renouvellement compris, ne peut toutefois excéder :
– 4 mois pour les ouvriers et les employés ;
– 6 mois pour les agents de maîtrise et les techniciens ;
– 8 mois pour les cadres (*Code du travail, Art. L. 1221-21*).
La Cour de cassation a rappelé « le caractère impératif » des durées légales, que ce soit la durée initiale ou le renouvellement de la période d'essai (*Cour de cassation, Chambre sociale, 31/3/2016*).
Le renouvellement de la période d'essai nécessite « l'accord exprès et non équivoque » des parties. L'employeur doit donc obtenir du salarié qu'il mentionne en toutes lettres qu'il donne son accord exprès et sans équivoque au renouvellement de la période d'essai. À défaut, la rupture du contrat pendant ce renouvellement est considérée comme un licenciement (*Cour de cassation, Chambre sociale, 11/10/2000*). La seule signature du salarié apposée sur un document établi par l'employeur n'est donc pas suffisante (*Cour de cassation, Chambre sociale, 25/11/2009*).
À partir du moment où l'accord du salarié est exprès et non équivoque, le renouvellement de la période d'essai peut intervenir par échange électronique, au même titre que par courrier.

Comment rompre le contrat durant la période d'essai ?

L'employeur ou le salarié peut décider de mettre fin au contrat de travail pendant la période d'essai sans avoir à se justifier. Les règles relatives à la rupture du contrat de travail ne s'appliquent pas (*Code du travail, Art. L. 1231-1*).

La rupture peut intervenir à tout moment. Toutefois, lorsque l'employeur décide de mettre fin à la période d'essai, le salarié doit être prévenu dans un délai qui ne peut être inférieur à :
– 24 heures en deçà de 8 jours de présence ;
– 48 heures entre 8 jours et 1 mois de présence ;
– 2 semaines après 1 mois de présence ;
– 1 mois après 3 mois de présence.

Le non-respect de ce délai ouvre droit à une indemnité compensatrice, sauf si la rupture est justifiée par une faute lourde du salarié. Cette indemnité est égale au montant des salaires et avantages que ce dernier aurait perçus s'il avait accompli son travail jusqu'à l'expiration du délai de prévenance, indemnité compensatrice de congés payés comprise.

Lorsque c'est le salarié qui décide de mettre fin à la période d'essai, il doit respecter un délai de prévenance de 24 heures pour une durée de présence de moins de 8 jours et 48 heures pour une durée de présence supérieure (*Code du travail, Art. L. 1221-25 et L. 1221-26*).

Si le contrat de travail prévoit un délai de prévenance plus long que le délai légal, l'employeur doit le respecter (*Cour de cassation, Chambre sociale, 15/4/2016*).

Il n'y a aucune autre formalité particulière à respecter, sauf s'il s'agit d'un salarié protégé. Cette rupture ne donne droit à aucune indemnité (sauf si la convention collective prévoit le contraire).

L'employeur doit cependant verser au salarié une indemnité compensatrice pour les congés payés éventuellement dus.

Si l'employeur reproche au salarié d'avoir commis une faute, il doit, dans ce cas, respecter la procédure disciplinaire (convocation à un entretien préalable) avant de mettre fin au contrat (*Cour de cassation, Chambre sociale, 10/3/2004*).

Cas particulier : il est interdit de rompre la période d'essai d'un salarié en arrêt de travail pour accident du travail ou maladie professionnelle (*Cour de cassation, Chambre sociale, 12/5/2004*).

AVANTAGE

La rupture du contrat de travail au cours de la période d'essai peut, dans certains cas, être considérée comme abusive et ouvrir droit à des dommages et intérêts. Il en est ainsi lorsque l'on peut prouver que cette rupture a été décidée dans l'intention de nuire, si la légèreté blâmable de l'employeur est établie (Cour de cassation, Chambre sociale, 20/2/2007), ou pour un motif tout à fait étranger à l'essai. Par ailleurs, toute rupture d'une période d'essai fondée sur un motif discriminatoire est considérée comme nulle. Dans ce cas, le salarié peut donc demander sa réintégration ou, à défaut, obtenir des indemnités pour licenciement abusif (Cour de cassation, Chambre sociale, 16/2/2005).

AVANTAGE

Des indemnités et réparations liées à la rupture de contrat peuvent être dues aux agents commerciaux, même lorsque la cessation du contrat intervient pendant la période d'essai. La Cour de justice européenne a en effet considéré que cette indemnisation vise à dédommager l'agent pour ses prestations passées (et qui continuent à bénéficier à l'autre partie, comme c'est le cas par exemple lorsque l'agent a apporté un nouveau client) et les frais et dépenses engagées dans le cadre de ces prestations (Cour de justice européenne, 19/4/2018).

Cas pratiques

Les règles générales

Clause d'indivisibilité – contrat de couple

J'ai été engagé dans le cadre d'un contrat à durée déterminée saisonnier en qualité d'employé polyvalent. Mon contrat contient une clause d'indivisibilité avec celui de mon épouse. Le contrat de ma femme a été rompu et l'employeur utilise la clause d'indivisibilité pour faire cesser le mien. Est-ce légal ?

Ce type de clause est souvent utilisé en présence d'un couple de salariés (gardiens d'immeuble, par exemple). Pour autant, lorsque cette clause est en contradiction avec les règles impératives du Code du travail, les tribunaux l'écartent.

Ainsi, la jurisprudence tend à faire prévaloir les règles d'ordre public concernant la rupture des CDD, prévues par l'article L. 1243-1 du Code du travail (nécessité d'une faute grave, d'une force majeure, etc.), sur cette clause (*Cour de cassation, Chambre sociale, 5/7/2017*).

Période d'essai - rupture

La rupture d'un contrat de travail prend-elle effet le jour de l'envoi de la lettre par l'employeur ou au jour de sa réception par le salarié ? J'ai reçu la lettre le lendemain de l'expiration de la période d'essai et j'estime donc que seul un licenciement en bonne et due forme aurait pu mettre fin à mon contrat. Qu'en pensez-vous ?

Malheureusement, la jurisprudence ne vous est pas favorable. La Cour de cassation a en effet décidé que la rupture d'un contrat de travail se situe à la date où l'employeur a manifesté sa volonté d'y mettre fin, c'est-à-dire le jour de l'envoi de la lettre recommandée avec avis de réception notifiant la rupture.

Ainsi, si la lettre a été envoyée pendant l'essai, ce sont les règles applicables à la rupture de la période d'essai qui sont applicables (*Cour de cassation, Chambre sociale, 11/5/2005*).

En cas d'embauche sous CDI, la durée totale des périodes d'essai des CDD antérieurs doit-elle être déduite ?

L'article L. 1243-11 du Code du travail énonce que lorsque la relation contractuelle de travail se poursuit après l'échéance du terme du contrat à durée déterminée, celui-ci devient un contrat à durée indéterminée. La durée du CDD est déduite de la période d'essai éventuellement prévue dans le nouveau contrat de travail.

La Cour de cassation applique cette disposition dans votre cas, c'est-à-dire quand un CDI succède à plusieurs CDD. Elle précise par ailleurs que peu importe que le salarié ait occupé le même emploi au cours des précédents contrats (*Cour de cassation, Chambre sociale, 9/10/2013*).

Période d'essai - rupture abusive

Mon employeur peut-il rompre mon contrat de travail pendant la période d'essai parce que je refuse une diminution de la rémunération prévue ?

Le but de la période d'essai est de permettre à l'employeur d'évaluer les compétences du salarié dans son travail, notamment au regard de son expérience, et au salarié d'apprécier si les fonctions occupées lui conviennent (*Code du travail, Art. L. 1221-20*).

Vous pouvez invoquer à votre bénéfice les termes d'un arrêt ayant jugé que commettait un abus dans l'exercice de son droit de résiliation, l'employeur qui rompt le contrat de travail, au cours de la période d'essai, au seul motif que le salarié refusait la diminution de sa rémunération contractuelle.
En effet, la résiliation est dans cette hypothèse sans rapport avec l'appréciation des qualités professionnelles du salarié.
Dans cette affaire, le salarié a pu obtenir des dommages et intérêts (*Cour de cassation, Chambre sociale, 10/12/2008*).

Période d'essai - preuve de rupture abusive

Mon contrat de travail a été interrompu à la fin de la période d'essai. Je suis persuadé que cela était prévu dès mon embauche, l'employeur faisant ainsi l'économie d'une procédure de licenciement. Or, j'ai apporté mon savoir-faire à l'entreprise pendant les 3 mois où j'y ai travaillé. Que puis-je faire ?

Le principe est la liberté des parties de rompre la période d'essai. L'employeur doit seulement respecter, depuis la loi n° 2008-596 du 25/6/2008, un délai de prévenance. Certes, selon la jurisprudence, la rupture de la période d'essai ne doit pas présenter un caractère anormal ou abusif (par exemple, lorsqu'elle n'est pas motivée par des raisons professionnelles mais par une intention de nuire...). Mais encore faut-il prouver les faits que vous invoquez, à savoir une manœuvre de votre employeur voulant profiter de vos connaissances. Cette preuve peut être difficile à apporter. Sans elle, vous risquez de n'obtenir aucune indemnité.

Période d'essai - discrimination

Mon employeur a interrompu ma période d'essai sans motivation mais je sais que cette rupture est due au fait que je suis tombé malade pendant cette période. Puis-je invoquer la discrimination pour raison de santé pour faire condamner mon employeur ?

Les dispositions de l'article L. 1132-1 et suivants du Code du travail, traitant des discriminations, sont applicables à la période d'essai. Si vous pouvez établir que l'employeur a manifestement souhaité vous écarter en raison de vos problèmes de santé, vous pouvez invoquer cet article et obtenir la nullité de la rupture de la période d'essai et votre indemnisation (*Cour de cassation, Chambre sociale, 16/2/2005*).
Attention : vous ne pourrez demander à votre employeur que l'indemnisation du préjudice que vous avez subi et non une indemnité de préavis et de congés payés afférents à cette période. En effet, selon la dernière jurisprudence *(Cour de cassation, Chambre sociale, 12/9/2018)*, les dispositions du Code du travail concernant la rupture du contrat de travail à durée indéterminée (et donc, notamment, les conséquences d'un licenciement, comme l'indemnité de préavis) ne sont pas applicables pendant la période d'essai *(Code du travail, Art. L. 1231-1)*.

Les différents contrats de travail

Le contrat à durée indéterminée est la forme normale du contrat de travail. Cependant, des contrats d'un autre type coexistent : contrats à durée déterminée proprement dits où le salarié est directement engagé par l'entreprise pour une durée fixée à l'avance, ou bien contrats de travail temporaire où le salarié est placé dans une entreprise par l'intermédiaire d'une agence d'intérim. Afin de protéger les salariés, compte tenu de la précarité de leur situation, le recours à ce type de contrats est strictement réglementé et le Code du travail définit de façon très précise les droits des salariés ainsi engagés.

Le contrat à durée déterminée (CDD)

Le contrat de travail à durée déterminée doit scrupuleusement respecter les règles énoncées ci-après. Tout contrat conclu en violation de ces dispositions est, en effet, réputé conclu pour une durée indéterminée.

Qu'est-ce qu'un contrat à durée déterminée (CDD)?

Le contrat à durée déterminée est une forme dérogatoire du contrat de travail.

Il se distingue du contrat à durée indéterminée par le fait qu'il est provisoire dès sa conclusion : soit il comporte un terme fixé à l'avance (3 mois, par exemple) soit sa durée dépend d'un événement destiné à prendre fin (remplacement d'un salarié en arrêt de maladie ou tournage d'un film, par exemple).

Il se distingue également du contrat de travail temporaire par le fait qu'il est conclu directement avec l'entreprise sans passer par une société intermédiaire. De plus, les règles qui régissent ces deux types de contrat, quoique fort semblables, ne sont pas tout à fait identiques.

AVANTAGE

La loi vise à encadrer les possibilités de recours à ce type de contrat et à renforcer la protection des salariés. Ainsi, le contrat de travail à durée déterminée, quel que soit son objet, ne doit pas avoir pour objet de pourvoir durablement un emploi lié à l'activité normale et permanente de l'entreprise (Code du travail, Art. L. 1242-1).

AVANTAGE

Les règles encadrant les CDD peuvent être adaptées par les partenaires sociaux de branche à la spécificité des secteurs d'activité, mais en aucun cas conduire à pourvoir un emploi considéré comme permanent dans les entreprises de la branche. Les branches peuvent ainsi adapter la durée, le nombre de renouvellements et le délai de carence. Les motifs de recours aux contrats à durée déterminée ainsi que la prime de précarité restent en revanche fixés par la loi.

Les CDD doivent-ils comporter un terme précis ?

Certains contrats à durée déterminée doivent être conclus avec un terme précis et d'autres non. Tout dépend du motif de recours invoqué par l'employeur.

Contrats comportant un terme précis

Le contrat comporte un terme lorsque sa fin est prévue de façon certaine et qu'elle est fixée avec précision, dès sa conclusion.

Le recours à de tels types de contrat est possible dans des circonstances très précises (*Code du travail, Art. L. 1242-2*) :

- Remplacement d'un salarié en cas de départ définitif précédant la suppression du poste de travail, à condition que le comité social et économique ait été consulté sur cette décision.
- Remplacement d'un salarié passé provisoirement à temps partiel, lorsqu'un avenant au contrat de travail ou un échange écrit a été passé entre le salarié et l'employeur.
- Accroissement temporaire de l'activité de l'entreprise. Il peut s'agir d'une augmentation temporaire de l'activité habituelle de l'entreprise (surcroît de commande à l'occasion d'une campagne promotionnelle, par exemple) ou de l'exécution d'une tâche occasionnelle ne relevant pas de l'activité normale (informatisation d'un service, par exemple).
- Contrat de travail prévoyant un complément de formation professionnelle aux catégories de salariés suivantes :

– les candidats effectuant un stage en vue d'accéder à un établissement d'enseignement ;

– les élèves et anciens élèves d'un établissement d'enseignement effectuant un stage d'application ;
– les étrangers venant en France en vue d'acquérir un complément de formation professionnelle ;
– les bénéficiaires d'une aide financière individuelle à la formation.

- Embauches effectuées dans le cadre de la politique de l'emploi. Il s'agit des contrats destinés à favoriser la réinsertion de certaines catégories de personnes sans emploi :
– contrats de professionnalisation ;
– contrats d'accompagnement dans l'emploi ;
– contrats initiative-emploi ;
– contrats adultes-relais ;
– contrats conclus avec les entreprises d'insertion ;
– contrats conclus avec des salariés âgés de plus de 57 ans, inscrits comme demandeurs d'emploi depuis plus de 3 mois ou bénéficiant d'une convention de sécurisation professionnelle (CDD dit « senior »).

Contrats ne comportant pas de terme précis

Un contrat à durée déterminée ne comportant pas de terme précis peut être conclu dans les cas suivants (*Code du travail, Art. L. 1242-7*) :

- Remplacement d'un salarié absent de l'entreprise pour congés, maladie ou accident du travail. Il est également possible de pourvoir au remplacement d'un salarié présent dans l'entreprise mais détaché de son poste de travail habituel pour être affecté temporairement sur un autre poste de travail (*Cour de cassation, Chambre sociale, 25/2/2009*).

Il a été jugé que le seul fait pour l'employeur, qui est tenu de garantir aux salariés le bénéfice des droits à congés maladie ou maternité, à congés payés ou repos que leur accorde la loi, de recourir à des contrats à durée déterminée de remplacement de manière récurrente, voire permanente, « ne saurait suffire à caractériser un recours systématique aux contrats à durée déterminée » pour pourvoir un emploi durable lié à l'activité normale et permanente de l'entreprise (*Cour de cassation, Chambre sociale, 14/2/2018*).

À NOTER

Selon la Cour de cassation, un employeur ne peut engager un seul salarié en CDD pour remplacer plusieurs salariés absents. Dans ce cas, il doit faire appel à autant de salariés en CDD que de salariés à remplacer (Cour de cassation, Chambre sociale, 28/6/2006). À titre expérimental, jusqu'au 31/12/2020, un seul CDD ou un seul contrat de travail temporaire peut toutefois être conclu pour remplacer plusieurs salariés dans des secteurs définis par décret (Loi du 5/9/2018, Art. 53).

- Remplacement d'un salarié dont le contrat est suspendu (salarié en congé parental d'éducation ou en congé de création d'entreprise, par exemple).
- Remplacement d'un chef d'entreprise artisanale, industrielle ou commerciale, d'une personne exerçant une profession libérale, de son conjoint participant à l'activité de l'entreprise ou d'un associé non salarié d'une SCP, d'une SCM, d'une SEL ou de toute autre personne morale exerçant une profession libérale.
- Remplacement d'un chef d'exploitation ou d'entreprise agricole, d'un aide familial, d'un associé ou de leur conjoint collaborateur.

Le contrat peut prendre effet avant l'absence de la personne remplacée (*Code du travail, Art. L. 1242-9*). La personne peut ainsi être engagée quelques jours avant la prise d'un congé parental d'éducation afin que le salarié qui s'absente mette son remplaçant au courant des tâches à accomplir.

- Remplacement d'un salarié dans l'attente de l'arrivée de son remplaçant engagé sous contrat à durée indéterminée. Ce cas se présente lorsque le candidat recruté pour occuper un poste à pourvoir n'est pas disponible immédiatement (préavis à effectuer chez l'ancien employeur, par exemple).
- Emplois à caractère saisonnier. Il s'agit de travaux se répétant chaque année, à dates à peu près fixes en fonction du rythme des saisons ou de modes de vie collectifs, et pour lesquels l'employeur établit un seul bulletin de paie lorsque la durée du contrat de travail est inférieure à 1 mois : vendangeurs, moniteurs de ski, personnel hôtelier dans une station touristique, par exemple.
- Recrutement d'ingénieurs et de cadres en vue de la réalisation d'un objet défini, lorsqu'un accord de branche ou d'entreprise le prévoit.
- Emplois dans certains secteurs d'activité définis par décret ou convention collective, pour lesquels il est d'usage de recourir à des contrats de travail à durée déterminée. Il s'agit notamment des secteurs suivants :
– spectacles, action culturelle, production cinéma, activités foraines ;
– activités exercées dans le cadre des associations intermédiaires ou des associations de services aux personnes ;
– audiovisuel, information ;
– bâtiment et travaux publics pour les chantiers à l'étranger ;

– centres de loisirs et de vacances ;
– coopération, assistance technique, ingénierie et recherche à l'étranger ;
– déménagement ;
– enquêtes et sondages ;
– enseignement ;
– hôtellerie et restauration ;
– réparation navale ;
– sport professionnel.

AVANTAGE

Même dans les secteurs pour lesquels on recourt en principe à des CDD, l'engagement peut être considéré comme un engagement à durée indéterminée si les contrats à durée déterminée se renouvellent de manière successive sans autre interruption que les congés annuels, par exemple.

Est-il toujours possible d'avoir recours à un CDD ?

L'employeur ne peut engager un travailleur sous contrat à durée déterminée dans les cas suivants (*Code du travail, Art. L. 1242-5 et L. 1242-6*) :

- Lorsqu'il a procédé à un licenciement économique dans les 6 derniers mois. Cette interdiction s'applique :

– aux cas d'accroissement temporaire d'activité, y compris pour l'exécution d'une tâche occasionnelle, mais non pour d'autres motifs comme le remplacement d'un salarié absent, par exemple ;
– uniquement aux postes concernés par le licenciement.

L'employeur peut néanmoins avoir recours à un contrat à durée déterminée si sa durée n'excède pas 3 mois non renouvelables, ou s'il s'agit d'une commande exceptionnelle à l'exportation nécessitant la mise en œuvre de moyens inhabituels.

- Pour remplacer un travailleur absent par suite d'un conflit collectif (grève, notamment).

- Pour occuper un poste précédemment pourvu par un salarié sous contrat à durée déterminée ou sous contrat de travail temporaire.

- Pour effectuer des travaux particulièrement dangereux qui font l'objet d'une surveillance spéciale par les médecins du travail. La liste de ces travaux est identique à celle fixée pour les travailleurs temporaires.

Quelle doit être la durée des CDD ?

La durée de ce type de contrat dépend de la raison pour laquelle il a été conclu :
– si le contrat comporte un terme dès le départ, sa durée est fixée dès la conclusion ;
– si le contrat a été conclu pour une raison liée à une activité ou un événement, la disparition de la raison pour laquelle il a été conclu représente le terme du contrat.

Exemple : un salarié est recruté pour remplacer un salarié malade ; la fin de l'arrêt maladie du salarié représente le terme du contrat.

› Contrats comportant un terme précis

À l'exception du CDD à objet défini des ingénieurs et des cadres (non renouvelable et conclu pour une durée minimale de 18 mois et maximale de 36 mois), la durée totale du contrat peut être fixée par une convention ou un accord de branche. Cette durée ne peut toutefois avoir ni pour objet ni pour effet de pourvoir durablement un emploi lié à l'activité normale et permanente de l'entreprise (*Code du travail, Art. L. 1242-8*).

Durée minimale

La loi n'a pas fixé de durée minimale obligatoire : en théorie, il est possible de conclure de tels contrats pour 1 mois, voire 1 jour.

Toutefois, afin de dissuader les employeurs de recourir à des CDD de courte durée, une taxe forfaitaire de 10 € est appliquée sur chaque CDD dit d'usage de moins de 3 mois. Elle est due en cas de conclusion d'un nouveau contrat avec le même employeur ; en revanche, elle ne l'est pas en cas de renouvellement du CDD (prolongation par un avenant au contrat initial). La mesure ne s'applique pas aux employeurs d'intermittents du spectacle et aux contrats conclus avec les dockers occasionnels, pour lesquels une majoration de 0,5 % des cotisations patronales intervient. De même, elle ne concerne pas les contrats d'insertion conclus avec les associations intermédiaires, ni les secteurs du transport de déménagement, de l'animation commerciale et de l'activité d'optimisation de linéaires.

En outre, un bonus-malus est appliqué pour les entreprises de plus de 11 salariés dans 7 secteurs d'activité grands consommateurs de contrats courts et d'intérim (agroalimentaire, restauration, hébergement, transports, etc.). Les cotisations d'assurance chômage peuvent aller jusqu'à 5 % de la masse salariale pour les plus mauvais élèves, et 3 % pour les entreprises réduisant le recours à ces contrats précaires. Le bâtiment, la santé ou l'audiovisuel sont exclus de ce dispositif.

Durée maximale

En l'absence de durée conventionnelle du CDD, le Code du travail fixe à 18 mois la durée totale de ce type de contrat, renouvellement compris.

Cette durée maximale est réduite à 9 mois dans les deux cas suivants :

– lorsque le contrat est conclu dans l'attente de l'entrée en service effective d'un salarié recruté en CDI ;

– lorsque l'objet du contrat consiste à réaliser des travaux urgents nécessités par des mesures de sécurité.

Elle est par ailleurs portée à 24 mois :

– lorsque le contrat est exécuté à l'étranger ;

– lorsque le contrat est conclu dans le cadre du départ définitif d'un salarié, précédant la suppression de son poste de travail ;

– lorsque le contrat est conclu pour faire face à une commande exceptionnelle à l'exportation, dont « l'importance nécessite la mise en œuvre de moyens quantitativement et qualitativement exorbitants de ceux que l'entreprise utilise ordinairement ». Cette clause concerne aussi bien l'entrepreneur principal que le sous-traitant. Dans ce cas, la durée initiale du contrat ne peut par ailleurs pas être inférieure à 6 mois (*Code du travail, Art. L. 1242-8-1*).

Enfin, cette durée est portée à 36 mois pour les CDD « seniors » (*Code du travail, Art. D. 1242-7*).

› Contrats ne comportant pas de terme précis

Durée minimale

Le contrat est conclu pour une durée minimale fixée à l'avance. Cette durée dépend de la nature des tâches envisagées.

Exemple : 3 mois, durée de la saison touristique, pour un moniteur de ski.

Durée maximale

Aucune durée maximale n'est prévue.

Le terme du contrat est, selon les cas :

– le retour du salarié absent ;

– la fin de la saison pour les travaux à caractère saisonnier ;

– la réalisation de l'objet du contrat (film, spectacle, déménagement…).

› Période d'essai

Une période d'essai peut, éventuellement, être prévue (*Code du travail, Art. L. 1242-10*).

Elle ne peut dépasser :

– 1 jour par semaine dans la limite de 2 semaines pour les contrats d'une durée maximale de 6 mois ;

– 1 mois pour les contrats de plus de 6 mois.

Les usages ou les accords collectifs peuvent prévoir des durées moindres.

Si le contrat est prévu pour une période supérieure à 7 semaines, l'employeur doit respecter un délai de prévenance de 24 heures en-deçà de 8 jours de présence et de 48 heures au-delà s'il décide de rompre le contrat durant la période d'essai.

› Renouvellement du contrat

S'il comporte un terme, le contrat à durée déterminée peut en principe être renouvelé deux fois. Mais sa durée totale, renouvellements compris, ne peut dépasser les durées stipulées dans la convention ou l'accord de branche ou, à défaut, les durées indiquées plus haut.

Toutefois, une convention ou un accord de branche étendu peut fixer le nombre maximal de renouvellements possibles et ainsi prévoir plus de 2 renouvellements. Aucun plafond légal n'est fixé, mis à part le fait que le nombre de renouvellements « ne peut avoir ni pour objet ni pour effet de pourvoir durablement un emploi lié à l'activité normale et permanente de l'entreprise ».

Dans tous les cas, les conditions de renouvellement doivent être précisées dans le contrat ou faire l'objet d'un avenant, signé par le salarié avant le terme initialement prévu (*Code du travail, Art. L. 1243-13*). Si cette condition n'est pas respectée, le CDD peut être requalifié en CDI (*Cour de cassation, Chambre sociale, 5/10/2016*).

› Avance ou report du terme

Lorsqu'il s'agit de remplacer un salarié, le contrat du remplaçant peut prendre effet avant le départ du salarié afin que celui-ci puisse mettre son remplaçant au courant du travail à accomplir.

La fin du contrat peut être reportée au surlendemain du retour du salarié pour les mêmes raisons.

Comment le CDD doit-il être établi ?

Le contrat à durée déterminée doit obligatoirement être rédigé par écrit. Il doit indiquer clairement l'objet précis pour lequel il a été conclu et faire impérativement figurer les mentions suivantes (*Code du travail, Art. L. 1242-12*) :
– la désignation du poste de travail ou de l'emploi concerné ;
– la durée de la période d'essai éventuellement prévue ;
– la date du terme ou, si le contrat ne comporte pas de terme obligatoire, la durée de la période minimale et éventuellement une clause de report du terme ;
– dans le cas d'un remplacement, il convient d'indiquer le nom du salarié remplacé et sa qualification professionnelle. Cette obligation a été rappelée récemment par la Cour de cassation (*Cour de cassation, Chambre sociale, 28/3/2018*). Le motif de l'absence du salarié remplacé n'a en revanche pas à être mentionné. En cas de litige, l'employeur doit cependant être en mesure de prouver la réalité de l'absence (*Cour de cassation, Chambre sociale, 15/9/2010*) ;
– l'intitulé de la convention collective applicable ;
– le montant de la rémunération, des primes et accessoires ;
– le nom et l'adresse de la caisse de retraite complémentaire ainsi que ceux de l'organisme de prévoyance.

Le contrat doit être remis au salarié dans les 2 jours suivant son embauche (*Code du travail, Art. L. 1242-13*). La méconnaissance de cette obligation ne saurait suffire, en tant que tel, à requalifier le CDD en CDI, mais elle permet au salarié d'obtenir le versement d'une indemnité, qui ne peut excéder 1 mois de salaire (*Code du travail, Art. L. 1245-1*).

À NOTER

Un CDD qui ne comporte pas la signature du salarié est réputé être un contrat à durée indéterminée. Toutefois, l'absence ou le retard de signature ne doivent pas être dus à une manœuvre du salarié. Reste que l'employeur doit faire valoir des circonstances ou des faits précis pour démontrer la mauvaise foi ou l'intention frauduleuse d'un salarié ne signant pas un CDD pour obtenir un CDI (Cour de cassation, Chambre sociale, 10/4/2019).

De quelle protection le salarié sous CDD bénéficie-t-il ?

La loi prévoit que les dispositions légales et conventionnelles ainsi que celles qui résultent des usages applicables aux salariés liés par contrat à durée indéterminée s'appliquent également aux salariés liés par contrat à durée déterminée (*Code du travail, Art. L. 1242-14*).

Égalité des droits

Il résulte de ces dispositions que le salarié engagé pour une durée déterminée doit bénéficier de la même rémunération et des mêmes avantages sociaux que les autres salariés de l'entreprise.
Il doit recevoir une rémunération égale à celle que toucherait un travailleur engagé à durée indéterminée, après sa période d'essai, ayant la même qualification professionnelle et occupant les mêmes fonctions (*Code du travail, Art. L. 1242-15*).
Il jouit de tous les droits syndicaux reconnus aux autres salariés. Si son contrat est supérieur à 3 mois, il pourra participer aux élections professionnelles ; s'il est supérieur à 1 an, il pourra être élu comme membre du comité social et économique.

AVANTAGE

La jurisprudence n'exige pas que l'année d'ancienneté soit acquise au bout d'un seul contrat. Les contrats successifs peuvent même avoir été séparés par des périodes d'inactivité (Cour de cassation, Chambre sociale, 3/10/2007).

Exceptions

Il existe toutefois des exceptions au principe d'égalité entre les travailleurs sous contrat à durée indéterminée et ceux sous contrat à durée déterminée. Ces exceptions concernent essentiellement :
– les dispositions relatives à la rupture du contrat ;
– la durée maximale de la période d'essai ;
– les droits à l'ancienneté dans l'entreprise si le contrat à durée déterminée est de courte durée ;
– la prise en compte du salarié dans l'effectif de l'entreprise. Le travailleur à durée déterminée n'est pris en compte qu'au prorata de son temps de présence au cours des 12 derniers mois. Le remplaçant d'un salarié absent n'est pas compté ;
– le droit à la formation professionnelle.

ATTENTION ⚠

Le contrat à durée déterminée peut être suspendu, en cas de maladie par exemple, mais il n'est pas prolongé de la durée de cette suspension.

Quels sont les droits du salarié en fin de CDD ?

Le contrat de travail à durée déterminée cesse de plein droit à l'échéance du terme, c'est-à-dire à la date prévue dans le contrat ou à la fin de la réalisation de l'objet pour lequel il a été conclu. L'employeur n'est pas obligé de prévenir le salarié de ses intentions de poursuivre ou non le contrat.

Le jour où le contrat prend fin, il peut donc remettre au salarié son reçu pour solde de tout compte), son attestation d'assurance chômage et son certificat de travail, sans préavis ni formalités.

Indemnité de fin de contrat

L'employeur doit verser une indemnité de fin de contrat dans les cas suivants (*Code du travail, Art. L. 1243-8*) :

– contrats comportant un terme précis fixé à l'avance ;

– remplacement d'un salarié absent.

Elle doit être versée lorsque le contrat arrive à son terme, ou avant, en cas de rupture anticipée intervenant du fait de l'employeur (sauf si elle est motivée par une faute grave du salarié) ou encore par accord des parties.

Cette indemnité est égale à 10 % de la rémunération brute totale due au salarié pendant la durée du contrat (majorations, primes et indemnités diverses comprises). Il s'agit d'un minimum : une convention ou un accord collectif peut prévoir un taux plus élevé. Ces mêmes accords, ainsi qu'un accord d'entreprise, peuvent également rabaisser ce taux à 6 % lorsque les salariés sous CDD bénéficient d'une contrepartie en matière de formation professionnelle (bilan de compétences…). Dans ce dernier cas, la jurisprudence considère cependant que l'employeur doit avoir effectivement proposé une formation professionnelle au salarié concerné pour que l'indemnité puisse être ramenée à 6 %. À défaut, une indemnité de 10 % est due (*Cour de cassation, Chambre sociale, 11/7/2007*).

Indemnité compensatrice de congés payés

Le salarié a droit aux congés payés dans les mêmes conditions que les autres salariés de l'entreprise. S'il ne peut prendre ce congé, il a droit, quelle que soit la durée de son contrat, à une indemnité compensatrice qui ne peut être inférieure à 1/10e de sa rémunération brute totale.

QUE SE PASSE-T-IL QUAND LA LÉGISLATION SUR LES CDD N'EST PAS RESPECTÉE ?

Un contrat qui ne respecte pas les règles applicables au contrat à durée déterminée (motifs énumérés, durée, absence de contrat écrit ou de certaines mentions obligatoires, contrat non signé par le salarié) est requalifié en contrat à durée indéterminée.

Dans ce cas, l'ancienneté du salarié doit être calculée à compter du premier jour du CDD ou du premier jour de son engagement par un CDD irrégulier en cas de succession de CDD (*Cour de cassation, Chambre sociale, 3/5/2016*).

Par ailleurs, l'absence d'indication de la convention collective, qui fait pourtant partie des mentions obligatoires, n'entraîne pas la requalification du contrat en contrat à durée indéterminée (*Cour de cassation, Chambre sociale, 26/10/1999*). Il en va de même pour l'absence de transmission du contrat au salarié dans les 2 jours ouvrables suivant son embauche ; elle ne saurait justifier à elle seule la requalification en CDI (*Code du travail, Art. L. 1245-1*).

En cas de litige, le salarié doit s'adresser au conseil de prud'hommes qui se prononcera dans le délai d'1 mois. Si le salarié est dans son droit, l'employeur devra alors lui verser des dommages et intérêts (1 mois de salaire minimum), respecter la procédure de licenciement s'il veut mettre fin au contrat et verser au salarié une indemnité de licenciement (*Code du travail, Art. L. 1245-2*).

La Cour de cassation a jugé que le conseil de prud'hommes statuant en référé pouvait ordonner la poursuite provisoire d'un CDD au-delà de son terme dans l'attente que les juges se prononcent sur la requalification du contrat (*Cour de cassation, Chambre sociale, 8/3/2017*).

Le salarié a un délai de 2 ans pour obtenir la requalification de son CDD en CDI, ce délai démarrant au terme du contrat (*Cour de cassation, Chambre sociale, 29/1/2020*).

Cette indemnité est versée à la fin du contrat.

Comme en cas de licenciement, cette indemnité n'est pas due en cas de faute lourde du salarié.

À NOTER

Ce sont les tribunaux qui apprécieront, à la demande du salarié qui s'est vu refuser ses indemnités de fin de contrat pour faute, la gravité effective de son comportement. Est généralement reconnue comme faute grave une violation des obligations du contrat qui rend impossible le maintien du salarié dans l'entreprise. La faute lourde est celle commise par l'employé dans l'intention de nuire à son employeur.

Peut-on rompre un CDD avant son terme ?

Sauf accord des parties, le contrat de travail à durée déterminée ne peut être rompu avant l'échéance du terme qu'en cas de faute grave, d'inaptitude du salarié constatée par le médecin du travail ou de force majeure.

Les conventions collectives peuvent autoriser d'autres cas de rupture anticipée du contrat, mais uniquement au profit du salarié : possibilité pour un joueur de rugby professionnel de rejoindre un autre club en cas de relégation ou de rétrogradation du club avec lequel il est lié par un CDD, par exemple (*Cour de cassation, Chambre sociale, 10/2/2016*).

Il n'est pas nécessaire de prévoir un entretien préalable en cas de rupture anticipée du CDD pour inaptitude du salarié (*Avis de la Cour de cassation, 21/10/2013*), contrairement à ce qui se passe en cas de faute grave du salarié, celle-ci imposant le respect de la procédure disciplinaire (*Cour de cassation, Chambre sociale, 27/6/2001*).

Il a été jugé qu'un refus d'un changement de ses conditions de travail de la part d'un salarié en CDD ne constituait pas à lui seul une faute grave pouvant justifier la rupture du contrat avant son terme par l'employeur (*Cour de cassation, Chambre sociale, 20/11/2013*).

Par dérogation à ces dispositions, le salarié peut rompre le contrat avant son terme s'il justifie d'une embauche sous contrat à durée indéterminée dans une autre entreprise ou dans un autre établissement de la même entreprise. Il devra cependant, sauf accord des parties, respecter un préavis calculé à raison d'un jour par semaine, compte tenu de la durée totale du contrat lorsque celui-ci comporte un terme précis ou de la durée déjà effectuée lorsque le contrat ne comporte pas de terme précis. Ce préavis est, dans tous les cas, limité à 2 semaines (*Code du travail, Art. L. 1243-2*).

L'intéressé doit fournir à son employeur les justificatifs de son embauche (lettre d'engagement, contrat de travail…).

Le contrat est alors rompu sans indemnité, sauf en cas :

– de force majeure due à un sinistre. Dans ce cas, en effet, le salarié a droit à une indemnité compensatrice égale au montant de la rémunération qu'il aurait perçue jusqu'au terme de ce contrat (*Code du travail, Art. L. 1243-4*) ;

– d'inaptitude. Le salarié a droit à une indemnisation au moins égale au montant de l'indemnité de licenciement si l'inaptitude est d'origine non-professionnelle et au double de cette indemnité en cas d'inaptitude professionnelle. Dans un tel cas, l'employeur doit respecter l'obligation préalable de reclassement des salariés inaptes.

La rupture du contrat avant son terme pour toute autre raison que celles indiquées ci-dessus ouvre droit à des dommages et intérêts.

- Si la rupture est imputable à l'employeur, le salarié a droit à des dommages et intérêts d'un montant au moins égal aux rémunérations qu'il aurait dû percevoir jusqu'au terme du contrat. À ce montant, s'ajoute l'indemnité de fin de contrat telle qu'il aurait dû la percevoir.

La Cour de cassation considère cependant qu'en cas de rupture du contrat justifiée par l'inaptitude du salarié, celui-ci ne peut prétendre qu'à une compensation financière calculée en fonction du préjudice subi et non aux sommes restant dues jusqu'à l'expiration de son contrat (*Cour de cassation, Chambre sociale, 18/11/2003*).

Ces dommages et intérêts ne peuvent se cumuler avec les allocations chômage. Un salarié ayant obtenu des dommages et intérêts pour rupture abusive de son CDD ne commencera donc à percevoir ses allocations chômage qu'au terme normal de son contrat. Si ces dommages et intérêts lui sont accordés après le début de son indemnisation, il devra rembourser les allocations afférentes à cette période.

Cette indemnité est imposable pour la part correspondant à la rémunération qu'aurait perçue le salarié jusqu'au terme normal de son contrat. Le surplus est imposable selon les règles applicables aux indemnités de licenciement.

À NOTER

Cette règle s'applique même si le contrat est rompu avant que le salarié n'ait commencé à travailler, à partir du moment où le contrat a été formellement conclu (Cour de cassation, Chambre sociale, 12/3/2002).

● Lorsque la rupture anticipée du contrat intervient du fait du salarié, l'employeur peut demander réparation des préjudices que cette rupture a occasionnés.

Si le salarié a commis une faute grave, c'est lui qui sera responsable des conséquences de la rupture du contrat même si c'est l'employeur qui la lui notifie.

Les juges apprécient la gravité du préjudice subi. Ils prennent généralement en compte :

– la gravité de la faute de celui qui a rompu le contrat ;
– la faculté plus ou moins grande à trouver un remplaçant ;
– le préjudice moral.

La preuve du préjudice est à la charge de la victime.

QUAND L'INDEMNITÉ DE FIN DE CDD N'EST-ELLE PAS DUE ?

Cette prime n'est pas due :

✔ lorsque les relations de travail se poursuivent sous la forme d'un contrat à durée indéterminée, conclu immédiatement à l'issue du CDD ;
✔ pour les emplois saisonniers, y compris les contrats-vendanges, et ceux qui sont prévus dans certains secteurs d'activité particuliers ;
✔ pour les contrats proposés dans le cadre de la politique de l'emploi ;
✔ pour les contrats qui proposent un complément de formation, sauf dispositions conventionnelles plus favorables ;
✔ dans le cas de contrats conclus avec des jeunes pendant leurs vacances scolaires ;
✔ en cas de refus du salarié de continuer les relations de travail avec l'employeur sous contrat à durée indéterminée pour le même emploi ou un emploi similaire et avec une rémunération au moins équivalente ;
✔ en cas de rupture anticipée du contrat à l'initiative du salarié, de faute grave de sa part ou en cas de force majeure.

Un CDD peut-il être transformé en CDI ?

Il est toujours possible de conclure un contrat à durée indéterminée à l'issue d'un contrat à durée déterminée avec le même salarié.

Dans de tels cas, le salarié conserve l'ancienneté qu'il a acquise.

La durée du contrat précédent doit également être comptabilisée pour la période d'essai éventuellement prévue dans le nouveau contrat (*Cour de cassation, Chambre sociale, 9/10/2013*).

Exemple : un salarié, après avoir été engagé pour une durée déterminée de 2 mois, voit, au terme de ces 2 mois, son contrat renouvelé pour une durée indéterminée. Si ce nouveau contrat prévoit une période d'essai de 3 mois, il n'aura, en réalité, plus qu'1 mois à effectuer.

De même, si les relations de travail se poursuivent après le terme du contrat à durée déterminée sans qu'aucun accord de renouvellement n'ait été prévu (sauf en ce qui concerne les contrats conclus pour remplacer un chef d'entreprise), le contrat devient alors automatiquement un contrat à durée indéterminée (*Code du travail, Art. L. 1243-11*).

Lorsque le contrat devient un contrat à durée indéterminée du seul fait de sa poursuite après l'échéance de son terme, le salarié ne peut prétendre à l'indemnité de requalification ne pouvant être inférieure à 1 mois de salaire, sauf si sa démarche s'appuie sur une irrégularité du CDD initial ou de ceux qui lui ont fait suite (*Cour de cassation, Chambre sociale, 22/3/2006*).

En cas de transformation d'un CDD en CDI du fait de la poursuite de la relation de travail après le terme du CDD (*Cour de cassation, Chambre sociale, 28/5/2008*) ou à la suite d'une requalification du CDD en CDI (*Cour de cassation, Chambre sociale, 9/10/2013*), la durée du travail initialement prévue est maintenue. Un CDD à temps partiel devient ainsi un CDI également à temps partiel.

La loi impose à l'employeur de porter à la connaissance des salariés en contrat à durée déterminée la liste des postes sous contrat à durée indéterminée à pourvoir dans l'entreprise lorsqu'un dispositif similaire d'information existe pour les salariés en CDI (*Code du travail, Art. L. 1242-17*).

Existe-t-il un délai entre plusieurs CDD successifs ?

Règle générale

Il existe, à l'expiration d'un contrat à durée déterminée, un délai dit « de carence » durant lequel il ne peut être recouru, pour pourvoir le poste du salarié dont le contrat a pris fin, ni à un CDD, ni à un contrat de travail temporaire.

Une convention ou un accord de branche étendu peut fixer les modalités de calcul de ce délai (*Code du travail, Art. L. 1244-3*). À défaut d'un tel accord, les dispositions légales s'appliquent, et le délai de carence équivaut :

– au tiers de la durée de ce contrat lorsque celle-ci est au moins égale à 14 jours ;

– à la moitié de la durée du contrat pour ceux inférieurs à 14 jours.

Ce délai, dit « délai de carence », se calcule d'après les jours d'ouverture de l'entreprise (*Code du travail, Art. L. 1244-3-1*). Par jour d'ouverture, il faut entendre les jours d'ouverture et non les jours d'activité.

Exemple : si un contrat a été conclu pour une durée de 12 jours, l'employeur ne pourra pas réengager le salarié ou engager un nouveau salarié sous contrat à durée déterminée ou temporaire sur ce poste de travail avant un délai de 6 jours. Si l'entreprise ferme 2 jours par semaine (le samedi et le dimanche, par exemple), ce délai correspondra à 8 jours calendaires.

AVANTAGE

Si l'employeur ne respecte pas ce délai de carence, le salarié peut demander la requalification de son contrat à durée indéterminée.

Exceptions

Une convention ou un accord de branche étendu peut prévoir les cas dans lesquels le délai de carence n'est pas applicable (*Code du travail, Art. L. 1244-4*). À défaut, cette restriction ne s'applique pas :

– en cas de contrat conclu pour l'exécution de travaux urgents nécessités par des mesures de sécurité ;

– pour les emplois saisonniers et ceux liés à certains secteurs d'activité où il est d'usage constant de ne pas recourir au CDI en raison de la nature de l'activité exercée et du caractère par nature temporaire de ces emplois ;

– pour les contrats conclus pour remplacer un chef d'entreprise : une personne exerçant une profession libérale, un conjoint participant effectivement à l'activité de l'entreprise à titre professionnel et habituel, un associé non salarié d'une société civile professionnelle, ou toute autre personne morale exerçant une profession libérale ;

– pour remplacer un responsable d'une exploitation agricole ou de pêche maritime, un aide familial, un associé d'exploitation, ou un conjoint qui participe effectivement à l'activité de l'exploitation agricole ou de l'entreprise ;

– en cas de rupture anticipée du fait du salarié ou lorsque celui-ci refuse le renouvellement de son contrat ;

– au recrutement de certaines catégories de personnes sans emploi ou lorsque l'employeur s'engage à assurer un complément de formation professionnelle au salarié sous CDD (*Code du travail, Art. L. 1244-4-1*).

Qu'est-ce que le « CDD à objet défini » ?

Objet et durée du contrat

Ce contrat a pour objet le recrutement d'ingénieurs et de cadres à qui l'entreprise confie la réalisation d'une tâche précise, nécessairement temporaire (audit, création d'un produit, mise en place d'un nouveau service, par exemple).

La durée du contrat est comprise entre 18 mois au minimum et 36 mois au maximum, non renouvelable (*Code du travail, Art. L. 1242-8-2*).

Conditions de recours

Le recours au CDD à objet défini est subordonné à la conclusion d'un accord de branche étendu ou, à défaut, d'un accord d'entreprise. Cet accord doit mentionner :

– les nécessités économiques auxquelles ces contrats sont susceptibles d'apporter une réponse adaptée ;

– les conditions dans lesquelles les salariés bénéficient de garanties relatives à l'aide au reclassement, à la validation des acquis de l'expérience, à la priorité de réembauchage et à l'accès à la formation professionnelle continue et peuvent, au cours du délai de prévenance, mobiliser les moyens disponibles pour organiser la suite de leur parcours professionnel ;

– les conditions dans lesquelles les salariés sous CDD à objet défini ont une priorité d'accès aux emplois en CDI dans l'entreprise (*Code du travail, Art. L. 1242-2*).

Forme et contenu du contrat

Le CDD à objet défini doit obligatoirement être établi par écrit et comporter, outre les clauses obligatoires prévues pour tous les CDD :
– la désignation du contrat comme « contrat à durée déterminée à objet défini » ;
– l'intitulé et les références de l'accord collectif qui permet le recours à ce type de contrat ;
– une clause descriptive du projet, mentionnant sa durée prévisible ;
– la définition des tâches pour lesquelles le contrat est conclu ;
– l'événement ou le résultat objectif déterminant la fin de la relation de travail ;
– le délai de prévenance de l'arrivée du terme du contrat et, le cas échéant, de la proposition de poursuivre la relation de travail sous CDI ;
– une clause mentionnant la possibilité de rupture à la date anniversaire de la conclusion du contrat par l'une ou l'autre partie pour un motif réel et sérieux et le droit, lorsque la rupture est due à l'employeur, à une indemnité de rupture (*Code du travail, Art. L. 1242-12-1*).

Rupture du contrat

Ce contrat prend fin lorsque l'objet pour lequel il a été conclu a été réalisé. L'employeur doit prévenir le salarié de cette échéance au moins 2 mois à l'avance (*Code du travail, Art. L. 1243-5*).
Il peut également être rompu au bout de 18 mois puis à la date anniversaire de sa conclusion par l'une ou l'autre partie, pour un motif réel et sérieux (*Code du travail, Art. L. 1243-1*).
Lorsque la rupture intervient du fait de l'employeur, le titulaire du contrat a droit à une indemnité d'un montant égal à 10 % de sa rémunération brute totale :
– si l'employeur ne lui a pas proposé de CDI à l'issue de ce CDD ;
– si le salarié a refusé la proposition de CDI de l'employeur ;
– mais également si le salarié accepte un CDI, proposé par l'employeur, mais à des conditions moins avantageuses que le CDD.
Cette indemnité est assujettie aux cotisations et contributions sociales.

À NOTER

Pour toutes les autres dispositions, ce CDD particulier est régi par les règles relatives aux CDD de droit commun (égalité de traitement avec les autres salariés de l'entreprise, par exemple)(Code du travail, Art. L. 1241-1 et s.).

Le contrat de travail temporaire

Les règles s'appliquant au contrat de travail temporaire sont très proches de celles qui régissent les contrats à durée déterminée. Le fait que l'employé temporaire soit engagé par l'intermédiaire d'une entreprise extérieure (agence d'intérim) rend cependant la situation plus complexe.

Qu'est-ce qu'une entreprise de travail temporaire ?

On appelle entreprise de travail temporaire toute entreprise dont l'activité exclusive est de mettre à la disposition provisoire d'utilisateurs, des salariés qu'elle recrute et rémunère à cet effet (*Code du travail, Art. L. 1251-2*).

Juridiquement, le travail temporaire se caractérise par une relation à trois entre l'entreprise de travail temporaire, le client utilisateur et le salarié, employé de l'entreprise de travail temporaire.

Cette relation de travail d'un type particulier nécessite la conclusion de deux contrats :

– le premier, appelé « contrat de mise à disposition » est conclu entre l'entreprise de travail temporaire et le client utilisateur (l'entreprise) ;

– le second est un « contrat de mission » conclu entre l'entreprise de travail temporaire et le salarié.

À NOTER

Les entreprises d'intérim sont autorisées à proposer aux entreprises des salariés qui seront engagés sous CDI ou CDD de droit commun (Code du travail, Art. L. 1251-4). Elles peuvent également proposer des contrats d'apprentissage ou des missions de travail à temps partagé. Les intérimaires peuvent également être liés à leur entreprise de travail temporaire par un CDI particulier.

Dans quel cas peut-on faire appel à des travailleurs temporaires ?

Les entreprises ne peuvent faire appel à des travailleurs temporaires que pour l'exécution d'une tâche précise et limitée dans le temps appelée « mission ». Ce type de contrat, quel que soit son motif, ne peut avoir pour objet ni pour effet de pourvoir durablement à un emploi lié à l'activité normale et permanente de l'entreprise (*Code du travail, Art. L. 1251-5*).

Les cas de recours sont semblables à ceux énoncés pour les contrats à durée déterminée.

Comme pour les CDD, il est possible à titre expérimental, et jusqu'au 31/12/2020, de conclure un seul contrat de travail temporaire pour remplacer plusieurs salariés dans les secteurs définis par le décret du 18/12/2019 (*Loi du 5/9/2018, Art. 53*).

Il est interdit de faire appel à des travailleurs temporaires :

– pour remplacer un salarié dont le contrat est suspendu à la suite d'un conflit collectif du travail ;

– pour remplacer un médecin du travail ;

– pour occuper un poste précédemment occupé par un salarié titulaire d'un contrat de travail temporaire ou d'un contrat de travail à durée déterminée ;

– pour effectuer certains travaux particulièrement dangereux (*voir la liste de ces travaux ci-dessous*) ;

– lorsqu'il a été procédé à un licenciement économique dans les 6 derniers mois, sauf lorsque le contrat de mission ne peut être renouvelé et n'excède pas 3 mois ou en cas de commande exceptionnelle de l'entreprise à l'exportation, mais dans ce dernier cas le comité social et économique doit être au préalable consulté (*Code du travail, Art. L. 1251-9 et L. 1251-10*).

À NOTER

Un nouveau cas de recours à l'intérim est expérimenté jusqu'au 31/12/2021. Un salarié temporaire peut en effet être mis à disposition d'une entreprise utilisatrice s'il bénéficie de l'obligation d'emploi des travailleurs handicapés (Loi du 5/9/2018, Art. 67, VI). Le recours à l'intérim est déjà ouvert lorsque la mission de travail temporaire vise, en application de dispositions légales ou d'un accord de branche étendu, à favoriser le recrutement de personnes sans emploi rencontrant des difficultés sociales et professionnelles particulières. Par ailleurs, pour une durée de 4 ans, les entreprises adaptées ont la possibilité de recourir à la création d'entreprises temporaires, pour favoriser la transition professionnelle des personnes handicapées vers les autres entreprises (Loi du 5/9/2018, Art. 79). Pendant cette même période, elles peuvent aussi expérimenter des « CDD tremplin » de 4 à 24 mois maximum en règle générale (renouvellement inclus), avec des travailleurs reconnus handicapés sans emploi ou qui courent le risque de perdre leur emploi en raison de leur handicap. Ces personnes peuvent bénéficier d'un parcours de remise à l'emploi, de qualification et de construction d'un parcours les amenant à retrouver un emploi dans une entreprise autre qu'une entreprise adaptée (Loi du 5/9/2018, Art. 78).

Les travaux interdits aux travailleurs temporaires

Règle générale

La loi fixe la liste des travaux pour lesquels il est interdit d'avoir recours à des travailleurs temporaires, compte tenu de leur caractère dangereux (*Code du travail, Art. D. 4154-1*). Cette liste est identique à celle fixée pour les travaux interdits aux salariés sous contrat à durée déterminée.

Exceptions

Des dérogations sont toutefois possibles :
– lorsque les travaux énumérés par l'article D. 4154-1 du Code du travail sont effectués à l'intérieur d'appareils rigoureusement clos en marche normale ;
– lorsque l'employeur demande une dérogation au directeur régional des entreprises, de la concurrence, de la consommation, du travail et de l'emploi. Cette demande doit être accompagnée de l'avis du comité social et économique et de l'avis du médecin du travail. Des mesures particulières de prévention doivent avoir été prises. Une formation à la sécurité appropriée doit notamment être assurée aux salariés.

UNE FORMATION SUR LES RISQUES PROFESSIONNELS

L'accord du 3/3/2017 relatif à la santé et à la sécurité au travail organise la formation des intérimaires à la prévention des risques professionnels.
Rappelons que les intérimaires doivent également bénéficier, au même titre que les autres salariés de l'entreprise utilisatrice, d'une formation de base à la sécurité sur le poste de travail.

Quelles mentions le contrat de mise à disposition doit-il contenir ?

L'entreprise de travail temporaire et l'entreprise utilisatrice doivent conclure entre elles un contrat appelé « contrat de mise à disposition » (*Code du travail, Art. L. 1251-42 et s.*).
Ce contrat doit obligatoirement être rédigé par écrit. Un contrat spécifique est rédigé pour chaque salarié mis à la disposition de l'entreprise utilisatrice, au plus tard dans les 2 jours ouvrables suivant le début de la mission.

Il doit obligatoirement comporter les mentions suivantes :
– le motif pour lequel il est recouru au travail temporaire. Cette mention doit être accompagnée de justifications précises, notamment en cas de remplacement d'un salarié absent (nom et qualification du salarié remplacé) ;
– le terme de la mission. Ce terme doit être précis et l'éventualité d'un report de terme ou d'un aménagement de la mission, si elle est envisagée, doit également faire l'objet d'une clause écrite dans le contrat ;
– les caractéristiques particulières du poste à pourvoir. Il convient d'indiquer dans cette rubrique la qualification professionnelle exigée, le lieu de la mission, l'horaire de travail ;

– le montant de rémunération que percevrait dans l'entreprise, après période d'essai, un salarié de qualification professionnelle équivalente, occupant le même poste de travail, y compris les primes et autres accessoires de salaire ;
– la nature des équipements de protection individuelle que le salarié doit utiliser et la mention de celui qui fournit cet équipement (généralement, l'entreprise utilisatrice).

Toute clause tendant à interdire l'embauche définitif par l'entreprise utilisatrice du salarié temporaire à l'issue de sa mission est réputée non écrite (et donc nulle).

Quelles mentions le contrat de mission doit-il contenir ?

Bien que travaillant au sein de l'entreprise utilisatrice, le salarié temporaire a pour seul employeur l'entreprise de travail temporaire. C'est donc avec cette dernière qu'il conclura un contrat de travail, appelé « contrat de mission ».

Le contrat de mission doit être rédigé par écrit et adressé au salarié au plus tard dans les 2 jours ouvrables suivant le début de sa mission.

Ce contrat doit impérativement être signé par l'intérimaire. À défaut, celui-ci peut être considéré comme lié à l'entreprise de travail temporaire par un contrat à durée indéterminée (*Cour de cassation, Chambre sociale, 7/3/2000*), sauf si le défaut de signature résulte d'une intention frauduleuse de la part de l'intérimaire (*Cour de cassation, Chambre sociale, 24/3/2010*).

Mentions obligatoires

Le contrat doit obligatoirement comporter les mentions suivantes (*Code du travail, Art. L. 1251-16*) :
– la reproduction des clauses contenues dans le contrat de mise à disposition ;
– la qualification du salarié intérimaire. La jurisprudence considère que le contrat doit également préciser la classification professionnelle (cadre/non cadre, notamment) de l'intérimaire et du salarié remplacé lorsque le salarié engagé remplace un salarié absent (*Cour de cassation, Chambre sociale, 21/3/2007*) ;
– les modalités de la rémunération due au salarié y compris celle de l'indemnité de précarité d'emploi ;
– la durée de la période d'essai éventuelle ;
– le fait que l'embauche du salarié par l'entreprise utilisatrice à l'issue de sa mission n'est pas interdite ;
– le nom et l'adresse de la caisse de retraite complémentaire et de l'organisme de prévoyance dont relève l'entreprise de travail temporaire.

À NOTER

Si la mission doit être effectuée hors du territoire métropolitain, le contrat doit contenir une clause de rapatriement à la charge de l'entreprise de travail temporaire. Cette clause devient caduque en cas de rupture du contrat à l'initiative du salarié.

Période d'essai

Le contrat de mission peut prévoir une période d'essai dont la durée est limitée à (*Code du travail, Art. L. 1251-14*) :
– 2 jours pour un contrat inférieur ou égal à 1 mois ;
– 3 jours pour un contrat compris entre 1 et 2 mois ;
– 5 jours pour un contrat de plus de 2 mois.

À NOTER

Certaines conventions collectives peuvent prévoir une période d'essai plus longue ou plus courte que la durée fixée par le Code du travail.

Quelle est la durée des contrats de travail temporaire ?

La mission doit, en principe, comporter un terme fixé avec précision tant dans le contrat de mise à disposition que dans le contrat de mission.

Dans certains cas (remplacement d'un salarié, travail saisonnier...), le contrat peut ne pas comporter de terme précis.

Les règles concernant la durée et les renouvellements du contrat de travail temporaire sont identiques à celles prévues pour les CDD, notamment la possibilité donnée à la convention ou l'accord de branche étendu de l'entreprise utilisatrice de fixer la durée totale du contrat de mission (*Code du travail, Art. L. 1251-12 et L. 1251-12-1*).

Avance ou report du terme

Il est possible d'avancer ou de reporter le terme de la mission à raison d'un jour ouvrable pour 5 jours de travail à condition :

– de ne pas réduire la durée de la mission prévue de plus de 10 jours de travail ;
– de ne pas dépasser la durée maximale autorisée.

Pour les missions inférieures à 10 jours, le terme ne peut être avancé ou reporté que de 2 jours (*Code du travail, Art. L. 1251-30*).

Dans le cadre d'un remplacement, la mission peut prendre effet avant le départ du salarié et le terme peut être reporté jusqu'au surlendemain de la rentrée du salarié remplacé (*Code du travail, Art. L. 1251-13*).

Rupture du contrat avant le terme prévu

Sauf en cas de force majeure ou de faute grave du salarié, le contrat de travail ne peut être rompu avant l'échéance prévue, indiquée dans le contrat de mise à disposition et le contrat de mission.

L'entreprise de travail temporaire qui rompt le contrat de travail du salarié avant le terme prévu doit lui proposer un nouveau contrat prenant effet dans un délai maximal de 3 jours ouvrables.

Si la durée du contrat restant à courir est supérieure à 4 semaines, l'employeur peut proposer à l'intérimaire jusqu'à trois contrats successifs.

Le nouveau contrat proposé ne peut comporter des modifications substantielles en ce qui concerne la qualification, la rémunération, l'horaire de travail ou le temps de transport du salarié.

À défaut, ou si le nouveau contrat est d'une durée inférieure à celle restant à courir du contrat précédent, l'entreprise de travail temporaire doit assurer au salarié une rémunération équivalente à celle qu'il aurait perçue jusqu'au terme du contrat, y compris l'indemnité de précarité d'emploi.

Tout contrat de travail temporaire conclu en méconnaissance des règles énumérées ci-dessus (cas de recours, durée, contrat écrit…) est considéré comme nul. Le salarié est alors considéré comme salarié de l'entreprise utilisatrice sous contrat à durée indéterminée prenant effet au premier jour de sa mission (*Code du travail, Art. L. 1251-26 et s.*).

À NOTER

L'entreprise de travail temporaire peut, sous certaines conditions, placer en activité partielle les intérimaires en contrat de mission ou qui avaient vocation à l'être. C'est le cas si l'entreprise utilisatrice a elle-même placé ses salariés en activité partielle, et si elle a suspendu, rompu ou annulé un contrat de mise à disposition signé. Pour les salariés permanents, les conditions de recours à l'activité partielle sont les mêmes que pour les autres entreprises.

ATTENTION ⚠

Si la rupture du contrat intervient à l'initiative du salarié, il pourra être condamné à verser des dommages et intérêts correspondant au préjudice subi par l'employeur (Code du travail, Art. L. 1251-28). Ces dispositions ne sont pas applicables lorsque le contrat est rompu par un intérimaire qui justifie d'une embauche sous contrat à durée indéterminée. Dans ce cas, il doit cependant respecter une période de préavis calculée à raison d'un jour par semaine compte tenu de la durée totale du contrat lorsque celui-ci comporte un terme précis, ou de la durée déjà effectuée lorsque le contrat ne comporte pas de terme précis. Dans tous les cas, la durée de ce préavis ne peut être inférieure à 1 jour ni supérieure à 2 semaines.

Que se passe-t-il si, à l'expiration de son contrat, le salarié continue à travailler chez le même employeur ?

Si l'entreprise utilisatrice continue à faire travailler, après la fin de la mission, un salarié temporaire sans avoir conclu avec lui un nouveau contrat ou sans nouveau contrat de mise à disposition, ce salarié est réputé lié à l'utilisateur par un contrat de travail à durée indéterminée. En outre, à l'expiration du contrat de mission d'un salarié intérimaire, il ne peut être recouru, pour pourvoir le poste, à un salarié sous contrat à durée déterminée ou sous contrat de travail temporaire, avant l'expiration d'une certaine période, égale à celle du CDD.

Cependant, comme pour les contrats à durée déterminée, cette règle ne joue pas dans un certain nombre de cas (notamment contrats conclus pour des travaux urgents nécessités par des mesures de sécurité, emplois saisonniers, salariés absents)(*Code du travail, Art. L. 1251-37 et s.*).

AVANTAGE

En cas de litige, le salarié doit s'adresser au conseil de prud'hommes qui se prononcera dans le délai d'1 mois. Si le salarié est dans son droit, les juges doivent lui accorder une indemnité qui ne peut être inférieure à 1 mois de salaire. Si l'employeur veut mettre fin au contrat, il doit respecter la procédure de licenciement (Code du travail, Art. L. 1251-41).

À quelle rémunération les travailleurs temporaires ont-ils droit ?

L'entreprise de travail temporaire est l'employeur du salarié. C'est donc elle qui doit lui verser son salaire ainsi que les indemnités légales qui s'y ajoutent.

Rémunération en cours de mission

La rémunération des travailleurs temporaires ne peut être inférieure à celle que percevrait dans l'entreprise, après période d'essai, un salarié de qualification équivalente, occupant le même poste de travail. Le montant de cette rémunération doit figurer sur le contrat de mise à disposition et le contrat de mission.

Le salarié temporaire est rémunéré pour tous les jours fériés qui interviennent au cours de sa mission et ce, indépendamment de son ancienneté, dès lors que les salariés de l'entreprise utilisatrice en perçoivent le paiement.

Indemnité de précarité d'emploi

- À la fin de sa mission, le salarié intérimaire a droit à une indemnité spéciale, destinée à compenser la précarité de sa situation (*Code du travail, Art. L. 1251-32*). Cette indemnité est égale à 10 % de la rémunération totale brute et versé à la fin de la mission.
- Cette indemnité n'est pas due :

– en cas de travaux saisonniers ou dans les secteurs particuliers dès lors qu'un accord conclu dans la branche du travail temporaire, la convention collective ou un accord d'entreprise le prévoient ;

– en cas de contrat proposant un complément de formation (sauf disposition conventionnelle plus favorable) ;

– en cas de rupture du contrat à l'initiative du salarié, pour faute grave ou en cas de force majeure ;

– en cas de poursuite des relations de travail sous contrat à durée indéterminée. Le CDI doit être conclu immédiatement à l'issue de la mission d'intérim. Appliquant cette règle à la lettre, la Cour de cassation a considéré qu'une indemnité de précarité devait être versée à un intérimaire qui avait été embauché en CDI 10 jours après la fin de sa mission, même s'il avait reçu une promesse d'embauche avant le terme de cette mission (*Cour de cassation, Chambre sociale, 5/10/2016*).

À NOTER

Les jeunes qui assurent des missions de travail temporaire pendant leurs vacances scolaires ne touchent pas de prime de précarité, la loi estimant qu'ils ne sont pas des travailleurs précaires (Code du travail, Art. L. 1243-10).

AVANTAGE

La rupture anticipée de la mission par l'entreprise utilisatrice n'exonère pas l'entreprise de travail temporaire du paiement de l'indemnité de précarité d'emploi.

Indemnité compensatrice de congés payés

Le salarié d'une entreprise de travail temporaire a droit, pour chaque mission effectuée et quelle qu'en soit la durée, à une indemnité compensatrice de congés payés dont le montant minimal est égal à 10 % de la rémunération brute perçue pendant sa mission, indemnité de précarité d'emploi comprise (*Code du travail, Art. L. 1251-19*).

Les primes reçues par l'intérimaire sur l'année (prime de 13e mois et prime de vacances), qui ont pour objet de rémunérer à la fois son travail et ses congés, ne sont pas comprises dans l'assiette de calcul de l'indemnité compensatrice de congés payés versée par l'entreprise de travail temporaire (*Cour de cassation, Chambre sociale, 5/4/2018*).

Indemnité de repos pour heures supplémentaires

Le travailleur intérimaire qui a effectué des heures supplémentaires ouvrant droit à repos compensateur de remplacement et/ou à contrepartie obligatoire en repos bénéficie d'une indemnité compensatrice s'il n'a pu prendre effectivement ce repos avant la fin de sa mission.

Indemnité d'intempérie

Dans le secteur du bâtiment et des travaux publics, les salariés temporaires ont droit à une indemnité en cas d'arrêt de travail occasionné par les intempéries, dès lors que les salariés de l'utilisateur, occupés sur le même chantier, en bénéficient. Cette indemnité, due par l'entreprise de travail temporaire pour chaque heure perdue, n'est soumise à aucune condition d'ancienneté (*Code du travail, Art. L. 1251-20*).

Quels sont les droits des salariés temporaires ?

Les travailleurs intérimaires étant salariés de l'entreprise de travail temporaire mais effectuant leur mission au sein d'une entreprise utilisatrice, il convient de distinguer leurs droits respectifs dans chacune de ces deux entreprises.

AVANTAGE

En cas de défaillance de l'entreprise de travail temporaire, l'entreprise utilisatrice est tenue de verser au salarié toutes les indemnités qui lui sont dues (Code du travail, Art. L. 1251-52).

Dans l'entreprise utilisatrice

Pendant la durée de la mission, l'utilisateur est responsable des conditions de travail du salarié temporaire pour tout ce qui a trait à la durée du travail, au travail de nuit, au repos hebdomadaire, aux jours fériés, à l'hygiène et à la sécurité, au travail des femmes enceintes et des jeunes salariés (*Code du travail, Art. L. 1251-21*).

Dans tous ces domaines, les règles sont les mêmes pour les travailleurs temporaires et les autres salariés de l'entreprise utilisatrice.

Lorsque l'entreprise utilisatrice a mis en place un dispositif d'aménagement collectif du temps de travail, celui-ci s'applique aux salariés temporaires.

Les obligations afférentes à la médecine du travail sont, en principe, à la charge de l'entreprise de travail temporaire. Elles sont à la charge de l'entreprise utilisatrice lorsque l'activité exercée par le travailleur temporaire nécessite une surveillance médicale renforcée (*Code du travail, Art. L. 1251-22*).

Les travailleurs temporaires ont droit aux installations collectives (douches, restaurant d'entreprise…).

Les travailleurs temporaires sont pris en compte dans l'effectif de l'entreprise au prorata de leur temps de présence au cours des 12 mois précédents. Ceux qui remplacent un salarié absent ou dont le contrat est suspendu en sont toutefois exclus.

À NOTER

Les travailleurs temporaires ne peuvent être inscrits sur les listes électorales pour l'élection des représentants du personnel de l'entreprise utilisatrice. Ils ont néanmoins la possibilité de faire appel aux représentants du personnel pour présenter leurs réclamations collectives ou individuelles concernant les conditions d'exécution de leur contrat de travail, leur rémunération, le paiement des jours fériés ou l'accès aux services collectifs de l'entreprise.

Dans l'entreprise de travail temporaire

Les travailleurs temporaires ont les mêmes droits que les autres salariés de cette entreprise. Ils peuvent élire et être éligibles aux fonctions de représentant du personnel ou de délégué syndical à condition d'avoir une ancienneté dans l'entreprise intérimaire égale à :

– 6 mois au cours des 18 mois précédents pour être élu délégué syndical ou membre du comité social et économique ;

– 3 mois au cours des 12 mois précédents pour élire des représentants du personnel.

Pour calculer cette ancienneté, on totalise toutes les périodes pendant lesquelles le travailleur a effectué des missions.

Les travailleurs temporaires peuvent également bénéficier de mesures de formation professionnelle (congé de transition professionnelle, compte personnel de formation, bilan de compétences, validation des acquis professionnels…) à condition de justifier d'une certaine ancienneté.

Le temps passé en formation est assimilé à une mission.

L'intérimaire en formation est lié par un contrat de mission formation qui se substitue au contrat de mission.

AVANTAGE

La loi impose à l'employeur de l'entreprise utilisatrice de porter à la connaissance des intérimaires la liste des postes sous contrat à durée indéterminée à pourvoir dans l'entreprise lorsqu'un dispositif similaire d'information existe pour les salariés permanents (Code du travail, Art. L. 1251-25).

LE COMPTE ÉPARGNE-TEMPS

Les intérimaires comptabilisant 910 jours d'ancienneté au cours des 12 derniers mois au sein de leur entreprise de travail temporaire peuvent bénéficier d'un compte épargne-temps.
Celui-ci peut être alimenté, entre autres, par les jours de repos non pris au titre de l'aménagement du temps de travail, les indemnités de fin de mission, les droits acquis au titre du repos compensateur de remplacement et/ou de la contrepartie obligatoire en repos pour heures supplémentaires.
L'entreprise de travail temporaire peut compléter le crédit de l'intérimaire.
Les sommes épargnées peuvent être utilisées dès que le compte atteint 10 jours ou 70 heures (2 jours pour une formation) pour financer une action de formation ou du temps libre destiné à réaliser un projet personnel en dehors des périodes de mission.

Le salarié temporaire bénéficie-t-il d'une protection sociale ?

Les travailleurs temporaires sont obligatoirement rattachés au régime général de la Sécurité sociale quelle que soit l'activité de l'entreprise utilisatrice (sauf pour les salariés agricoles).
Les cotisations patronales sont à la charge de l'entreprise de travail temporaire.
Les cotisations salariales s'appliquent sur l'ensemble de la rémunération brute, y compris sur la prime de précarité d'emploi.
Les salariés titulaires de contrat de travail temporaire sont donc protégés en cas de maladie, maternité, invalidité, accidents du travail…, dans les conditions de droit commun.
Ils bénéficient également du régime d'assurance chômage.
En revanche, les salariés temporaires ne bénéficient pas de la protection qui interdit aux employeurs de mettre fin au contrat de travail d'un salarié victime d'un accident du travail ou d'une maladie professionnelle.
Les travailleurs temporaires doivent être affiliés par l'entreprise de travail temporaire :
– à une institution de retraite complémentaire.
– à une mutuelle complétant l'indemnisation de la Sécurité sociale en cas de maladie, maternité, accidents, invalidité et décès. L'affiliation à cette complémentaire santé est automatique dès que l'intérimaire a cumulé plus de 414 heures de mission sur les 12 derniers mois.

Quel est le délai à respecter entre deux contrats temporaires successifs ?

● À la fin de la mission, l'employeur qui veut, de nouveau, faire appel à un travailleur temporaire pour occuper le même poste de travail doit respecter un délai de carence dont les modalités de calcul peuvent être fixées par une convention ou un accord de branche (*Code du travail, Art. L. 1251-36*). À défaut, le délai de carence est égal :
– au tiers de la durée du contrat de mission, renouvellement compris, si celui-ci était de 14 jours au moins ;
– à la moitié de la durée du contrat pour les contrats inférieurs à 14 jours.
La durée de ce délai de carence est calculée sur les jours d'ouverture de l'entreprise comme pour les contrats à durée déterminée.
● À défaut de stipulation autre dans la convention ou l'accord de branche, cette règle n'est pas applicable :
– en cas de nouvelle absence du salarié remplacé ;
– pour l'exécution de travaux urgents nécessités par des mesures de sécurité ;
– pour les emplois saisonniers et ceux effectués dans certains secteurs d'activité ;
– pour les contrats conclus pour remplacer un chef d'entreprise ;
– en cas de rupture anticipée du fait du salarié ou de refus de renouvellement de son contrat (*Code du travail, Art. L. 1251-36 et s.*).

À NOTER

Si l'entreprise de travail temporaire n'a pas respecté ce délai de carence en enchaînant les contrats de mission dans une même entreprise utilisatrice, avec un même intérimaire, ce dernier peut demander au conseil de prud'hommes la requalification de ses contrats de mission en contrat à durée indéterminée. L'ETT devra alors lui verser les indemnités prévues en cas de licenciement sans cause réelle et sérieuse (Cour de cassation, Chambre sociale, 12/6/2014).

Quelles sont les sanctions en cas de non-respect par l'utilisateur de la réglementation sur le travail intérimaire ?

L'entreprise utilisatrice peut se voir opposer la requalification judiciaire du contrat de travail temporaire en contrat à durée indéterminée en cas de violation des dispositions du Code du travail (violations concernant la durée de la mission, les recours à des travailleurs temporaires en dehors des cas prévus par la loi...). Comme pour les contrats à durée déterminée, il est prévu une procédure accélérée de requalification devant le conseil des prud'hommes (*Code du travail, Art. L. 1251-41*).

Par ailleurs, des sanctions pénales sont prévues tant à l'encontre de l'entreprise utilisatrice que de l'entreprise de travail temporaire (*Code du travail, Art. L. 1254-1 et s.*).

Le CDI intérimaire

Les entreprises de travail temporaire peuvent proposer un contrat à durée indéterminée particulier à leur personnel intérimaire (*Code du travail, Art. L. 1251-58-1.*).

Les bénéficiaires

Tous les intérimaires peuvent, en principe, prétendre au CDI intérimaire. Prism'emploi (syndicat de professionnels de l'intérim) a toutefois précisé lors de l'expérimentation de ce dispositif qu'il était prioritairement proposé :

– aux intérimaires ayant fait le choix de l'intérim pour l'exercice de leur métier ;

– aux demandeurs d'emploi employables immédiatement ;

– aux personnes ayant besoin d'une formation, notamment dans les métiers en tension, avant de pouvoir accepter une mission.

Les caractéristiques du contrat

Le CDI intérimaire comporte des périodes de missions classiques auprès d'entreprises clientes et des périodes durant lesquelles le salarié n'effectue pas de mission.

Le CDI intérimaire doit obligatoirement être écrit et mentionner :

– l'identité des parties ;

– le cas échéant, la durée du travail (il peut s'agir d'un contrat à temps plein ou à temps partiel) et ses modalités (travail de nuit, par exemple) ;

– les horaires pendant lesquels le salarié doit être joignable durant les périodes sans exécution de mission ;

– le périmètre de mobilité, c'est-à-dire la distance maximale pouvant séparer le lieu de résidence du lieu des missions proposées. Celui-ci tient compte de la spécificité des emplois et de la nature des tâches à accomplir, dans le respect de la vie personnelle et familiale du salarié. En général, ce périmètre correspond à une distance de 50 km (trajet aller) et un temps de trajet en transports en commun inférieur à 1 h 30. Un périmètre supérieur peut être prévu par accord des parties ;

– la description des emplois correspondant aux qualifications du salarié ;

– la période d'essai éventuelle ;

– la rémunération mensuelle minimale garantie ;

– l'obligation de remise au salarié d'une lettre de mission pour chacune des missions qu'il effectue (*Code du travail, Art. L. 1251-58-2.*).

AVANTAGE

Un nouveau type de CDI est expérimenté jusqu'au 31/12/2021 entre une entreprise de travail à temps partagé et une personne rencontrant des difficultés particulières d'insertion professionnelle et qui sont soit : inscrites à Pôle emploi depuis au moins 6 mois ; bénéficiaires de minima sociaux ; handicapées ; âgées de plus de 50 ans ; titulaires d'un diplôme de niveau de formation V ou VI (CAP, BEP). Un CDI à temps partagé aux fins d'employabilité pourra leur être proposé. Pendant les périodes dites d'intermission, le dernier salaire horaire de base est garanti au salarié, et durant son temps de travail, le salarié bénéficie d'actions de formation prises en charge par l'entrepreneur de travail à temps partagé et qui débouchent sur une certification professionnelle. Par ailleurs, l'employeur abonde le CPF à hauteur de 500 € supplémentaires par salarié à temps complet et par année de présence (ou au prorata du temps de travail effectué lorsque le salarié n'a pas effectué une durée de travail à temps complet sur l'ensemble de l'année). L'employeur s'assure de l'effectivité de la formation (Loi du 5/9/2018, Art. 115).

La période d'essai

Le contrat peut débuter par une période d'essai d'une durée maximale de :
– 2 mois pour les ouvriers et employés ;
– 3 mois pour les agents de maîtrise et les techniciens ;
– 4 mois pour les cadres.

Elle est renouvelable une fois pour la même durée.

La durée des missions réalisées pour le compte de l'ETT dans les 4 mois précédents est déduite de la durée de la période d'essai.

Par ailleurs, aucune période d'essai ne peut être imposée aux intérimaires ayant, dans l'ETT et dans les 12 derniers mois, pour des emplois similaires, une ancienneté d'au moins :
– 4 mois pour les ouvriers et employés ;
– 6 mois pour les agents de maîtrise et les techniciens ;
– 8 mois pour les cadres.

Les obligations de l'intérimaire

L'intérimaire en CDI est tenu d'accepter les missions qui lui sont proposées quand :
– elles sont compatibles avec les emplois définis dans son contrat ;
– elles sont conformes au périmètre de mobilité défini ;
– la rémunération est au moins égale à 70 % du taux horaire de la dernière mission.

S'il accepte une mission dérogeant à ces critères, l'intérimaire bénéficie d'une période probatoire durant laquelle il peut interrompre sa mission. Cette période est de :
– 2 jours pour les missions inférieures ou égales à 1 mois ;
– 3 jours pour celles comprises entre plus d'un mois et 2 mois ;
– 5 jours pour celles supérieures à 2 mois.

Chaque mission donne lieu à la conclusion d'un contrat de mise à disposition entre l'entreprise de travail temporaire et le client utilisateur. L'intérimaire reçoit également une lettre de mission qui précise les caractéristiques et les conditions d'exécution de la mission. Cette lettre doit être transmise à l'intéressé dans les 2 jours ouvrables suivant le début de sa mission.

La durée totale d'une même mission ne peut excéder 36 mois.

À NOTER

Pendant les périodes d'intermission, l'intérimaire doit être joignable aux heures d'ouverture de l'ETT, afin que celle-ci puisse lui proposer de nouvelles missions. Il dispose d'un délai minimum d'une demi-journée pour se rendre dans l'entreprise utilisatrice.

Le salarié est également tenu d'accepter les formations professionnelles qui lui sont proposées par l'ETT qu'elles se déroulent pendant ou en dehors de ses missions.

La rémunération

Pendant les missions, la rémunération versée à l'intérimaire ne peut être inférieure à celle que percevrait un salarié de qualification professionnelle équivalente sur le même poste de travail dans l'entreprise utilisatrice.

Le salarié bénéficie également d'une rémunération mensuelle minimale garantie, au moins égale au SMIC pour un temps plein de 35 heures. Celle-ci tient compte des éventuels salaires perçus pour des missions durant le mois. Autrement dit, si le salarié, du fait des missions effectuées, dépasse la rémunération convenue dans le contrat, l'entreprise de travail temporaire ne lui versera pas de complément.

AVANTAGE

Les périodes d'intermission sont assimilées à du temps de travail effectif pour le calcul des congés payés et des droits liés à l'ancienneté.

À NOTER

Les salariés en CDI-intérimaire peuvent être placés en activité partielle par l'entreprise de travail temporaire en cas d'annulation ou de suspension des missions prévues auprès d'une entreprise utilisatrice. Dans le cadre de la crise sanitaire liée au Covid-19, il est aussi possible de formuler une demande d'activité partielle pour compenser la baisse d'activité liée à l'épidémie.

Cas pratiques

Les différents contrats de travail

Contrat à durée déterminée - mentions obligatoires du contrat

Un CDD conclu en vue du remplacement d'un salarié absent doit-il obligatoirement comporter le nom et la qualification de la personne à remplacer ? Quelles sont les conséquences d'une omission de cette mention ? Mon salarié veut m'attaquer en justice sur ce point alors qu'il connaissait parfaitement le nom de la personne absente.

Selon un arrêt de la Cour de cassation, cette mention est impérative. À défaut, le salarié peut s'en prévaloir et demander la requalification du contrat en contrat à durée indéterminée (*Cour de cassation, Chambre sociale, 6/5/1997*). Pourtant, dans cette décision, l'employeur apportait la preuve que l'information était bien parvenue au remplaçant. Mais pour la Cour de cassation, qui adopte ici une position très formaliste, cela n'est pas suffisant.

Elle a également précisé qu'en l'absence de la mention de la qualification du salarié remplacé, le contrat conclu pour remplacer un salarié absent est réputé conclu pour une durée indéterminée (*Cour de cassation, Chambre sociale, 16/9/2009 et 23/10/2013*).

Dans un arrêt plus récent, la Cour de cassation va plus loin puisque selon elle, l'employeur ne peut pas écarter cette présomption légale *(Cour de cassation, Chambre sociale, 28/3/2018)* . Autrement dit, la requalification en CDI est automatique et l'employeur ne peut pas s'y opposer.

Contrat à durée déterminée - indemnité de fin de contrat

J'ai saisi la justice d'une demande de requalification de mon contrat à durée déterminée en contrat à durée indéterminée. Dois-je rembourser l'indemnité de fin de contrat que j'ai reçue à la fin du CDD ?

La question doit en effet se poser puisque cette indemnité est destinée à compenser une précarité de la situation des salariés embauchés sous contrat à durée déterminée (*Code du travail, Art. L. 1243-8*). De plus, vous refusez cette qualification de CDD… Pourtant, une jurisprudence favorable au salarié estime qu'il n'a pas à restituer à son employeur le montant de l'indemnité, même s'il a obtenu du juge la requalification de son contrat en CDI *(Cour de cassation, Chambre sociale, 9/5/2001 et 25/6/2014*). Selon cette jurisprudence, l'indemnité de précarité qui compense pour le salarié, la situation dans laquelle il est placé du fait de son CDD, lorsqu'elle est perçue par ce dernier à l'issue du contrat, lui reste acquise malgré une requalification ultérieure en CDI.

Reste à savoir si cette jurisprudence sera remise en cause par celle, plus récente, traitant d'un cas différent : un salarié n'a pas perçu l'indemnité de précarité mais la réclame aux juges en même temps que la requalification de son contrat. Selon l'arrêt, cette indemnité n'est pas due lorsque la relation contractuelle se poursuit en CDI, notamment en cas de requalification d'un CDD (*Cour de cassation, Chambre sociale, 7/7/2015*).

Contrat à durée déterminée - motif

J'ai été embauché sous CDD par contrat d'1 an pour deux motifs : le remplacement d'une salariée absente pendant les 6 premiers mois puis un surcroît d'activité. Ce contrat est-il valable ?

Non. La Cour de cassation a estimé qu'un contrat à durée déterminée ne pouvait contenir qu'un seul motif de recours sous peine de se voir requalifier en contrat à durée indéterminée (*Cour de cassation, Chambre sociale, 23/1/2008*).

Contrat à durée déterminée - contrats successifs

Engagés en qualité d'extra par un hôtel suivant différents contrats à durée déterminée, respectivement en qualité de chef de rang et de femme de chambre, ma femme et moi désirons porter cette affaire en justice pour faire requalifier ces contrats en CDI. Le fait que le travail soit qualifié « d'extra » et qu'il s'agisse du secteur de l'hôtellerie rend-elle notre demande sans fondement ?

Un contrat de travail peut être conclu pour une durée déterminée en cas d'emploi de caractère saisonnier ou d'un emploi pour lequel il est d'usage de ne pas recourir à un CDI. Tel est le cas de l'hôtellerie (*Code du travail, Art. L. 1242-2 et D. 1242-1*).

Cependant, dans une affaire proche de la vôtre, il a été jugé que la seule qualification de « contrat d'extra » n'établit pas qu'il peut être conclu, dans le secteur de l'hôtellerie-restauration, des contrats à durée déterminée d'usage successifs pour ce type de contrats, pour tout poste et en toute circonstance. Il appartient en effet au juge de rechercher si, pour l'emploi considéré, il est effectivement d'usage constant de ne pas recourir au contrat à durée indéterminée. Il doit vérifier si le recours à des contrats successifs est justifié par des raisons objectives, à savoir l'existence d'éléments concrets établissant le caractère par nature temporaire de l'emploi. N'hésitez donc pas à fournir au conseil des prud'hommes les éléments allant dans le sens d'une requalification (*Cour de cassation, Chambre sociale, 24/9/2008*).

Contrat à durée déterminée – requalification en CDI

L'indemnité de requalification de CDD en CDI doit-elle être versée en autant de fois qu'il y a eu de CDD ?

Si le tribunal donne raison au salarié, il doit lui accorder, à la charge de l'employeur, une indemnité qui ne peut être inférieure à 1 mois de salaire (*Code du travail, Art. L. 1245-2*). Cette indemnité de requalification doit être versée, selon la Cour de cassation, au titre de l'ensemble des contrats irrégulièrement conclus. Le salarié ne peut donc pas cumuler les indemnités pour chaque CDD irrégulièrement conclu (*Cour de cassation, Chambre sociale, 25/5/2005*).

Est-il exact qu'en cas de requalification de CDD successifs abusifs en CDI, j'ai droit à la reprise de mon ancienneté ?

C'est en effet ce qu'a décidé la Cour de cassation : par l'effet de la requalification, le salarié réputé avoir occupé un emploi à durée indéterminée depuis le jour de sa première embauche au sein de l'entreprise est en droit d'obtenir la reconstitution de sa carrière ainsi que la régularisation de sa rémunération (*Cour de cassation, Chambre sociale, 6/11/2013*).

Contrat de travail temporaire - requalification en CDI

J'ai été engagé par une société de travail temporaire pour être mis à disposition d'une entreprise dans le cadre de plusieurs contrats successifs. Je conteste mon contrat avec l'entreprise de travail temporaire (défaut de certaines mentions obligatoires, non remise du contrat de mise à disposition...). Ai-je des chances d'obtenir la requalification de mon contrat en CDI ?

Le contrat passé entre l'entreprise de travail temporaire et le salarié (contrat de mission) doit retranscrire les mentions figurant dans le contrat de mise à disposition conclu entre l'entreprise de travail temporaire et l'entreprise utilisant les services du salarié. Ce contrat doit être adressé au salarié dans les 2 jours de la mise à disposition et mentionner obligatoirement un certain nombre de renseignements *(Code du travail, Art. L. 1251-16 et L. 1251-17)* . La Cour de cassation a estimé, par exemple, que le contrat qui n'a pas mentionné la qualification des salariés remplacés ni n'a été adressé à ces salariés dans le délai de 2 jours doit être requalifié en CDI *(Cour de cassation, Chambre sociale, 19/6/2002)*. Il en est de même des modalités de la rémunération due au salarié, y compris celle de l'indemnité de fin de mission *(Cour de cassation, Chambre sociale, 11/3/2015)* ou encore de l'absence du nom du salarié remplacé parti en stage *(Cour de cassation, Chambre sociale, 9/6/2017)* .

Attention : l'ordonnance n° 2017-1387 du 22/9/2017 modifie la donne en ce qui concerne le non-respect du délai de 2 jours. Cette infraction n'entraîne plus automatiquement la requalification en CDI *(Code du travail, Art. L. 1251-40)* .

La rupture du contrat de travail

Le départ du salarié de l'entreprise peut être volontaire — il s'agit alors d'une démission ou d'une rupture négociée — ou bien provoqué par l'employeur : on parle alors de licenciement, il peut aussi s'agir d'une rupture conventionnelle collective. Si la démission ou la rupture négociée ne sont soumises à aucune obligation particulière, le licenciement, en revanche, est régi par des règles très précises : il faut que son motif soit valable, qu'il tienne à la personnalité du salarié (faute, incompétence...) ou à des difficultés économiques rencontrées par l'entreprise ; par ailleurs, la procédure à respecter est très stricte et différente selon le motif et le nombre de salariés licenciés.

Avant de quitter l'entreprise, que ce soit à la suite d'un licenciement, d'une démission ou d'une rupture conventionnelle, le salarié a intérêt à bien vérifier s'il a reçu toutes les sommes qui lui sont dues ainsi que les papiers réglementaires.

La démission

La démission est un acte volontaire par lequel le salarié décide de rompre le contrat de travail. Elle doit résulter d'une volonté sérieuse et non équivoque. L'employeur ne peut plus considérer comme démissionnaire un salarié qui ne lui a pas manifesté sa volonté de démissionner.

Comment la démission doit-elle être présentée ?

Contrairement au licenciement qui doit respecter des règles très précises (cause réelle et sérieuse, procédure…), la démission n'est soumise, de par la loi, à aucune obligation particulière.

Le salarié qui désire mettre fin à son contrat de travail n'est pas tenu d'indiquer les motifs de sa démission. Si elle est motivée et fait état de faits ou manquements imputables à l'employeur, une démission peut être requalifiée en prise d'acte de la rupture du contrat de travail, et produire ainsi les effets d'un licenciement sans cause réelle et sérieuse (*Cour de cassation, Chambre sociale, 30/10/2007*).

LA DÉMISSION NE SE PRÉSUME PAS

L'employeur ne peut pas se baser sur le comportement d'un de ses salariés pour le considérer comme démissionnaire. Ce principe a été clairement mis en place par les décisions de jurisprudence les plus récentes afin de mettre fin aux abus constatés en la matière.

L'employeur ne peut donc plus considérer comme démissionnaire un salarié qui :
– s'absente sans l'accord de sa hiérarchie (*Cour de cassation, Chambre sociale, 20/10/2002*) ;
– sans motif valable, ne reprend pas son travail à l'expiration de ses congés payés (*Cour de cassation, Chambre sociale, 5/2/2003*) ;
– refuse une modification de son contrat de travail (*Cour de cassation, Chambre sociale, 4/3/2003*).

Il en serait de même d'un salarié refusant d'exécuter une tâche ou quittant brusquement son poste de travail, par exemple. Ces comportements sont, bien entendu, répréhensibles. Mais, dans tous les cas, l'employeur qui désire se séparer du salarié concerné doit mettre en œuvre une procédure de licenciement, éventuellement pour faute grave. Ainsi, même si le salarié se voit privé de ses indemnités de licenciement (en cas de licenciement pour faute grave), il pourra toujours bénéficier des allocations de chômage.

Si l'employeur ne respecte pas cette procédure, les tribunaux considéreront la rupture du contrat comme un licenciement sans cause réelle et sérieuse. Tel a été le cas pour un employeur ayant fait savoir, par courrier, à un de ses salariés, qu'il prenait acte de sa démission en raison de son refus du changement de fonction qui lui avait été proposé (*Cour de cassation, Chambre sociale, 25/6/2003*).

Le salarié n'est pas obligé de présenter sa démission par écrit. Celle-ci peut donc valablement être notifiée verbalement, même par téléphone, dès lors qu'elle résulte d'une manifestation claire, sérieuse et non équivoque. Les tribunaux considèrent généralement comme non valable une démission donnée de manière irréfléchie, sous le coup de la colère ou de l'émotion, et sur laquelle le salarié est revenu aussitôt qu'il a retrouvé son calme. C'est, notamment, ce qui a été jugé dans le cas d'un employeur prenant pour une démission les propos d'une ouvrière déclarant : « Je préfère rester chez moi que de travailler dans ces conditions » (*Cour de cassation, Chambre sociale, 10/3/1965*).

Une démission doit également être libre. Donnée sous la menace d'une plainte pour vol, elle est considérée comme entachée de vice de consentement (*Cour de cassation, Chambre sociale, 23/1/2019*).

Pour éviter toute controverse, il est conseillé de présenter sa démission par lettre recommandée). Cette lettre permettra, en effet, de dater précisément le point de départ du préavis.

Il est préférable d'adresser cette lettre directement à l'employeur. Les tribunaux considèrent toutefois qu'une démission adressée par un salarié à son supérieur hiérarchique est parfaitement valable (*Cour de cassation, Chambre sociale, 15/3/2006*).

D'ailleurs, certaines conventions collectives exigent que la démission soit présentée par lettre recommandée.

ATTENTION ⚠

La démission peut également donner lieu au versement de dommages et intérêts à l'employeur en cas de clause de dédit-formation. Le cas s'est produit pour un employeur qui, ayant engagé des frais afin d'assurer la formation professionnelle d'un salarié, avait pu légitimement lui interdire de démissionner avant une certaine date (Cour de cassation, Chambre sociale, 17/7/1991).

La démission peut-elle être abusive ?

Le salarié peut être condamné à verser des dommages et intérêts à son employeur si sa démission a été abusive, c'est-à-dire décidée intempestivement, avec intention malveillante à l'encontre de l'employeur (*Cour de cassation, Chambre sociale, 7/11/1973*).

C'est à l'employeur de prouver que la démission a un caractère abusif (*Code du travail, Art. L. 1237-2*).

Ont été jugés comme démission abusive :

– le départ d'un mannequin, le jour d'un défilé de mode ;

– le départ d'un expert-comptable en période de bilan.

En revanche, le simple fait de démissionner pour exercer une activité concurrente, sans intention malveillante, ne constitue pas en soi une démission abusive (*Cour de cassation, Chambre sociale, 18/1/1995*).

À NOTER

Le salarié qui a l'intention de démissionner doit bien réfléchir aux conséquences de son acte. En effet, il convient de préciser que la démission : ne donne droit à aucune indemnité de rupture de la part de l'employeur, sauf si le salarié n'a pas pris la totalité de ses congés payés ; fait généralement obstacle à l'attribution des allocations de chômage, ou alors de façon restrictive ; peut même justifier le versement de dommages et intérêts à l'employeur.

La rupture conventionnelle individuelle du contrat

Si le contrat de travail est généralement rompu de façon unilatérale, l'employeur et le salarié ont également la possibilité de négocier une rupture d'un commun accord.

Qu'est-ce que la rupture conventionnelle individuelle du contrat ?

Ce mode de rupture nécessite l'accord des deux parties : elle ne saurait être imposée unilatéralement par l'employeur ou par le salarié (*Code du travail, Art. L. 1237-11*). Elle résulte d'une convention, d'où son nom de « rupture conventionnelle ».

Le consentement du salarié doit être donné librement. Si la rupture a lieu sous la pression de l'employeur dans un contexte de conflit, par exemple si celui-ci signifie au salarié qu'à défaut d'acceptation de la rupture conventionnelle il engagerait une procédure de licenciement, la convention est nulle et la rupture du contrat qui en découle s'analyse en un licenciement sans cause réelle et sérieuse (*Cour de cassation, Chambre sociale, 3/5/2013*). Il en est de même si le salarié se trouve dans une situation de harcèlement moral au moment de la signature (*Cour de cassation, Chambre sociale, 30/1/2013*). Toutefois, le salarié doit apporter la preuve que les agissements de harcèlement moral ont altéré sa liberté de consentement.

De fait, la Cour de cassation a jugé que l'existence d'un différend entre les parties n'affectait pas, en elle-même, la validité de la convention de rupture, y compris s'agissant des faits de harcèlement moral (*Cour de cassation, Chambre sociale, 23/1/2019*). C'est seulement si le salarié a été poussé à signer (par des menaces, des pressions…) qu'il pourra y avoir vice du consentement et nullité de la convention (*Cour de cassation, Chambre sociale, 23/5/2013*). De même, le seul fait que l'employeur ait pris l'initiative de proposer une rupture conventionnelle au salarié, en l'absence de menaces ou de pressions, ne la rend pas caduque (*Cour de cassation, Chambre sociale, 15/1/2014*).

Il est possible de signer une rupture conventionnelle après un licenciement ou une démission. En un tel cas, les parties renoncent au licenciement ou à la démission précédemment envisagée (*Cour de cassation, Chambre sociale, 3/3/2015*).

Il est également possible de signer une rupture conventionnelle pendant le congé de maternité d'une salariée ou pendant les 10 semaines qui suivent l'expiration de ce congé (*Cour de cassation, Chambre sociale, 23/3/2015*) ainsi qu'au cours de la période de suspension du contrat consécutive à un accident du travail ou une maladie professionnelle (*Cour de cassation, Chambre sociale, 30/9/2014*). Sauf cas de fraude ou de vice du consentement, une convention de rupture peut aussi être conclue par un salarié déclaré inapte à son poste à la suite d'un accident du travail (*Cour de cassation, Chambre sociale, 9/5/2019*).

Par ailleurs, une clause de renonciation à tout recours en justice ne peut être insérée valablement dans la convention de rupture. Si une telle clause existe, elle est réputée non écrite mais la convention n'est pas remise en cause pour autant (*Cour de cassation, Chambre sociale, 26/6/2013*).

À NOTER

La rupture conventionnelle individuelle ou collective s'applique aux salariés protégés (sous respect de l'autorisation préalable de l'inspecteur du travail)(Code du travail, Art. L. 1237-15). La rupture conventionnelle individuelle n'est en revanche pas applicable aux ruptures intervenant dans le cadre d'un accord de gestion prévisionnelle des emplois et des compétences (GPEC), d'un plan de sauvegarde de l'emploi ou d'un accord collectif portant rupture conventionnelle collective (Code du travail, Art. L. 1237-16).

À NOTER

La rupture conventionnelle individuelle est ouverte aux agents contractuels en CDI des trois fonctions publiques de l'État. La procédure, détaillée par le décret n° 2019-1593 du 31/12/2019, est similaire au secteur privé, à ceci près que les parties doivent utiliser un modèle de convention fixé par arrêté ministériel. Le décret n° 2019-1596 du 31/12/2019 fixe en outre la fourchette du montant des indemnités, déterminée selon l'ancienneté. Un délai de 6 ans doit par ailleurs s'écouler après une telle rupture pour occuper un nouvel emploi contractuel dans la fonction publique, ou alors l'agent doit rembourser à l'État l'indemnité de rupture de son précédent contrat.

Quelle est la procédure ?

Le principe et les modalités de la rupture doivent être discutés entre l'employeur et le salarié au cours d'un ou de plusieurs entretiens.

Le salarié peut se faire assister au cours de ces entretiens :

– soit par une personne de son choix appartenant au personnel de l'entreprise, qu'il s'agisse d'un salarié titulaire d'un mandat syndical, d'un représentant du personnel ou de tout autre salarié ;

– soit, en l'absence de représentants du personnel dans l'entreprise, d'un conseiller du salarié choisi sur une liste préfectorale.

L'employeur a également la possibilité de se faire assister par une personne de son choix appartenant au personnel de l'entreprise ou, dans les entreprises de moins de 50 salariés, par une personne appartenant à son syndicat ou par un autre employeur de la branche, lorsque le salarié en fait lui-même usage (*Code du travail, Art. L. 1237-12*).

Chaque partie doit informer l'autre de son intention de se faire assister. Mais aucune obligation d'information préalable sur la possibilité de se faire assister ne pèse sur l'employeur (*Cour de cassation, Chambre sociale, 19/11/2014*).

L'employeur et le salarié doivent ensuite élaborer une convention définissant notamment le montant de l'indemnité spécifique de rupture et fixant la date de rupture du contrat.

La convention peut être signée dès la fin de l'entretien préalable, aucun délai à respecter n'étant prévu en la matière (*Cour de cassation, Chambre sociale, 3/7/2013 et 19/11/2014*).

La Cour de cassation considère que l'absence d'entretien préalable entraîne la nullité de la convention de rupture et que c'est à celui qui invoque l'absence d'entretien d'en apporter la preuve (*Cour de cassation, Chambre sociale, 1/12/2016*).

La convention, datée et signée, avec la mention manuscrite « lu et approuvé », doit être établie en deux exemplaires (un pour l'employeur et un pour le salarié). À défaut, la convention est nulle et doit s'analyser en un licenciement sans cause réelle et sérieuse (*Cour de cassation, Chambre sociale, 6/2/2013*).

À NOTER

La convention doit être élaborée sur un formulaire spécial disponible auprès de la direction régionale des entreprises, de la concurrence, de la consommation, du travail et de l'emploi (DIRECCTE). Il est également possible de remplir ce formulaire en ligne sur le site Internet du ministère du Travail : www.telerc.travail.gouv.fr.

À compter de la date de la signature de la convention par les deux parties, chacune d'entre elles dispose d'un délai de réflexion de 15 jours calendaires pour se rétracter. Ce délai, qui comptabilise tous les jours de la semaine, débute le lendemain de la date de signature de la convention et se termine le 15e jour à minuit. Ce droit est exercé sous la forme d'une lettre adressée par tout moyen attestant de sa date de réception par l'autre partie : lettre recommandée avec avis de réception ou remise en main propre contre décharge, notamment (*Code du travail, Art. L. 1237-13*). Toutefois, la Cour de cassation a rappelé que peu importait la date de réception de la lettre de rétractation, l'important, pour être valable, étant que celle-ci soit adressée dans le délai de 15 jours calendaires (*Cour de cassation, Chambre sociale, 14/2/2018*). Ce délai de 15 jours, à compter de la date d'envoi du courrier de rétractation, s'applique aussi à l'employeur (*Cour de cassation, Chambre sociale, 19/6/2019*).

L'homologation de la convention

À l'issue du délai de rétractation, la partie la plus diligente doit adresser le formulaire dûment rempli au directeur régional des entreprises, de la concurrence, de la consommation, du travail et de l'emploi pour homologation de la convention par lettre recommandée avec avis de réception ou le remettre en main propre à la DIRECCTE.

À NOTER

Pour les salariés protégés, la rupture conventionnelle n'est pas soumise à homologation du directeur régional des entreprises, de la concurrence, de la consommation, du travail et de l'emploi. Elle donne uniquement lieu à autorisation de l'inspecteur du travail. Elle fait l'objet d'un formulaire spécifique, à adresser à l'inspecteur du travail.

Le directeur régional des entreprises, de la concurrence, de la consommation, du travail et de l'emploi adresse à chaque partie un accusé de réception. Il dispose d'un délai de 15 jours ouvrables à compter de la réception de la demande pour examiner le dossier. Il doit s'assurer notamment que la convention répond bien aux conditions posées par la loi et que le consentement du salarié est bien réel. Il est tenu de vérifier également que l'employeur n'utilise pas la rupture conventionnelle pour contourner les obligations du licenciement économique collectif. Il en est ainsi notamment lorsque le même employeur a fait :

– 10 demandes sur une même période de 30 jours ;
– au moins une demande sur une période de 3 mois faisant suite à 10 demandes sur la période des 3 mois antérieurs ;
– une demande au cours des 3 premiers mois de l'année faisant suite à plus de 18 demandes au cours de l'année civile précédente ;
– des demandes qui se combinent avec des licenciements pour motif économique aboutissant aux dépassements des mêmes seuils.

Les ruptures conventionnelles individuelles peuvent intervenir dans le contexte de difficultés économiques de l'entreprise. Mais dans ce cas, l'employeur doit prendre en compte ces ruptures pour déterminer la procédure à suivre en matière de licenciement économique : information et consultation du personnel, élaboration d'un plan de sauvegarde de l'emploi (*Cour de cassation, Chambre sociale, 9/3/2011*).

À défaut de réponse dans ce délai de 15 jours, l'homologation est réputée acquise (*Code du travail, Art. L. 1237-14*).

Les conséquences de la convention

La rupture du contrat de travail intervient à la date fixée dans la convention et, au plus tôt, le lendemain du jour de l'homologation ou de l'autorisation de l'inspecteur du travail pour les salariés protégés.

Le salarié bénéficie alors d'une indemnité spécifique de rupture conventionnelle dont le montant est également fixé dans la convention.

Ce montant ne peut être inférieur à celui de l'indemnité légale de licenciement ou à l'indemnité conventionnelle de licenciement, si son montant est plus élevé (*Code du travail, Art. L. 1237-13*). Toutefois, si le montant de l'indemnité fixé par les parties est inférieur à celui prévu par l'article L. 1237-13 du Code du travail, cela n'entraîne pas la nullité automatique de la convention de rupture (*Cour de cassation, Chambre sociale, 8/7/2015*). Dans ce cas, le salarié peut demander en justice le versement d'un complément d'indemnité.

Si le salarié n'est pas en droit de bénéficier d'une retraite, cette indemnité suit le même régime social et fiscal que l'indemnité de licenciement et ce, quelle que soit l'ancienneté du salarié.

Dans le cas contraire, cette somme est soumise à cotisations sociales dans son intégralité et suit le même régime fiscal que l'indemnité de départ volontaire en retraite.

Le salarié bénéficie de l'assurance chômage.

À NOTER

La fraction des indemnités inférieure à deux fois le plafond de la Sécurité sociale est soumise à un forfait social de 20 % à la charge de l'employeur.

Et en cas de litige...

Tout litige concernant la convention, son homologation ou le refus d'homologation relève de la compétence du conseil des prud'hommes.

Le recours doit être présenté avant un délai de 12 mois à compter de la date d'homologation de la convention (*Code du travail, Art. L. 1237-14*).

Le conseil de prud'hommes est compétent pour homologuer une rupture refusée par le directeur régional des entreprises, de la concurrence, de la consommation, du travail et de l'emploi (*Conseil de prud'hommes de Valence, 14/10/2009*), l'homologation pouvant être prononcée par le juge des référés en cas d'urgence (*Conseil de prud'hommes de Nanterre, 5/1/2010*).

La Cour de cassation a précisé que la convention doit toujours pouvoir être contestée. Une clause de renonciation à tout recours insérée dans une convention est donc nulle. Cette nullité ne remet pas en cause le reste de la convention qui continue d'être valable (*Cour de cassation, Chambre sociale, 26/6/2013*).

La Cour de cassation a également réaffirmé le caractère obligatoire de l'entretien ou des entretiens précédant la conclusion d'une convention de rupture. Même si cet entretien n'est soumis à aucun formalisme, il doit exister, autrement la rupture conventionnelle est considérée comme nulle. Il revient néanmoins à la partie qui invoque cette cause de nullité d'établir la preuve qu'il n'y a pas eu d'entretien (*Cour de cassation, Chambre sociale, 1/12/2016*). En pratique, cette preuve n'est pas toujours évidente puisque la tenue d'un ou de plusieurs entretiens figure sur le formulaire de la convention de rupture, puisqu'il s'agit de l'un des points de contrôle auxquels se livre l'administration avant d'homologuer la convention. Il convient donc d'être vigilant au moment de signer la convention.

La rupture conventionnelle collective du contrat

Ce mode de rupture permet à l'employeur de négocier avec les salariés un cadre commun de départs strictement volontaires.

Qu'est-ce que la rupture conventionnelle collective ?

Toutes les entreprises, quelle que soit leur taille, peuvent recourir à ce mode de rupture conventionnelle instauré par l'ordonnance n° 2017-1387 du 22/9/2017 relative à la prévisibilité et à la sécurisation des relations de travail.

La négociation doit porter sur un cadre commun de départs strictement volontaires qui devra, comme pour la rupture individuelle, être homologuée par la DIRECCTE. Le caractère du volontariat est réaffirmé et inscrit dans le Code du travail : ces ruptures, exclusives du licenciement ou de la démission, ne peuvent être imposées par l'une ou l'autre des parties (*Code du travail, Art. L. 1237-17*).

AVANTAGE

La rupture conventionnelle collective bénéficie d'un régime fiscal et social avantageux, à l'image de celui appliqué dans le cadre d'un plan de sauvegarde de l'emploi. L'indemnité de rupture est totalement exonérée d'impôt sur le revenu. Elle est par ailleurs exonérée de cotisations sociales dans la limite d'un montant de deux fois le plafond de la Sécurité sociale.

Quelle est la procédure ?

Le directeur régional des entreprises, de la concurrence, de la consommation, du travail et de l'emploi doit être informé « sans délai » par voie dématérialisée de l'ouverture d'une négociation en vue d'un accord collectif portant rupture conventionnelle collective. Cet accord devra déterminer le contenu du plan de départs volontaires, « excluant tout licenciement », pour atteindre les objectifs qui lui sont assignés en termes de suppression d'emplois (*Code du travail, Art. L. 1237-19*).

L'accord détermine ainsi :

– les modalités et les conditions d'information du comité social et économique ;

– le nombre maximal de départs envisagés, de suppressions d'emplois associées, et la durée pendant laquelle des ruptures de contrat de travail peuvent être engagées sur le fondement de l'accord ;

– les conditions que doit remplir le salarié volontaire pour en bénéficier, et les critères pour départager les potentiels candidats au départ ;

– les modalités de présentation et d'examen des candidatures au départ des salariés, incluant les conditions de transmission de l'accord écrit du salarié au dispositif prévu par l'accord collectif ;

– les modalités de conclusion d'une convention individuelle de rupture entre l'employeur et le salarié et d'exercice respectif du droit de rétractation ;

– les modalités de calcul des indemnités de rupture garanties au salarié, sachant que celles-ci ne peuvent être inférieures aux indemnités légales dues en cas de licenciement ;

– des mesures visant à faciliter l'accompagnement et le reclassement externe des salariés sur des emplois équivalents (congé de mobilité, actions de formation, validation des acquis de l'expérience, reconversion, soutien à la création d'entreprise, etc.) ;

– les modalités de suivi de la mise en œuvre effective de l'accord (*Code du travail, Art. L. 1237-19-1*). Ce suivi doit faire l'objet d'une consultation régulière et détaillée du comité social et économique, dont les avis sont transmis à l'autorité administrative (*Code du travail, Art. L. 1237-19-7*). L'arrêté du 8/10/2018 définit les informations devant apparaître dans le bilan des ruptures consécutives à l'accord.

L'homologation de l'accord collectif

L'accord collectif est transmis pour validation à l'autorité administrative du lieu où l'entreprise ou l'établissement concerné par le projet de plan de départs volontaires est établi (*Code du travail, Art. L. 1237-19-5*). Cette transmission se fait par voie dématérialisée, *via* le portail RUPCO (*ruptures-collectives.emploi.gouv.fr*). Si le projet d'accord porte sur des établissements relevant de la compétence d'autorités différentes, le directeur régional des entreprises, de la concurrence, de la consommation, du travail et de l'emploi compétent est celui dans le ressort duquel se situe le siège de l'entreprise, sauf dans les situations suivantes :

– en cas d'unité économique et sociale, le siège de l'entreprise principale l'emporte ;

– en cas d'accord de groupe, le DIRRECTE compétent est celui du siège de l'entreprise dominante ;

– en cas d'entreprise internationale dont le siège est situé à l'étranger, il convient de prendre en compte la succursale dont le nombre d'emplois concernés est le plus élevé (*Code du travail, Art. R. 1237-6-1*).

Avant de valider l'accord, le DIRECCTE va s'assurer de la régularité de la procédure d'information du comité social et économique. Il va aussi vérifier la présence, dans l'accord, de toutes les mesures prévues à l'article L. 1237-19-1 du Code du travail (voir plus haut) ainsi que de leur caractère précis et concret.

À NOTER

Dans le cadre de l'homologation de l'accord collectif portant rupture conventionnelle collective, les DIRECCTE doivent être attentives au fait que la mesure ne soit pas détournée de son objet en faisant peser sur les comptes publics et l'assurance chômage des charges supplémentaires dues à un ciblage inapproprié sur les personnes seniors.

À NOTER

Première à rendre un arrêt sur le sujet en seconde instance, la cour administrative d'appel de Versailles confirme que des raisons économiques n'empêchent pas la mise en œuvre d'une rupture conventionnelle collective. Elle estime que l'accord n'a pas contourné la procédure de plan de sauvegarde pour l'emploi, en s'appuyant sur les deux éléments suivants : les postes faisant l'objet d'une suppression ne sont supprimés qu'au fur et à mesure des départs individuels basés sur un volontariat libre et éclairé. La cour estime ainsi que la suppression de postes n'est pas contrainte et ne nécessite pas un plan de reclassement interne ; le délai d'interdiction de licencier de 12 mois suivant les premiers départs n'est pas « inférieure à la période de validité de l'accord » portant rupture conventionnelle collective. Sur le contrôle allégé de l'administration, la cour d'appel reprend le raisonnement du tribunal administratif de Cergy-Pontoise. Le non-respect du délai d'information sur l'ouverture de négociations n'entraîne ainsi pas de nullité de la procédure. Par ailleurs, l'administration doit s'assurer que la procédure d'information du CSE a été régulière, mais elle n'a pas à vérifier la régularité de sa consultation. Aussi, il appartient seulement à l'administration de s'assurer que la procédure de rupture conventionnelle collective a été respectée et que l'accord collectif exclut tout licenciement et contient les clauses prévues par le Code du travail (Cour administrative d'appel de Versailles, 14/3/2019).

À compter de la réception de l'accord collectif et des différentes pièces justificatives lui permettant d'exercer son contrôle, le directeur régional des entreprises, de la concurrence, de la consommation, du travail et de l'emploi a un délai de 15 jours pour notifier sa décision à l'employeur, au comité social et économique ainsi qu'aux organisations syndicales représentatives signataires. Qu'elle soit positive ou négative, cette décision doit être motivée.

En cas de silence de l'autorité administrative, celui-ci vaut décision implicite d'acceptation de validation de l'accord. Dans cette hypothèse, l'employeur transmet une copie de la demande de validation, accompagnée de son accusé de réception par l'administration, au comité social et économique et aux organisations syndicales représentatives signataires.

Dans tous les cas, les voies et délais de recours doivent être portés à la connaissance des salariés. Cela peut se faire par affichage sur leurs lieux de travail ou par tout autre moyen qui permettra de conférer une date certaine à cette information (*Code du travail, Art. L. 1237-19-4*).

Si la DIRECCTE invalide le projet d'accord collectif, un nouvel accord peut être négocié, qui devra alors tenir compte des remarques émises par l'administration pour motiver son refus. Le comité social et économique est alors informé de la reprise des négociations. L'homologation du nouvel accord se fait selon la même procédure que pour l'accord rejeté (*Code du travail, Art. L. 1237-19-6*).

À NOTER

Les accords collectifs portant rupture conventionnelle collective entrent dans le champ de l'article L. 2232-12 du Code du travail, autrement dit ils sont soumis aux conditions de validité des accords majoritaires. Ils devront ainsi être signés par des syndicats représentatifs totalisant plus de 50 % des suffrages aux dernières élections, ou à défaut, par des syndicats représentatifs ayant obtenu plus de 30 % des suffrages et validé par référendum.

Les conséquences de l'accord collectif

Dans tous les cas

Une fois acceptée par l'employeur, la candidature du salarié dans le cadre de la rupture conventionnelle collective emporte rupture du contrat de travail d'un commun accord des parties (*Code du travail, Art. L. 1237-19-2*). Il en va de même pour les salariés acceptant le congé mobilité proposé par l'employeur dans le cadre d'un tel accord.

Pour les salariés protégés, cette rupture est soumise à l'autorisation de l'inspecteur du travail. Dans ce cas, la rupture du contrat de travail ne peut intervenir que le lendemain du jour de l'autorisation.

Les salariés peuvent bénéficier :

– des indemnités de rupture prévues par l'accord ;

– des allocations d'assurance chômage, sous certaines conditions (*Code du travail, Art. L. 5421-1*).

En revanche, ils ne peuvent pas bénéficier d'un contrat de sécurisation professionnelle ni d'une priorité de réembauche.

En cas de suppressions d'emplois de grande ampleur

Dans certains cas, l'employeur est en outre tenu de contribuer à la création d'activités et au développement des emplois, et d'atténuer les effets de l'accord envisagé sur les autres entreprises du ou des bassins d'emploi. Cette obligation n'est toutefois pas applicable aux entreprises en redressement ou liquidation judiciaire.

Deux conditions doivent être réunies pour une telle contribution :

– les suppressions d'emplois résultant de l'accord collectif affectent, par leur ampleur, l'équilibre du ou des bassins d'emploi dans lesquels les entreprises sont implantées ;

– et l'entreprise ou l'établissement compte au moins 1 000 salariés (*Code du travail, Art. L. 1237-19-9*).

Dans ce cas de figure, l'entreprise et l'autorité administrative ont 6 mois, à compter de la validation de l'accord collectif, pour signer une convention qui détermine la nature et les modalités de financement des actions en faveur de l'emploi (*Code du travail, Art. L. 1237-19-10*). Cette convention tient compte des actions de même nature déjà mises en œuvre par anticipation dans le cadre d'un accord GPEC ou celles prévues dans l'accord collectif portant rupture conventionnelle collective.

Toutefois, un accord collectif de groupe, d'entreprise ou d'établissement peut tenir lieu de convention entre l'entreprise et la DIRECCTE, s'il prévoit des actions de telle nature, assorties d'engagements financiers de l'entreprise au moins égaux au montant légal de la contribution (voir plus loin). Pour s'y opposer, l'autorité administrative dispose d'un délai de 2 mois suivant la demande. Elle doit aussi motiver son opposition.

Le montant de la contribution versée par l'entreprise ne peut être inférieur à deux fois la valeur mensuelle du SMIC par emploi supprimé. La DIRECCTE peut cependant fixer un montant inférieur lorsque l'entreprise est dans l'incapacité d'assurer la charge financière de cette contribution. Enfin, en l'absence de convention signée ou d'accord collectif en tenant lieu, les entreprises verseront au Trésor public une contribution égale au double du montant minimum légal (*Code du travail, Art. L. 1237-19-11*).

À NOTER

Lorsque les suppressions d'emplois concernent au moins trois départements, l'entreprise et le ministre du Travail signent, dans un délai de 6 mois à compter de la validation de l'accord collectif, une convention-cadre nationale de revitalisation. Un délai de 4 mois court ensuite pour décliner au niveau local la convention-cadre nationale (Code du travail, Art. L. 1237-19-14). Pour déterminer le montant de la contribution de l'entreprise, la convention-cadre prend en compte le nombre total d'emplois supprimés.

En cas de litige...

S'agissant de la rupture conventionnelle collective, la législation distingue deux types de litiges (*Code du travail, Art. L. 1237-19-8*).

- Les contentieux portant sur l'accord collectif, son contenu, la régularité de la procédure ayant précédé la validation administrative et cette validation par l'autorité administrative : ces litiges relèvent de la justice administrative. Le tribunal administratif peut être saisi dans un délai de 2 mois.

Pour l'employeur, ce délai court à compter de la notification de la décision de validation de l'accord par la

DIRECCTE. Pour les syndicats et les salariés, c'est la date à laquelle cette décision a été portée à leur connaissance qui initie le délai de 2 mois. Le tribunal administratif a 3 mois pour statuer (*Code du travail, Art. L. 1235-7-1*).

● Les contentieux portant sur la rupture du contrat, autrement dit sur l'exécution de la rupture conventionnelle collective, relèvent quant à eux de la juridiction prud'homale. Pour être recevable, le recours doit être formé avant l'expiration d'un délai de 12 mois à compter de la date de la rupture du contrat (*Code du travail, Art. L. 1237-19-8*).

Le licenciement pour motif personnel

Le licenciement d'un salarié ne peut être valable qu'à deux conditions : il doit être justifié (par une faute ou par un comportement rendant impossible la continuation des relations de travail), et les règles de procédure doivent être scrupuleusement respectées. Les vices de forme n'empêchent toutefois plus l'examen du fond du dossier.

Qu'est-ce qui peut justifier le licenciement d'un salarié ?

Tout licenciement pour motif personnel doit être motivé et justifié par une « cause réelle et sérieuse » (*Code du travail, Art. L. 1232-1*).

La loi n'ayant pas donné de définition précise de la cause réelle et sérieuse, il appartient aux tribunaux d'apprécier, au cas par cas, les reproches invoqués par l'employeur pour fonder sa décision de licencier un salarié.

C'est en se basant sur la jurisprudence établie par ces tribunaux que l'on peut tenter de cerner cette notion de cause réelle et sérieuse.

› Cause réelle

Le caractère réel suppose que le motif du licenciement repose sur une existence réelle, concrète et objective. Ce qui exclut les suspicions, les préjugés, les convenances personnelles, l'humeur de l'employeur.

Ainsi, lorsqu'un employeur invoque comme motif de licenciement « la perte de confiance », « la mésentente » ou « l'incompatibilité d'humeur », il doit établir les faits précis sur lesquels il se fonde pour justifier un tel motif.

Les juges recherchent également si, derrière le motif allégué, ne se cache pas, en fait, une motivation différente qui tiendrait, par exemple, aux opinions politiques ou philosophiques du salarié, à son appartenance syndicale, ou encore à sa participation à une grève.

› Cause sérieuse

Le motif du licenciement ne doit pas seulement être réel, il doit également avoir un caractère sérieux. La cause sérieuse est celle qui rend impossible, sans dommages pour l'entreprise, la poursuite de la relation de travail.

Ce motif peut provenir :

– d'une faute du salarié, à condition qu'elle soit sérieuse. Une faute légère ne peut donc justifier un licenciement ;

– d'un comportement non fautif, mais qui constitue un fait suffisamment sérieux pour rendre impossible la poursuite de la relation de travail.

À NOTER

Par exemple, doit être considéré comme sans cause réelle et sérieuse le licenciement disciplinaire prononcé à l'encontre d'un salarié en raison du retrait de son permis de conduire hors du temps de travail (Cour de cassation, Chambre sociale, 10/7/2013). En revanche, le licenciement disciplinaire est justifié pour une faute commise hors du temps de travail, si celle-ci constitue un manquement à une obligation découlant du contrat de travail ou si elle se rattache à la vie professionnelle. C'est par exemple le cas d'une personne travaillant dans un organisme de complémentaire santé et licenciée pour avoir chez elle falsifié des factures afin de se faire rembourser des frais de santé (Cour de cassation, Chambre sociale, 16/1/2019).

› Cas pratiques

Voici quelques exemples significatifs de décisions prises par la Cour de cassation :

Fautes sérieuses

Les fautes dans l'exécution du travail

Ont été jugées assez sérieuses pour justifier un licenciement les fautes suivantes :
– le fait, pour un technicien d'entretien des ascenseurs, de s'être absenté de son poste de travail en laissant le local de la machinerie grand ouvert (*Cour de cassation, Chambre sociale, 20/7/1987*) ;

– le fait, pour un boucher d'une grande surface, d'avoir exposé à la vente des produits périmés (*Cour de cassation, Chambre sociale, 7/10/1992*) ;

– le fait, pour une caissière de magasin, de voler une pizza (*Cour de cassation, Chambre sociale, 29/1/2008*).

En revanche, ne sauraient justifier le licenciement des intéressés des fautes sérieuses qui n'ont pas été commises à l'occasion de la relation de travail. Ainsi :
– le fait, pour un employé de banque, d'avoir émis chez un commerçant un chèque sans provision (*Cour de cassation, Chambre sociale, 30/6/1992*) ;
– le fait, pour un cadre agent bancaire, de s'être battu avec un collègue en dehors de l'agence ;
– la brève incarcération d'un salarié pour port d'arme prohibée (*Cour de cassation, Chambre sociale, 25/6/1980*).

Dans certains cas, cependant, une faute sérieuse, commise même en dehors du lieu de travail, peut justifier la perte de confiance de la part de l'employeur qui est alors fondé de licencier son employé. Tel est le cas par exemple d'un gardien de société de surveillance ayant commis un vol dans un autre établissement (*Cour de cassation, Chambre sociale, 20/11/1992*).

Le licenciement peut aussi valablement être justifié par les motifs suivants :

Le manque de loyauté

Exemples :
– le fait, pour un VRP, de révéler au cours d'un dîner qui réunissait des membres de la société que l'épouse du P-DG entretenait des relations adultères avec le directeur des ventes (*Cour de cassation, Chambre sociale, 9/7/1991*) ;
– le fait, pour un comptable, d'avoir divulgué auprès d'une banque un document confidentiel contenant des renseignements sur les difficultés financières de l'entreprise (*Cour de cassation, Chambre sociale, 8/10/1992*).

Des comportements contraires à la discipline

Exemples :
– le refus de se soumettre à une sanction disciplinaire justifiée (*Cour de cassation, Chambre sociale, 4/10/1990*) ;
– l'insolence et l'attitude injurieuse (*Cour de cassation, Chambre sociale, 22/2/1979*) ;
– l'état d'ébriété pendant les heures de travail (*Cour de cassation, Chambre sociale, 18/6/1980*) ;
– l'emploi de la violence de la part d'un cadre pour obliger un salarié à exécuter les ordres de l'employeur (*Cour de cassation, Chambre sociale, 5/12/1979*) ;
– le fait d'emporter à son domicile un certain nombre de documents, contrairement aux instructions de l'employeur (*Cour de cassation, Chambre sociale, 14/11/1991*).

Fautes légères

Ont été considérées comme des fautes simples ou légères ne pouvant justifier à elles seules un licenciement :
– le départ anticipé, en raison d'une grève des transports, d'un salarié auquel aucune autre faute n'était reprochée, et alors qu'il n'avait jamais fait, en 5 ans, l'objet d'une seule observation (*Cour de cassation, Chambre sociale, 10/2/1993*) ;
– le vol d'une tablette de chocolat par un salarié, dont ce vol constitue le seul écart en 20 ans d'ancienneté au service de son employeur (*Cour de cassation, Chambre sociale, 19/5/1993*) ;
– 4 absences en 11 mois d'un chauffeur (*Cour de cassation, Chambre sociale, 1/12/1976*) ;
– la cession gratuite à des clients de deux sandwiches d'infime valeur marchande par un employé d'un établissement de restauration rapide (*Cour de cassation, Chambre sociale, 21/3/2002*).

Mais attention : la répétition ou la multiplication de fautes légères peut justifier un licenciement. Tel est le cas d'un salarié comptabilisant 43 retards (*Cour de cassation, Chambre sociale, 10/5/1979*).

Comportements non fautifs

Insuffisance de résultats

L'employeur est responsable de la bonne marche de son entreprise. Il peut donc licencier un salarié en raison de l'insuffisance de ses qualités professionnelles ou des résultats obtenus si ceux-ci mettent en péril la rentabilité de l'entreprise. Là encore, le motif doit être fondé sur des faits objectifs et concrets.

Le tribunal a estimé, par exemple, qu'était justifié le licenciement d'un salarié qui dirigeait la succursale d'une entreprise, les juges ayant constaté une baisse considérable du chiffre d'affaires de cette succursale dont l'origine ne pouvait s'expliquer que par l'inaptitude de l'intéressé à remplir ses fonctions (*Cour de cassation, Chambre sociale, 27/7/1989*).

Mais l'insuffisance de résultats ne peut justifier le licenciement si elle résulte :

– d'une charge de travail trop lourde, incompatible avec les horaires de travail du salarié (*Cour de cassation, Chambre sociale, 16/11/1999) ;*

– d'un accroissement des obligations et des responsabilités du salarié ;

– d'un manque de formation de la part de l'employeur (*Cour de cassation, Chambre sociale, 26/10/1989*) ;

– d'une politique commerciale de l'entreprise entraînant une baisse du chiffre d'affaires (*Cour de cassation, Chambre sociale, 2/10/1991*) ;

– ou encore si les résultats à atteindre n'ont pas été communiqués au salarié, se révèlent impossibles à réaliser au regard du caractère déraisonnable des objectifs assignés au salarié (*Cour de cassation, Chambre sociale, 21/1/1987*) ou encore lorsque l'insuffisance de résultats est due à la situation du marché (*Cour de cassation, Chambre sociale, 30/3/1999*).

Perte de confiance

La Cour de cassation considère que la perte de confiance ne constitue pas en soi un motif de licenciement, même quand elle repose sur des éléments objectifs (*Cour de cassation, Chambre sociale, 29/11/1990*). Il s'agissait, en l'espèce, d'une salariée qui avait été licenciée parce que son mari avait assigné l'employeur en liquidation judiciaire. L'employeur disposait bien d'un élément objectif mais rien dans l'attitude personnelle de la salariée ne pouvait suggérer qu'il ne pouvait plus, de ce fait, lui accorder sa confiance.

Il résulte de cette règle qu'en de tels cas, l'employeur doit énoncer les faits précis et matériellement vérifiables à même de justifier sa perte de confiance : « le seul grief de la perte de confiance mentionné dans la lettre de licenciement ne constitue pas, en l'absence d'indication d'éléments objectifs, l'énoncé d'un motif matériellement vérifiable » (*Cour de cassation, Chambre sociale, 14/1/1998*).

Lorsque le salarié a commis des actes indélicats, déloyaux, des détournements, l'employeur est en droit de le licencier, éventuellement pour faute grave, mais c'est sur ces actes précis que le licenciement doit être fondé et non sur la perte de confiance qui en a découlé.

Incompatibilité d'humeur

La mésentente persistante ou les désaccords entre le salarié et son employeur ou entre collègues peuvent créer des tensions nuisant au climat et à la bonne marche de l'entreprise.

La jurisprudence considère donc que l'incompatibilité d'humeur ou les conflits de personnes constituent une cause réelle et sérieuse de licenciement.

Mais, là encore, l'employeur ne peut se contenter d'invoquer ce seul motif : il doit préciser les faits objectifs, imputables au salarié, motivant son licenciement (*Cour de cassation, Chambre sociale, 2/3/2003*).

Lorsqu'il est prouvé que la mésentente n'est pas due au comportement du salarié mais à celui du chef d'entreprise, le licenciement n'est pas justifié (*Cour de cassation, Chambre sociale, 21/2/1991*). La même solution a été adoptée vis-à-vis d'un cadre d'exploitation particulièrement mal accepté de ses collègues au point d'avoir fait l'objet d'une pétition de la part du personnel et de plaintes répétées de la part des représentants du personnel de l'entreprise. Aucun fait précis et objectif dans l'attitude ou le comportement de l'intéressé pouvant justifier cette antipathie n'ayant été apporté, la Cour de cassation a estimé que son licenciement était dénué de cause réelle et sérieuse (*Cour de cassation, Chambre sociale, 27/11/2001*).

Maladie

Le Code du travail interdit à l'employeur de licencier un salarié en raison de son état de santé, de sa perte d'autonomie ou de son handicap *(Code du travail, Art. L. 1132-1*).

Le licenciement peut cependant être justifié mais uniquement lorsque la durée de la maladie ou la fréquence et la répétition des absences perturbe le fonctionnement de l'entreprise au point de contraindre l'employeur à remplacer définitivement le salarié (*Cour de cassation, Chambre sociale, 13/3/2001*). Le remplacement définitif suppose également que le remplaçant soit recruté pour une durée de travail qui ne peut être inférieure à celle qu'effectuait le salarié licencié (*Cour de cassation, Chambre sociale, 6/2/2008*). Ont ainsi été jugés abusifs les licenciements de salariés malades remplacés par un salarié sous contrat à durée déterminée (*Cour de cassation, Chambre sociale, 7/4/2009*), un intérimaire (*Cour de cassation, Chambre sociale, 7/10/2009*), un stagiaire (*Cour de cassation, Chambre sociale, 22/10/1996*) ou encore une entreprise de services s'agissant d'une gardienne d'immeuble (*Cour de cassation, Assemblée plénière, 22/4/2011*).

Une absence même prolongée ou répétée ne constitue donc pas un motif de licenciement à partir du moment où elle n'a pas contraint l'employeur à remplacer le salarié.

Attention : la perturbation du fonctionnement de l'entreprise ne peut être invoquée lorsque l'absence du salarié résulte d'un manquement de l'employeur à son obligation de sécurité et de résultat. Il ne peut donc, en aucun cas, licencier un salarié absent pour maladie due à une surcharge de travail ayant entraîné un épuisement professionnel (*burn-out*)(*Cour de cassation, Chambre sociale, 13/3/2013*) ou au harcèlement moral dont il a été l'objet (*Cour de cassation, Chambre sociale, 11/10/2006*).

UN MOTIF DE LICENCIEMENT SPÉCIFIQUE DANS LES TRANSPORTS

Les salariés occupant un emploi en lien direct avec la sécurité des personnes et des biens au sein d'une entreprise de transport public de personnes ou d'une entreprise de transport de marchandises dangereuses peuvent faire l'objet d'une enquête administrative lorsque leur comportement peut paraître incompatible avec l'exercice des missions pour lesquelles ils ont été recrutés ou affectés. Durant cette période, l'employeur peut retirer le salarié de son emploi à titre conservatoire, mais il doit maintenir son salaire.

Si l'enquête confirme ces doutes, l'employeur doit proposer à l'intéressé un autre emploi correspondant à ses qualifications. En cas d'impossibilité de procéder à un tel reclassement ou en cas de refus du salarié, l'employeur peut procéder à son licenciement.

Le salarié peut contester les résultats de l'enquête devant le tribunal administratif dans les 15 jours suivant sa notification. Le tribunal doit statuer dans un délai de 2 mois. Si le salarié use de ce droit, son licenciement ne peut intervenir tant que les juges ne se sont pas prononcés à titre définitif (*Code de la sécurité intérieure, Art. L. 114-2*).

Cette mesure a pour but de prévenir la commission d'éventuels actes terroristes.

Quelles sont les fautes considérées comme graves ou lourdes ?

Faute grave

Comme la faute sérieuse, et à plus forte raison, la faute grave est une cause de licenciement.

La jurisprudence définit la faute grave comme « celle qui rend impossible le maintien du salarié dans l'entreprise » (*Cour de cassation, Chambre sociale, 27/9/2007*).

En cas de faute grave, le salarié est donc renvoyé sur-le-champ et exempté de son préavis.

A ainsi été qualifié de faute grave le fait, pour un salarié, de faire un usage continuel et journalier du téléphone de l'entreprise. Il a en effet été jugé que le maintien du salarié dans l'entreprise était impossible, puisque l'employeur ne pouvait lui interdire l'accès au téléphone et donc que les faits retenus auraient continué (*Cour de cassation, Chambre sociale, 11/7/1995*).

A également été qualifié de faute grave, le fait d'échanger sur Facebook des propos dénigrants à l'égard de leur employeur et incitant à la rébellion contre leur hiérarchie de la part de salariés. L'accès à la page Facebook étant ouvert au plus grand nombre, les propos tenus ne relèvent plus de la sphère privée. Le juge a donc considéré que l'employeur n'avait pas violé le droit au respect de la vie privée et a retenu la faute grave, les salariés ayant abusé de leur liberté d'expression et nui à l'image de l'entreprise (*Conseil de prud'hommes de Boulogne-Billancourt, 19/11/2010*).

Dans le même sens, il a été jugé qu'un salarié dénigrant sa hiérarchie par e-mail pendant son temps et sur son lieu de travail avait été légitimement licencié pour faute grave. En l'espèce, l'e-mail était en rapport avec l'activité professionnelle du salarié et ne revêtait pas un caractère privé (*Cour de cassation, Chambre sociale, 2/2/2011*). De même, constitue une faute grave le fait de critiquer son employeur sur un site internet de notation des entreprises (*Cour de cassation, Chambre sociale, 11/4/2018*).

Autre cas de faute grave liée à l'usage d'Internet : une salariée s'était connectée pendant son temps de travail à de très nombreuses reprises à de multiples sites extraprofessionnels (sites de voyage ou de tourisme, de comparaison de prix, de marques de prêt-à-porter… ainsi qu'à des réseaux sociaux). Le nombre de connexions s'établissait à plus de 10 000 sur une période de 18 jours. La Cour de cassation a confirmé l'arrêt de la cour d'appel qui avait jugé qu'une telle utilisation d'Internet présentait un caractère particulièrement abusif et constitutif d'une faute grave justifiant le licenciement de la salariée (*Cour de cassation, Chambre sociale, 26/2/2013*). Toutefois, l'employeur doit apporter la preuve que le salarié est bien l'auteur des multiples connexions (*Cour de cassation, Chambre sociale, 3/10/18*).

Il a aussi été jugé qu'un salarié ayant travaillé pour un concurrent de son entreprise pendant ses congés payés s'était rendu coupable d'une faute grave et que son employeur n'avait pas à prouver un préjudice pour le licencier (*Cour de cassation, Chambre sociale, 5/7/2017*).

En revanche, le fait pour un salarié, qui présente plus de 11 années d'ancienneté dans l'entreprise, de tenir devant des clients potentiels des propos critiques, même vifs, sur son employeur n'a pas été jugé comme une faute grave. La Cour de cassation a en effet estimé que ces propos ne caractérisaient pas un abus de liberté d'expression de la part du salarié (*Cour de cassation, chambre sociale, 17/1/2018*).

L'employeur n'est pas obligé de verser au salarié licencié pour faute grave son indemnité compensatrice de préavis ni son indemnité de licenciement.

Il doit mettre en œuvre la procédure de licenciement dans un délai le plus restreint possible, à partir du moment où il a connaissance des faits et que ceux-ci sont avérés. L'employeur peut différer le licenciement pendant le temps nécessaire à la vérification de la réalité et de la gravité des faits reprochés au salarié (*Cour de cassation, Chambre sociale, 6/10/2010*). Mais la faute grave ne peut être admise lorsque le licenciement est prononcé 2 mois après (*Cour de cassation, Chambre sociale, 1/10/2003*) ou lorsque l'employeur a laissé le salarié exécuter son préavis (*Cour de cassation, Chambre sociale, 12/7/2005*).

L'employeur doit cependant convoquer l'intéressé à un entretien préalable. Il peut, en attendant, prononcer sa mise à pied.

Faute lourde

Comme la faute grave, la faute lourde entraîne la rupture du contrat de travail sans préavis ni indemnités de licenciement.

Concernant l'indemnité compensatrice de congés payés, le Conseil constitutionnel, saisi d'une question prioritaire de constitutionnalité, a considéré que la faute lourde ne dispensait pas l'employeur de son versement à l'intéressé (*Conseil constitutionnel, QPC n° 2015-523 du 2/3/2016*).

Selon les tribunaux, la faute lourde suppose une intention de nuire de la part du salarié à l'égard de son employeur.

Il a été jugé que constitue une faute lourde :

– le fait pour un salarié de profiter de l'exercice de ses fonctions pour détourner la clientèle de son employeur au profit d'une société concurrente créée par son fils (*Cour de cassation, Chambre sociale, 30/11/1994*) ;

– le fait pour un salarié d'avoir cherché à tromper son employeur en déclarant comme accident du travail, un accident qui lui était arrivé dans sa vie privée. En effet cet acte faisait ressortir une intention de nuire à l'entreprise, le taux des cotisations accident du travail augmentant en fonction du nombre et de la gravité des accidents du travail ayant lieu dans l'entreprise (*Cour de cassation, Chambre sociale, 12/3/1992*).

En revanche, la notion de faute lourde n'a pas été retenue contre une salariée qui avait pourtant volontairement falsifié des fiches de contrôle et de production, ce comportement coupable n'ayant pas été commis dans l'intention de nuire mais par peur de sanctions de la part de son employeur (*Cour de cassation, Chambre sociale, 16/5/1990*).

La notion de faute lourde a également été écartée par la Cour de cassation dans une affaire où un salarié avait détourné sur son compte personnel la somme de 60 000 € correspondant au règlement d'un client à l'entreprise. La Cour a rappelé que la faute lourde « ne résulte pas de la seule commission d'un acte préjudiciable à l'entreprise » ; elle doit être caractérisée par l'intention de nuire à l'employeur (*Cour de cassation, Chambre sociale, 22/10/2015*).

La faute lourde peut entraîner des poursuites pénales de la part de l'employeur et la mise en jeu de la responsabilité pécuniaire du salarié (condamnation au versement de dommages et intérêts)(*Cour de cassation, Chambre sociale, 25/1/2017*).

À NOTER

L'employeur ne peut pas définir à l'avance les comportements constituant des fautes graves, même dans le règlement intérieur. Ce sont les juges qui, en cas de contestation, tiennent compte des éléments qui leur sont fournis pour qualifier cette faute. Ils retiennent de manière générale comme faute grave : les négligences répétées, les incorrections graves, les coups et blessures (notamment les rixes sur les lieux de travail), l'indélicatesse, le détournement, le vol mais aussi les absences non justifiées, les retards répétés et les actes d'insubordination.

Comment la preuve de la cause du licenciement se fait-elle ?

Aucun licenciement ne peut être prononcé sans cause réelle et sérieuse. En cas de litige quant au motif invoqué, c'est aux tribunaux de trancher. Il incombe aux juges du fond de rechercher la véritable cause du licenciement, au-delà des motifs énoncés dans la lettre de licenciement (*Cour de cassation, Chambre sociale, 10/4/1996*).

La charge de la preuve

La loi précise que le juge forme sa conviction au vu des éléments fournis par les parties et, au besoin, après toutes mesures d'instruction qu'il estime utile.

Une disposition très importante énonce que « si un doute subsiste, il profite au salarié » (*Code du travail, Art. L. 1235-1*).

Ainsi la Cour de cassation a décidé qu'une cour d'appel qui affirmait qu'il ne lui appartenait pas de rechercher le motif prétendument véritable du licenciement avait violé la loi. Sa décision devait donc être cassée et l'affaire rejugée (*Cour de cassation, Chambre sociale, 23/10/1991*).

Les juges ne peuvent pas débouter le salarié de sa demande de dommages et intérêts sous prétexte qu'il n'a pas fait la preuve du caractère abusif de son licenciement, la charge de la preuve leur incombant.

À NOTER

Mais cela ne signifie pas que les parties, employeur comme employé, doivent rester passives pendant que le juge recherche la preuve de la cause du licenciement. Elles ont tout au contraire intérêt à rechercher également et à rassembler tous les moyens de preuve en leur faveur.

Les moyens de la preuve

La preuve de la cause réelle et sérieuse du licenciement se fait par tous moyens : présomptions, témoignages, enquête, expertise, etc.

Le salarié qui entend apporter la preuve des faits, sur lesquels il fonde sa demande, a souvent des difficultés pour trouver des témoins, car ses collègues, bien souvent, hésitent à témoigner contre l'employeur.

Au contraire, ce dernier trouve plus facilement des témoins en sa faveur. Mais ces témoignages sont suspects. Ils peuvent difficilement être appréciés comme impartiaux et objectifs. Les témoins soumis à la subordination de l'employeur n'ont-ils pas, en effet, sinon reçu des ordres, du moins subi une pression directe ou indirecte de celui-ci ?

Les juges se méfient donc de ces témoignages. Et la Cour de cassation d'une manière générale s'en remet à leur appréciation souveraine. Les juges peuvent même accorder plus de crédit à de simples indices qu'à des témoignages reçus dans les formes légales.

À NOTER

L'employeur ou le salarié peuvent demander une mesure d'instruction (enquête, expertise, témoignage...). Le juge n'est pas obligé d'y souscrire. En revanche, le refus de participer à une mesure d'instruction entraînera souvent la perte du procès.

Procédure en cas de licenciement pour motif personnel

› L'entretien préalable

L'employeur qui envisage de licencier un salarié doit, avant toute décision, convoquer ce dernier à un entretien préalable (*Code du travail, Art. L. 1232-2*).

Cet entretien individuel est obligatoire, quel que soit le motif du licenciement, le nombre de salariés concernés, leur ancienneté ou la taille de l'entreprise.

La convocation

La convocation doit être faite par lettre recommandée ou remise en main propre, contre décharge. Ont toutefois été reconnues comme valables, une convocation reçue par Chronopost (*Cour de cassation, Chambre sociale, 8/2/2011*) ainsi qu'une convocation remise par un huissier de justice (*Cour de cassation, Chambre sociale, 30/3/2011*).

La lettre de convocation doit indiquer : la date de l'entretien, l'heure et le lieu ainsi que l'objet de cet entretien. Elle doit également informer le salarié qu'il peut se faire accompagner par une personne de son choix et indiquer le lieu où il pourra se procurer la liste des conseillers.

Si le salarié est dans l'impossibilité de se rendre à l'entretien, il peut demander un report de celui-ci. L'employeur n'est toutefois pas tenu d'accéder à cette demande (*Cour de cassation, Chambre sociale, 26/5/2004*). S'il accepte le report, il n'a pas à envoyer une nouvelle convocation au salarié. Il est uniquement tenu d'aviser l'intéressé des nouvelles dates et heures de l'entretien, par tout moyen (*Cour de cassation, Chambre sociale, 29/1/2014*).

À NOTER

Le motif du licenciement n'a pas lieu d'être mentionné dans cette lettre, sauf si la convention collective le prévoit. Dans ce cas, la Cour de cassation a estimé que l'absence de motif dans la lettre rend le licenciement sans cause réelle et sérieuse (Cour de cassation, Chambre sociale, 9/1/2013). En cas de licenciement pour faute, la convocation ne peut être adressée plus de 2 mois après que l'employeur ait eu connaissance de cette faute.

Le déroulement de l'entretien

L'entretien doit avoir lieu au moins 5 jours ouvrables après que le salarié a reçu la lettre de convocation.

Si le salarié demande à ce que l'entretien soit repoussé, ce report ne fait pas courir de nouveau délai. Le délai minimum de 5 jours court à compter de la réception de la première convocation (*Cour de cassation, Chambre sociale, 24/11/2010*).

Au cours de l'entretien, l'employeur est tenu d'indiquer verbalement le motif du licenciement.

Il recueille les explications du salarié. Celui-ci est libre de fournir les arguments qu'il juge nécessaire. Les paroles prononcées durant l'entretien ne sauraient être retenues contre lui (*Cour de cassation, Chambre sociale, 19/6/1991*).

Le salarié peut se faire assister par une personne de son choix appartenant à l'entreprise (salarié, membre du comité social et économique, délégué syndical). S'il n'existe pas de représentant du personnel dans l'entreprise, le salarié peut faire appel à un conseiller inscrit sur une liste disponible à l'inspection du travail ou à la mairie du lieu de travail (*Code du travail, Art. L. 1232-4*).

Le conseiller a pour rôle de défendre le salarié et d'avancer tous les éléments et arguments nécessaires pour faire revenir l'employeur sur sa décision. En outre, en cas de litige ultérieur, il peut témoigner en justice.

Le conseiller extérieur à l'entreprise doit justifier de son inscription sur la liste des conseillers lors de l'entretien préalable. À défaut, l'employeur est en droit de s'opposer à sa présence, sans que la procédure de licenciement soit remise en cause (*Cour de cassation, Chambre sociale, 25/9/2012*).

› La notification

Lorsque l'employeur a pris la décision de licencier le salarié, il doit le lui notifier par lettre recommandée avec demande d'avis de réception.

Il est toutefois admis que la lettre de licenciement soit remise au salarié en main propre par l'employeur ou son représentant, contre décharge (*Cour de cassation, Chambre sociale, 16/6/2009*). En cas de remise en main propre, la lettre doit être établie en double exemplaire, celui de l'employeur étant complété de la mention « reçue le… » avec la signature du salarié.

La remise par un tiers (conseiller du salarié ayant assisté à l'entretien préalable, par exemple) ne rend pas le licenciement abusif mais constitue une irrégularité de procédure qui peut être réparée (*Cour de cassation, Chambre sociale, 23/10/2013*).

À NOTER

La lettre de licenciement ne peut valablement être notifiée par lettre recommandée électronique, cette dernière ne pouvant être utilisée que pour la conclusion et l'exécution du contrat (Code civil, Art. 1126).

La lettre ne peut être expédiée ou remise en main propre contre récépissé moins de 2 jours ouvrables après la date de l'entretien préalable.

Aucun délai maximum n'est prévu par la loi. Cependant, lorsque le licenciement est prononcé pour un motif disciplinaire, la lettre de licenciement ne peut être expédiée plus d'1 mois après la date de l'entretien préalable ou, le cas échéant, à compter de l'avis rendu par une instance disciplinaire. Ce délai court à compter de la date à laquelle l'entretien a réellement eu lieu, en cas de report dû au salarié (*Cour de cassation, Chambre sociale, 7/6/2006*).

Exemple : un employeur convoque un salarié à un entretien préalable de licenciement pour faute le 4 octobre. Le salarié étant en arrêt maladie ce jour, l'entretien est reporté le 28 octobre. La lettre de licenciement devra, dans ce cas, être expédiée avant le 29 novembre.

En cas de report dû à l'employeur, le délai court à compter de la date fixée pour le 1er entretien (*Cour de cassation, Chambre sociale, 23/2/2013*).

La date de présentation de cette lettre fixe le point de départ du préavis.

La date de présentation est celle qui figure sur le cachet de la Poste. Le salarié ne saurait donc prolonger son préavis en attendant plusieurs jours avant d'aller retirer sa lettre ou même en s'abstenant d'aller la retirer au bureau de poste.

La lettre de licenciement doit obligatoirement énoncer le ou les motifs invoqués par l'employeur (*Code du travail, Art. L. 1232-6*).
Toutefois, l'employeur peut par la suite préciser (et non compléter) ces motifs, soit à son initiative, soit à la demande du salarié.
Cette disposition est importante car elle signifie que les limites du litige, qui permettent aux juges d'apprécier le caractère réel et sérieux des motifs allégués, peuvent être fixées après la notification du licenciement (*Code du travail, Art. L. 1235-2*).
Le salarié dispose de 15 jours après la notification du licenciement pour demander, par lettre recommandée avec avis de réception ou remise contre récépissé, des précisions à l'employeur sur les motifs énoncés dans la lettre de licenciement. L'employeur dispose à son tour d'un délai de 15 jours, après la réception de la demande du salarié, pour apporter des précisions et les communiquer, selon la même procédure, par lettre recommandée avec demande d'avis de réception ou remise contre récépissé.
L'employeur peut, de lui-même, prendre l'initiative de préciser par la suite les motifs de licenciement. La procédure et les délais sont les mêmes que pour une demande du salarié.
Par ailleurs, l'insuffisance de motivation n'emporte plus à elle seule la nullité du licenciement, en le privant *de facto* de cause réelle et sérieuse. Cette irrégularité ouvre droit à une indemnité qui ne peut excéder un mois de salaire, dans le cas où le salarié n'aurait pas demandé à l'employeur de préciser les motifs énoncés dans la lettre de licenciement.
En l'absence de cause réelle et sérieuse du licenciement, le préjudice résultant du vice de motivation de la lettre de rupture est réparé par une indemnité qui ne peut être inférieure aux salaires des 6 derniers mois (*Code du travail, Art. L. 1235-2*).

À NOTER

Le décret n° 2017-1820 du 29/12/2017 fixe des modèles types de lettres pouvant être utilisées par l'employeur pour notifier un licenciement (licenciement pour motif personnel disciplinaire, pour inaptitude, pour motif personnel non disciplinaire, pour motif économique individuel, pour motif économique collectif, etc.). L'employeur doit les adapter aux spécificités propres à la situation du salarié ainsi qu'aux régimes conventionnels et contractuels qui lui sont applicables (Code du travail, Art. L. 1232-6). Il s'agit de modèles de lettres facultatifs. L'objectif est d'éviter les erreurs de procédure lors d'un licenciement, notamment pour les petites entreprises.

AVANTAGE

Les représentants du personnel ainsi que les femmes enceintes bénéficient d'une protection particulière face au licenciement.

Sanctions encourues pour non-respect des règles du licenciement

Sanctions pour licenciement abusif

Est considéré comme abusif, le licenciement intervenant sans cause réelle et sérieuse.
Dans ce cas, le juge peut proposer la réintégration du salarié dans l'entreprise, avec maintien de ses avantages acquis. Si l'employeur ou le salarié refuse cette réintégration, le tribunal octroie à ce dernier une indemnité à la charge de l'employeur.
Pour apporter de la visibilité aux contentieux potentiels, un barème de dommages et intérêts impératif a été mis en place, qui inclut les salariés ayant moins de 2 ans d'ancienneté et ceux des entreprises de moins de 11 salariés. Il fixe, en mois de salaire brut, les minimaux et maximaux de l'indemnité, selon la taille de l'entreprise et l'ancienneté du salarié (*Code du travail, Art. L. 1235-3*) :

ANCIENNETÉ DU SALARIÉ DANS L'ENTREPRISE (EN ANNÉES COMPLÈTES)	INDEMNITÉ MINIMALE (EN MOIS DE SALAIRE BRUT)	INDEMNITÉ MAXIMALE (EN MOIS DE SALAIRE BRUT)
0	sans objet	1
1	1	2
2	3	3,5
3	3	4

ANCIENNETÉ DU SALARIÉ DANS L'ENTREPRISE (EN ANNÉES COMPLÈTES)	INDEMNITÉ MINIMALE (EN MOIS DE SALAIRE BRUT)	INDEMNITÉ MAXIMALE (EN MOIS DE SALAIRE BRUT)
4	3	5
5	3	6
6	3	7
7	3	8
8	3	8
9	3	9
10	3	10
11	3	10,5
12	3	11
13	3	11,5
14	3	12
15	3	13
16	3	13,5
17	3	14
18	3	14,5
19	3	15
20	3	15,5
21	3	16
22	3	16,5
23	3	17
24	3	17,5
25	3	18
26	3	18,5
27	3	19
28	3	19,5
29	3	20
30 et au-delà	3	20

À NOTER

À peine entré en vigueur, le plafonnement des indemnités prud'homales pour licenciement abusif a été contesté en justice. Première à se prononcer, la cour d'appel de Reims a estimé que le barème était « compatible » avec les textes internationaux ratifiés par la France, mais qu'il était tout de même possible de le contester sur un cas particulier. En première instance, plusieurs tribunaux ont octroyé des « indemnités adéquates » allant au-delà du barème en se basant sur l'article 10 de la Convention 158 de l'Organisation internationale du travail et l'article 24 de la Charte sociale européenne (Cour d'appel de Reims, 25/9/2019). Dans deux avis très attendus du 17/7/2019, la Cour de cassation a, de son côté, validé le dispositif de plafonnement des indemnités prud'hommales, ne l'estimant pas contraire aux règles internationales.

● Un barème spécifique aux entreprises employant habituellement moins de 11 salariés a été créé pour « tenir compte des plus faibles capacités financières des petites entreprises », barème dans lequel un minimum moins élevé est appliqué. Il ne concerne que les salariés ayant 10 ans d'ancienneté et moins (au-delà, il faut se reporter au tableau ci-dessus) :

ANCIENNETÉ DU SALARIÉ DANS L'ENTREPRISE (EN ANNÉES COMPLÈTES)	INDEMNITÉ MINIMALE (EN MOIS DE SALAIRE BRUT)
0	sans objet
1	0,5
2	0,5
3	1
4	1
5	1,5
6	1,5
7	2
8	2
9	2,5
10	2,5

Attention : lorsque le juge prononce la nullité du licenciement (discriminations, faits de harcèlement moral ou sexuel, licenciement consécutif à une action en justice en matière d'égalité professionnelle, salarié protégé, etc.), ou lorsqu'il considère que le licenciement est intervenu en violation d'une liberté fondamentale (droit de grève, droit d'agir en justice, liberté syndicale, etc.), ces barèmes ne s'appliquent pas. Dans ces cas, les dommages et intérêts ne peuvent être inférieurs à 6 mois de salaire, et ce quelle que soit la taille de l'entreprise. La loi ne détermine aucun plafond (*Code du travail, Art. L. 1235-3-1*).

À NOTER

Ces minimaux et maximaux s'appliquent également lorsque la rupture du contrat de travail est prononcée par le juge aux torts de l'employeur ou lorsqu'elle fait suite à la demande du salarié dans le cadre d'une résiliation judiciaire du contrat (Code du travail, Art. L. 1235-3-2). Mais si la rupture produit les effets d'un licenciement nul, ce barème n'est pas applicable. Le juge octroie alors une indemnité, à la charge de l'employeur, au moins égale aux salaires des 6 derniers mois. Cette indemnité s'ajoute aux autres indemnités normalement dues à l'occasion de la rupture (indemnité de congés payés, de préavis). Toutefois, la loi précise que le juge peut tenir compte de ces indemnités pour déterminer le montant de l'indemnité prud'homale, à l'exception toutefois de l'indemnité de licenciement (Code du travail, Art. L. 1235-3).

L'indemnité prud'homale est en outre cumulable avec des indemnités sanctionnant d'autres irrégularités en matière de licenciement économique, mais dans la limite du plafond fixé par le barème légal.

PROTECTION CONTRE LE LICENCIEMENT (FEMMES ENCEINTES ET EN CAS DE DÉCÈS DE L'ENFANT)

L'article L. 1225-4 du Code du travailprotège les femmes enceintes et celles en congé de maternité ou d'adoption. En effet, l'employeur n'a pas le droit de licencier les femmes en état de grossesse médicalement constaté ainsi que celles en congé de maternité ou d'adoption et ce, pendant toute la durée de ce congé ainsi que pendant les 10 semaines suivantes (les pères bénéficient de la même protection durant les 10 semaines qui suivent la naissance de leur enfant).

Un licenciement prononcé à ce titre est nul. Plus encore, il contrevient au principe d'égalité entre les femmes et les hommes, ce qui ouvre droit à une indemnité forfaitaire. Celle-ci équivaut au montant de la rémunération qu'elle aurait dû percevoir entre son éviction de l'entreprise et sa réintégration, sans déduction des éventuels revenus de remplacement dont la salariée a pu bénéficier pendant cette période (Cour de cassation, Chambre sociale, 29/1/2020).

Si une femme enceinte est victime d'une telle procédure alors que l'employeur était dans l'ignorance de son état, elle dispose de 15 jours à compter de la notification de la lettre de licenciement pour envoyer à son employeur, par lettre recommandée avec avis de réception, un certificat médical justifiant de son état de grossesse. Le licenciement sera alors considéré comme nul. Le point de départ du délai de 15 jours est la date de la connaissance effective du licenciement par la salariée. Ainsi, si une lettre de licenciement est retournée à l'employeur par les services postaux car « non réclamée » par la salariée, le délai de 15 jours est considéré comme n'ayant pas commencé à courir (*Cour de cassation, Chambre sociale, 8/6/2011*).

L'intéressée peut alors demander au conseil de prud'hommes sa réintégration dans son emploi ou, à défaut, dans un emploi équivalent (*Cour de cassation, Chambre sociale, 30/4/2003*). Si elle ne désire pas être réintégrée, elle peut prétendre :

– aux indemnités de licenciement dues à toutes les personnes licenciées ;
– à une indemnité qui ne peut être inférieure à 6 mois de salaire à titre de dommages et intérêts ;
– et au versement d'une indemnité spécifique correspondant aux salaires qu'elle aurait perçus durant la période pendant laquelle l'employeur ne pouvait la licencier.

Si l'employeur savait que la salariée était enceinte, les règles énoncées ci-dessus s'appliquent sans que celle-ci ait besoin de fournir un certificat médical sous 15 jours. Bien entendu, la personne concernée devra prouver, si nécessaire, que son employeur avait bien connaissance de son état.

L'employeur peut également licencier les salariées protégées s'il justifie d'une faute grave de l'intéressée étrangère à la grossesse ou de l'impossibilité de maintenir le contrat (suppression de l'emploi, suite à une réorganisation du service ou fermeture de l'établissement, par exemple).

Mais, même dans ces cas, le licenciement ne peut prendre effet pendant la suspension du contrat pour maternité ou adoption. S'appuyant sur l'article 10 de la directive européenne 92/85 du 19/10/1992, la jurisprudence considère que toute mesure préparatoire au licenciement est également interdite durant la période de suspension du contrat de travail : convocation à un entretien préalable ou remplacement à titre définitif de l'intéressée, par exemple (*Cour de cassation, Chambre sociale, 15/9/2010 et 1/2/2017*). Il est toutefois possible de signer une rupture conventionnelle individuelle pendant la période de protection (*Cour de cassation, Chambre sociale, 25/3/2015*).

Cette protection est étendue aux femmes engagées dans une procréation médicalement assistée.

Attention : cette protection ne s'applique pas pendant la période d'essai. Un employeur peut donc rompre le contrat de travail d'une salariée enceinte pendant sa période d'essai (*Cour de cassation, Chambre sociale, 21/12/2006*). Il en est de même pour les salariées d'origine étrangère dont l'autorisation de travail n'est pas renouvelée. L'interdiction de faire travailler une personne en situation irrégulière prime sur les règles relatives à la protection de la maternité (*Cour de cassation, Chambre sociale, 15/3/2017*).

Depuis le 1/7/2020, l'article L. 1225-4-2 du Code du travail protège en outre le salarié pendant les 13 semaines suivant le décès de son enfant de moins de 25 ans ou du décès de l'enfant dont il a la charge effective et permanente. Toutefois, l'employeur peut rompre le contrat s'il justifie d'une faute grave du salarié ou de son impossibilité de maintenir ce contrat pour un motif étranger au décès de l'enfant.

Sanctions pour non-respect des règles de procédure

Le non-respect de la procédure n'entraîne pas la nullité du licenciement si celui-ci intervient par ailleurs pour une cause réelle et sérieuse. Il donne toutefois droit à une réparation financière.

En cas d'inobservation de la procédure de licenciement (convocation, entretien préalable, lettre de notification…) ou d'irrégularité dans la procédure conventionnelle ou statutaire de consultation préalable au licenciement, le juge impose à l'employeur de verser au salarié une indemnité qui ne peut être supérieure à 1 mois de salaire (*Code du travail, Art. L. 1235-2*).

Dans les autres cas, l'inobservation de la procédure entraîne un préjudice qui peut être réparé par l'octroi de dommages et intérêts.
En cas de pluralité de motifs de licenciement, si l'un des griefs reprochés au salarié porte atteinte à une liberté fondamentale, la nullité encourue de la rupture ne dispense plus le juge d'étudier l'ensemble des griefs énoncés (*Code du travail, Art. L. 1235-2-1*). Autrement dit, le juge devra aussi vérifier l'existence d'une cause réelle et sérieuse et en tenir compte, le cas échéant, dans l'évaluation de l'indemnité à allouer. Si une telle cause existe, l'indemnisation peut ainsi être minorée.

- En cas de non-respect des dispositions relatives à l'assistance du salarié par un conseiller extérieur lors de l'entretien préalable dans les entreprises dépourvues de représentants du personnel, les sanctions prévues ci-dessus s'appliquent quel que soit l'effectif de l'entreprise et l'ancienneté du salarié.

L'employeur qui s'oppose à l'exercice de sa mission par ce conseiller est par ailleurs passible de sanctions pénales.

ATTENTION ⚠

Si vous avez touché l'indemnité forfaitaire prévue en cas d'accord devant le bureau de conciliation et d'orientation du conseil des prud'hommes, vous ne pouvez plus prétendre aux indemnités pour licenciement abusif ou à celles pour non-respect de la procédure.

ATTENTION ⚠

Aucune sanction pénale (amende ou emprisonnement) n'est prévue en cas de licenciement abusif ou irrégulier. Cependant l'employeur peut se voir contraint par le juge de rembourser à Pôle emploi tout ou partie des allocations de chômage que le salarié a perçues du jour du licenciement au jour du jugement, dans la limite de 6 mois d'allocations (Code du travail, Art. L. 1235-4).

RUPTURE DU CONTRAT POUR FORCE MAJEURE

Lorsque survient un événement imprévisible et insurmontable rendant la poursuite du contrat de travail impossible, celui-ci peut être rompu sans que l'employeur soit tenu de verser d'indemnité aux salariés concernés, hormis l'indemnité compensatrice de congés payés (*Code du travail, Art. L. 1234-12*).
Pour que la rupture intervienne, il faut, bien entendu, que l'événement ne permette pas d'envisager la reprise de l'activité. Les cas de force majeure sont donc assez rares dans les faits : décès du salarié, retrait d'une autorisation administrative délivrée à l'employeur ou, plus souvent, sinistre (tempête, inondation, séisme, explosion ou incendie détruisant les locaux de travail) : Les épidémies (grippe H1N1, virus la dengue, virus du Chikungunya, etc.) n'ont pas, jusqu'à pré-sent, étaient considérées non plus comme des cas de force majeure. Les tribunaux auront sans doute de nouveau se prononcer sur la question dans les mois à venir avec la crise sanitaire liée au Ccovid-19. S'agissant des marchés publics de l'État, le ministre de l'économie Bruno Le Maire a indiqué que l'État considère le coronavirus comme un cas de force majeure pour les entreprises (aucune pénalité n'est ainsi appliquée en cas de retard de livraison de la part des entreprises).
Le cas des sinistres doit cependant être différencié des autres. En effet, la rupture du contrat s'analyse alors comme un licenciement. L'employeur n'a certes pas à respecter les règles de procédure, mais il doit verser aux salariés concernés toutes les indemnités prévues en cas de licenciement : indemnité de licenciement, indemnité compensatrice de préavis et de congés payés (*Code du travail, Art. L. 1234-13*).
En cas de rupture d'un contrat à durée déterminée pour force majeure due à un sinistre, le salarié doit bénéficier d'une indemnité compensatrice égale aux rémunérations qu'il aurait perçues jusqu'au terme de son contrat.

Le licenciement pour motif économique

Les règles de procédure des licenciements économiques, plus contraignantes que celles prévues pour les licenciements pour motif personnel, sont différentes selon qu'il s'agit d'un licenciement individuel ou d'un licenciement collectif. Mais dans tous les cas, des mesures de reclassement doivent être proposées, même si le formalisme a été assoupli.

Qu'entend-on par motif économique ?

Tout licenciement pour motif économique doit être motivé et justifié par une cause réelle et sérieuse (*Code du travail, Art. L. 1233-2*).

La loi donne une définition précise du licenciement économique (*Code du travail, Art. L. 1233-3*).

Pour qu'un licenciement soit considéré comme ayant une cause économique, il faut que les motifs :

- ne soient pas inhérents à la personne du salarié ;
- résultent d'une suppression, d'une transformation d'emploi ou du refus, par le salarié, d'une modification d'un élément essentiel du contrat de travail, à l'exclusion de la rupture conventionnelle et de la rupture d'un commun accord dans le cadre d'un accord collectif portant gestion prévisionnelle des emplois et des compétences ou rupture conventionnelle collective, consécutives notamment à :

– des difficultés économiques caractérisées soit par une baisse des commandes ou du chiffre d'affaires pendant au moins 1 trimestre dans les entreprises de moins de 11 salariés, 2 trimestres dans celles de 11 à 49 salariés, 3 trimestres dans celles de 50 à 299 salariés et 4 trimestres dans celles de 300 salariés et plus, soit par des pertes d'exploitation, une dégradation de la trésorerie ou de l'excédent brut d'exploitation, soit par tout autre élément de nature à justifier ces difficultés,

– des mutations technologiques,

– une réorganisation de l'entreprise nécessaire à la sauvegarde de sa compétitivité,

– la cessation d'activité de l'entreprise.

Le licenciement doit donc être provoqué par des circonstances extérieures (économiques ou techniques).

La matérialité de la suppression, de la transformation d'emploi ou de la modification d'un élément essentiel du contrat de travail s'apprécie au niveau de l'entreprise.

Quel est le périmètre d'application du motif économique ?

D'après le Code du travail, les difficultés économiques, les mutations technologiques ou la nécessité de sauvegarder la compétitivité de l'entreprise s'apprécient au niveau de l'entreprise si celle-ci n'appartient pas à un groupe. Dans le cas contraire, le motif économique s'apprécie au niveau du secteur d'activité commun au sien et à celui des entreprises du groupe auquel elle appartient, celles-ci devant être établies sur le territoire national, sauf fraude. Autrement dit, si un groupe rencontre des difficultés économiques au sein d'une filiale française, le motif économique sera apprécié au niveau national.

Le périmètre du secteur d'activité à considérer est par ailleurs défini comme celui « permettant d'apprécier la cause économique du licenciement est caractérisé, notamment, par la nature des produits biens ou services délivrés, la clientèle ciblée, les réseaux et modes de distribution, se rapportant à un même marché » (*Code du travail, Art. L. 1233-3*).

Qu'entend-on par obligation de reclassement ?

Un licenciement économique ne peut intervenir qu'à partir du moment où tous les efforts de formation et d'adaptation du salarié ont été réalisés et que son reclassement dans un emploi de même catégorie ou dans un emploi équivalent assorti d'une rémunération équivalente (ou de catégorie inférieure, sur accord exprès de l'intéressé) dans l'entreprise ou le groupe s'est révélé impossible (*Code du travail, Art. L. 1233-4*). Pour le groupe, la loi retient la définition du Code de commerce.

Les offres de reclassement proposées au salarié doivent être écrites et précises (nom de l'employeur, localisation, intitulé du poste, rémunération, nature du contrat, langue de travail, etc.). L'employeur peut adresser les offres de reclassement directement par écrit au salarié mais aussi en diffusant par tout moyen (affichage ou intranet de l'entreprise, par exemple) une liste des postes disponibles à l'ensemble des salariés.

Par ailleurs, l'employeur n'a pas d'obligation de proposer des offres de reclassement à l'international.

L'obligation de reclassement préalable pèse sur tous les employeurs quels que soient l'effectif de l'entreprise, le nombre de salariés concernés et l'existence ou non d'un plan de sauvegarde de l'emploi (*Circulaire du 23/1/2002*).

À défaut, le licenciement sera considéré comme abusif.

Qu'entend-on par suppression d'emploi ?

Le licenciement économique suppose en principe que le poste soit supprimé et donc l'employé non remplacé.

Ainsi, le motif économique n'a pas été retenu pour le licenciement d'un coiffeur même si l'examen des comptes de l'employeur révélait une légère baisse d'activité. En effet, au moment du licenciement prononcé, l'employeur avait embauché deux nouveaux salariés avec la même qualification de coiffeur (*Cour de cassation, Chambre sociale, 26/6/1991*).

Mais si le salarié s'avère incapable de s'adapter à une nouvelle technique ou au nouveau poste proposé par l'employeur, le licenciement économique est alors justifié (*Cour de cassation, Chambre sociale, 15/10/1992*), bien qu'il soit nécessaire de remplacer ce salarié.

Il en est de même en cas de refus d'une modification d'un élément essentiel du contrat de travail pour motif économique (réduction d'horaire, mutation géographique, baisse de salaire). Dans ce cas, l'employeur peut licencier le salarié pour motif économique bien qu'il n'y ait pas suppression de poste.

LES LICENCIEMENTS DANS LE SECTEUR DU BÂTIMENT

Le licenciement des salariés sous contrat de chantier ou d'opération prononcé en raison de la fin du chantier sur lequel ils étaient affectés ne constitue pas un licenciement pour motif économique dès lors qu'il s'agit d'une mesure ayant un caractère normal selon la pratique habituelle de la profession. Un tel licenciement est soumis à la procédure des licenciements pour motif personnel. Et si une convention ou un accord de branche le prévoit, les salariés licenciés peuvent alors bénéficier d'une priorité de réembauche en CDI, pendant une durée donnée (*Code du travail, Art. L. 1236-8 et L. 1236-9*). En revanche, lorsqu'en raison d'un ralentissement dans la branche d'activité, aucun nouveau chantier ne s'ouvre et provoque le licenciement des salariés de l'entreprise, il y a là une cause conjoncturelle motivant le recours à la procédure de licenciement économique.

Procédure en cas de licenciement individuel pour motif économique

L'employeur est tenu :

- d'établir l'ordre des licenciements, c'est-à-dire de fixer les critères choisis pour déterminer les personnes à licencier (*Code du travail, Art. L. 1233-5 et s.*).

Pour ce faire, il doit tenir compte des critères fixés par la convention ou l'accord collectif de travail applicable à l'entreprise ou, à défaut, par lui-même, après consul-

tation du comité social économique. Ces critères prennent notamment en compte :
– les charges de famille (en particulier celles des parents isolés) ;
– l'ancienneté dans l'entreprise ;
– les qualités professionnelles appréciées par catégorie ;
– la situation des salariés présentant des caractéristiques rendant leur réinsertion professionnelle particulièrement difficile (handicapés, salariés âgés notamment). L'employeur peut compléter la liste des critères. Il peut également en privilégier certains à condition de tenir compte de l'ensemble des autres critères. En revanche, si un accord collectif fixe les règles d'établissement de l'ordre des licenciements, il doit les respecter à la lettre.

Le périmètre d'application des critères d'ordre des licenciements peut être fixé par un accord collectif. En l'absence d'un tel accord, ce périmètre ne peut être inférieur à celui de chaque zone d'emploi dans laquelle sont situés un ou plusieurs établissements de l'entreprise concernés par les suppressions d'emploi.

Cette disposition vise à étendre aux entreprises de plus de 50 salariés qui licencient moins de 10 personnes, et ne sont donc pas soumises aux plans de sauvegarde de l'emploi, la possibilité de limiter le périmètre d'application des critères d'ordre de licenciement *a minima* à celui de la zone d'emploi, et non à l'entreprise comme c'était le cas auparavant.

Cela permet d'éviter que des licenciements programmés sur une zone d'emploi ne viennent concerner, par application des critères d'ordre de licenciement, des salariés de la même entreprise qui seraient employés dans d'autres zones d'emploi ;

AVANTAGE

Le salarié qui en fait la demande peut obtenir la communication des critères retenus. Cette demande doit être effectuée par lettre recommandée avec avis de réception ou par lettre remise en main propre contre décharge avant l'expiration d'un délai de 10 jours à compter de la date à laquelle il quitte son emploi (il s'agit d'un délai maximum, la demande peut donc être faite bien avant).

- de convoquer le salarié à un entretien préalable. Les règles sont identiques à celles prévues en cas de licenciement pour motif personnel. Il doit également proposer au salarié les mesures de reclassement obligatoires ;
- de notifier le licenciement au salarié par lettre recommandée. Cette notification doit intervenir au minimum 7 jours après la date fixée pour l'entretien. Ce délai est porté à 15 jours si le salarié est un cadre.

La lettre doit énoncer la nature exacte du motif invoqué. Elle ne peut se contenter d'indiquer que le licenciement est prononcé « pour motif économique » mais doit préciser les mesures envisagées pour résoudre les problèmes économiques invoqués (réorganisation du travail, restructuration, suppression du poste…).

La lettre doit aussi mentionner :
– l'existence d'une priorité de réembauche et ses conditions de mise en œuvre,
– le délai dont dispose le salarié pour accepter ou refuser les mesures de reclassement obligatoires ;
- de notifier le licenciement au directeur régional des entreprises, de la concurrence, de la consommation, du travail et de l'emploi dans les 8 jours suivant l'envoi des lettres de licenciement.

À NOTER

Si la lettre de licenciement ne mentionne pas l'existence d'une priorité de réembauche, le salarié devra prouver l'existence du préjudice subi. L'absence d'une telle mention n'est en effet plus considérée comme un préjudice automatique ouvrant droit à des dommages et intérêts (Cour de cassation, Chambre sociale, 30/1/2019).

Procédure en cas de licenciement économique de 2 à 9 salariés sur une période de 30 jours

L'employeur doit :
- réunir et consulter le comité social et économique. À cette fin, il doit lui communiquer avec la convocation à la réunion tous les renseignements utiles, notamment :
– les raisons économiques, financières ou techniques l'ayant conduit à envisager ces licenciements,
– le nombre des licenciements envisagés et les catégories professionnelles concernées,
– les critères proposés pour l'ordre des licenciements,
– le nombre de salariés, permanents ou non, employés dans l'entreprise,
– le calendrier prévisionnel des licenciements,
– les mesures de nature économique envisagées,
– le cas échéant, les conséquences des licenciements projetés en matière de santé, de sécurité ou de conditions de travail (*Code du travail, Art. L. 1233-10*) ;

- après application de l'ordre des licenciements, convoquer chaque salarié individuellement à un entretien préalable suivant les règles communes ;
- notifier le licenciement aux salariés concernés dans les mêmes délais et sous les mêmes formes que pour un licenciement individuel ;
- informer le directeur régional des entreprises, de la concurrence, de la consommation, du travail et de l'emploi dans les mêmes formes que pour un licenciement individuel.

À compter de la date de la première réunion au cours de laquelle il est consulté, le comité social et économique a un délai d'1 mois pour rendre son avis. Au-delà, il est réputé avoir été consulté (*Code du travail, Art. L. 1233-8*).

Procédure en cas de licenciement économique de 10 salariés et plus sur une période de 30 jours

› Dans les entreprises de moins de 50 salariés

- L'employeur doit réunir et consulter le comité social et économique après lui avoir adressé tous les renseignements utiles et les mesures qu'il envisage de mettre en œuvre pour éviter les licenciements ou en limiter le nombre ainsi que les mesures visant à faciliter le reclassement du personnel dont le licenciement ne pourrait être évité. Pour examiner le projet de licenciement, le comité tient deux réunions séparées par un délai de 14 jours maximum.
- L'entretien préalable n'est pas obligatoire dans les entreprises pourvues de représentants du personnel. Il reste obligatoire dans le cas contraire.
- L'employeur doit communiquer au directeur régional des entreprises, de la concurrence, de la consommation, du travail et de l'emploi (DIRECCTE) les informations fournies au comité social et économique et ensuite, lui notifier le projet de licenciement.
- Les lettres de licenciement ne peuvent être expédiées aux salariés moins de 30 jours après la notification du projet de licenciement à l'administration.

› Dans les entreprises de 50 salariés et plus

Les entreprises de 50 salariés et plus qui envisagent de licencier au moins 10 salariés doivent respecter des règles de procédure plus importantes en ce qui concerne la consultation du comité social et économique et les mesures de reclassement des salariés concernés.

Les règles décrites ci-dessous ne constituent que la procédure minimale prévue par la loi. En effet :

- L'accord collectif déterminant le contenu du plan de sauvegarde de l'emploi peut comporter des mesures concernant :
  – les modalités d'information et de consultation du comité social et économique ;
  – la pondération et le périmètre d'application des critères d'ordre des licenciements ;
  – le calendrier des licenciements ;
  – le nombre de suppressions d'emplois et les catégories professionnelles concernées ;
  – les conditions dans lesquelles la procédure d'information du comité social et économique peut être aménagée en cas de projet de transfert d'une ou plusieurs entités économiques destiné à limiter le nombre de suppressions d'emploi et le délai de consultation du comité social et économique sur l'offre de reprise ;
  – les modalités de mise en œuvre des mesures de formation, d'adaptation et de reclassement ;
  – le cas échéant, les conséquences des licenciements projetés en matière de santé, de sécurité ou de conditions de travail (*Code du travail, Art. L. 1233-24-2*).

  À défaut d'accord collectif traitant de ces sujets, l'employeur doit élaborer un document précisant les éléments listés ci-dessus.
- Des accords d'entreprise, de groupe ou de branche (dits « accords de méthode ») peuvent également fixer des modalités de dérogation en ce qui concerne les conditions dans lesquelles le comité social et économique est réuni et informé et la possibilité qui lui est offerte de formuler des propositions alternatives au projet de licenciement et de recourir à une expertise (*Code du travail, Art. L. 1233-21 et L. 1233-22*).

Consultation sur le projet de compression d'effectifs

Le comité social et économique doit être consulté sur le projet de restructuration et de compression des effectifs.

Élaboration du plan de sauvegarde de l'emploi

Un plan de sauvegarde de l'emploi (PSE) comprenant des mesures concrètes et précises de nature à éviter les licenciements projetés ou à en limiter le nombre doit être établi. Ces mesures, différentes des mesures de reclassement obligatoires, peuvent prévoir, par exemple :

– des actions en vue du reclassement interne des salariés dans des emplois relevant de la même catégorie ou équivalant à ceux qu'ils occupent ou, sous réserve de l'accord exprès du salarié, dans des emplois de catégorie inférieure ;

– des créations d'activités nouvelles par l'entreprise ;

– des actions favorisant le reclassement externe à l'entreprise, notamment par le soutien à la réactivation du bassin d'emploi ;

– des actions de soutien à la création d'activités nouvelles ou à la reprise d'activités existantes par les salariés ;

– des actions de formation, de validation des acquis de l'expérience ou de reconversion de nature à faciliter le reclassement interne ou externe des salariés dans des emplois équivalents ;

– des actions favorisant la reprise de tout ou partie des activités en vue d'éviter la fermeture d'un ou de plusieurs établissements ;

– des mesures de réduction ou d'aménagement du temps de travail ainsi que des mesures de réduction du volume des heures supplémentaires effectuées de manière régulière lorsque ce volume montre que l'organisation du travail de l'entreprise est établie sur la base d'une durée collective manifestement supérieure à 35 heures hebdomadaires ou 1 607 heures par an et que sa réduction pourrait préserver tout ou partie des emplois dont la suppression est envisagée (*Code du travail, Art. L. 1233-62*).

Le plan peut contenir des mesures réservées à certains salariés à condition que tous les salariés de l'entreprise placés dans une situation identique au regard de l'avantage en cause puissent en bénéficier. Une différence de traitement peut toutefois être appliquée lorsqu'elle est justifiée par des raisons objectives et pertinentes et que les règles déterminant les conditions d'attribution de cet avantage ont été préalablement définies et contrôlables (*Cour de cassation, Chambre sociale, 12/7/2010*). À plusieurs reprises, la Cour de cassation a réaffirmé ce principe, s'agissant de salariés relevant d'un même PSE (*Cour de cassation, Chambre sociale, 5/12/2012, 23/10/2013, 9/07/2015 et 28/10/2015*). En cas de PSE successifs, elle a en revanche estimé que le principe d'égalité de traitement ne s'appliquait pas entre des salariés ayant bénéficié de mesures prévues dans des plans de sauvegarde distincts, élaborés dans le cadre de procédures de licenciement économique successives (*Cour de cassation, Chambre sociale, 29/6/2017*).

Le plan de sauvegarde de l'emploi est élaboré soit par accord collectif, soit par un document unilatéral de l'employeur.

Pour ce faire, l'employeur peut engager une négociation avec les organisations syndicales représentatives majoritaires aux dernières élections professionnelles. Le directeur régional des entreprises, de la concurrence, de la consommation, du travail et de l'emploi doit être informé de l'ouverture de la négociation.

Si l'employeur ne désire pas avoir recours à cette négociation ou en cas d'échec de celle-ci, il doit établir unilatéralement un document déterminant le contenu du plan (*Code du travail, Art. L. 1233-24-1 et s.*).

Consultation sur le projet de licenciement

L'employeur doit réunir et consulter le comité social et économique pour examiner le projet de licenciement et le plan de sauvegarde de l'emploi. Cette réunion peut se faire en même temps que la réunion d'information sur le projet de restructuration et de compression d'effectif.

Si un accord collectif majoritaire sur le contenu du PSE a été conclu, les éléments contenus dans cet accord n'ont pas à être soumis au CSE.

Les membres du CSE doivent tenir deux réunions au minimum, espacées d'au moins 15 jours pour discuter.

Ils doivent rendre leurs avis, à la suite de ces réunions, dans un délai maximum de :

– 2 mois après la première réunion de CSE lorsque le nombre de licenciements est inférieur à 100 ;

– 3 mois en cas de licenciements compris entre 100 et 249 ;

– 4 mois en cas de licenciements de 250 salariés et plus.

Une convention ou un accord collectif peut prévoir des délais différents (plus longs mais également plus courts).

En l'absence d'avis du CSE dans ces délais, celui-ci est réputé avoir été consulté (*Code du travail, Art. L. 1233-30*).

À NOTER

Le comité social et économique peut décider de recourir à une expertise lors de sa première réunion. Cette expertise peut porter sur les domaines économique et comptable ainsi que sur la santé, la sécurité ou les effets potentiels du projet sur les conditions de travail (Code du travail, Art. L. 1233-34). L'expert désigné par le CSE doit demander à l'employeur toutes les informations qu'il juge nécessaires à sa mission, au plus tard dans les 10 jours de sa désignation. L'employeur doit lui répondre dans un délai de 8 jours. Ensuite, l'expert doit présenter son rapport au plus tard 15 jours avant la date butoir de remise de l'avis du CSE (Code du travail, Art. L. 1233-35). Toute contestation relative à l'expertise doit être adressée, avant transmission de la demande de validation ou d'homologation de l'accord, à la DIRECCTE. Celle-ci se prononce dans un délai de 5 jours (Code du travail, Art. L. 1233-35-1).

Procédure administrative

À l'issue de la procédure de consultation des représentants du personnel, l'employeur doit proposer aux salariés les mesures de reclassement obligatoires et transmettre à l'administration :
– le projet de licenciement qui permet au directeur régional des entreprises, de la concurrence, de la consommation, du travail et de l'emploi (DIRECCTE) de vérifier et de contrôler le respect de la procédure ;
– l'accord collectif majoritaire ou le document unilatéral établi par l'employeur. Le DIRECCTE dispose de 15 jours pour valider l'accord ou de 21 jours pour homologuer le document de l'employeur.

S'il relève une irrégularité, le DIRECCTE le signale à l'employeur qui est tenu de répondre à ces observations avant d'expédier la lettre de licenciement aux salariés concernés.

Notification des licenciements

Après avoir effectué toutes ces formalités, l'employeur peut notifier à chaque salarié concerné son licenciement par lettre recommandée après la notification par l'autorité administrative de sa décision de validation ou d'homologation ou à l'expiration des délais impartis à l'autorité administrative pour se prononcer (*Code du travail, Art. L. 1233-39*).

À NOTER

Pour éviter que les entreprises d'au moins 50 salariés fractionnent les licenciements dans le temps afin d'échapper à ces règles de procédure, il est prévu que : lorsqu'une telle entreprise a procédé pendant 3 mois consécutifs au licenciement de plus de 10 personnes au total (sans atteindre 10 licenciements sur une période de 30 jours), tout nouveau licenciement économique doit respecter les règles établies pour les licenciements d'au moins 10 salariés sur 30 jours (Code du travail, Art. L. 1233-26) ; lorsque l'entreprise a procédé à des licenciements économiques de plus de 18 personnes au cours d'une année civile sans avoir présenté de plan de sauvegarde de l'emploi, elle doit en établir un pour tout nouveau licenciement envisagé au cours des 3 mois civils de l'année suivante (Code du travail, Art. L. 1233-27).

LES LICENCIEMENTS MASSIFS

Les entreprises occupant au moins 1 000 salariés qui procèdent à des licenciements affectant, par leur ampleur, l'équilibre du ou des bassins d'emploi dans lesquels elles sont implantées sont tenues d'apporter une contribution à la création d'activités et au développement des emplois dans la région. Cette contribution fait l'objet d'une convention signée par l'entreprise et le préfet précisant la nature des actions à réaliser et leurs conditions de mise en œuvre (actions propres à l'entreprise ou réalisées pour son compte par des organismes extérieurs). Les mesures prévues sont financées par l'entreprise à hauteur d'un montant minimum égal à 2 SMIC mensuels par emploi supprimé.
Une telle contribution n'est pas obligatoire pour les entreprises occupant 50 à 1 000 salariés. Des mesures similaires peuvent cependant être étudiées, sur demande du préfet, lorsque le volume des licenciements est susceptible d'affecter l'équilibre économique du bassin d'emploi dans lequel elle se situe (*Code du travail, Art. L. 1233-84 et s.*).
La loi du 29/3/2014, dite « loi Florange », oblige les entreprises de même taille à rechercher un repreneur lorsqu'elles envisagent la fermeture d'un établissement qui aurait pour conséquence un licenciement économique collectif. Le comité social et économique et l'administration (DIRECCTE, mairie de la commune) sont impliqués dans le processus de recherche (*Code du travail, Art. L. 1233-57-9 et s.*).

Procédure en cas de licenciements économiques consécutifs au redressement ou à la liquidation judiciaires de l'entreprise

Les difficultés économiques d'une entreprise peuvent provoquer sa mise en redressement judiciaire (un administrateur est nommé par les tribunaux pour essayer de trouver des solutions pour redresser la situation) voire sa liquidation (lorsqu'aucune mesure de sauvegarde ne peut être envisagée).

À NOTER

La procédure de sauvegarde, qui a un rôle essentiellement préventif, n'a pas pour vocation de prévoir des réductions de la masse salariale. Aussi, les licenciements économiques intervenant au cours d'une telle procédure doivent obéir aux règles de droit commun.

Ces situations donnent généralement lieu à des licenciements économiques.
Une procédure préalable spéciale est alors prévue selon le moment auquel intervient le projet de licenciement (*Code du travail, Art. L. 1233-60*).

- Au cours de la période d'observation précédant le plan de redressement, l'administrateur judiciaire peut prononcer de tels licenciements s'ils présentent un caractère urgent, inévitable et indispensable.

Il doit informer le CSE de l'entreprise, le directeur régional des entreprises, de la concurrence, de la consommation, du travail et de l'emploi et demander l'autorisation du juge-commissaire.
L'ordonnance du juge-commissaire indique le nombre de salariés pouvant être licenciés ainsi que les activités et catégories concernées.

- Le plan de redressement prévoit généralement un certain nombre de licenciements nécessaires à la survie de l'entreprise. L'administrateur doit produire le procès-verbal de la consultation du CSE (ou, à défaut, d'un représentant des salariés désigné) et la copie de la lettre informant l'administration sur le projet de licenciement au juge qui doit arrêter le plan.

Là encore, seuls les licenciements prévus dans le jugement arrêtant le plan de redressement sont autorisés.
Les entreprises en redressement judiciaire sont également tenues d'établir un plan de sauvegarde de l'emploi, si nécessaire. La phase de négociation préalable sur la réduction du temps de travail n'est, bien évidemment, pas applicable dans ce cas.

- En cas de liquidation judiciaire, le licenciement du personnel est inévitable et le liquidateur est autorisé à y procéder sans autorisation judiciaire préalable.

Outre cette procédure préalable, le licenciement doit respecter la procédure applicable au licenciement considéré en fonction du nombre de licenciements envisagés et de la taille de l'entreprise.
Les salariés doivent être convoqués à un entretien préalable, et pouvoir bénéficier des contrats de sécurisation professionnelle.

À NOTER

L'employeur, l'administration ou le liquidateur, selon le cas, doit également négocier un accord avec les organisations syndicales majoritaires ou à défaut, élaborer un document sur l'élaboration du PSE en cas de licenciement collectif d'au moins 10 salariés dans les entreprises de 50 salariés et plus. Le délai de validation de l'accord ou d'homologation du document par l'administration est de 8 jours à compter de la date de la demande en cas de redressement judiciaire et de 4 jours en cas de liquidation (Code du travail, Art. L. 1233-58).

Mesures de reclassement prévues pour les licenciés économiques

Priorité de réembauche

Tout salarié licencié pour un motif économique, quelle que soit l'ampleur du licenciement ou la taille de l'entreprise, bénéficie d'une priorité de réembauche dans l'entreprise pendant 1 an à compter de la rupture de son contrat de travail.
Il dispose d'un délai de 12 mois, à partir de cette date, pour avertir son employeur de son désir de bénéficier de cette priorité (*Code du travail, Art. L. 1233-45*). La demande peut être présentée soit de manière spontanée, soit en réponse à une sollicitation de l'employeur, pourvu qu'elle soit explicite (*Cour de cassation, Chambre sociale, 11/4/2012*). Un écrit est toutefois conseillé, celui-ci constituant un élément de preuve irréfutable en cas de litige ultérieur.
L'employeur devra alors l'informer pendant 1 an de tous les postes disponibles dans sa qualification.

Si le salarié acquiert une nouvelle qualification, il devra informer l'employeur de ses nouvelles compétences afin qu'il en tienne compte dans ses propositions.
Les représentants du personnel sont informés des postes disponibles.

AVANTAGE

En cas de non-respect de cette priorité, l'employeur peut être condamné à verser : une indemnité égale à 1 mois de salaire minimum pour les salariés ayant 2 ans d'ancienneté dans une entreprise de plus de 11 salariés ; une indemnité accordée en fonction du préjudice subi dans les autres cas.

En cas de litige, c'est à l'employeur de prouver qu'il a bien satisfait à ses obligations, soit en établissant qu'il a proposé les postes disponibles, soit en justifiant de l'absence de tels postes, en produisant par exemple, le livre d'entrées et de sorties du personnel durant l'année considérée (*Cour de cassation, Chambre sociale, 23/6/2009*).

AVANTAGE

Un salarié qui a changé d'emploi à la suite d'un licenciement pour motif économique, mais qui n'a pas suivi d'action de formation entre son licenciement et son réemploi, peut bénéficier d'un projet de transition professionnelle sans avoir à justifier une ancienneté minimale en qualité de salarié (Code du travail, Art. L. 6323-17-2).

Mesures de reclassement obligatoires

L'employeur doit prévoir des mesures destinées à assurer le reclassement individuel des salariés après leur licenciement économique. Celles-ci diffèrent selon l'effectif de son entreprise.

Dans les entreprises de moins de 1 000 salariés : le contrat de sécurisation professionnelle
L'employeur est tenu de proposer par écrit à chaque salarié d'adhérer au dispositif du contrat de sécurisation professionnelle (CSP), selon la procédure :
- soit lors de l'entretien préalable de licenciement ;
- soit à l'issue de la dernière réunion des représentants du personnel ;
- soit au lendemain de la notification de la validation ou de l'homologation du plan de sauvegarde de l'emploi.

Le salarié a alors 21 jours pour accepter ou refuser cette proposition en remettant le volet « bulletin d'acceptation » joint au document d'information fourni par l'employeur, dûment rempli et signé. Ce délai est prolongé jusqu'au lendemain de la notification à l'employeur de l'autorisation de l'inspecteur du travail en cas de licenciement d'un salarié protégé.
Lorsqu'à la date prévue pour l'envoi de la lettre de licenciement, le délai de réflexion de 21 jours n'est pas expiré, l'employeur doit adresser au salarié une lettre recommandée avec avis de réception :
- lui rappelant la date d'expiration du délai de réflexion ;
- et lui précisant qu'en cas de refus du CSP, cette lettre constituera la notification de son licenciement.

Si le salarié accepte, son contrat de travail est alors rompu à la date d'expiration du délai de réflexion. Il a droit à son indemnité de licenciement, celle-ci étant déterminée par rapport à l'ancienneté qu'il aurait acquise s'il avait effectué son préavis. Le salarié n'a pas droit à l'indemnité compensatrice de préavis. Il peut toutefois percevoir la partie de l'indemnité supérieure à 3 mois de salaire. Il devient stagiaire de la formation professionnelle et perçoit une allocation de sécurisation professionnelle (ASP) égale à 75 % du salaire journalier de référence servant au calcul de l'indemnité chômage. Durant 12 mois, le salarié bénéficie d'un plan de sécurisation professionnelle comprenant des mesures telles qu'un bilan de compétences, un suivi individuel, des mesures d'appui social et psychologique, des mesures d'orientation, d'accompagnement, de validation des acquis de l'expérience et/ou de formation. Ces mesures sont menées sous l'égide de Pôle emploi et des maisons de l'emploi.
Le bénéficiaire du CSP peut réaliser des périodes d'activité professionnelle en entreprise sous forme de CDD ou de contrat de travail temporaire pour une durée de 6 mois au maximum.
Si le bénéficiaire du CSP reprend pendant le congé un emploi dont la rémunération est inférieure à celle de son emploi précédent, il peut percevoir une allocation différentielle plafonnée à 50 % de ses droits résiduels à l'ASP.
Le bénéficiaire du CSP qui retrouve un emploi durable (CDI, CDD ou contrat d'intérim d'au moins 6 mois) à la fin du 10e mois peut toucher une prime au reclassement équivalant à 50 % des droits à l'allocation de sécurisation professionnelle restant dus.
L'allocation différentielle et la prime au reclassement ne sont pas cumulables.
Enfin, si le salarié n'a pas retrouvé d'emploi à l'issue de la période de reclassement, il bénéficiera de l'allocation chômage pour la durée normale d'indemnisation diminuée de la durée du CSP.
Pour pouvoir bénéficier de ce dispositif, il faut :

– être physiquement apte à l'exercice d'un emploi ;
– justifier d'au moins 1 an d'ancienneté.

Les salariés qui n'ont pas l'ancienneté suffisante mais disposent de droit à l'assurance chômage et qui remplissent les autres conditions exigées ont accès aux mesures d'accompagnement mais touchent uniquement leur allocation chômage au taux normal pendant leur déroulement.

À NOTER

Les salariés peuvent utiliser les droits capitalisés sur leur compte personnel de formation pour financer les formations suivies dans le cadre du CSP.

AVANTAGE

Régi par la convention Unédic du 26/1/2015, le contrat de sécurisation professionnelle a été prolongé jusqu'au 30/6/2021 par un avenant du 12/6/2019.

Les employeurs qui procèdent au licenciement économique d'un salarié sans lui proposer le bénéfice du CSP doivent verser à Pôle emploi une contribution égale à 2 mois de salaire brut moyen des 12 derniers mois (3 mois de salaire si le CSP est proposé par Pôle emploi) (*Code du travail, Art. L. 1233-65 et s.*).

Si l'employeur n'a pas proposé de CSP, les salariés concernés ne perdent pas leur droit. Dans ce cas, en effet, le contrat est proposé par Pôle emploi au moment de l'inscription sur la liste des demandeurs d'emploi.

AVANTAGE

À titre expérimental, dans certains bassins d'emploi, les demandeurs d'emploi en fin de CDD de plus de 6 mois peuvent bénéficier du CSP.

Dans les entreprises de 1 000 salariés et plus : le congé de reclassement

Dans les entreprises de cette taille ou faisant partie d'un groupe de cette importance, l'employeur doit organiser un congé de reclassement (*Code du travail, Art. L. 1233-71*).

Comme pour les contrats de sécurisation professionnelle, le salarié est informé de l'existence de ce congé lors de son entretien préalable de licenciement ou après la dernière réunion des représentants du personnel. La proposition doit également figurer dans sa lettre de licenciement. Il a 8 jours pour faire connaître sa réponse.

Si le salarié accepte, il bénéficie, après un entretien d'évaluation et d'orientation, d'un congé durant lequel il suivra des actions de formation et d'accompagnement des démarches de recherche d'emploi mises en œuvre par l'entreprise ou par un prestataire de son choix. Ce congé peut débuter par un bilan de compétences.

La durée du congé est comprise entre 4 et 12 mois. Il débute au moment où le salarié aurait dû commencer à effectuer son préavis.

Pendant la durée du congé correspondant à son préavis, le salarié continue à toucher son salaire. Si le congé se poursuit au-delà de la période de préavis, il perçoit de la part de son employeur, une rémunération qui ne peut être inférieure à :
– 65 % du salaire brut moyen des 12 derniers mois précédents ;
– ou 85 % du SMIC dans le cas où le premier montant serait trop faible.

L'employeur finance également l'ensemble des actions suivies pendant le congé.

À la fin du congé, le contrat de travail est rompu et le salarié peut alors toucher ses indemnités de licenciement.

Le salarié s'engage à suivre les actions qui lui sont proposées, faute de quoi l'employeur peut mettre fin au congé.

AVANTAGE

Les entreprises ayant conclu un accord collectif sur la gestion prévisionnelle des emplois et des compétences peuvent également proposer un dispositif dit « congé de mobilité » à leurs salariés qui sont alors libres de choisir entre ce congé et le congé de reclassement de droit commun. Le congé de mobilité, dont la durée est fixée par l'accord collectif, a pour objet de favoriser le retour à un emploi stable par des mesures d'accompagnement, des actions de formation et des périodes de travail. Ce congé peut aussi être proposé par l'employeur dans le cadre d'un accord portant rupture conventionnelle collective (Code du travail, Art. L. 1237-18).

QUELLES SONT LES SANCTIONS POUR INFRACTION AUX RÈGLES SUR LES LICENCIEMENTS ÉCONOMIQUES ?

✓ Licenciement abusif

En cas de contestation, le juge vérifie si le motif économique invoqué par l'employeur est bien réel (et que la mauvaise situation financière n'a pas été créée volontairement, par exemple) et si les mesures de reclassement ont bien été respectées. Si ce n'est pas le cas, les mêmes sanctions qu'en cas de licenciement abusif pour motif personnel sont appliquées.

✓ Licenciement irrégulier

Si l'employeur n'a pas respecté les procédures, il est passible des sanctions prévues pour licenciement irrégulier pour motif personnel.

En outre, en cas de licenciement collectif d'au moins 10 salariés, l'employeur qui a omis :

– de consulter le CSE ;

– de notifier le projet à la direction régionale des entreprises, de la concurrence, de la consommation, du travail et de l'emploi ;

doit verser au salarié une indemnité calculée en fonction du préjudice qu'il a subi (*Code du travail, Art. L. 1235-12*). Cette indemnité se cumule avec celle allouée pour licenciement abusif.

Par ailleurs le fait de ne pas respecter les délais prévus pour l'envoi des lettres de licenciements est passible d'une amende de 3 750 € par salarié irrégulièrement licencié (*Code du travail, Art. L. 1238-3*).

Les syndicats représentatifs peuvent agir en justice à la place des salariés (même d'un seul) compris dans un licenciement d'ordre économique. Ils n'ont pas besoin d'avoir reçu de mandat des intéressés. En revanche, ils doivent les avoir avertis par lettre recommandée. Les salariés peuvent s'opposer à cette action syndicale en la refusant dans un délai de 15 jours suivant la réception de cette lettre. Ils peuvent également intervenir au cours de l'action judiciaire intentée par le syndicat (*Code du travail, Art. L. 1235-8*).

Attention : en cas de licenciement de 10 salariés et plus dans une entreprise d'au moins 50 salariés, le salarié dispose d'un délai d'1 an à compter de la date de notification de son licenciement pour contester son irrégularité. Ce délai n'est toutefois pas opposable s'il n'était pas indiqué dans la lettre de licenciement.

Conventions du FNE

L'employeur peut également proposer des formules mises en place par le Fonds national pour l'emploi (FNE).

Précisons cependant que :

– ces mesures sont facultatives (contrairement au congé de reclassement et au contrat de sécurisation professionnelle qui sont obligatoires) ;

– elles ne peuvent plus être conclues que dans des cas exceptionnels.

Les conventions de cellules de reclassement

Ces conventions ont pour objet la mise en place, pendant 18 mois au maximum, d'une structure d'aide au reclassement pour les salariés licenciés pour motif économique ou menacés de l'être (*Code du travail, Art. R. 5123-3*).

Le suivi des bénéficiaires peut être prolongé de 6 mois au maximum en cas de difficultés de reclassement.

Ces cellules de reclassement, composées de membres du personnel et de personnes extérieures, sont chargées d'aider les salariés à retrouver un emploi en liaison avec l'État et Pôle emploi.

L'État participe aux frais de fonctionnement de ces cellules à hauteur de 50 % maximum (75 % en cas de cellules interentreprises).

Les conventions de congé de conversion

Ce type de convention permet aux salariés visés par un projet de licenciement économique de bénéficier d'un congé d'une durée comprise entre 4 et 10 mois destiné à favoriser leur réinsertion professionnelle au sein même de l'entreprise.

Pendant son congé, le salarié perçoit une rémunération qui ne peut être inférieure à 65 % de la moyenne du salaire brut des 12 mois précédents (ou 85 % du SMIC dans le cas où le premier montant serait trop faible)(*Code du travail, Art. R. 5123-2*).

L'État participe financièrement aux actions de conversion mises en place par l'entreprise.

À NOTER

Le FNE propose d'autres formules plus particulièrement destinées aux employeurs rencontrant des difficultés économiques (convention de formation et d'adaptation, notamment).

Les obligations consécutives à la rupture du contrat de travail

Le départ du salarié ne devient généralement effectif qu'après une période de préavis. La rupture du contrat donne droit au paiement de certaines indemnités (indemnités de licenciement, de congés payés...) et à la remise de plusieurs certificats obligatoires.

Quelle est la durée du préavis en cas de démission ?

Le salarié démissionnaire est, en général, tenu d'observer un préavis, c'est-à-dire un délai durant lequel il fait toujours partie de l'entreprise et doit remplir ses obligations vis-à-vis de son employeur.

L'existence et la durée du préavis en cas de démission ne sont pas fixées par la loi, sauf pour certaines professions (les VRP, par exemple).

Elles résultent de la convention ou d'un accord collectif, à défaut des usages pratiqués dans la localité et la profession (*Code du travail, Art. L. 1237-1*).

Le contrat de travail individuel peut aussi fixer la durée du préavis que le salarié doit respecter en cas de démission. Dans ce cas, la durée ne peut être plus importante que celle fixée par la convention collective applicable à l'entreprise.

La durée du préavis fixée par les conventions collectives et les usages est généralement de :

– 1 semaine pour les ouvriers embauchés à l'heure, à la journée ou à la semaine ;

– 1 mois pour les employés, agents de maîtrise et techniciens ;

– 3 à 6 mois pour les ingénieurs, les cadres et assimilés.

AVANTAGE

Certains salariés peuvent démissionner sans avoir à respecter de préavis. Il s'agit:des femmes en état de grossesse médicalement attesté (Code du travail, Art. L. 1225-34) ; des salariés ne désirant pas reprendre leur travail à l'expiration d'un congé de maternité ou d'adoption, à condition de respecter certaines formalités ; des salariés désirant rompre leur contrat de travail à l'expiration d'un congé pour création d'entreprise ; des journalistes démissionnaires en vertu de la « clause de conscience » (Code du travail, Art. L. 7112-5-3°).

Quelle est la durée du préavis en cas de licenciement ?

La loi a prévu un préavis d'une durée minimale variant en fonction de l'ancienneté du salarié dans l'entreprise (*Code du travail, Art. L. 1234-1*).

Cette durée minimale est égale à :

– 1 mois lorsque le salarié a entre 6 mois et 2 ans d'ancienneté ;

– 2 mois lorsqu'il compte au moins 2 ans d'ancienneté.

Selon la jurisprudence, l'ancienneté doit être appréciée à la date de présentation de la lettre de licenciement et non à l'expiration du préavis.

Cette durée minimale s'applique à défaut de dispositions d'une convention ou d'un accord collectifs, d'une clause du contrat de travail ou d'un usage plus favorables (durée du préavis plus longue ou condition d'ancienneté moindre, par exemple).

La durée du préavis est doublée (dans la limite de 3 mois) pour les salariés reconnus comme travailleurs handicapés par la CDAPH (*Code du travail,*

Art. L. 5213-9). Il est à noter que ce droit est acquis au salarié même s'il n'a pas informé l'employeur de son statut avant la rupture du contrat (*Cour de cassation, Chambre sociale, 13/9/2013*).

Exemple : si la durée du préavis pour un salarié « ordinaire » est fixée à 1 mois, un salarié handicapé aura droit à un préavis doublé, soit 2 mois. Si la durée normale prévue est de 2 mois, il n'aura droit qu'à 1 mois de préavis supplémentaire, soit 3 mois.

AVANTAGE

Certains usages locaux prévoient de ne pas inclure dans la durée du préavis le mois au cours duquel le licenciement est notifié. Dans ce cas, le point de départ est le premier jour du mois suivant.

Lorsque le salarié compte moins de 6 mois d'ancienneté, l'existence et la durée du préavis ne peuvent résulter, comme en cas de démission, que des conventions collectives ou des usages de la profession.

Comment le préavis doit-il être exécuté ?

Comportements réciproques pendant le préavis

Durant le préavis, le salarié doit exécuter son travail comme auparavant. Le refus d'exécuter normalement son travail pendant le préavis constitue une faute grave que l'employeur peut sanctionner par un renvoi immédiat sans indemnité de préavis.

Toute faute grave ou lourde commise au cours du préavis de licenciement entraîne les mêmes conséquences. Notons cependant que la Cour de cassation considère selon une jurisprudence constante que la faute grave ou lourde commise pendant le préavis ne prive pas le salarié de son indemnité de licenciement. Le droit à cette indemnité a pris naissance à la notification du licenciement et ne peut donc être remis en cause par des faits ultérieurs (*Cour de cassation, Chambre sociale, 7/12/1989*).

En revanche, une faute grave ou lourde commise par un salarié démissionnaire au cours de son préavis justifie son renvoi immédiat sans qu'il puisse prétendre à une indemnité de licenciement (*Cour de cassation, Chambre sociale, 1/2/1983*).

L'employeur pour sa part doit fournir du travail au salarié et ne peut en modifier les conditions d'exécution. Il ne peut baisser la rémunération et, si une augmentation uniforme est accordée à l'ensemble du personnel, les salariés en cours de préavis doivent en bénéficier (*Cour de cassation, Chambre sociale, 12/3/1987*).

Absences pendant le préavis

La jurisprudence estime que la durée du préavis a un caractère préfix. Cela signifie qu'elle ne peut être prolongée en raison d'une absence du salarié, notamment pour maladie ou accident, proportionnellement à cette absence.

Par exception, la durée du préavis peut être prolongée en cas :

– d'arrêt consécutif à un accident du travail (*Cour de cassation, Chambre sociale, 18/7/1996*) ;

– de prise des congés payés. Cependant, le salarié et l'employeur peuvent convenir, d'un commun accord, que la durée des congés s'imputera sur la durée du préavis (*Cour de cassation, Assemblée plénière, 5/3/1993*).

Inobservation du préavis

Si le salarié refuse d'effectuer son préavis, il peut être condamné à verser à l'employeur une indemnité d'un montant correspondant au salaire qu'il aurait reçu pendant cette période.

Dans certains cas extrêmes (légèreté blâmable ou intention de nuire, par exemple), il peut être condamné à verser à son employeur une indemnité supplémentaire pour rupture abusive.

De même, l'employeur qui s'oppose, sans raison valable, à l'exécution du préavis par le salarié, doit lui verser une indemnité compensatrice.

LES 2 HEURES POUR RECHERCHE D'EMPLOI

Pendant la durée du préavis, le salarié licencié ou démissionnaire a généralement le droit de s'absenter 2 heures par jour pour rechercher un nouvel emploi. Cette faculté peut être prévue soit par la convention collective, soit par les usages. En général, le salarié a la possibilité de grouper ces heures en fin de préavis. Ces heures sont en général payées. Cependant, lorsque le salarié a trouvé un nouvel emploi, il ne peut plus y prétendre.

Peut-on être dispensé de l'exécution du préavis ?

Il est fréquent que l'employeur dispense le salarié d'effectuer son préavis. Mais il est important de distinguer laquelle des deux parties a demandé cette dispense, les conséquences juridiques et financières étant différentes selon les cas.

Dispense à la demande du salarié

Le salarié peut toujours, pour convenances personnelles, demander à son employeur d'être dispensé du préavis, ce dernier n'étant toutefois pas tenu d'accepter.

- Soit l'employeur accepte cette demande : le contrat de travail est alors rompu immédiatement et aucune indemnité compensatrice n'est due par l'une ou l'autre des parties.

L'accord des parties peut se faire verbalement mais il est préférable de rédiger un écrit. En effet, la dispense d'exécution du préavis et la renonciation de l'employeur doit résulter d'une manifestation de volonté non équivoque.

À défaut, l'employeur ou le salarié peut réclamer une indemnité compensatrice pour inobservation du préavis. À défaut d'écrit, la preuve de cet accord peut résulter d'autres éléments. Ainsi, il a été jugé que la signature du reçu pour solde de tout compte à une date antérieure à celle de l'expiration du préavis prouvait que l'employeur avait bien accordé au salarié démissionnaire une dispense de préavis et qu'il ne pouvait donc réclamer ultérieurement au salarié une indemnité compensatrice pour inobservation du préavis (*Cour de cassation, Chambre sociale, 28/1/1998*).

- Soit l'employeur refuse la dispense sollicitée par le salarié : celui-ci est alors tenu d'effectuer son préavis. À défaut, il doit verser à son employeur l'indemnité compensatrice pour inobservation du préavis.

AVANTAGE

Certaines conventions collectives dispensent le salarié d'observer tout ou partie du préavis lorsqu'il a trouvé un nouvel emploi. Dans ce cas, l'employeur ne peut prétendre à une indemnité pour inobservation du préavis.

Dispense à l'initiative de l'employeur

L'employeur peut également, pour des raisons d'organisation de son entreprise, dispenser le salarié d'effectuer son préavis. Cette possibilité est prévue expressément par le Code du travail, à condition que cette mesure ne relève pas d'une intention injurieuse ou vexatoire (faisant douter, par exemple, de la probité de l'intéressé)(*Code du travail, Art. L. 1234-5*).

La dispense de préavis doit être mentionnée dans la lettre de licenciement. En cas de démission, le salarié a intérêt à demander un écrit qui prouvera que c'est bien son employeur qui est à l'origine de cette mesure.

L'article L. 1234-4 du Code du travail précise que cette dispense n'a pas pour conséquence d'avancer la date à laquelle le contrat de travail prend fin. En conséquence :

- le salarié a droit à une indemnité correspondant au salaire qu'il aurait reçu s'il avait accompli son préavis. On doit éventuellement tenir compte :
  – des augmentations de salaires accordées à l'ensemble du personnel,
  – des primes et gratifications ne correspondant pas à un remboursement de frais professionnels ;
- l'indemnité de licenciement et l'indemnité compensatrice de congés payés devront être calculées en tenant compte de la durée du préavis non effectué.

AVANTAGE

Il a été jugé que l'indemnité compensatrice de préavis ne peut être réduite parce que le salarié a retrouvé un nouvel emploi pendant la période correspondante. Le salarié qui est embauché par un nouvel employeur au cours de la période couverte par son indemnité peut donc cumuler son salaire et l'indemnité compensatrice même s'il est entré au service d'une entreprise concurrente (Cour de cassation, Chambre sociale, 27/11/1991). De même, à partir du moment où l'employeur avait dispensé le salarié du préavis, il ne peut réduire ou supprimer le montant de l'indemnité compensatrice au motif que le salarié malade n'aurait pu, en pratique, effectuer ce préavis (Cour de cassation, Chambre sociale, 15/12/1995).

À NOTER

Rappelons que : les salariés licenciés pour faute grave ou lourde sont dispensés de préavis ; certains salariés démissionnaires peuvent quitter leur emploi sans préavis. Dans ces cas, aucune indemnité compensatrice ne peut être exigée par l'une ou l'autre des parties (employeur ou salarié).

Qu'est-ce que l'indemnité de licenciement ?

La loi prévoit l'octroi d'une indemnité de licenciement aux salariés licenciés qui comptent 8 mois d'ancienneté ininterrompue au service du même employeur (*Code du travail, Art. L. 1234-9*).

Indemnité légale de licenciement

Pour avoir droit à l'indemnité légale de licenciement, le salarié doit avoir au moins 8 mois d'ancienneté.

N'ont pas droit à cette indemnité :

– les salariés démissionnaires ;

– les salariés licenciés pour faute grave ou lourde.

Le montant de cette indemnisation ne peut être inférieur aux montants suivants :

– 1/4 de mois de salaire par année d'ancienneté, pour les années jusqu'à 10 ans ;

– 1/3 de mois de salaire par année d'ancienneté, pour les années à partir de 10 ans (*Code du travail, Art. R. 1234-2*).

À partir de 10 ans d'ancienneté, cette indemnité est augmentée de 2/15e de mois par année d'ancienneté.

Le salaire servant de base de calcul à cette indemnité est le salaire moyen brut des 12 derniers mois précédant le licenciement ou des 3 derniers mois, si ce calcul s'avère plus avantageux. Lorsqu'il y a eu activité partielle pendant cette période, il faut prendre le salaire antérieur à cette période. Il en est de même en cas de licenciement prononcé au cours ou à l'issue d'un arrêt maladie : le salaire à prendre en compte est celui des 12 ou des 3 derniers mois précédant l'arrêt de travail (*Cour de cassation, Chambre sociale, 23/5/2017*).

Le salaire de référence doit prendre en compte les majorations pour heures supplémentaires et les primes versées pendant la période de référence considérée.

Pour calculer l'ancienneté ouvrant doit à l'indemnité légale de licenciement, il faut tenir compte des années complètes et des fractions d'années incomplètes.

Exemple : soit un salarié totalisant 3 ans et 6 mois d'ancienneté avec une rémunération moyenne égale à 1 300 € par mois. Le montant de son indemnité de licenciement sera égal à :

L'ancienneté doit être appréciée au jour de l'expiration du contrat, donc à la fin du préavis.

À NOTER

Le montant de l'indemnité légale de licenciement est identique, qu'il s'agisse d'un licenciement pour motif personnel ou pour motif économique.

Indemnités conventionnelles de licenciement

Les indemnités de licenciement prévues par les conventions collectives sont généralement plus avantageuses pour le salarié que l'indemnité légale, laquelle constitue un minimum à défaut de dispositions plus avantageuses.

L'indemnité conventionnelle ne s'ajoute pas à l'indemnité légale mais s'y substitue.

Prenons par exemple, le cas d'une convention collective prévoyant l'octroi d'une indemnité de licenciement égale à 1/3 de mois de salaire aux salariés ayant 5 ans d'ancienneté et plus.

Si le salarié licencié a 3 ans d'ancienneté, il touchera l'indemnité légale de licenciement.

S'il comptabilise 6 ans d'ancienneté, c'est à l'indemnité conventionnelle qu'il pourra prétendre, celle-ci étant plus avantageuse.

À NOTER

Pour que l'indemnité conventionnelle s'applique, il faut parfois que le licenciement ait eu lieu pour l'une des causes prévues par le texte l'instituant. À défaut, c'est l'indemnité légale qui s'applique. C'est notamment ce qui a été jugé dans le cas d'un salarié qui avait été licencié parce qu'il n'avait su s'adapter aux particularités des fonctions qui lui avaient été confiées. Ce motif n'était en effet pas prévu dans la liste de ceux ouvrant droit à l'indemnité prévue par la convention collective (Cour de cassation, Chambre sociale, 3/2/1993).

AVANTAGE

Des indemnités conventionnelles plus élevées peuvent être prévues pour certains salariés, sous réserve que cette différence se justifie par la prise en compte des spécificités de la situation de ces salariés (Cour de cassation, Chambre sociale, 8/6/2011). Il a été ainsi jugé qu'une indemnité conventionnelle plus favorable pour les cadres dirigeants était justifiée par le fait qu'ils étaient plus exposés au licenciement que les autres salariés (Cour de cassation, Chambre sociale, 24/9/2014).

Indemnités contractuelles de licenciement

Des indemnités de licenciement d'un montant supérieur aux indemnités légales ou conventionnelles peuvent aussi être prévues, par accord des parties, lors de la rédaction du contrat de travail individuel.

Ce cas se présente essentiellement pour les ingénieurs et cadres supérieurs ayant un profil très recherché sur le marché du travail et qui désirent protéger leur avenir, d'où le nom de « parachutes dorés » couramment employé pour qualifier ce type d'indemnité.

Cette pratique est légale, même si elle tend à être de plus en plus encadrée pour les dirigeants de sociétés (autorisation du conseil d'administration, approbation

en assemblée générale, subordination au respect de conditions liées aux performances de l'entreprise...). Il faut savoir cependant que le montant de ces indemnités n'est pas garanti, les tribunaux pouvant en réduire le montant s'ils jugent celui-ci manifestement excessif par rapport aux possibilités de l'entreprise.
La jurisprudence assimile en effet ces indemnités à des « clauses pénales » (dommages et intérêts d'un montant fixé par avance) qui peuvent être révisées judiciairement en vertu de l'article 1231-5 du Code civil (*Cour de cassation, Chambre sociale, 17/3/1998*).

Régime fiscal et social

Les indemnités légales et conventionnelles de licenciement ne sont pas imposables.
Les indemnités d'un montant plus important demeurent exonérées, à hauteur :
– soit de la moitié du montant total de l'indemnité versée ;
– soit, s'il est plus élevé, du double du salaire brut perçu par le salarié l'année précédente.
Dans ces deux derniers cas toutefois, le montant exonéré ne peut dépasser 6 fois le plafond annuel de la Sécurité sociale.

La part de l'indemnité non-imposable ou, si ce chiffre est moins élevé, la part égale à 2 fois le plafond annuel de la Sécurité sociale est exonérée de cotisations sociales.

Enfin, une exonération de CSG et de CRDS s'applique :
– soit sur la part exonérée de cotisations sociales ;
– soit, si elle est moins élevée, sur la part correspondant au montant de l'indemnité légale ou conventionnelle de licenciement.
Les parachutes dorés d'un montant supérieur à 10 fois le plafond annuel de la Sécurité sociale sont soumis en totalité aux cotisations de Sécurité sociale ainsi qu'à la CSG et à la CRDS.

AVANTAGE

Les indemnités de licenciement versées dans le cadre d'un plan de sauvegarde de l'emploi sont exonérées d'impôt dans leur totalité, quel qu'en soit le montant.

Qu'est-ce que l'indemnité compensatrice de congés payés ?

Une indemnité compensatrice de congés payés est accordée aux salariés qui quittent l'entreprise à la suite d'un licenciement ou d'une démission sans avoir pris tous les congés payés auxquels ils ont droit (*Code du travail, Art. L. 3141-26*).
Elle est calculée en fonction des mois de travail accomplis jusqu'à la date de rupture du contrat de travail. L'indemnité correspond donc aux congés acquis et non pris, sur la base de 2 jours 1/2 par mois de travail, durant la période de référence des congés payés (1er juin de l'année précédente - 31 mai de l'année en cours).
Le montant de l'indemnité compensatrice est calculé suivant le même mode que l'indemnité de congés payés.
Exemple : un salarié quitte son entreprise un 1er décembre. À cette date, il aurait droit, normalement, à 15 jours de congés. Son indemnité compensatrice sera donc égale :
– soit au 10e du salaire global gagné du 1er juin au 1er décembre ;
– soit au salaire de 15 jours ouvrables.
C'est la méthode la plus avantageuse qui est retenue.
La loi précise que le préavis non effectué à la suite d'une dispense de l'employeur compte néanmoins dans le calcul de l'indemnité compensatrice de congés payés. Mais en cas de licenciement pour faute grave ou lourde privant le salarié de tout droit à préavis, la durée du préavis ne doit pas être incluse dans le calcul de l'indemnité compensatrice de congés payés.

QU'EN EST-IL DES JOURS DE RTT NON PRIS EN CAS DE RUPTURE DU CONTRAT DE TRAVAIL ?

La Cour de cassation a posé le principe suivant : « à défaut d'un accord collectif prévoyant une indemnisation, l'absence de prise des jours de repos au titre de la réduction du temps de travail n'ouvre droit à une indemnité que si cette situation est imputable à l'employeur » (*Cour de cassation, Chambre sociale, 18/3/2015*).
Le salarié doit donc, en premier lieu, consulter l'accord collectif de réduction du temps de travail. Si cet accord prévoit une indemnisation, l'employeur devra payer chaque jour de RTT non pris. Dans le cas contraire, le salarié devra prouver que l'employeur ne lui a pas permis de prendre ses RTT afin qu'une indemnité puisse lui être accordée par le juge.

Quels documents doit remettre l'employeur au salarié ?

Le certificat de travail

L'employeur est tenu de délivrer ce certificat quel que soit le temps passé dans l'entreprise et quelle que soit la raison du départ de l'employé (licenciement, rupture conventionnelle du contrat ou démission)(*Code du travail, Art. L. 1234-19*).

Il en est ainsi même lorsque le salarié n'a travaillé que quelques jours pendant la période d'essai ou lorsqu'il quitte l'entreprise sans observer de préavis.

L'employeur est passible d'une amende de la 4e classe (ou de la 5e classe en cas de récidive) s'il n'exécute pas cette obligation.

Cependant il est à noter que c'est au salarié de faire la démarche pour obtenir ce certificat et non à l'employeur d'en prendre l'initiative. Ainsi, en cas de contestation devant les tribunaux c'est au salarié de faire la preuve qu'on ne lui a pas remis ce certificat et non à l'employeur.

Le certificat de travail doit comporter certaines mentions obligatoires :

– la date d'entrée et de sortie du salarié dans l'entreprise ;

– la nature de l'emploi ou des emplois successifs occupés et les périodes correspondantes (*Code du travail, Art. D. 1234-6*).

L'employeur est également tenu de signaler dans le certificat de travail que, durant son chômage, le salarié bénéficiera du maintien gratuit de sa mutuelle, pendant 1 an maximum (sauf en cas de licenciement pour faute lourde)(*Code de la Sécurité sociale, Art. L. 911-8*).

Certaines mentions facultatives peuvent être ajoutées (la formule « libre de tout engagement », par exemple).

À NOTER

Mais attention : s'il est possible d'ajouter des mentions élogieuses, aucune mention discriminatoire ou susceptible de porter préjudice au salarié ne peut figurer sur ce certificat.

L'attestation d'assurance chômage

Les employeurs doivent délivrer au moment de la rupture du contrat de travail une attestation qui permet aux salariés d'apporter la preuve qu'ils remplissent bien les conditions d'affiliation et de travail exigées pour percevoir les allocations chômage. Les employeurs d'au moins 11 salariés effectuent par voie électronique cette transmission à Pôle emploi (*Code du travail, Art. R. 1234-9*).

Cette obligation s'applique à tous les cas de rupture du contrat de travail. L'attestation doit donc être délivrée en cas de démission alors même que le salarié n'a pas droit aux allocations chômage (*Cour de cassation, Chambre sociale, 15/3/2017*). Rappelons que certaines démissions, considérées comme légitimes, ouvrent droit à l'assurance chômage.

En ce qui concerne le personnel intérimaire, le relevé mensuel des contrats d'intérim que l'entreprise de travail temporaire est tenue d'envoyer à Pôle emploi tient lieu d'attestation d'assurance chômage pour les intéressés (*Code du travail, Art. R. 1234-12*).

À NOTER

En cas de non-remise de l'attestation d'assurance chômage, le salarié peut prétendre à des dommages et intérêts s'il justifie d'un préjudice. L'employeur est par ailleurs passible d'une amende de 5e classe si, après mise en demeure de l'inspecteur du travail ou de Pôle emploi, il n'a toujours pas délivré cette attestation dans un délai de 15 jours.

Le reçu pour solde de tout compte

Définition

Le reçu pour solde de tout compte, établi par l'employeur et dont le salarié lui donne reçu, fait l'inventaire des sommes versées au salarié lors de la rupture de son contrat de travail).

Prescription

Le reçu pour solde de tout compte peut être dénoncé dans les 6 mois qui suivent sa signature. Cette dénonciation doit être écrite et motivée. Au-delà de ce délai, il devient libératoire pour l'employeur (*Code du travail, Art. L. 1234-20*).

Au-delà de 6 mois, le salarié ne peut donc plus contester le montant des sommes qui lui ont été octroyées (salaire, heures supplémentaires, indemnité compensatrice de préavis, de licenciement ou de non-concurrence...).

L'employeur n'est plus obligé de faire mention de ce délai de rétractation sur le reçu. Le délai de 6 mois s'applique donc même si le salarié n'en a pas été informé (*Cour de cassation, Chambre sociale, 4/11/2015*).

Cette prescription ne concerne que les sommes qui sont précisément mentionnées dans le document. Le salarié peut donc réclamer, même après le délai de 6 mois, les sommes qui y étaient omises. Toute clause contenue dans un reçu pour solde de tout compte prévoyant que le salarié renonce de façon générale à toute réclamation financière liée à l'exécution ou à la rupture de son contrat de travail est à cet égard sans effet (*Cour de cassation, Chambre sociale, 18/12/2013*).

De même, la signature du reçu pour solde de tout compte n'empêche pas le salarié de contester la légitimité de son licenciement.

Qu'en est-il des clauses de non-concurrence ?

› Définition

On appelle « clauses de non-concurrence » les dispositions écrites figurant dans le contrat de travail ou dans la convention collective applicable au salarié lui interdisant, après son départ de l'entreprise, d'exercer une activité concurrente qui porterait atteinte aux intérêts de son ancien employeur.

Les clauses de non-concurrence ont donc pour objet d'empêcher le salarié de se mettre au service d'une entreprise concurrente ou de s'établir à son propre compte dans le même domaine d'activité.

Aucun texte ne définit actuellement les conditions de validité et d'application de telles clauses. Seule la jurisprudence a établi certaines règles permettant de ménager à la fois les intérêts du salarié et ceux de son ancien employeur.

› Conditions de validité

Intérêt légitime de l'entreprise

La clause de non-concurrence doit tout d'abord être indispensable à la protection des intérêts légitimes de l'entreprise. Ces clauses concernent donc en tout premier lieu les salariés qui, par leurs fonctions, sont amenés à connaître des secrets de fabrication ou des savoir-faire techniques, commerciaux ou financiers particuliers ou encore les salariés susceptibles de détourner une partie de la clientèle de leur employeur.

Les juges ont ainsi considéré comme valables les clauses appliquées à un électronicien itinérant qui avait acquis un savoir-faire spécifique après 14 ans d'activité (*Cour de cassation, Chambre sociale, 14/2/1995*) ou à un garçon de café embauché dans une brasserie située dans la même ville (*Cour de cassation, Chambre sociale, 1/3/1995*) mais pas celles d'un laveur de vitres (*Cour de cassation, Chambre sociale, 14/3/1992*), d'un magasinier (*Cour de cassation, Chambre sociale, 19/11/1996*) ni d'une coiffeuse qui avait ouvert un salon à 100 mètres de celui de son ancien employeur, le salon de coiffure de cet employeur ayant fermé (*Cour de cassation, Chambre sociale, 20/1/1993*).

Limitation dans le temps

Une clause de non-concurrence ne peut être illimitée dans sa durée. Les conventions collectives les restreignent généralement à 2 ou 3 ans.

La durée peut toutefois être plus longue lorsque le secteur géographique est très réduit ou lorsque les compétences professionnelles du salarié lui permettent de retrouver sans difficulté un emploi dans une autre branche d'activité.

Ont ainsi été reconnues comme valables des clauses de non-concurrence applicables pendant 10 ans, sur une seule ville (*Cour de cassation, Chambre sociale, 21/10/1960*) ou pour des fonctions n'existant dans aucune autre entreprise (*Cour de cassation, Chambre sociale, 3/1/1964*).

Limitation dans l'espace

La clause de non-concurrence doit être restreinte aux lieux où le salarié est réellement susceptible de faire concurrence à son ex-employeur, étant donné la nature des activités de l'entreprise et son rayon d'action.

Cette limitation peut aller d'1 kilomètre par exemple pour une coiffeuse (*Cour de cassation, Chambre sociale, 9/10/1985*) à toute une région pour un technicien ou un ingénieur.
Elle peut même s'appliquer sur l'ensemble du territoire à condition que les limitations concernant la durée et la nature de l'activité laissent au salarié la possibilité de retrouver un emploi conforme à ses compétences (*Cour de cassation, Chambre sociale, 28/4/1976*).

Limitation dans l'activité professionnelle

La clause de non-concurrence doit également être limitée à un secteur d'activité bien défini : elle doit laisser au salarié la possibilité d'exercer normalement l'activité professionnelle qui est la sienne (*Cour de cassation, Chambre sociale, 18/10/1952*).

Indemnisation

Pour être valable, la clause de non-concurrence doit également être assortie d'une contrepartie financière destinée à atténuer les restrictions que la clause de non-concurrence apporte à la liberté d'embauche de l'ancien salarié (*Cour de cassation, Chambre sociale, 10/7/2002*). En conséquence, toutes les clauses de non-concurrence qui n'ont pas de contrepartie financière doivent être négociées entre salarié et employeur.
Son montant, qui peut être fixé soit par le contrat de travail, soit par la convention collective, est variable : 1/3, la moitié et jusqu'à 2/3 du salaire mensuel moyen des 3 ou 12 derniers mois. Mais dans tous les cas, il ne peut être minoré en fonction des circonstances de la rupture (*Cour de cassation, Chambre sociale, 18/1/2018*).
La contrepartie financière est versée mensuellement, à la fin de chaque mois, pendant toute la durée de l'interdiction.
Il arrive également que cette indemnité soit versée par anticipation, au cours du contrat de travail.

À NOTER

En cas de litige, les juges examinent les 5 conditions de validité avant de se prononcer. Une limitation très vaste dans l'espace peut être retenue si la limitation dans le temps ou dans l'activité professionnelle est réduite et inversement. De même, s'ils estiment que la limitation dans l'espace, dans le temps ou dans l'activité professionnelle est trop vaste, ils peuvent réduire la clause dans ces domaines sans l'annuler totalement. Ainsi les juges ont considéré comme excessive une clause de non-concurrence de 3 ans appliquée à un salarié en contrat à durée déterminée. Ils n'en ont pas moins condamné le salarié qui s'était engagé dans une entreprise concurrente aussitôt après la fin de son contrat de travail (Cour de cassation, Chambre sociale, 27/9/1989).

› Sanction

Le salarié qui ne respecte pas une clause de non-concurrence :
– perd le droit à l'indemnité de non-concurrence prévue ;
– peut être condamné à verser des dommages et intérêts à son ex-employeur en réparation du préjudice qu'il lui a fait subir ;
– peut également être contraint à cesser son activité concurrente.

ATTENTION ⚠

Si le salarié n'a pas averti son nouvel employeur qu'il était lié par une clause de non-concurrence, il peut être licencié pour faute grave, sans préavis ni indemnité (Cour de cassation, Chambre sociale, 23/3/1977).

Pour ce faire, l'employeur peut poursuivre le salarié devant le conseil de prud'hommes, le salarié pouvant alors tenter d'obtenir l'annulation de la clause.
Ce dernier peut aussi demander directement l'annulation d'une clause de non-concurrence auprès des prud'hommes au moment de la rupture de son contrat de travail, s'il la juge excessive. Si la clause de non-concurrence est jugée illicite, le salarié doit justifier avoir subi un préjudice pour pouvoir prétendre à des dommages et intérêts (*Cour de cassation, Chambre sociale, 25/5/2016*).

À NOTER

L'ex-employeur peut également poursuivre le nouvel employeur en justice pour concurrence déloyale si ce dernier a engagé le salarié alors qu'il le savait lié par une clause de non-concurrence.

Cas pratiques

La rupture du contrat de travail

Licenciement pour motif personnel - insuffisance de résultats

J'ai été engagée comme attachée technico-commerciale. On m'a licenciée pour n'avoir pas atteint pendant deux trimestres consécutifs les objectifs qui m'étaient assignés. La clause d'objectif était ainsi libellée : « La non-réalisation d'un ou plusieurs objectifs, à concurrence de 20 % de l'objectif annuel sur chaque trimestre et pendant 2 trimestres consécutifs pourrait être considérée comme un motif de rupture du contrat de travail ». N'est-ce pas abusif ?

Selon une jurisprudence, que vous pouvez invoquer à votre bénéfice, aucune clause du contrat de travail ne peut valablement décider qu'une circonstance quelconque constituera une cause de licenciement. Par ailleurs, et indépendamment du fait que l'objectif est fixé ou non dans le contrat, le juge doit se livrer à une double recherche :

le caractère réaliste des objectifs fixés (notamment au regard de la conjoncture économique…) ;

l'existence d'une faute du salarié (par exemple, manquement dans l'activité de prospection du salarié, préparation insuffisante des ventes…) (*Cour de cassation, Chambre sociale, 14/11/2000 et 19/10/2007*) (voir aussi question suivante).

Ainsi, l'existence d'une clause d'objectif dans un contrat de travail ne prive pas l'employeur de son droit d'apprécier l'existence d'une cause de licenciement. Au contraire, il appartient au juge d'apprécier d'une part, si les objectifs, fixés ou non contractuellement sont réalistes (ils ne doivent pas être irréalisables : *Cour de cassation, Chambre sociale, 7/3/2018*) et d'autre part, si le salarié est en faute de ne pas les avoir atteints.

Je reproche à l'un de mes vendeurs une insuffisance de résultats (faible importance de ses ventes par rapport à ses collègues). Cet argument peut-il justifier un licenciement pour motif personnel ?

La prudence s'impose en matière de licenciement pour insuffisance de résultats (voir questions précédentes). Nous vous conseillons, si vous persistez dans votre intention, de bien préparer votre dossier, le cas échéant en établissant une comparaison avec les autres vendeurs que vous employez. Un arrêt de la Cour de cassation a précisé que l'insuffisance professionnelle était caractérisée quand des ventes réalisées par un salarié étaient très nettement en dessous de la moyenne atteinte par les vendeurs du même site et qu'aucun élément extérieur n'était susceptible d'altérer l'homogénéité des résultats (*Cour de cassation, Chambre sociale, 27/3/2008*).

Licenciement pour motif personnel - remplacement du salarié licencié pour maladie

Dans quel délai doit intervenir le remplacement d'un salarié licencié pour maladie d'origine non professionnelle ? La salariée que j'ai licenciée il y a quelques mois, compte tenu de ses arrêts de travail répétés qui désorganisaient le service, veut contester le caractère réel et sérieux du licenciement au motif que je ne l'ai pas remplacée immédiatement après son licenciement.

La Cour de cassation exige un délai « raisonnable ». Ce délai s'apprécie au regard des spécificités de l'entreprise et de l'emploi concerné ainsi que des démarches faites par l'employeur en vue d'un recrutement (*Cour de cassation, Chambre sociale, 2/2/2005*). Une jurisprudence plus récente précise que le remplacement du salarié doit intervenir dans un temps « proche » du licenciement (*Cour de cassation, Chambre sociale, 12/10/2011*). En l'occurrence, le délai de 7 mois s'étant écoulé entre le licenciement et l'engagement du remplaçant sous CDI n'a pas été considéré comme suffisamment proche.

Licenciement pour motif personnel - faute grave

J'ai licencié un de mes salariés pour faute grave tout en lui versant l'indemnité de préavis (par pure bienveillance compte tenu de la situation familiale de l'intéressé). Ce fait peut-il être retenu contre moi ?

A priori non, si l'on suit la jurisprudence de la Cour de cassation sur ce point. Certes, l'article L. 1234-1 du Code du travail prévoit que la faute grave prive le salarié de son préavis. Les tribunaux en déduisent que l'employeur qui laisse le salarié accomplir son préavis ne peut plus invoquer la gravité de la faute. Il est vrai que la faute grave est celle qui rend impossible le maintien du salarié dans l'entreprise. Les tribunaux exigent d'ailleurs que sa mise en œuvre soit rapide après que l'employeur a eu connaissance des faits. En revanche, l'existence d'une faute grave reste compatible avec le versement de l'indemnité de préavis : « Le versement d'une indemnité compensatrice de préavis n'implique pas que l'employeur ait renoncé à se prévaloir de la faute grave » (*Cour de cassation, Chambre sociale, 9/4/1992 et 2/2/2005*). Une jurisprudence plus récente supprime d'ailleurs de la définition de la faute grave toute référence au préavis (*Cour de cassation, Chambre sociale, 27/9/2007*).

Licenciement pour motif personnel - entretien préalable

L'employeur peut-il entendre au cours du même entretien de licenciement plusieurs salariés à qui sont reprochés les mêmes faits ?

Non, l'entretien préalable au licenciement d'un salarié revêt un caractère strictement individuel qui exclut que le salarié soit entendu avec d'autres, même si les faits sont identiques. Cette procédure est irrégulière (*Cour de cassation, Chambre sociale, 23/4/2003*).

Licenciement pour motif économique - contestation

J'ai été licencié pour motif économique puis j'ai accepté la proposition d'un contrat de transition professionnelle. Cela m'empêche-t-il de saisir le conseil des prud'hommes d'une contestation de mon licenciement comme l'affirme mon ancien employeur ?

Ce n'est pas dans ce sens que s'oriente la jurisprudence. Selon la Cour de cassation en effet, si l'adhésion d'un salarié à un contrat de transition professionnelle (aujourd'hui remplacé par le contrat de sécurisation professionnelle) entraîne une rupture du contrat de travail qui est réputée intervenir d'un commun accord, elle ne le prive pas de la possibilité d'en contester le motif économique (*Cour de cassation, Chambre sociale, 12/3/2014*). Cette jurisprudence a été appliquée à propos d'un contrat de sécurisation professionnelle (CSP), le salarié ayant invoqué l'irrégularité de la procédure (*Cour de cassation, Chambre sociale, 17/3/2015*).

Temps de travail et salaire

La rémunération

La détermination du salaire
Les éléments du salaire
Les retenues sur salaire
Le paiement du salaire
L'épargne salariale
La prime d'activité

La durée du travail

La durée légale du travail
Les aménagements du temps de travail
Le travail à temps partiel
Les heures supplémentaires
Le repos hebdomadaire et les jours fériés

Les congés

Les congés payés annuels
Les congés liés à la naissance
Les congés pour motif personnel

La rémunération

En contrepartie du travail effectué, le salarié perçoit une rémunération qui est fixée librement au moment de son embauche, à condition que soient respectées certaines dispositions légales et conventionnelles. Cette rémunération se compose du salaire de base proprement dit auquel peuvent s'ajouter divers éléments complémentaires (primes, avantages en nature...). Ce salaire brut est amputé des cotisations sociales obligatoires. Cette rémunération constitue bien souvent la seule ressource du salarié. Aussi bénéficie-t-elle de mesures importantes : son paiement est réglementé et elle est protégée contre les créanciers de l'employeur et du salarié.

La détermination du salaire

Le salaire de départ ainsi que ses augmentations ultérieures sont librement négociés entre l'employeur et le salarié sous réserve qu'ils respectent les taux minimaux légaux (SMIC) et conventionnels.

Comment le montant du salaire est-il déterminé ?

Le principe de liberté de fixation du salaire

Le principe de la liberté contractuelle, énoncée dans le Code civil, veut que le montant du salaire ainsi que les différents avantages accordés en contrepartie du travail soient fixés librement entre le salarié et l'employeur.

C'est, en général, au cours de l'entretien d'embauche que les deux parties se mettent d'accord sur la rémunération.

À NOTER

Cet accord est validé par le contrat de travail. Aussi est-il recommandé d'établir celui-ci par écrit, même lorsque cela n'est pas obligatoire, notamment lorsque la rémunération comporte un certain nombre d'avantages annexes au salaire de base (primes spécifiques, avantages en nature, prise en compte des frais professionnels, etc.). Lorsque le salarié a accepté le montant et les modalités du salaire qui lui sont proposés par l'employeur, celui-ci ne peut lui verser un salaire inférieur.

Les limitations à la liberté de fixation du salaire

Le principe de la liberté de fixation du salaire individuel est toutefois limité par la loi afin de garantir au salarié une rémunération juste et décente. C'est ainsi que :

– aucun salarié ne peut être rémunéré à un taux inférieur au SMIC ;

– certaines conventions et accords collectifs prévoient une rémunération minimale qui s'impose aux employeurs relevant de cette convention (voir encadré plus loin) ;

– l'employeur doit respecter le principe d'égalité de rémunération entre les femmes et les hommes ;

– les différences de salaire entre les employés d'une même entreprise ne peuvent également pas être fondées sur les critères discriminatoires énumérés par la loi.

La Cour de cassation a également tempéré le pouvoir d'individualisation des rémunérations de l'employeur en affirmant que ce pouvoir ne devait pas déroger à la règle générale concernant l'égalité de traitement entre les salariés, énoncée notamment par l'article L. 2261-22 (10°) du Code du travail.

C'est ainsi qu'une salariée qui accomplissait avec un coefficient salarial égal et une qualification supérieure le même travail qu'une autre collègue mais percevait une rémunération moindre a eu droit à un rappel de salaire, l'employeur n'ayant pu justifier la différence de rémunération entre les deux employées (*Cour de cassation, Chambre sociale, 29/10/1996*).

En revanche, la disparité du coût de la vie entre zones géographiques peut justifier une différence de rémunération entre les salariés d'une même entreprise effectuant un travail identique dans des établissements situés dans des régions différentes, si des disparités de coût de la vie entre ces régions peuvent être démontrées au juge (*Cour de cassation, Chambre sociale, 14/9/2016*).

Par ailleurs, lorsqu'un accord de branche étendu prévoit et organise la poursuite des contrats de travail en cas de succession d'entreprises dans l'exécution d'un marché, les salariés du nouveau prestataire ne peuvent invoquer les différences de rémunération avec les salariés dont les contrats de travail ont été poursuivis (*Code du travail, Art. L. 1224-3-2*).

S'agissant d'un transfert de contrats de travail, dans le cadre d'une fusion ou d'une vente par exemple, les contrats de travail se poursuivent (*Code du travail, Art. L. 1224-1*). Toutefois, la Cour de cassation considère comme justifiées les différences de traitement issues d'accords collectifs de maintien de l'emploi. Ainsi, lorsqu'un salarié voit son contrat de travail transféré par voie conventionnelle, c'est-à-dire en application d'un accord de branche imposant par exemple à un nouveau prestataire de reprendre des salariés, il ne peut invoquer l'égalité de traitement pour percevoir le 13e mois perçu par les autres salariés de l'entreprise (*Cour de cassation, chambre sociale, 30/11/2017*).

À l'occasion d'une série d'arrêts sur La Poste, la Cour de cassation s'est en outre prononcée sur l'égalité de traitement entre les fonctionnaires relevant du statut général de la fonction publique et les salariés de droit privé, soumis eux au régime des conventions collectives. Le « complément poste », une indemnité versée aux fonctionnaires en complément de leur rémunération, alimente un fort contentieux en la matière. La Cour de cassation rappelle que l'égalité de traitement doit se fonder non seulement sur des fonctions identiques ou similaires mais aussi sur un travail effectué à un certain niveau et selon une certaine maîtrise du poste. Elle considère ainsi que le complément poste rétribue ce niveau de maîtrise. Autrement dit, l'ancienneté ne suffit pas à fonder une égalité de traitement, puisque celle-ci est prise en compte dans la rémunération de base. Les juges rappellent aussi que c'est à celui qui invoque une atteinte au principe d'égalité de traitement de démontrer qu'il se trouve dans une situation identique ou similaire à celui auquel il se compare (*Cour de cassation, Chambre sociale, 4/4/2018*).

Enfin, il est interdit de fixer le salaire par voie d'enchère électronique inversée.

LES DIFFÉRENCES DE TRAITEMENT SELON LA JURISPRUDENCE

Les salariés d'une même entreprise ne peuvent pas se prévaloir d'une discrimination lorsque la différence de rémunération résulte d'une convention ou d'un accord collectif. Celles-ci sont en effet présumées justifiées (*Cour de cassation, Chambre sociale, 27/10/1999*). Ainsi, il appartient à celui qui les conteste de démontrer qu'elles sont étrangères à toute considération de nature professionnelle.

La Cour de cassation a toutefois précisé les différences de traitement qu'elle présume justifiées, à savoir celles :

– entre catégories professionnelles, opérées par voie de convention ou d'accord collectif ;
– entre salariés exerçant, au sein d'une même catégorie professionnelle, des fonctions distinctes, opérées par voie de convention ou d'accord collectif ;
– entre salariés appartenant à la même entreprise mais à des établissements distincts, opérées par voie d'accord d'établissement ;
– entre salariés appartenant à la même entreprise mais à des établissements distincts, opérées par voie d'accord d'entreprise ;
– entre salariés appartenant à la même entreprise mais affectés à des sites ou des établissements distincts, opérées par voie d'accord collectif.

Dans tous les autres cas, il appartient à l'employeur de justifier de « raisons objectives » expliquant la différence de traitement (*Cour de cassation, Chambre sociale, 3/4/2019*).

LES SALAIRES MINIMAUX FIXÉS PAR LES CONVENTIONS COLLECTIVES

La plupart des conventions collectives établissent des classifications d'emplois, fixent des salaires minimaux pour ces différentes catégories et précisent également les conditions de révision de ces salaires.
Par exemple : les cadres sont généralement classés d'après des « positions repères » selon l'importance de l'emploi qu'ils occupent et les responsabilités qui leur sont confiées :
✓ la position I concerne les ingénieurs et les cadres débutants (ayant moins de 2 ou 3 ans de pratique) ;
✓ la position II, les ingénieurs et les cadres confirmés occupant des responsabilités limitées dans le cadre de directives reçues du supérieur hiérarchique ;
✓ la position III, les ingénieurs et les cadres confirmés exerçant des fonctions dans lesquelles ils mettent en œuvre une expérience étendue, et où ils exercent un contrôle sur d'autres cadres, disposent d'une autonomie et d'un pouvoir de décision étendus ;
✓ la position supérieure est réservée aux ingénieurs et aux cadres supérieurs de direction.
À l'intérieur de chaque « position repère », les cadres se voient attribuer un coefficient en fonction de leur âge ou de leur ancienneté. C'est à partir de ces coefficients que sont fixés les salaires minimaux en dessous desquels la rémunération des cadres concernés ne peut descendre.

Qu'est-ce que le SMIC ?

Le SMIC (salaire minimum interprofessionnel de croissance) est le salaire horaire en dessous duquel aucun salarié ne peut être payé, quel que soit le mode de rémunération pratiqué (*Code du travail, Art. L. 3231-1 et s.*).

› Les personnes concernées

● Le SMIC s'applique :
– sur tout le territoire national, à Saint-Pierre-et-Miquelon et dans les DOM ;
– à toutes les entreprises du secteur privé ou public, quelle que soit leur activité (professions industrielles, artisanales, commerciales, agricoles ou libérales) ;
– à tous les travailleurs quelle que soit leur catégorie professionnelle.

● Il existe toutefois des exceptions :
– les jeunes travailleurs âgés de moins de 18 ans, n'ayant pas 6 mois de pratique professionnelle dans la branche d'activité, peuvent être rémunérés à un taux horaire égal à 80 % du SMIC s'ils sont âgés de 16 ou 17 ans et 90 % du SMIC s'ils sont âgés de plus de 17 ans ;
– les apprentis ont droit à un salaire minimum calculé en fonction du SMIC, de leur âge et de leur année de cycle de formation. Il en est de même des jeunes embauchés sous contrat de professionnalisationdont le salaire minimum varie en fonction de leur âge et de leur qualification entre 55 % et 80 % du SMIC.

› Les éléments du salaire à prendre en compte

Pour vérifier si un salarié est bien rémunéré au taux du SMIC, il faut prendre en compte tous les éléments de son salaire, c'est-à-dire :
– son salaire horaire de base (exception faite des majorations pour heures supplémentaires, pour travail de nuit, le dimanche ou les jours fériés) ;
– les pourboires ;
– certaines primes et gratifications ;
– les avantages en nature.

À NOTER

Les remboursements de frais professionnels ne rentrent pas en compte dans le calcul du salaire, pas plus que les sommes attribuées au titre d'un régime d'intéressementou de participation. Il en est de même de la rémunération des temps de pause (Cour de cassation, Chambre sociale, 21/3/2012).

› L'évolution du SMIC

C'est le gouvernement qui fixe le taux du SMIC, par décret. Son augmentation est déclenchée par deux mécanismes différents.

● Le niveau général des prix

Le SMIC est indexé sur l'inflation mesurée pour les 20 % des ménages ayant les revenus les plus faibles). Chaque fois que cet indicateur atteint un niveau correspondant à une hausse de 2 % par rapport à son niveau antérieur, le SMIC est augmenté automatiquement par arrêté, dans la même proportion.

L'évolution de la croissance économique

Chaque année, la Commission nationale de la négociation collective, de l'emploi et de la formation professionnelle examine les comptes économiques de la nation et un rapport sur les conditions économiques générales, présenté par un groupe d'experts. Après délibération, elle donne un avis au gouvernement concernant l'augmentation souhaitable du SMIC.

Cette revalorisation annuelle a lieu le 1er janvier.

Le gouvernement prend alors la décision d'augmenter le SMIC en fonction de l'avis qui lui a été donné.

Le gouvernement a toute latitude pour juger de l'augmentation qui doit être accordée. La loi précise cependant que l'accroissement annuel du SMIC ne peut être inférieur à la moitié de l'augmentation du pouvoir d'achat des salaires horaires moyens des ouvriers et employés, enregistrée par le ministère du Travail.

Les revalorisations facultatives

En dehors de ces deux modes de revalorisation qui sont automatiques, le gouvernement peut toujours décider, en cours d'année, d'augmenter le SMIC, après avis de la Commission nationale de la négociation collective, de l'emploi et de la formation professionnelle.

Il peut également décider d'augmenter le SMIC à un niveau supérieur à celui qui résulterait de la seule évolution de l'inflation.

Il convient cependant de noter que ces « coups de pouce » ne sont, souvent, qu'une sorte d'avance sur l'augmentation annuelle qui sera alors diminuée d'autant.

> Montant actuel

Pour connaître le montant actuel du SMIC *(Voir pages Barème)*.

En quoi consiste l'égalité de rémunération entre femmes et hommes ?

Le principe

L'employeur doit assurer pour un même travail, ou un travail de valeur égale, l'égalité de rémunération entre les femmes et les hommes (*Code du travail, Art. L. 3221-2*).

Sont considérés comme ayant une valeur égale les travaux qui exigent un ensemble comparable de connaissances professionnelles consacrées par un diplôme ou une pratique professionnelle ou bien encore un ensemble comparable de capacités découlant de l'expérience acquise, de responsabilités ou de charges physiques et nerveuses.

La rémunération s'entend du salaire de base, mais également de tous les autres avantages en espèces ou en nature qui viennent en complément. Un employeur ne peut pas, par exemple, décider d'accorder une prime uniquement aux hommes de l'entreprise. Il ne peut pas non plus fixer des critères en matière d'intéressement ou de distribution d'actions plus difficiles à atteindre par les femmes que par les hommes.

Les critères en matière de classification, de promotion ou de formation professionnelle doivent également être identiques (*Code du travail, Art. L. 3221-6*).

Exemple : un employeur avait classé une salariée affectée à la gestion des stocks et à la préparation des commandes dans la catégorie 2 coefficient 145 de la convention collective alors que cet emploi était de même nature que celui d'aide-magasinier occupé par certains salariés masculins appartenant à la catégorie 3, coefficient 155, et qui bénéficiaient donc, à ce titre, d'une rémunération supérieure. La Cour de cassation a condamné cet employeur à une amende pour discrimination (*Cour de cassation, Chambre sociale, 31/5/1988*).

AVANTAGE

Les négociations sur les actions à mener en matière de salaire et de qualité de vie au travail en vue de l'égalité entre les femmes et les hommes doivent obligatoirement être menées tous les 4 ans en entreprise. En cas d'absence d'accord, l'employeur doit établir un plan d'action annuel, qu'il transmet à l'autorité administrative. Les entreprises d'au moins 50 salariés qui ne se conforment pas à leurs obligations en la matière peuvent se voir infliger une pénalité financière égale au maximum à 1 % de leur masse salariale nette au cours des périodes concernées (Code du travail, Art. L. 2242-8).

La suppression des écarts de rémunération

La loi a institué une obligation générale faite à tout employeur, quel que soit l'effectif de l'entreprise, de prendre en compte un objectif de suppression des écarts de rémunération entre les femmes et les hommes. Les entreprises d'au moins 50 salariés ont une obligation supplémentaire. Dans ces structures, l'employeur doit en effet publier tous les ans un index de l'égalité femmes-hommes, regroupant 4 à 5 indicateurs relatifs aux écarts de rémunération, et mettre en œuvre, le cas échéant, des actions pour les supprimer (*Code du travail, Art. L. 1142-7 et L. 1142-8*).

L'index mesure les indicateurs suivants :

– l'écart de salaire entre les femmes et les hommes, à postes et âges comparables : cet indicateur est calculé à partir de la moyenne de la rémunération des femmes comparée à celle des hommes, par tranche d'âge et par catégorie de postes équivalents (0 à 40 points) ;

– l'écart de répartition des augmentations individuelles de salaire entre les femmes et les hommes (0 à 20 points) ;

– le pourcentage de salariées augmentées à leur retour de congé de maternité, dès lors que des augmentations sont intervenues en leur absence (0 à 15 points) ;

– le nombre de femmes et d'hommes parmi les 10 plus hautes rémunérations de l'entreprise (0 à 10 points) ;

– pour les entreprises de plus de 250 salariés, un cinquième indicateur est mesuré : l'écart de répartition des promotions entre les femmes et les hommes (0 à 15 points) *(Code du travail, Art. D. 1142-2 et D. 1142-2-1)*.

Le décret n° 2019-15 du 8/1/2019 détaille, tableaux à l'appui, le mode de calcul pour chacun des indicateurs. La plupart des données à prendre en compte figurent dans la base de données économiques et sociales des entreprises, et les indicateurs peuvent normalement être calculés de façon automatique *via* les logiciels de paie. Toutefois, dans les entreprises de 50 à 250 salariés, l'employeur peut demander à être accompagné par un ou plusieurs référents désignés par le DIRECCTE, aussi bien pour calculer les différents indicateurs que pour définir les mesures de correction à adopter (*Code du travail, Art. D. 1142-7*). Pour accompagner les entreprises dans leur démarche, le ministère du Travail a aussi mis en ligne un calculateur (*https://index-egapro.travail.gouv.fr*).

Par ailleurs, les indicateurs et le niveau de l'index sont mis à la disposition des membres du CSE et transmis au ministère du travail.

Le niveau de résultat acceptable de l'index est fixé à 75 points. En deçà, l'entreprise doit prendre des mesures de corrections et le cas échéant programmer un rattrapage salarial. Elle dispose d'un délai de 3 ans pour rattraper son retard.

À NOTER

La négociation sur l'égalité professionnelle doit inclure des mesures de correction adéquates et pertinentes et, le cas échéant, sur la programmation, annuelle ou pluriannuelle, des mesures financières de rattrapage salarial. En l'absence d'accord, il revient à l'employeur de déterminer ces mesures, après consultation du comité social et économique.

Si, à l'issue de ces 3 ans, les indicateurs montrent qu'elle est toujours en-deçà des objectifs, l'employeur peut se voir appliquer une pénalité financière d'un montant allant jusqu'à 1 % de la masse salariale.

Toutefois, la DIRECCTE peut octroyer à l'entreprise un délai supplémentaire d'1 an pour atteindre les 75 points, en fonction des motifs de sa défaillance, de sa bonne foi, et si elle a témoigné d'efforts en matière d'égalité salariale entre les femmes et les hommes. Au titre des motifs de défaillance, sont notamment prises en compte la survenance de difficultés économiques de l'entreprise ainsi que les restructurations, fusions ou procédures collectives en cours.

À NOTER

La note globale de l'index de l'égalité femmes-hommes doit être publiée sur le site internet de l'entreprise chaque année avant le 1er mars. À défaut de site, les résultats sont portés à la connaissance des salariés par tout moyen. Il est par ailleurs possible de retrouver les index publiés par les entreprises de plus de 1 000 salariés sur la plateforme dédiée mise en ligne par le ministère du Travail (https://index-egapro.travail.gouv.fr/consulter-index).

AVANTAGE

Dans leur rapport annuel d'activité, les branches doivent rendre compte de leurs actions en faveur de l'égalité professionnelle entre les femmes et les hommes. Celles-ci recouvrent notamment les classifications, la promotion de la mixité des emplois et d'établissement des certificats de qualification professionnelle, les données chiffrées sur la répartition et la nature des postes entre les femmes et les hommes ainsi que le bilan des outils mis à la disposition des entreprises pour prévenir et agir contre le harcèlement sexuel et les agissements sexistes (Code du travail, Art. L. 2232-9).

À NOTER

La loi du 6/8/2019 de transformation de la fonction publique impose aux employeurs publics d'élaborer avant le 31/12/2020 un plan d'action « égalité professionnelle » et d'y intégrer un axe dédié à l'égalité salariale.

Le contrôle

Les agents de contrôle de l'inspection du travail sont chargés de contrôler l'application de la loi sur l'égalité professionnelle entre les femmes et les hommes (*Code du travail, Art. L. 8113-5*). Ils peuvent exiger de l'employeur qu'il leur communique les éléments de salaire, et ils peuvent procéder à une enquête contradictoire au cours de laquelle employeur et salariés sont entendus. Ces derniers peuvent, au cours de cette entrevue, se faire accompagner d'une personne de leur choix.

Concernant l'index de l'égalité femmes-hommes, il revient aux agents de contrôle de constater et signaler à la DIRECCTE les cas d'entreprises qui n'auraient pas réalisé le rattrapage salarial dans les 3 ans (*Code du travail, Art. D. 1142-9*).

Les litiges

Diverses mesures permettent de faire respecter ce principe d'égalité.

Les syndicats et certaines associations peuvent agir en lieu et place d'un salarié (à condition qu'il ne s'y oppose pas) afin de demander aux tribunaux de respecter la loi. Le salarié peut se joindre à l'action des syndicats ou attenter une action de lui-même. L'employeur n'a alors pas le droit de le licencier en raison de cette action. S'il le fait, il peut être condamné à le réintégrer au sein de l'entreprise ou à lui verser une indemnité au moins égale à 6 mois de salaire.

Devant les tribunaux, il revient à l'employeur de fournir les éléments susceptibles de justifier une inégalité de salaire (*Code du travail, Art. L. 3221-8*). Celui-ci ne peut pas se contenter de justifications vagues ou imprécises.

L'employeur doit porter, par tout moyen, à la connaissance des personnes ayant accès aux lieux de travail ainsi qu'aux candidats à l'emploi les textes concernant le principe d'égalité de rémunération entre les femmes et les hommes (*Code du travail, Art. R. 3221-2*).

AVANTAGE

Le principe de l'égalité de rémunération entre les femmes et les hommes tend, le plus souvent, à protéger les femmes de mesures discriminatoires. Il peut, cependant, être aussi revendiqué par les hommes. Il a ainsi été jugé qu'une prime de crèche, prévue par un accord collectif en faveur des mères de famille, devait être également versée aux pères qui remplissaient les conditions pour en bénéficier (Cour de cassation, Chambre sociale, 27/2/1991).

Comment les salaires évoluent-ils ?

Les augmentations de salaire sont, la plupart du temps, négociées individuellement entre employeur et salarié. Aucun texte n'oblige l'employeur à accorder une augmentation de salaire demandée par un salarié, sauf si cette augmentation était prévue dans le contrat de travail.

Il a ainsi été jugé qu'un employeur ne pouvait revenir sur l'engagement d'accorder une augmentation de salaire promise à une date déterminée (*Cour de cassation, Chambre sociale, 5/3/1987*).

Hormis ce cas, seules les augmentations liées à la réglementation sur le SMIC et celles prévues par les conventions ou les accords collectifs s'imposent à l'employeur.

Le SMIC

Les salaires correspondant au taux du SMIC doivent automatiquement être réévalués lorsque le SMIC augmente.

Les augmentations du SMIC n'entraînent pas, en revanche, la réévaluation des salaires supérieurs. La loi interdit même la réévaluation automatique des salaires en fonction du SMIC ou de tout autre indice. Cette interdiction est connue sous le nom de « clause d'échelle mobile ».

Les conventions et accords collectifs

Les conventions ou les accords collectifs de branche fixent des classifications professionnelles auxquelles correspond une rémunération minimale. Les organisations syndicales et patronales liées à de tels accords doivent se réunir au moins tous les 4 ans pour négocier sur les salaires, l'égalité professionnelle entre les femmes et les hommes, les actions de prévention et de lutte contre le harcèlement sexuel et les agissements sexistes, les conditions de travail, la gestion prévisionnelle des emplois et compétences, les risques professionnels, l'insertion des travailleurs handicapés et la formation professionnelle. Concernant la nécessité de réviser les classifications et la mise en place de plans d'épargne interentreprises ou pour la retraite d'entreprise collectif interentreprises (PER col), les négociations doivent avoir lieu au moins une fois tous les 5 ans (*Code du travail, Art. L. 2241-1*).

Lorsque cette négociation aboutit, les salaires correspondants doivent automatiquement être réévalués. Là encore, cette augmentation automatique ne concerne que les salariés rémunérés au taux minimal prévu par le texte de la convention ou de l'accord. Les salariés qui sont déjà rémunérés à un taux supérieur à ces minimaux ne sont pas forcément augmentés.

Dans les entreprises où existe une section syndicale, l'employeur doit, là aussi au moins une fois tous les 4 ans, engager une négociation sur les salaires effectifs à l'intérieur de l'entreprise (*Code du travail, Art. L. 2242-1*). Si cette négociation aboutit, l'accord qui en résulte doit être respecté.

Attention : l'employeur qui ne remplit pas ses obligations en matière de négociation salariale peut subir une réduction de 10 % des allègements de cotisations patronales dont il bénéficie pendant 3 ans maximum, si par ailleurs aucun manquement n'a été constaté au cours des 6 années civiles précédentes.

S'il a déjà été condamné au cours des 6 années précédentes, ces allègements sont supprimés.

Cette règle s'applique notamment à la réduction générale des cotisations patronales sur les bas salaires.

À NOTER

Les entreprises ont la possibilité de signer des accords majoritaires simplifiés sur la rémunération, dans les cas suivants : afin de répondre aux nécessités liées au fonctionnement de l'entreprise ; en vue de préserver ou de développer l'emploi (Code du travail, Art. L. 2254-2). L'accord dit de « performance collective » peut alors aménager la rémunération, dans le respect du SMIC et des salaires minima hiérarchiques. Les stipulations de l'accord se substituent en conséquence de plein droit aux clauses contraires et incompatibles du contrat de travail. Le salarié peut refuser cette modification, ce refus constituant une cause réelle et sérieuse de licenciement.

Les recommandations patronales

Il arrive enfin que les syndicats patronaux recommandent à leurs adhérents, par voie de circulaire, d'appliquer une augmentation déterminée sur les salaires de leurs employés. Ces recommandations n'ont, en principe, aucun caractère obligatoire. Cependant, la jurisprudence considère qu'elles doivent être suivies par les employeurs :

– qui s'y sont engagés auprès de leurs salariés (*Cour de cassation, Chambre sociale, 28/4/1988*) ;

– qui se sont déjà conformés à ces recommandations à plusieurs reprises, créant ainsi un usage (*Cour de cassation, Chambre sociale, 8/10/1987*).

LES CLAUSES D'ÉCHELLE MOBILE

Les articles L. 3231-3 du Code du travail et L. 112-2 du Code monétaire et financier interdisent l'indexation des salaires sur :

– l'indice des prix ;

– le SMIC ;

– le niveau général des prix ou des salaires ;

– les prix de biens, produits ou services n'ayant pas de relation directe avec l'activité de l'entreprise.

Cette interdiction vise la révision automatique. Une augmentation ponctuelle, accordée à la suite de la hausse de l'un des indices cités, est donc toujours possible.

Il est, par ailleurs, licite de prévoir une réévaluation automatique des salaires sur les prix de biens ou de services fabriqués par l'entreprise (l'indice du coût de la construction pour les salariés d'une entreprise de travaux publics ou encore la hausse du prix de l'essence dans une raffinerie de pétrole, par exemple).

Les éléments du salaire

Divers compléments peuvent s'ajouter au salaire de base. Leur régime juridique et social est différent selon qu'ils sont considérés ou non comme des éléments faisant partie du salaire.

Les pourboires font-ils partie du salaire ?

Définition

Les pourboires sont les sommes d'argent versées par les clients de l'employeur aux salariés en contact direct avec la clientèle dans certaines professions (hôtellerie, restauration, spectacles, salons de coiffure, tourisme…).

À NOTER

Ce sont généralement les conventions collectives qui déterminent les catégories de personnel « en contact direct avec la clientèle ». Les pourboires éventuellement reçus par d'autres salariés dans le cadre de leur profession constituent des libéralités exclues du salaire et auxquelles aucune des règles décrites ici ne s'applique. Il en résulte également que le personnel d'une profession concernée, mais qui n'est pas en contact direct avec la clientèle, ne peut réclamer une part des pourboires centralisés par l'employeur. Tel est le cas des membres du personnel investis de tâches administratives, en général, (Cour de cassation, Chambre sociale, 25/5/1976), des cuisiniers (Cour de cassation, Chambre sociale, 29/4/1970) ou des écaillers d'un restaurant (Cour de cassation, Chambre sociale, 3/3/1976) et de tous ceux qui ne participent pas directement à l'exécution du service.

Le pourboire est alors un élément du salaire qui s'ajoute au salaire fixe.

Le paiement

Les pourboires peuvent être versés de deux façons :
– soit c'est l'employeur qui les centralise et qui les reverse en totalité, chaque mois, au personnel concerné (*Code du travail, Art. L. 3244-1*). À cet effet, il doit tenir un registre spécial de répartition ;
– soit les pourboires sont remis directement par le client, ou par l'intermédiaire d'un préposé du personnel, au salarié.

Le régime juridique et social

Les pourboires sont soumis à la CSGet à la CRDS. Ils sont également soumis aux cotisations sociales :
– soit sur la base de leur montant réel lorsqu'ils sont centralisés par l'employeur ;
– soit sur une base forfaitaire lorsqu'ils sont remis directement aux salariés par les clients ou par un préposé du personnel selon une répartition ignorée par l'employeur. Les cotisations sociales sont alors calculées sur une rémunération égale au SMIC.

Il existe une assiette forfaitaire spécifique pour le personnel des hôtels, cafés et restaurants.

Les pourboires sont pris en compte pour déterminer si un travailleur est bien rémunéré au taux du SMIC ou du salaire minimum prévu par les conventions collectives. Lorsque le montant des pourboires n'assure pas cette rémunération minimale, l'employeur est tenu de la compléter à due concurrence. Cette règle ne pose pas problème lorsque les pourboires sont centralisés par l'employeur qui en connaît donc le montant. En revanche, lorsque les pourboires sont remis directement par le client au salarié, c'est à ce dernier d'apporter la preuve qu'il n'a pas obtenu le SMIC (*Cour de cassation, Chambre sociale, 29/11/1962*).

Les pourboires sont pris en compte dans le calcul des indemnités de congés payés et les indemnités de licenciement, selon les mêmes règles.

Qu'en est-il des primes et gratifications ?

Les différentes catégories de primes

Il existe un nombre pratiquement illimité de primes (13e mois, prime de vacances, primes d'assiduité, primes de salissure, etc.).

Il est possible de distinguer :

– les primes compensant des conditions particulières de travail (prime de froid, d'insalubrité, pour travail de nuit, prime de risques…) ;

– les primes récompensant le mérite professionnel d'un salarié (prime d'ancienneté, d'assiduité, de rendement, prime de bilan…).

Certaines formes de primes couvrent, par ailleurs, le remboursement de frais professionnels : prime de salissure, de transport, d'outillage, de repas, par exemple.

Il convient également de différencier :

– les primes dites « contractuelles » qui peuvent être prévues par les conventions ou par les accords collectifs, le contrat individuel de travail ou les usages. Une prime résultant d'un usage sera considérée comme contractuelle si cet usage est constant, fixe et général. Il faut donc qu'elle ait été accordée un certain nombre de fois, calculée chaque fois selon les mêmes modalités et versée à l'ensemble du personnel ou à une catégorie du personnel ;

– les primes dites « bénévoles » qui ne répondent pas aux critères ci-dessus. Elles résultent de la seule volonté de l'employeur et sont alors assimilées à des libéralités ;

– les primes exceptionnelles de pouvoir d'achat, mises en place par accord collectif ou décision unilatérale de l'employeur (prime Macron, prime liée à l'épidémie de Covid-19 par exemple).

Les primes viennent en complément du salaire de base. Elles sont donc régies par les mêmes règles que celui-ci, sauf dispositions particulières.

Le régime juridique et social

Les primes et les gratifications sont soumises à la CSG et à la CRDS. Elles sont également soumises à cotisations sociales sauf lorsqu'elles représentent un remboursement de frais professionnels réellement exposés par le salarié ou la réparation d'un préjudice permettant de les assimiler à des dommages et intérêts (prime pour réduction du temps de travail, prime de départ volontaire dans une entreprise confrontée à des difficultés économiques, par exemple). Certaines primes peuvent être défiscalisées (comme cela a été le cas pour la prime dite « gilets jaunes »).

Elles sont prises en compte dans le calcul de la majoration pour heures supplémentaires lorsqu'elles sont inhérentes à la nature du travail (prime de cadence, de danger), ce qui n'est pas le cas des primes représentant le remboursement de frais professionnels ou indépendantes du travail accompli.

Le montant des primes doit être inclus dans le calcul de l'indemnité de congés payés lorsqu'elles sont accordées en contrepartie du travail, qu'elles ne couvrent pas un risque exceptionnel et qu'elles n'indemnisent pas déjà la période de congé considérée.

Doit donc être exclue de ce calcul :

– une gratification bénévole (*Cour de cassation, Chambre sociale, 17/3/1988*) ;

– une prime de vacances (*Cour de cassation, Chambre sociale, 12/11/1987*) ;

– ou encore une prime allouée globalement sur l'année en fonction du salaire total, période de travail et période de congés confondus (*Cour de cassation, Chambre sociale, 19/12/1979*).

Les primes contractuelles sont prises en compte pour vérifier si la rémunération du salarié correspond bien au minimum prévu par sa convention collective.

Pour apprécier si le salarié est bien rémunéré au taux du SMIC, on ne prend pas en compte :

– les primes et les gratifications constituant des libéralités ;

– les primes à caractère aléatoire et imprévisibles ;

– les primes sans rapport avec le travail fourni par le salarié (prime de production globale, prime d'ancienneté…).

Les gratifications contractuelles versées annuellement sont prises en compte mais uniquement le mois où elles sont effectivement versées. Un employeur ne peut pas, par exemple, inclure dans le salaire mensuel d'un salarié un acompte fictif d'une prime de 13ᵉ mois versée effectivement en fin d'année pour soutenir que ce salarié est bien rémunéré au taux du SMIC.

Les primes entrent en compte dans le calcul de l'indemnité compensatrice de préavis et de l'indemnité de licenciement.

La suppression d'une prime

Un employeur peut toujours décider de supprimer une prime bénévole destinée à ses employés. Cette décision est sans recours sauf pour un salarié qui peut prouver qu'il a été victime d'une discrimination. Tel est le cas d'une salariée n'ayant pas reçu sa prime alors qu'elle avait annoncée qu'elle était enceinte, par exemple, tandis que ses collègues continuaient à la percevoir (*Cour de cassation, Chambre sociale, 22/6/1983*). La Cour de cassation a également donné raison à un salarié qui réclamait un rappel de salaire au motif que le montant de la prime annuelle qu'il recevait diminuait d'année en année alors que les primes de ses collègues avaient augmenté (*Cour de cassation, Chambre sociale, 30/4/2009*).

En revanche, un employeur ne peut décider unilatéralement de supprimer une prime contractuelle :

– si cette prime découle d'une convention ou d'un accord collectif, il doit, pour ce faire, dénoncer préalablement l'accord dans les règles ;

– si elle résulte d'un usage, il doit informer individuellement chaque salarié ainsi que les représentants du personnel suffisamment à l'avance pour qu'une négociation puisse être engagée à ce sujet ;

– si la prime résulte d'une clause comprise dans le contrat de travail, sa suppression peut être considérée comme une modification d'un élément essentiel du contrat.

Bien entendu, si la prime est liée à certaines conditions, clairement définies dans le contrat, l'employeur est en droit de la supprimer lorsque les conditions prévues ne sont pas réunies. Il en est ainsi par exemple d'une prime d'objectifs lorsque l'intéressé n'a pas réalisé les objectifs impartis. Un salarié a cependant obtenu le paiement d'une telle prime auprès des tribunaux. En effet, alors que son contrat de travail prévoyait que les objectifs devaient être fixés annuellement d'un commun accord, aucune négociation n'avait été engagée en début d'année dans ce sens. Dans un tel cas, le montant de la prime est fixé par le juge (*Cour de cassation, Chambre sociale, 4/7/2007*).

AVANTAGE

L'employeur n'est pas autorisé à diminuer ou à supprimer une prime au titre de sanction disciplinaire à l'encontre d'un salarié, sauf si l'attribution de cette prime est soumise à une condition de présence (la suppression d'une prime d'assiduité à des travailleurs en grève, par exemple).

Qu'est-ce qu'un avantage en nature ?

› Définition

Constituent des avantages en nature tous les services, prestations ou produits offerts gratuitement ou à moindre coût par l'employeur au salarié.

Ces éléments font partie du salaire.

Ils doivent donc être pris en compte pour déterminer le montant du salaire que touche réellement un salarié et pour vérifier, en particulier, si sa rémunération correspond bien au taux du SMIC ou au salaire minimum prévu par sa convention collective.

Les avantages en nature sont aussi pris en compte dans la détermination de l'indemnité de congés payés et des indemnités allouées en cas de licenciement.

Au même titre que le salaire principal, ils sont soumis aux cotisations sociales, à la CSG et à la CRDS.

Les avantages en nature consistent, la plupart du temps, en la fourniture de nourriture, d'un logement ou d'une voiture de fonction. Doivent également être considérés comme des avantages en nature :

– un voyage d'agrément offert par l'employeur (*Cour de cassation, Chambre sociale, 21/6/1989*) ;

– la fourniture de biens ou de services produits par l'entreprise soit gratuitement, soit avec une remise dépassant 30 % ;

– la fourniture de vêtements non exclusivement professionnels.

À NOTER

Rien ne s'oppose à ce qu'un salarié soit rémunéré exclusivement en avantages en nature (employé au pair, par exemple) pourvu que ces avantages lui assure une rémunération horaire égale au SMIC. Dans ce cas, ces avantages en nature sont exonérés de la part salariale des cotisations sociales (mais pas de la part patronale).

› L'évaluation

Les avantages en nature doivent, si possible, être évalués d'après leur valeur réelle ou, à défaut, d'après la valeur fixée par la convention collective applicable ou stipulée dans le contrat de travail individuel. L'administration accepte cependant que certains avantages en nature soient évalués de manière forfaitaire.

Évaluation forfaitaire Nourriture

- Pour le calcul des cotisations de sécurité sociale, la CSG et la CRDS, les frais de repas peuvent être évalués forfaitairement (*Voir pages Barème*).
- Pour le calcul de l'indemnité de congés payés, la valeur minimale est fixée chaque année, par arrêté préfectoral.
- Pour la détermination du SMIC mensuel, la valeur d'un repas est évaluée à 1 fois le minimum garanti (MG) par jour. Cette somme doit être multipliée par 26 ou 22 selon que l'entreprise accorde 1 ou 2 jours de repos hebdomadaire.

Pour connaître le montant actuel du minimum garanti (*Voir pages Barème*).

À NOTER

La prise en charge des frais de repas doit être régulière. Le remboursement occasionnel de quelques repas (5 par mois selon la législation de la Sécurité sociale) ne constitue pas un avantage en nature, mais un remboursement de frais professionnels.

AVANTAGE

Les avantages en nature des dirigeants d'entreprises et mandataires sociaux peuvent également être évalués de manière forfaitaire, et non plus seulement sur leur valeur réelle (Arrêté du 23/12/2019).

Évaluation forfaitaire Logement

- Pour le calcul des cotisations sociales, de la CSG et de la CRDS, la fourniture d'un logement peut être évaluée selon un barème fixé par l'administration *(Voir pages Barème)*.

Les accessoires du logement (eau, gaz, électricité) doivent être pris en compte pour leur valeur réelle.

- Pour le calcul de l'indemnité de congés payés, la valeur minimale est fixée chaque année par arrêté préfectoral.
- Pour la détermination du SMIC, la valeur du logement est également fixée forfaitairement *(Voir pages Barème)*.

À NOTER

L'avantage en nature consistant, pour un salarié, à utiliser pour un usage privé les outils (ordinateur, téléphone portable…) mis à disposition par l'employeur de façon permanente peut être évalué sur un forfait annuel fixé à 10 % du coût d'achat de ces matériels.

Évaluation forfaitaire des voitures de fonction

L'évaluation de l'avantage en nature constitué par une voiture de fonction achetée peut être établie sur la base d'un forfait annuel égal à 9 % du coût d'achat du véhicule s'il a 5 ans au plus (6 % pour un véhicule de plus de 5 ans). Les véhicules loués sont évalués à 30 % du coût annuel de la location.

ATTENTION ⚠

La mise à disposition d'une voiture de fonction que le salarié peut utiliser de façon permanente dans ses déplacements privés et familiaux constitue un avantage en nature même au titre de ses déplacements domicile/lieu de travail.

› La suppression d'un avantage en nature

L'employeur ne peut décider de supprimer un avantage en nature prévu par une convention ou par un accord collectif.

Lorsque la suppression d'un avantage en nature prévu par le contrat de travail entraîne une modification d'un élément essentiel du contrat (suppression d'un logement de fonction sans contrepartie, par exemple), le salarié est libre de la refuser. Ce refus peut entraîner la rupture du contrat dont l'initiative incombe alors à l'employeur.

LOGEMENTS DE FONCTION

Lorsqu'un salarié dispose d'un logement de fonction, la question se pose de savoir s'il doit quitter les lieux en cas de rupture du contrat de travail (démission, licenciement, mise à la retraite).

Il convient, en fait, de distinguer les « locations accessoires » au contrat de travail des locations indépendantes de l'emploi :

– si le logement est accessoire au contrat de travail, le salarié n'a pas droit au maintien dans les lieux. Il doit libérer le logement lorsqu'il quitte l'entreprise ;

– si la location est indépendante de l'emploi, il n'est pas tenu de libérer le logement avant l'expiration du bail.

Lorsque le logement est inhérent à l'emploi (comme c'est le cas pour un gardien logé dans un bâtiment situé à l'intérieur de l'entreprise, par exemple), qu'il est mis gratuitement à la disposition du salarié, qu'il a été fourni par l'employeur pour le rapprocher de son lieu de travail ou qu'il est clairement stipulé dans le contrat de travail que ce logement devra être restitué au moment de la rupture du contrat, il ne fait pas de doute que le logement doit alors être considéré comme accessoire au contrat.

Dans le cas contraire (un logement fourni plusieurs mois après l'embauche moyennant le paiement d'un loyer, par exemple), il incombe à l'employeur, en cas de contestation, de faire la preuve que ce logement est bien accessoire au contrat. À défaut, il sera considéré comme indépendant de l'emploi.

Autre question que la jurisprudence a également tranchée : en cas de maladie du salarié, l'employeur peut-il lui retirer son logement de fonction accessoire au contrat de travail ou encore lui demander le versement d'un loyer durant son arrêt de travail ? Non, répond la Cour de cassation car, durant la maladie, le contrat de travail est simplement suspendu et non pas rompu (*Cour de cassation, Chambre sociale, 26/1/2011*).

Les remboursements de frais professionnels font-ils partie du salaire ?

› Définition

Les sommes versées par l'employeur au titre du remboursement de frais professionnels engagés par les salariés n'ont pas la nature de salaire : elles n'entrent donc pas en compte pour la détermination du salaire et du SMIC en particulier ; elles ne sont pas soumises à cotisations sociales et ne sont pas imposables.

Cette règle ne pose pas de problème lorsqu'il s'agit du remboursement ponctuel de frais réellement exposés sur justificatif (factures fournies par le salarié, par exemple).

Mais les frais professionnels peuvent également être couverts par des primes régulières : prime de transport, de déplacement, de salissure, d'outillage, de panier… Il s'agit alors d'un remboursement forfaitaire (même montant pour tous les salariés, versé sans justificatif).

De telles primes peuvent être prévues par les conventions collectives, le contrat de travail ou par un usage en vigueur dans la profession.

La question se pose alors de savoir si ces allocations doivent être considérées comme des compléments de salaireou comme un remboursement de frais professionnels.

En règle générale, pour qu'elle soit considérée comme un remboursement de frais professionnels, il faut pouvoir justifier que l'indemnité a bien été utilisée pour couvrir les frais en question.

En raison de la complexité de la question, des dispositions particulières régissent certaines catégories de frais.

› Les frais de nourriture et de logement

Le seuil en deçà duquel certaines allocations forfaitaires sont exonérées de cotisations sociales sans qu'il soit besoin de justifier leur utilisation est actualisé chaque année au 1er janvier. Ces limites *(Voir pages Barème)* concernent :

- Les indemnités ou les « primes de panier » accordées aux salariés contraints de prendre un repas supplémentaire sur leur lieu de travail, soit parce que leur pause s'effectue en dehors de la plage horaire des repas, soit parce que l'effort physique fourni nécessite une collation supplémentaire. La Cour de cassation a récemment jugé qu'une « prime de panier », versée à des salariés pour compenser le surcoût du repas pris à des horaires atypiques, avait la nature d'un remboursement de frais et non pas des compléments de salaire, cela malgré leur caractère forfaitaire et le fait qu'elles soient versées sans avoir à présenter de justificatifs (*Cour de cassation, Chambre sociale, 11/1/2017*).
- Les indemnités de repas versées aux salariés occupés en dehors des locaux de l'entreprise (sur un chantier, par exemple).
- Les allocations pour dépenses de nourriture et de logement versées aux salariés en déplacement qui ne peuvent regagner leur résidence en fin de journée.

Au-delà de ces limites, la fraction de ces allocations peut être exonérée de cotisations sociales à condition que l'employeur justifie le montant des dépenses réellement engagées.

› Les frais de transport

Trajet domicile/lieu de travail

- La prise en charge des frais de trajet du salarié peut être considérée comme un remboursement de frais professionnels à condition que ces frais soient justifiés.

Ils doivent notamment correspondre à un déplacement réel, ce qui n'est pas le cas d'une indemnité versée même lorsque le salarié est en arrêt de travail ou en congé, par exemple. En conséquence, l'indemnité de transport n'entre pas dans l'assiette de calcul de l'indemnité de maintien de salaire en cas de maladie et de l'indemnité de congés payés (*Cour de cassation, Chambre sociale, 11/1/2017*).

Le domicile ne doit cependant pas être anormalement éloigné pour des raisons de convenances personnelles, le salarié ayant, par ailleurs, la possibilité de s'installer plus près de son lieu de travail. Une distance de plus de 50 km en région parisienne est généralement considérée comme résultant de convenances personnelles (*Cour de cassation, Chambre sociale, 20/10/1976*).

Pour les salariés ayant plusieurs lieux de résidence (cas des salariés résidant en semaine près de leur lieu de travail et rentrant le week-end à leur domicile familial), l'employeur n'est tenu de prendre en charge que les frais de transport exposés entre le lieu de travail et la résidence où le salarié passe le plus de temps (lieu de résidence occupé en semaine, généralement)(*Cour de cassation, Chambre sociale, 22/6/2016*).

Enfin, si le salarié utilise son véhicule personnel, ce choix doit être motivé par l'absence de transports en commun ou par l'incommodité de ces derniers.

Il est conseillé d'effectuer le remboursement de ces frais à un taux correspondant au barème des évaluations kilométriques fixé chaque année par l'administration fiscale.

● Les employeurs doivent prendre en charge 50 % minimum du prix de l'abonnement (tarif 2nde classe) souscrit par le salarié pour effectuer ses déplacements domicile/lieu de travail accomplis au moyen de transports publics de personnes (transports en commun) ou de services publics de location de vélos (« Vélib » à Paris, par exemple)(*Code du travail, Art. R. 3261-1 et s.*). Cette prise en charge s'applique sans qu'il y ait lieu de distinguer la situation géographique. Un employeur ne peut donc, par exemple, limiter le remboursement aux seuls déplacements en région Île-de-France (*Cour de cassation, Chambre sociale, 12/12/2012*).

Ce remboursement s'effectue sur présentation des titres achetés dans le délai d'1 mois suivant la validité du titre en question. Si le salarié a opté pour un abonnement annuel, il doit produire un double de son contrat ou une photocopie de son titre annuel pour être remboursé.

● Les employeurs peuvent prendre en charge tout ou partie des frais de carburant et des frais exposés pour l'alimentation de véhicules électriques, hybrides rechargeables ou hydrogène liés à l'utilisation de leur véhicule personnel par les salariés ayant leur résidence ou leur lieu de travail dans une zone non couverte par les transports collectifs ou dont les horaires de travail ne leur permettent pas de les utiliser.

● Les employeurs peuvent également prendre en charge, dans le cadre d'un « forfait mobilités », les déplacements domicile/travail à vélos (y compris vélos à assistance électrique), en covoiturage (en tant que conducteur ou passager) ou en usant d'autres services de mobilité partagée. Les déplacements occasionnels en transports publics, lors d'un pic de pollution par exemple, peuvent être inclus dans ce forfait (*Code du travail, Art. L. 3261-3-1*). Cette prise en charge prend la forme d'un titre mobilité, à l'image des titres-restaurants.

● Un accord d'entreprise ou interentreprises, et à défaut un accord de branche, doit définir le montant, les modalités et les critères d'attribution de la prise en charge des frais de transport personnel. Et ce, quelle que soit l'option choisie : forfait de mobilité durable ou frais de carburant. Ces deux prises en charge, facultatives, sont exonérées de charges sociales et d'impôt sur le revenu dans la limite de 400 € par salarié et par an, dont 200 € maximum au titre des frais de carburant.

À NOTER

Le montant de la prise en charge des frais de trajets domicile-lieu de travail doit figurer sur le bulletin de paie.

AVANTAGE

Il est possible de cumuler la prise en charge obligatoire par l'employeur d'une partie des frais de transports collectifs et celle, facultative, des frais de transport personnel. Le plafond est fixé à 400 € par an et par salarié ou dans la limite de la prise en charge des transports collectifs, si celle-ci dépasse le plafond de 400 €.

AVANTAGE

Les entreprises qui mettent gratuitement à disposition de leurs salariés des vélos (électriques ou non) pour les déplacements domicile-travail peuvent bénéficier de réductions d'impôt au titre des frais engagés pour l'achat, la location ou l'entretien de la flotte de vélos, dans la limite de 25 % de ces frais engagés (Code général des impôts, Art. 220 undecies A). S'il s'agit de location, le contrat doit être pris sur une durée d'au moins 3 ans.

● Autres trajets

Les remboursements des frais de trajet des salariés en déplacement sont considérés comme un remboursement de frais professionnels lorsqu'ils correspondent aux frais réellement engagés.

Là encore, il est conseillé de se référer au barème fiscal pour l'évaluation des frais engagés.

La prise en charge des frais de voyage des salariés détachés à l'étranger (voyage aller-retour du salarié et de sa famille en début et en fin de détachement, voyage annuel dans le pays d'origine…) sont également considérés comme un remboursement de frais professionnels.

À NOTER

Même exonérées de cotisations sociales, certaines de ces indemnités peuvent être requalifiées : en prime lorsqu'elles ne correspondent pas à des dépenses effectives : tel a été le cas d'une indemnité de déplacement versée à l'ensemble du personnel d'une entreprise, y compris à ceux habitant près de leur lieu de travail (Cour de cassation, Chambre sociale, 7/11/1985) ; en avantage en nature, par exemple en cas de prise en charge habituelle et intégrale des frais de repas d'un salarié lors de ses déplacements professionnels (Cour de cassation, Chambre sociale, 22/6/1983).

LES CHÈQUES-DÉJEUNER

Les employeurs peuvent contribuer aux frais de repas de leurs salariés en leur attribuant des chèques-déjeuner (*Code du travail, Art. L. 3262-1 et s.*).

Ces titres peuvent être émis en version papier ou sous forme dématérialisée (carte à puce rechargeable, application Smartphone).

Le chèque-déjeuner permet aux salariés de prendre leurs repas à moindre coût dans les restaurants, chez des traiteurs ou de se les procurer chez un détaillant en fruits et légumes acceptant ces titres. L'employeur peut, en effet, prendre la moitié et jusqu'à 60 % du montant de ces chèques à sa charge.

Ce système est facultatif, sauf lorsqu'il se substitue à l'obligation d'avoir un local de restauration dans les entreprises où au moins 25 salariés le réclament.

Les chèques ne peuvent être utilisés que par les salariés de l'entreprise à raison d'un montant journalier maximum *(Voir pages Barème)*. Les jours d'absence au poste de travail, quel qu'en soit le motif (vacances, RTT, congé maladie…), ne donnent pas droit à des chèques-déjeuner. Ils ne peuvent généralement être utilisés que dans les départements du lieu de travail, excepté les dimanches ou jours fériés (sauf décision contraire de l'employeur pour les salariés travaillant ces jours-là et les salariés en télétravail).

Dans les faits, les commerçants peuvent se montrer moins exigeants sur les modalités d'utilisation de ces chèques, et l'employeur peut faire apparaître la mention « valable dans toute la France » pour les salariés appelés à se déplacer souvent loin du lieu de travail. Il n'est pas possible, dans tous les cas, de payer par chèques-déjeuner des préparations alimentaires non immédiatement consommables ou des produits non-alimentaires dans les grandes surfaces.

Lorsqu'un tel système existe, tous les salariés de l'entreprise y ont droit, y compris les salariés à temps partiel, temporaires ou sous contrat à durée déterminée ; ils peuvent toutefois être refusés aux salariés dont les horaires ne comportent pas la plage horaire réservée au repas. L'employeur ne peut pas exclure certaines catégories de son personnel, les cadres (*Cour de cassation, Chambre sociale, 20/2/2008*) ou les salariés itinérants (*Cour de cassation, Chambre sociale, 16/11/2007*) par exemple. En revanche, les tribunaux ont considéré qu'il peut attribuer les chèques-déjeuner aux seuls salariés franciliens, l'attribution de cet avantage ayant pour but d'indemniser le surcoût que ceux-ci supportent du fait de l'éloignement entre leur domicile et leur lieu de travail ainsi que le coût plus élevé des repas par rapport à leurs collègues provinciaux (*Tribunal de grande instance de Paris, 28/10/2008*).

Il n'y a pas de limite au prix des chèques-déjeuner. L'employeur est toutefois exonéré de cotisations sociales sur la part ne dépassant pas un certain montant *(Voir pages Barème)*.

Les chèques sont considérés comme un remboursement de frais ; ils ne sont pas soumis à cotisations sociales pour les salariés et ne sont pas imposables dans les mêmes limites que ci-dessus.

Les retenues sur salaire

Le salaire brut est diminué des cotisations sociales destinées au financement de la protection sociale ainsi que de la CSG et de la CRDS. Les autres retenues sur salaire sont strictement réglementées.

Quelles retenues l'employeur peut-il effectuer sur les salaires ?

Les retenues pour charges sociales

Le salaire brut auquel a droit le salarié en rémunération de son travail est amputé des cotisations sociales obligatoires, de la CSGet de la CRDS.

Les retenues pour absences

Le salaire étant la contrepartie du travail accompli par le salarié, l'obligation de le payer disparaît lorsque ce travail n'a pas été effectué. En pratique, cette règle connaît de nombreuses exceptions. C'est ainsi qu'en cas de maladie ou d'accident, le maintien de tout ou partie du salaire est généralement prévu soit par la convention collective, soit, à défaut, par l'accord de mensualisation.

Mais certains congés non rémunérés, la grève, des absences pour motif personnel ou même les retards non justifiés peuvent entraîner une diminution du salaire proportionnelle au temps d'absence.

La Cour de cassation a décidé que la retenue pour heure d'absence doit être égale au rapport du salaire mensuel sur le nombre d'heures de travail dans l'entreprise pendant le mois considéré (*Cour de cassation, Chambre sociale, 29/11/1989*).

Exemple : un salarié gagnant 2 000 € par mois est absent pendant une semaine soit 35 heures durant un mois qui comporte 161 heures réelles de travail. Il perdra donc :

2 000 × 35161 = 434,78 €.

En cas de grève, la Cour de cassation a précisé que les retenues sur salaires devaient être calculées uniquement en fonction du nombre de jours non travaillés. Un employeur ne peut pas moduler les retenues selon le degré de participation à une grève ou le niveau de perturbations subies par l'entreprise (*Cour de cassation, Chambre sociale, 9/7/2015*).

À NOTER

Pour les salariés entrés ou sortis en cours de mois, le salaire de ce mois incomplet est égal à la rémunération horaire multipliée par le nombre d'heures réellement travaillées (Cour de cassation, Chambre sociale, 24/6/1992).

Les retenues pour dettes

Si le salarié a contracté des dettes envers son employeur, celui-ci peut, dans certaines conditions, se rembourser sur son salaire.

Le remboursement des dettes contractées envers d'autres créanciers, peut, par décision de justice, être prélevé sur une partie du salaire.

LES RETENUES POUR MAUVAISE EXÉCUTION DU TRAVAIL

L'obligation de payer le salaire disparaissant si le travail n'est pas effectué, les employeurs pourraient être tentés d'en déduire que cette obligation peut être proportionnellement atténuée en cas de mauvaise exécution du travail. Il n'en est rien, le Code du travail ayant expressément prohibé toute forme d'amende ou de sanctions pécuniaires (*Code du travail, Art. L. 1331-2*). Si le salarié fait volontairement mal son travail (sabotage) ou s'il en ralentit l'exécution (grève du zèle, grève perlée), l'employeur peut, bien entendu, prendre des mesures à son encontre mais il ne peut, en aucun cas, décider d'opérer une retenue sur son salaire.

Quel est le montant des cotisations sociales ?

L'assiette des cotisations

Les cotisations sociales obligatoires sont calculées sur la rémunération brute constituée du salaire de base et des différentes primes et indemnités ayant le caractère de salaire. Sont donc concernés :

– les majorations du salaire (pour travail de nuit, les dimanche, les heures supplémentaires, etc.) ;

– les indemnités de congés payés ;

– les primes et les gratifications qui ne correspondent pas à du temps de travail effectif (prime d'ancienneté, d'assiduité, de rendement, de 13e mois, de départ, de bilan, etc.) ;

– l'ensemble des avantages en espèces versés par l'employeur, à l'exception des sommes représentant le remboursement de frais professionnels ;

– les gratifications versées à l'occasion de la remise d'un diplôme ou d'une médaille. Toutefois, pour la médaille du travail, la gratification ne dépassant pas 1 mois de salaire est exonérée des cotisations ;

– les avantages en nature fournis gratuitement par l'employeur. Ces avantages sont estimés d'après leur valeur réelle ou par défaut, d'après une valeur forfaitaire.

La plupart de ces cotisations comportent une part patronale à la charge de l'employeur et une part salariale à la charge de l'employé. Cette dernière est prélevée directement sur le salaire brut et déduite de la paie touchée par le salarié. Le salaire brut moins les cotisations constitue le salaire net qui doit être déclaré pour l'imposition sur le revenu.

Les salaires sont également assujettis à deux prélèvements fiscaux, la CSG et la CRDS.

La part salariale et la part patronale des cotisations sociales doivent figurer sur le bulletin de paie).

À NOTER

Les cotisations sociales sont obligatoires. Nul ne peut, par contrat ou accord, s'en dispenser sous peine d'être poursuivi pour travail dissimulé.

Les taux

Le tableau ci-dessous présente le taux des différentes cotisations obligatoires au 1/1/2020.

- Certaines cotisations se calculent sur la totalité du salaire, comme la cotisation assurance maladie.
- D'autres sont plafonnées, c'est-à-dire qu'elles ne s'appliquent que sur un certain montant du salaire calculé en fonction du plafond mensuel de la Sécurité sociale *(Voir pages Barème)*, la partie supérieure étant exonérée ; tel est le cas de la cotisation d'assurance chômage.
- D'autres enfin se décomposent en deux taux différents : l'un appliqué jusqu'à un certain montant de salaire, l'autre sur la partie du salaire dépassant ce plafond. Il en est ainsi de la cotisation de retraite complémentaire.

TAUX DES COTISATIONS OBLIGATOIRES

Cotisations	Part salariale	Part patronale	Base
CSG	9,20 %	–	98,25 % du salaire (1)
CRDS	0,5 %	–	98,25 % du salaire (1)
Assurance maladie, maternité, invalidité, décès + Contribution solidarité autonomie (2)	–	13 % (3) + 0,30 %	salaire total
Assurance vieillesse	6,90 %+ 0,40 %	8,55 %+ 1,90 %	1 plafond + salaire total
Aide au logement (moins de 50 salariés)	–	0,10 % (4)	1 plafond
Allocations familiales	–	5,25 % (5)	salaire total
Accidents du travail	–	% variable	
Retraite complémentaire (Tranche 1)	3,15 %	4,72 %	1 plafond

TAUX DES COTISATIONS OBLIGATOIRES			
Cotisations	**Part salariale**	**Part patronale**	**Base**
Contribution d'équilibre général (Tranche 1) (6)	0,86 %	1,29 %	1 plafond
Retraite complémentaire (Tranche 2)	8,64 %	12,95 %	1 à 8 plafond
Contribution d'équilibre général (Tranche 2)	1,08 %	1,62 %	1 à 8 plafond
Contribution d'équilibre technique (6) (Tranches 1 et 2)	0,14 %	0,21 %	1 à 8 plafond
Assurance chômage	–	4,05 % (7)	4 plafonds
Fonds de garantie des salaires (AGS)	–	0,15 %	4 plafonds
APEC (cadres uniquement)	0,024 %	0,036 %	4 plafonds
Contribution au dialogue social	0,024 %	0,016 %	salaire total

(1) La réduction s'applique sur les sommes limitées à 4 plafonds annuels de la Sécurité sociale. La part du salaire annuel qui dépasse ce montant est donc assujettie sur la totalité de son montant.
(2) Cette cotisation sert à financer la dépendance des personnes âgées et handicapées.
(3) Ce taux est fixé à 7 % sur les salaires ne dépassant pas 2,5 fois le SMIC.
(4) Ce taux est de 0,50 % pour les entreprises de plus de 50 salariés.
(5) Ce taux est de 3,45 % sur les salaires ne dépassant pas 3,5 fois le SMIC.
(6) Pour les salaires dont la rémunération excède le plafond mensuel de la Sécurité sociale, fixée à 0,35 % (0,14 % pour la part salariale et 0,21 % pour la part patronale).

Il ne s'agit, dans ce tableau, que des cotisations obligatoires devant figurer sur le bulletin de paie, mais il existe d'autres cotisations à la charge de l'employeur (participation à la construction, taxe d'apprentissage, participation à la formation professionnelle…) ; d'autres cotisations peuvent également être prélevées sur les salaires, dans certaines entreprises. Le cas le plus fréquent est celui des mutuelles qui assurent une protection sociale supplémentaire.

Le paiement du salaire

L'employeur est tenu de respecter la périodicité de versement des salaires et de délivrer un bulletin de paie conforme à tous ses employés.

Quelle doit être la périodicité de versement des salaires ?

Le paiement au mois

Les salariés bénéficiant du principe de la mensualisation doivent être payés au moins une fois par mois (*Code du travail, Art. L. 3242-1*). Un acompte correspondant, pour une quinzaine, à la moitié de la rémunération mensuelle est versé au salarié qui en fait la demande.

Le paiement à la quinzaine

Les salariés qui ne bénéficient pas de la mensualisation (travailleurs à domicile, intermittents ou saisonniers) sont payés au moins deux fois par mois, l'intervalle entre deux salaires ne devant pas excéder 16 jours (*Code du travail, Art. L. 3242-3*).

S'il s'agit d'un travail aux pièces qui dure plus de 15 jours, l'ouvrier doit recevoir un acompte chaque quinzaine, le solde devant être réglé dans la quinzaine suivant la livraison de l'ouvrage (*Code du travail, Art. L. 3242-4*).

Le paiement tous les 3 mois

Les VRP statutaires doivent percevoir le paiement de leur commission au moins tous les 3 mois, les parties pouvant convenir d'une périodicité plus courte (*Code du travail, Art. L. 7313-7*).

À NOTER

Les travailleurs intérimaires bénéficient généralement d'accords de mensualisation propres à leur profession. De plus, les entreprises de travail temporaire adhérant au Syndicat des professionnels du recrutement et de l'intérim (Prism'emploi) accordent un acompte par quinzaine.

Les sanctions prévues

- Tout retard dans le paiement du salaire, même s'il est exceptionnel, est passible d'une amende de 3e classe *(Voir pages Barème)*.
- L'employeur peut également être condamné à payer des intérêts moratoires et des dommages et intérêts.
- Le retard dans le paiement du salaire et, à plus forte raison, le non-paiement du salaire autorise le salarié à rompre son contrat de travail sans préavis. L'employeur devra lui verser des indemnités de rupture, y compris l'indemnité compensatrice de préavis.
Ce cas est considéré comme une démission légitime qui ouvre droit à l'indemnisation chômage.
- Enfin, la jurisprudence considère que le non-paiement des salaires peut justifier un mouvement de grève du personnel. Dans ce cas, le paiement des jours de grève peut être ordonné par les juges à titre d'indemnisation du préjudice subi par les salariés (*Cour de cassation, Chambre sociale, 27/11/1990*).

AVANTAGE

Les salariés payés au mois peuvent, sur leur demande, recevoir un acompte égal à la moitié de leur salaire mensuel en milieu de mois. Attention : l'acompte ne peut concerner qu'un travail déjà effectué. On ne peut exiger un acompte sur la paie des 15 jours à venir, par exemple. Il s'agirait alors d'un prêt. L'employeur peut consentir un tel prêt (mais il n'y est pas obligé), qui s'accompagne généralement d'une reconnaissance de dette signée par le bénéficiaire. Le remboursement de telles avances est réglementé.

Quelles sont les modalités de paiement du salaire ?

› À qui effectuer le paiement ?

Le salaire doit être versé au salarié lui-même. Certaines situations particulières permettent néanmoins de déroger à ce principe.

À NOTER

En matière de réclamation (erreur de paiement, non-paiement), les salariés ont intérêt à agir le plus rapidement possible en raison de la prescription fixée à 3 ans.

- Si le salarié est absent (pour maladie, par exemple), le salaire peut être versé à un mandataire muni d'une procuration en bonne et due forme datée et signée par le salarié ° 12). Cette procuration est nécessaire même si le mandataire est le conjoint ou un parent du salarié.

Attention : si l'employeur remet le salaire à un tiers non muni d'une telle procuration, le salarié peut réclamer d'être à nouveau payé.

- Si le salarié est mineur, l'employeur peut lui remettre son salaire en main propre à moins que son représentant légal ne s'y oppose. Aussi est-il plus prudent pour l'employeur de solliciter une autorisation écrite du représentant légal afin d'éviter toute contestation ultérieure.

- En cas de décès du salarié, l'encaissement peut être effectué par le notaire chargé du règlement de la succession.

- Si le salaire fait l'objet d'une saisie, la partie saisissable est versée directement aux créanciers.

› Quels sont les moyens de paiement utilisés ?

Le mode de paiement

Le salaire peut être payé en espèces, par chèque, ou encore par virement à un compte bancaire ou postal (*Code du travail, Art. L. 3241-1*).
Selon le décret n° 85-1073 du 7/10/1985 :
– en dessous de 1 500 € net par mois, le salaire peut être payé en espèces au salarié qui le demande ;
– au-dessus de 1 500 € net, le salaire doit obligatoirement être payé par chèque ou par virement.
Certaines catégories de salariés peuvent être rémunérées à l'aide de chèques spéciaux préétablis : le TESE, le CEA ou le chèque emploi service universel.

La monnaie

Les salaires doivent être payés en euros. Lorsque le montant du salaire est fixé en devises étrangères, la conversion en€ se fait au cours du change en vigueur au jour du paiement (*Cour de cassation, Chambre sociale, 3/4/1990*).

À NOTER

Le salaire est versé un jour ouvrable sauf en cas de paiement réalisé par virement (Code du travail, Art. R. 3241-1).

LA DATE DE PAIEMENT DE LA RÉMUNÉRATION

Si la périodicité du versement du salaire (tous les mois ou tous les 15 jours) est fixée par les articles L. 3242-1 à L. 3242-4 du Code du travail, aucun texte, en revanche, ne réglemente la date de ce paiement.
Un employeur peut donc décider de verser les salaires de ses employés n'importe quel jour du mois : le 5, le 23, le 6 du mois suivant, etc., pourvu que cette date revienne régulièrement (tous les 5, 23 ou 6 du mois suivant, dans les exemples cités, s'il s'agit d'employés mensualisés).
Certains éléments de la rémunération échappent à cette règle de périodicité. On peut citer, par exemple :
– les primes de 13e mois versées en fin d'année ;
– les primes d'ancienneté qui peuvent être versées trimestriellement ;
– les « bonus de chantier » qui peuvent être versées en fin de chantier.

La délivrance d'un bulletin de paie est-elle obligatoire ?

L'employeur doit délivrer un bulletin de paie à chaque versement de rémunération, sans que le salarié ait à en faire la demande et quels que soient le montant du salaire et la nature du contrat (Code du travail, Art. L. 3243-4).

Il est possible d'envoyer le bulletin de paie sous forme électronique. Il est toutefois nécessaire que :
– le salarié ne s'y oppose pas ;
– la remise s'effectue dans des conditions préservant l'intégrité, la disponibilité et la confidentialité des données ainsi que leur accessibilité dans le cadre du service en ligne du compte personnel d'activité. Le fichier utilisé ne doit donc pas être modifiable.
La notion de rémunération doit être entendue de façon très large. Ainsi, selon la Cour de cassation, même

un salarié employé au pair et ne percevant en guise de rémunération que des avantages en nature (nourriture et logement, en l'occurrence) peut exiger la remise d'un bulletin de paie (*Cour de cassation, Chambre sociale, 14/2/1996*).

Les employeurs doivent conserver le double des bulletins de paie de leurs salariés version papier pendant 5 ans. Il est toutefois conseillé de les conserver jusqu'à ce que le salarié parte à la retraite. Ceux fournis sous forme électronique doivent être conservés :
– soit pendant 50 ans ;
– soit jusqu'à ce que le salarié atteigne l'âge de 75 ans (*Code du travail, Art. L. 3243-4 et D. 3243-8*).

Le contenu

Ce bulletin doit comprendre les mentions suivantes (*Code du travail, Art. R. 3243-1*) :

- le nom et l'adresse de l'employeur ainsi que, le cas échéant, la désignation de l'établissement dont dépend le salarié ;
- la référence de l'organisme auquel l'employeur verse les cotisations de Sécurité sociale, le numéro sous lequel ces cotisations sont versées et, pour les employeurs inscrits au Répertoire national des entreprises tenu par l'INSEE, le numéro SIRET et le code NAF ;
- l'intitulé de la convention collective de branche applicable au salarié ou, en cas d'absence de convention, la référence au Code du travail pour les dispositions relatives à la durée des congés payés et aux délais de préavis en cas de rupture du contrat de travail ;
- le nom et l'emploi du salarié, sa position dans la classification conventionnelle (niveau et coefficient hiérarchique) ;
- la période et le nombre d'heures de travail effectuées en distinguant les heures normales et celles qui comportent une majoration pour heure supplémentaire ou pour toute autre cause (pour travail de nuit, par exemple) et en mentionnant le ou les taux applicables aux heures correspondantes et, éventuellement :
  – la nature et le volume du forfait pour les salariés rémunérés selon un système forfaitaire,
  – l'indication de la nature de la base de calcul du salaire lorsque cette base n'est pas la durée du travail (VRP, par exemple) ;
- le montant de la rémunération brute ;
- les différentes cotisations salariales et patronales et leur montant ;
- le montant global des réductions et exonérations de charges sociales accordées à l'employeur.

Par mesure de simplification, les lignes relatives aux cotisations de protection sociale sont réunies au sein de 5 groupes de risques (santé, accidents du travail-maladies professionnelles, retraite, famille et assurance-chômage) ;
- le salaire net ;
- la date de paiement ;
- les dates de congés payés et le montant de l'indemnité de congés payés lorsqu'une période de congé annuel est comprise dans la période de paie considérée ;
- le montant de la prise en charge des frais de transports publics ou des frais de transports personnels ;
- une mention invitant le salarié à conserver son bulletin de paie sans limitation de durée ainsi que la mention de la rubrique dédiée au bulletin de paie sur le portail www.service-public.fr).

Depuis la mise en place du prélèvement à la source, le bulletin de paie indique en outre :
– l'assiette, le taux et le montant de la retenue à la source ;
– la somme qui aurait été versée au salarié s'il n'y avait pas de retenue à la source.

En cas d'activité partielle, le bulletin de paie mentionne également :
– le nombre d'heures indemnisées ;
– le taux appliqué pour le calcul des allocations ;
– les sommes versées au titre de la période considérée.

À NOTER

Les employeurs doivent inscrire le « net à payer » avant impôt sur le revenu, et la valeur correspondante, en caractère plus gros. Aussi, il est précisé que la police de caractère utilisée pour cette mention et cette somme doit être de 1,5 points plus grande que le reste du bulletin de paie (Arrêté du 9/5/2018).

À NOTER

Dans les départements du Haut-Rhin, du Bas-Rhin et de la Moselle, où le régime local d'assurance maladie complémentaire est obligatoire, les bulletins de paie doivent faire apparaître, à la ligne « Sécurité Sociale-Maladie Maternité Invalidité Décès », les valeurs correspondant aux « Taux salarial » et « Part salarié ».

À NOTER

Il ne peut être exigé aucune formalité de signature ou d'émargement autre que celle établissant que la somme reçue correspond bien au montant de la rémunération nette indiquée sur le bulletin de paie (Code du travail, Art. L. 3243-2). Par ailleurs, le salarié qui reçoit son bulletin de paie sans protestation ne renonce pas pour autant aux réclamations ultérieures qu'il pourrait formuler en matière de rappels de salaires qui lui sont dus (Code du travail, Art. L. 3243-3).

Les mentions interdites

Le bulletin de paie ne doit comporter aucune mention concernant l'activité syndicale ou de représentant du personnel du salarié.

Les heures de délégation doivent ainsi figurer sur une feuille annexe.

Les tribunaux sont très stricts en la matière. Ainsi, la Cour de cassation a jugé illicite le fait qu'un employeur fasse apparaître sur un bulletin de paie les heures de délégation des représentants du personnel sous une rubrique « heures assimilées » ou « heures travaillées II » car cette distinction, si elle ne comportait pas la mention explicite « heures de délégation », permettait néanmoins de les distinguer des heures normales figurant sous la rubrique « heures travaillées » (*Cour de cassation, Chambre sociale, 3/2/1993*).

Il est également interdit de faire mention de l'exercice du droit de grève. La Cour de cassation a jugé, en effet, que l'obligation d'indiquer la nature et le montant des déductions effectuées sur la rémunération n'autorise pas pour autant l'employeur à faire mention des heures de grève sur les bulletins de paie de ses employés (*Cour de cassation, Chambre sociale, 19/5/1993*).

Les documents annexes

La nature et le montant de la rémunération de l'activité de représentation figurent sur une fiche annexée au bulletin de paie qui a le même régime juridique que celui-ci et que l'employeur établit et fournit au salarié (*Code du travail, Art. R. 3243-4*).

L'employeur doit également délivrer aux salariés, en annexe au bulletin de paie, les informations suivantes :

– repos compensateur de remplacement et de contrepartie obligatoire en repos : en l'absence de précision conventionnelle contraire, les salariés sont informés du nombre d'heures à leur crédit et des modalités d'ouverture de leurs droits par un document annexé au bulletin de paie ;

– salariés d'un atelier, d'un service ou d'une équipe ne travaillent pas selon le même horaire collectif de travail affiché : un document mensuel, dont le double est annexé au bulletin de paie, est établi pour chaque salarié ;

– entreprises appliquant un aménagement du temps de travail : le total des heures de travail accomplies depuis le début de la période de référence est mentionné à la fin de celle-ci ou lors du départ du salarié si celui-ci a lieu en cours de période, sur un document annexé au dernier bulletin de paie de cette période (*Code du travail, Art. D. 3171-11 à D. 3171-13*).

À NOTER

Certains dispositifs permettent aux employeurs de s'exonérer de la rédaction du bulletin de paie.

À NOTER

Les conventions collectives peuvent prévoir des mentions supplémentaires par rapport à celles imposées par le Code du travail.

Qu'est-ce que le chèque emploi service universel (CESU)?

Les personnes concernées

Le CESU peut être utilisé par les particuliers :

– soit pour rémunérer et déclarer les salariés entrant dans le champ des services à la personne qu'ils emploient. Sont concernés les employés effectuant à domicile des tâches ménagères ou familiales : entretien de la maison, préparation des repas, garde-malade, assistant des personnes âgées ou handicapées, garde des enfants, soutien scolaire, travaux de jardinage, de bricolage, assistance informatique, soins et promenades des animaux domestiques pour les personnes dépendantes… Le CESU peut également être utilisé pour les assistants maternels, les stagiaires aides familiaux au pair et les accueillants familiaux.

Dans ce cas, le CESU ne peut être utilisé qu'avec l'accord du salarié concerné et après information de ce dernier sur le fonctionnement de ce système ;

– soit pour rémunérer les prestations de services fournies par les organismes de services à la personne (correspondant aux activités citées ci-dessus), celles fournies par les établissements habilités à émettre des CESU, les crèches, les haltes-garderies, les jardins d'enfants, les centres de loisirs, les prestations à domicile délivrées à des ascendants bénéficiaires de l'APA ainsi que les prestations de transport de voyageurs par taxi financées par les prestations sociales et destinées aux personnes âgées ou à mobilité réduite.

Les avantages

L'utilisation du CESU permet de bénéficier d'un crédit d'impôt égal à 50 % des dépenses engagées (salaire

+ cotisations sociales) dans la limite de 12 000 € par an ou 20 000 € pour les personnes invalides, soit une réduction maximale de 6 000 € ou 10 000 € par an. Ce plafond est majoré de 1 500 € par enfant à charge (750 € en cas de résidence alternée) et membre du foyer âgé de plus de 65 ans, dans la limite de 15 000 €.
Le CESU dispense le particulier employeur :
– des formalités liées à l'embauche du salarié ;
– de la rédaction du contrat de travail si l'emploi n'excède pas 8 heures par semaine ou 4 semaines consécutives dans l'année. Dans le cas contraire, il faut remplir le contrat-type contenu dans le dossier d'adhésion ;
– de l'établissement des bulletins de paie (et donc du calcul des cotisations sociales et du prélèvement à la source). C'est le Centre national de traitement du CESU (géré par l'URSSAF) qui se charge d'adresser un bulletin de paie au salarié dès la déclaration en ligne des salaires versés ou dès la réception du volet social.

Le mode d'emploi

Il suffit de remplir un formulaire d'adhésion auprès de l'URSSAF, de l'établissement où l'on détient un compte bancaire ou encore directement sur le site *www.cesu.urssaf.fr*. Dans les deux premiers cas, l'employeur reçoit un chéquier contenant des chèques et des enveloppes pré-imprimées pour expédier les volets sociaux. En cas d'adhésion *via* Internet, la déclaration des salaires se fait obligatoirement en ligne et l'employeur peut rémunérer directement le salarié avec tous les moyens de paiement à sa convenance (virement, espèces, chèques…). Avec le service CESU +, il peut aussi déléguer au CESU l'intégralité du processus de rémunération.
Le particulier employeur doit déclarer la rémunération du salarié au plus tard dans les 15 jours suivant la fin du mois au cours duquel il a effectué sa prestation. S'il n'a pas adhéré au CESU en ligne, auquel cas toutes les démarches se font sur le site, il adresse le volet social au Centre national de traitement du CESU, 63 rue de la Montat, 42961 Saint-Étienne Cedex 9. Le centre se charge de calculer les cotisations sociales dues sur le salaire réel. Au début du mois suivant, il informe l'employeur du montant des cotisations, dans son espace personnel en ligne ou, le cas échéant, par courrier. Le prélèvement des cotisations est effectué à la fin du mois.
Les particuliers employeurs ont droit à une déduction forfaitaire de cotisation maladie, invalidité, décès égale à 2 € par heure travaillée.
Signalons également que les personnes de plus de 70 ans (60 ans pour les personnes ayant besoin de l'assistance d'une tierce personne pour accomplir les actes ordinaires de la vie) sont exonérées du paiement des cotisations patronales pour l'emploi de leurs aides à domicile dans la limite d'un plafond égal à 65 fois le SMIC horaire par mois *(Voir pages Barème)*. Cette limite ne s'applique pas aux personnes âgées dépendantes.
Pour les salariés dont le nombre d'heures de travail hebdomadaire n'excède pas 32 heures, ou au-dessus en cas d'accord du salarié, la rémunération inclut une indemnité compensatrice de congés payés égale à 10 % de la rémunération. À défaut, l'indemnité est payée au moment de la prise effective des congés.
Pour tout renseignement complémentaire, on peut consulter les sites Internet *www.servicealapersonne.gouv.fr* et *www.cesu.urssaf.fr*.

À NOTER

Le CESU peut également se présenter sous la forme d'un titre spécial de paiement avec un montant pré-établi et cofinancé par un tiers payeur. De tels CESU peuvent être délivrés par les entreprises, les collectivités territoriales, les mutuelles ou les organismes de protection sociale (l'allocation personnalisée d'autonomie et la prestation de compensation du handicap peuvent ainsi être versées sous la forme de CESU)(Code du travail, Art. L. 1271-12). L'aide au cofinancement du CESU de la part du comité social et économique ou de l'entreprise est exonérée de cotisations sociales et non imposable dans une certaine limite (Voir pages Barème) (Code du travail, Art. L. 7233-7).

AVANTAGE

Les chefs d'entreprise peuvent s'allouer une aide financière sous forme de CESU : sans aucune condition s'ils n'emploient aucun salarié ; s'ils remplissent les mêmes critères d'attribution que les membres de leur personnel lorsqu'ils emploient des salariés. Cette aide est exonérée de cotisations sociales et non imposable dans la même limite que pour les salariés (Instruction DGFIP n° 60 du 6/6/2008).

L'épargne salariale

Plusieurs dispositifs permettent d'associer les salariés aux bénéfices réalisés par leur entreprise. Le principal est la participation aux résultats, obligatoire dans les entreprises d'au moins 50 salariés. Les autres régimes sont facultatifs mais encouragés par la loi Pacte.

Comment la participation est-elle organisée dans l'entreprise ?

Les entreprises concernées

La participation des salariés aux résultats de l'entreprise est obligatoire dans toutes les entreprises ou les unités économiques et sociales, quels que soient leur secteur d'activité et leur forme juridique, à partir du moment où elles occupent au moins 50 salariés (*Code du travail, Art. L. 3321-1*).

Le calcul de l'effectif s'apprécie sur l'année civile, au niveau de l'entreprise, à partir de la moyenne des effectifs déclarés chaque mois pour le paiement des cotisations sociales.

L'obligation de mettre en place un dispositif de participation ne s'applique qu'à partir du moment où le seuil des 50 salariés a été franchi pendant 5 années consécutives. La participation est alors obligatoire à compter du premier exercice ouvert postérieurement à cette période.

Les entreprises nouvelles dont l'effectif atteint 50 salariés sont soumises à la participation à partir du 3e exercice clos après leur création (*Code du travail, Art. L. 3322-5*).

Les entreprises ayant conclu un accord d'intéressement qui atteignent un effectif de 50 salariés sont soumises à la participation à l'expiration de cet accord. Cette obligation ne s'applique qu'à partir du 3e exercice clos après avoir atteint le seuil des 50 salariés si l'accord d'intéressement a été appliqué sans discontinuité pendant cette période. Elles peuvent, dans ce cas, conclure un accord de participation dérogatoire prévoyant une base de calcul et de répartition identique à celle de l'accord d'intéressement expiré (*Code du travail, Art. L. 3322-3*).
Lorsque l'entreprise cesse d'employer 50 salariés, l'accord de participation peut être suspendu, la reprise se faisant automatiquement en cas d'accroissement d'effectif ultérieur.

AVANTAGE

Dans les entreprises occupant moins de 50 salariés, la participation est facultative mais encouragée par de nouveaux modèles d'accords-types découlant de la loi Pacte et négociés au niveau des branches et mis en ligne sur le site du ministère du Travail. Les PME peuvent ainsi, si elles le désirent, s'en saisir pour conclure un accord de participation. En cas d'échec de la négociation, l'employeur peut décider de mettre en place un régime volontaire unilatéralement (Code du travail, Art. L. 3323-6).

À NOTER

Les entreprises qui appartiennent à un même groupe peuvent prévoir un accord au niveau du groupe afin de compenser les performances économiques inégales entre les entreprises du groupe.

La conclusion des accords

Les accords de participation sont conclus selon l'une des modalités suivantes :
– un accord entre le chef d'entreprise et des représentants du personnel mandatés par les organisations syndicales représentatives ;
– un accord au sein du comité social et économique : la délégation du personnel au CSE statue alors à la majorité. Dans les entreprises à établissements distincts, c'est le comité central qui doit être saisi ;
– par un projet proposé au personnel par le chef d'entreprise et ratifié par les salariés à la majorité des 2/3. Cette ratification doit être demandée par le comité social et économique et une ou plusieurs organisations syndicales représentatives lorsqu'elles existent (*Code du travail, Art. L. 3322-6*).

Les branches professionnelles ont l'obligation de négocier un accord de participation au plus tard le 31/12/2020, qui doit tenir compte des spécificités des entreprises employant moins de 50 salariés. Si cette négociation aboutit, les entreprises de la branche peuvent ensuite reprendre l'accord tel qu'il a été négocié ou l'adapter.

Dans les groupes d'entreprises, les accords sont conclus :

– soit entre le mandataire des sociétés concernées et les salariés de l'une des entreprises du groupe mandatés par les organisations syndicales représentatives ;

– soit entre le mandataire des sociétés concernées et chacun des comités sociaux et économiques ;

– soit par ratification à la majorité des 2/3 du personnel d'un projet proposé par le mandataire des sociétés concernées (*Code du travail, Art. L. 3322-7*).

Ces accords sont signés et déposés par voie dématérialisée sur la plateforme de téléprocédure du ministère du Travail (*https://www.teleaccords.travail-emploi.gouv.fr/PortailTeleprocedures*). La direction régionale des entreprises, de la concurrence, de la consommation, du travail et de l'emploi (DIRECCTE) en contrôle la légalité et toute dénonciation d'accord doit lui être notifiée.

La négociation sur la participation peut être conduite dans l'entreprise en même temps que celle sur l'intéressement et la mise en place d'un plan d'épargne salariale. Dans un tel cas, les accords qui en découlent font l'objet d'un dépôt unique auprès de l'administration.

La durée des accords

Les accords peuvent être conclus sans limitation de durée et peuvent être renouvelés par tacite reconduction. Ils peuvent également comporter un terme.

Toutefois, aucun accord ne peut être modifié ou dénoncé avant la clôture d'au moins un exercice dont les résultats n'étaient ni connus ni prévisibles à la date de conclusion de l'accord.

En cas de modification de la situation juridique de l'entreprise par fusion, cession ou scission rendant impossible la poursuite de l'accord, ce dernier cesse de s'appliquer et le nouvel employeur doit alors négocier un nouvel accord dans un délai de 6 mois (*Code du travail, Art. L. 3323-8*).

AVANTAGE

Les accords de participation ainsi conclus doivent être conformes aux dispositions légales. Ils peuvent cependant déroger aux modalités de calcul de la réserve de participation en accordant des avantages au moins équivalents (voir plus loin).

Absence d'accord

Lorsqu'une entreprise n'a pas conclu d'accord dans un délai d'1 an à compter de l'exercice au titre duquel sont nés les droits des salariés, l'inspecteur du travail constate cette carence.

L'entreprise doit alors affecter les sommes attribuées aux salariés sur un compte courant que l'entreprise doit consacrer à des investissements et qui, sauf demande de versement immédiat de tout ou partie des sommes de la part du salarié, sont bloquées pour 8 ans (*Code du travail, Art. L. 3323-5*).

L'information des salariés

Les salariés sont informés de l'existence et du contenu de l'accord par tout moyen prévu dans l'accord ou, à défaut, par affichage.

Comment la réserve spéciale de participation est-elle calculée ?

La participation consiste essentiellement dans la constitution d'une réserve financière en fonction des résultats économiques de l'entreprise. Cette réserve est ensuite répartie entre les salariés.

La loi prévoit un régime de droit commun que les accords de participation peuvent améliorer.

› Le régime de droit commun

Le montant de la réserve de droit commun est calculé de la manière suivante (*Code du travail, Art. L. 3324-1*) :

Le bénéfice (B)

Le bénéfice net s'entend du bénéfice imposable ou qui aurait été imposable s'il n'avait pas bénéficié de certaines exonérations fiscales (bénéfice des entreprises nouvelles créées dans certaines zones d'aménagement du territoire, des jeunes entreprises innovantes, de celles implantées dans les pôles de compétitivité, par exemple).

Ce bénéfice doit être minoré :

– du montant de l'impôt correspondant au bénéfice ainsi réalisé pour les entreprises soumises à l'impôt sur les sociétés. Pour les entreprises relevant de l'impôt sur

le revenu, l'impôt à retenir est obtenu en appliquant au bénéfice imposable de l'exercice le taux moyen d'imposition à l'impôt sur le revenu de l'exploitant. Ce bénéfice est diminué, si nécessaire, de la rémunération de l'exploitant ;
– le cas échéant, des déficits des 5 années antérieures qui n'ont pas déjà été pris en compte pour le calcul de la participation afférente aux exercices précédents.
Dans les sociétés de personnes, le bénéfice net est obtenu en faisant le total des différentes fractions de bénéfice net revenant à chacune des catégories d'associés, suivant les dispositions de l'article D. 3324-9 du Code du travail.

Les capitaux propres (C)

Les capitaux propres (capital social, réserve, report à nouveau, provisions imposées et provisions constituées en franchise d'impôts et, éventuellement, les avances en comptes courants) sont déduits du bénéfice à hauteur de 5 %.

Les salaires (S)

Ce sont les salaires bruts, y compris les avantages en nature avant déduction des cotisations sociales et de la déduction forfaitaire de 10 % pour frais professionnels pratiquée pour le calcul de l'impôt sur le revenu.

La valeur ajoutée (VA)

Elle s'obtient en faisant le total des postes suivants du compte de résultat :
– charges de personnel ;
– impôts, taxes (sauf les taxes sur le chiffre d'affaires) ;
– charges financières ;
– dotations de l'exercice aux amortissements ;
– dotations de l'exercice aux provisions (sauf celles figurant dans les charges exceptionnelles) ;
– résultat courant avant impôt.

› Le régime spécial fixé par un accord de participation

L'accord de participation peut déroger au régime de droit commun qui constitue un plancher. Il peut modifier la formule légale, changer les coefficients ou les définitions des paramètres ou définir une autre formule qui peut retenir de nouveaux paramètres (calcul fondé sur la valeur des titres de l'entreprise ou réserve égale à 1/3 du bénéfice net fiscal, par exemple).
Dans tous les cas, les avantages pour les salariés doivent être au moins équivalents à ceux qu'ils auraient retiré de l'application du régime légal.

AVANTAGE

Le conseil d'administration ou le directoire peut également proposer lors de l'assemblée générale annuelle le versement d'un supplément de réserve spéciale de participation au titre de l'exercice clos, dans la limite des plafonds prévus ci-après. À défaut de conseil d'administration ou de directoire, ce supplément peut être institué par l'employeur (Code du travail, Art. L. 3324-9).

› Le plafond

La loi a prévu un plafond pour la réserve de participation qui est :
– soit de la moitié du bénéfice net comptable ;
– soit du bénéfice net comptable diminué de 5 % des capitaux propres ;
– soit de la moitié du bénéfice net fiscal.
Le choix du plafond à retenir se fait par accord entre les parties. Il doit être précisé dans le texte de l'accord.
En cas de dépassement du plafond, la partie excédentaire serait considérée comme un supplément de rémunération et, par conséquent, elle ne bénéficierait pas des exonérations fiscales et sociales liées à la participation.

Comment les fonds de participation sont-ils utilisés ?

Chaque année, au moment de la répartition de la réserve de participation, le salarié peut :
– soit demander le versement immédiat de tout ou partie de ses droits ;
– soit les bloquer pendant un certain temps durant lequel ils seront placés dans un plan d'épargne pour la retraite collectif ou plan d'épargne entreprise.
Le salarié est informé chaque année, suivant les modalités fixées par l'accord, des sommes qui lui sont attribuées et du montant dont il peut demander le versement.
La demande de versement immédiat doit être présentée à l'employeur dans les 15 jours à compter de la date où il a été informé (*Code du travail, Art. R. 3324-21-1*).
À défaut, les droits restent bloqués. Dans les entreprises calculant la participation selon une formule dérogatoire, l'accord peut prévoir d'exclure tout ou partie de la participation supérieure à celle de droit commun de ce dispositif de disponibilité immédiate.

Lorsque le salarié opte pour le versement immédiat, celui-ci doit être effectué avant le dernier jour du 5e mois suivant la clôture de l'exercice au titre duquel la participation est attribuée. À défaut, un intérêt de retard commence à être dû au 1er jour du 6e mois. Il est égal à 1,33 fois le taux moyen de rendement des obligations des sociétés privées (*Code du travail, Art. L. 3314-9*).

Attention : les sommes versées immédiatement sont imposables.

› La durée d'indisponibilité des sommes bloquées

Le principe

Sauf absence d'accord, les fonds sont indisponibles durant une période de 5 ans (*Code du travail, Art. L. 3324-10*).

Le point de départ de cette indisponibilité est le 1er jour du 6e mois qui suit la clôture de l'exercice au titre duquel les droits sont nés.

Les exceptions

Les droits des salariés sont immédiatement disponibles dans les cas suivants :

– mariage du salarié ou conclusion d'un PACS ;

– naissance ou arrivée au foyer d'un enfant en vue de son adoption dès lors que le foyer compte déjà au moins deux enfants à sa charge ;

– divorce, séparation ou dissolution d'un PACS lorsqu'ils sont assortis d'un jugement prévoyant la résidence habituelle unique ou partagée d'au moins un enfant au domicile de l'intéressé ;

– invalidité de 2e ou 3e catégorie du salarié, de ses enfants, de son conjoint ou de la personne qui lui est liée par un PACS. Cette invalidité doit être établie par la Sécurité sociale ou être reconnue soit par décision de la commission technique d'orientation et de reclassement, soit par la commission départementale de l'éducation spéciale à condition que le taux d'incapacité atteigne au moins 80 % et que l'intéressé n'exerce aucune activité professionnelle ;

– décès du salarié, de son conjoint ou de la personne avec qui il est lié par un PACS ;

– cessation du contrat de travail ;

– affectation des sommes épargnées à la création ou à la reprise, par le salarié, ses enfants, son conjoint ou la personne avec qui il est lié par un PACS, d'une entreprise industrielle, commerciale, artisanale ou agricole (soit à titre individuel, soit sous la forme d'une société, à condition d'en exercer effectivement le contrôle), à l'installation en vue de l'exercice d'une autre profession non salariée ou à l'acquisition de parts sociales d'une société coopérative de production (SCOP) ;

– affectation des sommes épargnées à l'acquisition ou l'agrandissement de la résidence principale créant une surface habitable nouvelle, sous réserve de l'existence d'un permis de construire ou d'une déclaration préalable de travaux, ou à la remise en état de la résidence principale endommagée à la suite d'une catastrophe naturelle reconnue par arrêté ministériel ;

– situation de surendettement du salarié (la demande de déblocage doit être adressée à l'organisme gestionnaire des fonds ou à l'employeur, soit par le président de la Commission de surendettement des particuliers, soit par le juge lorsque le déblocage des droits paraît nécessaire à l'apurement du passif de l'intéressé).

Pour les dirigeants d'entreprise uniquement, lorsque ceux-ci bénéficient de la participation :

– cessation d'activité (s'il s'agit d'une entreprise individuelle) ;

– cessation du mandat social ;

– perte du statut de conjoint collaborateur ou de conjoint associé.

Le déblocage n'intervient que si l'intéressé en fait la demande. Cette demande doit être présentée dans un délai de 6 mois à compter de la survenance du fait générateur, sauf dans les cas de cessation du contrat de travail, décès du conjoint ou du partenaire du PACS, invalidité et surendettement où elle peut intervenir à tout moment.

Le salarié peut demander un déblocage total ou partiel, mais un même cas de déblocage ne peut donner lieu à des déblocages successifs.

Seuls les droits afférents à des exercices clos à la date de la demande peuvent faire l'objet d'un déblocage, sauf en cas de décès ou de départ du salarié de l'entreprise, auquel cas ses droits sont entièrement débloqués.

En cas de sauvegarde, de redressement judiciaire de l'entreprise :

– si la participation est placée dans l'entreprise, les salariés encore présents dans celle-ci au moment du jugement qui rend exigible ses dettes peuvent obtenir le règlement immédiat de leurs parts (qui sont couvertes par l'assurance des créances et donc, au besoin, avancées par Pôle emploi) ;

– dans les autres cas, il faut attendre le jugement de liquidation ou de cession totale pour débloquer la participation des salariés encore présents dans l'entreprise.

› La gestion des sommes bloquées

Les avoirs des salariés doivent être affectés en totalité sur un plan d'épargne d'entreprise, un plan d'épargne inter-entreprises, un plan d'épargne pour la retraite collectif ou un plan d'épargne retraite d'entreprise collectif. L'accord peut cependant prévoir l'affectation d'une partie des avoirs sur un compte de l'entreprise, consacré à des investissements.
Dans les sociétés coopératives de production (SCOP), la totalité de la réserve spéciale de participation peut être placée en parts sociales ou en comptes courants bloqués.

À NOTER

Dans les entreprises ayant institué un plan d'épargne pour la retraite collectif (PERCO) ou un plan d'épargne retraite d'entreprise collectif, la moitié des sommes issues de la participation, calculée selon la formule légale, est automatiquement placée sur ce plan si le salarié ne demande pas le versement de ces sommes attribuées au titre de la participation ou ne décide pas de les affecter à un dispositif d'épargne salariale (Code du travail, Art. L. 3324-12).

L'entreprise peut également payer directement aux salariés les sommes ne dépassant pas un certain montant (*Voir pages Barème*).

Au terme de leur période d'indisponibilité, les sommes issues de la participation peuvent alimenter un compte épargne-temps.

À NOTER

Les revenus de la participation sont versés annuellement aux salariés, sauf si l'accord de participation prévoit le réinvestissement de ces revenus (Code du travail, Art. D. 3324-31).

Comment la participation est-elle répartie entre les salariés ?

› Les bénéficiaires

Chaque salarié de l'entreprise acquiert un droit personnel sur la réserve de participation.
L'accord de participation peut prévoir un minimum d'ancienneté dans l'entreprise pour en bénéficier. Ce minimum ne peut toutefois pas dépasser 3 mois. Cette ancienneté est calculée dans le cadre de l'entreprise ou de l'ensemble du groupe (pour les accords de groupe). Tous les contrats de travail exécutés au cours de la période de calcul et au cours de 12 mois la précédant sont pris en compte.
Cette ancienneté comprend les périodes de suspension du contrat de travail (pour maladie, congés, etc.).
Dans les entreprises de travail temporaire, un salarié est censé compter 3 mois d'ancienneté s'il a été placé dans différentes entreprises pendant une durée de 60 jours au cours du dernier exercice (*Code du travail, Art. L. 3342-1*).
Tous les salariés ont droit à la participation, quel que soit leur statut. De même, un salarié licencié, même pour faute, ne peut être privé de ses droits (*Cour de cassation, Chambre sociale, 9/3/1989*). Une sanction disciplinaire ne saurait donc comprendre une privation de ces droits.
Les salariés des groupements d'employeurs qui ne disposent pas de leur propre dispositif de participation bénéficient du régime de participation des entreprises auprès desquelles ils sont mis à disposition au prorata de leur temps de présence si l'accord de l'entreprise le prévoit.

Les chefs d'entreprise, PDG, gérants, membres du directoire et leurs conjoints collaborateurs, partenaires collaborateurs liés par un PACS ou associés bénéficient de la participation :
– dans les entreprises de moins de 50 salariés qui choisissent d'appliquer volontairement un régime de participation ;
– dans les entreprises de 1 à 250 salariés ayant conclu un accord dérogatoire prévoyant une formule de la réserve de participation différente de la formule légale. Seule la part de la réserve dépassant le montant légal peut toutefois leur être accordée.

À NOTER

Les sommes devant être versées au titre de la participation sont versées au plus tard le dernier jour du 5e mois suivant la clôture de l'exercice. À titre exceptionnel, elles peuvent être versées jusqu'au 31/12/2020, la date limite du 1/6/2020 ayant été repoussée dans le cadre de la crise sanitaire liée à l'épidémie de Covid-19.

› Le mode de répartition

La réserve de participation est, en principe, répartie entre les bénéficiaires proportionnellement aux salaires bruts ou encore à la rémunération annuelle brute ou au revenu professionnel imposé à l'impôt sur le revenu au titre de l'année précédente pour les dirigeants. En cas de périodes d'activité partielle, il est tenu compte du salaire qu'aurait perçu l'intéressé s'il n'avait pas été en activité partielle.

Ces salaires ou les revenus retenus sont toutefois plafonnés à 3 fois le plafond annuel de la Sécurité sociale *(Voir pages Barème)*. Ce plafond ne peut faire l'objet d'aucun aménagement.

Les accords de participation peuvent également fixer un salaire plancher comme base de calcul : ceci permet aux salariés touchant des bas salaires de bénéficier d'une part plus importante.

Aucun bénéficiaire ne peut recevoir une somme supérieure aux 3/4 du plafond annuel de la Sécurité sociale.

Les accords de participation peuvent également prévoir une répartition :

– proportionnelle à la durée de présence dans l'entreprise au cours de l'exercice ;

– identique pour tout le personnel ;

– ou encore retenant conjointement plusieurs de ces critères (*Code du travail, Art. L. 3324-5*).

AVANTAGE

Les sommes qui ne peuvent être distribuées à certains salariés (parce qu'elles dépassent les 3/4 du plafond annuel de la Sécurité sociale, par exemple) doivent être réparties immédiatement entre les autres salariés. En cas de reliquat, celui-ci est replacé dans la réserve de participation pour être réparti les années suivantes.

› L'information des salariés

Au moment de leur embauche, les salariés doivent recevoir un livret d'épargne salariale. Ce livret contient une présentation des dispositifs d'épargne salariale existant dans l'entreprise (participation, intéressement, plan d'épargne entreprise, plan d'épargne pour la retraite collectif, plan d'épargne pour la retraite d'entreprise collectif, etc.). Ce livret peut être complété par :

– une attestation indiquant la nature et le montant des droits liés à la réserve de participation, la date à laquelle sont répartis les éventuels droits d'intéressement et de participation au titre de l'exercice en cours ;

– et, lorsque le salarié quitte l'entreprise, un récapitulatif de l'ensemble des sommes et valeurs mobilières épargnées ou transférées au sein de l'entreprise dans le cadre de ces divers dispositifs d'épargne salariale. Ce récapitulatif doit préciser si les frais de tenue de compte sont pris en charge par l'entreprise ou prélevés sur les avoirs. La remise tardive du livret peut justifier l'octroi de dommages et intérêts si ce manquement a causé un préjudice au salarié (*Cour de cassation, Chambre sociale, 18/5/2011*).

Lors de la répartition de la participation, chaque salarié reçoit une fiche distincte du bulletin de paie indiquant le montant de la réserve, le montant de ses droits propres, l'organisme gestionnaire, la date de fin d'indisponibilité ainsi que les cas de déblocage anticipé et le montant de la CSGet de la CRDS précomptés.

Cette fiche comporte également, en annexe, une note rappelant les règles de calcul et de répartition prévues par l'accord.

Avec l'accord du salarié, la fiche peut être remise par voie électronique dans des conditions de nature à garantir l'intégralité des données (*Code du travail, Art. D. 3323-16*).

Dans les 6 mois qui suivent la clôture de chaque exercice, tous les salariés sont informés individuellement des sommes et valeurs qu'ils détiennent au titre de la participation (*Code du travail, Art. D. 3323-17*).

À NOTER

Lorsque l'accord de participation a été mis en place après que des salariés susceptibles d'en bénéficier ont quitté l'entreprise, ou lorsque le calcul et la répartition de la réserve spéciale de participation interviennent après un tel départ, la fiche et la note prévues dans ce cas doivent également être adressées à ces bénéficiaires pour les informer de leurs droits.

À NOTER

Dans les entreprises où n'existe pas d'accord de participation ni d'intéressement, la mise en œuvre d'un tel système doit être examinée au moins tous les 4 ans entre l'employeur et les représentants du personnel dans le cadre de la négociation sur la rémunération, le temps de travail et le partage de la valeur ajoutée (Code du travail, Art. L. 2242-1).

Quelles sont les exonérations liées à la participation ?

Les sommes constituant la réserve de participation sont exonérées de charges sociales et fiscales, tant pour l'entreprise que pour les salariés.

Cette double exonération vaut également pour les revenus produits par ces sommes.

› Pour l'entreprise

Sur le plan fiscal

Les sommes portées à la réserve de participation au cours d'un exercice sont déductibles de l'impôt sur les sociétés ou sur le revenu, selon le cas, au titre de l'exercice au cours duquel elles sont réparties entre les salariés.

Elles sont également exclues de l'assiette des cotisations sociales et exonérées de la taxe sur les salaires (*Code de la Sécurité sociale, Art. L. 242-1* ; *Code du travail, Art. L. 3325-1*).

Sur le plan social

La réserve de participation est exonérée de cotisations sociales patronales.

Ces sommes sont toutefois assujetties à un forfait social de 20 %.

Des taux réduits s'appliquent toutefois dans les cas suivants :

– 16 % pour les sommes versées sur un PERCO ou un PER, sous certaines conditions ;

– 10 % dans les entreprises de plus de 50 salariés, pour les abondements de l'employeur à un PEE, lorsque le salarié acquiert des titres émis par l'entreprise ou par une entreprise du groupe auquel elle appartient ;

– 8 % pour les SCOP employant au moins 50 salariés.

La provision pour investissement

- Toutes les entreprises qui appliquent un mode de calcul de la participation dérogatoire au droit commun peuvent constituer, en franchise d'impôt, une provision pour investissement.

Le taux de cette provision est de 50 % de la fraction de la réserve de participation attribuée en plus de la participation résultant de l'application du régime de droit commun.

- Les entreprises de moins de 50 salariés qui appliquent un mode de calcul de droit commun peuvent, quant à elles, constituer une provision égale à 25 % des sommes affectées à la réserve de participation.

ATTENTION ⚠

La provision doit être utilisée, dans un délai de 2 ans, à l'acquisition ou à la création d'immobilisations, faute de quoi ces sommes seraient réintroduites dans le bénéfice imposable.

› Pour les salariés

Sur le plan fiscal

Les sommes de la réserve de participation revenant aux salariés sont exonérées de l'impôt sur le revenu lorsqu'elles sont bloquées pour 5 ans ou pour 8 ans (en cas d'absence d'accord de participation dans l'entreprise).

Toutefois, l'intéressé peut choisir d'affecter l'argent qui lui revient sur un plan d'épargne d'entreprise : l'indisponibilité est alors de 5 ans et l'exonération totale.

Les revenus produits par les placements ne sont pas imposables à condition qu'ils soient réemployés de la même façon que ces sommes.

Les sommes dont le salarié a demandé le versement immédiat ainsi que celles débloquées avant les délais prévus (5 ou 8 ans, selon les cas) sont imposables comme des salaires, sauf cas de déblocage anticipé énumérés par le Code du travail.

Sur le plan social

Les sommes distribuées ne constituent pas un élément du salaire. Elles sont exonérées de charges salariales.

Elles sont toutefois assujetties à la CSG et à la CRDS.

Cette exonération n'est pas accordée aux sommes versées dans le cadre du régime de participation prévu en cas d'absence d'accord (*Cour de cassation, 2e chambre civile, 3/7/2008*).

Elles n'entrent pas dans le calcul du SMIC, des congés payés, des heures supplémentaires, des primes et gratifications.

Comment l'intéressement est-il organisé dans l'entreprise ?

L'intéressement est un système collectif, présentant un caractère aléatoire et résultant d'une formule de calcul liée aux résultats ou aux performances de l'entreprise au cours de l'exercice ou d'une période inférieure au moins égale à 3 mois. Cette formule peut être complétée d'un objectif pluriannuel lié aux résultats ou aux performances de l'entreprise (*Code du travail, Art. L. 3314-2*).

Les entreprises concernées

Ce régime, contrairement à la participation, est facultatif pour toutes les entreprises, quel que soit leur effectif.

Les entreprises ayant mis en place un système de participation peuvent y ajouter un système d'intéressement, les deux pouvant se cumuler.

L'intéressement peut être organisé au niveau d'un groupe d'entreprises, d'un groupement d'employeurs, d'un groupement d'intérêt économique. L'accord d'intéressement peut aussi prévoir un « intéressement de projet », qui répond à un objectif commun à tout ou partie des salariés de l'entreprise (*Code du travail, Art. L. 3312-6*).

La conclusion des accords

L'accord est conclu selon les mêmes modalités que les accords de participation.

Les accords d'intéressement de projet concernant des salariés appartenant à des entreprises indépendantes les unes des autres sont conclus selon les règles retenues pour la mise en place des PEI.

Les branches professionnelles doivent négocier un accord d'intéressement au plus tard le 31/12/2020. Si la négociation aboutit, les entreprises de la branche qui le souhaitent peuvent reprendre tel quel l'accord négocié, ou l'adapter.

Ces accords doivent être déposés sur la plateforme numérique *https://www.teleaccords.travail-emploi.gouv.fr/PortailTeleprocedures*. En l'absence d'observation de la DIRECCTE dans un délai de 4 mois, les exonérations fiscales sont réputées acquises pour toute la durée de l'accord. Toutefois, celle-ci a encore jusqu'à la fin du 6e mois qui suit le dépôt pour demander des modifications afin que l'entreprise se mette en conformité avec la loi (*Code du travail, Art. L. 3313-3*).

La durée de l'accord

Les règles concernant les formalités, la dénonciation ou la modification des accords sont identiques à celles concernant les accords de participation.

Les accords peuvent toutefois être renouvelés par tacite reconduction :

- si l'accord d'origine prévoit cette possibilité ;
- si aucune des parties habilitées à négocier ou à ratifier l'accord, y compris les salariés en cas d'accord ratifié par le personnel, ne demande de renégociation dans les 3 mois précédant la date d'échéance de l'accord.

Le contenu de l'accord

L'accord doit comporter, en préambule :

- ses motifs ;
- les raisons du choix des modalités de calcul de l'intéressement ;
- les critères de répartition des primes (*Code du travail, Art. L. 3313-1*).

L'accord lui-même doit préciser :

- la période pour laquelle il est conclu ;
- les établissements concernés ;
- les critères et les modes de calcul de l'intéressement ;
- les modalités de répartition de l'intéressement ;
- la date de versement des primes ;
- les modalités d'information du comité social et économique sur l'application de l'accord ;
- le système d'information des salariés mis en place ;
- les procédures de règlement des différends et de révision de l'accord (*Code du travail, Art. L. 3313-2*).

L'information des salariés

Les salariés doivent être informés de l'existence de l'accord et de son contenu par tout moyen prévu par l'accord et, à défaut, par une note d'information.

Quels sont les modes de calcul de l'intéressement ?

La formule de calcul doit figurer dans l'accord. Elle doit être claire et faire appel à des éléments objectivement mesurables (résultats, ratios…) dont la définition figurera nécessairement dans l'accord.

Les éléments pris en compte doivent assurer le caractère variable et incertain de l'intéressement, le montant des primes ne pouvant être déterminé *a priori*.

L'article L. 3314-2 du Code du travail prévoyant que la formule d'intéressement doit être liée « aux résultats ou aux performances de l'entreprise », une circulaire du 14/9/2005 précise ces deux notions :

- l'intéressement aux résultats doit se référer à des indicateurs financiers ou comptables mesurant la rentabilité économique ou financière de l'entreprise (bénéfice fiscal, comptable ou d'exploitation) ;
- les performances de l'entreprise peuvent se mesurer notamment par l'atteinte d'objectifs (objectifs de qualité, de satisfaction de la clientèle ou de sécurité, par exemple) ou par l'amélioration de la productivité,

ces paramètres devant toujours être objectifs, quantifiables et vérifiables.

L'intéressement peut également être calculé sur les résultats de l'entreprise et de l'une ou de plusieurs de ses filiales, dès lors qu'au moins deux tiers des salariés de ces filiales situées en France ont conclu un accord d'intéressement. Il peut enfin être calculé sur le résultat ou les performances de l'ensemble des entreprises appartenant à un groupement d'employeurs ou à un groupement d'intérêt économique. Dans tous les cas, la formule de calcul peut être complétée d'un objectif pluriannuel lié aux résultats ou aux performances de l'entreprise.

Comment l'intéressement est-il réparti entre les salariés ?

Tous les salariés de l'entreprise doivent bénéficier de l'intéressement. Dans les entreprises de 1 à 250 salariés, le chef d'entreprise, le PDG, le gérant ou les membres du directoire ainsi que les conjoints ou partenaire lié par un PACS du chef d'entreprise ayant le statut de conjoint collaborateur ou associé (y compris pour les collaborateurs d'exploitation ou d'entreprise agricole) peuvent également bénéficier de l'intéressement. Une ancienneté qui ne peut dépasser 3 mois peut toutefois être exigée. Cette ancienneté se calcule de la même manière que pour la participation.

Les salariés des groupements d'employeurs qui ne disposent pas de leur propre dispositif d'intéressement bénéficient du régime d'intéressement des entreprises auprès desquelles ils sont mis à disposition au prorata de leur temps de présence si l'accord de l'entreprise le prévoit.

Le mode de répartition

Il doit être fixé dans l'accord.

Les primes peuvent être identiques pour tout le personnel ou proportionnelles au salaire (pour les chefs d'entreprise, proportionnelles à leur rémunération annuelle ou à leur revenu imposable, pris dans la limite du salaire versé au salarié le mieux rémunéré dans l'entreprise), ou encore, liées à la durée de présence dans l'entreprise au cours de l'exercice. L'accord peut combiner plusieurs de ces critères (*Code du travail, Art. L. 3314-5*).

Ces critères peuvent également varier selon les établissements et les unités de travail.

Il n'est pas possible, en revanche, de prendre en compte l'ancienneté, la qualification du salarié ou sa catégorie professionnelle (cadre/non-cadre, par exemple) pour le calcul de la prime.

L'article L. 1132-1 du Code du travail sur les discriminations précise également que la méthode de calcul utilisée ne doit pas être discriminatoire (critères de performance plus difficiles à atteindre pour les femmes ou les personnes handicapées, par exemple).

Le montant de la prime versée à chaque bénéficiaire est plafonné au 3/4 du plafond annuel de la Sécurité sociale *(Voir pages Barème)*.

AVANTAGE

Le conseil d'administration ou le directoire peut également proposer lors de l'assemblée générale annuelle le versement d'un supplément d'intéressement au titre de l'exercice clos, ce supplément pouvant être affecté à la réalisation d'un plan d'épargne d'entreprise. À défaut de conseil d'administration ou de directoire, ce supplément d'intéressement peut être institué par l'employeur (Code du travail, Art. L. 3314-10). En outre, l'accord d'intéressement peut prévoir de répartir immédiatement les sommes qui n'auraient pu être distribuées, pour cause de dépassement du plafond de répartition par exemple (Code du travail, Art. L. 3314-11).

Le versement de la prime

La périodicité de versement de la prime est fixée dans l'accord. Généralement, il s'agit d'une prime annuelle, parfois semestrielle s'il s'agit d'un accord lié à l'accroissement de la productivité.

Au moment de la répartition de l'intéressement, le salarié peut demander :

– le versement immédiat de tout ou partie de la prime à laquelle il a droit ;

– ou à bloquer ces sommes pendant un certain temps sur un PEE.

Pour ce faire, le salarié est informé à chaque répartition, suivant les modalités fixées par l'accord, des sommes qui lui sont distribuées et du montant dont il peut demander le versement.

La demande de versement immédiate doit être présentée à l'employeur dans les 15 jours suivant la date de cette information. À défaut, les droits sont déposés sur le plan d'épargne d'entreprise.

Le versement des primes doit être effectué avant le 1er jour du 6e mois suivant la clôture de l'exercice au titre duquel l'intéressement est attribué. Si la formule de calcul retient une période inférieure à l'année, le versement doit intervenir avant le 1er jour du 3e mois suivant la fin de cette période. À défaut, un intérêt de retard égal à 1,33 fois le taux moyen de rendement des obligations des sociétés privées doit être versé par l'employeur.

À NOTER

À titre exceptionnel, les sommes devant être versées au titre de l'intéressement peuvent l'être jusqu'au 31/12/2020, la date limite du 1/6/2020 ayant été repoussée dans le cadre de la crise sanitaire liée à l'épidémie de Covid-19.

Une fiche, distincte du bulletin de paie, doit être remise à chaque bénéficiaire lors du versement.

Elle indique le montant global de l'intéressement, le montant moyen perçu par ses bénéficiaires, la part revenant au salarié ainsi que celui de la CSG et de la CRDS appliquée, le délai à partir duquel les droits déposés sur le plan d'épargne d'entreprise sont négociables ou exigibles et les modalités d'affectation par défaut des primes sur le plan d'épargne d'entreprise. Elle comporte également une note rappelant les règles de calcul et de répartition prévues par l'accord (*Code du travail, Art. D. 3313-9*).

Avec l'accord du salarié, la fiche peut être remise par voie électronique dans des conditions de nature à garantir l'intégralité des données (*Code du travail, Art. D. 3313-9*).

À NOTER

Le montant global des primes d'intéressement ne doit pas dépasser 20 % de la masse salariale brute de l'entreprise. La rémunération annuelle ou le revenu imposable du chef d'entreprise doit également être pris en compte dans ce plafond s'il bénéficie de l'accord d'intéressement.

Quelles sont les exonérations liées à l'intéressement ?

Si l'accord respecte la législation, les sommes versées au titre de l'intéressement bénéficient d'exonérations sociales et fiscales.

Attention : pour pouvoir bénéficier de ces exonérations, il faut que ces primes ne constituent pas une substitution à un élément de rémunération soumis à cotisation sociale. Par exemple, si un employeur décide de supprimer une prime de rendement qu'il avait l'habitude de verser à ses salariés pour la remplacer par une prime d'intéressement, cette prime sera soumise à cotisations sociales et imposable.

Toutefois, si la suppression de l'élément de rémunération a eu lieu depuis plus de 12 mois à la date de conclusion de l'accord, les exonérations peuvent être accordées.

Pour l'entreprise

L'intéressement est exonéré de cotisations sociales patronales.

Les sommes versées au titre de l'intéressement sont toutefois assujetties à un forfait social de 20 % dans les entreprises de 250 salariés et plus.

Un taux réduit de 16 % est appliqué aux sommes versées sur un PERCO ou un PER, sous certaines conditions. Un taux de 10 % est par ailleurs appliqué pour l'abondement effectué dans le cadre du plan d'épargne d'entreprise, pour l'acquisition d'actions ou de certificats d'investissement émis par l'entreprise.

L'intéressement est déductible du bénéfice imposable de l'entreprise. Cette déductibilité ne s'applique pas aux primes versées aux exploitants individuels, aux associés de sociétés de personnes n'ayant pas opté pour l'assujettissement à l'impôt sur les sociétés ou aux conjoints collaborateurs ou associés du chef d'entreprise sauf si ces derniers les ont versées sur un plan d'épargne salariale. Dans ce cas, la déduction est limitée à la moitié du plafond annuel de la Sécurité sociale *(Voir pages Barème)*.

Il n'est pas passible de la taxe sur les salaires.

Pour les salariés

- Les primes ne sont pas considérées comme des salaires. Elles ne sont donc pas prises en compte pour le calcul du SMIC, des congés payés, des primes et des gratifications ni dans celui des différentes indemnités liées au départ du salarié de l'entreprise.
- Elles sont exonérées des cotisations salariales mais assujetties à la CSG et à la CRDS.
- Elles sont, en revanche, imposables sauf si elles sont réinvesties sur un plan d'épargne d'entreprise, un plan d'épargne interentreprises ou un plan d'épargne pour la retraite collectif dans les 15 jours à compter de leur versement (*Code du travail, Art. L. 3315-2*). Cette exonération est limitée aux sommes ne dépassant pas les 3/4 du plafond annuel de la Sécurité sociale *(Voir pages Barème)*.

À NOTER

Pour bénéficier du régime d'exonération fiscale et sociale lié à l'intéressement, les entreprises doivent être en conformité avec la législation du travail en ce qui concerne la représentation du personnel.

Qu'est-ce qu'un plan d'épargne entreprise ?

Il s'agit d'un système d'épargne collectif permettant aux salariés de constituer un portefeuille de valeurs mobilières.

Le plan d'épargne entreprise (PEE) est régi par les articles L. 3332-1 à L. 3332-28 du Code du travail.

Les personnes concernées

Toutes les entreprises, quels que soient leur taille, leur statut, leur activité, peuvent faire bénéficier leurs salariés d'un plan d'épargne. Les entreprises d'un même groupe peuvent constituer un plan commun.

Lorsqu'un tel système existe dans l'entreprise, tous les salariés doivent pouvoir y adhérer, s'ils le désirent.

Une ancienneté de 3 mois maximum peut toutefois être exigée (*Code du travail, Art. L. 3342-1*).

Cette ancienneté est calculée de la même manière que pour la participation.

Dans les entreprises employant de 1 à moins de 250 salariés, le chef d'entreprise, le PDG, le gérant ou les membres du directoire ainsi que le conjoint du chef d'entreprise ayant le statut de conjoint collaborateur (mariage ou PACS) ou associé (y compris conjoint collaborateur d'exploitation ou d'entreprise agricole) peuvent bénéficier du plan même s'ils n'ont pas le statut de salarié (*Code du travail, Art. L. 3332-2*).

Les salariés des groupements d'employeurs qui ne disposent pas de leur propre dispositif de PEE bénéficient du plan d'épargne des entreprises auprès desquelles ils sont mis à disposition au prorata de leur temps de présence si l'accord de l'entreprise le prévoit.

La mise en place

Le PEE peut être mis en place par accord avec le personnel conclu dans les mêmes conditions que pour la participation.

Il peut également être mis en place sur décision unilatérale de l'employeur. Lorsque l'entreprise compte au moins un délégué syndical ou est dotée d'un comité social et économique, le plan d'épargne d'entreprise est obligatoirement négocié. Si au terme de la négociation, aucun accord n'a été conclu, un procès-verbal de désaccord est établi dans lequel sont consignées en leur dernier état les propositions respectives des parties et les mesures que l'employeur entend appliquer unilatéralement.

La mise en place d'un plan d'épargne peut être prévue dans l'accord de participation ou d'intéressement, cette éventualité devant être considérée lors de la négociation d'un accord de participation ou d'intéressement (*Code du travail, Art. L. 3332-6*).

Le règlement du plan doit prévoir la mise en œuvre d'une aide à la décision pour les bénéficiaires (*Code du travail, Art. L. 3332-7*). Il doit être déposé auprès de la direction régionale des entreprises, de la concurrence, de la consommation, du travail et de l'emploi (DIRECCTE) sur la plateforme *https://www.teleaccords.travail-emploi.gouv.fr/PortailTeleprocedures*(*Code du travail, Art. L. 3332-9*). Il peut faire l'objet d'un dépôt commun avec un accord d'intéressement et de participation lorsque ceux-ci ont été conclus concomitamment dans l'entreprise.

AVANTAGE

Les retraités et préretraités de l'entreprise peuvent continuer d'effectuer des versements sur ce plan (Code du travail, Art. L. 3332-2).

L'alimentation du plan d'épargne

Le plan peut être alimenté par plusieurs types de versements :

– les versements volontaires des salariés (ou des dirigeants dans les entreprises de 1 à moins de 250 salariés), qui ne peuvent être supérieurs au 1/4 de leur rémunération annuelle ou au 1/4 du plafond annuel de la Sécurité sociale (*Voir pages Barème*) pour les conjoints collaborateurs, les partenaires liés par un PACS, les associés du chef d'entreprise ou les salariés qui n'ont perçu aucune rémunération au cours de l'année. Un minimum peut être prévu, ne pouvant dépasser 160 €. Le règlement du plan peut également prévoir un montant minimum par support de placement ;

– les revenus des placements effectués sur le plan ;

– les sommes versées aux salariés au titre de la participation ou au titre de l'intéressement ;

– les droits inscrits sur un compte épargne-temps ;

– les actions gratuites attribuées aux salariés en application des articles L. 225-197-1 à L. 225-197-3 du Code de commerce (dispositif dit « Balladur ») ;

– les versements effectués par l'entreprise pour le compte des salariés : ces abondements sont limités à 8 % du montant annuel du plafond de la Sécurité sociale *(Voir pages Barème)* par an et par salarié sans pouvoir dépasser 3 fois le montant des versements du salarié. Même en l'absence de contribution du salarié, l'employeur peut abonder un PEE de façon unilatérale (*Code du travail, Art. L. 3332-11*). L'entreprise peut majorer ces sommes à concurrence du montant consacré par le salarié à l'acquisition d'actions ou de certificats d'investissement de l'entreprise ou d'une entreprise du même groupe. Cette majoration est limitée à 80 % du plafond de l'abondement de droit commun. L'abondement peut être effectué soit en numéraire, soit en actions de l'entreprise, soit encore en titres donnant accès au capital de l'entreprise.

À NOTER

La circulaire du 14/9/2005 rappelle que l'abondement de l'entreprise doit avoir un caractère collectif. Cet abondement ne peut être conçu comme un complément de rémunération et ne saurait être fonction de l'appréciation portée sur les salariés dans l'exercice de leurs fonctions (assiduité, rendement…).

La gestion du plan

Les fonds peuvent être affectés à l'achat :

– d'actions de l'entreprise ;

– de titres de SICAV, y compris les SICAV ayant pour objet la gestion d'un portefeuille de valeurs mobilières émises par l'entreprise ou toute autre société qui lui est liée ;

– de parts de fonds communs de placement d'entreprises (FCPE) comprenant soit exclusivement des valeurs mobilières émises par l'entreprise ou une entreprise du même groupe, soit des valeurs mobilières européennes diversifiées. La création d'un tel fonds est obligatoire lorsque l'actif du plan comporte des actions autres que celles de l'entreprise ;

– d'actions émises par les entreprises créées par les salariés dans le cadre de la reprise d'entreprise (RES) (*Code du travail, Art. L. 3332-15*) ;

– d'actions émises par les sociétés constituées exclusivement pour le rachat de tout ou partie du capital d'une société ;

– de parts de fonds investis dans les entreprises solidaires (*Code du travail, Art. L. 3332-17-1*).

Il est obligatoire de diversifier les valeurs du portefeuille et de sécuriser l'épargne des participants. Ainsi, le règlement du plan doit permettre aux salariés d'acquérir :

– soit des titres émis par des SICAV ;

– soit des parts de FCPE dont l'actif est composé de valeurs mobilières cotées et de titres liquides.

De même, les FCPE composés de titres de l'entreprise non cotés doivent comporter au moins 1/3 de titres liquides sauf si un mécanisme garantissant la liquidité de ces valeurs est instauré ou encore si l'entreprise s'est engagée à racheter ces titres dans la limite de 10 % de son capital social.

Aucun fonds commun de placement retenu ne peut détenir plus de 30 % de titres émis par un fonds commun de placement à risques ou de fonds commun de placement dans l'innovation (*Code du travail, Art. L. 3332-17*).

L'entreprise peut également procéder à une augmentation de capital réservée aux salariés adhérents au plan (*Code du travail, Art. L. 3332-18*). Le prix de souscription des titres ne peut être inférieur au prix du marché de plus de 30 %, ou 40 % selon les cas (*Code du travail, Art. L. 3332-19*).

Les sommes déposées sur le plan sont indisponibles pendant une durée de 5 ans minimum à compter de la date d'acquisition des titres. Elles peuvent toutefois faire l'objet d'un déblocage anticipé dans certains cas, identiques à ceux prévus pour le déblocage des fonds de participation.

Un déblocage anticipé est également prévu en faveur des salariés désirant acheter des parts de l'entreprise ou lever les options d'actions à condition qu'ils versent les actions acquises dans le plan d'épargne où elles resteront bloquées pendant 5 ans (*Code du travail, Art. L. 3332-25*). La loi autorise cependant l'apport de ces titres pendant ce délai de 5 ans à une société ou un FCP dont l'actif est exclusivement composé de titres de capital ou donnant avoir au capital émis par l'entreprise ou par une entreprise qui lui est liée.

Cas particulier : un PEE établi par accord avec le personnel peut prévoir l'affectation des sommes versées à un fonds dédié au rachat des titres de l'entreprise dans le cadre d'une opération de rachat réservée aux salariés (*Code du travail, Art. L. 3332-16*). Les sommes déposées sur un tel plan sont indisponibles jusqu'au terme de l'opération de rachat (une durée minimale de 5 ans étant prévue par les textes). Un déblocage anticipé peut cependant intervenir en cas de mise à la retraite, de décès ou d'invalidité du salarié.

À l'issue de cette période d'indisponibilité, les sommes peuvent être affectées à un compte épargne-temps.

Le salarié qui ne demande pas le déblocage au moment de la rupture de son contrat de travail peut demander le transfert des sommes dans le plan d'épargne d'entreprise de son nouvel employeur.

À NOTER

Chaque salarié doit être informé annuellement de la gestion du plan et de son avoir personnel. Il doit aussi recevoir un relevé annuel de son épargne mentionnant son choix d'affectation, ses mouvements (avec le montant de ses retraits et versements), ainsi que le montant de ses valeurs mobilières estimé au 31 décembre de l'année précédente (Code du travail, Art. L. 3332-7-1). Un état récapitulatif doit lui être remis lorsqu'il quitte l'entreprise. Le règlement peut également prévoir les conditions dans lesquelles le comité social et économique est informé sur les conditions d'application de ce règlement.

Les exonérations sociales et fiscales

Pour l'entreprise

Les abondements versés par l'employeur sont exonérés de charges sociales et de taxe sur les salaires. Ils viennent en déduction du revenu imposable.

Ces exonérations peuvent être remises en cause si les sommes versées au titre de l'abondement se sont substituées à un élément de rémunération soumis à cotisation sociale, sauf si la suppression de cet élément de rémunération a eu lieu depuis plus de 12 mois à la date de la mise en place du plan.

Les abondements sont toutefois assujettis à un forfait social de 20 %, réduit à 10 % pour les entreprises de 50 à 250 salariés.

Pour les salariés

L'abondement versé par l'employeur est également exonéré de charges sociales et d'impôt pour le salarié. Il est toutefois soumis à la CSG et à la CRDS.

Les sommes versées au titre de la participation et de l'intéressement placées sur le plan font également l'objet d'exonérations spécifiques.

Les versements volontaires des salariés sont, quant à eux, imposables.

Les revenus des placements peuvent être exonérés d'impôt quand ils sont réinvestis totalement et immédiatement dans le plan et bloqués durant une période correspondant à l'indisponibilité des titres auxquels ils sont rattachés.

En général, les entreprises prennent en charge les frais de gestion du plan.

Qu'est-ce qu'un plan d'épargne interentreprises ?

Ce dispositif a pour but de faciliter l'accès des salariés des petites entreprises aux plans d'épargne, les employeurs des PME pouvant se grouper pour créer et gérer un plan d'épargne en commun (*Code du travail, Art. L. 3333-1 et s.*).

La mise en place

Les plans d'épargne interentreprises (PEI) peuvent être institués par :
- un accord collectif ;
- un accord conclu avec le comité social et économique de chaque entreprise ou à la suite d'un vote à la majorité des 2/3 du personnel de chaque entreprise lorsque le plan est institué par plusieurs employeurs pris individuellement.

Les avenants au PEI doivent être conclus selon les mêmes modalités que le plan lui-même. Ils peuvent cependant être ratifiés par la majorité des entreprises concernées pour les plans institués entre plusieurs employeurs pris individuellement.

Le contenu de l'accord

L'accord doit déterminer, notamment :
- les entreprises signataires ou le champ d'application professionnel et géographique (département, bassin d'emploi, par exemple) ;
- la nature des sommes qui peuvent être versées ;
- les différentes possibilités d'affectation des sommes recueillies, le nombre, l'orientation et le profil de risque des fonds utilisés ;
- les conditions dans lesquelles les frais de tenue de compte sont pris en charge par l'employeur ;
- la liste des différents taux et plafonds d'abondement parmi lesquels les entreprises souhaitant effectuer des versements complémentaires peuvent opter.

L'accord doit être déposé à la direction régionale des entreprises, de la concurrence, de la consommation, du travail et de l'emploi (DIRECCTE) du lieu où il a été établi.

Les personnes concernées

Les bénéficiaires sont identiques à ceux concernés par un plan d'épargne d'entreprise.

Il faut noter cependant que dans le cas de PEI mis en place par accord collectif, tous les salariés des entreprises entrant dans le champ d'application de l'accord (professionnel et/ou géographique) peuvent effectuer des versements volontaires au PEI même si leur entreprise n'a pas adhéré individuellement à l'accord. Mais, dans ce cas, l'entreprise n'accordera pas d'abondement.

L'alimentation du plan

Là encore, les règles sont identiques à celles appliquées aux plans d'épargne d'entreprise.

La gestion du plan

Les sommes recueillies sont placées dans des titres identiques à ceux retenus pour les plans d'épargne d'entreprise. Cependant :

– le règlement du PEI peut également prévoir que les sommes issues de la participation soient affectées à un fonds d'investissement créé dans l'entreprise ;

– il ne peut, en revanche, prévoir l'acquisition de parts de fonds communs de placement d'entreprises (FCPE) dont l'actif comporte plus d'1/3 de titres de l'entreprise ;

– s'il prévoit l'acquisition de FCPE autres que ceux cités ci-dessus, ceux-ci ne peuvent comporter plus de 10 % de titres non cotés ;

– les augmentations de capital réservées aux salariés adhérents à un PEE ne peuvent être réalisées dans le cadre d'un PEI.

Qu'est-ce que le plan d'épargne retraite (PER) d'entreprise collectif ?

Le plan d'entreprise retraite (PER) d'entreprise collectif est un nouveau produit d'épargne retraite ouvert à tous les salariés, sans obligation de souscription. Disponible depuis le 1/10/2019, il succède au PERCO, qui ne pourra plus être mis en place à compter du 1/10/2020. L'entreprise peut transformer le PERCO en PER d'entreprise collectif. Par ailleurs, les droits acquis au titre de ce PER sont transférables à d'autres produits d'épargne.

La mise en place

Les PER peuvent être institués dans toutes les entreprises, et ce même en l'absence de plan d'épargne entreprise (PEE). La procédure suit les mêmes modalités que pour les accords de participation (voir plus haut). Si l'entreprise dispose d'un plan d'épargne collectif obligatoire, elle peut choisir de les regrouper dans un plan unique. Le PER d'entreprise collectif peut être mis en place au niveau de l'entreprise ou au niveau interentreprises.

Les personnes concernées

Tous les salariés de l'entreprise peuvent normalement bénéficier de ce plan. Une condition d'ancienneté peut cependant être exigée, qui ne peut excéder 3 mois. Un plan peut prévoir l'adhésion automatique des salariés, sauf s'ils émettent un avis contraire. Dans tous les cas, les salariés sont informés d'une telle clause (*Code monétaire et financier, Art. L. 224-17*).

Les anciens salariés peuvent continuer à effectuer des versements sur le PER de leur ancienne entreprise, sauf si la nouvelle entreprise dans laquelle ils travaillent dispose de son propre plan. Ces versements ne donnent pas lieu à l'abondement de l'employeur.

Dans les entreprises de moins de 250 salariés, ont également accès au PER :

– le chef d'entreprise ;

– les présidents, directeurs généraux, gérants ou membres du directoire, s'il s'agit de personnes morales ;

– le conjoint ou le partenaire lié par un PACS du chef d'entreprise s'il a le statut de conjoint collaborateur ou de conjoint associé.

L'alimentation du plan

Ces plans peuvent être alimentés par :

– les versements volontaires du salarié : aucun plafond n'existe, et il est possible, au choix, de déduire ces versements du revenu imposable ;

– les sommes issues de dispositif d'épargne salariale, autrement dit de l'intéressement, de la participation, des abondements de l'employeur (abondement initial et versements périodiques) ou encore des droits inscrits au compte épargne-temps (ou les sommes correspondantes aux jours de repos non pris, en l'absence d'un tel compte). L'abondement de l'employeur ne peut dépasser 3 fois le montant des versements du salarié, ni excéder 16 % du plafond annuel de la Sécurité sociale (PASS) par an et salarié ;

– le transfert de sommes issues d'autres produits d'épargne.

La gestion du plan

Sauf mention contraire du salarié, la gestion des sommes investies dans le PER d'entreprise collectif suit les principes de la gestion « pilotée ». Autrement dit, la part des actifs à risque élevé réduit à mesure que le salarié approche de l'âge de la retraite, au bénéfice des actifs à faible risque.

Le PER d'entreprise collectif doit proposer d'autres modes de gestion, y compris une gestion libre. Par ailleurs, en plus de la gestion pilotée, il doit obligatoirement prévoir un support d'investissement dans des entreprises solidaires au sens de l'article L. 3332-17-1 du Code du travail.

Les sommes inscrites au compte des participants sont bloquées jusqu'au moment de leur départ à la retraite, où le titulaire peut alors demander un versement unique en capital, en rente viagère, ou partiellement en capital et en rente.

Il est toutefois possible de récupérer les sommes déposées sur un PERCO avant le départ en retraite dans les cas suivants :

– décès du bénéficiaire, de son conjoint ou de son partenaire de PACS ;

– expiration des droits à l'assurance chômage du titulaire du plan ;

– invalidité à 80 % au moins du bénéficiaire, de ses enfants, de son conjoint ou de son partenaire de PACS ;

– surendettement du participant. Dans ce cas, la demande de déblocage anticipé intervient sur décision du président de la Commission de surendettement des particuliers ou du juge ;

– acquisition d'une résidence principale ou remise en état d'une telle résidence endommagée par une catastrophe naturelle reconnue par arrêté ministériel ;

– cessation d'activité non salariée, à la suite d'un jugement de liquidation judiciaire ;

– expiration des droits à l'assurance chômage.

Le déblocage se fait sous la forme d'un versement unique de tout ou partie des sommes déposées.

Les avantages sociaux et fiscaux

Pour l'entreprise

Dans les entreprises de 50 salariés et plus, les abondements sont assujettis à un forfait social de 16 % si le PER d'entreprise collectif respecte les conditions suivantes :

– les sommes recueillies sont affectées par défaut, vers un mode de gestion piloté ;

– l'allocation de l'épargne est affectée à l'acquisition de parts de fonds comportant au moins 10 % de titres susceptibles d'être employés dans un plan d'épargne en action destiné au financement de PME.

Pour les salariés

Les versements des sommes issues de l'épargne salariale en entreprise (intéressement, participation, abondements employeurs) sont exonérés d'impôt sur le revenu, dans la limite de 16 % du PASS. Les versements volontaires sont en outre déductibles selon les modalités suivantes :

– soit 10 % des revenus d'activité nets de frais professionnels, dans la limite de 8 fois le PASS ;

– soit 10 % du PASS de l'année précédente.

Le bénéficiaire du plan peut choisir de ne pas bénéficier de cette déductibilité. Cette option est irrévocable.

Qu'est-ce qu'un plan d'épargne pour la retraite collectif (PERCO)?

La formule du plan d'épargne pour la retraite collectif (PERCO) offre la possibilité aux salariés qui le désirent de se constituer un complément de retraite (*Code du travail, Art. L. 3334-2*). Un tel plan ne pourra toutefois plus être mis en place à compter du 1/10/2020, le PER d'entreprise collectif étant appelé à lui succéder. Les PERCO existants peuvent toutefois continuer à être alimentés, l'autre possibilité étant de transférer son épargne vers un nouveau dispositif d'épargne retraite.

Attention : l'adhésion au PERCO de l'entreprise se fait en principe sur une base volontaire mais elle peut également être automatique, par défaut. Si tel est le cas, l'employeur doit informer le salarié, suivant les modalités prévues par le règlement du plan, qu'il a 15 jours à compter de cette information pour notifier son refus d'adhésion.

La mise en place

Les PERCO peuvent être institués dans toutes les entreprises. Il n'est en effet pas nécessaire que celles-ci disposent au préalable d'un plan d'épargne d'entreprise ou d'un plan d'épargne interentreprises.

Les entreprises qui ont mis en place de tels plans depuis plus de 3 ans sont toutefois tenues d'ouvrir une négociation en vue de la mise en place d'un PERCO (*Code du travail, Art. L. 3334-3*).

Les PERCO sont instaurés par accord conclu dans les mêmes conditions que les accords de participation.

A NOTER

Le PERCO peut être créé sous la forme d'une IRPROCO (institution de retraite professionnelle collective) chargée de gérer un ou plusieurs PERCO. Lorsque le plan est proposé sur le territoire d'un autre État de l'Union européenne (ou de l'Espace économique européen), l'intervention d'une IRPROCO est obligatoire.

Les personnes concernées

Les règles sont identiques à celles applicables en matière de plan d'épargne d'entreprise.

L'alimentation du plan

Ces plans peuvent être alimentés par :

– les sommes issues de l'intéressement ou de la participation. La moitié des sommes issues de la participation alimente automatiquement le PERCO si le salarié n'a pas décidé d'affecter ces sommes sur le PEE de l'entreprise ou de les percevoir immédiatement ;

– des versements volontaires des salariés. Ceux-ci sont limités à 1/4 de la rémunération annuelle de l'intéressé ou 1/4 du plafond annuel de la Sécurité sociale *(Voir pages Barème)* pour les conjoints collaborateurs, les associés du chef d'entreprise ou les salariés n'ayant perçu aucune rémunération au cours de l'année (salariés en congé parental, par exemple). Le règlement du plan peut également prévoir un montant minimum par support de placement ;

– un versement initial de l'entreprise, même en l'absence de contribution du salarié au plan ;

– en outre, si la réglementation du plan le prévoit, les entreprises peuvent, même en l'absence de contribution du salarié, effectuer des versements périodiques uniformes à l'ensemble des salariés.

Le versement initial + les versements périodiques sont limités à 2 % du plafond annuel de la Sécurité sociale *(Voir pages Barème)* ;

– des sommes complémentaires à celles déposées par le salarié, versées par l'entreprise.

Ces abondements annuels (versement initial + versements périodiques + sommes complémentaires) sont limités à 16 % du plafond annuel de la Sécurité sociale *(Voir pages Barème)* par salarié. Ils ne doivent pas, par ailleurs, excéder 3 fois la contribution du salarié. Le montant de l'abondement peut être modulé entre les différentes catégories de salariés dès lors que cette modulation n'est pas proportionnelle à la rémunération des intéressés.

Les sommes issues de la participation versées sur un PERCO peuvent donner lieu à abondement de l'entreprise ;

– le transfert de fonds provenant d'un plan d'épargne d'entreprise (PEE) ou d'un plan d'épargne interentreprises (PEI) ;

– les droits inscrits sur un compte épargne-temps. Dans les entreprises ne disposant pas d'un tel compte, les salariés peuvent verser sur le PERCO 10 jours maximum de repos non pris par an, à l'exception de la 5e semaine de congés payés. Ces jours sont comptabilisés selon la méthode pratiquée pour le calcul de l'indemnité de congés payés.

AVANTAGE

Les anciens salariés peuvent continuer à effectuer des versements sur le PERCO lorsqu'un tel plan n'existe pas dans leur nouvelle entreprise. Leurs versements ne peuvent cependant pas bénéficier de l'abondement de l'entreprise.

La gestion du plan

Les sommes recueillies sont affectées à l'acquisition de valeurs mobilières (parts de SICAV, de fonds communs de placement d'entreprises…). Afin d'assurer la sécurité financière de l'épargne, les participants au plan doivent pouvoir choisir entre au moins trois placements différents, représentant divers profils d'investissement. Une allocation de l'épargne permettant de réduire progressivement les risques financiers pesant sur la valeur des actifs détenus dans les OPCVM doit également leur être proposée. À noter également qu'il n'est pas possible d'acquérir des titres de l'entreprise par ce biais. Les sommes issues de la participation affectées par défaut au PERCO et les versements pour lesquels le salarié n'a pas explicitement exprimé ses choix seront affectés à cette gestion sécurisée.

Le règlement d'un PERCO peut également prévoir qu'une partie des sommes recueillies soit investie dans des parts d'entreprises solidaires (*Code du travail, Art. L. 3332-17-1*).

Les sommes inscrites au compte des participants sont bloquées jusqu'au moment de leur départ à la retraite. Ils peuvent alors récupérer leurs avoirs sous forme de rente viagère. L'accord peut également prévoir un versement unique.

Il est toutefois possible de récupérer les sommes déposées sur un PERCO avant le départ en retraite dans les cas suivants :

– décès du bénéficiaire, de son conjoint ou de son partenaire de PACS ;

– expiration des droits à l'assurance chômage du titulaire du plan ;
– invalidité à 80 % au moins du bénéficiaire, de ses enfants, de son conjoint ou de son partenaire de PACS ;
– surendettement. Dans ce cas, la demande de déblocage anticipé doit être effectuée par le président de la commission de surendettement des particuliers ou par le juge ;
– acquisition d'une résidence principale ou remise en état de cette résidence endommagée suite à une catastrophe naturelle reconnue par arrêté ministériel.
Le déblocage intervient sous la forme d'un versement unique de tout ou partie des sommes épargnées (*Code du travail, Art. R. 3334-4 et R. 3334-5*).

Les exonérations sociales et fiscales

Pour l'entreprise

Les sommes consacrées au financement du PERCO sont déductibles des bénéfices imposables.
L'entreprise peut constituer en franchise d'impôt une provision pour investissement égale à 25 % des abondements. Ce taux est porté à 35 % pour les abondements investis dans les parts d'entreprises solidaires.

ATTENTION ⚠

Au niveau social, les abondements de l'entreprise sont assujettis à un forfait social de 20 % à la charge de l'employeur dans les entreprises de 50 salariés et plus. Ce taux est réduit à 16 % pour les sommes issues de la participation ou de l'intéressement ainsi que pour l'abondement de l'employeur à condition que le PERCO respecte les conditions suivantes : les sommes recueillies sont affectées par défaut, vers un mode de gestion sécurisé ; l'allocation de l'épargne est affectée à l'acquisition de parts de fonds comportant au moins 7 % de titres susceptibles d'être employés dans un plan d'épargne en actions destiné au financement de PME.

Pour les salariés

Les règles sont identiques à celles instituées en faveur des plans d'épargne d'entreprise.

À NOTER

À titre individuel, les salariés peuvent également développer une épargne retraite, par la souscription d'un PER individuel sous la forme d'un compte-titres auprès d'un établissement financier ou d'un contrat d'assurance.

En quoi consiste le système des « stock-options » ?

Cette formule d'actionnariat facultatif, insérée dans le Code de commerce, aux articles L. 225-177 à L. 225-186, permet aux salariés d'acheter des actions de leur société à un cours inférieur à celui de la Bourse tout en bénéficiant d'un régime fiscal privilégié.

Les personnes concernées

Ce système ne concerne que les salariés des sociétés anonymes ou en commandite par actions. La société peut être ou non cotée en Bourse.
L'entreprise est libre de le proposer à l'ensemble de ses salariés ou à une catégorie du personnel uniquement (cadres dirigeants, en général).

Le fonctionnement du plan

Les salariés qui adhèrent à ce système se voient attribuer des options d'achat d'actions ou de souscriptions d'actions nouvelles de leur entreprise (augmentation du capital social). Ces options leur donnent le droit d'acheter une action, pendant un délai déterminé, et à un prix fixé à l'avance (appelé « prix d'exercice »).
Exemple : un salarié détient une option d'achat d'action à un prix d'exercice fixé à 15 €. Le jour où l'action atteint le prix de 20 €, il a intérêt à acheter cette action (on dit alors qu'il « lève son option »). Il l'acquerra en effet au prix de 15 €, ce qui lui permettra de réaliser un gain de 5 €.
Cette option ne constitue pas une obligation d'achat. Ainsi, si le prix de l'action baisse, le salarié peut renoncer à l'acheter (il abandonne alors son option).
Le règlement du plan de stock-options détermine :
– le prix d'exercice des options qui peut être inférieur au prix réel de l'action au moment de l'attribution des options ;
– le délai et les conditions de levée des options ;
– le délai de conservation des actions acquises. Ce délai ne peut excéder 3 ans ;
– éventuellement, le nombre maximal d'options attribué à chaque bénéficiaire du plan.
Certains règlements soumettent la levée d'option à une condition de présence dans l'entreprise. Ainsi, le salarié qui démissionne ou prend sa retraite perd définitivement les options qu'il n'a pas levées avant son départ. Cette pratique peut également être prévue en

cas de licenciement (*Cour de cassation, Chambre sociale, 9/5/2001*). Toutefois, s'il s'avère que le licenciement prononcé est dénué de cause réelle et sérieuse, le salarié peut demander au conseil de prud'hommes des dommages et intérêts en réparation du préjudice financier qu'il a subi (*Cour de cassation, Chambre sociale, 29/9/2004*).

Il n'est pas possible, en revanche, de priver un salarié de ses stocks-options parce qu'il a été licencié pour faute grave. Une telle mesure constitue une sanction pécuniaire interdite par l'article L. 1331-2 du Code du travail (*Cour de cassation, Chambre sociale, 21/10/2009*).

La fiscalité

Les plus-values d'acquisition (différence entre la valeur de l'action au moment de la levée d'option et le prix d'achat) des stock-options attribuées depuis le 28/9/2012 sont soumises au barème progressif de l'impôt sur le revenu dans la catégorie des salaires. Vous devez donc les intégrer dans votre revenu imposable.

Les plus-values d'acquisition des stock-options attribuées avant cette date sont imposées à un taux forfaitaire de :

– 30 % jusqu'à 152 500 € et 41 % au-delà lorsqu'un délai de 4 ans est respecté entre l'attribution du titre et sa cession ;

– 18 % jusqu'à 152 000 € et 30 % au-delà en cas de conservation du titre pendant un délai supplémentaire de 2 ans.

Lorsque les délais de conservation ne sont pas respectés, les gains sont imposés comme des salaires.

Les plus-values de cession (différence entre le prix de cession des titres et leur valeur à la date de levée de l'option) sont imposées comme les plus-values mobilières de droit commun.

L'information des salariés

Les salariés concernés sont informés des offres d'option qui leur sont faites. Ceux qui souscrivent ces options reçoivent alors le règlement du plan arrêté par le conseil d'administration de la société.

Lorsque les salariés lèvent leur option, ils deviennent actionnaires de l'entreprise et peuvent participer aux assemblées générales et y voter.

À NOTER

Chaque salarié ayant levé une option au cours de l'année civile reçoit, avant le 15 février de l'année suivante, un état individuel à joindre à sa déclaration de revenus.

La prime d'activité

La prime d'activité complète les revenus des travailleurs modestes. Elle a pour objet d'une part d'inciter ces travailleurs à l'exercice ou à la reprise d'une activité professionnelle, et d'autre part de soutenir leur pouvoir d'achat (Code de la Sécurité sociale, Art. L. 841-1).

Qui peut en bénéficier ?

Pour toucher la prime d'activité, il faut répondre aux conditions suivantes :

– exercer une activité professionnelle, salariée ou non salariée et percevoir des revenus modestes au titre de cette activité, qui ne dépassent pas 1,5 SMIC ;

– être âgé de plus de 18 ans ;

– résider en France de manière stable et effective ;

– être de nationalité française ou titulaire depuis au moins 5 ans d'un titre de séjour autorisant à travailler en France. Cette condition n'est pas applicable à certaines catégories de demandeurs (ressortissants européens ou suisses, réfugiés, apatrides…).

Les élèves, les étudiants, les stagiaires ou les apprentis peuvent bénéficier de la prime s'ils touchent une rémunération comprise entre 0,55 et 1,5 SMIC, ou s'ils assument seuls la charge d'un ou de plusieurs enfants.

Les personnes en congé parental d'éducation, congé sabbatique, congé sans solde ou en disponibilité peuvent également en bénéficier s'ils perçoivent par ailleurs des revenus professionnels (*Code de la Sécurité sociale, Art. L. 842-2*).

Quel en est le montant ?

La prime d'activité est égale à la différence entre :

– un montant forfaitaire qui varie en fonction de la composition du foyer et du nombre d'enfants à charge, augmenté d'une fraction des revenus professionnels des membres du foyer, et qui peut faire l'objet d'une ou de plusieurs bonifications ;

– les ressources du foyer (*Code de la Sécurité sociale, Art. L. 842-3*).

La prime se calcule donc en deux temps :

Calcul du montant forfaitaire

Le montant forfaitaire se compose :

– d'un montant de base qui varie en fonction de la composition du foyer (personne seule, couple, nombre de personnes à charge). Ce montant de base est majoré pendant 12 mois pour les personnes assumant seules la charge d'un ou de plusieurs enfants ou les femmes enceintes. Cette durée peut être prolongée jusqu'à ce que le plus jeune des enfants ait atteint l'âge de 3 ans (*Voir pages Barème*) ;

– d'une somme égale à 61 % des revenus professionnels ;

– d'une bonification individuelle pour chaque travailleur présent au foyer si le montant mensuel de ses revenus professionnels est supérieur à 598,85 €. Le montant maximum de cette bonification s'élève à 160,98 € ; il est atteint lorsque le salaire moyen atteint 1 218 €.

Calcul des ressources

Les ressources prises en compte pour le calcul de la prime d'activité sont :

– les ressources ayant le caractère de revenus professionnels ou qui en tiennent lieu (salaires, revenus tirés d'une activité non salariée, indemnités journalières de maladie ou de maternité…) ;

– les revenus de remplacement (pensions alimentaires, par exemple) ;

– l'avantage en nature que constitue la disposition d'un logement à titre gratuit. Celui-ci est déterminé de manière forfaitaire ;

– les prestations et les aides sociales, à l'exception de certaines d'entre elles en raison de leur finalité sociale particulière (comme l'allocation d'éducation de l'enfant handicapé, par exemple) ;

– les autres revenus soumis à l'impôt sur le revenu (*Code de la Sécurité sociale, Art. L. 842-4*).

AVANTAGE

La prime d'activité est non-imposable, incessible, insaisissable, non soumise à la CSG mais soumise à la CRDS.

Révision des droits

Le montant de la prime est identique pendant 3 mois, sauf changement de situation (situation familiale, ressources, patrimoine, etc.) En cas de révision des droits, celui-ci prend effet à compter du 1er jour du mois où ce changement s'est produit. Si les conditions ne sont plus remplies pour percevoir la prime d'activité, elle cesse d'être versée à partir du 1er jour du mois concerné.

Un simulateur en ligne sur le site de la CAF (*www.caf.fr*) permet de vérifier si les conditions d'obtention sont remplies et d'estimer le montant de la prime.

À NOTER

La prime peut être réduite de moitié en cas d'hospitalisation, à l'exception des périodes de grossesse. Elle peut en outre être suspendue en cas d'incarcération de la personne bénéficiaire (Code de la Sécurité sociale, Art. R. 846-7 et R. 846-8).

Comment l'obtenir ?

La prime d'activité doit être demandée directement en ligne sur le site Internet de la caisse d'allocations familiales : *www.caf.fr*.

Le droit à la prime est ouvert à compter de la date de dépôt de la demande si toutes les conditions sont réunies (*Code de la Sécurité sociale, Art. L. 843-2*).

AVANTAGE

Les bénéficiaires de la prime d'activité ont droit à un accompagnement adapté à leurs besoins s'ils sont à la recherche d'un emploi (Code de la Sécurité sociale, Art. L. 844-1).

Cas pratiques

La rémunération

Clause de variation du salaire

Mon contrat de travail contient une clause de variation de salaire. J'aimerais savoir ce que dit la jurisprudence sur ces clauses. Quels sont les critères de validité ?

Une décision de la Cour de cassation a résumé les conditions de validité des clauses de variation de salaire : ces clauses sont valables si :
- elles sont fondées sur des éléments objectifs indépendants de la volonté de l'employeur ;
- elles ne font pas porter le risque d'entreprise sur le salarié ;
- elles n'ont pas pour effet de réduire la rémunération en dessous des minima légaux et conventionnels (*Cour de cassation, Chambre sociale, 2/7/2002*).

Vous ne précisez pas si cette part variable de la rémunération est fixée suivant des critères précis d'objectif de résultats. Sachez que si l'objectif de résultats n'a pas été déterminé, cela ne vous empêche pas d'en demander la fixation aux juges par référence aux années antérieures (*Cour de cassation, Chambre sociale, 13/7/2004*). Cet arrêt est intéressant à connaître pour les salariés car il leur permet de bénéficier d'une rémunération variable même en l'absence de fixation des objectifs de résultats.

« À travail égal, salaire égal »

La règle « À travail égal, salaire égal » ne s'applique-t-elle qu'aux rémunérations de salariés exerçant exactement les mêmes fonctions ? J'estime que je suis moins payée que mes collègues masculins pour un niveau hiérarchique comparable.

Aux termes de l'article L. 3221-2 du Code du travail, l'employeur est tenu d'assurer « pour un même travail ou un travail de valeur égale, l'égalité de rémunération entre les femmes et les hommes ». Or, la Cour de cassation a estimé que, selon l'article L. 3221-4, « sont considérés comme ayant une valeur égale, les travaux qui exigent des salariés un ensemble comparable de connaissances professionnelles consacrées par un titre, un diplôme ou une pratique professionnelle, de capacités découlant de l'expérience acquise, de responsabilités et de charge physique ou nerveuse » (*Cour de cassation, Chambre sociale, 6/7/2010*).

Est-il normal que la salariée, engagée pour me remplacer dans le cadre d'un congé maladie, gagne plus que moi ?

La règle est que l'employeur est tenu d'assurer l'égalité des rémunérations entre tous les salariés de l'un ou l'autre sexe placés dans une situation équivalente, cette situation s'appréciant en fonction de la qualification et de l'ancienneté ainsi que du travail réalisé par le salarié. Et ce, à moins qu'il ne justifie la disparité de situations constatée par des éléments objectifs étrangers à toute discrimination et pertinents. Par exemple, il a été jugé que le fait de réserver des tickets restaurants à du personnel non cadre ne se justifiait pas (*Cour de cassation, Chambre sociale, 20/2/2008*).

Ceci étant posé, une jurisprudence précise que ne méconnaît pas le principe « à travail égal, salaire égal », l'employeur qui justifie par des raisons « objectives et matériellement vérifiables », tirée notamment du marché de l'emploi, la différence de rémunération entre des salariés effectuant un même travail ou un travail de valeur égale. Ainsi, par exemple, dans une affaire jugée par la Cour de cassation, l'employeur recherchait une personne qualifiée pour occuper le poste de directrice de crèche et devait la recruter de toute urgence sous peine de voir ordonnée la fermeture de la crèche par les pouvoirs publics. Ces circonstances justifiaient l'augmentation de salaire accordée (*Cour de cassation, Chambre sociale, 21/6/2005*). Selon un autre arrêt, le coût de la vie est également un critère qui peut justifier une différence de rémunération (*Cour de cassation, Chambre sociale, 14/9/2016*).

Modification de la rémunération

Mon employeur peut-il modifier ma rémunération contractuelle sans mon accord, sous prétexte que le résultat global m'est plus favorable ?

La modification de la rémunération contractuelle du salarié ou de son mode de calcul suppose l'accord du salarié. Peu importe à cet égard que le nouveau mode de rémunération soit plus avantageux pour ce dernier (*Cour de cassation, Chambre sociale, 12/3/2002 et 5/5/2010*).

Mon employeur peut-il modifier unilatéralement les objectifs donnant lieu à la part variable de ma rémunération ?

Le principe est que lorsqu'un employeur souhaite modifier les objectifs dont la réalisation détermine le montant de la part variable de la rémunération prévue au contrat de travail, cela constitue une modification du contrat de travail (*Cour de cassation, Chambre sociale, 29/6/2011 et 13/6/2012*). Il a cependant été décidé que lorsque les objectifs sont définis unilatéralement par l'employeur dans le cadre de son pouvoir de direction, il peut les modifier dès lors qu'ils sont réalisables et qu'ils ont été portés à la connaissance du salarié en début d'exercice. Dans cette affaire, l'avenant au contrat de travail stipulait que la détermination des objectifs conditionnant la rémunération variable du salarié relevait du pouvoir de direction de l'employeur (*Cour de cassation, Chambre sociale, 2/3/2011*).

Salaire - preuve du paiement

Le mois dernier, mon employeur m'a remis un bulletin de paie sans me verser le salaire correspondant. J'aimerais savoir si la remise d'un bulletin de paie fait présumer le paiement du salaire.

Non, la remise d'un bulletin de paie ne fait pas présumer le règlement du salaire. La charge de la preuve du paiement du salaire repose sur l'employeur (ce n'est pas au salarié d'apporter la preuve qu'il n'a pas été payé). Si votre employeur ne prouve pas, notamment par la production de pièces comptables, le paiement du salaire, vous avez intérêt, si vous n'obtenez pas satisfaction, à saisir le conseil des prud'hommes (*Cour de cassation, Chambre sociale, 8/2/2017*).

Solde de tout compte

Dans le reçu que j'ai signé suite à ma démission figure une clause générale selon laquelle cette somme est versée pour solde de tout compte « en paiement des salaires, accessoires de salaires, remboursement de frais et indemnités de toute nature dus au titre de l'exécution et de la cessation de mon contrat de travail ». Quelle est sa valeur ?

Selon l'article L. 1234-20 du Code du travail, le solde de tout compte, établi par l'employeur et dont le salarié lui donne reçu, « fait l'inventaire des sommes versées au salarié lors de la rupture du contrat de travail ».

Faire l'inventaire implique, pour la Cour de cassation, d'énumérer les sommes versées au salarié lors de la rupture du contrat de travail. Il s'ensuit que le reçu pour solde de tout compte n'a d'effet libératoire que pour les seules sommes qui y sont mentionnées (*Cour de cassation, Chambre sociale, 18/12/2013 et 14/2/2018*). Cette clause générale n'a donc pas de portée pratique pour vous.

La durée du travail

La durée légale du travail est fixée à 35 heures par semaine. Cette durée peut cependant être allongée par la pratique des heures supplémentaires qui ouvre droit à une majoration de salaire et, dans certains cas, à une contrepartie en repos. Cette durée peut aussi être réduite soit individuellement (il s'agit alors de travail à temps partiel), soit collectivement par accord, en particulier dans les entreprises confrontées à des difficultés économiques. La durée du travail peut également être aménagée dans la journée, dans la semaine, le mois et même l'année. Dans tous les cas, l'employeur est tenu d'accorder un repos hebdomadaire, en général le dimanche, à ses salariés et de respecter la réglementation concernant les jours fériés.

La durée légale du travail

La durée légale du travail est fixée à 35 heures dans toutes les entreprises. Cette durée hebdomadaire ne tient compte que du temps de travail effectif.

Quelle est la durée légale du travail ?

La durée du travail est fixée à 35 heures par semaine (*Code du travail, Art. L. 3121-27*).
Cette durée concerne tous les établissements de quelque nature qu'ils soient. Tous les salariés bénéficient de cette législation, quels que soient leur âge, leur sexe, leur nationalité, leur catégorie professionnelle et la nature de leur contrat de travail.
La durée légale hebdomadaire du travail se calcule dans le cadre de la semaine civile. Elle peut cependant être calculée sur une période différente pour les salariés soumis à un forfait ou dans les entreprises ayant mis en place un dispositif de répartition de la durée du travail sur une période supérieure à la semaine.

La durée légale ne constitue qu'un seuil au-delà duquel s'applique la réglementation des heures supplémentaires : les entreprises peuvent donc prévoir un horaire collectif supérieur à condition que les heures dépassant la durée légale respectent les dispositions prévues en matière d'heures supplémentaires. Elles peuvent également appliquer un horaire collectif inférieur à 35 heures.

› La notion de travail effectif

Cette durée s'entend du travail effectif, c'est-à-dire du temps durant lequel le salarié est à la disposition de son employeur et doit se conformer à ses directives, sans pouvoir vaquer librement à ses occupations personnelles (*Code du travail, Art. L. 3121-1*). Cette durée ne comprend pas, sauf exception, le temps nécessaire pour les repas et les pauses ainsi que les astreintes (voir plus loin).

LE TEMPS DE TRAJET

Le temps de trajet entre le domicile et le lieu de travail habituel ne rentre pas en compte dans la durée du travail effectif. Si le temps de trajet entre le domicile et le lieu de travail est majoré du fait du handicap du salarié, celui-ci peut cependant bénéficier d'une contrepartie sous forme de repos (*Code du travail, Art. L. 3121-5*).
Il en est de même du temps de trajet entre le domicile et un lieu inhabituel d'exécution du contrat de travail (salarié devant se rendre chez un client, à une réunion à l'extérieur de l'entreprise ou effectuant un voyage d'affaires, par exemple). Toutefois, lorsqu'il dépasse le temps normal de trajet entre le domicile et le lieu de travail habituel, ce temps de trajet supplémentaire doit faire l'objet d'une contrepartie, soit financière, soit sous forme de repos (*Code du travail, Art. L. 3121-4*). Cette contrepartie est fixée par accord d'entreprise ou, à défaut, par accord de branche ; à défaut d'accord par décision unilatérale de l'employeur après consultation du comité social et économique (Code du travail, Art. L. 3121-7 et L. 3121-8). Enfin, à défaut de décision de l'employeur, elle peut être fixée par les juges (*Cour de cassation, Chambre sociale, 14/11/2012*).
Le temps de trajet entre deux lieux de travail (le siège de l'entreprise et un chantier, par exemple) est généralement considéré comme un temps de travail effectif et rémunéré en tant que tel lorsque le salarié est à la disposition de son employeur durant ce trajet. Il en est ainsi lorsque le salarié conduit un véhicule de l'entreprise pour transporter du personnel ou du matériel (*Cour de cassation, Chambre sociale, 16/1/1996*) ou lorsqu'il est tenu de se rendre au siège de l'entreprise avant l'heure d'embauche pour procéder au chargement de matériaux (*Cour de cassation, Chambre sociale, 12/7/1999*). Le temps de trajet entre deux clients doit également être considéré et rémunéré comme du temps de travail (*Cour de cassation, Chambre criminelle, 2/9/2014*).
Il est à noter, qu'en ce domaine, les accords d'entreprise (ou, à défaut, les accords de branche) ou les usages peuvent toujours prévoir des dispositions plus favorables aux salariés.

LE TEMPS PASSÉ À L'HABILLAGE ET AU DÉSHABILLAGE

Le temps nécessaire à l'habillage et au déshabillage n'est pas considéré comme du travail effectif, sauf clause contraire prévue par un accord d'entreprise (ou, à défaut, par accord de branche), le contrat de travail ou un usage. Toutefois, dans les métiers où le port d'une tenue de travail est imposé et doit se faire sur le lieu de travail, le temps passé à l'habillage et au déshabillage doit faire l'objet d'une contrepartie soit financière, soit sous forme de repos. Ces deux conditions sont cumulatives. Ainsi l'employeur n'est pas obligé d'accorder de contrepartie lorsque les salariés n'ont pas l'obligation de revêtir et d'enlever leur tenue sur leur lieu de travail (*Cour de cassation, Chambre sociale, 26/3/2008*).
Cette obligation peut toutefois résulter d'un accord d'entreprise (ou, à défaut, d'un accord de branche), d'une décision de l'employeur mais également être imposée par la nature des équipements eux-mêmes : protection individuelle pour la manipulation de produits salissants que les salariés ne peuvent ni enfiler, ni ôter en dehors de leur lieu de travail, par exemple (*Cour de cassation, Chambre sociale, 21/11/2012*).

Les heures d'astreintes

On appelle astreinte les périodes pendant lesquelles le salarié, sans être sur son lieu de travail et sans être à la disposition permanente et immédiate de l'employeur, a l'obligation d'être prêt à répondre à d'éventuels appels de son employeur pour effectuer une intervention immédiate (*Code du travail, Art. L. 3121-9*). Un salarié qui doit rester en permanence disponible avec son téléphone portable pour répondre à d'éventuels besoins, et se tenir prêt à intervenir si nécessaire, doit ainsi être payé en astreinte (*Cour de cassation, Chambre sociale, 12/7/2018*).

Les astreintes peuvent être instituées par convention ou accord collectif d'entreprise (ou, à défaut, par accord de branche). À défaut d'accord, le mode d'organisation et les compensations accordées sont fixés par l'employeur après avis du comité social et économique et information de l'agent de contrôle de l'inspection du travail (*Code du travail, Art. L. 3121-11 et L. 3121-12*).

Les heures d'astreinte ne sont pas considérées comme des heures de travail effectif et ne sont donc pas rémunérées comme telles. Elles doivent cependant donner lieu à une compensation financière ou sous forme de repos.

Bien entendu, si le salarié est appelé par son employeur durant une période d'astreinte pour effectuer une intervention, ce temps d'intervention doit être considéré comme un temps de travail effectif et rémunéré au taux normal (*Cour de cassation, Chambre sociale, 3/6/1998*). Il en est de même du temps de déplacement entre le lieu où il se trouve et le lieu où le salarié est appelé à intervenir (*Cour de cassation, Chambre sociale, 31/10/2007*).

Un document indiquant le nombre d'heures d'astreinte effectuées et la compensation correspondante est remis aux intéressés à la fin du mois. Ce document doit être conservé par l'employeur pendant 1 an et tenu à la disposition de l'inspection du travail (*Code du travail, Art. R. 3121-2 et D. 3171-16*).

Les périodes d'astreinte doivent être prises en compte dans le calcul du repos quotidien minimum de 11 heures consécutives et du repos hebdomadaire de 35 heures consécutives auxquels a droit le salarié (*Code du travail, Art. L. 3121-10*).

ATTENTION ⚠

La durée légale du travail ne s'applique pas à certaines catégories de travailleurs. Il en est ainsi pour : les agents de la SNCF, de la RATP et des entreprises de transports publics urbains qui relèvent d'une réglementation spécifique ; les établissements publics hospitaliers (la durée légale du temps de travail est notamment régie par le décret du 4/1/2012) ; les concierges et employés de maison ; les assistantes maternelles ; les VRP ; les dirigeants ou les mandataires sociaux ; les gérants non-salariés des succursales de maison d'alimentation au détail ; les travailleurs indépendants de toutes les professions. Certains salariés ne bénéficient pas intégralement de la réglementation concernant la durée légale du travail.

Les heures d'équivalence

Dans certaines professions et pour des emplois déterminés où l'activité des salariés connaît des périodes d'inaction dans la journée (service de garde dans les pharmacies, par exemple), il peut être exigé une durée de présence hebdomadaire qui, bien que supérieure à la durée légale du travail, correspond à celle-ci.

AVANTAGE

Les salariés à temps partiel ou incomplet ne peuvent pas être soumis à un horaire d'équivalence (Cour de cassation, Chambre sociale, 8/11/1995).

Les régimes d'équivalence sont institués par convention ou accord collectif de branche étendue. À défaut d'accord, ils peuvent être mis en place par décret en Conseil d'État (*Code du travail, Art. L. 3121-14 et L. 3121-15*). Ces textes fixent l'équivalence entre les heures de présence et les heures de travail. Ainsi :

- dans les magasins d'alimentation de vente au détail, 38 h 30 sont équivalentes à 35 heures ;
- dans les hôpitaux, les cliniques (sauf les hôpitaux à but non lucratif) : 37 h 37 = 35 h.

Lorsqu'une équivalence d'horaire est ainsi prévue, le salarié n'est rémunéré que sur ses heures de travail effectif. Par exemple, un infirmier sera payé sur la base de 35 heures même s'il est présent 37 h 30 au cours d'une semaine. Seules les heures effectuées au-delà de 37 h 30 devront être rémunérées en heures supplémentaires.

Les conventions collectives ainsi que les usages peuvent prévoir une rémunération spécifique pour ces périodes d'équivalence. Il en est ainsi, par exemple, pour les permanences nocturnes effectuées en chambre de veille par le personnel des institutions sociales et médico-sociales à but non lucratif. Cependant, les heures de présence doivent être comptabilisées intégralement en tant qu'heures de travail lorsqu'il s'agit de vérifier si le salarié ne dépasse pas la durée maximale du travail autorisée (*Décret n° 2007-106 du 29/1/2007*).

À NOTER

Les heures d'équivalence ne peuvent concerner que les emplois comportant réellement des périodes d'inaction. L'accord du 5/2/2007 dans le secteur des hôtels, cafés et restaurants prévoit ainsi que les heures supplémentaires des salariés du secteur doivent être décomptées dès la 36e heure hebdomadaire de travail effectif.

Quelle doit être la durée quotidienne du travail ?

La durée quotidienne du travail ne peut excéder :
– 8 heures pour les jeunes de moins de 18 ans (*Code du travail, Art. L. 3162-1*) ;
– 8 heures également pour les travailleurs de nuit ;
– 10 heures pour les autres salariés (*Code du travail, Art. L. 3121-18*).

› Les dérogations

Dérogations permanentes

Des dérogations permanentes s'appliquent dans certaines branches ou professions bien déterminées.

Elles concernent certains travaux préparatoires ou complémentaires qui ne peuvent être effectués qu'en dehors des limites fixées par l'horaire collectif (conduite des fours, fourneaux, étuves, chaufferies) et pour des travaux dont il est difficile de calculer la durée exacte (les chauffeurs de véhicules, par exemple).

Dérogations temporaires

- Des dérogations temporaires peuvent être accordées de plein droit pour des travaux urgents dont l'exécution est nécessaire pour prévenir des accidents ou pour les réparer ainsi que dans le cas de travaux effectués à la demande du gouvernement dans l'intérêt de la sûreté et de la défense nationale.
- Pour certaines activités liées à la réalisation de chantiers (bâtiment, travaux publics, espaces paysagers…, voir le décret n° 2018-1139 du 13/12/2018), et lorsque l'organisation collective du travail le justifie, il peut être dérogé à la durée quotidienne de travail des jeunes de moins de 18 ans, la limite étant alors portée à 10 heures maximum par jour. Dans ce cas, des périodes de repos d'une durée au moins équivalente au nombre d'heures accomplies au-delà de la durée quotidienne de 8 heures sont attribuées. Les heures supplémentaires éventuelles, ainsi que leurs majorations, donnent lieu à un repos compensateur équivalent.
- Des dérogations peuvent être accordées par l'inspecteur du travail pour des surcroîts extraordinaires de travail, notamment pour des travaux devant être exécutés dans un délai déterminé, les travaux saisonniers ou des travaux impliquant un accroissement d'activité certains jours, certaines semaines ou certains mois de l'année.

L'employeur doit consulter les représentants du personnel et présenter sa demande à l'inspecteur du travail qui fait connaître sa décision dans un délai de 15 jours maximum.

En cas d'urgence, l'employeur peut imposer immédiatement ce dépassement d'horaire à condition de procéder ensuite à la régularisation de la demande auprès de l'inspecteur du travail (*Code du travail, Art. D. 3121-6*).

- Enfin un dépassement de la durée maximale quotidienne peut être prévu par accord d'entreprise (ou, à défaut, par accord de branche) à condition que ce dépassement ne porte pas la durée du travail à plus de 12 heures (*Code du travail, Art. L. 3121-19*).

Quelles sont les dérogations prévues dans le cadre de la crise sanitaire liée au Covid-19 ?

Les secteurs d'activités « particulièrement nécessaires à la sécurité de la Nation et à la continuité de la vie économique et sociale » peuvent déroger aux durées maximales de travail jusqu'au 31/12/2020, dans le cadre des mesures prises en application de la loi d'urgence pour combattre le Covid-19. Les entreprises concernées peuvent ainsi augmenter les durées légales, selon les modalités suivantes :

– jusqu'à 12 heures (au lieu de 8) pour la durée quotidienne maximale de travail ;

– jusqu'à 12 heures (au lieu de 8) pour la durée quotidienne maximale de travail accomplie par un travailleur de nuit, sous réserve de l'attribution d'un repos compensateur ;

– jusqu'à 60 heures (au lieu de 48) pour la durée hebdomadaire maximale de travail ;

– jusqu'à 48 heures (au lieu de 44) par semaine pour la durée hebdomadaire calculée sur une période de 12 semaines consécutives (ou sur 12 mois pour les exploitations agricoles) ;

– jusqu'à 44 heures (au lieu de 40) pour la durée hebdomadaire du travailleur de nuit calculée sur une période de 12 semaines consécutives.

La durée du repos quotidien peut, quant à elle, être réduite de 11 heures à 9 heures consécutives, sous réserve de l'attribution d'un repos compensateur. L'employeur qui fait usage d'au moins une de ces dérogations doit en informer sans délai, et par tout moyen, le comité social et économique ainsi que les services de la DIRECCTE.

Comment sont réglementés le repos quotidien et le temps de pause ?

Le repos quotidien

Tout salarié doit bénéficier d'un repos quotidien d'une durée minimale de 11 heures consécutives (*Code du travail, Art. L. 3131-1*).

Il peut toutefois être dérogé à cette règle par accord d'entreprise (ou, à défaut, par accord de branche) pour les activités suivantes :

– celles caractérisées par l'éloignement entre le domicile et le lieu de travail ou par l'éloignement entre différents lieux de travail du salarié ;

– les gardes, les surveillances, les permanences assurant la protection des biens et des personnes ;

– celles assurant la continuité du service ou de la production (cas des établissements pratiquant le travail par équipes successives lorsqu'il n'est pas possible d'assurer cette période de repos de 11 heures entre la fin d'une équipe et le début de la suivante, par exemple) ;

– la manutention ou l'exploitation dans le domaine du transport ;

– celles qui s'exercent par périodes de travail fractionnées dans la journée (*Code du travail, Art. D. 3131-1*).

Les conventions ou accords d'entreprise ou, à défaut, les conventions ou accords de branche peuvent également prévoir une réduction de la durée du repos quotidien en deçà de 11 heures en cas de surcroît exceptionnel d'activité (*Code du travail, Art. D. 3131-2*).

Dans ces deux cas, le repos ne peut cependant être réduit à une durée inférieure à 9 heures (*Code du travail, Art. D. 3131-3*).

En l'absence d'accord collectif, des dérogations peuvent être obtenues dans les mêmes conditions que pour les dérogations à la durée quotidienne (voir plus haut).

En cas de travaux urgents dont l'exécution immédiate est nécessaire pour assurer le sauvetage, la sécurité, prévenir des accidents imminents ou réparer des accidents survenus au matériel, aux installations et aux bâtiments, l'employeur peut également déroger à cette règle. Il doit, dans ce cas, informer l'inspecteur du travail (*Code du travail, Art. D. 3131-1*).

Le repos peut également être réduit pour les salariés travaillant en équipes successives et en cas de changement d'équipe, à titre exceptionnel pour des raisons impérieuses de fonctionnement (*Code du travail, Art. D. 3131-4*).

Dans tous les cas, l'employeur doit compenser ces contraintes par des périodes équivalentes de repos ou une autre contrepartie équivalente (*Code du travail, Art. D. 3131-2*).

Les jeunes ont droit à un repos d'une durée minimale de :

– 14 heures consécutives s'ils sont âgées de moins de 16 ans ;

– 12 heures consécutives s'ils sont âgés de 16 à 18 ans.

Le temps de pause

Lorsque le temps de travail quotidien atteint 6 heures, une pause minimale de 20 minutes consécutives doit être accordée au salarié (*Code du travail, Art. L. 3121-16*). Cette pause de 20 minutes ne peut être fractionnée (*Cour de cassation, Chambre sociale, 20/2/2013*).

Des dispositions plus favorables peuvent être prévues :

– pour tous les salariés par accord d'entreprise (ou, à défaut, par accord de branche) ;

– pour les jeunes de moins de 18 ans qui bénéficient d'une pause de 30 minutes au moins au-delà de 4 h 30 de travail (*Code du travail, Art. L. 3162-3*) ;

– pour les personnes travaillant sur écran.

À NOTER

Des dispositions particulières peuvent être prises par secteur. Ainsi, par exemple, dans le secteur des transports, la période de pause peut être remplacée par une période équivalente de repos compensateur, si une convention ou un accord collectif le prévoit. Cette période équivalente doit alors être attribuée, au plus tard, avant la fin de la journée suivante.

Les pauses, y compris la pause déjeuner, ne sont pas considérées comme du temps de travail effectif et n'ont donc pas à être rémunérées comme tel. Cette règle ne s'oppose pas à ce qu'une rémunération spéciale soit prévue par accord d'entreprise (ou à défaut, par accord de branche) ou encore dans le contrat de travail.

En revanche, les pauses et le temps nécessaire au repas doivent être considérés comme du travail effectif et rémunérés comme tel lorsque le salarié reste à la disposition de l'employeur et doit se conformer à ses directives sans pouvoir vaquer librement à des obligations personnelles (*Code du travail, Art. L. 3121-2*).

Les heures de repas d'un cuisinier tenu de manger sur place et qui ne disposait d'aucune liberté durant ces périodes, ont par exemple été considérées comme du temps de travail effectif (*Cour de cassation, Chambre sociale, 4/1/2000*).

La Cour de cassation a décidé par ailleurs que l'employeur peut demander au salarié de travailler pendant une pause à condition qu'il s'agisse d'une intervention exceptionnelle et justifiée par un cas de nécessité absolue, sécurité du matériel, par exemple (*Cour de cassation, Chambre sociale, 1/4/2003*).

À NOTER

Ces dispositions ne règlent pas la gestion du temps de pause déjeuner. Celle-ci ne fait pas l'objet d'une réglementation générale : sa longueur résulte généralement des conventions collectives, d'accords d'entreprise ou bien d'usages. L'employeur peut, par ailleurs, instituer le principe dit de « la journée continue » en accomplissant les formalités prévues pour toute modification de l'horaire de travail (voir plus loin). Cette pratique, qui réduit la coupure pour déjeuner à trois quarts d'heure, voire une demi-heure, permet aux salariés de quitter plus tôt leur emploi.

L'amplitude journalière

L'amplitude de la journée de travail doit également être prise en compte dans la réglementation du repos quotidien. On entend par amplitude la durée totale qui s'écoule entre le début de la première séance et la fin de la dernière séance de travail. Celle-ci ne peut dépasser 13 heures et doit être calculée sur une même journée de 0 à 24 heures.

Cette notion concerne essentiellement les personnes bénéficiant de pauses ou de coupures importantes au cours de leur journée de travail.

Ainsi, un agent de propreté à qui l'on proposait de commencer son travail à 5 heures pour l'achever à 8 h 30 puis de le reprendre de 19 h 30 à 22 heures avait été licencié pour avoir refusé ces horaires. Bien que ces horaires respectent la durée journalière du travail (le salarié travaillait 6 heures) et le repos quotidien (soit 11 heures de repos de 8 h 30 à 19 h 30), la Cour de cassation a considéré que le refus du salarié était légitime car l'amplitude de son travail sur une même journée, calculée de 0 à 24 h, était égale à 17 heures (*Cour de cassation, Chambre sociale, 18/12/2001*).

L'amplitude fait l'objet de limitations spécifiques dans certaines professions. Ainsi, dans le commerce de détail non alimentaire, l'amplitude de la journée ne peut dépasser 10 heures pour une journée entière et 5 heures par demi-journée. Ces limites sont portées respectivement à 12 heures et 6 heures dans le commerce de détail alimentaire.

LE DROIT À LA DÉCONNEXION

La loi a institué un « droit à la déconnexion » pour les salariés afin de respecter les temps de repos et les congés, ainsi que leur vie personnelle et familiale.
Les modalités d'exercice de ce droit font partie des thèmes prévus dans la négociation obligatoire d'entreprise sur l'égalité professionnelle entre les femmes et les hommes et la qualité de vie au travail.
À défaut d'accord d'entreprise, c'est l'employeur qui en fixe les modalités et met en place des actions de formation et de sensibilisation à un usage raisonnable des outils numériques sous la forme d'une charte, élaborée après avis du comité social et économique (*Code du travail, Art. L. 2242-17*).

Comment les horaires de travail sont-ils fixés ?

C'est à l'employeur qu'il appartient de fixer l'horaire de travail qui doit être collectif, c'est-à-dire commun à un groupe de salariés (et pas nécessairement à tout le personnel).

Le comité social et économique doit obligatoirement être consulté sur la durée et l'aménagement du temps de travail, en particulier en ce qui concerne les horaires de nuit, le temps partiel, les heures supplémentaires ainsi qu'avant toute modification de l'horaire collectif.

L'horaire de travail doit être communiqué au personnel par apposition sur les lieux de travail de la fiche d'horaire datée et signée.

L'horaire de travail doit être communiqué par écrit à l'inspecteur du travail compétent, préalablement à son entrée en vigueur afin de permettre des contrôles éventuels (*Code du travail, Art. D. 3171-4*).

Les horaires individualisés

La loi autorise la pratique des horaires variables comprenant un horaire minimal commun (désigné sous le terme de « plage fixe ») s'imposant à l'ensemble des salariés et des « plages mobiles » dans lesquelles les salariés sont libres d'aménager leurs propres horaires.

Avant la mise en place de l'horaire variable, l'employeur doit recueillir l'avis favorable du comité social et économique.

Dans les petites entreprises dépourvues de représentant du personnel, la pratique des horaires individualisés doit être autorisée par l'inspecteur du travail (*Code du travail, Art. L. 3121-48*).

Les horaires individualisés peuvent entraîner des reports d'heures d'une semaine à l'autre, en crédit ou en débit.

À défaut de dispositions différentes prévues par accord d'entreprise (ou, à défaut, par accord de branche), ces reports ne peuvent excéder 3 heures par semaine et le cumul des reports ne peut avoir pour effet de porter le total des heures reportées à plus de 10 en tout (*Code du travail, Art. R. 3121-30*).

Ces heures reportées ne sont pas considérées comme des heures supplémentaires si elles résultent du libre choix du salarié.

Les bénéficiaires de l'obligation d'emploi des travailleurs handicapés peuvent demander des aménagements d'horaires individualisés. Les aidants familiaux et les proches d'une personne handicapée peuvent bénéficier de ces mêmes avantages afin de faciliter l'accompagnement de ces personnes (*Code du travail, Art. L. 3121-49*). Si l'employeur refuse cette demande, il peut être poursuivi pour discrimination.

À NOTER

Toute modification de l'horaire établi doit faire l'objet des formalités prévus à l'article D. 3171-3 du Code du travail. Les salariés ne peuvent légitimement refuser la modification si elle est de faible importance. Mais si elle constitue une modification d'un élément essentiel du contrat de travail, ils peuvent la refuser. En cas de rupture du contrat, l'employeur doit alors respecter la procédure de licenciement.

Dans quelles conditions peut-on travailler la nuit ?

À NOTER

Des dispositions spécifiques s'appliquent aux professions des médias, du spectacle vivant et des discothèques (Code du travail, Art. L. 3122-3).

La définition du travail de nuit

Est considéré comme travail de nuit, tout travail accompli entre 21 heures et 6 heures. Cette période légale peut être remplacée par la période comprise entre 21 heures et 7 heures par convention ou accord collectif (*Code du travail, Art. L. 3122-20*).

On entend par travailleur de nuit tout salarié qui accomplit :

– soit au moins 2 fois par semaine, au moins 3 heures de son temps de travail durant la période nocturne définie ci-dessus ;

– soit un nombre minimal de 270 heures de travail de nuit pendant une période de 12 mois consécutifs, ce nombre minimal et cette période de référence pouvant être fixés différemment par convention ou accord collectif ou encore par décret dans certaines professions (*Code du travail, Art. L. 3122-5*).

Il convient de se référer à l'horaire de travail habituel du salarié. Ainsi, le fait que celui-ci ait été absent pour quelle que cause que ce soit (maladie, formation…) à un moment donné, ne peut le priver des droits accordés aux travailleurs de nuit (*Cour de cassation, Chambre sociale, 7/3/2012*).

Les dispositions concernant le travail de nuit ne s'appliquent pas aux personnels roulant et navigant du secteur des transports.

Les conditions de mise en place

Selon la loi, le travail de nuit doit être exceptionnel et justifié par les nécessités de fonctionnement de l'entreprise (travail en cycles continus, services d'utilité sociale).

Il n'est possible qu'à condition d'être prévu par une convention ou un accord d'entreprise (ou, à défaut, un accord de branche). Quand il a été conclu, cet accord bénéficie dorénavant d'une présomption de conformité à la loi. À défaut d'accord ou de convention, il peut être autorisé par l'inspecteur du travail lorsque l'employeur justifie de contraintes rendant le travail de nuit nécessaire (*Code du travail, Art. L. 3122-15 et L. 3122-21*).

Les droits des travailleurs de nuit

- La durée quotidienne du travail d'un travailleur de nuit ne peut, en principe, excéder 8 heures et la durée hebdomadaire 40 heures sur une période de 12 semaines consécutives. Des dérogations sont toutefois possibles en cas de recours aux équipes de suppléance, de circonstances exceptionnelles (sur autorisation de l'inspecteur du travail) ou par un accord d'entreprise (ou, à défaut, par accord de branche) ou encore par décret dans certains secteurs d'activité (*Code du travail, Art. L. 3122-6 et L. 3122-7*).

- Les travailleurs de nuit bénéficient obligatoirement d'une contrepartie sous forme de repos compensateur. Une contrepartie financière peut également être prévue par la convention ou l'accord collectif instituant le travail de nuit dans l'entreprise (*Code du travail, Art. L. 3122-8*).

- Ils bénéficient également d'un droit de priorité s'ils désirent occuper ou reprendre un poste de jour dans leur entreprise. L'employeur est tenu de leur fournir la liste des emplois disponibles correspondant à leur capacités (*Code du travail, Art. L. 3122-13*).

- Ils doivent être suivis régulièrement par le médecin du travail (*Code du travail, Art. L. 3122-11*). Si ce dernier juge que l'état de santé du salarié l'exige, le travailleur de nuit doit être transféré sur un poste de jour. Le salarié ne peut être licencié du fait de cette inaptitude sauf en cas d'impossibilité de reclassement dûment justifiée ou en cas de refus du salarié d'occuper le poste de jour proposé (*Code du travail, Art. L. 3122-14*).

Enfin, il est précisé qu'en cas d'obligations familiales impérieuses (garde d'un enfant ou prise en charge d'une personne dépendante, notamment) :

– un travailleur de nuit peut demander son affectation à un poste de jour ;

– un travailleur de jour peut refuser un travail de nuit. Ce refus ne peut alors constituer une faute passible de sanctions disciplinaires ni un motif de licenciement (*Code du travail, Art. L. 3122-12*).

À NOTER

Les femmes enceintes ou ayant accouché peuvent demander leur transfert sur un poste de jour. Le travail de nuit est interdit pour les jeunes, sauf exceptions.

Le travail de nuit dans les zones touristiques internationales

Dans les établissements de vente au détail mettant à disposition des consommateurs des biens et des services situés dans les zones touristiques internationales, le début de la période de nuit est reporté jusqu'à 24 heures. Le travail effectué entre 21 heures et minuit n'est donc pas considéré comme travail de nuit.

Cette mesure n'est applicable qu'aux établissements couverts par une convention ou un accord d'entreprise (ou à défaut, une convention ou un accord de branche) conclu en ce sens.

L'accord doit prévoir :

– la mise à disposition et la prise en charge par l'employeur d'un moyen de transport permettant aux salariés de regagner leur domicile ;

– les mesures destinées à faciliter la conciliation entre vie professionnelle et vie personnelle des salariés et, en particulier, les mesures de compensation des charges liées à la garde d'enfants ;

– les conditions de prise en compte par l'employeur de l'évolution de la situation personnelle des salariés et, en particulier, de leur changement d'avis (s'ils ne veulent plus travailler après 21 heures).

Chacune des heures effectuées entre 21 heures et minuit est rémunérée au moins le double de la rémunération normalement due et donne lieu à un repos compensateur équivalent en temps.

Seuls les salariés volontaires ayant donné leur accord par écrit peuvent être employés entre 21 heures et minuit. Le refus du salarié de travailler durant cette plage horaire ne peut entraîner aucune mesure discriminatoire de la part de l'employeur. Il ne peut être considéré comme une faute ou un motif de licenciement. De même, une entreprise ne peut refuser d'embaucher un candidat qui refuserait de travailler entre 21 heures et minuit.

Par ailleurs, les salariées en état de grossesse médicalement constaté ou ayant accouché peuvent décider de ne plus travailler entre 21 heures et minuit. Leur décision est d'effet immédiat (*Code du travail, Art. L. 3122-4 et L. 1225-9*).

Est-il possible de récupérer les heures perdues ?

La pratique de la récupération consiste à faire travailler le personnel pour compenser les heures de travail non accomplies en raison de certains événements ayant affecté l'entreprise.

Seules peuvent être récupérées les heures collectivement perdues par suite :

– d'une cause accidentelle ;

– d'un cas de force majeure ;

– d'intempérie ;

– d'un jour de pont ;

– d'un jour précédent les congés annuels ;

– d'un inventaire (*Code du travail, Art. L. 3121-50*).

Ne sont visées que les heures perdues au-dessous de la durée légale du travail. Les heures supplémentaires perdues ne sont pas récupérables.

Les modalités de récupération

C'est l'employeur qui décide de la récupération qui ne peut être exigée que par les salariés.

La récupération peut être effectuée dans les 12 mois qui précèdent ou qui suivent la perte des heures de travail. Par conséquent, la récupération peut être anticipée lorsque la perte des heures est prévue à l'avance (en cas de pont, par exemple).

S'agissant d'une modification de l'horaire de travail collectif, l'employeur doit consulter le comité social et économique et prévenir l'inspecteur du travail des modalités de la récupération (*Code du travail, Art. R. 3121-33*). Le nouvel horaire doit être affiché sur les lieux de travail.

Les modalités de récupération peuvent également faire l'objet de clauses particulières dans un accord d'entreprise ou, à défaut, dans un accord de branche.

À NOTER

En cas de baisse d'activité saisonnière et renouvelée tous les ans, l'employeur n'a pas le droit de faire récupérer les heures ainsi perdues. S'il décide de faire travailler le personnel au-delà de la durée légale du travail à une autre période, il doit les rémunérer en heures supplémentaires. Les heures perdues par suite de grève ou de lock out ne peuvent être récupérées sauf s'il s'agit d'une grève extérieure à l'entreprise (grève de l'EDF, par exemple, que l'on peut assimiler à un cas de force majeure). Les jours fériés chômés ne peuvent pas, non plus, être récupérés.

Le paiement des heures de récupération

Les heures récupérées sont rémunérées au tarif normal, sans majoration, sauf convention contraire.

Caractère collectif et obligatoire des récupérations

Lorsque les conditions sont réunies et les formalités observées par l'employeur, la récupération s'impose collectivement à tous les salariés de l'entreprise. Elle s'impose même aux salariés qui n'ont pas personnellement perdu d'heures de travail parce qu'ils étaient absents pour maladie, par exemple, ou parce qu'ils n'étaient pas encore embauchés (*Cour de cassation, Chambre sociale, 5/7/1982*).

Les aménagements du temps de travail

La durée du travail peut être aménagée sur la journée ou la semaine afin de permettre aux entreprises d'optimiser la durée d'utilisation de leurs installations (travail par roulement, en continu...). Elle peut également être aménagée sur tout ou partie de l'année.

Comment répartir le temps de travail sur la semaine ?

› Les règles générales

La loi ne fixe aucune règle générale concernant la répartition de la durée du travail sur les jours de la semaine. Ces règles peuvent être fixées :
– par des décrets particuliers à certaines professions (banques ou transports routiers, par exemple) ;
– par voie de convention ou d'accord collectif.
Dans les entreprises où ne s'appliquent ni décrets ni conventions particulières, le temps de travail s'organise ainsi :
– une répartition sur 5 jours, à raison de 7 heures par jour ;
– une répartition sur 6 jours, à raison de 5 h 50 par jour ;
– une répartition inégale sur 5 jours et demi, avec un maximum de 7 heures par jour.

› Les cas particuliers

Afin de répondre aux nécessités de la production, plusieurs systèmes permettent de répartir le temps de travail par équipes ayant des horaires différents. Il est ainsi possible d'organiser le temps de travail :

Par relais

Le personnel est réparti :
– soit en équipes alternantes : une équipe travaillant, par exemple, de 6 h à 10 h et de 14 h à 18 h, une autre de 10 h à 14 h et de 18 h à 22 h ;
– soit en équipes chevauchantes : une équipe travaillant, par exemple, de 8 h à 16 h, une autre de 10 h à 18 h.

Par roulement

Ce système permet de répartir différemment les journées de travail entre le personnel. On peut ainsi faire fonctionner une entreprise 6 jours sur 7, une équipe travaillant du lundi au vendredi et l'autre du mardi au samedi, par exemple.

En équipes successives

Dans ce système, dit également « travail posté », les salariés se succèdent sur un même poste de travail, soit 24 h sur 24, 7 jours sur 7 (travail posté en continu), soit avec un arrêt hebdomadaire (travail posté en semi-continu) ou encore avec un arrêt la nuit et en fin de semaine (travail posté en discontinu).
Le travail posté en continu fait l'objet d'une réglementation particulière :
– la durée du travail des salariés concernés ne doit pas être supérieure en moyenne, sur l'année, à 35 heures par semaine (*Code du travail, Art. L. 3132-15*) ;
– il n'est pas possible d'affecter un même salarié à deux équipes successives, sauf raison exceptionnelle et à condition de prévenir l'inspecteur du travail sous 48 heures (*Code du travail, Art. R. 3122-1*).

En équipes de suppléance

Dans les entreprises industrielles, il est possible de recourir à une équipe de suppléance remplaçant l'autre équipe pendant ses périodes de repos (repos hebdomadaire, jours fériés, congés annuels collectifs).
La durée journalière du travail des salariés de l'équipe de suppléance peut atteindre 12 heures lorsque la du-

rée de recours à cette équipe n'excède pas 48 heures et 10 heures dans les autres cas.

La rémunération des salariés en équipe de suppléance est majorée de 50 % s'ils sont employés en fin de semaine ou un jour férié.

Ils ont le statut de salariés à temps partiel.

Les accords de branche doivent prévoir des dispositions en ce qui concerne leur formation professionnelle (*Code du travail, Art. L. 3132-16 et s.*).

Ces modes particuliers d'organisation du travail peuvent être autorisés par décret ou par convention ou accord de branche étendu dans certaines professions ou par convention ou accord d'entreprise ou d'établissement. À défaut, le travail par équipe de suppléance peut également être autorisé par l'inspecteur du travail après consultation des délégués syndicaux et avis du comité social et économique.

À NOTER

Les entreprises ont la possibilité de signer des accords majoritaires simplifiés sur le temps de travail : afin de répondre aux nécessités liées au fonctionnement de l'entreprise ; ou en vue de préserver ou de développer l'emploi (Code du travail, Art. L. 2254-2 et s.). L'accord dit de « performance collective » peut alors aménager la durée du travail, ses modalités d'organisation et de répartition.

Est-il possible de répartir le temps de travail sur plus d'une semaine ?

Il existeun mode unique de répartition de la durée du travail sur une période supérieure à la semaine et au plus égale à l'année. Cette durée maximale peut être portée à 3 ans par accord de branche.

Ce système s'est substitué aux différents dispositifs d'aménagement du temps de travail existant précédemment (travail par cycles, réduction du temps de travail sous forme de jours de repos sur 4 semaines ou sur l'année, modulation du temps de travail, temps partiel modulé).

Toutefois, les accords conclus sur la base de ces anciens dispositifs peuvent rester en vigueur dans les mêmes conditions qu'auparavant.

› Les conditions de mise en place

Ce système doit être mis en place par un accord collectif d'entreprise ou d'établissement. À défaut, il peut être organisé par un accord de branche.

Cet accord doit obligatoirement prévoir :

– la période de référence qui ne peut excéder 1 an (ou 3 ans si l'accord de branche l'autorise) ;

– les conditions et délais de prévenance des changements de durée ou d'horaires de travail, ce délai devant, en tout état de cause, être « raisonnable » ;

– les limites pour le décompte des heures supplémentaires ;

– les conditions de prise en compte, pour la rémunération du salarié, des absences ainsi que des arrivées et départs en cours de période.

Lorsqu'il s'applique aux salariés à temps partiel, il doit également prévoir les modalités de communication et de modification de la répartition de la durée et des horaires de travail (*Code du travail, Art. L. 3121-44*).

La mise en place de ce système ne constitue pas une modification du contrat de travail. Elle ne nécessite donc pas l'accord des intéressés, sauf pour les salariés à temps partiel (*Code du travail, Art. L. 3121-43*).

À NOTER

Il est également possible d'organiser la répartition de la durée du travail sur une période de 4 ou 9 semaines au plus sans passer par un accord collectif (voir encadré plus loin). De même, le temps de travail peut être organisé sur plusieurs semaines sur simple décision de l'employeur dans les entreprises travaillant en continu (Code du travail, Art. L. 3121-46).

› Le fonctionnement

Ce système d'aménagement du temps de travail se veut très souple afin de permettre aux entreprises de l'adapter à leurs besoins et à leurs contraintes spécifiques. Il est ainsi possible de prévoir une organisation du temps de travail par cycles ou par modulation sur plusieurs semaines, plusieurs mois ou sur 1 à 3 ans.

Les horaires

Sauf stipulation contraire de la convention ou de l'accord, le salarié doit être prévenu 7 jours à l'avance en cas de changement de la durée de travail ou des horaires prévus (*Code du travail, Art. L. 3121-47*).

L'article D. 3171-5 du Code du travail dispose que, sauf précision conventionnelle contraire, le programme indicatif (nombre de semaines sur lesquelles s'applique la modulation, horaire de travail et répartition de la durée du travail au sein de cette période) et les changements de durée ou d'horaires de travail doivent être affichés sur les lieux de travail.

La rémunération

L'accord peut définir une rémunération mensuelle uniforme indépendante de la durée réelle du travail effectué au cours du mois considéré (principe du « lissage » de la rémunération).
Lorsque des heures supplémentaires sont accomplies au-delà des limites prévues par l'accord, elles doivent être payées avec le salaire du mois durant lequel elles ont été accomplies (*Code du travail, Art. L. 3121-44*).

› Le calcul des heures- supplémentaires

Sont considérées comme heures supplémentaires :
– en cas d'aménagement sur l'année, les heures effectuées au-delà de 1 607 heures annuelles ou de la limite annuelle inférieure fixée par l'accord, déduction faite, le cas échéant, des heures supplémentaires effectuées au-delà de la limite haute hebdomadaire éventuellement fixée par l'accord et déjà comptabilisées ;
– en cas d'aménagement sur une période différente, les heures effectuées au-delà de la moyenne de 35 heures calculée sur la période de référence fixée par l'accord, déduction faite des heures supplémentaires effectuées au-delà de la limite haute hebdomadaire fixée par l'accord et déjà comptabilisées (*Code du travail, Art. L. 3121-41*).
Les heures effectuées au-delà de 35 heures, dans les limites définies par l'accord, ne sont pas considérées comme des heures supplémentaires (c'est d'ailleurs là tout l'intérêt de ce système).
Exemple : si un accord prévoit une modulation sur 8 semaines, les salariés devant effectuer 40 heures par semaine les 4 premières semaines et 30 heures les 4 semaines suivantes, les 20 heures supplémentaires effectuées les 4 premières semaines ne seront pas considérées comme des heures supplémentaires. En revanche, si un salarié travaille effectivement 31 heures pendant les 4 dernières semaines, les 4 heures supplémentaires qu'il a ainsi effectuées doivent lui être rémunérées en tant que telles.

ORGANISATION DE LA DURÉE DU TRAVAIL SUR 4 À 9 SEMAINES AU PLUS

Le Code du travail permet aux entreprises de mettre en place une répartition de la durée du travail sur une période de 4 semaines au plus, directement, c'est-à-dire sans qu'il soit nécessaire de passer par un accord collectif ni de recueillir l'accord préalable des salariés concernés (*Cour de cassation, Chambre sociale, 11/5/2016*). Une répartition sur 9 semaines est possible dans les entreprises de moins de 50 salariés uniquement (*Code du travail, Art. L. 3121-45*).
Ce dispositif permet de faire alterner, à l'intérieur de la période prise en compte, des semaines courtes en deçà de la durée légale pouvant, le cas échéant, comporter des journées ou des demi-journées de repos et des semaines longues dépassant la durée légale du travail.
L'employeur établit le programme indicatif de la variation de la durée du travail, en indiquant pour chaque semaine comprise dans la période de référence choisie, l'horaire et la répartition du travail. Ce programme est soumis, avant sa mise en œuvre, pour avis au comité social et économique.
Les modifications du programme font également l'objet d'une consultation du comité social et économique. Les salariés doivent également être prévenus des changements à venir dans un délai de 7 jours ouvrés au moins avant la date à laquelle ce changement intervient (*Code du travail, Art. D. 3121-27*).
La rémunération mensuelle des salariés est indépendante de l'horaire réellement accompli et est calculée sur la base de 35 heures hebdomadaires (*Code du travail, Art. D. 3121-28*).
Sont considérées comme heures supplémentaires devant être rémunérées comme telles les heures effectuées :
– au-delà de 39 heures par semaine ;
– au-delà de la durée moyenne de 35 heures hebdomadaires, calculée sur la période de référence de 4 semaines au plus, déduction faite, le cas échéant, des heures supplémentaires effectuées au-delà de 39 heures par semaine déjà comptabilisées (*Code du travail, Art. D. 3121-25*).

Le travail à temps partiel

Le travail à temps partiel permet aux salariés, s'il est choisi et non subi, d'harmoniser leur vie professionnelle avec d'autres activités. La loi accorde des garanties aux salariés à temps partiel, tout en aménageant la souplesse à l'employeur dans la gestion des horaires.

À quelles conditions peut-on travailler à temps partiel ?

Définition

Constituent des horaires à temps partiel, les horaires inférieurs à la durée légale du travail calculée sur la semaine, le mois ou l'année ou à la durée conventionnelle lorsque cette durée est inférieure à la durée légale (*Code du travail, Art. L. 3123-1*).

Sont donc considérés comme salariés à temps partiel tous les salariés dont l'horaire de travail est inférieur à un temps plein.

Ainsi, un salarié effectuant un horaire hebdomadaire de 34 h 30 dans une entreprise appliquant la durée légale du travail de 35 heures a le statut de salarié à temps partiel.

La loi fixe une durée minimale de travail de 24 heures par semaine (*Code du travail, Art. L. 3123-27*). Des dérogations sont cependant prévues. Ainsi :

– le salarié peut demander à bénéficier d'une durée de travail inférieure pour faire face à des contraintes personnelles ou cumuler plusieurs emplois (à condition que ces activités cumulées correspondent à une durée de travail au moins égale à 24 heures par semaine). Pour ce faire, il doit présenter une demande écrite et motivée à son employeur (*Code du travail, Art. L. 3123-7*) ;

– une convention ou un accord de branche étendu peut également fixer une durée de travail inférieure à 24 heures par semaine (*Code du travail, Art. L. 3123-19*).

Dans ces deux cas, les horaires de travail doivent être regroupés sur des journées ou des demi-journées régulières ou complètes ;

– les salariés de moins de 26 ans poursuivant leurs études peuvent bénéficier d'une durée de travail inférieure à 24 heures par semaine compatible avec leurs études ;

– les associations intermédiaires et les entreprises de travail temporaire d'insertion peuvent également proposer une durée inférieure à 24 heures ;

– la durée minimale ne s'applique pas aux contrats de moins de 8 jours, aux CDD ou contrats de travail temporaire conclus pour le remplacement d'un salarié ni aux personnes employées par des particuliers.

À l'intérieur de ce cadre, le travail à temps partiel peut être aménagé afin de répondre aux besoins de l'employeur ou du salarié : les horaires peuvent ainsi varier sur tout ou partie de l'année. Les salariés peuvent également demander à bénéficier d'un temps partiel pour vie personnelle (voir encadré).

LE TEMPS PARTIEL POUR VIE PERSONNELLE

Les salariés peuvent demander à bénéficier d'une réduction de leur durée du travail sous forme d'une ou plusieurs périodes non travaillées d'au moins une semaine en raison des besoins de leur vie personnelle.
L'employeur peut refuser s'il estime que cet aménagement est incompatible avec les besoins ou le système de production de l'entreprise.
Le temps partiel pour vie personnelle est organisé de façon individuelle par avenant au contrat de travail. Il ne nécessite pas d'accord collectif préalable.
L'avenant doit préciser :
– la durée du travail qui doit être inférieure à la durée légale ou conventionnelle ;
– la ou les périodes non travaillées ;
– le cas échéant, le lissage de la rémunération de l'intéressé (rémunération uniforme sur le mois quelles que soient les heures réellement travaillées).
Pendant les périodes travaillées, le salarié est occupé selon l'horaire collectif appliqué dans l'entreprise et donc la réglementation des heures supplémentaires s'applique en cas de dépassement d'horaire (*Code du travail, Art. L. 3123-2.*).

La mise en place dans l'entreprise

Le travail à temps partiel peut être mis en place selon trois modalités :
– sur la base d'un accord d'entreprise ou, à défaut, d'un accord de branche ;
– en l'absence d'accord collectif, après avis du comité social et économique.
Cet avis doit être communiqué à l'inspecteur du travail dès lors qu'il en fait la demande ;
– en l'absence d'accord collectif et de représentant du personnel, à l'initiative de l'employeur ou à la demande des salariés. L'agent de contrôle de l'inspection du travail doit être informé de cette décision (*Code du travail, Art. L. 3123-26*).

Le temps partiel à l'initiative du salarié

En présence d'un accord collectif, il est nécessaire de se reporter à ce texte pour connaître les conditions d'accès au travail à temps partiel. C'est en effet l'accord qui fixe les conditions, les salariés concernés, la procédure à suivre pour faire part de sa demande et le délai de réponse de l'employeur.
En l'absence d'accord collectif, le salarié peut formuler sa demande directement à l'employeur, par lettre recommandée avec avis de réception, 6 mois à l'avance en précisant la durée du travail souhaitée ainsi que la date envisagée.
L'employeur doit répondre dans un délai de 3 mois. Il peut refuser dans deux cas :
– s'il n'existe pas d'emploi disponible ressortissant de la catégorie professionnelle du demandeur ou d'emploi équivalent dans l'entreprise ;
– s'il estime que ce changement aura des conséquences préjudiciables à la bonne marche de l'entreprise (*Code du travail, Art. L. 3123-26*).

Les salariés titulaires d'un compte professionnel de prévention peuvent également utiliser les points inscrits sur leur compte pour bénéficier d'un passage à temps partiel sans perte de salaire.

AVANTAGE

Après la naissance ou l'adoption d'un enfant, tout salarié peut demander un travail à temps partiel dans le cadre du congé parental d'éducation. Ces demandes individuelles ne peuvent être refusées par l'employeur.

Le temps partiel à l'initiative de l'employeur

L'employeur ne peut imposer aux salariés à temps complet de travailler à temps partiel. Le salarié est en droit de refuser cette réduction d'horaire, le Code du travail précisant explicitement que ce refus ne constitue ni une faute ni un motif de licenciement (*Code du travail, Art. L. 3123-4*).

Cette règle s'applique même dans le cas où le contrat de travail contient une clause prévoyant la possibilité de transformer un travail à temps complet en temps partiel (*Cour de cassation, Chambre sociale, 29/6/1999*).

La jurisprudence considère cependant que le refus de la transformation d'un travail à temps complet en travail à temps partiel imposé par l'employeur pour des considérations économiques peut constituer une cause réelle et sérieuse de licenciement (*Cour de cassation, Chambre sociale, 30/6/1992*).

Le contrôle de la politique de travail à temps partiel dans l'entreprise

L'employeur doit fournir chaque année un bilan du travail à temps partiel dans son entreprise. Ce bilan est discuté au sein du comité social et économique dans le cadre de la consultation sur la politique sociale de l'entreprise, les conditions sociales et l'emploi (*Code du travail, Art. L. 3123-15*).

Il doit porter notamment sur le nombre, le sexe et la qualification professionnelle des personnes employées à temps partiel ainsi que sur les horaires pratiqués, et le nombre d'heures complémentaires effectuées par les salariés concernés.

Lors de la réunion annuelle au cours de laquelle est discuté ce bilan, le chef d'entreprise doit expliquer les raisons qui l'ont conduit à refuser à tel ou tel salarié la transformation d'un travail à temps complet en travail à temps partiel ou inversement.

Le bilan annuel doit être communiqué, pour information, aux délégués syndicaux.

L'employeur doit ainsi, dans la base de données économiques et sociales qu'il met à disposition du comité social et économique, informer sur la répartition des emplois à temps partiel.

Les objectifs et les mesures destinées aux salariés à temps partiel sont par ailleurs évoqués lors de la négociation annuelle sur l'égalité professionnelle entre les femmes et les hommes.

Dans les entreprises d'au moins 300 salariés, les perspectives de recours par l'employeur au travail partiel sont énoncées dans le cadre de la négociation sur la gestion des emplois et des parcours professionnels et sur la mixité des métiers, afin de limiter le recours aux emplois précaires.

Comment le contrat de travail à temps partiel doit-il être rédigé ?

Le travail à temps partiel doit obligatoirement faire l'objet d'un contrat écrit.

En l'absence d'écrit, le contrat est présumé conclu pour un temps plein (*Cour de cassation, Chambre sociale, 14/5/1987*). En cas de contestation, c'est à l'employeur d'apporter la preuve, d'une part, qu'il s'agissait bien d'un emploi à temps partiel et, d'autre part, que le salarié n'était pas dans l'impossibilité de prévoir à quel rythme il devait travailler et qu'il n'était pas obligé de se tenir constamment à sa disposition (*Cour de cassation, Chambre sociale, 18/12/2019*).

Le contrat de travail à temps partiel doit mentionner (*Code du travail, Art. L. 3123-6*) :

– la qualification professionnelle du salarié ;
– les éléments de la rémunération ;
– la durée hebdomadaire ou mensuelle du travail selon le cas ;
– la répartition de cette durée du travail entre les jours de la semaine ou les semaines du mois, sauf en cas de dispositif conventionnel de répartition de la durée du travail sur une période supérieure à la semaine.

La Cour de cassation a rappelé l'importance de cette mention. En effet, à défaut d'une telle mention, on peut considérer que le salarié est censé rester en permanence à la disposition de son employeur et son contrat de travail est présumé être un contrat à temps plein (*Cour de cassation, Chambre sociale, 29/1/1997*). Dans les associations et les entreprises d'aide à domicile, cette mention n'est pas obligatoire, les horaires pouvant être communiqués par écrit chaque mois aux salariés ;

– les cas dans lesquels une modification éventuelle de cette répartition peut intervenir ainsi que la nature de cette modification. Ces mentions doivent être précises, l'employeur ne pouvant se contenter d'indications vagues comme, par exemple, que « l'horaire pourra être modifié si les circonstances le demandent » (*Cour de cassation, Chambre sociale, 7/7/1998*) ;
– les modalités selon lesquelles les horaires de travail pour chaque journée travaillée sont communiqués par écrit au salarié ;
– les limites dans lesquelles peuvent être effectuées les heures complémentaires.

AVANTAGE

Afin de limiter les abus en la matière, les horaires des salariés à temps partiel ne peuvent pas comporter plus d'une interruption de travail au cours de la même journée, cette interruption ne pouvant, par ailleurs, être supérieure à 2 heures, sauf disposition d'une convention ou d'un accord collectif d'entreprise ou, à défaut, d'une convention ou d'un accord de branche (Code du travail, Art. L. 3123-30).

Quels sont les droits des salariés à temps partiel dans l'entreprise ?

Les salariés à temps partiel ont les mêmes droits que les salariés à temps plein (*Code du travail, Art. L. 3123-5.*). Cette égalité de principe appelle quelques précisions.

La rémunération

La rémunération des salariés à temps partiel doit être proportionnelle à celle du salarié à temps plein occupant un emploi avec une qualification équivalente.

Il a été jugé qu'un employeur ne peut refuser à une salariée comptable sa prime de 13e mois sous prétexte qu'elle était employée à temps partiel alors qu'elle avait bénéficié proportionnellement des avantages de rémunération consentis aux salariés à temps complet (*Cour de cassation, Chambre sociale, 2/12/1993*).

Selon ce principe, les salariés à temps partiel rémunérés au SMIC bénéficient, à due proportion, du complément de salaire accordé aux salariés à temps complet dans les entreprises ayant réduit la durée du travail.

Il peut être prévu, dans le contrat de travail des salariés à temps partiel qu'ils percevront, une rémunération mensuelle constante calculée sur une base horaire annuelle indépendante de leur temps de travail effectif durant le mois considéré. Ce système permet d'éviter une importante baisse (ou même une absence totale) de rémunération lors des périodes non travaillées.

Extraits du Code du travail

« **Art. L. 3123-1.** Est considéré comme salarié à temps partiel le salarié dont la durée du travail est inférieure :

1° À la durée légale du travail ou, lorsque cette durée est inférieure à la durée légale, à la durée du travail fixée conventionnellement pour la branche ou l'entreprise ou à la durée du travail applicable dans l'établissement ;

2° À la durée mensuelle résultant de l'application, sur cette période, de la durée légale du travail ou, si elle est inférieure, de la durée du travail fixée conventionnellement pour la branche ou l'entreprise ou de la durée du travail applicable dans l'établissement ;

3° À la durée de travail annuelle résultant de l'application sur cette période de la durée légale du travail, soit 1 607 heures, ou, si elle est inférieure, de la durée du travail fixée conventionnellement pour la branche ou l'entreprise ou de la durée du travail applicable dans l'établissement. »

« **Art. L. 3123-5.** Le salarié à temps partiel bénéficie des droits reconnus au salarié à temps complet par la loi, les conventions et les accords d'entreprise ou d'établissement sous réserve, en ce qui concerne les droits conventionnels, de modalités spécifiques prévues par une convention ou un accord collectif.

La période d'essai d'un salarié à temps partiel ne peut avoir une durée calendaire supérieure à celle du salarié à temps complet.

Compte tenu de la durée de son travail et de son ancienneté dans l'entreprise, la rémunération du salarié à temps partiel est proportionnelle à celle du salarié qui, à qualification égale, occupe à temps complet un emploi équivalent dans l'établissement ou l'entreprise.

Pour la détermination des droits liés à l'ancienneté, la durée de celle-ci est décomptée pour le salarié à temps partiel comme s'il avait été occupé à temps complet, les périodes non travaillées étant prises en compte en totalité. L'indemnité de licenciement et l'indemnité de départ à la retraite du salarié ayant été occupé à temps complet et à temps partiel dans la même entreprise sont calculées proportionnellement aux périodes d'emploi accomplies selon l'une et l'autre de ces deux modalités depuis son entrée dans l'entreprise. »

La modification des horaires

En cas de modification des horaires, le salarié doit être prévenu au moins 7 jours ouvrés à l'avance (*Code du travail, Art. L. 3123-31*). Ce délai peut être réduit à 3 jours par accord d'entreprise ou, à défaut, par accord de branche. En cas d'urgence, ce délai peut être encore réduit dans les associations et entreprises d'aide à domicile (*Code du travail, Art. L. 3123-24*).

Le non-respect du délai de prévenance entraîne la requalification du contrat de travail à temps partiel en contrat de travail à temps complet lorsque le salarié ne peut prévoir le rythme auquel il doit travailler et se trouve dans l'obligation de se tenir à la disposition constante de l'employeur (*Cour de cassation, Chambre sociale, 27/3/2019*).

Le délai de prévenance ne s'impose que lorsque la modification des horaires résulte d'une décision unilatérale de l'employeur, et non lorsque le salarié a donné son accord exprès à cette modification (*Cour de cassation, Chambre sociale, 9/11/2016*).

Par ailleurs, le salarié est en droit de refuser ces modifications même si celles-ci lui ont été notifiées dans les formes et délais requis lorsque le contrat n'a pas prévu les cas et la nature de telles modifications. Le refus du salarié ne constitue pas une faute ou un motif de licenciement.

S'il s'agit de modifications définies dans son contrat, le salarié est en droit de les refuser uniquement lorsque ce changement d'horaire est incompatible avec :

– des obligations familiales impérieuses (assistance d'un parent gravement malade ou nécessité d'assurer la garde d'un enfant pour un parent isolé, par exemple) ;

– le suivi d'un enseignement scolaire ou supérieur ;

– une période d'activité fixée chez un autre employeur ou avec une activité professionnelle non salariée (*Code du travail, Art. L. 3123-12*).

Lorsque l'horaire moyen réellement effectué a dépassé de 2 heures au moins par semaine l'horaire prévu au contrat et ce pendant 12 semaines consécutives ou pendant 12 semaines au cours d'une période de 15 semaines ou sur la période prévue en cas de dispositif conventionnel de répartition de la durée du travail sur une période supérieure à la semaine, l'horaire est considéré comme définitivement modifié. Le contrat doit alors établir un nouvel horaire correspondant à la somme de l'horaire initial et de la différence entre cet horaire et l'horaire moyen réellement effectué (*Code du travail, Art. L. 3123-13*).

Exemple : un salarié engagé pour un horaire de 26 heures par semaine a en réalité travaillé 29 heures pendant 1 mois, 30 heures le mois suivant puis 31 heures le troisième mois. Au bout de ces 3 mois, son contrat devra établir un nouvel horaire égal à :

26 + [(29 + 30 + 31) 3 – 26]= 30 heures.

Le salarié peut toutefois s'opposer à cette modification s'il ne souhaite pas que ses horaires soient définitivement augmentés, un délai de préavis de 7 jours devant précéder cette modification.

Les heures complémentaires

Ces heures permettent à l'employeur d'avoir à sa disposition des salariés en cas de regain d'activité. Le nombre d'heures complémentaires pouvant être demandé au salarié doit être indiqué dans son contrat de travail. Le nombre d'heures accomplies au cours d'une même semaine, d'un même mois ou sur la période prévue en cas de dispositif conventionnel de répartition de la durée du travail sur une période supérieure à la semaine et au plus à l'année, ne peut dépasser 1/10e de la durée du travail prévue à l'origine.

Exemple : un salarié engagé pour un horaire mensuel de 130 heures ne pourra pas effectuer plus de 13 heures complémentaires par mois.

Une convention ou un accord d'entreprise ou, à défaut, un accord de branche étendu peut porter cette limite jusqu'au tiers.

Les heures complémentaires ne peuvent pas avoir pour effet de porter la durée du travail à un niveau égal ou supérieur à la durée légale ou conventionnelle du travail (*Code du travail, Art. L. 3123-9*). Si tel est le cas, même sur une courte période, le contrat doit être requalifié en contrat à temps complet (*Cour de cassation, Chambre sociale, 12/3/2014*). Cette requalification intervient à compter de la date à laquelle le salarié a travaillé à temps plein (et non pas à compter du début du contrat)(*Cour de cassation, Chambre sociale, 17/12/2014*).

Le salarié peut refuser d'effectuer des heures complémentaires lorsque la demande lui est faite moins de 3 jours à l'avance. Il peut également refuser les heures effectuées au-delà des limites prévues au contrat.

Les heures complémentaires effectuées dans la limite de 1/10e de l'horaire prévu au contrat de travail, donnent droit à une majoration de salaire de 10 %.

Pour les heures effectuées au-delà de cette limite, la majoration est fixée à 25 %. Une convention ou un accord de branche peut toutefois prévoir une majoration moindre, celle-ci ne pouvant être inférieure à 10 %.

Le complément d'heures

Les conventions ou accords de branche étendus peuvent prévoir la possibilité pour l'employeur d'augmenter temporairement la durée du travail, par avenant au contrat de travail.

Le nombre d'avenants ne peut dépasser 8 par an et par salarié, sauf s'il s'agit de remplacer un salarié absent.

Les heures effectuées sans le cadre de l'avenant sont rémunérées au taux normal, sauf si la convention ou l'accord prévoit des dispositions plus favorables.

Les heures complémentaires effectuées au-delà de la durée du travail déterminée dans l'avenant bénéficient d'une majoration qui ne peut être inférieure à 25 % (*Code du travail, Art. L. 3123-22*).

La période d'essai

La période d'essai ne doit pas avoir une durée calendaire supérieure à celle des salariés à temps complet (*Code du travail, Art. L. 3123-5*).

Exemple : si la durée de la période d'essai prévue pour le poste de travail concerné est de 2 mois, un salarié engagé à temps partiel un 15 février terminera cette période le 14 avril même si, en pratique, il a effectué moins d'heures à l'essai qu'un salarié à temps plein.

L'ancienneté

L'ancienneté doit être décomptée comme si le salarié était employé à temps plein, les périodes non travaillées étant prises en compte en totalité (*Code du travail, Art. L. 3123-5*).

Les jours fériés et les congés payés

Le salarié à temps partiel bénéficie du repos des jours fériés dans l'entreprise. Si le jour férié correspond à un jour où il devrait normalement travailler, il a droit à une rémunération calculée à partir de l'horaire qu'il aurait dû accomplir. Mais si ce jour férié tombe un jour où il ne devrait pas travailler, il ne peut prétendre à aucune indemnité.

Les congés payés se calculent, en principe, de la même façon pour les salariés à temps plein et pour les salariés à temps partiel.

À NOTER

Les salariés à temps partiel dont la durée de travail sur l'année est au moins égale à 50 % de la durée légale ou conventionnelle voient leur compte personnel de formation alimenté du même montant que les salariés à temps plein.

Les tickets-restaurant

Un accord collectif peut stipuler que les titres restaurant ne seront pas distribués aux salariés dont l'horaire ne comporte pas la tranche 12 h/13 h 30.

AVANTAGE

L'horaire de travail n'a aucune conséquence sur le nombre de jours de congés payés auquel tout salarié a droit.

La prise en compte dans l'effectif

Les salariés à temps partiel sont pris en compte dans l'effectif de l'entreprise en fonction de leur temps de présence.

Les salariés à temps partiel peuvent voter et sont éligibles aux élections des représentants du personnel. Ils peuvent être désignés comme délégués syndicaux.

La priorité d'accès au temps partiel et au temps plein

Les salariés à temps partiel qui souhaitent occuper ou reprendre un emploi d'une durée au moins égale à la durée minimale (24 heures hebdomadaires, en général) ou un emploi à temps complet et les salariés à temps complet qui souhaitent occuper ou reprendre un emploi à temps partiel dans le même établissement ou la même entreprise ont priorité pour l'attribution d'un emploi ressortissant de leur catégorie professionnelle ou d'un emploi équivalent (ou d'un emploi différent si la convention ou l'accord de branche applicable le prévoit).

L'employeur doit porter à la connaissance de ces salariés la liste des emplois disponibles susceptibles de les intéresser (*Code du travail, Art. L. 3123-3*).

La Cour de cassation a également considéré qu'un salarié employé à mi-temps pouvait se prévaloir de la priorité prévue par l'article L. 3123-3 pour être affecté à un poste à 3/4 de temps durant l'absence du titulaire de ce contrat (*Cour de cassation, Chambre sociale, 24/9/2008*). La priorité ne joue donc pas uniquement pour l'accès à un poste à temps complet mais également pour l'accès à un poste à temps partiel plus long, même s'il ne s'agit que d'une mutation provisoire.

AVANTAGE

Les salariés à temps partiel peuvent cotiser au régime général de l'assurance vieillesse sur une base correspondant à un temps plein. Ce système permet de se constituer des droits à retraite plus conséquents. Pour ce faire, il faut cependant que le salarié et l'employeur soient d'accord. L'accord est concrétisé par un écrit, signé par les deux parties (Code de la Sécurité sociale, Art. L. 241-3-1 et R. 241-0-3). L'employeur peut, par ailleurs, prendre en charge le supplément dû par le salarié (différence entre le montant de la cotisation due sur un temps plein et le montant dont il aurait été redevable sur son temps partiel).

Qu'est-ce que le travail intermittent ?

Les emplois concernés

Les contrats de travail intermittents sont réservés à des emplois permanents comportant, par nature, des alternances de périodes travaillées et de périodes non travaillées excédant le mois (dans le secteur du tourisme, par exemple).

Seules les entreprises ayant conclu une convention, un accord d'entreprise ou, à défaut, un accord de branche étendu prévoyant cette possibilité peuvent conclure un contrat de travail intermittent (*Code du travail, Art. L. 3123-33*).

Exceptions : les entreprises adaptées sont autorisées à recruter des personnes handicapées en contrat intermittent même en absence de convention ou d'accord collectif prévoyant cette possibilité (*Code du travail, Art. L. 3123-37*).

L'accord doit définir les emplois concernés. Les contrats intermittents signés en application d'un accord prévoyant la possibilité de conclure de tels contrats mais sans définir les emplois précis concernés devaient être requalifiés en contrats à durée indéterminée à temps complet (*Cour de cassation, Chambre sociale, 27/6/2007*).

Il n'est donc pas possible de conclure un contrat de travail intermittent dans les entreprises n'ayant pas signé un tel accord ni, dans les entreprises ayant signé un accord, pour d'autres emplois que ceux définis dans l'accord.

La nature du contrat

Le contrat de travail intermittent est un contrat à durée indéterminée, obligatoirement écrit.

Il doit mentionner :

– la qualification du salarié ;
– les éléments de sa rémunération ;
– la durée minimale annuelle du travail du salarié ;
– les périodes de travail ;
– la répartition des heures de travail à l'intérieur de ces périodes (*Code du travail, Art. L. 3123-34*).

Ces deux dernières mentions peuvent ne pas figurer pour certains secteurs où la nature des activités ne permet pas de fixer avec précision les périodes de travail. Dans ce cas, l'accord collectif doit déterminer les conditions dans lesquelles le salarié peut refuser les dates et les horaires de travail qui lui sont proposés (*Code du travail, Art. L. 3123-38*).

Un secteur d'activité est pour l'instant concerné par cette dérogation : celui du spectacle vivant et enregistré (*Code du travail, Art. D. 3123-4*).

La rémunération

Le salarié est uniquement rémunéré sur les périodes travaillées. L'accord peut cependant prévoir un lissage de la rémunération. Dans ce cas le salarié percevra chaque mois une rémunération égale à 1/12e de son salaire annuel quel que soit le temps de travail réellement accompli au cours du mois considéré (*Code du travail, Art. L. 3123-38*).

Les droits des salariés intermittents

Les salariés intermittents bénéficient des mêmes droits que les salariés à temps complet dans l'entreprise, sous réserve de modalités spécifiques prévues par l'accord en ce qui concerne certains droits conventionnels (*Code du travail, Art. L. 3123-36*).

Ils peuvent effectuer un nombre d'heures de travail supérieur à celui prévu dans le contrat à condition que ce dépassement n'excède pas le tiers de cette durée.

Exemple : si la durée annuelle du travail prévue au contrat est de 600 heures, le salarié ne pourra pas effectuer plus de 200 heures complémentaires.

Les périodes non travaillées sont prises en compte pour déterminer les droits liés à l'ancienneté.

Les heures supplémentaires

Les heures supplémentaires ouvrent droit à une majoration de salaire et, pour certaines, à une contrepartie obligatoire en repos. Des systèmes de forfaits permettent de prévoir une rémunération globale, incluant la rémunération des heures supplémentaires, pour les salariés y ayant régulièrement recours (cadres, notamment).

Qui peut bénéficier de la législation sur les heures supplémentaires ?

Les personnes concernées

Toute heure effectuée au-delà de la durée légale hebdomadaire du travail ou de la durée considérée comme équivalente est considérée comme heure supplémentaire (*Code du travail, Art. L. 3121-28*).

Tous les salariés de l'entreprise sont concernés par la réglementation applicable aux heures supplémentaires quels que soient leur statut et la nature de leur contrat de travail (à durée indéterminée, déterminée ou temporaire).

Les heures supplémentaires peuvent toutefois être décomptées selon des modalités différentes :

- dans les entreprises organisant la répartition de la durée du travail sur une période supérieure à la semaine ;
- pour les salariés soumis à une convention de forfait sur le mois ou l'année ;
- ainsi que pour les salariés bénéficiant d'horaires individualisés.

Par ailleurs, les jeunes de moins de 18 ans ainsi que les stagiaires de la formation professionnelle ne peuvent pas effectuer d'heures supplémentaires. Les salariés à temps partiel peuvent, quant à eux, être amenés à travailler au-delà de la durée de travail prévue à leur contrat. Mais dans ce cas, ils effectuent des heures complémentaires.

À NOTER

Dans les professions où s'appliquent des systèmes d'équivalence doivent être considérées comme heures supplémentaires celles effectuées au-delà de la durée de présence correspondant à la durée légale du travail.

La notion de travail hebdomadaire

Les heures supplémentaires se décomptent par semaine (*Code du travail, Art. L. 3121-29*). Sauf stipulation contraire d'une convention ou d'un accord collectif d'entreprise ou d'établissement ou, à défaut, d'une convention ou d'un accord de branche, la semaine débute le lundi 0 heures et se termine le dimanche à 24 heures (*Code du travail, Art. L. 3121-35*). Donc :

- en cas de semaine de travail irrégulière, on ne saurait priver le salarié de ses droits à majoration pour heures supplémentaires en compensant des semaines longues par des semaines courtes (*Cour de cassation, Chambre sociale, 29/5/1986*) ;
- une absence pour maladie pendant une partie du mois ne doit pas dispenser du paiement des heures supplémentaires effectuées pendant les semaines où le salarié a été présent.

Les obligations du salarié

Le salarié ne peut refuser d'effectuer les heures supplémentaires demandées par son employeur dans la mesure où elles sont accomplies dans les limites et les conditions prévues par la convention ou l'accord collectif ou, à défaut, par la loi (contingent réglementaire) et régulièrement rémunérées. Un refus de sa part pourrait constituer une cause réelle et sérieuse de licenciement, et même, dans certains cas, une faute grave privative d'indemnités : salariée quittant brusquement son poste de travail un vendredi sans accomplir sa dernière heure de travail rémunérée en tant qu'heure supplémentaire en dépit de la mise en garde de son employeur parce qu'elle contestait le principe de la durée du travail qu'il avait mis en place, par exemple. Les tribunaux ont en effet considéré que ce comportement s'analysait en un acte d'indiscipline portant atteinte à l'autorité de l'employeur constituant une faute grave (*Cour de cassation, Chambre sociale, 19/7/1994*).

Toutefois, un salarié a le droit de refuser des heures supplémentaires qui seraient imposées de façon systématique le samedi. Il ne s'agit pas, dans ce contexte, d'un acte d'indiscipline (*Cour de cassation, Chambre sociale, 16/5/1991*).

AVANTAGE

Certaines conventions ou accords collectifs peuvent prévoir que les heures supplémentaires ne peuvent être accomplies que sur la base du volontariat au-delà de certaines limites (au-delà du contingent annuel, par exemple). Dans ce cas, le salarié peut refuser d'effectuer de telles heures qui lui seraient imposées par son employeur.

Extraits du Code du travail

« **Art. L. 3121-28.** Toute heure accomplie au delà de la durée légale hebdomadaire ou de la durée considérée comme équivalente est une heure supplémentaire qui ouvre droit à une majoration salariale ou, le cas échéant, à un repos compensateur équivalent. »

« **Art. L. 3121-33.** I. - Une convention ou un accord collectif d'entreprise ou d'établissement ou, à défaut, une convention ou un accord de branche :

1° Prévoit le ou les taux de majoration des heures supplémentaires accomplies au-delà de la durée légale ou de la durée considérée comme équivalente. Ce taux ne peut être inférieur à 10 % ;

2° Définit le contingent annuel prévu à l'article L. 3121-30 ;

3° Fixe l'ensemble des conditions d'accomplissement d'heures supplémentaires au-delà du contingent annuel ainsi que la durée, les caractéristiques et les conditions de prise de la contrepartie obligatoire sous forme de repos prévue au même article L. 3121-30. Cette contrepartie obligatoire ne peut être inférieure à 50 % des heures supplémentaires accomplies au-delà du contingent annuel mentionné audit article L. 3121-30 pour les entreprises de vingt salariés au plus, et à 100 % de ces mêmes heures pour les entreprises de plus de vingt salariés. L'effectif salarié et le franchissement du seuil de vingt salariés sont déterminés selon les modalités prévues à l'article L. 130-1 du code de la sécurité sociale.

Les heures supplémentaires sont accomplies, dans la limite du contingent annuel applicable dans l'entreprise, après information du comité social et économique.

Les heures supplémentaires sont accomplies, au-delà du contingent annuel applicable dans l'entreprise, après avis du comité social et économique.

II.- Une convention ou un accord collectif d'entreprise ou d'établissement ou, à défaut, une convention ou un accord de branche peut également :

1° Prévoir qu'une contrepartie sous forme de repos est accordée au titre des heures supplémentaires accomplies dans la limite du contingent ;

2° Prévoir le remplacement de tout ou partie du paiement des heures supplémentaires, ainsi que des majorations, par un repos compensateur équivalent.

III. - Une convention ou un accord d'entreprise peut adapter les conditions et les modalités d'attribution et de prise du repos compensateur de remplacement. »

Dans quelles limites peut-on effectuer des heures supplémentaires ?

Les heures supplémentaires effectuées au cours de l'année ainsi qu'au cours de la semaine sont limitées.

› Le maximum annuel autorisé

L'employeur peut librement demander à ses salariés d'effectuer des heures supplémentaires dans la limite d'un contingent annuel. Ce contingent est fixé par la convention ou l'accord collectif d'entreprise ou d'établissement ou, à défaut, par la convention ou l'accord de branche appliqué dans l'entreprise (*Code du travail, Art. L. 3121-30 et L. 3121-33*).

À défaut de contingent conventionnel, c'est le contingent réglementaire, fixé à 220 heures par an et par salarié, qui s'applique (*Code du travail, Art. D. 3121-24*).

Le contingent se décompte à partir de la 36e heure de travail hebdomadaire.

Les heures supplémentaires remplacées intégralement par un repos ne s'imputent pas sur ce contingent annuel. Il en est de même pour les heures supplémentaires effectuées pour faire face à des travaux urgents dont l'exécution est nécessaire pour prévenir des accidents imminents ou réparer des accidents survenus au matériel, aux installations ou aux bâtiments de l'établissement (*Code du travail, Art. L. 3121-30*), pour les heures effectuées au titre de la journée de solidarité ainsi que pour les heures supplémentaires effectuées par les salariés liés par une convention de forfait annuelle en heures ou en jours ainsi que pour les cadres dirigeants.

Au-delà de ce contingent, les heures supplémentaires ne peuvent être accomplies qu'après l'avis du comité social et économique (*Code du travail, Art. L. 3121-33*). Les conditions d'accomplissement des heures supplémentaires au-delà du contingent sont fixées par convention ou accord d'entreprise ou d'établissement ou, à défaut, par accord de branche. À défaut de texte conventionnel, l'employeur doit consulter les représentants du personnel sur ce sujet au moins une fois par an.

› Le maximum hebdomadaire autorisé

Le principe

Les heures supplémentaires ne peuvent entraîner une durée moyenne hebdomadaire de travail dépassant :

– 44 heures sur une période de 12 semaines consécutives. Cette durée peut être augmentée dans la limite de 46 heures par accord d'entreprise ou, à défaut, par accord de branche. À défaut d'accord collectif, le dépassement peut être autorisé par l'administration, après avis du comité social et économique. Pour les travailleurs de nuit, la durée maximale est fixée à 40 heures ;

– et 48 heures au cours d'une même semaine (*Code du travail, Art. L. 3121-20 et s.*).

Cette règle concerne aussi bien les heures effectuées dans la limite du contingent annuel que celles effectuées au-delà de ce contingent.

Exemple : supposons que, dans une entreprise, les salariés aient effectué au cours des 12 dernières semaines :

– 1 semaine de 48 heures ;

– 1 semaine de 46 heures ;

– 1 semaine de 45 heures ;

– 2 semaines de 44 heures (soit 88 heures) ;

– 7 semaines de 43 heures (soit 301 heures).

La moyenne du temps de travail sera donc de : 48 + 46 + 45 + 88 + 301 = 528 : 12 = 44 heures.

Sur la période considérée, l'entreprise a donc respecté la loi puisque la moyenne des heures de travail a été de 44 heures et que l'horaire d'une semaine quelconque pris isolément n'a jamais dépassé les 48 heures autorisées.

Les dérogations

Des dérogations peuvent être prévues dans certains secteurs, certaines régions ou certaines entreprises. Ces dérogations peuvent consister en un dépassement de la durée de 46 heures ou une répartition sur une période de plus de 12 semaines.

Cette dérogation doit être demandée par le chef d'entreprise, après avis du comité social et économique, à l'inspecteur du travail (*Code du travail, Art. L. 3121-25 et L. 3121-26*).

De plus, en cas de circonstances exceptionnelles entraînant temporairement un surcroît extraordinaire de travail, certaines entreprises peuvent être autorisées à dépasser le plafond de 48 heures par semaine, sans toutefois pouvoir dépasser 60 heures. Le comité social et économique doit donner son avis sur ces dérogations qui peuvent être autorisées par le directeur régional des entreprises, de la concurrence, de la consommation, du travail et de l'emploi.

Ces dérogations ne sont admises que pour une durée expressément fixée dans chaque cas. Elles sont révocables à tout moment, notamment en cas de licenciement collectif dans le secteur, la région ou l'entreprise.

AVANTAGE

Si le salarié doit apporter des éléments suffisamment précis à l'appui d'une demande de paiement d'heures supplémentaires, l'employeur ne peut pas se contenter d'en souligner les incohérences ou invraisemblances. Il doit en effet fournir ses propres éléments (décomptes d'heures, relevés de temps quotidiens, etc.) afin de permettre au juge d'analyser les éléments de preuve produits à la fois par le salarié et l'employeur (Cour de cassation, Chambre sociale, 18/3/2020).

Comment les heures supplémentaires sont-elles rémunérées ?

Les heures supplémentaires font l'objet d'une majoration de salaire à un taux fixé par accord d'entreprise ou, à défaut, par accord de branche. Ce taux ne

peut être inférieur à 10 %. À défaut de disposition conventionnelle :
– les 8 premières heures supplémentaires (entre la 36e et la 43e heure hebdomadaire) donnent droit à une majoration de salaire de 25 % ;
– à compter de la 44e heure, la majoration de salaire passe à 50 % (*Code du travail, Art. L. 3121-36*).

AVANTAGE

Le paiement de tout ou partie des heures supplémentaires ainsi que de leurs majorations peut aussi être remplacé par un repos compensateur équivalent, soit 1 h 06 de repos pour les heures majorées de 10 %, 1 h 15 pour celles majorées de 25 % ou 1 h 30 pour celles majorées de 50 %. Ce système peut être institué : par convention ou accord collectif d'entreprise ou d'établissement ou, à défaut, par convention ou accord de branche ; dans les entreprises dépourvues de délégué syndical, sur décision de l'employeur, à condition que le comité social et économique ne s'y oppose pas (Code du travail, Art. L. 3121-33). Les heures entièrement remplacées par un repos compensateur équivalent ne s'imputent pas sur le contingent annuel (Code du travail, Art. L. 3121-30).

Le calcul et le paiement

Pour les heures faisant l'objet d'une majoration de salaire

Ces majorations sont calculées sur la base des salaires réels ainsi que sur les primes ayant le caractère de salaire.

Doivent être exclus les remboursements de frais professionnels (primes de panier, de déplacement…) et les primes indépendantes du travail accompli.

Les tribunaux ont souvent eu à se prononcer sur la nature des primes ayant le caractère de salaire (c'est-à-dire inhérentes à la nature du travail) et sur celles que l'on devait considérer comme indépendantes du salaire proprement dit.

La Cour de cassation considère qu'il ne faut pas prendre en compte les primes d'ancienneté ni les primes de productivité, de rendement ou d'objectif sauf si elles sont directement liées au travail d'un salarié ou d'un groupe homogène de production.

Ainsi, un salarié réclamait que son employeur prenne en compte, dans le calcul de ses heures supplémentaires, une prime de productivité qui, selon lui, récompensait son rendement personnel. Le conseil de prud'hommes, puis la cour d'appel lui avaient donné raison. Mais la Cour de cassation a annulé leur décision car l'employeur avait fait valoir que le résultat obtenu provenait de l'action collective de l'ensemble des employés dont certains ne participaient pas directement à la production (*Cour de cassation, Chambre sociale, 14/1/1970*).

À l'inverse, dans une entreprise de textile, une prime était calculée au niveau de chaque atelier en divisant le nombre de mètres de tissu par le nombre d'heures effectuées. En relevant qu'elle se rattachait directement au travail des ouvriers d'un atelier, les juges ont décidé que cette prime ne dépendait pas de la productivité générale de l'entreprise, mais uniquement de l'activité collective d'un groupe d'ouvriers. Elle constituait donc un élément de salaire et devait, par conséquent, être incluse dans le salaire servant de base au calcul des heures supplémentaires (*Cour de cassation, Chambre sociale, 29/4/1970*).

En revanche, on doit prendre en compte les primes allouées pour travail les dimanches et les jours fériés, les primes de dépaysement et d'assiduité.

Ces majorations doivent figurer sur le bulletin de salaire et être payées en même temps que le salaire du mois considéré.

Exception : les salariés cadres ou non-cadres effectuant des heures supplémentaires de manière régulière peuvent être rémunérés selon un forfait incluant un nombre prédéterminé d'heures supplémentaires sur la semaine, le mois, voire sur l'année. Dans ce cas, les heures supplémentaires considérées n'ont pas à figurer sur le bulletin de paie qui doit cependant indiquer la nature et le volume du forfait auquel se rapporte le salaire versé.

Dans les entreprises où la durée collective du travail reste supérieure à 35 heures, les heures supplémentaires peuvent être mensualisées. Les salariés ont ainsi droit à une rémunération uniforme d'un mois sur l'autre, indépendante du nombre d'heures réellement effectuées au cours du mois considéré (*Code du travail, Art. L. 3121-31*).

Pour les heures faisant l'objet d'un repos

Ce repos doit être pris dans les conditions définies par l'accord collectif. À défaut, il doit respecter les règles prévues pour la contrepartie obligatoire en repos.

AVANTAGE

Les heures supplémentaires et complémentaires sont exonérées d'impôt sur le revenu jusqu'à 5 000 € nets par an. Jusqu'au 10/7/2020, ce seuil est porté à 7 500 € dans le cadre de la crise sanitaire liée au Covid-19. Ces heures bénéficient également d'une réduction de cotisations salariales d'assurance vieillesse, dans la limite de 11,31 % (Code de la Sécurité sociale, Art. D. 241-21). Par ailleurs, les entreprises de moins de 20 salariés peuvent faire valoir, sous certaines conditions, une déduction forfaitaire patronale pour heures supplémentaires. Son montant est de 1,50 € par heure supplémentaire (Code de la Sécurité sociale, Art. L. 241-18).

Les heures supplémentaires peuvent-elles être évaluées forfaitairement ?

Les salariés (cadres, tout particulièrement) qui effectuent régulièrement des heures supplémentaires peuvent être rémunérés forfaitairement, leur salaire mensuel incluant un volume d'heures supplémentaires convenu à l'avance.

Le Code du travail distingue trois types de conventions de forfait : la convention de forfait en heures sur la semaine ou sur le mois, la convention de forfait en heures sur l'année et la convention de forfait en jours sur l'année.

La convention de forfait en heures sur la semaine ou sur le mois

Ces conventions de forfait intègrent une durée du travail comprenant un certain nombre d'heures supplémentaires et prévoient une rémunération incluant celle de ces heures supplémentaires et de leur majoration, sur la semaine ou sur le mois, selon le cas (*Code du travail, Art. L. 3121-56*).

Exemple : « Monsieur Dupont percevra une rémunération de X€ correspondant à un horaire de 41 heures par semaines » ou encore « de 177 heures par mois ».

La mise en place des conventions de forfait en heures sur la semaine ou sur le mois ne nécessite pas la conclusion préalable d'une convention ou d'un accord collectif. Un tel forfait peut donc être conclu sur décision de l'employeur avec tout salarié dont l'horaire de travail comporte l'accomplissement régulier d'heures supplémentaires.

Certaines règles doivent cependant être respectées :

– le nombre d'heures supplémentaires inclues dans le forfait doit être déterminé ;

– la rémunération versée doit être au moins égale à la rémunération minimale applicable dans l'entreprise, augmentée des majorations pour heures supplémentaires (*Code du travail, Art. L. 3121-57*) ;

– dans le cas où le salarié effectue des heures supplémentaires au-delà de la durée prévue par le forfait, celles-ci doivent être rémunérées en plus du salaire forfaitaire (*Cour de cassation, Chambre sociale, 17/1/1996*). À l'inverse si le salarié a en réalité effectué moins d'heures que le nombre d'heures prévues dans son forfait, le salaire prévu dans le forfait doit être versé dans son intégralité (*Cour de cassation, Chambre sociale, 13/11/1970*).

La convention de forfait en heures sur l'année

Ce type de forfait fixe le nombre d'heures de travail que le salarié doit effectuer dans l'année et la rémunération qu'il percevra en contrepartie.

Exemple : « Monsieur Dupont percevra une rémunération de X€ par mois, correspondant à 1 800 heures de travail dans l'année ».

La mise en place de conventions de forfait annuel en heures sur l'année doit être prévue par un accord d'entreprise ou d'établissement ou, à défaut, par convention ou accord de branche.

C'est ce texte qui détermine les catégories de salariés susceptibles d'être soumis à ce type de forfait, la période de référence du forfait (année civile ou période de 12 mois consécutifs), le nombre d'heures compris dans le forfait, les conditions de prise en compte des absences, des arrivées et départs en cours d'année ainsi que les caractéristiques principales des conventions individuelles.

Peuvent être soumis à ce type de forfait :

– les cadres dont la nature des fonctions ne les conduit pas à suivre l'horaire collectif applicable au sein de l'atelier, du service ou de l'équipe auquel ils sont intégrés ;

– les salariés qui disposent d'une réelle autonomie dans l'organisation de leur emploi du temps (*Code du travail, Art. L. 3121-56*).

Les conventions individuelles doivent être établies dans la limite de la durée annuelle du travail fixée par l'accord. Aucune limite n'est fixée par la loi mais la durée retenue doit, en tout état de cause, respecter les durées maximales quotidiennes (10 heures par jour) et hebdomadaires (44 heures sur une période de 12 semaines consécutives et 48 heures sur une semaine isolée) ainsi que les repos hebdomadaire et quotidien (35 heures par semaine et 11 heures par jour). La convention individuelle doit fixer le nombre d'heures compris dans le forfait.

La rémunération du salarié doit être au moins égale à la rémunération minimale applicable dans l'entreprise pour le nombre d'heures correspondant à son forfait, augmentée des majorations pour heures supplémentaires (*Code du travail, Art. L. 3121-57*).

La convention de forfait en jours sur l'année

Ce type de forfait fixe le nombre de jours de travail que le salarié doit effectuer dans l'année et la rémunération qu'il percevra en contrepartie.

Exemple : « Monsieur Dupont percevra une rémunération de X€ par mois, correspondant à 210 jours de travail dans l'année ».

Les conventions de forfait en jours sur l'année nécessitent également la conclusion préalable d'un accord d'entreprise ou d'établissement ou, à défaut, d'une convention ou d'un accord de branche. C'est ce texte qui détermine les catégories de salariés susceptibles d'être soumis à ce type de forfait, la durée annuelle du travail à partir de laquelle le forfait est établi, la période de référence du forfait (année civile ou période de 12 mois consécutifs), le nombre de jours compris dans le forfait, les conditions de prise en compte des absences ainsi que des arrivées et départs en cours d'année. L'accord détermine également les modalités :

– selon lesquelles le salarié peut exercer son droit à la déconnexion ;

– d'évaluation et de suivi régulier de la charge de travail du salarié ;

– d'échanges périodiques sur la charge de travail, sur l'articulation entre activité professionnelle et vie personnelle de l'intéressé, sur sa rémunération ainsi que sur l'organisation du travail dans l'entreprise.

Il fixe enfin les caractéristiques principales des conventions individuelles.

Peuvent être soumis à ce type de forfait :

– les cadres qui disposent d'une autonomie dans l'organisation de leur emploi du temps et dont la nature des fonctions ne les conduit pas à suivre l'horaire collectif applicable au sein de l'atelier, du service ou de l'équipe auquel ils sont intégrés ;

– les salariés dont la durée du temps de travail ne peut être prédéterminée et qui disposent d'une réelle autonomie dans l'organisation de leur emploi du temps pour l'exercice des responsabilités qui leur sont confiées (*Code du travail, Art. L. 3121-58*).

Les conventions individuelles doivent être établies dans la limite de la durée annuelle du travail fixée par l'accord. Le nombre de jours travaillés dans l'année ne peut excéder 218 jours (*Code du travail, Art. L. 3121-64*). Un salarié ayant signé une convention pour une durée inférieure doit être considéré comme un salarié à temps plein, et non à temps partiel (*Cour de cassation, Chambre sociale, 27/3/2019*).

Toutefois, les salariés soumis à ce type de forfait peuvent renoncer, en accord avec leur employeur, à des jours de repos en contrepartie d'une majoration de leur salaire, même si la convention ou l'accord collectif ne prévoit pas cette possibilité. Dans un tel cas, le salarié peut donc travailler plus de 218 jours dans l'année. Sauf accord ou convention collective prévoyant des dispositions différentes, le nombre de jours travaillés ne peut, dans ce cas, excéder 235 jours dans l'année (*Code du travail, Art. L. 3121-66*).

À NOTER

Bien que l'article L. 3121-62 du Code du travailne soumet pas les salariés en forfait-jour aux durées légales du travail, la Cour de cassation exerce un contrôle récurrent sur la charge de travail. Un salarié peut ainsi contester devant les tribunaux une convention de forfait-jours et, le cas échéant, obtenir un rappel d'heures supplémentaires (Cour de cassation, Chambre sociale, 25/1/2017). De fait, une convention de forfait en jours ne dispense pas l'employeur de son obligation de contrôler la charge de travail et l'amplitude du temps de travail des salariés (Cour de cassation, Chambre sociale, 19/12/2018). Ils ont également droit au repos quotidien de 11 heures consécutives et au repos hebdomadaire de 35 heures consécutives ainsi qu'aux jours fériés et aux congés payés. Pour rappel, l'accord collectif fixant le forfait doit comporter des dispositions permettant le suivi de la charge de travail et l'amplitude des journées de travail des salariés concernés (système auto-déclaratif, badgeage…).

Si le salarié estime que la rémunération qu'il perçoit est manifestement sans rapport avec les sujétions qui lui sont imposées, il peut saisir le conseil de prud'hommes afin d'obtenir des rappels d'heures supplémentaires ou une indemnité calculée en fonction du préjudice subi (*Code du travail, Art. L. 3121-61*).

À défaut d'accord, les salariés au forfait annuel en jours bénéficient chaque année d'un entretien annuel avec leur employeur. Cet entretien porte sur la charge de travail, l'organisation du travail dans l'entreprise, l'articulation entre l'activité professionnelle et la vie personnelle de l'intéressé ainsi que sur sa rémunération (*Code du travail, Art. L. 3121-65*). Il fixe enfin les caractéristiques principales des conventions individuelles.

Dispositions communes

Les conventions individuelles de forfait ne peuvent résulter que de l'accord des parties. Un employeur ne peut donc imposer un tel mode de rémunération à un salarié sans son accord.

Elles doivent être établies par écrit (*Code du travail, Art. L. 3121-55*). En pratique, le forfait est prévu dans le contrat de travail initial ou par avenant à ce contrat lorsqu'il est conclu ultérieurement.

Cet écrit ne peut se contenter d'un simple renvoi général à l'accord ayant institué le forfait. Il doit détailler le dispositif auquel le salarié sera soumis (*Cour de cassation, Chambre sociale, 31/1/2012*).

Le comité social et économique est consulté chaque année sur le recours aux conventions de forfait ainsi que sur la modalité de suivi de la charge de travail des salariés concernés (*Code du travail, Art. L. 2312-26*).

CADRES DIRIGEANTS ET TEMPS DE TRAVAIL

Les cadres dirigeants échappent totalement à la réglementation sur le temps de travail. Ils ne bénéficient pas des règles concernant le repos hebdomadaire, les jours fériés ou les heures supplémentaires. Cette catégorie concerne un très petit nombre de salariés de l'entreprise, à savoir les cadres :

– exerçant des responsabilités importantes ;
– bénéficiant d'une grande autonomie dans l'organisation de leur emploi du temps ;
– habilités à prendre des décisions de façon largement autonome ;
– percevant une rémunération située dans les niveaux les plus élevés de l'entreprise ;
– participant à la direction de l'entreprise.

Ces critères sont cumulatifs.

La jurisprudence a précisé que la qualité de dirigeant doit être établie selon les conditions réelles d'emploi de l'intéressé, peu importe les stipulations générales éventuellement prévues par un accord collectif à ce sujet (*Cour de cassation, Chambre sociale, 13/1/2009*).

Les heures supplémentaires donnent-elles droit à une contrepartie en repos ?

Seul l'octroi d'une « contrepartie en repos » est obligatoirement due pour toute heure supplémentaire accomplie au-delà du contingent annuel.

La loi ne prévoit pas de repos compensateur pour les heures effectuées à l'intérieur du contingent annuel. Les conventions ou accords collectifs peuvent cependant prévoir une contrepartie en repos au titre de ces heures, mais cela n'est pas obligatoire (*Code du travail, Art. L. 3121-33*).

La durée du repos

La contrepartie obligatoire en repos est fixée à :

– 50 % dans les entreprises de 20 salariés au plus ;
– 100 % dans les entreprises de plus de 20 salariés.

Exemple : dans une entreprise de 24 salariés appliquant un contingent annuel de 220 heures, un salarié effectue 45 heures au cours de 26 semaines dans l'année, soit 10 heures supplémentaires par semaine. Le contingent annuel de 220 heures sera dépassé à partir de la 23e semaine (10 × 22 = 220).

De la 23e à la 26e semaine, il aura droit à 10 × 4 × 100 %= 40 heures de repos pour les 10 heures supplémentaires hebdomadaires.

Les modalités de prise du repos

Les caractéristiques et les conditions de prise de la contrepartie obligatoire en repos sont fixées par convention ou accord d'entreprise ou d'établissement ou par accord de branche.

À défaut d'accord collectif, les règles fixées aux articles D. 3121-18 à D. 3121-24 du Code du travail doivent être respectées. À savoir :

La contrepartie obligatoire en repos peut être prise par journée ou demi-journée à la convenance du salarié (*Code du travail, Art. D. 3121-19*). Il faut attendre d'avoir accumulé 7 heures de repos pour pouvoir s'absenter de l'entreprise.

À NOTER

L'article D. 3121-18 du Code du travail précise que chaque journée ou demi-journée au cours de laquelle le repos est pris correspond au nombre d'heures qui auraient été réellement travaillées par le salarié ce jour-là. Exemple : un salarié à temps partiel travaillant 4 heures le vendredi, prend son repos ce jour-là. Il aura pris 4 heures de repos et non 8 heures, même si l'horaire collectif est fixé à 8 heures le vendredi.

Le repos doit être pris dans un délai maximum de 2 mois après l'ouverture du droit, c'est-à-dire 2 mois après la 7e heure acquise (*Code du travail, Art. D. 3121-18*).

Le salarié doit être informé régulièrement de ses droits acquis grâce à un document annexé à son bulletin de paie (*Code du travail, Art. D. 3171-11 et s.*). Ce document de suivi doit indiquer :

– le cumul des heures supplémentaires effectuées depuis le début de l'année ;

– le nombre d'heures de repos acquises au cours du mois en distinguant, si nécessaire, la contrepartie obligatoire en repos et les repos remplaçant le paiement des heures supplémentaires ;

– le nombre de jours de repos effectivement pris au cours du mois y compris les jours pris en cas d'application d'un dispositif de répartition de la durée du travail sur une période supérieure à la semaine.

Par ailleurs, dès que le nombre d'heures de repos atteint 7 heures, il doit comporter une mention notifiant l'ouverture du droit à repos.

Ces règles s'appliquent également au repos de remplacement de tout ou partie du paiement des heures supplémentaires, à défaut de précision conventionnelle contraire.

Si le salarié ne prend pas son repos dans ce délai, il ne perd plus pour autant son droit. Lorsque ce cas se présente, l'employeur doit demander au salarié de prendre effectivement les repos auxquels il a droit dans un délai maximal d'1 an (*Code du travail, Art. D. 3121-17*).

Le salarié doit formuler sa demande au moins une semaine à l'avance en précisant la date et la durée du repos (*Code du travail, Art. D. 3121-20*).

L'employeur est tenu de lui répondre dans les 7 jours qui suivent la réception de la demande.

Cette demande peut être refusée si l'employeur juge, après consultation du comité social et économique, que cette absence nuirait au bon fonctionnement de l'entreprise. Le refus doit être justifié et une autre date doit être proposée au salarié, à l'intérieur du délai de 2 mois (*Code du travail, Art. D. 3121-20*).

Si ces impératifs font obstacle à ce que plusieurs salariés prennent leur repos compensateur le même jour, il doit être tenu compte de l'ordre des demandes, de la situation de famille et de l'ancienneté de chaque salarié dans l'entreprise (*Code du travail, Art. D. 3121-21*).

AVANTAGE

La contrepartie obligatoire en repos doit être effectivement prise, ce qui signifie qu'il ne peut être remplacé par une indemnité compensatrice. Toutefois, si le salarié quitte l'entreprise suite à une démission, un licenciement ou à la fin d'un contrat à durée déterminée avant d'avoir pu bénéficier de son repos, il a droit à une indemnité correspondant aux droits qu'il a acquis. En cas de décès, l'indemnité est versée aux ayants droit de l'intéressé (Code du travail, Art. D. 3121-23).

Le repos hebdomadaire et les jours fériés

Les salariés ont droit à un jour de repos par semaine, en principe, le dimanche. Aucune loi n'oblige à accorder un repos les jours fériés, sauf le 1er mai. Cette obligation est cependant souvent prévue par les conventions collectives ou les usages.

Comment le repos hebdomadaire doit-il être observé ?

› Les principes

Tous les salariés ont droit à un jour de repos par semaine puisqu'au terme de la loi :

– il est interdit d'occuper plus de 6 jours par semaine un même salarié (*Code du travail, Art. L. 3132-1*) ;

– le repos hebdomadaire doit avoir une durée minimale de 24 heures consécutives auxquelles il convient d'ajouter les onze heures de repos quotidien obligatoires (*Code du travail, Art. L. 3132-2*).

Au total, le repos hebdomadaire ne peut donc être inférieur à 35 heures consécutives (24 h + 11 h).

Les jeunes de moins de 18 ans ont droit à 2 jours de repos consécutifs dont un le dimanche. Un accord de branche étendu ou un accord d'entreprise peut définir des modalités différentes sous réserve de respecter une période de repos de 36 heures au minimum (*Code du travail, Art. L. 3164-2*). Le travail le dimanche est possible dans les entreprises ayant obtenu une dérogation dans ce sens (voir plus loin). Des règles particulières s'appliquent aux apprentis.

La loi dispose, par ailleurs, que le repos hebdomadaire doit être donné le dimanche (*Code du travail, Art. L. 3132-3*).

Ces dispositions sont applicables même si le salarié ne travaille que quelques heures par jour ou s'il exerce plusieurs professions.

Ces principes ne concernent que l'emploi des salariés. L'employeur est parfaitement en droit d'ouvrir librement son entreprise le dimanche et d'y travailler, y compris avec des membres de sa famille (*Cour de cassation, Chambre criminelle, 2/2/1907*), des associés, voire avec des bénévoles, des voisins ou amis à condition que ces personnes ne soient pas ses salariés.

Outre les employeurs, les travailleurs indépendants, les dirigeants mandataires, les associés, la famille de l'employeur ou du chef d'établissement qui ne sont pas salariés sont également exclus de la réglementation concernant le repos hebdomadaire, le personnel des administrations de l'État, des collectivités publiques et des établissements publics hospitaliers.

Par ailleurs, des régimes spéciaux ont été institués pour certaines professions, compte tenu des particularités de leur travail (salariés agricoles, personnes des entreprises de transport routier, éducateurs et aides familiaux, par exemple).

Il est également possible, dans certains cas bien précis et uniquement dans ces cas, de déroger à ces obligations envers les salariés de droit commun.

› Les dérogations à la règle du repos hebdomadaire

Il est possible, dans certains cas précis prévus par le Code du travail, de déroger à l'obligation du repos hebdomadaire.

Travaux urgents

En cas de travaux urgents dont l'exécution immédiate est nécessaire pour organiser des mesures de sauvetage, pour prévenir des accidents imminents ou réparer des accidents survenus au matériel, aux installations ou aux bâtiments de l'établissement, le repos hebdomadaire peut être suspendu pour le personnel nécessaire à l'exécution de ces travaux.

Les salariés concernés doivent bénéficier d'un repos compensateur d'une durée égale au repos supprimé (*Code du travail, Art. L. 3132-4*).

Industries traitant des matières périssables ou ayant à répondre à un surcroît extraordinaire de travail

Dans les industries traitant des matières périssables ou ayant à répondre à certains moments à un surcroît extraordinaire de travail dont la liste est fixée à l'article R. 3132-1 du Code du travail (voir encadré plus loin), le repos hebdomadaire des salariés peut être suspendu deux fois au plus par mois, sans que le nombre de ces suspensions dans l'année soit supérieur à six. Les heures de travail ainsi accomplies le jour du repos hebdomadaire sont considérées comme des heures supplémentaires (*Code du travail, Art. L. 3132-5*).

Travaux dans les ports, débarcadères et stations

Dans les ports, débarcadères et stations, les salariés employés à certaines opérations de chargement et de déchargement (travaux du bâtiment, conserveries…) peuvent travailler le jour de repos hebdomadaire (*Code du travail, Art. L. 3132-6*).

Activités saisonnières

Dans certaines industries ne fonctionnant que pendant une partie de l'année et dans certains établissements appartenant aux branches d'activité à caractère saisonnier et n'ouvrant en tout ou partie que pendant une période de l'année (hôtels, stations balnéaires…), le repos hebdomadaire peut être en partie différé, sous réserve que chaque travailleur bénéficie au moins de deux jours de repos par mois, autant que possible le dimanche (*Code du travail, Art. L. 3132-7*).

Travaux de nettoyage des locaux industriels et de maintenance

Dans les établissements industriels ou commerciaux où le repos hebdomadaire est attribué le même jour à tous les salariés, ce repos peut être réduit à une demi-journée pour les salariés affectés aux travaux de nettoyage des locaux industriels et de maintenance qui doivent être réalisés nécessairement le jour de repos collectif et qui sont indispensables pour éviter un retard dans la reprise normale du travail.

Dans ce cas, un repos compensateur est attribué à raison d'une journée entière pour deux réductions d'une demi-journée (*Code du travail, Art. L. 3132-8*).

Travaux intéressant la défense nationale

Dans les établissements de l'État ainsi que dans ceux où sont exécutés des travaux pour le compte de l'État et dans l'intérêt de la défense nationale, le repos hebdomadaire peut être temporairement suspendu par les ministres intéressés (*Code du travail, Art. L. 3132-9*).

Établissements industriels fonctionnant en continu

Dans les établissements industriels fonctionnant en continu, les repos hebdomadaires des salariés affectés aux travaux en continu peuvent être en partie différés dans les conditions suivantes :

– chaque salarié bénéficie, dans une période de travail donnée, d'un nombre de repos de 24 heures consécutives au moins égal au nombre de semaines comprises dans cette période ;

– chaque salarié bénéficie le plus possible de repos le dimanche (*Code du travail, Art. L. 3132-10*).

Gardiens et concierges des établissements industriels et commerciaux

Les gardiens et concierges des établissements industriels et commerciaux auxquels le repos hebdomadaire ne peut être donné bénéficient d'un repos compensateur (*Code du travail, Art. L. 3132-11*).

À NOTER

Cette dérogation n'est pas applicable aux jeunes travailleurs de moins de 18 ans.

› Les dérogations à la règle du repos dominical

Dérogations permanentes de droit

- Certains établissements, dont le fonctionnement ou l'ouverture est rendu nécessaire par les contraintes de la production, de l'activité ou les besoins du public (liste fixée par l'article R. 3132-5 du Code du travail), peuvent de droit déroger à la règle du repos dominical en attribuant le repos hebdomadaire par roulement d'une journée entière un jour quelconque de la semaine (*Code du travail, Art. L. 3132-12*).
- Dans les commerces de vente de denrées alimentaires au détail, le repos hebdomadaire peut être donné le dimanche à partir de 13 heures (*Code du travail, Art. L. 3132-13*). Autrement dit, le travail dominical

est possible ; il doit toutefois être prévu dans le contrat de travail.

Les salariés âgés de moins de 21 ans logés chez leurs employeurs bénéficient d'un repos compensateur, par roulement et par semaine, d'un autre après-midi.

Les autres salariés bénéficient d'un repos compensateur, par roulement et par quinzaine, d'une journée entière.

À NOTER

Dans les commerces de détail alimentaire dont la surface de vente est supérieure à 400 m², les salariés privés du repos dominical bénéficient d'une rémunération majorée d'au moins 30 % par rapport à la rémunération normalement due pour une durée équivalente (Code du travail, Art. L. 3132-13).

Dérogations liées à l'épidémie de Covid-19

Jusqu'au 31/12/2020, les entreprises « relevant de secteurs d'activités particulièrement nécessaires à la sécurité de la Nation et à la continuité de la vie économique et sociale » peuvent déroger à la règle du repos dominical en attribuant le repos hebdomadaire par roulement. Cette dérogation s'applique également à leurs sous-traitants, ainsi qu'aux départements de la Moselle, du Bas-Rhin et du Haut-Rhin. Les secteurs d'activités des entreprises concernées sont définis par décret.

Dérogations conventionnelles

Dans les industries ou les entreprises industrielles travaillant en continu, le repos hebdomadaire peut être attribué par roulement un autre jour que le dimanche.

Cette possibilité doit être prévue par convention ou accord collectif. À défaut, elle peut être accordée par l'inspecteur du travail après consultation des délégués syndicaux et avis du comité social et économique.

Il en est de même dans les entreprises travaillant en équipes de suppléance. Cette dérogation s'applique également au personnel nécessaire à l'encadrement de cette équipe (*Code du travail, Art. L. 3132-14 et s.*).

La rémunération des salariés de l'équipe de suppléance est majorée d'au moins 50 % par rapport à celle qui serait due pour une durée équivalente effectuée suivant l'horaire normal de l'entreprise. Cette majoration ne s'applique pas lorsque les salariés de l'équipe de suppléance sont amenés à remplacer durant la semaine les salariés partis en congé.

Dérogations temporaires accordées par le préfet

Lorsqu'il est établi que le repos simultané, le dimanche, de tous les salariés d'un établissement serait préjudiciable au public ou compromettrait le fonctionnement normal de cet établissement, le repos peut être autorisé par le préfet suivant l'une des modalités suivantes :

– un autre jour que le dimanche à tous les salariés de l'établissement ;
– du dimanche midi au lundi midi ;
– le dimanche après-midi avec un repos compensateur d'une journée par roulement et par quinzaine ;
– par roulement à tout ou partie des salariés.

L'autorisation est accordée à un établissement par le préfet pour une durée qui ne peut excéder 3 ans. Elle peut être étendue à plusieurs ou à la totalité des établissements de la même localité exerçant la même activité, s'adressant à la même clientèle, une fraction d'établissement ne pouvant, en aucun cas, être assimilée à un établissement (*Code du travail, Art. L. 3132-20 et L. 3132-23*).

L'autorisation est conditionnée à l'existence d'un accord collectif ou, à défaut, d'une décision unilatérale de l'employeur prise après approbation par référendum.

L'accord (ou la décision de l'employeur) fixe les contreparties accordées aux salariés privés du repos dominical ainsi que les engagements pris en termes d'emploi ou en faveur de certains publics en difficulté ou de personnes handicapées.

En cas de décision unilatérale de l'employeur, chaque salarié privé du repos du dimanche bénéficie d'un repos compensateur et perçoit pour ce jour de travail une rémunération au moins égale au double de la rémunération normalement due pour une durée équivalente (*Code du travail, Art. L. 3132-25-3*).

Dérogations accordées par le maire

Dans les commerces de détail où le repos hebdomadaire a lieu normalement le dimanche, ce repos peut être supprimé douze fois par année civile au maximum pendant les dimanches désignés, pour chaque commerce de détail, par décision du maire prise après avis du conseil municipal. C'est ce qu'on appelle « les dimanches du maire ».

La liste des dimanches concernés est arrêtée avant le 31 décembre pour l'année suivante. Elle peut être modifiée en cours d'année au moins 2 mois avant le dimanche concerné par cette modification.

Dans les commerces de détail alimentaire de plus de 400 m², les jours fériés travaillés (à l'exception du 1er mai) doivent être déduits des dimanches désignés par le maire, dans la limite de trois.

Chaque salarié privé de repos dominical doit percevoir une rémunération au moins égale au double de la rémunération normalement due pour une durée équivalente, ainsi qu'un repos compensateur équivalent en temps.

L'arrêté du maire détermine les conditions dans lesquelles ce repos est accordé, soit collectivement, soit par roulement dans la quinzaine qui précède ou suit la suppression du repos.

Si le repos dominical est supprimé un dimanche précédant une fête légale, le repos compensateur est donné le jour de cette fête (*Code du travail, Art. L. 3132-26 et s.*).

Dérogations dans certaines zones géographiques

Les établissements de vente au détail qui mettent à disposition des biens et services peuvent donner le repos par roulement à tout ou partie du personnel dans certaines zones du territoire :

– **les zones touristiques internationales (ZTI)** définies comme étant dotées d'un rayonnement international et caractérisées par l'affluence exceptionnelle de touristes résidant hors de France et l'importance de leurs achats (comme le secteur des Champs-Elysées, Montmartre ou le quartier Saint-Germain à Paris, mais aussi Deauville, Cannes, Nice, par exemple). La délimitation de ces zones est fixée par décret (sur la réglementation du travail de nuit dans ces zones ;

– **les zones touristiques** caractérisées par une affluence importante de touristes ;

– **les zones commerciales** caractérisées par une offre commerciale et une demande potentielle particulièrement importante.

La délimitation de ces deux dernières zones est fixée par le préfet sur demande du maire.

Par ailleurs, les établissements situés dans certaines gares qui ne sont pas incluses dans l'une de ces trois zones mais qui connaissent une affluence exceptionnelle de passagers (les gares parisiennes, Bordeaux-Saint-Jean ou Avignon-TVG, par exemple) peuvent également donner le repos hebdomadaire par roulement à tout ou partie de leurs salariés. La liste des gares concernées est fixée par arrêté ministériel.

Pour pouvoir ouvrir le dimanche, les établissements situés dans ces zones doivent être couverts par un accord collectif (de branche, de groupe, d'entreprise, d'établissement) ou territorial ou, en l'absence de délégué syndical, par :

– un ou plusieurs représentants élus du personnel expressément mandatés à cet effet par une ou plusieurs organisations syndicales représentatives ;

– à défaut, un ou plusieurs salariés de l'entreprise mandatés par une ou plusieurs organisations syndicales représentatives.

Cet accord doit fixer :

– les contreparties, en particulier financières, accordées aux salariés privés du repos dominical ainsi que les engagements pris en terme d'emploi ou en faveur de certains publics en difficulté ou de personnes handicapées ;

– les conditions dans lesquelles l'employeur prend en compte l'évolution de la situation personnelle des salariés privés de repos dominical ;

– des mesures destinées à faciliter la conciliation entre la vie professionnelle et la vie familiale des personnes concernées ;

– les contreparties mises en œuvre pour compenser les charges induites par la garde des enfants ;

– les modalités de prise en compte d'un changement d'avis du salarié.

Dans les établissements de moins de 11 salariés, à défaut d'accord collectif ou d'accord conclu à un niveau territorial, la faculté de déroger au repos dominical est ouverte après consultation par l'employeur des salariés concernés et approbation de la majorité d'entre eux.

En cas de franchissement du seuil de 11 salariés, l'entreprise doit être couverte par un accord collectif à compter de la 3e année consécutive au cours de laquelle l'effectif de l'établissement employé dans la zone atteint ce seuil (*Code du travail, Art. L. 3132-24 et s.*).

À NOTER

Les élections ayant lieu le dimanche, l'employeur doit prendre toutes les mesures nécessaires pour permettre aux salariés de voter lors des élections nationales et locales.

À NOTER

Quel que soit le type de dérogation accordée (dérogation en raison du caractère préjudiciable au public ou à l'entreprise de la fermeture le dimanche, dérogations accordées par le maire ou dérogations accordées dans certaines zones géographiques), seuls les salariés ayant donné leur accord écrit peuvent travailler le dimanche. Le salarié qui refuse de travailler le dimanche ne peut faire l'objet d'une mesure dis-

criminatoire fondée sur ce motif. Son refus ne constitue ni une faute, ni un motif de licenciement.

Extrait du Code du travail

« **Art. R. 3132-1.** Les établissements des industries énumérés dans le tableau suivant, qui attribuent le repos hebdomadaire à tous les salariés le même jour, bénéficient de la suspension du repos hebdomadaire prévue à l'article L. 3132-5 : Ameublement, tapisserie, passementerie pour meubles ; Appareils orthopédiques ; Balnéaires (établissements) ; Bijouterie et joaillerie ; Biscuits employant le beurre frais (fabriques de) ; Blanchisseries de linge ; Boîtes de conserves (fabrication et imprimerie sur métaux pour) ; Bonneterie fine ; Boulangeries ; Brochages des imprimés ; Broderie et passementerie pour confections ; Cartons (fabriques de) pour jouets, bonbons, cartes de visites, rubans ; Charcuterie ; Colle et gélatine (fabrication de) ; Coloriage au patron ou à la main ; Confections de toute nature ; Conserves de fruits et confiserie, conserves de légumes et de poissons ; Couronnes funéraires (fabriques de) ; Délainage des peaux de mouton (industrie du) ; Dorure pour ameublement ; Dorure pour encadrements ; Filature, retordage de fils crêpés, bouclés et à bouton, de fils moulinés et multicolores ; Fleurs (extraction des parfums des) ; Fleurs et plumes ; Gainerie ; Hôtels, restaurants, traiteurs et rôtisseurs ; Impression de la laine peignée, blanchissage, teinture et impression des fils de laine, de coton et de soie destinés au tissage des étoffes de nouveauté ; Imprimeries typographiques, lithographiques, en taille-douce ; Jouets, bimbeloterie, petite tabletterie et articles de Paris (fabriques de) ; Laiteries, beurreries et fromageries industrielles ; Orfèvrerie (polissage, dorure, gravure, ciselage, guillochage et planage en) ; Papier (transformation du), fabrication des enveloppes, du cartonnage, des cahiers d'école, des registres, des papiers de fantaisie ; Papiers de tenture ; Parfumeries ; Pâtisseries ; Porcelaine (ateliers de décor sur) ; Reliure ; Réparations urgentes de navires et de machines motrices ; Soie (dévidage de la) pour étoffes de nouveauté ; Teinture, apprêt, blanchiment, impression, gaufrage et moirage des étoffes ; Tissage des étoffes de nouveauté destinées à l'habillement ; Tulles, dentelles et laizes de soie ; Voiles de navires armés pour la grande pêche (confection et réparation des). »

À NOTER

Les inspecteurs du travail peuvent également, indépendamment des poursuites pénales, saisir le tribunal judiciaire, en référé, afin de faire cesser l'emploi illicite des salariés, en infraction aux règles du repos dominical (Code du travail, Art. L. 3132-31). Le président du tribunal peut alors ordonner la fermeture du magasin, éventuellement sous astreinte.

Quels sont les jours fériés officiels ?

L'article L. 3133-1 du Code du travail donne la liste des jours fériés légaux qui sont :
– le 1er janvier (jour de l'an) ;
– le lundi de Pâques ;
– le 1er mai (fête du Travail) ;
– le 8 mai (Victoire de 1945) ;
– le jeudi de l'Ascension ;
– le lundi de Pentecôte ;
– le 14 juillet (fête nationale) ;
– le 15 août (Assomption) ;
– le 1er novembre (Toussaint) ;
– le 11 novembre (Victoire de 1918) ;
– le 25 décembre (Noël).

Il convient d'ajouter à cette liste quelques jours fériés locaux, régionaux ou professionnels (le jour de la Sainte-Barbe pour les mineurs, de la Saint-Éloi pour les métallurgistes du nord de la France, de la Saint-Étienne et du vendredi saint en Alsace-Moselle…).

Le 1er mai bénéficie d'une réglementation particulière par rapport aux autres jours fériés, le Code du travail précisant qu'il doit obligatoirement être chômé et payé.

Quelles sont les règles concernant le 1er mai ?

Le 1er mai doit être obligatoirement chômé (*Code du travail, Art. L. 3133-4*) et payé.

Le paiement du 1er mai

Les salariés ne peuvent subir aucune réduction de salaire du fait du chômage du 1er mai (*Code du travail, Art. L. 3133-5*).

Cette règle s'applique quel que soit le mode de rémunération (paiement au mois, à la semaine, à la journée, à l'heure, au rendement).

Si le 1er mai coïncide avec un jour de repos habituel (dimanche ou samedi), le salarié ne peut prétendre à une indemnisation complémentaire, le 1er mai n'ayant pas, dans ce cas, entraîné de réduction de son salaire. Il en est de même s'il n'avait pas travaillé ce jour-là, pour cause de maladie, d'accident ou d'activité partielle, par exemple *(Cour de cassation, Chambre sociale, 26/10/1964)*. En revanche, un salarié dont l'absence justifié aurait pris fin la veille (30 avril) ou le lendemain (2 mai) peut prétendre au maintien de son salaire le 1er mai puisqu'il aurait effectivement travaillé ce jour s'il n'avait pas été férié.

La journée du 1er mai, bien que chômée, est assimilée à une journée de travail effectif pour le décompte de heures supplémentaires ou de la durée des congés payés, par exemple.

Le travail le 1er mai

Des exceptions au chômage le 1er mai sont prévues dans les entreprises qui, en raison de la nature de leur activité, ne peuvent interrompre leur fonctionnement (*Code du travail, Art. L. 3133-6*).

Il n'existe pas de liste précise des entreprises concernées. Seule la nature de l'activité justifie le travail le 1er mai. Il en est ainsi des usines à feu continu, des entreprises de transports, des hôpitaux ou des hôtels, par exemple.

Les salariés devant travailler le 1er mai ont droit, en plus de leur salaire habituel, à une indemnité égale au montant de ce salaire (le salaire de base plus les primes inhérentes à la nature du travail effectué ce jour-là). Le salaire est donc doublé en cas de travail le 1er mai.

Sanctions

Les employeurs qui n'observent pas les règles concernant le 1er mai sont passibles d'une amende pour contravention de la 4e classe *(Voir pages Barème)* appliquée autant de fois qu'il y a de salariés concernés (*Code du travail, Art. R. 3135-3*).

Quelles sont les règles concernant les autres jours fériés ?

Le chômage des jours fériés

- L'article L. 3133-3 du Code du travail prévoit le paiement des jours fériés chômés (y compris les heures supplémentaires) aux salariés ayant au moins 3 mois d'ancienneté dans l'entreprise.

Ce droit légal au paiement des jours fériés ne s'applique pas aux travailleurs à domicile, saisonniers, intermittents ou temporaires.

- Pour les autres salariés, le paiement de tout ou partie des jours fériés peut être prévu dans leur convention collective. À défaut, ils ne sont pas payés.

Les heures perdues par suite de chômage des jours fériés ne peuvent donner lieu à récupération (*Code du travail, Art. L. 3133-2*).

Le travail un jour férié

Les jours fériés légaux sont obligatoirement chômés pour les jeunes travailleurs âgés de moins de 18 ans. Dans certains secteurs d'activité (hôtellerie, restauration, cafés, boulangerie…) cependant, un accord collectif peut déroger à cette interdiction à condition que ces jeunes travailleurs bénéficient d'un repos hebdomadaire de 2 jours consécutifs (*Code du travail, Art. L. 3164-6 et R. 3164-2*).

Pour les autres travailleurs, la liste des jours fériés chômés est fixée par accord d'entreprise ou, à défaut, par accord de branche. À défaut d'accord collectif, les jours fériés chômés sont fixés par l'employeur.

Les salariés travaillant un jour férié ne peuvent exiger, comme pour le 1er mai, une rémunération double, sauf si leur convention collective le prévoit.

Dans certains cas, ils peuvent bénéficier d'un repos compensateur en vertu de leur convention collective ou d'un usage.

Cas particuliers

Le fait qu'un jour férié coïncide avec un jour habituellement chômé dans l'entreprise (un dimanche, par exemple) ne donne droit à aucune compensation. Certaines conventions collectives prévoient cependant l'attribution d'un jour de congé supplémentaire dans un tel cas.

De même, en cas de coïncidence de deux jours fériés (un lundi de Pâques tombant le 1er mai, par exemple), les salariés perdent le bénéfice d'un jour férié, sauf si leur convention collective prévoit une solution différente (paiement de tous les jours fériés, par exemple). Un jour de repos supplémentaire ou une indemnisation au titre du jour férié perdu doit alors être attribué aux salariés concernés (*Cour de cassation, Chambre sociale, 30/11/2010*).

Quelle est la réglementation concernant les ponts ?

Les ponts sont des jours normalement ouvrables, qui se situent entre un jour férié et un jour de repos, généralement au début ou en fin de semaine.
Aucun texte, loi ou décret, ne régit cette pratique. Les conventions collectives en traitent rarement.
C'est l'employeur, et lui seul, qui décide, en vertu de son pouvoir d'organisation du travail dans son entreprise, d'accorder ou non un pont. Les salariés ne sauraient le lui imposer.
S'il décide d'accorder un pont, l'employeur doit consulter le comité social et économique, avertir l'inspecteur du travail et afficher l'horaire aménagé, le pont modifiant l'horaire collectif dans l'entreprise.

ATTENTION ⚠

Contrairement aux heures de travail perdues par suite de chômage un jour férié, les heures perdues les jours de ponts sont récupérables.

Le paiement des journées de pont n'est pas obligatoire, sauf si ce paiement résulte d'une convention collective (ce qui, rappelons-le, est rare), d'un usage dans la profession ou dans l'entreprise. Il suffit, pour cela, de démontrer que depuis plusieurs années, les ponts ont toujours été rémunérés à tous les membres de l'entreprise.

AVANTAGE

Les journées de ponts ne peuvent être imputées sur la durée des congés payés auxquels le salarié a droit (Cour de cassation, Chambre sociale, 17/4/1986).

UNE JOURNÉE DE SOLIDARITÉ

Une journée de solidarité annuelle en faveur de l'autonomie des personnes âgées ou handicapées a été instituée dans toutes les entreprises (*Code du travail, Art. L. 3133-7*). Pour le salarié, elle se traduit par une journée supplémentaire de travail, non rémunérée. Dans les entreprises privées, ce jour doit être fixé par accord d'entreprise ou d'établissement ou, à défaut, par accord de branche. Il peut s'agir d'un jour férié précédemment chômé (sauf le 1er mai) mais également d'une journée de repos accordée dans le cadre d'un dispositif conventionnel de répartition de la durée du travail sur une période supérieure à la semaine ou de toute autre modalité permettant le travail de 7 heures précédemment travaillées (la journée de solidarité peut donc être fractionnée sur plusieurs dates). À défaut d'accord collectif, il appartient à l'employeur de fixer les modalités d'accomplissement de la journée de solidarité, après consultation du comité social et économique (*Code du travail, Art. L. 3133-11 et L. 3133-12*).

Dans la limite de 7 heures pour un salarié à temps complet (ce nombre d'heures étant réduit proportionnellement à la durée du travail effectuée par un salarié à temps partiel), cette journée de travail supplémentaire :

– ne donne pas lieu à un complément de rémunération ;
– ne donne pas droit à une contrepartie obligatoire en repos ;
– ne s'impute pas sur le contingent d'heures supplémentaires ni sur le volume d'heures complémentaires pour les salariés à temps partiel (*Code du travail, Art. L. 3133-8 et L. 3133-9*).

En contrepartie de ce travail gratuit, l'employeur doit verser une contribution de 0,3 %, assise sur le salaire de ses employés auprès de la Caisse nationale de solidarité pour l'autonomie.

Des dispositions spécifiques ont été prévues pour régler certains cas particuliers. Ainsi :

✓ le salarié qui change d'employeur après avoir déjà accompli sa journée de solidarité au titre de l'année en cours peut :
– soit effectuer une nouvelle journée de solidarité chez son nouvel employeur, ce jour lui étant alors payé,
– soit refuser d'effectuer cette nouvelle journée de travail supplémentaire, ce refus ne pouvant constituer ni une faute ni un motif de licenciement (*Code du travail, Art. L. 3133-10*) ;

✓ les jeunes travailleurs de moins de 18 ans ne pouvant travailler un jour férié reconnu par la loi n'ont donc pas à effectuer la journée de solidarité lorsque celle-ci coïncide avec un jour férié. Si la date retenue ne correspond pas à un jour férié, ils sont alors tenus à cette obligation au même titre que les autres salariés de l'entreprise ;

✓ les salariés non mensualisés (travailleurs à domicile, temporaires, saisonniers et intermittents) doivent être rémunérés pour le travail effectué lors d'une journée de solidarité (*Circulaire DRT n° 40 du 16/12/2004*) ;

✓ en cas d'absence injustifiée d'un salarié lors de la journée de solidarité, l'employeur peut pratiquer une retenue de 1/30e sur son salaire mensuel (*Cour de cassation, Chambre sociale, 16/1/2008*) ;

✓ cette journée ne peut être effectuée un dimanche. Dans les départements de la Moselle, du Haut-Rhin et du Bas-Rhin, la journée de solidarité ne peut être fixée ni le premier et le second jour de Noël, ni le Vendredi Saint (*Code du travail, Art. L. 3134-16*). La jurisprudence considère également qu'il n'est pas possible de fixer la journée de solidarité un jour de pont rémunéré en vertu d'une convention ou d'un accord collectif. Cette pratique reviendrait, en effet, à priver les salariés d'un avantage conventionnel (*Cour de cassation, Chambre sociale, 12/6/2013*).

Cas pratiques

La durée du travail

Temps de pause - conditions

J'ai un litige avec mon salarié sur le décompte des temps de pause. Il estime que ses pauses peuvent intervenir avant que la durée de 6 heures soit entièrement écoulée ? Qu'en pensez-vous ?

Aucun temps de travail quotidien ne peut atteindre 6 heures sans que le salarié bénéficie d'un temps de pause d'une durée minimale de 20 minutes (sauf convention ou accord d'entreprise ou d'établissement ou, à défaut, convention ou accord de branche fixant un temps de pause supérieur) (*Code du travail, Art. L. 3121-16 et L. 3121-17*). Selon la jurisprudence, cela signifie qu'un salarié n'a droit à une pause d'au moins 20 minutes qu'après 6 heures de travail effectif. Ne remplit donc pas ces conditions un salarié qui a accompli un travail effectif de 6 heures pause comprise (*Cour de cassation, Chambre sociale, 13/3/2001*).

Vous pouvez donc dire à votre salarié que la durée de 6 heures doit se calculer hors temps de pause.

La pause minimum de 20 minutes, accordée par la loi dès lors que le temps de travail quotidien atteint 6 heures, doit-elle obligatoirement être une pause de 20 minutes consécutives ?

Oui, il doit s'agir d'une pause de 20 minutes consécutives. C'est en tout cas ce qu'a décidé la Cour de cassation en présence d'un accord d'entreprise qui prévoyait l'octroi de deux pauses d'une durée inférieure à 20 minutes : les salariés bénéficiaient en l'espèce d'une pause de 15 minutes après avoir travaillé 3 heures 30, puis à nouveau d'une pause de 15 minutes après avoir travaillé 3 heures. Cet accord d'entreprise contrevenait aux dispositions de l'article L. 3121-33 (devenu depuis l'article L. 3121-16) du Code du travail en ce qu'il fractionnait le temps de pause (*Cour de cassation, Chambre sociale, 20/2/2013*).

Travail à temps partiel - délai de prévenance

Les textes imposant des délais de prévenance pour l'employeur en cas de modification de la répartition de la durée du travail s'appliquent-ils si la modification intervient d'un commun accord ?

Non, le délai de prévenance n'est applicable qu'en cas de décision unilatérale de l'employeur et non lorsque la modification intervient avec l'accord exprès du salarié.

C'est ce qu'a jugé la Cour de cassation (*Cour de cassation, Chambre sociale, 9/11/2016*).

Travail à temps partiel - recours aux heures complémentaires - requalification

Mon employeur m'a demandé de faire des heures complémentaires pendant plusieurs semaines, ce qui a eu pour effet de porter la durée de mon travail au-delà de la durée légale pendant cette période. Cela peut-il entraîner la requalification de mon contrat de travail en temps plein ?

Le principe est que, si l'employeur peut demander à un salarié à temps partiel d'effectuer des heures complémentaires, c'est dans des limites strictes fixées par la loi. Notamment, les heures complémentaires ne peuvent pas avoir pour effet de porter la durée du travail du salarié au niveau de la durée légale de travail ou de la durée conventionnelle (*Code du travail, Art. L. 3123-9*).

Il a été jugé que le non-respect de cette limite pouvait entraîner la requalification du contrat en un contrat à temps complet. Tel est le cas, même si le dépassement a eu lieu pendant la période limitée d'1 mois (*Cour de cassation, Chambre sociale, 12/3/2014*).

Heures supplémentaires - refus du salarié

Mon employeur peut-il m'imposer des heures supplémentaires ? Puis-je refuser de les faire ?

Oui, votre employeur peut vous imposer des heures supplémentaires dès lors qu'il a respecté les limites qui lui sont imposées par les textes (contingent réglementaire ou conventionnel d'heures supplémentaires) et a accompli les formalités nécessaires. Il faut cependant que ces heures soient imposées par la nature ou la quantité du travail demandé et plus généralement qu'elles soient demandées dans l'intérêt de l'entreprise et qu'il n'y ait pas d'abus. Dans cette hypothèse, il n'y a pas, en principe, modification du contrat de travail nécessitant l'accord du salarié (*Cour de cassation, Chambre sociale, 9/3/1999*). Le refus du salarié de les effectuer l'expose alors à des sanctions, voire à un licenciement.

Heures supplémentaires - heures complémentaires - preuve

Qui doit faire la preuve des heures supplémentaires, le salarié ou l'employeur ? Qu'en est-il pour les heures complémentaires dans l'hypothèse d'un travail à temps partiel ?

Il résulte de l'article L. 3171-4 du Code du travail que :

la preuve des heures de travail effectuées n'incombe spécialement à aucune des parties (salarié ou employeur) ;

et que l'employeur doit fournir au juge les éléments de nature à justifier les horaires effectivement réalisés par le salarié.

Mais, selon la Cour de cassation, il appartient au salarié de fournir préalablement au juge des éléments de nature à étayer sa demande (*Cour de cassation, Chambre sociale, 25/2/2004*).

Cette jurisprudence a été étendue aux heures complémentaires : « En cas de litige relatif à l'existence ou au nombre d'heures de travail accomplies, il appartient au salarié d'étayer sa demande par la production de tous éléments suffisamment précis pour permettre à l'employeur de répondre en apportant, le cas échéant, la preuve contraire » (*Cour de cassation, Chambre sociale, 24/11/2010*).

Selon une jurisprudence plus récente, le salarié peut prétendre au paiement des heures supplémentaires accomplies :

- soit avec l'accord au moins implicite de son employeur ;
- soit s'il est établi que la réalisation de telles heures a été rendue nécessaire par les tâches qui lui ont été confiées (*Cour de cassation, Chambre sociale, 14/11/2018*).

Les congés

Les salariés ont droit à 5 semaines de congés payés annuels qu'ils peuvent prendre entre le 1er mai et le 31 octobre de chaque année. À côté de ce congé ouvert à tous, la loi accorde de nombreuses autorisations d'absence, rémunérées ou non, dans certaines circonstances particulières. On peut classer ces congés en deux catégories principales : ceux liés à des événements familiaux : mariage ou conclusion d'un PACS, naissance ou adoption d'un enfant, décès d'un parent ; ceux liés à l'exercice d'une activité professionnelle ou extra-professionnelle : congé pour création d'entreprise, congé de recherche...

Le congé sabbatique, quant à lui, n'a pas de finalité spécifique et peut être employé pour n'importe quelle activité.

Les congés payés annuels

La durée des congés payés annuels est fixée à 5 semaines. Certaines circonstances ont une influence sur cette durée qui peut ainsi être allongée (congé supplémentaire pour fractionnement) ou diminuée (absences au cours de l'année).

Comment les congés payés annuels sont-ils calculés ?

Tout travailleur salarié a droit à 2 jours 1/2 ouvrables de congés payés par mois de travail accompli au cours de la période dite de référence, dans la limite de 30 jours ouvrables (soit 5 semaines).

En principe, la période de référence se situe entre le 1er juin de l'année précédente et le 31 mai de l'année en cours. Une période différente peut être fixée par accord d'entreprise ou, à défaut, par accord de branche (année civile, par exemple).

Cette règle, simple en apparence, appelle cependant un certain nombre d'explications. Ces explications concernent les règles édictées par le Code du travail qui s'appliquent à tous les salariés. Cependant, les conventions collectives peuvent prévoir un régime plus favorable.

L'ouverture du droit à congé

Le droit à congé est ouvert dès le 1er jour de travail (*Code du travail, Art. L. 3141-12*).

La durée du congé

La durée du congé payé normal est de 2 jours 1/2 ouvrables par mois de travail sans qu'elle puisse excéder au total 30 jours ouvrables (soit 5 semaines).

Le mois de travail s'entend non du mois civil, mais du mois effectué de date à date.

Exemple : un salarié engagé un 10 mars, licencié un 10 mai, aura travaillé 3 mois. Il aura donc droit à :

2 jours 1/2 × 3 = 7 jours 1/2,

arrondis à 8 jours.

Lorsque le nombre de jours n'est pas un nombre entier, la durée du congé est portée au nombre entier immédiatement supérieur.

Pour les salariés n'ayant pas travaillé pendant la totalité de la période de référence (pour cause de maladie, par exemple), on établit une équivalence entre le mois de travail et les périodes de 4 semaines ou de 24 jours de travail (si l'horaire hebdomadaire de travail est réparti sur 6 jours), 22 jours (si l'horaire hebdomadaire de travail est réparti sur 5 jours 1/2), 20 jours (s'il est réparti sur 5 jours ou moins).

Un salarié a donc droit à la totalité de ses congés s'il a travaillé au moins 48 semaines (288, 264 ou 240 jours selon l'horaire hebdomadaire pratiqué) pendant la période de référence.

La durée du congé est déterminée d'après les périodes de travail effectif accomplies par le salarié. Les périodes d'absence (pour maladie, grève…) ne sont donc pas retenues.

Certaines périodes d'absence sont cependant assimilées à des périodes de travail effectif. Il en est ainsi :

- des jours fériés chômés ;
- de la période de congés payés de l'année précédente ;
- de la contrepartie obligatoire en repos pour heures supplémentaires ;
- des périodes de congé maternité, paternité et accueil de l'enfant et de congé d'adoption et des absences pour se rendre aux examens médicaux de maternité obligatoires ;
- des périodes d'absence par suite d'accident du travail (y compris accident de trajet) ou de maladie professionnelle (limitées à une durée d'1 an ininterrompue) ;
- des périodes d'activité partielle ;
- des périodes de maintien ou de rappel sous les drapeaux et de la journée d'absence pour participer à la journée défense et citoyenneté ;
- des périodes de réserve militaire ;
- du congé de formation économique sociale et syndicale ;
- du congé de formation des cadres et des animateurs de la jeunesse ;
- des congés de transition professionnelle ;

– des congés pour événement familiaux ;

– des congés de formation des conseillers prud'hommes ;

– des autorisations d'absence pour les candidats à une fonction parlementaire ou les élus locaux ;

– des périodes d'absence des salariés exerçant une fonction dans les organismes de Sécurité sociale, mutuelles, associations, chambres d'agriculture...;
– du temps de mission des conseillers du salarié lors de l'entretien préalable de licenciement et des défenseurs syndicaux.

PÉRIODES D'ABSENCE PRISES EN COMPTE DANS LE CALCUL DES CONGÉS PAYÉS	
Périodes d'absence prises en compte pour le calcul des droits à congés payés	**Périodes d'absence non prises en compte pour le calcul des droits à congés payés**
• Congés payés de l'année précédente • Jours fériés chômés • jours de repos accordés dans le cadre d'un dispositif conventionnel de répartition de la durée du travail sur une période supérieure à la semaine • Contrepartie obligatoire en repos pour heures supplémentaires • Absences pour se rendre aux examens médicaux obligatoires en cas de grossesse • Congé maternité • Congé de paternité et d'accueil de l'enfant • Accident du travail ou maladie professionnelle limités à 1 an • Activité partielle • Congé pris dans le cadre d'un projet de transition professionnelle • Congés pour événements familiaux • Congé pour la formation des cadres et animateurs pour la jeunesse • Congé formation économique des membres du comité social et économique • Congé formation économique, sociale et syndicale • Congé formation des membres du comité social et économique • Congé mutualiste • Congé de solidarité internationale • Journée défense et citoyenneté	• Repos pris en compensation pour travail le dimanche • Congé parental d'éducation • Congé de présence parentale • Congé maladie • Congé pour création d'entreprise • Congé sabbatique • Congé de proche aidant • Congé de solidarité familiale

Le décompte des jours de congés

Les jours de congés se décomptent en jours ouvrables (2 jours 1/2 par mois, 30 au total).

Par jours ouvrables, on entend chaque jour de la semaine du lundi au samedi à l'exception :
– du dimanche (ou du jour de repos hebdomadaire qui le remplace dans la semaine) ;
– des jours fériés chômés.

Cette définition oblige à comptabiliser les samedis (ou les lundis) compris dans une période de congé même s'ils sont, en pratique, chômés dans l'entreprise.

Cependant, la jurisprudence admet que le premier samedi (ou lundi selon le cas) n'a pas à être comptabilisé en jour de congé. Le premier jour ouvrable de congé est donc le premier jour où le salarié aurait dû travailler.

Exemple : pour un salarié qui part en congé un vendredi soir alors que le samedi est chômé dans son entreprise, son premier jour de vacances sera le lundi suivant.

Le dernier samedi sera, en revanche, comptabilisé au titre de jour de congé payé.

Un jour férié chômé inclus dans la période de congés payés prolonge d'une journée la durée du congé même dans les cas où ce jour coïncide avec la journée habituelle de repos dans l'entreprise.

Attention : cette règle s'applique uniquement aux jours fériés, et non aux ponts qui peuvent précéder ou suivre ce jour férié. Le salarié qui se trouve en congé au moment d'un pont ne peut donc prétendre à une journée de congé supplémentaire.

Les jours de congés supplémentaires

- Les salariés âgés de moins de 21 ans au 30 avril précédent ont droit à 2 jours supplémentaires par enfant à charge de moins de 15 ans (aucune condition d'âge n'est exigée s'il s'agit d'un enfant handicapé). Ce congé est réduit à 1 jour si le congé principal n'excède pas 6 jours (*Code du travail, Art. L. 3141-8*).
- Les jeunes travailleurs et apprentis âgés de moins de 21 ans au 30 avril de l'année précédente ont droit à 30 jours ouvrables de congé, même s'ils n'ont pas travaillé le temps nécessaire au cours de la période de référence (mais dans ce cas, le congé supplémentaire accordé à ce titre n'est pas payé)(*Code du travail, Art. L. 3164-9*).
- Des jours supplémentairсs peuvent également être accordés en cas de fractionnement.

LES SALARIÉS À TEMPS PARTIEL

L'horaire de travail est sans incidence sur la durée des congés : toute journée de travail est considérée comme une journée de travail effectif même si elle est réduite à une heure de travail.

Corrélativement, on doit déduire une journée de congé pour chaque jour de congés payés pris même si l'horaire de travail est seulement partiel ce jour-là.

Exemple : un salarié travaillant à mi-temps du lundi au vendredi acquiert 2 jours 1/2 de congé par mois de travail (et non 1,25) ; prend donc 6 jours ouvrables de congés (et non 3) s'il s'absente 1 semaine.

Le décompte des jours de congés en jours ouvrables se fait de la même façon que pour les autres salariés.

Le point de départ des congés est le premier jour où le salarié aurait dû travailler, ensuite tous les jours ouvrables jusqu'à la reprise doivent être décomptés dans le nombre de jours de congés pris (*Cour de cassation, Chambre sociale, 22/2/2000*).

Exemple : un salarié travaillant les lundi, mardi et mercredi aura droit à 30 jours ouvrables de congés annuels. Il se verra décompter :

– 2 jours de congés s'il s'absente du jeudi au mardi suivant compris (le congé ne démarre qu'au lundi, 1er jour normalement travaillé) ;

– 6 jours ouvrables de congés s'il s'absente du mercredi jusqu'au mardi suivant compris.

Lorsque le calcul se fait en jours ouvrés, le mode de décompte est identique.

Exemple : le même salarié aura droit à 25 jours ouvrés de congés et se verra décompter 5 jours ouvrés de congés s'il s'absente du mercredi au mardi suivant compris.

Cependant, certaines entreprises adoptent un mode de calcul particulier consistant à ne décompter que les jours où le salarié aurait réellement travaillé.

On réduit alors au prorata, le nombre de jours de congés annuels dus selon la formule suivante :

30 × nombres de jours travaillés6.

Le calcul des jours de congés pris se fait alors uniquement en fonction des jours travaillés par le salarié.

Exemple : le salarié travaillant les lundi, mardi et mercredi aura droit dans l'année à :

30 × 36 = 15 jours ouvrés de congés.

S'il s'absente du mercredi au mercredi matin suivant, il ne lui sera décompté que 2 jours de congés (le lundi et le mardi).

À NOTER

Certaines entreprises, dans un souci de simplification, calculent les congés en jours ouvrés (c'est-à-dire en jours normalement travaillés). Elles appliquent alors l'équivalence : 6 jours ouvrables = 5 jours ouvrés, et le total de 30 jours ouvrables devient 25 jours ouvrés.

AVANTAGE

Les accords d'entreprise (ou, à défaut, les accords de branche), le contrat de travail individuel ou les usages de la profession peuvent prévoir des jours de congés supplémentaires, notamment en fonction du statut (cadre) et de l'ancienneté du salarié dans l'entreprise. Un accord collectif d'entreprise peut par exemple décider d'accorder une demi-journée de congé aux salariées à l'occasion de la journée internationale des droits des femmes, le 8 mars de chaque année, sans que cette mesure soit discriminatoire pour les hommes. La Cour de cassation considère en effet qu'une telle mesure en faveur de l'égalité des chances est légitime (Cour de cassation, Chambre sociale, 12/7/2017).

Quelles sont les règles en matière de prise des congés payés ?

Les obligations de l'employeur et de l'employé

L'employeur est obligé d'accorder au salarié les congés qui lui sont dus. S'il empêche le salarié de prendre ses congés, il peut être condamné à lui verser une indemnité fixée par les juges en fonction du préjudice réellement subi.

De son côté, le salarié est tenu de prendre effectivement ses congés payés. Il ne peut pas, par exemple, cumuler son salaire avec son indemnité de congés payés. Par conséquent, il ne peut réclamer à son employeur une indemnité compensatrice de congés payés s'il n'a pas pris l'intégralité des jours de congés auxquels il avait droit. Il peut toutefois demander des dommages et intérêts si son employeur l'a empêché de prendre ses congés *(Cour de cassation, Chambre sociale, 12/7/2004)*. Dans ce cas, ce n'est pas au salarié de prouver qu'il n'a pas pu prendre ses congés mais à l'employeur de justifier qu'il a accompli toutes les mesures permettant au salarié d'exercer son droit à congé (*Cour de cassation, Chambre sociale, 13/6/2012*). Toutefois, concernant les jours de congés accordés par une convention collective et la 5e semaine de congés payés, il revient au salarié d'établir qu'il n'a pas pu les prendre du fait de l'employeur (*Cour de cassation, Chambre sociale, 12/5/2015*).

Il lui est également interdit de travailler, même chez un autre employeur, pendant les congés payés. L'employeur qui a sciemment fait travailler un salarié en congé peut être condamné à verser des dommages et intérêts à l'assurance chômage (*Code du travail, Art. D. 3141-2*).

Le travail rémunéré chez un autre employeur pendant la durée des congés payés constitue, par ailleurs, un motif réel et sérieux de licenciement.

Cette règle ne s'applique pas aux « contrats-vendanges ». En effet, les salariés ainsi que les fonctionnaires peuvent conclure ce type de contrat d'une durée maximale d'1 mois (renouvelable dans la limite de 2 mois sur l'année) pour effectuer des vendanges pendant leurs congés payés (*Code rural et de la pêche maritime, Art. L. 718-4 et s.*). Les rémunérations versées pendant les contrats-vendanges sont exonérées de cotisations sociales salariales.

À NOTER

Les congés doivent être pris dans l'année. Ni l'employeur ni le salarié ne peuvent exiger le report de tout ou partie des congés sur l'année suivante. Le report d'une année sur l'autre est cependant possible : par accord des parties : l'employeur et le salarié acceptent cet arrangement ; pour les salariés bénéficiant d'un décompte de la durée du travail à l'année (répartition de la durée du travail sur une période égale à l'année, forfait en jours sur l'année) à condition qu'un accord collectif prévoit cette possibilité et en fixe les modalités ; pour les salariés en congé de maternité ou d'adoption ; pour les salariés en arrêt de travail dû à une maladie, un accident de travail ou une maladie professionnelle. Dans les entreprises ayant mis en place un tel système, le salarié peut également renoncer à une partie de ses congés et les capitaliser sur un compte épargne-temps.

La période de congé

La période de prise des congés payés est fixée par accord d'entreprise ou, à défaut, par accord de branche. À défaut d'accord, c'est l'employeur qui fixe cette période, après avis du comité social et économique s'il existe.

Dans tous les cas, cette période doit obligatoirement comprendre la période comprise entre le 1er mai et le 31 octobre de chaque année (*Code du travail, Art. L. 3141-13*).

Cette période doit être portée à la connaissance des salariés de l'entreprise au moins 2 mois avant son ouverture (*Code du travail, Art. D. 3141-5*).

À NOTER

Dans le cadre de la loi d'urgence pour faire face à l'épidémie de Covid-19, l'employeur peut imposer la prise de congés payés (ou modifier les dates déjà validées) sans avoir à respecter les dispositions légales ou les accords collectifs. Au préalable, un accord d'entreprise, ou à défaut un accord de branche, doit toutefois être négocié. Et une limite est fixée à 6 jours ouvrables de congés, un délai de préavis d'au moins 1 jour franc devant être respecté par l'employeur. Si l'accord d'entreprise ou de branche le prévoit, l'employeur peut en outre fractionner les congés sans être tenu de recueillir l'accord du salarié. De même, il peut fixer les dates des congés sans être tenu d'accorder un congé simultané à des conjoints ou des partenaires liés par un pacte civil de solidarité travaillant dans la même entreprise. S'agissant des jours de RTT, l'employeur peut, dans la limite de 10 jours et sans accord préalable d'entreprise ou de branche : imposer la prise, à des dates déterminées, de jours de RTT acquis ; modifier unilatéralement les dates de prise de jours de repos. Un délai de prévenance d'1 jour franc doit être respecté. La même règle s'applique pour les jours de repos des salariés en forfait jours et les jours affectés sur un compte épargne-temps. Ce régime dérogatoire est en place jusqu'au 31/12/2020.

L'ordre et la date de départ

L'ordre des départs est fixé par accord d'entreprise ou, à défaut, par accord de branche.

À défaut, c'est l'employeur qui fixe les dates de départ des salariés en congés, après avis du comité social et économique.

Pour ce faire, il doit tenir compte de la situation de famille des intéressés, notamment des possibilités de congé du conjoint ou du partenaire pour les salariés liés par un PACS ainsi que la présence au foyer d'une personne handicapée ou en perte d'autonomie, de l'ancienneté dans l'entreprise ainsi que de l'activité éventuelle du salarié chez un ou plusieurs autres employeurs (*Code du travail, Art. L. 3141-16*).

Les époux (ou les partenaires liés par un PACS) travaillant dans la même entreprise ont droit à un congé simultané (*Code du travail, Art. L. 3141-14*).

L'ordre des départs doit être communiqué par l'employeur aux salariés au moins 1 mois avant leur départ.

Une modification de l'ordre et des dates de départ peut intervenir dans les délais fixés par un accord d'entreprise ou, à défaut, par un accord de branche. À défaut d'accord, aucune modification ne peut intervenir dans le délai d'1 mois avant la date prévue (*Code du travail, Art. L. 3141-16*), sauf circonstance exceptionnelle comme, par exemple, la nécessité impérieuse de remplacer de façon imprévue un autre salarié décédé (*Cour de cassation, Chambre sociale, 15/5/2008*), l'arrivée d'une commande importante, exceptionnelle et inattendue ou encore, pour une entreprise connaissant de graves difficultés financières, l'achèvement, par un comptable, du travail nécessaire à l'élaboration du plan d'apurement (*Cour d'appel, 11/2/1991*).

L'ordre et les dates de départ en congés doivent être respectés tant par l'employeur que par l'employé.

Le fait pour un salarié de ne pas respecter l'ordre fixé peut constituer un motif réel et sérieux de licenciement, voire une faute grave (privative des indemnités de licenciement et de préavis).

Pour qu'une telle sanction soit prise, il faut que l'employeur se soit lui-même acquitté correctement de ses obligations. Ainsi, les juges ont considéré comme abusif le licenciement d'un gérant de magasin parti en congé sans autorisation formelle de son employeur alors que ce dernier avait omis d'établir le planning de l'ordre et des dates de départ et alors que ce gérant l'avait mis au courant suffisamment à l'avance de son départ en congé (*Cour de cassation, Chambre sociale, 16/10/1984*).

Le fractionnement

Les congés payés peuvent être pris en une seule fois ou fractionnés en plusieurs fois selon les règles suivantes (*Code du travail, Art. L. 3141-17 et L. 3141-18*) :

- si le congé ne dépasse pas 12 jours ouvrables, il doit être pris en une seule fois ;
- si le congé est compris entre 13 et 24 jours ouvrables, il peut être fractionné, sur accord de l'employeur et du salarié ;
- si le congé est supérieur à 24 jours ouvrables, il doit obligatoirement être fractionné. En effet, la durée du congé pouvant être pris en une seul fois ne peut excéder 24 jours ouvrables, sauf pour les salariés justifiant de contraintes particulières (les étrangers qui se rendent dans leur pays d'origine pour les vacances, par exemple) ou ayant dans leur foyer une personne handicapée ou en perte d'autonomie. Cette disposition a pour but d'empêcher l'accolement de la 5e semaine de congés payés aux 4 autres semaines.

En cas de fractionnement, une partie du congé doit être au moins égale à 12 jours ouvrables continus, et prise pendant la période du 1er mai au 31 octobre.

AVANTAGE

Certaines circonstances exceptionnelles dûment justifiées peuvent autoriser le salarié à modifier ses dates de départ ou de retour de congés comme la modification d'un horaire d'avion, la maladie d'un enfant, un accident de voiture ou une grève des transports, par exemple.

Lorsqu'une fraction de congé est accordée en dehors de cette période, le salarié a droit à :

– 2 jours ouvrables supplémentaires lorsque le nombre de jours de congés pris « hors période » est au moins égal à 6 ;

– 1 jour ouvrable supplémentaire lorsque le nombre de jours pris est compris entre 3 et 5.

Ces jours supplémentaires sont dus du seul fait du fractionnement, peu importe que celui-ci ait été proposé par l'employeur ou demandé par le salarié (*Cour de cassation, Chambre sociale, 19/6/2002*).

AVANTAGE

Les accords d'entreprise ou, à défaut, les accords de branche peuvent prévoir des règles différentes (possibilité de prise de la totalité des congés en dehors de la période 1er mai/31 octobre, renonciation au supplément de congé pour fractionnement…).

À NOTER

Attention : la 5e semaine de congé, obligatoirement fractionnée, n'ouvre pas droit à des jours supplémentaires de congés.

JOURS SUPPLÉMENTAIRES OCTROYÉS PAR L'EMPLOYEURPOUR FRACTIONNEMENT DES CONGÉS PAYÉS		
Nombre de jours ouvrables pris par le salarié durant la période du 1er mai au 31 octobre	**Nombre de jours pris en dehors du 1er mai au 31 octobre (la 5e semaine exclue)**	**Nombre de jours supplémentaires**
24	0	0
23	1	0
22	2	0
21	3	1
20	4	1
19	5	1
18	6	2
17	7	2
16	8	2
15	9	2
14	10	2
13	11	2
12	12	2
Hypothèse du salarié ayant acquis 5 semaines de congés payés.		

LA FERMETURE DE L'ÉTABLISSEMENT

L'employeur peut décider, après avoir consulté le CSE, de fermer l'entreprise pendant la durée des congés annuels. Cette décision est tout à fait légale. Cependant, si la fermeture se prolonge au-delà de 5 semaines, les salariés ont droit à une indemnité spéciale pour chacun des jours ouvrables dépassant cette durée, et ceci, même si la prolongation de la fermeture est due à des circonstances extérieures.
Le montant de cette indemnité ne peut être inférieur à celui de l'indemnité journalière de congés payés.

Quelle est l'incidence de la maladie sur les congés payés ?

La maladie entraîne des conséquences différentes selon que :

– le salarié est absent pour maladie au cours de l'année, c'est-à-dire durant la période de référence (du 1er juin de l'année précédente au 31 mai de l'année en cours) ;

– le salarié tombe malade au cours de ses congés payés.

À NOTER

La directive européenne n° 2003/88 du 4/11/2003 garantit un droit de report des congés payés annuels en cas de maladie, dans la limite de 4 semaines. Il appartient aux États membres de décider s'ils vont, ou non, au-delà de ce quota (CJUE, 24/1/2016 et 19/1/2019). En conséquence, tant que la France ne se mettra pas en conformité avec cette directive, un salarié peut engager la responsabilité de l'État auprès des tribunaux administratifs et le faire condamner à lui indemniser le nombre de jours de congés payés perdus à cause d'un arrêt maladie, dans la limite de 4 semaines (Tribunal administratif de Clermont-Ferrand, 6/4/2016). Par exception, les salariés employés dans une entreprise délégataire d'un service d'intérêt public (société privée de transport en commun qui assure un service public, par exemple) peuvent réclamer directement à leur employeur une indemnité compensatrice (Cour de cassation, Chambre sociale, 22/6/2016).

› Maladie au cours de l'année

Les périodes d'absence pour maladie ne sont pas assimilées à des périodes de travail effectif pour le calcul de la durée du congé. Ainsi, théoriquement, un salarié absent pour maladie pendant 1 mois aura 2 jours 1/2 de congés en moins. Le salarié ne peut pas prétendre à une indemnité compensatrice de congés payés au titre de cette période de suspension du contrat de travail (*Cour de cassation, Chambre sociale, 13/3/2013*).

Cependant, il faut noter que :

– les absences pour accident de travail, y compris accident de trajet (*Cour de cassation, Chambre sociale, 3/7/2012*), et maladie professionnelle n'entraînent pas de réduction de la durée des congés à condition que la suspension ne dure pas plus d'1 an et qu'elle soit ininterrompue (ainsi, les rechutes ne permettent pas de bénéficier de ces conditions avantageuses) ;

– la règle des équivalences (1 mois de travail = 4 semaines de présence) peut permettre de neutraliser des courtes absences pour maladie. Ainsi, un salarié absent pour maladie pendant 1 mois ayant finalement travaillé 12 fois 4 semaines au cours de l'année aura droit à ses congés complets ;

– l'employeur ne saurait déduire intégralement du congé annuel les jours d'absence. Ainsi, un salarié absent pour maladie 5 jours dans l'année, par exemple, ne peut, de ce fait, se voir amputer ses congés payés de 5 jours ;

– les conventions collectives peuvent prévoir que, dans une certaine limite de durée, l'absence pour maladie ne peut entraîner de réduction des congés payés.

› Maladie pendant la période des congés payés

Plusieurs situations peuvent se présenter selon le moment où survient la maladie.

Le salarié tombe malade au moment où il doit prendre ses congés

Le salarié qui ne peut pas prendre ses congés payés annuels du fait d'un arrêt de travail dû à une maladie (*Cour de cassation, Chambre sociale, 24/2/2009*), un accident du travail ou une maladie professionnelle (*Cour de cassation, Chambre sociale, 27/9/2007*) a le droit de prendre ses congés après la date de reprise du travail même si la période de prise de congés retenue par accord collectif ou par l'employeur est expirée au moment de son retour dans l'entreprise. Un nouveau report est possible en cas de rechute d'un accident du travail ayant entraîné un nouvel arrêt de travail quand le salarié s'est trouvé dans l'impossibilité de prendre l'intégralité de ses congés (*Cour de cassation, Chambre sociale, 16/2/2012*).

La Cour de cassation a précisé qu'une limitation dans le temps du droit au report est autorisée si la durée retenue dépasse substantiellement celle de la période de référence. Par ailleurs, si aucun accord d'entreprise ou de branche ne fixe une limite au report des congés en cas d'arrêts maladie successifs, cette possibilité de report n'est pas limitée dans le temps (*Cour de cassation, Chambre sociale, 21/9/2017*).

Si le contrat de travail prend fin avant que l'intéressé puisse obtenir ses congés, l'employeur doit lui verser une indemnité compensatrice.

Le salarié tombe malade pendant ses congés

La jurisprudence considère que l'employeur s'est acquitté de ses obligations en accordant le congé dû et que les divers incidents qui ne sont pas de son fait intervenant pendant ce congé ne peuvent modifier l'étendue de ses obligations (*Cour de cassation, Chambre sociale, 18/3/1975*). Le salarié ne peut donc exiger la prolongation de son congé ou obtenir un nouveau congé, même non rémunéré.

Pendant sa maladie, le salarié pourra cumuler :

– son indemnité de congés payés calculée normalement ;

– les indemnités journalières de Sécurité sociale.

En revanche, la jurisprudence refuse tout cumul entre l'indemnité de congés payés et les indemnités de maladie conventionnelles (ou résultant de l'article L. 1226-1 du Code du travail) qui peuvent être mises à la charge de l'employeur sous forme de maintien total ou partiel du salaire.

Comment les congés payés sont-ils indemnisés ?

La loi prévoit deux méthodes pour le calcul de l'indemnité de congés payés :
– la méthode du 10e des rémunérations perçues par le salarié au cours de la période de référence ;
– ou la méthode du salaire fictif, c'est-à-dire le salaire qu'aurait perçu le salarié s'il n'était pas parti en congé.
Le Code du travail précise que c'est la méthode la plus avantageuse pour le salarié qui doit lui être appliquée (*Code du travail, Art. L. 3141-22*).
Dans certaines professions à travail discontinu, des caisses de congés payés se substituent à l'employeur pour le versement des indemnités de congés payés. Tel est le cas :des professions du bâtiment et des travaux publics ; des entreprises de manutention des ports et des dockers ; des entreprises du spectacle ; des travailleurs intermittents des entreprises de transport. En cas de problème, c'est à leur caisse de congés payés, et non à leur employeur, que les salariés concernés doivent s'adresser.

La méthode du 10e

Selon cette méthode, le salarié bénéficie d'une indemnité égale au 10e de la rémunération totale perçue entre le 1er juin de l'année précédente et le 31 mai de l'année en cours.
Lorsque la durée du congé pris est différente de la durée totale du congé dû (fractionnement), le calcul se fait proportionnellement à la durée totale du congé effectivement dû.
Exemple : un salarié bénéficiant de 30 jours ouvrables de congés (5 semaines) pour l'année, partant 24 jours ouvrables (4 semaines), sera indemnisé sur la base de :

La méthode du salaire fictif

L'article L. 3141-24 du Code du travail précise que l'indemnité ne peut être inférieure au montant de la rémunération qui aurait été perçue par le salarié s'il avait continué à travailler pendant la période de congé.
Selon cette méthode, l'indemnité est donc calculée par rapport au montant du salaire touché par le salarié le mois précédent.
On comprend que cette méthode est avantageuse pour un salarié ayant bénéficié d'une augmentation de salaire récente ou, plus encore, pour un salarié qui a commencé à travailler à temps plein avant son départ en congé alors qu'il travaillait à temps partiel précédemment.

AVANTAGE

Lorsqu'une augmentation générale des salaires intervient alors que le salarié est en congé, celle-ci doit être répercutée sur le montant de l'indemnité.

La rémunération prise en compte

Quelle que soit la méthode appliquée (règle du 10e ou du maintien du salaire), la rémunération servant de base de calcul à l'indemnité de congés payés comprend :
– le salaire brut avant les retenues pour charges sociales ;
– les majorations pour heures supplémentaires, pour travail le dimanche ou de nuit ;
– le salaire fictif des absences assimilées à du travail effectif pour le calcul de la durée du congé ;
– la rémunération des jours fériés ;
– l'indemnisation de la contrepartie obligatoire en repos pour heures supplémentaires ;
– l'indemnité de congés payés de l'année précédente ;
– les avantages en nature ;
– les pourboires ;
– les primes et les indemnités versées en contrepartie du travail à condition qu'elles n'indemnisent pas déjà la période des congés.

Sont exclus de cette base de calcul :
– les remboursements de frais ;
– les indemnités versées à l'occasion d'une absence non assimilée à du travail effectif pour le calcul de la durée des congés payés ;
– les primes allouées globalement pour l'année (période de travail et de congés payés confondus).

À NOTER

Une prime de repas dont le montant varie en fonction du nombre de jours travaillés doit être prise en compte dans la mesure où elle ne correspond pas à des frais réellement exposés (Cour de cassation, Chambre sociale, 9/4/2008).

Le paiement des congés payés

Le paiement de l'indemnité de congés payés est soumis aux règles qui sont fixées pour le paiement des salaires (*Code du travail, Art. D. 3141-7*). Elle est donc versée, en principe, à terme échu, c'est-à-dire à la fin du mois. Le paiement de l'indemnité de congés payés avant le départ en vacances n'est pas obligatoire, mais cette pratique est assez fréquente soit qu'elle résulte de

la convention collective, d'un accord ou encore d'un usage en vigueur dans l'entreprise.
La date des congés payés et le montant de l'indemnité correspondante doivent figurer sur le bulletin de paie lorsqu'une période de congé annuel est comprise dans la période de paiement considérée (*Code du travail, Art. R. 3243-1*).
Ayant le caractère de salaire, cette indemnité est soumise aux cotisations sociales et comprise dans les revenus imposables.

L'indemnité compensatrice de congés payés

Tout salarié qui quitte l'entreprise sans avoir pu bénéficier de la totalité de ses congés payés, a droit à une indemnité compensatriceet ce, quel que soit son motif de départ (démission, licenciement, rupture conventionnelle, etc.).

Les congés liés à la naissance

Les salariés ont droit à un congé lors de la naissance ou de l'adoption d'un enfant. Ils peuvent par ailleurs prolonger leur absence pendant 3 ans afin d'assurer l'éducation de cet enfant.

En quoi le congé de maternité ou d'adoption consiste-t-il ?

Les salariées bénéficient obligatoirement d'un congé de maternité pour la naissance d'un enfant (*Code du travail, Art. L. 1225-17*).

La salariée doit prévenir son employeur par lettre recommandée avec avis de réception ou remise contre récépissé. Celle-ci mentionne le motif de l'absence et la date de la fin du congé maternité).

Après la naissance de l'enfant, le père ou la personne liée à la mère par un PACS bénéficient d'un congé de paternité et d'accueil de l'enfant (*Code du travail, Art. L. 1225-35*).

Un congé spécifique existe également pour l'adoption d'un enfant (*Code du travail, Art. L. 1225-37*).

› Le congé de maternité

Durée

- La salariée a droit à un congé pendant la période qui commence 6 semaines avant la date prévue de son accouchement et se termine 10 semaines après la date de celui-ci (soit 16 semaines en tout).
- Lorsqu'avant l'accouchement la salariée assume déjà la charge de deux enfants pour lesquels elle perçoit les allocations familiales ou lorsqu'elle a déjà mis au monde deux enfants nés viables, le congé de maternité commence 8 semaines avant la date présumée de l'accouchement et se termine 18 semaines après la date de celui-ci (26 semaines en tout).

La période du congé prénatal peut être augmentée de 2 semaines, la période du congé postnatal étant alors réduit d'autant.

- En cas de naissance de jumeaux, le congé commence 12 semaines avant l'accouchement et se termine 22 semaines après la date de celui-ci (34 semaines en tout).
- En cas de naissance de triplés (ou plus), le congé est de 24 semaines avant la naissance et de 22 semaines après (46 semaines en tout).

La mère peut choisir d'anticiper le point de départ du congé prénatal dans une limite de 4 semaines ; le congé postnatal est alors réduit d'autant.

- Quand l'accouchement a lieu avant la date prévue, le congé peut être prolongé jusqu'au terme des 16, 26, 34 ou 46 semaines auxquelles la salariée a droit.
- En cas de complication pathologique, c'est-à-dire de maladie ou des conséquences d'une intervention chirurgicale résultant de la grossesse ou de l'accouchement, le congé de maternité est augmenté de la durée de cet état pathologique dans la limite de 2 semaines avant la date présumée de l'accouchement et de 4 semaines après celui-ci.
- En cas de naissance d'un enfant prématuré (accouchement intervenant plus de 6 semaines avant la date prévue et exigeant l'hospitalisation de l'enfant), la période de congé est prolongée du nombre de jours courant de la date effective de la naissance au début des périodes mentionnées ci-dessus.

Lorsque l'enfant est hospitalisé jusqu'à l'expiration de la 6e semaine suivant sa naissance, la salariée peut reporter à la fin de la date d'hospitalisation tout ou partie du congé auquel elle peut encore prétendre.

AVANTAGE

La salariée peut réduire la durée de son congé prénatal afin d'augmenter la durée de son congé postnatal d'autant, sous réserve d'un avis favorable du médecin qui suit sa grossesse. Exemple : une femme qui attend son 3e enfant peut prendre un congé prénatal de 4 semaines (au lieu de 8 semaines) afin de bénéficier d'un congé postnatal de 22 semaines (au lieu de 18 semaines). Le congé prénatal ne peut toutefois être réduit à moins de 3 semaines.

Rémunération

Pendant le congé de maternité, la salariée a droit à des indemnités journalières de la Sécurité sociale égales à 100 % de son salaire net journalier de base (1/91,25e du montant des 3 dernières paies) pris dans la limite du plafond journalier de la Sécurité sociale et diminué d'un taux forfaitaire de 21 %. L'indemnité versée ne peut être supérieure à un maximum ni inférieure à un minimum *(Voir pages Barème)*.

Cette indemnité peut également être attribuée pendant une période de 2 semaines supplémentaires en cas d'état pathologique résultant de la grossesse avant l'accouchement.

AVANTAGE

Les salariées bénéficient d'autorisations d'absence pour se rendre aux visites médicales obligatoires relatives à la grossesse puis à l'accouchement sur leur temps de travail. Le conjoint salarié de la femme enceinte (mari, partenaire pacsé ou concubin) bénéficie du même droit pour se rendre à trois de ces examens obligatoires. Ces règles sont étendues aux salariées ayant recours à la procréation médicalement assistée (PMA) et à leurs conjoints. Ces absences sont assimilées à une période de présence dans l'entreprise pour les droits aux congés payés ou à l'ancienneté. Elles sont rémunérées comme du temps de travail et n'entraînent ainsi aucune baisse de rémunération (Code du travail, Art. L. 1225-16). Les salariées donneuses d'ovocytes dans le cadre de la procréation médicalement assistée bénéficient d'autorisations d'absences similaires afin de se soumettre aux examens médicaux et interventions nécessaires.

Mais pour les prolongations dues à l'état pathologique après l'accouchement (y compris les 4 semaines prises en compte dans la durée du congé), la salariée n'a droit qu'aux indemnités journalières de maladie égales à 50 % du salaire journalier.

Le père peut bénéficier de l'indemnité journalière de maternité lorsque la mère décède au cours de son congé maternité et à condition qu'il cesse tout travail salarié durant la période d'indemnisation. Les indemnités sont accordées pour la durée restant à courir entre la date du décès et la fin de la période d'indemnisation dont aurait bénéficié la mère. Lorsque le père biologique de l'enfant ne demande pas à bénéficier de ce droit, le congé peut être accordé au conjoint de la mère, à son partenaire pacsé ou à son concubin (*Code du travail, Art. L. 1225-28*).

À NOTER

La salariée est rémunérée par la Sécurité sociale durant son congé de maternité. Aucune loi ne prévoit une quelconque obligation pour l'employeur visant à maintenir une partie ou la totalité du salaire durant ce congé. Certaines conventions collectives prévoient cependant une indemnisation supplémentaire de la part de l'employeur.

À NOTER

Les travailleuses indépendantes, les cheffes d'entreprises et les agricultrices peuvent bénéficier d'un congé maternité aussi long que celui des salariées.

› Le congé d'adoption

Le salarié à qui un service départemental d'aide sociale à l'enfance, ou un organisme autorisé pour l'adoption, confie un enfant en vue de son adoption bénéficie d'un congé d'adoption (*Code du travail, Art. L. 1225-16*). Ce congé est également accordé aux personnes qui adoptent un enfant étranger, à condition qu'elles aient obtenu l'agrément du service d'aide sociale à l'enfance.

La durée

Ce congé est égal à 10 semaines et peut débuter une semaine avant l'arrivée de l'enfant au foyer. Il est porté à 18 semaines si l'adoption a pour effet de porter à trois ou plus le nombre d'enfants dont le ménage assume la charge. En cas d'adoption simultanée de deux enfants ou plus, la durée du congé est de 22 semaines.

Ce congé est allongé de 11 jours (18 jours en cas d'adoption multiple) lorsqu'il est partagé par les deux parents de l'enfant.

À NOTER

Les deux parents peuvent partager un congé d'adoption à condition que le congé de chacun d'eux, qui ne peut être fractionné, dure au minimum 11 jours.

La rémunération

Pendant son congé, le salarié a droit à 100 % de son salaire net journalier.

Une indemnisation concomitante des parents est possible dès lors que le total de jours indemnisés ne dépasse pas la durée légale du congé.

AVANTAGE

Si une convention collective accorde une rémunération supplémentaire de la part de l'employeur aux salariées en congé de maternité, celle-ci doit être également versée en cas d'adoption, même si le texte de la convention ne le spécifie pas (Code du travail, Art. L. 1225-45).

› Les conséquences du congé sur le contrat de travail

Pendant le congé

Le contrat de travail n'est pas rompu, mais simplement suspendu. Le salarié fait toujours partie de l'entreprise ; il est compté dans les effectifs du personnel et demeure électeur aux élections professionnelles.

Les congés de maternité et d'adoption sont assimilés à une période de travail pour la durée des congés payés.

L'employeur n'a pas le droit de licencier une femme en congé de maternité ainsi que durant les 10 semaines qui suivent la fin de cette période. Cette protection est également accordée aux pères dans les 10 semaines qui suivent la naissance de leur enfant.

À la fin du congé

Le salarié retrouve son emploi ou un emploi similaire avec une rémunération équivalente.

Il doit également bénéficier des augmentations générales ainsi que de la moyenne des augmentations individuelles perçues durant la durée du congé par les salariés de l'entreprise relevant de la même catégorie professionnelle, ou, à défaut, de la moyenne des augmentations individuelles perçues par tous les salariés de l'entreprise au cours de cette période.

À NOTER

Le nombre de salariées augmentées à leur retour de leur congé de maternité fait partie des indicateurs de l'index de l'égalité salariale femmes-hommes, calculé et publié chaque année au 1er mars dans les entreprises de plus de 50 salariés.

Lors de la reprise du travail, ou au plus tard dans les 8 jours, la salariée en congé de maternité doit bénéficier d'une visite médicale qui a pour but de vérifier ses capacités à reprendre son emploi et, éventuellement, de décider une adaptation des conditions de travail ou de réadaptation de la salariée elle-même.

Même si la salariée n'a pas passé de visite médicale de reprise, la période de protection de la femme en congé de maternité prend fin 10 semaines après son retour dans l'entreprise.

Le salarié reprenant son travail après un congé de maternité ou d'adoption doit bénéficier de l'entretien professionnel consacré à ses perspectives d'évolution professionnelle (*Code du travail, Art. L. 6315-1*).

En ce qui concerne le droit aux congés payés, les salariés reprenant leur travail après leur congé de maternité ou d'adoption peuvent bénéficier des jours de congés payés qu'ils n'ont pas pu prendre du fait de leur absence, et ce même si la période de congés payés est expirée à leur retour. En cas de refus, l'employeur doit leur verser une indemnité compensatrice correspondante (*Code du travail, Art. L. 3141-2*). L'employeur n'a pas le droit de licencier une femme pendant les 10 semaines qui suivent la fin des congés payés s'ils ont été pris immédiatement après le congé de maternité.

Le salarié peut également demander à bénéficier d'un congé parental d'éducation (voir plus loin).

Il peut résilier son contrat de travail, par lettre recommandée, 15 jours à l'avance à l'issue d'un congé de maternité ou d'adoption, et jusqu'au 2e mois de l'enfant (ou de son arrivée au foyer en cas d'adoption). Dans l'année qui suit cette rupture du contrat de travail (qui ne donne lieu ni à préavis ni à indemnité), le salarié peut solliciter son réemploi dans l'entreprise, toujours par lettre recommandée.

Il bénéficie alors, pendant 1 an, d'une priorité d'emploi dans les postes de travail auxquels il peut prétendre de par sa qualification.

Les salariés ainsi réembauchés ont droit à une action de formation professionnelle, notamment en cas de changement de techniques ou de méthodes de travail (*Code du travail, Art. L. 1225-68*).

ATTENTION ⚠

À son retour de congé, le salarié ne dispose pas d'un droit à la modification de ses horaires de travail (Cour de cassation, Chambre sociale, 12/9/2012).

AVANTAGE

Le conjoint qui n'a pas bénéficié du congé de maternité ou d'adoption a droit à 3 jours de congé en cas de naissance ou d'adoption d'un enfant.

› L'adoption d'enfant hors métropole

Le salarié qui se rend à l'étranger en vue de l'adoption d'un ou plusieurs enfants a droit à un congé non rémunéré de 6 semaines maximum. Il en est de même du salarié qui se rend dans un département d'outre-mer, une collectivité d'outre-mer ou en Nouvelle-Calédonie, depuis un département métropolitain, un autre département d'outre-mer ou depuis Saint-Barthélemy, Saint-Martin ou Saint-Pierre-et Miquelon.

Il doit informer son employeur, par lettre recommandée avec avis de réception ou par lettre remise en main propre contre décharge 2 semaines avant son départ, de sa date de départ et de la durée envisagée du congé.

À l'issue de ce congé, le salarié retrouve son précédent emploi ou un emploi similaire assorti d'une rémunération au moins équivalente (*Code du travail, Art. L. 1225-46*).

Qu'est-ce que le congé de paternité et d'accueil de l'enfant ?

Les bénéficiaires

Le congé de paternité et d'accueil de l'enfant est ouvert au père de l'enfant (père biologique ou l'ayant reconnu) mais également à la personne vivant maritalement avec la mère (conjoint, partenaire de PACS ou concubin), indépendamment de son sexe et de son lien de filiation avec le nouveau-né (*Code du travail, Art. L. 1225-35*).

Tous les salariés répondant à ces conditions ont droit à ce congé, quelles que soient la taille de l'entreprise et leur ancienneté.

Les conditions

Le congé de paternité et d'accueil de l'enfant doit être pris dans un délai de 4 mois après la naissance de l'enfant.

Ce délai peut être reporté :

– en cas d'hospitalisation de l'enfant : il peut alors débuter dans les 4 mois suivant la fin de cette hospitalisation ;

– en cas de décès de la mère : il peut débuter dans les 4 mois suivant la fin du congé dont bénéficie le père dans ce cas (*Code du travail, Art. D. 1225-8*).

Pour en bénéficier, il convient d'avertir son employeur au moins 1 mois à l'avance en lui précisant les dates exactes de prise du congé. L'employeur ne peut ni refuser ce congé ni repousser les dates choisies par l'intéressé ; le salarié est donc en droit de partir au moment choisi par lui sans risquer aucune sanction disciplinaire (*Cour de cassation, Chambre sociale, 31/5/2012*).

Ce congé est également ouvert aux demandeurs d'emploi indemnisés ainsi qu'aux stagiaires de la formation professionnelle.

La durée

La durée du congé de paternité et d'accueil de l'enfant est fixée à 11 jours, cette durée étant portée à 18 jours en cas de naissance multiple (jumeaux, triplés…).

Il doit être pris en une seule fois.

Il peut être accolé au congé de naissance, ce qui permet de bénéficier d'un congé total de 14 ou 21 jours, selon le cas.

Les pères ont droit à un congé paternité supplémentaire en cas d'hospitalisation du nouveau-né immédiatement après la naissance. Ce congé est d'une durée maximale de 30 jours consécutifs. Il peut être pris dès le début de l'hospitalisation ou, plus tard, dans les 4 mois qui suivent la naissance de l'enfant. Le père doit fournir un justificatif à l'appui de sa demande (*Code du travail, Art. L. 1225-35*).

L'indemnisation pendant le congé

Le salarié n'est pas rémunéré par l'employeur pendant le congé de paternité et d'accueil de l'enfant mais il peut bénéficier d'indemnités journalières versées par la Sécurité sociale.

À NOTER

La personne qui souhaite bénéficier de l'indemnisation de son congé de paternité et d'accueil de l'enfant doit adresser à l'organisme de Sécurité sociale dont elle relève les justificatifs nécessaires : s'il est le père de l'enfant, la copie intégrale de l'acte de naissance ou du livret de famille mis à jour ou encore la copie de l'acte de reconnaissance de l'enfant par le père et, s'il n'est pas le père de l'enfant, la copie intégrale de l'acte de naissance et, selon les cas, un extrait d'acte de mariage, une copie du PACS ou une attestation de vie maritale avec la mère de l'enfant. En cas d'hospitalisation immédiate après la naissance, l'assuré doit fournir à son organisme de Sécurité sociale de rattachement, une attestation de cessation d'activité professionnelle pendant une période de 30 jours maximum ainsi qu'un bulletin d'hospitalisation de l'enfant établi par l'unité de soins spécialisée concernée. Lorsque l'hospitalisation se poursuit au-delà de 15 jours, le bulletin doit être renouvelé tous les 15 jours pour permettre le versement des indemnités journalières.

Le montant des indemnités est calculé comme les indemnités journalières de maternité.

Les conditions pour en bénéficier (durée d'affiliation) sont également identiques.

ATTENTION ⚠

Ces indemnités ne sont pas cumulables avec les indemnités journalières versées en cas de maladie ou d'accident du travail ni avec l'indemnisation par l'assurance chômage ou le régime de solidarité. Le cumul avec l'allocation parentale d'éducation et avec l'allocation de présence parentale est également interdit.

En quoi le congé parental d'éducation consiste-t-il ?

Tout salarié peut, après la naissance ou l'adoption d'un enfant de moins de 16 ans, prendre un congé afin d'assurer son éducation sans pour autant perdre définitivement son emploi (*Code du travail, Art. L. 1225-47*).

› Les conditions

Les deux parents peuvent bénéficier ensemble du congé.

Les intéressés doivent avoir 1 an d'ancienneté dans l'entreprise à la date de la naissance ou de l'adoption de l'enfant.

Ce droit est ouvert à tous les salariés, quelle que soit la taille de l'entreprise. L'employeur ne peut pas le refuser (à moins bien entendu que la demande n'ait pas été faite dans les règles).

› La durée

La durée du congé parental d'éducation est de :

– 1 an prolongeable deux fois (soit 3 ans au maximum) en cas de naissance ou pour l'adoption d'un enfant de moins de 3 ans ;

– 1 an au maximum en cas d'adoption d'un enfant âgé de 3 à 16 ans ;

– en cas de naissance de jumeaux, le congé peut être prolongé jusqu'à l'entrée en maternelle des enfants ;

– en cas de naissance de triplés ou plus ou de l'adoption simultanée d'au moins trois enfants, le congé peut être prolongé 5 fois pour prendre fin au 6e anniversaire des enfants.

Ce congé peut être pris à n'importe quel moment mais le salarié a intérêt à le prendre le plus rapidement possible pour pouvoir bénéficier des prolongations prévues.

Lors de la naissance d'un 3e enfant, les parents peuvent également choisir un congé total d'une durée d'1 an (16 mois en cas de partage du congé entre les deux parents), mieux rémunéré grâce à la Préparee majorée.

› Les formalités

Le salarié doit avertir son employeur par lettre recommandée avec avis de réception ou par lettre remise en main propre contre décharge du point de départ et de la durée du congé. Cette formalité doit être accomplie :

– au moins 1 mois avant le terme du congé maternité ou d'adoption s'il désire que le congé parental débute à l'issue du congé de maternité ou d'adoption ;

– 2 mois avant le début du congé parental dans les autres cas (*Code du travail, Art. L. 1225-50*).

La jurisprudence considère que ces formalités ne sont que « des moyens de preuve de l'information de l'employeur et non une condition du droit du salarié au bénéfice de ce congé » (*Cour de cassation, Chambre sociale, 12/3/2002 et 1/6/2004*). Ainsi, le fait qu'un salarié n'ait pas respecté ces règles ne l'empêche pas de bénéficier de ce congé et du statut protecteur qui y est lié. Cette tolérance ne dispense pas le salarié d'informer tout de même son employeur (*Cour de cassation, Chambre sociale, 8/5/2016*).

À la fin de cette période, le salarié peut :

– reprendre son travail. Il a alors droit à un entretien spécifique avec son employeur en vue de son orientation professionnelle ;

– prolonger son congé (cette prolongation n'étant pas nécessairement de la même durée que le congé initial) ;

– transformer son congé total en congé à temps partiel ou vice versa.

Dans les deux derniers cas, la demande doit être faite par lettre recommandée avec avis de réception au moins 1 mois avant la fin du congé initialement prévu (*Code du travail, Art. L. 1225-51*). À défaut de justifier d'une demande de prolongation à l'issue du congé parental d'éducation, le salarié qui ne reprend pas le travail à la fin de la période initiale de ce congé se trouve en situation d'absence injustifiée pouvant donner lieu à un licenciement pour faute (*Cour de cassation, Chambre sociale, 3/5/2016*).

› La situation du salarié pendant le congé

Contrat de travail

Le congé peut être total. Le contrat de travail est alors suspendu et le salarié n'est pas rémunéré pendant cette période, sauf dispositions plus favorables de sa convention collective.

Les salariés peuvent cependant obtenir la prestation partagée d'éducation de l'enfant (Préparee) versée par les caisses d'allocations familiales.

Dans les entreprises où un tel système a été mis en place, ils peuvent également utiliser leur compte épargne-temps.

- Ce congé peut aussi consister en une réduction du temps de travail. L'activité maintenue ne peut être inférieure à 16 heures par semaine.

Pendant la durée de son congé ou à l'occasion des prolongations, le salarié ne peut modifier la durée du travail initialement choisie, sauf accord de l'employeur.

AVANTAGE

Le congé parental d'éducation peut exceptionnellement être prolongé d'une année supplémentaire en cas de maladie, d'accident ou de handicap grave de l'enfant. Cette gravité est déterminée de la même manière que pour le congé de présence parentale.

Formation professionnelle

Pendant son congé, le salarié ne peut exercer d'autres activités professionnelles en dehors de celle d'assistante maternelle (*Code du travail, Art. L. 1225-53*).

Il peut néanmoins, à son initiative, suivre un bilan de compétences. Il n'est pas rémunéré pendant cette période (*Code du travail, Art. L. 1225-56*).

Couverture sociale

- Les salariés en congé parental d'éducation conservent leur droit aux prestations en nature de l'assurance maladie-maternité pendant toute la durée du congé.
- La durée du congé parental total est prise en compte pour moitié en ce qui concerne les avantages liés à l'ancienneté. S'il est pris à temps partiel, l'ancienneté est calculée comme si le salarié avait continué à travailler à temps plein.
- La durée du congé est également prise en compte comme trimestres d'assurance pour les droits à la retraite de base de la Sécurité sociale.

› La situation du salarié à l'issue du congé

Contrat de travail

À l'issue de son congé parental, le salarié retrouve son emploi ou un emploi similaire assorti d'une rémunération équivalente. Si le poste occupé avant le congé est disponible, le salarié doit y être à nouveau affecté et ce, même s'il existe une clause de mobilité dans le contrat de travail (*Cour de cassation, Chambre sociale, 19/6/2013*).

Lorsque le salarié désire reprendre son emploi à temps partiel, il doit retrouver son précédent poste. Ce n'est que si ce poste n'est pas disponible ou est incompatible avec un temps partiel que l'employeur doit lui proposer un autre emploi (*Cour de cassation, Chambre sociale, 10/12/2014*).

En cas de refus de réintégration ou de modification d'un élément essentiel du contrat de travail, l'employeur prend l'initiative de la rupture et doit l'ensemble des indemnités liées à un licenciement plus, éventuellement, des dommages et intérêts.

À son retour dans l'entreprise, le salarié doit également bénéficier de l'entretien professionnel consacré à ses perspectives d'évolution professionnelle (*Code du travail, Art. L. 6315-1*). Cet entretien permet d'organiser le retour à l'emploi du salarié : besoins de formation, conséquences du congé sur l'évolution de sa carrière et sur sa rémunération. Le salarié peut également demander à bénéficier de l'entretien avant la fin du congé parental.

À NOTER

La Cour de justice de l'Union européenne considère que les salariés qui reprennent leur travail après leur congé parental doivent pouvoir bénéficier des congés payés acquis avant leur départ à l'instar des salariés en congé maternité (Cour de justice de l'Union européenne, 22/4/2010). Les salariés français peuvent donc se prévaloir de cette décision.

Formation professionnelle

Le salarié peut bénéficier d'une action de formation professionnelle en cas de changements techniques ou de modifications des méthodes de travail (*Code du travail, Art. L. 1225-58 et L. 1225-59*).

Il peut, en outre, bénéficier d'un bilan de compétences.

Couverture sociale

Le salarié retrouve les droits aux prestations en nature et en espèces de l'assurance maladie, maternité, invalidité et décès qui lui étaient ouverts avant le début du congé.

Quelles sont les mesures prévues en faveur des salariés ayant un enfant malade ?

Les salariés peuvent bénéficier d'un congé de courte durée lorsque leur enfant est malade. En cas de maladie grave ou de handicap, les autorisations d'absence sont plus conséquentes.

AVANTAGE

Il est également possible de prolonger d'1 an le congé parental d'éducation en cas de maladie, d'accident ou de handicap grave de l'enfant.

Le congé pour enfant malade

Tout salarié a droit à un congé non rémunéré de 3 jours par an en cas de maladie ou d'accident, constaté par certificat médical, d'un enfant à charge âgé de moins de 16 ans.

Cette durée peut être portée à 5 jours si l'enfant a moins d'1 an ou si le salarié a au moins trois enfants de moins de 16 ans à charge (*Code du travail, Art. L. 1225-61*).

Le congé de présence parentale

Les salariés ayant à charge un enfant de moins de 20 ans victime d'une maladie, d'un accident ou d'un handicap d'une particulière gravité nécessitant des soins contraignants et la présence soutenue d'une personne à ses côtés peuvent prendre des jours de congés pour s'occuper de l'enfant (*Code du travail, Art. L. 1225-62 et s.*).

Pour pouvoir bénéficier de ce droit, il faut :

– qu'il s'agisse d'une maladie, d'un handicap ou d'un accident, qu'ils soient constatés par un certificat médical détaillé attestant que la particulière gravité de l'état de santé de l'enfant nécessite des soins contraignants et la présence soutenue d'une personne auprès de lui pendant une durée déterminée ;

– s'il s'agit d'un handicap, qu'il ouvre droit à l'allocation d'éducation de l'enfant handicapé.

La période pendant laquelle le salarié peut bénéficier de jours d'absence est fonction de la durée prévisible du traitement indiquée sur le certificat médical attestant de l'état de santé de l'enfant. La période initiale peut faire l'objet d'un nouvel examen lorsque le médecin le prévoit.

Le nombre maximum de jours de congés dont peut bénéficier le salarié est fixé à 310 jours ouvrés (soit 14 mois) à prendre sur une période de 3 ans. Il est possible de prendre un nouveau congé après cette période de 3 ans en cas de récidive ou de rechute de la pathologie de l'enfant au titre de laquelle le premier congé a été accordé. Un nouveau congé est aussi octroyé lorsque la gravité de la pathologie de l'enfant nécessite toujours une présence soutenue et des soins contraignants.

Lorsqu'il souhaite bénéficier d'un congé de présence parentale, le salarié doit informer son employeur, au moins 15 jours à l'avance, par lettre recommandée avec avis de réception ou par lettre remise en main propre contre décharge. Le salarié joint impérativement à sa demande un certificat médical attestant de la particulière gravité de la maladie, de l'accident ou du handicap, ainsi que de la nécessité d'une présence soutenue et de soins contraignants et précisant la durée prévisible du traitement Lorsque cette durée excède 1 an, un nouvel examen est prévu à cette échéance, le médecin pouvant éventuellement fixer une échéance inférieure, entre 6 mois et 1 an (*Code de la Sécurité sociale, Art. L. 544-2*).

Ensuite, chaque fois qu'il souhaite prendre un ou plusieurs jours de congés, le salarié doit informer son employeur au moins 48 heures à l'avance.

Ces jours de congés ne sont pas rémunérés par l'employeur, mais les caisses d'allocations familiales accordent une prestation spécifique aux parents qui en bénéficient. En outre, la durée du congé de présence parentale est prise en compte en totalité pour la détermination de l'ancienneté du salarié dans l'entreprise.

Le don de congés

Tout salarié peut, à sa demande et en accord avec son employeur, donner tout ou partie de ses jours de repos non pris, à un collègue qui assume la charge d'un enfant de moins de 20 ans gravement malade (c'est-à-dire atteint d'une maladie, d'un handicap ou avoir été victime d'un accident d'une particulière gravité rendant indispensable une présence soutenue et des soins contraignants).

Le bénéficiaire du don doit attester de la réalité de la situation de son enfant par un certificat médical détaillé, établi par le médecin traitant.

Tous les types de jours de repos peuvent faire l'objet de ce don : jours de RTT, de récupération, jours déposés sur un compte épargne temps ou jours de congés

annuels. Ces derniers ne peuvent toutefois être cédés qu'au-delà du 24e jour.
Pendant ces jours d'absence, le bénéficiaire du don conserve sa rémunération et tous les avantages acquis avant le début de son absence.
Ces jours de congés sont assimilés à une période de travail effectif pour le calcul de l'ancienneté (*Code du travail, Art. L. 1225-65-1*).

À NOTER

Un salarié peut, dans les mêmes conditions, faire don de ses congés à un autre salarié de l'entreprise dont l'enfant âgé de moins de 25 ans, ou l'enfant de moins de 25 ans à sa charge effective et permanente, est décédé. Cette renonciation peut intervenir au cours de l'année suivant la date du décès.

Les congés pour motif personnel

La loi a prévu des jours de congés pour certains événements familiaux. Il est toutefois possible de demander une autorisation d'absence pour d'autres circonstances (congé pour convenance personnelle) ou même pour une plus longue durée (congé sabbatique pouvant aller jusqu'à 11 mois).

Quels sont les congés prévus en cas d'événements familiaux ?

Les différents congés

Tout salarié a droit à un congé de :

– 15 jours (au maximum) à compter du 1/7/2020 pour le décès d'un enfant de moins de 25 ans ou d'une personne de moins de 25 ans à sa charge effective et permanente : 7 jours pris en charge par l'employeur et 8 jours supplémentaires fractionnables, financés en partie par la Sécurité sociale et par l'employeur. Si l'enfant ou cette personne était elle-même parent, la condition d'âge ne s'applique pas et le congé de deuil de 7 jours est de droit pour le salarié (*Code du travail, Art. L. 3142-1-1 et L. 3142-4*) ;

– 5 jours pour le décès d'un enfant de plus de 25 ans ;

– 3 jours pour chaque naissance survenue dans son foyer ou pour l'arrivée d'un enfant placé en vue de son adoption. Ce congé peut être pris par le parent de l'enfant qui n'a pas bénéficié du congé de maternité prévu par l'article L. 1225-17 du Code du travail. Une naissance multiple ne prolonge pas ce congé au-delà des 3 jours prévus. Ce congé est cumulable avec le congé de paternité et d'accueil de l'enfant et le congé d'adoption ;

– 4 jours pour son mariage (ou son remariage) ou la conclusion d'un PACS ;

– 3 jours pour le décès de son conjoint, de son partenaire pacsé ou de son concubin ;

– 3 jours pour le décès de son père, de sa mère, de son beau-père, de sa belle-mère (c'est-à-dire le père ou la mère du conjoint et non le second mari ou la seconde femme du père ou de la mère du salarié), d'un frère ou d'une sœur ;

– 2 jours en cas d'annonce de la survenance d'un handicap chez un enfant ;

– 1 jour pour le mariage d'un enfant (*Code du travail, Art. L. 3142-4*).

Pour bénéficier de ces congés, le salarié doit apporter la justification de l'événement qui y donne droit.

Certaines conventions ou accords peuvent autoriser des absences pour d'autres événements ou accorder une absence plus longue que celle prévue par la loi.

CONGÉS POUR ÉVÉNEMENTS FAMILIAUX	
Événement	**Nombre de jours d'absence autorisée (1)**
Mariage ou conclusion d'un PACS du salarié	4 jours
Naissance survenue au foyer ou arrivée d'un enfant placé en vue de son adoption (2)	3 jours
Décès du conjoint, du partenaire pacsé ou du concubin	3 jours
Décès d'un enfant (3)	5 à 15 jours

CONGÉS POUR ÉVÉNEMENTS FAMILIAUX	
Événement	**Nombre de jours d'absence autorisée (1)**
Mariage d'un enfant	1 jour
Décès du père, de la mère, de son beau-père, de sa belle-mère, d'un frère ou d'une sœur	3 jours
Survenance d'un handicap chez un enfant	2 jours

(1) Vérifiez qu'une convention ou un accord collectif applicable dans votre entreprise ne vous accorde pas de jours d'absence supplémentaires.
(2) Cumulable avec le congé de paternité et d'accueil de l'enfant mais pas avec le congé de maternité ou d'adoption.
(3) Le salarié bénéficie d'un congé pour le décès d'un enfant de 5 à 15 jours maximum, selon l'âge de l'enfant décédé (voir plus haut).

Effets sur le contrat de travail

Ces congés n'entraînent pas de réduction de salaire. Ils sont assimilés à des jours de travail pour la détermination de la durée du congé payé annuel.

Date de prise de congé

Aucun texte n'indique clairement à quel moment les congés pour événements familiaux doivent être pris.

La Cour de cassation admet que ces jours d'absence ne soient pas pris le jour même de l'événement mais dans une période raisonnable par rapport à celui-ci (*Cour de cassation, Chambre sociale, 16/12/1998*). Elle confirme cependant qu'un salarié absent de l'entreprise au moment où se produit l'événement ne peut prétendre à ce congé. Ainsi, un salarié en congés payés ne peut demander de prolonger ceux-ci de 3 jours en raison de la naissance d'un enfant ayant eu lieu 10 jours avant la fin de ses congés (*Cour de cassation, Chambre sociale, 11/10/1994*).

La même solution avait déjà été adoptée dans le cas du mariage d'un salarié durant ses congés payés (*Cour de cassation, Chambre sociale, 20/6/1984*).

Qu'est-ce que le congé de solidarité familiale ?

Le congé de solidarité familiale permet aux salariés d'assister une personne proche souffrant d'une pathologie mettant en jeu le pronostic vital (*Code du travail, Art. L. 3142-6 et s.*).

La plupart des conditions de mise en œuvre de ce congé (durée maximale, nombre de renouvellements possibles, conditions de fractionnement, délais de prévenance, maintien des liens avec l'entreprise…) peuvent être fixées par accord d'entreprise ou, à défaut, par accord de branche. Ce n'est qu'à défaut d'accord que s'appliquent les règles énoncées ci-dessous (*Code du travail, Art. L. 3142-14 et L. 3142-15*).

Les bénéficiaires

Tout salarié ayant soit un ascendant, un descendant, un frère, une sœur, soit une personne partageant son domicile souffrant d'une pathologie mettant en jeu le pronostic vital ou en état de phase avancée ou terminale d'une affection grave et incurable peut bénéficier d'un tel congé.

Ce congé peut également être accordé à un salarié désigné par le malade comme « personne de confiance » (c'est-à-dire un parent ou un proche, consulté au cas où le malade serait hors d'état d'exprimer sa volonté).

Les fonctionnaires territoriaux, hospitaliers et de l'État peuvent en bénéficier dans les mêmes conditions que les salariés des entreprises privées.

Les conditions

L'intéressé doit en faire la demande à son employeur et l'informer de la date prévisible de son retour (ou de la fin du congé à temps partiel) 15 jours au moins avant le début du congé.

Cette demande est accompagnée d'un certificat médical attestant que la personne assistée souffre effectivement d'une pathologie mettant en jeu le pronostic vital ou qu'elle est en phase avancée ou terminale d'une affection grave et incurable. Ce certificat doit impérativement être établi par le médecin traitant de la personne que le salarié souhaite assister. En cas d'urgence dûment confirmée par le certificat médical, le congé peut débuter immédiatement dès réception de la demande par l'employeur (*Code du travail, Art. D. 3142-5 et L. 3142-7*).

La durée et les effets

Ce congé peut être pris à temps plein ou à temps partiel, avec accord de l'employeur.

Il peut être pris en une seule fois ou fractionné, avec l'accord de l'employeur. Dans ce cas, chaque période de congé doit être au moins égale à une journée et le salarié doit avertir son employeur au moins 48 heures avant la date à laquelle il entend prendre chacune de ces périodes.

Sa durée maximale est de 3 mois, renouvelable une fois. Lorsque le salarié décide de le renouveler, de le fractionner ou de le transformer en congé à temps partiel, il doit avertir son employeur au moins 15 jours à l'avance. Le congé prend fin dans tous les cas dans les 3 jours qui suivent le décès de la personne assistée. En cas de modification de la date de retour (ou de la fin du congé à temps partiel) initialement prévue, le salarié doit en informer son employeur au moins 3 jours à l'avance.

Ce congé n'est pas rémunéré par l'employeur mais sa durée est prise en compte dans l'ancienneté du salarié (*Code du travail, Art. L. 3142-12*).

Toutefois, les bénéficiaires du congé qui accompagnent à domicile une personne en fin de vie peuvent percevoir une allocation journalière pendant 21 jours au maximum s'ils interrompent leur activité et pendant 42 jours lorsqu'ils la réduisent. Pour cela, le salarié doit en faire la demande à sa caisse primaire d'assurance maladie en joignant une attestation de son employeur précisant qu'il bénéficie d'un congé de solidarité familiale. Son montant varie selon que l'activité est suspendue ou réduite *(Voir pages Barème)*.

AVANTAGE

L'allocation journalière peut être partagée entre plusieurs bénéficiaires qui s'occupent du même malade dans la limite globale de 42 jours.

ATTENTION ⚠

L'allocation journalière est imposable, comme le salaire qu'elle remplace.

Les salariés en congé de solidarité familiale ou qui travaillent à temps partiel n'ont pas droit d'exercer une autre activité professionnelle pendant la durée de leur congé (*Code du travail, Art. L. 3142-9*).

À leur retour dans l'entreprise, ils doivent retrouver leur emploi ou un emploi similaire assorti d'une rémunération au moins équivalente (*Code du travail, Art. L. 3142-10*).

Les salariés ont également droit à l'entretien consacré à leur perspective d'évolution professionnelle, avant et après le congé (*Code du travail, Art. L. 3142-11 et L. 6315-1*).

AVANTAGE

L'allocation journalière d'accompagnement d'une personne en fin de vie n'est pas réservée aux salariés du privé : les fonctionnaires, les travailleurs non salariés, les exploitants agricoles, les professions libérales et les demandeurs d'emploi indemnisés peuvent également la percevoir.

Qu'est-ce que le congé de proche aidant ?

Ce congé permet aux salariés de s'absenter pour assister des personnes victimes d'un handicap ou d'une perte d'autonomie (*Code du travail, Art. L. 3142-16 et s.*). Les mesures destinées à faciliter la conciliation entre la vie professionnelle et la vie personnelle des salariés proches aidants font partie des négociations de branche et professionnelle, obligatoires au moins une fois tous les 4 ans (*Code du travail, Art. L. 2241-1*).

Les bénéficiaires

Tout salarié ayant un proche présentant un handicap ou une perte d'autonomie d'une particulière gravité peut bénéficier de ce congé.

La gravité du handicap s'entend d'un taux d'incapacité permanente égal à au moins 80 %.

Celle de la perte d'autonomie est justifiée par l'attribution de l'allocation personnalisée d'autonomie au titre d'un classement dans les groupes I ou II de la grille nationale.

Les proches s'entendent du conjoint, du concubin, du partenaire lié par un PACS, des ascendants (père, mère, grand-père ou grand-mère), des descendants (enfant ou petit-enfant) ou des collatéraux jusqu'au 4e degré (frère, sœur, oncle ou tante, neveu ou nièce, grand-oncle ou tante, petit-neveu ou nièce, cousin) du salarié ainsi que des ascendants, descendants ou collatéraux jusqu'au 4e degré de son conjoint, concubin ou partenaire pacsé. Il peut également s'agir d'une personne âgée ou handicapée avec qui le salarié réside ou entretient des liens étroits et stables et à qui il vient en aide de manière régulière et fréquente, à titre non professionnel, pour accomplir tout ou partie des actes ou activités de la vie quotidienne. Ces personnes aidées doivent également résider en France de façon stable et régulière (*Code du travail, Art. L. 3142-16 et L. 3142-17*).

À NOTER

À l'instar du congé de présence parentale, un dispositif de don anonyme de jours de congé existe au bénéfice des aidants familiaux. Tout salarié peut ainsi, à sa demande et en accord avec son employeur, donner tout ou partie de ses jours de repos non pris à un collègue qui vient en aide à un proche en perte d'autonomie grave ou qui présente un handicap. Un lien familial n'est pas forcément obligatoire, la personne aidée peut être celle avec qui le salarié réside ou entretient des liens étroits et stables et à qui il vient en aide de manière régulière et fréquente, à titre non professionnel (Code du travail, Art. L. 3142-25-1 et L. 3142-16). Pendant ces jours d'absence, le bénéficiaire du don conserve sa rémunération et tous les avantages acquis avant le début de son absence. Cette période d'absence est en effet assimilée à une période de travail effectif. Le don ne peut concerner que la partie du congé annuel qui excède les 24 jours ouvrables, autrement dit la 5e semaine de congés payés.

Les conditions

L'intéressé doit en faire la demande à son employeur, selon les dispositions prévues par la convention ou l'accord de branche ou, à défaut par la convention ou l'accord collectif d'entreprise. À défaut, la demande doit être effectuée 1 mois au moins avant le début du congé (*Code du travail, Art. D. 3142-11*).

Cette demande doit être accompagnée :
- d'une déclaration sur l'honneur du lien du demandeur avec la personne aidée ;
- d'une déclaration sur l'honneur du demandeur attestant qu'il n'a pas bénéficié d'un tel congé précédemment ou, s'il en a bénéficié, précisant la durée du congé précédent ;
- des justificatifs du handicap ou de la perte d'autonomie de la personne aidée (*Code du travail, Art. D. 3142-8*).

En cas de prolongation du congé, le salarié doit prévenir son employeur au moins 15 jours avant le terme prévu.

À NOTER

En cas d'urgence ou de cessation brutale de l'hébergement en établissement de la personne aidée, le congé et sa prolongation peuvent être pris sans délai.

La durée et les effets

Il s'agit d'un congé de 3 mois, renouvelable dans la limite d'une année. Une convention ou un accord de branche ou, à défaut, une convention ou un accord collectif d'entreprise peut prévoir des durées différentes. Le salarié peut recourir plusieurs fois à ce congé pour autant que la durée totale du congé ou des congés successifs n'excède pas 1 an sur l'ensemble de sa carrière professionnelle.

Le congé peut, avec l'accord de l'employeur, être transformé en activité à temps partiel.

Il peut également être fractionné. Chaque période doit avoir une durée minimale d'1 jour. La demande de fractionnement doit être présentée à l'employeur au moins 1 mois à l'avance. De plus, le salarié doit le prévenir au moins 48 heures à l'avance avant la prise de chaque période de congé. Une convention ou un accord de branche ou, à défaut, une convention ou un accord collectif d'entreprise peut prévoir un délai différent. En cas de dégradation soudaine de l'état de santé de la personne aidée ou d'une situation de crise nécessitant une action d'urgence de l'aidant, le congé peut être pris immédiatement.

Le bénéficiaire du congé peut prétendre, à compter du 1/10/2020, à une allocation journalière du proche aidant versée par la CAF ou la MSA, sauf s'il est employé en qualité d'aidant familial par la personne aidée (la rémunération intervient alors par le biais de la prestation de compensation du handicap ou de l'allocation personnalisée d'autonomie). Le montant est fixé par décret, et sa durée est limitée à 66 jours.

Ce congé est pris en compte pour le calcul de l'ancienneté.

Le salarié n'a pas le droit d'exercer une activité professionnelle pendant la durée du congé (à l'exception de son activité à temps partiel si le congé est pris à temps partiel). Il peut cependant être employé et rémunéré en qualité d'aidant familial par la personne assistée qui peut, à ce titre, percevoir la prestation de compensation du handicap ou l'allocation personnalisée d'autonomie (*Code du travail, Art. L. 3142-18*).

À l'issue du congé, le salarié retrouve son emploi ou un emploi similaire assorti d'une rémunération équivalente (*Code du travail, Art. L. 3142-22*).

Une réintégration anticipée est également possible en cas de décès ou d'admission dans un établissement de la personne aidée, de recours à un service d'aide à domicile pour assister la personne aidée, de congé de proche aidant pris par un autre proche de la personne ou encore en cas de diminution importante des ressources du salarié (*Code du travail, Art. L. 3142-19*). La demande de réintégration doit parvenir à l'employeur 1 mois avant (15 jours en cas de décès de la personne aidée). Un accord ou une convention d'en-

treprise ou, à défaut, de branche peut prévoir des délais différents.
Le salarié en congé de proche aidant reste couvert par l'assurance maladie et peut continuer à acquérir des droits à la retraite par le biais de l'assurance vieillesse du parent au foyer lorsque ses revenus ne dépassent pas le plafond du complément familial.

À NOTER

Le salarié qui bénéficie de ce congé doit bénéficier de l'entretien professionnel consacré à ses perspectives d'évolution professionnelle (Code du travail, Art. L. 6315-1). Cet entretien doit avoir lieu avant son départ et au moment de son retour dans l'entreprise.

Qu'est-ce qu'un congé sabbatique ?

Le congé sabbatique n'a pas de finalité précise, contrairement au congé pour création d'entreprise ou aux périodes de mobilité volontaire sécurisée, par exemple. Le salarié peut donc l'utiliser pour exercer toute activité de son choix (voyages, loisirs, autre activité professionnelle, vie associative, familiale…). Il n'a aucun justificatif à fournir à son employeur, sauf cependant s'il désire exercer durant son congé une activité professionnelle de même nature que celle qu'il occupe dans l'entreprise. Dans ce cas, restant tenu à ses obligations de loyauté et de non-concurrence, il doit lui demander son accord.

Les bénéficiaires

Le congé sabbatique s'adresse à tous les salariés du secteur privé (mais aussi des offices publics et ministériels, des professions libérales, des syndicats professionnels et des associations) qui justifient de 36 mois d'ancienneté. Une convention ou un accord d'entreprise ou, à défaut, une convention ou un accord de branche peut prévoir des conditions d'ancienneté différentes (*Code du travail, Art. L. 3142-28 et s.*) Le salarié doit également justifier de 6 années d'activité professionnelle.
Le salarié ne doit pas, par ailleurs, avoir déjà bénéficié au cours des 6 années précédentes d'un autre congé sabbatique, d'un congé pour création d'entreprise ou d'un congé de formation d'une durée d'au moins 6 mois. Là encore, des conditions différentes peuvent être prévues par convention ou accord d'entreprise ou, à défaut, par convention ou accord de branche.

Les conditions

Les conditions de prise du congé sabbatique peuvent être fixées par convention ou accord d'entreprise ou, à défaut par convention ou accord de branche. À défaut, ce sont les règles ci-dessous qui s'appliquent.
Le salarié doit présenter une demande à son employeur précisant la date de départ et la durée envisagée du congé selon les modalités prévues par accord ou convention collective d'entreprise ou, à défaut, de branche. À défaut d'accord, cette demande doit être présentée au moins 3 mois à l'avance.
L'employeur fait connaître sa décision à l'intéressé dans les 30 jours qui suivent la réception de sa demande. Passé ce délai, sans réponse de l'employeur, le salarié peut considérer sa demande comme acceptée.
L'employeur peut différer le point de départ du congé de manière discrétionnaire, dans la limite de 6 mois à compter de la présentation de la demande dans les entreprises de plus de 300 salariés, 9 mois dans celles de moins de 300 salariés, afin que le nombre d'absences simultanées dans l'entreprise au titre du congé sabbatique ne dépasse pas 1,5 % de l'effectif de l'entreprise ou 1,5 % du nombre de jours de travail effectués dans les 12 mois précédents.
Ces pourcentages sont portés à 2 % lorsque des salariés sont également absents au titre des congés pour création d'entreprise.
Exemples : une demande de congé sabbatique pourra être différée :
– si 5 salariés sont déjà absents, 3 en congé pour création d'entreprise et 2 en congé sabbatique ;
– ou si 3 salariés sont déjà en congé sabbatique.
L'employeur peut également refuser ce congé, dans les entreprises de moins de 300 salariés uniquement, et s'il estime, après avis des représentants du personnel, que ce congé aura des conséquences préjudiciables à la bonne marche de l'entreprise.
Ce refus doit être motivé et notifié au salarié. Le salarié peut contester ce refus devant le bureau de jugement du conseil de prud'hommes dans les 15 jours qui suivent la notification du refus.

ATTENTION ⚠

La durée du congé sabbatique n'est pas prise en compte pour le calcul de la durée des congés payés, pas plus qu'au titre de l'ancienneté.

AVANTAGE

Le congé sabbatique peut être rémunéré dans le cadre d'un compte épargne-temps.

La durée et les effets

La durée du congé sabbatique est fixée par convention ou accord d'entreprise ou par convention ou, à défaut, accord de branche. À défaut, elle est comprise entre 6 et 11 mois.

Pendant cette période, le contrat de travail est suspendu : le salarié n'est pas rémunéré mais il continue de faire partie de l'effectif de l'entreprise.

Le salarié en congé sabbatique bénéficie du maintien des prestations en nature de l'assurance maladie et maternité pendant 12 mois.

À l'issue de son congé, il retrouve son emploi ou, si le poste précédemment occupé n'est plus disponible, un emploi similaire assorti d'une rémunération au moins équivalente (*Cour de cassation, Chambre sociale, 3/6/2015*).

Certaines conventions collectives prévoient le maintien de la totalité ou d'une partie du salaire pour les salariés en congé sabbatique.

Au moment de la reprise du travail, le salarié doit également bénéficier de l'entretien professionnel consacré à ses perspectives d'évolution professionnelle (*Code du travail, Art. L. 6315-1*).

Quelles sont les règles concernant les absences liées aux obligations militaires et citoyennes ?

Le Code du travail prévoit plusieurs mesures protectrices en faveur des salariés astreints aux obligations du service national.

La journée défense et citoyenneté

Les jeunes salariés ou apprentis (filles et garçons) âgés de 16 à 25 ans ont droit à une journée d'absence pour participer à la journée défense et citoyenneté. Cette absence ne doit pas entraîner de diminution de leur rémunération.

Elle est assimilée à une période de travail effectif pour le calcul de la durée des congés payés (*Code du travail, Art. L. 3142-97*).

Le service national universel

Le service national universel s'adresse aux filles et aux garçons de nationalité française âgés de 15 ans à 16 ans durant l'année suivant la classe de troisième. Sur la base du volontariat, il doit progressivement être rendu obligatoire pour l'ensemble des jeunes de 16 ans, à l'horizon 2022-2023. Ce service comporte obligatoirement une phase de cohésion de deux semaines, et une mission d'intérêt général, de deux semaines également. Les apprentis peuvent y participer avec l'accord de l'employeur.

La réserve militaire

Les salariés qui ont souscrit un engagement à servir dans la réserve opérationnelle ont droit, en temps normal, à 5 jours d'absence par an au titre de cette activité. Pour bénéficier de ce congé, il suffit de présenter une demande par écrit à son employeur au moins 1 mois à l'avance en lui indiquant la date et la durée de l'absence.

Au-delà de 5 jours, l'accord de l'employeur est nécessaire et la demande doit être présentée au moins 1 mois à l'avance. L'employeur peut donc refuser d'accorder plus de 5 jours de congé par an mais son refus doit être motivé et notifié à l'intéressé ainsi qu'à l'autorité militaire dans les 15 jours suivant la réception de la demande (*Code du travail, Art. L. 3142-89 et L. 3142-90*).

À NOTER

Le délai de préavis d'1 mois peut être réduit à 15 jours pour les réservistes ayant souscrit, avec l'accord de leur employeur, une clause de réactivité lors de leur contrat d'engagement (Code du travail, Art. L. 3142-90).

En cas de crise majeure, la durée du congé peut être portée à 30 jours consécutifs. Cette durée peut même être prolongée de 30 jours supplémentaires en cas de circonstances exceptionnelles.

Ces jours d'absence sont considérés comme des périodes de travail effectif en matière d'ancienneté, de congés payés et de droit aux prestations sociales (*Code du travail, Art. L. 3142-91*).

Protection contre le licenciement

L'employeur ne peut licencier un salarié ou un apprenti en raison des absences liées aux obligations du service national, à son engagement ou à ses obligations de réserve.

Cette protection concerne donc :

- les personnes appelées au service national en exécution d'un engagement pour la durée d'une guerre ou rappelées au service national à un titre quelconque.

L'employeur ne peut licencier ces salariés pendant leurs absences que pour faute grave ou s'il est dans l'impossibilité de maintenir leur contrat de travail pour un autre motif que cette absence ;

- les réservistes, c'est-à-dire :
  - les volontaires qui ont souscrit un engagement à servir dans la réserve opérationnelle,
  - les anciens militaires de carrière ou sous contrat,
  - les jeunes qui ont accompli un service volontaire (ceux-ci sont en effet astreints à une obligation de réserve militaire pendant 5 ans à compter de la fin de leur service actif).

Là encore, l'employeur peut licencier le salarié pour un autre motif mais, même dans ce cas, le licenciement ne peut être notifié ni prendre effet pendant les absences dues à l'accomplissement d'une période de réserve (*Code du travail, Art. L. 3142-93*).

ATTENTION ⚠

Les jeunes qui se portent volontaires pour un service actif de 1 à 5 ans après la journée défense et citoyenneté sont considérés comme démissionnaires au moment de leur départ au service.

Quel est le statut du salarié réserviste dans la police nationale ?

La loi offre des garanties aux salariés souscrivant un contrat d'engagement volontaire en tant que réserviste civil de la police nationale.

Autorisation d'absences

Le salarié a le droit de s'absenter de l'entreprise pour effectuer ses périodes de réserve, dans la limite de 10 jours ouvrés par an, sans avoir à obtenir l'autorisation de son employeur. Au-delà, l'accord de l'employeur est nécessaire.

En cas de crise majeure, la durée du congé peut être portée à 30 jours consécutifs. Cette durée peut même être prolongée de 30 jours supplémentaires en cas de circonstances exceptionnelles.

Ces jours d'absence sont considérés comme des périodes de travail effectif en matière d'ancienneté, d'avancement, de congés payés et de droit aux prestations sociales. Ils ne sont pas rémunérés par l'employeur mais donnent lieu à une indemnisation de l'État.

Protection contre le licenciement

L'employeur ne peut ni licencier, ni sanctionner un salarié en raison de ses absences pour réserve dans la police nationale (*Loi du 14/3/2011 d'orientation et de programmation pour la performance de la sécurité intérieure, Art. 4-5*).

À NOTER

Une protection similaire est accordée aux salariés effectuant un service volontaire citoyen dans la police ou la gendarmerie nationale.

Les salariés peuvent-ils prendre un congé pour convenance personnelle ?

Le salarié a quelquefois besoin d'un congé pour convenance personnelle. Il peut s'agir d'une absence d'une journée pour effectuer une démarche administrative ou régler des affaires familiales par exemple ou encore d'un congé de plus longue durée pour se consacrer à une activité de son choix.

La loi n'a pas prévu ce type de congé qui ne peut donc être accordé que sur consentement de l'employeur.

À défaut, il serait considéré comme une absence non justifiée qui peut constituer une cause réelle et sérieuse de licenciement.

Ainsi, la Cour de cassation a considéré que l'absence d'un salarié musulman le jour d'une fête religieuse, malgré le refus de son employeur, constituait une faute justifiant son licenciement, cette absence ayant, de surcroît, empêché la livraison d'une commande importante (*Cour de cassation, Chambre sociale, 16/12/1981*).

Le congé pour convenance personnelle n'est, en principe, pas rémunéré. Toutefois, il existe, dans certaines entreprises, un usage constant selon lequel des congés pour convenance personnelle de courte durée ne donnent pas lieu à réduction de salaire.

Si le congé dure plus de 6 mois, le salarié a la possibilité d'utiliser son compte épargne-temps.

Les congés pour convenance personnelle ne sont pas assimilés à des périodes de travail pour le calcul des congés payés.

Les conventions collectives peuvent également prévoir une réglementation particulière plus favorable aux salariés.

À l'issue de son congé, le salarié doit retrouver son emploi ou un emploi similaire. S'il ne souhaite pas réintégrer l'entreprise, il doit présenter sa démission en respectant le préavis prévu.

AVANTAGE

Les salariés étrangers qui acquièrent la nationalité française ainsi que leur conjoint bénéficient d'un congé, non rémunéré, pour assister à leur cérémonie d'accueil dans la citoyenneté française (Code du travail, Art. L. 3142-75). La durée du congé peut être prévue par convention ou accord d'entreprise ou, à défaut, par convention ou accord de branche. À défaut d'accord, cette durée est d'une demi-journée.

À NOTER

Il peut arriver que le salarié ait obtenu un accord verbal de son employeur ou de son supérieur hiérarchique et qu'il se voit ultérieurement contester cette autorisation. Il est donc recommandé de se faire confirmer ce genre d'autorisation par écrit afin d'éviter toute contestation.

Cas pratiques

Les congés

Congés payés - retour tardif

Je dois rentrer de mes congés un lundi. Qu'est-ce que je risque si je rentre après cette date ? Mon employeur peut-il me considérer comme démissionnaire ?

Si vous rentrez après la date prévue de fin de congés, vous vous mettez en tort. La règle est en effet que le salarié doit reprendre son travail à la date prévue. En revanche, vous ne pouvez pas être considéré comme démissionnaire (Cour de cassation, Chambre sociale, 24/1/1996). Selon les tribunaux, l'absence de reprise du travail après des congés payés ou la reprise tardive du travail par le salarié ne caractérise pas une volonté « claire et non équivoque » de démissionner, condition exigée par les tribunaux pour qualifier une démission.

En revanche, dans l'hypothèse où vous prolongez vos vacances sans autorisation, vous vous exposez à des sanctions de la part de votre employeur qui peuvent aller d'un simple blâme ou avertissement jusqu'à la rupture du contrat, le cas échéant pour faute grave (par exemple s'il est prouvé que votre absence a perturbé l'organisation de l'entreprise).

Si le report de votre retour repose sur un motif valable (maladie, grève des transports, accident...), il faut immédiatement prévenir l'employeur et justifier de ce motif (remise d'un certificat médical par exemple) afin que ce fait ne soit pas retenu contre vous.

Congé de maternité - discrimination

Je demande des dommages et intérêts pour discrimination à mon employeur compte tenu des conditions dans lesquelles s'est déroulé mon retour de congé de maternité. La jurisprudence m'est-elle favorable ?

Il est difficile de répondre à ce type de question en l'absence d'éléments suffisants. Rappelons tout d'abord que selon l'article L. 1225-25 du Code du travail, à l'issue du congé maternité, le salarié retrouve son précédent emploi ou un emploi similaire assorti d'une rémunération au moins équivalentes. Par ailleurs, nous pouvons vous indiquer un arrêt intéressant sanctionnant une discrimination homme/femme à la suite d'un retour de maternité. Dans cette affaire, l'employeur ne fournissait aucun élément à la salariée pour expliquer les raisons pour lesquelles sa nomination à un poste de responsable de division n'était pas intervenue à son retour de congé de maternité. Elle avait pourtant exercé seule l'ensemble des fonctions correspondant à ce poste pendant 17 mois. Par ailleurs, le salarié nommé à ce poste venait d'un autre secteur et à son départ à la retraite, un autre collègue masculin lui avait été à nouveau préféré.

Elle a pu avoir gain de cause dans le cadre de sa demande devant le conseil de prud'hommes et obtenir des dommages et intérêts pour discrimination.

Selon la Cour de cassation, en effet, la mise en œuvre du principe de l'égalité de traitement entre hommes et femmes implique qu'une salariée, pour laquelle une promotion a été envisagée, ne peut se voir refuser celle-ci en raison de la survenance d'un congé de maternité (*Cour de cassation, Chambre sociale, 16/12/2008*). En revanche, il a été jugé que le fait qu'un bonus ne soit pas versé à la salariée pendant son congé de maternité n'était pas discriminatoire compte tenu des conditions particulières prévues pour son attribution. Ici, le bonus était expressément subordonné à la participation active et effective des salariés à une activité et donc destiné à rémunérer une activité spécifique et à récompenser le service rendu à ce titre *(Cour de cassation, Chambre sociale,19/9/2018)* .

Congé parental d'éducation - chômage du conjoint

Je suis actuellement en congé parental. Malheureusement, je suis confrontée au chômage de mon mari qui vient d'être licencié et je dois reprendre mon travail. Ce cas est-il prévu par la loi ?

Oui, le Code du travail prévoit la possibilité de reprise anticipée d'activité dans l'entreprise en cas de diminution importante des ressources du ménage (comme dans votre cas, le chômage du conjoint). Vous pouvez soit reprendre votre activité initiale, soit exercer une activité à temps partiel (*Code du travail, Art. L. 1225-52*). Votre demande de reprise d'activité doit être motivée et notifiée à l'employeur 1 mois avant la date à laquelle vous souhaitez reprendre le travail par lettre recommandée avec avis de réception.

Congé sabbatique

Je compte demander à mon employeur un congé sabbatique, mais j'hésite encore. Si j'envoie ma demande et si l'employeur accepte, pourrais-je encore changer d'avis pendant le délai de prévenance ?

Le problème est que votre employeur peut parfaitement s'opposer à votre changement de décision. Même si vous n'êtes pas encore parti, il peut avoir pris de nouvelles dispositions et déjà avoir pourvu à votre remplacement… Réfléchissez donc bien à toutes les conséquences de votre décision avant d'agir.

Temps de travail et salaire

Allocation d'accompagnement d'une personne en fin de vie

Montant depuis le 1/4/2020 :

– 56,27 € par jour en cas de suspension de l'activité professionnelle ;
– 28,14 € par jour en cas de réduction de l'activité professionnelle.

Assurance maternité au 1/1/2020

Indemnité journalière nette :

– montant net minimal : 9,53 € ;
– montant net maximal : 89,03 €.

Chèque-déjeuner

Limite d'exonération de la contribution des employeurs en 2020 :

5,55 €.

Montant journalier maximum :

19 € (et 38 € dans les restaurants jusqu'au 31/12/2020).

Cofinancement du CESU

Montant maximum :

1 830 € par an et par salarié.

Évaluation forfaitaire des avantages en nature au 1/1/2020

Nourriture :

– 1 repas : 4,90 € ;
– 2 repas : 9,80 €.

Logement (par mois) :

RÉMUNÉRATION MENSUELLE DU SALARIÉ	NOMBRE DE PIÈCES DU LOGEMENT	
	Studio	Autre logement (par pièce)
moins de 1 714,00 €	70,80 €	37,90 €
entre 1 714,00 € et 2 056,79 €	82,70 €	53,10 €
entre 2 056,80 € et 2 399,59 €	94,30 €	70,80 €
entre 2 399,60 € et 3 085,19 €	106,10 €	88,40 €
entre 3 085,20 € et 3 770,79 €	129,90 €	112,00 €
entre 3 770,80 € et 4 456,39 €	153,40 €	135,40 €
entre 4 456,40 € et 5 141,99 €	177,00 €	165,00 €
5 142,00 € et plus	200,50 €	188,70 €

Forfait mobilités durables

Montant :

400 €, exonéré d'impôt et de cotisations sociales employeur.

Limite des frais professionnels au 1/1/2020

Nourriture :

– repas supplémentaire pris sur le lieu de travail : 6,70 € ;
– repas pris hors du lieu de travail : 9,30 € ;
– salarié en déplacement professionnel : 19 €.

Logement :

– Paris et petite couronne : 68,10 €/jour, pour les 3 premiers mois ;

– autres départements : 50,50 €/jour, pour les 3 premiers mois.

Minimum garanti depuis le 1/1/2020

Montant :

3,65 €.

Participation

Montant payable directement au salarié :

80 €.

Pour l'année 2020 :

– Salaire maximum servant à l'assiette des droits : 123 408 €.

– Montant maximum de la prime : 30 852 €.

Plafonds de la Sécurité sociale en 2020

– annuel : 41 136 € ;

– trimestriel : 10 284 € ;

– mensuel : 3 428 € ;

– journalier : 189 € ;

– horaire : 26 €.

Prime d'activité depuis le 1/4/2020

Montant de base mensuel :

553,16 €

Montant de base mensuel pour les couples :

– sans enfant : 829,74 € ;

– avec 1 enfant à charge : 995,69 € ;

– avec 2 enfants à charge : 1 161,64 € ;

– par enfant supplémentaire : + 221,26 €.

Montant de base mensuel pour personnes seules :

– avec 1 enfant à charge : 829,74 € ;

– avec 2 enfants à charge : 995,69 € ;

– par enfant supplémentaire : + 221,26 €.

Revenu de solidarité active (RSA) depuis le 1/4/2020

Montant forfaitaire mensuel (cas général) :

– personne seule : 564,78 € ;

– 2 personnes (couple ou personne seule avec 1 enfant) : 847,17 € ;

– 3 personnes (couple avec 1 enfant ou personne seule avec 2 enfants) : 1 016,60 € ;

– 4 personnes (couple avec 2 enfants) : 1 186,03 € ;

– par enfant supplémentaire, à partir du 3e : + 225,91 €.

Montant forfaitaire mensuel (personne isolée avec enfant (s) de moins de 3 ans) :

– personne seule avec 1 enfant à naître : 725,24 € ;

– 1 enfant à charge : 966,99 € ;

– 2 enfants à charge : 1 208,74 € ;

– 3 enfants à charge : 1 450,48 € ;

– par enfant supplémentaire : + 241,74 €.

Saisie-arrêt depuis le 1/1/2020

La saisie se fait sur une partie du salaire annuel :

– 1/20 jusqu'à 3 870 € ;

– 1/10 entre 3 870,01 € et 7 550 € ;

– 1/5 entre 7 550,01 € et 11 250 € ;

– 1/4 entre 11 250,01 € et 14 930 € ;

– 1/3 entre 14 930,01 € et 18 610 € ;

– 2/3 entre 18 610,01 € et 22 360 € ;

– totalité du salaire saisissable au-delà de 22 360 €.

À noter : chaque limite de tranche est majorée de 1 490 € par mois et par personne à charge.

Sanctions pénales

– 1re classe : 38 € ;

– 2e classe : 150 € ;

– 3e classe : 450 € ;

– 4e classe : 750 € ;

– 5e classe : 1 500 € ;

– 5e classe en cas de récidive : 3 000 €.

SMIC depuis le 1/1/2020

– SMIC horaire : 10,15 € ;

– SMIC mensuel (151,666 heures) : 1 539,42 €.

[illegible]

[illegible]

[illegible] depuis le [illegible]/2020

[illegible]

Sanctions pénales

[illegible]

[illegible] depuis le [illegible]

[illegible]

[illegible]

[illegible]

[illegible]

[illegible]

[illegible]

Perte de l'emploi

Le chômage

Les premières démarches

L'assurance chômage

L'activité partielle

Le chômage

Perdre son emploi, c'est perdre son salaire. L'assurance chômage prend alors le relais et assure, sur une période plus ou moins longue en fonction de la carrière passée, un revenu de remplacement. À l'issue de cette première indemnisation, les allocations de solidarité peuvent, pendant encore un certain temps, assurer un petit revenu. Par ailleurs, lorsqu'une entreprise connaît des difficultés passagères et qu'elle ne peut plus fournir le même volume de travail à l'ensemble des salariés, ces derniers sont confrontés à l'activité partielle : une indemnisation vient alors combler en partie le manque à gagner.

Les premières démarches

Lorsque vous perdez votre emploi, un ensemble de démarches sont à entreprendre rapidement. Afin que votre demande d'allocation soit instruite dans les meilleures conditions possibles et pour ne pas prendre le risque de perdre des droits, quelques précautions sont à prendre.

À la fin du contrat de travail

Tout salarié travaillant dans le secteur privé cotise à l'assurance chômage. Il s'adressera dans ce cas à Pôle emploi pour obtenir ses allocations. Mais qu'en est-il des salariés non fonctionnaires du secteur public ? Ils ont également droit aux allocations de chômage s'ils perdent leur emploi, mais l'organisme payeur peut être l'employeur public lui-même, s'il pratique l'auto-assurance, ou Pôle emploi si l'employeur a adhéré directement au régime d'assurance chômage ou encore s'il a signé une convention de gestion.

ATTENTION ⚠

Les jeunes à la recherche de leur premier emploi ne peuvent prétendre à aucune indemnisation au titre du régime d'assurance chômage. Ils peuvent, sous certaines conditions, bénéficier de la garantie jeunes.

Dans tous les cas, sachez que pour déterminer vos droits, Pôle emploi exigera « l'attestation d'assurance chômage » que votre employeur doit vous remettre à la fin de votre contrat de travail. La Cour de cassation exige que l'attestation soit remise sans délai au salarié (*Cour de cassation, Chambre sociale, 17/9/2014*). L'employeur doit par ailleurs transmettre un double de cette attestation à Pôle emploi (dans les entreprises comptant au moins 11 salariés, cette transmission se fait obligatoirement par voie dématérialisée). Ce document est essentiel : des mentions portées et des cases cochées dépendent le versement des allocations. Aussi la vigilance est-elle de rigueur ! Vous devez être particulièrement attentif à la qualification de la rupture : s'agit-il d'une démission, d'un licenciement, d'une fin de contrat à durée déterminée, d'une rupture en période d'essai, d'une rupture conventionnelle du contrat de travail…? Toutes n'ont pas les mêmes conséquences sur vos droits à l'assurance chômage.
De même, la nature de l'indemnité versée à la fin de la relation de travail joue sur l'indemnisation : une indemnité transactionnelle, par exemple, entraîne automatiquement l'application d'un délai appelé « différé d'indemnisation spécifique » qui repoussera le premier jour de versement des allocations de chômage.
Un mauvais libellé peut donc avoir des conséquences fâcheuses sur vos allocations et vous obliger à engager une action devant le conseil de prud'hommes pour obtenir réparation.
Pour les intérimaires, le relevé mensuel des contrats de travail que l'entreprise de travail temporaire doit remettre à Pôle emploi tient lieu d'attestation d'assurance chômage. Si nécessaire, l'employeur doit fournir les informations complémentaires figurant dans le modèle d'attestation (*Code du travail, Art. R. 1234-12*).

L'interlocuteur

Pôle emploi est un guichet unique qui traite à la fois l'inscription sur la liste des demandeurs d'emploi, le suivi et le dossier de demande d'allocation.

L'assurance chômage

Les demandeurs d'emploi qui s'inscrivent à Pôle emploi reçoivent, sous certaines conditions, un revenu de remplacement dénommé « allocation d'aide au retour à l'emploi ». Le montant et la durée de cette allocation dépendent des caractéristiques du contrat de travail précédent (ancienneté, salaire) ainsi que de l'âge de l'intéressé.

Quelles sont les conditions à remplir ?

› Ne pas partir de l'entreprise de sa propre initiative

Pôle emploi n'indemnise en principe que les salariés qui ont perdu involontairement leur emploi ; cette condition doit être remplie par la fin du dernier contrat de travail. Toutefois, lorsque la durée de celui-ci est inférieure à 65 jours, le caractère involontaire de la perte d'emploi est recherché lors de la rupture de la relation de travail précédente.

Le licenciement, quel qu'en soit le motif, donne droit à indemnisation. La faute grave, pas plus que la faute lourde, ne font obstacle au versement des allocations. De même, le chômage consécutif à une fin de contrat à durée déterminée, de contrat de mission ou de contrat d'apprentissage est incontestablement involontaire.

L'indemnisation est également ouverte aux salariés ayant conclu une rupture conventionnelle du contrat de travail avec leur employeur, que cette rupture soit individuelle ou découle d'un accord collectif.

L'assurance chômage assimile en outre certaines démissions à une privation involontaire d'emploi. De ce fait, celles-ci sont considérées comme légitimes et ouvrent droit à des allocations chômage (voir plus loin).

Un droit à allocation est par ailleurs ouvert lorsque :

– le démissionnaire a un projet de reconversion professionnelle nécessitant le suivi d'une formation ;

– le démissionnaire a un projet de création ou de reprise d'une entreprise (*Code du travail, Art. L. 5422-1*).

Pour bénéficier de ce droit, il faut avoir travaillé de façon continue pendant au moins 5 ans, soit 1 300 jours, au cours des 60 mois précédant la démission. Le projet doit par ailleurs être validé par la commission paritaire régionale interprofessionnelle.

À NOTER

Avant de démissionner et demander une allocation chômage au titre d'un projet de reconversion ou de création ou reprise d'entreprise, le salarié doit demander un conseil en évolution professionnelle. Il peut s'adresser à l'un des organismes agréés (APEC, etc.), à l'exception de Pôle emploi (Code du travail, Art. L. 5422-1-1).

À NOTER

Certains métiers, en raison notamment de la spécificité de l'activité ou des modalités particulières de rémunération, relèvent de conventions adaptées. Chacun d'eux fait l'objet d'une annexe au règlement général de l'assurance chômage. Il s'agit des salariés à rémunérations variables (tels que les VRP, les journalistes, les assistantes maternelles), des marins de commerce et marins pêcheurs, des dockers, des intermittents et des intérimaires, des apprentis et titulaires d'un contrat de professionnalisation, des bénéficiaires d'un projet de transition professionnelle, des personnes travaillant hors de France.

Si vous démissionnez

Seize motifs de démission sont reconnus légitimes par l'assurance chômage et donnent droit aux allocations (*Règlement d'assurance chômage du 26/7/2019*).

Il en est ainsi, dans les situations suivantes :

- vous démissionnez pour suivre votre conjoint, votre concubin ou votre partenaire de PACS qui change de domicile pour exercer une nouvelle activité professionnelle, salariée ou non : son entreprise le mute, il change d'employeur ou d'activité (création d'une entreprise, par exemple), il retrouve un emploi après une période de chômage (en revanche, le départ à la retraite de votre conjoint ne peut justifier votre démission) ;
- vous démissionnez pour aller rejoindre ou pour suivre votre futur conjoint (ou la personne avec qui vous envisagez de vous pacser) : moins de 2 mois

doivent séparer la fin de l'emploi et la date du mariage (ou de la signature du PACS) quel que soit l'ordre de ces deux événements ;

- vous démissionnez pour suivre vos parents ou la personne qui exerce l'autorité parentale alors que vous avez moins de 18 ans ; peu importe le motif du déménagement ;
- vous démissionnez alors que vous êtes majeur et suivez votre parent désigné mandataire spécial, curateur ou tuteur ;
- vous démissionnez parce que vous avez été obligé (e) de déménager suite à des violences conjugales, celles-ci devant être justifiées par un dépôt de plainte ;
- vous démissionnez parce que vous avez été victime d'un acte délictueux au sein de votre entreprise (violence physique ou morale, harcèlement sexuel ou moral) : il faudra le prouver en produisant un récépissé du dépôt de plainte ;
- vous êtes journaliste et vous démissionnez suite à la cession ou à la cessation de la publication, ou encore parce que vous avez fait jouer la clause de conscience en raison d'un changement notable dans le caractère ou l'orientation du journal. En outre, ce changement doit créer une situation de nature à porter atteinte à votre honneur, à votre réputation ou à vos intérêts moraux. Dans tous les cas, il doit y avoir eu versement de l'indemnité de licenciement spécifique aux journalistes par l'employeur ;
- vous étiez titulaire d'un contrat dit « de couple » ou indivisible et celui-ci a été résilié automatiquement du fait du licenciement, d'une rupture conventionnelle individuelle, de la mise à la retraite de votre conjoint ou de la cessation de l'activité que vous exerciez (ce type de contrat est parfois signé par des couples de gardiens d'immeubles ou des cogérants de succursale) ;
- vous démissionnez pour suivre votre enfant handicapé admis dans une structure d'accueil dont l'éloignement vous contraint à déménager ;
- vous démissionnez car votre employeur cesse de vous verser des salaires : vous devez justifier que le conseil de prud'hommes a condamné votre employeur à vous verser les sommes dues ou une provision sur ces sommes ;
- vous démissionniez car vous êtes assistant (e) maternelle et votre employeur refuse de faire vacciner son enfant.

Sont également envisagés les cas de ruptures de contrats successifs ; ainsi, sera considérée comme légitime et donnera droit à indemnisation :

- la démission d'un contrat initiative-emploi ou d'un contrat d'accompagnement dans l'emploi, soit pour exercer un nouvel emploi sous CDD d'au moins 6 mois ou sous CDI, soit pour suivre une formation qualifiante ;
- la démission d'un salarié n'ayant pas épuisé ses droits à l'allocation d'aide au retour à l'emploi au titre d'une activité précédente ;
- la démission d'un précédent emploi pour en accepter un autre à durée indéterminée, si votre dernier employeur rompt votre contrat au cours ou à la fin de la période d'essai et si cette dernière n'excède pas 65 jours travaillés. Vous devez, par ailleurs, justifier de 3 années d'affiliation continue au régime d'assurance chômage ;
- la démission pendant la période d'essai (65 jours maximum) d'un emploi repris immédiatement après votre licenciement, une rupture conventionnelle individuelle ou après la fin de votre contrat de travail à durée déterminée à la suite duquel ou de laquelle vous ne vous êtes pas inscrit comme demandeur d'emploi ;
- la démission pour conclure un contrat de service civique, un ou plusieurs contrats de volontariat de solidarité internationale ou associatif pour une ou plusieurs missions de volontariat de solidarité internationale ou de volontariat associatif prévues pour une durée minimale d'1 an continu (ou moins d'1 an si la mission a été interrompue) ;
- la démission d'un salarié pour créer ou reprendre une entreprise. L'activité en question doit avoir donné lieu aux formalités de publicité requises par la loi.

À NOTER

À titre exceptionnel, dans le cadre de la crise sanitaire liée à l'épidémie de Covid-19, les démissions suivantes sont considérées comme légitimes jusqu'au 31/5/2020 : vous avez démissionné et votre nouvel employeur a mis fin au contrat de travail avant l'expiration d'un délai de 65 jours travaillés. Si la démission est intervenue avant le 17/3/2020 et la rupture du contrat après le 1/3/2020, il vous est possible de percevoir l'ARE ; vous avez démissionné pour un nouvel emploi, mais l'embauche promise n'a finalement pas eu lieu ou a été reportée compte-tenu du contexte. Si l'embauche est un CDI ou un CDD d'au moins 3 mois ou 455 heures, et sous réserve de produire un justificatif (promesse d'embauche, contrat de travail, etc.), votre démission est considérée comme légitime et ouvre droit à indemnisation. Là encore, la démission doit être intervenue avant le 17/3/2020, et il faut que l'embauche ait initialement été prévue après le 1/3/2020.

UN DROIT AU RATTRAPAGE

Si vous n'êtes pas dans l'un des cas de démission légitime et remplissez par ailleurs toutes les autres conditions d'ouverture des droits, sachez que vous avez une possibilité de rattrapage. Vous pouvez demander à l'instance paritaire régionale de Pôle emploi qu'il réexamine vos droits 4 mois (ou plus exactement 121 jours) après la fin de votre contrat de travail. Si Pôle emploi considère que vous avez recherché activement un emploi (au vu des pièces attestant une recherche d'emploi ou la reprise d'emplois de courte durée), l'allocation de chômage vous sera attribuée à compter du 122e jour.
Pour ne pas perdre de temps, vous pouvez même saisir Pôle emploi 15 jours avant l'échéance des 4 mois.

Le départ négocié

Les salariés ayant conclu une rupture conventionnelle individuelle ou collective de leur contrat de travail avec leur employeur sont pris en charge par l'assurance chômage.
En revanche, si vous vous êtes séparés à l'amiable avec votre employeur sans avoir conclu une telle convention, Pôle emploi examinera la cause exacte de la rupture.

- Lorsque les départs négociés sont fondés sur un motif économique, l'employeur doit respecter la procédure de licenciement pour motif économique. Pôle emploi, quant à lui, indemnise la perte d'emploi.
- En revanche, lorsqu'employeur et salarié se séparent pour des raisons personnelles (mésentente, par exemple), le chômage sera considéré, en principe, comme volontaire. Toutefois, si vous n'êtes pas d'accord avec la qualification de la rupture, vous pouvez engager une action en justice. Si vous démontrez que l'employeur a pris une part prépondérante dans la fin du contrat et si vous obtenez gain de cause, Pôle emploi prendra en compte la décision de justice et indemnisera la perte d'emploi.

› S'inscrire comme demandeur d'emploi

À compter de la fin de votre contrat de travail, vous avez 12 mois pour vous inscrire. Passé ce délai dit « de forclusion », vous perdez vos droits à indemnisation. Dans le cadre de la crise sanitaire liée au Covid-19, ce délai est exceptionnellement prolongé du nombre de jours compris entre le 1/3/2020 et le 31/5/2020, à l'exception des jours pendant lesquels le demandeur d'emploi bénéficie d'un contrat de travail.
Certaines situations prolongent cependant la limite des 12 mois (voir plus loin).

› Avoir travaillé suffisamment de temps

L'indemnisation de la perte d'emploi repose sur un système d'assurance. Ainsi, n'ont droit aux allocations que ceux qui ont cotisé à l'assurance chômage, et encore suffisamment longtemps : c'est ce que l'on appelle la « durée d'affiliation ».
La durée minimale d'affiliation exigée est fixée à 130 jours travaillés ou 910 heures de travail :
– au cours des 24 mois précédant la fin du contrat de travail pour les personnes âgées de moins de 53 ans à la fin du contrat ;
– au cours des 36 mois précédant la fin du contrat de travail pour les personnes âgées de 53 ans et plus.

À NOTER

À titre exceptionnel, dans le cadre de la crise sanitaire liée au Covid-19, la période comprise entre le 1/3/2020 et 31/5/2020 est prise en compte dans le calcul de la période de référence. Ainsi, l'affiliation sera recherchée sur les 27 mois qui précèdent la fin du dernier contrat de travail, et sur 39 mois pour un demandeur d'emploi de 53 ans et plus. La même prolongation s'applique pour les intermittents du spectacle, pour lesquels la durée d'affiliation de 507 heures sera recherchée sur 15 mois (au lieu de 12 mois).

ATTENTION ⚠

Le nombre de jours pris en compte dans la recherche de période d'affiliation correspond à 5 jours travaillés par semaine civile. Si la période d'emploi est inférieure à une semaine, sera pris en compte le nombre de jours travaillés par semaine civile, dans la limite de 5 jours travaillés. En outre, un même jour travaillé au titre de plusieurs contrats de travail est décompté pour un seul jour travaillé. Quant aux jours correspondant à un préavis non exécuté et non payé, ils ne sont pas pris en compte pour la durée d'affiliation.

Pour déterminer la durée d'affiliation, plusieurs périodes entrent en ligne de compte.
Tout d'abord, celles pendant lesquelles vous avez appartenu à une entreprise : sont même comptabilisés les arrêts de travail pour maladie et maternité. Sché-

matiquement, retenez toute la durée qui s'est écoulée entre l'embauche et la date de fin du contrat (fin de préavis exécuté ou non). Toutefois, les périodes de congé sabbatique ou congé sans solde ne sont plus retenues dans la durée d'affiliation dès lors qu'elles n'ont pas donné lieu au versement de contributions d'assurance chômage.

Ensuite, il convient d'ajouter les jours de formation. Toutefois, pour être assimilés à des jours d'appartenance au régime, ceux-ci doivent avoir fait l'objet d'une prise en charge par l'État.

12 MOIS OU PLUS POUR VOUS INSCRIRE

✓ Le délai de 12 mois à compter de la rupture du contrat de travail dont vous disposez pour vous inscrire comme demandeur d'emploi est allongé de la durée pendant laquelle :

– vous avez perçu des indemnités de maladie, maternité ou paternité, pour accident du travail ou maladie professionnelle, une pension d'invalidité de 2e ou 3e catégorie du régime de base de la Sécurité sociale ou encore une pension d'invalidité d'un régime spécial ou autonome de la Sécurité sociale ou acquise à l'étranger ;

– vous avez suivi un stage de formation professionnelle continue ;

– vous avez bénéficié d'un congé parental d'éducation, d'un congé de présence parentale ou d'un congé d'enseignement ou de recherche (attention : pour que l'allongement du délai pour vous inscrire comme demandeur d'emploi soit possible, la rupture du contrat de travail doit intervenir durant ce congé) ;

– vous avez perçu l'allocation parentale d'éducation, la prestation partagée d'éducation de l'enfant (Preparee) ou l'allocation journalière de présence parentale après la fin de votre contrat de travail ;

– vous étiez en congé pour création d'entreprise ou en congé sabbatique ;

– vous avez effectué une mission au titre d'un mandat électif, politique ou syndical sans que le contrat de travail puisse se poursuivre ;

– vous avez effectué une mission dans le cadre d'un ou plusieurs contrats de service civique, de volontariat de solidarité internationale ou de volontariat associatif ;

– vous avez effectué des périodes militaires au titre du service national (appel sous les drapeaux, volontariat) ;

– vous avez fait l'objet d'une mesure d'incarcération qui s'est prolongée au plus 3 ans après la rupture de votre contrat de travail survenue pendant cette période de privation de liberté ;

– de même, la mère qui démissionne après son congé maternité ou adoption (ou le père, 2 mois après la naissance ou l'arrivée de l'enfant au foyer), qui ne peut être réembauchée dans son entreprise malgré une priorité de réembauche valable pendant 1 an, bénéficie d'un allongement du délai d'inscription comme demandeur d'emploi.

✓ Le délai de 12 mois est allongé de 2 ans si vous avez :

– obtenu contractuellement un congé pour élever votre enfant ;

– créé ou repris une entreprise.

✓ Il existe également deux autres cas d'allongement du délai, mais cette fois-ci limité à 3 ans :

– vous avez assisté une personne handicapée qui percevait ou qui aurait pu percevoir l'allocation pour adulte handicapé et dont l'état, nécessitant la présence d'une tierce personne, justifiait l'attribution de l'allocation compensatrice ou de la prestation de compensation ;

– vous avez démissionné pour suivre votre conjoint qui s'expatriait à l'étranger afin d'exercer une activité professionnelle.

À NOTER

Les actions concourant au développement des compétences sont assimilées à des heures ou des jours travaillés. Pôle emploi considère que 7 heures de formation sont équivalentes à un jour d'affiliation. Attention : ces jours de formation ne peuvent constituer plus des 2/3 de la période d'affiliation recherchée.

› Être à la recherche effective et permanente d'un emploi

Les demandeurs d'emploi sont tenus d'accomplir, sur proposition de Pôle emploi ou de leur propre initiative, des actes positifs et répétés en vue de retrouver un emploi ou de créer, reprendre ou développer une entreprise. La réalité de ces actes est appréciée compte tenu de la situation de l'intéressé et de la situation locale de l'emploi. Les régions Centre-Val-de-Loire et Bourgogne-Franche-Comté expérimentent un dispositif de suivi renforcé des demandeurs d'emploi. Pour rester inscrites à Pôle emploi, les personnes concernées doivent tenir un journal de bord électronique en renseignant chaque mois, au moment du renouvellement de leur inscription, l'état d'avancement de leur recherche d'emploi. Ce suivi expérimental, qui a lieu jusqu'au 1/9/2021, ne s'applique cependant pas aux travailleurs handicapés ni aux personnes ne maîtrisant pas la langue française. Dans tous les cas, conservez toutes les pièces justifiant vos recherches (copie des lettres et mails de candidature, réponses des entreprises…) et notez le nom des personnes que vous avez rencontrées ou simplement contactées par téléphone ou *via* les réseaux sociaux.

Les demandeurs d'emploi sont dans tous les cas contrôlés régulièrement, dans le cadre du projet personnalisé d'accès à l'emploi notamment. Si vous ne venez pas aux rendez-vous de Pôle emploi ou si l'administration considère que vous ne faites pas d'effort pour retrouver un emploi ou encore si vous refusez à deux reprises une « offre raisonnable » d'emploi proposée par Pôle emploi, elle peut suspendre le montant de votre allocation chômage à titre de sanction. Vous pouvez également, dans les cas les plus graves, être radié de la liste des demandeurs d'emploi voire exclus, temporairement ou définitivement.

À NOTER

Pour les demandeurs d'emploi qui poursuivent un projet de reconversion professionnelle, ou de création ou de reprise d'entreprise, les démarches accomplies pour mettre en œuvre ce projet sont considérées comme une recherche d'emploi. Pôle emploi contrôle la réalité de ces démarches dans les 6 mois qui suivent le début du versement des allocations chômage (Code du travail, Art. L. 5426-1-2).

› Être physiquement apte à l'emploi

Cette condition est présumée remplie par l'inscription même d'une personne sur la liste des demandeurs d'emploi. Elle découle du fait qu'un demandeur d'emploi est censé accepter immédiatement l'emploi qu'on lui propose. Aussi doit-il être physiquement apte à effectuer un travail. C'est pourquoi, si vous êtes en arrêt maladie au moment de votre licenciement, vous ne pourrez prétendre à l'indemnisation du chômage ; ce n'est qu'à l'issue de votre arrêt maladie que l'allocation chômage pourra prendre le relais des indemnités journalières de sécurité sociale. Pôle emploi tiendra le même raisonnement si vous êtes indemnisé par la Sécurité sociale au titre de la maternité, d'un accident de travail ou d'une maladie professionnelle.

Si vous percevez une pension d'invalidité de 2e ou 3e catégorie, vous avez droit aux allocations de chômage dès lors que vous êtes physiquement apte à exercer un emploi. Il en sera ainsi, par exemple, si vous cumulez un salaire et la pension d'invalidité. Cette aptitude professionnelle peut également être constatée par le médecin du travail. La pension peut se cumuler avec les allocations d'assurance chômage dans les mêmes conditions qu'un salaire : le montant cumulé de la pension et des allocations ne peut excéder le salaire que percevait l'intéressé avant son invalidité et à condition que les revenus de la dernière activité ayant permis l'ouverture de droits aient été eux aussi cumulés avec la pension. À défaut, l'allocation chômage est diminuée du montant de la pension.

› Ne pas avoir atteint l'âge de la retraite

Pour percevoir les allocations de chômage, vous ne devez pas avoir atteint l'âge à partir duquel vous avez droit à la retraite à taux plein ni bénéficier d'une retraite anticipée.

› Résider en France

Les allocations ne sont versées qu'aux personnes résidant en métropole, dans un DOM (Réunion, Martinique, Guadeloupe, Guyane), à Saint-Pierre-et-Miquelon, Saint-Barthélemy et Saint-Martin. En cas de déménagement dans d'autres collectivités d'outre-mer ou à l'étranger, le versement des allocations est interrompu. En outre, Mayotte dispose d'un régime spécifique.

Comment l'allocation se calcule-t-elle ?

Le montant de l'allocation d'aide au retour à l'emploi est calculé à partir des derniers salaires soumis à cotisations.

› Le salaire de référence

Sont retenus pour le calcul de l'allocation chômage les salaires bruts et les primes, sur la base desquels ont été calculées les cotisations que vous avez perçues au titre des 12 mois civils précédant le dernier jour de travail payé ou le dernier jour de travail payé normalement en cas d'activité ou de salaire réduit à la fin du contrat de travail (en cas d'activité partielle, par exemple). Les rémunérations sont prises en compte dans la limite de 4 fois le plafond de la Sécurité sociale *(Voir pages Barème)*.

À NOTER

Au 1/9/2020, si la réforme de l'assurance chômage s'applique, le salaire de référence devrait être calculé sur l'ensemble de la période allant du début du premier contrat à la fin du dernier contrat occupé dans les 24 derniers mois, et non plus sur les jours travaillés dans les 12 derniers mois. La période serait portée à 36 mois pour les allocataires âgés de 53 ans et plus. Il se baserait en outre sur des jours calendaires et non plus travaillés, et inclurait ainsi toutes les périodes d'inactivité entre deux emplois, à l'exception des périodes de maladie, de congé maternité, paternité ou d'adoption. Pour les personnes qui alternent CDD et périodes sans emploi, il diminuerait ainsi le salaire journalier de référence, tout en augmentant la durée du droit. De plus, les indemnités chômage ne pourraient, à cette date, dépasser le montant du salaire net mensuel moyen, ni être inférieures à 65 % de ce salaire. À titre d'exemple, les salariés rémunérés au SMIC sur une période d'1 an auraient droit à une indemnité de 960 € par mois pendant 1 an.

Le dernier jour de travail payé ne correspond pas nécessairement à la date de la rupture du contrat de travail. Il y aura donc un décalage si, par exemple, vous n'effectuez pas votre préavis.

Il faut ensuite additionner l'ensemble des rémunérations et les diviser par le nombre de jours travaillés durant la période de référence. Le résultat obtenu est multiplié par 1,4 afin de convertir ce nombre sur une base calendaire, on obtient alors le salaire journalier de référence qui sert de base de calcul à l'allocation chômage.

Des salaires irréguliers

Pôle emploi établit le salaire de référence à partir de vos rémunérations habituelles. En conséquence, les rémunérations mensuelles anormalement faibles par rapport aux salaires habituels ne seront pas retenues. Vous pouvez vous trouver dans cette situation si vous avez momentanément interrompu votre activité en raison d'une maladie ou d'une maternité ou si vous avez opté pour un congé parental d'éducation à temps partiel, par exemple. Mais la réciproque est également vraie : une rémunération trop élevée par rapport à « l'ordinaire » ne sera pas davantage prise en compte. Toute variation de rémunération de plus de 20 % donne lieu à une analyse par Pôle emploi.

Primes et autres avantages

La rémunération de base n'est pas le seul élément à entrer en ligne de compte pour le calcul de l'allocation ; les primes et les indemnités, dès lors qu'elles sont soumises à cotisations, ainsi que les avantages en nature sont à ajouter.

Les primes annuelles telles que les indemnités de 13e mois, les primes de bilan et les gratifications sont retenues au prorata du temps de travail.

ATTENTION ⚠

Les sommes liées à la rupture du contrat de travail telles que les indemnités de licenciement, de rupture conventionnelle, l'indemnité liée à la clause de non-concurrence, l'indemnité de fin de contrat, les indemnités compensatrices de congés payés, ou de préavis lorsque ce dernier n'est pas effectué, ne sont jamais prises en compte dans le calcul du salaire de référence.

› Le montant de l'allocation

L'allocation journalière est égale à 40,4 % du salaire journalier de référence plus une partie fixe *(Voir pages Barème)*. Si la somme obtenue n'atteint pas 57 % du salaire journalier de référence, c'est ce dernier pourcentage qui sera retenu pour calculer votre allocation. Sachez qu'en tout état de cause, le montant de votre allocation ne peut être inférieur à un plancher *(Voir pages Barème)*, ni supérieur à 75 % du salaire journalier de référence.

La partie fixe de la formule de calcul de l'allocation ainsi que le montant plancher sont établis pour un travail à temps plein. Si vous exerciez votre dernier emploi à temps partiel, ces deux éléments seront réduits en proportion de votre temps de travail.

Pour connaître le montant mensuel des allocations qui vous seront versées, il vous suffit de multiplier le montant journalier de l'allocation par le nombre de jours dans le mois. Avec un tel système, le montant de l'allocation versé en février sera moins important que celui versé en décembre.

À NOTER

L'indemnisation des demandeurs d'emploi saisonniers se fait dans les conditions de droit commun.

› Le coefficient de dégressivité

Depuis le 1/1/2019, un coefficient de dégressivité de 0,7 % est appliqué à partir du 183e jour d'indemnisation, soit au début du 7e mois. Seuls les salariés âgés de moins de 57 ans au moment de la fin de leur contrat sont concernés par cette mesure Toutefois, lorsque ce coefficient est appliqué, le montant de l'allocation journalière ne peut être inférieur à 84,33 €. En outre, il n'est pas appliqué s'il a pour effet de porter le montant journalier de l'allocation en dessous d'un plancher fixé à 59,03 €. D'après le gouvernement, cette mesure de dégressivité vise uniquement les cadres dont le revenu mensuel est supérieur à 4 500 € brut.

Les périodes de formation inscrites au PPAE ou financées par la mobilisation du CPF suspendent le décompte du délai de 182 jours. Il en va de même pour la période comprise entre le 1/3/2020 et le 31/5/2020, du fait de la crise sanitaire liée à l'épidémie de Covid-19.

Par ailleurs, ce coefficient de dégressivité ne s'applique à l'allocation perçue au titre d'un contrat de sécurisation professionnelle.

› Les cotisations sociales dues

Sur le montant brut de l'allocation sont prélevées des cotisations sociales.

- La CSG est prélevée sur 98,25 % de l'allocation lorsque son montant ne dépasse pas 4 fois le plafond annuel de la Sécurité sociale *(Voir pages Barème)*, la fraction supérieure étant taxée dans sa totalité. Néanmoins, il existe des cas de réduction et même d'exonération de la CSG.
- À la CSG s'ajoute la contribution au remboursement de la dette sociale (CRDS), prélevée dans les mêmes conditions que la CSG, mais dont il est possible d'être exonéré.
- L'allocation est enfin soumise à la cotisation de retraite complémentaire égale à 3 % du salaire journalier de référence. Elle ne sera déduite de votre allocation que si son prélèvement n'a pas pour conséquence de porter votre allocation en dessous du montant de l'allocation plancher *(Voir pages Barème)*.
- Si la personne est imposable, le prélèvement à la source est appliqué sur l'allocation.

Comment l'allocation est-elle versée ?

L'allocation est versée pendant une durée qui varie en fonction de la durée du travail antérieur dans la limite d'un maximum qui varie en fonction de l'âge. Vous ne serez cependant pas indemnisé dès la fin de votre contrat de travail. De plus, certaines situations mettent fin à cette indemnisation.

L'ALLOCATION CHÔMAGE DES TRAVAILLEURS INDÉPENDANTS

Une allocation des travailleurs indépendants (ATI) a été instituée par la loi du 5/9/2018 sur la liberté de choisir son avenir professionnel. Elle est destinée aux indépendants (commerçants, artisans, exploitants agricoles, etc.) dont l'entreprise a fait l'objet d'une liquidation judiciaire ou d'une procédure de redressement judiciaire, lorsque l'adoption du plan de redressement est subordonnée par le tribunal au remplacement du dirigeant (*Code du travail, Art. L. 5424-25*).

Les travailleurs indépendants peuvent s'adresser à Pôle emploi pour demander cette allocation, qui est forfaitaire et cesse d'être versée lorsque le bénéficiaire peut liquider sa pension de retraite à taux plein, en cas de départ anticipé.

Pour y avoir droit, trois conditions cumulatives doivent être remplies, en plus d'être en recherche active d'emploi :

– condition d'ancienneté : la personne doit justifier d'une activité antérieure de 2 ans ininterrompue, au titre d'une seule et même entreprise ;

– condition liée aux revenus antérieurs d'activité : les revenus antérieurs d'activité doivent être égaux ou supérieurs à 10 000 € par an ;

– condition de ressources : la personne doit disposer de ressources inférieures au montant forfaitaire mensuel du RSA pour une personne seule (*Code du travail Art. R. 5424-70*).

L'allocation est versée pendant 6 mois maximum (122 jours calendaires). Son montant journalier est fixé à 26,30 €, soit environ 800 € par mois (*Code du travail, Art. D. 5424-74*).

› La durée d'indemnisation

Le cas général

La durée d'indemnisation est égale à la durée d'affiliation selon la règle « 1 jour travaillé = 1 jour indemnisé », dans la limite d'un plafond fixé à :

– 2 ans (730 jours) pour les salariés de moins de 53 ans à la date de la fin du contrat ;

– 2 ans et demi (913 jours) pour les salariés de 53 et 54 ans, auxquels s'ajoute le cas échéant, la période de versement de l'allocation de retour à l'emploi formation dans la limite de 6 mois ;

– 3 ans (1 095 jours) pour les salariés âgés de 55 ans et plus.

Par ailleurs, la durée d'indemnisation donnant lieu au versement de l'allocation ne peut être inférieure à 182 jours, soit 6 mois.

À NOTER

Dans le cadre de la crise sanitaire liée au Covid-19, les demandeurs d'emploi arrivés au terme de leur indemnisation entre le 1/3/2020 et le 31/5/2020 bénéficient d'une prolongation exceptionnelle de leur indemnisation selon le mois où elle devait prendre fin (par exemple, de 30 jours pour ceux dont les droits expiraient à fin mai). Sont concernés l'allocation de retour à l'emploi, tout comme l'allocation de solidarité spécifique et l'allocation de fin de droits. Cette prolongation s'applique aussi aux personnes remplissant, au terme de leur durée initiale d'indemnisation, les conditions pour ouvrir de nouveaux droits. Le rechargement, la réadmission ou le renouvellement sont alors réalisés à l'issue de la prolongation du droit initial.

DURÉE D'AFFILIATION ANTÉRIEURE (1)	ÂGE	DURÉE DE VERSEMENT DE L'ALLOCATION
130 jours au cours des 24 mois précédents	Moins de 53 ans	182 jours au minimum et 2 ans au maximum
130 jours au cours des 36 mois précédents	53 ans et 54 ans	182 jours au minimum et 2 ans et demi au maximum
130 jours au cours des 36 mois précédents	55 ans et plus	182 jours au minimum et 3 ans au maximum

(1) La durée d'activité antérieure ainsi que l'âge s'apprécient à la date de rupture du contrat de travail, c'est-à-dire au terme du préavis, que celui-ci ait été ou non effectué.

Les demandeurs d'emploi âgés

Les demandeurs d'emploi en cours d'indemnisation depuis au moins 1 an à l'âge de 62 ans peuvent continuer à bénéficier de leur allocation chômage jusqu'à ce qu'ils puissent faire liquider leur retraite à taux plein (entre 65 et 67 ans).

Si vous êtes dans ce cas, vous aurez donc la certitude de percevoir votre allocation chômage jusqu'à votre retraite, même si vous avez dépassé le nombre maximal de mois de chômage indemnisables.

Pour obtenir l'application de cette mesure favorable, il vous faut encore remplir trois conditions :

– avoir exercé une activité salariée pendant au moins 12 ans ;

– justifier soit d'une période d'emploi d'1 année continue, soit de plusieurs périodes discontinues d'emploi totalisant au moins 2 années d'affiliation dans une ou plusieurs entreprises, et ce dans les 5 années précédant la fin du contrat ;

– comptabiliser 100 trimestres de cotisation à l'assurance vieillesse.

› Le début de l'indemnisation

Les allocations sont payées chaque début de mois pour le mois de chômage qui vient de s'écouler. Mais Pôle emploi ne commencera pas à vous indemniser dès le lendemain de la fin de votre contrat de travail. À partir du dernier jour du préavis, qu'il soit ou non effectué, l'organisme applique divers délais qui repoussent le premier jour de chômage indemnisé.

Les indemnités compensatrices de congés payés

Au moment de la rupture de votre contrat, il vous reste souvent des jours de vacances que vous n'avez pas pris. Votre employeur vous verse alors pour ceux-ci une indemnité compensatrice de congés payés. À partir de ces informations, Pôle emploi calculera un différé d'indemnisation. Celui-ci est égal au montant de l'indemnité compensatrice de congés payés divisé par votre salaire journalier de référence. Ce différé est limité à 30 jours.

Ainsi, si vous avez touché une allocation compensatrice de 1 400 € et que votre salaire journalier de référence est égal à 70 €, Pôle emploi appliquera un différé d'indemnisation de 1 400/70 = 20 jours.

Les indemnités de rupture

Si votre employeur vous verse des indemnités de rupture supérieures à celles prévues par le Code du travail, par exemple l'indemnité fixée par la convention collective ou une prime de départ, il vous sera appliqué un différé d'indemnisation dit « spécifique ». Le nombre de jours est obtenu en divisant le montant des indemnités qui dépasse les minima légaux par 95,8 (chiffre indexé à l'évolution du plafond annuel de la Sécurité sociale). Ce différé d'indemnisation ne peut toutefois jamais excéder 150 jours (75 jours en cas de licenciement pour motif économique).

Exemple : vous avez perçu 1 372 € de plus que l'indemnité de licenciement prévue par le Code du travail. Le différé d'indemnisation qui vous sera appliqué sera égal à 1 372/95,8 = 14 jours.

Attention : les indemnités de rupture du contrat de travail allouées par les prud'hommes à titre de dommages et intérêts ne sont pas prises en compte pour le calcul du différé.

AVANTAGE

Les indemnités de fin de contrat (indemnité de précarité versée à la fin d'un CDD, par exemple), les indemnités de fin de mission et celles particulières à certaines professions (VRP, marins, aéronautique civil) ne sont pas prises en compte dans le calcul du différé d'indemnisation.

Le délai d'attente

À ces différés d'indemnisation s'ajoute un délai d'attente de 7 jours. Celui-ci s'applique à compter du lendemain de la rupture du contrat de travail, c'est-à-dire à la fin du préavis que celui-ci ait été ou non effectué. En revanche, ce délai d'attente ne s'applique pas en cas de réadmission dans un délai d'1 an.

ATTENTION ⚠

Les trois délais se cumulent. Ainsi, si vous avez perçu une indemnité compensatrice de congés payés et une prime de départ, Pôle emploi vous appliquera : le différé d'indemnisation correspondant à votre indemnité compensatrice de congés payés ; puis le différé d'indemnisation spécifique ; et enfin le délai d'attente de 7 jours.

À NOTER

En cas de décès de l'allocataire pendant le délai d'attente ou le différé d'indemnisation, une allocation décès peut être versée à la personne qui vivait en couple avec le demandeur d'emploi décédé.

› La fin de l'indemnisation

L'allocation d'assurance chômage cessera de vous être versée :

- si vous retrouvez un emploi ou si vous exercez de nouveau une activité, sauf en cas de cumul avec une activité réduite (voir plus loin) ;
- si vous cessez d'être inscrit comme demandeur d'emploi ;
- si vous percevez des indemnités de la part de la Sécurité sociale au titre des prestations en espèces (assurances maladie, maternité, accident du travail ou maladie professionnelle) ;
- si vous demandez à bénéficier de la prestation partagée d'éducation de l'enfant, de l'allocation journalière de présence parentale ou de l'allocation journalière d'accompagnement d'une personne en fin de vie ;
- si vous obtenez l'aide à la création ou à la reprise d'entreprise ;
- si vous concluez un contrat de service civique ;
- si vous réintégrez ou refusez de réintégrer votre emploi à l'issue d'une période de mobilité volontaire sécurisée ;
- si vous êtes parvenu au terme de votre indemnisation au titre de l'assurance chômage ;
- si vous bénéficiez d'une retraite à taux plein ;
- si vous cessez de résider sur le territoire français (métropole, DOM, Saint-Pierre-et-Miquelon, Saint-Barthélemy ou Saint-Martin).

Attention : si vous ne vous présentez pas à un entretien ou si vous ne renvoyez pas des pièces justificatives liées à la vérification de vos droits, vos allocations peuvent être supprimées à titre temporaire ou définitivement. Dans ce cas, vous pouvez faire un recours auprès du directeur de votre Pôle emploi puis, si la réponse de votre site local ne vous satisfait pas, auprès du médiateur de Pôle emploi.

Quels sont les effets d'une reprise d'activité ?

Afin d'inciter les chômeurs à reprendre un emploi, même peu rémunérateur ou de courte durée, le règlement général de l'assurance chômage donne la possibilité de cumuler allocations chômage et rémunérations provenant d'une activité. Un système dit de « droits rechargeables » permet en outre de conserver ses droits à indemnisation non utilisés en cas de reprise d'activité suivie d'une nouvelle période de chômage.

Cumul ARE et activité

Il est possible, dans une certaine limite, de cumuler l'allocation de retour à l'emploi (ARE) avec le revenu tiré d'une nouvelle activité professionnelle, tout au long de la période d'indemnisation et ce quels que soient le nombre d'heures travaillées et le montant de la rémunération perçue au titre de cette activité.

Le cumul n'est en effet pas intégral. Le salaire du travail repris va diminuer le nombre de jours indemnisables dans le mois selon la formule suivante :
ARE mensuelle due sans activité - (revenu d'activité × 0,70)/ARE journalière.

Exemple : votre ARE journalière a été fixée à 45 € (soit 1 350 € par mois) et vous reprenez une activité qui vous procure un revenu mensuel de 1 100 €.

Tant que vous travaillerez, vous serez indemnisé pendant : 1 350 - (1 100 × 0,70)/45 = 12,88 jours, arrondis à 13.

Vous toucherez donc une allocation mensuelle égale à 45 € × 13 = 585 €.

Ces 585 € s'ajouteront à votre salaire de 1 100 €, vous assurant ainsi un revenu mensuel total de 1 685 €.

À NOTER

Le cumul de l'ARE et du revenu d'activité ne peut excéder le montant mensuel du salaire de référence.

Les jours non indemnisés ne sont pas perdus puisqu'ils reculent d'autant la fin de l'indemnisation. La reprise d'activité ne modifie donc pas la durée de vos droits.

Indemnisation des salariés ayant plusieurs employeurs

Les salariés ayant plusieurs employeurs (femmes de ménage, par exemple), indemnisés au titre d'une activité perdue, bénéficient de nouveaux droits lorsqu'ils perdent une seconde activité qu'ils exerçaient avant le début de leur indemnisation. Dans ce cas, en effet :
– le capital de droits acquis au titre de la première activité perdue se cumule avec celui acquis au titre de la seconde activité ;
– l'ARE versée est égale au cumul de l'ARE initiale avec l'ARE correspondant à la perte de la seconde activité ;
– la durée d'indemnisation est obtenue en divisant le nouveau capital par la nouvelle ARE journalière.

Exemple : vous avez deux emplois. Vous en perdez un et bénéficiez à ce titre d'une ARE journalière de 30 €. Puis vous perdez votre seconde activité alors qu'il vous reste encore 150 jours d'indemnisation. Au titre de la seconde activité, vous pouvez prétendre à une ARE de 20 € pendant 120 jours. Vos droits seront alors recalculés comme suit :
– votre capital restant au titre de votre première activité est égal à : 30 × 150 = 4 500 € ;
– votre capital acquis au tire de votre seconde activité est égal à : 20 × 120 = 2 400 € ;
– votre capital total est de : 4 500 + 2 400 = 6 900 €.

Vous bénéficierez alors d'une ARE journalière égale à 30 + 20 = 50 € pendant une durée de 6 900/50 = 138 jours.

Il est à noter que l'ARE ainsi versée est cumulable avec les revenus tirés, le cas échéant, d'une activité occasionnelle ou réduite conservée.

Droits rechargeables

Un allocataire qui reprend un emploi avant d'avoir épuisé ses droits à indemnisation ne perd pas définitivement les allocations non utilisées (*Code du travail, Art. L. 5422-2-1*). En effet, en cas de perte d'emploi ultérieure, ce reliquat lui sera versé jusqu'à épuisement de ses droits.

Ensuite, un nouveau capital de droits, assorti d'une nouvelle durée d'indemnisation, sera calculé sur la base de l'ensemble des nouvelles périodes d'activité. Depuis sa dernière ouverture de droits, il faut avoir travailler au moins 910 heures d'activité ou 130 jours (soit environ 6 mois), de façon continue ou discontinue, pour recharger des droits. Et il ne faut pas avoir démissionné de son dernier emploi, sauf les cas de démissions légitimes ou d'une démission dans le cadre de la poursuite d'un projet professionnel.

Exemple : vous avez été admis au bénéfice de l'ARE pour une durée de 500 jours, sur la base de 30 € par jour. Vous retrouvez un travail au bout de 300 jours. Puis vous perdez ce nouveau travail au bout de 150 jours.

Vous bénéficierez alors de l'ARE sur la base de 30 € pendant 200 jours (reliquat des droits initiaux). Ensuite, vous serez indemnisé pendant 150 jours en fonction du salaire perçu pendant votre dernière activité. Et vous aurez rechargé des droits nouveaux.

Les périodes d'activité supérieures à 3 jours au cours d'un même mois, non déclarées par le demandeur d'emploi, ne sont pas prises en compte pour le rechargement des droits. Les rémunérations correspondant aux périodes non déclarées ne sont pas intégrées dans le salaire de référence.

Face à une telle situation, vous pouvez toutefois exercer un recours devant la commission paritaire de Pôle emploi.

Certains demandeurs d'emploi peuvent cependant choisir de bénéficier de leurs nouveaux droits même s'ils n'ont pas épuisé les anciens. Ce droit d'option s'adresse aux personnes :
– totalisant une nouvelle période d'indemnisation d'au moins 130 jours ou 910 heures ;

– et bénéficiant soit d'une ARE liée à leurs anciens droits inférieure ou égale à 20 € par jour, soit d'une ARE liée à leurs nouveaux droits supérieure d'au moins 30 % par rapport au montant de l'ARE liée à leurs anciens droits.

Attention : dans ce cas, l'intéressé abandonne définitivement le reliquat de ses anciens droits et sa décision raccourcit donc sa durée d'indemnisation.

Que se passe-t-il si vous suivez une formation ?

Actualiser ses connaissances ou même opérer une reconversion professionnelle peut vous aider à retrouver plus facilement un emploi. La période de chômage peut donc se transformer en un temps pour la formation. Vous serez rémunéré pendant votre formation. Mais le montant de cette rémunération sera différent selon la formation que vous suivez.

Formation proposée dans le cadre du PPAE

Pôle emploi établit un projet personnalisé d'accès à l'emploi (PPAE) avec les demandeurs d'emploi indemnisés.

Ce projet peut prévoir des périodes de formation qualifiante, diplômante ou d'adaptation ainsi que de réorientation nécessaires au retour à l'emploi de l'intéressé.

Pendant le temps de cette formation, le demandeur d'emploi continue à percevoir son allocation chômage qui, en la circonstance, est désignée « allocation d'aide au retour à l'emploi formation » (AREF) *(Voir pages Barème)*. Il peut également percevoir une aide correspondant à la prise en charge des frais de formation, des frais de dossier et d'inscription ainsi que de ses frais de transport et d'hébergement.

Lorsque la formation se poursuit au-delà de sa durée d'indemnisation, le demandeur d'emploi peut percevoir la « rémunération de fin de formation » (dite R2F) à condition que la formation suivie soit destinée à la fois à :

– acquérir une qualification enregistrée au répertoire national des certifications professionnelles ou reconnue dans les classifications de branches ;

– et permettre d'accéder à un emploi rencontrant des difficultés de recrutement figurant sur une liste établie par le préfet de région.

La R2F permet de maintenir l'indemnisation au niveau de l'AREF perçue antérieurement, dans la limite d'un maximum *(Voir pages Barème)*.

Dans le cadre de la préparation opérationnelle à l'emploi (POE), les demandeurs d'emploi peuvent également bénéficier de la formation nécessaire à l'acquisition des compétences requises pour occuper un emploi précis correspondant à une offre déposée par une entreprise auprès de Pôle emploi. L'emploi proposé doit être :

– situé dans la zone géographique privilégiée définie par le PPAE de l'intéressé ;

– être conclu sous la forme d'un contrat à durée indéterminée, d'un contrat à durée déterminée de 12 mois au minimum ou d'un contrat de professionnalisation. En cas de contrat à temps partiel, la durée hebdomadaire du travail doit être de 20 heures au minimum.

La formation a lieu avant l'embauche du salarié (*Code du travail, Art. L. 6326-1 et s.*).

À NOTER

Au sein du PPAE, la priorité doit être donnée à une formation réalisée dans le cadre d'un contrat de travail. C'est ainsi que les demandeurs d'emploi peuvent se voir proposer un contrat d'accompagnement dans l'emploi ou un contrat initiative-emploi. Les demandeurs d'emploi de 26 ans et plus ayant besoin d'acquérir une qualification favorisant leur retour à l'emploi bénéficient par ailleurs d'un accès privilégié aux contrats de professionnalisation.

Formation à l'initiative du demandeur d'emploi

Le chômeur peut également trouver une formation par lui-même.

Il peut bénéficier de la prise en charge du coût de cette formation ainsi que d'une rémunération forfaitaire *(Voir pages Barème)* à condition que le stage :

– entre dans le cadre des actions de développement des compétences définies par l'article L. 6313-1 du Code du travail ;

– soit agréé par l'État ou la région.

La liste des stages agréés par l'État est publiée chaque année au *Journal officiel* et celle des stages agréés par la région au Bulletin officiel de la région. Pour savoir si un stage est agréé, le plus simple est de se renseigner directement auprès de l'organisme de formation qui l'organise.

Le demandeur d'emploi peut également mobiliser son compte personnel de formation pour financer les formations mentionnées à l'article L. 6323-6 du Code du travail (formations certifiantes, validation des acquis de l'expérience, bilan de compétences, permis de conduire, etc.) (*Code du travail, Art. L. 6323-21*).

VOUS EXERCEZ UNE ACTIVITÉ BÉNÉVOLE

Lorsque vous êtes demandeur d'emploi, vous avez le droit d'exercer une activité bénévole (*Code du travail, Art. L. 5425-9*). L'objectif est de mettre un terme aux pratiques de certaines agences de Pôle Emploi qui radiaient de manière abusive de la liste des demandeurs d'emploi des chômeurs qui exerçaient une activité bénévole. Toutefois, cette activité bénévole ne peut s'effectuer chez un précédent employeur, ni se substituer à un emploi salarié. De plus, elle doit rester compatible avec l'obligation de recherche d'emploi (*Code du travail, Art. L. 5425-8*). L'exercice d'une activité bénévole n'est pas un motif légitime vous permettant de refuser un emploi, une formation ou de répondre aux rendez-vous de Pôle emploi.
En cas de doute sur le caractère bénévole de votre activité, votre dossier sera soumis à l'instance paritaire régionale.
Par ailleurs, ne remettent jamais en cause le versement des allocations chômage :
– l'exécution d'un mandat syndical de représentation dans un organisme paritaire (la Sécurité sociale, par exemple) ;
– l'exécution d'un mandat électif auprès des conseils des prud'hommes, des organismes sociaux, des collectivités locales, etc. ;
– une activité d'aidant familial auprès d'un proche lorsqu'elle n'est pas rémunérée.

Comment être informé de vos droits ?

Demande d'information

Tous les demandeurs d'emploi se voient attribuer un conseiller référent, qui est le point d'entrée privilégié pour toutes demandes d'informations.
Le principe est qu'un demandeur d'emploi dispose d'un accès direct à son conseiller référent par mail ou par rendez-vous. Il peut également obtenir de Pôle emploi toute information ou service utile à sa recherche d'emploi.
Tout au long de son parcours, le demandeur d'emploi a accès en ligne aux données de référence qui ont servi de base au calcul de ses droits. Toutes les informations liées à son dossier sont par ailleurs accessibles sur son espace personnel, sur le site *www.pole-emploi.fr*.
Toute réclamation à Pôle emploi doit faire l'objet d'une réponse motivée. Pôle emploi doit y répondre dans les 7 jours ou envoyer au demandeur un accusé de réception indiquant le délai de réponse.
Si vous estimez n'avoir pas reçu de réponse satisfaisante à votre demande, vous pouvez également saisir le médiateur régional de Pôle emploi, qui doit en accuser réception dans un délai de 7 jours (*Code du travail, Art. L. 5312-12-1 ; BO Pôle emploi, instruction n° 2013-61 du 17/7/2013*).

Devoir d'information de Pôle emploi

Lors de la première ouverture de ses droits à indemnisation, le demandeur d'emploi est informé :
– des modalités de calcul et du montant de son allocation d'aide au retour à l'emploi (ARE). Le taux de remplacement du salaire antérieur par l'allocation lui est communiqué à la fois en pourcentage du salaire brut et en pourcentage du salaire net ;
– du premier jour de paiement de l'allocation ;
– de la durée totale d'indemnisation prévisionnelle.
Pôle emploi doit également informer les allocataires qui arrivent à échéance de leurs droits. Il doit en particulier :
– leur fournir toutes les données disponibles permettant de bénéficier d'un rechargement des droits dans les 30 jours précédant la fin prévisionnelle de leurs droits initiaux à indemnisation ;
– leur envoyer, au moins 60 jours avant la fin de leur indemnisation, une demande d'allocation de solidarité spécifique (ASS) et les informer de l'existence du RSA au cas où leur demande d'ASS n'aboutirait pas ;
– les informer de la date à laquelle ils pourront toucher une retraite à taux plein, ce qui correspond à la date limite de prise en charge par Pôle emploi.

Représentation des demandeurs d'emploi

Afin d'améliorer l'information des demandeurs d'emploi et leur capacité à exercer leurs droits, des comités de liaison locaux entre l'État, Pôle emploi et l'Association pour la formation professionnelle des adultes (AFPA) ont été mis en place (*Code du travail,*

Art. L. 5411-9). Siègent dans ces comités des demandeurs d'emploi représentant les organisations syndicales représentatives sur le plan national, les organisations de défense des intérêts de chômeurs et celles visant leur insertion.

AVANTAGE

Les demandeurs d'emploi peuvent adhérer à un syndicat ou continuer à en faire partie. Ils peuvent participer aux stages de formation syndicale et continuer de percevoir leur indemnisation pendant la durée de ces stages.

Que faire si Pôle emploi a commis une erreur ?

En cas de doute sur le montant de l'allocation, la durée d'indemnisation, etc., le premier réflexe est d'aller demander des explications à Pôle emploi dont vous dépendez. S'il y a eu erreur, elle sera réparée.

Si vous êtes convaincu de votre bon droit et que l'agent de Pôle emploi ne veut toutefois rien entendre, vous pouvez exposer votre situation, par courrier, au directeur de l'antenne régionale de Pôle emploi.

- Si la direction de Pôle emploi accepte de réviser sa décision, elle vous notifie dans les 30 jours la nouvelle décision. Si elle maintient sa position, elle doit vous apporter une réponse motivée dans les 30 jours à compter de la réception de votre lettre de contestation. Si Pôle emploi ne peut vous apporter de réponse motivée dans ce délai, une réponse d'attente doit tout de même vous parvenir précisant le délai dans lequel la réponse motivée vous sera envoyée.

Si vous maintenez votre contestation après la réponse de Pôle emploi, la direction des affaires juridiques est alors saisie et a 30 jours pour transmettre sa réponse au Pôle emploi dont vous dépendez.

- Si le problème posé relève de l'instance paritaire régionale (indemnisation en cas de départ volontaire, maintien du versement de votre allocation…), votre question lui sera transmise. Si vous n'êtes pas d'accord avec la position prise, vous pouvez demander un réexamen de votre dossier. Si l'instance paritaire régionale confirme sa décision, vos moyens de recours sont excessivement limités : en effet, les juges civils se déclarent en général incompétents pour statuer sur une décision de l'instance paritaire régionale. Néanmoins, la Cour de cassation a reconnu la compétence du juge civil lorsque l'instance paritaire statue sur le droit des demandeurs d'emploi « à des prestations auxquelles ils peuvent, en principe, prétendre en application des textes en vigueur » (*Cour de cassation, Chambre sociale, 20/6/2001*). Pour tous les autres aspects, notamment des demandes de dérogations aux règlements en vigueur, la Cour de cassation valide le pouvoir discrétionnaire de l'instance paritaire, dont les décisions ne sont pas dans ces cas susceptibles d'appel.

Lorsqu'en revanche l'instance paritaire régionale n'est pas saisie et que votre contestation porte purement et simplement sur les modalités d'application du règlement, vous pouvez, si vous n'obtenez pas gain de cause auprès de Pôle emploi, saisir le tribunal judiciaire.

À NOTER

En cas de litige, vous pouvez également saisir le médiateur de Pôle emploi. Pour cela, vous devez avoir préalablement déposé une réclamation auprès de votre Pôle emploi. Il existe un médiateur dans chaque région et un médiateur national. Vous pouvez indistinctement saisir l'un ou l'autre (coordonnées disponibles sur le site www.pole-emploi.fr). Le médiateur procédera à un nouvel examen de votre demande et pourra formuler une recommandation auprès du Pôle emploi en charge de votre dossier.

L'activité partielle

Des difficultés économiques, des intempéries, un sinistre, une épidémie... peuvent contraindre votre employeur à interrompre, pour un temps, totalement ou partiellement l'activité de son entreprise. Une indemnisation spécifique est alors versée aux salariés qui subissent une perte de salaire.

En quoi l'activité partielle consiste-t-elle ?

Vous pouvez être placé en situation d'activité partielle si vous subissez une perte de rémunération due :
– à la fermeture temporaire de votre entreprise ;
– ou à une réduction de votre horaire de travail en deçà de la durée légale (*Code du travail, Art. L. 5122-1*).

Les entreprises concernées

La réduction ou la suspension temporaire de l'activité de l'entreprise peut être due :
– à la conjoncture économique ;
– à des difficultés d'approvisionnement en matières premières ou en énergie ;
– à un sinistre (incendie, par exemple) ou à des intempéries de caractère exceptionnel (inondation, tempête ayant détruit des bâtiments) ;
– à une transformation, une restructuration ou une modernisation de l'entreprise ;
– ou à toute autre circonstance de caractère exceptionnel (*Code du travail, Art. R. 5122-1*).

Par circonstance exceptionnelle, il faut entendre des cas de force majeure ou, comme c'est le cas avec le Covid-19, d'une épidémie. Des grèves dans le secteur des transports peuvent ainsi entraîner des pertes d'activité et ouvrir droit à l'activité partielle.

À NOTER

Lorsque la réduction du temps de travail résulte d'une faute de votre employeur (fermeture provisoire de l'établissement à la suite du non-respect des règles de sécurité, par exemple), celui-ci ne peut avoir recours à l'activité partielle. Il doit compenser seul et entièrement les pertes de rémunérations entraînées par sa faute.

Les salariés bénéficiaires

Tous les salariés de l'entreprise peuvent bénéficier de l'indemnisation au titre de l'activité partielle quelle que soit la nature de leur contrat de travail (CDI ou CDD), qu'ils travaillent à temps complet ou à temps partiel. Dans ce dernier cas, il faut que le salarié à temps partiel ait vu sa durée de travail réduite.

Les salariés rémunérés selon un forfait annuel en heures ou en jours sont éligibles à l'activité partielle en cas de fermeture de la totalité ou d'une partie de leur entreprise mais aussi en cas de réduction de l'horaire habituellement pratiqué dans l'établissement (à due proportion de cette réduction).

Les salariés dont la réduction d'activité est provoquée par un conflit collectif du travail interne à l'établissement (grève ou lock-out) sont normalement exclus de ce système. Après 3 jours de lock-out, le ministre du Travail peut toutefois autoriser le recours à l'activité partielle. Les travailleurs d'entreprises touchées indirectement par la réduction d'activité de l'entreprise en grève peuvent, en revanche, bénéficier des mesures d'activité partielle (cas des sous-traitants, des fournisseurs, par exemple)(*Code du travail, Art. R. 5122-8 et R. 5122-19*).

AVANTAGE

En cas de suspension totale de l'activité, votre contrat de travail est simplement suspendu. Vous faites toujours partie de l'entreprise et tous vos droits liés à votre ancienneté prennent en compte la période de suspension due à l'activité partielle, sauf dispositions contraires prévues par un accord collectif.

La demande de l'employeur

Avant de réduire ou de cesser l'activité de l'établissement, l'employeur doit consulter pour avis le comité social et économique de l'entreprise. Ensuite, il doit adresser au préfet du département où est implantée l'entreprise une demande d'autorisation préalable.

En cas d'activité partielle due à un sinistre, ou une intempérie ou une circonstance de caractère exceptionnel, la demande peut être adressée dans les 30 jours suivants et sans attendre l'avis préalable du CSE. Toutefois, l'employeur est tenu de transmettre cet avis au préfet dans les 2 mois maximum de sa demande (*Code du travail, Art. R. 5122-3*).

La demande de l'employeur précise :

– les motifs justifiant le recours à l'activité partielle ;

– la période prévisible de sous-activité ;

– le nombre de salariés concernés.

Si le CSE a donné un avis préalable, celui-ci est joint à la demande (*Code du travail, Art. R. 5122-2*).

Sans réponse sous 15 jours, l'autorisation du préfet est considérée comme accordée. Ce délai est toutefois ramené à 2 jours jusqu'au 31/12/2020. Une décision de refus doit être motivée.

Comment l'activité partielle est-elle indemnisée ?

Les salariés en situation d'activité partielle perçoivent de leur employeur une indemnité destinée à compenser leur perte de salaire.

Le montant de l'indemnisation

Pendant les périodes d'inactivité, les salariés perçoivent une indemnité horaire correspondant à 70 % de leur rémunération brute antérieure, qui peut être augmentée par l'employeur. Elle est considérée comme un revenu de remplacement.

S'ils bénéficient d'actions de formation pendant les heures chômées, l'indemnité horaire sera portée à 100 % de leur salaire net antérieur (*Code du travail, Art. R. 5122-18*).

Le montant de l'indemnité ne peut par ailleurs être inférieur au taux horaire du SMIC, sauf pour les salariés payés en pourcentage du SMIC (apprentis, par exemple). Ainsi, lorsqu'un salarié en activité partielle perçoit, au cours d'un mois, une rémunération inférieure au SMIC, l'employeur doit lui verser une allocation complémentaire, destinée à combler l'écart.

Le nombre d'heures chômées indemnisées au titre de l'activité partielle, le taux appliqué pour le calcul de l'indemnité ainsi que le montant de l'indemnité correspondante versée au salarié doivent être indiqués sur le bulletin de paie.

ATTENTION ⚠

Les heures non travaillées effectuées au-delà de la durée du travail applicable (légale, collective ou contractuelle) n'ouvrent pas droit à l'indemnisation d'activité partielle (Code du travail, Art. R. 5122-11).

Le paiement

C'est l'employeur qui procède au versement de l'indemnisation du salarié à la date normale de la paie (*Code du travail, Art. R. 5122-14*).

Une partie de cette indemnisation est prise en charge par l'État. Le montant de la prise en charge consiste en une allocation horaire dont le montant est proportionnel au salaire. L'allocation couvre 70 % de la rémunération antérieure brute du salarié, dans la limite de 4,5 SMIC horaire brut, et ce quel que soit l'effectif. Un taux horaire minimum est défini par décret (*Voir pages Barème*). En deçà de 4,5 SMIC, l'employeur n'a pas de reste à charge. Au-delà, l'employeur complète le différentiel.

Pour obtenir cette allocation, l'employeur doit adresser une demande de prise en charge à l'Agence de services et de paiement (ASP). Celle-ci verse l'allocation à la fin de chaque mois ou à la fin de la période de modulation en cas d'organisation du travail sur une période supérieure à la semaine.

En cas de difficulté financière de l'entreprise (sauvegarde, redressement ou liquidation judiciaire), l'ASP se charge d'indemniser directement les travailleurs concernés (*Code du travail, Art. R. 5122-16*). Un document remis au salarié mentionne alors les informations sur l'activité partielle devant normalement apparaître sur le bulletin de paie.

Lorsque l'employeur a déjà eu recours à l'activité partielle dans les 36 mois précédant une demande d'autorisation, l'autorité administrative peut définir des engagements spécifiques en contrepartie de l'allocation versée : actions de formation, actions en matière de gestion prévisionnelle des emplois et des compétences, actions visant à rétablir la situation économique de l'entreprise, maintien dans l'emploi des salariés concernés pendant une durée pouvant atteindre le double de la période d'indemnisation… Les engagements de l'employeur peuvent être fixés par accord d'entreprise (*Code du travail, Art. R. 5122-9*).

À NOTER

Les employeurs doivent effectuer toutes les démarches liées à l'activité partielle (demande d'autorisation préalable et d'indemnisation) par voie dématérialisée, sur le site https://activitepartielle.emploi.gouv.fr. L'employeur a 1 an pour demander le paiement de son allocation. Ce délai court après le terme de la période couverte par l'autorisation. Au-delà, ces créances sont considérées comme prescrites (Code du travail, Art. L. 5122-1). Par ailleurs, l'employeur est à présent passible de 2 ans d'emprisonnement et 30 000 € d'amende s'il tente frauduleusement d'obtenir une telle allocation, par des fausses déclarations notamment (Code du travail, Art. L. 5124-1).

La durée de l'indemnisation

L'autorisation de mise en activité partielle est accordée pour 12 mois maximum. Elle peut être renouvelée, si nécessaire, à condition que l'employeur souscrive des engagements spécifiques (voir plus haut)(*Code du travail, Art. R. 5122-9*).

De plus, l'allocation versée à l'employeur est attribuée dans la limite d'un contingent annuel d'heures égal à 1 000 heures par salarié (cette limite est portée à 1 607 heures jusqu'au 31/12/2020). Des dépassements exceptionnels peuvent être autorisés par les ministres du Travail et de l'Économie (ou le préfet pour les dépassements inférieurs à 171 heures).

À NOTER

La Cour de cassation considère que la mise en activité partielle, lorsqu'elle est légitime, ne constitue pas une modification du contrat de travail (Cour de cassation, Chambre sociale, 9/3/1999). Le refus du salarié de se soumettre aux nouveaux horaires réduits constitue par conséquent une faute grave justifiant son licenciement (Cour de cassation, Chambre sociale, 2/2/1999).

Cas pratiques

Le chômage

Attestation d'assurance Pôle emploi

J'ai été embauché sous contrat à durée déterminée. À l'issue du contrat, mon employeur n'a pas établi d'attestation. Quel article invoquer ?

Le Code du travail fait obligation à l'employeur de délivrer, au terme du contrat, les justificatifs et attestations permettant au salarié de s'inscrire au chômage (*Code du travail, Art. L. 1234-19, R. 1234-9 et D. 1234-6*). L'employeur doit transmettre « sans délai » ces mêmes attestations à Pôle emploi (*Code du travail, Art. R. 1234-9*).

Mon employeur m'a remis mon attestation avec retard sous prétexte que nous étions en désaccord sur les montants de mes commissions. Puis-je obtenir une indemnisation de sa part ?

Oui, vous pouvez demander à votre employeur des dommages et intérêts dans la mesure où vous pouvez prouver votre préjudice *(Cour de cassation, Chambre sociale, 13/4/2016 et 22/3/2017)* .

Démission ou licenciement

J'estime que mon employeur m'a poussé à la démission. En fait, je regrette de ne pas avoir su résister à cette pression. Puis-je demander à Pôle emploi de me verser quand même des indemnités de chômage si je prouve qu'il s'agit d'un licenciement déguisé ?

Non, Pôle emploi n'est pas compétent pour apprécier le bien-fondé d'une contestation concernant les circonstances de la rupture du contrat de travail. Il vous faut saisir le conseil des prud'hommes dont vous dépendez afin que le juge requalifie la rupture. Nous vous conseillons de prendre contact au plus vite avec un avocat.

Clause de garantie d'emploi

J'ai été engagé comme directeur de vente. Je bénéficie dans mon contrat de travail (CDI) d'une clause de garantie d'emploi de 2 ans. Mon employeur ne l'a pas respectée et m'a licencié. J'ai obtenu sa condamnation à me verser une indemnité égale aux salaires que j'aurais perçus jusqu'au terme de cette période. Puis-je à la fois toucher, sur la période restant à courir de la garantie d'emploi, le chômage et cette indemnité ?

Suivant la jurisprudence de la Cour de cassation, vous ne pouvez pas cumuler ces deux sommes. Les dommages et intérêts alloués à un salarié en cas de violation, par l'employeur, d'une clause de garantie d'emploi ne peuvent pas se cumuler avec les indemnités de chômage (*Cour de cassation, Assemblée plénière, 13/12/2002*). L'idée sous-jacente de la Cour est que les sommes versées dans le cadre de ce type de clause ont la nature d'un substitut de salaire et ne sont donc pas cumulables avec les allocations de chômage.

Activité bénévole - temps plein

Je suis actuellement au chômage. Pendant cette période très pénible pour moi, je m'occupe à temps plein d'une association culturelle. Pôle emploi peut-il me supprimer mes allocations chômage pour cette raison ?

Pour toucher le chômage, il faut que l'activité bénévole ne vous empêche pas de satisfaire à l'obligation de rechercher du travail, ni que cette activité se substitue à un emploi salarié (*Code du travail, Art. L. 5425-8*). Il a été jugé, par exemple, que tel n'était pas le cas dans une affaire où un particulier présidait une association de modélisme à titre permanent et à temps plein (*Cour de cassation, Chambre criminelle, 27/2/1996*).

Dans une autre affaire, la Cour de cassation a estimé que l'exercice de fonctions bénévoles, générales et réduites, au sein de deux associations n'était pas incompatible avec le bénéfice des allocations chômage, dès lors que le demandeur justifiait avoir effectué des recherches pour la reprise d'un emploi (*Cour de cassation, Chambre sociale, 17/12/2003*).

Par ailleurs, il ne faut pas que cette activité s'exerce au profit d'un ancien employeur.

Perte de l'emploi et création d'entreprise

Activité partielle

Allocation minimum perçue par l'employeur (montant horaire) :

8,03 €.

Allocation d'aide au retour à l'emploi depuis le 1/7/2020

Montant journalier :

40,4 % du salaire de référence + 12,05 € ;
– minimum : 29,38 € ;
– maximum : 75 % du salaire de référence.

Montant minimum journalier en cas de formation (AREF) :

21,04 €.

Montant maximum de la rémunération de fin de formation (RFF) :

652,02 € par mois.

Allocation de solidarité spécifique depuis le 1/4/2020

Plafonds de ressources mensuelles :

– personne seule : 1 182,30 € ;
– couple : 1 857,90 €.

Montant journalier :

16,89 €

Plafonds de la Sécurité sociale en 2020

– annuel : 41 136 € ;
– trimestriel : 10 284 € ;
– mensuel : 3 428 € ;
– journalier : 189 € ;
– horaire : 26 €.

Rémunération forfaitaire des stages agréés

Stagiaires justifiant de 2 mois d'activité au cours d'une période de 12 mois d'enseignements :

3,90 € pour chaque heure de présence effective.

RSA depuis le 1/4/2020

MONTANT FORFAITAIRE (CAS GÉNÉRAL)		
Personne (s) à charge	Personne seule	Couple
Sans personne à charge	*564,78 €*	847,17 €
1 personne à charge	*847,17 €*	1 016,60 €
2 personnes à charge	*1 016,60 €*	1 186,03 €
Majoration par personne supplémentaire	*225,91 €*	225,91 €

MONTANT FORFAITAIRE MENSUEL (PERSONNE ISOLÉE AVEC ENFANT (S) DE MOINS DE 3 ANS)	
Femme enceinte	725,24 €
1 enfant à charge	*966,99 €*
2 enfants à charge	*1 208,74 €*
3 enfants à charge	*1 450,48 €*
Majoration par enfant supplémentaire	*241,74 €*

SMIC depuis le 1/1/2020

– SMIC horaire : 10,15 € ;

– SMIC mensuel (151,666 heures) : 1 539,42 €.

Bien vivre sa retraite

La vie quotidienne
Obtenir de l'aide à domicile

Où vivre sa retraite ?
Les différentes formules d'accueil

La vie quotidienne

De nombreuses mesures sont prises en faveur des seniors dans tous les domaines de la vie quotidienne, en plus des droits et avantages auxquels ils peuvent prétendre en tant que citoyen. C'est le cas par exemple de certaines aides à domicile qui leur sont réservées. Bien connaître ces avantages spécifiques au troisième âge, c'est profiter au mieux, financièrement et au quotidien, de sa retraite.

Obtenir de l'aide à domicile

Si vous désirez rester chez vous mais que vous avez besoin d'assistance, plusieurs aides à domicile peuvent vous intéresser telles que l'aide ménagère, l'aide au retour à domicile après une hospitalisation, l'allocation personnalisée d'autonomie, les services de soins infirmiers à domicile ou encore la téléassistance.

Le maintien à domicile

Le maintien à domicile repose en large partie sur les services d'aide matérielle (heures de ménage, aide pour accomplir les gestes de la vie courante…) qui constituent également un lien social. L'offre de services à la personne s'est considérablement développée : aux traditionnelles heures de ménage se sont ajoutés bien d'autres types d'intervention (voir plus loin). Le domaine a également été ouvert à de nouvelles structures : au côté des associations d'aide à domicile et des centres communaux d'action sociale sont apparues de nombreuses entreprises privées et plus récemment des régies de quartier. Les pouvoirs publics ont en outre veillé à la qualité de ces services à la personne par un système d'agrément ou de déclaration. Ainsi, la personne âgée devra avoir recours à un service à la personne agréé ou déclaré pour bénéficier de l'avantage fiscal.

Pour financer ces services, la personne âgée peut bénéficier de prestations qui diffèrent selon son niveau de dépendance et son niveau de ressources : pour les moins dépendantes, l'aide sociale du département ou celle des caisses de retraite ; pour les plus dépendantes, l'allocation personnalisée d'autonomie.

Une offre de services élargie

Les associations, les régies de quartier et entreprises agréées peuvent proposer les services suivants :

– l'entretien de la maison et les travaux ménagers : la personne âgée peut notamment recourir aux services d'une aide ménagère (voir plus loin) ;

– les petits travaux de jardinage : entretien courant des jardins de particuliers à leur domicile, effectué au moyen du matériel mis à la disposition du salarié par l'employeur ou l'organisme agréé qui l'emploie. Les travaux comprennent la taille des haies et des arbres, le débroussaillage mais pas les travaux forestiers ;

– les prestations de petit bricolage dites « homme/femme toutes mains » : tâches occasionnelles de très courte durée qui ne demandent pas de qualification particulière (changer une ampoule, un joint, fixer un cadre…) ;

– la préparation de repas à domicile, y compris le temps passé à faire les courses ;

– la livraison de repas ou de courses à domicile, la collecte et livraison à domicile de linge repassé, à la condition que ces prestations soient comprises dans une offre de services incluant un ensemble d'activités effectuées à domicile ;

– l'assistance aux personnes âgées ou autres personnes qui ont besoin d'une aide personnelle à leur domicile, à l'exception d'actes de soins relevant d'actes médicaux ;

– l'assistance aux personnes handicapées, y compris les activités d'interprète en langue des signes, de technicien de l'écrit et de codeur en langage parlé complété ;

– la prestation de garde-malade, à l'exclusion des soins ; cependant, les aides à domicile peuvent effectuer des aspirations endo-trachéales à condition d'avoir reçu la formation nécessaire ;

– des aides à la mobilité et transports de personnes ayant des difficultés de déplacement lorsque cette activité est incluse dans une offre de services d'assistance à domicile ;

– des prestations de conduite du véhicule personnel des personnes dépendantes, du domicile au travail, sur le lieu de vacances, pour les démarches administratives, d'accompagnement des personnes âgées ou handicapées en dehors de leur domicile (promenades, transports, actes de la vie courante), à condition que ces prestations soient comprises dans une offre de

services incluant un ensemble d'activités effectuées à domicile ;
– la prestation d'assistance informatique et Internet à domicile ;
– les soins et promenades d'animaux de compagnie pour les personnes dépendantes, à l'exception des soins vétérinaires et du toilettage ;
– les soins d'esthétique à domicile pour les personnes dépendantes ;
– la maintenance, l'entretien et la vigilance temporaires, à domicile, de la résidence principale et secondaire ;
– l'assistance administrative à domicile.

À NOTER

Pour vous renseigner sur les services à la personne existants, vous pouvez vous connecter sur le site www.servicesalapersonne.gouv.fr.

AVANTAGE

Pour attester de la qualité de leurs services à domicile, les organismes concernés peuvent obtenir, s'ils répondent à des critères stricts, une certification : la norme AFNOR NF X 50-056. C'est un atout majeur pour la structure qui valorise ainsi son image tant à l'égard des clients que des financeurs (les caisses de retraite par exemple).

SERVICES À LA PERSONNE ET TAUX DE TVA

✓ Exonération de TVA
Les services à la personne fournis par une association sans but lucratif à des bénéficiaires fragiles (personne âgée, handicapée ou atteinte d'une maladie chronique) sont exonérés de TVA. Les prestations concernées sont notamment :
– l'assistance aux personnes âgées, handicapées ou dépendantes à l'exception des soins relevant d'actes médicaux ;
– la garde-malade à l'exclusion des soins ;
– l'accompagnement des personnes âgées dépendantes ou handicapées dans leurs déplacements en dehors de leur domicile (promenades, transports, actes de la vie courante), à la condition que cette prestation soit comprise dans une offre de services incluant un ensemble d'activités réalisées à domicile.
✓ TVA à 5,5 %
Ces mêmes prestations de services fournies par des entreprises agréées aux personnes en situation de fragilité sont soumises au taux réduit de TVA à 5,5 %.
✓ TVA à 10 %
Ce taux s'applique principalement aux prestations suivantes :
– l'entretien de la maison et travaux ménagers ;
– les travaux de petit bricolage dits « homme toutes mains » ;
– la préparation de repas à domicile ;
– la livraison de repas, de linge repassé ou de courses à domicile, à la condition que la prestation soit comprise dans une offre de services incluant un ensemble d'activités réalisées à domicile.
✓ TVA à 20 %
– les petits travaux de jardinage ;
– l'assistance informatique et Internet à domicile ;
– la maintenance, l'entretien et la vigilance temporaires, à domicile, de la résidence principale et secondaire ;
– les activités qui concourent directement et exclusivement à coordonner et délivrer les services à la personne, c'est-à-dire les activités de mandataire mettant en relation un client et un prestataire de services à la personne (*Décret n° 2013-510 du 17/6/2013*).

Une obligation d'information

Une obligation d'information du consommateur est mise à la charge des organismes de services à la personne (*Arrêté du 17/3/2015*).
Les prestataires de services doivent mettre à la disposition des consommateurs sur le lieu d'accueil du public et sur leur site Internet les informations suivantes :
– la liste de chacune des prestations qu'il propose ;
– le mode d'intervention selon lequel chacune des prestations est réalisée ;
– des informations sur les prix de chaque prestation et le détail des frais annexes éventuels tels que les frais de dossier, les frais de gestion ou les frais de déplacement. Les prix sont exprimés hors taxes et toutes taxes comprises. La mention d'un éventuel avantage fiscal ou social doit être clairement définie.
Un devis personnalisé est fourni gratuitement pour les prestations dont le prix mensuel est d'au moins 100 €

TTC. Un devis gratuit doit être remis au consommateur qui en fait la demande pour les prestations dont le prix mensuel est inférieur à 100 € TTC.

Parmi les mentions obligatoires du devis, le consommateur doit trouver :

– la description de chaque prestation proposée ;

– le nombre d'heures de travail correspondant à chaque prestation proposée (sauf si cette indication n'est pas pertinente compte tenu de la nature de la prestation) ;

– le prix horaire ou, lorsque le rapport à l'unité horaire n'est pas approprié, le prix forfaitaire pour chaque prestation proposée ;

– le taux de TVA applicable à chaque prestation, le cas échéant ;

– le montant total à payer ou, si le contrat n'a pas de durée déterminée par avance, le montant total mensuel ou hebdomadaire ;

– le montant détaillé de tous les frais annexes.

La facture, qui est gratuite quel que soit le support utilisé, doit être délivrée au consommateur avant paiement.

L'aide sociale du département

Vous pouvez obtenir une aide ménagère dans le cadre de l'aide sociale départementale si vous avez 65 ans au moins (60 ans en cas d'inaptitude au travail). Les interventions de l'aide ménagère varient en fonction de vos besoins : elle peut faire les courses, entretenir le logement, préparer les repas, effectuer des démarches administratives…

Les conditions à remplir

Il faut avoir au moins 65 ans (60 ans en cas d'inaptitude au travail), être dans un état qui nécessite une aide matérielle pour rester à domicile et disposer de ressources qui ne dépassent pas un certain plafond *(Voir pages Barème)*.

Les démarches

- Pour bénéficier des services d'une aide ménagère, vous devez faire une demande auprès du centre communal d'action sociale (CCAS) de votre mairie ou auprès d'associations privées habilitées qui constitueront le dossier.

- Si en raison de vos ressources, vous n'avez pas le droit à l'aide sociale, vous pouvez vous adresser à la caisse de retraite dont vous dépendez. Si vous relevez de plusieurs régimes de retraite de base différents, seul celui qui valide la plus longue période d'activité est en principe compétent.

Des frais variables

Si vous relevez de l'aide sociale, votre participation financière sera égale à une somme qui diffère selon les départements.

ATTENTION ⚠

L'aide sociale peut récupérer sur la succession du bénéficiaire les sommes qu'elle a versées au défunt. Les conditions de récupération sont différentes selon la nature des allocations. Ainsi, les prestations accordées pour le maintien à domicile telles que le portage des repas ou l'aide ménagère sont récupérables, si leur montant est supérieur à 760 €, sur la part de succession qui dépasse 46 000 €.

Le plan d'actions personnalisé de la CNAV

L'action sociale des caisses de retraite de base des salariés qui consistait principalement hier en une prise en charge partielle d'heures d'aide ménagère prend désormais en compte de façon globale les besoins du retraité à travers un plan d'actions personnalisé. En outre, où que vous soyez sur le territoire français, les aides du régime général sont désormais calculées selon un barème unique établi par la Caisse nationale d'assurance vieillesse (CNAV).

Les bénéficiaires

Ce dispositif s'adresse aux personnes retraitées du régime général à titre principal âgées de plus de 55 ans. Pour pouvoir y prétendre, la plus large partie des retraites ou des pensions de réversion doit être issue de l'activité salariée. Il faut ensuite être faiblement dépendant et plus précisément relever du niveau de dépendance GIR 5 ou 6 et rencontrer des difficultés dans la vie quotidienne en raison de l'avancée en âge, du niveau de ressources, de l'état de santé et de l'isolement social ou géographique. Dernière condition : ne pas bénéficier d'une prestation équivalente d'un autre système mis en œuvre par les pouvoirs publics.

Les prestations

À la suite de l'évaluation globale de la situation du demandeur, un plan d'actions personnalisé est élaboré. Celui-ci peut prévoir le financement de différents services comme, par exemple, des heures d'aide ménagère à domicile ou d'aide aux courses, des aides pour des gros travaux d'entretien, le portage de repas, l'accompagnement pour des déplacements, l'aide à la toilette, la pédicurie, l'installation et l'abonnement pour la télé-assistance, la participation à des ateliers mémoire, équilibre ou nutrition… Il faut y ajouter l'aide au retour à domicile après une hospitalisation. Pendant une période courte (3 mois au maximum), les soutiens sont intensifiés afin que le bénéficiaire retrouve plus rapidement son autonomie.

La CNAV propose également un accompagnement aux retraités en situation de rupture (ASIR) : veuvage, déménagement, perte d'un proche ou placement de celui-ci en maison de retraite… L'ASIR est réservé aux personnes qui relèvent des groupes de dépendance GIR 5 et 6. L'aide peut consister en un accompagnement administratif (aide aux formalités liées au décès par exemple), un accompagnement de la gestion budgétaire, une aide dans les tâches domestiques ou dans la préparation des repas, un soutien psychologique, des aides médico-sociales. Toutes les actions mises en œuvre s'inscrivent dans une enveloppe budgétaire maximale pour une période de 3 mois au plus *(Voir pages Barème)*.

Pour l'ensemble de ces services, le bénéficiaire apporte sa participation financière dont le montant varie en fonction de son niveau de revenus. Pour alléger les démarches des retraités et le traitement des dossiers, les modalités d'appréciation des ressources ont été simplifiées. Est désormais retenu le montant du revenu brut global du retraité (ou du couple marié ou pacsé) figurant sur le dernier avis d'imposition et non plus la somme de toutes les ressources (pour les concubins, on additionne le montant des deux avis d'imposition). Le montant de l'aide ne peut pas dépasser un plafond annuel *(Voir pages Barème)*.

L'action sociale peut également financer des travaux dans le logement *(Voir pages Barème)*.

La procédure

La demande doit être adressée à la caisse d'assurance retraite et de la santé au travail (CARSAT) dont relève le domicile. Le dossier à remplir comporte des questions sur la situation de famille, l'état de santé… Il s'ensuit une évaluation des besoins du demandeur qui se fait à son domicile. Tout est pris en compte pour apprécier le plus justement possible la situation : cadre de vie, état de santé, conditions de logement… Il en résulte un plan d'actions personnalisé comportant un ou plusieurs services (voir plus haut).

L'équipe d'évaluation est également chargée de :

– repérer les risques que comporte le logement du retraité afin d'apporter des conseils pour prévenir les chutes et les accidents domestiques ; par exemple, régler les éclairages s'ils sont insuffisants ou éblouissants, retirer les tapis dans les zones de circulation… ;

– proposer un mode de financement pour les aides techniques avec le « kit prévention » : la caisse peut accorder une aide forfaitaire de 100, 200 ou 300 € pour financer des aides techniques tels qu'un rehausseur WC, une planche de bains, un tabouret de douche, une barre d'appui, un tapis anti-dérapant… Le bénéficiaire s'engage à installer ou à faire installer les équipements financés (les factures pourront lui être réclamées) ;

– repérer les besoins de travaux *(Circulaire CNAV n° 2015/53 du 12/11/2015)*.

AVANTAGE

Si vous ne relevez pas du régime des salariés, renseignez-vous auprès de votre caisse de retraite. La plupart d'entre elles développe des actions sociales en faveur de leurs retraités. Les fonctionnaires de l'État à la retraite bénéficient à nouveau d'une prestation d'aide au maintien à domicile (Décret n° 2012-920 du 27/7/2012 et arrêté du 7/1/2014). La CNAV (Caisse nationale d'assurance vieillesse) et les caisses de son réseau (les CARSAT : caisses d'assurance vieillesse et de santé au travail) sont chargées de recueillir et d'instruire les demandes.

LES AIDES DE LA CAISSE DE RETRAITE COMPLÉMENTAIRE

La caisse de retraite complémentaire des salariés AGIRC-ARRCO, mène également des actions sociales. Par exemple, dans de nombreux départements, elle accorde une aide à l'accompagnement (« Sortir plus ») aux personnes d'au moins 75 ans qui ne peuvent plus sortir seules de leur domicile. Sans condition de ressources, ces personnes peuvent recevoir jusqu'à trois chéquiers par an d'une valeur de 150 € chacun pour rémunérer les services d'un accompagnateur. Il leur est demandé une participation financière de 15 € pour le premier chéquier, 20 € pour le second, 30 € pour le troisième. Autre exemple : l' « aide à domicile momentanée » pour les retraités de plus de 75 ans en situation de difficulté temporaire. Il peut s'agir de financer des heures de ménage, la préparation des repas, etc.
Le régime AGIRC-ARRCO a mis en place un numéro de téléphone unique : le 0 810 360 560, pour faciliter l'accès aux prestations d'action sociale.
Il propose également des bilans de prévention gratuits dans plusieurs centres de prévention. Un bilan complet est effectué. Son objectif : évaluer de manière globale la situation de la personne (sur le plan médical, psychique et social). Il peut être complété par un bilan mémoire, auditif, nutritionnel, autonomie… Il s'ensuit des propositions d'actions de prévention, comme par exemple la participation à des ateliers mémoire, équilibre, etc.

AVANTAGE

Si vous avez moins de 60 ans et que vous avez besoin de l'aide d'une tierce personne, vous pouvez prétendre, sous certaines conditions, à la prestation de compensation.

L'allocation personnalisée d'autonomie (APA)

Cette allocation est destinée aux personnes qui, indépendamment des soins qu'elles peuvent recevoir, ont besoin d'une aide pour accomplir les actes essentiels de la vie ou dont l'état nécessite une surveillance régulière (*Code de l'action sociale et des familles, Art. L. 232-1 et s.*).

Les conditions à remplir

L'APA est attribuée, sans condition de ressources, aux personnes qui remplissent les conditions suivantes :
– être âgé d'au moins 60 ans ;
– résider à son domicile ou en établissement ;
– se trouver dans l'incapacité d'assumer les conséquences du manque ou de la perte d'autonomie liées à son état physique ou mental. Le niveau de dépendance ainsi que les besoins de la personne dépendante sont évalués par une équipe médico-sociale du département ;
– résider en France de manière stable et régulière.

À NOTER

Les personnes sans résidence stable doivent, pour bénéficier de cette allocation, élire domicile auprès d'un organisme agréé par le département (association d'aide aux personnes en difficulté, par exemple).

En quoi consiste-t-elle ?

Si vous résidez chez vous

L'allocation permet de payer les dépenses de toute nature prévues dans le plan d'aide personnalisé (aide à domicile, adaptation du logement, dépenses de transport…) élaboré par une équipe médico-sociale. Désormais, celle-ci doit évaluer non seulement la situation et les besoins du demandeur (son mode de vie, ses conditions d'habitat…) mais également ceux de ses proches aidants. Ce « diagnostic » doit permettre de diversifier le contenu du plan : aménagement du logement, heures d'aide à domicile… Il peut intégrer, par exemple, un accueil temporaire pour la personne âgée afin de soulager les proches apportant leur soutien. La personne dépendante peut employer directement l'aide à domicile ou s'adresser à un service prestataire d'aide à domicile. Ce service reçoit alors directement les fonds du département si le bénéficiaire de l'allocation est d'accord. Si l'intéressé a une liberté de choix totale entre ces différentes solutions pour obtenir de l'aide au quotidien, une priorité est donnée aux services d'aide à domicile. C'est ainsi que l'APA sera affectée à la rémunération d'un tel service, sauf refus exprès du bénéficiaire, si ce dernier nécessite une surveillance régulière du fait d'une détérioration intellectuelle ou est dépourvu d'entourage familial ou social ou enfin s'il est classé dans les groupes de dépendance GIR 1 ou 2.

À NOTER

Le bénéficiaire de l'APA peut employer un membre de sa famille, à l'exception de son conjoint, de son concubin ou de la personne avec laquelle il a conclu un pacte civil de solidarité.

AVANTAGE

Si une personne vous aide à domicile, vous pouvez bénéficier d'un crédit d'impôt au titre des sommes que vous lui versez.

À NOTER

Grâce au congé de proche aidant, un salarié peut cesser temporairement son activité professionnelle pour s'occuper d'un membre de sa famille lourdement handicapé ou très dépendant.

Si vous êtes hébergé en établissement

L'allocation est égale au montant des dépenses correspondant à votre prise en charge par l'établissement en fonction de votre degré de perte d'autonomie, diminué d'une participation de votre part.

Les démarches

Un dossier de demande est à retirer auprès des services du département ou des organismes sociaux (centres communaux d'action sociale notamment).
Vous devez adresser le dossier complet, accompagné des pièces justificatives, au président du conseil départemental de votre département.
La décision d'attribution est prise par le président du conseil départemental sur proposition d'une commission départementale. Elle vous est notifiée dans un délai de 2 mois à compter de la date de dépôt de la demande et précise le montant mensuel de l'allocation et celui de votre participation financière. À défaut de notification dans ce délai, l'APA est réputée accordée pour un montant forfaitaire jusqu'à la notification d'une décision expresse.
L'APA à domicile est attribuée à compter de la notification d'attribution de la décision alors que l'APA en établissement l'est dès la date de dépôt du dossier de demande complet.

AVANTAGE

En cas d'urgence d'ordre médical ou social, l'allocation peut vous être attribuée à titre provisoire pendant une période de 2 mois pour un montant forfaitaire.

À NOTER

Le repérage des personnes en situation de fragilité, l'analyse de leurs besoins et les réponses à leur apporter en terme matériels et financiers vont être organisés au niveau de chaque département dans le cadre d'un nouveau dispositif appelé « la conférence des financeurs » (Loi n° 2015-1776 du 28/12/2015). Y siégeront notamment des représentants des différentes caisses de retraite, du département et des caisses d'assurance maladie. Le département et les caisses de retraite vont pouvoir organiser, de façon commune, l'évaluation des besoins et de la perte d'autonomie.

Le montant de l'allocation

Il est déterminé en fonction de trois éléments :
– **le degré de dépendance** : il est déterminé selon un barème appelé grille AGGIR qui détermine 6 niveaux de dépendance codifiés GIR 1 (les personnes les plus dépendantes) à 6 (les moins dépendantes) ; seules les personnes relevant des groupes GIR 1, 2, 3 et 4 peuvent prétendre à l'APA ;
– **le besoin d'aide :** l'équipe medico-sociale préconise des interventions qui sont chiffrées et formalisées dans un plan d'aide. Désormais, le plan doit non seulement prendre en compte les besoins du demandeur mais également l'implication des proches aidants afin de prévoir le financement d'un « droit au répit ». Le plan d'aide ne peut pas dépasser un plafond variable selon le niveau de dépendance *(Voir pages Barème)* ;
– **les ressources :** la personne âgée doit participer au financement du plan d'aide en fonction de ses ressources. Plus précisément, sont retenus les revenus figurant sur le dernier avis d'imposition ainsi que les produits de placement soumis à prélèvement libératoire. Sont également pris en compte les biens immobiliers (hors résidence principale) et les capitaux ni exploités, ni placés. Les personnes âgées dont les ressources mensuelles ne dépassent pas un certain montant proche de celui de l'allocation de solidarité aux personnes âgées sont exonérées de participation *(Voir pages Barème)*.
Celles dont les revenus sont supérieurs doivent s'acquitter d'une participation qui peut aller jusqu'à 90 % de la valeur du plan d'aide.
En outre, le montant du plan d'aide peut être majoré *(Voir pages Barème)* pour financer un intervenant en remplacement du proche aidant mais dans deux cas seulement :
– pour financer une solution de répit : le plan d'aide peut proposer le recours à une structure d'accueil temporaire, de relais à domicile, ou à tout autre dispositif permettant de répondre au besoin de l'aidant ;
– en cas d'hospitalisation de l'aidant : la majoration de l'APA peut être accordée pour financer un hébergement temporaire de la personne dépendante ou l'intervention de professionnels à domicile. La demande doit être faite au président du conseil départemental. En cas d'hospitalisation programmée, elle doit être déposée au plus tard 1 mois avant la date de l'hospitalisation.

Attention : ces deux majorations ne sont accordées que si le proche aidant doit être remplacé par un professionnel.

À NOTER

Selon la loi n° 2015-1776 du 28/12/2015, est considéré comme proche aidant d'une personne âgée son conjoint, son partenaire pacsé, son concubin, un parent (ou son conjoint) ou la personne résidant avec elle ou entretenant avec elle des liens étroits et stables comme un voisin ou un ami. Il faut, en outre, qu'il lui apporte son aide dans la vie quotidienne de manière régulière et à titre non professionnel.

AVANTAGE

L'APA est non seulement exonérée d'impôt sur le revenu mais aussi de CSG et de CRDS.

AVANTAGE

Les sommes accordées au titre de cette allocation ne sont pas récupérables sur la succession du bénéficiaire, sur le légataire ou le donataire. En revanche, il a été jugé que si l'APA a été indûment versée du vivant du bénéficiaire, les sommes en cause pouvaient être récupérées sur la succession, chaque héritier étant débiteur du département à hauteur de sa part successorale (Conseil d'État, 10/3/2010).

Le versement de l'allocation

L'APA vous est en principe versée tous les mois.

Elle peut être versée directement aux services prestataires d'aide à domicile. Pour les personnes vivant en maison de retraite, si le département le décide, l'APA est versée directement à l'établissement.

Les personnes dépendantes qui vivent à leur domicile et perçoivent l'APA conservent cette allocation en cas d'hospitalisation sauf si celle-ci dure plus de 31 jours. Au-delà du 31e jour, le versement est suspendu mais l'allocation est servie à nouveau au retour à domicile.

Toutefois, en cas d'hospitalisation à domicile et quelle que soit la durée de mise en place du dispositif, l'APA est maintenue. En effet, il est possible de cumuler des aides à la personne, humaines ou techniques, financées par l'APA et des prestations de soins dispensées au domicile par des intervenants médicaux ou paramédicaux (*Réponse ministérielle n° 08895, JO Sénat du 27/3/2014*).

Le contrôle de l'effectivité de l'aide

À la demande du président du conseil départemental, le bénéficiaire de l'APA est tenu de produire tous les justificatifs de dépenses correspondant au montant de l'allocation qu'il a perçu et de sa participation financière. Si l'intéressé ne répond pas à cette demande dans un délai d'1 mois, le versement de l'APA peut être suspendu.

AVANTAGE

L'APA n'est pas retenue lors de l'appréciation des ressources pour l'attribution de l'allocation de solidarité aux personnes âgées, la pension de réversion de la retraite de base, l'allocation de veuvage et l'allocation supplémentaire d'invalidité (CNAV, diffusion des instructions ministérielles 2013/8 du 5/12/2013).

Les services de soins infirmiers à domicile

Ces services ont plusieurs objets :

– dispenser à domicile des soins infirmiers ou d'hygiène ;

– éviter une hospitalisation lorsque celle-ci n'est pas indispensable ;

– faciliter un retour rapide au domicile à la suite d'une hospitalisation ;

– éviter, préparer ou retarder l'entrée en établissement.

Il s'agit avant tout de soins infirmiers techniques : injections, surveillance cardio-vasculaire, suivi d'un traitement pharmaceutique… S'y ajoutent également des soins d'hygiène et une aide spécifique pour accomplir les actes essentiels de la vie quotidienne (toilette, aide à la rééducation et à la motricité). Toutefois, ces soins ne doivent pas être confondus avec l'aide que peut apporter une aide ménagère.

Les conditions à remplir

Peuvent avoir recours à ces services les personnes d'au moins 60 ans malades ou dépendantes mais également celles de moins de 60 ans présentant un handicap ou atteintes de pathologies chroniques invalidantes ou d'une affection nécessitant un traitement prolongé et une thérapeutique particulièrement coûteuse.

Une prescription médicale constatant la nécessité des soins est nécessaire.

Les démarches

Vous pouvez vous adresser aux infirmiers libéraux ou aux services de soins infirmiers à domicile (SSIAD).

Avec un (e) infirmier (ère) libéral (e) les frais de soins sont pris en charge aux conditions habituelles (60 % ou 100 % notamment pour les personnes atteintes d'une maladie de longue durée).

Si vous recourez à un SSIAD, une demande de prise en charge doit être faite auprès de l'organisme d'assurance maladie dont vous dépendez. Celui-ci paie directement les soignants.

À NOTER

Aujourd'hui, différentes structures interviennent au domicile d'une personne âgée : les services d'aide et d'accompagnement à domicile (SAAD) pour le ménage, les repas..., les services de soins infirmiers à domicile (SSIAD) pour les soins, la toilette... Pour mettre fin à cette prise en charge cloisonnée, des services polyvalents vont être développés. Toutes les interventions auprès de la personne âgée (soins, aides, accompagnement) seront coordonnées par un infirmier salarié du service polyvalent (Loi n° 2015-1776 du 28/12/2015).

LA DÉMARCHE DE SOINS INFIRMIERS

Afin d'améliorer la prise en charge des personnes fragilisées et de faciliter leur maintien à domicile, l'Assurance maladie avec les représentants de la profession infirmière ont élaboré la « démarche de soins infirmiers ». Il appartient au médecin d'en faire la prescription et à l'infirmier (ère) de la mettre en œuvre. Celle-ci doit alors faire le bilan des besoins du patient et de son environnement. Trois types d'actes peuvent être proposés : des séances de soins infirmiers, des séances hebdomadaires de surveillance clinique et de prévention ou encore des séances consacrées à la mise en œuvre d'un programme d'aide personnalisée (en cas d'absence de besoin de soins infirmiers). Dans ce dernier cas, l'infirmier (ère) a pour mission d'aider la personne dépendante à accomplir les actes de la vie quotidienne et d'accompagner cette personne ou son entourage dans la recherche d'une aide à domicile pour les actes ne relevant pas de sa compétence (habillage, par exemple). La démarche de soins infirmiers doit avoir été préalablement validée par le médecin prescripteur.

La téléassistance

Une aide précieuse à domicile

La téléassistance permet d'obtenir de l'aide lorsque l'on est chez soi, sans avoir à décrocher le téléphone. Cette sécurité peut se révéler utile, par exemple en cas de malaise ou de chute.

Le fonctionnement est assez simple : le prestataire de services que vous choisissez installe chez vous un transmetteur d'alarme, relié à un PC de sécurité. Il s'agit d'un appareil branché sur le secteur et sur votre ligne téléphonique. Vous gardez toujours sur vous une petite télécommande.

En cas de problème, il vous suffit de presser l'unique bouton de la télécommande. Alerté, le PC de sécurité prend contact avec vous. Vous pouvez dialoguer avec le préposé grâce à l'interphone dont est muni votre transmetteur d'alarme. Pour cela, il suffit d'être dans le champ d'action du transmetteur.

On trouve sur le marché des transmetteurs et des télécommandes plus ou moins puissantes (allant de 15 à 50 mètres). Le transmetteur fonctionne avec une pile pour ne pas être sujet aux coupures de courant.

À NOTER

Actuellement, plus de 500 000 personnes âgées et/ou handicapées sont abonnées à un service de téléassistance.

Des coûts variables

La téléassistance est assurée par des sociétés privées, des associations, des services médicaux d'urgence ou des services sociaux locaux. Les coûts sont très variables selon le prestataire choisi. Mais tous distinguent d'une part le prix du transmetteur (qui peut d'ailleurs être loué) et d'autre part le coût de l'abonnement mensuel. L'abonnement de base coûte en moyenne entre 20 et 25 € par mois.

Un certain nombre de communes et de départements apportent une aide financière aux personnes qui souhaitent une téléassistance. Renseignez-vous auprès du centre communal d'action sociale (CCAS) de votre mairie.

AVANTAGE

La téléassistance entre dans la catégorie des services à la personne donnant droit au crédit d'impôt.

Où vivre sa retraite ?

La plupart des retraités choisissent de continuer à vivre chez eux, là où ils ont passé la plus grande partie de leur existence. Toutefois, certains préfèrent déménager, par exemple pour se rapprocher de leurs enfants ou pour revenir « au pays ». D'autres choisissent une vie plus collective, dans un cadre plus sécurisant. Enfin certains, sentant approcher une perte de leur autonomie, n'ont plus le choix et doivent rejoindre une structure médicalisée.

Les différentes formules d'accueil

Il existe une grande diversité de formules proposées aux personnes à la retraite, qui ne souhaitent ou ne peuvent plus rester chez elles. Ces formules vont de l'hébergement résidentiel où chacun achète son appartement, à la maison de retraite ou l'établissement d'hébergement des personnes âgées dépendantes (EHPAD) dans laquelle la vie est collective, en passant par des petites structures, comme l'accueil familial.

Les formules d'accueil sans assistance médicale

Les résidences autonomie

La loi n° 2015-1776 du 28/12/2015 a rebaptisé les foyers-logements qui se dénomment désormais les résidences autonomie. Elle leur assigne, en plus, une mission de prévention de la perte d'autonomie. À ce titre, ces établissements doivent proposer aux résidents au moins un service de restauration, un service de sécurité, un service d'entretien du linge et un service d'animation-prévention. En pratique, les structures existantes devront se mettre en conformité au plus tard le 1/1/2021.

Concrètement, il s'agit de résidences dans lesquelles le retraité loue un studio ou un deux-pièces. Chaque logement est indépendant et muni d'une petite cuisine. Le locataire est libre de prendre ses repas chez lui, de même qu'il est libre de son emploi du temps et de recevoir des visites comme il l'entend.

Les résidences autonomie comprennent au maximum 80 appartements. Les établissements plus récents sont plus petits, car on privilégie aujourd'hui les structures plus intimes.

Les résidences autonomie sont gérées par des centres sociaux (CCAS), des collectivités territoriales, des caisses de retraite ou encore des associations à but non lucratif. Elles sont ouvertes aux personnes âgées de plus de 60 ans qui sont valides et autonomes (relevant des groupes de dépendance GIR 4, 5 ou 6). Cependant, les résidences autonomie peuvent accueillir des personnes dépendantes sous réserve que la proportion de résidents classés dans les GIR 1 à 3 soit inférieure à 15 % de la capacité d'accueil autorisée et que la proportion des résidents classés dans les GIR 1 à 2 soit inférieure à 10 % de cette capacité. Il faut en outre que le projet d'établissement le prévoit et que des conventions de partenariat aient été conclues avec, d'une part, un établissement d'hébergement pour personnes âgées dépendantes et, d'autre part avec l'un de ces services : un service de soins infirmiers à domicile, un service polyvalent d'aide et de soins à domicile, un centre de santé, des professionnels de santé ou un établissement de santé, notamment d'hospitalisation à domicile.

Les loyers varient de 450 à 1 100 € par mois environ.

Les places sont réservées aux personnes vivant dans la commune depuis un certain temps (par exemple, depuis plus de 3 ans, pour Paris).

À NOTER

Les résidences autonomie gérées par des caisses de retraite accueillent prioritairement leurs adhérents.

AVANTAGE

Les résidences autonomie permettent à leurs résidents de conserver leur liberté, tout en bénéficiant de services communs. Les résidents peuvent percevoir l'allocation de logement sociale (ALS) ou l'aide personnalisée au logement (APL), selon le statut adopté par la structure d'accueil. Ils bénéficient également des aides à domicile qu'ils obtiendraient chez eux, aide ménagère ou service de soins à domicile, s'ils remplissent les conditions.

AVANTAGE

Les résidences autonomie n'ont pas exclusivement en leur sein des personnes valides et indépendantes. Ils peuvent accueillir ou garder des personnes devenues dépendantes.

Les résidences-services

Les résidences-services sont des ensembles de logements privatifs pour les personnes âgées associés à des services collectifs.

Ces résidences sont conçues sur le même principe que les résidences autonomie, mais en plus luxueux. Les appartements sont plus grands et de meilleure qualité que dans les résidences autonomie et, surtout, les services sont plus développés : restaurant, bar, bibliothèque, salle de sport, etc. Les retraités peuvent être propriétaires ou locataires. Lorsqu'ils sont propriétaires, ils sont soumis au régime de la copropriété régi par la loi du 10/7/1965) ; lorsqu'ils sont locataires, c'est la loi du 6/7/1989 relative aux rapports locatifs qui s'applique.

Dans ces résidences-services, les occupants peuvent bénéficier de services spécifiques. Afin de remédier au flou qui existe entre charges communes et charges individuelles dans les résidences services soumises au régime de la copropriété, la loi du 18/12/2015 a distingué les services individualisables et ceux qui ne le sont pas.

Le décret n° 2016-1446 du 26/10/2016 définit les services spécifiques non individualisables fournis par des prestataires de services avec lesquels le syndicat des copropriétaires passe une convention. Leur coût est réparti au titre des charges de copropriétés.

Ces services comprennent :

– l'accueil personnalisé et permanent des résidents et de leurs visiteurs ;

– la mise à disposition d'un personnel spécifique attaché à la résidence, éventuellement complétée par des moyens techniques, permettant d'assurer une veille continue de la sécurité des personnes et la surveillance des biens ;

– le libre accès aux espaces de convivialité et aux jardins aménagés.

Les conventions doivent notamment indiquer : leur durée, les conditions de leur renouvellement et de leur dénonciation ainsi que les conditions financières de la fourniture des services.

Lorsque l'occupant de la résidence-services est un locataire, le bail doit préciser quels sont les services spécifiques non individualisables qui lui sont fournis.

Ces résidences construites par des groupes immobiliers importants sont, le plus souvent, implantées en centre ville. Le prix du mètre carré est généralement supérieur au prix du mètre carré dans un immeuble de standing équivalent. S'y ajoutent des charges assez lourdes, puisqu'elles correspondent à un ensemble de services important.

Ces résidences-services s'adressent à une clientèle aisée ; elles allient confort et sécurité. Toutefois, elles ne règlent pas la question de l'assistance médicale.

AVANTAGE

Il existe par ailleurs des immeubles autogérés à loyer modéré, qui ne sont ni des maisons de retraite ni des HLM standard (comme la Maison des Babayagas à Montreuil), qui accueillent des retraités.

TROUVER UN ÉTABLISSEMENT

Pour se renseigner sur les structures locales existantes, qu'il s'agisse d'une maison de retraite, d'un établissement d'accueil temporaire ou d'un service d'aide à domicile, il est possible de s'adresser :

✔ à son centre communal d'action sociale (CCAS) ;

✔ au centre local d'information et de coordination (CLIC) : il s'agit du guichet d'accueil et d'information pour les personnes âgées et leur entourage. Pour connaître les coordonnées du CLIC le plus proche de son domicile : *clic-info. personnes-agees. gouv.fr* ou auprès des services du conseil départemental.

La consultation du site Internet *www.pour-les-personnes-agees.gouv.fr*, créé spécifiquement pour les seniors, est également une source précieuse d'informations. Ce portail permet d'avoir accès à des informations pratiques et concrètes sur les lieux d'hébergement, que ce soit en établissement ou en accueil de jour, les services d'aide et de soins à domicile ou encore les coordonnées du point d'information local. On peut aussi y trouver des renseignements sur les aides financières disponibles et les conditions à remplir pour les obtenir et même estimer son reste à charge.

Les tarifs des établissements d'hébergement pour personnes âgées dépendantes (EHPAD) et des résidences autonomie sont également consultables sur ce site.

Les formules d'accueil avec assistance médicale

Les Edilys

Grâce à un accord passé entre les HLM, des caisses de retraite et des organismes sociaux, plusieurs résidences Edilys sont implantées dans l'hexagone, notamment en Bretagne, à Toulouse et à Lyon. De taille moyenne, chaque structure comprend 50 à 80 appartements.

Ces résidences, qui se situent à mi-chemin entre les résidences autonomie et les résidences-services, proposent des places pour les personnes âgées désorientées. Elles offrent une garantie de maintien dans les lieux pour le retraité jusqu'à la fin de ses jours, même en cas de dépendance, et un personnel important (environ un salarié pour quatre pensionnaires). Concernant l'aspect financier, le résident paie chaque mois un loyer dont le prix est fonction de la taille de l'appartement (de type T1, T1 bis ou T2), plus des charges de fonctionnement et le coût des services. Les locataires peuvent obtenir l'aide personnalisée au logement et bénéficier d'une aide ménagère s'ils remplissent les conditions voulues. L'aide sociale peut également participer aux frais dans certaines résidences.

Les villages de retraite

Ces villages sont généralement implantés à l'extérieur des villes. Ils se composent d'un certain nombre de pavillons, à louer ou à acheter. Les services y sont assez développés, de même que l'assistance médicale. Ils permettent de profiter de la campagne, sans souffrir de l'isolement. Ils s'adressent à des personnes valides.

À NOTER

Depuis juin 2020, dans les Landes, un village réservé à des personnes atteintes de la maladie d'Alzheimer accueillent ses premiers résidents. Ils seront 120 au total. Le village compte 16 maisonnées avec des chambres individuelles, des terrasses et cuisines communes. Des services comme une brasserie, un coiffeur, une supérette sont installés autour d'une place centrale.

Les maisons d'accueil rurales pour personnes âgées (MARPA)

Les MARPA sont une création de la mutualité sociale agricole. L'objectif est de permettre aux ruraux de continuer à vivre à la campagne. Il s'agit de petites structures qui regroupent une vingtaine de logements. Bien que ceux-ci soient indépendants, la vie collective y est assez développée. L'esprit y est familial et convivial. Les MARPA sont animées par une maîtresse de maison. Les besoins médicaux et paramédicaux sont assurés par des médecins et des infirmières extérieurs à la structure.

Les établissements d'hébergement pour personnes âgées dépendantes (EHPAD)

Certains établissements d'hébergement pour personnes âgées dépendantes (EHPAD) sont publics et dépendent alors d'une collectivité territoriale ou d'un centre communal d'action sociale (CCAS).

D'autres sont privés, à but non lucratif (par exemple, celles des caisses de retraite) ou à but lucratif (établissement à but commercial).

Dans la plupart de ces établissements, les pensionnaires peuvent percevoir l'aide personnalisée au logement, s'ils remplissent les conditions voulues.

Les EHPAD imposent un mode de vie collectif. Pas de logement séparé, pas de possibilité de prendre ses repas seul ; en un mot, elles offrent une liberté beaucoup plus restreinte. Toutefois, chaque pensionnaire doit disposer d'un espace bien à lui, dans lequel il peut, sinon installer ses meubles, du moins y ranger ses affaires personnelles.

Les EHPAD s'adressent à tous les publics âgés de plus de 60 ans. Toutefois, concernant l'accueil des personnes handicapées vieillissantes, des dérogations d'âge peuvent être obtenues. Leurs conditions de fonctionnement et d'organisation ont été précisées par le décret n° 2016-1164 du 26/8/2016. Ces établissements peuvent accueillir les personnes âgées à temps complet ou partiel, à titre permanent ou temporaire et fournissent un socle minimal de prestations d'hébergement (voir plus loin). Ils doivent dispenser des soins médicaux et paramédicaux, apporter une aide à la vie quotidienne et mettre en place, avec chaque résident, un projet d'accompagnement personnalisé adapté à ses besoins.

Pour assurer ces missions, les EHPAD doivent comporter une équipe pluridisciplinaire comprenant au moins : un médecin coordonnateur assurant l'encadrement médical de l'équipe soignante, un infirmier, des aides-soignants, des aides médico-psychologiques, des accompagnants éducatifs et sociaux et des personnels psycho-éducatifs.

Ces établissements doivent proposer, au minimum, un socle de prestations qui comprend :

– des prestations d'administration générale : gestion du séjour, prestations comptables…;
– des prestations d'accueil hôtelier : chambre individuelle ou double et des locaux collectifs, entretien et nettoyage des chambres, accès aux moyens de communication…;
– des prestations de blanchissage ;
– des prestations de restauration : fourniture de trois repas plus goûter ;
– une prestation d'animation de la vie sociale : animations collectives et activités extérieures.

Les tarifs communiqués par les EHPAD doivent inclure toutes ces prestations (*Décret n° 2015-1868 du 30/12/2015*).

Certains d'entre eux sont dotés d'unités de vie pour personnes âgées désorientées, par exemple atteintes de la maladie d'Alzheimer.

À NOTER

Le tarif médian d'hébergement dans un établissement pour personnes âgées dépendantes était de 1 949 € par mois en 2016. 10 % des EHPAD facturent un prix mensuel inférieur à 1 653 € et 10 % un prix supérieur à 2 798 €. En outre, le prix médian est de 1 798 € par mois en zone rurale et de 2 016 € en zone urbaine (Source : Caisse nationale de solidarité pour l'autonomie, analyse statistique n° 4, juin 2017). Les prix des EHPAD sont affichés sur le portail d'information www.pour-les-personnes-agees.gouv.fr.

AVANTAGE

*Les demandes d'admission dans un établissement d'hébergement pour personnes âgées dépendantes (EHPAD) doivent être conformes à un dossier unique (Code de l'action sociale et des familles, Art. D. 312-155-1 et arrêté du 14/6/2012). Le dossier unique comprend un volet administratif à renseigner par l'intéressé ou sa famille, et un volet médical à compléter par un médecin. Ce dossier porte la référence officielle Cerfa n° 14732*03. Il est téléchargeable sur le site www.service-public.fr. Il peut être rempli en ligne.*

À NOTER

En EHPAD, le dépôt de garantie exigé « ne peut excéder un montant égal à 2 fois le tarif mensuel d'hébergement qui reste effectivement à la charge de la personne hébergée » (Code de l'action sociale et des familles, Art. R. 314-149). De ce tarif est déduit, le cas échéant, l'aide sociale à l'hébergement attribuée sous condition de ressources par le département (Question n° 76066, réponse JOAN du 15/12/2015).

LES DROITS DES PERSONNES VIVANT EN MAISON DE RETRAITE

La loi du 2/1/2002 a reconnu de nouveaux droits aux personnes accueillies en maison de retraite. Ces droits se traduisent par la remise de documents d'information aux résidents, par l'établissement et l'affichage d'un règlement de fonctionnement et par la création d'un conseil à la vie sociale.

✓ La charte des droits et libertés de la personne accueillie

Ce document précise les droits fondamentaux reconnus à la personne accueillie. Son contenu a fait l'objet d'un arrêté du 8/9/2003. La charte précise un certain nombre de libertés fondamentales : les pensionnaires sont libres de se déplacer, d'exprimer leurs souhaits et d'accueillir leur famille.

✓ Le contrat de séjour obligatoire

Un contrat de séjour doit obligatoirement être signé pour tout séjour d'une durée prévisionnelle d'au moins 2 mois (pour une plus courte durée, doit être établi un document individuel de prise en charge). Établi au moment de l'admission et réactualisable chaque année, il doit comporter : les objectifs de la prise en charge, les conditions de séjour et de la participation financière du bénéficiaire (y compris en cas d'absence ou d'hospitalisation)(*Décret n° 2004-1274 du 26/11/2004*). La loi du 28/12/2015 a renforcé la procédure d'acceptation du contrat de séjour au moment de sa signature à l'entrée en maison de retraite. Cette mesure a pour but de mieux s'assurer du consentement de la personne accueillie, de la connaissance et de la compréhension de ses droits. Une annexe au contrat de séjour peut être conclue dès lors que des mesures individuelles visant à assurer l'intégrité physique et la sécurité du résident et à promouvoir l'exercice de sa liberté d'aller et venir sont prises par l'établissement (*Décret n° 2016-1743 du 15/12/2016*).

✓ Des documents obligatoires

Les établissements et maisons de retraite doivent offrir les garanties suivantes : le respect de la dignité, de la vie privée, une prise en charge individualisée, la confidentialité des informations. Les engagements de l'établissement mais également ceux de la personne accueillie se trouvent formalisés dans un contrat. Cette dernière reçoit, en outre, au moment de son entrée dans l'établissement un livret d'accueil. À titre indicatif, la circulaire n° 138 DGAS du 24/3/2004 détaille les informations qui pourraient figurer sur le livret d'accueil : noms des responsables, les modalités de facturation des prestations, les formalités administratives d'admission, les possibilités d'accueil des proches…

Le règlement de fonctionnement doit également être remis aux résidents. Il définit les droits de la personne accueillie et les obligations et devoirs nécessaires au respect des règles de la vie collective. Il doit comporter entre autres : l'organisation et l'affectation à usage collectif ou privé des locaux et bâtiments ainsi que les conditions générales de leur accès et de leur utilisation ; les dispositions relatives aux transferts et déplacements, aux modalités d'organisation des transports, aux conditions d'organisation de la délivrance des prestations offertes par l'établissement à l'extérieur ; les mesures à prendre en cas d'urgence ou de situations exceptionnelles ; les mesures relatives à la sûreté des personnes et des biens ; les règles essentielles de vie collective. Le règlement de fonctionnement doit, en outre, rappeler que les faits de violence sur autrui sont susceptibles d'entraîner des procédures administratives et judiciaires (*Décret n° 2003-1095 du 14/11/2003*).

✓ Le conseil à la vie sociale

Afin que les résidents ne subissent pas le fonctionnement de l'établissement dans lequel ils vivent (résidence autonomie, EHPAD…) mais y prennent part, un conseil à la vie sociale doit être mis en place dans chaque établissement. Composé de représentants des résidents, des familles, du personnel et de l'établissement, il donne son avis et peut faire des propositions sur toute question intéressant le fonctionnement de l'établissement ou du service, notamment sur : l'organisation intérieure et la vie quotidienne, les activités, l'animation socioculturelle et les services thérapeutiques, les projets de travaux et d'équipements, la nature et le prix des services rendus, l'affectation des locaux collectifs, l'entretien des locaux, les relogements prévus en cas de travaux ou de fermeture, l'animation de la vie institutionnelle et les mesures prises pour favoriser les relations entre ses participants ainsi que les modifications substantielles touchant aux conditions de prises en charge. Il se réunit au moins 3 fois par an (*Décret n° 2004-287 du 25/3/2004*).

Bon à savoir : les personnes âgées vivant en EHPAD (ou faisant appel à un service médico-social) ont la possibilité de désigner une personne de confiance dans le cas où elles rencontrent des difficultés dans la compréhension de leurs droits (*Loi n° 2015-1776 du 28/12/2015*).

LA TARIFICATION DES EHPAD

Dans les établissements d'hébergement des personnes âgées dépendantes (EHPAD), la tarification est définie dans un contrat pluriannuel d'objectifs et de moyens. Elle est composée de trois éléments (*Décret n° 2016-1814 du 21/12/2016*) :
– **le tarif journalier hébergement** qui couvre les frais d'administration, d'accueil hôtelier, de restauration, d'entretien et d'animation de la vie sociale de l'établissement qui ne sont pas liés à l'état de dépendance. Ces frais sont à la charge de la personne âgée et, éventuellement, de l'aide sociale départementale ;
– **le budget dépendance** permet le financement des prestations d'aide et de surveillance pour l'accomplissement des actes ordinaires de la vie courante : psychologue, aide-soignant, etc. Avec la réforme tarifaire de la loi Vieillissement, les conseils départementaux établissent dorénavant un budget dépendance moyen entre tous les EHPAD ;
– **le forfait global de soins** couvre les prestations médicales et paramédicales nécessaires à la prise en charge des affections somatiques et psychiques. Contrairement aux autres, ce tarif est pris en charge en tout ou partie par l'assurance maladie.
Dans le souci d'aligner les tarifs sur la réalité des services rendus, la loi du 17/3/2014 (dite « loi Hamon ») réglemente la tarification des EHPAD lors du décès d'un résident. Dès lors que ses objets personnels ont été retirés des lieux qu'il occupait, seules les prestations d'hébergement délivrées avant son décès mais non acquittées peuvent être facturées. Les sommes perçues d'avance correspondant à des prestations non délivrées en raison du décès doivent être restituées dans les 30 jours suivant le décès (*Code de l'action sociale et des familles, Art. L. 314-10-1*).
Par ailleurs, aucune somme ne peut être exigée pour la remise en état des lieux occupés dans le cas où un état des lieux contradictoire n'a pas été réalisé à l'entrée et à la sortie du résident (*Code de l'action sociale et des familles, Art. L. 314-10-2*).

AVANTAGE

Les établissements sociaux et médicaux sociaux doivent respecter des règles de qualité nutritionnelle des repas servis (Loi n° 2010-874 du 27/7/2010). Les établissements doivent notamment servir en priorité des produits de saison et afficher dans les services concernés les règles nutritionnelles sous la forme d'une charte. En outre, ils doivent proposer 4 ou 5 plats à chaque déjeuner et dîner, respecter les exigences en matière de tailles des portions, adapter les plats proposés aux goûts et habitudes alimentaires des résidents, respecter les exigences adaptées à l'âge et au handicap des résidents et définir des règles pour le service de l'eau, du pain, du sel et des sauces (Décret n° 2012-144 du 30/1/2012).

Les unités de soins de longue durée

Les hôpitaux publics ou privés ont développé un certain nombre de lits en section de cure médicale pour les personnes présentant une pathologie lourde ou chronique.
Les unités de soins de longue durée (USLD) ont été redéfinies par l'arrêté du 12/5/2006. Ainsi sont considérées comme telles « les unités accueillant et prenant en charge des personnes présentant une pathologie organique chronique ou une polypathologie, soit active au long cours, soit susceptible d'épisodes répétés de décompensation, et pouvant entraîner ou aggraver une perte d'autonomie ». Ces situations requièrent « un suivi médical rapproché, des actes médicaux itératifs, une permanence médicale, une présence infirmière continue et l'accès à un plateau technique minimum ».
Les USLD vont être redimensionnées en fonction de la population accueillie et la capacité et les crédits de ces unités répartis entre le secteur sanitaire et le secteur médico-social.
Comme les EHPAD, les USLD sont soumises à la tarification en trois postes : hébergement, dépendance et soins (voir encadré plus haut).

À NOTER

Les établissements médico-sociaux accueillant plus de 25 personnes âgées doivent maintenant être dotés d'une pièce climatisée.

L'accueil familial

L'accueil familial est une formule qui permet de quitter son domicile, sans pour autant entrer dans une institution.
Les familles agréées peuvent accueillir, à titre onéreux, toute personne âgée ou handicapée n'appartenant pas à leur famille jusqu'au 4e degré inclus (*Code de l'action sociale et des familles, Art. L. 441-1 et s. et D. 444-1 et s.*).
Sont ainsi exclus notamment les parents et grands-parents en ligne directe de la famille accueillante.
Dans le but de développer et de sécuriser l'accueil familial, la loi n° 2007-290 du 5/3/2007 autorise l'emploi d'accueillants familiaux par les personnes morales de droit public ou de droit privé (à l'exception des accueillants ayant passé un contrat avec un établissement psychiatrique) alors qu'auparavant, ils étaient

« employés » - après avoir été agréés par le président du conseil départemental - par les personnes âgées ou handicapées hébergées à leur domicile (*Code de l'action sociale et des familles, Art. L. 444-1 et s.*). Plus de 3 ans après, les décrets d'application sont enfin parus (*Décrets n° 2010-927 et 2010-928 du 3/8/2010*). Coexistent donc désormais deux formules.

Les avantages de l'accueil familial

Pour la personne accueillie :

– elle bénéficie d'une véritable vie familiale. Il faut savoir que le nombre de personnes hébergées de façon simultanée est limité à trois et à huit au total (accueil temporaire, séquentiels…) ;

– elle peut prétendre à l'allocation de logement social ou à l'aide personnalisée au logement pour la partie du logement occupée ;

– elle peut bénéficier, tout comme les personnes morales employeurs, d'une exonération des cotisations patronales de sécurité sociale sous certaines conditions.

AVANTAGE

L'insuffisance des établissements de long séjour, destinés aux personnes ne pouvant plus vivre seules, et le coût élevé des maisons de retraite font de l'accueil familial une formule très intéressante, qui se développe de plus en plus.

ATTENTION ⚠

Les personnes âgées handicapées dont l'état de santé nécessite un suivi médical et des soins permanents ne peuvent bénéficier de l'accueil familial.

Pour l'accueillant familial :

Il est affilié au régime général de la Sécurité sociale et bénéficie du même régime fiscal que les salariés.

L'accueillant familial est salarié de la personne âgée

La rémunération :

L'accueillant familial perçoit une rémunération journalière des services rendus qui ne peut être inférieure à 2,5 fois le SMIC horaire *(Voir pages Barème)* ainsi qu'une indemnité de congés payés calculée comme pour les salariés.

Les indemnités particulières :

L'accueillant familial perçoit également :

– une indemnité représentative des frais d'entretien courant de la personne accueillie comprise entre 2 et 5 fois le minimum garanti par jour *(Voir pages Barème)* ;

– une indemnité représentative de mise à disposition de la pièce réservée à la personne accueillie ;

– le cas échéant, une indemnité de sujétions particulières lorsque la personne accueillie présente un niveau de dépendance ou un handicap qui nécessite des contraintes supplémentaires pour l'accueillant. Cette indemnité est comprise entre 0,37 et 1,46 fois le montant du SMIC horaire par jour *(Voir pages Barème)*.

À NOTER

La rémunération de l'accueillant ainsi que les indemnités peuvent être payées grâce au CESU.

Le contrat d'accueil :

Un contrat d'accueil doit impérativement être signé entre l'accueillant familial et la personne accueillie. Il précise les droits et les obligations de chacun, s'il s'agit d'un accueil à temps complet ou à temps partiel, à durée permanente ou temporaire, ainsi que les conditions matérielles et financières de l'accueil. Il est signé avec une période d'essai d'1 mois, renouvelable une fois et doit prévoir un projet d'accueil personnalisé. Il garantit à la personne accueillie l'exercice de ses droits et libertés individuels.

Il doit toujours être conforme à un modèle qui est fixé par décret.

L'assurance :

La personne accueillante aussi bien que la personne accueillie doivent souscrire un contrat d'assurance. Ce contrat a pour objet de garantir les conséquences financières de la responsabilité civile en cas de dommages subis par la personne accueillie d'une part, et par la personne accueillante d'autre part. Les deux parties doivent justifier de l'assurance auprès du conseil départemental.

Les formalités à accomplir pour accueillir une personne âgée ou handicapée :

Il faut tout d'abord déposer par lettre recommandée avec avis de réception une demande d'agrément, établie sur un formulaire, auprès du président du conseil départemental.

La demande d'agrément doit préciser en particulier :
– le nombre maximum de personnes âgées ou handicapées que le demandeur souhaite accueillir ;
– si l'accueil projeté est à temps partiel ou complet.
Pour que l'agrément soit accordé, il faut :
– que la protection de la santé, la sécurité et le bien-être physique et moral des personnes accueillies soient garantis ;
– que la personne ou le couple accueillant familial s'engage à assurer un accueil continu à la personne âgée ou handicapée et prévoit une solution de remplacement satisfaisante pour les périodes où l'accueil pourrait être interrompu ;
– que la personne ou le couple accueillant familial se soit engagé à suivre une formation initiale et continue ;
– que le logement réponde aux normes caractéristiques d'un logement décent et soit compatible avec les contraintes liées à l'âge et aux handicaps des personnes accueillies ;
– qu'une chambre d'au moins 9 m^2 pour une personne (et 16 m^2 pour deux personnes) soit mise à la disposition de la personne accueillie et qu'elle comporte un moyen de chauffage et un lavabo à proximité immédiate ;
– que la personne ou le couple accueillant familial accepte d'être contrôlé et qu'un suivi médico-social de la personne âgée ou handicapée soit régulièrement assuré.

Le président du conseil départemental dispose d'un délai de 10 jours pour accuser réception de la demande ou, si la demande est incomplète, pour indiquer les pièces manquantes. La décision du président du conseil départemental doit être notifiée dans un délai de 4 mois à compter de la date d'accusé de réception du dossier complet. À défaut, l'agrément est réputé acquis. Tout refus d'agrément doit être désormais motivé.

La décision d'agrément mentionne le nombre, dans la limite de 3, de personnes pouvant être accueillies et vaut pour 5 ans.

À NOTER

Le suivi médical de la personne âgée ou handicapée est déterminé dans le contrat d'accueil. Il est assuré par un médecin extérieur.

À NOTER

Dans le but d'éviter les captations d'héritage, le couple ou la personne accueillant familial et, s'il y a lieu, son conjoint, la personne avec laquelle elle a conclu un PACS ou son concubin, ses ascendants ou descendants en ligne directe ne peuvent profiter d'une donation ou d'un testament fait en leur faveur par la personne accueillie.

L'ACCUEIL TEMPORAIRE

Une personne âgée peut avoir besoin d'être accueillie pour une période déterminée, allant de quelques jours à quelques mois dans un établissement pour personnes âgées. L'accueil temporaire revêt plusieurs formes. Toujours pour une durée déterminée, il peut être à temps complet ou à temps partiel avec ou sans hébergement (accueil de jour par exemple). La prise en charge ne peut dépasser 90 jours par an.
Sa mission est double. Il doit développer ou maintenir les acquis et l'autonomie de la personne accueillie et faciliter ou préserver son intégration sociale. Il complète les prises en charge habituelle. Il peut répondre tout autant à un besoin de l'entourage de la personne handicapée ou âgée en lui offrant une période de répit ou un relais pour un temps donné.
Peuvent mettre en œuvre un accueil temporaire, notamment les établissements d'hébergement pour personnes âgées dépendantes ou non, les établissements d'accueil des personnes handicapées adultes (foyers d'accueil occupationnels, maisons d'accueil spécialisées…), les résidences autonomie. Lorsque l'accueil de jour est organisé par un EHPAD, le nombre de places en accueil de jour doit être d'au moins 6 places dès lors que l'activité prévisionnelle est assurée (*Code de l'action sociale et des familles, Art. D. 312-8 et s.*).
Les établissements et services qui mettent en place un accueil de jour doivent proposer une solution de transport adaptée aux besoins des personnes accueillies. Lorsque ce sont les personnes accueillies ou leurs familles qui organisent elles-mêmes le transport, l'établissement a l'obligation de rembourser les frais de transport, dans la limite d'un forfait de transpor t *(Voir pages Barème)*.
Pour connaître les structures existantes dans la région de la personne âgée, il est possible de consulter le site *www.accueil-temporaire.com*. Ce site indique en ligne les places disponibles.

L'accueillant familial est salarié d'une personne morale

Les accueillants familiaux peuvent être employés par des personnes morales de droit public ou de droit privé, après accord du président du conseil départemental. Mais ce statut est peu répandu. Salariés des collectivités territoriales ou de leurs établissements publics administratifs, ils ont le statut d'agent non titulaire de ces collectivités. Employés par des établissements sociaux ou médico-sociaux publics, ils sont agents non titulaires de ces établissements.

Les contrats :

Il est conclu, pour chaque personne accueillie :
– un contrat de travail écrit entre l'accueillant familial et son employeur personne morale. Tout contrat de travail fait l'objet d'une période d'essai de 3 mois, éventuellement renouvelable après accord écrit du salarié ;
– un contrat d'accueil entre chaque personne accueillie et l'accueillant familial et, si ce dernier le souhaite, l'employeur. Il doit comporter les stipulations d'un contrat type établi par voie réglementaire après avis des représentants des présidents de conseil départemental.

La rémunération :

Les accueillants familiaux perçoivent une rémunération garantie dont le montant minimal est déterminé en référence au SMIC. Le montant de la rémunération est fonction du nombre de personnes accueillies et de la durée du travail. Cette rémunération est complétée par des indemnités (voir plus haut).

L'organisation du travail :

Le nombre de journées travaillées ne peut excéder, pour chaque salarié, un plafond annuel de 258 jours. Les modalités de détermination de la durée et de suivi de l'organisation du travail sont fixées par accord collectif de travail ou, à défaut, par décret.
Lorsque, du fait de la personne accueillie, l'accueil est provisoirement suspendu, notamment en cas d'hospitalisation ou de séjour dans la famille, l'accueillant familial a droit à une indemnité.
Les accueillants familiaux ne peuvent se séparer de l'ensemble des personnes accueillies pendant les repos hebdomadaires, jours fériés, congés payés et congés de formation sans l'autorisation préalable de leur employeur.
Pendant ces périodes de congé, l'employeur est tenu de prévoir les modalités d'accueil des personnes âgées en leur garantissant un accueil temporaire de qualité par un autre accueillant familial ou dans un établissement social ou médico-social.

En cas de retrait d'agrément :

Le président du conseil départemental informe la personne morale qui emploie l'accueillant familial du retrait ou de la modification du contenu de l'agrément. L'employeur est tenu de procéder à son licenciement dans le respect des dispositions législatives et réglementaires en vigueur.

À NOTER

Le président du conseil départemental peut faire appel à un « tiers régulateur ». Sa fonction consiste notamment à : assister la personne accueillie dans les démarches administratives, notamment pour l'établissement de la fiche de paie de l'accueillant ; accompagner la personne accueillie pour des sorties non prévues par le contrat d'accueil ; mettre en relation la personne accueillie avec un accueillant remplaçant ; rechercher des places en établissement.

Bien vivre sa retraite

Action sociale

Aide ménagère prise en charge par l'aide sociale du département :

→ *Plafonds de ressources annuelles à ne pas dépasser depuis le 1/1/2020 :*

– 10 838,52 € pour une personne seule ;
– 16 826,64 € pour un couple.

Ces plafonds peuvent être différents selon les départements.

Action sociale des caisses de retraite du régime général :

Ce barème est applicable pour tous les services proposés dans le cadre du plan d'actions personnalisé (y compris pour l'aide ménagère) sauf pour les travaux dans le logement.

BARÈME DE PARTICIPATION DU RETRAITÉ POUR 2020

Ressources mensuelles		Participation du retraité (1)
Personne seule	Ménage	
Jusqu'à 843 €	Jusqu'à 1 464 €	10 %
De 844 à 902 €	De 1 465 à 1 563 €	14 %
De 903 à 1 018 €	De 1 564 à 1 712 €	21 %
De 1 019 à 1 100 €	De 1 713 à 1 770 €	27 %
De 1 101 à 1 150 €	De 1 771 à 1 835 €	36 %
De 1 151 à 1 269 €	De 1 836 à 1 938 €	51 %
De 1 270 à 1 435 €	De 1 939 à 2 153 €	65 %
Au-delà de 1 435 €	Au-delà de 2 153 €	73 %

(1) Ce taux est appliqué sur le montant de la participation horaire des caisses qui est de 21 € au 1/1/2020. Pour une intervention un dimanche ou un jour férié, la participation est de 23,70 € (Circulaire CNAV n° 2019-32 du 11/12/2019). Exemple, un couple de retraités dispose d'un revenu mensuel de 1 600 €. Pour chaque heure d'aide ménagère effectuée entre le lundi et le samedi, le couple gardera à sa charge 4,41 € (21 × 21 %).

→ *Plafonds de participation :*

– Pour l'aide au retour à domicile après une hospitalisation : le montant maximum de l'aide est de 1 800 € par an. La participation du bénéficiaire est fixée comme pour le plan d'actions personnalisé (voir tableau ci-dessus).
– Pour l'accompagnement aux retraités en situation de rupture (ASIR) : l'enveloppe maximale est de 1 800 €. La participation du bénéficiaire est fixée comme pour le plan d'actions personnalisé (voir tableau ci-dessus).
– Le financement des services compris dans le plan d'actions personnalisé ne peut dépasser 3 000 € par an, participation du retraité comprise.
– Les caisses peuvent accorder en plus une aide au financement des travaux dans le logement : le montant maximum de cette participation ne peut dépasser :

- 3 500 € pour une personne dont les ressources mensuelles ne dépassent pas 905 € (1 568 € pour un couple) ;
- 3 000 € pour une personne dont les ressources mensuelles ne dépassent pas 1 153 € (1 841 € pour un couple) ;
- 2 500 € pour une personne dont les ressources mensuelles ne dépassent pas 1 439 € (2 159 € pour un couple).

Allocation personnalisée d'autonomie à domicile

Montant mensuel maximal de l'allocation à domicile au 1/1/2020 :

– 1 742,35 € par mois pour les personnes en GIR 1 ;
– 1 399,04 € par mois pour les personnes en GIR 2 ;
– 1 010,86 € par mois pour les personnes en GIR 3 ;
– 674,28 € par mois pour les personnes en GIR 4.

Montant mensuel des ressources à ne pas dépasser pour bénéficier de l'exonération de la participation financière :

813,40 € pour une personne seule depuis le 1/1/2020.

Montant maximal des majorations au 1/1/2020 :

– droit au répit : 508,23 € par an ;
– en cas d'hospitalisation du proche aidant : 1 009,73 €.

Minimum garanti

Montant :

3,65 € depuis le 1/1/2020.

Plafonds de la Sécurité sociale en 2020

– annuel : 41 136 € ;
– trimestriel : 10 284 € ;
– mensuel : 3 428 € ;
– journalier : 189 € ;
– horaire : 26 €.

Régime de retraite

La retraite des salariés

La retraite de base des salariés
La retraite complémentaire des salariés

La retraite des salariés

Les salariés du secteur privé de l'industrie, du commerce, de l'artisanat et des services sont affiliés et cotisent auprès du régime général de la Sécurité sociale au titre de l'assurance retraite. Cette affiliation leur garantit le versement d'une retraite de base, à laquelle vient s'ajouter une retraite complémentaire AGIRC-ARRCO. Les salariés du secteur agricole relèvent du régime de la Mutualité sociale agricole dont la législation est identique à celle du régime général pour la retraite de base et de l'AGIRC-ARRCO pour leur complémentaire.

En 2018 s'est ouvert le chantier de la réforme des retraites qui devrait aboutir dans le courant de l'année 2020. Il s'agirait de transformer les 42 régimes de retraite de base existant en un seul universel dont le principe serait : 1 € cotisé donne droit au même niveau de pension pour tous, quels que soient le secteur d'activité et le statut professionnel. Cette réforme devrait concerner les personnes nées à compter de 1975. La discussion du projet de loi devant le parlement en ce début d'année 2020 a été suspendue en raison de l'épidémie de coronavirus.

La retraite de base des salariés

Le régime général de la Sécurité sociale s'applique aux salariés qui exercent leur activité dans le secteur privé de l'industrie, du commerce, de l'artisanat et des professions libérales. Les salariés agricoles relèvent de la Mutualité sociale agricole (MSA) mais ont droit à une retraite établie selon les mêmes règles que dans le régime général. Celui-ci accueille également les agents non titulaires de l'État, les fonctionnaires sans droit à pension, les étudiants et, depuis le 1/1/2020, les artisans et commerçants.

Qui peut y prétendre ?

Les salariés concernés

Sont affiliées au régime général toutes les personnes quelle que soit leur nationalité, de l'un ou de l'autre sexe, salariées ou travaillant à quelque titre que ce soit, pour un ou plusieurs employeurs et quels que soient le montant et la nature de leur rémunération, la forme, la nature ou la validité de leur contrat (*Code de la Sécurité sociale, Art. L. 311-2*).

Sont également rattachés au régime général :
– certaines catégories professionnelles : assistant (e) s maternel (le) s, journalistes professionnels, VRP… ;
– certains dirigeants de société et d'association : administrateurs des groupements mutualistes, gérants rémunérés non majoritaires de SARL, PDG et directeurs généraux de SA…

Une assurance obligatoire

C'est l'employeur qui est responsable du versement des cotisations patronales et salariales.

Les contributions du salarié sont directement prélevées par l'employeur sur le salaire et reversées par ses soins aux organismes de recouvrement des cotisations de Sécurité sociale (URSSAF). Elles sont calculées sur la base de toutes les sommes qui vous ont été versées en contrepartie ou à l'occasion de votre travail, notamment les salaires, les indemnités de congés payés, les primes et les avantages en nature aux taux suivants :
– dans la limite du plafond de la Sécurité sociale : 6,90 % pour le salarié et 8,55 % pour l'employeur ;
– sur la totalité du salaire : 1,90 % pour l'employeur et 0,40 % pour le salarié.

Les exonérations

De nombreux allègements de charges sociales sont mis en place pour réduire le coût du travail, favoriser l'emploi de certaines catégories de travailleurs ou inciter les entreprises à s'implanter dans certaines zones défavorisées ou sensibles.

AVANTAGE

Les heures supplémentaires sont défiscalisées dans la limite de 7 500 € en 2020. Elles sont exonérées de cotisations sociales salariales d'assurance retraite dans la limite de 11,31 % de la rémunération brute.

À NOTER

Les salariés peuvent verser rétroactivement des cotisations pour les périodes au cours desquelles ils ont été exclus de l'assurance vieillesse pour des raisons diverses, notamment lorsqu'ils ont travaillé à l'étranger, poursuivi des études supérieures ou validé moins de 4 trimestres par année d'activité.

L'assurance volontaire

À côté de l'assurance obligatoire, un régime d'assurance volontaire permet à certaines catégories de personnes de s'assurer, selon leur situation, pour les risques invalidité, vieillesse et veuvage, ou vieillesse et veuvage seulement.

Risques invalidité, vieillesse et veuvage

Peuvent s'assurer les personnes qui :
– ont appartenu pendant 6 mois au régime général des salariés, à un régime spécial ou au régime agricole et qui cessent d'en relever parce qu'elles ne remplissent pas les conditions requises ;
– sans recevoir de rémunération, remplissent effectivement le rôle de « tierce personne » auprès de leur conjoint ou d'un membre de leur famille infirme ou invalide.

Risques vieillesse et veuvage

Peuvent s'affilier :
– les deux catégories de personnes citées plus haut ;
– les salariés à l'étranger qui ont été affiliés 5 ans à l'assurance maladie d'un régime obligatoire français ;
– les parents chargés de famille ou non, résidant en France ou à l'étranger, qui ne relèvent pas d'un régime obligatoire de retraite et qui se consacrent à l'éducation d'au moins un enfant à la charge de leur foyer et âgé de moins de 20 ans à la date de la demande d'adhésion ;
– les volontaires pour le développement et les volontaires pour la solidarité internationale.

Les assurés volontaires sont répartis en 4 catégories en fonction de leurs ressources personnelles tirées d'une activité professionnelle. Ils sont classés dans la catégorie qui correspond à leur rémunération des 6 derniers mois ayant donné lieu à versement de cotisations de Sécurité sociale :
– 1re catégorie : ressources annuelles au moins égales au plafond annuel de la Sécurité sociale ;
– 2e catégorie : ressources annuelles inférieures au plafond et au moins égales à la moitié de ce plafond ;
– 3e catégorie : ressources annuelles inférieures à la moitié du plafond ;
– 4e catégorie : personnes âgées de moins de 22 ans quelles que soient leur ressources *(Voir pages Barème)*.

La retraite de base : à quel âge ?

› L'âge légal de la retraite

L'âge minimum requis pour partir à la retraite est fixé à 62 ans pour toutes celles et ceux nés à partir de 1955 (*Code de la Sécurité sociale, Art. L. 161-17-2*).

Dès que vous avez atteint l'âge légal, vous êtes en droit de demander votre retraite.

Cependant, en fonction de la durée de votre carrière, vous n'y avez pas toujours financièrement intérêt. Si vous n'avez pas accompli une carrière complète et qu'il vous manque des trimestres à 62 ans, votre retraite subira définitivement un abattement.

Par conséquent pour ceux qui sont entrés tardivement dans la vie active ou qui n'ont pas suffisamment cotisé, il est préférable d'attendre l'âge auquel les conditions pour avoir une retraite sans abattement, c'est-à-dire à taux plein, sont remplies.

› Retraite à 60 ans et départ anticipé pour carrière longue

Ce dispositif permet de partir à la retraite à 60 ans (voire avant) aux personnes qui sont entrées dans la vie active avant 20 ans et ont travaillé quasiment sans interruption tout au long de leur carrière. Il concerne les salariés du régime général et ceux du régime agricole, les fonctionnaires, les travailleurs indépendants ainsi que les professions libérales. Cette retraite anticipée a été réformée à plusieurs reprises.

Qui peut bénéficier de la retraite à 60 ans ?

Pour pouvoir partir à 60 ans, il faut :
– avoir au moins 5 trimestres d'assurance retraite avant la fin de l'année civile de vos 20 ans (4 trimestres pour ceux nés au cours du 4e trimestre de l'année). Par exemple, pour une personne née le 1/7/1958, la fin de l'année civile de ses 20 ans correspond au 31/12/1978 : à cette date, elle doit avoir au moins 5 trimestres d'assurance, tandis qu'une personne née le 1/12/1958 doit avoir au moins 4 trimestres d'assurance en décembre 1978 ;
– justifier d'un certain nombre de trimestres cotisés, le même que celui nécessaire pour avoir la retraite à taux plein, à savoir :
- 166 pour les personnes nées en 1955, 1956 et 1957,
- 167 pour les personnes nées en 1958, 1959 et 1960,
- 168 pour les personnes nées en 1961, 1962 et 1963,
- 169 pour les personnes nées en 1964, 1965 et 1966,
- 170 pour les personnes nées en 1967, 1968 et 1969,

- 171 pour les personnes nées en 1970, 1971 et 1972,
- 172 pour les personnes nées en 1973 et après.

Qui peut partir avant 60 ans ?

Pour pouvoir partir avant 60 ans, il faut :

– avoir commencé à travailler avant 16 ans (avant la fin de l'année civile de vos 16 ans, vous avez dû valider 5 trimestres ou seulement 4 trimestres si vous êtes né au cours du dernier trimestre de l'année) ;

– justifier d'un certain nombre de trimestres cotisés.

ANNÉE DE NAISSANCE	DÉPART À LA RETRAITE À PARTIR DE	DURÉE COTISÉE (EN TRIMESTRES)
1958	60 ans	167
1959	57 ans et 8 mois 60 ans	175 167
1960	58 ans 60 ans	175 167
1961, 1962 et 1963	58 ans 60 ans	176 168
1964, 1965 et 1966	58 ans 60 ans	177 169
1967, 1968 et 1969	58 ans 60 ans	178 170
1970, 1971 et 1972	58 ans 60 ans	179 171
À partir de 1973	58 ans 60 ans	180 172

Source : www.legislation.cnav.fr

Comment sont déterminés les trimestres cotisés ?

Les trimestres cotisés sont ceux acquis grâce aux cotisations prélevées sur le revenu professionnel. Pour l'ouverture des droits à la retraite à 60 ans ou avant, on retient également, dans le décompte, des trimestres réputés cotisés alors qu'ils ne le sont pas. Il s'agit :

– des périodes de service national (4 trimestres au maximum) ;

– des périodes de maladie et d'incapacité temporaire pour accident de travail (4 trimestres au maximum) ;

– de l'ensemble des trimestres de maternité ;

– des périodes de perception de la pension d'invalidité (2 trimestres au maximum) ;

– des périodes de chômage (4 trimestres au maximum) ;

– des trimestres attribués au titre du compte professionnel de prévention (voir plus loin).

Tous ces trimestres réputés cotisés compteront seulement si, l'année à laquelle ils se rapportent, vous n'avez pas déjà validé 4 trimestres grâce à votre travail et à vos cotisations.

Exemple : une assurée a eu deux enfants nés en 1992 et 1994 et a connu dans sa carrière une seule interruption pour cause de chômage en 1983. Sur son relevé de carrière, on comptabilise :

– en 1992 : 3 trimestres cotisés + un trimestre « maternité » ;

– en 1994 : 3 trimestres cotisés + un trimestre « maternité » ;

– en 1983 : 4 trimestres « chômage ».

Ces 6 trimestres réputés cotisés compteront dans l'ouverture du droit à la retraite anticipée pour carrière longue.

Quelles démarches accomplir ?

L'assurance retraite vous informe sur vos droits à la retraite anticipée sur le site Internet *www.lassuranceretraite.fr* ou par téléphone au 39 60. En appelant ce numéro, vous pouvez également prendre un rendez-vous auprès d'un conseiller retraite. Si les conditions sont remplies dans les 6 mois, une attestation de départ en retraite anticipée est délivrée indiquant la date possible du départ. Muni de ce document, vous pouvez demander la retraite anticipée et en informer votre employeur.

À NOTER

*Toutes les pièces justificatives à fournir pour obtenir sa retraite anticipée pour carrière longue sont listées dans le formulaire de demande de retraite anticipée Cerfa n° 51687*06.*

À NOTER

En 2019, 142 777 personnes ont bénéficié d'un départ anticipé pour carrière longue : (source : https://www.statistiques-recherches.cnav.fr/chiffres-cles-mensuels.html)

› La retraite anticipée pour incapacité permanente

Ce dispositif est destiné aux salariés qui souffrent d'une maladie professionnelle entraînant un certain degré d'invalidité. Ceux-ci peuvent partir à la retraite dès 60 ans et bénéficier de leur retraite à taux plein quelle que soit la durée de leur carrière.

À quelles conditions ?

Il faut être atteint d'une maladie professionnelle ou avoir été victime d'un accident du travail ayant causé des lésions identiques à une maladie professionnelle et :

- être atteint d'une incapacité permanente d'au moins 20 % en relation avec la maladie professionnelle : le taux minimal de 20 % peut être obtenu en additionnant plusieurs taux d'incapacité permanente, à condition que l'un d'entre eux atteigne au moins 10 % (*Décret n° 2011-352 du 30/3/2011*) ;
- ou être atteint d'un taux d'incapacité permanente compris entre 10 et 20 % en raison d'une maladie professionnelle : le droit à la retraite pour pénibilité est ouvert à condition d'avoir été exposé pendant au moins 17 ans à des facteurs de risque (*Circulaire CNAV n° 2012-63 du 13/9/2012*).

Lorsque le salarié est atteint d'une maladie professionnelle provoquée par des postures pénibles, des vibrations mécaniques, la manutention manuelle de charges ou exposition à des agents chimiques dangereux entraînant une incapacité d'au moins 10 %, la condition des 17 ans d'exposition n'est pas requise. Il n'est pas demandé au salarié de prouver le lien entre l'incapacité et l'exposition au risque (*Ordonnance n° 2017-1389 du 22/9/2017*).

Pour les victimes d'accidents du travail : le médecin conseil de la caisse primaire est saisi par la caisse de retraite, pour qu'il vérifie que les lésions sont bien identiques à celles d'une maladie professionnelle. En outre, lorsque le taux d'incapacité est inférieur à 20 %, une commission pluridisciplinaire intervient, afin de s'assurer que les assurés ont effectivement eu une carrière pénible, c'est-à-dire une exposition pendant au moins 17 ans à des facteurs de risques professionnels en lien avec l'accident. Les facteurs de risques sont les mêmes que ceux applicables dans le cadre de la réglementation du compte professionnel de prévention (voir plus loin).

À NOTER

La liste des lésions consécutives à un accident de travail qui sont identiques à celles provoquées par une maladie professionnelle est établie par l'arrêté du 30/3/2011. On peut citer, entre autres : embolie pulmonaire, insuffisance cardiaque, paralysie faciale…

Quelles démarches accomplir ?

Vous devez adresser votre demande à votre caisse de retraite de salariés si c'est le régime général qui a reconnu votre incapacité permanente. Elle doit être accompagnée de la notification de votre taux d'incapacité.

Les victimes d'un accident du travail dont le taux est compris entre 10 et 20 % doivent apporter la preuve de leur exposition pendant 17 ans aux facteurs de risques (bulletins de paie, contrat de travail…).

› Le compte professionnel de prévention

Les salariés exposés à des facteurs de pénibilité font l'acquisition de points qui leur permettront de se former, de travailler à temps partiel avec maintien du salaire à temps plein ou de partir plus tôt à la retraite.

AVANTAGE

Le compte professionnel de prévention concerne tous les salariés, y compris ceux embauchés en CDD d'au moins 1 mois.

Quels sont les facteurs de risques ?

Seules les périodes d'exposition aux risques postérieures à 2014 donnent droit à des points.

Sur les 10 facteurs de pénibilité reconnus dans un premier temps (*Code du travail, Art. D. 4161-1*), 4 facteurs ont été retirés au 1/10/2017. Vous êtes concerné par le compte professionnel de prévention si vous êtes exposé au-delà des seuils prévus à un ou à plusieurs des facteurs suivants :

– travail de nuit : une heure de travail entre 24 heures et 5 heures du matin pendant au moins 120 nuits par an ;
– travail en équipes successives alternantes ; travail en équipe impliquant au moins une heure de travail entre 20 heures et 5 heures et cela 50 nuits par an au minimum ;
– travail répétitif : un cycle doit être inférieur ou égal à 30 secondes, et le nombre d'actions doit être limité à 15 tout au plus ou 30 actions sur plus de 30 secondes et cela pendant au moins 900 heures par an ;
– travail exercé en milieu hyperbare : 60 interventions ou travaux par an avec une intensité minimale de 1 200 hPa ;
– températures extrêmes (inférieures ou égales à 5 °C ou au moins égales à 30 °C, pendant 900 heures par an au minimum) ;
– bruit : exposition à un bruit d'au moins 81 décibels pendant 600 heures par an ou exposition à une pression acoustique d'au moins 135 décibels 120 fois par an.

Le compte professionnel de prévention est crédité de :
– 4 points par année civile en cas d'exposition à un seul facteur de risque ;
– 8 points par année civile en cas d'exposition à plusieurs facteurs de risque.

Vous ne pourrez pas accumuler plus de 100 points pendant toute votre carrière.

Le compte est ouvert pour toute la carrière indépendamment des changements d'emploi et des périodes de chômage.

À NOTER

L'employeur doit procéder à une déclaration des expositions pour chaque salarié exposé à un ou plusieurs facteurs de pénibilité dans la déclaration sociale nominative le 5 ou le 15 janvier de l'année suivant l'exposition.

À quoi donnent droit ces points ?

Ces points peuvent être utilisés pour financer (*Code du travail, Art. L. 4162-4 et R. 4162-4*) :
– soit une formation vous permettant d'accéder à un emploi non pénible ou moins exposé à la pénibilité : 1 point donne droit à 25 heures de formation ;
– soit un passage à temps partiel en conservant votre rémunération : 10 points permettent de passer à mi-temps pendant 3 mois ;
– soit le rachat de trimestres au titre de la retraite si vous avez au moins 55 ans : chaque tranche de 10 points vaut un trimestre de retraite. Il n'est pas possible d'accumuler ainsi plus de 8 trimestres. Ces trimestres de retraite sont également pris en compte pour bénéficier du dispositif de retraite anticipée longue carrière.

Exemple : un salarié exposé à un facteur de risque acquiert 10 points sur son compte professionnel de prévention en 2 ans et demi. Il pourra les convertir en :
– 250 heures de formation ;
– ou la compensation salariale d'un trimestre à mi-temps ;
– ou un trimestre de retraite pour partir plus tôt.

Les 20 premiers points doivent obligatoirement être utilisés pour la formation professionnelle. Néanmoins, les règles sont aménagées :
– si vous êtes né avant le 1/7/1956 : la réserve de points pour la formation n'est pas appliquée et l'acquisition des points se fait à un rythme doublé. Ainsi, 8 points par an vous seront accordés pour l'exposition à un risque, 16 pour l'exposition à deux risques et plus ;
– si vous êtes né avant le 1/1/1960, la réserve pour la formation ne vous est pas appliquée ;
– si vous êtes né entre le 1/1/1960 et le 31/12/1962, la réserve des points pour la formation se limite à 10 points.

Que faut-il faire ?

Vous n'avez aucune démarche particulière à faire. Le compte est ouvert à partir de la déclaration de votre employeur, tout comme l'attribution des points. L'Assurance retraite (la CNAV et son réseau de caisses d'assurance retraite et de la santé au travail, CARSAT) est chargée de gérer les comptes professionnels de prévention. La CARSAT vous informe de votre exposition et des points dont vous bénéficiez dans un relevé annuel. Vous pouvez consulter vos droits sur votre compte professionnel de prévention par l'intermédiaire du site *www.compteprofessionnelprevention.fr* ou encore *www.moncompteformation.gouv.fr*. Il est également possible d'obtenir des informations par téléphone au 36 82.

Pour utiliser vos points, vous devez en faire la demande en ligne sur l'un des sites cités ci-dessus ou adresser votre demande à la caisse de retraite de votre résidence.

À NOTER

La loi Travail du 8/8/2016 a créé le compte personnel d'activité (CPA), lequel regroupe le compte personnel de formation (CPF), le compte professionnel de prévention et le compte d'engagement citoyen.

› La retraite anticipée des travailleurs handicapés

À quelles conditions ?

Trois conditions sont à remplir :

- Vous devez avoir travaillé suffisamment longtemps pour justifier d'un nombre minimum de trimestres qui varie selon votre date de naissance. On retient les trimestres acquis grâce aux cotisations mais également ceux correspondant à des périodes validées (période de maladie, de maternité, de service national, de chômage…) et les majorations de trimestres pour enfants et pour enfant handicapé.
- Un certain nombre de ces trimestres doivent correspondre à des trimestres cotisés (voir tableau ci-dessous, colonne 3). Toutes les périodes de cotisations à un régime de base français sont retenues, à l'exception des périodes d'affiliation à l'assurance vieillesse des parents au foyer et des périodes de volontariat associatif (*Circulaire CNAV n° 2010/55 du 26/5/2010*). De même, ne comptent pas les trimestres rachetés correspondant aux périodes d'études supérieures ou à des années d'activité incomplète.

De ces deux conditions combinées dépend l'âge à partir duquel vous pouvez prendre votre retraite : celui-ci est fixé au plus tôt à 55 ans.

- Vous devez, enfin, pendant toute la période au cours de laquelle vous avez validé les trimestres, avoir été reconnu atteint d'une incapacité permanente d'au moins 50 % ou d'un niveau de handicap comparable, ou avoir été reconnu travailleur handicapé avant le 31/12/2015. Il est nécessaire de justifier du taux de 50 % à un moment de l'année civile pour que tous les trimestres reportés pour cette année-là soient reconnus. Depuis le 1/9/2017, les travailleurs handicapés ayant un taux d'incapacité d'au moins 80 % qui ne disposent pas de tous les justificatifs nécessaires à la reconnaissance de leur incapacité peuvent faire valider une partie de ces périodes par une commission médicale chargée de l'examen de telles demandes. Renseignez-vous auprès de votre caisse de retraite.

Tous les renseignements utiles peuvent être obtenus auprès de la Maison départementale des personnes handicapées (MDPH). Pour connaître celle de votre département, vous pouvez consulter le site *www.cnsa.fr* de la caisse nationale de solidarité pour l'autonomie.

CONDITIONS À REMPLIR POUR BÉNÉFICIER D'UNE RETRAITE ANTICIPÉE POUR TRAVAILLEUR HANDICAPÉ

Année de naissance	Si votre carrière vous a permis de valider au moins (1) :	Avec un nombre de trimestres de cotisations d'au moins (1) :	Vous pourrez partir à la retraite à partir de :
1958, 1959 ou 1960	87 trimestres	67	59 ans
1961, 1962 ou 1963	108 trimestres	88	57 ans
	98 trimestres	78	58 ans
	88 trimestres	68	59 ans
1964, 1965 ou 1966	129 trimestres	109	55 ans
	119 trimestres	99	56 ans
	109 trimestres	89	57 ans
	99 trimestres	79	58 ans
	89 trimestres	69	59 ans

(1) Tous les régimes de retraite auxquels vous avez appartenu sont pris en compte.

Exemple : vous êtes né en 1965. Il faut justifier de 129 trimestres, dont 109 trimestres cotisés, pour pouvoir prendre sa retraite à partir de 55 ans.

Quel est le montant de la retraite ?

Quelle que soit la durée de votre carrière, la pension est calculée au taux plein.

Exemple : un salarié né en 1962 a accompli une carrière qui lui a permis de valider 98 trimestres d'assurance, dont 78 cotisés. Il peut prendre sa retraite à 58 ans en 2020 au taux plein (50 %). Cependant, le fait qu'il ait 98 trimestres dans le régime des salariés (au lieu des 168 trimestres requis pour tous les salariés pour obtenir le taux plein) abaisse le montant de cette dernière. Cette perte est en partie compensée par une majoration. Le coefficient de majoration est égal au tiers de la durée de cotisation du bénéficiaire au régime général en étant handicapé par rapport à sa durée d'assurance au régime général (cette durée d'assurance est limitée à la durée nécessaire pour obtenir une pension entière).

Exemple : pour une pension annuelle de 10 000 € avec une durée d'assurance de 98 trimestres et une durée cotisée de 78 trimestres, le coefficient de majoration est égal à : 1/3 × (78/98)= 0,26. La retraite est majorée de : 10 000 × 0,26, soit 2 600 €. Le retraité aura donc droit à 12 600 €.

À NOTER

La retraite majorée ne peut pas dépasser la retraite que le bénéficiaire aurait perçue s'il avait justifié de la durée d'assurance requise au régime général pour bénéficier d'une pension à taux plein.

Quelles démarches accomplir ?

Vous devez demander une attestation de situation vis-à-vis de la retraite anticipée à la dernière caisse d'assurance retraite auprès de laquelle vous avez cotisé.

Si toutes les conditions sont remplies (voir plus haut), la caisse vous remettra un document justificatif de situation vis-à-vis de la retraite anticipée, un calcul estimatif de votre retraite et un formulaire de demande.

Si vous êtes salarié au moment de votre départ, vous vous trouvez, au regard du contrat de travail, dans la même situation que le salarié qui bénéficie de la retraite anticipée pour carrière longue.

À NOTER

Toutes les pièces justificatives à fournir pour obtenir la retraite anticipée des travailleurs handicapés sont listées dans le formulaire de demande de retraite anticipée Cerfa n° 51721#05

La retraite anticipée des travailleurs de l'amiante

Les victimes de l'amiante peuvent cesser leur activité à 50 ans au plus tôt et bénéficier d'une allocation de préretraite. Elle n'est cumulable ni avec une allocation de chômage ni avec une pension de retraite.

À quelles conditions ?

Pour bénéficier de ce dispositif, vous devez avoir travaillé :
– dans une entreprise ayant fabriqué des matériaux contenant de l'amiante ;
– ou dans une entreprise de flocage et de calorifugeage à l'amiante ;
– ou dans une entreprise de construction et de réparation navale en ayant exercé certains métiers utilisant des matériaux contenant de l'amiante ;
– ou encore comme ouvriers dockers professionnels dans des ports où se manipulait l'amiante.

Les entreprises, les établissements et les métiers visés sont répertoriés dans différents décrets et arrêtés publiés au *Journal officiel*, tout comme la liste des ports concernés.

Les salariés reconnus, par le régime général, atteints de l'une des maladies professionnelles liées à l'amiante sont également susceptibles de bénéficier de ce dispositif de préretraite et cela à partir de 50 ans.

À NOTER

Bien que non atteints d'une maladie professionnelle liée à l'amiante, les salariés ayant travaillé dans les établissements ou les ports concernés peuvent bénéficier d'une retraite anticipée à partir d'un âge calculé de la façon suivante : 60 ans moins le tiers de la durée de travail effectuée dans les entreprises concernées. Ce départ ne peut toutefois pas avoir lieu avant 50 ans.

Quelles sont les démarches ?

Vous devez adresser votre demande à la caisse d'assurance retraite et de santé au travail (CARSAT) de votre lieu de résidence. Vous devrez démissionner de votre emploi et aurez droit, de la part de votre employeur, à une indemnité de cessation d'activité dont le montant sera égal à celui de l'indemnité de départ à la retraite.

QUELS SONT LES DISPOSITIFS D'AMÉNAGEMENT DE FIN DE CARRIÈRE ?

Depuis une vingtaine d'années, les mesures prises par les pouvoirs publics visent à prolonger l'activité des séniors. Aussi les dispositifs légaux de préretraite ont-ils disparu. Mais les branches professionnelles et les entreprises négocient des dispositifs de fin de carrière. Par exemple, les entreprises comptant au moins 300 salariés ont l'obligation de négocier des plans de gestion prévisionnelle des emplois et des compétences. Dans ce cadre-là, sont proposés des aménagements de fin de carrière. Un accord peut prévoir pour les salariés d'au moins 55 ans, la possibilité de réduire leur temps de travail : par exemple opter pour une durée du travail équivalente à 80 % d'un temps plein payé 90 % du salaire jusqu'à 60 ans, et prendre ensuite une retraite progressive. L'entreprise peut, par ailleurs, s'engager à cotiser comme si le salarié travaillait à temps plein. En outre, certaines grandes entreprises financent elles-mêmes des préretraites « maison » dont les modalités sont définies le plus souvent par un accord d'entreprise ou un plan de sauvegarde de l'emploi. Pour y adhérer, il faut remplir une condition d'âge et parfois d'ancienneté.

Quelles conditions faut-il remplir ?

Cesser son activité

Pour liquider sa retraite, il faut cesser toute activité professionnelle, qu'elle soit salariée ou non salariée, de droit privé ou de droit public (Décret n° 2014-1713 du 30/12/2014).

Ce principe vaut même si vous souhaitez bénéficier d'une pension de vieillesse issue d'une ancienne activité salariée alors que vous êtes aujourd'hui profession libérale, par exemple.

Pour autant, il ne vous est pas interdit de travailler. Vous pouvez cumuler un emploi et une retraite, sous certaines conditions, dans le cadre du cumul emploi-retraiteou poursuivre une activité indépendante. Mais l'activité après la retraite dont les revenus sont soumis à cotisations, ne donne pas droit à un supplément de retraite.

À NOTER

Le dispositif de la retraite progressive permet à un salarié en poste de demander la liquidation provisoire et partielle de sa retraite, tout en poursuivant une activité à temps partiel, ou en transformant son temps plein en temps partiel sous réserve de remplir certaines conditions.

Avoir au moins un trimestre de cotisations

Pour avoir droit à une pension de vieillesse, vous devez justifier d'au moins un trimestre de cotisation au régime général. Bien entendu, plus vous aurez de trimestres validés, plus le montant de votre pension sera important.

Depuis le 1/1/2014 et afin de ne pas pénaliser les personnes ayant un petit temps partiel, il faut cotiser, pour valider un trimestre, sur la base de 150 fois le SMIC horaire en vigueur au 1er janvier de l'année (*Décret n° 2014-349 du 19/3/2014*) (*Voir pages Barème*).

Toutefois, pour l'année où se situe la date de départ de la retraite, seul le nombre de trimestres civils entiers compris entre le 1er janvier et cette date pourra être validé. Exemple : un salarié dont le départ à la retraite prend effet au 1/8/2020 ne pourra valider pour 2020 que deux trimestres même si son salaire brut reçu entre le 1er janvier et le 31 juillet est au moins égal à 600 fois le SMIC horaire (150 SMIC horaire × 4).

Par ailleurs, les personnes n'ayant cotisé que pendant 2 ans au maximum dans un seul régime de retraite de base, quel qu'il soit, pourront demander un remboursement de leurs cotisations d'assurance vieillesse (8 trimestres au maximum) plutôt que de percevoir leur pension de retraite. Les sommes remboursées seront majorées pour tenir compte de l'inflation. Cette mesure devait entrer en vigueur pour les salariés prenant leur retraite à compter de janvier 2016, mais les circulaires d'application sont encore attendues.

En faire la demande

La pension de retraite n'est pas accordée automatiquement. Elle ne peut être liquidée qu'à la demande de l'assuré. Depuis le 1/7/2017, s'est mise en place la « liquidation unique des régimes alignés » (Lura) pour celles et ceux qui ont appartenu à au moins deux des régimes dits « alignés » suivants :

– le régime général ;

– la Sécurité sociale des indépendants pour les périodes d'activité antérieures à 2020 ; depuis le 1/1/2020, les artisans et commerçants relèvent du régime général ;

– la Mutualité sociale agricole (MSA), mais pour les seuls salariés.
Cette réforme ne concerne que les personnes nées à partir de 1953 dont la retraite prend effet à compter du 1/7/2017. Il n'y a plus qu'un seul interlocuteur : la demande de retraite, le calcul des droits et le versement sont gérés par un seul régime, en principe le dernier auquel elles ont appartenu. En outre, la retraite unique est calculée comme si la personne avait accompli toute sa carrière dans le même régime. Elle est donc déterminée à partir des 25 meilleures années de revenus professionnels et du nombre de trimestres tous régimes confondus.

À NOTER

Si vous avez relevé de régimes autres que ceux alignés (par exemple, vous avez été salarié et fonctionnaire), la LURA ne vous touche pas. Vous devez déposer une demande de retraite auprès de chaque régime et chacun calculera ce qu'il a à vous verser en fonction de la carrière accomplie auprès de lui.

Comment est calculée la retraite de base ?

› La formule de calcul

Le calcul de la retraite de base (P) prend en compte trois éléments :
– le revenu professionnel annuel moyen de base (RPAM) ;
– le taux applicable au revenu professionnel annuel moyen (T) ;
– et la durée d'assurance au régime général et dans les régimes alignés (d), exprimée en trimestres par rapport à une durée de référence (D).
La formule est la suivante :
P = RPAM × T × dD

› Le revenu professionnel annuel moyen (RPAM)

La règle

La pension est calculée d'après les salaires et les revenus professionnels procurés par un régime relevant de la retraite unique et sur lesquels les cotisations ont été régulièrement versées. Ne sont considérées que les années civiles où est inscrit au moins 1 trimestre. Parmi toutes ces années, sont retenues les 25 meilleures en termes de revenus professionnels, à l'exclusion de celle au cours de laquelle se situe le point de départ de votre pension et des années qui comprennent un rachat de cotisations.

AVANTAGE

Pour améliorer la retraite des mères, les indemnités journalières versées par le régime d'assurance maladie-maternité pendant le congé de maternité sont prises en compte pour le calcul de la retraite (Code de la Sécurité sociale, Art. L. 351-1). Elles sont assimilées à un salaire à hauteur de 125 % de leur montant (Code de la Sécurité sociale, Art. R. 351-29). Cette mesure ne concerne que les congés de maternité qui ont débuté depuis le 1/1/2012.

Le revenu professionnel servant de base au calcul de la retraite de base ne peut excéder, tous emplois confondus, le montant du plafond de la Sécurité sociale en vigueur au cours de l'année (*Code de la Sécurité sociale, Art. R. 351-29*). Cependant, pour la période d'activité antérieure à 2005, si vous avez eu plusieurs employeurs au cours de la même année civile, la limite du plafond de la Sécurité sociale s'applique pour chaque employeur. Ainsi, le salaire de base porté pour ces années peut être supérieur au plafond de la Sécurité sociale. Si vous relevez du dispositif de la Lura, cette règle ne vous est pas applicable.

L'acquisition de droits dans plusieurs régimes alignés

Les 25 meilleures années sont déterminées comme si vous aviez appartenu à un seul régime.
Exemple : un assuré né en septembre 1958 justifie de 167 trimestres tous régimes confondus pour avoir droit au taux plein. Il a validé 20 trimestres pour une activité de salarié agricole et 148 trimestres au régime général, soit 168 trimestres au total. Son revenu annuel moyen est de 9 000 € pour son activité d'artisan et de 30 000 € pour le régime général.

Les 25 meilleures années sont recherchées sur l'ensemble de la carrière depuis juin 2017. S'il n'y en a aucune pour la période d'activité agricole, la retraite de base est calculée à partir du salaire moyen du régime général.
Retraite de base : 30 000 € × 50 % × 167/167 = 15 000 € par an, soit 1 085 € de plus qu'avec l'ancien calcul.

Le nouveau mode de calcul est favorable à ceux qui ont cotisé successivement à des régimes de retraite différents. En revanche, il peut défavoriser ceux qui ont cotisé simultanément à des régimes différents, sur de hauts revenus.

À NOTER

Lorsque, dans un régime de retraite de base, les droits à pension d'un assuré ayant relevé de plusieurs régimes sont inférieurs à 200 € bruts par an, le régime dans lequel le salarié justifie de la plus longue durée d'assurance devrait assurer, pour le compte du premier régime, le versement de la pension de retraite due. Cette règle aurait dû s'appliquer aux retraites prenant effet depuis 2016 (Décret n° 2015-1872 du 30/12/2015). Mais des circulaires d'application sont attendues.

Revalorisation

Pour tenir compte de l'érosion monétaire, vos salaires soumis à cotisations sont affectés d'un coefficient de revalorisation à la date de la liquidation de votre retraite *(Voir pages Barème)*.

› Le taux de la pension de retraite (T)

Le montant de la pension est égal à un certain pourcentage du revenu professionnel annuel moyen défini précédemment. Ce pourcentage ne peut être supérieur à 50 % : c'est ce qu'on appelle « le taux plein ».

Les assurés ne répondant pas aux conditions nécessaires pour bénéficier du taux plein touchent une retraite à un taux moindre : « le taux réduit ».

Le taux est déterminé en fonction de la durée de la carrière et, plus précisément, du nombre de trimestres qu'elle vous a permis de valider tous régimes confondus : il s'agit des trimestres cotisés, c'est-à-dire acquis au cours de vos périodes d'activité professionnelle, des trimestres assimilés (période de chômage, de maladie, de maternité, de services militaire…), des majorations de trimestres (pour enfants, pour enfant handicapé) et, enfin, des périodes dites « équivalentes ».

Le taux plein

Le taux plein (50 %) est accordé automatiquement lorsque l'on part à la retraite à partir d'un certain âge. Cet âge est fixé à :

– 66 ans et 2 mois pour ceux nés en 1953 ;
– 66 ans et 7 mois pour ceux nés en 1954 ;
– 67 ans pour ceux nés à partir de 1955.

Avec une carrière complète, vous obtiendrez une retraite de base à taux plein. Il vous faut pour cela avoir au moins 62 ans et réunir un nombre suffisant de trimestres, ce nombre variant en fonction de votre année de naissance.

DATE DE NAISSANCE	NOMBRE DE TRIMESTRES NÉCESSAIRES POUR AVOIR LE TAUX PLEIN
1955 - 1956 - 1957	166 trimestres
1958 - 1959 - 1960	167 trimestres
1961 - 1962 - 1963	168 trimestres (42 ans)
1964 - 1965 - 1966	169 trimestres
1967 - 1968 - 1969	170 trimestres
1970 - 1971 - 1972	171 trimestres
1973 et après	172 trimestres (43 ans)

À NOTER

Les assurés nés à compter de 1957 qui partent à la retraite dès qu'ils ont suffisamment de trimestres pour obtenir le taux plein, se voient appliquer un coefficient de minoration de 10 % de leur retraite AGIRC-ARRCO pendant 3 ans au maximum (jamais au-delà des 67 ans).

Dans certaines situations, vous pouvez demander votre retraite à partir de l'âge légal de la retraite et l'obtenir à taux plein quelle que soit la durée de votre carrière. Il en sera ainsi principalement si :

– vous bénéficiez d'une pension d'invalidité ou pouvez demander votre retraite au titre de l'inaptitude. Est reconnu inapte au travail celui qui n'est pas en mesure de poursuivre son activité sans nuire gravement à sa santé et qui est atteint d'une incapacité de travail de 50 % constatée par un médecin. Cette situation doit être reconnue par le médecin-conseil de la caisse qui attribue la retraite. Aussi devez-vous joindre à votre demande de retraite un dossier médical à vous procurer auprès de votre caisse de retraite et le faire remplir par votre médecin traitant. Si vous êtes encore en activité

au moment de votre demande, un certificat médical devra être rempli, en plus, par le médecin du travail ;
– vous êtes handicapé et votre incapacité permanente est d'au moins 50 % ;
– vous êtes mère de famille ouvrière et remplissez les trois conditions suivantes :
• vous avez élevé trois enfants pendant 9 ans au moins avant leur 16e anniversaire,
• vous totalisez 30 années d'assurance dans le régime général seul ou dans le régime général et le régime des salariés agricoles,
• vous avez effectué, pendant 5 ans au cours des 15 années précédant la demande, un travail manuel ouvrier.

La loi du 9/11/2010 a élargi le nombre de situations particulières ouvrant droit à une retraite à taux plein. Mais ces dispositions s'adressent aux assurés qui demandent leur retraite à 65 ans. Vous profiterez de ce dispositif si vous vous trouvez dans l'une des situations suivantes :
– vous avez interrompu votre activité professionnelle pendant au moins 30 mois consécutifs en raison de votre qualité d'aidant familial au service d'une personne handicapée dont le taux d'incapacité est d'au moins 80 %. L'aidant peut être le conjoint, le concubin ou partenaire pacsé de la personne handicapée, son descendant (enfant, petit-enfant), son ascendant (son père, sa mère), un collatéral jusqu'au 4e degré (frère, sœur, tante, oncle, cousin germain) ;
– vous avez élevé un enfant handicapé et avez bénéficié d'au moins un trimestre au titre de la majoration de durée d'assurance pour l'éducation d'un enfant handicapé ;
– vous avez apporté une aide effective à votre enfant bénéficiaire de la prestation de compensation du handicap ;
– vous êtes né entre le 1/7/1951 et le 31/12/1955 et avez élevé ou eu au moins 3 enfants ; il vous faut, en outre, avoir cessé ou réduit votre activité professionnelle suivant la naissance ou l'adoption d'au moins un de vos enfants pour vous consacrer à son éducation et avoir validé au moins 8 trimestres avant cette interruption ou réduction d'activité.

Le taux réduit

Si vous demandez votre retraite avant d'avoir atteint l'âge auquel on accorde le taux plein automatiquement (voir plus haut) et sans avoir accompli une carrière complète, le taux réduit s'applique. Ce taux réduit est calculé en minorant le taux plein par un coefficient.
Ce coefficient est déterminé :
– soit en fonction du nombre de trimestres qui vous manquent lors de la liquidation pour atteindre l'âge du taux plein automatique ;
– soit en fonction du nombre de trimestres d'assurance manquant pour bénéficier du taux plein.
Pour les assurés nés en 1953 et après, le coefficient de décote est de 0,625 % par trimestre manquant. Le taux de liquidation ne peut descendre en dessous d'un seuil plancher qui est de 37,5 %.
Exemple : un assuré né en 1958 demande sa retraite à 62 ans ; il lui manque donc 20 trimestres pour atteindre 67 ans. Si seulement 10 trimestres lui font défaut pour totaliser les 167 trimestres exigés, un taux minoré de 50 %- (0,625 % × 10)= 43,75 % est retenu au lieu de 50 %- (0,625 % × 20)= 37,5 % avec le calcul en fonction de l'âge.

› La durée d'assurance dans les régimes alignés

Après détermination du revenu professionnel annuel moyen (RPAM) et du taux de liquidation (T), le montant de la pension est calculé en fonction de la durée d'assurance accomplie dans le régime général et les régimes alignés (d) rapportée à une durée de référence (D) correspondant au nombre maximal de trimestres à prendre en compte qui varie en fonction de votre année de naissance (règle de proratisation).

Les périodes d'assurance (d)

La durée d'assurance retenue comprend non seulement les périodes cotisées dans le régime général et les régimes alignés, mais aussi les périodes assimilées et les majorations d'assurance, à l'exception des périodes équivalentes (voir encadré). Le nombre de trimestres pris en compte ne peut être supérieur à celui nécessaire pour avoir le taux plein.

FAITES LE COMPTE DE VOS TRIMESTRES

Les trimestres que vous avez accumulés au cours de votre carrière entrent en ligne de compte deux fois dans la formule de calcul de votre retraite :
– une fois pour le calcul du taux : il s'agit des trimestres de toute votre carrière quelle que soit la profession exercée et le régime de retraite auquel vous avez appartenu ;
– une seconde fois pour décompter vos trimestres de salariés dans le régime général et les régimes alignés.

Pour le taux de liquidation de votre retraite

1) Les trimestres cotisés : il s'agit de ceux acquis en contrepartie de cotisations donc de votre activité professionnelle.
2) Les trimestres assimilés : il s'agit des différentes périodes suivantes :
✓ les « périodes assimilées », c'est-à-dire :
– les périodes pour lesquelles vous avez bénéficié d'indemnités journalières pour maladie : 60 jours d'indemnisation valident 1 trimestre ;
– le trimestre civil au cours duquel vous avez accouché valide un trimestre pour votre retraite.
Pour les naissances et adoptions postérieures au 31/12/2013, chaque période de 90 jours de perception d'indemnités journalières d'assurance maternité ou d'indemnités journalières de repos en cas d'adoption valide 1 trimestre, dans la limite de 4 par an. En pratique, cette mesure concerne les femmes à partir de la naissance de leur 3e enfant ou en cas de naissance de jumeaux ou de triplés (*Décret n° 2014-566 du 30/5/2014*) ;
– les périodes pendant lesquelles vous avez bénéficié d'indemnités journalières pour invalidité et accident du travail : 3 mois de pension d'invalidité ou de rente valident 1 trimestre ;
– les périodes de rééducation professionnelle à la suite d'un accident du travail ;
– les périodes de perception de l'allocation de préretraite totale ;
– les périodes de cessation anticipée d'activité de certains travailleurs salariés (CATS) ;
– la partie de la rémunération versée, au titre du congé de reclassement, s'il dure plus longtemps que le préavis de licenciement ;
– les périodes d'apprentissage sous conditions ;
– les périodes de chômage involontaire :
- antérieures au 1/1/1980, indemnisées ou non,
- postérieures au 31/12/1979 si elles ont été indemnisées ou, sous certaines conditions et limites, en cas de non-indemnisation.

À noter : depuis 2015, les périodes pendant lesquelles les chômeurs suivent une formation rémunérée par l'État ou la région ou non rémunérée valident des trimestres selon la règle « 50 jours de formation = 1 trimestre ». Sont concernés par cette mesure les chômeurs qui ne perçoivent pas l'allocation de retour à l'emploi de Pôle emploi ;
– les périodes de service national, de présence sous les drapeaux en temps de guerre. Il faut avoir cotisé au régime général avant ou après le service national ;
✓ les périodes prises en charge par les caisses d'allocations familiales au titre de l'assurance vieillesse des parents au foyer.
3) La majoration de trimestres pour enfants : des trimestres supplémentaires sont accordés pour chacun de vos enfants.
✓ Pour les enfants nés avant 2010 ou adoptés pendant leur minorité avant 2010, la mère bénéficie pour chacun d'eux (y compris un enfant mort-né) de 4 trimestres pour la maternité ou l'adoption, plus 4 trimestres pour l'éducation (soit 8 trimestres en tout par enfant). En cas de décès de l'enfant avant ses 4 ans, la majoration pour éducation est accordée à raison de 1 trimestre par année de résidence commune avec l'enfant.
✓ Pour les enfants nés à compter de 2010, les 4 premiers trimestres sont accordés à la mère. Pour les 4 autres, les parents décident de les attribuer à l'un ou l'autre ou de se les partager. Leur décision doit intervenir dans les 6 mois qui suivent le 4e anniversaire de l'enfant. S'ils n'expriment aucun choix, les trimestres reviennent à la mère. En cas de désaccord, les 4 trimestres seront accordés au parent qui a assuré l'éducation à titre principal ou seront partagés entre eux.
Quelle que soit la date de naissance ou d'adoption de l'enfant, pour obtenir les 4 trimestres d'éducation, il faut que le père et la mère aient validé chacun au moins 8 trimestres dans un régime obligatoire de retraite français ou européen (*Code de la Sécurité sociale, Art. L. 351-4*). Cette condition n'est pas exigée si celui des parents qui revendique les trimestres d'éducation a élevé seul l'enfant pendant tout ou partie des 4 ans qui ont suivi la naissance ou l'adoption.
✓ En cas d'adoption depuis 2010, les parents désignent celui des deux qui bénéficiera des 4 trimestres d'accueil et des 4 trimestres d'éducation (ils peuvent aussi se les partager).

FAITES LE COMPTE DE VOS TRIMESTRES

Bon à savoir : si vous avez bénéficié d'un congé parental d'éducation, sa durée valide des trimestres. Mais, pour un même enfant, vous ne pouvez cumuler cet avantage avec la majoration de trimestres pour enfant, laquelle est attribuée par priorité. Si le congé parental valide plus de trimestres, cette solution sera retenue. Exemple : si vous avez pris un congé parental d'1 an, vous aurez droit à la majoration pour enfant de 8 trimestres. Si le congé parental est de 3 ans, vous aurez droit aux 12 trimestres au titre de celui-ci.

À noter : les sites Internet des caisses nationales de régimes d'assurance vieillesse doivent informer leurs assurés sur les règles d'attribution de la majoration de trimestres pour enfants.

4) La majoration pour enfant handicapé : le père et la mère d'un enfant handicapé ou la personne qui l'a élevé bénéficient d'un trimestre supplémentaire par période d'éducation de 30 mois, dans la limite de 8 trimestres. Ceux-ci sont accordés si l'enfant est atteint d'une incapacité d'au moins 80 % et ouvre droit à l'allocation d'éducation de l'enfant handicapé et à l'un de ses compléments ou à la prestation de compensation du handicap.

5) La majoration de trimestres pour les aidants : les personnes s'occupant, à leur domicile, d'un adulte de plus de 20 ans lourdement handicapé (c'est-à-dire présentant un taux d'incapacité permanente de 80 % minimum) bénéficient d'une majoration de 8 trimestres au maximum, à raison d'1 trimestre par période de 30 mois de prise en charge à temps complet intervenant depuis le 1/2/2014 (*Code de la Sécurité sociale, Art. L. 351-4-2*). La personne aidée doit être un ascendant, un descendant, le conjoint, le partenaire pacsé, le concubin ou un membre de la famille jusqu'au 4e degré (comme un cousin germain, par exemple).

6) Des mesures pour les jeunes générations : des études longues, des difficultés pour trouver un premier emploi font que les jeunes entrent de plus en plus tardivement dans la vie active. Dans le même temps, le nombre de trimestres nécessaire pour avoir sa retraite à taux plein augmente. Afin de ne pas trop repousser l'âge effectif à partir duquel ils pourront obtenir une retraite à taux plein, quelques avantages leur sont accordés par la loi du 20/1/2014 quant à la validation des trimestres :

– Depuis le 1/1/2014, la durée de l'apprentissage valide des trimestres, quel que soit le montant de leur rémunération : 1 an d'apprentissage valide 4 trimestres : 2 ans 8 trimestres…(*Code de la Sécurité sociale, Art. D. 373-3*).

– Depuis le 15/3/2015, les stages en entreprise effectués par les étudiants et donnant lieu à gratification peuvent valider 2 trimestres au maximum, moyennant le paiement d'une cotisation à coût réduit. Ouvre droit à la validation d'1 trimestre d'assurance toute période de stage dont la durée au sein d'une même entreprise, administration publique, assemblée parlementaire, assemblée consultative, association ou tout autre organisme d'accueil est égale à 2 mois consécutifs (ou, au cours d'une même année scolaire ou universitaire, à 2 mois consécutifs ou non). Le coût d'1 trimestre est de 12 % du plafond mensuel de la Sécurité sociale (*Code de la Sécurité sociale, Art. D. 351-16 à D. 351-20*).

– Le rachat de trimestres pour leur période d'études supérieures est facilité : le prix du trimestre est moins élevé si l'opération intervient dans les 10 ans qui suivent la fin des études (*Code de la Sécurité sociale, Art. D. 351-14-1*). À ce tarif préférentiel, 4 trimestres au maximum peuvent être rachetés. Si cette mesure est favorable aux jeunes, il n'en reste pas moins vrai qu'à l'âge où l'on finit ses études, il est impossible de savoir combien rapportera son investissement 30 à 40 ans plus tard…

7) Les trimestres rachetés : dans les trimestres d'assurance, comptent également les trimestres rachetés, en particulier ceux correspondant aux années incomplètes (années au cours desquelles n'ont pas été validés 4 trimestres).

Il faut y ajouter les nouveaux cas de rachats à prix préférentiel au profit :

– des étudiants (voir plus haut) ;

– des apprentis : pour les contrats d'apprentissage conclus entre le 1/7/1972 et le 31/12/2013, un abattement sur le prix du rachat de 4 trimestres au maximum est appliqué ;

– des assistants maternels : pour les périodes d'activité incomplète se situant entre le 1/1/1975 et le 31/12/1990, ils peuvent racheter à coût réduit 12 trimestres au maximum.

En outre, les enfants de harkis peuvent racheter jusqu'à 4 trimestres au titre des périodes passées dans des camps militaires d'hébergement entre le 18/3/1962 et le 31/12/1975 alors qu'ils étaient âgés de 16 à 21 ans.

Bon à savoir : les points du compte professionnel de prévention peuvent être convertis en trimestres de retraite.

8) Les périodes équivalentes : il s'agit notamment des périodes d'aide familiale antérieures au 1/4/1983, accomplies de façon habituelle dans une entreprise commerciale.

FAITES LE COMPTE DE VOS TRIMESTRES

Pour la durée d'assurance dans le régime général et les régimes alignés

On retient les trimestres cotisés et assimilés dans le régime général et les régimes alignés, les trimestres de majoration mais pas les périodes équivalentes. Il faut y ajouter la majoration d'ajournement. Si vous demandez votre retraite alors que vous avez dépassé l'âge auquel on a droit à une retraite à taux plein (par exemple après 65 ans si vous êtes né avant le 1/7/1951) et ne totalisez pas les trimestres nécessaires pour avoir le taux plein, votre durée d'assurance sera majorée de 2,50 % pour chaque trimestre écoulé entre l'âge du taux plein automatique et la date de point de départ de la pension. L'attribution de cette majoration n'est pas liée à l'exercice d'une activité professionnelle pendant cette période.
Exemple : vous avez travaillé exclusivement sous le statut de salarié et n'avez donc cotisé qu'au régime général. Vous justifiez de 120 trimestres. Âgé de 67 ans au début 2019, vous ne travaillez plus depuis plusieurs années. Vous demandez votre retraite à l'hiver 2019, soit 8 trimestres après vos 65 ans et 9 mois (âge auquel vous pouvez bénéficier du taux plein automatiquement). Vous obtiendrez une majoration de trimestre de 20 % (2,50 % × 8). Le nombre de trimestres dans le régime général sera donc de 120 + (120 × 20 %), soit 144 trimestres.

La durée de référence (D)

La durée nécessaire pour avoir une retraite unique « entière » (c'est-à-dire pour une carrière complète) suit celle requise pour avoir le taux plein (voir tableau ci-dessous).

DURÉE D'ASSURANCE DANS LE RÉGIME GÉNÉRAL

Années de naissance	Nombre de trimestres
1955 - 1956 - 1957	166
1958 - 1959 - 1960	167
1961 - 1962 - 1963	168
1964 - 1965 - 1966	169
1967 - 1968 - 1969	170
1970 - 1971 - 1972	171
1973 ou après	172

En conséquence, si la durée d'assurance retenue est inférieure à la durée de référence, votre pension de retraite est réduite au prorata.

Exemple : vous êtes né en 1958 et justifiez seulement de 150 trimestres validés dans le seul régime général. Pour prétendre à une retraite à taux plein, il vous faudrait 167 trimestres. Mais comme vous êtes titulaire d'une pension d'invalidité, vous avez droit à la retraite à taux plein à 62 ans. Avec un revenu professionnel moyen de 2 500 € par mois, votre retraite sera calculée selon la formule suivante :

2 500 € × 50 % × 150/167 soit 1 122,75 €. La retraite est bien liquidée à taux plein, mais elle est réduite au prorata de votre durée d'assurance. Elle n'est donc pas entière.

Une personne dans la même situation que vous mais avec 167 trimestres aurait droit à une retraite à taux plein et entière : 2 500 € × 50 % × 167/167 soit 1 250 €.

Les majorations de trimestres

Certaines catégories d'assurés peuvent obtenir des trimestres supplémentaires qui ne sont pas affectés à des années déterminées, mais qui s'ajoutent sans considération chronologique à leur durée d'assurance (voir encadré plus haut).

Quel est le montant de la retraite ?

Le montant de la pension est déterminé à partir des éléments qui viennent d'être détaillés, mais il peut être affecté par certains correctifs :

– d'une part, certaines situations peuvent entraîner une majoration ;
– d'autre part, le montant de cette pension ne peut ni tomber en dessous d'un certain seuil ni dépasser un maximum.

Le montant minimum

Si vous avez droit à une retraite à taux plein, et seulement dans ce cas, le montant de votre pension ne peut être inférieur à un « minimum contributif » réévalué chaque année. Ce montant garanti est servi intégralement si vous totalisez le nombre de trimestres requis pour avoir droit à une pension entière dans le régime général *(Voir pages Barème)* ; dans le cas contraire, il est proratisé (voir exemple ci-dessus).

Une majoration est attribuée si la durée d'assurance ayant donné lieu à cotisations est au moins égale à 30 ans (120 trimestres).

L'octroi du minimum contributif est soumis à condition de ressources. Le versement du minimum contributif ne peut avoir pour conséquence de porter le montant mensuel des pensions personnelles (de base et complémentaires) au-delà d'un certain plafond indexé sur le SMIC *(Voir pages Barème)*.

Des dispositions particulières sont prévues si vous avez été affilié à d'autres régimes de base français ou étrangers.

Le montant maximum

Le montant de votre pension de retraite ne peut excéder, majorations non comprises, 50 % du plafond de la Sécurité sociale *(Voir pages Barème)*.

Toutefois, ce maximum ne vous est pas opposable si vous bénéficiez d'une surcote.

À NOTER

Votre pension de retraite, en pratique, ne peut atteindre 50 % du plafond du fait que les coefficients de revalorisation utilisés pour calculer votre revenu professionnel annuel moyen sont inférieurs au taux d'augmentation du plafond de la Sécurité sociale.

› Les majorations de pension

Plusieurs majorations sont possibles.

La surcote

Si vous continuez de cotiser après l'âge légal de la retraite alors que vous totalisez déjà le nombre de trimestres requis pour obtenir le taux plein, vous bénéficierez d'une majoration de votre pension (surcote). Elle est fixée à 5 % pour toutes les années travaillées depuis le 1/1/2009.

Exemple : un assuré né en 1958 ayant validé 167 trimestres de cotisations en 2020 a un salaire annuel moyen de 18 000 €.

Sa pension liquidée à cet âge est égale à 9 000 € ; mais s'il choisit de poursuivre son activité pendant 2 années, sa pension atteindra 9 000 € × 1,10 = 9 900 € au moins.

La surcote est appliquée sur le montant de la retraite de base avant la majoration de 10 % accordée aux assurés qui ont élevé au moins trois enfants (voir plus loin).

En outre, pour le calcul de la surcote et plus précisément pour savoir si la durée d'assurance est atteinte pour obtenir le taux plein, la loi du 9/11/2010 exclut les bonifications de durée de service (pour ceux qui ont été fonctionnaire dans leur carrière) et les majorations de durée d'assurance accordées par les régimes de base, à l'exception de celles dues au titre des enfants et du handicap.

Cette mesure ne s'applique pas aux assurés qui remplissent, avant le 1/1/2013, les conditions d'âge et de durée d'assurance ouvrant droit à la surcote.

À NOTER

La surcote n'est plus incluse dans le calcul de base de la pension avant la comparaison avec le montant du minimum contributif (voir plus haut).

La majoration pour enfants

Une majoration de 10 % est prévue si vous avez eu au moins trois enfants. Il peut s'agir aussi bien de vos propres enfants que d'enfants que vous avez élevés pendant au moins 9 ans avant leur 16e anniversaire (*Code de la Sécurité sociale, Art. L. 351-12 et R. 351-30*).

ATTENTION ⚠

Les majorations de retraite de base et complémentaire sont imposables (Loi de finances pour 2014).

ATTENTION ⚠

La majoration pour conjoint à charge a été supprimée en 2011. Depuis, elle n'est plus attribuée à de nouveaux bénéficiaires. Mais les personnes qui la percevaient au 31/12/2010 continuent à la recevoir tant qu'elles remplissent les conditions requises (Voir pages Barème).

La majoration pour tierce personne

Cette majoration concerne les assurés bénéficiant d'une pension de retraite substituée à une pension d'invalidité ou liquidée au titre de l'inaptitude au travail et se trouvant obligés de recourir à l'assistance d'une tierce personne pour effectuer les actes ordinaires de la vie (*Code de la Sécurité sociale, Art. L. 355-1, R. 341-6 et R. 355-1*). La majoration s'élève à 40 % de la pension principale et ne peut être inférieure à un minimum *(Voir pages Barème)*.

À NOTER

Le calcul du montant de la retraite portée au minimum contributif se fait dans l'ordre suivant : 1) calcul de la retraite de base ; 2) détermination du minimum contributif avec, le cas échéant, majoration ; 3) comparaison des deux montants : si la retraite de base est inférieure au minimum contributif, son montant est porté à cette valeur plancher ; 4) calcul, le cas échéant, de la surcote sur le montant de la retraite de base (et non sur le minimum contributif) ; le montant obtenu est ajouté au minimum contributif ; 5) calcul, le cas échéant, de la majoration pour enfants de 10 % sur la base du minimum contributif + surcote.

› Les prélèvements sociaux

La contribution sociale généralisée (CSG)

La CSG est directement prélevée sur votre pension de retraite, y compris sur les bonifications et majorations pour enfants (*Code de la Sécurité sociale, Art. L. 136-2*). Toutefois, vous êtes exonéré de cette contribution si vous êtes titulaire d'une allocation non contributive de vieillesse attribuée sous condition de ressources.

Vous pouvez également être exonéré de la CSG sur votre pension de retraite ou assujetti à une CSG à taux réduit ou intermédiaire si vous remplissez certaines conditions.

À NOTER

Le taux de la CSG prélevé sur les retraites a été relevé de 1,7 points au 1/1/2018. La loi n° 2018-1213 du 24/12/2018 (dite « Loi gilets jaunes ») a rétabli, depuis le 1/1/2019, le taux de CSG à 6,6 % (au lieu de 8,3 %) pour les retraités dont les revenus ne dépassent pas un certain montant.

La contribution au remboursement de la dette sociale (CRDS)

Votre pension de vieillesse est également soumise à la CRDS, mais vous pouvez en être exonéré sous condition de ressources.

À NOTER

Afin de garantir le financement futur des régimes de retraite de base, un Fonds de réserve spécial est alimenté par différentes ressources, comme les excédents de la CNAV et du Fonds de solidarité vieillesse (FSV).

La contribution additionnelle de solidarité pour l'autonomie (CASA)

Les retraites subissent, en plus, un prélèvement de 0,3 %. Les retraités qui sont redevables de la CSG à taux réduit *(Voir pages Barème)*, en sont exonérés, comme ceux qui résident fiscalement à l'étranger ou sont à charge d'un régime étranger d'assurance maladie (*Circulaire CNAV n° 2013-31 du 2/5/2013*). De même, cette contribution n'est pas prélevée sur :

– les pensions militaires d'invalidité et des victimes de guerre, ainsi que la retraite du combattant ;
– les retraites mutualistes versées aux anciens combattants et victimes de guerre ;
– la fraction des pensions temporaires d'orphelin qui correspond au montant des prestations familiales auxquelles aurait eu droit le parent décédé ;
– la pension temporaire d'orphelin versée en remplacement de l'allocation aux adultes handicapés ;
– l'allocation de solidarité aux personnes âgées (ASPA), l'allocation supplémentaire d'invalidité et l'allocation veuvage ;
– la majoration pour tierce personne.

Pour le calcul de l'impôt sur le revenu, la CASA n'est pas déductible du montant imposable.

Le produit de cette taxe est affecté au financement de la prise en charge de la dépendance des personnes âgées.

À NOTER

La hausse ponctuelle des revenus qui fait dépasser le plafond de ressources à respecter pour obtenir l'exonération de CSG et de CASA ou l'application d'un taux réduit de CSG n'a plus d'effet sur la CSG et la CASA. Il est désormais nécessaire de dépasser les seuils pendant deux années consécutives pour que les taux de prélèvement soient revus à la hausse.

› La revalorisation

Les pensions sont revalorisées en fonction de l'inflation.

La revalorisation a lieu, en principe, chaque 1er janvier. Au 1/1/2020, le taux de revalorisation de la retraite de base n'est pas le même pour tous les retraités. Il varie de 0,3 % à 1 % selon le niveau des pensions :

– revalorisation de 1 % jusqu'à 2 000 € inclus ;
– de 0,8 % au-dessus de 2 000 € et jusqu'à 2 008 € inclus ;

– de 0,6 % au-dessus de 2 008 € et jusqu'à 2 012 € inclus ;
– de 0,4 % au-dessus de 2 012 € et jusqu'à 2 014 € inclus ;
– de 0,3 % au-delà de 2014 €.

Sur la pension du mois de janvier 2020 (versée début février), les retraités ont bénéficié d'une revalorisation de 1 % si la moyenne mensuelle brute de leurs retraites des mois de juillet, d'août et de septembre 2019 n'a pas dépassé 2 000 €. Sinon, ils ont obtenu une hausse de 0,3 %.

En mai 2020, la régularisation a eu lieu. Ceux qui se sont vu appliquer le taux de 0,3 % au lieu d'une revalorisation au taux intermédiaire (0,4 %, 0,6 % ou 0,8 %) ont reçu, en mai, un rappel pour les premiers mois de l'année 2020.

Comment en faire la demande ?

Les démarches

Pour obtenir sa retraite, il faut en faire la demande expressément. Plusieurs moyens sont mis à disposition :

– La demande unique interrégimes en ligne : ce service est accessible à partir du site *www.info.retraite.fr* (« moncompteretraite ») ou du portail de son régime de retraite. Elle permet de remplir un seul dossier de demande quels que soient les régimes auxquels on a cotisé : salarié, fonctionnaire, travailleur indépendant, assuré d'un régime spécial, tant pour les retraites de base que pour les complémentaires. Ce nouveau système ne traite pas certains cas particuliers comme les demandes des personnes résidant à l'étranger. Celles et ceux se trouvant dans une situation non prise en compte par ce dispositif, en seront informés dès le début de la demande en ligne. Cette seule demande déclenche l'instruction et la liquidation de toutes les retraites. Les informations relatives à l'identité, l'adresse, la situation de famille (enfants à charge, élevés…) sont transmises en une seule fois. Les justificatifs demandés (copie d'une pièce d'identité, du livret de famille, le dernier avis d'imposition, le relevé d'identité bancaire…) doivent être numérisés (scan ou photo des documents avec un smartphone) ;

– les régimes des salariés (l'assurance retraite et l'AGIRC-ARRCO) proposent une demande en ligne à partir de leur site ;

– il est également possible de faire sa demande au moyen d'un dossier « papier » et plus précisément le formulaire Cerfa n° 10916*10. On peut l'obtenir soit directement auprès de sa caisse d'assurance retraite et de santé au travail (CARSAT), soit *via* le site *www.lassuranceretraite.fr.*

Quand on a cotisé, au cours de sa carrière, au régime général et à la Sécurité sociale des indépendants (pour une activité artisanale ou commerciale), il faut déposer sa demande à sa CARSAT (à la CNAV en Île-de-France). Pour ceux qui ont relevé du régime général et de la MSA pour une activité salariée agricole, la demande unique doit être déposée auprès du dernier régime auquel on appartient.

Le versement de la retraite est garanti le mois suivant sa date d'effet, si la demande a été déposée au moins 4 mois à l'avance.

Exemple : un salarié désire prendre sa retraite à compter du 1/1/2021. Il devra déposer son dossier de demande complet avant le 1/9/2020. Il recevra le premier versement de sa retraite autour du 8/1/2021.

La date d'effet

C'est à vous de fixer la date à partir de laquelle vous voulez recevoir votre retraite, sachant que cette date doit être obligatoirement :
– le premier jour d'un mois ;
– ne pas se situer avant la date du dépôt de la demande ni être antérieure à l'âge minimum requis pour percevoir sa retraite.

Si vous ne précisez aucune date dans votre demande, la date d'effet de la pension sera fixée le 1er jour du mois suivant la réception de la demande.

Le paiement

En principe, la retraite est versée chaque mois, à terme échu, jusqu'au décès de l'assuré. Elle est mise en paiement le 8e jour calendaire du mois ou le 1er jour ouvré suivant si le 8e jour n'est pas ouvré. La retraite du mois de janvier est virée sur votre compte bancaire le 9 février par exemple.

AVANTAGE

Le régime général des salariés et le régime complémentaire AGIRC-ARRCO ont mis en place un dispositif de signalements réciproques du dépôt d'une demande de retraite personnelle. Ainsi, quand on dépose sa demande de retraite auprès de la CARSAT, celle-ci le signale automatiquement au régime complémentaire, et réciproquement. Ce signalement ne vaut que pour les demandes de retraite personnelle, pas pour les demandes de pension de réversion.

La retraite complémentaire des salariés

La retraite complémentaire AGIRC-ARRCO s'ajoute aux prestations d'assurance vieillesse servies par le régime général de la Sécurité sociale et la Mutualité sociale agricole. L'Association pour le régime de retraite complémentaire des salariés (ARRCO) qui concernait tous les salariés du secteur privé et agricole et l'Association générale des institutions de retraite des cadres (AGIRC) ont fusionné au 1/1/2019 pour ne former qu'une seule entité : l'AGIRC-ARRCO.

La retraite complémentaire AGIRC-ARRCO

› Qui peut y prétendre ?

Les personnes affiliées

Tous les salariés relevant du régime général de la Sécurité sociale pour leur retraite de base doivent obligatoirement être affiliés au régime complémentaire de l'AGIRC-ARRCO lorsqu'ils travaillent en France (métropole, DOM, Saint-Pierre-et-Miquelon et Nouvelle-Calédonie) ou dans la Principauté de Monaco : cette affiliation n'est soumise à aucune condition d'âge ni de nationalité.

Les cotisations obligatoires

La retraite AGIRC-ARRCO est acquise moyennant des cotisations calculées sur la tranche 1 (T1) du salaire, c'est-à-dire sur la partie du salaire brut inférieure ou égale au plafond de la Sécurité sociale, et sur la tranche 2 (T2), c'est-à-dire sur la part du salaire comprise entre 1 et 8 fois le plafond de la Sécurité sociale. On retient : salaires et gains, indemnités de congés payés, autres indemnités, primes et gratifications, pourboires…

Dans certaines situations, les cotisations AGIRC-ARRCO sont calculées sur la base d'un forfait et non en fonction du salaire réel. Sont concernés par cette règle :

– les apprentis ;
– les stagiaires étrangers aides familiaux au pair (employeurs et salariés peuvent cependant se mettre d'accord pour un calcul sur la base du salaire réel) ;
– les chauffeurs de taxi locataires de leurs véhicules ;
– les jeunes effectuant des stages en entreprise ;
– les personnes bénéficiant d'actions de formation.

Les cotisations sont calculées sur la T1 au taux minimum contractuel de 6,20 % et au taux de 17 % sur la T2. Compte tenu d'un pourcentage d'appel de 127 % non générateur de points, la cotisation effective est de 7,87 % sur la T1 et 21,59 % répartie à 60 % pour l'employeur et 40 % pour le salarié. Pour la part salariale, le taux est donc 3,15 % sur la T1 et 8,64 % pour la T2 *(Voir pages Barème)*.

Il faut y ajouter 3 contributions :

	TAUX DE COTISATION/ PART SALARIALE	TAUX DE COTISATION/ PART PATRONALE	TOTAL
Contribution d'équilibre général - Tranche 1 - Tranche 2	0,86 % 1,08 %	1,29 % 1,62 %	2,15 % 2,70 %
Contribution d'équilibre technique - Tranche 1 - Tranche 2	0,14 % 0,14 %	0,21 % 0,21 %	0,35 % 0,35 %
Cotisation APEC [1]	0,024 %	0,036 %	0,06 %
(1) Cette cotisation est prélevée sur le salaire brut retenu dans la limite de 4 fois le plafond de la sécurité sociale. Elle est recouvrée par le régime AGIRC-ARRCO bien qu'elle ne soit pas destinée à cette institution.			

Les cotisations au taux contractuel servent à acquérir des points. Le montant de la retraite complémentaire dépend du nombre de points accumulés, qui lui-même dépend du montant des cotisations versées et du prix d'achat du point.

› La retraite AGIRC-ARRCO : à quel âge ?

Pour une retraite AGIRC-ARRCO sans abattement

La retraite complémentaire AGIRC-ARRCO est liquidée sans abattement dès lors que l'on prend sa retraite à l'âge du taux plein automatique, lequel varie selon son année de naissance :

– 66 ans et 2 mois pour ceux nés en 1953 ;
– 66 ans et 7 mois pour ceux nés en 1954 ;
– 67 ans pour ceux nés à partir de 1955.

Peuvent également prétendre à une retraite AGIRC-ARRCO sans abattement les salariés nés avant 1957 qui remplissent les conditions pour avoir une retraite à taux plein auprès de la CARSAT : ils ont accumulé suffisamment de trimestres à partir de l'âge légal de la retraite, ils peuvent prétendre à l'un des dispositifs de retraite anticipée (assurés handicapés, carrière longue, au titre de la pénibilité) ou se trouvent dans une situation particulière (invalidité, inaptitude au travail).

Pour les salariés nés en 1957 ou après : un coefficient de minoration temporaire de 10 % peut leur être appliqué pendant 3 ans dans certaines situations (voir plus loin).

La retraite AGIRC-ARRCO avant l'âge légal avec abattement définitif

Si vous faites liquider vos retraites alors que vous ne pouvez pas bénéficier du taux plein, la complémentaire AGIRC-ARRCO subira une minoration qui s'appliquera de façon définitive.

Il est également possible de demander la liquidation anticipée de la retraite complémentaire avant l'âge légal de la retraite (au plus tôt à partir de 57 ans) avec application d'un coefficient d'abattement qui varie en fonction de l'âge de départ.

COEFFICIENT D'ABATTEMENT	ÂGE ATTEINT AU MOMENT DU DÉPART À LA RETRAITE
0,78	62 ans
0,7625	61 ans et 9 mois
0,745	61 ans et 6 mois
0,7275	61 ans et 3 mois
0,71	61 ans
0,6925	60 ans et 9 mois

COEFFICIENT D'ABATTEMENT	ÂGE ATTEINT AU MOMENT DU DÉPART À LA RETRAITE
0,675	60 ans et 6 mois
0,6575	60 ans et 3 mois
0,64	60 ans
0,6225	59 ans et 9 mois
0,605	59 ans et 6 mois
0,5875	59 ans et 3 mois
0,57	59 ans
0,5525	58 ans et 9 mois
0,535	58 ans et 6 mois
0,5175	58 ans et 3 mois
0,5	58 ans
0,4825	57 ans et 9 mois
0,465	57 ans et 6 mois
0,4475	57 ans et 3 mois
0,43	57 ans

Exemple : vous êtes né en 1960 et comptez demander votre retraite complémentaire anticipée à 60 ans. Le montant de votre retraite complémentaire sera alors affecté d'un coefficient de minoration de 0,64. Si le montant mensuel de votre complémentaire avant abattement est de 1 000 €, il sera après abattement de 640 € (1 000 × 0,64). Si vous demandez votre retraite complémentaire à 61 ans, le montant de votre retraite complémentaire sera affecté d'un coefficient de 0,71 et sera de 710 € (1 000 × 0,71).

› Quelles conditions faut-il remplir ?

Cesser son activité

La liquidation de votre retraite complémentaire est subordonnée à la cessation de vos activités salariées qui relèvent du régime général, du régime des salariés agricoles et de certains régimes spéciaux, autres que ceux de la fonction publique.
L'AGIRC-ARRCO applique également les mêmes règles que le régime général en permettant la poursuite d'activités particulières.

En faire la demande

Comme pour la retraite de base, il faut demander sa retraite complémentaire AGIRC-ARRCO pour l'obtenir.
Lorsque le salarié commence par demander sa retraite auprès du régime de base, la CARSAT le signale à l'AGIRC-ARRCO.

› Comment est calculée la retraite AGIRC-ARRCO ?

La formule de calcul

- Vous avez droit à votre retraite de base à taux plein.
Si vous êtes né avant 1957 : votre retraite complémentaire est égale, par an, à :
nombre total de points AGIRC-ARRCO acquis × valeur annuelle du point.
Si vous êtes né à partir de 1957 et partez à la retraite dès que vous avez le droit à votre retraite de base à taux plein : votre retraite AGIRC-ARRCO ainsi calculée est affectée d'un coefficient de minoration de 10 % pendant 3 ans (voir plus loin).
- Si vous prenez votre retraite alors que vous n'avez pas droit à la retraite de base au taux plein, le montant de la complémentaire AGIRC-ARRCO sera affecté

définitivement par un coefficient de minoration (voir plus loin).

Le compte des points

Avec la fusion de l'AGIRC avec l'ARRCO, les salariés ont un compte unique de points de retraite complémentaire. Tous les points acquis jusqu'au 31/12/2018 auprès de l'ARRCO et de l'AGIRC pour les cadres ont été convertis en points AGIRC-ARRCO. Comme « 1 point ARRCO = 1 point AGIRC-ARRCO », pour les non-cadres le nombre de points est resté le même. Pour les cadres, les points AGIRC ont été convertis en points AGIRC-ARRCO selon une formule qui garantit une stricte équivalence de leurs droits.

Les points acquis en contrepartie de cotisations

En contrepartie des cotisations que vous avez versées, vous avez droit à un certain nombre de points.
Le nombre de points de retraite (N) auquel vous avez droit est déterminé par la formule :
N = S × TSR
– S étant le salaire que vous avez perçu au cours de l'année ;
– T est le taux de cotisation contractuel de l'année ;
– SR le salaire de référence de l'année *(Voir pages Barème)*. Ce salaire de référence est le prix d'achat du point.

Les points rachetés

Si vous avez effectué des versements de cotisations auprès du régime général au titre des périodes d'études supérieures ou des années incomplètes, vous pouvez également racheter des points auprès de l'AGIRC-ARRCO : jusqu'à 140 points par année d'études supérieures ou année incomplète dans la limite de 3 années. Vous pouvez donc racheter jusqu'à 420 points mais seulement si vous avez procédé au rachat de 12 trimestres dans le régime général. Il n'est possible que de faire une seule demande.
Le prix est établi selon la formule suivante : nombre de points achetés × valeur du point AGIRC-ARRCO × coefficient déterminé en fonction de votre âge au moment de l'opération de rachat.

EXTRAIT DU BARÈME DES COEFFICIENTS DE RACHAT DES POINTS EN 2020

Coefficient	Âge atteint au moment du rachat
24	40 ans
25,1	50 ans
25,7	55 ans
26,2	58 ans
26,5	60 ans
26,9	62 ans
27,3	64 ans
27,7	66 ans

Les points acquis gratuitement

Certaines situations vous donnent droit à des points gratuits :
– les périodes d'incapacité de travail d'une durée supérieure à 60 jours consécutifs pour maladie, maternité, invalidité, accident du travail ;
– les périodes de chômage et de préretraite ;
– les périodes de guerre et de rappel sous les drapeaux ;
– les périodes de service militaire en temps de paix pour la seule fraction excédant 12 mois de présence sous les drapeaux ;
– les périodes d'activités salariées non cotisées sur justificatifs (sous certaines réserves).
La validation des périodes militaires et d'incapacité de travail est effectuée sur la base de la moyenne journalière des points que vous avez acquis au cours de l'année précédant celle de l'interruption de travail.

La valeur du point

Depuis la fusion de l'AGIRC et de l'ARRCO au 1/1/2019, il n'existe qu'une seule valeur de point *(Voir pages Barème)*. Cette valeur est revalorisée, entre 2019 et 2022, chaque année au 1er novembre en fonction de l'inflation.

Le coefficient de minoration définitif pour carrière courte

Si vous ne pouvez pas prétendre à un titre ou à un autre à une retraite de base à taux plein, vos complémentaires subiront un abattement. Celui-ci sera déterminé soit compte tenu de votre âge, soit du nombre de trimestres manquants pour obtenir le taux plein, en retenant la solution la plus avantageuse pour vous, selon le tableau suivant :

COEFFICIENT DE MINORATION À APPLIQUER SUR LA RETRAITE (1)	NOMBRE DE TRIMESTRES MANQUANTS POUR ATTEINDRE LE TAUX PLEIN	NÉ EN 1954	NÉ EN 1955	NÉ À PARTIR DE 1956
0,99	1	65 ans et 9 mois	66 ans et 1 mois	66 ans et 9 mois
0,98	2	65 ans et 6 mois	65 ans et 10 mois	66 ans et 6 mois
0,97	3	65 ans et 3 mois	65 ans et 7 mois	66 ans et 3 mois
0,96	4	65 ans	65 ans et 4 mois	66 ans
0,95	5	64 ans et 9 mois	65 ans et 1 mois	65 ans et 9 mois
0,94	6	64 ans et 6 mois	64 ans et 10 mois	65 ans et 6 mois
0,93	7	64 ans et 3 mois	64 ans et 7 mois	65 ans et 3 mois
0,92	8	64 ans	64 ans et 4 mois	65 ans
0,91	9	63 ans et 9 mois	64 ans et 1 mois	64 ans et 9 mois
0,90	10	63 ans et 6 mois	63 ans et 10 mois	64 ans et 6 mois
0,89	11	63 ans et 3 mois	63 ans et 7 mois	64 ans et 3 mois
0,88	12	63 ans	63 ans et 8 mois	64 ans
0,8675	13	62 ans et 9 mois	63 ans et 4 mois	63 ans et 9 mois
0,855	14	62 ans et 6 mois	62 ans et 10 mois	63 ans et 6 mois
0,8425	15	62 ans et 3 mois	62 ans et 7 mois	63 ans et 3 mois
0,83	16	62 ans	62 ans et 4 mois	63 ans
0,8175	17	61 ans et 9 mois	62 ans et 1 mois	62 ans et 9 mois
0,805	18	61 ans et 6 mois	61 ans et 10 mois	62 ans et 6 mois
0,7925	19	61 ans et 3 mois	61 ans et 1 mois	62 ans et 3 mois
0,78	20	61 ans	61 ans et 4 mois	62 ans

Exemple : si vous êtes né en juin 1958 et demandez votre retraite à 62 ans et 3 mois alors que vous avez validé 156 trimestres au lieu des 167 requis pour avoir le taux plein, votre retraite complémentaire sera affectée d'un coefficient de minoration de 0,89 (soit un abattement de 11 %), car il vous manque 11 trimestres pour avoir le taux plein. Ce calcul est plus favorable que l'application du critère de l'âge selon lequel le coefficient d'abattement serait de 0,7925 (soit un abattement de 20,75 %).

Le coefficient de minoration et de majoration temporaire

Depuis le 1/1/2019 s'applique un coefficient de minoration ou de majoration temporaire. Ce dispositif concerne les salariés nés en 1957 et après et qui prennent leur retraite à partir du 1/1/2019. Son objectif est d'inciter les salariés à travailler plus longtemps. Il faut distinguer trois situations :

– le salarié prend sa retraite dès qu'il a tous ses trimestres pour obtenir le taux plein : une minoration de 10 % est alors appliquée sur sa retraite complémentaire AGIRC-ARRCO (y compris sur les majorations

pour enfants) pendant 3 ans et au maximum jusqu'à ses 67 ans ; pour ceux qui bénéficient du taux réduit de CSG, la décote ne sera que de 5 % (au lieu de 10 %) ;
– si le salarié demande sa retraite complémentaire après avoir effectué 4 trimestres supplémentaires, la minoration temporaire n'est pas appliquée ;
– s'il décale sa demande de retraite non pas de 4 trimestres mais de 8, il bénéficie, pendant 1 an, d'un bonus de 10 % (y compris sur la majoration pour enfants), bonus qui grimpera à :
- 20 % s'il décale de 12 trimestres,
- 30 % s'il décale de 16 trimestres.

Cependant, dans certaines situations la minoration temporaire ne s'applique pas aux salariés. Les cas d'exonération ont été étendus à de nouveaux bénéficiaires par l'accord du 10/5/2019. Ainsi échappent à la minoration temporaires les salariés :
– nés le 1/1/1957 ou avant cette date ;
– exonérés de CSG sur leurs retraites ;
– reconnus handicapés. Il s'agit précisément des personnes qui perçoivent une pension d'invalidité de 2e ou 3e catégorie ou bénéficient de l'allocation pour adulte handicapé ;
– qui demandent leur retraite au titre de l'inaptitude ou de la « préretraite amiante » ;
– qui demandent leur retraite avec l'application d'une minoration définitive (pour carrière courte par exemple) ;
– mères de famille ouvrières ayant élevé 3 enfants ;
– anciens combattants, anciens prisonniers de guerre, mineurs de fond ;
– qui peuvent prendre leur retraite à taux plein à 65 ans parce qu'elles sont aidant familial ou parent d'un enfant handicapé ;
– les personnes qui lorsqu'ils prennent leur retraite sont bénéficiaires de l'allocation de solidarité spécifique ;
– les personnes qui se sont vu reconnaitre une incapacité permanente partielle de 20 % ou plus à la suite d'un accident de travail ou de trajet (*Accord national interprofessionnel du 10/5/2019*).

Les salariés qui remplissent les conditions pour partir à la retraite anticipée pour carrière longue à partir de 2019 se voient appliquer la minoration s'ils ne diffèrent pas leur départ. En revanche, ceux qui remplissaient les conditions avant 2019 échappent à la minoration.

Exemple : un assuré né en 1958 remplissait les conditions de la retraite anticipée en octobre 2018. Il décide de prendre sa retraite en 2020. La minoration ne lui sera pas appliquée.

À NOTER

La fusion de l'AGIRC et de l'ARRCO n'a rien changé pour les personnes déjà à la retraite au 1/1/2019. Ils continuent à percevoir leurs retraites comme par le passé.

› Quel est son montant ?

Les majorations

Il existe deux types de majorations familiales :
– une majoration de 5 % pour chaque enfant à charge au moment de la liquidation de la retraite, calculée sur l'ensemble des droits. Est considéré comme à charge l'enfant :
- de moins de 18 ans,
- de 18 ans à 25 ans s'il est étudiant, ou apprenti, ou demandeur d'emploi inscrit à Pôle emploi et non indemnisé par l'assurance chômage,
- quel que soit son âge s'il est reconnu invalide, à condition que son état d'invalidité ait été constaté avant son 21e anniversaire ;

– une majoration pour enfants nés ou élevés égale à :
- 10 % des droits acquis à l'AGIRC-ARRCO depuis 2012 pour 3 enfants et plus,
- 5 % des droits acquis à l'ARRCO entre le 1/1/1999 et le 1/1/2012 pour 3 enfants et plus.

Pour les droits acquis à l'AGIRC avant 2012, le taux varie en fonction du nombre d'enfants : 8 % pour 3 enfants, 12 % pour 4 enfants…

Est considéré comme enfant élevé :
– votre enfant ;
– celui que vous avez recueilli en qualité de tuteur ;
– celui dont vous avez eu la charge pendant 9 ans avant son 16e anniversaire.

Ces deux majorations sont plafonnées à 2 071,58 € par an en 2019 (montant de 2020 non encore connu).

Les prélèvements sociaux

Sont précomptées sur votre pension de retraite complémentaire la cotisation d'assurance maladie (1 %), la CSG, la CRDS et la contribution additionnelle de solidarité pour l'autonomie (CASA) au taux de 0,3 %. Certains retraités sont exonérés des prélèvements sociaux et se voient appliquer un taux intermédiaire ou un taux réduit de CSG. Dans ce dernier cas, ils sont également exonérés de CASA.

La revalorisation

À partir du 1/11/2019 et jusqu'en 2022, la retraite AGIRC-ARRCO est revalorisée selon le taux de l'inflation.

› Comment en faire la demande ?

Les démarches

Vous pouvez demander votre complémentaire en ligne avec l'ensemble de vos retraites avec la demande unique sur « mon compte retraite » accessible sur le site *www.info-retraite.fr*.

Vous pouvez également adresser votre demande de retraite complémentaire :

– au centre d'information, conseil et accueil des salariés (CICAS) du lieu de résidence ou la faire directement en ligne sur le site de l'AGIRC-ARRCO (*www.agirc-arrco.fr*) ;

– ou encore la faire auprès de votre dernière caisse de retraite complémentaire. Ces démarches sont à effectuer 6 mois avant la date prévue du départ.

AVANTAGE

Il est désormais possible de passer du site de l'assurance retraite (www.lassuranceretraite.fr) au site de l'AGIRC-ARRCO (www.agirc-arrco.fr) en un clic, sans avoir besoin de s'identifier une nouvelle fois.

Le paiement

Votre pension de retraite est payée mensuellement à terme à échoir, c'est-à-dire d'avance.

Cette règle ne vaut que pour les retraites versées en France, dans une collectivité d'outre-mer ou dans un pays européen. Les caisses font la mise en paiement des retraites le 1er jour de chaque mois. La date à laquelle la retraite complémentaire est créditée sur le compte dépend ensuite de la pratique de chaque banque.

Les retraites complémentaires versées dans un pays étranger, en dehors de l'Europe, le sont trimestriellement. Pour obtenir un paiement mensuel, il suffit de le demander à sa caisse.

Le capital unique

Lorsqu'une personne a droit à une pension de retraite complémentaire, celle-ci lui est versée sous la forme :

– d'un capital unique lorsque le montant à servir est inférieur ou égal à une somme équivalant à 100 points ;

– d'une allocation annuelle ou d'un capital unique lorsque ce montant est compris entre 101 points et 199 points.

Le capital unique est égal à l'allocation annuelle qui aurait été servie, multiplié par un coefficient qui est fonction de l'âge révolu du bénéficiaire à la date d'effet de la liquidation de ses droits. Son versement au bénéficiaire de droits directs supprime tout droit à réversion.

Les régimes de retraite

Plafonds de la Sécurité sociale en 2020

- annuel : 41 136 € ;
- trimestriel : 10 284 € ;
- mensuel : 3 428 € ;
- journalier : 189 € ;
- horaire : 26 €.

Plafonds des produits d'épargne retraite

- 10 % du revenu professionnel pris dans la limite de 8 fois le plafond de la Sécurité sociale ;
- 10 % du plafond de la Sécurité sociale pour ceux qui ont de faibles revenus.

Retraite des salariés

Retraite de base de la Sécurité sociale :

POUR UN DÉPART À LA RETRAITE DEPUIS LE 1/1/2020				
Années	**Salaires plafonnés**		**Coefficients de revalorisation**	**Plafonds revalorisés**
1970	18 000 F	2 744,08 €	8,646	23 725,32 €
1971	19 800 F	3 018,49 €	7,756	23 411,41 €
1972	21 960 F	3 347,78 €	6,989	23 397,63 €
1973	24 480 F	3 731,95 €	6,458	24 099,84 €
1974	27 840 F	4 244,18 €	5,694	24 166,36 €
1975	33 000 F	5 030,82 €	4,793	24 112,72 €
1976	37 920 F	5 780,87 €	4,073	23 545,48 €
1977	43 320 F	6 604,09 €	3,513	23 200,17 €
1978	48 000 F	7 317,55 €	3,16	23 123,46 €
1979	53 640 F	8 177,37 €	2,882	23 567,18 €
1980	60 120 F	9 165,23 €	2,534	23 224,69 €
1981	68 760 F	10 482,39 €	2,237	23 449,11 €
1982	82 020 F	12 503,87 €	1,997	24 970,23 €
1983	91 680 F	13 976,53 €	1,884	26 331,78 €
1984	99 600 F	15 183,92 €	1,786	27 118,48 €
1985	106 740 F	16 272,41 €	1,712	27 858,36 €
1986	112 200 F	17 104,78 €	1,673	28 616,30 €
1987	116 820 F	17 809,09 €	1,612	28 708,25 €
1988	120 360 F	18 348,76 €	1,575	28 899,30 €
1989	125 280 F	19 098,81 €	1,519	29 011,09 €

POUR UN DÉPART À LA RETRAITE DEPUIS LE 1/1/2020				
Années	**Salaires plafonnés**		**Coefficients de revalorisation**	**Plafonds revalorisés**
1990	131 040 F	19 976,92 €	1,478	29 525,89 €
1991	137 760 F	21 001,38 €	1,455	30 557,00 €
1992	144 120 F	21 970,95 €	1,408	30 935,10 €
1993	149 820 F	22 839,91 €	1,408	32 158,59 €
1994	153 120 F	23 342,99 €	1,383	32 283,36 €
1995	155 940 F	23 772,90 €	1,367	32 497,55 €
1996	161 220 F	24 577,83 €	1,334	32 786,83 €
1997	164 640 F	25 099,21 €	1,32	33 130,96 €
1998	169 080 F	25 776,08 €	1,305	33 637,78 €
1999	173 640 F	26 471,25 €	1,29	34 147,91 €
2000	176 400 F	26 892,01 €	1,283	34 502,45 €
2001	179 400 F	27 349,35 €	1,258	34 405,48 €
2002	–	28 224 €	1,231	34 743,74 €
2003	–	29 184 €	1,21	35 312,64 €
2004	–	29 712 €	1,191	35 386,99 €
2005	–	30 192 €	1,171	35 354,83 €
2006	–	31 068 €	1,15	35 728,20 €
2007	–	32 184 €	1,131	36 400,10 €
2008	–	33 276 €	1,119	37 235,84 €
2009	–	34 308 €	1,109	38 047,57 €
2010	–	34 620 €	1,099	38 047,38 €
2011	–	35 352 €	1,089	38 498,33 €
2012	–	36 372 €	1,068	38 845,30 €
2013	–	37 032 €	1,047	38 772,50 €
2014	–	37 548 €	1,034	38 824,63 €
2015	–	38 040 €	1,034	39 333,36 €
2016	–	38 616 €	1,033	39 890,33 €
2017	–	39 228 €	1,033	40 522,52 €
2018	–	39 732 €	1,025	40 725,30 €
2019	–	40 524 €	1,01	40 929,24 €

→ *Allocation veuvage depuis le 1/1/2020 :*
– plafond de ressources : 2 335,58 € par trimestre ;
– montant : 622,82 € par mois.

→ *Contribution additionnelle de solidarité pour l'autonomie (CASA) :*
Pour en être exonéré en 2020, le revenu fiscal de référence de 2018 doit être inférieur à :
– 14 780 € pour la 1re part de quotient familial ;
– plus 3 946 € pour chaque demi-part supplémentaire.

→ *Majoration pour conjoint à charge :*
609,80 € par an (elle n'est plus accordée à de nouveaux bénéficiaires depuis le 1/1/2011).

→ *Majoration pour tierce personne depuis le 1/4/2020 :*
13 503,49 € par an.

→ *Minimum contributif :*
– Il n'est attribué que si la retraite totale n'excède pas 1 191,56 € par mois au 1/1/2020 ;
– montant minimum pour une carrière complète : 7 715,16 €/an (majoration possible d'au maximum 715,40 € par an en fonction des périodes cotisées).

→ *Pension de réversion :*
– plafonds annuels de ressources au 1/1/2020 :
21 112 € pour une personne seule,
33 779,20 € pour un ménage ;
– plafond de ressources pour la majoration de pension : 2 595,72 € par trimestre au 1/1/2020 ;
– montant minimum : 3 478,46 € par an au 1/1/2020 ;
– majoration pour enfant à charge : 1 179,96 € par an au 1/1/2020.

→ *Taux de revalorisation des pensions :*
De 0,3 % à 1 % au 1/1/2020 en fonction du montant de la retraite.

Retraite complémentaire AGIRC-ARRCO des salariés :

→ *Taux de cotisation en 2020 :*

Rémunération	Tranche 1 : jusqu'à 1 fois le plafond de la Sécurité sociale	Tranche 2 : entre 1 et 8 fois le plafond de la Sécurité sociale
Taux appelé	7,87 %	21,59 %
Taux de la contribution d'équilibre général	2,15 %	2,70 %
Contribution d'équilibre technique (1)	0,35 %	0,35 %

(1) Seuls en sont redevables lessalariés dont le salaire est supérieur au plafond de la Sécuritésociale.

→ *Valeur annuelle de service du point retraite AGIRC-ARRCO :*
1,2714 € (du 1/11/2019 au 31/10/2020).

→ *Prix d'achat d'un point AGIRC-ARRCO :*
17,3982 € en 2020.

SMIC brut depuis le 1/1/2020

– SMIC horaire : 10,15 € ;
– SMIC mensuel (151,666 heures) : 1 539,42 €.

Donations et successions

Transmettre son patrimoine

Quelle que soit votre situation familiale, il importe de savoir ce qu'il adviendra de vos biens après votre décès. Dans ce domaine, vous disposez d'un choix fondamental : ne rien faire, et la transmission de vos biens sera réglée par la loi, ou, de votre vivant, prévoir les modalités futures de la transmission de votre patrimoine grâce à un testament, voire réaliser à l'avance une partie de cette transmission par le biais de donations. Il est évident que la seconde solution présente de nombreux avantages, qu'il s'agisse de prévenir d'éventuels conflits familiaux, d'améliorer les droits de votre conjoint, d'avantager un enfant par rapport à un autre, ou bien encore de profiter d'une fiscalité plus favorable.

Les testaments

Le testament est un acte juridique qui permet à son auteur, le testateur, d'organiser la transmission de ses biens après son décès. Encadré par les articles 967 et suivants du Code civil, il doit respecter certaines conditions pour être valable et peut revêtir plusieurs formes.

La rédaction du testament

› Faut-il faire un testament ?

Il est toujours utile de rédiger un testament quelle que soit l'importance du patrimoine dont on dispose.

Si l'on n'a ni enfant, ni parent et que l'on veut avantager son conjoint, la rédaction d'un testament en sa faveur lui permettra d'obtenir plus que ce qui est prévu par la loi pour lui et de conserver tout ou partie des biens qui ont appartenu au défunt.

Si l'on a des enfants, on peut par un testament, là encore, augmenter la part réservée à son conjoint et (ou) répartir comme on l'entend divers biens ou objets entre les enfants. Que l'on ait ou non une famille, on peut par un testament léguer un bien ou une somme d'argent à une personne non héritière de par la loi (ami, relation…).

Il n'est pas nécessaire d'attendre d'être âgé pour rédiger son testament. On peut tout à fait au cours de sa vie rédiger plusieurs testaments successifs, le nouveau révoquant le précédent.

› Qui peut rédiger un testament ?

Pour pouvoir rédiger un testament, il faut que celui qui le rédige ait la capacité de disposer de ses biens (c'est-à-dire pouvoir les vendre, les donner, les louer…) au sens juridique du terme (capacité juridique).

Mais, de plus, le Code civil prévoit que pour faire un testament, il faut être sain d'esprit (capacité de fait) (*Code civil, Art. 901*).

Capacité juridique

Pour être capable au sens de la loi, il faut être majeur et avoir donc 18 ans accomplis.

Cependant, l'article 904 du Code civil permet de disposer par voie de testament à compter de l'âge de 16 ans ; mais le mineur de 16 ans ne peut disposer que de la moitié de ce que la loi lui permettrait de disposer s'il était majeur. Avant 16 ans, l'incapacité de faire un testament est absolue (*Code civil, Art. 903*).

À NOTER

Le mineur émancipé peut faire un testament comme un majeur car il a la même capacité que le majeur. Le majeur en tutelle ne peut faire seul son testament après l'ouverture de la tutelle qu'avec l'autorisation du juge ou, éventuellement, du conseil de famille. À défaut de cette autorisation, le testament est nul.

Le tuteur ne peut ni l'assister ni le représenter à cette occasion (l'assistance du tuteur, auparavant autorisée, est, depuis le 1/1/2009, interdite sous peine de nullité). Le majeur incapable peut toutefois révoquer seul son testament, même si l'acte a été rédigé après l'ouverture de la tutelle.

Le majeur sous habilitation familiale, sous sauvegarde de justice ou sous curatelle peut rédiger seul son testament.

Capacité de fait

C'est le juge qui apprécie souverainement si le testament est le fait d'une volonté saine et libre.

Les héritiers peuvent invoquer l'insanité du testateur, au moment de la rédaction de l'acte, mais le juge est libre de refuser cette nullité si les éléments de preuve concernant l'absence de discernement ou de volonté lui paraissent insuffisants.

› Un testament peut-il être établi par deux personnes ?

Aux termes de l'article 968 du Code civil, un testament ne peut pas être rédigé par deux personnes à la fois : c'est ce qu'on appelle l'interdiction formelle des testaments « conjonctifs ».

Pour être considéré comme conjonctif, le testament doit réunir les deux éléments suivants :
– d'une part, il faut l'apposition des signatures des deux testateurs sur un seul écrit ;
– d'autre part, il faut également qu'existent des dispositions testamentaires communes aux deux testateurs.
À l'inverse, la jurisprudence a reconnu valables des testaments qui, même s'ils contenaient des dispositions testamentaires libellées au nom des deux époux qui répartissaient les biens constituant leurs successions, n'étaient signés que par le mari et non par la femme (*Code civil, Art. 968*).

› Comment rédiger son testament ?

Il existe trois façons de faire son testament.

Le testament olographe

La forme olographe est la forme la plus simple.
Il s'agit d'un testament rédigé sur papier libre, daté et signé de la main du testateur.
Le testament olographe n'est pas valable s'il est tapé à la machine, mais dès lors qu'il est entièrement manuscrit, il n'est assujetti à aucune autre formalité et peut même être rédigé au crayon.
L'avantage de ce testament est qu'il est simple, aisément révocable et qu'il ne donne lieu à aucun frais.
Ses inconvénients essentiels résident dans le fait, d'une part, qu'il est exposé à des risques de destruction, notamment après la mort du testateur et d'autre part, que sa validité peut fréquemment être mise en cause (par exemple : s'il manque la date, si la signature ne permet pas d'établir avec certitude l'identité de l'auteur…)(Code civil, Art. 970).

Le testament authentique

Le testament authentique (ou par acte public) est reçu par deux notaires ou par un notaire assisté de deux témoins. Le testateur dicte son testament au notaire qui l'écrit lui-même ou le fait écrire à la main ou mécaniquement.
Le testament est ensuite lu au testateur puis il est signé par ce dernier en présence des témoins et du notaire.
Si le testateur déclare qu'il ne peut ou ne sait signer, il est fait dans l'acte mention expresse de sa déclaration ainsi que de la cause qui l'empêche de signer. Le testament est également signé par les témoins et le notaire.
Depuis le 18/2/2015, un interprète doit être présent lors de l'établissement du testament authentique :
– si le testateur ne parle pas français, et que ni le notaire, ni les témoins ne parlent sa langue ;
– si le testateur est handicapé (sourd et/ou muet).
L'interprète doit être choisi par le testateur sur une liste d'experts judiciaires. Il doit être capable de traduire le langage du testateur (langue étrangère ou langage des signes), de le dicter au notaire puis, quand le notaire donne lecture de l'acte, de le traduire une nouvelle fois pour le testateur.
Avant cette loi, aucun intermédiaire n'était autorisé entre le notaire et le testateur.

AVANTAGE

Les avantages de ce testament sont importants car c'est le seul testament auquel puissent recourir les personnes qui ne peuvent ou ne savent pas écrire. Il protège parfaitement la volonté du testateur et offre toute sécurité quant à sa conservation.

Il est néanmoins peu utilisé car il n'est pas secret et entraîne des frais d'honoraires de notaire (*Code civil, Art. 971*).

Le testament mystique

Le testament mystique est tombé en désuétude en raison de ses formalités excessivement nombreuses et compliquées. Il est écrit par le testateur ou par une autre personne ou dactylographié, doit être signé de la main du testateur et est présenté clos et scellé devant témoins à un notaire qui dresse un procès-verbal de la remise (acte de suscription).
Il présente l'avantage de pouvoir être fait par une personne ne sachant pas écrire et de conserver le secret de son contenu, sauf dans le cas où une autre personne l'a rédigé à la place du testateur (*Code civil, Art. 976 et 977*).

› Qu'est-ce qu'un exécuteur testamentaire ?

L'exécuteur testamentaire est une personne désignée par le défunt, dont la mission est de veiller, après sa mort, au respect de ses dernières volontés et à l'exécution de son testament.
Il est généralement nommé par le testament lui-même, mais peut également être investi de cette fonction par simple lettre, dès lors que cette lettre est entièrement écrite, datée et signée de la main du défunt (*Code civil, Art. 1025*).
L'acte de nomination peut faire, ou non, mention d'un éventuel legs attribué à cet exécuteur testamentaire.

Sa mission varie en fonction des termes de la nomination. Il peut être chargé de surveiller simplement la bonne exécution des dispositions testamentaires, mais peut aussi avoir pour rôle de répartir directement les différents biens meubles de la succession aux différents légataires ou encore de les vendre. Il peut aussi être chargé de recevoir et de placer les capitaux, de payer les dettes et les charges et de procéder à l'attribution ou au partage des biens subsistants entre les héritiers et les légataires (*Code civil, Art. 1026*).
La mission de l'exécuteur testamentaire prend fin au plus tard 2 ans après l'ouverture du testament sauf prolongation. Il a alors 6 mois pour rendre compte de sa mission.
Il peut être responsable des fautes commises dans sa gestion.

À NOTER

Ses frais sont à la charge de la succession.

› Qu'est-ce qu'un mandataire successoral ?

Le mandataire doit gérer tout ou partie de la succession pour le compte d'un ou plusieurs héritiers désignés. Sa mission est donc plus large que celle d'un exécuteur testamentaire qui n'est chargé que d'exécuter les dispositions du testament.
La nomination d'un mandataire successoral peut être utile s'il existe, par exemple, des enfants mineurs parmi les héritiers ou des incapables, ou encore si les héritiers ne possèdent pas les compétences nécessaires pour administrer certains biens de la succession (une entreprise notamment).
Ce mandataire peut être désigné par testament (mandataire à titre posthume) par toute personne qui craint des difficultés lors du règlement de sa succession, ou, après le décès, par les héritiers, ou encore par le tribunal.

Les différents legs

Un legs est une disposition contenue dans un testament, par laquelle une personne destine à une autre personne, tout ou partie de ses biens.

› Peut-on donner tous ses biens par testament ?

Il est possible de donner tous ses biens par testament à la personne de son choix s'il n'y a pas d'héritiers réservataires. Les héritiers réservataires sont en premier lieu les descendants (enfants, petits ou arrière-petits-enfants) et le conjoint survivant (les parents ne sont plus héritiers réservataires depuis le 1/1/2007).
En présence d'héritiers réservataires, sont seuls autorisés les legs ne dépassant pas une certaine quote-part de la valeur de la succession.

› Quelles sont les différentes formes de legs ?

Le legs particulier

Le testateur effectue un legs particulier lorsqu'il dispose dans son testament qu'un ou plusieurs objets déterminés, par exemple, tel immeuble, telle somme d'argent, seront attribués à telle personne désignée.
C'est donc le caractère particulier de l'objet attribué qui lui donne son caractère de legs particulier.
Celui qui reçoit par testament un objet ou un bien particulier est un légataire à titre particulier.

Le legs à titre universel

Le legs à titre universel est la disposition testamentaire par laquelle une personne lègue une quote-part ou une fraction de ses biens à un légataire (exemple : « le quart de mes biens », « mes biens situés en France », « l'ensemble de mes meubles » ...)(*Code civil, Art. 1010*).
Les biens ainsi légués ne sont pas décrits ni distingués objet par objet. Celui qui reçoit un legs à titre universel est un légataire à titre universel.

Le legs universel

Le testateur lègue à une ou plusieurs personnes l'intégralité des biens qu'il laissera à son décès (*Code civil, Art. 1003*).
Le legs universel est donc celui qui donne vocation à l'universalité de la succession.

› Quel peut être le contenu des legs ?

Le legs avec charges

Un legs avec charge est un legs assorti d'une obligation pour le légataire. Le legs est accordé à condition que le légataire exécute cette obligation (exemple : « je lègue ma collection de tableaux à la ville, à condition qu'une rue porte mon nom » – « je lègue ma propriété à ma commune, à charge pour elle de créer un orphelinat » ...).

À NOTER

La charge imposée ne doit pas être impossible ou contraire aux lois ou aux mœurs. Dans cette hypothèse, le légataire peut recevoir son legs sans être tenu à aucune obligation. Le caractère impossible ou illégal relève de l'appréciation souveraine des tribunaux.

Le legs sous condition

Un legs est dit sous condition quand son exécution dépend de la survenance ou de la non-survenance d'un événement incertain (exemple : « je lègue tel ou tel bien à telle personne, à condition qu'elle ait des enfants » – « je lègue la maison à X... à condition qu'il ne quitte pas la France »)(*Code civil, Art. 1040*).

Ces legs sont valables et le légataire ne recevra son bien que lorsque la condition se réalisera (s'il s'agit d'une condition négative, le légataire perdra son bien si la condition se réalise).

La condition peut être déclarée illicite si elle est contraire aux lois ou aux mœurs. Par exemple : legs d'un immeuble avec interdiction de le revendre ; cette clause d'inaliénabilité est en principe nulle si cette interdiction n'est pas limitée dans le temps.

À NOTER

Le legs fait à son conjoint avec interdiction de se remarier est déclaré illicite si cette condition procède de mobiles répréhensibles tels que la jalousie posthume, la malveillance, etc. Si une telle condition est jugée illicite, elle est annulée et le légataire peut recevoir ses biens.

Le legs résiduel

Le legs de residuo ou « legs résiduel » consiste à léguer un bien à une personne à condition qu'elle-même le lègue à un second bénéficiaire si le bien est toujours dans son patrimoine.

Depuis le 1/1/2007, il est possible aussi de faire une « donation résiduelle » dont les règles sont les mêmes que celles du legs de residuo (*Code civil, Art. 1048 et s.*).

Le legs graduel

Un legs graduel consiste à léguer un bien déterminé à un légataire (le grevé) avec l'obligation pour ce dernier de conserver le bien et de le transmettre, à son décès, à un tiers désigné dans l'acte (le second bénéficiaire).

Cette forme de libéralité peut être utilisée par exemple si le donateur veut conserver un bien dans la famille, ou encore pour empêcher un héritier direct de dilapider le patrimoine reçu et protéger ainsi la génération suivante.

Fiscalement, le second bénéficiaire paie les droits de mutation selon le degré de parenté qui l'unit au testateur. Les droits de mutation payés par le premier légataire s'imputent sur les droits dus par le second. Ces règles s'appliquent également aux legs résiduels (*Code général des impôts, Art. 791 bis* ; *Code civil, Art. 1048 et s.*).

› Peut-on faire un legs à une association, une personne morale ou une fondation ?

Legs aux associations, fondations et congrégations

Les fondations, les congrégations et les associations ayant la capacité à recevoir des libéralités peuvent librement accepter les legs ou donations en leur faveur, l'autorisation administrative préalable étant supprimée.

Ces libéralités doivent cependant être déclarées et le préfet peut s'opposer à cette libéralité (et donc la priver d'effet) s'il s'avère que l'organisme bénéficiaire n'a pas la capacité juridique à recevoir des libéralités ou qu'il n'est pas apte à utiliser la libéralité conformément à son objet statutaire.

Legs aux associations et fondations reconnues d'utilité publique

Depuis le 25/7/2015, les associations et fondations reconnues d'utilité publique, les associations dont la mission a été reconnue d'utilité publique et les fondations relevant du Code civil local applicable aux départements du Bas-Rhin, du Haut-Rhin et de la Moselle ne sont plus tenues de déclarer les libéralités qu'elles reçoivent (*Code civil, Art. 910*).

Legs aux établissements de santé

Les legs ou donations faits au profit des établissements de santé, des établissements sociaux et médico-sociaux ou d'établissements d'utilité publique ne peuvent pas être acceptés librement et doivent être autorisés par le préfet.

Legs à une commune

Lorsqu'un legs est fait au profit d'une commune, le conseil municipal peut accepter seul cette libéralité ; l'autorisation préfectorale n'est plus nécessaire.

Lorsque la libéralité est consentie aux pauvres ou aux hospices d'une commune, c'est le bureau d'aide sociale de cette commune qui accepte ces dons ou ces legs.

Legs destiné à créer ou à fonder un établissement (« fondation par testament »)

En principe, il n'est pas possible de léguer ses biens à une personne qui n'existe pas au moment du décès du testateur. Ainsi un legs, qui a pour but la création d'un établissement, ne peut pas être exécuté.

Toutefois, les tribunaux valident les libéralités faites à des établissements dépourvus d'existence en considérant que l'intention du rédacteur du testament était de gratifier une certaine catégorie de personnes aptes à recevoir ces legs et non l'établissement à créer lui-même (exemple : un legs destiné à créer un hôpital pour enfants dans une commune, est considéré comme un legs fait à la commune – de même un legs destiné à la création d'une fondation pour les veuves et orphelins d'employés de la Banque de France, a été considéré comme étant fait en faveur de ces derniers).

› Peut-on léguer son corps ou donner ses organes ?

Si l'on désire léguer son corps ou ses organes à la science, il convient de s'adresser à la faculté de médecine dont on dépend, ou encore à la Fédération des associations pour le don d'organes et de tissus humains (France ADOT, BP 35 - 75462 Paris Cedex 10) qui feront rédiger une déclaration de don, entièrement écrite, datée et signée de la main du donateur.

Une carte de donneur est ensuite remise à l'intéressé qui la conservera avec lui sa vie durant.

L'âge limite des prélèvements en vue d'une greffe est en principe de 55 ans (pour les dons des yeux, il n'y a pas de limite d'âge).

› À qui est-il interdit de léguer ses biens ?

Le principe est que toute personne peut recevoir par testament et les exceptions à ce principe sont les suivantes :

Le bénéficiaire non existant

L'enfant non conçu à l'époque du décès du testateur ne peut recevoir par testament.

L'enfant conçu peut recevoir mais il faut qu'il soit né viable pour valider le testament (*Code civil, Art. 906*).

Cette règle s'applique également aux personnes morales. Le legs fait à une fondation non existante ou dissoute avant le décès du testateur est nul comme celui fait à une personne qui n'est pas encore née.

Les bénéficiaires particuliers déclarés incapables de recevoir par testament

Le tuteur d'un mineur même âgé de 16 ans ne pourra, par testament, accepter les libéralités réalisées par ce dernier en sa faveur.

Le tuteur d'un mineur devenu majeur ou émancipé ne pourra recevoir entre vifs (par donation) ou par testament que si le compte définitif de la tutelle a été préalablement rendu et apuré, exception faite du cas où les ascendants sont ou ont été tuteurs (*Code civil, Art. 907*).

Les médecins, chirurgiens, officiers de santé, pharmaciens ayant soigné une personne de la maladie dont elle meurt, ne pourront profiter des dispositions entre vifs ou testamentaires qu'elle aurait faites à leur profit au cours de la maladie (sauf s'il s'agit de dispositions rémunératoires).

Les mandataires judiciaires à la protection des majeurs et les personnes morales au nom desquelles ils exercent leurs fonctions ne peuvent, non plus, recevoir une donation ni bénéficier d'un legs de la part des personnes dont ils assurent la protection.

À NOTER

La Cour de cassation a jugé qu'un curateur pouvait recevoir un don ou un legs de la part d'un membre de sa famille dont il s'occupe car il n'a pas la qualité de mandataire judiciaire professionnel (Cour de cassation, 1re chambre civile, 17/10/2018, n° 16-24331).

Cette interdiction est générale, quelle que soit la date de la libéralité.

Les libéralités faites aux prêtres ou autres ministres du culte suivent les mêmes conditions (ceci pour éviter tout abus d'influence)(*Code civil, Art. 909*).

À NOTER

Sont assimilées aux médecins, les professions paramédicales telles que celle de magnétiseur, si ce dernier a don-

né des soins à la personne décédée pendant sa dernière maladie.

De même, les établissements de santé, les établissements sociaux et médico-sociaux, les pauvres d'une commune, ou les établissements d'utilité publique, ne peuvent recevoir des biens par testament ou donations que si un décret les y autorise.

Le bénéficiaire décédé avant le testateur

En principe, le legs est caduc si le légataire décède avant le testateur même en laissant des enfants, le legs étant considéré comme exclusivement personnel.

Mais ce principe tombe et le legs est valable à l'égard des descendants du légataire si le testateur a eu l'intention de favoriser les descendants de ce légataire. Cette intention peut se déduire des termes de la disposition ou de l'ensemble du testament (*Code civil, Art. 1039*).

La révocation ou l'annulation d'un testament

› Comment l'auteur d'un testament peut-il le révoquer ?

À la différence des donations qui, en principe, sont irrévocables, les testaments peuvent être à tout moment révoqués par leur auteur jusqu'à sa mort.

Cette révocation peut être expresse ou tacite.

Elle est expresse si elle résulte de la rédaction d'un nouveau testament indiquant la révocation du précédent ou seulement de certaines dispositions du précédent (révocation partielle)(*Code civil, Art. 1035*).

Elle est tacite :

– soit lorsqu'il existe un testament postérieur incompatible avec le précédent (exemple : lorsqu'un même bien est légué successivement à deux personnes différentes)(*Code civil, Art. 1036*) ;

– soit lorsque le testateur a vendu le bien légué (*Code civil, Art. 1038*) ;

– ou encore lorsqu'il y a eu destruction du testament par son auteur avec volonté de révocation.

À NOTER

La lacération d'un testament n'est pas un mode de révocation prévu par l'article 1035 du Code civil mais un procédé de destruction. Les effets sont les mêmes sous réserve que la lacération ait bien été faite par l'auteur lui-même.

À NOTER

Si l'on désire modifier en partie un testament déjà rédigé, il est préférable de le réécrire entièrement et de révoquer l'ancien pour éviter les risques de confusion ou de mauvaise interprétation des deux actes. Mais il est également possible de rédiger un codicille, c'est-à-dire une disposition nouvelle qui s'ajoute à l'ancien testament ou qui le modifie partiellement. Le codicille doit, comme le testament lui-même, être entièrement écrit, daté et signé de la main du testateur.

› Qui d'autre peut faire révoquer un testament ?

L'article 1046 du Code civil permet à tout intéressé de demander à la justice la révocation du testament pour deux motifs :

– si le légataire n'exécute pas les charges imposées par le testateur ;

– s'il y a ingratitude du légataire (exemple : attentats à la vie du testateur, délits, sévices, injures graves envers celui-ci ou envers sa mémoire).

Ces deux causes de révocation judiciaire sont les mêmes que celles de la révocation des donations prévues aux articles 954 et 955 du Code civil.

En ce qui concerne la révocation pour cause d'ingratitude, les juges apprécient les faits et leur gravité.

Un délit contre les biens du testateur peut être considéré comme une « ingratitude » au même titre qu'un délit contre sa personne (exemple : vol).

L'action en révocation pour cause d'ingratitude doit être intentée dans le délai d'1 an à compter du jour du délit ou, s'il s'agit d'un délit pénal, à compter du jour de la condamnation.

Elle est portée devant le tribunal judiciaire dont dépend le lieu d'ouverture de la succession (*Code civil, Art. 1046*).

› Quand peut-on faire annuler un testament ?

Il est possible de faire annuler un testament en assignant en nullité du testament tous les héritiers de la succession ainsi que le liquidateur de la succession et ce, devant le tribunal judiciaire du lieu de la succession (*Code de procédure civile, Art. 45*).

Pour connaître les héritiers d'une succession, il faut demander au notaire chargé de la succession d'établir un acte de notoriété.

La nullité du testament peut intervenir pour deux raisons :

– il peut s'agir de nullité tenant à la qualité des personnes visées ;

– ou de nullité tenant aux qualités du testament lui-même.

Nullités tenant aux qualités du testament lui-même

Il convient de se reporter aux questions plus haut traitant des règles de forme des différents testaments.

La solennité (respect des formes) étant un élément constitutif du testament, l'absence des formes entraîne la nullité absolue du testament, c'est-à-dire que cette nullité peut être réclamée par toute personne qui y a intérêt (en présence, par exemple, d'un testament olographe tapé à la machine).

De même, s'il y a révocation d'un testament, ce dernier est annulé.

À NOTER

Faire un faux testament est un délit (Code pénal, Art. 441-1).

Nullités tenant aux personnes

Il convient de distinguer la personne du testateur et celle du bénéficiaire.

La personne du testateur

Il est possible d'invoquer la nullité du testament si le testateur :

– n'était pas sain d'esprit ;

– ou pas « capable » (*Code civil, Art. 901 à 903*).

L'insanité d'esprit comprend toutes les variétés d'affections mentales diminuant l'intelligence du disposant ou sa faculté de discernement.

La preuve de l'insanité d'esprit peut être faite par tous moyens (lettres, témoignages, certificats médicaux…).

De même, la nullité pourra être invoquée s'il existe un élément qui a vicié le consentement du testateur (violences, manœuvres dolosives), ou encore la simple influence exercée à l'encontre du testateur affaibli par la maladie (*Code civil, Art. 1130*).

Enfin le consentement du testateur peut être vicié par l'erreur sur la personne du bénéficiaire ou sur les mobiles qui ont motivé les libéralités.

La personne du bénéficiaire

Un testament doit être annulé lorsque le bénéficiaire n'est pas autorisé à recevoir le legs.

Les donations

La donation est un acte par lequel une personne, le donateur, transmet « actuellement et irrévocablement » la propriété d'un bien à une autre personne, le donataire, qui l'accepte sans contrepartie. Elle doit en principe être passée devant notaire et peut prendre plusieurs formes.

Principes généraux

› Qu'est-ce qu'une donation ?

Une donation est un contrat par lequel une personne (le donateur) transmet gratuitement un droit réel ou un bien de son patrimoine à une autre personne (le donataire).

Comme tout contrat, la donation suppose la volonté des deux parties, c'est-à-dire la volonté de donner du donateur et l'acceptation du donataire.

C'est un acte entre vifs qui prend effet au moment de l'acte, dès l'échange de volontés des deux parties, c'est-à-dire que le donataire devient propriétaire au moment de son acceptation. Ne seront donc pas valables les donations à cause de mort, c'est-à-dire les donations ne prenant effet qu'au décès du donateur.

› Qui peut faire une donation ?

Toute personne peut faire une donation (*Code civil, Art. 902*).

Cependant, certaines personnes sont déclarées « incapables » par la loi de disposer de leurs biens et ce, dans un souci de protection du disposant lui-même ou de ses biens. Il s'agit, comme pour les testaments :

– des mineurs non émancipés ;

– des majeurs en curatelle qui peuvent faire une donation mais avec l'assistance du curateur ;

– des majeurs en tutelle qui peuvent donner leurs biens mais avec l'autorisation du conseil de famille et l'assistance du tuteur ;

– et d'une façon générale, des personnes qui ne sont pas saines d'esprit (*Code civil, Art. 470, 476 et 901*).

› Sous quelle forme peut-on faire une donation ?

Une donation doit être passée devant un notaire pour être valable (*Code civil, Art. 931*).

Une donation qui serait effectuée par une simple lettre serait donc nulle. Par ailleurs, le donataire (le bénéficiaire de la donation) doit expressément intervenir dans l'acte notarié (*Code civil, Art. 932*).

La donation d'un immeuble

L'acte notarié constatant la donation d'un immeuble ainsi que l'acceptation de cette donation sont soumis aux formalités de publicité (ou transcription) au service de la publicité foncière de l'arrondissement dans lequel est situé l'immeuble donné (*Code civil, Art. 939*).

Les formalités de publication sont en principe effectuées par le notaire qui a reçu l'acte de donation. La donation d'un bien immobilier non publié n'est pas nulle mais ne peut être opposée aux tiers, c'est-à-dire qu'elle est censée ne pas avoir eu lieu (exemple : les créanciers du donateur pourront effectuer une saisie de l'immeuble entre les mains de celui qui a reçu la donation, comme si ce bien appartenait encore au donateur, leur débiteur).

Le don manuel

Un don manuel est la remise matérielle d'un objet de la main à la main entre le donateur et le donataire (le bénéficiaire). Ces dons manuels sont valables et constituent une exception au principe de l'article 931 du Code civil qui prévoit que les actes de donations doivent être passés devant un notaire. Mais pour être valable, il faut qu'il y ait passage matériel du bien d'une main à l'autre (ou « tradition ») et dépossession immédiate du donateur. La promesse d'un don manuel serait donc nulle.

De même, un don manuel serait inexistant si l'objet n'avait été remis au donataire qu'après la mort du donateur.

En revanche, un don manuel sera valable même s'il est fait par l'intermédiaire d'un tiers. Ce qui est le cas, par exemple, lorsqu'il est fait donation d'une somme d'argent par chèque (l'intermédiaire étant le banquier).

Puisqu'aucune formalité n'est exigée, il est fréquent que s'élèvent des contestations sur la réalité d'un éventuel don manuel. Celui qui possède l'objet est censé en être propriétaire mais les héritiers du donateur, par exemple, peuvent vouloir prouver qu'il y a eu un vol ou détournement du meuble de la part du possesseur ou encore, en cas de cohabitation entre le donateur et le donataire, que ce dernier n'était pas le véritable possesseur.

Les juges statueront cas par cas, en fonction des éléments de chaque dossier. Pour éviter ce risque de contestation, il est recommandé de faire constater par écrit la réalité du don et de le déclarer aux services fiscaux. Cette déclaration n'est pas obligatoire au moment du don mais le devient si une nouvelle donation constatée par un acte est réalisée ou lors de la déclaration de succession du donateur.

La donation indirecte

Une donation indirecte est le fait d'avantager ou de gratifier indirectement une personne par un acte qui apparemment ne se présente pas comme un acte à titre gratuit et qui est différent d'un acte de donation pure et simple. La souscription d'une assurance vie au bénéfice d'une personne constitue ainsi, pour ce bénéficiaire, une donation indirecte de la part du souscripteur. Le fait également de payer à un créancier la dette d'une personne constitue une donation indirecte à l'égard de cette dernière. De même, la remise d'une dette ou l'abandon de certains droits sont considérés comme des donations indirectes. Ces donations indirectes sont valables sans exigence d'aucune formalité et constituent, comme les dons manuels, une exception aux règles de forme de l'article 931 du Code civil.

› Qu'est-ce qu'une donation déguisée ?

Les donations déguisées sont des actes qui, sous l'apparence de contrat à titre onéreux, c'est-à-dire avec contrepartie, dissimulent en réalité une donation (sans contrepartie). Ainsi, il y a donation déguisée lorsqu'aux termes d'un contrat de vente, le prix figurant dans l'acte n'est en réalité pas payé par le prétendu acquéreur. De même, la signature d'une reconnaissance de dettes dont le signataire n'est pas réellement tenu constitue une donation déguisée. Bien qu'aucun article du Code civil n'en fasse clairement état, ces donations déguisées sont dans leur principe déclarées valables par la jurisprudence.

On considère, en effet, que la volonté du donateur de gratifier une personne doit être respectée.

À NOTER

Les donations déguisées ne sont pas soumises aux règles de forme édictées par l'article 931 du Code civil concernant les donations mais doivent, en revanche, respecter celles des contrats dont elles empruntent l'apparence (contrat de vente, par exemple).

Dans les rapports entre héritiers, la donation déguisée ne doit pas excéder la quotité disponible. Si tel est le cas, les héritiers réservataires (par exemple, les enfants) sont en droit de demander la réduction de cette donation, mais ils ne peuvent pas demander son annulation totale puisque l'intention libérale (volonté de gratifier une personne) du donateur doit être respectée. Vis-à-vis de l'administration fiscale, l'acte présentant le caractère d'un acte à titre onéreux (par exemple, une vente fictive) pourra être requalifié, et les droits applicables à une donation pourront être réclamés au bénéficiaire.

› Qu'est-ce qu'une donation résiduelle ?

La donation résiduelle bénéficie à deux bénéficiaires. La donation est consentie au premier, le second ne recevant que ce dont le premier n'a pas disposé. En principe le premier gratifié peut vendre les biens, les transformer mais il ne peut pas les transmettre gratuitement (par testament ou une donation).

Toutefois cette liberté du premier de disposer des biens donnés peut être limitée (clause d'interdiction de vendre notamment)(*Code civil, Art. 1057*).

Cette forme de libéralité peut être faite en faveur, par exemple, d'un majeur incapable qui ne pourrait lui-même transmettre ses biens.

Une telle libéralité peut également être faite par legs, le principe étant le même : un premier légataire doit transmettre à un second les biens légués dont il n'a pas disposé.

› Qu'est-ce qu'une donation graduelle ?

Une donation graduelle consiste à donner un bien déterminé à un donataire (le grevé) avec l'obligation pour ce dernier de conserver le bien et de le transmettre, à son décès, à un tiers désigné dans l'acte (le second bénéficiaire).

Le grevé ne peut pas s'opposer à cette obligation qui équivaut pour lui à une interdiction de vendre.

Avant la réforme, cette forme de transmission (clause de substitution) n'était autorisée que pour les enfants (en faveur des petits-enfants) ou pour les frères et sœurs (en faveur des neveux et nièces). Cette limitation a été supprimée.

La donation graduelle peut être utilisée pour protéger un enfant handicapé mais aussi dans le cadre des familles recomposées. Le donateur peut instituer son second conjoint premier bénéficiaire et, en second bénéficiaire, un enfant qu'il a eu de son premier mariage.

Fiscalement, les mêmes règles s'appliquent aux donations graduelles et résiduelles. Le premier bénéficiaire paie les droits de mutation calculés sur la valeur des biens reçus. À son décès, les biens transmis au second donataire sont taxés d'après le degré de parenté existant entre le donateur d'origine et ce dernier.

Les droits de mutation payés par le premier donataire s'imputent sur les droits dus par le second (*Code général des impôts, Art. 791 bis* ; *Code civil, Art. 1048 et s.*).

› Quels biens peut-on donner ?

Aux termes de l'article 943 du Code civil, seuls les biens présents et appartenant au donateur peuvent faire l'objet d'une donation. Il est d'ailleurs exigé pour la donation de biens mobiliers, à peine de nullité, qu'un état estimatif contenant description et évaluation de ces biens soit annexé à l'acte de donation (*Code civil, Art. 948*).

Les biens à venir ou futurs ne peuvent donc faire l'objet d'une donation et le donateur ne pourra, par exemple, donner un bien qu'il se propose d'acheter ou les biens qui lui appartiendront au moment de son décès.

À NOTER

Cette règle selon laquelle seuls les biens présents peuvent faire l'objet d'une donation ne s'applique pas aux donations faites par contrat de mariage aux époux et aux enfants à naître du mariage, ni aux donations faites entre époux au cours du mariage (Code civil, Art. 947).

Tout bien, que ce soit un objet mobilier, un immeuble ou une somme d'argent, peut être donné et ce, quelle que soit sa valeur. Le donateur peut également donner un bien tout en s'en réservant la jouissance ou l'usufruit (exemple : « je fais donation de la nue-propriété de ma maison et je conserve le droit d'y vivre »).

ATTENTION ⚠

Il n'est pas possible de donner l'intégralité de ses biens à un tiers si l'on a des enfants ou un conjoint. En effet, le conjoint depuis le 1/7/2002 et les enfants au moment de la donation sont des héritiers réservataires, ce qui signifie qu'on ne peut les déshériter au profit d'un tiers.

De même, il n'est pas possible de donner tout son patrimoine à un seul de ses enfants, toujours en raison de la réserve des autres enfants. Si le donateur désire avantager néanmoins l'un de ses enfants par rapport aux autres et souhaite que celui-ci reçoive la donation en plus de sa part successorale, il est nécessaire de préciser dans l'acte que la donation est faite hors part successorale.

Ainsi, lors du partage de la succession, la part légale de cet héritier sera évaluée sans tenir compte de la valeur du bien donné.

› Peut-on révoquer une donation ?

À la différence du testament qui peut être révoqué à tout moment, une donation est irrévocable (*Code civil, Art. 894*).

Le donateur se dépouille définitivement du bien et ne peut pas, par sa seule volonté, reprendre ce qu'il a donné (*Code civil, Art. 944*).

Les articles 953 et suivants du Code civil prévoient cependant trois cas de révocabilité des donations :

– inexécution des conditions sous lesquelles cette donation aura été faite (*Code civil, Art. 954*) ;
– ingratitude du donataire (*Code civil, Art. 955*) ;
– survenance d'enfants (*Code civil, Art. 960*).

L'action en révocation pour inexécution des conditions peut être intentée contre le donataire ou ses héritiers. La révocation de plein droit pour inexécution des charges peut être prévue dans le contrat de donation, ce qui rend alors inutile l'intervention du juge pour prononcer cette révocation. L'ingratitude du donataire est reconnue lorsque ce dernier a attenté à la vie du donateur, lorsqu'il s'est rendu coupable envers lui de sévices, délits ou injures graves ou lorsqu'il lui a refusé des aliments.

Cette action ne pourra être menée ni par les héritiers du donateur (sauf si ce dernier est décédé dans l'année du délit), ni contre les héritiers du donataire. C'est une action personnelle, c'est-à-dire ne pouvant mettre en présence que l'auteur des sévices ou délits et la victime.

Enfin, la troisième cause « survenance d'enfants » concerne les donations consenties par des personnes qui n'avaient pas d'enfants ou de descendants vivants. Cette cause de révocation d'une donation a été assouplie par la loi du 23/6/2006. Auparavant, les donations, de quelque valeur qu'elles soient, faites par une personne qui n'avait pas d'enfant au moment de l'acte étaient révoquées de plein droit si naissait par la suite un enfant du donateur.

Depuis le 1/1/2007, la révocation pour survenance d'enfant n'est plus une cause de révocation de plein droit et le donateur est libre de décider s'il veut que la donation soit définitive ou non. En effet, la révocation pour survenance d'enfant n'est possible que si l'acte de donation le prévoit. Uniquement dans cette hypothèse, le donateur peut demander la révocation de la donation lorsqu'il a un enfant ou s'il en adopte un (de façon plénière) après la donation. Par ailleurs, même si la donation prévoit cette restriction, le donateur peut toujours renoncer à demander la révocation.

À NOTER

Les donations entre époux suivent un régime spécifique.

› Qu'est-ce que le droit de retour ?

Le droit de retour est une exception au principe de l'irrévocabilité des donations.

Le donateur peut prévoir, en effectuant la donation, que les biens donnés pourront lui revenir (droit de retour) si le donataire ou ses descendants décèdent avant lui (*Code civil, Art. 951*).

Comme il s'agit d'une exception, ce droit ne peut être stipulé qu'au profit du donateur lui-même (et non au profit de ses enfants, par exemple) et que sur les biens qu'il a lui-même donnés (les biens donnés par deux époux ne peuvent être soumis au droit de retour au profit d'un seul des époux). Le bien donné avec droit de retour est censé ne pas avoir quitté le patrimoine du donateur (*Code civil, Art. 952*).

À NOTER

Il existe aussi un droit de retour légal prévu au profit des frères et sœurs et, depuis le 1/1/2007, au profit des parents du défunt (Code civil, Art. 738-2 et 757-3).

La donation-partage

› Qu'est-ce qu'une donation-partage ?

Une donation-partage consiste, pour le ou les parents, à effectuer, de son ou de leur vivant, la distribution et le partage de leurs biens entre leurs enfants. C'est en quelque sorte un règlement anticipé d'une succession. Cet acte est en effet conçu pour éviter un éventuel partage judiciaire après décès, les frais qu'il entraîne ou encore le tirage au sort des lots qui répartit de façon aveugle les biens entre les descendants.

Depuis le 1/1/2007, la donation-partage est également possible en faveur d'autres héritiers comme les frères et sœurs ou les neveux et nièces.

Le ou les donateurs déterminent et fixent eux-mêmes le sort de leurs biens. Ils répartissent ces biens en fonction de leur critère personnel et des qualités ou aptitudes respectives des bénéficiaires à gérer ces biens. Ils évitent également les éventuelles querelles qui surviennent à l'occasion d'une succession.

Par ailleurs, à condition que tous les bénéficiaires aient participé à l'acte, les biens donnés par donation-partage sont dispensés de rapport à la succession et sont évalués d'après leur valeur au jour de la donation. Les éventuelles plus-values ou moins-values des biens donnés entre la donation et le décès n'ont pas, dans cette hypothèse, à être évaluées.

Ce partage est en principe irrévocable (*Code civil, Art. 1076 et s.*).

Les donataires acquièrent immédiatement et irrévocablement la propriété des biens donnés. Mais la donation-partage n'entraîne cependant pas l'ouverture de la succession. En conséquence, les éventuelles contestations entre eux, portant notamment sur la valeur de leur part respective, ne peuvent être ouvertes qu'après le décès du donateur. Une donation-partage ne peut porter que sur les biens possédés au moment de la donation par le donateur. En revanche, le donateur a la possibilité d'inclure dans la donation-partage des biens qu'il aurait déjà donnés dans le passé à ses enfants ou ses héritiers. Il peut ainsi réaliser un partage égalitaire de ses biens entre ces derniers, en regroupant les éventuelles donations antérieures avec une nouvelle ou plusieurs donations, soit en les regroupant entre elles sans en ajouter de nouvelles (*Code civil, Art. 1078-1 et s.*).

À NOTER

Le donateur n'est pas tenu de donner ou de partager tous les biens qu'il possède. Il peut en effet effectuer une donation-partage seulement sur une partie de ses biens et faire par la suite une seconde donation-partage distincte de la première pour les biens restant à partager.

S'il décède sans avoir donné et partagé tous ses biens, les biens non compris seront répartis entre les héritiers, selon les règles normales de dévolution successorale. Une donation-partage doit toujours se faire devant un notaire. Par ailleurs, une donation-partage doit être acceptée par les donataires. Comme pour une succession, une donation-partage donne lieu au paiement de droits.

Si le donateur ne veut pas se dépouiller totalement de ses biens, la donation-partage peut se faire avec réserve d'usufruit. Par exemple, il donne à ses enfants des terres. Ceux-ci n'en sont que nus-propriétaires ; le donateur en devient l'usufruitier et peut continuer à en percevoir les fermages. À ce moment-là, les droits ne sont calculés que sur une partie de leur valeur qui dépend de l'âge du donateur.

› Qui peut bénéficier d'une donation-partage ?

Les enfants

Les enfants sont les premiers bénéficiaires. Si les enfants sont eux-mêmes décédés la donation-partage peut aussi être réalisée au profit des petits-enfants par les grands-parents. Dans ce cas, les petits-enfants viennent en représentation de leur parent décédé dont ils se partagent la part.

La donation-partage est également possible si le donateur n'a qu'un enfant unique, celui-ci pouvant soit partager avec ses propres descendants soit accepter de ne pas en bénéficier pour leur en faire profiter.

Mais la donation-partage n'est plus, depuis le 1/1/2007, réservée aux enfants.

D'autres descendants et héritiers

Elle peut concerner tous les héritiers présomptifs du donateur. Si une personne n'a pas d'enfants, la donation-partage peut être faite en faveur d'autres héritiers comme ses frères et sœurs, ses neveux et nièces ou encore ses cousins.

Une même donation-partage peut également bénéficier à plusieurs générations de descendants et des lots peuvent être attribués aux enfants comme aux petits-enfants, même si ces derniers ne sont pas héritiers directs du donateur.

La loi autorise aussi un enfant à renoncer à sa propre part au bénéfice de ses propres enfants. La donation-partage peut donc bénéficier aux seuls petits-enfants (voire aux arrière-petits-enfants) même si leurs parents sont encore vivants. Ce saut trans-générationnel suppose l'accord des enfants, héritiers réservataires protégés. En effet, ils doivent accepter de renoncer à leur réserve et à l'action en réduction même si les biens donnés excèdent le montant de la quotité disponible.

À NOTER

Cette possibilité de renoncer par avance à sa part de réserve (auparavant strictement interdit) constitue une nouveauté importante dans le droit des successions. Elle suppose, bien sûr, une bonne entente familiale…

Fiscalement, en cas de donation-partage faite à des descendants de degrés différents, les droits sont liquidés en fonction du lien de parenté entre le donateur (le grand-père ou la grand-mère) et les petits-enfants bénéficiaires de la donation (*Code général des impôts, Art. 784 B quater*).

Les enfants du conjoint

D'autre part, dans les familles recomposées, une seule donation-partage peut réunir les enfants du couple et les enfants respectifs de chaque époux (nés d'une précédente union). Il s'agit d'une donation partage conjointe (faite en commun par les deux époux) qui attribue un lot à chaque enfant même s'il ne s'agit pas d'un enfant commun.

L'enfant qui n'est pas commun aux deux époux peut recevoir des biens propres de son parent et des biens communs. S'il s'agit d'un bien commun, le conjoint doit donner son accord pour que ce bien fasse partie du lot attribué à son beau-fils ou sa belle-fille.

Fiscalement, le bien donné est imposé selon les tarifs en ligne directe sur l'intégralité de sa valeur (*Code général des impôts, Art. 778 bis*).

Des personnes étrangères à la famille

Enfin, la donation-partage peut réunir un ou plusieurs héritiers et d'autres personnes étrangères à la famille si parmi les biens donnés figure une entreprise (quelque que soit sa forme d'exploitation, individuelle ou société). Dans ce cas, les personnes ne faisant pas partie de la famille ne peuvent recevoir dans leur lot que les biens liés à l'exploitation de l'entreprise (et non des biens personnels du donateur)(*Code civil, Art. 1075-2*).

À NOTER

Le testament-partage bénéficie des mêmes dispositions. Il n'est plus réservé aux parents en faveur de leurs enfants mais peut être fait pour d'autres héritiers si le testateur n'a pas d'enfants ; il peut aussi être fait en faveur des petits-enfants ou prévoir la transmission de l'entreprise.

› Quels sont les avantages fiscaux d'une donation-partage ?

D'un point de vue fiscal, les droits sont fixés d'après la valeur des biens donnés au jour de leur transmission. Ce qui a pour conséquence :

– *dans certains cas :* cette valeur peut être inférieure à celle existant lors du décès du donateur, et donc de réduire les droits de mutation ;

– *en cas de réserve d'usufruit :* la valeur de la nue-propriété est réduite puisque l'usufruitier est plus jeune.

Quand la donation-partage réincorpore un bien déjà donné, il n'y a pas de droits de mutation à payer. L'opération est soumise au seul droit de partage.

S'il s'agit d'une donation-partage intergénérationnelle et si un bien déjà donné est réincorporé pour être attribué à un descendant du donataire principal (petit-enfant du donateur), les droits de mutation ne sont pas exigés si la 1re donation est intervenue plus de 15 ans avant la donation-partage. Dans le cas contraire, les droits de mutation sont dus en fonction du lien de parenté entre l'ascendant donateur et son petit-enfant (*Code général des impôts, Art. 776 A*).

M. et Mme Charles sont mariés sous le régime de la communauté de biens et ont deux enfants : Marc et Fabienne.
Rappel : l'abattement accordé aux enfants est de 100 000 € depuis le 18/8/2012.

LE PATRIMOINE DE M. ET MME CHARLES EST LE SUIVANT :	
• Biens de la communauté	454 000 €
• Biens propres du père	+ 126 000 €
• Biens propres de la mère	+ 15 000 €
	595 000 €
Les droits seront calculés sur la moitié du patrimoine reçu de chaque parent soit :	
• Biens donnés par le père :	
– Moitié de la communauté	227 000 €
– Les biens propres	+ 126 000 €
	353 000 €
Chaque enfant recevra du père : 353 000 € : 2 = 176 500 €	
• Biens donnés par la mère :	
– Moitié de la communauté	227 000 €
– Les biens propres	+ 15 000 €
	242 000 €
Chaque enfant recevra de la mère : 242 000 € : 2 = 121 000 €	
LES DROITS À PAYER PAR MARC ET FABIENNE SUR LES BIENS REÇUS DU PÈRE :	
• Biens reçus du père :	176 500 €
Abattement	– 100 000 €

	76 500 €
Ils paieront des droits sur 76 500 € se répartissant de la manière suivante :	
5 % sur 8 072 €	403,60 €
10 % sur 4 037 €	+ 403,70 €
15 % sur 3 823 €	+ 573,45 €
20 % sur 60 568 €	+ 12 113,60 €
	13 494,35 €
LES DROITS À PAYER PAR MARC ET FABIENNE SUR LES BIENS REÇUS DE LA MÈRE :	
Biens reçus de la mère :	121 000 €
Abattement	– 100 000 €
	21 000 €
Ils paieront des droits sur 21 000 € se répartissant de la manière suivante :	
5 % sur 8 072 €	403,60 €
10 % sur 4 037 €	+ 403,70 €
15 % sur 3 823 €	+ 573,45 €
20 % sur 5 068 €	+ 1 013,60 €
	2 394,35 €
Au total : *Marc et Fabienne paieront chacun 13 494,35 + 2 394,35 = 15 888,70 €*	

› La répartition des biens entre les enfants doit-elle être égalitaire ?

La répartition des biens entre les enfants n'est pas forcément égalitaire. Mais, les enfants étant héritiers réservataires, ils ne peuvent recevoir une part inférieure à leur part de réserve. Par exemple, s'il y a deux enfants, chacun doit recevoir au moins un tiers du patrimoine du donateur. Si un enfant est né postérieurement à l'acte de donation-partage ou si un enfant a refusé de participer à l'acte ou encore a reçu un lot inférieur à sa part de réserve, ce partage n'est pas nul, mais l'intéressé peut demander à ses frères et sœurs, après le décès de leur parent, de réduire leur propre part afin de constituer son propre lot d'une égale valeur à celle de ceux qui ont bénéficié de la donation-partage (il s'agit de l'action en réduction).

L'action en réduction

L'action en réduction doit être introduite devant le tribunal judiciaire dans le délai de 5 ans à compter du décès du donateur ou dans le délai de 2 ans à compter du jour où les héritiers ont eu connaissance de l'atteinte portée à leur réserve, sans pouvoir excéder, dans ce dernier cas, 10 ans à compter du décès. Pour constituer la part de réserve de l'enfant qui n'a pas participé à l'acte, les biens sont évalués d'après leur état à l'époque de la donation et leur valeur au jour de l'ouverture de la succession. Si l'un des enfants a reçu une part inférieure à sa réserve dans la donation-partage, la réduction se calcule en tenant compte de la valeur des biens au jour de la donation-partage.

À NOTER

Il est possible de prévoir dans l'acte des règles et des dates différentes pour l'évaluation des biens.

Les bénéficiaires de la donation-partage n'ont pas à réduire leur lot si, au moment du décès du donateur, il existe suffisamment de biens dans la succession (biens qui ne sont pas compris dans la donation-partage) pour que l'égalité entre tous les enfants soit respectée et que leurs lots soient d'égale valeur (*Code civil, Art. 1076 et s.*).

À NOTER

Les conditions pour pouvoir faire annuler une donation-partage sont les mêmes que celles requises pour l'annulation des donations simples (inexécution des charges, ingratitude).

› Peut-on transmettre une entreprise par donation ou donation-partage ?

Depuis 1988, il est possible de faire la donation-partage de son entreprise en faveur non seulement de ses enfants et descendants mais également en faveur de parents éloignés ou de personnes étrangères à la famille (par exemple : les salariés de cette entreprise) (*Code civil, Art. 1075-2*).

La loi n° 2006-728 du 23/6/2006 a autorisé les donations-partages réunissant un seul héritier (un enfant unique par exemple) et une ou plusieurs autres personnes. Inversement, la donation-partage peut réunir une seule personne étrangère et plusieurs héritiers ou descendants.

Les héritiers intervenant à la donation-partage ne sont plus exclusivement les enfants. La loi autorise le disposant à préférer un petit-enfant, ou même un arrière-petit-enfant si ces derniers se révèlent plus aptes à gérer l'entreprise que les enfants. De plus, il n'y a plus l'obstacle de la réserve des enfants. Ces derniers peuvent désormais renoncer par avance à réclamer, au moment du décès du parent, la réduction des libéralités qui dépasseraient la quotité disponible de la succession.

Cette renonciation est encadrée et ne peut exister qu'en cas d'entente familiale…

Si le donateur n'a pas d'enfants ni d'autres descendants, il peut transmettre ses biens à d'autres héritiers comme ses frères et sœurs ou ses neveux et nièces et, bien sûr, à d'autres personnes hors du cercle familial.

Dans l'hypothèse où le donateur donne et partage l'ensemble de ses biens (personnels et professionnels) les personnes autres que les héritiers ne peuvent recevoir d'autres biens que ceux affectés à l'exploitation de l'entreprise.

À NOTER

Depuis le 31/7/2011, les donations en pleine propriété des parts ou actions d'une société ou de biens affectés à une entreprise individuelle (ayant une activité industrielle, commerciale, artisanale, agricole ou libérale) bénéficient sur les droits liquidés d'une réduction supplémentaire de 50 % lorsque le donateur est âgé de moins de 70 ans (Code général des impôts, Art. 790). Elles bénéficient aussi de la possibilité de différer pendant 5 ans, moyennant intérêts, le paiement de droits de mutation et, à l'issue de ces 5 ans, de fractionner ce montant sur 10 ans.

Le personnel de l'entreprise, bénéficiaire de la donation, bénéficie d'un abattement de 300 000 € sur les valeurs reçues sous certaines conditions :

– l'entreprise ou la société exerce une activité industrielle, commerciale, artisanale, agricole ou libérale ;

– les bénéficiaires doivent être des personnes titulaires d'un contrat de travail à durée indéterminée depuis au moins 2 ans et à temps plein, ou être titulaires d'un contrat d'apprentissage ;

– lorsqu'ils ont été acquis à titre onéreux, le fonds ou la clientèle, ou encore les parts et actions doivent avoir été détenus depuis plus de 2 ans par le donateur ;

– les donataires doivent poursuivre l'exploitation du fonds ou de la clientèle transmis ou l'activité de la société pendant les 5 années qui suivent la date de la transmission, et l'un d'eux doit assurer, pendant la même période, la direction effective de l'entreprise.

L'abattement ne peut s'appliquer qu'une seule fois entre un même donateur et un même donataire.

Cette exonération est accordée sur option des intéressés.

À défaut, ils peuvent bénéficier d'exonérations de droits à concurrence de 75 % de la valeur des biens transmis. Cette exonération partielle s'applique aux transmissions par décès et aux transmissions d'entreprises par donation (donation en pleine propriété).

Les parts transmises doivent être conservées pendant 4 ans et l'un des héritiers, donataires ou légataires, doit poursuivre l'exploitation pendant 3 ans (*Code général des impôts, Art. 787 B et 790 A*).

Les donations aux époux et entre époux

› Qu'est-ce qu'une donation par contrat de mariage ?

C'est une donation qui est effectuée à l'occasion du contrat de mariage et insérée dans l'acte. Ces donations peuvent être faites par des tiers (il s'agit alors de la constitution de dot) ou bien par le futur époux à son futur conjoint.

Les constitutions de dot

Elles peuvent être effectuées soit par les parents, soit par des étrangers au profit des futurs époux ou de l'un d'eux, ou encore au profit des enfants et descendants à naître du mariage.

Les donations faites entre futurs époux par contrat de mariage

Elles peuvent porter, à la différence du régime général des donations, sur les biens présents et à venir. Elles ne sont pas révocables pour survenance d'enfants. Le divorce entre les époux peut entraîner la révocation des donations qu'ils s'étaient consenties.

Le problème qui se pose à propos de ces donations entre futurs époux par contrat de mariage est de savoir ce qu'adviennent ces libéralités lorsqu'il y a changement de régime matrimonial (donc changement de contrat de mariage). La jurisprudence est divisée mais la position qui domine est celle qui conserve la validité des donations même en cas de nouveau contrat de mariage, s'il n'y a pas rétractation expresse. À l'occasion d'un changement de régime matrimonial, les époux ont la possibilité de rétracter réciproquement d'un consentement mutuel leur acceptation des donations qu'ils s'étaient faites par le contrat de mariage ordinaire. Mais à défaut de cette rétractation, il y a lieu de maintenir la validité des donations contenues dans le premier contrat, cette validité ne pouvant être affectée par le changement de régime. Ces donations par contrat de mariage (constitution de dot ou entre futurs époux) ne sont soumises à aucune forme particulière (notamment l'acceptation expresse n'est pas nécessaire) mais sont caduques si le mariage ne s'ensuit pas (*Code civil, Art. 1081*).

La loi n° 2004-439 du 26/5/ 2004 relative au divorce (applicable depuis le 1/1/2005) a conservé le caractère irrévocable des donations et avantages matrimoniaux insérés dans le contrat de mariage sauf volonté commune des époux de changer leur contrat.

Mais en cas de divorce, la loi du 26/5/2004 distingue :

– les avantages matrimoniaux et les donations qui ont pris effet en cours de mariage, qui restent irrévocables même en cas de divorce ;

– et les avantages matrimoniaux qui ne prennent effet qu'à la dissolution du régime matrimonial ou au décès de l'un des époux et des dispositions à cause de mort, accordés par un époux envers son conjoint (la donation au dernier vivant notamment), qui sont révoqués de plein droit par le divorce (sauf volonté contraire expresse de l'époux qui les a consentis).

› Quel est le régime des donations entre époux au cours du mariage ?

La loi n° 2004-439 du 26/5/ 2004 modifiant les règles du divorce a également modifié le régime des donations entre époux depuis le 1/1/2005.

Ce régime tend à s'aligner sur le droit commun des donations puisque la loi supprime la possibilité de révoquer à tout moment les donations de biens présents faites entre époux.

La loi supprime également la nullité de plein droit des donations déguisées.

Les donations de biens présents

Les donations de biens présents (c'est-à-dire les donations prenant effet immédiatement) deviennent irrévocables.

Le donateur ne peut plus révoquer unilatéralement la donation qu'il a consentie. Les seules causes de révocation des donations entre époux, comme pour les autres donations, sont l'ingratitude et le non-respect des conditions éventuellement insérées dans la donation (causes de révocation de droit commun).

Par ailleurs, le divorce des époux ne modifie pas le caractère irrévocable de ces donations.

À NOTER

La loi de 2004 ne s'applique pas aux donations intervenues avant sa date d'application. En conséquence, les donations entre époux intervenues avant le 1/1/2005 restent révocables à tout moment, indépendamment d'une éventuelle procédure de divorce.

La donation au dernier vivant

Il s'agit d'une donation consentie réciproquement par chaque époux au profit du conjoint.

Elle porte sur des biens à venir qui ne sont pas déterminés au moment de la signature de l'acte mais lorsque cette donation prend effet, c'est-à-dire au décès du premier des époux.

Les donations de biens à venir (c'est-à-dire prenant effet au décès d'un conjoint ou lors de la dissolution de leur régime matrimonial) restent révocables.

Pendant le cours du mariage, chaque époux peut révoquer les donations de biens à venir, comme la donation au dernier vivant.

À NOTER

Si les époux divorcent, la révocation est automatique, sauf si le donateur déclare expressément les maintenir.

Les donations déguisées

Les donations entre époux suivent les mêmes règles que les autres donations.

La donation déguisée peut être valable si l'acte qui lui sert de support est lui-même valable (par exemple, un acte d'achat immobilier indiquant les apports respectifs des époux, apports non réels pour l'un d'entre eux et constituant la donation déguisée).

Toutefois, la donation déguisée ne doit pas excéder la quotité disponible et reste valable jusqu'à concurrence de cette quotité. Si elle porte atteinte à la réserve des héritiers, ces derniers ne peuvent pas demander la nullité de la donation mais seulement sa réduction.

Cas pratiques

Transmettre son patrimoine

Droit au logement du conjoint survivant

Mon mari vient de décéder. Nous étions locataires de notre appartement et je sais que la succession doit prendre en charge les loyers pendant 1 an. Puis-je me faire aussi rembourser les charges ?

La loi ne prévoit que le remboursement des « loyers au fur et à mesure de leur acquittement ». Il faut donc considérer que le remboursement ne peut pas concerner les charges locatives. Une nuance peut toutefois être apportée à cette règle : si le montant du loyer n'est pas clairement distingué du montant des charges, vous pouvez demander le remboursement de l'intégralité des sommes versées au bailleur. Ces précisions ont été apportées par une réponse ministérielle qui laisse par ailleurs le soin aux tribunaux de trancher au cas par cas (*Réponse ministérielle, 11/1/2005, Q n° 42589*).

Cette même réponse a également indiqué que, dans l'hypothèse où le logement abrite également une activité professionnelle, les héritiers ne sont pas tenus de rembourser la partie du loyer correspondant à l'activité professionnelle.

Testament olographe - modification

Je voudrais modifier le testament que j'ai écrit il y a quelques années. Comment faire ?

Vous pouvez soit compléter le premier testament, soit l'annuler et réécrire entièrement un nouveau testament.

S'il existe deux testaments, lors de l'ouverture d'une succession, ils peuvent tous deux être parfaitement valables sauf s'ils comportent des dispositions contradictoires (par exemple si un même bien est légué à deux personnes différentes). Si vous voulez ajouter un legs, vous pouvez rédiger un nouvel acte (toujours écrit, daté et signé) en indiquant que cette disposition complète le testament antérieur.

Mais si vous voulez annuler certaines dispositions et en ajouter de nouvelles, il est préférable de révoquer le testament précédent et de le réécrire entièrement. Il faut indiquer que vous entendez révoquer toutes vos dispositions antérieures.

Testament olographe - copie

La copie d'un testament olographe est-elle valable ?

Pour qu'elle soit valable, il est nécessaire de recopier entièrement le premier original. En effet, les copies peuvent facilement être contestées et annulées. Une copie n'est utile que par rapport à l'original : si l'original est perdu, la copie ne pourra pas le remplacer. De même, le calque par carbone ne sera pas considéré comme un testament valable.

Ce n'est que si la perte de l'original est survenu par suite d'un cas fortuit ou d'un cas de force majeure, que l'on peut se servir d'une simple copie pour prouver l'existence du testament. Mais la force majeure ou le cas fortuit sont rarement admis. Dans un cas porté devant les juges, le testateur avait remis son testament à son avocat qui l'avait égaré. La bénéficiaire du testament en possédait une copie et estimait que cette perte constituait un cas fortuit. Sa demande a été rejetée. Le cas fortuit ou la force majeure suppose l'irrésistibilité et l'imprévisibilité des faits survenus, non reconnues dans le cas d'espèce (*Cour de cassation, 1re chambre civile, 12/11/2009*).

Testament olographe - bénéficiaire

Je voudrais faire un testament en faveur de mon médecin qui me soigne depuis de nombreuses années. Est-ce autorisé ?

Certaines personnes ne sont pas autorisées à recevoir un legs par testament en raison de l'influence qu'elles ont pu avoir sur le défunt (par exemple, le médecin qui soigne une personne en fin de vie). Mais si vous rédigez votre testament maintenant et si vous indiquez les liens privilégiés qui vous unissent à cette personne, toute idée de captation d'héritage sera écartée et votre testament sera valable.

Testament - enfants à naître

Ma fille vient de se marier. Puis-je établir un testament en faveur des enfants qui vont peut-être naître de cette union ?

Quand on rédige son testament, on peut effectivement prévoir que le ou les bénéficiaires des dispositions prises sera ou seront un ou des enfants à naître. La seule condition exigée par l'article 906 du Code civil est que seuls pourront bénéficier des dispositions du testament les enfants qui seront conçus à l'époque du décès du testateur c'est-à-dire au moment ou le testament sera exécuté. Par la suite, l'enfant doit être né viable pour qu'il puisse recevoir effectivement dans son patrimoine les biens de la personne qui a rédigé le testament.

Contrôle fiscal

Je veux faire une donation-partage à mes trois enfants. Pendant combien de temps le fisc peut-il contrôler les valeurs des biens donnés ?

L'administration fiscale a jusqu'au 31 décembre de la 3e ou 6 e année après la donation pour contrôler. Le délai est de 3 ans pour une irrégularité rectifiable à la lecture de la déclaration (sans qu'il soit nécessaire de faire des recherches) et de 6 ans dans les autres cas. Le délai peut même être porté à 10 ans en cas de comptes ou de trusts ouverts à l'étranger lorsqu'ils n'ont pas été révélés à l'administration.

Mais, depuis le 1/1/2009, il est possible de demander à l'administration fiscale de contrôler la donation au moment où elle est réalisée et au plus tard dans le délai de 3 mois qui suit l'enregistrement de l'acte. Il s'agit du contrôle sur demande.

L'intérêt de cette demande est d'être sûr d'éviter un contrôle fiscal plusieurs années plus tard. Par cette procédure, les contribuables limitent à 1 an le délai de reprise de l'administration.

La demande, pour être recevable, doit être signée par les bénéficiaires d'au moins un tiers de l'actif net déclaré et transmis lors de la mutation.

Le contrôle doit être réalisé dans l'année qui suit la demande. À l'issue de ce délai d'1 an et à défaut de contrôle engagé par l'administration, les éléments et les montants déclarés ne pourront plus être remis en cause ni rectifiés dans l'avenir.

Recevoir un patrimoine

Que vous soyez héritier, du fait de la loi, ou légataire, du fait d'un testament, les mêmes questions se poseront à vous après le décès de la personne qui vous a transmis une partie de son patrimoine : serez-vous obligé d'accepter cet héritage ? Quelles seront les formalités à accomplir ? Quels seront les droits à payer ? Comment prendrez-vous possession des biens ?, etc. À toutes ces questions, la loi apporte évidemment des réponses, qu'il faut connaître pour éviter toute difficulté, ou ne pas passer à côté d'un droit ou d'un avantage.

L'ouverture de la succession

Le lieu d'ouverture de la succession est déterminé par le domicile du défunt. Le domicile du défunt est déterminé par le lieu de son principal établissement. En cas de pluralité de résidences, il est tenu compte de la volonté et de l'intention manifestée par le défunt de fixer son principal établissement dans tel ou tel lieu (*Code civil, Art. 720*).

Premières formalités

› Quand et comment déclarer une succession ?

Dans un délai de 6 mois à compter du jour du décès, les héritiers sont en principe tenus de souscrire une déclaration de succession sur les formulaires n° 2705-SD et n° 2705-S-SD et sur le formulaire n° 2705-A-SD si le défunt avait souscrit une assurance vie, disponibles avec une notice explicative, sur le site Internet : *www.impots.gouv.fr*.

Ce délai de 6 mois est porté à 1 an si le décès a eu lieu hors de France métropolitaine. Cette déclaration doit être déposée au pôle enregistrement du service des impôts du domicile du défunt.

La déclaration n'est pas exigée lorsque la succession ne comporte aucun bien ou lorsque cette succession en ligne directe de parent à enfant et entre époux comporte un actif brut inférieur à 50 000 € (à condition que ces personnes n'aient pas bénéficié antérieurement, de la part du défunt, d'une donation ou d'un don manuel non enregistré ou non déclaré). Cette même dispense de déclaration s'applique aux autres héritiers si l'actif successoral est inférieur à 3 000 €.

Les personnes dispensées de déclaration de succession sont également exonérées de droits de succession (*Code général des impôts, Art. 796-0*).

Dans tous les cas, la déclaration de succession peut être établie et déposée par les héritiers eux-mêmes, sans le concours d'un notaire, y compris si l'héritage comprend un ou plusieurs biens immobiliers, s'il existe un testament ou même si le défunt avait consenti des donations. Il n'est pas non plus nécessaire de demander à un notaire d'établir une attestation de propriété immobilière. Il n'est pas prévu de sanction au fait de ne pas faire établir l'attestation de propriété immobilière (également nommée attestation immobilière), un acte qui consiste pour le notaire à inscrire au cadastre le nom du ou des nouveaux propriétaires.

Cet acte n'est pas utile tant que les héritiers n'ont pas décidé de vendre le bien immobilier hérité. La déclaration de succession doit contenir tous les renseignements relatifs à l'identité du défunt, celle de ses héritiers, de ses légataires. Elle doit indiquer les dispositions testamentaires et les donations faites par le défunt. Elle doit contenir l'énumération de tous les biens dépendant de la succession, désignés individuellement. Ces biens doivent également faire l'objet d'une estimation au jour du décès.

En principe, toutes les déclarations de succession doivent être souscrites en double exemplaire (en pratique un original plus une copie). Toutefois, le fisc admet le dépôt en un seul exemplaire si l'actif brut successoral (imposable ou non) est inférieur à 15 000 €.

La déclaration de succession est obligatoirement signée par tous les héritiers. Toutefois, l'un des héritiers peut la souscrire au nom de tous et la signer seul, mais dans ce cas, elle doit obligatoirement être accompagnée d'une procuration établie et signée par chacun des héritiers autorisant l'un d'entre eux à remplir seul cette obligation.

AVANTAGE

L'administration fiscale propose le téléservice Patrim permettant de réaliser une estimation gratuite de la valeur de vos biens immobiliers. Après connexion sur le site www.impots.gouv.fr, accédez à votre espace personnel puis cliquez sur la rubrique « Rechercher des transactions immobilières ». Il suffit ensuite de renseigner les critères : appartement ou maison, surface, localisation géographique, etc.

Particularités des immeubles sans titre de propriété

Pour diminuer le nombre de biens immobiliers (bâtiments ou terrains nus) non enregistrés et sans titre de propriété, plusieurs mesures ont été prises pour inciter les héritiers, à l'occasion d'une succession à procéder à cet enregistrement :

- Le délai pour déclarer la succession passe de 6 à 24 mois (*Code général des impôts, Art. 641 bis*).

Cette dérogation, bénéficiant auparavant uniquement aux biens situés en Corse, est maintenant applicable sur tout le territoire.

Mais pour que le délai de 24 mois soit applicable il faut que les attestations notariées concernant ces immeubles soient publiées dans le même délai. Si cette condition n'est pas respectée, le délai de 6 mois est à nouveau en vigueur et les intérêts de retard calculés à partir du 1er jour du 7e mois qui suit le décès.

- Lorsque les héritiers engagent des frais pour reconstituer les titres de propriété de ces biens immobiliers, ils peuvent les déduire de l'actif successoral dans la limite de la valeur de ces biens et sur justificatifs (*Code général des impôts, Art. 775 sexies*).

Cette même déduction est également autorisée quand les biens font l'objet d'une donation. Les frais de reconstitution doivent être engagés dans les 24 mois précédant la donation et les attestations notariées publiées dans le délai de 6 mois précédant la donation (*Code général des impôts, Art. 776 quater*).

- Lorsque le droit de propriété de ces immeubles est constaté pour la première fois entre le 1/1/2014 et le 31/12/2027 dans un acte transcrit et publié, les immeubles bénéficient d'une exonération de 50 % de leur valeur lors de la première mutation suivant la publication.

- Enfin, à condition que les attestations notariées soient publiées dans les 24 mois du décès :

– les immeubles et droits immobiliers situés en Corse sont exonérés de droits de mutation par décès si la succession est ouverte avant le 31/12/2012 :

– l'exonération est applicable à concurrence de la moitié de la valeur des immeubles pour les successions ouvertes entre le 1/1/2013 et le 31/12/2027.

À NOTER

Pour les successions ouvertes à partir du 1/1/2028, les immeubles situés en Corse seront soumis aux droits de mutation par décès dans les conditions de droit commun (Code général des impôts, Art. 1135 bis).

Déclaration des revenus du défunt

Comme les autres déclarations de revenus, les revenus du défunt sont déclarés l'année suivant le décès par les ayants droit du défunt (conjoint ou partenaire survivant, héritiers).

Il convient de souscrire deux déclarations de revenus :

– l'une commune indiquant les revenus et les charges du couple pour la période du 1er janvier à la date du décès ;

– l'autre au nom du conjoint ou partenaire qui précise ses revenus et ses charges pour la période allant de la date du décès jusqu'au 31 décembre de l'année.

En cas de décès du partenaire pacsé, le partenaire survivant est assimilé à un veuf au plan fiscal.

Le cas échéant, le notaire chargé de la succession peut produire cette déclaration à la demande des ayants droit si la succession n'est pas liquidée à la date de production de la déclaration (*Code général des impôts, Art. 204*).

› Quel est le rôle du notaire ?

Légalement, le recours au notaire n'est pas obligatoire, même lorsque la succession comprend des biens immobiliers. Les héritiers peuvent en effet administrer et régler eux-mêmes la succession, réaliser les opérations et les formalités, rédiger la déclaration fiscale de succession, etc.

Cependant, la loi exige parfois l'intervention du notaire pour la rédaction de certains actes.

- Ainsi, lorsque la personne décédée laisse un testament, les héritiers ont l'obligation de le remettre à un notaire qui, après lecture en leur présence, dressera immédiatement un procès-verbal d'ouverture de testament.

Les héritiers peuvent parfaitement limiter l'intervention du notaire à ce travail de lecture du testament et l'établissement du procès-verbal d'ouverture, sans lui confier le règlement de la succession.

- La preuve de la qualité d'héritier est libre et peut être apportée par tous moyens (*Code civil, Art. 730*). En pratique, cette preuve peut être apportée au moyen de l'acte de notoriété, établi par un notaire à la demande d'un ou plusieurs héritiers, moyennant des honoraires de 69,23 € TTC (67,92 € à partir du 1/1/2021), auquel s'ajoute un droit fiscal de 25 €.

- Faut-il demander à un notaire d'établir une attestation de propriété immobilière lorsque la succession comprend un ou plusieurs biens immobiliers ? Contrairement à une idée répandue, ce n'est pas une obligation.

La loi ne prévoit pas de sanction au fait de ne pas faire établir l'attestation de propriété immobilière (ou attestation immobilière), acte qui consiste pour le notaire à inscrire au cadastre le nom du ou des propriétaires. Tant qu'ils n'ont pas décidé de vendre le bien, les héritiers n'ont pas besoin de faire établir une attestation immobilière. Le jour où ils décideront de vendre, le notaire chargé de la vente établira l'attestation de propriété.

À NOTER

Le notaire peut établir et délivrer le ***certificat successoral*** *européen pour le règlement des successions transfrontalières. Mis en place en France depuis le décret n° 2015-1395 du 2/11/2015, ce certificat permet de faciliter la preuve de la qualité d'héritier dans tous les États membres ainsi que la mise en œuvre des pouvoirs relatifs à l'administration de la succession (Code de procédure civile, Art. 1381-1 et s.).*

› Comment se calculent les honoraires du notaire ?

La rémunération des actes que le notaire dresse, dite « émoluments », est tarifée, c'est-à-dire que le coût est fixé par un arrêté.

Le tarif des notaires publie des chiffres hors taxes. Au prix affiché, il faut donc ajouter les 20 % de TVA que vous paierez. S'y ajoutent d'autres droits et taxes que le notaire encaisse pour le compte du Trésor public, ainsi que les débours éventuels, les frais du notaire afin de réaliser une formalité.

Exemple : l'acte de notoriété annoncé à 57,69 € HT (56,60 € HT à compter du 1/1/2021) dans le tarif officiel coûte en réalité entre 180 € et 200 €.

Attention : si vous confiez le règlement de la succession au notaire, si vous lui demandez des conseils ou une expertise, etc, sa rémunération n'est pas tarifée ; il la fixe librement. N'hésitez pas à lui demander un devis estimatif de ses frais afin de pouvoir comparer avec d'autres études notariales.

Les émoluments

Les émoluments fixes concernent d'une manière générale les actes dans lesquels il n'est pas fait mention de capitaux. Les tarifs ont été fixés par l'arrêté du 27/2/2018. Ils s'appliquent jusqu'au 31/12/2020. À partir du 1/1/2021, ces tarifs vont légèrement baisser !

Exemples :

LES FRAIS DE NOTAIRE (HT)	
Certificat successoral européen (modification, rectification, retrait)	57,69 € (56,60 € à partir du 1/1/2021)
Testament authentique ou mystique ou codicille en la même forme	115,39 € (113,19 € à partir du 1/1/2021)
Garde du testament olographe avant le décès	26,92 € (26,41 € à partir du 1/1/2021)
Procès-verbal d'ouverture et de description du testament olographe	26,92 € (26,41 € à partir du 1/1/2021)
Acte de notoriété	57,69 € (56,60 € à partir du 1/1/2021)
Donation entre époux, pendant le mariage	115,39 € (113,20 € à partir du 1/1/2021)
Révocation de donation entre époux, de testament, de mandat, ou de substitution	26,92 € (26,41 € à partir du 1/1/2021)
Inventaire	76,92 € (75,46 € à partir du 1/1/2021)

Les émoluments proportionnels sont perçus sur le capital énoncé dans l'acte, augmenté de la valeur des charges ou sur l'évaluation retenue pour la liquidation des droits et taxes, si elle est supérieure. Les charges sont les sommes que les parties s'engagent à payer en plus du prix ainsi que les prestations en nature qu'elles s'engagent à fournir.

Si ce mode de calcul est impossible, les émoluments sont perçus sur la valeur estimative des biens énoncée dans l'acte.

Exemples :

ATTESTATION NOTARIÉE		
Valeur du bien (par tranches d'assiette)	**Du 1/1/2016 au 31/12/2020**	**À partir du 1/1/2021**
De 0 à 6 500 €	1,972 %	1,935 %
De 6 500 € à 17 000 €	1,085 %	1,064 %
De 17 000 € à 30 000 €	0,740 %	0,726 %
Plus de 30 000 €	0,542 %	0,532 %

DÉCLARATION DE SUCCESSION		
Valeur du bien (par tranches d'assiette)	**Du 1/1/2016 au 31/12/2020**	**À partir du 1/1/2021**
De 0 à 6 500 €	1,578 %	1,548 %
De 6 500 € à 17 000 €	0,868 %	0,851 %
De 17 000 € à 30 000 €	0,592 %	0,580 %
Plus de 30 000 €	0,434 %	0,426 %

DONATION ACCEPTÉE		
Valeur du bien (par tranches d'assiette)	**Du 1/1/2016 au 31/12/2020**	**À partir du 1/1/2021**
De 0 à 6 500 €	4,931 %	4,837 %
De 6 500 € à 17 000 €	2,034 %	1,995 %
De 17 000 € à 60 000 €	1,356 %	1,330 %
Plus de 60 000 €	1,017 %	0,998 %

› Quelles sont les obligations des banques et des assurances ?

Pour éviter que les héritiers n'aient jamais connaissance d'éventuels comptes ouverts par le défunt en raison de l'inactivité de ces comptes, les établissements bancaires ou de crédit qui détiennent ces comptes inactifs doivent rechercher les titulaires décédés par la consultation annuelle du répertoire national d'identification des personnes physiques.

Les sommes figurant sur ces comptes doivent être transférées à la Caisse des dépôts et consignations dans les 10 ans à compter de la dernière opération ou dans les 3 ans suivant le décès.

L'identité des titulaires des comptes transférés est publiée (*Code monétaire et financier, Art. L. 312-20*).

De la même façon, les sommes dues au titre des contrats d'assurance sur la vie non réclamés doivent être déposées à la Caisse des dépôts et consignations à l'issue d'un délai de 10 ans à compter de la date de prise de connaissance par l'assureur du décès de l'assuré ou de l'échéance du contrat (*Code des assurances, Art. L. 132-27-2*).

À NOTER

Les sommes déposées à la Caisse et dépôts et consignations sont rémunérées au taux de 0,75 % (Arrêté du 24/9/2015).

› Comment savoir si le défunt a fait un testament ?

Le fichier central des dernières volontés regroupe l'ensemble des testaments déposés chez les notaires (testaments authentiques et testaments olographes déposés chez le notaire). Le fichier regroupe également les donations intervenues entre époux.

À l'occasion d'un décès, le notaire, chargé de la succession, peut ainsi savoir si le défunt avait ou non rédigé un testament qui a pu être déposé chez un autre notaire.

Les particuliers peuvent également avoir accès à ce fichier en se connectant au site *www.adsn.notaires.fr* ou en adressant un acte de décès (original ou copie certifiée conforme) à l'adresse suivante : Association pour le développement du service notarial (ADSN) - 95 avenue des Logissons, 13107 Venelles Cedex. Moyennant une participation financière, le demandeur est informé de l'identité et des coordonnées du notaire détenteur du testament ou de la donation.

› Quelles sont les formalités à accomplir en présence d'un testament olographe ?

Un testament olographe est un testament rédigé de la main du testateur et conservé par ce dernier ou déposé chez un notaire.

Lors du décès du testateur, le testament doit être déposé entre les mains d'un notaire qui rédige procès-verbal de l'ouverture et de l'état du testament. Puis, dans le mois qui suit, le notaire le transfère avec une copie du testament au greffe du tribunal judiciaire du lieu d'ouverture de la succession.

Fiscalement, les testaments olographes déposés chez les notaires sont dispensés de la formalité de l'enregistrement (*Code général des impôts, Art. 254 Annexe III et 60 Annexe IV*).

› En quoi consiste l'apposition des scellés ?

La mise sous scellés des biens de la succession est une mesure conservatoire qui n'a d'intérêt que si elle est prise tout de suite après le décès.

Elle consiste à apposer des cachets de cire sur les fermetures du logement s'il n'est pas occupé et sur les biens et meubles qui s'y trouvent.

Son objectif est d'éviter que des objets ou des documents ne soient détruits ou détournés par des personnes ayant accès au logement de la personne décédée.

L'apposition de scellés peut être demandée notamment par le conjoint survivant ou le partenaire pacsé, un héritier, le propriétaire des lieux, tous ceux qui prétendent avoir un droit sur l'héritage mais également par un créancier ou le procureur de la République.

La demande d'apposition de scellés est à présenter sous forme de requête, donc sans avocat, au président du tribunal judiciaire. S'il fait droit à la demande, le président du tribunal désigne un huissier de justice qui se chargera de la pose des scellés et, s'il l'estime utile, peut désigner un gardien des scellés.

À NOTER

Acte de défiance par nature, la demande de pose de scellés risque de semer la zizanie dans la famille et ne doit être envisagée que s'il n'existe aucune autre solution.

La levée des scellés

Tous ceux qui ont le droit de faire apposer les scellés, peuvent en requérir la levée (*Code de procédure civile, Art. 1316*).

Il n'y a pas de délai minimum ou maximum pour la levée des scellés.

La demande de levée de scellés est adressée à l'huissier de justice qui a procédé à la pose. Doivent être appelés à la levée des scellés :

– les personnes qui ont demandé l'apposition ;
– les héritiers ;
– les légataires universels ou à titre universel ;
– éventuellement, l'exécuteur testamentaire.

Généralement, la levée des scellés est suivie de l'établissement d'un inventaire.

L'acceptation et la renonciation à une succession

Il est un principe que « nul ne peut être tenu d'accepter une succession qui lui est échue ».

La loi n° 2006-728 du 23/6/2006 (applicable depuis le 1/1/2007) a rénové les règles de l'option de l'héritier, en simplifiant les formalités et en diminuant les délais. De plus, pour les successions ouvertes depuis le 1/11/2017, les héritiers peuvent exercer leur option devant un notaire, sans recours systématique au tribunal. Les trois options sont conservées. L'héritier peut :

– accepter purement et simplement la succession ;
– l'accepter à concurrence de l'actif net (ancienne acceptation sous bénéfice d'inventaire) ;
– ou encore y renoncer.

› Les délais pour opter

Les délais d'option sont réduits afin d'éviter les blocages et de préserver les droits des créanciers.

Il est possible d'envoyer à l'héritier, 4 mois après l'ouverture de la succession, une sommation d'avoir à opter. S'il ne réagit pas à cette sommation dans les 2 mois (pouvant être prolongé sur demande auprès du juge), il sera censé avoir accepté purement et simplement la succession (*Code civil, Art. 771 et 772*).

Si l'héritier ne reçoit pas de sommation d'avoir à opter, il peut le faire pendant 10 ans (auparavant ce délai était de 30 ans). S'il laisse passer ce délai de 10 ans, il est réputé avoir renoncé (*Code civil, Art. 780*).

› L'acceptation pure et simple

Les héritiers légaux « sont saisis de plein droit des biens, droits et actions du défunt » (*Code civil, Art. 724*).

Cela signifie qu'ils ont, dès le décès, le droit d'entrer automatiquement en possession de leur héritage, sans formalité à accomplir, ni obtenir une autorisation de qui que ce soit. Ils peuvent donc, dès le décès, séjourner dans un logement qui appartenait à la personne décédée ainsi qu'utiliser ou vendre les biens qui composent la succession.

En pratique, accepter purement et simplement une succession se réalise de façon tacite, c'est-à-dire en effectuant un acte que seul un héritier peut faire ; par exemple, le fait d'enlever, conserver, utiliser ou vendre des biens ou objets qui font partie de la succession.

Les actes conservatoires

Depuis le 1/1/2007, un héritier peut faire certains actes, sans pour autant être considéré comme ayant accepté la succession. Il s'agit des actes conservatoires, de surveillance ou d'administration provisoire des biens de la succession, tels que :
– le paiement des frais funéraires et de dernière maladie, des impôts ou des loyers du défunt, des dettes urgentes ;
– le recouvrement des fruits ou revenus des biens de la succession ;
– la vente des biens périssables ;
– tout acte destiné à empêcher l'aggravation du passif successoral ;
– le renouvellement d'un bail pour empêcher le paiement d'une indemnité,
– les actes liés à la rupture du contrat de travail du salarié du particulier employeur décédé, le paiement des salaires et indemnités dus au salarié ainsi que la remise des documents de fin de contrat.

À NOTER

Pour effectuer ces actes, l'héritier n'est plus obligé de demander préalablement l'autorisation du tribunal.

Les conséquences de l'acceptation pure et simple

Lorsque l'héritier a accepté la succession il ne peut plus y renoncer ni l'accepter à concurrence de l'actif net. D'autre part, il est tenu de toutes les dettes de la succession.

Une exception toutefois est prévue pour les dettes dont il n'a eu connaissance qu'après l'acceptation. À condition qu'il s'agisse d'une dette importante qu'il n'a pas les moyens de payer, il peut demander à être déchargé de ce paiement. Cette demande doit être faite devant le tribunal judiciaire dans les 5 mois de la découverte de cette dette.

Une autre exception est prévue pour les legs de sommes d'argent. L'héritier qui accepte la succession n'est tenu de payer ces legs qu'à hauteur de l'actif successoral net des dettes et non sur ses biens personnels.

À NOTER

L'acceptation pure et simple peut être forcée pour l'héritier qui se rend coupable de recel d'effets de la succession, lorsqu'il soustrait frauduleusement un ou plusieurs biens de l'héritage au détriment de ses cohéritiers.

› L'acceptation à concurrence de l'actif net

Cette option remplace l'acceptation sous bénéfice d'inventaire.

Un héritier peut avoir intérêt à opter pour cette solution quand il ignore la composition de la succession et ne sait pas si elle est excédentaire ou déficitaire. Cette option présente l'avantage, par rapport à l'acceptation pure et simple, qu'en aucun cas l'héritier ne pourra être personnellement tenu responsable sur son propre patrimoine des dettes de la succession. Elle permet, en quelque sorte, à l'héritier d'accepter une succession sans prendre de risques. La loi n° 2006-728 du 23/6/2006 (applicable depuis le 1/1/2007) a simplifié les formalités et les délais de cette option (*Code civil, Art. 787*).

Les formalités

La déclaration d'acceptation à concurrence de l'actif net doit être effectuée au greffe du tribunal judiciaire du lieu d'ouverture de la succession, ou devant un notaire. Dans ce cas, le notaire adresse, dans le mois qui suit, une copie de cette déclaration au tribunal. La déclaration est enregistrée et publiée au niveau national dans le *Bulletin officiel des annonces civiles et commerciales* (BODAC) ainsi que dans un journal d'annonces légales diffusé dans le ressort du tribunal compétent. Cette publicité doit être faite dans le mois qui suit la déclaration (cette publicité peut être faite par voie électronique).

L'héritier doit faire établir un inventaire des biens de la succession par un commissaire-priseur, un huissier ou un notaire. L'inventaire doit être déposé dans les 2 mois de la déclaration (ce délai peut être allongé par le juge). Si ce délai n'est pas respecté, l'héritier est réputé acceptant pur et simple.

Pendant un délai de 15 mois à compter de la publicité, les créanciers chirographaires (c'est-à-dire les créanciers qui ne possèdent pas de titre ou de sûretés) doivent déclarer leurs créances à l'adresse indiquée dans la déclaration (domicile élu). Si des poursuites sont en cours, elles sont suspendues pendant cette même période.

L'héritier doit aussi administrer la succession. Il peut vendre les biens ou bien décider d'en conserver certains en nature. Dans ce cas, il doit consigner la valeur des biens conservés (valeur indiquée dans l'inventaire).

À l'issue du délai de 15 mois, un compte définitif de gestion doit être déposé, par l'héritier ou le notaire, au greffe du tribunal (après le désintéressement de tous les créanciers déclarés ou l'épuisement de l'actif) et publié selon les mêmes modalités que la déclaration (*Code de procédure civile, Art. 1334 et s.*).

Les conséquences

L'héritier qui a opté pour l'acceptation à concurrence de l'actif net ne peut plus renoncer à la succession. En revanche, il peut à tout moment accepter purement et simplement.

Lorsque la succession a été acceptée par un ou plusieurs héritiers purement et simplement et par un ou plusieurs autres à concurrence de l'actif net, les règles applicables à cette dernière option s'imposent à tous les héritiers jusqu'au jour du partage.

› La renonciation

À l'inverse de l'acceptation qui peut être tacite, la renonciation à une succession ne se présume pas et doit être formulée au greffe du tribunal judiciaire du lieu d'ouverture de la succession, ou devant un notaire (qui se chargera ensuite de l'adresser au tribunal).

La renonciation doit être déposée ou adressée au tribunal dans le ressort duquel la succession s'est ouverte.

Le formulaire Cerfa n° 15828*04 « Renonciation à succession par une personne majeure », disponible sur le site *www.service-public.fr* doit indiquer notamment les coordonnées de l'héritier ainsi que la qualité en vertu de laquelle il hérite.

Après l'avoir rempli, l'héritier ou le notaire doit déposer ou envoyer le formulaire de renonciation à la succession sous forme recommandée avec avis de réception au greffe du tribunal judiciaire du dernier domicile de la personne décédée. Le greffe inscrit la renonciation à la succession sur un registre spécial et remet ou envoi un récépissé à l'héritier.

Attention : il ne faut pas avoir pris la qualité d'héritier si l'on veut ensuite invoquer la renonciation à une succession.

Prendre la qualité d'héritier signifie que l'on fait un « acte d'héritier » (c'est-à-dire que l'on s'est comporté en propriétaire des biens de la succession) et que l'on a manifesté sa volonté de se conduire en héritier (exemple : la vente des biens mobiliers d'une succession est un acte d'héritier, de même que le fait de donner congé au locataire).

Conséquences de la renonciation pour le renonçant

L'héritier est censé n'avoir jamais hérité. Il n'a plus aucun droit sur la succession et n'est tenu à aucune dette. Il peut conserver les dons ou legs qu'a pu lui consentir le défunt comme le ferait une personne étrangère à la succession, dans la mesure où ces dons ou legs n'excèdent pas la quotité autorisée (quotité disponible). Si la quotité disponible est dépassée (et donc la part des héritiers réservataires non constituée), les dons et libéralités sont réduits mais ne sont pas nuls (*Code civil, Art. 845*).

L'héritier renonçant conserve ses droits personnels sur le défunt ou sur la succession, droits qui ne sont pas concernés par la renonciation (par exemple, une créance contractée à l'encontre du défunt). L'héritier renonçant reste tenu du devoir de secours à l'égard du défunt. Il doit payer ou participer au paiement des

frais de sépulture. Il est également redevable des dettes alimentaires échues avant le décès.
Enfin, il peut être poursuivi par les hôpitaux ou organismes sociaux pour le remboursement des frais d'hospitalisation ou des prestations versées au défunt.

À NOTER

L'héritier peut revenir sur sa décision et sa renonciation mais dans cette hypothèse, il ne peut qu'accepter purement et simplement la succession.

Conséquences de la renonciation pour les autres héritiers

Si celui qui renonce est représenté (il a lui-même des enfants), sa renonciation ne lèse plus ses propres enfants puisque sa part peut leur être attribuée (les petits-enfants représentent l'enfant dans la succession du grand-père et les neveux et nièces représentent leur père ou mère dans la succession de leur oncle).
Si le renonçant n'a pas de représentants, sa part est attribuée à ses cohéritiers (*Code civil, Art. 754*).
S'il n'y pas de cohéritier, la succession revient à l'héritier qui se trouve au degré suivant.

À NOTER

Fiscalement, l'héritier qui renonce ne doit pas payer de droits de succession.

Les biens composant la succession

Actif successoral, répartition des biens, réserve, quotité disponible, dettes de la succession... sont autant de notions qu'il vaut mieux connaître lorsqu'on hérite. La valeur des biens de la succession, qui sera répartie entre les différents héritiers et légataires, servira à calculer les droits de succession que chacun devra acquitter.

Actif successoral

Qu'appelle-t-on l'actif successoral ?

Les biens composant la succession qui détermineront les lots de chaque héritier ou légataire et dont la valeur servira à déterminer le montant des droits de succession, constituent l'actif successoral.

L'actif se compose de tous les biens appartenant en propre au défunt et, s'il était marié, les biens issus de la liquidation du régime matrimonial (la moitié des biens communs en cas de régime de communauté).

Les biens composant une succession comprennent les meubles, les immeubles, mais également les créances, les comptes bancaires, etc.

Les comptes bancaires

Les comptes sont bloqués au décès du titulaire

Lorsque le titulaire d'un compte bancaire, postal ou autre décède, le notaire ou les membres de sa famille sont tenus de prévenir les organismes détenant ces comptes.

S'il s'agit d'un compte ouvert au seul nom du défunt, les mandats ou procurations qui ont pu être donnés de son vivant cessent à compter du jour du décès (*Code civil, Art. 2003*).

En principe, ces comptes personnels sont bloqués jusqu'au partage.

S'il s'agit de compte joint entre époux, le conjoint survivant peut toujours utiliser et faire fonctionner ce compte après le décès de son cotitulaire, mais pour déterminer le montant de l'actif successoral, le solde figurant sur ce compte, au jour du décès, devra être communiqué par la banque au notaire.

À NOTER

Les services fiscaux étudient également les mouvements qui sont apparus sur le compte dans l'année qui précède le décès, afin de contrôler les fraudes ou omissions des déclarations de successions.

Mais les sommes ainsi retirées du compte du défunt ne sont plus systématiquement réintégrées dans l'actif successoral et donc soumises à l'impôt. En effet, l'administration fiscale (réponse ministérielle du 11/6/1990), adoptant la jurisprudence de la Cour de cassation, a décidé de ne plus faire jouer la présomption de propriété sur des retraits, c'est-à-dire de ne plus les considérer automatiquement comme des créances de la succession. Cela signifie que les héritiers n'ont plus à apporter la preuve (par des factures notamment) que les sommes prélevées avaient réellement été utilisées par le défunt pour des dépenses personnelles. C'est désormais l'administration fiscale qui doit prouver la fraude.

Certains frais peuvent être payés sur justificatifs

Une exception concerne cependant le paiement des actes conservatoires.

Tout héritier en ligne directe (enfants, petits-enfants, ascendants) peut obtenir le déblocage des sommes figurant sur le compte du défunt s'il s'agit de payer des actes dits « conservatoires », c'est-à-dire des frais funéraires et de dernière maladie, des impôts dus par le défunt, des loyers et autres dettes successorales dont le règlement est urgent dans la limite de 5 000 € (*Code civil, Art. 784*).

Il doit fournir des justificatifs (factures, bon de commande des obsèques ou avis d'imposition).

Il est également possible d'obtenir la clôture des comptes du défunt et le versement des sommes qui figurent dessus, si leur montant ne dépasse pas 5 000 € (*Arrêté du 7/5/2015*).

Dans ces deux cas, l'héritier doit justifier de son identité par un acte de notoriété ou une attestation signée de tous les autres héritiers.

L'attestation doit indiquer :
- qu'il n'existe pas de testament ni d'autres héritiers du défunt ;
- qu'il n'existe pas de contrat de mariage ;
- qu'ils autorisent le porteur du document à percevoir pour leur compte les sommes figurant sur les comptes du défunt ou à clôturer ces derniers ;
- qu'il n'y a ni procès, ni contestation en cours concernant la qualité d'héritier ou la composition de la succession.

L'héritier doit aussi remettre à l'établissement qui détient les comptes :
- son extrait d'acte de naissance ;
- un extrait d'acte de naissance du défunt et une copie intégrale de son acte de décès ;
- le cas échéant, un extrait d'acte de mariage du défunt ;
- les extraits d'actes de naissance des signataires de l'attestation ;
- un certificat d'absence d'inscription de dispositions de dernières volontés (*Code monétaire et financier, Art. L. 312-1-4*).

Dès lors qu'ils ne dépassent pas 5 335 €, les fonds en banque sur un ou plusieurs comptes ouverts au nom de la personne décédée, peuvent également être récupérés au moyen d'un certificat d'hérédité délivré gratuitement par la mairie au vu du livret de famille.

Acte de notoriété

L'acte de notoriété est l'un des moyens de prouver sa qualité d'héritier.

Cet acte peut être établi à la demande d'un ou de plusieurs héritiers par un notaire exclusivement. Il est mentionné en marge de l'acte de décès.

Il doit mentionner l'acte de décès et indiquer les pièces qui ont été produites pour justifier de la qualité d'héritier (pièces d'état civil) ou de légataire (existence d'un testament). Il indique les parts respectives des héritiers ou légataires dans la succession et est signé des intéressés. Les héritiers désignés dans l'acte peuvent prendre possession des biens de la succession qui seraient détenus par des tiers (de l'argent en banque, par exemple) (*Code civil, Art. 730-1 et s.*).

La répartition des biens : réserve / quotité disponible

› En quoi consistent la réserve et la quotité disponible ?

Dans l'hypothèse où le défunt a, de son vivant, rédigé un testament ou effectué des donations, il y a lieu de diviser les biens d'une succession en deux parties :
- la réserve ;
- la quotité disponible.

Cette division n'a lieu que si sont présents des héritiers réservataires ; les héritiers réservataires étant exclusivement les enfants, à défaut d'enfants, les descendants (petits-enfants, arrière-petits-enfants) et, à défaut d'enfants ou de descendants, le conjoint survivant. La réserve des ascendants a été supprimée par la loi nº 2006-728 du 23/6/2006, applicable aux successions ouvertes depuis le 1/1/2007.

La réserve est la partie de la succession devant obligatoirement revenir aux héritiers réservataires (sauf renonciation de leur part) et la quotité disponible représente la quote-part de la succession dont le défunt peut disposer librement en faveur des personnes de son choix. S'il n'existe ni donation, ni testament, et que le défunt n'a pas de conjoint survivant, il n'y a pas lieu de calculer les valeurs respectives de la réserve et de la quotité disponible ; la succession est dévolue en totalité aux héritiers les plus proches du défunt (tout d'abord, les enfants, puis les parents, les frères et sœurs…).

› Comment se calculent la réserve et la quotité disponible ?

La réserve et la quotité disponible ne sont pas forcément d'égale valeur. Elles varient selon le nombre et la qualité des héritiers réservataires.

La réserve des enfants

La réserve pour un enfant est égale à la moitié de la succession ; pour deux enfants, aux deux tiers de la

succession ; pour trois enfants ou plus, aux trois quarts de la succession.
Le défunt de son vivant peut donc disposer de la quotité disponible en faveur des personnes de son choix, quotité disponible égale soit à la moitié, soit au tiers, ou encore au quart de ses biens, en fonction du nombre de ses enfants.

RÉSERVE DES DESCENDANTS ET QUOTITÉ DISPONIBLE		
Le défunt laisse	**Réserve**	**Quotité disponible**
1 enfant	1/2	1/2
2 enfants	2/3	1/3
3 enfants ou plus	3/4	1/4

S'il n'y a pas d'enfants

S'il n'y a pas d'enfants ni de descendants du défunt, il faut prendre en compte la réserve du conjoint survivant. Seul le mariage confère le droit à une réserve ; ni le concubin ni le partenaire pacsé ne sont héritiers.
La réserve des ascendants étant supprimée (depuis le 1/1/2007) le conjoint peut donc recueillir la totalité de la succession si le défunt l'a prévu (par testament ou donation).

La réserve du conjoint

Le conjoint survivant est également devenu héritier réservataire depuis le 1/7/2002. Le conjoint survivant n'est héritier réservataire que si le défunt ne laisse ni enfants, ni descendants (petits-enfants).
Dans cette hypothèse, le conjoint doit recevoir au moins un quart de la succession (le défunt peut donc donner ou léguer librement les trois quarts de ses biens)(*Code civil, Art. 914-1*).

› Qu'appelle-t-on réduction des libéralités excessives ?

L'évaluation de la valeur des biens d'une succession ne se fait qu'à l'ouverture de cette succession.
On réunit fictivement tous les biens existants au décès et tous ceux qui ont été donnés antérieurement par le défunt. Puis, sur tous ces biens, on calcule la quotité disponible dont a pu disposer le défunt en fonction des héritiers en présence. Or il se peut que de son vivant, le défunt ait effectué des libéralités (des donations ou des legs) qui excèdent par leur valeur le montant de la quotité disponible autorisée. Dans ce cas, les libéralités ne sont pas annulées mais doivent être réduites (*Code civil, Art. 920 et 922*).
S'il s'agit de legs qui excèdent la quotité disponible, ils sont tous réduits proportionnellement à l'excédent déterminé. Si le défunt a effectué des donations et des legs, on commence par réduire les legs et si la réserve n'est pas encore reconstituée, on réduit alors les donations en commençant par la plus récente (*Code civil, Art. 923*).

À NOTER

La réduction des donations se fait en valeur, ce qui signifie que le bénéficiaire de la donation doit indemniser les héritiers de la valeur réduite mais peut conserver le bien. Il peut choisir de rendre le bien qui excède la quotité disponible.

L'action en réduction

L'action en réduction est ouverte aux héritiers réservataires pendant un délai de 5 ans à compter de l'ouverture de la succession, ou de 2 ans à compter du jour où les héritiers ont eu connaissance de l'atteinte portée à leur réserve, sans jamais pouvoir excéder 10 ans à compter du décès.
En principe, la règle est la réduction en valeur. Le donataire ou légataire conserve le bien mais doit, en contrepartie, verser une indemnité aux héritiers.
Mais il peut aussi choisir la réduction en nature et restituer le bien aux héritiers si le bien lui appartient encore, et s'il est libre de toute charge ou occupation. Cette faculté s'éteint s'il n'exprime pas son choix pour cette modalité de réduction dans un délai de 3 mois à compter de la date à laquelle un héritier réservataire l'a mis en demeure de prendre parti.
En cas de réduction en valeur, le montant de l'indemnité de réduction se calcule d'après la valeur des biens donnés ou légués à l'époque du partage ou, s'ils ont été vendus, d'après leur valeur au moment de leur aliénation et en fonction de leur état au moment de la libéralité.
S'il y a eu subrogation, c'est-à-dire si le bien donné a été vendu et remplacé par un autre, le calcul de l'indemnité de réduction tient compte de la valeur du nouveau bien à l'époque du partage, d'après son état à

l'époque de l'acquisition. Toutefois, si la dépréciation du ou des nouveaux biens était, en raison de leur nature, inéluctable au jour de leur acquisition, il n'est pas tenu compte de la subrogation pour évaluer le montant de l'indemnité (*Code civil, Art. 921 et s.*).

À NOTER

Si le bien donné a été vendu et que le donataire est insolvable et ne peut payer l'indemnité de réduction, les héritiers peuvent exercer l'action en réduction à l'encontre du tiers devenu propriétaire du bien.

La renonciation à l'action en réduction

Lorsqu'une donation ou un testament dépasse la quotité disponible, la libéralité doit être réduite sauf si l'héritier, à l'ouverture de la succession, renonce à cette réduction.

Depuis le 1/1/2007, cette renonciation peut également avoir lieu au moment de la libéralité, avant l'ouverture de la succession. Il s'agit d'un « Pacte successoral » ou « Pacte de famille ».

Grâce à cette renonciation, le donateur peut disposer plus librement de ses biens en faveur des personnes de son choix, puisqu'il peut donner sans craindre une remise en cause des donations par les héritiers réservataires. Il peut ainsi donner un bien important de son patrimoine à une personne de sa famille qui n'est pas héritière (un petit-enfant ou un neveu par exemple) même si ce bien dépasse largement la valeur de la quotité disponible. La renonciation de ou des héritiers réservataires dégagera le bénéficiaire de la donation de tout risque d'avoir à indemniser les héritiers après le décès du donateur (*Code civil, Art. 929 et s.*).

AVANTAGE

Fiscalement, la renonciation à l'action en réduction n'est pas considérée comme une donation de la part du renonçant et n'est donc pas soumise aux droits de mutation (Code général des impôts, Art. 756 bis).

Conditions du pacte de famille

Le fait pour les héritiers d'accepter de renoncer à leur part de réserve est une décision grave. Les conditions de cette renonciation sont donc très encadrées et sa révocation reste possible dans certains cas.

La renonciation doit être établie par acte authentique (notarié) reçu par deux notaires. Le renonçant doit être averti des conséquences de sa décision.

La renonciation d'un héritier ne peut pas être globale mais doit être faite au profit d'un bénéficiaire déterminé. En revanche, elle peut porter sur une partie de la réserve de cet héritier ou sur sa totalité. Elle peut aussi ne concerner qu'un seul bien donné.

Remise en cause du pacte de famille

Après le décès du donateur, l'héritier qui a renoncé peut revenir sur sa décision et en demander la révocation pour une des causes suivantes :
– le donateur ne remplit pas ses obligations alimentaires à son égard ;
– l'héritier est, lors de l'ouverture de la succession dans un état de besoin qui n'existerait pas s'il n'avait pas renoncé à sa réserve ;
– le bénéficiaire de la renonciation s'est rendu coupable d'un crime ou d'un délit contre sa personne.

Les délais pour demander la révocation de la renonciation sont assez brefs puisqu'en cas de besoin, l'héritier doit agir dans l'année qui suit le décès et, dans les autres cas, dans l'année qui suit le fait reproché ou la connaissance de ce fait (*Code civil, Art. 930-3*).

Les dettes de la succession

Le montant à déclarer pour la détermination des droits de succession est l'actif net de la succession. Cet actif net est obtenu en déduisant, de l'actif global (actif brut), les dettes de la succession. Ces dettes sont constituées principalement par les dettes personnelles du défunt (exemple : loyer, impôts, remboursement d'un prêt…) mais également par des dettes survenues à la suite ou à l'occasion du décès (telles que les frais d'hospitalisation, les frais funéraires dans la limite de 1 500 € ou encore la pension alimentaire due par la succession au conjoint survivant qui serait dans le besoin).

Les héritiers peuvent aussi déduire de l'actif les sommes (loyers ou indemnités d'occupation) remboursées au conjoint survivant ou au partenaire pacsé, au titre du droit au logement qui lui est accordé pendant l'année qui suit le décès (*Code général des impôts, Art. 775 quater*).

Sont aussi déductibles les indemnités ou rentes versées ou dues au défunt en réparation de dommages corporels liés à un accident ou à une maladie (*Code général des impôts, Art. 775 bis*).

Par ailleurs, la rémunération du mandataire successoral est déductible de l'actif de la succession si elle est déterminée de manière définitive dans les 6 mois suivant le décès. La déduction est autorisée dans la limite de 0,5 % de l'actif successoral géré. Elle ne peut excéder 10 000 € (*Code général des impôts, Art. 775 quinquies*).

À NOTER

Le fisc peut demander des justifications concernant les dettes déduites de l'actif successoral et notamment des attestations émanant des créanciers certifiant l'existence de la dette à l'époque de l'ouverture de la succession. Le créancier ne peut pas refuser cette attestation sous peine d'être condamné à des dommages et intérêts. En cas de fausse attestation, le créancier peut être condamné solidairement avec le débiteur à payer les pénalités (Livre des procédures fiscales, Art. 20).

› Comment se répartissent les dettes de la succession ?

Les héritiers qui ont accepté la succession, les légataires universels et les légataires à titre universel doivent contribuer entre eux au paiement des dettes, chacun dans la proportion de ce qu'il reçoit (*Code civil, Art. 870 et 871*).

Les créanciers ne peuvent donc pas réclamer la totalité de leur créance à un seul héritier ou légataire ; mais s'il s'agit d'une créance hypothécaire (c'est-à-dire une créance garantie par l'inscription d'une hypothèque), chacun des héritiers ou légataires doit régler la totalité de cette créance.

Dans cette hypothèse, s'il est amené à régler la totalité, il pourra par la suite se retourner contre ses cohéritiers pour leur demander de payer leur quote-part (*Code civil, Art. 873*).

Le légataire particulier, c'est-à-dire celui qui reçoit un objet déterminé, n'est pas tenu de payer les dettes de la succession ; ce n'est que si un immeuble hypothéqué lui est légué qu'il doit se charger du paiement de la dette au créancier hypothécaire, quitte à se retourner par la suite contre les héritiers pour obtenir le remboursement des sommes payées. L'héritier qui accepte une succession à concurrence de l'actif net a l'avantage de n'être tenu du paiement des dettes de la succession que jusqu'à concurrence de la valeur des biens successoraux. Il n'a pas à payer ces dettes sur ses biens personnels, son patrimoine étant bien distinct de celui de la succession (séparation des patrimoines).

› Comment s'effectue le remboursement des organismes sociaux ?

Les allocations aux personnes âgées

Les allocations aux personnes âgées comprennent l'allocation de solidarité et l'allocation supplémentaire d'invalidité.

Les sommes versées aux allocataires sont récupérables sur leur succession, dans la limite d'un montant fixé par décret. Le recouvrement de ces arrérages ne peut s'exercer que sur la partie de l'actif net successoral qui excède ce montant.

Par ailleurs, le recouvrement ne peut avoir pour effet d'abaisser l'actif de la succession au-dessous de ce montant.

À NOTER

Lorsque la succession du bénéficiaire, en tout ou en partie, comprend un capital d'exploitation agricole, ce capital ainsi que les bâtiments qui en sont indissociables ne sont pas pris en compte pour l'évaluation de la succession. La liste des éléments constitutifs de ce capital et de ces bâtiments est fixée par le décret n° 2011-1972 du 26/12/2011.

Chaque héritier est tenu de participer au remboursement en proportion de ce qu'il reçoit dans la succession.

Les légataires universels ou à titre universel sont également tenus de rembourser les allocations versées au défunt (mais non le légataire particulier qui n'est pas tenu des dettes de la succession).

Les sommes recouvrables sont garanties par une hypothèque légale prenant rang à la date de son inscription.

L'action en recouvrement se prescrit par 5 ans à compter de l'enregistrement d'un écrit ou d'une déclaration mentionnant la date et le lieu du décès du défunt ainsi que le nom et l'adresse de l'un au moins des ayants droit.

Lorsque le montant de l'allocation de solidarité aux personnes âgées est versé à des conjoints, concubins ou partenaires liés par un pacte civil de solidarité, tous deux bénéficiaires, l'allocation est réputée avoir été perçue pour moitié par chacun des membres du couple (*Code de la Sécurité sociale, Art. L. 815-13*).

Les arrérages servis au titre de l'allocation supplémentaire d'invalidité sont recouvrés en tout ou partie sur la succession de l'allocataire dans les mêmes conditions (*Code de la Sécurité sociale, Art. L. 815-28*).

L'aide sociale

Sont également récupérables sur la succession du bénéficiaire les prestations d'aide sociale et médicale à domicile, la prestation spécifique dépendance et la prise en charge du forfait journalier.
Ces sommes sont récupérables si elles dépassent 760 € et si l'actif successoral net excède 46 000 €.
Des recours en récupération peuvent également être exercés contre :
– le donataire, lorsque la donation est intervenue postérieurement à la demande d'aide sociale ou dans les 10 ans qui ont précédé cette demande ;
– contre le légataire ;
– à titre subsidiaire, contre le bénéficiaire d'un contrat d'assurance vie souscrit par le bénéficiaire de l'aide sociale, à concurrence de la fraction des primes versées après l'âge de 70 ans. Quand la récupération concerne plusieurs bénéficiaires, celle-ci s'effectue au prorata des sommes versées à chacun des bénéficiaires (*Code de l'action sociale et des familles, Art. L. 132-8 et R. 132-11 et s.*).

Les frais d'hospitalisation

Les hôpitaux ou hospices sont en droit de réclamer aux héritiers le remboursement des frais d'hospitalisation. Les héritiers sont tenus à ce remboursement en tant que débiteurs d'aliments, au titre de leur devoir de secours qui subsiste même s'ils renoncent à la succession. Ces recours sont de la compétence du juge aux affaires familiales (*Code de la santé publique, Art. L. 6145-11*).

Les prestations non récupérables sur la succession

Ne sont pas récupérables sur la succession du bénéficiaire :
– l'allocation personnalisée d'autonomie (APA) ;
– l'allocation aux adultes handicapés (AAH), l'allocation d'éducation de l'enfant handicapé (AEEH), la prestation de compensation pour les handicapés et l'allocation compensatrice pour tierce personne ;
– la complémentaire santé solidaire (CSS) et l'aide à la complémentaire santé (ACS) ;
– les sommes représentant les allocations du revenu de solidarité active (RSA), la prime d'activité et la prime de retour à l'emploi (*Code de l'action sociale et des familles, Art. L. 232-19, L. 242-49 et L. 245-7*).

Les héritiers

En fonction de leur lien de parenté, les héritiers sont classés par ordre de préférence : enfants, petits-enfants, ascendants, collatéraux... La part du conjoint survivant varie en fonction des héritiers en présence. Quant au partenaire pacsé ou au concubin, ils ne sont pas appelés de plein droit à la succession. Il faut donc que le défunt ait rédigé un testament en leur faveur ou ait fait une donation de son vivant pour qu'ils puissent recueillir une partie de ses biens.

L'ordre des héritiers

En l'absence de conjoint survivant (appelé depuis la loi n° 2001-1135 du 3/12/2001 « conjoint successible »), l'ordre des héritiers est le suivant :

1° Les enfants et leurs descendants ;

2° Les père et mère ; les frères et sœurs et les descendants de ces derniers ;

3° Les grands-parents, arrière-grands-parents ;

4° Les collatéraux autres que les frères et sœurs et les descendants de ces derniers (cousins, oncles, tantes…).

Chacune de ces quatre catégories constitue un ordre d'héritiers. Chaque ordre prime et exclut le suivant (*Code civil, Art. 734*).

Le conjoint survivant n'est pas classé dans les ordres d'héritiers puisqu'il n'est pas exclu par un autre héritier qui le primerait et hérite du défunt même s'il y a des enfants. Sa part successorale, en revanche, varie selon les héritiers en présence (*Code civil, Art. 756*).

À NOTER

Lorsqu'il n'y a ni conjoint ni autres héritiers, et en l'absence de testament, la succession est dévolue à l'État.

Les enfants

Les enfants sont les premiers héritiers. Ils doivent recevoir toute la succession de leur parent décédé (diminuée de la part d'un éventuel conjoint), si le défunt n'a pas organisé sa succession par testament ni réparti ses biens de son vivant en faisant des donations. Ils reçoivent une partie de cette succession (appelée réserve) dans le cas contraire.

Les enfants adoptés reçoivent également la succession de leurs parents adoptifs. Fiscalement, la situation des enfants adoptés simples est cependant différente.

Quels sont les droits successoraux des enfants ?

Les enfants viennent à égalité dans la succession de leur père ou de leur mère, qu'ils soient nés de mariages différents ou qu'ils soient nés de parents non mariés.

Les enfants excluent tous les autres héritiers, ce qui signifie que si le défunt n'a fait aucune libéralité (donation ou testament), tous ses biens sont attribués à ses enfants (sauf la part attribuée au conjoint – voir plus loin).

Quels sont les droits successoraux des enfants adoptifs ?

L'enfant qui a fait l'objet d'une adoption plénière n'a plus, de ce fait, aucun droit dans sa famille d'origine.

Il est par conséquent appelé à succéder à l'adoptant comme héritier réservataire (*Code civil, Art. 358*).

Dans le cas d'une adoption simple, l'enfant qui conserve les liens avec sa famille d'origine est assimilé à l'enfant né du mariage de ses parents tant vis-à-vis de sa famille d'origine que vis-à-vis de la famille de l'adoptant (*Code civil, Art. 364*).

Cependant, il ne bénéficie pas de la qualité d'héritier réservataire à l'égard des ascendants de l'adoptant (ses grands-parents adoptifs)(*Code civil, Art. 368*).

Il viendra donc à la succession de ces ascendants s'ils ne l'ont pas déshérité.

À NOTER

Si cet enfant adopté meurt sans descendants et sans conjoint survivant, les biens reçus par donation ou succession de l'adoptant retournent à ce dernier ou à ses descendants et les biens reçus par ses parents par le sang re-

tournent également à ces derniers ou à leurs descendants (Code civil, Art. 368-1).

Les petits-enfants

Les petits-enfants ou arrière-petits-enfants sont également des descendants, donc des héritiers réservataires (héritiers prioritaires sur une partie de la succession).

Mais ils ne peuvent hériter de leurs grands-parents que si leur parent lui-même est décédé ou renonce à la succession. Ils sont appelés à la succession par la représentation.

Ils peuvent recevoir un bien dans la succession de leur grand-parent si ce dernier leur a consenti une donation ou rédigé un testament en leur faveur. Les donations faites par un grand-parent à son petit-enfant bénéficient d'un abattement spécial.

Qu'entend-on par « représentation d'une personne décédée » ?

C'est une fiction de la loi qui a pour effet d'appeler à la succession les représentants aux droits du représenté qui aurait dû hériter du défunt, mais qui est lui-même décédé (*Code civil, Art. 751*).

Soit, par exemple, une personne qui laisse à son décès deux fils et deux petits-enfants issus de son troisième fils prédécédé ; les deux petits-enfants viendront en représentation de leur père et la succession sera partagée en trois ; un tiers pour chaque fils et le dernier tiers pour les deux petits-enfants, soit un sixième chacun.

La représentation n'est admise qu'en faveur des descendants du défunt et des descendants de ses frères et sœurs.

Au contraire, elle est exclue à l'égard des ascendants et des autres collatéraux (*Code civil, Art. 752-1*).

À NOTER

Le mécanisme de la représentation joue à l'infini dans la ligne directe descendante (père – fils – petits-fils, etc.)(Code civil, Art. 752).

AVANTAGE

Fiscalement, la représentation est admise pour l'application de l'abattement dont peuvent bénéficier les arrière-petits-enfants en cas de décès des petits-enfants (Code général des impôts, Art. 790 B).

Depuis la loi n° 2006-728 du 23/6/2006, applicable depuis le 1/1/2007, l'héritier qui a renoncé peut être représenté par ses propres descendants. La part du renonçant est donc attribuée à ses représentants et non aux autres héritiers.

De la même façon, la représentation est admise en faveur des enfants et descendants de l'héritier déclaré indigne, même si ce dernier est encore vivant à l'ouverture de la succession (*Code civil, Art. 726 et s. et 754 et s.*).

Les ascendants

Les ascendants sont les père et mère du défunt, mais également ses grands-parents, arrière-grands-parents…

Ils héritent du défunt lorsqu'il n'y a ni enfants ni descendants.

› Quels sont les droits successoraux des ascendants ?

Les ascendants sont, d'une part, le père et la mère et, d'autre part, les grands-parents et arrière-grands-parents du défunt. Leurs droits ne sont pas les mêmes.

Les parents (père et mère)

Le père et la mère du défunt ne sont appelés à la succession que s'il n'y a pas d'enfants.

Ils recueillent toute la succession si le défunt n'a ni conjoint, ni frères ni sœurs, ni neveux, ni nièces (la moitié de la succession est attribuée à la mère, l'autre moitié au père). Si un des parents est décédé, l'autre parent recueille la totalité de la succession.

Quand il y a un conjoint successible, la moitié de la succession est attribuée au conjoint et l'autre moitié aux parents (1/4 pour chacun)(*Code civil, Art. 757-1*).

Quand il y a des frères et sœurs, la moitié de la succession est attribuée aux frères et sœurs et l'autre moitié aux parents (soit 1/4 pour le père et 1/4 pour la mère).

Si seul le père (ou seule la mère) est vivant, il (ou elle) recueille 1/4 de la succession et les frères et sœurs du défunt se partagent les 3/4 de la succession.

Si le défunt n'a ni descendants, ni frères, ni sœurs, ni neveux et s'il laisse un de ses parents (son père ou sa mère) ainsi qu'un de ses grands-parents dans l'autre ligne (son père et sa grand-mère maternelle, ou sa mère et son grand-père paternel) la succession est partagée entre le parent et l'ascendant de l'autre branche (pour moitié au parent et pour moitié à l'ascendant) (*Code civil, Art. 736 et 738*).

Les autres ascendants

Les grands-parents et arrière-grands-parents ne sont appelés à la succession que dans l'hypothèse où le défunt ne laisse ni enfants, ni son père, ni sa mère, ni frères et sœurs, ni conjoint (*Code civil, Art. 739*).
La succession se divise entre la ligne paternelle et la ligne maternelle. Dans chaque ligne, l'ascendant qui a le degré le plus proche du défunt hérite de la part attribuée à sa ligne, à l'exclusion de tous les autres de sa ligne.
Si, dans une ligne, plusieurs ascendants sont au même degré (exemple : grand-père et grand-mère paternels), ils se partagent la part attribuée à leur ligne.

À NOTER

La représentation n'a pas lieu en faveur des ascendants. Le plus proche exclut toujours le plus éloigné. Un grand-père ne peut pas représenter son fils dans la succession de son petit-fils (Code civil, Art. 752-1).

› Qu'est-ce que le droit de retour des parents ?

La réserve des ascendants a été supprimée par la loi n° 2006-728 du 23/6/2006, applicable depuis le 1/1/2007.
Ils peuvent donc être entièrement exclus de la succession de leur enfant si celui-ci a disposé de ses biens par donations ou testaments.
Est institué, pour compenser cette suppression, un droit de retour en leur faveur. À condition que le défunt n'ait ni enfants ni descendants, chaque parent peut se voir restituer les biens qu'il avait donnés à son enfant décédé avant lui, à concurrence du quart de la succession. La valeur de la portion des biens soumise au droit de retour s'impute, le cas échéant, en priorité sur ses droits successoraux. Le parent ne peut donc pas cumuler sa part d'héritage éventuelle et les biens qui lui sont restitués. Le droit de retour s'exerce en principe en nature. Mais en cas d'impossibilité (le bien a été vendu ou n'est pas partageable), il peut s'exécuter en valeur, dans la limite de l'actif successoral (*Code civil, Art. 738-2*).

AVANTAGE

Le droit de retour n'est pas considéré comme une mutation et n'est donc pas imposable (Code général des impôts, Art. 763).

En ce qui concerne les droits payés lors de la première donation, l'article 791 ter du Code général des impôts prévoit leur restitution en cas de retour des biens dans le patrimoine du donateur. Ce droit à restitution concerne les retours effectués depuis le 1/1/2010. La restitution doit être demandée au plus tard le 31 décembre de la 2e année suivant celle au cours de laquelle le droit de retour a joué (*Livre des procédures fiscales, Art. R. 196-1*).

Les frères et sœurs et autres collatéraux

Parmi les collatéraux, il faut distinguer les frères et sœurs du défunt et leurs descendants (neveux, petits-neveux, etc.) et tous les collatéraux autres que les frères et sœurs du défunt et leurs descendants (cousins, oncles, etc.).

› Quels sont les droits successoraux des collatéraux privilégiés ?

Les frères, sœurs, neveux ou nièces viennent en concours avec les ascendants mais ne seront pas appelés à la succession si le défunt laisse des enfants, descendants ou encore son conjoint survivant.
Dans l'hypothèse de l'absence de descendants et de conjoint successible, en présence du père et de la mère du défunt, les frères et sœurs (quel que soit leur nombre) recevront la moitié de la succession, le père et la mère recevant chacun 1/4. Si le père ou la mère est décédé (e), le parent survivant recevra 1/4 de la succession et les frères et sœurs se partageront les 3/4 restant (*Code civil, Art. 738*).
Si le défunt ne laisse pas de descendants, ni père et mère, ni de conjoint, toute la succession est dévolue aux frères et sœurs, ceux-ci excluant les autres parents (*Code civil, Art. 737*).

Le droit de retour des frères et sœurs

En l'absence d'enfants ou de descendants du défunt et de ses père et mère, le conjoint survivant recueille toute la succession. Les frères et sœurs sont donc exclus de la succession.
Pour compenser cette exclusion, ils bénéficient d'un droit de retour des biens que le défunt avait reçus de ses parents ou ses grands-parents par donation ou par succession. Il faut que ceux qui revendiquent le droit de retour soient eux-mêmes descendants des parents à l'origine de la transmission. Un bien de famille peut

donc être conservé par les frères et sœurs du défunt et non pas transmis à son conjoint et à sa famille.
Ces biens doivent exister en nature. S'ils ont été vendus par le défunt, le droit de retour s'éteint. Le droit de retour s'exerce sur la moitié de ces biens (*Code civil, Art. 757-3*).

À NOTER

Fiscalement, le droit de retour en faveur des frères et sœurs n'entraîne pas restitution des droits de mutation payés lors de la 1re transmission, à la différence du droit de retour en faveur des ascendants.

La représentation

Comme les descendants du défunt, les enfants et descendants des frères ou sœurs de ce dernier peuvent venir à la succession de leur oncle ou tante en représentation de leur parent prédécédé.
Ils partagent la succession avec leurs oncles ou tantes ou entre eux si tous les frères et sœurs du défunt sont morts avant ce dernier (*Code civil, Art. 752-2*).

› Quels sont les droits successoraux des autres collatéraux ?

Les collatéraux (cousins, oncles, tantes…) ne peuvent venir à la succession que si le défunt ne laisse :
– ni descendants, ni père et mère, ni frères et sœurs, ni autres ascendants (*Code civil, Art. 740*) ;
– ni conjoint survivant (*Code civil, Art. 757-2*).
Dans cette hypothèse, la succession sera divisée en deux moitiés, l'une pour les collatéraux de la ligne paternelle, l'autre pour les collatéraux de la ligne maternelle (principe de la fente).
Dans chaque branche succède, à l'exclusion de tout autre, le collatéral qui se trouve au degré le plus proche. Les collatéraux au même degré succèdent par tête.
À défaut de collatéral dans une branche, les collatéraux de l'autre branche recueillent toute la succession.
Les collatéraux ne peuvent succéder que jusqu'au 6e degré (*Code civil, Art. 745, 749 et 750*).

À NOTER

En l'absence de collatéraux, la succession est dévolue à l'État (en l'absence bien entendu de testament).

Le conjoint survivant

La situation du conjoint survivant est réglée soit par les dispositions générales du Code civil, soit par les dispositions plus favorables pour lui prises par le conjoint décédé.
Le conjoint divorcé n'est plus héritier du défunt. En revanche, le conjoint séparé de corps conserve les droits que la loi accorde au conjoint survivant, sauf renonciation inscrite dans la convention d'une séparation de corps par consentement mutuel (*Code civil, Art. 301*).

› Les droits successoraux du conjoint successible (conjoint survivant)

La situation du conjoint survivant a été grandement améliorée par la loi n° 2001-1135 du 3/12/2001 :
– la part qu'il reçoit quand le défunt n'a pas organisé sa succession (par donation ou testament) est augmentée ;
– une réserve lui est attribuée quand le défunt n'a pas d'enfant, ni de descendant.

La part du conjoint en l'absence de libéralités du défunt

Lorsque le défunt n'a pas organisé sa succession de son vivant, la part attribuée au conjoint dépend des héritiers en présence.

En présence d'enfants du défunt

Si tous les enfants présents lors de l'ouverture de la succession sont issus des deux époux, le conjoint survivant recueille, à son choix, l'usufruit de la totalité des biens existants ou la propriété du quart des biens de la succession. S'il existe un ou plusieurs enfants qui ne sont pas issus des deux époux (enfants nés d'une autre union ou d'un précédent mariage du défunt), le conjoint ne dispose pas de ce choix et recueille la propriété du quart des biens (*Code civil, Art. 757*).

En présence de parents (père et mère) du défunt

Si, à défaut d'enfants ou de descendants, le défunt laisse ses père et mère, le conjoint survivant recueille la 1/2 des biens. L'autre moitié est dévolue pour 1/4 au père et pour un 1/4 à la mère. Quand le père ou la mère est décédé avant l'époux défunt, le conjoint recueille les 3/4 de la succession (*Code civil, Art. 757-1*).

En présence d'autres héritiers
En l'absence d'enfants ou de descendants du défunt et de ses père et mère, le conjoint survivant recueille toute la succession (*Code civil, Art. 757-2*).

TABLEAU RÉCAPITULATIF DES DROITS DU CONJOINT SURVIVANT	
Héritiers présents lors du décès	**Part du conjoint survivant**
Enfants ou petits-enfants (si leurs parents sont décédés)	La totalité des biens en usufruit ou 1/4 en pleine propriété
Enfants issus d'une autre union	1/4 en pleine propriété
Père et mère	1/2 en pleine propriété
Un seul parent (père ou mère)	3/4 en pleine propriété
Frère (s), sœur (s) ou neveu (x)	Totalité de la succession
Autres personnes de la famille	Totalité de la succession

La réserve du conjoint

Le conjoint est héritier réservataire. Cette grande nouveauté de la loi nº 2001-1135 du 3/12/2001 permet ainsi de donner au conjoint survivant une place à part entière dans la succession de l'époux prédécédé.
Le conjoint est donc protégé par la réserve constituée à son profit contre les donations ou legs qui auraient pu être consentis par le défunt de son vivant, mais cette protection n'est pas assurée lorsqu'il y a des enfants. En effet, s'il y a des héritiers réservataires, c'est leur réserve qui est retenue et le défunt peut donner et léguer dans ces limites.
À condition que le défunt ne laisse pas de descendants et qu'il ne soit pas divorcé, la réserve de son conjoint est égale à 1/4 des biens de la succession. Les libéralités (quotité disponible) peuvent donc avoir une valeur équivalente aux 3/4 de la succession (*Code civil, Art. 914-1*).

› Quelle est la part maximale que l'on peut attribuer à son conjoint (par testament, donation ou donation au dernier vivant)?

La part qu'il est possible d'attribuer à son conjoint dépend de la présence ou non d'héritiers réservataires.
Depuis la loi nº 2006-728 du 23/6/2006, applicable depuis le 1/1/2007, la réserve des parents est supprimée et seuls les enfants et descendants du défunt sont héritiers réservataires. Pour compenser l'abrogation de leur réserve, les parents se sont vu accorder un droit de retour sur les biens qu'ils ont pu donner à leur enfant défunt.
En conséquence, s'il n'y a pas d'enfants, toute la succession peut être attribuée par donation ou testament au conjoint survivant.
S'il y a des enfants ou des descendants, le conjoint peut recevoir au maximum :
– soit la quotité disponible ordinaire (1/4, 1/3 ou 1/2 selon le nombre d'enfants) ;
– soit la totalité des biens de la succession en usufruit ;
– soit 1/4 des biens en pleine propriété et 3/4 en usufruit (*Code civil, Art. 1094 et 1094-1*).

À NOTER

Le conjoint peut renoncer à une part de son héritage au profit de ses enfants ou ses beaux-enfants, sans que cela constitue une donation. Mais le défunt peut, par testament, l'empêcher de réduire sa part.

Pour avantager son conjoint, on peut rédiger un testament en sa faveur, lui faire donation d'un bien précis… Mais si l'on veut lui accorder le maximum autorisé et pour éviter que la valeur du bien légué ou donné excède le montant autorisé par la loi en présence d'héritiers réservataires, il est préférable de lui consentir une donation au dernier vivant.

QUELLE EST LA PART MAXIMALE DU CONJOINT SURVIVANT ?	
Héritiers en concours avec le conjoint	**Droits maximum du conjoint** (1)
1 enfant (ou des petits-enfants en cas de prédécès de l'enfant)	– 1/2 des biens en pleine propriété ou – 1/4 des biens en pleine propriété + 3/4 en usufruit ou – tous les biens en usufruit
2 enfants (ou des petits-enfants en cas de prédécès du ou des enfants)	– 1/3 des biens en pleine propriété ou – 1/4 des biens en pleine propriété + 3/4 en usufruit ou – tous les biens en usufruit
3 enfants ou plus (ou des petits-enfants en cas de prédécès du ou des enfants)	– 1/4 des biens en pleine propriété ou – 1/4 des biens en pleine propriété + 3/4 en usufruit ou – tous les biens en usufruit
Pas d'enfant	Toute la succession en pleine propriété, sous réserve du droit de retour des frères et sœurs et des parents
(1) Il s'agit du maximum dont on peut disposer au profit de son conjoint survivant, à condition de le réaliser par donation ou de le prévoir par testament. En l'absence de telles dispositions, voir plus haut.	

La donation au dernier vivant

Une donation au dernier vivant permet aux deux époux de se consentir une donation réciproque de leurs biens à venir, sans avoir à prévoir l'ordre de leur décès et sans avoir besoin de connaître les limites à ne pas dépasser.

Il s'agit d'une donation qui ne prend effet qu'au décès du premier de l'un d'entre eux en faveur de l'autre.

La donation porte sur des biens que le donateur ne possède pas encore forcément au moment de l'acte (donation de biens à venir), mais qui seront dans son patrimoine lors de son décès.

Chacun des époux peut donner à l'avance tous les biens qu'il possédera au moment de son décès à l'autre.

La donation au dernier vivant peut donc être réalisée au début du mariage même si les époux n'ont pas encore de patrimoine ou lorsque le couple n'a pas d'enfant.

La part reçue par le conjoint sera fixée au décès de son époux, en fonction des héritiers.

Comme toute donation, la donation au dernier vivant doit être rédigée par un notaire.

En cas de mésentente ou de divorce, chaque époux peut révoquer la donation qu'il a consentie à son conjoint. Même si la donation est rédigée par un notaire, la révocation peut avoir lieu par un simple acte sous seing privé.

Généralement, les actes notariés prévoient que le conjoint pourra choisir entre ces différentes quotités disponibles qui lui sont réservées et opter pour une part en usufruit ou une part en usufruit et propriété ou encore une part en pleine propriété. Mais il est tout à fait possible de vouloir que la part du conjoint soit composée d'une part en pleine propriété et d'une part en usufruit, ou encore qu'elle soit composée uniquement d'usufruit. Dans ce cas, la donation doit le prévoir.

À NOTER

Le conjoint qui recueille une grande partie de la succession du défunt peut limiter sa part à certains biens seulement et abandonner les autres aux héritiers. Dans ce cas, les biens laissés par le conjoint sont, fiscalement, censés avoir été transmis aux héritiers par le défunt (et non pas par le conjoint)(Code général des impôts, Art. 788 bis).

› Quel est l'intérêt du régime de communauté universelle avec clause d'attribution au conjoint survivant ?

Le régime de la communauté universelle est un contrat de mariage qui décide que tous les biens que possèdent les époux (biens propres ou biens acquis au cours du mariage, biens meubles et immeubles) font partie de la communauté (à l'exception des biens qui ont un caractère personnel).

Il n'y a pas de distinction à opérer selon l'origine des biens.
C'est le régime matrimonial le plus protecteur pour le conjoint survivant.
Au décès de l'un d'eux, son conjoint restera propriétaire de la moitié de l'ensemble de ces biens même s'il n'a pas lui-même contribué à constituer ce patrimoine.
Le contrat de communauté universelle contient très souvent une clause d'attribution intégrale de la communauté au survivant.
Cette clause permet au conjoint survivant de devenir propriétaire de l'intégralité des biens communs (et non plus la moitié), sans avoir à payer de droits de succession.
Les enfants du couple dans ce cas n'héritent de leurs parents qu'au décès du second d'entre eux. L'inconvénient pour eux réside dans le fait qu'ils n'auront droit qu'à un seul abattement puisqu'il n'y aura qu'une seule succession au lieu de deux. La clause ne peut cependant pas jouer s'il y a des enfants nés d'un précédent mariage du défunt ou d'une précédente union. Ces enfants ont le droit de récupérer leur part successorale lors de ce décès en exerçant « l'action en retranchement ».
Dans ce cas, le conjoint survivant ne reçoit que la quotité disponible entre époux.
Les enfants du défunt peuvent aussi renoncer à exercer l'action en retranchement avant le décès de l'époux survivant. Cette renonciation doit être établie par acte authentique reçu par deux notaires. En garantie, ils bénéficient de plein droit du privilège sur les meubles et peuvent demander un inventaire des biens ainsi qu'un état des immeubles (*Code civil, Art. 1527*).

À NOTER

Jusqu'au 31/12/2019, le changement de régime matrimonial en vue de l'adoption d'un régime communautaire ne donnait lieu à aucune perception au profit du Trésor public. Depuis le 1/1/2020, il est soumis au droit fixe de 125 € et, lorsque des biens immobiliers sont apportés à la communauté, à la taxe de publicité foncière au taux de 0,715 % (Code général des impôts, Art. 1133 bis). Pour changer de régime matrimonial, il faut s'adresser à un notaire qui établira sous forme d'acte authentique la nouvelle convention matrimoniale (Code civil, Art. 1397). En cas d'opposition des enfants majeurs et/ou des créanciers, l'acte notarié doit être homologué par le juge aux affaires familiales (Code de l'organisation judiciaire, Art. L. 213-3).

› Qu'est-ce que l'usufruit ?

L'usufruit est le droit de jouir d'un bien (mobilier ou immobilier) et d'en percevoir les revenus (exemple : loyers)…
Les droits et les obligations des usufruitiers sont réglementés par le Code civil (*Code civil, Art. 578 et s.*).
Cet usufruit peut être fixé pour un temps déterminé (10, 20 ans…) ou plus généralement pour la totalité de la vie de l'usufruitier. Dans ce cas, ce droit s'éteint à la mort de son titulaire.

Conversion de l'usufruit

Lorsque le conjoint recueille un droit d'usufruit, cet usufruit peut être converti en rente viagère.
Cela signifie que les droits du conjoint ne s'exercent pas sur un bien mais sont remplacés par le versement régulier d'une somme équivalente à cet usufruit.
Cette conversion est de droit pour les héritiers nus-propriétaires. Le conjoint peut aussi demander cette conversion.
Le montant de la rente peut être fixé amiablement ou par le tribunal judiciaire. La rente peut être indexée et garantie par des sûretés (par exemple, par l'inscription d'une hypothèque au bénéfice du conjoint)(*Code civil, Art. 759*).
Le conjoint peut s'opposer à la conversion en rente viagère de l'usufruit portant sur le logement qu'il occupe à titre de résidence principale, ainsi que sur le mobilier le garnissant (*Code civil, Art. 760*).
En revanche, l'usufruit du conjoint ne peut être converti en capital que si le conjoint et les héritiers en sont d'accord. La conversion ne peut être forcée (*Code civil, Art. 761*).

Valeur de l'usufruit

L'usufruit correspond à un pourcentage de la valeur totale du bien.
Le barème tient compte de l'allongement de la durée de vie (*Code général des impôts, Art. 669*).

VALEUR FISCALE DE L'USUFRUIT		
Âge de l'usufruitier	**Valeur de l'usufruit**	**Valeur de la nue- propriété**
Moins de 21 ans révolus	90 %	10 %
Moins de 31 ans révolus	80 %	20 %
Moins de 41 ans révolus	70 %	30 %
Moins de 51 ans révolus	60 %	40 %
Moins de 61 ans révolus	50 %	50 %
Moins de 71 ans révolus	40 %	60 %
Moins de 81 ans révolus	30 %	70 %
Moins de 91 ans révolus	20 %	80 %
Plus de 91 ans révolus	10 %	90 %

› Quels sont les droits du conjoint sur le logement familial ?

Quelles que soient les dispositions prises par le défunt, le domicile du conjoint survivant est protégé.

Droit de jouissance gratuite du logement pendant 1 an

Si le logement appartenait aux deux époux ou au défunt seul, le conjoint successible a droit, pendant une année à compter du décès, à la jouissance gratuite de ce logement (droit portant également sur le mobilier).

Le conjoint doit, au moment du décès, occuper effectivement, à titre d'habitation principale, ce logement. Si le logement était loué ou s'il appartenait au défunt en indivision, les loyers ou l'indemnité d'occupation doivent être remboursés par la succession, pendant cette même durée d'1 an, au fur et à mesure de leur paiement (*Code civil, Art. 763*).

Le droit au logement temporaire est d'ordre public. Ce droit est considéré comme un effet du mariage et ne fait pas partie des droits successoraux.

Cela signifie que le défunt ne peut pas supprimer ce droit pour son conjoint. Cela signifie aussi que le conjoint n'a pas à payer les droits de mutation.

À NOTER

Dans l'hypothèse où le logement est loué, les héritiers peuvent déduire de l'actif successoral les sommes remboursées au conjoint (Code général des impôts, Art. 775 quater).

Droit d'habitation et d'usage du logement à vie

De la même façon, le conjoint peut obtenir, jusqu'à son décès, un droit d'habitation sur le logement qu'il occupe et un droit d'usage sur son mobilier. Le logement doit être occupé à titre de résidence principale au moment du décès et doit appartenir soit aux deux époux, soit au défunt. Le conjoint dispose d'1 an à partir du décès pour manifester sa volonté de bénéficier de ce droit.

Si le logement est loué, le droit d'usage accordé au conjoint s'exerce sur le mobilier faisant partie de la succession. Il peut, par ailleurs, demeurer dans les lieux en raison du transfert de bail à son profit. Sauf accord entre le conjoint et les héritiers, le droit d'habitation ne peut pas être converti en une rente viagère ou en capital.

Le conjoint peut, par ailleurs, louer le logement (usage autre que commercial ou agricole), si celui-ci n'est plus adapté à ses besoins (par exemple, s'il doit être hébergé dans une maison de retraite ou pris en charge dans une maison de soins) et si les loyers perçus lui permettent de financer son nouvel hébergement.

ATTENTION ⚠

À la différence du droit temporaire d'habitation qui est d'ordre public, le défunt peut, de son vivant, décider de priver son conjoint de ce droit d'habitation à vie. La privation du droit viager au logement pour le conjoint doit être constatée par testament notarié. La privation de ces droits d'habitation et d'usage est sans incidence sur les droits d'usufruit que le conjoint recueille en vertu de la loi ou d'une libéralité (Code civil, Art. 764 et s.).

› Qu'est-ce que la pension de réversion ?

Les articles L. 351 et suivants du Code de la Sécurité sociale établissent et réglementent le droit pour le conjoint survivant de recevoir une partie de la retraite de son époux prédécédé (pension de réversion).

La pension de réversion est égale à un pourcentage fixé par décret de la pension principale ou rente dont bénéficiait ou eût bénéficié l'assuré décédé.

La demande doit être déposée à la caisse dont dépendait l'assuré décédé.

Si la demande est faite dans l'année qui suit le décès, la pension est versée à compter du 1er jour du mois suivant celui au cours duquel l'assuré est décédé.

Si la demande est faite après ce délai d'1 an, la pension est versée à compter du 1er jour du mois suivant la date de réception de la demande.

La pension de réversion peut également être versée en cas de disparition de l'assuré.

Pour les demandes de pensions de réversion relevant du régime général de sécurité sociale déposées depuis le 1/9/2016, le versement doit intervenir dans le délai de 4 mois maximum à compter du dépôt de la demande complète (*Décret n° 2016-1175 du 30/8/2016*).

Conditions d'attribution

Pour percevoir la pension de réversion (régime général de la Sécurité sociale), il faut remplir une condition d'âge et de ressources.

Le veuf ou la veuve d'un assuré doit avoir 55 ans pour percevoir la pension de réversion du régime général de la sécurité sociale.

Si l'intéressé n'a pas atteint cet âge au décès de son conjoint, il a droit à l'allocation veuvage (voir plus loin).

Les ressources du veuf ou de la veuve ne doivent pas dépasser 2 080 fois le montant du SMIC horaire au 1er janvier. S'il (ou elle) vit en couple, leurs ressources ne doivent pas dépasser 1,6 fois le plafond applicable à une personne seule.

À NOTER

L'âge minimum de 51 ans pour percevoir la pension de réversion, applicable avant le 1/1/2009, est conservé pour les personnes devenues veuves avant cette date.

Le conjoint divorcé est assimilé à un conjoint survivant. Lorsque l'assuré est remarié, la pension de réversion, à laquelle il est susceptible d'ouvrir droit à son décès, est partagée entre son conjoint survivant et le ou les précédents conjoints divorcés au prorata de la durée respective de chaque mariage. Ce partage est opéré lors de la liquidation des droits du premier d'entre eux qui en fait la demande. Au décès de l'un des bénéficiaires, sa part accroîtra la part de l'autre ou, s'il y a lieu, des autres.

À NOTER

Les conjoints de commerçants ou d'artisans décédés doivent remplir les mêmes conditions que les conjoints d'assurés de la Sécurité sociale.

Cumul des ressources et de la pension de réversion

La pension de réversion prend la forme d'une allocation différentielle et révisable par rapport aux plafonds de ressources fixés par décret (ressources d'une personne seule ou d'un couple).

Cela signifie que si les ressources du bénéficiaire ou de son couple dépassent le plafond, la pension doit être réduite du montant de ce dépassement. Il est à noter que le montant de ce dépassement n'est pas versé à un autre bénéficiaire.

À NOTER

Les revenus d'activité du conjoint survivant font l'objet d'un abattement de 30 % s'il est âgé de 55 ans ou plus.

La pension ne peut plus faire l'objet d'une révision (à la hausse comme à la baisse) et son montant est définitivement fixé :

– soit 3 mois après la date à laquelle le conjoint survivant a fait liquider l'ensemble des avantages personnels de retraite de base et complémentaire lorsqu'il peut prétendre à de tels avantages ;

– soit, s'il n'a pas droit à des retraites personnelles, au 1er jour du mois qui suit son âge légal de départ en retraite (62 ans dans la majorité des cas).

Revalorisation

Les pensions de réversion sont revalorisées chaque année en fonction d'un coefficient de revalorisation fixé par la loi de financement de la Sécurité sociale.

Majoration

La pension de réversion est majorée lorsque le bénéficiaire a eu au moins trois enfants. Le conjoint survivant qui n'est pas titulaire d'un avantage personnel de vieillesse d'un régime de base obligatoire et qui satisfait à une condition d'âge, a droit également à une majoration forfaitaire de sa pension de réversion pour chaque enfant à charge.

Une majoration peut être accordée aux personnes âgées d'au moins 65 ans et disposant de ressources inférieures au plafond réglementaire (*Code de la Sécurité sociale, Art. R. 353-1 et s.*).

L'allocation veuvage

L'allocation veuvage est destinée à garantir au conjoint survivant âgé de moins de 55 ans une allocation jusqu'à l'ouverture du droit à la pension de réversion (c'est-à-dire à partir de 55 ans).

L'allocation veuvage peut être versée aux veufs ou veuves d'un assuré social, résidant en France et vivant seuls. Ils ne doivent être ni remariés, ni en concubinage, ni pacsés, et leurs ressources ne doivent pas dépasser un certain plafond (3,75 fois le montant de l'allocation).

La prise en charge des frais de santé

Depuis le 1/1/2016, toute personne résidant en France bénéficie d'une prise en charge de ses frais de santé à titre personnel, la condition d'un minimum de cotisations ou de travail salarié ou assimilé étant supprimée. La notion d'ayant droit d'un assuré est supprimée.

Si les revenus ne dépassent pas un plafond fixé par décret, le veuf ou la veuve peut bénéficier gratuitement d'un régime complémentaire de maladie. (*Code de la Sécurité sociale, Art. L. 861-1 et s.*).

Si le conjoint survivant sans activité professionnelle réside à l'étranger, et s'il est titulaire d'une pension ou rente de vieillesse ou d'une pension de réversion servie par un régime de base de sécurité sociale français, il peut bénéficier, lors de ses séjours temporaires en France, de la prise en charge de ses frais de santé (*Code de la Sécurité sociale, Art. L. 160-3*).

› Quel est l'avantage réservé au conjoint d'un commerçant, artisan ou agriculteur décédé ?

La loi n° 89-1008 du 31/12/1989 a organisé, pour le conjoint survivant du chef d'une entreprise artisanale, commerciale ou libérale, le versement d'un « salaire différé », comme il existe déjà pour les descendants d'un agriculteur.

Si pendant 10 ans, le conjoint survivant d'un entrepreneur a participé directement à l'activité de l'entreprise sans recevoir de salaire ni être associé aux bénéfices et aux pertes, il bénéficie d'un droit de créance sur la succession d'un montant égal à 3 fois le SMIC annuel en vigueur au jour du décès. Cette créance ne doit pas dépasser 25 % de l'actif successoral. Cette créance est prise en compte pour l'évaluation de la part successorale éventuelle de ce conjoint, ainsi que pour la liquidation des droits de succession.

Le conjoint survivant du chef d'une exploitation agricole ou de l'associé exploitant une société dont l'objet est l'exploitation agricole bénéficie de la même créance de salaire différé aux mêmes conditions.

Le salaire différé attribué après le 30/6/2014 n'est plus exonéré de l'impôt sur le revenu ni des prélèvements sociaux (CSG et CRDS)(*Loi n° 99-574 du 9/7/1999 ; Code rural et de la pêche maritime, Art. L. 321-21-1 ; Loi n° 2013-1278 du 29/12/2013*).

AVANTAGE

La pension de réversion est attribuée au survivant dans les mêmes conditions que celles accordées aux salariés.

Le concubin et le partenaire lié par un PACS

Le concubin n'est jamais appelé de plein droit à la succession de son concubin décédé.

Le partenaire survivant qui était lié au défunt par un pacte civil de solidarité n'est pas non plus héritier de son partenaire décédé et n'est donc pas appelé de plein droit à la succession. Pour qu'il puisse recueillir une partie des biens du défunt, il est nécessaire que ce dernier lui ait consenti de son vivant une donation ou qu'il ait rédigé en sa faveur un testament. Concernant les droits de mutation applicables, il bénéficie d'un tarif spécifique.

› La protection du survivant

Le droit au logement

Depuis le 1/1/2007, le partenaire pacsé survivant (comme le conjoint marié) peut bénéficier du droit d'usage et d'habitation du logement commun pendant 1 an à compter du décès. Ce droit est reconnu même si le logement appartenait au défunt. Il faut toutefois que ce logement ait été la résidence principale du couple et que le survivant y demeure au moment du décès. Ce droit n'est pas accordé au concubin non pacsé.

Si le logement commun était loué, la succession doit également assurer le droit au logement du partenaire survivant en lui remboursant le montant des loyers. Cette même obligation s'applique également pour le paiement d'indemnités d'occupation dans l'hypothèse où le logement était en indivision ou appartenait à une SCI (*Code civil, Art. 811 et s.*).

L'attribution préférentielle

L'attribution préférentielle permet de se faire attribuer un bien à l'issue d'un partage de préférence aux autres copartageants. L'attribution préférentielle de droit donne une priorité sur les autres en cas de pluralité de demandes.

Depuis le 1/1/2007, l'attribution préférentielle de droit sur le logement du couple ou sur le local professionnel est ouverte également au partenaire pacsé, à condition toutefois que le défunt l'ait expressément prévue par testament.

Par ailleurs le partenaire survivant qui a participé à l'exploitation d'une entreprise commerciale, artisanale, industrielle, libérale ou agricole, peut également en demander l'attribution préférentielle.

À NOTER

Le concubin non pacsé n'est pas compris dans les bénéficiaires de l'attribution préférentielle.

L'État

La succession en déshérence

Lorsque le défunt ne laisse aucun héritier ou que tous ses héritiers renoncent à la succession et qu'il n'a institué par testament aucun légataire, les biens du défunt appartiennent à l'État, représenté par l'administration chargée du domaine. Si celle-ci accepte la succession, elle doit faire apposer les scellés et faire dresser un inventaire, puis demander l'envoi en possession au tribunal judiciaire au lieu où est ouverte la succession. En cas de remboursement des loyers ou indemnités d'occupation, ces sommes peuvent être déduites de l'actif successoral (*Code général des impôts, Art. 775 quater* ; *Code civil, Art. 811*).

On ne peut pas faire échec à ce droit de succession de l'État et si dans un testament figure une clause déshéritant (clause d'exhérédation) tout héritier éventuel du testateur, l'État ne peut pas être compris parmi ces « déshérités ».

La déshérence de la succession prend fin en cas d'acceptation de la succession par un héritier.

La succession vacante

La succession est vacante lorsque :

– il ne se présente personne pour réclamer la succession et qu'il n'y a pas d'héritier connu ;

– tous les héritiers connus ont renoncé à la succession ;

– après l'expiration d'un délai de 6 mois depuis l'ouverture de la succession, les héritiers connus n'ont pas opté, de manière tacite ou expresse.

Il s'agit souvent d'une succession déficitaire.

Elle doit être distinguée de la succession en déshérence qui n'est réclamée par aucun héritier appelé à succéder mais acceptée par l'État. En cas de succession vacante, le tribunal judiciaire, à la requête de toute personne intéressée, ouvre une curatelle qu'il confie à l'administration chargée du domaine.

Le curateur fait établir un inventaire qui est publié. Il reçoit les déclarations de créance des créanciers et des légataires de sommes d'argent. Pendant les 6 premiers mois de sa mission, le curateur ne peut procéder qu'aux actes purement conservatoires ou de surveillance, aux actes d'administration provisoire et à la vente des biens périssables. Après cette période il peut procéder à la vente des biens et payer les dettes et les legs (*Code civil, Art. 809 et s.*).

L'indivision

La loi n° 2006-728 du 23/6/2006, applicable depuis le 1/1/2007 facilite le règlement d'une succession en organisant sa gestion et en simplifiant les règles de l'indivision. Dès qu'il y a plusieurs héritiers pour une même succession, il y a indivision. L'indivision successorale est la situation, existant après un décès, dans laquelle toute la succession appartient à tous les cohéritiers indistinctement et sans qu'aucune part ne soit déterminée en nature. Seules les quotes-parts de chacun sont fixées (exemple : 1/8, 1/4... de la totalité). Ce sont les opérations de partage qui délimitent la part de chacun. En principe nul ne peut être contraint de demeurer dans l'indivision (*Code civil, Art. 815*).Mais ce principe subit des exceptions et l'indivision peut être maintenue soit par convention entre les coïndivisaires, soit par décision du tribunal.

Les règles générales

Les règles d'administration de l'indivision ont été assouplies par la loi n° 2006-728 du 23/6/2006. Cette loi s'applique depuis le 1/6/2007 à toutes les indivisions existantes et aux successions non encore partagées, sauf si une instance en partage est d'ores et déjà engagée.

Les décisions

La loi distingue les actes ou les décisions qui peuvent être pris par un seul indivisaire, ceux ne demandant que la majorité des deux tiers et enfin, ceux requérant l'unanimité.

- Un indivisaire peut agir seul s'il s'agit de la conservation du bien indivis (par exemple entreprendre des travaux de réparation, assurer l'entretien, payer les impôts, recouvrer les dettes) même s'il n'y a pas urgence.
- La majorité des 2/3 des parts d'indivision est suffisante pour confier la gestion de l'indivision à un mandataire (voir plus loin), pour effectuer un acte d'administration, pour signer un bail d'habitation ou encore pour vendre des biens mobiliers (véhicules, meubles, etc.) afin de payer les dettes de l'indivision. Cette majorité des 2/3 qui a remplacé l'unanimité pour certains actes, permet d'alléger la gestion des indivisions (cette majorité peut d'ailleurs n'être détenue que par un seul indivisaire). Les indivisaires qui ont effectué des actes d'administration ou de gestion à cette majorité doivent en avertir les autres indivisaires. À défaut les actes ne leur sont pas opposables.
- La majorité des 2/3 est également suffisante pour vendre un bien indivis, indépendamment du paiement de dettes, mais en respectant une procédure particulière. Les indivisaires demandeurs doivent s'adresser à un notaire qui prévient de l'intention de vendre les autres indivisaires. Ceux-ci ont 3 mois pour répondre. En cas d'opposition ou de non réponse de leur part, la vente ne sera possible qu'avec l'autorisation du tribunal judiciaire.
- L'unanimité reste obligatoire pour les actes les plus graves tels que la vente d'un bien immobilier ou la conclusion ou le renouvellement des baux ruraux, commerciaux, artisanaux ou industriels (*Code civil, Art. 815 et s.*).

Les comptes de l'indivision

Si un indivisaire a amélioré à ses frais l'état d'un bien indivis, il a le droit de se faire rembourser par ses coïndivisaires. Mais l'indemnisation ou le remboursement ne peut intervenir qu'au moment du partage et non pendant l'indivision (sauf accord contraire entre les indivisaires).

Pour évaluer l'indemnisation, on tient compte de l'augmentation de la valeur du bien au moment du partage, des factures des travaux ou encore de la valeur nominale revalorisée des remboursements effectués.

Inversement, il sera tenu compte, au moment du partage, des dégradations ou détériorations effectuées par un indivisaire si ces dégradations ou détériorations ont diminué la valeur des biens indivis (*Code civil, Art. 815-13*).

Si un indivisaire a utilisé privativement un bien indivis ou perçu des revenus des biens indivis, il doit une indemnité à l'indivision.

Les profits de l'indivision, comme les pertes sont partagés entre les indivisaires proportionnellement à leurs droits dans l'indivision.

L'intervention du tribunal

L'intervention du juge est nécessaire pour trancher les différends opposant les indivisaires dans un but de protection des biens indivis, afin de faire respecter les droits de chaque indivisaire sur l'indivision.

C'est ainsi qu'il peut intervenir pour :

– autoriser l'un des indivisaires à déplacer ou à utiliser des meubles de l'indivision pour son usage personnel. À cette occasion, le président du tribunal peut l'obliger à verser une caution en échange de cet usage personnel (*Code civil, Art. 815-7*) ;

– autoriser un ou plusieurs indivisaires à passer seul un acte pour lequel le consentement d'un autre indivisaire opposant est nécessaire, si le refus de celui-ci met en péril l'intérêt commun (exemple : le juge peut autoriser les indivisaires à vendre un bien indivis pour payer les droits de succession. De même, un indivisaire peut être autorisé à utiliser l'argent commun déposé dans un compte, pour faire face à des dépenses urgentes et nécessaires)(*Code civil, Art. 815-5*).

À NOTER

Le juge ne peut, à la demande d'un ou des nus-propriétaires, ordonner la vente de la pleine propriété d'un bien grevé d'usufruit, si cet usufruitier s'y oppose.

Si l'usufruit est lui-même en indivision, il est nécessaire que tous les usufruitiers s'opposent à cette vente pour qu'elle soit rendue impossible. Il s'agit là d'un moyen efficace pour le conjoint survivant d'empêcher la vente des biens en indivision si, bien sûr, ce conjoint est titulaire de la totalité de l'usufruit (*Code civil, Art. 815-5*) ;

– autoriser des indivisaires, titulaires d'au moins les 2/3 des parts d'indivision, à vendre un bien indivis malgré l'opposition d'autres coïndivisaires. L'autorisation n'est donnée que si cette vente ne porte pas une atteinte excessive aux droits des opposants (*Code civil, Art. 815-5-1*) ;

– répartir entre indivisaires l'usage et la jouissance des biens (exemple : répartir dans l'année les temps d'occupation de chaque indivisaire sur une maison en indivision).

À NOTER

L'indivisaire qui use ou jouit privativement d'un bien en indivision est en principe redevable d'une indemnité envers l'indivision, sauf convention contraire (Code civil, Art. 815-9).

Le mandataire successoral

La loi n° 2006-728 du 23/6/2006 (applicable depuis le 1/1/2007) a mis en place la nouvelle fonction de mandataire successoral, personne chargée d'administrer et de gérer la succession. Il ne peut cependant pas vendre les biens (*Code civil, Art. 812 et s.*).

Le mandataire successoral nommé par le défunt (mandat à effet posthume)

Toute personne de son vivant peut nommer un mandataire chargé de gérer et d'administrer les biens de sa succession dans l'intérêt et pour le compte d'un ou de plusieurs héritiers.

La nomination d'un mandataire doit être justifiée par un intérêt sérieux et légitime. Cet intérêt peut être justifié par l'âge ou l'incapacité des héritiers (enfants mineurs), par la nécessité de posséder des compétences spécifiques (pour la gestion d'une entreprise par exemple) ou par l'importance de la succession.

Le mandataire est nommé par acte authentique, pour une durée de 2 ou 5 ans, prorogeable une ou plusieurs fois par décision du juge en fonction de la situation des héritiers (enfant mineur, inaptitude) et des biens concernés (nécessité de posséder des compétences).

Il peut être une personne physique ou morale, choisi ou non parmi les héritiers. En principe les fonctions du mandataire sont gratuites sauf si le mandat prévoit expressément une rémunération (prélevée sur les revenus de la succession ou constituée par un capital).

À NOTER

Chaque année, le mandataire doit rendre compte aux héritiers de sa gestion et des actes qu'il a accomplis.

Le mandataire nommé par les héritiers (mandataire conventionnel)

Par convention, les héritiers, d'un commun accord, peuvent désigner l'un d'entre eux ou un tiers afin de gérer et d'administrer la succession.

Le mandat, dans ce cas, peut être donné par acte authentique ou acte sous seing privé. Il est, en principe, gratuit. La mission du mandataire est librement fixée dans l'acte.

Si un héritier a accepté la succession à concurrence de l'actif net, seul le juge peut désigner le mandataire commun (*Code civil, Art. 813*).

Le mandataire désigné en justice (mandataire judiciaire)

Toute personne intéressée (créancier, héritier…) peut, en cas de blocage dans l'administration de la succession, demander la nomination au juge d'un mandataire successoral chargé de gérer et d'administrer provisoirement la succession.

Cette possibilité est ouverte en cas de mésentente entre les héritiers, d'inertie, de carence ou de faute de certains d'entre eux, en cas d'opposition d'intérêts ou encore, en cas de succession trop complexe.

Le mandataire doit aussi être nommé par le juge si l'un des héritiers accepte la succession à concurrence de l'actif net.

Les pouvoirs, la durée de la mission du mandataire et sa rémunération sont fixés par le jugement.

Le juge contrôle l'exécution de la mission. Le mandataire adresse tous les ans les comptes de gestion au juge et aux héritiers (*Code civil, Art. 813-1 et s.*).

À NOTER

L'héritier acceptant la succession à concurrence de l'actif net peut demander, à tout moment, au juge de désigner une personne qualifiée comme mandataire successoral qui le remplacera pour administrer et liquider la succession.

La convention d'indivision

La convention d'indivision est la décision des coïndivisaires de demeurer dans l'indivision et de retarder ainsi le partage (par exemple, pour conserver dans la famille une maison qui ne peut être partagée et que chaque héritier veut occuper à temps partiel)(*Code civil, Art. 1873-2*).

Cette convention doit être établie par un écrit comportant la désignation des biens indivis et l'indication des quotes-parts appartenant à chaque indivisaire.

Si les biens indivis comprennent des immeubles, la convention doit être publiée au service de la publicité foncière par un notaire. La Cour de cassation a jugé que si cette formalité n'avait pas lieu, la convention d'indivision était quand même valable.

La convention peut être prévue pour une durée déterminée qui ne saurait être supérieure à 5 ans (renouvelables).

En principe, le partage ne peut intervenir avant le terme convenu, sauf juste motif.

La convention peut également être conclue pour une durée indéterminée. Dans ce cas, le partage peut être provoqué à tout moment, sauf si la demande est de mauvaise foi ou prématurée (*Code civil, Art. 1873-3*).

Le gérant de l'indivision

Pour gérer l'indivision, les coïndivisaires peuvent nommer un gérant, choisi ou non parmi eux.

Les modalités de désignation ou de révocation du gérant peuvent être déterminées par décision unanime des coïndivisaires (*Code civil, Art. 1873-5*).

Le gérant a pour mission de représenter l'indivision, soit pour les actes de la vie civile, soit en justice. Il dispose des mêmes pouvoirs que la loi attribue à chaque époux sur les biens communs. Les décisions qui excèdent les pouvoirs du gérant doivent être prises à l'unanimité, sauf convention contraire (l'unanimité est toujours de rigueur si, parmi les indivisaires, il y a des mineurs ou des incapables majeurs).

À NOTER

Le gérant a droit, sauf accord contraire, à la rémunération de son travail. Il répond, comme un mandataire, des fautes qu'il commet dans sa gestion (Code civil, Art. 1873-10).

L'indivision forcée

Maintien dans l'indivision pendant 2 ans

Tout indivisaire peut demander le maintien dans l'indivision pendant 2 ans s'il s'avère qu'un partage immédiat risquerait de porter atteinte à la valeur des biens indivis. Le maintien dans l'indivision pendant cette durée est aussi justifié si l'un des indivisaires ne peut reprendre l'entreprise dépendant de la succession qu'à l'expiration de ce délai. L'entreprise peut être agricole, commerciale, industrielle, artisanale ou libérale, quelle que soit sa forme d'exploitation (entreprise individuelle ou société)(*Code civil, Art. 820*).

Maintien dans l'indivision pendant 5 ans ou plus

Pour protéger le conjoint et les enfants du défunt et leur assurer des moyens d'existence, le tribunal peut prononcer le maintien dans l'indivision d'une entreprise, du local d'habitation ou du local professionnel pendant 5 ans. Cette période peut être renouvelée s'il y a des enfants mineurs jusqu'à la majorité du plus jeune, ou jusqu'au décès du conjoint survivant.

Si le défunt laisse un ou plusieurs descendants mineurs, le maintien de l'indivision peut être demandé par le conjoint survivant, par tout héritier ou par le représentant légal des mineurs.

À défaut de descendants mineurs, seul le conjoint survivant peut demander ce maintien à la condition qu'il ait été, avant le décès, ou soit devenu du fait du décès, copropriétaire de l'entreprise ou des locaux d'habitation ou à usage professionnel.

S'il s'agit d'un local d'habitation, le conjoint doit avoir résidé dans les lieux à l'époque du décès.

S'il s'agit d'une entreprise, l'exploitation devait être assurée par le défunt ou par son conjoint.

S'il s'agit d'un local professionnel, il devait être effectivement utilisé à cet usage par le défunt ou son conjoint à l'époque du décès (*Code civil, Art. 821-1 et s.*).

La sortie de l'indivision

Généralement, l'indivision cesse lorsque le partage est provoqué. Dans ce cas, l'indivision cesse pour tous les indivisaires, mais il existe cependant la possibilité pour un seul indivisaire de sortir de l'indivision en la laissant subsister pour les autres.

› Sortie d'un seul indivisaire

Si un indivisaire demande le partage alors que les autres préfèrent rester en indivision, le tribunal judiciaire peut lui attribuer sa part individuelle.

À NOTER

Le tribunal statue en fonction des intérêts en présence et cette attribution n'est pas automatique.

Sa part lui est attribuée, soit en nature, si elle est aisément détachable du reste des biens indivis, soit en argent, si l'attribution en nature n'est pas ou difficilement réalisable ou encore si l'intéressé le demande.

S'il n'existe pas dans l'indivision une somme suffisante pour la constitution de ses droits, le complément est versé par les indivisaires qui ont préféré rester dans l'indivision (*Code civil, Art. 824*).

Une autre possibilité de sortir seul d'une indivision est de faire donation de sa part d'indivision ou de la vendre.

En cas de donation, les autres indivisaires ne disposent pas du droit de préemption sur cette part puisqu'il s'agit d'un contrat à titre gratuit. En revanche, si l'indivisaire entend vendre sa part à une personne étrangère à l'indivision, il est tenu de notifier, par acte extrajudiciaire (exploit d'huissier) aux autres indivisaires, le prix et les conditions de la vente envisagée ainsi que les nom, domicile et profession de la personne qui se propose d'acquérir.

Dans un délai d'1 mois à compter de cette notification, les autres indivisaires, toujours par acte extrajudiciaire, peuvent faire connaître leur désir d'exercer leur droit de préemption, aux prix et conditions qui leur ont été notifiés.

Si le droit de préemption est exercé, l'indivisaire dispose d'un délai de 2 mois pour réaliser l'acte de vente.

À défaut, sa déclaration de préemption serait nulle.

Si plusieurs indivisaires exercent leur droit de préemption, ils sont réputés acquérir ensemble la portion mise en vente, en proportion de leur part respective dans l'indivision (*Code civil, Art. 815-14*).

En cas de décès d'un des indivisaires

En principe, la quote-part du défunt indivisaire échoit à ses héritiers, mais les indivisaires peuvent convenir qu'au décès de l'un d'eux, chacun des survivants pourra acquérir la quote-part du défunt ou que cette quote-part pourra être attribuée, soit au conjoint survivant, soit à tout autre héritier désigné (*Code civil, Art. 1873-13*).

Cette faculté d'acquisition ou d'attribution est caduque si son bénéficiaire ne l'a pas exercée (par une notification faite aux autres indivisaires survivants et aux héritiers du décédé) dans le délai d'1 mois à compter du jour où il aura été mis en demeure de prendre parti.

› Sortie de tous les indivisaires

Le partage met fin à l'indivision pour tous les indivisaires.

Le partage

Le partage a pour effet de répartir, entre les indivisaires, tous les biens de l'indivision ou les sommes provenant de leur vente. Le partage peut être amiable ou judiciaire. La loi n° 2006-728 du 23/6/2006, applicable depuis le 1/1/2007, a limité le recours au partage judiciaire en favorisant les possibilités de partage amiable. La loi a également affirmé que l'égalité dans le partage doit être une égalité en valeur et non plus en nature. Chaque copartageant reçoit des biens pour une valeur égale à celle de ses droits dans l'indivision. L'égalité en nature est abandonnée.

La masse partageable

La masse partageable comprend les biens existants à l'ouverture de la succession et dont le défunt n'a pas disposé par testament. Les biens légués ne sont pas compris dans cette masse.

Les biens donnés rapportables ou soumis à réduction ou encore les dettes des copartageants sont inclus pour leur valeur dans la masse.

L'héritier qui est débiteur reçoit dans son lot sa propre dette et le paiement se fait par compensation.

Les biens sont estimés à leur valeur à la date de l'acte de partage.

Les lots sont constitués librement, en évitant dans la mesure du possible les divisions d'unités économiques qui entraîneraient la dépréciation de ces biens. L'attribution des lots à chacun peut être faite d'un commun accord ou par tirage au sort. Les lots doivent être égaux en valeur. Si les lots sont inégaux, la différence est réglée par une soulte. Si la valeur de son lot a varié de plus du quart, la soulte varie dans les mêmes proportions sauf si les copartageants décident que la soulte ne variera pas.

En principe les soultes éventuellement dues sont payables comptant, sauf accord entre les copartageants. Toutefois des délais de paiement sont prévus dans deux cas particuliers :

– en cas d'attribution préférentielle en propriété du local d'habitation au conjoint survivant ;

– en cas d'attribution de droit au conjoint ou à un héritier copropriétaire de l'entreprise agricole qui ne dépasse pas les surfaces minimales d'exploitation.

Dans ces hypothèses, la soulte éventuellement due aux autres copartageants peut être payée, pour moitié comptant et pour l'autre moitié en étalant les paiements sur 10 ans maximum. Les sommes payables sur cette période portent intérêt au taux légal. Si les biens attribués sont vendus, la soulte encore due devient immédiatement exigible.

Le partage amiable

La loi n° 2006-728 du 23/6/2006, applicable depuis le 1/1/2007, a simplifié les règles du partage amiable.

Si avant la loi, le partage amiable n'était possible qu'avec le consentement unanime des indivisaires, il est désormais possible même en cas d'absence d'un indivisaire (personne disparue), en cas d'incapacité de l'un d'eux, ou encore en cas de défaillance d'un copartageant.

Si un héritier appelé à un partage est absent ou hors d'état de manifester sa volonté, le juge des tutelles peut autoriser néanmoins le partage amiable en présence du représentant de l'intéressé. De la même façon, le partage amiable est autorisé même si un héritier est mineur ou incapable majeur.

Un copartageant défaillant est un copartageant qui refuse, par négligence ou hostilité, de prendre part aux opérations de partage, qui refuse toute réunion ou convocation, toute discussion avec ses coïndivisaires. La loi du 23/6/2006 a organisé une procédure destinée à contrer cette défaillance. Les autres indivisaires peuvent lui adresser une mise en demeure, par acte d'huissier, de se faire représenter au partage amiable. Il a alors 3 mois pour désigner son représentant. S'il ne le fait pas, un copartageant peut demander au juge de désigner toute personne qualifiée qui représentera le défaillant jusqu'à la réalisation complète du partage.

Cette personne ne peut consentir au partage qu'avec l'autorisation du juge (*Code civil, Art. 835 et s.*).

À NOTER

Le partage amiable peut être réalisé par un simple acte soumis à aucune forme. Il est néanmoins nécessaire de faire rédiger un acte notarié si dans l'indivision figurent des immeubles ou fonds de commerce, en raison des nécessités de la publicité foncière.

Le partage judiciaire

Le partage est fait en justice lorsque l'un des indivisaires refuse de consentir au partage amiable ou s'il s'élève des contestations sur la manière d'y procéder ou de le terminer ou encore lorsque le partage amiable n'a pas été autorisé ou approuvé.

L'action en partage doit être portée devant le tribunal judiciaire du lieu d'ouverture de la succession.

Le tribunal peut ordonner le partage des biens entre les indivisaires ou la vente par adjudication. Si les opérations de partage sont trop complexes, le tribunal désigne un notaire (qui peut être choisi par les indivisaires) et un juge pour surveiller ces opérations. Le notaire doit établir un état liquidatif récapitulant les comptes entre copartageants, la masse partageable, les droits des parties et la composition des lots à répartir par tirage au sort (*Code de procédure civile, Art. 1359 et s.*).

Comme dans les partages amiables, le notaire commis pour établir l'état liquidatif peut envoyer une mise en demeure à un indivisaire qui refuse de prendre part aux opérations. L'indivisaire a 3 mois pour désigner un mandataire.

S'il ne le fait pas, le notaire peut demander au juge de lui attribuer un représentant d'office jusqu'à la fin des opérations.

Le partage doit se faire en valeur (le principe du partage en nature est abandonné), ce qui signifie que les lots doivent être d'égale valeur et non pas obligatoirement constitués de biens équivalents. S'il est impossible de constituer des lots, les biens sont vendus par adjudication (*Code civil, Art. 840 et s.*).

› L'attribution préférentielle

L'attribution préférentielle a été instituée pour éviter de vendre ou de diviser un bien et de permettre de l'attribuer en totalité à un seul indivisaire, à charge pour lui d'indemniser ses copartageants, par le paiement d'une soulte (*Code civil, Art. 832*).

Les personnes prioritaires

Le local d'habitation

L'attribution préférentielle d'un logement est attribuée de droit au conjoint survivant qui y avait sa résidence au moment du décès.

Cette attribution de droit est également accordée au partenaire pacsé du défunt qui y habitait au moment du décès (*Code civil, Art. 1751*).

Le logement peut aussi être attribué à un héritier copropriétaire qui y avait sa résidence principale au moment du décès (*Code civil, Art. 831-2*).

À NOTER

Le véhicule qui appartenait au défunt peut également être attribué au conjoint, au partenaire ou à un héritier s'il se révèle nécessaire pour les besoins de la vie courante.

Le local professionnel

L'attribution peut être demandée également pour un local professionnel (attribution de la propriété des locaux ou du droit au bail) au profit du conjoint, d'un héritier copropriétaire, ou du partenaire pacsé du défunt. Le bénéficiaire doit y exercer effectivement sa profession au moment du décès.

Lorsque l'attribution préférentielle est accordée, elle porte également sur le mobilier à usage professionnel garnissant le local (*Code civil, Art. 831-2*).

L'entreprise

Toute entreprise (commerciale, industrielle, agricole ou libérale), quelle que soit sa forme d'exploitation (entreprise individuelle, en société) et qu'il s'agisse ou non d'une entreprise familiale, peut faire l'objet d'une attribution préférentielle (éléments corporels ou incorporels, droits sociaux).

La loi n° 2006-728 du 23/6/2006, applicable depuis le 1/1/2007 élargit le domaine de l'attribution préférentielle puisqu'elle supprime la nécessité pour l'entreprise de présenter un caractère familial.

Le conjoint, le partenaire pacsé ou l'héritier copropriétaire (en pleine propriété ou en nue-propriété) peut demander cette attribution préférentielle par partage, à charge de soulte éventuellement, à condition d'avoir participé ou de participer de façon effective à son exploitation. S'il s'agit d'un héritier, la condition de participation peut être remplie par son conjoint ou ses enfants. Il doit être apte à gérer l'exploitation.

Des règles spécifiques sont prévues par ailleurs pour les entreprises agricoles en vue de protéger leurs exploitations (attribution de droit des petites exploitations, possibilité de constituer un groupement foncier agricole, souscription de baux à long terme en faveur du conjoint ou d'un héritier…)(*Code civil, Art. 515-6 et 831-2 et s.*).

À NOTER

Le partenaire pacsé du défunt peut également demander l'attribution préférentielle d'une entreprise agricole, attribution qui lui était auparavant spécifiquement interdite.

Les autres héritiers

Si ni le conjoint survivant ni aucun héritier copropriétaire ne demande l'attribution préférentielle, celle-ci peut être accordée à tout autre partageant. Ces autres copartageants doivent remplir les mêmes conditions. En cas de pluralité de demandes, le tribunal judiciaire statue en fonction des intérêts en présence.

L'attribution préférentielle peut également être demandée conjointement par plusieurs successibles afin de conserver ensemble le bien indivis. À défaut d'accord amiable ou en cas de demandes concurrentes, le tribunal tient compte de l'aptitude des différents postulants à gérer les biens en cause et à s'y maintenir. Pour l'entreprise, le tribunal tient compte en particulier de la durée de la participation personnelle à l'activité. Le partenaire pacsé peut aussi se joindre à d'autres héritiers et demander l'attribution préférentielle conjointe (*Code civil, Art. 832-3*).

Le paiement de la soulte

Lorsqu'il y a attribution préférentielle d'un bien en indivision, le bénéficiaire doit dédommager les autres indivisaires. Ce dédommagement a lieu par le paiement d'une soulte fixée en fonction de la valeur des biens, au jour du partage, sauf accord amiable entre les copartageants.

En principe, la soulte est payable comptant. Le conjoint survivant ou le partenaire pacsé, s'il est attributaire, peut toutefois exiger des délais de paiement pour étaler sur 10 ans maximum le paiement de la moitié de la somme due. Sauf convention contraire, les sommes restant dues portent intérêt au taux légal.

Les mêmes délais sont accordés à l'attributaire d'une exploitation agricole (*Code civil, Art. 832-4*).

› Quels sont les effets du partage ?

Chaque cohéritier est censé avoir bénéficié seul et immédiatement des biens mis dans son lot. Il est également censé n'avoir jamais été propriétaire des autres biens de la succession (c'est l'effet déclaratif du partage)(*Code civil, Art. 883*).
Cela signifie que tous les droits constitués par un cohéritier sur les biens indivis pendant l'indivision se trouvent annulés si ces biens tombent dans le lot d'un autre copartageant.

À NOTER

Si un indivisaire a légué un bien indivis, ce bien pourra être transmis en nature au légataire uniquement dans l'hypothèse où, lors du partage, le lot de cet indivisaire comprendra le bien légué. De même, le congé donné par un indivisaire, sans l'accord des autres, est sans effet si cet indivisaire n'est pas devenu propriétaire du logement (par le partage) avant la fin du bail. Ou encore, l'hypothèque inscrite sur une part indivise ne pourra être validée après le partage que si cette part tombe dans le lot du débiteur.

› Peut-on faire annuler un partage ?

- Un partage peut être annulé pour violence, dol ou erreur. L'erreur est admise si elle porte sur l'existence ou la quotité des droits des copartageants ou sur la propriété des biens compris dans la masse partageable.
Dans la mesure du possible, les héritiers peuvent demander au juge, non pas d'annuler le partage, mais d'ordonner un partage complémentaire ou rectificatif.
- Un partage peut aussi être annulé si un cohéritier a été omis. Cet héritier peut demander à recevoir sa part en nature ou en valeur et renoncer à demander l'annulation du partage dans sa totalité.
En revanche, si un bien a été omis, le partage n'est pas annulé. Il est simplement procédé à un partage complémentaire portant sur ce bien (*Code civil, Art. 887 et s.*).
- Par ailleurs, si un héritier a été désavantagé et s'il apporte la preuve qu'il a subi une lésion de plus d'un quart, c'est-à-dire si la valeur de son lot est inférieure de plus d'un quart de la valeur des autres lots, il peut exercer l'action en complément de part.
Dans cette hypothèse, il peut demander le complément de sa part soit en nature, soit en numéraire.
Pour une éventuelle lésion, les biens sont évalués d'après leur valeur à l'époque du partage. Il faut comparer la valeur du lot attribué à celui qui s'estime lésé

et la valeur de la part qui aurait dû lui revenir (*Code civil, Art. 889 et s.*).

ATTENTION ⚠

Le délai pour demander une annulation du partage est en principe de 5 ans. Ce délai est raccourci pour les demandes de complément : l'héritier lésé n'a que 2 ans à compter du partage pour agir en complément de part.

Les droits de succession

Le montant des droits de succession que doivent acquitter les héritiers ou les légataires dépend du lien de parenté qui les unissait au défunt et du montant de la part successorale nette (après déduction du passif) qui leur revient. En outre, certains avantages sont réservés aux héritiers les plus proches du défunt ou attribués aux héritiers en fonction de leur état de santé.

Sur quelle somme sont calculés les droits de succession ?

Les droits de succession sont calculés sur le montant de l'actif net de la succession qui est obtenu en déduisant certaines sommes.

Les frais liés au décès

Sont déductibles :
– les frais de dernière maladie ;
– les frais funéraires dans la limite d'un maximum de 1 500 € (les héritiers ne sont pas obligés de fournir les justifications des dépenses correspondantes) (*Code général des impôts, Art. 775*) ;
– la rémunération du mandataire à titre posthume (dans la limite de 0,5 % de l'actif successoral géré sans que le montant déductible puisse excéder 10 000 €) ;
– les honoraires du notaire pour l'ouverture du testament ou de la donation entre époux ;
– les indemnités de licenciement des personnels de maison sous contrat de travail conclu avec le défunt.

Les dettes personnelles du défunt

Les dettes dont la déduction est demandée doivent être détaillées article par article, dans un inventaire certifié par le déposant et annexé à la déclaration de succession.
L'administration peut vérifier la réalité de ces dettes et demander une attestation de créancier certifiant l'existence de la dette à l'époque de l'ouverture de la succession.
Si les dettes ne sont pas suffisamment justifiées, l'administration rectifie la déclaration de succession et procède à une rectification contradictoire (*Livre des procédures fiscales, Art. L. 20 et L. 21*).
L'administration fiscale refuse la déduction :
– des dettes échues depuis plus de 3 mois avant l'ouverture de la succession ;
– des dettes consenties (par exemple : une reconnaissance de dette) par le défunt au profit de ses héritiers ou de personnes interposées (en raison des doutes sur la sincérité de ces dettes), sauf si la dette a été reconnue et constatée par un acte (sous seing privé ou authentique) lui donnant date certaine avant la date du décès. Dans cette hypothèse, les héritiers sont admis à prouver la réalité de la dette contractée par le défunt ;
– des dettes reconnues par testament ;
– des dettes hypothécaires garanties par une inscription périmée depuis plus de 3 mois ;
– ou des dettes prescrites (*Code général des impôts, Art. 773*).

AVANTAGE

Les biens reçus par succession ne sont pas imposables au titre de l'impôt sur le revenu.

Les indemnités reçues par le défunt

Les sommes versées ou encore dues au défunt en réparation de dommages corporels liés à un accident ou une maladie sont déductibles de l'actif successoral. Cette déduction est admise quelles que soient les modalités de versement de ces indemnités (rente ou capital) et quelle que soit l'origine du dommage corporel (*Code général des impôts, Art. 775 bis*).

Les loyers payés au conjoint ou au partenaire pacsé

Les loyers ou les indemnités d'occupation remboursés au conjoint ou au partenaire du défunt au titre de son droit au logement pendant l'année qui suit le décès sont également déductibles de l'actif de succession.

AVANTAGE

Ce droit temporaire au logement accordé au conjoint survivant ou au partenaire pacsé n'est pas considéré comme une libéralité et n'est donc pas imposable (Code général des impôts, Art. 775 ter).

Quel est le montant des droits de succession ?

› Quels sont les droits en ligne directe et entre Époux ?

Chaque ascendant et chaque enfant du défunt a droit à un abattement sur la part d'héritage qu'il reçoit *(Voir pages Barème)*.

Les petits-enfants qui viennent à la succession de leurs grands-parents par représentation de leur parent prédécédé ne bénéficient pas, chacun, de cet abattement mais se le partagent.

En revanche, s'ils viennent de leur propre chef, ils bénéficient chacun d'un abattement *(Voir pages Barème)*.

En cas d'adoption simple, et à défaut de lien de parenté avec le défunt, les dispositions suivantes s'appliquent :

- l'enfant adoptif est considéré sur le plan fiscal comme un étranger, ce qui implique qu'il ne bénéficie que de l'abattement général sur la part nette d'héritage qu'il reçoit *(Voir pages Barème)*, et que les droits sont dus au taux de 60 %, c'est-à-dire le taux applicable entre non-parents ;
- par exception, l'enfant qui a fait l'objet d'une adoption simple peut toutefois bénéficier du tarif plus favorable des héritiers en ligne directe, lorsqu'il hérite de son parent adoptif, notamment dans les cas suivants :

– s'il est l'enfant du conjoint du défunt qui l'avait adopté ;
– s'il était pupille de l'État ;
– s'il est mineur au moment du décès de l'adoptant ;
– s'il est majeur au moment du décès de l'adoptant et si, soit dans sa minorité et pendant 5 ans au moins, soit dans sa minorité et sa majorité et pendant 10 ans au moins, il a reçu de l'adoptant des secours et des soins non interrompus au titre d'une prise en charge continue et principale (*Code général des impôts, Art. 786*).

En cas d'adoption plénière, l'enfant adopté a les mêmes droits que tout autre enfant.

Après abattement, le surplus est taxé par tranches *(Voir pages Barème)*.

À NOTER

Pour les enfants, les abattements et les droits à payer sont les mêmes qu'il s'agisse d'une donation ou d'une succession (transmission par décès). Mais les petits-enfants bénéficient d'un abattement applicable uniquement aux donations qu'ils reçoivent de chacun de leurs grands-parents (Voir pages Barème).

Exemple de calcul des droits de succession

M. Legrand décède le 30/1/2020 sans avoir pris de dispositions testamentaires ni, de son vivant, consenti de donation. Il laisse, pour lui succéder, son épouse âgée de 69 ans au jour du décès ainsi que deux enfants issus de ce mariage. L'actif net de succession est évalué au jour du décès à la somme de 900 000 €.

En présence d'enfants communs et du conjoint survivant, la répartition des droits de chacun est la suivante :

– le conjoint a droit, à son choix, à 1/4 en pleine propriété des biens ou la totalité en usufruit. Il opte pour la totalité en usufruit.

Lorsque le conjoint hérite en usufruit, les droits sont calculés sur la base d'un barème fiscal, qui fait ressortir, en fonction de l'âge de l'usufruitier, la valeur respective de l'usufruit et de la nue-propriété ;

– les deux enfants se partagent le surplus par moitié, soit la totalité en nue-propriété.

Droits de succession à payer par le conjoint

Le conjoint, étant exonéré de droits de succession depuis le 22/8/2007, n'a donc pas de droits à payer.

Il faut néanmoins calculer la valeur de sa part lorsqu'il reçoit des biens en usufruit pour évaluer la valeur de la nue-propriété transmise aux enfants.

Compte tenu de son âge, la part d'usufruit du conjoint survivant est évaluée à 40 %, soit : 360 000 €.

BARÈME DES DROITS DE SUCCESSION EN USUFRUIT

Âge de l'usufruitier	Valeur de l'usufruit (1)	Valeur de la nue-propriété
moins de 21 ans révolus	90 %	10 %
moins de 31 ans révolus	80 %	20 %

BARÈME DES DROITS DE SUCCESSION EN USUFRUIT		
Âge de l'usufruitier	**Valeur de l'usufruit (1)**	**Valeur de la nue-propriété**
moins de 41 ans révolus	70 %	30 %
moins de 51 ans révolus	60 %	40 %
moins de 61 ans révolus	50 %	50 %
moins de 71 ans révolus	40 %	60 %
moins de 81 ans révolus	30 %	70 %
moins de 91 ans révolus	20 %	80 %
plus de 91 ans révolus	10 %	90 %

(1) La valeur fiscale du droit viager au logement dont peut bénéficier le conjoint survivant est égale à 60 % de cette valeur de l'usufruit.

À NOTER

Le montant des abattements ainsi que les tranches d'imposition n'ont pas été modifiés depuis le 1/1/2011 (Voir pages Barème).

Droits de succession à payer par les enfants

Dans cet exemple, la part de chacun d'eux est de la moitié en nue-propriété, soit 450 000 € en nue-propriété. Cette part en nue-propriété vaut, compte tenu de l'âge de l'usufruitier (dans le cas présent, leur mère) 60 %, c'est-à-dire 270 000 €. Compte tenu de l'abattement de 100 000 € auquel chaque enfant a droit, la part taxable de chacun est de 270 000 € − 100 000 €= 170 000 €.

En fonction des différentes tranches du barème, elle est taxée de la manière suivante :

– à 5 % sur 8 071 €, soit 403,55 € ;

– à 10 % sur 4 037 € (12 109 €- 8 072 €), soit 403,70 € ;

– à 15 % sur 3 823 € (15 932 €- 12 109 €), soit 573,45 € ;

– à 20 % sur 154 068 € (170 000 €- 15 932 €), soit 30 813,60 €.

Total : 403,55 + 403,70 + 573,45 + 30 813,60 = 32 194,30 €.

AVANTAGE

La résidence du défunt bénéficie d'un abattement de 20 % sur la valeur vénale de l'immeuble (maison, appartement), au jour du décès, si l'immeuble continue à être occupé à titre principal par le conjoint survivant, par le partenaire lié au défunt par un PACS ou par un ou plusieurs enfants mineurs ou majeurs protégés du défunt, de son conjoint ou de son partenaire. Ce bénéfice est étendu aux enfants majeurs du défunt, de son conjoint ou de son partenaire incapables de travailler dans des conditions normales de rentabilité en raison d'une infirmité physique ou mentale, congénitale ou acquise.

› Quels sont les droits en ligne collatérale ou en l'absence de lien de parenté ?

Les frères et sœurs

Les frères et sœurs bénéficient d'un abattement *(Voir pages Barème)*.

Ils sont totalement exonérés de droits si les conditions suivantes sont réunies :

– les biens sont transmis par décès (ce qui exclut les donations) ;

– le frère ou la sœur qui hérite doit être célibataire, veuf (ve), divorcé (e) ou séparé (e) de corps ;

– il (elle) doit être âgé (e) de plus de 50 ans ou être atteint (e) d'une infirmité l'empêchant de travailler ;

– il (elle) doit avoir habité avec le défunt pendant les 5 années qui ont précédé le décès.

Les neveux et nièces

Les neveux et nièces du défunt bénéficient d'un abattement *(Voir pages Barème)*.

Les autres collatéraux

Chaque héritier ou légataire a droit à un abattement général *(Voir pages Barème)*. Selon son degré de parenté, le surplus est taxé de la manière suivante :

MONTANT DES DROITS EN LIGNE COLLATÉRALE [1]	
Fraction de la part nette taxable	**Taux applicable**
Entre frères et sœurs	
– jusqu'à un certain montant *(Voir pages Barème)*	35 %
– au-delà d'un certain montant *(Voir pages Barème)*	45 %
Entre collatéraux jusqu'au 4e degré inclus	55 %
Entre collatéraux au-delà du 4e degré	60 %
Entre non-parents	60 %

(1) Ou en l'absence de lien de parenté ou de PACS.

Le partenaire pacsé

Tout comme le conjoint, le partenaire pacsé étant exonéré de droits de succession depuis le 22/8/2007, il n'a donc pas de droits à payer.

› Quels sont les avantages et les réductions spécifiques ?

L'abattement pour les personnes handicapées

Quel que soit son degré de parenté avec le défunt, et même en l'absence d'un tel lien, la personne handicapée qui hérite bénéficie d'un abattement spécifique sur la part de succession qui lui revient *(Voir pages Barème)*, à condition d'être atteinte, à la date du décès, d'une infirmité physique ou mentale l'empêchant de se livrer à une activité professionnelle normale. Si l'héritier a moins de 18 ans, le handicap dont il est atteint doit l'empêcher d'acquérir une instruction ou une formation professionnelle d'un niveau normal.

Cet abattement est cumulable avec ceux prévus en ligne directe *(Voir pages Barème)* et entre frères et sœurs *(Voir pages Barème)*. Il ne se cumule pas avec l'abattement général *(Voir pages Barème)*.

À NOTER

Les handicapés bénéficiaires d'une donation ont également droit à l'abattement supplémentaire qui se cumule avec les autres abattements.

L'abattement accordé en cas de don à une association

La loi n° 2003-709 du 1/8/2003 relative au mécénat, aux associations et aux fondations a créé un abattement sur la part successorale de tout héritier ou légataire qui, dans les 6 mois du décès, ferait don de biens provenant de la succession en faveur d'une fondation reconnue d'utilité publique ou don de sommes en faveur d'une association reconnue d'utilité publique, de l'État, d'une commune, d'un département, d'un établissement public hospitalier, d'un organisme de sécurité sociale. L'abattement est égal à la valeur des biens ou des sommes donnés (*Code général des impôts, Art. 788-III*).

Cet abattement est cumulable avec l'abattement prévu pour les enfants, les ascendants, les frères et sœurs, ainsi qu'avec l'abattement réservé aux personnes handicapées. Mais il n'est pas cumulable avec la réduction d'impôt sur le revenu pour les dons.

Les héritiers sont-ils solidaires du paiement des droits de succession ?

Les héritiers (mais non les légataires) sont solidaires pour le paiement des droits de succession et des pénalités exigibles (*Code général des impôts, Art. 1709*).

Le service des impôts peut, par conséquent, réclamer à l'un des héritiers le total des droits dus ou simplement la part de celui qui n'a pas payé les siens.

Si l'un des cohéritiers décède, la solidarité subsiste et ses propres héritiers peuvent se voir réclamer par les services fiscaux la totalité des impôts dus. Les héritiers de ce cohéritier deviennent débiteurs de la dette qui aurait pu être réclamée à leur auteur. Ils ne sont, cependant, débiteurs que des sommes dues au prorata de leurs parts respectives dans la succession qu'ils recueillent.

Quelles sont les règles fiscales en matière de donation ?

Les règles fiscales concernant les donations sont les mêmes que celles applicables aux transmissions par décès (succession) en ce qui concerne :
– le tarif des droits ;
– les abattements sur l'actif dans les donations en ligne directe ainsi que pour l'abattement spécial prévu pour les handicapés physiques ou mentaux.
Les différences sont les suivantes :
– il n'existe pas de possibilité d'évaluer le mobilier forfaitairement à 5 % de l'ensemble des autres biens, de telle sorte que les biens mobiliers en matière de donation doivent être tous évalués ;
– il n'est pas possible de fractionner le paiement des droits comme c'est le cas pour les successions, sauf si la donation porte sur une entreprise ;
– l'abattement de 20 % déduit de la valeur d'un immeuble occupé par le défunt à titre de résidence principale n'est pas applicable aux droits applicables à une donation ;
– des abattements sont spécifiquement réservés aux donations et non aux transmissions par décès ;
– les donations consenties aux enfants adoptés simples suivent un régime spécifique.

Dons manuels

En principe, les droits de mutation pour un don manuel sont payables lors de la déclaration de ce don aux services fiscaux. La déclaration est facultative au moment du don et peut être faite spontanément par le donataire.
Elle devient obligatoire :
– lorsque le don a été révélé à l'administration fiscale (la révélation peut être spontanée de la part du contribuable ou résulter d'une réponse à une demande de l'administration au cours d'un contrôle fiscal) ;
– lorsqu'une nouvelle donation (enregistrée) est consentie au même donataire par le même donateur ;
– ou encore au moment du décès du donateur.
La déclaration se fait au moyen du formulaire n° 2735 disponible sur le site *www.impots.gouv.fr*. Elle doit être souscrite en deux exemplaires au service des impôt (pôle enregistrement) du domicile du donataire (bénéficiaire qui reçoit). Dès la mise en place effective par l'administration fiscale d'un service informatique dédié, la déclaration de dons manuels devra être télédéclarée dans l'espace personnel du donataire sur le site *www.impots.gouv.fr*.
Exceptionnellement, si le don manuel porte sur une somme supérieure à 15 000 €, le donataire peut le déclarer mais ne payer les droits qu'après le décès du donateur. Il doit indiquer qu'il prend cette option au moment de la déclaration qui se fait au moyen du formulaire n° 2734.
Les droits de mutation sont calculés sur la valeur du don manuel au jour de sa déclaration ou de son enregistrement, ou sur sa valeur au jour de la donation si celle-ci est supérieure. Le tarif et les abattements applicables sont ceux en vigueur au jour de la déclaration ou de l'enregistrement du don manuel.

Donations consenties depuis plus de 15 ans

L'abattement, avant le calcul des droits de succession, peut être appliqué à chaque transmission de biens à condition qu'un délai de 15 ans minimum se soit écoulé entre la première donation et la seconde donation, ou entre la donation et la succession (*Code général des impôts, Art. 784*).

À NOTER

La loi de finances rectificative pour 2012 a allongé le délai de 10 ans à 15 ans depuis août 2012.

Abattements applicables

Ils sont les mêmes que ceux prévus en matière de succession pour les personnes suivantes :
– les enfants ;
– les parents ;
– le frère ou la sœur ;
– les neveux et nièces *(Voir pages Barème)*.
En revanche, certains abattements ne sont accordés qu'aux donations sans être applicables aux transmissions par succession. Il s'agit des donations effectuées en faveur :
– du conjoint et du partenaire pacsé (ils sont tous deux exonérés de droits pour les biens reçus par succession) ;
– des petits-enfants ;
– des arrière-petits-enfants *(Voir pages Barème)*.
Les enfants, les petits-enfants, les arrière-petits-enfants ou, à défaut de descendance, les neveux et nièces bénéficient d'un abattement supplémentaire pour les dons de sommes d'argent reçus, en un ou plusieurs versements, de leur ascendant ou de leur oncle et tante

(Voir pages Barème). Cet abattement est accordé sous les conditions suivantes :
– le donateur doit être âgé de moins de 80 ans ;
– le donataire doit être âgé de plus de 18 ans ou être émancipé ;
– le don doit être déclaré ou enregistré par le donataire au service des impôts de son domicile dans le mois qui suit la date du don.

Depuis le 18/8/2012, cet abattement se renouvelle tous les 15 ans.

Des abattements plafonnés sont également prévus :
– en cas de donation d'une entreprise à ses salariés, à condition que le donateur détienne l'entreprise depuis plus de 2 ans, que les salariés donataires restent en fonction pendant les 5 ans qui suivent la transmission et que l'un d'entre eux assure la direction de l'entreprise pendant cette même durée minimum (*Code général des impôts, Art. 790 A*) ;
– en cas de donations de terrains à bâtir consenties en 2015 sur lesquels le donataire s'engage à construire un logement dans les 4 ans (*Code général des impôts, Art. 790 H*) ;
– en cas de donations de logements neufs n'ayant jamais servi, consenties dans les 3 ans de l'obtention d'un permis de construire intervenue entre le 1/9/2014 et le 31/12/2016 (*Code général des impôts, Art. 790 I*).

AVANTAGE

Les dons en numéraire reçus par une personne victime d'un acte de terrorisme (acte postérieur au 1/1/2015), ou par une personne de sa famille en cas de décès, sont exonérés de droits de mutation (Code général des impôts, Art. 796 bis).

› Les donations consenties aux enfants adoptés simples

Les enfants adoptés de façon plénière bénéficient des tarifs de droits de mutation applicables aux transmissions en ligne directe.

En revanche, les donations effectuées en faveur des adoptés simples sont régies par des règles différentes.

- Si l'adopté est mineur au moment de la donation et si l'adoptant lui a prodigué des soins et une assistance ininterrompue pendant 5 ans au moins, de manière continue et principale, la donation est taxée au tarif des transmissions en ligne directe. Dans cette hypothèse, l'adopté bénéficie également de l'abattement en ligne directe (100 000 €).
- Si l'adopté est majeur au moment de la donation, il bénéficie des tarifs des transmissions en ligne directe s'il prouve avoir reçu de l'adoptant une assistance et des soins prodigués de façon continue, soit dans sa minorité et pendant 5 ans au moins, soit dans sa minorité et sa majorité et pendant 10 ans au moins (*Code général des impôts, Art. 786*).

Déduction du passif de la donation

Depuis le 1/1/2005, il est possible de déduire de la valeur de la donation les charges affectées au bien et prises en charge par le donataire.

Il s'agit des dettes contractées par le donateur pour l'acquisition ou dans l'intérêt des biens objets de la donation (un crédit pour l'acquisition ou pour rénover le bien, par exemple). Les dettes doivent être mises à la charge du donataire dans l'acte de donation. Cette prise en charge par le donataire doit être notifiée au créancier.

Les dettes doivent avoir été contractées auprès d'un organisme bancaire ou financier.

Enfin, le bénéfice de la déduction est subordonné à la condition que le donataire puisse démontrer qu'il a supporté le paiement effectif des dettes mises à sa charge.

À NOTER

Le fisc peut demander cette preuve dans les 3 ans qui suivent l'année de l'échéance des dettes telle qu'elle est mentionnée dans l'acte de donation (Code général des impôts, Art. 776 bis).

Quels sont les dons et legs exonérés de droits de mutation ?

Sont exonérés de droits de mutation :
– les dons et legs fait à l'État, aux régions, aux départements, aux hôpitaux et bureaux d'aide sociale ;
– les dons et legs d'œuvres d'art, de monuments ou d'objets historiques, faits à une personne morale si ces œuvres ou objets sont destinés à figurer dans une collection publique ;
– les dons et legs consentis aux établissements publics ou d'utilité publique exerçant une activité d'intérêt général à caractère philanthropique, éducatif, scientifique, social, humanitaire, sportif, familial, culturel, ou concourant à la mise en valeur du patrimoine artistique, à la défense de l'environnement naturel ou à la diffusion de la culture, de la langue et des connais-

sances scientifiques françaises, ou menant des actions concrètes en faveur du pluralisme de la presse ;

– les dons et legs faits aux établissements publics charitables ou reconnus d'utilité publique dont les ressources sont affectées à des œuvres d'assistance, à la défense de l'environnement naturel ou à la protection des animaux ;

– les dons et legs faits aux associations d'enseignement supérieur reconnues d'utilité publique, aux fondations universitaires et aux fondations partenariales ;

– les dons et legs de sommes d'argent ou d'immeubles destinés à l'achat d'œuvres d'art, de monuments ou d'objets ayant un caractère historique, de livres, d'imprimés ou de manuscrits, destinés à figurer dans une collection publique, ou à l'entretien d'une collection publique ;

– les dons et legs faits aux organismes d'HLM ;

– les dons et legs faits à l'office national des anciens combattants et victimes de guerre ;

– les dons et legs faits aux associations cultuelles, aux unions d'associations cultuelles et aux congrégations autorisées ;

– les dons et legs faits aux établissements publics pour l'érection de monuments aux morts de la guerre ou à la gloire de nos armées et des armées alliées ;

– les dons et legs d'immeubles situés dans les cœurs des parcs nationaux, faits au profit de l'établissement public du parc national concerné ;

– les dons et legs consentis aux fonds de dotation ;

– les dons et legs faits au profit du Conservatoire de l'espace littoral et des rivages lacustres ;

– les dons en numéraire reçus par une personne victime d'un acte de terrorisme (acte postérieur au 1/1/2015). Si la victime est décédée du fait de l'acte de terrorisme, l'exonération de droits de mutation s'applique aux dons en numéraire reçus par son conjoint, son partenaire pacsé, son concubin notoire, ses descendants, ses ascendants et les personnes à sa charge (*Code général des impôts, Art. 200, 795 et 796 bis*).

Quels sont les biens exonérés de droits de succession ?

Il existe des possibilités d'exemption totale ou partielle de droits de succession.

Exonération pour certains héritiers ou légataires

Depuis le 22/8/2007, les conjoints survivants ainsi que les partenaires pacsés sont totalement exonérés de droits de mutation pour les biens qui leur sont transmis par le décès de leur époux (se) ou partenaire (par succession, par testament…). Ils restent imposables pour les biens transmis par donations.

Les frères et sœurs du défunt peuvent également être exonérés de droits s'ils remplissent certaines conditions (voir plus haut).

Exonération des rentes viagères

L'article 793 du Code général des impôts prévoit que la réversion des rentes viagères entre parents en ligne directe est totalement exonérée de droits de succession.

Exonération partielle pour les logements neufs acquis entre le 1/6/1993 et le 31/12/1994

Les immeubles acquis neufs ou en l'état futur d'achèvement bénéficient, lors de leur transmission (par donation, testament ou succession) d'un abattement spécial de 46 000 €, à déduire de leur valeur lors de l'évaluation des droits.

Cette exonération s'applique sous les conditions suivantes :

– si l'immeuble a été acquis en l'état futur d'achèvement, la déclaration d'achèvement des travaux doit avoir été déposée avant le 1/7/1994 ;

– l'exonération est subordonnée à la condition que les immeubles aient été exclusivement affectés de manière continue à l'habitation principale pendant une durée minimale de 5 ans à compter de l'acquisition ou de l'achèvement s'il est postérieur.

La condition de 5 ans n'est pas opposable en cas de décès de l'acquéreur durant ce délai. En cas de donation, le délai s'impose au donataire si la durée de 5 ans depuis l'acquisition ou l'achèvement n'est pas expirée.

À NOTER

L'exonération est plafonnée à 46 000 € par part reçue par chacun des donataires, héritiers ou légataires. On calcule cette part en tenant compte de l'ensemble des transmissions consenties par la même personne.

Cet abattement spécial se cumule avec l'abattement successoral prévu pour chaque catégorie d'héritier ou légataire.

Si le bien fait partie de la communauté et que la donation est consentie par le père et la mère, l'abattement de chaque enfant est doublé (*Code général des impôts, Art. 793 et 793 ter*).

Exonération pour les immeubles acquis neufs entre le 1/8/1995 et le 31/12/1995

L'exonération, lors de la première transmission à titre gratuit, est subordonnée aux conditions suivantes :
– le logement a dû être affecté à l'habitation principale pendant au moins 2 ans à compter de l'acquisition ;
– l'héritier ou le donataire doit conserver cet usage pendant au moins 3 ans à compter de la transmission.
L'exonération est plafonnée à 46 000 € par part reçue par chacun des donataires, héritiers ou légataires (*Code général des impôts, Art. 733*).

Exonération pour les immeubles locatifs acquis entre le 1/8/1995 et le 31/12/1996

La première transmission à titre gratuit de ces immeubles est exonérée de droits de succession à concurrence des 3/4 de leur valeur. Les immeubles doivent avoir été consacrés à l'habitation principale d'un locataire. La location doit avoir pris effet dans les 6 mois de l'acquisition de l'immeuble et doit être conclue pour une durée minimale de 9 ans. L'exonération est plafonnée à 46 000 € (*Code général des impôts, Art. 793*).
L'exonération de droits de mutation à titre gratuit bénéficie également aux personnes morales ou organismes de même nature situés dans un État membre de l'Union européenne ou dans un autre État partie à l'accord sur l'Espace économique européen ayant conclu avec la France une convention d'assistance administrative.

Exonération des biens ruraux

Certains biens ruraux sont exonérés de droits de succession à concurrence des 3/4 de leur valeur à certaines conditions. Il s'agit notamment :
– des biens ruraux qui ont fait l'objet d'un bail à long terme ou bail cessible ;
– des parts d'intérêt détenues dans un groupement foncier agricole ;
– des parts de groupements forestiers ;
– des bois et forêts ;
– des terrains non bâtis qui ne sont pas en nature de bois et forêts, classés NATURA 2000 ;
– de la transmission du bénéfice du contrat de travail à salaire différé (*Code général des impôts, Art. 793 et 793 bis*).

Exonération des donations de terrains à bâtir

Les donations de terrains à bâtir signées entre le 1/1/2015 et le 31/12/2015 sont exonérées des droits de mutation à concurrence de 100 000 € dans la limite de la valeur déclarée de ces biens. Il faut que l'acte de donation contienne l'engagement par le donataire, pris pour lui et ses ayants cause, de réaliser et d'achever des locaux neufs destinés à l'habitation dans un délai de 4 ans à compter de la date de l'acte (*Code général des impôts, Art. 793 H*).

Exonération des donations d'immeubles neufs

Les donations d'immeubles neufs à usage d'habitation pour lesquels un permis de construire a été obtenu entre le 1/9/2014 et le 31/12/2016 sont exonérées de droits de mutation à titre gratuit, dans la limite de la valeur déclarée de ces biens, à concurrence de :
– 100 000 € lorsqu'elles sont consenties au profit d'un descendant ou d'un ascendant en ligne directe, du conjoint ou du partenaire pacsé ;
– 45 000 €, lorsqu'elles sont consenties au profit d'un frère ou d'une sœur ;
– 35 000 €, lorsqu'elles sont consenties au profit d'une autre personne.
Il faut que les donations soient signées dans les 3 ans suivant l'obtention du permis.
L'ensemble des donations consenties par un même donateur est exonéré à hauteur de 100 000 € (*Code général des impôts, Art. 790 I*).

Exonération en cas d'établissement du titre de propriété

Les immeubles dont le titre de propriété a été reconstitué et publié entre le 1/10/2014 et le 31/12/2027 sont exonérés de droits de mutation lors de leur première mutation postérieure à la reconstitution des titres de propriété, à concurrence de 50 % de leur valeur (30 % pour les successions ouvertes et les donations consenties avant le 8/3/2017).

AVANTAGE

Sont également exonérés de droits de succession (mais pas de droits de donation) les immeubles non bâtis indivis (ou les droits portant sur de tels immeubles), inclus dans une parcelle d'une valeur totale inférieure à 5 000 € (10 000 €

s'ils sont constitués de deux parcelles contiguës), pour lesquels le droit de propriété du défunt n'a pas été constaté avant son décès par un acte régulièrement transcrit ou publié. L'exonération ne s'applique que si les attestations notariées relatives à ces biens sont publiées dans un délai de 24 mois à compter du décès. Elle est limitée à une seule parcelle ou à deux parcelles contiguës par succession.

Exonération sur les contrats d'assurance vie

En principe, le capital versé au titre d'un contrat d'assurance vie n'est pas assujetti au paiement des droits de succession, sous réserve de la taxation des primes versées après 70 ans et du prélèvement fiscal applicable lorsque le capital versé excède 152 500 € (voir plus loin).

De même, sont exonérées les sommes versées en vertu d'un régime de prévoyance obligatoire ou celles qui ne seraient pas recueillies à titre gratuit (c'est le cas du bénéficiaire ayant personnellement payé les primes).

La seule exigence est que l'assurance doit être due en raison du décès de l'assuré et que le bénéficiaire soit déterminé ou déterminable.

AVANTAGE

L'assurance n'étant soumise ni à la règle du rapport ni à celle de la réduction, c'est donc un moyen de favoriser un enfant ou un tiers (exemple : un concubin).

Si les primes versées sont manifestement exagérées par rapport aux facultés financières du défunt, ses héritiers peuvent demander au bénéficiaire du contrat la réduction (si le bénéficiaire est un tiers) ou le rapport à succession (si le bénéficiaire est un héritier).

Les primes versées sont considérées comme des donations. Si le bénéficiaire du contrat d'assurance est un héritier, il doit rapporter à la succession l'intégralité des primes et non pas uniquement la partie de ces primes constituant l'abus (*Code des assurances, Art. L. 132-13*).

Primes versées après 70 ans

L'article 757 B du Code général des impôts limite la portée de cette exonération générale en soumettant aux droits de succession les sommes versées au décès de l'assuré par les assureurs, à concurrence de la fraction des primes versées après l'âge de 70 ans qui excède 30 500 €.

Lorsque plusieurs contrats sont conclus sur la tête d'un même assuré, il est tenu compte de l'ensemble des primes versées après le 70e anniversaire de l'assuré pour l'appréciation de la limite de 30 500 €.

Tous les contrats d'assurance vie ou en cas de décès souscrits à compter du 20/11/1991 et conclus sur la tête du même assuré, en vertu desquels des primes ont été versées après son 70e anniversaire, doivent être déclarés par les bénéficiaires, au décès de l'assuré, dans les conditions fixées pour les déclarations de succession. La déclaration doit préciser, pour chaque contrat, la date de souscription et le montant des primes versées après les 70 ans de l'assuré (*Code général des impôts, Art. 292 A et 292 B*).

À NOTER

Les assureurs ne peuvent verser le capital aux bénéficiaires qu'après avoir reçu un certificat du comptable des impôts attestant le dépôt de la déclaration des bénéficiaires.

Imposition des contrats souscrits après le 13/10/1998

Pour les contrats souscrits après le 13/10/1998 ou, s'il s'agit d'un contrat antérieur, pour les primes versées après cette date, les sommes versées à chaque bénéficiaire par les assurances au décès du souscripteur sont soumises à un prélèvement fiscal de :

– 20 % pour la fraction de la part taxable comprise entre 125 500 € et 700 000 € ;

– 31,25 % pour la fraction de la part taxable qui dépasse cette limite.

Par ailleurs, les contrats « vie-génération » investis en parts ou actions souscrits depuis le 1/1/2014, ainsi que les anciens contrats transformés entre le 1/1/2014 et le 1/1/2016, bénéficient d'un abattement supplémentaire d'assiette de 20 %, applicable avant l'abattement de 152 500 €.

Les assurances ne peuvent remettre les sommes imposables au (x) bénéficiaire (s) qu'après avoir adressé à la direction des services fiscaux du domicile de l'assuré (le défunt) une déclaration contenant les références du contrat, l'identification de l'assuré, le montant des sommes dues, le montant des primes versées…

Cette déclaration, faite sur formulaire fourni par l'administration, doit être envoyée dans les 60 jours qui suivent le jour où ils ont eu connaissance du décès de l'assuré (*Code général des impôts, Art. 990 I et 306-0 F Annexe II*).

Le prélèvement est versé directement par les assurances au comptable public dans les 15 jours qui suivent la fin du mois au cours duquel les sommes ont été remises au bénéficiaire.

Lorsque les sommes sont versées à la Caisse des dépôts et consignations, elles sont soumises à un prélèvement de 20 % pour la fraction de la part taxable de chaque bénéficiaire inférieure ou égale à 700 000 € et de 31,25 % pour la fraction de la part taxable de chaque bénéficiaire excédant cette limite. Ce prélèvement est applicable depuis le 1/1/2016.

L'imposition est applicable à toutes sommes versées (capital, rente) à l'occasion du décès du souscripteur à l'exception :

– du capital correspondant aux primes versées après 70 ans, déjà soumises aux droits de mutation ;

– des sommes versées par un contrat d'assurance de groupe souscrit dans le cadre d'une activité professionnelle.

AVANTAGE

Le conjoint survivant et le partenaire pacsé sont exonérés des prélèvements fiscaux et des droits de mutation, quel que soit le montant reçu (Code général des impôts, Art. 990-I).

Exonération pour certaines successions

Certaines successions sont exonérées de droits de succession. Il s'agit essentiellement des successions de militaires ou civils décédés à la suite de faits de guerre ou de terrorisme, des successions des policiers ou gendarmes, des agents des douanes décédés dans l'accomplissement de leur mission et cités à l'ordre de la Nation, et les successions de pompiers décédés en opération de secours (*Code général des impôts, Art. 796*).

ATTENTION ⚠

L'exonération ne profite, toutefois, qu'aux parts nettes recueillies par les ascendants, les descendants, le conjoint du défunt, ainsi que par ses frères et sœurs ou leurs descendants.

Exonération partielle pour les transmissions d'entreprises

Sont exonérés de droits de mutation à concurrence des trois quarts de leur valeur, les parts ou actions de sociétés ayant une activité commerciale, artisanale, agricole ou libérale ainsi que les biens meubles ou immeubles, corporels ou incorporels affectés à l'exploitation d'une entreprise individuelle, lorsque ces parts ou biens sont transmis par succession ou par donations.

Les donations peuvent porter sur la pleine propriété ou être consenties avec réserve d'usufruit.

Cette exonération partielle est admise sous certaines conditions :

S'il s'agit d'une société

Les parts ou les actions doivent faire l'objet d'un engagement collectif de conservation conclu entre le défunt ou le donateur et les autres associés. Ce pacte est d'une durée minimale de 2 ans. Il peut être en cours lors de la transmission (le décès ou la donation) ou être conclu après le décès du détenteur des titres par ses héritiers entre eux ou avec d'autres associés, dans les 6 mois du décès (cet engagement peut donc être pris lors de la déclaration de succession, en même temps que l'engagement individuel).

L'engagement collectif de conservation doit porter sur un certain pourcentage des parts ou actions de l'entreprise (au moins 20 % si la société est cotée et 34 % dans le cas contraire).

Chacun des héritiers, donataires ou légataires prend l'engagement dans la déclaration de succession ou l'acte de donation, pour lui et ses ayants cause (héritiers, donataires ou légataires), de conserver les parts ou les actions transmises pendant une durée de 4 ans à compter de la date d'expiration du pacte de conservation. L'un des associés ou l'un des héritiers, donataires ou légataires doit exercer effectivement une activité de dirigeant dans la société pendant les 3 ans (depuis le 26/9/2007) qui suivent la date de la transmission (*Code général des impôts, Art. 787 B*).

S'il s'agit d'une entreprise individuelle

L'entreprise individuelle doit être détenue depuis plus de 2 ans par le défunt ou le donateur lorsqu'elle a été acquise à titre onéreux.

Chacun des héritiers, donataires ou légataires prend l'engagement dans la déclaration de succession ou l'acte de donation, pour lui et ses ayants cause à titre gratuit, de conserver l'ensemble des biens affectés à l'exploitation de l'entreprise pendant une durée de 4 ans à compter de la date de la transmission.

L'un des associés ou l'un des héritiers, donataires ou légataires doit exercer effectivement une activité de dirigeant dans la société pendant la durée de l'engagement collectif et pendant les 3 ans qui suivent la date de la transmission (*Code général des impôts, Art. 787 C*).

Exonération sur les bois et forêts

La forêt bénéficie d'une fiscalité allégée en matière de transmission : un abattement de 75 % est pratiqué sur la valeur vénale avant le calcul des droits de succession. Ainsi, seul un quart de la valeur des biens forestiers est susceptible de supporter la taxation en cas d'héritage.

Cette exonération est assortie de plusieurs obligations, notamment l'engagement d'exploiter le domaine forestier pendant 30 ans, dans les conditions fixées par le Code forestier.

Cet allègement fiscal s'applique également lorsque les biens forestiers font l'objet d'une donation, à condition de respecter les mêmes conditions.

Le pacte tontinier

Lorsque deux personnes ont acquis, avec une clause de tontine depuis le 5/9/1979, leur résidence principale dont la valeur globale est inférieure à 76 000 €, au moment du premier décès, le survivant sera seul propriétaire du bien. Il ne paiera pas les droits de succession et ne paiera que les droits de mutation à titre onéreux (environ 10 % au lieu de 60 %, tarif fixé pour les transmissions de biens entre personnes non parentes). Si le bien a une valeur supérieure à cette somme, la transmission est imposée au tarif des droits de succession.

Depuis le 1/1/2010, tout bénéficiaire d'un pacte tontinier sur l'achat d'un immeuble, quelle que soit la valeur de cet immeuble, peut choisir le paiement des droits de succession au lieu des droits de mutation à titre onéreux, si cette disposition lui est plus favorable. C'est notamment le cas pour les époux, partenaires pacsés, frères et sœurs ou encore les personnes ayant doit à un abattement (*Code général des impôts, Art. 754 A*).

À NOTER

Un acquéreur ne peut revendre seul sa part, ni l'hypothéquer. L'immeuble formant un tout ne pouvant être fractionné, seule la vente d'un commun accord entre les acquéreurs ou le décès de l'un d'entre eux peut mettre fin à cette « communauté ».

Quels contrôles l'administration fiscale peut-elle effectuer ?

Afin d'éviter tous risques de fraude, certaines règles sont appliquées par les services fiscaux, lors de l'évaluation du montant des droits de succession :

– si le défunt détenait l'usufruit sur un bien meuble ou immeuble et que la nue-propriété appartenait à un de ses héritiers ou descendant de ses héritiers, la valeur totale du bien est prise en compte dans l'actif soumis aux droits de succession.

En effet, le fisc estime qu'une vente intervenue entre un père et son fils, par exemple, constitue en réalité une donation déguisée.

À ce titre, ils sont donc amenés à réclamer les droits de mutation à titre gratuit, droits plus élevés que ceux réclamés pour une mutation à titre onéreux (vente).

À NOTER

Les droits de mutation qui seraient déjà payés viennent en déduction des droits de succession réclamés. En revanche, le fisc admet un abattement de 20 % sur la valeur d'un immeuble (maison, appartement) lorsque cet immeuble constituait la résidence principale du défunt et qu'il continue à être occupé, après le décès, par le conjoint survivant, par le partenaire pacsé (depuis le 1/1/2005), ou par un descendant.

S'il s'agit d'un immeuble à usage mixte (à usage professionnel et d'habitation), l'abattement ne s'applique que sur la partie affectée à l'habitation (*Code général des impôts, Art. 761 et 764 bis*).

– sont présumées jusqu'à preuve contraire, faire partie de la succession, pour la fixation des droits de succession, les actions, obligations, parts de fondateur ou bénéficiaire, parts sociales ou toutes autres créances dont le défunt a eu la propriété ou a perçu les revenus ou à raison desquelles il a effectué une opération quelconque, moins d'1 an avant son décès.

Cette présomption englobe tous les mouvements intervenus sur les comptes bancaires ;

– les sommes, titres ou objets trouvés dans un coffre-fort, ou les titres, sommes, valeurs existant chez un dépositaire sont censés appartenir conjointement aux propriétaires désignés.

À NOTER

Les sommes d'argent déposées dans un coffre loué conjointement par deux époux sont réputées appartenir à ces deux époux, de façon indivise.

Quels sont les délais de prescription ?

En principe, le droit de reprise de l'administration s'exerce jusqu'à l'expiration de la 3e année suivant

celle de l'enregistrement de la déclaration (*Livre des procédures fiscales, Art. L. 180 et s.*). Mais des exceptions sont prévues :
– si des biens ont été omis de la déclaration, la rectification peut intervenir jusqu'au 31 décembre de la 6e année suivant celle de la déclaration. Ce délai est justifié par le fait que l'administration doit procéder à des recherches pour reconstituer l'actif successoral ;
– le délai peut être porté à 10 ans en cas de comptes bancaires, de contrats d'assurance vie ou de trusts ouverts à l'étranger lorsqu'ils n'ont pas été révélés à l'administration ;
– lorsque le donataire opte pour la déclaration ou l'enregistrement du don manuel dans le délai d'1 mois suivant le décès du donateur, le droit de reprise de l'administration s'exerce jusqu'à l'expiration de la 6e année suivant le décès du donateur ;
– la valeur des donations antérieures intervenues depuis moins de 15 ans peut être rectifiée lors de l'ouverture de la succession ou en cas d'enregistrement d'une nouvelle donation, pour le calcul des nouveaux droits de mutation dus.

EXTENSION DU DÉLAI DE CONTRÔLE POUR CAUSE DE COVID-19

Suite à l'épidémie de Covid-19, le délai de reprise de l'administration est exceptionnellement allongé de 166 jours pour les déclarations qui auraient été normalement prescrites le 31/12/2020. Cette extension du délai de contrôle s'applique aux déclarations concernées par la prescription de 3 ans, de 6 ans ou de 10 ans. En conséquence, l'administration pourra rectifier jusqu'au 1/6/2021 (et non jusqu'au 31/12/2020) les déclarations de succession enregistrées en :
– 2017 en cas de déclaration complète ;
– 2014 en cas d'omission d'un bien dans la déclaration ;
– 2010 en cas de non déclaration d'un compte bancaire, d'un contrat d'assurance vie ou d'un trust ouvert à l'étranger.
Les déclarations pour lesquelles le délai de reprise expire postérieurement au 31/12/2020 ne sont pas concernées par cette extension.

Qu'est-ce-que le contrôle sur demande ?

Les bénéficiaires d'une donation ou d'une succession peuvent demander à l'administration de contrôler la donation ou la déclaration de succession. La demande doit être faite au plus tard dans le délai de 3 mois qui suivent l'enregistrement de l'acte.
Ce contrôle doit être fait dans l'année qui suit la demande. À l'issue du délai d'1 an et à défaut de contrôle engagé par l'administration, les éléments et les montants figurant dans l'acte ou la déclaration ne pourront plus être remis en cause (*Livre des procédures fiscales, Art. L. 21-B*).

Peut-on obtenir des délais pour le paiement des droits de succession ?

Les droits de succession peuvent faire l'objet d'un paiement fractionné ou différé. Il s'agit d'un crédit assorti d'intérêts pour lequel l'administration fiscale demande des garanties de paiement.
Les intérêts dus sont calculés par référence au taux effectif moyen pratiqué par les établissements de crédit pour des prêts immobiliers à taux fixe consentis aux particuliers.
Le chiffre retenu est celui calculé au cours du 4e trimestre de l'année précédant celle de la demande de crédit et est réduit d'un tiers (seule la première décimale étant retenue). Il est applicable pendant toute la durée du crédit.

À NOTER

La demande de crédit (paiement fractionné ou différé) est, la plupart du temps, formulée par le notaire en bas de la déclaration de succession. Elle peut aussi être jointe à ce document.

Paiement fractionné des droits de succession

Le fractionnement consiste à payer les sommes dues en plusieurs versements égaux.
Le nombre et la fréquence des versements dépendent des biens transmis.

En principe, la durée du fractionnement s'étend sur une période maximale d'1 an, avec 3 versements à intervalle de 6 mois au plus.

Lorsque l'actif successoral est composé majoritairement (50 % au moins) de biens non liquides, les droits peuvent être payés en 7 versements sur une période de 3 ans.

Les biens dits non liquides sont : les brevets d'invention, les clientèles, les créances non exigibles au décès, les droits d'auteur, les fonds de commerce y compris le matériel et les marchandises qui en dépendent, les immeubles, les matériels agricoles, bestiaux et récoltes, les offices ministériels, les parts sociales dans des sociétés dont le capital n'est pas divisé en actions, les valeurs mobilières non cotées en Bourse, les objets d'antiquité, d'art ou de collection.

Les intérêts sont acquittés lors du versement de chaque fraction, à laquelle ils s'ajoutent.

Paiement différé des droits de succession

Le paiement des droits de succession peut être différé dans des cas précis :

– lorsque le bien est recueilli en nue-propriété. Le différé de paiement est possible pour les droits relatifs à la valeur de la nue-propriété ;

– en cas d'attribution préférentielle pour les droits correspondant à la soulte due par le bénéficiaire quand ce dernier a obtenu des délais de paiement de la part de ses cohéritiers ;

– en cas de legs ou donation soumis à réduction pour les droits correspondant à l'indemnité due par le légataire ou le donataire lorsque cette indemnité est payable à terme.

Le différé de paiement ne peut pas excéder 6 mois à compter :

– soit de la réunion de l'usufruit et de la nue-propriété (en cas de décès de l'usufruitier notamment) ou de la cession de la nue-propriété ;

– soit du terme du délai accordé à l'attributaire, au légataire ou au donataire pour le paiement des sommes dont il est débiteur envers ses cohéritiers ;

– ou de la date du décès du conjoint survivant ;

– ou encore de la date de la donation ou cession, partielle ou totale, des biens transmis par succession.

Les intérêts sont acquittés annuellement. Le premier terme vient à échéance 1 an après l'expiration du délai imparti pour souscrire la déclaration de succession (*Code général des impôts, Art. 401 et 404 B, Annexe III*).

› Garanties

La demande de différé ou de fractionnement doit contenir une offre de garanties suffisantes que le débiteur de l'impôt s'engage à constituer à ses frais et dans le délai de 4 mois (depuis le 30/11/2015). La garantie peut notamment consister en une sûreté comme l'inscription d'une hypothèque, d'un gage, d'un nantissement, ou en une caution personnelle comme une caution bancaire, par exemple. Depuis le décret du 6/5/2005, il est expressément prévu que les biens qui servent à la liquidation des droits de mutation à titre gratuit soient admis en garantie. D'autre part, depuis le 30/11/2015, ces garanties ne sont plus limitées aux seuls sûretés réelles et engagements de caution solidaire. Elles peuvent aussi porter sur des biens incorporels comme une créance de somme d'argent par exemple, sur un fonds de commerce, sur des actions ou parts sociales… Le débiteur doit fournir alors, au comptable des finances publiques, en même temps que sa demande de crédit, tous les éléments nécessaires pour permettre la mise à jour de l'évaluation des biens. Il doit aussi tous les ans, dans le mois de la date anniversaire de la demande de crédit, renouveler cette mise à jour pour que le fisc puisse apprécier régulièrement la consistance des biens apportés en garantie (*Code général des impôts, Art. 400, Annexe III*).

À NOTER

Le comptable des finances publiques peut aussi, à tout moment, exiger un complément de garanties. Dans ce cas, ces garanties complémentaires doivent être constituées dans le délai d'1 mois qui suit la demande adressée par lettre recommandée avec avis de réception.

Déchéance du crédit

Le redevable est déchu du bénéfice du crédit et les sommes encore dues deviennent immédiatement exigibles en cas de retard de paiement ou en cas de défaut de constitution de garanties. Le contribuable doit également payer des pénalités.

› Paiement des droits en cas de transmission d'entreprise

En cas de transmission d'entreprise par donation ou par décès, le paiement des droits de mutation à titre gratuit peut être différé puis fractionné.

Le paiement est différé pendant 5 ans à compter de la date d'exigibilité des droits.

À l'expiration de ce délai, le paiement peut être fractionné pendant 10 ans lorsque les mutations portent :

– sur l'ensemble des biens meubles et immeubles, corporels ou incorporels affectés à l'exploitation d'une entreprise individuelle ayant une activité industrielle, commerciale, artisanale, agricole ou libérale et exploitée par le donateur ou le défunt ;
– sur les parts sociales ou les actions d'une société ayant une activité industrielle, commerciale, artisanale, agricole ou libérale, non cotée en bourse, à condition que le bénéficiaire reçoive au moins 5 % du capital social (*Code général des impôts, Art. 397 A, Annexe III*).

Les droits dont le paiement est fractionné sont exigibles par parts égales à intervalle de 6 mois. Le premier versement est effectué à l'expiration du délai de paiement différé. Le paiement des autres fractions intervient dans le mois suivant chaque échéance.

Cas pratiques

Recevoir un patrimoine

Acceptation tacite d'une succession

Quand peut-on parler « d'acceptation tacite d'une succession » ? Mon père est décédé. Sa banque a saisi le tribunal en me demandant, ainsi qu'à mon frère, le paiement d'arriérés. Je me suis défendu devant le tribunal. Mais je voudrais maintenant renoncer à la succession. Est-ce encore possible ?

Pour trancher, les juges se penchent sur les circonstances de chaque cas et notamment sur l'intention véritable de l'héritier. En général, il n'y a pas d'acceptation tacite d'une succession si cela n'est pas la véritable intention de l'héritier. Si vous vous êtes contenté de vous défendre lors de la procédure engagée par la banque, on ne peut pas en déduire que vous avez accepté tacitement la succession de votre père. À l'inverse, dans une affaire jugée par la Cour de cassation, des héritiers avaient formé une demande reconventionnelle par laquelle ils mettaient en cause la responsabilité de la banque, demandaient réparation de leur préjudice et la compensation entre la créance de la banque et leur indemnité. Par la suite, un des héritiers avait décidé de renoncer à la succession. Les juges ont estimé qu'il n'avait plus la possibilité de renoncer : la demande reconventionnelle qu'il avait formée équivalait à une acceptation de la succession puisqu'il s'était comporté comme un héritier pur et simple (*Cour de cassation, 1 re chambre civile, 3/12/2002*).

Notaire

Dans quelle mesure un notaire doit-il informer ses clients de la portée de leurs actes ?

Le notaire est toujours tenu d'informer et d'éclairer ses clients sur la portée et les effets des actes qu'il établit comme l'illustre cette affaire.

M. X avez vendu à un ami un logement en viager occupé, moyennant le versement d'une rente viagère. Le même jour, il avait donné, au même ami, la moitié d'un ensemble immobilier qu'il détenait en indivision avec sa fille. Vente et donation avaient été réalisées devant le même notaire.

M. X lui réclame, quelque temps plus tard, des dommages et intérêts, pour manquement à son devoir de conseil. Il aurait dû, à ses yeux, lui conseiller de demander un bouquet (en plus de la rente viagère) lors de la vente en viager et lui signaler que la donation était contraire aux intérêts de sa fille.

Il a obtenu gain de cause auprès de la Cour de cassation *(Cour de cassation, 1re chambre civile, 3/5/2018, n° 16-20419)* .

Indivision - rémunération

On m'a dit que l'indivisaire qui a exploité et développé par son travail le bien en indivision doit être rémunéré. Dans mon cas, nous avons, ma famille et moi, hérité d'une pharmacie que j'ai exploité seul pendant plusieurs années. Pourrai-je bénéficier seul, lors du partage, de la plus-value que j'ai apportée ?

Non, car la règle posée par la loi est la suivante : si le bien indivis a pris de la valeur en raison de l'exploitation personnelle d'un indivisaire, ce dernier n'est pas indemnisé en fonction de la plus-value apportée au bien (*Code civil, Art. 815-12*). Cette plus-value profite en effet à l'indivision. Vous ne pouvez prétendre qu'à une rémunération de votre travail puisque le travail n'est pas assimilé à une dépense financière susceptible d'être remboursée. Vous êtes considéré juridiquement comme le gérant de l'indivision et devez être rémunéré à ce titre. Vous pourrez donc demander une rémunération de votre travail qui pourrait être calculée, par exemple, sur le salaire d'un pharmacien diplômé (*Cour de cassation, 1re chambre civile, 29/5/1996*).

Indivision - désaccord entre indivisaires

À la suite du décès de notre mère, mes frères et sœurs et moi-même (nous sommes cinq) nous sommes retrouvés en indivision. Un seul s'oppose à la vente d'une maison dont le prix pourrait servir à payer des droits de succession (très importants) et à arrêter le cours des pénalités de retard. Que pouvons-nous faire ?

Tout d'abord, sachez que les indivisaires titulaires d'au moins 2/3 des droits indivis peuvent, à cette majorité, vendre les meubles indivis pour payer les dettes de l'indivision (Code civil, Art. 815-3).

Par ailleurs, la loi permet à un ou plusieurs indivisaires de s'adresser au tribunal judiciaire afin d'être autorisé à passer seul un acte pour lequel le consentement de l'opposant serait nécessaire, si le refus de celui-ci met en péril l'intérêt commun (*Code civil, Art. 815-5*). Pour obtenir cette autorisation, vous devez, avec les autres indivisaires, assigner l'opposant à la vente devant le tribunal judiciaire. La notion « d'intérêt commun en péril » est bien sûr fonction de chaque cas et seul le tribunal saisi est apte à la déterminer. Dans un cas semblable au vôtre, les juges ont considéré que l'intérêt commun était en péril puisque chaque héritier pouvait se voir réclamer le paiement intégral des droits de succession et que le fisc pouvait inscrire une hypothèque sur les immeubles indivis. La vente a donc été ordonnée malgré l'opposition d'un des indivisaires (*Cour de cassation, 1re chambre civile, 14/2/1984*).

Partage – souvenirs de famille

Mon père avait reçu plusieurs décorations pendant la guerre et avait conservé de nombreuses correspondances de cette époque. Maintenant que ma mère est morte, j'ai peur que mes frères dispersent ces souvenirs. Je voudrais les conserver. En ai-je le droit ?

Les souvenirs de famille comme les décorations, les documents, les manuscrits ou les portraits de famille ne sont pas partagés comme les autres biens d'une succession en raison de leur valeur essentiellement morale (plus que patrimoniale). On dit qu'ils sont « hors du commerce ». Au décès de celui qui les détient, ces biens restent en indivision mais peuvent être confiés, en dépôt, à celui des héritiers qui paraît le plus qualifié pour les conserver. À défaut d'accord avec vos frères, le juge (tribunal judiciaire) pourra vous les confier ou décider de les remettre à un organisme chargé de la mise en valeur et de la préservation des archives régionales ou nationales.

Partage

Ayant quatre enfants, je m'inquiète pour le règlement de ma succession. Si, au moment de l'ouverture de ma succession, certains d'entre eux ne donnent pas de réponse au notaire ou contestent le montant de leurs parts, les autres enfants pourront-ils toucher leurs parts ou tout sera-t-il bloqué ?

Lors de l'ouverture de votre succession, les biens seront en indivision entre vos enfants.

Pour que chaque enfant puisse obtenir sa part, il faut qu'un partage intervienne. Le partage peut être amiable si tous les héritiers sont d'accord pour établir les lots, ou judiciaire dans le cas contraire. Le partage sera alors prononcé par le tribunal judiciaire après une procédure suivie par un avocat. Pour éviter une telle procédure longue et coûteuse et si vous pressentez des difficultés entre vos enfants, il serait très utile, dans la mesure du possible, d'effectuer de votre vivant la répartition de vos biens entre eux. L'avantage d'une donation-partage ou d'un testament partage permet de constituer les parts de chaque enfant sans que cette attribution ne puisse être remise en cause au moment de l'ouverture de la succession. Il faut pour cela vous adresser à un notaire.

Déclaration de succession – évaluation du domicile du défunt

Après le décès de mon père, nous avons hérité de sa maison dans laquelle ma mère habite encore au titre de son droit en usufruit. Comment évaluer ce bien ?

Il faut tout d'abord fixer la valeur vénale de cette maison. Pour l'établir, le notaire demande en général l'évaluation de deux agents immobiliers et détermine la valeur en faisant la moyenne des deux estimations. Comme votre mère a un droit d'usufruit sur la maison, vous en détenez seulement la nue-propriété. La valeur de votre droit sur la maison est fonction de l'âge de votre mère au moment du décès de votre père.

Si elle a :

- entre 51 et 60 ans : la valeur de la nue-propriété correspond à 50 % de la valeur du bien ;
- entre 61 et 70 ans : le pourcentage est de 60 % ;
- entre 71 et 80 ans : il est de 70 % ;
- entre 81 et 90 ans : il est de 80 % ;
- et à partir de 91 ans : il est de 90 %.

Dettes du défunt – renonciation à la succession

Après le décès de ma mère, son assistante de vie nous a réclamé le salaire du dernier mois travaillé et sa prime de licenciement. Mais j'ai renoncé à la succession de ma mère. Dois-je tout de même régler ces sommes ?

Non, car l'héritier qui renonce à une succession n'est censé n'avoir jamais hérité. Il n'est donc pas tenu de régler les dettes de la succession. Sa seule obligation est de régler les frais funéraires de son parent en proportion de ses moyens (*Code civil, Art. 806*).

C'est la position retenue par la Cour de cassation dans une affaire où trois auxiliaires de vie d'une défunte réclamaient aux enfants de cette dernière le règlement du dernier salaire, de l'indemnité de préavis et de la prime de licenciement ainsi que le document lié à la rupture du contrat à destination de Pôle emploi. Les enfants ayant renoncé à la succession de leur mère n'ont rien eu à payer. Ils ont seulement dû délivrer le document demandé (*Cour de cassation, Chambre sociale, 17/5/2017*).

Donations et successions

Abattements fiscaux

NATURE DE L'ABATTEMENT	MONTANTS
Enfants et parents	100 000 euros (donation et succession) [1]
Conjoints et partenaires pacsés	80 724 euros (donation)
Frères et sœurs	15 932 euros (donation et succession)
Neveux et nièces	7 967 euros (donation et succession)
Petits-enfants	31 865 euros (donation)
Arrière-petits-enfants	5 310 euros (donation)
Dons familiaux de sommes d'argent	31 865 euros
Personnes handicapées	159 325 euros (donation et succession)
Abattement général succession	1 594 euros
(1) Montant applicable depuis le 18/8/2012.	

Tarifs des droits de mutation (fraction de part nette taxable)

ENTRE CONJOINTS ET PARTENAIRES PACSÉS	
Jusqu'à 8 072 euros	5 %
De 8 072 à 15 932 euros	10 %
De 15 932 à 31 865 euros	15 %
De 31 865 à 552 324 euros	20 %
De 552 324 à 902 338 euros	30 %
De 902 338 à 1 805 677 euros	40 %
Au-delà de 1 805 677 euros	45 %

EN LIGNE DIRECTE (PARENTS, ENFANTS, PETITS-ENFANTS...)	
Jusqu'à 8 072 €	5 %
De 8 072 à 12 109 €	10 %
De 12 109 à 15 932 €	15 %
De 15 932 à 552 324 €	20 %
De 552 324 à 902 838 €	30 %
De 902 838 à 1 805 677 €	40 %
Au-delà de 1 805 677 €	45 %

ENTRE FRÈRE ET SOEUR	
N'excédant pas 24 430 €	35 %
Supérieure à 24 430 €	45 %
ENTRE PARENTS JUSQU'AU 4E DEGRÉ INCLUS	
Sur part nette taxable	55 %
ENTRE PARENTS AU-DELA DU 4E DEGRÉ ET À UN TIERS	
Sur part nette taxable	60 %

Paiement fractionné ou différé des droits de succession

Taux d'intérêt pour les demandes présentées en 2020 : 1,2 % (0,4 % pour certaines transmissions d'entreprises).

La défense du consommateur

Vos achats

S'informer préalablement à l'achat
Les ventes à distance et hors établissement
L'exécution du contrat
La qualité et la sécurité des produits et des services
Se défendre

Votre alimentation

L'étiquetage des produits alimentaires
La qualité et l'origine des produits alimentaires

Vos achats

Le droit de la consommation a connu et continue de connaître un développement favorable aux consommateurs.

La dernière grande refonte du Code de la consommation, en 2016, permet de réunir dans un ensemble plus clair les règles relatives à l'information des consommateurs, à la formation des contrats, à la conformité et à la sécurité des produits et des services, afin d'assurer la loyauté et la sincérité de l'offre des professionnels.

Le formidable développement de l'e-commerce, la vente de biens et services par Internet, a également donné lieu à la création d'un corpus de règles fournissant aux internautes consommateurs les moyens légaux de se défendre en matière de commande, de livraison ou de remboursement lorsque le bien ne correspond pas à la demande ou n'est pas livré dans les délais.

La connaissance de cet ensemble de mesures protectrices doit permettre aux consommateurs d'acheter aux meilleurs coûts les produits et services adaptés à leurs besoins.

S'informer préalablement à l'achat

Avant d'acquérir un bien ou une prestation de services, le consommateur doit avoir été informé, de manière loyale, lisible et compréhensible, sur les prix, la qualité et les conditions particulières de la vente qui lui est proposée. Dans l'impossibilité d'une livraison immédiate, le consommateur est informé de la date ou du délai auquel le professionnel s'engage à livrer le bien ou à exécuter le service. Toutes ces informations figurent dans le contrat sur lequel s'engage expressément le consommateur.

L'information sur les prix

● L'article 410-2 du Code de commerce pose le principe de la liberté des prix des produits et services pour tous les secteurs de l'économie française. Un commerçant, un prestataire de services, un entrepreneur, un dépanneur, un constructeur, tout professionnel de manière générale peut ainsi fixer librement les prix qu'il entend obtenir pour ses produits et services.

La règle des prix libres connaît cependant des exceptions. Dans certains secteurs, la tarification est fixée, totalement ou partiellement, par les pouvoirs publics. On peut citer le tarif de la mise en fourrière des automobiles et le prix du dépannage des véhicules légers sur autoroutes et routes express. Les tarifs des notaires et ceux des huissiers de justice sont fixés par arrêté, mais uniquement pour certains actes. Le secteur de l'édition n'est pas soumis à l'encadrement tarifaire, mais la loi sur le prix unique (loi Lang) impose qu'un même livre, y compris un livre numérique, soit vendu au même prix sur l'ensemble du territoire. Les pharmacies voient leurs prix encadrés uniquement pour les médicaments et produits de santé remboursés par l'Assurance maladie.

Les tarifs bancaires sont sous le règne de la liberté totale, à l'exception des frais liés aux incidents de paiement, qui font l'objet d'un plafonnement. Les tarifs réglementés du gaz et de l'électricité sont appelés à disparaître, car considérés comme contraires au principe de libre concurrence prévu dans le droit de l'Union européenne.

Il revient à tout consommateur de faire jouer la concurrence et de confronter les devis ou les prix des professionnels entre eux pour optimiser son acte d'achat.

● La publicité des prix des biens et des services constitue l'un des principes fondamentaux de la concurrence commerciale et de la protection des intérêts du consommateur.

En vertu de l'article L. 112-1 du Code de la consommation, toute information sur les prix des produits ou des services offerts à la vente par un professionnel doit faire apparaître, quel que soit le support utilisé (marquage, étiquetage ou autres), la somme totale qui devra être effectivement payée par le consommateur. Le prix de vente doit faire apparaître les éventuels coûts supplémentaires à la charge du consommateur (le montant des frais de livraison ou d'envoi, ou le montant des taxes d'aéroport lors de l'achat d'un billet d'avion, par exemple). Cette disposition vise à mettre le consommateur à l'abri de toute surprise quant au montant de la dépense totale qu'il aura à supporter pour l'acquisition du produit ou la fourniture du service proposé.

À NOTER

Le consommateur qui achète un support d'enregistrement utilisable pour la reproduction à usage privé d'œuvres (clé USB, CD et DVD enregistrables, disque dur…) doit être informé du montant de la « rémunération pour copie privée » (Code de la propriété intellectuelle, Art. L. 311-4-1 et R. 311-9). Cette rémunération est fixée forfaitairement pour chaque support, en fonction de la durée ou de la capacité d'enregistrement qu'il permet et de son usage.

● Lorsque le prix ne peut être raisonnablement calculé à l'avance du fait de la nature du bien ou du service, le professionnel fournit le mode de calcul du prix et, s'il y a lieu, tous les frais supplémentaires de transport, de livraison ou d'affranchissement et tous les autres frais éventuels. Lorsque les frais supplémentaires ne peuvent raisonnablement être calculés à l'avance, le professionnel mentionne qu'ils peuvent être exigibles. Dans le cas d'un contrat à durée indéterminée ou d'un contrat assorti d'un abonnement, le prix total inclut le total des frais exposés pour chaque période de facturation. Lorsque de tels contrats sont facturés à un tarif fixe, le prix total inclut également le total des coûts mensuels. Lorsque le coût total ne peut être raisonnablement calculé à l'avance, le mode de calcul du prix est communiqué (*Code de la consommation, Art. L. 112-3 et L. 112-4*).

Lorsque le prix annoncé ne comprend pas un élément ou une prestation de services indispensable à l'emploi du produit ou du service proposé, comme, par exemple, un jouet vendu sans piles ou l'absence d'éléments de branchement pour un appareil électroménager, le consommateur doit en être informé (*Arrêté du 3/12/1987, Art. 3*).

● Toute annonce de réduction de prix est licite sous réserve qu'elle ne constitue pas une pratique commerciale déloyale. Lorsque l'annonce de réduction de prix est faite sur un lieu de vente, l'étiquetage, le marquage ou l'affichage des prix doit préciser le prix réduit annoncé et le prix de référence qui est déterminé par l'annonceur et à partir duquel la réduction de prix est annoncée (*Arrêté du 11/3/2015*).

● Lorsqu'elle prend la forme d'un taux uniforme et se rapporte à des produits ou services parfaitement identifiés (20 % sur tout le magasin ou 10 % sur tous les réfrigérateurs, par exemple), la réduction peut être faite directement à la caisse. Dans ce cas, l'indication du prix réduit n'est pas obligatoire par marquage ou étiquetage, l'avantage annoncé devant s'entendre par rapport au prix de référence.

Les règles d'étiquetage

Les produits exposés à la vue du public

Le prix des produits vendus au détail et exposés à la vue du public (vitrine, étalage ou rayonnages) doit faire l'objet d'un marquage par écriteau ou d'un étiquetage lisible et accessible. L'information doit figurer de telle manière que le consommateur n'ait pas à entrer dans le magasin pour la lire ou se renseigner (*Arrêté interministériel du 3/12/1987, Art. 4 et 5*). Cette obligation s'applique sur tous les lieux de vente, qu'il s'agisse d'un magasin, d'une foire ou d'un salon. Les produits d'occasion n'échappent pas à ce principe, même si, pour les antiquités et œuvres d'art originales, un affichage plus discret est toléré. Par ailleurs, si le prix d'un livre n'est pas imprimé, il peut être inscrit à l'intérieur. Quant aux articles soldés, ils sont assujettis à des règles particulières.

À NOTER

Les règles de l'étiquetage du prix s'appliquent à tous les produits préemballés (alimentaires ou non). Mais pour ces derniers, le vendeur doit parallèlement indiquer un prix à l'unité de mesure (au kilogramme, au litre)(Arrêté du 16/11/1999).

Les produits non exposés à la vue du public

Les produits non exposés au public mais disponibles à la vente au détail (produits stockés en réserve, par exemple) doivent également faire l'objet d'un étiquetage.

Les produits bénéficiant d'un régime spécifique

Certains produits bénéficient d'un régime spécifique d'information s'agissant de la publicité de leurs prix :

– les véhicules automobiles : un document comportant notamment l'indication du prix de vente doit être remis au consommateur avant la signature du contrat (*Arrêté du 28/6/2000*) ;

– l'essence : l'affichage du prix des carburants à la pompe doit être effectué à l'aide d'un panneau extérieur lisible depuis la voie publique (*Arrêté du 8/7/1988*). Les stations-service situées hors autoroutes peuvent désormais afficher leurs prix sur les autoroutes par des panneaux commerciaux, installés entre 5 et 10 km avant chaque sortie, indiquant le nom commercial de la station, la distance de la station après la sortie et le prix des deux carburants les plus utilisés (*Arrêté du 12/12/2006*). Le prix des carburants pratiqués dans les stations-service d'autoroutes doivent faire l'objet d'une présignalisation implantée entre 500 m et 1 km avant l'entrée de l'aire (*Arrêté du 8/7/1988*) ;

– les meubles neufs : ils doivent être étiquetés et le prix doit apparaître de manière visible et indélébile, sans omettre l'énumération de la liste des objets livrés ou emportés pour le même prix (*Décret n° 86-583 du 14/3/1986*) ;

– certains produits alimentaires : il s'agit notamment de la viande, de la charcuterie, du pain et des fruits et légumes.

Les produits vendus à distance

Le prix des produits ou des prestations de services proposés au consommateur selon une technique de communication à distance doit être indiqué de façon précise au consommateur, par tout moyen, facile à prouver, avant la conclusion du contrat. Il s'agit de la vente en ligne, par téléphone ou voie postale, du télé-achat, etc.

Le prix des services

Les offres de services des professionnels n'échappent pas à l'obligation d'affichage des prix. Il s'effectue par le biais d'un document unique remis au consommateur ou par un affichage lisible placardé sur les lieux où le service est proposé. Plombiers, serruriers, électriciens et autres dépanneurs à domicile qui proposent leurs services *via* Internet doivent afficher leurs tarifs sur leur site (Arrêté du 24/1/2017). Les prix sont toujours indiqués toutes taxes comprises ou service compris pour chacune des prestations proposées.

Certains professionnels doivent afficher leurs prix au public de telle façon qu'ils puissent être lus de l'extérieur :

– les salons de coiffure : ils doivent afficher les prix TTC d'au moins dix prestations parmi les plus courantes (*Arrêté nº 87-05/C du 27/3/1987*) ;

– les blanchisseries et teinturiers (*Arrêté du 27/3/1987*) ;

– les cordonniers (*Arrêté du 4/5/1983*) ;

– les déménageurs : ils sont tenus de remettre gratuitement et obligatoirement un devis avant la signature du contrat (*Arrêté du 3/11/1986*) ;

– les débits de boissons et les restaurants (*Arrêté du 27/3/1987*) ;

– les hôtels et les établissements d'hébergement (*Arrêté du 18/10/1988*) ;

– les locations saisonnières en meublé (*Arrêté du 16/5/1967*) ;

– les camping-caravanings : ils doivent afficher les prix TTC au lieu de réception de la clientèle et au lieu de commercialisation, y compris en ligne, pour chacune des prestations proposées (*Arrêté du 24/12/2014*) ;

– les établissements bancaires (*Code monétaire et financier, Art. L. 314-8 et s.*) ;

– les professionnels de l'immobilier (*Arrêté du 10/1/2017*) ;

– les professionnels de l'automobile : les garagistes (*Arrêté du 27/3/1987*), les agences de location de véhicules (*Arrêté du 17/3/2015*), les auto-écoles (*Arrêté du 19/6/1987*) ;

– les taxis (*Arrêté du 6/11/2015*) …

AVANTAGE

En matière de prestations de services, le versement d'un pourboire n'est jamais dû et le prix des majorations éventuelles doit être spécifiquement indiqué (Arrêté du 3/12/1987, Art. 1 et 13).

AVANTAGE

Dans les parkings publics et pour les stationnements d'une durée inférieure à 12 heures, la facturation s'effectue par quart d'heure (Code de la consommation, Art. L. 224-68).

La facture

Toute prestation de services d'un montant supérieur ou égal à 25 € (TVA comprise) doit donner lieu à la délivrance d'une facture ou d'une note, à moins qu'un devis descriptif et détaillé ait été rédigé préalablement et que le client l'ait accepté (*Arrêté du 3/10/1983 modifié par l'arrêté du 15/7/2010*). En deçà de cette somme, la délivrance d'une facture est facultative, sauf demande expresse du client.

La facture doit obligatoirement mentionner :

– la date où elle est établie ;

– le nom et l'adresse du prestataire ;

– le nom du consommateur ;

– la date et le lieu d'exécution de la prestation ;

– le décompte détaillé, en quantité et en prix, de chaque prestation et produit fourni et vendu ;

– la somme totale à payer hors taxes et toutes taxes comprises.

DES FACTURES PARTICULIÈRES

Certaines prestations de services peuvent faire l'objet de dispositions particulières en matière de facturation. C'est ainsi que les factures des services de distribution de l'eau (communes ou concessionnaires privés), comportent plusieurs rubriques permettant d'éclairer les usagers sur ce qu'ils paient et sur la destination des fonds collectés : prix de la distribution de l'eau, de la collecte et du traitement des eaux usées, redevance des organismes publics…
De même, les factures de téléphone doivent comprendre notamment : l'identification du fournisseur et du client, le prix HT et TTC, distinguant les abonnements, les forfaits et options, les consommations et les services ponctuels ou occasionnels ainsi que l'information selon laquelle le consommateur peut, à sa demande, obtenir une facture détaillée dont le contenu est également réglementé (*Arrêté du 1/2/2002*).
Enfin, les organismes proposant des services à la personne doivent indiquer sur le lieu d'accueil et sur leur site Internet la liste de chacune des prestations proposées et la catégorie dont elle relève ; le prestataire doit également détailler l'ensemble des informations sur les prix (les frais facturés, le taux horaire ou le prix forfaitaire), y compris celles relatives aux réductions éventuelles. Les prix sont exprimés HT et TTC (*Arrêté du 17/3/2015*).

Le devis

Certains professionnels sont tenus de remettre à leurs clients un devis préalable à toute signature de contrat et à toute réalisation de prestation. Il doit apporter toutes les précisions nécessaires quant au taux horaire de la main-d'œuvre, aux modalités de décompte du temps passé, au prix des prestations, aux frais de déplacement, à la durée de validité de l'offre et aux modalités de paiement.

Il s'agit de protéger les consommateurs dans des secteurs sensibles ou de leur permettre de disposer d'une proposition de prix permettant la comparaison entre plusieurs professionnels.

Plusieurs secteurs sont ainsi tenus de remettre un devis :

- Les dépanneurs et les réparateurs dans le secteur du bâtiment (plomberie, travaux de l'habitat…) et de l'électroménager : ils sont tenus, lorsque le montant estimé de l'intervention est supérieur à 150 €, d'effectuer un devis écrit, préalablement à tous travaux, indiquant le prix des prestations proposées ou demandées par le consommateur (*Arrêté du 24/1/2017*).
- Les opticiens : avant tout achat de verres, lunettes, montures ou lentilles, le client doit avoir reçu un devis détaillé et conforme à un modèle préétabli (*Code de la Sécurité sociale, Art. L. 165-9 et Arrêté du 23/7/1996*).
- Les chirurgiens esthétiques : ils sont tenus de remettre avant toute intervention chirurgicale à visée esthétique un devis détaillé (*Code de la santé publique, Art. L. 6322-2*).
- Les dentistes et les médecins : en cas de dépassement d'honoraires, un devis précisant le tarif des actes effectués ainsi que la nature et le montant du dépassement facturé doit être remis par les professionnels de santé à leurs patients dès lors que le montant total des honoraires facturés (dépassement inclus) est égal ou supérieur à 70 € (*Code de la santé publique, Art. L. 1111-3et Arrêté du 2/10/2008*). Par ailleurs, ils doivent, lorsqu'ils font appel à un fournisseur ou à un prestataire de services pour la réalisation d'un acte pris en charge par l'assurance maladie, fournir à leur patient, sous peine de sanctions, un devis avant que l'acte soit effectué et une facture après sa réalisation (*Loi n° 98-1194 du 23/12/1998*).
- Les audioprothésistes : avant la conclusion du contrat, ils doivent remettre un devis normalisé comportant le prix de vente de chaque produit et de chaque prestation proposés ainsi que les modalités de prise en charge par les organismes d'assurance maladie obligatoire et, le cas échéant, complémentaire (*Code de la Sécurité sociale, Art. L. 165-9*).
- Les sociétés funéraires : elles doivent remettre un devis détaillé et gratuit aux familles avant toute inhumation ou crémation sans demande préalable de la part de ces dernières (*Code général des collectivités territoriales, Art. R. 2223-24 et s.*). Il doit être conforme au modèle type officiel (*Arrêté du 23/8/2010*).
- Les entreprises de déménagement : elles sont tenues de remettre gratuitement un devis au consommateur avant la conclusion d'un contrat de déménagement. Ce devis doit comprendre diverses informations et notamment le prix HT et TTC du déménagement, et il doit être accompagné des conditions générales du contrat (*Arrêté du 27/4/2010*).
- Les entreprises commerciales qui proposent des prestations de services ou du matériel, y compris des dispositifs médicaux, destinés à favoriser le retour à domicile et l'autonomie des personnes malades ou présentant une incapacité ou un handicap : avant la

conclusion du contrat, le professionnel doit remettre gratuitement au consommateur un devis lorsque le prix du produit ou de la prestation est supérieur ou égal à 500 € TTC. Il y est également tenu lorsque le prix de la location est supérieur au remboursement de la sécurité sociale ou encore lorsque le produit est réalisé sur mesure (*Arrêté du 4/7/2014*).

- Les prestataires de services à la personne sont tenus de remettre gratuitement un devis lorsque le prix mensuel des prestations est supérieur à 100 € (*Arrêté du 17/3/2015*).
- Les loueurs de voitures : ils doivent remettre gratuitement au consommateur un devis sur un support durable. Sa délivrance est systématique avant la souscription du contrat. Lorsque l'offre est souscrite en ligne, le consommateur doit accéder au devis à partir de la page de présentation. Sur le lieu d'accueil de la clientèle, le consommateur peut demander que le devis lui soit délivré sur support papier. Le devis doit comprendre diverses informations et notamment le prix total TTC à payer avant la prise du véhicule et, le cas échéant, les sommes TTC à payer après le retour du véhicule (*Arrêté du 17/3/2015*).

L'information sur le produit et le contrat

› L'information sur le produit

- L'article L. 111-1 du Code de la consommation met à la charge des professionnels vendeurs de biens (automobiles, meubles…) ou prestataires de services (teinturiers, entreprises de déménagement…) l'obligation de fournir au consommateur, avant la signature du contrat, de manière lisible et compréhensible, les informations suivantes :

– le nom du professionnel, sa dénomination sociale, son adresse, son téléphone, les modalités de paiement et de livraison, etc. ;
– les caractéristiques essentielles du bien ou du service ;
– le prix du bien ou du service ;
– en l'absence d'exécution immédiate du contrat, la date ou le délai auquel le professionnel s'engage à livrer le bien ou à exécuter le service ;
– les informations relatives, s'il y a lieu, aux garanties légales, à l'existence et aux modalités de mise en œuvre de celles-ci et autres conditions contractuelles ;
– la possibilité de recourir à un médiateur de la consommation.

En outre, le fabriquant ou l'importateur de biens doivent informer le vendeur professionnel de la période pendant laquelle les pièces indispensables à l'utilisation des biens seront disponibles sur le marché. Cette information doit obligatoirement être délivrée au consommateur par le vendeur de manière lisible avant la conclusion du contrat et confirmée par écrit lors de l'achat du bien (*Code de la consommation, Art. L. 111-4 et D. 111-4 et s.*). Faute de quoi, il engage sa responsabilité contractuelle de droit commun. De cette manière, l'acheteur peut se déterminer dans son choix, en toute connaissance de cause, aux meilleures conditions économiques, juridiques et techniques, en faisant jouer la concurrence. C'est ce qu'on appelle communément l'obligation de renseignement ou le devoir de conseil du professionnel. En cas de litige, c'est au vendeur de prouver qu'il a exécuté ces obligations. Le consommateur peut demander en justice des dommages et intérêts en compensation du préjudice subi du fait de l'inexistence de pièces nécessaires à la réparation du bien acheté alors qu'il n'avait été informé d'aucune indisponibilité.

AVANTAGE

Les garagistes ont l'obligation de proposer à leurs clients, lors de la réparation ou de l'entretien de leur véhicule, des pièces de rechange issues de l'économie circulaire (pièces recyclées). Ils doivent afficher cette possibilité dans leurs locaux et sur leur site s'ils en possèdent un (Code de la consommation, Art L. 224-67).

- L'obligation de renseignement peut être faite à l'aide de n'importe quel support : étiquette, affiche, bon de commande, notice ou tout simplement de façon orale. Lorsque le produit vendu est d'une utilisation délicate ou dangereuse, les tribunaux imposent au professionnel de fournir à l'acheteur un mode d'emploi rédigé clairement, en langue française. Dans tous les cas, il ne doit pas se contenter d'énoncer les caractéristiques propres au bien ou au service offert à la vente (conditions d'utilisation, instructions d'emploi, qualités ou finalités du bien ou du service offert…), il doit également mettre en lumière l'opportunité même de conclure le contrat envisagé en fonction des besoins et des moyens du consommateur. S'il ne le fait pas, il peut se voir condamné au paiement de dommages et intérêts à hauteur du préjudice subi par l'acheteur, qui peut également demander l'annulation du contrat de vente dès lors que le silence a été volontairement gardé par le vendeur.

Les tribunaux ont ainsi été amenés à condamner un garagiste pour manquement à son devoir de conseil : il n'avait pas avisé le client du caractère inopportun des réparations demandées (*Cour de cassation, Chambre commerciale, 25/2/1981*). Il en a été de même pour un moniteur de ski qui n'avait pas apprécié le niveau de ses élèves au regard de la piste empruntée, un accident en ayant résulté (*Cour de cassation, 1re chambre civile, 9/2/1992*). Même chose pour un vendeur de matériel informatique : il avait conseillé à son client un matériel inadapté à ses besoins (*Cour d'appel de Versailles, 3/6/1987*).

L'article L. 111-5 du Code de la consommation précise, qu'en cas de litige, il appartient au professionnel de prouver qu'il a exécuté son obligation d'information. En application de cette disposition, la Cour de cassation a admis qu'était justifié le refus par une élève d'un centre de formation de continuer à suivre les cours auxquels elle s'était inscrite et, en conséquence d'acquitter le paiement du solde du prix de la formation, au motif que celle-ci ne répondait pas à ses attentes, le centre de formation ne justifiant pas qu'il avait fait connaître à l'élève, avant la conclusion du contrat, les caractéristiques essentielles de l'enseignement dispensé (*Cour de cassation, 1re chambre civile, 13/12/2012*).

● Pour certains produits ou services, le devoir d'information des professionnels va au-delà des obligations générales. Nombreux sont les textes prévoyant une information spécifique à certains produits ou services en raison de considérations d'hygiène et de santé publique (produits alimentaires notamment), en raison de l'importance de l'achat projeté par le consommateur (crédit immobilier, par exemple), ou encore en raison de la situation particulièrement vulnérable dans laquelle se trouve le consommateur vis-à-vis d'un professionnel (recours à une agence matrimoniale, par exemple). On peut citer, à titre d'exemple, l'obligation pour les vendeurs de véhicules automobiles neufs, d'informer le consommateur, par un affichage visible, sur la consommation de carburant de la voiture et les émissions de dioxyde de carbone résultant de son utilisation (*Décret n° 2002-1508 du 23/12/2002*).

● Les fabricants qui mettent sur le marché ou en service des produits consommateurs d'énergie (télévision, électroménager, etc.) sont tenus de fournir une étiquette et une fiche comportant des informations relatives à la consommation énergétique du produit ou en autres ressources essentielles pendant son utilisation (consommation d'eau pour une machine à laver le linge, par exemple). Ces étiquettes et ces fiches doivent être fournies aux distributeurs, qui doivent les porter à la connaissance des acheteurs (*Décret n° 2011-1479 du 9/11/2011*).

● Un consommateur qui a connaissance d'éléments sérieux mettant en doute le fait que le bien proposé à la vente a été fabriqué dans des conditions respectueuses des conventions internationales relatives aux droits humains fondamentaux, peut demander au vendeur, au fabricant ou au producteur des informations sur divers points. Il peut ainsi interroger le professionnel sur l'origine géographique des matériaux et composants utilisés dans la fabrication, sur les contrôles de qualité et audits, sur l'organisation de la chaîne de production et l'identité, l'implantation géographique et les qualités du fabricant, de ses sous-traitants et fournisseurs.

Lorsque le professionnel ne possède pas l'information demandée, il est tenu d'en informer le consommateur. Si la transmission au consommateur d'une de ces informations est de nature à compromettre gravement les intérêts stratégiques ou industriels de ce professionnel, celui-ci peut décider de ne pas la transmettre à condition d'en motiver les raisons (*Code de la consommation, Art. L. 113-1 et L. 113-2*).

› L'information sur le contrat

● Les documents précontractuels

Dans des secteurs particuliers (assurances, concessions automobiles, agences de voyages…), les professionnels sont tenus de remettre à leurs clients, avant la signature du contrat, des documents énumérant les caractéristiques essentielles de la convention proposée. L'inobservation de ces obligations entraîne, le plus souvent, la nullité du contrat, voire des sanctions pénales.

Les principaux produits, services ou secteurs concernés sont :

– Les assurances (compagnies et mutuelles) et tous les distributeurs (courtiers, agents, sites comparateurs) doivent fournir à toute personne intéressée une fiche d'information sur le prix et une fiche standardisée de trois pages maximum résumant les principales caractéristiques du produit :

- le type d'assurance ;
- la couverture d'assurance avec les principaux risques assurés, les plafonds de garantie et, le cas

échéant, la couverture géographique, ainsi qu'un résumé des risques non couverts ;
• les modalités de paiement des primes (y compris les délais) ;
• les principales exclusions du champ des garanties ;
• les obligations lors de la souscription du contrat ou de l'adhésion ;
• les obligations pendant la durée du contrat ;
• les obligations en cas de sinistre ;
• la durée du contrat, avec les dates de début et de fin du contrat ;
• les modalités de résiliation du contrat (*Code des assurances, Art. L. 112-2, L. 132-5 et L. 132-5-1 ; Décret n° 2018-431 du 1/6/2018*).

– Les banques (établissements de crédit dans le jargon professionnel) : elles sont tenues d'informer leur clientèle et le public sur les conditions générales et tarifaires applicables aux opérations relatives à la gestion d'un compte de dépôt. Cette gestion est réglée par une convention écrite passée entre le client et sa banque, qui précise notamment les conditions tarifaires d'ouverture, de fonctionnement et de clôture (*Code monétaire et financier, Art. L. 312-1-1*).

– Les vendeurs d'automobiles : ils doivent remettre à tout acheteur potentiel, avant la signature de la commande, un document présentant les caractéristiques techniques du véhicule désiré, son prix et la date à laquelle celui-ci peut être livré (*Arrêté du 28/6/2000*).

– Les agences de voyages : elles doivent informer les clients intéressés par écrit, préalablement à la signature du contrat, du contenu des prestations proposées : moyens de transport éventuellement utilisés, mode d'hébergement… (*Code du tourisme, Art. L. 211-8 et L. 211-9*).

– Les entreprises des pompes funèbres : leur documentation générale, les devis obligatoirement remis aux familles ainsi que les bons de commande doivent être conformes aux articles R. 2223-24 et suivants du Code général des collectivités territoriales relatif au règlement national des pompes funèbres.

Les clauses obligatoires

Dans la majorité des cas, le contrat qui est présenté au consommateur est prérédigé et le signataire n'a guère la possibilité d'en modifier les clauses. Qui songerait en effet à négocier avec un fournisseur de gaz ou d'électricité, par exemple, le prix de l'abonnement et des conditions dans lesquelles ce dernier est assuré ? Pourtant, les contrats d'adhésion sont parfois libellés sans prendre en compte les intérêts des consommateurs, voire en étant contraires aux lois et aux règlements applicables à leur contenu.

Si les contrats courants tirent leur force de l'accord présupposé entre la volonté du professionnel et le désir du consommateur, encore faut-il que ce dernier soit suffisamment éclairé quant à la nature et la portée des conditions auxquelles il déclare adhérer.

Les pouvoirs publics, conscients du fait que les contrats de consommation sont rédigés en faveur des professionnels et de la nécessité d'un consentement éclairé du consommateur qui s'engage, ont adopté des dispositions visant à rétablir un équilibre entre les contractants.

Pour un certain nombre de contrats, il existe des textes fixant des obligations d'information à l'égard du consommateur. Ils visent à faire respecter l'équilibre des intérêts en présence :

– Chirurgie esthétique : pour toute prestation de chirurgie esthétique, la personne concernée, et, s'il y a lieu, son représentant légal, doivent être informés par le praticien responsable des conditions de l'intervention, des risques et des éventuelles complications (*Code de la santé publique, Art. L. 6322-2*).

– Crédit : l'offre préalable doit comporter certaines mentions obligatoires qui doivent être présentées de manière claire et lisible.

– Construction de maison individuelle : le contrat doit comporter certaines énonciations protégeant le consommateur, qu'il s'agisse de construction de maisons individuelles, avec ou sans fourniture de plan, ou de contrat de vente d'immeuble à construire.

– Courtage matrimonial : le contrat doit mentionner les coordonnées du professionnel, la prestation désirée et, dans un document annexe au contrat, les qualités de la personne désirée.

– Vente hors établissement : le contrat doit comporter, sous peine de nullité, certaines mentions obligatoires, notamment, la faculté de renonciation offerte au consommateur ainsi que le bordereau de rétractation.

– Vente à distance : le contrat doit indiquer les coordonnées de l'entreprise.

– Enseignement à distance : le contrat doit préciser les conditions de l'enseignement proposé et il doit fournir en annexe, sous peine de nullité, un plan d'étude.

– Établissement assurant l'hébergement des personnes âgées : le contrat doit prévoir les conditions et les modalités de résiliation du contrat et il doit comporter, en annexe, un document décrivant l'ensemble des prestations proposées par l'établissement avec l'indication du prix de chacune d'elles. Un contrat type existe mais il n'est pas obligatoire (*Code de l'action sociale et des familles, Art. L. 342-1 et s.*).

– « Marchands de listes » : leurs fichiers ne peuvent présenter aucun bien immobilier pour lequel les professionnels ne disposent pas d'une convention écrite, signée par le propriétaire et comportant les mentions rendues obligatoires par l'article 79-1 du décret nº 72-678 du 20/7/1972.

– Garantie commerciale et service après-vente offerts par les vendeurs d'appareils électroménagers et électroniques : un contrat écrit doit être remis au consommateur précisant le contenu de la garantie, le prix ou la gratuité de la garantie, les modalités de mise en œuvre, la durée et l'étendue territoriale, le nom et l'adresse du garant. Plusieurs articles du Code de la consommation et du Code civil doivent en outre être reproduits. Le consommateur doit enfin être informé de l'existence de la garantie légale de conformité et de la garantie légale des vices cachés (*Code de la consommation, Art. L. 111-1 et s.*).

– Étiquetage des meubles : il doit présenter un certain nombre de mentions obligatoires (*Décret nº 86-583 du 14/3/1986*) ;

– Auto-écoles : à compter du 1/6/2020, les établissement d'enseignement de la conduite doivent fournir à leurs clients un contrat type détaillant les conditions financières et les prestations de formation (*décret n° 2020-142 du 20/2/2020*).

● Si un contrat est valable dès lors que les deux parties font part de leur volonté expresse en ce sens, encore faut-il que l'objet du contrat soit suffisamment clair et que les conditions afférentes soient compréhensibles par le plus grand nombre.

C'est la raison pour laquelle certains textes exigent des contrats proposés par les professionnels un certain formalisme. C'est le cas notamment des contrats d'adhésion dont on ne peut pas modifier les conditions (contrat de carte bancaire ou abonnement téléphonique, par exemple) ou de certains supports d'information à destination des consommateurs (étiquetage de produits offerts à la vente, par exemple) :

– Étiquetage des denrées alimentaires : l'utilisation de caractères apparents et lisibles est exigée.

– Assurance : l'article L. 112-4 du Code des assurances dispose que les clauses des polices édictant des nullités, des déchéances ou des exclusions ne sont valables que si elles sont mentionnées en caractères très apparents.

– Crédit à la consommation : le contenu du contrat doit être présenté de manière claire et lisible et rédigé en caractères dont la hauteur ne peut être inférieure à celle du corps 8.

– Crédit immobilier : les mentions obligatoires de l'offre préalable doivent être présentées de manière parfaitement lisibles et compréhensibles par le consommateur.

– Contrats de services de communications électroniques (fournisseurs de services Internet) : le contrat doit comporter de nombreuses clauses obligatoires portant sur la fourniture des services et leur maintien ainsi que sur les conditions dans lesquelles ces clauses sont susceptibles d'être modifiées (*Code de la consommation, Art. L. 224-30*).

– Contrats de fourniture d'électricité ou de gaz naturel : l'offre de fourniture doit préciser, dans des termes clairs et compréhensibles, de nombreuses informations obligatoires ainsi que les conditions dans lesquelles les dispositions contractuelles peuvent faire l'objet d'une modification (*Code de la consommation, Art. L. 224-1 et s.*).

– Contrats d'achat de métaux précieux : tout achat de métaux précieux par un professionnel auprès d'un consommateur doit faire l'objet d'un contrat écrit comportant de nombreuses informations obligatoires. Ce contrat comprend un formulaire détachable permettant au consommateur d'exercer son droit de rétractation dans un délai de 48 heures (*Code de la consommation, Art. L. 224-96 et s. et R. 224-4 et s.*).

– Contrats de mandat automobile : un arrêté renvoie à un modèle élaboré par le Conseil national de la consommation (*Arrêté du 28/10/1996*).

● À l'exception des exploitants des services d'eau potable et d'assainissement, tout prestataire de services (services de télévision payante, de téléphonie, de communications électroniques, de fourniture d'électricité, par exemple) doit, en termes clairs et compréhensibles, informer le consommateur de la possibilité ne pas reconduire un contrat conclu avec une clause de reconduction automatique (annuelle, le plus souvent). Cette information doit être fournie par écrit, par lettre nominative ou courrier électronique, au plus tôt 3 mois et au plus tard 1 mois avant la date de reconduction du contrat et doit mentionner, dans un encadré apparent, la date limite de résiliation.

Si cette information ne lui a pas été adressée, le consommateur peut mettre gratuitement un terme au contrat à tout moment à compter de la date de reconduction (*Code de la consommation, Art. L. 215-1*).

De manière générale, la lisibilité de l'étiquetage et du marquage des biens et des services proposés à la vente est une exigence permanente (*Arrêté du 3/12/1987*).

À NOTER

En l'absence de dispositions spécifiques, les tribunaux jugent non écrites les clauses contractuelles et les mentions obligatoires dont la présentation matérielle, notamment leur caractère illisible ou incompréhensible, ne permet pas au consommateur d'avoir une connaissance effective des dispositions qui l'engagent, ni d'appréhender la nature des informations qui lui sont destinées.

LES CLAUSES ABUSIVES

Une clause d'un contrat conclu entre un commerçant et un consommateur est abusive dès lors qu'elle a pour objet ou pour effet de créer, au détriment du consommateur, un déséquilibre significatif entre les droits et obligations des parties au contrat (*Code de la consommation, Art. L. 212-1*).

Depuis l'intervention du décret n° 2009-302 du 18/3/2009 pris en application de l'article L. 212-1 du Code de la consommation, sont présumées abusives de manière irréfragable (c'est-à-dire qu'elles sont privées de toute efficacité, inopposables au consommateur et que le commerçant ne peut, en aucun cas, les invoquer) les clauses ayant pour objet ou pour effet de :

– constater l'adhésion du consommateur à des clauses qui ne figurent pas dans l'écrit qu'il accepte ou qui sont reprises dans un autre document auquel il n'est pas fait expressément référence lors de la conclusion du contrat et dont il n'a pas eu connaissance avant sa conclusion ;

– restreindre l'obligation pour le professionnel de respecter les engagements pris par ses préposés ou ses mandataires ;

– réserver au professionnel le droit de modifier unilatéralement les clauses du contrat relatives à sa durée, aux caractéristiques ou au prix du bien à livrer ou du service à rendre ;

– accorder au seul professionnel le droit de déterminer si la chose livrée ou les services fournis sont conformes ou non aux stipulations du contrat ou lui conférer le droit exclusif d'interpréter une quelconque clause du contrat ;

– contraindre le consommateur à exécuter ses obligations alors que, réciproquement, le professionnel n'exécuterait pas ses obligations de délivrance ou de garantie d'un bien ou son obligation de fourniture d'un service ;

– supprimer ou réduire le droit à réparation du préjudice subi par le consommateur en cas de manquement par le professionnel à l'une quelconque de ses obligations ;

– interdire au consommateur le droit de demander la résolution ou la résiliation du contrat en cas d'inexécution par le professionnel de ses obligations de délivrance ou de garantie d'un bien ou de son obligation de fourniture d'un service ;

– reconnaître au professionnel le droit de résilier discrétionnairement le contrat, sans reconnaître le même droit au consommateur ;

– permettre au professionnel de retenir les sommes versées au titre de prestations non réalisées par lui, lorsque celui-ci résilie lui-même discrétionnairement le contrat ;

– soumettre, dans les contrats à durée indéterminée, la résiliation à un délai de préavis plus long pour le consommateur que pour le professionnel ;

– subordonner, dans les contrats à durée indéterminée, la résiliation par le consommateur au versement d'une indemnité au profit du professionnel ;

– imposer au non-professionnel ou au consommateur la charge de la preuve, qui, en vertu du droit applicable, devrait incomber normalement à l'autre partie au contrat (*Code de la consommation, Art. R. 212-1*).

Par ailleurs, sont présumées abusives (le commerçant peut, en cas de litige, rapporter la preuve contraire) les clauses ayant pour objet ou pour effet de :

– prévoir un engagement ferme du consommateur, alors que l'exécution des prestations du professionnel est assujettie à une condition dont la réalisation dépend de sa seule volonté ;

– autoriser le professionnel à conserver des sommes versées par le consommateur lorsque celui-ci renonce à conclure ou à exécuter le contrat, sans prévoir réciproquement le droit pour le consommateur de percevoir une indemnité d'un montant équivalent, ou égale au double en cas de versement d'arrhes au sens de l'article L. 214-1, si c'est le professionnel qui renonce ;

– imposer au consommateur qui n'exécute pas ses obligations une indemnité d'un montant manifestement disproportionné ;

– reconnaître au professionnel la faculté de résilier le contrat sans préavis d'une durée raisonnable ;

– permettre au professionnel de procéder à la cession de son contrat sans l'accord du consommateur et lorsque cette cession est susceptible d'engendrer une diminution des droits du consommateur ;

– réserver au professionnel le droit de modifier unilatéralement les clauses du contrat relatives aux droits et obligations des parties, autres que celles relatives à sa durée, aux caractéristiques ou prix du bien à livrer ou du service à rendre ;

– stipuler une date indicative d'exécution du contrat, hors les cas où la loi l'autorise ;

– soumettre la résolution ou la résiliation du contrat à des conditions ou modalités plus rigoureuses pour le consommateur que pour le professionnel ;
– limiter indûment les moyens de preuve à la disposition du consommateur ;
– supprimer ou entraver l'exercice d'actions en justice ou des voies de recours par le consommateur, notamment en obligeant le consommateur à saisir exclusivement une juridiction d'arbitrage non couverte par des dispositions légales ou à passer exclusivement par un mode alternatif de règlement des litiges (*Code de la consommation, Art. R. 212-2*).

Ces dispositions sont applicables quels que soient la forme ou le support du contrat : bons de commande, factures, bons de garantie, bordereaux ou bons de livraison, billets ou tickets, contenant des stipulations négociées librement ou non ou des références à des conditions générales préétablies.

Les clauses abusives figurant dans les contrats conclus entre commerçants et consommateurs, sauf certaines exceptions en matière de services financiers, sont réputées non écrites. Dès lors, un consommateur, en présence d'une clause abusive, peut en contester l'opposabilité auprès du vendeur ou du prestataire de services par lettre recommandée avec demande d'avis de réception. À défaut d'accord amiable, le consommateur peut saisir le tribunal judiciaire (le tribunal de proximité pour tout litige dont l'enjeu financier de dépasse pas 10 000 € dans les villes où une telle instance existe).

Le professionnel qui fait figurer dans ses contrats l'une des clauses abusives définies par l'article R. 212-1 du Code de la consommation risque une amende administrative prononcée par la DGCCRF d'un montant de 3 000 € pour une personne physique et 15 000 € pour une personne morale (*Code de la consommation, Art. L. 241-2*).

Bon à savoir : pour en savoir plus, on peut se connecter sur le site de la Commission des clauses abusives : *www.clauses-abusives.fr*. On peut y trouver des centaines de décisions de jurisprudence mais aussi les recommandations et les avis de la Commission.

› Comment est sanctionné le défaut d'information ?

Le consommateur ayant subi un préjudice du fait de l'absence d'information d'un professionnel peut obtenir réparation de trois manières.

● Lorsqu'il y a défaut d'information, le consommateur peut porter plainte auprès de la direction départementale de la protection des populations (DDPP) ou de la direction de la cohésion sociale et de la protection des populations (DDCSPP), selon le département. La Direction générale de la concurrence, de la consommation et de la répression des fraudes (DGCCRF) peut fournir les coordonnées de la DDPP concernée.

Deux motifs peuvent être invoqués :
– la tromperie sur les qualités substantielles de la chose vendue en référence à l'article L. 441-1 du Code de la consommation. Ce qu'ont admis, par exemple, les tribunaux lors d'une vente de véhicule d'occasion où il avait été faussement attesté que la batterie était neuve (*Tribunal de grande instance de Rouen, 16/9/1993*) ;
– l'abus de faiblesse dans les conditions précisées par l'article L. 121-8 du Code de la consommation ou l'abus frauduleux de l'état d'ignorance de l'acheteur (*Code pénal, Art. 223-15-2*), deux pratiques proches de l'escroquerie au préjudice de victimes particulièrement vulnérables que l'on pousse à commettre un acte qui leur est préjudiciable.

● En dehors de toute infraction pénale, le consommateur peut assigner le vendeur devant les tribunaux civils pour demander l'annulation de la vente et/ou le versement de dommages et intérêts en cas de préjudice que la nullité de la transaction ne suffit pas à réparer.

Cette action judiciaire peut être fondée sur les articles suivants du Code civil :
– les articles 1130 et 1131 du Code civil : le vendeur a exercé des pressions sur l'acheteur pour le contraindre à signer le contrat (engagement signé sous la menace d'interrompre le séjour de personnes participant à un voyage : *Tribunal de grande instance de Bourges, 11/4/1989*) ;
– l'article 1137 du Code civil : des ruses ont été utilisées par le vendeur pour induire en erreur l'acheteur et l'amener ainsi à contracter (installateur affirmant faussement que le contrat d'entretien proposé est obligatoire de par la loi : *Cour de cassation, Chambre commerciale, 18/12/1986*). Le silence a été volontairement gardé par le vendeur sur des caractéristiques du produit ou du service que l'acheteur avait intérêt à connaître (garagiste dissimulant qu'une voiture a été accidentée : *Cour de cassation, Chambre commerciale, 4/2/1996*).

● En dehors de tout vice du consentement, il est toujours possible d'assigner le professionnel pour manquement à son obligation générale d'information ou pour réparation de préjudice qu'il a causé :
– le manquement à l'obligation générale d'information s'établit sur la base de l'article L. 111-1 du Code de la consommation. Un notaire a ainsi été condamné pour manquement à son devoir de conseil alors même

que son client était accompagné de son propre conseil (*Cour de cassation, 1re chambre civile, 10/7/1995*) ;
– la réparation de préjudice s'effectue sur la base de l'article 1217 du Code civil qui oblige tout professionnel à réparer le préjudice qu'il cause à un acheteur si ce dernier subit un dommage du fait de l'inexécution du professionnel de son obligation de renseignement (par exemple, effets secondaires d'un médicament vendu par une pharmacie : *Cour de cassation, 1re chambre civile, 8/4/1986*).

À NOTER

Le non-respect des règles d'information et d'affichage peut être sanctionné par une amende civile. Après avoir fait l'objet d'une injonction de la part des agents de la DGCCRF, si le professionnel ne respecte pas cette injonction, il encourt une amende administrative pouvant atteindre 15 000 € (Code de la consommation, Art. L. 532-1).

Les sites de comparaison en ligne

Que ce soit pour acheter un billet d'avion, de l'électroménager, un crédit mobilier ou immobilier…, les consommateurs interrogent de plus en plus les comparateurs de prix qui fleurissent sur Internet. L'article L. 111-7 du Code de la consommation, issu de la loi pour une République numérique, impose à tout opérateur de plate-forme en ligne de délivrer aux internautes une information loyale, claire et transparente sur les conditions générales d'utilisation du service en ligne proposé.

Le décret n° 2017-1434 du 29/9/2017 fixe précisément les obligations des sites en ligne, qui doivent informer les internautes :
– des critères de classement des offres de biens et de services ;
– des conditions dans lesquelles les offres sont recensées ;
– des relations contractuelles ou des liens financiers avec les professionnels dont ils comparent les biens ou les services ;
– du caractère exhaustif ou non des offres de biens ou de services comparées ;
– du nombre de sites ou d'entreprises référencés ainsi que la périodicité et la méthode d'actualisation des offres comparées.

Les consommateurs doivent également être informés sur :
– les caractéristiques essentielles des biens et des services comparés ;
– le prix de ces biens et services, incluant tous les frais, commissions, intérêts et taxes ;
– les éventuelles garanties commerciales pour les biens.

En outre, en haut de chaque page des résultats de comparaison et avant le classement des offres, les informations suivantes doivent figurer :
– le critère de classement des offres ;
– le caractère exhaustif ou non des offres de biens ou de services comparées ;
– le nombre de sites ou d'entreprises référencés ;
– le caractère payant ou non du référencement.

Lorsque le classement dépend de la rémunération reçu par le site comparateur, ce dernier doit faire apparaître la mention « Annonces » sur la page d'affichage des résultats (*Code de la consommation, Art D. 111-6 et s.*).

À NOTER

Afin de rendre plus efficiente l'obligation d'information loyale, claire et transparente, les plates-formes numériques et toute personne dont l'activité repose sur le classement et le référencement des biens et services sur Internet (comparateurs, sites marchands, plates-formes collaboratives, intermédiaires, etc.) doivent, depuis le 1/1/2018, indiquer dans une rubrique spécifique les conditions de référencement et de déréférencement et les critères de leur classement. Le professionnel doit également signaler s'il a un lien avec les plates-formes et les annonceurs, et préciser, pour chaque avis en ligne, s'il a fait l'objet d'un contrôle (Décrets n° 2017-1434 et 2017-1436 du 29/9/2017).

Les ventes à distance et hors établissement

Les achats ne s'effectuent pas uniquement en magasin. Désormais, nous pouvons acquérir à peu près tout sans même quitter notre domicile. Mais qu'il s'agisse d'achat par correspondance, de commande en ligne ou de démarchage, toutes ces pratiques commerciales sont encadrées juridiquement.

Les règles applicables aux achats à distance et hors établissement (démarchage)

En transposant la directive européenne du 25/10/2011, la loi n° 2014-344 du 17/3/2014 (dite « loi Hamon ») a réformé en profondeur la réglementation applicable aux contrats conclus à distance et par démarchage maintenant qualifiés de « contrats hors établissement ». Afin de mieux protéger les consommateurs, la loi renforce l'encadrement de ce type de contrats.

› Qu'est-ce qu'un achat à distance ?

L'achat à distance résulte d'un contrat conclu entre un professionnel et un consommateur, dans le cadre d'un système organisé de vente ou de prestation de service à distance, sans la présence simultanée du professionnel et du consommateur, par le recours exclusif à une ou plusieurs techniques de communication à distance jusqu'à la conclusion du contrat (*Code de la consommation, Art. L. 221-1*).

La vente à distance, qu'il s'agisse de vente par correspondance (VPC)*via* un catalogue (en perte de vitesse), par téléphone, par fax, par Internet (en nette progression) ou par téléachat, permet au consommateur d'éviter le déplacement sur les lieux d'achat. Le choix des produits s'effectue sans avoir à subir de pression d'un vendeur. Ce peut être une solution pratique en particulier pour les personnes âgées ou handicapées. Mais les avantages de cette méthode de vente sont parfois assortis d'inconvénients : retard de livraison, articles non conformes à la commande ou à la représentation qui en est faite, marchandises endommagées… Pour qui veut recourir à cette forme de vente, la connaissance de quelques règles permet de préserver au mieux ses intérêts.

› Qu'est-ce qu'un achat hors établissement ?

La notion de démarchage est désormais désignée sous la qualification européenne de « contrats hors établissement ». Il s'agit de contrats conclus entre un professionnel et un consommateur effectués :

– soit dans un lieu qui n'est pas celui où le professionnel exerce son activité en permanence ou de manière habituelle, en présence des deux parties ;

– soit dans le lieu où le professionnel exerce son activité, immédiatement après que le consommateur a été sollicité personnellement et individuellement ailleurs que dans ce lieu et où les parties étaient présentes ;

– soit pendant une excursion organisée par le professionnel ayant pour but de promouvoir et de vendre des biens ou des services au consommateur (*Code de la consommation, Art. L. 221-1*)

– soit encore à la suite d'une sollicitation téléphonique ou de l'envoi au domicile du consommateur d'une offre commerciale l'incitant à contracter. La Cour de cassation a ainsi jugé que l'envoi au domicile d'un particulier d'une offre promotionnelle l'incitant à acheter un véhicule neuf doit être considéré comme une pratique de démarchage à domicile, et cela même si l'acheteur s'est déplacé et a signé le contrat chez le concessionnaire automobile (*Cour de cassation, 1re chambre civile, 4/2/2015*).

À NOTER

Les dispositions particulières relatives aux achats hors établissement sont applicables y compris dans les cas où le consommateur prend l'initiative de solliciter le vendeur.

Si le démarchage évite au consommateur d'avoir à se déplacer et permet de lui révéler l'existence ou l'intérêt d'un produit ou d'un service qu'il n'aurait pas acquis faute d'information à son sujet, il présente également de nombreux inconvénients. Pris à l'improviste, le consommateur peut être conduit à acquérir un bien ou un service sans réel besoin de consommation, ni connaissance du marché, en raison du discours particulièrement convaincant du démarcheur. C'est la raison pour laquelle le Code de la consommation a prévu des mesures pour informer et protéger le client démarché.

LES CONTRATS EXCLUS

La réglementation relative aux achats à distance et hors établissements ne s'applique pas aux types de contrats suivants :
– les contrats portant sur les services sociaux, y compris le logement social, l'aide à l'enfance et aux familles, à l'exception des services à la personne portant sur la garde d'enfants, l'assistance aux personnes âgés, aux personnes handicapées ou autres personnes qui ont besoin d'une aide personnelle à leur domicile ou d'une aide à la mobilité favorisant leur maintien à domicile, des services aux personnes à leur domicile relatifs aux tâches ménagères ou familiales ;
– les contrats portant sur les services de santé fournis par des professionnels de la santé aux patients pour évaluer, maintenir ou rétablir leur état de santé, y compris la prescription, la délivrance et la fourniture de médicaments et de dispositifs médicaux ;
– les contrats portant sur les jeux d'argent et de hasard, y compris les loteries, les jeux de casino et les transactions portant sur des paris ;
– les contrats portant sur les services financiers ;
– les contrats portant sur un forfait touristique ;
– les contrats portant sur les contrats d'utilisation de biens à temps partagé, les contrats de produits de vacances à long terme et les contrats de revente et d'échange de biens à temps partagé et de produits de vacances d'une durée de plus d'1 an ;
– les contrats rédigés par un officier public ;
– les contrats portant sur la fourniture de denrées alimentaires, de boissons ou d'autres biens ménagers de consommation courante, qui sont livrés physiquement par un professionnel lors de tournées fréquentes et régulières au domicile ou au lieu de résidence ou de travail du consommateur ;
– les contrats portant sur les services de transport de passagers, à l'exception de ceux conclus par voie électronique ;
– les contrats conclus au moyen de distributeurs automatiques ou de sites commerciaux automatisés ;
– les contrats conclus avec des opérateurs de télécommunications pour l'utilisation des cabines téléphoniques publiques ou aux fins d'une connexion unique par téléphone, Internet ou télécopie ;
– les contrats portant sur la création, l'acquisition ou le transfert de biens immobiliers ou de droits sur des biens immobiliers, la construction d'immeubles neufs, la transformation importante d'immeubles existants ou la location d'un logement à des fins résidentielles (*Code de la consommation, Art. L. 221-2*).

LE DÉTOURNEMENT OU L'UTILISATION NON AUTORISÉE D'UNE CARTE BANCAIRE

Si des achats ont été effectués à distance par une personne ayant utilisé une carte bancaire sans l'autorisation de son détenteur, ce dernier peut être remboursé. En effet, le Code monétaire et financier prévoit que :
– La responsabilité du titulaire d'une carte bancaire n'est pas engagée si le paiement contesté a été effectué sans que le code confidentiel ait été utilisé ou si la carte ou les données qui lui sont liées ont été détournées ou contrefaites à son insu. De même, sa responsabilité n'est pas engagée en cas de contrefaçon de sa carte et si, au moment de l'opération contestée, il était en possession physique de sa carte.
– En cas d'opération de paiement non autorisée signalée par l'utilisateur, la banque rembourse immédiatement au titulaire de la carte le montant de l'opération non autorisée et, le cas échéant, rétablit le compte débité dans l'état où il se serait trouvé si l'opération de paiement non autorisée n'avait pas eu lieu (*Code monétaire et financier, Art. L. 133-18*).
– Le délai légal pendant lequel le titulaire d'une carte de paiement ou de retrait a la possibilité de déposer une réclamation est fixé à 13 mois suivant la date de débit (*Code monétaire et financier, Art. L. 133-24*).
Pour éviter d'être victime de ce type d'abus, il ne faut jamais laisser traîner ses facturettes notamment lorsqu'on retire de l'argent liquide au distributeur automatique car le numéro de carte bancaire (pas le code secret) y figure et il pourrait être utilisé pour effectuer des achats à distance. Par ailleurs, les juges rappellent qu'un client victime d'une opération de *phishing* (hameçonnage en français : il répond à un courriel frauduleux et fournit à un escroc le numéro, la date d'expiration, le code de sécurité de sa carte bancaire), qui voit son compte ponctionné notamment à la suite d'achats en ligne, ne peut pas toujours exiger de la banque un remboursement des sommes en cause (*Cour de cassation, Chambre commerciale, 25/10/2017 et 28/3/2018*). Les juges estiment en effet que les banques ne sont pas systématiquement tenues d'indemniser un client imprudent.
Depuis le 1/6/2018, il est possible de signaler une fraude aux forces de l'ordre via le téléservice Perceval du ministère de l'Intérieur (accessible depuis *www.service-public.fr*). Il faut avoir fait opposition à la carte auprès de sa banque, être en sa possession et ne pas être à l'origine des achats en ligne. Ce signalement donne lieu à la délivrance d'un récépissé qu'on peut présenter à sa banque pour lui demander le remboursement des opérations bancaires litigieuses. Attention, ce récépissé ne dispense pas de déposer plainte auprès de la police ou de la gendarmerie.

› La protection du consommateur lors de la commande

Toute transaction commerciale suppose un contrat. En matière de vente par correspondance (VPC), ce document se limite à un bon de commande, découpé dans un catalogue, rempli et signé par le consommateur et adressé à l'entreprise. Mais la commande est de plus en plus effectuée par téléphone ou via Internet. À ce stade de la transaction, le consommateur bénéficie d'une protection particulière quant à l'information dont il est destinataire. En effet, un certain nombre d'informations doivent être communiquées avant la commande au consommateur.
Certaines de ces informations sont communes aux contrats conclus hors établissement et aux contrats conclus à distance et le législateur les a regroupées sous le terme d'obligations d'information précontractuelle. D'autres s'appliquent distinctement selon qu'elles concernent les contrats conclus hors établissement ou les contrats conclus à distance.

Les obligations d'information précontractuelle

Certaines informations doivent être communiquées au consommateur, préalablement à la conclusion d'un contrat de vente ou de fourniture de service, de manière lisible et compréhensible.
Elles concernent :
– les informations rendues obligatoires par les articles L. 111-1 et L. 111-2 du Code de la consommation qui mettent à la charge de tous les professionnels une obligation d'information du consommateur, avant la conclusion du contrat, sur les caractéristiques essentielles du bien ou du service (éléments quantitatifs et qualitatifs), sur la période pendant laquelle les pièces détachées seront disponibles s'il s'agit d'une marchandise manufacturée, sur les prix et les conditions particulières de la vente. Le professionnel doit également informer le consommateur, le cas échéant, sur les garanties légales et les garanties contractuelles ainsi que sur la possibilité de recourir à un médiateur de la consommation en cas de litige ;
– les informations relatives au droit de rétractation de 14 jours : lorsqu'il existe, les conditions, le délai et les

modalités d'exercice de ce droit, accompagnées d'un formulaire type de rétractation ; lorsqu'il n'existe pas, l'information selon laquelle le consommateur n'en bénéficie pas ou, le cas échéant, les circonstances dans lesquelles le consommateur perd son droit de rétractation ;

– l'information, le cas échéant, sur le fait que le consommateur supporte les frais de renvoi en cas de rétractation et, pour les contrats à distance, le coût de renvoi du bien lorsque celui-ci, en raison de sa nature, ne peut être renvoyé par La Poste ;

– l'information sur l'obligation du consommateur de payer des frais lorsque celui-ci exerce son droit de rétractation d'un contrat de prestation de services, de distribution d'eau, de fourniture de gaz ou d'électricité et d'abonnement à un réseau de chauffage urbain dont il a demandé expressément l'exécution avant la fin du délai de rétractation ;

– les informations relatives aux coordonnées du professionnel, le cas échéant aux coûts de l'utilisation de la technique de communication à distance, à l'existence de codes de bonne conduite, le cas échéant aux cautions et garanties, aux modalités de résiliation, aux modes de règlement des litiges et aux autres conditions contractuelles (*Code de la consommation, Art. L. 221-5*)

C'est au professionnel d'apporter la preuve qu'il a bien respecté ses obligations.

Les dispositions particulières applicables aux contrats conclus hors établissement (démarchage)

Dans le cas d'un contrat conclu hors établissement, le professionnel doit fournir au consommateur, sur papier ou, avec l'accord de ce dernier, sur un autre support durable (par CD-Rom ou téléchargement, par exemple), les informations précontractuelles. Ces informations doivent être rédigées de manière lisible et compréhensible.

Il doit également fournir au consommateur un exemplaire du contrat sur papier signé par les parties ou, avec l'accord du consommateur, sur un autre support durable, confirmant l'accord exprès des parties. Ce contrat comporte toutes les informations précontractuelles sous peine de nullité.

À NOTER

Le Code de la consommation donne la définition de « support durable » : il s'agit de « tout instrument permettant au consommateur ou au professionnel de stocker des informations qui lui sont adressées personnellement afin de pouvoir s'y reporter ultérieurement pendant un laps de temps adapté aux fins auxquelles les informations sont destinées et qui permet la reproduction à l'identique des informations stockées » (Code de la consommation, Art. L. 221-1).

Le contrat mentionne, le cas échéant, l'accord exprès du consommateur pour la fourniture d'un contenu numérique indépendant de tout support matériel avant l'expiration du délai de rétractation de 14 jours et, dans cette hypothèse, le renoncement du consommateur à l'exercice de son droit de rétractation.

Le contrat doit être accompagné d'un formulaire type de rétractation. Le consommateur dispose en effet de 14 jours pour annuler sa commande.

Le professionnel ne peut recevoir aucun paiement ou aucune contrepartie, sous quelque forme que ce soit, de la part du consommateur avant l'expiration d'un délai de 7 jours à compter de la conclusion du contrat.

Toutefois ne sont pas soumis à cette interdiction :

– la souscription à domicile d'un abonnement à une publication quotidienne et assimilée ;

– les contrats à exécution successive ayant pour objet la fourniture de services à la personne (garde d'enfants, assistance aux personnes âgées, aux personnes handicapées…) ;

– les contrats conclus au cours de réunions organisées par le vendeur à son domicile ou au domicile d'un consommateur ayant préalablement et expressément accepté que cette opération se déroule chez lui ;

– les contrats ayant pour objet des travaux d'entretien ou de réparation à réaliser en urgence au domicile du consommateur et expressément sollicités par lui, dans la limite des pièces de rechange et travaux strictement nécessaires pour répondre à l'urgence (*Code de la consommation, Art. L. 221-8 à L. 221-10*).

En cas de souscription à domicile d'un abonnement à une publication ou de services à la personne, le consommateur dispose d'un droit de résiliation du contrat à tout moment et sans préavis, frais ou indemnité, et d'un droit au remboursement, dans un délai de 15 jours, des sommes versées au prorata de la durée du contrat restant à courir.

Les dispositions particulières applicables au démarchage téléphonique

Les obligations du professionnel

Lorsqu'un professionnel démarche un consommateur par téléphone en vue de conclure ou de modifier un contrat portant sur la vente d'un bien ou la fourniture d'un service, l'utilisation d'un numéro masqué est interdite (*Code de la consommation, Art. L. 221-17*). Par ailleurs, les centres d'appels situés à l'étranger ne peuvent plus utiliser des numéros commençant par 01, 02, 03, 04, 05 et 09 afin de faire croire qu'il s'agit d'une communication de proximité. Quant aux systèmes automatisés laissant des messages vocaux préenregistrés, ce sont les numéros commençant par 06 et 07 qui leur sont interdits. Au 1/1/2021, ils seront soumis à la même règle que les centres d'appels : ils ne pourront plus utiliser les numéros commençant par 01 à 05 et 09 (*décision n° 2019-0954 du 11/7/2019 de l'Autorité de régulation des communications électroniques et des postes – Arcep*).

Le professionnel doit décliner son identité au début de la conversation (le cas échéant, l'identité de la personne pour le compte de laquelle il effectue cet appel). Il doit aussi préciser la nature commerciale de celui-ci. À la suite du démarchage téléphonique, le professionnel doit adresser au consommateur, sur papier ou sur support durable, une confirmation de l'offre qu'il a faite et reprenant toutes les informations précontractuelles obligatoires.

Le consommateur n'est engagé par cette offre qu'après l'avoir signée et acceptée par écrit ou avoir donné son consentement par voie électronique (*Code de la consommation, Art. L. 221-16*).

À NOTER

Dans le secteur de l'assurance, à compter du 1/7/2020, aucun contrat ne pourra plus être conclu dès un premier appel. Le démarcheur devra attendre 24 heures suivant la réception de la documentation précontractuelle pour rappeler le consommateur (Avis du 19/10/2019 du Comité consultatif du secteur financier – CCSF).

L'opposition au démarchage téléphonique

Le consommateur qui ne souhaite pas faire l'objet de prospection commerciale peut gratuitement s'inscrire sur une liste d'opposition au démarchage téléphonique et il est interdit à un professionnel, directement ou par l'intermédiaire d'un tiers agissant pour son compte, de démarcher téléphoniquement un consommateur inscrit sur cette liste, sauf en cas de relations contractuelles préexistantes.

Le consommateur peut ainsi s'inscrire en ligne sur la liste d'opposition Bloctel (*www.bloctel.gouv.fr*) depuis le 1/6/2016 : ce faisant, il demande à ne pas être démarché par les professionnels à qui il n'a pas donné son consentement préalable.

L'interdiction de démarcher téléphoniquement un consommateur inscrit sur la liste d'opposition ne s'applique pas à la prospection en vue de la fourniture de journaux, de périodiques ou de magazines.

Lorsqu'un professionnel est amené à recueillir auprès d'un consommateur des données téléphoniques, il doit l'informer de son droit à s'inscrire sur la liste d'opposition au démarchage téléphonique. Lorsque ce recueil d'information se fait à l'occasion de la conclusion d'un contrat, celui-ci mentionne de manière claire et compréhensible, l'existence de ce droit pour le consommateur.

La location ou la vente de fichiers contenant des données téléphoniques et comportant les coordonnées d'un ou de plusieurs consommateurs inscrits sur la liste d'opposition au démarchage téléphonique est interdite.

Tout manquement à ces dispositions est passible d'une amende administrative dont le montant peut aller jusqu'à 15 000 € pour une personne physique et 75 000 € pour une personne morale (*Code de la consommation, Art. L. 242-16*).

PROSPECTION DIRECTE PAR AUTOMATE D'APPEL, FAX, COURRIER ÉLECTRONIQUE

La prospection directe consiste dans l'envoi de tout message destiné à promouvoir, directement ou indirectement, des biens, des services ou l'image d'une personne vendant des biens ou fournissant des services.
Il est interdit de faire de la prospection directe au moyen d'un automate d'appel, d'un télécopieur ou d'un courrier électronique en utilisant, sous quelque forme que ce soit, les coordonnées d'une personne physique si celle-ci n'a pas donné son accord pour recevoir des prospections directes par ce moyen.
Toutefois, la prospection directe par courrier électronique est autorisée si les trois conditions suivantes sont réunies :
– le destinataire a déjà donné ses coordonnées (dans le respect des dispositions de la loi du 6/1/1978 relative à l'informatique, aux fichiers et aux libertés) à l'occasion d'une vente ou d'une prestation de services ;
– il est contacté pour des produits ou services analogues qui lui sont fournis par la même personne physique ou morale ;
– on lui donne la possibilité de s'opposer de manière simple expresse, dénuée d'ambiguïté et sans frais à l'utilisation de ses coordonnées.
Dans tous les cas, il est interdit de dissimuler l'identité de la personne pour le compte de laquelle la communication est émise et de mentionner un objet sans rapport avec la prestation ou le service proposé (*Code des postes et des communications électroniques, Art. L. 34-5*).
Le destinataire du message peut s'opposer à recevoir ces communications sur simple demande.
Le professionnel qui passe outre ce principe risque jusqu'à 300 000 € et 5 ans de prison (*Code pénal, Art. 226-8 et 226-18-1*).
À noter : si la prospection par courrier électronique s'effectue dans le cadre professionnel, elle n'est pas soumise au consentement préalable des personnes prospectées lorsque le message leur est envoyé au titre de la fonction qu'elles exercent dans l'organisme privé ou public qui leur a attribué cette adresse (*CNIL, décision du 17/2/2005*).

Les dispositions particulières applicables aux contrats à distance

Dans le cas d'un contrat conclu à distance, le professionnel doit fournir au consommateur, de manière lisible et compréhensible, les informations relatives aux obligations d'information précontractuelle ou les met à sa disposition par tout moyen adapté à la technique de communication à distance utilisée.

Lorsque cette technique impose des limites d'espace ou de temps pour la présentation des informations, le professionnel doit au moins fournir au consommateur, avant la conclusion du contrat, les informations relatives aux caractéristiques essentielles des biens ou des services, à leur prix, à son identité, à la durée du contrat et au droit de rétractation.

Dans un délai raisonnable, le professionnel doit donner au consommateur, sur support durable, après la conclusion du contrat et au plus tard au moment de la livraison du bien ou avant le début de l'exécution du service, la confirmation du contrat comprenant toutes les informations relatives aux obligations d'information précontractuelle (sauf si le professionnel les lui a déjà fournies avant la conclusion du contrat).

Le contrat est accompagné d'un formulaire type de rétractation dont le modèle figure en annexe de l'article R. 221-1 du Code de la consommation (*Décret n° 2014-1061 du 17/9/2014*). Le consommateur dispose en effet de 14 jours pour annuler sa commande.

Pour les contrats conclus par voie électronique, le professionnel rappelle au consommateur, avant qu'il ne passe sa commande, de manière lisible et compréhensible, les informations relatives aux caractéristiques essentielles des biens ou des services qui font l'objet de la commande, à leur prix et à la durée du contrat.

Le professionnel veille à ce que le consommateur, lors de sa commande, reconnaisse explicitement son obligation de paiement. À cette fin, la fonction utilisée par le consommateur pour valider sa commande comporte, sous peine de nullité, la mention claire et lisible : « commande avec obligation de paiement » (ou une formule analogue dénuée de toute ambiguïté). Les sites de commerce en ligne doivent indiquer clairement et lisiblement, dès le début du processus de commande, les moyens de paiement acceptés par le professionnel et les éventuelles restrictions de livraison.

Le professionnel est responsable de la bonne exécution des obligations résultant du contrat conclu à distance, que ces obligations soient exécutées par lui ou par d'autres prestataires de services. Il peut toutefois s'exonérer de tout ou partie de sa responsabilité en apportant la preuve que l'inexécution ou la mauvaise exécution du contrat est imputable soit au consommateur, soit au fait, imprévisible et insurmontable, d'un tiers au contrat, soit à un cas de force majeure (*Code de la consommation, Art. L. 221-11 à L. 221-15*).

L'information sur les prix

La publicité des prix est réglementée et le prix de tout produit ou de toute prestation de services proposé au consommateur selon une technique de consommation à distance doit être indiqué toutes taxes comprises (TTC), de façon précise au consommateur, avant la conclusion du contrat. De même, toute publicité comportant une réduction de prix doit obéir aux conditions fixées par l'arrêté du 11/3/2015 relatif aux annonces de réduction de prix à l'égard du consommateur. Il revient au professionnel, en cas de litige ultérieur sur le montant du prix initialement annoncé, de prouver que le client a bien été informé du prix et des frais éventuels de livraison, et ce par tout moyen (courrier, enregistrement…).

Les tribunaux apprécient l'obligation d'information en « fonction de la compétence de l'acheteur sur le plan technique » (*Cour de cassation, Chambre commerciale, 6/5/1992*).

À NOTER

Le prix demandé pour un produit ne peut être que celui figurant dans le catalogue ou lors de l'achat par téléphone ou par Internet ; il ne saurait varier durant la période de validité du catalogue ou entre la commande et la livraison au cas où le paiement dudit article est réalisé contre-remboursement. À défaut, l'infraction de publicité trompeuse peut être retenue par le tribunal correctionnel à la suite d'une plainte formulée par un consommateur.

› La protection du consommateur lors de la livraison

Les entreprises de vente à distance mentionnent le plus souvent un délai pour la livraison des biens commandés dans leurs offres, mais généralement de manière indicative. Cette clause est abusive et ne saurait lier le consommateur. Si le vendeur manque à son engagement dans les délais convenus, fussent-ils indicatifs, le consommateur peut, à son choix, demander l'annulation de la vente ou sa mise en possession par une action en justice en ce sens (*Code civil, Art. 1610*).

- Le vendeur doit livrer le bien ou fournir le service à la date ou dans le délai indiqué au consommateur, à moins que les parties n'en aient décidé autrement. À défaut d'indication ou d'accord, le vendeur doit livrer le bien ou exécuter la prestation sans retard injustifié et au plus tard 30 jours après la conclusion du contrat (*Code de la consommation, Art. L. 216-1*).

- Lorsque la livraison n'est pas intervenue à la date fixée dans le contrat ou à l'expiration du délai de 30 jours, la loi offre la possibilité à l'acheteur de dénoncer le contrat sans avoir à saisir la justice. Il suffit d'adresser au vendeur une lettre recommandée avec avis de réception l'informant de la décision de rompre le contrat si le vendeur n'effectue pas la livraison dans un délai supplémentaire raisonnable. Le contrat est considéré comme rompu à la réception par le vendeur de la lettre l'informant de cette résolution, à moins que le vendeur ne se soit exécuté entre-temps.

Par ailleurs, le consommateur peut immédiatement résilier le contrat lorsque le professionnel refuse de livrer le bien ou de fournir le service ou lorsqu'il n'exécute pas son obligation à la date ou à l'expiration du délai de 30 jours et que cette date ou ce délai constitue pour le consommateur une condition essentielle du contrat. Cette condition essentielle résulte des circonstances lors de la conclusion du contrat ou d'une demande expresse du consommateur avant la conclusion du contrat (*Code de la consommation, Art. L. 216-2*).

- Lorsque le contrat est rompu dans les conditions exposées ci-dessus, le vendeur doit rembourser le consommateur de la totalité des sommes versées, au plus tard dans les 14 jours suivant la date à laquelle le contrat a été dénoncé. La somme versée par le consommateur est majorée de 10 % si le remboursement intervient au plus tard 30 jours après cette date, de 20 % jusqu'à 60 jours et de 50 % ultérieurement (*Code de la consommation, Art. L. 216-3*).

- Aucun frais de livraison ne doit être réclamé au consommateur en plus du prix de la commande à moins que le consommateur n'en ait été averti. Les frais de livraison sont réputés couverts par le prix de la commande et le professionnel ne saurait les réclamer par la suite.

- Le consommateur doit impérativement vérifier l'état du bien livré. En effet, il assume tout risque de perte ou d'endommagement du bien à partir du moment où lui-même ou un tiers désigné par lui, et autre que le transporteur proposé par le professionnel, prend physiquement possession du bien. Il en va de même lorsque le consommateur confie la livraison du bien à un transporteur autre que celui proposé par le professionnel (*Code de la consommation, Art. L. 216-4 et L. 216-5*).

À NOTER

Il ne faut jamais signer un bon de livraison sans avoir, au préalable, vérifié la marchandise livrée.

À NOTER

Si une société de vente à distance vous réclame le paiement d'articles commandés mais non reçus, il revient à la société concernée d'apporter la preuve de la livraison par le transporteur choisi (La Poste ou tout autre transporteur privé) (Code civil, Art. 1353).

› Le droit de rétractation

Le délai de rétractation

Le consommateur dispose d'un délai de 14 jours pour exercer son droit de rétractation d'un contrat conclu à distance, à la suite d'un démarchage téléphonique ou hors établissement, sans avoir à justifier ou à motiver sa décision. Il n'a pas non plus à supporter d'autres coûts que ceux résultant des frais de renvoi du bien, à condition que le vendeur l'ait informé, lors de la conclusion du contrat que ces frais seraient à sa charge (*Code de la consommation, Art. L. 221-18 et L. 221-23*).

Lorsque les informations relatives au droit de rétractation n'ont pas été fournies au consommateur dans le cadre des informations précontractuelles, le délai de rétractation est prolongé de 12 mois à compter de l'expiration du délai de 14 jours. Toutefois, lorsque les informations relatives au droit de rétractation sont données pendant la prolongation de 12 mois, le délai de rétractation expire au terme d'une période de 14 jours à compter du jour où le consommateur a reçu ces informations (*Code de la consommation, Art. L. 221-20*).

Le délai de 14 jours court à compter du jour :

– de la conclusion du contrat pour les contrats de prestation de services ;

– ou de la réception du bien par le consommateur pour les contrats de vente de biens. Pour les contrats conclus suite à un démarchage à domicile, le consommateur peut exercer son droit de rétractation dès la conclusion du contrat.

Dans le cas d'une commande portant sur plusieurs biens livrés séparément ou dans le cas d'une commande d'un bien composé de lots ou de pièces multiples dont la livraison est échelonnée sur une période définie, le délai court à compter de la réception du dernier lot ou de la dernière pièce. Pour les contrats prévoyant la livraison régulière de biens pendant une période définie, le délai court à compter de la réception du premier bien (*Code de la consommation, Art. L. 221-18*).

Toute clause par laquelle le consommateur, lors de la conclusion du contrat ou ultérieurement, déclarerait abandonner son droit de rétractation est nulle (*Code de la consommation, Art. L. 242-3*).

Les conditions d'exercice du droit de rétractation

S'il veut se rétracter, le consommateur doit informer le vendeur de sa décision en lui adressant, dans un délai de 14 jours, le formulaire de rétractation qui lui a obligatoirement été remis ou communiqué avant la conclusion du contrat ou toute autre déclaration, dépourvue d'ambiguïté, exprimant sa volonté de se rétracter. Le vendeur peut également permettre au consommateur de remplir et de transmettre en ligne sur son site Internet, le formulaire ou la déclaration de rétractation. Dans ce cas, il doit communiquer, sans délai, au consommateur un accusé de réception sur un support durable (*Code de la consommation, Art. L. 221-21*). Un formulaire type de rétractation est désormais disponible : il est publié en annexe de l'article R. 221-1 du Code de la consommation (*Décret n° 2014-1061 du 17/9/2014*).

Le consommateur doit renvoyer ou restituer les biens au vendeur, sans retard excessif et au plus tard dans les 14 jours suivant la communication de sa décision de se rétracter, à moins que le vendeur ne propose de récupérer lui-même ces biens. Il ne supporte que les coûts directs de renvoi des biens, sauf si le vendeur accepte de les prendre à sa charge ou s'il a omis d'informer le consommateur que ces coûts sont à sa charge. Toutefois, pour les contrats conclus hors établissement, lorsque les biens sont livrés au domicile du consommateur lors de la conclusion du contrat, le vendeur récupère les biens à ses frais s'ils ne peuvent pas être renvoyés normalement par voie postale en raison de leur nature (*Code de la consommation, Art. L. 221-23*).

En cas de contestation, le consommateur doit rapporter la preuve qu'il a exercé son droit de rétraction. Lorsqu'il restitue les biens, sa responsabilité ne peut être engagée qu'en cas de dépréciation de ces biens résultant de manipulations inadéquates.

Les conséquences de l'exercice du droit de rétractation

Le vendeur est tenu de rembourser le consommateur de la totalité des sommes versées, y compris les frais de livraison, sans retard injustifié et au plus tard dans les 14 jours à compter de la date à laquelle il est informé de la décision de rétractation. Cependant, pour les contrats de vente de biens, à moins qu'il ne propose de les récupérer lui-même, le vendeur peut différer le remboursement jusqu'à leur récupération ou jusqu'à ce que le consommateur ait fourni une preuve de leur expédition.

Le vendeur effectue le remboursement en utilisant le même moyen de paiement que celui utilisé par le consommateur pour la transaction initiale, sauf accord exprès du consommateur pour qu'il utilise un autre moyen de paiement et dans la mesure où le remboursement n'entraîne pas de frais pour le consommateur.

Si le remboursement intervient au-delà du délai de 14 jours, les sommes dues sont majorées :

– du taux d'intérêt légal si le remboursement survient au plus tard 10 jours après l'expiration du délai ;
– de 5 % si le retard est compris entre 10 et 20 jours ;
– de 10 % si le retard est compris entre 20 et 30 jours ;
– de 20 % si le retard est compris entre 30 et 60 jours ;
– de 50 % si le retard est compris entre 60 et 90 jours ;
– et de 5 % supplémentaires par nouveau mois de retard jusqu'au prix du produit, puis du taux d'intérêt légal (*Code de la consommation, Art. L. 242-4*).

En cas de prestation de services (distribution d'eau ou de gaz, par exemple), si le consommateur souhaite que l'exécution de la prestation commence avant la fin du délai de rétractation, le vendeur recueille sa demande expresse sur papier ou sur support durable.

Si le consommateur exerce ultérieurement son droit de rétractation, il doit verser au vendeur un montant correspondant au service fourni jusqu'à la communication de sa décision de se rétracter. Toutefois, aucune somme n'est due si sa demande expresse de début d'exécution n'a pas été recueillie ou si le vendeur n'a pas respecté son obligation d'information quant au paiement des frais en cas d'exercice de son droit de rétractation d'un contrat de prestation de services dont il a demandé expressément l'exécution avant la fin du délai de rétractation (*Code de la consommation, Art. L. 221-25*).

Le consommateur qui exerce son droit de rétractation d'un contrat de fourniture de contenu numérique non fourni sur un support matériel n'est redevable d'aucune somme si le vendeur n'a pas recueilli son accord préalable exprès pour l'exécution du contrat avant la fin du délai de rétractation ou si le contrat ne reprend pas les dispositions particulières applicables aux contrats conclus hors établissement et à distance pour la fourniture d'un contenu numérique (*Code de la consommation, Art. L. 221-26*).

Tout manquement aux règles applicables au droit de rétractation est sanctionnable par une amende dont le montant est fixé à 15 000 € pour une personne physique et 75 000 € pour une personne morale (*Code de la consommation, Art. L. 242-13*).

Les contrats exclus du droit de rétractation

Le droit de rétractation ne peut être exercé pour les contrats :

– de fourniture de services pleinement exécutés avant la fin du délai de rétractation et dont l'exécution a commencé après accord préalable exprès du consommateur et renoncement exprès à son droit de rétractation ;
– de fourniture de biens ou de services dont le prix dépend de fluctuations sur le marché financier échappant au contrôle du professionnel et susceptibles de se produire pendant le délai de rétractation ;
– de fourniture de biens confectionnés selon les spécifications du consommateur ou nettement personnalisés ;
– de fourniture de biens susceptibles de se détériorer ou de se périmer rapidement ;
– de fourniture de biens qui ont été ouverts, dont l'emballage a été descellé par le consommateur après la livraison et qui ne peuvent être renvoyés pour des raisons d'hygiène ou de protection de la santé ;
– de fourniture de biens qui, après avoir été livrés et de par leur nature, sont mélangés de manière indissociable avec d'autres articles ;
– de fourniture de boissons alcoolisées dont la livraison est différée au-delà de 30 jours et dont la valeur convenue à la conclusion du contrat dépend de fluctuations sur le marché échappant au contrôle du professionnel ;
– de travaux d'entretien ou de réparation à réaliser en urgence au domicile du consommateur et expressément sollicités par lui, dans la limite des pièces de rechange et travaux strictement nécessaires pour répondre à l'urgence ;
– de fourniture d'enregistrements audio ou vidéo ou de logiciels informatiques lorsque leurs emballages ont été descellés par le consommateur après la livraison ;
– de fourniture d'un journal, d'un périodique ou d'un magazine, sauf pour les contrats d'abonnement à ces publications ;
– conclus lors d'une enchère publique ;
– de prestations de services d'hébergement, autres que d'hébergement résidentiel, de services de transport de biens, de locations de voitures, de restauration ou d'activités de loisirs qui doivent être fournis à une date ou à une période déterminée ;

– de fourniture d'un contenu numérique non fourni sur un support matériel dont l'exécution a commencé après accord préalable exprès du consommateur et renoncement exprès à son droit de rétractation (*Code de la consommation, Art. L. 221-28*).

À NOTER

L'envoi d'une marchandise à un consommateur sans commande préalable constitue une vente forcée prohibée par le Code de la consommation et réprimée par le Code pénal.

Les réglementations particulières

Il existe des contrats spécifiques de vente à distance pour lesquels certaines règles particulières s'appliquent.

› La vente à distance de services financiers

La vente à distance de services financiers (produits financiers, bancaires et d'assurance) fait l'objet d'une réglementation spécifique dans le Code de la consommation, destinée à protéger le consommateur (*Code de la consommation, Art. L. 222-1 à L. 222-18*).

Le consommateur vivant en France bénéficie des mêmes droits lorsqu'il conclut, à distance, un contrat portant sur un service financier, que l'établissement financier soit installé en France ou dans un autre État membre.

L'information pré-contractuelle du consommateur

Le consommateur doit recevoir, par écrit ou sur tout autre support durable et auquel il a accès en temps utile et avant tout engagement, les conditions contractuelles ainsi que les informations concernant :

– l'identité et les coordonnées du professionnel (ou de toute personne agissant pour son compte). Plus précisément, doivent ainsi être communiqués l'identité du fournisseur de services financiers, son activité principale, l'adresse géographique à laquelle celui-ci est établi, ainsi que toute autre adresse nécessaire au suivi des relations entre le consommateur et le fournisseur. Lorsque le fournisseur utilise les services d'un représentant ou d'un intermédiaire, il communique également au consommateur l'identité et l'adresse de ce dernier.

Lorsque le fournisseur est inscrit au Registre du commerce et des sociétés, il communique au consommateur son numéro d'immatriculation. En outre, les personnes soumises à agrément doivent communiquer les coordonnées des autorités chargées de leur contrôle ;

– les documents d'information particuliers relatifs aux produits, instruments financiers et services proposés requis par les dispositions législatives et réglementaires en vigueur ou bien, en l'absence de tels documents, une note d'information sur chacun des produits, instruments financiers et services proposés en indiquant, s'il y a lieu, les risques particuliers inhérents aux produits proposés (fluctuations des marchés financiers, le fait que les performances passées ne laissent pas présager des performances futures…) ;

– les conditions de l'offre contractuelle, notamment le prix total effectivement dû par le consommateur (incluant l'ensemble des commissions, charges, dépenses y afférentes, ainsi que les taxes acquittées), ou, lorsqu'un prix exact ne peut être indiqué, la base de calcul du prix permettant au consommateur de le vérifier, les modalités selon lesquelles sera conclu le contrat et en particulier le lieu et la date de signature de celui-ci ;

– l'existence du droit de rétractation de 14 jours (30 jours pour l'assurance-vie) sans avoir à supporter de pénalités ni à justifier d'un motif, ainsi que ses modalités d'exercice ;

– le cas échéant, les risques particuliers des instruments financiers ou des opérations à exécuter dont la valeur dépend de fluctuations des marchés financiers sur lesquelles le fournisseur n'a aucune influence, les performances passées ne laissant pas présager des performances futures (*Code de la consommation, Art. R. 222-1*).

– la loi applicable au contrat et la juridiction compétente (*Code de la consommation, Art. L. 222-5*).

Ces informations, dont le caractère commercial doit apparaître sans équivoque, sont fournies de manière lisible et compréhensible par tout moyen adapté à la technique de commercialisation à distance. En cas de communication par téléphonie vocale, l'identité du fournisseur et le caractère commercial de l'appel dont le fournisseur a pris l'initiative sont indiqués sans équivoque au début de toute conversation avec le consommateur.

Le fournisseur peut remplir ces obligations en envoyant au consommateur un document unique.

À NOTER

S'il ne remplit pas son obligation d'information pré-contractuelle, le fournisseur risque une amende de 1 500 €.

L'INFORMATION DU CONSOMMATEUR LORS DE L'OFFRE D'UN CRÉDIT RENOUVELABLE

Depuis le 17/12/2015, que l'offre soit faite sur le lieu de vente ou à distance, pour les achats de biens ou de prestations de services supérieurs à 1 000 €, des informations doivent être données au consommateur afin de lui permettre de comparer de façon claire l'offre de crédit renouvelable avec la proposition alternative de crédit amortissable qui doit l'accompagner. La comparaison entre les deux crédits porte sur le fonctionnement, le coût et les modalités d'amortissement selon au moins deux hypothèses de délai de remboursement. Les informations doivent être présentées conformément à un modèle publié en annexe de l'article D. 312-26 du Code de la consommation (*Décret n° 2015-293 du 16/3/2015*).

L'information du consommateur au cours de la relation contractuelle

À tout moment au cours de la relation contractuelle et à condition d'en faire la demande, le consommateur a le droit de recevoir les conditions contractuelles sur un support papier, y compris lorsque la relation avec le fournisseur a été établie par voie électronique (*Code de la consommation, Art. L. 222-6*).

L'exécution du contrat

Sauf accord exprès du consommateur, le contrat ne peut commencer à être exécuté qu'à l'expiration du délai de rétractation (exception faite des contrats de crédit à la consommation, qui bénéficient de dispositions particulières)(*Code de la consommation, Art. L. 222-13*).

Le fournisseur informe également le consommateur du droit, pour chacun, de résilier le contrat, sans oublier d'indiquer les éventuelles pénalités dans ce cas prévues au contrat.

› Le commerce en ligne

Le développement d'Internet permet aux consommateurs qui s'y connectent d'acquérir des produits à distance y compris auprès d'entreprises étrangères et de les régler en ligne avec une carte de paiement. Cette forme de commerce présente de réels avantages en terme de choix et en terme de coût, dès lors qu'il est possible à l'aide d'outils de recherche de comparer les prix des produits vendus et de les trouver là où ils sont offerts à moindre prix. Elle permet également pour ceux qui le désirent de trouver des produits qui ne sont pas commercialisés en France.

La législation

La transaction électronique est assimilée à un contrat classique de vente à distance, l'offre et l'acceptation se produisant sur le réseau. Le législateur a encadré le commerce électronique dans la loi n° 2004-575 du 21/6/2004 sur la confiance dans l'économie numérique qui a été complétée par l'ordonnance n° 2005-674 du 16/6/2005 relative à l'accomplissement de certaines formalités contractuelles par voie électronique.

Comment se définit le commerce électronique ?

La loi du 21/6/2004 sur la confiance dans l'économie numérique définit le commerce électronique comme l'activité économique par laquelle une personne propose ou assure à distance et par voie électronique la fourniture de biens ou de services. L'activité de commerce électronique ne recouvre pas seulement les achats sur Internet, mais aussi l'ensemble des services accessibles par voie électronique (fourniture d'informations en ligne, communications commerciales, accès et récupération de données…), même lorsqu'ils ne sont pas rémunérés par ceux qui les reçoivent (*Loi n° 2004-575 du 21/6/2004, Art. 14*).

La voie électronique peut aussi être utilisée pour mettre à la disposition du consommateur des conditions contractuelles ou des informations sur des biens ou services (*Code civil, Art. 1125*). Mais attention : la transmission par la voie électronique n'est possible que si le destinataire en a accepté l'usage (*Code civil, Art. 1126*).

Quelles sont les obligations du vendeur ?

L'article 1127-1 du Code civil oblige le vendeur qui propose ses produits ou services, par voie électronique, à mettre à disposition les stipulations contractuelles applicables d'une manière qui permette leur conservation et leur reproduction. Il est lié par son offre de

produits ou de services tant qu'elle reste accessible par voie électronique (*Code civil, Art. 1127-1*).
L'offre doit énoncer en outre :
– les différentes étapes à suivre pour conclure le contrat par voie électronique ;
– les moyens techniques permettant au destinataire de l'offre, avant la conclusion du contrat, d'identifier d'éventuelles erreurs commises dans la saisie des données et de les corriger ;
– les langues proposées pour la conclusion du contrat au nombre desquelles doit figurer la langue française ;
– le cas échéant, les modalités d'archivage du contrat par l'auteur de l'offre et les conditions d'accès au contrat archivé ;
– les moyens de consulter par voie électronique les règles professionnelles et commerciales auxquelles l'auteur de l'offre entend, le cas échéant, se soumettre.
Si le vendeur offre une réduction de prix, elle doit obéir aux conditions fixées par l'arrêté du 11/3/2015 relatif aux annonces de réduction de prix à l'égard du consommateur.
S'il donne son adresse électronique, il ne peut refuser de recevoir des informations par ce moyen (*Code civil, Art. 1127*).

Comment est protégé l'acheteur ?

Pour que le contrat soit valable, le consommateur doit avoir eu la possibilité de vérifier le détail de sa commande et son prix total et de corriger d'éventuelles erreurs avant de confirmer celle-ci pour exprimer son acceptation définitive.
L'auteur de l'offre doit accuser réception sans délai injustifié, par voie électronique, de la commande qui lui a été adressée.
La commande, la confirmation de l'acceptation de l'offre et l'accusé de réception sont considérés comme reçus lorsque les parties auxquelles ils sont adressés peuvent y avoir accès (*Code civil, Art. 1127-2*).
Par ailleurs, le consommateur est également protégé par les dispositions du Code de la consommation relatives aux dispositions particulières applicables aux contrats conclus à distance, dont certaines visent expressément les contrats conclus par voie électronique.
Le droit de rétractation de 14 jours s'applique également au commerce en ligne.
Lorsque le contrat porte sur une somme égale ou supérieure à 120 €, le professionnel est tenu de le conserver par écrit pendant un délai de 10 ans à compter de la conclusion du contrat et d'en garantir à tout moment l'accès au consommateur sur simple demande de sa part (*Code de la consommation, Art. L. 213-1*).

La sécurité du paiement

C'est avec l'émergence du commerce électronique qu'est apparu le besoin de sécurisation des paiements. Pourtant, la loi ne dit rien du paiement qui reste le principal obstacle à l'achat en ligne. La délivrance du numéro inscrit sur la carte bancaire du consommateur et de sa date de validité pour régler les achats en ligne constitue une autorisation de débiter son compte sur laquelle le consommateur ne peut pas revenir. Il ne doit le faire que si le site est sécurisé (les données transmises sont cryptées – voir ci-dessous). Il ne doit jamais donner son code confidentiel à 4 chiffres.
S'il observe des prélèvements anormaux sur son compte bancaire, il doit les contester par écrit immédiatement auprès de sa banque (en tout cas avant l'expiration du délai légal) en faisant opposition et demander à être recrédité des sommes.
La loi du 21/6/2004 traite des conditions de cryptologie (matériel ou logiciel conçu pour transformer des données à l'aide de conventions secrètes) qui doivent permettre une amélioration de la sécurité des paiements.
Ces moyens de cryptologie ont en effet principalement pour objet, selon la loi, de garantir la sécurité du stockage ou de la transmission de données, en permettant d'assurer leur confidentialité, leur authentification ou le contrôle de leur intégrité (*Loi n° 2004-575 du 21/6/2004, Art. 29*).

À NOTER

Les grands acteurs du commerce en ligne comme Amazon, Cdiscount, la Fnac, La Redoute, etc. ont créé, à partir de leurs sites marchands, des places de marché (des market places) où des petits commerçants indépendants, voire des particuliers, proposent à la vente leurs produits. On peut donc se sentir piégé en croyant avoir acheté à un vendeur de notoriété établie et en se retrouvant face à un vendeur moins reconnu. Certes, les paiements transitent par la market place, mais les conditions de livraison ou de garantie peuvent être spécifiques. Il faut surtout faire attention si celui-ci est situé à l'étranger ou est un particulier. Par exemple, un particulier n'est pas soumis aux mêmes obligations que les vendeurs professionnels (en matière de garantie, de délai de rétractation, etc.). Avant de s'engager, il faut bien vérifier sur le site les conditions d'achat et notamment si la market place agit en tant que tiers de confiance entre les vendeurs et les consommateurs.

Quelle est la responsabilité du vendeur ?

Le vendeur qui commercialise des produits ou services par voie électronique engage de plein droit sa responsabilité à l'égard du consommateur, en cas de manquement aux obligations résultant du contrat : peu importe que ces obligations soient à sa charge ou imputables à d'autres prestataires de services (il peut alors ensuite se retourner contre eux).

Toutefois, il peut s'exonérer totalement ou en partie de sa responsabilité s'il prouve que l'inexécution ou la mauvaise exécution du contrat est imputable soit au consommateur, soit au fait imprévisible et insurmontable d'un tiers au contrat, soit à un cas de force majeure (*Code de la consommation, Art. L. 221-15*).

À NOTER

Les banques proposent désormais de réaliser en toute sécurité des achats en ligne au moyen de la « e-carte bleue ». Cette carte est dédiée aux achats en ligne sans avoir à utiliser son véritable numéro de carte bancaire. Les banques la commercialisent moyennant une commission d'entrée et une facturation lors de chaque transaction.

La signature électronique

Avant la loi du 21/6/2004, le législateur avait porté son attention sur la validité de la signature électronique. La loi n° 2000-230 du 13/3/2000 a révolutionné le droit de la preuve dans les relations professionnels-consommateurs. L'article 1359 du Code civil impose en effet la production d'un écrit quand une commande émane d'un particulier et porte sur un montant supérieur à 1 500 €. La loi du 13/3/2000 a pour objectif d'adapter ce droit de la preuve aux nouvelles technologies. Son dispositif admet en effet la possibilité de produire, à titre de preuve, un écrit sous forme électronique à condition :

– que la personne dont émane l'écrit électronique puisse être identifiée ;

– que les modes d'établissement et de conservation de cet écrit garantissent leur intégrité (*Code civil, Art. 1366*).

L'ordonnance n° 2005-674 du 16/6/2005 a précisé les exigences de forme que doivent remplir les écrits transmis sous forme électronique, pour avoir la même sécurité juridique qu'un support papier :

– si l'écrit sur papier est soumis à des exigences particulières en termes de lisibilité ou de présentation, l'écrit sous forme électronique doit répondre à des exigences équivalentes ;

– si le contrat comporte un formulaire détachable : un procédé électronique doit permettre d'accéder au formulaire et de le renvoyer par la même voie ;

– si l'écrit doit être fourni en plusieurs exemplaires, cette exigence est satisfaite sous forme électronique lorsque l'écrit peut être imprimé par le destinataire ;

– l'exigence d'une pluralité d'originaux est satisfaite pour les contrats sous forme électronique lorsque l'acte est établi et conservé conformément aux articles 1366 et 1367 du Code civil et que le procédé permet à chacun de disposer d'un exemplaire ou d'y avoir accès (*Code civil, Art. 1375*).

Par ailleurs, le décret n° 2001-272 du 30/3/2001 est intervenu pour préciser la notion de fiabilité en matière de signature électronique. Le système retenu est celui de la certification publique des dispositifs permettant l'émission de la signature électronique par un tiers. Il prévoit en effet la désignation d'organismes, agréés par le gouvernement, dont le rôle est de délivrer un certificat de conformité concernant le logiciel utilisé. Pour obtenir la certification, ce logiciel devra répondre à certaines exigences minimales (impossibilité de falsifier la signature ou de modifier le contenu de l'acte notamment). En France, plusieurs sociétés sont déjà spécialisées dans le domaine de la certification. Elles doivent répondre aux conditions posées par ce texte et par le décret n° 2002-535 du 18/4/2002 qui apporte des précisions s'agissant de la mise en œuvre de la signature électronique.

L'ENVOI RECOMMANDÉ ÉLECTRONIQUE

La voie électronique peut être utilisée pour mettre à disposition des stipulations contractuelles ou des informations sur des biens ou des services (*Code civil, Art. 1125*).
La loi n° 2016-1321 du 7/10/2016 pour une République numérique précise les conditions de validité d'un envoi recommandé électronique.
Ce type d'envoi est équivalent à l'envoi par lettre recommandée, dès lors qu'il satisfait à certaines exigences :
– l'envoi est fourni par un ou plusieurs prestataires de services de confiance qualifiés ;
– il garantit l'identification de l'expéditeur avec un degré de confiance élevé ;
– il garantit l'identification du destinataire avant la fourniture des données ;
– l'envoi et la réception de données sont sécurisés par une signature électronique avancée (voir plus haut) ou par un cachet électronique avancé d'un prestataire de services de confiance qualifié, de manière à exclure toute possibilité de modification indétectable des données ;
– toute modification des données nécessaire pour l'envoi ou la réception de celles-ci est clairement signalée à l'expéditeur et au destinataire des données ;
– la date et l'heure d'envoi, de réception et toute modification des données sont indiquées par un horodatage électronique qualifié (*Règlement (UE) n° 910/2014 du 23/7/2014*).
Dans le cas où le destinataire n'est pas un professionnel, celui-ci doit avoir exprimé à l'expéditeur son consentement à recevoir des envois recommandés électroniques.
Le prestataire peut proposer que le contenu de l'envoi soit imprimé sur papier puis acheminé au destinataire (*Code des postes et des communications électroniques, Art. L. 100*).

AVANTAGE

Le site Internet www.lettre-recommandee.com propose des solutions de preuves électroniques et de conservation de la preuve des contrats. La Poste a également mis en place un système d'envoi de lettre recommandée en ligne : www.servicepostal.com.

Les sites étrangers

On peut être tenté de ne s'adresser qu'à des sites français, compte tenu de la disparité des régimes nationaux dont peut relever le consommateur, qui n'appliquent pas tous un régime de protection comme le nôtre. Une directive européenne du 8/6/2000 (complétant la directive du 20/5/1997 sur la vente à distance) prévoit que la loi applicable au contrat est celle du pays où est établi le prestataire, ce qui n'est pas toujours favorable au consommateur. Mais ce dernier peut invoquer l'article 5 de la convention de Rome (convention sur la loi applicable aux obligations contractuelles ouverte à la signature à Rome le 19/6/1980) qui dispose qu'il peut bénéficier des dispositions de sa loi nationale si elles sont plus favorables.

Par ailleurs, depuis décembre 2018, les sites marchands de l'Union européenne ne peuvent plus imposer aux internautes d'acheter sur le seul site de leur pays (règlement UE 2018/302 du 28/2/2018). Les consommateurs peuvent donc profiter des meilleurs prix pratiqués ou de produits indisponibles dans leur pays, via le site de l'État de leur choix. Les nouvelles règles s'appliquent aux biens neufs et d'occasion vendus en ligne, sauf à ceux protégés par des droits d'auteur (livres, musique téléchargeable, etc.). Attention, la fin du géoblocage n'implique pas l'obligation, pour le professionnel, de livrer un produit dans le pays de résidence de son client. À ce dernier d'organiser, en accord avec le vendeur, l'acheminement du produit dans un lieu fixé d'un commun accord (domicile, point de retrait, etc.) et d'en payer l'éventuel surcoût. Les nouvelles règles européennes s'appliquent aussi aux services fournis dans le pays du professionnel (chambres d'hôtel, locations de voitures, manifestations sportives, concerts, etc.) et aux services numériques non protégés par des droits d'auteur (stockage de données, hébergement de site, etc.). Si un site (ou toute autre entreprise) installé dans un des pays de l'Union européenne ne respecte pas ces dispositions le consommateur peut s'adresser, en cas de litige, au Centre européen des consommateurs (CEC) France : *www.europe-consommateurs.eu/fr*. Ce centre fait partie du réseau EEC-Net (European Consumer Centres Network) créé par la Commission européenne.

Nos conseils

– Ne commander produits ou prestations de services que sur des sites connus jouissant d'une notoriété établie ;
– n'acheter que sur des sites sécurisés, c'est-à-dire offrant un dispositif de cryptage des informations nomi-

natives et du numéro de carte bancaire circulant sur le réseau ;

– créer un numéro de carte bancaire virtuelle pour le paiement par Internet. Certaines banques fournissent à leur client, lors d'un achat sur Internet, un numéro de carte virtuel qui est valable pour un montant déterminé et une durée limitée (par exemple, 30 jours). Ce numéro est différent de celui de la carte initiale et s'il est capté, il ne pourra pas être utilisé si le consommateur en a déjà fait usage ;

– se limiter à des sites français ou en tout cas à des sites qui ne présentent aucun caractère exotique ou licencieux (casino virtuel, sites pornographiques…). Attention : un site en « . fr » n'est pas nécessairement français. Pour s'en assurer, il faut vérifier l'adresse de l'entreprise dans les « Mentions légales » ;

– ne pas oublier que tout ce qui est à vendre n'est pas forcément à acheter : le droit français interdit la vente en ligne de certains médicaments alors même que ce produit est autorisé aux États-Unis et vendu sur Internet. En cas d'achat d'un produit à l'étranger, les marchandises transitent obligatoirement par le service des Douanes et ce dernier a la possibilité d'ouvrir un colis suspect et de réclamer à son destinataire la TVA ;

– imprimer et conserver une copie des conditions générales de vente ainsi que de la facture et du bon de livraison afin de faire valoir ses droits en cas de litige.

› Le téléachat

Les grandes chaînes de télévision hertzienne et celles accessibles par câble ou satellite diffusent des émissions de téléachat. Les produits sont présentés par un animateur lors d'une émission et le téléspectateur peut les acquérir par Internet, par téléphone ou par écrit.

Le téléachat est une forme de vente à distance à laquelle s'appliquent les dispositions de Code de la consommation, notamment celles relatives aux contrats conclus à distance ainsi que celles concernant le droit de rétractation de 14 jours.

Cette forme particulière de vente à distance obéit également à certaines règles édictées notamment par le Conseil supérieur de l'audiovisuel, de manière à préserver les droits de l'acheteur.

- La diffusion des objets proposés ne doit pas être de nature à induire en erreur le consommateur. L'offre de vente doit être claire, rigoureuse et la plus complète possible quant à ses principales composantes (prix, garanties, conditions de vente…). Toutefois, la marque et le nom du distributeur, du fabricant ou du prestataire ne doivent pas être indiqués à l'antenne.
- La diffusion de telles émissions est réglementée :

– les émissions de téléachat diffusées par voie hertzienne terrestre ou satellite, sont d'une durée minimale de 15 minutes et elles ne peuvent pas dépasser 3 heures par jour ; par ailleurs, il ne peut être programmé plus de 8 émissions quotidiennes. Elles ne peuvent être diffusées qu'entre 0 et 11 h et entre 14 et 16 h. Aucune diffusion ne peut avoir lieu le mercredi après-midi ;

– les émissions de téléachat diffusées par câble ou par satellite ne sont pas limitées en terme d'horaires : elles peuvent être diffusées plus de 3 heures par jour.

Pour les chaînes qui consacrent au moins 50 % de leur temps de diffusion à des émissions de téléachat, la présentation des biens ou services offerts peut comporter l'indication de la marque et du nom du fabricant ou prestataire.

A NOTER

En cas de litige, le consommateur peut s'adresser à la société de production de l'émission de téléachat si le problème concerne la commande ou la livraison du produit acheté. S'il s'agit d'un problème relatif au produit lui-même (panne, sécurité…), il convient en revanche de s'adresser directement au fabricant ou au fournisseur.

L'exécution du contrat

Qu'il s'agisse de la location d'un logement, de la commande d'un article à distance ou de la souscription d'un abonnement téléphonique, les rapports entre les consommateurs et les professionnels s'établissent, à cette occasion, dans le cadre d'un contrat, lequel est assorti de conditions générales décrivant les obligations de chacune des parties.

Les délais

Le délai de rétractation

Acheter une machine à laver ou souscrire un abonnement de télévision par câble, pour ne prendre que ces exemples, suppose la signature d'un contrat fixant les engagements réciproques des parties. Il arrive qu'après coup, ladite machine ne plaise pas ou que les émissions du câble déçoivent. Contrairement à une croyance fortement ancrée, il est impossible au consommateur de revenir sur sa décision (et de récupérer les sommes versées) une fois le contrat signé. Seul un juge peut décider d'une pareille annulation. Il peut le faire sous certaines conditions : le bien concerné est défectueux, n'a pas été livré ou le service n'a pas été rendu ou l'a mal été.

- Le principe est que les transactions commerciales réglées au comptant et effectuées sur le lieu de commercialisation du bien ou du service (magasin ou établissement commercial) sont fermes et définitives dès la signature du contrat.
- Pour certaines transactions, des lois accordent ponctuellement au consommateur un délai de réflexion, appelé aussi délai de renonciation, de rétractation ou, à l'inverse, délai d'acceptation.

– Vente d'un bien ou d'une prestation de services conclue à distance, à la suite d'un démarchage téléphonique ou hors établissement (démarchage) : un délai de 14 jours est offert au consommateur à compter du jour de la conclusion du contrat pour les contrats de prestation de services ou de la réception du bien pour les contrats de vente de biens. Lorsque le contrat est conclu à la suite d'un démarchage à domicile, et uniquement dans ce cas, le consommateur peut se rétracter dès la conclusion du contrat. Il n'est pas tenu d'attendre la livraison du bien pour utiliser son droit de rétractation (*Code de la consommation, Art. L. 221-18*).

– Vente de biens ou de fournitures de services financée par un crédit à la consommation expressément affecté au bien ou au service : un délai de 14 jours est offert au consommateur, à compter de la signature du contrat de crédit, pour revenir sur son engagement. La rétractation a pour effet d'annuler le contrat de crédit, mais aussi le contrat de vente ou de prestation de services. Ces contrats sont également annulés si le prêteur n'a pas, dans le délai de 7 jours à compter de l'acceptation du contrat de crédit par l'emprunteur, informé le vendeur de l'attribution du crédit (*Code de la consommation, Art. L. 312-52*).

– Souscription d'un crédit à la consommation non affecté à l'achat d'un bien ou d'un service (prêt personnel ou crédit renouvelable) : un délai de 14 jours est offert au consommateur, à compter de la signature de l'offre de contrat de crédit, pour revenir sur son engagement (Code de la consommation, Art. L. 312-19) ° 14). Attention, le contrat de crédit est annulé, mais pas le contrat de vente ou de prestation de services.

– Achat d'un bien immobilier financé par un crédit immobilier : un délai de 10 jours est offert au consommateur, à compter de la réception de l'offre de crédit par voie postale, pour accepter ou refuser le prêt sollicité (*Code de la consommation, Art. L. 313-34*).

– Achat d'un bien immobilier (acquisition ou construction) : un délai de 10 jours est offert à l'acquéreur, à compter du lendemain de la première présentation de la lettre recommandée lui notifiant l'acquisition, pour revenir sur son engagement ou à compter du lendemain de la remise de l'acte, s'il est conclu par l'intermédiaire d'un professionnel ayant reçu un mandat (*Code de la construction et de l'habitation, Art. L. 271-1*).

– Signature d'un contrat de jouissance d'immeuble en temps partagé : un double délai est offert au consommateur. Un délai de réflexion de 10 jours, à compter de la remise de l'offre de contrat ou de sa réception par courrier, délai pendant lequel le consommateur peut ou non accepter ce qui lui est proposé (*Code de la construction et de l'habitation, Art. L. 271-1*), puis un délai de rétractation de 14 jours à compter du jour de la conclusion du contrat ou du jour de sa réception, si cette réception est postérieure au jour de la conclusion du contrat, sans indemnité ni frais (*Code de la consommation, Art. L. 224-79*).

– Signature d'un contrat de courtage matrimonial dans une agence matrimoniale : un délai de 7 jours est offert au consommateur pour revenir sur son engagement (*Code de la consommation, Art. L. 224-91*), 14 jours en cas de souscription à distance *via* Internet.

– Cours par correspondance dispensés par un établissement privé d'enseignement à distance : un délai de réflexion de 7 jours est offert au consommateur, à compter de la réception du projet de contrat et du plan d'études, pour accepter ou refuser le contrat proposé (*Code de l'éducation, Art. L. 444-8*).

– Souscription d'un contrat d'assurance vie, de bons de capitalisation : un délai de rétraction de 30 jours est offert au souscripteur, à compter du moment où il est informé que le contrat est conclu (*Code des assurances, Art. L. 132-5-1*).

– Prestation de chirurgie esthétique : un délai minimal de 15 jours doit être respecté par le praticien entre la remise du devis et l'intervention. Pendant cette période, il ne peut être exigé ou obtenu de la personne concernée une contrepartie quelconque ni aucun engagement à l'exception des honoraires afférents aux consultations préalables à l'intervention (*Code de la santé publique, Art. L. 6322-2 et D. 6322-30*).

– Vente de métaux précieux : un délai de 24 heures est accordé au consommateur qui vend des métaux précieux pour se rétracter. Ce délai court à compter de la signature du contrat. Le consommateur n'a pas à justifier sa rétractation ni à payer de pénalités. Ce délai ne s'applique pas aux opérations d'or investissement (*Code de la consommation, Art. L. 224-99*).

LES DÉLAIS DE RÉTRACTATION

Nature de l'opération	Délai de rétractation
Achat d'un bien immobilier	10 jours à compter du lendemain de la première présentation de la lettre recommandée notifiant l'acquisition
Assurance vie	30 jours à partir du moment où le souscripteur est informé que le contrat est conclu
Chirurgie esthétique	15 jours entre la remise du devis et l'intervention
Courtage matrimonial	7 jours à compter de la signature du contrat
Crédit à la consommation	14 jours à partir de la signature de l'offre de contrat de crédit
Crédit immobilier	10 jours à compter de la remise de l'offre pour accepter ou renoncer
Démarchage financier	14 jours à compter, soit du jour où le contrat est conclu, soit du jour où la personne démarchée reçoit les conditions contractuelles et les informations, si cette dernière date est postérieure à la date de conclusion du contrat
Enseignement privé à distance	7 jours à partir de la réception du plan d'étude et du projet de contrat
Multipropriété	10 jours à compter de la remise de l'offre de contrat ou de sa réception par courrier, puis 14 jours à partir de la date d'envoi au professionnel de cette offre signée

LES DÉLAIS DE RÉTRACTATION	
Nature de l'opération	**Délai de rétractation**
Plan d'épargne en valeurs mobilières	15 jours à partir de la souscription du contrat
Vente à distance à la suite d'un démarchage téléphonique ou hors établissement (démarchage)	14 jours à compter de la réception pour les biens et à compter de la conclusion du contrat pour les prestations de services
Vente de métaux précieux	24 heures à compter de la signature du contrat

Le délai de livraison

Lors d'un achat (meubles ou automobile, le plus souvent) ou lors d'une commande de prestation de services (travaux à domicile, par exemple), il existe souvent un délai entre le moment de la conclusion du contrat (signature du bon de commande ou du devis) et celui de son exécution (livraison du bien, réalisation de la prestation). Il arrive que le professionnel ne le respecte pas ou ne le mentionne pas dans le bon de commande.

Le professionnel doit livrer le bien ou fournir le service à la date ou dans le délai indiqué au consommateur, sauf si les parties en ont convenu autrement.

À défaut d'indication ou d'accord quant à la date de livraison ou d'exécution, le professionnel livre le bien ou exécute la prestation sans retard injustifié et au plus tard 30 jours après la conclusion du contrat (*Code de la consommation, Art. L. 216-1*).

En cas de non-livraison du bien ou d'inexécution du service dans le délai fixé (ou au plus tard 30 jours après la conclusion du contrat), le consommateur peut mettre en demeure le vendeur, par lettre recommandée avec demande d'avis de réception, d'effectuer la livraison ou de fournir le service dans un délai supplémentaire raisonnable. Si le vendeur ne s'exécute pas dans ce délai, le consommateur peut mettre fin au contrat par une nouvelle lettre recommandée avec demande d'avis de réception.

Le contrat est considéré comme annulé à la date de réception de la lettre par le vendeur, à moins qu'il ne se soit exécuté entre-temps.

Le consommateur peut mettre fin immédiatement au contrat (sans mise en demeure préalable du professionnel) dans deux cas :

– lorsque le professionnel refuse de livrer le bien ou de fournir le service ;

– lorsqu'il n'exécute pas son obligation de livraison alors que la date ou le délai fixé constitue pour le consommateur une condition essentielle du contrat. Cette condition essentielle résulte des circonstances qui entourent la conclusion du contrat ou d'une demande expresse du consommateur avant la conclusion du contrat (*Code de la consommation, Art. L. 216-2*).

L'annulation du contrat oblige le professionnel à rembourser au consommateur la totalité des sommes versées, au plus tard dans les 14 jours suivant la date à laquelle le contrat a été dénoncé.

La somme versée par le consommateur est majorée de plein droit de :

– 10 % si le remboursement intervient au plus tard 30 jours au-delà du délai de 14 jours ;

– de 20 % jusqu'à 60 jours ;

– et de 50 % ultérieurement (*Code de la consommation, Art. L. 241-4*).

À NOTER

Quand un achat est financé grâce à un crédit affecté, le délai de livraison est repoussé de 14 jours, délai correspondant à celui accordé à l'emprunteur-acheteur pour se rétracter. À condition d'en faire la demande expresse, on peut réduire le délai de réflexion à 3 jours en le mentionnant à la main sur le contrat de vente. C'est la livraison de la marchandise qui déclenche le déblocage des fonds par le prêteur et le début du remboursement de l'emprunt contracté. Il convient donc de vérifier attentivement la bonne conformité du bien livré.

Le paiement

Il est d'usage de régler l'achat d'un bien ou l'exécution d'une prestation de services au moyen d'un chèque, d'une carte bancaire, d'un virement, d'un prélèvement… ou tout simplement en espèces. Malgré la diversité des modes de paiement, le professionnel peut (pour les montants inférieurs à 1 000 €) exiger d'être réglé en espèces, c'est-à-dire en pièces de monnaie et en billets de banque. En effet, le paiement par chèque ou par carte de paiement n'est pas un droit acquis au consommateur.

Les espèces

Un professionnel ne peut pas refuser un paiement en billets de banque n'excédant pas 1 000 € (*Code monétaire et financier, Art. L. 112-6 et D. 112-3*). En revanche, au-delà, l'acheteur doit régler par chèque, carte de paiement ou virement.

Le chèque

Un commerçant peut refuser un chèque ou ne l'accepter qu'au-dessus d'un certain montant. Le chèque n'est pas une monnaie à cours légal. Le client doit toutefois en être informé (*Code de la consommation, Art. L. 112-1*) : affichage aux caisses de ses magasins, dans les locaux où il reçoit sa clientèle ou dans les documents qu'il leur remet. En revanche, si le professionnel est membre d'un centre de gestion agréé (il en est ainsi fréquemment des professions libérales : médecins ou avocats), il ne peut pas refuser un chèque.

ATTENTION ⚠

Même mécontent d'un produit ou d'un service, on ne peut faire opposition au chèque émis en règlement (risque de poursuites et de condamnations à de lourdes peines, comme dans le cas d'un chèque sans provision).

Un commerçant est en droit de demander une pièce d'identité pour les paiements par chèque, afin de vérifier qu'il ne s'agit pas d'un chèque volé. Dans ce cas, on doit présenter un document administratif revêtu du sceau de la République avec une photographie : carte d'identité, permis de conduire, passeport… (*Code monétaire et financier, Art. L. 131-15*).

La carte bancaire

Un professionnel peut refuser un paiement par carte bancaire dans trois cas précis :
– il n'est pas affilié au réseau Carte Bancaire et l'autocollant CB n'est pas apposé en vitrine ou à la caisse ;
– les achats n'atteignent pas le seuil minimal fixé par le commerçant (en général 15 €), ce qui doit être porté à la connaissance des acheteurs par un affichage lisible et visible ;
– l'acheteur a dépassé le plafond autorisé de sa carte ;
– comme pour un refus de chèque, le professionnel doit afficher les conditions dans lesquelles il accepte ou refuse un paiement par carte bancaire.

À NOTER

Pour pallier la diminution de distributeurs de billets (DAB) en France, comme dans certains pays (Allemagne, Royaume-Uni, Belgique), on peut désormais retirer jusqu'à 60 € en espèces lors du règlement d'achats par carte bancaire chez un commerçant qui accepte ce principe dit de cash back (il n'y est pas obligé). Par exemple, pour des courses d'un montant de 15 €, on effectue un paiement de 60 € par carte et on récupère 45 € en cash. Attention, l'achat doit être d'un montant supérieur à 1 €. Pas question non plus de demander ce service s'il s'agit d'un paiement par chèque ou virement. Quant au commerçant qui ne respecte pas ces règles, il risque jusqu'à 1 500 € d'amende (décret n° 2018-1224 du 24/12/2018).

Les arrhes et les acomptes

Les sommes versées à titre de réservation par tout consommateur au moment d'un achat sont considérées comme des arrhes. Ce qui implique que le consommateur, comme le professionnel, peut se dédire, c'est-à-dire revenir sur son engagement et mettre fin au contrat, le consommateur en perdant le montant de ses arrhes et le professionnel en restituant le double.

La faculté de dédit liée aux arrhes n'est pas offerte au consommateur lorsque les sommes versées à la commande ont été qualifiées d'acompte dans le bon de commande. L'acompte, premier versement à valoir sur le prix total d'un achat, constitue une preuve d'engagement ferme de la part des deux parties. Si l'une d'entre elles se rétracte, elle engage sa responsabilité et peut se voir condamner par les tribunaux au paiement total de la commande ainsi qu'au versement de dommages et intérêts en cas de préjudice subi par l'une des parties par la rétractation impromptue et illicite de l'autre.

En vertu de l'article L. 214-2 du Code de la consommation, lorsque le contrat de vente porte sur un bien mobilier, toute somme versée d'avance sur le prix, quels que soient la nature de ce versement et le nom qui est donné dans l'acte, est productive d'intérêts qui commencent à courir à l'expiration d'un délai de 3 mois à compter du versement jusqu'à la réalisation de la vente. Le taux d'intérêt applicable est le taux légal pour le semestre en cours (3,73 % au 1er semestre 2018).

Pour les prestations de services, les sommes versées d'avance portent intérêt au taux légal à l'expiration d'un délai de 3 mois à compter du versement jusqu'à l'exécution de la prestation.

Les intérêts sont déduits du solde à verser au moment de la réalisation de l'opération.

Le versement de ces intérêts moratoires n'exclut pas la possibilité d'un versement d'intérêts compensatoires par le professionnel si le retard de la livraison ou l'inexécution de la prestation commandée ont causé un préjudice au consommateur.

À NOTER

Attention : toute clause contractuelle privant le consommateur des dispositions précitées est nulle. Le consommateur ne peut donc y renoncer et le professionnel ne saurait les lui refuser.

Les garanties

Tout vendeur de biens ou prestataire de services est tenu envers l'acheteur de deux garanties impératives : la garantie légale de conformité et la garantie légale des vices cachés. À ces obligations légales, le vendeur ou le prestataire peut ajouter sa propre garantie dite garantie conventionnelle (appelée aussi garantie du vendeur, garantie contractuelle, garantie du constructeur ou garantie commerciale).

› La garantie de conformité

Les professionnels doivent répondre envers les particuliers de la conformité des produits qu'ils vendent au contrat (*Code de la consommation, Art. L. 217-4 à L. 217-14*).

Quelles sont les conditions d'application de la garantie ?

Le vendeur doit livrer un bien conforme au contrat et répond des défauts de conformité existant lors de la remise du bien. Il est également responsable des défauts de conformité résultant de l'emballage, des instructions de montage ou de l'installation lorsque celle-ci a été mise à sa charge par le contrat ou a été réalisée sous sa responsabilité.

Pour être conforme au contrat, le bien doit :

- être propre à l'usage habituellement attendu d'un bien semblable et, le cas échéant :
  - correspondre à la description donnée par le vendeur et posséder les qualités que celui-ci a présentées à l'acheteur sous forme d'échantillon ou de modèle,
  - présenter les qualités qu'un acheteur peut légitimement attendre eu égard aux déclarations faites par le vendeur ou par le producteur, notamment dans la publicité ou l'étiquetage ;
- ou correspondre aux caractéristiques que le vendeur a exposées au client et que ce dernier a acceptées.

Les défauts de conformité qui apparaissent dans un délai de 2 ans à partir de l'acquisition du bien sont présumés antérieurs à l'achat, sauf preuve contraire apportée par le vendeur. Ce délai est fixé à 6 mois pour les biens vendus d'occasion. L'acheteur ne peut cependant contester la conformité en invoquant un défaut qu'il connaissait ou qu'il ne pouvait ignorer lors de l'achat.

Quels sont les recours de l'acheteur ?

En cas de défaut de conformité majeur, le client peut choisir entre la réparation et le remplacement du bien. Pour ce faire, il dispose d'un délai de 2 ans à compter du jour de la remise du bien pour agir.

Si la réparation et le remplacement sont matériellement impossibles (par exemple, parce que la fabrication a été arrêtée), l'acheteur peut :

– soit rendre le bien et se faire rembourser le prix ;

– soit garder le bien et demander le remboursement d'une partie du prix.

La même faculté lui est ouverte :

– si après avoir demandé une réparation ou un échange du bien, le vendeur n'a rien fait dans le délai d'1 mois ;

– ou si le coût de la réparation ou de l'échange est disproportionné par rapport au défaut constaté.

En cas d'annulation de la vente, en plus du remboursement du bien, le client peut demander le versement de dommages et intérêts s'il a subi un préjudice.

Si l'acheteur n'a pas fait jouer la garantie de conformité dans le délai de 2 ans, il peut encore, si les conditions sont réunies, invoquer la garantie des vices cachés (voir plus loin).

AVANTAGE

L'application de la garantie légale de conformité a lieu sans aucun frais pour l'acheteur.

› La garantie des vices cachés

Tout vendeur est tenu envers l'acheteur de livrer une marchandise apte à l'usage auquel elle est destinée. Il doit assurer, à ce titre, la responsabilité des défauts ou des vices cachés qui peuvent l'affecter (*Code civil, Art. 1641 à 1649*).

La garantie légale est acquise à tout acheteur :

– que le vendeur soit un professionnel ou un particulier ;

– que le bien acheté soit neuf ou d'occasion (sauf en matière de vente aux enchères : *Code civil, Art. 1649*) ;

– même s'il existe une garantie commerciale offerte par le vendeur ;

– même si les conditions générales afférentes au contrat de vente l'excluent ou la réduisent (ce qui est interdit en vertu de l'article R. 212-1 du Code de la consommation) ;
– même à défaut du paiement par l'acheteur de la totalité du prix à payer ;
– indépendamment ou non de la remise d'un bon de garantie ;
– aussi bien contre le vendeur que contre l'un quelconque des vendeurs successifs, le cas échéant, et ce jusqu'au fabricant (par exemple, en cas de ventes successives d'une voiture d'occasion, le vendeur initial peut être tenu de la garantie des vices cachés vis-à-vis du dernier acquéreur, si les vices existaient lors de la première vente : *Cour de cassation, 1re chambre civile, 5/1/1972*).

Quelles sont les conditions d'application de la garantie ?

La garantie légale est due par le vendeur et le fabricant, à quatre conditions cumulatives : le défaut affectant la marchandise doit être grave ou rédhibitoire, il doit être caché, il doit être antérieur à la vente et enfin l'acheteur doit intenter son action dans un délai de 2 ans.

- Le défaut affectant la marchandise doit être grave ou rédhibitoire, à tel point que l'acheteur ne l'aurait pas achetée ou en aurait offert un prix moindre s'il l'avait connu. Voici deux exemples admis par les tribunaux :
– consommation excessive d'un véhicule automobile (*Cour d'appel de Paris, 3/5/1967*) ;
– champignon atteignant les boiseries d'un pavillon (*Cour de cassation, 3e chambre civile, 17/2/1988*).

- Le défaut affectant la marchandise doit être caché. Il ne pouvait être décelé lors de la vente malgré un examen attentif de la chose vendue. Inversement, le vendeur n'est pas tenu des vices apparents, c'est-à-dire ceux qu'une personne de vigilance moyenne aurait découvert en procédant à des vérifications élémentaires. Par exemple, constitue un vice apparent la présence de nombreuses pièces rouillées sur un véhicule neuf (*Cour de cassation, Chambre commerciale, 24/1/1984*). En revanche, ne constitue pas un vice apparent le vice de construction se manifestant notamment par l'affaissement du carrelage du sol en certains endroits, dès lors que le vendeur n'a pas informé l'acquéreur de cet état de fait et qu'il en avait dissimulé les manifestations les plus importantes par des meubles et des revêtements de sol (*Cour d'appel de Versailles, 4e chambre, 3/3/1995*).

- Le défaut affectant la marchandise doit être antérieur à la vente. La preuve de l'antériorité est déterminante car la garantie n'est pas due si le vice affectant la marchandise achetée provient d'un manque de précaution ou d'entretien de la part de l'acheteur ou d'une mauvaise utilisation de la marchandise. Cette preuve peut se faire par tous moyens, notamment par expertises (*Cour de cassation, Chambre civile, 23/1/1987* : constitue un vice caché antérieur à la vente la présence de termites ayant provoqué des dégâts tels que leur antériorité à la vente de l'immeuble est établie).

- L'action en garantie contre le vendeur (ou le fabricant ou le constructeur) doit être intentée dans un délai de 2 ans à compter de la découverte du vice *(Code civil, Art. 1648*).

C'est ce qu'a rappelé la Cour de cassation dans une affaire où, presque 7 ans après avoir acheté un matelas, un consommateur a pu obtenir le remboursement de ce matelas sur le fondement de la garantie des vices cachés. Il n'avait eu connaissance du vice affectant le produit que suite à une expertise réalisée 5 ans après l'achat. L'expertise avait mis en avant que le défaut existait avant la vente et qu'il n'était pas apparent. Le consommateur ayant engagé son action en garantie des vices cachés moins de 2 ans après l'expertise, la Cour de cassation l'a considéré comme recevable (*Cour de cassation, 1re chambre civile, 17/2/2016*).

AVANTAGE

Toute clause de contrat exonérant le vendeur de son obligation de garantie à l'égard des vices cachés est nulle.

Que peut faire l'acheteur d'un bien en présence d'un vice caché ?

En présence d'un vice caché, l'acheteur peut soit se faire rembourser, soit garder le bien acheté et se faire indemniser.

- Rendre le bien acheté au vendeur et se faire rembourser l'intégralité des sommes versées (action rédhibitoire) est une solution parfois difficile à obtenir à l'amiable. On peut l'envisager essentiellement dans le cas où le bien vendu est inutilisable, notamment après plusieurs réparations infructueuses. Dans la pratique, il est courant que le vendeur propose d'échanger l'article défectueux contre un article neuf, de même marque ou, à défaut, ayant les mêmes caractéristiques et le même prix. On n'est pas tenu d'accepter (*Cour d'appel de Grenoble, 12/11/1987*).

- Garder le bien acheté et se faire indemniser par le vendeur d'une partie du prix en proportion de la perte de valeur qu'occasionne le vice caché (action estimatoire) se pratique peu, car la solution soulève de délicats problèmes d'évaluation. Cependant, il n'est pas rare de voir le vendeur prendre en charge la réparation totale de l'objet vendu à ses frais de manière à régler le litige à l'amiable.

Dans tous les cas, le vendeur a des obligations. Il doit :

– verser des dommages et intérêts à l'acheteur s'il connaissait les vices de la chose vendue (*Code civil, Art. 1645*), c'est-à-dire s'il était de mauvaise foi ;

– rembourser les frais occasionnés par la vente (remboursement des pièces et de la main-d'œuvre, des dégâts provoqués par le défaut, frais de transport éventuels…) s'il ignorait les vices de la chose vendue (*Code civil, Art. 1646*), c'est-à-dire s'il était de bonne foi (dans ce cas, le vendeur ne peut être condamné à garantir l'acheteur des conséquences du dommage causé par le vice : *Cour de cassation, 1re chambre civile, 24/11/1954*).

À défaut d'accord amiable, on peut mettre en œuvre une action en garantie des vices cachés telle qu'elle résulte des articles 1641 à 1649 du Code civil. Dans ce cas, le tribunal judiciaire compétent est soit celui du lieu où la vente s'est déroulée, soit celui du domicile de l'acheteur (le tribunal de proximité pour tout litige dont l'enjeu financier ne dépasse pas 10 000 €, dans les communes où une telle instance existe).

› La garantie commerciale

En quoi consiste-t-elle ?

La garantie commerciale s'entend de tout engagement contractuel d'un professionnel à l'égard du consommateur en vue du remboursement du prix d'achat, du remplacement ou de la réparation du bien. Elle s'ajoute aux autres protections que la loi accorde au consommateur (garanties de conformité et des vices cachés).

La garantie commerciale doit faire l'objet d'un contrat écrit dont un exemplaire est remis à l'acheteur. Ce contrat précise le contenu de la garantie, les modalités de sa mise en œuvre, son prix, sa durée, son étendue territoriale ainsi que le nom et l'adresse du professionnel garant. Il doit également mentionner de façon claire et précise que, indépendamment de la garantie commerciale, le vendeur reste tenu des défauts de conformité du bien et des vices rédhibitoires (*Code de la consommation, Art. L. 217-15*).

La garantie s'applique même aux défauts peu importants que le fabricant ou le vendeur ne seraient pas tenus de réparer dans le cadre de la garantie des vices cachés.

La garantie commerciale ne doit pas être confondue avec le service après-vente qui a pour objet d'assurer l'entretien et la réparation du bien vendu indépendamment de toute garantie conventionnelle ou au-delà de la durée de celle-ci.

Que peut faire l'acheteur dont le produit ou le service est défaillant ou mal exécuté ?

Tout refus du professionnel d'assurer la garantie contractuelle conformément au contrat peut motiver une action judiciaire de la part du consommateur. Ce dernier peut utiliser l'injonction de faireou assigner le professionnel en justice afin d'obtenir l'exécution forcée de la garantie contractuelle.

› Quelles sont les précautions à prendre concernant la garantie ?

Il est recommandé de réclamer le contrat de garantie avant la signature de tout contrat ou de tout bon de commande afin de connaître l'étendue de celle-ci et les conditions de sa mise en œuvre.

Le vendeur doit remettre à l'acheteur un contrat le renseignant sur la nature et la portée de la garantie s'agissant, par exemple, de la gratuité ou non de la mise en service de l'appareil acheté, de la réparation des pièces usées, des délais d'intervention du professionnel, du caractère gratuit ou payant de la main-d'œuvre…

Il faut bien vérifier que le contrat de garantie précise le contenu de la garantie, les éléments nécessaires à sa mise en œuvre, sa durée, son étendue territoriale ainsi que le nom et l'adresse de la société qui s'engage à prendre en charge le service après-vente du bien dans le cadre de la garantie commerciale.

L'acheteur bénéficiant d'une garantie commerciale peut faire réparer l'objet acheté dans les conditions prévues par son contrat sans avoir à prouver le vice qui l'affecte. Il doit demander un reçu de dépôt daté. Ce document peut être utile en cas de litige ultérieur sur la durée de la réparation ou en cas de perte de l'article par le réparateur.

En cas de remise en état d'un appareil couvert par une garantie commerciale, toute période d'immobilisation du bien d'au moins 7 jours par le professionnel vient s'ajouter à la durée de la garantie restant à courir (*Code de la consommation, Art. L. 217-16*).

Attention : en cas d'achat à l'étranger, la garantie peut ne pas comprendre d'extension au pays de résidence de l'acheteur. Dans ce cas, il est important de faire préciser l'adresse du représentant français de la marque ou de la société qui assure la garantie à l'étranger.

LA GARANTIE DES PRODUITS ACHETÉS DANS LA COMMUNAUTÉ EUROPÉENNE

La libre circulation des marchandises dans l'espace communautaire a eu pour objectif et pour effet de faciliter les achats transfrontaliers. Toutefois, les pratiques commerciales relatives à la garantie des produits et aux services après-vente variaient selon les pays membres de la Communauté et aucune disposition communautaire ne régissait ni n'harmonisait ces pratiques afin d'assurer aux consommateurs européens un minimum de protection lors de leurs achats transfrontières. Aussi, les autorités communautaires ont adopté une directive en ce sens (*Directive 1999/44/CE du Parlement européen et du Conseil du 25/5/1999*). La France, après avoir été rappelée à l'ordre par la Commission européenne, a finalement transposé cette directive en droit français avec l'ordonnance n° 2005-136 du 17/2/2005.
Ce texte est important pour les consommateurs français dans la mesure où tous les biens de consommation achetés sur le territoire de la Communauté européenne doivent bénéficier d'une garantie minimale de 2 ans. En outre, si le produit acheté présente un défaut durant cette période, l'acheteur peut demander sa réparation ou son remplacement. Si cela s'avère impossible, disproportionné ou ne peut se faire dans un laps de temps raisonnable ou sans inconvénient significatif pour le consommateur, celui-ci peut demander une réduction du prix ou la résiliation du contrat. Toutefois, ce droit de résiliation n'est pas accordé en cas de défauts mineurs. Si le défaut apparaît dans les 2 ans (6 mois pour les biens d'occasion) qui suivent l'achat, le client n'a pas à prouver que le produit était défectueux au moment de l'achat. C'est au vendeur de prouver qu'il ne présentait pas de défaut.

Le service après-vente (SAV)

Les prestations de services après-vente exécutées par le vendeur qui ne relèvent pas de la garantie commerciale (voir plus haut) font l'objet d'un contrat dont un exemplaire est remis à l'acheteur.
La mise en service effectuée par le vendeur comprend l'installation et la vérification du fonctionnement de l'appareil.
La livraison ou la mise en service s'accompagne de la remise de la notice d'emploi et, s'il y a lieu, du certificat de garantie de l'appareil.
Un écrit est laissé à l'acheteur lors de l'entrée en possession du bien, mentionnant la possibilité pour l'acheteur de formuler des réserves, notamment en cas de défauts apparents de l'appareil ou d'absence de la notice d'emploi.
Lorsque le professionnel facture des réparations, il doit informer l'acheteur, par écrit, de l'origine de la panne, de la nature de l'intervention et des pièces ou fournitures remplacées (*Code de la consommation, Art. L. 217-17 et s.*).
L'acheteur doit être informé de la période pendant laquelle les pièces détachées sont disponibles. Cette information doit figurer sur tout document commercial préalablement à la vente, de même que sur le bon de commande et sur tout document accompagnant la vente (*Code de la consommation*, *Art. D. 111-4*).

La qualité et la sécurité des produits et des services

Grand marché de l'Union européenne, mondialisation... La diversité des produits mis sur le marché est telle que les consommateurs n'ont que l'embarras du choix. Pour leur permettre d'optimiser l'acte d'achat et de trouver le meilleur produit ou service au prix le plus compétitif, les pouvoirs publics ont développé un cadre juridique dont le but est de favoriser la reconnaissance des signes de qualité des produits et des services. Parallèlement, ils ont édicté des règles assurant la sécurité des consommateurs.

Reconnaître la qualité

Normes, labels, certifications d'origine ou de conformité, appellations contrôlées mais aussi allégations trompeuses... Les biens de consommation courante sont assortis d'une foule d'indications provenant, les unes des pouvoirs publics, les autres des professionnels par obligation d'information ou pour mieux vendre leurs produits. Reste à séparer le bon grain de l'ivraie.

La marque NF

Accordée par l'AFNOR après une procédure de délivrance très formelle aux entreprises qui en font la demande, la marque NF (normalisation française) constitue l'un des principaux instruments de promotion collective de la qualité française.

La marque NF atteste que les produits et les services labellisés sont conformes à des caractéristiques et à des niveaux de performance définis par des spécifications techniques contrôlées par l'AFNOR. Ils pourraient se résumer en « 4 S » : sécurité, santé, service et satisfaction.

De nombreux produits bénéficient de la marque AFNOR (NF-Ameublement, NF-Appareils ménagers, NF-Préservatifs masculins...). Il existe aussi :

– une marque NF-services : elle est applicable, par exemple, aux entreprises de déménagement, aux activités de nautisme, aux activités de dépannage-remorquage des véhicules légers ou aux activités de pompes funèbres ;

– une marque NF-Jouets applicable notamment sur les jouets porteurs et les cycles ;

– une marque NF-Agro-alimentaire, une marque NF-Environnement qui certifie l'impact négatif restreint des produits labellisés sur l'environnement (on la retrouve sur certains sacs-poubelle ou sur les peintures et les vernis, par exemple).

À NOTER

Le marquage CE apparaissant sur les produits offerts à la vente n'est pas, contrairement à la norme NF, un signe de qualité. Il correspond à une obligation administrative. Il atteste de la conformité présumée des produits marqués aux exigences de sécurité minimales définies par les directives communautaires. Le logo CE est apposé par les fabricants et producteurs eux-mêmes. Il permet aux produits de circuler au sein de l'Union européenne mais il ne garantit pas un « plus » réel en terme de qualité par rapport aux produits concurrents. La Cour de cassation a jugé qu'il incombait au vendeur de s'assurer de la conformité aux normes CE avant sa mise en vente (Cour de cassation, Chambre criminelle, 17/9/2002).

Le label Qualitel

Le label Qualitel, créé en 1985, est un label de qualité technique officiellement agréé par l'État et délivré par l'association Qualitel. Il s'applique aux logements neufs présentant un niveau de qualité technique supérieur à la moyenne des constructions neuves. Il est délivré après un examen rigoureux des documents techniques (plans, devis, descriptif). Le programme immobilier qui affiche cette référence garantit que le constructeur s'engage à réaliser un projet respectant des critères techniques particuliers en ce qui concerne l'acoustique, la plomberie, l'électricité, etc. La remise du certificat de qualification en fin de construction est la preuve formelle que le logement acheté satisfait bien aux exigences requises pour l'attribution du label Qualitel.

À NOTER

Le label Rouge, les labels régionaux et label AB (agriculture biologique) sont réservés aux produits alimentaires.

Les appellations d'origine

Constitue une appellation d'origine la dénomination d'un pays, d'une région ou d'une localité servant à désigner un produit qui en est originaire et dont la qualité ou les caractères sont dus au milieu géographique, comprenant des facteurs naturels et des facteurs humains. Il existe trois sortes d'appellations d'origine : les appellations d'origine « simple » (AO), les appellations d'origine contrôlée (AOC) et les appellations d'origine protégée (AOP).

- Les AO existent depuis 1919 mais elles ne sont plus utilisables depuis 1990 que pour des produits non alimentaires et non agricoles, tels que la dentelle du Puy. Les AO sont devenues très rares de nos jours.
- Ne s'appliquant à l'origine qu'aux vins, les AOC ont remplacé les AO depuis 1990 et s'appliquent maintenant à tous les produits agricoles ou alimentaires, bruts ou transformés.
- L'AOP est l'équivalent de l'AOC au niveau européen : elle protège le nom d'un produit dans tous les pays de l'Union européenne.
- L'IGP (indication géographique protégée) est un label européen qui désigne un produit dont les caractéristiques sont liées au lieu géographique dans lequel se déroule sa production ou sa transformation selon des normes précises.

La certification des produits industriels et des services

Les signes de qualité ne concernaient jusqu'à une époque récente que les produits alimentaires et non les produits industriels, encore moins les services.

Il existe désormais pour ceux-ci un signe officiel qui, apposé sur les produits industriels et les services concernés, atteste qu'ils présentent des caractéristiques les valorisant par rapport à ceux qui ne sont pas certifiés. Ces caractéristiques peuvent viser une ou plusieurs spécifications du produit ou un ou plusieurs éléments du service : par exemple, répondre au téléphone au bout de 3 sonneries, délivrer systématiquement des devis gratuits, facturer « x » € pour telle prestation, proposer telle ou telle garantie ou solution amiable en cas de litige… Ces engagements sont rappelés dans un cahier des charges, portés à la connaissance de la clientèle par un affichage approprié, et contrôlés par une tierce partie indépendante du professionnel.

La certification des produits et des services est une démarche volontaire de la part des fabricants ou des prestataires. Elle constitue un signe de qualité à privilégier si l'on veut acquérir un bien ou un service s'inscrivant dans une démarche reconnue.

À NOTER

Pour connaître les professionnels certifiés, il est possible de se renseigner auprès des organismes certificateurs ou du ministère de l'Industrie.

La sécurité des produits

Tout produit ou service offert à la vente doit être conforme non seulement à l'usage auquel il est destiné mais également aux prescriptions en vigueur « relatives à la sécurité et à la santé des personnes, à la loyauté des transactions commerciales et à la protection des consommateurs ».

Empêcher de mettre sur le marché des produits ou des services dangereux pour la santé ou la sécurité des personnes ou, s'ils sont déjà sur le marché, en permettre le retrait, tel est l'objectif des articles L. 421-1 et suivants du Code de la consommation. Les professionnels ont donc une obligation générale de sécurité concernant les produits et services qu'ils fabriquent, réalisent ou commercialisent.

La prévention des accidents domestiques n'est qu'un des aspects du dispositif juridique relatif à la sécurité et à la santé des personnes, lequel n'est pas spécifique au droit de la consommation puisqu'il relève également du droit commun.

› La prévention des accidents

L'article L. 421-3 du Code de la consommation institue, à la charge des professionnels, une obligation générale de sécurité des produits et des services. Lorsqu'un professionnel met sur le marché un produit, il doit fournir au consommateur les informations utiles qui lui permettent d'évaluer les risques inhérents au produit pendant sa durée d'utilisation normale ou raisonnablement prévisible et de s'en prémunir, lorsque ces risques ne sont pas immédiatement perceptibles par le consommateur sans un avertissement adéquat.

Afin de respecter cette obligation, la personne, responsable de la mise sur le marché, est tenue d'adopter certaines mesures qui lui permettent :

– de se tenir informé des risques que les produits qu'elle commercialise peuvent présenter ;

– d'engager les actions nécessaires pour maîtriser ces risques, y compris le retrait du marché, la mise en garde adéquate et efficace des consommateurs ainsi que le rappel auprès des consommateurs des produits mis sur le marché.

Ces mesures peuvent notamment consister en la réalisation d'essais par sondage ou en l'indication sur le produit ou son emballage d'un mode d'emploi, de l'identité et de l'adresse du responsable de la mise sur le marché, de la référence du produit ou du lot de produits auquel il appartient (*Code de la consommation, Art. L. 423-1 et L. 423-2*).

Par ailleurs, lorsqu'un professionnel sait que le produit qu'il a mis sur le marché ne répond pas aux exigences de l'article L. 423-3 du Code de la consommation, il doit en informer immédiatement les autorités administratives compétentes en indiquant les actions qu'il engage afin de prévenir les risques pour les consommateurs.

Selon les produits concernés, le professionnel s'adressera :

– soit à la direction générale de la concurrence, de la consommation et de la répression des fraudes ;

– soit à la direction générale de l'alimentation ;

– soit à la direction de la sécurité et de la circulation routières.

Le professionnel ne peut se décharger de cette obligation en affirmant qu'il n'a pas eu connaissance des risques qu'il ne pouvait raisonnablement ignorer (*Code de la consommation, Art. L. 423-3*).

À NOTER

Les dispositions de l'article L. 421-2 du Code de la consommation ne sont pas applicables aux antiquités et aux produits d'occasion nécessitant une réparation ou une remise en état préalablement à leur utilisation lorsque le fournisseur informe la personne à laquelle il fournit le produit de la nécessité de cette réparation ou de cette remise en état.

L'obligation générale de sécurité est avant tout une mesure de police administrative permettant aux pouvoirs publics d'intervenir pour éliminer ou réduire le nombre des accidents domestiques soit en interdisant la mise sur le marché de produits et de services dangereux, soit en ordonnant le retrait de ceux-ci lorsqu'ils sont déjà commercialisés.

› Comment engager la responsabilité des professionnels ?

La victime d'un défaut de sécurité d'un produit ou d'un service peut intenter une action en justice en invoquant la responsabilité pénale, la responsabilité contractuelle, la responsabilité délictuelle, la responsabilité du fait des produits défectueux ou encore la tromperie.

La responsabilité pénale

S'il y a blessure, une action sur le fondement de la responsabilité pénale du professionnel peut être intentée. Une plainte avec constitution de partie civile pour atteintes involontaires à l'intégrité de la personne (ou homicide involontaire en cas de décès) peut être déposée.

La responsabilité pénale peut également être engagée sur la base de textes spécifiques prévoyant leurs propres sanctions en cas de non-respect des réglementations (*Code pénal, Art. 223-1*).

La responsabilité contractuelle

Il y a responsabilité contractuelle (*Code civil, Art. 1231 à 1231-7*) du professionnel dès lors qu'on est en mesure de prouver que, dans le cadre du contrat, sa faute est directement à l'origine du préjudice subi.

Exemples :

– Un organisateur de spectacles a l'obligation d'assurer la sécurité des spectateurs (*Cour de cassation, 1re chambre civile, 12/6/1990* : il appartient aux ascendants de la personne décédée lors d'un match de football de prouver la faute des organisateurs du match de nature à engager leur responsabilité, laquelle en l'espèce est commise dès lors qu'existe un lien de causalité entre cet accident et le fait, pour les dirigeants du club, de n'avoir pas pris les mesures de contrôle visuel des spectateurs ou d'avoir réparti différemment les supporters des deux clubs).

– Un organisateur de voyages ou de séjours a l'obligation de répondre de tout manquement dans l'organisation de la prestation achetée par le consommateur, notamment en matière de sécurité (*Cour de cassation, 1re chambre civile, 23/2/1983* : l'organisateur d'un voyage à l'étranger qui fait appel à un transporteur local, s'il reste tenu à une obligation de moyens, a l'obligation de veiller à ce que ledit transport soit exécuté dans des conditions de sécurité suffisantes, sauf à faillir à son obligation de sécurité et à engager sa responsabilité dès lors que la faute du professionnel a entraîné un préjudice pour le consommateur).

Il appartient au professionnel qui vend un appareil dangereux d'informer le consommateur des caractéristiques et des précautions à prendre pour l'installation de l'appareil. La délivrance d'une notice d'information ne suffit pas, le professionnel doit mettre en garde l'acheteur et apporter la preuve que cette mise en garde a bien été effectuée. C'est, par exemple, ce qu'a jugé la Cour de cassation à propos de l'installation d'un insert. Compte tenu du caractère dangereux de l'appareil vendu, les juges ont estimé que la seule remise de la notice d'utilisation à l'acheteur ne suffit pas à démontrer que le vendeur a effectivement satisfait à son obligation de mise en garde sur le respect des règles techniques d'installation de l'insert et la nécessité de faire procéder à celle-ci par un professionnel ou une personne qualifiée (*Cour de cassation, 1re chambre civile, 18/6/2014*).

La responsabilité délictuelle

Il y a responsabilité délictuelle (*Code civil, Art. 1240 et s.*) dès lors qu'on est en mesure de prouver, en dehors de tout contrat de vente, que la faute du professionnel est directement à l'origine du préjudice subi.

Dans cette hypothèse, une action devant les tribunaux peut être intentée, ainsi que l'engagement de la responsabilité du professionnel pour manquement à son obligation de sécurité :

– soit parce qu'il n'a pas pris toutes les précautions qui s'imposaient lors de la commercialisation de son produit ou lors de la réalisation de sa prestation de services (*Cour de cassation, 1re chambre civile, 21/12/1970* : chute d'un automobiliste dans une station-service dont le sol n'était pas nettoyé) ;

– soit en raison des choses placées sous sa garde ou mises en œuvre pour exécuter l'objet du contrat (*Cour de cassation, 2e chambre civile, 16/1/1991* : le fabricant d'un poste de télévision est responsable du dommage provoqué par l'incendie d'un pavillon dès lors que le sinistre n'est que la conséquence de la combustion spontanée du téléviseur).

La responsabilité du fait des produits défectueux

Il y a responsabilité du fait des produits défectueux dès lors qu'un défaut de fabrication ou de conception causé par un produit acheté, ou simplement utilisé, entraîne un dommage dont est responsable le fabricant ou le vendeur, sans qu'il soit besoin pour celui qui subit le préjudice de rechercher et de prouver la faute de ce professionnel (*Code civil, Art. 1245 à 1245-17*).

Un produit défectueux est celui qui n'offre pas la sécurité à laquelle on peut légitimement s'attendre quand on l'utilise normalement (tout usage abusif ou déraisonnable du produit est donc exclu).

À NOTER

Deux époux qui avaient acquis en magasin un insert de cheminée dont la vitre vitrocéramique avait explosé, projetant des éclats de verre qui avaient blessé l'épouse et endommagé le mobilier, ont obtenu réparation sur le fondement de la responsabilité du fait des produits défectueux (Tribunal de grande instance d'Aix-en-Provence, 2/10/2001).

Pour pouvoir mettre en cause la responsabilité du fabricant, le dommage subi, le défaut du produit et le lien de causalité entre ce défaut et le dommage doivent être prouvés.

Il y a deux délais à respecter pour pouvoir mettre en cause la responsabilité du fabricant :

– l'action en justice doit se situer dans les 10 ans qui suivent la mise en circulation du produit ;

– elle doit être entamée dans les 3 ans qui suivent soit la découverte du dommage, soit la découverte du défaut du produit, soit la révélation de l'identité du producteur.

On peut assigner indifféremment le fabricant luimême, l'importateur (si le fabricant est une entreprise étrangère), le vendeur, le loueur ou le fournisseur.

On peut demander une indemnisation pour les atteintes corporelles subies (blessures, brûlures, intoxication…) et pour les préjudices qui en découlent, mais aussi pour le dommage supérieur à 500 € qui résulte d'une atteinte à l'un de ses biens, autre que le produit défectueux lui-même (par exemple, des biens endommagés lors d'un incendie provoqué par un appareil électrique défectueux).

Le fabricant peut voir sa responsabilité réduite ou supprimée s'il prouve que la victime, ou une personne dont la victime était responsable (un enfant notamment), a commis une faute (brûlures dues à l'explosion d'un aérosol jeté dans un feu, par exemple).

ATTENTION ⚠

Les dommages immatériels (perte financière consécutive à la privation d'un droit, à la perte d'un bénéfice…) ne peuvent être indemnisés dans le cadre de la responsabilité du fait des produits défectueux.

Mis en cause par un consommateur, le fabricant peut dans des circonstances précises dégager sa responsabilité en prouvant qu'il n'était pas fautif.
Plusieurs cas sont prévus :
– le défaut est apparu avec la mise en circulation du produit, et il n'existait pas à l'origine ;
– le défaut ne pouvait être décelé en raison de l'état d'avancement de la recherche scientifique à l'époque de sa mise en circulation. Dans ce cas, le professionnel doit être en mesure de prouver que la fabrication du produit tenait compte des dernières découvertes scientifiques et que ses connaissances dans son domaine d'activité étaient suffisantes ;
– le défaut est dû à la conformité du produit avec des règles légales ou réglementaires impératives. Le processus de fabrication a été imposé par les services administratifs. La responsabilité de l'État est alors engagée à la place de celle du fabricant ;
– le défaut est dû à la conception globale du produit dans lequel sa partie a été intégrée.
En revanche, l'erreur de la victime ne peut être retenue lorsque l'information délivrée par le vendeur ou le fabricant est insuffisante au regard de la dangerosité du produit. En l'espèce, le consommateur n'avait pas été informé lors de l'échange d'une bouteille de gaz du risque présenté par l'utilisation de gaz propane pour l'alimentation d'un appareil fonctionnant au gaz butane (*Cour de cassation, 1re chambre civile, 4/2/2015*).
Dans l'hypothèse où le fabricant oppose une cause d'exonération de sa responsabilité, on peut utiliser les actions de droit commun à disposition : prouver la faute du fabricant et engager sa responsabilité délictuelle (voir plus haut), prouver un vice caché.

La tromperie

Le défaut de sécurité est souvent compris comme un défaut de conformité du produit ou du service aux prescriptions en vigueur qui le concernent. On peut donc considérer qu'il y a tromperie chaque fois qu'un professionnel met en vente un produit ou un service dangereux pour la santé ou la sécurité du consommateur. D'ailleurs, le Code de la consommation dispose que les peines prévues en cas de tromperie sont portées à 7 ans d'emprisonnement et à 750 000 € d'amende (au lieu de 2 ans et de 300 000 € d'amende) si le délit a pour conséquence de rendre l'utilisation de la marchandise dangereuse pour la santé de l'homme ou de l'animal (*Code de la consommation, Art. L. 454-3*), ou si « la substance falsifiée ou corrompue est nuisible à la santé humaine ou animale » (*Code de la consommation, Art. L. 451-2*).

ATTENTION ⚠

Chaque année en France, on dénombre plus de 20 000 décès par accident domestique, soit six fois plus que ceux provoqués par la route et la circulation.

› Où s'adresser pour dénoncer des produits dangereux ?

La Commission de la sécurité des consommateurs a été créée en 1983 pour améliorer la prévention des risques liés à l'utilisation des produits et services (risques de la vie courante excluant les accidents de la route et ceux du travail). Cette commission a été supprimée par la loi n° 2017-55 du 20/1/2017. Ses missions d'alerte sont désormais assurées par la DGCCRF.
Pour faire part d'un problème lié à la sécurité d'un produit, il faut désormais s'adresser à cette instance ; un formulaire est disponible sur le portail du ministère de l'Économie et des Finances : *www.economie.gouv.fr/courrier/4212*.

À NOTER

Il existe un site informant les consommateurs sur les produits dangereux retirés du marché à travers le monde. On peut accéder aux informations par pays de fabrication, par date, par recherche libre sur le portail http://globalrecalls.oecd.org. La DGCCRF dresse également sur son site Internet la liste des produits rappelés : www.economie.gouv.fr/dgccrf/Securite/Alertes/Avis-rappels-de-produits.

Se défendre

Les possibilités de résoudre les litiges de la consommation sont de différentes natures : le consommateur peut agir seul ou faire appel à une association de consommateurs ; il peut agir en justice ou privilégier des voies de conciliation, du moins dans un premier temps.

Résoudre un litige à l'amiable

Avant de saisir la justice pour un litige, mieux vaut tenter de le résoudre à l'amiable avec le professionnel intéressé soit directement, soit par l'intermédiaire de l'une des structures ou des voies accessibles au consommateur. La médiation doit être privilégiée chaque fois qu'elle va dans le sens des intérêts du consommateur, c'est-à-dire pour les litiges portant sur des sommes modiques ou pour un motif pour lequel la saisine des tribunaux apparaît inopportune.

Agir seul

De nombreuses grandes sociétés, des banques, des distributeurs et des fabricants ont mis en place des services consommateurs. Ce sont les interlocuteurs privilégiés chaque fois qu'il y a un litige entre un client et un professionnel. Ils disposent souvent d'une marge de manœuvre leur permettant, lorsqu'ils sont de bonne foi et soucieux de leur image de marque, de répondre favorablement aux réclamations, en faisant un geste commercial soit dans le but d'éviter toute publicité défavorable liée à un procès, soit dans une volonté affichée de se mettre au service du client.

Agir avec l'aide d'une association de consommateurs

Le client mécontent qui ne possède pas tous les arguments juridiques ou techniques permettant de fonder sa réclamation vis-à-vis du professionnel peut s'adresser à une association de consommateurs. Leur vocation est d'intervenir au profit du consommateur en vue de résoudre les litiges, à l'amiable si c'est possible, sinon en agissant en justice.

Il existe en France 15 organisations nationales de consommateurs agréées par les pouvoirs publics compte tenu de leur représentativité, de leur indépendance et de leur action. Leur adresse est disponible auprès des services départementaux de la DGCCRF (DDPP ou DDCSPP, selon le département), ou sur le site de l'Institut national de la consommation : *www.inc-conso.fr*.

Ces associations tiennent pour la plupart des permanences juridiques, soit sur place, soit par téléphone. Chacune d'entre elles possèdent de nombreuses antennes locales dans toute la France. Pour trouver la plus proche de chez soi, on peut se connecter au site : *www.inc-conso.fr/content/les-associations-de-consommateurs*.

Outre qu'elles renseignent les consommateurs sur leurs droits, elles peuvent également prendre en charge leur dossier et intervenir à l'encontre des professionnels et de l'administration, le plus souvent pour un coût modique (une adhésion à l'association, qui varie de quelques euros à quelques dizaines d'euros par an).

Depuis la promulgation de la loi du 17/3/2014 dite « loi Hamon », les associations de consommateurs représentatives au niveau national et agréées peuvent agir dans le cadre d'une action de groupe.

Agir avec un conciliateur

La tentative de conciliation amiable devant le juge des contentieux de la protection (JCP) est une procédure peu connue. Elle permet d'obtenir une conciliation judiciaire pour tout litige survenu à l'occasion d'un acte de consommation avec un professionnel. Le consommateur désirant avoir recours à cette procédure doit se présenter ou écrire au tribunal judiciaire (au tribunal de proximité pour tout litige dont l'enjeu financier ne dépasse pas 10 000 €, dans les communes où une telle instance existe) du ressort de son domicile. Mais le juge peut de lui-même, avec l'accord des deux parties, proposer ce type de solution et désigner un conciliateur de justice. La liste de ces bénévoles est affichée dans tous les Palais de justice, mairies et Maisons de justice et du droit.

Agir en faisant appel à un médiateur

Le consommateur peut également, pour tenter de résoudre un différend à l'amiable avec un professionnel, faire appel à un médiateur.
Toutes les entreprises ayant des relations avec les consommateurs, qu'elles leur aient vendu un produit ou fourni un service, doivent garantir le recours à un médiateur en vue de résoudre à l'amiable un litige qui les oppose. Le consommateur doit avoir préalablement tenté de régler ce litige avec le professionnel mais il n'est pas tenu de recourir au médiateur. En revanche, le professionnel doit systématiquement proposer cette médiation et communiquer au consommateur les coordonnées du médiateur dont il dépend. À défaut, le professionnel encourt une sanction administrative dont le montant maximal est fixé à 3 000 € pour une personne physique et 15 000 € pour une personne morale (*Code de la consommation, Art. L. 611-1 et s.*)
Il existe déjà des médiateurs spécialisés, mis en place à l'initiative de certains secteurs d'activité économique : La Poste, EDF, ENGIE, la SNCF, la RATP, les assurances, les banques, les sociétés financières…
Le ministère de l'Économie a mis en place un site Internet pour informer sur le rôle des médiateurs de la consommation : *www.economie.gouv.fr/mediation-conso.*
Par ailleurs, au cours d'un procès, le juge peut désigner un médiateur avec l'accord des parties prenantes. Celui-ci est alors chargé de tenter de parvenir à un règlement amiable du litige.
L'accord est ensuite homologué par le juge et a dès lors la même portée qu'un jugement.

À NOTER

Le Défenseur des droits joue également le rôle de médiateur.

À NOTER

Dans chaque département et/ou région, peut être instituée une commission de règlement des litiges de consommation, dont la mission est de favoriser le règlement amiable des litiges de consommation (CRLC), dans un délai de 2 mois à compter de la réception de la réclamation à la commission (Arrêté du 25/3/2005).

Saisir la justice

Plusieurs situations peuvent se rencontrer selon que le consommateur est créancier ou débiteur d'une obligation à l'égard du professionnel.

Les procédures judiciaires simplifiées

Pour les petits litiges, les consommateurs disposent de plusieurs procédures simplifiées :
– **La déclaration au greffe** : cette procédure simplifiée permet de faire juger un litige dont le montant ne dépasse pas 4 000 € et qui est de la compétence du tribunal judiciaire (du tribunal de proximité dans les communes où une telle instance existe).
– **L'injonction de faire** : avec cette procédure, on ne demande pas d'argent, on veut que le juge ordonne à quelqu'un d'effectuer un acte précis, par exemple, obliger le professionnel défaillant à exécuter ses obligations contractuelles dès lors que la date prévue est dépassée : livrer le bien commandé, finir les travaux, appliquer la garantie commerciale ou la garantie légale, etc. Rien n'empêche de demander que l'injonction de faire soit assortie de dommages et intérêts.
On peut aussi demander une injonction de faire contre un particulier, par exemple, ordonner à un locataire de restituer des clefs, demander à une autre personne de rendre des documents, etc.
En toute hypothèse, la demande en injonction de faire est présentée au greffe du tribunal judiciaire (du tribunal de proximité pour tout litige dont l'enjeu financier ne dépasse pas 10 000 €, dans les communes où une telle instance existe. Elle n'est pas possible au-delà de ce montant).
Que le juge accepte d'ordonner l'injonction de faire ou non, sa décision est non susceptible de recours.
– **L'injonction de payer** : elle permet d'obtenir du débiteur défaillant le paiement des sommes dues (refus de remboursement par un vendeur de l'acompte versé alors que le consommateur a annulé le contrat de crédit dans les 7 jours de sa signature, par exemple).
La demande en injonction de payer est à présenter au greffe du tribunal judiciaire (du tribunal de proximité pour tout litige dont l'enjeu financier ne dépasse pas 10 000 €, dans les communes où une telle instance existe).

À NOTER

Tout créancier, qu'il soit une personne physique ou un professionnel, peut utiliser la procédure de recouvrement simplifiée des petites créances (échéance de loyer impayé, prêt non remboursé, charges de copropriété non réglées). À condition que la somme à recouvrer soit inférieure à 4 000 €, il suffit de s'adresser à un huissier de justice exerçant à proximité du domicile du particulier ou du siège social du débiteur, par voie postale ou en ligne sur le site de la chambre des huissiers de justice.

Un professionnel réclame de l'argent

Les litiges de consommation ne font pas toujours suite à des réclamations de consommateurs. Il arrive que ce soit le professionnel qui agisse contre le consommateur lorsqu'il estime que celui-ci lui doit une certaine somme d'argent.

Le professionnel désirant recouvrir une créance qui lui est due (non-paiement d'une échéance de prêt, non-règlement d'un produit livré...) peut demander au service recouvrement-contentieux de sa société ou à une agence de recouvrement extérieure de se saisir du dossier et de réclamer le règlement qui n'a pas été honoré.

Les frais de recouvrement entrepris sans titre exécutoire (décision de justice notamment) restent à la charge du créancier, sauf texte contraire (*Code des procédures civiles d'exécution, Art. L. 111-8*).

Le fait pour un professionnel de solliciter ou de percevoir d'un consommateur des frais de recouvrement alors qu'il n'y est pas autorisé est sanctionné par une peine de prison de 2 ans maximum et une amende d'un montant de 300 000 €.

Le montant de l'amende peut être porté à 10 % du chiffre d'affaires moyen annuel, calculé sur les trois derniers chiffres d'affaires annuels connus à la date des faits (*Code de la consommation, Art. L. 132-11 et L. 132-23*).

Pour chaque paiement effectué, une quittance doit être remise au débiteur.

À la réception de la lettre de recouvrement, le consommateur dispose de certains moyens de contestation :

– quand on estime ne pas devoir les sommes réclamées, il revient au professionnel de justifier la créance en apportant la preuve des actes et des faits qui servent de base à sa demande (*Code civil, Art. 1353*) ;

– quand on n'a pas réglé les sommes réclamées parce qu'on conteste la nature ou la qualité du produit ou de la prestation réalisée par le professionnel, il faut saisir soi-même la justice afin de résoudre le litige sur le fond ;

– si les sommes dues n'ont pas été réglées faute de moyens, il est judicieux de demander des délais de grâce au juge des contentieux de la protection (*Code civil, Art. 1343-5*). Le délai est fixé par le juge en considération du cas qui lui est soumis. Il ne peut excéder 2 ans.

L'action de groupe

En matière de consommation

L'action de groupe est l'un des principaux apports de la loi du 17/3/2014, dite « loi Hamon » reprise et complétée par l'ordonnance n° 2016-301 du 14/3/2016. Elle permet aux consommateurs d'obtenir collectivement une réparation économique pour tous les préjudices du quotidien et les soulage des frais et de l'énergie nécessaires dans une procédure de recours contre une entreprise lorsque cette dernière ne respecte pas les dispositions du Code de la consommation.

L'action de groupe est introduite devant le tribunal judiciaire par une association de défense des consommateurs représentative au niveau national et agréée afin d'obtenir la réparation des préjudices matériels subis par des consommateurs placés dans une situation similaire ou identique et ayant pour cause commune un manquement d'un ou des mêmes professionnels à leurs obligations légales ou contractuelles :

– à l'occasion de la vente de biens ou de la fourniture de services ;

– ou lorsque ces préjudices résultent de pratiques anticoncurrentielles.

Important : dans le cadre d'une action de groupe, seuls les préjudices matériels sont indemnisables. Est donc exclue l'indemnisation des préjudices moraux et corporels. Le consommateur devra individuellement saisir la justice pour obtenir réparation de ces préjudices.

AVANTAGE

L'adhésion d'un consommateur à une action de groupe n'implique pas l'adhésion à l'association de groupe. Un consommateur peut donc se joindre à une action de groupe sans que cela le contraigne à adhérer à l'association qui saisit la justice.

Lorsque le juge estime que la responsabilité du professionnel mis en cause est engagée, il détermine les préjudices susceptibles d'être réparés pour chaque consommateur ou chacune des catégories de consommateurs concernés, ainsi que leur montant ou tous les éléments permettant l'évaluation de ces préjudices. Lorsqu'une réparation en nature lui paraît plus adaptée (remplacement du bien, par exemple), le juge précise les conditions de sa mise en œuvre par le professionnel.

- La procédure d'action de groupe simplifiée est mise en œuvre lorsque l'identité et le nombre des consommateurs lésés sont connus et qu'ils ont subi un préjudice d'un même montant. Le juge peut condamner le professionnel à les indemniser directement et individuellement. Lorsque la décision n'est plus susceptible de recours (appel ou cassation), les consommateurs concernés en sont informés par le professionnel et à ses frais, afin de leur permettre d'être indemnisés.
- Lorsque l'identité et le nombre des consommateurs lésés ne sont pas déterminés, le juge définit le groupe de consommateurs à l'égard desquels la responsabilité du professionnel est engagée. Lorsque la décision n'est plus susceptible de recours, le juge ordonne les mesures de publicité (télévision, radio, presse écrite…), dont le professionnel assume les frais, adaptées pour informer de cette décision les consommateurs susceptibles d'appartenir au groupe. Le juge fixe également le délai – qui ne peut être inférieur à 2 mois, ni supérieur à 6 mois – dont disposent les consommateurs pour adhérer au groupe afin d'obtenir la réparation de leur préjudice (*Code de la consommation, Art. L. 623-1 et s.*).
- Dans tous les cas, c'est le professionnel dont la responsabilité est reconnue qui assume la charge de tous les frais de la procédure, y compris ceux engendrés par l'indemnisation des préjudices subis par les consommateurs.

ATTENTION ⚠

À défaut de demande de réparation reçue dans le délai fixé par le juge, la victime ne peut plus obtenir une indemnisation de son préjudice matériel dans le cadre de l'action de groupe.

En matière de santé

La loi n° 2016-41 du 26/1/2016 de modernisation de notre système de santé a instauré l'action de groupe en santé pour permettre aux usagers de se défendre collectivement en cas de préjudice subi dans le domaine de la santé.

Une association d'usagers du système de santé agréée peut ainsi agir en justice afin d'obtenir la réparation des préjudices individuels subis par des usagers du système de santé placés dans une situation similaire ou identique et ayant pour cause commune un manquement d'un producteur ou d'un fournisseur de l'un des produits mentionnés au II de l'article L. 5311-1 du Code de la santé publique (médicaments, contraceptifs, dispositifs médicaux, produits sanguins…) ou d'un prestataire utilisant l'un de ces produits à leurs obligations légales ou contractuelles. L'action ne peut porter que sur la réparation des préjudices résultant de dommages corporels subis par des usagers du système de santé. Le juge vérifie que les conditions pour intenter l'action de groupe sont réunies et statue sur la responsabilité de l'entreprise ou de l'organisme mis en cause. Il définit ensuite le groupe des usagers à l'égard desquels la responsabilité de l'entreprise ou de l'organisme est engagée et il fixe les critères de rattachement à ce groupe.

Le juge détermine également les dommages corporels susceptibles d'être réparés pour les usagers du groupe qu'il a définis. Il peut ordonner une expertise médicale.

Lorsque la responsabilité de l'entreprise est reconnue, le juge met à sa charge les mesures de publicité du jugement nécessaires pour informer les personnes susceptibles d'avoir subi un dommage en raison du manquement constaté.

Les patients concernés disposent d'un délai minimal de 6 mois à compter de la fin des mesures de publicité pour se faire connaître. Ce délai, fixé par le juge, ne peut dépasser 5 ans.

Un médiateur peut être désigné par le juge avec l'accord des parties pour régler de façon amiable l'indemnisation des victimes.

Les victimes remplissant les critères de rattachement au groupe et ayant adhéré à ce groupe demandent aux personnes désignées comme responsables l'indemnisation de leur préjudice. Si la demande n'est pas satisfaite, elles doivent saisir le juge qui rend une décision dans les limites fixées par la décision initiale ayant constatée la responsabilité de l'entreprise ou de l'organisme concerné (*Code de la santé publique, Art. L. 1143-1 et s. et R. 1143-1 et s.*).

Dans d'autres matières

La loi n° 2016-1547 du 18/11/2016 a étendu la possibilité d'introduire une action de groupe dans le cadre de la lutte contre les discriminations, pour la protection des données personnelles et dans le domaine de l'environnement.

La cour d'appel de Paris a jugé qu'une association de consommateurs ne pouvait pas introduire une action de groupe pour un litige né entre des locataires et leur bailleur, car le contrat de bail n'est pas un contrat de prestation de services et n'est pas régi par le Code de la consommation (*Cour d'appel de Paris, 9/11/2017*).

COMMENT RÉGLER VOS LITIGES EN MATIÈRE DE CONSOMMATION ?			
	Que faire ?	**Intérêt**	**Où s'adresser ?**
Règlement amiable	Saisir la DDPP ou la DDCSPP, selon le département où on vit	Cette administration (antenne locale de la DGCCRF) orientera le dossier vers la personne compétente.	À la DDPP ou à la DDCSPP du département. Adresses sur le site du ministère de l'Économie : *www.economie.gouv.fr/dgccrf/coordonnees-des-DDPP-et-DDCSPP*.
	Saisir le conciliateur	Il cherche à régler à l'amiable les différends afin d'éviter un procès.	À la mairie ou au tribunal judiciaire (au tribunal de proximité pour tout litige dont l'enjeu financier ne dépasse pas 10 000 €, dans les communes où une telle instance existe).
	Saisir une association de consommateurs	Elle intervient pour défendre le consommateur.	À une association de consommateurs. Adresses sur le site de l'Institut national de la consommation : *www.inc-conso.fr*.
	Saisir un médiateur	Il va chercher à régler le litige à l'amiable.	Le professionnel doit communiquer au consommateur les coordonnés du médiateur.
Recours en justice	Porter plainte en cas d'infraction	Si le litige est relatif à une question de consommation ou à un cas de fraude.	DDPP.
		Si le litige porte sur l'hygiène alimentaire des produits d'origine animale.	Direction départementale des affaires sanitaires et sociales (DDASS).
		Si le litige porte sur les instruments de mesure utilisés à l'occasion des transactions commerciales (compteurs de taxis, appareils de pesage…).	Direction de l'industrie et de la recherche.

COMMENT RÉGLER VOS LITIGES EN MATIÈRE DE CONSOMMATION ?			
	Que faire ?	**Intérêt**	**Où s'adresser ?**
	Faire une saisine simplifiée	Il s'agit d'une procédure simplifiée qui permet de régler les litiges n'excédant pas 4 000 €.	Greffe du tribunal judiciaire (du tribunal de proximité pour tout litige dont l'enjeu financier ne dépasse pas 10 000 €, dans les communes où une telle instance existe) du domicile ou du siège social du professionnel ou du lieu d'exécution de la prestation, ou encore du lieu de résidence au moment de la conclusion du contrat ou de la survenance du fait dommageable. Aucune obligation de s'adresser à un huissier.
Recours en justice	Procéder à une injonction de faire	Cette procédure est mise en place chaque fois que le consommateur souhaite que le professionnel fasse quelque chose (par exemple, l'exécution de travaux commencés mais pas terminés), à condition que la valeur de la prestation n'excède pas 10 000 €.	Tribunal judiciaire (le tribunal de proximité pour tout litige dont l'enjeu financier ne dépasse pas 10 000 €, dans les communes où une telle instance existe).
	Procéder à une injonction de payer	Cette procédure permet au consommateur d'obtenir le paiement des sommes dues par le professionnel débiteur.	Greffe du tribunal judiciaire du domicile du débiteur (le tribunal de proximité pour tout litige dont l'enjeu financier ne dépasse pas 10 000 €, dans les communes où une telle instance existe).
	Recourir à la procédure de recouvrement des petites créances	Cette procédure permet à un créancier de recouvrer des petites créances sans passer par le tribunal (pour les créances n'excédant pas 4 000 €).	À un huissier de justice.

COMMENT RÉGLER VOS LITIGES EN MATIÈRE DE CONSOMMATION ?			
	Que faire ?	**Intérêt**	**Où s'adresser ?**
Recours en justice	Faire un procès (saisir le tribunal sur le fond de l'affaire)	Cette procédure, qui se déroule devant le tribunal judiciaire (le tribunal de proximité pour tout litige dont l'enjeu financier est inférieur à 10 000 €, dans les communes où une telle instance existe), permet d'obtenir une décision exécutable ; pour les litiges supérieurs à 10 000 €, un avocat est nécessaire.	Tribunal du lieu où demeure le professionnel ou du lieu d'exécution de la prestation, ou encore du lieu de résidence au moment de la conclusion du contrat ou de la survenance du fait dommageable. Assignation délivrée par huissier exigée.
	Se joindre à une action de groupe	Cette procédure permet au consommateur d'obtenir, sans frais, l'indemnisation d'un préjudice dans le cadre d'une procédure prise en charge par une association de consommateurs ou d'usagers du système de santé agréée.	Association de consommateurs ou d'usagers du système de santé agréée qui saisira le tribunal judiciaire compétent.

COMMENT SE GARANTIR EN CAS D'ACHAT DANS UNE ENTREPRISE EN FAILLITE

Avant de contracter avec un professionnel, on peut obtenir des renseignements d'ordre comptable et financier auprès du greffe du tribunal de commerce où est inscrite la société.
Pour plus de précautions, on peut limiter les risques en appliquant les principes suivants :
– En cas d'achat par correspondance, sur Internet ou lorsque la livraison du bien acheté se fait postérieurement à la commande, demander à régler le bien à la livraison contre remboursement.
– Si le professionnel réclame le versement d'arrhes ou d'acompte le jour de la signature de la commande, proposer un montant égal à 10 % comme le veut l'usage. Dans certains secteurs, ces sommes sont strictement limitées par la loi. Ainsi, dans le domaine immobilier, le dépôt de garantie doit être égal à 5 % du prix de la vente d'un immeuble en état futur d'achèvement.
En cas de dépôt de bilan de la société avec laquelle une prestation de services échelonnée dans le temps (abonnement à une revue ou inscription dans un club de remise en forme) a été contractée, il est nécessaire de déclarer sa créance auprès du liquidateur-mandataire ou du représentant des créanciers qui a été nommé par le tribunal de commerce auprès duquel le dépôt de bilan a été inscrit. Au-delà de 4 mois après l'inscription, la déclaration n'est plus recevable.
En pratique, le particulier, même s'il a consciencieusement déclaré sa créance, ne touche jamais rien. Il perd définitivement les sommes versées à la commande. En effet, même si l'entreprise ou le commerçant en faillite dispose d'actifs qui seront vendus, les sommes recueillies seront versées aux créanciers prioritaires, notamment les salariés, le fisc, les organismes de Sécurité sociale.
Pour connaître l'identité et les coordonnées du liquidateur ou du représentant, s'adresser au greffe du tribunal de commerce.
Certains professionnels comme les agents de voyages, les banquiers ou les assureurs sont tenus de souscrire une garantie financière de manière à indemniser les consommateurs en cas de dépôt de bilan.
La démarche est identique pour les sociétés de distribution, les fabricants ou les commerçants auprès desquels une commande d'un bien aurait été passée en versant des arrhes ou un acompte.
Quel que soit le cas de figure, les chances de récupérer les sommes versées sont faibles. Une consolation toutefois, si le bien a été acheté en utilisant un crédit affecté, l'annulation du contrat de vente et du contrat de crédit, dès lors que la livraison du bien commandé n'est pas intervenue, peut être demandée en justice (*Code de la consommation, Art. L 312-55*).

Votre alimentation

Les techniques actuelles de conservation (haute température ou froid) éloignent de nous bien des maladies. Les progrès médicaux nous permettent désormais de connaître l'origine d'affections telles que la salmonellose, la listériose ou la maladie de Creutzfeldt-Jakob. Aussi, pour éviter au maximum la propagation de ce type de pathologie, une énorme machine de surveillance de la chaîne alimentaire est-elle mise en place, de la fourche à la fourchette. Elle repose sur le principe de précaution avec pour bases l'origine et la traçabilité des aliments. Au final, c'est sur l'étiquette que le consommateur attentif peut faire son choix. C'est une excellente source d'information pour qui sait la déchiffrer.

L'étiquetage des produits alimentaires

L'étiquette d'un produit, c'est un peu sa carte d'identité : nom, origine, âge, signes distinctifs… et même date limite d'utilisation. Un véritable guide d'achat en soi qui répond obligatoirement aux questions de base. Pour les emballages de petite dimension (moins de 10 cm²), il est admis que l'étiquetage ne précise que les indications relatives à la dénomination de vente, à la quantité nette et à la date limite de consommation.

Que prévoit la réglementation ?

Le règlement (UE) n° 1169/2011 du Parlement européen et du Conseil du 25/10/2011 entré en vigueur le 13/12/2014 a harmonisé au sein de l'Union européenne les règles d'étiquetage des produits alimentaires (*Décret n° 2014-1489 du 11/12/2014*). Les dispositions antérieures contenues dans le Code de la consommation sont maintenues et complétées. Ce règlement introduit toutefois dans notre droit de nouvelles dispositions notamment concernant la lisibilité des informations obligatoires, les informations sur les allergènes, l'indication d'origine ou de provenance et il rend obligatoire depuis le 13/12/2016 l'étiquetage nutritionnel.

L'article 9 de ce règlement fixe la liste des mentions obligatoire. Il s'agit :

– de la dénomination du produit ;

– de la liste des ingrédients et de leur quantité ;

– de la quantité nette de denrée alimentaire ;

– de la date de durabilité minimale ou de la date limite de consommation ;

– des conditions particulières de conservation ou d'utilisation ;

– du nom ou de la raison sociale et l'adresse de l'exploitant ;

– du pays d'origine ou du lieu de provenance ;

– du mode d'emploi, lorsque son absence rend difficile un usage approprié de la denrée alimentaire ;

– pour les boissons titrant plus de 1,2 % d'alcool en volume, le titre alcoométrique volumique acquis ;

– l'étiquetage nutritionnel.

Quel est ce produit ?

C'est ce que l'on appelle la « dénomination de vente ». La dénomination d'une denrée alimentaire est sa dénomination légale. À défaut, le nom usuel est donné à la denrée alimentaire, c'est-à-dire le nom reconnu comme étant la dénomination de la denrée alimentaire par les consommateurs (*Règlement (UE) n° 1169/2011 du 25/10/2011, Art. 17*). Yaourt, beurre ou margarine, champignons au naturel ou poulet… la dénomination de la denrée doit être suffisamment précise pour permettre de connaître la nature réelle du produit et le traitement spécifique qu'il a éventuellement subi (congelé, concentré, pasteurisé, en poudre ou lyophilisé…), chaque fois que l'omission de cette indication est de nature à créer une confusion dans l'esprit de l'acheteur. Ce nom doit être indépendant de la marque de commerce ou de fabrique.

Toute fraude sur la qualité d'un produit est punie d'un emprisonnement de 2 ans au plus et/ou d'une amende d'un montant maximal de 300 000 € (*Code de la consommation, Art. L. 454-1*), comme l'a rappelé le procès de deux bouchers de Bordeaux, jugés sur différents faits dont vente de bœuf allemand comme viande française, fausse labellisation d'agneau de Pauillac, foies de veau étrangers étiquetés « origine France », etc. (*Cour de cassation, Chambre criminelle,*

14/9/1999). Si la fraude a pour conséquence de rendre l'utilisation de la marchandise dangereuse pour la santé de l'homme ou de l'animal, les peines indiquées ci-dessus sont portées à 7 ans d'emprisonnement et à 750 000 € d'amende.

En janvier 2019, 6 ans après le scandale des lasagnes à la viande de cheval, le procès pour tromperie et escroquerie en bande organisée s'est tenu. L'ancien directeur de l'usine qui commercialisait les mets préparés à base de viande de cheval et non de viande de bœuf comme indiqué sur l'étiquetage des plats a été condamné pour tromperie sur la marchandise à 6 mois de prison ferme et à 18 mois avec sursis. Le négociant néerlandais de viande a écopé de 2 ans de prison ferme pour les mêmes griefs (*Tribunal de grande instance de Paris, 31e chambre correctionnelle, 16/4/2019*).

Le visuel

Le visuel illustrant le produit ne doit pas prêter à confusion. Il doit évoquer la nature du produit : des épis suggèrent la présence de blé, un homard fait référence à un produit en contenant. Pas question donc de poules dans un cadre champêtre pour des œufs provenant d'un élevage industriel (*Tribunal correctionnel de Poitiers, 25/4/1990*).

Les ingrédients

La liste des ingrédients est l'une des mentions les plus importantes, puisqu'elle renseigne de manière précise sur la composition du produit. Selon le règlement (UE) n° 1169/2011, un ingrédient est une substance ou un produit, y compris les arômes, les additifs alimentaires et les enzymes alimentaires ou tout constituant d'un ingrédient composé, utilisé dans la fabrication ou la préparation d'une denrée alimentaire et encore présent dans le produit fini, éventuellement sous une forme modifiée. Ainsi, même la présence de nano-ingrédients doit être mentionnée sur les produits préemballés. En revanche, les résidus ne sont pas considérés comme des ingrédients.

L'ingrédient est considéré comme primaire lorsqu'il constitue plus de 50 % de la denrée alimentaire.

Les ingrédients sont énumérés par ordre décroissant de poids hors emballage (ex : asperges, eau, sel, acidifiant, acide citrique). Les ingrédients intervenant pour moins de 2 % dans le produit fini peuvent être énumérés dans un ordre différent à la suite des autres ingrédients.

L'indication de la quantité d'un ingrédient ou d'une catégorie d'ingrédient doit être exprimée en pourcentage et correspondre à la quantité du ou des ingrédients au moment de sa fabrication (sauf exceptions) lorsqu'il figure soit dans la dénomination de la denrée alimentaire, soit à proximité immédiate de cette dénomination.

La quantité d'un ingrédient utilisé dans la fabrication ou la préparation d'une denrée alimentaire doit être précisée si cet ingrédient figure dans la dénomination de vente (ex : pâté aux truffes) ou s'il y est associé par le consommateur, ou s'il est mis en évidence dans l'étiquetage ou encore s'il est essentiel pour caractériser la denrée ou la distinguer d'autres produits (*Règlement (UE) n° 1169/2011 du 25/10/2011, Art. 22*).

Concernant l'étiquetage des produits contenant de la viande (pâtés, viandes cuites, plats cuisinés, conserves de viandes), l'étiquette doit indiquer s'il s'agit de muscle, de matière grasse ou d'abats (le terme « viande » s'appliquait auparavant à tous ces ingrédients) ainsi que l'espèce animale dont la viande est issue (porc, bœuf, mouton…).

Toutes les mentions figurant sur l'étiquetage doivent être rédigées en français et sans autres abréviations que celles prévues par les conventions.

AVANTAGE

Afin d'apporter une information plus simple et plus compréhensible aux consommateurs, il est maintenant permis de regrouper certains morceaux de viande sous une même dénomination générique (exemples : steak, rôti…) à la place du nom précis du muscle peu connu (exemples : paleron, jumeau…). Cette dénomination générique est accompagnée du potentiel de qualité du morceau sous forme d'étoiles, allant de trois étoiles pour le potentiel de qualité le plus élevé à une étoile pour le moins élevé (Arrêté du 10/7/2014).

La quantité

L'indication de la quantité nette est obligatoire pour les denrées dont la quantité nette est supérieure à 5 g ou 5 ml (sauf pour les épices et les plantes aromatiques, le safran se vendant au gramme !).

Le poids et le volume sont précisés hors emballage.

Exemple : contenance 212 ml. Le poids net égoutté doit aussi être indiqué : poids net égoutté : 125 g.

LES ALIMENTS DISPENSÉS DE L'INDICATION DES INGRÉDIENTS

L'article 19 du règlement (UE) n° 1169/2011 du 25/10/2011 dresse la liste des denrées dispensées de l'indication des ingrédients :
a) les fruits et légumes frais, y compris les pommes de terre, qui n'ont pas fait l'objet d'un épluchage, d'un découpage ou d'autres traitements similaires ;
b) les eaux gazéifiées, dont la dénomination fait apparaître cette caractéristique ;
c) les vinaigres de fermentation s'ils proviennent exclusivement d'un seul produit de base et pour autant qu'aucun autre ingrédient n'ait été ajouté ;
d) les fromages, le beurre, les laits et crèmes fermentés pour autant que n'aient pas été ajoutés d'autres ingrédients que des produits lactés, des enzymes alimentaires et des cultures de micro-organismes nécessaires à la fabrication ou, dans le cas des fromages autres que frais ou fondus, que le sel nécessaire à leur fabrication ;
e) les produits ne comportant qu'un seul ingrédient, à condition que la dénomination de la denrée alimentaire :
– soit identique au nom de l'ingrédient ;
– ou permette de déterminer la nature de l'ingrédient sans risque de confusion.

Quels additifs contient-il ?

On appelle additifs tous les ingrédients que les fabricants ajoutent volontairement dans les denrées alimentaires ou les boissons dans un but technologique (la conservation) ou organoleptique (le goût). Les conservateurs permettent une meilleure conservation ou une meilleure hygiène du produit et les exhausteurs de goût améliorent notre perception sensorielle : vue, goût, odeur ou texture.

Certains additifs nous permettent de conserver la nourriture de manière saine. Mais tous les additifs ne jouent pas un rôle essentiel dans la préservation de la qualité des aliments. Nous pourrions nous passer de colorant et opter pour du sirop de grenadine blanc, tout comme nous pourrions mettre au ban les polyphosphates (E 450) dont la seule utilité est de retenir l'eau du jambon cuit.

Les différents additifs

Parmi les additifs on retrouve :

– les colorants : série E (comme Europe) 100. Ils rendent les aliments plus attrayants ;

– les conservateurs : série E 200. Ils contrôlent ou empêchent le développement de certains micro-organismes ;

– les agents antioxygènes : série E 300. Ils permettent de limiter les effets de l'oxydation et empêchent les corps gras de rancir. Ils sont moins utilisés depuis que l'on conditionne sous vide ou sous atmosphère contrôlée ;

– les émulsifiants, stabilisants, épaississants et gélifiants : série E 400. Ils servent à améliorer la texture.

Il faut également citer les édulcorants qui apportent une saveur sucrée, les acidifiants, les correcteurs d'acidité, les antiagglomérants, les antimoussants, les affermissants, les humectants, les amidons modifiés et les poudres à lever.

Les additifs autorisés

Il n'existe pas de liste d'additifs nocifs. Le principe adopté par la France et l'Union européenne est celui de la liste positive. Tout ce qui ne figure pas sur la liste des additifs autorisés ayant fait l'objet de tests médicaux est interdit d'utilisation par l'industrie alimentaire. La liste est disponible sur des sites (avec leur degré de toxicité) comme *www.lanutrition.fr/la-liste-des-additifs-autorises-en-europe* ou *www.additifs-alimentaires.net/additifs.php*.

La réglementation européenne dont les principes figurent dans le règlement (CE) n° 1333/2008 du 16/12/2008 prévoit qu'un additif ne peut être utilisé que s'il « ne pose, selon les preuves scientifiques disponibles, aucun problème de sécurité du consommateur aux doses proposées ».

La présence d'additifs doit être précisée en clair, avec la catégorie à laquelle appartiennent les additifs, et leur nom qui peut être indiqué en utilisant le nom d'usage (acide malique par exemple) ou de manière codée (E 296). Certains produits de consommation courante comme le pain (dont la farine est souvent enrichie en lécithine ou en farine de fève) et le vin (qui contient de l'anhydride sulfureux) sont dispensés de cette obligation d'information.

Cette réglementation interdit également l'utilisation d'additifs dans les aliments destinés aux nourrissons et aux enfants en bas âge.

À NOTER

Des études ont montré que l'ingestion de certains colorants (E 102, E 104, E 110, E 122, E 124 et E 129) présents dans des bonbons pourrait augmenter le risque d'hyperactivité infantile. Par ailleurs, entre le 1/1/2020 et le 31/12/2020, la mise sur le marché des denrées alimentaires (plats cuisinés, bonbons, pâtisserie, etc.) contenant l'additif E 171 (dioxyde de titane) est suspendue. Cette substance est suspectée d'être cancérigène. Ne sont pas concernés par cette interdiction, les cosmétiques, les médicaments ou autres dentifrices (Arrêté du 17/4/2019).

Peut-il comporter des allégations nutritionnelles et de santé ?

Le règlement européen n° 1924/2006 du 20/12/2006 concerne les allégations nutritionnelles et de santé (« Sans sucres ajoutés », « Sans matières grasses », « Le calcium est nécessaire au développement osseux normal des consommateurs » ...) formulées dans les communications commerciales qui peuvent apparaître dans l'étiquetage, la présentation des denrées alimentaires ou la publicité faite à leur égard.

Il vise tout message ou toute représentation non obligatoires, quelle qu'en soit la forme, qui affirme, suggère ou implique qu'une denrée alimentaire possède des qualités particulières :

– les allégations nutritionnelles qui affirment, suggèrent ou impliquent qu'une denrée alimentaire possède des propriétés nutritionnelles bénéfiques particulières en lien avec son énergie, ses nutriments ou ses autres substances ;

– les allégations de santé qui affirment, suggèrent ou impliquent l'existence d'une relation entre, d'une part, une catégorie de denrées alimentaires, une denrée alimentaire ou l'un de ses composants et d'autre part, la santé ;

– les allégations relatives à la réduction d'un risque de maladie qui affirment, suggèrent ou impliquent que la consommation d'une catégorie de denrées alimentaires, d'une denrée alimentaire ou de l'un de ses composants réduit sensiblement un facteur de risque de développement d'une maladie humaine.

L'emploi d'allégations nutritionnelles et de santé n'est autorisé que si la présence, l'absence ou la teneur réduite d'une substance dans une denrée alimentaire s'est révélée avoir un effet bénéfique, établi par des données scientifiques généralement admises. Ces substances doivent être présentes en quantités susceptibles d'être raisonnablement consommées et de produire l'effet désiré.

Les allégations interdites

Les allégations nutritionnelles et de santé ne doivent pas :

– être inexactes, ambiguës ou trompeuses ;

– susciter des doutes quant à la sécurité et/ou l'adéquation nutritionnelle d'autres denrées alimentaires ;

– encourager ou tolérer la consommation excessive d'une denrée alimentaire ;

– affirmer, suggérer ou impliquer qu'une alimentation équilibrée et variée ne peut, en général, fournir des nutriments en quantité appropriée ;

– donner à penser que s'abstenir de consommer la denrée alimentaire pourrait être préjudiciable à la santé ;

– faire référence au rythme ou à l'importance de la perte de poids ;

– faire référence à des recommandations d'un professionnel de la santé.

À NOTER

Les boissons titrant plus de 1,2 % d'alcool ne peuvent pas comporter d'allégations, à l'exception des allégations nutritionnelles relatives à la réduction en alcool ou en énergie.

Les allégations nutritionnelles autorisées

Le règlement n° 1924/2006 du 20/12/2006 prévoit que la Commission européenne doit définir des profils nutritionnels spécifiques à chaque denrée alimentaire ou à chaque catégorie de denrées constitués de ratios en quantité de certains nutriments et substances présents dans l'aliment (sel, sucres, matières grasses, acides gras saturés et acides gras trans). Les denrées alimentaires ne satisfaisant pas aux profils nutritionnels ne peuvent plus porter d'allégations.

Toutefois, il est prévu deux exceptions à l'interdiction d'utiliser des allégations en cas de non-respect d'un profil nutritionnel :

– des allégations nutritionnelles peuvent être utilisées dans le cas où un seul nutriment serait « hors profil », à condition d'indiquer la mention « forte teneur en » (suivie du nom du nutriment en question) à proximité de l'allégation ;

– il est possible d'alléguer sur la réduction en matières grasses, acides gras saturés, acides gras trans, sucres et sel, même si le nutriment concerné est « hors profil », à condition de justifier scientifiquement de cette allégation, et sous certaines conditions.

Par ailleurs, le règlement crée en annexe une liste positive d'allégations nutritionnelles, avec leurs conditions d'utilisation, qui peuvent être utilisées sans autorisation, à condition de respecter les conditions d'utilisation qui y sont associées (par exemple : « faible valeur énergétique », « sans sucres ajoutés », « riches en fibres » ...).

À NOTER

Les allégations nutritionnelles comparatives (par exemple, « teneur en matières grasses réduite » ou « light ») sont admises, sous réserve que la comparaison porte sur des denrées alimentaires de la même catégorie et qu'elles figurent sur la liste des allégations nutritionnelles autorisées annexée au règlement.

Les allégations de santé autorisées

Les allégations de santé définies comme toute allégation qui affirme, suggère ou implique l'existence d'une relation entre, d'une part, une catégorie de denrées alimentaires, une denrée alimentaire ou l'un de ses composants et d'autre part, la santé, doivent, lorsqu'elles sont autorisées, faire l'objet d'un étiquetage nutritionnel qui comporte l'indication de la valeur énergétique et de 7 éléments au minimum : protéines, glucides, sucres, lipides, acides gras saturés, fibres et sodium. Elles doivent, en outre, en application du règlement n° 1924/2006 du 20/12/2006, faire apparaître de nouvelles mentions obligatoires : rappeler l'importance d'une alimentation variée et équilibrée ; indiquer la quantité de la denrée et le mode de consommation ; si nécessaire, une mention à l'attention des personnes qui devaient en éviter la consommation ; un avertissement en cas de consommation excessive.

Le règlement autorise l'utilisation de deux types d'allégations :

– les allégations relatives à la réduction d'un risque de maladie ou se rapportant au développement et à la santé infantiles qui doivent faire l'objet d'une procédure d'autorisation obligatoire basée sur un dossier scientifique ;

– les allégations relatives à la réduction de la sensation de faim, accentuation de la sensation de satiété basées sur des données scientifiques généralement acceptées qui sont énumérées dans une liste positive d'allégations.

Il interdit le recours aux allégations de santé suivantes :

– allégations suggérant que la santé puisse être affectée si l'aliment n'est pas consommé ;

– allégations se référant à la quantité ou au taux de perte de poids ;

– allégations se référant à des recommandations émises par les médecins.

Plus précisément, la Commission européenne a adopté une liste comportant 222 allégations de santé autorisées, valable pour l'ensemble de l'Union européenne, qui sont, depuis décembre 2012, les seules à pouvoir être apposées sur les produits par les fabricants et à condition d'être étayées par des preuves scientifiques (*Règlement n° 432/2012 du 16/5/2012*).

L'étiquetage nutritionnel

Depuis le 13/12/2016, l'étiquetage nutritionnel est obligatoire, que la denrée alimentaire porte ou non des allégations nutritionnelles ou de santé (*Règlement (UE) n° 1169/2011 du 25/10/2011*).

La valeur énergétique et les quantités de lipides, d'acides gras saturés, de glucides, de sucres, de protéines et de sel doivent apparaître ensemble dans un tableau lisible placé sur l'emballage ou, en l'absence de place suffisante, sous forme linéaire.

Les informations doivent être exprimées pour 100 g ou pour 100 ml.

Toutefois, les denrées alimentaires mises sur le marché ou étiquetées avant le 13/12/2016 et qui ne sont pas conformes à cet étiquetage nutritionnel peuvent être commercialisées jusqu'à épuisement des stocks.

Chaque fois qu'il existe un doute sur les conditions particulières d'utilisation d'un produit alimentaire, l'étiquetage doit comporter un mode d'emploi, comme le mode de réchauffage des produits surgelés (*Code de la consommation, Art. L. 423-1 et L. 423-2*).

Des mentions peuvent être ajoutées pour alerter le consommateur. Exemples :

– Avertissement sur les produits à base de soja enrichis en calcium ne devant pas être con-sommés en association avec une forte consommation de lait ou de produits laitiers ;

– Message destiné aux femmes enceintes sur les boissons alcoolisées.

COMMENT REPÉRER LES BONS ALIMENTS

✓ Nutri-score

Certains aliments ou boissons non alcoolisées sont trop gras, trop salés, trop sucrés, contiennent trop d'acides gras saturés ou, au contraire, sont riches en fibres, protéines ou nutriments bons pour la santé. Ces informations ne sont pas toujours indiquées de manière claire et lisible.

L'arrêté du 31/10/2017 met en place un modèle d'étiquetage pour renseigner le consommateur sur la qualité nutritionnelle des produits transformés et boissons sans alcool, par 100 g. Un petit cadre apposé sur l'emballage affiche la mention Nutri-score avec juste en dessous une lettre sur fond coloré :

– A, de couleur vert foncé, caractérise un produit supposé bon pour la santé ;
– les lettres B, C, D désignent des produits moyens du point de vue nutritionnel ;
– le E est le plus mauvais de la classe.

Le système Nutri-score est facultatif. Seule une poignée d'industriels s'est engagée à l'appliquer. De surcroît, parmi ces signataires, le Nutri-score n'est appliqué que sur une partie de leurs produits. À noter que plusieurs associations de consommateurs européennes (l'UFC-Que Choisir en France) ont lancé en mai 2019 une pétition pour demander à la Commission européenne de rendre obligatoire ce marquage ; 1 million de signatures sont nécessaires pour que la Commission réponde (*www.pronutriscore*).

✓ ENL

En parallèle, de grands producteurs (Coca-Cola, Mondelez, PepsiCo et Unilever) développent un autre système (Evolved Nutrition Label - ENL), basé sur une approche par portion et non par 100 g comme Nutri-score. Un dispositif beaucoup moins clair pour les consommateurs et source de confusion.

✓ Un logo pour la nourriture destinée aux bébés

Afin de repérer, en un coup d'œil, si un produit alimentaire pour les enfants, de la naissance à 3 ans, respecte les normes françaises et européennes, il existe un logo « Destiné à l'alimentation du tout petit » symbolisant un nourrisson ouvrant les bras. Il renvoie vers un site qui livre les dernières recommandations pour mieux nourrir un bébé : *www.alimentationdutoutpetit.fr*.

Les substances allergènes

Le règlement (UE) n° 1169/2011 du 25/11/2011 oblige désormais à mentionner la présence d'allergènes tant dans les produits préemballés que dans les produits non préemballés.

● Pour les produits préemballés, ces substances doivent être mises en évidence dans la liste des ingrédients, notamment par l'utilisation de caractères gras ou italiques (*Règlement (UE) n° 1169/2011 du 25/10/2011, Art. 21*).

● Lorsque le produit est proposé sur le lieu de vente non préemballé, le consommateur doit être informé de la présence de substance allergène par une information portée directement sur le produit lui-même ou à proximité de celui-ci. Il ne doit pas y avoir d'incertitude quant au produit auquel se rapporte cette information. L'information doit également être donnée dans les établissements de restauration (*Code de la consommation, Art. R. 412-12 et s.*).

D'où vient-il ?

L'emballage doit permettre de retrouver le nom ou la raison sociale du responsable de la commercialisation du produit : fabricant, conditionneur ou vendeur, et même le lot de fabrication.

Le code emballeur, qui se présente sous la forme « EMB » suivi d'un nom et d'une adresse, ou d'un code officiel géographique permet d'identifier la société responsable de l'emballage.

● Pour les aliments d'origine animale, l'estampillage représente une marque de salubrité européenne. Il atteste que les services vétérinaires ont contrôlé la conformité des installations aux normes de salubrité et d'hygiène. Il se présente sous la forme d'un ovale. Au sommet une lettre correspondant au pays de provenance (F pour France), au milieu une série de trois chiffres correspondant au numéro du département de provenance, au code de la commune puis à celui de l'établissement, en dessous CEE pour Communauté européenne.

Concernant la viande bovine, l'Union européenne s'est dotée d'un système d'étiquetage « spécifique et obligatoire ». Doivent figurer sur l'étiquette plusieurs informations essentielles :

– le numéro du lot (dit « numéro de traçabilité ») ;
– le pays d'abattage et le numéro d'agrément de l'abattoir ;
– le pays de découpe et le numéro de l'atelier de découpe ;
– l'État membre de naissance de l'animal ;
– l'État membre où il a été engraissé ;
– l'État membre où a eu lieu l'abattage (*Règlement CE nº 1760/2000 du 17/7/2000*; *Code de la consommation, Art. R. 412-30*).

● Concernant les produits de la mer et d'eau douce, la dénomination commerciale, le nom scientifique, la zone de capture et le mode de production (pêché ou élevé) doivent être mentionnés sur leurs emballages et ce, en application du règlement (UE) n° 1379/2013 du 11/12/2013. Pour les produits non préemballés, l'information peut être fournie sous formes d'étiquettes, de tableaux ou de cartes (pour les zones de pêche notamment). Bien que ces informations ne soient pas relatives à la fraîcheur des produits, elles doivent permettre de mieux éclairer le choix du consommateur. L'article L. 511-3 du Code de la consommation permet aux agents de la Direction générale de la concurrence, de la consommation et de la répression des fraudes de sanctionner les étiquettes non conformes.

● Dans le secteur des fruits et légumes, le décret n° 2010-109 du 29/1/2010 rend obligatoire dans toute annonce de prix, au stade de la vente de détail, la mention relative à l'origine des produits. Cette mention doit être inscrite de façon claire et lisible, en caractères d'une taille égale à celle de l'indication du prix.

● Les miels et les huiles d'olive vierge doivent aussi indiquer sur leurs étiquettes leur pays d'origine.

À côté des indications obligatoires, les producteurs peuvent apposer des labels qui répondent à des cahiers des charges précis et qui attestent de l'origine de leurs produits : Appellations d'origine protégée (AOP), Appellations d'origine contrôlée (AOC), Indications géographiques protégées (IGP), « Viande bovine française », etc..

Des kiwis italiens estampillés « origine France », des tonnes de tomates hollandaises, espagnoles et marocaines étiquetées aussi « origine France », autant de tromperies sur l'origine mises à jour par les inspecteurs de la Direction générale de la concurrence, de la consommation et de la répression des fraudes (DGCCRF). La première affaire n'est pas encore jugée et, dans la deuxième, le grossiste Chériel, auteur de la tromperie sur les tomates, a écopé d'une amende de plus de 200 000 € et d'une peine de 3 mois de prison avec sursis (*Tribunal de grande instance de Saint-Brieuc, 14/11/2019*).

LE CODE-BARRES

Développé aux États-Unis dans les années 1970, le code-barres n'a pas été inventé pour identifier le prix du paquet de beurre ou de la boîte de petits pois mais pour faciliter la gestion des stocks industriels. Cette succession de barres noires et d'espaces blancs constitue un message international codé représentant une suite de chiffres inscrits en dessous (13 en général). Le premier chiffre correspond au pays où l'article a été codifié (3 pour la France), mais donc pas obligatoirement au pays d'origine du produit, les 6 chiffres suivants au fabricant, les 5 autres à l'article, le dernier est une clé de contrôle.

Combien de temps est-il valable ?

Les dates figurant sur les étiquettes sont apposées sous la responsabilité du conditionneur. Selon le type de produit, vous retrouverez une DLC, date limite de consommation, ou une DDM, date de durabilité minimale.

Certains produits qui se conservent sans danger sont dispensés de date de péremption : boissons titrant à plus de 10 % en volume d'alcool, sel, sucre… (*Règlement (UE) n° 1169/2011 du 25/10/2011, annexe X*).

Lorsque la date de durabilité estimée de la denrée n'excède pas 3 mois, la DLC est indiquée avec le jour et le mois ; entre 3 et 18 mois, la date figure en mois et année ; au-delà de 18 mois, seule l'année est indiquée.

La date limite de consommation (DLC)

La date limite de consommation, annoncée par « À consommer avant… » ou « À consommer jusqu'au… » s'applique aux denrées très périssables (viandes, œufs…). Au-delà de la date indiquée, le produit est interdit à la vente et susceptible, après une courte période, de présenter un danger immédiat pour la santé. Les dates limites de consommation sont le plus souvent établies par le fabricant. Réduire soi-même d'une semaine la DLC de certains aliments fragiles (charcuterie, œufs, viandes, volailles ou fromage) est un bon principe de précaution.

À NOTER

Vendre des denrées après leur date limite de consommation constitue un délit de tromperie sur les qualités substantielles. Pour écouler les produits proches de leur DLC, de plus en plus de grandes surfaces appliquent des rabais parfois très importants (de 30 à 70 %). Une occasion de faire des économies à condition de les consommer très vite.

La date de durabilité minimale (DDM)

La date de durabilité minimale, qui remplace l'ancienne date limite d'utilisation optimale (DLUO), figure sur les produits peu périssables (conserves, chocolat, biscuits…), sous l'appellation : « À consommer de préférence avant… ». Cette indication permet de savoir jusqu'à quand le produit conserve ses propriétés spécifiques dans des conditions appropriées. Une fois cette date passée, le produit peut encore être commercialisé (aucune sanction n'est prévue). Il est toujours consommable, mais il risque de ne plus avoir la même saveur.

LA LUTTE CONTRE LE GASPILLAGE ALIMENTAIRE

Les opérateurs de la restauration collective doivent établir un plan de lutte contre le gaspillage (*Code de l'environnement, Art. L. 541-15-3*).

Les invendus alimentaires encore consommables ne peuvent être rendus impropres à la consommation humaine, par exemple en les javellisant (*Code de l'environnement, Art. L. 541-15-5*).

Les commerces de denrées alimentaires de plus de 400 m², les grosses entreprises agroalimentaires (plus de 50 millions de chiffre d'affaires annuel), les opérateurs de la restauration collective (plus de 3 000 repas par jour) doivent conclure une convention avec des associations caritatives afin de fixer les modalités de dons pour les invendus. Ils ne peuvent pas exclure de ces dons les produits vendus sous leur marque distributeur (*Code de l'environnement, Art. L. 541-15-6*).

À compter de juillet 2021, les restaurateurs devront mettre à la disposition de leurs clients des emballages réutilisables ou recyclables (*doggy bags*) afin qu'ils puissent emporter les restes de leurs repas et de leurs boissons (sauf quand le contenant est soumis à un système de consigne) non consommés sur place.

Les DLC et autres DDM seraient responsables de 20 % du gaspillage alimentaire dans les foyers français. Pour faire baisser ce chiffre, l'application anti-gaspillage Too Good To Go a convaincu 34 acteurs de l'agroalimentaire de signer, le 1/1/2020, un pacte sur les dates de consommation. Parmi les signataires, figurent des distributeurs (Auchan, Bio c'bon, Carrefour, Casino, Cora, E. Leclerc, Franprix, Intermarché, Match, Monoprix, Naturalia, etc.), des industriels (Bel, Danone, Michel et Augustin, etc.), des fédérations professionnelles (Association nationale des industries alimentaires, Fédération du commerce et de la distribution), des associations (Familles rurales, France nature environnement), des coopératives (La Coopération agricole, Système U).

Le pacte comprend 10 engagements afin de :

– sensibiliser l'ensemble des publics : producteurs, collaborateurs des entreprises et consommateurs ;

– clarifier la différence entre la DLC et la DDM. Ainsi, les fabricants devraient mieux expliquer sur les emballages la DDM (souvent écrite avec la mention « à consommer de préférence avant ») qui signifie que l'aliment reste consommable une fois la date dépassée, contrairement à la DLC. Si la place le permet, une mention « après la date, observez, sentez, goûtez avant de jeter » pourrait être ajoutée. Autre engagement : la date limite de consommation sur les produits qui ne se périment jamais, comme le vinaigre, le sel ou encore le fromage à pâte dure pourrait être supprimée. Enfin, les distributeurs devraient tester la mise en place de rayons anti-gaspi où seraient réunis des produits proches de la DLC ou à la DDM dépassée et qui seraient vendus en promo ;

– optimiser la valorisation des produits exclus des circuits de vente et collaborer entre les acteurs du secteur afin d'harmoniser les bonnes pratiques et optimiser les flux de distribution.

Quel est son prix ?

Les commerçants doivent afficher les prix directement sur les produits destinés à la vente ou du moins à proximité directe, sans qu'il y ait doute sur le produit visé (*Code de la consommation, Art. L. 112-1 et s.*).

Les produits préemballés doivent être munis d'une étiquette indiquant le prix de vente au kilogramme, la quantité nette et le prix correspondant. Cette obligation s'applique aussi aux liquides qui doivent être vendus avec indication du prix au litre ou au décilitre.

Si le prix de l'étiquette diffère de celui du code-barres, il est d'usage, comme dans toute forme de double affichage non concordant, de payer le prix le plus bas.

Toutefois, le prix indiqué doit demeurer en rapport avec la valeur raisonnable d'un produit équivalent.

Les produits biologiques

Une étude épidémiologique française, publiée le 22/10/2018 dans la revue *JAMA Internal Medicine,* indique que les plus gros consommateurs d'alimentation issue de l'agriculture biologique ont un risque de cancer réduit de 25 % par rapport à ceux qui ont une alimentation conventionnelle. De quoi donner un sérieux coup de pouce au développement de ce type de production respectueuse des consommateurs, mais aussi des agriculteurs, des éleveurs et de leurs animaux.

Depuis le 1/1/2009 est entrée en vigueur une nouvelle réglementation européenne en matière d'agriculture biologique issue des règlements communautaires CE n° 834/2007 du 28/6/2007 du Conseil et n° 889/2008 du 5/9/2008 de la Commission modifié par le règlement (UE) n° 354/2014 du 8/4/2014.

Bio à plus de 95 %

Transformés ou non, il s'agit des produits dont la teneur en ingrédients d'origine agricole biologique est supérieure à 95 %. Ce sont les seuls à pouvoir se référer au mode de production biologique en tant que mode de production agricole et à utiliser les termes en usage dans ce domaine, notamment sous la forme suivante : « Agriculture biologique-système de contrôle CE » suivi du nom de l'organisme certificateur, du nom et/ou de la raison sociale du producteur, du préparateur ou du vendeur.

Le vin biologique

Depuis le 1/8/2012, de nouvelles règles communautaires de production du vin biologique s'imposent (*Règlement n° 203/2012 du 8/3/2012*). Les producteurs français doivent respecter ces règles pour pouvoir utiliser les termes « Vin biologique » et apposer le logo biologique de l'Union européenne sur les étiquettes de leurs bouteilles. Le nouveau règlement impose des techniques œnologiques et recense les substances autorisées dans le vin bio. Parmi celles-ci, les sulfites ne doivent pas dépasser un certain niveau, inférieur à celui autorisé pour le vin traditionnel.

Autres produits contenant des ingrédients biologiques

Dès lors que leur teneur en ingrédients d'origine biologique est inférieure à 95 %, ils ne peuvent pas se référer au label « Agriculture biologique » dans la dénomination de vente. Mais ils peuvent faire figurer dans le même champ visuel que la dénomination de vente, et dans une partie séparée, la mention « x % des ingrédients d'origine agricole ont été obtenus selon les règles de la production biologique » et il conviendra alors de distinguer les ingrédients biologiques des ingrédients de culture conventionnelle dans la liste des ingrédients.

AVANTAGE

Depuis le 1/6/2012, les produits biologiques certifiés et étiquetés comme tels dans l'Union européenne et aux États-Unis peuvent être vendus de part et d'autre de l'Atlantique. Grâce à ce partenariat, la filière biologique va pouvoir se développer et la concurrence sur les prix se renforcer.

Bio en conversion

On ne devient pas bio du jour au lendemain. Les produits se recommandant de l'étiquette « conversion vers l'agriculture biologique » ne peuvent être que des produits contrôlés dont les matières premières proviennent d'exploitations en conversion vers l'agriculture biologique depuis au moins 1 an avant la récolte. L'étiquette « bio en conversion » est conservée pendant toute la période transitoire du producteur, c'est-à-dire 2 ans avant l'ensemencement pour les cultures annuelles et 3 ans pour les récoltes de cultures pérennes (vergers, vignes, etc.).

Dans la restauration collective

Les repas dans la restauration collective publique devront comprendre, au plus tard en 2022, au moins

50 % de produits issus de l'agriculture biologique ou tenant compte de la préservation de l'environnement (*Code rural et de la pêche maritime, Art. L. 230-5-1*).

CALENDRIER DES LIMITATIONS ET INTERDICTIONS DE L'UTILISATION DE PRODUITS PLASTIQUE DANS LES SECTEURS DE L'ALIMENTATION ET AUTRES (LOI N° 2020-105 DU 10/2/2020 RELATIVE À LA LUTTE CONTRE LE GASPILLAGE ET À L'ÉCONOMIE CIRCULAIRE).	
Date d'entrée en vigueur	Produits concernés
1/1/2020	Bouteilles en plastique dans les cantines scolaires (dérogations possibles en cas d'eau du robinet non potable) Vaisselle en plastique jetable vendue en lots (assiettes, gobelets et verres) Cotons-tiges dont le bâtonnet est en plastique
1/1/2021	Couverts, assiettes, gobelets, pailles, touillettes, piques à steak en plastique Boîtes en polystyrène expansé utilisées dans la restauration, la vente à emporter, les commerces alimentaires et les cantines Tiges pour ballons gonflables et confettis en plastique
2022 (date à préciser)	Sachets de thé en plastique Jouets en plastique distribués gratuitement dans les fast-foods Mise à disposition de fontaines à eau dans les établissements recevant du public (hôpitaux, gares…)
1/1/2023	Vaisselle jetable pour les repas servis sur place par les fast-foods
1/1/2025	Contenants alimentaires en plastique pour la cuisson, la réchauffe et le service dans la restauration collective des crèches, des écoles et des universités
D'ici 2040	Pots de yaourt, tubes de dentifrice, bidons de lessive, bouteilles de shampooing et tous autres emballages plastiques jetables du quotidien

Les organismes génétiquement modifiés (OGM)

Quel étiquetage ?

L'étiquetage des denrées alimentaires contenant des produits à base d'OGM est obligatoire en Europe.

Tous les produits résultant d'une transformation génétique doivent porter sur leur emballage la mention « contient des OGM » ou « produit à partir de soja/maïs génétiquement modifié », directement après le nom de l'ingrédient ou renvoyé par un astérisque à une note en bas de liste des ingrédients.

Cette obligation s'applique :

– à tous les produits, même s'ils ne comportent pas de liste d'ingrédients (comme la bière par exemple) ;

– aux produits composés d'ingrédients obtenus à partir d'OGM (plat cuisiné, saucisses…) ;

– aux additifs et aux arômes fabriqués à partir d'OGM.

L'étiquetage n'est obligatoire qu'à partir du moment où 0,9 % de chaque ingrédient pris de manière isolée est génétiquement modifié. Se trouvent donc dispensés d'étiquetage un certain nombre de produits dans lesquels l'ADN modifié ou la protéine ont disparu du fait de la transformation (ex : huile).

Le règlement communautaire n° 834/2007 renforce les obligations d'étiquetage de tous les produits constitués d'OGM ou dérivés, qu'ils soient destinés à l'alimentation humaine ou animale.

Les produits concernés sont ceux qui contiennent des OGM mais aussi ceux qui ont été élaborés à partir d'OGM même si le produit fini n'en présente plus de traces.

Ce dispositif qui conduit à l'étiquetage de tous les produits élaborés à partir de matières premières génétiquement modifiées, repose sur la mise en place d'une traçabilité totale des OGM et des dérivés tout au long des filières de production.

Les produits animaux (lait, viande, œuf) ne sont pas concernés par ces dispositions dans la mesure où aucun animal génétiquement modifié n'est commercialisé en Europe.

Ces obligations sont applicables aux produits vendus en vrac et aux produits préemballés. Ainsi, par exemple, l'étiquette d'un plat préparé, vendu en conserve, cuisiné avec une huile obtenue d'un colza génétiquement modifié, devra comporter une mention du type « produit à partir d'huile de colza génétiquement modifié » dans la liste des ingrédients.

Les services de restauration sous leurs différentes formes sont également concernés. Les cartes des restaurants, les menus des cantines, ou les panneaux d'affichage de la restauration rapide devront indiquer aux consommateurs les ingrédients OGM ou dérivés présents dans les plats proposés même si l'ingrédient concerné est mineur dans la composition.

Les filières de l'alimentation humaine et animale feront l'objet de contrôles afin de s'assurer que les opérateurs ont bien pris en compte le nouveau dispositif communautaire qui se mettra en place progressivement au fur et à mesure du renouvellement des stocks. Notamment, les professionnels qui ne souhaitent pas utiliser des OGM devront s'assurer, soit par eux-mêmes (autocontrôles par exemple) soit auprès de leurs fournisseurs, que les produits qu'ils mettent en œuvre n'en contiennent pas. Une présence accidentelle n'est pas admise au delà du seuil de 0,9 %.

La mention « sans OGM »

Depuis le 1/7/2012, l'étiquetage des denrées alimentaires portant la mention « sans OGM » n'est autorisé que dans les conditions suivantes (*Décret n° 2012-128 du 30/1/2012*) :

– pour les ingrédients d'origine végétale (farine, blé, riz, etc.) s'ils sont non génétiquement modifiés ou s'ils sont issus de matières premières contenant au maximum 0,1 % d'OGM : mention « sans OGM » ;

– pour les ingrédients d'origine animale (lait, viande, poisson, œufs, etc.) s'ils proviennent d'animaux nourris exclusivement à partir de matières premières contenant au maximum 0,1 % d'OGM ou au maximum 0,9 % d'OGM : mention « nourri sans OGM (0,1 %) » ou « nourri sans OGM (0,9 %) » ;

– pour les produits issus de l'apiculture (miel, pollen…) s'ils sont produits à plus de 3 km de cultures génétiquement modifiées : mention « sans OGM dans un rayon de 3 km ».

Ces mentions peuvent apparaître dans la liste des ingrédients. Elles ne peuvent figurer sur la face avant du produit, au niveau du visuel principal de l'emballage, que si l'ingrédient mis en avant représente plus de 95 % de la denrée alimentaire.

Il est interdit de faire figurer la mention « sans OGM » sur les produits pour lesquels les OGM ne sont pas encore autorisés (pommes de terre, tomates, etc.).

AVANTAGE

Les produits issus de l'agriculture biologique sont exempts d'OGM.

MAÏS DOUX ET POUSSES DE SOJA TOUJOURS SANS OGM

Les variétés de maïs et de soja génétiquement modifiées, actuellement autorisées, ne servent ni à la production de maïs doux, ni à celle des pousses de soja (qui sont en fait des pousses de haricot mungo). Pour éviter toute confusion, ces deux produits peuvent être commercialisés avec la mention « sans OGM ».

La qualité et l'origine des produits alimentaires

La France a développé depuis de nombreuses années un dispositif de reconnaissance des produits de qualité. Ces signes officiels sont au nombre de cinq : l'appellation d'origine contrôlée, le label Rouge, les labels régionaux, la certification de conformité et l'agriculture biologique. Leur mise en place atteste d'une logique de filière qui a pour objectif d'assurer l'impartialité des contrôles à tous les niveaux de la chaîne alimentaire.

Les appellations d'origine

Une appellation d'origine garantit l'authenticité d'un produit. Toutes les dénominations, enregistrées à titre national ou européen, sont protégées contre les imitations. Même si l'origine véritable du produit est indiquée, les fabricants ou les distributeurs n'ont pas le droit de commercialiser une denrée accompagnée d'une expression telle que « genre », « type », « méthode », « façon » ou « imitation » (*Règlement CEE n° 2081/92 du 14/7/1992*). Une dénomination protégée ne peut plus devenir générique.

Une fausse indication d'origine ou de provenance (vente de lapins du Gâtinais en provenance des départements de la Sarthe et de l'Orne ; vente de volailles portant la mention « région de Licques », alors qu'elles provenaient de France, mais aussi d'autres pays de l'Union européenne) constitue une infraction aux articles L. 413-8 et L. 413-9 du Code de la consommation. Elle est punie d'un emprisonnement de 2 ans au plus et/ou d'une amende d'un montant maximal de 300 000 € (*Code de la consommation, Art. L. 454-1*).

L'AOC

L'AOC, appellation d'origine contrôlée, est le patriarche des signes distinctifs puisqu'il remonte à 1919. Dès 1935, l'AOC a été officialisée dans le domaine des vins et des eaux-de-vie. Dans les années 1960, les produits laitiers en ont bénéficié. Et depuis 1990, tous les produits agricoles et alimentaires bruts ou transformés y ont eu accès. Chaque AOC est définie par décret sur proposition de l'Institut national de l'origine et de la qualité (INAO). Ce décret homologue un cahier des charges où figurent notamment la délimitation de l'aire géographique de production de cette appellation ainsi que ses conditions de production.

L'AOC atteste moins la qualité supérieure d'un produit que son caractère typique, son lien avec le terroir. Un produit labellisé AOC ne peut pas, en théorie, être fabriqué ailleurs que dans sa région de production traditionnelle et ce, pour des raisons géographiques aussi bien qu'à cause des méthodes de travail liées depuis des générations à sa fabrication (*Code de la consommation, Art. L. 431-1 ; Code rural et de la pêche maritime, Art. L. 641-5 et s.*). Pour ces raisons, l'AOC est très répandue pour les vins où elle couvre 51 % du vignoble français (soit 41 % de la production totale).

Attention : depuis le 1/1/2012, l'AOP (appellation d'origine protégée) s'est substituée à l'AOC (voir plus loin). Les produits concernés ne doivent porter que la mention AOP, à l'exception des vins qui sont autorisés à se prévaloir de la mention AOC (appellation d'origine contrôlée).

EN SAVOIR PLUS SUR LES APPELLATIONS D'ORIGINE, LES LABELS ET LES MENTIONS VALORISANTES

L'INAO, Institut national de l'origine et de la qualité, est un établissement public chargé de la mise en œuvre des dispositions législatives et réglementaires relatives au label rouge, aux AOC, aux indications géographiques protégées (IGP), aux spécialités traditionnelles garanties (STG), à la mention « agriculture biologique » ainsi qu'aux mentions « montagne », « fermier » ou « produits de la ferme » et « produits pays » dans les départements d'outre-mer (*Code rural et de la pêche maritime, Art. L. 642-5 et s.*).
L'INAO assure le suivi et le contrôle des conditions de production, accompagne et conseille les professionnels et contribue à la défense des appellations d'origine, des labels et des mentions valorisantes tant en France qu'à l'étranger en luttant notamment contre les contrefaçons.
INAO : 12, rue Henri Rol-Tanguy TSA 30003, 93555 Montreuil-sous-Bois Cedex, Tél. : 01 73 30 38 00 et sur Internet : *www.inao.gouv.fr*.

L'AOP

L'AOP, appellation d'origine protégée, est une AOC européenne (*Règlement UE n° 1151/2012 du 21/11/2012*). Elle désigne un produit élaboré ou transformé dans une aire géographique déterminée avec un savoir-faire reconnu et constaté. C'est en 1992, et sous l'impulsion de la France, que l'Union européenne a décidé d'étendre aux pays européens le principe de l'AOC. Plus de 300 produits en bénéficient aujourd'hui comme le fromage de Rocamadour, les noix de Grenoble ou plus récemment la feta grecque.

Si le produit ne satisfait pas aux conditions posées par le règlement du 21/11/2012 et se voit refuser ou annuler le bénéfice de l'appellation d'origine protégée, il perd celui de l'appellation d'origine contrôlée qui lui a été reconnue (*Code rural et de la pêche maritime, Art. L. 641-10*).

Pour citer un exemple célèbre parmi les fromages, le camembert peut être pourvu d'une AOP s'il pèse au minimum 250 g, comporte 45 % de matière grasse et respecte un cahier des charges qui prévoit les aires de production du lait, d'affinage et de conditionnement. Elles sont limitées à 5 départements normands : le Calvados, l'Eure, la Manche, l'Orne et la Seine-Maritime. La fabrication en AOC est toujours au lait cru et le moulage est effectué à la louche.

Attention : Il ne faut pas confondre « Fabriqué en Normandie » ou « Camembert de Normandie ». La mention « fabriqué en Normandie » est autorisée sur les camemberts ne bénéficiant pas d'AOP. Elle ne recouvre aucune règle de fabrication traditionnelle.

Hormis les fromages, vous pouvez retrouver l'AOP sur le beurre Charentes-Poitou (des Charentes ou des Deux-Sèvres), la volaille de Bresse, le chasselas de Moissac, les noix de Grenoble (uniquement de la Drôme, de l'Isère ou de la Savoie), etc. On peut retrouver la liste complète des AOC/AOP sur le site du ministère de l'Agriculture et de l'Alimentation : *www.agriculture.gouv.fr*.

L'IGP

L'IGP, indication géographique protégée, est une AOP plus large. Le lien au terroir est moins fort puisqu'il peut s'agir « d'une région, d'un lieu déterminé ou, dans des cas exceptionnels, d'un pays » (*Règlement UE n° 1151/2012 du 21/11/2012* ; *Code rural et de la pêche maritime, Art. L. 641-11*). Aujourd'hui, 200 produits la revendiquent dont une soixantaine de produits français (jambon de Bayonne notamment) qui doivent pour l'obtenir posséder déjà soit un label Rouge, soit un label régional, soit une certification de conformité… Ces labels n'existant pas dans les autres pays de l'Union européenne, les IGP nationales attestent d'une plus grande exigence que les autres IGP communautaires.

Depuis le 1/8/2009, les « vins de pays » (dont la dénomination est supprimée) sont enregistrés en tant qu'indication géographique protégée et relèvent de la compétence de l'INAO (*Règlement CE n° 479/2008 du 29/4/2008*). Le bénéfice de ce classement s'accompagne de nombreuses mesures destinées à améliorer l'information et la protection du consommateur, notamment en matière de contrôle de l'appellation et d'étiquetage.

La STG

La STG, spécialité traditionnelle garantie, encore appelée attestation de spécificité, est avec l'AOP et l'IGP le 3e sigle européen de qualité (*Règlement UE n° 1151/2012 du 21/11/2012* ; *Code rural et de la pêche maritime, Art. L. 641-12*). Elle protège non pas l'origine mais la tradition, c'est-à-dire les recettes et les méthodes traditionnelles liées au patrimoine ou à l'histoire. Mozzarella italienne ou bière belge Fero… Il n'existe qu'une vingtaine de produits estampillés STG à l'heure actuelle.

Les autres indications de provenance

Il convient de distinguer appellation d'origine et indication de provenance. La première désigne un produit « dont la qualité ou les critères sont dus au milieu géographique comprenant des facteurs naturels et des facteurs humains », tandis que la seconde n'implique aucune particularité liée au terroir ou au mode de production. Il ne s'agit que d'un simple renseignement sur le lieu où le produit a été créé. Bien que fabriqué en Charente-Maritime, le beurre de Surgères est un beurre tout à fait classique qui n'atteste pas d'un lien particulier avec le terroir ou d'un savoir-faire traditionnel comme le beurre des Charentes muni d'une AOC. Les indications de provenance ne doivent pas induire le consommateur en erreur. Pas question d'apposer une pancarte « melons de Cavaillon très sucrés » sur des cucurbitacées en provenance du Tarn-et-Garonne (*Tribunal correctionnel de Paris, 13/3/1992*).

ATTENTION ⚠

Certaines dénominations sont aujourd'hui tombées dans le domaine public. Elles n'évoquent plus un lieu mais une méthode de fabrication ou de préparation : moutarde de Dijon, nougat de Montélimar, eau de Javel, eau de Cologne, saucisson de Lyon, saucisson d'Arles ou jambon d'York…

La dénomination Montagne

Peuvent être assortis de la dénomination « montagne » les produits agricoles non alimentaires et non transformés et les denrées alimentaires autres que les vins qui sont produits et élaborés dans les zones de montagne auxquels une autorisation a été accordée.

Sont dispensés de cette autorisation :

– les produits bénéficiant d'une appellation d'origine, d'une indication géographique protégée ou d'une spécialité traditionnelle garantie lorsque la mention « montagne » figure dans la dénomination enregistrée ;

– les marchandises, légalement produites ou commercialisées dans l'un des États membres de l'Union européenne ou dans l'un des pays signataires de l'accord sur l'Espace économique européen, qui emploient dans leur étiquetage ou leur présentation la dénomination « montagne ».

La dénomination « montagne » ne peut figurer sur l'étiquetage des produits bénéficiant d'une AOC. Elle peut toutefois être autorisée par l'autorité administrative lorsque l'intégralité de l'aire de production de l'appellation est située en zone de montagne (*Code rural et de la pêche maritime, Art. L. 641-14 et s.*).

La mention européenne « Produit de montagne » n'est pas soumise à la délivrance d'un arrêté préfectoral. L'utilisation de cette mention est permise pour les produits qui ne peuvent utiliser la mention « Montagne ». Il en est ainsi des produits d'origine animale tels que le lait et les produits laitiers, les œufs, le miel, les produits à base de viande, les produits d'origine végétale. Ces produits doivent répondre à divers critères. Pour les produits issus d'animaux tels que le lait et les œufs, la production doit se faire dans les zones de montagne. Pour la viande, les animaux doivent être élevés et avoir passé au moins les deux-tiers de leur vie dans les zones de montagne.

Les labels agricoles

La star incontestée des labels agricoles est le label Rouge ; à ses côtés, les labels régionaux, produits certifiés conformes et produits biologiques attestent également de certains critères de qualité, régulièrement contrôlés. Mais la qualité des produits labellisés doit être constante car l'attribution d'un label n'est jamais définitive. Elle peut être remise en cause si les conditions requises pour son obtention ne sont plus remplies.

Le label Rouge

Le label Rouge, propriété du ministère de l'Agriculture et de l'Alimentation, a été créé en 1960 à l'initiative des professionnels du secteur avicole soucieux de développer un concept d'élevage différent plus proche de la tradition. Ainsi, le label Rouge des poulets fermiers de Loué permet-il de dire qu'ils sont nourris avec au moins 80 % de céréales, qu'ils ont vécu 91 jours minimum et qu'ils ont disposé d'une aire de parcours fixée à 2,5 m^2 minimum par volaille.

Le label Rouge ne couronne pas que le poulet ; vous le retrouverez sur la viande, la charcuterie, les produits laitiers, les fruits et les légumes, les produits d'épicerie, les œufs, les plats préparés, les miels, les boissons… et même les poissons (bar d'élevage, saumon Écossais) et les fruits de mer (huîtres de Marennes-Oléron).

Le label Rouge atteste que ces denrées alimentaires possèdent des caractéristiques spécifiques établissant un niveau de qualité supérieure, résultant notamment

de leurs conditions particulières de production ou de fabrication et conformes à un cahier des charges, qui les distinguent des denrées et produits similaires habituellement commercialisés.
La demande de label Rouge doit être présentée par un groupement de producteurs ou de transformateurs.

L'homologation d'un label Rouge est prononcée par arrêté, sur proposition de l'Institut national de l'origine et de la qualité (*Code rural et de la pêche maritime, Art. L. 641-1 et s.*).

EN SAVOIR PLUS SUR LES LABELS

✔ Le SYNALAF, Syndicat national des labels avicoles de France, est un organisme interprofessionnel, créé en 1967. Il représente les groupes régionaux de volailles fermières portant le label Rouge. N'hésitez pas à les contacter pour avoir le détail de leur charte de qualité.
SYNALAF : 7, rue du Faubourg Poissonnière, 75009 Paris, Tél. : 01 82 73 06 99, sur Internet : *www.synalaf.com*.
✔ Le COFRAC, Comité français d'accréditation, comme son intitulé le laisse supposer, accrédite les organismes certificateurs (certificat de conformité, production biologique, label Rouge et labels agricoles). La loi n° 99-574 du 9/7/1999 dispose que seuls peuvent être agréés par les autorités compétentes les organismes certificateurs accrédités par un organisme signataire d'un accord de reconnaissance européen. En France, seul le COFRAC dispose de cet accord.
COFRAC : 52, rue Jacques Hillairet, 75012 Paris, Tél. : 01 44 68 82 20, sur Internet : *www.cofrac.fr*.
✔ Retrouvez les produits labellisés sur le site du ministère de l'Agriculture et de l'Alimentation : *https://.agriculture.gouv.fr*.

Les labels régionaux

Un label régional est en quelque sorte un label Rouge décliné dans une région bien déterminée. Les entreprises d'une région se réunissent pour déterminer un cahier des charges strict concernant leur production. Elles mettent parfois en avant un signe distinctif, une spécificité « terroir ». Le label régional est réservé à certains produits des 6 régions suivantes : Ardennes, Franche-Comté, Lorraine, Nord-Pas-de-Calais, Midi-Pyrénées et Savoie.

Une quarantaine de produits sont ainsi labellisés, du petit salé lillois à la tomme de Savoie sans oublier la cancoillotte franc-comtoise ou le boudin blanc de Rethel, mais la loi d'orientation agricole de 1994 a arrêté l'attribution de ces labels. Désormais, toute référence géographique concernant un produit doit obligatoirement être conforme aux signes officiels européens, en l'occurrence l'IGP. Dans un arrêt du 6/3/2003, la Cour de justice de l'Union européenne a estimé que les labels régionaux français ne pouvaient pas être justifiés au titre du Traité CE qui interdit les restrictions à l'importation.

Jurisprudence

Un produit assorti d'un label agricole est garanti par l'État (par le biais d'un organisme certificateur). Toute personne qui usurpe à des fins frauduleuses un signe de qualité reconnu s'expose aux condamnations prévues par l'article L. 454-1 du Code de la consommation. En octobre 1999, un boucher qui exposait à la vente des pièces de bœuf présentées avec le logo et la marque « Bœuf de tradition boucherie », alors que la viande n'était pas distribuée dans le cadre du cahier des charges de cette marque, a été condamné à une amende de 75 €. Les peines peuvent aller bien au-delà puisque le Code de la consommation prévoit un dispositif allant jusqu'à un emprisonnement de 2 ans au plus et/ou une amende de 300 000 € au plus. Et si le produit est dangereux pour la santé de l'homme ou de l'animal, ces peines sont portées à 7 ans d'emprisonnement et à 750 000 € d'amende.

La certification de conformité

La certification de conformité, mise en place en 1990, est le plus jeune des signes officiels de qualité. Elle est régie par les articles L. 641-20 et suivants du Code rural et de la pêche maritime et atteste qu'un produit possède des qualités ou suit des règles de fabrication particulières et strictement contrôlées.
Peuvent faire l'objet d'une certification de conformité les denrées alimentaires et les produits agricoles non alimentaires et non transformés qui respectent des règles portant, selon le cas, sur la production, la trans-

formation ou le conditionnement, fixées par produit ou par famille de produits par arrêté (*Code rural et de la pêche maritime, Art. L. 641-20*).
La certification, comme les labels, est administrée et contrôlée par un organisme certificateur accrédité. Les caractéristiques certifiées peuvent être la composition du produit, des caractéristiques organoleptiques (aspect, parfum, goût) ou certaines règles de fabrication. Il n'existe pas de logo officiel pour les produits certifiés, les marques collectives ont le leur. Il s'agit notamment du sigle « Atout qualité certifié » (AQC) déposé par le CEPRAL, association des organismes certificateurs pour la promotion des systèmes de certification de produits agro-alimentaires, et du sigle « Critères qualité certifiés » (CQC) déposé par l'INTERBEV, association nationale interprofessionnelle du bétail et des viandes, pour les viandes. À ce jour, environ 150 types de produits bénéficient d'une certification de conformité, ce qui ne veut pas dire qu'ils soient de qualité supérieure mais différente.

LES LABELS D'ORIGINE

Des professionnels, des filières ou des structures privées ont pris l'initiative de concevoir et de délivrer des « labels » aux entreprises souhaitant faire valoir l'origine française de leurs produits.
Ainsi, le label « Origine France garantie » est un label interprofessionnel attribué par l'association Pro France aussi bien à des produits alimentaires qu'à des produits non alimentaires. Pour l'obtenir, 50 % du prix de revient du bien doit résulter d'opérations réalisées en France ; le produit doit en outre prendre ses caractéristiques essentielles en France. Ces caractéristiques sont vérifiées annuellement par un organisme certificateur.
Pour les viandes et œufs, il existe des logos certifiant une origine française (animal né, élevé, abattu et transformé en France) : « Le porc français », « Volaille française », « Lapin de France », « Viande bovine française », « Viande de veau française », « Viande chevaline française », « Viande ovine française », « Viande d'agneau française », « Viande de chèvre française », « Viande de chevreau française », « Foie gras de France », « Magret de France », « Confit de France » et « Œufs de France ».

L'agriculture biologique

En France, l'agriculture biologique émerge dans les années 1950 sous l'influence de médecins et de consommateurs inquiets des effets de l'alimentation sur la santé humaine et désireux de « produire sans détruire ». Depuis les années 1980, la demande en produits biologiques ne cesse d'augmenter (en 2015, 65 % des Français consommaient au moins une fois par mois un produit bio, contre 37 % en 2003). Victime de son succès, le secteur biologique se trouve aujourd'hui confronté à une multiplication de fraudes. Sachez reconnaître le vrai « bio » du faux.

Le label AB

Le règlement n° 2092/91/CEE du 24/6/1991, concernant le mode de production biologique de produits agricoles et sa mention sur les produits agricoles et les denrées alimentaires, avait permis de faire le ménage dans le foisonnement des appellations biologiques. Il a été abrogé depuis le 1/1/2009 et remplacé par le règlement CE n° 834/2007 du 28/6/2007 qui contient notamment des garanties accrues contre les contaminations d'OGM, garantit également un étiquetage fiable et renforce les contrôles, y compris sur les importations. Ne peuvent être commercialisés sous le label AB, Agriculture biologique, bio, ou comme étant « issu de l'agriculture biologique », que les produits ayant subi des contrôles très stricts et obtenu la certification d'un des organismes certificateurs (Ecocert, Qualité-France, Afaq-Ascert-International, Ulase, Agrocert, Certipaq et Aclave) agréés par le COFRAC, Comité français d'accréditation.

À NOTER

Les produits alimentaires biologiques, y compris les boissons biologiques, originaires d'un des États membres de l'Union européenne et respectant les normes en vigueur, doivent afficher le nouveau logo biologique européen représenté par une feuille dessinée au moyen d'étoiles.

Le label bio n'est pas délivré une fois pour toutes. Chaque exploitation bio est visitée au moins une fois par an, et parfois par surprise. Les contrôleurs peuvent analyser les produits ou la terre. Ils vérifient la conformité des techniques agricoles, les flux de matières premières, les achats et les ventes. Au niveau des sites de production, des contrôles inopinés sont également effectués. Les agriculteurs non respectueux du cahier des charges bio se voient suspendus de la certification AB.

Le label bio se retrouve sur les produits agricoles comme le maïs ou le soja, sur les denrées alimentaires comme le lait, les œufs, les crèmes glacées…

Les anciens organismes gestionnaires de marques comme Nature & Progrès ne sont plus reconnus par le ministère de l'Agriculture et de l'Alimentation comme organismes de contrôle, mais leurs marques demeurent utilisables comme marques collectives à caractère commercial et ils ont une politique plus stricte que la politique officielle en matière de bio.

AVANTAGE

Si on désire profiter d'un circuit court (produits de sa région et suppression des intermédiaires que sont les grandes surfaces), on peut trouver, sur des sites comme www.mon-panier-bio.com ou https://laruchequiditoui.fr, des distributeurs privés ou sous forme d'associations qui proposent de commander et de faire livrer des paniers de fruits et de légumes biologiques dans toute la France.

LA MARQUE NF AGROALIMENTAIRE

Propriété de l'AFNOR, la marque NF agroalimentaire atteste la conformité d'une denrée alimentaire aux normes existantes le concernant et, ce qui constitue son plus, a un règlement fixé pour chaque catégorie de produit (*Code rural et de la pêche maritime, Art. L. 641-13*). Ce règlement définit les procédures d'évaluation et de contrôle ainsi que les exigences relatives à la maîtrise par le fabricant de la qualité des produits normalisés. Apposée sur un jambon cuit supérieur, par exemple, la marque atteste d'un référentiel de certification (NF 146-01 en l'occurrence) définissant un contrôle gustatif et une composition à partir de cuisse de porc entière, teneur élevée en protéines, sans addition de polyphosphates.
Si ces règles ne sont pas respectées par un titulaire de la marque, l'AFNOR peut suspendre le droit d'usage de la marque, voire le supprimer et engager des poursuites pour usage abusif.
AFNOR (Association française de normalisation) : 11, avenue Francis de Pressensé, 93571 La Plaine Saint Denis Cedex, Tél. : 01 41 62 80 00 et *www.afnor.org* sur Internet.

Pas d'obligation de résultat

Un produit bio résulte d'un mode de production qui n'a utilisé ni pesticides ni engrais chimiques de synthèse. Pour rendre le sol fertile, l'agriculteur a appliqué des méthodes de travail fondées sur le recyclage des matières organiques naturelles et la rotation des cultures. Ses terres n'ont reçu aucun apport chimique depuis au moins 3 ans. Les pesticides ont été mis au ban et les engrais chimiques remplacés par du guano, du fumier, de la poudre de sabot ou de la farine de plume… Pour lutter contre les parasites, l'exploitant a eu recours à des haies, à des nids et à des prédateurs naturels tels que les coccinelles ou les araignées. L'homme s'est montré respectueux de l'environnement et, d'une manière générale, de la préservation de la bonne santé de la terre.

Tout produit qui applique scrupuleusement le cahier des charges lié à l'agriculture biologique se voit attribuer la mention AB (voir plus haut). Il s'agit d'un label qui atteste d'une obligation de moyens pas de résultat. Un muesli bio est composé de céréales et de fruits secs produits dans le respect d'un cahier des charges bien défini, mais rien ne garantit qu'il soit exempt de pesticides. Une faille dans le système que dénonce le SETRAB, Syndicat européen des transformateurs de produits de l'agriculture biologique.

Nul ne peut avancer que manger « bio » soit meilleur pour la santé ; en revanche, l'agriculture biologique est meilleure pour la nature et on constate par exemple que les fruits et les légumes sont d'une qualité différente car issus de variétés plus rustiques, que le bio respecte davantage la récolte à maturité et l'abattage des animaux à un âge avancé.

À NOTER

Beaucoup moins exigeante que la réglementation bio, la certification « agriculture raisonnée » peut être attribuée aux exploitants agricoles qui maîtrisent les risques sanitaires, la santé et la sécurité au travail, qui respectent l'environnement et le bien-être animal. L'agriculture raisonnée est une qualification d'exploitation et non une certification produit. Elle concerne l'intégralité des pratiques de l'exploitation. Les agriculteurs peuvent communiquer sur leur démarche, mais sans induire de confusion avec les signes de qualité et d'origine des produits. La mention qui peut figurer sur leurs produits est informative et rédigée comme suit : « … issu d'une exploitation qualifiée au titre de l'agriculture raisonnée ». Les produits issus de l'agriculture raisonnée ne sont donc pas forcément bio.

L'élevage biologique

Le mode d'élevage en agriculture biologique est rappelé dans le règlement CE n° 1804/1999 du 19/7/1999. Quatre grands principes y figurent :

- C'est l'élevage qui fournit les matières organiques et les éléments nutritifs nécessaires aux terres cultivées, contribuant ainsi à l'amélioration du sol et au développement d'une agriculture durable.
- L'élevage biologique assure un lien étroit entre l'élevage et les terres agricoles par pratique de rotations pluriannuelles et par l'alimentation des animaux qui provient de produits obtenus sur l'exploitation même. L'agriculture biologique a toujours interdit l'utilisation des farines et graisses animales (hors espèces aquatiques) dans l'alimentation des animaux, et ce avant leur interdiction au niveau national.
- L'élevage pastoral sur les zones abandonnées est particulièrement adapté.
- Une grande biodiversité est encouragée et le choix des races doit prendre en compte leur capacité d'adaptation aux conditions du milieu.

Le règlement (CE) n° 834/2007 du 28/6/2007 fixe les règles relatives à la production biologique et l'étiquetage des produits biologiques. Ce règlement est complété par le règlement (CE) n° 889/2008 du 5/9/2008. Le cahier des charges concernant le mode de production biologique d'animaux d'élevage en application de ces règlements a été homologué par un arrêté du 5/1/2010.

Ce cahier des charges est consultable sur le site de l'INAO : *www.inao.gouv.fr*.

Les produits transformés

Lait, beurre ou sauce tomate… pour qu'un produit transformé puisse porter la mention AB, il doit répondre à quatre conditions :

– au moins 95 % des ingrédients d'origine agricole dans le produit final sont bio ;

– les 5 % au maximum d'ingrédients non bio sont soit inscrits à l'annexe IX du règlement CE n° 889/2008 du 5/9/2008, soit ont reçu une autorisation délivrée par l'autorité de l'État membre ;

– les additifs utilisés doivent avoir fait l'objet d'une autorisation d'utilisation dans la production biologique conformément aux dispositions de l'article 21 du même règlement ;

– lors de sa préparation, le produit et ses ingrédients n'ont pas subi de traitement au moyen de rayons ionisants.

EN SAVOIR PLUS SUR LE BIO

✔ FNAB, Fédération nationale d'agriculture biologique : organisme professionnel à vocation syndicale créé en 1978, la FNAB fédère les groupements régionaux d'agrobiologistes et vise un développement cohérent et durable du mode de production biologique français.
FNAB : 40, rue de Malte, 75011 Paris, Tél. : 01 43 38 38 69 et sur Internet : *www.fnab.org*.

✔ Ministère de l'Agriculture et de l'Alimentation, Bureau de la qualité : 3, rue Barbet-de-Jouy, 75349 Paris SP 07, Tél. : 01 49 55 50 56, et sur Internet : *www.agriculture.gouv.fr*.

✔ SYNABIO, Syndicat national des entreprises bio : créé en 1976, par les professionnels de la filière Agriculture biologique, c'est le seul syndicat national qui représente les transformateurs et les opérateurs de première mise sur le marché de l'agriculture biologique sur le territoire français.
SYNABIO : 16, rue Montbrun, 75014 Paris, Tél. : 01 48 04 01 49, et sur Internet : *www.synabio.com*.

✔ L'Agence Bio : organisme public chargé d'assurer le développement et la promotion de l'agriculture biologique ainsi que la structuration des filières. Agence française pour le développement et la promotion de l'agriculture biologique : 6, rue Lavoisier, 93100 Montreuil, Tél : 01 48 70 48 30, et sur Internet : *www.agencebio.org*.

Les plats « faits maison »

L'appellation « fait maison » utilisée depuis longtemps dans les activités de restauration commerciale et d'ailleurs sanctionnée à de nombreuses reprises par les tribunaux en cas d'abus fait l'objet, depuis l'intervention de la loi du 17/3/2014 (dite « loi Hamon »), d'une définition et d'une protection législative (*Code de la consommation, Art. L. 122-19 et L. 122-20*).

Un plat « fait maison » doit à la fois être élaboré sur place et à partir de produits bruts. Un produit brut « est un produit alimentaire cru ne contenant, notamment à l'occasion de son conditionnement ou du procédé utilisé pour sa conservation, aucun assemblage avec d'autre produit alimentaire excepté le sel ».

Toutefois, les produits que le consommateur ne s'attend pas à voir réaliser par le restaurateur lui-même (fromages, légumes, charcuteries, pain...) peuvent entrer dans la composition des plats « faits maison ».
En revanche, ne peuvent plus entrer dans la composition d'un plat « fait maison » les produits qui ont été réceptionnés par le professionnel épluchés, pelés, tranchés, coupés..., mais aussi fumés ou salés ou encore réfrigérés, congelés, surgelés ou conditionnés sous vide.
Les restaurants et les entreprises de vente à emporter de plats préparés sont autorisés à préciser sur leurs cartes ou tout autre support qu'un plat proposé est « fait maison ».
Un logo officiel « fait maison » (représentant une casserole surmontée d'un toit) peut être apposé par les professionnels.

Les « plus » non contrôlés

L'emballage étant un support publicitaire rêvé, fabricants et distributeurs l'utilisent pour y apposer leurs propres satisfecit.

Élu « Produit de l'année »

C'est un logo à forte notoriété qui recouvre un prix professionnel, inventé il y a plus de 20 ans : « Le grand prix marketing innovation ». Il récompense des innovations techniques concernant l'emballage ou l'utilisation du produit. Un panel de consommateurs représentatif est invité à se prononcer sur dossier. Sans tester les produits, ils donnent leur avis sur le caractère novateur des denrées présentées.

Élu « Saveur de l'année »

Des tests gustatifs se référant aux normes AFNOR sont soumis à des consommateurs. L'appellation donne l'assurance d'un « bon goût » mais elle n'apporte aucune indication de qualité sur le produit et, bien sûr, elle n'est pas contrôlée par l'AFNOR.

Produit en Bretagne

Pour promouvoir leur production, 170 entreprises bretonnes se sont rassemblées. Actuellement, plus de 3 000 produits environ témoignent de leur volonté de mettre en avant leur savoir-faire. Ils ne sont pas nécessairement originaires de Bretagne puisqu'il suffit qu'ils y aient été transformés. C'est ainsi que sous l'estampille « Produit en Bretagne » vous pouvez retrouver des noix de Saint-Jacques provenant de Russie ou d'Argentine !

La reconnaissance des distributeurs

« Filière qualité » chez Carrefour, « Gourmet » chez Monoprix ou « Agriculture raisonnée » chez Auchan... Les signes de qualité des distributeurs fleurissent au fil des inquiétudes alimentaires. Ils répondent tous à un cahier des charges dont certains sont parfois l'équivalent d'un certificat de conformité. Astuce marketing ou réel signe de qualité ? La marge est souvent étroite.

Les mentions de type « à l'ancienne », « fermier »...

Le lien avec la terre et la tradition représente pour le consommateur un atout. Que recouvrent les expressions de type « à l'ancienne » ou « fermier » ? Sont-elles contrôlées ? Les allégations utilisées par les équipes de marketing ne sont pas toutes codifiées. En revanche, il est du ressort de la Direction générale de la concurrence, de la consommation et de la répression des fraudes de vérifier en permanence qu'il n'y ait pas tromperie du consommateur ou publicité mensongère. À tout moment, ils peuvent demander au professionnel qui utilise ces mentions, ses justificatifs. Si la mention est abusive, la DGCCRF dresse un procès-verbal et le Parquet entame des poursuites judiciaires.

- « À l'ancienne » ne peut, selon la doctrine administrative, s'appliquer que pour un processus de fabrication correspondant à des usages traditionnels répertoriés ou lorsqu'il est fait appel à des techniques de fabrication ou à des recettes artisanales d'autrefois. C'est ainsi qu'un fabricant de « chips à l'ancienne » a été condamné du fait que ses chips étaient préparées comme des chips courantes sauf en ce qui concerne la coupe plus fine et la durée de cuisson plus longue qui permettent d'obtenir des chips plus croustillantes, plus huileuses.
- « Artisanal » s'emploie pour un produit dont le fabricant possède la qualité d'artisan inscrit au Registre des métiers.
- « Fermier » renvoie au fermier et à ses animaux, élevés par lui, dans l'imaginaire collectif. Ce terme doit être utilisé dans des conditions qui ne soient pas trompeuses pour le consommateur. Il ne peut s'appliquer qu'à des produits élevés ou récoltés sur une exploitation agricole à une échelle et de façon non industrielle. Si les produits ont subi une transformation, elle doit avoir été effectuée sur les lieux de production et sous

le contrôle permanent et effectif de l'agriculteur. Des spécifications particulières existent pour chaque produit (notamment produits laitiers et fromages, œufs, volailles et lapins…).

La définition jurisprudentielle a évolué ces dernières années pour tenir compte de la réalité économique. Il peut donc être admis qu'un produit conserve son caractère fermier malgré l'élargissement des méthodes de production, à la double condition que l'entreprise conserve un contrôle direct sur les agriculteurs auprès desquels elle s'approvisionne et que la proximité du lieu en favorise le contrôle.

- « Frais » a fait l'objet d'un avis du Conseil national de la consommation, le 8/2/1990. Hormis pour certains produits où il existe une définition réglementaire (fromages, crèmes…), « frais » remplit une triple condition :

– le produit possède au moment de la vente les caractéristiques essentielles qu'il présentait lors de sa production ou de sa fabrication ;

– il n'a pas été conservé (exception faite pour la réfrigération et parfois la pasteurisation) grâce à des traitements physiques (stérilisation, congélation, irradiation…) ou à l'aide d'additifs chimiques ;

– il est soumis à l'indication d'une date limite de consommation.

- « Naturel » indique un produit que l'on trouve dans la nature ou aussi proche que possible de son milieu d'origine, non transformé et non traité et ne comportant que des constituants normaux sans additifs, ni résidus ou corps étrangers. Cet adjectif est défini par la réglementation pour certains produits : conserves de poissons, huiles, eaux minérales notamment.
- « Nouveau » suggère que le produit a moins d'1 an. Appliqué à un produit existant, le qualificatif indique une modification substantielle ; il ne peut pas s'agir d'un simple changement d'étiquetage ou de présentation.
- « Traditionnel » s'entend pour les produits ne renfermant pas d'additifs et fabriqués selon des recettes respectueuses de la tradition sur le plan des dénominations et de la composition notamment.

EN SAVOIR PLUS SUR LES SIGNES DE QUALITÉ

Au ministère de l'Agriculture et de l'Alimentation, le Bureau de la qualité est en charge de la gestion des labels et des cahiers de conformité. Vous pouvez le contacter pour prendre connaissance de l'intégralité de la charte qualité relative à un produit particulier.

Bureau de la qualité : 3, rue Barbet-de-Jouy, 75349 Paris SP 07, Tél. : 01 49 55 50 56, et sur Internet : *www.agriculture.gouv.fr/signes-de-qualite-0.*

Automobile

L'automobile et les deux-roues

L'automobile et les deux-roues

Les ménages consacrent actuellement 15 % de leurs dépenses à l'automobile. Après le logement, il s'agit du deuxième poste de dépenses. Aussi, qu'il s'agisse de l'apprentissage de la conduite, de l'achat d'un véhicule neuf ou d'occasion ou de l'entretien de celui-ci, il convient d'être vigilant afin que le coût économique induit par l'acquisition et l'utilisation d'un véhicule reste raisonnable. Par ailleurs, la conduite d'un véhicule implique une bonne connaissance des règles du Code de la route. Il faut être en mesure de présenter à tout contrôle les papiers adéquats et bien observer les règles de circulation, toute infraction pouvant être sanctionnée.

Le permis de conduire

Environ 1 million de permis de conduire sont délivrés chaque année en France et plus de 90 % des apprentis conducteurs ont recours à une auto-école.

Comment choisir une auto-école ?

Quelques conseils

Les auto-écoles génèrent beaucoup de plaintes de la part des apprentis conducteurs. Choisir son auto-école devient une nécessité. Les quelques conseils qui suivent peuvent y aider :

- se méfier des forfaits trop bon marché. Il est possible d'évaluer le coût d'un permis sur la base d'une trentaine d'heures de cours de conduite *(Voir pages Barème)*. Une offre publicitaire pour un permis à moitié prix est séduisante mais peut se révéler illusoire ;
- éviter les auto-écoles qui exigent le paiement intégral d'avance des leçons de code ou de conduite. On ne peut pas refuser d'avancer les frais d'inscription et d'examen. Mais il n'y a aucune raison de payer plus au départ : les leçons doivent être réglées au fur et à mesure ;
- demander à l'auto-école le taux de réussite moyen à la première demande d'examen des élèves qu'elle a formés. Si celle-ci refuse, s'adresser à la préfecture. Si la préfecture refuse, lui opposer la loi du 17/7/1978 sur l'accès aux documents administratifs. Le taux moyen national de réussite dès le premier examen se situe autour de 55 % ;
- fuir les établissements qui ne donnent pas le détail de leurs prestations et de leurs tarifs ;
- préférer les auto-écoles qui ont pris des engagements de qualité reconnus par un organisme certificateur. Elles arborent le logo QUALICERT.

À NOTER

L'exploitation d'une auto-école est subordonnée à la délivrance d'une autorisation administrative. Cet agrément doit figurer sur tous les documents transmis au public.

Par arrêté du 26/2/2018, le ministère de l'Intérieur en charge de l'éducation routière a créé un label « qualité des formations au sein des écoles de conduite ». Pour bénéficier de ce label, les auto-écoles doivent répondre aux 6 critères de qualité suivants :

1- L'identification précise des objectifs de la formation et son adaptation au public formé ;

2- L'adaptation des dispositifs d'accueil, de suivi pédagogique et d'évaluation aux publics de stagiaires ;

3- L'adéquation des moyens pédagogiques, techniques et d'encadrement à l'offre de formation ;

4- La qualification professionnelle et la formation continue des personnels chargés des formations ;

5- Les conditions d'information du public sur l'offre de formation, ses délais d'accès et les résultats obtenus ;

AVANTAGE

Comment choisir une auto-école ? Tout savoir sur la conduite accompagnée, sur les différentes catégories de permis de conduire, les aides au financement. Vous trouverez des réponses pratiques et complètes à toutes les questions que vous vous posez, y compris la liste des établissements labellisés, sur le site www.securite-routiere.gouv.fr, rubrique « Permis ».

6- La prise en compte des appréciations rendues par les stagiaires.

Par ailleurs, le Gouvernement envisage de mettre un comparateur en ligne, afin de permettre aux futurs candidats de choisir en toute connaissance de cause leur auto-école. Ce comparateur devrait être réalisé à partir des informations dont dispose la Délégation de la sécurité routière (DSR) : prix des leçons de conduite, taux de réussite, délais d'attente pour passer le permis, etc.

La publicité des prix

Les auto-écoles sont tenues d'afficher de façon visible à l'extérieur de l'établissement :

– la dénomination précise, la durée et le prix TTC par unité des leçons théoriques et pratiques, des tests de contrôle, des présentations aux examens ;

– la dénomination, la durée et le prix TTC global des prestations composant le forfait le plus couramment pratiqué par l'établissement.
Le prix et la description de l'ensemble des prestations proposées doivent être affichés également à l'intérieur de l'établissement et faire l'objet d'une documentation écrite, remise à toute personne qui en fait la demande (*Arrêté n° 87-07 C du 19/6/1987*).

À NOTER

Les auto-écoles ont tendance à gonfler leur taux de réussite au code et à l'examen de conduite. Le site Codeclic met en ligne les taux de réussite officiels des auto-écoles. Pour connaître celui des auto-écoles de votre commune ou de celles avoisinantes, rendez-vous sur : https://auto-ecole.codeclic.com. Par ailleurs, l'UFC-Que choisir donne librement accès à sa carte interactive : www.quechoisir.org/carte-interactive-auto-ecole-n22499.

Un contrat écrit obligatoire

Avant de commencer la formation, l'auto-école doit présenter à l'élève un contrat précisant notamment le nombre prévisionnel d'heures de formation, le programme et le déroulement de cette formation, les démarches administratives nécessaires faites éventuellement par l'établissement à la place du candidat, le tarif des prestations de formation, les modalités de paiement, les conditions de résiliation ou de rupture du contrat et les modalités financières qui s'y attachent (*Code de la route, Art. R. 213-3*).
Depuis le 1/6/2020, les auto-écoles doivent obligatoirement utiliser un contrat-type, destiné à éviter l'insertion de clauses abusives ou la réclamation de frais interdits (par exemple, en cas de transfert du dossier entre auto-écoles ou pour la présentation à l'examen). En permettant une plus grande transparence, cela offre, aux futurs candidats, la possibilité de mieux comparer les offres et de faire un choix éclairé. Cela permet également de réduire le coût du permis de conduire en empêchant certains professionnels peu scrupuleux de rajouter des frais dissimulés (*Code de la route, Art. R. 213-3*).
La présentation aux épreuves (théorique et pratique) du permis de conduire ne peut plus donner lieu à la perception de frais (*Décret n° 2015-1571 du 1/12/2015*). En revanche, si une personne de l'auto-école accompagne le candidat à l'examen, des frais peuvent être facturés. Mais ils sont désormais étroitement encadrés. Ils ne peuvent ainsi dépasser un plafond dépendant du type d'épreuve :
– permis A1, A2, A et BE : 1 heure 30 ;
– permis B1 et B : 1 heure ;
– permis C1, C, D1 et D : 2 heures ;
– permis C1E, CE, D1E et DE : 2 heures 30 (*Code de la route, Art. R. 213-3-2 et R. 213-3-3*).
Ainsi, par exemple, si vous préparez le permis B dans une auto-école où l'heure de formation coûte 50 €, le plafond des frais d'accompagnement sera égal à cette somme.

À NOTER

La Commission des clauses abusives a relevé un certain nombre de clauses litigieuses dans les contrats de formation à la conduite automobile proposés par les auto-écoles. Sont ainsi considérées comme abusives, les clauses qui prévoient que toute leçon non décommandée par l'élève dans le délai contractuel est considérée comme prise ou perdue, sans possibilité, pour celui qui justifie d'un motif légitime, d'obtenir un report (en cas de forfait) ou un remboursement, ou encore celles qui excluent, en cas d'abandon de la formation, toute possibilité de remboursement des sommes versées au prorata des leçons prises…

Si l'on change d'auto-école

Il est possible de changer d'auto-école en cours de formation. La nouvelle auto-école doit tenir compte des heures de formation effectuées dans le premier établissement.
Le livret d'apprentissage et le dossier y afférant sont la propriété du candidat. Ces documents doivent être rendus à l'élève si celui-ci décide de quitter l'auto-école où il s'est inscrit, sans qu'aucuns frais ne lui soient appliqués (*Code de la route, Art. L. 213-2*).

ATTENTION ⚠

En cas de changement d'auto-école, il peut être demandé à nouveau le paiement des frais d'inscription aux épreuves du permis.

Le permis à 1 € par jour

Les jeunes de 15 à 25 ans peuvent demander à leur banque une avance remboursable pour passer leur permis (*Décret n° 2005-1225 du 29/9/2005 modifié par le décret n° 2016-819 du 30/6/2016*). C'est la banque qui règle directement les coûts de la formation auprès de l'auto-école. À l'issue de la période d'apprentissage de la conduite, le jeune rembourse à la banque 1 € par jour, pour une durée correspondant au montant exact du coût de la formation, l'État prenant en charge les intérêts.

Ce dispositif suppose que le candidat choisisse une auto-école ainsi qu'un établissement prêteur partenaire de l'opération (liste disponible sur le site Internet *www.securite-routiere.gouv.fr*, rubrique « Permis », puis « Passer son permis de conduire », puis « Financement du permis de conduire », ou par téléphone au 39 39, service payant de renseignement administratif) et que ce dernier accepte son dossier.

À NOTER

Depuis le 1/1/2020, seules les auto-écoles disposant du label « qualité des formations au sein des écoles de conduite » peuvent proposer le permis à 1 € par jour (liste disponible sur https://www.securite-routiere.gouv.fr/sites/default/files/2020-02/liste_labellises_au_11_02_2020_-_a.pdf).

Le permis à 1 € par jour permet de financer :
– une première formation au permis B (voitures) ou aux permis A1 (motos légères) et A2 (motos d'une puissance maximale de 35 kW) ;
– ou une formation complémentaire en cas d'échec à l'épreuve pratique de conduite si le jeune a déjà bénéficié d'un prêt pour financer sa formation initiale.

Ce « prêt » ne peut toutefois être attribué qu'une fois à un même bénéficiaire qu'il s'agisse d'une première formation ou d'une formation complémentaire et pour une même catégorie de permis.

Quelles sont les différentes formules d'enseignement proposées ?

Quatre méthodes de préparation au permis de conduire sont proposées par les auto-écoles.

› L'enseignement classique

On prend une ou plusieurs leçons par semaine, la date de chacune étant fixée lors de la précédente. Le paiement s'effectue à la fin de chaque leçon. Les cours de code sont collectifs.

› Le contrat de formation au forfait

Il est proposé de plus en plus souvent par les auto-écoles. Il s'agit d'un contrat au terme duquel on s'engage à suivre un cycle complet d'enseignement théorique et pratique correspondant au programme de l'examen au permis de conduire. Cet enseignement est dispensé moyennant le versement d'une somme forfaitaire ; aucun supplément ne doit être payé à l'issue de la formation.

En cas d'échec à l'examen, le contrat peut prévoir qu'un complément de formation sera dispensé. L'éventuelle facturation de celui-ci doit être précisée lors de la signature du contrat.

› L'apprentissage anticipé de la conduite (AAC)

Il est possible de suivre un apprentissage anticipé de la conduite dès l'âge de 15 ans (*Code de la route, Art. R. 211-3*).

Il est nécessaire de s'adresser à une auto-école ayant obtenu un agrément préfectoral spécifique (signalé par une affichette « AAC » sur la vitrine) et de signer un contrat de formation, et ce, dès que l'auto-école a effectué une évaluation préalable des connaissances de l'apprenti conducteur.

La formation complète se déroule en trois étapes.

Formation initiale

Elle se déroule au sein de l'auto-école. La durée de cette formation ne peut être inférieure à 20 heures.

À l'issue de cette formation, il est possible de se présenter à l'épreuve théorique de l'examen du permis de conduire (« le code »). En cas de réussite, une attestation de fin de formation initiale est délivrée.

AVANTAGE

Depuis le 1/1/2019, l'État octroie une aide de 500 € aux apprentis âgés d'au moins 18 ans afin de leur permettre de financer leur permis de conduire. La demande écrite doit être faite auprès du CFA où le jeune effectue son apprentissage (Décret n° 2019-1 du 3/1/2019).

Conduite accompagnée

À partir de 15 ans et jusqu'à 17 ans, en vue d'une acquisition d'expérience, l'apprenti conducteur doit suivre une formation de conduite accompagnée d'une durée minimale d'1 an. Pendant cette phase (qui ne comporte plus de durée maximale), l'élève doit parcourir une distance minimale de 3 000 km sur le réseau routier et autoroutier du territoire national, à différents moments du jour et de la nuit, et dans diverses conditions météorologiques. Il doit être accompagné d'un conducteur titulaire du permis B depuis au moins 5 ans sans interruption. La fonction d'accompagnateur ne peut être exercée qu'après accord de la compagnie d'assurances du propriétaire du véhicule. L'accompagnateur peut être un parent.

Avant le début de l'apprentissage, le candidat et son accompagnateur doivent participer à un rendez-vous pédagogique, d'une durée minimum de 2 heures, avec le formateur de l'auto-école. Ce rendez-vous se déroule sous la forme d'une séquence de conduite sur un véhicule de l'établissement, au cours de laquelle l'accompagnateur, assis à l'arrière du véhicule, bénéficie des conseils de l'enseignant de conduite. Un guide comportant les informations utiles pour un déroulement efficace de la conduite accompagnée est remis à l'accompagnateur.

Le véhicule doit être équipé de deux rétroviseurs latéraux. Un signe distinctif « conduite accompagnée » doit être apposé à l'arrière gauche du véhicule.

Le jeune doit respecter des conditions spéciales de circulation (vitesse limitée à 110 km/h sur les autoroutes, 100 km/h sur les routes à terre-plein central, 80 km/h sur les autres routes, circulation interdite en territoire étranger).

Deux autres rendez-vous pédagogiques d'une durée de 3 heures chacun sont obligatoires pendant la formation :

– le premier a lieu entre 6 et 8 mois (et environ 1 000 km parcourus) après la formation initiale ;

– le second rendez-vous doit avoir lieu lorsqu'au moins 3 000 km de conduite accompagnée ont été parcourus.

Un troisième rendez-vous peut être organisé sur les conseils du responsable de l'établissement ou de l'enseignant, à la demande de l'élève ou de l'accompagnateur.

Les résultats des évaluations effectuées sont transcrits sur un livret d'apprentissage qui est remis par l'auto-école.

AVANTAGE

Depuis le 15/3/2017, il est possible d'utiliser son compte personnel de formation (CPF) pour financer son permis B, à la double condition que : l'obtention du permis contribue à la réalisation d'un projet professionnel ou favorise la sécurisation du parcours professionnel du titulaire du compte ; le titulaire du CPF ne fasse pas l'objet d'une suspension de son permis de conduire ou d'une interdiction de passer un permis de conduire (Code de la route, Art. D. 6323-8-3).

Présentation au permis de conduire

Dès 17 ans, le jeune peut se présenter à l'épreuve pratique du permis. Toutefois, il lui faudra toujours attendre d'avoir 18 ans pour pouvoir conduire seul.

Dès le permis de conduire obtenu, l'auto-école délivre une attestation de fin de conduite accompagnée. Cette attestation doit être remise à l'assureur afin d'obtenir un rabais de 50 % de la surprime jeune conducteur la première année, et la suppression complète de cette surprime la deuxième année, à défaut d'accident.

AVANTAGE

Dans le but de favoriser l'accès au permis de conduire des jeunes âgés de 18 à 25 ans qui ne disposent pas de ressources personnelles ou familiales suffisantes, certaines communes ont mis en place une « bourse au permis de conduire ». En échange d'un certain nombre d'heures de travaux d'intérêt collectif, la municipalité finance le permis de conduire du jeune, à hauteur de 50 à 80 %.

À NOTER

Il existe un plan national de formation qui est valable pour toutes les auto-écoles et pour toutes les formules d'enseignement. En vertu de ce plan, l'auto-école doit : procéder à une évaluation du niveau de l'élève en début de formation ; remettre à l'élève un livret d'apprentissage qui fixe le programme d'enseignement et détermine les étapes de la formation ; détenir une fiche de suivi de formation de l'élève.

› Conduite supervisée pour les plus de 18 ans

Les candidats d'au moins 18 ans inscrits dans une auto-école peuvent désormais compléter leur formation initiale par une nouvelle forme de conduite accompagnée : la conduite supervisée.

Le candidat doit parcourir une distance minimale de 1 000 km, en un minimum de 3 mois (contre 3 000 km en 1 an pour les jeunes de 15 ans en conduite accompagnée). L'accompagnateur doit remplir les conditions prévues pour la conduite accompagnée (voir plus haut).

Comme pour la conduite accompagnée à partir de 15 ans, le candidat de 18 ans et plus doit, au préalable, avoir réussi l'épreuve du code et pris au moins 20 heures de cours de conduite. C'est l'enseignant qui autorise le candidat à opter pour cette formule en fonction de son degré de maîtrise du véhicule, de ses compétences et de son comportement au volant.

Deux rendez-vous pédagogiques sont prévus :

– le premier (de 2 heures), avant de débuter la conduite avec l'accompagnateur ;

– le second (de 3 heures) au cours des 3 premiers mois de formation.

Contrairement à l'AAC, la conduite supervisée ne permet pas de réduire la durée de la période probatoire du permis de conduire. Les titulaires d'un permis ayant été formé selon cette formule disposent d'un capital de 6 points et devront attendre 3 ans (sans commettre d'infraction) pour obtenir un permis avec 12 points (au lieu de 2 ans pour l'AAC).

À NOTER

La « conduite encadrée » s'adresse aux jeunes préparant, dans les établissements de l'Éducation nationale, les diplômes professionnels menant aux métiers de la route (BEP ou CAP de conducteur routier). Cette formule, accessible à partir de 16 ans, s'effectue pendant la formation scolaire et dure en moyenne 2 ans.

La candidature libre

Il est possible de passer le permis de conduire en candidat libre, c'est-à-dire sans faire appel à une auto-école (*Code de la route, Art. R. 211-3*).

Dans ce cas, pendant l'apprentissage de la conduite, le conducteur doit :

– conduire sous la surveillance constante d'un accompagnateur ;

– être détenteur du livret d'apprentissage en version papier ou numérique ;

– avoir un numéro NEPH (numéro d'enregistrement préfectoral harmonisé), délivré par la préfecture. Pour l'obtenir, vous devez faire une demande de permis de conduire sur le site de l'ANTS (*https://permisdeconduire.ants.gouv.fr/Vos-demarches/La-demande-de-permis-en-ligne*) ;

– utiliser un véhicule spécialement équipé (à l'exception des motocyclettes) : double commande de frein et d'embrayage, deux rétroviseurs intérieurs et deux rétroviseurs latéraux réglés pour le conducteur et l'accompagnateur ainsi qu'un panneau portant la mention « apprentissage » placé sur le toit ou l'inscription « apprentissage » placée à l'avant et à l'arrière du véhicule. Ce dernier doit être assuré pour couvrir sans limite les dommages pouvant résulter d'accidents, notamment pendant la formation ;

– circuler uniquement sur le réseau routier et autoroutier national et s'assurer auprès de sa mairie qu'il n'existe pas de zones interdites à l'apprentissage de la conduite.

De son côté, l'accompagnateur doit être titulaire du permis de conduire de la catégorie B depuis au moins 5 ans sans interruption. Aucune formation spécifique n'est requise.

Pour toute information, vous pouvez contacter l'ANTS : *https://permisdeconduire.ants.gouv.fr/contacter-l-ants*.

Quelles sont les différentes catégories de permis de conduire ?

Il existe plusieurs types de permis selon le type de véhicule que l'on désire conduire (*Code de la route, Art. R. 221-4 et s.*).

Voici les principales catégories :

Le permis B

Le permis B autorise à conduire les véhicules :

– dont le PTAC (poids total autorisé en charge) est inférieur ou égal à 3,5 tonnes, pouvant être affectés au transport des personnes ou des marchandises ;

– pouvant comporter 9 places assises au plus (siège de conducteur compris).

Il est possible de se présenter à l'examen du permis de conduire B dès l'âge de 17 ans pour l'épreuve pratique en cas d'apprentissage anticipé de la conduite, 18 ans dans les autres cas (15 ans pour l'épreuve théorique en cas d'apprentissage anticipé de la conduite, 17 ans et demi dans les autres cas).

Le permis de conduire B est composé de deux épreuves : une épreuve théorique, le code ; après réussite du code, il est possible de se présenter aux épreuves pratiques (la conduite) qui comprennent un parcours en circulation.

Si vous êtes déjà titulaire d'un autre permis de conduire, comprenant épreuve théorique et pratique, établi depuis au moins 5 ans, vous ne passez que l'épreuve de conduite.

Le titulaire depuis plus de 2 ans d'un permis B (auto) ne peut conduire une motocyclette de 125 cm^3 maximum (c'est-à-dire relevant du permis A1, voir plus loin), qu'à la condition de suivre une formation pratique préalable de 7 heures, dispensée par un centre de formation à la conduite. À l'issue de la formation, une « attestation de suivi de formation pratique à la conduite des motocyclettes légères » est délivrée par l'école de conduite. Il doit en être fait mention sur le permis de conduire. Il est possible d'être dispensé de suivre cette formation si le titulaire du permis B justifie l'utilisation d'une motocyclette légère ou d'un scooter à trois roues au cours des 5 années précédant le

1/1/2011. Pour cela, il lui suffit de demander un relevé d'informations à sa compagnie d'assurance, attestant de la conduite de ce type de véhicule dans les 5 dernières années.

Les possesseurs d'un permis B obtenu avant le 1/3/1980 ne sont pas concernés par cette obligation.

Au moins deux fois par an, il est proposé aux candidats sourds ou malentendants se présentant aux épreuves théorique et pratique de l'examen du permis de conduire B des sessions spécialisées au cours desquelles ils peuvent bénéficier du dispositif de communication adapté à leurs besoins (*Code de la route, Art. D. 221-3-1*).

Depuis 2013, la durée de validité du permis B est limitée à 15 ans, renouvelable, comme une carte d'identité ou un passeport, à condition que :

– vous n'ayez pas commis d'infraction entraînant la suspension, le retrait ou l'annulation du permis ;

– vous ne soyez pas atteint de problèmes de santé qui limiteraient sa validité.

AVANTAGE

Les titulaires du permis B ont automatiquement le droit de conduire les cyclomoteurs de moins de 50 cm³.

À NOTER

Si le PTAC est compris entre 3,5 et 4,250 tonnes, le permis B suffit mais il devra être complété par une formation spécifique de 7 heures en auto-école. Si le PTAC excède 4,250 tonnes, le permis BE est obligatoire.

Le permis A (toutes motos)

Le permis A permet de conduire toutes les motocyclettes (avec ou sans side-car), ainsi que tous les tricycles à moteur, quelle que soit leur puissance.

Il n'y a plus de limitation de puissance des motos à condition qu'elles soient équipées d'un système de freinage antiblocage des roues (ABS).

Pour obtenir le permis A, toute personne majeure doit être titulaire du permis A2 (voir plus loin) pendant au moins 2 ans et suivre une formation complémentaire de 7 heures en auto-école. Cette formation, qui n'est pas sanctionnée par un examen, se compose de :

– 2 heures de séquence théorique ;

– 2 heures de séquence pratique hors circulation ;

– et 3 heures de séquence pratique en circulation.

Ces nouvelles conditions d'obtention du permis A ont pour but d'assurer une transition entre la conduite d'une moto de faible puissance et celle d'une moto d'une puissance supérieure à 35 kW.

Le permis AM

Le permis AM permet la conduite des cyclomoteurs de moins de 50 cm³ et des quadricycles légers à moteur d'une puissance maximale de 4 kW. Il correspond au brevet de sécurité routière (BSR).

Il est accessible dès 14 ans pour les cyclomoteurs et les voiturettes, après une formation pratique de 8 heures. Tout dépassement de cette durée de 8 heures « requiert l'accord express de l'élève, de l'un au moins de ses parents ou de son représentant légal, s'il est mineur » (*Arrêté du 18/12/2018*). Cette formation se déroule sur au moins 2 jours, sans pouvoir excéder 4 heures par jour. Pendant les heures de conduite, le candidat doit porter, en plus du casque et des gants certifiés, des vêtements renforcés (bottes, pantalon, blouson manches longues), afin de bien protéger toutes les parties de son corps.

N'importe quel permis de conduire autorise la conduite des véhicules relevant de la catégorie AM.

À NOTER

Le permis AM est valable 15 ans à compter de la date de sa délivrance.

Le permis A1

Le permis A1 permet de conduire :

– une motocyclette légère (avec ou sans side-car) d'une puissance maximale de 11 kW et dont le rapport puissance/poids ne dépasse pas 0,1 kW/kg, n'excédant pas 125 cm³ de cylindrée ;

– ou un tricycle à moteur d'une puissance de 15 kW maximum.

Ce permis est accessible à partir de 16 ans.

Le permis A2

Le permis A2 permet de conduire :

– une motocyclette (avec ou sans side-car) d'une puissance maximale de 35 kW et dont le rapport puissance/poids n'excède pas 0,2 kW/kg ;

– ou un tricycle à moteur d'une puissance de 15 kW maximum.

Il est accessible à partir de 18 ans.

Le permis C

Le permis de conduire C permet de conduire les véhicules affectés au transport de marchandises ou de matériel, dont le PTAC (poids total en charge) est supérieur à 3,5 tonnes. Il permet de conduire les mêmes véhicules attelés d'une remorque dont le PTAC ne dépasse pas 750 kg.

Seules les personnes âgées de 21 ans minimum (sauf si le candidat suit une formation professionnelle de conducteur de type CAP, Bac pro, titre professionnel, FIMO) et en possession du permis de conduire B peuvent se présenter aux épreuves du permis C.
Le permis C a une période de validité limitée à :
– 5 ans si vous avez moins de 55 ans ;
– 5 ans ou jusqu'à la date anniversaire des 60 ans, si vous avez entre 55 et 60 ans ;
– 2 ans ou jusqu'à la date anniversaire des 76 ans, si vous avez entre 60 et 76 ans ;
– 1 an si vous avez plus de 76 ans.
Il est prorogeable à la condition de satisfaire à un examen médical.

À NOTER

En application de l'article R. 221-4 du Code de la route, le conducteur d'un camping-car de plus de 3,5 tonnes de PTAC doit avoir le permis C.

Le permis D

Le permis D permet de conduire, à partir de 24 ans (sauf si le candidat suit une formation professionnelle de conducteur de type CAP, Bac pro, titre professionnel, FIMO), des véhicules automobiles affectés au transport de personnes comportant plus de 9 places assises (conducteur compris). Il permet de conduire les mêmes véhicules attelés d'une remorque dont le PTAC n'excède pas 750 kg.
Seules les personnes titulaires du permis B peuvent se présenter au permis D.
La durée de validité du permis D est de :
– 5 ans ou jusqu'à la date anniversaire des 60 ans ;
– 1 an maximum à partir de 60 ans.
La prolongation de la durée de validité de ce permis peut être obtenue au vu d'un certificat médical favorable délivré par le médecin de ville agréé ou par une commission médicale.

À NOTER

Les permis BE, CE et DE permettent de conduire des véhicules relevant de la catégorie B, C ou D mais attelés d'une remorque dont le PTAC excède 750 kg. Il faut être titulaire du permis correspondant, c'est-à-dire du permis B pour se présenter aux épreuves du permis BE, C pour le permis CE et D pour le permis DE.

Quelles sont les étapes pour obtenir un permis de conduire ?

› Avant l'examen

L'élève doit suivre une formation de conduite d'une durée minimale de 20 heures, dont au moins 12 heures sur la voie publique, avant la présentation au permis de conduire (le nombre d'heures de préparation à l'épreuve théorique, le code, ne doit pas être inclus dans ce volume d'heures).

AVANTAGE

Sur les 20 heures de conduite minimales que doit effectuer obligatoirement le candidat à l'examen pratique du permis de conduire, il est possible – si l'auto-école en est pourvue – de faire 10 heures d'apprentissage de la conduite sur un simulateur. Outre que cela permet d'appréhender la conduite en toutes circonstances (neige, verglas, montagne, de nuit, trafic très dense, etc.), cela entraîne une diminution du prix du permis de conduire.

Si la formation est limitée à la conduite de véhicules équipés d'une boîte de vitesses automatique, seul un volume minimum de 13 heures est requis (voir plus loin).
Toutefois, si l'apprenti conducteur est déjà titulaire d'une autre catégorie de permis (sauf les catégories AM et B1), aucun nombre minimum d'heures obligatoire n'est imposé. Tout va dépendre de sa progression dans l'apprentissage.
Pour passer l'examen, il faut faire une demande comprenant :
– le formulaire spécial remis par la préfecture ou l'auto-école ;
– une pièce d'identité ;
– un justificatif de domicile ;
– 2 photos d'identité représentant la personne « tête nue et de face » produites à l'aide d'un système photographique agréé (norme NFZ 12-010) ;
– 2 enveloppes timbrées libellées à ses noms et adresse pour la convocation aux examens ;
– pour les jeunes âgés de 16 à 25 ans, une photocopie de l'attestation de recensement et du certificat individuel de participation à la journée défense et citoyenneté (JDC) ;
– éventuellement, un formulaire de certificat médical lorsqu'un examen médical est exigé.

Si l'on passe par une auto-école, c'est elle qui se charge de ces formalités.
Par dérogation, il est possible de passer son permis dans un département autre que celui du domicile, en justifiant d'un intérêt légitime.

À NOTER

Si vous habitez dans les départements de l'Aude, du Gard, du Gers, de la Haute-Garonne ou de l'Hérault, une plateforme de réservation expérimentale vous permet de prendre rendez-vous en ligne pour une place à l'examen pratique du permis B et le permis moto. Cet outil est destiné à permettre de réduire les délais de passage à l'examen et, par voie de conséquence, le coût du permis. Pour plus renseignements et pour l'inscription : https://www.securite-routiere.gouv.fr/passer-son-permis-de-conduire/inscription-et-formation/occitanie-reserver-en-ligne-sa-place-pour-le.

AVANTAGE

Il n'y a plus de timbre fiscal à acquitter pour pouvoir passer son permis de conduire.

FORMATION DE 13 HEURES POUR UNE VOITURE AVEC BOÎTE AUTOMATIQUE

Depuis janvier 2017, les candidats au permis de conduire de catégorie B peuvent être formés sur une voiture avec boîte automatique. Pour cet apprentissage, 13 heures de conduite suffisent au lieu des 20 heures minimales obligatoires sur un véhicule à boîte de vitesses manuelle. Cette nouvelle règle vaut pour l'apprentissage « classique » du permis B mais aussi anticipé (conduite accompagnée) ou supervisé.
À l'issue de la formation, le candidat qui réussit l'examen se voit délivrer un permis de conduire valable uniquement pour la conduite des véhicules équipés de boîte automatique.
Si, par la suite, il désire conduire un véhicule à boîte de vitesses manuelle, il devra suivre une formation spécifique de 7 heures. Celle-ci ne pourra être effectuée moins de 3 mois après l'obtention du permis de conduire sur boîte automatique (contre 6 mois auparavant). À l'issue de ce stage, l'élève se verra simplement remettre une attestation de suivi de la formation. Le conducteur ne sera autorisé à conduire un véhicule en boîte manuelle qu'à partir du moment où il sera en possession du titre définitif de conduite correspondant.

› L'examen

Les délais à respecter

Le candidat est prévenu personnellement du jour et du lieu des épreuves.
Certains délais doivent être respectés :
– on ne peut se présenter à l'épreuve théorique du code que 4 semaines minimum après l'enregistrement de la demande par la préfecture. En cas d'échec, il faut attendre au moins 7 jours pour se représenter ;
– en cas de succès au code, il faut attendre au moins 1 jour avant de pouvoir passer l'épreuve de conduite ;
– en cas d'échec lors de la première tentative à l'épreuve de conduite, il n'est pas possible de se représenter à cette épreuve avant un délai de 7 jours. En cas d'échec lors des tentatives suivantes, un délai de 7 jours entre chaque tentative est obligatoire.
Il est à noter que l'épreuve de la conduite doit être passée dans un délai de 5 ans maximum après l'obtention de l'épreuve théorique du permis. Cinq tentatives sont autorisées dans ce délai. À défaut de réussite ou à l'issue de cette période, le code n'est plus valable et doit être repassé.
Il faut faire une nouvelle demande à la préfecture.

À NOTER

Il existe une peine complémentaire d'interdiction de se présenter à l'examen du permis de conduire pendant 3 ans au plus en cas de violences ou d'outrages contre un inspecteur du permis de conduire et de la sécurité routière commis dans l'exercice ou à l'occasion de l'exercice de ses fonctions (Code de la route, Art. L. 211-1).

L'épreuve théorique du permis de conduire B

Depuis mai 2016, les candidats à l'épreuve théorique du permis de conduire doivent répondre à de nouvelles questions ayant pour but de rendre l'examen plus réaliste (photos de véritables routes, vidéos, images numériques reproduisant des vues aériennes).
C'est en raison de la surmortalité des jeunes conducteurs (impliqués dans un accident mortel sur cinq en France) que cette mesure a été prise.
Si les questions sont nouvelles, l'épreuve ne change pas : il faut toujours répondre correctement à 35 questions sur 40 pour obtenir son code.
Si vous êtes dans une zone où les délais sont plus longs (région parisienne ou grande métropole régionale), votre auto-école peut, au lieu de vous inscrire auprès d'un centre d'examen de l'État, le faire auprès d'un

centre agréé de La Poste ou de la société SGS (s'il y en a un à proximité) pour que vous passiez l'épreuve du code. Vous pouvez également passer par ce biais si vous vous présentez en candidat libre.

Vous pouvez réserver votre place à l'examen directement sur leurs sites :

– *www.lecode.laposte.fr/passermonexamenducodeaveclaposte* ;

– *www.objectifcode.sgs.com.*

Dans tous les cas, vous devrez acquitter la redevance pour le passage de l'épreuve du code *(Voir pages Barème)*.

L'épreuve pratique du permis de conduire B

Les modalités de l'épreuve pratique de l'examen du permis de conduire de la catégorie B (et de la sous-catégorie B1) ont été réaménagées.

Cette épreuve a pour objet d'évaluer chez le candidat :

– le respect des dispositions du Code de la route ;

– sa connaissance du véhicule et sa capacité à déceler les défauts techniques les plus importants ;

– sa maîtrise des commandes et de la manipulation du véhicule pour ne pas créer de situations dangereuses ;

– sa capacité à assurer sa propre sécurité et celle des autres usagers sur tout type de route et à percevoir et à anticiper les dangers engendrés par la circulation et à agir de façon appropriée ;

– sa connaissance des notions élémentaires de premiers secours ;

– son degré d'autonomie dans la réalisation d'un trajet ;

– sa capacité à conduire dans le respect de l'environnement et à adopter un comportement courtois et prévenant envers les autres usagers, en particulier les plus vulnérables.

Le temps consacré au candidat, qui est de 32 minutes, comprend :

– la vérification de la recevabilité des documents d'examen ;

– l'accueil du candidat, la vérification de son identité et, s'il a suivi une formation selon la formule de l'apprentissage anticipé de la conduite, de son livret d'apprentissage ;

– son installation au poste de conduite ;

– la présentation de l'épreuve par l'expert et la réalisation d'un test de la vue ;

– une phase de conduite effective d'une durée minimale de 25 minutes ;

– l'établissement du certificat d'examen du permis de conduire.

À NOTER

Les candidats dont les véhicules sont spécialement aménagés pour tenir compte de leur handicap physique, ainsi que les candidats sourds ou malentendants, peuvent bénéficier d'un temps supplémentaire permettant de réaliser l'évaluation des candidats en tenant compte de leurs difficultés éventuelles de mobilité ou de communication.

Durant l'épreuve, le candidat doit :

– réaliser un parcours empruntant des voies à caractère urbain, routier et/ou autoroutier ;

– suivre un itinéraire ou se rendre vers une destination préalablement établie par l'inspecteur, en se guidant de manière autonome, pendant une durée globale d'environ 5 minutes ;

– réaliser deux manœuvres différentes, dont une au moins en marche arrière et une à son initiative ;

– procéder à la vérification d'un élément technique à l'intérieur et à l'extérieur du véhicule et répondre à une question en lien avec la sécurité routière ;

– appliquer les règles du Code de la route, notamment les limitations de vitesse s'appliquant aux élèves conducteurs ;

– adapter sa conduite dans un souci d'économie de carburant et de limitation de rejet de gaz à effet de serre ;

– faire preuve de courtoisie envers les autres usagers, et notamment les plus vulnérables.

L'évaluation de l'inspecteur consiste en un bilan de compétences (et non plus en un décompte d'erreurs).

Pour obtenir son permis, le candidat doit totaliser au moins 20 points sur 30 et ne pas avoir commis d'erreur éliminatoire.

Sont considérées comme des erreurs éliminatoires :

– la circulation à gauche sur une chaussée à double sens ;

– le franchissement d'une ligne continue ;

– la circulation sur les bandes d'arrêt d'urgence ou les voies réservées ;

– le non-respect d'un signal prescrivant l'arrêt ;

– la circulation en sens interdit.

Toute action, non-action ou tout comportement dangereux du candidat plaçant les autres usagers et/ou le véhicule dans une situation où la sécurité dépendrait essentiellement des réactions des tiers, constitue également une erreur éliminatoire.

L'erreur éliminatoire entraîne automatiquement l'échec à l'examen, qu'elle ait ou non nécessité une intervention physique ou verbale de l'expert (*Arrêté du 11/8/2011*).

Permis pour les sourds ou les malentendants

Des modalités particulières sont prévues pour les candidats conducteurs sourds et malentendants.

Un interprète ou un médiateur en langue des signes doit être présent aux épreuves théoriques et pratiques du permis de conduire pour véhicules légers (permis B) lors des sessions spécialisées organisées pour ces personnes. La fréquence des sessions (deux fois par an au minimum) est décidée par le préfet. Elle dépend notamment du nombre de candidats inscrits (*Code de la route, Art. D. 221-3-1*).

Lors des examens théoriques, il est prévu de leur accorder le temps nécessaire pour pouvoir suivre les explications de l'interprète ou du médiateur en langue des signes et comprendre les traductions entre les candidats et le traducteur.

Dans quels cas la visite médicale est obligatoire ?

Le contrôle médical peut être unique, renouvelable ou encore occasionnel. Il consiste en une évaluation de l'aptitude physique, cognitive et sensorielle (*Code de la route, Art. R. 221-10 et s.*).

Les permis A1, A2, A, B1, B et BE sont en principe délivrés sans visite médicale.

Toutefois, la visite médicale devient obligatoire :

– en cas de retrait de la totalité des points ;

– en cas d'annulation du permis ;

– si le conducteur est atteint d'affection médicale incompatible avec l'obtention ou le maintien du permis (invalidité définitive ou stabilisée) ;

– ou s'il est soumis à un contrôle médical, périodique ou occasionnel.

Dans ces cas, la visite est obligatoire mais n'a pas à être renouvelée.

Des examens peuvent aussi être prescrits si le conducteur s'est rendu coupable de conduite en état d'ivresse ou sous l'influence de stupéfiants, ou encore s'il a fait l'objet d'une suspension de permis d'une durée supérieure à 1 mois.

Les permis A1, A2, A, B1 et B délivrés pour la conduite d'un véhicule spécialement aménagé pour un conducteur handicapé et les permis C1, C1E, C, CE, D1, D1E, D, et DE ne sont délivrés ou renouvelés qu'après un avis médical favorable.

L'aptitude physique du conducteur est également contrôlée pour la conduite :

– des taxis (véhicules ou motos) ;

– des voitures de tourisme avec chauffeur, des voitures de remise ;

– des ambulances ;

– des véhicules de ramassage scolaire ou de transport public de personnes.

Dans ces cas, la visite doit être renouvelée :

– tous les 5 ans pour les conducteurs de moins de 60 ans ;

– tous les 2 ans à partir de 60 ans (1 an pour les conducteurs titulaires des catégories D1, D, D1E ou DE) ;

– tous les ans à partir de 76 ans.

Indépendamment de ces cas, le contrôle médical peut être occasionnellement ordonné après la délivrance du permis :

– si le permis paraît incompatible avec l'état physique du conducteur ;

– si le conducteur a été impliqué dans un accident corporel de la circulation ;

– si le conducteur s'est vu suspendre son permis ;

– ou encore s'il est constaté, lors de la délivrance ou du renouvellement du permis, que le candidat est atteint d'une affection compatible avec l'obtention de ce permis mais susceptible de s'aggraver. Dans ce cas, le permis est accordé mais sa durée de validité est limitée.

Une commission médicale d'appel est créée dans chaque département. La commission médicale d'appel peut être saisie par la personne qui, à la suite d'un contrôle médical s'est vu signifier par le préfet une décision d'aptitude temporaire, d'aptitude avec restrictions d'utilisation du permis ou d'inaptitude.

Après l'avis rendu par la commission d'appel, l'intéressé peut solliciter un nouvel examen médical après un délai de 6 mois suivant cette décision (*Code de la route, Art. R. 226-2*).

AVANTAGE

Les résultats des examens du permis de conduire sont envoyés aux candidats par mail ou, en cas d'impossibilité, par voie postale, l'envoi devant intervenir le jour même de l'épreuve (Arrêté du 26/4/2013). Il est désormais possible de connaître le résultat de l'épreuve pratique 48 heures après l'avoir passée sur le site www.securite-routiere.gouv.fr (rubrique « Permis », icône « Résultats du permis »).

› Après l'examen

Le certificat d'examen du permis de conduire

En cas de succès à l'examen du permis de conduire, pour pouvoir conduire dans l'attente de l'envoi de votre permis de conduire, vous devez vous procurer le certificat d'examen du permis de conduire soit en le téléchargeant sur le site *www.securite-routiere.gouv.fr*, soit en le récupérant auprès de votre auto-école. Ce certificat est valable 4 mois à compter de la date d'examen.

À NOTER

Pour l'obtenir, le candidat doit signer une « Charte du conducteur responsable », après avoir visionné une vidéo de prévention et lu les six conseils élémentaires de prudence.

QUE SE PASSE-T-IL EN CAS D'ÉCHEC DE L'ÉPREUVE PRATIQUE ?

En cas d'échec à l'épreuve pratique du permis de conduire, vous n'avez pas à repasser l'épreuve théorique si vous repassez la conduite dans les 5 années qui suivent l'obtention du code. Vous pouvez vous présenter cinq fois au maximum à l'épreuve pratique ; au-delà, vous devez repasser le code.
Mesure phare de la loi Macron, le délai maximal d'attente nécessaire entre deux présentations à l'épreuve pratique du permis de conduire ne doit plus excéder 45 jours. Dans les départements où le délai moyen est supérieur à 45 jours, un recours à des agents publics ou contractuels comme examinateurs est mis en place pour garantir que le délai de passage n'excède pas cette durée (*Code de la route, Art. L. 221-5*). Malgré cette mesure, le délai d'attente pour repasser l'épreuve pratique du permis a été en moyenne de 63 jours en 2016.

Le permis définitif

Le permis de conduire n'est plus délivré par la préfecture. Inutile de vous déplacer ou d'appeler la préfecture qui ne sera pas en mesure de vous renseigner. Vous le recevrez à votre domicile par La Poste en lettre suivie.

Pour suivre la production et la distribution de votre permis, vous pouvez vous rendre sur le site : *https://permisdeconduire.ants.gouv.fr*. Vous pouvez également téléphoner à l'Agence nationale des titres sécurisés (ANTS), au 34 00 (numéro non surtaxé) en France métropolitaine ou au 09 70 83 07 07 depuis l'Outre-Mer et l'étranger, du lundi au vendredi de 7 h 45 à 19 h et le samedi de 8 h à 17 h.

Si les permis délivrés avant septembre 2013 restent valables, il est toutefois obligatoirement procédé à l'échange d'un ancien permis contre un permis modèle communautaire en cas :
- d'établissement de duplicata ;
- de changement d'état matrimonial ;
- de changement d'adresse ;
- de validation du permis suite à un examen médical ;
- d'extension de catégorie.

L'échange est effectué gratuitement dans les 4 derniers cas.

Un permis obtenu dans un État de l'Union européenne est valable en France à condition que son titulaire l'ait fait enregistrer à la préfecture. On peut également demander à l'échanger contre un permis français équivalent. Depuis le 3/3/2020, cette demande doit être faite en ligne : *https://permisdeconduire.ants.gouv.fr*.

Cet échange devient obligatoire pour les personnes ayant commis une infraction entraînant un retrait de points, la rétention, la suspension ou l'annulation du permis de conduire.

Les titulaires d'un permis de conduire, en cours de validité, obtenu dans un pays n'appartenant ni à l'Union européenne ni à l'Espace économique européen doivent demander l'échange de celui-ci contre un permis de conduire français dans le délai d'1 an suivant l'acquisition de leur résidence en France. Faute de quoi, ils devront repasser leur permis en France pour pouvoir conduire en règle (*Arrêté du 12/1/2012*).

Les militaires qui ont passé leur permis de conduire à l'armée et parcouru au moins 300 km sans accident peuvent l'échanger contre un permis civil dans le délai de 2 ans suivant la fin de leur engagement dans l'armée.

À NOTER

L'article R. 221-1 du Code de la route dispose que « nul ne peut conduire un véhicule ou un ensemble de véhicules, pour la conduite duquel le permis de conduire est exigé par le code, s'il n'est titulaire de la catégorie correspondante du permis de conduire en état de validité et s'il ne respecte les restrictions d'usage mentionnées sur ce titre ». Cela signi-

fie, par exemple, que le titulaire du permis poids lourds ne peut pas conduire un véhicule automobile de tourisme si le permis attaché à cette catégorie (permis B) lui a été retiré. Conduire un véhicule sans respecter les conditions de validité ou les restrictions d'usage du permis de conduire que l'on possède est puni d'une amende de 750 € et du retrait de 3 points du permis de conduire.

Le permis probatoire

Tous les nouveaux titulaires du permis de conduire (moto, automobile…) obtiennent un permis probatoire pour une durée de 3 ans (2 ans s'ils ont fait la conduite accompagnée).

Le permis est doté d'un capital de seulement 6 points (contre 12 pour un permis normal) pendant une période probatoire de 3 ans (réduite à 2 ans pour les personnes ayant suivi la filière d'apprentissage anticipé de la conduite). Cette mesure s'applique également aux conducteurs dont le permis a été annulé ou invalidé par la perte totale des points. Si, à l'issue de cette période probatoire, le conducteur n'a eu aucun retrait de points, son capital est porté automatiquement à 12 points.

En revanche, si pendant cette période le conducteur a perdu des points, il conserve le nombre de points à cette date et obtient ses 12 points s'il ne commet pas d'infraction pendant les 3 années qui suivent le dernier retrait de points, ou s'il décide de suivre volontairement un stage de sensibilisation à la sécurité routière (stage payant) pour récupérer 4 points.

Les conducteurs qui ont obtenu leur permis depuis le 31/12/2007 ont leur capital de points qui augmente de 2 points par an pour atteindre les 12 points au bout de 3 ans. Pour ceux ayant opté pour l'apprentissage anticipé de la conduite (AAC), la progressivité est de 3 points par an.

À NOTER

Depuis mai 2019, les personnes qui obtiennent pour la première fois un permis de conduire (A1, A2, B1 ou B) peuvent, sur la base du volontariat, suivre une formation complémentaire (d'une durée de 7 heures), entre 6 mois et 1 an après l'obtention de leur permis, destinée à réduire la durée du permis probatoire : de 3 à 2 ans pour un permis B obtenu de manière traditionnelle (ou en conduite supervisée) ; de 2 ans à 18 mois pour la personne ayant suivi l'apprentissage anticipé de la conduite (AAC). Cette formation ne peut être dispensée que par une auto-école ou une association détentrice du label « École conduite qualité » délivré par l'État. Pour connaître la liste des établissements labellisés : https://www.securite-routiere.gouv.fr/sites/default/files/2020-02/liste_labellises_au_11_02_2020_-_a.pdf. Le coût est d'une centaine d'euros.

Le vol ou la perte du permis

En cas de perte ou de vol du permis de conduire, une déclaration doit être faite au commissariat de police ou à la brigade de gendarmerie. Un récépissé, remplaçant le permis pendant 2 mois, est alors remis au titulaire du permis pour lui permettre de conduire uniquement en France. Durant cette période, un nouveau permis de conduire doit être établi. Vérifiez sur le site Internet ou au standard de votre préfecture comment la démarche peut être accomplie : sur place, par courrier ou via le site de la préfecture.

La demande de renouvellement peut également être faite sur le site *www.permisdeconduire.ants.gouv.fr* une fois la déclaration de vol ou de perte effectuée.

En cas de perte ou de vol du permis, il faut régler un droit de timbre pour obtenir son renouvellement *(Voir pages Barème)*. Certains départements exigent de surcroît une taxe régionale.

Le permis international

Dans certains pays étrangers, le permis national n'est pas suffisant. Il est nécessaire de se munir d'un permis international. Pour savoir si votre permis de conduire français suffit pour conduire temporairement dans le pays non européen où vous vous rendez, renseignez-vous auprès de l'ambassade ou du consulat de ce pays. Vous pouvez aussi consulter le site Internet du ministère des Affaires étrangères (*www.diplomatie.gouv.fr*, rubrique « Conseils aux voyageurs ») ou celui de la sécurité routière (*www.securite-routiere.gouv.fr*, rubrique « Permis », puis « Les différents permis de conduire », puis « Permis international et permis étranger » et « Récapitulatif des démarches par pays »).

Il n'est plus possible d'effectuer une demande de permis international en préfecture ou sous-préfecture.

Vous devez effectuer une pré-demande en ligne *via* le site de l'Agence nationale des titres sécurisés (*https://ants.gouv.fr*, rubrique « Demander un permis de conduire »). Pour cela, vous devez avoir une version numérique (scan ou photographie) de :

– votre permis de conduire ;
– un justificatif d'identité ;
– un justificatif de domicile.

Une fois cette démarche effectuée, vous devez adresser par courrier à l'adresse indiquée sur le service en ligne :

– l'attestation de dépôt de demande en ligne ;

– une photo d'identité ;
– une enveloppe pré-affranchie au tarif lettre suivie 50 g, format « prêt à poster », libellée à vos nom et adresse.

Vous serez informé par mail ou SMS de l'avancement de votre dossier. Le délai de délivrance du permis international est variable selon les périodes. Comptez actuellement 11 semaines minimum. Sa délivrance est gratuite.

Le permis international est valable 3 ans (renouvelable) ou pour la durée de validité de votre permis de conduire si elle est inférieure à 3 ans.

Le permis de conduire européen

L'Union européenne a adopté en 2006 une directive (n° 2006/126/CE du 20/12/2006) destinée à harmoniser les nombreux modèles de permis de conduire existants au sein des différents États membres, et notamment les règles relatives à leur forme (proche de celle d'une carte de crédit), leur durée de validité (15 ans pour le permis B par exemple), leur renouvellement et les catégories de véhicules dont ils autorisent la conduite.

Ce texte, transposé en France par le décret n° 2011-1475 du 9/11/2011, s'applique depuis le 19/1/2013. Les dispositions qui concernent la forme du permis (format d'une carte de crédit avec puce électronique et bande magnétique) sont entrées en vigueur en septembre 2013. Les permis qui auront été délivrés avant cette date seront progressivement échangés contre le nouveau modèle. L'harmonisation de tous les permis sera effective en 2033.

Le traditionnel papier rose est ainsi amené à disparaître dans les prochaines années pour laisser place à un document plastifié « infalsifiable » qui doit être renouvelé tous les 15 ans.

Quelles sont les épreuves à passer pour conduire un cyclomoteur ?

› Le permis AM

Il permet de conduire, à partir de 14 ans, un cyclomoteur de moins de 50 cm^3 à l'issue de formations théorique et pratique obligatoires. Il remplace le brevet de sécurité routière (BSR).

À NOTER

Depuis le 1/1/2004, ce permis est obligatoire, en l'absence de permis de conduire, pour la conduite d'une « voiturette » (quadricycle léger à moteur d'une puissance maximale de 4 kW) dès l'âge de 14 ans.

Une formation théorique

Cette formation, dispensée au collège, porte sur les règles de sécurité routière. En cas de succès, vous obtenez l'attestation scolaire de sécurité routière en classe de 5e (pour l'ASSR1) et en classe de 3e (pour l'ASSR2) (voir plus loin).

L'ASSR1 ou l'ASSR2 est obligatoire pour pouvoir vous inscrire à la formation pratique du permis AM.

À NOTER

Pour les personnes qui ne fréquentent pas d'établissement scolaire, cette formation théorique est validée par l'obtention de l'attestation de sécurité routière (voir plus loin).

Une formation pratique

Cette dernière comporte deux options distinctes : option cyclomoteur et option quadricycle léger à moteur. Quelle que soit l'option choisie, la formation est similaire. Le 1/3/2019, la durée de cette formation est passée de 7 à 8 heures minimum et doit se dérouler sur 2 jours (4 heures maximum par jour).

Cette formation comprend 5 séquences :
– séquence 1 : échanges sur les représentations individuelles autour de la conduite (30 minutes) ;
– séquence 2 : formation à la conduite hors circulation (1 heure minimum) ;
– séquence 3 : code de la route (30 minutes) ;
– séquence 4 : formation à la conduite sur les voies ouvertes à la circulation publique (3 heures minimum) ;
– séquence 5 : sensibilisation aux risques, en présence, si l'élève est mineur, de l'un au moins des parents ou du représentant légal (1 heure).

La durée totale des séquences 2 et 4 doit être d'au moins 6 heures.

À NOTER

Depuis le 1/3/2019, l'élève doit obligatoirement porter un équipement réglementaire (casque et gants homologués, chaussures, blouson et pantalon adaptés) pour la partie de la formation consacrée à la conduite. À défaut, il ne pourra pas suivre la formation (Arrêté du 18/12/2018 modifiant l'arrêté du 8/11/2012).

À l'issue de la formation pratique, une attestation de suivi de la formation, option cyclomoteur ou quadricycle léger à moteur, est remise à l'élève, en présence, s'il est mineur, de l'un de ses parents ou de son représentant légal. Cette attestation permet de conduire le véhicule correspondant pendant 4 mois. Au-delà, il faudra avoir la catégorie AM du permis.

ATTENTION ⚠

Si vous ne présentez pas votre permis AM à l'occasion d'un contrôle routier, vous risquez une amende de 35 €.

› L'attestation scolaire de sécurité routière (ASSR)

- L'ASSR de premier niveau est passée en classe de cinquième. Elle est obligatoire, pour pouvoir s'inscrire à la formation pratique du permis AM, indispensable pour conduire un cyclomoteur à partir de 14 ans.
- L'ASSR de deuxième niveau est passée en classe de troisième.
- L'ASSR de deuxième niveau (ou l'ASR) est obligatoire pour l'inscription au permis de conduire des catégories « A » (permis moto) ou « B » (permis voiture).

Si vous ne retrouvez pas ce document, pas de panique : vous pouvez désormais présenter une attestation sur l'honneur dans laquelle vous déclarez « avoir passé avec succès le contrôle des connaissances théoriques des règles de sécurité routière ayant donné lieu à la délivrance » de l'ASSR. Un modèle vous est proposé par l'arrêté du 30/1/2018.

À NOTER

Ces mesures ne sont valables que pour les jeunes qui ont eu 16 ans depuis le 1/1/2004 (donc nés après le 1/1/1988).

› L'attestation de sécurité routière (ASR)

Tous ceux qui n'ont pas pu avoir l'ASSR dans le cadre scolaire peuvent obtenir l'attestation de sécurité routière (ASR). Elle donne l'équivalence aux ASSR de premier et deuxième niveau. Sont concernées par l'ASR les personnes répondant aux trois critères suivants :

– plus de 16 ans et nées après le 1/1/1988 ;

– pas ou plus scolarisées : migrants, gens du voyage, jeunes en difficulté d'insertion sociale ou professionnelle… ;

– non titulaires de l'ASSR de 1er niveau et qui souhaitent s'inscrire à la formation pratique du permis AM, ou non titulaires de l'ASSR de 2e niveau et qui souhaitent se présenter au permis de conduire.

L'ASR est obligatoire (à défaut des ASSR) pour s'inscrire :

– à la formation pratique du permis AM ;

– au permis de conduire des catégories « A » (permis moto) ou « B » (permis voiture).

Quels véhicules peut-on conduire sans permis ?

Sont dispensés de permis les conducteurs :

– des véhicules à moteur électrique d'une puissance au plus égale à 1 kW ;

– des véhicules participant à des compétitions ou manifestations sportives (sous conditions) ;

– des véhicules et appareils agricoles ou forestiers (le conducteur doit être âgé d'au moins 16 ans, 18 ans s'il s'agit d'un ensemble dépassant 2,5 m de largeur) ;

– des véhicules militaires et de véhicules d'instruction et d'intervention de la sécurité civile (le personnel militaire doit être titulaire du brevet militaire de conduite)(*Code de la route, Art. R. 221-15 et s.*).

À NOTER

Depuis le 2/6/2009, les engins motorisés légers non autorisés à circuler sur la voie publique (mini-motos, trottinettes à moteur…) doivent être déclarés, dans les 15 jours qui suivent leur acquisition, auprès du ministère de l'Intérieur (par voie postale ou électronique) et porter une plaque d'identification (Décret n° 2008-1455 du 30/12/2008). Dans le cas d'une déclaration par voie électronique, le propriétaire remplit et envoie en ligne le formulaire, avec les pièces jointes requises, à l'adresse suivante : www.service-public.fr. Chaque engin doit recevoir un numéro spécifique d'identification à 6 chiffres, gravé sur une partie inamovible et inscrit sur une plaque fixée en évidence sur le véhicule. À défaut de déclaration, les propriétaires doivent s'acquitter d'une amende de 4e classe (Voir pages Barème).

DEUX-ROUES EN RÈGLE				
	Cyclomoteur	**Motocyclette**		
Définition	Moteur de moins de 50 cm^3, vitesse limitée à 45 km/h	Deux-roues Moteur de 125 cm^3 et 15 CV maximum	Deux-roues d'une puissance maximale de 35 kW et dont le rapport puissance/poids n'excède pas 0,2 kW/kg	Toutes motos quelle que soit leur puissance
Âge requis et permis de conduire	14 ans avec un permis AM et les attestations de sécurité routière	16 ans avec un permis A1 ; 20 ans avec un permis B avec 2 ans d'ancienneté + une formation pratique de 7 heures	Permis A2 obtenu à partir de 18 ans	Permis A obtenu après 7 heures de formation pour les titulaires du permis A2 depuis au moins 2 ans
Papiers du véhicule	Certificat d'immatriculation			
Assurances	Responsabilité civile obligatoire			
Allumage des feux de croisement	De jour, les motocyclettes et les cyclomoteurs doivent circuler avec le ou leurs feux de croisement allumés			
Plaque d'identification	Plaque d'immatriculation (1)			
Port du casque (2)	Obligatoire pour le conducteur	Obligatoire pour le conducteur et le passager		
Gilet de haute visibilité		Les motards doivent avoir sur eux ou dans un rangement de leur moto un gilet « jaune » qu'ils doivent porter lorsqu'ils descendent de leur véhicule à la suite d'un arrêt d'urgence		
Gants	Obligatoires pour le conducteur et le passager			
Transport de passagers	Pas plus d'un seul passager (sauf side-car) Siège obligatoire pour le passager : corbeille ou courroie d'attache pour enfant de moins de 5 ans			
	Interdiction de transporter un passager de plus de 14 ans			
	Obligation légale de faire inclure dans le contrat d'assurance la garantie spéciale du conducteur vis-à-vis de son passager			
Prêt du véhicule	L'assurance ne joue que si le bénéficiaire du prêt a reçu directement du propriétaire de l'engin, ou du souscripteur de l'assurance, l'autorisation de s'en servir			
Remorque	Garantie spéciale obligatoire pour la responsabilité civile Mention de la remorque sur l'attestation d'assurance			

(1) Depuis le 1/7/2017, les motos, cyclomoteurs, tricycles et autres quadricycles, quelle que soit leur ancienneté, doivent être équipés d'une plaque d'immatriculation de la même dimension : 210 mm × 130 mm.

(2) Le Code de la route qui imposait déjà aux conducteurs et aux passagers d'un cyclomoteur ou d'une motocyclette le port d'un casque homologué, prévoit désormais expressément que celui-ci soit attaché (Code de la route, Art. R. 431-1, alinéa 1er). Tout contrevenant s'expose à une amende de 4e classe (Voir pages Barème), un retrait de 3 points et l'éventuelle immobilisation du véhicule.

ROULER À VÉLO : QUELLE RÉGLEMENTATION ?

✓ Les équipements obligatoires ou conseillés

✓ Jusqu'à 12 ans, que l'on soit conducteur ou passager, le port du casque (norme CE) est obligatoire. À défaut, l'adulte transporteur ou accompagnateur encourt une amende forfaitaire de 135 € (*Code de la route, Art. R. 431-1-3*). À partir de 12 ans, même s'il est fortement conseillé, le port du casque devient facultatif.

Hors agglomération, la nuit ou en cas de mauvaise visibilité le jour, le cycliste (et, le cas échéant, son passager) doit porter un gilet rétroréfléchissant homologué, sous peine d'encourir une amende forfaitaire de 35 € (*Code de la route, Art. R. 431-1-1*).

✓ Quant au vélo, il doit comporter :

– des freins (avant et arrière) ;
– un feu avant jaune ou blanc et un feu arrière rouge ;
– des catadioptres (dispositifs réfléchissants) de couleur rouge à l'arrière, blanche à l'avant et orange sur les côtés et sur les pédales ;
– un avertisseur sonore audible à une distance d'au moins 50 m.

Le non-respect de toutes ces obligations est passible d'une amende forfaitaire.

✓ Les règles de circulation

Comme tout usager de la route, le cycliste doit respecter le Code de la route et doit donc :

– emprunter la route (et non les trottoirs, sauf les enfants de moins de 8 ans qui y sont autorisés ou si vous marchez à pied aux côtés du vélo) ou, lorsqu'elles existent, les bandes ou les pistes cyclables. Les voies de bus ne peuvent être utilisées que si la signalisation l'indique ;
– s'arrêter au feu rouge, sauf si une signalisation spécifique vous y autorise, pour tourner à droite ou continuer tout droit, alors que le feu est rouge, à condition de respecter la priorité des piétons ;
– respecter les sens interdits. Toutefois, dans les zones où la vitesse de circulation est limitée à 30 km/h, la loi permet aux cyclistes de les emprunter (*Code de la route, Art. R. 110-2*) : présence d'un panneau « Interdit sauf cyclistes » ;
– ne pas téléphoner en roulant ;
– signaler tout changement de file ou de direction avec son bras bien tendu.

À savoir : En cas d'infraction au Code commise à vélo, aucun point ne peut vous être retiré sur votre permis de conduire. En effet, le retrait de points ne concerne que les infractions commises au volant (ou au guidon) d'un véhicule pour la conduite duquel un permis de conduire est exigé. Mais attention, le cycliste n'est pas pour autant à l'abri d'une amende !

✓ La formation des jeunes

Le Gouvernement a lancé, en avril dernier, le programme « Savoir rouler à vélo », qui s'adresse aux enfants de 6 à 11 ans. Il s'agit d'une formation encadrée de 10 heures destinée à leur permettre de devenir autonome à vélo avant l'entrée au collège. Pour plus d'informations et trouver la formation la plus proche de chez vous : *http://sports.gouv.fr/savoir-rouler-a-velo*.

✓ Une subvention pour la réparation des vélos

Depuis le 11/5/2020 et jusqu'au 31/12/2020, pour inciter les Français à privilégier la « petite reine » pour effectuer leurs déplacements, le Gouvernement subventionne la remise en état des vélos jusqu'à hauteur de 50 € (*www.coupdepoucevelo.fr*). Dans le même temps, certaines villes ont renforcé leur réseau de pistes cyclables (70 km supplémentaires à Lyon, 50 km à Paris ou encore 18 km à Grenoble).

Les papiers du véhicule

Circuler implique la possession de documents administratifs à défaut desquels l'automobiliste s'expose à des sanctions, parfois importantes, en cas de contrôle des forces de police ou de gendarmerie.

Comment obtenir le certificat d'immatriculation ?

Qu'est-ce que le certificat d'immatriculation ?

Le certificat d'immatriculation est le nouveau nom de la carte grise.

Les véhicules neufs achetés depuis le 15/4/2009 sont désormais immatriculés dans le système d'immatriculation des véhicules (SIV) qui attribue un numéro à vie au véhicule concerné.

Ce nouveau dispositif SIV concerne également, depuis le 15/10/2009, les véhicules d'occasion lorsqu'une modification intervient sur le certificat d'immatriculation (par exemple, cession du véhicule, changement d'adresse, changement d'état matrimonial…).

Avec ce nouveau système :

– le véhicule conserve la même immatriculation depuis la date de sa première mise en circulation jusqu'à sa destruction ou son exportation, et cela quelle que soit l'identité ou l'adresse de ses propriétaires successifs ;

– la plaque comporte un numéro, attribué à vie, composé de 7 caractères (2 lettres - 1 tiret - 3 chiffres - 1 tiret - 2 lettres), à gauche la lettre « F » avec le symbole européen (les étoiles), à droite un numéro de département surmonté du logo de la région correspondante. Ces deux éléments sont librement choisis par le propriétaire du véhicule. En cas d'acquisition du véhicule par un nouveau propriétaire, ce dernier est libre de modifier ou non les identifiants « département-région » ;

– plus besoin non plus de changer le certificat d'immatriculation en cas de changement de domicile. Vous devez toutefois signaler ce dernier, sous peine d'être sanctionné d'une amende de 4e classe *(Voir pages Barème)*, en ligne, *via* le site ANTS (voir plus loin) ou en ouvrant un compte sur le site *www.service-public.fr* afin d'y effectuer une « déclaration de changement de coordonnées ». L'information est traitée par le SIV. Vous recevez, par courrier sécurisé, une étiquette autocollante mentionnant votre nouvelle adresse, à apposer sur votre certificat d'immatriculation à l'emplacement prévu à cet effet. Cette opération est gratuite. Toutefois, pour un 4e changement d'adresse, vous devrez faire une nouvelle demande de certificat d'immatriculation *via* le site de l'ANTS. Un nouveau document est produit et vous est adressé. En attendant de le recevoir, vous pourrez circuler, pendant 1 mois, sous couvert du certificat provisoire d'immatriculation (CPI) que vous devez imprimer à la fin de la procédure. Conservez votre ancien certificat d'immatriculation pendant 5 ans, puis détruisez-le.

Comment se présente le certificat d'immatriculation ?

De format et de couleur différente, elle comporte, comme l'ancienne carte grise, les noms et prénoms du propriétaire, son adresse, le type de la voiture, le nom du titulaire du véhicule…

Cette carte comprend un coupon détachable permettant de dater les visites techniques obligatoires et facilitant les démarches administratives des usagers.

Certificat d'immatriculation : les démarches se font en ligne

Depuis novembre 2017, vous n'avez plus le choix : qu'il s'agisse de demander un certificat d'immatriculation (CI) pour une voiture neuve ou d'occasion, de modifier votre adresse sur votre CI, de refaire votre CI perdu ou volé, vous ne pouvez plus vous rendre en préfecture. Ces démarches doivent être réalisées en ligne, *via* le site Internet de l'Agence nationale des titres sécurisés (ANTS).

Pour cela, vous devez être équipé d'un matériel adapté (ordinateur, tablette, smartphone), d'une connexion

Internet et d'un dispositif de copie numérique (scanner ou autre matériel équipé d'une fonction photo).

Rendez-vous sur le site de l'ANTS (*https://immatriculation.ants.gouv.fr*) et cliquez sur « Accéder à mon espace » (si vous ne possédez pas encore de compte, vous devez en créer un). Cliquez ensuite sur « Mon espace véhicule » et sélectionnez la démarche que vous souhaitez accomplir : « je refais ma carte grise », « j'achète un véhicule d'occasion », « je modifie l'adresse sur ma carte grise », etc. Il vous suffit ensuite de donner les informations demandées pour chaque procédure.

Vous avez la possibilité de suivre en ligne le traitement de votre demande de carte grise (rubrique « Services associés », puis « Où en est ma carte grise ? »).

Pour les personnes qui n'auraient pas d'équipement numérique ou de connexion à Internet, des points numériques (avec ordinateurs, imprimantes et scanners) sont mis à leur disposition dans chaque préfecture et dans la plupart des sous-préfectures (coordonnées accessibles sur les sites Internet des préfectures, ainsi que sur *www.demarches.interieur.gouv.fr/points-numeriques*) ou dans des espaces publics numériques, comme les maisons de services au public (*www.maisondeservicesaupublic.fr*).

Le site *https://siv.interieur.gouv.fr/map-usg-ui/do/simtax_accueil* propose un simulateur de calcul des taxes éventuellement dues.

AVANTAGE

L'espace en ligne www.service-public.fr (rubrique « Services en ligne et formulaires ») propose un service gratuit d'aide au remplissage d'un certain nombre de formulaires, notamment en cas de perte de votre certificat d'immatriculation ou de votre permis de conduire. Vous pouvez ainsi pré-remplir les formulaires de déclaration de perte et de demande de duplicata/renouvellement puis les imprimer, les signer et joindre les pièces justificatives demandées.

Immatriculation d'un véhicule neuf acheté en France

Si vous achetez votre véhicule neuf auprès d'un professionnel (garagiste, concessionnaire…) habilité par le ministère de l'Intérieur, il se charge, en général, d'accomplir pour vous toutes les formalités en vue de l'obtention du certificat d'immatriculation. *Via* Internet, il envoie la demande d'immatriculation à l'Agence nationale des titres sécurisés (ANTS), organisme chargé de centraliser toutes les demandes.

Vous recevrez le certificat d'immatriculation définitif chez vous, sous pli sécurisé (lettre recommandée avec avis de réception), environ une semaine après la demande d'immatriculation.

En attendant sa réception, et dès lors que vous vous êtes acquitté du montant des taxes *(Voir pages Barème)*, le professionnel vous remet un certificat provisoire d'immatriculation (CPI). Ce document va vous permettre de circuler immédiatement sur tout le territoire national pendant 1 mois.

Vous pouvez également vous charger vous-même d'effectuer les démarches, uniquement en ligne *via* le site : *https://immatriculation.ants.gouv.fr* (voir plus haut). En effet, depuis novembre 2017, il n'est plus possible de les faire au guichet d'une préfecture ou d'une sous-préfecture, ni par correspondance.

Les pièces à fournir, sous forme de copie numérique (photo ou scan), sont :

– le document Cerfa « 3 en 1 » n° 13749*05 (« Demande de certificat d'immatriculation d'un véhicule neuf ») remis par le constructeur (ou son représentant en France). Vous pouvez aussi le télécharger sur *www.demarches.interieur.gouv.fr*, rubrique « Immatriculation d'un véhicule », puis « Immatriculer un véhicule neuf ». Ce formulaire sert à la fois de demande d'immatriculation, de justificatif fiscal, de certificat de conformité et de certificat de vente ;

– une pièce d'identité ;

– un justificatif de domicile de moins de 6 mois.

Le règlement du montant du certificat d'immatriculation devra se faire par carte bancaire.

Une fois la procédure terminée, il vous sera remis un numéro de dossier, un accusé d'enregistrement de votre demande, ainsi qu'un certificat provisoire d'immatriculation que vous devrez imprimer, valable pendant 1 mois, le temps de recevoir votre certificat d'immatriculation.

À NOTER

Vous pouvez suivre l'état d'avancement de votre dossier sur : https://immatriculation.ants.gouv.fr/Services-associes/Ou-en-est-ma-carte-grise.

Immatriculer un véhicule d'occasion acheté en France

Si l'achat concerne un véhicule déjà immatriculé dans le SIV, son numéro d'immatriculation ne changera pas. Il est toutefois possible à l'acheteur de modifier le département et la région, en changeant simplement les plaques (ces éléments ne figurant pas sur le certificat d'immatriculation).

Si le véhicule acheté comporte encore les anciennes plaques, il lui sera attribué un nouveau numéro.

Il faut procéder à l'établissement du certificat d'immatriculation du véhicule acheté dans le mois qui suit la date de son achat. Vous pouvez vous charger vous-même d'effectuer les démarches, uniquement en ligne *via* le site : *https://immatriculation.ants.gouv.fr*. Pour cela, il faut présenter :

– un justificatif d'identité ;

– un justificatif de domicile de moins de 6 mois ;

– le code de cession qui vous a été remis par l'ancien propriétaire du véhicule ;

– l'ancien certificat d'immatriculation, remis par le vendeur, barré et revêtu de la mention « vendu le… (jour/mois/année) » ou « cédé le…(jour/mois/année) », suivie de la date de la vente et de la signature du vendeur.

Pour les certificats d'immatriculation édités depuis juin 2004, ne joindre que la partie principale de la carte. Le coupon détachable, complété et signé par le vendeur, doit être conservé par l'acheteur car il va lui permettre de circuler pendant 1 mois ;

– le règlement de la taxe due ;

– le cas échéant, un rapport du contrôle technique (établi depuis moins de 6 mois à la date de l'immatriculation) si le véhicule est en circulation depuis plus de 4 ans.

Vous avez la possibilité, lors de cette démarche, de déclarer un cotitulaire.

Le règlement du montant du certificat d'immatriculation devra se faire par carte bancaire.

Une fois la procédure terminée, il vous sera remis un numéro de dossier, un accusé d'enregistrement de votre demande, ainsi qu'un certificat provisoire d'immatriculation que vous devrez imprimer. Il vous permettra de circuler pendant 1 mois, le temps de recevoir votre certificat d'immatriculation.

AVANTAGE

L'ANTS vous propose des tutoriels pour vous aider à accomplir les démarches en ligne (https://immatriculation.ants.gouv.fr/Actualites/Immatriculation-5-tutoriels-video-pour-vous-aider), ainsi que le suivi en ligne de la production de votre certificat d'immatriculation.

ATTENTION ⚠

Il est obligatoire de faire établir le certificat d'immatriculation dans un délai d'1 mois suivant l'achat d'un véhicule. À défaut, vous encourrez une amende de 4e classe en cas de contrôle routier (Voir pages Barème).

Immatriculer un véhicule de collection

Les véhicules de plus de 30 ans d'âge sont qualifiés de « véhicules anciens ». Ces véhicules peuvent circuler sous couvert, soit d'un certificat d'immatriculation normal, soit d'un certificat portant la mention de « véhicule de collection » (*Code de la route, Art. R. 322-2*).

La mention « véhicule de collection » peut être établie pour les véhicules de plus de 30 ans qui n'ont pas de certificat d'immatriculation ou qui ne sont pas couverts par un certificat d'immatriculation délivré postérieurement au 1/4/1950.

La demande de certificat d'immatriculation « véhicule de collection » se fait en ligne, *via* le site : *https://immatriculation.ants.gouv.fr*. Vous devez fournir :

– l'ancien certificat d'immatriculation ou, à défaut, un document prouvant l'origine de propriété du véhicule ;

– la preuve d'un contrôle technique favorable de moins de 6 mois ;

– une attestation de la Fédération française de véhicules d'époque ;

– et, en cas de changement de propriétaire, le code de cession que l'ancien propriétaire vous a remis, l'ancien certificat d'immatriculation, barré et revêtu de la mention « vendu le…(jour/mois/année) » ou « cédé le…(jour/mois/année) », suivie de la date de la vente et de la signature du vendeur.

Le coût de la délivrance d'un certificat d'immatriculation

Pour obtenir votre certificat d'immatriculation, vous devez régler :

– une taxe régionale dont le montant prend en compte la puissance fiscale du véhicule et varie d'une région à l'autre ;

– une taxe de gestion *(Voir pages Barème)*. Cette taxe permet de financer la gestion et le coût de production du nouveau certificat d'immatriculation ;

– une redevance pour acheminer le certificat d'immatriculation à domicile, d'un montant forfaitaire *(Voir pages Barème)*.

Vous pouvez, en outre, devoir régler une écotaxe ou malus écologique dont le montant dépend du taux de CO_2 émis par le véhicule.

AVANTAGE

Il existe des cas de réduction ou d'exonération de la taxe régionale, de la taxe de gestion et de la redevance. Renseignez-vous auprès de la préfecture.

En cas de vente d'un véhicule d'occasion

Les démarches s'effectuent uniquement en ligne, *via* le site de l'ANTS.

Après avoir créé un compte (si vous n'en aviez pas déjà un), vous devez renseigner un certain nombre d'informations (dont certaines à demander au futur propriétaire). Un code de cession va s'afficher à l'écran. Vous devez le noter pour le donner à l'acquéreur afin qu'il termine les démarches une fois la vente réalisée.

Lors de la vente du véhicule d'occasion, vous devez remettre à l'acquéreur :

– l'exemplaire n° 2 du « certificat de cession d'un véhicule d'occasion » (Cerfa n° 15776*01) rempli et signé par les deux parties ;

– l'ancien certificat d'immatriculation barré sur lequel est apposée la mention « vendu le… » ou « cédé le… », suivie des date et heure de la vente et de votre signature ;

– un certificat de situation administrative (qui comprend une attestation de non-gage et une attestation de non-opposition) daté de moins de 15 jours. Le vendeur peut l'obtenir sur Internet : *https://histovec.interieur.gouv.fr/histovec/home* ;

– si le véhicule a plus de 4 ans (et qu'il n'en est pas dispensé), la preuve du contrôle technique qui doit dater de moins de 6 mois (ou de moins de 2 mois si une contre-visite a été prescrite) ;

– le code de cession que vous avez obtenu en ligne.

L'acheteur a alors 1 mois pour faire immatriculer le véhicule et obtenir ainsi un certificat d'immatriculation (voir plus haut).

À NOTER

Pour les personnes qui n'auraient pas d'équipement numérique ou de connexion à Internet, des points numériques (avec ordinateurs, imprimantes et scanners) sont mis à leur disposition dans chaque préfecture et dans la plupart des sous-préfectures (coordonnées accessibles sur les sites Internet des préfectures, ainsi que sur www.demarches.interieur.gouv.fr/points-numeriques) ou dans des espaces publics numériques, comme les maisons de services au public (www.maisondeservicesaupublic.fr) Des médiateurs peuvent les aider dans leurs démarches.

J'AI VENDU MA VOITURE IL Y A 3 MOIS ET JE VIENS DE RECEVOIR UNE AMENDE POUR UN EXCÈS DE VITESSE QUI A ÉTÉ COMMIS APRÈS LA VENTE. QUE PUIS-JE FAIRE ?

Ce problème vient du fait que l'acquéreur de votre véhicule n'a pas fait modifier le certificat d'immatriculation comme il aurait dû le faire. De sorte qu'en cas d'infraction au Code de la route, les amendes continuent à vous parvenir… Depuis la loi n° 2011-1862 du 13/12/2011, l'ancien propriétaire peut, pour éviter le paiement de l'amende dont il n'est pas le responsable, adresser la copie de sa déclaration de cession du véhicule et de son accusé d'enregistrement dans le système d'immatriculation des véhicules (SIV) à l'adresse indiquée sur le procès-verbal. Ces documents doivent être envoyés par lettre recommandée avec avis de réception.

Dans ce cas, la responsabilité pécuniaire incombe non pas au vendeur mais à l'acquéreur du véhicule.

En cas de perte ou de vol du certificat d'immatriculation

Il faut d'abord faire une déclaration de perte ou de vol au commissariat ou à la gendarmerie.

Ensuite, la demande de duplicata doit se faire en ligne, *via* le site *https://immatriculation.ants.gouv.fr* (voir plus haut). En effet, depuis novembre 2017, il n'est plus possible de se présenter à la préfecture ou à la sous-préfecture.

Vous devez faire une copie numérique (photo ou scan) du récépissé de la déclaration de perte ou de vol, d'une pièce d'identité et d'un justificatif de domicile pour demander un duplicata. Si le véhicule a plus de 4 ans, vous devez joindre la preuve du contrôle technique en cours de validité.

En cas de destruction du véhicule

Vous devez vous adresser à un centre véhicule hors d'usage (VHU) agréé, seul habilité à assurer la destruction des véhicules usagés.

À NOTER

Liste des centres VHU sur : https://umap.openstreetmap.fr/fr/map/carte-nationale-de-recensement-des-centres-vhu-agr_139763#5/49.095/-0.352.

Vous devez remettre au centre VHU agréé :

– le certificat d'immatriculation du véhicule barré, portant la mention « vendu le (jour/mois/année) pour destruction » ou « cédé le (jour/mois/année) pour destruction » et revêtu de votre signature ;

– un certificat de situation administrative de moins de 15 jours ;
– le formulaire Cerfa n° 15776*01.
En retour, le centre VHU agréé vous remet un certificat de destruction. Cette démarche est gratuite. Il peut cependant vous être demandé de prendre à votre charge le transport du véhicule jusqu'au centre VHU agréé.

En cas d'accident

Si le véhicule n'est plus en état de circuler, un agent de la circulation peut retirer le certificat d'immatriculation du véhicule (procédure VGA : véhicule gravement accidenté). Celui-ci est alors transmis à la préfecture du lieu de l'accident. Une expertise du véhicule est nécessaire pour pouvoir le récupérer.

En cas de déménagement

Il est nécessaire d'effectuer le changement de domicile sur le certificat d'immatriculation dans un délai d'1 mois. La démarche est gratuite. Vous devez également signaler tout changement de domicile à votre assureur.
Il faut distinguer deux situations :

Vous avez un ancien numéro d'immatriculation

Un changement d'adresse sur un certificat d'immatriculation d'un véhicule d'occasion entraîne l'attribution d'un nouveau numéro d'immatriculation dans le nouveau système d'immatriculation des véhicules (SIV). Un nouveau certificat d'immatriculation sera alors édité. Pour cela, la démarche doit se faire *via* le site *https://immatriculation.ants.gouv.fr* (voir plus haut).
Vous devez indiquer :
– l'immatriculation du véhicule ;
– votre nouvelle adresse ;
– vos coordonnées bancaires.

Vous avez déjà un nouveau numéro d'immatriculation

Vous conservez votre certificat d'immatriculation, mais vous devez tout de même signaler votre changement de domicile et demander la fabrication d'une étiquette mentionnant votre nouvelle adresse, *via* le site *https://immatriculation.ants.gouv.fr* (voir plus haut). Celle-ci doit être apposée (jusqu'au 3e changement d'adresse) à l'emplacement prévu sur votre certificat d'immatriculation.
Vous pouvez ainsi changer jusqu'à trois fois de domicile sans qu'il soit besoin de produire un nouveau certificat d'immatriculation. Ce n'est qu'au 4e changement d'adresse qu'un nouveau certificat d'immatriculation devra être établi.

VOUS HÉRITEZ D'UNE VOITURE : LES DÉMARCHES À EFFECTUER

En cas de succession, il est nécessaire de faire établir un nouveau certificat d'immatriculation (ex-carte grise) dans les 6 mois du décès sous peine d'amende.
Si vous êtes plusieurs héritiers, elle est établie :
– soit au nom de tous les héritiers ;
– soit au nom d'un seul héritier. Dans ce cas, il faut présenter une attestation sur papier libre, signée par les autres héritiers, autorisant à immatriculer le véhicule à son nom.
La démarche doit être effectuée en ligne, *viahttps://immatriculation.ants.gouv.fr* (voir plus haut).
Si vous décidez de revendre le véhicule, vous devrez, préalablement à la vente, avoir immatriculé ce dernier au nom d'un (ou de plusieurs) héritier (s), sauf si la revente a lieu moins de 3 mois après le décès ou si le véhicule n'a pas circulé sur la voie publique depuis le décès. Dans ce cas, il faut remettre à l'acquéreur une attestation sur l'honneur que le véhicule n'a pas circulé depuis le décès, signée par le ou les héritiers qui avaient la garde du véhicule (*Arrêté du 5/11/1984*).

Quels sont les justificatifs d'assurance ?

Tout conducteur d'un véhicule automobile est tenu de souscrire une assurance pour garantir sa responsabilité civile.

À NOTER

Depuis le 1/1/2019, un fichier répertoriant tous les véhicules assurés a été mis en place afin de lutter contre la conduite sans assurance. Géré par l'AGIRA (Association pour la gestion des informations sur le risque en assurance), le fichier des véhicules assurés (FVA) contiendra des informations sur les contrats d'assurance (immatriculation du véhicule, nom de l'assureur, numéro du contrat, ainsi que sa période de validité). Toutes ces données sont désormais accessibles aux policiers et gendarmes qui peuvent ainsi vérifier si le véhicule qu'ils contrôlent est bien assuré.

La preuve de l'assurance souscrite se fait au moyen de trois documents.

L'attestation d'assurance

L'attestation d'assurance (de couleur jaune) constitue une présomption d'assurance et peut être présentée aux autorités de police ou de gendarmerie lors d'un contrôle routier.

La carte verte

En France, elle a la même valeur que l'attestation de couleur jaune. À l'étranger, elle atteste de l'assurance souscrite.

Elle est valable en Europe (sauf ex-URSS et Albanie), au Maroc, en Tunisie, Israël, Turquie et Iran. Toutefois si le nom d'un pays est rayé sur la carte, vous n'êtes pas assuré pour ce pays. Il est préférable dans ce cas, soit de souscrire en France une assurance temporaire, soit à la frontière du pays de souscrire une « assurance frontière », qui donne les garanties minimales obligatoires. La carte verte n'est pas obligatoire aux frontières des pays de l'Union européenne (sauf pour la Grèce), des pays scandinaves, de Suisse ou du Liechtenstein, mais il est préférable de l'avoir. Elle est obligatoire ailleurs.

Pour l'obtenir, il faut s'adresser à son assureur (elle est gratuite). Certaines compagnies délivrent systématiquement la carte verte à l'occasion de l'échéance annuelle de la prime (parfois à la place de l'attestation de couleur jaune) ; d'autres ne la délivrent que sur demande expresse de l'assuré.

En cas de perte ou de vol, il est nécessaire de faire une déclaration au commissariat de police ou à la gendarmerie, puis d'informer rapidement son assureur.

Le certificat d'assurance

L'apposition du certificat d'assurance sur le pare-brise du véhicule est obligatoire :

– pour les véhicules à 2 ou 3 roues immatriculés ou non ;

– pour les véhicules automobiles à 4 roues et de moins de 3,5 tonnes.

Le certificat d'assurance est fourni automatiquement par l'assureur avec la carte verte ou avec l'attestation d'assurance, à l'occasion d'une échéance habituelle ou par un envoi spécial.

À NOTER

En cas de vente de votre véhicule ou de résiliation de votre contrat, il faut rendre à l'assureur la carte verte ou l'attestation d'assurance encore valide.

Quels sont les papiers à fournir en cas de contrôle routier ?

En cas de contrôle routier par les forces de police ou de la gendarmerie, le conducteur d'un véhicule est tenu de présenter les papiers de son véhicule, sous peine d'amende (*Code de la route, Art. R. 233-1*).

Le permis de conduire

Tout conducteur doit être en possession d'un permis de conduire correspondant au véhicule conduit et à son nom.

- Si vous ne pouvez présenter votre permis lors d'un contrôle routier, vous encourez une contravention de 1re classe *(Voir pages Barème)*. De plus, vous devez présenter votre permis dans les 5 jours à une gendarmerie ou à un commissariat. À défaut, vous êtes passible d'une amende supplémentaire de 4e classe.
- La conduite sans permis de conduire est un délit puni d'une peine d'emprisonnement d'1 an maximum et/ou d'une amende de 15 000 € maximum (*Code de la route, Art. L. 221-2*).
- Si vous circulez alors que vous avez fait l'objet d'une suspension, rétention ou annulation du permis de conduire, vous risquez la même amende.

Le certificat d'immatriculation (ex-carte grise)

Tout conducteur doit être en possession d'un certificat d'immatriculation correspondant à son véhicule, c'est-à-dire reproduisant le numéro minéralogique inscrit sur les plaques du véhicule et spécifiant le type du véhicule.

L'attestation d'assurance

Le fait de conduire sans être assuré est désormais un délit puni d'une amende de 3 750 €, éventuellement assorti d'une suspension ou d'une annulation de permis, ou de la confiscation de la voiture…(*Code des assurances, Art. L. 211-26*).

À NOTER

Ce délit de conduite sans assurance est un des rares délits qui n'entraînent pas de peine de prison.

Le défaut d'affichage du certificat d'assurance (en bas à droite du pare brise) et de présentation immédiate de l'assurance sont punis d'une contravention de 2e classe. Enfin le défaut de présentation, dans les 5 jours du contrôle, de l'assurance donne lieu à une contravention de 4e classe *(Voir pages Barème)*.

Le certificat de contrôle technique

L'automobiliste qui n'a pas apposé sur son pare-brise la vignette et qui ne peut présenter son certificat de passage remis par le centre de contrôle lorsque son véhicule est soumis à l'obligation du contrôle technique encourt une amende de 4e classe *(Voir pages Barème)*.

L'achat d'un véhicule

Qu'il s'agisse d'un véhicule neuf ou d'un véhicule d'occasion, il convient d'être très vigilant à tous les stades de l'achat afin d'éviter les risques de mauvaises surprises.

À qui s'adresser pour acheter un véhicule neuf ?

› Avant d'acheter

Pour acheter une voiture neuve dans les meilleures conditions, il existe quelques règles à connaître.

- Privilégier dans la mesure du possible le mois de décembre : les vendeurs cherchent à atteindre leur quotas de vente et à écouler des modèles du millésime en cours avant l'arrivée du nouveau.

Si vous n'êtes pas regardant sur les modifications techniques ou esthétiques qu'offrent les changements de millésime, vous pouvez profiter de modèles de fin de série que les concessionnaires ont en stock avec un rabais conséquent. Dans les deux cas, il est possible d'obtenir des rabais pouvant aller jusqu'à 15 % (comptez de 5 à 7 % en moyenne).

En France, l'année modèle commence le 1er janvier de l'année en cours comme dans la plupart des pays européens.

Si vous avez le moindre doute sur le millésime de votre véhicule, sachez que le constructeur peut vous indiquer à quel millésime correspond le numéro de série de votre véhicule.

- Ne pas privilégier uniquement le prix du véhicule comme critère d'achat. La qualité, la fiabilité et le coût de fonctionnement sont aussi des critères importants à prendre en compte. Pour se renseigner sur les spécifications d'un modèle donné, on peut acheter l'une des nombreuses revues consacrées à l'automobile (l'*Auto-Journal* par exemple) ou les revues consuméristes (*60 millions de consommateurs* ou *Que Choisir ?*) qui publient régulièrement des bancs d'essai et le prix de revient au kilomètre de nombreux véhicules.

› L'achat d'un véhicule en France

Vous pouvez avoir recours à deux sortes de vendeurs spécialisés dans la vente de véhicules.

Les concessionnaires

Avant le 1/10/2002, les concessionnaires disposaient d'un contrat d'exclusivité avec un constructeur et ne pouvaient vendre que les véhicules de celui-ci, dans un secteur géographique déterminé.

Mais la Commission européenne a décidé de mettre en place de nouvelles règles de concurrence dans le secteur automobile.

En conséquence, depuis le 1/10/2002, les concessionnaires agréées par une marque peuvent vendre où bon leur semble (et non plus sur un territoire exclusif) et proposer plusieurs marques de véhicules (*Règlement CE n° 1400/2002 du 31/7/2002*).

Les agents

Les agents représentent un ou plusieurs concessionnaires et peuvent être multimarques, c'est-à-dire, vendre des voitures de différents constructeurs.

Les concessionnaires et les agents sont des professionnels indépendants du constructeur. Ils achètent des véhicules au (x) constructeur (s) et les revendent en se rémunérant sur le prix qu'ils peuvent fixer librement, sans toutefois dépasser le tarif fixé par le constructeur. Dans la mesure où ils sont commissionnés par un ou plusieurs concessionnaires sur leurs ventes, les agents disposent généralement de marges plus restreintes.

› L'achat d'un véhicule à l'étranger

Certains modèles d'automobiles sont vendus moins cher à l'étranger et l'achat hors de France peut donc faire réaliser des économies substantielles, à condition de prendre quelques précautions.

Passer par un mandataire

Les mandataires ne sont pas des vendeurs de véhicules. Ce sont des prestataires de services qui se substituent à vous pour acheter le véhicule de votre choix, là où il est vendu le moins cher en Europe. Il se charge à ce titre des éventuelles formalités administratives.

Quel que soit le surcoût que représente la commission demandée par le mandataire, il est possible d'obtenir des remises substantielles en achetant un véhicule à l'étranger, à condition toutefois de recourir à un mandataire sérieux et compétent.

Pour ce faire, il faut respecter quelques règles simples.

- Tout d'abord, en vertu de l'arrêté du 28/10/1996, le mandataire est tenu de faire connaître au consommateur, avant que celui-ci n'accepte son offre, les indications suivantes :

– le montant TTC de sa rémunération, soit en pourcentage du coût total d'acquisition et de mise à disposition du véhicule, soit en valeur absolue ;
– la liste des frais annexes payés à des tiers, en précisant s'ils sont inclus dans le coût d'acquisition et de mise à disposition du véhicule ;
– les conditions de paiement et la nature des garanties financières offertes ;
– les conditions de révocation du mandat.

Ensuite, il convient de signer avec le mandataire un contrat de recherche et de livraison dont la durée ne doit pas excéder 2 semaines. Ce mandat doit préciser, outre les indications résultant de l'arrêté cité plus haut, le véhicule recherché (notamment la puissance fiscale exacte qui, en France, n'est pas la même que dans les autres pays européens), l'année modèle, la somme totale que l'on souhaite consacrer à son acquisition, les prestations exactes incluses dans cette somme et les délais de livraison du véhicule.

- Enfin, une fois le véhicule trouvé, il est conseillé de signer avec le mandataire un mandat de confirmation d'achat reprenant les informations mentionnées dans le premier mandat. Ce n'est qu'à ce moment, et non pas avant, que le mandataire peut demander à l'acheteur le versement d'un acompte qui ne doit pas être supérieur à 10 % du prix total du véhicule recherché, le solde étant payable le jour de la livraison effective. Il est préférable que l'acompte soit versé sur un compte séquestre si le mandataire ne peut faire état d'une garantie financière (caution bancaire par exemple).

ATTENTION ⚠

Il est rappelé que l'acheteur est redevable de la TVA sur le véhicule acheté. L'acheteur est tenu d'acquitter personnellement la TVA au Trésor public. Ce paiement ne peut plus être effectué par l'intermédiaire d'un mandataire.

- À la livraison du véhicule, le mandataire doit remettre au client la facture d'achat à l'étranger et délivrer une reddition des comptes détaillant l'ensemble des frais engagés pour le compte du client. Le prix payé ne peut être supérieur au prix maximum défini par le mandat.
- L'acheteur doit être informé qu'il bénéficie de la garantie commerciale du constructeur auprès de l'ensemble des distributeurs de son réseau et doit recevoir à cet effet les documents qui permettent d'y recourir. Ce point est important car certains concessionnaires refusent d'appliquer la garantie constructeur au motif que le véhicule n'a pas été acheté dans le réseau français.

Les directions départementales de la protection des populations et les associations de consommateurs disposent d'un contrat type ainsi que d'une notice d'achat à destination des acheteurs, qui ont été approuvés par le Conseil national de la consommation. On peut, le cas échéant, se mettre en rapport avec ces organismes.

Si le véhicule acquis n'est pas identifiable à un type réceptionné en France ou à un type communautaire, une réception à titre isolé devra être effectuée par la DRIRE (Direction régionale de l'industrie, de la recherche et de l'environnement), afin de vérifier sa conformité aux dispositions du Code de la route.

Acheter directement à l'étranger

Il est possible d'acheter un véhicule neuf à l'étranger sans passer nécessairement par l'intermédiaire d'un mandataire. Mais dans ce cas, il est conseillé de prendre quelques précautions.

Tout d'abord se renseigner sur le prix exact de la voiture convoitée.

Ensuite, il faut demander au concessionnaire retenu l'envoi d'un devis correspondant au modèle de son choix. Si cela vous convient, vous pouvez passer commande, étant observé qu'en achetant hors de France, vous ne serez pas protégé par les lois françaises, notamment en matière de crédit.

Enfin, lors de la livraison, il est nécessaire d'être attentif aux documents qui sont remis sur place : carte grise étrangère, certificat de conformité, facture acquittée hors taxes et carnet de garantie et d'entretien. Concernant le certificat de conformité, il est à noter que la directive n° 2007/46/CE, transposée en France par le décret n° 2009-497 du 30/4/2009, impose que ce document soit délivré par le constructeur pour l'immatriculation de tout véhicule neuf, dans n'importe quel État membre. Il atteste que le véhicule est conforme aux dispositions techniques en vigueur au sein de l'Union européenne. Il ne faut pas oublier d'équiper la voiture de plaques de transit et de demander à son assurance les conditions de garanties du véhicule. De retour en France, il faut régler la TVA au service des impôts dans les 15 jours qui suivent la date d'achat du véhicule et faire procéder à son immatriculation à la préfecture. L'automobiliste qui importe son véhicule d'Europe n'est pas obligé de le soumettre au service des Mines si la voiture est « conforme à un type national français ou communautaire » (preuve rapportée par le certificat de conformité délivré par le constructeur). Il est par exemple possible pour un citoyen français d'acheter une nouvelle voiture en Espagne et de l'immatriculer en France sur simple présentation du certificat de conformité européen. La voiture « non conforme à un type national ou communautaire » reste en revanche soumise au contrôle des Mines.

Comment l'achat d'un véhicule neuf est-il réglementé ?

La vente d'un véhicule neuf est strictement encadrée par trois textes importants : l'arrêté n° 78-75/P du 30/6/1978 qui donne des précisions utiles sur la publicité des prix des véhicules, le décret n° 2000-576 du 28/6/2000 sur les mentions obligatoires du contrat de vente et enfin le décret n° 2002-1508 du 23/12/2002 relatif à l'information sur la consommation de carburant et les émissions de dioxyde de carbone.

La publicité des prix des véhicules automobiles

Il est fait obligation aux vendeurs professionnels de faire apparaître dans toute publicité sur les lieux de vente et sur le véhicule exposé l'indication du prix de vente, la dénomination du modèle, le type, le modèle et la version du véhicule.

Le vendeur doit remettre à l'acheteur avant la signature de la commande un document présentant les informations précitées et, en outre, la date à laquelle le véhicule désiré peut être livré (le bon de commande peut tenir lieu de ce document).

Les mentions obligatoires du bon de commande

Le bon de commande constitue le contrat de vente dont la signature engage l'acheteur et le vendeur dans la mesure de ce qui y est exprimé. La réglementation impose au vendeur de préciser dans le bon de commande :

– la date limite de la garantie du prix proposé. Celle-ci ne peut être inférieure à 3 mois ;
– la dénomination du modèle (marque, type, modèle et version du véhicule) avec l'indication du millésime de l'année modèle ;
– la date limite de livraison : celle-ci doit être précise (ne pas se contenter d'une mention vague telle que « courant mars ») ;
– la somme totale à payer ;
– en cas d'achat à l'aide d'un crédit (proposé par le vendeur ou sollicité auprès d'un établissement de crédit), le bon de commande doit le mentionner. Si le crédit affecté à l'achat de votre véhicule vous est refusé, vous pourrez ainsi annuler la commande du véhicule.

Bien que cela ne ressorte pas de la réglementation, il est conseillé de faire préciser dans le bon de commande toutes les options que l'on désire, leur prix et la couleur souhaitée, ainsi que le prix de la remise éventuelle si le vendeur reprend votre ancien véhicule.

En général, le vendeur vous demande, au moment de la signature du contrat, une somme égale à 10 % du prix du véhicule. Attention, cette somme peut être qualifiée soit d'acompte soit d'arrhes, les deux termes n'ayant pas les mêmes conséquences.

À NOTER

La mention « clés en main » signifie que le prix comprend, outre le prix du véhicule et des équipements standard, les frais de transport et de mise en route, y compris la fourniture et la pose des plaques d'immatriculation ; il n'inclut pas le coût du certificat d'immatriculation et de la vignette lorsqu'elle est obligatoire (Réponse ministérielle du 10/9/1984).

L'information sur la consommation de carburant et les émissions de dioxyde de carbone

Depuis le 10/5/2006, il est obligatoire d'apposer sur chaque voiture particulière neuve proposée à la vente ou en crédit-bail une « étiquette-énergie » indiquant, de manière visible, la consommation de carburant de la voiture et le niveau d'émission de dioxyde de carbone résultant de son utilisation suivant un classement en 7 catégories, correspondant à 7 niveaux d'émissions : de A (pour un niveau inférieur à égal à 100 g/km) à G (pour plus de 250 g/km).

Une liste des données relatives à la consommation de carburant et aux émissions de dioxyde de carbone des voitures particulières neuves proposées à la vente ou en crédit-bail dans un point de vente, dressée par marque et par type de véhicule, doit également être affichée de manière visible dans le point de vente.

L'ensemble des imprimés utilisés pour la commercialisation, la publicité et la promotion des véhicules, y compris les manuels techniques, doit contenir les données relatives à la consommation de carburant et aux émissions de dioxyde de carbone, concernant le type de voiture particulière neuve auquel ces imprimés se rapportent.

En cas de non-respect de ces obligations, le professionnel encourt une peine d'amende de 450 €.

AVANTAGE

Le site Internet www.prix-carburants.gouv.fr référence les prix des carburants pratiqués dans près de 8 000 stations sur les 13 500 existant en France. Le site se décline en version mobile et vous permet de consulter les tarifs pratiqués par les stations les plus proches de vous grâce à un système de géolocalisation intégré.

À NOTER

Depuis le 12/10/2018, dans le cadre d'une harmonisation européenne, le nom des carburants a changé : E5 pour le sans-plomb classique SP95 et SP98 ; E10 pour le sans-plomb 95-E10 ; E85 pour le super-éthanol ; B7 pour le gazole ; B10 pour le gazole B10 ; LPG pour le GPL. L'étiquette est ronde pour les carburants à base d'essence, carrée pour le gazole et de forme losange pour le gaz.

Bonus-malus écologique

Pour contribuer à la lutte contre le réchauffement climatique, le prix d'achat d'une voiture neuve est modulé en fonction de son taux d'émission de CO^2 (*Décret n° 2015-1928 du 31/12/2015*).

- Un « bonus » écologique est versé pour toute voiture électrique neuve émettant moins de 21 g de CO^2 /km. Le montant de ce bonus varie en fonction du prix d'achat du véhicule (coût d'achat ou de location de la batterie inclus). Il est de :

– 27 % du coût d'acquisition TTC du véhicule (+ coût de la batterie si celle-ci est louée), dans la limite de 6 000 €, si le véhicule coûte moins de 45 000 €,

– 3 000 € si le prix du véhicule est compris entre 45 000 € et 60 000 €.

Pas de bonus pour les véhicules de plus de 60 000 €, excepté pour les véhicules utilitaires légers et ceux fonctionnant à l'hydrogène (bonus de 3 000 €).

Autre condition à respecter pour bénéficier du bonus : le véhicule ne doit pas être cédé moins de 6 mois après sa première immatriculation ou avant d'avoir parcouru au moins 6 000 km. En cas de non-respect de l'une de ces conditions, le bénéficiaire devra restituer l'aide perçue dans les 3 mois suivant la cession du véhicule.

- Si, tout en achetant un véhicule neuf ou d'occasion, vous mettez à la casse (dans un centre VHU agréé) un véhicule (voiture particulière ou camionnette), soit diesel immatriculé avant 2001 (si votre revenu fiscal de référence par part est supérieur à 13 489 €) ou avant 2006 (si votre revenu fiscal de référence par part est inférieur ou égal à 13 489 €), soit essence immatriculé avant 1997, vous pouvez bénéficier d'une prime à la conversion.

Pour savoir si vous pouvez bénéficier de cette prime : *www.primealaconversion.gouv.fr/dboneco/accueil.*

- Il existe un bonus pour l'achat d'un deux-roues, d'un trois-roues ou d'un quadricycle électrique sans batterie de plomb.

AVANTAGE

En cas d'achat d'un vélo à assistance électrique (VAE) neuf n'utilisant pas de batterie au plomb, vous pouvez bénéficier d'une aide soumise à condition : votre revenu fiscal de référence de l'année précédant l'achat du vélo (par exemple, pour un vélo acheté en 2020, il faudra se référer à votre avis d'impôt 2019 sur les revenus de 2018) ; bénéficier d'une aide à l'achat versée par une collectivité territoriale (municipalité, département, etc.). Son montant ne pourra être supérieur à celui de l'aide accordée par la collectivité territoriale ; le cumul des deux aides ne pourra être supérieur au plus faible des deux montants suivants : 20 % du prix TTC ou 200 €. Vous ne pouvez pas vendre le vélo dans l'année suivant son achat.

AVANTAGE

Afin de soutenir le secteur automobile, le président de la République a présenté un plan de relance qui prévoit une augmentation du bonus écologique et de la prime à la conversion du 1/6/2020 au 31/12/2020.

- À l'inverse, les acheteurs de véhicules neufs émettant 138 g et plus de CO^2/km pour les véhicules immatriculés depuis le 1/3/2020 (contre 110 g et plus de CO^2/km, pour tenir compte de la nouvelle méthode WLTP d'homologation des véhicules entrée en vigueur à cette date –*Décret n° 2020-169 du 27/2/2020*) doivent acquitter un « malus ». Son montant augmente graduellement à chaque gramme de CO^2 supplémentaire.

À NOTER

Pour vous aider à choisir un véhicule faiblement émetteur de CO^2, vous pouvez consulter le site www.carlabelling.ademe.fr. Par ailleurs, le site www.avere-france.org (Association nationale pour le développement de la mobilité électrique) répond aux questions que vous pouvez vous poser si vous envisagez d'acheter un véhicule électrique : type de véhicule, mode de recharge, économies réalisées, aides financières, etc.

L'instauration de ce malus sur les plus gros véhicules pénalisant les familles nombreuses, les familles comptant au moins 3 enfants à charge bénéficient d'un abattement du seuil du malus de 20 g de CO^2/km pour chaque enfant à charge. Cette atténuation, qui ne vaut cependant que pour l'achat (ou la location) d'un seul véhicule d'au moins 5 places assises par foyer, prend la forme d'un remboursement d'impôt, égal à la différence entre le montant de la taxe acquittée au moment de l'immatriculation du véhicule et le montant de la taxe effectivement dû après application de la réduction du taux de CO^2 (formulaire de demande de remboursement disponible sur *www.impots.gouv.fr*). Les demandes de remboursement sont recevables jusqu'au 31 décembre de la 2e année qui suit celle de l'immatriculation du véhicule soumis à la taxe.

Par ailleurs, sont exonérés du malus écologique :

– les véhicules achetés par des personnes handicapées titulaires de la carte mobilité inclusion portant la mention « invalidité » (ou par une personne dont au moins un enfant mineur ou à charge, et du même foyer fiscal, est titulaire de cette carte) ;

– et les véhicules immatriculés dans le genre « véhicule automoteur spécialisé » ou voiture particulière carrosserie « handicap ».

À NOTER

Pour permettre aux Français de faire le point sur leur automobile et de vérifier s'ils ne feraient pas mieux de changer pour un véhicule plus propre, le ministère de la Transition écologique et solidaire a mis en place le site https://jechangemavoiture.gouv.fr. Ce site permet aux conducteurs d'évaluer, en quelques minutes, les économies qu'ils pourraient réaliser en changeant de véhicule (et notamment en choisissant un véhicule électrique ou un hybride). Il suffit de renseigner (pour la synthèse simplifiée, mais une synthèse plus complète est également proposée) : l'immatriculation de son véhicule ; le kilométrage annuel parcouru ; quelques indications quant à ses habitudes de conduite (calme, sportive, etc.). Ce site fait également la liste des aides accessibles au niveau national (comme le bonus écologique, la prime à la conversion) ou local (aide des régions, des départements, etc.).

Malus annuel

Les modèles immatriculés pour la première fois en 2009 émettant plus de 250 g de CO2/km, en 2010 ou 2011 émettant plus de 245 g de CO^2/km et ceux immatriculés à partir de 2012 émettant plus de 190 g de CO^2/km sont soumis à une taxe annuelle *(Voir pages Barème)*. Cette taxe, acquittée en même temps que la prime d'assurance, s'ajoute au malus écologique à régler lors de l'achat (voir plus haut).

Les voitures des personnes handicapées exonérées du malus écologique sont également exonérées du malus annuel.

À NOTER

Les véhicules immatriculés avant le 1/1/2009 ne sont pas concernés par le malus annuel.

Que faire en cas de problème de livraison ?

Deux problèmes majeurs peuvent survenir aux personnes ayant commandé un véhicule : un retard dans la livraison et une livraison non conforme à ce qui était prévu dans le bon de commande.

Les retards de livraison

En cas de retard dans la livraison du véhicule commandé, deux possibilités sont offertes à l'acheteur : soit attendre la livraison, soit demander la résiliation du contrat de vente.

Dans le premier cas, il est conseillé à l'acheteur de mettre en demeure le vendeur de livrer au plus vite le véhicule commandé), étant observé que les sommes versées au moment de la commande portent intérêt au taux légal à partir du premier jour après l'expiration du délai de livraison prévu dans le contrat, et ce jusqu'à réception du véhicule.

Dans le deuxième cas, il suffit, à partir du 8e jour à compter de la date de livraison indiquée sur le bon de commande, d'envoyer au vendeur une lettre recommandée avec avis de réception l'informant de sa décision de résilier le contrat. La réception de cette lettre par le vendeur vaut annulation du contrat sans qu'il soit besoin de passer par un tribunal. Le vendeur doit

restituer à l'acheteur les sommes versées, majorées des intérêts calculés au taux légal. À défaut d'acceptation par le vendeur, l'acheteur devra assigner le vendeur devant le tribunal compétent.
En ce qui concerne les augmentations de prix : le prix figurant sur le bon est définitif, quel que soit le délai effectif de livraison.

La livraison non conforme

En cas de livraison d'un véhicule non conforme aux mentions précisées dans le bon de commande, il est loisible à l'acheteur de refuser la livraison (*Code civil, Art. 1614*). Dans ce cas, il est conseillé de mettre en demeure le vendeur de livrer la voiture commandée. Il est également possible de garder le véhicule livré et de demander une remise.
Attention : si on vous livre un modèle de l'année précédente alors que vous aviez mentionné vouloir acquérir un nouveau modèle, vous avez la possibilité de porter plainte pour tromperie.

Comment acheter ou vendre un véhicule d'occasion ?

› Quelques conseils

Avant d'acheter

Acheter d'occasion présente toujours des risques, notamment quand l'achat est fait auprès d'un particulier et non d'un professionnel de l'automobile. Il convient donc, dans ce cas, de prendre quelques précautions de manière à éviter des désagréments.
- Vérifiez l'identité du vendeur et l'immatriculation de l'automobile pour ne pas acheter un véhicule volé. Le nom du propriétaire et les caractéristiques du véhicule sont portés sur la carte grise ; ils doivent correspondre à l'identité du vendeur et au véhicule mis en vente.
- Vérifiez également l'état du véhicule, extérieur et intérieur, carrosserie et moteur, et essayez le véhicule pour voir son comportement. À ce stade, demandez au vendeur le carnet d'entretien du véhicule, les factures de réparation et d'entretien ainsi que le rapport de contrôle technique. Ces documents peuvent renseigner utilement sur l'état du véhicule et sur son historique.

À NOTER

Afin de connaître l'historique d'un véhicule d'occasion en vente, le ministère de l'Intérieur a mis en place une plateforme gratuite à l'intention des propriétaires et des acheteurs potentiels : https://histovec.interieur.gouv.fr. Ce site répertorie un certain nombre d'informations sur le véhicule : date de la première mise en circulation, changements successifs de propriétaires, sinistres ayant donné lieu à une procédure VRC (véhicule à réparation contrôlée par un expert en automobile), situation administrative du véhicule (gage, opposition), caractéristiques techniques (marque, couleur, cylindrée, puissance CV, etc.). Des données concernant le contrôle technique devraient rapidement être incluses dans cette liste d'informations.

Avant de vendre

Lorsque vous désirez vendre un véhicule, trois précautions s'imposent :
– demandez à l'acheteur une somme à valoir sur le prix convenu, en échange d'un reçu qui définit l'engagement des deux parties ;
– préférez un paiement avec un chèque de banque voire, pour plus de sécurité, contrôlez l'authenticité du chèque et l'identité de son détenteur auprès de la banque émettrice ;
– enfin, pensez à obtenir un code de cession, un certificat de situation administrative du véhicule, ainsi que, le cas échéant, un contrôle technique de moins de 6 mois.

À NOTER

La vente des véhicules d'occasion, mis en circulation avant le 1/1/1997, est autorisée à condition que les plaquettes de freins à disque ne contiennent pas d'amiante.

› À qui acheter ?

Il existe deux moyens d'acheter un véhicule d'occasion : auprès d'un particulier ou auprès d'un professionnel, garagiste ou concessionnaire.

Auprès d'un particulier

Les particuliers vendent leurs véhicules à des prix généralement moins élevés que ceux proposés par les professionnels. Toutefois, ils les vendent en l'état, sans procéder aux vérifications techniques et aux réparations du moteur ou de la carrosserie éventuellement nécessaires. De plus, les vendeurs ne peuvent garantir commercialement leur véhicule et l'acheteur ne pourra, en cas de problèmes, qu'actionner la garantie légale des vices cachés (voir plus loin).

Auprès d'un professionnel

Les professionnels de l'automobile (garagistes ou concessionnaires) vendent des véhicules d'occasion à des prix généralement plus chers que la cote, mais ils proposent normalement des véhicules révisés par leurs soins et accompagnés le plus souvent d'une garantie contractuelle pour 3, 6 mois ou 1 an (pièces et main-d'œuvre) valable chez tous les représentants de la marque. De plus, les concessionnaires peuvent proposer des solutions de crédit pour financer l'achat du véhicule.

› La réglementation

La publicité

Les véhicules exposés en vue de la vente ainsi que les annonces parues dans les journaux doivent mentionner :

– la dénomination de vente (marque, type, modèle, version ou appellation commerciale ; par exemple : Renault, Laguna Berline) ;

– l'indication du millésime de l'année modèle, complétée par la mention du mois et de l'année de première mise en circulation.

Attention : tout vendeur de véhicules automobiles d'occasion est tenu de mettre à la disposition des consommateurs une liste des numéros de série correspondant au début de chaque année, modèle de la ou des marques de véhicules qu'il offre à la vente ;

– l'indication du kilométrage total parcouru depuis cette mise en circulation (par exemple : Renault, Laguna Berline, janvier 2014, 50 000 km), si c'est un véhicule de « première main » ou si le vendeur peut justifier le kilométrage réel. Dans le cas contraire, doit figurer l'indication du kilométrage au compteur avec la mention « kilométrage non garanti ».

L'indication du prix et la mention « première main » (vente d'un véhicule acheté neuf par le vendeur) sont des éléments à prendre en compte comme critères d'achat, influant notamment le prix. Sur ce dernier point, on peut comparer le prix de vente du véhicule d'occasion à la cote Argus ou à toute autre, étant observé qu'il n'existe aucune cote en France qui ait un caractère officiel ou légal.

Le contrat de vente

Le vendeur doit remettre à l'acheteur un contrat de vente) comportant outre les mentions ci-dessus, les indications suivantes :

– le nom de l'acheteur et du vendeur ;

– le prix payé par l'acheteur et le moyen de paiement ;

– la date du contrat.

Le contrat de vente doit être établi en double exemplaire dont l'un est remis à l'acheteur. Le contrat de vente doit s'accompagner des pièces administratives nécessaires à l'immatriculation et à la circulation du véhicule.

Le procès-verbal de contrôle technique

Si le véhicule a plus de 4 ans, le vendeur doit vous remettre, au moment de la vente, un procès-verbal de contrôle technique datant de moins de 6 mois. Il est conseillé d'examiner ce document avant tout achat d'un véhicule d'occasion car il renseigne sur l'état du véhicule, bien que le contrôle technique ne porte ni sur le moteur, ni sur certains éléments mécaniques. Demandez également au vendeur de vous remettre le récépissé du contrôle technique et vérifiez que la vignette correspondante, lorsqu'elle est nécessaire, figure bien sur le pare-brise du véhicule.

Le certificat de situation administrative du véhicule

Ce document, délivré depuis moins d'1 mois, qui comprend une attestation de non-gage et un certificat de non-opposition, doit être fourni par le vendeur à l'acheteur. Ces documents attestent, pour le premier, que le vendeur a bien remboursé le crédit souscrit pour l'achat de son véhicule et, pour le second, qu'il a bien payé au Trésor public toutes les contraventions qu'il a pu commettre.

Pour obtenir un certificat de situation administrative, vous devez le faire*via* Internet, sur le site de l'Agence nationale des titres sécurisés : *https://siv.interieur.gouv.fr*.

À NOTER

Tout vendeur, professionnel ou particulier, peut être poursuivi pour publicité mensongère si le véhicule offert à la vente ne présente pas les caractéristiques énoncées dans la publicité, dans l'affichette ou dans l'annonce qui en est faite. Le cas échéant, l'acheteur peut porter plainte.

ATTENTION ⚠

Il est préférable d'éviter les ventes du dimanche matin sur les parkings des centres commerciaux où sévissent encore beaucoup de vendeurs indélicats ainsi que les ventes aux enchères où les véhicules ne peuvent pas être essayés.

AVANTAGE

Il est possible de réaliser de très bonnes affaires en achetant des véhicules aux salariés des constructeurs français qui peuvent revendre leur véhicule neuf dans les 6 mois à partir de leur achat. Ces voitures dites de collaborateurs ont souvent peu roulé et bénéficient de la garantie constructeur. Mais cette filière a maintenant perdu de son intérêt compte tenu des importantes remises accordées par les constructeurs et des facilités avec lesquelles il est désormais possible d'acheter un véhicule à l'étranger. Plusieurs sites Internet proposent des véhicules de collaborateurs : par exemple, www.collcit.com, www.clicpeugeot.com ou https://toprenault.com.

De quelles garanties bénéficie-t-on après l'achat du véhicule ?

› La garantie des véhicules neufs

Tout véhicule automobile neuf bénéficie de trois garanties en cas de mauvais fonctionnement : la garantie commerciale, la garantie légale de conformité et la garantie légale des vices cachés.

La garantie commerciale

La garantie commerciale ou contractuelle est celle offerte par le vendeur. Elle prend la forme d'un contrat de service après-vente qui couvre le plus souvent le remplacement des pièces et le coût de la main d'œuvre, à la suite de défauts de fabrication. La garantie est généralement gratuite ; elle peut également inclure, à titre optionnel et payant, des garanties telles que le dépannage-remorquage, le prêt d'un véhicule en cas d'immobilisation de celui acheté… Bien que tous les constructeurs la proposent, la garantie contractuelle est facultative. Elle est surtout limitée dans le temps (de 1 à 5 ans) ou sur un kilométrage déterminé (par exemple, jusqu'à 100 000 km) et dans son étendue (les réparations doivent porter sur certaines pièces…).

Il est possible de s'adresser au professionnel de son choix : concessionnaire de la marque, garage indépendant ou centre auto. Contrairement à ce que les constructeurs veulent faire croire, une « infidélité » au réseau de la marque - alors que le véhicule est encore sous garantie constructeur - ne prive pas le consommateur du bénéfice de la garantie constructeur. Pour cela, il faut que les consignes d'entretien du constructeur soient scrupuleusement respectées (en termes de périodicité, de kilométrage) et que les pièces utilisées soient conformes à ses prescriptions (pièces d'origine ou de qualité équivalente). C'est pour lutter contre ce genre d'idées fausses que la FEDA (Fédération des syndicats de la distribution automobile) a mis en place un site : *www.liberezvousdesideesrecues.com*.

La DGCCRF rappelle par ailleurs que sont abusives les clauses qui « excluent la mise en œuvre de garanties contractuelles si l'entretien ou la réparation du véhicule ont été effectuées en dehors du réseau agréé par le constructeur ».

Par exemple, la Cour de cassation a déclaré abusive la clause insérée sous la rubrique « Garantie contractuelle » ainsi rédigée : « Interventions non couvertes par la garantie : les interventions exécutées par des réparateurs qui ne sont pas des concessionnaires ou agents Toyota ». Cette clause laissait en effet croire au consommateur qu'il était tenu, pour bénéficier de la garantie commerciale, de faire effectuer toutes les interventions sur son véhicule par le réseau du constructeur (*Cour de cassation, 1re chambre civile, 20/3/2013*).

Un arrêté du 26/5/2014 est venu confirmer cette position. Il prévoit que, lorsque le vendeur propose une garantie commerciale, il informe le consommateur que son bénéfice n'est pas subordonné à la réalisation des prestations de réparation et d'entretien par un réparateur du réseau agréé par le constructeur. Cette information doit figurer, de façon claire et lisible, dans le carnet d'entretien du véhicule, quel que soit son support.

La garantie légale de conformité

Ce régime de responsabilité permet au consommateur de disposer d'une action en garantie uniforme, fondée sur la notion nouvelle de « conformité du bien au contrat », qui englobe le « vice caché » et la « délivrance conforme », tels qu'ils sont connus en droit français.

Le vendeur professionnel est maintenant tenu de livrer un bien conforme au contrat et de répondre de ses défauts.

À NOTER

Cette législation ne concerne que les ventes faites par des professionnels. Les ventes conclues entre particuliers échappent au nouveau dispositif.

Pour être conforme, le bien doit :

– correspondre à la description donnée par le vendeur, l'étiquetage ou la publicité et posséder les mêmes qua-

lités que le modèle de présentation (ou l'échantillon de démonstration) ;
– ou présenter les caractéristiques définies d'un commun accord par le vendeur et l'acheteur ou être propre à tout usage spécial recherché par l'acheteur (*Code de la consommation, Art. L. 217-5*).
En cas de défaut de conformité, l'acheteur doit choisir, en premier lieu, entre le remplacement ou la réparation du bien.
Si le remplacement ou la remise en état est impossible (fabrication arrêtée, manque de pièces détachées…), l'acheteur peut :
– soit demander l'annulation de la vente, rendre le bien et se faire restituer le prix ;
– soit garder le bien et demander une réduction du prix d'achat (*Code de la consommation, Art. L. 217-10 et s.*).
L'action du consommateur peut être exercée pendant un délai de 2 ans à compter du jour de la remise du bien (et non du jour de la découverte du défaut).

AVANTAGE

L'existence de cette action en conformité ne prive pas le consommateur du droit d'exercer l'action en garantie des vices cachés qui doit être exercée dans les 2 ans à partir de la découverte du vice (voir plus loin).

La garantie légale des vices cachés

La garantie des vices cachés profite à tout acheteur d'un véhicule neuf sans considération du modèle ou de la marque. Elle présente l'avantage d'être applicable sans limitation de durée et couvre des défauts d'origine qui peuvent se manifester soit par une panne ou une succession de petits problèmes techniques, soit par une usure prématurée d'une pièce du véhicule. Elle offre la possibilité à l'acheteur de demander au vendeur soit la résiliation du contrat de vente contre restitution des sommes versées, soit la réparation totale de la cause du mauvais fonctionnement du véhicule, aux frais du vendeur. Toutefois, au titre des inconvénients, il faut noter que la garantie légale exige de l'acheteur qu'il fasse la preuve de l'existence d'un vice caché et du préjudice qui en résulte, ce qui revient très souvent pour l'acheteur à diligenter à ses frais une expertise et à assigner en justice le vendeur qui refuserait une solution amiable.

› La garantie des véhicules d'occasion

L'étendue de la garantie est différente selon que vous avez acheté votre véhicule à un particulier ou bien à un professionnel.

- En cas d'achat auprès d'un particulier, vous pouvez bénéficier de la garantie des vices cachés :
– si le vendeur connaissait l'existence du vice caché (ce qui, en pratique, reste très difficile à prouver !), il devra vous indemniser de l'intégralité du préjudice que vous avez subi (réparation du défaut et de ses éventuelles conséquences) ;
– si le vendeur ne connaissait pas l'existence du vice caché, il devra vous rembourser les frais de réparation.
En aucun cas, vous ne pouvez bénéficier de la garantie contractuelle (sauf si le vendeur vous transmet celle dont il bénéficiait et qui n'est pas arrivée à son terme).
- Si vous achetez à un vendeur professionnel, vous bénéficiez de la garantie des vices cachés. La majorité des vendeurs accordent également une garantie contractuelle (de quelques mois à 1 an) en cas d'achat d'un véhicule d'occasion.

Attention : la garantie des vices cachés ne concerne que les défauts non visibles. Pour le reste, vous êtes censé avoir accepté le véhicule « en l'état ».

DÉMARCHES À EFFECTUER EN CAS DE VENTE D'UN VÉHICULE D'OCCASION

UN PEU AVANT LA VENTE

Le vendeur doit :

✔ demander au futur propriétaire du véhicule les informations suivantes :
– nom et prénom ;
– sexe ;
– date de naissance ;
– pays et ville de naissance.

✔ débuter la démarche en ligne en se rendant sur le site https://immatriculation.ants.gouv.fr, rubrique « je vends ou je donne mon véhicule ».

✔ Si ce n'est déjà fait, il faut créer un compte usager ANTS. Le vendeur doit alors :
– indiquer les informations obtenues auprès du futur propriétaire ;
– télécharger et imprimer le formulaire Cerfa n° 15776*01 (certificat de cession) et le certificat de situation administrative (ces deux documents vont s'afficher à l'écran).

Attention : il faut bien noter le code de cession qui s'affiche à l'écran.

✔ prévenir l'assureur par lettre recommandée avec avis de réception de la date de vente du véhicule.

L'acheteur doit :

✔ rechercher un assureur pour le véhicule.

LE JOUR DE LA VENTE

Le vendeur doit :

✔ compléter avec l'acheteur le certificat de cession téléchargé quelques jours auparavant, en précisant le jour et l'heure de la vente ;

✔ remettre à l'acheteur :
– l'exemplaire n° 2 du certificat de cession ;
– le certificat de situation administrative (qui doit dater de moins de 15 jours) ;
– le certificat d'immatriculation du véhicule signé, avec la mention « Vendu le… ……(date), à…(nom de l'acheteur) » ;
– si le véhicule a plus de 4 ans, la preuve du contrôle technique datant de moins de 6 mois ;
– le code de cession.

AU PLUS TARD, DANS UN DÉLAI DE 15 JOURS APRÈS LA VENTE

Le vendeur doit terminer l'enregistrement de la transaction en retournant sur son compte ANTS, en cliquant sur « Mes démarches en cours ». Pour cela, il doit renseigner :

✔ la date et l'heure de cession ;
✔ le kilométrage du véhicule ;
✔ l'adresse complète du nouveau propriétaire.

Entretien et réparations d'un véhicule

Entretenir ou faire entretenir son véhicule n'est pas obligatoire. Cependant, pour les véhicules neufs, l'application de la garantie contractuelle est bien souvent subordonnée à l'entretien du véhicule dans les règles et aux échéances prévues dans le carnet d'entretien. Le Code de la route fait, par ailleurs, obligation aux automobilistes de rouler dans un véhicule en bon état et de passer un contrôle technique périodique.

À quelles règles les garagistes sont-ils soumis ?

Les garagistes sont soumis à un ensemble d'obligations mais ils ont aussi des droits.

L'obligation d'information

- Les garagistes ont l'obligation d'afficher leur prix à l'entrée de leur établissement et au lieu de réception de la clientèle, de manière lisible et visible, et notamment les taux horaires TTC et le mode de calcul utilisé ainsi que les prix TTC des différentes prestations forfaitaires proposées (peinture, tôlerie, entretien…) (*Arrêté du 27/3/1987*).
- Les garagistes ont l'obligation d'informer les consommateurs sur la nature et le coût des opérations d'entretien ou des réparations nécessaires. Cette information peut prendre la forme d'une simple estimation préalable des travaux. Elle prendra le plus souvent la forme d'un devis ou d'un ordre de réparation, qui, s'il n'est pas obligatoire, est fortement recommandé si l'on veut préserver ses intérêts. Il est à noter que les garagistes appartenant au réseau d'une marque proposent le plus souvent un ordre de réparation type.
- Les garagistes ont l'obligation de remettre une facture au client dès lors que le prix de la prestation effectuée est supérieur à 25 € TVA comprise (*Arrêté n° 83-50/A du 3/10/1987*). En deçà de ce montant, la facture est facultative, mais le garagiste doit en établir une sur demande expresse du client.

La facture doit mentionner la date, le nom et l'adresse de l'établissement ainsi que le nom et l'adresse du client, le temps réellement passé à chaque opération avec le barème horaire du coût de la main-d'œuvre. Elle doit aussi préciser le décompte de chaque prestation fournie ainsi que la quantité et le prix de chaque pièce. Elle doit enfin indiquer la somme totale à payer hors taxe et toutes taxes comprises.

En tout état de cause, vous ne devez pas régler des réparations non demandées.

L'obligation de conseil

En tant que professionnel de l'automobile, le garagiste doit conseiller le consommateur qui lui confie son véhicule pour entretien ou réparation, sur la nature des travaux à effectuer, leur coût et, le cas échéant, l'inutilité de certaines réparations en fonction notamment du prix du véhicule. Cette obligation de conseil est particulièrement forte et les tribunaux retiennent quasi systématiquement la responsabilité des garagistes lorsque ces derniers ont prodigué un conseil dont le suivi a porté préjudice au client. La justice a ainsi condamné un garagiste qui avait fait des réparations successives sur le moteur d'un véhicule dont une expertise ultérieure a révélé qu'il aurait dû être changé (*Cour d'appel de Poitiers, 25/3/1987*). Les garagistes manquent également à leur obligation de conseil quand ils effectuent des opérations sur le véhicule qui leur est amené sans recueillir l'accord préalable de son propriétaire (absence de devis ou d'ordre de réparation).

L'obligation de résultat

Le garagiste a une obligation de résultat dans l'exécution des travaux de sorte qu'il doit diagnostiquer la panne et la réparer ou réaliser les opérations d'entretien conformément aux règles de l'art. À défaut, sa responsabilité est engagée et un consommateur peut demander des dommages et intérêts au cas où non seulement une mauvaise réparation entraîne un accident mais aussi dans le cas où l'inutilité ou l'inefficacité d'une réparation est relevée par le consommateur, notamment à la suite d'une expertise) diligentée à son initiative.

Les pièces que le garagiste a changées sur votre véhicule peuvent vous être utiles en cas de litige. Vous pouvez les réclamer avant la reprise du véhicule.

L'obligation de proposer des pièces détachées d'occasion

Depuis janvier 2017, les garagistes doivent proposer des pièces d'occasion, « issues de l'économie circulaire », à la place des pièces neuves pour l'entretien ou la réparation du véhicule de leurs clients, qui sont libres d'accepter ou de refuser. Cela ne concerne que les voitures particulières et les camionnettes (pas les motos, scooters et autres deux- ou trois-roues).

Cette obligation ne s'applique toutefois pas :

– aux prestations d'entretien ou de réparation réalisées à titre gratuit ;

– aux véhicules sous garanties contractuelles ;

– aux actions de rappel de véhicules en cas de pièces défectueuses.

Par ailleurs, si le professionnel estime que les pièces de rechange concernées présentent un risque pour l'environnement, la santé publique ou la sécurité routière, il est autorisé à ne pas proposer l'échange à son client. Il en est de même si les pièces d'occasion ne sont pas rapidement disponibles.

Enfin, sont exclues de cette possibilité d'échange les pièces de « sécurité » telles que trains roulants, organes de direction, de freinage et de suspension, qui ne peuvent être remplacées qu'à neuf (*Code de la consommation, Art. L. 224-67 et R. 224-22 et s.*).

L'obligation de garde

Le garagiste a une obligation de garde du véhicule qui lui est confié en vertu de laquelle il est responsable pendant la durée des réparations de tout dommage, vol ou destruction qui pourrait survenir de son propre fait ou du fait d'un tiers (*Code civil, Art. 1927 et s.*).

Le droit de rétention du garagiste

Le garagiste a la possibilité de garder votre véhicule tant que vous n'avez pas réglé les réparations demandées (Code civil, Art. 1612). Aussi, en cas de litige avec un garagiste sur la nature ou le montant d'une réparation, il convient de le régler dans un premier temps, puis de contester par lettre recommandée avec avis de réception).

À NOTER

Tout véhicule (automobile ou moto), confié à un garagiste pour être réparé ou nettoyé, qui n'aura pas été retiré dans un délai de 3 mois pourra être vendu.

LIBRE CHOIX DU GARAGISTE

L'assuré dont le véhicule a été accidenté peut choisir le garagiste qui effectuera les réparations (*Code des assurances, Art. L. 211-5-1*). Depuis le 1/1/2015, cette information sur la liberté de choix du garagiste doit figurer non seulement dans le contrat d'assurance ou sur l'avis d'échéance annuel, mais également sur le constat amiable (papier ou électronique). Elle doit également être communiquée par l'assureur lorsqu'un sinistre lui est signalé par téléphone, courriel, SMS, sous réserve d'être confirmée ensuite par écrit (*Arrêté du 29/12/2014*).

En quoi consiste le contrôle technique automobile ?

Afin d'écarter les « épaves roulantes » de nos routes et d'améliorer ainsi la sécurité routière, les pouvoirs publics imposent depuis le 1/1/1992 un contrôle technique obligatoire et périodique des véhicules qui atteignent un certain âge (*Code de la route, Art. R. 323-1 et s.*).

La périodicité du contrôle technique

Depuis le 1/1/1995, le contrôle technique concerne les véhicules de plus de 4 ans ; l'âge étant calculé à compter de la première mise en circulation (mentionnée sur la carte grise). Le contrôle technique est valable 2 ans à compter de sa réalisation et doit être réalisé tous les 2 ans.

Il est à noter que :
– le contrôle technique doit être obligatoirement effectué dans les 6 mois qui précèdent la date anniversaire du 1er contrôle ou des contrôles successifs.
Attention : le délai court à compter de la date du dernier contrôle et non à compter de la date de l'éventuelle dernière contre-visite.
Exemple : une voiture particulière contrôlée le 12/10/2020 devra être à nouveau contrôlée entre le 12/4/2021 et le 12/10/2021 ;
– en cas de vente d'un véhicule de tourisme ou d'un véhicule utilitaire de moins de 3 500 kg de moins de 4 ans, il n'est pas obligatoire d'effectuer un contrôle technique ;
– en cas de vente par un professionnel ou non d'un véhicule de tourisme ou d'un véhicule utilitaire de moins de 3 500 kg de plus de 4 ans, il est obligatoire de remettre à l'acheteur un procès-verbal de contrôle technique datant de moins de 6 mois (*Décret nº 94-613 du 19/7/1994*).
En pratique, vous pouvez vérifier la date de la prochaine visite technique qui est indiquée sur la vignette bleue apposée sur votre pare-brise lors de la visite précédente.

À NOTER

Les véhicules de moins de 3,5 tonnes, à l'exception des voitures particulières, doivent subir une visite technique complémentaire sur le contrôle des émissions polluantes dans l'année qui suit chaque visite technique réalisée depuis le 1/1/2000.

Quels véhicules ne sont pas concernés ?

Désormais, les véhicules « présentant un intérêt historique » (voitures dites « de collection »), dont le PTAC est supérieur à 3,5 tonnes ou dont la mise en circulation est antérieure au 1/1/1960 ne sont plus soumis à l'obligation d'un contrôle technique tous les 5 ans (*Code de la route, Art. R. 323-3*).
Pour être considéré comme ayant un intérêt historique, un véhicule doit cumuler trois conditions :
– avoir été construit ou immatriculé pour la première fois il y a au moins 30 ans ;
– ne plus être produit ;
– avoir été conservé dans son état d'origine.

Où s'adresser ?

Les contrôles techniques sont effectués dans des centres agréés par le préfet du département du lieu d'implantation. Ils peuvent être indépendants mais sont le plus souvent affiliés à l'un des six réseaux répartis sur l'ensemble du territoire (Autosur, Autovision, Dekra, Norisko, SGS, Autosecuritas).
L'automobiliste, qui doit prendre l'initiative de présenter son véhicule au contrôle à la date prévue (aucune convocation n'est adressée), peut faire effectuer celui-ci dans le centre de son choix, quel que soit le département dans lequel est immatriculé son véhicule.
La liste des centres agréés est disponible sur Internet : *www.utac-otc.com*.
Contrôle technique et réparation automobile sont deux fonctions séparées : de manière à éviter les abus, les centres ne peuvent exercer une autre activité dans la réparation ou dans le commerce automobile, à quelque titre que ce soit.
Les prix du contrôle technique sont fixés librement par les centres *(Voir pages Barème)*.

AVANTAGE

Il sera bientôt possible aux automobilistes de comparer, en un clic, les tarifs pratiqués par les différents centres de contrôle technique, via un site Web gouvernemental qui devrait bientôt être mis en ligne. C'est le décret n° 2019-1127 du 4/11/2019 qui en précise les contours. Ainsi, les exploitants de ces centres devront transmettre leurs tarifs au ministère chargé de l'Économie ou à l'organisme qu'il aura désigné. Les entreprises qui ne joueront pas le jeu risquent une amende administrative de 1 500 €, susceptible d'être doublée en cas de réitération.

Les points contrôlés

133 points de contrôle doivent être vérifiés.
L'opération, d'une durée moyenne de 45 minutes, est réalisée sans démontage de pièces mécaniques du véhicule.
Le contrôleur établit un procès-verbal décrivant les contrôles effectués et les défauts constatés. Ce document est remis à l'automobiliste.
Le contrôle technique comporte 4 niveaux de conformité (*Arrêté du 2/3/2017*) :
– contrôle conforme : l'examen est validé pour 2 ans ;
– défaillances « mineures », « n'ayant aucune incidence notable sur la sécurité du véhicule ou sur l'environnement ». L'examen est validé, mais il signale les points à surveiller que l'automobiliste est invité à faire réparer ;
– défaillances « majeures », « susceptibles de compromettre la sécurité du véhicule, d'avoir une incidence négative sur l'environnement ou de mettre en danger les autres usagers de la route ». Le contrôle est défavorable et les réparations sont soumises à contre-visite obligatoire dans les 2 mois ;

– défaillances « critiques », « constituant un danger direct et immédiat pour la sécurité routière ou ayant une incidence grave sur l'environnement ». Le contrôle est défavorable et les réparations sont soumises à contre-visite obligatoire dans les 2 mois.

Cette sévérité accrue devrait avoir pour conséquence une augmentation de la facture de 15 à 20 %.

En outre, le contrôleur appose sur votre carte grise son cachet avec la date limite de validité du contrôle. Ce cachet comporte :

– la lettre « A » en l'absence de défaut ou si les défauts constatés sont mineurs et ne justifient pas de contre-visite ;

– la lettre « S » si au moins une défaillance majeure a été constatée. Dans ce cas, la validité du contrôle technique est de 2 mois ;

– la lettre « R » si au moins une défaillance critique a été constatée. Dans ce cas, la validité du contrôle technique est limitée au jour du contrôle.

Si la contre-visite n'est pas prescrite, le contrôleur vous remet un récépissé que vous devez conserver avec les papiers du véhicule ; par ailleurs, une vignette autocollante de couleur bleue indiquant la date de la prochaine visite obligatoire est apposée sur le pare-brise du véhicule.

Attention : si une contre-visite est nécessaire, la vignette et le récépissé du contrôle technique ne vous seront remis qu'après, si celle-ci est positive.

À NOTER

Depuis le 1/7/2019, le contrôle de l'opacité des fumées à l'échappement (test anti-pollution) des voitures roulant au diesel a été renforcé. En cas de dépassement des valeurs réglementaires, le véhicule peut continuer à rouler, mais il devra faire l'objet d'une contre-visite dans un délai de 2 mois.

L'obligation de réparation

Que la défaillance soit majeure ou critique, l'automobiliste dispose d'un délai de 2 mois pour effectuer la remise en état du véhicule et le présenter à une contre-visite, dans le même centre ou dans un autre de son choix. Ne sont examinés alors que les points de contrôle ayant justifié la contre-visite. Si les défauts persistent, une deuxième contre-visite doit être faite dans un nouveau délai de 2 mois.

À NOTER

Si au moins une défaillance critique a été constatée, la validité du contrôle est limitée au jour du contrôle. Votre véhicule ne pourra donc plus circuler passé minuit. Une tolérance devrait cependant être observée pour vous permettre de vous rendre au garage où seront effectuées les réparations puis au rendez-vous pour la contre-visite qui doit avoir lieu dans les 2 mois qui suivent le contrôle.

Les sanctions

Toute personne qui met ou maintient en circulation un véhicule sans avoir satisfait aux obligations de visite technique est passible d'une amende de 4e classe *(Voir pages Barème)*. Par ailleurs, en cas de contrôle des forces de l'ordre, le véhicule peut être immobilisé et le certificat d'immatriculation retenu. Le contrevenant dispose d'un délai de 7 jours pour mettre le véhicule en conformité.

À NOTER

Le contrôle technique ne peut être assimilé à une expertise du véhicule. L'absence de démontage ne permet pas de mettre en évidence l'existence de défauts importants ni de vices cachés affectant, par exemple, le moteur. Le propriétaire ou l'acquéreur du véhicule ne peut donc, si de tels défauts apparaissent après le contrôle, mettre en jeu la responsabilité du centre agréé. En revanche, les dysfonctionnements qu'il appartenait au contrôleur de constater et qui n'ont pas été signalés sont susceptibles d'engager la responsabilité du centre.

ATTENTION ⚠

Si vous laissez passer le délai de 2 mois pour réaliser la contre-visite, vous devrez procéder à un nouveau contrôle technique complet.

VÉHICULES ENDOMMAGÉS : UN CONTRÔLE TECHNIQUE BIS

L'expert, missionné par l'assureur du propriétaire d'une voiture ou d'un deux-roues endommagé pour chiffrer le montant des dégâts, doit contrôler son état au regard de quatre critères de sécurité : déformations importantes de la carrosserie, de la direction, de la liaison au sol et des éléments de sécurité des passagers. Le rapport d'expertise doit comporter la liste des réparations à effectuer si le véhicule est réparable.

En cas de défaillances détectées, l'expert doit transmettre au ministère de l'Intérieur une déclaration de dangerosité. Cela va entraîner une interdiction de circuler et une suspension du certificat d'immatriculation jusqu'à ce que les réparations soient effectuées.

Une fois les réparations effectuées et lorsque le véhicule est en état de circuler dans des conditions normales de sécurité, l'expert adresse un rapport au ministre de l'Intérieur. Le certificat d'immatriculation est alors restitué au propriétaire et l'interdiction de circuler est levée.

Les règles de circulation

La part des règles s'appliquant à la circulation routière sont définies par le Code de la route : excès de vitesse, stationnement, sécurité, permis à points... Rappelons que chaque année, la route tue en France environ 3 500 personnes et fait plus de 72 000 blessés.

Quelles sont les règles concernant l'équipement du véhicule ?

Qu'il s'agisse des équipements de sécurité (ceinture de sécurité, dispositifs d'éclairage…), des émissions polluantes ou du niveau sonore, les véhicules automobiles doivent disposer d'équipements obligatoires et réglementés, répondant à des normes de sécurité précises.

L'éclairage

Tout véhicule doit être équipé à l'avant de deux feux de position, de deux feux de croisement et d'au moins deux feux de route, et, à l'arrière, de deux ou trois feux de position rouges non éblouissants, d'un dispositif lumineux rendant lisible à au moins 20 mètres le numéro d'immatriculation et de deux signaux de freinage non éblouissants. Il doit être également muni de clignotants.

Si le véhicule a été mis en circulation après le 1/10/1990, il doit être en plus équipé à l'arrière d'au moins un feu de brouillard émettant une lumière rouge et d'un dispositif de détresse (warning).

Depuis le 1/1/1993, les véhicules neufs mis en circulation doivent être équipés de phares avant blancs.

Il est possible de munir son véhicule de feux d'angle, à l'avant, afin de compléter l'éclairage de la route du côté où l'on tourne et/ou de feux de circulation diurne émettant vers l'avant une lumière blanche qui permet de rendre le véhicule plus visible de jour (*Code de la route, Art. R. 313-1 à R. 313-32*).

À NOTER

La Commission européenne (en application de la directive n° 2008/89/CE du 24/9/2008) a décidé que, pour améliorer la sécurité routière, tous les nouveaux modèles de véhicules neufs doivent être équipés d'un éclairage de jour. Il s'agit de feux spéciaux qui sont activés automatiquement lorsque le moteur est mis en marche.

Les plaques d'immatriculation

Tout véhicule automobile doit être muni de deux plaques d'immatriculation en bon état, une à l'avant, l'autre à l'arrière (*Code de la route, Art. R. 317-8*), sous peine d'une amende de 4e classe à défaut de plaques ou d'une amende de 3e classe si les plaques sont illisibles ou mal entretenues *(Voir pages Barème)*.

Depuis le 1/7/2017, les motos, cyclomoteurs, tricycles et autres quadricycles, quelle que soit leur ancienneté, doivent être équipés d'une plaque d'immatriculation de la même dimension : 210 mm × 130 mm. À défaut, le conducteur intercepté avec une plaque non conforme encourt une amende de 4e classe *(Voir pages Barème)*.

Par ailleurs, ne pas faire immatriculer à son nom une voiture d'occasion, dans les 15 jours de l'achat ou circuler avec une immatriculation provisoire (WW) périmée expose à la mise en fourrière immédiate du véhicule (*Code de la route, Art. R. 317-8, R. 322-3 et R. 322-5*), en plus d'une amende de 4e classe *(Voir pages Barème)*.

ATTENTION ⚠

Un véhicule circulant avec des plaques comportant le numéro d'immatriculation d'un autre véhicule dans des circonstances ayant entraîné ou pouvant entraîner des poursuites pénales à l'égard du propriétaire de ce véhicule (notamment pour se soustraire aux contrôles par les radars automatiques) constitue un délit puni de 7 ans de prison et/ou de 30 000 € d'amende. Ce délit entraîne, en outre, un retrait de 6 points du permis de conduire et est, éventuellement, assorti d'une suspension du permis de conduire pouvant aller jusqu'à 3 ans.

De plus en plus d'automobilistes sont victimes d'une pratique appelée « doublette ». Cela consiste en l'usurpation d'un numéro de plaque d'immatriculation préexistant. Conséquences : il arrive à la personne dont les plaques ont été usurpées de recevoir un avis de contravention indiquant sa présence sur le lieu de l'infraction, alors qu'en réalité il n'en est rien.

Afin de lutter contre ces pratiques, le Défenseur des droits recommande :

– la présentation obligatoire du certificat d'immatriculation et d'une pièce d'identité par tout demandeur d'une plaque d'immatriculation ;

– la tenue d'un registre par le vendeur de plaques d'immatriculation qui aurait l'obligation de présenter ce document aux autorités compétentes pour tout acte de vérification ;

– l'apposition sur toute plaque d'immatriculation d'une pastille d'authentification inaltérable et inamovible.

Si vous êtes victime d'une usurpation de votre numéro de plaque minéralogique, vous devez rapidement (et au plus tard dans les 45 jours) porter plainte auprès du commissariat ou de la gendarmerie. Le numéro d'immatriculation est alors enregistré au fichier des véhicules volés (FVV).

Si votre plainte fait suite à une infraction constatée par un radar automatique, vous devez joindre à votre plainte la photo constatant cette infraction. Vous devez pour cela la demander au centre automatisé de constatation des infractions routières (coordonnées indiquées sur le PV). N'oubliez pas, dans ce cas, de contester parallèlement cette contravention en suivant la procédure indiquée sur le PV.

Après avoir porté plainte, vous devez demander une nouvelle immatriculation et un nouveau certificat d'immatriculation. Inutile de vous rendre à la préfecture ou à la sous-préfecture, la procédure se fait désormais uniquement en ligne, *viahttps://immatriculation.ants.gouv.fr*(voir plus haut).

ATTENTION ⚠

Le fait de circuler sur la voie publique avec un cyclomoteur non immatriculé est passible d'une amende de 4e classe (Voir pages Barème).

LE SYSTÈME D'IMMATRICULATION DES VÉHICULES

Depuis le 15/4/2009, un nouveau système d'immatriculation des véhicules est mis en place. Son objet principal est de simplifier les démarches des propriétaires de véhicules en leur évitant des modifications à chaque changement de département.
Les véhicules reçoivent désormais un nouveau numéro d'immatriculation unique et définitif :
– pour les véhicules neufs, lors de leur première mise en circulation ;
– pour les véhicules d'occasion, depuis le 15/10/2009, lors de leur première revente, ou à l'occasion d'un changement d'adresse ou toute autre modification affectant le certificat d'immatriculation.
Le nouveau numéro d'immatriculation comporte une série de 7 caractères alphanumériques formée successivement de 2 lettres, 1 tiret, 3 chiffres, 1 tiret, 2 lettres ; exemple : « AB-123-CD ».
Toutes les nouvelles plaques sont de couleur blanche à l'avant comme à l'arrière du véhicule.
Elles ont les mêmes dimensions qu'auparavant et continuent d'être produites et commercialisées par les opérateurs privés.
Le logo « F » sur fond bleu surmonté des étoiles de l'Europe qui figure sur la partie gauche de la plaque reste obligatoire.
Chaque plaque d'immatriculation comporte, sur sa partie droite, un identifiant territorial composé :
– du logo officiel d'une région (le ministère de l'Intérieur a arrêté la charte graphique des 26 logos régionaux) ;
– et du numéro de l'un des départements de cette région.
Le choix de cet identifiant territorial est libre et peut ne pas avoir de lien avec le domicile du propriétaire du véhicule.
Le numéro est attribué chronologiquement dans une série nationale unique gérée par un système centralisé.

Le niveau sonore

Tout véhicule doit être équipé d'un avertisseur sonore, communément appelé klaxon.

Toutefois (*Code de la route, Art. R. 318-3*) :

– il est interdit d'utiliser des sirènes et des klaxons à sons multiples ;

– l'usage du klaxon n'est pas autorisé en agglomération sauf en cas de danger immédiat ;

– l'usage du klaxon est interdit la nuit, sauf en cas de nécessité absolue.

À NOTER

Klaxonner dans un embouteillage est passible d'une amende forfaitaire de 35 € (pouvant être majorée jusqu'à 150 €) et ce, même si cela n'a pas « engendré de trouble caractérisé à l'ordre public ou à la tranquillité publique » (Cour de cassation, chambre criminelle, 4/6/2019, n° 18-86331).

Tout véhicule doit être équipé d'un dispositif d'échappement silencieux, sous peine d'une amende de 3e classe (*Code de la route, Art. R. 318-3*).

Les pneumatiques

Tout véhicule doit être équipé de pneus présentant des sculptures apparentes d'une profondeur supérieure à 1,6 mm.

Il n'est pas obligatoire que les quatre pneus soient de même marque ou dans le même état, mais il est interdit de monter sur un même essieu des pneus présentant une différence de profondeur de sculpture de plus de 5 mm.

Les infractions constatées peuvent être sanctionnées par une amende de 4e classe (*Code de la route, Art. R. 314-1 et s.*).

Il est interdit de brûler les pneus à l'air libre ou de les déposer dans la nature (*Décret no 2002-1563 du 24/12/2002*).

Les fabricants sont tenus de collecter gratuitement les pneus usés par l'intermédiaire des professionnels tels que les garagistes.

AVANTAGE

En choisissant bien ses pneus, il est possible de réduire de 10 % la consommation en carburant de son véhicule. Pour permettre au consommateur de se repérer, l'Union européenne a décidé de mettre en place un système d'étiquetage des pneus neufs de véhicules. Ainsi, depuis le 1/11/2012, les fabricants et revendeurs européens doivent afficher en boutique, ou coller directement sur chaque modèle de pneus, une étiquette affichant une lettre entre A et G qui classe le pneu selon son efficacité en économie de carburant. L'étiquette indique également leur adhérence sur sol mouillé et leurs performances sonores (Règlement n° 1222/2009/CE du 25/11/2009).

Les émissions polluantes

Les véhicules ne doivent pas émettre de fumées, de gaz toxiques, corrosifs ou odorants dans des conditions susceptibles d'incommoder la population ou de compromettre la santé et la sécurité publiques, sous peine d'une amende de 3e classe (*Code de la route, Art. R. 318-1*).

Le contrôle des émissions polluantes (renforcé depuis le 1/7/2019) est un des points du contrôle technique soumis à réparation obligatoire en cas de non-respect des normes antipollution.

Depuis 2017, il est obligatoire d'apposer sur le pare-brise de son véhicule la vignette Crit'Air afin de pouvoir circuler dans certaines villes soumises à des pics de pollution et qui souhaitent instaurer des zones de circulation restreinte. Pour l'instant, elle est obligatoire à Paris, Strasbourg, Grenoble, Lyon et Toulouse. À défaut, le conducteur encourt une amende de 3e classe (*Voir pages Barème*). La vignette est déclinée en 6 coloris, en fonction du type de motorisation et de la date de mise en circulation, afin de distinguer les véhicules les plus polluants.

Ces derniers ne peuvent plus rouler dans les villes concernées entre 8 h et 20 h du lundi au vendredi.

Il est possible de commander sa vignette en ligne sur *www.certificat-air.gouv.fr* ou par courrier en envoyant le formulaire de demande (*https://www.certificat-air.gouv.fr/docs/CQA_Formulaire_demande_courrier.pdf*) complété, avec un chèque ou un mandat de la somme due à « Service de délivrance des certificats Qualité de l'air, BP 50 637, 59506 Douai Cedex » (*Voir pages Barème*).

Pour plus d'informations, on peut appeler le service Crit'Air au 0 800 97 00 33 (service et appel gratuits), du lundi au vendredi de 9 h à 17 h.

À NOTER

La classification se fait en fonction de la motorisation et de la date de la 1re immatriculation du véhicule. Pour vous aider à connaître la classe de votre véhicule, un simulateur a été mis en place : www.certificat-air.gouv.fr/simulation.

Les vitres

Depuis le 1/1/2017, le sur-teintage des vitres avant des véhicules (vitres latérales et pare-brise) est interdit et verbalisé. L'objectif de cette mesure est de garantir le contact visuel entre le conducteur et les autres usagers et faciliter les contrôles des forces de l'ordre (non-port de la ceinture, téléphone au volant…).

La teinte des vitres avant ne doit pas dépasser 30 % (*Code de la route, Art. R. 316-3*).

Si le taux de transparence des vitres est inférieur à 70 %, le conducteur risque une contravention de 4e classe (*Voir pages Barème*) et un retrait de 3 points de son permis de conduire.

À NOTER

La sanction s'applique au conducteur et non au propriétaire du véhicule (Code de la route, Art. R. 316-3-1).

La Cour de cassation a estimé que l'agent verbalisateur est à même d'apprécier si la transparence des vitres teintées d'un véhicule est conforme à la législation, cassant ainsi le jugement rendu par le tribunal de police de la Roche-sur-Yon du 19/1/2018 qui avait relaxé l'automobiliste au motif qu'aucun élément objectif ne permettait de caractériser le pourcentage de lumière pouvant passer (*Cour de cassation, Chambre criminelle, 13/11/2018*).

La ceinture de sécurité

Le port de la ceinture de sécurité est obligatoire à l'avant et à l'arrière, en toutes circonstances (sauf pour les personnes justifiant d'une contre-indication médicale délivrée par la préfecture) sous peine d'une amende de 4e classe et du retrait de 3 points du permis. Les passagers qui ne portent pas leur ceinture sont également passibles d'une amende du même montant mais aucun point de permis ne peut leur être retiré. Le conducteur doit par ailleurs s'assurer que les passagers de moins de 18 ans qu'il transporte sont bien attachés, sous peine d'une amende de 4e classe pour chaque jeune non attaché *(Voir pages Barème)*.

Le transport des enfants de moins de 10 ans dans un véhicule est subordonné à l'utilisation d'un équipement spécifique homologué par le ministère des Transports (un sigle « E » apparaît sur les sièges bébés ou réhausseurs). Plusieurs dispositifs existent en fonction du poids de l'enfant, mais, dans tous les cas de figure, les enfants de moins de 10 ans doivent voyager à l'arrière sous peine d'une amende de 2e classe.

Dans deux cas, cependant, l'enfant peut être transporté à l'avant :

– lorsque le véhicule ne comporte pas de siège arrière ou lorsque celui-ci n'est pas utilisable ou encore déjà occupé par des enfants de moins de 10 ans ;

– lorsque l'enfant est transporté face à l'arrière dans un siège spécialement conçu pour être installé à l'avant et, bien sûr, homologué.

Chaque enfant doit occuper seul une place équipée d'une ceinture de sécurité dans tous les véhicules comprenant jusqu'à neuf places, conducteur compris. Le conducteur qui transporte des enfants en surnombre, et de ce fait pas tous attachés, est passible d'une amende forfaitaire de 4e classe pour chacun des enfants concernés.

Les enfants de 10 à 18 ans peuvent être assis à l'avant ou l'arrière mais, dans tous les cas, ils doivent être retenus par un système homologué pour enfants ou par une ceinture de sécurité sous peine d'une amende de 4e classe (*Code de la route, Art. R. 412-1 et s.*).

Le décret n° 2003-637 du 9/7/2003 a étendu l'obligation du port de la ceinture de sécurité aux autobus et autocars. Le conducteur d'autocar qui n'attache pas sa ceinture de sécurité est désormais passible d'une amende de 4e classe et d'un retrait de 3 points de son permis de conduire. Quant au passager en infraction, il est passible d'une amende de 4e classe *(Voir pages Barème)* mais n'encourt aucun retrait de point. Le conducteur n'est pas responsable du fait qu'un passager ne soit pas attaché, y compris pour les enfants âgés de moins de 13 ans. Il n'encourt donc aucune amende. Il doit, en revanche, informer ses passagers de l'obligation de porter la ceinture de sécurité.

À NOTER

Jusqu'au décret n° 2018-795 du 17/9/2018, il n'existait pas de contravention lorsqu'un véhicule circulait avec un surnombre de passagers ; seule l'absence du port de la ceinture de sécurité était verbalisée. Les forces de l'ordre peuvent désormais verbaliser de manière autonome les passagers en surnombre qui, tout comme le conducteur, encourent une amende de 4e classe. Cette sanction est doublée en cas de non-port de la ceinture de sécurité. Par ailleurs, le conducteur perd 3 points sur son permis.

Le gilet et le triangle de sécurité

L'automobiliste dont le véhicule n'est pas équipé d'un gilet rétro-réfléchissant de sécurité et d'un triangle de pré-signalisation est passible d'une contravention de 4e classe *(Voir pages Barème)*. Le conducteur doit revêtir son gilet s'il est amené à sortir de son véhicule à la suite d'un arrêt d'urgence. Quant au triangle, il doit être placé à une distance d'environ 30 mètres du véhicule ou de l'obstacle à signaler.

Depuis le 1/1/2016, les motards doivent avoir sur eux ou dans un rangement de leur moto un gilet « jaune » qu'ils doivent porter lorsqu'ils descendent de leur véhicule à la suite d'un arrêt d'urgence.

La non-détention est sanctionnée d'une amende de 1re classe et le non-port du gilet à la suite d'un arrêt d'urgence est passible d'une amende de 4e classe.

Le port du gilet rétro-réfléchissant n'est pas obligatoire pour les piétons qui circulent en bordure de voie mais il est recommandé lorsque la visibilité est réduite.

À NOTER

Les conducteurs de deux-roues sont obligés de porter un casque homologué. Ces équipements doivent être conformes à la norme NF 72-305 et revêtus de l'estampille NF. Le casque doit également être attaché. À défaut, le contrevenant encourt une contravention de 4e classe, un retrait de 3 points (pour le conducteur) et l'immobilisation du véhicule.

L'éthylotest

Depuis le 22/5/2020, il n'est plus obligatoire de posséder un éthylotest dans sa voiture (*Décret n°2020-605 du 18/5/2020*).

Le décret renforce toutefois l'obligation, pour les établissements de nuit, de mettre à disposition de leur clientèle des éthylotests chimiques ou électroniques, sous peine de s'exposer à une contravention de 4e classe. Ceux-ci doivent être bien visibles, signalés par une affichette et placés à proximité de la sortie. Le responsable de l'établissement doit veiller à ce que les éthylotests soient utilisés dans des conditions d'hygiène satisfaisantes. Les clients restent libres d'utiliser ou non les éthylotests et sont seuls juges quant à leur capacité à conduire dans de bonnes conditions.

Quelles sont les limitations de vitesse à respecter ?

La vitesse sur les routes françaises est limitée en fonction du type de voie empruntée.

Hors agglomération

La vitesse des véhicules ne doit pas dépasser :
– 130 km/h sur autoroute ;
– 110 km/h sur les routes à deux chaussées séparées par un terre-plein central ;
– 80 km/h sur les autres routes. Toutefois, « sur les sections de ces routes comportant au moins deux voies affectées à un même sens de circulation, la vitesse maximale est relevée à 90 km/h sur ces seules voies » (*Code de la route, Art. R. 413-2-I*).

La loi d'orientation des mobilités du 24/12/2019 donne la possibilité aux maires et présidents de département de revenir aux 90 km/h sur certains tronçons de leur parc routier. Cette décision prend la forme d'un arrêté après avis de la commission départementale de la Sécurité routière.

Par temps de pluie ainsi que pour les élèves conducteurs ou les titulaires d'un permis probatoire, ces vitesses sont réduites et sont alors de :
– 110 km/h sur autoroute ;
– 100 km/h sur les routes à terre-plein central ;
– 80 km/h sur les autres routes (*Code de la route, Art. R. 413-2 et R. 413-5*).

À NOTER

Sur autoroute et route express, il est interdit de rouler sur la voie la plus à gauche à une vitesse inférieure à 80 km/h.

En ville

La vitesse est limitée à 50 km/h et peut être abaissée à 30 km/h par les autorités locales. Cette limite peut être relevée à 70 km/h sur les sections de route où les accès des riverains et les traversées des piétons sont en nombre limité et sont protégés par des dispositifs appropriés (*Code de la route, Art. R. 413-3*).

Quelles sont les règles concernant les croisements et les dépassements ?

Croisements et intersections

Les croisements doivent s'effectuer en serrant sur sa droite (sauf bien sûr si l'intersection est aménagée différemment). En cas d'accident, le conducteur qui aura empiété sur la partie gauche de la chaussée sera déclaré responsable. Par ailleurs, le conducteur qui aborde une intersection a l'obligation de ne pas s'engager si son véhicule risque d'y être immobilisé et d'empêcher le passage des voitures sur les autres voies.

Cette obligation ne concerne pas les cycles mais est applicable aux motos (les cycles doivent respecter la signalisation qui leur est propre). Le véhicule dans cette situation doit s'arrêter avant la ligne matérialisée au sol. À défaut de bande blanche, la limite à respecter est la ligne située à l'aplomb du feu de signalisation ou avant le passage piéton s'il en existe un.

Les cyclomoteurs peuvent s'engager dans l'intersection comme les vélos s'ils y sont autorisés par la police (*Code de la route, Art. R. 412-30, R. 415-2 et R. 414-1 et s.*).

Dépassements

Les dépassements s'effectuent sur la gauche quand les véhicules sont en marche. S'ils sont à l'arrêt (à un feu rouge par exemple) cette règle n'est pas applicable et, en redémarrant, un véhicule peut doubler un autre véhicule sur sa droite.

Le conducteur, avant de dépasser, doit s'assurer qu'il peut le faire sans danger (possibilité de reprendre sa place dans la file de droite, dépassement pouvant s'effectuer rapidement…). En agglomération, s'il dépasse un piéton, un engin à deux ou trois roues, un véhicule à traction animale, un cavalier ou un animal, il doit laisser une distance d'au moins 1 mètre entre son véhicule et cet usager.

Hors agglomération, cette distance est d'1,5 mètre.

Le conducteur qui va être dépassé doit serrer sur sa droite sans accélérer son allure (*Code de la route, Art. R. 414-4 et s.*).

Sur route, en cas de neige ou de verglas :

– il est interdit de dépasser les engins de service hivernal en action sur la chaussée ;

– tout dépassement ou changement de file est interdit aux véhicules de plus de 3,5 tonnes ou aux ensembles de véhicules dont la longueur excède 7 mètres (*Code de la route, Art. R. 414-17*).

Sanctions

– dépassements dangereux : contraventions de 4e classe et perte de 3 points du permis ;

– accélération de l'allure au moment d'être dépassé : contravention de 4e classe et perte de 2 points du permis ;

– défaut de signalisation (clignotant) lors du dépassement : contravention de 4e classe et perte de 3 points du permis ;

– croisements dangereux : contravention de 2e classe et perte de 3 points du permis ;

– circulation sur la voie du milieu ou de gauche d'une autoroute (hors cas de dépassement) : contravention de 2e classe ;

– immobilisation dans une intersection : contravention de 4e classe.

Par ailleurs le conducteur coupable de ces infractions peut voir son permis de conduire suspendu pour 3 ans au plus, cette suspension pouvant être limitée à la conduite en dehors de l'activité professionnelle (permis blanc)(*Code de la route, Art. R. 414-2, R. 414-4, R. 414-16 et R. 415-2*).

Quelles sont les règles concernant la priorité ?

Les règles de priorité aux intersections, carrefours, accès à une autoroute, sorties de garage ou de voie privée, sont prévues par les articles R. 415-1 et suivants du Code de la route.

Tout conducteur abordant un rond-point à sens giratoire est tenu, quel que soit le classement de la route qu'il s'apprête à quitter, de céder le passage aux usagers circulant sur la chaussée qui ceinture le carrefour à sens giratoire (priorité à gauche)(*Code de la route, Art. R. 415-10*).

À l'intérieur du carrefour à sens giratoire, les règles de la priorité à droite sont à nouveau applicables.

Le conducteur qui quitte une route doit céder le passage aux cycles et cyclomoteurs circulant, dans les deux sens, sur les pistes cyclables qui traversent la chaussée sur laquelle il va s'engager.

Il doit aussi laisser le passage aux piétons se trouvant sur les passages protégés, sur les aires piétonnes ou les zones de rencontre.

À NOTER

« Tout conducteur est tenu de céder le passage, au besoin en s'arrêtant, au piéton s'engageant régulièrement dans la traversée d'une chaussée ou manifestant clairement l'intention de le faire » (Code de la route, Art. R. 415-11). En cas de non-respect des règles de priorité de passage aux piétons, le conducteur encourt une amende de 4e classe et risque de voir son permis de conduire suspendu pour une durée maximale de 3 ans. Par ailleurs, il encourt une perte de 6 points sur son permis de conduire (au lieu de 4 auparavant). Cette infraction pourra être constatée par vidéo-surveillance.

Quelles sont les règles concernant les téléphones portables et les écrans vidéo ?

L'usage d'un téléphone par le conducteur d'un véhicule en circulation est interdit (y compris les écouteurs, les oreillettes et les casques audio). Les systèmes montés dans les véhicules ou dans les casques qui ne nécessitent ni le port à l'oreille ni la tenue en main d'aucun dispositif restent autorisés.

Le conducteur encourt une contravention de 4e classe et la réduction de plein droit de 3 points de son permis de conduire.

De même, l'usage d'un écran vidéo placé dans le champ de vision du conducteur est interdit. Cette infraction est punie d'une amende de 5e classe des contraventions et d'un retrait de 3 points du permis. Seuls les écrans de navigation ou d'aide à la conduite sont autorisés (*Code de la route, Art. R. 412-6-1 et R. 412-6-2*).

Le conducteur qui commet une infraction routière alors qu'il tient son téléphone portable à la main risque également la suspension de son permis de conduire pour une durée pouvant atteindre 6 mois maximum.

Le décret n° 2020-605 du 18/5/2020 énumère la liste des infractions routières concernées :
– ne pas circuler sur le bord droit de la chaussée ;
– ne pas utiliser le clignotant ;
– ne pas respecter les distances de sécurité ;
– franchir ou chevaucher les lignes continues et les lignes délimitant les bandes d'arrêt d'urgence ;
– ne pas respecter les feux de signalisation (rouge et jaune) ;
– ne pas respecter les règles de dépassement (dépassement dangereux, dépassement par la droite, dépassement par la gauche gênant la circulation en sens inverse, dépassement sans visibilité suffisante vers l'avant, conducteur dépassé ne serrant pas sa droite) ;
– ne pas respecter la signalisation imposant l'arrêt ou le cédez-le-passage ;
– ne pas respecter la priorité de passage à l'égard des piétons ;
– ne pas respecter les vitesses (dépassement de la vitesse maximale autorisée en agglomération ou hors agglomération, vitesse excessive ou inadaptée au regard des circonstances).

Quelles sont les règles concernant les distances de sécurité ?

Les automobilistes doivent maintenir une distance de sécurité suffisante pour pouvoir éviter une collision en cas de ralentissement brusque ou d'arrêt subit du véhicule qui les précède. Cette distance de sécurité doit être égale au moins à la distance parcourue par le véhicule pendant 2 secondes. S'il s'agit de deux poids lourds qui se suivent (véhicules dont le poids total autorisé en charge dépasse 3,5 tonnes ou dont la longueur dépasse 7 mètres), la distance de sécurité est de 50 mètres minimum, hors agglomération.
Les sanctions en cas de non-respect de cette obligation ont été aggravées. Le conducteur encourt une amende de 4e classe des contraventions, la suspension pour 3 ans de son permis et la réduction de 3 points du permis de conduire.
En cas de récidive dans le délai d'un an et lorsque le non-respect de la distance de sécurité a lieu dans un tunnel, l'infraction devient un délit et le conducteur peut être condamné à 6 mois d'emprisonnement, à une amende, à la suspension, pour 3 ans de son permis et au retrait de 6 points de son permis (*Code de la route, Art. L. 412-2 et R. 412-12*).

Les sanctions

Quelles sanctions sont prévues en cas d'excès de vitesse, de stationnement irrégulier ou de conduite en état d'ivresse ? L'immobilisation du véhicule, sa mise en fourrière, sa confiscation, les contraventions, le retrait de points du permis, sa suspension ou même son annulation... sont autant de sanctions prévues par le Code de la route.

La constatation des infractions

› Doit-on obligatoirement déférer à une sommation de s'arrêter ?

Il faut obligatoirement déférer à une sommation de s'arrêter faite par un agent revêtu des signes extérieurs et apparents de sa qualité.

Il faut être en mesure de présenter :

– le titre justifiant de l'autorisation de conduire. En cas de conduite accompagnée, l'accompagnateur doit présenter son permis de conduire datant d'au moins 5 ans ;

– la carte grise ;

– l'attestation d'assurance ;

– (le cas échéant) la vignette Crit'Air ;

– depuis le 1/1/2016, le triangle de présignalisation et le gilet de haute visibilité.

Le certificat d'assurance et éventuellement la vignette Crit'Air doivent être de façon apparente apposés sur le pare-brise.

En cas de perte ou de vol du permis de conduire, le récépissé de déclaration de perte ou de vol tient lieu de titre pendant un délai de 2 mois au plus.

Le fait de ne pas présenter immédiatement aux agents les documents est puni de l'amende prévue pour les contraventions de 1re classe.

Si le test du conducteur est négatif alors que le contrôle opéré par les forces de l'ordre est positif, seul ce dernier sera retenu et le conducteur condamné (*Code de la route, Art. R. 233-1*).

Le refus d'obtempérer à une sommation de s'arrêter entraîne une perte de 6 points du permis. Le conducteur peut également être puni d'une peine de prison, d'une amende et d'une suspension de son permis (*Code de la route, Art. L. 233-1*).

Si le conducteur a refusé de s'arrêter en faisant courir à autrui un risque de mort ou de blessures graves, il peut être puni de 5 ans de prison et d'une amende de 75 000 €.

Par ailleurs, son permis peut être suspendu ou annulé pendant 5 ans et son véhicule confisqué.

Enfin, ce délit entraîne la réduction de plein droit de la moitié du nombre de points initial du permis de conduire (*Code de la route, Art. L. 233-1-1*).

À NOTER

Le site Service-Public.fr a mis en ligne un simulateur pour savoir ce qu'encourt l'auteur d'une infraction routière : www.service-public.fr/simulateur/calcul/Infraction.

› Peut-on contester un procès-verbal ?

Pour contester un procès-verbal, il faut en premier lieu refuser de le signer et de payer l'amende (ce qui équivaudrait à une reconnaissance de l'infraction reprochée) puis, devant le tribunal, tenter de le faire annuler.

Dans certains cas, pour que sa contestation puisse être étudiée, le contrevenant doit s'acquitter préalablement d'une consignation (voir plus loin).

En vertu de l'article 429 du Code de procédure pénale, le procès-verbal n'a de valeur probante que s'il est régulier en la forme, si son auteur a agi dans l'exercice de ses fonctions et a noté, dans une matière de sa compétence, ce qu'il a vu, entendu ou constaté personnellement.

Compétence de l'auteur du procès-verbal

Sont compétents en matière d'infractions à la circulation routière les officiers ou agents de police judiciaire, les gendarmes et les agents de police judiciaire adjoints, les gardiens de la paix de la police nationale, les personnels assermentés de l'Office national des forêts (jusqu'aux contraventions de 5e classe mais non les délits), les gardes champêtres (infractions contre les propriétés forestières ou rurales), les agents agréés et assermentés titulaires ou auxiliaires de l'État ou des communes, les agents assermentés des services publics de transports en commun (infractions qui affectent la circulation de ces véhicules), les officiers de port et les officiers de port adjoints (infractions de stationnement dans les enceintes portuaires), les ingénieurs des Ponts et Chaussées et les techniciens des travaux publics (infractions de voirie)(*Code de la route, Art. R. 130-1 et s.*).

Les agents de police municipale, qui sont agents de police judiciaire adjoints, peuvent verbaliser l'ensemble des contraventions au Code de la route.

Les agents de sécurité et de surveillance dans les aéroports peuvent, s'ils sont agréés par le préfet, dresser procès-verbal en cas d'infractions aux règles de stationnement (*Code de la route, Art. R. 130-2.*).

Rédaction du procès-verbal

Les tribunaux ont pu annuler un procès-verbal qui avait été rédigé au crayon et qui ne comportait ni le nom ni la signature de l'agent verbalisateur ou encore un procès-verbal qui était raturé et qui ne permettait pas d'établir l'infraction. Lorsque l'infraction est relevée par radar automatique, la signature manuelle figurant sur le procès-verbal peut être numérisée.

Mais les possibilités de contester un PV vont être plus rares avec le procès-verbal électronique (PVe).

Les agents relèvent sur un appareil numérique portable, tablette PC, terminal informatique embarqué, interface de saisie sur ordinateur… et transmettent les données au Centre national de traitement de Rennes. L'avis de contravention est ensuite édité et envoyé automatiquement par courrier au domicile du titulaire du certificat d'immatriculation.

Contestation des faits rapportés

Si le procès-verbal est régulier en sa forme, il faut prouver la fausseté des constatations policières puisqu'un procès-verbal fait foi jusqu'à preuve contraire et bénéficie d'une présomption de vérité (*Code de procédure pénale, Art. 537*).

Cette preuve peut être apportée en produisant un écrit ou par témoignages (par exemple un document de voyage prouvant que le propriétaire du véhicule ne pouvait être le conducteur puisqu'il se trouvait dans un autre lieu au moment de l'infraction, ou une photo des lieux montrant l'absence de signalisation ou encore le témoignage d'un passant, d'un autre conducteur…).

D'une façon générale, les constatations effectuées par des appareils de contrôle automatique et relatives à la vitesse, aux distances de sécurité, au non-respect d'un stop, au non-paiement des péages ou à la présence de véhicules sur certaines voies interdites font foi jusqu'à preuve du contraire. Cela signifie que le conducteur qui les conteste doit prouver qu'elles sont fausses (ce n'est pas à la police de prouver leur véracité)(*Code de la route, Art. L. 130-9*).

A NOTER

Depuis novembre 2018, il est possible, pour les automobilistes verbalisés pour n'avoir pas présenté leur permis de conduire ou leur attestation d'assurance lors d'un contrôle policier, de contester leur amende en ligne via le site internet de l'ANTAI (www.antai.gouv.fr).

Comment les blessures et les homicides involontaires sont-ils sanctionnés ?

La loi n° 2003-495 du 12/6/2003 a institué des délits spéciaux lorsque des blessures ou des homicides involontaires ont été causés par un conducteur. Les peines sont aggravées par rapport à celles prévues en cas d'homicide ou de blessures involontaires causés en dehors du domaine de la circulation routière. Elles dépendent de la gravité des conséquences pour la victime. Le conducteur qui tue sa victime, par maladresse, imprudence, inattention, négligence ou manquement à une obligation législative ou réglementaire de sécurité ou de prudence, encourt une peine de 5 ans de prison et 75 000 € d'amende.

Les peines sont de 7 ans de prison et 100 000 € d'amende en cas de circonstances aggravantes telles que : la violation de l'obligation de sécurité manifestement délibérée, la conduite en état d'ivresse ou avec usage de stupéfiants, le refus de se soumettre aux vérifications de l'état alcoolique ou de drogué, le défaut de permis, la vitesse excessive (dépassant de 50 km/h la vitesse autorisée) ou encore la fuite après l'accident.

Si la victime a subi une incapacité totale de travail pendant plus de 3 mois, les peines sont de 3 ans d'emprisonnement et de 45 000 € d'amende et de 5 ans de prison et de 75 000 € d'amende en cas de circonstances aggravantes.

Si la victime a subi une incapacité totale de travail égale ou inférieure à 3 mois, les peines sont de 2 ans d'emprisonnement et de 30 000 € d'amende et 3 ans de prison et 45 000 € d'amende en cas de circonstances aggravantes.

Ces délits entraînent également la suspension du permis, sans possibilité de sursis ni de « permis blanc » (permis autorisé pour l'activité professionnelle). Le permis est annulé en cas de circonstances aggravantes.

Des peines complémentaires peuvent également être prononcées comme la confiscation et la mise en fourrière du véhicule ou encore l'obligation (après la fin de l'interdiction de conduire) d'équiper son véhicule d'un dispositif d'anti-démarrage par éthylotest électronique (*Code pénal, Art. 221-6-1, 221-8, 222-19-1, 222-20-1 et 222-44*).

Comment le délit de fuite et de non-assistance est-il sanctionné ?

Le conducteur qui, sachant que son véhicule vient de causer un accident, ne s'arrête pas, est passible du délit de fuite. Il peut être puni d'un emprisonnement et d'une amende prévue par l'article 434-10 du Code pénal. Ces peines sont doublées si l'accident a occasionné la mort de la victime ou son incapacité pendant plus de 3 mois. Six points sont retirés de son permis. Il encourt également une suspension de permis d'une durée de 3 ou 5 ans (cette suspension ne pouvant pas être limitée à la conduite en dehors de l'activité professionnelle), l'interdiction pendant 5 ans de conduire toute voiture y compris celles ne nécessitant pas de permis, l'obligation de suivre un stage de sensibilisation à la sécurité routière et la confiscation de son véhicule (*Code pénal, Art. 434-10 et 434-45* ; *Code de la route, Art. L. 231-1 et s.*).

Le conducteur peut également être puni pour non-assistance à personne en péril (l'assistance peut être apportée soit par une action personnelle soit en provoquant un secours). Enfin, est également réprimé le fait d'entraver volontairement l'arrivée des secours destinés à faire échapper une personne à un péril imminent ou à combattre un sinistre présentant un danger pour la sécurité (*Code pénal, Art. 223-5 et 223-6*).

À NOTER

Celui qui s'arrête, qui laisse le temps de prendre son identité et son numéro d'immatriculation et qui prend ensuite la fuite, n'est pas passible du délit de fuite.

Comment l'excès de vitesse est-il sanctionné ?

› Les contrôles

Le contrôle de la vitesse se fait obligatoirement à l'aide de radars (les relevés de vitesse effectués au moyen d'un compteur kilométrique d'un véhicule suiveur sont contestables). De manière à protéger les droits des automobilistes, les radars doivent être contrôlés tous les ans par les services administratifs compétents et faire l'objet d'essais sur les lieux où ils sont installés. La date de vérification annuelle et la mention de l'essai doivent obligatoirement apparaître sur le procès-verbal d'infraction.

Aussi, si vous faites l'objet d'un contrôle de vitesse, vérifiez sur le procès-verbal d'infraction la date à laquelle le radar a été contrôlé et la mention de l'essai du radar sur les lieux de contrôle. À défaut d'indication, le procès-verbal n'est pas valable. En outre, il est toujours possible de contester les conditions d'installation du radar et de faire consigner sur le procès-verbal ses observations à ce sujet (mauvaise condition météorologique, radar installé dans une courbe…) notamment en demandant aux forces de police le lieu exact où l'infraction a été constatée, les conditions d'installation du radar et le modèle utilisé.

Le procès-verbal d'infraction doit comporter en outre :

– la date de l'infraction ;
– le nom et la qualité du rédacteur ;
– le lieu et l'heure de l'infraction ;
– l'immatriculation, la marque, le type et la couleur du véhicule ;
– les observations sur les conditions de contrôle ;
– la vitesse lue sur l'appareil ;
– la photographie datée du véhicule lorsque l'infraction a été relevée au moyen d'un radar automatique couplé à un dispositif photographique (sur le périphérique parisien par exemple). Désormais le titulaire du

certificat d'immatriculation du véhicule est responsable financièrement de l'amende pour les contraventions pour excès de vitesse et pour non-respect des signalisations imposant l'arrêt des véhicules. Pour éviter de payer la contravention, il doit prouver le vol de son véhicule avant l'infraction, dénoncer le conducteur du véhicule ou établir l'existence d'un événement de force majeure ne lui permettant pas d'être au volant au moment de l'infraction. Ainsi, par exemple, le propriétaire d'un véhicule flashé pour excès de vitesse a pu rapporter la preuve qu'il était au travail au moment des faits. N'étant pas le conducteur fautif, il a été exempté du paiement de l'amende (*Cour de cassation, Chambre criminelle, 18/9/2012*).

S'il nie être l'auteur de l'infraction sans en apporter la preuve, il doit payer l'amende, mais n'est pas poursuivi pénalement (pas de suspension, ni de perte de points sur le permis).

LA RÉPRESSION CONCERNANT LES DÉTECTEURS ET LES AVERTISSEURS DE RADARS

✓ La fabrication, l'importation, l'exportation, l'exposition, l'offre, la mise en vente, la vente, la location ou l'incitation à l'achat ou à l'utilisation d'un dispositif ayant pour objet de déceler la présence ou de perturber le fonctionnement des appareils servant à la constatation des infractions en matière de sécurité routière constitue un délit puni de 2 ans d'emprisonnement et 30 000 € d'amende. Ce dispositif est saisi, et lorsqu'il est placé ou adapté sur un véhicule, ce véhicule peut également être saisi (*Code de la route, Art. L. 413-2*).

✓ L'utilisation d'un détecteur de radars par un conducteur demeure une contravention punie d'une amende de 1 500 € et du retrait de 6 points du permis (*Code de la route, Art. R. 413-15*).

✓ Les avertisseurs de radars (boîtiers, navigateurs ou téléphones mobiles) qui informent le conducteur de la présence d'un radar fixe et même qui répertorient les emplacements possibles de radars mobiles sont désormais interdits. Leur utilisation est passible d'une amende de 1 500 € et d'un retrait de 6 points (*Code de la route, Art. R. 413-15*). Si les GPS – qui restent autorisés – sont équipés de cette application, elle doit être désactivée. Pour ce faire, les automobilistes doivent demander un DVD de mise à jour à leur constructeur automobile.

En pratique, les avertisseurs de radar ont été transformés en assistants d'aide à la conduite destinés à signaler au conducteur les zones dangereuses, accidentogènes, qui cependant ne coïncident pas forcément avec des zones où se trouvent des radars.

› Le recours aux radars automatisés

● Mis en place afin de sécuriser des zones supposées « accidentogènes », ce radar, couplé à un appareil photo numérique, permet de « flasher » les voitures en excès de vitesse de façon automatique.

Opérationnel par tous les temps, de jour comme de nuit, cet appareil permet l'envoi automatique d'un PV au titulaire du certificat d'immatriculation (qui n'est pas forcément le conducteur fautif) du véhicule pris en flagrant excès de vitesse.

Des zones de contrôles leurres, destinées à lutter contre les excès de vitesse, ont été progressivement mises en place. Il s'agit de mettre plusieurs panneaux avertissant de la proximité d'un radar automatique sur des routes particulièrement accidentogènes, alors qu'en réalité, un seul radar est placé sur la zone.

● Par ailleurs, un nouveau type de radar dit « tronçon » est progressivement installé sur les routes françaises. Celui-ci permet de calculer la vitesse moyenne d'un véhicule sur plusieurs kilomètres. Le premier radar détecte la vitesse du véhicule, prend la photo de la plaque d'immatriculation puis transmet ces données au second radar qui calcule la vitesse moyenne du véhicule et, si celle-ci est supérieure à la moyenne autorisée, l'indique à l'automobiliste grâce à un panneau lumineux.

● Enfin, des radars mobiles de nouvelle génération sont utilisés sur une partie du territoire pour lutter contre les grands excès de vitesse. Il s'agit d'appareils embarqués à bord d'une voiture banalisée, conduite par des gendarmes ou des policiers en uniforme. Les contrôles sont effectués en circulant, à tout moment, par un flash infrarouge indétectable par les automobilistes.

Ces radars sont conçus pour cibler les conducteurs responsables de grand excès de vitesse : la marge technique de ces radars est de 10 km/h pour les limitations de vitesse inférieures à 100 km/h et de 10 % pour les limitations de vitesse supérieures à 100 km/h.

À NOTER

Pour informer les automobilistes ayant reçu une contravention émise par un radar automatique, le ministère des Transports a mis à leur disposition un centre d'appel : 0 811 102 030 (de 9 h à 20 h, du lundi au vendredi).

À NOTER

La carte officielle des radars fixes et des contrôles leurres, actuellement en service sur le territoire métropolitain et Outre-mer, est consultable sur le site de la Sécurité routière : https://radars.securite-routiere.gouv.fr. Vous pouvez faire une recherche par département ou par type de radars (passages à niveau, feux rouges, fixes, vitesse moyenne, etc.).

SANCTIONS EN CAS DE DÉPASSEMENTS DE LA VITESSE MAXIMALE AUTORISÉE

Dépassements	Amende forfaitaire minorée	Amende forfaitaire	Amende forfaitaire majorée	Amende maximale	Retraits de points	Suspension de permis de conduire (maximum encouru)
Moins de 20 km/h hors agglomération	45 €	68 €	180 €	-	1	AUCUNE
Moins de 20 km/h en agglomération (lorsque la vitesse est limitée à 50km/h ou moins)	90 €	135 €	375 €	-	1	AUCUNE
Entre 20 et 49 km/h (en et hors agglomération)	90 €	135 €	375 €	-	- Entre 20 km/h et 29 km/h : 2 - Entre 30 km/h et 39 km/h : 3 - Entre 40 km/h et 49 km/h : 4	- AUCUNE - 3 ans - 3 ans
À partir de 50 km/h	-	-	-	1 500 €	6	3 ans *

** Sans possibilité de permis blanc. Par ailleurs, le véhicule est immobilisé et mis en fourrière.*

COMMENT CONTESTER UNE CONTRAVENTION ISSUE D'UN CONTRÔLE AUTOMATISÉ

Le conducteur qui reçoit un avis de contravention lui indiquant que son véhicule a été flashé en excès de vitesse peut contester cette contravention.

✓ Il peut demander, par courrier simple, à recevoir la photo afin de vérifier, par exemple, qu'il n'y a pas d'erreur de retranscription de l'immatriculation. Ensuite, il doit obligatoirement compléter le « formulaire de requête en exonération » qui lui a été envoyé en même temps que l'avis de contravention.

En principe, il faut joindre à la réclamation une consignation correspondant au montant de l'amende forfaitaire, sauf si :

– on démontre que son véhicule a été volé ou détruit (en fournissant un justificatif : récépissé du dépôt de plainte, copie de récépissé de prise en charge pour destruction du véhicule) ;

– on indique – preuve à l'appui – qu'une autre personne conduisait son véhicule au moment des faits. Pour cela, il faut indiquer l'identité complète de cette autre personne.

Attention : tout faux témoignage ou toute déclaration inexacte ou erronée est sanctionné par une amende de 5e classe *(Voir pages Barème)*. De même, toute dénonciation calomnieuse ou usage de faux peut entraîner une amende et une peine de prison.

Le formulaire, les justificatifs et, le cas échéant, la consignation doivent être expédiés dans les 45 jours qui suivent la date d'envoi de l'avis de contravention (sous peine de majoration). L'adresse d'envoi de la carte de consignation figure sur la carte. Le formulaire rempli doit être envoyé à l'adresse indiquée sur le formulaire (gardez une photocopie recto verso de ce formulaire).

Plusieurs moyens de paiement de la consignation sont à votre disposition :

– **paiement par chèque, à l'ordre du Trésor public :** à expédier à l'aide de l'enveloppe jointe à l'avis de contravention, après l'avoir affranchie ;

– **paiement par téléphone :** muni de la carte de consignation et de sa carte bancaire, il faut appeler le 0 811 10 10 10 (0,05 € TTC/min + prix appel local). Il est possible de demander un justificatif de paiement (qui sera adressé sous 48 heures) ;

– **paiement *via* l'application gratuite « amendes. gouv »**, téléchargeable sur Google Play ou App Store ;

– **paiement sur Internet :** muni de la carte de consignation et de sa carte bancaire, il faut se connecter sur *www.amendes.gouv.fr*.

La somme envoyée au titre de la consignation ne donne pas lieu à un retrait de points et vous sera remboursée en cas d'abandon des poursuites, mais il faudra que vous en fassiez la demande au Trésor public. En cas de condamnation, cette somme sera déduite du montant de l'amende prononcée.

✓ Il est possible de contester sur Internet une contravention pour excès de vitesse constatée par un radar automatique, en se connectant sur le site de l'Agence nationale de traitement automatisé des infractions (*www.antai.gouv.fr*, rubrique « Désignation et contestation »).

Après avoir indiqué le numéro et la date de l'avis de contravention ainsi que votre nom et le numéro d'immatriculation de votre véhicule, vous accédez aux trois motifs de contestation possible :

– ce n'est pas (ou plus) mon véhicule ;

– j'ai prêté ou loué mon véhicule ;

– je conteste la réalité de l'infraction.

Vous devez numériser et joindre les justificatifs à l'appui de votre contestation (certificat de vol, nom du véritable conducteur, etc.).

Après l'envoi, vous recevez un accusé d'enregistrement téléchargeable et un courriel de confirmation.

Comment la conduite en état d'ivresse est-elle sanctionnée ?

La répression de l'alcool au volant est particulièrement sévère (*Code de la route, Art. L. 234-1 et s.*).

Les contrôles

La police ou la gendarmerie peuvent, à titre préventif, soumettre tout conducteur aux épreuves de dépistage de l'imprégnation alcoolique, même en l'absence d'infraction préalable.

Le contrôle ne peut viser que les conducteurs de véhicules (auto, moto et cycles) et non les passagers, sauf ceux accompagnant un élève dans le cadre de l'apprentissage de la conduite accompagnée. Les contrôles sont possibles, même moteur arrêté.

La police ou la gendarmerie doivent par ailleurs obligatoirement soumettre à un contrôle d'alcoolémie tout conducteur ayant commis une infraction sanctionnée par une suspension de permis (excès de vitesse, par exemple) ou en cas d'accident de la circulation ayant entraîné des dommages corporels.

Le contrôle d'alcoolémie peut être effectué à l'aide d'un alcootest (ballon en plastique) ou d'un éthylotest (expiration dans une machine à affichage numérique). Le refus de se prêter à ces contrôles n'est pas sanctionné mais vous serez alors obligé de vous soumettre à un dépistage par prélèvement sanguin.

Le contrôle d'alcoolémie doit être effectué par prélèvement sanguin chaque fois que le contrôle effectué par alcootest ou éthylotest s'est révélé positif ou en cas de refus du conducteur de se prêter aux épreuves précitées. Il est fait par un médecin en présence d'un officier de police. En cas de refus du conducteur, les sanctions sont celles applicables aux personnes présentant un taux d'alcoolémie supérieur à 0,8 g/l (gramme par litre).

En cas d'accident, un test salivaire peut être réalisé pour dépister l'éventuelle présence d'une ou plusieurs substances témoignant de l'usage de stupéfiants (comme le cannabis, la cocaïne, les amphétamines…) (voir plus loin). Si le test est positif, il est complété par une prise de sang réalisée en milieu médical.

A NOTER

La Cour de cassation a jugé que le conducteur d'un véhicule qui est victime d'un accident de la route alors qu'il a consommé de l'alcool et du cannabis est en partie responsable de son accident, ce qui a pour effet de limiter ou d'exclure son droit à indemnisation (Cour de cassation, 2e chambre civile, 13/10/2005).

ATTENTION ⚠

L'alcool est la première cause d'accidents mortels en France. Il est responsable de 30 % des accidents avec décès.

La contestation des contrôles

Il est possible de contester les résultats des contrôles effectués et de demander un second dépistage, soit immédiatement en cas d'usage d'un alcootest ou éthylotest après vérification de l'appareil (la mention de la vérification devra apparaître sur le procès-verbal), soit avant 5 jours suivant la notification des résultats de l'analyse de sang, en cas de dépistage par prélèvement sanguin. Dans les deux situations, en cas d'écart, le taux le plus favorable au conducteur est retenu.

Les sanctions

Sauf pour les jeunes conducteurs (voir plus loin), le seuil maximal d'alcoolémie autorisé au volant est de 0,5 g/l d'alcool dans le sang en cas de contrôle par prélèvement sanguin ou de 0,25 mg/l d'air expiré en cas de contrôle par éthylotest (*Décret du 28/8/1995*). Les sanctions sont progressives :

– entre 0,5 g/l et 0,8 g/l d'alcool dans le sang : on encourt une amende de 4e classe *(Voir pages Barème)*, un retrait de 6 points du permis et la suspension de celui-ci jusqu'à 3 ans ;

– au-delà de 0,8 g/l d'alcool dans le sang : on risque une amende pouvant aller jusqu'à 4 500 € et un emprisonnement de 2 ans maximum, un retrait de 6 points du permis, une suspension ou annulation du permis pouvant aller jusqu'à 3 ans et même la confiscation du véhicule.

Ces sanctions peuvent être remplacées par une mesure de composition pénale.

Pour les jeunes conducteurs, le seuil maximal d'alcoolémie autorisé au volant est de 0,2 g/l depuis le 1/7/2015. Ce taux s'applique aux jeunes conducteurs pendant les 3 premières années après le permis ou pendant les 2 premières années si le permis a été obtenu dans le cadre de la conduite accompagnée. Sont également concernées les personnes repassant leur permis après avoir perdu leurs 12 points ou après annulation.

Lorsque le conducteur a provoqué un accident, la conduite en état d'ivresse manifeste ou sous l'empire d'un état alcoolique (au moins 0,5 g/l d'alcool dans le sang) constitue une « circonstance aggravante » entraînant une aggravation des peines. Par exemple, en cas d'homicide involontaire, la sanction prévue (5 ans d'emprisonnement et 75 000 € d'amende) est portée à 7 ans d'emprisonnement et 100 000 € d'amende (*Code pénal, Art. 221-6-1*).

A NOTER

Pour les conducteurs de véhicules de transport en commun, le taux maximal d'alcoolémie toléré au volant est désormais de 0,2 g/l d'alcool dans le sang (contre 0,5 g/l avant) ou 0,10 mg d'alcool par litre d'air expiré (Code de la route, Art. R 234-1). Un éthylotest antidémarrage doit obligatoirement équiper les autocars mis en circulation depuis le 1/1/2010 et assurant le transport d'enfants. L'absence d'éthylotest antidémarrage dans les cas où le véhicule doit en être obligatoirement équipé est punie d'une amende de 4e classe (Voir pages Barème).

Toute personne conduisant en état d'ivresse (taux d'alcool dans le sang égal ou supérieur à 0,8 g/l) encourt des peines complémentaires telles que la suspension ou l'annulation du permis de conduire, une peine de travail d'intérêt général, l'obligation de suivre un stage de sensibilisation à la sécurité routière ou encore l'interdiction de conduire, pendant une durée de 5 ans au plus, un véhicule non équipé d'un dispositif homologué d'antidémarrage par éthylotest électronique (*Code de la route, Art. L. 234-2*). Dans ce dernier cas, avant de pouvoir démarrer sa voiture, le conducteur devra souffler dans l'éthylotest. Si le taux d'alcool est trop important, la voiture ne pourra pas démarrer. Le conducteur qui se risquerait à contourner, d'une manière ou d'une autre, le dispositif, encourt une amende de 5e classe *(Voir pages Barème)* ainsi que des peines complémentaires (suspension du permis, confiscation du véhicule…). Ces peines s'appliquent également aux complices de cette infraction, par exemple au passager qui utiliserait l'éthylotest à la place du conducteur.

Comment l'usage de stupéfiants est-il sanctionné ?

Toute personne qui conduit un véhicule alors qu'elle a fait usage de substances ou plantes classées comme stupéfiants peut être punie jusqu'à 2 ans d'emprisonnement et 4 500 € d'amende, plus le retrait de 6 points de son permis. Si la personne se trouvait également sous l'empire d'un état alcoolique égal ou supérieur au taux autorisé, les peines sont portées à 3 ans d'emprisonnement et 9 000 € d'amende. En cas d'accident mortel, les peines sont portées à 10 ans d'emprisonnement et 150 000 € d'amende.

La personne risque également des peines complémentaires telles que la suspension ou l'annulation pour une durée de 3 ans au plus de son permis de conduire, une peine de travail d'intérêt général ou un stage de sensibilisation à la sécurité routière (*Code de la route, Art. L. 235-1*). Le Conseil constitutionnel a jugé que l'infraction est constituée dès lors que l'usage de stupéfiants est établi par une analyse de sang et ce, quelle que soit la quantité de produit détectée. Il suffit donc que le résultat soit supérieur à zéro (*Conseil constitutionnel, 9/11/2011*). Il est maintenant possible de procéder à un prélèvement salivaire à la place d'un prélèvement sanguin (*Code de la route, Art. R. 235-3 et s.*).

À NOTER

La police ou la gendarmerie peuvent soumettre les conducteurs impliqués dans un accident mortel ou corporel, mais aussi matériel, à des épreuves de dépistage afin de vérifier s'ils ne conduisaient pas sous l'influence de stupéfiants. Ce dépistage est également possible si le conducteur est l'auteur présumé d'une infraction au Code de la route ou s'il est soupçonné d'avoir fait usage de stupéfiants. En cas d'accident mortel et si les analyses se révèlent positives, le conducteur peut faire l'objet d'une condamnation pénale. Quant aux personnes refusant de se soumettre à ces analyses, elles peuvent être condamnées à une amende de 4 500 € et à un emprisonnement de 2 ans au maximum (Code de la route, Art. L. 235-2 et L. 235-3). Les frais de dépistage - qui peuvent s'élever à plusieurs centaines d'euros - sont à la charge de la personne condamnée.

MÉDICAMENTS ET CONDUITE

De très nombreux médicaments sont susceptibles d'altérer l'aptitude à la conduite. Somnolence, troubles visuels, altération de la vigilance… ces produits sont retrouvés chez environ 10 % des accidentés de la route.
Les laboratoires pharmaceutiques doivent apposer sur les boîtes de médicaments des pictogrammes informant les conducteurs du risque encouru :
– **un triangle jaune** avec la mention « Soyez prudent (ne pas conduire sans avoir lu la notice) ». Cela concerne les médicaments de niveau 1 (ex. : ceux qui luttent contre le rhume, la toux ou encore l'hypertension artérielle) ;
– **un triangle orange** avec la mention « Soyez très prudent (ne pas conduire sans l'avis d'un professionnel de santé) ». Cela concerne les médicaments de niveau 2 (ex. : certains antidépresseurs, anti-douleurs, tranquillisants…) ;
– **un triangle rouge** avec la mention « Attention, danger : ne pas conduire (pour la reprise de la conduite, demandez l'avis d'un médecin) ». Cela concerne les médicaments de niveau 3 (ex. : les somnifères, de nombreux tranquillisants et neuroleptiques, les anesthésiques généraux et les collyres provoquant une dilatation de la pupille).

INFRACTIONS ROUTIÈRES COMMISES À L'ÉTRANGER : LA FIN DE L'IMPUNITÉ

Les poursuites à l'encontre des automobilistes commettant des infractions routières dans un autre pays européen sont maintenant facilitées.

En effet, conformément à la directive n° 2015/413/UE, les États membres peuvent dorénavant communiquer entre eux l'immatriculation des véhicules ayant commis l'une des infractions suivantes :
– excès de vitesse ;
– non-respect des feux de signalisation ;
– non-respect du port de la ceinture de sécurité ;
– conduite en état d'ivresse ou sous l'influence de drogues ;
– non-respect du port du casque de sécurité ;
– circulation sur une voie interdite (bande d'arrêt d'urgence par exemple) ;
– utilisation illégale du téléphone mobile au volant.

Ainsi, un conducteur français commettant une infraction routière dans un pays européen et n'ayant pas été interpellé sur place, pourra recevoir chez lui une amende des autorités du pays de l'infraction.

En application de cette directive, 19 pays (Allemagne, Autriche, Belgique, Espagne, Estonie, Hongrie, Italie, Lettonie, Lituanie, Luxembourg, Pays-Bas, Pologne, Portugal, République tchèque, République d'Irlande, Roumanie, Royaume-Uni, Slovaquie et Suède) ont signé un accord sur l'échange transfrontalier d'informations. Un accord bilatéral spécifique le prévoit également avec la Suisse.

Bon à savoir : bien que Monaco ne soit pas concerné par la directive européenne, la France et la Principauté ont décidé d'intensifier les échanges transfrontaliers d'informations entre elles.

Notez que les infractions de stationnement ne sont pas concernées.

Comment le défaut d'assurance est-il sanctionné ?

La conduite sans assurance constitue une infraction sanctionnée par le Code de la route.

Cette obligation concerne les voitures (y compris sans permis) mais aussi les motos et les scooters.

La loi n° 2016-1547 du 18/11/2016 a modifié la sanction applicable à la conduite sans assurance (*Code de la route, Art. L. 324-2*). Désormais, le conducteur qui roule dans un véhicule non assuré doit payer une amende forfaitaire de 500 €. En cas de paiement dans les 15 jours, c'est l'amende forfaitaire minorée de 400 € qui s'applique tandis qu'en cas de non-paiement dans un délai de 45 jours, le montant de l'amende forfaitaire majorée est de 1 000 €. Le conducteur a la possibilité de contester l'infraction en adressant une requête en exonération.

Attention : cette amende forfaitaire ne s'applique que si l'automobiliste a commis l'infraction pour la première fois. S'il s'agit d'une récidive ou s'il a commis d'autres infractions au moment du contrôle, il sera poursuivi devant le tribunal correctionnel. Il encourt alors une amende de 3 750 € ainsi que des sanctions complémentaires telles que la suspension ou l'annulation de son permis de conduire.

Dans l'optique d'intensifier la lutte contre la conduite sans assurance, les radars automatiques peuvent désormais verbaliser le défaut d'assurance. Lorsqu'un véhicule est flashé en infraction (excès de vitesse, non-respect d'un feu rouge), sa plaque d'immatriculation est contrôlée et comparée au FVA. S'il ne figure pas dans ce fichier, son propriétaire pourra être sanctionné :

– d'une amende forfaitaire de 500 € (minorée à 400 € en cas de règlement dans les 15 jours ou majorée à 1 000 € après 45 jours) s'il s'agit d'une première infraction ;

– d'une amende pouvant aller jusqu'à 7 500 € et s'accompagner de sanctions complémentaires, en cas de récidive.

Quelles sont les sanctions en matière de stationnement ?

Si toute personne est libre d'aller et venir là où bon lui semble sous réserve du respect des règles du Code de la route, encore ne faut-il pas s'arrêter ou stationner n'importe où sur la chaussée, sous peine de contravention (*Code de la route, Art. R. 417-1 et s.*).

Le stationnement irrégulier

Le Code de la route interdit plusieurs types de stationnement en les sanctionnant de manière différente :

- **le stationnement abusif :** il n'est pas autorisé de laisser son véhicule sur la chaussée pendant une durée de plus de 7 jours, sous peine d'une amende de 2e classe *(Voir pages Barème)* ;
- **le stationnement gênant :** il n'est pas autorisé de stationner d'une part là où cela est interdit par une signalisation particulière et d'autre part, là où, même en l'absence de signalisation, le stationnement est gênant (sur les trottoirs, en double file…). Dans les deux cas, on s'expose à une amende de 2e classe ;
- **le stationnement dangereux :** il n'est pas autorisé de stationner à un endroit dangereux pouvant occasionner un accident (dans un virage, sur autoroute…) sous peine d'une amende de 4e classe ;
- **le stationnement sur une zone réservée** à la livraison, aux handicapés ou à certains corps de métier (police, pompiers…) n'est pas autorisé sous peine d'une amende de 2e classe.

À NOTER

Les automobilistes qui occupent indûment les places de stationnement réservées aux personnes handicapées risquent une contravention de 4e classe (Voir pages Barème), ainsi que l'immobilisation et la mise en fourrière du véhicule (Code de la route, Art. R. 417-11).

AVANTAGE

Les communes peuvent autoriser, si elles le souhaitent, l'arrêt ou le stationnement des véhicules à certains horaires (par exemple, de 22 h à 6 h), sur des emplacements qui sont habituellement réservés à l'arrêt ou au stationnement des véhicules de transport public de voyageurs, des taxis, des véhicules de livraison ou de ceux affectés à un service public (Code de la route, Art. R. 417-10).

Le stationnement payant

Le défaut de paiement du stationnement payant (ou le dépassement de l'horaire pour lequel vous avez payé) est désormais sanctionné par le paiement d'une redevance d'occupation du domaine public, appelée « forfait de post-stationnement » (FPS).

AVANTAGE

Si vous êtes titulaire d'une carte mobilité inclusion portant la mention « stationnement pour personnes handicapées », vous n'êtes pas concerné par le FPS.

L'avis de paiement du FPS vous est notifié :
– soit en étant déposé sur votre pare-brise ;
– soit en étant adressé, par voie postale ou courriel, au titulaire du certificat d'immatriculation du véhicule concerné.

Vous pouvez payer le FPS :
– par Internet (en vous munissant de votre carte bancaire et du numéro de télépaiement) sur le site *www.stationnement.gouv.fr* (en cas de FPS majoré, le paiement s'effectue sur le site *www.amendes.gouv.fr*) ;
– *via* votre téléphone mobile après avoir téléchargé l'application « amendes. gouv », si votre avis de paiement comporte un flashcode en bas à gauche du talon de paiement ;
– par téléphone au 0 811 10 10 10 (0,05 € TTC/min + prix appel local), 24h/24 ;
– par courrier : vous envoyez, à l'adresse mentionnée sur l'avis de paiement, un chèque libellé à l'ordre du Trésor Public, accompagné de l'avis de paiement.

Si vous souhaitez contester le FPS, vous devez, dans le mois suivant la date de notification de l'avis de paiement, exercer un recours administratif préalable obligatoire auprès de la commune qui a établi la contravention, avant tout recours contentieux. S'il est rejeté (ou en l'absence de réponse explicite au bout d'1 mois) ou ne vous satisfait pas, vous pouvez alors saisir la Commission du contentieux du stationnement payant (CCSP) située à Limoges par courrier postal (CCSP, TSA 51544, 87021 Limoges Cedex 9), fax (05 44 24 80 51) ou en vous rendant sur place (2, rue Édouard Michaud, 87100 Limoges). Il est également possible de faire votre requête en ligne *via* le site *www.accueil.ccsp.fr*, après avoir créé un compte d'accès.

ATTENTION ⚠

Si vous avez payé votre stationnement mais que vous avez dépassé la durée limite, vous devenez également redevable d'un FPS. Il sera toutefois déduit de son montant les sommes préalablement réglées pour la durée du stationnement consommé.

AVANTAGE

Depuis le 1/7/2015, les tarifs de parking ne sont plus facturés à l'heure mais au quart d'heure (Loi n° 2014-344 du 17/3/2014).

LE MONTANT DU FORFAIT DE POST-STATIONNEMENT EST LIBREMENT FIXÉ PAR LES MAIRES

La loi de modernisation de l'action publique territoriale a transféré aux maires le pouvoir de fixer eux-mêmes le montant du forfait de post-stationnement (FPS) en cas de non-respect des règles du stationnement payant (*Loi n° 2014-58 du 27/1/2014*). Ce dernier ne peut toutefois pas dépasser le montant de la redevance due pour la durée maximale de stationnement autorisée à l'endroit où vous avez garé votre voiture.
À Paris, depuis le 1/1/2018, le prix du FPS pour stationnement irrégulier est passé de 17 à 50 € en zone 1 (du 1er au 11e arrondissements) et à 35 € en zone 2 (du 12e au 20e arrondissements).
En contrepartie de cette augmentation, il sera possible de stationner jusqu'à 6 heures de suite (contre seulement 2 heures actuellement).
Le FPS doit être réglé dans les 3 mois suivant la réception de l'avis de paiement. À défaut, il fait l'objet d'une majoration. Certaines communes proposent un montant minoré du FPS dès lors que vous vous en acquittez dans un délai plus court. À Paris, le FPS est minoré d'un montant de 35 € en zone 1 et de 24,50 € en zone 2 en cas de règlement dans les 96 heures. Le contentieux de cette redevance relève de la compétence d'une juridiction administrative spécialisée : la commission du contentieux du stationnement payant.

ATTENTION ⚠

Depuis le 1/1/2018, les amendes pour les stationnements en « zone bleue » (c'est-à-dire avec disque horaire), pour défaut de disque, disque non conforme, disque mal placé ou dépassement de la durée autorisée, sont passées de 17 € à 35 € (Code de la route, Art. R. 417-3 et R. 417-6).

Comment la conduite sans permis est-elle sanctionnée ?

● Si le conducteur conduit alors que son permis est suspendu ou invalidé, ou encore s'il refuse de rendre son permis en cas de retrait de la totalité de ses points, il encourt une peine de 2 ans de prison et 4 500 € d'amende. Il peut aussi, à titre de peines complémentaires, être condamné à l'interdiction de conduire tous véhicules même ceux ne nécessitant pas de permis, à l'obligation de suivre, à ses frais, un stage de sensibilisation à la sécurité routière, à un travail d'intérêt général et à la confiscation de son véhicule.

● Le fait de conduire un véhicule sans être titulaire du permis de conduire correspondant est un délit puni d'1 an de prison et de 15 000 € d'amende. Le conducteur peut aussi se voir infliger les peines complémentaires de travail d'intérêt général ou de jours amende, d'interdiction de conduire tous véhicules ou d'obligation de suivre un stage de sensibilisation à la sécurité routière. Le véhicule peut également être immobilisé.

● Le fait de conduire un véhicule sans être titulaire du permis de conduire tout en faisant usage d'un permis de conduire faux ou falsifié est puni de 5 ans d'emprisonnement et de 75 000 € d'amende. Le véhicule peut être confisqué et son conducteur condamné à une peine d'intérêt général ou de jours amende, à l'interdiction de conduire tout véhicule ou encore à l'obligation d'accomplir à ses frais un stage de sensibilisation à la sécurité routière.

● Le fait de conduire un véhicule sans respecter les conditions de validité ou les restrictions d'usage du permis de conduire (par exemple, en cas de visite médicale obligatoire non suivie ou en cas de non-respect de la condition d'âge) est puni de l'amende prévue pour les contraventions de 4e classe. Le conducteur encourt également les peines complémentaires de suspension, pour une durée de 3 ans au plus, du permis de conduire – cette suspension pouvant être limitée à la conduite en dehors de l'activité professionnelle – d'interdiction pour une durée de 3 ans de conduire tous véhicules, de l'obligation de suivre, à ses frais, un stage de sensibilisation à la sécurité routière.
Le véhicule peut être immobilisé. Le permis est réduit de 3 points (*Code de la route, Art. L. 221-2, L. 223-5, L. 224-16 et R. 221-1*).

En quoi consistent l'immobilisation, la mise en fourrière et la confiscation ?

Conséquence logique d'un stationnement irrégulier ou dangereux ou de certaines infractions au Code de la route, les services de police et de gendarmerie peuvent demander la mise en fourrière d'un véhicule ou son immobilisation. Toutefois, certaines conditions et modalités doivent être respectées. Quant à la confiscation, il s'agit d'une peine complémentaire prononcée par le juge.

L'immobilisation

L'immobilisation est l'obligation qui est faite au conducteur de maintenir son véhicule sur le lieu de constatation de l'infraction. Cette sanction ne peut être appliquée que dans certains cas : défaut de permis de conduire, conduite en état d'ivresse, défaut de passage au contrôle technique, véhicule bruyant ou polluant… Le cas échéant, le contrevenant doit remettre sa carte grise à l'agent verbalisateur.

En cas d'absence du conducteur du véhicule ou lorsque celui-ci refuse de déplacer son véhicule, les services de police peuvent immobiliser le véhicule au moyen d'un sabot de Denver (*Code de la route, Art. R. 325-2 et s.*).

L'immobilisation est levée dès que la circonstance qui l'a motivée a cessé.

Lorsque le conducteur du véhicule n'a pas justifié de la cessation de l'infraction dans un délai de 48 heures, l'immobilisation peut être transformée en mise en fourrière.

ATTENTION ⚠

Tout conducteur faisant obstacle à l'immobilisation de son véhicule ou à son envoi en fourrière peut être puni de 3 mois d'emprisonnement et de 3 750 € d'amende. Par ailleurs, 6 points lui sont retirés de son permis (Code de la route, Art. L. 325-3-1).

La mise en fourrière

La mise en fourrière est le transfert d'un véhicule en un lieu désigné par l'autorité administrative ou judiciaire en vue d'y être retenu jusqu'à décision de celle-ci, aux frais du propriétaire du véhicule (*Code de la route, Art. R. 325-12 et s.*). Elle est appliquée afin de faire cesser certaines infractions liées principalement au caractère irrégulier ou dangereux d'un stationnement.

Au moment où l'agent verbalisateur demande l'enlèvement du véhicule, il doit remplir une fiche descriptive de l'état du véhicule. Cette dernière doit mentionner notamment : le verrouillage des portes et du coffre, deux dessins du véhicule, les symboles des dommages apparents (« O » pour les enfoncements et « X » pour les bris), l'équipement du véhicule (auto-radio, téléphone…), etc.

AVANTAGE

En cas de dommages causés au véhicule lors de la mise en fourrière ou de vol d'équipements, le conducteur peut présenter une réclamation à la fourrière en vue d'un règlement amiable.

Plusieurs cas de figure sont possibles :

- soit le véhicule est mis en fourrière en l'absence du propriétaire : la mise en fourrière lui sera notifiée par lettre recommandée avec avis de réception dans un délai maximal de 5 jours suivant la mise en fourrière. La notification contient, sous peine d'irrégularité, de la procédure les mentions obligatoires de l'article R. 325-32 du Code de la route ;
- si le véhicule est mis en fourrière en présence du propriétaire et que le véhicule n'a pas encore été déplacé ou bien que deux roues n'ont pas encore quitté le sol, le conducteur peut interrompre l'enlèvement en acquittant immédiatement (ou en s'engageant par écrit à les régler ultérieurement), outre le montant de la contravention, les frais correspondant aux opérations préalables de mise en fourrière *(Voir pages Barème)*.

Dans le cas où le véhicule est mis en fourrière, deux situations sont à distinguer selon le moment où le propriétaire vient rechercher son véhicule :

– soit le contrevenant vient récupérer son véhicule immédiatement ou dans les 3 jours : il doit alors régler, outre le montant de la contravention, les frais correspondant aux opérations d'enlèvement et les frais de garde quotidiens *(Voir pages Barème)*. Si la mise en fourrière a été prescrite en raison du mauvais état du véhicule ou du défaut de passage au contrôle technique, le véhicule ne peut être rendu à son conducteur qu'après réalisation des réparations nécessaires ou passage au centre de contrôle technique ;

– soit le contrevenant ne vient pas récupérer son véhicule dans les 3 jours, il reçoit alors une notification par lettre recommandée avec avis de réception dans le délai maximal de 5 jours suivant la mise en fourrière du véhicule. Cette notification doit comporter certaines mentions obligatoires, à défaut de nullité, ainsi qu'une fiche technique décrivant l'état du véhicule.

Le propriétaire du véhicule doit venir retirer son véhicule avant 30 jours (10 jours si le véhicule est classé en épave). Ce délai écoulé, le véhicule est remis au service des Domaines ou destiné à la destruction.

Pour récupérer un véhicule en fourrière, il faut présenter son permis de conduire ainsi que l'attestation d'assurance du véhicule (*Code de la route, Art. R. 325-38*).

À NOTER

La mise en fourrière d'un véhicule en infraction pour stationnement gênant ou dangereux, mauvais état, etc. peut être décidée par la police municipale. En revanche, seules la police nationale et la gendarmerie sont habilitées à mettre en fourrière un véhicule lorsqu'il a été volé, que son propriétaire n'a pu être identifié ou lorsqu'il est muni de fausses plaques d'immatriculation (Code de la route, Art. R. 325-9 et s.).

ATTENTION ⚠

La présence d'un animal dans un véhicule en infraction au Code de la route n'empêche pas la mise en fourrière.

La confiscation obligatoire du véhicule

La loi n° 2011-267 du 14/3/2011 a introduit dans le Code pénal une peine complémentaire de confiscation obligatoire du véhicule dont le condamné s'est servi pour commettre l'infraction (à condition qu'il en soit le propriétaire)(*Code pénal, Art. 221-8 et 222-44*).

Cette sanction, infligée par le juge à la suite d'une infraction grave au Code de la route, est une peine complémentaire qui s'ajoute automatiquement à d'autres sanctions (amende, suspension ou annulation du permis de conduire, emprisonnement). Il s'agit des infractions suivantes :

– conduite d'un véhicule sans permis de conduire ;
– conduite d'un véhicule alors que l'on fait l'objet d'une mesure de suspension judiciaire ou d'annulation du permis de conduire (la confiscation n'est pas obligatoire en cas de rétention ou de suspension administrative) ;
– récidive de conduite sous l'empire d'un état alcoolique ;
– récidive de conduite sous l'emprise de stupéfiants ;
– récidive de refus de se soumettre aux contrôles d'alcoolémie ou aux dépistages de stupéfiants ;
– récidive de grand excès de vitesse (égal ou supérieur de 50 km/h à la vitesse maximale autorisée) ;
– récidive de conduite d'un véhicule non équipé d'un système d'antidémarrage, malgré une interdiction prononcée par un juge à la suite d'une conduite en état alcoolique ;
– homicide involontaire aggravé (c'est-à-dire commis en état de conduite sans permis ou avec un permis retenu, suspendu, invalidé ou annulé) ;
– blessures involontaires aggravées (c'est-à-dire commises en état de conduite sans permis ou avec un permis retenu, suspendu, invalidé ou annulé) ;
– récidive de blessures involontaires commises en état d'ivresse manifeste, sous l'empire d'un état alcoolique, après usage de stupéfiants ou à la suite d'un grand excès de vitesse ;
– délit de fuite après avoir occasionné un accident.

À NOTER

Le juge peut décider de ne pas imposer la confiscation obligatoire du véhicule. Il doit alors motiver sa décision en expliquant pourquoi il ne confisque pas le véhicule.

Les contraventions

Les infractions au Code de la route sont sanctionnées par des amendes fixées par le juge dans les limites d'une fourchette. Il existe ainsi cinq classes de contravention dont le montant varie en fonction de la gravité de l'infraction *(Voir pages Barème)*.

Toutefois, considérant le nombre des contraventions établies chaque année, les pouvoirs publics ont institué un système d'amende forfaitaire (pour les contraventions de 2e, 3e et 4e classes uniquement) dont le paiement arrête les poursuites et n'oblige pas l'automobiliste à passer devant le tribunal, sauf volonté de sa part.

AVANTAGE

Si vous avez commis un délit il y a plus de 3 ans ou une contravention il y a plus d'1 an, ces infractions sont prescrites et le ministère public ne peut plus vous poursuivre.

L'amende forfaitaire

Le montant de l'amende forfaitaire dépend de la classe de l'infraction mais aussi du délai dans lequel elle est payée. À ce titre, on distingue :

- **l'amende forfaitaire au taux minoré :** ce taux s'applique en cas de paiement immédiat aux forces de l'ordre ou dans les 3 jours. Il est possible de régler l'amende en espèces, par timbre dématérialisé ou par chèque libellé à l'ordre du Trésor public. Si l'avis de contravention est envoyé ultérieurement à l'intéressé, celui-ci doit la payer dans un délai de 15 jours à compter de cet envoi. À défaut de paiement de l'amende forfaitaire minorée dans les délais, l'amende forfaitaire au taux normal est due.

Attention : le taux de l'amende forfaitaire ne peut être minoré pour les infractions concernant le stationnement ;

- l'amende forfaitaire au taux normal : ce taux s'applique en cas de règlement dans les 45 jours suivant la constatation de l'infraction ou l'envoi de l'avis de contravention. Il est possible à ce stade d'adresser une réclamation motivée au service indiqué sur l'avis ° 27). Au vu de ce courrier, le procureur de la République saisi du dossier décide de classer l'affaire ou d'engager les poursuites ;

- **l'amende forfaitaire au taux majoré :** les amendes qui ne sont pas réglées dans les 45 jours et pour lesquelles aucune réclamation n'a été présentée sont payables au taux majoré. Le contrevenant reçoit un titre exécutoire émanant du Trésor public lui demandant de régler l'amende forfaitaire au taux majoré dans les 30 jours sous peine de recouvrement forcé (saisies, contrainte par corps...). Le contrevenant a la possibilité à ce stade de présenter une réclamation dans ce délai au ministère public. Ce dernier a la possibilité au vu de la réclamation de classer l'affaire ou de continuer les poursuites devant le tribunal de police.

Si la requête introduite par le contrevenant est déclarée irrecevable, celui-ci est déféré au tribunal de police. Le contrevenant peut être jugé sans que sa comparution soit nécessaire (ordonnance pénale) ou de manière contradictoire, en sa présence. Au vu du dossier qui lui est communiqué par le parquet, le juge relaxe le contrevenant ou le condamne au paiement de l'amende pénale dont le montant est fixé librement dans les limites légales *(Voir pages Barème)*. Le contrevenant a alors deux possibilités : soit payer l'amende dans les 30 jours suivant l'envoi de la notification du jugement, ce qui met fin à l'affaire, soit faire appel de la décision.

Pour les infractions les plus importantes (à partir de la 5e classe), la procédure de l'amende forfaitaire ne s'applique pas. Les responsables passent automatiquement devant les tribunaux.

AVANTAGE

Les automobilistes flashés par un radar automatique bénéficient d'un délai de 15 jours supplémentaires (en plus des 15 ou 45 jours initiaux), s'ils règlent leur amende par Internet (www.amendes.gouv.fr), par téléphone (0 811 10 10 10, serveur vocal interactif) ou par timbre fiscal dématérialisé disponible dans les bureaux de tabac agréés et les trésoreries. Quant aux retardataires (qui n'ont pas payé leur PV dans les délais), ils ont droit à une réduction de 20 % du montant de l'amende majorée s'ils paient dans les 30 jours suivant la date d'envoi de l'avis de majoration. Attention : ces mesures ne concernent pas les conducteurs coupables de délits routiers justifiant une comparution devant le juge.

ATTENTION ⚠

Si vous ne réglez pas vos contraventions, vous ne pourrez pas vendre votre véhicule. Une opposition à la vente, inscrite au fichier des cartes grises, sera portée sur le certificat de situation administrative devant être remis à l'acheteur.

Comment payer ses amendes ?

Alors que jusqu'ici vous pouviez régler une contravention au Code de la route par courrier, téléphone (au 0 811 10 10 10) ou Internet sur le site *www.amendes.gouv.fr*, il est maintenant possible de payer grâce à votre smartphone.

Pour cela, il vous suffit de télécharger l'application « amendes. gouv » puis de saisir le numéro de télépaiement de l'amende et enfin de rentrer les références de votre carte bancaire.

Vous pouvez obtenir un justificatif de règlement en le téléchargeant sur votre téléphone ou en le recevant par mail.

Le paiement par timbre-amende n'est plus admis pour le paiement des contraventions constatées à l'aide d'un système de contrôle automatisé (radar) ou d'un appareil électronique sécurisé (amende électronique de stationnement).

En revanche, il peut toujours être utilisé pour le paiement d'une contravention constatée à l'aide d'un carnet de verbalisation à souches.

Il est possible de suivre son dossier de contravention en ligne sur le site *www.antai.gouv.fr*, rubrique « Dossier d'infraction », puis « Consulter mon dossier d'infraction ».

La consignation

Lorsque l'avis de la contravention est envoyé à l'adresse figurant sur le certificat d'immatriculation, (en cas d'excès de vitesse, de non-respect des distances de sécurité entre les véhicules, en cas d'usage illicite de voies et chaussées réservées à certaines catégories de véhicules ou en cas de non-respect d'un stop), le titulaire du certificat peut contester, dans le délai de 3 mois, cette contravention en envoyant une requête en exonération ou une réclamation par lettre recommandée avec avis de réception, accompagnée soit du récépissé du dépôt de plainte, d'une lettre indiquant le véritable conducteur ou des copies de la déclaration de cession et de son accusé d'enregistrement en cas de vente du véhicule, soit de la preuve du versement de la consignation.

Ce délai peut être allongé si le contrevenant justifie avoir fait, avant l'expiration de ce délai, son changement d'adresse au service d'immatriculation des véhicules. Dans ce cas, il n'est redevable que de l'amende forfaitaire (non majorée) qu'il doit acquitter dans les 45 jours (*Code de procédure pénale, Art. 530*).

À défaut de pouvoir justifier du vol de son véhicule, de sa cession ou du nom du véritable conducteur, le titulaire du certificat doit consigner une somme équivalente à l'amende forfaitaire et envoyer la preuve du versement de sa consignation. La consignation peut être payée soit par timbre-amende, soit par chèque libellé à l'ordre du Trésor public, soit par télépaiement (*Code de procédure pénale, Art. 529-10 et A. 37-7*).

La consignation est automatiquement restituée à l'intéressé en cas de succès de la contestation (*Code de procédure pénale, Art. 530-1*).

À NOTER

La Cour européenne des droits de l'homme (CEDH) a condamné la France, estimant que la procédure de retrait de points violait le principe du droit à un recours juridictionnel effectif. En effet, quand un automobiliste demande à être exonéré d'une contravention routière (en l'occurrence, un excès de vitesse) en consignant le montant de l'amende forfaitaire et que sa demande est rejetée, il ne dispose d'aucun recours pour contester cette décision de rejet devant un tribunal, sa consignation équivalant à un paiement de l'amende (CEDH, 8/3/2012, n° 12039/08, n° 14166/09).

LES PRINCIPALES INFRACTIONS ET LEURS SANCTIONS

✔ Contraventions de 1re classe :
– non-respect des règles de stationnement ;
– non-présentation des papiers obligatoires (permis de conduire et/ou certificat d'immatriculation) lors d'un contrôle routier.

✔ Contraventions de 2e classe :
– stationnement abusif ou gênant ;
– absence de certificat d'assurance valide sur le pare-brise ;
– changement de direction sans clignotant ;
– non-paiement d'un péage.

✔ Contraventions de 3e classe :
– excès de vitesse de moins de 20 km/h hors agglomération ;
– circulation d'un véhicule non équipé de dispositifs de freinage ou d'éclairage conformes ;
– défaut de port de gants pour les conducteurs et les passagers d'un cyclomoteur ou d'une motocyclette.

✔ Contraventions de 4e classe :
– circulation sur la bande d'arrêt d'urgence ou franchissement de celle-ci ;
– usage du téléphone portable ou de l'oreillette au volant ;
– franchissement ou chevauchement de ligne continue ;
– accélération par le conducteur sur le point d'être dépassé ;
– marche arrière ou demi-tour sur autoroute ;
– défaut de plaques d'immatriculation ou détention de plaques non conformes ;
– arrêt ou stationnement dangereux ;
– non-respect de la vitesse jusqu'à 50 km/h au-dessus de la vitesse maximale autorisée, d'une priorité, d'un stop, d'un feu rouge ou d'un sens unique ;
– pneus lisses ;
– conduite en état d'ivresse (alcoolémie > 0,5 g/l et < 0,8 g/l dans le sang ou alcoolémie > 0,2 g/l pour les jeunes conducteurs) ;
– défaut de port de la ceinture de sécurité à l'avant comme à l'arrière ;
– défaut de port du casque ou port d'un casque non attaché pour les conducteurs de deux-roues ;
– défaut de gilet rétro-réfléchissant de sécurité et/ou de triangle de pré-signalisation ;
– absence de visite technique périodique ;
– circulation sans éclairage.

✔ Contraventions de 5e classe :
– blessures involontaires (sans incapacité totale de travail) par manquement délibéré à une obligation de sécurité ;
– non-respect de la vitesse d'au moins 50 km/h au-delà de la vitesse maximale autorisée (délit en cas de récidive) ;
– transport, détention ou usage d'un appareil destiné à déceler ou perturber les contrôles ;
– circulation sur les voies ou les lieux ouverts à la circulation publique ou au public avec un véhicule à deux roues à moteur ;
– visionnage par le conducteur d'un appareil doté d'un écran et ne constituant pas une aide à la conduite ou à la navigation (télévision, console de jeu…).

ATTENTION ⚠

Le titulaire du certificat d'immatriculation du véhicule est redevable des amendes encourues pour les contraventions d'excès de vitesse, le non-respect d'un stop ou d'un feu rouge ainsi qu'en cas d'infraction aux règles de stationnement même si ce n'était pas lui qui conduisait le véhicule au moment des faits (c'est ce qu'on appelle la responsabilité pécuniaire), à moins de réussir à prouver qu'il n'en est pas l'auteur (vol du véhicule, cas de force majeure, dénonciation de l'auteur réel de l'infraction…). En revanche, il ne sera pas considéré comme responsable pénalement (pas d'incidence sur le permis de conduire, le casier judiciaire, etc.).

Quelles sont les infractions sanctionnées sans arrêt du véhicule ?

De plus en plus d'infractions au Code de la route sont constatées par radar ou grâce à la vidéo-verbalisation (conducteur filmé par une caméra implantée sur la voie publique), c'est-à-dire sans qu'un policier ou un gendarme ait eu besoin d'arrêter le véhicule sur le bord de la route.
Depuis le 1/1/2017, les infractions suivantes sont concernées :
– défaut du port de la ceinture de sécurité ;
– usage d'un téléphone portable tenu en main et port d'un casque ou d'oreillette ;
– usage de voies et chaussées réservées à certaines catégories de véhicules (bus, taxis…) ;
– circulation, arrêt et stationnement sur les bandes d'arrêt d'urgence ;
– demi-tours et marches arrière sur l'autoroute ;
– non-respect des distances de sécurité entre les véhicules ;
– franchissement et chevauchement des lignes continues ;
– non-respect des signalisations imposant l'arrêt des véhicules (stop, feu rouge…) ;
– non-respect des sens interdits ;
– excès de vitesses ;
– non-respect des règles de dépassement ;
– circulation sur les pistes cyclables, les voies vertes et les aires piétonnes ;
– non-respect de la priorité aux piétons à un passage ;
– non-port d'un casque homologué pour les conducteurs d'un deux-roues motorisé ;
– défaut d'assurance ;
– plaque d'immatriculation absente ou trop sale pour permettre son identification.
Une fois l'infraction constatée, un avis de contravention est envoyé au domicile du titulaire du certificat d'immatriculation.

À NOTER

Téléphoner au volant sur une voie de circulation, même momentanément arrêté, constitue bien une infraction au Code de la route, sauf cas de force majeure (panne, accident, etc.). C'est ce que les magistrats de la Cour de cassation ont affirmé (Cour de cassation, Chambre criminelle, 23/1/2018, n° 17-83077). En l'espèce, un automobiliste, qui s'était immobilisé sur la file de droite d'un rond-point, feux de détresse allumés, a été verbalisé parce qu'il téléphonait assis au volant de sa voiture. Les juges ont considéré qu'un véhicule arrêté, même momentanément, sur une voie de circulation pour une cause autre qu'un événement de force majeure, devait être considéré comme étant toujours en circulation.

La procédure en matière de délits

Les délits prévus par le Code de la route sont jugés, comme les autres délits, par le tribunal correctionnel.
La procédure simplifiée de l'ordonnance pénale est cependant applicable aux délits prévus par le Code de la route ainsi qu'aux délits de fuite commis à l'occasion de la conduite d'un véhicule (depuis la loi n° 2011-1862 du 13/12/2011).
Cette procédure simplifiée est retenue :
– lorsque les faits reprochés au prévenu sont simples et établis ;
– si les renseignements concernant la personnalité, les charges et les ressources de celui-ci sont suffisants pour permettre la détermination de la peine ;
– s'il n'apparaît pas nécessaire, compte tenu de la faible gravité des faits, de prononcer une peine d'emprisonnement ou une peine d'amende d'un montant supérieur à 5 000 € ;
– et si le recours à cette procédure n'est pas de nature à porter atteinte aux droits de la victime.
En revanche cette procédure est exclue :
– si le prévenu était âgé de moins de 18 ans au jour de l'infraction ;
– si la victime a fait directement citer le prévenu avant que l'ordonnance ait été rendue ;

– si le délit a été commis en même temps qu'un délit ou qu'une contravention pour lequel la procédure d'ordonnance pénale n'est pas prévue ;
– si les faits ont été commis en état de récidive légale.

Le président du tribunal rend une ordonnance motivée prononçant soit la relaxe, soit la condamnation du prévenu à une amende ou une peine complémentaire. Il ne peut prononcer une peine d'emprisonnement.

L'ordonnance est transmise au ministère public qui peut, dans un délai de 10 jours, former opposition par déclaration au greffe du tribunal ou en poursuivre l'exécution.

L'ordonnance est également adressée par lettre recommandée avec avis de réception au prévenu qui a alors 45 jours à compter de cette notification pour former opposition. En cas d'opposition, l'affaire est renvoyée devant le tribunal correctionnel. Le prévenu peut alors être condamné à une peine d'emprisonnement (*Code de procédure pénale, Art. 495 et s.*).

Comment fonctionne le permis à points ?

Afin de lutter contre l'insécurité routière, il a été institué un permis à points (*Code de la route, Art. L. 223-1 et s.*).

› Le retrait de points

À chaque infraction constatée et sanctionnée par un tribunal, l'automobiliste perd un certain nombre de points, compris entre 1 et 6, en fonction de la gravité de l'infraction.

Dans le cas où plusieurs infractions sont constatées en même temps, dont au moins un délit, le cumul des points enlevés est de 8 au maximum. Pour plusieurs contraventions commises simultanément, on peut perdre au maximum 6 points.

Lors de l'infraction, le gendarme ou le policier verbalisateur doit remettre à l'automobiliste un formulaire sur lequel figure le nombre de points susceptibles de lui être retirés. Si tel n'est pas le cas, l'automobiliste peut contester la procédure devant les tribunaux administratifs.

Le retrait des points n'intervient qu'après paiement de l'amende forfaitaire prévue pour l'infraction visée ou lorsque la décision de justice devient définitive. Aucun retrait de points ne peut être fait à l'initiative des forces de l'ordre.

Le retrait de points constitue une sanction de nature administrative dont le fondement légal et l'application échappent à la compétence du juge pénal pour relever du juge administratif (*Cour de cassation, Chambre criminelle, 18/5/1994*).

Le retrait de points est indiqué à l'automobiliste par lettre simple adressée à son domicile.

Le conducteur dont le nombre de points descend sous la barre des 6 points en est averti par courrier recommandé avec avis de réception avec proposition de suivre un stage payant afin de récupérer des points.

Tout automobiliste peut vérifier la situation de son capital de points sur Internet, *via* le site *www.interieur.gouv.fr*, rubrique « Mes démarches », puis « Téléservices ».

Il lui suffit de s'identifier en saisissant :
– son numéro de dossier ;
– le code personnel confidentiel sécurisé obtenu auprès de toute préfecture ou de l'une des nombreuses sous-préfectures raccordées à l'application « Système national des permis de conduire ».

Ceux qui n'ont pas accès à Internet peuvent obtenir cette information en se rendant à la préfecture ou dans une sous-préfecture, ou encore en faire la demande par courrier.

CONNAÎTRE LE SOLDE DE VOS POINTS DE PERMIS SUR INTERNET

Vous pouvez désormais obtenir *via* Internet la communication :
– d'une part, des retraits de points consécutifs aux infractions que vous avez commises (sous réserve qu'ils n'entraînent ni l'invalidation du permis pour solde de points nul, ni l'obligation de suivre un stage de sensibilisation à la sécurité routière) ;
– d'autre part, des reconstitutions ultérieures de points.
Pour bénéficier de ce service, il vous suffit de vous connecter au site *www.telepoints.info* et de remplir un formulaire en ligne afin de recevoir un code d'accès. Vous pouvez aussi passer *via* le site *www.interieur.gouv.fr*, rubrique « Mes démarches », puis « Téléservices ».
Lorsqu'une décision dématérialisée de retrait ou de reconstitution de points sera déposée sur votre compte personnel, vous en serez alerté par un courrier électronique envoyé à l'adresse donnée au moment de l'enregistrement de votre demande. L'information sera réputée avoir été portée à votre connaissance à la date à laquelle vous aurez consulté pour la première fois le document dématérialisé ou à défaut, à l'issue d'un délai de 15 jours à compter de sa mise à disposition sur le téléservice (*Décret n° 2015-1892 du 29/12/2015*).

› La récupération des points

Il y a deux façons de récupérer des points : soit intégralement en n'étant pas sanctionné pour une des infractions précitées pendant 2 ans, soit partiellement en suivant des stages de sensibilisation à la sécurité routière. Lorsque le conducteur se trouve dans la période du délai probatoire du permis de conduire et qu'il a commis une infraction ayant donné lieu à un retrait de points égal ou supérieur à 3 points, il doit se soumettre à ce stage. Cette session de formation spécifique va se substituer à l'amende sanctionnant l'infraction (*Code de la route, Art. L. 223-6*).

Attention : si l'automobiliste qui ne commet aucune infraction dans les 2 ans qui suivent le dernier retrait de points récupère tous les points perdus, il existe toutefois une exception : s'il commet une infraction grave (délit ou contravention de 4e ou de 5e classe), telle que la conduite avec un taux d'alcool dans le sang supérieur à 0,5 g/l, un excès de vitesse supérieur à 20 km/h ou encore le non-respect de l'arrêt imposé au feu rouge ou au stop, le délai de récupération des 12 points est de 3 ans (*Code de la route, Art. L. 223-6*).

Les points retirés du fait de contraventions passibles d'une amende forfaitaire sont réattribués au titulaire du permis de conduire à l'expiration d'un délai de 10 ans à compter de la date à laquelle la condamnation est devenue définitive ou du paiement de l'amende forfaitaire correspondante à l'infraction (*Code de la route, Art. L. 223-6*).

AVANTAGE

Les conducteurs ayant commis une infraction n'entraînant la perte que d'1 seul point peuvent le récupérer automatiquement au bout de 6 mois (au lieu d'1 an auparavant) ; à condition toutefois que dans ce délai, ils n'aient pas commis une infraction donnant lieu à une nouvelle perte de points.

À NOTER

La loi n° 2011-267 du 14/3/2011 a introduit un nouveau délit dans le Code de la route : le trafic de points du permis de conduire. Désormais, l'achat ou la vente de points du permis de conduire devient un délit sanctionné de 6 mois d'emprisonnement et 15 000 € d'amende. S'il s'avère que le « vendeur de points » propose ses services de manière habituelle, la sanction passe à 1 an d'emprisonnement et 30 000 € d'amende (Code de la route, Art. L. 223-9).

› Le retrait du permis

La perte des 12 points entraîne le retrait du permis de conduire. L'automobiliste en est informé par lettre recommandée et doit rendre son permis à la préfecture dans un délai de 10 jours. Il doit repasser l'épreuve théorique du permis de conduire (le code). Un délai de 6 mois à compter de la date de la remise du permis au préfet doit toutefois être observé avant de pouvoir se représenter à cette épreuve.

Les conducteurs titulaires du permis depuis moins de 3 ans doivent en plus se représenter à la conduite. En outre, l'automobiliste doit passer à ses frais un examen ou une analyse médicale, clinique, biologique et psychotechnique (*Code de la route, Art. L. 223-5*).

› Combien de points en moins selon les infractions ?

Retrait de 6 points

– Homicide involontaire ou blessures involontaires entraînant une incapacité totale de travail de plus de 3 mois ;

– blessures involontaires entraînant une incapacité totale de travail n'excédant pas 3 mois ;
– dépassement de 50 km/h et plus de la vitesse maximale autorisée ;
– conduite en état d'alcoolémie (plus de 0,8 g/l d'alcool dans le sang) ;
– conduite en état d'alcoolémie (entre 0,5 g/l et 0,8 g/l d'alcool dans le sang) ;
– récidive de conduite en état d'alcoolémie (plus de 0,8 g/l d'alcool dans le sang) ;
– conduite sous l'influence cumulée de stupéfiants et d'abus d'alcool ;
– refus de se soumettre aux vérifications d'alcoolémie ;
– conduite après usage de stupéfiants ;
– refus de se soumettre au dépistage de stupéfiants ;
– délit de fuite ;
– refus d'obtempérer, d'immobiliser ou d'envoyer en fourrière son véhicule ou de se soumettre aux vérifications ;
– entrave ou gêne à la circulation ;
– détention, transport et usage d'un avertisseur de radars ;
– usage volontaire de fausses plaques d'immatriculation, défaut volontaire de plaques, usurpation de plaques et fausses déclarations ;
– conduite sans permis ou malgré une suspension, une rétention ou une annulation du permis de conduire ;
– récidive dans les 3 ans d'un dépassement de plus de 50 km/h de la vitesse maximale autorisée ;
– non-respect de la priorité piéton.

Retrait de 4 points

– Refus de priorité ;
– non-respect de l'arrêt imposé par le panneau « Stop » ou par le feu rouge ou clignotant ;
– dépassement compris entre 40 et 50 km/h de la vitesse maximale autorisée ;
– circulation la nuit ou temps de brouillard en un lieu dépourvu d'éclairage public, d'un véhicule sans éclairage, ni signalisation ;
– circulation en sens interdit ;
– marche arrière ou demi-tour sur autoroute.

Retrait de 3 points

– Franchissement d'une ligne continue seule ou quand elle n'est pas doublée par une ligne discontinue du côté de l'usager ;
– changement important de direction sans que le conducteur se soit assuré que la manœuvre est sans danger pour les autres usagers et sans qu'il ait averti ceux-ci de son intention ;
– dépassement de la vitesse maximale autorisée compris entre 30 et 40 km/h ;
– dépassement dangereux ;
– arrêt ou stationnement dangereux ;
– stationnement sur la chaussée la nuit ou par temps de brouillard, en un lieu dépourvu d'éclairage public, d'un véhicule sans éclairage ni signalisation ;
– circulation sur la bande d'arrêt d'urgence ;
– franchissement de la bande d'arrêt d'urgence ;
– non-respect de la distance de sécurité avec le véhicule qui précède. Celle-ci correspond à la distance parcourue par le véhicule pendant un délai d'au moins 2 secondes (temps minimum nécessaire pour prévenir une collision) ;
– défaut de port de la ceinture de sécurité à l'avant comme à l'arrière ;
– défaut de port du casque, port d'un casque non homologué ou d'un casque non attaché pour les conducteurs de deux-roues immatriculés ;
– conduite d'un véhicule sans respecter les conditions de validité ou les restrictions d'usage du permis de conduire ;
– usage d'un téléphone tenu en main ou utilisation d'une oreillette par le conducteur d'un véhicule en circulation ;
– fait de placer dans le champ de vision du conducteur un appareil en fonctionnement doté d'un écran et ne constituant pas une aide à la conduite ou à la navigation (écrans de télévision, consoles de jeu…).

Retrait de 2 points

– Dépassement de la vitesse maximale autorisée compris entre 20 et 30 km/h ;
– accélération de l'allure par le conducteur d'un véhicule sur le point d'être dépassé ;
– circulation ou stationnement sur le terre-plein central d'autoroute.

Retrait d'1 point

– Dépassement de la vitesse maximale autorisée de moins de 20 km/h ;
– maintien des feux de route gênant pour les conducteurs venant en sens inverse malgré leurs appels de phares ;
– chevauchement d'une ligne continue seule ou quand elle n'est pas doublée par une ligne discontinue du côté de l'usager ;

– défaut de port de gants pour les conducteurs et les passagers d'un cyclomoteur ou d'une motocyclette.

À NOTER

Vous pouvez (si vous perdez plus de 3 points, ce sera obligatoire) suivre un stage de sensibilisation à la sécurité routière qui vous permettra de récupérer un maximum de 4 points, sans pouvoir toutefois dépasser le plafond de 6 points pendant la période probatoire. Ce stage dure 16 heures sur 2 jours consécutifs et coûte de 230 à 280 € selon les centres. Pour vous y inscrire, consultez la liste des centres agréés dans votre préfecture.

QUE SE PASSE-T-IL EN CAS D'INFRACTION PENDANT LA PÉRIODE PROBATOIRE ?

✔ En cas de retrait d'1 ou 2 points de façon ponctuelle :
Si le conducteur commet des infractions entraînant un retrait d'1 ou 2 points, il a la possibilité de suivre volontairement un stage de 2 jours de sensibilisation à la sécurité routière (stage payant). Ce stage permet de maintenir son capital de 6 points. Attention : il n'est pas possible de suivre plus d'un stage par an.

✔ En cas de retrait d'au moins 3 points :
Si le conducteur commet une infraction qui donne lieu au retrait d'au moins 3 points, il est informé par lettre recommandée avec avis de réception du retrait de points. Dans les 4 mois suivant la réception de cette lettre, il doit obligatoirement suivre un stage de 2 jours de sensibilisation à la sécurité routière (stage payant).
En fin de stage, il reçoit une attestation, qui lui permet de se faire rembourser le montant de l'amende et de gagner jusqu'à 4 points (sans dépasser le plafond des 6 points).
Si le conducteur refuse de suivre ce stage, il est condamné à payer une amende de 135 € et risque une suspension du permis pour une durée de 3 ans au maximum.

✔ En cas de retrait de 6 points :
Si le conducteur a perdu (en une ou plusieurs fois) ses 6 points pendant la période probatoire, son permis est invalidé. En plus, il se voit condamné automatiquement à une interdiction de conduire pendant 6 mois. Au terme de ce délai, il peut repasser l'examen du permis de conduire (code et conduite), à condition d'avoir été reconnu apte.

CIRCULATION ROUTIÈRE : INFRACTIONS

Infraction	Nature de l'infraction	Tribunal compétent	Peines maximales
Casque de protection : omission du port	Contravention	Tribunal de police	750 €
Ceinture de sécurité : omission du port à l'avant comme à l'arrière	Contravention	Tribunal de police	750 €
Conduite en état alcoolique : • taux d'alcool pur dans le sang compris entre 0,5 g/l et 0,8 g/l • taux d'alcool pur dans le sang supérieur à 0,2 g/l pour les jeunes conducteurs	Contravention	Tribunal de police	750 €
Conduite en état alcoolique ou d'ivresse : taux d'alcool pur dans le sang égal ou supérieur à 0,8 g/l	Délit	Tribunal correctionnel	2 ans d'emprisonne-ment 4 500 €

CIRCULATION ROUTIÈRE : INFRACTIONS			
Infraction	**Nature de l'infraction**	**Tribunal compétent**	**Peines maximales**
Conduite sous l'influence de plantes ou de substances classées comme stupéfiants	Délit	Tribunal correctionnel	2 ans d'emprisonnement 4 500 €
Conduite sous l'influence cumulée de stupéfiants et d'abus d'alcool	Délit	Tribunal correctionnel	3 ans d'emprisonnement 9 000 €
Conduite avec un permis faux ou falsifié	Délit	Tribunal correctionnel	5 ans d'emprisonnement 75 000 €
Défaut d'assurance (1)	Délit	Tribunal correctionnel	3 750 €
Défaut de certificat d'immatriculation	Contravention	Tribunal de police	750 €
Défaut de permis de conduire (2)	Délit	Tribunal correctionnel	1 an d'emprisonne-ment et 15 000 €
Délit de fuite	Délit	Tribunal correctionnel	3 ans d'emprisonne-ment et 75 000 €
Dépassement de la vitesse maximale autorisée :			
• jusqu'à 50 km/h au-dessus de la limite	Contravention	Tribunal de police	750 €
• de plus de 50 km/h au-dessus de la limite	Contravention	Tribunal de police	1 500 €
Détention ou usage d'un détenteur de radar	Contravention	Tribunal de police	1 500 €
Gilet de haute visibilité : omission du port à la suite d'un arrêt d'urgence	Contravention	Tribunal de police	750 €
Non-respect d'un feu rouge, d'un sens interdit ou d'un stop	Contravention	Tribunal de police	750 €
Pneus lisses	Contravention	Tribunal de police	750 €
Refus de se soumettre aux vérifications d'état alcoolique ou de conduite sous l'influence de stupéfiants	Délit	Tribunal correctionnel	2 ans d'emprisonne-ment 4 500 €
Usage du téléphone portable ou d'une oreillette au volant	Contravention	Tribunal de police	150 €

(1) Cette sanction ne s'applique que s'il s'agit d'une récidive ou si le conducteur a commis simultanément d'autres infractions au moment du contrôle. Si c'est la première fois qu'il est contrôlé sans assurance, il ne sera redevable que d'une amende forfaitaire de 500 €.

(2) Cette sanction ne s'applique que s'il s'agit d'une récidive ou si le conducteur a commis simultanément d'autres infractions au moment du contrôle. Si c'est la première fois qu'il est contrôlé sans le permis adéquat, il ne sera redevable que d'une amende forfaitaire de 800 €.

Les règles sur la rétention, la suspension ou l'annulation du permis

La rétention du permis

En cas de taux d'alcoolémie égal ou supérieur à 0,5 g/l, tout agent de la force publique peut retenir immédiatement et pour 72 heures le permis de conduire du conducteur concerné. Ensuite, en fonction des résultats de l'analyse de sang, le permis peut, dans ce cas, être suspendu pendant 6 mois maximum. La rétention est également possible en cas de dépassement de plus de 40 km/h de la vitesse autorisée, d'usage de stupéfiants ou encore d'accident de la circulation ayant entraîné la mort d'une personne lorsque le conducteur est soupçonné d'avoir commis une infraction en matière de respect des vitesses maximales autorisées ou des règles de croisement, de dépassement, d'intersection et de priorités de passage. Dans ce dernier cas, la durée de la suspension du permis peut être portée à 1 an (*Code de la route, Art. L. 224-1 et s. et R. 224-1 et s.*).

La suspension du permis

Le permis de conduire peut être suspendu administrativement en cas d'infraction grave au Code de la route : excès de vitesse, dépassement dangereux, non-respect d'un stop, délit de fuite, usage de stupéfiants…(*Code de la route, Art. L. 224-1 et s. et R. 224-1 et s.*).

ATTENTION ⚠

Toutes les infractions de 4e classe (Voir pages Barème) sont désormais passibles, en plus d'une amende et d'un retrait de points, d'une suspension du permis de conduire pouvant aller jusqu'à 3 ans.

- La suspension est ordonnée par le préfet du département où a été commise l'infraction, soit seul (en cas d'urgence), soit après avis d'une commission. Elle ne peut dépasser 1 an (2 mois si le préfet le décide seul).
- Le permis peut être suspendu par décision de justice en cas d'infraction très grave au Code de la route : atteinte involontaire à la vie (homicide involontaire ou par imprudence) ou atteinte involontaire à l'intégrité de la personne (blessures involontaires), délit de fuite, conduite en état d'ivresse avec plus de 0,8 g/l d'alcool dans le sang. La suspension peut être prononcée pour une durée de 6 ans.

La suspension prend effet le jour où la décision est notifiée. Elle entraîne pour la même durée et dans les mêmes conditions la suspension de tout autre permis dont est titulaire l'automobiliste. Ce dernier risque une peine d'emprisonnement d'1 an et/ou une amende de 15 000 € s'il conduit sans permis.

Si votre permis a été suspendu, vous pouvez le récupérer à l'issue de la période de suspension. Adressez-vous à l'autorité mentionnée sur le récépissé qui vous a été remis lors de la suspension.

AVANTAGE

Les préfets peuvent obliger un conducteur présentant une alcoolémie supérieure à 0,8 g/l à ne conduire que des véhicules équipés d'un éthylotest antidémarrage (EAD) pour une durée maximale d'1 an. Le tribunal pourra décider, lorsque le contrevenant lui sera présenté, de prolonger la durée de cette obligation jusqu'à 5 ans. L'objectif de cette mesure est de proposer une alternative à la suspension du permis de conduire, afin de permettre au contrevenant de conduire pour conserver son activité professionnelle, tout en garantissant la sécurité des autres usagers de la route.

L'annulation du permis

L'annulation du permis de conduire est prononcée par le tribunal correctionnel dans les cas d'infractions très graves au Code de la route : délit de fuite, atteinte involontaire à la vie (homicide ou blessure involontaires), conduite en état d'ivresse…

Elle est d'une durée maximum de 3 ans, mais peut être portée à 10 ans en cas de récidive de conduite en état d'ivresse ayant entraîné la mort, par exemple. En cas de récidive pour le délit d'homicide involontaire aggravé, la durée de l'interdiction de repasser le permis de conduire est de plein droit fixée à 10 ans. Le tribunal peut toutefois prévoir, par décision spécialement motivée, que cette interdiction sera définitive.

L'annulation prend effet le jour où la décision est notifiée. Elle entraîne l'annulation pour la même durée et dans les mêmes conditions de tout autre permis dont vous êtes titulaire. Vous risquez une amende et un emprisonnement de 6 mois si vous conduisez sans permis.

Si votre permis a été annulé, vous ne pouvez pas le récupérer.

À l'issue de la peine, vous êtes obligé de repasser les épreuves du permis de conduire si vous souhaitez conduire à nouveau (sauf si vous avez votre permis depuis plus de 3 ans à la date de l'annulation et que vous n'avez pas encouru une annulation de permis supérieure à 1 an). Vous devez être reconnu apte après un examen ou une analyse médicale, clinique, biologique et psychotechnique effectué à vos frais (*Code de la route, Art. L. 224-14 et s.*). En revanche, vous êtes dispensé d'apposer le « A » réservé aux jeunes conducteurs ayant obtenu leur permis pour la première fois.

ATTENTION ⚠

Le permis peut également être annulé en cas de perte de 12 points.

À NOTER

Pour tout renseignement complémentaire, on peut consulter sur Internet le site officiel consacré à la sécurité routière : www.securite-routiere.gouv.fr.

UN STAGE DE SENSIBILISATION À LA SÉCURITÉ ROUTIÈRE

Constatant l'utilité et l'efficacité des stages de sensibilisation à la sécurité routière, le législateur a institué cette mesure comme peine complémentaire à certaines infractions routières.

Lorsqu'elle est encourue à titre de peine complémentaire, l'obligation d'accomplir un stage de sensibilisation à la sécurité routière est exécutée aux frais du condamné, dans un délai de 6 mois à compter de la date à laquelle la condamnation est définitive.

L'accomplissement du stage donne lieu à la remise d'une attestation à la personne condamnée que celle-ci adresse au procureur de la République (*Code pénal, Art. 131-35-1*). Cette attestation donne droit à la récupération de 4 points dans la limite du plafond affecté au permis de conduire de son titulaire. Une nouvelle reconstitution de points, après un nouveau stage de sensibilisation, n'est possible qu'au terme d'un délai d'1 an (*Code de la route, Art. R. 223-8*).

Le non-respect de cette peine complémentaire est puni de 2 ans d'emprisonnement et de 30 000 € d'amende (*Code pénal, Art. 434-41*).

L'ASSURANCE « PERMIS À POINTS »

Perdre des points peut coûter cher, notamment quand il faut faire un stage de récupération de points, voire repasser son permis de conduire. Certains assureurs, surfant sur ce nouveau créneau, proposent une assurance « permis à points ».

Selon les contrats proposés, il est possible de bénéficier (en tout ou partie) de :

– la prise en charge des frais du stage de sensibilisation à la sécurité routière. Certains assureurs proposent même de rechercher pour leur assuré les places disponibles dans un centre agréé proche de chez lui ;

– en cas de retrait de permis immédiat, le rapatriement des passagers et la prise en charge des frais de remorquage du véhicule jusqu'au garage le plus proche ou jusqu'au domicile de l'assuré ;

– l'aide à la récupération du permis après une annulation : organisation et prise en charge du test psychotechnique, démarches et inscription en préfecture, inscription au code de la route, prise en charge de la formation et de la première inscription à l'examen ;

– la location d'une voiture sans permis : informations et aide à la recherche, prise en charge éventuelle (et très limitée dans le temps) du coût de sa location ;

– si le véhicule a été mis en fourrière, l'assureur aide à la recherche du véhicule, prise en charge du déplacement jusqu'à la fourrière…

Le bénéfice de cette assurance comporte tout de même des limites. Ainsi, ne sont généralement pas couverts :

– la contestation d'une annulation de permis pour délit grave (conduite en état d'ivresse ou sous l'emprise de la drogue, conduite sans permis, délit de fuite, refus d'obtempérer, etc.) ;

– les stages de sensibilisation à la sécurité routière imposés par la justice ;

– la perte de points suite à la conduite d'un véhicule sous l'empire d'un état alcoolique, de stupéfiants ou de tranquillisants non prescrits médicalement ;

– les possesseurs d'un permis probatoire…

Il faut disposer d'au minimum 6 points pour pouvoir bénéficier de ce type d'assurance.

Automobile

Auto-école

– prix de l'heure de conduite : entre 35 € et 65 € ;
– coût du permis (base 20 heures de conduite) : entre 800 € et 1 450 €.

Certificat d'immatriculation (ex-carte grise)

– taxe régionale pour 1 CV : variable selon les régions (de 27 à 51,20 €) ;
– taxe pour frais de gestion : 4 € ;
– redevance d'acheminement (frais d'envoi postal) : 2,76 €.

Contraventions

MONTANT DES AMENDES EN EUROS				
	Amende forfaitaire			Amende pénale
	normale	minorée	majorée	
1re classe	11 €	N'existe pas	33 €	38 €
2e classe	35 €	22 €	75 €	150 €
3e classe	68 €	45 €	180 €	450 €
4e classe	135 €	90 €	375 €	750 €
5e classe	-	-	-	1 500 €

Contrôle technique, prix moyen

– d'une visite : 80 € ;
– d'une contre-visite : 20 €.

Dépannage et remorquage

Sur autoroute et route express, tarifs forfaitaires pour les véhicules légers :
– dépannage :
 • 130,06 € (du lundi au vendredi de 8 h à 18 h),
 • 195,09 € (entre 18 h et 8 h ou un samedi, dimanche ou jour férié) ;
– remorquage :
 • véhicule 1,8 tonne : 130,06 € (du lundi au vendredi de 8 h à 18 h) ; 195,09 € (entre 18 h et 8 h ou un samedi, dimanche ou jour férié),
 • véhicule > 1,8 et < 3,5 tonnes : 160,82 € (du lundi au vendredi de 8 h à 18 h) ; 241,23 € (entre 1 8h et 8h ou un samedi, dimanche ou jour férié).

Immobilisation et mise en fourrière

– expertise : 61 € ;
– frais de garde :
 • 6,36 € par 24 heures,
 • 10 € à Marseille, Lyon et Toulouse,
 • 29 € à Paris.
– immobilisation : 7,60 € ;
– opération d'enlèvement :
 • 120,18 €,
 • 126 € à Marseille, Lyon et Toulouse,
 • 150 € à Paris ;
– opérations préalables à l'enlèvement : 15,20 €.

Malus annuel

160 € par véhicule.

Bonus/malus

– Prime à la conversion pour la mise au rebut d'un véhicule ancien :

		« SUPER PRIME » RFR < 6 300 € OU < 13 489 € ET GROS ROULEUR (1)	RFR < 13 489 €	RFR > 13 489 €
Acquisition d'un véhicule neuf ou occasion (dans la limite de 60 000 € TTC) émettant un taux de CO2 < 20 g/km		5 000 € (2)	2 500 €	2 500 €
Acquisition d'un véhicule neuf ou occasion (dans la limite de 60 000 € TTC) émettant un taux de CO2 compris entre 21 g/km et 50 g/km		3 000 € (5 000 € si contrainte d'autonomie) (2)	1 500 € (2 500 € si contrainte d'autonomie)	1 500 € (2 500 € si contrainte d'autonomie)
Acquisition d'un véhicule (dans la limite de 60 000 € TTC) émettant un taux de CO2 compris entre 51 g/km et 116 g/km (3)	Crit'Air 1Neuf ou occasion	3 000 € (2)	1 500 €	0 €
	Crit'Air 2 neuf (immatriculé après le 1/9/2019)	3 000 € (2)	1 500 €	0 €
	Crit'Air 2 neuf ou occasion (immatriculé avant le 1/9/2019)	0 €	0 €	0 €

(1) trajet domicile-travail > 30 km ou effectuant plus de 12 000 km dans le cadre de son activité professionnelle avec son véhicule personnel.
(2) dans la limite de 80 % du coût du véhicule.
(3) 144 g/km pour les véhicules ayant une date de 1re immatriculation postérieure au 1/3/2020 (Norme WLTP).

– En cas d'acquisition d'un deux-roues ou trois-roues motorisé ou d'un quadricycle électrique neuf n'utilisant pas de batterie au plomb, prime à la conversion de 100 € (1 100 € si RFR/part < 13 489 €).

– Bonus pour les deux-roues, trois-roues ou quadricycles électriques de puissance égale ou supérieure à 3 kW : 250 €/kW sans pouvoir excéder, soit 27 % du coût d'achat TTC du véhicule, soit 900 €.

– Bonus pour les deux-roues, trois-roues ou quadricycles électriques de puissance inférieure à 3 kW : 20 % du coût d'acquisition TTC, dans la limite de 100 €.

– Malus pour les véhicules neufs émettant 138 g et plus de CO2/km pour les véhicules immatriculés depuis le 1/3/2020 : de 50 € à 20 000 €.

– Surtaxe pour les grosses cylindrées (véhicules de tourisme à partir de 36 chevaux) : 500 € par cheval fiscal, avec un maximum de 8 000 €.

Aides pour relancer le secteur automobile touché par la crise sanitaire liée au coronavirus

– Le plafond du bonus écologique passe de 6 000 € à 7 000 € pour l'achat d'un véhicule 100 % électrique dont le prix est inférieur à 45 000 €. Si son prix est compris entre 45 000 € et 60 000 €, le bonus est alors de 3 000 €. Au-delà de 60 000 €, le bonus de 3 000 € ne concerne que les utilitaires légers et les véhicules fonctionnant à l'hydrogène.

– Le bonus écologique pour l'achat d'un véhicule hybride rechargeable neuf, qui avait été supprimé le 1/1/2018, est rétabli. Son montant s'élève à 2 000 €. Ce bonus concerne les véhicules dont l'autonomie est supérieure à 50 km et dont le prix est inférieur ou égal à 50 000 €.

– La prime à la conversion est élargie aux ménages dont le revenu fiscal de référence par part est inférieur ou égal à 18 000 €, contre 13 489 € jusqu'à présent. Attention : contrairement aux deux aides précédentes, ce coup de pouce s'appliquera dans la limite de 200 000 véhicules. Quand ce quota aura été atteint, le barème précédent sera rétabli.

Permis de conduire

– redevance à acquitter lors de l'épreuve théorique : 30 €.

– timbre fiscal à acquitter en cas de perte ou de vol : 25 €.

Vignette Crit'Air

3,62 € (3,11 € auxquels s'ajoute 0,51 € de frais d'acheminement).

Index Alphabétique

A

INDEX LPHABÉTIQUE

INDEX LPHABÉTIQUE

D

E

INDEX LPHABÉTIQUE

F

G

INDEX LPHABÉTIQUE

INDEX LPHABÉTIQUE

S

T

Achevé d'imprimer
en août 2020
par DIMOGRAF,
Bielsko-Biala, POLOGNE